馆藏文献丛刊

清稗类钞选

①

徐 珂／编纂
绍 轩 伯 远／整理

上海科学技术文献出版社
Shanghai Scientific and Technological Literature Press

图书在版编目（CIP）数据

清稗类钞选：全五册 / 徐珂编纂；绍轩，伯远整理 . —上海：上海科学技术文献出版社，2022

（馆藏文献丛刊）

ISBN 978-7-5439-8586-5

Ⅰ . ①清… Ⅱ . ①徐…②绍…③伯… Ⅲ . ①稗史—中国—清代 Ⅳ . ① K249.045

中国版本图书馆 CIP 数据核字 (2022) 第 105293 号

策划编辑：张　树

责任编辑：王　珺

封面设计：留白文化

清稗类钞选：全五册

QING BAILEI CHAOXUAN: QUAN WUCE

徐 珂　编纂　绍 轩　伯 远　整理

出版发行：上海科学技术文献出版社

地　　址：上海市长乐路 746 号

邮政编码：200040

经　　销：全国新华书店

印　　刷：商务印书馆上海印刷有限公司

开　　本：889mm×1194mm　1/32

印　　张：107.625

字　　数：2 794 000

版　　次：2022 年 8 月第 1 版　2022 年 8 月第 1 次印刷

书　　号：ISBN 978-7-5439-8586-5

定　　价：980.00 元（全 5 册）

http://www.sstlp.com

出版说明

《清稗类钞》是清末民初学者徐珂编选的稗史笔记汇纂之作。全书依类编排，分九十二类，共约一万三千五百余条。书中内容上起顺康、下迄光宣，涉及有清一代政治制度、军事行动、经济开发、社会生活、学术文化、艺术技艺、衣食器具乃至动植物等种种方面。这些文献，对专家学者来说，或可补正史之缺，亦可免查检众书之劳；对普通读者来说，既可了解一代掌故，又可增益相关知识。故此书刊行以来，广受青睐，时见阅读、征引。

《清稗类钞》篇幅甚巨，内容极为丰富，同时却也不无“庞杂”之嫌。书中部分内容，有的为通代所有，无多时代特点；有的则时代所限，不足显然。为此，本社采取“选”的形式，整体删汰原书的部分大类，以及一些类中的个别条目，选择其中时代特色显著、可读性较强的部分，以《清稗类钞选》之名予以重刊。

此次整理刊行《清稗类钞选》，除采用简体横排、新式标点外，还参考各类文献，修改了个别不甚适切的标点，改正了显而易见的误植，补出了原书有意无意但影响阅读理解的偶尔缺漏，个别必要之处还加了说明、解释性质的脚注或随文注。

本书日积月累而成，所用多为清代以来的野史笔记、诗文集和报章杂志，虽说编纂时不无节略，但多属直接迻录。故而尽管编、刊于民国初期，书中“国朝”“王师”“大兵”以及“粤寇”

之类封建王朝的痕迹，可谓比比皆是。但为保存原始史料、反映历史面貌，此次所选内容，基本上原文照录，一般不作改动。至于其中与时下不同的思想理念、文字表述等，当今主流话语自有言说，新时代的读者也有能力分辨、判断，做出自己的选择，进而为弘扬中华传统文化服务。

上海科学技术文献出版社

2022 年 1 月

徐君仲可，明习国闻，乃发故书短记，理而董之，辑为《清稗类钞》，凡三百万余言，分别部居，为类九十有二，事以类分，类以年次，为力勤矣。夫《春秋》“张三世”之义，曰所见、曰所闻、曰所传闻。君为此书，无媿斯旨。吾知欲周知有清一代之掌故者，当必加以讽籀，目为鸿宝。昔朱竹垞氏亟称沈景倩《野获编》，谓其事有左证、论无偏党，明代野史，蔑有过之。此则君辑著之本怀，吾敢揭橥以为告于当世者也。

中华民国六年六月绍兴诸宗元贞壮撰

序　一

有清纪元，逮于逊政，顺、康、光、宣，历垂三百。其政俗之嬗变，朝野之得失，虽钟簴既移，简册犹秘，今已无讳，可得言焉。

夫有清之崛起于辽左也，值明之衰，既入中原，初政颇修，惟以部落之民，肆为雄猜，外侈中怯，故用兵无已时，海内无宁宇。雍、乾时号称极盛，而衰弱之机，实基于此。盖文字之狱，有以摧抑材智之士；川楚之乱，有以耗竭府库之藏。咸、同构兵，不绝如缕，外祸乘之，根本遂拨。此其兴亡之大略也。殷鉴不远，岂可忽哉！然其典章制度，始能知明之所以亡而祛其弊，提倡学术，礼用儒贤，故政虽专制，而宦寺女谒之祸，中叶以前，未有之闻。于是一国之风尚，习为儒缓，士夫之尊慕名义，代不乏人。驯至今日，虽有以术柔民之感痛，而吾人此二百八十余年之遭际，系诸历史，不可忘也。则今日举其往闻，穷嬗变之由，析得失之故，置鉴树表，未可后时。然官书不足征信，私书或误传闻，即如钱衎石氏之《碑传集》、李次青氏之《先正事略》、李黼堂氏之《耆献类征》，其所甄录，大都传志之文，涂饰赞谀，孰为纠正？是以近人论建州沿革，不能求诸国中，而辄有资于域外之书也。

序　二

稗史，纪录琐细之事者也。《汉书》注，如淳曰：“王者欲知闾巷风俗，故立稗官，使称说之。”因谓其所记载者曰“稗史”。清顺、康间，金沙潘长吉有《宋稗类钞》之辑，盖参仿宋刘义庆《世说新语》、明何良俊《语林》而作，足以补正史、资谈助。不佞读而善之，因思有清入主中原，亦越二百六十有八载矣，朝野佚闻，更仆难数。尝于披阅书报之暇，从贤豪长者游，习闻掌故；益以友好录眎之稿，偶一浏览，时或与书报相合，过而存之，亦卫正叔之遗意也。正叔名湜，宋人，尝集《礼记》诸家传注为书，曰《集说》。其言有曰：“他人作书，惟恐不出诸己；某作书，惟恐不出诸人。”且以当世名硕之好稗官家言也，欲就而与之商榷，辄笔之于册，以备遗忘。积久盈箧，乃参仿《宋稗类钞》之例，辑为是编，而名之曰《清稗类钞》。虽皆掇拾以成，而剪裁镕铸，要亦具有微恉；典制名物，亦略有考证。其中事以类分、类以年次，则以便临文参考、捃摭征引之用也。

惟载笔之难，学者所叹。明胡应麟记诵淹博，所著《少室山房笔丛》，尚不免时有牴牾；陈堦著《日涉编》，按日纪故事，间以古诗系于下，六月二十三日下有宋张耒《夜泊林里港》诗云：“淅淅晓风起，孤舟愁思生。蓬窗一萤过，苇岸数蛩鸣。老大畏为客，风波难计程。家人夜深语，应念客犹征。”而七月二十三日下亦载之；清纪文达之博洽，并世无两，而《滦阳续录》所载介野园宗伯之诗，为“鹦鹉新班宴仰园，摧颓老鹤也乘轩。龙津桥上黄金榜，四见门生作状元”四句，实为金吏部尚书张大节作，第有五字不同，殆误收金人诗为近人耳；孙星衍考订金石之详赡，为世所称，而《寰宇访碑录》校释碑文，重至一再，既列之于唐，又列之于宋，甚或新拓本年月既泐而旧拓本尚存，既据旧拓本按年月以编入，又据新拓本以附之于无年月类。凡若此者，贤哲不免，每一念及，滋益兢兢。虽尝就正于当世名硕，且有勤敏好学之吴县汤颐琐宝荣、丹徒怀献侯桂琛、龙南徐伯英时、闽侯林沪生震、嘉兴高晴川紫霞、萧山姚赭生宗舜诸君子匡我不逮，为之检校数过，然犹未敢自信也。博雅君子，其亦有以教之乎？

中华民国五年十二月

杭县徐珂仲可述于上海寓庐之天苏阁

总目录

本册目录

宫苑类

帝德类

恩遇类

巡幸类

宫闱类

奄寺类

礼制类

教育类

考试类

兵刑类

战事类

武略类

狱讼类

宫苑类

禁城各门

大内之制，悉因明旧，无所损益，但易“大明门”为“大清门”，余正衙、便殿皆仍之。惟各朝房旧在午门外者，后皆移于景运、隆宗二门外，盖国初御门之典在太和门，后改御乾清门，因亦移入，即唐代之常朝也。常朝五日一举，故御门五日为期，凡题本大除授，皆于此降旨。咸丰中，因文宗违和，此典久辍，及穆宗亲政，无请行者。乾清门左右置木箱二，皆藏御门仪物。质言之，实以紫禁城为皇城，南有午门，北有神武门，东有东华门，西有西华门，而午门之内为太和门及太和殿，更入为中和门及中和殿，其内为保和殿，殿后即乾清门。

禁城无路灯

明代禁城有路灯，魏忠贤专权后，尽废之，盖便夤夜出入也。至国朝遂不改，禁门以内，除朝房及各门外，绝无灯，戊夜趋朝，皆暗行而入，相遇非审视不辨。惟亲王有灯引至隆宗、景运二门，军机大臣以角灯入内右门。

大清门

大清门为大内第一正门，规制极隆重，自太后慈驾、皇帝乘舆外，皇后惟大婚日由此门入，文武状元传胪后由此门出，此外无得出入者。

东华门向明而启

东华门向明而启，屠者驱豕先入，盖是日御膳房所需用也。

次奏事御史随之，次百官及供差人等皆入。

午门

午门为紫禁城正门，三阙上覆，重楼九间，门前左设嘉量，右设日圭。左右各一阙，西向者曰左掖，东向者曰右掖，上覆钟鼓明廊，翼以两观，杰阁四耸，与中相辅，俗称五凤楼。凡视朝，则鸣钟鼓于楼上，驾出入，午门鸣钟，祭享太庙则以鼓，凯旋献俘，御午门楼行受俘礼。每岁十月朔，颁时宪书于午门外，若有恩诏，亦于是颁之，自丹凤口中垂下。

禁中宫殿

乾清门之内为乾清宫，宫门之东曰昭仁殿，西曰弘德殿。东宫及诸王读书之所，一在门之东曰东书房，一在门之西曰西书房，皆北向。翰林院直庐曰南书房，与西书房仅隔一垣。循西廊稍北，曰翻书房，在月华门之南。月华门北曰懋勤殿，乾清宫正北曰交泰殿，交泰殿正北曰坤宁宫，宫有东、西二暖殿。坤宁宫直北曰钦安殿，又北为御花园、神武门。自昭仁、弘德而北两翼相比者，东曰延禧宫、承乾宫、景阳宫、景仁宫、长春宫、钟粹宫，西曰翊坤宫、永和宫、咸福宫、永寿宫、启祥宫、储秀宫。御茶房在乾清宫东北，御书房、古董房在景阳宫内，敬事房在景仁宫内，中正殿在长春宫之西，又西为咸安宫，天穹殿在景阳宫东，以上皆在宫门之内。乾清门之东曰内左门，西曰内右门，北下东向者曰日精门、昭华门、基化门、景和门，近光左门西向者曰月华门、端则门、隆福门，近光右门、月华门之外曰隆宗门，门之西曰养心殿，南曰慈宁宫，（太皇太后所居。）景和门之东为毓庆宫，（皇太子宫也。）又东为宁寿宫。此外尚有兆祥所、遇喜所，所内永安亭、南府西路、南府中路、东库房、西库房、鹰房、大小狗房、鸟枪房、鸽子房、裱房、药房、露房等名，皆不在宫殿之列。

宁寿宫

宁寿宫为皇太后所居，每晨后妃均往候起居，谓之“跪安”。

咸安宫

武英殿西有咸安宫在焉，为近支宗室子弟读书处，特设咸安宫教习一员。

安佑宫

安佑宫在圆明园西北隅，朱扉黄甍，一如寝庙制，供奉圣祖、世宗、高宗神牌。仁宗于驻跸御园日，行瞻谒礼，每年四月初八日率诸皇子、近御王大臣拜谒，其朔望荐熟彻馔，一如典礼，皆由内务府大臣承办。

乐寿宫

乐寿宫在颐和园湖滨，孝钦后常居之，以为观书憩息之所，兴至则游湖，卧室无一定。

水晶宫

大内御花园东有土阜一区，向以日者之言不宜建筑，宣统己酉，兴修水殿，四围浚池，引玉泉山水环绕之，殿上窗棂、承尘、金铺，无不嵌以玻璃，隆裕后自题扁额曰“灵沼轩”，俗呼为“水晶宫”。

北郊斋宫

明嘉靖更定祀典，分祀天地，北郊未建斋宫。高宗念祀典甚巨，未可二郊，宜建北郊斋宫，规模一如南郊。乾隆己巳，上宿斋宫，天时暑热，从者多暍，因仍旧制斋于内宫，恤臣僚也。后以斋宫为更衣殿，不复驻跸焉。

热河行宫

热河行宫名避暑山庄，皇帝夏日驻跸之所也，极池馆楼台之胜。内有铜佛殿一所，柱壁以精铜为之，藏铜佛像百余尊，皆裸形秘戏图也。

奉天行宫

行宫之建，在未入关以前，屋不宏敞，约百余间，四重四厢而已，一曰大清门，二曰崇政殿，三曰凤凰楼，四曰清宁宫。大清门前有大围墙，墙之东曰东华门，额题“文德坊”，西曰西华门，额题“武功坊”。大清门后，左曰飞龙阁，右曰翔凤阁。崇政殿有左右二翼门，殿后左有师□［古］斋、月华楼，右有霞绮楼、协中斋。再入即凤凰楼，楼凡三层，楼之东西厢为宫人所居，西曰“衍庆麟趾”，东曰“永福关雎”。余为仆隶所居，马厩所在。行宫藏有古物，皆在翔凤、飞龙二阁，翔凤藏珠宝服饰，飞龙藏皮羊鼎盘。别有瓷器库，藏古名瓷。翔凤阁有高宗佩刀两柄，约长尺许，柄以金刚石为之，长四寸许，套以金饰之，光彩夺目；又有朝珠、珍珠、龙袍、盔、瓶、文具、大刀、铜器等物。

西安行宫

光绪庚子，德宗奉孝钦后西狩幸西安，所建行宫，大门内为一宫庭，旁堆砖瓦累累，殆为修造御园之用。此外又有大宫一座，为召见臣工之所，皇上曾经驻跸，惟狭窄耳。宫后花园，颇堪凭眺。又有内苑一处，孝钦后亦曾驻跸焉。

五华故宫

云南五华山，明永历故宫在其上。顺治丁亥，洪承畴督师，由贵筑大路入滇，李定国拒战曲靖，吴三桂由广西、四川旁捣其虚，至黄草坝，入省城，永历帝遁阿瓦，三桂重购得之，缢于贵阳府。三桂开藩于滇，即据山上故宫，增修二十余载，备极崇丽。未几，癸丑事作，戊午，大军诸道会于省城，三桂孙洪化被俘。

大殿之建筑

禁中大殿与颐和园之大殿不同，殿下白石阶级二十层，两边石栏，阶之尽处为长廊，围绕殿之四旁。廊有大柱，涂以红色，窗扇雕刻极精，上下寿字。殿以金砖铺地，已数百年，从未启动，色黑，髹以漆而滑。宝座黑色，橡木所制，中嵌各色玉石。此殿用时极少，惟孝钦后万寿及元旦用之，平日召见乃别一殿。由此往皇帝宫，极精，凡三十二间，虽多不用之屋，陈设仍秩然。其后即皇后宫，较小，凡二十四间，以三间为皇妃之用。帝与后宫，虽甚近而不相连，二处皆有长廊通孝钦后宫。

三殿

三殿者，太和殿、中和殿、保和殿是也。

太和殿在午门内最南，明曰皇极殿，又曰奉天，文华殿在其东，武英殿在其西，规制崇宏。殿外为武英门，御河环绕，石桥三，雕镂工致。东为凝道殿，即武英之东配殿，凡五间。殿之前正中为太和门，东为昭德门，西为贞度门，而太和门外东西相向，尚有二门，东曰协和，西曰熙和。由熙和门入，绕廊而至贞度门，为一大院，东西两庑，屋各二十二间，东庑之中为体仁阁，西庑之中为弘义阁，内府以两庑为银、皮、段（缎）、皮〔衣〕及瓷、茶六大库，东庑之北为左翼门，西庑之北为右翼门，各五间。历阶而登太和殿，殿基高二丈，殿高十一丈，广十有一间，纵五间，上为重檐，脊四垂，前后金扉四十，金锁窗十六，题额曰“建极绥猷”，规模甚宏壮。殿前丹陛，环以白石阑，陛五出，各三层，下层二十一级，中层、上层各九级，三折而上。

左右置金缸各二，周径约二人抱，抉其环掷之，铛然声作，移时始悠然而止。陛间共列鼎十八。殿有铜狮高十丈，斑文似翡翠，浓润欲滴。台阶上有铜龟、铜鹤各二，人称之曰朱雀元武，日圭、嘉量各一，大铁缸八，两庑四周又设铁缸二十四，盖储水以消防也。每岁元旦、冬至、万寿三大节，及大朝会燕飨、命将出师、临轩策士、百僚除授谢恩各事，皆御焉。丹墀内为文武百官行礼位，范铜为山形，曰“品级山”，镌正、从一品至正、从九品，东西各二行三十有六，列于道旁。殿之正中有“太和殿”额，满、汉文并列。出太和门，华表并峙，石桥五道横列，是为内金五桥，桥下为内金水河。是河自神武门西地沟引护城河水流入沿西一带，经武英殿前而至太和门外，复流经文渊阁而出紫禁城，然皆积秽成深绿色。

太和殿左右各一门，左曰中左，右曰中右，皆三间南向，殿之后，东西两庑各三十间。正中南向者为中和殿，明曰中极，又曰华盖。殿纵广各三间，方檐圆顶，题额曰“允执厥中”，南北陛各三出，东西陛各一出。西庑第二连房为铜器库，凡祭祀视祝版，及耕籍视五谷农器，皆于此，玉牒告成，则恭进于中和殿。

保和殿在太和殿后，明曰建极，又曰谨身，壮丽虽不及太和殿，而规模则过之，盖太和殿前曾受天灾，重行修复，保和殿为明时故址也。殿九重，檐垂脊，题额曰“皇建有极”，前陛各三出，与太和殿陛相属，殿后陛三层三出，北向，殿左右各一门，左曰后左，右曰后右，皆三间南向，前后出陛。每岁除夕筵宴外藩，每科朝考新进士，皆御焉。凡列祖宝训、实录告成，备仪仗陈设，纂修官呈进于此。殿有景泰蓝香炉等物，亦明景泰帝所制，铜皆作金色，迥非新出者所及。保和殿之后，即大内也。

英华殿

英华殿，明代所建，在寿安宫北，自皇太后、皇后以次均以此为礼佛之所，殿前有菩提树七株，采撷其子以为念珠。

传心殿

传心殿在文华殿东，前为景行门，祀皇师、帝师、先圣、先师之位，院东有大庖井，上覆以亭。

寿皇殿

寿皇殿在景山门内正北，殿凡九室，重檐金楹，一如太庙制，供奉列圣御容。仁宗遇元旦、岁暮及圣诞、忌辰，皆亲诣行礼，诸皇子皇孙及近支亲郡王皆从。旁为永思殿，即列圣苫庐地，凡瞻谒日，必于永思殿传膳办事。

承光殿

承光殿在北海团城内，为辽、金旧址，凡三间，中悬大匾一，书曰“大圆宝镜”，旁柱有一联曰：“七宝庄严开玉镜，万年福寿护金瓯。”为孝钦后书；其前两柱，亦悬一联云：“九陌红尘飞不到，十洲清气晓来多。”则文宗御笔也。

光绪己丑八月祈年殿灾

京师北门外有祈年殿，光绪己丑八月二十四日寅刻，雷电交作，大雨如注，忽霹雳一声，直击祈年殿前所悬之额，碎堕陛上，雷火燃着悬额之木。未刻，殿中火起，烟焰自槅扇窗棂出，烧着梁柱，其光熊熊，如赤虹亘天。守坛官弁鸣锣报警，步军统领发令箭，传集官兵及五城坊官水会奔救，殿宇过高，水激不到，虽雨势倾盆，又为琉璃亭顶所隔。奉祀刘世印率人进殿，将列祖列宗楠木雕刻之九龙大宝座取出，而皇天上帝之宝座火已燃及，无从措手。戌刻后，祈年殿八十一楹及檀木雕成之朱扉黄座，悉为灰烬。数十里内，光同白昼，香气勃发，盖其楹栋皆以香楠木为之，大逾合抱，为明成祖时所建也。火至天明始熄，丹陛上之汉白玉石栏杆悉炸裂。二十六日，奉诏惩处太常寺各官及坛户有典守之责者，嘉奖五城水会绅董，并以寅畏天灾、君臣交儆之意宣示内外大小臣工。

孝钦后训政时之殿

殿约长二百尺，宽一百五十尺，以乌木为之，一切铺饰皆黄建绒。偏左置长案，铺黄缎。孝钦后入殿升宝座，两旁有孔雀毛所制之翣各一柄，皇帝之座在其左，大臣皆跪于案前，面孝钦。殿后有若暖阁者，约长二十尺，宽十八尺，围以雕栏，约高二尺，可容一人出入，登陛六级，即至此处。后有小屏，宝座后有屏风，长二十尺，高十尺。

崇政殿

太祖初定辽沈，建立宫室，卑浅其制，有“茅茨土阶”之意。所建陪京宫殿，大清门内即崇政殿，为视政朝贺之所。其后凤凰阁分限内外，内为清宁宫，供奉神主，即为燕寝之地，其旁六宫分列，制度皆极俭朴。

体仁阁弘义阁

体仁、弘义二阁在明时曰文昭、武成。

文渊阁

文渊阁之名始于明，阁制仿浙江鄞县范氏天一阁，取“天一生水，地六成之”二义，以贮《四库全书》，有御制记勒石。

清福阁

清福阁凡二间，为颐和园扼胜之处。阁四面有窗，孝钦后辄以大间为餐室，小间为更衣室，盖孝钦每至一处，必有更衣室也。

翔凤阁

七阁藏书，在奉天者曰“文溯”，盖太宗统师入关，尝释奠于盛京文庙，即筑翔凤阁以译书史。

乐善堂

乐善堂，高宗书斋名。高宗尝自署“十全老人”，有小玉印刻此四字，内府图书多押之。

倚虹堂

京都西直门外高粱桥，有倚虹堂船坞，孝钦后幸颐和园，辄于此登舟。

十王亭

太宗抚定辽沈，集思广益，造亭于宫右，遇有军国重事，集宗藩议于亭中而量加采择，名“十王亭”，盖宗藩有十人也。

大内应候室

光绪中，大内有宫眷应候室，在牡丹山上，地如郊野。室中陈设皆竹器，窗格雕成蜨（同“蝶”）形寿字，内悬粉红丝帘。室后为竹棚，绕以栏杆，凭栏置椅，上悬红纱灯，薄暮即燃。

大内密室

孝钦后卧室旁有一室，复自此而进一过道，两壁绘画极美，由壁基下抽出二木塞，此壁移开，即现一室，如地穴状，无窗。先由上入，房之一端有一大石，上铺黄褥，旁置香炉一，无他器具。其尽处又为一过道，仍如前之木壁，如此层层推去，为无数密室，盖宫墙皆为过道，每一过道即有一密室。其中一室，孝钦收藏珍宝，光绪庚子，孝钦西狩，珍宝皆藏室内，其后归视，均未移动，盖此室就外视之，为一片黑石之墙，绝不见有密室也。

如意馆

如意馆在启祥宫南，馆室数楹，凡绘工文史及雕琢玉器、裱褙帖轴之匠，皆在焉。高宗万几之暇，尝幸院中，看绘士作画，其用笔草率者，辄手教之。有绘士张宗苍，以山水擅长，仿北宋诸家，无不毕肖，上嘉其艺，特赐工部主事。他如陈孝泳、徐洋辈，皆以文学优长，得钦赐举人，一体会试，或以外郡佐杂升用，亦各视其才也。

绮花馆

绮花馆在颐和园，有机匠居之，织绸缎焉。每年分赏王公大臣之疋头，皆取材于是，仅黄、蓝、红三色，作寿字花纹。总其成者，为尚衣某。

狮子园

狮子园为高宗降生之地，常于世宗忌辰临驻。

畅春园

叶洮，字金城，青浦人。胸有丘壑，大内畅春园一树一石，皆其布置。

圆明园

圆明园在挂甲屯北，距畅春园里许，（园为世宗居藩邸时赐园，康熙己丑建。）高宗六巡江浙，罗列天下名胜，点缀于园。其中四十景，俱仿各处胜地为之，万几余暇，题为《四十景图咏》，命词臣校录刊之，颁赐王公大臣。园有门十八，南曰大宫门，曰左右门，曰东西夹门，曰东西如意门，曰福园门，曰西南门，曰水闸门，曰藻园门；东曰东楼门，曰铁门，曰明春门，曰蕊珠宫门，曰随墙门；正北曰北楼门。为闸三：西南为一空进水闸，东北为五空出水闸，为一空出水闸。（园水发源玉泉山，由西马庙入进水闸，支流派衍至园内日天琳宇、柳浪闻莺诸处之响水口，水势遂分，西北高而东南低，五空出水闸在明春门北，一空出水闸在蕊珠宫北，水出苑墙，经长春园出七空闸，东入清河。大宫门前辇道东西皆有湖，是为前湖。）大宫门五楹，门前左右朝门各五楹，其后为宗人府、内阁、吏部、礼部、兵部、都察院、理藩院、翰林院、詹事府、国子监、銮仪卫、东四旗各衙门等直房。东夹道内为银库，又东北为南书房，东南为档案房，西为户部、刑部、工部、钦天监、内务府、光禄寺、通政司、大理寺、鸿胪寺、太常寺、太仆寺、御书处、上驷院、武备院、西四旗各衙门直房。西夹道之西南为造办处，又南为药房。大宫门内为出入贤良门，五楹，门左右为直房。前跨石桥，度桥，东西朝房各五楹，西南为茶膳房，再西为翻书房，东南为清茶房，为军机处。（出入贤良门是为二宫门，凡武职侍卫引见，御此门校射。左右直房为各部院臣工入直之所，东西设两罩门，各衙门奏事由东罩门递进，茶膳房太监人等由西罩门出入。门前河形如月，中驾石桥三，其水自西来，东注如意门闸口，会东园各河而出。）出入贤良门内为正大光明殿，七楹，东西配殿各五楹，后为寿山殿，东为洞明堂。（园景四十，正大光明殿其一也。）正大光明殿东为勤政亲贤殿，五楹，（四十景之一也。）殿东为飞云轩、静鉴阁，其北为怀清芬，又北为秀木佳荫，转后为生秋庭阁，东为芳碧丛，后为保合、太和殿，三楹，又后为富春楼，楼东为竹林清响。正大光明殿后曰前湖，湖北为圆明园殿，五楹；后为奉三无私殿，七楹；又后为九州清宴殿，（四十景之一也。）七楹，东为天地一家春，西为乐安和，又西为清晖阁，阁前为露香斋，左为茹古堂，为松云楼，右为涵德书屋、富春楼，北为御兰芬楼。楼后为纪恩堂镂月开云，（四十景之一也。）原名牡丹台，（乾隆甲子易名，丙戌年题额曰“纪恩堂”。）堂后有池，池西北方楼为天然图画楼，（四十景之一也。）北为朗吟阁，又北为竹迈楼，东为五福堂，五楹，后殿五楹为竹深荷净，其东南为静知春事佳，又东渡河为苏堤春晓。由五福堂渡河而北，山阜旋绕，内为碧桐书院，（四十景之一也。）前宇正殿、后照殿各五楹，其西岩石上为云岑亭，书院西为慈云普护，（四十景之一也。）前殿南临后湖三楹为欢喜佛场，其北楼三楹，上奉观音大士，下祀关羽，东偏为龙王殿，祀圆明园昭福龙王。慈云普护之西，临湖有楼，上下各三楹，为上下天光，（四十景之一也。）左右各有六方亭，后为平安院，西折而南度桥为杏花村馆，（四十景之一也。）西北为春雨轩，轩西为杏花村，村南为碉壑馀清。春雨轩后，东为镜水斋，西北室为柳斋，又西为翠微堂。杏花春馆之西，度碧澜桥为坦坦荡荡，（四十景之一也。）三楹，前为素心堂，后为光风霁月堂，东北为知鱼亭，又东北为萃景斋，西北为双佳斋。坦坦荡荡之南为茹古涵今，（四十景之一也。）五楹，南向，其后方殿为韶景轩，四面各五楹，轩东为茂育斋，西为竹香斋，又北为静通斋。茹古涵今之南为长春仙馆，（高宗旧时四十景之一也。）门三楹，正殿五楹，后为绿荫轩，西廊后为丽景轩。长春仙馆之西为含碧堂，五楹，后为林虚桂静，左为古香斋，其东楹有阁，为柳斋、为墨池云，后为随安室。由长春仙馆西南门迤西为藻园，内为旷然堂，五楹，堂后为贮清书屋，堂东池上为夕佳书屋，稍北为镜澜榭，东南为凝眺楼，为怀新馆，西北为湛碧轩，西南为湛清华、杏花春馆，西北为万方安和，（四十景之一也。）建于池中，形如卍字。万方安和后，度桥折而东，稍北，石洞之南为武林春色，（四十景之一也。）池北轩为壶中日月长，东为天然佳妙，其南为洞天日月多佳景。（旧总名“桃花坞”，雍正丙午高宗读书于此，额曰“乐善堂”。）武林春色之西为全璧堂，东南亭为小隐栖迟。堂后由山口入，东为清秀亭，西为清会亭，北为桃花坞，西为清水濯缨室，又西稍北为桃源深处，坞东为馆春轩，东北为品诗堂。万方安和西南为山高水长楼，（四十景之一也。）西向九楹，后拥连冈，前带河流，地势平衍，凡数顷。（其地为外藩朝正锡宴及平时侍卫校射之所，每岁灯节则陈火戏于此处。）山高水长楼之北，度桥，由山口入，梵刹一区，为月地云居殿，（四十景之一也。）五楹，前殿方式，四面各五楹，后楼上下各七楹，东为法源楼，又东为静室。西度桥，折而北，为刘猛将军庙。月地云居之后循山径入，为鸿慈永祐，（四十景之一也。）安佑宫前琉璃坊座南面额也，左右石华表各一，坊南及东西复有三坊，环列其南，为月河桥。又东南为政孚殿，三楹，西向宫门五楹，南向为安佑门，前白玉石桥三座，左右井亭各一，朝房各五楹，内重檐正殿九楹，为安佑宫，内中龛奉圣祖御容，左龛奉世宗御容，右龛奉高宗御容，左右配殿各五楹，碑亭各一，燎亭各一。鸿慈永祜后垣西北为紫碧山房，前宇为横云堂山房，东宕洞中为石帆室，东南为丰乐轩，北为霁华楼，迤东为景晖楼。横云堂西池上为澄素楼，西北为引溪亭。东垣外径，连冈三重，度桥而东则汇芳书院也，（四十景之一也。）内宇为抒藻轩，后为涵远斋，斋前西垣内为翠照楼，东垣内为倬云楼，又东为眉月轩，楼南稍东为随安室，又东敞宇三楹为问津，踰桥有石坊，为断桥残雪。汇芳书院之南为日天琳宇，西前楼下之正宇也，其制有中前楼、中后楼上下各七楹，有西前楼、西后楼上下各七楹，前后楼间穿堂各三楹，中前楼南有天桥与楼相属，天桥东南重檐八方者为灯亭，西前楼南为东转角楼，又西稍南为西转角楼，中前楼之东垣内八方亭为楞严坛。又东别院为瑞应宫，前为仁应殿，中为和感殿，后为宴〔晏〕安殿。日天琳宇迤东稍南，稻田弥望，河水周环，中有田字式殿，凡四门，其东北面皆有楼，北楼玉宇为澹泊宁静，（四十景之一也。）东为曙光楼，殿之东门外为翠扶楼，西门外别垣内宇为多稼轩，七楹。其东临稻畦者，前为观稼轩，后为怡情悦目，为稻香亭，又东稍北为溪山不尽，为兰溪隐玉。多稼轩西池南为水精域，西偏为静香屋，为招鹤磴，池后东北为寸碧，西北为引胜，正北为互妙楼。澹泊宁静度河桥而西为映水兰香，（四十景之一也。）东南为钓鱼矶，北为印月池，又北为知耕织，为濯龙沼，西南为贵织山堂、祀蚕神。映水兰香东北为水木明瑟，（四十景之一也。）其北稍西为文源阁，上下各六楹，（乾隆甲午年所建，与文渊阁、文津阁皆贮《四库全书》，并有记。）阁西为柳浪闻莺。西北环池带河为濂溪乐处，（四十景之一也。）后为云香清胜，东为芰荷深处。折而东北为香雪廊，廊东为云霞舒卷楼，为临泉亭，其南为汇万总春之庙，正殿为蕃育群芳，东北为香远益清楼，西为乐天和，为味真书屋，又西为池水共心月同明。庙东沿山径出为普济桥，濂溪乐处迤北对河外稻塍者为多稼如云，（四十景之一也。）前为芰荷香，东南为湛绿色，东北为鱼跃鸢飞，（四十景之一也。）四面为门，各五楹，东为畅观轩，西南为铺翠环流，楼南为传妙室。又南出山口为多子亭，其东禾畴弥望。河南北岸仿农居村市者曰北远山村，（四十景之一也。）北岸石垣西为兰野，后为绘雨精舍，其西南为水村图。又西有楼，前后相属，前为皆春阁，后为稻凉楼，又西为涉趣楼，右为湛虚书屋。东北度桥，折而西为湛虚翠轩，又西为耕云堂，为若帆阁，西南临河为西峰秀色。（四十景之一也。）河西为小匡庐，东为含韵斋，又东为一堂和气，又东南为自得轩。后垣东为岚镜舫，西为花港观鱼。迤东东西船坞各二，北为四宜书屋，（四十景之一也。）安澜园（乾隆壬午赐海宁陈氏园名，因仿此，有宸翰记。）之正宇也。东南为葄经馆，又南为采芳洲，后为飞睇亭，东北为绿帷舫，西南为无边风月之阁，又西南为涵秋堂，北为烟月清真楼，楼西南为远秀山房，楼北度曲桥为染霞楼。四宜书屋之东临池楼宇为方壶胜境，（四十景之一也。）南建二坊，其北为哕鸾殿，为琼华楼，殿东为蕊珠宫，宫南船坞，西北为三潭印月。度桥为天宇空明，后为澄景堂，东为清旷楼，西为华照楼。澡身浴德（四十景之一也。）在福海西南隅，即澄虚榭正宇，南为含清辉，北为涵妙识。折而西向为静香馆，又西为解愠书屋，西南为旷然阁。北度河桥为望瀛洲，其北为深柳读书堂，为溪月松风。平湖秋月（四十景之一也。）在福海西北隅，正宇西为流水音，东北出山口临河为花屿兰皋，折而东南度桥为两峰插云，又东南为山水乐，其北为君子轩，为藏密楼，为蓬岛瑶台。（四十景之一也。）在福海中央殿前，东为畅襟楼，西为神洲二岛，东偏为随安室，西偏为日月平安报好音。东南渡桥为东岛，有亭为瀛海仙山，西北度桥为北岛、接秀山房。（四十景之一也。）在福海东隅正宇后为琴趣轩，其北方楼为寻云，东南为澄练楼，楼后为怡然书屋，稍东佛堂为安隐幢，南为揽翠亭。别有洞天（四十景之一也。）在接秀山房之南，依山临河，西曰纳翠，西南曰水木清华之阁，稍北为时赏斋，西为夹镜鸣琴，（四十景之一也。）南为聚远楼，东为广育宫，前建坊座，后为凝祥殿。宫东为南屏晚钟，又东度桥为西山入画，为山容水态，西为湖山在望，为佳山水，为洞里长春。涵虚朗鉴（四十景之一也。）在福海东，即雷峰夕照正宇，其北稍西为惠如春，又东北为寻云榭，又北为贻兰亭，为会心不远，其南为临众芳，为云锦墅，为菊秀松蕤，为万景大全。廓然大公（四十景之一也。）在平湖秋月之西，前为双鹤斋，西为环秀山房，西北为规月桥，为临湖楼，东北为绮吟堂，又北为采芝径。经岩洞而西为峭菁居，西为披云径，为启秀亭，为韵石淙，为芰荷深处，北垣门外为天真可佳楼，西垣外为影山楼。坐石临流（四十景之一也。）在水木明瑟东南、澹泊宁静之东，曲院风荷（四十景之一也。）又在坐石临流东南、碧桐书院正东，其西佛楼为落伽胜境，其南跨地东西桥九空，坊楔二，西为金鳌，东为玉蝀。金鳌西南河外室为四围佳丽，玉蝀东亭为饮练长虹。又东南度桥，折而北，设城关，为宁和镇，其东南为东楼门，其北为同乐园，前后楼各五楹，前为清音阁，东为永日堂，中有南北长街，街西为抱璞草堂，街北度双桥、为舍卫城，前树坊楔三。城南面为多宝阁，内为山门，正殿为寿国寿民，后为仁慈殿，又后为普福宫，城北为最胜阁。洞天深处（高宗御书四十景之一也。）在如意馆西稍南前宇，乃诸皇子所居，为四所，东西二街，南北一街，前为福园门，四所之西为诸皇子肄业之所，前为前垂天贶，中为中天景物，东宇为斯文在兹，（神龛悬至圣先师像。）后为后天不老。（四额世宗御书圆明园册。）

圆明园被灾

咸丰庚申十月十六日，英法联军至天津，文宗方园居，闻敌至通州，仓卒率后妃幸热河。十九日，英人至圆明园宫门，管园大臣文丰当门说止之。敌兵已去，文知奸人必乘间起，守卫禁兵无一在者，索马还内，投福海死。奸人乘时纵火，入宫劫掠，敌兵从之，火三昼夜不熄。

安乐渡

故事，皇帝在圆明园御舟徐行，则岸上宫人必曼声呼曰："安乐渡。"递相呼唤，其声悠扬不绝，至舟达彼岸乃已。文宗出狩时，穆宗尚在抱，戏效其声，上抚穆宗首曰："今日无复有是矣。"言讫，潸然泪下，内侍等皆相顾凄惶不已。

绮春园

含晖园在圆明园东，有复道相属，仁宗三女庄敬公主釐降时，赐居于此。公主薨，额驸索特那木多尔济照例缴进，又以成哲亲王寓园西爽村，均并入绮春园中。道光时，宣宗尊养孝和后于绮春园。文宗初元，亦奉孝静后居此，问安视膳，一如道光间礼。盖文宗幼时失母，为孝静所抚育，故即位后，孝静由康慈皇贵太妃尊为太后也。咸丰庚申淀园之灾，绮春亦同归煨烬矣。

颐和园

光绪乙酉冬，有诏天下今已太平，可重修清漪园以备临幸，改名颐和园，然苦于筹款无术。恭邸为孝钦后言，以兴办海军名义，责疆吏年拨定款，就中挪移十之六七，园可成也。孝钦用其言。北洋海军粗以成立，甲午败后，尽移各省所解海军经费以建颐和园，常年经费亦颇不赀。白玉石阶级每年一易，易后太监必椎而碎之，碎则更修，龙舟亦然，盖必如是而始可渔利也。

园在京外西北隅，距城可二十里，依万寿山围昆明湖以为之。由东角门过仁寿门，殿宇巍巍，其上有题额曰"仁寿殿"。入殿门，门内有院，院中即站台，第一层行列四鼎，第二层行列二龙二凤二缸，皆以铜铸。殿有宝座，门皆封锁。又西行不数武，有一额题曰“水木自亲”，西即昆明池。池之北有乐寿堂在焉，堂即孝钦后寝宫，堂前亦有站台。旁有一亭，如花园暖房然，中藏柏树一株，似珊瑚状。又曲折而西，回廊湾转，约数十丈，北有山，山巅有台曰“国华台”，高数十仞。台下有殿，题曰“排云殿”。殿最大，向为朝贺之所，内有二联云：“万笏晴山朝北极，九华仙乐奏南薰。”又：“宝祚无疆，万年绵茀禄；天颜有喜，四海庆蕃釐。”殿内十锦橱数十座，高接栋宇。循阶而上，石级十四层，站台上列铜缸铜鼎各四，铜龙铜凤各二。殿门旁柱上有联，题曰：“崧岳大云垂，九如献颂；瀛洲甘雨润，五色呈祥。”殿后有阁，题曰“佛香阁”。循级而上，入偏门，门内石坊一，上题七字，曰“暮霭朝岚常自写”。又北上至宝云阁，阁如八卦形，门栏栋槛皆生铜所铸，质坚固，叩之隆隆有声，风雨不蚀，高约四五丈；内长方棹（同“桌”）一，亦然。由阁东下，即太湖假山。山有洞，回环弯曲，如蚁行九曲珠然，出洞而上，不觉至佛香阁焉。阁中供佛，佛旁二侍像，皆金色。阁后有亭，曰“众香界”，万寿山最高处，以此及佛香阁为极矣。南出一门，题曰“导养正性”，门前有短墙，危立山际。倚墙南望，池面皆冰，其亭台楼阁历历如绘。又东下石洞至一殿，题曰“转轮藏”，旁有数亭，亦八方形。转轮藏有二，系木制，作十数层塔形，每层木佛数像，每藏高约三丈，能自转不息，庚子之乱，洋人入园后，二藏遂不能自转。有数日规，以石制之，表面镌十二地支及晷刻度数，中竖一钢针，太阳照之，针影在石上，即知何时何刻。又一亭，中立一大石碑，题曰“万寿山昆明湖”六大字。转至德晖殿，额曰“敷光荣庆”，至此，已入排云殿之东偏矣。又西一殿，曰“听鹂殿”，殿对面一台，即孝钦听戏处也。又曲折而东，上至一亭，题曰“画中游”，殿宇结构最妙，有数联，句云：“境自远尘皆入咏，物含妙理总堪寻。”“几许崇情托远迹，无边佳况惬香襟。”“云闲归岫连峰暗，飞瀑垂空漱石凉。”“幽籁静中观水动，尘心息后觉凉来。”“川岩独钟秀，天地不言工；山色因心远，泉声入目凉。”旁有石洞，入折而出，耸立一石坊，则题“山川映发使人应接不暇”十字。又至一亭，题曰“湖山真意”，结构亦极佳，为孝钦纳凉用膳处，盖已在山之巅矣。向北俯视，围墙外约十里许即为市。又由亭步至最高处，有一楼，题曰“智慧海”，对面有圆门三，题曰“祇树林”。楼之后面稍低处东北数里外，平地上之短破墙垣，即圆明园，乃咸丰庚申英法人所毁者。又东行山巅数里，路皆铺以水磨方砖，虽山岭一起一伏，而平仍如砥，后有一亭，题曰“荟亭”。循是而下，至景福阁，为孝钦进小米粥处。又过如意庄、平安室至乐农轩，轩正中有空椅一，即御座也。后列条几，左有西式摇椅一，上覆黄幔。又由此东南下至瞩新楼、涵远堂，堂前一池，池通山泉，水清而涔涔有声，恍有碧天深处气象，曲栏画楹，备极清幽，真红尘飞不到处也。池旁有和春堂，堂畔有桥，曰“知鱼桥”。桥之四面，皆有亭台，河流淅沥，清而且漪。又过一院，南北房舍各四五间，南向者内存一船，北向者内藏《图书集成》一部。又西行至德和园，内一殿，曰“颐乐殿”，殿前一大戏台，台高三层，登顶西望，玉兰堂即在目焉。是为德宗寝殿，殿两边厢房各十一间，每间界以木板，如戏园之包厢座然，为赏王大臣听戏处。又南行至昆明湖，循东偏墙而行约二里，行至宫门，左立一碑，（即织女石。）高约四五尺，系甲申年立；右卧一牛，（即牵牛。）长约四五尺，乃范铜铸成，中有白石台阶数层，即孝钦后登小轮游昆明湖处。又西行过十七空（孔）桥，北行至龙王庙，庙有数联云：“天外是银河，烟波宛转；云中开翠幄，香雨霏微。”“列岫展屏山，云凝罨画；平湖环镜槛，波漾空氛。”庙门外东西南三面，皆立有石坊，庙后即涵虚堂，堂后即昆明湖。隔池西北望，（约二三里。）即石房也，偏西者，即玉泉山也。

明之重器宝物全储大内，高宗时常幸三海，乃择所喜之各物，移列三海各处；凡本朝所收聚之物，大都在是。其中美术书画、碑册金石，不可以数计，碧犀宝石、翡翠珠宝等件亦甚多。

近数十年，各督抚所搜剔而呈进之宝物，悉入其中矣。

颐和园戏台

戏台在大院中，三面可观，有楼五层，一层如常式，二层如寺庙，以演神鬼杂剧，三层为布景之用。两旁皆平房，其外有廊，为恩赏王公大臣听戏处。正对戏台者有屋三间，高一丈，孝钦后听戏所坐。偏右一间，为休息室，临窗有长坑，坐卧可随意，有时锣鼓喧天，孝钦能酣眠不醒。戏中布景暗合西法，皆太监为之，每出竣事，亦如西剧之分幕。且孝钦暇时，喜阅小说，常自排戏以为能也。

宝莲航

颐和园有船坞，琢石而成，在仁寿殿西南，与万寿山相对，旧名“宝莲航”，亦名“石舫”。光绪中叶，昆明湖始置小轮舟二艘，复于园外东南隅设电汽房，专司园中电灯。

颐和园窗绢之字画

颐和园糊牕之绢，均郑沅所作，皆楷书也，下有“臣某某敬书”字样，余皆倩李某代之，并有画花卉翎毛者。

智慧海

智慧海在颐和园中，其景与瀛台髣髴（同“仿佛”）。中秋前数日，内务府执事诸员，预传彩匠扎成月宫一座，胪陈各物，甘鲜水乳，风薰海错，灿然大备。中秋夜，孝钦后率领德宗、后妃等，向太阴致祭，亲支王大臣及供奉诸臣，各乘龙舟来往，水天一碧，夜色清华，箫鼓之声，中流不绝。已而赐宴，命尽欢，时撤御前珍膳，指名给予。回帆转柁，当在东方既白时矣。

孝钦后大兴土木

光绪初，恭王当国，谨守绳尺，三海小有残破亦未修。孝贞、孝钦两太后率帝后等幸海时，恭王必从。孝钦辄曰："此处宜修矣。"恭王正色厉声而言曰："是。"孝钦亦不再言。孝贞则曰："无钱奈何？"及孝贞宾天，恭王出军机，以醇王继任，于是迎合孝钦者先修三海，包金鳌玉蝀于海中，（金鳌、玉蝀，桥名也。桥之南北二牌坊，一曰"金鳌"，一曰"玉蝀"，自国初以至光绪己卯皆在大道旁，为西城赴后门之大道。桥旁即承光殿，俗呼"圆殿"，又名"团城子"，如一小城。然上有雉堞，中仅一殿，曰"承光"，亦不甚宏大，四围配殿数十间而已。大玉瓮即在此殿院内，以石亭覆之，亭柱四方刻诸臣和御制玉瓮诗。玉瓮直径三尺弱，外刻龙鱼波涛之状，瓮内刻高宗御制古风一篇，玉色苍白，滑不留手，高约二尺，不知何代之物。）然犹以西苑在城中，山水之趣不及郊野，乃又有重修圆明园之议。其后以圆明园荒芜岁久，水道阻塞，不如万寿山昆明湖水面广阔，施工较易，乃辍圆明园工而修万寿山，且锡名为颐和园。不三年，园成，孝钦率帝后等居之，自移园后，每日园用万二千金。园设电灯厂、小铁道、小汽船，每处皆有总办帮办委员等数十人。光绪甲午，败于日本，李鸿章常恨恨曰："使海军经费按年如数发给，不过十年，北洋海军船炮甲地球矣，何至大败！此次之辱，我不任咎也。"

南苑

南苑在京城南，为元时南海子故址，亦名"飞放泊"，广百余里，国初作东西二宫，有珍禽异兽、奇花佳果。乾隆以后，谒陵回跸，辄于此行春蒐之典。晾鹰台在苑之迤南，蒐毕，命虎枪营人员殪虎于此。乾隆时孝圣后、道光时孝和后，皆尝一幸南苑。光绪辛丑冬，德宗奉孝钦后回銮；壬寅、癸卯谒东西陵，均至南苑驻跸数日。

南北海小修工程

光绪乙酉夏，德宗幸南北海，小修工程银十三万两，而任其事者，仅拆后墙以培前墙，粪涂饰一时而已。

南海

南海子，明之上林苑也。国朝因以为阅武田狩之所，同治以还，神机营将士岁往驻扎，辄秋去而春归。

南海遍种荷花，几为大内之冠，中有殿曰瀛台，旁有佛照楼。瀛台四围皆水，一九曲板桥通之。壁上贴落（即字画也。）皆国初三王真迹，又有成亲王寸楷《赤壁赋》一大幅。房闼曲折数十间，极精雅，即光绪戊戌政变以后，孝钦后幽德宗之处也，自是而瀛台之名以著。

佛照楼

佛照楼在南海，即仪鸾殿故址，殿毁于光绪庚子之乱，回銮后重修，三字为孝钦后御笔，巨于栲栳。楼顶上下左右画一蒲桃架，四壁皆蒲桃也；楼柱画百鸟朝王，无一同者。即此一项，已报销十五万金，全楼共费五百余万，悉仿西式。佛照楼左有一“两卷楼”者，与佛照楼互相环拱，如鸟张翼。佛照楼内有电灯，其锅炉等件即在附近，汽筒直上，高与云齐；一至夜间，则几上瓶炉、壁间琴剑，皆以玻璃制就，无一不照耀通明。

团城内之宫殿碑碣

团城子在北海，入门后，有牌坊二，一曰积翠，一曰拥岚。中施石桥，北行，入永安寺，石级百余，陡然直耸，游人拾级而上，路狭难行，若绕行山之西麓，则坦如矣。既上一层，旁有洞口，绕西行，登白塔山顶，塔高十余丈，围八九丈。塔前有佛殿一，殿外全以瓦佛砌成，若颐和园之智慧海，惟佛皆紫衣，而不及智慧海瓦佛之大，其制造之工亦简甚。佛殿铜门四扇不可开，自窗隙观之，乃千手千眼菩萨，皆铜质，像貌狞恶，而最上中间之面目则又若妇人。在白塔山之上俯观三海及宫禁，历历如在掌中。山下碑碣甚夥，有雍正时碑二座，高丈许，碑下皆有霸下，或云赑屃。（霸下乃龙生九子之一，可以负重。谓之“赑屃”者，误也。盖碑首之龙形乃赑屃，因赑屃好文，故施于碑上。）塔为雍正庚戌所建，碑文为雍正时大学士宁完我所撰。时有喇嘛名恼木汗者，请以佛教佐治，可以寿国安民，上从其请，故建白塔，费钱五万二千余，为喇嘛奉经。塔上有藏文七字，山下又有高宗御制碑二座，一则考据白塔山之历史，略云：白塔山，金时名琼华岛，故京城八景“琼岛春阴”为其一。一名万岁山，一名万寿山，一名大山子。（明诗“万岁山前擂大鼓，赭袍将军号威武”，即指此。）又有一碑，大书“昆仑”二字，石色白，殆艮岳石也，状类玉石。碑下为长方石，石上有古柏二株，高二丈许。碑后有高宗御题诗，题为《悦心殿即景作》，其诗云：“飞阁流丹切灏空，登临纵目兴无穷。北凭太液平铺镜，南接金鳌侧饮虹。冬已半时梅馥馥，春将回虚日融融。摩挲艮岳峰头石，千古亡兴一览中。”山后松柏丛杂，山麓有石洞二，西洞曲折数丈，洞口有小阁一处，署“酣古堂”，亦高宗御制也，俯临巨阁，即三希堂刻石所在。从酣古堂行不数武，有仙人承露盘，仙人铜制，耸立石上，手承巨盘。东洞曲折十余丈，洞口小亭有高宗御制“盘岚精舍”匾额，纡徐而下，洞中日光黯澹，阴气森森。北又有一亭，即快雪堂石刻所在。再西佛寺则前殿圆形，壮丽无比，中为旃檀，山上列铜佛悉失于庚子岁。后殿立巨佛，背有千手眼，后为木梯，较在雍和宫者尤雄伟，殿前碑刻仿正定之天宁寺。再西别院北向有殿五楹，中植石，分八面上下，置木转轮，石刻五代贯休画十六尊者，极清奇古怪之致。东有藏经版处，庚子亦毁，殆为乾隆重定本，柏林寺所有龙藏即其版也。

雪池冰窖

雪池冰窖在北海陟山门内，为诸冰窖之冠，御用取给于此。都城内外，如地安门外、火神庙后、德胜门外西、阜城门外北、宣武门外西、崇文门外、朝阳门外南，皆有冰窖，以岁十二月藏冰，来岁入伏颁冰，各部院官学皆有之。掌以工部司员一人，以数寸之纸印为小票，名“冰票”，为领冰之券。然年久弊生，虽有此票而给冰绝少，殆不能供一人之需，故亦不复领票，而冰多售于市矣。

太液池

太液池在西苑门内，南北亘四里，东西阔二百余步，旧名“西海子”。上跨石梁，约广二寻，修数百步，两厓阑楯，皆白石镌镂，中流架木，贯铁縴掣之，可通巨舟。东西峙华表，东曰“玉蝀”，西曰“金鳌”，盖桥名也。桥有九门，为禁院来往大道。夹岸榆柳松槐，皆数百年物，中有人字柳一株，乾隆间，风吹一枝着地，本株倾欹欲倒，高宗命以折枝撑拄，既而成活，与本株作人字形，因以名之，御制诗云：“借问人称谁氏，依稀彭泽先生。”其风致可想。池有中海、南海、北海之分，木石亭台，类多三朝古迹。光绪朝，更增饰西洋物品，璀璨绚烂，益胜于前。池在金时名“西华潭”，元名“太液”，明又称“金海”，四时风景，以秋为最佳。高宗于池中立一亭，名“水云榭”，大书“太液秋风”四字，为燕京八景之一。

琼岛

琼岛即琼华岛，踞太液池，奇石迭成，巑岏岞崿，相传为宋代艮岳之遗，自汴中辇至燕者。巅有古殿，闻为辽太后洗妆台，又有辨为金李宸妃妆台者，又有辨为元英英来芳馆者；最后有人辨为广寒殿旧址，因残石坏础，犹刻云物及广寒殿宇也。后为普安佛殿，上建白塔，又名“白塔山”。山左立一碣，御书“琼岛春阴”四字，亦燕京八景之一也。

畅观楼

西直门外三贝子花园，自改为农事试验场，德宗奉孝钦后亲往阅视，以场中高楼为传膳之所，孝钦命之曰“畅观楼”，其余“自在庄”“豳风堂”诸额，亦皆御题。

皇史宬

皇史宬建自明，四周石室，中藏金匮。国朝因其旧制，尊藏实录、圣训、玉牒诸巨编，宝笈琅函，依次排列。至嘉庆丁卯，高宗实录、圣训告成，则卷帙宏富，增于旧时数倍，仁宗特命所司重加修葺，将金匮分列石台，诹吉尊藏，并谕阁臣云：“我国家亿万斯年，笃祜延釐，正未有艾。嗣后石室充盈，即于两配殿仿照石室规制，建造分贮，奕叶遵循，永远无替。”此旨并交内阁存记。

大学士直庐

内阁大学士直庐在昭德门东南隅，门西向，阁南向，后于阁东北开正门，与文华殿相对。沈德潜《夜宿中书省》诗云：“独宿丝纶阁，虚堂灯火清。窥檐星汉影，记夜柝铃声。报称惭须鬓，疏慵负圣明。家园通梦寐，游钓忆平生。”

侍卫直宿处

侍卫直宿处在贞度门外西庑。

槐树院子

瀛台之北有勤政殿，为孝钦后、德宗居海子时披阅奏本之处，其东偏有一小院，以院有大槐树一株，俗呼为“槐树院子”，则军机大臣办事处也。每日各处奏事，均先至外奏事处，次日，由军机大臣恭呈御览，既奉如何办理之谕，即退值，交军机章京遵照所谕明发廷寄交片，分别拟稿，由各大臣核定，立即缮就，复由各大臣呈览，当日即发，统计只须两日。故各大臣每日入内办事，必随带值班小军机多人，以小军机所居之地距勤政殿太远，往返须二三小时，而交办事件时，两宫仍在勤政殿等候，及各小军机誊真进呈后，费时已不少矣。

上书房直庐

上书房有乐泉，为乾隆己卯岁张文恪公泰开直上书房时，得于园庐之东，爱其甘冽，甃以文石，绘图征诗，遂自号“乐泉老人”。嘉庆间，泉渐芜没，仅余涓滴。道光戊子，田季高嵩年募夫淘浚，深八九尺，甃石无恙，果有泉自西北石罅涌出，逾日而清澈一泓，其光如镜，环植新柳，顿复旧观。又叶棣如阁学觐仪所居处，有一小阜，可望西山，棣如筑亭其上，名之曰“叶亭”。又祁文端于道光辛卯奉母入都，筮得《井》之上爻，已而被命重直南斋，并诏许就养园庐，因名“直园”，屋后之井曰“孚井”。嗣徐少空士芬居之，制竹筩为恒升车，仿区田之法，试之有验。辛丑季秋，置酒邀孙文定瑞珍、杜文正受田、贾文端桢、张文毅芾、何制军桂清观刈稻。又祁文端有《食笋斋十咏》。曰“竹径”。斋南竹三丛，当涂手植，遂以名斋。东南隅两丛，西北墙下一丛，文端所补也。春夏雨足，笋迸地而出，交柯乱叶，款扉者披翠而乃入焉。曰“老屋”。循竹而西，过墙而南，老屋三间，榆柳之下园庐昔毁于火，独此屋与近光楼岿然尚存。曰“借春阴馆”。馆当老屋之北，檐角海棠一株，高三四丈，花时与客饮酒赋诗其下，取放翁诗意名之。曰“东峰”。上有老榆，高出群木，下有乐泉，清冷〔泠〕如镜，峰在斋东，故名。曰“月湖”。门对南湖，水天一碧，园木蒙密，到此豁然开朗。曰“影荷桥”。石桥界南北两湖之间，荷花开时，萦红漾碧，如画舫然。曰“见山台”。桥东北水折处，突起一小冈，出馆之背，顶若平台，登之可见西山。曰“药坡冈”。自北而南，尾注于斋，奇石环之，高下杂植药草桔梗数丛，挺秀可爱，花开如紫玉琖，野菊缘坡，入秋特盛。曰“雨香浒”。斋之后为北湖，锁以重冈，跨以横桥，林阴四匝，幽邃无尽。曰“洗砚池”。北湖之湑，药坡之脚，爱有盘石，可濯可沿。此十景，皆文端命名也。又程春海侍郎直舍在东峰下，有屋一区，侍郎题曰“乐泉西舫”。又食笋斋后土阜有嘉树三，居者、过者皆罔识其名，程辨为杻，因著《杻赋》。

雍正初南书房遗迹

南书房后院壁，有世祖幼年习弹痕迹。又桐城张文端、静海励文端二公在南书房，每入直，于阬（按阬、坑、炕三字皆无床榻义，北人皆呼卧榻为阬。）边坐处，以辫发抵壁，久而发印渍纸，至康熙末尚存。

南书房旧直庐

南书房旧直庐在禁园东如意门外，乾隆间翰林入直之所。嘉庆初，复于勤政殿东垣赐屋三楹，地逾清切，而旧直庐亦不废。道光初年，凡奉命校勘书画者，辄留连累日，诸臣退直余暇，亦时憩此，有宫监守之。

帝德类

皇上日阅实录

列圣于每早盥沐后，即阅先朝实录一卷，自巡狩斋戒外，日以为常，寒暑不间。书皆收存内阁大库，每前一日，中书启钥取书，用黄绫袱包裹，盛以栟〔栟〕木匣，次早同奏章送入。

开国方略

天命丙寅，设八旗大臣。天聪戊辰，定文馆职司；辛未，设六部；壬申，定城守官三年考察之例；甲戌，定八旗职官名；乙亥，更定内三院。崇德丙子，定内院官制，设都察院；丁丑，设八旗议政大臣；戊寅，设理藩院，定部院制；癸未，设礼部蒙古理事官。此为澄叙官仪之始。

太祖乙卯年，定八旗军制。天聪己巳三月，定军例于外藩；八月，定行军赏罚例，辛未，定出征军制。崇德癸未，定军律。此为整敕戎行之始。

天命庚申六月，设纳言之木于门外。天聪辛未，令贝勒大臣直言尽谏。此为下诏求言之始。

天命丁巳，令详慎讼狱。天聪乙亥，禁徇私枉断。崇德庚辰，肆赦。此为明刑弼教之始。

太祖乙卯年，令群臣举贤才；庚申，令贝勒大臣子弟就学三年，授举人生员官阶，优免丁役。此为兴贤劝学之始。

天聪壬申，行新定朝仪。崇德丙子，行太庙荐新礼；戊寅，谕礼部申明禁令；癸未，定内外相见礼。此为班朝肃庙之始。

太祖甲寅年，令国人屯田旷土。天聪乙亥，禁滥役妨农。崇德丙子，禁屯积米谷，令及时耕种；丁丑，令各屯堡及时劝农。此为重农贵粟之始。

天聪丁卯，发帑赈饥；戊辰，发帑资民嫁娶。崇德丁丑，谕贷粟资民；辛巳，以岁歉谕行备荒事例。此为孚民生之始。

天命癸亥，勖群臣勤职；丙寅，勖诸贝勒毋习逸乐。崇德丁丑，谕诸大臣勤修国政；壬午，谕诸王贝勒勤修政事。此为诫谕臣工之始。

太祖敷教明刑

太祖自天命元年丙辰建元以后，益勤劳国政，靡间昼夜。每五日一视朝，焚香告天，宣读古来嘉言懿行及成败兴废所由，训诫国人，以议政五大臣参决机密，以理事十大臣分任庶务。国人有诉讼，先由理事大臣听断，仍告之议政大臣，覆加审问，然后言于诸贝勒，众议既定，犹恐或有冤抑，令讼者跪上前，更详问之，明核是非，故臣下不敢欺隐，民情皆得上达，国内大治。

太宗用洪文襄

松山既破，擒洪文襄公承畴归，洪感明帝之遇，誓死不屈。太宗命诸文臣劝勉，洪不答，益厚遇之，解貂裘以赐。久之，洪叹曰："真命世之主也。"因请降。太宗大悦，即日赏赉无算，陈百戏以贺。诸将皆不悦，曰："洪一羁囚，上何待之重也？"太宗曰："吾侪栉风沐雨者，欲何为？"众曰："欲得中原耳。"太宗笑曰："譬诸瞽者获一前导，安得不贺也。"众乃服。

世祖韬晦

当睿亲王多尔衮摄政时，世祖深自韬晦，遨嬉渔猎鄙事，无不为之，摄政王安意无猜，得以善全，盖自冲龄善于用晦如此。

世祖优待前明

世祖既登极，对于有明官吏人民优加待遇，约举之有数端。

一、为明思宗暨后妃发丧成礼，自长陵以下十四陵，皆设官守之。一、明官吏降附者各予升级，仍令视事，朱姓诸王亦仍其爵。一、明之职官绅士曾殉国难者，给予谥法及优恤诸典。一、被斥官吏非犯赃者，及士为清望所归并隐居山林而才德可称者，皆征辟录用。一、蹂躏之后，有鳏寡孤独及乞丐街市者，皆给粮养之。一、正额之外一切加派，如辽饷、练饷、剿饷诸名目，尽行蠲免。明季厂、卫之弊政亦一律除之。一、官制衣服暂用明制。

世祖下薙发令

世祖初登极，以其时明弘光方称帝于江宁，故未强国人以一律薙发，曾下令曰："予因前归顺之民无所分别，故令其薙发以别顺逆。今闻甚拂民愿，反非予以文教定民之本心矣。自兹以后，天下臣民照旧束发，悉听其便。"越一年，南方大定，乃下薙发之令，其略曰："向来薙发之令不急，姑听自便者，欲俟天下大定，始行此事，朕已筹之熟矣。君犹父也，民犹子也，父子一体，岂可违异？若不归一，不几为异国人乎？自今以后，京城限旬日，直隶各省地方自部文到日，亦限旬日，尽行薙发。若规避惜发，巧辞争辨，决不轻贷。"时有"留头不留发，留发不留头"之语，县官令薙匠负担行市，见蓄发者，执而薙之，违即被杀，悬其头于担上之竿以示众。

世祖勤政

大兵入关时，明臣迎降，睿亲王权宜任之，故胜国弊政未尽厘正。世祖勤政后，任法严肃，凡大臣专擅，如陈名夏、谭泰、陈之遴、刘正宗辈，无不立正典刑，故夙弊尽革。

世祖阅明孝宗实录

世祖幸南苑别殿，夜半，阅明孝宗实录，有召对兵部尚书刘大夏、都御史戴珊事，心喜曰："朕所用何遽不若珊、大夏。"明日，宣梁尚书清标及魏文毅诣行幄备顾问。

圣祖愿天下治安

圣祖八龄践阼，太皇太后问帝何欲，帝曰："子臣无他欲，惟愿天下治安，民生乐业，共享太平之福而已。"康熙庚寅蠲租谕旨，犹述及之。

圣祖悯三等人

圣祖尝谕阁臣曰："天下黎元皆朕赤子，朕最悯念者有三等人：一读书寒士，一饥寒穷民，一无知犯法之人。"

圣祖书三藩河务漕运三大事于宫柱

圣祖初亲政，以三藩、河务、漕运为三大事，夙夜廑念，爰亲书大略，悬之宫中柱上。康熙壬申，谕旨述及之，犹云至今尚存。

圣祖勉谕臣僚

康熙癸丑，圣祖御弘德殿，讲官进讲毕，谕曰："从来民生不遂，由于吏治不清，长吏贤，则百姓自安矣。天下善事，俱分所当为，近见有寸长片善，便自矜夸，是好名也。"又曰："君臣一心图治，天下不患不治，此等光景，未易多得。朕与诸臣，何可不交勉之。"熊文端公赐履奏曰："为政在得人，故用舍黜陟，人主之大权，最当审量者也。"上曰："知人难，用人不易，政治之道，全关于此，朕即欲不尽心，不可得也。"

圣祖爱惜士卒

国初定鼎未久，而遭三藩之乱，八旗士卒多争先用命，效死疆埸，丁口遂至稀少。圣祖念之，尝怃然曰："吾二十年之久始得一获满洲士卒之用，何可不厚恤也。"故时加赏恤，且为之代偿债务。以是满洲士卒皆感之，凡有征讨，争致死焉。

圣祖知崇正学

圣祖驾幸曲阜，亲谒孔林，谒孔庙，留御前曲盖于大成殿，崇正学也。

圣祖留心书本之谕

张清恪公伯行生长河壖，熟谙水性，尝面奏河务事宜，圣祖偶有诘问，即袖出地图，口讲指画。时兵部侍郎牛钮在侧，斥之曰："伯行书生，但据纸上陈言妄奏耳!"上曰："毕竟是他留心，即书本亦是他看过，尔等谁留心者?"

圣祖论居官不善之报

康熙时，年羹尧抚蜀，濒行，陛辞，圣祖谕以"汉军督抚如张长庚、白如梅、屈尽美、韩世琦等，皆以贪黩致富，五十年来，子孙零落殆尽，是可见居官不善之报也"。

曾国藩之论圣祖

曾国藩尝曰："六祖一宗，集大成于康熙，雍、乾以降，英贤辈出，皆沐圣祖之教。"又谓："缉熙典学，日有孜孜，上而天象、地舆、历算、音律、考礼、行师、刑律、农曹，下而射御、医药、奇门、壬遁，满蒙、西域、外洋文字，无一不通，且无一不创新法、启津涂也。"

世宗资助书生

世宗为皇子时，好微行。尝游杭州，出涌金门，见一书生卖字，颇精八法，即命其书一联，中有"秋"字，易火于左，世宗曰："得毋误否?"书生条举名帖为辨。世宗曰："若曷不效举子生活，乃卖字乎?"书生自云："尝举孝廉，贫不能给妻子，卖字求活，安望富贵。”世宗出囊中马蹄金数笏，曰：“吾贾有赢，不如资若求功名，得志毋相忘耳。”书生谢受之。即上公车，连捷翰林。时世宗已践祚，一日覩（古同“睹”）其名，忆是书生，即召入，书一“和”字，易口于左，询之，书生言为讹体，上笑不答。翌日，使奉诏诣浙江巡抚，受诏发观，乃命其仍向涌金门卖字三年，再来供职，书生始悟。

世宗不喜谄谀

世宗不喜谄谀之言，有所闻，必斥之。雍正丁未正月，太常寺卿邹汝鲁进《河清颂》，中有“旧染维新，风移俗易”语，大怒，谕交九卿公同严审，定拟具奏。寻刑部请照律拟绞立决，得旨，著革职从宽免死，发往湖广荆州府沿江堤岸工程处効力赎罪。

世宗慎于建储

世宗性雄猜，自以夺嫡践位，恐兆争端，乃于即位后御乾清宫，召王大臣入，谕以“建储一事，必须详慎。圣祖既将大事付托朕躬，朕身为宗社之主，不得不早为计。今亲写密封，存之匣内，置乾清宫世祖御书‘正大光明’匾额之后宫中最高处，以备不虞，永为定例”。诸臣奏：“圣见周详，臣等遵议。”乃令诸臣退，惟留总管事务大臣，亲书应立皇子名，密封锦匣收贮。

世宗密训李卫

李卫开藩滇中，世宗密谕之曰：“汝恃宠放纵，于督抚前粗率无礼，操守亦不能纯，间有巧取。如此行为，大负倚任。嗣后亟宜谦恭持己，和平接物。”

世宗知崇正学

雍正庚戌九月，重建阙里文庙告成，黄瓦画栋，悉仿宫殿制度，搏拊、干戚、尊俎、豆笾之器，颁自上方，世宗复以“崇敬正学”御书碑文勒石。礼部奏请遣官祭告，特诏皇五子承命以行。

世宗朱批谕旨

世宗虑本章或有漏泄，所有摺奏皆可封达上前，几暇披览，或秉烛至丙夜。所批辄万言，洞彻窾要。后付刻者，只十之三四，其未发者，收藏保和殿东西庑中。

世宗追斥揆叙

左都御史揆叙，本谥“文端”，雍正朝追削，并谕令于墓碑上改镌“不忠不孝柔奸阴险揆叙之墓”。

高宗初政

高宗即位，承世宗严肃之后，以宽大为政，罢开垦、停捐纳、重农桑、汰僧尼之诏累下，万民欢悦，吴中谣有“乾隆宝，增寿考；乾隆钱，万万年”之语。

高宗不忘本

王大臣当从龙入关时，无不弯强善射，满语纯熟，居久之，多骄逸自安。高宗知其弊，凡射不中法者，立加斥责，或命为贱役以辱之；乡、会试，必先试弓马合格，然后许入场，故勋旧子弟，熟习弓马。金川、台匪之役，如明亮、奎林，皆以椒房世臣用命疆场，上尝曰：“周以稼穑开基，国朝以弧矢定天下，何可一日废武。”

高宗严办伪稿案

乾隆壬申，有伪作孙文定公嘉淦奏稿者，稿几累万言，指斥乘舆，遍诋大学士鄂尔泰、张廷玉、徐本，尚书讷亲等，传播遐迩。

事闻，上震怒，饬各省穷治，久不得主名，复命尹继善来京，随同在京各大臣审办，始讯出卢鲁生、刘时达等会商捏造实情。

奉上谕："各省传抄伪稿一案，朕屡经降旨宣示中外，此等奸徒传播流言，其诬谤朕躬者有无虚实，人所共见共知，不足置辩，而诪张为幻，关系风俗人心者甚大，不可不力为整饬。乃各省督抚仅视为寻常案件，惟任属员取供详解，过堂一审，即为归案了事，以致辗转蔓延，久迷正线。各省就案完结情形，大略不过如此，而在江西为尤甚。即如施廷翰案之张三、施奕度，江西承审各官草率错谬，及到江南亦不能审出实情，几认为捏造正犯，经朕命军机大臣等审明昭雪。而千总卢鲁生在江西两次到案，俱被狡饰脱漏，又经军机大臣从解京之书办段树武、彭楚白等供词互异之处，细加穷诘，始将千总卢鲁生、守备刘时达传稿情节逐层究出。比卢鲁生、刘时达先后到京，朕督令诸臣虚心研鞫，反复推求，始则借端支饰，继则混指同寅，既不能推卸传稿实情，又不能供出得稿来历，诘问再四，即各委之伊子，忍心害理，莫此为甚。迨情竭词穷，始得其会商捏造种种奸伪情节，并将伪稿条款，逐一默写；及其造谋起意，于破案后商同借线揜（同"掩"）饰情由，一一吐露，矢口不移。当此光天化日之下，乃有此等魑魅魍魉，潜形逞伪，实出情理之外。今不待重刑，供情俱已确凿，殆由奸徒罪大恶极，传抄贻累多人，好还之道，自无所逃耳。卢鲁生、刘时达，著议政王大臣大学士九卿科道会同军机大臣再行详悉研鞫，定拟具奏。至督抚为封疆大吏，不特此等大逆之犯，即寻常案件，孰非民生休戚攸关！而养骄饰伪，妄自托为敌体，可乎？此案若查办之始，即行竭力根究，自可早得正犯，乃粗率苟且，江西舛谬于前，江南迷误于后，均无所辞咎。江西近在同城，群卫弁腾口嚣嚣，毫无顾忌，串供借线，几于漏网吞舟，厥罪较重于南省。解任巡抚鄂昌、按察使丁廷让、知府戚振鹭，俱著革职拏问，交刑部治罪；总督尹继善及派往江西同问之周承勃、高麟勋，俱著交部严加议处；钱度、朱奎扬等，尚与专委承办者有间，俱著交部议处；至卫弁乃总漕专责，瑚宝亦不能辞责，亦著交部严察议奏。当日查办之始，未知根源所在，须披叶寻枝，势不得谓法不及众、畏难中止，以致颟顸之事，朕犹恐拖累者众，屡经密谕各省督抚，分别发落，以省拖延，即武弁大员曾经私看者，亦悉置不问。然在伊等食毛履土，见此大逆不道之词，当为痛心疾首，譬闻人詈其父祖，转乐为称述，非逆子而何！然使非有首先捏造之人，则伊等亦无从传阅，是传阅者本有应得之罪，不可谓彼所愚弄，而朕则悯其无知，譬子虽不孝，父不忍不慈。今首犯既得，不妨曲宥，除在京人犯已予省释外，著传谕各省督抚，通行出示晓谕，无论已未发觉，概行从宽免究释放。凡属此案例应拟罪人众，蒙朕格外宽宥，务宜痛自改悔，动尊君亲上之天良，戒造言喜事之恶习，安静守分，庶不致良苗化为稂莠，永受朕保全爱养之恩。夫谗说殄行，为圣世所不容，奸顽不除，则风俗人心何由而正？而吏治狃于因循，尤关治道，朕宵旰忧勤，与诸臣共相敦勉者，岂肯稍存姑息，致启废弛之渐？将此一并宣谕中外知之。钦此。”

先是，御史书成不知大义所在，恐株连者多，奏请罢查办。上以书成身为言官，不能备悉原委，远方传说更难保其必无浮议，褫其职。

高宗雪睿亲王冤

大兵入关，睿亲王方摄政，薨后议罪革爵。饶馀郡王阿巴泰父子略定河北，征讨吴三桂，累功封安亲王，以后嗣依附廉亲王允禩，世宗特斥其封。高宗夙知二王功高，于乾隆戊戌，特复睿王封爵，令其五世孙淳颖袭封，并命配享太庙；安王嗣封辅国公，以承其祀。

高宗书《无逸》以自警

高宗于勤政殿扆间御书《无逸》一篇以自警，凡别馆离宫听政处，皆颜“勤政”二字，燕居游览，无不以莅政为务。后暮年少寝，乃默诵《无逸》七“呜呼”以静心。

高宗崇奖风雅

高宗几余览古，笃嗜过于儒素。乾隆间，诏建七阁，用天一阁之式，内廷斋额，采“知不足”之名，范、鲍两家均荣荷赐书，叠邀天藻也。

高宗邃于音律

高宗邃于音律，凡乐工进御钧天法曲，时换新声，每盼晴，则令奏“月殿云开”之曲。

高宗斥世臣诗稿

高宗驻跸盛京，祗谒陵寝，以祭器潦草错误，革盛京礼部侍郎世臣职。又以世臣诗藁（同“稿”）有“霜侵鬓朽叹途穷”之句，谕谓：“卿贰崇阶，有何穷途之叹！彼自拟苏轼之谪黄州，以彼其才其学，与轼执鞭，将唾而棰之。”世臣诗又有云“秋色招人懒上朝”，谕谓：“寅清重秩，自应夙夜靖共，乃以疏懒鸣高，何以为庶寮表率。”诗又云：“半轮明月西沉夜，应照长安尔我家。”谕以“盛京为丰沛旧乡，世臣不应忘却”。严旨斥责，即令满员官盛京者各书一通，悬之公署。

高宗爱民

高宗忧勤稼穑，每岁分命大吏报告水旱，地方偶有偏灾，即特旨开仓廪、蠲租税，六十年如一日。甘肃大吏以冒赈致罪，后甘省复灾，近臣有以前事言者，上曰：“朕宁使官冒赈，不使民枵腹也。”后诸词臣有以御制诗录为简册进者，朱珪祗录上纪咏水旱丰歉之作，名《孚惠全书》以进，上大喜，赐以诗扇，告近臣曰：“儒者之为，固不同于众也。”

高宗临政之年

高宗内禅，圣寿八十有六，御制诗《五过尧村城》一首，注云：“昨岁读苏东坡《书传》尧咨岳事，时年八十六，计予归政，年正与尧相同，实为厚幸。”

高宗内禅

乾隆乙卯九月，高宗御勤政殿，召皇子、皇孙暨王公大臣入，宣示恩命，立皇十五子嘉亲王为皇太子，以明年丙辰为嘉庆元年，所有册立典礼一切虚文不必举行，至明年归政嗣皇帝仪文，著军机大臣会同各衙门条议以闻。又谕：“朕归政后，应用喜字第一号玉宝，镌刻‘太上皇帝之宝’玉册，即将御制《十全老人之宝说》镌刻，作为太上皇帝宝册。”旋军机大臣奏，丙辰举行传位大典，应行遵办事宜议定呈览：一、丙辰年归政，嗣皇帝登极颁发诏书，钤用太上皇帝之宝，次用皇帝之宝；一、太上皇帝谕旨，称为敕旨；一、太上皇帝仍称朕字；一、丙辰年太上皇帝及嗣皇帝起居注，交该衙门敬谨分纂；一、题奏行文，遇天、祖等字高四格，太上皇帝高三格，嗣皇帝高二格抬写；一、恭逢太上皇帝庆节称万万寿，嗣皇帝庆节称万寿；一、恭逢太上皇帝万万寿庆节及元旦、冬至贺表，嗣皇帝万寿庆节及元旦、冬至贺表，均由内阁撰拟表式；一、丙辰年恭进列祖列宗实录，交内阁照例按期嗣皇帝前恭进；一、凡大祀由各衙门具题，嗣皇帝亲临行礼；一、经筵、耕藉大典及大阅、传胪各典，届期由各衙门奏请嗣皇帝举行；一、太上皇帝、嗣皇帝庆节令辰及掖辇巡幸地方，内外大臣庆贺请安摺，俱缮备二分呈进；一、外廷筵宴，由各衙门照例奏请嗣皇帝奉太上皇帝亲临宴坐，嗣皇帝侍坐，一切仪注，临时具奏；一、御门听政，嗣皇帝拆本示期遵办；一、乡会试朝考散馆及一切考试题目，由该衙门照例奏请嗣皇帝命题；一、嗣皇帝御极后，应请太上皇帝敕旨册立皇后；一、丙辰元旦奉先殿堂子行礼，在未传位以前，皇太子随皇上行礼；一、陛见文武大臣及道府以上，具摺恭请太上皇帝、嗣皇帝恩训；一、丙辰新正递丹书克，仍奏太上皇帝词句，且有贺六十年国庆之事，仍应于太上皇帝前恭递。

仁宗信任李忠毅

嘉庆初，李忠毅公长庚剿除洋匪，屡败蔡牵于浙洋，以闽师掣肘，牵尚游弋海上。上闻，逮治督臣，而代者入闽中，乃文武各官疏参忠毅逗留捏报斩获，谕密询浙抚清安泰。赖清力陈忠毅剿贼之勇，海战情形之难，仁宗委任忠毅由是益笃。当时贼中谣有“不怕千万兵，只怕李长庚”之语，亦达天听。

仙鹤龄因贺表获咎于仁宗

嘉庆丁卯，以诞育皇长孙，中外大臣皆具摺陈贺，叠奉严谕斥责。提督仙鹤龄摺中至有“诞降重熙，承华少海。玉质龙姿，前星拱极。本支百世，派衍东宫”诸语，上益震怒，将仙鹤龄及拟稿之营书郭裕昆，改拟之幕友石先几，先后降旨褫职，治罪有差。

仁宗斥姚祖同刻薄

嘉庆丁丑，万寿恩诏，普免天下积欠钱粮，各省欢腾，争造册送户部。安徽民欠三百万，而凤阳一府尤多，巡抚康绍镛阅册已定，未及奏，迁去。继之者为姚祖同，疑民欠不实，行令诸道府大为核减，属吏震其威，勒令诸州县减造十分之四，以其欠数虚报存库，州县苦之，势汹汹将上闻。姚先奏以为官吏欺侵，造册不实，请展限核减。朱批云：“损上益下，朕之愿也。存心刻薄，有伤政体。”姚大惭，六百里行文，以原册上。

仁宗以“庄敬日强”“健行不息”二语分镌宝玺

嘉庆己卯，仁宗圣寿六十，命以“庄敬日强”“健行不息”

二语分镌宝玺。

仁宗敬礼杨怿曾

皖杨怿曾，嘉庆时官翰林，受知仁宗，为大理卿最久，开府楚北，风骨铮然。尝召对，值盛暑，掀帘见上摇扇挥汗，入跽，上以扇置坐右，不复用，询事甚详。良久热甚，上汗出如雨，卒不用扇，又久乃出，杨亦湿透纱袍矣。

仁宗留意微员

嘉庆中，兵马司指挥谢煦以同知外用，初选登州，上以其地简，特寄谕抚臣，于兖沂曹一带对调，遂改兖州。盖谢任中城时，曾以缉捕出力，蒙赏戴翎枝，故上犹识之也。

仁宗责臣工诗

嘉庆川楚之乱，仁宗忧甚，作诗以责臣工曰：“内外诸臣尽紫袍，何人肯与朕分劳？玉杯饮尽千家血，银烛烧残百姓膏。天泪落时人泪落，歌声高处哭声高。平居漫说君恩重，辜负君恩是尔曹。”

仁宗命移鹰狗处

鹰狗处向在东华门内长街，设总统二人，以侍卫兼之，豢养鹰狗，备蒐狝之用。其牧人皆以世家子弟充之，许其蟒袍纬帽，为执事中品之最高者。嘉庆壬戌，仁宗以非急务，命迁于东安门内长房。

宣宗遣妃

宣宗勤于政事，披览章奏常至夜分。某日，有宠妃取而裂之，翌晨遣出，然亦不加以他罪也。

文宗雪林则徐冤

道光末叶，穆彰阿为满首揆，掌机务，实主五口通商之约。鸦片之为害甚大，世人无不知之，宣宗于林则徐之焚毁鸦片，亦念其忠，特以穆作梗，故林不免于罪而言和。道光壬寅，大学士王鼎方自河东查勘回，闻和议，痛哭争之，不能得，以忧死。其病剧时，召门下士至卧榻前，伏枕流涕，授遗摺数千言，力排和议之非，卒为穆所尼，不得上。王殁，祁寯藻亦力争，然寯藻在军机为后进，且汉大臣不能决事，故穆愈得志。已而白门和议成，宣宗退朝，负手行偏殿，亘一日夜未尝息，内侍但闻太息声。漏下五鼓，旋入殿，以朱笔草一纸，封缄甚固。时宫门未启，命内侍持往枢廷，戒之曰："但与穆彰阿，毋为寯藻知。"盖即谕议和诸臣于和约画押之廷寄也。意穆于是时，必布危言耸论挟制宣宗者。及文宗嗣位，颁示誊黄，为林则徐雪冤，而著穆彰阿之罪。

咸丰季年三奸伏诛

怡亲王载垣、郑亲王端华，皆于咸丰初年袭爵，官宗人府宗正，领侍卫内大臣。而端华同母弟肃顺，方为户部郎中，好狭邪游，惟酒食鹰犬是务。乙卯夏，官军既克冯官屯，剿灭粤寇之北犯者，垣、端渐以声色惑圣聪，荐肃供奉内廷，善迎合上旨。上稍与论天下事，三奸盘结，同干大政，而军机处之权渐移，军机大臣皆拱手听命而已。惟军机大臣大学士柏葰，资望既深，性颇鲠直，不甚迁就，三奸畏而恶之。戊午科场之狱，置柏大辟，于是朝臣震悚，权势益张矣。肃又借铸钱局一事兴大狱，户部司员皆褫职逮问，京师自搢绅以至商店，被其株累破家者甚多，皆怨肃次骨。肃恃宠而骄。时周祖培以户部尚书协办大学士，而肃亦为户部尚书，同坐堂皇判牍。一日，周已画诺，肃佯问曰："是谁之诺也？"司员曰："周中堂之诺也。"肃骂曰："唉！若辈愦愦者流，但能多食长安米耳，焉知公事!”因将司员拟稿尽加红勒帛焉，并加红勒帛于周诸上，累次如此，周弗敢校也。诸大臣受其侵侮，而唯诺维谨，大学士翁心存引疾乞退以避之。庚申七月，英、法兵船犯大沽，陷东西炮台，入天津，逼通州，焚圆明园，肃方以协办大学士兼步军统领，与载垣、端华同劝文宗巡幸热河，导上娱情声色，实为希宠揽权之计也。迨和议成，英、法兵退至天津，留京王大臣疏请回跸，上将从之，为三奸所尼，屡下诏改行期。辛酉秋七月，上不豫；十六日，上疾大渐，召载垣等及军机大臣至御榻前，受遗诏，立皇太子。是日辰刻，文宗崩，三奸辄矫遗诏，与御前大臣额驸景寿、军机大臣兵部尚书穆荫、吏部左侍郎匡源、署礼部右侍郎杜翰、太仆寺少卿焦佑瀛等共八人，自署为“赞襄政务王大臣”，又擅遏禁留京王大臣恭亲王等不得奔丧。自是诏旨皆出三奸之意，口授军机处行之。

八月十日，御史董元醇疏言：“皇上冲龄，未能亲政。天步方艰，军国事重。暂请皇太后垂帘听决，并派近支亲王一二人辅政，以系人心。”三奸不悦。明日，上奉皇太后召见赞襄王大臣，命即照董元醇所奏行，三奸抗论，以为不可，退复以本朝无太后垂帘故事，令军机处调旨驳还。然恭王遂于此时奔赴热河，叩谒梓官，端等颇不以近支视之，且以其不足畏也。两宫皇太后欲召见恭王，三奸力阻之，侍郎杜翰昌言于众，谓：“叔嫂当避嫌，且先帝宾天，皇太后居丧，尤不宜召见亲王。”肃拊掌称善，曰：“是真不愧杜文正子矣。”然究迫于公论，而太后召见恭王之意亦甚决。太监传旨出宫，恭王乃请端同进见，端目视肃，肃笑曰：“老六，汝与两宫叔嫂耳，何必我辈陪哉。”王乃独进见。两宫泣道三奸之侵侮，因密商诛之，并召鸿胪寺少卿曹毓瑛，密拟拿问各旨，以备到京即发，三奸不知也。次日，王兼程回京，无一人知者。先是，垣等自陈职事殷繁，实难兼顾，意在彰其劳勩，诏即罢其所管火器、健锐营，外示优礼，实夺其兵柄也。两宫俟恭王行后，即下回銮之旨，三奸力阻之，谓：“皇上一孺子耳，京师何等空虚，如必欲回銮，臣等不敢赞一辞。”两宫曰：“回京后设有意外，不与汝等相干。”立命备车驾。三奸又力阻，两宫不允。乃议以九月二十三日，派肃护送梓宫回京。上恭送登舆后，先奉两宫间道旋跸，垣、端皆扈从。于是大学士贾桢、周祖培，户部尚书沈兆霖、刑部尚书赵光，合疏称：“我朝圣圣相承，从无太后垂帘听政之典，前因御史董元醇条奏，特降谕旨甚晰，臣等复有何议。惟是权不可下移，移则日替；礼不可稍渝，渝则弊生。我皇上冲龄践祚，钦奉先帝遗命，派怡亲王载垣等八人赞襄政务，两月以来，用人行政，皆经该王大臣等议定谕旨，每有明发，均用御赏‘同道堂’图章，共见共闻，内外皆相钦奉。臣等寻绎‘赞襄’二字之义，乃佐助而非主持也。若事无巨细，皆凭该王大臣之意先行议定，然后进呈皇上一览而行，是名为佐助，而实则主持，日久相因，能无后患？今日之赞襄大臣，即昔日之军机大臣。向来军机大臣事事先面奉谕旨，辨驳可否，悉经钦定，始行拟旨进呈，其有不合圣意者，朱笔改正，此‘太阿之柄不可假人’之义也。为今之计，正宜皇太后敷宫中之德化，操出治之威权，使臣工有所禀承，不居垂帘之虚名，而收听政之实效。我皇上聪明天亶，正宜涵泳诗书，不数年即可亲政。而此数年间，外而贼匪未平，内而奸人逼处，何以拯时艰？何以饬法度？固结人心，最为紧要。傥大权无所专属，以致人心惊疑，是则目前大可忧者。至皇太后召见臣工礼节及一切办事章程，仍循向来军机大臣承旨旧制，或应量为变通，拟求敕下群臣会议具奏，请旨酌定，以示遵守，庶行政可免流弊，而中外人心益深悦服矣。”会钦差大臣侍郎胜保亦奏请简近支亲王辅政，以防权奸之专擅。

十月朔，车驾至京师。将至之日，诸大臣皆循例郊迎，两宫对大臣涕泣，缕述三奸欺藐之状，祖培奏曰：“何不重治其罪？”皇太后曰：“彼为赞襄王大臣，可径予治罪乎？”祖培对曰：“皇太后可降旨，先令解任，再予拿问。”太后曰：“善。”乃诏解赞襄王大臣八人之任，以恭王奕䜣为议政王，垂帘典礼，令在廷大小臣工集议以闻。先召见议政王大臣，上南面稍东席地坐，两宫亦南面坐稍北，皇太后面谕三奸跋扈诸不法状，且泣下。上顾曰："阿䜣，奴辈如此负恩，即斫头可也，请勿悲。"遂与王大臣密定计，即另派大学士桂良、文祥等入朝待命。垣等已先至，尚未知解任之信。盖三奸解任之旨及召见王大臣等，已在初一日申酉间特命办事处勿知会怡、郑二王，故皆不知也，然已微有所闻矣。见恭王等则大言曰："外廷臣子何得擅入？"王答以有诏。复以不应召见呵止王，王逊谢，却立宫门外。俄诏下，命恭王将载垣、端华、肃顺革去爵职，拿交宗人府，会同大学士六部九卿翰詹科道严行议罪。王捧诏宣示，载垣、端华同厉声曰："我辈尚未入，诏从何来！"王命擒出。复呵曰："谁敢者！"已有侍卫数人来前，褫二人冠带，拥出隆宗门。尚顾索肩舆及从人，或告已驱散矣。遂踉跄拥至宗人府幽之。肃顺方护送梓宫次于密云，逮者至，门已闭，乃毁外户而入。闻肃顺在卧室咆哮骂詈，又毁其寝门，见肃方拥二妾卧于床，遂械至，亦系宗人府。肃瞋目叱垣、端曰："若早从吾言，何至有今日！"二人曰："事已至此，复何言？"垣亦咎端曰："吾之罪名，皆听汝言成之。"故论者谓三奸之罪，肃尤甚，垣次之，端又次之。廷议既上，请均照大逆例，凌迟处死。初六日，诏曰："载垣、端华、肃顺朋比为奸，专权跋扈，种种情形，均经明降谕旨宣示中外。至载垣、端华、肃顺，于七月十七日皇考升遐，即以赞襄王大臣自居，实则我皇考弥留之际，但面谕载垣等立朕为皇太子，并无令其赞襄政务之谕。载垣等乃造作赞襄名目，诸事并不请旨，擅自主持，两宫皇太后面谕之事，亦敢违阻不行。御史董元醇条奏皇太后垂帘事宜，载垣等非独擅改谕旨，并于召对时有'伊等系赞襄朕躬，不能听命于皇太后，伊等请皇太后看摺，亦属余多'之语，当面咆哮，目无君上，情形不一而足。且屡言亲王等不可召见，意在离间。此载垣、端华、肃顺之罪状也。肃顺擅坐御位，于进内廷当差时，出入自由，目无法纪，擅用行宫内御用器物，于传取应用对象，抗违不遵。并自请分见两宫皇太后，于召对时，辞气之间互相抑扬，意在构衅。此又肃顺之罪状也。一切罪状，均经母后皇太后、圣母皇太后面谕议政王、军机大臣，逐条开列，传知会议王大臣等知悉。兹据该王大臣等按律拟罪，将载垣等凌迟处死，当即召见议政王奕䜣、军机大臣户部左侍郎文祥、右侍郎宝鋆、鸿胪寺少卿曹毓瑛、惠亲王、惇亲王奕誴、醇郡王奕譞、钟郡王奕詥、孚郡王奕譓、睿亲王仁寿、大学士贾桢、周祖培、刑部尚书绵森，面询以载垣等罪名，有无一线可原。兹据该大臣等佥称'载垣、端华、肃顺跋扈不臣，均属罪大恶极，国法无可宽宥'，并无异辞。朕念载垣等均属宗支，以身罹重罪，应悉弃市，能无泪下？惟载垣等前后一切专权跋扈情形，谋危社稷，是皆列祖列宗之罪人，非独欺陵朕躬为有罪也。在载垣等未尝不自恃为顾命大臣，纵使作恶多端，定邀宽典。岂知赞襄政务，皇考实无此谕，若不重治其罪，何以仰副皇考付托之重，亦何以饬法纪而示万世？即照该王大臣等所拟，均即凌迟处死，实属情罪相当。惟国家本有议亲议贵之条，尚可量从末减，姑于万无可宽贷之中，免其肆市，载垣、端华均著加恩赐令自尽，即派肃亲王华封、刑部尚书绵森迅即前往宗人府空室传旨，令其自尽。此为国体起见，非朕之有私于载垣、端华也。至肃顺之悖逆狂谬，较载垣等尤甚，亟应凌迟处死，以伸国法而快人心。惟朕心究有所未忍，著加恩改为斩立决，即派睿亲王仁寿、刑部右侍郎载龄前往监视行刑，以为大逆不道者戒。至景寿身为国戚，缄默不言；穆荫、匡源、杜翰、焦佑瀛，于载垣等窃夺政柄不能力争，均属辜恩溺职，穆荫在军机大臣上行走已久，班次在前，情节尤重。该王大臣等拟请将景寿、穆荫、匡源、杜翰、焦佑瀛革职发往新疆效力，均属罪有应得。惟以载垣等凶焰方张，受其箝制，实有难与争衡之势，其不能振作，尚有可原。御前大臣景寿即革职，仍留公爵并额驸品级，免其发遣；兵部尚书穆荫即革职，改为发往军台效力赎罪；吏部左侍郎匡源、署礼部右侍郎杜翰、太仆寺少卿焦佑瀛均著即行革职，加恩免其发遣。钦此。”是日，垣、端自缢。肃以科场、钞票两案无辜受害者尤多，都人士闻其将杀，交口称快，其怨家皆驾车载酒，驰赴西市观之。肃身肥面白，以大丧故，白袍布靴，反接置牛车上，过骡马市大街，儿童驩（同“欢”）呼曰：“肃顺亦有今日乎！”或拾瓦砾泥土掷之，顷之，面目遂模糊不可辨云。将行刑，肃肆口大骂，又不肯跪，刽子以大铁柄敲之，乃跪下，盖两胫已折矣，遂斩之。

少詹事许彭寿疏请治奸党，诏曰：“前因许彭寿于拿问载垣、端华、肃顺时，请查办党援，当令指出党援诸人实迹。嗣据明白回奏，形迹最著者，莫如吏部尚书陈孚恩；最密者，莫如侍郎刘琨、黄宗汉等；平日保举之人，如侍郎成琦、德克津太、候补京堂富绩，外间啧有烦言。陈孚恩于上年七月，大行皇帝发下朱谕巡幸热河是否可行，陈孚恩即有‘窃负而逃，遵海滨而处’之语，意在迎合载垣等，当时会议诸臣，无不共见共闻。大行皇帝龙驭上宾，满、汉大臣中惟令陈孚恩一人免赴行在，是该尚书为载垣等之心腹，即此可见。黄宗汉于本年春间前赴热河，皇考召见时，即以危辞力阻回銮。追闻皇考梓宫有回京之信，该侍郎又以京城情形可虑，遍告于人，希冀阻止，其为迎合载垣等，众所共知。以上二人，均属一二品大员，声名如此狼藉，品行如此卑污，若任其滥厕卿贰，何以表率僚属？陈孚恩、黄宗汉均著革职永不叙用，以为大僚谄媚者戒。至侍郎刘琨、成琦、太仆寺少卿德克津太、候补京堂富绩，与载垣等虽无交通实据，而或与往来较密，或由伊等保举，或拜认师生，众人耳目共见共闻，何能置之不议？刘琨、成琦、德克津太、富绩均著即行革职。许彭寿纠劾各节，朕早有所闻，用特惩一儆百，期于力振颓靡。载垣、端华、肃顺三人事权所属，诸臣等何能与之绝无干涉？此后惟有以宽人为念，不咎既往。尔诸臣亦毋须再以查办奸党等事纷纷陈请，致启讦告诬陷之风。惟当各勤厥职，争自濯磨，守正不阿，毋蹈陈孚恩等恶习，朕实有厚望焉。”未几，查抄肃顺家，得陈孚恩手书，有不臣语，乃复逮戍伊犁。先是，载垣等拟进年号，曰“祺祥”，已颁宪矣，有言其意义重复者，遂置不用。初九日甲子昧爽，穆宗御正殿，即位，以明年为同治元年，上母后皇太后尊号曰“慈安皇太后”，圣母皇太后尊号曰“慈禧皇太后”，垂帘听政。

文宗容纳陆御史之直谏

咸丰季年，雏伶朱莲芬善昆曲，能作小诗，工楷法，文宗嬖之，不时传召。有陆御史者，亦狎之，因不得常见，遂直言极谏。文宗阅之，不加罪。

穆宗因旱求直言

同治丁卯五月，候选直隶州知州杨廷熙，奏请撤销同文馆。先是，京师设同文馆，招生习外国语言文字，本年增习天文算学。御史张胜藻，大学士倭文端公仁，先后请罢前议。诏不许，而命倭在总理各国事务衙门行走，并管理同文馆事。文端屡辞不获，遂托病请假。至是，因旱，穆宗诏求直言。廷熙请都察院代奏“撤销同文馆，以弭天变”，并列诋各部院大臣。奉旨：“当求直言之际，姑不深责。”然疑为文端授意，命速销假到任。其后文端亦策骑到馆，偶坠马伤足，终不视事。

德宗自述

德宗尝语裕郎西之女公子德菱女士云：“朕一生所处皆逆境，居尝郁郁，且幼时体弱，读书不多，而性好音乐。”又云：“朕惟欲求我国之强盛发达也，每闻各省偏灾，辄忧形于色。”德菱且曾授德宗以批阿娜之华尔子简调及英文。①

---

① 批阿娜，英文 piano（钢琴）的音译；华尔子，英文 Waltz 旧时的音译，今作“华尔兹”。

德宗思得气节之士

故事：廷试贡士，阅卷大臣拟前十本进呈，候钦定，然后拆弥封姓名宣布，往往如所拟名次，不更动也。光绪乙未殿试，德宗念国步多艰，思得气节之士而用之，四川骆成骧名在第十，见其卷中有“主忧臣辱，主辱臣死”二语，大赏之，拔置第一。

德宗保全言官

德宗既亲政，以颐和园为颐养母后之所，间日往请安，每日章疏上阅后，皆封送园中。丁酉年，恽毓鼎附片劾太监牛姓在外招权纳贿，请严惩以符祖制。牛姓者，颐和园亲近小阉也。帝示翁同龢曰：“此疏若为太后所见，言官祸且不测，朕当保全之。”乃撤去附片，仅以正摺呈园。

德宗戊戌新政

光绪戊戌正月初六日，德宗以给事中高燮曾请设武备特科，因特谕饬军机大臣会同兵部参酌中外兵制议奏。又谕：“贵州学政严修请设专科，所称‘一为岁举，一为特科，先特科，后岁举。特科约六事：一内政，为考求方舆险要、郡国利病、民情风俗者；二外交，为考求各国政事、条约公法、律例章程者；三理财，为考求税则、矿务、农功、商务者；四经武，为考求行军布阵、管驾测量者；五格物，为考求中西算术、声光化电者；六考工，为考求各物制造工作者。由三品以上京官及督抚学政各举所知，无论已仕未仕，注明其专长，在保和殿试以策论，严定去取，评列等第，覆试后引见候擢，此为经济特科。以后或十年、或二十年一举，不拘常例。岁举则每届乡试年份，由学政调取新增算学、艺学各书院学堂高等生监，录送乡试，初场专门，次场时务，三场仍《四书》文。凡试者，名曰经济科，中贡士者，亦一体覆试殿试朝考’等语。饬总理衙门议奏。”

四月二十八日，召见康有为、张元济。五月初五日，谕："自下科始，乡、会试及生童岁科各试，一律改试策论。"

十六日，谕饬两江总督刘坤一查明上海农学会章程，咨送总理衙门查核颁行，并编译外洋农学诸书。

十七日，谕饬奖赏各省士民若有新书及以新法制成新器果系足资民用者，所制之器，酌定年限，准其专利。有能独力创建学堂、开辟地利、兴造枪炮各厂，有裨于兴国殖民之计者，著照军功例给予特赏。

二十九日，谕饬迅印冯桂芬《校邠庐抗议》千部，送军机处。六月初一日，谕饬乡、会试仍为三场，一场试中国史事论，二场试时务策各五道，三场试《四书》义二篇、《五经》义一篇。首场中额十倍录取，二场三倍录取，取者始准试次场，每场发榜一次，三场毕，如额取中。岁科试生童，先试经古一场，专以史论时务命题，正场试以《四书》《五经》义各一篇。至词章、楷法，当先期降旨考试，偶一举行，不为常例。嗣后一切考试，不得凭楷法之优劣为高下。

七月初三日，谕饬嗣后殿试，即量为授职，停止朝考。初六日，谕准主事康有为所呈京师设立农工商总局，派直隶霸昌道端方、直隶候补道徐建寅、吴懋鼎等督理。

十三日，谕准湖南巡抚陈宝箴奏保湖南候补道夏献铭、黄炳离，前内阁学士陈宝琛，侍读杨锐，礼部主事黄英采，刑部主事刘光第，广东候补道杨枢、王秉恩，江苏候补道欧阳霖、杜俞、柯逢时，江西候补道恽祖祁，湖北候补道徐家幹、薛华培、左孝同，来京预备召见。

十四日，谕饬詹事府、通政司、光禄寺、鸿胪寺、太仆寺、大理寺等衙门，归并内阁及礼、兵、刑等部办理。湖北、广东、云南三省巡抚并东河总督，一并裁撤，均著以总督兼巡抚事。河督即归并河南巡抚，漕督及各省不办运务之粮道，及向无盐场、仅管疏销之盐道，均著裁撤。各省同通佐贰等官无地方之责者，查明裁汰。又著将各局所亢（同“冗”）员裁撤净尽，并将分发捐纳劳绩人员，严加甄别，限一月办竣。

十六日，谕饬礼部尚书怀塔布、许应骙，侍郎堃岫、徐会澧、溥颋、曾广汉交部议处，王照原呈留览，以怀塔布等不为王照递呈也。

十九日，吏部议怀塔布等革职，王照赏三品顶戴，以四品京堂用。

二十日，谕饬工部会同步军统领衙门、五城街道厅，挑挖京城内外河道，修垫街巷，款由户部筹拨。又谕内阁候补侍读杨锐、刑部候补主事刘光第、内阁候补中书林旭、江苏候补知府谭嗣同赏四品卿衔，在军机章京上行走，参预新政事宜。

二十四日，谕准孙家鼐请设医学堂，由大学堂兼辖。又谕准徐致靖酌置三、四、五、六品学士。又谕准主事萧文昭请设各省茶务学堂、蚕桑学堂，著各督抚迅速筹办。

二十七日，谕准黄思永筹款设办速成学堂。又谕准都察院代奏四川举人陈天锡所请，将大挑教职誊录各项人员，于会试荐卷中挑取，及科甲候补人员，一体考差。又谕饬详议中书祁永膺所奏各省教职改为中小学堂教习。又谕准刑部主事顾厚焜所请举办邮政分局。又谕著瑞洵于京师创设报馆，翻译新报。又谕饬各督抚查明四月二十三日以后所关新政之谕旨，迅速刊刻誊黄，切实开导州县教官详切宣讲。并饬令藩臬道府上书言事，毋得隐默顾忌，其州县官应由督抚代递，即由督抚将原封呈递，此次谕旨并著悬挂督抚大堂，俾众共观。

二十八日，谕饬各省藩臬道府，凡有条陈，自行专摺具奏，毋庸由督抚代递；至州县等官言事者，即由督抚将原封呈递；至士民有欲上书言事者，即由本省道府等随时代奏。

德宗戊戌密谕

德宗曾有赐杨锐等密谕，文曰：“朕近来仰窥皇太后圣意，不愿将法尽变，亦不欲将此辈老谬昏庸之大臣罢黜，而登用英勇通达之人，令其议政，以为恐失人心。虽经朕屡次降旨整饬，而并且有随时几谏之事，但圣意坚定，终恐无济于事。即如十九日之朱谕，皇太后已以为过重，故不得不徐图之，此近来实在为难之情形也。朕亦岂不知中国积弱不振，至于阽危，皆由此辈所误，但必欲朕一旦痛切降旨，将旧法尽变，而尽黜此辈昏庸之人，则朕之权力实有未足。果使如此，则朕位且不能保，何况其他。今朕问汝，可有何良策，俾旧法可以全变，将老谬昏庸之大臣尽行罢黜，而登英勇通达之人，令其议政，使中国转危为安，化弱为强，而又不致有拂圣意。尔等与林旭、谭嗣同、刘光第及诸同志等，妥速筹商，密缮封奏，由军机大臣代递，候朕熟思审处，再行办理。朕实不胜十分焦急翘盼之至。特谕。”是亦可见当时之束手无策、踌躇满志也。

德宗欲开懋勤殿

懋勤殿在乾清宫西廊，屋五楹，为列圣燕居念典处。咸丰中，何秋涛主事以进《朔方备乘》，（原名《北徼汇编》，文宗赐今名。）诏在懋勤殿行走。同治后，殿久虚，惟南书房诸臣时就其中应制作书，以其与南斋毗连也。光绪戊戌六月，有意复古宾师之礼，将开懋勤殿，择康有为、梁启超、黄绍箕等八人待制，燕见赐坐，讨论政事，闻者谓为二千年未有之盛举，惜未及开而八月之变作矣。

德宗谕黄绍箕抡才

瑞安黄仲弢提学绍箕，初以湖北主考陛辞请训，德宗谕之曰：“现在百姓困苦已极，皆朕不德所致，然卿辈亦不能辞咎，朝政非更张不可。卿此去，极宜留意抡才，为朕得可用之人。”

德宗听讲下泪

德宗读书，翁同龢实傅之。一日，授读“惟女子与小人为难养也”章，引史事数十条，反复讲论。德宗为之下泪，曰：“女戎之祸，其中必有小人！”盖指李莲英也。翁复引明怀宗故事曰：“怀宗能知女子小人之难养，斥魏忠贤、客氏，而用人不专，终至失国。”语为李所闻，谗之于孝钦后，光绪戊戌遂有政变之祸。

德宗注《论语》

德宗好学，手不释卷，光绪戊戌以前，每于经筵听讲《论语》时，遇有新义可以发明经语者，恒以片纸录出，其后成帙，藁藏正大光明殿扁额中。

德宗之记忆力

光绪己亥十月，召见恽毓鼎，孝钦后语及豫省疏报雹灾事而忘其县名，顾德宗曰：“皇帝记为何处？”即应曰：“巩县也。”时马家埠（堡）至永定门方新设电车，孝钦问及，复顾德宗曰：“此何国所为？”应曰：“德使海靖也。”以一循例报灾之摺，数年前所兴之工，犹留心不忘如此。

德宗亲翁同龢

德宗冲龄典学，昵就翁同龢，或捋其髯，或以手入怀抚其乳，故常熟在书房二十五年，最为上所亲。尝乞假回虞山省墓，雅不愿其去，不得已，始允假一月。陛辞日，坚与约曰：“下月今日，朕与师傅相见于此矣。”

德宗自奉俭约

德宗自奉极俭，某年，谕内务府大臣增某制一书案，谆嘱勿尚华丽，但求适用。及案成而犹未加漆，即命进呈，问其值，以七百金对，怒曰：“一书案而糜款若是，汝辈积习何时始能革除耶！”又以足蹴其背而斥之曰：“混蛋！还不滚下去。”外间于是哄传德宗性情乖张矣。

德宗羁縻董福祥之手诏

董福祥，字星五，甘肃固原州人，贫无资籍，以武健称。同治初年陕甘回乱，董与同里沙三、张俊约为弟昆，沙以年长为首领，董次之，张又次之，集里中武勇少年得数十人，保据一方，式遏寇乱，而恒分道往邻县，掠粮以自给。嗣张与沙不协，私与董谋，乃除沙三而由董统其众，张副焉。迨左文襄督军陇上，董、张率所部诣大军，乞击回自效，皆以娴习山川险要，且甘人耐劳苦，所向屡有功。复从刘锦棠出塞平新疆，别为一军趋和阗，克之。和阗在昆仑旁，濒于沙漠，风寒日薄，亦惟甘人能堪之。此董之建功之始，旋为新疆喀什噶尔提督。岁乙未，平甘肃河州回乱，授固原提督，入统武卫后军。

光绪庚子，八国联军入京师，董随扈至西安，解兵归里，陛辞日，德宗出手诏畀之，慰勉甚至，亦羁縻之策也。其诏曰："上谕董福祥知悉：尔忠勇性成，英姿天挺，削平大难，功在西陲。近以国步艰难，事多掣肘，朝廷不得已之苦衷，谅尔自能曲体。现在朕方屈己以应变，尔亦当降志以待时，决不可以暂时屈抑，隳却初心。他日国运中兴，听鼓鼙而思旧，不朽之功非尔又将谁属也？尚其勉旃！"董捧诏感泣，遂终老丘园，没齿无二，戊申春病卒，年七十矣。董有四妻，皆无所出，以犹子天纯为嗣，早卒。二孙恭、温。董形貌壮伟，性劲戆，善驭将，汉、回诸将皆奉命唯谨，董军之名震于关西。家居惠安堡，在金积堡旁，（乱后于金积堡设厅治，曰宁灵厅。）饶于财，尝捐金三十万修灵夏渠，引黄河水以溉田，民利赖之。

德宗西狩琐闻

德宗久制于孝钦后，光绪庚子拳乱之始，心非之而不敢言。及西狩，恒思援各省督抚以自助。勤王之师，陕藩岑春煊最先，岑故先朝勋裔，颇重之，擢陕西巡抚。一日召入，叩头毕，帝甫有言而孝钦适至，德宗色变，岑亦汗下流背，乃乱以他语而罢。

当西狩日，衣履敝垢。一日，内侍进呈新袜，式劣，不悦。俄而孝钦至，问："袜佳耶?"德宗曰："然。"孝钦又曰："差长否?"德宗曰："然。"孝钦乃笑。

回銮计定，德宗命将新制二轿试坐，巡抚督夫舁入，德宗奉孝钦出，命内侍八人举之，孝钦先坐以为适，乃命德宗坐。德宗见孝钦立于地，不敢坐，促之，德宗局蹐曰："不敢。"孝钦笑曰："汝略坐无妨。"乃作半跪式，略坐即下。

德宗抑郁

光绪辛丑，德宗自西安回銮，见外患日逼，大局至危，宵旰忧劳，遂撄心疾，尝以椅横贯以竹，命两小太监肩之而行。帝手持小铜器，以物触之作声，口中喃喃曰："外国人如此闹法，怎么了，怎么了!"且行且语，不意竹椅倾斜，踣于地，两珰皆伏地请罪，帝曰："不干尔事。"一跃而起，狂奔入内。

最初两后之垂帘也，德宗中坐，后蔽以纱幕，孝贞、孝钦则左右对坐，孝贞崩，孝钦独坐于后，至光绪戊戌训政，则孝钦与德宗并坐，若二君焉。臣工奏对，嘿不发言，有时太后肘使之言，不过一二语止矣。及幽于南海瀛台，则三面皆水，隆冬冰坚结，常携小阉踏冰出，为门者所阻，于是有召匠凿冰之举。偶至一太监屋，几有书，取视之，《三国演义》也，阅数行，掷去，长叹曰："朕且不如汉献帝也!"

德宗自晦

光绪甲午、乙未交，德宗颇信用长麟、汪鸣銮言，一日三迁，悉由散秩而拔置卿贰，召对无虚日。二人造膝密陈，虽欲有所规画，卒以出言不慎，为内监所诇知，（故事：召见在养心殿侧一小书室，仅帝与被召见者二人而已，军机侍值，例须退出。）谮于孝钦，立罢二人职，谕中并有"迹近离间，永不叙用"等语。嗣后母子之间始起猜嫌，而帝之一举一动，乃无日不遣内监侦报矣。帝每日黎明，必往孝钦处请安，长跪宫门外，有时内监不为传报，不命之起，即伏地不敢起。庚子变作，两宫西狩，既就道，行在湫隘，闻孝钦声辄长跪，以在宫日闻孝钦至，跪地以迎，久而习惯也。及抵西安，处分和约及军国重要事，悉孝钦一人独裁，间亦一询帝，帝唯唯，不置可否也。居陕无事，日惟遣小阉嬉弄洋犬，以消永昼，盖欲因以自污也。回銮未久，遂拘禁深宫矣。

恩遇类

亲郡王配享太庙

亲、郡王配享太庙者，皆祀于东庑。通达郡王雅尔噶齐、武功郡王礼敦巴图鲁、（此“巴图鲁”三字即其名，非勇号也。）慧哲郡王额尔衮、宣献郡王界堪、礼烈亲王代善、睿忠亲王多尔衮、郑献亲王济尔哈朗、豫通亲王多铎、肃武亲王豪格、克勤郡王岳托、怡贤亲王允祥、蒙古超勇襄亲王策凌，及同治丙寅奉旨之科尔沁忠亲王僧格林沁，凡十三人。

满汉文武大臣配享太庙

满、汉文武大臣配享者，皆祀于西庑。英诚武勋王扬古利、信勇直义公费英东、宏毅公额亦都、忠义公图尔格、昭勋公图赖、（昭勋即直义子，忠义即宏毅子，父子皆得配侑，允为极荣。）文襄公图海、文端公鄂尔泰、文和公张廷玉、文襄公兆惠、文忠公傅恒、文成公阿桂、文襄公福康安，凡十二人。

瀛台赐宴

翰林赐宴瀛台，定在暑节。辄乘早凉，入西苑门，大柳星稀，高槐露下，宫墙缘岸间，安步徐行。菰蒲四面，水禽啁哳，与江南水乡无异。渡板桥，则荷香袭衣，闸流滴耳。复从内苑墙入小红门，划然大湖，有红板长桥，横跨水面，桥夹朱栏。其外杂列鱼罾，朝士渡桥者，均许抽罾捉鱼，得即携归。于是迤逦达瀛台门。惟赐燕（古同“宴”）时，则从闸口北上，直西浮道通梁，中有层亭，两面帐房，列如号舍。上命登舟泛太液池，即从过船亭登舟，芰荷十里，望如蕃锦，北望金色摇曳，则别一境矣。

派吃祭肉及听戏王大臣

大内于元旦次日及仲春秋朔，行大祭神于坤宁宫。钦派内外藩王、贝勒、辅臣、六部正卿，吃祭神肉。上面北坐，诸臣各蟒袍补服入，西向神幄，行一叩首礼毕，复向上行一叩首礼，合班席坐，以南为上，视御座为尊也。膳房大臣捧御用俎盘跪进，以髀体为贵。司俎官以臂肩腰骼各盘列诸臣座前，上自用御刀割折，诸臣皆自脔割。食毕赐茶，各行一叩首礼，上还宫，诸臣以次退出。是晚各赐糕餈酏酱，携归邸。至上元日及万寿节，召诸臣于同乐园听戏，分翼入座，特赐盘餐肴馔。礼毕，各赐锦绮、如意及古玩一二器，以示宠眷。

宴外藩

年终，诸藩王、贝勒更番入朝，尽执瑞礼。除夕日，宴于保和殿，一二品武臣咸侍座；元旦后三日，宴于紫光阁；上元日，宴于正大光明殿，一品文武大臣亦入座。

冬至赐貂

冬至赐貂，唐例也，国朝亦仿行之。南书房、如意馆、昇平署供奉诸人，各得数张不等。

赐荷包灯盏诸物

岁暮，诸王公大臣皆有赐予，御前王大臣所赐为岁岁平安荷包一，镫（同“灯”）盏数对，及福橘、广柑、辽东鹿尾猪鱼诸珍物；外廷大臣亦间有赐荷包一者，皆佩于貂裘衿领间，泥首宫门，以谢宠眷。

会亲

公主、福晋、格格及外戚眷属，岁时有赐，入内谢恩，谓之“会亲”。宫门外施以黄幂，谓之“关防”。

克勤郡王墓开隧道

克勤郡王岳托，礼烈王长子。崇德壬午冬，从征山东，薨于途。丧返，太宗痛甚，及葬，命开其隧道，以便岁时赐奠，抚柩而哭。高宗东幸，亦亲往赐奠。

范文程以生员受知太祖

国初，范文程出关葬亲，宿一牛录庄，问：“此有游憩所乎？”牛录云：“咫尺间为查孝廉学诗之居，书室楚楚。”乃与二牛录三骑往，查迎坐书室。范欣然曰：“可下榻乎？”查曰：“不鄙荒陋，幸甚。”鸡豚雉兔，略具盘飧。范饮啖至饱，遂借宿。晨兴，语查曰：“独行无侣，苦岑寂，能从我游乎？”则借马从之。至墓所，范曰：“太祖定辽阳，壮者配营中，杀老弱，已而渐及拥厚资者，虑有力为乱也。”及行，又指一地曰：“此将就僇处也。十七人皆将就刑，太祖忽问我识字乎，以生员对。太祖大喜，尽十七人录用。我至今职，始望岂及此乎？”葬地回抱山林，堪舆家言，此地贵不可言，将相不足道也。文程与江浙诸范通谱，称为文正公后，尝捐金买田吴中，修文正祠。

范文程脱包衣籍

凡隶牛录下人曰“包衣”。牛录包衣者，犹人之投胎也。范文程历相三朝，世祖为捐金一万，赎之本旗牛录，始脱籍。

列圣呼范文程官而不名

范文程在盛京时，列圣皆呼其官而不名。以其形貌硕伟，是以御赐衣冠，皆出特制。

世祖赐宋荦食于中和殿

世祖御极之初，命公卿大臣子弟入卫。时商丘宋文康公长子荦年甫十四，仪观俊伟，冠侍从冠，蟒衣袴褶，带刀侍左右。上爱重之，恒赐食中和殿。一日，荦对食逊避，私出带间斜幅，裹饼饵枣栗，将怀之。上怪问，荦前跪谢曰："臣有祖母，老甚，爱臣。臣怀以献，荣上之赐也。"上喜，自是每赐食，必书敕以归。

吴绮以传奇受知世祖

顺治壬辰，江都吴园次绮以拔贡授中书舍人，奉诏谱《杨继盛传奇》，称旨，即以杨继盛之官官之。

世祖擢胡学士

山阴胡学士为庶常时，一日，同官皆出院，学士独留。世祖微行入院，屏息立其后良久。学士方习满文，回顾见世祖，惊起俯伏。世祖笑曰："若误矣。"学士曰："小臣不得近天颜，然朝谒瞻仰久矣。"问诸庶吉士安在，若何独留此。学士奏："诸臣习清书，幸已成，各有事归私寓。臣钝劣，每后于人，私习以补其拙。"世祖曰："诸臣何事，惟博弈耳！今已分曹他适饮酒矣。"即日传旨，超擢为侍读。

世祖赞誉慎交社

世祖召修撰徐元文、编修张若霭、华亦祥入乾清宫。世祖科跣，单纱暑衫禅裙，曳吴中草鞵（同"鞋"），命三臣升殿，赐观殿中书数十架，经史子集、稗官小说、传奇时艺，无不有之。中列长几，商彝周鼎、哥窑宣炉、印章画册毕具，庑下珠兰、建兰、茉莉百十盆。赐席地坐，从容问群臣贤否、时政得失，皆谢以初进小臣，不能备知。因及书史古文，又问及近来名流社会，且云："慎交社可谓极盛，前状元孙承恩，亦慎交中人也。"良久，始遣出。

张宸以祭文受知世祖

顺治时，后丧，词臣撰拟祭文，三奏草，不称旨。最后内阁中书张宸撰，中有句云："眇兹五夜之箴，永巷之闻何日？去我十臣之佐，邑姜之后何人？"世祖阅之堕泪，寻迁张兵部车驾司主事。

世职知县加东昌府通判衔

顺治朝，曲阜世职知县孔允醇以居官廉能，加东昌府通判衔，仍任知县事。

世祖赞王熙为公辅器

王文靖公熙，宛平人，文简公崇简子，少年登第。世祖喜曰："公辅器也。"命供奉内廷，亲教以满文，兼习释典，与孙学士承恩、麻文僖公勒吉，日侍西清。世祖升遐时，命与文僖同撰遗诏，受顾命。康熙中，正首揆，继命专管密本。前此汉官不与闻军机，异数也。

圣祖诏绘觉罗武默讷像

康熙庚申，特召内大臣觉罗武默讷入养心殿，命工绘其像，即以赐之，谕曰："将此像给尔子孙世世供享，以昭加恩之意。"

韩文懿以时文受知圣祖

长洲韩文懿公菼，康熙癸丑科会试、殿试皆第一。撤闱后，上取墨卷览之，称主司得人。是年冬，召至起居注，命将平日窗稿进呈，遂以刻本五十篇进。复召至弘德殿，问平日所作必多，馆师熊文端公代奏曰："尚有三十二篇，以题目小，不敢进呈。"上曰："不妨，都进来。"其三篇，即乡试墨卷也。某年，词臣进表，有用"岂弟君子属之臣"者，圣祖摘其讹，将加谴责。奏曰："属之臣固误，然古人断章取义，亦有君臣两属者，如《礼经》所云'岂弟君子，求福不回'，其舜、禹、文王、周公之谓与是也。"

圣祖呼尤侗为老名士

长洲尤侗，字悔庵，官侍讲。世祖尝称为"真才子"，圣祖亦称为"老名士"。

杜立德入殿赐宴

宝坻杜文端公立德，以荐授内阁中书，寻登揆席，居相位十余年。尝赐宴内廷，特命列坐殿中。汉大学士入殿坐，盖自立德始也。后以疾未预宴，上特遣中使赍酒馔赐之，谕曰："卿弼亮老臣，久任机密。兹海宇荡平，时当令序，赐宴群臣，念卿卧病，故遣使慰问，且赐醴馔。卿其加餐珍摄，副朕惓惓至意。"

杜立德乞归赐诗

杜文端公屡疏乞归，圣祖慰留至再，其后请益力，乃颁宸翰云："内阁大学士杜立德，弼亮老臣，纶扉久重，引年请归，陈乞至再。遐心既固，未可勉留，诗以送之。十载资贤佐，劳深致太平。訏谟留紫闼，风度重丹楹。方倚盐梅略，难违丘壑情。餐芝黄绮伴，轩冕有馀清。康熙二十三年八月初九日御笔。"又赐"洛社怡情"图书一方，御书唐诗三轴，墨刻二册。

圣祖加恩范承勋

汉军镶黄旗范大司马承勋，开国名相文肃公第三子，殉难闽督忠贞公弟也。康熙癸酉冬，以云贵总督陛见至京师，值上谒孝陵，因迎至米峪口。上见范，天颜和霁，谕曰："尔盛京旧人，尔父兄累朝効力，尔兄又为国尽节。朕见尔，思及尔兄，心为惨切。不见尔几八九年矣，尔须发皓白如此。郊外寒冷，今将貂帽、貂褂、白狐腋袍赐尔。此时更换，恐受风寒，明日可服之来谢恩。"并赐御书"世济其美"额。

圣祖宠任张文贞

康熙丙子，圣祖亲征噶尔丹，至科图，诏汉臣皆止，丹徒相国张文贞公玉书，独坚请扈从深入；噶尔丹已破走，复请从至归化城受降。圣祖赐所御衣帽御寒，戒毋露宿，轸恤甚至。嗣是宠任益专，为汉臣冠。

圣祖优礼陈廷敬

圣祖南巡，泽州相国陈廷敬方扈从。既至杭州，乞假游西湖一日，奉旨免朝，且云："廷敬老臣，遇宫眷车不须避路。"

圣祖赐宋荦豆腐法

圣祖南巡，宋牧仲在苏抚任内迎銮。某日，有内臣颁赐食品，并传谕云："宋荦是老臣，与众巡抚不同，著照将军、总督一样颁赐。"计活羊四只，糟鸡八只，糟鹿尾八个，糟鹿舌六个，鹿肉干二十四束，鲟鳇鱼干四束，野鸡干一束。又传旨云："朕有日用豆腐一品，与寻常不同。因巡抚是有年纪的人，可令御厨太监传授与巡抚厨子，为后半世受用。"

圣祖推恩于襄勤父

汉军于襄勤公成龙之擢安徽按察使也，圣主方以巡狩还京师，特诏奖襄勤贤能廉介，赐其父原任参领于德水貂裘，又通谕八旗都统、侍郎诸臣有子弟官外者，各贻书训勉，效于成龙洁己爱民。

圣祖赐曹寅母御书匾额

康熙己卯夏四月，圣祖南巡回驭，驻跸于江宁织造曹寅之署。曹世受国恩，与亲臣世臣之列，爰奉母孙氏朝谒。上见之色喜，且劳之曰："此吾家老人也。"赏赉甚渥。会庭中萱花盛开，遂御书"萱瑞堂"三字以赐。

圣祖矜恤翰林官属

康熙庚辰，圣祖以翰林官及庶吉士有贫不能具衣服、乘骑者，谕大学士查明候旨施恩，并于丁忧告假之庶吉士无力至京者，饬各省督抚酌量资助。

皇子临丧行拜奠礼

康熙壬午，少傅王文靖公卒于家。圣祖谕皇子直郡王往奠，并谕之曰："前此大臣病逝，间有命皇子临其丧者，从未施拜奠之礼。大学士王熙因系世祖旧臣，特令汝行礼举哀致奠。"

圣祖赐蔡升元葬亲银

德清蔡升元，康熙壬戌一甲一名进士，方由修撰迁中允，即请终养。癸未，迎驾嘉兴，奏对御舟。翼（同"翌"）日得旨："蔡升元在讲筵甚久，家计甚贫，赐银六百两，为葬亲费，事竣即来京。"时行在侍臣有感泣者。

圣祖御书"文恪"二字赐励杜讷家

大臣身后予谥，皆由礼部奏请，既得旨，内阁拟字进呈，候上圈出，此定例也。康熙癸未，侍郎励杜讷卒于官，已特赐祭葬矣。越二年，圣祖驻跸静海，追念其効力南书房二十余年，敬慎勤劳，特旨赐谥，并御书"文恪"二字赐其家。

圣祖赐胡朏明御书

康熙甲申，圣祖南巡，德清胡朏明渭撰《平成颂》，并以所著《禹贡锥指》献诸行在。有诏嘉奖，召至南书房直庐，赐馔，御书“耆年笃学”四大字赐之。后阎潜丘垂老入都，谆谆以求御书为言，盖深羡朏明之遇也。

圣祖为张文端奏请多留江宁一日

康熙乙酉南巡，驻跸江宁，将启驾矣，以在籍诸臣吁请，允留一日。时桐城张文端公英已以大学士致仕，迎辇淮南，随至金陵，亦以为请。得旨：“念老臣恳求谆切，准再留一日启行。”丁亥，文端迎于清江浦，仍随至金陵，上亦允其奏多留一日。初，文端予告时，濒行，御书“笃素堂”三字以赐；在淮安，则御书“谦益堂”及“葆静”匾额；在江宁，则御书对联及“世恩堂”匾额，他所赐赉，不可胜言。

圣祖追念李霨勋劳

高阳相国李文勤公霨，以康熙癸亥薨于位。庚寅，上追念勋劳，特谕：“李霨任大学士时始终恪慎，懋著勤劳，其孙工部主事李敏启可超擢太常寺少卿，以示优礼旧臣至意。”

圣祖称汤西厓为诗公

浙江诗派，朱竹垞后，必以怀清堂为大宗。康熙癸巳，汤西厓右曾以少宰兼掌院，赴热河谢恩。满掌院揆叙适侍班，圣祖垂问曰：“汤右曾工于诗，有刻成者，可令进呈。”揆奏：“刻者未之见，右曾昨在臣寓，有所作《文光果》诗。”上命取阅，随御制一首赐和，中有“丛香密叶待诗公”之句，举朝传诵，群然属和，世遂称西厓为“诗公”。

圣祖褒于清端

永宁于清端公成龙，圣祖褒为“真理学”，又褒为“古今廉吏第一”。康良亲王，总督蔡毓荣，巡抚张朝珍、吴兴祚，俱器重之，所举如于襄勤公成龙、董秉忠、陈大栋、邵嗣尧、王燮、孙宏业、卫济贤等，皆著闻于时。

圣祖题徐湘蘋画大士像

陈素庵相国妻，即湘蘋夫人也。夫人徐姓，工诗词，精绘事，尝以从宦不获供奉吴太夫人甘旨，手画大士像五千四十有八幅，以祈姑寿。圣祖曾取入内廷，宠以御题。

傅腊塔受知圣祖

清端公傅腊塔督两江，薨于位。圣祖命太仆卿杨舒往祭，传谕江南官民曰：“尔等悲伤感痛，朕闻之。”向来外官溘逝，从来未有此遣祭之例也。

编检得赐禁城骑马

康熙朝，编检入直，亦有朝马之赏，朱竹垞尝得之。

圣祖加惠二程后嗣

钱塘徐文敬公潮抚河南时，五经博士程延祀请给二程子祭田，格于部议。圣祖谕曰：“程子宋之大儒，祀典不可有缺，第恐祭田年久变鬻，其更筹久远策。”潮奏请于每年春秋致祭外，别给其后嗣银四十两，俾展时祀。从之。

圣祖加恩傅忠毅生母

傅忠毅公巡抚广西，佩“抚蛮灭寇大将军”印。圣祖鉴其忠赤，特封傅生母但太君一品夫人，赐第会城，敕和硕简亲王、两江总督董卫国、巡抚佟国桢、总兵哲尔肯加意颐养。又念侍奉乏人，复命忠毅妹原适镶白旗骠骑将军汪宗宏者，驰驿归里，以代定省。

世宗宠待大臣

世宗知大臣禄薄不足用，故定中外养廉银两，岁时赏上方珍物无算。鄂尔泰召入时，上特命海望为之起第于大市街北，凡器用无不备。张廷玉尝小疾，及痊，告近侍曰："朕股肱不快，数日始愈。"众争来问安，上笑曰："张廷玉有疾，岂非朕股肱耶?"陈时夏籍滇南，上因其母老，特命云贵有司置传，送至任所。岳钟琪出征西域，上特命其子浚送至玉门关以慰之。

世宗加恩陈时夏生母

雍正癸卯，阁学陈时夏以御史授河南开归道，仍带台衔。丙午，署江苏巡抚。世宗念时夏母老家居，以道远未迎养，特命云南督抚资送至苏州，复赐人参，以慰高年行役之劳。

世宗召高宗入养心殿赐食

雍正癸卯，次辛祈谷礼成，为世宗登极初次大祀之典，特召高宗入养心殿，赐食一脔。

赏花钓鱼

世宗驭下严肃，然每假以词色。雍正丙午秋，特宴文武大僚于乾清宫，赋诗饮酒。每佳时令节，必赐诸王大臣游谳，泛舟福海，赏花钓鱼，竟日乃散。

世宗优礼蒋文肃

雍正丙午秋，蒋文肃公主顺天乡试。时太夫人高年在堂，世宗恐其悬念，命枢府诸大臣索其家平安信，于降旨之便，传入闱中，以慰其心。

知州蒙世宗特赐

雍正丁未，冯少寇以知州开复，蒙世宗超授庐州知府，并于请训之日，特赐貂裘、锦绮、端砚、法帖诸珍。

世宗慰留朱文端

高安朱文端公轼晚岁多病，屡乞身，世宗嘉奖而慰留之。雍正辛亥，又具摺奏请。内阁传出上谕："尔病如不可医，朕何忍留；如尚可医，尔亦何忍言去？"文端感激涕零，从此不复有退志。

蒋文肃屡受世宗赏赐

蒋文肃官庶常，即蒙圣祖赐第西华门右，御题匾曰"揖翠堂"。雍正戊申，大拜后，复赐新第于得胜门。旧例，年终赏大臣福字皆用红笺。丁未冬，世宗以其母曹夫人服未除，特书金笺福字以赐；壬子，赐人参至十二斤。

世宗召见布衣方观承

方恪敏公观承，少时爱楚词，自忏云："爱读《离骚》便不祥。"后以《南山集》狱起，全家谪戍黑龙江，恪敏与兄观永往来南北，营塞外菽水之资，或日一食，或徒步百余里。及壮，归金陵，家无一椽，借居清凉山僧寺。雍正壬子，入京师，旅人某为荐入平郡王藩邸，王与语，奇之。癸丑，王为定边大将军，征准噶尔，奏恪敏为记室。世宗命以布衣召见，赐中书衔偕往。凯旋，以军功实授内阁中书。被荐词科，临试不赴。寻迁吏部主事，历文选司郎中，出观察清河，累迁至制府。虽贵，手不释卷，好吟诗，工书，善骑射。年六十一而卒。

张廷玉鄂尔泰受知世宗

雍正时，满、汉大臣执政权而始终宠任者，汉人则张文和公廷玉，满人则鄂文端公尔泰。文和登朝五十年，长词林二十七年，主揆席二十四年，凡军国大事，承旨商榷，无不合庙堂意旨。身后配享太庙。汉人之有势力者，仅张一人。然颇树党，汪由敦其一也。当时有“张、姚二姓占过半部缙绅”之言。鄂则世宗暮年，寸步不离，恒留宿禁中，逾月不出。世宗尝曰：“朕有时自信，不如信鄂尔泰之专。”事无大小，必令鄂平章以闻。

世宗赐张廷玉联

张文和公辅政时，世宗御书春联以赐曰：“天恩春浩荡；文治日光华。”传写者改“天”字为“皇”字。后此联遍天下，而无人知为御制矣。

高宗赐张廷玉诗

张文和公于世宗时允其配享太庙，及予告将归，复面求高宗。高宗以其不赴宫门谢恩，降旨切责，且曰：“朕前旨原谓配飨大臣，不应归田终老，今怜其老而赐之归，是特恩也。既赐归而又曲从伊请，许其配飨，是特恩外之特恩也。乃在朕则有请必应，而彼则恬不知感，则朕又何为屡加此格外之恩！且何以示在朝之群臣！试问其愿归老乎？愿承受配享恩典乎？令明白回奏。”张大惧。及事少解，入朝谢恩，高宗怜之，仍赐诗以归。

世宗屡赐张廷玉金

世宗朝，张文和公在政府，十数年间，六赐帑金，每赐辄以万计。屡恳辞，上谕云：“汝父清白传家，汝遵守家训，屏绝馈遗。朕不忍令汝以家事萦心也。”文和归，遂以“赐金”名其园。

给还张廷玉家资

张文和公有一姊，归姚氏，早寡，著《蠹窗诗集》，有智略。雍正间，文和告归在家，有两江总督查看家产之旨，先期得闻，亟归视文和，检书牍手录册子，携回夫家。文和家无长物，兄弟戚友恐启寄藏之疑，助成十万金，以待查看。迨两江总督复命，仍饬给还，文和亦未具领，存江宁藩库。

世宗呼阎百诗为先生

阎百诗名［若］璩，晚年名动九重，世宗在潜邸，手书延请，后至京师，执手赐坐，呼先生而不名。凡饮食、药饵、衣服及几研陈设诸物，罔不精腆。偶感疾，命太医院朝夕视。既病剧，求移馆，世宗固留不可，则命以大床为舆，上施青纱帐，二十人舁之，至城外十五里，如卧床，不觉其行也。殁后，亲撰文以祭，并赐挽章。

欢喜老人

欢喜老人者，生海宁，居海盐，考察浙江海塘，垂六十年，捍御修培，坚守古法，当事极倚重之。老人陈氏，名訏，字言扬，尝官温州府学教授。年八十，时第三子存斋方伯世倕，以河南按察使入觐，蒙世宗垂询年齿履历，御书“松柏堂”匾额，并赏人参、貂皮、宁紬诸品，俾归遗其亲，谕云：“尔父有德有寿，给他老人家欢喜。”老人感激圣恩，遂有是号。

奉旨观剧

巡抚李某，雍正时人，由军官转至巡抚者。性喜观剧，会有言官具疏劾之，世宗遂谕其明白回奏。李乃与幕府磋商，有谓此事无实据，可云并未演剧者，有谓可以托词酬神者。李闻之，皆以为不可，曰：“若等不知帝之为人，不可欺也。余意直认不讳。

但余本系武夫，不知礼数，观剧可藉以习礼。余又未读书，于前代人物，茫然不知，观剧即可知某为善人，某为恶人，择其善者从之，恶者戒之。且余到任已久，并未尝因私废公，既蒙圣恩垂问，嗣后更不敢观剧。如此具覆，定可无事。”幕府乃本其意，为之拟稿。疏既上，世宗亲批准其观剧，但嘱其不可有误政务，一时遂传为“奉旨观剧”焉。

世宗信任李卫

雍正一朝，疆臣最蒙恩眷者，莫如田文镜、李卫，而信任之专，似李尤在田上。李以康熙末年授云南驿盐道；雍正癸卯，管理铜厂；甲辰，擢云南布政使，仍兼理盐务；乙巳，抚浙江；丙午，管理两浙盐政；丁未，授浙江总督；戊申，命江苏所属七府五州一切盗案俱令管理。复因廷议筑松江石塘，上以江南督臣范时绎办理未协，令李查议具奏，奏上得旨，仍令会同江南督抚稽查办理。十二月，上以李留心营务，凡江南军政举劾，命同范时绎等办理；时适遣侍郎王玑、彭维新往江南清查积欠钱粮，亦令与闻。己酉，加兵部尚书衔。庚戌，江宁有张云如者，以符咒惑人，谋不轨。李遣弁密访，得其党甘凤池等私相煽诱状，令游击马空北赍文往缉。旋以范时绎及臬司马世烆回护失察咎，又曾与云如往来辗转关查不解，且贿空北禀饰，具疏劾之。命尚书李永升赴浙会鞫得实，时绎解任，世烆以下论罪如律。壬子，调督直隶，命节制提督等官。乾隆丁巳，犹以奏诚亲王府侍卫库克于安州民争控淤地案赴州属托，谕嘉其执法秉公，特赐四团龙服。戊午，疏参直隶总河朱藻挟诈、误工、贪劣等款，及藻弟蘅干预赈务。奏入，命尚书讷亲、孙家淦会鞫得实，革藻职，拟杖流，蘅亦拟杖。

汉员赐宅

在京汉员，皆侨寓南城外，地势湫隘，赁屋之值皆昂，汉员咸以为苦，列圣每加体恤，故汉阁臣多有赐第内城者。如张文和廷玉赐第护国寺胡同，蒋文肃廷锡李公桥，裘文达曰修石虎胡同，刘文定纶阜城门大街，刘文正统勋东四牌楼，汪文端由敦汪家胡同，梁文定国治拜斗殿，董太保诰新街口，皆荣遇也。

梁文庄墨渍袍袖

雍正间，钱塘梁文庄公入直上书房，获侍高宗暨诚、和两亲王讲读，以旧学受知遇。晚年自言尝为高宗作擘窠大字，适世宗驾至，诸臣鹄立以竢，世宗命竟其书，以墨渍袍袖，复令高宗曳之。文庄藏此衣三十年，薨时服以就木，以存殁（同“殁”）志君恩也。

梁文庄素衣入直

梁文庄公官侍讲学士时，丁母忧归，诏赏藩库银五百两治丧。乾隆丙辰，谕曰：“向来翰林官丁忧，有在京修书之例，梁诗正著来京在南书房行走。”诏以素服入直，照现任学士例给俸，兼直懋勤殿，与侍讲顾成天恭校御制《乐善堂全集》，赐第南城。

王兰生稽古之荣

交河王少司寇兰生，起家秀才。康熙丙戌，李文贞荐，召直内廷。癸巳，赐举人，蒙养斋开局，与编纂事。后以母病请急，有旨将韵书携回，就家纂辑。服阕，复赴书局，日侍讲筵，承顾问，辰入酉归，无间寒暑，时犹未通籍也。辛丑，赐进士，以庶吉士充武英殿总裁，留馆。逾年，即署司业，典广东试，督浙学。历康熙、雍正、乾隆三朝，凡天禄祕书颁行海内者，靡不与点勘之役；乐律一门，尤专属焉。文柄屡握，赐赉无算。年仅中寿，蚤（古同“早”）跻列卿。

山高水长楼看烟火

乾隆初，历年于上元前后五日，观烟火于西苑西南门内之山高水长楼。楼五楹，不加丹垩，其前平圃数顷，地甚宽敞，远眺西山，如髻出苑墙间。申刻，内务府司员设御座于楼门外，宗室外藩王贝勒，及一品武大臣，南书房、上书房、军机大臣，以及外国使臣等，咸分翼入座。圃前设火树，棚外围以药栏。上入座，赐茶毕，各营角伎及僸佅兜离之戏，以次入奉毕，上命放瓶花，火树泙湃，异观也。膳房大臣跪进果盒，上亲颁赐，凡侍座者咸预。次乐部演舞灯伎。伎毕，命放烟火，火绳纷绕，俨如飞电，俄闻万炮齐作，轰雷震天，逾刻乃已。

赐田文镜入祀贤良祠

田文镜，汉军正黄旗人，以福建长乐县丞起家，荐（通“洊”）至总督。雍正癸卯，以内阁侍读学士告祭华岳，复命时，面奏山西荒歉情形，即命赴山西振济平定等四州县，并授山西藩司，旋调河南。久之，授河南、山东总督。卒谥端肃，于河南省城建立专祠，并入祀豫省贤良祠。

乾隆庚申，河南巡抚雅尔图奏：“文镜在豫，百姓至今怨恨，豫省贤良祠不应列入。”奉谕：“此等事何须亟亟为之，若行撤去，岂不有悖前旨呼？使田文镜尚在，朕不难去之罪之，今已没矣，在祠不在祠，何碍于事？况今日在祠，将来应撤者，正不知几何也，何必亟亟于一田文镜。若出于识见之迂，尚可；若出于逢迎与彼不合之人之意，则朕所望于汝者，又成虚矣。朕观雅尔图此奏，并不从田文镜起见，伊见朕降旨令李卫入贤良祠，其意以为李卫与大学士鄂尔泰素不相合，特借田文镜之应撤，以见李卫之不应入耳。当日王士俊请将田文镜入贤良祠，系奉皇考谕旨允行，今若撤出，是翻从前之案矣。试思田文镜留于祠中，于国计民生有何关系，而此时必欲行此翻案事乎？又如前日查克旦奏请弘暲迎养嫡母一事，弘暲系获重罪之人，朕所以给与红带子者，诚恐日久之后，漫无分别，多有未便，乃事之不得不如此办理者。至于迎养伊母之奏，朕若允行，在伊一家，自必感激朕恩。然以今日之迎养为恩，必以从前之治罪为怨，似此市恩翻案之举，朕必不为也。

“当日鄂尔泰、田文镜、李卫，皆督抚中为皇考所最称许者，其实田文镜不及李卫，李卫又不及鄂尔泰，而彼时三人素不相合，亦众所共知。从前蒋炳条陈直隶裁兵一事，又有人条奏直隶总督应改为巡抚者，外间皆以为出于鄂尔泰之意。前日李卫之子李星垣初到京师，即具摺奏称伊父李卫平日孤身独立，恐不合之人，欲图报复。朕命讷亲严行申饬云：‘汝不过一武职小臣，即有与汝父不合之人欲图报复者，朕乾纲独揽，洞察无遗，谁能施其报复之私心？汝系新进之人，即存此念，甚属胡涂，将来岂能上进？’李星垣陈奏虽未明言，朕即知其指大学士鄂尔泰也。从来臣工之弊，莫大于逢迎揣度。大学士鄂尔泰、张廷玉，乃皇考简用之大臣，为朕所倚任，自当思所以保全之，伊等谅亦不敢存党援庇护之念。而无知之辈，妄行揣摩，如满洲则思依附鄂尔泰，汉人则思依附张廷玉，不独微末之员，即侍郎、尚书中亦所不免。即如李卫身后，无一人奏请入贤良祠者，惟孙嘉淦素与鄂尔泰、张廷玉不合，故能直摅己意，如此陈奏耳。朕临御以来，用人之权，从不旁落。试问数年中，因二人之荐而用者为何人？因二人之劾而退者为何人？即如今日进见之杨超曾、田懋，皆朕亲加简拔，用至今职，亦何尝有人在朕前保荐之乎？若如众人揣摩之见，则以二臣为大有权势之人，可以操用舍之柄，其视朕为何如主乎？

“但人情好为揣摩，而返躬亦当慎密。即如忒古尔德尔因派出坐台，托故不往，朕加以处分。又刑部承审崔超潜一案，拟罪具题时，鄂尔泰曾为密奏，后朕降旨从宽，而外间即知为鄂尔泰所奏。若非鄂尔泰漏泄于人，人何由知之？是鄂尔泰慎密之处，不如张廷玉矣。嗣后言语之间，当谨之又谨。又额驸策令到京，曾奏忒古尔德尔年老，请令回京。又法敏、富德、常安辈，策令亦曾在朕前奖以好语。又谓富德宜补随印侍读。此必鄂尔泰曾向伊言之，故伊如此陈奏也。今鄂尔泰奏辩，并未向伊言之。夫向伊言之而奏，固属不可；若未向伊言而伊揣摩鄂尔泰之意，即行陈奏，则势力更重。额驸且然，何况他人。鄂尔泰亦能当此语乎？朕于大臣，视同一体，不但欲其保全始终，且于疑似之际，亦每为留意，以杜外人之议论。即如前日刑部侍郎缺员，朕原欲批用张照，因彼时鄂尔泰未曾入直，而张廷玉在内，朕恐人疑为张廷玉荐引，是以另用杨嗣璟。又如励宗万，人不安静，钻营生事，朕因其小有才具，尚可驱策，令其在武英殿行走，亦足满其分量矣，而外人以为张廷玉所劾，不得起用。其实当日励宗万保举受贿一节，果亲王曾经奏闻，并非出于张廷玉也。

"朕之用舍，悉秉至公，继述期于至当。若谓皇考当日所用之人不应罢黜，所退之人不应登进，如大学士鄂尔泰，岂非告退闲居，而朕特用之大臣乎？又如前日吏部为恒德袭职事具折请旨，朕因折内奏称'虽与销减之例相符，而与奉有特旨多颇罗之案似同一例'等语，恒德系讷亲一族，不应如此措辞，朕不准行，且面加训谕。鄂尔泰、张廷玉乃皇考与朕久用之好大臣，众人当成全之，使之完名全节，永受国恩，岂不甚善？若必欲依附逢迎，日积月累，实所以陷害之也。朕是以将前后情节，彻底宣示，深欲保全之。二臣更当仰体朕心，益加敬谨，以成我君臣际遇之美。钦此。"

沈德潜校御制诗

诗人遭际，唐、宋以来，以长洲沈德潜为第一。当进呈新诗时，中有《夜梦俞淑人》一首未删，高宗见之，谓："汝既悼亡，何不假归料理。"因赐诗送行。还朝后，偕内直诸臣恭和悼孝贤皇后挽章，中有"儿"字"亡"字难于措词，沈独云："普天同洒泪，老耄似童儿。"又云："海外三山杳，宫中一鉴亡。"命即写卷后，传示诸臣。及告归，命大司马梁诗正奉御制诗十二本，令德潜逐日校阅。先缴进四本，上命之曰："改几处，俱依汝。

惟《大钟歌》中云‘道衍俨被荣将命’，汝改‘荣国’，因道衍封荣国公也。荣将本黄帝时铸钟人，汝偶然误会。然古书读不尽，有我知汝不知者，亦有汝知我不知者。余八本尽心校阅，不必依违。”至于赐序私集，俯和原韵，并称以“老名士”“老诗翁”“江浙大老”也。

高宗赐沈德潜诗

沈德潜入词馆后，以悼亡假归。高宗赐诗，有“我爱德潜德”句，钱文敏公因赠诗云：“帝爱德潜德，我羡归愚归。”

高宗赐徐文穆诗

钱塘徐文穆公，本以东阁大学士入军机，乾隆甲子正月，以病请解任，上慰留。六月，具疏力请，得旨，加太子太傅，准解任。八月，谕曰：“大学士徐本老成谨慎，宣力有年，今以抱恙恳请回籍调理，朕心眷注，特赋诗篇以宠其行，并赐御用冠服及内府文绮貂皮等物，令御前侍卫都统永兴赍往，宣朕谕旨。朕于本月二十五日行幸南苑，当亲至大学士邸寓慰问之。”诗曰：“枚卜资贤辅，调元赞眇躬。摅忠一心切，论道八年同。绩茂台衡列，勤宣警跸中。百司方仰矩，二竖偶兴戎。遽尔辞荣禄，能毋遂退冲。青门名不减，黄阁惜何穷。别绪纷秋日，归舟急北风。尚期食履健，重入綍扉崇。”

九月，疏请给其子内阁学士以烜假，送归；允之，命在籍食俸十年。复念其归里将一载，御制诗赐之，诗曰：“道义惬同好，衣冠崇老成。八年资襄赞，千里睽音声。宿疾今何似，秦医胡不灵？每怀故老凋，错落如晨星。临风瞻越云，惘惘心靡宁。长夏宜林居，山水秀且清。峰迎南北翠，月印三潭明。卿虽适江湖，岂不念朝廷。努力加餐饭，慰予跂望情。跂望情何极，频年共济人。爵禄非可私，义难阻归轮。常谓二疏去，于道昧致身。卿以谢病返，安忍责恝分。恝分亦已久，日历冬春夏。乃知白驹速，寸晷不相假。看禾新雨后，把卷万几暇。披薰对南风，心因到越下。所愿眠食佳，早整归朝驾。”

元旦恩锡筵宴

乾隆庚午元旦，恩锡大廷筵宴，王大臣九卿而下，翰詹科道皆侍，庶吉士亦得与焉。

高宗以御题墨刻赐督抚

高宗尝以御题《鸡雏待饲图》《韩幹试马图》《太常仙蝶诗》诸墨刻，赐各省督抚，皆上骈文谢表，恶之，敕曰：“《试马图》之题，朕原因唐太宗以英武定天下，不数传而至天宝，躭（同“耽”）于逸乐，罔念祖宗创业艰难，文恬武嬉，酿成渔阳之变，仓卒播迁，国势遂以不振。朕抚图增惕，形诸篇什，以为考镜得失之林。又如《鸡雏待饲图》之鉴切民依，凡有抚绥之责者，各应顾名思义。至于《仙蝶诗》，亦因太常署中，实有其物，朕曾目睹，于几余学咏，藉记事实，遂以分赏各督抚，何必纷纷用骈体铺张。玩物丧志，帝王所戒，朕岂肯以玩好禨祥，启导臣工，流传后世耶！”

方勤襄三大荣遇

方勤襄公维甸初入京，赐举人、内阁中书，军机处行走。其始生时，父恪敏公方总制畿辅。弥月之辰，恪敏适扈从行在，面陈后，携抱入觐，赏赉骈蕃，一也。未弱冠，赐中书，所聘云南裴抚军女，犹未娶也，会引见垂询，命金坛于相国传示裴中丞，早为毕姻；嗣裴夫人归宁滇南，又有旨下直隶制军，沿途促返，二也。勤襄督闽浙，以太夫人年逾八旬，拜疏归养，后有诏召赞枢务，勤襄奏称“臣母不能顷刻离臣，臣又不能奉母就道”，恳辞新命。上闻，悯而许之，乃辍诏，复加赐珍物，以遂其孝养之私，三也。

高宗释董文恭妇翁

董文恭公诰夫人秦氏，为礼部郎雄褒女。雄褒先缘事遣戍，及秦夫人卒，高宗以文恭故释归里。雄褒至京，诣文恭言谢，门者述文恭语曰："此恩出自上。且谕令回籍，至京何为者?"终不见。

陈杰以勤朴受知高宗

乾隆己巳，高宗命工部侍郎三和修静漪园别馆，中有复道，可通西苑，万几之余，尝乘小舆，由复道往监工，外廷未知也。时陈提督杰为中营千总，日夕危坐宫门侧，督率工匠，初无怠容。上心识其人，谕传〔傅〕文忠公曰："汝中营有伟髯千总，其人勤朴可任事。"因询其名姓，命文忠保荐之，不数载，至专阃。

任启运受研究经学之褒

荆溪任钓台宗丞，以雍正癸丑通籍，年六十四矣。殿试之明日，以能通性理八人奉旨引见，世宗反复下询，奏对详尽，蒙恩奖"人甚聪明"，即授检讨，上书房行走。逾年抱疾，上廑圣怀，赐药赐医，院使院员，更迭前往，以口传天语。越月疾愈，趋谢，特谕绕廊而进，再四慰安，务自保爱，并命侍臣扶掖以出，凭御座遥望之。高宗登极，仍直上书房，充讲官，擢中允，由左佥都御史洊升卿贰。偶遭倾跌，赐药赐金，服食寝兴，时降清问。而且官翰詹，即免其考试；佐宪职，不责以纠弹。迨乾隆己巳，宗丞弃世久矣，诏举经学士，圣谕犹举以为劝，有"故宗人府府丞任启运研究经学，整朴可嘉"之褒。

裘文达赐御衣冠

裘曰修字叔度，江西新建人。乾隆丙辰，以廪生荐博学鸿词，己未中进士，大考迁侍读学士，任九卿者三十余年。貌清整，眉有浓翠，顾盼间精神渊映。居恒喜宾客，工谐谑，而遇事神解超释，每诣一曹、受一职，手文书嘿然，数日后，判决如流。丙子，征伊犁，面奏军务机宜。高宗大悦，以其才似舒文襄公，赐御衣冠，乘传至巴里坤，传宣圣意。会逆酋莽阿里克遣其弟诡称押送诸番，探信卡伦，裘与哈密镇臣祖云龙缚畀总督，发其奸。哈密兵少，有赴巴里坤种地者七百人，裘请暂留为卫，拨河州五卫麦石，添备支放，余者分散各塘路站平粜之，上皆奖许。凡有事四方，与大学士刘文正公先后奔走，前命未复，后命又至，虽侍内廷、领六部，而足迹常周全国，谳决无苛亦无纵。尤善治水，常奏："治水当先审其受病之由，再论治病之法，就一县一府而言，病有其处，合一省而言，则不然；就一省言，病有其处，合数省而言，则又不然。若仅于一处受病处治之，而下流之去路未清，则为患滋甚。"上深然之。所治黄、淮、淝、济、伊、洛、沁、汜等，凡九十三河，疏排浚瀹，贯穿原委，可为后法。遇事有犯无隐。上鉴其诚，虽忤旨，时加严训，不逾时，恩礼如初，亦与舒文襄公相似。年六十二，病噎。上赋诗存问，医药不绝于道，加太子少傅。薨，赐谥文达，入贤良祠。

高宗赐裘文达继母生母匾额

裘文达自乾隆丁丑戊寅，周历山东、河南、安徽三省，疏浚修筑，河患粗已。高宗深嘉之，明年，特旨赐其继母郝氏"八旬衍庆"、生母王氏"七袠（同"帙"）连祺"匾额。

赐锦堂

赵谷林征君昱，家藏侧理纸，盖南越人以海苔为之，质坚而腻，世不轻有。高宗南巡，献之行在，拜赐宫锦四端，沈椒园观察以"赐锦"名其堂。

五征君

乾隆癸巳，四库馆初开，以翰林官纂辑不敷，刘文正公保进士邵晋涵、周永年，裘文达公保进士余集、举人戴震，王文庄公保举人杨昌霖，同典秘籍，后皆改入翰林，时称“五征君”。

高宗奖江右两名士

蒋心馀初入京师，才名藉甚，裘文达以心馀与彭文勤并荐。及文勤召见，高宗屡问蒋某何在，文勤以母老对。上赐文勤诗，兼及心馀，有“江右两名士”之目。

高宗嘉惠梁诗正父

梁芗林相国诗正为户部侍郎时，值封翁七十寿，高宗谕赐官诰，及五言近体一首，“传经介祉”四大字。相国兄蕺林，方以庶常侍养家居，特旨免其散馆，授编修。及相国参大政，一日，上忽语之曰：“汝父明年八十矣。”即日赐以阁部之封。乾隆辛巳南巡，封翁迎驾吴江。上停舟劳问，召见行幄，令二子扶掖上殿，称其多福，赐貂、赐币、赐餈饵，及七言近体一首，“湖山养福”四大字。封翁既退，偕浙东西士大夫为太后祝釐于净慈寺，上复赐燕湖上。濒行，又赐相国“台阶爱日”四大字，及白金三百两，为封翁颐养之资。

高宗赐陈文勤予告诗

海宁陈文勤公世倌，乾隆丁丑以首揆予告，陛辞，赐银五千两，命在家食俸，并御制诗赐之，有“老成归告能无惜，皇祖朝臣有几人”之句。

高宗褒赏刘文正送行诗

刘文正统勋不以诗名，然偶有作，必出人头地。乾隆中，桐城张文和公廷玉予告归里，奉敕撰送行诗，门下士如赵编修翼等旧客于文正，并令拟作，卒莫有称意者。文正在枢廷，自握管为之，中一联云："住怜梦里云山绕，去惜天边雨露多。"恭缮进呈，高宗大加褒赏，一时送行诗，遂无有出文正右者。

阮文达以眼镜诗受知高宗

仪征阮文达公元，以文学侍从受知于乾、嘉两朝，任封圻，正揆席，当时著述，蔚为一家。然当其进身之始，亦阿附权门也。初入史馆，适和珅掌院事，执弟子礼甚恭，和收之门下。未几，大考翰詹，高宗以眼镜命题。和知上高年不用镜，先泄意于元，故元诗云："四目何须此，重瞳不用他。"高宗以押"他"字脱空，议论又暗合己意，遂置高等，寻开坊。

毕秋帆以廷对屯田事拔第一

毕秋帆尚书为军机章京，代友直班，适陕督黄廷桂疏至，言新疆屯田事，熟读之。及廷对，问屯田，条对精核，高宗拔为第一。其侍藉田，亦代友值班，上询布谷、戴胜是二是一，毕言布谷即戴胜，上称善。

杨瑞莲以诚实受知高宗

梁诗正有戚杨瑞莲者，工篆隶书。乾隆中，开西清古鉴馆，杨充写官。八月十三日午后，一伟人徐步至，杨漫揖之。既就坐，问馆中人何往，曰："悉入闱就试矣。"问胡不往，曰："所以留者，恐内廷有传写事件耳。"遂问姓名籍贯，杨具以对。索观所为书，极称赏。忽数内侍闻声至，方悟，亟蒲伏叩头。高宗笑颔之，明日，语梁曰："汝戚杨瑞莲，甚诚实，篆隶亦佳，惜不得预试，可赏给举人。"梁顿首谢。杨旋以修书叙绩，选湘潭令。以自矜重其书，忤抚军，被劾。上曰："杨瑞莲老实人，朕所深知，所参不准。"乃掷还原奏焉。

汉命妇荣遇

乾隆庚寅，太后八旬万寿，凡六十以上齐眉命妇，均得邀彩缎珍品之赐。汉臣中同时受赏者，有吏部尚书程景伊妻金氏，礼部尚书蔡新妻何氏，吏部侍郎曹秀先妻刘氏三人。

香山九老

乾隆辛巳，孝圣后七旬万寿，赐三班九老宴于香山。在朝王大臣九人，武职九人，致仕诸臣九人。有《香山九老图》，为贝子弘旿所绘。迨孝圣八旬万寿，(即乾隆辛卯。)仍赐宴香山，命齐赴乾清门，令画苑艾启蒙绘图。文职九老为显亲王衍潢，恒亲王弘晊，大学士刘统勋，协办大学士官保，吏部尚书托庸，刑部尚书杨廷璋，理藩院尚书素尔讷，刑部侍郎吴绍诗，工部侍郎三和；武职九老为都统四格、曹瑞，散秩大臣国多欢、甘都，副都统伊松（崧）阿、萨哈岱、李生辉、福（富）僧阿、色端察；致仕九老为刑部尚书钱陈群，内大臣福禄，礼部尚书陈德华，兵部尚书彭启丰，礼部侍郎邹一桂，左都御史吕炽，内阁学士陆宗楷，詹事陈浩，国子监司业王世芳。

高宗目钱文端为江浙大老

嘉兴钱文端公陈群，幼贫甚，隆冬早起读书，灶无宿薪，汲井水盥手，肤为之坼。未弱冠，依人京师，佣书餬口。冬无裘，入市以三百钱买皮袖，自缀于袍，抄纂益力。逾数年旋里，课两弟读书于南楼，去梯级，缒绳送饮食，岁除始一下楼。如是者二年，学大进，遂以文字邀异遇。高宗南巡，扶杖迎銮，御制诗有“江浙大老”之目。

高宗赐王大臣曲宴

乾隆中，元旦后三日，钦点王大臣之能诗者，曲宴于重华宫，演剧赐茶，命仿柏梁体联句，以纪其盛。复当席御制诗二章，命诸臣和之，岁以为常。

赐外官花翎

定制：外任文臣无赐花翎者。乾隆中，方敏恪公观承官直隶总督，圣眷颇优，以古北口大阅，乞赐花翎，遂邀特赏。嗣后外任督抚，屡有蒙恩赐者。惟刘文正公督陕时，特赐花翎，回京缴还，上亦优容，不加责也。

卢明楷以精乐律受知

宁都卢詹事明楷，于乐律有宿悟，审辨律吕，清浊高下，不失絫（古同“累”）黍。为贡生，已预内廷修书之役。会和硕庄亲王、尚书张文敏公奉诏编次《律吕正义》，即荐卢为纂修官，时犹未通籍也。乐部向以王大臣兼领，卢官侍读时，特旨令撰拟乐章，兼乐部行走。凡所撰进，皆播之管弦，列于法部。

高宗御题南楼老人画册

钱文端公母陈太夫人，节艺双绝，鬻画养亲，世所称“南楼老人”也。文端既贵，尝以其画册十帧，进呈御览。一画一鱼一黑犬，一画一蜨未入花丛时，一画一虾一蟹一小鱼，一画花篮，一画大柏，一画梅花仙女，一画修篁茂林，一画杨梅枇杷二桃，一画喜雀，一画萝卜白菜，皆清华名贵，秀溢人寰。每帧有其夫纶光题诗二句。乾隆丁亥，高宗于每帧题七绝一首，并御题一跋于后发还。文端及其子侍郎汝诚，各作十诗，恭和元韵，而侍郎详跋于后，以详庆幸。逮乾隆壬寅，文端父子皆没，高宗因阅钱选所画犬鸟，偶忆陈太夫人原册，遣人至浙，取至京师，再呈乙览，复御制七律一首，长跋一帧，仍归钱氏。

陈文肃一日数召见

祁阳陈文肃公大受未达时，家贫甚，耕于山麓，同舍渔者每夜出捕鱼，文肃为候门，则读书以为常。后以大考受上知，拜协揆，直军机。值金川用兵，高宗忧勤方略，军书如织，虽夜分必达，一日数召见。或夜宿直庐，倏卧倏起，出入常见星。偶归邸，则阁部公牍积数寸，刻烛披览，不觉其劳。

巴延三以直宿受知高宗

巴延三制府初任军机司员，无他能，人鄙之。尝值宿，夜有西域用兵飞报至，大臣俱散出，高宗问值宿者，以巴对，因呼至窗下，立降机宜，凡数百语。巴小臣，初觐龙颜，战栗应命，出后一字不复记忆。有小侍臣鄂罗哩，素聪黠，颇解上意，遂代起草。上阅之，称善者再，问其名，默志之。数日，语傅文忠公恒曰："汝军机处有若等良材，奚不早登荐牍。"立放潼商道。不数岁，至两广总督，毫无建树，终以贪黩罢。惟感鄂切骨，常以"恩人"呼之。

宁寿宫赐宴功臣

乾隆丙申，平定两金川，孝圣后御宁寿宫，高宗侍膳，赐将军阿桂、丰升额等功绩最著者三十六人宴于阶下，为历来未有之盛典。

福文襄异数十三

福文襄公康安，初以领队大臣随征金川，攻克得楞山，赏嘉勇巴图鲁，后即以"嘉勇"二字叠为封爵佳号，异数一也。索诺木就缚，金川平，封三等嘉勇男。班师，上幸良乡，行郊劳礼，赐御用鞍辔一。旋御紫光阁，饮至，诏图形阁中，上亲制赞，异数二也。甘肃逆回田五等滋事，授参赞大臣，擒贼首张文庆等，晋封嘉勇侯，异数三也。台湾逆贼林爽文围嘉义，诏以为将军，驰驿往剿，立解县围，捷闻，封一等嘉义公，赐宝石顶、四团龙服，异数四也。生擒林爽文槛送京师，台湾平，赐金黄带、紫缰、金黄辫、珊瑚朝珠，又命于台湾郡城及嘉义县各建生祠，再图形紫光阁，上制赞如初，异数五也。廓尔喀贼匪窜后藏，诏以为将军，叠克贼寨，奏入，御制《志喜》诗，书箑以赐，佐以御用佩囊，异数六也。甲尔古拉集寨之捷，酋惧乞降，诏许班师，晋大学士，加封忠锐嘉勇公。会十五功臣图像成，上复亲为制赞。时大学士阿文成以未临行阵，奏让首功，异数七也。寻赏一等轻车都尉，命照王公亲军校例，给六品蓝翎三缺，赏其仆从，异数八也。由川督移云贵，会黔苗石柳邓围大营、嗅脑营、松桃厅三城，楚苗石三保围永绥厅，逆渠吴半生附之，有旨命督师进剿，未帀月，立解三围，赏戴三眼花翎，异数九也。屡毁贼营，夺贼卡，降七十余寨，诏晋封贝子衔，仍带四字佳号，照宗室贝子例给护卫，异数十也。吴半生降，赏其子德麟副都统衔，授御前侍卫，异数十一也。积功无可加，赏晋其父文忠公贝子爵，异数十二也。逮薨，特旨赏郡王衔，赏库银万两治丧，并于家庙旁特建专祠，以时致祭，其父傅恒追赠郡王衔，子德麟袭贝勒。丧入城，亲往赐奠，御制诗哭之，配飨太庙，并入祀贤良、昭忠二祠，复奉谕德麟承袭贝勒后，其子袭贝子、孙镇国公罔替，异数十三也。

尹均与千叟宴

内阁典籍尹均，云南蒙自人，内阁学士壮图父也。乾隆乙巳，以就养京邸，特旨入千叟宴，赐赉珍异，与一品大臣列坐丹墀东。

宗室公赐紫

旧制，亲郡王用金黄舆服，贝勒、贝子用紫色舆服，宗室公与大臣同。乾隆丁未，特赐宗室镇国公、辅国公紫色舆服，其未入八分公者仍旧制。

绘功臣像三次

乾隆间，诏绘功臣像，凡三次。一，丙申平金川五十功臣；

一，戊申平台湾三十功臣；一，癸丑平廓尔喀十五功臣。高宗皆亲洒宸翰，制赞褒美。

高宗加恩百岁翁

高宗八旬万寿，各省奏请加恩耆老，百岁者多至数百人，庆源蓝祥一百六十六岁，赏六品顶戴。

王文庄受二十四福之赐

钱唐王文庄公，赐第在京城护国寺西。文庄内直二十四年，以除夕蒙赐福字二十四悬其间，曰“二十四福堂”，外无余地。其子请曰：“此后拜赐，何以置之？”文庄曰：“别置一轩，可名曰馀福。”而文庄不久捐馆，语竟不遂。

邹小山以昆曲受知高宗

无锡邹小山侍郎一桂，工画花卉，尝作百花卷，各赋诗一绝进呈。高宗亦赐题百首，并赐额四字，曰“黄华知己”。钱文端公陈群尝游盘山，时杏花盛放，文端出藏纸，索写《盘山杏花图》，侍郎即于花下点染，屋宇颓垣，山岚花气，一一入妙。人皆知花草之工，而不知山水之佳著之也。侍郎有《题盘山天成山》诗云：“天遣垂虹挂作泉，更留盘石坐人便。平分远岫双蛾翠，独立孤峰一指弹。麂伏自来经座侧，鸽驯时下饭钟前。是花色相谁能辨，绕涧山花烂欲然。”侍郎微时，好狭邪游，喜擫篴。封翁性严正，屡戒勿悛，逐之出，不承为子。侍郎困甚，丐人哀其父，不为动。时已为诸生，因以携资应试请，封翁曰：“汝果贤，贫贱何害；不贤，即富且贵者，宁遂免若敖氏之馁耶!”乃只身北上，仅携一布被。途间，去被中絮，乘夜实草根败叶于内，压背隆然，诣旅邸求宿。翌晨，倾被中物于地，置被怀袖间，悄然扃门出。邸中人意负物在室中，必无他虑，不知已得膳宿一夕，垂橐而去矣。长途转徙，悉用此术以抵都。维时昆曲盛行，好事者率自置鞠部。一日，高宗传旨进乐，酒酣，自演《李三郎羯鼓催花》剧。主器者苦不能称旨，侍郎独能随其意为节奏，抑扬顿挫，无不合拍。高宗大悦，亟使纳监入北闱，获隽，遂以一甲第三人及第。

钱维城以绘事受知高宗

武进钱司寇维城画，与富阳董宗伯邦达齐名，皆以幽深兼沉厚。盖司寇秀骨天成，而通籍后又得力于东山者也，均为高宗所赏。尝扈游中盘，上顾司寇，使画盘山图。阅日进览，御制三十韵题图首，司寇作恭和诗，有句云："绘图奉宸命，怵惕久未报。"乃知能事不受相促迫，以供奉内廷人奉旨绘图，犹久未报，不独王宰也。

赵秉冲以诸生入直

上海赵谦士侍郎秉冲未达时，游京师，无所遇，意将旋南。其兄实君观察以荫官中书，将从高宗避暑热河，谦士请与偕，遂往。一日，上坐碧纱幮，谓某相国曰："此处须书画各四帧。"相国出，商诸实君，仓猝无以应。谦士乃自请，为代写真草隶篆、梅兰竹菊以进。上嘉赏，问谁作，相国对中书赵秉渊。召见，将有赐，秉渊以臣弟秉冲对。及热河回銮，适懋勤殿人员缺，急欲得人，相国以秉冲名上，然恐格于例，惴惴焉。上曰："热河作书画之赵秉冲耶？可召之。"令以诸生挂朝珠入直，旋赐举人。值上七旬万寿诞期，献"古稀天子"宝；后十年，献"八臻耄念"玉印，俱悦圣心，遂自中书洊擢卿贰。

高宗赐曹文埴父母寿

高宗时，新安曹文敏公文埴以大司农归养，特赐藏佛于其家，为父母寿。

高宗赐段秀林黄马褂

提督段秀林官古北口时，扈从热河。高宗召见，问："尔年逾七十，尚能射否?"对曰："骑射，武臣职也。臣虽老，尚能跨鞍弯弧，为将士先。"一日，上在宫门悬鹄，命秀林射，秀林一发中侯心。上大喜，赏穿黄马褂。

翁方纲清书牙拉赛音

乾隆已前，新进士用馆职，例择年少者十数人学习满书，庶常馆课及次科散馆，皆以满书第甲乙。翁学士方纲散馆时，上以翻绎陶潜《桃花源记》命题。是日午刻，学士已脱稿，适闻驾出，上步自西阶，至其跪所，取卷阅之，问姓名至再，谕曰："牙拉赛音。"汉语"甚好"也。次日，御定一等一名。嗣是纂修秘籍，掌握文衡，靡役不与，遂裒（褎）然为北学领袖矣。

福字备赏

康熙间，圣祖御书大福字，赐编修查慎行。盖年例于嘉平朔日，开笔书福，王公大臣、内直侍从，皆得预赐。世宗每遇书福之辰，颁及直省将军督抚，朱批谕旨，于各省奏到恭谢颁赐福字之摺，时加训勉。诚以福乃天下之公，非一身一家之私，封疆大吏董率文武，必所辖地方家给人足，乐业安居，始足为一省之福，推而至于天下，莫不皆然。

高宗自乾隆甲辰以后，每岁遂为常例。开笔之日，御重华宫，书第一福字，揭之乾清宫正殿。所用笔，镌正书四字曰"赐福苍生"，相传为圣祖御用留贻，管髹漆，色黝，字填以金。每开笔时，御用一次，即珍弆檀箧。各宫殿、御园等处所用福字，亦亲书分贴。书福之笺，质以绢，傅以丹砂，绘以金云龙。宫廷所贴用者，及朱红对笺、寿字笺，岁由江苏按照尺度制进；颁赐笺，则南省方物所陈也。自乾隆丙寅建阐福寺，壬申以后，每岁腊月朔日，先诣寺拈香，回宫书福。开笔时，爇香致敬，用朱漆雕云龙盘一，中盛古铜八吉祥炉、古铜香盘二，握管熏于炉上，始濡染挥翰。其预颁赐者，皇子以及内廷行走宗藩并在廷诸臣工，则命分进名牌，简派亲书以赐，及分赏余福，宣传给领；其各省将军督抚，则令摺使赍回，新疆将军参赞、办事大臣，并付驿驰给。

乾隆己巳，《书福》诗前序云："岁暮书福，以赐廷臣，谨遵皇考成例，迓禧敛锡之义，于是为昭。"诗云："近始藩屏逮百僚，临轩书福庆恩昭。九畴箕子畴书衍，一笔王家笔阵超。嘉与红笺迎介祉，相敷彩胜焕元朝。不徒弄翰钦敷锡，家法绳承仰圣尧。"自是每值开笔，纪以题咏。蒙古藩王缔姻天室，岁时趋直内廷及年班来觐在御前行走者，皆以得先赐为荣。书福之外，有五七言至十三言朱红云龙对联，长寿字，"宜春迓祥""宜入新年""一年康泰"等帖，不下百余幅，皆亲染宣毫。乙卯嘉平月朔开笔，叠癸丑韵诗，有"六旬忽周纪，明岁合移畴"之句，注云："明年为嗣皇帝嘉庆元年，值嘉平月朔，亦应书福赐天下。"

仁宗开笔书福，则自辛酉以后，每岁亦必纪以诗。丙寅尝命题联句，用新韵。开笔之典，每岁元旦子刻，上御养心殿东暖阁，案设金瓯玉烛，御用笔曰万年青，管曰万年枝。先染朱毫，继宣墨翰，各书吉语数字。自乾隆甲子，每岁元旦，有试笔诗。庚辰以后，春帖子岁以五言绝句二首、七言绝句二首为率。内直词臣所制，则联书黄摺以进。椒屏之制，以绢素为质，内直诸臣拟古语吉字为标题，并拟所画景物音义相叶，缮写清单，于腊朔呈览，交内府工匠绘画人物器饰，而缀以椒。每帧署原拟吉字，复制颂一章，题其上，亦内廷翰林所书也。

仁宗存问谢墉疾

嘉善谢金圃侍郎墉，乾隆辛未，以优贡应南巡召试，列第一，赐举人，授内阁中书。明年，赐进士出身，改翰林，因撰文错误落职。己卯，献《平定回部铙歌》，复原官，在上书房行走。尝馆大学士傅文忠公家，额驸尚书忠勇公暨文襄王皆冲龄受业。九掌文衡，而在江南则典试督学，皆再任。己酉，降编修，偶病湿，上犹遣太医院堂官临视。乙卯，休致，时已疾笃，仁宗方在青宫，与诸皇子皇孙遣中使存问无虚日。

朱文正奉命侍仁宗读书

朱文正公珪以侍读学士授福建驿粮道，擢按察司，调山西，升布政司。以按察使黄检奏"朱珪终日读书，于地方事无整顿"，旋入觐，复授翰林学士。回翔中外十四年，仍居原职，仕宦不可谓不钝。然在朝一载，即奉高宗命，侍仁宗读书，自此外而方伯连帅，内则宰相六官，实亦黄检所谓"终日读书"之效也。

五千余人与千叟宴

康熙癸巳，圣祖六旬，开千叟宴于乾清宫，预宴者一千九百余人。乾隆乙巳，高宗五旬，开千叟宴于乾清宫，预宴者三千九百余人，各赐鸠杖。嘉庆丙辰春，圣寿八十六，内禅礼成，开千叟宴于皇极殿，六十以上预宴者五千九百余人，百岁老民以十数计，皆赐酒联句。

刺史与千叟宴

千叟宴，外吏惟封疆大臣年齿及格者，或得恩旨召入，余皆弗预。嘉庆丙辰，奉新刘铁楼刺史适牧通州，获与京职一体入宴，刘因绘《恩宴胪欢图》以纪特恩。

仁宗亲视朱文端疾

嘉庆丙辰冬，高安朱文端公轼病笃，仁宗亲临视疾。文端力疾朝服，令其子扶掖，拜户外。上嘉叹，称其知礼，后于《怀旧》诗中称之为"可亭先生"。

仁宗作诗贺董诰

董文恭公诰居太夫人忧，常徘徊一室，若有所甚忧，或执象笏击几，笏为之裂。人疑其与和珅同居枢密，必有所甚不得已者。嘉庆初元，珅势益张，外而封疆大吏、领兵大员，内而掌铨选、理财赋、决狱讼、主谏议、持文柄之大小臣工，顺其意则立荣显，稍露风采，折挫随之。太傅朱文正公以德行、文学受两朝知遇，扬历中外，垂五十年，时以内禅礼成，例得进册，珅多方遏之；既上，珅又指摘之。高宗谕曰："师傅之职，陈善纳诲，体制宜尔，非汝所知也。"旋召文恭以吏部尚书、协办大学士。仁宗作诗寄贺，属稿未竟，珅取以白高宗曰："嗣皇帝欲市恩于师傅耶。"高宗色动，顾董文恭曰："汝在军机、刑部之日久，是于律意云何？"董叩头曰："圣主无过言。"高宗默然良久，曰："卿大臣也，善为朕以礼辅导嗣皇帝。"乃降旨，朱珪仍留两广总督之任，旋又改巡抚安徽。是时直内廷者无不色变震恐，文恭独从容谢过，书旨而退。

李松云以麦浪诗受知仁宗

乾隆某年，高宗谒陵，中途严寒。上廑念二麦，从官以麦宜寒凉对，上因叹为君之难。旋考试差，诗题"麦浪"得"难"字。时惟李松云太史尧栋独得其解，诗中"一天新雨露，万倾绿波澜"十字，极蒙宸赏。仁宗亲政，李已外任，陛见时，犹垂问及之，盖在潜邸时奉派读卷，实手定李卷第一也。

曹锡宝以劾和珅家人得追赠

乾隆间，御史上海曹锡宝劾和珅家人刘全倚势营私，家赀丰厚，为同郡某侍郎漏言，和得部署掩蔽，奉旨勘查无迹，曹亦寻卒。仁宗亲政，珅下狱赐死，谕云："当和珅声势熏灼，举朝无一人敢于纠劾，曹锡宝独能抗辞执奏，不愧诤臣。著加恩追赠副都御史，伊子照加赠官衔，给予荫生。”

雒昂乘传从军

嘉庆己未，仁宗亲政，首下求言诏，九卿台谏纷纷言事，四方布衣亦有上书希进用者。惟雒太守昂以从九品上书言教匪事，上以其言中肯，命乘传从军。太守即短衣匹马，从诸大帅捕贼，以勇略见。额勒登保屡保荐之，数年，迁司马，后任荆州太守。

仁宗赐大挑举人葛纱

嘉庆辛酉，例举大挑。时仁宗以畿辅久旱，盼雨甚殷，挑日，适甘雨应时，上大喜，传谕赏本日挑取一等举人葛纱各一匹。

宗室宴

乾隆甲子，高宗宴王公及近支宗室百余人于丰泽园，乃更其殿名曰“惇叙殿”。壬寅，普宴宗室于乾清宫，凡三千余人。嘉庆甲子，仁宗遵旧制，宴近支宗室百余人于惇叙殿，赐酒赋诗，其联句诗为成亲王所书。

朝马肩舆之赐

明制，朝臣皆自左右长安门步行至午门，从无赐禁城骑马者，故阁臣沈鲤扶病入掖垣，屡至颠仆。至国朝，则王、贝勒、贝子皆乘马入禁门，至景运门下骑，诸大臣一仍明制。乾隆庚戌，上念诸臣待漏入直，每遇风雪，徒步数里，甚为颠蹶，因降谕曰：“内外文武大臣，特恩赏在紫禁城骑马，用资代步。但年老足疾之人，上马亦觉艰难，嗣后已经赏马之大臣因有疾艰于步履者，仍加恩准令乘坐椅，旁缚短木，用两人舁行入直。”嘉庆己巳，仁宗特旨，诸大臣年逾七十者，赐肩舆入直，尤旷典也。

大庚戴氏叔侄之恩眷

嘉庆朝，戴文端公在枢府，其季父可亭相国以学差还都，方掌京畿道，例改六部员外郎，仁宗命以科道应升之鸿胪少卿候补。及可亭相国督南河，积劳遘疢，假归里门。时河工未蒇，两江总督铁冶亭保请帑六百万。命文端偕觉罗长文敏公麟赴工审度，并谕文端曰："清江距江西才二千里，使事毕，卿可一归省卿叔父。"故文端纪恩诗有"此去竹林勤问讯，亲传天语到柴门"之句。

仁宗识拔戴文端

雍正中设军机，张观斋相国实综其事，时谕旨尽出其手，后汪文端、于文襄等莫不衣钵相传。戴文端衢亨为于得意门生，诗文字法，悉效其师，纤发毕肖。和珅恶之，屡阻其升阶。乾隆庚子秋，木兰射鹿，献之。高宗虽赐以诗，亦鄙其躁进，故回翔枢府者二十余年。仁宗知其才，骤进司空，机务皆与赞画，宠眷甚隆。因与商人查有圻连姻，及殿试读卷取中洪殿撰莹事，为花晓亭御史所劾，上皆优容之。嘉庆辛未春，扈从五台，道中遇寒疾，误服参而殁，上甚哀悼之。文端貌清癯，性聪敏，虽为于、梁之系，然颇伉爽，尽心国事。尝奏请承旨后有所见解，许其附牍以闻，仿古批驳之意，上允行之。当川楚用兵，文端拟书诏令，其奖励斥责处，动中窍要，诸大将皆詟服。

仁宗亲临戴文端丧次举哀

戴文端公薨于位，嘉庆辛未四月朔日也。翼日，既命荣亲王奠醊矣，越六日，仁宗复亲临丧次举哀，奠爵者三。

仁宗因得雪加恩朝臣

嘉庆壬申，稀雪。岁阑，仁宗斋祷深宫，除夕，始祥霙普沛，喜甚。元日，特降恩旨，大学士庆桂、董诰由太子太师衔晋赏太保，仪亲王、成亲王、庆郡王各赏银四千两，定亲王、荣郡王各三千两，且命分赏其下，以布春祺。是日，朝贺诸臣均加一级。

仁宗眷念吴堦

林清之变，吴堦（同“阶”）实为首功。嘉庆癸酉七月，金乡县邪教萌动，巡抚同兴以吴可任大事，属往捕，遂由泰安权金乡。时八卦教潜煽曹、卫间数十州郡，密订变期，倡言八九月有白阳大劫，诵八字诀可不死，愚民狂骛恐后。金乡教首崔士俊遥戴刘林为教主，刘林即林清也。吴至，遽敛其迹，以计获士俊，并其徒党数十人，亟送省狱，悉斩之。大府始得以士俊等从林清谋逆内连宦竖状，飞章上奏，并以逆党之隶直隶者，驰告直督。贼由此惊惶，自乱其约，而凶渠林清又入禁闼，首尾失应，遂得旦夕歼灭。吴在金乡，运奇缚奸，完危城，保良弱，贼锋猝兴，累战皆靡，乡团助顺，缚送城下者凡斩馘五十，断胫斲筋者又十有奇，而金乡以靖。明年，曹、卫悉平。仁宗著《天人交感说》，亦以吴之竭忠济公为足多也，论功，赐花翎，擢署曹守。入都，上急欲见之，询大臣曰：“吴到京未?”大臣以告，特旨令即日入见。召对，询战守颠末，奖励优异。越三年，复朝京师，天颜霁和，深廑其病喉，慰谕至再。既而失察所属郓城单县狱，部依法两议降调。仁宗始则优诏许留，继则召至阙下，予复秩。审喉音而知其未愈，圣情惓惓，命善自养。每遇山东大吏述职，必咨询及之。

康绍镛受知仁宗

兴县康光禄绍镛值军机时，勤于趋职，专心掌故，以周知当世之务为急，大枢董文恭、戴文端、卢文肃诸公，咸倚如左右手。嘉庆癸酉，林清倡乱畿南，山东、河南响应。康方随扈，即以各省应行防堵之处，及将弁姓名、曾否经历行阵、所辖兵数多寡，记之小册以自随。会上询问各要隘将弁，当轴即以其册进，上由是知其才可大用，遂擢鸿胪卿，扬历封疆，于此兆矣。

明文襄养疾受全俸

明文襄公亮出入将相五十余载，性豪迈，不积余财，又屡遭籍没，晚年贫甚，负券山积，居京城文庙小巷，破屋数椽，仅避风雨，应门惟老妪。二子又相继丧亡，益憔悴，故请致仕表有“担石无储，二子先逝”之语。仁宗为之动容，命给全俸养疾。逾年薨，仁宗亲赐奠，命入贤良祠，以俟世其长孙。

在旗大臣赐紫

国初诸勋臣以开创大功，赐紫者不乏人。乾隆中，阁臣则傅文忠公恒、福文襄王康安、阿文成公桂及和珅，勋戚则福额驸隆安、福尚书长安、超勇亲王拉旺多尔济、海兰察，悉赐紫色舆服。嘉庆中，庆文恪公桂、德楞泰、额尔登保，皆以平定三省教匪功，亦赐紫焉。

赐奠

国朝宠待勋臣，饰终之典，倍极哀荣，有亲临赐奠者，有特遣皇子、大臣代赐者。乾隆戊戌，高宗念礼亲王开创功，特往园寝赐奠。嘉庆丙子，仁宗念朱文正公辅导功，驻跸赵新店，犹命近臣代奠，有“哀我哲辅，松楸在望”之谕，后复亲往其茔赐奠，尤为一时荣遇。

汤文端受知三朝

汤文端公金钊以公廉强正，受知三朝。宣宗在潜邸，夙敬礼之，登极后，言听计从，屡被命出使。道光丁亥九月，使山右；明年，使宣化；十月，使四川；明年四月，还至褒城，复奉命循汉而东，治狱于武昌；六月，抵京师；十月，又使八闽。其所陈奏，最为有裨国脉。嘉庆间，尚书英和请定州县陋规限制；道光初，总督孙玉庭请南漕浮收不准过八折，汤皆痛陈流弊，其事获寝，世多称之为“小睢州”。

松文清受知宣宗

仁宗梓宫回京，宣宗步送，群臣皆伏地哭。上忽趋至甬道边，扶一跪伏者之手，大哭失声，众惊察之，则蒙古松文清公筠也。时松谪骁骑校，上当哀痛之际，独于千万众中物色见之，非夙重其名不及此。

宣宗宣慰黄勤敏之悼亡

道光辛巳六月，黄勤敏公悼亡，越二日，宣宗即命军机章京户部郎中赵光禄赍朱笔宣慰，谕云：“伉俪之情，自难强抑。然卿已逾七旬，气质非十分强壮者可比，矧天时暑热，只可于无可如何之中，节之以礼，切勿有过哀伤。总之国事为重，倚任方深，务加意自重，永保康强，佐朕以襄上理。”勤敏北乡顿首，次日即入朝，内直如故。

宣宗赐黄勤敏人参

黄勤敏公自道光丙戌七十七岁，蒙恩予告，戊戌，犹特赐人参八两，饬其子祠祭司员外郎富民赴枢廷祗领，并降手谕云：“江湖阻隔，倏尔数年矣，想精力自必如常。知卿原不假参苓之力，聊伸眷念耳。转瞬明秋，特颁庆赐，卿其善自静摄，朕欣待之也。”盖次年八月，为勤敏九十生辰，圣心已先计及之矣。

李文恭受知宣宗

新进士引见，御笔注名单之朱圈者得馆选，部曹则加尖角。世传李文恭公星沅通籍时，宣宗始角其名，垂视久之，涂以圈，盖简在自此始也。

鲍桂星闭门思过

歙县鲍觉生侍郎桂星，仁宗时被口语，饬其闭门思过，不准回籍。宣宗初元，召见，询其近作，即占进一首曰："二十年前旧史官，敝裘羸马怯春寒。阶前一片如霜月，曾在先皇殿上看。"即伏地大哭。宣宗亦哭，立授编修，旋擢詹事。

宣宗宴十五老臣

道光癸未八月初七日，宣宗幸万寿山玉澜堂，锡宴十五老臣，踵乾隆乙巳正月初六日千叟宴故事，赓歌绘图。时与宴诸臣，以和硕仪亲王为首，若御前大臣赛冲阿、大学士托津、大学士军机大臣曹振镛、大学士戴均元、大学士两江总督孙玉庭、户部尚书军机大臣金钺、礼部尚书穆克登额、工部尚书初彭龄、礼〔理〕藩院尚书富俊、左都御史松筠、郡王衔都统哈迪尔、都统阿那保、致仕大学士伯麟、致仕都统穆克登布，皆黄发番番，躬逢嘉会。宣宗尝赋七言古诗，以纪其事。

宣宗特赐英和福字

列圣每于年终御书福字，赐中外大臣及翰林之值两书房者，兼赐福寿字为异数；召入亲瞻御书、实时受赏者，尤为异数。至于嘉平朔日，圣驾在重华宫，以康熙年间"赐福苍生"笔书福字斗方十幅，则用以张贴宫庭，从不颁赐臣下。道光癸未，宣宗御此笔，于十幅外，别书福字一幅，交总管太监梁宝，传旨赏协办大学士英和，实为非常恩遇也。

英和比翼朝天

英和以道光癸未冬充册封佟雅皇后持节使，其夫人萨克达氏先奉谕旨，径诣后宫行家庭礼。届期，偕英之夫人同入东华门。观者羡之，请英为《比翼朝天图》，以纪其盛。

特诏图像紫光阁

道光戊子，平回疆张格尔之乱，特诏绘军机大臣曹振镛以下四人、功臣长龄以下四十人像于紫光阁，像各有赞，踵乾隆故事也。

老司员以报捷赏花翎

方回疆张格尔之乱，宣宗锐意太平，望捷若渴。旧例，各省文报，由兵部转达奏事处，捷音至，兵部司员直班者奉檄进奏。一日，兵部办事毕，各员自公退食，有老司员某，性恬静，宦况清凉，衣冠暗淡，独乘驴车出入，行止皆居人后，众鄙为寒伧翁。日暮，犹在署办事，适擒张捷报至，不及派本部直班者，即檄老司员往，时道光戊子正月二十四日戌刻也。上闻捷音，大喜，诏曰："报捷音者，赏戴花翎，著军机处行走。"逾年，即擢卿贰。

澄怀园赋诗书扇

道光戊戌四月二十四日，宣许乃普、龙瑛、龚文焕、徐经、朱兰、戴熙在澄怀园军机处赋诗书扇，各赐内纱一端。

戴文节以书画受知宣宗

戴文节公熙以书画供奉南斋，道光戊戌，被命视广东学。陛辞日，宣宗谕之曰："汝画笔清绝，然胸中目中，只是吴越间山水。此行获睹匡庐、罗浮之胜，巉岩演迤，雄丽奥曲，别有一种奇致，于画理当益进。汝品学，朕素知，公余游艺，兼可成全老画师也。"戴谢而出。途次遇名胜，辄研弄丹墨，自江右至岭南，一壑一丘，咸为写照。抵粤一载，装巨帙，进呈御览，上奇赏之。画家评戴作，谓粤游后笔墨超特，若有神助。

宣宗念师傅吴榖人之子

钱唐吴清皋、清鹏，榖人祭酒之第六、第七子也。清皋以孝廉授中书，晋阶侍读，考御史第一。未及补，擢守江西抚州。宣宗召见曰："汝，师傅吴榖人之子耶，汝学问乃不得进士也?"世以为且大用，乃自抚州调南昌，仅一摄吉南赣宁道，再摄盐法道，举卓异。入都，道卒。清鹏以高第历职清旷，自放于诗酒，终顺天府府丞。

宣宗赐耆臣紫缰

道光戊申正月初二日，宣宗以元日晴朗，年丰兆象，嘉奖耆臣，特赐大学士潘世恩太傅紫缰，时年八十；赐大学士宝兴太保，尚书保昌阿、勒清阿、李振佑、左都御史成刚均太子太保，时年皆七十以上。

宣宗推恩廉吏后裔

固始吴瀹斋中丞其浚，气深识沉，操守贞白。抚山西时，裁革盐规，不以入告。道光己酉，已没矣，以整理山西盐务，因缘达天听，上大嘉叹，立赐其子承恩、洪恩、孙樽让举人，承恩并赐主事。

杨忠武歿后恩谕

杨忠武公遇春殁（古同"殁"）后，袭昭勇侯。海梁抚军服阕入都，宣宗召见，详询忠武染病原委，天颜惨怛，面谕云："朕望尔父亲多活几年，如国家有事，他虽不能亲战陈（古同"阵"），我问问他，也得主意。他殁时并无大病，这就算无疾而终。尔父亲忠勇，朕深信不疑，尔总要体贴尔父亲，实心报国，他在地下，也喜欢的。"谕毕，呜咽者久之。

黔中三奇男蒙特恩

黔西李汉三世杰以巡检至本兵，谥恭勤，广顺刘松斋清以拔贡官总兵，松桃杨诚村芳以吏员取通侯。并天挺异才，兼资文武，皆不由科目进身，蒙特恩，时称“黔中三奇男”。

文宗亲赐杜文正奠醊

杜受田侍学龙楼一十七载，咸丰壬子，薨于位。文宗眷念旧学，饰终典礼极优渥，赠太师，谥文正，皆出特旨。时文正父侍郎堮犹存，特颁内府珍药，遣官存问。子翻翰，皆由翰林晋阶坊局。舆机之日，车驾亲临，洒泪奠醊。

吴存义受黑貂之赐

泰兴吴和甫少宰存义直南书房时，文宗偶临幸，见其貂褂黯敝，笑询之，叩首对曰：“臣自授编修至今，已二十年矣。”上太息。次日，即蒙黑貂之赐。后少宰督滇学还，奉命兼署顺天府丞，召对时，谕之曰：“朕闻顺天府丞，每逢考试，卖卷可得千金，聊偿汝在滇之清苦。”

文宗挽林文忠联

林文忠在官日，尝自诵“苟利国家生死以，岂因祸福避趋之”二句。及薨，文宗制联挽之，曰：“答君恩清慎忠勤，数十年尽瘁不遑，解组归来，犹自心存军国；殚臣力崎岖险阻，六千里出师未捷，骑箕化去，空教泪洒英雄。”知臣莫若君，诚哉！

沈文肃超擢巡抚

沈文肃公葆桢以御史典郡，咸丰丙辰，守广信。时粤寇杨辅清由吉安入寇，所过辄陷。文肃激厉兵民，登陴死守，城卒获完。当围城岌岌时，林夫人辄撤内署金帛犒士，列巨锅于大堂，亲职炊以饱饥卒。文肃卧起睥睨间，督士卒守御，幕僚星散，军火刍薪、文檄判牍，咸出夫人手。夫人，林文忠公女也，盖家教使然。文肃旋以知府告养，温旨慰留，擢吉南赣宁道，复申前请，许之。江皖军事棘，命赴曾文正营。未出境，特旨超擢江西巡抚。时明诏有云："该抚虽系回籍养亲之员，第贼匪一日未平，则臣子之心一日不得自安。况移孝作忠，古有明训，该抚家有老亲，因择江西毗连省分，授以疆寄，风土不殊，迎养亦近。如此体恤，如此要任，谅不至再有渎请也。"文肃自此一出，累任封圻，刱举船政，武功焯耀，吏事修明，威惠滂敷，中外翕服，卓然为东南柱石者二十年。

骆文忠侄孙蒙荫

花县骆文忠公秉章扬历封圻，不携眷，惟侄孙肇铨随侍。殁后，温谕轸恤，二子、四孙均赏给科第官阶，肇铨亦蒙恩以知县选用。

厮养遇穆宗而至粤海关

穆宗微行，偶避雨僧寮，遇一人落拓殊甚，询其业，乃某姓厮养也，为主人所逐。又问尔辈何处出息最优，以粤海关对，遽假纸笔作函，令交步军统领衙门。时某亲贵执大金吾，得函，即予金治装，赴粤海关承役，其人遂以起家。

王景琦以二簧晋秩

穆宗好微服冶游，从者仅一二内臣。尝至著名饭庄宣德楼，时王景琦太史适偕某部郎小酌，王工唱二簧，部郎长昆曲，乃以红牙檀板，各献所长。一曲终，忽隔座一客欣然至前，询太史等姓名官阶，曰："所奏曲良佳，盍为我再奏一曲。"太史心知其异，乃如命为之再歌。歌未竟，蓦有二少年被服华服，立帘外探望，见客则拱立肃然。俄而车马喧阗，轰传恭王至，行马数十，拥一朱轮车停楼下，恭王从容下车，入与客耳语。久之，客始微颔，怏怏从之去。客登车，恭王为之跨辕，游龙流水，顷刻已渺。太史与部郎皆心惊，知遇皇帝也。不数日，上谕下，二人皆不次晋秩。部郎以枉道为耻，辞不拜；太史则以是迁至侍郎，宏德殿行走，所以鼓惑上者，无所不至。上竟以此得瘤疾不起，所谓“出痘”者，医官饰词也。及崩，有撰挽联讽其事者云：“宏德殿，宣德楼，德业无疆，且喜词人工词曲；进春方，献春策，春光有限，可怜天子出天花。”王后为陈六舟中丞彝所劾，革职永不叙用。

宝文靖谥合素志

宝鋆退闲后，常语门下士曰：“吾他日身后，得谥文靖，于愿足矣。”及其薨也，易名之典，适符素志，盖门下士具以宝意启枢臣，而枢臣为之乞恩也。

潘霨以医擢官

苏州潘蔚如中丞霨，初以巡检需次直隶，每衙参，恒以市车往，御者某辄受雇，习矣。某日，某他往，遂顾他车。越日，见而问之，御者言，以妻病，弗遑执鞭也。问何病，则绊恋愆期，（《群碎录》云：绊恋，妇人有汗也，一作“姅变”。汉律云，见姅变，不得侍祠。田子艺云，幼女未通，老媪当绝，故字从半女。）圜的不施，（繁钦《弭愁赋》：点圜的之荧荧。一作“元的”。王粲《神女赋》：施元的兮结羽钗。《释名》：以丹注面曰“的的”。子药切，灼也。天子、诸侯有群妾者，以次奉御，有月事者，重以口说，故注此于面，灼然而识也。《艺文类聚》作“华的”。）（满大臣女奉懿旨指婚王公贝勒，谓之“拴婚”。）嘉礼将届，乃婴病，与某御者之妻同，比历诸医，悉穷于术。适某御者执役督署，知潘之善医也，辄称道弗去口，辗转达于文诚，故亟札调。洎入诊，益复澄思研虑，竭尽所长，盖未几而霞侵鸟道，月满鸿沟，女公子当浣濯矣。（此语见《尧山堂外纪》，陶穀《谢韩熙载书》。）及既为福晋，德潘甚。旋恭邸枋钧，潘蒙不次迁擢，遂开府贵州。

沈源深受知德宗

光绪甲申春，恭忠亲王、宝文靖、李文正之出军机也，是日，方预备入对，忽奏事内监传旨，令王大臣皆毋庸入见，仅召领班章京沈源深进内独对。于是承谕拟旨述旨，皆沈一人为之。

孝钦后以陆元鼎办事为可放心

仁和陆春江中丞元鼎初官上海县，任满，以道员召见。孝钦后问曰："闻人言，汝在上海作官，名誉颇佳，外人交涉，措置合宜，究是何术?"对曰："臣在上海，遇有外人交涉，臣不欺之，却亦不畏之。"孝钦大悦，尝告枢臣："陆元鼎办事，可放心。"由是而监司方伯，不十年，遂抚三吴。

庆宽以画得二品顶戴

庆宽姓赵，字小山，工画。尝绘颐和园全图，由醇贤亲王进献，孝钦后喜，赏二品顶戴以酬之。其后投旗，隶汉军，司柴炭库。故事：每交冬令，内监须向郎中索柴炭以御严寒，庆宽不予，群谮之于德宗前，又授意某御史列款纠参。庆惧，浼人说项，内监必欲银三十万，庆无策，已自分入囹圄矣。世续知其隐，言于上，谓庆宽为醇贤亲王赏识之人，父功之，子罪之，恐未免贻人口实。上悟，置不问，庆遂免于危。

管劬安以画得宠于孝钦后

阳湖管劬安面目姣好，善绘事，能唱小曲。父以其好游荡而屡耗赀也，逐之，遂孑身入都。会如意馆招考画工，应试膺首选，遂入馆供奉。孝钦后召见，试之画，大称旨，内监且为之延誉，遂充如意馆首领。乃时以江南淫靡之曲为孝钦奏之，遂得出入宫禁，屡蒙赏赉。旋命近侍为置家室，赐第东华门外，且恒以"吾儿"呼之。或大内，或颐和园，随驾往来，十余年如一日也。

孝钦后赏福寿字

故事：内外臣僚，除内廷供奉之南、上两斋及内务府外，非官至二品不得赐福字，非年至五十不得赐寿字。孝钦后不然。盖孝钦好观剧，嫌南苑伶工无歌喉，（南苑戏班皆由太监为之，故无嗓音也。）遍传外班，如谭鑫培、孙菊仙、汪桂芬、杨小楼等，皆入宫演剧。晚年，尤喜观杨剧，杨入宫，必携幼女同往。一日演毕，特召杨携女入见，指案上所陈猪羊及一切饽饦之属，谓之曰："皆以赐汝。"杨跪地碰头曰："奴才受恩深重，此不敢领。"问何故。杨曰："此等物已蒙赏赉不少，尚求老佛爷赏几个字。"孝钦曰："联耶？扇耶？"杨曰："求赏福寿字数幅。"因复碰头不已。孝钦立命以纸墨进，书大福字、大寿字数方，并前所指案上各物赐之，云："此赏小女孩可也。"及光绪辛丑回銮以后，兴致顿衰，偶传戏入座时，未半，则倦而思卧矣。时供奉诸伶，则为余庄儿、孙怡云诸人。

知府得赐福字

光绪庚子十二月二十八日，孝钦后特赐西安府知府胡延、内务府郎中增崇、河南布政使端方、署陕西布政使胡湘林、按察使冯光遹、署督粮道李绍芬御书福字各一方，诸臣同诣前殿谢恩。后数目胡延，端方奏曰："此西安知府胡延也。"后颔之。时委员汤志尹立门前，司启闭，闻后谓左右曰："胡延较前清瘦，首郡政繁，劳苦可知也。"

袁树勋受知孝钦后

袁海观制军之受知，实始于庚子。两宫既避联军之乱，狩于西安，袁以某省候补知府，率五营勤王，召见。孝钦后谕毕，袁不发一言，惟叩头大哭。后谓德宗曰："知府，末秩耳，乃竟有此忠君爱国之心，真不可多得。"不久，即简为某省道员，嗣调苏松太道，擢某省按察使，转顺天府尹，迁民政部左侍郎，出为山东巡抚，扬历京外，遂至两广总督。海观，名树勋，湘潭人。

孙家鼐受赐茶膳

光绪季年，孙相国家鼐于六月初十日寅初赴颐和园，入内，恭捧进皇上贺皇太后表文。时甫夜半，距行礼时尚早，相国坐殿外恭候，为内待所见，奏知孝钦后。后以相国年高，长夜辛苦，特遣内侍率茶膳房诸人赴前殿，备茶膳赏之，黎明始去。

孝钦后赐醇王福晋杏黄轿

醇贤亲王福晋为承恩公惠征女，孝钦后胞妹也。光绪间，曾奉懿旨赐坐杏黄轿。福晋秉性谦冲，至内廷，仍不用也。

孝钦后赐荣禄夫人福寿字

荣禄夫人年终蒙孝钦后赏福寿字。其赏轴式样，中书“福寿”二大字，旁书“慈禧皇太后御赐敕封正一品夫人大学士荣禄之妻臣妾刘佳氏”。

荣某妾得宠于孝钦后

荣某（禄）妾，本某府中婢，生一子，年十七，光绪辛丑扈跸回京时，中途夭折。孝钦后温言慰藉，入侍宫内，遂以为常。孝钦曰：“吾欲赏荣禄以宫女，恐其将来受气，不如代觅一良家女为较便。”抵京，即赏银二万两，其余各物，所赐尤多。入宫朝见，均由其顶马戈什哈唐小山为护卫。每入宫一次，孝钦必赏银四两，遇听戏，则加赏二十两。

三星照

内务府大臣福锟之妻、荣禄之刘夫人及大公主三人，俱能得孝钦后欢。孝钦尝以福儿、禄儿、寿儿呼之，赏赉无算。太监每见其联裾入，则曰“三星照来矣”。

孙多祺母以进素肴而得赏

光绪庚子，两宫西狩，行在供支局委员孙某某（多祺）以夤缘李莲英，得邀孝钦后恩赏。一日，孙入内浇花，后问年几岁，有父母否。对曰："有老母，年七十八岁。"后病，孙进素肴，云其母自制。后大喜，乃赏孙母福寿字，并金镯一对。孙之父闻而叹曰："我尚在，而汝但云有母，吾其死矣！"遂自经。[①]

织妇恃宠辱官

孝钦后晚年，志存颐养，命疆吏选能书画琴棋之妇人入内供奉。又留心民事，命杭州织造选进能蚕织妇人数名入内，供顾问。织造因选之杭湖两府，然恐民间妇女不谙体制，乃令人教导之。入内供奉，颇蒙优眷。年余，给假令归省。而诸人以在大内久，承宠眷，多为诸大臣所未有，遂傲睨一切。至家，一湖州妇人见县令时，言语顶撞，令呵之，妇曰："我在内廷，见大官无算，汝一知县，敢如此耶！"令大怒。次年，诸人入都，当由县起文，令乃不使此妇得行，以病详织造。后诸人入，孝钦询此妇何病，他妇诉称为令所遏，孝钦怒，令织造勘送入都。令不得已，乃遣妇。

妇孺献果赐银牌

光绪庚子九月，孝钦后率德宗西狩，由蒲津渡河。入潼关，妇孺跪迎道左，咸捧果物上献。孝钦后于舆中手取一二，亲赐银牌以为答。

---

① 此条目录作"孙多祺"，此处标题及正文均作"孙某某"，今从目录。又，一本"夤缘李莲英"作"进内办事"，且无"吾其死矣，遂自经"数字。

巡幸类

圣祖六巡江浙

圣祖南巡，始于康熙甲子十月二十六日，御舟抵浒墅关。先于二十四日过扬州，将由仪征幸江宁，忽遇顺风，可以速达京口，遂乘沙船顺流而下。次早幸金山，晚登舟扬帆，过丹阳、常州、无锡，俱未及泊，一昼夜行三百六十余里。时汤斌为巡抚，务俭约，戒纷华，御舟已入邑境，县令犹坐堂皇决事也。上骑而入阊门，士庶夹道，辄缓辔，命勿跪，访求民间疾苦。至接驾桥，南行幸瑞光寺，巡抚前导，由盘门登城，从齐门而下，幸拙政园。晚达葑门，驻跸织造署。

第二次南巡为己巳二月初三日，御舟抵浒墅关，苏州在籍诸臣汪琬、韩菼、归允肃、缪彤等接驾。日晡时，入城，衢巷始结灯彩。次日幸虎丘，登万岁楼。时楼前有玉蝶梅一株盛开，注目良久，以手抚之。出至二山门，有苏州士民刘廷栋、松江士民张三才等伏地进疏，请减苏松浮粮，命侍卫收进，谕九卿科道会议。

第三次南巡为己卯，奉慈圣太后以行。三月十四日驾抵苏州，在籍绅耆接驾，俱有黄绸旛，旛上标明都贯姓名、恭迎圣驾字样。于姑苏驿前虎丘山麓，凡驻跸之所，皆建锦亭，联以画廊，架以灯彩，结以绮罗，备极壮丽，视甲子已逾十倍矣。十八日，恭逢万寿，诗若干帙，分天地人和四册，以祝万年之觞。又于诸山及城中名刹，普设祝圣道场。十九日，召苏州在籍官员翁叔元、缪日藻、顾汧、王原祁、慕琛、徐树穀、徐升入见，赏赐各有差，又赐彭孙遹、尤侗、盛苻升御书匾额。二十日辰刻，御驾出葑门登舟，幸浙江。时两江总督为遂宁张鹏翮，江苏巡抚为商丘宋荦也。上问云："闻吴人每日必五餐，得毋以口腹累人乎?"鹏翮奏云："此习俗使然。"上笑云："此事恐尔等亦未能劝化也。"四月朔，驾由浙江回苏。初二日，传旨："明日欲往洞庭东山。"初三日晨出胥口，行十余里，渔人献鲫鱼、银鱼二筐。又亲自下网，获大鲤二尾。上色喜，命赏渔人元宝。时巡抚已先候于山，少顷，有独木船二拨桨前行。御舟近岸，而从者未至，巡抚备大竹山轿一乘，伺候升舆，笑曰："亦颇轻巧。"有山中耆老百姓等三百余人执香跪接，又有比丘尼艳妆跪而奏乐。上云："可惜太后未来。"先驱引导者，倪巡检、陈千总也。在山士民老幼妇女，观者云集。上谕众百姓："你们不要踹坏了田中麦子。"是时菜花结实成角，命取一枝细看，问巡抚何用。奏云："打油。"上曰："凡事必亲见也。"是日，有水东民人告菱湖坍田赔粮，收纸付巡抚。上问扈驾守备牛斗云："太湖广狭若干?"奏云："八百里。"上云："何以《具区志》止称五百里?"奏云："积年风浪冲坍堤岸，故今有八百里。"上云："去了许多地方，何不奏闻开除粮税乎?"奏云："非但水东一处，即如乌程之湖溇，长兴之白茅嘴，宜兴之东塘，武进之新村，无锡之沙潡口，长洲之贡湖，吴江之七里港，处处有之。"上云："朕不到江南，民间疾苦利弊，焉得而知耶。"初四日，由苏起銮回京。

第四次南巡，为癸未二月十一日，驾抵苏州。时巡抚宋荦在任，一切行宫彩亭，俱照旧例。荦扈从时，见上逢名胜必有御制诗或写唐人诗句，荦从容奏云："臣家有别业在西陂，乞御笔二字，不令宋臣范成大石湖独有千古。"上笑曰："此二字颇不易书。"荦再奏云："臣曾求善书者书此二字，多不能工，倘蒙出自天恩，乃为不朽盛事。"上即书二字颁赐。顷之，又命侍卫取入，重书赐之。

第五次南巡为乙酉三月十八日，驾抵苏州。是日为万寿圣诞，奉上谕："江南上下两江举监生员人等，有书法精熟，愿赴内廷供奉抄写者，著报名齐集江宁、苏州两处，俟朕回銮日，亲加考试。”四月十四日，命掌院学士揆叙赴府学考进呈册页，取中汪泰来等五十一人，同前考过郭元釪等十人，俱赴行宫引见，各蒙赐御书石刻《孝经》一部。是年，驾又幸昆山县，登马鞍山，旋往松江，阅提标兵水操。

第六次南巡为丁亥二月二十六日，上幸虎丘山。三十日，幸邓尉山，圣恩寺僧际志恭迎圣驾。午后传旨宫门伺候，御赐人参二觔，哈密瓜、松子、榛子、频婆果、葡萄等十二盘。上云：“吾见和尚年老也。”初，无锡惠山寄畅园有樟树一株，其大数抱，千年物也，圣祖每幸园，尝抚玩不置，回銮后，犹忆及之，问无恙否。查慎行诗云：“合抱凌云势不孤，名材得并豫章无。平安上报天颜喜，此树江南只一株。”

圣祖南巡赋诗

康熙己卯，圣祖第三次南巡视河工回跸，有御制诗云：“行遍江南水与山，柳舒花放鸟绵蛮。明朝又入邳徐路，凤阙龙楼计日还。”

圣祖赐青浦孔宅匾联

衢州孔氏，世称圣裔南宗，而江苏青浦县城北亦有孔宅。考《孔宅志》，孔子二十二代孙潜，字景微，先居梁国，为汉太子太傅，避地会稽，遂为郡人。至三十四代正，为苏州长史，隋末乱离，奉先圣衣冠宝玉葬于大盈浦上，立家庙以祀，子孙家焉。康熙乙酉三月，巡幸江浙，涂经青浦，贡监生员孙鋐等吁请御书，匾云“圣迹遗徽”，联云：“泽衍鲁邦，四海人均化育；裔分吴会，千秋世永蒸尝。”雍正甲寅，诏立五代王祠。乾隆丙寅，礼部题准奉祀生。己亥，巡抚杨魁疏奏估修，嗣后多请帑重修，沿为故事。

高宗六巡江浙

高宗南巡亦六次，始于乾隆辛未，终于甲辰，其间奉皇太后以行者四，仅率诸皇子以行者二，然辛未、丁丑两度，不过令河臣慎守修防，无多指示，至壬午，始有定清口水志之说；丙午，乃有改迁陶庄河流之为；庚子，遂有改筑浙江石塘之工；甲辰，更有接筑浙江石塘之谕。余如高堰之增卑易砖，徐州之接筑石堤，类皆迟之又久，始底于成者也。其时所过郡邑，恒减免租税，增广学额，优礼耆年，以志盛举。

高宗南巡供应之盛

高宗第五次南巡时，御舟将至镇江，相距约十余里，遥望岸上著大桃一枚，硕大无朋，颜色红翠可爱。御舟将近，忽烟火大发，光焰四射，蛇掣霞腾，几眩人目。俄顷之间，桃砉然开裂，则桃内剧场中峙，上有数百人，方演《寿山福海》新戏。彼时各处绅商，争炫奇巧，而两淮盐商为尤甚，凡有一技一艺之长者，莫不重值延致。又揣知上喜谈禅理，缁流迎谒，多荷垂询，然寺院中实无如许名僧，故文人稍通内典者，辄令髡剃，充作僧人迎驾。并与约：倘蒙恩旨，即永为僧人，当酬以万余金；否则任听还俗，亦可得数千金。故其时士子稍读书者，即可不忧贫矣。又南巡时须演新剧，而时已匆促，乃延名流数十辈，使撰《雷峰塔传奇》，然又恐伶人之不习也，乃即用旧曲腔拍，以取唱演之便利，若歌者偶忘曲文，亦可因依旧曲，含混歌之，不至与笛板相迕。当御舟开行时，二舟前导，戏台即架于二舟之上，向御舟演唱，高宗辄顾而乐之。

高宗南巡禁卫之严

高宗南巡之经扬州也，地方官办皇差者，每于运河两岸之支港汊河，桥头村口，各设卡兵，禁止民船出入。御舟行时，塘河两岸，左右打纤，曰“龙须纤”。每纤道一里，设站兵三，惟许村镇民妇跪伏瞻仰，于应回避时，令男子退出，而不禁妇女。一日，御舟过平望，两岸市廛栉比鳞次，适一女子将炊，于楼头钻石取火，火光熠烁不定。御前侍卫见之，以为潜蓄逆谋，将危及卤簿也，遽从舟中发一箭，女遂应弦死。

高宗命对烧酒

高宗南巡，舟至横塘，以横塘之向出烧酒也，乃以“横塘镇烧酒”五字，命随銮诸臣对。诸臣瞠目苦思，皆辞不能。盖此五字，初视之无甚难，而其偏旁适按木土金火水五行，故不易也。

高宗南巡赋诗

沈文悫公尝扈从高宗游幸西湖，严冬大雪，高宗戏吟曰：“一片一片又一片，三片四片五六片，七片八片九十片。”沈鞠跽而前曰：“请皇上赏与臣续。”高宗许之。沉吟曰：“飞入梅花都不见。”高宗击节称赏，且解貂裘赐之。

高宗止幸浙东

天台、雁宕之胜，甲于东南。高宗南巡时，一日，召见齐召南，询两山古迹，齐以未游对。上曰：“卿籍隶台州，以何不到?”齐云：“山势岩峉，溪流深险，臣有老母，不忘‘孝子不登高、不临深’之古训，是以不敢往游。”时上适奉孝圣皇后南来，闻齐言，遂不复巡幸浙东。

顾栋高不以高宗南巡为然

无锡顾栋高举经学入都，蒙召见，面谕云：“看汝年衰，是以准令回籍颐养，将来朕巡幸江南，尚可见汝。”顾奏云：“皇上尚须南巡乎?”高宗默然。旋赐国子监司业衔放归。

程文恭奏止高宗巡幸湖州

高宗将南巡，浙藩徐澍调补山东，陛觐，面奏湖州山水清远，请翠华临幸，得旨回浙办理。徐抵任，先开城南碧浪湖，大兴工役。一日，召问武进相国程景伊，对以湖州春季蚕忙，恐妨民事，立奉停止之诏，徐仍调山左。

高宗幸安澜园

海宁陈氏有安澜园，高宗南巡时，驻跸园中，流连久之。

高宗阅冰嬉水围

年例，十二月于西苑三海阅冰嬉，御前侍卫率八旗兵队奔驰，张弓挟矢，分树五色旗，以为次第。乾隆间，高宗岁奉孝圣后阅视于三海中。冬令乘坐冰床，亦谓之拖床，上用者以黄缎为幄，如轿式然，以八人推挽之，罽帱貂座。

淀园旧有水围，其后停罢，而水亦涸，总督高斌复浚之。乾隆甲戌，高宗尝奉孝圣后观水猎于昆明湖。嘉、道以还，不复踵行矣。

向导处勘程途

定制：上巡狩时，豫遣大臣率各营将校之深明舆图者往勘程途，凡御跸尖营，相去几许之桥梁道涂，皆令有司修葺，名曰“向导处”。获是差者，皆为美选，沿路苞苴，肆意征索，稍不满意，则以修治道涂为名，坟墓陇亩，任其蹂践。有司畏之，罔敢拂其意。高宗知之，惩数人，其风稍敛。

奏飞燕捉天鹅曲

高宗巡幸木兰，每秋狝行围，辄歌《飞燕捉天鹅》之曲。

御枪处导引

侍卫章京中，选火器精熟者数十人为御枪处，巡狩日相导引。其长服黄缘红马褂，余红缘白马褂。上合围时，皆下骑执火器，翼列扈从，以防猛兽奔突。上御火枪，则争相贰副。旧时郊行免从，自嘉庆癸酉变后，凡郊社大祀，皆服蟒袍从焉。

咏文宗秋驾诗

咸丰庚申，文宗驾幸热河，变起仓卒，诏天下勤王，讫无应者。汉阳黄文琛《秋驾》诗云："秋驾昆仑疾景斜，盘空辇道莽风沙。檀车好马诸王宅，翠褥团龙上相家。剩有残磷流愤血，寂无哀泪落高牙。玉珂声断城西路，槐柳荒凉怨暮鸦。"

德宗西狩手携小匣

光绪庚子拳匪之乱，八国联军入京，孝钦后挟德宗出走，皆单衣也。德宗捧小匣一以从，日夕不去手。至怀来县，某贝子接之启视，则其中藏南枣五枚、烧饼一枚而已。县令出迎，孝钦入署，令其妻为之理发，进面食，即命庖人从以赴陕。

庚子西巡琐记

光绪庚子两宫西巡，后宫从者惟隆裕后、瑾妃二人，同居德宗寝宫后小屋三楹。德宗每晨梳栉，隆裕亲往侍之。

近支王公随扈者，惟贝子溥伦；王公福晋及外戚夫人随扈者，仅庆王之二侧福晋及桂公夫人。每逢令节颁赐，入宫谢恩，平日未尝召入。

庆王之女三人，亦随驾。其一少寡，宫中呼为元大奶奶，葛帔练衣，不施朱粉，居于孝钦后寝宫西偏。

孝钦后将至太原，某夕，梦中惊啼。适岑春煊自甘肃率勤王师至，是夜，立寝门外，闻惊啼声，亟呼曰："臣春煊在此保驾，请太后毋恐。”于是后醒。

孝钦后在太原时，一日小有不豫，晋抚荐县丞叶嗣高请脉，立和胃舒肝之方，煎膏以进。既至西安，大臣复荐知府吴观乐、知县徐本麟与太医庄守和，于视朝后入内请脉，以为常。

两宫在太原，下诏巡幸西安，护抚臣端方奏明设局，恭备供奉事宜，饰南北两院为行宫，北院巡抚所居，南院则总督行馆也。圣驾莅止，居于北院，以其屋舍较多也；然草草修葺，仅蔽风雨而已。

太原启銮时，有二内侍病不能从，遂留于太原。无何，死其一，冀宁道许涵度为营棺殓，寄椂兰若，作佛事三日。其一扶病行，间关至长安。两宫以涵度能恤旅客也，颁江绸数卷赏之。

陕西护抚端方，以保护教堂最力，两宫深奖其能，擢任湖北巡抚，旋加头品顶戴尚书衔。陛辞日，召对奖勉，时逾六刻之久。濒行，复赉宸翰殊珍以宠异之。

孝钦后寝宫有老妇二人侍奉，皆自京都随至者，宫中呼为“妈妈”，月钱在粮台支给。

圣驾初至，宫门委员陈官韶每晨入内视洒扫。一日，孝钦后见之，谓陈曰：“汝何官?”陈跪奏曰：“臣大挑知县也。”蹙然曰：“汝举人耶?”

夜有内监数人于寝宫外更番坐守，卧者即于阶上陈茵褥焉。

孝钦寝宫之阶窄而长，夏令日光偪射，殊苦炎热，特命制竹帘数挂，垂于檐际。

寝宫无晷漏，孝钦后命于院东置小土台，上设木晷，以测日景。

孝钦后每晨于寝宫院内设案置炉，烧藏香一枝，妆罢传膳，香亦烬矣。

行在膳房极简率，以生鱼难求，故传单不用鱼。

行宫大门内外、二门内宿卫，皆岑春煊部下甘军，以金造、林泰清、马福祥三人分统之。两宫将行，乃命固原提督邓增率所部随扈。

行宫内夜无报更者，两重门内，逻者各二十人，皆岑春煊所部甘军。殿上惟虎神营兵四五人，秉烛守夜而已。

孝钦后入长安时，任民间妇女瞻仰。某家妇年二十许，在宅门内，銮舆至，少妇出跪门外，见其补服，知为命妇，嘉其有礼，命以银牌赏之。回銮时，跸路左右有老幼废疾跪送者，悉赏银牌，命芬车等按名发给，牌由前路粮台先期铸进。

长安苦热，求冰不可得，巡抚升允购青瓷大缸二，分进两宫，日注清泉，以代冰桶。

行宫惟终南仙馆植花木，德宗寝宫在焉。东有楼，颜曰“悠然见南山”，巡抚毕沅笔也。视朝之暇，时往登眺。

终南仙馆池水久涸，德宗命汲井水灌之。新种芙蕖，以水性过暖，不能开花，惟翠叶翩翻而已。

行宫之茶膳，月需三四千金，厨房百余人，茶饭皆在此数。每晨支应局进生菜，悉依传单购备，鸡三四只，猪肉十余斤而已。如膳房添进时鲜，或多用鸡肉，则在内司房领价，不得于支应局常供有所增益。

行宫极陕隘，膳房在东，炭房在西，内监惟御前供奉者在宫中，余俱在宫门外东街箭道，谓之“大坦坦”。两宫太监数千人，其奏事首领称为宽尔达，余亦各有品秩。此次随扈者不及百人，在御前给事者，数人而已。

两宫传膳，内监十数人，来往传递杯盘，极严肃。供此役者，冠皆无顶，盖新进无秩者也。间有供奉勤慎者，超出侪辈，冠始有顶矣。

长安果品少，无可进御，惟同州瓜、渭南桃较佳，抚藩每购数百枚以进。两宫辄增凄感，再三慰劳，并止后毋进呈，虑费财力。其实每贡一次，不过费钱十数千而已。

御膳房制奶酪，买牛最难，盖秦中年荒牛少故也。数月之间，仅购得七八头。回銮后，命西安府豢养，刍秣取给公家，于府署马厩侧，树木栅以养之。

隆裕后晨诣孝钦后寝宫问安，恒立于殿后祇候，平日但梳平髻，御便服长袍，外罩绣花半臂。

隆裕后出都，仓皇未携奁具，至太原，始稍稍增置。冬月在长安，命中官出购瓷合木箧以盛脂粉，皆民间常用至粗之品也。

行宫院中少花木，由某局月进盆花数种，修莳皆不如法。惟端方进石榴数盆，老根蟠结如石，孝钦后爱之，常临阶赏玩。

德宗寝宫凉棚，由巡抚升允入内带匠，上见而避于东园小方壶，内监捧书卷茶铫以随。“小方壶”者，池上堂名，巡抚毕沅所题也。

德宗每日寅初必起，盥栉后，天犹未明，俟孝钦后兴，即入寝宫问安，同览章奏。少选，出御便殿，召见臣工，日以为常。所居东院北室，本名“四来堂”。后改“四喜”。两宫每出，凡遇晴雨，两内监擎黄伞荫之，天阴则否。

西巡仓猝，德宗定十日一薙发，时宫监执此役者，均未从行。届日，特命侍郎溥兴觅工，出入由侍郎带领，每请发一次，赏工银四两。半年后，始有内监擅此艺者自都至行在。

旧制，内廷设内外奏事官，外奏事以满部员充之，内奏事则太监也。行宫无外奏事，惟内奏事一辛姓太监，递摺宣旨，往来两宫间。各部院司员领批摺者，悉集前殿东室，而军机大臣内直庐，亦假此室。辛丑夏，外奏事官始至行在。

慈驾幸陕未久，即值万寿，当事者欲选梨园子弟以进，两宫闻之，严斥不许。嗣后每遇佳节，一切典礼、筵宴，均先期降诏停止。

每晨两宫披览奏章，俱在寝宫窗下，奏事太监呈摺讫，即跪于案前，臣工有事入内，辄立牕外。

扈从诸臣，平日俱行装，惟万寿、元日着蟒袍补服。某相以数金买一朝珠，两宫见而问之，相国具以实对，君臣感喟之余，转以为笑。德宗言出宫时未携烟壶，适相国囊中贮有二壶，乃自都携出者，立以进御。

长安诸工皆劣，貂皮又远莫能致。德宗冬日犹御绒檐秋帽，岑春煊请易貂檐，亲手捧出，遍觅丰貂不得，仅以敝貂羃之。

行在书籍绝少，两宫时遣人在坊间购石印《三通》《九朝圣训》《御批通鉴辑览》《渊鉴类函》诸书。当事者欲求善本以进，竟不可得。

吏部尚书敬信自京师至行在，召对移时，面奏仪鸾殿被焚及都中近事，两宫惨然不悦。

两宫至长安，谴责肇祸诸臣。命下之日，由胡延率缇骑诣载澜、英年、赵舒翘行馆宣诏，即逮澜、英入狱。次日，复以官车遣澜就道，澜以宗室近支，得从议亲之条，发遣新疆。

孝钦后虑长安粮台支应局不免有内监求索，特召主者，谓宫中支一钱，必以朱文小印为信，以是两局月费不及万金，始终无求索之弊。印文曰“凤沼恩波”，孝钦所常佩者也。

胡延守西安日，充行在内廷支应局提调，每日辰初入内，午初散值。听差委员汤志尹、马荫梧、舒鋆、陈官韶等八人，朝夕在宫门应候。遇有传办之事，内监辄语委员曰：“有旨传尔堂官胡延来。”盖不知中外官秩之分，竟以堂司为长官属吏之通称也。

有织妇挈一子，居宫中，五龄矣，能言能笑，请安跪拜如仪。孝钦后甚爱之，每膳投以果饵，必跪谢而后食。冬月在行宫，骤感寒疾，一夕而夭。孝钦不怿者累日。

行在两宫侍女不及十人，年皆二十许。其月钱在前路粮台支给，谓之“女子口分”。

行宫铺地以极薄旧毡，官吏欲易以新者，孝钦后不许。寝宫门槅之玻璃已破，命以红纸翦如钱式连缀黏之。

光绪辛丑四月，命将行在寝宫窗格改糊冷布。东西配殿，三格格所居，壁黏小幅寿星像，纯用朱笔钩勒，笔意超妙，乃孝钦后御笔，以赐格格者。

长安汉、唐古迹久湮，伽蓝名园，百无一存，存者亦不堪临览。缁流羽士，日望临幸。顾两宫不肯轻出，惟启銮时道经东城八仙庵，因内务府大臣继禄之请，暂憩片刻而去。

长安碑林多古刻，两宫命秦抚各拓一本呈览。拓本百余种，惟命将唐《开成石经》精搨数十本，车载以归，余则选阁帖数种而已。

西藏、蒙古屡贡佛于行在，两宫以无地供奉，先后命胡湘林、李绍芬等赉〔赍〕至省城卧龙寺，设龛以祀。

广东贡雷州葛，质细而色黄，两宫以为佳，特颁内廷行走诸臣，抚藩亦得与焉。

两宫将回銮，或进蒙古包十余座。制如行帐，以布为之，有窗有门，可容十许人。敛之，一马可驮。命在行宫东院张之，亲临验视。

七月杪，孝钦后命勘视东路行宫跸路，饬各州县官不得妄事供张，一切务从俭约。早晚两膳，仍依传单备进，由膳房烹饪。惟庚子西幸，沿途井水味劣，此次命汲本地山泉以供御茗。临潼无山泉，特自长安载西关井水一车，足一日之用。渭南以下，皆有山泉，不复用西关水矣。

辛丑回銮，当起跸时，城中街道均盖黄色土，两旁店铺更结彩悬灯，设立香案，以糖果饼饵置其上。黎明，行李车先发。辰刻，观者塞途，一路有兵弹压。少选，前导马兵出城，次为各太监及衣黄马褂官员。太监见桌上果饵，择佳者攫食。中有乘车者、乘马者，又次黄轿数乘，则驾至矣。沿途肃静无哗，并由禁卫军令百姓分跪道左，不许仰视。有一人状类痴狂，奔至轿前跳跃，曳而斩之道旁。孝钦后轿以三十六人舁之，人均衣团龙褂。后为皇后、妃嫔，最后为大阿哥，末为亲王、军机大臣及扈从诸臣。

銮舆将启行，秦中祠宇悉颁匾额，凡四十余所。是时南斋供奉，惟尚书陆润庠一人，奉召一日毕书。德宗以银、绢赉之。

回銮过华阴，驻跸二日。华山下固有玉泉院，县官略加修饰，以备宸游。两宫于召见臣工后，亲往临览。是日微雨，大臣骑马秉盖以从。

孝钦后又拟幸华山，胡延面奏华山险巇偪仄状，游幸之意乃辍。

宫闱类

大内联色尚白

大内宫殿春联，例用白绢，由翰林谨书呈进。盖宫殿漆柱，俱大红色，故以白者映之。

皇子皇女之起居

皇子生，无论嫡庶，甫堕地，即有保母持付乳媪手。一皇子乳媪四十人，保姆、乳母各八，此外又有针线上人、浆洗上人、灯火上人、锅灶上人。既断乳，即去乳母，增谙达，凡饮食、言语、行步、礼节皆教之。六岁，备小冠小袍褂（古同“褂”）小靴，令随众站班当差，教之上学，即上书房也。黎明即起，亦衣冠入乾清门，杂诸王之列，立御前。门限不得跨，内侍举而置之门内。惟与生母相见有定时，见亦不能多言。十二岁，有满文谙达教满语。十四岁，教弓矢骑射。至十六或十八而婚。如父皇在位，则居青宫，俗呼之曰“阿哥所”；如父皇崩，即与其生母福晋分府而居焉，母为后则否。

皇女于其母，较皇子尤疏，自堕地至下嫁，仅与生母数十面。其下嫁也，赐府第，不与舅姑同居，舅姑且以见帝礼谒其媳。驸马居府中外舍，公主不宣召，不得共枕席。每宣召一次，公主及驸马必出费，始得相聚，其权皆在保母，即管家婆是也；否则必多方阻之，责以无耻，虽入宫见母，亦不敢诉，即言亦不听。故国朝公主无生子者，有亦驸马侧室所出。若公主先驸马死，则驸马当出府，房屋、器用、衣饰悉入官。

妃嫔位次

妃嫔位次凡七级，曰皇贵妃，曰贵妃，曰妃，曰嫔，曰贵人，曰常在，曰答应。较汉时增级十四者，可谓减损。大内东西各列六宫，六宫左右，谓之东西长街。

先朝嫔御

先朝嫔御退居别宫者，每月分例银至薄，不足自给，往往作针黹，令内监鬻于市肆。

宫女

宫女皆辫发，必俟得宠幸后，加以位号，始上额。

宫女日课

宫廷岁选秀女，凡选中者，入宫试以绣锦、执帚一切技艺，并观其仪行当否；有不合者，命出。以次递补，然后择其尤者，教以掖庭规程。日各以一小时写字及读书，写读毕，次日命宫人考校。一年后，授以六法，俊者侍后妃起居，次为尚衣、尚饰，各有所守，绝不紊乱。出宫而嫁旗下男子，或恃之餬口；而转卖他处，孤苦飘零、绝无加怜者，亦有之。

太后下嫁摄政王

摄政睿亲王多尔衮元妃，于顺治己丑十二月二十八日薨。庚寅春，王纳肃亲王豪格之福晋，（后颇指以为多尔衮罪状。）复又与太后婚。考世祖有两太后，一太宗元后，谥孝端文皇后，崩于顺治己丑，较前于其元妃之死者数月；一太宗妃，以生世祖，遂称“太后”，世祖崩后，康熙朝所孝养之太皇太后，一再奉以巡幸五台，至康熙丁卯始崩，谥为孝庄文皇后者也。下嫁者，未知为孝端，抑孝庄。意太后下嫁，并不降为王妃，故“元妃”之称自若，“太后”之称亦自若。张苍水诗集中有“春官昨进新仪注，大礼恭逢太后婚”，为见于文字之一证。光绪间学士柯劭忞，先世有通籍于顺治初年者，试策卷尚在礼部，窃取而归，则见其上有“皇父摄政王”字样，“皇父”字双抬，与“皇上”字相并，颂扬之词，固先皇父而后皇上也。今考顺治丁亥、己丑两科试策，得称“皇父摄政王”者，仍有三卷，有称“皇叔父摄政王”者，亦有仅颂皇上、不及皇父者。惜每科前十卷进呈后留之内府，不归礼部，即存礼部，亦多散失，故仅得三卷。其时善颂者必甚多也。

相传当时太后下嫁，敕礼部议礼，部议成书六册，名曰《国母大婚典礼》。其领衔者为钱谦益。闻当时百官贺表，亦出钱手笔。高宗见其书，疾谦益，故虞山著述见摈于时。

考摄政王多尔衮殁于顺治庚寅，庚寅以后，当不复见试策。其婚太后，今不能定其何年，亦未见此项典礼原书，不敢信其为确。惟所称颂皇父之三卷，以其中一卷系武进董应誉，明崇祯壬午举人，顺治己丑中式殿试，今录其颂皇父一节，以见当时士习。其辞云：“重以皇父摄政王，訏谟伟伐，不殊一德阿衡。且启沃忠诚，早见东山赤舄，绸缪不遗桑土，何智计之周详也。吐握大汇风云，又何延揽之汲皇不暇也。是真伊周作相，应五百年兴王之会；合万国而倾心，缵三十世开国之勋，大一统而为烈者矣。”

右一段冠以“重以”二字，乃先颂皇上而后及摄政王者，抬头字几于一句数见。当时不禁提行，遇抬头字多，行格稀疏，甚省笔墨，字亦草率多破体，绝无贴黄签出。盖当时士风，只求空疏不触忌讳无政治之谈，以避兴亡关系之语，即为合式。此可证“皇父”之称，为臣下之颂祷，非国初所讳言也。策卷较近代者纸稍薄易书，惟折叠较宽。董名在三甲第一百三十七。

某巨室抄本《东华录》中载此事，则有一诏书，誊黄宣示。略谓“太后盛年寡居，春花秋月，悄然不怡。朕贵为天子，以天下养，乃仅能养口体，而不能养志，使圣母以丧偶之故，日在愁烦抑郁之中，其何以教天下之孝？皇父摄政王现在鳏居，其身分容貌，皆为中国第一等人，太后颇愿纡尊下嫁。朕仰体慈衷，敬谨遵行，一应礼典，著所司预备”云云。

不准缠足女入宫

顺治初年，孝庄后谕：“有以缠足女子入宫者，斩。”此旨旧悬神武门内。

世祖自撰董妃行状

世谓世祖之妃董氏，为如皋明冒辟疆之妾董宛，而世祖自撰董妃行状，则谓其为满人。其文如下：

“顺治十七年八月壬寅，孝献庄和至德宣仁温惠端敬皇后崩。呜呼！内治虚贤，赞襄失助，永言淑德，摧痛无穷。惟后制行纯备，足垂范后世，顾壶仪邃密，非朕为表著，曷由知之？是用汇其平生懿行，次之为状。

“后董氏，满洲人也。父内大臣鄂硕，以积勋封至伯，殁赠侯爵，谥刚毅。后幼颖慧过人，及长娴女工，修谨自饬，进止有序，有母仪之度，姻党称之。年十八，以德选入掖庭，婉静循礼，声誉日闻，为圣皇太后所嘉与。于顺治十三年八月，朕恭承懿命，立为贤妃。九月，复进秩册为皇贵妃。

“后性孝敬知大体，其于上下，能谦抑惠爱，不以贵自矜。事皇太后，奉养甚至，伺颜色如子女，左右趋走，无异女侍。皇太后良安之，自非后在侧，不乐也。朕时因事幸南苑，及适他所，皇太后或少违豫，以后在，定省承欢若朕躬，朕用少释虑，治外务。即皇太后亦曰：‘后事我讵异帝耶！’故凡出入必偕。朕前奉皇太后幸汤泉，后以疾弗从，皇太后则曰：‘若独不能强起一往，以慰我心乎？’因再四勉之，盖日不忍去后如此。其事朕如父，事今后亦如母，晨夕候兴居、视饮食，服御曲体罔不悉。

即朕返跸晏，后必迎问寒暑，或意少乱，则曰：‘陛下归且晚，体得无倦耶？’趣令具餐，躬进之。居恒设食，未尝不敬奉勉食，至饫乃已。或命之共餐，即又曰：‘陛下厚念妾幸甚，然孰若与诸大臣，使得奉上色笑，以沾宠惠乎？’朕故频与诸大臣共食。朕值庆典，举数觞，后必频教诫侍者；‘若善侍上，寝室无过燠。’已复中夜惐惐起曰：‘渠宁足恃耶！’更趋朕寝所伺候，心始安，然后退。

“朕每省封事，抵夜分，后未尝不侍侧。诸曹章有但循往例待报者，朕寓目已，置之。后辄曰：‘此讵非几务，陛下遽置之耶？’朕曰：‘无庸。故事耳。’后复谏曰：‘此虽奉行成法，顾安知无时变需更张，或且有他故宜洞瞩者，陛下奈何忽之？祖宗贻业良重，即身虽劳，恐未可已也。’及朕令后同阅，即复起谢曰：‘妾闻妇无外事，岂敢以女子干国政，惟陛下裁察。’固辞不可。一日，朕览廷谳疏至应决者，握笔犹豫未忍下，后起问曰：‘是疏安所云，致轸陛下心乃尔？’朕谕之曰：‘此秋决，疏中十余人，俟朕报可，即置法矣。’后闻之泣下，曰：‘诸辟皆愚无知，且非陛下一一亲谳者。妾度陛下心，即亲谳，犹以不得情是惧，矧但所司审虑，岂尽无冤耶？陛下宜敬慎求可矜宥者全活之，以称好生之仁耳。’自是于刑曹爰书，朕一经详览竟，后必勉朕再阅，曰：‘民命至重，死不可复生，陛下幸留意参稽之。不然，彼将奚赖耶？’且每曰：‘与其失入，毋宁失出。’以宽大谏朕如朕心，故重辟获全、大狱末减者甚众。或有更令覆谳者，亦多出后规劝之力。嗟夫！朕日御万机，藉后内助，故得安意综理，今复何恃耶？诸大臣有偶干罪戾者，朕或不乐，后询其故，谏曰：‘斯事良非妾所敢预，然以妾愚，谓诸大臣即有过，皆为国事，非其身谋。陛下曷霁威详察，以服其心；不则诸大臣弗服，即何以服天下之心乎？’呜呼！乃心在邦国、系臣民如后，岂可多得哉！

“后尝因朕免视朝，请曰：‘妾未谙朝仪何若。’朕谕以只南面受群臣拜舞耳，非听政也。后进曰：‘陛下以非听政，故罢视朝。然群臣舍是日，容更获觐天颜耶？愿陛下毋以倦勤罢。’于是因后语频视朝。后每当朕日讲后，必询所讲，且曰：‘幸为妾言之。’朕与言章句大义，后辄喜；间有遗忘不能悉，后辄谏曰：‘妾闻圣贤之道，备于载籍，陛下服膺默识之，始有裨政治；否则讲习奚益焉？’朕有时蒐狩亲骑射，后必谏曰：‘陛下藉祖宗鸿业，讲武事，安不忘战，甚善。然马足安足恃？以万邦仰庇之身，轻于驰骋，妾深为陛下危之。’盖后之深识远虑，所关者切。故值朕骑或偶蹶，辄怂然于色也。

“后自入宫掖数年，行己谦和，不惟能敬承皇太后，即至朕保姆，往来晋接以礼，亦无敢慢。其御诸嫔嫱，宽仁下逮，曾乏纤芥忌嫉意，善则奏称之，有过则隐之，不以闻。于朕所悦，后亦抚恤如子，虽饮食之微有甘毳者，必使均尝之，意乃适。宫闱眷属，小大无异视，长者媪呼之，少者姊视之，不以非礼加人，亦不少有谇诟。故凡见者，蔑不欢悦，蔼然相亲。值朕或谴责女侍、宫监之获罪者，必为拜请曰：‘此曹蠢愚，安知上意，陛下幸毋怒。是琐琐者，亦有微长，昔不于某事曾効力乎？且冥行干戾，臧获之常也。’更委曲引喻，俟朕意解乃止。后天性慈惠，凡朕所赐赉，必推施群下，无所惜。封皇贵妃有年，乃绝无储蓄。崩逝后，诸含殓具，皆皇太后所预治者，视他宫侍亦无少差别，均被赐予。故今宫中人哀痛甚笃，至欲身殉者数人。

“初，后父病故，闻讣哀怛，朕慰之，抆泪对曰：‘妾岂敢过悲，廑陛下忧？所以痛者，悼答鞠育恩耳。今既亡，妾衷愈安。何者？妾父情性夙愚，不达大道，有女获侍至尊，荣宠已极，恐自谓复何惧，所行或不韪，每用忧念。今幸以时终，荷陛下恩，恤礼至备，妾复何恸哉！’因遂辍哀。后复有兄之丧，时后属疾，未使闻。后谓朕曰：‘妾兄其死矣。曩月必再遣妾嫂来问，今久不至，可知也。’朕以后疾，故仍不语以实，慰安之。后曰：‘妾兄心矜傲，在外所行，多不以理，恃妾母家，恣要挟，容有之。

审尔，讵止辱妾名，恐举国谓陛下以一微贱女，致不肖者肆行罔忌。故夙夜忧惧，寝食未敢宁。今幸无他故，殁足矣，妾安用悲为！’

“先是，后于丁酉冬生荣亲。初，后于朕偶有未称旨者，朕或加谯让，始犹申己意以明无过，及读史至周姜后脱簪待罪事，翻然悔曰：‘古贤后身本无僭，尚待罪若彼，我往曾申辨，殊违恪顺之道。嗣即有宜辨（通“辩”）者，但引咎自责而已。’后之恭谨迁善如此。后性至节俭，衣饰绝去华采，即簪珥之属，不用金玉，惟以骨角者充饰。所诵《四书》及《易》，已卒业。习书未久，天资敏慧，遂精书法。后素不信佛，朕时以内典禅宗谕之，且为解《心经》奥义，由是崇敬三宝，栖心禅学，参‘一口气不来，向何处安身立命’语，每见朕，即举之，朕笑而不答。后以久抱疾，参究未能纯一，后又举前语，朕一语答之，遂有省。自婴疾后，但凭几倚榻，曾未偃卧。及疾渐危，犹究前说，不废提持。故崩时言动不乱，端坐呼佛号，嘘气而化，颜貌安整，俨如平时。呜呼！足见后信佛法究心禅教之诚也。

“先是，后初病时，恒曰：‘皇太后眷吾极笃，脱不幸，病终不瘳，皇太后必深哀戚，吾何以当之！’故遇皇太后使来问安否，后必对曰：‘今日少安。’一日，朕偶值之，问曰：‘若今疾已笃，何以云安也？’后曰：‘恶可以妾病遗皇太后忧？我死，乃可闻之耳。’洎疾甚弥留，朕及今皇后诸妃嫔眷属环视之，后曰：‘吾体殊委顿，殆将不起。顾此中澄定，亦无所苦，独念以卑微之身，荷皇太后暨陛下高厚恩，不及酬万一。妾没后，陛下圣明，必爱念祖宗大业，且皇太后在上，或不至过恸，然亦宜节哀自爱。惟皇太后慈衷肫切，必深伤悼，奈何？思及此，妾即死，心亦弗安耳。’既，复谓朕曰：‘妾亡，意诸王等且必皆致赙。妾一身所用几何？陛下诚念妾，与其虚縻无用，孰若施诸贫乏为善也。’复嘱左右曰：‘我逝后，束体者甚毋以华美。皇上崇俭约，如用诸珍丽物，违上意，亦非我素也。曷若以我所遗者，为奉佛诵经需，殊有利益耳。’故今殓具，朕重逆后意，概以俭素，更以赙二万余金施诸贫乏，皆从后意也。凡人之美，多初终易辙，后病阅三岁，虽容瘁身癯，仍时勉谓无伤，诸事尤备，礼无少懈，后先一也。事今后克尽谦敬，以母称之，今后亦视后如娣。

“十四年冬，住南苑，皇太后圣体违和，后朝夕奉侍废寝食。朕为皇太后祷于上帝坛，旋宫者再，今后曾无一语奉询，亦未曾遣使问候，是以朕以今后有违孝道，谕令群臣议之，然未令后知也。后后闻之，长跪顿首固请曰：‘陛下之责皇后，是也。然妾度皇后斯何时，有不憔悴忧念者耶？特以一时未及思，故失询问耳。陛下若遽废皇后，妾必不敢生。陛下幸垂察皇后心，俾妾仍视息世间，即万无废皇后也。’前岁今后寝病濒危，朕躬为扶持供养，今后宫中侍御尚得乘间少休，后则五昼夜目不交睫，且时为诵书史，或常谭以解之。及离侧，出寝门即悲泣曰：‘上委我候视，倘疾终不痊，奈何？’凡后事，咸躬为蒇治，略无倦容。今年春，永寿宫始有疾，后亦躬视扶持，三昼夜忘寝兴，其所以殷殷慰解悲忧，预为治备，皆如待今后者。后所制衣物，今犹在也。悼妃毙时，后哭之曰：‘韶年入宫，胡不于上久効力，遂遽夭丧耶？’悲哀甚切，逾于伦等。其爱念他妃嫔，举此类也。故今后及诸妃嫔皆哀痛曰：‘与存无用之躯，孰若存此贤淑，克承上意者耶！吾辈曷不先后逝耶？今虽存，于上奚益耶？’追思夙好，感怀旧泽，皆绝荤诵经，以为非此不足为报云。后尝育承泽王女二人、安王女一人于宫中，朝夕鞠抚，慈爱不啻所生。兹三公主擗踊哀毁，人不忍闻见。宫中庶务，曩皆擗〔后〕经理，尽心检核，罔不当，虽未晋后名，实后职也。第以今后在，故不及正位耳。自后崩后，内政丛集，待命于朕，用是愈念后，悲感不能自止。因叹朕伉俪之缘，殊为不偶。

“前废后容止，足称佳丽，亦极巧慧，乃处心弗端，且嫉甚，见貌少妍者即憎恶，欲置之死。虽朕举动，靡不猜防，朕故别居，不与接见。且朕素慕简朴，废后则僻嗜奢侈，凡诸服御，莫不以珠玉绮绣缀饰，无益暴殄，少不知惜。当膳时，有一器非金者，辄怫然不悦。废后之行若是，朕含忍久之，郁慊成疾。皇太后见朕容渐瘁，良悉所由，谕朕裁酌，故朕承慈命废之。及废，宫中人无一念之者，则废后所行，久不称众意可知矣。今后秉心淳朴，顾又乏长才。洎得后才德兼备，足毗内政、谐朕志，且奉事皇太后恪共妇道，皇太后爱其贤，若获瓌宝，朕怀亦得舒，夙疾良已。故后崩，皇太后哀痛曰：'吾子之嘉耦，即吾女也。吾冀以若两人永偕娱我老，兹后长往矣！孰能如后事我耶？孰有能顺吾意者耶？即有语，孰与语耶？孰与筹耶？'欲慰勉朕，即又曰：'吾哀已释矣，帝其毋过伤。'然至今，泪实未尝少止也。见今后及诸妃嫔哭后之恸，谕曰：'若辈勿深哀，曷少自慰。'乃一时未有应者，皇太后泫然泪下。朕曰：'若皆无心者乎，胡竟无一语耶？'盖追惜后之淑德，为诸人所难及，故每曰：'诸妃嫔可勿来，重伤我心。'于此益见念后之至也。

"抑朕反复思后所关之重，更有不忍言而又不能自止者。皇太后雅性修洁，虽寻常起居细节，亦必肃然不肯苟且，如朕为皇太后亲子，凡孝养之事，于理更有何忌？但以朕乃男子，故当有引嫌不能亲及者，故惟恃后敬奉，能体皇太后。即皇太后千秋万岁后，诸大事俱后经治是赖。今一朝崩逝，后脱遇此，朕可一一预及之乎？将必付之不堪委托之人。念至于兹，朕五中摧痛，益不能不伤痛无已矣。

"后持躬谨恪，翼赞内治，殚竭心力，无微不饬，于诸务孜孜焉，罔弗周详。且虑父兄之有不率，故忧劳成疾。上则皇太后慈怀轸恻，今后悲悼逾常；下则六宫号慕，天下臣民莫不感痛。惟朕一人，抚今追昔，虽不言哀，哀自至矣。呜呼！是皆后实行，一辞无所增饰，非以后崩逝故，过于轸惜为虚语。

"后媺（同"美"）素著，笔不胜书，朕于伤悼中不能尽忆，特撮其大略状之，俾懿德昭垂，朕怀亦用少展云尔。"

世祖乳母封奉圣夫人

明熹宗即位，封乳保客氏为奉圣夫人，而本朝亦有之。康熙丁巳七月二十五日，特封世祖之乳母朴氏为奉圣夫人，顶帽服饰，照公夫人例。自是以后，常有乳母之封，外廷诸臣且有不知其姓氏者。

世祖有废后

顺治乙未八月，世祖谕礼部云："自古立后，皆慎重遴选，使可母仪天下。今后乃睿王于朕幼时因亲定婚，未经选择，宫闱参商，已历三载，淑善难期，不足仰承宗庙之重。谨于八月二十五日，奏闻皇太后，降为静妃，改居侧宫。"

圣祖停止汉官命妇入宫之例

皖中某氏、某氏，国初皆为汉族大家之一，世为婚姻。康熙时，某为首辅，次子某京卿，娶于某，有国色。会皇太后万寿，预诏汉官命妇随满人一体入宫叩祝。届期，在京汉族命妇之贵显者皆入朝，两家妇女亦盛饰而往。礼毕，皇太后命赐讌内廷。讌毕，相率乘肩舆归。及抵家，则某京卿妻者，衣饰犹是，面目全非，盖已易一人矣。两家心知其故，然不敢言。旋为圣祖所知，汉官妇女入宫之例，遂著永远停止。

圣祖废理密亲王

理密亲王允礽，圣祖诸子中之嫡而长者也。直郡王允禔最长，然非嫡出，故立允礽为皇太子，命大学士张英教之，又令扈从巡狩，讲解《性理》。然诸王觊觎储位，允禔意尤显，乃令蒙古喇嘛呪诅允礽，用魔术以厌之。由是允礽性贪暴，甚至窥伺乘舆，状类狂疾。康熙戊子，诏废幽禁。旋因究得允禔用魔术事，己丑，复立之，而允礽性情如故，乃复废之，自此不再言建储事矣。

康熙以后，既不立储。高宗以皇次子永琏为孝贤后所生，特书名，封贮于正大光明殿扁中。未几薨，谥曰“端慧太子”。复以皇七子永琮亦为嫡出，隐有书名之意，而永琮又薨。孝贤后伤悼过甚，不数年崩。

高宗有废后

高宗继后那拉氏随侍孝圣后南巡，忽自翦发，失其常度，中途送还京师。满俗最忌翦发，高宗谕旨，谓本应废立，以其继位中宫，故优容之。越数年薨，命以皇贵妃礼治丧，不得祔庙。或谓后为尼于杭州，误也。

高宗纳银妃

银妃，山东青州人，乳名珠儿。父某，诸生，年五十六，生银妃。未二年而父死，母以家贫，不及卒养，乃送与同里黄氏为义女，故笄后尚承黄姓。黄故望族，加以珠儿有艳名，媒妁遂相属于道，黄氏悉婉谢之。珠儿尝语所亲曰：“所贵美女者，当屏绝男子耳。明珠白璧，岂可使有瑕玷哉！”于是艳名益著。

乾隆某年，高宗南巡，经鲁境，有绳珠儿之美者，默志之。及回銮，手谕鲁抚，命与黄婉商，欲迎珠儿入宫。鲁抚奉谕造黄，出手谕。黄北向叩首应命，次日，辇珠儿入都。高宗安置之于坤宁宫，复恐太后知，又匿之于四知书屋。某夕，喧言珠儿承恩，敕封银妃，佩符矣。一日，黄夤缘某监入乾清宫，高宗偶见之，问何人，黄伏地不语。内监奏为银妃父黄某，亲送银妃入都者。高宗命回鲁，诏之曰：“已有密旨至济南矣。”黄返，则居宅一新，又有良田美池，簿录万数，文武官皆郊迎请圣安。黄至是遂以富称于乡。珠儿初入宫，礼节未谙，夜阑辄背灯暗泣。或以奏闻，特旨慰之。某夜，偶以事忤，高宗大愤径出，宫人皆为之危。少选，复来昵之。越数年，征回部，获香妃。香妃初入，与银妃同宫，居未久，香妃迁他宫，高宗时幸之，有所赐，亦优于银妃。香妃死，高宗大哭至病目，而弃银妃若敝屣矣。然此实道路传闻之傅会，未可信也。

高宗斥秀女

高宗尝选秀女，忽见地上现粉印若莲花，推问。有一女雕鞋底作莲花形，中实以粉，故使地上莲花随步而生。上怒，遽令内监逐之。

宣宗立文宗为太子

道光庚戌正月，宣宗违豫久，犹日至奉三无私，（四字别殿名。）召见办事。十三日，召见慎德堂，（寝宫名。）仅军机大臣大学士祁寯藻、杜受田，尚书何汝霖，侍郎陈孚恩、季芙昌五人，语良久。十四日卯初，诸臣甫入直，已传旨召对，凡十人，盖定郡王载铨，及军机大臣五人，御前大臣怡亲王载垣、郑亲王端华、科尔沁王僧格林沁三人，暨内务府大臣步军统领尚书文庆也。宣宗冠服端坐，命至榻前，告以立文宗为皇太子。须臾，文宗入，宣宗取缄匣朱旨传示，并谕勉诸臣，毕，各退。文宗命军机大臣五人同阅章奏。移时，甫还直庐，忽急宣趋入，惊闻大行皇帝龙驭上宾矣。

宣宗杀宫眷

道光中某夜，宣宗在乾清宫盛怒，厉声呵斥，立召值班侍卫王某入宫门，授以宝刀，令一宫监带至某宫第几室，于床上取一宫眷首复命，不知其为何事也。

文宗传位之异闻

恭王为宣宗第六子，天姿颖异，宣宗极钟爱之，恩宠为皇子冠，几夺嫡者数。宣宗将崩，忽命内侍宣六阿哥。适文宗入宫，至寝门请安，闻命惶惑，疾入侍。宣宗见之微叹，昏迷中，犹问

“六阿哥到否”。迨王至，驾已崩矣。文宗即位，恭王被嫌，命居圆明园读书。咸丰庚申，海氛日急，文宗幸热河，王从扈，卒柄大政，盖不预外事已十年矣。

文宗保全奕䜣

宣宗倦勤时，以恭王奕䜣最为成皇后所宠，尝预书其名，置殿额内，有内监在阶下窥伺，见末笔甚长，疑所书者为奕䜣，故其事稍闻于外。宣宗知而恶之，乃更立文宗。成皇后后宣宗崩，病笃时，文宗侍侧，后昏瞀，以为奕䜣，乃执其手而谓之曰：“阿妈（满语呼父为阿妈，呼母为额尼。）本意立汝，今若此，命也。汝宜自爱。”旋悟为文宗，窘极。文宗乃叩头自誓，必当保全奕䜣。及穆宗以冲幼嗣立，奕䜣遂长军机，秉政。

琳皇贵太妃留居禁中

醇贤亲王母琳皇贵太妃乌雅氏，性贤明。文宗即位，王分府于太平湖畔。太妃例应归府，文宗甚尊敬之，故仍居宫中。

文宗有五春之宠

文宗喜园居。年例正初入园，冬至始还宫。园中传有五春之宠，所谓“天地一家春”者，乃孝钦后所居；其杏花春、武陵春、海棠春、牡丹春，皆汉女分居之。

文宗忌辰

七月十七日为文宗忌辰，十五日早，全宫移居西苑，以百僧诵经，超度孤魂。夜，孝钦后率宫眷乘船游湖，制荷花式灯，中插一烛，放于水面，意在放光明于夜间，使鬼魂得以来享也。此月中，宫眷皆不得衣鲜衣，惟深蓝、浅蓝二色，孝钦则黑服，手巾同色。每月朔望，例戏亦停，亦不奏乐。十七日早，孝钦跪于文宗神座前，哭泣良久。宫中皆禁荤，斋戒三日，以表诚敬。

穆宗憎洋货

侍郎夏同善值毓庆宫，伴穆宗读，尝衷一计时表，私视之，为上所见，询是何物，侍郎直对。穆宗取而碎之，曰：“无是物，即不知时耶！”殆以热河之耻，痛切于心，藉以抒其积愤欤？

穆宗微行

穆宗尝微服出游。湖南举人某以候试居会馆，与曾国藩邸舍相望。一日午睡，见有少年人，就案视其文，以笔涂抹殆遍，匆匆即去，怪而询诸仆，仆曰：“此曾大人之客也。曾大人出外未回，故信步至老爷处耳。”曾归，举人白其状。曾大惊曰：“此今上也。”举人骇甚，不敢入春闱，即日束装归。又尝至琉璃厂购玉版宣，以瓜子金抵其值，肆伙辞不受，乃嘱其随往取银。至午门，不敢入，弃纸仓皇遁。翌日，遣小监如数偿之。又尝自称江西拔贡陈某，与毛昶熙遇于酒肆，微笑点首。毛趋出，亟告步军统领，以勇士密随左右。相传如此，不足信也。

穆宗宾天之异闻

穆宗为孝钦后所出，世皆知之。或曰，实文宗后宫某氏产，时孝钦无子，乃育之，潜使人酖其母，而语文宗以产子月余矣。文宗闻之大喜，因命名曰载淳，封孝钦为贵妃。其后文宗遗命，以载漪承大统。时载垣等扈跸热河，膺顾命，知孝钦必专政，谋辅幼主，宣言上非孝钦所生。孝钦怒，与恭亲王奕䜣谋诛载垣，自是，遂无人敢言上之自出矣。

穆宗既长，微闻之，乃阴求其生母遗像。孝钦大惧，以毒物密置食物中，遂暴崩，外廷不知，遂以为痘耳。或曰，穆宗疾大渐，召军机大臣李鸿藻。鸿藻至，立命入。时孝哲后侍，将引避，穆宗止之曰：“勿尔，师傅为先帝老臣，汝乃门生媳妇。吾方有要言，何用回避耶？”鸿藻免冠伏地，不敢仰视。穆宗曰：

“师傅快起，此犹讲礼时耶?”因执其手曰：“朕不起矣。”鸿藻失声哭，孝哲亦哭。又止之曰：“此非哭时。”因顾孝哲曰：“朕脱不讳，必立嗣子，卿意谁属？盍速言之。”孝哲曰：“天下多故，国赖长君。实不愿居太后之虚名，贻宗社以实祸也。”穆宗莞尔曰：“汝能知大义，吾无忧矣。”乃与鸿藻谋，以贝勒载□［澍］最贤，令入承大统，口授遗诏，命鸿藻即御榻侧书之，凡千余言，所以防闲孝钦者甚至。诏草成，穆宗阅之，谓鸿藻曰：“甚善，师傅可休息，明日或犹得一见也。”

鸿藻既出宫，战栗无人色。恐为孝钦知，将不利，复驰诣孝钦宫门，请急对。孝钦召入，出诏草袖中以进。孝钦阅毕大怒，碎其纸，掷之地，叱鸿藻出。旋命断御前医药饮膳，不得入乾清宫。移时，报上崩矣。或曰，穆宗患痘，孝哲怨懟孝钦于帝前，穆宗慰之曰：“卿暂忍之，终有出头日。”时孝钦窃听良久，遽入，捽孝哲发，将杖之。穆宗睹状，惊晕去，及醒，痘溃，遂崩。

德宗自述

德宗尝语宫眷德菱女士曰：“西人对朕之评论若何，甚愿闻之。知彼必视朕如小儿也。”德菱曰：“外人咸信圣躬大安。”德宗曰：“外人有所误会，皆是朝廷守旧之故。朕无机会宣布意旨，或有所作为，故皆不知朕。朕惟作人之傀儡耳。以后如再询及，尽可告以实情。朕有意振兴我国，奈不能自主，此固尔所知者。至于太后，即有本领改革，亦不愿做。朕知离真正改革之期甚远，倘能如欧洲之皇帝，赴各处游历，自是最好，然今日万不能行耳。”德菱曰：“闻有某郡主，欲观圣路易赛会，果往，亦可藉知外国各事，与我国异点之所在。”德宗曰：“此事向未允准，未必竟能实行。惟朕极愿游历欧洲，自为考察也。”

德宗继统

同治甲戌十二月，穆宗大渐，孝贞、孝钦两太后召惇亲王奕誴、恭亲王奕䜣、醇亲王奕譞、孚郡王奕譓、惠郡王奕详等人。孝钦后泣语诸王曰："帝疾不可为，继统未定，谁其可者?"或言溥伦长，当立。惇亲王曰："溥伦疏属，不可。"孝钦曰："溥字辈无当立者。奕譞长子，今四岁矣，且至亲，予欲使之继统。"盖醇亲王嫡福晋，乃孝钦后妹也，孝钦利幼君可专政，傥为穆宗立后，则己为太皇太后，虽尊而疏，故欲以内亲立德宗也。诸王不敢抗，议遂定。是日，穆宗崩，德宗入居宫中，遂即位。两太后旨，略谓皇帝龙驭上宾，未有储贰，不得已，以醇亲王奕譞之子载湉承继文宗，入承大统，俟生育皇嗣，即承继大行皇帝为嗣。改元光绪。醇亲王疏言："臣侍从大行皇帝十有三年，时值天下多故，尝以整军经武，期睹中兴盛事，虽肝脑涂地，亦所甘心。何图昊天不弔，龙驭上宾。臣前日瞻仰遗容，五内崩裂，已觉气体难支，犹思力济艰难，尽事听命。忽蒙懿旨，择定嗣皇帝，仓猝昏迷，罔知所措。迨舁回家，身战心摇，如痴如梦，致触犯旧有肝疾等病，委顿成废。惟有哀恳皇太后恩施格外，许乞骸骨，使臣受帡幪于此日，正丘首于他年，则生生世世，感戴高厚鸿施于无既。"旋谕令王公大学士六部九卿会议具奏，诏准醇开去各差，以亲王世袭罔替，醇奏辞，不许。两太后遂垂帘听政。

初，穆宗寝疾时，群疑弘德殿行走、翰林院侍讲王庆祺导帝冶游，致疾不起。御史陈彝假他事劾之，并谓街谈巷议无据之词，未敢渎陈，要亦其素行不孚之明证，若再留禁廷之侧，为患不细，非独有玷班行而已。诏褫庆祺职，封穆宗皇后为嘉顺皇后，即孝哲后也。李鸿藻、徐桐、翁同龢、广寿请开去弘德殿行走，许之。罪总管太监张得喜等，戍黑龙江。内阁侍读学士广安奏，略谓："大行皇帝冲龄御极，蒙两宫皇太后垂帘励治，十有三载，天下底定，海内臣民方将享太平之福。讵意大行皇帝皇嗣未举，一旦龙驭上宾，凡食毛践土者，莫不吁天呼地。幸赖两宫皇太后坤维正位，择继咸宜，以我皇上承继文宗显皇帝为子，并钦奉懿旨，俟嗣皇帝生有皇子，即承继大行皇帝为嗣。仰见两宫皇太后宸衷经营，承家原为承国；圣算悠远，立子即是立孙。不惟大行皇帝得有皇子，即大行皇帝统绪，亦得相承勿替，计之万全，无过于此。请饬下王公大学士六部九卿会议，颁立铁券，用作奕世良谋。”奉两宫懿旨：“前降旨俟嗣皇帝生有皇子，即承继大行皇帝为嗣，业经明白宣示。兹据内阁侍读学士广安奏，请饬廷臣会议颁立铁券等语，冒昧渎陈，殊堪诧异。广安著传旨申饬。”

孝哲后本失爱于孝钦，穆宗病，孝钦以其不能防护，掌责之；又以孝钦不为穆宗立后，以寡嫂居宫中，滋不适，乃仰药殉焉。光绪甲子四月，命翁同龢、夏同善授读毓庆宫。御史潘敦俨请表扬孝哲后，以光潜德。诏称：“孝哲毅皇后已加谥号，岂可轻议更张。该御史率行奏请，已属胡涂，并敢以无据之词登诸奏牍，尤为谬妄。”下吏议夺职。丙寅三月庚午，葬穆宗孝哲后于惠陵。吏部主事吴可读先以御史请诛乌鲁木齐提督成禄，言过戆，落职，穆宗登极，起废员，用主事。可读虑大统授受之间，类多变故，鉴宋太宗、明景帝之故事，思以尸谏，而坚为穆宗立后之信，乃请于吏部长官，随赴惠陵襄礼。还次蓟州马伸桥三义庙，于闰三月五日之夜，饮毒毕命，遗疏请吏部长官代奏，自称罪臣以闻。吏部以其疏上。诏言：“同治十三年十二月初五日降旨，嗣后皇帝生有皇子，即承继大行皇帝为嗣。此次吴可读所奏，前降旨时，即是此意。著王大臣大学士六部九卿翰詹科道将吴可读原摺会同妥议具奏。”可读遗言葬蓟州，谓出蓟州一步，即非死所。旋有徐桐、翁同龢、潘祖荫连衔一疏，宝廷、黄体芳、张之洞、李端棻各一疏，均付王大臣并议。

四月，礼亲王世铎等奏：“遵旨于本月初一日齐赴内阁，将可读奏摺公同阅看。据奏内有‘仰乞我皇太后再降谕旨，将来大统仍归承继大行皇帝嗣子’等语，臣等恭查雍正七年上谕，有曰：‘建储关系宗社民生，岂可易言。我朝圣圣相承，皆未有先正青宫而后践天位，乃开万世无疆之基业，是我朝之国本有至深厚者，愚人固不能知也。钦此。’跪诵之下，仰见我世宗宪皇帝诒谋之善，超亘古而训来兹。圣谕森严，所宜永远懔遵。伏思继统与建储，文义似殊，而事体则一。建储大典，非臣子所敢参议，则大统所归，岂臣下所得擅请。我皇上缵承大位，天眷诞膺，以文宗之统为重，自必以穆宗之统为心，将来神器所归，必能斟酌尽善，守列圣之成宪，奉天下以无私。此固海内所共钦，而非此时所得预拟者也。况我皇太后鞠育恩深，宗社虑远，前者穆宗龙驭上宾时，业经明降谕旨，俟皇帝生有皇子，即承继大行皇帝为嗣。懿训煌煌，周详慎重。是穆宗毅皇帝将来继统之义，已早赅于皇太后前降懿旨之中，何待臣下奏请。吴可读以大统所归，请旨颁定，似于我朝家法未能深知，而于皇太后前次所降之旨亦尚未能细心仰体。臣等公同酌议，应请毋庸置议。”

旋奉两宫懿旨：“前于同治十三年初五日降旨，俟嗣皇帝生有皇子，即承继大行皇帝为嗣，原以将来继绪有人，可慰天下臣民之望。第我朝圣圣相承，皆未明定储位，彝训昭垂，允宜万世遵守，是以前降谕旨，未将继统一节宣示，具有深意。吴可读所请颁定大统之归，实与本朝家法不合。皇帝受穆宗毅皇帝付托之重，将来诞生皇子，自能慎选贤良，缵承统绪，其继大统者，为穆宗毅皇帝嗣子，守祖宗之成宪，示天下以无私。皇帝亦必能善体此意也。所有吴可读原奏，及王大臣等会议摺，徐桐、翁同龢、潘祖荫联衔摺，宝廷、张之洞各一摺，并闰三月十七日及本日谕旨，均著另录一分，存毓庆宫。至吴可读以死建言，孤忠可悯，著交部照五品官例议恤。”

德宗习英文及与德菱女士之谈话

宫眷德菱女士，于夏季日以一小时教德宗英文。德宗能强记，进步亦速，虽口音不甚清，而不久即能诵读本中之短篇故事，且兼习古字花字。孝钦后观之，亦喜曰：“我也想学。”但读两课后，即不耐烦矣。一日，德宗语德菱曰：“汝劝太后行新政，朕未见如何有效。”德菱曰：“菱入宫已见多事，新建之殿，亦其一也。”德宗闻之，皆以为不足道，曰：“至正当之时，或有用汝处。”言毕，有沉吟不定之状。

德宗在瀛台之起居

德宗幽居瀛台，所居为涵元殿，仅三楹，每楹不过方丈。其对面之扆香殿，为隆裕后所居，南北宽不过八尺。德宗偶一登楼远望，或有吁叹声，宫监即密报孝钦后。其地四面皆水，水阔一丈五尺余，有吊桥，日间放下，夜拽起。光绪戊戌冬，某日大雪，孝钦在慈宁宫，命小内监某携狐裘一袭，送瀛台赐德宗，谕曰：“尔持以与帝，言为老佛爷所赐。衣料虽非缎类，钮扣皆金所制，须连续言之。帝有何语，归即报我。”内监领命去，以裘进帝，如孝钦旨。德宗曰：“吾知之。”某连言不绝，怒曰：“吾知之矣，死未得其时与地耳！归报太后可也。”

两宫先后升遐

光绪戊申十月十九日，迎醇王载沣之子入宫。时孝钦后已病笃，尚召至床前。明日，德宗宾天。枢臣草遗诏，孝钦扶病披阅；又明日，孝钦上仙。盖两宫升遐，相去仅二日耳。

宣统帝入嗣

光绪戊申，两宫病笃。十月某日午，召枢臣世续、张之洞、那桐入，奕劻适谒东陵。孝钦后询诸臣择近支王子入宫读书事，诸臣莫敢言。世续奏曰：“太后拟选储为社稷万世计，此周文、武之用心，甚盛甚盛。惟今内忧外患，交乘游至，奴才不敏，窃以为宜选择年长者。”（定制，亲王以下满员称“奴才”，宣统初革除。）孝钦拍床怒詈曰：“此何等重事，而若敢妄言！”张之洞曰：“世续承太后垂询，臣亦据愚虑约言之。立储自宜承宸断。”孝钦默然良久，徐言：“载沣子溥仪尚可，但年稚耳，须教之。尔等议所可者。”之洞曰：“载沣懿亲贤智，使摄政，当无误。”引国初睿亲王辅导事证之。孝钦曰："得之矣。"趣拟诏。之洞谓奕劻东陵即旋，请翌晨进呈，孝钦促即下诏。次晨，奕劻轻舆抵宫门，诸人达孝钦意，奕劻攒眉曰："方今国家多难，选储似宜年长者。"诸人邀奕劻入对自陈之。既见孝钦，索阅草诏毕，云："趣下诏，布天下。"奕劻卒未敢言。宣统帝入宫时，醇王太福晋大哭，以为"杀我子，复戕我孙，虽拥皇帝虚名，实等终身圈禁耳"，抱宣统帝不释手。经诸臣婉劝，谓不可抗旨，始由侍卫及诸王公大臣拥之去。

美人述宫事

美医古力架曾入宫，为宣统帝诊疾，出而语人曰："帝食燕窝太多，致不消化，喉吻奇渴，故频频饮茶。"帝卧床极大，足容五六人，晨六时，即起而啖饭，然后往谒隆裕后。日夜保抱者，为宫人张氏，年约四十余岁，并教其写字。张为孝钦后生时所选用者，即卧帝床侧。帝室多置奇物古玩，以供娱赏。

孝贞后娴礼法

孝贞后工文翰，娴礼法，容色冠后宫。先为贵妃，孝德后崩，遂正位。文宗几暇，偶以游宴自娱，婉言规谏，未尝不从。外省军报及廷臣奏疏之寝阁者，闻孝贞一言，无不立即省览。妃嫔偶遭谴责，皆为之调停，旋蒙恩眷。咸丰庚申，英法联军入京，恭王留守，文宗仓皇携后妃奔热河，圣意不乐，因御书"且乐道人"四字，命张诸行殿。孝贞执不可，云："天子一日二日万几，安有自求逸乐之理。今虽蒙尘，尤不宜有此。"亲督内侍去之。次年秋崩。是时穆宗生已六岁，孝钦后以子贵，已并位称太后矣。（坐朝，穆宗中位，孝贞、孝钦坐幞中，朝臣跪于地毯，内臣并称曰东太后、西太后。东后谓孝贞，盖以坐位名之也。）

时孝贞二十七岁，少孝钦一年，而容貌如五十外人。服御简朴，一若寒素。当孝钦初得幸时，文宗常晏起。故事：帝宿某处，御某人，有册籍报后，不合格者，杖斥。内监之承伺者，届时于寝门外诵祖训，帝必披衣起而跪听，出朝乃止。丙辰春，文宗宿孝钦所，数日不视朝。孝贞谂其故，乃顶祖训至宫正跪，命人请皇帝起听训。文宗亟止之，曰："予即听朝，勿诵训。"逮出朝，少时即退，问后何在。或对御坤宁宫，坤宁宫者，皇后行大赏罚之所也。文宗至，则孝贞坐于中，孝钦跪于下，孝贞历数其过，将杖辱之。文宗大呼曰："请皇后免责，渠已有娠矣。"孝贞下座，曰："帝胡不蚤言。吾之杖伊，遵祖制也。受杖堕娠，失祖训矣。皇上春秋虽盛，储宫未备，吾安可守一训，而失列祖列宗万世之遗意哉！"因涕泣久之。

及与孝钦后垂帘听政，首简恭王入军机处，时国人称孝贞优于德，而大诛赏、大举错实主之；孝钦优于才，而判阅奏章、裁决庶务，及召对时咨访利弊，悉中窾会。孝贞见大臣，呐呐如不出诸口，有奏牍，必孝钦为诵而讲之，或竟月不决一事。然至军国大计所关，及用人之尤重大者，孝贞偶行一事，人皆额手称颂。同治初元，鉴曾文正公之贤，自两江总督简授协揆。迨何桂清失陷封疆，厥罪甚重，刑部已论斩矣，潜乞同乡同年及同官京朝者十七人上疏救之，朝廷几为所惑。孝贞后独纳太常寺卿李棠阶之奏，命斩桂清以警逃将，全国为之震肃。寻以李棠阶硕望名儒，命为军机大臣，一岁中迁至尚书，其后颇多献替。胜保以骄蹇贪淫，逮下刑部狱，亦用棠阶言赐死。苏、浙之复也，曾、李、左锡封侯伯，实出孝贞意。及太监安得海稍稍用事，潜出，过山东，巡抚丁宝桢劾奏之，孝贞问军机大臣以祖制，大臣对言当斩，即命就地正法。孝钦性警敏，锐于任事，孝贞悉以权让之。穆宗孝事孝贞，能先意承志，孝贞抚之，亦慈爱备至，故上亦终身孺慕不少衰，虽孝钦为上所自出，无以逾也。

孝哲后为穆宗所敬礼

孝哲后为承恩公崇绮女，同治壬申，与凤秀之女同选入宫，时年十九，而凤女年十四。孝钦后欲立凤女，孝贞后欲立孝哲，相持不决，召穆宗自定之，如孝贞旨，遂立之为中宫，封凤女为慧妃。孝钦大不怿，谕穆宗曰："慧妃贤明，宜加眷遇。皇后年少，未娴礼节，皇上毋得辄至中宫，致妨政务。"而阴使内监监视之。穆宗意亦不怿。然孝哲气度端凝，不苟言笑，穆宗始终敬礼，宫中无事，恒举唐人诗以试之，辄应口背诵。穆宗益喜，伉俪綦笃，虽燕居，曾无亵容狎语。孝贞尤甚钟爱之。而孝钦则大忿，孝哲入见，从不假以辞色。既失欢，又遭穆宗宾天之变，独处宫中，益郁郁。孝贞时召与语，力抚慰之。

或曰，穆宗升遐时，孝哲力争立嗣，孝钦意已定。鸿藻方入内，孝哲向之泣告，且谓之曰："此事他人可勿问，李大臣，先帝之师傅，当独力维持。我今为此大事，给师傅磕头。"鸿藻亟退避，卒缄默无言。

孝钦后自述

孝钦后尝语人曰："我自幼受苦，父母不爱我，而爱我妹。入宫后，宫人以我美，咸妬我，但皆为我所制。文宗专宠我，迨后皇子生，我之地位更巩固矣，惟以后又交否运。咸丰末年，文宗卧病，外兵入城，烧圆明园，我避难热河。时予年尚轻，文宗病危，皇子又小，东宫之侄，乃一坏人，谋夺大位，势甚危急。予抱皇子至文宗床前，问大事如何办理，文宗不答。予复告以儿子在此，文宗始张目答曰：'自然是彼接位。'语毕，即宾天矣。予见大事已定，心始安。然彼时虽极悲痛，以为犹有穆宗可倚。孰意穆宗至十九岁，遽又夭折。自此予之境遇大变，希望皆绝。东宫又与予不和。越数年，东宫去世。今上初入宫时，方三岁，瘦弱多病，其父母不敢给以食物。汝等知其父即醇王否？其母为我之妹，我妹之子，即与我亲生者无异，故决意立之也。

"据李莲英言，外国教士以药给我国人服食，故我国人心变坏。在初入教时，教士每假意令人细思，表面故作不强人入教之态度。我国小儿，辄被骗去挖眼睛作药。

“汝等知义和团因何起事？盖从教者恃教为护符，横行乡里，故义和团起而复仇。但行为亦太过，在京纵火图财，不问是否教民，概被乱劫。汝等要知从教者乃极坏之人，每强夺他人田产，外国教士偏信袒护，不问事之是非情理，凡教徒犯罪，见官不跪，放肆无礼，不服国法。外人信一面之辞，强迫官吏释放罪人，真是不平已极。我看我国上等好人，亦未必入教也。

“康有为拟设法使皇帝归教，然我在，总不能允。外国之海陆军及机器，我亦称之，但文化礼俗，总是我国第一。外间多谓庚子年，政府与义和团通同一气，其实不然。我知以后必贻祸，故颁发上谕，饬兵剿拿，奈其时事已不可收拾矣。我本决意不出宫，一老妇耳，生死何足介意，而端王、澜公劝予即行，复以乔妆相劝。予怒斥之。及还京，颇闻有人谓予出宫时，着仆妇服，坐破骡车，而仆妇则伪饰予妆坐轿，其实安有此事？拳匪乱时，无一人愿随我行，且有先避者，否则亦不肯事事。予因宣言曰：‘汝等愿随者随！’当时应者极少，计不过太监十七人，仆妇二人，宫女小珠一人也。宫中原有太监三千，早已逃矣，且有面予而将贵重花瓶掷碎于地者。我愤极大哭。既在途，某日大雨，轿夫数人逃去，骡亦死数匹，大雨不止，其苦为生平所未受。某知县办差颇尽力，惜食物缺乏，有时闻太监向知县咆哮，知县长揖以谢之。予怒责太监，谓我辈仓猝出行，凡办差者，自应体谅，不能苛求。行月余始抵西安，病三月。住抚署内，屋旧而湿，皇帝亦病。此行无异充军。光绪二十八年返京，见宫中景象大变，贵重器皿，或毁或失，西苑珍宝，无一存者。予每日礼拜之白玉观音，被人斫断手指，且有洋人曾坐予宝座摄影者。迄今言之，不禁伤心至极也。

“予最恨人言庚子事。予乃最聪明之人，尝闻人言英王维多利亚事，彼于世界关系，殆不及予之半。予事业尚未告成，亦无有能逆料者，或尚有可使外人震惊之事，或尚有迥异于前之事，均未可知。英为世界最强国，然亦非维多利亚一人之力。英多贤才，各事皆由巴力门议定，彼惟画诺而已。我国大事，皆予独裁，虽有军机大臣，亦惟赞襄于平时，皇帝更何知？庚子以前，予之名誉甚佳，海内晏然，不料有拳匪之乱，为梦想所不及。综稽生平，谬误即此一举。予本可随时谕禁拳匪，而端、澜力言拳匪可信，为天所使驱逐洋人者，盖即指教士而言。予固最恨耶教，当时闻言默然，后亦知端、澜所行之太过。一日，端王率领拳匪头目至颐和园，召集太监，在殿前查验顶际有无十字。既而端王谓有二监信教，当如何办理。予怒斥之曰：‘未发诏旨，何故擅领彼等入宫！’端王谓其权力甚大，可以杀尽洋人，有诸神保护，不畏枪炮，曾经试验，枪打并无伤痕。因擅将二监交与拳匪头目办理，予亦允之。旋闻二监被杀于园。次日，端、澜又带拳匪头目入宫，令太监烧香为非教徒之证。自此遂逐日进宫，授太监法术，谓京城人民大半已习拳矣。第三日，宫监皆作拳装，坎肩、包巾皆红色，裤独黄，予之左右皆然，心甚不悦。澜公复以拳衣进呈。时军机大臣荣禄方请一月病假，一日，忽报病愈，明日即须入宫，知其必有要言也。及荣禄至，则谓拳民煽惑百姓，杀洋人，恐国家受害。余问应如何办理，荣禄谓须与端王商量。次日，端王入宫，谓昨与荣禄大争，今京城已成义和拳之世界矣，若与反对，彼必尽杀居人，大内亦难幸免，董福祥已允助攻使馆。余至是大惧，知大事已去，立召荣禄，并留端王在侧。荣禄至，颜色憔悴。告以端言，大惊，请立发一谕，声明拳为秘密会党，百姓不可信从，饬步军统领悉逐其在京者。端大怒，谓此谕果下，拳必入宫，大肆诛戮。余不得已而从端言。端去，荣禄谓拳必为祸，端丧心病狂，必助其围攻使馆。拳民未尝读书，以为只有在华之些少洋人，杀之即为无事，不知各国如何强大，若将在华者杀之无遗，必将报仇。洋兵即杀一百拳民，毫不费事。请余饬聂士成防守使馆，余即允之。又令荣禄就商于端、澜。一日，端、澜进宫，请谕饬拳民先杀使馆洋人，再杀其余，余却其请。端谓事急不能再延，拳已备明日攻使馆。余怒，令监逐出。端临行言：‘我当代发谕旨，不问尔之愿否。’既出，即矫诏行事。于是遂死无数生灵。及后，端见拳不可恃，洋兵将至，始劝余等离京。余之名誉，遂隳于一旦。此事由于前无主意，铸此大错，误信端王，皆为彼一人所害也。”

孝钦后起家贵人

孝钦后初入宫时，封兰贵人，后封懿嫔，再进懿妃，咸丰辛酉，遂为天下母。

孝钦后省亲

穆宗诞生九月，时孝钦后犹为妃也，承文宗特恩，赐回家省亲一次。先有太监至其家，告以某时驾到。届时，太监及侍卫群拥黄轿而至，其母率家人亲戚排立院中。入内堂，太监请妃降舆，登堂升坐，除母及长辈外，皆跪地叩头。排筵宴，母陪坐于下，盖以妃为皇子之母也。

孝钦后诛肃顺之异闻

肃顺之伏法，孝钦后欲以灭其口耳。初，孝钦入宫，拨充宫苑女侍，地曰“桐阴深处”者，即其给役所也。天性敏慧，喜歌，以少从其父惠敏宦南中久，善南曲。一日，文宗微步至苑林，闻有曼声度南歈者，寻声而往，因得见，遂幸之。有机智，遇事辄先意承旨，深嬖之。未几，生穆宗，进封为妃。迨贵，渐怙宠而肆骄，久之不能制。

适粤寇难发，文宗忧勤国是，丛脞万端，乃得以弄权宫掖。文宗寖知之，渐恶其为人。肃顺者，才略声华为宗室冠，文宗素倚重之。孝钦知文宗且疏己，隐冀得肃以自援，而肃则以谂知后之往事，良轻后，后因是衔肃。一日，文宗于宫沼为春日泛舟之戏，后自陈寓南方久，习操舟技，乃亲理篙楫以侍。

讵文宗立未定，而后篙遽下，舟为之侧，文宗颠堕水，创其足，文宗乃深憾后。会又有间后者，以那拉将覆满洲咀咒之说进，文宗乃拟致之死，尝谓肃曰："朕不日将效汉武帝之于钩弋夫人故事，卿谓何如？"肃嗫龂，不敢置一辞。后闻之，愈衔肃。热河之狩，变起仓卒，文宗忧愤，乃迁怒于后。病渐竺（古同"笃"），自为遗诏曰："朕死，必杀西后以殉，毋使覆我宗。"急召肃，将使受顾命，行遗诏事。有李莲英者，后之梳头监也，工按摩术，因进技于上，窥枕角，得遗诏，亟诉后。后乃泣吁于醇王之福晋，福晋曰："此乱命也，当为若已之。"立戒车，驰赴行在。及入宫，文宗已崩，搜衾枕，获遗诏，就残烛爇之，灰甫烬而肃已至。肃入，知已崩，询监以时，监懵然不能对，回首御榻侧，见后拥穆宗立。转以询后，后解襟端所系时表，直前授肃，厉声曰："若自省之！"未几，肃退，后乃密谋醇王，置肃于法。

孝钦后轻骑入圆明园

咸丰时，尚书江宁何某值圆明园。忽闻警鞭鸣，急率百官跽迎门外，见乘舆尚远，有一骑如飞而前，坐一宫人，垂鞭欹躬，向众而哂曰："何今日侏儒之多也！"举鞭扬长而去。盖百官皆跽，故皆如侏儒耳。后访知乘者，为生皇子之贵妃，即孝钦后也。

孝钦后戒烟

道光季年，五口通商，洋药弛禁，朝野上下，无不嗜之。文宗初立，亦常吸，呼为"益寿如意膏"，又曰"紫霞膏"。及粤寇事急，宵旰焦劳，恒以此自遣。咸丰庚申，英法联军入京，文宗狩热河，有汲汲顾景之势，更沉溺于是，故孝钦后亦沾染焉。所吸鸦片，称"福寿膏"。福寿膏者，粤人陆作图所制者也。其家有井，水湛然而碧，以煮烟殊佳。及陆作图死，而其妻继其业，凡以烟求煮者，需银二两，烟成试吸，芬芳酷烈，迥异寻常。其法不传戚友，惟陆妻得其窔奥，故每月可获二百余金。孝钦喜之，赐名“福寿”。烟枪亦广州竹，质粗如儿臂，上安小管，藉通呼吸。烟枪有架，随灯之高下远近为之。内监跪地燃膏以进，不敢稍稍欹斜也。曾持至某骨董铺中修理，色如红玉，斗下陷痕分许，弯环似带，则信已月久年深矣。光绪末年，再申烟禁，孝钦亦自克。及大渐，庆王劝开禁，以小金盒进曰：“太后为天下臣民主，朝野攸赖。日来慈躬不豫，艰巨益增，今以戒烟致疾，一旦不讳，恐非所以重苍生之寄托也。”孝钦掷其盒于地，且加申饬，翌日遂崩。

孝钦后之门禁

凡在宫诸人之入孝钦后宫者，必先奉命，否则无论何人，概不得径入，皇后亦然。

孝钦后起居

孝钦后所居，广厦十楹，作横排式，屋宇深邃。窗槅之属，髹工极细，五色缭绕，令人眩耀。玻璃窗低垂锦幔，其中陈设，非外人所能窥见矣。及寝，两首领太监侍坐床前，名曰“押风”；小太监百余人，侍立回廊，名曰“坐更”，天明始散。并有宫女为之捶腿，至睡熟乃已。

孝钦梦回枕上，必炼八段锦工夫，继进人乳一杯，然后离床盥漱。内监揭绣花窗挡，则晨光尚觉熹微也。有报请者，如古时叫旦鸡人，孝钦晨兴，其人必在窗外大声呼曰：“老佛爷醒了！”内监辈乃鱼贯入寝宫，趋跄伺候。

孝钦后床榻之陈设

孝钦后每日晨起，辄命太监将被褥曝于院中，以刷刷床。于毡上加黄缎褥三条，各色丝被单数条，其上又铺黄被单，为金龙蓝云头花样。枕甚多，一实以茶叶，一即耳枕，约长十二寸，中有方约三寸之穴，干花塞之，睡时可听声，盖虑为人所暗算也。

黄被单，又有紫、蓝、浅红、绿色被六条。紬帐镶花，床悬满储香料之纱袋，其中麝香颇多，孝钦所嗜也。

孝钦后出行之卤簿及后妃之轿色

孝钦后乘舆出，德宗亦必随扈，炎风烈日，迅雷甚雨，不敢乞休也。孝钦轿过宫门时，后妃以下皆跪送，轿过乃起，各上轿随行。孝钦轿前导以兵，左右有亲王四人骑马夹护，太监四五十人骑而从于后。帝后轿与太后轿均正黄色，妃嫔轿暗黄色，余为红色。

孝钦后闲游

孝钦后散步园中，行路甚速，从者追随其后，不敢言惫，然太监辄携黄缎椅在后，以便困时小憩。又有一犬随之。有时坐轿，则与早朝之敞轿不同，黄杆黄绳，二太监抬之，每角有一太监，都凡四人扶之而行。孝钦喜雨行，若非大雨，辄不张伞。随侍宫眷之太监皆备雨伞，惟不敢用。凡事皆然，如孝钦欲步行，宫眷亦随之步行；如欲乘舆，宫眷亦随之乘舆。孝钦晚膳后，必在寝宫前后巡行一周，然后阖门，宫监谓之“遶（同“绕”）弯子”。侍臣闻下筦钥，即归休矣。

孝钦后阅封奏

日由太监将奏事处所进黄纸封盒上呈，孝钦后辄自启封。德宗侍侧，孝钦阅毕，交德宗；德宗阅后，仍置盒内，不置喙也。

孝钦后选处女为宫眷

侍奉孝钦后、皇后之宫眷，有时为德宗司侍奉之役，此辈大率自满洲上三旗选之。上三旗者，正黄、镶黄、正白三旗也。且多选处女，间亦选有夫者，有夫者每隔二三月许回家一次。

孝钦后戏缪素筠

滇中缪素筠女士以代孝钦后作画，供奉宫中，躯肥而矮。孝钦尝觅得大号凤冠一顶及玉带蟒袍之类，命着之，侍立于旁，以为笑乐。

孝钦后宠李莲英妹

李莲英之妹颇慧黠，为孝钦后所宠，尝入宫随侍，或值宿，经月始出，其时尚未适人。某日，侍孝钦游颐和园，遇苏拉某，颇英秀，孝钦曰："此人有后福，可妻也。"遂以李妹指婚，苏拉叩谢。不数月，此苏拉者，已擢为内务府堂郎中矣。（为内务府最佳之缺。）婚之日，孝钦赐奁资甚厚，寻常格格不能及也。

孝钦后逐金华柜伙

孝钦后好食熟鸡卵，晨必四枚，需二十四金，皆金华饭馆所进。其柜伙史某，尝随李莲英潜入宫。一日，为孝钦瞥见，莲英以实告，孝钦大怒，令逐之。

孝钦后有遗帑

光绪甲午，中日战事亟，孝钦后欲以所积金银合一千五百万镑交汇丰银行，运至英伦，汇丰索酬资每百二厘五，不允。和议成，遂止。庚子西狩，则悉埋于地，旋被人发掘，取去无数。其地后归美军管理，然仅余九百余万。及回銮，一以储蓄为事，继长增高，至末年，乃积至二千五百万镑。世所称孝钦遗帑者，即此也。

孝钦后待满族

本朝开国，重用满人。咸、同间，粤寇构难，曾文正、胡文忠、左文襄、李文忠次第荡平之，满员著武功者，塔忠武、多忠勇而已。孝钦后秉政，封疆重寄，治兵提镇，汉员约十之九。光绪甲申后，兴海军，建署天津，醇王统之，李为副，实则李为政也。甲午师溃，承恩公桂祥奉命巡边，越月而即召还。

孝钦后怒责德宗

光绪戊戌八月初四日，黎明，德宗诣宫门请安，孝钦后已由间道入西直门，车驾仓皇返。孝钦直抵德宗寝宫，尽括章疏，携之去，怒诘曰："我抚养汝二十余年，乃听小人之言谋我乎！"德宗战栗，不发一语，良久，嗫嚅曰："无此意。"孝钦唾之曰："痴儿！今日无我，明日安有汝乎？"遂传懿旨，以上病不能理万几为辞，临朝训政，凡所兴革，悉反之。谭嗣同等之死，御史黄桂鋆实促之，疏谓该员罪状已明，可无事审讯，说者谓桂鋆恐对簿时牵及圣躬也。

孝钦后欲使德宗割股

孝钦后不豫，德宗侍，太监李莲英在内供奉。孝钦笑曰："我病恐不起，俗云以人肉煎汤服之，便愈。"语毕，视德宗，德宗默然。李退，即请假。遣太监德存往问，德报曰："莲英忧太后体不豫，惊卧不起。"越数日，孝钦渐痊，始探悉李曾割股肉煎药也。孝钦闻之，叹息者再，于是益疏德宗而爱李。

孝钦后谋废德宗

载漪谄事李莲英，使在孝钦后前陷德宗，李终不忍。太监冯某，豺狼性成，于孝钦前时有献计，颇为所动，立大阿哥之事，冯实居祸首。李尝谓人曰："我在后前，惟有顺旨，绝不敢逢恶。外人皆诅詈我，不知我实为冯所卖也。"光绪戊戌事败，德宗闻耗惊绝，跪求计于李。李曰："求冯。"冯对曰："恐不可活。"帝入后宫，欲自杀，俄侍卫拥至，遂被禁。孝钦急召近支王公及载漪、徐桐、王文韶等，欲饮德宗酒。时德宗面如死灰，喘息急促，着一履。孝钦欲亲赐酒，群臣呼万岁，文韶等不奉诏，遂得免，因命以瀛台居德宗。

每朝罢，即以藤椅舁德宗置台中，后及妃嫔均隔绝，侍者皆孝钦所派，一举一动，皆密报。一日，帝于后宫与宫人私语孝钦，孝钦知之，传宫人严责之，宫人谓谤后，益怒，尽拷宫人。某宫人曰："帝将不利圣后。"遂将前所传之人杖杀之，派李等二十人监视德宗，此戊戌十二月事也。次日，即召王公大臣密谋废立，意既定，遂先以溥儁为穆宗嗣，谕军机草诏进。孝钦在慈宁宫，召德宗入，以诏示之，盛气谓曰："汝意若何?"帝顿首曰："此素愿也。"孝钦曰："汝既愿之，曷缮此发布。"言已，命内侍以朱笔进，乃照录一通，甫竣，咯血不止，几晕仆。孝钦佯恻然曰："汝宜保重。"即命内侍以藤椅至，为整理枕褥，扶令上舆，若不胜其慈爱者。及德宗回瀛台，孝钦色复变，翌日，立嗣之诏遂下。

光绪戊戌政变后，论者皆谓立大阿哥溥儁事，徐桐预其谋，然徐之不召见者近十年。己亥十月，忽入直，孝钦后赐食，特撤御筵银鱼火锅赏之。食讫入谢，慰劳备至。语及穆宗时事，因垂泣曰："皇帝不能生育，穆宗不可无后。"徐曰："皇上能否生育，宫壶事，臣不能知。"孝钦复曰："穆宗终不可无后。"徐乱以他语，孝钦默然，遂退。某日将夕，内监传语太后有旨，令中堂至菊儿胡同荣相宅，有大事会议。徐至，则崇绮已在。语及废立，徐曰："老臣不敢与闻。"荣曰："我亦如是。"徐立呼舆归，入门气愤愤，顿足撕朝珠立断，曰："崇文山荒谬之至！荒谬之至!"家人莫测其故，不敢问也。越数日，薄暮，其门生御史杨崇伊往谒，辞以将睡。杨告以有大事，坚请见。坐甫定，呈摺稿，盖请废立也。徐阅甫半，曰："我劝君不可如此荒唐。"端茶呼送客。杨出门，车后载毡被，徐家人尾之，驱向定王府大街去矣。

孝钦后立溥儁为大阿哥

孝钦后欲废德宗，于是文廷式、翁同龢皆罢归，李鸿章以文华殿大学士为首相，李故骨鲠，孝钦颇敬惮之。光绪己亥冬杪，两广总督出缺，命李往任事。故事：京大员外放，约半月始行。李始陛辞，命下督迫殊急。抵粤未几，某日午，法领事询海关监督某，本日有立储事。某询奚至，法领谓今晨驻京使电巴黎政府，政府转安南法督，更电粤。某偕司道谒李。故事：宫中大事，由阁臣军机会议后行。时鸿章去京日迩，闻言良久，曰："宁有此？吾未奉诏，而法领先有闻乎？"午后四时果奉诏，法领事之言始信。

溥儁，端王载漪子也。端之福晋为阿拉善王女，雅善词令，能伺孝钦后意旨，日侍左右，亲为扶舆。大阿哥之入嗣也，福晋之力为多。

溥儁顽呆肖其父，孝钦笃爱之。不乐读书，时与内监击瓦片水上，计其纵跃次数以赌胜负，（俗名"打水撇"。）又尝于西安行宫殿上踢毽子。（毽子以二铜钱布包裹，插鸡毛钱孔中，两足内转，向空中送之，能者高丈许。冬月门上侍卫及内监为之以御寒。）殿官谓宝座前不宜作此，溥儁骂曰："宝座是我所坐，尔乃相尼邪！"后以光绪庚子拳匪事，防外人干涉，除名，孝钦命月给四百金赡之。

孝钦后率德宗西狩

光绪庚子，孝钦后率德宗西狩。既出险，语侍臣云："吾不意乃为帝笑！"至太原，德宗稍发舒。一日，召载漪、刚毅痛呵，欲正其罪。孝钦云："我先发，敌将更要其重者。"德宗曰："论国法，彼罪不赦，乌论敌如何。"漪等亟稽颡。时王文韶同入，孝钦曰："文韶老臣，更事久，且帝所信，尔谓如何？"文韶喻旨，婉解之，德宗退犹闻咨嗟声。漪等出，心犹栗栗也。未几，刚毅恚而死。抵潼关时，德宗曰："我能往，寇奚不能？即入蜀，无益。太后老，宜避西安，朕拟独归。否则兵不解，祸终及之。"孝钦及左右咸相顾，有难色，顾无以折德宗，会晚而罢。翌晨，乃闻扈从士嘈杂戒行，鸣炮，驾竟西矣。德宗首途，泪犹溢目也。或曰：联军之炮击宫城也，德宗冠服欲往使馆，孝钦亟止之。德宗曰："彼军法文明，往必无害，且可议款。"孝钦以为发狂，疾拥之行。

孝钦后逼死珍妃

德宗所最宠幸者为瑾妃、珍妃。二妃为同怀姊妹，珍妃色尤殊。孝钦后以隆裕后不得志于德宗，迁怒二妃，遇之甚苛。一日，隆裕为其父乞督外省，德宗颔之，隆裕退，珍妃以《汉·外戚传》讽上，事遂寝。隆裕深衔之，日伺其隙。珍妃于上前称文廷式才，隆裕遂奏孝钦，谓妇女不应干国政，乃废妃。德宗虽痛之，而无如何也。光绪庚子拳变起，仓皇议西狩。车驾将出发，适珍妃在侧，以未预随扈，目注德宗，呜咽不胜。忽为孝钦所见，即叱之曰："汝年少，丁兹国家多故，皇帝蒙尘，若不早自裁，乃犹作儿女子态耶！"立传旨赐自尽。或云投井死，或谓内监乘乱缚妃投入井，有所主使而归狱于孝钦耳。

孝钦后受主位所制棉衣

光绪庚子联军入都，宫内先朝主位，尚有祺皇贵太妃诸人，禁门以内，不敢惊扰，每日照例进膳。主位等手制棉衣，令太监赍至行在，进呈孝钦后。

孝钦后愚德宗

光绪庚子之役，八国联军将不令孝钦后回銮。孝钦知之，密召德宗曰："汝为我窃缪素筠妆箧来。"其意盖欲帝佯为狂愚也者，使外人知之，则己不得不归也。德宗乃径至缪室取之。缪不见箧，心知有异。俄顷，孝钦召缪入，手箧而言曰："汝知之乎？帝疯矣，乃窃汝箧！"则择一新者赐之，缪拜谢，然不适于用。他日遇德宗，恳其赐还。德宗曰："老佛爷所命，奈何？"缪固请，乃阴返之。回銮日，途运之物，有破虎子、旧门板等，悉盖以黄布，上标御用，见者或疑德宗真狂，不知非也。

德宗素畏雷，尝命宫人群呼勿雷，孝钦闻而笑曰："是真愚蠢耳！不能治一人，何能治天下。"益轻视之。一日，孝钦在暖宫书字，召德宗入，仰视德宗曰："汝能书此否？"德宗适旁视，愕然不知所措。孝钦曰："外间有鸿鹄乎？"德宗曰："未见。"孝钦曰："汝亦知祖宗缔造艰难乎？"德宗默然。李莲英跪奏曰："祖宗缔造国家艰难，皇帝尝为奴才道及，此特慑于圣威，不敢发扬其说耳。"

孝钦后行慈善事业

孝钦后于光绪辛丑回銮后，好行慈善事业，特发帑银数万两交张百熙、陆润庠等经理施医总局。光、宣之际，基金颇富，且有捐款开局施诊。

孝钦后嗜小说

孝钦后嗜读小说，如《封神传》《水浒》《西游记》《三国志》《红楼梦》等书，时时披阅，且于《封神传》《水浒》《西游记》《三国志》节取其事，编入旧剧，加以点缀，亲授内监，教之扮演。一日，语侍臣某曰："我国果得若辈，与以兵权，岂犹畏外国人之枪炮乎？"此光绪庚子拳祸之所由来也。及辛丑回銮，则于《海国图志》《瀛环志略》诸书展诵不辍，意谓可藉窥外人情事也。一日，大学士徐郙入值，孝钦询以我国所译东西洋书籍之最佳者为何种，徐谓西国枪炮固足制胜，若政教风俗，则远不及我国，所译之书，实荒诞不经也。孝钦颔之曰："吾亦云然。"

瑾妃游苏州

光绪庚子，两宫出狩，宫中秩序顿乱，溥良适入宫，见瑾妃尚在，知为德宗幸妃，挈之至江苏，寓苏州拙政园。当时大吏闻信郊迎，讳言为某公主，实瑾妃也。

孝钦后痛惜名人书画

宫中壁间窗槅，皆糊名人书画，有时剥落，则易新者，宫监辈私售诸外，名曰“贴落”。自道、咸以来，犹未尽易，至孝钦后移居三海时，被人撕毁，恒痛惜之。

孝钦后以村市景自娱

孝钦后在三海，置地十余亩，遍种野菜，有卖各种蒸食者，有卖茶者，俨如乡村。孝钦常自以钱购食物，准卖者较低昂，不许跪拜。德宗买食物时，则常吝不与。或曰：“此皇帝也。”卖物者曰：“皇帝孰与老佛尊！”视之而嬉。并有时呼孝钦曰老太太；皇后曰大姑，或曰小姐，或曰奶奶；呼帝曰阿哥，又曰爷。一日，大公主与孝钦弈棋，德宗侍久颇惫，大公主故作倦态，始命罢棋。

孝钦后受生母拜跪礼

故事：太后母入宫，必行大礼，多不敢受者。隆裕后则侧身避之，孝钦后独端坐受焉，母恨之。母喜淡妆，恶花，入宫，孝钦辄为满簪于头，母大恚，后遂不入。

孝钦后崩后情状

孝钦后崩时，宫中扰扰，闻有混入窃观者。孝钦尸身，以龙缎盖之。自海还宫，内监拈香前引者，可数十人。陈尸广殿中，殿极阴沉，燃微灯，光射数步以外。闻巨珰言，尸身皆黑，似中毒者，有数亲贵之眷属在殿隅坐语焉。

隆裕后与德宗不睦

隆裕后为孝钦后内侄女，孝钦自以由西宫出身，故必欲以家人为德宗后。德宗先已专宠珍妃，又颇不属意于隆裕，顾以孝钦之强迫指定，遂勉奉之。德宗既不见悦于孝钦，自光绪戊戌变政后，拘置瀛台，隆裕又非其所悦，一日盛怒，乃将其发簪掷碎，簪为乾隆时遗物。隆裕驰诉于孝钦，孝钦亦无多语，但令移居己之别室。自此，隆裕遂与德宗隔别。其年月虽不可考，盖终德宗之身，已十年矣。

隆裕后奉孝钦后命为太后

孝钦后崩时，即指立隆裕后为太后，其遗诏有“军国大事摄政王当秉承后意办理”之语，故中间曾有垂帘复活之说。但隆裕颇以摄政王所为不当，诏令入宫申斥也。

瑜贵妃不愿称奴才

瑜贵妃者，穆宗妃也。有干才，得孝钦后欢，隆裕后亦仰其鼻息。光绪戊申，两宫殂，隆裕晋太后，瑜妃往见，须伏谒称奴才，乃大恚。孝钦奉安时，偕珣妃、瑨妃谒陵。礼毕，不肯还宫，谓将从孝钦于地下。时摄政王派载振等前往奉迎，妃正色语载振等曰：“皇上是专继德宗，抑系兼继穆宗?”振曰：“兼继穆宗。”妃曰：“既兼继穆宗，孝钦后及孝哲后今已宾天，则穆宗一系，我为之长。皇上既系过继，何得独以隆裕太后为母，而我为奴才?”载振等悚惶，力言请妃还宫，从长计议。妃谓还宫作奴才，不若从孝钦于地下也。珣、瑨二妃亦附和之。载振等乃还京，与摄政王、庆王等商定，晋封为皇太妃，不称奴才，礼请还宫，警跸而入，妃及二妃均增加月费。此宣统己酉事也。

隆裕后临终语

隆裕后性节俭，自宣统辛亥逊位后，渐汰内监宫人，颇遭怨谤。瑜妃从而收拾人心，宫中益恶隆裕。故隆裕崩时，仅宣统帝、世续、二三宫女在侧而已。大渐以前，语世续曰：“孤儿寡母，千古伤心，睹宫宇之荒凉，不知魂归何所。”又语宣统帝曰：“汝生帝王家，一事未喻，而国亡，而母死，茫然不知。吾别汝之期至矣，沟渎道途，听汝自为而已。”

奄寺类

受宫

历朝宫中使令，任用阉宦，此举最贼人道，为我国数千年相传之粃政。阉宦类多河间人。既选为内侍，则被宫。惟阉割之后，须居密室，避风百日，露风即死，无药可疗。又须选取未成童者为之，壮者受宫多危险。宫后，即声雌颔秃，髭须不生，宛然女子矣。

太监例选无家室者

《律例·杂犯门》载：新进太监，由内务府验明，年在十六岁以下并未娶有家室者，交地方、熟火两处首领太监管教；其已有家室者，则给与各王公。

私宅太监有定额

乾隆末年，以宫监时不敷用，因取之各王公大臣家。盖缘王公大臣，所用过多，向无定额，太监多投充私宅。嘉庆己未，始定额数：亲王准用七品首领一名，太监四十名；郡王准用八品首领一名，太监三十名；贝勒准用二十名；贝子准用十名；入八分公准用八名；一品以上文武大臣准用四名；公主额驸准用十名，民公准用六名；不入八分公及二品以下民爵侯以下，俱不准私用。其宗室王公等所用，年终报宗人府查核；一品文武大臣等所用，年终报都察院查核，俱各汇奏。

太监品级

雍正丙午，定宫殿监督领侍正四品，宫殿正侍从四品，（即总管。）宫殿监副侍正五品，（即副总管。）内廷侍从五品，执事六品，内廷待诏六品，内廷供奉七品，执守侍七品，内廷供用八品，侍监八品，（均首领。）内侍九品。

太监之称谓服饰

太监之赏有顶戴者，称老爷；无顶戴者，称师父。太监头目，俱收徒弟，下班后，捧盥漱具，执扇，持麈尾，皆徒弟为之。为头目者，颐指气使，又俨然一小至尊矣。

大小太监，夏日皆服葛布箭衣，系白玉钩黑带。

世祖禁内监入班行礼

顺治甲申，世祖定鼎，颁诏赐廷臣宴，有内监数辈先行拜舞。奉谕："朝贺大典，内监不得沿明制入班行礼。"从户科给事中郝杰请也。

世祖高宗定太监职制

世祖谕令裁定内官员数。至高宗，又钦颁则例七条，宫殿监处分十一条、凡例四条，各处首领太监处分例十六条。钱粮按现行则例额数，不许增添。其钱粮之额，为银五钱、米半斛。银自每月八两至二两，凡十三等。米自每月八斛至一斛半，凡十四等。其职掌，惟敬事房办理宫内一切事务礼仪，承行内务府文移，收纳外库钱粮，余则专掌随侍、守护、承应、洒埽、坐更等事。

高宗令内监改姓

高宗待太监最严，命内务府大臣监摄之。凡预奏事之差者，必改易其姓为王，以其姓多难辨，宵小无由勾结也。

高宗选秦赵高三姓为太监

乾隆初年，奏事太监为秦、赵、高三姓，盖高宗借此三字以自儆也。秦为先朝之旧阉，偶有过失，谴罚必严。

高宗约束奄寺

高宗约束奄（古同“阉”）寺，不使纵恣。一日于乾清宫西暖阁牕中，望见西廊下有二职官自南而北，一太监自北而南，交臂不顾，竟不让道。遂严谕总管太监约束，毋许肆慢，谓再不谨遵，当将总管太监一并治罪。

高宗不许内官干预政事

世祖鉴明阉宦之弊，既立铁牌于交泰殿，戒内官干预政事。官不得过四品，令隶内务府总管，岁时谒见，如堂司制，有《周官》冢宰统摄之义。高宗防驭尤严，有高云从者，稍干涉外事，即遵世祖旨，立时磔死。和珅亦能体高宗之意以行之。内官尝有背呼梁文定公名者，和闻之，愤然曰：“梁为朝廷辅臣，汝辈安可轻之！”立杖数十，命向梁叩谢乃免。其后，内务府大臣多由僚属骤迁，又无重臣兼领，故敬事房总管辈多与大臣分庭抗礼，无复统辖之制。苏大司空楞额曾对众曰：“今日尚未见吾都堂。”虽一时谑语，亦可观风气矣。

高宗令太庙用王府中太监

乾隆癸亥，高宗以太庙中司香太监，太常寺多以庸悍老稚宫府所不用者充数，不足以昭诚敬，故命王公府中各交太监二名，备庙中司香洒埽。复赏给七品首领一员，以司其属。

仁宗令廷杖曹进喜

奏事太监曹进喜，高宗时为近侍，历事三朝，年逾六旬，颇明政体，声闻日著于外。其侄入试通州，学臣以进喜故，首列前茅，士论颇不服。又交结外省督抚，岁时皆有馈遗，间有王贝勒甘为输服者。仁宗以其无显过，优容之。嘉庆癸未夏，吏部月摺交纳逾期，方询军机大臣，进喜即扬声殿陛间，斥吏部之延宕，又令兵部亦具月摺交付，以便召对。语声彻内，上大怒，立加斥革，廷杖二十，贬于端门内司阍，永远不许出外。

唐宪臣自宫

太监为畿辅产，向无南人，有之，自青浦唐宪臣始。亦既娶妻生女矣，而行贾多折阅，乃北走京师，遽于康熙乙酉自阉为寺人，入太庙管事。乾隆乙丑，以年老多病，奉特恩放还。及归，治生产，抚兄子赞文为子，女亦适人而育外孙。优游十余年而死，年七十七。

高宗改内监读书之制

明制：内监入选，例入内书堂读书。凡收入宫中年十岁上下者，二三百人，入内书堂读书。本监提督总其纲，择日拜至圣，请词林老师，每一名各具白蜡手帕、龙挂香为束脩，人给《千字文》《四书》，派年长者八为学长。有过，词林老师批付提督责处。国朝仍之，派汉教习一员，在万善殿专课年幼太监。乾隆己丑，高宗谕："内监职在供给使令，但使教之略知字体，何必选派科目人员与讲文义？前明阉竖弄权，司礼、秉笔，皆因若辈通文，便其私计。甚而选词臣课读，交结营求。此等弊政，急宜痛绝。现今读清书之内监，在长房一带，派内府之笔帖式课之；至汉书，亦派笔帖式之曾读汉文者教授。所有万善殿派用汉教习之例，永远革除。"

李金凤与闻林清事

李金凤，嘉庆时内监之与闻林清事者也。仁和诸生缪崇辉，有祖姑适昆山陆氏，未婚而夫死，守贞不嫁，披缁于龙山。缪为筑庵居之，家人岁一省视。崇辉长，祖姑年八十有余矣。秋日，缪往省其姑，遇金凤于座，不知其为椓人也。然聆其声雌，视其面类妇人，而行步则男子，心讶之，不敢问。祖姑曰："此吾徒金凤也，新收耳。"崇辉心又讶之，以为"金凤"二字，颇不似方外人之名，何也？顾其举止落落，不甚与众尼侪。崇辉宿庵三日，濒行，瞷众人方礼佛，则微以言叩其祖姑。姑戒勿宣扬于外，乃语其故，盖金凤即李文成之侄也。文成之先亦南人，常与教匪同叛，已而事败，奉旨于南方名捕之，乃逃于北，始为北人。

文成惩前此齐、冉诸人之败，欲自内起，颠覆乘舆，而后传檄以定四方。顾宫禁深邃，警卫森严，计无所出。金凤年才二十余，乃请自宫以入。众未敢信，凤拔刃一挥，流血如注，几死矣，众为求良药药之，得不死，遂于嘉庆己巳得入禁中。金凤深沉有心计，同事诸宫监以术笼络之，皆得其欢心。总管某监者，仁宗宠之甚，常陵轹同辈，众皆恶之。金凤独处之泰然。已而众怨益甚，群发其阴私，仁宗执之，杖数百，血肉狼藉，众益从而姗笑之。金凤独为之抚慰，且为之简料汤药饮食，某甚感之。众皆多其任恤，而不知金凤已乘间动以大谋矣。仁宗怒已定，仍宠某如故。金凤既得某，遂稍稍扩张势力。已而侍卫缺出，天理教人鸠赀付金凤为之行贿，得补授其党一人。及仁宗狩木兰，遂克期举事。时金凤与某在内筹划一切，未及期，而李文成事泄，仓猝举兵，李、林、王等内外皆死。金凤知事急，窃宫内金符而跨善马疾驰出，言往木兰迎驾，门者不敢阻。金凤出城，亟易衣而遁。其党人有漏网者，设逆旅于归德，主人见金凤，不识也。然知其有珍宝，醉以酒，将杀之而取其赀。检怀中，得金符，大惊；又于夹袋中，得事前所与林、李诸人计划者一纸，乃不害而留之，藏复室中。年余，闻事稍寝，乃衣以妇人衣，使二妪从之以南。至灵隐寺，遇日照大师。师，高僧也，一见识之，盖常晤于京师者也。即从之削发，以僧寺中不可居，乃去为尼，来庵中，居半载余矣。明年，崇辉更视其祖姑，不复见金凤。问之，云往朝普陀，克日可返。崇辉欲就询宫中事，待之竟不至。又越数年，其祖姑圆寂，金凤复来执弟子礼。居二十余日，崇辉偶叩以前事，及此后所向，瞠目如痴，再三问，皆无言。旋去，竟不知所终。

戴文节不善事内监

戴熙在南书房时，不善事内监。一日题画，误一字，宣宗令内监持令改之。内监至，但令别书，而不告以故。戴遂别写一纸，而误字如故。上以为有意怫忤，遂撤差。

宣宗为内监创白玉顶戴

道光中，内监美丰仪者，颇得幸。既复为娶妇，使居南府中。然恃宠而骄，时多非分之请，宣宗悉涵容之。定制：章服不得过四品。一日，南府诸监固请进秩。宣宗既以情不可却，又不敢擅更祖制，乃特创一种白玉顶戴，凡幸御各监，均得用之。事传于外，故一时轻薄者互相戏谑，有“白玉顶戴”之语。迨德宗朝，李莲英辈得孝钦后欢意，变更祖制，竟至二品顶戴矣。

安得海伴太子读

咸、同间，太监安得海蓺（古同“艺”）术精巧，知书能文。晚年势张甚，中外倾慕，欲一见颜色。初，宫中内官多读书识字者，安得海入侍，过从问字，殷殷请益。久而斐然，出诸阉上，能讲读《论》《孟》诸经，孝钦后深器之。会安与某亲王不洽，孝钦令暂引去，以自远祸。安遂自荐，请卫侍冲主，外取自退之名，阴为自尊之举。尝自称“太子伴读”，以比先代名儒。

安得海伏法

丁文诚公闻安得海将过山东，密语德州知州赵新，如见其有不法情事，可一面擒捕，一面禀闻。赵，能吏也，阅事多，计较利害亦颇熟。及安得海过境，欲勿禀，则惧为丁所怒；欲显禀，则恐不能去之，反撄其祸。因与幕客商，用夹单密禀，意谓丁如不参奏，则夹单非例行公事可比，既不存卷，安得海断不知之；

若竟参奏，则祸福丁自当之，与地方官无涉也。及丁疏既上，孝贞、孝钦两后召军机、内务府大臣议之，皆力请就地正法。留中两日未下，醇亲王复诤之。同治己巳七月某日，奉上谕："丁宝桢奏太监在外招摇煽惑一摺：'据德州知州赵新禀称：有安姓太监，坐太平船二只，声势烜赫，自称奉旨差遣织办龙衣。船旁有龙凤旗帜，带男女多人，并有女乐，品竹调丝，观者如堵。又称本月二十一日，该太监生辰，中设龙衣，男女罗拜。该州正访挐（同"拏"）问，船已扬帆南下。该抚已饬东昌、济宁各府、州，跟踪追捕等语。'览奏曷胜诧异。该太监私自擅出，并有种种不法情事，若不从严惩办，何以肃宫禁而儆效尤。著山东、江苏、直隶各督抚迅派干员，于所属地方，将六品蓝翎安姓太监严密查挐。令随从人等指证确实，毋庸审讯，即行就地正法，不准任其狡饰。倘有疏纵，惟该督抚是问。其随从人等，有迹近匪类者，并著严挐分别惩办。钦此。"安得海既在济南伏法，籍其辎重，有骏马三十余匹，最良者日行六百里，黄金一千一百五十两，元宝十七个，极大珠五颗，真珠鼻烟壶一枚，翡翠朝珠一挂，碧霞朝珠一挂，碧霞犀数十块，最重者至七两，其余珍宝甚夥，陆续解归内务府。历城县令为安得海购地葬之。

孝钦后待内侍

孝钦后故威重，宫中内侍过误辄杖殪，一岁不可数计；次给杖谪弗少贷。定例：内监通外事，宫中杖毙；赐职不得越四品。莲英以谨事承孝钦宠眷，论者辄不得直，实为内侍之异数也。

三监绰号

"皮硝李"，为李莲英绰号，以曾业皮硝也。同时嬖阉，尚有"筐王"，王曾售考筐，即"香王"也。尚有"硬（京音读作"印"。）刘"，则以刘之性硬也。"皮硝李"，妇孺知之，知王、刘者少矣。

李莲英以梳头得宠

李莲英者，本为孝钦后之梳头房太监，河间人。幼失怙恃，曾以私贩硝磺入县狱，既出，业补皮鞋，以是得“皮硝李”三字之称。太监沈兰玉，其乡人也，与有故，见而怜之，为莲英介绍入宫。适孝钦闻京市盛行新髻，饬梳头房太监仿之，屡易人，不称旨。兰玉偶在阏阏房言之，“阏阏房”者，内监之公共休息所，莲英尝至此访兰玉者也。既知孝钦欲梳新髻事，遂出外周览，于妓寮中刻意揣摹。数日技成，告兰玉，兰玉荐之，而莲英遂从此得幸矣。及孝贞后殂，莲英益无忌，由梳头房擢总管，权倾朝右，至与孝钦并坐听戏。孝钦进膳，遇莲英所嗜之品，多节食以赐之，或先命小珰撤去，留俟莲英。其四十寿辰，御赐珍品、蟒缎、福寿等字，侔于大员，枢臣疆臣无不庆祝。赃私之积，以千万计。

李莲英深衔德宗

李莲英雅善音律，工演《山门》《伏虎》《别母》《惨睹》等出。演京剧亦佳，能串须生、老旦、黑头，而黑头戏尤擅胜场。沪上名净刘寿峰，即其徒也。一日，李串《黄金台》之田单，当查夜猝见太子时，飞足踢灯笼，用力过猛，致灯笼飞落前庭，中德宗额。帝大怒，命笞四十。李跪而哭，孝钦后为之缓颊曰：“此误伤也，当曲恕之。”命叩头求主子开恩，德宗挥手命去，遂不欢而散。由是李深衔德宗。

李莲英调停修园事

光绪初年，孝钦后已事游晏。一日，召军机大臣，欲修某园，限期竣工，命与工部筹办。时醇亲王领军机，遵旨向工部尚书某筹议，则需款过巨，库帑复支绌，而慈意甚决，又不敢违，商竟日，无法解决。醇曰：“无已，商之李总管乎？”遂于次日偕工部堂司各员集朝房，令内侍召李莲英。李至，王告以慈意，并述为难情形，乞其转圜。莲英曰："此大事也。王爷面奏，无不允者，奴才何人，敢语此?"王曰："汝苟得便，第略言之，不相强也。"莲英沉思久之，曰："老佛爷事多，此项工程，或偶然兴至，欲修理耳。如不再催，似可暂置，奴才终不敢言也。"醇曰："诺，敬俟后命可耳。"久之，孝钦亦不问。

李莲英随醇王校阅海军

光绪甲申以后，兴练海军，李鸿章实主其事。海军成，奏请钦派大臣校阅，孝钦后命醇亲王至天津阅之。醇以孝钦后颇猜忌之也，恒自危，奏请以李莲英自随，盖不啻自请监军也。李为之设行台，王与莲英居处，一切无轩轾，惟阅兵时，王坐于前，莲英立于后而已。于是丁汝昌、卫汝贵、卫汝成、叶志超、赵桂林、龚照屿诸人，皆奉厚贽莲英门下，称受业。

李莲英侮李鸿章

李文忠由直督入相，自负勋劳，遇同辈，恒兀傲视之，人多慑其名位，弗与较也。尝失礼于李莲英，莲英衔之。一日谓文忠曰："老佛爷欲修颐和园，但国帑支绌，不欲拨款兴修，公为国家重臣，何不报効为诸臣倡。"文忠欣然诺之。莲英复曰："吾先导公入颐和园，验其应修之处，庶入告时较有把握。"文忠信之。莲英乃使人导入，而乘间奏其擅入禁地，不知何意。德宗大怒，下诏申饬，交部议处。

李莲英侮福锟

光绪中叶，李莲英怙宠滋甚。仪鸾殿侧有斗室，为大臣内直憩息之所，一日，李在此室，于玻璃窗中见大学士福锟将至，故含馀茶于口，俟福至，甫及帘，李骤揭帘，对福喷茶，若吐漱然，淋漓满面。亟笑谢曰："不知中堂到此，殊冒昧。"福无可如何，徐徐拭干而已。

李莲英有四子

李莲英有四子：曰福恒、福德、福立、福海。皆捐三品衔郎中，签分户、兵、刑、工四部。其验到时，直隶结局，甚为居奇，四人共费印结银一万两。

李莲英有精舍

李莲英于宫中，别辟精舍数间，在孝钦后寝宫之后。中设地炉一，高三尺许，其余铺垫陈设，如着衣镜、自鸣钟之类，灿然大备，几与上用者相埒。

李莲英用红缎铺垫

光绪庚子西幸，陕抚某办皇差，为李莲英备行馆，器具一切，均极精洁。前站某王见之曰："此岂可居李总管耶！"命速更易，须与办老佛爷者一律，但黄缎铺垫改用红缎可耳。

李莲英未获谴之故

光绪戊申，德宗大渐，隆裕后欲视之，恐蹈孝哲后覆辙，彷徨无计。李莲英进曰："皇帝疾甚，皇后何不视之？"隆裕曰："无老佛爷旨。"李曰："此何时，皇后速往，老佛爷见责，奴才任之。"后始得与德宗诀。（或谓德宗崩后隆裕始至。参看《宫闱类》"德宗崩时情状"条。）孝钦后寻亦崩。隆裕本恶李，以此深德之，故未获大谴，乃令为某宫小花园总管，及死，特赏银二千两。世称莲英为总管，实则别有一都总管，总理宫中一切之事，赏四品衔，内务府有名册者。莲英特随侍孝钦左右，为管理服御之总管耳。

香王为孝钦后之探

德宗左右，有宦官王某，宫中通称之为"香王"。王亦为孝钦后私人，每侍德宗半月，必转侍孝钦半月，孝钦辄询问德宗半月中之情状及举动。故时人又呼香王为后探也。

孝钦后乐与硬刘谈

孝钦后最宠用之内监，其先为安得海，后则硬刘、李莲英、小德张三人。硬刘之宠眷，实在张、李以上，以其早死，名遂不甚著。刘为河间人，性机警，略通书史，颇知时局形势。孝钦在宫，无可与语，李、张辈不过承意旨供使令而已，故尤乐与刘谈。孝钦素猜疑，且守历朝内监不得干预朝政之训，遇有疑难，辄借端论列，刘亦默喻其旨，为之罕譬曲喻，以彼证此，以是多所启沃，甚倚重之。刘初患石淋症，延西医割治得愈。比再发，而医谢不能治，以是竟死。时方侍孝钦在万寿山，命以竹舆舁之下山，亲自送之，赐坐小舢板出园。（颐和园各船有平头船、望江南、小舢板种种名式，小舢板即洋划子，非王公亲贵不蒙赐坐，与紫缰、黄缰等赐同为异数。）临别时殷殷慰谕，因而下泪。刘死，孝钦郁郁不乐，莲英侍侧，亦屡因事受呵叱。莲英尝告人曰：“小刘在日，屡受其气，今死矣，尚累及我。”故宫中当日有“死刘气煞活李”之谣。

西巡时太监之多

光绪庚子西巡，扈从太监初仅十七人，沿途先后会集，及随后入关者，至千数百人。李莲英为之魁，崔二亚之，侍孝钦后侧。莲英赏用二品服，称大总管。崔服役御前，用五品服，称二总管。又有三总管者，则掌理皇后宫中庶务者也。总管以下各有等次，有五品、六品、七品冠带，余皆无顶戴。众监见李、崔，如属员之谒长官；见三总管，则彼此字呼，嬉笑怒骂，漫无规束。大、二总管月俸不得其详，三总管月领百二十金，以下依次递减，至六十金止。总管鼎峙，各为其主，分门户以树党援，内容势如冰炭。然二、三总管势力不逮大总管远甚。大总管居室近终南仙馆，楼台池沼，花木泉石，别开世界，备孝钦暇豫游宴。莲英常设座是园，朝臣亦得入观。董福祥来，必延坐，霁颜相接。

一日，董偕提督邓增入园，邓亦有勋劳于国者，董先入，谒莲英，邓止立门外。谈次，董谓莲英曰："邓某偕来相谒，今在门外。"莲英不语。顷之，董又曰："盍请邓某一见。"莲英以他语乱之。董性戆直，不能忍，盛气曰："大总管以邓为何如人耶？何不稍予体面！"莲英曰："室仅二椅，无余席可坐。"董曰："若然，则当让两客坐，主人立谈可也。"莲英曰："生客不便见。彼有要公，盍请自便。"董忿然出。莲英铁色怒目送之，摇首者再，干笑曰："董老倔强性，至死不改。"数日，邓复入，莲英殷勤推让，谈笑甚欢。则邓以千金之貂绒鞋，媵以四百金，先期送入矣。

高四历事三朝

光绪庚子，两宫西狩，时内监有高四者，年六十八矣。自言昔隶宫中乐部为生角，旋改隶后宫给事，咸丰庚申京师之变，曾侍孝贞后幸热河，后复隶乾清宫。尝自言历事三朝，两随播迁，衰病侵寻，思归至切。回忆五十年前圆明园红氍毹上，绿鬓簪花，不知是真是梦矣。

张某以墨污试卷自宫

太监中有张某者，宠眷与李莲英不相上下。张，秀才也，某科省试，墨污其卷，恚而自宫，得不死，遂入宫。孝钦后每就之诘疑问难，张条对无误，孝钦喜，赏四品顶戴。

太监奉旨申饬张唐

京官之被旨申斥者，由太监传旨，跪聆宣旨毕，太监破口辱詈，状至不堪；如纳银四百两，则免。外官由督抚代宣者，无此状。光绪间，邮传部初立时，简张百熙为尚书，唐绍仪为侍郎。

张谢恩后，即谒唐，备致谦词，唐操粤语答之，张不甚解，有误会。次日，唐答拜，面请奏调各员，并交衔名单一纸，张唯唯。及奏案发表，单中无一人入选，唐大怒。由是两人交恶，具摺揭参，俱留中。又互请病假不到部，为御史所劾，两人均著传旨申斥。唐已赠太监银，张不知也。及传张，跪聆宣旨毕，太监顿足大骂："混账王八旦，滚下去。"张叩首起立，面无人色。次传唐申斥，则无此状。张益恚愤，回宅而病作矣，未几，以忧郁卒。戊申十月，叠遭德宗、孝钦后二丧，照例，十九日内，不准各官递封奏。大学堂监督、编修刘廷琛，忽破例递摺，传旨申斥。刘不能具四百两，又不能堪此辱骂，意大窘，浼人关说，纳半数。届时申斥，仅叱"混账下去"，所谓"半骂"也。刘退而告人曰："士可杀，不可辱，吾初不料国家有此恶例。"或曰："以视明代廷杖何如?"刘亦无以答。

小德张暴富

小德张，河间府人，世有谓其非阉人者，谰言也，确为椓人。第其设法骗取宫中之钱，实有之。先是，宫有佛殿数座，孝钦后在时已旷废，小德张乃耸恿隆裕后修理，报销至二百余万。时内务府大臣奎俊自请处分，谓报销太不实，隆裕以经手者实为小德张，置不问。且又尝怂恿隆裕游颐和园，预算经费甚巨。即黄轿八乘，已由小德张直接向崇文门税务项下拨银十八万两。时蒙古公爵博迪苏及尚书宗室寿耆同为崇文门监督，密以闻诸摄政王。王怒，召小德张至，切责之，游园之议乃罢，而小德张遂切齿于王。故事：凡亲王或世子入承大统者，其潜邸例须改建佛寺以祝釐焉。王以别筑新邸，土木丹青，备极崇丽，估计工程，乃须款至二百五十万之多。度支部入奏，王报可。越日，军机王大臣叫起，尚未下，内廷忽传懿旨，召王即入对。凡三小时而后出，则气促汗流，面色如土矣。大忿回邸，立邀度支部尚书载泽密议。不久而特别解款之事起，由度支部左丞傅兰泰、盐政处总办晏安澜同具衔名，通电各省关监督及盐运使，督率筹解。未及一月，即筹有特别解款六百万两，为宫中工程岁修之用。然三年以内，绝无一木一石之新建筑也。隆裕服阕时，须易青轿而乘黄轿，制轿之费至七十余万，亦小德张所经手。于是小德张乃暴富，而内务府总管大臣继禄亦沾溉不少。

小德张骄倨

李莲英既死，隆裕后即以李所总管之小花园赐小德张居住，一切皆承李之后。故其时势焰熏赫，大官中多有与之结为兄弟者。一日，世续议减宫中炭费，而内监及内务府人员抗不遵命，竟至宫中无炭可烧。小德张乃云不碍，可至外购之也。及隆裕病笃时，溥伦荐曹某入诊。时后拥被三四重，面冷如冰，而房中炉火甚炽，重幕四周。溥伦与医生汗流如注，溥伦谓屋中热度如此，即健康之人亦非所宜，何况病人，乃稍启窗幕。曹医开方，中有一药，与御医意见不合，曹争之甚烈。帝、后有疾，御医与内医常结合一致，溥伦恐有意外，小德张曰："无碍，我自煎之。"盖非复前此之踧踖贪冒矣。隆裕崩，瑜妃命小德张往见，小德张竟称疾不往。

王子元中饱

太监王子元名宝义者，德宗时，充织造、营造二司掌库。后拜小德张之母为干奶，渐引至隆裕后前差遣。小德张去，王遂得宠。后因宣统帝年幼，宫院地面凸凹不平，不便行走，特令王子元督工修理。王竟开销至银一百四十余万，其私囊中饱者，约六十余万。

礼制类

皇帝典学

皇帝典学之制，入书房，御宝炕，炕有宝几一，置备应读书籍，师傅则于炕前设矮几二、矮椅二，俾其坐而教授。每晨功课，以二小时为度。宣统帝典学礼节，奉监国摄政王谕，酌量变通，皇帝御正中宝座，前置宝案，师傅三人分据二席，面皆北向，与宝案距离二尺许。

皇子典学

乾隆丙辰正月奉旨："著大学士鄂尔泰、张廷玉、朱轼，左都御史福敏，侍郎徐元梦、邵基为皇子师傅，著钦天监择日开学。"旋择得二十四日吉。是日清晨，皇长子、皇次子到学，总管太监传旨，皇子应行拜师礼，诸臣固辞，遂长揖，赐赉文绮笔砚之属，与雍正癸卯同。少顷，召皇子及廷玉等六人进见，面谕曰："皇子年齿虽幼，然陶淑涵养之功，必自幼龄始，卿等可殚心教导之。倘不率教，卿等不妨过于严厉。从来设教之道，严有益而宽多损，将来皇子长成，自知之也。"高宗又谆谕皇子："师傅之教，当听受无遗。"故高宗御制《怀旧》诗注："皇考择徐元梦、朱轼、张廷玉、嵇曾筠四人为予兄弟之师，命于懋勤殿行拜见之礼，示尊重也。"

上书房课程

自高宗以后，不立太子，皇子与诸王世子同学于上书房，选词臣教之，与民间延师无异。又有满文师傅，教以满文、骑射、技勇。故嘉庆癸酉之变，宣宗在书房，亲以鸟铳殪贼。文宗及恭王、醇王，皆善舞刀，有御制刀铭。上书房阶下为习射之所，帝于政暇，辄呼皇子、王子习射，诸师傅善射者亦与焉，辄赐帛或翎枝以为常课。

讲官设坐

顺治乙未冬，召日讲官五人进讲，王文靖公熙讲《尚书·尧典》称旨，奉谕："嗣后讲官不必立讲。"遂侍坐。讲官之设坐，自文靖始。

圣祖举行经筵大典

康熙辛亥二月，肇举经筵大典于保和殿，以孝感熊文端为讲官，知经筵事。顷之，圣祖以《春秋》两讲为期阔疏，遂命其按日进讲于弘德殿，每诘旦进讲，有疑必问。熊上陈道德，下道民隐，引伸触类，竭尽表里。

高宗御经筵

乾隆丙午二月六日，上御经筵，侍臣讲《论语》"仁者安仁。知者利仁"，《尚书》"正德利用。厚生惟和"。御论以"安仁、利仁，朱子引而未发，双峰饶氏谓与仁一，故曰其仁；与仁犹二，故曰于仁，亦既发之矣。然曷不于颜渊、子贡观之乎？颜渊安仁，子贡利仁。箪食瓢饮，回不改其乐，是安仁也。赐不受命，非富贵贫贱之命，盖天命之谓性，率性之谓道，率性即安仁，不受命即未能安仁也。货殖者见有利于仁，如货殖之生财耳"。是日筵宴，特命奏《抑戒》之诗，诸臣随侍者分东西班，大学士阿桂、嵇璜以下凡三十八人。

曾文正请复日讲旧典

文宗登极，曾文正公上言请复日讲旧典，部议格不行。次年，咸丰辛亥正月，遂奉特旨，令翰、詹诸臣番上内直，候上亲命题目，分日进呈。

高宗拟举行三老五更礼

乾隆戊午，高宗将视学，拟举行三老、五更礼。大学士张廷玉奏以典礼隆重，名实难副，恐几微未称，不惬观听，请停止。

高宗临雍讲学

高宗临雍讲学，蔡文恭公新以大学士兼管国子监，讲“天行健，君子以自强不息”二句，赐茶及文绮。先是，御制《三老五更说》，纠蔡邕《独断》“父事兄事”、班固《白虎通》“老、更各一人”之谬。至是，御制《临新建辟雍诗》，中有云“蔡新或备伯兄行”，注曰：“若今群臣中，孰可当三老五更之席者？独大学士蔡新长予四岁，或可居兄事之列，然恐其局趣勿敢当。”举王导对晋元帝之语耳。

文宗临雍讲学

咸丰癸丑二月上丁，文宗亲诣太学，行释菜礼。越六日癸未，临雍讲学，讲《中庸》“中和”一节、《尚书》“皇天无亲”四句。自王公大臣以及有司百执事，自先圣、先贤之裔，以及太学诸生，环集桥门璧水之间者以万计。是日，特命惇郡王致祭于赠太师大学士杜文正之灵，盖重渊源、怀耆旧也。

儒臣进讲于两后

同治初，孝贞后、孝钦后垂帘听政，命南书房翰林录孙嘉淦《三习一弊疏》进呈备览。既，又命南书房、上书房诸臣取历代帝王治术足资法鉴者，汇纂成书进呈，名曰《治平宝鉴》。光绪癸卯、甲辰间，命南书房翰林撰《书经图说》，排日呈览，书成颁行。丁未冬，又派儒臣七人轮班进讲，孝钦及德宗每日视朝后，听讲于勤政殿。

祕阁曝书

祕阁曝书，以每年三月初六日，自康熙壬寅始也。

大婚礼节

纳采之礼，内务府官备文马十匹，鞍辔具，甲胄十副，缎百匹，布二百匹，遣正、副使赍送至后邸，设纳采宴，后父、后母均与焉。

大征之礼，内务府官备黄金二百两，银万两，金茶筩一具，银茶筩二具，银杯二具，缎千匹，文马二十匹，鞍辔具，间马四十匹，驮甲二十副。备赐后父、后母，黄金百两，金茶筩一具，银五千两，银茶筩一具，银盆一具，缎五百匹，布千匹，马六匹，鞍辔具，甲胄一副，弓一鞬，矢一箙，朝服各二袭，衣各二称，皆冬一夏一，貂裘各一领，带一束。至后祖父母、后兄弟及从人，亦均有所赐。

大婚日，皇后由邸乘凤舆入宫，福晋四人，戴大红钿罩衣、大红褂罩，敬谨襄礼。

皇后梳双凤髻，戴双喜如意，御双凤同和袍。俟皇上、皇后坐龙凤喜床，食子孙饽饽讫，由福晋四人，率内务府女官请皇后梳妆上头。仍戴双喜如意，加添扁簪、富贵绒花，戴朝珠，乃就合卺宴。是时，有结发侍卫夫妇在坤宁宫殿外念交祝歌。合卺宴所陈，为猪羊、乌叉、金银酒、金银膳肉丝等项。至晚，皇上、皇后用长寿面。

大婚礼成，宫中设合卺宴。次日，皇后觐皇太后，行六肃三跪三拜礼。又次日，皇后率妃嫔、内庭主位、公主、福晋、命妇等诣皇太后、皇上前行礼；妃嫔暨内庭主位率公主、福晋、命妇诣皇后宫行礼。

大婚礼应备各项内差男女人员，详述如下：奉迎结发福晋八人，皇后升凤舆备差女官，左、右扶舆之总管首领太监，后邸伺候朝帘、筝门之首领太监，御前执香、执灯、执提炉近支王公等六人，皇后降舆、执灯前导女官，进膳桌女官，合卺、念交祝歌之结发侍卫夫妇，呈进果茶福晋二人，坤宁宫敬合殿门女官。

大婚时之门禁

穆宗大婚，金吾不禁，凡穿花衣者，可入午门瞻礼，类皆赁借蟒袍（即花衣也。）混入。正阳门雨衣店向售高丽货物，遂以高丽纸彩画为花衣，买者络绎不绝。后以宫中失物甚多，襄办大婚典礼诸臣皆获薄谴。及德宗大婚，门禁遂严。

德宗大婚奁单

光绪己丑正月二十四日，进上赏金如意成柄，进金如意二柄，帽围一九一匣，领围一九一匣，帽围一九一匣，又一匣，各色尺头九疋一匣，又一匣，又一匣，铜法琅太平有象桌灯成对，紫檀龙凤五屏风铜镜台一件，（大红缎绣金双喜字套。）紫檀雕福寿镜支一，（随金卡子灯。）金大元宝喜字灯，金福寿双喜执壶，（杯盘成对。）金粉妆成对，金海棠花福寿大茶盘成对，金如意茶盘成对，金福寿碗盖成对，黄地福寿瓷茶盅成对，黄地福寿瓷盖盌成对，金胰子盒成对，银胭脂盒成对，银喜相逢槟榔盒成对，（金点翠红白玛瑙桂花红碧玉堂富贵。）盆景成对，红雕漆太平有象饽饽榼成对，脂玉夔龙雕花插屏成对，（紫檀座。）黄面红里百子五彩大果盘成对，古铜兽面双环罐一件，脂玉葵花御制诗大盌成对，古铜三足炉一件，古铜蕉叶花觚一件，脂玉雕鱼龙一件，脂玉雕松鹤山子一件，翡翠大盌成对，汉玉松鹤笔筒一件，碧玉福寿圆光璧一件，郎窑大盌成对，汉玉雕仙人插屏成对，青花白地西莲大盌成对，汉玉雕和合山子一件，脂玉雕荷叶双连一件，雕碧玉镶脂玉乳璧榼成对，汉玉双环喜字兽面炉一件，脂玉双兽面喜字有盖瓶一件，翡翠瓷观音瓶成对，汉玉兽面方炉一件，脂玉双环兽面雕坐龙有盖扁瓶一件，粉地五彩瓷八仙庆寿罇成对，脂玉雕西番瑞草芳彝一件，脂玉兽面双环有盖扁瓶一件，古铜周云雷鼎一件，古铜周父癸鼎一件，金转花洋钟成对，金四面转花洋钟成对，铜法琅龙凤火盆成对，（以上均紫檀座。）紫檀雕花炕案成对，紫檀雕事事如意月圆桌成对，紫檀茶几成对，紫檀宝椅八张，紫檀琴桌成对，紫檀连三成对，紫檀雕花架几案成对，紫檀书格成对，紫檀雕花洋玻璃大插屏镜成对，紫檀足踏成对，紫檀雕龙盆架金面盆一，（大红缎绣花披。）紫檀雕花匣子二十件，紫檀雕花箱子二十只，紫檀雕花大柜成对。（以上共百抬。）

二十五日卯刻，进上赏玉如意成柄，领围一九一匣，又各色福履一九一匣，又针黹一九一匣，花巾一九一匣，又，又，红雕漆喜字桌灯成对，紫檀雕福寿连三镜支，（大红缎绣帘。）金小元宝喜字灯成对，金油灯一件，金漱口盂成对，金抿头缸成对，银胰子榼成对，银粉榼成对，银牙箸成对，金喜字羹匙成对，金双喜字成对，黄地福寿瓷膳盌成对，金漱口盂成对，金奓斗成对，金洗手盆成对，银痰盂成对，银沤子罐成对。

选后

选后以正白、正蓝两旗为最。其应选也，皇太后坐于上，皇帝坐稍次，果中帝意，帝以金如意簪于发，遂称后焉。鼓吹送还第。后归，举家长跽门外迓之，后微颔之。于是洒扫正室以居后，父母、昆弟迁别室焉。相见，必具冠服，晨、午、夕上食，亲党首承以进，家人之礼尽绝。盖旗女未出室，与父母坐，辄右女而左父母。殊似西礼。惟西礼待女以宾，旗礼为备充后庭，不相同耳。后之当选也，装奁资用，其家若不胜任，则廷命旗籍之充海关监督者分任之。后进宫日，帝出正殿，侧两席，一置敕书，朱缎金字，一置龙节，四大学士侍立殿外。帝检阅毕，大学士二人捧敕书及龙节行，其余从之。后舆前导内务府官数十，卤簿全副，及宫灯百数而已。舆由乾清门进，妃子以下莫能与比。

后入选还邸，随宫婢十人、侍卫十员为拥护，稽查门禁甚严。后入宫，乃撤之。

选妃

选妃以内务府三旗中小妞妞为多。其第一次覆选，在景山后之八旗领米官房中。由各该旗参领、佐领等，按各旗官房，分号设座，各旗妞妞均乘骡车，黎明即至。获选者，汇送内务府大臣拣选，送入宫中，奏请太后、皇帝亲自甄拔。获选者之父母、兄妹，辄揽裾啜泣，以他日之不易谋面也。

选宫女

宫女备选，入大内，由后载门进。达某处，诸女相接如贯珠，侍立，人齐，内监捧牌入宫门告，皇帝亲览焉。驾至，循视良久，某中选，某不中选，略省其姓名、籍贯、父母名氏，为记之以去。入宫后，除配各宫外，置永巷中，所居屋漏墙圮。巷十室，居十人，一内监领之。内监权甚大，其家有馈赠，必由各门监交进，进一物，非二十金不可。故宫女能生活者，赖女红以自存，不需家人资助。所用材料，悉巷监代购，购价必昂，制成，由巷监代售，售价必贱，巷监亦从中渔利焉。每餐，置饭木桶，咸鸡、鸭肉二片佐之，臭腐不中食，还之，下餐复进，故宫女姿色多消减。惟衣由内务府进，绸缎至佳，四时更新耳。平时不能见帝。赐环，以二十五龄为度。帝、后得用，仍留宫承伺十年，盖三十五龄矣。适人，则妻坐右、夫坐左；死并葬，亦妻柩右、夫柩左。

谕旨诰命

谕旨诰命，其别有四：凡批内外臣工题本常事，谓之“旨”。颁将军、总督、巡抚、学政、提督、总兵官、榷税使，谓之“敕”。皆由内阁撰拟以进。凡南、北郊时享祝版，及祭告山川、予大臣死事者祭葬之文，与夫后妃、宗室、王公封册，皆由翰林院撰拟以进。然惟军机处恭拟上谕为至要。上谕亦有二：巡幸，上陵，经筵，蠲赈，及内臣自侍郎以上、外臣自总兵、知府以上黜陟、调补，暨晓谕中外，谓之“明发上谕”；诰诫臣工，指授兵略，查核政事，责问刑罚之不当者，谓之“寄信上谕”。“明发”交内阁，以次交于部科。“寄信”密封交兵部，用马递，或三百里，或四五六百里，加快至八百里以行。其内外臣工所奏事，经军机大臣定议，取旨密封递送，亦如之。

谕旨所用之字

谕旨所见之字，“员”字从“贠”，“屬”字从“属”，皆曾经御笔如此书写，后遂恪遵不易。

制诰限句

顺治甲午正月，始颁文武诸臣制诰封赠八旗勋卫数万人，祖父之名皆阙失，意不欲制词。汉官力争之，于是内院择坊局史官十六人分撰，自一二品始，一品限十二句，二品十句，三品八句，句各四字，不用故实。

撰拟文字

内阁撰拟文字多主于庆，如恩诏、诰命、敕命之类。翰林院撰拟文字多主于吊，如谕、祭文之类。惟南书房应制之作，不在此例。

票拟

内阁日进本章，虽多例行事件，而票拟稍误，辄须议处。更历既久，自成例案，因积成样本四巨册。故事奉行，即新进之士，亦可援例处分矣。然非熟悉源委，纵繙帑莫得其详。票拟者不遑他务，而惟揣摹此样本为急。有口号二十八字，一时阁员奉之如枕中鸿宝，口号云：“依样葫芦画不难，葫芦变化有千端。

画成依旧葫芦样，要把葫芦仔细看。”

封赠

文官封赠之典，四品以下，只准将本身妻室封典移封父母；八品以下，例封本身，不及妻室，是以封不及父母。雍正甲辰，从吏部尚书朱文端公轼之请，四品下，始准移封祖父母；八九品官，准封父母，不封本身妻室。又教授、学正、教谕、训导，向无封典，至是，教授照知县，学正、教谕照县丞，训导照主簿，一体准封，并继母、生母与嫡母俱封。皆文端奏准。

德宗咨本生父

醇贤亲王为德宗本生父，光绪某年敕封，例由内阁撰文，其起语曰：“奉天承运皇帝诏曰：咨尔醇亲王。”嗣为王所见，谓以子咨父，终属不妥，乃令改为孝钦后口胳。惟“奉天承运”四字上已钤御宝，不能易，遂于四字下直接“皇太后”云云。醇见之，虽觉其不合，亦无可如何而止。

赐御书

翰林以入直南书房为最荣。帝至南书房，则供奉者出立门外，呼某入则入，不呼则候帝去乃入也。每赐御书，如福寿、嘉祉、松鹤、松寿字，多南斋代笔。其皇帝御殿亲书者，则呼某入，跪案前，御书起一笔，则三叩首，至末一笔，亦三叩首，宫监二人捧御书从其人头上过，然后起立。

郊劳

国家厚待功臣，以振士心，将帅旋归者，列圣皆行郊劳之礼。康熙中，良亲王平耿精忠，安和亲王定两湖，贝子彰泰平滇南，凯旋时，圣祖皆亲幸芦沟桥以劳之。乾隆己巳，傅恒平金川归，高宗特命筑坛于黄新庄，旌其功。后兆惠、富德平回部归，阿文成平定两金川归，亦行是礼。

大臣见诸王不得长跪

康熙丁卯正月二十六日，诸王大臣议礼永康左门，诸王以次环坐，内阁九卿科道议毕，阁臣白其议，向诸王长跪移时，武定李相国之芳年老踣地。华亭高太常层云时官给谏，抗章弹奏云："天潢贵胄，礼当致敬。独集议国政，无不列坐，况永康左门，乃天子禁门，非大臣致敬诸王之地。大学士辅弼大臣，当自重，诸王宜加以礼接。"疏入，交宗人府、吏、礼二部议："凡会议时，大臣见诸王，不得引身长跪。著为令。"

嘉庆癸亥，谕："嗣后凡见亲王、郡王，如有仍蹈前辙，长跪请安者，即著王等自行参奏。如大臣等遇见时，亦即指名参奏。至侍卫、部院司员，于本管堂官接见礼仪，自有定分，遇有公事，祗应侍立回堂，毋许屈膝请安。"

抱见

满人相见，以曲躬为礼，别久相见，则相抱。后以抱不雅驯，执手而已。年长则垂手引之，少者仰手以迎，平等则立掌平执。

请安

请安之礼，始于辽，历金、元皆然，明代犹未尽革。后则非独满、蒙二族有之，汉族亦有行此礼者，而尤盛于北方。《辽志》云："凡男女拜皆同。其一足跪，一足着地，以手动为节，数止于三四。"彼言"捏骨地"者，跪也。夫一足跪、一足着地，即一足立而着地，但屈彼一足也。以手动为节，即垂手近足跗之节也。但言数止三四，似犹有繁简之不同，固不仅如后之垂右手屈左膝之各仅一次也。惟妇女多请双安，则以两手抚两膝而同时屈之耳。光绪中，税务、邮政皆外人主持，自厘局、盐局亦归西人管辖，于是始与官场中人交涉。皖省有毛某者，首向办大通局之某西人行请安礼，闻者多非笑之。

端茶送客

大吏之见客，除平行者外，既就坐，宾主问答，主若嫌客久坐，可先取茶碗以自送之口，宾亦随之，而仆已连声高呼“送客”二字矣。俗谓“端茶送客”。茶房先捧茶以待，迨主宾就坐，茶即上呈，主人为客送茶，客亦答送主人。

内臣召对

内臣召对奏事，主上不冠，则不进见。盛暑除冠，则有小内侍捧立于旁。见臣下亦不用扇，俟一起毕，（召见一人为一起。）稍挥数扇，仍纳于袖，再见一起。

奏事

内廷奏事之制：每日子正，部院各以笔帖式赍摺至东华门外。少俟，门启，随奏事官入，至景运门内九卿房，以摺匣及本衙门印片一纸，同交奏事官，奏事官登之于簿。少顷，乾清门启，奉之以入，至内奏事处，交奏事太监，以达御览，时不过丑正也。乾清门石栏上置白纱灯一，递事者以此灯为表缀，若灯移至阶上，则事下不久矣。少顷，奏事官徐捧摺而出，高呼曰“接事”，则群集以俟。奏事官呼某衙门，则某衙门人前，奏事官手付口传曰“依议”，曰“知道了”，曰“另有旨”，虽百十函，无一舛误，不须开匣视也。然此亦有诀，以指爪划痕，俗谓之“横知竖议”。后移西苑，则接事在西苑门外侍卫处檐下。

拜摺

督抚为封疆大臣，如有要事，例必专摺奏闻，此与题本不同。盖题本皆常行公事，向由驿递。若奏本，则定期发行，不由驿递，而由本辕戈什哈差弁中，挑取老成干练者，逐站换骑，快马飞驰，赍送进京，往返程途，亦均有限。当未有汽船以前，江苏至京，往返仅十有八日耳。任此差者，名“跑摺子”，连跑三次，即得以外委把总拔补。督抚将发摺，必先拜摺。是时，饬发三梆，步出大堂，属吏站班，步兵排队，辕门外放炮三，鼓楼作乐，堂隅设香案，将本箱供其中，督抚面西北，对箱行三跪九叩礼。既毕，捧下，由差弁手接，再高捧头上，疾趋而出，于是掩门，而辕外又升三炮以送之。然所供本箱，虽封以黄缎，标以朱签，其实枵然中空，真正奏摺，尚在署中，少时方得领出也。

令藩臬面陈章奏

顺治中，徐立斋相国元文请令各省藩臬得面陈章奏，亲加咨访，以观其才，世祖从之。至日，御乾清门，科道官侍班，通政司引藩臬官以次面奏，著为令。旋诏藩臬勿举卓异。自立斋掌计典，门不通谒，语人曰：“当考察时，直省大吏皆长跪堂下，自陈履历，其严重如此，使少有所私，不内愧耶?”

遵例自呈

京堂三品以上，外官督、抚，凡不入京察大计者，三年任满，必举贤自代，名曰“遵例自呈”。上温旨慰留之，间有更易。乾隆初，始罢。

呈缴朱笔奏摺

臣工奏摺，凡经有朱笔者，虽仅一圈点，俱呈缴，不独有朱批而后缴也。其在任久者，或每年奏缴一次，或任满汇缴，则无定。缴进之件，存红本处，遇纂修实录时，奏明请出，事毕仍交红本处奉藏。嘉庆丁卯，以列圣以来积渐既多，始移藏于太和殿东夹室内。其馆中请出者，于应缴时，即由本馆恭送夹室，不复缴进矣。

预用空白

乾隆庚申四月，始命各省封印后豫用盖印之空白。

供奉各事

嘉、道以前，车驾出丽正门，随从百官皆立班。军机帐房例在幔城之左，凡驾由左门入，在直章京皆立班。宫眷舆辇后扈亦有豹尾，亲王以下皆引避，故称“关防”。机庭印钥，例由大臣中行走最前者佩带取用，以金牌为合符，始付钥。凡较射中四矢者，赐带孔雀花翎。凡诏草，经朱笔更改，例应另纸恭录，惟廷寄谕旨，多命即以朱发，封缄严密，由驿传递。凡一旨而传谕数人者，进呈既下，照书各寄，谓之“分寄”。凡御笔增改，遵录他本，谓之“过朱”。机庭总簿，谓之“随手簿”，检查旧事，必按各年随手簿索之。凡直省方面开缺，先由枢臣书缺而空其名，以待御笔填注。凡引见记名各员，吏、兵两部以绿头牌交军机照录，入存记匣，随时进御。凡直省奏请迁除，当上意者，虽交部议，仍命存记，部本上时议驳，亦拟旨准行。凡行在召见军机大臣，恒在晚膳后。凡撰拟诏旨六七道以上者，辄命随成随进。前引大臣将近宫门，例释弓箭。凡颁赐军机章京，例视三品京堂。每车驾在道，当直者例满、汉各一人，带要件，先候于尖营，以备承旨。上直有一人最早者，谓之“早门”，散直有一人最晚者，以宫门下钥为度。周庐夜直兵弁，统谓之“珠车”。凡围场，上未发矢，莫敢纵镝，惟突围之兽，从官先射。哨鹿者，戴鹿冠作鹿鸣。进哨之后，不许属车先行，恐桥道有不虞也。满语以随豹尾为“跟穆音”，尖营为“乌墩”。围场以西去，以东还。行衣不挂朝珠，还则仍系。扈跸初归，例得休沐七日。凡内直各官，皆进乾清门，惟军机章京许兼由内右门出入。

伊里

景运、隆宗二门及东、西华门，例有护军值班，每王大臣出入，高呼“伊里”，满语云“立”也。盖示人致敬之意，即军礼之高呼“立正”也。

孝钦后变更妃嫔扈从之制

宫人之家馈物也，例须多金，故宫嫔家人，多于帝驾抵园还宫，或每年谒陵之日，妃嫔随宫车外出时，图一晤语及赠物。帝行有御道，驾至，道旁先张挡子，禁窥伺也。驾前布羽林警卫，杂以官仪，后为内务府各旗营，再次为王公，又次为阉宦。銮舆前有警鞭，警鞭鸣，则人知帝将至。先帝，次后，再次妃嫔。妃嫔亲属，探銮舆行过，以饼金属司挡，父母姊妹等因得入见，匆匆各数语，赠物纳之舆中，涕泪未毕，舆行已邈。先时，帝出行，宫妃多乘马，冠带袍褂，脚靴若男子，惟鬓插二彩花为异。迨孝贞、孝钦二太后临朝，妃嫔扈跸，不乘马而易舆矣。

俸薪

国初，满洲官员支俸不支薪，汉官则俸、薪并支。顺治甲午，停秋冬二季俸。有以停俸不停薪请支折薪银者，以薪侈于俸也，如四品官，季给薪三十金，俸才二十金。内院不许，谓满洲方在此论薪俸，何得滥也。明年，汉官但给俸，不给薪。

养廉

养廉始于雍正时，世宗因官吏贪赃，时有所闻，特设此名，欲其顾名思义，勉为廉吏也。

奏定州县陋规

英煦斋协揆和，奏定州县陋规，汪瑟庵廷珍、汤敦甫金钊两文端公，蒋励堂攸铦、孙寄圃玉庭两节相，俱上章奏阻。宣宗手谕曰：“朝有诤臣连章入告，使朕胸中黑白分明，无伤于政体，朕不胜欣悦之至。”

准带护卫仆从

康熙辛亥，奏准王公、文武大臣官员，凡进午门、东华门、西华门、神武门，其所带护卫、仆从，亲王、郡王，准令带十人；贝子、贝勒、公及一品文武大员，准令带八人；二品文武大员，及三品京堂，准令带六人；四五六品京堂官，准令带四人；文职五六七品，武职三四五六品官员，准令带二人；文职八品以下，武职七品以下，准令带一人。

外官准带家人

康熙丙寅，议准外任官员，除携带兄弟、妻子外，汉督、抚准带家人五十名，藩、臬准带家人四十名，道、府准带三十名，同知准带二十名，通判、州、县准带二十名，州同、县丞以下官员准带十名，所带妇女，亦不得过此数。

官吏仪卫

卤簿之设，自古有之。州、县官出行，前导有肃静、回避牌、衔牌、金锣、伞、扇六，冲清道旗、红黑帽继之，从者除书差外，尚有民壮、家丁，前后亦数十人。道员、知府则更有飘檐伞、飞虎旗、刽子手、护勇、顶马等，而人数又增。钦差大臣、督、抚仪卫之繁，愈不可以偻指，即就前驱之营兵以观，大旗一队，关刀一队，虎叉一队，洋枪一队，迤逦可半里。

伞盖

《大清律例》载职官伞盖：一二品，银葫芦杏黄罗表、红里；三四品，红葫芦杏黄罗表、红里；以上皆三檐。五品，红葫芦蓝罗表、红里；六品以下八品以上，用蓝绢；皆重檐。庶民不得用罗绢凉伞，许用油纸雨伞。又《礼部则例》载：总督以下至知府，用杏黄伞；府佐贰以下至县丞、教官，用蓝伞；其杂职以下无伞。又武官，自提督以下至都司，用杏黄伞；守备不用肃静、回避牌，余视都司。其后文官府佐贰皆用红伞，武官千总亦然，不自知其僭矣。

武职上司不得笞辱属弁

俗称武职一级管一级，谓都司可棍责守备，守备可棍责千总，此无稽之谈也。康熙己卯，奏准武职上司将所属末弁如有事故并不揭参、任意笞辱者，罚俸一年；笞辱守备以上者，降二级调用。

标题太平无事

枢廷事件皆书于册，标曰“随手登记”，元旦则装订新册，敬书“太平无事”四字于册端。

牌子档子

官中册籍，谓之“牌子”“档子”。溯其始，盖国初八旗无册籍，有事恒记于木，往来传递者，曰“牌子”，以削木片若牌故也。存贮年久者曰“档案”，曰“档子”，以积累多，贯皮条挂壁，若档故也。至其后，则文字之书于纸者，亦呼之为“牌子”“档子”矣。

图片册档

八旗人家生子女，例须报明本旗佐领，书之于册。及长而婚嫁，亦如之。又必须男女两家受辖之佐领互出印结，曰“图片”。三年一比人丁，使各列其家人名氏而书于册，谓之“册档”。及殁，而削其名氏于册。故旗人户口不能增减，姓名不能改移。

禁妇女裹足

崇德戊寅七月，奉谕旨，有效他国裹足者，重治其罪。顺治乙酉，禁裹足。康熙甲辰，又禁裹足。戊申七月，礼部题为恭请酌复旧章以昭政典事都察院左都御史王熙疏内开："顺治十八年以前，民间之女，未禁裹足。康熙三年，遵奉上谕，下议政王贝勒、大臣九卿科道官员会议：元年以后，所生之女，禁止裹足；其禁止之法，该部议覆等因。于本年正月内，臣部题定：元年以后，所生之女，若有违法裹足者，其父有官者，交吏、兵二部议处；兵、民则交付刑部，责四十板，流徙十。家长不行稽察，枷一个月，责四十板；该管督、抚以下文职官员有疏忽失于觉察者，听吏、兵二部议处在案。查立法太严，或混将元年以前所生者，捏为元年以后诬妄出首，牵连无辜，亦未可知，相应免其禁止"云云。裹足自此弛禁。

丧仪

礼为天子斩衰。国朝丧仪：王公、百官持服二十七日，孝袍以毛边布为之，夏则凉帽去缨，冬则暖帽去缨。届期除服，易玄青布袍，百日而止。衣若玄青，则冠用缨。惟恭理丧仪之大臣、派出穿孝之大臣并殡前守卫执事人员，亦百日除服。嘉庆庚辰七月二十五日，仁宗龙驭上宾，八月十二日，梓宫由避暑山庄启行，二十二日至京，距初丧仅二十七日，遽行除服，且几筵前举行祭典，理应仍持丧服，留京王大臣始奏请以大祭礼后除服。其各衙门文移、奏疏，向以二十七日内用蓝印，及每日陈设法驾、卤簿，例于满月礼后停止者，均改至大祭礼后。钦天监择吉九月十六日大祭，始除服。

满洲丧礼

满俗丧礼：斩衰止百日，期服六十日，大功三十五日，小功一月，缌麻二十一日，然其居丧也，衰服不去身，不听乐，不与宴，居室皆用素器、木几、素席，以终三年。期、功各以其等降行之，无敢逾。戚友家之丧，有服者往吊时如其服；无服者，男去缨，女去珥。丧主人奉男腰绖，奉女首绖，拜而进，受者亦拜。

旗员丁忧

旧例：八旗汉军文职官任汉缺者丁忧，任旗缺者不得丁忧。又满洲任督、抚、藩、臬者守制，而京朝官三月后即出供职。顺治中，徐立斋相国奏谓宜一体丁忧，以崇孝治，且言外官闻讣者，宜即日奔丧，毋得治事候代，并申士庶居丧释服从吉之禁。皆报可。

然旗员亲丧丁忧之例，最为纷歧糅杂。中外武职各员，皆给百日假，穿孝，假满，服官任事。举人、生员与汉人同，非二十七月服满，不得应试。而部、院、署司官，则于百日孝满后，照常入署当差，惟停止给俸及升转，不得引见，着玄青外套，不许服补褂蟒袍。京堂以上至大学士，则百日孝满以后，改实缺为署任，遇有庆典，免其进内朝贺而已。至外官守孝之制，则更歧出。州、县、佐杂，丁忧守制三年，与汉员无异。府、道之由翰、詹、科、道简放及由州、县升转者，与州、县同；若由六部司员外放，则俟百日孝满，仍回本衙门当差。郎中、员外，各视其简放时班次行走，二十七日后，仍由吏部带领引见，分内用、外用二种：外用，仍以道府记名；内用，则仍以郎中、员外候补。至两司以上，则守制二十七月，又同汉员。若督、抚，则与京堂以上同制，改实缺为署任矣。嘉庆间，裕靖节公谦任漕运总督，丁忧百日假满，论应诣宫门请安，裕独不可，乃称疾不出，俟禫祭后，始出补官。既受命，即上疏请令满洲文职官员无中外尊卑，凡有父母丧者，皆丁忧守制二十七月为服满，一律与汉员同，疏词肫挚。奏上，奉严旨驳斥，谓其沾染汉人习气，诈伪欺饰，失人臣致身之义，而变满洲纯朴之风。此后遂无敢继言者。

旗奴为旗主丧事司鼓

旗人中之各项包衣及隶下五旗者，满、蒙、汉皆有之，或奴籍，或重儓，例不得与宗室觉罗抗礼。若不得已，必先屈一膝而请曰求赏一坐，俟允乃坐。又闻旗主每有贫无聊赖，执贱役以餬口，若途遇其奴之高车驷马者，必喝其名，使下车代役，奴再三请安，贿之始免。道光朝，大学士松文清公筠秉政，宣宗甚倚重之。忽请假数日，不之异也，次日，军机召见，奏对毕，上忽问军机大臣以松筠请假之故，满军机以该旗主家有丧事、例往当差为答。宣宗即命往催其早日销假。及往，见其冠摘缨，衣白布袍，司鼓于门外焉。次晨入直，白其状，宣宗大怒，谓该旗主有意侮辱大臣，即日降旨，抬松旗，免其奴籍。下五旗者，正红、镶红、正蓝、镶蓝、镶白也。

武职无三年终丧之制

武职无三年终丧之制。康熙间，四川提督何傅以夔州副将孙斌详请回籍守制上闻，疏奏沉痛，得旨，遂为定制。乾隆乙亥，江苏千总傅振边丁母忧，泣请上官，求奔丧守制不许，则恸哭求去，上官不能留。时尹文端公继善督两江，为之入告，蒙特恩准其回籍，并著为例。

冯柯亭以礼事亲

冯孟亭侍御为伯阳司寇之嫡孙，司寇庶子柯亭中丞钤抚安徽时，将葬其生母曹夫人，祔于其父伯阳司寇之茔，相与并列，侍御持不可，曰：“是并嫡也。”柯亭曰：“有子之妾，礼当祔，何并列之疑。”孟亭退而考之，得韩魏公葬所生母胡，其匶（古同“柩”）后于嫡夫人尺许，魏公自为志铭曰：“棺椁之制，悉用降等，安神之次，却而不齐，示不敢渎也。”柯亭无以难，议乃定。然孟亭亦守礼严甚，尝入觐高宗，询及家事，谕曰：“汝母有贤子，今封夫人矣，将不为正室乎？”孟亭叩首谢，敬对曰：“臣父未有遗命。”上霁颜曰：“是也，汝父未有命。”遂已。

李鸿藻两请终丧

咸丰中，高阳李文正鸿藻以编修视学河南，按试未周，特旨召入弘德殿授读，为穆宗傅。夙受知于孝贞、孝钦两后，擢至户部侍郎兼军机大臣。同治丙寅，文正丁太夫人忧，奉懿旨开去侍郎缺，守孝百日，仍在弘德殿及军机处行走。文正累疏固请终制，同时授学诸臣如倭仁、翁同龢、徐桐亦代乞终丧，存教孝之风，故卒得终丧。至光绪初，文正复遭本生母忧，时以两朝师傅，倚任益重，而文正仍请守制，谓本生之房无丧主，并具呈礼部，请终三年丧制，尽人子职。部议从之。故文正守礼终丧，服阕乃起。

供忌辰牌

帝、后升遐之忌辰，谓之“国忌”，居官例穿素服，各署仪门外必供一忌辰牌，凡供此牌，则仪门不开。中设一桌，桌上一牌，牌书“忌辰”二字，供至下午，则撤去而门开。官于此日，往往托忌辰以谢宾客。

帝后忌辰禁嫁娶

帝、后忌辰，向不禁嫁娶作乐。雍正丁未，古北口游击刘继鼎于圣祖忌辰婚娶，为提督郭成功所劾，革职治罪。通行时宪书，于列祖、列宗、列后忌辰，不载宜嫁娶事，世宗命钦天监详议，后永为定例。

孝全后谥号

孝全成皇后，初由皇贵妃摄后宫事，旋正中宫，数年暴崩。时孝和睿皇后尚在，家法森严，宣宗亦不敢违命也，故特谥之曰“全”。宣宗既痛孝全之逝，遂不立他妃嫔之子，而立文宗，以其为孝全所出，且于诸子中年齿较长也。

给谥郑重

国朝优恤臣邻，恩礼醰渥，惟身后给谥，最为矜重，故自开国至道光朝，膺易名之典者，仅四百余人，有生官极品而殁不得谥者。自同治初，两宫垂帘训政，凡阶一品者皆予谥，后遂为定制。

拟谥

臣下谥典，由礼部奏准后，行知内阁撰拟，旧隶典籍厅。咸丰初，卓文端公入阁，改归汉票签，令两侍读司之。凡奉旨给谥者，侍读遵谕旨褒嘉之语，得谥“文”者，拟八字，由大学士选四字；不得谥“文”者，拟十六字，由大学士选八字，恭请钦定。惟“文正”二字则不敢拟，悉出特恩。

特谥

凡径由上谕发表，曰加恩予谥某某者，谓之“特谥”，如张之洞之“文襄”，孙家鼐之“文正”等是也。

谥重“文”字

国朝谥法，惟由翰林授职之员，始得冠以“文”字。若官至大学士，则虽不由科目，亦得谥“文”。惟康熙丁未，领侍卫内大臣一等公索尼，既未与金瓯之卜，亦不由玉署而来，予谥“文忠”，实为异数。其后周文忠公天爵，亦非翰林，汉臣得此，尤为仅见。

谥重“正”字

有上书房师傅资格者，照例可得“正”字之谥。

谥重“襄”字

诸臣谥法，“襄”字为最隆重。咸丰癸丑十月，寿阳祁文端公隽（寯）藻面奉谕旨：文武大臣或阵亡、或军营积劳病故而武功未成者，均不得拟用“襄”字。自是无敢轻拟矣。

谥“文正”者八人

宣统己酉十月，大学士寿州孙家鼐薨，特旨予谥“文正”，饰终之典，备极哀荣。国朝谥“文正”者，自睢州汤斌、诸城刘统勋、大兴朱珪、歙县曹振镛、滨州杜受田、湘乡曾国藩、高阳李鸿藻与孙而八矣。

小臣得谥

陆陇其以御史赠阁学，赐谥“清献”，为小臣得谥之始。至马忠勤公玠，以知县赠布政使参议，强忠烈公克捷，以知县赠知府，刘忠节公钦邻，以知县赠太仆寺少卿，及杨延亮以知县谥“昭节”，方振声以县丞谥“义烈”，俱照知府例恤，则皆出自特恩也。

妇人得谥

嘉庆时强克捷（河南滑县知县。）子逢泰之妻徐氏，道光朝方振声（福建嘉义县县丞方振声、台湾镇标千总马步衢、台湾北路协把总陈玉威殉节台湾，均特旨赐谥，并有“览奏堕泪”之谕。振声谥“义烈”，步衢谥“刚烈”，玉威谥“勇烈”。凡特旨予谥，悉出睿裁，不由阁臣諆拟。）之妻张氏，陈玉威之妻唐氏，均蒙特旨予谥“节烈”，妇人之得谥者止此。

谥上冠八字

雍正朝，和硕怡亲王薨，赐谥曰“贤”。世宗眷念勿替，特旨以王生前所赐“忠敬诚直勤慎廉明”八字冠于谥号之上。

坛班

旧制：南郊大祀，皇上先一日莅坛，军机大臣入直于西天门外直庐，章京各备短几坐褥列坐帐房，略如扈从之仪，谓之“坛班”。

光绪间，凡遇郊祀，皇上先一日在宫办事，后莅坛，次日礼成，还宫办事，军机大臣仍入直于隆宗门内直庐，无所谓“坛班”矣。

国初祭仪尚右

凡祭祀，明堂礼仪皆尚右，神位东向者为尊，其余昭穆分列。故礼亲王以宗老，孔定南以藩长，皆居右班。

祫祭捧帛爵用近支王公

乾隆中，高宗定宗庙执事礼，悉用近支宗室骏奔襄赞。故岁暮，太庙袷〔祫〕祭捧帛、执爵诸执事官，皆圣祖以下宗室诸王公、将军充之。先期由宗人府传知各执事员，俟具奏后，应于十二月之三、六、九日，敬赴太庙演礼，并特赐花翎以优宠之。（后凡各员有未经赏赐翎支者，即令届期借戴。）若有托故不到，即将该员并该管学长，一并严参。

皇后入庙

古制：后先帝崩，则袝祀于庙，设位于其姑下。然遇行袷祭之礼，动多关碍。至明世宗，预祧仁宗，以方后入袝，益非法矣。国朝定制：后先崩，暂奉安神主于奉先殿夹室中。孝敬后、孝贤后、孝仪后皆沿是制也。

祧庙

自商、周尊契、稷为始祖，历代追崇四亲帝号，供奉太庙，而开创之君转居其下。及亲尽，祧庙时，太祖始正南向之位，非历有百年，其典不备。如唐之宪、懿，宋之僖、宣，屡经罢复，识者讥之。本朝太祖肇基东土，抚有寰区，追崇原庙四圣神主，即安奉于太庙后殿。遇四时祭享，遣亲王一人为之摄祭；元旦令节，万寿节日，遣官致祭；每岁袷祭，则命觉罗官恭捧四圣神主，合祭于太庙中，礼成，仍安奉于后殿。时享之日，既不预九庙之数，复不压高庙南向之尊。

教育类

列圣重学

顺治间，定国子监彝伦堂为视学御讲之所，本监堂上官，不得中堂而坐及中门出入，王以下文武各官，亦不得由中门出入。甲申，定八旗官学。康熙甲子，定琉球官学。癸巳，设算学于畅春园之崇养斋。雍正戊申，定入监读书俄罗斯学。（即会同馆设学教之。）辛亥，奏准将毗连国子监街南官房一所赏给本监，是为南学。乾隆戊午，于钦天监附近设算学，唐古忒学亦归国子监。谕：“武英殿录书需人，著国子监于肄业正途贡生内，择其年力少壮，字画端楷，情愿效力者，选十人送殿，以备誊录。其在监每月膏火之费，照旧给与。”癸巳，谕：“《永乐大典》，其中每多世不经见之本，而外省奏进书目，亦颇裒括无遗，合之大内所储，朝绅所献，不下万余种，特诏词臣详为考核，厘其应刊、应抄、应存者，系以提要，辑成总目，依经、史、子、集部分类聚，命为《四库全书》。摛藻堂向为宫中陈设书籍之所，朕每憩此观书，取携最便，著于《全书》中，撷其菁华，缮为《荟要》，其篇式一如《全书》之例。”甲午，谕：“现办《四库全书总目提要》多至万余种，卷帙甚繁，自应于《提要》之外，另刊《简明书目》一编，只载某书若干卷，注某朝某人撰，则篇目不烦，检书较易。”乾隆庚戌，御制集石鼓所有文，成十章，制鼓重刻，鼓凡十，在戟门外左右分列。辛亥，谕：“我朝文治光昌，崇儒重道，朕临御五十余年，稽古表章，孜孜不倦，前曾命所司创建辟雍，以光文教，并重排石鼓文，寿诸贞珉。而《十三经》虽有武英殿刊本，未经勒石，因思从前蒋衡所进手书《十三经》，曾命内廷翰林详核舛讹，藏弆懋勤殿有年，允宜刊之石板，列于太学，用垂永久。”

世宗设宗学

雍正中，特设宗学左、右翼各学于京师，简派王公专管，岁时，钦派大臣考其殿最，以为王公奖罚。左翼在金鱼胡衕，右翼在帘子胡衕，皆设宗室总管、副管各一人，以司月饷、公费等事。三岁考绩，授七品笔帖式。觉罗、八旗各设学一，其总管、副管，如宗学之制。满教习用候补笔帖式，汉教习用举人考取，皆月有帑糈，四时特赐衣缣。

世宗设八旗官学

雍正中，设八旗官学三于京师。咸安宫官学在京师西华门内，择八旗子弟聪慧者充弟子，月有帑糈，不计岁月，入仕后始除其籍，特派大臣综其事，教习用进士、举人。景山官学在景山内，皆内务府子弟充补，其制与咸安宫同，为内务府总管所辖。八旗官学，每旗各设学一，择本旗满洲、蒙古、汉军子弟充补，十年为期，已满期未中式者，除名另补，为国子监祭酒所司，亦附于太学之意。

国子监立经义治事斋

孙文定公嘉淦管理国子监时，条奏大学事宜，令诸生于时艺外，各明一经、治一事，仿宋胡瑗立经义、治事斋例，俾为有用之学。部议从之。

汪文端训士

汪文端公廷珍仕仁宗朝，在内则长成均、直上斋，洊充总师傅，在外则安徽、江西、浙江，连任学政，始终委寄，皆为文学侍从之任。尝选刊《成均课士录》，教学者以义法。三省试牍，皆曰“立诚编”，犹前志也。又尝撰《学约五则》以训士。一曰辨涂，谓喻义、喻利，人心之分尽于此；为己、为人，学术之分尽于此，有志者当立辨乎毫厘千里之差。一曰端本，谓士者四民之首，天下事皆吾分内事也，自公卿至一命之吏，皆读书人为之，故贵通古今、达事变，相期为有体有用之学。一曰敬业，时文者古文之一体，犹之碑、志、传、记、表、疏、论、序云耳，以摹拟剽窃者之不足言文，乃并时文而小之，过矣。一曰裁伪，谓昌黎论文，惟其是，吾论文，惟其真，盖必能真而后是非可得而论也；申、韩、庄、列，异乎吾道者也，而朱子以为先有实而后托之文，非以其真耶？一曰自立，文之不能不变者，时也；挽其变而归之正，或因其变而愈益神明于正学者，事也。苟非克自树立，随风气为转移，取已陈之刍狗，沾沾然仿效之，庸有冀乎哉？其因文见道，大恉不出乎此。宣宗在青宫，文端尽忱启迪，非法不道；登极后，献纳尤勤。道光癸未，宣宗降手敕，称汪廷珍于师道、臣道之义二者兼备。

山西大学堂

英人以我国应出某教案赔欵，建山西大学堂，规模宏壮，为西北教育界之巨观，分中、西二斋，即由教士李提摩太董其事。中斋重国学。西斋重科学，仪器、书籍庋藏至富。山西青年多弃而就中斋。外省亦有附学者。计宣统辛亥以前，留日本学生三百人，大都为先肄业大学之西斋者。

水师学堂

江宁水师学堂有驾驶教习，初开堂时，即延英人彭乃尔，月薪银四百八十两；管轮教习为英人何利得，月薪银三百六十两。光绪庚子，为第三期学生卒业期，已能制造陆地之机、海中之机，并鱼雷、水雷等件。学生初不惯力作，锤炼终日，夜即大困，掌皮为裂，十日即如不觉矣。先是，预估须三月毕工，后仅二月，西教习咸大嘉奖。请驻宁各国领事观之，至拍掌称善，而华官反视如无事也。

瑜妃论女学堂

穆宗之瑜妃，聪慧能诗，解音乐，知欧美事，所居之屋甚隘，陈设简陋，仅宫女太监数人事之，藏书极富。诗多感伤之作。光绪间，尝语宫眷德菱女士，谓甚望开设女校，使国中女子读书，惟不愿以教会中人为教习。意谓教会设学，非徒无益，转使人有反对学校之心也。

南洋公学

何梅生，毗陵名士也，为诸当道所倚重，最后于光绪丁酉、戊戌间，就武进盛宣怀之聘，筹建南洋公学于上海。草创经营，规模宏远，实开江南教育界之先声。辛丑春间，为某大吏代拟摺稿，以耗脑力过多，患脑充血而逝，年仅五十有九也。

叶成忠兴学

慈溪叶成忠既以居积致富，自恨早岁失学，慨然有启迪童蒙之志。爰于上海张家湾捐地一区，都二十九亩三分八厘，值银十万两，并出现银十万两，谋建校舍，俾寒畯子弟咸来就学。方庀材，忽逝世，资用不给，长子贻鉴复出金十万续之。校舍始构，贻鉴弟六人，复出金十万，佽常年经费。即以成忠之字，名曰“澄衷学堂”。经始于光绪庚子九月，落成于辛丑二月。当是时，学部未立，风气未开，人人以学校为诟病。有志之士，建学舍以奖励后进者，虽踵相接，以赀不继而卒垂成垂败者，又复前后相望。成忠独毅然决然，出巨款以导风气之先焉。

澄衷学堂创始之初，仅办蒙学，继增商学，又增师范生。继乃增中学、辍蒙学，又辍师范生并商学。其间又辍中学，专设小学。宣统辛亥，复置中学并置初、高等小学校，学生常数百人，历届毕业，为世効用者踵相接。

杨斯盛兴学

杨斯盛，字锦春，川沙人，幼孤，业圬于沪。光绪中叶，江海关建新屋，税务司揭最新之西式招华人构筑，群匠愕视，斯盛毅然应之，巍峨巩固，大为西人叹赏，业遂日盛。家本素寒，三代皆浅厝未葬，至是，始购地营窀穸，复葬亲族贫无后者二十七丧。旋建祠墓旁，置祠田四百五十亩，岁收租息，尽以赒恤族里。弟斯茂，生而瘖哑，斯盛为之营室娶妻，给田百亩，使终其身得温饱。常以识字不多，欲培植贫寒子弟，以弥平生之恨。先建义塾于祠中，又于川沙城内捐银六百元，置产以充义塾常年经费。壬寅，川沙建两等小学，捐银三百元充开办费。甲辰八月，上海蔓盘路新室成，即设广明小学于内。复慨然舍金十余万，议建校舍于浦东，以初等小学之未足也，议增中学；以初等教员之缺乏也，议设一年毕业之师范简易科。乙巳，购校地于六里桥南。丙午，筑校舍。四月，江苏学政来沪视学，奖给匾额，并奏请奖励，部咨饬县查取衔名，谢不复。丁未，浦东校舍落成。正月，行开校式，特悬"勤朴"二字为校训。戊申四月，订中学总章程，及校董会规则，戒后世子孙不得干涉校务。增中学基金额十二万两。盖先后捐充学费者三十余万金矣。性嗜义，知无不为。乙巳秋，海滨大风潮，居民溺死甚众，议修海塘，以工代赈，慨捐银三千元，又募得同业捐三万元，悉付经董，而不居其名。江浙将借外债筑路，斯盛斥万金购路股，遍劝同业，骤得数万股。又尝出资助义士邹容葬，尤为人所难为。至晚岁，养疴六里桥别墅，对于浦东公益，尤具热心。筑石路，自南码头讫艾家坟，长二千八百余丈。浦东乡民贪得重利，争以地售与洋商，沿浦洋栈林立，渐入内地。绅董议筑路以限制之，设路政局，抽渡捐以充费。舆情拂然，毁局所，碎官舆，且与兵抗，斯盛力疾登高阜，喻众使散。乃议止渡捐，而自筑洋泾至陆家渡路，以示大信。计路长十余里，费近万金，皆募自同业者，不取乡民一文。

严家桥垂圮，谋新之，而自任经费银六千元。桥身纯筑塞门德土，以钢铁为骨干，日往工所指挥群匠。未一月，积劳病故。群匠奉承遗法，不半载告成，为我国新发明之建筑物。宣统庚戌，江苏巡抚程德全以倾产兴学专摺请奖，辛亥，赠盐运使衔，国史馆立传。

武训兴学

武七，名训，堂邑人。家贫，乞食村落间，长而有力，恒为人转磨负绳。以己不识字，每伺儿童入学，随其后，群儿争厌侮之，于是发大愿，欲广立义学。行乞所得钱，积不用，数年，得二百余串。有黠者为谋曰："汝蓄钱无利，盍放母生子？他日不可胜用也。"武难其人，黠者乃自荐，愿为代。武尽以予之，仍作苦自食，不用一钱。黠者以其朴拙，从而乾没之。武屡索不得，愤极而病。同邑岁贡生杨树坊哀其诚，谓曰："义学非可赤手办，此后有钱，我为代存，决不负汝，毋听匪人言，一再误也。"病痊，仍日行乞，且为人佣。又数年，积钱数百千，悉付杨，兼收子母，其数日增。杨劝令娶妇，为嗣续计，武不可，曰："吾所志未一刻忘，今将以此钱设义学也。"杨议令设于本庄，武庄距柳林尚数里，武嫌本庄涉于私，且虑奸人侵蚀，不如柳林庄大，乃购腴田，建学舍。近庄闻其义举，皆捐助。储蓄既富，租粒出纳，均有定章。次第设经、蒙二席，蒙童延诸生训之，经席请举人主讲，脩丰隆，礼待尤优异。入学日，武先向塾师叩头，次遍拜诸生童，具盛馔，请邑绅陪塾师饮，自立门外，屏息以俟谳罢，而啜其余沥，自以乞人不敢与塾师抗也。既开塾，武来往塾中，一日，见塾师昼寝，长跪床前，久之，塾师醒，见而惊起，自是不昼寝。或遇学生嬉戏，亦向之长跪，学生遂相戒不敢出位。人有乐施，无多寡，必叩头谢，口喃喃为祝词，俚而有韵，盖天籁也。邑令闻而义之，呼至署，问之，不言，与之食，不食而去。武之首常蓄发一握，蓄左则去右，蓄右则去左，貌寝身肥，蠢蠢然乡愚也。行乞，与之蒸饼，食碎者，留其整卖之，以助学费。延之入坐，不可。或命至明伦堂小憩，从之，俯仰四顾，逡巡出。所设义学，始于柳林，次临清、馆陶，凡四所。远近皆呼为“武善人”，年五十余卒。邑人感其义，为立祠于柳林，祀之。此光绪庚子以前事也。

李凤林兴学

光绪末，济南有李凤林者，生而贫，为车夫以自给。顾性至孝，痛父母早亡，每与人言，辄流涕沾襟。继与其伯母杨氏同居，事杨如母，每出推车，必怀甘旨归，以奉伯母。伯母亦钟爱之，劬劳不啻所生。李虽目不识丁，然热心学务，尝以车资别储一分，缩减口腹，助购买学校用品，以奖学生之勤学者。某年冬，曾备书籍、笔墨等物，捐助济南西关简字学堂。后又捐备草帽、纸扇种种，以供奖品。事为山东提学使罗正钧所闻，大奖许之。及夏，李目睹无教育者之多，风气之闭塞也，乃创宣讲所。应用物品均备，顾难得讲师，乃亲跪请宣讲员沈公臣、张玉生等五人，每月按三、六、九日，分班莅所宣讲。跪与要约，且曰：“君辈既邃于学，宜出其绪余，以智众庶。众皆成材，以捍卫国家，御外侮，否则横目蚩蚩，不明理，国安赖乎?”言时，泪涔涔下。张、沈等诺，李复为众叩谢。以诸事既办，惟须官保护，乃赴巡警道署，禀请立案出示保护。又于府学门前独创简字学堂，即以车资捐充常年经费，堂内诸事悉完备。其伯母杨氏，亦出十数年来昼夜纺织或为人佣作针黹所得资，备办学堂应用器具。然仍有余，乃交绅者为之经理，以备不足之需。亦禀县存案。县令批奖之，并给李凤林“见义勇为”、杨氏“急公好义”匾字各一方。

女尼诚修兴学

扬州明月庵有田数十亩，女尼颇足自给，有诚修者主庵事，梵呗之暇，辄以兴学为念。言于某绅，愿以庵屋改女校，仅留西楹三椽为奉佛长斋之所，且以田租所入充常年经费，并任校长。某绅允之。及女校成立，诚修为之管理，规则严肃，遐迩称之。且于治事、奉经之暇，辄假朔望佛会日，邀集城内外老少妇女，演讲天足，听者颇多。

顺天书院金台书院

明之首善书院在京师宣武门内，天启初，邹元标、冯从吾所建，及东林难作，遂废。其后西洋人借地修历，名曰历局，至国朝，称时宪局。圣祖御书门额，为“天文历法，可传永久”八字。道光间，西洋人不复来京师，无人居之。

自首善废，而七八十年，京师无复有书院。康熙庚辰，顺天府尹钱晋锡设大兴、宛平二义学以教士。宛平附于宣武门外长椿寺，大兴则僦屋于洪庄。洪庄者，洪文襄公承畴之赐园也，在崇文门外金鱼池。嗣是，宛平之学并归大兴，延王昆绳主其事，从游者众。顺天府尹欲市庄内隙地构堂，孙文襄公奕沔不可，乃上疏，托言奕沔愿割其地以建学。圣祖嘉其请，书“广育群材”额以赐奕沔。孙闻之大惊，而无如何。王昆绳为之记，备叙其经营之始。乾隆庚午，改名金台书院，肄业生徒甚众，籍隶他省者亦附焉。

正音书院

闽中郡县皆有正音书院，即为教授官音之地。雍正戊申上谕：“凡官员有莅民之责，其言语必使人人共晓，然后可以通达民情，熟悉地方事宜，办理无误。是以古者六书之训，必使谐声会意，娴习言语，皆所以成遵道之风、著同文之盛也。朕每引见大小臣工，凡陈奏履历之时，惟有闽、广两省之人，仍系乡音，不可通晓。夫伊等以现登仕籍之人，经赴部演礼之后，敷奏对扬，仍有不可通晓之语，则赴任他省，又安能宣读训谕，审断词讼，皆历历清楚，使小民共晓乎？官民上下，言语不通，必使胥吏从中代为传递，于是添设假借，百病丛生，而事理之贻误者多矣。且此两省之人，其言语既不可通晓，不但伊等历任他省，不能深悉下民之情，即身为编氓，亦不能明悉官长之言，是上下之情，扞格不通，其为不便实甚。但语言自幼习成，骤难更改，故必徐加训道，庶几历久可通。应令福建、广东两省督抚，转饬所属府州县有司、教官，遍为传示，多方训导，务使语言明白，使人易通，不得仍前习为乡音，则伊等将来履历奏对，可得详明，而出仕地方，民情亦易达矣。”各处正音书院，上谕所建。无如地方官悉视为不急之务，日久皆就颓废，乃至嘉、道时仅存邵武郡城一所，然亦改课制艺矣。

雷翠庭创鳌峰书院

副都御史宁化雷翠庭，名鋐，以乾隆癸酉督学浙江，专以表章正学为己任。尝访蕺山遗集于其后人，得而刊行焉。又刊陆清献年谱以教士，碣张杨园之墓，一再序其遗集而又为之传。盖自张清恪抚闽，刱鳌峰书院，以正学训士，蔡文勤公实主讲席，雷实少时肄业而有得焉。

叶南雪主讲越华书院

番禺叶南雪，名衍兰，诗古文词、书画，皆名其家。以军机章京告归，主讲越华书院二十年，足迹不入官府。榜联于院之讲堂云：“吾亦澹荡人，常时不肯入官府；名岂文章著，诸君何以答升平。”

唐确慎主讲金陵书院

善化唐确慎公鉴，为理学名臣，宣宗登极，诏大臣各举所知，诸城刘文恭公镮之荐起之，扬历外台，垂三十年。开藩江左，以疾告归。文宗践祚后，诏召赴阙，进对十有五次，时政利弊，靡所不罄。上以其力陈衰老，不复羁以职守，令还江南，矜式多士，时方主讲金陵书院也。其官京师，相从讲学者，为倭文端、曾文正、何桂珍、吴廷栋、窦垿数人。

黄彭年主讲莲池书院

黄彭年主讲保定莲池书院，手定堂规，广置书籍，课以时文、经史、词章，著弟子录者甚夥，乃请于李文忠公鸿章，以官赀购各省局刻书于院中发卖，仅加运费之半。暇时，即召诸生谈艺。黄无志出山，由文忠密保简放襄阳道，诸生入贺，黄笑曰："吾守节多年，今日不免嫁人，奈何！"院地本元张柔故宅，规模宏敞，为北方书院之冠。继黄为院长者，武昌张廉卿裕钊、桐城吴挚甫汝纶。

万刘主讲龙门书院

上海龙门书院，创自应宝时，地在城西幽处，陂塘芦苇，颇似村居。讲堂学舍，环以曲水，规制亦甚严肃。学生名额限二十人，课程以躬行为主。万清轩、刘融斋先后主讲，甚负时望。每午，师生会堂上请益考课，寒暑无间。诵读之外，终日不闻人声。有私事乞假，必限以时，莫敢逾期不归。刘主讲最久，士论尤协。途遇其徒，望而知为院中人也。刘没后，一显宦告休寓此，大府荐主是院。学生执业以请，则告以生辈高材，何烦日课。乞假以出，则告以生辈植品，何烦定假。积日既久，院中出入无禁，日夕在外者有之，课试一事，等诸寻常校艺，昔之良法美意，荡然尽矣。应初意，欲驾学海堂而上之，专讲躬行，辅以文术。然学海堂定制，用意极精：以广东物力之富，道光全盛之时，而公费岁入不过五百金，仅可自给；但立学长，不立山长，学长若缺，即由学生推补。阮文达公当时创建，其俭如此，上以杜贵要挟荐，下以杜游间请托，而专为真读书之士，谋一下帷地也。龙门大旨与学海相类，而主讲者束脩优厚，予人以觊觎之端，未及二十年，时移而事迁矣。

李胡曾建书院之用意

李文忠公议建求忠书院于皖，聘侍郎吴廷栋主之，吴辞曰："书院之设，从俗校文则可，别立名字则不可。"胡文忠公建箴言书院于乡，聘孝廉汪士铎主之。曾文正公议谓宜择精帖括制艺为师，不宜求古。

广雅书院

广雅书院为张文襄公之洞督粤时所设。时粤士皆沉溺帖括，罕有留意经史者。文襄为聘通儒主讲，复延名宿，令司分校，月课经史、词章，旁及舆地、格致、算术，课程精密，膏奖优渥，士风为之一变。院在西城外数里，近彩虹桥，风景清幽，花木葱蔚。文襄政暇辄诣，与诸生论文。盘桓竟日。院有一池，未及种莲，文襄倚栏凭眺，偶言及之，为院中支应某员所闻，密为布置。文襄翌日再过，则数亩方塘，芙蕖盛开，文襄诧之。召某至，询以何策，某以实告。盖池水甚浅，某预收盆莲数百，投于池中，仅露其半，骤视之，几疑其为莲塘也。文襄大笑。

于荫霖演讲于敬敷书院

光绪朝，于荫霖为皖藩时，省城敬敷书院为寒士肄业之所。于集诸生于堂前，娓娓陈说，多身心性命语，并命诸生于读书余暇，作杂志、日记各一本。定期赴堂校阅，按簿翻览，无一遗者。某生日记簿内，有"时已夕阳在山"等语，斥其过文，谓宜以时刻为记。又有某生杂志簿内，于宋儒语录，登记颇详，于极嘉尚，提作高才生。突问之曰："'明德'二字作何解？"某生迟疑不能对。于详为解说，至千余言。

钦派孝廉书院山长

长沙徐寿蘅尚书寿铭，曾面奏德宗，学堂不如书院之善，因力荐孔宪教，言其丰裁峻整，学问优长，如以为孝廉书院山长，于风俗人心，实大有裨益。旋奉廷寄，令湘抚以孔为孝廉书院山长。

蒋果敏设义塾

蒋果敏公益澧攻克杭州，自城及乡镇村落，无不为置学塾，一塾一师一仆，年费钱百千，村农子弟皆令就学，力不赡者，更予饮食。

王子江设义塾

王子江，顺天人，自少业攻木之工。沉毅敏捷，长于决断，同侪咸敬服之。未几，即长其曹，因集资自设木厂，时值咸、同兵燹之后，陵寝、园囿大兴土木，木厂发达，而王之才识又为同业冠，不数年，遂拥巨资。因慨自幼失学，未能大展抱负，立誓捐产设学，普收贫寒子弟。京城内外，先后设立义塾数十所，各为置产生息，以给脩脯，费逾巨万。而其终日孜孜筹划扩充推广之方法，十余年如一日也。光绪初，某京兆上其事于朝，当事者邀虚誉，将其所办各义塾收归官办，遂日见废弛矣。然庚子以前，各义塾尚有存者。

我邓先生

赣州邓慕濂为当代名儒，家居时，有田在城南，秋熟视获，挟小学书坐城隅，见贫人子拾遗穗者累累，招之曰："来，吾教汝读书。能背诵书者，吾与汝谷。"群儿争昵趋之，始导以识字。既使讽章句，又以俚语譬晓之，群儿咸踊跃称善。既卒获，群儿嗥曰："获卒，先生且归，奈何？"有泣者。自是每秋获，群儿则就学焉。故城南人无少长智愚，咸称之曰"我邓先生"。

北学南学关学

孙夏峰奇逢讲学苏门，号为"北学"。余姚黄梨洲宗羲教授其乡，数往来明、越间，开塾讲肄，为“南学”。关中之士，则群奉西安李二曲颙为人伦模楷，世称“关学”。

学约戒约

南海劳潼，字润之，号莪野，乾隆中领乡荐，官国子监学正。家居奉母，绝意仕进，从学者岁常数百人。立学约八则，戒约七则，曰：“苟犯此者，勿入吾门也。”

施愚山讲学

宣城施愚山，名闰章，任湖西道参议时，暇日，与诸生讲学，有具牒请质者，施曰：“此讲习地，听讼有官署。”令就坐。讲长幼有序，极陈兄弟之恩，且曰：“某少孤，终鲜兄弟，见友恭者固欣然慕，即见阋墙者亦心动，以为彼尚有同气，或犹可转乖为和也。”言下涕泣。忽末座二客相持大恸，各出袖中牒燔之，盖兄弟讼产十年不决者。曰：“吾小人，今遇贤贤而不洗心者，非人也。”遂让所争者为祀产。

彭勤止讲学

长洲彭勤止，名定求，学宗王阳明，晚年解组，家居讲授，益提倡“知行合一”之说。时有作书极诋阳明者，彭见而悯之，以为人谓阳明倡“良知”之说，病其为禅，则“良知”两言，出于《孟子》，岂并《孟子》将病之乎？又谓明之亡，不亡于朋党，不亡于学术，意以此归狱阳明。嗟夫！诚使明季臣工以致良知之说，互相警觉，互相提撕，则必不敢招权纳贿，则必不敢妨贤虐忠，必不教纵盗戕民。识者方恨阳明之道不行，不图诬之者，颠倒黑白，至于斯极也。

孙诒经授德宗读

钱塘孙子授侍郎诒经，尝入毓庆宫授德宗读。语人曰：“上之天亶聪明，真非常人所及，读书不三遍即成诵，能熟背；授之讲解，未尝或忘；其或有所疑而垂询者，则皆讲义之所未及，或与他篇有牴牾同异者也。”时圣龄才十四五耳。

贾桢课恭王

大学士贾文端公桢，宣宗时傅恭王，甚严密，尝课读《通鉴》三过。及主试江南，宣宗手书与之曰：“自汝出京，六阿哥在书房，又胡闹矣。”后恭王翊辅穆宗，成中兴之美，皆由此也。

道人教年羹尧

年遐龄有子曰羹尧，七岁时，遐龄辄携之游山。一日，遇道人，遽抚其顶曰：“是儿奇贵。惜欠后福。”又曰：“能从我学，或可变化气质。”遐龄遂延道人馆其家。既至，择高楼，与羹尧共居，索桌凳数十具置楼上，饮食便溺，以绳上下，约三年乃下楼。遐龄从之，有时至楼下窃听，但闻楼上步履声，踊跃声，挪〔挪〕移桌凳声，指挥进退声，隐若演阵。逾年，则闻书声琅琅，彻夜不息，书语隐奥不可解。又逾年，寂然无声，从他楼窥之，则两人相对瞑坐而已。会遐龄妻病剧，亟欲见子，遐龄不可。妻搥胸哭泣，不得已，觅梯呼羹尧。道人张目曰：“败矣，学备而养未至，他日必以气偾命也。”叹息辞去。自后遐龄屡戒羹尧养气，羹尧不悟。祸发，并欲逮遐龄，朱文端公轼争之而罢。

凌晓楼为塾师

凌晓楼名曙，嘉庆间江淮大儒也，治《何氏春秋》《郑氏礼》尤精审。其少时读书之苦，有与牧豕、负薪相仿佛者。十岁就塾，年余，读《四子书》未毕，即去香作杂佣保，然停作辄默诵所已读书。苦不明了，邻之富人为子弟延经义师，乘夜狙其轩外，听讲论数月。其师觉之，乃闭外户不纳。愤甚，求得已离句之旧籍于市，私读之达旦，而日中佣作如故。年二十，乃弃旧业，集童子为塾师。童子从之游，则书必熟，作字正楷，以故信从众，脩脯入稍多。益市书，遂博通嫥壹，学以大成。

秋水园改家塾

伊墨卿名秉绶，福建宁化人，以名进士出守广东惠州，历官多称职。后遭父丧还闽，营秋水园，供母夫人游憩。未成，母卒，改家塾，榜其柱曰："未能将母园何用，且望成才塾有灵。"

太祖教训诸公主

天命癸亥，太祖御八角殿，训诸公主以妇道，毋陵侮其夫，恣意骄纵，违者罪之。

高宗训十一阿哥

乾隆丙戌，谕："昨见十五阿哥所执之扇，题画诗句，款为'兄镜泉'三字，询知为十一阿哥手笔，此非皇子所宜。皇子读书，惟当讲求大义，有益立身行己。至寻常琢句，已为末务，何可效书生习气，以虚名相尚乎？十一阿哥方在童年，正宜涵养德性，尊闻行知，岂可以此浮伪淆其见识乎？朕在藩邸，未尝私取别号，犹记朕二十二岁时，皇考因办《当今法会》一书，垂询有号否，朕敬以未有对，皇考即命朕为'长春居士'，和亲王为'旭日居士'。朕之有号，实皇考所赐，未尝以之署款，此和亲王所知也。我国家世敦淳朴，所重在国书、骑射，凡我子孙，自当恪守，乌可效书愚陋习、流入虚谩乎？设相习成风，其流失必至羽林、侍卫以脱剑学书为雅，相率入于无用，甚且改变衣冠，更易旧俗，所关非小，不可不防其渐。著将此谕实贴上书房，俾诸皇子触目儆心，勿忽！"

高宗教孙

高宗之教诲皇孙、皇曾孙、皇玄孙也，严厉异常。然皇孙辈皆不喜读书，泰半旷课，而上书房各师傅遂有间六日不到者。高宗乃降旨申饬，略谓："皇子等年齿俱长，学问已成，可毋须按日督课。至皇孙、皇曾孙、皇玄孙等，正在年幼勤学之时，岂可稍有间断？总师傅嵇璜年已衰迈，王杰兼军机处行走，情尚可原，著从宽交部议处。刘墉、胡高望、谢墉、吉梦熊、茅元铭、钱棨、钱越、严福、程昌期、秦丞业、邵玉清、万承风，俱著交部严加议处。至阿肃、达椿，身系满洲，且见为内阁学士，毫无所事，其咎更不能辞，均著革职，各责四十板，留在上书房效力行走，以赎前愆而观后效。"

宫训图

乾隆间，绘历代后妃之有德者，为《宫训图》，凡十二帧：曰《燕姞梦兰》《徐妃直谏》《许后奉案》《曹后重农》《樊姬谏猎》《马后谏衣》《西陵教蚕》《姜后脱簪》《太姒诲子》《婕妤当熊》。每岁终，张于东西六宫，平日收藏于景阳宫后之学诗堂。

孝钦后讲诗书

孝钦后在宫，每日午后，辄集主位（宫中妃嫔也。）及宫女等讲解史书及《诗》，旬考一次，有奖。小内监亦有受课者。

八旗家庭教育之礼法

八旗之家庭教育，于礼法最严。子弟入诸长上之室，朝夕问安，皆侍立，命之坐，不敢坐；所命，耸听不敢怠；不命之退，不敢退。路遇长上，拱手立于旁，俟过而后行；宾至，执役者皆子弟也。其敬师也亦然。子弟未冠以前不令出门，不得已而出，命老仆随之，惧其陨越也。

张杨园家教之严

桐乡张杨园名履祥，有子名维恭，字默斯，未冠时，命暂以幅巾御寒，默斯不欲。隆冬盛寒，囚首露顶，家人患之，托门人姚瑚告杨园，瑚难其辞。一日寒甚，始致辞曰："默斯头冻如此，恐或多疾，奈何？"则厉辞曰："与之幅巾，彼既不肯，此头何妨冻落。"因言："年前太福（仆陆慎乳名也。）小时，出镇私买一帽戴之，予见之怒甚，投之于厕，可以待子不如待仆乎？"

朱竹垞析产时之家教

朱竹垞晚年有析产券，其文如下："竹垞老人虽曾通籍，父子只知读书，不治生产，因而家计萧然，但瘠田荒地八十四亩零。今年已衰迈，会同亲族，分拨付桂孙、稻孙分管，办粮收息。至于文恪公祭田，原系公产。下徐荡续置荡七亩，析荒地三分，均存老人处办粮，分给管坟人飰（古同"饭"）米。孙等须要安贫守分，回忆老人析箸时，田无半亩，屋无寸椽，今存产虽薄，能勤俭，亦可稍供饘粥。勿以祖父无所遗，致生怨尤。傥老人余年再有所置，另以续析。"

王匡庐教子

王与敕，字匡庐，家居，不以时义程督子弟，诗古文各徇其意。亲串或讽之曰："诸郎君幸早露头角，何不令锐力场屋，顾为尔耶？"匡庐怡然曰："君勿言。彼伏猎侍郎，讵是宁馨物耶？"

韩旭亭教子

韩旭亭名是升，司寇崶父也。年四十，弃儒冠游四方。其语人曰："天下事多矣，未有骄盈而不败者。"故谦抑自居，虽仆夫老媪，必接以温颜。子任封疆，而旭亭朴素如故也。尝寄书司寇云："余今年秋收颇佳，所植菽粟，颇足酿酒，笔墨足以代耕，尽有余享。汝所获廉俸，养妻孥犹有余赀，切勿贪分外财，致使七十垂尽之翁被累也。"司寇谨守父教，故始终以敬谨受仁宗知遇，屡登高位，皆秉家范。老游燕、粤、吴、越，愈轻健，如三四旬人。甲戌春，寿八十，仁宗赐匾旌之。越二岁，无病终。

郑板桥教子

郑板桥尝诫其子曰："一捧书本，便想中举、中进士作官，如何攫取金钱，造大房屋，置多田产。其不能发达者，乡里作恶，小头锐面，更不可当。"又云："新招佃地人，必须待之以礼，彼称我为主人，我称彼为客户，主客原是对待之义。"又云："一夫受田百亩，若再求多，便是占人产业，穷民将何所措手足乎？"

阮文达教子

阮文达公元之子赐卿名福，生于粤督署，一时僚属馈献，悉令却去。文达占绝句，书小红椾示之曰："翡翠珊瑚列满盘，不教尔手一相拈。男儿立志初生日，乳饱饴甘便要廉。"

炳半聋教子

炳半聋，光绪间官都察院笔帖式，有子年十五，昼夜课之读。尽《十三经》矣，更以《国语》《国策》《史记》督责之。子不堪其苦，呕血死。妻痛子，亦殒。乃大悔，以所居在京师南城外龙树院之天倪阁，因绘《天倪阁图册》以悼亡。

万承苍受胎教

雍、乾朝士，主张陆象山之学者二人：一临川李侍郎绂，一南昌万学士承苍也。承苍有贤母李氏，方孕时，每默祝于影堂曰："不愿生儿为高官，但愿负荷先世之学统。"以万先祖如明刑部侍郎虞恺、光禄卿汝言，皆讲学于阳明、念庵之门，号为硕儒者也。承苍少入塾，果喜读宋人讲学之书，论者谓得之胎教。

昆山三徐受母教

昆山三徐之太夫人，顾亭林女弟也，世称其教子极严，课诵恒至夜午不辍。三徐既贵，每奉命握文柄，太夫人必以“矢慎矢公，甄擢寒畯”为勖。太夫人未六十，立斋已登九列，持节秦中，所识拔多知名士，健庵以编修总裁北闱，果亭以编修典试浙江，皆母教也。

汪文端受母教

山阳汪文瑞公廷珍，年十二而孤，母程太夫人抚之成立。值岁凶，母子日一食，或终日不得食，太夫人终不肯使人知。曰：“吾非耻贫，耻言贫耳。言贫则疑有求于人，故不为也。”岁除无米，使仆索旧逋城外，抵暮归，无所得，各饮茗一瓯，尝盐菜数茎，就卧。及汪贵，风裁严峻，正色立朝，造次必于礼法，太夫人教也。

尹元孚母作女训

博野尹元孚侍郎会一母李太夫人，悯民俗怙侈，尝作《女训质言》，为高宗所闻，因御制五言律一。堂额一、楹联一以赐之。

钱文端母夜纺授经

嘉兴钱文端公母，知书，工绘事，自号“南楼老人”。贫时，尝鬻画以供饘粥。文端承母训，尝奏呈《夜纺授经图》，御题二绝句，有“嘉禾欲续贤媛传，不愧当年画荻人”句。又进呈太夫人画册，每幅有其父纶光题句，御题诗十二章，有“子昂题句仲姬画，颇有今人似昔人”之句。御制《怀旧诗》列钱于五词臣中，有云：“少年困场屋，贤母授之经。故学有渊源，于诗尤粹精。”

毕秋帆母训子诗

闺秀之能诗词而学术渊纯者，当以太仓张藻为第一。藻字于湘，秋帆制府之母也。秋帆之抚陕也，留居山东，以诗寄之曰："读书裕经纶，学古法政治。功业与文章，斯道非有二。汝久宦秦中，洊膺封圻寄。仰沐圣主恩，宠命九重贲。日夕为汝祈，冰渊慎惕厉。譬诸欂栌材，斲小则恐敝；又如任载车，失诚则惧踬。扪心五夜惭，报答奚所自。我闻经纬才，持重戒轻易。教敕无烦苛，廉察无苛细。勿胶柱纠缠，勿模棱附丽。端己厉清操，俭德风下惠。大法则小廉，积诚以去伪。西土民气淳，质朴鲜靡费。丰镐有遗音，人文郁炳蔚。况逢郅治隆，陶甄综万类。民力久普存，爱养在大吏。润泽因时宜，撙节善调理。古人树声名，根柢性情地。一一践其真，实心见实事。千秋照汗青，今古合符契。不负平生学，弗存温饱志。上酬高厚恩，下为家门庇。我家祖德诒，箕裘罔或坠。痛汝早失怙，遗教幸勿弃。叹我就衰年，垂老筋力瘁。曳杖看飞云，目断泰山翠。"其卒也，高宗赐御书"经训克家"四字以褒之，故秋帆遗集以"经训堂"名。

洪稚存母机声灯影图

洪稚存太史亮吉，幼孤贫，母夫人教之读书。一日，稚存从受《仪礼》，至"夫者妻之天"，恸绝良久，呼曰："吾何戴矣!"遂废此句。稚存贵后，绘《机声灯影图》，遍求名辈题咏以表扬之。

张姜氏教子

阳湖张蟾宾妻姜氏，年二十九而寡，即惠言及琦之母也。时惠言四岁，琦方在孕中，女已长，姜氏与女同作女工以自给。及惠言九岁，出依世父学，一日归已暮，无所得食，遂寝。翌日饿不能起，姜曰："儿不惯饿，惫耶。吾与而姊弟时如此也。"夜作针黹，并课二子读，辄至漏四下始寝。事姑能得其欢。年五十九卒，时二子已皆知名矣。

鄂文端诫弟

鄂文端公尔泰当国时，其弟鄂尔奇亦位跻正卿。一日退朝，过尔奇书斋，见陈设都丽，宾从豪雄，甫掀帘，不入而去。尔奇急诣问故，庭立责之曰：“汝记我兄弟无屋居祠堂时耶？今偶得志而侈泰若是，吾知祸不旋踵矣。”尔奇跪泣谢罪始已。嗣后伺文端往，先藏珍器、屏燕朋，乃敢见。然卒为李卫劾奏，以侈败。

考试类

以科名奔走天下士

国家以科名奔走天下士，童子诵习经书，而通其句读文义，能敷之为文。每岁，所在郡县群聚而试之，其文之明而切、才之秀而可底于成者，则次第其名，以升于州县若府，州县若府又试而先后之，上督学使者。使者至，则以校而去取之，按其额以补学官弟子。

其旧为学官弟子者，亦试于使者。试有岁有科，岁分文与武，而科试惟文士而已。使者岁、科试，凡三岁而遍，其子、午、卯、酉之年则有乡试，取于新旧学官弟子，中是科者，号为举人。又进于礼部，则有会试，取于乡试之举人，中是科者曰进士。丁、辰、戌、丑、未之年，其乡、会试皆天子简京朝官之翰、詹、科、道、部曹娴文者及九卿大员主其试，大抵踵明之故。而士之怀才抱器，毅然思有所表见于当世者，靡不由是以进矣。

万寿开科原始

康熙壬辰，各省士子以圣寿六十请开恩科，事下礼部，部臣以旧例所无难之。太仓尚书王掞曰："以万年之圣主，当六旬之大庆，此岂有成例可援乎？若以糜费为嫌，则民间家长生日，子孙僮仆尚不惜出所有以宴饮娱宾，矧富有四海，而区区计及于此乎？"遂如所请以上，得旨举行。

考试用五言八韵诗

大小考试皆用五言八韵诗，即试帖也。洪北江尝谓此于诸体中又若别成一格，有作家而不能为八韵诗者，有八韵诗工而实非作家者，如郎中项家达、主事贵征，虽不以诗名家，而八韵则极工。项于某年考差，题为“王道如龙首”得“龙”字，五六云：“讵必全身现，能令众体从。”贵于某年朝考，题为“草色遥看近却无”得“无”字，五六云：“绿归行马外，青人濯龙无。”可云工矣。祭酒吴锡麒于诸作外，复工此体，然道光庚戌考差，题为“林表明霁色”得“寒”字，吴颈联下句云：“照破万家寒。”时阅卷者为大学士伯和珅，忽大惊曰：“此卷有破家二字，断不可取。”吴卷由是斥落。

科场加恩大员子弟

科场定例，现任京官三品以上及翰詹科道，外官藩臬以上，武官提镇以上之子孙、同胞兄弟、同胞兄弟之子出应乡试，别编官卷，号曰“官生”。凡二十人取中一名，较寻常觅举者，登进差易。又道光以前，凡礼部会试及顺天乡试之主考、房考，其家人族党有应试回避者，每别派试官阅卷，或封卷进呈，择尤录取，获售者遂益多。

雍正戊申，各省乡试后，上谕大学士、尚书、侍郎、都御史、副都御史各大员，有子弟在京闱及本省乡试未经中式年二十以上者，著各举文理通顺可以取中者一人，开送内阁请旨。寻开列大学士蒋廷锡子溥，吏部尚书嵇曾筠子璜，都御史唐执玉子少游，吏部侍郎史贻直子奕簪，户部侍郎王廷扬子镠，礼部侍郎钱以垲子鋆，礼部侍郎鄂尔奇子鄂伦，兵部侍郎杨汝谷子绥，刑部侍郎缪沅子樗，工部侍郎张大有子鸿运，侍郎署理仓场事务涂天相子士炳，副都御史谢玉宠子升等，具奏。得旨：“俱赐举人。”户部侍郎刘声芳子俊邦，因病未应乡试，亦赐举人，一体会试。

考试功令之严

考试之功令至严，凡倡优隶卒之子弟及有刑伤过犯者，皆不得预，歧考冒考者亦禁。

搜检

考试功令，不许夹带片纸只字，大小一切考试皆然。康熙庚子顺天乡试，特命十二贝子监外场，露索（搜检也，见《大金国志》。）綦严。朱竹垞之孙稻孙预试，披襟而前，鼓其腹曰：“此中大有夹带，盍搜诸?”体貌瑰伟，意气磊落，众皆目属，贝子亦为之粲然。

道、咸前，大小科场搜检至严，有至解衣脱履者。同治以后，禁网渐宽，搜检者不甚深究，于是诈伪百出。入场者，辄以石印小本书济之，或写蝇头书，私藏于果饼及衣带中，并以所携考篮酒鳖与研之属，皆为夹底而藏之，甚至有帽顶两层、靴底双屉者。更或贿嘱皂隶，冀免搜检。至光绪壬午科，应京兆者至万六千人，士子咸熙攘而来，但闻番役高唱搜过而已。及壬辰会试后，搜检之例虽未废，乃并此声而无之矣。

考试送关节

考官之于士子，先期约定符号，于试时标明卷中，谓之“关节”，亦曰“关目”。大小试皆有之，京师尤甚，每届科场，送关节者纷纷皆是。或书数虚字，或也欤，或也哉，或也矣，于诗下加一墨圈者银一百两，加一黄卷者金一百两。

某科题为“子谓子夏曰”全章，某生与考官暗通关节，令于破题中连用四个一字，某破曰：“儒一而为不一，圣人一勉之一诫之焉。”榜发，果掇高魁。又某科诗题为“所宝惟贤”，某卷以水烟袋三字散见于点题中，以为关节，句曰：“烟水潇湘地，人才夹袋储。”可谓凑泊无痕。又某科一卷，于试帖诗第一句用一谨字，题为“江涵秋影雁初飞”，捉刀者固吴中名下士，句曰：“谨步司勋句。”后虽荐而未售，然与约者已服其心思之巧矣。

考试送诗片

凡进士之朝殿试及京官之考试差时，预揣某官可派阅卷，则先呈字体，以便别认。既出场，即写前四句飞递朝房中所曾托情之人，谓之送诗片。其后科举虽废，而东西洋留学生之殿试，亦有仿效之者。

考官恶触家讳

光绪时，尚书裕德屡充主试或阅卷，见字句中有犯其家讳者，即起立，肃衣冠行致敬礼，毕，将卷阁置，不复阅矣。故遇裕主试时，有知其家讳者，恒戒所亲勿误触之。

文武互试

康熙癸巳十一月甲寅，谕大学士等："文武考试虽曰两途，俱系选拔人才，拘于成例，不得通融应试，则不能各展所长。嗣后文童生、生员、举人内有情愿改就武场考试者，武童生、生员、举人内有情愿改就文场考试者，应各听之，惟一次不中者即著停止。"甲午，准文武生员互乡试一次，文武举人互会试一次。

乾隆丙辰，准监生入武场。辛酉，福建武生某以怀挟文字，预藏试院，竟以五经中元。事发科罪，因停互试及文监生入武场例。

老年科目

老年得科目者，康熙朝，陈检讨维崧举宏博，年逾五十；丁丑，姜西溟宸英七十三中探花；癸未，王楼村式丹五十九得会状，又宫恕堂鸿历五十八，查他山慎行五十四；己丑，何端惠世璂五十八；壬辰，胡文良煦五十八；乙未，裘琏七十二；辛丑，陆坡星奎勋五十九：俱入翰林。乾隆丙辰，刘起振八十授检讨；己未，沈归愚尚书六十八入翰林，张总宪泰开六十二；癸丑，吴种芝贻咏五十八中会元。嘉庆丙辰，元和王严八十六中式，未及殿试卒；己巳，山东王服经八十四入翰林。

宗室科举始于康熙

康熙丁丑，宗人府、礼部奉谕旨："嗣后八旗宗室子弟，有能力学属文，奋志科目者，应令与满洲诸生一体应试，编号取中。"

八旗科举始于天聪

天聪己巳，试儒士，取二百人。甲戌，合试满、蒙、汉，取举人十六名。崇德戊寅，赐举人罗硕等十名牛录章京品级，一二三等生员十八名护军校品级，此为八旗科第之始。而顺治辛卯始见明文，盖吏部奏，满洲、蒙古、汉军各旗子弟有通文义者，提学御史考试取入顺天府学，乡试作文一篇，会试作文二篇，优者准其中式，照甲第除授官职，报可。至壬辰，满洲子弟廷试，与民籍分榜，头场《四书》文二道，二场论一道而已。麻文僖公勒吉为廷试首选。至丁酉，停止。康熙癸卯，复准满洲、蒙古、汉军生员乡试。丙辰，又停止。丁卯，又复之。

礼部议定，满洲、蒙古识汉字者，翻汉文一篇，不识汉字者，则作满文一篇。汉军文章篇数，如汉人例。会试中额，满洲二十五名，蒙古十名，汉军二十五名。各衙门博士、笔帖式俱准会试，考取文字篇数与乡试同。

礼部奏，八旗乡试，满洲、蒙古翻绎满文一篇，或作满文一篇，汉军举人试艺。本年乡试，明年会试，第一场《四书》文二篇、经艺一篇，如未通经者作《四书》文三篇，二场论一篇，三场策一道，自后试艺，以次加增。顺治甲午乡试，乙未会试，第一场《四书》文三篇、经艺二篇，二场论一篇、判五条，三场策三道。顺治丁酉乡试，戊戌会试，第一场《四书》文三篇、经艺四篇，第二场论一篇、表一篇、判五条，第三场策五道。

壬辰，内院议覆吏部给事中高辛允疏奏，慎选庶常，拔年青貌秀、声音明爽者，二十名习学满书，二十名习学汉书，届期奏请考试。其满洲进士取四名，蒙古进士取二名，汉军进士取四名。俱选年貌、声音合式者同汉进士一体读书。

八旗童生无县试，仅有府试、院试，得隽后，隶入府学管理。亦有廪生、增生，乡试则以三十人中式一名，且旗卷与官生卷同，凡与试者无不呈荐主试，迨乡荐后，则并入各省旗籍举人，一体会试矣。

旗汉考试同场

康熙丁未，命满洲、蒙古、汉军准赴考试。先是，八旗生员、举人、进士停止考试，至是，复命满洲、蒙古、汉军与汉人同场一例考试，其生童于乡试前一年八月内考试，从御史徐诰武请也。

随场去取

光绪戊戌六月，德宗从鄂督张之洞、湘抚陈宝箴奏请，定乡、会试随场去取之法，并推行于生童岁科考，又停止朝考。

圣祖谕出各种题目

康熙癸巳，圣祖谕大学士等曰："《五经》《四书》，俱系圣贤之言，考试出题，专意取冠冕者则题目渐少，士子易于揣摩，甚有将不出题之书，删而不读，尚得言学问乎？经书内有不可出之题，试官自然不出；其余出题之处，须以各种题目试之，则怀才实学之士，自无遗弃矣。"

张文和阻废制义

雍正时，有议变取士法废制义者，上问桐城张文和公廷玉，对曰："若废制义，恐无人读《四子书》讲求义理者矣。"遂罢其议。

舒赫德请废制义

乾隆辛亥，兵部侍郎舒赫德请废制义，事下礼部。时鄂文端公尔泰为尚书，议驳曰："谨按取士之法，三代以上出于学，汉以后出于郡县吏，魏晋以来出于九品中正，隋唐至今出于科举。科举之法，每代不同，而自明至今，则皆出于诗文。三代尚矣，汉法近古而终不能复古，自汉以后，累代变法，而及其既也，莫不有弊。九品中正之弊，毁誉出于一人之口，至于贤愚不辨，阀阅相高，刘毅所云'下品无高门，上品无寒士者'是也。科举之弊，诗赋则纸上浮华，而全无实用；明经则专事记诵，而文义不通，唐赵匡举所谓'习非所用，用非所习，当官少称职吏'者是也。时文之弊，则今舒赫德所陈奏是也。圣人不能使立法之无弊，在乎因时而补救之。苏轼有言：'观人之道，在于知人。知人之道，在于责实。'盖能责实，则虽由今之道，而振作鼓舞，人才自可奋兴。若专务循名，则虽高言复古，而法立弊生，于造士终无所益。今舒赫德所谓时文、经义以及表、判、策、论皆为空言剿袭而无所用者，此正不责实之过耳。大凡宣之于口、笔之于书者，皆空言也，何独今之时文为然？且夫时文取士，自明至今，殆四百年，人知其弊而守之不变者，非不欲变，诚以变之而未有良法美意以善其后。且就此而责其实，则亦未尝不适于实用，而未可一概訾毁也。盖时文所论，皆孔孟之绪余，精微之奥旨，未有不深明书理而得称为佳文者。今徒见世之腐烂抄袭以为无用，不知明之大家如王鏊、唐顺之、瞿景淳、薛应旂等，以及国初诸名人，皆寝食经书，冥搜幽讨，殚智毕精。殆于圣贤之义理，心领神会，融洽贯通，然后参之经史子集以发其光华，范之规矩准绳以密其法律，而后可称为文，虽曰小技，而文武干济、英伟特达之才，未尝不出于其中。至于奸邪之人，迂懦之士，本于性成，虽不工文，亦不能免，未可以为时艺咎。若今之剿袭腐烂，乃是积久生弊，不思力挽末流之失，而转咎作法之凉，不已过乎？即经义、表、判、策、论，苟求其实，亦岂易副？经文虽与《四书》并重，而积习相沿，慢忽既久，士子不肯专心肄习，诚有如舒赫德所云‘数月为之而有余’者。今若著为令曰‘非工不录’，则服习讲求，为益匪浅，表判策论，皆加核实，则必淹洽乎词章而后可以为表，通晓乎律令而后可以为判，必有论古之识、断古之才而后可以为论，必通达古今、明习时务而后可以为策。凡此诸科，内可以见其本源之学，可以验其经济之才，何一不切于士人之实用？何一不见之于施为乎？必变今之法，行古之制，则将治宫室，养游士，百里之内，置官立师，狱讼听于是，军旅谋于是，又将简不率教者屏之远方，终身不齿，毋乃徒为纷扰而不可行？又况人心不古，上以实求，下以名应。兴孝，则必有割股庐墓以邀名者矣；兴廉，则必有恶衣菲食、敝车羸马以饰节者矣。相率为伪，其弊尤繁。甚至借此虚名以干取，及乎莅官之后，尽反所为，至庸人之不若。此近日所举孝廉方正中所可指数，又何益乎？若事无大更改，而仍不过求之语言文字之间，则论、策今所见行，表者赋颂之流，是诗赋亦未尝尽废。至于口问经义，背诵疏文，如古所谓帖括者，则又仅可以资诵习，而于文义多致面墙。其余若三传科、史科、名法、书学、算学、崇文、宏文等，或驳杂芜纷，或偏长曲技，尤不足以崇圣学而励真才矣。则莫若惩循名之失，求责实之效，由今之道，振作补救之为得。我皇上洞见取士源流，所降谕旨，纤悉毕照。司文衡、职课士者，果能实心仰体，力除积习，杜绝侥幸，将见数年之后，士皆束身《诗》《礼》之中，潜心体用之学，文风日甚、真才日出矣。然此亦特就文学而言耳，至于人之贤愚能否，有非文字所能决定者。故立法取士，不过如是，而治乱盛衰初不由此，无俟更张定制为也。”

考试改策论

光绪戊戌五月，德宗命自下科为始，乡、会试及生童岁科各试向用《四书》文者，改试策论。

考试复用四书文

光绪戊戌八月，德宗奉孝钦后懿旨，命各项考试，仍用《四书》文、试帖、经文、策问。

考试用策论

光绪辛丑七月，德宗命自明年为始，乡、会试等均试策论，不准用八股文程序。

废科举

自日俄战役告终，日本遣外相小村寿太郎至我国议约，朝命袁世凯与议。乃密陈孝钦后，谓宜乘日俄之惫，亟变法以图强。孝钦韪之。时端忠愍公方为湖南巡抚，入觐，倡废除科举制，孝钦遂下诏废科举、设学堂，时光绪乙巳七月也。盖乡、会试及各省岁科生童考试，至是均一体停罢矣。

时仁和王文勤公文韶在政府，遇事模棱，不置可否，独于废科举一事，则力阻之。而张文襄公之洞方自鄂督入朝，留京师，亦力谋废科举。荣文忠公禄当国，张言于荣，荣自以非出身科目，不敢力主废。王谓："老夫一日在朝，必以死争之。"及王出枢垣，端又以江督入觐，乃约张联衔上疏，遂得请。后乃加入考优拔与举贡考职两段，科举仍未绝也。然张以力倡废科举，而光绪甲辰会试，其侄婿林世焘以候补道中进士，欲请归原班，张乃一日五电，责其必取馆选焉。留学生殿试授官，亦张在枢府时力主行之。

和尚之孙应举

文和尚，名果，字园公，衡山裔也。圣祖南巡见之，命入京师，居玉泉精舍，宠眷殊厚。和尚一日携其孙入见，上问何事来此，和尚奏曰："来此应举。"上曰："应举即不应来见。"盖防微杜渐，虑其希望非分之恩宠也。

潘襄易名应试

上海潘明经襄于十三岁入庠，十七岁食廪饩，年方壮，序贡赴都，两任教职，一署县篆。六十后罢官归，久之，家贫落魄。年逾古稀，忽易名应童子试，复三入棘闱，寿八十三矣。手抄口诵，锐气不衰。或叩其故，曰："吾闻登科第者，须仗慧根。今生总无成，冀来生或当早达耳。"

谢金圃各项考试之得士

嘉善谢金圃侍郎墉好甄擢名士，三元钱棨，乡、会试皆出其门，殿试亦与读卷。高邮李进士惇，嘉定钱进士塘，山阳汪文端公廷珍，阳湖孙观察星衍，甘泉焦明经循，皆由其识拔以成名，经术文行，表表称江淮间。阮文达公始应童子试，亦极口奖励，召入第读书，卒为巨儒贤相。

杨沂秀考试必第五

杨沂秀者，贵州定远人，嘉庆甲戌进士。幼时应童子试，县府院考俱列第五，后乡、会榜亦俱中第五，挑选陕西鄠县知县，掣签亦第五名，人称为"杨第五"。

穆彰阿之对于荐卷

穆彰阿屡主文衡，其心亦甚细。每置荐卷于几，焚香一炉，望空遥拜。衣袋中常置烟壶二，一琥珀，一白玉，款式大小相等，取一卷出，即向衣袋中摸烟壶，得琥珀则中，白玉则否。额满，则将余卷一律屏之。

童试

直省士子之试于郡县及提学，为童子试，俗谓为"小考"，或“小试”。应试者曰“童生”，（明《选举志》已有此称。）虽壮丁老叟，但与试，皆得以“童称”之，未冠者曰“幼童”。

童试有一条葱

粤东科场积弊至多，枪替其一也。有某观察者，当其为诸生时，尤优为之，故虽已入泮多年，而县试、府试、院试皆往，往必售，盖包办也。粤人谓之“一条葱”，犹“一条鞭”也。彼之冒名顶替，岁以为常，几于一岁易一姓名焉。

道考院考

各郡童生之试于学政也，就学政按临之地而应之。曰“道考”，以学政之职，初为提学道也。曰院考，以学政非实官，大省由各部侍郎简放，其简称为“督学部院”；中小省由翰詹等官简放，其简称为“提督学院”，而试士之地又曰“试院”也。俗亦称之曰“学台考”。学台者，学宪也。世俗于方面大员以上皆称之曰“某宪”。各省学政之本职，虽有六七品者，以其出于钦命，仪同钦差，故以“宪”字、“台”字称之也。

廪生保童生

国朝沿明制，凡各直省府厅州县学生员，由学使在岁科试列一等者，设额给饩，以次序补，谓之“廪生”。历科优贡、拔贡均出其中，各省乡试，每科中式廪生人数，亦必视增广附学生为多。各州县文童武童应试时，必由廪生领保，谓之“认保”。又设派保，以互相稽查而慎防弊窦。如该童有身家不清、匿三年丧冒考，以及跨考者，惟廪保是问；有顶名枪替、怀挟传递各弊者，惟廪保是问；甚至有曳白割卷、犯场规、违功令者，亦惟廪保是问。其责任如是之重。故凡廪保之与童生，必与同里闬，谊属戚友，深知其为佳子弟，勿贻先生长者羞，而后为之具结单焉，签花押焉，临场则唱保焉，出图则看号焉。而其紧要关键，则在学院招覆之后，填造覆试册结之时，介新进诸童以谒学师，而定其贽仪之多寡。大率称其家赀之厚薄，务使献者、受者，皆得自慊于心，而诸童生献廪保贽仪，则视学师所得，以次递减。

童翰林

湖南桂阳县处万山之中，层峦叠嶂，四围匝匼，其地无市镇，有墟落两三处，欲购花猪肉，不可得。土风犷悍，多业耕凿，读书者绝少，偶有一二生监，其尊无对，物稀为贵，此定理也。某令尝撰一联纪其实曰："鱼龙鸡凤鸭孔雀，贡阁廪尚童翰林。"以童生而儗之以太史，可见应试者之绝无仅有矣。

老童入场卖警句

青浦邹闲斋垂老矣，未青一衿，然每届小试，无论县试、府试、提学试，必入场，辄自标于桌曰："出卖警句，每句钱七文，不二价。"凡观场者多倩之。其入场也，携大篮，内盛腌菜数茎，冷饭半盂，蟋蟀盆一枚。日暮，盆中钱满，缴卷径出。某年，初覆题为"不曰白乎"，合下节，束比，袭刘公行人子羽文曰："士马刍粮，昔所遇之情形，俱是言中之涅淄。山川草木，昔所历之境界，尽成今日之匏瓜。"再覆题为"虽执鞭之士"，中有句曰："但论鞭之执不执，无论士之虽不虽。"皆自谓为警句也。

宗室小考试满语弓马

乾隆时，上召见宗室，公宁盛额不能以满语应对。高宗以满语为国家根本，而宗室贵胄至有不解者，风俗攸关，因增宗室十岁以上者小考之例。于十月中，钦派皇子、王公、军机大臣等，考试满语、弓马。先命皇子较射，为诸宗室遵式，诸宗室视其父之爵，以次考试。优者带领引见，辄赐花翎缎匹以奖之。

邓廷桢屡踬童试

江宁邓嶰筠制府廷桢少贫，屡踬于童试。读书瓦官寺，攻苦弥甚，曾于室中署联以自警云："满盘打算，绝无半点生机，饿死不如读死；仔细思量，仍有一条出路，文通即是运通。"未几，补博士弟子员，旋举于乡，联捷成进士。

县府考有覆试

县府考均有覆试，有初覆、二覆、三覆、四覆之多。例如试者七百人，正场出案（案即榜也。凡小考者皆称之曰"案"，而不称之曰"榜"，示谦也。）取五百人，则五百人入初覆之场；初覆出案，则取三百五十人，以次递减，至四覆，寥寥若晨星矣。

县试文破题

国初时，嘉兴县县试全案已定，惟甲乙二人文笔并佳，不能定案首。屡试之，皆然，以致全案未能出。最后乃以《四书》之"○"，命各作一破题，甲所作破题曰："圣贤立言之先，得天象也。"乙曰："圣贤立言之先，无方体也"乃定甲为案首。后二人咸贵，甲官至大学士，以功名终；乙官至巡抚，缘事伏诛。

潘文恭应县试

吴县潘文恭公世恩，试童子时，终日端坐不离席。吴县令李昶亭逢春异之，拔置前列，因出对云："范文正以天下自任。"潘对："韩昌黎为百世之师。"又云："青云直上。"潘对："朱绂方来。"李决其必贵。后为状元宰相，或赠以联云："大富贵亦寿考，蓄道德能文章。"

李申耆应县试

阳湖李申耆，名兆洛，少即绝特向学。初应县试，县令陈某以其年最稚，而投卷最先，疑而诘之，李应答如流。令曰："汝即归，不招覆汝矣。通场必无及汝者，招覆非第一不可。汝髫年，初试即盖一邑，非吾之所以期汝也。"遂在厅事书联为赠曰：

“他日定成名进士，乃翁真有好儿郎。”

谭玉生应县试

番禺陈兰浦征君澧，南海谭玉生舍人莹，皆阮文达公学海堂弟子也。征君所著丛书，朴茂精碻（同“确”），学湛于经；舍人《乐志堂集文诗略》，亦多胎息六朝之作。相传文达节制两粤，以生辰避客，屏驺从，至山寺，见舍人题壁诗文，大奇之。询寺僧，知为南海文童，方应县考者。翼日，南海令来谒，文达谕之曰：“君治下有博学童子，我不能告汝姓名，恐近于夺令长之权，代人关说。君自扪索之可耳。”令归，加意物色，首拔舍人，自此文望日起矣。

县试题为莫春在

曹益三以山东历城县令阍人起家，入赀为知县，分发江苏，权吴令。某岁县试，索题于幕宾，为书莫、春、者三字与之。曹点名毕，提笔写题纸，乃误书“者”字为“在”，众大哗，几至罢考。

王述庵重游泮水

青浦王述庵侍郎昶于乾隆辛酉入泮，至嘉庆庚申，适当花甲一周，时年七十有七。钱黼堂学使樾送其重游泮水，箫鼓鸾旗，遍游城市。王乘八人肩舆，花翎蟒服，率领新生诣圣庙，盘辟雅拜，邑令卢某谨随于后而扶掖之。

县试题指焉为马

开封武生某少有膂力，好拳勇。咸丰时，粤寇变起，隶左文襄部下，积功至参将。嗣以求改文职，授江苏华亭县令。莅任甫三月，值县试，届期，点名扃门毕，高坐堂皇，礼书以出题请。先是，某以不读《四书》，早倩幕友拟题，置之靴筒。至此，遍觅无著，殊懊丧，而应试诸童复索题急。礼书私询之曰：“公尚忆题纸为何字样乎?”曰：“余多忘，仅记有四马在其中。”礼书乃遍翻《四书》，问是否“百姓闻王车马之音”，曰：“非此马。”问“至于犬马”是否，曰：“亦非此马。我却记此‘马’字不在中、不在下，乃在顶上。”礼书憬然曰：“得之矣。”乃大书“马不进也”四字。某令端详审视，仍不识，曰：“我记得跟在马后者，尚不止此数。”礼书于是计穷，姑妄询之云：“顷见公搜题纸，右靴筒尚未检点，题或在内。”令顿悟，摸之，果得一纸，乃相与展视，则为“焉知来者之不如今也”一句，始知其误“焉”为“马”也。

孔宪教为县试老童

长沙孔太史宪教年四十余时，尚应县试，人呼之曰“老童”。

易三短子不得应县试

长沙易某，曾充善化门丁。（长沙、善化两首县同城。）有子曰“易三短子”，佚其名，能文而狂。光绪时，拟出应县试，邑人将攻之，开会议于长邑学宫，短子亦至。众有扬言者曰：“长沙一邑，应考者将及三千，苟今岁能得一通秀才，亦未始非一邑之光也。”众以其为易地道，且讥讽也。愈忿，争欲殴之，短子跳而免。众推孔宪教为首，联名传檄通邑，约定童生不出互保结，廪生不填册保送，短子因冒其族人名入场。案出，短子竟冠军，众侦知，复控之学院。时督学使者为陆总宪宝忠，赏其文，令仍入场覆试。是日文题为“有不虞之誉有求全之毁”合下一节，慨短子之被毁，责诸生之失言也。短子乃为得意语曰“倘不遇宗臣赏识，几遭不白之冤”云云。时众怒已不可遏，群覆卷而起，冲击栅栏，意欲罢考。陆不得已，悬牌除短子名，众乃归座毕试。短子随遁往武昌，为郡守某司书札，即陆所介绍也。

胥吏子应县试

铅山某富翁起家胥吏，其子将就试，格于向例，虽县署中人均受请托，无他言，而诸生童持不可。百计图之不可得，乃遍与诸出入公门者计之，咸无策。一日，有老讼师踵门请曰："与我二千金，吾为子成之。"翁大喜，乃与为约。讼师则榜门曰："某人胥吏子，乃赴县试，吾辈必効死与理论，吾愿为之首。有藏得某胥差票者，悉以来，验毕仍给还，并当酬钱三千文。"于是远近义其事，悉以所藏差票呈验。数日，票来略少，增酬五千，已而增至十千。又数日，无有文验者，遂走告吏曰："汝子出试，无他虑矣。"比头场案发，诸生童咸哗然，至县署，群谓某胥吏子宜斥去，且以旧有差票为验。县官顾其子曰："是有验，无如何?"其子徐自陈家实清白，被人污蔑，请详验之，如实然者，甘受罚。于是令取诸票详验之，则吏名咸系挖补后所填者，乃拍案谓诸人诬陷。诸人持票复自验之，果然，无可置辞，乃皆退。其子遂得终试事，而以二千金酬讼师。

县试题解

考试改用策论，而应试者于所出之题，大率茫无所知，盖若辈本未读书也。某县正场首题为"李广程不识治军繁简论"，有父子同应试者，子问父以题解。父曰："李广程者，其人姓李名广程。不识治军繁简者，不知治军繁简之道也。"

姚石甫府试第一

桐城姚石甫观察莹少贫，不能应试，其家惜抱老人给赀，使入场。时童生中惟刘孟涂有名，已县试冠其曹矣。郡试日，太守命诗题，为"大观亭怀古"，姚作五言律百韵，太守大惊，曰："吾知桐城有一刘开，不知又有一刘开也。"遂以为榜首，入郡庠。

彭刚直应府试

仁和高人鉴螺舟，道光间，以翰林出知衡州府。时彭刚直公玉麟方应童子试，高见而才之，招至署，教以读书作文法。衡阳应童试者千余人，入泮颇不易。彭是岁县试正场及初、二覆皆前三名，咸拟正案第一，彭亦自谓然。及终覆日，黎明，诸童集县署前，忽府吏持柬请县令，令匆匆去，未久即反，点名给卷如常，至正案发，乃第三。越数日，召而语之曰："以文论，汝宜第一矣。亦知不得之故乎？"谢不知。曰："府尊意也。终覆之日来召我，即为此。府尊曰：'彭某他日名位未可量，一衿之得失迟早，皆可不计。今岁在吾署读书，若县试第一人，必谓明府推屋乌之爱，是其终身之玷矣。'是岁，竟未入庠。后数年，始隶诸生之籍，然彭以此感高甚。

府试趣题

某太守试所属邑，集《四子书》，为十一真韵五律诗以命题，"君子笃于亲，家之本在身。仁民而爱物，修己以安人。子服尧之服，君仁莫不仁。得其心有道，膏泽下于民"。

府试文限三百六十字

汉军杨霁，字子晴，光绪丁丑探花，楷法颇峻整，工试帖而不工文，虽制艺亦非所长。尝守高州。某岁举行郡试，文以三百六十字为程序，三字断句，谓之"三字经"，多一字不录，少一字亦不取也。文童杨斯藩者，揣摩三百六十字文，至为纯熟；复有莫如松者，下笔千言，辄忤杨旨。杨大怒，朱书三字句于院壁曰："童试文，贵简洁。三字经，有定式。杨斯藩，可法也。莫如松，则误矣。"通场哗然。

杨又好割裂《四子》句命题，每至文义不通，且半出于《论语·乡党》之篇，如"雷风"（迅雷风烈必变。）"手衣"，（左右手衣前后。）"食不多"，（不撤姜食不多食。）"中不内"（车中不内顾。）之类。某童冠军"手衣"破题云："手有二，衣一也。"又"中不内"起讲云："尝思中与内一也，又安有中而非内者哉？"独此非三字经，盖破格也。

黄祖颛应浙江院试

黄祖颛，字项传，太仓人。少时读书，一目数行，有圣童之目，其文汪洋浩瀚，不名一家。张某视学江南，拔项传第一，手其卷，谓诸生曰："此子今岁不发解，吾不相士矣。"既而项传试锁院不遇，而适有奏销之事。

先是，项传居太仓，诸生有籍隶长洲之富而狡者，借其名以避役，项传不知也。及岁试，竟以新例见斥。项传讼于有司，有司漫不省，则走之浙，应童子试。学使金某赏其文，亦寘第一，有忌者，殴之于途，匿絮中以免。

康熙朝旗童应院试之多

蔡修撰视学顺天，八旗子弟应院试者五百人，入泮者六十余，旗人过其半。修撰语给谏查培继曰："初谓旗下无文章，不意成章者二百余卷，取之不尽，尚有三十卷，皆遗珠也。第二名蔡某，乃漕督士英孙，侍郎毓荣子，真神童也。年十二，通《五经》，日可成十余篇，莫谓旗下无才也。毓荣课子甚严，经史日有程，偶误则榎楚立施。旗人课子如此，吾辈有子不教，可耻也。"

院试文之快短明

督学使者按临各郡，考试生童，每次须分十余场，往往因公事繁冗，期限迫促，不能从容评阅，悉心搜校。康熙、雍正以前，功令未严，格式未备，院试尚无试帖，仅《四子书》题文一篇而已。江苏为人文渊薮，有学使以快、短、明三字衡文者，大抵交卷愈快愈妙，篇幅愈短愈妙，而意义则取其明白轩爽。题纸一下，不必构思，振笔疾书，奔走交卷，取额一满，则不待终场而出案。往往考者方据案咿唔，研墨润笔。忽鼓吹聒耳，龙门洞开，则红案出矣，乃皆踉跄不终卷而出。

一日，文题为“山梁雌雉”，有一卷文仅十六字，曰：“《春秋》绝笔，西狩获麟。《乡党》终篇，山梁雌雉。”遂拔取冠军。又一日，题为“孟之反不伐”，有一卷文曰：“不矜功，良将也。夫伐，情也。反不然，良将哉！春秋时不伐者二，一介子推，一孟之反，之推不贪天功以为己功，之反不假人力以为己力，吁！良将哉。”亦拔之冠军。盖以其仅五十五字，而全篇规模已具，文乃劈分两比格也。又有塾童五六人同赴试，一送考之佣工，年近四十，盖习举业未成，改读而耕者也。好论文，贪饮食，偶见塾师评改诸童文，或试不前列，则亦从而指摘之。诸童使具酒食，每先自饮啖，诸童皆恶之，相与谋曰：“佣工喜自衒其能，当有以困之。”乃用佣工姓名，密为购备一卷，俾携考具，若令送考者。既唱名，一童在佣工后代应之，而推佣工使前，佣工不得已，接卷而入，且笑曰：“若辈欲困我乎？当显我才学矣。”是日题为“夫微之显”，佣工犹忆少时在塾读此题旧文，起讲下既承上文接笔曰：“夫然而微矣，夫然而显矣，夫然而微之显矣。”提比后用复笔亦如之，后比后之结笔亦如之，因抄袭之，而其他皆不知所云也。首先交卷，学使见三复笔，即提笔圈之，亦不暇细阅其他处，拔取冠军。诸童见已出案，仓皇交白卷而出，佣工已在门外为接考具，且谢曰：“承诸君厚意，使我游庠。”诸童皆丧气垂头而返。

吴改堂冒籍应院试

吴半松丁母忧返吴江，其子改堂试于江阴，见斥归，半松泫然流涕曰：“吾老矣，能及见汝成诸生耶？”改堂慨然曰：“三日后见之矣。”遂复至江阴，冒常熟籍，成诸生。归久之，移入吴江学，寻补廪膳生。

黔院试自为府籍

雍正己酉三月，钱塘徐文穆公本督学贵州，条奏学政事宜，礼部议覆各条，中有云："各省府学，皆取所属州县童生拨入，惟黔省自为府籍。府学额多，即不如州县童生之卷，亦得充额；州县额少，即有优于府籍童生之卷，亦为额限，未免去取不均。嗣后府籍童生傥不足数，请于所属州县童生内酌量拨入。"

俞长城背贴院试文

雍正朝，俞长城督学河南，关防颇严，操守亦慎。试日，辄禁其仆从出入，以杜传递。乃其妾与仆勾通，作奸犯科，将传递之文，贴其背后补服之上，仆揭之以授试士，俞不觉也。

汪廷玙应院试

镇洋汪少司空廷玙以第三人及第，初名璇。补博士弟子员。学使桐城张少宗伯廷璐（张以第二人及第。）奇其文，曰："他日名位不在吾下。"为易其名，且加廷字，欲引为昆弟行也。

彭文勤命院试题

南昌彭文勤公元瑞博学能文，尝以周兴嗣《千字文》颠倒错乱，别成一本，一字不易，进呈祝嘏，高宗称其敏慧。其督学江苏时，所出之题，俱有巧思。如考两学，则出"率西水浒""踰东家墙""有众逐虎，其父攘羊"之类；考三学，则出"王之不王""朝将视朝""行尧之行"之类，不可枚举。时适值万寿，考八学，则出"臣彭恭祝天子万年"，嵌在八题之第一字，如"臣事君以忠"，"彭更问曰"，"恭则不侮"，"祝鮀治宗庙"，"天子一位"，"子服尧之服"，"万乘之国"，"年已七十矣"之类。例为提调官之知府王某，雅号王二麻子，适考四学，遂出"王二麻子"四题："王何必曰利"，"二吾犹不足"，"麻缕丝絮"，"子男同一位"。考六学，则出"李陵答苏武书"，嵌于六题之末一字，如"井上有李"，"必因丘陵"，"夫子不答"，"后来其苏"，"又尽善也谓武"，"子所雅言诗书"之类。一日，考四学，出"洋洋乎，

（注：“鬼神之为德”章。）又洋洋乎，（注：“大哉圣人之道”章。）又洋洋也。（注：“师挚之始”章。）”即欲退堂早膳，学官禀曰：“尚少一题。”文勤沉吟曰：“少则洋洋焉。”堂下诸生，莫不掩口而笑。文勤以童生之多怀挟也，先日牌示云：“明日不考文。”次日，诸童皆挟诗赋，文勤若不知。良久，题不下，学官请命，曰：“昨已命之，首题‘明日’，次题‘不考文’也。”场中无录旧者。

文勤视学浙省，其试题亦多触景生情，机趣横溢。试处州日，初场知府不到，委同知点名，至次场入谒，文勤曰：“太尊今日才来。”对曰：“方从省下来，前不获已，故命同知来。”彭曰：“来与不来，听太尊自便。尚有童场，太尊能自来，益昭慎重。”知府曰：“敢不遵命。”是日，七学出题，自一字至七字止，“来”，“医来”，“远者来”，“送往迎来”，“厚往而薄来”，“不远千里而来”，“而未尝有显者来”。其经题，则《易》为“七日来复”，《书》为“凤凰来仪”，《诗》为“贻我来牟”，《春秋》为“郯子来朝”，《礼》为“礼闻来学”。各题皆有“来”字，则以是日问答之语多“来”字也。及试童生，闻郡中适有重案，遂以五刑命题，曰“以杖其徒”，曰“若流”，曰“则绞”，曰“而斩”。考次场，知府奉传上省，仍委同知点名。文勤笑谓送考之教官曰：“太尊今日不来，真不获已也。”是日所出题为“又其次也”，“委而去之”，“同其好恶”，“知其所止”，“来者不拒”，盖每句之首一字，合成“又委同知来”五字也。次年科试某郡，点名毕，所留监场教官有二人，禀称今日乡宦某治丧，与有旧，不能不往。文勤笑而许之。俄顷题出，曰“伯牛有疾”，曰“康子馈药”，曰“子路请祷”，曰“充虞路问”，曰“右师往吊”。迨试金华，则九学同场，将命题，教官中偶禀他事，语杂仲四先生。问仲何人，曰：“武义岁贡，设帐郡斋者。”遂连书九题，曰“武王是也”，曰“义然后取”，曰“岁不我与”，曰“进不隐贤”，“士志于道”，曰“仲尼之徒”，曰“四体不勤”，曰“先行其言”，曰“生之者众”，合读之，为“武义岁进士仲四先生”九字也。童生初场，分四仲："微仲"，"虞仲"，"管仲"，"牧仲"。次场，诸教官耳语云："今日恐不能再切仲四矣。"彭闻之，即书四题，曰"太王"，曰"尊贤"，曰"西子"，曰"席也"，补足"设帐郡斋"之语。覆试总题"仲壬四年"。仲闻之，乃谓人曰："宗师前后试题，不啻为我作小传也。"

宋芷湾代人应院试

宋湘，字芷湾。未达时，以贫代人应试，被执。将荷枷示众，宋求免，学使曰：汝"既能文，可现身说法，拟一破题，当释汝。"宋应曰："加乎其身，自取之也。"学使曰："文尚有乎?"宋又曰："嘉乐君子，恶其文之著也。"学使颔之，遂得释。

阮文达阅院试夹带

阮文达公为学政时，搜出生童夹带，必自加细阅，如系亲手所抄，略有条理者，即予入学；如倩人抄录，概为陈文者，照例罪斥。见曾文正《谕子书》。文正并云："作时文宜先讲辞藻，欲求辞藻富丽，不可不分类抄撮体面话头。"又云："文人不可无手抄夹带小本，昌黎之记事提要、纂言钩玄，亦皆分类手抄小册也。"

鲍双五以典故勉院试生

鲍双五侍郎桂星以言失职，性伉爽。未第时，为涞水方氏主计，出入百万，计无遗筴，方氏赖之以富。其视学河南时，督课士子最勤，五更即朝服坐堂，校阅文字，以河南士风弇陋，故命题多以典故，诱士子勉于学也。其叙中州试牍有云："士子弇陋不已，必至有怀挟代倩之弊，而国法随之矣!"语虽激烈，亦见其中有苦心也。

李申耆应院试

李申耆应院试，督学仁和胡文恪公既首擢之，复梓其原场及覆试卷。刻成，九学诸生各给一本，曰："归家熟读之，毋薄李生新进，老夫衡文半天下，未见有如李生者也。"

院试之试帖诗

某县院试诗题为"多竹夏生寒"，某卷句云："客来加暖帽，人至戴皮冠。"学使亟称赏之，谓吐属华贵，非寻常寒酸所能道。又"润物细无声"题，句云："开门知地湿，闭户闹天晴。"某名士亦亟赏之，谓"无声"二字，熨帖入妙。

七十岁童生应院试

湖北某童年七十初，次次观场，自言功夫纯熟。方应试，学使因取《四子书》各首句并作一题，"大学之道，天命之谓性，学而时习之，孟子见梁惠王"，老童应声曰："道本乎天，家修而廷献也。"学使叹服。

吴大澂命院试题

光绪丙子、丁丑间，吴清卿中丞大澂督学甘肃，按试至兰州。时左文襄公甫率师肃清关内，方布置恢复新疆之策。左固夙以汉诸葛亮自命者，平时与友人书札常署名为"今亮"，吴下车观风，即以"诸葛大名垂宇宙"命题。左闻之大喜。次日，班见司道，故问新学使昨日观风，其命题云何？司道具以对。左捻髭微笑，不语者久之，徐曰："岂敢岂敢！"

王西庄随父应岁科考

嘉定王西庄光禄封翁某，老诸生也。光禄未贵时，每届岁科试，必与光禄偕赴，惟试辄不利，屡列榜尾，而光禄则翘然首出。某年应试，适父子同场，封翁语之曰："今将吾与汝文字换誊，一试宗师眼力，何如？"光禄允之。既而榜发，光禄仍前列。迨光禄贵，封翁犹顶戴封衔，扶杖应试。时督学者为光禄同年，因离座揖曰："老年伯正当婆娑风月，何自苦为?"封翁正色曰："君过矣！大丈夫奋志科名，当自得之，若藉儿辈福，遽自暴弃，我甚耻也。"

岁科考忌翠珠字

溥良之任江苏学政也，实以奥援而得之。忌讳尤深，岁科考诗中有用"翠珠"等字样者，虽佳文不录也。幕宾怜多士之无辜被累也，试帖题或采语录，或用经书，则不避而自避矣。

岁考卷批语

生员岁考卷俱须解部，有一定批语，其一等者批曰"清通"，二等者批曰"平通"，三等者批曰"亦通"。

满人岁考得赉绢

范文程当国时，满洲子弟应岁考者分三等，上者赉绢二疋。

岁考文作弹词体

有士子嗜弹词成癖，与友朋语，信口动成开篇韵文。一日，学使按临，岁试题为"子曰赤之适齐也"，合下一节。某久荒废，日昃不能成一字，乃草草作一篇韵语以了事。文云："圣人当下意生嗔，说两旁弟子听分明。记得那公西辞别邻邦去，裘马翩翩出国门。自古道雪中送炭真君子，锦上添花是小人。漫题子华使齐事，且说那为官得禄人。九百非多俸米给，不言量数阙疑文。他说道，耿耿此心天可表，师门效力理该应，坚推竟不受半毫分。"案发，置劣等。

夏醴谷拔某生岁考

乾隆时，夏醴谷督学楚中，岁试题"象日以杀舜为事"。有一生文云："象不徒杀之以水而并杀之以火也，不徒杀之以火而又杀之以酒也。”幕客大笑，欲置劣等，夏不可。更阅其对，对云：“舜不得于母而遂不得于父也，舜虽不得于弟而幸有得于妹也。”夏以为通篇奇警，拔置一等。

岁考文杜撰古典

乾、嘉之际，汉学大行，能以纬书及《汲冢书》《穆天子传》等书入文，辄获上选。黠者因伪撰典故，以愚试官，试官欲避空疏之诮，不敢问也。江左某生素滑稽，值彭文勤按临岁试，某生亦赴试，场期前一日，偶与同院生出游，道旁有两槐浓荫蔽日，中一井，井畔有石，喜其清润，因坐石倾谈。其生忽有悟，曰：“此本地风光，即吾明日场中文料也。”同院生犹哂之。次日入试，榜发，果冠军。索试卷观之，小讲起语即曰：“且自两槐夹井以来”云云。以下皆杜撰语，而评语则极赏其典奥焉。

蒋剑人岁考忘题

宝山蒋剑人敦复，道、咸间名士也，与张文虎齐名。弱冠时，薄制举文而不为，其父故老明经，督之弥严，欲其取科名以自显。而蒋入场，喜弄狡狯，所为文恒引用僻典，诡不入格，以是屡不售，放荡不羁，时人咸目为狂生。某年岁试，其父于场前严厉训诫，谓今科不获隽，将置之死地。蒋入场，得题而忘其上下文，不知所出。时隔案者为某邑老童生，应试十余科未售，知蒋能文，徐察之，见其久不下笔，因与作寒暄，并谓之曰：“日旰矣，君何未作一字？殆有腹藁耶？”蒋以实告。某曰：“君如欲予背诵上下文者，则请代作起讲提比以为酬。”蒋诺之。于是援笔挥洒，顷刻成二艺，以其一与某。案发，而二人皆获隽。蒋诣某谢曰：“微君之力，则严父之责将不免。”自是投契，二人遂成忘年交。

张树声欠岁考

张树声以诸生佐戎幕，积功至封圻。光绪朝，抚某省时，忽得本籍教官来文，谓“历欠岁考，并未有出学文凭，请来籍应试，以符功令”云云。张知其意，赠以数百金，事乃寝。

黄漱兰考欠岁考生

黄漱兰通政体芳督学江苏时，有桃源诸生欠岁考者，欠至三次，教官已援例申请斥革矣。乃递禀，历叙其出省游幕，实非有意规避等情，乞准补考，从宽免其斥革。黄允之。补考时，乃以“吾以汝为死矣”命题。

不葬亲不许科考

邵二泉为江右提学，生员不葬亲者不许科考。又生员年少能文者，限其每季读书若干。

陈文杰应经古试

阮文达试杭州时，适新制团扇成，纨素画笔，颇极雅丽，遂以“仿宋画院制团扇”命题，诗佳者许以扇赠。钱塘陈云伯大令文杰方为诸生，赋诗最佳，即以扇与之，人称为“陈团扇”。

名廪保试经古

南阳廪生吴某文战每冠其郡，人以“名廪保”目之。某年岁考，经古题为“班马（班固、司马迁。）优劣论”，吴文有“尝读诗曰：‘有车邻邻，有马白颠。’此班马也。”（吴盖以班马作花马解。）且告人曰：“余此作，最能刻划班字。”

以外国字入经古试卷

黄漱兰督学江苏时，有某生者，廪生也，试算学，用数目处，以亚拉伯字书之。黄阅之大怒，即悬牌曰：“某生以外国字入试卷，用夷变夏，心术殊不可问。著即停止其廪饩。”某遂以发狂死。

黄按试某府，得一卷，自始至终，皆书“之”字。时值端阳佳节，与幕客饮酒，因出此卷行令，曰：“有见而笑者，罚一巨觞。”众诺之。及揭卷，则无不大笑，无不大醉。

李殿林评经古考卷语

光绪时，李殿林督学江苏，按临苏属，举行岁试。某生以《四书》义见赏，其评语曰：“机圆调熟。”此与华金寿任山东学政时，评经解曰：“不蔓不支，有书有笔。”可称双绝。某卷内用“鲁索”二字，李瞠目不知所谓，其幕友有知“鲁索”出处者，具告之。李轩髯笑曰：“何谓鲁索？此真是噜苏。噜苏，犹疙瘩也。”发落日，邹侍郎福保往谒，李延之入，谭及学堂一事，李曰：“方今异端日亟，公宜力与维持。”邹对曰：某拟定一章程，其西学，以蒙学课本当之；其算学，以市间通行之大九九小九九当之，庶几两无所背。”李揖之曰：“我公妙论，可谓洞见其微。坐而言者，傥起而行，真能为士林造福也。”

王笃以默经试士

韩城王方伯笃，文端公孙也。道光朝，出视蜀学，以伦理课其行，以经史文韵考其艺，而尤重默经。举子之熟习《十三经》者，皆得以自见，由是争致力于实学，盖原本于文端督浙学时之节目也。任满，宣宗召对，以“无忝尔祖”勖之。

考古学之浙东三杰

乾隆季年，朱文正督学浙江，以古学见赏拔者，为临海洪地斋坤煊，萧山王畹馨绍兰，东阳楼更一上层。三人齐名，称为“浙东三杰”。

郑祖琛以古学覆试

吴兴郑祖琛，字梦白，四五龄识字达数千。入塾，书过目成诵，年十四，应童子试。先入古学场，学使某，南宫名宿也，试以“蟹簖赋”。是题适为窗下旧作，时与亡兄某同课，得两篇，均就业师某名士改正，遂录其一。古学例不出童榜，学使以童年得此，疑非己出，悬牌提覆试。入场，复以“蟹簖赋”试之，郑又录其一。振笔疾书，须臾纳卷出，某叹赏不已，遂拔置第一名入泮。次年逢大比，巡抚以事奏请学仗代监临。旧说，监临例得送红封一卷。某以郑卷进，榜发果前列。明春，连捷成进士，以三甲即用知县，签分江西，寻署星子县，时年十七也。历任繁剧，所至有声，由州而府而道，旋擢某省按察。任满匆遽入京，召见，奏对称旨。不数日，授广西布政使。莅任后，除循例办公外，每趺坐书室中，喃喃啐经，似皈依三宝者然。而政事废弛，盗贼窃发，幸属吏干练，不至蔓延。迨洪秀全犯案逮狱，经年未结，而郑已升广西巡抚，兼署云贵总督。年老事繁，日益颓唐，戒杀放生，视为因果。洪案株连甚多，郑毅然释之，遂构成十三省之兵祸，郑亦不得以功名终。

误解古学题义

张文襄公之洞督学四川时，按临某郡，偶试古学诗，题为“柴”“米”“油”“盐”“酱”“醋”“茶”七题。有一士所作诗，颇典切，惟所用典，皆切产妇。大怪之，细审其故，盖缘题下有细注云：“须切家人生产事也。”张见之，轩渠不已。

录遗试题

李芍农侍郎文田尝任江西学政，录遗日，出一题曰：“千取百焉，不为不多矣。”又贡监遗场题，则为“吾欲二十而取一何如”？

陆清献试儒学诸生

陆清献公陇其令嘉定时，公暇辄诣庠，集诸生以朱子《小学》及程氏《读书分年日程》授之。又拟策问一道，令诸生退而自考，务使为有体有用之学。试卷不分甲乙，略加评点而已。时教谕为桐城戴芳，自揣不及清献，谓公实以亲民之宰兼师儒之职，亦可见清献之勤于敬教劝学矣。

黄漱兰命优拔监题

黄漱兰为江苏学政时，命题之巧，往往出人意表。光绪乙酉科贡监录科，新优拔贡与监生同场。贡题为“完廪”，监题为“捐阶”，皆出《孟子·万章上》。绎其命题之意，盖一则贴切新得优拔贡者，已出廪生之缺；一则贴切监生，以一百零八两库平银捐一监照也。

优贡

优贡者，“优行贡生”之省文也。学使按临所至，凡岁考名列一等之诸生，不论廪、增、附，得由各学教官择其文行俱优者，出具考语保送，试于郡城之试院，复由学使甄录其尤，于三年大比之后，试之于省，谓之“提优”。大省中六人，中省、小省递减。及入京朝考，取中者，一等用知县，二等用教职，自愿以知县改教职者，听。

诏举优生

世祖时，诏天下选诸生文行兼优者与乡试副榜贡生，咸入国子监肄业。康熙壬寅，给事中晏楚澜奏停乡试副榜，而优生亦久不复举。及徐元文为国子祭酒，始疏请学政间岁一举优生，乡试仍取副榜，俾辟雍多经明行修之士，时康熙庚戌也，自是著为令。

世宗谕学政以举优

雍正丙午，世宗谕谓：“各省学政奉命课士，黜劣举优，系其专责。嗣后学政三年任满，将生员中实在人品端方、有猷有为有守之人，大省举四五人，小省二人，送部引见，朕亲加考试，酌量擢用。”

拔贡

科举之有拔贡，始于明崇祯乙亥。初场试《四书》文二，经义文一，次场试论、表、策各一。国朝因之，每十二年一考，盖酉年也。凡诸生皆可自行报名应试，至学使按临各郡，试以经解、词章、制艺、试帖。酉年赴省，则巡抚会同学使，扃门考之。其取中者，府学各二人，县学各一人。及入京朝考，一等用七品小京官或知县，二等用知县或教职，自愿以教职、杂职用者，听，曰“询问班”。欲以知县请改教职者，亦听之。

圣祖诏选拔

康熙丁丑，圣祖命直省选拔文行兼优之士，府学二名，州县学一名，满洲、蒙古二名，汉军一名，为拔贡生。

世宗谕令六年选拔一次

雍正丁未，礼部奉谕旨：“直省拔贡，旧例十二年题请举行一次。后因各省学政不能秉公选取，国子监未便照例请行，于雍正元年时，特行一次。朕思各州县每年岁贡，较其食廪浅深，挨次出贡，内多年力衰迈之人，欲得人材，必须选拔。著各省学臣于科考时，照例府学拔取二名，县学拔取一名，宁缺无滥。务取学问优通、品行端方、才猷可用之人，令其来京，朕将亲加考验，令入国子监肄业。如有学问荒陋、人品不端、才具庸劣者，将学政严加议处。嗣后六年选拔一次，国子监届期题请候旨。”

世宗谕杨可镜准作选拔

雍正庚戌，各省选拔生员至京，世宗派大臣秉公考试，分别等次进呈。内有湖北应山县生员杨可镜一卷，文理荒疏，经部议，照例革去选拔。奉谕旨："杨可镜乃明臣杨涟之玄孙，昔顺治四年，杨涟之子杨之易为江南松江府同知，遭提督吴胜兆之叛，捐躯殉难，凛然忠节，此即杨可镜之曾祖也。朕思杨涟父子两世忠义，其后嗣子孙，若稍能自立，品行无亏，虽文艺不工，亦当格外造就。杨可镜准作选拔，赴国子监肄业，仍著礼部带领引见。"

谢金圃识拔汪容甫

谢金圃督学江南，值乾隆丁酉，方选拔，所拔如汪容甫中，顾文子九苞，陈理堂燮，程中之赞和，郭职民均，江秋史德量，刘又徐玉麟，宋首端绵初，皆一时通经能文之士。时谤容甫者甚多，金圃违众论，特拔之。容甫恶闻炮，每来谒，则戒司炮者俟其行远而后发声。又尝荐容甫于鹾使者，容甫偶不合，艴然去，金圃为之谢罪。尝语人曰："予之上容甫，爵也。如以学，予于容甫北面矣。"自是，明经文誉乃大起。

全谢山选拔

鄞县全谢山太史祖望尝以选拔入京，应朝考，载书数柜，行至芦沟桥，关吏发其装，皆经史子集也。吏恚曰："我老矣，从未见此书呆。"停车摒挡。逾日至京，依其在都行医之叔名蓉者以居。屋狭小，堆书积栋，四方知名士慕其能古文而造访者，设一长櫈延之。

江西某县拔贡

江西某县，自明创科举以来，向未开科。咸、同间，有以拔贡中举人大挑二等任某县教谕者告归，作"拔贡举人""二等教谕"牌四对，朝置门外，夕运厅事，日以为常。

恩贡岁贡

咸丰辛亥，御史王茂荫奏称遴选恩贡、岁贡，请令学政于当贡之年，就各廪生中历考优等最多者，选以充贡。礼部驳之。

世祖定乡会试试题

顺治乙酉，定乡、会试三场试题之制。时合肥龚芝麓尚书鼎孳方为给事中，上疏论之，礼部议覆，略云："明代旧制，考取举人，第一场时文七篇，二场论一篇、表一篇、判五条，三场策五道。今应如科臣请，减时文二篇，用时文五篇，于论、表外增用诗，去策改用奏疏。"世祖不允，命仍照旧例。初场，《四书》三题，《五经》各四题，士子各占一经。《四书》主朱子《集注》，《易》主《程传》，《诗》主朱子《本义》，《书》主《蔡传》，《春秋》主胡安国《传》，《礼记》主陈澔《集说》。二场论一道、判五道，诏诰表内科一道。三场经史、时务策五道，乡、会试同。

乡、会试日期，乃顺治乙酉所定。以秋八月举行乡试，初九日第一场，十二日第二场，十五日第三场。先一日，放进点名；次一日，交卷放出。春二月会试，各事与乡试同，三场试题，俱如旧例。其《四书》第一题用《论语》，第二题用《中庸》，第三题用《孟子》。如第一题用《大学》，则第二题用《论语》，第三题用《孟子》。第一场试题，先将经书分段书签，公同拈掣，如《论语》分为十段，主考掣得某段，即令房考于本段内各拟一题，仍书签拈掣，余题俱准此例。

钦命会试及顺天乡试题

国初，凡乡、会试三场，俱由主考出题。自顺治戊戌后，会试及顺天乡试头场《四书》三题，由皇上钦命密封，送内帘官刊印颁发。

乡会试不重策

乡、会试虽有三场，实重首场，首场又重首篇，余亦具文而已。然其弊亦自有由，第三场之策，每道不过三数百言，甚或即就题纸起稿。例如题为问"班氏《汉书》果何所本，《艺文志》与刘氏《七略》有何异同，《古今人表》何以不列今人，可得而言之否?"则对者即曰："班氏《汉书》实有所本，《艺文》与刘氏《七略》实有异同，《古今人表》不列今人，皆可得而言也。"诸如此类，不胜枚举。

宋《四朝闻见录》谓高文炳好以藏头策试士，士不能应，但以"也"字对"者"字。此风尤盛行于顺天乡闱。三场之策，但以"也"字易"欤"字，余虚字大抵仿此，谓之"勾策题"，亦曰"对空策"。故第三场极易毕事也。

光绪癸酉以后，始渐尚实策，盖自石印书大行，诸士子率以对实策相矜。凡场中可用之书，无不携入，甚或一人不能胜，则纠合数人为之。各认一道，互相易换，惟策首数句及篇中诸虚字，略为改易而已。试官阅至第三场，已昏昏欲睡，况又遇此千手雷同之作，欲其过目，乌可得哉?

乡会试五门发策题

道光癸卯，两广总督祁恭恪公𡊮请于乡，会试策问五道，定为五门发题，曰博通史鉴，曰精熟韬钤，曰制器通算，曰洞知阴阳占候，曰熟谙舆图情形。礼部驳之。

顺天乡会试荐卷加批

顺天乡试及会试同考荐卷，向不许夹有批语。道光壬午九月有旨，令以后考官荐卷加批，从御史王松年请也。

乡会试有副榜

乡、会试之副榜，明代曰"激赏"。顺治乙酉，定取中副榜之制。乡、会试卷，有文理优长、限于额数者取作副榜，与正榜同发。凡中副榜者，免其廷试，即由礼部咨送吏部授职。

戊子，世祖谕知廪生中副榜者，贡至吏部谒选，其最者以推官用，次知县，次州佐。增、广、附生中副榜者，入成均读书，满一年，送吏部历事考用，与廪生同，后不为例。计顺治甲午、丁酉、庚子三科，皆举行，至康熙癸卯、丙午、己酉，遂不许立副榜名色。至壬子，大司成某复请举行，如甲午例，上允行。其后仅乡试有副榜，会试无之，惟于所中进士外，挑取誊录而已。

青年乡会试科目

青年得科目者，顺治丁亥，王文靖熙年二十；乙未，伊文端桑阿年十六；戊戌，陈文贞廷敬年二十。康熙癸丑，徐文定元梦年十八，纳兰侍卫成德年十九；己未，李丹壑孚青年十六；辛未，黄昆圃叔琳年二十；庚辰，史文靖贻直年十九；壬辰，舒大成年十八；辛丑，励宗万年十七。雍正庚戌，嵇文恭璜年二十。乾隆丁巳，德定圃保年十九；乙丑，梦侍郎麟年十八；戊辰，朱文正珪年十八；壬申，熊恩绂年二十；甲戌，戈太仆源年十九；丁丑，彭绍升年十八；辛巳，秦司寇承恩年二十；丙戌，祥布政鼐年二十；甲辰，蒋制府攸铦年十九，文侍郎宁年十八；丁未，何太守元烺年十九，其弟宁夏府知府道生年十八，同中式。嘉庆己未，张侍郎麟年十八。道光以后亦有之。

宗室乡会试科目

康熙初，置宗室科目，不久停止。乾隆乙丑复设，中达麟图；戊辰，中良诚；辛未，中玉鼎柱。后达以侍班失仪罢［斥］，遂停文科目。嘉庆己未，仁宗亲政，从肃亲王请，复设乡、会试。壬戌，中果齐斯欢、慧端、德朋阿三人。果为郑恭王胞侄，慧为简良王曾孙，德为良祭酒子，皆入词林，一时称盛。后累科皆中二三人。果洊至户部侍郎，德至左庶子，惟慧以散馆降职，任宗人府理事官。

乡会试改策论表判

康熙癸卯八月，礼部遵旨议覆乡、会考试停止八股文，改用策、论、表、判。头场策五篇，二场论二篇、表一篇、判五道，以甲辰科为始，从之。自是以至丁未会试皆然，寻复之。

乾隆后满洲乡会试科目

乾隆以来，满洲科目最盛者，首属索绰络文恭公观保，与其弟文庄公德保，同登进士，子孙亦科名不绝。其次则属他塔拉刺史善达，与其叔观察嵩龄，同登辛巳进士，其侄中丞文斡，复中甲辰进士。文短小精悍，胸多智略，登第时年甫十八，以资至少宗伯，未为膴仕也。善时艺，下笔如飞，皆宗陈金正轨，不趋时尚。任金吾时，盗贼敛迹。督学浙江，试文万卷，亲自披撷，不假人手，蒋香杜舍人在其幕中，偶有所諈诿，大怒，立逐出之。在朝持议皆刚正，成哲王笑曰："若远皋者，可为忠矣。"后出抚河南，以严刻故，属吏摭拾其事，劾罢。嘉庆朝，授西藏办事大臣，未逾年受瘴疠卒。

乡会试之龙虎榜

道光某科，粤之举人，第四十八名卢庆龙，第七十名为黄虎拜，人称"龙虎榜"。而康熙癸巳秋八月，万寿恩科会试，时亦称龙虎榜，以第一名孙见龙，第二名黄文虎也。

世宗复浙人乡会试

雍正丙午，世宗以浙人查嗣庭、汪景祺诗文悖逆，风气恶薄，于是诏罢浙江春秋贡士。戊申，设观风整俗使以训之，时奉命持节至者，为大宗丞奉天王国栋。未几，王与总督彭城李卫、学使交河王兰生，先后上言浙人感天子教育之恩，洗心涤虑，痛自湔除；而复科一事，尚未得间以请。会武威孙诏守宁波，尝言诸生以立品奉公为尚，有倚托青衿、不急国课作四民倡者，其罪尤甚。因下令于试士时，先使有司核报，苟有此辈，即令停试。已而学使行部至甬，闻孙所行，善之，檄行通省，是岁浙人之课为天下最。世宗已嘉浙人自新之速，闻是事大喜，即降旨准复开科。

世宗加恩乡会试士子

雍正庚戌科会试，特命广额四百名。又会试之前奉谕，凡雍正己酉大臣子弟乡试失举者，采中十二名。又雍正壬子科各省乡试，奉旨：每额十名，加中一名，有零者亦加一名。

乡会试中式不分经

乾隆丁未，停乡、会试分经中式之例。每科以一经命题，将《五经》轮流分试，俟轮试毕后，即以《五经》出题，并定添注涂改不得过百字等例。

钱箨石乡会试题同

秀水钱箨石侍郎载，于雍正壬子浙江乡试中副车，乾隆壬辰会试在八月，举进士。而是科会试之题与壬子浙闱之题同，且同在八月，更奇。会试之举于秋，实仅见也。

朱鸿灏乡会试题同名次同

咸丰己未，福建乡试题为“大学之道”四字，明年庚申会试题适与之同。闽人朱鸿灏未、申联捷，均中第六名，盖题同而名次亦同也。

乡会试卷重《公羊》

制艺中之讲《公羊》者，自光绪戊子江南乡试始。主考为李芍农侍郎文田、王可庄太守仁堪，皆崇尚经学者，故所取士，如费念慈、李传元、江标，皆表表者也。次年己丑会试，总裁为潘文勤公祖荫，正场首艺，凡发挥《公羊》“王鲁”之义者，无不获售，江南连捷者至十余人。癸巳，费充浙江副考，所取之士，如钱保寿、邹寿祺，皆治《公羊》学者。榜后，谣诼大兴，议者至疑为关节。实则其时数科内博取科名者，有两大秘诀，纯正者摹仿管韫山文稿，新奇者治《公羊》家言，尤以何氏《公羊释例》一书为最善本，盖体例详明，而文采亦不枯寂也。

乡会试之号军

会试及顺天乡试之头场，于未点名前，先点号军，辄见垢秽之流，千百蜂拥而入。即有数十差役，持鞭棒杂打之，有不畏打者辄冲而入，如畏打稍逡巡，俄而额满被驱矣。人多不解其故。盖充号军者，须由所司先给腰牌。买此牌，已须银一二两，而货牌者，又必溢额多售，故必严杖之，使不能径入，一俟点讫，即便喝止。其幸得入场者，所得赏钱，不足抵牌费，势不得不取偿于窃盗，故北闱号军之窃盗，远过于各省。

南闱号军窃物甚少，间有之，亦惟食物、小器而已。北闱则衣服、贵重物，无不偷窃。且互相容隐，互相传递，甚有前号窃物递交后号者，故查获甚难。又凡士子出场时，寄顿之物，往往为所乾没，若烟枪违禁之物，则直取之，且敢用辞以相恫吓。然士子待号军之恶，亦十倍于南闱，甚至有痛殴之而折其臂者。

游学生之进士举人

自光绪乙巳七月诏停科举以后，进士、举人之名称悉已消灭。而是年六月，考试东西洋毕业游学生，赏金邦平等进士、举人出身有差，（自是每岁试游学生以为常。）则犹沿科举之旧也。

至宣统己酉，乃始有明文之规定，盖考试东西洋毕业游学生章程出，中有分等给奖一条。列最优等者奖给进士，列优等、中等者奖给举人，各冠以某学科字样，习文科者称文科进士、文科举人，他科仿此。

补给游学生进士举人

宣统己酉十二月，赏给游学专门詹天佑、严复等进士、举人有差。以詹、严为游学生之先进，故补给之。詹，粤人；严，闽人。

蒲留仙论乡试情形

淄川蒲松龄，字留仙，曾撰有论乡试情形之文。文云："秀才入闱，有七似焉。初入时，白足提篮，似丐。唱名时，官呵隶骂，似囚。其归号舍也，孔孔伸头，房房露脚，似秋末之冷蜂。其出闱场也，神情惝恍，天地异色，似出笼之病鸟。迨望报也，草木皆惊，梦想亦幻，时作一得志想，则顷刻而楼阁俱成；作一失意想，则瞬息而骸骨已朽。此际行坐难安，则似被絷之猱。忽然而飞骑传入，报条无我，此时神情猝变，嗒然若死，则似饵毒之蝇，弄之亦不觉也。初失志，心灰意败，大骂司衡无目。笔墨无灵，势必举案头物而尽炬之；炬之不已，而碎踏之；踏之不已，而投之浊流。从此披发入山，面向石壁，再有以'且夫''尝谓'之文进我者，定当操戈逐之。无何，日渐远，气渐平，技又渐痒，遂似破卵鸠，只得衔木营巢，从新另抱矣。"

各省乡试之中额

本朝之有乡试，始于顺治乙酉，所定中额，顺天一百六十八名，内贝字号一百十五名，北皿字号四十八名，旦字号三名，夹字号二名；江南一百六十三名，内南皿字号三十八名；浙江一百零七名；江西一百十三名；湖广一百零六名；福建一百零五名；河南九十四名；山东九十名；广东八十六名；四川八十四名；山西七十九名；陕西七十九名；广西六十名；云南五十四名；贵州四十名。又以南国子监既裁，应将监生中额归并国子监。嗣经各省以及各字号屡经增减不一，至乾隆甲子，通行裁减各省中额，议准酌定满字号二十七名，合字号十二名，共加《五经》遗额二名。夹字号四名，旦字号四名，贝字号一百零二名，南皿三十六名，北皿三十六名，共加《五经》遗额四名。中皿无定额，每二十卷取中一名，山东六十九名，山西六十名，河南七十一名，江南一百十四名，浙江九十四名，江西九十四名，福建八十五名，湖北四十七名，湖南四十五名，外一名。南北轮中，陕西六十一名，四川六十名，广东七十一名，广西四十五名，云南五十四名，贵州四十名。

额定诸生乡试之名数

凡应乡试之诸生，须先经提学考试，精通三场，始可入闱。顺治乙酉正月，定直省额中举人一名，取应试诸生三十名。康熙庚午，覆准江南、浙江每举人一名，送应试诸生六十名。辛未，加至百名。乾隆甲子，议定直隶、江南、浙江、江西、湖广、福建为大省，八十名；山东、河南、山西、广东、陕西、四川为中省，六十名；广西、云南、贵州为小省，五十名。丁卯，议定直隶改照山东例，取六十名。又敕加恩，每副榜一名，应试诸生，大省加取四十名，中省加取三十名，小省加取二十名。

杨某为歪头举人

顺治丁酉江南乡试，吴中有杨姓者获隽，因其头歪，人呼之为“歪头举人”，并为七字吟以赠之，曰：“侧，吹笛，听隔壁，思量弗出，颈里摸跳虱，圈棚船立弗查，我是梁山阮小七。”此诗第五六句，皆吴谚，非吴人不能解也。

山左乡试之策

顺、康间，山左诸生某入秋闱，策问天文，不能悉，偶忆地理一篇，遂以塞白，自谓必无望矣。榜发中式，及领卷阅之，批云：“题问天文而兼言地理，可称博雅之士。”

旗人繙译乡试

康熙乙巳，复行满洲、蒙古、汉军繙（同“翻”）译乡试。

高宗夙善满语，于繙译讲习最深。然尝谓国初惟以满语为本，繙译为后所增设，实非急务，故屡停繙译科目，自戊寅至戊戌二十年，未尝举行。后阿文成公桂以旗籍诸生出身无所，奏请开繙译乡试以勉旗人上进，然非上意也。

翰林学士有习国书者，国书即满文也。盖以备繙译编纂之任，故须专心熟习，辨析精微，积学功深，与年俱进，始为不负所选。康熙朝馆选之例，庶吉士年四十五以下者，悉令分读国书。及世宗御极，则每科仅择年少资敏者十余人，盖取其年富力强，可收记诵繙译之效也。而庶常甫经散馆，遂谓无从考验，束置高阁，以致教习三年，转为虚设。至道光戊戌，穆彰阿当国时停止，同治朝，复有繙译举人矣。

藩下诸生多得乡举

康熙丙午，闽人粘本盛以礼科给事中典试云南。时功令：凡旗人不第者，勒令披甲。吴三桂藩下多贵游子弟，可五百人，吴选二百人送入闱，待粘有加礼，属其破额广收。于是藩下诸生之中式者，多至二百五十余。

时有某者年八十，请与试，吴以其老不许，乃固请曰："生自束发奋志，虽老，不少衰。科名迟速有定，王亦何惜一席地，令志士赍志不遇乎?"吴不得已，并送之。及试毕，受卷官视其卷，文无疵，字亦工，异之。揭晓日，拆卷至三十四名，某已中矣。

随宦子弟得与所在地乡试

康熙壬子科，广西乡试，中式第十二名贾锡爵，满洲人，广西无驻防，贾随宦于桂耳。盖是时随宦子弟，固准与于所在地之乡试也。

圣祖特送潘蕴洪乡试

潘蕴洪，字函三，湖州诸生。其入庠时，名第一，至京师，应御试，入修书馆，复第一。以未入太学，例不得试京兆，圣祖特命内阁下其名于礼部，送棘闱，群士皆惊讶。潘自负才望，谓科名可唾手得，及数试不售，而同馆士强半举甲乙科，大惭而减食饮。方望溪侍郎苞语之曰："士果自负，当与百代人絜短长，今直省乡贡，间三岁必千余人，乃以不得与于千人者而发愤以死邪?"

朱文端乡试领解

高安朱文端公轼以康熙癸酉领江西解，长洲宋太史大业拔之落卷中，评语嘉赏极至，末云："旷世逸才，伯祥大士之后一人而已。"拔冠多士，以为振靡起衰之式。宋为大学士文恪公子，揭晓相见，叹曰："河目海口，昔惟先公，今见吾子矣。"

黄章百岁应乡试

康熙己卯顺天乡试，广东贡生黄章应举，时年已百岁。入闱时，大书"百岁观场"四字于灯，令其曾孙为之前导。

马世琪乡试缴白卷

马世琪夙以工制举文名于江南。未遇时，某年应乡试，试题为"渊渊其渊"。马求胜之心太切，不肯轻易落笔，至次日，尚无一字。时已放牌，举子纷纷出闱矣，马口占一诗，题于卷曰："渊渊其渊实难题，闷煞江南马世琪。一本白卷交还你，状元归去马如飞。"扬长而出。至后科，竟联捷，大魁天下。

冯青门不应乡试

康熙壬午，张洗马豫章典试河南。命下，都下诸名宿语洗马曰："汝能暗中摸索，得冯青门乎，则为明目，否则瞽。"洗马曰："青门，吾故人也。老眼无花，吾敢自负。"及榜发，不见青门名，乃造庐以访之。青门曰："吾自江南省墓归，闻君为考官，已早避矣。"两人相视而笑。青门，名震生。

张仕敬以文秀才举武乡试

张仕敬，字俨庵，一字觉夫，禄劝之他颇人也。其先本安氏，安氏故出火济，汉季助丞相诸葛亮南征有功，封于罗甸，世长乌蛮，滇黔土官安氏皆其后也。仕敬祖肫，由寻甸守分牧霑益。在宋时，其后分驻禄劝之补知绞摆他颇，始氏张。之明开滇，张以地归顺，世为他颇望族。其祖兴国以军功得官守备，驻省城，兴国卒于官，父明鉴复归他颇。他颇之民纯而毅，就约束，张氏之教也。仕敬少好读书，有文采，补诸生，俗所谓“文秀才”是也。康熙庚子，举云南武乡试。时魏翥国、南天章先后参戎府于武定，知仕敬所居他颇扼东川寻甸之冲，有事每倚重仕敬也。

吴杲改名失乡举

吴杲，字旦清，华亭诸生也。尝梦神语曰：“改名三省，可获隽。”康熙乙卯乡试揭晓，至公堂填榜，唱吴三省名，监临愕然，乃屏去。时吴三桂方称兵犯顺也。后三省得宜兴训导，升溧阳教谕以终。子之棫能作擘窠，游闽冒籍，入延平府学。

乡试分编字号

乾隆丙辰，礼部议准顺天乡试皿字号，分南皿、北皿、中皿取中。顺天乡试除北皿、南皿字号，照旧额各取三十九名外，其云南、贵州、四川、广西另编中皿字号。十五名取中一名，零数过半，准加中一名，人数不及十五，仍附入南皿，毋庸另编中皿字号。

顺天乡试分编字号名目，以辨省分：曰贝，直隶生员也；曰北皿，奉天、直隶、山东、山西、河南、陕西贡监生也；曰南皿，江南、江西、浙江、福建、湖广、广东贡监生也；曰中皿，云南、贵州、四川、广西贡监生也。曰夹，奉天也；曰旦，宣化也；曰卤，天津商籍赴试者也。而山东乡试有耳字号，则孔、颜、曾、孟四氏也。陕西乡试有丁字号，则宁夏府也。聿左字号，合关内之叙州、关外之安肃、镇西、迪化而统计之也；聿右字号，甘州、西宁也。每试，聿左右各轮一科，科中一卷肃也。福建乡试有至字号，谓台湾也。于试卷送入内帘时，画疆分界，因地取材，以平解额，庶不致丰兹啬彼，赢绌悬殊，有得失偏枯之患，此咸丰以前之办法也。及陕、甘分省乡试，台湾割畀日本，聿、至两字号于是撤销。

苏瑞一以治《春秋》捷乡试

乾隆戊午，闻棠典试江西，以夙知苏瑞一治《春秋》，欲得之，遍检《春秋》房，无佳文，搜遗得一卷，已涂抹狼藉矣。愕然曰："非老名宿，焉能办此?"拔冠房首，榜发，果苏也。发榜之夕，诸报喜者皆不往，曰："苏先生中，人谁不知，焉用报?"黎明，其门人市《题名录》，始知之。苏曰："余文艰滞，自分不售，今既得售，然何为置第五?"沉吟久之，乃徐徐冠服出门去。其姻家吴寅谷往贺不值，候至巳刻归，则极称解元王定九文，啧啧不去口。因为寅谷朗诵一遍，指谓某处好，某处胜余远甚。谷固好学，闻其称善处，辄求覆诵，遂援笔默写一篇，且加评点以示。盖其出门时，询知王住处，即乞其草藁读一过，即能背诵也。

袁子才捐监应乡试

钱塘袁子才太史枚宏博报罢，留京师，在嵇文恭公璜邸中训蒙，岁脩钱二十四千。同征友之已贵者，醵资为之捐监，乃得应乾隆戊午顺天乡试，得隽。己未，联捷成进士，入词林，以未娴满文，散馆外用。

朱文正十七得乡举

大兴朱文正公珪年十七，中乡举，榜发后，谒座师阿文勤公。文勤曰："子年少，而魄力大似先师安溪李文贞公。"又谒刘文正公，亦大叹赏。翼日，招至第，命与公子文清公同题壁间《狻猊噬虎图》，用东坡《石鼓诗》韵。诗成，文正读至"东龙西龙斗赤日，白髯老蛟碎玉斗"句，大叫曰："真长吉语！"有顷，复正色曰："子诗文已成家，留心经济，必成伟人。"

顺天乡试卷多曳白

乾隆甲子顺天乡试前期，高宗以怀挟拟题之风日甚，思惩之，命亲王大臣严立搜检之法，得一人者赐军役一金。士子褫及亵衣，贡院内外，枷杻相属，比日晡，受卷入场者寥寥也。时士子多退归寓舍，将就寝矣。忽传一体放进，钦命题下，曳白者乃至二千余人，下诏切责，并裁减各省中额有差。

顺天乡试拟题

康熙时，凡应京兆试者，拟《四书》题，十得五六，经文后场，秘藏砚、烛中携入。雍正时，稍变陋习，而题拘忌讳，拟者亦十得四五。乾隆甲子，顺天乡试严禁怀挟，特命舒赫德、哈达哈二人监视，辫根谷道，无不搜及，二三场散去者千余人。

乡试落第举子谒主司

故事：每科各直省乡试，揭晓后，中式者谒见典试，绝无不第者与焉。惟钱塘陈句山太仆兆仑，文章德业为世儒宗，乾隆丙辰，荐宏博，授编修。某科典湖北试，闱中落卷亦一一别其纯疵，明白批示。发卷后，下第士子率求见，咸指以要领，各得其意而去。有刘龙光者，闻其讲论，感激欣喜至泣下，次科联捷，成进士，历官御史，终其身执弟子礼不衰。

乡试呈荐官卷

各省乡试官生之卷，十九呈荐，其事始于富阳董文恭公诰以官生应试时。乾隆庚辰秋，刘文定公与介野园少宰典京兆试，有同考官某素识文恭名，得一卷呈介。介不取，某曰："观其词采富丽，必董公子也。"介大怒曰："科场法至严肃，果尔，即奏闻。"赖文定力为宽解，乃悉取官卷，付介去取，自此沿为成例。顺天乡试官生卷遂尽呈主考，而外省亦然矣。

刘凤诰改乡试卷

刘侍郎凤诰督学浙江，胥吏徐某，故业鹾，子聪慧，既入泮，谋举乡试，会巡抚他出，奏以刘入闱监临。胥子遍贿诸官吏，既入闱，先以文藁呈刘，刘为点窜之，无何，果拟中元。而胥所为颇泄，多口沸腾，未揭晓，诸考生先榜姓名于抚署，刘惧，急削之。

顺天乡试之解元

顺天乡试，例于九月朔呈进中式前十卷。乾隆辛卯，高宗以解元文甚不佳，移第三，以南元为第一。发卷出，奏事太监曹某奏称顺天乡榜向以顺天人置第一，乃易还之。

《四书》诗题同在乡试首场

乾隆癸卯顺天乡试考官三人，同考官十八人，皆用翰林出身，诚词林盛事。以《四书》题、诗题同在首场，亦是科始。

孙渊如得丙午乡举

乾隆丙午，阳湖孙渊如观察星衍应江南乡试，主司朱文正公将出京，与彭文勤公约，谓吾此行，必得汪中、孙星衍。榜发，果得孙于经策中。中，字容甫，江都人。

王健寒九十九岁应乡试

乾隆时，番禺县学生王健寒年九十九，尚应乡试，握笔为文，翁方纲曾记以诗。

乡试老少同榜

乾隆时，粤东诸生谢启祚年九十八，犹入秋闱，以年例当早邀恩赐，大吏每列其名，辄力却之曰："科名，定分也。老手未颓，安见此生不为耆儒一吐气乎？"丙午乡试，果中式，谢戏作《老女出嫁》诗云："行年九十八，出嫁不胜羞。照镜花生靥，持梳雪满头。自知真处子，人号老风流。寄语青春女，休夸早好逑。"谢尝以"半百子孙图"五字合成一寿字赠人。及百有二岁，朱文正公珪以闻，诏加编修，赐"寿禹昌文"匾。丁未应会试，特恩授司业衔。己酉，恭祝高宗八旬万寿，晋秩鸿胪卿，濒行，赐诗额以宠之。又十数年卒，盖寿近百二十岁矣。有见其朱卷履历者，先后三娶二媵，举十三男、十二女，孙二十九人，曾孙三十八人，玄孙二人。

是科，番禺刘朴石孝廉彬华则以年仅十五而中式，老少同榜，年龄相距为八十三年。抚军某《鹿鸣宴纪盛》诗，有"老人南极天边见，童子春风座上来"句。

沈惟熙未冠赐举人

沈文悫公德潜于儒臣中最称晚达。尝训其孙惟熙曰："汝未冠，蒙皇上钦赐举人，亦知而翁乡试时，固十七次落第秀才乎？"盖文悫年六十有六，始膺乡举也。

冯潜斋重赴鹿鸣

冯潜斋，名成修，广东人。幼牧牛，年三十四，始游庠。逾年，登贤书，联捷，点庶常，改部曹，典蜀试。又典闽试，得蓝彩元作解首。

先是，蓝为王安国尚书典试所赏，必欲中元。因与正主司不合，争之不得，尚书曰："姑置之，此人不中元，吾不信也。"阅二十年，果发解，王大喜而蓝老矣。

冯督学贵州，旋罢归。好论文，有“冯八股”之目。年九十余始卒。乾隆壬寅八袠，与夫人同庚，康健无恙。届结褵周甲之期，戚友门生咸集称庆，重行花烛交拜之礼。自署其门云：“子未必肖，孙未必贤，屡忝科名，只为老年娱晚景；夫岂能刚，妻岂能顺，重烧花烛，幸邀天眷锡遐龄。”至壬子，重赴鹿鸣。

浙江乡试误出经题

乾隆甲寅，浙江乡试《易经》题，误出“离为目为火”。

杜奎炽书乡试策后

杜奎炽，昌黎狂生也，以狂死。嘉庆戊辰，应乡试，书策后千余言，言：“直隶官吏不能奉宣德意，旗民买汉人田免租，汉人买旗民田没其田，且治罪，非普天下王臣王土之意。”又：“民遇饥馑，毋得携族过山海关，非古人移民移粟之道。”又言：“后之人君，不以一权与人，大小事必从中覆。臣下皆无所作为，委成败于天子，不能给则委之律例。故权之名出于天子，而其实则出于吏，与其权出于吏，无宁分其权于臣。”

书闻，大臣讯之曰：“汝年少，不知为此言，必受人指使。言之，当免罪。”奎炽大言曰：“奎炽所言，皆忠孝事，天生之，孔孟教之，何者为指使？奎炽生十八年，今乃知孔孟为千古忠孝讼师。”讯者皆噤且怒，或叱曰：“汝沽名耳！何知忠孝？”奎炽曰：“然。奎炽诚沽名，然奎炽今死矣。公等为宰辅，受大恩，万一树牙颊〔颏〕，论列是非，朝廷念大体，当不死，轻者罚一岁俸，至款段出都门，极矣。公等爱一岁俸，不沽名，奎炽以性命沽名，奎炽诚沽名也。”遂罢讯。

房官误会乡试卷文

世俗以夫妇好合之事为敦伦，以使令奴仆为饬纪。嘉庆己卯，浙江乡试，某房官阅文，见有“饬纪敦伦”句，大骇曰：“敦伦岂可饬纪？怪诞极矣！”亟以笔直抹之。

魏默深得顺天乡举

道光辛巳，桐城光聪谐与胶州张曾霨铁桥为顺天乡试同考官，首题“上长长而民兴弟”。张得一卷，卓荦奇肆，荐之戴可亭相国敦元，极为推赏。旋因内用“尺布之谣”四字，嫌系汉事，抑置副榜。逮填榜，知为湖南名士魏源，大为扼腕，然魏即于下科中式顺天榜第二名矣。魏字默深，邵阳人。

俞理初乡试红卷

黟县俞理初正燮博学久困，道光辛巳江南乡试，监临苏抚某遍谕十六同考官，谓某字号试卷必留意，盖红号试卷，外帘有名册可稽，故监临知之也。是科正主考为汤文端公金钊，副主考为熊遇泰，同考某呈荐于熊，并述监临之言。熊大怒曰：“他人得贿，而我居其名，吾宁为是？中丞其如予何！”遂摈弃不阅。同考不敢再渎，默然而退，以为卷既荐，吾无责焉矣。填榜日，监临、主考各官毕集至公堂，中丞问两主司，某字号卷曾中式否？汤曰：“吾未之见也。”熊莞尔而笑曰：“此徽州卷，其殆盐商之子耶？”监临曰：“鄙人诚愚陋，抑何至是？此乃黟县俞正燮，皖省积学之士，罕有伦比者也。”熊爽然，亟于中卷中酌撤一卷，以俞卷易之，未尝阅其文字也。俞遂中式。

吴廷珪得江西乡举

道光辛巳，江西乡闱解元为吴廷珪，浮梁人。当嘉庆辛酉乡试时，主司极赏其文，拔置第一。将发榜，忽失其卷，遍搜不获，乃易一人。撤闱后，主司检行李，于帐顶得一卷，乃初中第一之卷也，懊恨久之。自是试辄不利，然越二十年而仍获解首焉。

林文忠创设乡试信炮

江南人文甲于各省，每乡试，合江宁、江苏、安徽三布政司所属士子，恒万六七千人，入锁院时，唱名授卷，竭一昼夜之力未能竣事，有拥挤颠仆者。某科，侯官林文忠公则徐以两江总督入闱为监临，创设信炮，立灯牌，阴以兵法部勒之，日晡而点名毕矣。

春凤池不得乡试魁选

驻防各省之八旗人士，例得与于所在地之省闱，与汉人一体乡试，名次亦列入其间，仕不得在前十八名。前十八名者，除第一名为解元外，余谓之经魁，盖士子得专一经也。江南乡试同考官分十八房，十八房所中之卷各有一最优者，即以十八房之次序第其先后，故曰经魁。蒙古春元，字凤池，长于文学，中道光癸卯江南乡试第十九名举人。座师祁文端公儁〔寯〕藻、贾文端公桢，极击赏其卷，以格于例，未及置魁选为恨。咸丰癸丑，大挑二等，得七品小京官，改光禄寺署丞，春于是时已绝意进取，优游于镇江之金焦、北固间矣。子善彰，国子监博士；善广，内阁中书，历权浙江之西安、浦江县知县，皆以科第起家。善康，未仕，隐于商。善述、善余均太学生。善扬，附生，毕业于江苏师范学校。

五人以关节得乡举

道光甲辰恩科江南乡试，青浦中式者五：曰陈瑑，曰葛桐衔，曰王映江，曰诸成琮，曰王浩。当赴试时，五人实同舟。至金陵，泊舟下关，有一苍头误送一函至，五人启视之，则关节也。乃送某巨公之子者，谓今科闱艺须用《尚书》。遂亟封其书，还其人而秘之。及入闱，五人得题，悉按《尚书》意义，力为诠发。榜发，果皆售，盖皆于无意中得之也。

然五人中，多汉学名家。瑑，字小莲，精研六书，具有神悟，晚习九章术，自号六九学人。学使曾批其文，谓为大江南北第一。桐衔，字稚侯，年最少。映江，字永伯，湛深经学，尤深于《书》，著有《顾命康王之诰》，考辨大旨。成琮，字彦卿，亦以文鸣，熟精注疏。浩，字荆门，通六书，精考证。惟桐衔之文，为人所捉刀也。

江南乡试之丽六卷

昆山徐朗斋大令鏴庆，健庵尚书裔孙也，有隽才，跅弛不羁。道光己酉，乡试二场毕后，饮于秦淮妓艇，大醉不醒，三场误点名，未入闱而其卷已抡元矣。闱中遍求三场卷不得，主司叹惋累日。刊程墨时，录其文于解首之前，不刊名而刊红号，曰“丽六”。徐赋诗云：“虚名丽六流传遍，下第江南第一人。”

翁叔平喜骂乡试监生

咸丰戊午，翁叔平协揆同龢与潘文勤同典陕西试，二人故姻好也。并坐一堂阅卷，翁得劣卷，横抹，大声骂曰：“此必监生卷。”潘言于翁曰：“来朝，将与君分堂阅卷。”翁请故，曰：“子诚大秀才拔贡生，我乃监生，不堪遭君骂也。”翁大笑，允改口，然越数日而骂如初矣。

陆溶为歪头举人

苏州陆溶工制艺，乡试屡不第，益发愤读书。某岁，遇大比，将行前一日，焚香告天曰：“某半生辛苦，不能博一第，如命中应有此福，虽迟数年无害；脱令无也，愿略减寿算以易之，俾白屋儒生，亦有吐气扬眉之一日。”祷讫，伏地大哭。是年果中式，未久即病死。陆颈有创痕，头常于欹一面。相传陆于粤寇扰苏时，奔避不及，一寇以利刃砍颈，深入数寸，不绝者三分之一，晕仆于地，越一昼夜始苏，砍处已为颈血凝合，遂得不死。然其头已偏而不正，人谓之“歪头举人”。

江南冬行乡试

同治甲子夏，江宁既克，粤寇平。及冬，江督曾文正公国藩奏请补行江南乡试，藉以鸠集流亡也。不以八月而以冬，故不曰秋闱而曰冬闱。解元为江璧，第三人为吴大澂，文正与主司刘琨相庆，谓“江璧”二字，适为江南肃清之义，盖至是而长江流域完璧归赵也。“吴大澂”三字，盖至是而三吴澄清也。吴字清卿，后官湖南巡抚。

沧粟为人得乡举

光绪初，山右郝某富甲一邑，解风雅，好客。有二子，长者年弱冠，延某孝廉为师。孝廉学淹博，负时誉，廉静寡欲，有古君子风，以故宾主甚相得。一日，有客访郝，郝卧未起，客翩然入塾，孝廉与之谈，滔滔清辩，如读破万卷书者，孝廉雅重之，恨相见晚。未几，郝出见，客先道向慕之忱，而后述来意，盖于役罄资斧，来假白金三千者。主人慨诺，问客曰：“尊纪安在？取携便否？”客曰：“只身万里，无仆役，行将如太原，书券向钱肆付可矣。”郝如其言与之，拱手而去。孝廉谓郝曰：“公诚慷慨，然不相识者与以三千金，异日来者求无厌，殊可虑耳！”主人曰：“客目光如电，吐属又类书生，殆侠义之徒。与之，所失不过三千金；不与，则祸且不测。”孝廉默然，心中未尝不讶客之来突如、郝之与伤惠也。

阅数月，有以书遗郝者，启视则客谢札，尾云：“令郎俊秀非凡品，拟为纳粟入监，俟秋闱一决胜负，速将履历寄某处。仆已于某月日入京，令郎来，倘屈驾，当扫榻以待。”郝色然喜，以为客固不负余者，遽以履历寄客。孝廉审知其徒，以为即遇盲主司，亦无幸，然不能重拂郝意，姑令多读多作而已。六月初，择吉日，令其子就道，孝廉与之偕。抵京访客，客居殊精雅，相与道契阔，客出监照授孝廉，复附耳语曰：“事已谐，高足领卷入场可矣，勿问他事也。”及录科，初入试场，枯坐不能成一字。日卓午，有人持卷来易，视之，则琳琅满纸，遂缴卷出，名列前茅。三场亦如之。发榜前一日，客走相贺曰：“已中第几名矣。”榜发，果然。亟访客，客已他往，谒师、会同年毕，遂返里。郝喜不自胜，大张筵宴，亲友贺者踵相接，咸谓令郎少年英发，行见来年折杏花耳。郝及孝廉则固知客之所为，而郝尤感之，顾以不知客之踪迹为憾也。一日，有需用，入密室取银，则有白金三千两置于几，附一函，略云：“天涯过客，承君馈遗。仗义轻财，可风薄俗。令郎高掇巍科，易于拾芥。文章几曾憎命，人定自可胜天。本拟造府申贺，人事牵率，不克南来。白金三千，敬谨奉赵，不偿子金，受惠多矣。孝廉某君朴诚可敬，恕不另柬。某月某日，沧粟拜手。”主人读毕，惊异者久之，持函示孝廉，孝廉惭谢曰：“今而后知先生识力之胜人也。”

外人捐监应乡试

总税务司英人赫德有二子，慕我国科名，光绪初，纳监，入籍顺天，且延名师教制艺。某科，应顺天乡试，为北皿号生群起而攻之，乃不入场。

王莘锄言阅乡试卷之难

无锡王莘锄（鉏）吏部綍，莼农孝廉蕴章之世父也。举北闱南元，联捷，入翰林，后改官吏部，出典福建乡试，得士称盛。尝语人曰：“曾得一卷，全体称意，而中有小疵，终觉不惬，竟摈之。又有一卷，文平平，而有数警句，爱不忍释，则姑置榜尾。暗中摸索，自信鉴空衡平之不易也。”

林旭十九得乡举

林旭，字暾谷，生而颖异，其文则绳趋矩步，无一奔放。李芍农侍郎文田充福建正考官，得林乡试卷，击节叹赏，定为元选，其评语有“非二十年面壁功深者，不能臻斯境界”云云。时林年十九，时论荣之。林，侯官人，为沈文肃公葆桢孙婿。光绪戊戌政变被难，即六君子之一也。

广东乡试关节

顺天府尹顾某尝被简为广东主考，粤中盛闱姓，有巨商以重金买四姓，二文二梅，欲主考头场题中宣示。是科二题为“衣锦尚絅，恶其文之著也”。三题为“令闻广誉施于身，所以不愿人之膏粱文绣也”。二“文”字亦无意巧合。诗题为“雪树两折南枝花”，是二“梅”字也。

浙江乡试关节

光绪癸巳，殷如璋、周锡恩衔命南下，主试浙江，至苏州，船泊阊门外。时苏州府为王可庄太守仁堪，循例谒见。谈次，忽有人以密函至，立待覆书。功令：典试者在途，不得与戚友通音问，防弊也。殷得密函，请王启视，王阅之色变，即呼拏下书者。书中所言，皆贿买关节语，并一万两银票一张，署名者周福清，周即浙江翰林院庶吉士散馆授知县，革职捐内阁中书者也。殷见事已泄，亦拍案大怒，请将下书者严究，以明心迹，于是周遂被祸。

光绪某科，南中某名士典试浙江，撤闱后，以关节酬资未到，流连西湖者数日。浙人大哗，群起逐之，乃仓皇遁去。然其人固夙以廉隅自励者，传闻若是，要亦其左右舞弊所致耳。

新进士释奠

每科胪唱后，新进士咸赴国子监释奠。礼竣，大司成置酒堂东偏，各献酬三爵。以堂中为御驾临幸地，故避就东偏也。

顺治丙戌会试中四百名

顺治丙戌正月，礼部奏：“今年二月会试天下举人，其中式名额及内帘房考官，均宜增广其数，以收人才。”得旨：“开科之始，人文宜广，中式额数准广至四百名，房考官二十员，后不为例。”

丙戌会试得人

顺治丙戌开科取士，为会试第一科，虽循明制，以《四书》命题，而第一名进士李奭棠三艺浑穆，蔚然开国气象。魏文毅公裔介、魏敏果公象枢、李文勤公霨、冯文毅公溥、朱尚书之锡，皆出是科。

顺治己丑会试中四百名

顺治己丑会试，中式四百人，阁臣七人典试，前代未有。时两广初定，二甲授参议，三甲授知府，进士释褐即官四品，亦奇遇也。

会试满汉分榜

顺治壬辰、乙未春闱两科，分满、汉二榜，各有三鼎甲及二甲、三甲，其后则合为一榜。

世祖念南榜举人之会试

顺治丁酉，世祖既诛方犹、李振邺、张我朴，南榜举人不得试，已而覆试，江南举人第一叶芳霭，第二某。世祖悔而惜之，每谓江南举人被累之困。己亥八月，会试榜发，世祖顾问礼部江南覆试举人中式几人，礼部堂官以已中十七人对。又问叶芳霭中式否，则奏曰：“已中式。”又问某，则奏曰：“某名在副榜。”问其人安在，则奏曰：“回原籍矣。”及廷试，遂拔芳霭一甲第三人。辛丑，世祖晏驾。明年，某始成进士。

会试中额分省

康熙癸卯会试，粤东无一中式者。东莞举人林贻熊等联名吁请，允之，乃定分省中额之例。

谢聘以会试落名不得与

康熙癸卯，谢聘举于乡。甲辰，公车北上，礼部吏误落其名，遂不得与试。事闻，圣祖赫然震怒，疑为怨家裁抑，从邸舍急索之，而聘已先期出都。乃遣吏部员外郎喇毕驰驿召聘，使赴阙质对，议削诸司事官籍，立授聘官。聘诣部，立白司事官无他，实吏胥一时之误，司事官概免罪。聘，号莘园，瑞金人。

三进士皆贰臣

进士出身之最奇者三人，皆在国初，以贰臣就试者也。一杞县任暄猷，明末练乡勇，御流寇有功，后仕福王，为后军都督。王师下江宁，投诚隶旗下。中顺治壬辰进士，以磨勘被黜，后再中乙未进士。一邵阳吴芳，明崇祯己卯举人。永历时，官至左都御史，归命后，愿以科第进，中康熙甲辰进士。一五河钱世熹，明末官县令，鼎甲后，削发为浮屠，久之复还俗为诸生，康熙庚戌成进士，年七十余矣。

准新进士自陈任吏与否

康熙庚戌，常熟陶晚闻太常正靖再试保和殿，名在第十二。圣祖命大学士蒋文肃公传讯诸进士，自度材能堪任吏与否。倪紫珍先对曰："有志临民。"陶继言曰："愿就教职。"文肃愕然，再询之，对如初，后太常仍以翰林用。

韩文懿为会元

康熙癸丑会试，值厘正文体之时，长洲韩文懿公菼举南宫第一，遂以经义开风气之先，骎骎乎有起衰之功焉。

陈文简奉旨会试

陈文简公生而岐嶷，三四岁时，每于睡梦中，一闻梵呗声必惊起，合掌趺坐。母知其有自来也，抚之曰："儿既生我家，当从事圣贤之学，佛氏之教不足循也。"文简耸听已，即卧，自此闻经呗声，不复起矣。比长，博极群书，以贡入成均，旋中京兆试，文名藉甚，上达宸聪。

康熙己未会试，适其妇翁长洲宋文恪公充总裁官，文简回避不与试。是日圣祖临朝，阅礼部奏回避事，指文简名以询，廷臣群以宋系陈妇翁对。上曰："翁婿何回避之有？可趋令入试。"时日已亭午，闱中将放饭矣，忽传鼓启门，奉旨特送举人陈元龙一名进场，然文简仍以嫌被屏。乙丑，会试中式，总裁以十卷进呈，文简卷列第十，上拔置第二。殿试，上复亲擢为一甲第二名，赐进士及第。

丁腹松中进士而辞馆

丁腹松，字木公，通州人，博学能文。性迂古，重气节，年三十举孝廉，屡试春官不第。时明珠当国，闻其名，延之课子。丁督课严，明益重之，每朝罢必往谒，数年如一日。值会试期近，明曰："试期近矣，先生大才，掇高第如拾芥，可预贺也。"丁叹曰："吾自揣学问不让他人，顾屡蹶场屋，命耳！吾衰矣，不愿作冯妇也。"明曰："科名迟早有定数，先生非久居人下者，吾愿先生之就试也。"又曰："奴子安三，于送场事颇悉，令侍先生往，当能减先生之劳。"丁诧曰："彼能之乎？"明亟称其能，颔之。

安三者，明之豪奴，侍郎以下皆敬礼焉，呼之为三爷。明敬丁，特命供使令，丁亦微闻安不法事，日必令其叠被、扫地、涤溺器以挫之，且直呼曰"安三"。安以主人故，谨受命。是日，明去后，安入服役，丁思明言，遂少假颜色，笑呼曰："安三爷，闻汝主言，汝于送场事颇悉，吾试时，当借重也。"安骤闻此语，如膺九锡，盖丁素严厉，今忽霁颜，且呼之为"安三爷"也，乃屏息肃立，对曰："敢不唯命。"

届期，安策马前导，将入闱，众官见安来，有揖者，有屈半膝者。丁误以为施于己也，讶甚，据鞍拱手不已。抵闱门，即见一官手丁卷，呈安阅，众官前导，安与丁偕入号舍，为丁张号帘、敷考具者皆官也。安临去时，复谆嘱众官善视丁，众唯唯，如是者三场。

发榜前数日，安忽入贺曰："师爷中式矣。"丁笑曰："固所愿也，然谈何容易？吾命果泰者，通籍久矣，待今日耶？"安力言其确，丁怒曰："关防严密，奴辈何由知之？汝敢造言以戏我，当告汝主扑汝也。"安疾趋而出，有顷，手一卷来，谓丁曰："睹此，知小人之言确也。"丁视之，则一朱卷，卷面大书中式第几名，展视之，盖己作也。大惊，索卷将裂之，安见丁变色，急袖卷出，丁追之不及返，乃怒詈不已。其时丁犹谓安取他卷誊己所作文以诳己也。次晨，嘱明严治之，明唯唯而已。

阅数日，榜发，丁果中式，名数与前卷符。丁始晤明为之通关节，安所为，明所使也。大恸曰："吾一生名节扫地矣。"急辞馆。明固留不可，具盛馔饯之，辞不赴。濒行，明嘱其子成德贶以万金之券，曰："聊以将意，家父恐道远，携带不便，已汇袁浦矣。"丁固辞，成固请，丁乃索火吸烟，即以此券付之火，明父子嗟叹而已。又命沿途官吏具供张，丁悉屏弗受。既归，隐居城南之军山。及明败，凡与明往来者均株连，丁独否。

汪舍亭承父命赴会试

康熙戊戌，杭人汪舍亭再举礼部，值母袁太孺人卒，痛己之远游而母死不能丧也，自誓不复应试。辛丑，计偕，其父察其无行意，一夕，召而语之曰："而以乃翁为年迈乎？"因据案起立，张左右手，复坐，命进餐，食尽一升。舍亭知老人尚无恙，重违其志也，乃始行。

蒋恭棐两宴琼林

长洲蒋太史恭棐中康熙乙未进士，未授职，后缘事被黜。越六年辛丑，捷南宫，入词苑，两宴琼林，世称奇遇。

世宗谕令副榜会试

雍正丙午，世宗谕曰："士子读书制行之道，首在明经。其以《五经》取中副榜者，必有志经学之士，著将今年各省《五经》取中副榜之人，俱准作举人一体会试。此系特典，后不为例。"

世宗谕应试贡士语

雍正丁未试南宫，以春寒，赐贡士棉衣姜茶。试毕，群诣谢恩，吴大宗伯襄宣言于众曰："上有旨，汝辈他日作官，当如张鹏翮、朱轼，方不负朝廷。"张、朱皆谥文端。贡士，即进士也。

杜要徒步赴会试

新化杜要，字明若，屡困场屋，傥得傥失，年六十四，始与同县杨琨、杨振铎同举于乡。已而琨与振铎相继登明通榜，要年辈先于二杨，耻居其后。乾隆丙辰，年已七十矣，徒步赴京，应会试。高宗登极，恩命搜年老举人朱墨卷进呈，遂特赐要以国子监学正。

会试时皮衣不去面

国初考试严怀挟之禁，会试士子计无所出，乃将文字抄成小本，缝衣裘中，遂有皮衣去面、毡衣去里之例。然会试在三月，时犹严寒，士子著裘者入场时，悉去其面，一色皆白。乾隆乙丑，高宗降谕："春月会试，风檐之下，非衣裘不足以御寒。若将制就皮衣悉令去其裼袭，应试多人，既不免改造之费，亦非所以饰观瞻也。著将皮衣去面之例停止。"

阎循观会试下第

乾隆丁丑会试，余姚卢抱经学士文弨与分校，得山东一卷，其辞简淡醇雅，以为非学有元本者不能。既呈荐，主司嫌其寂寥，弗善也。甲乙既定，诸分校者皆退，学士独抱卷上堂，与主司言，谓不宜失此士。力争再三，竟不能得，学士为之出涕。既撤棘，言颇传于外，争索此卷阅之，称叹。询邑里姓名，则昌乐阎考功循观也，以故阎虽不遇，而名闻京师。至丙戌会试，学士又与分校之列，揭榜日，唱名至第九，侍郎刘荫榆闻阎名，诧于众曰："此即往年卢某所为抱卷而泣者也，今可为之一鼓掌矣。"满堂闻之，皆大噱。

会试易表判为诗

乾隆丁丑会试，奉旨，易表、判为诗，置经文于二场，永著为例。戊寅，复于头场增性理论一篇，其后无性理论，仅三文一诗而已。

会试有贡士谢恩摺

会试发榜，礼部必代贡士为谢恩摺。乾隆丁丑，乃贡士所自撰，领衔者为龚起，其呈词有"稽千佛之名经，载云从之诗"等句。高宗降谕申斥，谓"'千佛名经'，乃唐人下第者欣羡之词，语甚鄙俚。在制科巨典，自当诵习圣贤，非先王之法言不敢道，岂得漫为摭拾？至'云从之诗'，则与周宣悯雨诗相溷，龚起等草茅之士，未谙体制，尚无足责，而礼部堂官据词入奏，何以不加检点"云云。

眭朝栋请复会试回避卷

乾隆辛巳会试，特派御史眭朝栋为同考官，命于入闱日，开列应避之亲族名单以进。刘文正、王文襄之亲族，颇多应回避者，而眭独无。高宗怒，下眭于部。部承旨，引结交近侍例，置极刑。盖眭当未派同考时，曾疏请复回避卷，高宗疑密语已泄，眭为刘、王地也，故诛之。

汪竺香会试不妄对

苏州汪竺香，名元亮，博闻强记，为吴中名宿。中乾隆壬午经魁，朱文正公深器重之。每有不得意事，则风病时发。某科试，头二场卷已入彀矣，至三场，策问皆元元本本，通场无及。然仅对四问，有一问仅书“臣愚不敢妄对”六字，房官阅之大笑，遂落孙山。

会试名次已定复改

顺治丙戌会试，柏乡魏文毅公裔介卷已拟第一，填榜时改为十二名，李奭棠本定十二名，改第一。乾隆癸未会榜第三名本定张书勋，以其论错误斥去，乃于落卷中搜得秦大成卷以补之。后秦占大魁，而张亦中丙戌状元。

新进士簪花礼

新进士释褐于国子监，祭酒、司业皆坐彝伦堂，行拜谒礼。簪花故事：三鼎甲皆簪金花，有备用一枝，为总理监事者所携归。乾隆辛丑，长洲钱棨适占三头，于时总理监事者为蔡文勤公世远，新司业则翁覃溪学士方纲也。文勤戏谓今科状元为翁公上年所得士，此花应归翁公，学士因携归，椟藏之，镌铭其上，并撰《三元考》《三元喜谯》诗四律。京师士大夫及四方诗人和者数百家，梓为《三元诗集》。

高宗以五经试士

乾隆戊申，高宗以相台《五经》镂板，特筑《五经》萃室藏之。旧例，科场试士，士各习一经，至是始用五经。

凌廷堪成进士

歙凌次仲教授廷堪，少长习贾，常为人所绐，母王氏乃使从事于学。博通经史，尤精三《礼》，及推步之学，顾生平不好八股文，未尝作也。入都，谒翁覃溪，翁奇其才，强之习举业，遂以乾隆己酉、庚戌两榜成进士。

停会试明通榜

乾隆庚戌以前，会试有明通榜，例得内阁中书，盖于遗卷中取之也。长洲王惕甫芑孙素有才名，上计时，和珅欲致之门下，王拒之，不通一刺。和衔之甚深，会试王中明通榜，和特奏停止，将榜撤回。会试明通榜，遂自庚戌永远停止矣。

会试搜落卷

乾隆乙卯会试榜后，高宗简大臣搜阅遗卷，得三人，特旨授内阁中书。是科总裁为诸城窦光鼐、满洲瑚图礼、武进刘跃云，第一名王以铻、二名王以衔，归安人，同怀兄弟也。高宗疑其有私，将总裁降调有差，而命严行覆试，并恐有屈抑。别简大臣取遗卷悉心覆勘，大臣以萧山傅金、天津徐炘、山西李端三卷进呈，俱命授内阁中书。后徐官至某省藩司；李成嘉庆己未进士，入翰林；傅早卒，终中书军机处行走、方略馆纂修、文渊阁校理。

俞理初会试下第

嘉庆朝，士之以博洽闻于时者，北为张石洲穆，南为俞理初。理初举于乡，数困公车。某科，阮文达典会试，王菽原礼部为同考官，得一卷，惊喜曰："此非理初不办！"亟荐之。是日，文达适小极，未阅卷。副总裁汪文端公廷珍素讲宋学，深疾汉学迂诞，得王所荐卷，阳为激赏，俟王退，亟鐍诸笥，亦不言其故。将发榜，文达料理试卷，诧曰："何不见理初卷耶？"命各房考搜遗卷，王进曰："某日得一卷，必系理初手笔，已荐之汪公矣。"文达转诘文端，坚称不知，文达无如何，浩叹而已。榜后，理初往谒王，王持之痛哭，折节与论友朋，不敢以师礼自居，且赠诗四首，有云："如是我闻真识曲，最难人说旧知名。"又云："冥鸿已分翔寥廓，暮雨萧萧识此心。"其倾倒也至矣。理初所著书，初名《米盐录》，王为鸠赀选刻其半，易名曰《癸巳类稿》。

龚定庵会试之起讲

嘉庆乙丑春闱，同考官王植阅浙江一卷，至第三艺起讲，以为怪，大噱不止。邻房温平叔侍郎闻声往视之，为言此必龚定庵卷无疑，乃怂恿呈荐，遂获售。况夔笙太守尝言见是科第十房同门录，有定庵闱作，三题为"夏曰校，至小民亲于下"，其小讲云："昔者三代之制，八岁入小学，十五入大学。小学学六书九数而已，大学之道，在明明德，在亲民。"虽简淡疏朴，然亦不甚怪异。其首次两艺，气格尤醇简，不骫时艺矩度。诗题为"春色先从草际归"，第四韵云："出山名远志，入梦恋慈晖。"尤浑雅可诵也。此在定庵，盖已俛就绳尺矣。

龙汝言一体会试

状元遭际之奇，莫过于龙汝言。龙未第时，馆某都统家，适仁宗万寿，都统属撰祝词备小贡。故事：每万寿及令节，凡一二品大臣及内廷翰林皆有小贡，为诗、词、序、颂之类，缮小册以进。龙乃集圣祖、高宗御诗百韵以进，仁宗大喜，特召都统奖之。都统以龙代作对，仁宗曰："南方士子往往不屑读先皇诗，此人熟读如此，具见其爱君之诚。"立赏举人，一体会试。次年春闱下第，总裁复命，召见时，仁宗谓闱墨不佳。及出，密询近侍以今科闱墨不惬上意之故，近侍曰："龙汝言落第耳！"于是朝臣咸识之。次科，即嘉庆甲戌，主司仰体上意，因中之。及殿试，即以一甲一名拟进，仁宗私拆弥封视之，乃无言。胪唱日，仁宗喜曰："朕所赏果不谬也。"甫释褐，即派南书房行走、实录馆纂修等差。

龙幼孤贫，赖妻父卵翼之，故惧内，妻又悍。一日反目，避友家，适馆吏送高宗实录请校，龙妻受而置之。越日，吏往取，妻与之，龙不知也。一日，忽降旨革职，盖高宗纯皇帝之“纯”字，馆吏误书作“绝”，龙虽未寓目，而恭校黄签则龙名也。仁宗大惊，降旨曰：“龙汝言精神不周，办事疏忽，著革职永不叙用。”及仁宗崩，龙入哭临，哀痛逾常。宣宗嘉其有良心，特赏给内阁中书，道光戊戌科，犹充会试同考官也。

会试房考觅穆公子卷

长沙陈岱云太守源兖，以气节自高，与曾文正公国藩为密友，卒殉咸丰癸丑庐州之难。其官编修时，分校礼闱，首辅穆彰阿有子与试，分试十八人，皆其门下士也。十七人者，争觅公子卷，冀得一当，独惮太守方正。而卷适在太守房，以艺劣未呈荐。同事物色之，且以情告，太守亟加批抹焉，穆无如何也。

会试关节

科场关防严密，道光时，某权相以此树党，其旧门生年家子及有以文字著名者，场前预送条子为文中之关节，久之相习成风矣。有某部郎者，颇束身自爱，某科出礼闱，呈文稿于乡荐座主。某甚重其文，怪其不预送条子。某曰：“门生初试，不知条子为何物，又愧由诡道贻师门羞耳！”座主咈然不悦，曰：“君不受栽培，嗣后不必过我也。”是科虽中，不与馆选，说者谓为不受栽培所致。

龚定庵魏默深会试下第

道光丙戌会试，刘申受礼部为同考官，得龚定庵卷狂喜，亟荐之。魏默深卷在某侍御房，犹豫不遽荐，刘读其文异之，乃促令亟荐，然龚、魏竟皆下第。刘痛惜之，赠以诗云：“三江人文甲天下，如山明媚画嶙峋。盎盎春溪比西子，浣花渥锦裁银云。

神禹开山铸九鼎，罔两俯伏归洪钧。锋车西走十一郡，奇祥异瑞罗缤纷。兹登新堂六十俊，（自注：浙卷七百余人，余独分得六十卷。）就中五丁神力尤轮囷。红霞喷薄作星火，元气翕蔚晖朝暾。骨惊心折且挥泪，练时良吉斋肃陈。经旬不寐探消息，那知铩羽投边尘。文字辽海沙虫耳，司中司命何欢嗔。更有无双国士长沙子，孕育汉魏真精神。尤精选理跞鲍谢，暗中剑气腾龙鳞。侍御披沙豁双眼，手持示我咨嗟频。（自注：湖南九四卷，五策冠场文更高妙，予决其为魏君源。）翩然双凤冥空碧，会见应运翔丹宸。萍踪絮影亦偶尔，且看明日走马填城闉。”定庵是岁三十有五。己丑，始捷南宫，刘即卒于是年。默深至乙巳始登第，则刘不及见矣。默深，邵阳人，非长沙也。

曾文正为同进士

曾文正公国藩成进士时，殿试列三甲。故事：三甲多不入翰林。文正大恚，即日买车欲归。时劳文毅公崇光已官编修，有名公卿间，因往慰留之，且许为尽力。归，即约善书者数人，馆之家，又假亲友仆马各十，鞍辔以待。文正出场，急写其诗分送贵要。既而果列高等，入翰林，然终以不登二甲为恨。至督师两江时，偶与宾客语及“如夫人”三字无对，李次青方伯元度应声曰：“同进士。”曾色变，李亦惭悔，久之乃解。

会闱别试回避

道光丁未会试，山东孔庆瑚为同考官，孔氏宗族应回避者数十人。盖圣裔散处各省者，皆依衍圣公辈行，不紊昭穆。故每遇孔氏子孙有主考、同考之役，以同宗例须回避，不论籍贯。礼部尚书祝庆蕃因请复别试回避之例。宣宗问停止之故，庆蕃对曰：“乾隆某科有宰相子弟回避者，高宗恐臣僚与有私昵，乃停此例。”宣宗曰：“今年非亦有宰相子弟在回避中耶？”庆蕃叩头莫能对，遂罢官。

王壬秋不赴会试

湘潭王壬秋，名闿运，少负时名，往来公卿间，多欲罗致之。而性超轶，不乐仕进。咸丰时，尝客游燕赵，将赴春闱，至清苑矣，意忽忽不乐，遂改辕归，作《思归引》。其后得官翰林院检讨，特赏也。

潘文恭重赐及第

重宴琼林，已不多见，而重赐及第，国朝惟潘文恭公世恩一人。潘以乾隆癸丑大魁天下，至咸丰癸丑，甲子一周。时已早跻台辅，而是科［公］子星斋侍郎曾莹，适奉命典春官试。孙文勤公祖荫以前一年及第，闱后，乃与小门生称新同年。

倪恩龄场前中进士

咸丰庚申会试，应试者不及历届之半，以粤寇肆扰，各省乱事未已，无力成行也。边省竟全无之，惟云南有一人，为倪覃园太守恩龄，乃早年留京者。群知其必中，故于场前，已有戚友向之称贺矣。

张文襄憾不状头

张文襄少时，文章丰采，声誉藉甚，惟性落拓。耽麴糵，醉后好为狂言险语，闻者却走，有时醉甚，则和衣而卧，笠屐之属往往发见于枕隅。某年，其族兄文达公之万以第一人及第，张大恚，慨然曰："时不我待矣！"自此遂戒酒不饮，一改其旧日行径，不数年，亦以第三人及第。然犹以不获作第一人，终逊文达一筹，至暮年恒引为憾事也。

徐郙会试未搜检

徐颂阁协揆郙，以同治壬戌通籍。是科会试检查极严，凡携片纸只字者俱屏斥，搜检者及徐而倦，得不搜。

孝钦后拟作会试试帖

孝钦后工试帖诗，每岁春闱，及殿廷考试，辄有拟作。同治乙丑科会试，诗题“芦笋生时柳絮飞”得“生”字，拟作云：“南浦篙三尺，东风笛一声。鸥波连夜雨，萍迹故乡情。”又同治癸酉科考差，诗题“江南江北青山多”得“山”字，拟作云：“雨后螺深浅，风前雁往还。舍连春水泛，峰杂夏云间。”

会试卷用几希字

同治甲戌会试，某同考官荐一卷颇佳，三题“君仁莫不仁君义莫不义”，文有“人存所以以验几希也”句。总裁批云：“几希字生。”遂置之。闻者大笑。

王半唐会试诗出韵

临桂王半唐（塘）给事，名鹏运。光绪庚辰应礼部试，诗题“静对琴书百虑清”得“清”字，乃末联用“离尘”二字叶韵。卷经同考廖谷似中丞寿丰呈荐，而堂批谓此卷拟中已三日矣。覆阅诗末出韵，摈之可惜。半唐雅擅倚声，夙娴宫律，四声阴阳，剖析精审，乃至作试帖诗而真庚混淆，讵非咄咄怪事耶？半唐尝曰：“进士者，器之贵重而华美者也。是有命焉，不可幸而致也。”半唐，一字幼霞。

己丑会试错认颜标

光绪己丑会试，正总裁为李文正公鸿藻，欲取中天津辛元炳，误以许叶芬荒率之文为辛，置第一。辛文实充畅，竟抑置誊录，盖实错认颜标作鲁公也。

张季直会试见摈

光绪己丑，潘文勤公祖荫亦典春试，亟欲得张謇卷。揭晓，竟无名，潘目同考官熙麟曰："此必汝不识文，横加勒帛耳!"熙检荐卷簿则张卷已荐，为潘所自摈，以语潘，潘大沮丧。謇字季直，通州人，后以一甲第一人及第，官翰林院修撰。

眉寿八进士

光绪己丑会试之前，潘文勤公为乡人之入闱者，设送场宴，座客惟吴大澂非举子。中有江宁许鹤巢玉瑑者，文名籍甚，官中书，门徒甚众，以腹疾未到。席次，潘语客曰："我新得一鼎，考其款识，乃鲁眉寿鼎也，今刊有图说。"语毕，遍赠座客。吴携归，置之案，王胜之太史同愈见而爱之，乞之去。及试期，潘充总裁，二场《诗经》题为"眉寿保鲁"，得图者咸撇去常解，以鼎诂题。榜发，中式八人，同宴者七，元和江建霞京卿标亦在其中。其一即王，得亚元，是日本未与宴也。许独以疾不赴宴，遂向隅，后屡试不第，以中书终。

壬辰会试误认颜标

光绪壬辰会试前，张謇、刘可毅等同谒翁相国同龢。既见，寒暄已，翁曰："今日时势，宜统筹全局。"再三言之，张不省，刘默志焉。是春，翁主礼闱，首题为"君子矜而不争"两章，刘即以统筹全局字嵌入破题。翁得卷狂喜，定为元，批词有"为国家得人庆"之语。及拆封，非张，刘之名系新易者，翁亦大沮。后询知刘原名毓麟，亦江南名士，始少慰，曰："差强人意。"是科第二场，《诗经》艺为"昔我往矣，杨柳依依。今我来思，雨雪霏霏"四句。刘卷有句云："策马三韩，雪花如掌。"张昔年曾从合肥吴武壮公长庆戍高丽，翁以为作是语者，季直无疑，不待搜寻，定为首选。及揭晓，又为刘，是亦错认颜标作鲁公也。

沈友卿甲午会试为房首

汪柳门侍郎鸣銮所作帖括，曰《能自强斋制义》，声调圆熟。

光绪初，顺天乡、会闱墨，皆以声调为主，应举者辄取是编而揣摩之，无不入彀。然汪夙以博雅自负，见友人案头有藏此编者，辄毁裂之。甲午春，充会试总裁，搜罗才俊，题为“达巷党人曰”二句。有以“大哉”二字分作两大比，用《尚书》“哉生魄”之义，以“哉”为首者。有以“麟凤鸿狗”分作四大比者，鸿取“观鸿”之义，狗取“累累然如丧家狗”之义。有陕西举人某，以党人为秦人，破题有“莫谓秦无人者”句。

武进沈友卿太史同芳闱作沉博绝丽，同考官某读之不甚解，将弃之。适常熟翁山弓夫太守斌孙在侧，大惊赏，因告李牧斋阁学盛铎曰：“某房有江苏卷，必为君辛卯在江南所得之士。某以其文辞古奥，将弃之，速为转圜，无失也。”李因请于某，代为拟批，荐于汪。汪击节称赏。拔为房首，列第十二名。

以进士奖给日本人

日本文学博士服部宇之吉尝为京师大学堂师范馆教习，光绪戊申十二月回国，学部曾为之奏请赏给文科进士，奉旨依议。

举人瀛台覆试

顺治丁酉，世祖命南北中式举人在瀛台覆试，题即为《瀛台赋》。是时每举人一名，命护军二员，持刀夹两旁，与试者咸栗栗危惧。常熟陈溯潢亦在列，其父贡生式，尝作《燕都赋》，溯潢夙诵之，未忘也。至是点缀成篇，遂蒙钦定第一。

谢焕章覆试革举人

云南举人谢焕章年逾六十，甫捷乡闱，入都会试。其覆试之文，理境深奥，阅卷者李某几不能句读，以为文理欠通，竟坐褫革。谢固滇中名宿，有及门八人，同上公车，咸愤不与试，群起揭控。事闻于朝，特派大臣覆阅，谢得开复，作为本应罚停会试一科。而开复已后试期，应无庸再议，然谢之文名，由是盛传日下。

高宗临幸覆试场

乾隆甲寅乡试之覆试日，钦命题为“山节藻棁”二句，“于季桓子”六句，诗题“窗明几净”得“行”字。日未午，监试官忽命众跪，则高宗出也。询有完卷者否？时无一完卷者，惟一人以完卷未誊真对。命取其稿呈览，御笔为改诗一韵，其人竟以此获首列。

会试、乡试、覆试题，例命解元誊写，其原题仍恭缴，乡试解元或不到，则旗魁代之，皆跪而书。正午，例赐松饼四枚、奶茶一瓯以饷之。

俞荫甫覆试冠多士

嘉、道以后，殿廷考试，尤重字体。道光庚戌，德清俞荫甫太史樾成进士，素不工小楷，覆试竟冠多士，盖由于曾文正公之赏识也。时文正方以少宗伯充阅卷官，得俞文，极赏之，且因其诗首句云“花落春仍在”，谓与小宋“将飞更作回风舞，已落犹存半面妆”无异，他日所至，未可量也，遂以第一进呈。后俞典学河南，以人言罢职。同治乙丑寓书文正，述及前事，且曰：“由今思之，蓬山乍到，风引仍回，洵符落花之谶矣。然穷途著述，已及百卷，傥有一字流传，或亦可云春在乎？”因自颜所居曰“春在堂”。

莫宝斋监试列前茅

莫宝斋名晋，仁和人，少入成均，法时帆祭酒式善最赏识之。每试必前茅。性和蔼，酷好宋儒书，尝注五子《近思录》，又默诵朱子《或问》不遗一字。成乾隆乙卯探花，数任江苏学政，所取皆寒畯士。

朝考殿试重楷法

朝廷重视翰林，而取之之道以楷法，文之工拙弗计也。

新进士殿试用大卷，朝考用白摺，阅卷者偏重楷法，乃置文字而不问，一字之破体，一点之污损，皆足以失翰林，此之流毒，实道光时大学士曹振镛种之。振镛在枢府，宣宗以阅疏太烦为苦，振镛教以挑剔小过误字加之严谴，则臣庶震慑，封事自稀，可不劳而治。宣宗纳之。其后廷试亦专剔误字，不复衡文。桎梏天下之人才，纳诸无用之地，振镛之罪也。

朝殿卷文须齐脚

乾、嘉以来，朝殿卷无齐脚之说。道光后，文不齐脚者概摈不录，于是齐脚成为惯例。咸丰庚申，张文襄公之洞廷对时，发挥时事，历引先朝圣训，皆三抬写，得一甲第三。其后有效之者，或误引圣训，或抬写错误，致失馆选，故不敢轻效也。

德宗阅朝考卷而叹

德宗尝阅朝考卷，见其语多颂扬，意皆从同，乃掩卷而叹曰："以此甄录人才，奚怪所学之非所用也。"

朝考避"翠浪"字

孝钦后之咳名为"翠妞儿"三字，故馆阁中人应试，凡诗赋中"翠"字，均避不用，然惟久于京华者始知之，外省士子不及悉也。某年新进士朝考，题为"麦天晨气润"，一进士诗中用"翠浪"二字，阅卷者大骇，.谓"翠"字已不可用，况更加以"浪"字。倘进呈，必大触圣怒。盖京中俗谚，以"浪"为妇女风骚之代名词也。同列以是卷诗文均佳，拟为周旋之，然终恐或遭不测，无人肯负责任，卷遂被斥。

禁殿试前进士颂联

乾隆戊午，高宗谕曰："向来新科进士于殿试之前，有呈送颂联之陋习，近来此风又觉渐炽。夫士子进身之始，即从事于请托奔竞，则将来服官，尚安望其有所树立，以备国家之用？而大臣等亦宜精白乃心，绝请托之私，为国家培正才。该部出示晓谕，严加禁止，倘有违旨仍蹈故辙者，经朕访闻，或科道官参奏，必将与受之人一体从重治罪。”寻以士子进身之始，即习为献谀之词，尤非导之以正。古人对策中无此体裁，殿试之期，上亲制策问，试题不拘旧式，以免诸生预先揣摩。诸生策内，不许用四六颂联。

进士殿试之胪唱

进士及第，有胪唱。胪凡五唱，第一甲第一名某，第二名某，第三名某，二甲第一名某等，三甲第一名某等，其声凝劲以长。是日，榜眼、探花送状元归第，探花送榜眼归第，探花自归第，无人送。然名曰“归第”，实归其本省之会馆，虽有私第，必先至会馆而后归也。其会馆中人，先已召集名伶演剧，张盛筵，待贺客，历科鼎甲之在京者毕至。

徐立斋殿试第一

徐立斋相国元文胪传日，世祖召见乾清门，还启皇太后曰：“今岁得一佳状元。”赐冠带服物，视旧典有加。尝从幸南苑，赐乘御马，命学士折纳库为执鞚，馆师也，元文逊谢，乃改使侍卫。又尝晚对便殿，夜分赐馔毕，世祖问从者得无饥乎？亦命赐以食。

刘子壮殿试第一

顺治己丑，世祖临轩策士，谕令廷对不用四六旧套，刘子壮对策称旨，亲定一甲一名，与榜眼熊伯龙齐名。子壮，黄冈人，字克猷，名满天下，楚北文章家推为巨擘。伯龙，汉阳人，字次侯，尤工古文，著有《谷贻堂文集》。

秦鉽殿试卷书法

顺治乙未，会试榜发，世祖命取诸进士之原卷进御，览之称善者数四。及殿试卷进呈，阅至第三人卷，顾谓读卷官傅以渐曰："卿知此卷为谁？"傅谢不知。世祖曰："此会元秦鉽作也，朕于其书法知之。"及拆卷，果然。世祖大悦，召见于南海子，赐袍服，比第一人。

殿试之地址

国朝策试进士，赐及第出身，本沿明代旧制，谕令射策于天安门外。至顺治戊戌，世祖从礼部之请，乃改于太和殿丹墀。或为六言诗以纪之，中有句曰："从此太和翔洽，举头益见天安。"

叶九来殿试被摈

叶九来，名奕苞，为掌院学士讱庵从弟。殿试本拟二甲第四名，圣祖已呼召，宣付至四十人矣，忽顾杜立德、冯溥、叶方蔼、项景襄、李天馥曰："此外岂无龙虎漏珊瑚之网者乎？"于是冯以徐源、林咸清、王嗣槐对，杜以白梦鼐、施清、高向台对，而叶操吴音以奕苞对，曰："渠，臣从弟也，臣若不举，彼必衔恨刺骨。"天颜不怿，悉罢去，而以邵吴远、严绳孙补之。

姜西溟殿试第三

慈溪姜西溟，名宸英，以布衣荐入史馆。圣祖尝语近臣曰："姜宸英古文为当今作者。"每榜发，辄遣问姜宸英举否。然年七十，始以第三人及第。

父子殿试对策

河南鄢陵王鸣球，为顺治庚子解元。康熙甲辰成进士，至丁未补应殿试，适其子曰温以是科捷南宫，于是父子同日对策大廷。

殿试进呈十卷

殿试卷先拟十本进呈，恭候钦定名次，自康熙乙丑会试始。

殿试策清汉合璧

国初，新庶常年少者多派习清书，盖期其兼综九能，储承明制诰之选也。至殿试对策，则从无以清书入卷者。康熙戊辰科进士仁和凌绍雯，少习清书，廷对日，用清、汉合璧体书写，读卷诸臣，靡可位置，乃以之殿二甲。

大臣子弟殿试皆三甲

康熙庚辰，殿试榜将发，上谕内阁曰："大臣子弟皆置三甲。"

何义门为不殿试之翰林

阎潜丘，名若璩，初交何义门，何年二十四岁，日与议论时文。潜丘将明二百年名家制义，其中错解题、误用事者悉标出之，装为一帙，凡百条，谓此乃代圣贤立说，岂有使别字、用讹事者。义门击节叹赏，归而抄撰制义，为《行远集》，悉如潜丘之旨，义门曰："如此，方见制义之难。"

自是，义门益工制义，然构思颇不迅捷，每应举，俱曳白。而数游京师，其科第皆出钦赐，后以安溪李文贞荐，得校书秘阁。又好指摘人诗文疵累，贵人多侧目，忽构蜚语。时圣祖在圆明园，诏下狱，复诏亲王勘问，锒铛周身，官吏拥挟，而亲王尚未出，乃锁义门于别室。义门出袖中《易经》朗诵之，已而鼾声如雷。官吏怪诘之曰："尔此时尚能熟睡耶？"义门笑曰："我自读书外，不知有他也。"亲王出问曰："尔既为读书人，当谨守礼法，岂可妄肆雌黄？若是则处士横议也。"义门曰："王大人差矣。孟子当衰周无道之世，故言处士横议。

方今圣王在上，岂有此事?”亲王复命，圣祖复命检其寓中笔墨可有狂悖语，竟无有。所存邸抄，凡有上谕者，下注曰：“臣何焯恭阅。”又有辞友人馈金札稿。圣祖嘉其忠爱廉洁，钦赐翰林院庶吉士，使校书如故。

王敬铭殿试第一

嘉定王丹思殿撰敬铭以康熙丁亥迎銮进诗画，称旨，入直畅春园，充武英殿纂修。书成，议叙不就。癸巳春秋乡闱，(是科春闱乡试、秋闱会试。)联捷成进士，殿试一甲第一名。胪唱毕，圣祖谓近臣曰：“王敬铭久直内廷，是朕亲教出来者，授修撰，赐宅一区。”己亥，侍直热河，上问而父年几何，以父母年皆七十对，御书“齐年堂”额赐之。

尹似村为殿试秀才

尹似村为尹文端公第六子，祖父宰相，兄弟皆尚书、侍郎，而似村自号“殿试秀才”，不就职，赋诗种竹，以林泉终。殿试秀才者，以乾隆丁卯科试，诸生闹场，高宗恶之，亲自监试，似村独蒙钦取故也。

殿试阅卷之圈

御史眭朝栋既以乾隆辛巳会试充同考官之前，请复回避卷被诛，军机大臣、司员咸为人所指摘。而乾隆庚辰，状元毕秋帆、榜眼诸桐屿，亦皆官军机中书。故都下蜚语，有“历科鼎甲皆为军机所占”之说。会试榜发，赵云崧又以军机中书得隽。适刘文正公统勋、刘文定公纶充阅卷大臣，赵虑以避嫌见摈也，乃更易书法，仿欧阳率更体缮之。文正、文定初不知，已列之高等，及将定进呈十卷，文定恐赵卷入一甲，又或启形迹之疑，且得祸，乃遍检诸卷，意必将赵卷置十名外，彼此俱无累矣。及检一卷，独九圈，当以第一进呈。九圈者，卷面另黏纸条，阅卷大臣各以圈点别优劣于其上。是岁阅卷者九人，九人皆圈者，惟此一卷。文定疑为赵卷，以示文正，文正笑曰："赵云崧字迹，虽烧灰，亦可认，此必非也。"盖赵初入京时，曾客文正第，爱其公子文清公墉书法，每仿之。及直军机，赵以起草多不楷书，偶楷书，即仿文清体，而不知赵更擅率更体也。文定则谓遍检二百七卷，无赵书，则必变体矣。文正又覆阅，谓赵文素跅弛不羁，亦不能谨严如此，而文定终以为疑。将军兆惠时方奏凯归，高宗为隆其遇，特派入阅卷。兆自陈不习汉文，上谕以诸臣各有圈点为记，但圈多者即佳。至是，兆检得赵卷独九圈，余或八或五，遂以第一进呈。

王文端殿试第一

韩城王文端公杰未遇时，在陕甘总督尹文端公、巡抚陈文恭公幕府，立品正直，尹、陈皆甚重之。乾隆辛巳，捷南宫，殿试卷列第三。是科因御史奏改先拆弥封，传集引见，高宗是日阅十卷，几二十刻，特拔文端卷置第一。《御制辛巳御殿传胪纪事》诗有云："西人魁榜西平后，可识天心偃武时。"盖是时西域底平，开疆蒇绩，而文端适抡元，故特及之。

任子田殿试为二甲首

泰州任子田，名大椿，记诵博洽，尤长于三《礼》注疏、六书训诂。乾隆己丑成二甲一名进士，浮沉郎署，晚年始授御史，未上而卒。自开国以来，二甲一名进士不入词馆者仅三人，子田实居其一。

刘凤诰殿试给烛

少保刘凤诰为乾隆己酉探花，殿试日，天已昏，文尚未成，监试大臣欲逐之出，常宗伯青曰："此生书法极秀劲，可给烛，使终篇。"榜发，擢高第，遂于常终身执弟子礼。性豪宕，少假馆蒋司马元益宅，蒋喜其俊雅，欲纳为婿。久之，使酒詈仆夫，蒋曰："非大器也。"善遣之。洊至吏部侍郎。与修高宗实录，告成，加太子少保。尝督学浙江，以严酷驭士子，为言官所劾，谪戍黑龙江。适将军有贺表，命代撰，表至，仁宗谓近臣曰："此刘凤诰笔也。其文愈佳于昔，可谓'穷始工'也。"未久，放归田里。

殿试进呈十二卷

乾隆庚辰，秦文恭公蕙田等以殿试进呈前十本外，尚有佳卷，特旨许以十二本进。是科十四名以前并入翰林。（同治以来二甲二十名前均入翰林，几同成例。）至乙卯恩科，大学士和珅读卷，以无佳卷，止取八本呈御览。

殿试有两传胪

嘉庆某科，一甲一名为潘世恩，二名为陈云。二甲一名为张春山，三甲一名为马秋水。时人为之语曰："必正妙常双及第，春山秋水两传胪。"盖世谓二甲一名为金殿传胪，三甲一名为玉殿传胪也。

洪莹默写殿试策

嘉庆己巳殿试后两月，给事中花杰诬劾戴文端公营私舞弊各款，并连状元洪莹，谓与戴衢亨交结情密，故援引为一甲一名。仁宗特派满洲军机章京，传洪莹，由福园门带至上书房，命二阿哥监看，令其默写试策。核与原卷相符，上称为真才实学，并以洪横被诋诬，赏纱二件，以示奖异。花所劾文端他事，经诸大臣会讯，均子虚，交部议罪。

殿试之"臣对臣闻"

凡殿试策，起必曰"臣对臣闻"，止必曰"臣谨对"。某科，有富家子应乡会试，倩人捉刀，遂魁两榜。殿试日，策题既下，侍卫露刃立阶下，毛发森竖，不敢复萌故态。搜寻腹笥，一无所有，日晡犹未成一字，不得已，乃援笔书其上曰："臣对臣闻，知之为知之，不知为不知，是知也。臣不知，臣不敢妄对，臣谨对。"

苏人殿试多鼎甲

嘉庆以前，鼎甲之盛，莫盛于苏州府，而状元较榜眼、探花为尤多。以状元言之，顺治戊戌为常熟孙承恩，己亥为昆山徐元文；康熙丁未为吴县缪彤，癸丑为长洲韩菼，丙辰为长洲彭定求，己未为常熟归允肃，乙丑为长洲陆肯堂，甲辰为常熟汪绎，壬辰为长洲王世琛，乙未为昆山徐陶璋，戊戌为常熟汪应铨；雍正丁未为长洲彭启丰；乾隆丙戌为吴县张书勋，己丑为元和陈初哲，辛丑为长洲钱棨，庚戌为吴县石韫玉，癸丑为吴县潘世恩；嘉庆壬戌为元和吴廷琛，戊辰为吴县吴信中；道光壬辰为吴县吴钟骏。以榜眼言之，康熙丁丑为常熟严虞惇，乙未为吴县缪曰藻；嘉庆乙丑为长洲徐颋，辛未为吴县王毓吴。以探花言之，顺治乙未为长洲秦鉽，己亥为昆山叶方蔼；康熙庚戌为昆山徐乾学，癸丑为昆山徐秉义，丙辰为常熟翁叔元，壬戌为长洲彭宁求，壬辰为吴江徐葆光；乾隆乙卯为吴县潘世璜；嘉庆辛未为吴县吴廷珍。

陈继昌力疾应殿试

桂林陈莲史方伯继昌殿试时，力疾对策，仅得完卷。阅卷大臣初拟第二，歙曹文正公振镛谓本朝百余年来，三元只一人，无以彰文明之化，改置首列，遂以三元及第。其座师刊"桂林一枝"石章赠之。

殿试不宜专重字体

咸丰辛亥，御史王茂荫奏称"殿试朝考务重文义。嗣后请读卷阅卷大臣，不论字体工拙，专取学识过人之卷进呈钦定，批明刊发，使天下晓然于朝廷所重在文不在字”云云。礼部驳之。

崇文山殿试第一

崇绮得殿撰，当殿试未唱名时，上亲揭试卷，见其名，以旧例，旗人不列鼎甲，然又难复改，因将鼎甲三名复入筒中，三人皆崇也，因不改。崇字文山，三等承恩公，蒙古人。

翁曾源殿试第一

同治癸亥，状元翁曾源为常熟相国文端公心存长孙，皖抚文勤公同书子，以监生赐举人贡士。应廷试，胪唱遂第一。盖其时文勤方以剿寇失机论大辟，系请室，文端再起入阁，以子罪不测，居恒辄戚戚，故孝贞、孝钦两后特沛殊恩，以慰其心也。曾源擢第后，即称心疾归里不复出，二十余年而卒。

或曰：曾源仪貌秀美，入翰林未久，即有旨召见。入对，则孝钦后独坐便殿，谢恩毕，跽案侧，温旨问其学业及文端近状甚悉。忽曰：“李义山诗，有‘身无彩凤双飞翼，心有灵犀一点通’句，予嫌其未惬，欲改为‘灵犀一点有心通’，似胜原句。而上句苦难妥协，汝为予改之。”曾源战栗不知所对。久之，孝钦大笑，令内监引之出。归告文端，皇然失色，曾源亦大惧，即日佯狂移疾归。

张文襄殿试对策

南皮张文襄公之洞既捷春秋闱，应同治癸亥殿试。其对策，敷陈时事，不依常格。初，吴县吴清卿中丞大澂方以贡生应诏上书，言殿试对策或有谠论，阅卷者虑触忌讳，每匿不以闻，请申壅蔽之罚。至是，阅卷大臣见文襄卷，甚疑怪，然奇其才，不敢弃置。乃公拟第十进呈，孝钦后特拔置第三。

殿试卷作颜字

光绪癸未之殿试也，读卷者有张佩纶、周家相。先是，周见阎文介公敬铭，询其子学何书。阎曰："临颜帖，悬腕作小楷也。"及读卷日，有一卷字体诘曲，每溢格外，周诧曰："此必阎乃竹也。"乃竹为文介之子，张遂力与李文正公鸿藻言之，得置第四。及拆卷，则为朱古微侍郎祖谋，而阎固未尝作颜字也。

举人中书之殿试

历届会试，由举人内阁中书中式者，殿试日，既领题，得携卷回直庐填写，书籍文具，先存直庐，不必临时携举，一便也。几案视席地为适，二便也。馔茗有厨役伺候，三便也。刮补托能手代劳，四便也。傍晚得随意列烛，五便也。惟地属中秘，外人未便阑入，刮补等事，必同僚交契者为之。即试策中条对排比，亦可相助为理，俾得专力精写，不至限于晷刻。有此种种便宜，故每科鼎甲，由中书中式者，往往得与其选。

光绪中叶，某修撰书法能工而不能速。殿试日，已薄暮矣，犹有一行半未毕，目力不复辨。正惶急间，适监场某贝勒至，悦其字体婉美，竟旁立，然（燃）吸烟所燃之纸煤照之。屡尽，屡易其纸煤，且屡安慰之，谓："姑徐徐，勿亟也。"迨竣事而纸煤亦罄矣。殿撰感恩知己，胪唱后，以座师礼谒之。

殿试卷有重字

光绪庚寅科吴肃堂修撰鲁之殿试卷，其中重写一"而"字，惟适当翻页之处，一在前页末，一在后页首，阅卷者匆匆翻过，未及觉察，遂得大魁。迨下科琉璃厂懿文斋书肆将原卷张于壁间以示人，全幅了然，其误乃见。

盖向例，逢会试年，琉璃厂纸笔文具店，必设法将上数科三鼎甲殿试卷横张于壁以示人，俾考试者知所效法。观者愈多，则生意愈盛，亦招徕之妙法。懿文斋、松竹斋，其尤著者也。

文道希殿试有笔误

萍乡文道希学士廷式，夙负盛名。光绪壬辰廷对，误书闾阎为闾面，经读卷大臣签出，而常熟翁叔平相国同龢则言闾面二字，确有来历。或犹与之争曰："殆笔误耳！"翁曰："曩吾尝以闾面对檐牙，讵误耶？"文竟以第二人及第。

殿试各卷名次

阅卷大臣，以奉旨派充时名次先后为序，位在甲者，所取第一卷为第一；位在乙者，所取第一卷为第二。如大臣八人，则位庚辛者，所取第一为七为八也，甲所取第二，宜为第九，不可紊也。间有破例者，如翁同龢、徐树铭同充阅卷，翁甲而徐乙，徐为翁之师，翁以元卷让徐。潘祖荫以门地才学凌驾同列，亦间有占前者。

光绪己丑，阅卷大臣为李鸿藻、翁同龢。翁得费念慈卷，欲以状元畀之。商诸李，李已得张孝谦卷，坚持不可易，翁争不已。乃两置之，改为张建勋、李盛铎是也。进呈后多照原拟，亦间有更动者，如乙未之萧荣爵拟状元，骆成骧拟传胪。进呈后，德宗见骆卷起语："臣闻殷忧所以启圣，多难所以兴邦。"时方新败于日本，德宗大感动，乃以骆魁天下，改萧为第四。

俞陛云殿试第三

俞荫甫太史之孙陛云，光绪戊戌科以第三人入选。闻报大喜，撰一联榜其室，句云："叹老夫毕世居稽，藏书数万卷，读书数千卷，著书数百卷；喜小孙连番儌幸，院试第一人，省试第二人，廷试第三人。"陛云，字阶青。

翰林散馆考试

翰林院庶吉士散馆考试，留馆者不斤斤于名次之高下。名单进呈，候皇上朱笔圈出，有高列而不留馆者，有以枢臣之力以二等获留者。三鼎甲先授职，不俟三年散馆，即得为学政主考。故得科名者，以鼎甲为最荣。

何焯以下等留馆

长洲何义门学士焯博极群书，长于考订，其手校书籍，后人不惜重金购之。康熙朝，以李文贞公光地荐，特赐举人、进士，授编修。及散馆，竟列下等，应改官，奉旨著留馆，再教习三年。

梁启心恩免散馆

乾隆己未，仁和梁葰林庶常启心侍养家居，特旨免其散馆，授职编修。葰林为文正公诗正之兄。

钱文敏散馆曳白

钱文敏公维城，乾隆乙丑状元，选为清书翰林。性敏，以清书易学，不甚措意，至散馆曳白。高宗大怒曰："钱维城以国语为不足学耶？乃敢抗违定制。"将置于法。傅文忠公代请曰："钱某汉文优长，尚可宽贷。"上召至阶下，立命题考之。乃倚础石挥毫，未逾刻已就。上异其才，命供奉南书房，洊擢至户部侍郎，宠眷甚笃。

阎文介散馆列乙等

道光丁未庶常散馆，赋题为"拟庾子山春赋"，既限官韵，又令能记原赋者步原韵。阎文介公敬铭志在必得一等，因用原韵，而后半竟不能全记，韵脚遂大乱，考入乙等，以部属用。阎侘傺特甚，后虽入相，犹以此为憾也。

圣祖试年羹尧

年羹尧少官都下，好冶游，而博闻强记，文誉甚彰。一日试翰林，题为“西南垦荒防边事”，年备言地理险要，圣祖大悦。未几，遂以阁学擢巡抚。然少年得志，意气颇盛，或规之，乃折节谈（读）宋明理学书，倾心阳明，尤慕陆宣公之为人，为人书字，多录陆之奏议。

考选南书房翰林

咸丰庚申五月，考选南书房翰林，诗题为“拟鲍明远数诗”。诗载《文选》中，所谓“一身出关西，二年从车驾”者也。而与试诸人竟无人能记全诗者，虽顺德李芍农侍郎文田，亦不能忆之。

纪文达应翰林馆课

乾隆某年，翰林馆课题“痀瘘丈人承蜩赋”，以“用志不纷乃凝于神”为韵。时献县纪文达公昀方入词垣，课作押“乃”字，官韵云：“沉几观变，耸肩第觉其成山；定息凝神，拄杖休嘲其似乃。”（唐无名氏嘲伛偻人诗：“拄杖欲似乃，插笏还肖及。”）

翰林大考始于雍正

雍正癸丑四月上谕：“嗣后庶吉士等虽经授职，或数年以后，或十年，朕再加考验。若依然精熟，必从优录用，以示鼓励。其或遗忘、错误，亦必加以处分。”是为翰林大考之始。

大考之升降

故事：大考翰詹，惟一等及二等前数名得迁擢，稍后或被文绮之赐；中赞以上列三等末，率改官降黜，编检夺俸；至四等，则无不降斥矣。乾隆戊辰大考，诸城窦总宪光鼐时官编修，名列四等，高宗夙知窦，特迁为右中允。

汪廷玙以大考授讲学

乾隆壬申，御试翰詹诸臣于正大光明殿，以“纳凉赋”为题，作者多规橅《上林》《子虚》，铺陈宫殿苑囿。汪侍郎廷玙时为编修，独以宵旰忧勤民事立言，特擢一等一名，超授侍讲学士。嗣充日讲起居注官，又充会试同考官，又充武会试副总裁官。

大考之黜陟

故事：词臣以大考休官，如外吏之干六法，无仍还原秩者。德州宋蒙泉廉访弼，以编修充《续文献通考》纂修官，同事十数人，皆后进，征文献者咸以宋为归。乾隆癸未御试正大光明殿，引见，有旨令以原官休致。当时诸总裁合词奏宋弼学问笃实，著述精勤，请留之书局，由是供职如故。后以赞善分巡巩秦阶道，擢甘肃按察使。

法式善大考两降

时帆祭酒法式善雄文邃学，列清班者二十载，而未一与文衡。两应大考，俱佐迁，则以书法甚古拙故也。盖乾隆朝已重字不重文矣。

阮文达大考第一

阮文达公以乾隆辛亥大考第一，由编修擢詹事府少詹事。是年大考，题为“拟张衡天象赋”“拟刘向封陈汤甘延寿疏”，并陈今日同不同，赋得眼镜诗。阅卷大臣极赏拟赋博雅，而不识赋中“嵖”字音义，（嵖音计，《管子·轻重戊篇》：“虙戏造六嵖，行以迎阴阳。”）竟置三等。旋检字典，始置一等二名。奉谕：“第二名阮元比第一名好，疏更好，是能作古文者。”亲改为一等一名。文达尝自谓所以得改第一者，实因疏中所陈今日三不同，最合圣意也。

周兴岱大考四等

侍郎周兴岱官翰林院编修时，大考列四等。

周兴岱规避大考

周兴岱以典试江西获咎，部议夺职，特旨用为翰林院侍读学士。次年为嘉庆癸亥大考，届期，兴岱以频岁有疾，恳请休致。上谕斥其不早陈奏，有心取巧，勒令休致。寻复赏编修，因其父煌曾充上书房总师傅，而兴岱亦僾直南斋有年也。

陈传经大考三等

海宁陈传经文章名海内，官翰林院编修时，仁宗尝问董文公诰曰："东南世家子弟，在朝列有文学者，朕欲拔一人用之。"文恭即以陈名对，且备举其行谊。会大考翰詹，仁宗阅其卷，谕文恭曰："陈传经写作俱佳，已置一等第一矣。"文恭告陈，私为庆幸。比榜出，名在三等，大惑不解。越数日，仁宗又谕文恭曰："曩本置陈传经第一，不知何时将其卷夹入三等中。"惋惜久之。

奎照奎耀同应大考

嘉庆戊寅大考之次日，仁宗召英相国和谕曰："汝子奎照、奎耀试作，耀当在二等，照次之。今日阅卷，未尝宣露一字，俟拆封后，看若何?"既而耀居二等，照列三等，仍为满洲第二名。越日，圣驾诣东岳庙，小黄门传谕云："文章自有定评，日昨所断竟不爽。"

大考第一之赋

道光朝，大考翰詹，以"远佞赋"为题，押"厥"字韵。有一卷曰："譬彼欲求至宝，哔嚣何取于沽诸；将植嘉禾，丰草必先于茀厥。"词婉而讽，能近取譬，获首选。

曾文正大考二等

都人尝有翰林大考之口号，其句曰："金顶朝珠挂紫貂，群仙终日任逍遥。忽传大考魂皆落，告退神仙也不饶。”亦可见其难矣。某届，总其事者许乃溥，一老翰林乞关照，谓只求无过，不求有功。许告以完卷后，微洒墨水数点，庶易辨认，欣然去。曾文正公时为检讨，完卷后，因加笔帽，墨水激出，少有沾濡，许得之，以为老翰林也，列二等末。事竣，赍呈御览，宣宗详加披阅。至二等，以手翻腾，得曾卷，未过目，侍臣以他事请，上匆匆发出，则曾卷已居二等首，遂得遽升侍讲。

文宗命大考题

咸丰癸丑，粤寇据金陵，东南行省悉陷，文宗忧甚。己未冬，郊宿于斋宫，夜分恸哭不止，侍臣咸为之凄然泣下。是年大考翰詹，至以“宣室前席”发题，盖亦忧心焦思、伤于祸乱也。

万文敏大考第一

咸丰己未，大考之诗题为“半窗残月梦莺啼”，万文敏公青藜时官编修，有句云：“九重开曙色，万户动春声。”拔置第一。盖题近衰飒，而句有兴会也。

文道希大考第一

光绪某年，大考翰詹，赋题为“水火金木土谷”。文道希学士廷式卷，阅卷大臣进呈时原列第三，德宗拔置第一。及召见，亲谕之曰：“汝卷乃朕所特取，汝知之否?”文顿首谢。旋超擢翰林院侍读学士。

庶常大课不识诗题

阮文达尝教习庶吉士，大课诗题为“天下太平”，皆不知出处。纳卷后，方悟是《礼记》孔子答子张问政：“君子力此二者，以南面而立，夫是以天下太平也。”

汪某试翰林得罪

汪某，休宁人，乾隆丁丑散馆，授编修。癸未五月，试翰林，搜出夹带，加等治罪，札发顺天府，定驿充徒。先是试博学宏词，查出代作诗者，犹从宽典也。

考差

乡、会试之考官，须先考差。考后，必开名单，进呈御览，候上加朱笔，被圈者始得差，然非行贿，亦不可恃。因太监持单入时，单中虽列本人之名，若别无贿赂，则名上辄有告假、扣资等字样，必不得圈。盖太监以小纸书此等字样置手指中，临进时贴之，无人觉察也。

考差向用《四书》文二篇，试帖诗一首。嘉庆己卯，裁《四书》文一篇，改用经文一篇。考差者在子、午、卯、酉四年之四月。三品以下之翰詹，皆得与试，记名者得放差。差者，学差为各省学政，试差为各省正副主考，同考差为顺天乡试、会试之同考官也。

进士不得考差

光绪末，设进士馆，使鼎甲以下皆肄业其中。进士皆大怫，诸翰林以不得即散馆考试差为大戚，大怨张文达公百熙，时张方为管学大臣也。

寿耆考差诗

寿耆曾考试差，其试帖题曰“华月照方池”。文芸阁与之同座，见其一句曰：“卿士职何司?”文百思不得。寿曰：“我用《洪范》卿士惟月典，君荒经已久，宜不知出处。”文唯唯而已。寿字子年，宗室也，后官至侍郎。

刘可毅考差被斥

武进刘葆真，名可毅。光绪朝，官翰林院编修。某年考差，其起讲起句为“且自不得已而后有君臣”。阅卷大臣张文达公之万见之大怒，谓其灭绝人伦，即欲上疏劾之，经某大臣为之解释始免。然卒不获放差，后死于庚子拳乱。

秦留仙应制咏鹤

秦留仙年十九，官庶常。世祖召试咏鹤诗，有“高鸣常向月，善舞不迎人”之句。指示阁臣曰：“此人必有品。”因置第一。

王文简应制赋诗

王文简公士祯诗名重一时，其初浮沉郎署，适张文端公英值南书房，为之延誉。圣祖素闻其名，因召入内，出题面试。文简诗思本蹇涩，且以乍睹天颜，战栗不能成一字。文端代作诗草，撮为墨丸，置案侧，始得完卷。上笑阅之，曰：“人言王某诗为丰神妙悟，何以整洁殊似卿笔？”文端谢曰：“王某诗人之笔，定当胜臣多许。”上因命改官词林，由是得跻高位。乃感文端终其身，尝告人曰：“是日微张某，余几作曳白人矣。”

翰林番上应制

康熙甲戌夏五月，召翰林诸臣番上应制，凡十九次，计诗题十八、论题一、赋题一。

五月初九日，少詹事李录予、朱阜，侍讲学士顾祖荣、李恺入直，拟“夏日内庭应制”七律。初十日，侍读学士徐家炎，侍讲学士张廷瓒、史夔、曹鉴伦入直，拟“赋得西园翰墨林应制”五律。十一日，左庶子陈伦，右庶子孙岳颁，侍读张榕瑞、王思轼入直，拟“赋得膏雨润公田应制”五律。十二日，侍读陆肯堂，侍讲畲志贞、彭定求，左谕德沈涵入直，拟“赋得紫禁朱樱出上阑应制”七律，韵限五微。十三日，洗马邱象随，左中允王思沛，左赞善沈朝初、陆棻入直，拟“咏金莲花应制”五律，韵限八齐。十四日，右中允杨大鹤、彭宁求，右赞善魏希征，司业彭会淇入直，拟“赋得崇文聊驻辇应制”五古，限辇字。十五日，检讨胡作海，编修仇兆鳌、徐元正、汪灏入直，拟“赋得衣露净琴张应制”五律，韵限五微。十六日，编修陈迁鹤，修撰沈廷文、陈元龙，检讨王之枢入直。拟“恭读御制览贞观政要诗应制”五律，韵限二萧。十七日，编修袁佑、王化鹤，检讨潘应宾、方韩入直，拟“恭读御制时巡近郊悯农事有作应制”五律，韵限八齐。十八日，编修张豫章、郑昆瑛，检讨刘涵，编修张希良入直，拟“恭读御制懋勤殿读尚书至无逸篇有作应制”五律，韵限五微。十九日，编修沈辰垣、李孚青、宋敏求、宋大业、沈三曾，检讨刘坤、鲁瑗、宋如辰入直，拟“恭读御制观浑天仪器诗应制”五律，韵限九佳。二十六日，编修吴世焘、汤右曾、郝士钧、凌绍雯、刘灏、张复，检讨宋朝楠、彭世搏、叶渟入直，拟“圣驾夏日阅视河堤应制”五律，韵限六鱼。二十七日，修撰戴有祺，编修吴昺，检讨万光宗、孙勷入直，拟“恭读御制宫门听政示各部诸臣诗应制”七律，韵限十灰。二十八日，编修许贺来，检讨梅之珩、张明先、李朝鼎入直，拟“恭读御制咏史诗应制”七律，韵限十灰。二十九日，检讨邓咸齐、郑际泰、窦克勤、徐日暄入直，拟“浑天仪应制”七律，韵限十蒸。

闰五月初一日，编修杨中讷、姚宏绪、潘从律、张瑗、王奕清入直，拟“赋得虚心高节雪霜中应制”七律，韵限十二文。初二日，编修胡润、戴瑗，检讨冉觐祖、杨名时、王传入直，拟“读朱子文集应制”五律，韵限十四寒。初三日，检讨王者臣、张曾庆、刘琰、李象元、文志鲸入直，拟“赋得驻辇华林侧应制”五律，韵限十三覃。初四日，召集西苑，考试学士王掞、李柟、顾藻及翰林诸臣，拟“理学真伪论”“丰泽园赋”。

李中简应制诗得体

李学士中简值上书房最久，诸皇子皆服其品学。乾隆乙酉秋，高宗偶以“鸠唤雨”命题，试内庭诸翰林。学士诗先成，中一联云：“慾阳犹可挽，拙性本无他。”即小喻大，时皆称其得体。

特科

“特科”二字，乡、会优拔之外，皆可称之。博学宏儒也，诏举经学也，巡幸召试也，经明行修也，孝廉方正也，经济特科也，皆是也。然亦有以专属之博学宏儒者。

各项特科之得人

特科得人最盛。康熙戊午举博学宏儒，得彭少宰、孙遹等五十人。乾隆丙辰再试宏博，得刘文定公纶等十九人。乾隆己巳诏举经学，得吴司业鼎等四人。又康熙朝六巡江浙，召试诸生，得吴文恪士玉等七十三人。乾隆六巡江浙，得王司寇昶等八十五人；三巡山东，得初尚书彭龄等十七人；四巡天津，得姚文僖、文田等十六人；巡幸五台，得龙殿撰汝言等九人。他若蓝太守鼎元，雍正初以特荐召试；严方伯如熤，嘉庆初以孝廉方正召试，并称旨，授知县，皆为名臣。而乾隆壬申，桐城黄太守良栋以国子监生肄业期满奏留，亦奉特旨亲试，立授赤城令，尤为奇遇，后亦以循吏称。

预各项特科之难

康熙己未以宏博科入词苑者，江南二十六人，浙江十三人，顺天直隶六人，江西二人，山东、河南、陕西各一人。乾隆丙辰再举是科，浙江七人，江南六人，山东、江西各一人。丁巳补试，江南、浙江、福建、云南各一人。辛未保举经学授官者，江南三人，山西一人。前后三举特科，湖南、湖北、广东、广西、四川、贵州、甘肃及蒙古，皆无一人受殊恩者。

大科词科

博学宏儒科为特科之一，亦有称之为“大科”或“词科”者。

圣祖诏开博学宏儒科

康熙己未正月，诏开博学宏儒科，谕曰：“自古一代之兴，必有博学宏儒，振起文运，阐发经史，润色词章，以备顾问著作之选。朕万几时暇，游心文翰，思得博洽之士，用资典学。我朝定鼎以来，崇儒重道，培养人材，四海之广，岂无奇才硕彦，学问渊通，文藻瑰丽，可以追踪前哲者？凡有学行兼优、文词卓越之人，无论已未出仕，著在京三品以上及科道官员，在外督抚布按，各举所知，朕将亲试录用。其余内外各官，果有真知灼见，在内开送吏部，在外开报于该督抚，代为题荐，务令虚公延访，期得真才，以副朕求贤右文之意。”

圣祖优礼宏博举子

圣祖厌薄八股，曾谕内三院九卿于康熙甲辰、丁未两科，改换策论，著以经济时务取士。而廷臣狃于故习，皆言古学不可猝办，仍暂用八股，以俟徐复，因特开宏博科，振厉其事。三月初一日平明，齐集太和门，以鱼贯入，诣太和殿前，鸿胪唱行九叩头礼毕。是日，上御殿祭堂子回，命诸荐举人员赴东体仁阁下，太宰掌院学士捧题出，用黄纸十张，写题二道，置黄帏桌上，跪领题讫，用矮桌列墀下，使坐地作文，题为“璇玑玉衡赋”，“以天下为一家诗”。及巳刻，太宰掌院学士复宣旨云：“汝等俱系荐举人员，有才学，原不必考试。但是考试愈显才学，所以皇上十分敬重，特赐宴，为会试、殿试、馆试状元、庶吉士所无，汝等须知皇上德意。”宣讫命起，赴体仁阁，设高桌五十张，每张设四高椅，光禄寺设馔十二色，皆大碗高攒，相传给直四百金。先赐茶二通，时果四色，后用馒首、卷子、红绫饼、粉汤各二套，白米饭各一大盂，又赐茶讫，复就试。时陪宴者太宰掌院学士各满、汉二员，皆南北向坐，谓之主席，以宾席皆东西向也，余官提调皆不与焉。其夕，晚出者十余人，皆给烛竣事，然后弥封，诸试卷作四封，当夜呈进。

此次无论已仕未仕，一体保荐。其应举者，除京城现任官员外，官人、布衣，各给月俸银三两、米三斗，旋取列一等彭孙遹等二十名，二等李来泰等三十名，悉令分修《明史》。中有以布衣超授清秩者，而应举至京者，凡一百八十六人，江浙为最多。以疆吏敦促上道，至有垂老患病不能舆马，舁以篮筥，驰赴国门者。施愚山久于仕宦，应征而至，坐卧惟一羊裘。既抵京，且称贷以营寒具。其他贫士，或就食畿辅，或寄宿僧庐，北地苦寒，狼狈万状。

是科取中者五十人，俱授翰林院官。侍讲一：邵远平；侍读四：汤斌、李来泰、施闰章、吴元龙；编修十八：彭孙遹、张烈、汪霦、乔莱、王顼龄、陆棻、钱中谐、袁佑、汪琬、沈珩、米汉雯、黄与坚、李铠、沈筠、周庆曾、方象瑛、钱金甫、曹禾；检讨二十七：倪灿、李因笃、秦松龄、周清源、陈维崧、徐嘉炎、冯勖、汪楫、朱彝尊、邱象随、潘耒、徐釚、尤侗、范必英、崔如岳、张鸿烈、李澄中、庞垲、毛奇龄、吴任臣、陈鸿绩、曹宜溥、毛升芳、黎骞、高咏、龙燮、严绳孙。或谓是时臣民尚有不忘明代者，圣祖特开制科，冀以嘉惠士林，消弭反侧，征以“以天下为一家”之诗题，其或然欤？

康熙朝试宏博之宽

康熙特科读卷诸臣，依前代制科分等第，进士科分甲乙例，判作四等。拆卷日，圣祖问有不完卷者，何以列在中卷，盖严绳孙仅作一诗也。众对曰："以其文词可取也。"上又问上二卷内有"验于天者不必验于人"语，无碍否，盖彭孙遹卷也。众对曰："虽语滞，意圆无碍。"又问赋首有"或问于予曰中有唯唯否否"语，岂以或指朕予自指耶？盖汪琬卷也。众对曰："赋体本有子虚亡是之称，大抵皆寓言，似不必有所指也。"又问诗中有云"杏花红似火，菖叶小于钗"，菖叶安得似钗？盖朱彝尊卷也。众对曰："此句不甚佳。"上曰："斯人固老名士，姑略之。"上曰："诗赋韵亦学问中要事，赋韵且不论，即诗韵，在取中卷者亦多出入。有以冬韵出宫韵者，（潘耒卷。）有以东韵出逢浓字者，（李来泰卷。）有以支韵之旗误作微韵之旗者，（施闰章卷。）此何说也？众曰："此缘功令久废，诗赋非家弦户诵，所以有此，然亦大醇之一疵也，今但取其大焉者耳。"上是之。

圣祖于召试宏博之次日，方幸霸州，携诸卷亲览。翼日，下三相国公阅。圣祖忽问："娲皇补天事信乎？"盖毛西河检讨卷中有此语也。益都冯文毅公溥奏《淮南子》有之，上曰："徒记事邪？则《楚辞》《列子》早及之，何止《淮南》？第未知传信何如耳。"文毅曰："赋主铺张，古籍宜可用。"于是西河列上卷，此可见当时试例之宽。

彭羡门为康熙制科第一

彭孙遹为康熙己未宏博第一人，才富学赡，王阮亭、朱竹垞皆自叹不如。其《延露词》三卷，清绮缠绵，多神妙语。然当时有黠者，摘其书中秽词，谓："如此淫狎，何以独冠多士，况宏博乃逸世大典，不将遗笑后世乎？"有司乃以其词进呈乙览，圣祖大怒，欲劈其书板，降其名次，后以某转圜乃寝。彭字羡门，海盐人。

康熙制科有佳山堂六子

康熙己未开制科，四方之士，率为二三耆臣礼罗而延致之。

其客冯文毅公邸第者，世称为九等上上之选，呼曰“佳山堂六子”。其实亦不尽然。六子为钱塘吴农祥、王嗣槐，海宁徐林鸿，仁和吴任臣，萧山毛奇龄，宜兴陈维崧也。时文毅奉派读卷，卷不弥封，人谓六子者且并录及。命下，奇龄、维崧入史馆，而四子皆见遗，惟嗣槐因年老赏内阁中书，人乃叹文毅之无私也。

杜傅得制科美授

康熙宏博科之年老试不入格者，吏部为裁量注官。惟容城杜越、太原傅山，圣祖命赏内阁中书，时人叹为美授。

魏文毅羡康熙制科

康熙宏博，与荐者一百八十六人。时柏乡魏文毅公裔介罢相家居，恒谓人曰：“吾不羡东阁辅臣，而羡公车征士。”柏乡县令闻之，称于直督，以疏荐为请。直督曰：“焉有元老而赴制科者乎？”

姜西溟不获举制科

康熙制科，昆山叶讱庵侍郎方霭与长洲韩文懿公菼相约连名上疏，以姜西溟太史宸英荐，叶适以宣召入禁中，浃月既出，则无及矣。王文简公叹曰：“其命也夫。”或曰：以厄于高江村詹事士奇，不获举。

乾隆制科给银两

雍正癸丑四月，世宗诏举博学宏儒，寻崩。至乾隆丙辰，高宗举行之。二月，奉上谕：“内外臣工所举博学宏词，闻已有一百余人，只因到京未齐，不便即行考试。其赴京先至者，未免旅食艰难，著从三月为始，每人月给银四两，资其膏火。在户部按名给发，考试后停止，若有现任在京食俸者，即不必支给。并行文外省，令未到之人，俱于九月以前到京。若该省无续举之人，亦即报部知之，免致久待。”

高宗优礼宏博举子

乾隆丙辰九月，试制科，高宗命分为二场考试，盖慎重将事之意也。二十六日为首场，试以经史二策。二十八日为次场，试以赋、排律、论三种。赋题为“五六天地之中合”，七言排律十二韵，题为“山鸡舞镜”得“山”字，论题为“黄钟为万事根本”。皆试于保和殿，并准给烛，取列之人，十月引见，授职有差，并赐《日知荟说》各一帙。丁巳七月十一日，续到补试者二十六人，亦分二场。首场亦经史二策，次场亦赋、排律、论三种，赋题为“指佞草”，七言排律为“良玉比君子”得“来”字，论题为“复见天心”，旋取列四人。

是科也，明诏既下，起讫凡四年，合内外所举，除重荐者六人外，尚有二百六十七人，亦以江浙为最多。而满洲有五、汉军有二，为康熙朝所无。

是科两次所取共十九人，亦俱授翰林院官。编修五：刘纶、潘安礼、诸锦、于振、杭世骏；检讨五：陈兆仑、刘藻、夏之蓉、周长发、程恂；庶吉士五：杨度汪、沈廷芳、汪士锽、陈士璠、齐召南。次年补试者，检讨二：万松龄、张汉；庶吉士二：朱荃、洪世泽。

祖孙同应制科

乾隆制科之征，有祖父以康熙己未宏博起家而其孙应荐辟者三人。朱竹垞之孙曰稻华，王文恭之孙曰祖庚，施愚山之孙曰念曾。

乾隆制科试五题

乾隆制科试题之例，吏部议覆御史吴元安奏言：“荐举博学宏词，原期得湛深经术、敦崇实学之儒，始足副淹雅之称，膺著作之选。盖诗赋虽取兼长，而经史尤为根柢。若徒骈缀俪偶，推敲声律，纵有文藻可观，终觉名实未称。应如该御史所请，考试博学宏词定为两场：首场试以经解一篇、史论一篇；二场照例试以诗、赋、论三题。皆许自辰至酉，夜则准其继烛以尽其长。”疏上，如议行。

陈兆仑三次通籍

乾隆制科，有以进士举宏博者，两次通籍，已为奇遇。钱塘陈太仆兆仑释褐，用福建知县，嗣保奏宏博，入都候试，适内阁中书阙员，试士东阁。新例，凡征士中科甲出身者，亦得与试，太仆蒙钦取一等一名，授内阁撰文中书，旋入军机处行走。明年，复入宏博之选，改官翰林，是三次通籍也。

刘海峰制科不第

桐城刘海峰副贡大櫆，尝应乾隆丙辰博学宏词科。鄂文端公尔泰拟以为首选，张文和公廷玉恶其才，曰："此吾乡之浮荡者。"因易武进刘文定公纶，海峰遂落拓终身，居京邸。其弟馆于明珠家，海峰素恶权贵，乃避居朱都统沦瀚宅，破壁颓垣，泊如也。

刘文定为乾隆制科首选

刘文定以受知于尹文端公继善，首荐博学宏词。张文和喜其文颖锐，读其诗至"可能相对语关关"句，曰："真奇才也。"擢第一，位至宰相。乾隆以前汉阁臣不以进士进者，惟文定一人。

胡天游试制科不第

乾隆制科，礼部尚书任兰枝以胡天游荐，首相鄂文端公尔泰欲见之，不可，强聘焉。胡痘瘢着其颊，目眴转双斗，长不胜外府之袠。入，雅踞相对，问两戒形势、九乾躔度、八十一家文墨，口汩汩如倾海，鄂大惊，扬于朝曰："必用胡某，以荣馆阁。"未几，试殿上。诸人捧黄纸，加墨，而胡鼻衄嚏不止，血涔涔下，污其卷几满。

厉樊榭试制科不第

乾隆制科，浙闽总督程元章尝荐钱塘厉樊榭孝廉鹗应博学宏词科。试日，误写论在诗前，遂报罢，而年亦老矣。

汪后来以武人被荐制科

乾隆丙辰制科，有以武人被荐者，为番禺汪鹿冈千戎后来。托病不出，时年逾六十矣。初，清远龙门有草寇，鹿冈尝于黑夜领步卒抵寇穴，焚烧九十九冈诸砦，悉平之，旋以母老归养。其诗学韩、孟，画兼子久、仲珪之长，尝有句云："夜半诗成携藁入，营门惊道羽书来。"

高宗诏举经明行修

乾隆辛未，高宗诏举经明行修之士。

圣祖南巡召对赋诗

康熙己卯春，圣祖南巡，由浙回苏。长洲举人吴廷桢驾小舟，迎谒水次，召对赋诗，称上意，大喜，于是询知其为丙子顺天举人以冒籍黜者也，诏复之。复询"才如尔者更有谁"？廷桢举其友张大受、顾嗣立以对。明日回舻，上皆召见，撤尚方猊糖以赐，命两近臣送之归。

高宗东巡召试

秦小岘侍郎瀛，博学工古文，而书法素非所长。始以举人家居，闻高宗东巡泰山，特赴召试之典。过清江浦，偶于市中见抄白破书一本，皆记零星典故，以五钱得之。归而略一披阅，有一条曰："东方三大者，谓泰山也，东海也，孔林也。"及试，题为"东方三大赋"，首段浑冒三项，以下分点三段。大臣拟取十余卷，上阅之，无当意者，因问大臣曰："通场试卷竟无一知题义者乎?”大臣对曰:“有一卷分点三大,以书法太劣,摈之。”上曰:“顾其学如何耳,何以书法为哉?”命亟以进,览之称善,御笔加圈点,拔置第一,遂授中书舍人,入值军机处。不数年,授杭嘉湖分巡道,数迁而为总督仓场侍郎。

世宗诏举孝廉方正

雍正癸卯,诏举孝廉方正。先是,康熙壬寅,诏各直省每府州县卫各举孝廉方正,暂赐六品顶戴,以备召用。至是,奉旨:“国家敦励风俗,首重贤良。前所颁恩诏,内有举孝廉方正一条,距今数月,未有疏闻。岂通都大邑之中,海澨山陬之远,遂无潜修砥操,克称俊乂,可应诏旨者欤?诚恐有司怠于采访,虽有端方之品,无由上达,殊负朕殷殷延揽之至意。著各直省督抚速遵前诏,确访举奏。”

德宗诏开经济特科

光绪戊戌,德宗诏开经济特科。先是,贵州学政严修请设专科,德宗特命总理衙门会同礼部妥议具奏。寻奏:“臣等查该编修原奏所陈各节,公同商议,拟略宗宋臣司马光十科、朱子七科之例,以六事合为一科。一曰内政,凡考求方舆险要、郡国利病、民情风俗诸学者隶之。二曰外交,凡考求各国政治条约、公法律例章程诸学者隶之。三曰理财,凡考求税则、矿产、农工商务诸学者隶之。四曰经武,凡考求行军布阵、驾驶测量诸学者隶之。五曰格物,凡考求中西算术、声光化电诸学者隶之。六曰考工,凡考求名物象数、制造工程诸学者隶之。其保送,应请如该编修所奏。饬下京官三品以上外官督抚学政,各举所知,毋限疆域,无论人数,悉填姓名籍贯、已仕未仕,并其人何所专长,咨送总理衙门,定期考试。由臣衙门会同礼部奏请试期,钦命题目,简派阅卷大臣,在保和殿试以策论,差次优劣,分别去留。录取者再请殿廷覆试一场,另请简派阅卷大臣详定等第,以昭郑重。试后，由臣衙门会同礼部带领引见，应如何量材擢用，或悉照宏博成案，略与变通鼓舞，出自圣裁，非臣等所敢擅拟，应临时由军机大臣请旨办理。此为特科，或十年一举，或二十年一举，统俟特旨，不为常例。”此特科议办之大略也。岁举，则每届乡试年分，由各省学政调取新增算学、艺学各书院学堂高等生监，录送乡试。初场试专门题，次场试时务题，三场仍试《四书》文。中式者名曰“经济科举人”，与文闱举人同场覆试，会试中试经济科贡士者，亦一体覆试，殿试朝考。

德宗御书经济特科题

考试经济特科之日，暑热特甚，时德宗方从孝钦后驻跸颐和园。正场之题，辰刻始至，拆封，则朱书灼然，盖德宗御笔也。

经济特科覆试题

经济特科覆试题，为“《周礼》农工商各有专官论”，又“桓宽言外国之物内流而利不外泄，则国用饶、民用给，今欲异物内流而利不外泄，其道何由策”。有正场考列高等之某太史，竟不知桓宽为何朝人，在殿廷，历询之于同试者。

张文襄阅经济特科卷

考试经济特科，阅卷大臣凡八人，以张文襄居首。命下，庆王奕劻揖文襄而言曰：“香翁，诸事费心。”文襄所录取者一百二十余人，诸大臣大恚，盖不能位置私人也。及覆试，即由原派大臣校阅试卷，于是仅取一二等二十余人，余皆不录。正场前五名固不入选，而凡文襄所保者，亦已去之务尽，惟与端忠愍公方会保之陈某，得列二等之第十八名，殿军也。

某本列一等，以卷中用鲁索语，降列三等，批语有“奈何”二字。某自题诗，有“博得南皮唤奈何，不该试卷用鲁索”句。或曰即如皋冒鹤亭郎中广生也。

王文勤恶经济特科

经济特科人员，孝钦后原拟依康、乾宏博制科成例，赏以翰林中书，军机大臣亦皆诺。惟王文勤公文韶起而抗议曰："若辈皆讲求新学，屡以废科举为言，何必再以科甲与之？但求皇太后赏以饭碗，可也。"于是遂多以知县用，且由附生出身者，仅得州判。不列之于主簿、从九、典史之类，已万幸矣。

周树模劾经济特科

光绪戊戌，鄂人周树模方官御史，谓经济特科被荐者之中多冒滥也，特疏上劾梁士诒、杨度、宋育仁等十余人，词连康有为、梁启超，且及于富有票、哥老会。孝钦后疑之，及覆试卷进呈，遂命尽拆弥封，将被劾诸人之卷，一律沙汰，再发阅卷大臣校阅。周字少朴，后官黑龙江巡抚。

宋恕未应经济特科

朱古微侍郎祖谋，尝疏荐平阳宋燕生明经恕，以居忧，未应征。朱尝语人曰："吾知燕生久，绩学在野，抱道俟时，不为危言畸行，可谓平实矣。"

考职之大狱

故事：新君登极，例须考职一次，惟仅用佐贰。应首选者，注册四十五日，即开选。光绪乙亥考职，癸未始举行。是年，有出八百金托会稽举人马星联代考者，榜发第一，得州同即选。马大喜，设筵于聚宝堂之听事，定雏伶花榜焉。当兴高采烈时，语同辈曰："诸公仅能包取耳，若我则包第一，即不爽，我视诸公远矣。"御史丁振铎方在聚宝堂偏院请客，闻马语，询于人，乃知其事。次日上疏劾之，奉旨斥革拿问。马遁归，而出结之京官，考取之本人，皆革职遣戍，盖照科场舞弊例治罪也。

考试月官

康熙戊戌十月甲寅，谕吏部考试月官，令作八股时文，大抵抄录旧文，苟且塞责。嗣后止令写履历，以三百字为限。

选人到官循例考试

李筱泉制军瀚章巡抚湖南时，有一捐纳人员选得某郡通判者，来谒。李循例出题考试，通判至花厅，即掩卷高卧。李召首府使往问之，则对曰："吾侪若能考试，早以科第得官矣。今因不解文字，故以捐例得之，何考之有?"李大怒，谓此等劣员，亟应参革。遂于发月摺时，附片参之。及批摺回，不见此片，旋于书案屉内得之，盖拜摺时漏未封入也。李欲复上，时马端愍公新贻巡抚浙江，与通判有旧，适驰书为之说项，李遂饬令到任，食禄八年。及王文勤公巡抚湖南，复调令考试，以不完卷劾罢之。

沈文肃甄别属官

沈文肃公葆桢任两江总督时，每值甄别属官，辄于厅事中列案数十，令属官南向坐，己则面北，列案以监督之，如塾师之课徒然。文有先成者，即就近取阅，遇佳构则即加以批，并与温语讨论。不佳者，亦即予指摘；极劣者，则嘲笑而弃掷之。不少假借，无普通官吏之积习也。

大臣面试教官

康熙甲午四月，圣祖以教官有教养士子之责，嗣后凡掣选者，应令至京师，令大臣面试。

黄漱兰出考教题

黄漱兰督学江苏时，试某郡，例考教官，以定黜陟。其题为

"我不忍以夫子之道反害夫子。虽然，今日之事，君事也，我不敢废"。

考吏员

京师内阁供事及各衙门书吏均有定额。由召募考补，或于贴写中遴选掣补，严禁假冒缺主，毋朋充，毋滥役。其承充者，由部取原籍有司印结，按远近立限，以结到日著役，无结者黜。

外省吏攒，（司道府州县为典吏首领，杂职等衙门为攒典。）经制阙，择勤慎无违碍者承充。具结，送该管衙门，准著役。每岁终，仍取结送核。

内阁事繁供事，各衙门事繁书吏，五年役满无过犯者，免其考职，以从九品未入流兼掣选用。（供事起军营效力者，亦免考职，给正八品衔先用。）事简供事、书吏，役满报部，每季关防考试，（事繁供事、书吏送修书各馆者，亦考职，以馆班别选。）试以告示、申文各一道，试卷封贮。（一次不到下次准补，两次不到除名。）其直省吏攒，五年期满，申督抚，每年七月内关防考试，其试卷封固，并原著役日期履历册送部。岁终，合内外吏员试卷，校定等第具奏，分别录用，事繁书吏掣定职衔及各书吏考试后，不得在京稽留，即令五城官严催一月内回籍。令原籍官以到籍日期申报，其考授执照，发各省巡抚转给。

顺治戊子二月，吏部奏称："佐贰杂职等官，例由吏员充选。今考定者俱经选用，而悬缺尚多，应令内外各衙门将办事吏员，自顺治元、二两年实历至今者，俱确查送部，照例考补。"得旨允行，仍谕："嗣后吏员实历五年，即与考取，著为令。"

考医士

太医院考医士，亦用八股试帖，以楷法工拙为去取，时人为之语曰："太医院开方，但须字迹端好，虽药不对证，无妨也。"某年考试，题为"知者乐水，仁者乐山"，其取第一者之文，有云："知者何取于水？而竟乐夫水。仁者何取于山？而竟乐夫山。"仅此卷为最佳。仁和朱茗生侍郎智，尝奉命试太医院官学生，自以不解岐黄，乃令精于医学者代拟一题。袖至院，题纸既下，则皆袖手默坐若未得题者。诧之，遣人询问，则同声对曰："历届题目，皆出御制《医宗金鉴》，今非是，故不敢作。"大窘，乃求得《医宗金鉴》，匆促摘一二语命题。不意诸生犹袖手如故，又问之，则曰："历届出题，必于首卷检取，今尚未合例也。"亟如其言以改题，始得终事。

武备学校试论

光绪癸巳，江北设武备学校，四方英俊，联袂偕来。试题为"管仲论"。有某卷，以寥寥数语，竟得冠军，其文云："孔子曰：'微管仲，吾其被发左衽矣。'又曰：'管仲之器小哉！'一褒一贬，大圣人尚无定评，余小子何敢论？"盖寓辩论于滑稽中也。

武生武举武进士

文秀才称生员，武秀才则只称武生。文科中式者称举人，武科则只称武举。文称鹿鸣宴，武称鹰扬宴，人皆知之；文进士称恩荣宴，而武进士称会武宴，则罕有知者。

刘天保以文生入武庠

刘天保，道光时之睢州人也。幼无赖，习奔命法，能闭气行四十里始一喘，雨随其后不能及。年二十，贩盐山东，与群枭斗，解其魁一臂肩之行。枭伙期复仇，天保应期独身往，群枭怪之，拔刀出，天保笑曰："饿矣，速具酒肉饱乃公。"解衣盘礴，连尽数巨碗。一人以刃举大脔，咤曰："吞。"天保张口自刀尖吞肉大嚼。群枭愕眙，相率推排拜庭中，请长其群，曰："今日乃服公。"天保笑而起。久之，折节读书，应童子试，督学使者疑其文非己作，摈之。天保怒，投牒试弓马，遂入武庠。

李国辅跑马三等

青浦武生李国辅于道光某年应岁试，呈请跑马。盖武试每以跑马者列一二等，否则三等。学使悯其老，曰："跑也三等，不跑也三等。"李固求，乃允之。乃内场试讫，则以文不佳，勉置三等之首。

武乡会试年分

顺治甲申，定各直省武乡试于子、午、卯、酉年，武会试于辰、戌、丑、未年。凡京卫武学官生，遇子、午、卯、酉乡试年，准一体赴试。

丙戌，定武进士出身授官例：一甲一名授参将，二名授游击，三名授都司；二甲授守备；三甲授署守备。著为令。其后则改为侍卫。

乙酉武闱之试卷

武闱但以弓马技艺为主，内场文策不论工拙也。顺治乙酉顺天武乡试，有将"一旦"写作"亘"，"丕"字写作"不一"。又如指本朝事，遇"国家"字，应抬高一格，而武将闱诸生于泛论古今处，如"国家四郊多垒""社稷危亡"之类，亦皆抬一格。武生自称曰生，应于行内写稍偏，于是将生人、生物、生机等"生"字，概写于侧。主试者以其外场已挑入双好字号，加以武闱无磨勘之例，仍与中式。

王玉璽为武三元

天津镇总兵王玉璽中顺治辛卯武乡试第一，壬辰会试第一，廷试亦第一，是武科中之三元也。且于明崇祯时已举武闱第一，入国朝，乃弃之重试，仍连中三元。

马全前后武鼎甲

马全，阳曲人，初名琭。由陕督标兵中康熙壬申恩科武探花，入卫禁庭，授福建游击，与同官相角，被劾归。旋赴都，易名全，入巡捕营，再中己卯武举。庚辰联捷，殿试拟榜眼，圣祖询知之，特改状元。一人拟三元，前后中二鼎甲，而又非本籍。亘古以来未之有也。庚寅始复原籍，洊擢至提督，后提兵剿金川，殁于王事。

武会试不停

雍正丁未，兵部议覆，浙江武举人会试，应照文举人例停止。世宗以士习浇漓，不干武途，况浙省文有余而武不足，毫无不便之处，因命武科照旧会试。

顾麟为武三元

乾隆壬申四月，顺天武闱乡试，取中解元顾麟，十月武闱会试，遂联捷为会状。

武进士误班降甲

嘉庆己卯秋，武殿试传胪，仁宗御太和殿，胪唱时，一甲一名武进士徐开业，一甲三名梅万清，均未到班。奉谕："事关典礼，非寻常疏忽可比，本应全行斥革，念其草茅新进，徐开业革去一甲一名，并头等侍卫；梅万清革去一甲三名，并二等侍卫。俱仍留武进士，再罚停明年殿试一科，俟下届会试，再与新中式武进士一体殿试。即以一甲二名秦钟英拔补一甲一名，授为头等侍卫，其一甲二名、三名，无庸再补。"

武科改试枪炮

光绪戊戌正月，德宗命嗣后武科改试枪炮。

停止武试

光绪辛丑七月，德宗命停止武生童考试及武科乡、会试。

考试之籍贯

考试士子之籍贯，有民籍、商籍、灶籍、旗籍，均沿明之旧也。惟旗籍与明异，盖明为边镇之军人，本朝则为满、蒙、汉八旗之军人也。明制设科取士，士子起家应童子试，即有籍。籍有儒、官、民、军、医、匠之属，分别流品，以试于其郡，即不得就他郡试。且边镇则设旗籍、校籍，都会则设富户籍、盐籍或曰商籍，山海则设灶籍。

吾国国籍法，至光绪末叶，始经政府制定颁行，其前则惟考试者始有籍贯也。有父子兄弟异其县籍者，甚夥，盖省城、郡城辄有两首县，（苏州附郭有三首县：曰长洲，曰元和，曰吴。）父兄本已著籍甲县，其后，乙县之应试者较少，为之子若弟者，改就乙县，于是父子兄弟之县籍遂不同矣。而同、光间有胡氏者，曰燏棻，曰家桢，以同产兄弟而省籍各异，实为仅见。燏棻字芸楣，官至工部侍郎，其籍为安徽泗州。家桢字芸台，官至江苏盐法道，其籍为浙江萧山。胡本萧山土著，其父曾设帽肆，经粤寇之乱，肆闭父殁，芸楣乃游皖，辗转而得事李文忠公鸿章。时皖人势盛，遂寄籍泗州而应试焉。芸楣既显达，芸台遂得以保举捐纳起家，由盐大使而至盐法道，以不应试故，用本贯，遂仍为浙人。

粤寇欲开科以得人心

道光庚戌，粤寇洪秀全叛，至咸丰癸丑而据金陵。其未定伪都时，已蓄有开科取士收拾人心之意，观杨秀清之文告，即可知之。今录如下："特授开国军师大元帅杨，为再行晓谕事。本帅敬承皇命，兴兵伐暴，所到之处，望风瓦解。破城之日，将贪官污吏翦除，并不扰害一民，前已出示晓谕，料必知悉。风闻乡市有不法顽民，藉大兵未到，肆行焚掠，现为本帅拿获，斩百数十人。今著校尉李宪带兵数百，遍行乡市，一经拿获，就地正法。其有良民，各将“顺”字贴门，不必畏惧。尔等捐赀助饷，纳临捐职，试问此等功名，何荣何辱？即将向来匾额除去，不得自误。我定金陵之后，定议考试，衡文取士，再定甲乙。其有各处庙宇，供养僧道，何如养乡里穷民之为愈也。现今拿获僧道，斩首，查首倡及重修之人，一一拿究。”

粤寇考试分三场

洪秀全据金陵十三年，开科亦数次。某年第一场题为“天父七日造成山海颂”，“天王东王操心劳力赡养世人功德巍巍论”，监场提调差役无不索贿。越一月，为第二场，题为“立整纲常醒世莫教天光鬼迷解，天父为奸生理人论”。又越一月，为第三场，场内外悬灯彩，中堂供香花，耶稣十字架亦在焉，题为“四海之内皆东土，真道岂与世道相同论”。卷纸为红绿黄三色，四周描金作龙凤纹，中作方格，每字大几方寸，每行三十六格，仅十叶。

粤寇考试之题

某年洪秀全又命开科考试，以韦昌辉为正主考，副考官则某伪王为之，盖目不识丁者也。入场，试以《旧约》书义一道，策一道，试帖一首，别有一论一解，若未夕而事已毕，加判一条。是科试帖题为“欸乃一声山水绿”，昌辉拟作云：“橹声听未了，山水送孤帆。对面青如画，回头绿满岩。半空馀袅袅，一带认巉巉。舵尾澄流迥，峰腰旭照衔。青疑留古岸，翠欲上征衫。流响惊凫雁，浓阴郁桧杉。”发榜后，以此诗帖于榜尾，应试者见之，无不额手称叹。盖应试者皆穷士皂隶之流，而昌辉固富家子，且亦国子监生也。

粤寇题纸

常熟庞某尝应粤寇乡试，所颁题纸为黄色，宽大类诗笺，每纸一题，凡策、议、诗、判等四题。纸端加天官丞相小印一颗，下署年月日。中列题目，字大径寸，类北魏。后印赞诗一首，大抵称颂天主天王功德为不可及。纸后骑缝处，复加天官丞相小印，盖为第二场持此相核之地也。

粤寇考试之制义

周雨轩尝见粤寇开科之试卷，亦制义体，惟忘其题及作者姓名耳。文云："皇矣上帝，神真无二也。夫犹是神也，得其真者，非独一皇上帝而何？且自三代而下，神灵每操祸福之权，然伪妄者恒多，真正者恒少。自圣人出，去其伪而存其真，犹恐人不识至真者之果何属也，故特指一真实无妄之神，以明其寡二而少双焉，吾不禁穆然于皇上帝矣。今夫当建业之初，惟念予怀于顺则；值开祚之始，当凛帝谓于无声。此石言怪诞，圣人所以斥其非；有赫明昭，王者所以隆其号。何也？诸神皆非真神也，真神独一皇上帝也。人心之不古也，妖魔多惑其良贵，而不知真神之照临孔昭，当圣主兴，必有以杜其弊矣。夫名山大川，非无形貌以示众，而究不若皇上帝之独有加严者，知群黎之顑颔，悯顑颔者此也；虑亿兆之倒悬，解倒悬者此也。惟皇上帝，其真孰有与于斯哉！世运之方兴也，隐怪不迷于寸衷，而咸知真神之鉴观弗爽。有王者起，先有以格其心矣。夫风云雷雨，岂无位号以彰尊，而要独由皇上帝之令出维行者，见庶民困于旱潦，救旱潦者此也；念下民厄于水火，拯水火者此也。上帝是皇，其真孰能过乎是哉？皇天震怒，今我天兄而舍命代人，将以□□□□□□［复汉族数千年］之余业，以鼎新夫宇宙。自非上帝居歆、真神默佑于其间，何以攘泯棼之敝俗而焕其文章？此其神之无有匹休也。独一皇上帝，诚克当此而无忝矣。上天眷顾，不惜太子而降之凡间，于以起天朝数百代之景命，以大展其功德。自非上帝时享真神保佑于其际，何以体帡幪之隐会而广其勖庸？此真神之未有并美也。独一皇上帝，洵能任此而无惭矣。”

粤寇得麻城人为解首

粤寇某年开科，麻城县某夺解，赐宴之日，洪秀全试以一联，某对曰：“三皇不为皇，五帝不为帝，我主方是真皇帝。”洪大喜，几欲以女妻之，为杨秀清所阻不果。

卜应期为粤寇开科之探花

卜应期，江西吉安府人，秀全召令廷试。秀全妹宣娇方帷幕窃窥，见之悦焉，授意秀全，赐以探花。谢恩时，令转谢天妹。应期如言往觐，入而长跽，宣娇挽之起，语之曰：“吾愿时时见汝。”寻选为内廷供事。遂与通，宣娇之夫李绍深佯不知也。

傅善祥者，洪秀全之内廷女官，杨秀清之妾也。亦悦应期，阳以事召应期入其府，又强嬲焉。宣娇知之，噤不敢声，应期遂拥两美，更迭为欢。同治甲子，曾忠襄公国荃率师将入金陵，应期乘间逸去，为萧孚泗部将所获，献击断九洑洲粮道之策。从其言，遂克九洑洲，而粮道绝。洎金陵下，孚泗乃荐于忠襄，授副将。

张申伯以平定江南文谄粤寇

张申伯为咸丰时之廪生，文誉颇著。咸、同间，苏常州县相继失陷于粤寇，张避世乡居。时洪秀全开科取士，张为侪辈所推举，改名褚维星，至金陵入场。题为“平定江南文”，仿制艺体，张作颇雄壮，拔置解元，李秀成待之甚厚。

张文之起讲曰：“东晋司马之兴也，南宋康王之渡也，长江数千里，莫不恃为恢复汉族之基，岂以江南之人，独具忠义哉？盖其后由江南而扩张平寇之功勋，必其先由江南而手定皇都之巩固。石头无恙耶？铁瓮犹存耶？试一观江上之风云，觉东洛冠裳，西京钟鼓，不啻天与之而人归之已。”其起股曰：“铜驼荆棘，吾民之苦深矣。自唐虞三代，迄今四千余年，中原文物之邦，竟一息奄奄，如病夫之不起。尧、舜、禹、汤、文、武，神灵之痛哭何如？问何时杀尽妖魔，上答天恩之高厚。泥马风波，吾君之厄至矣。自唐、桂二藩，迁徙一万余里，故国衣冠之族，竟荒郊累累，为异族所称雄。燕、赵、韩、魏、齐、晋，禾黍之凄凉奚似？问何日扫除腥臭，重开一统之河山。”

张于粤寇平后，思复应秋试。苏人欲攻之，因作七律二章，以明前者应试之非己志。既而乡试，亦擢高第。

粤寇以考试杀诸生

咸丰时，粤寇所开某科，诗题为“四海之内皆东土”。有诸生郑之侨者，作诗痛诋之，起句云：“四海皆清土，安容鼠辈狂。人皆思北阙，世忽有东王。”秀清大怒，支解之。又诸生夏宗铣者，被胁就试，终卷有骂詈语，亦被磔。

傅鸾祥应粤寇试

傅鸾祥，金陵傅槐女也。洪秀全入金陵，行考试女子之典，正主试为洪宣娇，副主试为张婉如、王自珍。王，皖人；张，鄂人。题为“惟女子与小人为难养也”全章，应试者二百余人。傅作独力辟“难养”之说，引古来贤女内助之功，为秀全所激赏，遂充状元，饰以花冠锦服，鼓吹游街。三日后，招入府，使掌簿书，批答婉媚，颇合意。渐乃恃宠而骄，笺牌或弗当，辄肆批骂，语侵秀全，秀全怒而怜其才，不杀，仅枷号女馆。未几病，秀全犹遣使慰问也。

兵刑类

木兰行围讲武

木兰，在直隶承德府北四百里，辽中京临潢府兴州旧地也，旧属翁牛特。康熙中，藩王进献，遂为皇帝搜猎讲武之所。地长千里，林木葱郁，水草茂盛，故群兽聚以孳畜。圣祖每岁举行秋狝之典，历朝因之。行围时，蒙古喀尔沁等诸藩部落，年例，以一千二百五十人为虞卒，谓之“围墙”，以供合围之役。中设黄纛为中军，左右两翼以红白二纛标识之。两翼末，满语谓之“乌图哩”，各立蓝纛标识之，皆听中军节制。管围大臣皆以王公大臣领之，而蒙古王公台吉等为副，两乌图哩则各以巴图鲁侍卫三人率领驰行。

行围之制有二，一以数百人分翼入山林，围而不合，谓之“阿达密”；一则于五皷（古同“鼓”）前，管围大臣率蒙古管围大臣及虞卒，并八旗劲旅、虎枪营士卒、各部落射生手出营，视其围场山川大小远近，纡道绕出围场之后，三十里或五十里，以及七八十里，齐至看城，则谓之“乌围〔图〕哩阿察密”，即“合围”也。合围后，有乌围〔图〕哩处虞卒脱帽，以鞭擎之，高声传呼吗尔噶口号。吗尔噶者，蒙古语“帽”也。声传递至中军，凡三次，中军知围已合，乃拥纛徐行，左右指挥，以俟上入围，则辰末巳初矣。合围数十里，渐促渐近，出林薄，至冈阜，距驻跸行营约二三里，惟视高敞处设黄幙（古同“幕”）幄，中设毡帐，谓之“看城”。比至看城，虞卒皆马并耳、人并肩，广场不过三里许耳。围墙外自放围处，即重设一层，乃虎枪营士卒及诸部落射生手，专射围内逸出之兽，而围内例不准射也。

日出前，上自御营乘骑，先至看城稍憩，俟两翼乌图哩监纛到后，乃自看城出。御橐〔櫜〕鞬，诸扈从大臣、侍卫及亲随射生手、虎枪手，拥护由中道直抵中军。在中军前半里许，周览围内形势，了如指掌。而行围之疾徐进止，口敕指挥，仅二三十里间。射飞逐走，左右咸宜，或遇有虎，则围暂不行，俟上看殪虎毕，然后听敕而行。每围场收至看城，上即驻马观诸王、射生手等驰逐余兽而已。或值场内兽集过多，奉旨特开一面以逸之，围外诸人不准逐射。猎罢，上回跸大营，谓之“散围”。诸部落各按队归营。日甫晡，而一日行围之事毕矣。

哨鹿日，制与常日不同，上于五更放围之前出营，侍卫及诸备差人等分为三队。约出营十余里，听旨停第三队；又四五里，停第二队；又二三里，将至哨鹿处，停第一队。而侍从及扈卫之臣，仅十余骑而已。渐闻清角声扬，远木呦呦，低昂应和，倏听枪声一发，咸知神威命中矣。群引领听旨，调遣三队，以次至上前。其行围所有章奏，皆俟上还营后，披览发出，毫无遗滞，或有时引诸文士赓唱终夕焉。

三藩善后之旗绿军制

康熙中叶，三藩既平，撤藩兵归京师，尽籍藩产入帑，设驻防于广州、福州、荆州等处，以将军副都统率旗兵驻之，由是臣下无世擅兵柄、土地之权。虽宗室自亲王以下爵十等，民自一等公以下爵二十六等，而皆优以虚荣，绝无实权，盖惩前代封建之弊也。防守之职，则旗营、绿营任之，然绿营之提督总兵不掌财赋，仅绾兵符，复以督抚牵掣而督率之，盖惩前代藩镇之弊也。

八旗

八旗之制，始于天命纪元之前二年。（明万历甲寅。）合满洲、蒙古、汉军之隶伍籍者，每三百人设一佐领，五佐领设一参领，领千五百人；五参领设一都统，领七千五百人，犹仅六万人耳。

其后，分满洲、蒙古、汉军，又有所别建，曰前锋，曰护军，曰火器营，曰亲军，曰满蒙汉合编之步军。章制日备，兵数亦日众。

或曰：编制之次第，初仅有满洲八旗，入关后，更编汉军八旗，大抵皆汉人之最先归附者。其后，更编蒙古八旗，后所谓八旗者，实有二十四旗也。

京旗之官，每旗设都统一人，副都统二人，参领五人。佐领所管，以百丁为率，无定员。每佐领下，以骁骑校一人隶之。镶黄、正黄居都北，次两白，次两红，次两蓝，皆环拱禁城。城池、衙署、仓库，以骁骑马兵守之，各于禁门外置官厅，都统副都统更番值宿，以备不虞。巡狩，则增街衢之守，（俗名"街堆子"。）归则撤之。每三岁编审户口，稽壮幼，除逃亡。书版藏于户部，其冒滥及隐匿不报者，罪其司。

阅选秀女，多于京旗中选之，以三年为率。届期，户部移文造籍，有隐匿不报者，罪之，旗有逃亡，申刑部督捕。

大阅，皇上亲御甲胄，巡阅营队，集八旗将士于演所。阵法：汉军火器营左翼四旗，以次而东西上；右翼四旗，以次而西东上。每旗鹿角二十，步兵八十八，引旗四人，长枪手二十。鹿角旁，列炮十、鸟枪百、藤牌百，炮兵三十人，御炮车兵百人。纛十，执纛兵三十，小旗二十，负旗将士二十，红旗二十，麾旗二，金五，鼓一，鸣金兵十，海螺五。每旗参领三，散秩官骁骑校十，每翼都统二，副都统每旗各一。满洲火器营左翼四旗，在汉军左翼左，右翼如之。鸟枪兵百二十，护军百二十，总统五。每旗纛兵二，执纛四，海螺十，金五，鼓一，委传宣官八。金下，麾旗者扬旗，鼓声大作，鹿角兵前进，分队而立。藤牌兵跳舞作斩虏状，分合如法，三作而退。鼓声一进，鸟枪兵列队而进，枪声齐发，声乱者罪之。麾旗者落旗，金声初奏，枪声顿止。俄擂鼓如前，麾旗者扬旗，枪进如前。如是者九。连环枪作，满洲前锋护军乘马者，自两翼出，彼此奔驰，三军作冲围状，盘旋数次，枪止乃已。金声再奏，八旗骁骑兵冲阵而出，海螺画角齐奏，传宣官呼收兵者三，军士咸顿首欢呼，再叩而退。兵部告礼成，上还御营。翌日，赏赉有差。

每岁春秋，咸集于德胜门外十里之仰山洼村，简练如仪，惟将士衣素服，不着戎胄，与临阵别。演试火器炮石，岁以春秋，由兵部奏请，钦命大臣偕汉军都统演炮于芦沟桥，八旗以次演，及牌者有赏，否则罪之。

军政五载一举，行律有四。一操守，曰廉、平、贪；一才能，曰长、平、短；一骑射，曰优、平、劣；一年岁，曰壮、中、老：以次定赏罚焉。

汉军

国初俘掠辽沈之民，悉为满臣奴隶。太宗悯之，拔其少壮者为兵，设左右两翼，命驸马佟养性、都统马光远统之。其后归者渐多，入关后，明降将踵至，遂设八旗，一如满洲之制。康熙中，三藩平，其藩下诸部落亦分隶旗籍。雍正中，定上三旗，每旗佐领四十；下五旗，每旗佐领三十，其不足者，拨内务府包衣人隶焉。

八旗旗纛，皆绘洒金飞虎于上，前锋营用五色飞虎旗，香山健锐营号衣，[用] 黄色，缘蓝。火器营号衣，用蓝色，缘白。

八旗侍卫教场

国初最重骑射，羽林虎贲之士，退直之暇，尝校射教场中，即明内操地也。镶黄旗在皇城东北隅，临御河；正黄旗在闻华寺后；正白旗在小南城，即明南内地也。

旗兵比棍

宁古塔将军每届三年出示，无论满洲、汉军，未成丁者，至衙门比试，曰“比棍”。棍以木二根，高五尺，上横短木，立于将军前。照册点名，于其下行过，能如棍长，即注册披甲，派差食粮。如不愿者，岁出银六两，曰“当帮”。

天祐军

定南王孔有德、靖南王耿精忠、平南王尚可喜，当归顺时，未隶旗籍，太宗名其所统之军为“天祐军”，特设白、绿、黑诸旗纛以赐之。

车骑营

雍正中，世宗命九卿筹御西夷之策，岳威信公献车营法。其制仿邱濬旧制，稍加损益。车广二尺，长五尺，一夫推辇，以四夫护之。五车为伍，二十五车为乘，百车为队，千车为营，行载糗粮军衣，夜团聚为营。战时，两队居前，专司冲突，三队后随，余五队保卫元戎，以防贼人劫战，并具图以进。上命满洲护军习之，号“车骑营”。后北征，屡以车师取胜。然严重，难连行，和通之败，道路壅塞，士卒多损，论者归咎车战，遂废。

御营

嘉庆以前，列圣每岁秋狝木兰，巡幸直省，除近畿数处设行宫外，余皆驻跸牙帐，曰“御营”。

护军统领一人，豫率其属往，相度地势广狭，偕武备院卿司幄及工部官设立行营。中建帐殿御幄，缭以黄漆木城，建旗门，覆以黄幕，其外为网城，正南暨东西各设一门，正南建正白、东建镶黄、西建正黄护军旗各二，东西门复设连帐旗门，领侍卫内大臣率侍卫亲军宿卫网城门，八旗护军统领率官兵宿卫。又外八旗，各设帐房，专委官兵禁止諠（同“喧”）哗。御营之前，扈从诸臣不得驻宿，东四旗在左翼，西四旗在右翼，均去御营百步。扈从人等各按翼驻宿，皆北上，最前为王公，次大臣侍卫，其次大小官员扈从人等，皆按旗分品秩，安立行帐。御前大臣、内务府官员人役均驻北面，去行营二里外，前锋营相度形势，设卡伦，左右各竖飞虎旗帜，为侦哨，以禁行人諠嚣。其中营，或一或二，各视途之远近焉。

神机营

神机营署在煤炸〔渣〕胡同，同治初设。其士卒皆八旗精锐，总以亲王大臣，无定员。全营翼长二人，下设文案、营务、印务、粮饷、核对、稿案六处，各有翼长、委员，惟印务无翼长。此外军火局、枪炮厂、军器库、机器局各有专司，兵万五千余名。自设立后，八旗京官竞往投效，文案处至一百六十余员，营务处至一百八十余员，而书手不在此数。光绪庚子以后废之。

勇健军

雍正中，西虏未靖，世宗召天下壮士，得数千人。其尤者，能开二十石弓，以鸣镝射其胸，镗然而返。又有能开铁胎弓、举刀千斤者，号“勇健军”，命史文靖公贻直司之，屯巴里坤，以备不虞。

广勇

道光戊戌，英人至粤，扬言与官为仇，无害百姓，又恃财引诱穷民，愿为耳目者甚多。林则徐搜查鸦片，有犯必惩，英人怨之，夺四方炮台，纵淫肆虐，人民憎其奸，操戈相向。一日，南海番禺乡民纠集义勇，佯言官兵扰掠，将入城，愬诸长官。及夜，行至半途，转旗而南，直攻英船，预募善泅者入水凿之，毁其船一，英人仓猝逃。越数日，勇复出战，副都统以满洲兵助之，击杀英酋一、英兵十。会湖广兵闻胜掩至，争夺首级，反攻义勇，两县令出城解围，勇始散，英人乘间逸。又十余日，英人出泥城，遇三元里民，民鸣金号召一百二村男妇数万，执梃而集，围之数里，英兵千余突围奔溃，死者八九十，又杀死英官二人，击伤者无数。时官兵皆立城堞，作壁上观，义律闻信责总督，总督责广守，人民惧罪解体，英人亦狼狈回船。自破虎门以来，鸱张豕突，玩易我国，未有如此受创者。三战皆义勇之力，广勇著名自此始。

楚军

楚军之名，始于江忠烈公忠源。咸丰初，粤寇初起，将士闻角声则走，不可止。忠源，宝庆人。宝庆近广西，其民朴悍，忠源募乡勇五百人，从乌兰泰击寇，号“楚军”。时官军无敢当寇锋者，忠源军独能搏战，诸将始知有楚军。及寇自全州北下，将吏皆走，忠源独以所部扼之蓑衣渡，多列旗帜金鼓，寇疑不敢进，长沙因得为备，而寇久攻长沙不克，城崩复完者再。

楚军号能战，当时有“北胜南江”之目，然实恃其弟忠济。迨往援江西，助守南昌，赣省馈犒军银二万两，忠济尽取之，不以给士，军大噪，欲杀忠济。忠源谕说百端乃已，遂斥忠济归，不使再领军。忠济去而楚军弱矣。

或曰：楚军实左文襄公宗棠所创。当曾文正公国藩创湘军时，四哨为营，营凡五百人，诸军遵用之；独王壮武公錱不用，别为营制。文襄初出，以四品京堂从文正治军，所募五千人，参用壮武法，有营有旗，旗凡三百二十人，不称湘军，别自号为“楚军”，楚军名由此起。近人辄以湘军、淮军对举，罕知湘、楚之别矣。

王壮武军制

王壮武公錱与曾文正公同县，文正识为将才。其陈（古同“阵”）法，队左右各百人，鼓之，人鱼贯为两行，左驰右，右驰左，三驰而圜，皆持满外向。再鼓之，则左右驰，复其伍，对向为格斗，左起则右伏，右起，左亦如之，三起三伏，士复驰，乃变圜为方。于是后军分出左右，蛇行绕攻，前军三合而退，其前左右军，亦互为进退。主将鼓角鸣台上，旗周麾，士周驰，聚为城郭。城为三门，先聚者为左右行，先自门出，余亦次第复为队。士惟视听旗鼓，疾走如风雨，无声息可闻。

壮武在军，每阅三五日，集众讲《圣谕广训》及性理诸书。暇日，令其习射作字，及闻令出，皆奋勇争先。亲执桴鼓，一鼓而军士排列如墙；再鼓，左右翼兜围如张翅。迨寇营炮子落于前，然后三鼓而驰，势如潮涌，无不全胜。

湘军

湘军之兴，本创于二三儒生，罗忠节公泽南主其事，曾文正公国藩总其成，至李忠武公续宾始大，而勇毅公续宜继之。楚、皖赖以收复，其饷项较诸军为优。

湘军有二派，一为罗、李所部，后佐曾文正公、胡文忠公立功，及安庆既克，四散不振。一为王壮武公所部，王与曾初不相惬，自成一队，左文襄公宗棠常左右之。壮武没于乐安，王开化、张运兰分统之。王旋病没，张复隶曾部，援剿江西、皖南最久，所谓“老湘营”是也。张后赴闽，军分为二，易开俊、刘松山统之。易又病归，刘从曾剿捻，继入甘、陕剿匪，开至三十余营，文襄督师，恃以为重。刘战没金积堡，从子锦棠代任，收西边全功，遂以京卿帮办军务。

湘淮军制

湘军始于咸丰壬子，淮军始于同治壬戌，其营制为曾文正手定，而李文忠遵守之。每五百人为一营，设营官一；每营分立前后左右四哨，每哨设哨官一。营官有亲兵、有什长，其亲兵分六队，每队设什长一名，率亲兵十名、伙勇一名，计六队，凡七十二人。哨官有哨长一名，有护勇五名，外有什长，有正勇，有伙勇。其正勇，一哨分八队，每队什长一名，伙勇一名，抬枪队正勇十二名，合什长、伙勇为十四名。刀矛小枪队正勇十名，合什长、伙勇为十二名。每哨，合哨官、哨长、护勇为一百八人，四哨共四百三十二人，合之营官亲兵为五百四人，队官在外。

其联伍之制，亲兵六队，则一队劈山炮，二队刀矛，三队劈山炮，四队刀矛，五队小枪，六队刀矛。每哨八队，则抬枪为第一队，刀矛为第二队，小枪为第三队，刀矛为第四队，抬枪为第五队，刀矛为第六队，小枪为第七队，刀矛为第八队，总计一营。劈山炮两队，抬枪八队，小枪九队，刀矛十九队，共为三十八队。其搬运一切，有长夫。每营营官及帮办人员，共享长夫四十八名；搬运子药火绳及一切军装等项，共享长夫三十名。营官亲兵队，每劈山炮队用长夫三名，刀矛小枪队用长夫二名，计六队用长夫十四名。如拔营远行，营官另拨长夫帮抬劈山炮，哨官、哨长及护勇五人，共享长夫四名，四哨共长夫十六名。其哨队，每抬枪队用长夫三名，每刀矛小枪队用长夫二名，计四哨抬枪八队，用长夫二十四名。刀矛小枪队用长夫二十四名，共长夫四十八名。总共一营用长夫一百八十名，大率百人用长夫三十六名，合之营哨官员各勇人等，共六百八十五人，是为正额。或数十营设统领一员，或十营设统领一员，或数营设统领一员，无定制。

同治乙丑征捻，又添练马队营。其制，则每营营官一员，帮办一员，字识一名。一营立前后左右中五哨，其前后左右四哨，各设正哨官一员、副哨官一员，中哨即以营官为正哨官，外立副哨官二员。每哨马勇五十名，散勇五棚，每十人为一棚，每棚什长一名、散勇九名。一营共营官一员，正哨官四员，副哨官六员，马勇二百五十名，什长二十五名，散勇二百二十五名，营官及副哨、帮办、字识等，共享伙夫二名；四哨之正副哨官，共享伙夫四名；每棚用伙夫一名，共二十五棚，为二十五人。又一营长夫五十名，通计长夫八十一名，合之营哨官员、帮办、字识、各勇夫等，共五百九十二人。其马数，则营官四匹，帮办一匹，字识一匹，正副哨各二匹，什长及马勇各一匹，共为马二百七十六匹。搬运锅帐子药，则每哨雇用大车一辆，共车五辆，其每营百马之内，准报倒毙三十六匹，如数换领，以资弥补。

湘淮军饷

胡文忠公理财之法，冠出一时，所有湘军饷银，概发湘平，盖自咸丰己未，所收库平，每百申［出］三两六钱，另储备拨，积少成多，遂成巨款。然湖北银少钱多，其时收款大宗，专在厘金，通以十足制钱为定，江北转输，无非钱者，于是行对放之法。如放饷十两，以五两实银、十千实钱为率，时市银易钱，每两千有五百文，粮台涨价，竟至五百文，人不厌其重也。文忠意谓以钱易银，徒为商贾谋利，不如暗益员勇，员勇薪资不宽，藉以津贴，俾无滋生弊端。其后深入皖境，转运浩繁，粮台以折阅过多，请一律放银，文忠犹未许焉。当时制钱极多，粮台以出入重累，置江船数艘于省河内口，厘金船到，就水次运收，择老成牧令专司其事。久之，全船满载，不复通底扫清，随收随放，相沿成习。即牧令遇有交替，亦不过按册估计，出具收结而已。

其定制，则按月发饷。初无折扣，勇籍不甚杂乱，大抵长沙、湘乡、宝庆各为一类，皆有尺籍可寻。久征远战之勇，月计食用若干，到期按发，余则分哨记注，存于公所。或因事裁革，或有故假归，核其所存之饷，酌付川资，别由粮台给一印票，至后路给清。如此有三利焉：营哨员不能私侵暗蚀，一也；勇不能任意开销，出营流落，二也；回籍余资，尚可营生，三也。

若淮军，则不特勇无宿储，即统领十数营者，赋闲稍久，扫地无遗。当卸任之时，债务累累，尚须接替者为之弥缝也。

军饷定制，向无额数内扣者，有之自淮军始。岁支九关，“关”者，次数之谓也。遇闰酌加，余则目为欠饷，粮台分别记注。裁撤时，酌发三五关不等，或历年过久，通计成数报効，为本籍增文武学额，士卒亦竟安之。当淮军初赴上海时，饷项匮乏，食米而外，竟酌给盐菜资，及接仗克城，人人有获。每向夕无事，各哨聚会金钏银宝，堆案高数尺许，遇发饷时，多寡不较也。李文忠公知之，明订九关，杜营哨虚冒，遂为成例，入于奏案。其时米价极昂，石值银五两，各军克城，辄封存寇所囤米，据为私有。李出示收买，定价石银三两，出入一律，亦为成例定案。淮军统将，往往以此致富。

淮军

淮军之兴，由山东布政使六安李元华。当咸丰甲寅，粤寇踞庐州，李带团勇助剿。张制府树声，潘抚部鼎新，刘抚部铭传，周提军盛传、盛波，皆奔走其间。如是数年，虽未有成效，而战阵之事，练习日精。时李文忠公鸿章在籍办团，或居帅慕，或领军事，尚无专主。迨庐州事亟，由间道投曾文正公于江右，元华亦随吴清惠公棠至淮安矣。张、潘方保境自守，徘徊俟时，及咸、同之交，楚军日盛，由西路径克安庆，乃使刘之族子东堂与提督韩殿扬谒李文忠请计，于是有创立淮军之举。

时江苏官绅乞师者踵至，文忠慨然请行，先立鼎、铭、庆、树四营，益以湘军亲兵一营，林字一营，开字二营，共为九营，陆续赴援上海。铭营始以东堂主之，东堂让其叔铭传。庆营则吴提军长庆主之，吴向从军庐州，未尝归李部下。林营则湘人滕镇军嗣林主之，亲兵营则湘人韩太守正国主之，开营则程忠烈公学启主之，通名“淮勇”，实则湘军三营、淮军六营也。其后林营未尝著绩，亲兵营年余败散，惟开营功业先著，而忠烈殉后，遂以不振。于是树、鼎、铭、盛各成一军，自一营至数十营不等。盛军者，即周氏兄弟抵上海后所主者也。庆营正副二营，历十数年，至海防议起，始增六营。而铭、盛两军，叠为畿辅拱卫之师，遂称两大，其历年较诸军为久长。

说者以淮军创于李，成于刘、韩，大于刘、周，皆所以佐李文忠之中兴伟烈也。

铭军为淮军第一大支

开军之后，推铭军为劲，西捻之役，功冠诸军，号淮军第一大支。其始赖唐忠壮公殿魁、刘廉访盛藻二人为之左右，唐之调度，刘之训练，合为两美，又得刘中丞铭传为帅，以故虎步一时。其部下骁将著名者颇多，大率苏沪降将，更事老练，忠壮阵亡于鄂，铭军奋气，后亦未有大敌。忠壮弟定奎，以忠壮故，旋统铭字武毅等军，积功至福建提督。

吉军

吉军之兴，始于黄观察冕。时曾文正公在江西，事亟，征援兵于湘，黄以吉安知府募兵自効，而不之官，遂以“吉”字名军。及归曾，由忠襄公国荃领之。曾时以同知候选，由此增多营，连克瑞州景德镇，沿江而下，卒收安庆、江宁二城，所部至五万人，皆以吉营肇其基也。当江宁合围时，黄充东征局总办，创议盐米互市之举，由安庆便赴下游，曾率全军将领迎于江滨。黄顾而言曰：“吾福薄，不足为诸军导，得九帅为主，可共取富贵，今何如?”言已，握忠襄手大笑，诸将惟声谢而已。黄初任江南知县，见知陶文毅公，后以事谪戍，遇赦归。其人善以财势动人，才气纵横，见者倾心。创办东征局，以济江南之饷，为功甚巨。而物议纷腾，遂有“贪横恣肆”之语，见于弹章。后以迤东道开缺，终于家。

忠义军常胜军

林利，英国海军官，为粤寇所招致，尝在李秀成部下组织忠义军，以抗常胜军。常胜军者，英人戈登所练，受李文忠公之委托，以征剿粤寇为事者也。

三省边防

广东之东兴，云南之河内，广西之镇南关，为三省边防，延袤一千九百余里，路路可通。与法人各设对汛镇南关外，距关数里，即安南界，法人踞之，并筑铁路至同登。光绪中，督办边防大臣广西提督苏元春尝与法人订约，合筑自南关接至龙州铁路，迄以无款而止。

白塔信炮

北海白塔山及九门城上，各设信炮五、旗杆五。有急，则由员弁赍大内所存上有“奉旨放炮”四字之金牌驰报，经白塔驻员验明即放。若不及传报，但知某方有急，某门即先放炮，他处应之。杆上昼悬黄旗、夜悬灯，在内值班之大小武官，各就职守所在以为备。紫禁城外九门内之官兵，则就地严守，其不值班之御前大臣、领侍卫内大臣、内大臣、散秩大臣、侍卫，各率本旗亲军营兵而出。镶黄旗在东华门外及阙左门并景山东门外，正黄旗在西华门外及阙右门并景山西门外，正白旗在神武门外及端门并承光殿迤东三座门。内务府三旗之护军营在午门外，骁骑营在景山东门，八旗护军营之两蓝旗在天安门外，两白旗在东安门内，两红旗、两黄旗皆在西安门内，两翼前锋营在天安门外金水桥迤南。内火器营之两蓝旗在大清门外，两白旗在东安门外，两红旗在西安门外，两黄旗在地安门外。八旗骁骑营满、蒙、汉各参佐领俱按汛聚集，御前大臣、领侍卫内大臣、散秩大臣、侍卫在紫禁城门外，内务府大臣、步军统领、左右翼总兵在神武门外，八旗都统、副都统及护军统领之两黄旗在神武门外，两白旗在东华门外，两红旗在西华门外，两蓝旗及前锋统领、火器营大臣并不领兵之亲郡王、贝勒、贝子、文武大臣，皆在午门外，均各齐集候旨。

时紫禁城四门皆闭，俟奉旨，或持出合符，即启；内九门，外七门，有步军统领令箭到，即启。皇城四门、左右阙门、东西长安门、北上门、外东西桶子栅栏门、长安门外栅栏门，遇有应入之官兵、应候旨之王公大臣，实时验放。步军翼尉等率不值班之步军，按本旗登城环列，南营参将等率兵列外城上，各城门炮手登城备门炮。新营房不值班官兵赴本管城门看守，旧营房官兵在本旗城门外，巡捕左右北三营及中营乐善园汛兵各按汛守天桥。步军统领派章京三员各带兵出城，一赴圆明园，传知该处护军守御园；一赴蓝靛厂，一赴香山，令外火器、健锐营向西直门进发，备调遣。王公［门］上章京、护军等各集本府，候传唤。

天津水师

世宗念天津附近京畿，海防綦重，设满洲水师都统一员，副都统二员，协领下若干员，兵三千，守御海口。然满兵不利水师，初设章程，训练技艺，不及绿营之半。乾隆丁亥，高宗巡幸津淀，是日大风，势难操演。时都统为奉义侯英俊，已衰老，所传号令俱误，技艺既疏，队伍复乱，喧哗不绝。上怒，立加裁汰，英俊等降革有差。

长江水师

同治间，粤寇既平，彭刚直公玉麟以功洊升兵部侍郎，加宫保衔。未几，解组归，创立长江水师，内河外江，铃铎声相闻，东南无盗贼患。朝廷知其熟谙水师利弊，仍令按年巡阅一次，准专摺奏事，兵弁有不法者，杀戮得自专。

海军

海军经始于咸丰之季，初购英国战舰数艘，并议聘英水师兵官统之，旋寝其议。同治壬戌，曾国藩、左宗棠合词奏陈，请开船政局于福州、上海。而福州规模尤壮，船政大臣主之，设船政学堂，分习造船，水师成材渐众，萨镇冰、罗丰禄、刘冠雄、严复，皆学生也。同治甲戌，以日本窥台湾，海疆无备，遽缔和议。朝议急兴海军，李鸿章请分立外海五军，以饷绌不果。光绪乙亥，设北洋水师，购铁甲船八艘，而别购中小铁甲二艘，防长江口。时日本灭琉球，俄据伊犁，将启衅，海关总税务司赫德请购蚊子船快船，分驻大连湾诸隘，备敌师。总理衙门从其议，拟以赫德总司南北海防。薛福成时以道员在直隶，上书鸿章，谓一国兵权、饷权，付诸一外人之手，其事至危，议遂罢。庚辰，鸿章议减水师、裁绿营以治海军，立水师学堂于天津，主办者闽人，生徒遂大半闽产。及甲午中日之战，海军将领偾事者，亦多闽人，而济远管带方柏谦先遁，是役也，海军熸焉。甲申，从鸿章议，大治海军，乃立海军衙门于京师，以醇亲王督办，鸿章会办，山东巡抚张曜、奉天将军善耆帮办，建旅顺等处炮台，为海军根本，大购铁舰。丙戌，醇亲王奉旨周历旅顺、大连湾、威海卫、烟台诸要隘。戊子，定海军制，以丁汝昌为海军提督，英兵官琅威理为海军总教习。设提督一，总兵二，副将五，参将四，游击九，都司二十七，守备六十，千总六十九，把总九十九，皆隶北洋大臣。铁甲二，镇远、定远。快船六，致远、靖远、经远、来远、超勇、扬威。蚊子船六，镇中、镇边、镇东、镇南、镇西、镇北。练船三，威远、康济、敏捷。合鱼雷艇六艘，运船一艘，大小二十五艘。以山东之威海卫为宿泊海军之所，奉天之旅顺口为修治战舰之所。大连湾建炮台，固旅顺后路。总兵张光前统亲庆军三营，驻西炮台，总兵黄仕林统亲庆军三营，驻东炮台，四川提督宋庆统毅军九营，专防旅顺，陆路提督刘盛休统十二营，驻大连湾，皆受辖于北洋大臣。恐仓卒不及禀节度，乃设北洋前敌营务处，以道员充之，尽护诸将，隐帅旅顺，前者刘含芳，继者龚照玙也。

辛卯，北洋海军遂大成立。总之，我国海军发轫于福州船政，成军于北洋舰队，至晚近始设专部。

军需报销

同治中，大学士倭仁等，请以同治甲子六月前各处军需概免册报，自七月初一日起，俟事竣后，一体请销。其造册按例定之数，不溢一丝，而阴将款目浮开巨万者，与例既符，即在准销之列。其以实用之数登之销册，而实无丝毫浮冒者，例稍未符，即难核准。是则报销一事，即能弊绝风清，而实数不准销，准销非实数，虚文相袭，甚无谓也。然亦岂独军需报销为然耶？

营务处

防营之有营务处，始于咸、同军兴时，其后乃遍全国矣。龚照玙曾以道员总办旅顺营务处。旧日营制，大帅节制各军，而营务处尽护诸将，隐若统制，恒以道员充之。提镇入见，皆持手版，执礼甚恭。大帅之下，营务处最尊，大帅若不知兵，则其权恒在营务处。盖湘淮各军，恒以书生立功，湘皖书生慕曾文正、左文襄、李文忠之流风余泽，谈兵者尤众。新军未成立，行省营务处皆道员也。照玙代刘含芳驻旅顺，诸将争媚事之，旅顺形势雄固，军储甚丰，日兵将至，诸将争舣舟作逃计。照玙闻金州陷，即驰至烟台，赴天津，谒文忠。文忠大斥之，返旅顺，已而日兵至，乘鱼雷船复先遁，六统领不相属，乃共推姜桂题主之。而旅顺陷，照玙夺职縶刑部。庚子联军来，照玙又逃，辛丑回銮，贷死为民。

营务处设总办、会办，充之者非道员即提镇或京秩或知府，有僚属。别有曰“随办营务”者，则大帅左右随营差遣之员，不隶营务处也。

幕馆

黄文襄公督陕、甘时，值西北用兵，督师肃州，乃设幕馆，凡藩臬、兵备道、州县司军旅事者，皆居其中，盖皆属僚，非宾客也。黄镇日危坐中堂，邮骑至，直入馆院，启封视之，应付何司者，立时分派，目击其抄稿钤印毕，即咨覆，故应付急速，从无留滞，军事得以易蒇。

粤寇亦有军制

粤寇之军制，万二千五百人为一军，每军一军帅，统五师帅，一师帅统五旅帅，一旅帅统五百长，一百长统十司马。李玉成、李世贤、林绍璋、林启容、白辉怀各统一军，军帅上有监军、总制、将军、指挥、检点、丞相。丞相为一品，下至旅帅皆武职，行省文武将帅各一。文方伯，武主将，以佐将副之。

问刑准用明律

顺治甲申，定问刑衙门准依明律治罪。先是，国初律令，重罪有斩刑，轻罪用鞭扑。至是，始准用明律。

五刑

五刑之制，定于顺治初年。一，笞刑，自一十至五十，每十笞为一等，凡五等。用小竹板折责，每十笞，责四板，旗人犯笞者，以鞭代之。二，杖刑，自六十至一百，每十杖为一等，凡五等。用大竹板折责，数与笞刑等。三，徒刑，发本省驿递，自一年至三年，每半年为一等，凡五等。各依年限应役，役满回籍，五徒各予以杖，自六十至一百有差，到配折责。四，流刑，安置远方，终身不返，分二千里、二千五百里、三千里为三等。三流并杖一百，到配折责。五，死刑，曰斩，曰绞。皆有立决、监候之别。

五刑之外，有较流徒加重者，曰充军，发边远安置。（康熙中分五等，曰附近，边卫，曰边远，曰极边，曰烟瘴。）曰边外为民，发边外安置。曰杂犯流罪，准徒四年。曰杂犯斩绞，准徒五年。

死刑之最重者，为凌迟枭示。

刑具有七，板也，枷也，杻也，铁索也，镣也，夹棍也，桚指也。板，以竹篦为之，大头径二寸，小头径一寸五分，长五尺五寸，重不得过二斤。枷，以干木为之，长三尺，径二尺九寸，重二十五斤。杻，以干木为之，长一尺六寸，厚一寸。铁索，以铁为之，长七尺，重五斤。镣，以铁为之，连环重一斤，徒罪以上用之。夹棍，用之于命、盗重案供辞不实之男子。以梃木三根为之，中木长三尺四寸，旁木各长三尺，上圆径一寸八分，下方阔二寸，自下而上至六寸，于三木四面相合处，各凿圆窝，径一寸六分，深七分。桚指，用之于妇人，以圆木五根为之，各长七寸，径圆各四分五厘。

刺字

凡重囚应刺字者，旗人刺臂，奴仆刺面。平民犯徒罪以上刺面，犯杖罪以下刺臂，再犯者亦刺面。逃犯刺左，余犯刺右，初犯刺左者，再犯、累犯刺右；初犯刺右者，再犯、累犯刺左。字方一寸五分，画阔一分有半。

沈文恪请罢流徙乌喇新例

圣祖登极，因旱求直言。新例，流罪皆徙乌喇，诏九卿会议。沈文恪公荃谓："乌喇距蒙古三四千里，地不毛，极寒，人兽冻辄毙。流罪不当死，不应驱之死地。"乃独为疏上之。有旨令画一，文恪持前议益坚，且曰："臣此议行，三日不雨者，愿伏欺罔之罪。"圣祖方冲龄，改容纳之。越二日，大雨盈尺，新例竟罢。

高宗不宽钱永兴毙兄之罪

钱永兴殴死胞兄，大学士陈世倌以其十世单传，奏请减死。高宗曰："承祀之条，所以重绝人之嗣。此等恶凶之徒，万无可恕，即令殄绝宗祀，亦彼自绝于天，而非国法之绝之也。海内良善之人，尚不能使之人人有后，而独于罹犯大辟之辈，展转委曲，废国家一定之法。为之请命，独何心哉？"

阿文勤不修刑部则例

阿文勤公克敦管理刑部时，诸曹司屡请纂修则例，文勤置不答；因浼（同“浼”）公子文成公代请，仍不答。文成惶然，得间复以为言，文勤喟然曰：“汝何不晓事至此？近日刑名从重办理，乃一时权宜、辟以止辟之义。若纂为成例，则他日刑官援引，伤人必多，岂尚德缓刑之道乎？”

邓嶰筠奏免颍州佥妻发配旧例

旧例：颍州府属凶徒，结党三人以上持械伤人者，不分首从，发极边、烟瘴充军，佥妻发配。江宁邓嶰筠中丞廷桢曾抚安徽，奏言：“颍属民俗强悍，非此不足示惩，惟佥妻发配，似无深意。此等妇女，本系无罪，一经随夫佥发，如长途摧挫难堪，兵役玷污可虑，或本犯病故，则异乡嫠妇，飘泊无依；或本妇身亡，则失恃孤婴，死生莫保。况颍属妇女，颇顾名节，一闻夫男犯罪，自知例应同发，或伤残以求免，或自尽以全身。在本犯肆为凶暴，法固难宽，而本妇无故牵连，情殊可悯。”疏入，奉旨删去此条。

薛云阶之法学

六部诸曹司事权皆在胥吏，曹郎第主呈稿画诺而已，惟刑部事非胥吏所能为，故曹郎尚能举其职。刑部事统于总办秋审处，额设提调、坐办各四人，主平亭秋审监候之狱，必在署资深且深通律学者，始获充是选。长安薛云阶尚书允升，充提调十余年，始获外简，甫六载，复内擢少司寇，洊长秋官，掌邦刑者又二十年，终身此官。其律学之精，殆集古今之大成，秦、汉以来，一人而已。尝著一书，以《大清律例》为主，而备述古今沿革，上泝经义，下逮有明，比其世轻世重之迹，求其所以然之故，而详著其得失，以为后来因革之准。书凡数十册，册各厚寸许。

沈文肃重典论治

光绪中，沈文肃公葆桢督两江时，辄以重典论治。每派道员往各属查办事件，濒行，授以信矢而嘱之曰：“所查事外，遇有不法者，即以军法行之。”故一时杀戮必夥。及卒于位，有计其自授任日起，至病故日止，所杀戮者，平均每日得五十人。其任福建船政大臣时，监督工程，异常严厉，凡委员监工草率者，立予参办，工匠有偷窃公家一木一石者，亦即以军法从事。

西河沿照例翻车

光绪季年，有某令选缺出京，中途失文凭，折回京师，求吏部尚书某为之设法。尚书，令之座主也，已允之矣，卒以格于例，不得行。令无如之何，转商之于部吏某，某为设法，次日补给。询其所以，则以康熙某年，亦有某官出京，因在西河沿翻车，失其文凭，部议核准补给。嗣后失凭者，皆援此为专条，且必声明在西河沿翻车，否则必遭驳斥。

战事类

太祖败叶赫哈达

太祖击败叶赫、哈达等于古呼山一役，时九部合兵，分三路来侵，乃遣武理堪往侦，由东路行百里许，度岭见敌兵。太祖闻叶赫兵来时已夜半，恐昏夜出军致惊国人，传语诸将，旦日启行，遂就寝甚酣。妃富察氏呼上觉，谓曰："九国兵来攻，何反酣寝，岂方寸乱耶？抑惧之耶？"太祖曰："我果惧，安能酣寝？吾若负彼，天必厌之，安得不惧？今我顺天命，安疆土，彼不我悦，纠九国之兵以戕害无辜，天必不佑也！"安寝如故。次日，祝告堂子以行，果获大捷，斩级四千，获马三千匹，铠甲千副。

太祖攻翁鄂洛中矢

太祖尝攻翁鄂洛，其臣有鄂尔果尼、洛科者，从火中突出，射太祖，中之。一矢贯胄，一矢穿锁子甲护项，拔之，镞卷如钩，血肉并落。已而破其城，获此两人，咸不杀而官之，用以劝为人臣之为其主者。

何温顺助太祖败明师

国初，满洲军尚寡，时董鄂温顺公何和理为珲春部长，兵马精壮，雄长一方。太祖欲藉其军力，延置兴京，款以宾礼，以公主妻之，乃率兵马五万余归降。萨尔浒之役，卒败明师者，皆何力也。其前妻闻其尚主，怒，扫境出，与战。太祖面谕之，然后罢兵降。后袭世爵者，皆公主所出，其前妻所生，不许列名，满语呼为"额赫妈妈"，讥其鲜德让风也。

太宗败明师

天聪己巳，太宗欲伐明，先与明巡抚袁崇焕书，申讲和议。崇焕信之，故对于思宗有“五载复辽”语。太宗乃因其不备，假道于科尔沁部，自喜峰口洪山入，明人震惊，蓟辽总督刘策潜逃。太宗率八旗劲旅抵燕，围之数月，诸将争请攻城，太宗笑曰：“取之若反掌耳！但其疆圉尚固，非旦夕可溃者。得之易，守之难，不若简兵练旅，以待天命。”因解围，至房山，谒金太祖陵，返，下遵化四城，振旅而归。

明降将为太宗力战

明自诛毛文龙于皮岛后，众皆解体，孔有德、耿精忠据登莱叛，为明将击败，逃入海，流离无所归，太宗乃命达文成公等往抚之。孔、耿至盛京，上亲迎至都门，赏赉甚厚，即日授都招讨印，命其兵为天佑军，故将卒皆用命。尚可喜、沈续顺等亦相继归降，明皮岛遂墟。

太宗胜察哈尔

察哈尔，漠南蒙古诸部之一也。其汗林丹，以受明岁币附明，乃称兵扰满洲。又因科尔沁部与满洲通好，怒而击之，且时欲辚轹鄂尔多斯、土默特诸部，由是科尔沁与鄂尔多斯、土默特等互相连合，以防林丹；又惧不敌，遂来乞援。太宗乃命弟多尔衮先往，复自率部众至察哈尔，与林丹战，林丹败死。寻遣人往谕林丹妻，林丹妻感悟，率其子额哲降，并献元代所遗之传国玺。太宗既平漠南蒙古，国势滋隆，人心向附，遂建国号曰清，改天聪十年为崇德元年，即丙子也。

吴三桂借兵满洲以击李自成

明崇祯间，吴三桂为总兵，守宁远。会流寇起，乃封三桂为平西伯。

初，三桂饮嘉定伯周奎家，悦歌姬陈圆圆，以千金购之。会边事亟，遄行不及偕，奎乃送圆圆于其父襄所。未几，流寇陷京师，襄为李自成所胁，令以书招三桂。时三桂方自宁远入援，进次滦州，而家人适至，召入问家中颠末，知圆圆为贼将刘宗敏掠去，三桂拔剑击案，奋詈曰："吾不杀此贼以还我圆圆者，非丈夫也!"遂作书绝父，驰归山海关，遣副将杨坤、游击郭云龙赴满洲乞师，时顺治甲申四月也。世祖乃遣睿亲王统师至宁远，三桂遗睿亲王书曰：

三桂初蒙先帝拔擢，以蛟负之身，荷辽东总兵重任，王之威望，素所深慕。但《春秋》之义，交不越境，是以未敢通名。人臣之谊，谅王亦知之。今我国以宁远右偏孤立之故，令三桂弃宁远而镇山海，思欲坚守东陲，而巩固京师也。不意流寇逆天犯阙，以彼狗偷乌合之众，何能成事？但京城人心不固，奸党开门纳款，先帝不幸，九庙灰烬。今贼首僭称尊号，掠掳妇女财帛，罪恶已极，诚赤眉、绿林、黄巢、禄山之流，天人共愤，众志已离，其败可立而待也。我国积德累仁，讴思未泯，各省宗室如晋文公、汉光武之中兴者容或有之，远近已起义兵，羽檄交驰，山左江北，密如星布。三桂受恩深厚，悯斯民之罹难，拒守边门，欲兴师以慰人心。奈京东地小，兵力未集，特泣血求助。我国与北朝通好二百余年，今无故而遭国难，北朝应恻然念之，而乱臣贼子，亦非北朝所宜容也。夫除暴翦恶，大顺也；拯危扶颠，大义也；出民水火，大仁也；兴灭继绝，大名也；取威定霸，大功也。况流贼所聚，金帛子女不可胜数，义兵一至，皆为王有，此又大利也。王以盖世英雄，值此摧枯拉朽之会，诚难再得之时也。乞念亡国孤臣忠义之言，速选精兵，直入中协西协，三桂自率所部，合兵以抵都门，灭流寇于宫庭，大义于中国，则我朝之报北朝者岂惟财帛？将裂地以酬。不敢食言。

王得书，乃命汉军赍红衣炮，往山海关进发。及师次拉搭拉，复三桂书云：

> 向欲与明修好，屡行致书，若今日，则不复出此，惟有底定国家，与民休息而已。余闻流寇攻陷京师，明主惨亡，不胜发指，用是率仁义之师，期灭此贼，出民水火。及伯遣使致书，深为喜悦，遂统兵前进。夫伯思报主恩，不共流贼戴天，诚忠臣之义也。伯虽向与我为敌，今勿因前故为疑。昔管仲射桓公中钩，后用为仲父，伯若率众来归，必封以故土，进爵藩王，一则国仇得报，二则身家可保，世享富贵，如山河之永也。

三桂得书，感之，乃从大兵与自成大战于一片石，败之，追奔四十里。自成遂杀襄于永平，屠其家属于京师，即夕弃都遁，三桂与阿济格追杀至山西乃还，而世祖已入都即位矣，三桂遂降。盖王于五月至京师，明文武诸臣皆出迎五里外，下令禁兵入民家，百姓安堵。旋遣屯齐喀、和托等迎世祖。九月，世祖自盛京至通州，王率诸王贝勒、文武大臣迓之入京，十月朔，即皇帝位。

大兵为十二骑所败

马贼首领商石敬以善射闻，其党有十二人。国初，大兵入关，欲建功，至河西，适与遇，裨将引六百骑，商骑仅十二耳。裨将轻其数少，一鼓擒之，十二骑张弓迎击，裨将三人皆中目死。诸军继进，应弦而倒者甚众。乃群集矢，指十二骑射，十二骑俱以手接，无一伤者，众哗然退。十二骑追射，死者数百人，矢尽乃止。后诣通州镇守营报功，守申兵部，兵部悉使隶麾下。大兵将入天津等处，闻通州十二骑善射，杀兵四百余名，遂不果往。

王师平白头兵

顺治初，江浙官吏以为朝廷方究心兵事，无暇及吏治也，鱼肉善良，贪酷倍于昔。民怨之，故往往有起兵反抗者，非尽为明复仇也。浙之东阳县有许都者，故名诸生，饶于赀，为县令所涎。会葬母，四方来会者殆万人，令闻之，谓是可乘也，乃诬都聚众谋反，遣吏往葬所逮捕。都以本无他，拟单身就逮，而吏必并捕客，客怒，与之斗，歼其一。都知事不可已，遂起兵，裂会葬所用白布裹首，号“白头兵”，蔓延旁郡县。久之，为王师剿平。

王师下江阴

顺治乙酉，豫通下江南，明江阴典史阎应元拒守九十余日，大兵四集，始破之，然阵亡者已有三王九将矣。

前后三藩战事

国朝战事，大者曰前三藩、后三藩。前三藩，明福王、唐王、桂王是也；后三藩，平西王吴三桂、平南王耿精忠、靖南王尚之信是也。

马雄征孙延龄

孙延龄，定南王孔有德婿也。孔殉粤西难，女四贞年十二，乳媪携之遯民间得免。顺治癸巳，将军线国安收桂林，四贞归京师，诏令入宫为太后养女。既长，适延龄，孔在时所字也。

康熙甲辰，延龄出镇衡州，授和硕额驸，封四贞为和硕格格。丁未六月，移桂林，以王永年、孟一茂、戴良臣为正副都统，受延龄节制。延龄所居为明靖江王府，既居之，忽忽若失，或头目眩晕，不视军事，学围棋、鼓琴，临池搨摹古帖，挟弹丸、张罾罟取鱼鸟以为乐。王、孟心易延龄年少，以妇贵，无大材略，不屑为之下。而延龄亦骄纵，数傲侮王、孟，遂有隙。

癸丑二月，永年为兵校所讼，延龄因言永年不法，命四贞赴京奏闻，而永年亦遣人入京，阻四贞于河南，不得进，仍返粤、延龄由是益憾永年。时巡抚马文毅公雄镇具奏将军、都统互讦事，圣祖遣大臣出勘两造，延龄内不自安。甲寅正月，吴三桂叛，延龄遂诱王、孟十二人至府，尽杀之，而遣人纳款于三桂，蓄发易冠，发兵反，囚文毅，杀浔州知府刘浩、知县刘钦邻、周岱生等以应之。提督马雄驻柳州，亦贰于三桂，然奸狡持两端。延龄使人逼其易衣冠，不从，詈之。又遣其兄延基与总兵陈全攻雄，雄不为动。七月，遣总兵侯成德攻雄，为雄所败，雄亦为流矢中颊，是以愈不睦。既而延龄上表三桂，称名不臣，不用其印札，自铸印设官，变置州县，视贿多者与善地，兵饷不以时给，军士不服。

丙辰，军士念线国安旧恩，鼓噪，奉其三公子为主。而三公子约束军士颇严，复鼓噪，囚三公子，迎延龄。时延龄夫妇逃匿小民孙七家，军士迹至，以二舆从，延龄疑惧，不敢出。四贞曰："出亦死，不出亦死。"乃匿延龄别室，而自出见军士，谓："尔曹杀我夫妇易耳，独不念先王乎？"军士环列叩首，具陈奉迎意。四贞察其无他，呼延龄出，延龄不敢坐舆，请以一舆舁其妇，而挽舆以行。既入府，延龄惭，不能视事，谓四贞曰："吾之复得生也，以卿故。军士念定南王威德，重卿，卿其握权视事，吾愿为闲人矣。"四贞遂戎服，击鼓升堂，理军务。

丁巳，三公子以前事流广州，逃之柳州，说马雄伐延龄。延龄闻雄兵至，疑城中有内应，籍诸仇家男女老幼，夜，尽驱之滩水旁，每十口一举刃，推置水中，至明而毕，江赤，水不流，实无内应也。雄至，相持数月，无胜败，乃引去。遂致书三桂，谮延龄阳奉命，内不可恃。三桂固怒其不称臣，至是益信。十月，遣其兄子伪将军吴世琮至桂林，绐延龄。延龄不知雄之谮己，郊迎世琮，伏卒断其首于马上，函送雄所。四贞率残兵遁归京师，朝廷以定南王无子，命四贞奉工祀，以善终。或谓三桂既杀延龄，并及其子，拘四贞入滇，迨云南平，四贞始归京师。延龄死后十余日，雄亦病死。

宋献策退日本兵

顺治间，总兵某镇泉州，时海氛未靖，总兵颇留意抚戢。一日，有客踵门请见，貌甚猥琐，心易之。姑接与谈，则高谈雄辩，抵掌风生，自云宋姓，湖北人，向为军门记室，闻公好士，愿备驰驱。总兵即延为上客，军书章奏，皆其主裁；部勒兵伍，动合机宜。忽报日本兵自澎湖入犯，时郑成功据台湾，与海酋约结。泉州为闽海门户，军储未广，士卒新募，总兵惶急无计，商之宋。宋云："倭寇易退，勿烦虑也！"约与俱至海岸五炮台，宋令健卒百人拾沙上乱石，纵横累砌之，如布营垒然。既毕，与总兵坐台上，置酒对酌。夜将半，倏见海上飞舰如蚁，直趋厦门，火炮不绝。将近港口，船忽挥旗鸣金，徐徐敛退。总兵讶其故，宋曰："适余所布石，乃武侯八阵图也。彼疑大军有备，故遁去。"总兵奇而德之，礼有加焉。久之，卧病增剧，取藏书一箧，避人焚之，总兵适至，见内有阵图符箓，深以为惜。宋曰："留此不适公等用也。"后出一编授曰："此金创良药秘方，可广传军伍，以备不虞。"因徐语曰："公知余否？余即李自成部下宋献策是也。以择主不良，身名俱丧，今死晚矣。"言已，泣下而殁。

邬景超平台湾

邬景超，字旷思，川沙人。康熙戊午，台湾构乱，全闽骚动，总督姚启圣驰檄募义勇，景超罄家资，得勇士百人，诣漳州行府，启圣授以守备衔，使隶中协副将蒋懋勋，军于赤岭。会贼列阵索战，景超等远望之，见贼虽众而不整，独率所部绕出贼后，贯其阵，搴旗而出，贼众披靡。接战二日，复奋击先登，拔其砦。蒋奇之，上其绩于督府，启圣亲履所战之处，亦赞叹不已，由是日益亲任。

己未五月，以母疾假归。九月初，复至行台，令首攻新寨。是日，死伤遍野，景超为流矢贯肘，裹创复战，克之，遂留守双桥。十一月，调守观音山要口，与贼垒隔一溪，炮矢飞射，不解甲，立弹雨中，凡十有二日。庚申正月，调回赤岭，议大举进剿，水陆并进，景超从蒋为先锋，破鳌头等寨。连战数次，气益奋，从矢石中大呼直入，贼众溃走，奋槊追之，擒其伪帅，遂至海口。又合攻狮子山诸砦，皆以次歼克，直抵海澄。时启圣亦督大兵趋厦门，贼酋仓皇奔溃，缭罗、金门等望风投诚。景超飞骑传令，禁杀安民，复请启圣直捣台湾，启圣将从之，为众议所阻不果。

是役也，论功题叙，加景超左都督衔。癸亥，启圣督将士至厦门，与水师提督施琅密议荡平策。是年六月，大兵乘风破浪，直捣澎湖，一鼓破之，贼将刘国轩乘小舟遁入台湾，贼酋穷促投诚。八月初五日，景超赍令往台湾，迁贼酋刘国轩、冯锡范等至省。十一月竣事。

赵忠襄平吴三桂

赵良栋，宁夏人。年二十四岁，以武勇受知于陕甘总督孟乔芳。从英王征陕，授潼关游击，旋从大学士洪承畴征云南，迁副将军。康熙壬寅，平西王吴三桂奏推广罗镇总兵，知三桂必反，以疾辞。三桂大怒，欲劾诛之，总兵沈应时巽词解免。旋补天津总兵官。

癸丑，三桂叛，陕西大震，宁羌、惠安兵变，杀经略、提督，圣祖命赵征之。议者疑其陕人不可信，赵请留其眷于都，而己率劲兵前往，上许之。时官兵败散，屯堡荒废，沿路晓示，招兵归原汛，劾贪墨，募健儿，军威大振，斩首逆熊虎等四人。

宁夏平，疏言蜀为黔滇门户，若不先恢复则滇黔路不通，请乘胜进兵。又许之。及率兵抵密树关，遇贼败之，擒其将徐成龙。遂取徽县，过高山深箐数十里，昼夜兼行，抵白水坝，时康熙己未除夕也。

坝为川江上流，与昭化唇齿，俗号“铁门坎”。贼防守尤力，沿江立营，为石囤木栅，设炮以待。下令曰：“元旦渡江大吉，违者斩！”黎明，骑骣马，率麾下五十人横刀渡江。江浅，万马腾簸，波涛尽立，呼声震天，贼连发炮，伤数十人，无敢回顾者。贼大惊曰："老将军令如山，不可抗也。"方半渡，天忽风，吹马如吹舟，顷刻抵岸，斩贼将郭景仪等，获旗帜器械马匹无算。余贼奔窜，追之，再胜于石峡沟，十日而克成都。入城，秋毫无犯，收金银印二百六十，伪札千，奏缴之。上大喜，手诏褒美，加勇略将军、兵部尚书，使总督云贵。于是密奏滇黔倚蜀为捍蔽，今蜀已得，而三桂新死，宜乘机速进，上许之。

当是时，官军征滇，贝子彰泰自贵州进兵滇池，将军赖塔自广西进兵黄草坝，满、汉兵十万余围城九月未下。赵至军，即向贝子陈三策：其一，称我兵扎围太远，自归化寺至碧鸡山东西七十余里，呼调不灵，宜掘里濠相攻逼；其一，称欲取内城，先破外护，使贼匹马不可出，方可招降；其一，降者宜分别收养，不宜尽发满洲为奴。贝子不悦，以满语驳诘，而赵又不解，瞠目牴牾，幸已奏闻，诏下，悉如策。贝子不得已，与兵二千攻得胜桥。赵见桥头炮台甚密，意白昼攻之伤必多，乃伏马兵于南坝两岸，分步兵为三队，结营立壕墙，墙上架火枪、子母炮，身披厚棉，持大刀督阵。夜二鼓，攻桥，贼尽出死战，其酋郭壮图亲搏战，三进壕墙，而伏兵三起应之，列炬如星，枪炮雨下，贼败走。夺桥进，至三市街，再败之，天犹未明也。平旦，入东南二门，郭壮图自焚，三桂孙世璠自杀，余贼尽降，云南平。

赵性戆，取蜀时，见罪于将军吴丹，丹为明珠侄，珠心怵之，授意兵部抑其功。复屡疏争，珠使其党御史龚翔麟劾以大不敬，宜坐斩，上优容之，命乞骸归里。上征噶尔丹时，幸其邸，问方略以行，叙功，封一等子。尝谕侍臣曰："赵良栋果良将也。惟性褊狭，与人多龃龉，朕不用，实保全之。"归数年，卒，谥忠襄。乾隆中，高宗念其功，加封其嗣曰泌一等勇略伯。

彭春胜俄人于雅克萨

俄罗斯来我国边界互市者，国人呼之曰"罗刹"。（罗刹即俄罗斯之急读音。）康熙乙丑，俄兵踞雅克萨城，秉其彼得大帝之命，欲肆东封，圣祖命副都统彭春率师往讨。彭亟选索伦劲旅，乘其未备而急往，师至雅克萨，俄兵筑城犹未完，而我师已至，众大惊。彭先以书谕降，不从。乃相地势，军城南，集战船于城东，三面积薪，为火城状。盖城中多木筑，遇火必无幸也。俄人大惊，其酋额里克舍奋力出战，然以四周形胜率为我军所占，故一战而俄兵大败，复遁入城，穷蹙乞降。彭乃收其兵仗粮食，宥额里克舍罪，许其引众六百人还，其众实时徙去，不敢复入寇，遂订《尼布楚通商条约》。此约成后，俄帝岁遣学生来京师留学，四裔馆有为俄罗斯专设之馆，殆起于此。

彭当时奏凯之疏略云："陆行自兴安岭以往，林木丛杂，途径窄隘，冬雪之时，沙结冰坚，夏雨，泥深淤阻，惟轻装可行。其途径皆为自古人踪不到之处。惟水程较易，自雅克萨还至爱皞城，（即瑷珲，亦称爱珲。）于黑龙江为顺流，行舟仅须半月，两岸可纤挽。若逆流行舟，须三月，较陆行倍期，然于运粮炮为便。方进兵时，曾建木城于黑龙江，呼为玛尔，调兵千五百人往驻，造舟运炮，以缮军备。又选福建之投诚善用藤牌兵四百人助剿，命为乡导。我军声势既壮，既整且暇，何难奏犁庭扫穴之功！而我皇上犹宣谕诸将，为中国兵马精强，器械坚利，罗刹势不能敌。归诚时勿杀一人，俾其生还故土，则我朝之仁征义育，怀柔远裔，使其传我声威，感动异类。谨本此意，幸奏肤功，未伤敌兵一人，而已恢复边疆，拓地数千里。"

小策凌败俄人

大小策凌，皆准噶尔名将。小策凌出兵未尝败衄，惟额尔德尼昭之战，几覆其师。然其后与俄人战，有耳提施河之捷，俄于东方，自雅克萨之役以来所未尝有也。

耳提施之战，衅起于寻金沙。喇嘛脱喇者，实为喀尔喀间谍。策妄知之，脱喇东归不得，乃走俄，说以耳提施河金沙之利。俄探之，果然，遣人往开，准人尽执杀之。乃以哥萨克兵一万、土耳扈特兵六千来犯，小策凌御之河上。俄军恃其火器，蔑视准人，小策凌夜篝火于林，张疑军，而悉所部触土耳扈特兵，土耳扈特兵溃，乘胜崩之，俄阵亦动。俄将见事急，令并土耳扈特人击之，小策凌见俄阵坚，乃少却。中宵，使军士衣俄死人衣，入其垒，举火大噪，遂环而傅之。俄火器不及施，皆短兵接，准人技击俄人所不及，遂大败。俄人裒死伤者退，准人从之，入俄境五百里，不见一骑，疑有伏，乃引归。

自是，哈萨克、布鲁特诸部落皆倚准人为重，故中间百年，俄不得志于中亚。及其衰也。痘症盛行，战士多病，准人不知医药，故尽歼。

圣祖亲征噶尔丹

康熙丙子，圣祖亲征噶尔丹，降其诸部。丁丑，再亲征之，所过童山沙碛不生草木之区，至是浅草蒙茸，六军游牧如内地。偶乏泉水，上相地疏凿，甘泉溢涌。会饮马川西，忽得明成祖勒铭纪功之石于水，濯而视之，中有“永清沙漠”语，上曰：“真永清矣。”是举也，果扫穴犁庭，威震域外，朔漠悉平。

费扬古殪噶尔丹可敦阿奴

康熙丁丑，满洲襄壮公费扬古为抚远大将军，随征噶尔丹，大战于昭莫多山，出奇制胜，殪其可敦阿奴。“可敦”者，准部称可汗也。颀皙，敢战，披铜甲，腰弓矢，骑异兽，临阵精锐悉隶麾下，至是亦毙。

孙襄武胜噶尔丹于昭莫多山

汉军孙襄武公思克，初剿厄鲁特，继平吴三桂，嗣征罗卜藏，皆独领偏师，积功最伟。最后，偕抚远大将军费扬古进讨噶尔丹，至昭莫多山，大败之。奏捷，召赴京，命侍卫迎劳，赐袍褂鞾（同“靴”）帽等物。御制诗箑有“鹰扬资远略，宿望在西陲”之句。入觐畅春园，赐御书“绥怀堂”额及端罩四团龙补服、花翎、朝帽、朝衣、朝珠、鞍马，命还肃州提督任。康熙庚辰卒于官，榇还京师，自甘州至潼关，沿途军民无不号哭相送。上闻之曰：“诚可谓将军矣。”封一等男。雍正朝，入祀贤良祠。乾隆朝，诏予一等男世袭罔替。

朱廷珍施琅灭朱一贵

康熙辛丑，朱一贵作乱，全台陷。总兵朱廷珍偕水师提督施琅，帅水陆大军八千人渡海进兵，不旬日，肃清台郡。其擒贼首朱一贵等平南北二路露布如下：

“惟辛丑六月二十有三日，本镇总统官兵克复台湾，大张文告，与民更新。为殉难将帅讨贼复仇，枭磔元凶，招徕市肆，宥罪恤伤，询问疾苦。乃会同水师提督施，遣兵追剿逸贼，分攻南北二路，以林秀、薄有成、郭祺、齐元辅、范国斗、胡璟、李祖、刘得紫、郑文祥、刘永贵、董方、林君卿、游全兴等带领官兵，穷追朱一贵诸贼。以王万化、林政、边士伟、魏天锡攻取南路，营凤山县。以朱文、谢希贤、吕瑞麟、洪平康、阎威攻取北路，营诸罗县。以景慧收复笨港，林亮、魏大猷率舟师北上，平定沿海一带地方。指挥已定，克日遄征。犀甲熊旗，耀若长虹四出；金戈铁马，闪如怒瀑齐飞。越五日戊午，林秀诸军遇贼于大穆，降。追奔逐北，炎火之爇飞蓬；斩将搴旗，豪鹰之攫爰兔。贼遗车马器械，堆积如山，余党溃散归降，十去其九。朱一贵走湾里泾，我军追至茅港尾、铁线桥，收复盐水港。一贵夜遁下加冬，绝食月眉潭，狼狈星散，不及千人。乃有义民王仁和、杨石，密至沟尾庄，是夜鸡鸣，火炮震天，金鼓动地，六庄乡壮喊杀攻围，遂擒贼首朱一贵，及其党王玉全、翁飞虎、张阿山，缚置牛车，驰解军前。五十日自大夜郎王，囚首叩阶除之石；卅万众伪称国公府，拽颈杂羊豕之群。余孽虽奔，天网不漏，枭杨来于大排竹，竿首级于十字街。林曹、林骞、林琏、郑惟晃、张看、张岳等，咸向我军面缚乞降。复擒吴外、李勇、陈印、陈正达、卢朱等，皆系长缨，以为俘馘。渠魁党羽，无不械送就诛；胁从爪牙，已尽烟消靡孑。王万化诸军至南路，擒斩贼目郑定瑞、颜子京等，收复凤山县，安抚下淡水各处庄社民番，南路五百里地方，悉皆恢复荡平。朱文等诸军至北路，擒斩贼目万和尚等，收复诸罗县，安抚哆罗嘓、斗六门各处庄社民番。景慧引兵至笨港，林亮、魏大猷以舟师来会，遵海上下，扫除贼薮，招辑流亡。而援淡游击张駥，守备李燕、刘锡，千总李郡，淡水营守备陈策等，引兵南下半线，谢希贤引兵北上，与张駥等会合，北路千余里地方，尽皆恢复荡平。扫逆寇于一朝，根株悉拔；奏肤功于旬日，山海敉宁。从兹鹿耳鲲身，永巩东南之锁钥；鸡笼沙马，长固陬澨之藩篱。咸知盗贼不可为，即窃州踞县，终当横分腰领；犯乱不可作，虽道寡称孤，毕竟坐受诛夷。起普天忠爱之心，寒千秋叛逆之胆。桓桓熊虎，厥有微劳；忻忭曷胜，驰闻敢后。”

年羹尧岳钟琪平青海

青海，唐以来世属吐蕃，至明而始为蒙古所据。明末，固始汗袭有其土，与满洲时通贡使。固始汗以顺治丙申卒，后分二支：一驻西藏，一分牧青海及河套。准噶尔部噶尔丹起，河套、青海均为所破。康熙戊寅，噶尔丹败亡，固始汗第十子达什巴图尔入朝，封和硕亲王，由是青海始为外藩。其子罗卜藏丹津袭爵，自以青海、西藏旧皆为领土，思恢复先业。会世宗御极，乃于雍正癸卯叛，阴结准部策妄阿喇布坦为外援，西宁戒严。

无何，族人额尔德尼及察罕丹津不从，先后挈众内附。世宗命年羹尧为抚远大将军，以四川提督岳钟琪参赞军务，征之。罗卜藏丹津劫旧驻西宁之兵部侍郎常寿，幽之。羹尧分兵三路布置：北扼布隆吉河，（即疏勒河。）防其内犯；南守巴塘、里塘各地，断其入藏之路；又请敕富宁安等屯军吐鲁番，绝其与准部之交通。青海夺气，罗卜藏丹津穷蹙。甲辰，诏授钟琪奋威将军。会降人为言罗卜藏丹津驻乌兰木呼儿，距此百六十里，钟琪乃率军衔枚宵进，黎明抵其帐，尚卧，马未衔勒，皆惊逸，擒其母妹。罗卜藏丹津衣番妇衣，骑白驼走，钟琪自追三百里，至桑骆海，路尽而返。分其地以赐厄鲁特之不附寇者，而于西宁设大臣治之，青海遂平。

或曰，吴人某，少无赖，好勇，被仇诬作太湖盗，逃塞外，随蒙古健儿盗马久，性遂爱马。一日，见岳所乘，名马也，夜跳匿厩中，将牵其缰。未三鼓，岳起视，自饲马，某不能隐，被擒。岳上下视，问："行刺乎，盗马乎?"曰："盗。"问："白日阑入乎，夜踰墙乎?"曰："踰墙。"岳微瞠，若有所思。秣马讫，命随入室，赐以杯酒，随解衣卧。迟明，岳起，唤盗马人同往大将军府，岳先入，良久，闻军门传呼曰："岳将军从者某，赏守备衔，效力辕下。"岳旋出，上马顾曰："壮士努力，将相宁有种耶!"

及岳征西藏，某从行，时雍正甲辰二月初八日也。岳命副都统达鼐、西宁总兵黄喜林各领兵先，自领五百人为一队，约某日会于青海界之日月山。至期，天暮，岳立营门，谕二将曰："此行非征西藏也，青海酋罗卜藏久稽天诛，昨其母与弟红台吉二酋密函乞降，机不可失。"收珠宝一囊，金二饼，顾某曰："先遣汝召贼母来，贼所居穹庐，外有网城，结金铃于上，动辄人知，非善踰者不能入。贼营帐四，上有三红灯者，其母也，对面帐居罗卜藏，左右居丹津、红台吉二酋。珠宝与金将以为犒。此大事，汝好为之。"解腰下佩刀授之。

某受命出，天大雾，行三十余里，至贼网城。腾身入，帐烛荧然，母上座，二酋侍侧。母六十许，面方，发微白，披红锦织金袍，叱问："何人?"某曰："年大将军以阿娘解事，识顺逆，故遣奴来问好，囊宝贝奉赠，金二饼馈两台吉。"二人闻之，喜谢。吴乃诈曰："将军在十里外待阿娘，阿娘速往!"三人相顾犹豫，某解佩刀厉声曰："去则去，不去，我复将军。"其母曰："好蛮子，行矣。"上马，与二酋随十余骑，行不十里，岳来迎，将其母与二酋交达、黄二将分领之。须臾，前山火光起，夹道炮发，斩母与二酋回，入军营。次日，谍者来报，罗卜藏丹津已逃准噶尔部落，岳命竿三头狗（同"徇"），三十三家台吉皆震悚，乞降。二十二日，至大将军营，往返才十五日，二月朔凯旋。论功，赏游击衔，某谢岳曰："某杖此，仅半月耳。大丈夫何颜复来？愿辞公归，别图所报。"岳笑曰："咄，吾知汝终为白首贼也。"厚赐而别。

或曰，岳兵至哈达河，袭守地贼，追奔一昼夜，士马饥渴，塞外严冻，忽涌泉成溪，万马腾饮，遂追入崇山，歼贼二千。罗卜藏丹津穷窘无计，乃放平日所养野骡，使直奔岳军前。骡尾有焰上腾，诸军大惊骇，岳曰："此火牛故法耳，可一不可再。"乃命士卒各持长矛向前直奔，又以强弩百余尽力射之，骡怀痛，皆反奔，罗卜藏丹津阵大乱，遂歼焉。

傅尔丹讨准噶尔

康熙丁丑，圣祖亲征沙漠，噶尔丹穷蹙自缢。其侄策零多尔济窜阿尔泰山北，稽首称臣。圣祖受降凯旋，朔漠荡平。其后数岁，策休养生息，招徕噶尔丹藩臣，部落渐强，侵犯喀尔喀部落。圣祖震怒，练兵筹饷，为深入计。世宗践祚，欲竟圣祖未竟之绪。会策死，其子噶尔丹策零嗣立。噶少年聪黠，善驭士卒，诸台吉乐为之用，世宗遂决议讨之。

张文和公荐傅尔丹为帅，筑大将坛，率旗绿营等五万兵讨之，诸蒙古藩臣皆执戈以从。时达福力谏不可，上曰："策零殂落，噶逆新立，彼境已有分崩之势，何云不可？"达曰："策零虽死，其老臣固在。噶亲贤使能，诸酋感其先人之德，力为扞御，我以千里转饷之劳，攻彼效死之士，臣未见其可。况天方酷暑，未易兴师。”文和乃旁赞曰：“六月兴师，载诸《小雅》，君果未知耶？”上曰：“达福患暑疾，盍以卤汁灌之！”达词色愈厉。上曰：“然则命汝副傅以行，尚敢辞耶？”达语塞，遂叩首出。

世宗禡祷于明堂，亲酌傅，以宠其行。时从征者为副将查弼纳，将军巴赛，副都统戴豪、海兰、西弥赖、定寿、苏图、马尔齐，侍郎永国、塔尔岱。八月，会师于科布多城。噶遣将伪降，言其部携贰，与哈萨克迭战经年，马驼羸弱，可袭灭其部落。傅信其言，欲进师，定曰：“今噶逆闻警，敛师境内，静以观变，其谋可知。莫如耀兵境上，以扬我武，全师凯旋，策之上也。安可信俘虏片言，突入敌垒，以黩武哉！”傅曰：“不入虎穴，安得虎子？彼穷蹙之余，安能敌精强之士？不御敌，非勇也！汝何怯懦自损其威也。”定默然出，以袍付仆曰：“汝持此以归葬焉，生子名寿，以志难也。”永曰：“吾闻用师，乘瑕以战，未闻无隙而能敌胜者。今噶逆亲亲用能，人惟求旧，选不失材，贤不失位，疆圉远辟，牧养蕃滋。彼虽犯我师旅，尚当良筹以御之，而况敛兵蓄锐，乃可深入自暴其师乎？”海兰曰：“量敌而入，将之能谋也；知难而退，武之善经也。敌未可轻，武未可黩，俘虏之言奚足为信！羸师待敌，外夷之故智，君其防之！”傅赧然曰：“我国之所以无敌者，以武臣之不畏死也。君等安可蹈汉儿之习，自弱其势哉！”因命整军以进。主事何溥执辔以谏，傅曰：“蕞尔竖儒，安识兵家事？”因以鞭挥何手而去。马退告众曰：“此师殆哉！”戴曰：“带组具存，何畏？死无惧也。”查曰：“余刀俎余生，受君恩乃不死，今得以马革裹尸，幸矣。”

查前因允禩朋党，廷议大辟，上特宥之，故查益感激用命。及出境数百里，不见贼垒，获侦者，云在克托岭。傅遣苏图往剿，未数里，闻胡笳声远作，毡裘四合如黑云蔽日。傅惧，移师东，陷和通淖尔，汉言“大泽”也。定谓傅曰：“违众陷师，谁之咎也？”傅默然。定曰：“言在先，敢辞死乎！”遂与马尔齐率兵援苏。兵既接，忽大风蔽日，雹如牛首，我兵血战，后无继师，定寿中矢殒，苏等俱没于阵。西弥赖率本部援之，兵溃身殉。贼遂犯大营，傅命蒙古兵御之。定制：科尔沁王公树红纛，土默特旌树白纛，以为志。转战间，科尔沁王某偃旗首遁，土默特公沙津达赖奋身入贼垒，白旌耀然。众知蒙古兵败，曰："白纛兵入贼队矣！"诸军遂大溃，终夜，甲仗声绝。傅举止失措，惟抚驭满洲士卒曰："慎勿堕家声也。"永国刎颈死，戴、海均自缢，何溥儒服雅步曰："死为国殇，永享俎豆，荣矣。"

有蒙古参领某，潜渡淖，遇妇人骑以追，推之河中，水浅，不得死。医士汤某，仓皇奔窜，扬言曰："余有丹药，嗡之可免渴。"卒无应者，陷于贼。傅杂士伍奔窜出，查纳弼跃马舞刀，贼皆披靡，溃围而出。不见傅，以其已死，恐蒙陷师罪，曰："颁白之年，岂可复对狱吏！"遂复入阵而死。达福殿军，被杀，巴赛血战死之。惟塔尔岱冒锋矢出，中枪穿胫，血殷征衫，蒙古医以羊皮蒙之，三日始苏。贼获诸士卒，皆以皮绳穿其胫，盛以皮袋，缀诸马后，从容唱歌而返。蒙古科尔沁王匿萑苻中，以千金赂傅，傅受贿，扬言于众中："蒙古白纛者先败。"乃收公沙律斩之，蒙古士卒皆怒。溃军事闻，上震悼曰："朕悔不听达福言，今无及矣！"乃厚恤其家。（达故权臣鳌拜孙，耻其祖所为，故尽节。）革傅爵，赏恤诸溃卒。雍正辛亥，噶众大入，赖额驸超勇亲王战于光显寺，其势始衰，遂讲和焉。

初，上命傅尔丹与岳威信公钟琪会议进兵策，岳赴傅穹庐中，见壁上刀槊森然，问傅何所用，傅曰："此皆吾素所习者，悬以励众。"岳笑而漫应之。出语人曰："为大将者不恃谋而恃勇，亡无日矣！"后卒如岳所料。

策凌大破准噶尔

超勇亲王策凌，先世为元太祖第四子裔，居喀尔喀三音诺颜部。康熙中，准噶尔台吉噶尔丹势强，喀尔喀四部尽为所破，王时弱冠，负祖母，单骑敂（古同"叩"）关降。圣祖怜之，置宿卫，授轻车都尉，赐第京师，尚纯悫长公主，洊封郡王。雍正中，遣归游牧。辛亥，征准噶尔时，王请从，上许之，命从顺承郡王驻察汗河。

傅尔丹既偾师于和通淖尔，贼众阑入喀尔喀界。时额驸超勇亲王策凌远屯他戍，噶利其赀，欲掳其游牧，其副曰："彼为盟长，北方之最强者，若激其怒以遏吾归，诺颜难生还也。"噶不从，因破其塞，掳其妻孥，驱牛羊数万以行，南犯大青山。

当是时，康亲王屯归化城，顺承郡王屯贺兰山，相犄角。闻警，康亲王调宣、大二镇以待。事闻，世宗命大学士马尔赛佩抚远大将军印，一等侯李杕副之，率精卒数万，遏其归路。虏知有备，南掳蒙古诸部落。超勇王闻警趋归，知妻孥已被掳，仓卒计无所出。时舒穆禄直恪公绰尔铎以理藩院侍郎转饷至，超勇王告以故，且欲奔诉于朝。舒笑曰："余素以豪杰待王，今何出此下策？夫蒙古诸藩以王为最，朝廷方恃以办贼，今虽妻孥失陷，然劲卒尚存，王若统率诸部，尽力向敌，遏其归路，则一战成功，妻孥可全，疆域可复，此上策也。若不顾大计，单骑归朝，诸将帅不明王心，必以王为败绩，收付廷尉，按律科罪，吾恐漠北诸部，不复为王有矣。"超勇王感叹曰："君言良是，男儿一腔血当为诺颜倒也。"因返旆向敌。"诺颜"者，蒙古谓"君"也。舒复命，便谒顺承王，乞师相助，超勇王闻之，益用命。

护卫某能日行千里，尝立高峰上，拱手作鹏立状，噶不觉。命潜入噶营，悉知虚实，然后檄调诸部落蒙古兵，得三万人。王曰："噶众三十万，以一诛十，可御之矣。"乃会顺承郡王，请以孱弱士卒行。顺承郡王简精锐付之，超勇笑曰："吾所以请王师者，欲其饵敌也。王师纵强，焉能御百万众哉！"乃易孱弱以行，日行三百里，至光显寺。王笑曰："其险已为吾据，虽百万可成擒也！"寺左河右山，众请登山据险，王曰："贼知吾据要害，若自上游以渡，吾功不易成。"因命满洲军背水面阵，蒙古军营河北，己率劲旅万人伏山侧，属诸将曰："闻笳声则进。"部署始定，贼大至，见背水满洲军，笑曰："败亡之余，复敢斗耶！"其副曰："策凌，人杰也。今吾已破其部落，彼岂甘心于吾？恐驻师于此，以遏吾归也。"噶笑曰："彼国之制，无以外藩将满洲兵者，彼乌敢在此？"率众越险以进。满洲师皆弃甲沿河走，贼追掠间，闻阵后作笳声，须臾，旌旗遍山谷，王大呼曰："策凌在此！"率众从右山下驰，掷帽于地曰："不破贼不复冠矣！"军无不以一当百。贼崩溃，伏尸蔽野，人马践踏追击，狼狈渡河逃。河北诸蒙古将闻笳声，复半渡击之，其副战死，酋率数百人骑白驼夜遁，河水为赤。王从容于马上弹瑟琶唱曲以归。

马尔赛屯师乌兰城，以为虏不复经此，日置酒高会，不理军事。李杕故马戚，惟其言是用。及诸路捷书至，军士咸欲出师立功，马屡止之。复闻贼哨骑至，诸将请命，曰："吾奉命戍此，未奉退贼之命也。"诸将士拔刀斫柱，间有泣者，李以鞭挥之，曰："守吏紧闭关，越者斩！"诸将益愤。傅鼐时以偏裨从军，慷慨言曰："相公奉命遏贼归路，今天亡其魄，豕突至此，正男儿杀贼立功时，奈何闭关任其扬去？"率本部斩关出。马不得已，始下追贼令，噶已远去。适副都统达尔济追贼至，马误为虏，命军士击之，两军互伤，乃托辞贼远难及入告。奏上，世宗大怒，斩马尔赛于军，李杕长流塞外，超勇王等论功封赏有差。噶归，告其主曰："南朝大有人在，策凌谋勇兼备，未可撄其锋也。"始敛兵，微吐和意，上复遣傅鼐、阿克敦往谕，议始成。当时若非马尔赛之闭关纵寇，则其酋可擒，其部可灭，不待二十年之久也。然而当时论者，咸谓超勇此次之捷，为北征第一战功。

哈元生平乌蒙

云南乌蒙蛮者，倮也，明以前曰乌蛮，国初因明之旧，设乌蒙土府，属四川，府治有汉、苗杂居。乌蒙酋禄氏，事流官甚谨，流官乃鱼肉之，遂有雍正庚戌禄万福之叛。

万福为鼎坤子，鼎坤有兄曰鼎乾，袭土司，以不法，为滇督鄂尔泰逮捕下狱，旋杀之，而许其子万钟袭官。时鄂方议改土归流，世宗特诏以乌蒙隶云南。鄂有记室章某，窥朝旨在有事乌蒙，乃言于鄂曰：“鼎乾有婿陇庆侯，年少恃勇，即镇雄土府也。妻白间绝艳，万福夙与通，构庆侯之恶于其父鼎坤，万钟权日落，方恶鼎坤之跋扈也。鼎坤不自安，此其机可乘也。公若金币良马之不吝，鲰生必有策，使彼自相攻，而吾安受其烬，惟公图之。”鄂喜，且闻白间之美，欲得之以充下陈也。章计得行，而滇南之杀机动矣。

乌蒙西部有大城曰鲁甸，鼎坤据之，精兵在焉。其地距会城六百里而近，万福好游畋，尝连骑走都市，与官军诸健儿习，章遂因某弁以告万福。万福本不慊于万钟，且欲毁陇庆侯，夺白间，而觊觎乌蒙土司也，遂导见鼎坤。章至是备述鄂之厌恶万钟、扶植鼎坤意，鼎坤欣然从之，将出兵以从官军而讨万钟。万钟闻之，使告庆侯，密为之备，欲先发以制人也，乃谋夜袭鲁甸。庆侯之叔联星亦掌兵符，惧兵连祸结，且与庆侯积不相能，遂泄万钟谋于鼎坤，鼎坤告急于鄂，而自率兵疾趋乌蒙，万钟亦出兵防御。顾镇雄之兵为联星所扼，乃血战一昼夜，鼎坤几不支。鄂遣哈元生往援，三战三捷，渡藤桥，破金锁关，遂入府城。万钟弃家室珍宝奔镇雄，求援于庆侯，庆侯力促联星。时章之说客，方因鼎坤入镇雄，而镇雄之仇阿底土司者已备战，联星大惧，遂通款官军，与哈元生、禄鼎坤、阿底诸军相应，共袭庆侯，庆侯等遂遁川边，依东川诸部禄天佑焉。

乌蒙破，万钟出走，其爱姬婴欲从行，万福夙谂其艳，乃劝元生生致之以献鄂，意谓鄂有婴，可不求白间而自得之也。既而元生虏白间，白间引锥欲自刺，左右严备之。万福请以白间归，愿代搜庆侯之妹名嫈者，献鄂以自赎。元生谋于章，章曰：“主帅征乌之宗旨，欲得白间也。且佯许之，语以主帅受俘，必赐子，既入，乃可图也。”万福乃私谓元生曰：“吾宗世传有宝玉二器，一玉马，夏日倚之不汗；一珠冠，夜冠之可无烛也。子能与吾白间，吾为子致之。”既而白间终为鄂所有，万福大恨，怏怏归鲁甸。章复语元生曰：“禄父子怨望，不久且反侧，非早诛之不可。”元生乃挟章以偕，言于鄂。忽鼎坤父子请以土兵从征东川，擒万钟、庆侯，鄂许之。

鄂既收乌蒙之地，设流官，乌蒙曰府，镇雄曰州。奏上，世宗褒奖至再。遣禄鼎坤父子质妻子于会城，锡以参将、守备等秩。及东川罢兵，万钟走死，庆侯不知所往，乃调鼎坤河南、万福贵州，皆不得袭土司，父子俱大失望。万福尤不能忘白间，寻以治产赡族为请，欲归鲁甸。道会城，诣督署，丐之章，欲得间一见白间。章要以前许之二宝器，万福谓今不知所在矣，章大忿。万福惧，贿盗刺杀之，而自遁归鲁甸。

白间既嬖于鄂，尽泄万福隐秘及陇庆侯豪侈状，鄂乃疑元生私得宝器，遣人讽元生，元生皇（通“惶”）恐，鄂要以必得，元生曰：“易易耳，万福方归鲁甸，盍促之来，迫使进献，许以乌蒙相报，否则杀之，宝器必可得也。”鄂从之。万福闻召，不敢即行，乃上书自陈，欲得白间手书，并以倮兵千人为卫，始可至，鄂亦从之。会万钟姬婴与白间争宠，乃乘间语鄂以万福通白间事，且曰：“宝器实为宗老禄某所藏，妾弟良臣能致之，无烦大举也。”鄂信婴言，自是疏白间，不许万福携兵入省。

未几，良臣果献宝，宝为玉蟹及茶花一枝，亦有珠冠一，圆湛光耀，若戎菽，鄂自是嬖婴甚。白间闻之，欲请一观，既观，曰：“此残膏剩馥耳，较之妾所言者，犹小巫之见大巫也。主公奈何甘受其欺！”鄂曰：“物果可致，当嬖汝以专房，世守此宝，盍速图之。”白间曰：“物今藏于万福，妾父鼎乾因得罪下狱，几致削除，遂为鼎坤所攫，万钟继嗣而弗出也，两家由是构衅。鼎坤爱万福嫡妻，遂授此器，俾守之。”鄂曰：“何术以致之？”白间曰：“妾请往见万福妻而取以来。”鄂曰：“吾资尔以金币，好自为之。”白间遂盛车驷、赍金币而过万福，万福乃偕返鲁甸，说其妻，不纳，顾万福乃就其妻之嬖小臣福五说之，曰：“乌蒙既亡，区区鲁甸，旦夕不自保，彼今复欲出兵劫制而设流官，请以宝器自赎。”福五奔告万福妻，万福妻乃见白间，议必以见鄂得复封鲁甸之请而后献宝，白间允之，偕行。之会城，白间先入，语鄂曰：“万福妻美而艳，可并留之。”意盖欲间婴宠而自得万福也。且求必复鼎坤职，居鲁甸，留万福会城以为质。鄂大惑。及见万福妻，美于白间，张盛筵，酒酣，万福妻以复鼎坤鲁甸请，鄂许之。寻奏献于朝，世宗褒赏甚至，鄂遂留万福妻于署，为万福别娶某土司女。万福恋白间，恭顺如厮养仆，自是白间出入自如矣。

无何，婴以鄂嬖万福妻而失宠，大恚，以其为白间所介入也，欲中伤之。白间与万福奸，乃使人求计于福五。福五失万福妻，方怏怏，故与婴合谋，造作白间书；遣倮兵杀鼎坤，己得与万福归主鲁甸。伪为遗书甬道者，婴之婢拾以献鄂，鄂怒，磔白间。寻使卫士某刺万福。某故倮族，阴袒万福，反告之，万福遂遁去。鼎坤见万福归，大惧。

陇嫈，庆侯之女弟也，与婴、白间皆为鄂所有，而嫈独涕泣求死，不许；求披剃为尼，亦不许。鄂将就之宿，宛转拒之，左右强迫焉。且告以白间被磔事，嫈骇而泣，去志乃决。一日，疾奔出甬门，夺守者剑，手剸之，褫其服，易以衣之，一跃而出。

是夕，鄂闻阍人为盗所毙，忽元生求见，鄂出，元生探怀中书，抵膝密陈，鄂惊，色如土。寻语以失嫈事，元生沉思久之而言曰：“是必往鲁甸，其兄庆侯犹在也。前日闻倮卒言，往西山会宴，盖欢迎镇雄旧土府陇庆侯也，嫈其随庆侯以去耶？”鄂曰：“嫈之去，非婴姬万妻罪，杀之可乎？”元生曰：“公如不畏吏议者，被罪而去，左右拥抱，何害？即不然，今上密使遍天下，二憾在侧，得毋为奸人罗织乎？”鄂悟，顾左右曰：“取永巷二姬首来！”左右应声往。须臾，朱盒烂然，陈于几右，启之，赫然美人首也。于是鄂命元生出师，传檄讨禄万福罪。

万福挟资归鲁甸，说其父鼎坤，号召各峒，勒兵而出。会陇庆侯魏生与婺俱至，分往说镇雄、东川各州县，皆戕官裂衣冠，应万福。元生受师而病，力疾趋龙峒。倮兵势张甚，元生督兵进战，败鼎坤，擒之。俄而禄、陇同盟兵进逼，大局岌岌，鄂上疏自劾，世宗慰留之，密使侦察，将易督矣，忽万福兵大溃，元生奏奇捷焉。

万福既受创于鄂，大憾之，乃纵倮兵淫掠以泄愤。一日，万福方欲逼淫一处女，处女拾地下一刀刺万福，力抵之，洞胸腹，仆地立毙。众倮集，处子已自刎死。时庆侯方督倮兵鏖战，闻万福死，大骇，士气骤沮，而覆军之祸作矣。

官军火器锐利，倮兵当之辄溃，元生以是胜。庆侯思抗之，捕得官军故炮手一，令施炮，炮手佯以炮口向上，时倮兵得火药数桶，炮手诡云："非多实药不可。"因密投火桶中，桶爆裂，庆侯、炮手与一军俱歼焉。庆侯死，而元生始奏凯归。

张广泗额保平苗疆

雍正丙午，世宗以云贵总督鄂尔泰疏论治苗，谓必改土归流，苗乃可治，从其请，并令兼制广西。诸土司皆缴敕印、纳军械，于是先后辟苗疆二三千里。及三省边防略定，鄂入都，而贵州台拱苗遂变。乙卯，各寨蜂起，陷黄平以东诸城。副将冯茂复诱杀降苗，抚苗大臣张照密奏改流非策，旷师无功，鄂尔泰、张广泗均上疏自劾。是年，世宗崩，高宗即位，授张广泗为七省经略。乾隆戊午，广泗平苗疆。壬子，苗匪以细故复乱。时施锦以巡检官黔之古州，闻苗寨有欲蠢动者，召头人诘之。头人曰："不敢。"乃责令出"不敢生事"甘结，释之出。群苗聚而问皇帝召汝何事，（苗人谓官曰皇帝，谓隶曰官，书吏、幕宾曰军师，至尊乃曰京师老皇帝。然畏官、畏军师，不畏皇帝，更不畏老皇帝也。）头人曰："闻汝辈多事，令我出结耳。"曰："出乎？"曰："出矣！"曰："我辈嫉汉奸久，方将治兵攻之，汝乃出结，即仇汝。"拥头人，围巡检署，索结，不可，杀而夺之。诸寨起应，后至嘉庆间为额保所平。

傅恒征金川

金川为汉冉駹地，隋置金川县，唐属雅州，明隶杂谷安抚司。高峰插天，层峦迴复。中有大河，以皮船、笮桥通往来。山深气寒，多雨雪，所种惟青稞、荞麦。番民皆筑石碉以居，与绰斯甲布等九土司接壤。康熙中内附，莎罗奔以土舍率兵，从岳钟琪征羊冈有功。雍正癸卯，授为安抚司。莎罗奔既得官号，自号“大金川”，以旧土司泽旺为“小金川”，于是有两金川之称。

莎罗奔寻以女阿扣妻泽旺，旺懦，为妻所制。乾隆丙寅，莎罗奔劫泽旺部。丁卯，又攻革布什咱及明正土司。时制军庆复用兵瞻对土司，草率完局，颇不当上意。巡抚纪山觊其位，遂主用兵，高宗壮其请。纪山命副将张兴仓卒进兵，为所败。上知纪不足为，庆复以班滚事被逮，因命张广泗改督川陕，剿金川。

张固宿将，初随鄂文端公尔泰征苗，所向披靡。视金川与诸苗寨等，遂慷慨覆旨，谓旦夕可奏功。调兵三万，分两路：由川西进者，攻其河东噶喇依诸巢穴；由川南入者，攻其河西诸碉卡。副将马良柱已乘胜攻克孙克逊，贼众詟服，累请降，张毁书辱使，务捣其巢。又忌马未请命而战，檄马还，易以他将，贼乘隙建筑巨碉，蓄粮养锐，我兵阻险不得进。张泥前奏，不敢据实入告，仍以“期于冬尽殄灭”为言。

戊辰春，诸将多失事：张兴为降番所诱，被戕；噶固土兵与贼通，游击孟臣死焉。张复以增兵练饷为请，上疑其妄，乃命大学士讷亲往督师。岳钟琪起自废籍，授总兵衔，命由丹坝取勒乌围，张由西岭取噶喇依。讷锐意灭贼，遂谕军中期以三日取噶喇依，违者按军法。诸将身蹈锋刃，总兵任举、副将贾国良战死。讷自是不敢言战，仍倚张。张复轻讷，阳奉而阴忮之，诸将无所禀承，率观望不前。讷密劾张袒庇黔兵、轻信胡士。时莎罗奔之弟良尔吉来伪降，张信之，留军中，以故动静皆泄于贼。越半载，无尺寸功，上大怒，逮张、讷，先后明正典刑。命傅文忠公恒为经略，将八旗劲旅，复调吉林、黑龙江诸军从。傅临行，上亲祷明堂，张黄幄以宴之，亲酌之酒，命于御道前上马，设大将旗鼓，军容甚肃。

傅既至军，任冶大雄为总统，变易张、讷弊法，壁垒一新。侦知良尔吉之奸，召至幕，责其贰心，立置于法。又于雪夜攻克坚碉数处，察其道路险峻，非人力所易施，据实奏闻。上知群鼠穴斗，无须劳我兵力，会孝圣后降懿旨，以休兵息民为念，贼亦惧，乞岳代请降。傅命岳往谕贼，岳率从者十三人，直入噶喇依贼巢，莎罗奔等衷甲持弓矢以迎。岳目莎罗奔，故缓其辔，笑曰："汝等犹识我否?"众惊曰："果我岳公也!"皆伏地请降。导入帐中，手茶汤以进，饮尽，即宣布天子威德，群番欢呼，顶佛经立誓，椎牛行炙，留宿帐中，岳解衣酣寝如常。次日，莎罗奔率子郎卞入傅营降，傅拥诸将士佩刀环侍，岳引二酋入，跪启事，傅坐受岳拜，始呼二酋入，抚以威德。二酋战栗无人色，匍匐而出，谓其下曰："吾侪平日视岳公为天神，傅公乃安受其拜，天朝固未可量耳。"金川遂平，时乾隆己巳也。

兆惠富德平准噶尔

准噶尔自雍正辛亥光显寺之败，上表请和，乾隆己未，和议成。又许通市及入藏作佛事，人马、货物限以数。己巳，噶尔丹策零死。生三子一女：长曰达尔札，次曰那木札尔，又次曰莫克什，女曰乌兰巴雅尔。部民以那木札尔母贵，推其坐床。坐床者，华人言"即位"也。那木札尔杀莫克什，达尔札自危，乃弑之而自立。乌兰巴雅尔与其夫拥戴有功，以委任疏远，叛去，达尔札又擒而杀之。

时大策零王孙达瓦齐，与辉特台吉阿睦尔撒纳别居雅尔，各有阿拉巴图（奴也。）数千户。达瓦齐为达尔札近族，贵而无位；阿出身微贱，而狡黠凶狠，恶达尔札所为，不奉令。达尔札讨之，达瓦齐等败窜，入哈萨克。达尔札以二人不除终为害，遣心腹率兵六万追之，期必获。达瓦齐计无所出，阿曰："与其束手待擒，何若铤而走险？兵法所谓往扼其吭者也。"因率锐卒千五百人，裹粮怀刃，于山岭僻境绕道入伊犁，乘其不备，夤夜突入幕。达尔札方围炉拥妾饮酒，阿趋而斩之，抚定其部落，迎达瓦齐入，立之。

达瓦齐既立，不能统驭其属，岁多叛亡，每急难，必檄阿调停。阿诮让之，达瓦齐恚曰："彼虽才，我之臣仆，何敢以臣凌君？"嗣达尔札部署渐定，因曰："不诛阿某，祸终未艾。"倾全部兵讨之。阿不敌，甲戌，遂率所部二万余人来降，且乞师，欲藉我兵力灭达瓦齐，而自据其位。高宗知其内乱，可乘机扫荡，决意用兵。而朝臣狃于辛亥之败，不愿劳师动众。傅文忠公恒赞成之，上曰："卿，朕之张华、裴度也。"

阿入觐，上以抚绥事急，乘马三日至热河，命王公大臣皆往陪宴。阿行抱见礼，上从容抚慰，并赐上驷，亲与分较马射，以蒙古语询其变乱始末。赐宴而退。阿悚然，时冬月严寒，汗下如雨，退告从者曰："上真天人也，敢不詟服。"傅文忠退曰："余今日胆裂，自不知生死矣！"

乙亥春，两路进兵：北路以直义公班第为定北将军，阿为定边左副将军，副之；西路以陕督永常为定西将军，萨莱尔为定边右副将军，副之。尽简八旗、吉林、索伦诸精锐以从。所至准夷各部落，大者数千户，小者数百户，无不携酒牵羊以降，兵行数千里，无一人抗者。五月五日，抵伊犁。达瓦齐阻淖为营，众尚万余，侍卫阿玉锡以二十二骑直薄其营，呼噪突入，贼众惊溃，达瓦齐窜走。阴计阿克苏回人伯克霍迪斯为己所立，必不负己，率亲丁百余骑遁至回疆。去阿克苏四十里，霍迪斯已遣人具牛酒以迎。达瓦齐与众酣醉，霍迪斯尽缚之入城，承班檄，献诸军门。并获青海叛贼罗卜藏丹津，先后槛入。行献俘礼，上御午门楼受之。以达瓦齐庸懦可悯，特赦之，封以亲王，赐第宝禅寺街，择诚隐郡王孙女配之。然不习内地风俗，日惟驱鹅鸭浴大池中以为乐。体极肥，面大于盘，腰十围，膻气不可近。上优容之，命为御前侍卫。

准部先故有四卫拉特，（部落也。）部各有汗。上初用兵，欲俟平定后仍设四汗，众建之而分其力，如喀尔喀之编七旗也。而阿志不在此，上烛其情，甫出兵，即密谕班第分四汗之意，又以额驸色布腾巴尔珠尔为科尔沁亲王，与阿言语相通，令偕行，实阴伺之。乃额驸反为所绐，阿遂恃为奥援。伊犁既平，阿处事多不禀承将军，生杀自专，置副将军印不用，用其汗旧小红钤记。发书邻部哈萨克及俄罗斯等国，不言已降，但谓率满洲、蒙古兵来定准噶尔。又使其党流言，谓不立阿为汗，终不得安。班忧之，襄烈公鄂容安曰："此傅介子请缨日也。"班曰："阿叛迹未见，安可妄诛旧臣，以撄上怒?"遂密驰奏，上命即军中诛之，毋濡忍贻后患。而是时大兵皆凯旋，随者仅五百人，余皆新附，班遂不敢行事。

上先有旨，命阿以九月至热河，行饮至礼。班等趣其行，欲使入境则易擒。初，六月中，额驸色布腾巴尔珠尔奉旨先归，阿私以总统旧部之意，乞其代奏，并约如得请旨，当七月下旬至。及色归，事已中变，遂匿其奏。阿待命，久不至。班迫之，令喀尔喀亲王额林沁多尔济伴之，阿不得已起程，中途迁延，迨八月无信，疑事已变，入境且得祸，遂阴召其众，张幕，请色宴。酒数行，起谓色曰："某非不臣，但中朝寡信，今入境，如驱牛羊。大丈夫当立事业，安肯延颈待戮?"呼酒者再，伏兵四起，拥阿出营去。阿徐解副将军印组掷与色曰："汝持此，交还大皇帝可也!"据鞍驰去，嗾伊犁叛，又遣阿巴噶斯哈丹等掠西路军台，而伊宰桑克什木、敦多卜等蠭起为乱。班、鄂扼腕无计，鄂曰："徒死无济，负上付托矣。"班太息久之，刎颈死。鄂故书生，腕弱不能下，命其仆为剚腹而死。事闻，上以色匿情不奏，欲立正典刑，文端公来保请曰："愿皇上念孝贤后，莫使公主遭嫠独之叹。"上挥泪太息，贳其死，褫爵。额林沁多尔济以元裔故，赐死，改命策楞、达尔党阿由巴里坤速进兵。

丁丑，参赞玉保至特克勒，探知阿仅距一程，欲急追之，忽有报台吉诺尔布已擒阿至者，遂驻兵俟之。不知报信者即阿之侦，为缓师计，阿得从容去，逃入哈萨克。上怒，拜瓜尔佳哈达哈、钮钴禄达尔党阿为定西大将军，事专委之。复命握二大将军印，使阿以为文忠公傅恒至。达至哈萨克界，阿借哈萨克兵来拒，击败之，擒其酋。酋愿往说其主阿布赉擒阿来献，达受其绐，纵之去。而西路降夷巴尔雅〔雅尔〕噶尔藏多尔济、哈萨克锡拉呢玛舍楞等群起为乱，都统和起死焉。文毅公兆惠复有济尔哈朗之围。上以诸贼甫受封赏辄叛，知额鲁特概不可以恩信结，故命喀尔喀超勇王成衮札布出北路，文毅公兆惠出西路，皆于三月中起行。会诸贼自相蹂践，札那噶布尔〔尔布〕袭杀噶尔藏多尔济、呢玛，又欲袭札那噶尔布，不果。阿自哈萨克归，会诸贼于博罗塔拉，欲自立为汗，闻官军将至，又遁去，诸贼皆窜匿。兆擒原任贝勒纳奇木，超勇公海兰察擒巴雅尔，乌尔登擒额玛札，那噶尔布已病死，台吉珲齐达瓦以其首来献。惟阿仍未获。

六月，兆使将军爱星阿、阿拉善王罗布藏多尔济追阿至哈萨克，其长阿布赉以为大兵取其部也。锋刃既交，官兵势寡，阿拉善王曰："与其同没，何若冒死说敌，犹冀可免。"因脱帽，蹈烟炮驰去，作蒙古语曰："吾来说降。"阿布赉收军见王，王从容曰："吾亦也速后，（王之父阿宝始降本朝。）固厄鲁特也。因归降，荷大皇帝抚绥，分茅裂土，永为藩服。今部长蕞尔小国，何可信阿言，与天朝为敌？是代人受祸也。"阿布赉悟，请降为属国。适阿率二十人往投之，阿布赉执其兄达什策零送军门。事闻，上大悦，封罗为亲王，受阿布赉降，令其岁时纳贡如朝鲜、琉球。

阿徒步入俄罗斯，为樵者所得，守卡之玛玉尔（官名。）送往其国。侍卫顺德讷寻踪往，玛玉尔诿为不知。时廷臣议恐挑俄罗斯之衅，陈文勤公有将帅、粮饷、帑项三议，史文靖公直欲退守玉门关。上笑曰："皆书生语。"命理藩院行文俄罗斯索之。阿患病死，俄人送其尸入，上命识阿之林丕多尔济往验，属实。上命兆惠、富德二将军择地过冬。明年，再尽剿厄鲁特之漏网者。戊寅春，兆由博罗布尔苏，富由赛里木，如狝场中分两翼合围，约相会于伊犁。凡山陬水涯可鱼狝资生之地，悉搜剔无遗，于是厄鲁特之种类尽矣。

初，策零拉布坦将叛，以卫、藏据其右臂，欲与之和，使无后患，因以女妻拉藏王子，诱使入赘，而阴说拉藏王颇罗鼐叛。颇罗鼐感圣祖恩，固守臣节。策怒，亲率师由回部之沙雅尔潜袭卫、藏。近星宿海，导者误入大泽中，人马多死，穷蹙而归，遂斩其赘婿。其妻有遗腹女，长而适阿父。阿初生时，血模糊遍体，识者以为不祥，疑拉藏王子托生将复仇，至是而验。

自准部内乱以来，惟杜尔伯特策楞内附，始终无异志。其王策楞临终时，谆谆嘱其子孙报効天朝，百世无忘此德。故得保全部落，世袭藩封。其次则达什达瓦之妻，当阿初叛时，独率所部款关来投，上悯其诚，使居巴里坤，后徙热河，编其人为兵，俾资饷以给。若沙克都尔曼吉不从乱，全部内移，依巴里坤近城以居，宜得免矣。值巴雅尔等之乱，上谕巴里坤大臣雅尔哈善密察之，如可信，则坦怀以待，勿使疑，否则先发制人，毋令为肘腋患，初非必欲杀之也。雅故书生，不敢保，时饷正乏，沙请粮不休，雅患本军缺粮，而又赍敌，遂令裨将阎师相率五百人入其垒，佯为失路借宿者，沙屠羊以待。中夜大雪，阎曰："此擒吴元济时也。"遂以笳为令，袭沙卧庐，歼其全部四千余人。沙被杀时，其妻睡梦中惊起，不忍其夫戕于乱刃，裸而抱持之，颠仆穹庐中以至于死。雅以沙谋叛被杀报，上封雅为一等伯。雅归朝，拜其祖祠曰："昔李广以杀降不封侯，至于失道自刎，今我罪逾于广而反膺五等之爵，祖宗蔑血食矣。"后果以失机被诛。

厄鲁特逃入俄罗斯哈萨克者十之二，病死者十之三，为官军杀者十之五，盖天生阿为祸首也。

准噶尔初乱时，达什达瓦部下有宰桑萨莱尔者，不肯他属，率千户首降。高宗召见，询准事，萨曰："今诸台吉觊觎大位，各不相下，达尔札以方外之人篡弒得位，谁肯为其臣仆？昔噶尔丹优待下属，亲如骨肉，宰桑有功者，亲酌酒，割肉食之。每秋末行围，争较禽兽，弯弓驰骋，毫无君臣之别，故人乐为用。今达尔札妄自尊大，召对时长跪请命，謦欬之下，死生以之。故旧切齿，其危亡可立待也。"上悦，授散秩大臣。后其部互相篡弒，如萨言。及阿睦尔撒纳敏关，萨复奏其为众部所畏服，正可资以前驱，迅扫残孽，上乃拜萨为副将军，率新降众往讨。及伊犁复变，直义公班第、襄烈公鄂容安召萨议之，萨曰："阿智勇兼备，未可撄其锋，不如裹粮先归，复命天子，以准噶尔全部畀之，则其祸立解也。"鄂曰："守土臣安可以地资贼？宜效死弗去，岂可捧首逃窜，致对于司败耶？"萨拂然曰："竖儒安知兵事！"因策马去，易厄鲁特衣冠以叛。及策楞收复伊犁，萨复腼颜迎大军于土鲁番，上命械至京。陈文勤公首请诛之，上曰："死绥之义，士大夫所宜守，萨莱尔乃藩部孱臣，安知大节？未可苛责。如卿言，高视之矣。"命其泥首于班、鄂柩前，乃释其缚。后复授内大臣，数年始卒。

兆惠富德平大小和卓木

回部祖国曰天方，明末，其国人始东逾葱岭，居叶尔羌之喀什噶尔，是为波罗泥都、霍集占兄弟之高祖。波罗泥都称大和卓木，霍集占称小和卓木。"和卓木"者，汉言"圣裔"也。兄弟并为酋长。自策妄拉布坦时，令率所部至伊犁，种地出租赋，囚于地牢者数载。官兵平伊犁，释使归，俾仍长所部。

乾隆丙子，将军遣侍卫托伦泰往，未定约，副都统阿敏道先使人招抚。波罗泥都谓霍集占曰："我三世为准部所拘，蒙天朝释归，得统所部，此恩何可忘也。"霍曰："我久困准部，今属中国，则又为人奴，不如自长一方。"乃诳阿敏道入库车城，拘系之。时方讨阿睦尔撒纳，兼有青滚杂卜之变，未暇致讨，阿寻为所害。

戊寅春，高宗以兆惠、富德尚剿洗厄鲁特余孽，乃命雅尔哈善为靖逆将军。五月，兵至库车，贼目阿卜都克勒木据城守。回人守城得古法，猝难拔。雅书生，未娴将略，惟任偏裨，令不画一。霍来救，率最精巴拉鸟枪八千，由阿克苏之戈壁绕出，与官兵遇于城南，鏖战竟日，大败入城。其城依山冈，用柳条、沙土密筑，炮攻不入。提督马得胜献掘地道计，于城北一里外掘入。及城矣，而雅急于收功，严令昼夜力掘，回贼瞥见灯光，机遂泄。贼自内用水灌之，士卒尽没。雅无他策，惟严守待其自毙。新降回目鄂对告曰："语云：'困兽犹斗。'今霍集占困守危城，食力已尽，岂肯坐而待缚？必乘我不备，突围归巢，归则难制。城西渭干爱曼，水浅可涉，又北山口要路通戈壁阿克苏，若于二路各伏兵一千，则贼酋成擒矣。"雅不听，惟下令力攻。一日薄暮，索伦老卒于城下牧马，闻城中驼鸣似负重声，奔告雅曰："驼鸣高且健，贼将遁矣。"雅方饮酒，怒曰："尔何知！"酌如故。其后，霍开西门由渭干爱曼涉水遁，如鄂言。后数日，阿拉辨尔等开城降。

先是，霍入库车城，怨鄂之不附己也，凡其亲属皆杀之。其妻依热木亦被获，方少艾，霍欲纳之，囚于高楼，日窘辱之，依乘间遁匿阿克苏。库车既降，鄂手刃其仇三十余人。事闻，高宗以雅纵贼革职，命尚书纳木札尔代之，三泰赞军务，皆驰驿往。又以兆文毅公惠剿伊犁将讫事，命即以其兵自伊犁赴回地。上复念兆兵久劳于外，豫调索伦、察哈尔往济。

兆至军，库车已降于雅，阿克苏亦迎降。八月二十四日，兆遇雅，偕入，传旨斩顺德讷，即前守卡纵霍者也。逮雅入京，鄂随军，而留哈密回目玉素富及总兵阎师相驻守。时舒文襄公赫德方革职为兵，效力军前，亦令留阿克苏，赞画诸务。兆即起程，有乌什城伯克霍集斯，即前缚送达瓦齐者，及其子呼岱巴尔底来迎。

九月朔，兆至乌什，以霍集斯谙回部事，与同进叶尔羌，分遣侍卫齐凌札布偕鄂往，抚和阗六城。十月，兆至叶尔羌。其城周十余里，霍已坚壁清野，凡村人，悉移入。初六日，官军分七队进，贼两门各出四五百骑来迎，击败之。贼又从北门出数百骑，索伦兵败退，健锐营兵数百岸然不动，官兵得济，又败贼众。贼入城，不复出。兆以兵少不能围城，欲伺便取胜，乃择有水草者结营，即所谓黑水营也。闻纳、三二将军将至，遣爱隆阿以兵八百迎之，又侦知贼蓄在城南棋盘山，欲先取之以充军实。十三日，由城南夺桥过河，甫过四百余兵，桥忽断，贼出四五千骑来截，步贼万余在后。官兵阵而前，骑贼退，步贼以鸟枪进；官兵方击步贼，而骑贼又从后夹攻，兼自两翼冲入。兆马中枪毙，再易马，又毙。官兵为贼截散，分数处，人皆自为战，无不以死誓，杀贼无算，阵亡者亦数百人。总兵高天喜、副都统三保、护军统领鄂实、监察御史何泰、侍卫特通额，俱战殁。日暮，收兵归，护大营者亦泅水归。马力疲乏，不能冲杀，遂掘濠结寨守。所掘濠既浅，垒亦低，贼可步入，遂日夜来攻。官兵处危地，皆死中求生，杀贼甚力。贼惧致死，欲以不战收全功，别筑一垒于濠外，筑长围守之，意食尽自毙也。幸官军掘得窖粟数百石，赖以济。贼又决水灌营，官兵泄之下游，转资汲饮，已而随处掘井皆得水。又所占地林木多，伐以供爨，常不乏。贼以鸟枪相击，铅子着树枝叶间，每砍一树，辄得数升，反用以击贼。惟拒守日久，粮日乏，驼马亦将尽，每乘间出掠回人，烹以充食。自十月中旬被围，将百日，无生还望。

纳义烈公木札尔、三泰，亦以十三日至爱隆阿军，闻兆等战，率二百骑冲入，力战俱没。兆告急，遣索伦兵五人各持一函至阿克苏，舒以事急，不暇自计身为兵也，飞章驰奏。时将军富德尚在准噶尔搜捕余孽，上命为定边右副将军，速往援。会豫调之索伦兵已在途，而巴里坤大臣阿里衮先接兆信，选兵六百、马二千、驼一千往赴。舒守阿克苏，能和辑诸回，因无异志。乌什则霍集斯妻子及总兵丑达驻守，鄂往抚和阗六城，亦俱降。十二月，索伦及内地兵二千余至，舒先率以行，富闻被围信，亦速赴。二十五日，与舒会于巴尔楚克。戊寅正月六日，至呼尔璊，贼五千余骑迎战，官兵仅二三千，且马少，皆步行，发枪矢，毙贼甚多。贼恃众，战辄退，甫收兵，又来攻。转战四日夜，碛地无水，皆嚼冰解渴。初九日夜，拒守于沁达尔，势几殆。适参政阿里衮偕鄂博什及马驼至，爱隆阿亦以兵从。望见灯火如繁星，知官兵与贼相持，阿大呼突进，千余兵噪而应之，驼一千、马二千蹴地声壮，贼骇夺气。阿从左、鄂博什从右入，援兵骤合富兵，乘势掩杀，贼始大奔，然犹未知兆之存没也。

先数日，兆军见贼之围守者日渐少，继又闻数十里外枪炮声，知援兵已至，遂冲垒而出。使人探报，得达富垒。诘朝，两军相见，富以下皆无恙。计自丁丑十月至今，孤军在万里外，陷重围者三月，卒得全，莫不喜极涕出，额手颂圣主如天之福。且因先事调兵，得应期赴援，益叹睿算之密。整队回阿克苏，贼见官兵势合，不敢邀截。途次，闻和阗六城之二复陷于贼，兆遣瑚尔起往援之，富继进，二城寻复。

闰六月，内地所调兵饷俱集阿克苏，遂两路进师，兆往喀什噶尔，富由和阗往叶尔羌。两和卓木已率眷属党羽先遁，两城旧回目遣人至军前送款。十四日，兆至喀什噶尔。十八日，富至叶尔羌。回人具鼓吹羊酒以迎。盖两酋虽为部长，在准噶尔久，惟伊犁种地之回民羁旅相倚，而旧部本不联属。及归，又虐用其民，以伊犁同归之人及额鲁特避兵来援者为亲兵，故其窜也，皆相率随之，旧部人莫有从者。兆皆抚定，寻驻叶尔羌办善后事。富德、阿里衮、明忠烈公瑞、阿文成公桂等追贼，七月七日，及于阿尔楚尔，大败之。八月十日，至伊西洱库尔淖儿，乃拔达克山部落接界处。贼先据山麓以待，富等麾兵进击，自巳至酉，贼犹死拒，乃选鸟枪精利者四十人，自山北而上，俯压之。贼辎重队有攀援过山阻于淖尔岸者，方惊惧失措，霍集斯、鄂对大呼“降者不杀”，于是回众数千各率眷属乞降，声如奔雷，霍禁之，不能止，遂遁。

是役也，降者万二千人，牲畜无算。两酋向拔达山逸，富等檄谕其汗素尔坦沙缚以献。二十八日，两酋果往投素尔坦沙，执之，而遣人为两酋乞命。回部经教，凡派汗帕尔子孙不得执送人，富等胁以兵威，谓不献则大兵即入。素尔坦沙乃杀两酋，以霍集占首来献，波罗呢都首为其从人窃去。素尔坦沙旋来降，遣使入觐，回部平。兆文毅班师归，上郊劳于良乡县扬武村，行抱见礼，宠赉优厚。封兆为一等公，富为一等侯，余迁秩有差。

新疆伊西洱库尔淖儿，有高宗御制平定回部碑文，为御制文集中所未有，兹录之。文曰："机有若失而反得，智者之所懃（古同"勤"）而愚者之所惑也；事有初若劳而终逸，壮者之所劭而懦者之所怯也。若夫定全回，歼二酋，战无不克，攻无不取，皆二将军及诸参赞以及行间众将士之力也。然予亦有深慰于其间者，则以五年劼劬，宵旰运筹，实未敢偷安于顷刻也。幸我武保定庶内，答乾贶，慰先志，且以免浮议之指斥也。伊西洱库尔淖儿者，我副将军富德等穷追二酋至拔达克山之界，获其降者万人，二酋仅以身免，而遣使索俘，遂得献馘振旋，以成茂绩也。其地倚山临水，单骑可容，而我突将无前，四甄并发，如入无人之域也。贼众首尾不能相顾，竖我回纛以招之，降者铺崖以来，霍集占持刃止之，或且反戈倒戟也。是以二酋见事不成，拔身远跳，駾突而喙息也。先是，鏖之于霍斯库鲁克，袭之于阿尔楚尔，无不以少胜众，批亢捣坚，桓桓之士，真如驱虎豹而逐狸兔。缠头硕鼻者流，皆震骇慑伏，见即辟易也。是以先声异域，骇其跳荡，遮逆助顺，用攫重辎，而献凶级也。我兵未深入拔达克山境者，则以讨逆之师，不蹂无罪之地，姑遣使焉。彼或晓逆顺，亦将擒献。是以将帅之臣，审机度时，我武少戢也。率蒇事而告成功，则亦未为计之失也。回部始末，已见于勒铭叶尔奇木之碑辞，不复缀也。特纪耆定之在兹，是以志岁月而刻石也。"后闻此碑已沦入俄界矣。

乌大经征王伦

乾隆甲午，寿张民王伦作乱，总兵孙惟一率兵剿之，众寡不敌，中丞徐绩檄合省兵与河督姚立德会剿，战于柳川。贼众皆乌合，徐书生，不谙军事，令以军器缚载后乘。仓卒遇贼，士卒皆徒手，溃，乃避之东昌，贼遂猖獗。进围临清，守将叶清仓卒乘马伤髀，署知州秦震钧与参将乌大经任守城责。立烽燧，造火器，及击木礌石，晓谕居民，令分地守。贼屡攻之，火器骤发，毙贼无算。是时，王伦对城张黄盖，奏鼓乐，指挥其众，乌令敢死士数人突出击之，几获伦。后舒文襄公赫德率禁旅救之，围始解。舒召询颠末，乌应对详明。舒荐于朝，高宗召见，奇其貌，曰："真将种也！"洊擢至甘肃提督。

阿桂平金川

乾隆己巳，莎罗奔既降，未几，伊犁兵事起。莎罗奔兄子郎卡（与莎罗奔子同名。）掌金川事，复乘间与邻部构衅，渐猖獗。乙酉，谕川督大学士阿尔泰，檄川边九土司环攻之。

九土司之最强者，东为小金川，西为绰斯甲布，郎卡乃与之结密约，三部联合。会郎卡死，小金川泽旺亦老病，有子曰僧格桑，辛卯，索诺木遂攻杀他土司，与援兵战。高宗赐阿尔泰死，以温福代为大学士，桂林代为川督，同主边事。壬辰春，两军以次偪（同"逼"）小金川境，桂林旋以匿部将薛琮兵败事被劾，乃以阿桂代之。十二月，军抵美诺，（即小金川。）僧格桑窜大金川，檄索之，索诺木不应。高宗欲乘胜而一举两灭之，乃以温福为定边将军，阿桂副之。癸巳春，温福驻军大金川东境之木果木，为索诺木兵所袭，阵亡，全军皆覆，小金川复陷。诏授阿桂定西将军，副以丰绅额、明亮。十月，阿桂复转战抵美诺，明亮亦所向克捷，小金川尽复。

时大金川之置防设守，其严密，视小金川殆十倍。官军乃分三道进取；阿桂自小金川攻其东；丰绅额、明亮自大金川北之党坝攻其西北；富德自布什札攻其西南。索诺木惧。于甲午秋酖杀僧格桑，献其尸，请缓师，阿桂不许。然以地险恶，多雨雪，士兵又同心效死，军行濡滞，至乙未八月十五日，始大破之于勒乌围，而索诺木已先期走噶尔。及十二月，三路军始会于噶尔，合围又四十余日，丙申二月四日，二酋始降，阿桂以功封诚谋英勇公。

金川以弹丸地，用兵五年，糜饷至七千余万。后以小金川为美诺厅，以大金川为阿尔古厅。

董天弼随征金川

乾隆丙申，大小金川平，头人七图葛拉尔思甲布传送行在。高宗命军机大臣问为逆状，对甚悉。复言："陷底木达时，四川提督董天弼将所部二百人抽短兵力战不可败，夜半领兵，头人以鸟枪数百杆环击杀之。"

天弼性忠勇，貌魁奇。临阵常身先士卒，所向无前。随征金川，有哈萨克二赤骠马，极雄健，将军温福常索之，对曰："天弼上阵，倚此二马。金川小丑，必荡平。俟手枭二逆，并二马上将军。"后与将军同殉难，志竟不遂，然其言壮已。

福康安柴大纪平台湾

乾隆丙午，台湾彰化县有林爽文者，恃其所居大理杙地险族繁，恣为盗贼。闽、广间有所谓"天地会"者，为奸徒结党名目，爽文藉以纠不逞之徒而起事。知府孙景燧至，趣知县俞峻、副将赫生额、游击耿世文率兵役往捕，不敢入，驻营五里外之大墩。谕村民擒献，否则村且毁。先焚数小村怵之，被焚者实无辜。爽文遂因民怨，集众夜攻营，全军覆，俞、赫、耿皆死，时十一月二十七日也。明日，贼乘势陷彰化，孙及都司王宗武、同知长庚、前同知刘亨基、典史冯启宗，悉为所害。十二月六日，又陷诸罗，县令董启埏死之，淡水同知程峻亦被戕。

凤山县有庄大田者，亦盗魁，乘乱起。十二月十三日陷县城，县令汤大奎死之。府城有总兵柴大纪、道员永福、同知杨廷理率兵民固守，贼屡攻不能破。而彰化之鹿港，贼已遣伪官往监税，有泉州民林凑等起义擒之，是以府城、鹿港两海口俱未失。

变闻于福州，而闽浙总督雅德时方被逮，将军常青老而耄，摄督印，略无措置，惟檄黄仕简及陆路提督任承恩入台擒贼。黄初病愈，杖而行；任为金川殉难总兵任举之子，年少得荫，不知兵。二人仓卒入台，仕简由厦门渡海入府城，承恩由蚶江渡海入鹿港，俱以丁未正月初旬至，贼势稍敛。仕简卧病床箦，因命大纪北取诸罗，总兵郝壮猷南取凤山。大纪，骁将也，率乡兵数百，说以大义，转战贼间，屡擒其酋，遂复诸罗，守之。壮猷南出二十里，为贼所阻。承恩至鹿港，距大里杙贼巢仅四十里，观望不敢进。壮猷顿兵几五十日，二月二十一日始进凤山，凤山空无人，招民复业，贼潜入其中，与外城相应，三月十日，城复陷，游击郑崇死，壮猷等遁归府城。高宗见两提督彼此观望，不能速殄贼，有旨命常青往督师。常不得已，迁延入台。

闽督李侍尧甫莅任，即预约两广总督孙士毅调兵四千备缓急，而凤山再陷之信至，立起兵往，以三月末悉抵台，贼方攻城急，赖以不陷。李又奏调浙兵三千，上益以驻防满兵一千，令将军恒瑞为参赞，赴府城；提督蓝元枚亦为参赞，分浙江兵二千赴鹿港。有旨以失律诛郝壮猷。诸将咸思进兵，而常畏葸，惟日夜流涕而已。时贼势未炽，村民尚未为所胁。诸将以五月二十四日出师，甫交绥，常战栗不能举鞭，大呼曰："贼砍老子头矣！"策马遁，诸将因之退。贼大欢，啸而归，入城即令闭关，又请兵一万。贼得暇蚕食各村，不从者辄杀，于是遍地皆贼矣。

庄大田扰府城，爽文扰诸罗，势益炽。迨官兵自邻省调至闽，又守风过海。凡两三月，官军仅增万，而贼已增十万。诸罗为南北之中，爽文必欲陷之，自六月中攻围，日夕不止。大纪语诸将曰："有城守责者，生死以之。大纪虽武夫，敢弃天子所付乎？誓与此城终始也！”因置酒会诸将，亲酌酒，挥涕拜诸将曰：“君等能固守，固佳，否则砍大纪以降贼，无苦苍生为。”诸将感激用命，日夜防守，时出军扰贼营。贼用吕公车以数百人牵之，击城北堞，城上用飞炮碎之。复用火箭射雉楼，诸将预蓄水桶扑灭之。贼日夜諠（同“喧”）哗以乱军心，城中应以鼓角，使不得闻。如是者百日，诸义民鼓于忠节，皆出饷劳军，城赖以全。

大纪数遣死士突围出，请救于常，常终不发兵，副将蔡攀龙请行。上严旨责常，不得已，命孱弱数百，使蔡率之以往援，咸没于阵，蔡仅得入城。诸罗之围益密，入者不能再出，大纪告急之文，用小字书寸纸，募人间道夜行，始得达。而贼禁粒米不得入城，城中饥疲不能支。上谕大纪拔身出，大纪以士庶助守久，恐遭贼屠戮，誓死不出。奏闻，上垂泣曰：“大纪忠诚，虽古名将，何以复加！所谓我君臣各尽其道也。”因封大纪为一等嘉义伯，世袭罔替，赐银一万两。念诸罗被围久，特旨改名嘉义，以旌士民。

时常在府城，欲弃城遁者再，赖诸将护持，因密札哀乞和珅，请以他将往代。和晏见，奏之。上亦预知常必偾事。六月中，即调陕督福文襄王康安为将军，及领侍卫内大臣海兰察来统兵，并发明诏，声言调兵十余万。冬十月，所调蜀番粤西兵五千先至。有旨，官兵不必至府城，即往鹿港。会飓风不得渡，守风于崇武澳。二十八日，忽得顺风，一昼夜，数百艘尽抵鹿港。海口帆樯如栉，列数里，贼不测多寡，始惧。

十一月八日，福等起行，贼方列拒于仑仔顶，海率巴图鲁侍卫发矢，殪数十贼，贼大惊，遂披靡。海笑曰：“此群犬耳，何畏之有！”麾兵入。先是，常伪造蜚语，谓贼有异术，实不可撄。福亦先惑其言，至是始知其妄。乃沿路击杀，至牛稠山，再败之，即以是日抵嘉。嘉义城中官民出迎，饥羸无人色，见福至，无不欷歔啜泣，喜其来而悲其晚也。

大纪以功高，与福抗行宾主礼，福衔之，密奏其人奸诈难信。会侍郎德成自海上监修城垣归，复媒孽大纪之短，遂以前贪纵事，逮大纪及台湾道永福入京，先后正法。而大纪部下诸将李长庚、王得禄、邱良功等，后皆立功海上，盖承大纪训也。

嘉义城北有山名“小半天”者，四面陡绝，贼遁而聚于此。十一日，福率将士百道仰攻，又克之，贼遁归大里杙巢，筑土城。二十四日，官兵至，贼犹数万出拒，退而复集者数次。既夕，官兵伏沟坎间，贼万炬来索战。官兵在暗中，贼不能见，发枪箭，无不中。贼知失计，遽灭火击鼓来攻，官兵又从鼓声处击之，杀死无算。黎明进兵，遂克其城，林爽文已携妻孥走，据守集集埔。其地前临大溪，就高岸，垒石为陡墙，长数里。十二月五日，官兵腾而上，杀千余人，贼党皆溃。爽文先匿其妻孥于番社，与死党数十人窜穷谷丛箐中。十三日，先获其妻孥，福又遣使入大山，说生番，怵以兵威，生番惧，遂献爽文出。而庄大田虽与爽文同逆，又各不相下，乘官兵未南，益焚掠聚粮为抗拒计，已又思出降。计未定，而福已于十六日抵牛庄，大田仓猝出拒，败而走。官军连蹴之，累战皆捷。极南有地名郎峤，负山临海，最辽阻。大田力不支，与党潜匿焉。福先遣水师由海道绕而截之，自以大兵环山围之，贼冲突不能出，杀者数千，溺者数千，擒而戮者亦数千，大田就获，台湾遂平。

官军与郑氏战于台湾

乾隆丙午，台湾林爽文叛，陷彰化县。同时有三合会女党人郑氏者，貌绝丽，又武勇，能使剑弯弓，枪击百发百中。爽文既败而远遁，郑领其残军，屡与官军战，多所擒斩。然极淫肆，党人中无可其意者。适擒获官军中一武员，迫之则反为诟辱，郑大怒，斩之，醢其头。后三合会败，郑匿广东，卒被捕就诛。

福康安平廓尔喀

廓尔喀，乌斯藏以西一大部也。乌斯藏分为前后两藏，自打箭炉西行七十驿至前藏，又十二驿至后藏，又十二驿至济陇，又三十驿至石宿桥，为后藏边地，过桥以西，则廓尔喀矣。前藏有呼图克图，曰达赖喇嘛，相传为宗喀巴高徒，世世转轮为之。每将死，则自言其往生处，弟子如言物色之。得婴儿，即奉以归，谓前喇嘛所托生也。其真伪不可知，而准噶尔、喀尔喀及内部落各蒙古王公皆尊信之，为佛教大宗。后藏班禅额尔德呢（尼），其名位视达赖喇嘛稍次，而蒙古番人亦崇奉惟谨。此二藏为古吐番地，元世祖时有八思巴，尊为帝师；明成祖时，有哈麻立，册为大宝法王，未尝待以属礼也。太宗时，达赖喇嘛遣使逾万里来朝贺，后为额鲁特所劫。圣祖命皇十四子允禵为大将军，统兵入藏，收复其地，拥达赖喇嘛归，坐床于布达拉，以为绥安蒙古之计。

初，番目颇罗鼐以功封王，统两藏事。后其子朱尔默特叛，夺爵。于是达赖喇嘛、班禅额尔德呢皆以教主兼国事。有丹津班珠尔者，本班禅部下头人，以罪被黜，窜入廓尔喀，结其酋喇特木巴珠尔。继以通商事，为后藏人倚班禅势，不与直，遂结怨，突入后藏据之，此乾隆戊申事也。高宗乃命川督鄂辉、成都将军成德统兵剿之，又以理藩院侍郎巴忠谙番语，命监军。巴自恃近臣，不复为鄂、成所统属，擅遣番人与廓尔喀讲和，愿岁纳元宝一千锭赎其地。廓欲立券约为信，达赖喇嘛不可。巴欲速了其局，遂如约而归。逾年，廓之头人索岁币，达赖喇嘛不与，所呈表文，语多不恭顺。驻藏大臣普福匿不以闻。廓之头人遂劫藏中头目玛尔沁为质，复构兵入后藏掳掠，驻藏大臣保泰拥兵不救，并欲弃前藏，达赖喇嘛不肯轻弃重器。事闻，上震怒。巴畏罪投河毙，褫保爵，改名“俘习浑”，满语谓“卑贱”也。更命粤督福康安、领侍卫内大臣海兰察为大将军，统索伦、吉林、川陕诸路兵讨之。馈饷事，则命大学士孙士毅主藏东路，驻藏大臣和琳主藏西路，济陇以外则惠龄主之。

壬子春，福由青海进兵，时青草未茂，马皆瘠疲，粮饷屡绝。运粮布政使景安受和珅指，欲绝其饷，赖福行速，四旬至前藏，以四月乙未出师。先遣领队大臣成德、岱森保由聂拉木进，总兵诸神保驻绒辖，防其抄袭后路。福、海与贼战于擦木，又战于玛尔辖，直抵济陇。成德亦由聂拉木转战而入，贼所侵后藏地悉复之。六月庚子，入贼境，贼举众来拒于噶多溥。福分前队为三，令海统之；又分前队为二，自统之。遣护军统领台斐英阿在木古拉山与贼持。福由间道冲贼营，海绕山出贼营后，与福合。克木城石卡数十，追奔至雍雅，俘其头人某。成德亦克铁锁桥，进至利底。福又檄诸神保至利底以壮军威，于是廓尔喀汹惧，来乞降。福曰："是缓我兵也！"严斥之。

七月，裹粮再进，历噶勒拉、堆补木、特帕朗古桥、甲拉古拉、集木集等处七百余里，六战皆捷，杀四千余人。至热锁桥，福以为势如破竹，甚骄满，拥肩舆、挥羽扇督战，官兵皆解櫜鞬、负火枪以息。贼乘间入，遂败，台斐英阿死之，武弁多阵亡者。贼复遣人乞和，福允其请，献所掠金瓦宝器，令大头人噶木第玛达特塔巴等赍表恭进驯象、番马及乐工一部。高宗鉴其诚，乃许降。八月，班师。

嘉勇贝子征诸罗

乾隆时，嘉勇贝子援诸罗。时超勇公海兰察前行，行约百里，贝子督师继进。夜大雨，天黑如墨。遇土山，驻军山顶，贝子中坐，随军官围贝子坐，外亲军，外正军，皆围坐。贼游兵近山，践泥泞过，火炬千万，贼自炬中窥山，黝黑无所见，疑有兵，发铳炮击之。贝子令曰："无出声！无动！"久之，贼过尽，雨霁，天益明，海已入诸罗城。捷使至军，始起行，无一伤。视铳炮子，皆历落入山腹。

贝子征卫藏时，有隘道，几一里，贼屯军守隘北，甚严。大军屯隘南三十里许，贝子调军伏隘东西，而以前军分五军攻隘，迭退迭进。战一日，有数十胜负。贝子在大军中，前军军报沓至，不动。及二更，前军大败，退不止，贼逐前军出隘南，炮声大震，火炬尽爇，照耀如白昼。东西伏军皆起，贼惊退，自相蹂躏，大军蹙之入隘。贝子急上马，万骑齐足，顷刻至隘口，前军伏军已过隘，闻贝子至，勇气百倍。大军乘势合攻，遂夷贼屯，追奔五十里而后止。

明亮平孝感教匪

嘉庆丙辰夏，湖北孝感有匪滋事，毗连三省，匪众数万。总统永保屡为所败，先后征兵数千，皆覆没。时参政明亮方获罪，以侍卫衔自西域归，高宗命往代。行至当阳，制府毕沅以固原、西宁兵五百人畀之。明曰："今孝感啸聚数日，已伤官兵数千，是匪中必有知兵者。若不十倍其众，难以破敌，此王翦所以益兵破楚也。今若不谋而进，以零丁积苦之兵，御锐气方张之匪，是驱羊入虎群耳。"毕无以对。适陕西镇总兵德光率兵三千人至，愿随明往。毕喜曰："此天助将军成功也。糗粮器械，吾任之。"明大喜，鼓行数日，至杨镇，民多逃窜，街市阒如。

匪闻官兵至，皆敛兵守寨。明率众守桥，笑而谓众曰："羸张飞尚可御敌也。"命诸将鸣鼓吹角以致匪，匪果蠭起。明据地势，杀伤相当，匪诧曰："昔之官军未有不闻声溃者，今何人，耐战乃尔！"嗣闻为明，皆相顾欷歔曰："吾侪命蹇，此老尚无恙耶？"次日，匪绕道上北山，据建瓴之势，德请战，明曰："匪勇而锐，未易藐视。"以千人付之。德故未经战阵，既见敌，未鼓而火枪骤发。明闻声惊曰："此军殆矣！非出奇无以救之。"因怒马独出，率将士数十人行荒畦间，绕出数里，畦间骸骨纵横，乃永保兵溃处也。适有江西溃卒二百自德安来，散坐黄金庙侧，方爇火聚食，明笑曰："是足资余用，以之破敌，足矣！"遂呼其将至，抚以善言。诸军闻明名，争自踊跃请战。明授以旗鼓，命掩伏山侧，遂趋匪垒。垒外松棚下匪方瞭望，骤矢伤数人。匪方错愕，江西兵展旗鸣笳以进，匪惊溃，互相践踏，曰："伏兵至矣！"匪中有红巾者，声言于众曰："勿惊！速发大炮御之。"官兵闻之恐，明曰："其炮炸矣。"匪固乌合，不解用炮，炮果裂，声震山谷。官兵突烟而入，纵火焚松棚。山上匪见之，皆退归，阖四门为守计。德所率兵亦振旅还。复命夺匪西壕，积柴他门外，匪未觉。时大风霾，因风纵火，俄万厦骤焚，官兵合围，匪突烟出者，咸堕于壕，哭声震天，火光竟夕，三日始烬。乃于焦骨中取匪首，遂平。捷闻，高宗大喜，复明职。

完颜岱击教匪

完颜岱任河南藩司时，白莲教初起，所在蜂拥难遏。巡抚景安素怯，屡为匪败。完颜率羸卒数千守双沟，匪屡犯豫界，皆被击去。自嘉庆丙辰九月至丁巳春，大小百余战，无不堵御得宜。时淅川有蠢动者，完颜告景曰："萑苻小寇，易扑灭。襄、汉间匪势猖獗，岱请御之！"景以初起者难御，而双沟有险可恃，因促完颜往。乃急掩击匪，悉数就擒。景贪其功，弃双沟而蹑其后，诛杀难民，以大捷闻，封伯爵，完颜惟议叙而已。襄、汉诸匪遂袭其不备，阑入南阳，由卢氏出武关，与川匪合，逆焰遂不可制。而完颜以劳瘵卒于军，仁宗甚悼惜之。

额勒登保平川楚教匪

川楚教匪初起时，以刘之协、姚之富、齐王氏为教首，三人皆枭雄。齐王氏又号"齐二寡妇"，美姿容，擅谋勇。余如冉天元、王三槐辈，亦皆一时凶悍。至若其中谋士，出奇制胜，使王师疲于奔命者，则以徐亮基称最。

亮基字慕奇，成都拔贡。少负奇气，倜傥不羁，或以狂生目之。居恒窃慕诸葛亮、刘伯温二人，因取以为名，自号"小诸葛"。与冉同里，冉本富家子，豪侠任气，后为门客煽惑，遂从教匪起事。亮基闻耗而起曰："大丈夫得时则驾，机不可失。"仗剑往说之。冉大悦，署为行军参谋，用其策，窜汴犯陕，号令川东北群寇，横行数省。

时统兵诸将帅以经略额勒登保为最有威望，德楞泰、明亮亦善用兵。偏裨则杨遇春、杨芳、罗思举、桂涵、穆克登布等，均骁将。亮基为冉主谋，屡设奇计，以陷官军，额至引为心腹巨患。苍溪一役，额欲合全力剿之，檄左右翼会击，杨遇春、穆克登布为左右翼长，骁悍无匹，各路教匪望风胆落。冉惧，亮基微哂曰："将在谋，不在勇，此何足虑！"策马出营，周览一过，返谓冉曰："彼军右翼勇而不整，左翼稍有戒心。若凭高驰击，右翼必溃。右翼溃，则左翼为所牵动，不能独存，然后合师以捣中军，可一战下也。"冉从其言。穆每战，必先登陷阵。遇春较持重，恒规之，穆不听。将战，穆列营傍山而处，遇春劝之曰："兵法有言'居高临下'，君不握险以守，而阵于平原，此危道也。"力争不纳。急退，列营山巅，遥为犄角。其上适有废垒，命握垒而守，严阵以待。甫交绥，穆勇甚，身先士伍，短兵接战，陷贼伏中，冉麾军围之数重，力战不脱。

遇春欲赴救，亮基亟麾伏贼，从岭后间道猱升而上，遶（同"绕"）出遇春垒后，压垒而阵，遇春自救不暇。穆军失援，大败，亮基乘胜捣额主营，主营溃。穆身被七创，屡濒于危，卒赖遇春军冒死援之，得溃围走。冉自是益倚任亮基。

时各路教匪多乌合，群聚不逞，烧香惑众，从者日多，然惟以剽掠为事。亮基则劝冉禁掳掠，犯者立斩以徇，所过州县，恒不血刃而下。

廷议以贼踪飘忽，状类流寇，实行坚壁清野政策，通饬各路，严密扼守，有纵寇者置诸法。令村庄民团筑堡备战，寇至则尽敛牲畜器物入堡固守，野无所掠，群寇大蹙。

先是，亮基佐冉军时，首倡议劝鼓众北行，不用，至是颇悔，欲由陕犯晋，而将军魁伦扼守潼河，防寇北渡，沿江上下游，列营数十里，深患之。亮基躬出视师毕，返谓冉曰："亟治攻具。"翌晨，遂渡河。亮基亲援桴鼓，魁悉众抵拒。战正酣，主营药库毁，冉且自下游偷渡矣。官军大溃，贼众鼓噪乘之，遂渡潼河，亮基乃分军由陕犯晋。亮基殁，军无主谋，战辄败。冉愤欲大举，马蹄冈一役，欲以全力困德楞泰，六日五战，重叠设伏。德误陷伏中，数路皆败，与侍卫数十踞守山巅，誓以死拒。冉督众登山，坐骑中矢而蹶，为德俘获，贼大溃。嗣是诸路教匪，以次削平。

额之用兵也，匪甚畏之。每战，张左右翼，以降贼居左，张红旗；乡勇居右，张白旗，皆为前锋。贼望见红白二旗，则群相惊曰："额爷兵至矣!"皆奔。临阵身先士卒，辄以两人肩竹兜乘之，铳炮矢石常从肩耳过，左右失色，额不少避，督战益力。尤严操守，赏士不惜万金，而不以一钱自奉。督抚馈遗一无所受，用兵岁久，诸将无不蓄赀财，而额之凯旋，过芦沟桥，萧然行李，一骑负一幞被而已。

桂涵大败教匪

川东有桂涵者，骁勇趫捷，非珍馐不食。时或金币满室，未几无一存。逾时满，与相契者辄尽与焉，盖皆自胠箧来也。官捕之严，忽不见，时或出没巨浪中，尤善泅水。闻川楚军募勇，与罗思举同投之。时乘贼与官兵角，伏石洞中，或腰击，或尾截，或擒渠魁，或毙悍目，官兵屡冒其功而受上赏。一日，贼环攻其洞，积毒薪熏之，扑以扇，烟外扬；又壅沟灌之，泄以窦，水旁溢。又夜屯山顶，炽草为号，贼知其素张虚势，宵深袭之，竟空垒焉。俄鼓噪四起，伏突出，大呼曰："今日也中桂老子计矣!"贼惧反走，木石堆塞，中藏劲弩，归路断矣。官兵、乡勇内外夹攻，贼寸步不能移，皆缢林中，树为之折。号哭曰："吾白莲教徒，自有身以来，无此穷蹙，不敢再入深山矣。"后追至平原，与罗互为犄角。凯旋为川北总兵，至四川提督。

李成隆平安南匪及凤尾帮匪

嘉庆间平闽浙海盗，浙江提督李壮烈公长庚实为首功，太平参将李成隆亦有劳焉。龙王堂松门之役，成隆妇新产，风雨破其屋，惊死，不顾，立率师往剿。安南夷匪及凤尾帮盗，皆以此举就擒，时称成隆曰“小李将军”。

李壮烈讨蔡牵

闽中固积富区，自总督雅德、伍拉纳等骄奢贪纵，吏治废弛，海盗猖獗，水师懦怯莫敢撄。提督倪斯得老耄不谙纪律，故蔡牵、朱渍等啸聚海滨，众至十万。嘉庆丁卯冬，突入台湾，赖李壮烈抵死御之，台湾得全。

李，同安人。起家武科，出为浙江副将，福文襄王康安奇之。安南阮光平阴叛，入我国海面掳劫，王命李往擒之。李曰：“官船钉疏板薄，不能冲突波涛，长庚愿倾家造船。惟火药非私家所宜有，愿赐之，余不费丝毫官物。”王大悦，奏署总兵，并赐银数万两，乃造海船数十艘，不加镂饰，与客船无异。率兵三千，尾安南船，旗鼓突出，枪炮骤发，贼惊溃，覆船数百，俘斩数千人，生擒其官伦贵利等以献。王优奖之，请于朝。任海坛总兵，浙抚阮元倚为左右手。台湾之役，已围蔡牵于鹿耳门，计日可擒。时所率浙中精兵只五百余人，牵以钱四百余万贿闽卒，诸将遂解体。牵遣人伪献降书，李抵书于地，褫其衣，刀见，立诛之。是晚大风雨，牵乘夜遁。李方饮酒，立倾杯，整队进，闽兵莫有继者，太息曰：“朝廷养兵百余年，一旦反为贼间，果何为者！”因全军而归。闽督阿林保置酒贺，从容语曰：“海上事易饰，公如以蔡牵假首至，余即飞章露布，不惟公居首功，吾亦受帷幄之赏，岂不胜冲突鲸涛，侥幸于万一哉！”李奋然曰：“于清端之捉贼，姚制府之用兵，长庚所知也。石三保、聂人杰之擒，为长庚所未解。皇上所以任长庚者，欲使永靖海氛，以绥民命，成功与否，则天也。公文吏，幸事早蕆，仆则视海舶如庐舍，不畏险也。公今以逗挠劾长庚之罪，他日以覆舟讳长庚之死，皆惟命是从。仆一武夫，犹知以死报国，公以世臣名族，亦罔识忠孝二字乎？”推几而出。幕客谏曰：“将军误矣！自闽粤用兵，生灵糜烂几数百万，皆以蔡牵一人。故今假传授首，博天颜之喜，后或羁以官爵，啖以利货，以伺其敝，不亦可乎？今必冒风涛之险，困其巢穴，一旦飓风阻路，粮饷莫继，士卒散亡，竭一人之力敌百万之寇，稍失利而大吏朦蔽奏之，将军必遭狱吏之辱矣！”李慨然曰：“君不闻王彦章‘人死留名，豹死留皮’语乎？仆虽不肖，不愿与牵同日生也。”

王得禄邱良功平蔡牵

嘉庆己巳，闽浙水师攻剿蔡牵，鏖战重洋，阅两昼夜，牵夫妇淹毙黑水洋，盗船一律烧毁，余盗擒斩无遗。是役也，浙军围攻牵船，追逐千里，枵腹苦战，喋血于狂风巨浪中，兵勇伤残极众。比闽军迟一日到，已功在垂成矣。

煤黑子与林清战于大内

都人呼担煤夫为“煤黑子”。嘉庆癸酉，天理教匪林清作乱于京师。贼趋熙和门，有某煤肆之煤黑子，适自文颖馆出，横取担杖，奋逐之，力甚大，踣贼数人。众攒刺之，遂为贼杀。群贼与煤黑子角力，声讙嚣四闻，故熙和门得以闭。大学士保兴时为上书房授读翰林，从景运门下直，遥望见之，走还，促闭门以拒。既闭门，乃集羽林虎贲，战一日夜，贼乃败。事定，出贼尸，煤黑子尸亦杂其中，不可辨。方其击贼时，三馆吏役无不知煤黑子击贼。贼平后，以为煤黑子之功不可没，顾其肆主懦而畏官，不敢陈于朝，煤黑子遂竟不获褒恤。

平林清

嘉庆癸酉七月，仁宗秋狝于木兰。九月十五日，天理教匪犯阙，匪为林清、冯克善、李文成诸人。

先是，文成遣其养子刘成章潜至京，会清于黄村之宋家庄，议以十五日，河南、山东合畿内之众，同时进发，乘回銮时，伏莽行在。谋定，而滑县、金乡、定陶、曹县先后缉捕，匪恐事败，不能久待，乃即揭竿起，官兵络绎征调，而九月十五日之约，遂不能密赴。十四日，清命其党陈爽、陈文魁入京，匿市人家。十五日平明，众匪自黄村至，日方午，入内城，分东西两队：其东，陈爽导之，刘呈祥殿之，以进东华门；其西，陈文魁导之，刘永泰殿之，以进西华门。而太监刘得财、刘金引其东，张泰、高广福引其西，王福禄、阎进喜居中援应。爽与文魁偕头目数十人，皆清所调遣。清居黄村。将俟河南之匪集合而进。

仪亲王、成亲王、庄亲王等亟召营兵自神武门入，匪已至中正殿门外，诸王率兵御之。有数匪突入大内，时皇次子、皇三子咸在上书房，闻内侍疾呼闭隆宗门，皇子即自日精门诘问。将至近光门，总管太监常永贵擒二人，各执利刃，头裹白布，诸内侍御之于门，互有杀伤。皇四子自书房出，皇次子、皇三子将往储秀宫觐后，学士宝兴方自上书房散直，未出东华门，见兵匪力战，亟入乾清门，奔告皇子。皇子立至储秀宫，见匪越墙西入，皇次子急命进撒袋、鸟铳、腰刀，永贵执白木棍，立于遵义门之内以拒之。诸内侍登垣瞭望，匪大至，旋自膳房之上自西而北，将踰养心门入，皇次子发鸟铳击之，殪，匪续至，执白旗指挥，皇子复击之，又殪。仪亲王子贝勒绵志亦以铳击之，复殪，匪乃不敢升垣。皇次子驰至西长街西厂，督同常永贵率内侍击贼。日将晡，而留守京师之诸王及内务府大臣各引兵入卫，匪势渐蹙。将纵火，忽大雨迅雷，二匪堕武英殿之御河死。投河溺死者甚众，余皆就擒。

初，壬申春，赵崇华摄淡水同知。甫下车，即访获妖言惑众之高妈达，讯之，具供同党刘林、祝现，定以次年闰八月望夜，起事都下。刘林者，清之原名也。赵亟详上官，请入告，上官以其语诞，仅依传布邪教律拟决，而未奏闻。至癸酉九月十五日，都中之变果作。

冯克善者，林清之党，技精绝。清既败，乃变姓名匿献县。是年十二月为官吏所闻，杂遣兵役，与其徒擒之。乃佯饮之酒，中设一席，四面重叠环以桌凳，门内伏壮士。案复置热粥，又置药物酒中。冯至，即藏其兵器，以热粥洒之。诸壮士群起格斗，良久始就擒。

杨忠武征川楚教匪

当红苗之变，杨忠武公遇春方为材官，福康安见而奇之，曰："此将材也。"屡疏保荐，擢至专阃。时宜绵督陕甘，畏葸不前，杨谏曰："甘、凉兵为天下劲卒，阿文成公曾将以平西域。今公据河山之险，拥精锐之卒，自关陇西下，建瓴之势，破敌必矣！奈何以百战之卒，而畏乌合之众哉?"宜不能用。勒登保经略至陕，倚为左右手。

杨善抚驭士卒，部下多降匪，腰佩长刀，形貌凶险，而杨颐指气使，莫不悦服，故十数载所至克捷。有黄骠，日驰数百里，常乘以追贼，贼畏之如虎。部将如杨芳、游云梯、吴廷刚、祝廷彪，皆由偏裨至专阃。瓦柴关兵叛后，独骑至贼中，说以大义，即抛戈降。嘉庆甲戌春，入京陛见，仁宗问："前此湖北、陕西、四川三省军务，何延至十数年之久？现今两次军务，即河南教匪、陕南饥民之乱，何蒇事之速?"则对以"有专责则事易集"。上首肯者再。

杨尝徒步逐贼，挽其须日行百数十里，军中呼曰"杨胡子"。为口号曰："胡子打乾鞡，一走一百八。"贼望其旌旗皆胆落，故所至有功。

中英鸦片之战

道光辛丑鸦片之役，英人义律以和议久不定，进攻广州沙角、大角炮台，伏兵二千，以竹梯登后山，别遣精兵绕出三河口，合力夹攻。时副将陈连升力为抵御，身被数十创，死之。英兵乘胜直攻镇远、威远、靖远各炮台，进逼省垣，炮声如雷，昼夜不息，将军以下皆避入巡抚署。

钦差大臣琦善既以庸懦畏葸迟误机宜致祸，诏命锁拏来京，而继之以奕山。奕见英人之势方张也，遣广州知府余保纯出城议款。义律要求于应偿烟价之外，须酬军饷银六百万元，香港事再议。将军等允之，并树白旗于城，英兵始回船。

七月，英兵船复攻厦门各炮台，陷之。八月，英将濮鼎查、郭士利等由厦门再犯定海，定海总兵葛云飞、处州镇总兵郑国鸿、寿春镇总兵王锡朋皆战死。时钦差大臣裕谦仅统兵四千守镇海城内，令提督余步云守城外招宝山。英兵既由山麓攀援登岸，余不令士卒发炮，率兵遁宁波。英人据招宝山，俯攻镇海，裕投泮池死。未几，宁波亦失守。是役也，广东被祸之外，则以招宝山之败为最剧。而其偾事之由，实因裕之粗疏骄暴、驭将无方，余之不战而遁所致，为江浙所切齿痛恨者也。

英之扰江浙也，时梁拱辰以江苏巡抚兼权总督，率兵防上海，时提督陈化成驻吴淞口，徐州镇总兵王志元驻上海城外。王躯干英伟，晓畅戎机，梁颇优待之。既思吴淞口岸，直达宝山，绵亘数十里，兵稍单，欲使移军吴淞，与陈相犄角，乘间探之。王不允，梁自驰往吴淞，商之于陈，陈亦不谓然。未几，梁卸督篆返苏，遂听之。越数月，英舰陷宝山，直驶吴淞。陈以孤立无援，血战死之。寻上海亦陷，时王已遁往松江矣。

英人既破上海，由黄浦入泖淀，窥苏州，虑湖隘道梗而返。时总兵尤渤营于大涨泾，英船不敢深入内河，松江幸无恙。乃别由福山口入犯镇江，圌山守兵新铸万八千斤炮，发之，声震江南北。然英船游弋而过，不备亦不惧，事后始知守兵以无弹之炮，无子之铳，虚张声势，相率而逃矣。英人初至之地，恃其财利，蛊惑穷民，至以银币一枚，市胡椒数粒，乡民愿效奔走者，所在有之。某寺僧密告之曰："城北依山为垣，故有塞门，其虚可捣也。"英人登金山觇之，炮发而城破，淫掠搜括，等于宁波。时六月十九日也。

镇江故殷富，西关以外，为一郡精华所萃。敌梳之，兵勇篦之，土寇又薙之，富民迁徙者，背负肩担，悉被劫掠。江宁、常州，闻警皆震。已而溃兵跳集于苏，势汹汹，且内讧。时李星沅官苏藩，请于中丞，斩剽劫者以徇，人心稍安。

英人既据宁波，明年壬寅正月晦，官兵袭攻之，不克。时大军云集，屯绍兴，而舒亶庵者在军中，一日传一间谍至，将斩之，叩头乞免。舒视之，则偷儿也，意哀之，曰："若为谍而死，盍为偷而生？若能窃英人头来，吾且白将军，赏赉汝！"偷诺而去。既而偷果以英人头献，介之见将军，将军大喜，厚赏之。又既而献头者纷至，乃与群偷计其值：黑人一头，钱若干；白人倍之；生获，又数倍之。自是逾城穴隙，日昏暮，遍城中无非偷者。英人之据甬城也，夜必巡街巷，两英人先后行，方格磔语笑，后者忽无声，回视之，已失头而仆，前者大骇，僵立若槁木，俄顷又失其头。偷儿或东或西，或着西人衣冠、持竹杖，橐橐然曳革屐以来，英人近与语，遽刺杀之。其生致之也，则以布自后扣其头，使不得声，而绞布两端，负而趋至幽僻，箝口置诸橐，捆之以缒出城。或为英人所见而追之，则负以趋曲巷，追者迷失道，又惧其害己也，废然返。英人巡视城上，亦通夕往来，群盗数十，以长藤为环，暗默候城外，闻城上巡者过，为怪声惊之，英人俯视，遽以藤环勾其头而坠。既坠，塞口中以物，而反缚之，复候之如初。城上英人谓坠者误失足，且闻其颠蹶，皆伸头下视，思援之，又尽为偷所钩致，乃始哗然。拥所获，大笑以去，疾如风。凡城内外之以窃英人头至者，党日益盛，计日益巧，所获日益众。其奇策秘术，人莫得而尽知也。他日，偷献头于将军，将军语之曰："得英兵百，不如得其官一。能生致之，赏万金；不能，取其头可也。"久之，反命曰："官不可得也。官未尝夜出，卧邃室，兵环于外，吾侪之趫捷善升屋者，飞登其卧室，密揭瓦侦之，则见其在室中，脱衣冠入账而寝，既而下揭帐，空榻也。明夜又易室，侦之如前而空如故。吾侪利其头为奇货，数数夜守之，终不得知卧所。得官一，不如得兵百之易也。”当此之时，英官虽防护甚谨，不可得，而心常惕惕，每日夕，觳觫自惊。旦日而以失首报者，恒数十，或多至百余。白人夜出逻，往往晓不归，其黑人无名籍者，至不可算。由是大惧，尽率其属登舟而去，宁波遂克复。

乌兰泰向荣围粤寇于永安

咸丰辛亥冬，粤寇洪秀全有众二千人，尝被围永安州。时赛尚阿督师，以乌兰泰、向荣分统劲兵，围之。乌、向皆名将，积不相能。时江忠源在乌幕，力为排解，以向气盛，锐意不让乌，龃龉益甚。江方倡长围深壕聚歼之策，以北关疏阙，请益兵合围，向不许。会江以病归，向、乌相仇益甚矣。

秀全既据永安州，建伪号，封诸酋为王，王以下爵七等。设六官、丞相、司马、军师、旅帅等职。女官等次亦如之。行营五将军，按水火金木土，各司其事。洪大全所定也。

洪初据金田时，裹胁日众，与乡团两不相下。杨秀清惧其离散，设计笼络之。每自托为巫，谓天父下凡，附其身，诇人阴私。又托天父言，挟制秀全，令前跪受杖，已则高坐，历数其罪而责之。责已，仍奉秀全上坐。己有不韪，虑不足箝制其下，亦伏地，令人杖之，不稍贷。由是诸酋笃信其说，以为真有天父鉴临也。会官军屡易帅，惟向荣（旧为杨忠武公遇春部曲。）老于军事，谋略素优；都统乌兰泰、总兵秦定三亦果敢善战，故新墟、双髻山、莫家村三捷，战功为最奇。

秀全之由金田移屯新墟也，定三潜渡江，侦知竹园村树木丛杂，乃断树截竹，抛弃各要隘，而伏兵村中，仅留一路，遣兵百人伪为樵采者，引寇入。伏前者突出，寇仓皇，且战且走，亟从村后窜逸，则隘路竹木阻塞，后伏又起，大呼追击，四面合围，于是一日七胜，歼擒二千五百余名，寇乃退据双髻山。

双髻山，前以新墟为门户，后以猪仔峡为藩篱。向命诸军围其东、南、西三面，而自与都统巴清德合攻后路。既登猪仔峡，夺其要隘，寇自高击下，铳炮木石如雨，官兵奋力抵御，势正不支，而前路诸军已抵寇营，呼声震山谷，上下夹攻，寇大溃。及据永安，以大股分屯城外诸村，阻官兵进攻之路。距莫家村十余里，有高岭三，其中曰秀才岭，尤险峻。乌相度形势，遣队诱之，戒以俟寇渐近，沿左右二岭缓退过脊，严阵以待。而自率火器营建中军旗鼓于秀才岭最高峰上，预埋地雷等火具，植红盖于帐前。寇至，左右营及中军皆退，众寇竞前拔其红盖，火机忽发，全岭崩裂，燔寇以数千计，大队乘之，生擒无算。自是见乌帜，辄不敢近城，而寇于其酋亦自是渐有离心，独大全、秀清狡狯坚忍，死守不下。

壬子春，秀全卒由北窜，驰犯桂林，四总兵同战没。俄而乌亦中炮死，秀全遂由郴下略长沙，浮洞庭，出东南，祸延全国之半矣。

黄印山平两杯茶教匪

江苏里下河一带，有“两杯茶教”，某寺僧实倡之。僧死，传扬人盛广大，而通州之黄朝阳、茅广福等次之。受戒诵经，敛财聚众，愚民为所惑。然初无谋叛意也。

咸丰壬子，狼山镇标兵目陆家升、陈某，性桀骜〔骜〕，已保五品衔、食双饷矣，心未满，仍多所要索。总兵抑之，遂怏怏怀怨望，潜渡江，通款于在福山之粤寇，愿献通州。酋哂曰：“吾为若辈误者屡矣，是不可信。果诚也，当自破通州为贽。”陆、陈慨然诺。既返，百思无计。忽忆黄、茅辈得民心，煽之当可动。遂诣黄，盛言“寇旦夕且渡江，若辈当自计”，众大惧。陆言：“无妨也。彼中酋与我善，能人出千钱，当代买太平纸万张贴门首，可勿扰。”黄信之，函致诸教首，敛如数。已而陆又曰：“髮天主甚贤，取天下，反掌耳！欲富贵，当乘其未来时，能出万钱，高爵厚禄可立致；出千钱，亦不失为朝将。空札已至，勿自误。”果愈惑，争出银买空札伪职，遍通境，实则皆陆、陈私刻也。

陆、陈见教主易与，复煽言天主爱民，但相从皆手足，兵到，顺民须助威，宜家置旗一枪一，编队如行伍。黄内怯，私议曰：“太平纸为职名札，秘之无知者。苟公然置禁物，保勿有灭族祸乎？”陆、陈变色曰：“君不从，弗强也，然事后必勿悔。”黄终犹豫，陆出一册厉声曰：“君辈已受伪职，不从，即投之官，灭族祸谁独免者？”黄战栗谢之，且曰：“非自怯，恐江南不果至耳。”陆、陈邀黄至福山垒中，实其言，乃昏夜偕渡江，见其酋，盛席款之，温语嘉纳，留十余日，偕返。于是教徒信益坚，买粮置器，驻队军山，将于五月十四日夜攻州城。城中差吏弁勇半教党，谍遍布街市，官梦梦也。十二日，黄下令户出钱五百助军装。南沙有董事某，以无故敛民阻黄，黄怒曰：“君此时犹自大耶！”即率众焚其庐，某奔至城告变，城中乃大震。会狼山僧亦连夜至，具言军山谋反状。

通州牧黄印山有干才，亟命三门严守御，令各沙董擒首事者。明日，沙董絷四人至，歼之。各沙搜捕羽党，尽得其军械、旗帜、号衣、印信，并职名册一部。于是按籍访获，次第就诛。

最可哂者，其党职名悉僭神佛封号，称黄为玉皇上帝，余则有都天灵官元帅、真君火神龙王等名号。既被拘，不刑自承。有怜而饲以肉食者，则合掌谢曰：“罪过、罪过！迟一刻便升天，何苦以荤食累我被谪乎？”至死，卒不食。黄之妻自称玉皇娘娘，将刑，缚署前大树上，见人狂詈。适官过，指而责曰：“吾诸臣皆归位玉霄宫，尚虚左待我，独羁我凡界何为？”持刀者牵之去，乃喜。十四日，各门戒严，总兵率兵梭巡。城内外排列勇队，火光彻夜不绝，民一夜数惊，谣言不能禁，捕数人斩之，乃少定。鸡鸣彻队，人心始粗安。

越翼日，陆、陈俘至，始知官绅士民，所在有献首人，于是局中皆色变。旗牌某，总兵泊荷亭心腹也，有逆迹，黄擒之至，泊婉言为请命。黄大笑曰："大人爱贼，可谓至死不悟矣！"叱速斩之，泊有惭色。盛、黄皆宵遁，百计不能得。盛潜泰州，撑巨伞，伪为卖药者，为黠胥物色，即泰州寸磔之。黄父子甫出境，乡人缚之来，严刑鞫问，断其胫，以大畚舁之市。子解部，宫之，给披甲人为奴，其党始稍稍息。

叶鸿驹督团与粤寇战

咸丰辛亥，粤寇扰嘉定之北冈镇，镇绅集赀创团练，推叶鸿驹为领，不应，强而后可。盖鸿驹善技击，以精内家拳闻于里也。

壬子，金陵大营陷，寇长驱东下，犯外冈者数逾万。练丁恐，谋避，鸿驹独慨然曰："镇人饷我辈者不薄，安可闻警而逃，无所建示乎？且彼虽众，乌合也，败之易耳。胜之而后避，未晚也。"乃遣丁遍设旗灯于林菁丛处，而伏精壮于要道。寇夜至，见灯光，疑有备，不敢进，乃退而合军以进。至隘口，伏军突起，鸿驹首杀数百人，练丁胆益壮，无不一当百。寇大惊四溃，练丁擒其军帅一、师帅四，告于社而戮之。及后，寇大队来，镇人已尽徙矣，盖鸿驹教之也。其后，李文忠公鸿章屯军沪上，耳鸿驹名，谋致之，鸿驹不应，且曰："我之击寇者，欲以杀其劫掠淫威耳，他非敢望也。"事平后，鸿驹授徒自给以终老。盖其志仅欲以所学饷后人也。

陆建瀛委江宁于粤寇

两江总督沔阳陆建瀛，字立夫。初颇英锐任事，好谈经济，有"当官蹇然"之称。亦稍结纳贤士大夫，一时名流，如溆浦严正基仙舫、邵阳魏源默深、上元梅曾亮伯言、元和陈奂硕甫等，皆为所罗致。且谨事当道，得其驩心，由是声望踔起，圣眷日隆。

咸丰壬子，粤寇出岭峤，越洞庭湖而北，势张甚。陆时在丰工，督办河南合龙事宜。尝从容语幕客：“群盗弄兵，无坚不摧，然实尟（同“鲜”）远略，当今苦无任事者耳。”因属草疏，拟战守事四条以上。文宗嘉之，谕令察度军情，如必亲往，扼要调度，可酌量筹办，不遥制。又令分饬文武大员，严防水陆要冲。陆疏言：“小孤山扼长江要隘，然不如在上游黄蕲等处设防。”乃授为钦差大臣，命与江苏巡抚杨文定驰守江宁。冬十月，陆由丰工还江宁，与将军、巡抚会筹防务。调兵募勇，仓卒未集，上游羽书狎至，寇警日棘，乃以十二月出师。奏称东西梁山及荻港各需兵千人防守，请由江苏、安徽巡抚如数酌拨，从之。

先是，陆派兵三千，往防湖北武穴下游之老鼠峡。至是，遴寿春镇总兵恩长为翼长以济师，俾率松江提标兵二千先行，自率续到兵数百、亲军数百，与员弁、幕客乘舟溯江，倍道前进。

癸丑春正月朔，寇去武昌，悉锐东趋，俘男女数十万，舳舻十万，蔽江而下。当是时，海内承平久，武备日弛，绿营兵尤积疲不可用。陆两次所遣进防老鼠峡之兵，皆畸零凑集，兵将不习。既抵防，檥舟江岸，不度地为营自固。绿营兵于浚濠筑垒，亦本非所谙。偶或登岸操演，饰虚艺以炫众，见者皆目笑之。闻寇将至，胆寒气索，船已渐稀矣。某夜，恩长与寇遌，麾兵进战，中炮堕江死，师溃。陆先以十二月晦次九江，休兵数日，已知寇弃武昌而东，乃命移舟上驶，逢溃卒，白恩长败状。从兵闻之惧，返棹顺流疾行，盖距九江未远也。

江西巡抚张芾驻守九江，亦引军退。寇居九江五日，九江已空无人，无可恋，悉众进蹴安庆。陆逴小舟夜过小孤山，是时有标兵数百驻营山椒，安徽按察使张熙宇督炮船，泊山趾防守。众固知其不足恃也，然小孤山兀峙江中，岿然为东南屏障，其峰斜对南岸彭郎矶，南宽里许，北宽半里，陆径越小孤，不敢留。标兵炮船，一夕不知所往。自是寇直躏溯江数千里，如入无人境矣。陆乘肩舆过安庆城外，巡抚蒋文庆登陴问战事，陆凭轼摇手曰：“寇势浩大，万不可敌。”蒋邀入城同守，不听。及安庆陷，蒋殉焉。

陆既至江宁，随行仅十七人及两舟而已。盖自九江以下，水陆兼行，凡七昼夜而达会城。并撤芜湖、荻港、板子矶防兵归东西梁山，声言将亲督广艇暨舢板船，进防东西梁山。未及行，师船已不战而退。将军等致书，趣令仍赴上游迎剿，不答；请结营城外为犄角，亦不答。将军等诣商战守事，称疾不出，凡闭阁谢客者三日。杨文定称总督已归，即日拜疏移守镇江。于是将军祥厚、提督福珠洪阿、副都统霍隆武、布政使祁宿藻，会疏劾总督、巡抚丧师避寇状。有诏陆建瀛前已革职，著交祥厚拏问，委员解刑部治罪；杨文定革职留任，率同文武防守镇江。祥厚兼署钦差大臣两江总督，然驿程相距二千里，比奉诏旨，已在城将陷时矣。

寇居安庆三日，运藩库银三十余万两，漕米四十余万石，登舟去。仍留众守安庆。丙寅，陷太平。庚午，陷芜湖。辛未，福山镇总兵陈胜光以水师逆战芜湖，众溃，胜光中炮堕江死。壬申，寇前队薄江宁，周视城外形势，城上枪炮齐发，寇敛军不动。甲戌，大队悉到，联营二十四座。寇船自新洲大胜关至七里洲，麕集蠭萃，莫纪其数。明日，众寇傅于城下，携具仰攻，晨夜不息。兵民协力固守，聚宝门外米商，自募练勇杀贼。寇将败矣，城上开炮助威，误中数人，练勇骇散。宿藻望见愤甚，呕血死。寇乃于仪凤门外静海寺中，掘隧道百余丈，抵城隅，实火药其中。二月乙酉旦，震声訇然，地雷发，城溃，寇骤登。第二雷又发，殪寇数百，官兵騺踊献馘领赏。守陴兵转寡，寇大至，因调西北隅防兵。北向堵御，相持正急，别队寇于水西门嗷嘈冲入，官兵溃。祥厚等退保内城，旗营男女登陴守御。内城又陷，死者四万余人，祥厚、霍隆武、福珠洪阿皆力战死之。上元县令刘同缨公服坐堂皇，骂贼，死之。前广西巡抚邹鸣鹤随办团防，亦死焉。前定海镇总兵汤贻汾告休侨居，从容赋绝命诗自缢。官兵被驱胁屠戮者无算。

陆乘小舆往谒将军，还至十庙前，遇寇，丛刃斫之死。文宗命赏还籍没家产，给恤典，赠谥。御史方俊疏论之，乃撤恤赠，仍还总督衔。江南士庶追怨陆不能御贼，浮议藉藉，谓陆实已降。建阳守备汪大臣禀报向忠武公荣，谓望见陆首裹黄巾，与官军接仗。向访城中逸出兵民，则知陆实于城陷时被杀。劾大臣诬蔑上官，抵罪遣戍。

九月，文宗命惠亲王绵愉为大将军，科尔沁郡王僧格林沁为参赞大臣，率健锐营出京剿贼。王佩锐捷刀，僧格林沁佩讷库尼素光刀，司道提镇以下不用命或失误军机者，皆得专戮。

谢忠愍与粤寇战于天津

咸丰癸丑，粤寇北犯畿辅。长芦盐运使杨霈制枪五百杆，招募壮丁，在署教演，号曰“芦团”。旋奉旨，派前浙江巡抚梁宝常等协同天津地方官办理团练，乃立义民局二十八处，每局五六十名，按期训练。县人张锦文倡捐团练经费，并上守御策于盐政文谦。文善之，发令箭一支给锦文，俾筹布置。锦文自练壮丁三千名，号曰“铺勇”。当是时，天津镇协各兵连年征调在外，城中惟芦团、铺勇，而义民二十八局散布，一县通计惟数千人。天津地平衍，无险可扼，寇七八万由南而来，自春徂秋，寇氛日逼，民心大震。

九月二十六日，侦知寇已入沧洲境，锦文夜谒县令谢子澄，献票钱四千缗为募勇费，且谓寇势鸱张，非遏其锐气不可。明日，募夫万余，掘长濠于小稍直口，复以席裹土，如盐包然，叠成炮台，置炮盘六座于台上。明日工蒇，锦文入见，谢告之曰：“昨夜狱犯喧哗，恐生变，奈何?”锦文曰：“莫若择其罪不至死者出之，激令杀贼赎罪。”从之。回民刘继德者，甫出狱，振臂一呼，回民奔集者千余人，遂率赴教场听令。适锦文豫引盐课银二万两至，尽数易钱，分写小票，以给勇粮。官绅议谁可督队者，谢奋然请行，衣短后衣，持枪上马，率练勇至城西小园驻焉。

先是，邑人贾庆堂献策，恐寇于水浅处偷渡，村民有弋凫者，善用排枪，置小舟上，覆以席，推行水中，百发百中，佥呼之为“雁户”，宜招募设伏，以备不虞。官绅皆以为然，仓猝募五百人。是日，使庆堂率往，伏于稍直口之东南。二十八日，寇蜂拥而来，谢率众迎剿，芦团抬枪乘势堵截，县民数万持械相助。酋小秃子，矫健绝伦，彼中呼为“开山王”。手执黄旗，左右指挥，迅奋慓疾。官军以火枪击之，击上，则鼠伏；击下，则猱腾；枪甫止，则随烟而进。有大沽老卒喈曰：“是贼狡猾，非巧取不可。”乃以两枪上下交击之，立毙。众犹奋突而前。至设伏处呼渡，雁户佯应，推舟前行，距寇数武，号锣一声，排枪轰发，相率倒地，惊以为水雷，遂大溃。

是役也，寇因水阻，迂道东走，仅迟至一日，而稍直口得以为备。且歧径皆淹没，可豫料其所至，而以全力专备一路，斩五百余级，我兵勇无一伤者。由是小稍直口改名“得胜口”，旌战功也。时惜无大军夹击，不能一鼓歼之。又以彼众我寡，未敢远追，寇遁至杨柳青，旋据静海之独流镇。十月十七日，督师大臣胜保始统大兵由深州至天津，旋赴独流镇剿贼，并调谢至大营办理粮饷，带练杀寇。十一月二十三日，副都统佟鉴出战获胜，杀数百人，以拽取濠板，被其拥围，手执长矛，杀寇数人而死。谢驰往援救，身受七伤，赴水死。胜保奏闻，得旨：“谢子澄著赠布政使衔，予谥忠愍。”

讷尔经额为粤寇所败

咸丰癸丑，文宗以大学士讷尔经额为钦差大臣，督兵驰救怀庆。适粤寇解围，窜山西，讷督兵回防直隶。

初，有献计于讷者，言潞城、黎城间有小径，循太行东出，可由河南之武安径趋直隶之临洺关。其路甚捷，有险可扼，若遣兵五六百人守之，虽十万之众不能过也。讷拘牵旧制，以为潞城、黎城皆山西地，乃咨请山西巡抚派兵守之。咨未达，而寇已陷潞城、黎城，果由此路东出。

是时，讷方督凯旋军万余人次临洺。先一日，有冒其旗帜责州县供张者，盖寇之先驱，已过而北矣，讷未知也。次临洺之日，寇鬣至，官军仓皇失措，车驰卒奔，万余人溃散略尽。讷以数十人走入广平府城，尽失其关防令箭、军资军书等物，幕友吏仆皆星散。既已不能具奏，广平知府为之禀达省垣，桂良方以刑部尚书守保定，为之入奏，讷奉旨革职拿问，寇焰由此大张。

粤寇围鲍武襄于九江

鲍武襄公超由担水夫从戎，以剿粤寇，积功至专阃，班五等。然贵后犹不知书，自姓名二字外，更无所识。方被围于九江也，将遣人赴曾文正公祁门大营求援，令幕客撰牍，移时不至，乃自往促之。见其握笔构思，顿足曰："此何时耶？安用此文绉绉为者！"呼亲兵，以白麻一幅至，自操管，大书一"鲍"字，以无数小圈绕其旁，亟加封付递。众不解，问之，鲍曰："大帅自能知其故。"递至祁门，曾之幕僚启视，亦莫识其意。持示曾，曾大笑曰："老鲍又被围矣。"乃亟檄多隆阿往援，围始解。

江忠烈与粤寇战于庐州

江忠烈公忠源之擢安徽巡抚也，时方在武昌庀守具，奉诏云："楚、皖一体，当相其缓急为去留，不必以成命为拘。"旋以庐州事急，率所部千余人力疾遄行。至六安州城，病益剧，复有旨令暂驻六安，俟兵饷齐集，相机前进。庐州知府胡元炜具禀告急，诡言庐州粮械极富，团勇多而得力。江以为庐州重地，有可守之资而弃之，可惜也，乃分所部之半留守六安，自率其半驰赴庐州。问元炜以守具，则糗粮、军火，一无所有。守城兵仅元炜腹心徐淮所募勇及江所募六安勇数百人，皆新集，不足恃。庐州城大而圮，兵勇人数不敷一门之守。江悟为元炜所绐，且知庐城万无可守。然既已至庐，不肯为弃城退守计。又怒元炜不能布置于平日，复诡词贻误于临时，每见必斥责之，元炜遂匿不敢出。江出巡城，见水西门枕高阜环城，一面皆山，度寇必据山俯攻。因部分文武吏守城，而自守水西门，下令有能助守城者悉听，庐民赴者万余。部署稍定，越日，寇大至，环城急攻，驾云梯攀堞，官军屡击却之。

卫佐邦尹达章平红巾

咸丰癸丑十二月，钦差大臣琦善督诸军，与粤寇战于仪征。寇军知势不敌，转向庐州，下之，遂乘胜向六安州进发。巡抚江忠烈率师出水西门，寇已由隧道进，城崩，官兵惊走。忠烈大怒，手持大旗，缘陴上，督众连毙寇目。会胡元炜部勇目徐淮通寇，开门引入，忠烈自投古塘死之。寿春镇总兵玉山以滁州兵万余战于拱宸门，师溃死。陕甘总督舒兴阿率一万五千人屯冈子集，十战十败，降者过半。鹤丽镇总兵音德布由大安来援，亦大败阵殁。

陈开，佛山人。幼无赖，好与会党交，营卒衙役亦多善之，解衣推食不爱惜。以为天下大乱，自拟于韩信、樊哙，虽目不识丁，不害也。

乱事传至粤，佛山诸无赖议响应，佥曰："此大事，非吾辈所能任。计无如陈开者。"时开方设杂货摊于莺冈，闻众至，出迎，问何事。曰："时至矣，君犹默无举动乎?"开曰："然。然兹非细事，非若持械行劫，仅及一身而已。事关谋反，成则大福，败则妻孥且不可保。虽然，吾固计之甚详。汝辈且入吾室，共决之。"众入，则有长髯客已在座，众愕然。开曰："此非他，吾粤人有在洪军作校尉之刘丽川者，其兄弟行也。彼为刘杜川，昨夕方至，正以此耳。君等有何陈述?"众曰："吾侪不过冀君一朝得富贵，有所凭借而已。"开顾长髯者而笑。

杜川曰："无骁勇善战可作将领者，将若何?"开沉吟久之，曰："若然，能师父足当之。"盖寺僧有和尚能者，亦莺冈产也，素习《易筋经》，有巨力，能举数百斤石臼。顾性顽悍，无与狎，惟开与周旋。乃偕杜川访能，略陈起事之议，能允之。谋既定，开自为军师，称大王，居王借山；以能为大将，领诸路军。别遣党人四出鼓煽，于是何六起石龙，林洸隆起省城外之河南，关巨掠沿海，陈松年起新会，陈吉起顺德，陈金刚起清远，邹六起龙门。相与蓄发易服，而明代衣冠不可骤得，乃征梨园所有者而分御之，头戴红巾。“红”与“洪”谐声，寓拥戴洪秀全之意。又凡聚议之处，必榜曰“洪顺堂”，意亦犹是。部署既定，设官分职，其衔为将军、元帅、先锋、军师、防御使等。将军、元帅大都椎埋少年，军师则为落拓文人，防御使则富人被掠入党，以虚名从而笼络之者也。

红巾初举事，将帅挟土铳，次腰剑弯弓，次插利刃，又其次则棍棒叉钩而已。初劫大基头军营，官军以大炮轰击，众大败。能以礼谒里人冯松，即所谓“矇松”者，求画策。松曰：“是不难，官军不能无妻子，其妻子不能俱迁营中，犹在里巷。子以重兵劫之，使俱来，率往陷阵，居前敌，官军虽有炮，畴敢发者。因挟以降，事必济。”能大喜，如言往，官军果不敢发，一夕尽降，炮械悉为红巾所有。

松既为红巾画策，且建首功也，开奇之。遣人赍金帛往聘，来军营调用。松本小康，不欲以身为孤注。其族人翰如多谋略，松素下之，以事告。翰如戒勿往。松曰：“成败虽不可知，然槁项黄馘，老死牖下，亦非所愿。”翰如曰：“吾不敢阻君进取，但乌合，必无所成。”松曰：“筮之！”筮之吉。松曰：“此犹不足信，天倘相彼，吾当出，则当大雨。”已而大雨三日。松曰：“得非偶然乎？吾事成，则当更雨。”已而一雨兼旬。松曰：“可矣。”乃就开营中，俯伏称臣。开锡以金盔，上插雉尾，锁子黄金甲，八宝战靴，望之灿然，松九顿首谢，盖皆梨园中物也。

开既踞佛山，远近无赖俱至，众号十万。军实无所出，则按户索富者，使捐输。佛山本商贾云集地，红巾至，无不唯命。开骤得金币，则广声色，掠妇女。松谏之，开不听。

朱发者，亦佛山人，卖菜佣也。有膂力，性愚戆，贫不能自存。妻马三娘美丽无匹，发与开善，开语之曰："汝妻非寻常人，一品夫人也。"发以为妾，三娘颇自矜。及开举事，立授发先锋衔，三娘为女校尉，出入王借山，参预元帅府事，益与开调笑，累日夜不出。朱无所事，日惟醇酒大肉，徜徉于醉乡。

松固识三娘，知三娘握大权，能左右开，则诣三娘而告曰："夫人居此洵乐，然燕处危巢，祸将至矣！"三娘愕然，松曰："吾辈虽僻处佛山，然声势不小，虽总督始〔怡〕良不思振作，独不畏沈葆桢乎？旦夕出师，大军压境，吾辈殆矣。"三娘曰："计且如何？"松曰："先发制人，古之明训。盍因彼未动，从而攻之，羊城一下，全省且为我有。如是，则进可图大事，退亦不失富贵。夫人倘以为然，则速与陈大王言之。事之成败，在此一举。"三娘曰："善。"遂以松言入告。开初不允，继为三娘所劫，乃大发号令，骤兴师，远近贼党皆从之。

甲寅六月二十七日，李文茂等率众分三路直扑广州。其在北路者，图夺城外炮台，守台兵发大炮轰之，遂却退。是时抚标五百名，协同乡勇五百名，由东门突出接战。东路寇攻城方酣，不意官军突至，方相顾错愕，而前刃已及。寇绕城抵御，适旗兵续至，并力追逐，东路遂败。其西路寇闻两路败耗，乃趋西门外之青龙桥。外委黄贤彪率汛兵百名、乡勇三百名，要击之，毙寇百余。余寇将散，忽传能以锐卒万人至，势复盛。然不能前进，仅屯于城北数里之牛栏岗。

七月初五日，两广总督始〔怡〕良以红巾盛，令广州府知府沈葆桢督师剿之。于是都司曾廷相，守备陈国辉，千总黄大荣、屈超群等，率师攻牛栏岗。寇发巨炮以拒，官军猱进，破其中营，夺获军械无算。能率健党忽自岗后绕出，岗前之寇复返戈力战，官军大败，屈超群、熊应飞、黎安澜、余兆清等皆陷阵死。能方拟率众薄城，忽传总营有令至，能大愕，则班师令也。

开之令能班师也，众莫知其意。松素善发，乃谓发曰："我军初立，利在速战。今大王首鼠两端，吾辈死无日矣。"发曰："我亦不欲战，此间乐，官军不能来，来则速死耳。"松叹曰："噫！竖子不足与谋，若汝三娘，尚有志也。"于是匍匐求见开。开方视事，与三娘高坐堂皇，陈居左，三娘居右。开见松至，曰："朦松，赐汝坐！汝何言，速言之！"松曰："臣无言也。臣不知大王意所在，若相持旦夕，官军且来，何以御之？臣不自惜，为大王惜耳！"开沉吟不言。三娘忽掣开印钤于小旗，曰："冯军师听者：此将令也。全军听汝调度，速东趋！伫看汝奏凯回耳！"松曰："诺。"

七月二十六日，松以开号令，饬诸军东发。时大沥、四堡绅士欧阳泉等已倡办团练，乃置炮械、备糗粮，而大范、江夏、荔庄、登贤、月窟诸乡悉继之。红巾东趋，适经其地，各乡分守，使不能进。松令先攻四堡。其一路入曹边，经龙头墟，窥草堂桥十一乡。乡勇发巨炮击之，寇伪遁，分伏丛薄间。团长刘遇昌偕弟遇鸿，率勇逾桥逐寇，遇伏皆死。后队见之大愤，鼓勇继进，血战久之，阵斩衣蟒服者数人，寇乃退。其一路由大镇攻钟边，已破垒毁墙而入，而大沥乡勇纷纷赴援，以巨炮伏林中。寇不识地利。中弹辄仆，阵大乱，遂散。

松东趋之计不果，乃遁回佛山，日掠于近村，冀得军实，以收合余烬。闰七月朔，大会南海、顺德各县徒党，将东趋，先攻大沥、四堡。发将二千人扼守沙口，陈洸隆将千人攻仇边，陈金刚由新桥渡江夏，和尚能统坡山船万人，由小朗渡直进瓜步桥，登岸，犯雷边、九潭等乡。而开与松率大队由水头墟进攻，留三娘居王借山大营以策应。寇四出，远近骚然。

寇既破四堡，东趋之路遂通，乃分途进攻省城。葆桢闻耗，乃立召卫佐邦、尹达章至，使破寇。于是佐邦陈策：以红巾连日扑城，东北势力为最悍，余实无能为。今官军分途应敌，兵力单薄，必不足取胜。不如并力扼东北路，东北破，群寇自解。十五夜，官军由东路冲出，直趋燕塘寇营。时方昏黑，下令纵火，各军手持一炬，争投之，俄顷火大炽，寇冒火突走，窜牛栏岗。

开之发兵攻省城也，檄各县徒党俱至，番禺之陈显良、三水之黄大荣最强悍，顾牵于他事，不即至。及红巾败，陈、黄始以舟师来，则聚于佛岭市，而别筑炮垒于义勇祠前，遣悍党守之，使成犄角。官军闻耗，遂遣炮船由槎头进口，抄攻佛岭市背，而先以一军进攻义勇祠，以牵制之。寇在祠前设濠堑，环炮垒，官军不能近。既而达章率锐师至，下令取泥填濠。俄顷濠平，官军践泥而进，直逼寇垒，呼声震天。炮甫发，垒已破，寇纷溃，遁入石井。（地名。）道员沈棣辉焚其巢，悉灭之。

进攻省城之寇既败，而余党尚盛。东莞人卢昌，纠众数千，自为大元帅，号令与开等。八月十八日，仍欲进窥省会，袭夺附城之三宝墟，别遣其党率千人进窥泥城。佐邦闻之，首率勇攻三宝墟，昌兀立阵前，麾旗督战，寇咸怀死心，狂呼跳跃，有如中痫。佐邦阳为不敌，别遣一军旁攻，昌出不意，为所杀。余众大败，弃舟走，达章复率水军剿灭之。

先是，开败于省城，遁佛山，闻诸路徒党已半灭，益惧。松虽智，已不敢画策；能虽勇，亦不敢侈言战矣。日惟置酒痛饮，而三娘独促其收合余烬，背城借一。开商之松，松韪之。然艰于粮食，城中民户勒索已尽，欲求之附近村落，则已悉办团练，不能进窥一步矣。

十一月初六日，佐邦、达章率师攻佛山，开不能战，乃下令纵火。隆冬物燥，万炬齐发，全镇荡然。计烧民居万余，死于火者逾万，而开、能、发俱不知所之，或曰死也。松匿民家，为官军搜得，斩于佛山西之高秧地。三娘则为某弁所获，匿作妾，参军事，剿余党有功，当道虽有所闻，置不问。

曾文正失利于靖港之粤寇

咸丰甲寅春，粤寇陷湘潭，围攻长沙，曾文正公国藩檄塔忠武公齐布帅师复之，复躬率水师追寇于靖港，战失利，投水者三，幕客掖以起。文正终以事不可为，遂止妙高峰，草疏及遗属（古同“嘱”）凡二千余言，密令其弟靖毅公贞幹市榇，将以是夕自裁。会湘潭捷书至，乃再起视事，然仍以师不全胜自劾。时诟谤丛集，湘省藩臬、粮盐诸使者，至会牍上巡抚，劾文正，文正姑忍之。

文正之初败于靖港也，湖南布政使徐有壬、按察使陶恩培，详请抚臣夺其军，参奏治罪。俄而塔忠武以陆师大捷湘潭，抚臣乃不敢极言文正罪，然亦不敢论鲍起豹恇怯状。既奉朱谕，切责起豹，代之以塔，而于文正请罪疏，有温慰词，且云：“汝此时心摇摇如悬旌，平日自命养气之功何在？”又令奏调司道大员随军支应。徐、陶闻之，谒文正，顿首称死罪以谢。

罗泽南初将陆师，不敢一战，惟从塔军后，观战壮声而已。一日，寇来攻甚急，不及请援于塔，遂与战，竟获大捷。自此遂为劲旅，与塔齐名矣。

开隆阿剿粤寇

侍卫开隆阿者，善骑射，发无不中。尝射猎山中，毙虎十数，军中号为“打虎将”，开亦深自负。会江忠烈应调赴广西，所率楚军皆敝衣槁项，诸军皆窃笑。遇开于江所，仅一长揖，意颇不怿。他日督战出队，卒遇贼众，围之数重，矢尽，左右冲突不得出。忠烈登瞭台望之，曰：“必开君也。”急率亲兵数十人，介马驰救之，卒挟开出，并辔而归。开下马拜曰：“活开隆阿者，先生也。”自是遂为莫逆交。

塔忠武剿粤寇

塔忠武性忠勇，亦最慈祥。其统兵岳州时，即于左臂涅“忠心报国”四字。洪山之捷，尝督军逼粤寇于沙湖塘角间，寇争赴水死，中多幼孩，塔见之大哭，传令拯救，得数百人；群寇因而乞命者，又七百有奇。诛其极悍者，余尽释之。一日力战归，左右以燕窝进，却之，曰："吾母夫人在都，不知能给朝夕否，忍甘此耶！"德化令进莞席，以士卒皆卧草土，却不受。

咸丰乙卯，湖广总督杨霈驻军广济，御粤寇。闻湘军败，大恐，弃广济，走德安，军遂溃散，独与亲军数百人俱。武昌守备单弱，闻霈至，邀入城助守，霈不可，委之而去。时陶文节公恩培已擢鄂抚，不知兵，骄横甚。方以元日索银壶蒸人参不得，怒詈江夏令，欲奏劾之。司道方相率缓颊，忽报寇已至城外，文节仓皇不知所措，惟祷神呼天，痛骂"杨霈误我"而已。城陷，遂被戕。

盖是时，官军围九江急，寇乃分兵扰上游，霈不设备，至有此败。自是而寇遂陷汉口，入襄河，湖北大扰。

僧格林沁擒林凤翔李开方

粤寇洪秀全之陷金陵也，遣吉文元、林凤翔、李开方等，率悍党万余北犯，由皖入豫，由豫入晋，由晋入畿辅，连陷郡县，裹胁日众。而钦差大臣胜保蹑击其后，颇有斩获，围之静海及独流镇。科尔沁郡王僧格林沁统领蒙古诸部兵及京营各将军、都统等，驰往会剿。适寇遣其党黄生才等率众北援，陷临清州，胁从至五六万人。胜与领侍卫内大臣土默特贝子德勒克色楞等督兵迎剿，寇无食可掠，胁从者解散大半，沿途复被乡团截杀。胜昼夜穷追，至丰县，剿灭全股，生才被山东官军擒获伏诛。其静海独流镇之余党南窜阜城，僧追围之。

寇闻生才一股为胜所灭，相谓曰："莫余援也已。"遂并力突围，夺越三濠三垒，窜至连镇，立木栅，掘深濠守之，复分其马队，窜踞高唐州。掘深濠守之，复分其马队，窜踞高唐州。

时文元已被吉林兵射死，凤翔在连镇，僧围之；开方在高唐，胜围之。然其众皆百战精锐，粮食充足，缘城复立木栅，悉以土壅。周挖濠沟陷坑，又挖地窟而潜居之。且有地道直通城外，每黑夜劫营，官军颇有失亡。胜铸大炮、树云梯攻城，皆不能克，遂筑垒挖濠以困之。

僧以咸丰乙卯正月十九日攻克连镇，搜捕余匪，悉数歼灭，惟不见凤翔。擒寇供称在窟室中，官军穷搜得之，则见凤翔方在地洞，挟二美人宴饮驩呼，已薙发，盖欲乘间潜逃也。遂与其党十一人就擒，解京诛之。

僧自是晋封博德勒噶台亲王，即移得胜之师赴高唐，自德贝子以下皆受节制。而胜以师久无功，逮京治罪。僧故撤高唐南面站墙兵勇，诱其出巢。未几，果出城，弃其马队，悉步行，窜踞冯官屯。屯距高唐四十五里，距茌平十八里。胁民夫，以各种大木器四周堵之，内又遍掘陷坑，排列枪炮，守御严密。屯内多豪富，皆高楼大厦，外匝砖墙，炮不能入。僧追至屯外，令马步队圈围。开方自持旗登楼眺望，见官兵近前，即放枪炮，势难骤进。僧相度地势，知非水攻不可，将引运河水以灌之。众谓屯中地势坟起，恐非水力所能及。僧乃先于屯外周筑围墙，墙外掘濠沟，甚宽广，又以掘濠之土加倍内墙。布置周匝，挑挖运河，自东昌三孔桥起至冯官屯石桥止，共一百二十三里，计长二万二千一百七十六丈，口宽一丈七八尺，底宽六七尺，深五六尺不等，计需工价京钱五万二千余贯。自二月初旬起，至三月初四日工竣，竟引水入濠。僧令雇集民夫二三千人，或用水车，或用巴斗，灌入墙内。墙外筑墩，排列枪炮，一面令兵勇站立瞭望，防其突出挖墙倒浸；一面督役，昼夜轮流灌注不息。由是渐灌渐满，墙内水深三四五尺不等，寇之粮草火药尽湿，乃登楼而居。我兵用炮不时轰击，继而柴米渐乏，势甚穷蹙。四月十三日巳刻，开方遣其心腹百余混入难民之中，泅水出降，意欲藉为内应。僧知其伪，讯出被胁难民，遣回原籍，余党百四十余人分拨各营，乘夜尽诛之。遂令兵勇越墙，逼近土堰，毁其巢。十六日黎明，僧又令兵勇越墙，四面进攻。乃大风骤起，飞沙扬尘，瞬息不辨南北，即命撤队。巳刻，开方遣人呈降禀，僧谕令限本日午时先缴军器，方准投诚。约半时许，果缴军器，则遥见有数十人高张红伞，拥开方前进，志在乘此脱逃。僧潜令马步队数万人张左右翼以待之。开方既入彀中，遂与其党八十八人俱在濠边就擒。僧传令将八十八人拨入各营，其目八人在营外帐棚守候，但令开方进见。开方头戴黄绸绣花帽，身穿月白绸短袄，红绸裤，红鞋，年约三十二三。携两俊童，身穿大红绣花衣裤，红鞋，年约十六七，美如女子。左右挥扇，随入帐中，开方仅向僧、德各屈一膝，即盘腿坐于地。两童东西侍立，帐内总兵以下皆持刀环立，怒目视之。开方与二童仰面四顾，无惧色，但称能贷其罚，愿说金陵诸党来降。求赐饭，遂开怀大嚼，笑语如常，旁若无人。僧知其叵测，饭毕遣出，又令八目进帐。皆跪见求赦，亦即遣出。遂将李与八目解至京都，凌迟处死。

粤寇以开方为最勍，而其计略，则用明徐达、常遇春北征成算。初，议以开方当西路，杨秀清当东路。西路之师，由扬犯滁，徇凤阳、归德、开封、怀庆，绕山西、直隶，与东军会于天津。而东军则傍海北趋。秀清不欲北行，以林凤翔自代，深入无援，故及于败。

徐若洲率忠义军与粤寇战

徐若洲司马鸿谟，钱塘人，著籍仁和。以乡试五荐不售，入赀为从九品，筮仕江苏。咸丰乙卯，署扬州府经历，兼理清军同知。同知，五品官，以从九品摄之，重其才也。母卒于如皋，以不及视含敛，欲绝食以徇。其友顾梅卿以大义责之，乃始食。服阕，奉檄治扬州善后局文书。因说太守，仿古制，制轮机炮、连臂弩，自练一军，命之曰“忠义军”。会粤寇破来安，温壮勇公方驻六合，率兵二千救来安，檄参其军。暮与寇遇，隔河而阵。彼众我寡，铅药将尽，乃言于壮勇，请灭炬，使不我测，从之。一夜炮声不绝，寇疑我兵众，迟明遁，遂克来安。壮勇上其功，而某大帅与壮勇不合，反责其公牍内首列总兵某，非制也。令曰："此后毋出六合一步！"壮勇愤懑，后竟死六合，司马之功，遂不见叙。戊午，寇再犯扬州，太守发兵迎战，皆大败。寇薄城下，乃使司马以五十人拒之。大呼驰出，手刃数寇，斩其黄旗头目一。寇发火铳，中右目而颠，一寇以刃加颈，肤裂血流。又一寇以矛刺其足，曰："是已死矣。"乃舍之入城。有民自城中出者见之，曰："此非徐少尹乎？好官也！胡死此？"抚之，尚有气。解衣裹其首，负之行，至仙女庙大营，饮以水浆，乃苏。时乡人许缘仲牧泰州，迎至署。凡十月，创始愈，出铅子于右目，重五铢，其形曲。盖铁经火而柔，深入郤窾，故随之倨句也。司马具武略，以御寇受巨创，亦无以上闻者。然眇一目矣。子名琪，即花农侍郎也，以文学著称于时。

张忠武剿粤寇

高要张忠武公国梁既投诚于官军，赏千总衔，从勦（同"剿"）粤寇。尝奉湘抚檄，以二百人破寇数万于新宁州。咸丰壬子三月，破寇于道州蛇皮岭，克永安州，追寇至长沙南路新开铺。寇窜湖北，复追剿至武昌，破洪山寺垒。

张之立功自保桂林始，后逐寇楚南北，直抵江宁，与向荣相倚如左右手。寇聚太平，向问诸将孰敢往取贼巢，无应者。张慨然上马行，所部五百人从之。寇大惊，弃城走。张徐按辔入，市不改肆，归报往返，仅七日也。军中唱凯歌曰："张国梁走马取太平，前后奏捷。"旋率师渡江取浦口及江浦县城，往返亦不及二旬。丙辰五月，九华山之师溃，他帅死，诸将拥兵观望，大势几不支。于是向奏请以张总统南北诸军。旬日间，招集流亡，立解金坛之围。朝廷嘉之，始拜钦差帮办军务之命。嗣此乘胜克复句容、镇江，进捣秣陵关，驰往江北，复扬州、仪征。又渡江围江宁，城外寇营筑长濠以困之。经画数年，破寇形势已在掌握，而九洑洲正当寇冲，亦为官军所据矣。

僧格林沁与英法人战于大沽

咸丰丁巳冬十一月，英人、法人据广州，执总督叶名琛。其注意在改约章、索偿款、增商埠，自谓据城为质，必可如其所请也。总督黄宗汉退驻惠州，既不激励兵练，筹克会城，又不与英使会议立约退师事。英使额尔金久不得我要领，乃纠法、美二国，驶兵船北上。

戊午夏四月，骤至大沽海口，大沽绿营兵见敌船，即惊溃。英、法兵踞南北岸炮台，直隶总督谭廷襄、提督张殿元等皆以疏防获罪。敌兵以大小轮船七，暨舢板船，驶入内河，直薄天津。

额尔金等照会内阁，谓此来非用兵，盖欲修好，请面见天子，诉其事。文宗特遣侍郎衔耆英谕止之，不听。遂命科尔沁亲王僧格林沁以钦差大臣视师通州，遣大学士桂良、尚书花沙纳往议和约。英人多索偿款及商埠，许之恐伤国体，拒之虑挑强敌，乃以两江总督何桂清兼通商大臣，特派杜良、花沙纳驰赴上海，会同桂清先与英人商定税则，再议约章。六月，英、法、美三国兵船退。

秋七月，僧移军海口，筑大沽北塘营炮台，购巨炮，分布要害。檄州县伐大木，输之海壖，植丛桩水底，以御汽船。奏请调吉林、黑龙江、察哈尔及蒙古两盟马队，前后赴军者可五千骑。己未春三月朔，怡亲王载垣赴天津，察勘海防。桂良等在上海与额尔金商定税则，额遣其弟卜鲁士率兵船北驶，声言将入京换约，桂良等告以大沽设防，当进自北塘。夏五月庚寅，卜鲁士至拦江沙外。壬辰，遣其兵船闯入大沽海口，先觇形势，僧故羸师以张之。癸巳，兵船十七艘驶进鸡心滩，用炸炮摧断铁链。甲午，鼓轮直进，毁我防具，树红旗促战。直隶总督恒福派员持天津道照会，告以桂已由上海驰还，请移驻北塘口外，静候换约，否则暂令换约官数人，由北塘至天津。英人不受照会，开炮击炮台，分遣步队登岸。僧督军鏖战，戒炮台同时开炮，沉毁数船，击杀登岸敌兵数百，生擒二人，英领队官伤股而殒。兵轮入内河者皆中炮，不能驶，惟一艘遁至拦江沙外。

付款是役也，英人狃于往岁海口之无备，且窥见台中炮力轻弱，未知我增置大炮也，贸然轻进。迨我炮击坏数船，洋兵相顾愕眙，心手瞀乱，海潮方上，易进难退，仓卒不能出口。而我台瞭击敌船，蔑不中者，是以获捷。英船未入口者，留驻大沽以南，分向旅顺、威海卫、大连湾、大孤山，游泊测绘，皆海口形胜也。或在此购煤、汲淡水，转若为济寇后路焉。疆吏营将闻之憆（古同“瞠”）然，咸谓：“荒岛无足扞者。”会英船粮且尽，始悉南驶。

当英兵开战时，美使华若翰由北塘登岸，诣京师，呈递国书，款以优礼，换约而返。华洋巨商知英人耻其败挫，必兴师报复，惧妨互市也，自议集捐白金二百万两输偿英饷，沮其再举。于是英使、法使牒通商大臣何桂清，谓若事事遵戊午原约，即罢兵。杜清入告，得旨：“卜鲁士辄率兵船，毁我海口防具，首先背约。损兵折将，实由自取，并非我国失信。所有戊午议和条款，概作罢论。若彼自知悔悟，必于前议条款内，择道光年间曾有之事无碍大体者，通融办理。令其有以回报本国，仍在上海定议，不得率行北来。倘再有兵船驶入拦江沙，必痛加攻剿，毋贻后悔。”是时廷议以获胜之后，欲改前约，冀英、法二国或就范围也。然犹申戒疆臣帅臣，不得见敌辄先开炮，致碍和局。又命留北塘一口，为便使议和地。

北塘用帑百余万金，仅成南北三炮台。会有言宜纵寇登岸击之者，僧心韪其说。旋奉旨撤北塘之备，退就大沽营城，移其巨炮，置大沽南北岸炮台。营城距北塘陆路三十七里，水路七十里，议者谓御寇不于藩垣而于堂奥，失计已甚。北塘绅士御史陈鸿翊密疏争于朝，不听。翰林院编修郭嵩焘时在幕府，力争之。僧狃于大沽之捷，谓：“彼以船来，不能多携马队。俟其登岸，以劲骑蹙之，可必胜。洋兵伎俩，我所深知，何足惧哉!”嵩焘以议论不合，遂辞去。

庚申夏，英将额尔金、法将噶罗，率轮船凡百艘入寇，复至大沽口，诇我设备，严惩前败，不敢阑入。徐窥北塘之弛防也，六月丁丑，英、法马步队各挽炮车登岸，先据炮台，官军犹意其来换约，不之御也。大吏派员持照会，请其使臣入都换约，不应。僧整军以出，所部马队已调赴他军，不满五千，合京旗步队几万人。英军马步可一万，法军八千。壬午，敌船由北塘进内港，我军驰往扼之。适潮缩，船不能动，高悬白旗，示欲议和状。我军信之，不敢纵击。比潮长，敌兵出不意，薄我师，我师被挫。敌兵由北而南，将逼大沽，抵新河，我军御之。敌兵先以七百人出战，僧瞯其寡也，麾劲骑驰之，敌兵退。乘势蹴之，敌兵各执一枪，精利无前，数十步外，即不能近。俄而七百人为一字阵，每人相去数十步，阵长数里，渐围渐迫，我军不能退。突围欲出，敌兵发枪无不中，我军纷纷由马上颠陨。戊子，败绩于新河。收合马队，出者七人而已。退保唐儿沽，英、法军张甚，出全队攻军粮城，又攻副都统德兴阿之营于新河，皆陷之。

敌船由北塘分向大沽，驾大炮拟我炮台以扼我前，步骑踞新河以蹑我后，大沽炮台益危，炮穴外向，不能反击。庚寅，我军复退，敌兵进踞唐儿沽。辛卯，奉朱谕云："僧格林沁握手言别，倏逾半载。大沽两岸正在危急，谅汝忧心如焚。天下根本，不在海口，实在京师，稍有挫失，须退守津郡。自北而南，迎头截剿，万不可寄身命于炮台，以国家依赖之身，与丑夷拚命，太不值矣。南北岸炮台，须择大员代为防守。汝身为统帅，固难擅自离营，今有特旨，非汝畏葸。若不念大局，只了一身之计，殊负朕心。握管凄怆，谆谆特谕，汝其懔遵。"

壬辰，特派侍郎文俊、武备院卿恒祺驰往北塘海口，伴送英、法二国使臣入都换约。

秋七月癸巳朔，命大学士瑞麟、尚书伊勒东阿防通州。丁酉黎明，敌兵攻大沽北岸石缝炮台，一开花弹焱入火药库，炮台失陷，提督乐善死之，惟南炮台尚存。僧念屡挫之后，精锐伤亡，南炮台孤立难持久，适奉密旨退防后路，乃撤营城及南炮台防兵，次于通州之张家湾，与瑞麟军相依护。庚子，以疏防故夺三眼花翎、领侍卫内大臣、镶黄旗满洲都统。敌兵至天津，会和议屡不就，遂逼通州。八月戊辰，光禄寺卿胜保率偏师邀战于八里桥，胜保红顶黄褂，骋而督战，瑞麟军宵溃。僧军朝阳门外。

己巳，文宗以秋狝巡幸热河，敌兵纵火燔圆明园。甲申，僧军亦溃。闻恭亲王在长新店，与瑞麟等皆往从之。英、法按军郭外，欲邀恭主和议。恭用恒祺居间排解，往复关说甚苦，浃两旬，和约始定。九月壬寅，暨英人法人平。

当是时，曾文正公国藩督师祁门，胡文忠公林翼驻军太湖，进剿粤寇，相持甚急。闻变，合疏奏请于两人中简派一人，率精兵万人入援。会和议成，不果行。英、法军以海口封冻为虞，皆于初冬退去。

叶名琛剿粤寇

道光己酉，新嘉坡陈正成设三合会支部于厦门，命名曰“匕首会”，入会者数千人。咸丰癸丑，闽省官吏以强夺豪富黄姓之财，匕首会首黄威庇之，率二千余人起事。队长多新嘉坡侨民，夺厦门附近二镇，附者至八千。遂进据厦门，威乃自称明军指挥官，盛抗官军，卒以粮饷药弹不足，启城议款。明军去，官军入城市劫掠，杀戮及童稚，刀钝而不血，则缚数人投之河，英领事通牒劝止亦无效。乃以两军舰泊香港，若将强制者。于是洋场及船埠四周俱免于祸，余地则有一日斩杀至二千人以上者。

匕首会陷厦门时，上海亦有三合会起事。时广东、福建两省人之在上海者十四万人，多三合会员。广东人刘丽川、福建人陈阿连等，群谋袭上海城。事未发，为地方官侦知，捕粤、闽头目七八人。粤、闽人乃益怒，致书地方官诘责。地方官大骇愕，返而谢之。其月二十日，祭孔子庙，黎明，丽川、阿连等六百余人潜匿北门外，待启城，即突袭县署，迫上海知县袁某缴印。袁骂曰：“印为天子所赐，汝欲印者，先取吾头！”丽川党人大叱，斩之。众因围道署，城中鼎沸。官吏指挥守兵放大炮，众仍不退。胁苏松太道吴健章缴印，吴解绶与之，丽川取其印，缚健章，夺道库银无算，城亦陷。时其党悉以红巾为号，因称为“红头贼”。后数日，丽川、阿连等欲杀健章而未决，众议大哗。驻沪美总领事麦辖尔闻之，邀丽川，以吴付之，丽川不许。然有二洋人潜诱健章，自西门缒城逸，匿麦辖尔所。丽川大怒，将攻租界，租界防益严。镇江官军至上海，营跑马场。时或嘲弄洋人而殴辱之，于是驻沪各领事请于江督何桂清，欲移跑马场驻营。桂清犹豫未决，各领事又致书，令速移营，否则将以兵力夺取。时英、美军舰之在上海者各一艘，合租界所有洋兵得三百余人，戒严以待。桂清以为仇洋人，则洋人必恶我而助敌，转而攻我，则沪城胡以复？遂自至租界谢罪于洋人。时官军集上海者万余，借洋人之力以断粮道，复向城中炮击。丽川闻洋兵之助官军也，率死党百余人犯围遁。

道光庚戌，三合会蜂起两广各地，见洪秀全胜，气益张。咸丰甲寅，举广东各州及广西全省，皆叛乱。其年，陷广东之肇庆、佛山、东莞各地。自此官军与三合军显有别。而官军之运饷羊城，转藉外人之助，悬外国旗，即能安然过三合军之炮台与军舰焉。

咸丰甲寅十一月，广东豪商某备大舰，运兵至佛山，与三合会战。三合军大胜，获官军之弁四五十人，兵五百人，悉杀之。后又战于珠江，即以此舰队破军舰四十四艘。

广东总督叶名琛之镇慑三合会，为法至严。然两广、江西、福建诸省尚时时暴起。方英、法同盟军之占广东也，粤寇石达开自湖南进兵广西，欲攻据桂林。三合会乘之，咸丰戊午，陈清康率军数千会集于广东之北，隐有占领广东之计，待同盟军一退，即起事。适攻击桂林之粤寇遇精锐之官军，突围逃广东，更于中途胁从诸无赖，加以三合军，势遂益盛，其主力军乃再向广西进发。

至是，而官军乃径向三合军攻击，并用贿通悬赏等法，潜约三合会副统领陈政及诸头目，谋杀其统领陈清康，率众降。陈政斩之，官军大胜，并捕内应之三合会党羽二千以上，斩杀之。

何桂清委苏常于粤寇

两江总督何桂清，字根云，尝督学江苏。值粤寇俶扰江南北，颇属幕客草疏陈兵事，纠劾疆吏之退缩偾事者，持论多侃侃。文宗奇其才，改简浙江巡抚，年未四十也。抚浙数年，通判徐征忮其同官王有龄之骤迁道员，讦告巡抚奖荐不公。何奏陈颠末，语稍亢激，天子责之，引疾罢归。已首途矣，适阙两江总督，上语军机大臣："此官以筹饷为命脉，孰能胜任者？"大学士彭蕴章奏称："何桂清在浙江，饷徽州全军数万人，未尝阙乏。"上韪其言，授两江总督。彭故与何同年进士，何颇谨事之。何复力荐王有龄筹饷精敏，擢江苏布政使。

未几，帮办军务提督张忠武公国梁攻克镇江，何以筹饷功，加太子少保。咸丰庚申春正月，张总统诸军攻克九洑洲，何又以筹饷功加太子太保。当是时，何渥承眷倚，慷慨谈兵，声誉翔洽，与湖北巡抚胡文忠公林翼相上下，时称为"何胡两宫保"。

张既克九洑洲，进克上关、下关，遂与钦差大臣江宁将军忠壮公和春，浚濠筑垒，为长围以困金陵。洪秀全告急于江北、皖南诸巨酋陈玉成、李世贤、杨辅清、李秀成等，秀成欲杀官军之势，与其党谋曰："官军精锐，悉萃金陵，其饷源在苏杭。今金陵城外长濠已成，官军内围外御，张国梁又嚄唶善战，攻之，难得志。不如轻兵从间道疾捣杭州，杭州危，苏州亦必震动。金陵大营惧我绝其饷源，必分师奔命以救之。我瞯大营虚弱，还军急击，进陷大营，则苏杭皆我有也。"乃自率悍众千余，袭破泾县防军，遂陷旌德。二月戊戌，进陷广德，攻陷四安防营，总兵李定泰跳而遁，寇由安吉、武康犯杭州，诸路同时告警。上命和春兼督浙江军务，提督张玉良总统援浙诸军，分大营兵勇五之二以畀之。玉良过苏州，布政使王有龄留之二日，俾阅城垣。壬戌，陷杭州。三月丁卯，玉良兵至杭州，与将军瑞昌内外夹击，寇宵遁，官军追复临安、孝丰、安吉等城。何奏称玉良受有龄密计，攻复杭州，上擢有龄巡抚浙江。

己卯，和春遣总兵熊天喜、曾秉忠率水陆军攻复长兴，寇诇知大营留兵愈单，由浙风驰而西，陈、李、杨诸酋各挟全部先后麇至，大会于东坝。己酉，攻建平及东坝，皆陷之。进陷溧阳，围金坛。

先是，金陵大营兵勇七八万人，月支饷银五十万两，皆取办于苏、松、常、太及浙江之杭、嘉、湖、宁、绍诸郡。两江总督驻常州，专主饷事，故能撑持八年之久。及和、张至，益募壮勇，增筑长围，需饷有加。浙江告警，大营分兵驰救，骤加行费，浙自顾不遑，饷亦不继。粮台收款骤绌，月短二三十万金。何驰书告和、张，请自后阅四十五日发一月饷。是时顿兵日久，将卒虽习战事，实已骄佚，酗酒狎妓，酣嬉无度，月支足饷，尚不敷用，及骤闻减饷事，则怅怅如有失。翼长提督王浚为和所倚，把持军政，藉势侵克，众情蓄憾，互相传播，谓“寇若来攻，吾辈坚勿出战，任大帅、翼长自为之”。寇欲图大营，诡若将向苏、常者，以縻官军，遣别队由溧阳逼宜兴，进躏武进之夏溪隍里埠，烽火去常州四十里。王有龄将之杭州，己丑，如常州议兵饷事，何奏令会办军务。

庚寅，有龄调驻苏之威武振军一千人至。辛卯，副将周天孚由浙江率数营至；大营新募潮勇数千，亦至自浙江。和先后调防守扬州之总兵马德昭，及援浙之参将罗希贤，各以兵三千往援金坛。何檄令德昭等援常州，遣天孚及潮勇往金坛。寇俱退出武进界，尽趋金坛。闰三月丁酉，攻陷句容。自是大营后路断矣。

戊戌，张玉良全军至常州，中途迭接何檄，调援大营。及抵常州，和连驰羽书令箭调之。何曰："彼不知我欲守常州邪?"留不遣。和复调德昭往援，亦不许。己亥，罗希贤一军自宜兴至。庚子，熊天喜一军自广德至。前后至郡兵勇二万数千人。王有龄莅官浙江，何如失左右手。有龄由驿日发一书，为何规画甚备，戒勿离常州一步。时常州无寇，何飞章报捷，奏陈常、镇军情，凡常州、宜兴、镇江、丹阳、金坛为路凡五，需兵若干，统归张玉良节制。自任力保苏、常，其意在拥众自卫，盖已置金陵大营于度外矣。

辛丑，寇至金陵城外，进瞷大营，大半多空垒，环攻横突，死咋不退。张激励将士，搏战七昼夜，寇来益众，饷又不继，外无援应，诸军能战者多留驻常州，九檄而不至。戊申，甚雨雷电以风，大雪厚尺余，寒甚，人多僵冻。兵勇连日噪至王浚帐下，索饷不得，则肆掠通衢，将吏不能诘。己酉夜，诸营火起，王浚部下先遁，和部下继之，全军遂溃。和及帮办军务光禄寺卿许乃钊、翼长王浚等狼狈走镇江，委弃饷银、锅帐、军械无算。

张部众尚未动，闻和退，顿足叹曰："八年心力，堕于一旦!"愤而欲自裁，部将苦止之。明日，乃自殿其师，徐退至镇江，寇不敢逼。何恐和、张劾己也，亟致书慰劳，请移守丹阳。和先至丹阳，遣熊天喜进营白埦。张招集溃众，越二日，统一万三千人抵丹阳，俾总兵冯子材以万二千人守镇江。张玉良自常州城西南五里袤至西北，结二十营。何奏称"丹阳以上军务，和春、张国梁主之；常州军务，臣与张玉良主之。俟布置稍定，进围溧阳"，实皆空言也。何趣和、张进援金坛，新败之后，士气不振，未及休养，寇已由金坛之珥村，绕出丹阳南路。德昭迎剿于奔牛，寇趋吕城，隔绝常州、丹阳大道。熊天喜军溃于白埦，自杀。癸亥，李秀成率众十万至丹阳，惮张威名，未敢轻进，步步为营，以造城下。张开南门出战，秀成望见徽帜，人马辟易。既溃复集之军，以连日索锅帐军械于常州，不能得，复大溃。寇按兵未动，张挥亲军奋驰鏖战，溃卒塞途，蔽隔不得前。寇涸入溃卒中狙击张，创甚，犹手刃数人，跃马入尹公桥下，死之。

明日，和、许以十二骑奔常州。何闻丹阳失守，大惊。总理粮台前按察使查文经希何意，挈诸司道薛焕、王朝纶、英禄，联衔禀请退保苏州。何得禀大喜，即拜疏言和春已至常州，军务仍归督办。臣即驻苏州，筹饷接济。绅民耆老数百人，即夕执香赴辕门，请留常。文经谕之不解，执鞭之士出抶之，犹不退。何怒，遽令开枪纵击，死者十九人。

先是，何密遣亲军护送其父及二妾至通州，特张榜，禁迁徙，并派兵严查诸门。绅民曰："彼置吾辈死地，自示不走，无非便其独走之私。毋宁留之，俾与吾辈同死。"四月乙丑朔，绅民复相聚遮留，声势益汹汹。何惧，微服由间道脱走。步行出东门上马，遇知府平翰在城外巡徼，疑其追己也，手枪拟翰以吓之。翰退避，乃怒马绝尘驰去，从者待十里外，檥舟运河之麋(通"湄")，遂率亲兵五百赴苏州。文经以护运饷银为辞，先一日登舟去，城中文武皆奔散。

诸军闻总督已走，宵熸，悉奔苏杭，纵火劫杀，为寇前导。张玉良尚在城外，为守御计，先燔附城民屋，军士因肆剽掠，丹阳溃兵继之，寇踵至。丁卯，玉良赴西路，遇寇接战，寇分队由间道来袭，城守营兵叛应之。玉良率余兵退营无锡之高桥。城外民屋被焚者，既无可居，皆入城助守。粮台尚存银七十四万两，米盐薪油杂货称是。绅士中一举人、一医士，倡议拥通判诺穆欢布为城主，苦守数日。庚午，常州陷，诺及二绅死之。绅民遭屠戮者尤众，以何禁迁徙故也。

何至苏州，巡抚徐庄愍公有壬不纳，下令从总督者，毋许一人入城。遂劾何弃城丧师暨亲兵在道焚掠状，奉旨革职，拏解来京审讯。何次于浒墅关，和亦由常州奔至，自杀。何走常熟，绅民递禀牍，谓常熟小邑，不足烦督府亲驻，请免税驾以召寇。何告以亲兵乏饷，绅民致饷银千两，赆仪二百两，约无逗遛。檥舟三日，宣言当借洋兵，遂之上海。

甲戌，张玉良御寇于高桥，会合宜兴守将刘季三退来之兵，苦战一昼夜，兵败复振，寇由间道绕出九龙山之西，袭陷无锡。玉良前后受敌，收余众退至苏州。苏州兵饷皆被何征入常州，稍有存者，有龄又挟以赴浙。徐以抚标兵不可用，俾玉良入城助守，溃兵复为内应。丁丑，苏州陷，徐死之，玉良奔杭州。

何奏称和春溘逝，兵勇解体，大局摇动，非臣书生所能支持。得旨："平时侈谈彼短，一旦决裂，不知认罪，犹以书生自居，可叹可恨！殊有愧书生二字。"

寇既据苏、常，分党长驱，数月间，连陷太仓、松江、嘉兴诸州郡及杭、湖属县，惟镇江、上海两城孤悬贼中。越一年，浙江全境遂沦于寇矣。

何既失苏、常，时议皆主以曾文正公国藩任江督，而近臣不欲也。肃顺语王闿运，谓当时入对，力言江督非曾不可。而汉军机大臣匡源则奏称："今日江南糜烂，非独何桂清一人之咎，何既不能定乱，即曾亦必不能定乱。然何较曾尚明练，宜留任以观后效。"上颔之。遂罢易帅之议，而责何以恢复。既而言者争论不已，始命曾开府于东流焉。

胜保胜英法人于八里桥

咸丰庚申，僧格林沁与英、法人战于八里桥，西兵麇集，战不利，大沽失守，近逼北塘。其地距通州八里，西兵长驱而入。至桥，胜扼之，炮弹破马腹，颔受微伤，易马与战，卒败之。厥后和议易成，未始非胜一战小胜之力也。胜至京，裹创入见，文宗尝奖之曰："忠勇性成，赤心报国。"

李义堂胜粤寇于独圩

李义堂，松江人。膂力过人，世业打鸟，故枪术绝佳。咸丰庚申夏，粤寇据松江，乡堡大半遭抢掠，义堂乃召集数百人，于村之四周列栅设阱为守御计，并练集善枪术者百人为先锋队。邻近之五库西旺村、城隍村等处人民闻之，均望风响应。俟之十余日，而寇始至打笙土大东之李塔汇镇。义堂命侦者往探虚实，知寇在李塔汇淫掠妇女，乃率众持鸟枪以争先，和者几万人，咸执梃从之。至李塔汇西之独圩，与寇遇，众气方盛，寇望风遁。义堂乘隙环攻，多夷伤。稍后者，均为村民所杀。骑马之酋亦被枪，中要害，踣地而毙。割其首，号令营中。李塔汇镇之寇自此相戒，不敢再至西乡一步。

冯婉贞胜英人于谢庄

咸丰庚申，英、法联军自海入侵，京洛骚然。距圆明园十里，有邨曰谢庄，环邨居者皆猎户。中有鲁人冯三保者，精技击。女婉贞，年十九，姿容妙曼，自幼好武术，习无不精。是年，谢庄办团，以三保勇而多艺，推为长。筑石砦土堡于要隘，树帜曰“谢庄团练冯”。一日晌午，谍报敌骑至，旋见一白酋督印度卒约百人，英将也，驰而前。三保戒团众装药实弹，毋妄发，曰：“此劲敌也，度不中而轻发，徒糜弹药，无益吾事。慎之!”

时敌军已近砦，枪声隆然，砦中人蜷伏不少动。既而敌行益迩，三保见敌势可乘，急挥帜，曰：“开伙!”开伙者，军中发枪之号也。于是众枪齐发，敌人纷堕如落叶。及敌枪再击，砦中人又骛〔鹜〕伏矣，盖藉砦墙为蔽也。攻一时，敌退，三保亦自喜。婉贞独戚然曰：“小敌去，大敌来矣！设以炮至，吾邨不齑粉乎?”三保瞿然曰：“何以为计?”婉贞曰：“西人长火器而短技击，火器利袭远，技击利巷战。吾邨十里皆平原，而与之竞火器，其何能胜？莫如以吾所长，攻敌所短。操刀挟盾，猱进鸷击，徼天之幸，或能免乎。”三保曰：“悉吾邨之众，精技击者不过百人。以区区百人，投身大敌，与之扑斗，何异以孤羊投群狼？小女子毋多谈!”婉贞微叹曰：“吾邨亡无日矣！吾必尽吾力以拯吾邨！拯吾邨，即以卫吾父。”于是集谢庄少年之精技击者而诏之曰："与其坐而待亡，孰若起而拯之？诸君无意则已，诸君而有意，瞻予马首可也。"众皆感奋。

婉贞于是率诸少年结束而出，皆玄衣白刃，剽疾如猿猴。去村四里有森林，阴翳蔽日，伏焉。未几，敌兵果舁炮至，盖五六百人也。挟刃奋起，率众袭之。敌出不意，大惊扰，以枪上刺刀相搏击，而便捷猛鸷终弗逮。婉贞挥刀奋斫，所当无不披靡，敌乃纷退。婉贞大呼曰："诸君，敌人远吾，欲以火器困吾也！急逐弗失。"于是众人竭力挠之，彼此错杂，纷纭挐斗，敌枪终不能发。日暮，所击杀者无虑百十人，敌弃炮仓皇遁，谢庄遂安。

胡文忠多忠勇复安庆

粤寇久扰东南，至安庆克复，为东南一大转机。曾文正公报捷疏，推胡文忠公林翼之谋、多忠勇公隆阿之勇，洵为定论。其注意不撤安庆之围，则同一老谋深算。虽值淀园之变、汉黄之警，而仍坚持如故，所谓"智深勇沉"者此也。

胡文忠之注重安庆，左文襄公宗棠之注重衢州，李文忠公鸿章之注重上海，皆谋之于豫、持之以恒，卒皆收其全功。若枝枝节节为之，如向荣、张国梁之在金陵，终归一败而已。

蒋果敏平广西粤寇

咸丰末造，粤寇围广西省城者三年有余，与广东、湖南音问阻绝，饷道不通，省城数十里以外，皆寇也。适蒋果敏公益澧以候选知府为罗忠节公泽南营官，中道散去，劳文毅公崇光招之，赴粤西。蒋谓立功后，必保至实缺按察使。所需粮械，毋稍缺乏，然后愿行。文毅许之。蒋乃募楚勇三千人，入粤击平群寇，克复诸府县城，楚粤之路始通。

僧格林沁与捻战

同治壬戌，穆宗特命忠亲王僧格林沁以全力剿捻。捻，"捏"

也。不逞之徒聚捏成队，故曰“捻子”，蔓延于苏、皖、豫、鲁、鄂，党众且悍。袁甲三、胜保曾剿而无功，故命以全力剿之也。既而追捻寇于光、黄、汝、邓之间，多山谷沮洳，骑不得骋，累中捻伏，丧其良将恒龄、舒通额、苏克金等。王益愤，日夜逴一二百里，宿不入馆，衣不解带，席地而寝。天未明，传爨毕，士皆橐糗糒，王手一鞭，上马猋驰。一日，王先其大军，自率亲兵数千，与捻十余万夹水而营。捻久怖追军，无所掠食，足皆肿裂不能行。会薄暮，未测官军虚实，愿就抚。陈提督国瑞为之关说，有成议矣。捻先遣二渠来谒，王见之怒甚，语未半，趣命斮之。寇众大惊，皆散走，迸入山东境，王益疾追。当是时，官军与捻皆重趼羸饿，环寒暑不能息，势且俱踣。捻扬言王少宽我即降，则其窘迫可知矣。

易佩绅转战数千里

咸、同间，粤寇发难，龙阳易佩绅以书生率新募卒二千余人，（时湘抚骆秉章入蜀督师，易居幕中，旋奉命募湘军二千人入蜀。）转战数千里，破寇数十万。当道负军饷二十余万，若在他人，早兵变被戕矣，而易持之以坚忍，结之以恩信，崎岖困阨，非人所经。忌之者复龄龁百端，使不能行其志，皆不以为意。其在军中，有诗云：“本来面目无人识，错把孙吴作颂扬。”又云：“几回杀贼翻流涕，贼亦苍生大可怜。”撤军后，又有句云：“未受人怜斯是福，能容我退即为恩。”又云：“兵事易言原有戒，书生轻出自无功。”亦可想见其襟怀矣。

邓仁堃父子与粤寇战

邓仁堃，武冈人，官江西按察使。咸、同间东南用兵，文武著闻。以矫援赣州，失督师旨，假事劾罢。子绎，字保之，秉承家学，少好论兵。壮而遘乱，湘阴左文襄公宗棠督师浙、闽，奏辟营务，从征嘉应，收全功。

林夫人乞援保广信

沈文肃公葆桢尝守广信，粤寇至，城被围。夫人林氏，文忠公女也，尝贻书饶廷选乞援，以保府城。书云：

将军漳江战绩，啧啧人口，里曲妇孺，莫不知有饶公矣！此将军以援师得名于天下者也。此间太守闻吉安失守之信，豫备城守，偕廉侍郎往河口筹饷招募，但为时已迫，招募恐无及。纵仓卒得募，恐反驱市人而使战，尤所难也。顷来探报，知贵溪又于昨日不守，人心皇皇，吏民商贾，迁徙一空，署中僮仆纷纷告去。死守之义，不足以责此辈，只得听之。氏则倚剑与井为命而已。太守明早归郡，夫妇二人荷国厚恩，不得藉手以报，徒死负咎，将军闻之，能无心恻乎？将军以浙军驻玉山，固浙防也。广信为玉山屏障，贼得广信，乘胜以抵玉山，孙吴不能为谋，贲育不能为守，衢、严一带，恐不可问。全广信即以保玉山，不待智者而后辨之，浙大吏不能以越境咎将军也。先宫保文忠公奉诏出师，中道赍志，至今以为深痛。今得死此，为厉杀贼，在天之灵，实式凭之。乡间士民不喻其心，以舆来迎，赴封禁山避贼，指剑与井示之，皆泣而去。太守明晨得饷归后，当再专牍奉迓。得拔队确音，当执爨以犒前部。敢对使百拜，为七邑生灵请命。昔睢阳婴城，许远亦以不朽，太守忠肝铁石，固将军不吝与同传者也。否则贺兰之师，千秋同恨。惟将军择利而行之。刺血陈书，愿闻明命。

江苏官绅乞师剿粤寇

同治壬戌，淮军之赴上海也，由江苏官绅至安庆陈乞，备极哀恳。倡其议者，官为吴煦、吴云、应宝时，绅为冯桂芬、顾文彬、潘曾玮，而庞钟璐主之，以书陈于曾文正公。

时江南为粤寇悍党所据，惟上海独存。上海故无备，而外又无援，文正甫克安庆，将东援吴越，无暇顾上海，沿途寇卡星布，兵亦不能达。上海官绅集议，求可以如皖乞师者，难其人。文正年家子钱鼎铭毅然请行，赍书抵安庆，谒文正，极言东南数十万生灵待拯状。且言上海为商埠，华洋货物充牣，一旦资寇，则全吴无收复机。文正虑地僻，孤军深入，且无援。鼎铭力陈形便，继以痛哭。文正许之，命李文忠公鸿章以淮勇移驻上海。鼎铭谋之吴人，僦洋舶五艘来迎，抵黄浦，人心始定。

俄而寇大至，四面环攻。李迭创寇魁，与文正及左文襄三路夹攻，名城渐次收复，全省肃清。

方其乞师也，苏抚薛焕遣将募楚勇一万二千人，将东旋，文正虑所募皆各营散卒，徒糜军饷，命鼎铭往截散之。鼎铭行，遇于汉口，简所募九百人归，无哗者。文正大奇之，移师之议乃决。

粤寇平，撤淮军，北剿捻，文忠日夜逐贼不得息。鼎铭驻清江，主转运，迄事平，饷无误。文正旋荐鼎铭可大用，文忠亦力言之，遂移大顺广道，擢按察，迁布政。又二年，而河南巡抚之命遂下。既抵任，以绿营兵弱，请加饷练兵，行之有效，各省推而行之。

或曰，文忠东下，鼎铭采办军米，督治后路转运，洊保道员，皆由乞师基之。其由道员而至豫抚，则曾文正所保。文正初不甚知鼎铭，及移督直隶，过清江，鼎铭在转运局迎送，先后历十余日，官厨供应而外，日备精馔三五器，文正颇以为甘。既辞，复进，流涕再三，述举贤平吴之德，文正大感动，以为谊切如此，必有忠诚报国。适奏调两江官绅，为直隶仕途矜式，举钱首列，未及五年而开府矣。

李文忠败粤寇于上海

苏、杭之陷于粤寇也，两省绅民麕聚上海，恃西人为之护持，寇在咫尺而不敢偪。薛焕以巡抚兼通商大臣，所任僚吏皆工趋避、媚耳目者，军事殆不可问。知府李庆琛为统将，部兵数千，皆衣锦绣、排刀斧，出入自耀，有同优孟。淮军入境，则芒鞋短衣布帕，皆笑指为丐。然李文忠公意气甚盛，不受薛节制。初以敌体相见，薛不能耐，与李庆琛定计，乘淮军未动，先复一二城，以夺其气。益募至万余人，剿寇太仓，不二日，全军覆没，李走死。寇穷追至上海，西人论和而退。

当警报之四至也，薛乞援于文忠。文忠报以奉旨保城，不与战事。寇既大集，亦登陴固守，寇遂漠然视之。已而薛内召，文忠兼代其任。寇大举围营，文忠与程忠烈公学启计，分两路，迎伏以战，大败之于上海之虹桥，连克嘉定、宝山，寇狂走昆山而逃。军声彪起，收队时，西人相顾，至以拇指示之。嗣又有七宝之捷，四江口之捷。于是各营增军，分道以收浦东，而寇之迎降者络绎不绝矣。

文忠于虹桥战时，坐胡床督战。寇氛甚恶，张遇春败回。及桥，文忠顾左右取其首，遇春驰马反趣寇，各营皆奋勇直前不可当。而忠烈所部绕寇后，冲入寇阵，截为二，遂获全功。

是役也，寇数近十万，淮军留守坐营外，不过数千人出队耳。自余战事，不甚关全局，惟常州守寇极悍，破城后，巷战尤亟，兵将伤亡者颇多。

朱氏败粤寇于龙华镇

南汇朱祥保精技击，鬻拳为生。女能传其学，能舞双刀，开六石弓。及长，而侍固始刘松平中丞为篷室。刘性任侠，亦善拳棒。初，以进士令上海，同治壬戌冬，粤寇扰沪，女骑而出，率亲兵，与战于龙华镇，杀数十人，寇因之稍挫。乘骑忽蹶，女遂阵亡。

李文忠督水师攻粤寇

李文忠公鸿章平粤寇之时，尝偕幕友督率水师进攻。自坐长龙舢板，幕友三四环列左右。闻红旗报捷，即顾幕友曰："伙计，咱们搞啊！"（搞，作也。）幕友即吮毫伸纸，立成奏摺。及收军登岸，则炮声隆隆，已拜疏矣。

僧格林沁平苗沛霖

咸丰癸丑春正月壬戌，粤寇东窜，安庆不守，江北州县日夕数惊，盗蠭起。朝廷起前湖广总督周天爵于田间，督办团练，摄抚事。乃奏改庐州为行省，行坚壁清野法。政尚猛厉，奸宄慑伏。九月丁巳，薨于颍州行营，兵科给事中袁甲三代之，营军临淮。乙卯三月，袁被劾去，捻寇龚得等拥张洛行为盟主，踞雉河，四出蹂躏，境荡为墟，而苗沛霖遂萌孽其间。

沛霖，字雨三，凤台武家集人。世为农，门单，乡里弗之重。年三十，补弟子员。性猜忌，习贫攻苦，沉鸷有谋。丙辰春正月，洛行掠下蔡，沛霖避之寿州，郁郁寡合。四月，归武集，偕同邑徐立壮、怀远邹兆元收辑散亡，筑三寨，分五旗，积刍粮，明号令，自号义兵。是冬，以三百人败龚、张数万人于蒙城，由是四方响应。丁巳秋，胜保攻拔正阳关，袁以太仆卿起用，复来自亳，合军颍口。欲用沛霖以御捻，使某往说之，沛霖以众来归，俄剿捻蒙、亳。戊午正月，鄄圩捷闻，沛霖授知县，加五品衔，予孔雀翎。意不屑也。自是累击贼，积功至四川川北兵备道，赏巴图鲁名号，兼布政使衔。所居曰“苗家老寨”，练众佥呼之为“老先生”。

庚申秋八月，英、法内犯，文宗北狩热河，钦差大臣胜保留守京都，统勤王兵。巡抚翁同书请以沛霖赴通州，备调遣，已不果行。当是时，粤寇据庐州，捻寇据定远。官军溃而粤捻合，长淮骚动，沛霖隐有专利之心矣。

先一年秋，胜保由五河复怀远，檄沛霖规取临淮、凤阳。比合围，以忧去。袁擢漕督领其军，沛霖轻之。临凤既克，靳其功，愈怏怏不为用。

立壮、兆元二人始为沛霖所惧，势相埒。嗣沛霖计杀兆元，立壮不自安，益不相下。翁自定远退寿州，以立壮为腹心，表授永固副将。是年闰三月，率练五千，与参将马升平、副将于昌麟合营，北联临淮诸军，进逼定远。袁资以炮火，设围五阅月。庐州援捻麕至，马、于败亡，练溃，临淮军遁。捻围凤阳，犯寿州，沛霖咎立壮，毁其家，掘其墓。贻书吓胜、袁，胜、袁恐，寻劾立壮。继以练众噪饷，截粮艘，夺关税，袁奏请下蔡厘金赡其军。事甫定，而寿州之衅起。

寿为淮南重镇，凤台析焉，城小而地险，汉、回杂处。内区十八坊，坊设团长二人，非吏胥即无赖，阳尊孙家泰为首。家泰，寿州巨族也。

十一月朔，沛霖遣都司李学曾等七人往瓦埠，日晡过城，城团邀杀之。滃滃泚泚，举国沸腾。泰与团长蒙时中等急召立壮，以御沛霖。辛酉春正月，沛霖誓众下蔡，设七人位，哭三日。渡淮，总兵黄鸣铎迎击两河口失利，遂扰寿南，偪城而垒。翁解任未去，布政使贾臻署巡抚，帮办军务，驻颍州。家泰等因立壮以构葛牛、王鳌、黄廷远、戈名栋诸捻入城，沛霖亦由姚有志、孔提刚通于粤寇。

兵、练、粤、捻，内讧外哄，则有张学醇者，以调停之说进。学醇浙人，久从袁军。袁患风痹，不视事，倚学醇为左右手。学醇独左袒沛霖，博崇、武庆瑞、尹善廷三镇阴相附和。翁日怀去志，模棱唯诺。城中回民多漏师，于是赂捻首葛牛等，纵之去。褫家泰职，下之狱。四月壬申，下令逮立壮。巷战三日，并其党三百人戮之。六月甲子，家泰饮药死，学醇拘时中送于下蔡，冀平苗忿。粮罄民毙，而城围未解。

皂口里保王舟有材勇，曩随庐凤颍道金光击捻正阳，授外委，屡拒苗。寿南诸圩悉应，翁遣游击朱淮森、守备朱淮朋促舟赴援。八月庚申，舟进屯柏寨，使兄汝成、弟汝鸿夜袭周寨，径抵南关。使淮森、淮朋筑路营，输粮于城。苗营东西，舟营南北，击柝之声相闻。苗率众力争，淮朋兄弟弃营走，周寨路隔，舟更营鳌湖上，通东路水运。苗伐大木，立栅淠河要津，东道塞。舟又于苗营之西，自芍陂连营熨湖，潜通西路水运。苗亦自熨湖掘长濠，达东津渡，营垒衔接。舟势绌，间道南来，乞援于肥练。

合肥久稽捻，乡民争筑圩自卫，捻最惮者曰解先亮。圩据青阳之西，南接舒城，后为楚军乡道。其与之相角者，大灊山之刘圩，周公山之张圩，紫蓬山之周圩。推六绅李元华都转总练务，军队埠寺，以御捻为名，限保划段，纠众敛谷。既，英翰权县篆，主解圩，李与诸练首势不能容。英恃官威，李倚练众，日事抄掠。抚军檄某解之，李旋退归，英亦调任。值苗势日张，有志家于六，勾苗南来，守备赵春和为之助，纷纷趋附。诸练首为营窟计，觊觎英霍山寨，鼓行而西，破冈叉楼，讽人说知州邹笥入屯六安。

当是时，鄂抚胡文忠公驻黄州，江督曾文正公驻宿松，遣将东征，收潜、太，围怀、桐，捷音踵至，诸练首幡然思奋，遂援寿。九月庚子，会于三角寺。丙午，战于柏寨，不利，淮朋阵亡。汝成等乘雾自周寨冲出，城围益急。

袁知苗事不可复遏，恐获戾，始劾沛霖，令帮办军务江南提督降将李世忠，偕其子翰林侍读袁保恒耀兵怀远。某飞书保恒，克期并进。辛亥，世忠等舟师次石头埠，是夜，回民赵森保、都司柏灵锦、游击朱佩芬、千总吉玉成、外委朱淮朝，密约知州任春和盟于城南隅，导苗众，梯而登。壬子昧爽，南门开，沛霖入，戕泰及诸团长家。肥练回六，舟呕血死。

沛霖泥首于翁，痛哭请罪，散粟谲众，设公局，留红旗总李万春主之。自回老寨，分练众为十营：洞淄集吴正谊主之，曹家集朱品三主之，延陵集董志诚主之，太和诸砦杜维忠主之，肥河南砦邓季山主之，颜上诸砦杜朗主之，怀远诸砦张式端主之，霍丘诸砦汤贯金主之，三河尖则有潘四、朱兰馨，迎河集则有赵春和焉。于是袁、翁据寿州生员傅汝霖等联名环保，复为沛霖辨明心迹，胜奏申解，恩予自新。十月十日，翁出寿州，袁撤怀远之队，而楚军至六安，驻肥练堵河口，讼言剿苗矣。

同治壬戌春正月，粤、捻交煽，陷颍上，围颍州。贾臻督民固守，羽书告急。复以胜保为钦差大臣，督办豫皖军务，援颍州，并办苗练事。师次太和，兵单乏食，势不振，檄责沛霖。沛霖惭且畏，复以众归，退寿州，克颍上，颍州之围顿解。

时淮军新立，福建延建邵道李鸿章乘番舶赴上海，刘铭传、张树声、树珊、周盛波、盛传等分隶其众。李续宜巡抚安徽，统湘军驻六。将军多隆阿攻克庐州，伪英王陈玉成北窜瓦埠，胜保令沛霖截击，沛霖使万春赚之入寿城，槛送颍州，尽降其众，江宁援绝。缘功请复沛霖官，朝议不行。

癸亥春，僧格林沁剿捻至亳，洛行东窜，沛霖遮于蒙城，洛行失势，走李圩，颍州知府英翰擒之，龚得前为楚军歼于滋松关。张、龚既灭，谕沛霖散练归农，沛霖佯诺之，疑愈甚。胜保之迁帅陕西也，调沛霖带练万人助剿乱匪。得旨严饬，并谕各路堵截。未几，胜被议，系狱。教匪事起，王师北去。三月壬戌，沛霖反，遣其党邹长青取怀远，方长华袭颍上，王永年据下蔡，朱万隆入正阳，潘立勋蹂光固，王金魁薄太和，苗天庆犯五河，张逢科扰灵壁，李万春围寿州。中丞唐巡方军临淮，安肃道蒋凝学军芍陂，兵屡挫，捻焰弥炽。六月己卯，寿州陷。后一月，胜赐死。沛霖念蒙城近于老寨，且多旧怨也，身率捍党以困之，绕城为墙，绕墙为堑。堑深而墙峻，连营伺守。昼匿其中，夜则联袂呼警，梭巡壁上。官军更番轮攻，不能破。按察使马新贻驻城中，七月，乘间归临淮。八月丙戌，涡河两岸官兵退，练长李南华、李得胜居守，英翰屯小涧，势益单，战无虚日，犹时以骑兵赍粮济城守者。

戊戌，僧命总兵陈国瑞督师援蒙城，至小涧，英翰建议环城为营，筑重垣，垣外掘地道，士卒蛇行而进。以捻之攻城者攻捻，一垒破，余垒皆震，遂毁捻圩，斩慕玉宗。填王家窑河，阻捻水运。九月己巳，荆州将军富明阿遣总兵宋庆、詹启纶继进。

冬十月，大兵南下，丁亥，至亳，克蒋家集，斩陈万福。庚寅，派翼长舒通额率马军觇捻。辛卯，复高炉集。癸巳，破杨家集。甲午，攻西阳集，未下，移军北岸葛家楼。乙未，杭州将军国瑞亦至。外援既合，捻粮中断。丁酉，僧亲督诸军，战于城下，捣蔡圩。戊戌，克之。捻众为重堑所限，猝不得出，计阻，西南营溃，蒙城解围，沛霖犹阵涡水上。己亥夜，将越濠南逸，大兵合击，炮火震天，捻众内乱，自相践踏，死者万计。沛霖为乱兵所杀，余党纳地请降。妻徐氏、子连生，皆伏诛。不二旬而淮北底定。

相传沛霖将起事时，有漕督所委盐务委员四五人在凤阳，方宴之于私室，酒肴精美，主客甚相得。席散，沛霖诗兴忽发，令各赋诗，为评定甲乙。旋亦握管自为之，面目忽狰狞可畏，众宾战栗不已。久之，乃咏曰：“要将颈血溅衣裳。”以足顿地曰：“反耳！”命尽杀诸委员于阶下。有姚永平者，桐城人，亦与宴。至是，跽而乞命。苗曰：“姑念汝祖为吾邑教谕，品行尚端，贷汝一死。汝回清江，为我寄语吴仲仙，（督漕使者。）谓我已谋叛，彼须小心也！”乃授以免杀之据，曰：“持此以归，途中可无患矣。”

僧格林沁擒张洛行

张洛行为捻寇渠魁，跳梁十年，官军无如之何。同治癸亥，洛行为僧格林沁所败，以五千人保于尹家沟，僧率大军围之。洛行自知势不敌，以数百人突围出，僧召骑将恒龄率数千骑追之，擒斩略尽。洛行以二十人奔西洋集。

圩主陈天保，故捻党也。甫于是日降官军，而洛行夕至，天保纳之，阴遣人驰报宿州署中。时英翰署宿州知州，率壮丁二百人赴之，直至洛行卧所。洛行方吸鸦片烟，英呵之起，曰：“汝非张洛行乎？”曰：“然。”曰：“从我走！”乃并其甥、侄数人皆擒以归，解送僧军，凌迟处死。

骆文忠擒石达开

粤寇内讧，石达开藉伐蜀名，率师西渡巫峡。或谓："益州天府之国，守备完善，孤军深入，劫之颇难。且大江南北有曾、左在，岌岌不可终日，旦夕防御，尚恐不给，何得劳师远征，置根本于不顾？"达开笑不言。盖以时事不可为，已有效诸葛亮西据巴蜀虎视天下之意也。

达开且又侦知宁远府山中有一鸟道，亘古榛芜，未通人迹，由此北行，出山即在成都南门外矣。遂决计伐蜀，以轻骑趋之。忽坐困，为土司所获，时同治癸亥四月也。

盖川督骆文忠公秉章早知达开率大队而至，已悬重赏示诸土司，使抄其后。及达开至紫打，（地名。）会川军唐友耕等亦至，列营大渡河对岸。其地左阻松林河，右阻老鸦漩河，而土司复自后偃古木塞路，达开麾众战而败，遂奔老鸦漩，官军追及，遂降。

达开既入狱，自述平生事迹及秀全与官军始终相持胜败得失之由，为日记四册，纪载至详。后其书存四川臬署，蜀藩库亦有副本。

或谓达开率师至烂石，病亡。有女绮湘在军中，年十九，聪慧能文章。达开既死，军无斗心，部下有畏蜀道难者，悉持南返议。女誓于众曰："翼王之意，君等所知。翼王虽亡，其雄心固未亡也。诸君不问军之安危，但求事之难易，且敌马纵横，长江以东，我辈实无驻足地，宁谓返军即可复取江浙耶？况政府百事废弛，其大臣又各树门户相水火，孤军返旆，内外睽隔，何以自存？诸君虽惜命，人其谓我何？"力竭声嘶，至于泣下。部众感动，再挥军而前。次瞿塘，天地晦冥，巨浪接天地，舟覆者十之八，全军号哭，与狂飓吼声相埒。殿军畏葸，溃散而南，绮湘泣曰："三军之丧，其罪在我，天乎！何使我至于此极也？"乃奋身投水以死。

或曰，达开被磔于成都，虽见文忠之奏报，实未死也。某年，浙人李某游幕蜀中，一日，买舟往他处，将解缆矣，突有一老者请附载，舟子方力拒之，李见其鹤发童颜，须眉甚伟，因许焉。老者既下舟，谓舟子曰："顷刻当有大风起，勿解维也。"舟子亦老于事者，仰视太空，知所言不谬。谈次，狂飙陡作，走石飞沙，历一时许始息。少焉，云散月明，命酒共酌，老者饮甚豪。酒半酣，推篷眺望，喟然曰："风月依然，而江山安在？"李心疑之，叩其姓名，老者慨然曰："世外人何必以真姓名告人？必欲实告，恐徒骇怪耳。"李遂不敢再诘，而老者已酣然伏几，鼻息雷鸣矣。破晓，欠伸而起，谓李曰："老夫行将告别，同舟之谊，备荷高情，后如有缘，尚当再会。"遂举足登岸，其行如风，瞬焉已远。李既送客，比返舟，则一伞遗焉。恐其来取，为之移置，则重不可举。异之，视伞柄，乃坚铁所铸，旁有"羽异（異）王府"四小字，始悟为达开也。

或曰，当文忠抚湘时，粤寇下长江，以同乡故，遇骆兵辄避之，以是迁转甚速，盖骆与洪同为花县人也。忌者谓其与洪友善，将有异谋，思中伤之。而竟无恙者，则其操守有以见信于人也。

曾忠襄灭金陵粤寇

曾忠襄公国荃之围金陵粤寇也，猛攻二年，盛暑鏖兵，迄不能下。自朝阳门至钟阜门，开地道三十三处，篝火而入，地崖崩而窟塞，则纵横聚葬于其中。寇或穿隧以迎我，熏以毒烟，灌以沸汤，则趫者幸脱而憃者就歼。盖每穿一穴，为寇所觉，而将士须臾殒命者，率常数十百人。一日，穴地已过城根，寇尚未觉，会寇有以枪插地者，穴内军士见枪首入地，疑寇已觉而刺之也，急以手引枪入地数尺，寇始知官军在地下。复迎击之，官军或退或死。复开他道，或为山石所隔，或将近城根，酋李秀成登陴遥望，见其上草色，知下有地道矣。

官军既克天堡城，即所谓"龙脖子"者也，在太平门外，高踞钟山之顶，俯瞰城中。提督李臣典等与忠襄密商，排巨炮三层于其上，昼夜对城轰击，无一息停，城堞皆颓，寇不能立足。忠襄始下令军士各持柴草一束，掷之城下，高与城齐，示将由此登城者。寇并力严备，不暇他顾，又隔于柴草，不能瞭望。官军于近城龙膊子山之下，觅得一隧，乃前数月所开，为寇所觉而中废者。忠襄知其不复防此道，派千人由此挖至城下，实火药三万斤于其中，封筑完固，填以大石，口门留一穴，以粗竹数丈为引线，贯入穴。竹内用大布数匹，包火药实之。及期，各军严阵以待。火始入时，但闻地中隐隐若雷声，约一小时之久，俄而寂然，众又以为不发矣，忽闻霹雳砰訇，如天崩地拆之声，城垣二十余丈，随烟直上，万众属目，咸见是城耸入云霄也。大石压下，击人于一二里外，死者数百人，诸军遂由缺口冲入。时同治甲子六月十六日也。

是时，扬州营参将袁笏庭大升率五百人死守塌口，奋勇夺城，入伪天王洪秀全府，先取其国玺，仅余十三人生还而已。

先是，咸丰癸丑粤寇之陷金陵也，募得一黔人善掘煤者，掘地道自仪凤门入。及官军围金陵，黔人复在军中，忠襄使挖地道自太平门入。得失系于一挖煤者之手，异矣。曾文正公既至金陵，修治缺口，镵石识其处，铭曰："穷天下力，复此金汤。苦哉将士，来者勿忘。"

方金陵之克复也，李秀成挟秀全子福瑱及一心腹童出奔。福瑱年十五六，以不谙骑，马复劣，中道相失。秀成与童两臂满缠金条，别有金珠重物置于箧，以一骑负之。皇遽迷路，惫甚，小憩方山顶，遇樵者八人来，有识秀成者，问曰："尔非忠王乎？"秀成曰："若能导我至湖州，当以三万金为寿。"应之，相与下山归涧西村，因匿秀成于复室中。

八人中有陶某者，欲执秀成献之，又虑七人不从，将为所害。以有族人在李臣典营，将往告之。道经钟山，因至萧孚泗营，访其素识之火夫某，语及秀成事。火夫语亲兵，亲兵告孚泗，孚泗即使一人留陶，自帅百余骑往涧西村，执秀成以归，且尽没其珍宝，将并杀陶以灭口。火夫阴告陶，陶遁。孚泗竟以获秀成功，封一等男。越数日，七人者先杀陶，复以计诱孚泗亲兵、火夫至村，寸磔之。曾文正闻其事，召七人至，诘之，皆自述无隐。文正奖其义，赏以白金七百两，皆不受而去。

或曰，金陵克复后，秀成从福瑱走南门，马足受伤，秀成以自乘马进，曰："臣老矣，不足惜，主上速行！"以是秀成遂被擒。

秀成既被擒，文正尝亲延之上坐，排日宴饮，尊以宾师。秀成日书其起事始末，可数千字，积十余日乃毕。文气浩瀚，字体雄伟。文正阅毕，聚众传观，乃宝藏之，而令幕府诸人别拟，并张宴志永别。宴毕，秀成退入一室，举剑一挥，而头坠矣。临没之际，其应对仍和平自若，不亢不挠。

或曰，秀成尚有少子，兵燹后卖卜城南。盖当时已获而潜纵之者。

或曰，自粤寇恤王洪仁政、干王洪仁玕既偕秀全子福瑱就黄文金于湖州，此后遂不知福瑱之究竟。然仁玕、仁政实挟福瑱以就黄文金，而合为一股，复自湖州返广德，越宁国，出昌化。文金死，李远继、黄文英继之，循徽歙边，从建口趋绩溪，由遂安走开化，入广信，抵铅山。道泸溪，向云际关，窜光泽，而更至石城。诸寇处处相伪以福瑱，官军亦处处相惊以福瑱也。同治甲子九月九日，官军蹙之于山谷间，在广昌、石城之交，绕旁设伏，遂生获仁玕、文英。二十五日，始闻所俘牧马小儿之语，获福瑱于荒谷中。诸俘皆称为果幼主，"果"者，疑词也。盖前此江南、浙、赣诸军以幼主互相纷扰，忽无其人，恐干朝廷诘责，于是授意囚俘，于不知谁何所俘小儿之中，任择一人而强名为洪福瑱，更取年仅四岁不知人事之李其祥伴附之，聊以宣布证实。朝廷亦微知之，恐逋寇更伪挟以为名，而后患永无已时，故谓么麽小丑，不值槛送京师，就磔于市。

或曰，美洲之旧金山有三合会，秘密结社之一也。其第一代始祖为齐福天，隐号为三水共合，而以排满为目的者也。

初，洪秀全曾遣洪仁玕使美，考察外事。曾忠襄将克江宁，仁玕挟福瑱赴广德，遂为黄文金迎入湖州。仁玕，福瑱胞叔也。时浙军攻湖州，大势亟亟，旦夕且破，仁玕谋于黄文金、黄文英、李远继、谭体元、杨辅清等，欲令福瑱他适，以存洪氏一线之胤，为他日恢复之渐。而知国中决不能容身，乃创避入美洲之议，众均赞成。文金欲挟仁玕往，仁玕不可，曰："美洲识我者多，恐机事不密。辅王坚忍有急智，盍以属之？且东王与天王共首事，不可令澌灭无后。"众又从之。辅王为杨辅清，秀清弟也。仁玕有一西友，即前导之游美者，尚在左右，金石交也。仁玕以福瑱属之，资以财贿，涕泣而别，时福瑱年仅十六也。间关道路，屡濒于险，卒达上海而至美洲。辅清实从，遂为美洲三合会开幕之始祖。三水共合者，"洪"也；齐福天者，即"洪福齐天"，隐指洪福瑱也。

或曰，曾忠襄军初入城，福瑱逃赴徽境，就黄文金。然卒不达，走死江宁之牛首山，即方山也。牛首之峰为锐角，忠襄以一炮击平之，遂成方形，故更名方山也。

或曰，官军围金陵时，城中食尽，李秀成等知必不守，与各酋密议，令尽撤守城兵，各城皆不设备，并禁城中举火，兵卒伏匿僻隘，不许少动。官兵见城无守兵，登临瞭望，炊烟净绝，初疑为诈，仍未敢入。至三日，无声息，意为众皆逃，所余者空城耳，乃有两营官兵入城。见路无行人、屋无居者，愈入愈深，伏寇突起截杀，即脱官军号衣，令各寇薙发，冒作官军，列炬夜出，其未薙发者，随之而逃。围城外各营官军，以为入城之两营复出，不疑其他。嗣见随后冲出者万人，乃知其伪，然仓猝间不能截击，故福瑱幸得逃生焉。

鲍武襄刘壮肃剿捻

同治丙寅冬，捻寇任柱、赖汶光、牛洪、李允等由河南趋湖北，缘道驱胁，众逾十万，盘旋德安、安陆间，谋以一枝越襄河躏蜀疆；一枝屯湖北为声援；一枝闯武关，联西捻张总愚。

十二月辛卯，松军统领提督郭松林被围于沙冈集，受伤突走，其众大溃。丙午，树军统领总兵张树珊战死于杨家河。是时捻骑数万，劲疾慓悍，常以前队挑战，别选健骑绕出官军后路。官军凭村堡自固，罔敢与遌。捻势张甚，连陷应城、云梦、天门。旋弃城去，屯踞臼口、尹隆河，以窥安陆。于是鲍武襄公超总统霆军二十二营，合万六千人；刘壮肃公铭传总统铭军二十营，合万人，皆从南阳南下。霆军由襄樊，铭军由随枣，分路进剿，迭有斩擒。

时陕西匪党四扰，官军又败于西捻，二寇交讧，鲍迭奉廷谕及大帅、疆吏急檄，趣令西征，以援关中。然因楚军败绩，东捻死咋不休，霆军遂为所绊，不得西。捻将北趋，遇霆军，折而南遁，复踞臼口。丁卯春正月，霆军、铭军会于安陆，捻走踞杨家垶、尹隆河等处，于是霆军驻臼口，铭军驻下洋港，期以庚午日辰刻进军夹击。

先是，鲍、刘意气不相下。鲍自谓宿将，歼勍寇，功最多，刘后起，战绩不如霆军远甚，意稍轻之。刘谓鲍勇而无谋，仅一战将才耳，顾闻其威名出己上，尤邑邑不怡。然此时，鲍志在协力剿捻，无他意也。刘召诸将谋曰："度我军之力，可以破捻。若会合霆军而获捷，霆军必居首功，人且谓我因人成事。不如先一时出师，俟翦此寇，使彼来观，亦当服我铭军之能战也。"乃于庚午日卯刻，秣马蓐食，由下洋港逼尹隆河。捻队尽在隔岸，刘分五营留护辎重，躬率马步十五营，渡河鏖之。任柱以马队扑左军，牛洪扑右军，赖汶光、李允合扑中军。左军刘成藻五营先遇捻骑，不能支，败退渡河。任柱来攻中军甚急，惟右军唐殿魁击退牛洪，来援中军，中军亦已败退矣。群捻萃于右军，唐殿魁及其营官吴维章、田履安等力战死之。殿魁，铭军之良也。师大奔，捻益纵，渡河追击，铭军崩溃。适霆军以辰刻践期而来，势如风雨，张两翼以蹴捻，酣战良久，呼声震十余里，大败捻众。划毁杨家埄拖船埠、尹隆河捻馆数百，生擒老捻八千有奇，杀万余，夺获骡马五千余匹。救拔刘及刘成藻等于重围之中，暨铭军将士二千人。夺还铭军所失枪四百杆，号衣数千件，一切辎重军械，及刘之红顶花翎，俱于次晨送还刘营。

是役也，铭军不先期出师，则不败。既败，无霆军救之，则必全军尽没。鲍强自抑，若无几微德色，刘内惭不可言。自以訾謷霆军久，邂逅击捻，一败一胜，虑为霆军所笑，益恚，不能自释。谋之主文案者，具牍报李文忠公，大旨谓霆军既约黎明击贼，未能应时会师，铭军孤进，初获小胜，忽后路惊传有捻，队伍稍动，不知实霆军也。官军抽五营过河，还保辎重，捻瞯瑕来扑，以致大败。官军复奋与相持，会合霆军迎击，遂获全胜。李据以入告者如此。盖归咎他营，归功本营，固咸、同间用兵以来数十年之积习，不独铭军为然也。李新握兵符，亦颇虑鲍不秉节度，鲍疏陈获胜状，并据实咨李。李已先入刘言，幕府执笔者又稍有扬抑，军机大臣左都御史汪元方谓鲍超虚张战功，言尽不雠，彼既愆期贻误，又惊动铭军，以致大败，若科以失机与掩饰之罪，鲍超可斩也。

先是，左文襄尝密疏言鲍骄横，已面折之，左方将入关剿匪寇，屡请廷旨趣霆军入关，其意盖欲朝廷稍摧折之，然后罗为己用也。汪不省左之权略，颇笃信其辞，又不知鲍实有大功也。故平生遇事，不甚可否，此次持议独坚，且云不一惩艾，不足儆骄将，同列均以为疑，乃仅拟严旨责之。

鲍自败捻于尹隆河后，次日即拔队穷追，连蹙之于直河，于丰乐河，于襄河边，杀一万数千，生擒四千，解散胁从万余，拔出难民二万，禁任柱、赖汶光、李允之妻，追至枣阳、唐县界。鲍自念破强贼，救铭军出险，功高，冀邀褒奖为荣。途次忽奉严饬，方悟铭军之归咎也。

会湖北巡抚曾忠襄公奏报军情，误谓铭军所剿者任柱，霆军所剿者赖汶光，故霆军胜而铭军败。是时，捻势任强赖弱，其言与鲍自奏之疏又颇牴牾，鲍愤郁成疾，引发旧伤，日益危笃，奏请罢归调理。曾文正时已解兵符，还任两江总督，闻之，驰书慰解。檄召总兵娄云庆，乘轮船驶往接统霆军，并派员携辽东人参往问鲍疾。文忠旋奏鲍功高，请加奖护。曾忠襄亦奏推鲍之功，盖皆已得文正手书也。于是温旨稠叠，颁赏人参，并令俟疾愈后留剿东捻，暂缓入关。调治数月，疾未瘳，曾乃为奏请解浙江提督，遣撤霆军十八营，留十四营，改为霆峻军，随同淮军剿捻。曾谂知鲍与淮将不能相下，若不令归休，恐遂一病不起。鲍既归，则霆军未必能得力。倘竟檄令西征，则金口之变，前鉴不远。环顾大局，兼权统筹，不能不如是措注也。

鲍既养疴家居，十年不出。文正别遣大将刘松山率万人入关，驰剿回、捻二寇，战比有功。文襄之平关陇、新疆，得松山之力为多。铭军虽败，恤死抚伤，简卒补伍，峙粮敹械，休养半年，而后用之。文忠之灭东西捻也，铭军功最。盖古之将帅，必倚所习用之军以集事，不自今日始矣。

捻寇中之最黠猾者，以赖汶光为最；而慓悍善战，莫如任柱，所统马队颇多。方诸军划运河而守，捻众马步约近十万，盘旋济青沂海之间，行踪猋忽，官军追逐往往落后，实未能制胜也。

一日，铭军逐捻于安丘、潍县之交，获一目曰潘贵升者，讯知为任柱帐下健儿。将杀之，贵升呼曰："赦我，我愿投诚！"其甥有唐某者，在铭军作哨官，亦愿保释之。铭传闻之，乃语贵升曰："汝能为我杀任柱乎？"对曰："能。"乃畀以枪一，曰："此去若成功而返，赏三品衔花翎，白金二万两。如不能，亦不汝责。任汝相机为之可也。"盖刘意非望其必成，以为即不能成，不过弃一枪耳。贵升执枪驰马而去，复归柱，柱信而不疑，乃置帐下。明日复战，贵升忽以枪击柱，殒于阵前，纵马奔向官军，告刘曰："我已杀任柱矣！"始犹不信，继见捻党不复耐战，铭军与诸军连日大捷，追至赣榆、沭、宿境内，降捻供称任柱实死，乃赏贵升如前约。

汶光既哭柱而埋之，其党震惧，溃散略尽。汶光率败众千余抢渡六塘河，南趋扬州。诸军水陆穷追，捻至湾头，手无器械，饥疲已甚，竞入民家掠食。会大雨，吴毓兰侦知其无去路，夜率所部华字两营会水师急攻之，各勇丁争取牛马财物，怀挟甚富。吴恐为捻所乘，急令撤队，时已二更，归营各释所负，复于三更出队。诸捻冒雨淋漓，阻于河水，正彷徨饥窘时，官军缚之，如执鸡豕。生擒赖汶光，凌迟处死。东路捻股遂灭。

陈国瑞胜捻于陈州

同治中叶，捻乱未平，驰骋于皖、鲁、豫、秦诸省。陈国瑞剿之甚力，善以寡击众，而桀骜不驯，时不受主将节制，甚至偃蹇朝命。一日，为钦差大臣所劾，时国瑞驻军豫境，朝旨褫其职，命河南巡抚拿问，解京交刑部治罪。巡抚奉旨，欲往逮国瑞，恐其不受命，急而生变，乃集司道会议，佥曰："此人不可犯也。"皆侄儴无策。

有荐参将撒士忠者，曰："此人勇，与国瑞有旧，试召而与之谋。彼若愿往，事乃有济。"巡抚从之。士忠者，以捻首降官军，积功保至参将者也。既谒见，语以故，且就商焉。士忠难之，曰："他人吾无惧，若陈大帅，则吾为捻时，为所困者屡矣。然公等有命，某不敢不往。苟有不测，敢以妻子为托。"巡抚允之。撒携精卒三百人而往。将至陈州，见国瑞策款段而至，意态闲雅，从亲兵百余人。撒以军中属礼见，俯伏道左，卑抑殊甚。国瑞下骑答礼，且劳之。询何由至此，撒蘧然，谨对以"中丞欲请大帅共商军事，故命某前来，恭迓虎节"。陈笑曰："非迓我也，乃逮治我耳！吾旦夕自投到矣。"撒默然。国瑞又曰："今且勿行，入城稍休！"遂各率其众入陈州城。

时日犹未中，陈州太守出迎，偕入署，待以上宾礼，设宴相飧，仪甚恭。酒酣，忽于座上大言曰：“捻匪某支某队若干人，于明日某时来犯此城，若等知之乎？”时绝不闻有此种消息，但捻匪往来踪迹素飘忽，又不敢不信，则大骇。战守一无可恃，实亦不及备。太守焦急无策，乃跽于国瑞前求助，且曰：“此城十万生命，惟赖大帅一人耳！”于是国瑞掀髯大笑曰：“吾固知非乃公莫属也。若毋虑！吾以被罪之人，本不欲过问，君待我甚挚，吾当尽力杀贼，以救一城生命。”太守拜谢，且问有所命否，国瑞曰：“杀贼，吾任之，若且多备酒食，令吾众果腹，则君事毕矣。”太守敬诺。

终宴，日方旰，国瑞顾谓撒曰：“明日有事，吾侪盍早睡。”撒从之，同室而卧。寐未久，国瑞已鼾声大作，撒且信且疑，不能成寐。未久，闻国瑞呼曰：“吾侪可起矣。”时初更，出视国瑞之众，已食竟不见。国瑞令三百人快餐，而己亦醉饱尽量，共食毕，将三更，令撒率三百人出城。行约十余里，止焉。复令三百人围为圆阵，撒居其中。己下马，休于树下，且曰：“若等苟有所遇，慎勿惊！且勿稍离原位，违则必死。”时上弦，夜深月黑，星光闪闪。百步见人，隐约有百余众，若两手各持一物者，群伏于地，静默无声。仅有一人，与国瑞隐语相问答者一，始知即国瑞之众在也，此外四周则绝无所闻见。而撒之疑虑仍不稍减。

天初辨色，见远处微有尘起。未几，复见人且骑之形，果捻之马队至矣。来者百余骑，就所驻之地绕行一周而去，国瑞与其众熟视若无睹。又未几，见尘埃大起，捻步马大队至，不辨人数，国瑞扬手一挥，百余健儿均各持一矛一刀，迅速而前，疾若飞隼，瞬忽不见，已突入捻阵中。但见捻队立时扰攘殊甚，倏分倏合，纵横荡决，欲前而又却者三。相持两时许，捻匪犹不退，百余健儿尚未出。此时国瑞亦惶恐失色，诧曰：“儿辈受伤矣！”仍嘱撒等毋妄动，跃马驰入捻群中，倏见马倒人死者相继。遥睹一乘马执旗贼受刃摔下，盖捻首也，匪众遂大乱，遽回身奔窜溃退，遗尸二千余具，毙马八百余匹。国瑞亦偕其众出，仅死二人，伤者十余人，余均无恙。然自首至踵，恍如浴血，取衣揉之，血水且缕缕也。于是太守率父老子弟郊劳，拜于马前，谢却敌全城之功。沿途焚香炬烛，迎之而入，国瑞亦俯仰大乐。太守以其功申之巡抚，上于朝，免革职拿问之命，赏还原官原衔。

滇粤出师越南

广西流匪辄走镇南关外，值越南政苛，奸民从而和之。凡越属毗连中边地方，各据地为雄，股数甚多。中、越会剿，无岁无之。文武将吏，利有保奖，亦不欲其根株净尽，驻师边上，观望而已。

光绪壬午，法人攻破越之东京，张佩纶以词臣上封事，有滇粤三省水陆会师之议。诏下海疆督抚妥筹复奏。合肥张树声时督两粤，从而申明其说。遣广东水师出钦州，广西陆师出太平、镇安两府，滇省陆师出蒙自，均至越南海防、宣光、谅山等县，以为声援。仍假剿流匪为名，以预杜中、法衅端。

越将刘永福者，本以边匪入越受抚，官三宣提督，有众三千，据保胜水陆要冲，尝遇法将安得利探路轮船，截杀无遗。中外以为异人，思借其力以寄藩篱，特简岑毓英为滇督，唐炯为滇藩，徐延旭为桂藩，资以集事，而三省会师之议行矣。滇师强弱不敢遥度，广东水师乃红蛋艇船之类，仅供捕盗，小轮船不禁出海。提督吴全美曾陈明未堪战阵，驾驶员弁于风沙水线均未熟谙，以御西洋兵轮，固儿戏矣。广西陆师经营多时，淮将黄桂兰、湘将赵沃分统二十营，两路扼扎，直入越南各境，额数颇虚，饷项至薄，制流匪则有余，当大敌则不足，路人固皆知之。然庙谟既定，中外从同，亦不暇切实考寻。此开边之始也。

当永福之据保胜也，绾要设卡，收税以自封殖，本无为越御法之志。而法将探路遇害以后，颇有戒心。中外虽议借其力，然亦未有以发也。灌阳唐景崧奏陈边事，奉旨交滇督差遣，滇督尼止之，而唐已先期至粤，谒署督曾忠襄公国荃，以招用永福自任。忠襄资以行装，由海道绕赴刘营，晓谕大义，责令出兵。会法人连破河阳、怀德等府，越事日急，滇、粤两路之师均已前进，永福遂至太平一带，与桂师联络。时忠襄已奏陈始末，准留唐桂省差遣，即监视永福军事。

未逾年，法兵大起，滇、粤之师退保边境，永福亦径回保胜。其于保胜之挫法将，实恃地势。又其时法将探路，随兵无多，且不意有中途之劫也。

三省会师议起，越南西南诸省久为法人所据，移都东京，私与订约，疆吏实未过问。仓卒兴兵，至海疆数省震动溃丧，耗费帑金二千余万，卒并越南藩属付之法人矣。

王镇邦与法人战于河口

河口失守一役，主动者为攻镇南关之游勇，助动者为安南境内外之革党，而实发其动机于十六七岁之一童。童夙为河口督办王镇邦所宠爱，后厌弃之。童大恚，时至各营，言王督办富藏金，遂闻于兰溪河南盘踞山中之秘密社会，发其素蓄之军械，乘夜渡兰溪河，潜伏镇邦署之附近。署在山巅，前临兰溪河，后临红河，地少瘴疠，与兵营不相联续。时安南总督侦知之，遣使告镇邦，劝其缴械纳降，王不允。送法人出，与之战，山下排枪纷集镇邦之身矣。童首先登山，枭其首。遂进下蛮耗，规图蒙自。后以军械不足，始遭击而退。

刘壮肃胜法人于基隆

光绪甲申，法人扰台北，提督刘壮肃公以巡抚衔奉诏督办台湾军务。闰五月，抵基隆，法人来犯。毁炮台，刘以我国无军舰，海难制胜，欲诱敌陆战，俟其登岸迎击之。六月，率曹志忠、章高元、苏德胜、邓长安四提督，与法人战于基隆。

是役也，死法军官三人，法兵百余，夺获旗帜二面，枪数十杆，帐篷十余架。又以沪尾离台北三十里，离基隆八十里，兵力单薄，恐后路稍疏，则基隆之兵不战而溃，于是朝战胜，夕即退军入山后，使法人聚于基隆，则沿海边境不至处处窥伺，其形似弱而其策万全。后法人三犯沪尾，皆受创而遁。沪尾守将孙开华亦善战，刘既退回淡水，则策应沪尾益灵。然炮台既毁，全恃兵卒血战，故犹相持至八阅月，而孤岛独全。

是时马江已挫，汇利、万利、华安三船皆不克济师，刘卒能尽力支持。十二月，法人又增兵犯月眉山，拒战五日，法兵皆服雨衣，更番迭进。我军力薄，无可更换，各将士皆忍饥冒雨，月眉山卒得保全。

章高元胜法人于基隆

章高元为淮军后起名将，发捻诸战，功绩至伟。法、越之役起，光绪甲申正月，以淮、湘军各千名渡海守台湾，署台湾澎湖挂印总兵。六月，法兵攻基隆，守将孙开华战既不利，基隆遂陷。时章所部仅二千兵，分防各地，在麾下者五百耳。闻耗，誓于所部，率以进。将抵基隆，复戒其众曰："国土失陷，吾将兵者之耻也。与诸君约，今夜必复基隆。若及明而不复者，吾宁自刭，不与诸君相见矣。"

章为镇将多年，不营私殖，所得财悉以养死士，故深得士心。令既下，士卒咸鼓勇而进。将抵炮垒，使部将李世鸿、章保胜分兵由小径抄其后，章则率兵士百人，提刀直击法营，途遇逻者，缚之而前。此时法兵忽觉章来袭，枪炮如雨，海中法舰复以大炮榴弹击章军，章之帽檐被炮弹击去其半，左耳受炮震，终身失聪。然是时袒臂大呼而进，不用枪炮，挺短刃，直斫法兵，法兵大败，死者二千余，折其兵官二人，余众凫水逃入舰，舰于夜中引去。

时他将闻章短兵进战，咸震栗失色。迟明，率兵来援，则见基隆早易法帜、树章帜矣。

宁裕明王德榜胜法人

光绪甲申，法使福裕诺将回国，言于李文忠公鸿章，谓将派兵巡越南。文忠未上闻，奉旨申饬，而法人旋以巡边为名，攻越南之谅山。

粤督张树声、滇督刘长佑暨沿江沿海督抚闻警，各征兵出广西龙州之镇南关为中路，桂抚徐延旭督师谅山。树声所遣提督黄桂兰、董履高等多淮军，延旭所用党敏宣、陈朝刚、陈得贵等皆广西人，延旭倚桂兰，俾尽统诸军，凡四十二营，当前敌，驻北宁，自统二十余营为后路。

桂兰在北宁，日夜酣酒，夺民女，恣为荒淫，军无纪律，越人痛恨之。

教民某贿敏宣，请给军装助战。敏宣白桂兰，从之。教民遂助法攻我军，我军溃。延旭逮问，朝命潘鼎新代之，以布政使王德榜署提督，代桂兰。且以敏宣退缩，得贵首失扶良炮台，命悉斩之。敏宣，桂兰之营务处也，犹领三千五百人屯谅山，合所节制者计之，尚二万余人，得贵亦领千人。德榜惧其叛，秘不发。令部将宁裕明往诱之。裕明挈幕僚一卒一骑而往，迎敏宣，声言筹军食，邀与同往大营。敏宣随入关，遽就缚。搜其身，得已上药之双响手枪二，遂斩之，并斩得贵。得贵抗称退炮台实奉将令，裕明复诘其克扣军饷，始俯首就诛。桂兰夜饵金死，朝刚亦当斩，亡命走。

是役也，善战者首推裕明。裕明，衡阳人，初在刘武慎公部下。甲申春，淮军败，广东陆路提督杨玉科领广武三营屯观音桥，调裕明领右营。闰五月丙午黎明，法军自郎甲进攻观音桥，桥南北皆山，北岭尤峻，万叶率四千人屯桥南，裕明从玉科，与提督王洪顺屯桥北。薄暮，万叶战败，退俯北岭而阵。法军从之入，裕明亟出万叶后，登北岭绝顶，发炮下击，别伏两哨于山之左右麓，横截法军。法军悉力御岭上军，不意山麓之骤出伏兵也，大惊溃走。诸军穷追之，至郎甲，歼数百人，于是法人始有求和之举。

洪顺者，亦淮军良将，率所部屯山下平地，几为法军所乘，然不以万叶之败退而少却也；万叶部伍亦井井，卒能转败为胜。会奉电旨令退师，毋碍和议，我军退入关，法人约退东京，乃止退北宁。裕明以法人诈和，宜乘机进兵说玉科，旋奉旨派员潜赴敌境侦探，遂以属裕明。六月乙酉，裕明发观音桥。七月癸卯朔归龙州，说鼎新宜进兵，于是遂决二次大举之议。

八月庚寅，我师败于郎甲。其地南距谅山十五里，北距观音桥八十里，东船头、西太原各百里。先是，越南教民犒军，报法人且至，提督方友叔答曰："我械未集，垒未固，未易速战。"教民去。不二日，法兵大至矣，倚森林以自蔽，我军不知也。黎明，忽闻炮声，友叔以为兵勇打冷炮也，俄而开花弹落营中，十余人被炸死，始大惊。时筑垒未毕，士卒方就食于空村，提督周某率二千五百人而疾奔，友叔亦率千人从之，法人乃围玉科营数十重。

初，裕明令军中："即不战，亦戒备。"故独整暇。至是，则凭墙发枪，法人死伤如积。墙猝倒，则令亲军三百人且战且掘坑。及暮，法人数万冲突数十次，卒不得入。左右促裕明出，裕明回顾，则积尸纵横，裹入法兵中，不见一援兵，望玉科中军，围尤厚，乃曰："战死枪，走亦死枪，宁战死耳！"左右曰："统领犹在。"裕明曰："即出，亦必杀敌！"时已曛黑，裕明口衔匕首，右手纵火弹，左手持马刀，驰而斫。左右二百余人亦随而驰斫，法兵皆披靡，竟入中军。玉科从者数十人，方据内濠力战，裕明乃卫玉科出，士卒又死五十人，伤四十余人。是役也，玉科惩敏宣前事，拒教民不见，而友叔不知教民为法谍，语以实，遂及于败。我军死千余人，然法军死者亦相当。

乙酉正月，诸军以谅山失守，退屯关内。玉科驻文渊，犹在关外十五里也，距法军所驻，仅五里耳。己酉黎明，法军进犯，裕明以当前敌，阵中岭，左岭以徐占魁当之，右岭以廖应昌当之，玉科督战，驻大塘岭。俄而炮伤占魁足，遽返，应昌惧而亦奔。裕明率师力战，而法兵遽从右岭入，玉科遣提督刘思河率中营亲兵助裕明。思河手马刀，裕明使弃之，思河乃蹲而发枪。方燃火，思河已为炮弹穿胸矣，玉科之头太阳及腹亦中伤，死矣。裕明不知也，方遣红旗索子药于玉科，红旗返，报玉科阵亡。裕明痛哭曰："主帅死，我何生为？诸君不能战者行，否则请随我，为主帅复仇！"众皆愿从死。裕明乃率之冲法军，击杀一军服有五金线者，盖上级军官也。俄有弹中裕明，洞右颊，裕明犹持刀，督军士前进。从者曰："大人戴花矣！""戴花"者，军人隐语，谓中弹也，掖以行。裕明怒，谓死亦当在关外。从者绐以主帅未死，乃强舁入关。

二月戊寅，法人陷关前隘。隘北五里曰小南关，其地有三山，冯子材所统十营在焉。山上营三，山下营七。法人遽出奇兵，趣镇南关东岭以来袭，炮声如雷霆。裕明方养创凭祥，闻之，裹创飞骑，自山北冲上，手马刀乱斫，法人披靡，于是诸军相继登。

德榜屯油隘，遣都司陈得胜间道赴援，自张疑军待之，并潜率精锐扼要地。别筑土墉为障，三小时而事集。法军望见我疑军也，以为主将中坚所在，即发枪炮力攻之，锐不可当。历一小时许，见我不回击，乃以骑侦之，知为空垒，遂分军为二，鼓锐以进，兼取包抄搜索之方略。德榜躬率一队至，直向法军挑战，法军乘之，德榜乃退至障畔，戒所部曰："法人势虽锐，难持久，当以忍胜之。"遂令军士伏障下，不轻发枪炮。此时弹如雨，德榜草屦布服，坐土墩，从容指挥。及见法军气将竭，乃发令曰："可出战！"遂风驰而前，以锋刃相接。此时他队伏军备夹击者，亦突至法军阵后，法军出不意。大败奔北，死者数千人，遂获全胜。是役也，法兵万余，而德榜所帅偏师不及三千，杀敌数千，我军死伤不及百也。

或曰，鼎新总兵权，而遇敌即退，两日夜驰数百里，遁回南宁，法人蹑踪而来，镇南关遂失守。鼎新复诡词入报，谓子材、德榜两军不听调度，坐视不援，致有此败。廷旨著将冯子材、王德榜军前正法，幸督办广东防务彭刚直公玉麟、两广总督张文襄公之洞悉其冤，合词电奏，谓鼎新调度乖方，且力揭其隐，由是廷旨褫鼎新职，子材、德榜释不问。德榜军方在关外，闻诏，益奋勇效命，截击法兵。法军卒溃，乘势追逐数百里，杀戮敌军官及获马匹粮食无算。

张春发胜法人

冯子材、苏元春、王孝祺等与法人战于镇南关外也，其初固常败，而后之反败为胜，实出于张春发所率之三百人。春发者，孝祺裨将也。孝祺初与敌战，屡失地丧师，节节退守，已奉褫职拿问之谕，尚未离营也。潘鼎新不知军事，始令孝祺营于某所，既而更之，一日九易其地。孝祺不知所从，则窘甚。适子材奉命督师，率所部来会，孝祺乃距子材营若干里而驻焉。

大战镇南关之日，将战，孝祺闻有枪炮声，令春发率三百人巡哨。行经大森林，忽闻人马鼓角声甚盛，知他队敌兵且大至，惧甚，乃令此三百人者匿于林中，以俟其过。时两军前敌已开战，法军预调别队二千人及大宗子弹由间道前往济师。见森林，惧有伏，不进。张匿林中久，既不闻声，以为法军过且尽，亟欲返命，率众奔而出，猝遇法军，惊且愕，当时进退皆不可，张顾谓三百人曰："今日战，死；不战，亦死。然力战，或可不死。且敌人欲进而反止，是中馁也，不如因其馁而乘之。"三百人哄应曰："然。"则一鼓作气，径前搏战，冲其中坚。

法军之行也，气张甚。及遇林而疑，既稍稍衰矣，又不备即有战事。突见春发众奋勇前，猝不知多寡，大骇，以为果遇伏中计。彼此距离近，炮弹无所施，气愈竭。三百人者，东驰西击，短刃相接，法军阵动而溃，死伤过半，子弹尽为春发所有。乘胜前进，于是前敌战正酣，我军气益发扬，拒战益力。敌知别队已失利，子弹告罄，接济又绝，兵气大涣，遂大败，并摇动大本营，一日夜退百数十里。于是我军大胜于镇南关，即日克复谅山。

冯子材胜法人

镇南关之役，冯子材督兵力战，遂获大胜。先时，行军屡失律，尽丧关外地，桂边亟亟。时张文襄督两粤，请于朝，命冯子材督师，率旧部援桂。文襄与子材结为兄弟，临行，文襄设宴，以金卮三，跽而酌子材，且曰："公饮此，以祝公胜利，努力杀敌！不然，无相见期。"子材饮尽，谢曰："此行不胜，无面目见公！"遂行。

镇南关在两山之间，子材与某将各踞一山，中筑长墙以为守，盖犹旧法也。子材初练有藤牌队数百人，皆百战精卒，待之素厚。将战，队长请于子材曰："法军枪械殊利，若与之炮火相见，势必不敌。盍先以藤牌队冲其阵，而后以大军继之？果得近身搏战，则吾事济矣。"子材嘉之，且曰："若毋怯乎？"对曰："平时受公豢养之谓何？今事亟矣，吾侪有不循是而行者，当自刎以谢。"子材曰："敬诺。"及法军来攻，子材初令军中伏毋动，藤牌队均踰墙下，瞬息不见，已入法军矣。逾时，见法军阵微动，枪声稍稀。相持一时许，无耗。子材恐藤牌队有失，令军士亦踰墙出战，法军以枪炮猛击之，不能前，势殊迫，将却退。子材见之，急踰墙出，某将从，公子辈力阻不听，亦随之出。子材布衣草履，持刀阵前，并手刃退卒数人。军士见大将亲临督战，争先效死。会法军中坚大动，甚嚣尘上，马倒人死者甚众，知藤牌队已得利，我军益前，殊死战。法军弹罄，接济不至，遂大败，死伤数千人，乘胜复谅山。法人既受此创，自谷松而威坡，而长庆，而船头，由北而南，日夜退走。我军将士额手相庆，谓北圻、东京可冀恢复矣，而孝钦后忽诏令停战。至四月，越南且为法有，而我失藩属矣。

张佩纶与法人战于马江

光绪乙酉中、法一役，督兵者为丰润张佩纶。张初为御史，贫甚，至不能具炊，京人称之曰“黑都老爷”。以疏劾李文忠公，名震都下，且好大言，遂有知兵之称。及中、法衅起，群以为非张督兵不可，乃被简。既至闽，纶巾羽扇，谈笑自如。诸将请备战，则却之，笑而言曰：“君等且弗喧，自有奇兵胜之！”及法人贻书约战，置不答。至期而法进兵，诸将大惧，请方略。则命记室书“免战”二字于木牌，令悬座舰之樯。法人大发炮，兵败，张弃舰，足不及履，乘小舟而逸。事后语人曰：“法国人果知兵者，何并免战牌而未之识耶?”闽人于其遁走之地，磨崖镌大字，曰“张佩纶只靴逃至此”，盖罗星塔石上也。

先是，闰五月二十一日，法军有兵船一艘进港。二十四日，其水师提督孤拔座舰又进口，泊罗星塔上流。自此以后，日有一二船至，至二十八日，共得八艘。而我船之在港内者，仅六艘：曰扬威，曰福星，曰艺新，曰琛航，曰福胜，曰建胜，驻船厂者惟陆军四营而已。其后又得济安、飞云、伏波、振威、永保等五艘，增调闽安平海师船八艘，翦镇炳南炮船十艘，添募陆军数千。相持匝月，至七月初三日而难作矣。

是日晨，法船升火起碇，学生魏瀚仓卒驰告，而法人已牒告未刻开战。佩纶大恐，遣瀚向孤拔乞缓。比登舟而炮已发，我船犹未起碇也。三船在罗星塔下流者，先被击沉，振威管驾许寿山死之。其在罗星塔上流者，扬武先沉，管驾坐舢板而遁。伏波、艺新随之，福星欲斫碇赴救，已不及。法军炮弹如雨，福星管驾陈英屹立望台，传呼开炮，其仆请曰：“伏波、艺新已驶向上流矣，我船亦宜相机行事。”英瞋目曰：“尔欲我走耶?”叱之退。遂令于众曰：“今日之事，有进无退！我船既锐进，当有继者，安知不可转败为胜?”于是鼓轮掌舵，贯法阵而前，开边炮左右击。惜炮小，未能中法舰要害。我船虽被弹，而尚无大碍，复在下流装足子弹，贯敌阵而回击之如前。随其后者，虽有福胜、建胜二船，顾小而行迟，仅遥为声援而已。福星至此，遂成孤立之势。孤拔见之，乃以三船合围，管驾陈英中弹殒于望台，三副王涟开炮奋击，亦被弹洞胸而死。船上尸骸枕藉，而犹力战不退。迨火药舱中弹，军士始纷纷赴水，船额配九十五名，存者仅二十余。是役也，诚可谓血战矣。

福星既沉，建胜亦被轰沉，管驾林森中弹殒。福胜督带吕翰亦及于难，盖吕方在其船也。是时全队尽殁，仅余福胜一船，船尾已受弹火发，而尚燃炮猛击。管炮翁守正发数枪，殪二法人，弹贯其胸而踣。管驾叶琛方在望台指挥，忽一弹飞至，贯其颊，仆矣，复跃而起，传令装炮，弹复集其胁而亡。于是全船所存，仅学生二，船亦沉半截。二学生见孤拔方植立督战，乃从容装药，瞄准孤拔而击之，殪其左右二人，孤拔亦受伤。计各船管驾力战阵亡者，共四人。

或曰，有徐某者，上海人，年十岁，失怙恃，家贫，流为丐。丐中之强有力者多欺之，以故不惯与群丐伍。夜无所归，恒号泣于天主堂前，法教士哀而收养之。徐固世为教徒也，命之读，琅琅上口。性颖悟，不数年，通法文，教士爱之，返国携以去，使入中学校。及中、法战时，教士携之入军，随孤拔来寇，因利徐以谋我焉。

徐居军幕，为虎作伥。孤拔率兵舰寇台湾，知福州防御严，不利深入也，徐曰："福州舰小兵懦，长驱直入，不足敌也。"孤拔颔之。笑问教士曰："徐，华人也，保无意外乎?"教士曰："徐家世奉教，依吾为生，庸何伤?"翌日，徐又谓孤拔曰："台民强暴，恐将不利于将军。"孤拔然其言，将轻舵西驶，先锋已报失利，急鼓轮向福州行，窥马江。福州水雷艇数十，方防堵海口，孤拔以远镜窥我军，乘未备，发炮先击。我军乱，不及整师，仓皇出，法军炮弹纷至，已洞穿我铁甲，渐下沉。徐又乘机语孤拔曰："必尽歼之，毋贻他日忧。"又连发数炮，而我军仅一艘矣。有一军官跃出曰："我军还击固死，不还击亦死，何可束手待毙耶！"强令发一弹，中孤拔腰，立仆。法兵见主将被创，停战，徐仍促之还射，我军遂全没。

孙开华胜法人于台湾

孙开华，字赓堂，湖南人。咸、同间，从鲍超转战楚北、江南、江西，有功，累迁至总兵。光绪初，调台湾。甲申，法人来犯，时督办台湾军务者为刘铭传，刘故淮军宿将，多谋能断，部下将士皆精锐善战。刘知孙可大用，令守淡水炮台。

刘尝于酒半语客曰："吾有四提督、一总兵，谋勇兼备，何忧敌之不破、功之不成哉！"四提督，谓曹志忠、章高元、苏德胜、邓长安，一总兵谓孙也。既而孙以火药不足，不用大炮，令军士尽伏台后。法兵官从铁舰开放大炮二百余门，台上寂无声息，相戒不稍动。法人以为我守兵已溃走，立放舢板，驱兵登岸。伏骤起，奋勇直进，肉薄移时，斩级数百，呼声震天，法人惊出不意，入海死者不可悉数。击沉舢板四，军中莫不称贺。孙曰："敌虽经此巨创，然心不甘服，必且复来。吾等防务不宜稍懈，如有解甲休息者，罪以军法。"

未几，法人谋袭击，孙率士卒，贾其余勇，冒死抵御，三战三捷。法人慑其威，自是遁。

孙强毅而宽和，得士心，故能搴旗斩将，力遏凶锋，相持数十日，而淡水卒无恙。当时无水师以为援助，而炮台军械又远不如敌，乃竟能转败为胜。刘奏陈战绩，擢福建陆路提督。光绪癸巳，以疾卒于淡水。举殡之日，士民爇香会送，至为泣下，亦有绘像以祀者。

张李成与法人战于台北

张李成，台湾内山人，美风姿，操俳优业，媚目巧笑，傅脂粉登场，初不审其为勇士也。光绪乙酉，法人攻台北，观察李某以刘省三中丞命，练土兵拒敌。张忽舍所业应选，李呼张小字曰："阿火，汝胡解兵事！"张慷慨言曰："火生长是间，不欲变服饰为西人奴也。"

山中善火者可千人，招之立集，善猎能枪，可应敌。李善之，易其名曰李成，谓"李氏所成就者"也。时擢胜军二千众，屯沪尾炮台坡，李成则率新卒五百，分为两队承其后。擢胜军一与敌接，立败，张以二百五十人出，散发赤身，嚼槟榔，红沫出其吻。时潮上，法人争以小船抵坡下，坡上草深没人。此二百五十人者见敌皆仰卧，翘其左足，张趾架枪以待敌。敌近，二百五十枪齐发，法人死者百数，大骇而遁。山后复出二百五十人，作圆阵包敌。时潮落舟胶，有巨贾购得法华战事股票，从军观胜败，时亦陷足泥中。船上张白麾，请以金赎，张不可，作俳优声曰："吾不欲仇人金也！"杀而烹其尸。

李世鸿与法日战

李世鸿，字海珊，合肥人。夙秉母虞夫人训，明大义，死绥盖平。时母犹在堂，前一夕，手书戒子，不以生还为念，仅属（古同"嘱"）善事祖母，求自立而已。咸丰己未从戎，时粤、捻两寇已炽。克复寿州、六安之役，与焉，积功至守备。同治甲戌，台湾与日本人閧，从福建提督前往镇抚。由竹坑山进兵，收复大龟纹溪、内外狮头等番社，擢都司，加游击衔。内渡，驻军江阴，督建炮台。光绪癸未中、法之役，防堵台南，援台北。尝夜半率兵，由菱山绕小路攻敌后营，踏破之，夺还炮垒，获法军旗器械。法人攻沪尾，守军几溃，复赴援，伤敌无算。和议成，擢游击，守台南，办开山抚番事。丁亥，总兵章高元赴山东，初檄管带广武营。壬辰，移驻青岛，督建炮台，未就。甲午，日本在朝鲜与我开衅，章援旅顺，世鸿帮统新募福字两营。未出，旅顺陷。时日本海军方逡巡渤海，不易渡，乃率师冒险，由登州茅家口乘海舶，往大营口登陆。宋忠勤公庆檄守盖平，爰相度形势，以牵马岭为要隘。设戍甫定，日本将率军来袭，战屡胜，歼敌不可胜计。敌还攻析木城，宋仍檄守盖平。一夕，敌麕至，杨寿山守东北隅，李仁党守东南隅，世鸿守西南隅。西南当敌之中坚，两军交绥，敌忽向偏东抄击，而东南敌亦猝集。时我军不及八营，敌马步兵数万，弹丸如霰，东南隅陷，仁党死之；东北隅继陷，寿山死之。西北隅遂孤立，矢尽援绝，犹抽鞾刀搏战，剸数人，冲入敌阵，世鸿死之。时光绪甲午十二月十五日也。同时阵亡将校凡二十余人。

唐景崧遣将与日人战

光绪甲午，朝廷以台湾割让日本，台人不怿，自立民主国，举护抚唐景崧为总统，以邱逢甲副之。而日本所任台湾总督桦山资纪知台人之反抗也，率师来攻。先攻基隆，景崧命吴国华守三貂岭，复命营官包干臣驰往助之。偶与日军侦探队遇于途，奋勇击之，毙日兵官某，日军大溃。干臣适驰至，遽夺日兵官首级归，冒为己功，报大捷，吏民皆贺。国华方追逐日军，忽闻干臣夺己功，大愤，遽舍日军回兵追干臣。日军瞰之，亟返旆，遂夺三貂岭。时基隆危急，分统李文忠等会师援之，日军已密布，文忠等屡战皆败北。景崧复命黄义德屯八堵为后援，逢甲乃请于景崧遣他人代之，景崧弗许。义德至八堵，闻日军势盛，胆几丧，遽舍八堵驰归，诡言狮球岭已为日据，八堵逼近敌营，不能驻军。日人悬金六十万购景崧头，故亟驰归以防内乱。逢甲知其诈，面斥之，景崧莫敢诘。其实狮球岭尚未失，自义德驰归，其地空无一兵。翌晨，日军遂不折一矢而得之矣。

是夕，义德所部军索饷，大哗，逢甲请斩义德以谢台民，并严惩一二乱兵为首者，景崧不从。逢甲叹曰："祸患之来，迫于眉睫，尚不能整饬军纪，徒畏葸游移，坐令哗变，天下事尚可为乎！"次日，城中闻日军将至，相惊扰，军士蠢蠢有变志，景崧束手无策。薄暮，溃兵争入城，沿户淫掠，客勇、土勇互相斗，积尸遍地。中军护勇为内应，总统府火发，光焰烛天，景崧大骇，亟微服挈一子而逃，妾易男服随之，杂难民中出城，疾附英轮至厦门，置台事于不顾矣。逢甲闻之，哭曰："吾台其去矣！误我台民一至此极，景崧之肉其足食乎！"时游兵淫掠无厌，居民迁避一空。逢甲急举义兵，然府库军械尽入游兵手，义兵势不支，大败，逢甲孤身遁乡间。游兵大掠三日，日军尚未至。德商毕狄兰以书告日军，乃从容以兵来收城。逢甲收拾散亡，义师复集。闻日军至，伏于途而击之，顾日军势张甚，逢甲又大败，全军尽丧，逢甲仅以身遁，复匿于乡，台北遂为日有。是时刘永福尚坚守台南，日军攻之，数月不能下。逢甲思往依之，道中梗，不能行。而台北已陷之城邑，闻台南义声，咸跃跃思奋，逢甲复与之约，定期起兵，图恢复。为日军所侦知，防备周密。日军复以台湾自主事为逢甲所首倡，嫉之甚，严索之。逢甲窜身深箐穷谷间，幸脱于祸，而恢复之志不稍替。未几，永福力不支，台南亦失守。逢甲知大势已去，乃亦痛哭而行，台湾遂亡。

孙子堂与日人战于台湾

孙子堂为赓堂总兵开华之子，好读书，不求闻达。时究心戚继光兵略，赓堂诏之曰："吾自从军以来，大小百数十战，其中布置得诸兵法者十之四，参以己意者十之六。盖泥古而不知变通，未有不致败者。尔能研究古兵略以求其变，按之时势以为其通，用兵之道，不外是已。"子堂谨受教。

光绪甲午，中、日衅起，海陆军屡战屡北，乃割辽东半岛、台湾、澎湖以和。台人不肯让，知子堂为名将之后，深谙兵法，遂推为义师首领。子堂奋袂起曰："国家土地，不可以尺寸与人！台湾北通吴会，南接粤峤，乃东南之保障。又况物产丰腴，鱼盐充足，正多天然之利。而朝廷视若弁髦，委诸敌人之手，是诚何心！某虽无能，然不忍睹此大好海疆沦于异域，重辱我先考也！"即日募壮士，墨绖视师。购器械，立旗帜，不数日而战守之具悉备。当操练时，以黑布抹额，足着草屦，往来指挥，骁勇异常，咸谓孙开华乃有此儿也。

已而日兵抵台，示威于众，扬言有反抗者，立予屠戮。其家人闻而惧之，谓之曰："将军死未几，后事方殷，公子宜自爱重。且朝廷既允割弃，力复不敌，幸毋以千金之躯，轻于一掷也！"子堂曰："不然。今日之事，先考之灵，实式凭之。即不成，亦可告无罪，正不得以其必败而遂怀退志。人孰无死？死贵得当耳！"乃与诸壮士枕戈待旦，誓以死拒。未几，日兵来犯，奋勇击却之。翌日，日兵来者愈众，自辰至午，肉薄相当，伤夷略等。顾敌源源继进，而子堂则无后援。移时，壮士死者几尽，子堂亦身受数创，大呼曰："吾可以见先考于地下矣！"复策马陷阵，力竭死之。

聂士成胜日人于连山关

杜振卿以佐贰需次北洋，光绪甲午之役，奉檄解军需，赴宋庆营，宋留振卿办粮台，节节退守，直至辽阳。同事故有十数人，至辽阳，仅四人矣。闻日军且至，大震。某日晚餐，有一人与三人约曰："若辈皆惧死逃矣，吾侪无论如何，当誓死弗去。"众唯唯。翌晨视之，则此三人皆逃，昨发言者亦在其中也。振卿固有胆，且主管军需，思职守所在，逃且获严谴，遂决留。时城外驻有聂士成军，朝鲜平壤之战，聂初隶叶志超，盖朝阳先有匪乱，聂、叶共往平之，聂功至高，为叶所冒，叶遂居聂上。及败于牙山，叶获罪，聂乃以偏师千人扼摩天岭，日军屡犯之，皆击退，奉天得无恙。至是，与日军激战，辽阳牧许某亦登陴死守，城中流弹如雨，恒卧地避之。日兵忽停战三日，聂疑之，盖辽阳城外有山曰连山关，虑其登山俯击也。募樵夫探之，得报，日军果至山顶，山上下节节为营，其不施攻击者，炮未至也。

是夕适大雪，聂下令，募死士，得三百人。人给五十金，羊皮衣裤各一，令反着，远望之，与雪同色，不知其为兵也。

又令樵夫为导，至山腰，分三百人为二组，一向上、一向下。各放枪数排，闻敌枪声起，即潜伏山谷中，天明再突出激战。令下，众奋勇前进。我军潜登之处，为日军斥堠所不及。至山腰，如令行之。时大雪蔽天而下，瞭望俱穷。日军在山巅者，疑山腰以下为我所得；在山腰以下者，又疑山腰以上为我所据。大雪不敢出战，各用枪炮轰击，实则自相残杀而已。天明，我军突出，聂自帅大军从山下掩至，遂获全胜，收复连山关。及和议成，聂奉命练一军，参用德国兵制，召募精壮，日训练之，躬与士卒同饮食卧起。知东三省将有战祸，率兵躬履其地，详绘地形，至晰至备。

孙钰胜日人于关外

寿州孙钰以拳勇名。其村前有石龟，重八百斤，能抱之行百步，人号曰“孙八百”。吴大澂家居吴，以重金聘之，任扞掫。光绪甲午之战，吴在湘抚任，帅师出关，钰愿挈其徒百人从，许之。

吴师甫出关，未战而溃，钰独率其徒求主将，不期反与日军遇。时日军来者近千人，钰度势不敌，退入林中，与其徒舍骑登木，择树枝之阴翳者踞之。日军以大队围林，而分骑搜索，辄自上枪毙之。日军发枪，皆格于林，不能损也。久之，日军亦不动，钰与其徒谋曰：“日军不来，知林战不利也。不去，岂必待其运炮至耶？炮至，吾侪死矣。”

钰徐按辔至林侧，猝一跃而入，日兵不及备，仓猝短兵接。日兵用枪上刺刀，钰军则以腰刀奋斫，日军不能当，皆纷纷退。钰度相去稍远，必为火器所困，乃与其徒力挠之，彼此错杂，纷纭拏斗，日枪不得发。其大佐某以柔术鸣，自跃马当钰，钰挥刃一击，人马皆中裂。日暮，手斫杀且百人。会章高元军至，遂得脱。钰失其徒十二人，而杀日人数百，日军为之夺气。然以吴败故，竟不叙功，惟以白衣归耳。

马玉昆胜日人于大同江上

光绪甲午中、日之战，马玉昆奉檄御日本军于大同江上。初以轻骑来，尝一战败之。继而大队毕集，数逾二万，马所部可八千，先使一游击以千人迎战，戒曰："宁死毋归！"战一时许，使来告急，马问使者曰："死若干？"曰："死者可二百。"马怫然曰："死及五百告我，我当来助。"游击遵令，乃掘长濠，伏师之半于中为左，以其半伏林中为右。战五时，日本炮队至，悉力攻林。炮丸着木，声若裂山，林木尽折。马度其少疲，亟挥全军乘之，日人大败。马方逐北，而卫汝贵已逃，归路为日所断，马亲突阵，中贯之，竟冒围以走。

是役也，杀日人数千，我师亦丧数千人。自是，屡转战于奉天、牛庄间，互有胜败。聂士成亦敢战，而宋庆以统帅临二人上，既不能战，又时掣二人肘。马叹曰："使我与功亭（士成字。）并主战事，不使祝三（宋庆字。）扼我，日人不足败也。"然当道竟不之察。和议成，马仰天大哭，不食者数日，全军皆感动。

庚子之役，马帅师御敌于京津之间，前后十余战，多所斩获。以大事不支，乃扈两宫西狩。列国皆惮马，不敢迫。独俄人怙其慓悍，尾而穷蹑。马以三千人发覆，大败之。

章高元与日人大战于盖平

光绪甲午，章高元统广武、嵩武及新募之福字军共八营，奉李鸿章檄援旅顺，未发而旅顺陷，遂奉旨会同宋庆赴前敌，守牵马岭。屡与日兵战，杀敌甚多，迭获胜，敌不敢犯，引去。宋庆嫉章声威功绩将出己上，则其屡次退师失地之罪，必相形而不可掩。会召章议事，章请合兵决一死战，以推强敌，宋不从，且以危祸怵之。章大呼曰："我章迂子岂畏死者乎？曷为不可战！"盖章临阵，率骑马前行，以率士卒，视弹子如无物，人皆以"迂子"目之也。于是宋益嫉之，乃檄其弃牵马岭以守盖平。盖平无险阻可扼，绝地也。章知宋陷己，迫于上将命，不得不行。

章抵盖平，敌兵大股数万，四面来攻。乃戒所部无妄动，俟敌近，乃发枪，歼其将三人，敌军死伤甚众。知敌将大至，请援于宋，宋不许。十二月十三日，敌大举环围，榴弹如霰。复驰使求救，时宋驻析木城，竟不赴援。章搏战一日夜，子弹告竭，则以锋刃突击，日军死伤山积，终以众寡悬绝，部将杨寿山、李仁党、李世鸿、贾君廉、张世宝等皆阵亡。章见弹尽援绝，乃率残兵冲出重围，退往营口。是役也，为中、日战事中第一恶战，日本军人尝称之。

丁汝昌与日人战于旅顺

光绪甲午五月，中、日初开战时，日本舰队在朝鲜仁川港，丁汝昌电达总理衙门，请封其港。集议二日，始覆电，令相机行事。丁率军至仁川，而日本舰队已出口，此我之失机也。其后八月，北洋海军虽被困于威海港，然陆路炮台未失。且离荣成三十里有一小山，为军港后路要地，山东巡抚李秉衡乃派一典史率兵二十人守之。是以日军至此，坦然进兵，绝无艰阻，掠夺炮台，以我之炮，攻我之船，遂至全军覆没。

先是，六月杪，北洋海军济远等舰护高升运兵船赴朝鲜之牙山，遇日本兵舰于丰岛西北，开战，广乙受重伤自焚，搁海岸浅滩，济远遁归威海。时丁率全军在威海卫，堵塞口门，为自守计。廷旨屡令巡弋洋面，丁则以出巡未遇敌舰为答，而日舰亦时来窥威海。

八月十三日，丁率全军抵旅顺，朝命以铭军十二营济师平壤，自鸭绿江登岸，以商轮五艘为运船，海军全队十二艘翼之。十七日，抵大东沟，陆军既登岸。十七日，海军将返旅顺，巳刻，与日本海军全队遇。

战舰十艘，分五队：镇远、定远两铁甲舰为第一队；致远、靖远为第二队；经远、来远为第三队；济远、广甲为第四队；超勇、扬威为第五队，丁居定远督战。平远、广丙始于开战后来会。日本兵舰十二艘；海军中将伊东佑亨为司令官。丁遥望日舰将至，突开巨炮攻之。致远管带邓世昌，粤人也，素忠勇，乃进言曰："今吾舰距离日舰，以某测之，犹有九里之遥，炮力实不能及，徒费药弹，无益也。不如俟其既近，而后击之，庶于事有济。"丁不从。然日舰固未发炮，而其游击舰忽从左侧抄袭于后，与本队前后夹攻。未几，扬威、超勇先中弹火起，超勇沉，黑烟蔽天。我军节节分离，彼此不相应，阵渐乱。致远弹尽，邓度势不支，以为日舰惟吉野速率最大，苟沉之，足以夺敌气，遂开足汽机，向吉野冲突。吉野驶避，而致远反中其鱼雷，遂炸沉，世昌死之。济远遁，撞伤扬威舵叶，沉之。广甲亦逃，搁浅沉没。靖远、经远、来远不能支，亦驰出阵，日舰来追，经远亦沉。时敌炮萃于镇、定两舰，定远受重伤。日暮，日舰惧吾鱼雷袭击，解而南去，我军亦归旅顺。二十四日，以临阵先逃，斩济远管带方伯谦。

是役也，我军失舰五，存者惟镇远、定远、来远、靖远、济远、平远、广甲七艘，然受创甚，不能军。

聂士成马玉昆与洋人战于畿辅

光绪庚子五月十五日，日本书记生杉山彬道出京师永定门，董福祥遣兵杀之于道，裂其尸。

十七日，义和拳匪火右安门内教民居，无老幼妇女皆杀之。数十百人为群，一僧为之长。

十八日，纵火焚教堂，虽有旨令剿，而势愈炽。

二十日，焚正阳门民居四千余家，延及城阙，三日不灭，乃召大学士、六部九卿入议。吏都侍郎许景澄言："使馆苟有不测，未知宗社生灵置于何地？"太常寺卿袁昶言："衅不可开。"慷慨歔欷，声震殿瓦，孝钦后目摄之。太常寺少卿张亨嘉言："拳不可恃。"仓场侍郎长萃在亨嘉后大声曰："此义民也！"载漪、载濂等和之，并谓人心不可失。德宗曰："人心何足恃？徒益乱耳！

朝鲜之役，创巨痛深，诸国之强，十倍于日本，协以谋我，何以御之?”载漪言：“董福祥善战，剿匪有功。以御洋人，当无敌。”孝钦曰：“福祥骄，难用。洋人器利而兵精，非回比。”翰林院侍讲学士朱祖谋亦言福祥无赖。载漪语不逊，孝钦嘿然，廷臣皆出。而载漪、刚毅遂合疏，言义民可恃，其术甚神，可以报仇雪耻。是日，遣那桐、许景澄往杨村，说洋兵，令无入，遇拳劫之归，景澄几死。洋兵援使馆者，亦以人少不得达，至落垡而还。

二十一日，又召见大学士、六部九卿。孝钦曰：“皇帝意在和，不欲用兵。有言和便者，今日廷论，可尽之。”德宗曰：“非不可战，顾我国积弱，用乱民以求一逞，宁有幸乎?”载漪曰：“义民起田间，出万死以赴国难，今欲诛之，人心一解，谁与图存?”德宗曰：“乱民皆乌合，洋兵利，能以骨肉相搏乎？奈何以民命为儿戏!”孝钦度载漪辨穷，而户部尚书立山以心计，侍中用事，得孝钦欢，乃问山。山曰：“拳民虽无他，然术多不效。”载漪色变曰：“用其心耳，何论术乎！立山敢廷争，是且与洋人通。试遣山退兵，洋人必听。”山曰：“首言战者，载漪也，漪当行！臣主和，又夙不习夷，不足任。”载漪诋立山为汉奸抗辨，孝钦解之。罢朝，遂遣兵部尚书徐用仪、内阁学士联元及立山至使馆，曰：“无召兵，兵来，则失好矣。”

二十二日，又召见大学士、六部九卿。载漪请攻使馆，孝钦许之。联元亟言不可，谓“使馆不保，洋兵他日入城，鸡犬尽矣”。载澜曰：“联元贰于夷，当杀!”孝钦大怒，命立斩之，以左右营救而止。协办大学士王文韶言：“我国财绌兵单，一旦开衅，何以善后?”孝钦大怒而起，以手击案，厉声曰：“若所言，吾皆习闻之。若且往令洋兵毋入城，否者且斩若!”文韶不敢辩。德宗持景澄手而泣曰：“朕一人死不足惜，如生灵何?”孝钦阳解之，不怿而罢。而载漪、载勋、载濂、载澜、刚毅、徐桐、崇绮、启秀、赵舒翘、徐承煜、王培佑力赞之，遂下诏，褒拳匪为义民，予内帑银十万两。

载漪即邸为坛，晨夕必拜。于是城中日焚劫，凡拳所不快者，即诬为教民杀之，死者十数万。而孝钦方日召见其党所谓“大师兄”者，慰劳有加。士大夫谄谀干进者，又以拳为奇货。如候补知府曾廉，翰林院编修王龙文、彭清藜、吴国镛、萧荣爵，御史徐道焜、陈嘉言、刘嘉模，刑部郎中左绍佐，户部主事刘秉鉴等，皆上书附和。时王公邸第，百司廨署，拳皆设坛，谓之保护。而两广总督李鸿章、两江总督刘坤一、湖广总督张之洞、四川总督奎俊、闽浙总督许应骙、福州将军善联、巡视长江李秉衡、江苏巡抚鹿传霖、安徽巡抚王之春、湖北巡抚于荫霖、湖南巡抚俞廉三、广东巡抚德寿，合奏言：“乱民不可用，邪术不可信，兵端不可开。”山东巡抚袁世凯亦极言：“朝廷纵乱民，至举国以听之，譬若奉骄子，祸不忍言。”皆不听。遂派载勋、刚毅为总统。然拳匪专杀自如，勋、毅不敢问也。

二十三日，谕各国使臣入总理衙门议事。德使克林格辇而先，载漪伺于道，令所部虎神营杀之，后者皆反。徐桐、崇绮闻之，皆大喜，谓我国自此强矣。

二十四日，诏遣董福祥及武卫中军围攻交民巷，欲尽杀各使，炮声日夜不绝。拳助之，巫步披发，升屋而号者数万人。洋兵仅四百，攻之逾月，董军、武卫军死者无虑三千人，拳亦略有伤亡，遂不敢复进趋战。而刚毅、赵舒翘方坐城楼，张羽旗。毅曰：“使馆破，洋人无种矣！自是当太平。”舒翘起为寿曰：“自康有为倡乱悖逆，喜事之徒云合而响应。公幸起而芟夷之，略已尽矣。上病且死，又失天下心，不足以承宗庙，幸继统有人，定策之功，公第一。今义民四起，上下同仇，非太后圣明，公以身报国，尽除秕政，与海内更新，亦难以致今日之效也。”毅大喜，自行酒，属舒翘曰：“公知我。”启秀奏言：“各使不除，必为后患。五台僧普济有神兵十万，请召之会攻。”曾廉、王龙文请引玉泉水灌之。彭述谓炮不燃，其效固验。御史蒋式棻亦请斩李鸿章、张之洞、刘坤一。朱祖谋请毋攻使馆，不报。时拳既不得志于使馆，乃往攻西什库教堂。毅帕首鞾刀，自督战，拳死者数百人，毅逃而免。其后崇绮又三往攻之，迄不能入。而载漪为拳论功，除武功爵者数十人，车骑服色，拟于乘舆，至自称九千岁，出入大清门，呵斥公卿，无敢较者。

二十五日，下诏宣战。以法领事杜士立索大沽炮台为辞，其实炮台先于二十一日失守矣。时有诏征兵，海内骚然，羽书相望。乃以载漪、徐桐、崇绮、奕劻主兵事。奕劻枝梧其间，不敢发一语。桐以暮年用事，尤骄横。

六月初四日，遣仓场侍郎刘恩溥至天津招拳，裕禄亦盛言拳敢战，连败夷。初，洋兵攻西沽，聂士成弃不守，其乡人移书责之。士成笑曰："岂怯我耶？"遂连战八里台，陷阵而死，马玉昆代之。

十八日，马玉昆败于紫竹林，天津陷。裕禄走北仓，从者皆失。久之，乃上闻，京师大震。彭述曰："此汉奸张洋势以相恫喝也。姜桂题杀洋兵万，势日蹙，行求和矣。"不知桂题在山东，未至天津也。

二十二日，有旨保护教士及各国商民。杀杉山彬、克林格者议罪，大学士荣禄意也。载漪大怒，不视事，孝钦强起之。

二十九日，李秉衡至自江南，主战，言义民可用，当以兵法部勒之。孝钦诘以李鸿章等联奏，秉衡言："此张之洞私入臣名耳，臣不知。"孝钦闻天津败，方旁皇，得秉衡言，乃决，遂命总统张春发、陈泽霖、万本华、夏辛酉四军。

七月十一日，北仓失，裕禄自戕死。洋兵方得天津，画地而守，兵久不出。一夕大至，攻北仓，玉昆力战三昼夜，大败。事闻，孝钦泣，问计于左右，无敢言者。

十三日，以鸿章为全权大臣。时停攻使馆，使总理章京文瑞赍西瓜问遗之，而以桂春、陈夔龙送各使至天津。各使不欲行，覆书甚慢。彭述请俟其出，张旗帜为疑兵，数百里皆满，可以怵之。是日，李秉衡出视师，以拳三千人从。秉衡亲拜其长，人各持引魂幡、混天旗、雷火扇、阴阳瓶、九连环、如意钩、火牌、飞剑，谓之“八宝”。

十五日，张春发、万本华败于河西务。陈泽霖军亦溃，秉衡走通州。

十七日，通州失，秉衡死之。

十八日，御医姚宝生下狱，盖载漪将行大事，宝生泄之，欲杀以灭口也。城破，与龚照玙、徐致靖、何隆简、黄思永、席庆云皆逸出。孝钦闻秉衡军败而哭，顾廷臣曰：“余母子无赖，宁不能相救耶?”廷臣皆莫对。议遣王文韶、赵舒翘至使馆，文韶以老辞。舒翘曰：“臣资望浅，不如文韶。且拙于口，亦不能引故事而争也。”荣禄曰：“不如贻书以观其意。”遂遣总理章京舒文持书往。书达，约明日遣大臣往，以食时相见。及期，皆不敢出。时复攻使馆，舒文至，董福祥欲杀之，称有诏乃免。

十九日，洋兵自通州逾时而至，福祥战于广渠门，大败。

二十日黎明，洋兵自广渠、朝阳、东便三门入，禁军皆溃。董福祥出走彰仪门，纵兵大掠而西，辎重相属于道。彭述犹遍谕五城，谓我军大捷，洋兵已退天津矣。

二十一日，天未明，孝钦率德宗徒步而出，至西华门外，乘骡车，从者为载漪、溥儁、载勋、载澜、刚毅。宫人皆委之而去，或走出安定门，道遇溃兵，被劫，多散。是日，驾出西直门，马玉昆以兵从。暮至贯市，德宗及孝钦后不食已一日矣，民或献麦豆至，以手掇食之，须臾而尽。时天寒，求卧具不可得，以村妇布被进，濯犹未干也。甘肃布政使岑春煊自昌平来，孝钦对之泣，春煊故以勤王兵往察哈尔防俄，未至而京城破。贯市李氏者，富商也，从取千金，因易骡轿以抵西安。

孝钦后命德宗与八国联军宣战

光绪庚子，拳匪肇祸，孝钦后袒之，发兵攻京城使馆。五月二十五日，下诏宣战，虽为德宗谕旨，孝钦实主其谋。诏曰：

我朝二百数十年，深仁厚泽，凡远人来中国者，列祖列宗，罔不待以怀柔。迨道光、咸丰年间，俯准彼等互市，并乞在我国传教，朝廷以其劝人为善，勉允所请，初亦就我范围。讵三十年来，恃我国仁厚，一意拊循，乃益肆枭张，欺凌我国家，侵犯我土地，蹂躏我人民，勒索我财物，朝廷稍加迁就，彼等负其凶横，日甚一日，无所不至。小则欺压平民，大则侮慢神圣。我国赤子仇怒郁结，人人欲得而甘心。此义勇焚烧教堂、屠杀教民所由来也。朝廷仍不开衅、如前保护者，恐伤我人民耳。故再降旨申禁，保卫使馆，加恤教民，故前日有'拳民教民，皆我赤子'之谕，原为民、教解释宿嫌，朝廷柔服远人，至矣尽矣。乃彼等不知感激，反肆要挟。昨日，复公然有杜士立照会，令我退出大沽口炮台，归彼看管，否则以力袭取。危词恫喝，意在肆其猖獗，震动畿辅。平日交邻之道，我未尝失礼于彼，彼自称教化之国，乃无礼横行，专恃兵坚器利，自取决裂如此乎！朕临御将三十年，待百姓如子孙，百姓亦戴朕如帝天。况慈圣中兴宇宙，恩德所被，浃髓沦肌，祖宗凭依，神祇感格，人人忠愤，旷代所无。朕今涕泪以告先庙，慷慨以誓师徒，与其苟且图存，贻羞万古，孰若大张挞伐，一决雌雄！连日召见大小臣工，询谋佥同。近畿及山东等省义兵，同日不期而集者，不下数十万人。至于五尺童子，亦能执干戈以卫社稷。彼尚诈谋，我恃天理；彼凭悍力，我恃人心。无论我国忠信甲胄，礼义干橹，人人敢死，即土地广有二十余省，人民多至四百余兆，何难翦彼凶焰、张国之威？其有同仇敌忾、陷阵冲锋，抑或仗义捐资、帮助饷项，朝廷不惜破格懋赏，奖励忠勋。苟其自外生成，临阵退缩，甘心从逆，竟作汉奸，即刻严诛，决无宽贷。尔普天臣庶，其各怀忠义之心，共泄神人之愤，朕有厚望焉！

闻此诏实为军机章京连文冲所拟也。

翠云娘与八国联军战

翠云娘，山左产，年十七八，貌殊可人。双趺纤小，而腾跃上下可丈许。幼业卖解，随父流转江湖，行踪遍南北。意气骄甚，谓所见男子无当意者，自矢终身不字人。曾至上海奏技，其父为人诬陷，被拘入租界捕房。女随往，有所剖白，而捕房例，严禁华人有所陈，遂被囚，不胜其苦。罚锾，乃得释，女愤然曰："吾国官吏往往不免冤诬人，吾每谓之暴，然尚容人辨诉也。不意西人乃如此！"自此，遂有仇外意。

光绪庚子，义和团起。女喜，请于父，往投之，盖即团中所谓"红灯照"者。女得隶某大师兄麾下，甚见信任，锡以"翠云娘"名号，书之旗帜而赐之，所至恒揭以行。自是妆束顿易，周身绫绵〔锦〕，衣履一碧，而貌益艳丽。女日见团中无纪律，行事类盗贼，颇忧之，然独力亦莫能挽。寻八国联军长驱入京师，团众逃无踪，女愤甚，激励其部下，人咸愿效死，遂与联军巷战竟日，洋兵死伤者多，女部兵亦伤亡略尽，乃耸身登屋逸去。其后团中领佐大半为洋人向导，或为仆役，且藉洋兵之势，劫夺抢杀，无恶不为。女慨然曰："吾误与若辈共事，事胡能成？然此耻不可不一湔也！"乃约会饮于某处，众素倾慕女，是日到者众。女宣言曰："吾向谓若辈人也，不意乃狗彘之不若！"剨然出长剑，骈戮之，遂去，不知所终。

某巡士谈庚子拳匪战事

扬州巡士潘姓者，天津人也。尝在武卫军统领张某麾下，为人言光绪庚子战事曰："吾家实以技击为业者也，兄弟辈日走四方，为掷涂距跃之戏。既从军，每岁大操，吾辈辄荷戈而往，坐作进退、攻守击刺，咸娴熟可观，统领辄给钱千百文，而吾辈得数日醉饱。庚子之役，战衅已开，吾辈犹以为大师兄法力通神，区区外人，固无足当一击。已而令下，檄吾侪入伍，使当时明言与洋人战者，则吾侪亦将为豫防趋避之谋，而统领但云大师兄阅操而已。比往，则令舍刃而执毛瑟枪。吾之枪法，尝肄习于白河之渚，以击凫鹜，无不中者，是固未足以相难也。于是荷枪从统领令旗所指，阵于海滨。一军三千人，背丘而面水。统领令曰：‘今日大师兄命我师为先锋，与洋人战，毋退却！毋畏避！’吾侪大惊，汗流浃背。然求洋人，洋人固不知何往，惟巨舰数艘，巍峨若城，泊处距岸可半里，上有十字之旗，与烟筒中缕缕之烟，飘摇空际而不见有人也。统领又令曰：‘此兵舰即敌人也，速击之！’时吾侪已审知无他，胆稍壮，于是火枪大炮，并力轰击。砰訇良久，敌舰仍不见人，亦不还击。吾侪方痴望，而背后枪声忽起，势若风雨。方回顾，则敌军已布满丘上矣。仓猝转身，阵中死伤无数。欲奔逃，则敌人三面蹙我，不得已，举枪力战。此时神智已乱，枪惟妄击，无准的。已而丘上敌兵枪声稍辍，分左右排开，吾侪急于脱命，即乘间冒死，直突而前，登丘甫半，忽红光一闪，兵舰之大炮发矣。我兄与我同伍，立为炮碎。炮再发三发，吾左右死伤尽矣。吾独存，骇甚，乃闭目不敢视，而举枪乱击。忽为积尸所绊，仆地。久之无声，张目起视，则海中之舰已去，而陆上之兵亦无，乃急逃出。闻人言洋兵入天津矣。吾一家皆死，孑然一身。事后乃知吾军未至之先，敌人已从高粱丛中登岸，人马皆自田中徐行，而吾人不觉也。统领有良马，发令毕，即乘之去，故不死。”

奉黑将军征多艾女寇

齐齐哈尔之南有一部落曰“多艾”者，道与吉林通。当光绪甲辰日、俄战争时，此部落之附近有女寇三：一花胡蝶，年二十八；一花春莺，年二十一；一一丈青，年十九。皆艳丽无匹。夙隶于高天高海天河马贼之部下，率二千余人出没于满蒙间，所向皆锐不可当。屡渡嫩河以袭击齐齐哈尔，黑龙江将军闻而怒，命统领纪某星夜驰讨，接战数次而败。女军有新式兵器，盖日、俄战时，曾以轻骑袭俄营而掠夺之，俄兵不能抗也。黑龙江将军乃乞救于奉天，奉天将军命驻八面城之统领瑞某任征讨，率马队三营，兵六百骑，过山炮一尊，经北郑家屯、洮南府向齐齐哈尔出发，数年始绝其迹。或言一丈青者，因其夫万永胜素通马贼，被官处死刑，急于复仇，遂愤然执戟而起也。

桂抚征女寇

广西女寇王九姑，某乡总董妻也。光绪朝，有游匪大股入乡，董自揣力不敌，则馈以银米，使安然自返。其后有人诬指董通匪，某令率兵赴乡，捕董及其子。禁押久，严讯无实据，欲释之，勒令捐银三千两取保回乡。九姑闻之，告其姑曰："良民无辜幽囚，王法何在?"即日负姑赴省上控，半途，乃闻其夫及子均已枉杀，则又负姑归里，变产集资，招亡命，至上海购毛瑟枪三百枝，纠众倡乱，所向无敌。平日不戮一人，亦不掳掠百姓财物。凡遇官兵，奋勇直前，率众冲陷，势不可遏。女党魏五嫂、曹三娘，其部将也。五嫂、三娘皆悍猛无比，每战必胜。提督患之，使人劝之投诚，九姑对使曰："无所谓投诚，但使我夫及子生，即顺从矣。"大吏屡招降，每对皆如是。时右江道王某屡与王九姑战，皆北。一日，王督兵列阵，九姑鼓噪其党，围王于垓心，凡一昼夜。

武略类

有武略者得巴图鲁

国朝以“巴图鲁”为勇号，获赏者荣，得“清”字者尤荣。巴图鲁之称始于元代，“致死疆场”之义，盖奖其为勇士也。有武略者始得之。

汉族将才

国朝从龙诸佐，蔚起关外。及圣祖平三藩后，则汉族名将西北为多，如提督侯爵张勇及子云翼；提督男爵梁化凤及子浙闽总督鼐；提督子爵王郡及子总兵守乾；提督陈福及子提督大用；广东提督殷化行；贵州提督杨天纵；提督副将军董芳：皆陕西人。云南提督伯爵赵良栋及子广东总督宏灿；巡抚加总督衔宏燮；提督将军王进宝及子总兵用予；提督岳升龙及弟提督超龙、子威信公大将军钟琪；提督钟璜孙巡抚浚；提督马际伯及弟提督见伯、总兵觐伯、副将显伯；提督潘育龙及侄孙提督元善；提督韩良辅；总兵师帝宾及子提督懿德；提督樊廷及子总兵经文；又兄弟总兵康泰、康海；总兵图形紫光阁高天喜：皆甘肃人。及三省教匪靖，而蜀将竞兴；东南海贼横，而闽帅继起。至于粤寇荡平，凡著名将帅尽隶湖南；剿捻之役，参以皖将。二百余年以来，以一省人材备五等封爵者，前惟四川，（嘉庆中，十七省提镇，四川居十之九。）后惟福建、湖南耳。

丹竹勇冠一军

丹竹者，江西安仁某寺僧，罗山王起师时三十六将之一也，勇冠一军。尝从揭重熙袭抚州，猝遇将军王得仁，丹竹以步逐马，刃及得仁面，几获之。后金声桓过安仁，闻其病，遣九骑往缚之，丹竹力疾起，呼所部十余人伏于隘，而单身入酒肆。金骑虽知其为僧，然不知其即丹竹也。因问："识丹竹乎？"遽应曰："我是也。"拔剑杀二人，七骑者上马驰，遇伏，获其二。再前，又获其三，得归者才二骑耳。金过广信，丹竹以木桩置水中，舟尽碎，多泅水死，丹竹尽其所获而返。

转庵和尚说韩大任就抚

转庵和尚俗姓孙，名旭，余姚人。尝中顺治丁酉武科。有盗邱甲聚不逞数百人，为闾阎害，邑令不敢撄。慨然曰："目睹乡里受害而不捄（同"救"），非人也！"因选强弓利矢，命壮丁负韊夜攻其巢，咸射杀之。独邱甲潜逃，隐恨刺骨，挟蜚语，讼诸邑中。邑令与之素有隙，因诬其通海，置之狱，乃夜毁梏踰垣出，亡走滇南。吴三桂叛，伪将军韩大任招至帐下，极赏之，曰："奇男子也。"大任屡寇萍乡，为安亲王军所阻。吴促其师期，大任爽然曰："吾竭力以事吴王，何相迫若是之急？"孙闻而悦曰："此丈夫报国时也。"因说大任曰："将军之事吴王，已至矣。为之辟地攻城，战无不克，数月之间，招徕数郡，未闻王有尺寸之奖。今一旦偶愆师期，即肆意辱詈，待以奴隶。兵戈方始，其慢士已如此，吾恐钟室之祸，复见于君也。"韩色沮。会姚启圣往招抚，大任疑未决，复进曰："今大清恢复闽越，事业已成，吴王之败，在于目睫，将军何尚作儿女之态也？"大任乃从抚。旋薙发为僧，居杭州侣云庵，号"转庵和尚"，年八十余始逝。

王文靖疏请诛吴应熊

康熙癸丑十二月，吴三桂反书至，一夕，都城内外所在火起，盖三桂子应熊方以尚主在京师，其党为之也。王文靖公熙疏请将应熊速正法，传首楚蜀，以寒老贼之胆，绝群奸之望，而激厉三军之心。应熊寻伏法。始，三桂恃鸱张之势，子又戚懿，朝廷必不杀，以为之招。及闻应熊死，惊悖气夺，遂底于亡。

图文襄才略出众

图文襄公海，马佳氏，辅翊世祖、圣祖，功业卓然。初为中书舍人，负宝从世祖之南苑，上心识之，立授内阁学士。不数年，洊至大学士。康熙初，奏茅麓山之捷。甲寅冬，吴三桂既叛，察哈尔复蠢动，事闻，圣祖忧之。孝庄后曰："图海才略出众，曷任之?"乃即召见，授以将印。时诸禁旅皆南征，宿卫尽空。因奏请选八旗家奴之健勇者，得数万人，令翌日聚德胜门。是日黎明，至教场检阅毕，疾趋以行，不许夜宿。每至州县村堡，命众奴掠之，获金宝无算。不数日，抵察哈尔，下令曰："前此所掠，皆士庶家，不足为宝。今察哈尔承元后数百年之基，珠玉货宝不可胜计，汝等终身富贵也。"众踊跃，夜围其穹庐，察哈尔部长布鲁额不及备，擒之。图分散财帛，奖励士卒而归。陛见时，圣祖责其掳掠宣府等郡县，以有司劾章示之。图谢曰："臣实无状，惟以舆儓之贱，御方强之敌，若不以财帛诱之，何以得死力？然上待臣奏绩而后责之，实上之明也。"圣祖大悦曰："朕亦知卿必有所为也。"复命西征，因请豁所过租税，以恤边氓。

许氏精韬略

许氏，奉天铁岭人，为镇平将军一等男、谥襄毅徐治都夫人。精韬钤，善骑射。偕襄毅出兵，每自结一队，相为犄角，以故战功居最。康熙甲寅，吴三桂犯湖南，襄毅往援彝陵，夫人驻防江口。丙辰，镇将杨来嘉叛应谭洪，夫人脱簪珥犒师，晓以大义，沿江剿杀，屡却之。八月，猝犯镇署，夫人中炮殁。将军蔡毓荣等具状以闻，特旨优恤，予云骑尉世职，以次子永年袭。荫袭自母氏得之，殊仅见。

蔡毓荣夙有将略

乾隆初，宗室杜某任安徽按察使，有画士年九十余，貌奇伟，自号“衣衣道人”，杜善遇之。一日，泫然泪下曰：“某本满人，康熙丙辰，初从满洲某将军征吴三桂，将军以军降，某耻为其下，乘夜潜出，流落江湖，以卖画为活。”因言：“当日满洲诸将，自贝勒尚善一路外，皆怀二心。有欲举襄阳以北降者，赖夙有将略之蔡毓荣持之以免。故屯兵岳州城下，八年不战，诸将皆闭营垒而已。后幸吴死，其党自溃。又闻东西两路屡次奏捷，始不得已进兵。（东路为康亲王，西路为马文襄公。）及贼平，诸将皆蒙上赏，而东西两路反以败亡致罪，良可慨也。”

于清端剿抚兼施

吴三桂之变，全楚震动，土匪蠭起。时于清端公成龙守武昌，剿抚兼施，计擒大冶贼黄金龙，斩之，降其众数千。捷闻，巡抚张朝珍持露布示僚属曰：“人谓我不当用醉汉，今定何如?”盖清端尝襄事秋闱，陪大吏觞两使者，抵掌论时事，饮数十巨觥，闱中皆笑其酒狂，故张及之也。

希佛奇谋致胜

三藩之叛，诸将率多逗遛不战，拥兵自卫。惟护军统领希佛累战有功，多以奇谋致胜，军中呼为“赛诸葛”。康熙庚申元夜，统军攻衡州。贼将夏国相、胡国柱拥重兵守之。希谓众曰：“衡州为吴逆伪都，防御极严。若使豫为治具，难立克。顿兵坚城之下，最为兵家忌。不如乘今夜令节贼疏懈时暗袭，此李愬入蔡计也。”因连夜趋兵抵城下，贼果皆酣饮，一鼓下之，夏、胡仓皇跣足遁。乃抚恤残黎，湖南都郡传檄而定，为南征第一战功。

半边红饶将略

吴三桂兵之直逼长沙也，满洲某镇将，年老而性怯，即欲以城归降。时有张游击者请战，数有功。张饶将略，喜着羊绒绛袍，单马入阵，战酣辄袒露半袖，骁勇绝伦，军中号曰“半边红”。后镇帅忌之，诬以他罪而置之法，一军皆哭。

黄性震密陈平台方略

康熙癸亥，平海寇郑成功，发踪指示，以姚启圣为首功，而实多出于漳浦黄太常。方启圣奉命入闽，太常谒军门，条平海十便。启圣用其策，相与密谋，伺间出奇，先收诸要地以蹙其势，乃大开修来馆于漳州，来降者予官服、车骑；即亡，无所问。卒有亡入贼者，皆夸示所有，贼心动。谍至，密使诸营厚款之，谍即以情输。战有日矣，或埧馆舍、盛供具，大书某镇某官公馆，声言某月日某将当来降。贼互猜贰，归者日众，贼党日孤，乃一鼓而下十九寨，遂复海澄、克厦门。澎湖一战，郑克塽面缚求贷死，海寇以平。方诸将克厦门时，议悉诛贼党，而以其子女资财犒军，启圣申禁令，全活数十万众，亦由太常密请也。太常总藩湖南时，适武昌夏逢龙乱，已陷四府，廷议出京军，圣祖曰：“湖南有黄性震在，彼佐平数十年海氛，何愁么麽跳梁辈。”时抚臣亦拟请兵，太常第主静镇。未几，逢龙果诛死。

施琅善水战

施襄壮公琅少有识度，膂力绝人。通阵法，尤善水战，谙晓海中风候。明末从军，讨山寇有功，授游击。尝隶黄道周麾下，道周不能用，乃谢去。郑成功托明遗民栖海上，以琅为左先锋，而心忌其能。琅以法诛逃将，成功怒，执琅，囚其家属，琅脱身归本朝，父与弟皆遇害。成功后悔之，尝曰：“楚国之祸，其在子胥矣。”康熙癸亥，琅平台湾，成功孙克塽率其属迎水次。人谓琅必报仇，琅曰：“绝岛新附，一有诛戮，恐反侧不安。吾所以衔恤茹痛者，国家事重，不敢顾私也。”宣布诏书，抚纳降附，遣克塽等次第渡海，至内地待命。

漳浦蓝氏多将才

澎湖之战，漳浦蓝理实为前茅。敌舰蔽江迎战，炮中过腹，肠出矣，血淋漓，族子法为掬而纳诸腹，四弟瑗傅以衣，五弟珠持匹练连腹背交裹之。理大呼杀贼，不暇顾也。有荷医治之，卒无恙。台湾平，入都，抵赵北口，遇圣祖车驾出水围，马凝立，不及避，乃舍骑，步入梁园中。驾至，遣侍卫问谁骑，蓝乃出曰：“臣蓝理从福建来。”圣祖问：“是征澎湖时拖肠血战之蓝理邪？”奏曰：“是。”召至前，问血战状，解衣视之，为抚摩伤处，嗟叹良久。嗣专阃浙省，每遇南巡迎谒，圣祖辄指其面，语诸王公以拖肠血战状。又引见皇太后曰：“此破肚将军也。”理之诸弟，皆以平台功加都督。瑶功最多，未仕卒。瑗至金门镇总兵，与理皆喜书擘窠大字，扬盾一跃三四丈。珠官参将，勇不让诸兄，而性敏嗜学，能背诵《通鉴纲目》，不遗一字。

宋荦镇抚哗兵

康熙戊辰六月，商丘尚书宋荦奉命抚江西。舟次芜湖，闻楚北兵哗，西江震恐，亟鼓棹入南昌，抚慰之。莅事未十日，突有奸徒李美玉、袁大相勾结，以西字帖授其党，将以诘朝谋不轨。既侦知奸谋，乘夜计擒二元恶，旦即悬首藁街，余党遂散。

韩杰殷用兵合六韬

韩杰殷，朝鲜忠臣明琏孙也。康熙时，任正红旗护军统领，随经略莫洛西征，分防延安花马池。副将朱龙既叛，进攻吴堡，韩往救之。见贼营河西，乃曰：“不入虎穴，焉得虎子？黄河巨浪浸天，贼不防我飞渡，可出奇致胜也。”因命偏将造筏，若计日渡者，夜率健卒五百，抱马鬣而涉，暗袭贼垒。朱龙仓迫授首，三边底定。又于通渭、伏羌等处，偕张勇奏捷。后马文襄公督师，面奖之曰：“君素不识字，何以用兵顿合《六韬》若此！”

王进宝降保宁贼

王进宝下保宁，贼将据邑不降。进宝披襟而语之曰："何不射我?"贼众愕然。因说以顺逆，贼开关延入，井里不惊，曰："此仁义将军也。"

高文良抚邓横苗

康熙庚子，汉军高文良公抚粤西。邓横苗叛，单骑入寨，宣布朝廷威德，苗众投刃拜马前，受约束而还。雍正初，迁云贵总督。高为人渊深，勤于治事，胸摩文案，肉胼起。累任盘错，不喜功，不酿乱，奏刀砉然，关节开解，所至人咸怀之。

年羹尧兵法

雍正癸卯，年羹尧征青海，营次必传令云："明日进兵，人各携板一片，草一束。"军中不解其故。比次日，遇塌子沟，盖淤泥深坑也，令兵士各将束草掷入，上铺板片，师行遂无阻。番人方倚此为险，不意大兵骤至也，遂破之。

征西藏时，一夜漏三下，忽闻疾风西来，俄顷即寂，急呼某参将领飞骑三百，往西南密林中搜贼，果尽歼焉。人问其故，年曰："一霎而绝，非风也，是飞鸟振羽声也。夜半而鸟出，必有惊之者。此去西南十里，有丛林密树，宿鸟必多。意必贼来潜伏，故群鸟惊起也。"

岳钟琪谋定后战

岳钟琪，字东美，号容斋，甘肃兰州人。著有《姜园》《蛩吟》二集。身长七尺，骈肩善射，饮食兼人。性严毅，善将兵。每登坛，将弁股栗，部伍整肃，无敢哗。士卒疾苦，必躬自拊循，以故人争效命焉。

康熙己亥，西藏达哇蓝占巴等叛，从征至察木多，侦知有准噶尔使者在其地，诱各番酋守三巴桥遏官军。三巴桥者，进藏第一险也。乃选能番语者衣番服，驰至落笼宗，擒其使者五人，杀六人，诸番以为神，相与匍伏降，无梗道者。番中有黑喇吗者，号“万人敌”，岳以计手擒之，遂下喇哩。

雍正癸卯，青海罗卜藏丹津寇西宁，抚远大将军年羹尧奏授岳参赞大臣，飞檄行调。岳沿途相机剿抚，自松潘至西宁，五千余里，烽烟肃清，青海为之夺气。年命征尔格弄寺喇嘛（罗酋党也。）于华里。华里有山甚险，其下五堡环峙，寂无人声，岳曰：“是有伏也。”遣骑搜之，堡内贼果起。岳以三千人分为三，追杀贼万余。甲辰，出塞，抵喀喇乌苏，斩贼千余。尾追一昼夜，乘胜前进。路见野兽奔逸，岳曰：“此前途有放卡贼也。”蓐食疾驰，果擒百余，自此罗党探信者为断。

岳之用兵，尝谋定后战。定西藏，平青海，率以谋略为先。有邸在京师正阳门外，其建筑悉按奇门法布置，居者动之，则灾患立至。固可想见其规画也。

陈仙掌纵论形势

陈载华，字仙掌，乾隆时，尝以武举充洞庭标弁，曹耀珩屡访之，时陈年已四十有四矣。见其晨系刀剑上马谒大府，夜则烧烛坐谈，纵论形势及西征戎马事，指画掌上。偶弯强弓，雄杰自喜。曹笑而抚其背曰：“此固吾十年前之仙掌也。”

策零知兵法

超勇亲王策零面白皙，髭数茎，状不类蒙古人。饶将略，有元臣木华黎所著兵法，世藏之，故用兵多合古法。掌大将军印几四十年，未尝戮一偏卒，曰：“三世为将，道家所忌，吾敢恣意杀戮，贻祸后人耶！”弟郡王车克登布以勇捷称，高宗尝以霍去病、曹彬比之。孙拉旺多尔济有祖风，尚和静公主，掌宿卫四十年，所领将卒，无不用命。和珅当权，诸臣奔竞其门，王独与之梗。嘉庆癸亥春，有成德之变，喀拉沁贝勒丹某为刺伤，王以手搒其腕，德莫能支，遂被擒。

鄂文端善将将

鄂文端公尔泰节制滇南七载，相从者多智勇之士。尝命张广泗征花苗，开筵设乐，谈笑竟日，而不及兵事。及暮，张不得已，请将略。愀然曰："老夫误用人矣！夫转运糗粮，整备甲仗，惟老夫是问。至于兵机难测，转瞬变易，惟在临事处决，安有预定机谋而能胜人者哉?"张慑服。哈军门元生、董将军芳，皆出其幕，为一代名臣。此数人者，至其家，皆执洒扫贱役，其家亦佣仆视之，如郭汾阳之于李西平、马北平，盖善将将者也。

海兰察进歼敌而退全师

乾隆朝名将，以超勇公海兰察为冠。结发即从戎，每临阵辄微服率数十骑，绕出贼后，知何处有隙可蹈，辄冲入贼队，左右疾射，使其阵乱而官兵乘之。且能望云气，以决贼势之盛衰，战事之胜负，而又察山川脉络，知安营汲水之宜。听地窨，识贼马之多寡；验马矢，料敌去之远近。即仓猝间手弹弓弦，亦能预测利钝。以故进必歼敌，退亦全师，操纵神奇，诚不可及也。

赛冲阿纪律严明

高宗建立健锐、外火器二营屯郊圻，命综理王大臣勤加简练，赏罚严信，故满洲武臣多出其间，如德楞泰、赛冲阿，其尤著也。赛本寒族，膺健锐选，屡建功绩，洊至吉林将军，德倚之如左右手，与杨时斋少保名相埒。后以积劳，内迁御前大臣、领侍卫内大臣，实行伍中所仅见者。行师纪律严明，家无余赀。文员间有馈遗，皆立赏士卒，云："此皆汝等之劳瘁所致，余何敢厚蓄也!"仕至极品，惟藏皮裘数笥，屡顾之曰："微末士卒，宦囊殊可观。"性雍容，不问家人生产。纪纲以簿书进，即麾之去，曰："有汝等何用？此琐事，尚烦乃翁耶！"

黄文襄运粮之法

乾隆中，汉军黄文襄公廷桂督陕，时西域用兵，剿抚并用，粮运维艰。黄以为当先安内而后攘外，外夷跳梁，国无大损，若因军需驿骚，致内地有事，则所系者大。乃命运粮车十家抽一，厚其值，许乘便鬻物，民踊跃争先。又以粮待尽而后运，则士饥；马待缺而后补，则战衂，命安西至哈密沿途开池畜豆，马行且喂，故驰千余里愈壮。台站有缺米者，曰："吾抚兰时，曾买谷三百万石，分存河东西，正为此耳。"盖久知高宗之欲西讨也。

宋元俊献三路进兵策

宋总兵元俊，字甸芳，以武进士任四川阜和营游击。乾隆辛卯，金川酋索诺木袭杀革布土司，其党小金川酋僧格桑亦发兵侵明正土司，据班斓山，阻官兵进路。被害者相继告急，总督阿尔泰知其素得夷心，命抵贼巢，责问原委。至刮耳崖，索诺木迎谒，诡以革番内变为词。宋知其诈，归告阿曰："两酋犄角为奸，阳顺从而阴怙恶，非大创不可。如兴师，当先取小金川。"献三路进兵策：一从班斓山直掠小金川门户；一从贲磧截取甲达金山梁，救达围而趋美诺；一绕小金川尾间，由约查进攻逊克宗。阿奏闻，高宗命副将军温福、提督董天弼分路进兵，总督阿尔泰驻后路，居中控制。

阿文成独操神算

阿文成公之在军也，恒独坐帐中，秉烛竟夜，以饮酒吸淡巴菰自遣。有时拍案大呼，间以长啸，则翌日辄有奇谋，而出阵必奏凯矣。文成固神算独操也。

阿文成移营先见

乾隆壬辰，阿文成公征金川。一日，安营已定，忽传令迁移。

诸将以天暮力阻，随发令箭云："违者立斩！"军人虽从之，而不免怨诽。迨昏夜大雨，前此营基，水深丈余，几可漂没，咸诧为神奇。阿曰："我有何异术？特见群蚁移穴，知地热将雨耳。"

梁朝桂斗才不斗力

提督梁朝桂少为黔中步卒，从征金川。勒乌围为贼垒之险歧处，两次皆不能进，阿文成公围之经年。梁奋然进曰："朝桂闻之：将恃斗才，不斗力。今贼垒坚碉丛立，我兵仰攻，彼据建瓴之势，人非木石，焉能抵枪炮？是殃民也。不若觅他岭嶂，贼所不守者，绕道攻其后。贼进退失险，我兵合击，狄武襄所以下昆仑也。"阿奇其言，与卒数百，竟歼贼殆尽。

张芝元计除金川贼谍

总兵张芝元，川中人，从明亮征大金川。有番僧某，为贼侦泄军中事。张进言于明曰："军中机宜，动为贼觉，兵家大忌也。今番僧某受我封号，阴为贼谍，非翦除之，贼无灭日矣。"明韪其言。会大风雪，命张率数十人为出差状，宿寺中。张故通番语，自取囊中脯鲊，与僧煮酒痛饮，情甚欢洽。僧醉眠，张出寺聚柴焚之，僧皆爇死，贼谍乃断。

陆朗夫靖人心

陆中丞耀，字朗夫，吴江人。乾隆壬申举京兆，补中书，入军机，傅文忠公倚为左右手。迁州郡，以廉直称。风骨秀整，静气迎人，虽恂恂谦谨，而临大事则屹不可动。甲午，寿张王伦作乱，距运河甚近，人情汹汹，争欲闭城。陆不可，曰："寇未至，先闭城，是示怯也。且乡民争入城，何忍弃之？"乃募乡兵拒守，而身坐城闉，弹压稽察。贼知济南有备，乃不敢南向。

邹湘为年羹尧运筹

山左邹湘，貌突兀，有韬略。初，读书别墅，某夕闻门外有斛声，出烛之，则一皤发叟方卧门侧。闻启门声，惊醒，谓夜深迷途，愿假宿于此，许之，延入耳舍。黎明，叟已逸，不知其从何出也。壁有题字，则约湘会于郊野之期。如期往，叟方据溪石坐，怒曰："孺子何后期？当以后五日来。"又至期，夜半即往。少选，叟至，跽而求教，叟与以一书，曰："子归而熟读之，王者师非异人任矣。第子非青紫中人，毋恋恋仕途也。"叟言讫而去。

书中所言，为奇门遁甲之方法，山川关塞之形势。于是思远游，挟策干当路，豫、晋、秦、蜀悉周历焉。先投岳钟琪，语不合，乃去而谒年羹尧。年礼贤下士，相得甚。一日预宴，方拇战，湘亟索巨觥吸尽，喷之地。年大诧，湘曰："秦城火方炽，以此灭之。"年驰檄询之，果于是日火，有倾盆之雨，挟酒气，火遂熄。自是奇之。逾月，而年遣校运辎重赴边，首途久矣。一日，年坐厅事议军务，湘侍坐，忽起立鞠躬，作蹇裳拯溺状。年大惑，意其骤得痴疾也。诘之，湘曰："校归，当知其故。"未几而校至，言："舟覆中流，仿佛若有神援之者，因得免于溺。"年咋舌称叹。时金川贼猖獗，王师屡败绩，求计于湘，湘曰："贼虽飘忽善战，特多方以疲我耳。军无宿粮，势已穷蹙，惟当坚守堡塞，徐伺其敝而亟乘之，鲜不济矣。"年从其计，乃一鼓克之，金川于是遂平。湘运筹帏幄，灼知敌情，殆亦天眼通之流亚欤？年以湘有功，欲奖以官，湘固辞不受。时乾隆丙申也。

赵翼知城不可弃

乾隆丙午，阳湖赵云松观察翼乞养归，值台湾林爽文作乱，浙闽总督李侍尧自浙赴闽，治军事，赵偕往。台湾镇总兵柴大纪以易子析骸入告，谕镇臣以护遗民内渡，命李拆阅，仍封发。李示赵，赵曰："柴总兵久欲内渡，畏国法，故不敢。一弃城，则鹿耳门为贼所有，全台休矣。且以快艇追败兵，澎湖其可守乎？大兵至，无路可入，东南将不可问。宜封还此旨，某已代缮摺矣。"

李悟，从之。翊日，接追还前旨之谕，及批摺回，李膺殊赏。

福康安能用海兰察

乾隆丁未，台匪林爽文平，高示召见德少司空成，以福康安视阿桂何如询之。德奏云："阿桂能指撝海兰察，福康安则极力周旋之，方得海兰察之力，以此不如阿桂。"上云："汝所言亦是。但阿桂出师西域，海兰察系末弁，夙感阿桂拂拭之恩，故愿效驱策。海兰察为金川参赞，福康安尚系领队，一旦骤临其上，不能不谦谦自下，倚为干城。两人境地不同，福善周旋，是以平贼。"

和琳济军食

乾隆庚戌，用兵廓尔喀，制府和琳督粮饷。以久战荒徼，艰于转运，乃命驱羊负米以济军食。

海兰察用兵善思

海兰察生有神力，矢无虚发，中者辄死。用兵由天授，善以少击众。

乾隆壬子，从征西藏科尔喀时，至吉龙，两大山间阻深溪，溪岸可容一足。驾桥，则敌争之，石礧雨下，声若雷鸣。将军福康安计无所出，问策于海，海笑曰："此易攻耳！予我人五百，八日粮，勿问我所往。"乃嘱翼长某速备桥材，八日后驾之，当无一人敢争者。海令故严。及驾桥，敌争如故，皆曰："不意海兰察今乃妄语，贼满山来，何谓无一人?"正疑虑间，敌乱，左右奔。山上火发，见我兵矣，群指曰："彼岩间端坐者，非海耶?"急渡，合而歼之。福康安设酒问其故，曰："用兵无他，在善思耳！此涧水也，非江非河，源近，发源之山必相连。沿涧行，流渐细，百里外果得山梁。踰梁行两山，望见贼营，众伏草间待期，如兽遇猎，不敢动。戒士卒勿语，恐逻者闻。五百人块然如木石，顾度长日如年耳。粮尽而期至，贼空营以争，吾据其营，斩守营贼，以上攻下，虽贲育不敢抗，况惊蛇乱窜乎!”福叹服。

海貌恂恂，讷于言。然负气好胜，与权贵龃龉。和珅尝讦其在陇西收受皮毛等物，高宗笑曰：“海兰察能杀贼，收皮物以御寒，何必诘责？汝辈不能杀贼，亦岂能谢绝人情耶?”和大惭沮。

陶世凤安反侧

乾隆中，陶世凤知新兴县，监生赵简祥合七邑匪徒，歃盟为不轨。世凤躬率壮勇，猝擒其魁，获逆名簿，佯笑曰：“封官授职，是优伶演剧所为，讵可呈上官耶?”当众焚之，反侧乃安。

杨芳善谋

杨诚斋军门芳，贵州人。入行伍，藉军饷赡家。乾隆乙卯，楚苗窃发，毗连黔境铜仁诸苗，亦乘时蠢动，攻铜仁寨。游击孙清元欲弃寨避之，杨奋然曰：“芳闻尺地寸土，莫非为天子所守，奈何委于贼?”孙壮其言，战败。

时福文襄王督师，命诸将移寨。闻败，怒，欲置孙于法。孙叩首曰：“非卑将之过，皆杨芳一人意。”王召杨至，诘曰：“汝何人？敢抗吾法!”杨大声曰：“芳幼读圣贤书，惟知忠孝。今寨虽小，天子所付畀，若轻弃，是违君命也，故芳欲一战以扬士气。其胜与否，自有主之者，非芳之罪。如使芳执殳效命，早马革裹尸矣!”王异之，命为亲军，日见委任，不数载，官至专阃。芳与杨时斋军门遇春为布衣交，遂通谱。芳善谋，时斋善战，二人如左右手，不可须臾离。镇陕安，政令宽洽，民感其惠。尝陛见，署篆者暴虐，激变营兵，乱军蒲大芳揭竿起。然感杨旧德，曰：“杨夫人在镇，勿杀害。”乃共舁夫人轿送出南山，叩拜去。

刘清降川贼

刘清，贵州抚顺人。以拔贡起家，官蜀，有“青天”之名。

嘉庆丙辰，教匪王三槐倡乱，刘方由县丞迁知县，贼知其名，遇战辄逃。川督宜绵尝命招抚三槐，三槐随至总督营，约率所部出降，然实诡觇虚实，无降意，还营复叛。丁巳，刘复至罗其清营，其清故部民，甚德刘，刘望之大哭，其清亦哭，即请罪，留宿其营，奉牛酒，听约束惟谨。复遣卒导之遍入徐冉、王冷各贼营，皆开垒列队，迎送如礼，惟孙士凤戎服踞坐，刘望之拱手，亦即下座，语多桀骜，然终不加害。翼日，檄使乡勇罗思举持谕其清，其清恃其众，终无降意。

及戊午，川督勒保攻三槐于安乐坪，数日不下，策无所出，乃复令刘赴贼营招抚。时刘已由南充令骤迁建昌道，三槐恃前此出入大营无忌，约重质始出。勒乃令前随刘至贼营之贡生刘星渠及都司某质贼营，三槐遂诣军门。后俘至京，廷讯，供“官逼民反”。上曰：“四川一省，官皆不善耶?”三槐曰：“善者惟刘青天一人耳!”自三槐被擒，他贼首疑惮不敢出，故功不时就。而贼卒深信刘，前后招降川东贼二万，皆遣散归农。

百菊溪降张保

百菊溪尚书龄再任粤督，时海盗充斥，遣臬使温承志、朱白泉入盗舰，说匪首张保降，保观望未决。朱觇知其妻郑一嫂颇勇健，为保所畏，乃设法说之。郑慨然曰：“同辈中几见有白首贼耶?”遂谓保曰：“向来海上诸雄所以能肆掠者，因督臣懦弱。今百公健吏，反前所为，必欲尽殄党类，以报天子。若不及早稽首军门，其兵朝暮下，妾不欲与君同为齑粉也。请断袂，各行其志。”保惧，遂降。

龙么妹有将略

龙么妹者，贵州水典土司龙跃妹也。文襄公勒保征仲苗，檄调土兵，跃病，命么妹驰抵军门。么妹年十八，长身白皙，有将略，出入矢石间，每战必捷。时大兴舒位为勒记室，勒为么妹执柯，将归舒，舒婉辞，因作诗以纪其事。

强忠烈首破李文成逆谋

嘉庆癸酉，有天理教匪林清之乱，滑县令强忠烈公克捷实有社稷功。强初莅滑，有退吏方颂系，白其诬，出之。吏感激，思自效，诇逆谋以白强。强密申太守，请调兵为备而后擒之，太守不应，且属毋张皇生事端。再申，又不应。九月，匪载兵二车入滑，强知事急，又以申于守，答如前。强曰："兵不得调矣。"顾其下："吾欲遂擒之，何如？"吏役多感强，愿尽力。遂突入李文成舍，絷而归。文成，贼中渠恶，主滑事者也。强坐堂皇，严诘谋叛状，暴笞，断其胫。文成及其党二十四人皆具服，乃鐍之狱。

贼夜劫文成出，遂举事，强闻变，率吏役御贼。巷战良久，贼益众，吏役争拥强出城，将奔开封，求援兵。旦至封丘，封丘令全福劝少休，飞骑白太守。守曰："吾闻滑破，谓令死矣。已申省，强君义当死。"全福匿郡檄，从容语强："闻贼据滑，势张甚，非厚集兵力不能击。滑旦夕不得复，奈何？"强大恸曰："城不得复耶？吾死后矣！"起立，问："有朝服乎？"曰："有。"朝服至，乃望阙北面再拜讫，为书致其同年席元榜，属善教二子。谕二子事席如父，赋诗一章，谓吾必为厉鬼杀贼，乃缢。时后城破三日也。

杨忠武用兵心术专一

杨忠武公遇春，髯长三尺许，经大小二百八十余战，无不身先士卒，未尝受创。尝云用兵须心术专一。平张格尔凯旋，兵初过州县，横甚，殴知县。报闻，反见责。杨意不谓然，比至，捆责带兵官各四十，受责者五十余人，斩殴官者以徇，兵不敢复哗。在固原任二十余年，每营简练精壮三百名，以抬炮列前，继以鸟枪，十人一长，习进步连环枪，以次弓箭刀矛、喷筒火弹，层层护之，用马队翼于左右，曰“速战阵”，称劲旅焉。

杨严于训子，其谕大儿国佐云：“现在川中永北，倮夷不靖，将来制军必然前往边界，督兵剿办。如有此信，我举家大小受恩深重，尔自应告请带兵，跟随前往。尔此时年正强壮，正可操练本事，学习见识，万不可赋闲。即如带兵打仗，全在鼓励士卒，驾驭得宜；筹粮散饷，时时调剂；赏罚公正，同受甘苦，方能收揽其心。对敌打仗时，旋探旋进，切不可大意。若能平日恤兵，兵亦顾将，同心协力，自然所向无敌。至于打仗之法，务在迅速，随机应变，不可迟疑。为将领者，首以地利为重，次要眼力照料得准，脚跟跕立得定，切不可少有畏怯。必须身先士卒，人人自必奋勇直前，一鼓作气，断无不制胜之理。若一味自恃勇敢，敌一人者也。此中机宜，要尔审度，切不可看《奇门》及《行军宝镜》，拘定时日，坐失事机，关系甚重。吾一生全不讲究此等学术，全靠心术专一，上可以对天，下可以对家。此系我平生得力之要法，未尝不屡战而屡胜也。要尔领略诸事，谨慎而行，方可以仰报圣恩，并可以副我期望之苦心，尔亦不枉作将门之子也。尔其勉之！”

长龄勾摄张格尔

回匪张格尔作乱，陷四城，以大学士长龄为扬威将军，率兵征之，收复四城。擒获张格尔时，适为道光丁亥除夕。长奏凯，有句云：“开九重之阊阖，欢传凤阁椒花；听万里之铙歌，喜溢鳌山灯火。银旛彩胜，祥光争耀于红旗；玉烛金瓯，瑞气常凝于紫陛。”

先是，格尔潜逃，有议请割弃四城者，有议屠戮叛众者。长以四城失守，援兵未至，且出卡即外夷部落，脱使群起疑惧，是为张添羽翼，而与四城为劲敌矣。于是胁从者使出卡，眷属得免缘坐，藉以勾摄张，卒入卡就擒。人莫不服筹划之善。

王廷兰献策

鸦片之役，閧于广州，英船乘潮进港，搁浅数日不能动。王廉访廷兰请以快蟹艇四面围烧，必无所逃命，大吏韪之而不从。他日，义律乘舆出入廛市间，王曰：“及此，遣敢死士十数辈，直前擒之，特囊中物耳。”当事以时方议和，止之。

英人之趋乌浦猎德也，列舰六十有九，香港毡帐，去其大半。王欲乘香港空虚，以一军袭其巢穴，而别用重兵守泥城，俟其进省河，游兵与战。急选精锐，由花地断其后路，使其四面受敌，首尾不相顾，可一战而破也。大吏复斥为书生之见，不听。

王有寄闽督颜制军书云：“提库中之黄镪，惟有心酸；树城上之白旗，能无发指！廷兰承乏此地，想亦在众人清议之中。然实有不可活、不得死、不敢病、不能去之苦衷，袖手扪心，可为痛哭。所虑者，一蹶不振，从此为外夷所轻；更恐无赖匪徒，渐生内地。侧身四望，天下当重任者更有几人?”后数年，竟有粤西之变。

葛壮节缉贼神算

葛壮节公云飞治水师时，捕海贼最力，以海为家。某年岁除，将士方休，忽下命巡海。扬帆掩旗鼓，直捣某山，围其岛，盗方酣饮，尽缚之以归。岁旦，僚属集署贺岁，闻入海捕盗，皆大惊。已而葛至，马前系大盗数十，付有司诘问，斩之，而以所得器用财货散士卒，皆叩头辕门，欢声雷动而去。或请其故，则曰：“海鱼最细者出某山下，近吾访诸市而无之，此必贼薮，故渔舶不敢前。异时捕之，徒多苦我将士，又散走，难尽获。岁暮，海贼必聚窟中，且料我必不出，不设备，故可揜而尽也。”

葛尝伪作商舟以诱海贼，擒刈极多。贼中为之谣曰：“莫逢葛，必不活。”子以敦，征粤寇有功，能以匹马出入贼阵，贼屡披靡，呼之曰“银枪小葛”。后亦殉难。

葛壮节妾有胆略

葛壮节公多姬侍，其一亦山阴人，貌尤美，容止闲雅，有胆略。闻壮节阵亡，集诸妾，率残兵，乘夜入英垒，夺尸还葬之。

齐慎为将帅才

嘉、道名将，杨忠武而外，必推新野齐勇毅公慎。回部之役，回人詟杨、齐威名，称忠武曰“哈萨谙班”，而称齐曰“皵龙谙班”。哈萨，汉言“美须髯”；皵龙，汉言“虎”也。忠武请老，宣宗从容问异日如有军务，武臣中谁可继卿者。忠武奏：“齐慎，将帅材也。”道光辛丑，为参赞大臣，闻命即率亲兵驰赴广东。比抚夷议成，他将多以军士积劳呈请奖励，独自憾无功，不为麾下请一钱赏。其得勇号也，御笔亲改为“谦勇巴图鲁”，世以为“谦”字尤不媿焉。

琦善用兵有神算

粤寇之役，琦善以勋贵督师，而颇能用兵，有神算。一日将战，夜召一将至，授以函，曰：“率兵五百赴五里外某地古庙中开看，限三鼓必到！”将如其令，至庙开视，则片纸书庙后有火箭数箱，运至某地即回，不得久停。将如令，事竣而回。又召数将，各授以函，均限以时地开看。最后，召一将至，令曰：“汝明日率兵五百赴某地，与敌战，惟宜败，不宜胜。俟退至某地，闻炮声起，方许奋勇杀贼。”将亦承命去。明日午前，琦令亲军差弁数十人携铜炮一，赴距营数里外之一高阜，支胡而坐，旁列铜炮，军弁随其后，琦时以远镜窥视。日将午，众遥见一将率数百人与寇战，已败而退，距高阜且不远，群至一洼处，兵乃立定，寇围之数重，渐逼渐聚，众咸栗栗。琦乃徐下命曰：“开炮！”众应之，迨铜炮轰发，忽见洼处烟火突起，火箭四发，围中将卒勇气百倍，突围欲出。寇围外伏兵尽起，内外夹攻，寇遂大溃，官军获全胜。

江忠烈主截击

新宁江忠烈公忠源，初知浙江秀水县事，卓著循声。丁忧归里，会粤寇势日张，江出，参副都统乌兰泰军事。所率团练兵皆散募，激以大义，咸奋勇愿死敌。时朝命协剿广西，诸将怯懦，皆主尾追，虽向忠武公荣亦如是。江独曰：“随贼东西，将无已时，此非截击不可。”诸帅皆曰：“寇势盛，不宜藐视。”皆不愿行。江再三言之，乃曰：“君等既如是言，请自为之。”惟乌深韪江说，遂与之同绕出寇前，截诸蓑衣渡。时兵仅数百，乌兵亦不多，而寇势方盛，一战，乌殁于阵，江为铁杆伤腕坠马，两亲兵掖之去。江复追扼道州，道州已陷。又至省助守，俄而寇又至。时城外石马铺，有河南、陕西兵各数百，寇掩至，不及战，悉降，咸被屠。前队至，城中犹未觉，罗绕典乘肩舆出城数十武始觉，乃倒抬而入。时城中大帅多而不一，江请于诸帅曰：“南城外有小山，尚可守，宜速扼之，则西北角运粮犹可通。如被合围，则难守矣。”众帅相顾，莫肯往，因即委江。江率所部兵三营前往，城由是得固守。

某学使运石填城

咸丰壬子，粤寇围长沙，令矿丁掘地道，道成，轰坍城十余丈。邓某时率镇筸兵六百人驰往堵御，屡遏退之。缺处近学使署，署中积钱可数千缗，学使急募人运石填城。运石一块，给钱千文，于是人争运石前往。时邓军与寇抵拒，兵寇扭合持战，猝不可分，或陷入缺中，筑城者不暇问为兵、为寇，即并筑其中，卒不得逞。后修城，得骨甚多，乃并葬一坟。

温壮勇能用民团

咸丰癸丑，粤寇陷金陵，分党攻六合，知县温绍源徇于民曰："吾闻粤贼所至，杀掠甚惨，与其束手受屠，不如杀贼而死。今与诸君约：能杀贼者，夺得贼所掠物，任自分之。"六合民素悍，一呼而集者万人，是为民团。寇以六合下邑，不设备，大败而去，温以所获辎重颁之于民团。团既获利，又知寇伎俩，气益壮，每至，民团辄败之。一日，偃旗息鼓，乘黑夜薄城，而民团未之知。竖云梯，将登城矣，居民登城视之，始知有寇。出追之，大得所弃财物军仗。前后六犯六合，皆不克。温擢至道员，加布政使衔，仍权六合县事。既而托明阿忌温威名，疏劾温纵民团肆掠，坐革职，发往军台。何桂清方督两江，疏言温实有功，请免发遣，仍令守六合。

李素贞谙兵法

唐县李方伯孟群有女弟素贞，知书，工骑射，熟谙孙吴兵法，穷究天文占验之学。咸丰乙卯，方伯以知府奉楚抚胡文忠公檄，督师讨粤寇，招素贞至军，画策决胜，累建奇功，杀贼逾万。方伯常（通"尝"）剿寇失利，被围十数重，他将瞠目束手，不能相救，素贞怒马独出，突围而入，手斩数十人，护方伯归，甲裳尽赤，群寇注视，惊为天神。后某中丞攻汉阳，城坚不能下，素贞与方伯谋，欲夜袭之。孤军深入，中伏，救兵不至，遂战死，年二十余耳。后二年，方伯亦战殁于安徽。

塔忠武论兵事

塔忠武公齐布初官湖南守备，以粤寇北犯，知湖南必首受其祸，上书骆文忠公秉章，论兵事。文诘倔，几不可句读，骆不解，挥之去。明日又上之，适曾文正公国藩至，亦不解，异而呼问之，则言之了了。曾知其可大任，乃劝骆，姑付以一军。既奉命，即赴校场，植四旗于地，令曰："有能先夺此旗者为哨官！"果有四人起夺之，即授哨官。又植八小旗，令曰："夺此者为队长！"顷刻而布署定，遂于是日率其众，就校场操之。不逾月寇至，出战即报捷。骆赏其功，延饮于节署，亲为执控以谢过，自是而塔名遂振。

周天爵为真将军

东河周天爵以县令起家，洊至湖广总督。缘事镌级，再起漕督。辞皖抚，以兵部侍郎衔专办团防，积劳卒于颍州途次，予谥文忠。

陆遐林之变，省垣失守，全皖摇动。周不动声色，四面兜围，未十日，渠魁授首。尝使主簿包曜升、游击刘玉豹往东南一带会剿，包奉檄不俟刘，领百余兵先行，甫半途，猝遇贼伏，大骇弃舆奔，乡兵阵亡二十余人。周闻大怒，立缚包至，命正法。包叩头乞哀，周怒不解，命人弛包裩，重责五十，逐之。时侍立文武员弁数十，咸股栗舌挢，曰“真将军”。

张忠武用兵神化

张忠武公国梁在军日久，其用兵神化处，遵古而不泥古，虽老将莫测。当金陵长围初成之时，兵多调援在外，不敷防护。围东角为粤寇所必争，以副将马得昭守之，马又赴援扬州，大帅以此地为忧。张笑曰：“某往驻三日，可无虞矣。”即率亲健五百人往，别遣将驰太平，声言调大炮，令诸将三日毋见，以大黑布帏里许。四日，帏撤。及返，群视之，乃于帏中又浚一深沟，架以竹浮桥。距沟十余步内，筑一高土台，上设万余斤大炮三尊，旁罗数百斤炮十尊，覆以草屋，蔽以草帘，令心腹将守之，授疲卒三千，凡伤老者，须归此营。旗帜亦敝。寇瞯之，疑而返。及大军溃，四围皆破，此地独全，寇仍不敢近。久之，黠者自炮后撼之，随手而落，始知其为土炮也，大叹服。

包立身避实击虚

咸丰庚申，绍兴全郡悉为粤寇所据，而诸暨之包村，独坚守不破，则包立身守之也。初，包既被困，求救于苏松太道应宝时，应谋于属，谁可使者，冯某自白与包有雅故，愿受命。时粤寇围包村者十重，冯历数险达包所，包甚喜，留之，为言“大兵急至可救，吾力可十日守耳”。乃导冯观其营垒，略似八阵图，为指画攻守。方语未毕，急勒冯倒地，则飞弹簌簌掠面而过。包曰：“是敌中某酋号神枪者也，谋吾者数矣，惟吾能避之。”冯宿其营，一夜凡数徙。一夕倏起，令军中急备，谓西北有非常。俄寇果冲西北，有备而返。其营外环之以濠，设机穽其上，有探者入辄觉，往往杀其人，择面似者教以术，即使探敌情。得其虚实，避实击虚，无不得利。一日召冯，泣曰：“吾事不济矣！寇尝啖我重利，欲我不为梗，吾不许。兹空绍兴一府众来，决一战。吾力已疲，且不忍重伤我乡人。吾去矣，兄欲去，则请今日即出。”冯效寇装，指其途而别，遂不知包所往。

刘忠壮从军十八年

咸、同间，湖湘多将才，顾求其结发从戎，转战十四行省，平粤、捻、回与乱事相终始而功尤独伟者，则湘乡刘忠壮公松山无与比矣。

刘自隶老湘营，百战江皖，及保垂危之秦，救不支之晋，又宿卫畿甸，以步当马，为天下先。凡从军十有八年，仅归省亲一次。年逾三十聘妇，二十余年未娶。妇家议送女至军中，而又驰驱无定所，妻父乃携女历西江、皖、楚，居二年，皆弗值。及后，侨中州以待。刘既平捻贼，以回乱援陕，道出洛阳，始成礼。会羽檄日数至，居旬日，即投袂行。自是遂靖节西陲，不复与家人相见矣。

僧忠亲王行军得民心

忠亲王僧格林沁本蒙古科尔沁郡王，以功晋爵。军行所至，深得民心。咸、同间，捻匪为乱，驻兵山东数年，捻所至，必追踪及之。首令保护百姓，故民皆仰之如父母。中丞某设筵飨之，甫入座，忽喧声沸于门外。命视之，云："某村因捻至，赴诉于王。"王自座起，呼马，中丞请稍餐，王不及待，即于席次怀馒首数枚而去。

欧阳小岑主移营东流

湘潭欧阳小岑与曾文正公同年至契，以文章干略，闻于当代，著有《兵要辑览》。文正困于祁门，强请小岑至营，商搉(同"榷")要政。小岑间道访之，适朝旨切责文正劳师糜饷，致休宁久不能下。文正愧奋，将自攻之，而以大营事属小岑管摄。已而文正被围，募人赍密书乞援。小岑为急调鲍超兵救之，遂主张移营东流，俾可遥制安庆。文正从之，得奏大捷。

王壮武善以少击众

王壮武公鑫精通战略，屡以数百人破湘、粤间之粤寇数万，寇号为"王老虎"，望见王帜，即惊呼曰："王老虎至矣!"咸散去。

其治军，以训练为急。所部壮丁，习刀矛火器之暇，以《孝经》《四书》转相传诵。每营门夜扃，书声琅琅出壕外，不知者疑为村塾也。部勒营阵，皆用己意。点名时，辄鼓吹升座，军麾所至，恒以忠义风动其民，能使顽懦感悟。江西抚、建各属士民，称为恩人，呼为青天。临战则自相纠集，负荷裹粮，候指撝。每当敌至，先一日，传各将弁席地坐，出舆图指示：某路宜迎，某路宜伏，某路宜守，某路宜抄，各听其意自任之。明日，无一违者，往往获胜。

军行岭峤间，仄径崎岖，王喜乘二人肩舆，每疾行出寇前。登山岭，手一旗以指挥，分路进攻，无不如志。尝曰："舁吾之四大轿夫，亲见吾之指挥应变，日久遂习知战略，他日此四轿夫，必为一代名将。"后果如其言。四人，即张忠毅公运兰、蒋果敏公益澧、刘忠壮公松山也，其一则佚其名。

王为罗忠节公泽南门下士，罗尝讲学湘乡山中，专言性理，聚生徒数十人，暇则教以战术，及技击、剑术、超距之属，整队为战阵，以时演习。时人咸讶为狂，罗曰："不然，不出数年必大乱，不可不先修武备。"王时年少，而性最刚猛，习之尤勤。罗曰："吾门下能为名将者，其王生乎！"

曾文正公治团练于湘乡，湘军大兴。罗率王及李忠武公续宾、李勇毅公续宜诸人出，部勒军伍，始议东下。王时在军中负气，好大言，文正惧其浮夸偾事，不欲多予兵。而曾所拔用者，争自请隶门生籍，文正尤欲得王为弟子，王独不肯，曰："吾师惟罗山一人耳！"文正大恚。王初出，轻敌军，又不素练，独率千余人，先进屯岳州。会粤寇前军大举上犯，众至数万，王接战不利，援兵又不至，不得已，弃城去。中途遇伏，大败，部卒略尽，仅以身免。文正大怒，欲戮之，左文襄、郭筠仙力救乃止。

岳州屡失守，文正未措意。王独奋然曰："岳州为湖南门户，何得置之？"遂毅然以二营兵驻守其中。俄而寇大至，兵少粮绝，几濒于危。文正遣炮船往，欲援之使出，营哨官欲请迁避，而惮王不敢发，兵众稍稍移就东城。王怪询故，部下白言兵众饥疲，欲就船状。王知不能强，而耻于前说，急拔刀欲自刎，部下救之，得不死，遂登船去。

后文正督师出征，王请从，不允，曰："是好为大言者，必无用。"因汰王军，王曰："渠以我未隶门生籍也，故龂龁至此！"左文襄言于湘抚，以王别领一军，讨土寇。每战必捷，左欲增其军为万人。王笑曰："吾得三千人，可横行天下矣，焉用多为！"王用兵，善以少击众，所向克捷，声施赫然，出文正军上。文正方困于江西，前后被重围，急召王赴援。王辞不往，以书报之曰："吾不复为公所属。"文正叹曰："有良将而不知用，吾之过也。"

黎太守母指授方略

同治初，粤寇扰江右，南安戒严。知府黎兆棠请其母冯氏出城暂避，冯怒叱之，出簪环犒士，并指授方略，命兆棠登陴死守，寇攻益急，则率乡兵开城出击之。屡挫狂寇，郡城获全，冯力也。巡抚沈葆桢以闻，得旨旌奖。

胡文忠论捻

胡文忠密陈河南捻匪情形一疏，有云："计近二年来，每年春仲秋季，两次出巢，大掠河南。本年秋冬，将及湖北之襄阳、汉阳、德安等府，又必扰入陕西、山东、山西等省，再一二年骎骎而及于附畿州县矣。腹心之患，此为最大。"又云："臣非仅为襄汉等府作自保之计，为忧危之词也。臣极知所言越分，特以臣今日言之，已无救于河南，臣再默而不言，则五省均将受害。使臣言而不中，则固北路五省之福也。"

胡文忠用多隆阿

胡文忠公权谋机警。当楚、皖危急，粤寇陈玉成纠合捻首张洛行等十余万人围扰太湖诸军，念前敌无统率，号令不齐，而自驻英山后路，兼筹粮运，势难前行，特奏派都统多隆阿为总统。曾文正公时驻宿松，甚不然之，以书力争者，日凡三四。文忠卒持之，严饬诸军统领，遵多调度，违者有功亦罪。时统领鲍超尤骁悍，唐训方、金国琛才望亦不相上下，卒赖多四面经营，大破粤捻于太湖、潜山一带，追至安庆、桐城，两路分驻重兵，皖事大定，楚边始得稍息，文正亦甚服焉。文忠尝笑谓僚友曰："涤帅之意，恐骄多而失众心，实则事定后，行止在吾，吾假此济急耳。"其后多驻桐城，仍统所部，与诸军绝不相关，然感文忠特甚。

孙绍襄以兵法部勒枪船

孙金彪，字绍襄，吴江之盛泽镇人，张勤果公曜部将也，少以勇侠称。父曰孙七，精拳技，恃博为生，有枪船四五十艘。七死，奉金彪为主，能以兵法部勒其众。咸丰庚申四月，粤寇踞苏城，盛泽镇有富人黄某者，虑寇掠镇，密款嘉兴之酋，得檄保民。时江浙商贩自上海出入寇中者，辄以盛泽为中枢，镇益富。邻镇有巨猾名法大者，闻盛泽繁盛，率枪船百艘至，冀大掠。黄大恐，沈玉叔谓黄曰："欲除法大，非金彪不可。"黄设筵款金彪，金彪诺。

会有巢湖帮千人，以避乱至镇，金彪得其助，以与法大战，擒而磔之，尽夺其舟。于是设保卫局，集枪船、团练为战守计。金彪势大盛，在苏之粤寇亦莫敢犯。同治壬戌，李文忠公克吴江，金彪以保卫功授千总。旋从张勤果至陕，积战功擢提督，授陕西汉中镇总兵。

程忠烈用兵能相地势得士心

同治癸亥十月，程忠烈公学启攻围苏城时，所部三十余营，人数不足二万，而粤寇在城者二十余万。忠烈于城外诸山联翩立营，树以旌旗，令各营将士分番出入，或分日移驻，时见灶烟突火，寇瞭望，不知多寡，震慑，约降。往来其间者，提督郑国魁也。寇必欲要忠烈面议，忠烈慨然往。要以三事，亦允之，降计始定。李文忠公期以五日后，纳忠烈所部龚副将营中。至期，忠烈密布方略，逮寇魁六人至营，文忠接以温语。将入宴矣，左右报有廷寄，文忠起曰："速请程军门陪客。"文忠起，忠烈入，麾勇士直前擒斩。其一纵步出帐，追至濠边，始获之。忠烈旋鸣鼓统师入城，驻守各门，派诸卒分走街衢，大呼曰："逆首诈降，已伏诛！胁从无罪，各闭门守，出即杀！"令下，无一人探首出声者。旋呼男子投器械，分门出，各以将士监之，留营者入伍，归籍者资遣，悉听其便。未逾三日，城中无一寇踪，所余者妇女五六万而已。当寇魁五人之伏诛也，计甚秘，国魁亦不知。

忠烈初隶曾文正公部下，从克庐江、三河，声绩已著。一日，文忠将援上海，议招忠烈同行，属（古同"嘱"）孙云锦探之，忠烈慨然曰："某受曾公厚恩，义当终始。然下游亦国事，且熟习下游情形无如某者，曾若允行，愿从之。吾辈皖人，入湘军，终难自立。丈夫当别成一旅，岂可俯仰因人?”孙颔之。文忠遂商于文正，举为前锋。文忠问入吴方略，答曰：“下游水乡多桥，有一河即须一营，有一桥即须一将。得营得将，何事不成?”及功绩大著，或问其学何兵法，答曰：“先有事，后有法。何今何古，在相地势、得士心而已。”

忠烈军法极严，入苏时，禁当街驰马，犯者立斩，即文忠亲军亦不恕之。其谋斩苏城降寇，文忠踟躇三昼夜，不能决。忠烈以去要之，始定。惟性嗜杀，论者少之。然苏城降寇所约三事，曰留半城屯其余众，曰编定百营照给饷，曰受翎不薙发，此何可从？盖寇自有取死之道也。

鲍超善用游勇

鲍超，四川人，短小精悍，胆略过人。咸丰初，入炮船为兵。一日，某抚军失利危急，偪江干，负而渡之，抚军记其姓名。又一日，巡水营，招之曰：“谁是鲍超者?”鲍对曰：“小卒是。”始知前所渡者，抚军也。保以营官，带陆路兵。临大战，身先士卒，所向无前。自楚、皖达三江，复城池及诸隘口以百数，粤寇闻风披靡。他军假其旗号，隔数百里即逃矣。

鲍与将军多隆阿齐名，军中呼为“多龙鲍虎”。鲍善用游勇，凡克一城，虑有伏，辄遣游勇先入，啖以重利而得其死力。兵勇稍不符数，即收游勇以补其成，故兵常足，而游勇乐为之用。同治甲子秋，金陵余寇挟洪秀全子福瑱窜江西，蔓延闽、粤，一鼓擒之。

鲍本胡文忠部曲，其乡人李申甫，曾文正门人也，为荐之于文正。未几，由文忠给咨，诣文正大营。初进见，文正以两营相属，鲍少之，退而言于李曰：“曩胡帅之遇我也，推心置腹，视诸将佐有加。兵若干，饷若干，凡吾陈乞，不吾稍靳也。吾兵有功，则赏赉随之；有疾，则医药立至。吾乏衣甲，帅解衣衣我；

吾阙鞍马，帅易骑骑我。以是感激，遂许吾帅以驰驱，而所向亦往往克捷。今曾帅，未若胡帅之待人以诚也。且两营，何能为役？君爱我，速为我办咨文，愿仍归胡帅。”李温语慰劝之，为言于文正。文正曰：“鲍某未有尺寸功，何遽嫌兵少？姑先率两营。傥稍著成效，虽十倍之，吾何吝？”李再三言之，乃得加一营。覆于鲍，且语之曰：“吾师待人，未遽不如胡公，特初至，未款洽耳。姑少安，观其后。”鲍意未慊也。

明日，文正招鲍饮，延之上座。文正嗜猪脾，讌客则设之，而佐以鸡骛。席间，鲍屡言兵少，文正辄曰：“今日但畅饮，且食猪脾，勿言兵。”于是举杯相属，殷勤劝进，鲍竟不得复言。退而又谓李曰：“曩胡帅讌我，皆盛馔。宁为口腹之欲？礼重也！今顾以猪脾佐酌，此固养贤之大烹耶？幸赐晤对，又不令尽言，仆武夫，安能郁郁久居此？君速为吾办咨文，愿仍归胡帅！”李又慰劝之。俄警报至，粤寇扑某城急，文正檄鲍赴援，大胜而归。文正亟奖藉之，立加数营，礼貌优异。自是始绝口不言去，而文正亦甚倚重之矣。

蒋果敏军用五色帜

同治甲子，蒋果敏公益澧之复杭州也，其驻师，西南则清波门外翁家山，东北则钱塘门外宝石山。时城中粤寇尚十万，蒋仅二万人，亦号十万。为五色帜，衣亦异色。使二万人绕苏堤，自北而南，日二番，番必易衣帜，若为有十万人者。粤寇不审虚实，且日忧无给，遂溃。

唐忠壮日巡诸营

唐忠壮公殿魁身长八尺余，威棱可畏，终日不言笑，坐帐中，所部出入，无敢直行者。与部将议事，是则温言慰之，非则怒目斥之，顷刻而恩威互变。然洞悉艰苦，体恤隐微，人以是畏而感之。日巡视诸营，或马或步，无定时。至则与将弁勇夫杂坐同餐，有如家人。见枪炮刀矛器械，必反复省视，损者立修补，不齐者立责斥，或自为磨治以导之。将弁有临阵勇往者，立言于主帅，超拔之。暇日与谈家事，时有缓急，别资之，不留私财。

唐初充营官，李文忠督诸军围常州时，值程忠烈初亡，粤寇悍党麕聚，则分数营奔牛以遏其援。忠壮任其事，而洋将白齐文忽反助寇，以轮船入内河攻奔牛营。忠壮固守十数日，粮米子药几尽，募健卒，泅水乞救。文忠派营将黄桂兰裹粮携药，与忠壮会合，亦入围，不得出。忠壮悬重赏，得死士，乘夜怀巨钉，潜赴轮船钉炮眼，即大出队，以火箭喷筒环烧之。白齐文不知所为，弃轮舟而遁，寇惊退。不数日，常州克矣，时同治甲子四月也。文忠奏褒其功，以“唐、黄百战之将”并称。然黄非唐比，略与多隆阿相似耳。

陈国瑞以少击众

陈国瑞战术，善于以少胜众。每率数百人击寇，寇见其寡也，围之数重，国瑞乃号于众曰：“拉起来！”所部遂列成一长方式，人各向外，己居中，指挥刺击。使围渐逼紧，复号于众曰：“冲！”于是数百人面面突围而前，悍不能御，寇每溃败。

陈每战，则短衣草履手械，与所部同。手自杀寇，寇从不知其所在。惟喜以红色临敌，辄令士卒多掣红旗。寇与战久，见红旗，即辨为陈军，恒有未战先却者。

郑绍宗方曜勇悍善战

光绪初，粤有两福将之称，一谓陆路提督郑绍宗，一谓水师提督方曜也。郑初从粤寇，为陈金刚部下之健将。有军师孙某，诡谲多智术，至为陈所信任，（陈破广西贺县后，以李氏宗祠为王府，门前署联云：“王者命自天，谁敢化蛇当道；英雄居此地，何妨扪虱谈兵。”即孙所撰。）与绍宗素不睦。城破后，争一女子，卒为绍宗所有，愈不能平，时媒孽之。绍宗屡立功，不得赏，心已怏怏。会因言事争执，孙嗾陈鞭之，绍宗益愤，遂乘间刺杀陈，并杀孙，以降于官军，隶金统领麾下。主将爱之甚，乃易从主将姓。积功官至提督，始奏请归宗。

郑居官久，立功甚多，尤长于捕盗。尝练兵一营，曰“绥靖营”，约束极严，尤能与士卒同甘苦，故士卒乐为所用。时水师提督方曜之部下多潮勇，无纪律，时出肆扰。然其勇悍善战，乃与绥靖营同。

冯子材谙悉边事

冯萃亭宫保子材，嚄唶宿将，谙悉边事。自平李扬材之乱，久镇边关，众心积附。张靖达公抚桂省时，奏令回提督本任，与提督黄桂兰代统防营。光绪甲申、乙酉间，法、越事起，冯告病回籍，黄补提督缺，而边事益不可问，黄亦坐罪自毙矣。

吴大澂抚韩边外

吴大澂尝以奉吉林平寇之命，至吉林，以单骑入韩边外寨中，晓以大义。晚宿韩所，约同至官军营，韩有难色。吴曰：“吾孤孑一身，入君寨不惧，君独惧我，是疑我也，请尝白刃!”韩感其诚，许之。又越日，偕至官军营，遂释怨息兵。在吉久，见宁古塔草深丈许，向不产五谷，吴曰：“谷，草木类也。草木蕃殖，五谷当亦然。”招河朔老农，搂其农具而垦荒焉。

李文忠论以毒攻毒

李文忠之将薨也，尝言曰：“俄之伸势于满洲，不妨袖手观之，盖日本必不甘默视此封豕长蛇之侵略者。时机既至，势必起而相战。两虎争斗，彼此皆疲，是即可乘之会也。宜借欧美之力以恢复之，此即以毒攻毒之妙法也。”

马玉昆论外兵

马玉昆尝与于光绪甲午中、日之战，遂习知外人坚脆。尝曰："列国军士之有智慧、有法纪，虽其将死而指麾自如者，以德、法为最，英、日次之，俄乃最下。俄之军士，其能力无以加于我国，惟将校稍胜耳。仓猝遇伏，将校既歼，行列自乱。又克城以后，往往四出掳掠，大将本营或空虚无人，出不意袭之，往往转败为胜。日本之兵，果锐为诸国最，其耐久战之力，德、法、英、俄皆不及也。而器械之锐利，动作之敏捷，远不如德人。故论列国之兵，法人诎于体，久战先倦；俄人诎于智，失将先乱，皆非不可胜者也。今日我师虽非甚精，然以抗俄人，尚足取胜，惟俄人兵数多而铁道便，彼以众来而我以寡当之，此其所当踌躇者耳。"马尝以此言力陈于当道，皆不省。后卒有日、俄之战，其胜败一如马所预料。

黑丫头负殊勇

齐王氏有先锋曰黑丫头，负殊勇，每战必先。某监司之从仆皖人裴某，能手举五百斤，常以自豪。一日，川督勒保议出队，裴出，跪帐前，愿杀贼自效。勒壮其胆，令带百人往，及获胜而归，则赏六品顶带。越月，方出队，遥见一女子单骑持枪至，裴以其女子也，漫视之，策马直前，举矛刺之。女略一举手，裴已堕沟，见女下骑搜觅，亟跃起，以矛刺其喉，女乃仆地死，旋斩其首以归。同列见之，惊曰："此即一日手斩两总兵之黑丫头也！乃为若所斩！"献首于勒，勒大喜，超擢参将。

萧三娘能马上指挥射

粤寇军中有萧三娘，号女元帅，或云即朝贵妹也。年二十余，长身猿臂，能于马上指挥其众，且能左右射。咸丰癸丑三月，陷镇江时，尝率女兵数百登城，勇悍过男军，当者无不披靡。洪秀全妹宣娇，亦尝骑马临阵，与三娘同，惟从壁上指挥，不能交锋。

狱讼类

叩阍

凡冤狱，不得直于本省官长，则部控；又不能直，乃叩阍。然叩阍极难，其人须伏于沟，身至垢秽，俟驾过时，乃手擎状，扬其声曰“冤枉”。如卫士闻之，实时捉得，将状呈上，其人拿交刑部，解回原省。或言专有一等人，代人为此，亦不须多钱，缘此等本是丐流，既得讼家钱，且解省时，沿途均官为之供食，狱结，照例充军，又可中途脱逃，为此者极多。且非此辈，则何时候驾，如何递呈，亦不能如式也。

鼓状通状

国初，刘余佑《请革带地投充疏》，有“御状、鼓状、通状纷争无已”语。鼓状即登闻院之状，通状即通政司之状。雍正初，登闻院改隶通政司，其后控诉者赴都察院及步军统领衙门，外藩赴理藩院，遂无所谓鼓状、通状矣。

呈批出票之日期

州县衙署事务繁，遇有勾摄案件之事，如户婚、田土案，均有定章，呈词批准，方挂批。每月初三日所进之呈，至初八日午后方揭晓。挂批后，方叙票稿，分别送刑名、钱谷两幕友核阅，阅后送签押，签押方送官。向例：凡由衙署外入之件，先送门稿，门稿送官阅，阅后官发签押，签押仍送门稿，门稿方发房。是签押者为内咽喉，而门稿者乃外咽喉也。有此辗转，必数日而核一票稿，又必数日而缮签送印，发房交班。计初三日之案，初八日批准，十一日出票，已甚速矣。

传案限期

凡一案传票，官必酌批传案之限期，或三日，或五日。其实限者自限，逾者自逾。限三日者，至五日送审，官可谓能行其令于下矣；限五日者，七日送审，官亦可谓能举其职矣。然亦难以尽咎差役。每见有官遇差役送案之勤而不悦者，盖畏问案故也。门稿揣知官之心理，乃搁案不送而索贿，否则勒令两造和息，既可见好于官，又可得利息钱。（此项每案以十千或五千文计，陕西、山左均有之，向不在禁例。）官亦明知故犯，何乐不为。是以有案无传、有传无送、有送无讯、有讯无结者，比比然也。

发审局判讼事

各省有发审局承审案件，为京控之发回原省以交局者，或上控之提审交局者，而莫不以候补道为总办，候补府为提调，候补同通州县为承审员。承审员有定额，承审数年，辄得署缺以去。若辈类皆夤缘进身，绝无法律知识，自号老吏，惟以锻炼迎合为事，不则亦颟顸伴食，一任吏胥之舞文弄法而已。要之，一案到局，无有即审即结者，穷年累月，人民且求死而不得也。

诉讼别设机关

“诉讼”二字，为法律名词，因权利或其他事项诉于官吏而判其曲直也。属民事者曰民事诉讼，即凡因私权关系（如田宅、钱债及契约等涉讼事件。）而起诉者也，在法称为私诉。属刑事者曰刑事诉讼，即凡因身体、财产、生命之被害而起诉者也，在法称为公诉。宣统己酉，各省有设审判厅、检察厅者，凡此等机关之所在，其地牧令即不受词讼矣。

勾票

勾票，拘捕罪人所执之凭票也。凡刑事诉讼，被告人传唤不到或逃亡者，皆用勾票拘捕之。亦称“提票”。

木子雄图财害命案

顺治时，山东张立山宰浙江之开化，有木子雄者，以图财害命案置重典，待决有日矣。会张以奉讳受代，摄事者为王某。去数月，部文下，木正法，王时为监斩官。越三载，张服阕赴补，得江西铅山令。有窃贼拒捕伤脑案，正凶到案，张视其貌，若素识者，听其声，类开化人，问姓名，为李雄，疑而诘之，即木也。张大惊，曰：“闻汝已正法矣，何尚在?”雄仰视，知张即昔之承审官，因不敢隐，具言昔处斩时正在黑夜，刀适中颈骨，身仆而首未殊，颈痛几绝。比醒，则四周绝无一人，以力挣脱所捆绳，踰城遁。逃至江西，改姓李，作偷儿度日，今又以拒捕破案，死复何言。张验其脑后，刀痕宛然。

张询知监斩者即署任王某，乃以木之昔刑后脱逃及今之拒捕杀人事通详上宪，赣抚移咨浙江查之。浙抚大骇，行提昔日监斩及行刑之人至省严鞫。时王已擢宰江南，离任至浙，讯之，则曰：“开化向未戮人，无善于行刑者。是夜，木正法时，刀砍而仆，疑其已死，遂用芦席掩之，俟天晓验收。讵至次日，尸已不见，不敢声扬，以业已处斩具报。不料其逃至江西，复因他案败露及于前事也。”浙抚又咨提木至浙，令其亲族认识之，果是。复再三研讯，司刑之人实无贿纵情弊，案遂定。木仍解回江西结案，而王与用刑之人，咸获重谴。

黄毓祺诗词狱

顺治乙酉，豫亲王多铎下江南，昆山顾亭林处士炎武已逸，惟礼部尚书常熟钱谦益出城迎降。未几，至燕京，管秘书院事，充《明史》副总裁，继以疾乞假，驰驿回里。世祖疑有异，令巡抚、巡按视其疾以告。逾年，凤阳巡抚陈之龙获黄毓祺于通州之法宝寺，搜出印信、诗词，谓欲复明也，并以谦益曾留毓祺宿且许助资招兵等词入奏。即命总督马国柱逮讯，谦益力辨其诬，且自言年已七十，动履藉人扶持，必不敢萌他念，哀吁问官，乞开脱。适首告谦益之盛名儒匿不赴质，毓祺病死于狱，乃以谦益与毓祺素不相识定谳。国柱具疏解之，遂得释。

谦益既归，乃以前著之《初学集》《有学集》刻以行世。谦益字牧斋。

顺治甲午以前科场案

顺治一朝，科场案最多，前乎丁酉者，则有乙酉、丁亥、壬辰、甲午诸案。

乙酉，河南乡试录内，称“皇叔父”为“王叔父”，主考欧阳蒸、吕云藻俱革职，交刑部治罪。

丁亥，会试同考官袁襜如擅改朱卷，革职。

壬辰会试，以第一名程可则悖戾经旨，特旨除名。试官秘书院学士武陵胡统虞降三级，弘文院学士大名成克巩降一级，同考左敬祖等夺俸有差。

甲午，礼部参奏顺天主考编修吴县范周、编修江夏吴正治，评阅试卷，止有姓名，全无次第；给事中宋牧民，亦称试录程文种种乖谬，并奉旨交刑部。

科场之事，明季即有以关节进者。每科五六月间，房考就聘之期，则先为地道，或晋谒，或为之行金以贿诸上台，使得棘闱之聘，后分房验取，如操券而得也，每榜发，不下数十人。至本朝而益甚，各分房之所私许，两座师之所心约，以及京师贵人之所密属，如麻如粟，殆千百人。闱中无以为计，各开姓名，择其必不可已者登之，而间取一二孤寒，以塞人口。北闱尤多此弊。北闱房考及座主，率为辇下贵人，未入场，已可按图而索，知某人必入，故营求者先期定券，万不失一，不若各省房考必为州县，茫然不可知，暗中摸索也。顺治甲午一榜，无不以关节得幸。于是阴躁者走北如骛，各入成均，若倾江南而去之矣。至丁西，辇金载宝，辐辏都下，而若京堂三品以上之子弟，则不名一钱，无不获也；若善弋声名、遨游公卿者，亦然。惟富人子或以金不及额，或以价忽骤溢逊去，盖榜发无此中人矣。于是蜚语上闻，天子赫怒，逮系诸房考。

顾亭林通郑成功案

顾亭林尝以世仆陆恩叛投里豪，数其罪，投之于江。盖亭林之先世，曾以良田数顷向里人叶方恒押银，亭林急欲赎归，而叶意图吞没，再三延阁。亭林迫之急，叶遂以千金啖陆恩，使讦亭林通郑成功事，冀亭林畏罪逃逸，无暇问田事也。其后移狱松江，幸而免。

孙长卿折狱

太原有民家，姑妇皆寡。姑中年，不能自洁，村无赖频就之。妇不善其行，阴于门户墙垣阻拒之。姑惭，假事以出妇，妇不去，颇勃溪，姑益恚，乃诬控之官。官问奸夫姓名，姑曰："夜来宵去，实不知为谁，鞫妇自知。"因唤妇，妇果知之，而以奸情归姑，苦相抵。拘无赖至，又哗辩，谓两无所私，彼姑、妇不相能，故妄言以相诋毁耳。官曰："一村百人，何独诬汝？"重笞之，无赖叩乞免责，自认与妇通。械妇，妇终不承，逐去之。妇忿而上控，仍如前，久不决。

时淄川孙长卿大令宗元宰临晋，推折狱才，宪司遂下其案于临晋。人犯到，略讯一过，寄监讫，即令隶人备砖石刀锥，质明听用。皆疑曰："严刑自有桎梏，何将以非刑折狱耶？"不解其意，姑备之。明日出讯，命以诸具悉置之堂，传犯者，又一一略讯之，乃谓姑、妇曰："此事亦不必求甚清析，淫妇虽未定，而奸夫则确。汝家本清门，惟一时为匪人所诱，罪全在某。堂上刀石具在，可自取击杀之。"姑、妇趑（同"趑"）趄，恐邂逅抵偿。孙曰："无虑，有我在。"于是姑、妇并起，掇石交投，妇衔恨已久，两手举巨石，恨不即立毙之，姑惟以小石击臀腿而已。又命用刀，姑逡巡，孙止之，曰："淫妇，我知之矣。"命执姑严梏之，遂得其情，案乃结。

一日，遣役催租，租户他出，妇应之。役不得贿，拘妇至，怒曰："男子自有归时，何得扰人家室。"遂笞役，遣妇去，乃命匠多备手械，以备敲比。明日，邑中传颂使君之仁，逋赋者闻之，皆使妇出应，乃尽拘而械之。

顺治丁酉顺天科场案

专制国之用人，铨选与科举等耳，古用乡举里选之法，最近文明，后渐成器械之事。凡汲引人材，从古无有以刀锯斧钺随其后者，铨政纵极清平，能免贿赂，不能免人情，科举亦然。士子之行卷，公卿之游扬，恒为躐取科第之先导，不足讳也。明代程敏政、唐寅之事，沈同和、赵鸣阳之事，关节枪替，经人举发，无过，蹉跌而止。至本朝，乃兴科场大案，草菅人命，甚至弟兄叔侄，连坐而同科，罪有甚于大逆。无非重加其罔民之力，束缚而驰骤之，盖始于顺治丁酉之乡闱矣。

明代迷信八股，迷信科举，至亡国时而尤盛，余毒所蕴，至本朝遂尽泄之。盖满人旁观极清，笼络国中秀民，莫妙于中其迷信。始入关，则连岁开科，以慰蹭蹬者之心，继而严刑峻法，俾忮求之士称快。丁酉之狱，主司、房考及中式之士子，诛戮及遣戍者无数。其时满、汉方水火，而汉之无耻者，又欲借满以倾汉、倾汉以结满，故发难者汉人，受祸者亦汉人。汉人陷溺于科举，至深且酷，不惜假手于满人，屠戮同胞，以泄多数被摈者之愤，此所谓"天下英雄入我彀中"者也。

丁酉之狱，蔓延几及全国，以顺天、江南二省为巨，次则河南，又次则山东、山西，凡五闱。明时江南与顺天俱有国子监，俱为全国士子之所萃，非仅一省之关系已也。大兵下江南，虽已改应天府为江宁，废止南雍，然士子耳目，尚以顺天、江南为观瞻所系。是年科场大狱，即以此两闱为最惨，同时并举，以耸动迷信科举之汉儿，用意至为明显。今分闱叙述，首顺天，次江南，又次河南，而以山东、山西附见于河南之下，盖三省之狱，皆以磨勘为起因也。

丁酉宾兴届期，世祖遣翰林侍读曹本荣、侍讲宋之绳主顺天乡试，所谓“北闱”者是也。又选各衙门有才名之散官分校五经房，如大理左右评事李振邺、张我朴，国子博士蔡元曦，行人司行人郭浚等，凡十有四人。振邺等皆年少轻狂，浮薄寡虑，虽未必尽纳财贿，而欲结权贵、树党援之心则同。嘱托甚多，名额有限，闱中推敲，比之阅文以定高下者，其心更苦。爵高者必录，爵高而党羽少者摈之；财丰者必录，财丰而名非夙著者又摈之。振邺尤孟浪，在外所通关节者二十有五人，在闱中时，一时无可物色，以亲随有奚童名灵秀者颇黠慧，遂手画蓝笔一纸，令其觅之，一一具见，止中五名，外二十人不中。事已，宜索以泯迹，振邺忘之。秀以示同伴冯元，元固振邺素遇之寡恩者，遂攫去，藏于幞，思以箝振邺。尚未发，至榜下，舆论大哗。

苕溪贡生张汉素戆騃，以别有隐恨，剪发刻揭，投送科道衙门四纸，嘉善蒋文卓亦写揭，匿名而遍传之。杭州贡生张绣虎，本光棍，拐妓逋京师，惯为拿讹扎诈之枭，从中鼓煽恐吓，藉汉与文卓为囮，诈得振邺、我朴银一千二百两。吏科陆贻吉与闻其事，然非过付也。乃文卓揭载其名，贻吉大怒，文卓即削其名，而贻吉犹不自安，语刑科任克溥曰：“汉与文卓将揭今科之弊，不意牵涉及我，吾将自检举。”而因循未果。克溥受山左诸大老意旨，久衔考官，又为孙伯龄所咻，不无垂涎于房考。房考不应，早欲甘心于诸人，及世祖幸南海子，面召汉大臣及科道官，严谕以尽职掌、无徇庇。克溥遂于十月十六日疏劾科场大弊，世祖大怒，即传旨拏疏中有名人犯，至吏部会审。

时满大臣尚未知关节为何事也，太宰王某抓髯抵掌，论批注释，图海、科尔坤始恨南人之狡。讯时，振邺赃证有据，转攀张我朴、蔡元曦，堂上援笔定案，略谓："我朴、元曦虽坚不承认，但振邺执称不已，贿弊是实。"不意太宰欲邀欢于满大臣，特召冯元，以言餂之，元出幞中蓝笔一纸，按卷而对，则二十五关节中首为陆庆曾，系二十年名宿，且曾药愈振邺，借中式以酬医，非入贿者，亦逮入。第二名为太宰胞侄树德，太宰大惧，上疏自劾。得旨云："王树德审明处分，不必先期陈乞。"时十月二十五日也。明日，吏部狱词上，奉旨依议即决，父母兄弟妻子流徙尚阳堡，家产入官。二十七日，我朴、元曦、振邺及新举人田耜、贺鸣郊骈首菜市。贻吉不先检举，亦坐知情过付，同僇矣。正法之次日，即檄各省，逮系各家老幼，籍没资产。随又提拏各犯，缇骑四出，于是而张次先父子、孙伯龄父子、郁光伯父子，学士诸震，汉之兄中书舍人嘉，及中书张恂、光禄李倩，次第就逮。嗣又遣校拏常熟赵某，湖州二沈、二闵，皆有关节而不中者。元之口供有八公子，于是公卿之有子获隽者，咸凛凛矣。十二月初四日，系累男女一百八人，出关而去，中有三十人，不与同局而同没焉。

戊戌正月十五日，集诸士覆试于太和门，每人以满兵一人夹之，仍谕以尽心构艺，不必畏惧。供给茶烟，未尝缺乏，即所监押，亦小心执礼，安慰致嘱。题为世祖亲定。甫二日，榜出，仅革白丁霍某某等八人，余皆准会试。是狱也，迁延半载，皋陶曰杀之三，尧未即曰宥之三也。上意未测，爰书莫定。四月二十二日，忽接上传，拿取各貌，御前亲录。故事：朝廷若有斩决，镇抚司开南角门，刑部备绑索、口衔，点刽子，工部肃街道。是日晨，备绑索四十副，口衔四十枚，刽子手四十名，厉行刑刀数口，簇拥各犯入太和门。当是时，上御殿引间，众皆惕息，便溺皆青。独张天植自陈"孤踪殊遇，臣男已蒙荫，富贵自有，不必中式。况又能文，可以面试"等语。特蒙赐夹，校尉虾等欲夹双足，上竖一指，遂止夹一足。坚不承认，曰："上恩赐死，无取辞。若欲屈招通关节，则必不承受。"上回面向内久之，传问曰："朝廷待汝特厚，汝前被论出，朝廷特召内升，何负于汝？平日做官，亦不甚贪猥，奈何自罹于辜？今俱从轻，各拿送法司。”即于长安街重责四十板候旨。驾起，而科官不论列，以引咎而免责。其牵连之子文等，并首难之文卓及汉，俱不与。当经刑部遵旨行杖，杖太重，若必欲毙之杖下者。时尚书噤不出一语，独侍郎杜某奋起，大诟诸皂曰：“上以天恩特赐宽宥，尔等必置之死，以辜负上意耶？止可示辱而已。若不幸见罪，余独当之。不听吾言，吾将蹴踢死若曹矣！”于是诸皂始稍稍从轻，得不死。是晚杖毕，仍系刑部狱。

翌日，刑部奉上谕：“开科取士，原为遴选真才，以备任使，关系最重，岂容作弊坏法！王树德等交通李振邺等，贿买关节，紊乱科场，大干法纪。命法司详加审拟，据奏：王树德、陆庆曾、潘隐如、唐彦曦、沈始然、孙旸、张天植、张恂俱应立斩，家产籍没，妻子父母兄弟流徙尚阳堡。孙伯龄、郁之章、李倩、陈经在、丘衡、赵瑞南、唐元迪、潘时升、盛树鸿、徐文龙、查学诗俱应立斩，家产籍没。张旻、孙兰茁、郁乔李、苏霖、张绣虎俱应立绞；余赞周应绞，监候秋决。因人命至重，恐其中或有冤枉，特命提来，亲行面问。王树德等俱口供作弊情真，本当依议发落，但多犯一时处死，于心不忍，俱从宽免死，各责四十板，流徙尚阳堡，余俱依议发落。董笃行等，本当重处，朕面问时，皆自认委系溺职，姑著免议。自今以后，凡考官、士子，须当恪遵功令，痛改积习，持廉秉公。不得以此案偶从宽典，遂视常例，妄存幸免之心。如再有犯此等情罪者，必不姑宥。尔等衙门即行传谕。钦此。”

自北闱大狱兴，弹劾科场者大起。阴应节劾南闱，而主考、房考十八人逮；蒋御修劾河南、陕西，而主考逮；山东磨勘一字讹，而房考被逮，皆是也。

顺治丁酉江南科场案

顺治丁酉十一月壬戌，给事中阴应节奏：江南主考方猷等弊窦多端，物议沸腾。其彰著者，如取中之方章钺，系少詹事方拱乾第五子，悬〔玄〕成、亨咸、膏茂之弟，与猷联宗有素，乘机滋弊，冒滥贤书。请皇上立赐提究严讯。得旨："据奏，南闱情弊多端，物议沸腾。方猷等经朕面谕，尚敢如此，殊属可恶。方猷、钱开宗并同考试官，俱著革职，并中式举人方章钺，刑部差员役速拿来京，严行详审。本内所参事情及闱中一切弊窦，著郎廷佐速行严查明白，将人犯拿解刑部，方拱乾著明白回奏。"十二月乙亥，少詹事方拱乾回奏："臣籍江南，与主考方猷从未同宗，故臣子章钺，不在回避之例，有丁亥己酉甲午三科齿录可据。"下所司查议。

戊戌二月庚午，御史上官铉劾奏：江南省同考官舒城县知县龚勋，出闱后被诸生所辱，事涉可疑。又中式举人程度渊啧有烦言，情弊昭著。应详细磨勘，以厘夙奸。得旨："著严察逮讯。"丙申，礼部议覆："御史上官铉奏江南新榜举人啧有烦言，应照京闱事例，请皇上钦定试期，亲加覆试，以核真伪。至直省士子云集，闱务不便久稽，其江南新科举人，应停止会试。"从之。

三月庚戌，上亲覆试丁酉科江南举人。戊午，谕礼部："前因丁酉科江南中式举人，情弊多端，物议沸腾，屡见参奏，朕是以亲加覆试。今取得吴珂鸣三次试卷，文理独优，特准同今科会试中式一体殿试。其汪溥勋等七十四名，仍准作举人。史继佚、詹有望、潘之彪、洪济、黄枢、秦广之、陈遡潢、许允芳、张允昌、何亮功、何炳、曹汉、马振飞、朱扶上、万世俊、黄中、董粤固、韩揆策、谢金章、许凤、杨大鲲、周篆、沈鹏举、史奭等，亦准作举人，罚停会试二科。方域、林节、杨廷章、张文运、汪席、陈珍、华廷樾、顾元龄、刘师汉、夏允光、程牧、孙弓、安叶甲、孙长发等十四名，文理不通，俱著革去举人。"

十一月辛酉，刑部审实江南乡试作弊一案，正主考方猷拟斩，副主考钱开宗拟绞，同考官叶楚槐等拟赍遣尚阳堡，举人方章钺等俱革去举人。得旨："方猷、钱开宗差出典试，经朕面谕，务令简拔真才，严绝弊窦。辄敢违朕面谕，纳贿作弊，大为可恶。如此背旨之人，若不重加惩治，何以警戒将来！方猷、钱开宗俱著即正法，妻子家产籍没入官。叶楚、周霖、张晋、刘延桂、田俊文、郝惟训、商显仁、朱祥光、文银灿、雷震声、李上林、朱建寅、王熙如、李大升、朱沤、王国桢、龚勋，俱著即处绞，妻子家产亦籍没入官。方章钺、张明荐、伍成礼、姚其章、吴兰友、庄允堡、吴兆骞、钱威，俱著责四十板，家产籍没入官，父母兄弟妻子并流徙宁古塔。程度渊在逃，责令总督郎廷佐、亢得时等，速行严缉获解；如不缉获，伊等受贿作弊是实。尔部承问此案，徇庇迟至经年，且将此重情问拟其轻，是何意见？作速回奏。余如议。”

先是，刑部诸臣遵旨回奏审江南乡试作弊一案耽延情由，下吏部议。至十二月丁亥，吏部议：“尚书图海、白元谦，侍郎吴喇禅、杜立德，郎中安珠护、胡悉宁，员外郎马海，主事周明新等，谳狱疏忽，分别革职、革前程并所加之级，仍罚俸。”得旨：“图海等本当依议，姑从宽免革职，著革去少保、太子太保，并所加之级。其无加级者，著降一级留任。”

己亥三月戊子，再覆试丁酉科江南举人。盖顺治丁酉江南乡闱发榜后，众大哗，好事者为诗为文，为《万金记传奇》及杂剧，以“方”字去一点为“万”，“钱”字去边旁为“金”，指二主考姓，备极行贿通贿状而丑诋之。流布禁中，世祖震怒，遂有是狱。两主司撤棘归里时，道过毗陵、金阊，士子随舟唾骂，至欲投砖掷甓。桐城方某，冠族也，祸先发，于是连逮十八房官及两主司。总督郎某又采访举子之显有情弊者八人，上之于朝，其八人即于京师就缉，同主司严讯。凡南北举子皆另覆试，北场为先。上亲御前殿，士子数里外携笔砚，冰雪僵冻，立丹墀下，顷刻成数艺，兵番杂沓以旁逻之。如是者三试而后已，榜发，黜数人。南闱覆试最后，皆不得与会试，所覆一如前，亦黜十余人，而最后一二十人，复停三科，其解首则竟为进士。是役也，师生牵连就逮，或就立械，或于数千里外锒铛提锁，家产籍没，妻子流离。更波及二三大臣，皆居闲者，亦血肉狼藉，长流万里矣。

或曰，是年江南乡试前数日，严霜厚三寸，既锁闱，鬼嚎不止。是虽迷信之谈，亦足见是狱之惨也。

北闱所株累者多为南士，而南闱之荼毒，则又倍蓰于北闱。北闱房考官之被戮者，仅张我朴、蔡元曦、李振邺三人，且法官拟重，而特旨改轻以市恩，犹循“杀之三、宥之三”之常格。至南闱，则特旨改重，且罪责法官，两主考斩决；十八房考，除已死之卢铸鼎外，生者皆绞决，盖考官全体皆得死罪矣。又两主考、十八房考，妻子、家产皆籍没入官，家产没入已酷，又并其妻子而奴虏之。明燕藩篡弑，谓之靖难，其后大戮建文诸忠臣，以其妻妾配象奴。方之丁酉科场，惨酷正等。夫行不义、杀不辜，为叔世得天下者之通例，不从弑逆者，即例应以大逆坐之，科场案则何为者？士大夫之生命、之眷属，徒供专制帝王之游戏，以借为徙木立信之具，而于是侥幸弋获；侥幸不为刀下之游魂者，乃诩诩然自命为科第之荣，有“天子门生”之号。呜呼！科举之败坏人道、摧残廉耻，而卖国卖君之人，乃亦出于其中，岂创设科举者之所逆料者耶？

顺治丁酉河南科场案

顺治丁酉十二月壬申，给事中朱绍凤劾奏：河南主考官黄鈊、丁澎进呈试录《四书》，三篇皆由己作，不用闱墨，有违定例。且黄鈊居官向有秽声，出都之时，流言啧啧。又挟恃铨曹，恣取供应。请敕部分别处分。得旨：“黄鈊著革职严拿察究，丁澎亦著革职察议。”

戊戌七月辛酉，刑部议河南主考黄鈊、丁澎违例更改举人原文作程文，且于中式举人朱卷内用墨笔添改字句。黄鈊又于正额供应之外，索取人参等物。黄鈊应照新例，籍没家产，与丁澎俱责四十板，不准折赎，流徙尚阳堡。上命免鈊、澎责，如议流徙。

河南副主考丁澎，名士也，纪载颇及此事，则有可录者如下。朱绍凤弹河南闱之原奏，见朱自刻之奏议中。盖是年以参劾试官为最趋风气之一事，于是台谏中思有所表见者，无不欲毛举一二细故，以合时尚。今观是年十二月十四日朱绍凤劾河南科场之原奏，可知矣。其辞曰："刑科右给事中加一级朱绍凤谨题，为主司违例可疑闱卷并宜严察事。窃惟设科取士，关系匪轻，主司衔命而行，动曰矢公矢慎。公者，屏绝苞苴之谓也；慎者，钦遵功令之谓也。少涉私情，便干物议，天威有赫，殷鉴昭然，乃臣于黄釴、丁澎，不能无议焉。复查顺治十一年五月内礼部题覆臣同官孙珀龄《科场关系大典》一疏，内开'试录宜用闱墨'一款，凡科场题目，预先泄漏，种种奸弊，多因主考场前预撰试录程文。今应如科臣议，用诸生原墨，稍加裁订，以刊程文，违者纠参等因。奉有俞旨，历科各省罔不遵行，独今年河南试录，则大异是，首篇刻李模，仅同四句；次篇刻李敏孙，一语不符；三篇刻李士召，所存者两股耳。若以为文堪首列，何不扬于王廷？若以为理碍进呈，何以压于多士？苟非狥私，便为抗旨，百口难为二人解也。又闻黄釴出都之日，啧有流言，及乘传入闱，挟恃铨曹声势，恣取供应，地方官积不能堪。事属风闻，未敢轻告。要之，釴服官素著秽声，典试复多阙失，似又不可与丁澎同日而语也。伏祈敕下该部，将釴等分别从重议处，以为人臣专擅者之戒。其闱墨全卷，务须严加磨勘，据实指陈，庶不负朝廷书升之重典并皇上迩来惩诫之盛心，功令肃然，科名幸甚。"奉旨："据所参河南录文违例，并黄釴服官素著秽声，出都之日，啧有流言，挟恃铨曹，恣取供应等情，殊干法纪，著革了职严拿察究。丁澎，系副考官也，著革了职一并察究议奏。该部知道。"绍凤原题如此。观其置黄釴恣取供应于后，而以试录违式为要点，奏末又明言"皇上迩来惩诫之盛心"，可见当日本意，在构成一种科场案，以投时好。绍凤奏议有龚鼎孳序，称与少同乡举，垂三十年，白首弟兄，则亦明时之有科目者也。

自是岁河南科场以磨勘兴大狱之后，科场试录，遂无朱墨真卷。揭晓之日，若发见有违式者，皆知照本人换卷，终科举时代皆然。取士而以穿窬之盗度人，科举功令，至不足道；以防弊与作弊二者较之，亦当谅作弊者之不得已矣。

顺治丁酉山东山西科场案

顺治戊戌二月庚午，礼部磨勘丁酉科乡试朱卷，劾奏违式各官。河南省考试官黄鈊、丁澎，用墨笔添改字句；山东省同考官同知袁英，知州张锡怿，知县唐瑾、吴暹、何铿、章贞，用蓝笔改窜字句；山西省考试官匡兰馨，唐赓尧，批语不列衔名，俱属疏忽。得旨："俱著革职逮问。"

山东、山西考官革职逮问之结果，虽无所闻，然其罪名不过"疏忽"二字，则逮问后自亦无大处分也。

查许坟地案

海宁许季觉与其同邑查某友善，查掇巍科，跻显仕，许杜门隐居，甘贫食淡。查没，赐祭归葬，势烜赫。葬地侵许氏祖坟，两家子弟交构，许曰："吾终不以死友卖祖父也。"挺身讼之官，连年不决。查、许本通家姻戚，居间者以十数，至是，许攘袂奋髯而誓曰："头可断，地不可让！"闻者乃止。后查以通海客诬季觉，大吏锻炼周内（古同"纳"），置于狱，会有知其诬者，营护得解。仇者百出其计，欲杀之，乃避之山阴。数年，卒踪迹得之，使干役十余人絷以去。许知不得复生，义不辱，因于狱中碎瓷器作屑，吞之而毙。

淄川崖庄杀贾案

顺治戊戌，淄川之乡西崖庄，有贾者被人杀于途，越夕，其妻王氏亦自经死，贾弟鸣于官。时鄞县费祎祉令淄，亲验之，见布袱裹银五钱余尚在腰中，知非为财也。拘两村邻保讯之，无端绪，亦未搒掠，释之归，但命地约详察，十日一关白而已。逾半年，事渐懈，贾弟怨费仁柔，上堂屡噪，费怒曰："汝既不能指名，欲我以桎梏加良民耶?"呵逐而出。贾弟无所伸诉，愤葬兄嫂。一日，以逋赋故，逮数人至，中有周成者惧责，上言钱粮措办已足，即于腰中出银袱，请验视。验已，问家何里，答云某村；又云去西崖几里，答五六里。曰："去年被杀贾某，汝何人?"答云："不识其人。"费勃然曰："汝杀之，尚云不识耶!"周力辩，严梏之，果伏罪。

先是，王氏将诣姻家，以无钗饰聒夫，使假于邻，夫不肯，自假之，颇甚珍重。归途，卸而裹诸袱，内袖中，既至家，探之，已亡。不敢告夫，又无力偿邻，恼欲死。是日，周适拾之，知为王所遗，窥其夫他出，夜踰垣，将执以求合。时溽暑，王卧庭中，周潜就淫之，王觉大号，周急止之，留袱纳钗。事已，王嘱曰："后勿来，吾家男子恶，恐俱死。"周怒曰："我挟勾栏数宿之资，宁一度可偿耶?"王慰之曰："我非不愿相交，渠常善病，不如从容以待其死。"周乃去。于是杀贾，夜诣王曰："今某已被人杀，请如所约。"王闻之大哭，周惧而逃，天明则王死矣。费廉得情，以周抵罪，群服其神，而不知所以能察之故。则曰："事无难办，要在随处留心耳。初验尸时，见银袱刺万字文，周袱亦然，是出一手也。及诘之，又云无旧，词貌诡变，是以确知其情也。"

淄川无首尸案

胡成、冯安，皆淄川人也，世有郤。胡父子强，冯屈意交欢，胡终猜之。一日同饮薄醉，颇倾肝胆，胡大言勿忧贫，百金之产，无难致也。冯以其家不丰，故嗤之。胡正色曰："实相告，昨途遇大商，载厚装来，我颠越之于南山智井中矣。"冯又笑之。时胡有妹夫郑伦，托为说合田产，寄数百金于胡家，遂尽出以炫冯，冯信之。既散，阴以状报邑，费袆祉拘胡对勘，胡言其实，问郑及产主不讹，乃共验诸眢井，一役缒下，则果有无首之尸在焉。胡大骇，莫可置辩，但称冤。费怒，击喙数十，曰：“有确证，尚叫屈耶？”以此囚具禁制之，尸戒勿出，惟晓示诸村，使尸主投状。逾日，有妇人抱状，自言为亡者妻，言夫何甲揭数百金出作贸易，被胡杀死。费曰：“井有死人，恐未必即是汝夫。”妇执言甚坚。乃命出尸于井，视之，果不妄，妇不敢近，却立而号。费曰：“真犯已得，但骸躯未全，汝暂归，待得死者首，即招报，令其抵偿。”遂自狱中唤胡出，诃曰：“明日不将头至，当械折股。”役押终日而返，诘之，但号泣，乃以梏具置前，作形势，即又不刑，曰：“想汝当夜扛尸忙迫，不知堕何处，奈何不细寻之？”胡哀请急觅。乃问妇：“子女几何？”答言：“无。”“甲有何戚属”？云：“有叔一。”慨然曰：“少年丧夫，伶仃如此，其何以为生矣。”妇乃哭。费曰：“杀人之罪已定，但得全尸，此案即消，消案后，速醮可也。汝少妇，勿再出入公门。”妇感泣，叩头而下。

于是费即票示里人，代觅其首。经宿，即有同村王五者报称已获，问验既明，赏以千钱。唤甲叔至，曰：“大案已成，然人命重大，非积岁不能结。侄既无出，少妇亦难存活，早令适人。此后亦无他务，但有上台检驳，止须汝应身耳。”甲叔不肯，飞雨签下；再辩，又一签下。甲叔惧，应之而出。妇闻，诣谢，费极意慰谕之。又谕有买妇者当堂关白。既下，即有投婚状者，盖即报人头之王五也。乃唤妇上，曰：“杀人之真犯，汝知之乎？”答曰：“胡成。”曰：“非也，汝与王乃真犯耳。”二人大骇，力辩为冤。费曰：“我久知其情，所以迟迟而发者，恐有万一之屈耳。尸未出井，何以确信为汝夫？盖先知其死矣。且贾死犹衣败絮，数百金何所自来？”又谓五曰：“头之所在，汝何知之熟也？所以如此其急者，意在速合耳。”两人色变如土，不能置一词，并械之，果吐实。盖五与妇私久，谋杀其夫，而适值胡之戏也。乃释胡，冯以诬告重笞，徒三年。事既结，未妄刑一人。

顺治辛丑奏销案

奏销案者，顺治辛丑八月江南奏销案也。苏、松、常、镇四属官绅士子，黜革至万数千人，并多刑责逮捕之事，案亦巨矣。

是年正月初七日，世祖晏驾，二十九日，圣祖谕吏部、户部："钱粮系军国急需，经管大小各官，须加意督催，按期完解，乃为称职。近览章奏，见直隶各省钱粮，拖欠甚多，完解甚少。或系前官积逋，贻累后官；或系官役侵挪，借口民欠。向来拖欠钱粮，有司则参罚停升，知府以上，虽有拖欠钱粮未完，仍得升转，以致上官不肯尽力督催。有司怠于征比，枝梧推诿，完解愆期。今后经管钱粮各官，不论大小，凡有拖欠参罚，俱一体停其升转，必待钱粮完解无欠，方许题请开复升转。尔等即会同各部寺酌立年限，勒令完解，如限内拖欠钱粮不完，或应革职，或应降级处分，确议具奏。如将经管钱粮未完之官升转者，拖欠官并该部俱治以作弊之罪。"三月，定各省巡抚以下、州县以上征雇钱粮未完数分处分例，此即当时之所谓"新令"，人民所痛心疾首者也。凡入奏销案者，固谓之"絓新令"，然即辛丑奏销以后，官吏之追呼，士绅之僇辱，亦无不以新令为陷阱矣。

江南赋役，百倍他省，而苏、松、常、镇尤重。役外之征，有兑役、里役、该年催办捆头等名，杂派有钻夫、水夫、牛税、马荳、马草、大树、钉、麻、油、铁、箭、竹、铅弹、火药、造仓等项，又有黄册、人丁、三捆、军田、壮丁、逃兵等册，大约旧赋未清，新饷已近，积欠常数十万。（中有实欠未免，有已完而总书未经注销者，有实未欠粮而为他人影冒立户者，有本邑无欠而他邑为人冒欠者，有十分全完总书以纤忽诬为十分全欠者。）时司农告匮，始十年并征，民力已竭，而逋欠如故。苏抚朱国治强愎自用，造欠册达部，号曰抗粮。既而尽行褫革，发本处枷责，鞭扑纷纷，衣冠扫地。昆山探花叶方霭以欠折银一厘谪官，其具疏有云："所见一厘，准制钱一文也。"民间有"探花不值一文钱"之谣。自是而两江士绅，得全者无几。有乡试中式而生员已革，且有中进士而举人已革，如华亭董含者。方光琛为歙县廪生，亦中式后被黜，遂亡命至滇，入吴三桂幕。撤藩议起，三桂坐花亭，令人取素所乘马与甲来，于是贯甲骑马，旋步庭中，自顾其影，叹曰："老矣。"光琛从左厢出，曰："王欲不失富家翁乎？一居笼中，烹饪由人矣。"三桂默然，反遂决，军中多用光琛谋。世璠败，光琛亦就擒，磔于市。光琛字献廷，明礼部尚书一藻子，皖人也，不应在国治奏销案内。亦以各省厉行此事，国治为尤酷耳。

国治抚吴在己亥冬，承郑延平兵入沿江列郡之后，意所不慊，辄以逆案为名，任情荼毒，当时横暴之举，非始于奏销。尝上疏言苏、松、常、镇四府钱粮抗欠者多，因分别造册，绅士一万三千五百十七人，（中有三千人并被逮，过常州放还，杨大鹤实与其力焉。）衙役二百四十人，敕部察议。部议现任官降二级调用，衿士褫革，（逋粮册中人，处分之法又不一，有斥革而止者，有锒铛起解者。又有现任官与在籍官之不同，见任官降调，而在籍官与士流俱黜革。吏部又上下其手，有所出入。）衙役照赃治罪。国治为奏销案之主动，"奏销"之名，即其所创。夫整理赋税，原属官吏职权，特当时以明海上之师，积怒于南方人心之未尽帖服，假大狱以示威，又牵连逆案以成狱也。

康熙壬寅五月，奉特旨：奏销提解诸人，无论已未到京，皆释放还乡。癸卯八月，龚芝麓尚书鼎孳时为左都御史，奏："钱粮新旧并征，参罚叠出，挪见征以补带征，因旧欠而滋新欠。请将康熙元年以前催缴不得钱粮，概行蠲免。有司既并心一事，得以毕力见征，小民亦不苦纷纭，得以专完正课。"下部知之。

以催征鞭扑士子，盖自辛丑新令以来，官吏无不以奉行为能事，又不独国治所辖之江苏已也。张文端公英撰《黄贞麟墓志》云："年二十五举孝廉，冠其经，次年成进士，越六年，授凤阳司理。"又："蒙城、怀远、天长、盱眙四县，子衿逋赋者各百余人，令咸逮之狱。狱隘，诸生无置足地，公闻之，谓令曰：'被逋赋者皆未验其实，忍令殒死于狱乎？’悉还其家。及讯，则或舞文吏妄为注名，或误报，或续完，悉得原而释之。”即此亦可见矣。

苏克撒哈冤狱

苏克撒哈以材辩受知九王，见事中变，尽发九王阴谋以自免，世祖大委任之。四辅同受顾命，克撒哈才出三人上，往往独断。见汉员之杰出者，必折节下交，既入其门，即志之。木札积箱，朝臣皆其党矣。鳌拜不能平，卒以计倾之。

摄政王多尔衮初入都，圈地授八旗，九王镶白旗下多善地。摄政王既殂，御前正黄旗下有言分地不如镶白旗者，拜煽之。克撒哈，镶白旗人也，闻之，不敢言，言者滋多。拜与克撒哈请遣大臣覆勘正黄旗地，诏遣户部尚书苏纳海、侍郎雷虎等，率固山牛录、科道部曹多人出视地，拥众数千，民汹惧。正黄旗下原得善地者，惮于迁移，群言勘地之扰，流闻禁中。上朝太皇太后，太皇太后切责四辅圈地扰民事，将中止。明日，直隶总督朱昌祚、巡抚王登联均请罢圈地。拜大惊，疑克撒哈结党通宫掖，乃构陷之。以二十四大罪赐自尽，诛其四子十二孙，妇子婴孩无一免者。克撒哈妻闻难作，取箱中木札焚之，曰：“无遗祸举朝也。”

当昌祚疏未上时，先以草示纳海，拜闻之，则纳海、昌祚、登联三人并赐死。纳海系刑部，披甲二人直入，立其侧。纳海顾而笑曰：“我知之矣。我大臣也，固有体。”取酒酣饮，呼家人布裀于地，解衣覆衾卧，顾二卒，令缢之。二卒取带，曰：“是未能绝我。”取弓弦缢之，乃绝。昌祚哭泣徘徊，不能自引决，四卒抱之就缢。登联亦死之。此顺治辛丑事也。

赵清献折狱

浙闽总督汉军赵清献公廷臣之折狱也，擿发如神。其最传人口者数事：有盲者与屠者善，一日入屠室，虚无人，筐有钱五百文，怀之走。屠者觉而追于途，盲者抚膺詉（同“叫”）曰：“天乎！吾辛苦积此钱，乃欺吾瞽而要劫乎?”众皆愤愤。赵过，为遮诉焉，屠者亦泣陈。赵笑令吏取盆水，投钱其中，浮脂荧荧也，乃断归屠者。又法司鞫杀人者，既自承矣，赵见所上牍而疑之，曰：“伤不及寸而刃盈尺，此必冤。”后果获正盗。夏大旱，山中人相惊，以旱魃赪颜赤鬈绛衣冠猝入人家，壮者逸，弱者匿，魃去而财物空矣。赵曰：“吾当祈之。”密戒逻者分伺搒捕，果获暴卒，伏法焉。

罗织前代人诗

自文字之狱兴，奸人乘之，投匦告讦。尝有告人作诗触时讳者于刑部，司官将白堂官移讯，主事李可汧见之，曰：“此乃唐人薛逢作，题曰《开元后乐》，大抵言天宝乱后事者，有何触忌而移讯耶?”明日，李复携《唐诗鼓吹》言于堂官，由是被控者乃免。

庄廷鑨史案

明相国乌程朱文恪公国桢尝作明史，举大经大法者笔之，刊行于世，谓之《史概》，未刊者为《列朝诸臣传》。明亡后，朱氏家中落，以藁本质千金于庄廷鑨。廷鑨家故富，因窜名于中，攘为己作，刻之，补崇祯一朝事，中多指斥本朝语。（或谓庄目双盲，以史迁有“左丘失明乃著《国语》”之说，日夜编辑为《明书》。及死，无子，其父允城流涕曰：“吾哀其志，当先刻其书。”遂梓行之，号曰《明书》。然此非实事也。）

康熙癸卯，归安知县吴之荣罢官，谋以告讦为功，藉此作起复地，白其事于杭州将军松魁。魁咨巡抚朱昌祚，昌祚牒督学胡尚衡，廷鑨并纳重赂以免，乃稍易指斥语重刊之。之荣计不行，特购初刊本上之法司，事闻，遣刑部侍郎出谳狱。时廷鑨已死，戮其尸，诛其弟廷钺。旧礼部侍郎李令晳尝作序，亦伏法，并及其四子。令晳幼子年十六，法司令其减供一岁，则得免死充军，对曰："予见父兄死，不忍独生。"卒不易供而死。

序中称旧史朱氏者，指文恪也。之荣素怨南浔富人朱佑明，遂嫁祸，且指其姓名以证，并诛其五子。魁及幕客程维藩械赴京师，魁以八议仅削官，维藩戮于燕市。昌祚、尚衡贿谳狱者，委过于初申覆之学官，归安、乌程两学官并坐斩，而昌祚、尚衡乃幸免。湖州太守谭希闵莅官甫半月，事发，与推官李焕皆以隐匿罪至绞。浒墅关榷货主事李希白闻阊门书坊有是书，遣役购之，适书贾他出，役坐于其邻朱家少待之，及书贾返，朱为判其价。时希白已入京，以购逆书立斩，书贾及役斩于杭，邻朱某者，因年逾七十，免死，偕其妻发极边。归安茅元锡方为朝邑令，与吴之镛、之铭兄弟尝预参校，悉被戮。时江楚诸名士列名书中者皆死，刻工及鬻书者同日刑。惟海宁查继佐、仁和陆圻，当狱初起时先首告，谓廷鑨慕其名，列之参校中，得脱罪。是狱也，死者七十余人，妇女并给边。时五月二十六日也。

或曰死者二百二十一人。卷端罗列诸名士，徒欲借以自重，泰半不与编纂之役。盖浙之大吏及谳狱之侍郎，鉴于魁之被祸，且畏之荣复有言，虽有冤者，不敢奏雪也。之荣卒以此起用，并以所籍佑明之产给之，后仕至右佥都。

顾亭林于是书则曰："不甚通晓古今，冗杂不足道也。"又曰："余一至其家，薄其人不学而去，是以不列名获免。"有周恭先者，既受聘矣，以他事为庄所摈，亦免于难。

庄氏及参订诸人系武林军狱时，虽受桎梏之苦，满洲将军佟某颇加防护，饮食供奉无或缺，尚得以诗歌相倡和。就刑时，诸人有作绝命词，佟命搜其遗草摹刻之，共六石，后惟廷鎏一石存焉。廷鎏字美三，廷鑨兄也，有"豚犬纵难全覆卵，糟糠岂罪及然萁"，"一气潮回江上月，全家泪洒武林春"等句。廷钺字佐璜，才华最富，七岁能诗，著有《百尺楼诗稿》。有"梼杌有名终累楚，鸱夷无后可留齐”之句，罹祸时年二十四也。吴江潘力田柽、吴媿庵炎在狱时，潘赋诗云：“抱膝年来学避名，无端世网忽相婴。望门不敢同张俭，割席应知愧管宁。两世先畴悲欲绝，一家累卵杳难明。自怜腐草同湮没，漫说雕虫误此生。”“吴关一路作羁累，林棘庭前听五词。已分残形轻似叶，恰怜卫足不如葵。下堂真愧先贤训，抱璧几同楚客悲。纵使平反能苟活，他年应废《蓼莪》诗。”“圜土初经二月春，薰风又到絷维身。流萤夜度绨袍冷，采蕨朝供麦饭新。敢望左骖归越石，还期转佩似灵筠。多情最是他乡侣，闲谱龟兹慰苦辛。”“阅历风霜只自疑，难将身世问时宜。穷愁只合吾侪事，姓氏羞为狱吏知。见说成书刑铸鼎，不闻有楚召胥靡。南山此去躬耕好，未可重题酒后诗。”

书中所云“王某孙婿”即德祖，所云“建州都督”即太祖也，而皆直书其名。又云：“长山峒而锐，士饮恨于沙燐；大将还而劲，卒销亡于左衽。”如此之言，散见于李如柏、李化龙、熊明遇传中，又指孔有德、耿精忠为叛。且自丙辰迄癸未，俱不书在关外之年号，而于隆武、永历之即位正朔，必大书特书，其取祸之端有如此。

江南《忠义录》案

康熙丁未四月，江南民人沈天甫、吕中、夏麟奇等伪撰《忠义录》，诡称为明黄忠端公尊素等百七十六人作，陈济生编集，明大学士吴甡等六人为之序。天甫使麟奇诣甡之子中书元莱所，诈索银二千两。元莱察其书非父手迹，控于巡城御史，以闻，圣祖以奸民诳称谋叛，诬陷平民，大干法纪，下所司严鞫。天甫等皆弃市，其被诬者不问。

戊申，即墨黄指挥培之奴姜元衡删易此书，增入黄氏唱和诗，控其主与兄弟子侄作诗诽谤本朝，又与顾亭林搜辑诸人诗，皆有讪语。复以济生所辑《忠义录》指为亭林作。后因援天甫故牍，谓元衡所控之书，即天甫等陷人之书，事旋解，株连者二十余均得释。

庞雪厓弭浦城之狱

庞雪厓太守垲，康熙朝任丘诗人也。以翰林出知建宁府，甫下车，浦城令以严苛激变，邑人乘夜焚册局，杀册书。庞闻信驰往，传教官、典史至，集诸生于明伦堂，数令罪，谕士民毋生乱，查仓库册局，收未焚书册，变遂定。督部某恶闽俗之悍，欲重惩之，而浦令方与士绅有嫌，将罗织兴大狱，庞争之曰："令实已甚，吾可杀人以媚人乎！"仅诛一人、流二人而已。

吴德基解大狱

吴履，字德基，兰溪人，为南康丞。民王琼辉仇里豪罗玉成，执其家人笞辱之。玉成兄子玉汝不胜恚，集少年千余人，围琼辉家夺之，缚琼辉归，棰之濒死乃释去。琼辉兄弟五人庭诉，断指出血，誓与玉成俱死。履念狱成当连千余人，势不便，乃召琼辉，语之曰："独罗氏围尔家耶？"对曰："千余人。"曰："千余人皆辱尔耶？"曰："数人耳。"曰："汝憾数人而累千余人，可乎？且众怒难犯，倘不顾死，尽杀尔家，虽尽伏法，亦何益于尔？"琼辉悟，顿首惟命。履乃捕棰者四人，于琼辉前杖之，流血至踵，命玉成对琼辉引罪，拜之，事遂解。不然，大狱成矣。

刑部录供兼满汉稿

刑部各司定谳，不录汉供。康熙时，太仓王相国掞为刑部尚书，言："本朝官制，满、汉并设，欲其彼此参酌。今供词俱非汉语，是非曲直，汉司官何由知之？若随声画诺，汉官便虚设矣。"圣祖韪之，乃令嗣后录供，兼满、汉稿，永为例。

德州新郎失踪案

康熙初，孙某为德州牧，尝鞫一奇案。初，村人有为子娶妇者，新妇入门，戚里毕贺。饮至更余，新郎出，见新妇炫装趋转宅后，疑而尾之。宅后有长溪，小桥通之，见新妇渡桥径去，益疑，呼之不应。遥以手招婿，婿急趁之，相去盈尺，而卒不可及。行数里，入村落，妇止，谓婿曰："君家寂寞，我不惯住，请与郎暂居妾家，数日便同归省。"言已，抽簪扣扉，轧然有女童出应门。妇先入，不得已，从之。既入，则外舅外姑皆在堂上，谓婿曰："我女少娇惯，未尝一刻离膝下，一旦去故里，辄戚戚。今偕郎来，甚慰系念。居数日，当送两人归。"乃为除室，床褥备具，遂居之。家中宾客见新郎久不至，共索之，室惟新妇在，不知婿之所往。由此遐迩访问，略无耗息，翁媪零涕，谓其必死。将半载，妇家悼女无偶，遂请于村人父，欲别醮女。村人父益悲，曰："骸骨衣裳，无可验证，何知吾儿遂为异物？纵其奄丧，周岁而嫁，当亦未晚，胡为如是急也?"妇父益衔之，讼于庭。孙怪之，判令待以三年，存案遣去。村人子居女家，家人亦相忻待，每与妇议归，妇亦诺之，而因循不自行。积半年余，心不安，欲独归，而妇固留之。一日，合家遑遽，似有急难，仓卒谓婿曰："本拟三二日遣夫妇偕归，不意仪装未备，忽遘闵凶，不得已即先送郎还。"于是送出门，旋踵急返，周旋言动，颇甚草草。方欲觅途行，回视院宇无存，但见高冢，大惊。寻路急归，至家历言端末，因与投官陈诉。孙拘妇父谕之，送女于归，始合卺焉。

青州诗扇案

青州范小山以贩笔为业，行贾未归，妻贺氏在家，为盗所杀。是夜微雨，泥中遗诗扇一握，乃王晟所赠吴蜚卿者。晟不知何人，吴为益都富人，与范同里，平日颇有佻达之行，故里党咸信之。郡县拘质，坚不伏，而惨被械梏，遂以成案。驳解往复，历十余官，更无异议。吴亦自分必死，嘱其妻竭所有以济茕独，有向其门诵佛号千者，给絮裤；万者，给絮袄。于是乞丐如市，佛号声闻十余里，因而家骤贫，惟日货田产，以给赀斧。阴赂监者，使市鸩。夜梦神人告之曰："子勿死，曩日外边凶，目下内边吉矣。"再睡，又言，以是不果死。无何，祥符周栎园侍郎亮工方为登莱青道，虑囚至吴，若有所思，因问："吴某杀人何据？"范以扇对。周熟视扇，便问王为谁，范云不知。又将爰书详阅一过，立命脱其械，自监移之仓。范力争，怒曰："而欲妄杀一人，便了却耶？抑将得雠人而甘心耶？"众疑周私吴，即莫敢言。周标朱签，立拘南郭某肆主人。主人惧，罔知所以，至则问曰："肆壁有东莞李秀诗，何时题耶？"答曰："旧岁提学按临，有二三秀才，饮醉留题，不知所居何里。"遂遣役至日照拘李。数日李至，怒诘曰："既作秀才，奈何谋杀人？"李顿首错愕，但言无之。周掷扇下，令自视，曰："明系而作，何诡托王晟？"李审视云："诗果某作，字实非某书。"曰："既知汝诗，当即汝友，谁书者？"李曰："迹似沂州王佐。"乃遣役拘王，王至，诃之一如见李状。王言此益郡铁商张成索某书者，王其表兄也。周曰："盗在此矣。"执张至，一讯遂伏。

先是，张窥贺美，欲挑之，恐不谐，念托于吴，必人所共信。故伪为吴扇，执而往，谐则自认，不谐则嫁名于吴，而实不期至于杀也。踰垣入，迫贺，贺以独居，常以刃自卫。既觉，捉张衣，操刀而起，张惧，夺其刀，贺力挽，令不得脱，且号。张益窘，遂杀之，委扇而去。吴始悟"里边吉"乃"周"字也，然终莫解其故。后邑绅乘间请之，周笑曰："此甚易知。细阅爰书，贺被杀在四月上旬，是夜阴雨，天气犹寒，扇乃不急之物，岂有忙迫之时反携此以增累者？其嫁害可知。向避雨南郭，见题壁诗与箑头之作口角相类，故妄度为李，果因是而得真盗，幸中耳。"

沂州王氏女孕儿案

王成，沂州县胥也，家距县署二三里，以差务冗，辄不得返。家有妻一妹一，夙和好，炊爨缝纫之事，更相为役。一日，成奉差往郯城，过家门，入焉，则妻方淅米于庭，妹方制衣于室。成曳妻入卧闼，以久旷，两不自制，遂据榻淫焉。时当夏昼，妹以兄归，当煮饭款之，辍所业，就井旁携米入厨，复奔而告嫂，请具膳方略，则二人方裸而有事，妹默然出走。成事已，遽行。姑嫂炊饭饱餐，姑以所见诘嫂，嫂具告之。姑年方及笄，情窦初开，聆嫂言，颇领会。嫂又以成匆匆去，未畅其欲，偕姑入卧闼，现身说法。而两阴相合，夫之余精，流入姑之生殖器焉，逾数月，经闭腹高，遂成孕。

姑已受同邑陈某聘，婚有日矣，为舅所闻，疑而控之官。官讯姑，不承；讯嫂，亦不承。时成亦就讯，以为职业虽卑，而家无男子，妻贤淑，妹幽娴，断无意外事，亦不承。案悬数月，姑果育男，呱呱者在抱矣，百喙莫解也。陈索聘物及退婚据，嫂不言，姑亦羞欲绝，而成终疑之。会新官李化龙至，李有廉能名，检旧卷，得是案，曰：“冤也。”提成至，莫以对，曰：“儿育乎？”曰：“育也。”曰：“奚乳？”曰：“别雇乳母也。”李令挈儿至，则柔若无骨。李曰：“得之矣。”鞫之，得其实，俱依不应得而为之事，依律治罪，照例取赎。判以儿给成收养，姑仍配陈某，两家不得复生异议，案遂结。

阳谷血衣案

朱某，阳谷人。少年佻达，喜诙谑。以丧偶，往求媒媪，遇其邻人之妻，睨之美，戏谓媪曰：“适睹尊邻，风雅妙丽，若我续娶，渠可也。”媪亦戏曰：“请杀其男子，我为君图之。”朱笑曰：“诺。”更月余，邻人出责负，被杀于野，邑令拘邻保，鞫之无端绪，惟媒媪述相谑之辞，以此疑朱。捕至，百口不承。令又疑邻妇与私，搒掠之，五毒惨至，妇不能堪，诬伏。又讯朱，朱曰：“细嫩不任苦刑，所言皆妄，既使冤死，而又加以不节之名，纵鬼神无知，予心亦何忍乎？我实供可矣。欲杀夫而娶，皆我所为，妇实不之知也。”问：“何证？”答言：“血衣可证。”及使人搜之其家，不可得，又掠之，死而复苏者再。朱乃云："此母不忍出证据以死我耳，待自取之。"因押归，告母曰："予我衣，死也；即不与，亦死也。均之死，故迟也，不如其速也。"母泣入室，移时取衣出，付之。令审其迹确，拟斩，再驳再审，无异词。年余，决有日矣，令方虑囚，忽一人直上公堂，怒目视令而大骂曰："如此愦愦，何足临民！"隶役数十辈将共执之，其人振臂一挥，颓然并仆。令惧欲逃，其人大言曰："我关帝前周将军也，昏官若动，即便诛却。"令战惧悚听。其人曰："杀人者乃宫标也，于朱何与？"言已倒地，气若绝，少顷而醒，面无人色。及问其名，宫也，重挞之，尽服罪。盖宫素不逞，知邻人索逋而归，意腰橐必富，及杀之，竟无所得。闻朱诬服，窃自幸。是日入公门，殊不自知。令问朱血衣所自来，朱亦不之知。唤其母鞫之，则割臂所染，验臂，刀痕犹未平也。令亦愕然。后以此被参揭，免官罚赎，羁留而死。

新郑张某失赀案

长山石进士宗玉为新郑宰，适有远客张某经商于外，因病思归，不能骑步，赁手车，携钱五千，两夫挽载以行。至新郑，两夫往市饮食，张守赀，独卧车中。有某甲过，睨之，见旁无一人，夺赀去。张不能御，力疾起，遥尾之。入一村，又从之；入一门，张不敢入，自短垣窥之。甲释所负，回首见窥者，怒执之，指为贼，缚以见石，因言状。问张，张备述其冤，石以无质实，叱去之。张窃谓官无皂白，石置若不闻，颇忆甲久有逋赋，但遣役严追之。逾一日，即以银三两投纳，石问金所自来，甲答质衣鬻物，皆指名以实之。石遣役令视纳税人有与甲同村者否，适甲邻人在，便唤入。石问："汝即为某甲近邻，金所从来，当自知之。"邻人答不知。石曰："邻人不知，必暧昧。"甲惧，顾邻人曰："我质某物，鬻某器，汝宁闻之乎？"邻人曰："然，固闻之矣。"石怒曰："是必与某甲同盗，非穷治之不可。"命取梏械。邻人大惧，曰："我以邻故，不敢招怨耳。今刑及己身，何讳乎！彼实劫张某钱。"遂释之。时张以丧赀未归，乃责甲押偿。

于清端折狱

康熙辛酉，永宁于清端公成龙督两江，按部至高邮。适巨绅家将嫁女，奁具甚富，夜被偷儿席卷而去，刺史无术。清端传令诸门闭，止留一门，放行人出入，吏目守之，严搜装载。又出示谕，阖城户口，各归第宅，候次日查点搜掘，务得赃物所在。乃阴嘱吏曰："设有城门中出入至再者，捉之。"过午，得二人，一身之外，无行装，曰："此真盗也。"二人诡辩不已。令解衣搜之，见袍内着女衣二袭，皆奁物也。盖恐次日大搜，急于移置，而物多难携，故密着之而屡出也。

清端初为邑宰时，至邻邑，旦经郭外，见二人以床舁病人，覆大被，枕露发，簪凤钗一股，侧眠床上，有三四健男夹随之，时更番以手拥被，令压身底，似恐风入者。少顷，息肩路侧，又使二人更相为荷。清端过，遣隶回问之，云是妹疾垂危，将送归夫家。清端行二三里，又遣隶回视其所入何村。隶尾之，至一村舍，两男子迎之入，还白清端。清端询其邑宰："城中得无有劫盗否？"宰云："无之。"时功令严，上下讳盗，故即被盗贼劫杀，亦隐忍不敢言。清端就馆舍，令仆访之，果有富室被强寇闯入，炮烙死矣。乃唤其子来，诘其状，子固不承。清端曰："我已代捕，巨寇在此，非有他也。"子乃顿首哀乞，求为死者雪恨。乃往见邑宰，差健役四鼓离城，直至村舍，捕得八人，一鞫尽伏罪。诘病妇何人，盗供是夜同在勾栏，故与妓女合谋，置金床上，令抱卧，至窝顿处始瓜分。人皆服清端之神。或问所以能知之故，则曰："此甚易解，但人不关心耳。岂有少妇在床，而容人入手于衾底者？且易肩而行，势甚重，交手护之，则知其中之有物矣。若病妇昏愦而至，必有妇人倚门而迎，今止见男子，并不惊问一言，是以确知其为盗也。"

捕朱光辅案

康熙朝，江苏巡抚韩世琦奏为明遗孽朱光辅与朱拱楣潜住松江泗泾龙珠庵，结党谋叛，知府张羽明发觉，获得周王伪宝、伪札、号旗并同谋各犯姓名。拱楣知事泄，将光辅托僧六如拥护，挺身而逃。于是伪总兵金宗美、宗翰，伪游击陈山，伪粮道邵台臣，伪练兵官陈爵，伪书记胡文阊，伪仪宾赵十良等八十余人，皆凌迟，株连者无算。其实所谓“总兵”等者，悉市井小民，而光辅、拱楣之果有其人否，尚未可知，严缉竟不获。羽明欲图超迁，力兴大狱，未几，革职去。

朱三太子案

张先生者，初不知其何许人也。康熙癸亥春，蓬莱李力远晤之于路氏筵次，见其丰标秀整，议论风生，因私询其从来，主人曰：“先生姓张，字潜斋，浙中名士也，学渊博，且工手谈、精音律。今为张氏西席，特邀之与会饮春酒耳。”是日宾朋杂沓，张与李情意殷殷，若素相识。越二日，投刺谒李，以绫质诗扇为赠，自是为文字之交者半载余。一日，张忽过李，言欲附舟南行，来告别，家有数口，米薪悉出自居停，但月须钱千文为蔬菜资。李唯唯，乃按月遣送，如是者又半载余。乙丑，李赴春闱，旋归，知张已携眷南旋矣，自此不相问者十余年。丙子，李任饶阳县令，兼署平山，会噶尔丹叛，李措办军需，日无宁晷。张至饶访李，李无暇与谈，匆匆赆之。

丙戌季冬，李解任家居，张偕二子至，曰：“江左连岁水荒，不得已，就食山左弟子张岱霖家，今请求荐一馆以餬（同“糊”）口。”李曰：“岁暮矣，他家来岁之馆，久已聘定。予有孙数人，皆童蒙，幸为不屑之教，可乎？”张曰：“善。”因留居焉。亦时至岱霖家，旬日即旋。戊子初夏，四月初三日，李方与张弈，忽有营兵官役捕张之父子及李去。解至省城，抚军坐后堂，藩臬列左右，旁无一役。先问李曰："尔读书为官，当知理法，何窝藏朱某为不轨事？"李曰："予仅知读书，门外之事，亦不与闻，不知谁为朱某。予从不敢作犯法事。"抚军曰："汝家塾师为谁？"李曰："塾师为张用观，南方人，二十年前，在东平州张家设帐，曾识之。前年十二月，其父子来吾家，谆言寻馆度日，予有孙数人，乃令从之读书。朱之不法事，实不知也。"抚军曰："彼在南方姓王，山东姓张，汝不知乎？"李曰："不知。"又唤张父子至，问曰："汝何人？"曰："吾乃先朝皇子朱慈焕，原封定王，事至今日，不得不说实情。"又问曰："汝何以在浙？"曰："崇祯末年，流贼围京城，先皇将吾交王内官，匿民间。城破，王献之闯贼，闯又交杜将军。未几，吴三桂与大兵杀败流贼，各自奔逸，贼中有一毛将军，携吾至河南，弃马买牛，种地年余。当道查捕流贼甚急，彼遂抛吾而逃。时吾年甫十三，自往南行。至凤阳，遇老乡绅王某者，曾为先朝御史，执手悲泣，留于其家，遂改姓王，偕其子同学读书。又数年而王病故，吾年十八九，乃渡江而南，投寺削发。后游浙，止一古刹，有余姚人胡姓，亦宦裔，偶来寺，与我谈经论文，大诧曰：'子才学如此，何为流于空门？'乃延至其家，改易衣帽，劝蓄发。其室旁有小园半亩，茅屋数间，俾吾居其中，后又以女妻焉。此吾所以为浙人而曰王某也。"抚军曰："今有江南两处叛案，皆称扶尔为君，恢复明朝，尔往浙中质之。"时四月初六日也。

当日，抚军将口供缮写题疏，即将张与李起解南行，骡轿四乘，解官数员，为东兖道萧某、抚标中军陈某、都司张某，及守备、千把等，率领马步兵数百，及沿途接者，日有千人。十四日至淮安，易舟。二十二日至杭州，在贡院质审，上坐者钦差少宰穆旦，次镇杭将军，次两江督，次浙闽督，次苏抚于，次浙抚王。问张曰："汝是王士元乎？"张曰："吾本姓朱，名慈焕，改名王士元，是实。"又问曰："汝既为朱，某朝廷待汝不薄，何为谋反？"曰："吾数十年来改易姓名，冀避祸耳。今上有三大恩于前朝，感戴不忘，何尝谋反？”又问曰：“三大恩为何？”曰：“流贼乱我国家，今上诛灭流贼，与我家报仇，一也；凡我先朝子孙，从不杀害，二也；我家祖宗坟茔，今上躬行祭奠，命人洒扫，三也。况吾今年七十五岁，血气已衰，须发皆白，乃不反于三晋变乱之时，而反于清宁无事之日乎？且所谓谋反者，必占据城池，积草屯粮，招军买马，打造盔甲，吾曾有一于此乎？吾因年荒米贵，在山东教读度日，居近通衢，密迩京师，尚敢有谋反之事乎？”问官曰：“今有大岚山叛贼张某，口称保汝，何得强辨？”遂带张至。时李与张同在案前，问曰：“汝认谁是朱某？”张熟视之，曰：“不认。”又问曰：“汝前供扶助朱某，今日何又不认？”张曰：“第假其名义以煽动人，实不相识。”又问李曰：“彼在汝家教读时，亦知其姓朱乎？”李曰：“知其姓张，且不知其姓王。”又问曰：“张在汝家将二年，汝岂不知？可实言。”李曰：“彼在我家，亦西宾耳，我曾为命官，先人曾受诰封。朋友重乎？君父重乎？我纵不知轻重，也知利害。我若知情，岂不藏之深山幽谷，而乃令居我家，在官道之旁，与城市亲知饮酒作诗，人虽至愚，不至于此。”又问李曰：“汝言饮酒作诗，都是何类人？”李曰：“我尚不知，何况他人？东平汶上之士人，求其写册页及扇者不止一人，大人体皇上好生之心，亦不肯波及无辜之士。况山东至浙江，隔二三千里，南方之事，何从得知？今在台下，如对天颜，不敢一字虚伪。”

至是，上坐者谕臬司曰：“朱某、李某均非强盗，可将狱神庙收拾洁净，茶饭留心照管，委官看守。”是晚即宿狱庙。时有委员二人，一靳一陈，又有千夫长鲁姓者，豪爽人也，见朱、李而深敬之，朝夕谈笑，或对楸枰，或观杂传，聚饮欢歌，忘其身在囹圄中矣。月余，将东平州张某解到，遂提张、李同至后堂。张已先在，审官仍六人，问李曰：“张某供称朱某在汝署主稿，汝与朱深交，张仅有一面之识，然乎？”李曰：“凡州县官主稿者，非刑名即钱谷，朱某只能作诗下棋，我请其主棋稿乎？主诗稿乎？彼时皇上亲征噶尔丹，我又代理平山两县，昼夜措办军需，朱某过饶，次日即行，送赆则有之，实无主稿之事。二十年前，彼曾在张家教读，眷亦在张家，彼时我方识之。张某，汝今在公堂上，须实言，天地鬼神，庸可欺乎！”张语塞。又问朱曰：“汝识张否？”朱曰：“彼从我读书数年，是我之学生，岂不识之？”问官遂大怒，严刑究讯张某。既而江南解一和尚至，太仓奸僧也，素行不端，曾铸假印，伪造定王札符给与愚民，煽惑作乱。及提朱对证，又云不相识，惟与贼党叶某为异姓兄弟，而又缔姻盟，事犯于江宁，既被缉获，遂解杭。

迨部覆至，见判语云：“朱某虽无谋反之事，未尝无谋反之心，应拟大辟，以息乱阶。细询李某，坚供不知情，然在伊家捉获，且住有年余，说不得不知情。合以知情而不出首之例，流徙三千里。”至是，遂以签发宁古塔定案矣。旨云：“著穆旦多加兵丁，沿途防护，将朱某带至京中，问明正法。”时七月十一日，将大岚山众犯处决，十二日登舟起解，十五日至苏，因尚未发落太仓奸僧，又住月余，分羁两处。至八月二十三日，复登舟北行，至淮安，易骡轿。九月十七日入都，朱送刑部狱，李在户圈。越数日，即将牵连人百余名，分三起充发，一宁古塔，一齐齐哈尔，李发伯都讷，朱即弃市。时朱家在余姚，有一妻二子三女一媳，闻事发被捕，皆投缳，六命俱尽。朱某，初曰张潜斋，亦曰王士元，即世所传朱三太子是也。

或曰，朱三太子乃杨起隆所托名，令其党李株等纠约满洲各官家奴，将于元旦起事，经监生郎廷枢上书告变，圣祖密遣捕获株等二百余人诛之，讹言始息；起隆旋亦就获，处以极刑。

石天际冤狱

石仑森，字天际，湘潭岁贡生。少负儁才，与兄嵋森俱有文名，倜傥〔傥〕尚气节，见义必为。康熙初，既平三藩，有诏蠲免丁粮，楚中过兵之地，所当免者数年，银谷累千万，有司格沮上恩，征敛如故。时天下初定，民惴惴畏法吏，无敢言者。仓森独愤曰："此亡明之故辙，圣世乃有此乎？"即走京师，诣台部，莫敢为通，乃怀书俟车驾出，伏道旁称冤。圣祖览其词，交刑部讯状，给勘合，驰驿送武昌，令督抚案问。事得直，而石天际之名动天下。

会武昌夏逢龙乱，湘抚乃假交通叛党名，令湘潭令杨笃生收之狱，其子观往省之，吏并捕观论杀。商民大愤，聚数百人，欲劫出之，乃即就城下刑之。然天际在武昌闻乱后，自蜀还湘潭时，所止宿处，悉题名记日月。及被收，持此自雪，有司不能傅之罪，故虽杀之而不能具狱，因秘焉。既而部选天际为学官，乃厚赂其家，令具呈报病死，笃生竟以杀天际功擢知府。

粤东老龙船户案

康熙戊辰冬十月，高唐朱宏祈制军徽荫总制粤东时，往来商旅，多告无头冤状，往往有千里行人，死不见尸，甚至数客同游，全绝音信者。积案累累，莫可究诘。初告，有司尚发牒行缉；投状既多，遂置而不问。朱莅任，稽旧案，状中称死者不下百余，其千里无主者更无算。朱骇异惨怛，筹思废寝食，遍访僚属，迄少方略。于是洁诚熏沐，致檄于城隍之神。已而变食斋寝，恍惚中，见一官僚搢笏而入，问："何官？"答云："城隍刘某。""将何言？"曰："鬓边垂雪，天际生云，水中漂木，壁上安门。"言已而退。既醒，不解隐谜，辗转终宵，忽悟曰："垂雪者，老也；生云者，龙也；水上木为船，壁上门为户，合之非'老龙船户'耶？"盖省之东北有小岭曰蓝关，源自老龙津，以达南海。岭外巨商，每由此假道以入粤。乃遣武弁，密授机谋，捕龙津驾舟者，次第擒获五十余名，升堂鞫之，果皆不械而服。盖寇以舟渡为名，赚客登舟，或投蒙药，或烧闷香，使客沉迷不醒，而后剖腹纳石，以沉于水也。自是以后，害遂绝。

嘉定浮赋三大狱

苏、松、太为东南财赋之区，而赋额之重，亦莫苏、松、太若，自明已然。上溯之，比元多三倍，比宋多七倍；旁证之，比常州多三倍，比镇江多四五倍，比他省多一二十倍。以肥硗而论，江苏一熟，不如湖广、江西之再熟；以广狭而论，二百四十弓为亩，不如他省三百六十弓或五百四十弓之为亩。而赋额独重，斯民之所以重困，而蠲减之虚文，终不能实惠及民也。

国初，屡诏蠲苏、松、太浮赋，而以宽大之典反兴大狱者，则莫如嘉定三大狱。查慎行送孙致弥诗谓“危机翻自诏恩来”，固已言之有沉痛也。兹述三大狱之始末如左。

顺治丁酉，诏蠲辛卯、壬辰钱粮；戊戌，诏蠲癸巳、甲午钱粮。户部以嘉定绅衿自辛卯至丁酉积欠八九十万两，题请严追，并清察官儒积逋，造册解京。盖顺治时沿明例，进士户田一千四百亩，举人户田一千三百亩，编立宾号；生员户田一百七十亩，编立归号；尚有客户冒滥及义图等项，咸在其中。时奏考尚宽，有司例不征比，因循不完，故有此数。部议：绅欠五百两以上，衿欠二百两以上，解部处分。苏抚朱国治严治其事，号曰“抗粮”。委兵备道王纪到县，收绅衿欠百两以上者共一百七十余人，闭于尊经阁，谕令十日完清免解。人皆破家荡产，甚有鬻子女者。仍未清完，遂解省，分三等羁管：全完者羁玄妙观承天寺，完半者羁铺，全欠者监禁。又劝全完者代众完纳，至秋完清，同求免解，俱系西察院候旨。阅两月，奉旨释放，庚子年终报销。国治将苏、松、常、镇四府并溧阳一县抗粮绅衿，造册题参，共一万二千五百十七人，俱斥革，欠分厘者亦不免。嘉定一学，仅存二人，其未完之绅衿，则解道羁管，候抚咨解。康熙壬寅，苏抚韩世琦奉旨特赦。此一事也。

江宁卫运军议加行月粮，始于顺治甲午，计十一万六千两，除分派泗州、安东、兴化、溧水外，嘉定独加本万三千八百两有奇，丙申、丁酉两年，各先征一半。时岁洊饥，卫弁持檄至，曰奉旨加漕，民倪拱辰、陆秀德等斥之曰："此非漕也，行月粮耳。所派地与数，非旨也。乃傅粮道（傅作霖。）混申之牒，蔡总漕（世英。）驳而未定之额耳。以派支言之，嘉定所派卫为苏州，为太仓，为镇海。若江宁诸卫，有原派之县在，不应越而问于嘉。以嘉定言之，岁以七万三千九百漕折银解京矣，又责以五万四千解江宁，是两漕也。且他邑折漕，石止五钱，嘉则石七钱矣。又输官布九万五千余疋，亦不应复派。以卫额言之，漕船一千二百七十四，行粮给本色，每船米三十六石，积之四万五千八百六十四石，月粮亦如之，而本折各半。其支给也，于南米，于南屯，南米十八万九千八百九十余石，南屯十六万二千八百十四石，共三十五万二千七百余石。是额也，先以十一万七千三百八石五斗给运军，后以二十四万石分给驻防兵士。是行月粮未尝或缺也，又不应复加。今之议加者，在月粮之半折，在半折之石加五钱，无论嘉定之不堪加，折色之不应加，加之不应五钱，即应五钱，亦仅一万一千四百有六两耳。随漕而摊之通省，亩不过毫；独责之改折五五州县，亩不过分；即使横坐于嘉，亦亩不过九厘，何故而有此五万三千八百两之额，亩有九分四厘之增？民实不服。"卫弁语塞去，未几复至。知县潘师质被劾，逮系江宁，乘间赴秦淮死。拱辰等控之部科，湖广道监察御史冯班特疏请蠲，部议覆定加编月粮折色银四万五千八百六十四两，均派五州县，嘉定以漕额独多，加编二万六千七百六十九两有奇。诸运军衔拱辰等不置，嗾布政司逮鞫，坐以阻挠军需之罪，大杖笞之，荷校暴日中死。师质以壬寅提羁江宁，自沉秦淮时，赋诗系臂以见志。其诗云："家山何在远相望，六上公车空自亡。只为散村膺剧邑，难逃臣罪挂王章。秦淮六月愁无限，练水秋风恨转长。未报君亲虚嗣续，谁收枯骨葬江乡？"闻者莫不堕泪。殁后犹以公债未清，勾提家属，产尽嗣绝，仅存其妻叶氏，其妻弟叶云仍自江右赴吴斡旋，三载始得归。嘉定人士醵金助之，赠诗以彰其义，侯旭诗云："秋来风日还佳否，老稚联翩携社酒。哭奠当年潘令君，力为民生甘陨首。我公为民不顾身，秉心刚直同松筠。志效圣贤为经济，佥与时左空沉沦。迄今公逝十余稔，道旁犹唱高刘本。（高旌、刘志嘉，俱嘉邑庠生，为蚀加漕假印事露，民愤，立毙之，陈尸神庙，潘以此坐误，嘉人编成唱本。）每恨无能叩九阍，玺书褒美贤令尹。何事诛求累叶公，餐风戴月来海东。意气如云肠似雪，三年困顿悲途穷。旅况萧条岁月改，一生一死交情在。古来侠士即仁人，拯溺救焚端所赖。功成事毕整归鞭，兀首还将经史参。琼林虚左遥相待，竚望临流了宿缘。"此又一事也。

康熙己巳，又有部费之狱。其在丙申年，蠲苏、松、常、镇、淮、扬地丁之半，嘉定以折漕不得与。甲子，蠲漕粮三分之一，嘉定以无米可蠲，不得与。丁卯，蠲本地未完地丁及戊辰地丁，嘉定复以折漕不得与。于是知县闻在上、诸生张凝祉诉之巡抚洪之杰，之杰允入告，谓须预筹部费。在上因与绅士议，每排各输公费，并函属嘉绅庶吉士孙致弥在京挪垫，始得覆蠲准免，旋遣副贡生汪樾实等汇银入京归款。明年，奸民曹明等以科敛控之巡抚陶章，又控之总督，词连本邑进士赵俞等三十五人，又以危言撼章。章不能讳，遂会督漕上闻，逮在上及樾实、张瑄、汪文懿三十六人，下狱会鞫。在上迭受严刑，经承朱其祥供收银三万七千两，并供寄顿监收主名，遂逮系诸有名者。而在上汇京之银，供系王霖说收受，霖说者，华亭户部尚书日藻弟也。覆审时，复于原供外，勒供徐树敏、徐师鲁收受若干两，于是江督傅腊塔劾刑部尚书徐乾学子侄交结巡抚，招摇竞利。狱成，霖说、树敏、在上、凝祉拟大辟，致弥、师鲁拟绞，之杰已故免议，余徒四人、杖六人，黜革樾实及武举萧璞，诸生陆培远、马翼，监生戴鉴、沈日宣等三百人。致弥、霖说、师鲁次第捐赎，樾实瘐死。壬申结案，诸生免议者十三人。乾学慰赵俞诗云："虚舟飘瓦事无端，吏议深严帝诏宽。怜尔成名翻失意，幸余旋里得休官。网罗罹及惊磨蝎，骨肉生还稳挂冠。不用恩牛并怨李，螺峰相见梦魂安。”查慎行送致弥罢官就讯感愤成诗云：“苍狗如云极可哀，危机翻自诏恩来。家承忠孝身尤重，（致弥为明登莱巡抚孙元化之后。）祸起衣冠势易摧。善不可为宁论恶，人皆欲杀我怜才。乾坤直似蜗庐窄，怀抱殊非醉始宽。”此又一事也。

康熙庚午哭庙大狱

康熙庚午哭庙大狱，吴中名士同时就戮者，自金人瑞而外，有倪用宾、沈琅、顾伟业、张韩、来献琪、丁观生、朱时若、朱章培、周江、姚刚、徐玠、叶琪、薛尔张、丁子伟、王仲儒、唐尧治、冯郅十八人，家孥财产，皆籍没入官，其被株连而军流禁锢者无算。盖吴多讲学之社，明亡而犹盛，各立门户，人瑞游其间，多调和之，名誉尤著，所至倾倒一时；遇贵人，辄嬉笑怒骂以为快，故及于祸。狱之初起，廷意欲罗织名士，以绝清议，苦无辞，乃藉哭庙事除之，谓为大不敬，骈戮之，当无异言。

国丧故事：各省巡抚、巡按，例率官绅设位哭临，禁婚乐。苏亦举行哭临大典，当事者已战兢惕厉，罔敢颠越。而人瑞即率诸生入，进揭帖，继至者千余人。揭帖所陈，以吴县令滥用非刑、预征课税也。哭临者大骇，命械之，众大哗。人瑞于狱中上书千余言，多所指斥。巡抚朱某密奏，有“敢于哀诏初临之下，集众千百，上惊先帝之灵。似此目无法纪，深恐摇动人心”等语。朝廷固深恶诽语也，至是，命大臣讯之于江宁，谳成，不分首从，凌迟处死，没其家孥财产。讲学之社，自是绝矣。

人瑞本姓张，字若来，倜傥不群。少补长洲博士弟子员，后以岁试文不中程序黜革。及科试，即以“金人瑞”名就试，拔第一。案发，妻、子流宁古塔。尝于狱中作家书曰：“杀头，至痛也；籍没，至惨也，而圣叹以无意得之，不亦异乎？若朝廷有赦令，或可相见；不然，死矣！”当时同系者十八人，狱卒白某怜之，阴维护之。至七月初一日，白当更代，乃入谓曰：“众相公皆良善人，但都爷作对，罪已甚重，不可挽矣。所望者，皇恩即有大赦耳。我今日去，恐不能复相见也，倘有家书，可速付我，当为寄去。”于是众人作书，或残柬，或断纸，皆有“皇恩大赦”之言，而不知为白之慰词也。

邹流骑以刻《鹿樵纪闻》系狱

太仓吴梅村祭酒伟业曾撰《绥寇纪略》一书，原名《鹿樵纪闻》，身后亦几成大狱。观施愚山致金长真书，即可见之。书云：“梅村《鹿樵纪闻》一编，邹流骑以故人子弟之义，卖屋为任欹〔剞〕劂，一备放失旧闻，一以表章前辈著述，良为胜事。但不合轻借当时名流姓氏参哗，致有此举。盖惩前史之祸，（即庄氏史案。）不得不申明立案，非有深求于邹也。闻书中绝无触犯，惟凡例所列大事记，似为蛇足。今拘系起解，举家号哭，悉焚他书，笥橐为空，毗陵士大夫莫不怜之。邹既贫且老，莫为援手，万一决裂，不特邹祸不测，且恐波及梅村遗孤，惴惴巢覆是惧。夫束天下文士之手，寒地下先辈之心，或亦当世大贤所不忍为也。”

康熙己卯顺天科场案

自顺治丁酉以后，科举不得志之士，动辄造作蜚语，至兴大狱。康熙己卯，李蟠、姜宸英典顺天乡试，有“老姜（姜借作薑字。）全无辣味，小李大有甜头”之谣，因是下狱，李谪戍，姜以老病卒于请室。

是役也，姜实以目昏不能视，为同官所欺，同官簠簋不饬，为言路所劾，遂牵连下狱。朝士皆知其无罪，顾以其事泾渭各具，当自白。乃发愤，死刑部狱中。时王文简公士祯方官刑部，叹曰：“吾在西曹，使湛园以非罪死，愧何如矣！”湛园，姜之号也。

郭琇以父冤受勘治

康熙时，即墨郭总宪琇以直声震中外。总宪镌职家居时，佛伦为山东巡抚，劾其父景昌原名尔标，曾入贼党伏法，并诬其私改父名，滥请封典。部议追夺，并夺总宪冠带，逮赴江宁勘治，议遣戍，得旨宽免。后再起，督湖南，时湖南专设总督也。入觐，具疏讼冤："臣父郭景昌系县庠生，邑匪郭尔标无妻室，安得有子？不知佛伦何所闻而诬蔑若此！"佛时已入相，圣祖亲诘问，以舛错对，命仍给诰轴。

陈恪勤诗案

陈恪勤公鹏年，中康熙辛未进士，以大学士张文端公鹏翮荐，出知江宁府。康熙癸未，圣祖南巡，总督阿山借供帐名欲加税，陈不可。乃以其将明平康废基造行宫事，谓为大不敬，劾之，遂落职下狱。或绝其食，狱卒怜之，私哺以饼，为守者李丞侦知，杖卒四十，曰："与一勺水者如之。"陈自问命绝矣，适浙抚赵恭毅公申乔过之，叱狱官，得以生。圣祖赦其罪，命入武英殿修书，寻起任苏州知府。

陈守江宁时，尝以启事未屈一膝，为总督噶礼所劾；及守苏，又被劾，则以挟不拜为师之嫌。且苏抚张清恪公伯行以纠发科场关节事劾噶，陈实助之也。至是益怒陈，谓其所著《重游虎丘》诗含讥刺，以为诽谤，按句旁注而奏之，摘印下狱。圣祖诏曰："诗人讽咏，各有寄托，岂可有意罗织，以入人命？"命复其官，寻擢霸昌道。

陈诗云："雪艇松龛阅岁时，廿年踪迹鸟鱼知。春风再埽（扫）生公石，落照仍衔短簿祠。雨后万松全沓匝，云中双塔半迷离。夕佳亭上凭栏处，红叶空山绕梦思。尘鞅删除半晌间，青鞋布袜也看山。离宫路出云霄上，法驾春留紫翠间。代谢已怜金气尽，再来偏笑石头顽。楝花风后游人歇，一任鸥盟数往还。""鸥盟"两字，指为郑经，谓陈阴通台湾。幸圣祖知其诬，不之究；不然，《南山集》不得独为大案矣。

何之杰诗狱

萧山何之杰，字毅庵，明诸生。毛大可见其诗而爱之，尝出己诗与何及徐孟调之诗合为一集，名曰“越州三子”，实不知其诗之有避忌否也。一日，有言毅庵作诗刺当道者，守令得其诗，无如何，乃搜其旧稿指摘之，谓犯国禁死罪，系累之，以兵押之渡江，投和硕康亲王军门下。杭、绍二守会勘于吴山之城隍庙，毅庵对簿无所诎。有委员大声诘之曰：“日重光，何也？”毅庵曰：“颂禅代也。东朝继世与兴王嗣国，凡有光于前代者，当时皆颂曰重光。《虞书》曰‘重华协于帝’，《孟子》曰‘于汤有光’是也，此乐府题也。”诘者曰：“何以曰纪辽东？”毅庵曰：“此亦乐府题也。隋帝征辽东而诗纪其功，凡后儒之颂功德者，皆得和之，我太祖不尝下辽东乎？夫辽东为胜国之地，谓当讳之，吾不解也。”诘者曰：“明朝者何？”毅庵曰：“诘旦也。以诘旦而为胜国，则会朝清明，不仕在明朝，且在本朝矣。”诘者曰：“清戎者何？”毅庵曰：“清军也。以戎兵而为戎敌，则整我六师以修我戎，不惟戎徐戎，并戎周宣矣。”诘者曰：“然则曷为夷？”毅庵曰：“裔也。舜东夷，文王西夷也，且夷与夏对，今我有方夏，煌煌三祖莅中国而抚四夷。谁夷我者？夷我者大逆，当反坐。”诘者曰：“曷为虏？”毅庵曰：“掳也。成为王，败为虏，寇不敢以明为虏，以明本王也。寇虽胜，然亦未底于成也；若我，则成之者矣。且我自败寇以来，南征北讨，其自中及外，何一非我所虏乎？而反以虏我，大逆当反坐。”诘者无以应，乃曰：“评选汝诗者，谁也？”毅庵曰：“一徐缄，死矣；一毛奇龄，见为文学侍从之臣，恐非此所能诘者。况行文旧习，评与选皆身为之，固未尝出二人也。”

时巡抚金某、督学王某皆儒臣，皆言诸所诘不当，入官无学术，徒多事，贻笑士类。圣天子傥闻此，将以我辈为何如人？而按察佟某直据嘉兴钱氏例，凡旧刻文卷，有国讳勿禁，其清、明、夷、虏等字，则在史馆奉上谕无避忌者。乃责绍兴知府胡某、萧山县刘某各记过一次，使自新，而毅庵竟免。

先是，康熙癸亥，浙省修通志，当道聘毅庵入馆，纂修《人物志》。其有不得者，悉思于此龂龁之，至是散去。会圣祖谒禹陵，毅庵迎驾望京门外，献《南巡颂》十章，上命收其帖。及还京，特注毅庵名，并书其颂，敕总督王某访里居所在，奖之。乃屏迹东郊，与武进士张某、道士蒋某讲《参同》之学以终老。大可名奇龄，孟调名缄。

钱谦益《有学集》案

钱谦益所著《有学集》，风行一时，而身后乃被禁书毁板之禁，盖以其诗文有愤激诅詈之语也。其第三卷中有《和烧香曲》，可与吴梅村《清凉山赞佛诗》参观。曲云："下界伊兰臭不收，天公酒醒玉女愁。吴刚盗斫质多树，鸾胶凤髓倾十州。玉山岢峩珠树泣，汉宫百和迎仙急。王母不乐下云车，刘郎犹倚小儿立。异香如豆着铜镮，曼倩偷桃爇博山。老龙怒斗搜象藏，香云罨蔼通九关。鬻香长者迷处所，青莲花藏失香谱。灵飞去挟返魂香，玉杖金箱茂陵土。烟销鹊尾佛灯红，梦断钟残鼻观通。鸡林香市经游处，衫袖浓熏尽逆风。"

《投笔集》诸诗有全首指斥者，《有学集》诋諆各语，所言皆薙发、满语二事也。文如《高会堂酒阑杂咏序》云："歌闻敕勒，只足增悲；天似穹庐，何妨醉倒。"诗如《次韵赠别友沂》云："髠钳疑薙削，坏服觅俦侣。"《袁节母寿诗》云："碣石已镌铜狄徒，天留一媪挽颓纲。"又云："马沃市场余苜蓿，婢膏胡妇剩燕支。"《吴期生生日》云："春酒酌来成一笑，黄龙曾约醉深卮。"《简侯研德》云："国殇何意存三户，家祭无忘告两河。"《虎丘舟中戏张稚洪》云："纸帐梅花檀板月，梦云不到黑山边。"《题京口避风馆》云："朔风吹动九天昏，四壁明灯笑语温，可叹爰居无屋止，避风常向鲁东门。"《放行歌》云："三王五伯迭整顿，君臣将相同拮据。撑天拄地定八极，为此衣冠礼乐争寰区。东门啸戎索，北落移天枢。躶衣笑神禹，好冠诧句吴。”又云：“阊门飞阁瓦欲流，毒雾腥风满阡陌。”《孙郎长筵劝酒》云：“东门铜狄不相待，麻姑筵前见桑海。燕山马角可怜生，扬州鹤背知谁在。天关汉口未通津，银海又报生埃尘。渔阳白雀自宾主，鱼凫杜宇犹君臣。”《补山堂》云：“宵来光怪横甲兵，弥天倒泻修罗雨。”《题菊龄图》云：“顾影不须嗟短鬓，黄花犹识晋衣冠。”《归立恭画像》云：“周冕殷冔又劫灰，缁衣僧帽且徘徊。”《乳山道士劝酒》云：“苍鹅崇朝起池水，杜宇半夜啼居庸。同人休嗟冶新铸，铜驼会洗尘再蒙。”《南楼》云：“南戎江山半壁新，月华应不染胡尘。”《寒夜记梦》云：“阴火吹风扑灯烛，鬼车载鬼嚎檐端。须臾神鬼怒交斗，朱旗闪烁朱轮殷。相柳食山腥未憖，刑天争神舞不闲。天吴罔两助声势，海水矗立地轴掀。”《饮酒杂诗》云：“梦得朱嘱书，旁行写复复。不辨科斗文，神官为我读。”又云：“圣人必前知，卓哉我高皇。天文清分野，两戎分针送。躔度起斗牛，天街肃垣墙。篇终载箕尾，尾间慎堤防。眇然龟鱼呈，海底沉微茫。卓荦世史书，浚臣提正纲。戎夏区黑白，亘古界阴阳。石屋閟光怪，化为鱼鸟章。高秋风雨多，夜起视袭藏。”《丙戌七夕》云：“阁道垣墙总罢休，天街无路限旄头。生憎银漏偏如旧，横放天河隔女牛。”《海客钓鳌图》云：“贝阙珠宫不可寻，六鳌风浪正阴森。桑田沧海寻常事，罢钓何须叹陆沉。”《次林茂之韵》云：“残书翻罢劫灰过，汗简崔鸿奈史何。贡矢未闻虞服少，专车长诵禹功多。荒唐浪说程生马，讹谬真成字作他。东海扬尘今几度，错将精卫笑填河。”又云：“地更区脱徒为尔，天改撑犁可奈他。”又云：“茫茫禹迹今如此，愦愦天公莫怨他。”《次茂之申字韵》云：“先祖岂知王氏腊，边人不解汉时春。”《新安王氏收藏目录》云：“沧桑以来六百殃，飙回雾塞何茫茫。昆明旧灰铄铜狄，陆浑新火炎昆冈。乘舆望御委尘土，武库剑履归昊苍。炮火荡抛琬琰字，马牛蹴踏金玉相。”《夏日燕新乐小侯》云："虽无法部仙音曲，也胜阴山《敕勒歌》。"《严祠》云："林木犹传唐痛哭，溪云常护汉衣冠。"《西湖杂感》云："歌舞梦华前代恨，英雄复汉后人思。"又云："昔叩于公拜绿章，拟征楛矢靖东方。鸱夷灵爽真如在，铜狄灾氛实告祥。"又云："堤走沙崩小劫移，桃花剺面柳攒眉。青山无复呼猿洞，绿水多为饮马池。善舞猕猴徒跳荡，能言英武学侏儒。只应鹫岭峰头石，却悔飞来竺国时。"又云："匼帀湖山锦绣窠，腥风杀气入偏多。梦儿亭里屯蛇豕，教妓楼前掣骆驼。粉蝶作灰犹似舞，黄莺避弹不成歌。嘶风渡马中流饮，顾影相蹄怕绿波。"又云："青衣苦效侏儒语，红粉欣看回鹘人。"又云："莺断曲裳思旧树，鹤髡丹顶悔初衣。"《题丁老画像》云："发短心长笑镜丝，摩沙皤腹帽檐垂。不知人世衣冠异，只道科头岸接篱（䍦）。"《京口观棋》云："渭滨（津）方罫擅长安，纱帽褒衣揖汉官。今日向君谈古事，也如司隶旧衣冠。"《怀岭外四君》云："朔雪横吹铜柱残，五溪云物泪汍澜。法筵腊食犹周粟，坏色条衣亦汉官。《徐武静生日》云："毳帐围廛里，穹庐埒堵墙。骆驼冲燕寝，雕鹫扑回廊。绿水供牛饮，青槐击〔系〕马椿〔桩〕。金扉雕绮绣，玉轴剔装潢。筚篥吹重阁，胡笳乱洞房。老夫殊氍毹，吾子剩飞扬。"《霞老置酒记事》云："兵前吴女解伤悲，霜咽琵琶成鼓催。促坐不须歌出塞，白龙潭是佛云堆。"《茸城惜别》云："兰锜羝羊触，罘罳冻雀穿。左言童竖惯，右袒道途便。芦管声啁哳，穹庐帐接连。铜驼身有棘，金狄泪如镌。沙道堤翻覆，云台像播迁。只孙侔貙虎，怯薛领貂蝉。潼酒天厨给，驼羹御席骈。"《自题小像》云："指示旁人浑不识，为他还着汉衣冠。"《鸡人》云："执热汉臣方惜箸，畏炎胡骑已扬舲。"

牧斋有《赠愚山子序》，辞意颇狂悖，略云：愚山子以地师游人间，嘉定侯广成久殡未葬，愚山子叹曰："安可使忠臣之骨露暴腥秽？"蹑屩二千里，相视吉壤，哭奠而去。访余小阁，余乃告之曰："佛言南印度为象主，东支那为人主，西波斯为宝主，北玁狁为马主。吾夷考之，惟南、东二主而已，他非与也。印度为梵天之种，佛祖之所生；支那为君子之国，周礼之所化。南曰月邦，东曰震旦，日月照临，礼教相上。波斯轻礼重货，玁狁犷暴忍杀，区以别矣，安得曰葱岭以西俱属梵种，铁门之左皆曰胡乡？既指蕃□［例］为佛国，将点梵亦滥胡名。九州十道，并为禹迹，燕代迤北，杂处戎胡，厥后茹血衣毛，奄有中土。肃慎、孤竹，咸事翦除，皆马国之杂种、幽冀之部落。东之偪于北也，东之刼也。南居离位，东属震明，为阳国，西北则并为阴国。今俨然称四主焉，何居？阴疑于阳，必战，大《易》所以有忧患也。此地理之当明者一也。一行谓山河之象，存乎两戒，北戒自三危、积石，负地络之阴，乃至东循塞垣，抵濊貊、朝鲜，是谓北纪，所以限戎狄也；南戒自岷山、嶓冢，负地络之阳，乃东循岭峤，达东瓯、闽中，是谓南纪，所以限蛮夷也。自晋以前，秦洛为中夏，淮楚为偏方，南纪微而北纪独尊。自晋以降，幽并则神州陆沉，江东则一州御极，北纪溃而南纪犹在。我国家受命钟祥，实星纪斗牛之次。洪武中诏修《清类分野书》，以斗牛吴越分为首，而尾箕幽燕之分尽。辽东、三韩，最居其后。以是为云汉末派，龟鱼之所恶，而北纪之所穷也。此地理之当明者二也。”其《一匡辨》谓：“犬戎、山戎，皆为北狄。戎狄种类繁多，狄有赤狄、白狄，戎有九姓八国，各以所据地为号，实皆匈奴别种。北狄种有二，玁狁、荤粥之属，世居阴山幕北，是为北匈奴。山戎自周末孤竹失国，窃居其地，故燕北有东胡，胡有东、北，犹单于之有南北二庭，其实一也。春秋时，山戎最强，齐桓伐山戎而九夷皆服，今北平之东，自元之辽东大宁尽。辽水之阳，皆孤竹、山戎故地。汉末，匈奴北遁，鲜卑强盛，其别种为库莫奚、契丹。而阿保机之兴也，在白狄故地，今之大宁也；阿骨打之兴也，在肃慎故地，今之开平也。契丹为鲜卑遗种，金源又为契丹杂种，并居山戎、挹娄故地，则皆东胡耳。开辟以来，为中国患者，玁狁、山戎而已矣。玁狁之祸，至蒙古而极；山戎之祸，至黑水靺鞨而极。大矣哉，齐桓之伐山戎也！”

康熙辛卯江南科场案

康熙辛卯，江南乡试，正主考为左必蕃，副主考为赵晋。九月九日榜发，解元为刘捷，苏郡中式者十三人。士论大哗，以赵与总督噶礼通同贿卖关节也。二十四日，诸生千余人咸集玄妙观，推廪生丁尔戬为之首，使人舁五路财神像入府学。广文劝谕，不从，锁之于明伦堂，争作歌谣联语以嘲之，俄顷而遍市中矣。有一联最佳，联云：“左丘明有眼无珠，赵子龙浑身是胆。”或以纸糊贡院之匾，改“贡院”二字为“卖完”。噶因人情汹汹，知众怒难犯也，不得已，据以上闻，并将尔戬等羁禁，将以诬控反坐之。

得旨，令钦差阁部张文端公鹏翮，会同督抚严审。文端以其子为安庆府知府而袒噶，欲寝其事，适苏抚张清恪公伯行抵任，必欲穷究其事。及审讯，则赵之家人轩三供词牵涉及噶，清恪遂据情参奏，张与噶亦劾清恪。寻奉旨，一并革职，仍著文端研讯虚实。清恪与噶对簿毕，出门，以相争而相殴，噶躯雄壮，清恪亦魁梧，噶不能胜，为清恪所踢，踣于地而滚，二人俱拟重罪。朝廷旋念清恪居官清正，令仍为江苏巡抚。于是噶党马逸姿、李玉堂辈，咸被翦除，吴人快之。

及定谳，必蕃戍，晋拟斩，而毙于扬州狱中，人咸曰自缢也。或云其同年王式丹殿撰入狱探视，以肩舆藏死丐，饰为晋尸，令晋缒上屋，越狱而遁。谣言哄传，株连多人。乃另发吴县讯究，经年始结案，房考官王白俞、方名、苏埙等俱弃市，举人程光奎、吴泌、徐宗轼、马士龙、席玗俱黜革拟遣，赎免，仍枷示苏州府署前，以帷蔽其身。尔戬至碎帷辱骂以泄愤焉。

戴名世《南山集》案

桐城方孝标尝以科第起，官至学士。后因族人方猷主顺治丁酉江南试，与之有私，并去官遣戍。遇赦归，入滇，受吴三桂伪翰林承旨，吴败，孝标先迎降，得免死。因著《钝斋文集》《滇黔纪闻》，极多悖逆语。戴名世见而喜之。所著《南山集》署名曰“宋潜虚”，以戴姓出于宋后，故讳戴为宋也。

集中多采录孝标所纪事，尤云锷、方正玉为之捐赀刊行，云锷、正玉及同官汪灏、朱书、刘岩、余生、王源皆有序，板藏于方侍郎苞家。又其《与弟子倪生》一书，论修史之例，谓“本朝当以康熙壬寅为定鼎之始，世祖虽入关十八年，时三藩未平，明祀未绝，若循蜀汉之例，则顺治不得为正统”云云。时赵忠毅公申乔方为都谏，奏其事，九卿会鞫，中戴名世大逆法，至寸磔，族皆弃市，未及冠笄者发边。朱书、王源已故免议，尤云锷、方正玉、汪灏、刘岩、余生、方苞以谤论罪绞。时孝标已死，以名世之罪罪之，子登峄、云旅，孙世樵并斩，方氏有服者皆坐死，且剉孝标尸。尚书韩文懿公菼、侍郎赵士麟、御史刘灏、淮扬道王英谟、庶吉士汪份等三十二人，并别议降谪。疏奏，圣祖恻然，凡议绞者改编戍，灏以曾効力书局，赦出狱，苞编管旗下，云锷、正玉免死，徙其家，方氏族属止谪黑龙江。菼以下平日与名世论文牵连者，俱免议。是案也，得恩旨全活者三百余人。此康熙辛卯、壬辰间事也。

山东杀子案

山东之民有方山民者，商于外，其妻与人通。一子方九岁，中夜醒，肩旁有一足，询其母曰：“父归邪？”其母恶之，且诫曰：“苟泄吾事，当寸脔之。”其子旦入塾，至午，不敢归饷，及暮亦然。其师穷诘之，乃述母诫，师强送之及门始返。次日不赴塾，师往呼之，其母曰：“昨未归，方欲向师求儿，何久藏乎？”师知其故，遂宣儿语于众，因讼之。县令不信，督师出儿。师归，遂率徒众登妇楼穷索之，不得，将下楼，已蹑数级，忽见二瓮于妇床下，血腥逼人，取视之，儿果碎脔于中，事乃白。其所私者，逃于杭之护国院为僧，并获之就法焉。此康熙乙未事也。后梨园有演《杀子报》者，即本此，惟增一诉冤之姊耳。

蒋非磷佐治代州狱

铅山蒋坚，字非磷，精法家言，诸侯争延之。代州有大狱，囚累累，牍可隐人，抚军檄岢岚牧甘某究治。甘聘蒋行，狱立具，杀七人，释无辜者百八十人。酒姓儿娶妇月余，弟迎姊归，入村失姊，惧，反诬酒氏，官下酒氏翁于狱，七年不决。蒋从太原返，吏指前树林曰："此酒氏家也。"蒋心动，策马至山凹，有人扃户博，瞷之。一儿觉有异，拍髯者肩，告之，众咸啃曰："鬼耳，人则安能来？"蒋亟归白甘，篡取钩距，果髯者所略也。

浑源州误杀案

栗恭勤公毓美字朴园，山西浑源州人，幼贫而孤。其师某，为同邑明经，老名宿也。有同学某甲，年少家裕。师子女各一，子年二十余，不辨菽麦；女及笄，婉淑明慧，父母爱之如掌珠，素器恭勤，欲以归之。彼此皆有意，女亦微闻其说，第未明议聘耳。恭勤以贫故，常宿于斋，师之子伴焉。一夜，师子曰："躁甚不能寐，愿与子易位。"恭勤难之，强而后可。俄自屋坠一物，铿然有声，师子大呼，铁戈贯胸，气绝矣。恭勤惧而号，师出，见子惨死，谓恭勤谋杀。恭勤哗辨，屋上有洞，然以易位故，疑不能释，甲亦怂恿之。鸣于官，以文弱书生，严刑逼讯，遂以谋杀诬服。

恭勤在狱待决矣，女既无所归，甲遣冰人来议婚，且愿养夫妇老，许之。既合卺，弥月，甲小饮微醺，告女曰："费尽心血，乃能娶汝。"女诘之，曰："汝兄之死，乃我买盗某为之，本欲贼栗某，何期误伤汝兄。然栗某得罪，我始得与汝合，亦天缘也。"女佯欢笑，益劝之醉。某酣卧，女藏刃于怀，彻夜不眠。向曙，至县署击鼓，为兄雪冤。官廉得情，以某甲并盗抵法，而释恭勤。女大言于堂曰："我已误归某，今为兄故，出首本夫，前生孽缘也。"出刃自刎死。恭勤以女故得释，哭不成声。后以拔贡由县令洊至河督，养师夫妇终其身，奉女木主，朝夕申瓣香焉。

《马讼图》案

康熙朝京师有武某者，以一车一马，挟赀贩米南花园，投宿董之贵家。董利其财，杀之，夜即以其车载其尸，鞭马曳之投他处。武父旋得尸于道，得马于刘姓者之门，遂执刘面官。时勘案者为刑部汪蛟门、主政懋麟，乃曰："杀人而纵马门前，非理也。"微行至南门外访之，纵马行，随其后，马至董家，跃而入。收讯之，具服，因定谳，都人为作《马讼图》。

乍浦渔人得儿案

康熙时，平湖之乍浦有某者，故业渔，无子。一日，晒网中庭，扃户出，比还，则一婴儿卧网中，以为天赐，乳哺之。后家道渐裕，儿亦头角崭然。忽有宁波贩客至，闻之道途，询其日月，惊曰："予曾于是日放纸鸢，戏以儿坐竹篮送上，风急绳断，瞬息千里，旋入大海，意谓必无生理。今故尚在，然左臂有痣如丹，可立辨也。"因往索之某，欲载与俱归。彼此争论，至讼之官，官判曰："纸鸢弄子，绝少人心；网渔得儿，实有天意。"遂断以归某。

讼师陷贤妇案

某乡有村翁者，其子出外贸易，留媳于家。媳素贤，日以织纴佐炊，翁坐享之，无所事事，恒与村人赌博，负则取偿于媳，习以为常，媳亦不较也。一日，媳小病停织，语其翁曰："我手力所入有限，以资菽水则仅可，以供博负则无余，此后翁可稍节赌否?"翁默然。是日微雨，饭罢，携伞径出，至夜不归，媳疑之。既三日不返，媳愈疑虑，乃向邻里告以故，嘱代觅之。会连日阴雨，河流暴涨，有邻人来告媳曰："顷河中有一浮尸，旁有破伞，曷往验之？"媳急往视，则为六十许老人，果翁也，乃呼号欲绝。观者怜之，代捞之殡殓。适里中有监生某，虎而冠者也，知其家固贫，而其外家颇殷实，思藉此诈钱，昌言于众曰："此事能不报官而遂了乎？"里中无应之者。某素习刀笔，乃以媳怨言逼翁投水鸣于官。拘媳严讯，媳不惯受刑，遽诬服，案遂定。弃市日，其翁适自外归，仍携伞，途中闻其媳将以冤死，亟奔法场，已无及矣，遂痛哭赴官自陈。县令乃据实检举，而以监生抵罪，令亦褫职。

何晴岩游戏判案

明奸党赵文华，慈溪人，其后嗣颇兴盛，且有列名仕版者，甲其一也。甲本驵侩，纳赀得同知职衔，出入县署，颇以士绅自居。一日，其邻村演剧，甲往观之，适演《鸣凤记》，至文华拜严嵩为义父时，描摹龌龊形状，淋漓尽致。甲大怒，谓其辱及先人，不可不报，次日，执全班子弟，送县请究。县令何晴岩，汴之名进士也，笑谓甲曰："伶人大胆，敢辱君家先人，宜枷责，方足蔽辜。"甲拜谢。何升堂，提伶人至，命仍服饰文华时之服，纱帽红袍，荷以巨枷，枷额大书"明朝误国奸臣赵文华一名"，枷号示众，且命押赴赵氏宗祠前，荷枷三月。甲大窘，浼人恳求，乃罚令出瓦三万片修文庙，始得释。

王皋谟听讼

世宗以闽中吏治颓废，遣使按视仓库，悉易诸守令，新至者颇尚操切。时江苏王皋谟知晋江县事，前官以击断为治，而讼益繁。王下车，语民曰："此皆吾赤子也，忍以贼盗视乎？"解苛政，坐堂皇，呴呴作家人语。曲直既判，呼两造前，令释忿，相对揖，罢去。由是讼者遂日少。

某试官因出题获谴

雍正某年开科试士，某省典试官既复命，忽以细故遭严谴。盖是时朝野盛传圣祖疾革时，书“传位十四皇子”六字于张文和公廷玉掌中，鄂文端公尔泰强张改“十”为“于”，则其文变为“传位于四皇子”，即世宗也。世宗御名胤祯，典试官所出题为“或问禘之说”一章，世宗以题中“禘”字作“示旁皇帝”解，以指其掌作“张廷玉掌中之诏”解，以为侮也，故怒谴之。其实某出题时无此意也。

徐冠卿以诗被诛

昆山徐健庵司寇之幼子冠卿，名骏，少聪慧，延举人周云陔教授。冠卿得乡举，与其师同入京，试礼部。师管束太严，冠卿以百部食之，卒于逆旅。其年，冠卿即捷南宫，入词馆。京师人有知其事者，题其混名曰“药师佛”。冠卿恃才狂放，怨者颇多。雍正初，怨家某以其诗有“明月有情远顾我，清风无意不留人”之句，遂以出首。当刑部审讯时，有与司寇有瓜葛者，欲宽其罪，预告之曰：“实出无心。”及讯，冠卿仰见堂上有司员松江胡宗琳侍立于旁，与其师貌无异，乃大惊悟，供有心诽谤者，胡亦力争，遂画稿定罪。将正法时，所亲犹怪之，冠卿曰：“吾命也。”无他言。

年羹尧以“夕惕朝乾”获咎

雍正乙巳，川陕总督太保年羹尧以日月合璧、五星连珠奏贺，奉旨：“此本字体潦草，且将朝乾夕惕写作夕惕朝乾。年羹尧非粗心办事之人，直不欲以朝乾夕惕归之于朕耳。年羹尧既不以此四字许朕，则渠青海之功，亦在朕许与不许之间。今降旨诘责，年羹尧必推托患病，他人代书。夫臣子事君，必诚必敬，陈奏本章，即他人代为，乌有不寓目之理？观此，年羹尧自恃已功，显露不臣之迹，其乖谬之处，断非无心。著将原本发还，令其明白回奏。”议政王大臣旋奏：“年羹尧反逆不道，欺罔贪残，弹章如丘山之积，罪迹逾溪壑之深。臣等公拟大逆罪五，欺罔罪九，僭越罪十六，狂悖罪十三，专擅罪六，贪婪罪十八，侵蚀罪十五，残忍罪四，忌刻罪六，共犯九十二大罪，请立正典刑，以伸国法。”奉旨：“年羹尧令自裁，其父遐龄、弟希尧免死，子富立斩，余子十五岁以上发极边充军，产入官。”

或曰，世宗有旨云：“朕将年羹尧解京，本将仍见宽宥，今伊家忽然出虎，真乃天意当诛。”先是，虎自京师西便门进正阳门西江米巷，入羹尧家，咬伤数人，九门提督率侍卫枪毙之。

查嗣庭以文字被诛

雍正丙午，查嗣庭、俞鸿图典江西试，以“君子不以言举人”二句，“山径之蹊间”一节命题。其时方行保举，廷旨谓其有意讥刺；三题“茅塞于心”，廷旨谓其不知何指，其居心不可问。因查其笔札诗草，语多悖逆，遂伏诛，并其兄慎行、嗣瑮，遣戍有差。浙人因之停丁未会试科。俞鸿图自认出“日省月试”题免罪，旋出学差，以不知检束论死。

或曰，查所出题，为“维民所止”，忌者谓“维止”二字，意在去“雍正”二字之首也，遽上闻。世宗以其怨望毁谤，谓为大不敬，命搜行箧。中有日记二本，乃按条搜求。至谓其为隆科多、蔡珽所荐，系死党；又谓其“狼顾之相，必心术不端”；又谓其“捏造怨蜚，语难枚举。于圣祖用人行政，大肆讥刺：以翰林改科道为可耻，以裁汰冗员为厄运，以钦赐进士为滥举，以清书庶长又考汉文为苛刻，以庶长散馆为畏途，以多选庶吉士为蔓草”云云。遂下严旨著拿问，交三法司审讯。

或曰，查尝著《维止录》一书，取“明亡大厦已倾，得清维之而止”也。世宗览之，初甚嘉许，谓其识大义。太监某进曰：“此背逆书耳，何嘉焉？”世宗询以故，某曰：“纵观之，见其颂扬我朝，若横观之，尽是诋斥满洲耳。”世宗侧其画观之，果然，遂大怒。

或曰，查之《维止录》专记世宗宫廷暧昧事，籍没时，其原稿进呈，有曾私录其副秘藏于家者，见其首页云“康熙六十一年某月日，天大雷电以风。予适乞假在寓，忽闻上大行，皇四子已即位，奇哉！”云云，亦可知其大凡矣。又是书有跋，记查氏受祸始末甚详，其略云：查君书名震海内，而不轻为人书，琉璃厂贾人赇查侍者，窃其零缣剩墨出，辄得重价。世宗登极，有满人某欲得查书，贾人以委侍者，半年不能得一纸。一日，查闭书室门，有所作，侍者穴隙窥之，则见其手一巨帙，秉笔疾书，书讫，梯而藏之屋梁。乃伺查出，窃以付贾人，贾人以献满人，遂被举发。是夜三更，查方醉眠，围而捕之，全家十三口，无一免者。又浙东诸家桥镇，一小市集也，有庵祀关羽，某学究书一联榜其门云：“荒村古庙犹留汉，野店浮桥独姓诸。”朱、诸同音，为查采入《维止录》中，狱起，亦置于法。

吕留良以文字戮尸

吕留良，字庄生，又名光纶，字用晦，号晚村，石门人。八岁善属文，与张履祥等发明程朱之学，尝揭一联于堂楹云：“囊无半卷书，惟有虞廷十六字；目空天下士，只让尼山一个人。”为诸生十余年，明亡，忽自以为淮府仪宾之后，追念明代，以发抒种族思想，著为书，誓不仕。郡守以隐逸荐之，乃削发为僧，康熙辛酉卒。雍正时，以曾静文字狱之牵涉，被戮尸，著述均毁。

先时，湖南人曾静遣其徒张熙，投书于川陕总督岳钟琪，劝以同谋举事。钟琪以闻，诏刑部侍郎杭奕禄、副都统海兰至湖南，会同巡抚王国栋，提曾静质讯。静投案，供称“因应试州城，得见留良评选时文，内有‘论夷夏之防’及‘井田封建’等语，又与留良之徒严鸿逵、沈在宽等往来投契”等语。于是即将静、熙提解来京，并命浙江总督李卫，查留良、鸿逵、在宽家藏书籍，所获日记等书，并案内人犯，一并拏解赴部，命内阁九卿等先将静研讯。世宗怒，以留良之罪，尚在静之上，谕："将留良及现在子孙嫡亲弟兄子侄照何定例治罪之处，著九卿翰詹科道会议。各省督抚提督两司，秉公各抒己见评覈，定议具奏。"旋将留良、鸿逵及留良之子葆中，皆剉尸枭示，子孙遣戍，妇女入官。在宽凌迟处死，而静、熙则免罪释放。

谢济世以谤讪获咎

谢济世尝为御史，以直言被谴，戍边。雍正己酉七月，世宗谕内阁："据顺承郡王锡保以在军前效力之谢济世注释《大学》毁谤程朱参奏前来，朕观谢济世所注之书，意不止毁谤程朱，乃用《大学》内'见贤而能举'两节，言人君用人之道，借以抒写其怨望诽谤之私也。其注有'拒谏饰非，必至拂人之性，骄泰甚矣'等语，观此，则谢济世之存心昭然可见。谢济世于公正任事之田文镜，则肆行诬参；于婪赃不法之黄振国，以及党护钻营之李绂、蔡珽、邵言纶、汪誠等，则甘听其指使而为之报复，乃直颠倒是非，紊乱黑白，好恶拂人之性者矣。天理国法，所不能容，菑（古同"灾"）已及身，而犹不知省惧，何其谬妄至于此极！夫拒谏饰非之说，乃朕素所深戒，然必责难陈善，忠言谠论，而后可以谓之谏；若乃排挤倾陷之私言，奸险狡恶之邪论，岂可以直谏自居，而冀朕之听受耶？试问谢济世，数年以来，伊为国家敷陈者何事？为朕躬进谏者何言？朕所拒者何谏？所饰者何非？除处分谢济世党同伐异、诬陷良臣之外，尚能指出一二事否乎？谢济世以应得重罪之人，从宽令其效力，乃仍怀怨望，恣意谤讪，甚为可恶。应作何治罪之处，著九卿翰詹科道秉公定议具奏。"

陆生楠以《通鉴论》被诛

陆生枏（同"楠"），广西举人，以军功得官江苏吴县知县，引见扣缺，乃留京，以主事用。著《通鉴论》十七篇，顺承郡王锡保疏劾其言词狂妄，非议朝政，著九卿科道秉公定拟。中有《论封建》《兵制》《立储》等篇，指为大逆，即著于军前正法。

裘琏以文字被逮

雍正时，有裘琏者，慈溪人，明平波伯兆锦之孙。父永明，诸生，散家财买敢死士从鲁王于台州、绍兴间，得授提督九门禁旅军务同知左军都督，顺治丙戌，殉难于钱塘。时琏生三岁，少孤力学，天才卓绝，黄梨洲尤器重之，与姜宸英、郑梁二人齐名。琏少即知名，昆山徐乾学奉命纂修《一统志》，访士于梨洲，梨洲以琏荐，越十五日而成《三楚志》，人咸惊其工且速，遂与徐氏及高士奇诸人交。圣祖南巡，献赋。命近侍记名。然年逾七十矣，始获举于乡。圣祖见琏名，谓近侍曰："裘琏中矣。"翌年，成进士，三甲第一，特赐传胪，与二甲第一名同，异数也。旋改庶吉士，乞身归。上幸热河，欲琏扈从，问院长以琏何在，以具词乞身对，帝曰："伊固年逾七十矣。"遂允其请。

世宗性多疑，既即位，罗织诸王之宾客。雍正己酉，昆山三徐以事罢职，士奇并获谴。是年冬，琏被逮入京，时年八十五矣，明年六月，卒于京师，时狱犹未解也。三徐与高之获罪，或谓其党于诸王之故，至于琏，相传亦因三徐与高。或谓琏少时家居，曾作《拟张良招四皓书》，其辞曰："戚夫人嬖生赵王，帝以母故，欲立其子，佯曰：'如意类我。'吕后恐，使建城侯泽，劫留侯计，留侯为言四皓，命太子为书，卑词厚礼以往。太子曰：'噫，吾为书，惧自伐以旌君过也。'于是以安车四乘，白璧十双，缯帛累百，衣冠各一袭，为留侯书以招四皓曰：'上高先生名久矣，知先生之不可强致也，每与良等言，叹慕不少忘。今上春秋高，多病，戚夫人日夜抱赵王啼弄上前，而后、太子累月不得见，则是骊姬复溺于晋，而褒姒复煽于周也，岂不殆哉！顾知君莫如臣，上非尽惑于爱也，非中于谗也，非忘天下以徇儿女也，心懦太子而慧赵王，以为能蒙吾业也。然则欲定太子，莫若翼太子；欲翼太子，莫若贤太子。贤之奈何？今上所心重而不能致者，独有四先生耳，先生其何以为太子计？夫救人患之为仁，定社稷之为勋，扶纲常伦叙之为贤，成所败、安所危之为智。良试念之，良何有于先生？上与太子何与于先生？汉天下亦何与于先生？先生其何以自为计？深山之木，盘龙蛇，干云霄；断崖之石，怒风雨，室鬼神，将千百年，非不安且久也。栋梁不先，而明堂不急，则人勿宝贵之矣。先生一出而太子可安，天下可定，处士可重，愿先生留意也。或告先生曰：上轻士嫚骂，故士多亡匿不出。夫上所嫚骂者，非士也，而先生何自视之浅乎?' 四皓得书，笑曰：'吾固疑张良为之。' 乃出，卒定太子、安天下。传曰：'不有君子，其何能国?' 留侯、四皓当之矣。" 琏之书具载集中，当时颇多传诵之者。或摭其词以入告，谓此书乃讽圣祖易储，为太子允礽作，而琏之祸作矣，然实诬也。

吟诗杀身

世宗尝微服游于市，就一书肆翻阅书籍，时微风拂拂，吹书页上下不已。一书生见状，即高吟曰："清风不识字，何必来翻书。"世宗以为讥讽也，旋下诏杀之。

岳钟琪被冤

岳威信公钟琪佩抚远大将军印，以奉旨入觐，命提督纪成斌权篆。会准夷入寇，掳马驼万余，为总督查郎阿所发，遂褫岳爵，置纪于法。有老卒云，岳既入朝，纪以满洲人强劲，以驼马命副参领查廪领卒万人驱牧。廪性懦葸，畏边地寒，以偏裨五十人放牧，己率众避寒山谷间，日置酒高会为乐。准夷入寇，偏裨报廪，廪笑曰："鼠盗不久自散。"按兵不往。及马驼被掳，廪闻信，弃军去，过总兵曹勷垒，呼曹救之。曹卞急，率兵往，为贼所败，单骑奔，赖提督蒋建率本标卒追之，转战七昼夜，敌始却。廪见纪，皆委罪于曹，纪笑曰："满洲人之勇，固如是耶?"收缚，将斩之。岳至，纪告以故，岳惊曰："君今族矣！满族为国旧人，吾侪岂可与抗，以干其怒耶?"解廪缚，以善言谕之，委罪于曹，斩之以徇，而以捷闻。廪转恨岳次骨，会查郎阿巡边，其戚也，因控岳诸不法事，及纪掩败为功状。查郎阿据以入告，世宗大怒，斩纪于营，置岳诏狱，而廪竟得免。

麻城涂如松杀妻案

麻城涂如松娶杨氏，不相能，归辄不返，如松嗛之而未发也。亡何，涂母病，杨又归，如松复殴之，杨亡，不知所往。两家讼于官，杨弟五荣疑如松杀之，侦于九口塘，有赵当儿者素狡狯，漫曰："固闻之。"盖戏五荣也。五荣骇，即拉当儿赴县为证，而诉如松与所狎陈文等共杀妻，知县汤应求讯无据，狱不能具。当儿父谓其儿故无赖妄言，请无随坐。应求访唆五荣者，生员杨同范，虎而冠也，乃请褫同范衿，缉杨氏。

先是，杨为王祖儿养媳，祖儿死，与其侄冯大奸，避如松殴，匿大家月余。大母虑祸，欲告官，大惧，告五荣，五荣告同范，同范利其色，曰："我生员也，藏之，谁敢篡取者！"遂藏杨复壁中，而讼如松如故。逾年，乡民黄某墐其僮河，滩浅，为犬爬噉，地保请应求往验，会雨雷电以风，中途还。同范闻之大喜，循其衣衿笑曰："此物可保。"与五荣谋，伪认杨氏，贿仵作李荣，使报女尸，荣不可。越二日，应求往，尸朽不可辨，殓而置褐焉。同范、五荣率其党数十人哄于场。

事闻之总督迈柱，委广济令高仁杰重验。仁杰试用令也，觊覦应求缺，所用仵作薛某，又受同范金，竟报女尸肋有重伤。五荣等遂诬如松杀妻，应求受贿，刑书李献宗舞文，仵作李荣妄报。柱信之，劾应求，专委仁杰鞫。仁杰掠如松等两踝骨见，犹无辞，乃烙铁索使跽，肉烟起，焦灼有声，虽哀求不免。皆不胜其毒，皆诬服，荣死于杖下。然尸故男也，无发，无脚指骨，无血裙袴。逼如松取呈，如松瞀乱，妄指认抵拦。初掘一冢，得朽木数十片；再掘，朽木无有，或长髯巨靴，不知是何男子。最后得尸，足弓鞋，官吏大喜，再视，髑髅有鬖鬖白发，又惊弃之。麻城无主之墓，发露者以百数，每不得。又炙如松，如松母许氏，哀其子之求死不得也，乃剪己发，摘去星星者，为一束，献宗妻刓臂血，染一袴一裙，斧其亡儿棺，取脚指骨，凑聚诸色，自瘗河滩，而引役往掘之，果得矣。狱具，署黄州令蒋嘉年廉得其诈，不肯转，召他县仵作再验，皆曰男也。仁杰大惧，诡详尸骨被换，求再讯。俄而山水暴发，并尸冲没，不复验，杜竟以如松杀妻、官吏受赃拟斩绞奏。麻城民咸知其冤，道路汹然，卒不得杨氏，事无由明。

居亡何，同范之邻妪早起，见荣血模糊奔同范家，方惊疑，同范婢突至曰："娘子未至期遽产，非妪，莫助举儿者。"妪往，儿颈拗，胞不得下，须多人掐腰乃下。妻窘呼："三姑救我！"杨氏闯然从壁间出，见妪大悔，欲避而面已露，乃跪妪前，戒勿泄。同范自外入，手十金纳妪袖，手摇不止。妪出，语其子曰："天乎，犹有鬼神！吾不可以不雪此冤矣。"即属其子持金诉县。县令陈鼎，海宁孝廉也，久知此狱冤苦，不得间，闻即白巡抚吴应棻，吴命白总督。总督故迈柱，闻之以为大愚，色忿然，无所发怒，姑令拘杨氏。陈阴念拘杨氏稍缓，或漏泄，必匿他处，且杀之灭口，狱仍不具也。乃为访同范家畜娼，而身率快手直入，毁其壁，果得杨氏。麻城人数万，欢呼随之至公堂，召如松认妻。妻不意其夫状焦烂如此，直前抱如松颈，大恸曰："吾累汝，吾累汝！"堂下民皆雨泣。五荣、同范等叩头乞命，无一言。时雍正乙卯七月二十四日也。应棻以状奏，越十日，而原奏勾决之旨下，柱不得已，奏案有他故，请缓决。同范揣知总督意护前，乃诱杨氏具状，称身本娼，非如松妻，且自伏窝娼罪。柱复据情奏，天子召柱、应棻二人俱内用，特简户部尚书史贻直督湖广，委两省官会讯，一切皆如鼎议。乃复应求官，诛同范、五荣等。

吴墨谦为人释讼

雍正时，松江有吴墨谦者，通晓律例，人倩其作呈牍，必先叩实情，理曲，即为和解之；若理直，虽上官不能抑也。

德清徐西湾未贵时，赘于王廷爀家，外姑剧爱之，割田千亩为奁赠。后女死失欢，靳而不予。西湾之父方虎方伯适乞休，年八十矣，自往索之，遂涉讼。奁目具载，且有细簿号数租额，守令均袒之。吴为作诉词，极言婚姻夙好，翁婿相得，惟夫故家析，女已殀逝，不能给，亦不愿给也。夫曰奁，则非翁之所得问；夫曰赠，则非讼之所能争。亲家翁具三达尊，断不涎此，此必主计仆之狡狯耳。诉入，方虎废然返。

某富室欲吞未卖绝之活产，而业重价轻，未及三十年，无可解说。乃觅一故纸，仿正找两券，伪作一绝据，笔墨浓淡，均极相符，更倩人摹旧契图印之。临审呈验，失业者无以辩也。吴从掌案索观，反复良久，密告曰："伪也。"即为申诉，谓："民家契券，既不可悬之于壁，又不可铺之于几，则藏之箧。复虑其污且损也，则夹之书中，故蠹侵焉。然蠹痕必重叠，断无能东西穿穴之理。今此契折纹，与蛀穴参差，殊不可解，祈明府吊取藏券之器以对之，则情伪毕现矣。"富家无可呈，乃放赎。

徽州有质库，地棍欲诈其赀，乃习其缪草，仿其戳记，依其款式，自造伪票，作珠一颗，典五百金，计值十当五，须偿千金。典主亦健者，取此月号簿呈送，棍乃转讼其伙，谓主人艳珠，令伙没入也。吴取票视之，笑而慰伙曰："无恐，易剖耳。"具言："各典店规，例以年长一小郎写票，大典柜伙四，次三，又次二，各授票百，以木扦贯而授之，否则落纸如飞，散同秋叶矣。请明府吊各典票验之，可见此票无孔，非典中物也。"棍语塞，乃遁。

费孝廉陷费叟于狱

某县村农费叟，足谷翁也，力田致富，居平恒以无贵家大族往来为恨。一日大雨，子妇涤蔬河滨，遇一小舫泊柳下，中一文士，逼处漏篷，衣履沾湿，二仆尤甚。询之舟人，则城中孝廉费某也。妇以适与同姓，归述之叟，叟即持雨具至舟迎，谓曰："雨甚，贵人曷不暂过敝庐小住乎？"孝廉方饥馁交困，闻言欣然登岸。入草堂，叙礼毕，询知为同姓，甚喜，即与序雁行，讲家人礼。叟立命治具为欢，携手步檐下，指而语之曰："予乡居，亦颇无忧，此水田也，有若干，复有姜芋蔗田若干，鱼池若干，茭滩若干。此外有桑原蔬圃若干，桑阴皆药畦也。"又携手入堂左，孝廉望之，有屋十余间，曰："此仓廪也，此牛羊豕舍也。其屋之左右，皆佃舍及僦居者也。"孝廉唯唯，心羡之。家人告酒具，乃邀入座，殽核丰洁，非田舍所有。叟握杯曰："此酝五年矣，今特为贵人设也。"孝廉称谢不置。既而酒酣，孝廉自道家世及交游曰："某官为年伯，某官为座师，今行取之某部某，则房师也。其他如某某，则中表也；城中现任官某某，皆与弟善，无不言听计从。凡交于弟者，安有祸患相及哉！"叟闻言，默识于心。饭毕，雨止日斜，孝廉告别，叟留之宿，孝廉辞，怅怅而别。

明日，叟易华衣盛仆，刺舟入城访孝廉，亦款留之。自此甚交契，凡叟之田土畜产所有，时有进纳，秋成贡新，岁除献腊。孝廉颇感之，恒思有所报効，而苦无事，竭思得计，乃谋于所善之捕役，令其嘱盗陷之。未几，果致叟于狱，叟子走孝廉所求援，孝廉泣曰："汝父亲是我厚，吾捐头颈以救何吝？顾所犯甚重，非口舌可能争，奈何？况今之当事皆利徒乎？"其子曰："苟能出父，一听叔教，无吝也。"孝廉遂言某官当贿若干，某胥某役及盗当若干，上下关通，非半万不可。村农之财，皆在土地，苦无多镪存箧，竭措不满，遂集田房诸券，谋质于孝廉，孝廉皆假他人名，以有其田土房屋。犹以文书上下，百端诛求，其子至罗雀掘鼠以应，家破而叟始释，为时一年矣。

叟之在狱也，德孝廉不置，每自谓幸识此人，不然殆矣。及归，核所费，则产已荡尽，乃大恸，泪未干而督交屋人至矣。痛定寻思，与盗不面，何仇而至是？遂割鸡携酒，入狱以劳盗，叩所由。盗曰："我害汝破产而反食我，君子也，吾何忍更隐乎？此无他，乃汝弟孝廉嘱捕役为之耳。"叟闻始悟，亟趋孝廉所，累辞以他出。叟怒，归让子妇曰："非若一言，祸不至是。"子妇曰："以其姓偶同，故述于翁，不令纳交于彼也。"翁惭，大骂之，妇愤，雉经而死。子痛妇之亡于非命也，亦缢颈焉。叟至是，见家破而嗣绝也，亦付一缳。

全谢山几以《皇雅篇》获咎

全祖望字绍衣，浙江鄞县人，乾隆丙辰庶常，世称"谢山先生"，著有《鲒埼亭集》。尝作《皇雅篇》，篇中有"大讨贼"，注曰："志取北都也。"叙述世祖得天下之正，谓前古无有伦比，其辞曰："天下丧乱，将以启圣人，谓予不信，试观诸甲申。明烈帝，非荒君，十七载，何忧勤！其奈生逢阳九辰，五十揆席多贼臣。驯令米脂贼，涂炭遍斯民，赤者眉，黄者巾，遂污神器遭鬼嗔。先皇赫斯怒，憨兹雷云屯，曰咨尔叔父，为我讨贼清乾坤。嗤贼狃累胜，岂识天兵如天神？望风不战走，封狐十丈化游魂。燕人望师如拯焚，一朝快复仇，壶浆夹道出九门。东来近天子，惊见冲龄未十春。累朝创业，未之或闻，负扆委裘，皇皇懋亲。翦商已再世，一朝唾手志竟伸，奠九鼎，定八垠，非天私我，曰惟积功与累仁。"

有忌者摘其诗语，谓不忘有明，虽颂昭代开国之功，实称扬思宗之德，有煽惑人民不忘故主之意。"思嗔"二字，暗指本朝，"为我讨贼清乾坤"句，竟敢冠"贼"字于"清"字之上，尤为悖逆。"惊见冲龄未十春""累朝创业，未之或闻，负扆委裘""一朝唾手"等句，亦多微辞。谢山因此几获谴，幸大学士某为之解释始免。

范起鹗以家藏顾亭林文集被控

范起鹗，乾隆时之宝山人。以家中藏有顾亭林文集数种，被其从兄起凤指为违碍禁书，呈控于江苏巡抚杨魁，请派员往搜。

胡中藻以《坚磨生诗》被诛

湖南学政胡中藻著《坚磨生诗》中，多谤讪语，经人告发，乾隆乙亥三月十三日，大学士九卿翰林詹事科道等面奉上谕："我朝抚有天下，于今百有余年，列祖列宗深仁厚泽，渐洽区宇，薄海内外，共享升平。凡为臣子，自乃祖乃父食毛践土，宜其胥识尊亲大义，乃尚有出身科目、名列清华，而鬼蜮为心，于语言吟咏之间，肆悖逆诋讪怨望如胡中藻者，实非人类之所应有。其所刻诗题曰《坚磨生诗钞》，坚磨出自《鲁论》，孔子所称磨涅，乃指佛肸而言，胡中藻以此自号，是诚何心？从前查嗣庭、汪景琪、吕留良等诗文日记，谤讪诪张，大逆不道，蒙皇考申明大义，严加惩创，以正伦纪而维世道，数十年来，以为中外臣民咸知警惕，而不意尚有此等鸱张狺吠之胡中藻。即检阅查嗣庭等旧案，其悖逆之词，亦未有连篇累牍至于如此之甚者。如其集内所云'一世无日月'，又曰'又降一世夏秋冬'。三代而下，享国之久，无如汉、唐、宋、明，皆一再传而多故。本朝定鼎以来，承平熙皞，盖远过之，乃曰'又降一世'，是尚有人心者乎？又曰'一把心肠论浊清'，加'浊'字于国号之上，是何肺腑？《至谒罗池庙》诗则曰'天非开清泰'，又曰'斯文欲被蛮'，满洲俗称汉人曰蛮子，汉人亦俗称满洲曰鞑子，此不过如乡籍而言，即孟子所谓东夷西夷是也。如以称蛮为斯文之辱，则汉人之称满人曰鞑子者，亦将布罪乎？又曰'相见请看都盎背，谁知生色属裘人'。此非谓旃裘之人如何？又曰'南斗送我南，北斗送我北，南北斗中间，不能一黍阔'，又曰'再泛潇湘朝北海，细看来历是如何'；又曰'虽然北风好，难用可如何'，又曰'擞云揭北斗，怒窍生南风’，又曰‘暂歇南风竞’，两两以南北分提，重言反复，意何所指？其《语溪照景石》诗中，用周时穆天子车马走不停及武皇为失倾城色两典故，此与照景石有何关涉？特欲借题以寓其讥刺讪谤耳。至若‘老佛如今无病病，朝门闻说不开开’之句，尤为奇诞。朕每日听政，召见臣工，何乃有朝门不开语？又曰‘人间岂是无中气’，此是何等语乎？其《和初雪原韵》‘白雪高难和，单辞赞莫加’，单辞出《尚书·吕刑》，于咏雪何涉？《进呈南巡》诗则曰‘三才生后生’，今曰天地人为三才，生于三才之后，是为何物，其指斥之意可胜诛乎？又曰‘天所照临皆日月，地无道里计西东。诸公五岳诸侯渎，一百年来俯首同’，盖谓岳渎蒙羞、俯首无奈而已，谤讪显然。又曰‘亦天之子亦莱衣’，两‘亦’字悖慢已极。又曰‘不为游观纵盗骊’，八骏人所常用，必用‘盗骊’，义何所取？又曰‘一川水已快南巡’，下接云‘周王渉被因时迈’，盖暗用昭王南征故事，谓朕不之觉耳。又曰‘如今亦是涂山会，玉帛相将十倍多’，‘亦是’二字，与前两‘亦’字同意。其《颂蠲免》则曰‘那是遍灾今降雨，况如平日佛燃灯’，朕一闻灾歉，立加赈恤，何乃谓佛灯之难觏耶？至如《孝贤皇后之丧》，乃有‘并花已觉单无蒂’之语。孝贤皇后，系朕藩邸时皇考世宗宪皇帝第聘贤淑作配朕躬，正位中宫，母仪天下者一十三年，然朕亦曷尝令有干预朝政、骄纵外客之事？此诚可对天下后世者。至大事之后，朕恩顾饰终，然一切礼仪，并无于《会典》之外有所增益。乃胡中藻与鄂昌往复酬咏，自谓殊似晋人，是已为王法所必诛，而其诗曰‘其夫吾父属，妻皆母道之’，夫‘君父’，人之通称，君应冠于父上，曰父君尚不可，而不过谓其父之类而已，可乎？又曰‘女君君一体’，焉得漠然为帝后也，而直诉曰其夫曰妻。丧心病狂，一至于此，是岂覆载所可容者乎？他如《自桂林调回京师》，则曰‘得免吾冠是出头’，伊由翰林荐擢京堂，督学陕西，复调广西，屡司文柄，其调取回京，并非迁谪，乃以挂冠为出头，有是理乎？又有曰‘一世璞谁完，吾身甑恐破'，又曰'若能自主张，除是脱缰锁'，又曰'一世眩如鸟在篓'，又曰'虱官我曾惭'，又曰'天方省事应问我'，又曰'直道恐难行'，又曰'世事于今怕捉风'，无非怨怅之语。《述怀》诗又曰'琐沙偷射蜮，馋食狼张箕'，《贤良祠》诗曰'青蝇投昊肯容辞'，试问此时于朕前进谗言者谁乎？伊在鄂尔泰门下，依草附木，而诗中乃有'记出西林第一门'之句，攀援门户，恬不知耻。朕初见其进呈诗文，语多险僻，知其心术叵测，于命督学政时，曾训以论文取士宜崇平正。今见其诗中即有'下眼训平夷'之句，'下眼'并无典据，盖以为'垂照'之义，亦可以为'识力卑下'，亦可巧用双关云耳。至其所出试题内，考经义有'乾之爻不象龙说'，乾卦六爻皆取象于龙，故《象传》言'时乘六龙以御天'，如伊所言，岂爻不在六龙之内耶？乾为当今年号，龙与隆同音，其诋毁之意可见。又如'鸟兽不可与同群''狗彘食人食''牝鸡无晨'等题，若谓出题必欲避熟，经书不乏闲冷题目，乃必检此等语句，意何所指？其种种悖逆，不可悉数。十余年来，在廷诸臣所和韵及进呈诗册，何止千万首，其中字句之间，亦偶有不知检点者，朕俱置而不论，从未尝以语言文字责人。若胡中藻之诗，措词用意，实非语言文字之罪可比。夫谤及朕躬犹可，谤及本朝，则叛逆耳。朕见此书已数年，意谓必有明于大义之人，待其参奏，而在廷诸臣及言官中，并无一人参奏，足见相习成风，牢不可破。朕更不得不申我国法，正尔嚣风，效皇考之诛查嗣庭矣。且内廷侍从曾列卿贰之张泰开，重师门而罔顾大义，为之出资刊刻。至鄂昌身为满洲世仆，历任巡抚，见此悖逆之作，不但不知愤恨，且丧心与之唱和，引为同调，其罪实不容诛。此所关于世道人心者甚大，俾天下后世共知炯鉴。张泰开著革职交刑部，胡中藻、鄂昌已降旨拏解来京，俟到日，交大学士九卿翰林詹事科道公同逐节严审，定拟具奏。钦此。"

甲寅，大学士九卿翰詹科道等奏称："胡中藻违天叛道，覆载不容，合依大逆，凌迟处死；该犯的属男十六岁以上，皆斩立决。张泰开明知该犯《诗钞》悖逆，乃敢助赀刻板，出名作序，应照知情隐匿律斩立决。其与逆犯酬答之鄂昌，俟拏解到日另议。”谕令：“大学士九卿翰詹科道等公同集讯，屡经面对，佥请处以极刑，自属按律定拟。朕意肆市已足示众，胡中藻免其凌迟，著即行处斩，为天下后世炯戒。胡中藻系鄂尔泰门生，文辞险怪，人所共知，而鄂尔泰独加赞赏，以致肆无忌惮，悖慢诪张，且于其侄鄂昌叙门谊，论杯酒，则鄂尔泰从前标榜之私，适以酿成恶逆耳。胡中藻依附师门，甘为鹰犬，其诗中谗舌青蝇，据供实指张廷玉、张熙二人，可见其门户之见牢不可破，即张廷玉之用人，亦未必以鄂尔泰、胡中藻辈为匪类也。鄂尔泰、张廷玉亦因遇皇考及朕之君，不能大有为耳，不然，何事不可为哉？大臣立朝，当以公忠体国为心，若各存意见，则依附之小人，遂至妄为揣摩，群相附和，渐至判若水火。古来朋党之弊，悉由于此，鄂尔泰为满洲大臣，尤不应蹈此恶习。今伊侄鄂昌即援引世谊，亲昵标榜，积习蔽锢，所关于世道人心者甚巨，使鄂尔泰此时尚在，必将伊革职，重治其罪，为大臣植党者戒。鄂尔泰著撤出贤良祠，不准入祀，其配享太庙，系奉皇考遗诏遵行，与见在准张廷玉之配享相同，应仍照旧。张泰开本一庸懦无能之人，其出赀刊刻，由被勒索，而序文又俱系胡中藻自构，张泰开著从宽免其治罪，即著释放，仍在上书房行走，效力赎罪。胡中藻之母年已八十，其孙亦在幼稚，及伊弟胡中藩等，著从宽免其缘坐。其胡中藻诗案内一应干涉之人，除鄂昌俟解京之日另行审结外，其余俱著加恩，一概免其查究。至于李蕴芳身为县令，乃以检验为苦，反复嗟怨，甚属狂悖，该抚见以贪婪题参革职，俟审拟到日，再降谕旨。余依议。”

段昌绪以吴三桂檄文论斩

康熙癸丑，平西王吴三桂叛，传檄遐迩。檄有流传于河南夏邑者，乾隆时，司存成、司淑信昆仲得之，以示段昌绪，昌绪加评而圈点之。乙亥，高宗南巡，道夏邑，民人刘元德以县令不职、赈恤不周等情诉于行在。高宗以元德为乡愚，必有指使，严讯之，以昌绪对，大怒，命有司派员捕之。因于昌绪卧室，起出三桂檄文，穷治之，乃斩昌绪，并置存成、淑信于重典。

彭家屏以明季野史论斩

高宗以段昌绪之评点吴三桂檄文也，而联想及于彭家屏。家屏者，夏邑人，尝开藩江右，以编纂族谱曰《大彭统记》至触高宗之怒，谓“大彭”二字类似国号，指为狂悖而革职家居者也。至是又疑之，且以家屏曾奏汴抚图南炳之讳灾，遂并查抄其私宅，搜获明季野史数种，于是家屏论大辟，并及其子。

齐周华以吕留良案牵涉而死

齐赤若，字周华，天台诸生，为息园侍郎犹子，与息园齐名，其后为道士。雍正辛亥，周华年三十五矣，以吕留良案遵诏陈情被阻，遂赴都径呈刑部，又被阻，押交浙江学政。学政制于抚藩，始以言诱，继以威胁，欲令中止。周华坚不允，遂下狱，枷杖禁锢，濒死者数，而矢志不移。浙闽总督郝某巡台州，乃遣长子具诉，郝特疏具题，遂成钦案，部议遂以永远监禁混结。郝题匾华顶曰：“仰之弥高。”联云：“物外有人闲始见，山中可乐老方知。”遣总兵吴某诣狱，请周华书之，自此狱禁稍疏，乾隆改元始释。此后益肆志山水，修道于武当山琼台观，前后八九年。一日，忽云机动欲行，适长子奉祖母命往迎，遂返。时息园罢官家居，周华往访，有仇人洛东者，潜书“僧道不许滥入齐府”字，揭于息园之门，周华见之，废然返，意谓息园故拒己也。作呈词，列十罪状，因巡抚熊某至台，往诉之。巡抚方与息园有隙，即据呈具奏。丁亥，廷议翻前案，削息园职，周华凌迟。周华尝自谓为东方木星，木不斲不成器，故为吕案抗疏，甘就刀锯鼎镬而不辞。缇骑至门时，见其门悬一联云：“恶劫难逃，早知不得其死；斯文未丧，庶几无忝所生。”官中人见之，为之却步。

蔡显以诗句论斩

蔡显，华亭举人也，著有《闲渔闲闲录》，以“论祀乡贤祠节孝”一条，为郡绅所嫉，郡守钟某亦恶之。乾隆丁亥，摘其所作诗有“风雨从所好，南北杳难分”句，又《题友袈裟小照》诗有“莫教行化乌肠国，风雨龙王行怒嗔”句，谓为隐约怨诽，情罪甚重，刑部拟以凌迟，改斩决。其门下士谴戍者闻人卓之倓、刘素庵朝栋等二十四人，并其妾朱氏。显有子三人，长曰必昭，隽才也，年十七，亦与书贾吴秋渔同谴戍。

青浦胡吟鸥，名鸣玉，殚见洽闻，工词赋。乾隆丙辰，与叶荣梓同举博学宏词科，十月，召试太和殿不第，归隐三十年矣。显被仇家讦发，其序为胡作，因以被逮，时年八十有奇。邑宰褚启宗力慰之，至省入狱，见蔡曰：“尊集序文刊名为胡某，察笔意，似出先生手。”蔡悟曰：“然。”褚曰：“如此，当不必累胡。”蔡颔之。褚即嘱胡坚辞不承。及案狱，蔡矢口自认，胡遂得释归。是狱也，又有陆时三名珩者，仅十五龄，褚讯其年未及冠，详请释之。

吴绍诗欲兴文字狱

乾隆戊子，江西巡抚吴绍诗奏称：“李绂诗文集辞句愤激，李任渶、傅占衡集中亦多狂悖句。请将李绂等子孙革讯，查封家口房屋，并请将李茹、冯咏、冯谦、万承仓、吴名岸、黄石麟查办。”旋奉旨：“李绂所作诗文，其中诚有牢骚已甚之词，但核之，多系标榜恶习，尚无讪谤实迹。即其与戴名世七夕同饮，原在名世未犯罪以前，且座中不止一人，无足深究。至李任渶之于吕留良，语多推许，不过为讲学文字俗套。若傅占衡狂吠之语，殆染明末无知妄作之风。久经物故，如一一根究，事体未协，且恐无识之流，疑为文字获咎，反得遂其诡激沽名之隐，甚无谓也。但此等谬语，刊刻成书，于世道人心，贻误不小，著该抚将各项书本板片，查明销毁。”

王尔扬以墓志下狱

满洲巴延三，以乾隆时文字狱之禁甚严，欲希旨罗织。忽得王尔扬代李范所作墓志，于“考”上用一“皇”字，诧为叛逆，立时缚送下狱；并书丹之赵扩，亦连坐，将置重典。高宗曰：“‘皇考’之字，见于《礼经》；屈原《离骚》及欧阳修《泷冈阡表》，皆曾用之。彼迂腐无知，泥于用古，不得谓之叛逆。”释不论。

袁子才有折狱才

袁子才历任溧水、沭阳、江宁知县，有折狱才，终日坐堂皇，任吏民白事，有小讼狱，立判遣，无稽留者。多设耳目方略，集乡保，询盗贼及诸恶少姓名，出簿记相质证，使不能隐，则榜其姓名，许三年无犯湔雪之，奸民皆敛迹。方山溪洞外两氓争地，无契券，讼久莫能断。袁视案牍山积，笑曰：“此左氏所云晋郑之间有隙地，玉畅、顿丘是也，讼久则破家，吾当为若了之。”乃尽去旧牍，别给符验，使各开垦升科。

某年五月十日，天大风，白日晦冥。江宁有韩氏者，被风吹至铜井村，村去城九十里，明日，村人送之归。女已字李秀才子，李疑风不能吹人远去，必有奸，因控之县。袁曰：“古有风吹女子至六十里者，汝知之乎?”李不信，袁取元郝文忠公《陵川集》示之曰：“郝公一代名臣，宁作诳语？第当年风吹吴门女，竟嫁宰相，恐汝子无福耳。”秀才读诗大喜，姻好如故。总督尹文端公继善闻之，曰：“可谓宰官必用读书人矣。”

江宁有战舰系缆江干，一日，有老兵方踞舵楼而遗矢，有舟扬帆来掠之，兵堕水死。诸兵尽出，断帆系舟，搒舟子无算，创甚垂毙，鸣之官。袁往验，诘舟人曰："汝挂帆行，何至遽触他舟?"舟人固称风急，实非人力所能主。袁曰："汝言不足信，可仍驾舟张帆而下，令我审视之。"舟人如所命，乘风破浪，渺不知所之。盖已谕役，密令其竟去也。诸兵大哗，袁曰："此误杀耳，律无抵法，埋葬银由我出俸钱给之可矣。"

两淮盐引案

两淮盐引案为乾隆时三大案之一，盖乾隆戊子，德州卢雅雨都转见曾乞病在籍，以前在淮运司任提引事发，遂革职下狱死。是案因尤拔世任两淮盐政，风闻盐商积弊居奇，索贿未遂，乃奏称："上年普福奏请预提戊子纲引，仍令各商每引缴银三两，以备公用，共缴贮运库银二十七万八千有奇。普福任内所办玉器古玩等项，共动支银八万五千余两，其余见存十九万余两，请交内府查收。"朝廷以此项银两历任盐政并未奏闻，私行支用，检查户部档案，亦无造报派用文册。且自乾隆乙丑提引后，二十年来，银数已过千余万，显有蒙混欺蚀情弊，密派江苏巡抚彰宝会同尤拔世详悉清查。旋据彰宝等查复。历年预行提引商人交纳余息银两，共有一千零九十余万两，均未归公。前任盐政高恒任内查出收受商人所缴银至十三万之多，普福任内收受丁亥纲银私行开销者又八万余两；其历次代购物件借端开用者，尚未逐一查出。奉旨：褫淮商黄源德、徐尚志、黄履泰奉宸院卿衔，江广运布政使衔，程谦德、汪启源按察使衔，解现任运使赵之璧任，前运使卢见曾、盐政高恒、普福并褫职，且下见曾于扬州狱以讯之。

大学士傅恒等复奏云："两淮商人迭荷恩赏卿衔，乃于历年提引一案，将官帑视为己赀，除自行侵用银六百二十余万两外，或代购器物，结纳馈送，或借名差务，浪费浮开，又冒侵银至数百万两，于法于情，均属难宥。今既败露，又蒙格外天恩，免其治罪。所有查出各款银数，自应尽数追缴，以清国帑。查历年提引应行归公银共一千零九十二万二千八百九十七两六钱，内除奉旨拨解江宁协济差案及解交内府抵换金银牌锞，与一切奏明支用，并因公支取，例得开销银四十六万一千七百六十九两九钱二分五厘。又现贮在库归款银二十六万二百六十五两六钱六分六厘，两共银七十二万二千零三十五两五钱六分一厘。应如该抚等所请，免其追缴外，所有各商节年领引未完纳银六百二十五万三千五百八十四两一钱六分六厘，又总商藉称辛工膏火银七十万三千六百零二两，又楚商滥支膏火银二千两，又总商代盐政购办器物浮开银十六万六百八十七两，又各商借差支用银一百四十八万二千六百九十八两八钱，及办差浮开银六十六万七千九百七十六两八钱。以上商人名下，共应完纳银九百二十七万五百四十八两七钱七分九厘。其各商代吉庆、高恒、普福购办器物作价银五十七万六千七百九十二两八钱二分一厘，又各商交付高恒仆人张文学、顾蓼怀经收各项银二十万七千八百八十七两八钱五分二厘，各商代高恒办檀梨器物银八万六千五百四十两一钱四分四厘，均该商等有心结纳，于中取利，亦应照该抚等所请高恒、普福名下无可追抵之款，著落该商名下赔完，通共计应追缴银一千零十四万一千七百六十九两六钱。至普福自向运库支用并无档册可查之丁亥纲银四万二千八百五十一两四钱三分九厘，该抚既称非各商经手，但正项欠缺，未便无着。如普福不能追缴，在通河众商名下均摊赔补，亦如所请办理。其卢见曾娄得商人代办古玩银一万六千二百四十一两，例应于见曾名下勒追。但查此项代办古玩银两，亦系各商有心结纳运使，滥行支用，如见曾家属名下不能全完，仍应在各商名下分赔。再查十一年提引后历任运司，如朱续焯、舒隆安、郭一裕、何煟、吴嗣爵、卢见曾、赵之璧，除见曾业已议定治罪外，其余各员，既经该抚等讯无馈遗染指与各商结纳情弊，除已故之朱续焯、舒隆安、郭一裕三员无庸置议外，其现任河南布政使何煟、江苏淮徐道吴嗣爵不能详请早定章程革除积弊，均属不合，应将该二员照私罪降三级调用。已经解任之运使赵之璧，在任五年之久，目击盐政腐败，库内收贮银两，任听普福提用，不能阻止，及护盐政时又不据实具奏，殊属有心徇隐，应照溺职例革职。现任总督高晋前署盐政四十余日，前任总督尹继善在任最久，且有统理盐务之责，乃竟全无觉察，均难辞咎，应一并交部严加议处。”

是狱也，盐政高恒、普福，运使卢见曾，均伏法；刑部郎中王昶，内阁中书赵文哲、徐步云，以私自送信与见曾，皆获严谴；大学士文达公昀，亦牵连责戍焉。王后官至侍郎。

叶佩棻解《沧浪乡志》狱

乾隆中叶，湘中有高治清者，授徒乡里，颇事著述。巡抚某闻之，以“清”为国号，而高乃以“治清”名，疑与曾静、张熙有连，遂派员往捕，籍其家，得所著《沧浪乡志》以献。阅其书，颇有讥刺时政语，遂罗织傅会，竟以大逆奏。布政使叶佩棻独疑之，详阅其书，实无诋毁词意，且中有“圣德涵濡，恩周薄海”诸颂扬语，第未抬头耳，因黏签以进。奏上，高宗谕：“书中并无谤讪谋逆之词，其颂扬语漏未抬头，自系乡曲陋儒，不知著书体例之故，不得以是为罪。”于是高得释。

澹归《遍行堂集》案

乾隆乙未闰十月，高宗检阅各省呈缴应毁书籍，中有僧澹归所著《遍行堂集》，乃韶州府知府高纲为之制序，并为募赀刊行。诗文中多悖谬字句，自应销毁。因谕及高纲身为汉军，且为高其佩之子，世受国恩，乃见此等悖逆之书，恬不为怪，转为制序募刻，使其人尚在，必当立寘重典。其书板自必尚在粤东，著李侍尧等即速查明此书版片及刊印之本，一并奏缴。

初，李方玉观察璜官南韶连兵备道，偶以公事过丹霞寺。寺中有厨，封锁甚固，璜询所藏何物，僧曰：“自康熙至今，本寺更一住持，即加一封条，其中所藏何物，实未悉。”璜命启视，僧不能阻。启厨，得一册，皆谤毁本朝语，则明臣金堡后曰澹归和尚手笔也。璜长子大翰怂恿其父，谓方今书禁至严，举发此事，可冀升擢。是夕，璜持册旋至室中，逾丙夜不寐，竟惑于大翰之言，白督抚，遂入奏，即有焚寺磨骸之命，寺僧死者五百余人。丁酉，璜入觐，卒于京师。大翰后由刑部员外郎擢知汉阳府，将抵任，忽睹一僧，衣红袈裟入船，猝病，卒于麻城。自后李氏凡有英隽之才必早世，殁时必见和尚焉。

王锡侯以《字贯》被诛

乾隆丁酉十一月，新昌王泷南呈首举人王锡侯删改《康熙字典》，另刻《字贯》，补字典之不足，本为当时诸儒所嫉。高宗阅其进呈之书，第一本序文、凡例，将圣祖、世宗庙讳及御名字样开列，实为大逆不法，命锁押解京，交刑部审讯。锡侯及其子孙并处重刑，毁其板，且禁售卖，然其后流传日本矣。至一并缘坐者，亦分起解京治罪，于是李友棠以题诗卷首革职。而大学士史贻直、尚书钱陈群，虽为王氏家谱及锡侯所撰他书作序，高宗念其已故，置不究，并谓此实不为已甚之折中办法也。惟两江总督高晋、江西巡抚海成、布政使周克开、按察使冯廷丞，皆以失察革职，治罪有差。

锡侯，字韩伯，其书曰《字贯》者，意谓字犹散钱也，贯之以义耳。并依《康熙字典》分部，列其总字，注明在本书何类。凡天、地、人、物四类，下分四十部，体例略如《尔雅》。音义相同，即会于一，而每部则配以千字文。

徐述夔一柱楼诗案

东台举人徐述夔著有《一柱楼编年诗》，多咏明末时事，《正德杯》云："大明天子重相见，且把壶儿搁半边。"又有"明朝期振翮，一举去清都"之句。乾隆戊戌，东台令上其事，廷旨谓："壶儿即胡儿，含诽谤意，借朝夕之朝作朝代之朝，且不言到清都而言去清都，显有兴明朝去本朝之意，余语亦多悖逆，实为罪大恶极。”时述夔已卒，命剖棺戮尸；其子怀祖以刊刻遗诗及孙食田等提解至京，命廷臣集讯，定以大逆不道正法，诗集悉销毁。江苏藩司陶易、扬州府知府谢启昆等，亦悉置重典。

沈文悫以诗戮尸

长洲诗人沈文悫公德潜为叶衡山弟子，微时，即名满大江南北。乾隆时，以庶长召试，不数年，遂跻八座，礼遇之隆，一时无两。会徐树夔一柱楼诗案发，文悫时已前卒，然曾为述夔作传，赞其品行文章。高宗恶之，命搜其遗诗，读之，则己平时所为捉刀者，咸录也，恶之；又阅其《咏黑牡丹》诗云“夺朱非正色，异种也称王”，遂以为意近诽谤也，命戮其尸，将其官爵衔谥，并祭葬碑文、乡贤祠木主，一并废除。

韦玉振以刊刻行述杖徒

乾隆戊戌，江苏巡抚杨魁奏：赣榆县生员韦玉振为其父刊刻行述，内有“于佃户之贫者，赦不加息，并赦屡年积欠”之语，殊属狂悖。经其叔韦昭告发，韦玉振应请照违制律杖一百，褫革衣顶。奉旨：“韦玉振于行述家谱内，妄用‘赦’字、‘世表’二字，虽此外尚无悖逆之迹，究属僭妄，非仅违制可比。且该犯身列宫墙，自应稍知文义，乃于‘赦’字、‘世表’字僭用不忌，自当治以僭妄之罪。今该抚仅照违制拟杖，未为允协，仍应照僭用例，杖一百，徒三年。”

伪皇孙案

乾隆庚子春，高宗南巡，回銮时驻涿州，有僧率幼童接驾，云系履端王次子，以侧福晋妬嫉，襁褓被逐，僧收养之，至于成立。初，高宗第四子履端亲王永珹，出继履恭王后，有侧福晋王氏，为王所钟爱，会他侧室产次子，帝已命名，时王随帝之滦阳，而次子以痘殇告，其邸人皆言为王氏所害，帝亦微闻之，故疑童近是。讯其嫡福晋伊尔根觉罗氏，则言其子殇时，余曾抚之以哭，非王氏所弃。帝乃召童入都，命军机大臣会鞫。童貌端庄，坐军机大臣榻上，端坐不起，呼和珅名曰："来，汝乃皇祖近臣，不可使天家骨肉有所湮没也。"诸大臣不敢置可否。保成时为军机司员，乃近前批其颊曰："汝何处村童，为人所绐，敢为此灭门计乎？"童惶惧，言系树村人，刘姓，为僧所教，谳乃定。事闻，斩僧于市，戍童于伊犁。后又于其地冒称皇孙，招摇愚民，为松文清公筠所斩。然闻其邸太监杨姓者云，履王次子痘时，实未尝殇，王氏潜以他尸易之，而命王之弄童萨凌阿负之出邸，弃之于荒野，嫡福晋所抚哭者，非真也。

程明禋以寿文被斩

湖北孝感生员程明禋至河南桐柏县教读，十有余年。乾隆辛丑，富人郑友清寿诞，戚友刘用广等浼程撰寿文，友清亦楚人，贾于豫致富。时值三月，文有"绍芳声于湖北，创大业于河南"及"捧河中之剑，似为添筹"等句，友清疑有违碍，贴红签于上，明禋怒，其门人杨殿才、王国华、胡高同俱不服，令友清之侄万青诣明禋引咎，不从，殴万青，伤右眼。殿才以友清非青衿，不应妄评，乃编俚语揭之街市，为明禋泄忿。友清即持幛首于桐柏教谕黄怀玉，怀玉禀学抚，豫抚富勒浑批饬南阳守提讯。因于明禋寓搜出久经饬禁之《留春新集》一部，又摘写《后汉书·赵壹传》内成语"文籍虽满腹，不如一囊钱"诗句，密加圈点；又于程友曹文郊家，查出《文昌录》一轴及符咒，解省。

至是，抚、藩、臬即将明禋所作寿文狂悖之处，逐一指诘，明禋供："上年二月，刘用广言其友郑友清原为湖北兴国州人，移居河南桐柏，经商起家。三月初一日，为其生日，嘱代撰文为寿。因友清自湖北至河南起家，故有'绍芳声于湖北，创大业于河南'二句，原引《易经》'富有之谓大业'句也。至'捧河中之剑’二句，因系三月生日，故引用秦昭王上巳置酒事，以切时令。至《赵壹传》诗句，乃庚子科乡试不中，牢骚不平，偶读《赵壹传》触起心事，随手摘写几句，实无他意。”勒浑诘以“汝何以独取《赵壹传》两句诗，且批‘古今同慨’四字？今圣明在上，勤政爱民，臣民无不爱戴，何以混抄‘不暖饱当今丰年’之成语？”禋曰：“犯生教读度日，被富人轻视愤懑，故圈出此二句，且应举多次不中，因咎主司去取不当。又以运蹇，无由发迹，即使衣食充足也不乐，故写‘钻皮出毛羽，洗垢求瘢痕’，‘不饱暖当今丰年’等句。”曹文郃供《文昌录》符咒，乃业师刘逢恕寄存多年。旋经勒浑奏请明禋照大逆律凌迟处死，弟明珠照律拟斩立决，妻、子俱依律缘坐给功臣家为奴，殿才、国华、高同等褫革衣顶、杖八十，怀玉革职。

尹嘉铨以著书处绞

博野尹嘉铨，由举人历官至京卿，乾隆辛丑，以布政使休致。高宗南巡，嘉铨遣子赍奏请，为其父元孚侍郎会一请谥，并从祀孔庙。高宗震怒，派英廉、袁守侗二大臣检查嘉铨所著各书中有悖谬处，谕云：“朋党自古大患，皇考世宗御制是论，为世道人心计，明切训示。乃尹嘉铨竟有‘朋党之说起，父师之教衰，君亦安能独尊于上’之语，颠倒是非，显悖圣谕。且大有‘为帝者师’之句，俨然师傅自居。无论君臣大义，不应如此妄语，即以学问论，内外臣工各有公论，尹嘉铨堪为朕师傅否乎？昔韩愈云：‘自度世无孔子，不当在弟子之列。”尹嘉铨将以朕为何如主也？又所著《名臣言行录》，将本朝大臣如高士奇、高其位、蒋廷锡、鄂尔泰、张廷玉、史贻直悉行胪列，以本朝之人标榜当代人物，将来伊子孙恩怨，即由此起。又伊在山东藩司任内，面求赏戴花翎，敢于朕前自述对伊妻言，‘如不得赏，无颜相见’等语，彼时伊毫不知耻，而朕深鄙其人，实自此始也。至其托言梦中神人告以系孟子后身，当传孔子之道。又朕制《古稀说》，而伊乃自号古稀老人，且娶年逾五十之处女为妾。所行种种乖谬，正如少正卯言伪而辨、行僻而坚所必诛者。伊从前经朕保全，休致回籍，本可终其余年，乃恶积贯盈，自行败露，此实天道昭彰，可为天下盗窃虚名、妄肆异议者戒！尹嘉铨著即处绞。”

然胶州逄福陔观察则尝告咸阳李孟符主政曰：“嘉铨虽奉严旨，旋蒙赦宥。盖爰书已定之明日，高宗知某之与嘉铨契也，命其往狱宣诏，并赍赐御厨酒肴，阳为己所携入，以与之饯别者。谕令酒罢毋遽就死，先以嘉铨所言暨饮食与否回奏，俟后命。某遵旨往，有顷复奏，谓嘉铨谢恩就坐，颜色不乱，惟深自引咎，谓负圣恩。凡饮酒三杯，食火腿肥肉各一片。上微哂。俄召嘉铨至，先数其罪，后乃宣旨，赦令归田。又问尚有何奏，嘉铨奏云：‘蒙皇上天恩，至于此极，感激之忱，靡可言喻。惟年逾七十，精力衰颓，无以图报，只有及未死之前，日夕焚香叩天，祝皇上万寿，国家升平，虽至耄期，誓不敢一日间断。’上大笑曰：‘汝尚欲活至百年乎？’因挥之出。”

方国泰以藏匿祖诗被杖徒

乾隆壬寅五月，安徽巡抚谭尚忠具奏歙县生员方国泰藏匿伊祖方芬《涛浣亭》悖逆诗集一案，奉上谕：“谭尚忠奏，已故歙县贡生方芬所著《涛浣亭》逆诗，伊孙方国泰藏匿不报，请将方芬刨坟僇尸，方国泰照大逆知情隐讳，拟斩立决等因，已批该部议奏。据称，方芬诗集内，‘征衣泪积燕云恨，林泉不共马蹄新’，又‘乱剩有身随俗隐，问谁壮志足澄清’，又‘蒹葭欲白露华清，梦里哀鸿听转明’等句，虽隐约其词，有厌清思明之意，固属狂妄，但不过书生遭遇兵火，流离转徙，为不平之鸣，并未公然毁谤本朝也。方芬老于贡生，贫无聊赖，郁不得志，借诗牢骚则有之，况其人已死，朕不为已甚，若如此即坐以大逆之罪，则杜甫集中穷愁之语最多，即孟浩然亦有‘不才明主弃’之句，亦概得谓之大逆乎？从前查办河南祝万青家祠匾对及湖南高治清所刻《沧浪乡志》，吹求字句，办理太过，屡经降旨通谕各督抚，勿得拘文牵义，有意苛求，岂谭尚忠尚未之闻乎？此案著交刑部核议具奏，如方芬集内或另有不法之句，不止如摺内所云，该抚未经摘出，抑有不敢陈奏之语，并著该部查明，再行请旨核办。”

旋经刑部遵旨奏称：“方芬系本朝岁贡生，生于明天启年间，殁于康熙二十九年，著有《易经补义》一部，《涛浣亭诗集》一本，又伊七世祖方有度著有《陛辞疏草》一本。方国泰于学臣考试时，将《陛辞疏草》《易经补义》二书呈出，以为一家孝友，请匾奖励。当经饬县查出，方芬《涛浣亭诗》内有‘征衣泪积’等句，语意狂妄。讯之方国泰，据云，《涛浣亭》系伊五世祖方芬所著，不知何刊刻，存留在家，只此一本。诗内悖谬之处，因是祖上所著，相隔百有余年，实不能指出作诗本意。至所著‘避寇’诸句，幼时曾经祖父言及，康熙初年，闽寇来攻徽州府城，一家逃避，官兵平复，始得回家，这‘避寇’想必指闽寇等语。臣查前奉谕旨，凡收藏违碍悖逆之书者，俱令及早缴出，仍免治罪。前抚臣业已宣布，该犯读书识字，既将伊祖上所著之《陛辞疏草》《易经补义》呈求请奖，而于《涛浣亭诗集》独不呈出，其为有心存匿，已可概见，科以应得之罪，夫复何辞？惟如该抚所请，将方芬刨坟僇尸，方国泰斩决，办理殊失持平。查律载，收存违禁之书者杖一百，又大逆知情不首者杖一百，流三千里。此案除方芬久经物故、圣恩不加重罪外，方国泰应照律量减一等，杖一百，徒三年。至该抚奏称‘诗集板片，恐各属搜罗不尽，现在通饬实力查缴，并移咨各省，一体详查焚毁’等语，应如该抚所奏办理。”

庄容可以丁文彬书获咎

番禺庄容可中丞有恭尝为学使，一日出行，有丁文彬者献书于道左，庄谂其夙有心疾也，置不问。及擢巡抚，则事隔五年矣，而丁之书为人所劾。高宗大怒，下严旨于庄，责令呈进备观览。庄复奏，以寻觅不见为言。高宗谕曰："丁文彬指斥本朝，妄肆诋讪，庄有恭之意，盖恐进呈此书，则罪戾显然，故藉词寻觅不见，以避重就轻。夫大逆不道之词，岂有曾经寓目致令迷失之理？必系闻信查出，私为销毁耳。庄有恭受朕深恩，不应狡诈为鬼蜮伎俩至是也。其罪不在巡抚而在学政，且欲保全学政俸禄养廉耳。著照伊学政任内所得俸禄养廉数目，加罚十倍。"

浙江州县仓库亏空案

乾隆丙午，高宗以浙江州县仓库亏空，特派阿文成公与姜晟、曹文埴、伊龄阿先后驰往查办，伊龄阿遂留浙为巡抚。时诸城窦东皋侍郎光鼐督学浙江，高宗密敕将仓库事据实陈奏。窦乃严劾平阳知县黄梅借弥补仓库为名，科敛肥橐，赃款累累，温旨褒其不避嫌怨。而文成等查覆，则谓无其事，窦具疏抗辩，并亲赴平阳访查。伊龄阿劾其在明伦堂招集生监，询以黄梅劣迹，答以不知，则咆哮恐吓，勒写亲供，奉旨褫职。伊龄阿又劾其平阳城隍庙多备刑具，传集书役，追究黄梅款迹，生监平民，一概命坐，千百为群。及回省时，携带多人，昼夜兼行，致水手堕河淹殒，并有"不欲作官，不要性命"之言。奉旨，将窦拏交刑部治罪。窦抵杭，伊已密遣人守其衙署，忽有归安诸生王以衔、王以铻，以门生投刺来谒，入内即脱留棉袄一件，称报老师识拔之恩。拆视之，则皆黄梅按亩勒捐之田单、印票、图书、收帖，计二千余张，密为收存者也。

窦得之大喜，遂奏称黄梅以弥补亏空为名，按亩捐钱，户给官印田单一张，在任八年，侵赃二十余万，因将田单、印票、图书、收帖各检一纸呈递。甫出奏，而伊派员来押解矣。高宗谓："凡事可伪，而官印与私记不可伪，且断不能造至二千余张之多，况字帖俱有业户花名排号，确凿可据。"因命文成中道回浙，且免窦拏问，同往审讯。文成旋奏黄梅勒借民钱、侵用田单公费是实。奉旨伊龄阿与前抚福崧皆严议革职，阿等亦皆议处。窦回京，署理光禄寺卿。

松滋王五子案

华亭李深源尝令松滋，有幼孩王五子死于野失耳环衣服一案，李赴尸场相验，归时天寒雨雪，改装易服，率干役私出行。至卜肆中，卜者将阖户，役诡称远乡人，偕外省友来看验尸，天晚腹饥求食，愿出金，卜者欣然为炊黍。因问以近日问卜者多否，卜曰："少。惟今晨有本处十六七岁童子曰鲜旺儿者来测字，随手检出［鸱］鸮之鸮字，遂戏之曰有枭首之象。"李问其人何若，卜者曰："其人曾在王某家为义子，因无状被逐。"问所居，曰："相距不远。"李辞卜者，率役往觅。至其处，令役突呼鲜旺儿名，其人即于草丛中跳出，惊问为谁。答曰："我为汝旧邻，隔数年，何即不识耶？今欲往某村，路不熟，倩汝偕往，以钱为谢。"鲜旺儿初犹以路远天晚辞，及出金示之，始诺。旋语之曰："汝随身物可携行，失之非我事。"鲜旺儿遂于草中拾取一小袋同行。将近传舍，李令役伴先入，更派数役，带至案下，拆阅袋底，得质票，即命取赎，乃耳环衣服也。令尸亲认之，尸亲一见即号咷，赃已确凿，而犯供坚不吐实。又其体颇瘦弱，难以刑求，李反复开导，乘其饥渴，以饮食诱之，始供认不讳，遂论罪如律。

张问陶讯盗

张问陶以翰林出守莱州，恃才傲上。谒新抚长白某，抚谓其无礼，心甚嗛之，语方伯曰："张守，书生耳，太守为一郡表率，能胜任耶？"方伯曰："张守虽书生，尚不误民事。"会有剧盗桀骜狙诈，屡翻屡断，承讯官皆莫可如何。抚又谓方伯曰："君谓张守不误民事，渠如能定谳，当令赴任，否则将登白简也。"方伯商诸廉访，延张至臬署讯盗，佥问："其几日可结？"曰："三日足矣。”又问：“需用何刑？”曰：“刑具用时再议，最要者，金华极精干脯一大盘，绍兴佳酿一大瓮，聊助谈锋，断不可少。”翌辰，张至臬署厅事，箕坐炕上，几置金华极精干脯一大盘，阶置绍兴佳酿一大瓮，一僮扇炉暖酒，一僮执壶侍侧，一书吏在旁录供。呼盗跽于前，左手把杯、右手翻阅案牍而问之曰：“汝郯城人耶？”盗曰：“然。”“汝年几何矣？”曰：“三十有七矣。”“汝居乡乎、城乎？”曰：“居城。”“汝有父母乎？”曰：“小人不幸，父母俱亡矣。”“汝有兄弟乎？”曰：“兄弟三人，小人其长也。”“汝有妻子乎？”曰：“小人有二子，长年十八，能猎兽矣，幼年十三，尚未能猎兽也。”“汝家何业也？”曰：“无所事事也。”时方伯、廉访皆在屏后窃听，以张素工言语，必能摘奸发覆，不意所问皆琐事，恐不能结，深以为虑。越日，张又至臬署，问盗曰：“汝郯城人耶？”盗对曰：“然。”“汝年几何矣？”曰：“小人今年三十有九，明年且四十矣。”“汝居乡乎、居城乎？”曰：“居乡。”“汝有父母乎？”曰：“父早亡，母已下堂矣。”“汝有兄弟乎？”曰：“兄弟三人，小人其次也。”“汝有妻子乎？”曰：“小人有一子一女，皆孩提也。”“汝家何业也？”曰：“薄田数亩，务农为业也。”至第三日，张至臬署，方伯与廉访问曰：“君言三日了结，今三日矣，果能了结耶？”张笑曰：“今日下午当可了结，请无虑。”因传谕预备刑具，听候结案。乃至客厅，仍箕坐炕上，以干脯下酒，呼盗跽于膝前，问曰： “汝郯城人耶？”盗曰：“然。”“汝年几何矣？”曰：“去年四十，今又添一岁矣。”“汝居乡乎、居城乎？”曰：“时而居城，时而居乡也。”“汝有父母乎？”曰：“小人有母，年逾七十矣。”“汝有兄弟乎？”曰：“小人有两兄，皆亡矣。”“汝有妻子乎？”曰：“小人有子，呱呱在抱也。”“汝家何业也？”曰：“无田可耕，渔而或樵也。”日晡，命僮取巨觥来，连满饮三巨觥，命将酒脯撤去，传集皂隶，备刑具听用。乃正色危坐而语盗曰：“我观案牍，前承讯各官所谳，一一属实，汝何屡断屡翻也？人谓汝桀骜狙诈，实不谬。我与汝絮语三日，皆家常琐事，三日所答，前后迥不相符。琐事尚如此反复，况正案耶？汝果从直吐实，尚不愧为好汉；如再敢饰言强辩，我即将三日所答琐事，以证汝之反复，虽严刑处死，亦不为过。汝须自忖，毋自讨苦吃也。”盗犹欲强辩，张叱左右施严刑，毙命勿论。盗急叩头乞命，愿吐实，誓不再翻。张大喜，立命画供，案遂结。问陶，字船山。

庄绳祖破疑案

乾隆时，庄绳祖为交城知县，一少女杀于野，庄集村人履勘。某某二人者，视速而唇动，庄疑之。密召女父母，问：“识此二人否?”曰：“是日黎明殓尸时，实见二人踞于高阜。”庄曰：“地甚僻，时又绝早，不宜有人至，必杀人者内怯，于此侦探耳。”命擒而严诘之，果二人欲行强暴，女不受污而被戕也。

燕某缢其妻及其弟妇，诬邻人威偪致死。庄验之，则二妇共缢一索，足离土床二尺许，旁置一矮木几，庄卒然问曰：“几非本在此者乎？然则二妇之死，汝为之耳，何诬邻为!”燕坚不承，曰：“此易知耳，果自缢，必有承其足者，非偪之使缢，抽几而何!”燕辞塞。盖二妇皆不谨，燕故偪其死，适与邻有隙，遂诬之也。

李赓芸自缢案

乾隆朝，嘉定李赓芸官福建汀漳龙道。时龙溪县有械斗事，令黄某，懦不能治。有候补县朱履中者，内狡外质，李不知也。请于上官，以朱往，朱莅任数月，亦不办。李擢藩司，以朱无能，左迁其官。朱尝亏盐课五千金，漳州守毕所讁（同“说”）曾纳朱贿，李之仆曾以修船乏款，私贷朱资。至是，朱愤无所泄，揭于两院，谓亏帑由道府婪索。总督汪志伊修旧怨，乃解李任，授意福州守涂以辀，使严诘之，促对簿。李愤，自缢死，士民呼号于门。事上闻，令侍郎熙昌、王引之出按，抵朱法，督、抚均谴斥有差。

闽中亏空案

乾隆末，闽中亏空案发，州县伏法者二十余人，藩司以惊怖死。臬司以冤杀七命为人举发，时甫擢陕藩，已起行，复奉部文，追回正法。道、府俱褫职。总督伍拉纳、巡抚浦霖，并逮问入京。高宗震怒，廷讯日，施大刑。越日，即押赴市曹，时伍两目耿耿，犹能左右视，浦右腿已夹断，横卧车中，奄奄一息矣。当日总理清查局者，为田方伯凤仪，天性峻刻，勾稽出入，皆就现亏为断。又以迫促了事，其中应划应抵者，皆未及详慎分清。既撤局，总计库款，乃浮出数十万金。又有古田令塔伦岱者，以满洲孝廉起家，亏项皆有款可抵，不及查出，遂拟绞决，而死者不复生矣。

此案实发自福州将军魁伦。时闽省吏治极敝，仓库皆空，魁伦镇闽日久，知其详，而幕友林樾亭之章奏，敷陈又至详尽。奏入，大动上听，立授魁以闽督，使穷治其事，遂成大狱。未几，魁授川督，以教匪偷渡嘉陵江失机伏法。时林甫选四川彭县，调江津，旋被檄委办藏务，卒于西陲边外。

山东奸杀案

乾隆时，山东某县乡民某家尚温饱，有一子，娶妇貌颇佳，逾半年归宁。既匝月，子控卫往迎，距妇家可二十余里，半途经古墓下，树木重蔽，相传有妖。妇入榛莽溲焉，夫控卫以待。少顷妇出，所著袴本绿色，忽易为蓝，心疑一时目眩，未之诘，察其神情瞀惘，亦异平时。抵家，乘间语父，父曰：“安得有此！”并置不问。翁妪故与子对房居，晚饭毕，以子妇初远归，促令早息。夜半，翁妪见子舍尚有灯光，窃意何事复起，旋闻有声似鸟鼓翼，继而嗷然如怪鸱怒号，破窗飞出。急起视，则窗开，子已破腹死于床，妇失所在矣，箱箧床帐，并皆完好，惟少一护褥布单。官往验之，绝无端绪，于是哄传某村妇为妖摄去矣。阅数年，有某令新莅任，细阅案卷，嗜曰："此奸杀也。妖摄人，能死其夫，即杀矣，岂能持刀割腹？且摄布单胡为？"遂拘两造重鞫之，问："有村民无故外出久不归者否？"妇父言："有某村某戚出已数年。"问："在案前乎？"云："约略同时。"令曰："盗在此矣。"乃拘戚之父母，详问平日出游何处最熟，遣役随往踪迹之。至清江浦，见一妇当垆，酷似女，须臾夫至，果某戚也。拘解归讯，则妇素与戚奸，道出冢间，借作疑阵，为劫杀远窜之计。是夕，先启户出妇，而己作破窗飞逝状，以示怪异；布单血污，不类妖噬，故卷之而去也。

段起玲以《由衷言》褫贡生

段松庐，名起玲，乾隆时之新化岁贡也，刚介狷狭。其学以坚苦朴实为主，躬耕授徒以养母，非其力不食，非其人不交。著《由衷言》内外篇，自道所得，亦心斋、二曲、刚主诸人之流也。尝于众中面讦人过，为怨家所忌，阴结其徒，挟所著内外篇，以诽谤上告。时书禁甚严，几蹈文网。当事有知之者，按其书，实无狂悖语，乃坐其徒以诬告罪，然松庐之贡生亦被褫。

汪龙庄折狱

萧山汪龙庄大令辉祖，由名幕而为循吏，所著《学治臆说》《佐治药言》，风行海内。有无锡县民浦四童养妻王氏，与四叔经私事发，依服制，当拟军，汪以凡上。常州守引服制驳，汪议曰："服制由夫而推，王氏童养未婚，夫妇之名未定，不能旁推夫叔也。"臬司以王氏呼浦四之父为翁，翁之弟是为叔翁，又驳。汪曰："翁者，对妇之称，王氏尚未成妇，则浦四之父，亦未为翁，其呼以翁者，沿乡例分尊年长之通称，乃翁媪之翁，非翁姑之翁也。"抚军因王氏为四妻，而童养于浦，如以凡论，则于四无所联属。议曰："童养之妻，虚名也。王习呼四为兄，四呼王为妹，称以兄妹，则不得科以夫妇。四不得为夫，则四叔不得为叔翁。”抚军以名分有关，又驳。议曰：“礼：未庙见之妇而死，归葬于女氏之党，以未成妇也。今王未庙见，妇尚未成，且《记》曰‘附从轻’，言附人之罪，以轻为比。《书》云：‘罪疑惟轻。’妇而童养，疑于近妇。如以王已入浦门，与凡有间，比凡稍重则可；科以服制，与从轻之义未符。况设有重于奸者，亦与成婚等论，则出入大矣。请从重枷号三个月，王归母族，而令经为四别娶，似非轻纵。”议上，韪之，遂得批允。

国泰以交通和珅伏法

乾隆时，昆明钱南园通副沣，尝奉命察出东巡抚国泰贪秽状，微服止良乡，见有豪仆过，迹之，则大学士和珅使通书国泰者也。未几仆还，叱止之，搜得私书，中多隐语。立奏之，国泰卒伏法。

阿睦尔撒纳子永锢于狱

阿睦尔撒纳叛，妻、子为舒文襄公所擒。其少子某时甫周晬，高宗怜之，命贷其生，但永锢于狱。年四十余，尚在囹圄，嘉庆甲子乙丑始卒，狱中皆推为祭酒。

嘉庆戊午湖南科场案

嘉庆戊午湖南乡试，有富家子傅进贤贿藩胥，割卷面以黏他卷，时粗拟名次，久之，所黏卷竟中解元。先是，湘阴彭莪为制艺有名，罗典主讲岳麓书院，雅爱重之，闱后呈所作，罗决为必售，而榜揭无名，方甚惋叹。及见墨卷，彭作具在，而名则非，大骇，告湘抚，穷治之，尽得吏奸利状。傅惧，愿为彭援例捐道员，更与万金及美田宅，戚友关说百端，彭意颇动，罗持不可，狱遂具，胥与傅皆论斩。

和珅狱事

嘉庆己未，仁宗赐和珅死，其供词以奏摺楷书之，李孟符主政曾见四纸于京师，非全案，且与世传籍没之清单不同，盖尚未吐实之初供也。而珅之狱事，亦可藉见一班矣。

一纸系奉旨诘问事件，凡两条，一问和珅："现在查抄你家产，所盖楠木房屋，僭侈逾制，并有多宝阁及隔段样式，皆仿照宁寿宫安设。如此僭妄不法，是何居心？"一问和珅："昨将抄出你所藏珠宝进呈，珍珠手串有二百余串之多，大内所贮珠串，尚只六十余串，你家转多至两三倍，并有大珠一颗，较之御用冠顶苍龙教子大珠更大。又真宝石顶十余个，并非你应戴之物，何以收贮如许之多？而整块大宝石，尤不计其数，且有极大为内府所无者，岂不是你贪黩证据么？"

一纸系和珅供词，凡三条："奴才城内，原不该有楠木房子，多宝阁及隔段式样，是奴才打发太监胡什图到宁寿宫看的式样，仿照盖造的，至楠木，都是奴才自己买的。玻璃柱子内陈设，都是有的，总是奴才胡涂该死。又珍珠手串，有福康安、海兰察、李侍尧给的，珠帽顶一个，也是海兰察给的。此外珍珠手串，原有二百余串之多，其馈送之人，一时记不清楚。宝石顶子，奴才将小些的，给了丰绅殷德几个，（丰绅殷德为和珅子，即尚和孝公主者。）其大些的，有福康安给的。至大珠顶，是奴才用四千余两银子给佛宁额尔登布代买的，亦有福康安、海兰察给的。镶珠带头，是穆腾额给的，蓝宝石带头，系富纲给的。又家中银子，有吏部郎中和精额于奴才女人死时送过五百两，此外寅著、伊龄阿都送过，不记数目。其余送银的人甚多，自数百两至千余两不等，实在一时不能记忆。再肃亲王永锡袭爵时，彼时缊住原有承重孙，永锡系缊住之侄，恐不能袭王，曾给过奴才前门外铺面房两所。彼时外间不平之人，纷纷议论，此事奴才也知道。以上俱是有的。"

又一纸亦系供词，而问词已失之，凡十四条："大行太上皇帝龙驭宾天，安置寿皇殿，是奴才年轻不懂事，未能想到从前圣祖升遐时，寿皇殿未曾供奉御容。现在殿内已供御容，自然不应在此安置，这是奴才胡涂该死。又六十年九月初二日，太上皇帝册封皇太子的时节，奴才先递如意，泄漏旨意，亦是有的。又太上皇帝病重时，奴才将宫中秘事，向外廷人员叙说，谈笑自若，也是有的。又太上皇帝所批谕旨，奴才因字迹不甚认识，将摺尾裁下，另拟进呈，也是有的。又因出宫女子，爱喜貌美，纳取作妾，也是有的。又去年正月十四日，太上皇帝召见时，奴才因一时急迫，骑马进左门至寿山口，诚如圣谕，无父无君，莫此为甚，奴才罪该万死。又奴才家资金银房产，现奉查抄，可以查得来的，至银子约有数十万，一时记不清数目，实无千两一锭的元宝，亦无笔一枝、墨一匣的暗号。又蒙古王公，原奉谕旨，是未出痘的，不叫来京。奴才无论已、未出痘，都不叫来，未能仰体皇上圣意。太上皇帝六十年来，抚绥外藩，深仁厚泽，外藩蒙古原该来的，总是奴才胡涂该死。又因骽（古同“腿”）痛，有时坐了椅轿，抬入大内，是有的。又坐了大轿，抬入神武门，也是有的。又军报到时，迟延不即呈递，也是有的。又苏凌阿年逾八旬，两耳重听，数年之间，由仓场侍郎用至大学士兼理刑部尚书。伊系和琳（珅弟也。）儿女姻亲，这是奴才胡涂。又铁保是阿桂保的，不与奴才相干。至伊犁将军保宁升授协办大学士时，奴才因系边疆重地，是以奏明不叫来京。朱珪前在两广总督任内，因魁伦参奏洋盗案内奉旨降调，奴才实不敢阻抑。又前年管理刑部时，奉敕旨仍管户部，原叫管理户部紧要大事，后来奴才一人把持，实在胡涂该死。至福长安求补山东司书吏，奴才实不记得。又胡季堂放外任，实系出自太上皇帝的旨意。至奴才管理刑部，于秋审情实缓决，每案都有批语，至九卿上班时，奴才在围上，并未上班。又吴省兰、李潢、李光云，都系奴才家的师傅，奴才还有何辨（古同“辩”）呢？至吴省兰声名狼藉，奴才实不知道，只求问他就是了。又天津运同武鸿，原系卓异交军机处记名，奴才因伊系捐纳出身，不行开列，也是有的。”又清单一纸，开列正珠小朝珠三十二盘，正珠念珠十七盘，正珠手串七串，红宝石四百五十六块，共重二百二十七两七分七厘。蓝宝石一百十三块，共重九十六两四钱六分八厘。金锭金叶二两平，共重二万六千八百八十两，金银库所贮六千余两。

吴中杖责诸生案

嘉庆己未夏，吴中有杖责诸生之狱，其详见王述庵少司宝《与平恕书》。书云：

"违晤经时，伏谂执事兴居安豫。弟以鼎湖大故，匍匐入都，前日始回南下，备知诸生获罪，深为骇异。诸生寒士居多，求贷于富户，乃事理之常；伊等或以教课为业，或以笔墨为生，无力偿还，亦其常分。赖有父母师保之责者，正宜加之怜惜，或代为宽解，或再为分限，卑得从容措缴。即使伊言粗率，亦何至不能稍贷？乃至扑责寒士，以媚富户，实无情理。此非该令平日与富户交结往来，受其馈贿，即系意存庇奸，为事后得钱之计，情事显然，不待推求而可见。诸生之不平则鸣，有何足怪？惟是时承审之员，非该令平日结纳之上司，即系狼狈为奸之寅好。臬司将赴湖南，不顾其后，而巡抚初莅新任，以至四出查拿，牵连数十，掌嘴销顶（镇项），凌辱不堪，成何政体？当今律令内，从未有生员贷债不还遂致责革之条。若以聚众为名，亦当视其应聚与否耳。汉时太学生举幡阙下，见于《汉书》不一，唐之太学生为阳城而聚众，宋之太学生为李纲而聚众，至周朝瑞等为赵汝愚而聚众，史册载之，不一而足，以为美谈。盖凡事必先定其是非，如诸生理屈词穷，纠众以挟制县令，从重惩之，宜也；若县令先以挟私违制，则人人有同心，岂能默尔？一呼百应，吁告上台，以求判断，自无不可。斯时即宜告承审各员，研究富户平日与该令有无结交，何以讨好如此。果无他故，然后科以性情凶暴、违制擅责之咎，仍另为该生起限，宽缓清还，诸生自必欣然而散，何至成此大狱，使士民重足而立也？

"往在京口，那绎堂司空言宜抚军为人仁厚，刘竹轩仓场亦言其老成精细，昨过苏相见，谦和恭敬，抑然自下，实有古贤臣风范。特其时两司未到，狱案已定，而执事又无一言救正，纵地方官之所欲，恣其蹂躏，此必非抚军之本意也。今者荷蒙皇上垂照如神，洞烛其违制擅责之由，降旨再饬制军研审，制军居心公正，未必谓然。然成事不说，是否覆盆能白，尚未可知。傥执事以系铃者解铃，则日月之更，民皆仰之矣。弟此次进京，仰见皇上典学右文，而王韩城、刘诸城二相国，以及石君冢宰、绎堂司空，赞翊熙朝，爱才好士，力持大体，恐承旨之下，于此亦不慊然。弟见数十年来，小省学政，职分本微，奉督抚如上司，与州县相结纳，甚至幸其噂尔蹴尔之助，婞婳唯诺，殊为可耻。若江浙学差，皆三品以上大员，出膺任使，地分既高，卓然自立。故遇有诸生品行不端者斥之，学业不进、词章不上者令广文夏楚之，其余则是曰是、非曰非，所以重人材而励廉耻。今执事久以词林雅望，洊受上知，冀旦夕入赞纶扉，惟是扶持士类，主张名教，庶可与石君诸公相见耳。

“至近年州县所以鱼肉诸生，其意盖在立威，威立而诸生箝口结舌，则庶民何敢出而争控？是以狱讼之颠倒，征收之加耗，无所不至。比者言路大开，江南漕政，横征重敛，已一一仰叨圣鉴，故制府亦力为振作，今冬定作清漕之局。但州县或有阳奉阴违，倍收多取，恐生监连名讦告，而州县指为哄堂闹事者甚多，未知执事可能究其事否？俟案定而后量加董戒，抑或如此案不科州县之失，而即科诸生之罪，若仍助其焰而长其气，则吏治之坏，不知伊于何底也。弟陈臬三司，且于大理署都察院刑部三法司，均为堂上官，所见生监控告之案，不胜枚举，然未见有人因其抗令而右袒之至于此者。弟与缘事诸生，并无门生故旧之雅谊，一至苏州，即知此案已上闻，并荷圣明指摘，所以不辞饶舌者，实以此案追债事轻，关于士气者大，而关于将来漕弊者尤大。且为执事风节所关，夙叨世好，度无肯效忠告之谊者，故忘其愚戆，用布区区。如或以规为慎，则韩文公之《诤臣论》、欧阳公之《与高若讷》及《与杜祁公》《论石介书》，取而研之可也。”

李毓昌被鸩案

嘉庆戊辰，淮阳水灾，振务既已，委江宁候补县即墨李毓昌往查山阳。李携其仆李祥、顾祥、马连升三人以从。既至，寓善缘庵，历各乡，知浮开振户无数，笔记之，将为禀揭地也。

李祥最狡黠，得笔记，潜告其友包祥，包为山阳令王伸汉之仆，遂告伸汉。伸汉惧，因李祥以贿毓昌，绝之。伸汉益惧，召李祥，授以谋，使鸩之。事竣，毓昌将行，十一月初七日，伸汉置酒为饯，及醉归，渴而索茗，李祥进一瓯，嗅之知有异，不饮，乃强灌之，遂仆地，少选，七窍流血死矣。李祥乃与顾祥、马连升同举其尸，悬之于梁，以主人自缢奔至县请验，伸汉至，赠棺殓之。

越十二日，毓昌之叔泰清至自即墨，知毓昌已死，谒伸汉问状，曰：“自缢也。”问其仆，曰：“散矣。”泰清谋归其丧，伸汉馈百金，曰：“归宜即营葬。”泰清持丧归，夫人林氏夜梦毓昌诉冤，异之。一日偶检遗箧，见蓝表羊裘多皱痕，一若仓卒所置者，出之，见襟袖有异色，渥以水，水赤，嗅之，臭而腥，审为血，大骇。奔告泰清曰：“夫其冤也。”泰清审之确，启棺验之，尸未腐，面涂石灰，胸置小铜镜及符箓，心腹、指尖皆作青黑色，以水濯之，石灰去，面色亦然，双拳握焉。

至是，泰清乃以雪冤自任，入都，控之都察院。事闻，得旨，由山东巡抚吉纶提李毓昌尸棺详检具奏，原告李泰清带往备质。伸汉闻之，遍赂上下。验之日，巡抚以次咸集，以水银洗刷，遍体青黑，毒伤显然，复蒸检之，剔其骨，则两肋两锁子黑如墨，藩司某谓实被毒身死也。纶复奏，奉旨提各犯入京，交刑部讯问，冤始大雪。李祥、顾祥、马连升均凌迟处死，并派刑部司官押解李祥至山东，于李毓昌墓前，先刑夹而再处死，并摘心致祭焉。包祥、马连升、王伸汉均斩决，淮安守王毂绞决，江督铁保、同知林永升均革职，戍乌鲁木齐，苏抚汪日章革职，宁藩司杨护、苏臬司胡克家均革职留河工效力。其余佐贰杂职，获徒流杖责者八人。惟教谕章家璘，查无受贿分赃，亦无浮冒，得旨送部引见，以知县用。案既定，复特旨赠毓昌知府，赐其嗣子李希佐举人，一体会试。泰清本武庠生，亦赐武举人。仁宗且御制《悯忠诗》三十韵，勒石墓表以旌之。

仁宗平某妇冤狱

嘉庆丙子，畿辅某邑有某甲者，以窝赌为生，为暴于一邑。某乙亦博徒也，素畏甲，一日甲乙偶语，忽一少妇过其旁，甲睨而艳之，问乙曰："此谁家妇?"乙曰："吾妻也，适自母家回耳。"甲因戏语之曰："尔乃有此妇耶？老子今夕当往汝家一宿。"即以钱二千授之。乙受钱，有难色，附甲耳语曰："妻性刚，恐不易服，当先归与婉商之。"甲笑诺。乙归家，未及言，妻即怒叱曰："尔不事正业，而日与强暴为伍，今之眈眈视我者，岂人类耶！不速绝之，祸无日矣。"乙气慑，竟不敢言，奔告甲，请姑缓。甲不可，曰："老子岂施钱赈贫者耶!"更与钱二千，促之归，曰："不得当，毋相见也。"乙私庆得钱可从博，携以归，告妻曰："今日博胜矣。"妻以乙每博未尝不负，今安得有此？苦诘乙钱所自来，乙不承，而词色惭沮不自胜。妻益疑，度其必自甲得来，忆日间眈视事，则大恐。乃阴怀匕首自卫，衵衣上下，皆以针线缝纫甚固。事讫，乃闭门假寐，以观其变。

夜将半，忽闻叩门声，乙故语妻，谓将起溲，遂起出门去，妻急起尾其后。乙启户，见甲小语曰："床上卧者是也，尔第伪为吾者，事毕即出，慎勿与言。"方二人小语时，妻已伏户后，备闻之，即出匕首以俟。乙手牵甲袂入户，妻以为前行者必甲也，以匕首力刺之，乙大呼倒地，甲急遁去。妇知其误也，乃大哭。比邻惊起，见乙死于地，而妇挟利刃，疑为有奸，鸣之官。官诘妇，妇以实告。乃捕甲至，则曰："戏语诚有之。然谑耳，未尝往其家也。”甲故与吏役交结，多为之地道者，官信之，竟释甲而施妇以严刑。妇备受毒楚，然终矢口不移，官竟以因奸谋杀定案，奸夫获日另结，而置妇极刑。

事闻于朝，决有日矣，仁宗慨然叹曰：“好人诚难做乎？”刑部堂官不解，请其故。仁宗曰：“是烈妇也，奈何刑之？甲欲强奸，乙殆卖奸，甲不强则乙不卖，乙不卖则妇不杀，妇之杀甲，非杀乙也。乙之死，虽妇杀之，实甲杀之，不诛甲而诛乙之妇，可谓平乎？且未得奸夫主名，而即坐人以极刑，何以风示天下，使妇女知保全名节之可贵耶？宜以刑妇者刑甲，而旌妇以彰其烈，庶足蔽甲之辜而服乙之心。”尚书、侍郎皆骇汗伏地，不敢仰视者久之，遂遵旨改谳。

彭两峰审石

长沙彭两峰农部永思署云南嵩明州，至省，适某官解饷失银二百，得一石，絷骡卒属治之。彭察石有虫窝纹，问卒曰：“骡曾骑否?”曰：“某日出某店即骑，因载石舆中，途遇石类者取之，至某店屋后，得石绝类，置袖中。”呼店主与某官从者云：“看我审石。”取十数石令比较，皆曰：“不类。”出袖中石示之，则曰：“类。”曰：“此石何以出尔屋后?”乃顿服。

刘世澜佐治灌阳狱

嘉庆时，刘世澜挟法家言游粤西，以赞治灌阳狱有声。时令灌阳者为杜某，灌阳多山，旁县民相率至，即灌阳垦山为生。王乙者，孑身来某山，庐焉。乙有族子曰大者，岁或再三至，至则留乙所数日乃去，近山居人多识之。久之，或怪乙数日不出，即山视之，入其庐，尸赫然在床而无首，居人集视，曰：“祸矣。”一人曰：“不如瘗之。”乃醵钱而瘗之。久之，大至山，居人告曰：“若叔病以某日死，吾侪葬之矣。”大求其所，哭之去。数日复至，为居人设食，居人或不欲往，固邀之，遍觞居人，极道居人德。食已，延至瘗所，曰：“将以叔归葬。”居人愕曰：“既葬，何必归？”大不可，出棺，曰：“叔贫，不知何以敛也。”将启视，居人益窘，然未有以止之。既启棺，大曰：“首安在？”居人不得已，实告之，大哭曰：“是不得不累诸君矣。”居人大惧，谋贿大寝其事，使人私焉，强而后可，顾所欲奢，居人不能给。事闻于县令，令悉逮居人讯之，无迹。久之，居人或不胜搒掠，自诬杀乙，求其首，不能得。于是瘐死者二人，狱卒不具。

越数月而杜宰灌阳，刘入杜幕，阅狱词，反复之，谓杜曰：“狱有疑。”杜曰：“何也？”刘曰：“居人之死者二，是不当从居人求之矣。”杜曰：“奈何？”刘曰：“视大，非能以叔归葬者，然且固出之，固启之，是知其无首也。庸知非大杀之乎？又有疑者：人死不见首，何以必知为乙？居人之以为乙而瘗之也，有验乎？”杜乃集居人讯之曰：“若始何以知死者乙也？尝检其体辨之乎？”皆曰：“仓卒不知出此，虽然，视其衣，则乙也。”杜告刘曰：“居人曰衣固乙也。”刘曰：“他有验乎？”曰：“无。”刘曰：“是未可知。虽然，大知死者无首也，可以此求之。”明日，刘与杜谋，悉召隶诫之，杜出坐堂皇，隶数十人侍，召大跽于左，居人跽于右。杜曰：“是狱也，今知之矣。今日不承者，必毙之木下。”顾隶取大刑具，堂上下大声应之。大刑具至，以告，堂上下又应之，居人股栗，大亦失色。杜乃谓居人曰：“乙首安在？”皆号曰：“不知。”杜曰：“若曹固不知也。”乃谓大曰：“而知之。”大瞠目。杜厉声诃之曰：“而杀之，而不知耶！”大俛首曰：“无。”杜曰：“而贫，不能以叔归葬，而知棺无首也，固启之，何也？”大不能答。杜顾隶曰：“刑之，是固杀其叔者也。”大战栗，顿首曰：“叔固在也。”杜愕，因曰：“固知而叔在也，今安在？”大曰：“在小人家。”杜曰：“而家几何人？去此几何？”大曰：“家某县某乡，百里而近，有妻，一子幼。”遂以大付狱，谓居人曰：“苦若曹矣。”皆感泣叩首不已。杜曰：“虽然，乙不获，狱不白，谁识乙者，速捕之。”即选隶四人，偕居人往，别遣牒某县。居人与隶即夜抵大家，迟明叩其门，门启乙出，见居人，不能隐，遂拥之行。至县，随而观者数千人，讙言王乙在也。一讯，皆具服。

先是，有男子不知何许人，独行，避雨于乙庐，会暮，求止焉。大适在，窥客囊有金，与乙谋杀之，被以乙衣，匿其首，遂以其囊遁。久之，微闻居人以为乙而瘗之也，将以此求贿于居人。至是，讯得首，合之，是狱具。粤人籍籍称杜神明，既而闻之曰刘之谋也。

童槐清理积案

嘉庆己卯、庚辰间，鄞县童槐方以勤慎受天子知遇，仁宗念山东积牍如山，清厘不易，以童任东臬。每案，辄奉特旨专交审讯，定议后即单衔奏结。在任一载，凡二十余年之积案千余起，悉以结，释狱囚无罪者一千三百余人，并审结本任内案一千八百起，自此中外忌嫉。仁宗宾天，即调任湖北，旋授通政司副使。明年，被旧属诬讦，经吏议，遂降四级调用。

瞽者拐妇案

杨稷宰甘肃之会宁，尝行泾固间，见瞽者挈一少妇行山谷中，妇容甚戚，而瞽者貌狞恶，疑之。默察其举动，又似目能视者，审非善类，执而讯之，一诘即服。盖妇家靖远，从父就食他邑，适与瞽偕行，瞽故能视物，其瞽者伪也。至中途，杀女父于古庙，而迫妇使为妾。于是置瞽者于法，返妇靖远。杨以此狱，例得进一官。时邑宰某方罣部议，将降调，杨以狱让之，某得以无事。稷字事可，武进人。

渭南朱某冤死案

嘉庆庚辰，陕西渭南县富民柳全璧，以索债事殴死佣人朱某，乃重贿县令徐润，诬为朱某自跌伤，已完案矣。朱之妻子上控，抚院改委他县令姚洽另审，柳复广通贿，巡抚朱勋、布政使邓廷桢皆有所染，洽承意指。朱妻方临蓐，命差役凌逼赴审，致伤风死。其戚马某屡控，洽加以严刑致毙。朱某有侄，已受贿私和矣，村民不甘，群聚诟之曰："汝不上控，吾侪即分汝尸！"朱侄不得已，入京上控。御史王松年密劾之，仁宗命那绎堂制府成驰驿往讯，尽得其实，全璧抵死，洽、润等论戍，勋、廷桢降革有差。

朱毛里案

嘉庆时，浙中悬重赏以购朱毛里。会学使者校士杭州，有童生某，倩人顶替入场获售，名列第一。已而为人告发，学使怒，除其名，将治罪，某逸，命仁和、钱塘两令捕之。而某有友数人在西湖读书，某投之，其友恐外室有人往来，匿之庖，以为如是而逻者无可踪迹矣。不意邻屋数椽，有钱塘幕友方僦居以安顿其细小，一日，其仆婢辈开窗遥望，忽见一衣冠中人下与供刀匕者为伍，疑为朱，以告幕友，觇之信，告令。令以关系重大，迟或远扬，遂请兵乘夜出城，围其室，缚之以归。而某不之知，初犹支吾掩饰，继而忽闻欲其承为朱，乃大骇吐实，而顶替之案遂结。

湖州北门外有一庵，破屋数椽，仅蔽风雨，一僧居之，耕田自给。一日，来一行脚僧，云数年前与之同受戒于杭州某和尚者，留十余日而去。不一月，忽杭州委员挈是僧来湖，云是僧在杭州首告朱，现匿湖州北门外某庵。大吏命湖州守会营率兵捕之，比至，穷搜无所得，严鞫庵僧，则不知朱为何许人。转诘行脚僧以此语何自来，则云："吾亦何尝知有朱？特前至杭州，于城门见其图形，比入城，冲钱塘令节，惧遭鞭棰，故造为此语，以冀免一时之责耳。"遂解二僧于杭，后一以诬告获罪，一以无辜释回。然湖州僧事虽得白，而庵中所有，已为兵役席卷一空矣。

杭州城门，驻防将军主之，非有大事，夜不轻开也。捕朱之年，突有一绍兴人夜半叩城门，云得朱消息，特来报知。守城者不敢懈，奔告将军，令放之人，诘以朱所在，则云在绍兴某村某家。乃即知会抚军，悉发抚标兵，连夜渡江至某村，围其家，无少长男女，悉缚以归，哀号之声，彻于道路，而当事者不顾也。鞫治久之，乃知其人为村中富家，来告者即其家之佣工，数日前构有小忿，思欲借此以倾陷之，而非真有所谓朱也。遂置来告者以法，而其人得扶老携幼，生出狱门，然归家则故居半成瓦砾，田园悉就荒芜矣。

刘第五案

刘第五，教匪林清党也。林事平，刘逸，奉旨各省协擒，悬重赏。叶县廖思芳欲以奇功自见，日宿旅店。有口操齐音之伟男子，腰悬利刃二，胸间刀箭瘢历落，廖急出呼骑士兜擒之，问其名，曰刘第五，亟送之县。既定谳，解刑部。而曲阜孔氏上言，廖所获者，孔氏佃农之刘第五，非教匪逸酋之刘第五也。仁宗怒，集廷臣鞫问，如孔言，乃释刘而系廖，后瘐死于狱。

新郎被杀案

嘉庆时，浙江某县乡人有娶妻者，合卺夕，新郎自洞房出如厕，至夜半，家人皆倦卧，始闻新郎入房。黎明，家人起，见洞房已开，询知新郎早出门矣，亦未以为异也。既而数日不归，咸诧之，迹至厕，忽于积薪下见一尸，则新郎也。大骇，诘新妇，云："花烛之夜，新郎入房，片时即入厕，夜半始入房就寝。天将明，详问我金银首饰共若干，藏何所，我一一告之。彼云性喜早起，嘱我且睡，少顷则闻其已出。今检视首饰，皆无有矣。"家人问其状貌若何，答云："夜半灯影朦胧，未能谛视，但见右手六指。"盖新郎如厕时，适有贼藏厕中，欲俟夜深行窃，既见新郎，恐其号而执之也，遽前搤其项杀之。因假其衣，以入洞房，次晨席卷而去。时村中有一六指人，素为众所不齿，家人闻新妇言，以为必此人矣。遂鸣之官，捕六指人加以刑讯，遂自诬服。狱既具，论如律。新妇以新郎既死，复遭污辱，遂自缢。新郎之母惟一子，见子、妇俱亡，亦自缢。

越数年，郡人有商于闽者，遇一人于逆旅，询之，同乡也。其人忽问曰："吾乡有一新郎被杀之案，其贼已得否?"郡人曰："狱早定矣，贼且伏诛矣。"其人面有喜色。方盥沐，不觉自匿其右手，骤视之，六指也。郡人觉有异，因穷诘之，且告以："有人抵死，今虽告我，何害?"贼具吐其实。盖贼与新郎相隔一村，自杀新郎后，远适闽，既遇乡人，乃欲探知确耗也。郡人许以不泄，而阴遣人报本地有司执贼，一讯即伏。闽省督抚为之具奏，移案至浙江核办，论贼如律。于是知县以失入抵罪，自巡抚至知府，皆照例议处。

宋霭若赋诗问案

嘉庆朝，宋霭若任四川简州牧。有积案猾贼，不畏严刑，以不能得其实，乃于公案取锦笺十幅，诗韵一部，前列四役，旁侍一童以讯贼，贼无言；先作绝句二首，再讯之，贼无言；继作五、七律各一首，又讯之，贼无言；乃作短古一首，贼竟无言；更作长七古一首，朗诵不已，遂不复讯。时漏已三转，旁侍之胥役皆倦，而贼不觉泣下，自言不畏严而畏清也，乃具言其事。

刘衡以达情锣听讼

《庸吏庸言》《蜀僚问答》《读律心得》诸书，为嘉、道间南丰刘观察衡任四川牧令时所作。观察政声茂著，言行相符，其在官时，辄于大堂旁悬锣一面，号"达情锣"，令有冤抑者击之，即出坐堂皇，立为听之。

蔡某匿产案

凤阳富人秦某病革时，子尚幼，托其赀（同"资"）于子之妇翁蔡某。秦卒，子遂依蔡而居，及长而成婚，蔡尚无返璧意。

且御秦子极苛，其女以为言，蔡怒，逐婿及女。秦子讼之官，官以蔡受秦赀无左证，斥弗理。时邻邑宰晋阳许某折狱如神，秦子往诉焉，许嫌越俎，还其牍。秦子涕泣，伏公庭，呵之，秦终不去。许怜之，谓曰："余姑为尔缓图之，牍则非例所当受也。"

会捕得某案从盗罪不至死者，许于密室中鞫之，嘱盗指蔡为主藏，当减其罪，盗欣然从命。许遂移牒凤阳，拘蔡至，则顿首呼冤。许曰："吾观尔之为人，亦非作奸犯科者，盗言妄也，行将释汝。"因从容询蔡生平。蔡以身既免罪，官又假以辞色，则大喜过望，自道其行事，惟恐弗详，但不及婿家托资事。许忽拍案怒问曰："尔自言初为窭人子，继作小负贩，谋升斗利，免冻馁而已，安能骤致巨富？不为盗主藏，亦必多行不义，趣就三木！"蔡大惧，痛哭于地，具言秦某托资始末。许曰："汝言乌足凭？取书状，吾牒凤阳县察之。"蔡书讫，许阅状，曰："果尔，汝婿已成立，胡不返其资？"曰："固将授之，渠盖为贾未归也。"许曰："汝婿若归，即授之乎？"曰："然。"许笑曰："尔婿待尔久矣。"时秦子实在旁听鞫，乃唤至前，蔡见婿，大骇。秦子尚欲有言，止之曰："若翁允归汝资，勿再絮絮，使若翁无颜。且若翁抚汝十数年，汝亦当有以报之。"命秦子以其资五分之一赠蔡，即令书券交换讫，释蔡令归。蔡始悟为令所绐，然亦感令义，下堂即挈其婿及女归，和好如初焉。

高家埝河决案

道光甲申十一月大风霾，高家埝十三堡溃决，洪泽湖水泛滥，淮、扬二郡几成泽国。宣宗震怒，命大学士汪廷珍、尚书文孚往江南查办。乙酉正月，抵清江浦北岸之万柳园，江督、漕督、河督及文武各员毕集辕门外。少顷，一骑驰至，高呼曰："中堂请漕督魏大人请圣安。"而不及其他，于是江督、河督皆自知褫职矣。

及汪、文入行馆，漕督魏元煜入请圣安毕暂退，复呼三人听宣谕旨。有四人自中门出，捧朱谕，肃立香案前，三督皆跪。宣旨者读至“孙玉庭辜恩溺职，罪无可逭，皇上问孙玉庭知罪否?”孙免冠连叩曰：“孙玉庭昏愦胡涂，辜负天恩，惟求从重治罪。”语讫，又连叩崩角，始传谕著革去大学士、两江总督，再候谕旨，两江总督著魏元煜署理，魏九顿谢恩。再传谕“张文浩刚愎自用，不听人言，误国殃民，厥咎尤重，皇上问张文浩知罪否?”时张已易冠服，乃伏地痛哭，自称罪应万死，求皇上立正典刑。续又宣曰：“上谕张文浩著革职，先行枷号两个月，听候严讯。”遂命清河令取枷至，枷乃薄板所制，方广尺余，裹以黄绸，荷于张颈，拥而去。复传道厅营各官罗跪庭中，传旨后，又云“钦差临行，面奉圣谕，自古刑不上大夫，张文浩官至河督，而特令枷号河干者，实因民命至重。设官本以卫民，今乃荡析离居，实为朝廷之辱，是以特予严谴，乃为慎重民命起见。凡淮阳士民，其皆仰悉上意”云云。迨汪、文复命，谕令文浩发往伊犁。

道光丁酉顺天科场案

道光丁酉顺天乡试，二场《春秋》题为“楚屈完来盟于师，盟于召陵”。(鲁僖公四年。)某中式卷，文中牵涉鲁事，与题踳盩，磨勘官以文理荒谬签出。部议总裁降级留任，同考官革职，举人褫革。时当国者为穆鹤舫相国彰阿，有同考官某，官部曹，谒其座师某，极言簿领清寒，积资匪易，一旦罢黜，殆将无以为生。某殊悯念之，谓之曰：“子姑少安，试代求之穆相耳。”磨勘官某，穆之门生也。越日，穆入直，为言于祈文端公嶲〔寯〕藻，汤文端公金钊，皆云兹事可从宽典，第部议已定，恐难挽回耳。穆退直，商之于某太史，太史稍踌躇，对曰：“某卷云云，固有所本，盖唐人啖助之说也。”穆曰：“得之矣。”明日入对，玉音及磨勘事，即以是说陈奏，得加恩，改为总裁，同考皆罚俸，举人某罚停三科。其实啖氏所著书，今日绝无存者，顾安得有是说?穆之相业无得而称，独兹事能保全士类，盖犹有爱才恤士之雅也。

库丁盗库银案

户部有三库，岁有御史奉命稽查，库丁恐其纠摘积弊，馈赠甚丰，相沿既久，即有清介者不受其贿，亦无能发其覆也。道光癸卯，库丁张诚保盗库银事发，遂成巨案。诚保，大兴人，兄亨智开万泰银肆于正阳门外，为其子利鸿捐纳知州，又为数友报捐，备银万千余两，属戚族周二、张五运至部，二在库门外守银，令五陆续携银进库。时捐银皆诚保上秤报数，乘捐生拥挤时，讹报二平为三平，七平为十平，共盗银四千两。适有未及交捐者之银，均从库门外运回，因即随盗而出。肆伙张益生知其故，索分之，诚保不允，遂偕其侣数人控之官。诚保弃市，亨智遣戍，家产均入官，二等问罪有差，库官皆褫职。乃命侍郎维勤查库，计少银九百二十五万二千零，历任银库司员、查库御史凡三百余人，皆被谴追赔。自是稽查三库御史之缺遂裁撤，而以实缺侍郎兼充管理三库大臣矣。

邓嶰筠破疑案

邓嶰筠制军廷桢尝守西安，有汉中营卒郑魁坐置砒馍中杀人罪论死，卖砒者、卖馍者及邻妇之为左验者皆具，狱成。邓疑之，密呼卖馍者前，曰："汝卖馍日几何枚？"曰："数百枚。""一人约买几何？"曰："三四枚。""然则汝日阅百余人矣。"曰："然。""百余人形状、名姓、日月，皆识之耶？"曰："不能。""然则汝何以独识郑魁，以某日买汝馍耶？"其人愕然。固问之，曰："我不知也，县役来告，曰官讯杀人者已服矣，惟少一卖馍者，尔盍为之证？"讯邻妇，言为役所使如前言。惟卖砒者为真。盖死者尝与郑有违言，为瘈犬啮死，其唇青，而郑之买砒，实以毒鼠也。

同州嫠者，以事出其继子，子无所归，讼至省。邓佯怒曰："此逆子也，当杖死。"系柱础下，故久治他事，而潜令人以茶饼给其子。子奉母，母怒不食，奉其叔，叔食之。至日暮，邓度其母见子傫然系庭中，时时顾日影待毙也，意且悔。乃密呼其叔曰："汝嫂痴人耳，试以我意语之：汝抚六岁儿至娶妇，妇死更娶，劳苦甚矣，顾信族人言，有好儿子将为汝嗣。汝幼而抚者不能子，顾能子长儿乎？彼利汝财而嗣汝，顾能孝养汝乎？汝死，财与子皆族人有也，即汝何利必欲出子者？明日官为汝杖决，无难也。"叔叩头。出次日，母子来泣谢，不复言出子事。

张翰风治狱得民心

道光时，张翰风尝权章丘县，章丘民好讼，月收讼牒至二千余纸。院司道府五署之胥吏，皆章丘人，多走书请托，掎摭短长无虚日。翰风莅任岁余，五署无一纸至，而结新旧案二千有奇，亦无一案翻异上控五署者。民失物，误讼于长山县，辄归狱于章丘，翰风曰："汝失物地，大树北抑树南也？"曰："大树北。"翰风曰："若是，则吾界也。"民愕然曰："诚邹平耶。即不欲以数匹布烦父母官。"持牒竟去。忽邹平民亦来赴愬，翰风谢遣之，则号咷曰："自父母去邹平，民受屈者多矣。知父母不能越境理事也，私念此情得白诸父母前，即不啻伸雪耳。"闻者皆泣下。翰风名琦，阳湖人，惠言之同怀弟也。

谋杀亲夫案

道光时，某县有谋杀亲夫案，甚奇。某以肾囊剪断致死，其妇尝自承与表兄某通。自县解省覆勘时，抚幕程某阅尸格，告之抚曰："某在室受妇剪，狂奔，及户而仆，首必在外，足必在内，今乃适相反，若将自外入室者，恐必有冤。"抚曰："肾囊何物，谁得而加以剪？何所疑！"妇及其表兄遂置大辟，程以是内疚，辞馆归。

会程子续娶再醮妇，为浙江某郡守之女，颇相得。一日，戏以己之生殖器示之曰："亦尝见此乎？"妇以"吾固藏有油渍者"

对，大惊。穷诘之，妇乃启箧出视，则有肾囊盛于瓯，以油渍之，曰："有表弟某，本与吾订婚而他娶，吾恶之，故剪某肾囊。且吾固未尝嫁，徒以曾为表弟所乱，乃托辞再醮耳。"程子以告父，程因密告冤妇之父，使入都控之。得直，妇处大辟，巡抚以下各官降革遣戍有差。

某守典郡时，某以中表故往依之，时妇固在室也，甲出入闺闼，与有私。及守挂冠，某亦归。其父为娶富室女，吉期，守之妻挈妇诣贺，留不归。越翼日，某忽潜就妇榻，冀有以慰之，妇诟之。某方褫下衣欲求欢，亟取剪断其肾囊，某负创而奔新妇室，未越户而仆，遂死。

朱潮远治忤逆案

朱潮远官漳、泉时，军民不辨官话，每堂审，必令役译乡语。一日，有老人控子忤逆者，询其父"有妻乎？子乃其所生乎？"曰："否。妻，其继母也。"又询其"母与父年相若乎？"曰："少艾。"朱曰："此必父昵其妻，妻凌其子。"而中证乃其姑父，叩首称善。于是命父立其上，用小板连衣轻扑之，又命其子与父叩头服礼，旋谕其父曰："尔晚年依子，何不念前妻之情耶？"复戒其子曰："亲年无几，家庭小隙，乃至此耶？"父子均感动，乃抱头大哭而归。

星子子亡妇死之奇狱

郑梦白中丞祖琛尝宰星子，邑民杨翁者晚得一子，为聘童养媳某氏，性亦柔善。后二人皆长大，为之成婚，是夕共寝，甚相得也。翌晨，二人不起，入视，见新妇裸死于床，而新郎杳矣。验妇尸，无伤痕，惟已非处子矣。不解，觅其子不得，命往报妇家。时方暑，三日后父始至，则已殓而瘗诸野，翁以恐妇尸腐烂为言。父大疑，谓翁父子同谋死其女，故匿子而瘗妇以灭迹，径出控诸县，请验。及开棺，则非女尸，乃六七十老翁也，尸须发皆白，背有斧伤痕数处。郑益骇，问翁，翁亦茫然，问其子何在，亦不知也，加以刑讯，卒无辞。郑无如何，始命瘗棺，而以翁返。

杨翁系月余，忽报子自投，亟出讯之。自言是夜与妇狎戏，搦其阴户，笑方剧，而妇忽寂然不动，挑灯视之，死矣，一时惧罪而逃。昨自旁邑闻父被刑将抵罪，故不惮自言，以白父冤。盖其子本业修发，故能捉搦为乐，然但知作剧，而未谙解之之法，故逃去。于是系其子，释翁归。顾妇尸何以忽易男尸，且尸有伤痕，悬示相招，无尸亲出认，不得已，请更展限再缉。翁归月余，偶以事至建昌，道经周溪，遥见有少妇浣衣溪畔，渐近，似其妇，猝呼之，妇举首见翁，讶曰："吾翁也，何缘此来?"遂请泊船过其家。翁是时惊定而疑，乃问曰："汝其鬼耶，其人耶?"妇惨然曰："非鬼，姑请至家再述。"翁登岸从之去，入一草舍，其状类农家。询何以在此，妇方欲言，涕良久，始述其详，且曰："幸渠今出门，得遇翁，事已白，愿相从至溪头，葬身鱼腹足矣。"

初，妇死仓卒被瘗，半夜复醒，天晓，适有建昌寇氏为木工者叔侄二人道此，闻号救声，乃相与撬棺出之。妇本少艾，又时方新婚，服饰华整，其侄乍见心动，将以偕归，而叔执不许，详询里居，将送之还家。侄争之不得，乃斧其叔致死，即以尸入棺，掩盖毕，携妇还，为夫妇，妇不敢拒，故至此。翁听毕，抚之而泣，曰："儿不幸遭此强暴，亦复何罪？且儿若不归，此案终无由白，可速行，稍迟，恐无及也。"遂以俱归。将抵家，忽途中一少年负斧锯芒芒然来，瞥见妇，大骇，将篡取之，妇骂曰："妾向以弱荏为汝所劫，今天幸见怜，俾与翁遇，汝死在旦夕，尚敢肆恶乃尔乎!"翁于是知其为某者，忿与争，村中人咸集，相与执缚诣县，并携妇为证。一鞫而服，乃释其子于狱，命翁携还，使复谐伉俪焉。

闽县拾金案

河南曹怀朴名谨，宰闽县时，一日出行，途遇二人争辩，提问之，其一曰："顷拾金，约重五十两，持归白之母，母曰银太多，苟为失者所急需，必有他变，亟应守其地还之。乃至此守候，彼果至，即付以原金。彼反复审视，而曰尚有半，盖欲诈欺以取财也。"曹诘失银者曰："所失果百两乎？"曰："然。"又语拾银者曰："彼所失为百两，与此不符，此必为他人所失，其人不来，汝姑取之。"于是拾银者遂持银去。

涿州杀夫案

道光季年，涿州有富家妇谋杀其夫者，实以木器压其喉，气閟而殒，乃以组系项，作自缢状，以闻于官。官驰往验，谓《洗冤录》凡自缢者血瘾（古通"印"）直作入发际，八字不交，今此尸喉间有勒痕，与自缢者殊，疑有别故。既廉得奸夫主名，系而鞫之，具伏其平日与妇有私及合谋杀夫状，遂以绞勒定谳，论罪如律。

刑部郎中满洲耆龄，方总理秋审处事，详阅尸格，谓绞勒者八字必交，今察究伤痕，明与绞死者殊，疑有枉，欲以平反为能。囚自知罪可逭，亦遂抵死不承。重赂宗亲长老，连控于都察院，均言此妇行贞洁，力请直其谩。刑部汇覆奏上。时宣宗恤庶狱尤劬，又惩治道骫骳，思一扫刮而振励之，特赏耆龄花翎，记名以道府简用，天语褒奖，且勉刑部司员，尽当法耆龄。凡初谳是狱者，谴谪有差，以良家节妇横遭诬蔑，特敕有司建坊旌表，于是耆龄折狱明允之名闻天下。不数年，涿人始共传言被旌之妇已与奸夫自配为夫妇，尽踞富家田宅有之矣。其婢仆亦稍稍出言其旧主死状，有流涕者，于是知初断是狱者之不误矣。然以案经钦定，卒莫之如何。

合州命案

咸丰时，四川合州七涧桥有鞠姓者，翁姑子妇同居。姑，向氏也。一夜睡醒，忽失翁，起视则大门、房门皆启。急呼子出视，久之亦不还，大惊，至天明出视，则于门外数十步，被人杀死道旁。即报州请缉，久不得凶手。守催甚急，逢三八告期，必投牒催缉。知州荣雨田刺史庆患之，又以缉限将满，惧干处分，与刑幕谋消弭之策，刑幕亦计无所出，乃曰："刑吏陈老伦颇谙事，或可与谋。"因召陈至计之，且曰："若能设法销案，则赏五百金，且当有以擢汝也。"陈诺之。

先是，向氏以狱事时至州署就陈计议，因相谂，陈既承官指，因至鞠家，审视良久，还报官曰："已得要领，然不可促迫。"官大喜，先以所许金与之。陈乃潜遣媒媪，托事过合州，因至鞠家少坐，且问近状，向以近得奇祸告之。媪佯为关切者，因谓向曰："汝家遘此祸，甚可怜，然一时无即得贼理，而狱事久则费多，汝家贫，何所出？曷遣嫁汝媳，既省食指，又可得聘金。"向韪其言，遂以媒事托媪。已而媪遂说向，令妇嫁陈。时向颇闻吏得官赐金，然不知其缘，顾颇以得攀附公门中人为荣，又冀讼事得地道，欣然许之。

陈既娶妇，遂尽得其家事，而妇自嫁陈后，喜其安逸，不复忆前夫。一日，陈自外归，有忧色，妇问之，陈曰："吾所忧者，皆为汝前夫家事耳。"妇惊问故，陈曰："此事州官责成于我，必欲了此事然后已，今实无策，故焦急耳。"妇闻言，亦闷闷。陈曰："能使汝姑不催否？"妇曰："不可。彼夫及子皆惨死，安肯休？"陈默然去。一日，陈色甚惨沮，妇惊问故，陈曰："官限我如一月内不能办，则必先毙我，命在旦夕矣。"妇初在鞠家操作甚苦，自适陈，以为可久相安，忽闻言，心胆碎裂，急问计安出。陈曰："兹事吾已得要领，然碍于汝，不能言。"妇问故，陈曰："吾已勘得汝翁及夫死，皆汝姑与奸夫谋杀，汝不知耶？"妇力辨姑素清白，无外遇。陈曰："汝何騃，姑与人奸，岂必告汝？且此事，但须汝上堂证姑之奸，我即得活，他事不关汝，何持之急也。"妇素愚懵，以为苟不死，而已得长享安乐，遂诺之。陈因以谋阴报官，且密陈布置之宜。

翌日，向又投牒催缉，官忽拍案怒曰：“此事已究得实，即汝与奸夫所为，乃尚敢控官耶？”因以陈所言诘之。向骇，大呼冤。官叱曰：“奸夫已得，何犹狡赖！”即命拘奸夫至，与对质，则果见差役引一壮男至，自言与此妇奸通，且历言谋杀状。姑坚不承，命刑讯，甚惨酷，犹坚执如故，且曰：“有妇嫁某家，可传询也。”官曰：“可。”命传妇至。官问：“汝姑在家，尝与人奸通否？”妇错愕，不知前后情节，因曰：“有之。”官诘向曰：“汝媳已直供，何狡赖？”向出不意，而陷于网罗也，且惧严刑，遂诬服。

时衙署内外人及民间多知向冤，然无敢发者。向有弟，以姊被冤，欲上控，怯不敢。其甥女年仅九岁，因为讼词，畀之，导使上控。时府道按察相朋党，历控皆不得直。黄宗汉督四川，一日出门，女持状来，拦舆控愬（同“诉”），前驺受州贿，鞭逐之。黄在舆中，闻有女子呼冤声，而顾为从人所遏，颇疑怪，因呵斥之，命武巡捕收其呈，并赏以钱二缗。发按察鞫之，仍不得直。他日黄出，女复跪道控，黄曰：“汝何刁顽，岂复欲得钱耶？”女泣诉曰：“母受奇冤，故冒死上渎，非欲得钱也。”复以属按察，令详勘其事。又召李阳谷大令入署，屏人告以故，使往合州密勘，亲给以札。李固以廉明著称者也，乃乔装商人，携二仆去。越数日，黄往候学使何绍基，何以腹疾固辞，再三欲见不得。黄与何素厚善，不得见，甚怏怏。返舆过臬署，因念合州狱久不得报，遂往访之，阍者循例挡驾，黄必欲入，阍者言方督诸委员鞫狱，黄问：“何狱？”曰：“合州狱。”黄曰：“吾正欲究兹事。”遂径入，命勿罢讯，因与按察同上坐。时诸谳局委员列坐于下，欲令此女自认诬告，女不肯，即令隶掌其颊，女屡被刑，颊肉尽落，稍批之，牙肉即露。黄良不忍，曰：“此女伶仃可悯，汝曹何专苦之？且人以母冤求雪，纵非实，亦何罪也！”遂顾按察，令自鞫。按察意，甚欲庇其党，然不敢恣所为，又不欲遽穷究，迁延良久。黄曰：“汝曹何故仅鞫此女，不一召他人？”按察不得已，乃为传奸夫至，则色充肤腴，不类囚徒。黄大怒曰："如此，何不杖之？"杖甫下，囚即呼曰："休矣！汝辈前允吾不受刑，今日何故杖我？"黄大骇，命穷究，遂尽吐刑吏贿令冒充奸夫状，按察及诸委员皆失色。黄顾谓诸人曰："君等观吾折狱手段如何？"一承审官曰："大人鞫狱甚当，然凶手究何在？"黄曰："若汝言，则冤狱不当雪耶？"乃回署，然终不得凶手。

是时川中官场以朋党蒙蔽之风甚固，无有以严勘此狱为然者。李既奉札，改装，船至重庆，甫登岸，见二仆持帖前，半跪迎曰："李大老爷，道台大人命小的在此久候，大老爷何来迟也？"李惊曰："吾乃贾人，与官场不相识，何以此见称？"仆笑曰："李胡子（李多须，故有李胡子之名。）李大老爷，何人不知？今之来，非承制台命来此访合州案耶？然此事不忙，大人请先入道署小住。"李乃言："吾实李某，以收私债来此，故不敢以真名告人，初不与官事也。"二仆强之入署，观察某接之甚恭，因微询来意，李仍执前说，且欲行，观察曰："即非狱事，少住何妨？"李不得已，留居署中，数日，李坚欲行，其行之前一夕，官亲数辈出谓李曰："君之事，我等早知之，何必讳言？如能相为掩饰者，当以三千金为君寿。"李仍言实无此事，坚却不受，即辞归省。行数十里，李从僻处登岸，潜剃须，复改他服，径至七里涧，人果无知者。居半月余，尽得官吏奸状始返，惟尚以未得正凶为忧。

一夕，李宿逆旅，其地去省数百里，偶闻他屋两人语甚讙，一曰："今之官诚胡涂，某家父子被人杀死，而官乃以谋死亲夫结案，何昏昏也！"其一曰："然则何人杀之耶？"曰："我是也。一日我夜过七里涧，适以乏川资，至人家窃得一被，甫出门，一男子追出，欲夺被，相持甚急，我吓之曰：'速舍去，否则杀汝。'尚相持，我遂举刀砍之踣。俄又一少年出追，又杀之。吾惧罪远逃，今已逾年，知案结，乃归也。"李闻之，亟呼仆起擒，械至省，报知黄，遂定狱，断如律。州官及吏当大辟，嫁吏之民家妇凌迟，承审官削职，其妄言者定军罪，释向归，而旌其女之孝。复以勤廉补李以县缺。已而黄内调。将军某署督篆，复翻前狱，黄适为刑部尚书，见其奏，乃严驳回，始不敢翻。

是狱也，卒脱荣于死罪，陈先已自尽，惟妇论罪如律。时谣云："合州一朵云，盗案问奸情。如要此案明，须杀陈老伦。"

咸丰戊午科场案

咸丰戊午北闱之狱，外帘实先肇端。先是，顺天府丞蒋达以场中供给草率，擅自出闱赴园奏事，奉旨革职，府尹梁同新亦降调，以吴鼎昌、毛昶熙代之。台长并札巡视砖门御史，分传各行户，查究草率之由，移咨刑部定案。治中及大、宛二县令皆镌级去。比题名录出，士论哗然，孟传金遂首发大难矣。

是时科场法弛，视关节为故常。刑部主事罗鸿禩因中表李鹤龄通房考官浦安，而柏静斋相国葰之僮靳祥慧黠知文，柏年老，事多委之，浦乃更以嘱靳。既而罗卷拟副榜，靳取他中卷易之。及磨勘，罗卷讹字至三百余，磨勘官出以语人，事渐播，孟奏之。文宗遣内侍至礼部取视罗卷，大怒，召罗至南书房更试，文题为"不亦乐乎"，诗题为"鹦鹉前头不敢言"，命端华、肃顺监试，陈孚恩阅卷。文谬劣，因斥罗，并覆勘诸中式卷，下刑部穷治之。

于是靳自杀，柏、浦、罗皆论死，验实，死徙者复十余人，株连系狱者十人。故事：大臣当死，临刑，众官为乞恩，往往得宥。及是，众邀肃俱，肃素恶科目，又与柏有隙，取旨监斩，佯诺，升车去。至菜市，见柏车，迎笑曰："七哥来早。"即升座促刑。柏素宽谨，为肃所陷，胜保自军中上疏，至有"罗网弥天，衣冠扫地"之语。然中式卷讹字多至数百，考官不知，是竟不寓目矣，恶得为无罪乎！

有平龄者，顽儿票中之花旦也，与端、肃最狎，是科亦中第七名。当年有花旦名松林者，其名甚噪，故平龄又号"赛松林"。

获隽后，言官摭其事以闻，查知平出溥善房，故溥亦论弃市，而凡溥房所中者，无论有无关节，一律拘入步军统领衙门听审，严禁外人探望。诸人不堪其苦，食一烧饼，须费京钱三千。而平既逮治，亦瘐死。

凡考官之通关节者，每藉家人送食物时，黏关节于食物盂下。是科程廷桂为三主考之一，与柏同入闱，程子代人送关节亦以此。监场御史见而匿之，关节未入，程亦不知也。榜发，有知名士某以不第怨望，有流言，程有友招饮于南下洼之陶然亭，座客有为知名士代诉不平者，程反唇讥之，声闻于外。其旁室适有御史宴客，乃摭其事以闻于朝，事下部讯，程议戍边，其子弃市。

东湖妇逼死姑案

咸同间，东湖有某妇，事姑孝，每晨起洒埽庭除，治中馈，然后适姑寝问安，以盥水一盆、鸡卵两枚置于案，如是以为常。一日，清晨排闼入，见姑床下有男子履，大骇，亟低声息气，为掩门而出。姑已觉之，羞见其妇，自缢而死。乡保以妇逼死其姑，鸣于官。妇恐扬其姑之恶，不复置辩，遽自诬服，已按律定谳矣。新令张某莅任，过堂，见妇神气静雅，谓必非逼死其姑者，疑其有冤，再三研诘，矢口不移。因谕之曰："汝若有冤，我能为汝直其事，此时不言，不得活矣。"妇答曰："负此不孝大罪，何面目复立人世？愿速就死。"令终疑之，沉思累日。县有差役某甲者，其妻素以凶悍著，令忽召甲，云有公事须赴某县一行，俾还家束装，速来领票。顷之，某甲到署，令忽大怒曰："汝在家逗遛，误我公事，必为汝妻所縻也。"即发签拘其妻，鞭之五百，血流浃背，收入狱中，与获罪妇同系。某甲之妻终夜诅骂，谓县令如此昏暴，何以服人。妇闻其絮聒不休，忽言曰："天下何事不冤！即如我任此死罪，尚且隐忍不言，鞭背小事，盍稍默乎？"张乃使人潜听于户外，闻言来告，张大喜。明旦，提妇与某甲之妻同至堂上，诘以昨夕所闻之言，妇不能隐，张悉心鞫问，尽得其情，平反此狱。而薄犒某甲之妻，慰而遣之。及胡文忠公林翼抚鄂，访知其事，则张已前卒，文忠竟以后任张建基登之荐牍，而前任张之籍贯、名字，湮没不可考矣。

段光清判毙鸡案

段光清宰鄞县，以廉明称。一日偶出，见众人环立某米肆门首，方哗辩，命二隶往，旋偕二人来，伏舆前，一乡人、一米肆主也。乡人供以父病来城延医，道经某米肆，足误践其雏鸡致毙，肆主索偿九百钱，囊中仅得钱二三百枚，不足以偿，因与争耳。段曰："鸡雏值几何，乃索偿九百乎？"乡人曰："肆主言，鸡雏虽小，厥种特异，饲之数月，重可九斤。以时值论，鸡一斤者，厥价百文，故索九百，小人无以难也。"段顾肆主曰："乡人言真乎？"肆主曰："真。"段笑曰："索偿之数不为过，汝行路不慎，毙人之鸡，复何言？应即遵赔。"乡人曰："吾非不遵，奈囊资不足耳。"段曰："汝可典衣以足之，再不足，本县为汝足之可也。"时环观者，啧啧詈县官殊愦愦，以一鸡雏断偿九百钱，乌有是理，然不敢诘也。乡人解衣付典，得钱三百，合囊资，凡得六百，段以三百补之，以付肆主，且笑语曰："汝真善营业哉！以一鸡雏而易钱九百，如此好手段，不虑不致富也。"肆主面有喜色，叩首称谢，携钱而起。

段忽令肆主回，则乡人亦随以至，乃皆跪舆前。段曰："汝之鸡虽饲数月而可得九斤，今则未尝饲至九斤也。谚有云：斗米斤鸡。饲鸡一斤者，例须米一斗，今汝鸡已毙，不复用饲，岂非省却米九斗乎？鸡毙得偿，而又省米，事太便宜，汝应以米九斗还乡人，方为两得其平也。"肆主语塞，乃遵判以米与乡人，乡人负米去。

左文襄执法如山

左文襄佐骆文忠幕时，长沙富人常氏有子杀人，当论抵，以独子故，遍贿官绅，求寝其事，文襄执不可。常恨且惧，乃辗转托人，求勿问。文襄曰："此事若问吾者，吾犹谓必杀之。"卒论罪如律。

蓝某折狱

蓝某令潮阳时，陈氏兄弟以争父遗田七亩构讼，谓兄弟本同体，何得争讼？命役以铁索絷之，坐卧行止，顷刻不能离。更使人侦其举动词色，日来报。初悻悻不相语，背面侧坐，至一二日，则渐渐相向，又三四日，则相对太息，俄而相与言矣，未几又相与共饭矣。知其有悔心也，问二人有子否，则皆有二子，命拘之来，谓曰："汝父不合生汝二人，是以构讼，汝等不幸又各生二子，他日争夺，无有已时。吾为汝思患豫防，命各以一子交养济院与丐头为子。"兄弟皆叩头哭曰："今知悔矣！愿让田，不复争矣。"曰："汝二人即有此心，汝二人之妻未必愿也，且归与计之，三日后定议。"翌日，其妻邀其族长来求息，请自今以后，永相和睦，皆不愿得此田。乃命以田为祭产，兄弟轮年收租备祭，子孙世世，永无争端。由是，兄弟妯娌皆亲爱异常。

卞仲纯折狱

仪征卞仲纯制军宝第，尝于文宗朝为大理寺少卿，以风节闻。肃顺有御者之戚某，谋夺人妻，诱之而逃，事觉见执，人讼之于大理寺。某恃其戚，藐视卞，卞不与较，判而系诸狱。御者为诉之肃，肃曰："此何足为，天子且奈我何！令释之可也。"明日，将判决矣，御者持肃名刺至寺投之，卞笑曰："此处何用肃王？虽然，亦不得不狥其请。"乃使御者姑俟之。御者欣然，以为卞果畏肃矣。卞判他事竟，顾谓左右曰："速提大面子犯人某来。"至则语某曰："既有肃王为汝关白，直言之，无伤也。"于是某言之甚悉，吏人录其词为供状，即令某画押，乃曰："此天子法堂，吾受天子命，不知有肃王也。"遂令左右杖之三百，见血。杖毕，笑谓之曰："汝幸识肃王，否则今日死于杖下矣。"

咬舌案

某县有秀才某，妻美而艳，秀才教读于外，恒不家，妻独处。村有一尼庵，妇与尼善，恒相过从。一日，尼从妇家出，妇送之门，同村某武孝廉与尼有染，艳妇色，诣尼求达意，欲通之。尼曰："是难以言辞相强也。欲遂意，须诱之来庵，醉以酒，君愿可偿，彼醒已晚，再以言劝之，可长与往来，保无他虞也。"孝廉然之。又一日，尼诱妇至，设酒欢饮，妇醉，尼扶之卧旁室，孝廉出，潜就淫之，醒而尼又劝之，乃勉从。久而秀才知之，归谓妇曰："闻汝为尼所诱，致遭某污，非汝罪也。今晚我故作赴馆状，匿家中，汝约孝廉来，咬去其舌，我不汝谴，不然，难汝容也。"妻从之。夕约孝廉至，妇抱之，以舌入口而相戏，乘不意，骤咬之，孝廉大号，失舌而去。秀才夜持刀径往庵杀尼，置舌于尼口，遂归家。次日，里正报案，官诣验，睹尼口中舌，使人捉无舌者。而孝廉以失舌故，痛极狂奔，为人所觉，告之官，官以孝廉抵偿。秀才自此薄其妻，纳一妾，妻宠骤衰。

户部设官银号案

湘中李篁仙工科举学，由咸丰辛亥乡举，应丙辰殿试，卷在进呈十本中，翰林资也。及朝考，误点注，乃置三等，用主事，分户部。以此侘傺，遂懒散，不乐曹司趋走，然以才名见重于侍郎徐树铭，因为本部尚书肃顺所激赏，部事辄咨之。

户部方理财，设官银号五。官吏因缘亏空，肃治之，设核对处，以篁仙会同郎中王正谊，办理银号欠款、当缴银钱。而辇当十钱抵偿，主者不欲纳，辇者委堂下径去。篁仙日趋公，数数见之，漫问曰："此钱胡为露积庭下？将破坏矣。"吏具言缴款不收故，则曰："不收，可令更将去。"吏辄应曰："诺。"即呼辇者还其故号。及大治亏空，正谊以徇纵当送狱待讯，尚书赵光思救之，从容曰："下狱太重，李主事亦当下狱耶?"意以肃善篁仙，必可宽也。肃骤见抵，因发怒曰："皆奏交刑部!"而篁仙遂入狱。案未结，有英法见侵之变，又纵出之；戊午和，复囚之。同治壬戌，不得赦。及诛肃，穷治其党，大臣坐罪者相望，篁仙乃以为肃所陷，赦复官。盖在部五年，而在狱两年矣。（当时五店皆以"宇"字为号，议者谓宇内方一统，今分为五，迷信者谓为四夷猾夏之兆也。）

黄崖诬反案

山东肥城县有黄崖山，素无居民，咸、同间，江浙人以避粤寇之难，流寓其间者甚多。有周太谷弟子张积中字石琴者，江苏仪征人，殉难之山东临清州知州积功弟也。聚徒讲学，尝告人谓黄崖可避乱，独先移家往，从之而去者，渐积至八千余家。筑砦购守具，为久居计，无异志也。徒以依附者众，又诡秘相习，不知敛戢，至使当道疑为山贼，同于灵运而遽罹浩劫，遂为官吏邀功者所利用耳，吁可慨也!

同治乙丑，潍县民王小花亦尽室徙崖，潍令靳昱诧之，捕小花，详上台。阎文介公敬铭时方为鲁抚，委肥城令邓馨诣崖，见积中须眉皓然，无反迹，事乃寝。丙寅九月，益都冀宗华等谋作乱，事泄，供同党姓名，以积中为首，约期陷济南，再陷青州。兵仗已藏城中，搜之，果有守具。已而次第获其党，供俱同，遂报闻。

时丁文诚公宝桢方为布政，檄唐文箴与长清令陈恩寿入崖，令积中至济南自白，盖念其老，且为世家子，本无意杀之也。既入崖，告其大弟子吴某，吴以积中游五峰对。言未已，一人持帖仓皇入，吴览之色变，趣文箴速行。文箴等上马，绝尘而驰，尾追者杀傔从。馨及崖绅方入城，闻炮声亦返，而马竖被杀。时文介在东平，疑之，檄谕积中之子山东候补知县绍陵，偕文诚所派员弁入崖，奉积中至济南，而绍陵已先期乞回籍假，实已入崖矣。绍陵至，哭劝积中，积中曰："吾反无据，若往，是实其言也。汝辈若惧，可自往。”妻、子环跪请之，不许。文介遂缮谕，令吴示之，复出文告十数通，张之砦门外。二十六日。遣道员潘骏文招之，终不出。

越四日，文诚至长清，令吴与候补令林某入崖被阻，而恩寿已飞禀上闻。于是命参将姚绍修、游击王正起、知府王成谦、副将王心安，诸营共进。骏文率千总王莘骑兵勘入山路径，相率进剿，且复令吴作书招之。越五日，而积中答书至，答书云：“来函责我不肯出山辩白，甚合我心。但近日苦衷，有急欲为吾弟告者。兄平日淡于荣利，肆志读书，以世乱未平，隐居求志。无如韬光未久，而处士虚声，动人闻听，相从执贽者不绝于门，其间虽多善良，亦有悍鸷。兄既未能慎之于始，遂欲以德化之，使胥归于正。此兄实有交不择人之过也。然来东十载，何敢一事妄为？乃去岁以潍县之王小花，横加牵累；今年以冀宗华，妄被诬攀。然此事之来，若椒园（邓馨号。）、伯平（陈恩寿字。）以一函见招，必挺身投案，绝无留难。两君猝以兵来，幸适出游，未遭毒手，不然，已陷我缧绁久矣。伯平、雨亭（唐文箴字。）复夤夜进兵，示人莫测，以致庄众格斗，伤弁兵。兄自知大祸临门，一身不免，亟欲束身司败，不望雪我沉冤。奈及门桀骜之士，遂邀不逞之徒，劫我主盟，苟全性命。兄禁之不得，逆之不能，数日以来，踯躅山隅，闷损无似。及大兵临境，兄欲出而剖白，无如伊等汹汹，不肯束手待毙。祸已至此，无可言说，本欲引剑自决，无如及门在外者甚多，闻予冤死，定不甘心。一旦逞彼之凶顽，则各处生灵，俱遭涂炭。兄亟思乘机解散，但人数众多，虎豹豺狼之性不少，顺宽我日期，请暂将大兵撤出山外，俾得反复陈词，婉言解散。若一面进攻，一面招纳，则上宪不能示人以信，困兽犹斗，兄又何辞能劝谕诸同人耶？”云云。自此五日，无一人出崖。文介怒，又出示招谕，谓凡居民投首者不诛，缚献积中者重赏，而卒无一人至。火器与官军相及，营勇时有伤，忿甚，文介恐玉石俱焚，命缓攻。是日，绍陵出谒，文介许以不死，命造官僚居民册。曛夕，积中书复来，言人心汹汹，造册宜从缓。

十月，崖之砦破，积中举家自焚死，弟子韩芙堂等亦从之而烬焉，居民死者可万余。所得逸者，出西门之千余人，盖文诚命人植旗西门外，使人以令箭传呼曰："出西门者免。"又有妇孺四百余人，则恩寿所救也。时登州守豫山至，恩寿欲救之，语以故，教之策。山乃于众中大呼曰："大人命勿妄淫杀，今奈何违令！长清令何在?"恩寿即出，半跪请示，山以令箭予之，使禁兵毋妄动，被难者由是稍得出，即妇孺也。兵卒复出积中尸于灰烬中，枭其首。文介入崖履勘，檄州县查封逆产，则均于大兵未发之先，九月二十六日同时扃门而遁矣。

文介奏略有云：积中本无才名，只以伪托诗书，乃缙绅为之延誉，愚氓受其欺蒙。来东不过数载，遂能跨郡连乡，连列市肆，（自肥城之孝里铺，济南会城内外，东阿之滑口，利津之铁门关，海丰之埕子口，安丘、潍县诸处，皆列市肆，取名泰运通、泰来、泰祥、泰亨也。）收集亡命之徒，从其教者倾产荡家，挟资往赴。生为倾家，死为尽命，实不解所操何术。臣从前访问。率称为读书之士，臣自惭聋聩，实亦人心风俗之大忧也。

汪穰卿曰：是役也，杀人万余，而未得谋反实据，文介意亦不自安。尝责正起、成谦、心安三人曰："汝辈皆言谋反是实，今奈何无据？若三日不得，则杀汝。"三人急，命搜得戏衣一箱，使营中七缝工稍补治之，即以为据。由是诸在事者，皆开保如剿匪例，七缝工后亦被杀以灭口。

邓子久被戕案

江宁邓子久中丞尔恒以翰林为云南道员，洊擢藩司。咸丰庚申，擢贵州巡抚，未赴任；辛酉春，调陕西巡抚。时徐之铭抚云南，纲纪废弛，匪寇与营将勾通为患，之铭庇之，浸遂为所挟制。副将何有保者，始为之铭私人，既而党羽日众，势焰纵横，作恶多端，之铭亦无如之何。凡滇中大小官员，以升调病休出境者，有保辄遣其党追之境上，尽劫其宦囊以去，无敢与校，皆以得出虎穴为幸。有保等恃此为生者数年矣。

中丞之将赴黔也，行李马驮，中途被劫，中丞声称俟到京参奏。适调陕抚，行至曲靖，借居府署。有保闻有参办之言，密嗾其党史荣、戴玉堂夜率练众，拥入署中，戕害之，所携衣物旅费，搜括无遗。

之铭以中丞久任云南司道，知其阴事，恐一入都而其劣迹尽闻于朝也，故密讽有保害之。之铭亦奏中丞被戕之事，大致称"尔恒由滇赴陕，经臣派拨兵练护送，行抵曲靖，在府署偏院居住，署知府唐简等素知府署不甚严密，欲派兵练巡查，尔恒自称行李无多，不须防卫，仅留两仆在内伺候。是夜窃贼李宝踰垣而入，尔恒闻院内有贼，亲自堵门喊捕，宝素恨尔恒，闻其在内，遂与其伙党一拥而入，遽将尔恒杀害。该府闻警，传集兵役，拏获各犯，即经就地正法"等语，并将曲靖文武原禀抄呈。文宗谕云："邓尔恒在曲靖府署居住，知府唐简等既欲派兵练巡查，何以辄复中止？窃盗拒捕伤人，固属常有之事，惟邓尔恒系属大员，何以轻身堵门？即谓该犯李宝系因怀恨，故将该抚杀害，然昏夜之中，何以知堵门喊捉之人即系该抚？且知李宝之杀该抚，实为挟仇起见，在场各犯既已就获，该府等自应迅速解省听候审办，何以遽将各犯正法，以致无可质对？邓尔恒既留两仆在内，则被害情形，均应目击，何以并未取有供辞？曲靖文武原禀种种，情节支离，徐之铭并未驳斥，辄行入奏。以大员被戕之案，并不澈底严究，草率了事，实堪诧异。新任总督刘源灏，已谕令赶紧前往云南，著将邓尔恒被害情形，密速访查，据实具奏，务期水落石出，不准稍存徇阻消弭之见。钦此。"然源灏竟不敢赴滇，迁延半年，中途乞病归。台谏交章论列，前任总督张亮基亦疏劾之铭。奉穆宗谕旨云："邓尔恒被害之案，日久未予查办，亦无以彰国宪。著张亮基迅速驰赴云南督办军务，将徐之铭先行撤任，并将邓尔恒被戕之案澈底根究，按律惩办。何有保父子如此跋扈，必须设法翦除。又宜防其设计暗害。钦此。”于是复起江宁潘忠毅公铎于家，命其驰往查办。

先是，戴玉堂等既害中丞，掠其行装，有保以其隐匿赃物，执缚玉堂，拷打甚酷。玉堂气忿潜逃，嗣闻忠毅查办之信，同治壬戌闰八月，纠党夜攻有保，杀之。荣与玉堂皆被忠毅拏获，研讯各情，供认不讳，即予正法。忠毅据实覆奏，并称讯据各犯，供称之铭并无知情徇纵情事，但以疏于防范，请交部议处。有保仍戮尸枭示，以儆凶残，遂由此结案。然谓之铭并不知情，世多疑之。

应敏斋决狱

咸丰时，苏有某妇以避粤寇之难，携其已嫁女至沪，寇退，女不归，别从一人为妇，即俗所谓“姘头”也，妇利其资而不之禁。婿在苏，不知也。久之，其人资罄，女出佣于巨室以自给，及归，则仍相处如故。久之，妇以其人渐贫乏，鄙厌之，扬言壻（同“婿”）自苏来索，将挈女去，乃席卷衣物以登舟。舟未发，妇适以故上岸，其人觅至，因携女共逃。及归失女，乃往诈巨室，谓女为所匿，将讹索焉，无所获，因服鸦片复往，毒发遂毙。县谳谓，妇死以壻索女故，女因奸致妇自尽，科以死罪，上狱于臬司。时应敏斋方伯宝时任臬司，以全案无壻家一词，疑之，乃密饬吴县令提其壻，至则茫然，不知有是事也。应以妇之死为图诈，乃仅科女以奸罪完案。

无锡尝有盗案，赃据凿确，中有衣，盗已承矣，而屡承屡翻。应心知其冤，亲自研讯，则见事主之躯干修伟而盗为侏儒也，穷诘之，事主谓衣固在也。应乃取衣覆视再三，指马褂以语事主曰：“此汝服耶?”曰：“然。”令服之，乃甚短小，复以衣盗，则适称其体。盗曰：“今见青天矣，此固我之衣也。”盖是年无锡多盗案，无所获，捕惧比，因获此人，强之承，复嘱事主强之认，以冀自逭其责也。

李申甫清讼系

李申甫名榕，尝布政湖南，檄州县，令以讼系者悉具姓名以闻。有某县系囚独多，榕书绝句于册首云："虎柙几曾疏槛禁，蛛丝何必苦胶黏。相期夏箨朝朝解，莫似春潮夜夜添。"令惭惧，为之发落而释者日数人，半月皆尽。

东流狱

林福祚尝令皖之东流县，县人有王三衙者，与建德黄孔英相友善，黄年视王倍长，王夙兄事之。粤寇乱后，王不知所往，其妇萧氏尚少艾，失所天，则走建德，依黄以居。黄艳萧色，欲鬻之而取其赀，则诳萧曰："王之全家已歼于贼矣，归亦无所依，盍更嫁乎?"萧不得已，因拜黄为义父，而改适县人陈某。然王时已归东流，初不知其妇在黄家也。会陈以事往东流，萧嘱其访求母家之人，至则得其弟于城外破寺，告之故，弟闻状，即奔报王。王遂挟陈同赴建德之张家镇，面诘黄，黄惭惧无以对。乃令家人治酒食款王，而己则乘间入室，闭户饮药死。

黄子愤其父之死也，则迁怒于王，谋所以报之。夜舁尸置山中，诬控为王殴死，引路旁弃舆为证，谓王殴其父致死，而以舆载尸弃诸此也。建德令孙某惮往验，檄尉代往，尉得贿，径以殴伤报。孙信之，辄以酷刑迫王，使诬服，狱成。东流民赴郡鸣王冤，郡守周某下其事于林，林以为王既杀人，且以舆舁尸入山，必不弃其舆自召人之踪迹之也。且舆夫未得，可以一舆定杀人罪耶?乃饬役先缉舆夫，竟得之于镇。盖舆夫本王之族兄弟，黄死之翼日，方在镇观剧，黄得之，谓即载尸入山者。林谓舆夫虽未同谋杀人，然为凶手载尸，即不能无罪，乃不远扬避缉，而尚在镇观剧，此非人情，舆必非载尸者。研讯之，则王有族父设肆于镇，适有疾，家人以此舆来迎，舆至而病已痊，不遽归。舆夫无所事，偶出门观剧，为黄子所见，而因以诬之也。狱上，周大怒，驳使更鞫，林不可，乃摭他事以详参胁之。林至省，谒大府，力请剖棺验黄尸。开棺检验事大，皖省数十年无行之者。江督沈文肃公葆桢为檄，召江右某名仵作来，年已八十余矣。既开棺，黄尸果现服毒状，身无殴痕，黄子始服诬告罪，而周、孙皆镌职去，林复任东流。

周东兴狱

同治庚午，总兵周东兴被诛，咸谓其兵败失机，左文襄公奏明得旨正法，不知其中别有故，非失机罪也。盖东兴以军功擢总兵，发甘肃差遣，时文襄方帅师攻宁夏，久未下而粮匮，乃檄东兴赴中卫，设局采之。东兴至中卫，按户派买，给半价，民无出，则价令全返，违则置重典。时中卫以孤城守数载，四境孑遗，民当此役，苦困不堪，乃相率走平凉，控之制府。文襄檄至对簿，赃巨万，事闻于朝，奉旨以军法从事，当大辟。

东兴时系平凉狱，出狱时谈笑如常。文襄盛陈兵卫，高坐帐中，召东兴跪墀下，谕以罪当死，东兴始号哭，乞戍新疆効力赎罪。文襄曰："旨下矣，何効力赎罪为！"乃命引出。东兴攀柱痛哭，坚不行，左右力曳之，拥出壁门。时壁门外北向设香案，监斩官肃立，案西三丈许铺红氍毹，刽子横刀立案右，大众皆为壁上观。东兴咨且不前，数左右顾，冀有亲故至者，托身后事也。既出壁门，乃握监斩官手，且泣且语，监斩官促望阙谢恩，逡巡九顿首讫，仍起立，向监斩者泣语不休，监斩者复促之，始徐就氍毹，足方屈，头落丈余矣。当此狱起时，虽以中卫民聚控，其主使者，实其僚友县丞刘蔼如也。蔼如之恶，不逊东兴，而主使攻发者，则以分赃不均，而又妬奸争妓也。及东兴伏诛，蔼如遂患心病，时作呓语，呼东兴不休，不一月，呕血卒。

同治癸酉科场案

同治癸酉顺天乡试，都下盛传荧惑入文昌，科场有不利。是科中式第十九名徐景春，以策内不识《公羊》为何书，遂将"公羊”二字拆开，为广东梁伯器僧宝所磨勘。梁初签出，礼部查《则例》，景春应罚停会试三科，主考官降二级留任，同考官革职留任，照此办理。片咨吏部，讵吏部咨行礼部，必欲褫景春。礼部覆称，如革景春，则主试官皆应降调。时潘文勤公祖荫署吏部右侍郎，一日文勤入署，司官持稿回堂，文勤怒，投稿于地曰："吾知有人图全小汀缺耳。"盖其时全文定公庆为协办，而宝文靖公鋆官吏尚也。方龃龉间，文靖适至，问司官因何遗稿在地，司官以文勤语质言之，文靖默然。未几，景春竟屏革，同考陆编修楙宗亦革职，景春出楙宗房，主考为文定及胡小蘧总宪家玉、童侍郎华与文勤，皆降二级调用。适文勤管户部三库，三库印忽失，事觉，革职留任。至是又得降调处分，遂无任可留，因而革职，旋奉特旨赏编修，仍在南书房行走。小蘧降调后，又因与江西巡抚刘忠诚公坤一以田赋事互揭，部议忠诚革职，小蘧再降四级调用，遂终鸿胪寺少卿。

景春既因磨勘被褫，内帘各官降革有差。是科各直省试卷磨勘綦严，于是江南则革去举人杨楫，以其《春秋》题集经为文，语次联贯，谓为文理荒谬；而江西全榜中式墨卷，其第二开，首行之首，末行之末，皆各涂改一字，若人之名号拆开者然。若谓是笔误，何以每卷皆同？以文理论，则又必无误书此二字之理，情弊显然，无可徇隐，因请旨暂行斥革，一面行文确查。实则士子与誊录生为识别，属其加意精写，惟恐目迷五色故也。然此事颇难斡旋，兼值功令森严，几无复保全之策。嗣监临抚臣覆称，该省试卷纸质最薄，其红格两面一式，而印卷官关防在卷后幅，士子入闱，匆遽之中，往往反写，故领卷后，即各于第二开写此二字，以别正反，历届相沿，亦不自本科始，实属无关弊窦云云。奏入，事乃得解。

李有恒冤狱

李有恒，新化人，以从田兴恕治兵，积功至总兵。同治末，在蜀统防营，会东乡县民以县令孙定扬加赋事，有围城之变。时护川督者为文格，不知蜀人之围城与罢市等也，大惊，以为东乡民叛矣，遂令有恒率师往平之，檄有“督兵痛剿”字样。有恒见檄，乃入谒，则期期以为不可。格曰：“去耳，何喋喋为！”有恒至东乡，如格言，大肆杀戮。蜀人大愤，遂由御史劾之，旋有钦使出勘。格惧，咎有恒，有恒曰：“公之命也，有恒不能独任其咎。”格以檄在有恒手，忧甚，恐为所持，遂以属华阳县知县田秀栗，使图之。

秀栗素与有恒善，乃先为伪文书一通，置之袖，且预约一友后时而往。秀栗晤有恒，慰问毕，询所以自免之策，有恒曰：“吾有札在此，若死，则俱死耳。”秀栗曰：“文官多巧，其中有趋避语，宜出示我，当为汝辨之。”有恒不疑有他，遂取出与观。正指点间，忽外传有客至，有恒出见客，秀栗匆促中急以伪文书易之。有恒送客出，入内，秀栗即曰：“顷视文书，果如君言，当无他矣。”遂匆匆别去。有恒视札，则已易，“督兵”二字，改为“相机”矣，始知为所卖，大悔恨，由是见钦使，无可置词。格既得札，三叩首谢秀栗。其后谳定，有恒果论大辟，独死矣。

狱囚利久系得金

狱囚之久系者，率与胥卒表里为奸，鱼肉诸囚，颇有奇羡，此固所在皆是也。同治时，有山东人张某者，商于京师，以杀人论绞，系狱垂十年，岁入几千金，付其妻子，使营子母。光绪乙亥，大赦出狱，稽簿籍，则已赢数千金。既出而大恨，以诸治生事，皆莫如囚之逸而丰也。

张家居岁余，郁郁不乐，会坊中有伙殴人致死者，案送刑部。张喜得间，急以金贿部吏，使窜己名从犯中，遂复系狱，所积益不赀。庚寅，德宗大婚，孝钦后归政，又值大赦。狱故有他囚，欲效其所为，而资望势力皆不及，计非去张，不得专利。乃亦以重金贿吏，于张案独声明其久在辇下，恣为奸利状，请递解回籍，以弭后患。堂司官可之，如所请行，张遂携妻子橐万金出都门矣。临出狱门，愀然曰："吾遂不得复居此耶。"

欧阳涣藏印帖案

欧阳涣，新野人，世业儒。早岁丧母，父于道光中为邻郡广文，蓄一奴，季姓，忠于事，甚重之。奴有子曰黑儿，生十年矣，父察其沉静无童心，貌亦端正，乃使伴涣读。无何，父被督学使者荐，以县令送部引见，而性恬退，不欲为，遽引疾归里，课涣及黑儿。家虽不丰，然居宅为祖产，有池亭花木之盛，惜岁久剥落。涣临《九成宫帖》，罔间寒暑。某岁，重阳风雨，涣与黑儿游荒园，登培塿折半开之菊，插缺唇瓶，插既满，挈瓶回，忽踣于泥淖。黑儿趋视之，从莽中拾一物作浓绿色，方径寸而螭纽，重可五两。涣审视之，曰："此印章也。"亟纳诸怀。越日，为父所见，父精赏鉴，问何来，具答之。反复谛视，抉剔泥污，而曰："此我家率更令印，千岁物也。"因为述率更令德望，且指所临《九成宫帖》示之，谓："物历千岁，展转入吾家，吾祖吾父莫之能有，而汝得之，此中殆有天焉。或异日得追踪先哲，当侍东宫，未可知也，汝其勉之。"涣时年十五，闻之大喜，买五色丝系印，佩于身。益潜心习率更字体，日进不衰。

越二年，涣应童试而冠军，谒宗师，宗师谓其所作得南丰曾氏神髓，无俗恶气犯其笔端，又谓楷法直逼率更，传示诸生，赞不容口。旋出初搨《九成宫》真本以为赐，涣因出所得率更令印，呈宗师阅之，并缕陈得印状。宗师益赞叹，且曰："率更果有后身，非偶然也。"以八宝印泥钤印于帖之左方，持帖示守令，谓此本不多觏，今以畀欧阳生，不负此物矣。乃援笔赋诗，命守令亦皆赋，并题于后，郑重而授之。归告父，父亦莞尔。以家藏《九成宫》较之，相去不可以道里计，掀髯大笑曰："何物乳臭儿，希世之珍，得一为幸，而又兼之，将何福以堪此！"亲知故旧闻其获古印、受法帖，争请鉴赏，弁言跋语，积成卷轴，皆以清要为涣期之矣。

初，涣得印而喜，黑儿方幼，即不悦，谓一踣几伤体，此物不祥。涣笑曰："童騃，何多忌讳?"及既青一衿，乡试七战七北，父旋卒，所娶妇亦相继殉，两营丧葬，家徒壁立，一印一帖之外，殆无长物。黑儿请售于骨董家，冀得金权子母，不许，即家授徒以餬口。又二年而祸作。盖涣有父执某，为新野令幕客，令考满入都，赂权贵，求升转，权贵不受，使人微讽令，欲得初搨《九成宫帖》真本、率更令印章二物，美官可立致也。令夙闻涣家怀此异宝，意可以购，乃请约期报命。权贵之父，十余年前尝守南阳，亲见宗师奖赐法帖，且与赋诗之列，知新野令必能得之以献。既闻令约期之请，亦使人遥示意旨曰："珍物朝至，尔阶夕进。"令回新野，谋于客，客语涣，许畀重金，不应；许以代谋进身，亦不应。约期过，权贵怒令诳己，嗾台谏劾豫省吏治窳败，牵连及令，令摘印去。

新令下车之始，即出金为阖邑生童广膏火之资，月集县署，试时艺及诗古文辞。涣颇有所获，为令所器重。令或过涣舍，谓园林荒落，命匠为小修之，就其园为会文之所。又时馈蒸豚醇酒，公暇辄就而小饮，如是几一年。一日，从容语涣曰："君家有率更印及《九成宫帖》真本，旧令尹之所以去官也，其为宝也，果何如?能使我一扩眼界否?"涣嗫嚅良久，令笑曰："我为一邑长，又与君善，宁能攫君之所爱耶?一观耳，庸何伤!"涣不得已，出示之，令摩挲（同"挲"）题咏，呼酒浮白，薄暮始去。又一日，以书来，谓有大赏鉴家能为君辨印章之真赝，愿假一观，涣难之，黑儿曰："宁售之，毋受奸人欺。"涣适中酒大恚，援笔作覆书，黑儿之父在侧，取视，急就烛焚之。黑儿大惊，父曰："第白主人，但道老奴以为不可。"涣亦知书语太戆，乃婉辞以覆，而令之周旋往还、馈遗酬酢也，乃一如平时。

是岁十月之望，令访涣，论文灯下，忽报积薪上炎，顷刻穿墉。令督役扑灭，倏忽间，毁五楹，涣大呼曰："休矣!"又探囊而顿足，面色灰败。令问之，对曰："公所不能忘情之法帖，今为祝融氏携去，不足，又益以印章。"令曰："君子无故，玉不去身，印悬肘后，固当无恙。"涣曰："倒屣迎公，适在更衣之后，置印床头，同归于尽矣。"令不之信，且疑其故纵火以绝望，微哂曰："帖之存亡，固未可保，金石之坚，历劫不毁，会当复出泥中，寻君幼年之盟，可毋惘也。"涣顿悟，待令去，使人持锄耰，物色瓦砾中，不可得。呼黑儿，不知所之。涣疑宵小或胠箧献于令，益恨，而黑儿竟不归。其父念黑儿，又卧病偃蹇，遂死。

其明年，权贵以卿贰持节出镇中州，前令因嬖幸进言，谢失约罪，且白涣倨傲状。适涣之中表不慎于言，以非罪陷缧绁，涣为具词伸诉，令受前令嘱，因事罗织之。又以往日之火，疑非天灾，乃当以干预讼事罪，申大府，请革衣顶。权贵檄令械系之，将按讼棍律拟罪，迁延囹圄中三载，而令去任。后来者虑囚至涣，亟出之署，涣无罪，中表事亦昭雪，而旧宅已易主，零丁孤苦，乃依中表以居。中表故业商，念涣为己受折磨，挈之以出贩，小有余，辄分惠之，遂赖以存活。

某年岁暮，涣随中表归，门前有一丐，寒战瑟缩，望涣而拜，哭且失声。涣惊呼曰："此黑儿也，胡为乎来哉！"急取衣衣之，和姜桂以饮之，乃徐徐问比年踪迹，及当日出亡之故。黑儿泫然曰："奴负主矣！主以印章法帖为至宝，奴不以为宝，奴固以主人为宝也。当日之火，奴以为天佑主人，辄敢因火怀印与帖，避地而居，知主必以此二物贾祸，祸发恐不可救，将以此二物为主人脱祸也。既而祸果作，奴不幸言而中，货衣物，间关走京师，投某侍御家为奴，献二物请救主人。侍御之季父，主人之恩师也，睹物惊骇，幸驰函抵中丞，而前中丞与主有隙者幸已去，遂得檄邑令，出主人于狱。侍御闻报以告奴，又许奴为忠义，赍百金并原璧，使仍归主人，令速以善价售之，勿重物而轻人。物则犹是也，而主人免于祸，奴以为幸无罪矣。乃天祸未已，中途遇暴客，劫掠而去，无资装，寸步不可行，行乞于市。酒家翁哀之，使为佣，积微资，辞酒家归。又不幸病于逆旅，丧其资，仍行乞，偃蹇数月，今始得见主人。而主人之宝终归乌有，奴负主矣!”涣惨然，持之而泣。黑儿后随涣偕中表至泰安旅舍，遇一人，自言隶旗籍，将赴南中补江宁府遗缺，病不能前，涣使黑儿佐其诸仆伺应之。未几，疾势不可为，其仆皆散，涣使中表先首途，独与黑儿留，守护旬日，客竟愈。感其厚谊，劝毋货殖，挈与俱南。既而客守彭城，涣为上客，黑儿亦得宠。一日，与诸奴沽饮于市，乘薄醉过鼓楼，游览列肆，见《九成宫帖》题识宛然，北风披拂，末页已稍剥蚀矣。黑儿愕然，急问价，曰：“钱二千。”大喜，购之归，还于涣。喜出望外，走告居停，历叙坎坷之状，慨然曰：“墨宝幸而存，印章不可复得矣。”居停曰：“子毋然，曩者出都，有人以古铜章二求售，云得之拾遗者，仅索三金去，姑与子辨之。”及出印审视，涣挢舌不下，黑儿亦瞠目称怪事。其一为步兵校尉之章，其一则斑斓如旧，系丝五色，不绝如缕，固太子率更令印也。

张某立寨被诬案

广西自咸、同军兴以后，土著绝少，以十分计之，广东居其三，湖南居其二，江西居其一焉。地本瘠薄，人尤游惰，客民开山垦地，势颇强横，游手无赖，因之日多，其流入越南为匪者，大率由此。人各习兵，家各置械，往往以口角细故，彼此争斗，俨同战阵。浸假而官事不平，亦往往聚众与抗，或有围城交锋之举。其官吏率皆久居桂林者，或由幕席，或由佐职，夤缘保擢，视以为常。额兵而外，又设防营，文武将吏，结合为奸，动称某处构逆，某处围堡，羽檄飞驰，便宜行事，然未及旬月，报肃清、请保奖矣。光绪初，有张某立寨自保，为仇家诬扳逆谋，至发重兵。寨首闻之，绕道赴省投首鸣冤，而兵已破寨，杀五百余人。院司乃专案请奖，势难平反，寨首投辕，亦遂斩决结案。

庞钟焕控金菊如案

光绪初，鄞县陈康祺令昭文，邑绅庞钟焕有家塾，塾师为金菊如。一日，归而病，庞久待不至，疑与其姬人银荷有染，畏罪而逃也。控之于县署，陈讯得真情，判曰："庞钟焕控金菊如一案，研讯数堂，迄无确供。中冓不可言，何况事无实据；缧绁非其罪，肯教士也含冤？本县观金菊如章句书生，乡村学究，适子之馆，未及半年，招我由房，难通一面。纵使国风好色，岂忘君子怀刑？庞周氏貌尚端庄，年非韶绮，久已与庞公而偕伉，何至见金夫不有躬？庞钟焕生长阀阅，身受崇封，到堂数言，亦知大体，决不因主宾失好，自污二人。大约别嫌明微者，名门之家范；争妍妬宠者，妇女之恒情。周氏附中妇大妇之班，久抱衾裯而怨命；金生少经师人师之化，惟凭夏楚以伸威。此豸娟娟，或偶具先生之馔；群雌粥粥，遂疑踰东家之墙。偏听人言，恐疏阃范，嫌疑原当自白，防闲不厌过严。投牒公堂，初非好讼，众口雷同，两心冰释。炎凉异性，荷菊非并蒂之花；贵贱殊形，金银岂一炉之汞？宾东未洽，别聘名师；婢妾无辜，仍还旧主。倘该封职专房有属，无调象驯狮之术，何妨开阁放姬？尔童生就馆不终，遇瓜田李下之嫌，益宜守身如玉。"

孙振斋控媳案

孙振斋，讼棍也，刀笔所获颇不赀。晚年辍业，一日忽与寡媳启衅，诉之县。孙以为女子易与，且分属尊长，必不失败。堂讯时，孙乃详述媳之过失，媳不辩，惟嘤嘤啜泣。官异而诘之，则曰："墙茨之丑，何能宣言于大庭广众乎？彼见我文君独处耳。"官大怒，责孙无耻，斥之退。孙指其媳骂曰："恶妇，我不料一世英名，乃败于汝！"媳笑曰："汝子已死，我传汝衣钵耳，何骂为！"孙愤愤而出。

汤圆案

郑裕国令归安，人称之为郑青天。一日，乡人某以女将遣嫁，入城购奁物，过一点心肆，食汤圆，而囊无铜钱，告店主曰："我因事入城，仅有银耳，尔且记账，稍缓即来偿。"店主曰："我店资本甚小，且向不识尔，乃图餔啜耶？"乡人不得已，以银币一圆为质而去。事竣，则持铜钱以赎银币，店主不认，曰："汤圆值数十文耳，焉用银？"

乡人忿甚，商于讼师赵某，赵曰："此地为乌程所辖，讼必屈。若逢郑青天，事乃济。"乡人哀求不已，赵曰："尔愿受笞数十乎？"语其故，乡人大喜，静候于归安署前，将伺郑出而控之。俄郑自府署归，乡人直冲其仪卫，郑喝问，大呼曰："小人籍乌程，官为归安令也，当送乌程，不当责我。"郑曰："天下官管天下百姓，事犯在我，不能免。"杖毕，乡人乃以牍进，郑曰："此为乌程界，汝应往该管衙门呈控，不得歧渎。"乡人曰："天下官管天下百姓，官之言也。"郑笑而言曰："姑为尔讯之。"即签传店主，坚不承，乃潜使役向店主妇取赃，绐之曰："尔夫已供认矣，速缴可免责。"妇曰："我原劝其不可昧良，今何如！"遂以原银币给役持归。

郑获赃，谓乡人曰："汝银当于他处遗失，彼不承，我不能滥刑徇私，不如我偿汝，免枉屈良民。"乡人不受，郑佯怒曰："偿汝不领，欲何为耶？"掷银二饼，中杂以原物一，听自择。乡人见而讶之，指其一曰："此为小人故物，何得在此？"郑问何所记，曰："此银乃小女聘金，上有双喜朱字，故知为原物也。"以示店主，店主不语，乃俯首伏罪，薄责而释之，乡人顿首致谢去。

曹桂山以大言冤死

光绪初，庞际云护湘抚，署藩司为孙某，禁城隍会，湘民忿之。而新任卞宝第至，庞移抚黔，暂僦宅居。湘民忽聚众哄藩司署，毁大门，又毁庞之宅。有积痞曹桂山者，次日始入城，耻不与其役，至一木匠店，大声言曰："我手甚酸痛。"木匠问故，曹曰："昨与众攻藩署大门甚坚，众不能攻，独我攻破，故至今尚作痛也。"时官捕滋事人甚急，诸无赖多避匿，或闻曹言，亟执送官，遽以首犯论斩。

沙河堡谋杀案

光绪初，京师有布客甲乙二人携资归，途遇一卖花者与同行，至沙河堡，夜矣，舍于逆旅之西偏屋中。卖花者仅一担荷两箱而已，而东偏屋中，则先有贩沙壶客与一瞽者同宿。夜半，瞽者闻西屋斧声，而呻吟声、窸窣声继之，大疑，潜呼贩壶客醒，语之曰："我姑碎君一壶，君即起而与我争，佯为喧扰者，以观其变。"于是西屋中有三人出而劝其息争，店主亦往劝，请搜贩壶客之橐，无所得。瞽者大哭曰："我以赤贫卖卜，积得两缗，大不易。今失之，安知非汝等所为？凡居此者，当悉搜其箧；不然，誓不出此门矣。"西屋三人曰："吾侪以相劝至此，乃诬我耶？"瞽者曰："汝不至，吾安得诬汝？今既入吾室，自必搜检矣。"店主闵其无告，又虑有意外事，乃婉劝三人启箱以释其惑。三人固不可，众益疑，谓钱必彼窃，群起迫之，搜其箧，则有血渍殷然之油纸包各一，启之，支解之二尸在其中，乃缚之送官，一讯而服，赏瞽者，置三人于法。

王树汶为顶凶案

王树汶，邓州人，幼以被掠，为镇平盗魁胡体安执爨役。体安，镇平胥也。河南多盗，州县故广置胥役以捕盗，有多至数千人者，实则大盗即窟穴其中，时遣其徒党出劫，捕之急，即贿买贫民为顶凶以销案。体安尤凶猾，一日，使其徒劫某邑巨室，巨室廉知体安所为，乃上控。时涂制军宗瀛方抚汴，檄所司名捕之。镇平令捕体安急，则贿役，以树汶伪为之，俾役执之去。树汶初不承，役以非刑酷之，且谓即定案必不死，始诺。树汶年十五，尫羸弱小，人固知其非真盗也。县令马翥闻体安就获，狂喜，不暇审真伪，遽禀大府，草草定案。

既定谳，当树汶大辟，时体安已更姓名，充他邑总胥矣，树汶未知也。刑之日，树汶始知之，呼曰："我邓州王树汶，非胡体安，若辈许我不死，今乃戮我乎?"监斩官白宗瀛，大骇，命停刑，下所司覆鞫，卒未得要领。树汶自言父名季福，居邓州，业农，乃檄邓州牧朱杏簪刺史光第逮季福为验，未至而宗瀛督两湖去，继任者为河督李鹤年。开归陈许道任恺者，先守南阳，尝谳是狱，又与鹤年有连，于是飞羽书，阻光第，令毋逮季福，且百端诱怵之。光第不为动，慨然曰："民命至重，吾安能顾惜此官以陷无辜耶!"竟以季福上，则树汶果其子，恺乃大戚。鹤年以袒恺故，持初谳益坚，豫人之官科道者，遂交章论是狱。

鹤年恚言路之持之急也，遂力反宗瀛前议，而益傅会律文，谓树汶虽非体安，亦从盗，在律盗不分首从，皆立斩，原谳者无罪。然树汶初止为体安司炊，亦有谓其为娈童者，而实非盗，谳者必欲坐以把风接赃之律，树汶至是遂为正凶。而官吏之误捕，体安之在逃，悉置不问。谏臣益大哗，劾鹤年庇恺，于是朝廷有派河督梅启照覆讯之命。河工诸僚佐，率鹤年故吏，不敢违鹤年指，启照亦不欲显树同异，竟以树汶为从盗，当立斩。狱成，言者争益力。

时潘文勤公方长秋官，廉知其概，提部研鞫，而赵舒翘方以郎中总办秋审，因以是狱属之。阅数月，乃得实，将上奏矣，而鹤年使故为文勤门生之某道员入都游说，文勤入其说，遽中变。舒翘方力争，文勤忽以父丧去官，南皮张文达公之万继其任。文勤亦知为某道员所卖，贻书文达，亟自引咎。疏上，奉旨释树汶归，戍翥及知府马承修极边；鹤年、启照及臬司以下并承审各官，皆降革有差。而光第已先以他事劾罢，则恺嗛鹤年为之也。

有以持恺羽书直揭部科讽者，光第笑谢之，贫不能归，竟卒于豫，年五十五。光第去官二十年，邓人谋以其治状上于朝，请祀名宦，以其子祖谋时官礼部侍郎，格于例，不果行。祖谋，字古微，以道德文章著称于时，更名孝臧，学者称“沤尹先生”者是也。

光第以咸丰末补授河南邓州，值大祲后，比户流亡，而在官三年多惠政，壹意休养，尤善治盗，民以安集。俗颇健讼，讼刑部、都察院者，岁或数十事。故事：京控案付首府之谳局鞫之，鞫者觊了案之奖也，辄迫以和息，不欲甚辨曲直，而奸黠者愈得计，效尤滋益多。光第尝从事谳局，审其然，牒所司穷治之，其诬诉者必反坐，俗为之革。旁州县此风，亦因之少杀。

杨乃武被诬杀人案

同治时，余杭有葛品连者，早岁丧父，母健而勤，率品连设肆市豆腐。品连娶毕氏，有姿首，肤莹洁，体轻盈，人因以“小白菜”呼之。邑令刘锡彤有子逾冠，闻其名，一日遇诸途，尾随之，密以意示衙役，使谋之，久之通焉。邑有杨乃武，同治癸酉举人也，丰采甚都，当为诸生时，已与毕通，为锡彤之子侦悉，妒之。已而乃武捷秋试，毕欲委身事之。谋既定，锡彤子知之，益愤，将谋所以陷乃武者。会品连暴卒，里人以毕多外遇，窃窃然疑有谋杀事，实则毕奴畜品连，品连不能堪，以吞鸦片死也。锡彤子闻之，嗾葛母，饵以厚贿，使以乃武与毕二人毙品连诉于县，品连之母遂以通奸谋杀罪控乃武，谓其中砒毒也。锡彤先入其子之言矣，信之，及验尸，指甲有青色，谓为受毒之证，收乃武与毕，严鞫之，迫以刑，谓其因奸同谋，遂诬服。锡彤询以砒奚所购，乃武漫言购自某药肆者，因逮肆主质之，肆主坚不承，于是案久不决。

刑幕某，与肆主同为绍兴人，承锡彤子意，婉商于肆主曰：“仅待子一言，即可结案，何固执为？”遂授肆主以辞意，乃供称某日乃武至，言将以砒置食物中以杀鼠，故来购，乃武邑绅也，信而售之，不意其非杀鼠而竟杀人。锡彤录其辞，详大吏，府司复审，以证确，故无异议，定为谋杀亲夫案，毕当凌迟，乃武当论斩。乃武妇某氏知乃武冤，具词入都，诉之于都察院，而给事中王书瑞亦据以上闻。光绪乙亥四月，奉旨，命浙学胡侍郎瑞澜提集全案人证卷宗，秉公严讯。胡檄宁波守边葆諴鞫之，讯数次，卒照原议覆奏，谓乃武因奸起意，令毕将品连毒毙，供证佥同，案遂定。然乃武所画亲供之押，实为"屈打成招"四字也。

至是，而乃武与毕均延颈待决矣。时上海已有《申报》，载之甚详。既定案，报端复缀一联云："乃武归天，斯文扫地。"为其同年友所见，大愤，谓乃武虽武断乡曲，品连实非所害，思有以平反之。会春试，咸计偕入都，谒乡人刑部侍郎夏子松少寇同善，诉乃武冤，谓品连实病死，非毒死。同善问冤证，众言品连死日，乃武方在外舅家处理析产事，代书分单，其外舅居乡，距城数十里，一日之中，不能在乡理事，而复在城杀人，此冤证也。同善曰："案乃若此，君等可控之都察院，仆备官秋曹，当相助也。"旋经汪树屏等遣抱，控之于都察院。十二月，奉旨提交刑部审讯，案遂复活，全案人证由刑部提京复审。部牍至浙，锡彤自解品连尸棺入，及验，则指无青色，检验者谓南方气较热，初验时，死者指甲青色，当系发变，非服毒之证，实为因病身死。继讯某肆主，肆主直供刑幕教唆语不稍讳。

初，瑞澜传集人证之至省复审也，肆主不欲往，锡彤子给以资，始就道，然肆务因以衰败，及牵连至京，肆遂闭，恨锡彤子及刑幕刺骨，故直言以发其覆。证人证物，既皆子虚，案遂平反。丁丑二月，奉严旨申饬，于是原审、复审官，自浙抚杨石泉制府昌濬及瑞澜以下，皆降革有差，锡彤发往黑龙江效力赎罪，不准收赎，锡彤子投海死。乃武虽释，而足骨以受极刑故，遂不良于行。家计亦困，乃至沪卖文以自给，毕则披剃为尼，宣统辛亥尚存。

或曰，翻案之原动力，乃某公使偶在总理衙门座次告王大臣曰：“贵国人断案，大率如杨乃武之狱。”当道闻之，至局蹐不安，遂翻案也。

闽中发冢开棺案

丁文诚公宝桢抚闽时，某县有发冢开棺剥取尸身衣饰一案。县幕故狡诈，以欲为令规避处分，必欲避去“发冢开棺”字样，其详文有云：“勘得某处有厝棺一具，棺材后壁凿有一孔，围圆一寸三分，据尸亲某某供称，尸身头上，失少金簪一支，显系该贼由穴孔伸手入内，拔取金簪，得赃逃逸。除悬赏购缉外，理合勘明详报”云云。文诚于牍尾批云：“以围圆一寸三分之穴孔，竟能伸手入内，天下无此小手；棺后伸手，拔取尸身头上金簪，天下无此长手。该令太不晓事，应即撤任，候饬司遴员接署，另行勘详。”

泉州林绅失女案

闽之漳泉，其民慓悍尚气，往往以细故酿巨祸。仁和章某宰龙溪，有以失女案越境来控者，原告泉郡林绅，被告为本邑王某，亦巨室也。阅其状，则林女以三岁时养于乳母，一日挟之出游，遂不返，失踪十四年矣。林失女，即以人探乳母家，尚未归，后时时侦之，十四年无迹。某岁社日，乳母杂众中入庙祝神，旧仆林二识之，擒以归，问女，言已卖，以郡施氏赘婿，购为婢，随嫁适王矣。章即坐堂皇，唤乳母入，则年四十余，蠢然一村妇也。问拐女事，亦自承。章以乳母已招认，无别情，命羁之。问林曰：“尔女既媵于王，欲令归乎，抑听留王氏，但治乳母罪也？”林忿然曰：“吾缙绅裔，安能为贱于人？非欲令归者，吾泉郡官岂不能治以拐带之罪，而必远诉至此？”章颔之，允集讯。

林退，明日遣四役至王家，命传施婿及林女来。役往半日返，复命不得一人，章怒，各笞四十，命复往。漳、泉俗，凡富室嫁女，媵以婢，名虽从嫁，实如妾。林女随施嫁六月，二人情甚密，若姊妹，王尤爱之，与施同孕。至是已三月，役至家，王甚惑，及阅牒，知为林女事，笑曰："妇翁以此婢赠吾，吾怜其慧，已纳为妾。若有诱拐事，则卖者既获，买者亦有人，可问施。吾生平不入公门，不能与林对簿也。"役见其贵倨，婉劝曰："邑主传君，非究君诱拐事，惟林女在此，或遣或留，必得君一言，案乃可定。今既纳为妾，窃意君必留，尤须与林言明，使林女事君无异辞也。"王大笑曰："吾妻之婢，吾纳为妾，妻既无言，谁能饶舌！"还其牒，立麾之出。

役去，王入告施，林女亦在，施笑谓王曰："吾妹方以未识生身人，日夕抱憾，林家人至此，妹果所生，当往迎，令骨肉重逢，勿失戚谊也。"王曰："彼果认女，当径来吾家，今投县，以牒来传，其意不善，安可令见。"二人谈久，林女独默默无言。忽阍人入，言县役复来，王大怒，厉色出，斥之曰："可告尔长官，吾王氏名门也，吾妾方青年，不能涉足公堂，受万人指摘。尔勿复来，不则吾即欲饶尔，此拳不尔饶也！"言毕，以拳拟役面，作欲击状，役急退。王怒少解，命阍人入，取数金与之，疾驱出。

役复返，章以王累传不至，林呈催急，知役虽再行，非作具文，即得王氏金，不敢催。王与林女虽案中要人，然不能拘，非严比，传集无日。时尚未退堂，即命布练于地，令二役跪其上，二役往传，限二小时返，不得人，则已跪者往，返者复跪。如是二日，役大窘，至王家，誓死不敢归，捽之行，卧地不起。王见役膝尽肿，施亦劝令林女见林，一叙父女亲，后相往来、联戚谊。王患役扰，遂命施告林女，以常妆偕已入县，且慰以此行得见父，少出即归，行无伤。舆至，林女色甚戚，怏怏出。

至县，观者如墙，女见父，似甚欢慰。林言失女后，其妻日涕泣，逾年遂亡，吾跋涉追寻，十四年如一日，今见女已成人，追念往时，能无悲戚。言已泣，女亦泣，拜伏于地。王以晚辈见林，林急走避。少顷章出，传呼两造，众同上。章周视已，谓林女曰："尔幼被拐，尔父日搜觅，十余年不少休，今既相逢，当体尔父爱女心，即与同返。"女不应。章谓王曰："此女在尔家，仅供役使，与林为父女亲，尔当劝归，吾使林购婢以偿，勿使失天伦义也。"王亦未答。章促之，林女忽趋近案前，毅然曰："君官此地，宁不知此地之俗？女虽为婢，身已属王，且有孕在身，归将复嫁乎？父如念我，后此可往来，必令归，惟有死耳！"章不能屈，温语劝之，亦不听。乃谕林曰："尔女身已属王，义无再返，况即归，其年已长，行当嫁人，亦难长聚。尔以爱女故，辗转寻觅得相逢，复违其愿强使还，果有不虞，则因爱伤生，必后悔。"林闻女言，意已忤，又闻章谕，心大怫，愤愤答曰："必令归，他无可言。女果死者，吾亦无惜！"章知不能下，欲以人调停，合两姓好，命且退，章亦入。

有李贵者，章之干仆也，司稿案，素能言，急呼至，命留两姓善劝之。李出，留林他所，挽王入己室，告之曰："君欲留女，当备财礼，令暂归，后迎娶之。吾奉主人命，以林恶女为贱，故不肯留，若稍尊之，使彼有荣施，君所爱亦可保，无为梗矣。"王诺。李肃之出，挽林入，曰："君世家，必无再婚女，女归不遣嫁，显背人道，遣嫁而女恋王家，终必至死。且君之不听为媵者，为其贱耳。今官意令王以纳室礼重结婚，君女与施氏并尊，王世裔，亦不为君辱。如是，则既遂儿女私情，且无他变，不甚美乎？"林怫然曰："吾此来，为归女耳。吾族之人于吾行，皆以必得为贺。今留嫁于此，此中隐情，久必彰露。女果恋王，生死听自便，吾保吾誉，不能为女恤也。"李力劝之，卒不听。

李亟入复命，章复升座，命两姓入，谓林女曰："尔父不听留，尔欲不负王氏者，可自求尔父。"林女闻言趋林前，痛哭而拜，力恳之，林不允。章命王亦拜，林益怒，大呼曰："吾女被诱拐，非自卖也，因拐至此，与王私，君必遂其情，吾生身父，踪迹十四年，既得女，反不获请。此愦愦判断，不独使女子丧守者无羞恶心，彼不法拐徒陷人失节，反生效力矣。君必相逼，非死吾身，即上至叩阍，必得女也。”章亦怒，痛骂其无良，判还之。林女见谳定，立收泪，趋与王为别，剌剌语甚久，亦不复哭。言已，麾王返，王拭泪出。明日，林女随父归泉州，至晏海渡，既登舟，乘林不备，遽投水死，尸漂没无存，闻者惜之。

沈文肃纵琉球狱囚

光绪己卯，日本灭琉球，改冲绳县。沈文肃公宝桢方任江督，有琉球国事犯三人，潜窜至江宁，廷旨以日有盟约，命执三人，归之于日本。系狱矣，忽逸其二，上元令惶恐无措，遂求江宁守挈以谒沈，白其故，虑罪且不测。沈默然良久，语守曰：“囚三人耶，已逸其二，余可悉纵之。”守、令均疑沈怒，莫知所对，沈复慰之曰：“汝但纵囚，有事，我自任之，汝无罪。”令乃出。沈退食，语幕宾梁某曰：“吾日日思归乡里，皆不得请，今其时矣。”遂上疏，以逸囚自劾。大意谓：“琉球吾藩属，今被日本夷为郡县，逃人来依，我不能庇，复执而归之于其敌，谊有不忍。今囚诸狱而逸去，此有司之责，请治臣以罪，贷其他。”时恭亲王当国，夙器沈，疏上，事遂寝。

刘泖生欲解疑狱而死

江山刘履芬，字彦清，以生于云间，因号泖生，以同知直隶州充苏州书局提调。

光绪己卯江南乡试，嘉定知县程其珏调分校，往代之。受事之日，民先有逼嫁致死，督部檄一干下县决杀者，刘不怿此干，笑侮之。因迹求民间数事，密闻诸台，勾捕尽得。刘性慈恕，不忍文致，亲送囚至行省，且陈其疑，此干请必尽杀乃止。刘痛悔失图，若憯危，遽不自胜，反嘉定疾作，满有日矣。或诈告杀人，需诣验，刘神明已伤，仰天言：“吾德薄，灾殃及民，不如死也。”其日不食，夜分不寝，迟明，从者叩扃无声，翘而入，僵于地，喉骨断裂，血污被膺，右手有短剪，握固未脱，几烛将跋，《洗冤录》端展宛然。事上，抚部固始吴某重其所以死也，厚恤之。

狱囚囚县令

郡县狱中重囚，例皆镣足桎手，钳口锁颈。其后狱规不肃，每一囚狱，狱卒皆有例定规费，仅于州县典史巡狱时，为之上刑具，官去即弛之。官亦知之，不深究也。广东有某县令，欲察狱弊，一日屏去仪从突入狱，狱卒未知也。囚百余人见之，曰："汝来甚善。"群起缚令，宣言曰："官今欲出狱，须纵我辈百余人与同出。如门外人有来前者，我辈先扼杀县官以待死。均之一死耳，与其束手而死，不如与官同死。"复连缚狱卒数人。有饷令饮食者，囚数人传递而入。囚口粮或不时给，则亦绝官餔餟以相抵，县中幕吏皆无如之何。典史至门外遥呼狱囚，始而婉谕，继而哀祈，囚皆不应。不得已，禀达郡守，郡守乃自赴县，至狱外，谕囚曰："县令自到任后，曾未苛待若辈，若辈入狱，皆在前令手中。今如致令于死，则若辈罪名益重，岂得幸全？不如速释令，有冤抑者，必为伸理，其犯重辟者，亦当设法超拔，决不汝欺也。"囚皆曰："今日我辈与县官，出则同出，死则同死，不必多言。"郡守徘徊莫措。相持及旬日，恐令死于狱，不得已，密禀大府，请发兵二营到县，许赦囚罪，尽纵出狱。囚复言当携官同行五十里，至某山，方能释官，亦许之。狱门启，群囚拥令驩呼疾走，官吏尾之而行，行五十里，至某山头，囚乃释令。欲遂分道扬去，官兵伏隘以待，四面兜围，百余人皆就擒，惟逸三人而已。郡守、县令携囚回城，尽法惩治，加以酷刑，死于杖下者二十余人，余皆从重拟罪，克期处决。此光绪庚辰事也。

陈福来陈福得被杀案

江西鄱阳县民叶佐恩，娶同县徐姓寡妇陈氏为妻，生一子曰福来；佐恩死，遗腹又生一子曰福得。陈不能守，赘同县严磨生为婿，磨生乃与陈同居叶氏者五年，始偕妻挈其前夫之二子以归。佐恩所遗田二亩，归磨生耕种，以养其二子，屡荒于水，衣食不赡。而福来亦已九岁矣，乃送至坑下村徐茂拐子家，使习裁缝，岁与钱三千四百。未几，又送福得至坑下刘光裕家，为之牧牛，其地距严氏所居曰车门湖者四十里。光绪丁丑十二月二十五日，磨生至坑下村接福来、福得回家度岁，二十六日晨起，蓐食而行，福来负蓝布袋，内盛银币一、铜钱千，福得负白布袋，盛米数升。行至墈上亭遇雨，而磨生又发痰病，乃于亭中少息。适有雷细毛者担两箩而至，细毛亦坑下刘氏之佣，自刘氏归其家，其所居与严相近也。磨生曰："我病不能兴，当使二子从君先行，我小愈即至。"乃以钱、米并置细毛之箩，细毛与二子俱行。至鸳鸯玲，语二子曰："我与若至此分路，若可坐此，待尔翁偕归，我去矣。"反其钱米于二子而归。而磨生犹卧亭中，久之病愈，雨止，天亦薄暮，乃走间道，径归其家，已逮乙夜矣。问其妻，知二子未至。次日，使严复仂走问细毛，知在鸳鸯玲相失，求之鸳鸯玲左右，无有也。上湾林有欧阳六毛者，言于二十七日遇二稚子问途，约略指示之，然问途之后，亦不知所之。又有汪同兴者，设布肆于路旁，言二十七日有二稚子以饥饿，索食于同兴，饭之而去，问饭毕焉往，不知也；问有见者无，曰："有欧阳发仂者，适在肆，二子出，亦出，或当见之。"二十八日，乃始得二子之尸于陈公坂，福来伤于顋（同"腮"），伤于耳，伤于咽喉，福得并伤于肾，钱米俱在，无所失。陈公坂距车门湖二里而近，莫知为谁所杀，或曰发仂也，或又曰欧阳六毛也。于是磨生乃以发仂、六毛杀其二子控于官；而叶氏之族则曰是磨生利其故父所遗之田而自杀之也，亦控于官，讼久不决。

光绪戊寅，彭刚直公玉麟巡江至饶，严、叶皆具牒诉于行辕，发饶州府讯之。庚辰夏，刚直至江西省垣，中丞以下咸迎候于滕王阁，而磨生之妻陈氏又以前事诉，前马者斥之，则自投于江。刚直亟命拯之起，受其牍，言于中丞。而豫章诸大吏久知其事，咸疑磨生实杀二子，谓二子年幼，必无雠杀者，若利其有，则何以钱米俱在？是其继父杀之无疑也。故当刚直未至之先，已命移其狱至省中治之。而鄱阳令汪以诚字若卿者，贤令也，初下车，叹曰："境有此狱，而卒不得杀人者主名，上为大府忧，焉用县令为！"时案中人证咸羁管县中，若卿密使侦者于诸人一举一动、一话一言随时伺察。至是年五月，民间传言彭大人巡江且至，将亲临郡城审断冤狱，而发仂闻之即自疑，屡向丁役探消息。是月十六日，刚直至。

先是，有浮梁沈可发者，私刻木印造执照，自称曾在刚直营中，刚直提审得实，即以军法斩之。而发仂愈惧，其夜梦中呓语，连称"不好"者再。若卿得其状，知杀人者必发仂矣。乃于密室供城隍神之位而祷焉，夜梦至一处，闻尸臭而不见尸，有一人以身覆之，视之，发仂也。及旦，躬率诸囚，诣神庙而讯之，谓发仂曰："尔实杀人，神已告我矣。"发仂虽不即承，而神色大变。越日，又讯于城隍庙，诸囚皆号哭，求神明昭雪，发仂无一言。夜将半，则大呼曰："吾不敢欺神明，请吐实。"盖鸳鸯玲距车门湖尚三十余里，二十六日之夜，二子宿于鸳鸯玲之社庙。明日前行，遇欧阳六毛而问途焉，又前行，饭于同兴布肆。发仂见其幼稚可欺，欲诱至他处而卖之，乃追及之而与其同行，且请为导。导之己家，宿之墙外土室中，虽其家人无知者。二十八日平明，复招之偕行，行至陈公坂，则离车门湖近矣，福来已识之，登山而望，见其村，不欲与发仂偕，发仂强挽之，则大骂，乃痛殴其头面，又扼其吭而死。福得走且呼曰："杀吾兄矣！"蹴以足，伤其肾，亦杀之。发青、白二布袋，见钱与米，弃之地，不取，盖恐以此为人所踪迹也。若卿鞫得实，即驰白刚直，刚直时在镇江焦山自然庵，读之狂喜，手批其牍，有云："数年郁结，为之顿释，望空遥拜，为两冤魂叩谢贤令君。天下多覆盆，而有司安得如此尽心欤？又不禁感慨系之。"

王祥云杀徐二案

王氏者，叶成万妻，祥云姊也，世居吉林省北之四台子。光绪壬午大疫，父母兄嫂染疫死，王年十七，先已字成万，成万居大孤家子，至是仓卒迎娶，时祥云方十二岁，随姊依婿家。已遂鬻田宅，托叶权子母。越数载，祥云渐长，以成万荐，佣李高屯赵鹏家，又为聘花氏，在春女也。在春经年出外贸易，其妻已前殁，屡以婚促，成万不得已，治左厢，为之涓吉成礼。花女少艾，以与姊同居，恒戚戚，渐怂夫离析。久之，祥云商诸姊，姊诺之。适西邻有室三楹，中隔一巷，欲出典，成万乃以平价得之，并力助王徙。既徙居，旦晚过从，亦相安无猜，仍佣工如平时。

是年四月初，祥云自佣所归，村口古刹旁，儿童六七，方席地嬉，遥见之，大呼曰："乌龟来矣！"比近，祥云方注视谁某，毛氏子福儿遽询曰："乌龟，汝归乎？"祥云乃箕踞而问曰："子呼我乌龟，何意？"儿曰："汝妻与徐二共枕衾，子安得非乌龟？"祥云曰："汝言确乎？"福儿曰："村人皆知，安得弗确！"祥云不语，径赴姊所，曰："姊知我为乌龟否？"姊曰："是何言？"祥云曰："弟妇与徐二共枕衾，村人皆知，吾安得非乌龟？"姊问："此言何来？"曰："福儿言之也。"姊曰："子痴耶，顽童毒舌，谩骂何所不有？勿多疑。"祥云俯首，踉跄归舍，凝想忧惧，坐起不宁。迨月西下，复贸贸然往谓姊曰："姊乎，我真乌龟矣。"姊急究颠末，始得其瞷伺状。盖祥云前此垂首无言时，展转筹划，已决定办法也。

祥云抵家后，花笑迎曰："郎归乎？惫乎？"曰："倦甚。"既坐，长叹，花叩其故，祥云曰："王屯李五负东主巨债，责偿屡不应，今遣我坐索，事不谐不归，幸勿为周老耀第二足矣。"（周老耀者，会同当之外柜，因索铺债，为欠债人朱万仓所烹，为吉林冤狱之一。）花曰："老耀之案，绝无仅有，郎勿为此不祥语。"祥云曰：

“王屯距此十余里，迟早以今日至。吾方惫甚，欲少睡，为我具晚餐，炊成可呼我。”言毕就寝，及醒进食，且噉且语曰：“吾此行无事固佳，今且与卿约，以半月为率，设逾期不返，记取李五姓名，在王屯东首第几门，为我侦察之。复仇与否，是在卿耳。”花陨涕曰：“妾虽命薄，当不至是，设有万一，誓步鲍齐氏后尘。”（鲍齐氏，吉林人，为夫复仇，在东三省脍炙人口。）祥云曰：“吾无母，卿苦不知书，纵效齐氏，亦难得结果。且予亦不作此想，但得保全骸骨，归瘗祖墓足矣。”言次已薄暮，投箸便行。花握手丁宁，涕泪俱下，祥云已绝裾驰去，数十步外，偶一回首，花犹倚门目送也。

然祥云实无所往，第斜行入密林，倚树假寐，黄昏人静，始迤逦归屯。蹑足墙外，屏息翘跂，（吉林仕宦家始有砖墙，余皆黄土三板墙为多，故得以自外窥伺。）遥见一人彳亍至，谛视，果徐二也。逾垣入，自屋背以指叩棂，花启后户纳之。祥云乃亟告之姊，姊曰：“将奈何？”曰：“杀之耳。”曰：“子知杀奸法乎？”曰：“知之，先杀男。”姊曰：“诚是，但恐杀一人而腕力已乏，妇又涕泣哀恳，欲杀不能耳。”祥云曰：“无虑，弟懦不至此。”乃觅刀欲行，姊曰：“此时睡尚未熟，子只身无助，脱有二人者协力以拒，殆矣。”少焉，又欲往，姊复遏之，三捺三起，竟夺门出，姊随之。祥云小语曰：“姊在外瞭望，如我陷其计中，必大呼以为信，姊力亦不敌，请速返，明日为我雪仇。彼若有声息，勿惊也。”

祥云乃攀垣下，推窗拨了鸟。（了鸟即窗间绞链，见李义山诗。）探身蛇行入，（东三省皆上搘下摘之窗，必拨笕键乃得入。）侧耳静听，惟闻鼾声，循床扪搎，忽得发辫，急缠于左手，刃其项。其人梦中负痛欲起，以发辫被掣，不得动，奋力劘之，颈断，置头枕间。疾取花，花杳，复启窗出，隔垣询姊曰：“姊曾离此否？”答曰：“未。”“见有人出否？”亦曰：“未。”诧曰：“何往乎？吾已杀其一。”姊曰：“子殆误矣，恐某本未来，子眼光迷离，今误杀花也。”祥云曰：“吾捉其发辫而杀之，乌得误？”姊曰：“子姑立此。”乃归家取火至，复持以入，先烛尸，确为徐二，察视户牖，扃闭宛然，花之衣履亦具在。搜觅数四，复出而谋诸姊，姊曰：“大奇！我亦无法，无已，则走为上策耳。子将刀抛掷烟筒中。”（即灶突也，土俗于炕外砌一空埒，名曰烟筒，脖子上端筑土为方筒，大可合抱，高与檐齐，可阶而升。）祥云乃猱升弃刀，同返姊家，姊以成万衣易之，令盥手去血渍，薄赠路费，实时出亡。姊弟挥泪而别，姊亦阖门径睡矣。

诘朝，姊急出外觇之，祥云家门启矣。试入之，花凝妆执炊，望见姊，遽起相迎，室中一切如旧，整洁逾平时。遍视，惟炕沿稍湿，似新拭者。乃询妇曰：“吾弟昨归，今已行乎？”花曰：“渠昨归，以东主遣往王屯索债，过家时惫甚，嘱具餐便睡，醒时已晏，食毕疾行，故未遑谒姊，姊何由知之？”姊曰：“吾儿在门外望见之，归以语我，适欲托其略购什物耳。俟归时过我，不急也。”言次遂行，花挽之曰：“姊勿遽归，吾方制小荳腐，可共食之。”姊曰：“吾不归，幼儿啼肠断矣。”乃联步以出，至院中四顾，纤悉无他异。归言于成万，而互疑之。嗣闻徐大觅弟不得，始确信为祥云所杀，益大惑，相戒秘之而已。

逾十数日，花忽泣诣姊处，述祥云留嘱言语，并李五地址，乞成万往探消息。成万返，谓遍询王屯，无李五其人者，东首第几门，亦非李姓。花复恳成万转询鹏，未行，鹏适至，遇于成万所。花以王屯索债事骤相质，鹏瞠目莫解，嗣知祥云失踪，乃称祥云旷役已久，下年以来，曾未上工，意以规避牵累，口角龃龉，两不相下。鹏既去，花策卫独行，径赴榆树县，以夫祥云于正月某日由家回李高屯赵鹏家上工，今数月未归，讵鹏以年假回家、久不到工之言转相诘问，恐系被伊谋害，请提究伸雪等语，觅代书砌词具呈，诣巡检控告。巡检拘鹏质讯，不得要领，暂系候查，经村人联名保释，遂成悬案。

是年冬末，成万之族叔荣春以卖花至阿什河，偶与祥云遇，讶曰："君今在何所？"祥云邀至僻处，问之曰："吾姊夫姊姊安否？"荣春曰："无恙。"祥云曰："甥男甥女壮旺否？"荣春曰："俱佳。"祥云曰："吾妻安稳度日否？"荣春曰："近颇健矣。"祥云曰："病乎？"荣春曰："自尔日夜间事。"祥云聆至此，忐忑久之，期期问曰："夜何事？"荣春曰："子未之前闻耶？"祥云强颜答曰："未。"荣春以事不雅驯，骤难出口，乃先谓之曰："必为村中恶少所为无疑，事属横逆，冬夜苦寒，乌得不病？但来时，吾曾见之，渐已复元矣。"祥云以其言不类，亟叩其详。盖花自徐二被杀后，敛迹守范，村中无赖托故调笑，皆峻拒，无赖辈衔之。十月，以朱墨涂面者二人，踰垣撬窗入，裸捉花至院中，按地絮塞口，加梯于背，拗捩手足，附梯反缚之，乃舁而榜诸门外，复入，搜钗钏数事而去。村人蚤起见之，奄奄垂毙，驰告王氏，呼邻妇数人共解之，置榻覆衾，灌以姜汤，半日方苏，因患痁疟，兼旬始愈。荣春为叙述一过，祥云曰："无他事乎？"荣春曰："此本无可究，尊阃既不加根问，尚有何事？"祥云始知言出两歧，徐二案固未发觉，亦不解徐二尸何以消灭，花何由出现也。大怪之，语荣春曰："予有友吕某，向在金厂司簿记，今春由家旋厂，路遇余，曳与偕行，谓可暴富，匆匆未及语家人。讵吕友至此忽病，病而卒，予为料理讫而资斧已罄，落拓不得归。今在四平街全顺栈服役餬口。予苦不知书，故将近一稔，曾未函告吾姊，君归，烦传语报平安也。"荣春诺之。适以索债艰涩，未即行而吉有匪乱，官军驰剿，千里驿骚，祥云、成万之居，当兵匪之冲，随众仓皇奔避，荣春亦道梗不得归。癸未二月，匪氛既息，居民始各归其家，荣春亦自阿还，晤王，致祥云言，王曰："叔何时再往？渠家兵燹之后，什物尽毁，能为我寄语，嘱渠一归来否？"荣春曰："我往例以冬季，今非其时，且晚我赴宽城子，彼处多赴阿者，予当代作书也。"

是夏，祥云得书，知已无事，遂辞役归。先诣姊家，叩以故，姊曰："予焉知？方将问汝，乃问我乎？然汝妇可谓善补过者。”因具道花年来改行状。祥云乃归家，花款曲逾恒，祥云意亦解。入夜阖户，始小语问曰：“西邻徐二，是否被吾杀却？”妇笑曰：“非子而谁？”祥云曰：“时卿焉往？”花曰：“郎意妾当安坐引颈，候作刀头鬼乎？”王笑曰：“究焉往？”花指室隅曰：“君忆否？此地竖立一木，妾知郎持刀来，无善意，即攀木而上，欲由山花外遁，（自横梁以上俗名山花子，内地屋壁，各有界限，关外地方宽敞，最不喜左右厢，数家同院亦绝少。故建屋为一字式，或绵延数十间，隔以土壁，而空其上方，灯光人语，彼此可以见闻。习俗相沿，恬不为怪，亦从无逾山花窃盗之事。故花铤而走险，为王所不及料。）方缒下，而足已及地，盖邻家之承尘板也。妾便箕踞其上，屏息以听。闻郎杀渠后，觅妾不得，乃揭窗而去。少顷，秉火复来，穷搜苦觅，移时始启窗出。妾知君不返，心稍宁帖，迨抛刀烟筒后，偕姊归去。妾思尸在衾中，是真祸胎，恐君来窥，未敢举火。正伏窗窃听，惴惴计穷时，闻姊送郎出，归室阖户声，始急秉烛，思非以很毒出之，别无良策，乃支解之贮釜中，炽以烈柴，须臾烂熟，剔其骨，盛以箕，瘗诸东沙滩。又撮稗数升，和肉为糜以饲豕，幸蓄有浸豆，堆水磨上，疾研之，研讫，入室料理，匿血衾于箧，揩炕沿以水。迹既灭，即梳妆，妆竟，启街门，更炽火为早爨，而姊始至。心知其特来检查，奈无迹可寻，亦即无词可置，谅姊亦至今闷闷也。”祥云曰：“卿言知予持刀来，奚所据？”花曰：“郎拨键，先置刀窗穴间，铿然有声，郎自不察，幸妾早知之，不然，此头断已周年矣。”祥云曰：“黠哉卿乎！然忍心亦至极矣。”花曰：“郎亦思谁先忍者。”语罢而寝。

北邻有史大者，名凤书，亦村中无赖之尤。一年前徙居于此，与祥云仅隔一墙，曾托故调笑，受花摈斥者。匪乱时，墙崩数尺，编薪为篱以补之。祥云屋之窗在篱南，凤书之厕在篱北，夜深人静，声息相闻，听之了无隔阂。是夕，凤书适登厕，故悉闻之，大喜曰：“淫妇构此大罪，犹拒我辈，欲以媚夫乎！”迟明，急踵徐秉信门，（秉信即徐大，亦无赖而入匪党者，后三年始就戮，当时尚无恙。）问之曰："兄亦知君家仲氏焉往乎？"秉信曰："予寻访殆遍，迄无踪迹，乌知其流落何所？"凤书曰："远矣，吾知其永不还矣。"秉信曰："君既知之，盍以告？"凤书曰："被祥云之妻饲猪矣。"曰："人可饲猪乎？"曰："渠既饲之，奚论可不可？祥云昨已归，夜询其妻，吾适起如厕，故闻之。"因缕述一过，秉信奋起曰："君与吾弟素莫逆，彼遭此奇惨，君断不至袖手。予即往起诉，烦君为证。"凤书慨然自任，狱遂成。

越日，祥云夫妇正安居，而拘牒已至，役入室，即械系祥云。花惊问："犯何案？"役怒目曰："汝等自作孽，佯为不知乎？"花乃温语以请曰："君等来此，大不易，请容我具餐，饱食以行，可乎？"役曰："可。"花即诣村中贯贷，先设酒馔，复缓捏水角子，（俗称饺子，又曰扁食。）乃絮絮道温凉。花因问："此案谁所发？"役曰："宁非徐秉信乎？"问："必有证人。"役曰："票上有史凤书名，殆其人欤？"问："票上有我否？"役曰："无。"盖巡检为扎拉芬，初任之卤莽少年也，故牒未及花。花曰："我同往，可否？"役曰："大佳。新官胡涂，此其漏笔，汝能偕往，免我辈再来矣。"花乃隅座共食，殷懃款曲，渐益审熟。食毕，过姊家，托理门户，遂与祥云偕役行。中途，牵祥云耳语，役亦不禁。

比抵署，系祥云，花未在牒，役姑寄之稳婆家。至晚，扎坐堂皇，讯祥云以何故杀徐二，祥云曰："小人不敢杀人。"扎曰："汝不杀，谁杀者？"祥云曰："徐二何时被杀？"扎阅秉信呈，谓在四月某日，祥云曰："小人于去年正月赴阿什河，距家可千里，岂能于四月回家杀人？"扎曰："尔明系狡展。"呼役用刑，祥云曰："小人妻花氏今在堂下，可提讯，如有谬，用刑未迟。"扎视牒，爽然若失，问："汝妻来乎？"曰："来矣。"乃命押祥云别院。呼花，讯曰："尔夫何故杀徐二？"花曰："夫以去年正月赴阿什河，徐二非渠杀也。"扎曰："汝两人殆串供矣。"花曰："非也，吾夫向在赵鹏家佣工，前岁岁杪，请假数日，去年正月回李高屯，途遇吕某曳赴金厂，夫贪获大利，未与氏言，实时登程。四月望后，赵来问讯，言吾夫下年以来，曾未上工。氏因其语言支离，恐被谋害，一时痛夫情急，曾在案下呈控。氏夫前夕归来，惊喜详询，始知颠末，正拟日内呈请销案，不料遽被逮捕，可请调查前卷也。"扎以前案非己任内，立饬吊阅，情节属实。默思鹏供，"下年数月曾未上工"，彼既为人佣役，数载无异，似属安分一流，即因事杀人，亦无半年前预匿之理。且以秉信呈时日印证，甫在其弟被杀之后，妇即来案控追，如谓巧设机牙为异日发觉之地，乡村妇女，无此深心妙想，况动机又先发自鹏，于花益无可致疑。展牍踌躇，已有认花所供有效之意。因曰："汝言诚辩，奈徐二失踪何？汝亦知徐二果被杀否乎？"曰："杀矣。"问："谁杀之？"曰："凤书也。"扎讶而覆究，妇曰："事至今日，岂复能恤廉耻，请吐其实。氏未嫁时，吾父恒不在家，先与凤书有染，嫁后路远，踪迹顿疏。既而吾夫佣工出外，西邻徐二财诱势胁，遂与成奸。前岁凤书复移家来，近在比邻，往还续旧。渠二人本同游交好，惟以氏而妬，氏每悚惕。自吾夫走失后，二人足迹忽日益密，氏夙虑其相遇。某夕凤书适在室，徐二骤入，凤书一见，即变色，互谇数语，凤书入厨取刀，出不意斫徐二，踣于外室，复剁之，转瞬遂毙。氏慑伏座隅，肉颤齿击，凤书曰：'是非支解煮化，不足以灭迹。'强我为之举火。氏闻言益骇，步不能愳。揭帘睹尸，复仰而颠。凤书曳我曰：'汝不速起，即弃尸于此，吾去矣。'急诺之。奈两足酥软，行则振掉，（即腿软两膝相撞也，四字出《素问》。）捉我置灶下，复抱薪注水。氏不得已，觳觫执炊，彼析骸震震响，氏俯首瑟缩不敢睨，但闻其每析一块，即砰然掷釜中。少顷，剔其骨，以簸箕送之。"扎问："送何所？"花曰："彼时恐怖欲死，何敢诘？彼还，视氏战栗，犹揶揄曰：'汝何胆小如鼠？'彼乌知妇女心肠，岂能如彼之豺狼肺肝耶？旋又撮稗满釜，和肉为糜以饲豕，复洗涤地上血污，形迹都灭，更搜氏所蓄鸡卵，煮食果腹，始挟氏登榻，偎傍得意。氏惟觉魂失胆裂，此身非我所有，幸彼夜夜伴我，未至惊吓成病。而当时之惨剧，至今言之犹悸也。”

扎得供，觉情节近理，形景逼肖。呼凤书对质，花神色凄变，滔滔汩汩，历叙与其奸好年月，及是日因妬杀徐二之始末，口讲指画，情景如绘。又曰：“子前夜语我，近闻吾夫有耗，彼若归来，当用前法死之，与我为长久夫妻。我不允，子忿恚反目，立逼我还汝衣饰，此又诬汝耶?”凤书虽狡狯，不意花为此言，急匍匐呼冤，即又为花辞锋所折，且花言圆转锐利，具有本末，辨驳一二语，仍无以自明，心乱气涌，体战汗流。扎见其形神丧沮，立用刑讯，不承。逾日，乃刑鞫花，花无言，惟哀号宛转。弛刑讯之，则曰：“头可断，骨可粉，夫终不可诬。”扎疑其情实，仍提凤书刑求，至再三，凤书不堪其虐，竟诬伏。问：“凶刀安在?”曰：“王姓烟筒中。”遣役毁筒，果得刀，盖登厕所闻也。复究徐二之骨，曰：“昏夜所为，那复记忆?”乃画招定案。

及解省翻异，驳回覆讯，一鞫之后，认回原供，顶详核准，遂成信谳，释祥云。花虽未同谋，因奸酿命，判决官卖。祥云乃措京钱六十千，倩成万觅人，展转赎之以归。凤书临刑语人曰：“吾不料狸猫被鼠噬死也。”

案既结，祥云与花仍为夫妇如初。姊以其晚盖而忠事其弟，甘赴急难，益爱怜之，然心不能不怖其阴鸷。后一年，花疽发股间，溃烂宛转，喃喃与鬼语，忽大呼曰：“凤书来矣。”乃自捋其肉置窗间，曰：“我祀汝。”少顷又曰：“渠甫去，汝又来耶?”更捋其肉曰：“吾亦祀汝。”如是数日，肉尽脱，遂死。

凡人将死，则平日所为，事无远近，皆涌现眼前，如温理旧书然。此见于中西记载者不一而足，故曾子言将死言善。耶教于弥留时，则牧师为之忏悔。花垂死见鬼，宜也。

江宁三牌楼枉杀二命案

光绪辛巳，沈文肃公葆桢督两江，江宁有三牌楼（在仪凤门内。）命案，轻率定谳，枉杀无辜，世多冤之。时陈伯潜阁学宝琛方为翰林院侍讲学士，以参将胡金传承缉谋杀朱彪之命盗，妄拿教供，刑逼定案，业将曲学如、僧绍宗处决。虽已由继任总督刘忠诚公坤一另获凶犯周步畛、沈鲍洪供认杀彪，并讯出金传吓贿眼线教串各节，旋奉旨令忠诚严行刑讯，以成信谳，而疑窦孔多，犹待澈究，遂具疏以上闻。

此案真相，实为步畛挟仇起意杀彪，商同鲍洪潜携篾刀遇彪，以纠邀行窃为名，至三牌楼竹园旁，将彪砍毙，二人同逃，固未移尸。嗣经地保报县验详，文肃遂饬会办营务处洪汝奎悬赏购线，并派金传密访，盖金传时为缉捕委员也。先后拿获学如、绍宗及张克友三人，并贿教方小庚作证，金传与问官候补县严堃同讯，喝令用刑，威逼成招。初供杀死谢某，旋供为薛泳洤，继复称为薛春芳。金传辗转诱令改供，汝奎于复审后，以案情重大，禀请派员覆讯。文肃以为此乃会匪之自相残杀也，即批饬将学如、绍宗正法。及辛巳拿获窃犯李大凤，供出步畛、鲍洪杀彪，与办结前案地方、时日相符。当将步畛、鲍洪讯供，不稍讳。

壬午，德宗以宝琛具疏上闻，遂派麟相国书、薛尚书允升前往查办，时麟为刑部尚书、薛为刑部侍郎也。既至江宁，反复推鞫，步畛、鲍洪均各供认商同杀彪不讳，金传亦以刑讯教供各情，据实供吐，小庚、克友等供，俱各脗合。于是步畛、金传皆论斩，鲍洪论绞，汝奎、堃均革职，发往军台效力赎罪，文肃以已薨免议。

季氏姑太太被杀案

季广文，江宁县训导也。有妹远嫁，一日来访，广文居以别室，家人呼之曰“姑太太”。越三日，时近卓午，姑太太犹未起，命佣妇往请，至则房门洞开，姑太太卧血泊中，已被人刺死矣，箱箧均被窃，臂上金镯亦不见。佣妇骇甚，奔告广文，广文令将署门紧闭，毋许阖署人出入，乃向各处搜查。及索至厨房，睹膳夫衣有血迹，遂误认膳夫为凶手。不知膳夫近因姑太太在署，恒购鸡鸭杀之，以供朝夕餐也。广文漫不察，即将膳夫私行拷问，复送至上元县署究治。上元县某大令故与广文有隙，审讯之际，默示意于膳夫，令其藉事倾陷。膳夫喻其旨，且自分终无生理，不如同归于尽，于是直向大令供曰："姑太太被刺，小人作帮凶是实，主其谋者为公子三人，因贪姑太太财，命小人为之，小人曾分得一股。"大令得供，伪作怒形，拍案骂曰："胡说！"将用刑，膳夫曰："小人之言，确系实情，求恩鉴。"大令乃命膳夫具结。

大令旋率干役亲诣广文署，面谒广文，言次故询广文有几子，广文答以三子。大令曰："盍命同来一见？"广文咸呼之出，至则大令告退，向广文曰："请少君同往敝署，与膳夫质对。"广文方欲置辩，而大令已挥干役执之以行，俄传与膳夫同下狱矣。时广文年八十余，既伤妹之死于非命，复痛三子之入狱，遂自缢于署。而大令仍以酷刑取供，申详论抵有差。越数年，有持赃至皖省出售者，询之，知其人为姑太太之族侄，以借钱不遂，乃行此下策也。

冀州盗墓案

李鉴堂制军秉衡，由直隶州县起家。牧冀州时，冯家庄出盗墓案，李诣勘，观者如堵。勘毕，忽于人丛中指一人，命拘至，笑问曰："汝何故盗发人墓？"其人力辩，李作色曰："盗墓罪当死，汝若实供，即作自首论，可减等，否则不汝贷。"遂吐实服罪。盖其人绰号六大辫子，素有阴谋，墓实彼所盗，闻官诣勘，故从众往观，使人不疑，而不料李即识破其奸也。

方某谳狱

光绪时，直隶枣强县有孀艾而美，夫弟瞰其有千金遗产也，迫其再醮，拒之。乃讼之于令，谓其不贞。令为桐城方某，孀至，语之曰："尔夫弟控尔不贞诚谬，然与之同居，亦非计也，今又年少无子女，可再醮。”孀曰：“醮则如产何?”方曰：“毋虑，彼不得夺尔产也。”孀称谢。方即传一缝工至，命面孀而告之曰：“尔二人可相配。”皆首肯，因令当堂成礼，二人叩头去。方即遣隶取孀奁物至署，千金之契亦在焉，则饰辞言宜入官也。

又有富室某获偷儿，送县乞惩治，方语某曰：“彼迫于饥寒始为此，尔可携之去，饮食教诲，俟其成人，予将以旬日验其能感格否。”某唯唯。偷儿至某家，顿以上客自居，富室无如何，惧官来验也，又不敢纵使去。乃辗转贿以重金，始不问。然枣人自是无敢以窃案报县者。

李虎娃杀彭某案

恩施樊云门方伯增祥，初为县令于陕，判治各狱，发奸摘伏，有神明之称。渭南县李氏佃工彭某被杀身死，凶手为佃主之侄虎娃，到县侃侃自承，谓向与彭同炕宿，肇衅之夕，彭欲图鸡奸，愤不可遏，故以刃毙之，愿论抵。言时，伉爽若无所饰。樊详察狱情，以虎娃年仅十八，奸污未成，何致下此毒手?且狂斫多伤，从容移尸，亦断非一人所为。因屏人密诘，反复开导，虎姑始涕泣吐实。

先是，虎娃之父年老久病，其母李杨氏夙与彭通，虎娃微知之，未目击也。一夕，虎娃父忽思食红糖，工人多他去，彭亦饲畜无暇，虎娃母乃命虎娃赴市购之，时已暮夜，并令携刀自卫。及虎娃归，重门多洞开，母房灯灿然，虎娃自外窥之，则大骇恚，盖彭方赤身与其母行奸也。彭粗硕如牛，筋肉坟起，面内向。虎娃即举刀连斫之，彭亟转身，为虎娃母所持，乃不得反搏虎娃，虎娃刀又下，彭用掌夹其刀，刀往外掣，掌几中断。是时彭狂吼，虎娃怯而外奔，彭争脱虎娃母，力追虎娃。及院，彭为粪堆所绊仆地，虎娃即反身，乱下其刀，多中要害，彭遂毙。前之饰词图鸡奸者，惧伤母名也。樊乃为平反上达，免虎娃于罪。其详文中有警句云：“李虎娃弱龄杀奸，挺身认罪，其始激于义愤，不愧丈夫；其后曲全母名，可称孝子。”

霍丘杀婿案

高某以久充刑部书吏，循资选皖省某府通判。初至，谒抚军，抚军熟视之，曰：“子亦来作通判乎？”高莫测意旨，唯唯而已。既出，大惑，亟谒首府探意旨。首府藉禀白他事之便，询新选通判高某即令就任否，抚军曰：“高某非佐贰才，可留省。”未几，派充发审局委员。各县申冤案，高能于几微处辨之，为之平反，一时称神明焉。

光绪某年春，霍丘县有谋杀亲夫案，申臬司，为高所复讯，诇其冤。先是，霍丘东乡某村妪老而无子，仅一女，钟爱特甚，因赘婿于家。婿性刚，与女不洽，时诟谇，妪大不乐，乃继族侄为子。会新岁，婿女复以微事相勃溪，继子力为排解，邀婿至邻村观灯以娱之。既至，则男女杂沓中忽失婿所在，初不为异，灯既阑，子独归待婿，至明日而犹不至，遍迹之，无耗。邻人以婿女时龃龉，疑有生死不明事，窃窃相告语。婿父闻之，遽讼于县，谓女与继子通奸，虑婿发其隐，因共谋杀之。时邑令入省贺新岁，县丞某代理其事，意为确，收妪及子、女，严鞫之不承，遽以三木从事。妪老女弱，不胜苦，因诬服焉。子独自伸辩，妪泣谓子曰：“此前世冤，不承亦无生理，勿徒自苦也。”子遂承。未几令归，就原供研讯之，无异辞，惟询婿尸所在，咸枝梧莫应。令疑其狡，复刑之，即供各异辞，案久不定。妪及子、女已以受刑伤欲死矣，因私议以杀婿煮烂饲猪狗为辞，再讯，供辞乃出于一，令遂叠案申上台。

臬司乃属高及令会审，己则于屏后窃听之，审既毕，佥供无异辞。臬司曰：“此案有疑窦否？”令谓供辞如一，确无可疑。高默不语。臬司疑之，屏从人密询，高曰：“此案出入殊巨，未可即定也。”臬司请其说，高曰：“供辞如一，宜若可信矣，然可疑者正在此。且据供夜至邻村观灯，后始合谋杀婿，邻村往返若干里，灯场游观若干时，度其行凶时，最早亦逾夜三鼓矣。煮尸熟烂，饲猪狗毕，岂是夜所能蒇事哉？矧猪狗非虎狼比，以一壮男子之筋肉骨骼，殆有百斤，猪狗有几，能旦夕啖尽，绝无遗骸可寻乎？均非事实也。且杀人非乡人所素习，纵因愤恨而为之，当时必有惊骇亡魂如入迷境者，今三人供辞均历历如绘，而丝毫无差异，岂果情之真欤？故不能无疑。设不审慎从事，一旦婿复出者，殆矣！"臬司深韪其言，复命高专讯。高乃分置三人，一一讯之，无他辞，惟曰："尸既饲猪狗，其头是否切下？曾否置他处？"至是，三人所供无一同。因白于臬司曰："案情非实，已见端倪矣。"臬司因白抚军，暂系三人于狱，而悬重赏以求婿。

霍丘与河南接壤，有货郎某在霍丘，阅赏格，初不置意。行贾至河南，息于道左，与土人语甚欢，既而曰："欲作富家翁，亦大易事，前见某县悬赏格，访一乡人，知而罗致之，巨金可立致也。"众问为谁，货郎言年貌、名籍甚晰，一老农瞿然曰："某村今春有新至之佣，自言为霍丘人，惟姓名不及忆，殆是也。"货郎就询之，良是，因告以各情，婿大惊，急偕货郎返里，自投县。县不敢隐，解至省，庭讯之日，妪及子、女见婿忽至，各异其状，妪曰："尔人耶、鬼耶？"子傻笑不已，曰："不图姊夫乃有相见之日也。"女则大啼不能成语。高询婿出奔之故，婿曰："曩为妻所鄙，方拟力田积多金，以塞讥笑者之口，因潜诣河南工作，不图家中人乃蒙冤至此也。"

案既白，霍丘令谪戍辽阳，高被密荐，擢苏州府知府。会岁阑，省垣官吏悉诣抚署辞岁，盖循例虚文，抚军向不接见也。是岁抚军独置酒，大会宾客，饮既酣，指高谓众曰："非此君在省者，吾侪将于风雪中就穷边荒塞听戍笳矣，尚能在此安然度岁耶？今日之乐，不可忘也，其各志之。"

徐次舟治狱

光绪初，乌程徐次舟观察赓陛为粤东陆丰县，以折狱称。有妪来告其子媳忤逆者，讯之，妪备言媳之不孝：“今值我生日，故以恶草具进，而自于房中嗽酒肉，我不能复忍矣。”讯媳，则涕泣不作一语。徐疑之，语妪曰：“媳不孝，可恶！本县为民父母，而不能教之，殊自恧。今为汝上寿，和尔姑媳，何如？”妪叩谢。徐乃令人设长案于堂，使姑媳就坐，各予面一碗，面中有他物也。食毕，徐故问他案，不即发落，俄而姑媳皆大吐，众视之，则妪所吐皆鱼肉，媳所吐为青菜也。徐乃责妪曰：“今何如？汝敢于公庭为谰言，则平日可知。姑念今为汝生日，且控媳无反坐理，姑去，幸勿谓本官易欺也。”妪大惭而退。

次舟移南海，有店伙某索欠，得银币二百圆，归途大风雨，天又昏黑，仓皇触石而踣，昏不知人，醒则银失，亟诉县。徐以其无证人，且无劫者之姓名，斥不理。某涕泣以求，徐乃询其石之所在，令归。明日，某诣署听审，则中途已闻人言将审石，于是观审者甚多。少选，徐出坐堂皇，指石而责之曰：“汝横卧于通衢大道，有碍行，罪一；风雨昏黑，行人易失足，而不知避让，罪二；人既倾跌，尔又不知照顾，致令所持之银，为人所窃，罪三。”责毕，即喝杖八十，观者大笑，声振堂宇。徐忽拍案呵斥曰：“汝辈喧笑于法堂，于律为有罪，今愿受责乎，受罚乎？”众曰：“愿罚。”徐乃朱书人罚银一元，其现有者实时缴堂，未有者记其姓名居址，亦限即日交到。计所得，乃适如某店伙所失数，遂以畀之。

次舟官某县时，颇著政声。一日，诣寺拈香，有士人拦舆，上牍控一僧。徐阅状讫，纳之袖，慰以温语，且嘱其姑归俟命。祀事毕，投刺谒方丈，僧出迓，徐遽握其手，僧以病疽谢，徐笑曰：“余有奇药，藏之久矣。”立遣侍者归取之，临行谆言：“在某处者是，勿误。”僧感谢。少顷，侍者返，以不获报，佯怒，斥侍者颟顸，邀僧就诊，僧力辞不获，徐遂屏舆从，与僧徒步归。甫抵署，即坐堂皇，命拘僧伏阶下，掷状于地，僧知有异，面如土，叩头无语。徐令活埋之，事后以擅杀自劾焉。盖士人妻少艾，入寺进香，僧诱于密室，将加非礼，妻大忿，咬僧指将断，僧负痛夺门出，始得免焉。徐既得其情，复证僧手，知无枉，又虑稍纵即逝，故悍然出此也。

蒋少由有断狱才

上元蒋师辙字少由，性廉介，尤有断狱才。光绪时，以知县分皖，历知皖北诸县事，俱有声。有某贡生，素倚天主教逞其恶，乡人惮之。蒋下车，某怙势如故，未几，以豪夺民产为乡民所讼。蒋亟签传某，某盛衣冠诣公庭，见蒋长揖而已。蒋阴恶之，诘其故，某抗言曰："某固教民也，知天主而已，他非所闻。"蒋察其状，愈恶之，惟故和其色，佯若不知所谓天主者，遂举笔书"天主"字于手掌以质之曰："是即若所尊奉者耶？"某曰："唯。"蒋于是以手附耳，状类与天主接谈者，既而微颔其首，呼某语曰："天主谓汝既奉教，不宜服中国之制服，命汝速免冠。"某即免冠。顷之，蒋作前状，语某曰："天主又谓汝籍隶中国，不得违中国之礼法，命汝速跪。"某即跪。又顷之，蒋如前状毕，忽色然惊异曰："天主勃然怒矣，谓汝行为横暴，违悖教旨，律应笞责，特念汝稍读孔孟书，且知奉天主之命唯谨，姑减等，责汝掌以示儆。"某是时面红耳赤，知难免于法，益惶惧失措，欲强词以辨，而蒋已叱皂役执行矣，凡责四十下。

力矫命案罗织

粤东命案，无不藉命居奇，任意罗织，所控正帮各凶，有十数人或数十人者，其首二三名，必家有巨资者，正凶转列于后。某佐幕核稿时，必将首二三名勾去，以免差役骚扰。两造控案，无理取闹者，决不批准，即有批准差传，亦将无干之人删去，以省拖累。俟两造集讯后，必需其人到堂者，始再添传。

松年平反疑狱

光绪中叶，李秉衡巡抚山左时，有候补知县松年者，明于事理，有疑狱，思平反，李坚持己见，漠然不动。松再三譬喻，李终不怿，后以莫须有劾之去。

徐福孙杀婶案

光绪中叶，常熟徐福孙杀婶案，盛传一时，狱久不决，福孙不胜榜掠，遂死。福孙本书生，不幸以杀婶案被逮，县令朱文川，酷吏也，谓证据碻凿，当以逆伦论抵，不承则遽施三木。福孙不得已，姑如县令恉，妄供焉；既供，解省覆讯，福孙辄呼冤不置。故事：罪犯翻供，当发交原审官再讯。文川怒福孙之狡黠也，乃益施酷刑，福孙又诬服，比解省，则又翻供如初，省又却还县，县又锻炼成供，旋供旋翻。如是者三年，而福孙死狱中矣。濒死时，涕泣语人曰："供固死也，即不供，亦不得生。顾供而死，死且蒙杀婶名，吾初未杀婶，且被杀者果吾婶乎哉？吾曷为有此婶也！"闻者悲之。顾欲有以明福孙之冤，不可得。

福孙居常熟之某村，村故僻，居民仅十数家，泰半操农业。而福孙独青一衿，家又殷实，合村首屈一指。顾村人咸弗悦福孙，谓若人眼高于顶，遇人不肯平面视，且性吝啬，觑鹅眼钱如轮轴然，邻有缓急，未尝拔一毛，直守财虏耳。

福孙有叔某，夙操懋迁业，粤寇之变，为所掠，累年不得耗。迨官军收复苏郡，某忽挈一少妇自寇中脱归，盖少妇者，酋妻也，与某有情愫，乘间偕遁，遂得返里。某有妇，已前殁，乃以少妇为之妻，而福孙心焉鄙之，语人曰："叔固吾叔，婶非吾婶也。吾清白丈夫，誓不与寇妇交一语。"某亦微闻之，因与福孙同居而异爨，分一宅为二，中隔以墙，各辟门户，分界如鸿沟，相安无事者二十余年。一日，某缘事宿于外，虑妇岑寂，则立召其女巧珠归以伴之。巧珠者，前妻所出，嫁前村田舍子有年矣。濒行，某絮絮语妻女，以谨门户、慎炊爨为属。诘朝某归，日高舂矣，而门犹未辟，力挝之，迄无应者。破扉入，则妇折项死于床，血淋漓枕席间，觅巧珠，仓卒不可得。闻室后隐隐有呻痛声，趋视之，巧珠也，肩受刃，创盈寸，血溢弗止。询之，则云昨夕睡梦中，忽庭间堕瓦作响，惊而寤，诃曰：“谁也?”语甫出口，而白刃已压肩而下，痛极，遂晕。比苏，恍惚闻母呼曰：“吾何负于汝，汝乃杀我?”旋床上格拒声甚剧，久之乃寂，知母遇害矣。顾创甚，不能起视，迄不知杀人者谁也。

某闻女言，已稍稍疑其侄，比勘踪迹，则箧中失银二百，衣饰若干件，室隅遗血刃一，为皮匠劙皮之刀，而是夕福孙适雇皮匠制履，则凶器固确有其主；墙下有碎瓦数片，知贼必逾墙而入，墙外即福孙院落，附墙之梯犹未撤，则行凶者必非外贼；且妇有‘何负于汝’一语，脱非素识者，妇必不作此言；而福孙家佣妇又言，今晨为其主洗衣，斑斑者皆血痕也。有此四证，某遂坚指福孙杀人，遽控诸县，令捕福孙至，则自陈无罪，语侃侃不少挫。复捕皮匠至，匠云，是夕确为福孙制履，匆促间遗刃其家。掷血刃视之，则立认为己物。令不容福孙置辨，刑逼成供，惟原赃迄不可得。

时抚吴者为赵展如尚书舒翘，福孙既屡屡翻供，舒翘之幕僚某疑之，谓福孙与其婶初未有大隙，数十年相安无事，一旦遽加刃，于情理殊不合。福孙家本殷实，必不觊觎数百金，且不得原赃，终不可以入福孙罪，因力劝平反此狱。舒翘意不谓然，曰：“福孙能熬刑至二三年之久，谓非大奸慝，谁其信之!”而于是福孙竟死，死之日，胫折腕绝，遍体无完肤也。

后二年，某及巧珠相继殁，村之人虽与福孙不相睦，顾皆知其冤死，特畏株累，不敢挺身作证耳。村人之言曰：“妇死数年前，有一操粤音之男子，瞯某外出，辄来觅妇，妇出囊金与之乃去，去不半载辄复来，妇辄赠金如前状。往来既数，妇厌之，则加以诟谇，其人亦反唇相稽，悻悻而去。惟晤时，彼此都作粤语，故村人弗识其用意。以意度之，其人为妇之前夫无疑也。妇死之夕，村人见徐氏墙下蜷伏一黑影，逼视之，遽逸去，疾如飞隼，有锐于目力者，犹识为索金之男子也。而翌晨妇以被杀闻，村人相戒弗饶舌，不则捉将官里去，势必无幸。矧四证凿凿，即有好事者为福孙讼冤，讼亦弗直。而粤音之男子，咸不识其姓氏居址，鸿飞冥冥，于何索之？则莫如弗言便。”或询村人曰：“福孙果冤死，曷为有此凿凿之四证？”村人曰：“是不难辨，贼初意在攫财，未萌杀人念。黑夜踰垣时，度必误入福孙之院，见地有遗刃，姑拾之，藉以示威。又借附墙之梯，逾垣入隔舍，不幸堕瓦庭中，为巧珠所呵，乃杀之以灭口。贼为妇前夫，又屡受妇金，妇临死而曰‘何负于汝’，为前夫言，非为福孙言也。”或曰：“然则清晨濯血衣，将何辞以解？曰：“是更不足为证，福孙夙有鼻衄疾，发则淋漓衣袂间，吾侪固习见之，方对簿时，福孙固言鼻衄所致，而官乃不之信也。”

大同府亚三杀人案

大同府西城外有道士夜行，就一村求宿焉，主人弗纳，道士求暂宿于门外车棚中，许之。次日，主人家失一妇及珠宝，大骇，急觅道士不见，遍搜之，乃于数里外得一眢井，井有血迹，使人探之，得道士于穴中，所失之妇死道士侧，身首骈断。捕道士，鸣之官，不堪掠，遂自承，狱成，意谓无疑议矣。会邑宰新易，以赃物弗获，疑非道士，诘问再四，道士但言前生负彼命，无可言者。固问之，乃以实对，谓“曩日就宿后，寂坐不成寐，见主人墙角出一长汉，左手携妇人，并囊括珍宝，就大道而出，颇疑畏。念不为主人所留，而阴求宿，明日事发，必人疑我所为，不如逃去。乃趁夜行丛草中，不辨路，堕入眢井，而已有人在内，察之，则前踰墙人，妇已为人所杀。不幸乃为主人诘得，命也，夫何言？有死而已。”

邑令乃遣干吏访贼于村店，有妪闻其自城中来，不知其为吏也，问曰：“道士狱如何？”吏绐之曰：“昨已笞死于市矣。”妪失声叹曰：“冤哉！”吏知有隐，乃诘妪，妪曰：“今若获贼，如何？”吏曰：“官已谳决，虽获贼，亦不敢问也。”妪曰：“然则言之无妨，彼妇人乃某儿亚三所杀也。”吏得其情，乃捕妪儿，并获赃物，案白，释道士。

游僧利金杀妇案

仪征某氏妇美，商人子见而悦之，使妪导之往，妇许诺，期以某夜，报之金，曰：“为我具酒食。”及期，夫避焉，妇启扉，明烛而俟不至，憩于床，赢金置烛旁，裹破，金遂显。有僧夜击铎于路者而过之，怪扉之启也，入望，见金心动，窥其厨，无人焉，蔬果殽酒皆具，入厨获刀，遂拾之杀妇于床，扑烛攫金，提其元以出。商人子继至，登床而抚之，血淋淋然及肩，乃大骇。趋归，门阖矣，再三叩，始入。

先是，商人以勾稽督其子，夜分不获罢，以故迟妇约。翌晨其夫归，大愕曰：“悦之而得，何又杀之？盍讯旃！”遂往，门未辟，见门有血掌焉，号曰：“杀吾妇者，商人子也。”鸣诸官，官拘而系之狱。商人爱怜其子，密问之，子以实告。商人曰：“是独不获妇人元耳，获则汝释矣。”偏访捕役，贿之，厚悬赏格，募得贼者。居久之，渔人献元，元鲜，其妹也，渔人杀妹以应募，官廉得其情，立杖杀之。有间，或告商曰：“贼得矣，某寺僧杀人，投其元眢井中，余知其处。”即擒僧至，于眢井縋健者下索之，得男妇首凡五六，召某氏视，曰：“不类。”官闻之，抵僧法死，商人子系自若也。

乡有僧，新徙，莫知所自来，与乡中人相狎也。其人自城归，为言某僧事，僧失色，既而唏曰：“若多杀人，天不若宥，余平生所杀，一人耳。”其人诘之，曰：“妇人也，吾利其金杀之，而投其元于眢井。”乡人告商，商擒僧至，于眢井去某氏居仅寻丈之地，一索获元，刀在侧，并获之。某氏熟视而啼曰：“是矣。”牵僧过市，送诸官。市人犹识之，皆曰：“此曩时苦行募缘僧也，固每夜击铎徇于路而寒暑不辍者。”官具论如例，斩僧，释商人子。

龙南吴小姑被杀案

江西之龙南县，隶赣州府。距城三里许，有市集，集中何氏族较繁，与城中吴氏世为姻娅。吴有女，襁褓中缔姻何氏子，江都高氏女者，随吴女佣于何。何翁有田数十亩，兼作小经纪，家称小康。生二子一女，长子不慧，不能治生人产，次子即吴之婿，薄乃翁货殖，而醉心科举，翁乃岁縻十金，令附村学究读。年十七就傅，至二十七，犹未毕《四子书》，父迫令改业，从己出门贩葛布宜黄黄载间，于是父子皆服贾，酌盈剂虚，岁有所获，家计日益裕。吴女及笄，诹吉入门成婚礼，婚逾年，夫妇静好，姑妇亦相安。小姑年十八，已字而未嫁，与嫂叙中表谊，相得甚欢。又一年，小姑嫁有日矣，何氏子从父运奁具归自城，其明日昧爽，翁方披衣起，忽女舍有声，汹汹如鼎沸，妻踉跄恸哭，子亦狂呼至，盖女已不知何时被戕，僵于榻矣。急走视，则嫂方披发枕尸，泪涌气咽。须臾，里正造门，婿翁哄于室，邻人扶老携幼，啧啧称怪事。何子疾声啾众，谓勿移动室中物，待官检验。婿之翁则语里正，虽父母兄弟之室，下至庖湢，及佣工所居室，一切杂物，皆不得动。何子曰："事在吾妹室，父母兄弟岂相害者？"何顾虑曰："不然。嫂独非外人乎？佣工亦骨肉乎？"

方抢攘间，邑令赵某至，验尸，尸身和衣，面仰，半掩衾，刃伤一处在喉，气、食管俱断，委系被戕身死。验毕，检视室中及门户、屋顶、井灶诸处，既无嫌疑之物证，亦不得匪人出入踪迹。又入嫂室中冥搜，亦无他。从婿翁请也，复及仆人，竟于高婢褥得一函，上署"昭姐"，下署一"于"字而无名，略言："耳目太众，存姑之言，宜缓须臾，姐早晚留神，他日我与存姑当不负姐，小小前尤勿轻泄。"存姑者，吴女小字，昭为高名；小小即小姑也，小姑生而纤小，故名。官得函，以示众，众失色。高虽惊异，以不识字，不知函中云何，第称"函来不知何途之从，而在我室"。官以函中语意剖析指示，因问于何人，存姑何言，高大骇，不知所对。然此函实于己之枕边出，极口呼冤，他无一语。吴女亦昏晕倒地，良久乃苏。婿翁攘臂直前，曰："是案已明，嫂有奸人，恶小姑密迩，多障碍，嘱奸人致小姑于死地耳。"何子谓妇素贞静，不宜有此。官呵之，责其庇妇忘仇，以刑拟吴女及高，皆呼冤，愿死杖下。官填格，命殓尸，粘函于卷，拘吴女及高去。

吴女之父闻狱起，念女虽蒙冤，高婢竟受于私函，于不出，则覆盆永戴矣。侦骑乃四出，访于，卒不得。而赵已具词通详，坐吴女以恋奸谋毙小姑灭口罪论死，高知情同谋，减一等，拟为从犯。吴父大号恸，乞刀笔吏具词，将上控。江西按察某善折狱，得狱词，大怒，多所驳斥，谓其草菅人命，撤赵任，遴员受代，命重理是狱，勒令留赵听审。所斥之点，其要者，为既有奸夫，何以不勒缉到案？又通信人既认为奸夫，奸夫逍遥法外，而妇独缳首，非法。且据小姑之翁供称，嫁已有日，有何急迫，不能耐此数日，而必杀之以灭口？驳牍既下，吴氏一门，高氏母女，皆额手颂按察为生佛。而孰知疑幕重重，直至再易令，阅两年而罪人斯得之。

先是，新令捧檄至，承按察意恉，签差勒限缉于姓，果得之，一鞫而伏。于名有成，乃何氏子幼时塾师之子也，平日往来何氏，见高修洁，时时瞰何氏子不在，托传语，与高相周旋。何氏子曾一遇之，知其于高有遐想，及逮案，乃出函指证，喝令供杀人状。于本心虚，且受威逼，仓皇失措，不能置辞。何氏子传案备质，亦称果斯人也，向只知挑我侍婢，今乃知包藏祸心，谋我妻，戕我手足，皆尔所为。于大呼曰："杀人罪我已承之，当无变更。惟信函是尔命我致高者，何可遂忘？"官怒其狡，置不理，笞臀千，鞭背三百，遂供受吴女叮嘱，谋毙小姑，以小姑嫁有日，欲缓须臾，故以函相闻。惟高实不知情，函亦非面授，惟平时与吴女约，有函当潜塞高之枕边也。谳再定，高脱知情罪，而死囚则又增一于某矣。

狱上，旧按察已擢闽藩去，新按察以函在高之枕边褥下，高必知情，饬再审，案遂迁延。会邑令奉母讳，代者莅任二十日以疾卒。某大令，名进士也，以即用知县摄龙南，下车虑囚，至此案，察于不类杀人者，授以笔，令依前函式书一过，惊曰："笔迹不同至此乎！"传何氏子质讯，使亦如式书一过，何氏子色骤变，谓："此函明明为于姓书，奈何使我临摹，我岂自污妻室名耶！"令曰："于曾供函由尔所授，尔一临摹，即可折服于之心矣。"不得已，如式缮写，虽故意矫饰，笔锋自不可掩。令笑曰："函为尔笔迹，尚何言！"复呼于，使直供何氏子授函状。对曰："何自结褵后，常与我言，新妇木讷非嘉耦。一日授函于我，云将随父出门为妹备奁具，嘱乘无人时致高。我视之，语皆嫁祸，坚不从。渠谓本无他意，第欲借以为休妻之证耳，必不累我，我庋之巾箱中。计日，何将返，乃走何家，高适在吴女处，急藏函于高之褥底，疾趋而出，将待何归告之，俾自检得。不图归一宿，而何之妹被戕，冤遂莫白。如不信，何家一老妪执炊爨者，亲见我入高室，塞函枕底，可覆问也。"令传妪研讯，果然；再质何氏子，亦无辞。顾杀小姑者为谁，终莫明。何氏子与妻系外监，高与于系内监，案仍不结。

小姑之翁姑，别为子缔姻某氏。亲迎之日，彩舆至庭，喜嫔启帘扶掖，已僵死舆中，举家大哗，幸母有两弟随以来，不能问罪于婿乡。而婿翁转使人监守两弟，诉之官。官验系中毒死，问两弟，两弟不知；问父母，父母不能答，力求昭雪而已。因传新妇家所有人，问："是日登舆前曾否进食饮?"父母忽骇然曰："女有一义姊贺氏，是日来，与女絮絮语，不知有他故。"一佣人曰："是矣，是曾进枣糕于新人，强而后食者。"贺居不远，立拘之，谓："汝东窗事发矣，汝奈何杀人?"贺仓猝间遽对曰："彼自被家中戕死，于我何有?"官诧其语不伦，故绐之曰："我已尽悉，不速言，将加惨酷之刑。"乃一一尽吐其实。盖小姑之婿与贺有啮臂盟，雅不欲别娶妇。贺闻情人合卺有日，亦袖鸩至，期共死。婿曰：“何痴也，移鸩鸩新妇，一举两得，何必自填恨海？”贺然之，怀鸩至何氏，不得便。以贺仅以售丝带一至，无因进何女饮食，吉期已迫，走婿家告不能，且迫婿偕赴水死。婿被酒，约明日，乃乘酒夤夜入岳家，戕未婚妻而出。官既问一而得二，怒曰：“一之为甚，而又再乎！”贺曰：“既戕一人，而欲终不得遂，岂能坐视薄幸人又燃花烛耶！彼既丧妻而复聘，我亦不再强以死，故蓄谋与其续聘妻结苔岑谊，待其临嫁而鸩之也。”于是两案皆破，高得释。高尝曰：“夫妇之道至此，不已苦乎！”因誓不字人，以处子终。

珠环入絮案

海宁硖石有富绅许氏，召老尼至家翻絮，（以丝绵装衣，而俗讹绵为棉，故曰絮。）其女助之。翻毕，尼归，女忽失珠环。群疑为尼所窃，绅乃送尼至州鞫之，尼不承。而女所蓄之鹦鹆，忽飞入州廨，鸣于公案，宛然人语也。州牧谛听之，乃“小姐小姐，珠环入絮，勿冤老尼”十二字。捕之，则翔而复集者再。乃令以翻絮之衣被送署，并召绅至，拆而验之，环果在被中，尼冤始雪。

上海三姓娶女案

光绪时，陆春江中丞元鼎尝知上海县事。乡民杜某有女及笄，许字赵子矣。有某者惯作冰人，未知其已许于人也，请于杜妻，为之作伐。杜妻固悍妇，恶其夫以女女人而不谋也，又许之。女之舅氏不知其事，又复以女许婚某姓子焉。无何，三姓之子，婚各有日矣，月老相将持聘礼至，杜争持之，久不决，相与诉于县。

陆悉召三姓之子若父与杜夫妇而聚讯焉，乃质女以所愿。女泣曰：“从其一，则负其二矣，吾宁死也。”陆故迫之曰：“愿乎？”曰：“愿也。”曰：“死则不能复生，尔无悔！”女曰：“死则死耳，不悔也。”言次，令胥吏取鸦片至，令饮，女无言，立取仰之，须臾殭矣。杜夫妇睹状大恸，而三姓之子亦惨沮不声。陆言曰：“有欲收其尸者乎？”赵氏子挺身曰：“愿。”遂以尸归赵氏，且以两姓之聘仪为赙，而嘱其厚葬焉。既而女复活，群始悟所饮非鸦片，乃陆之所以委曲成全之也。

忠若虚判案

忠若虚大令满，为英果敏公翰之犹子，治余姚，有政声。一日坐堂，有互扭而来控者，则米店人控面店人吞没其笆斗也。面店人曰：“是固我物，彼强来诬我者。”米店人曰：“彼初来借用，讵久假不归，意图吞没耳。”忠笑曰：“是笆斗之罪也。”命覆笆斗阶下，呼役扑之，躬自离座监视，扑至数百，忽升座，叱面店人曰：“是米店物，若何得吞没之？”面店人呼冤，则指覆斗处令自视，曰：“初扑之，取（所）出者面麸，麸〔扑〕至再三，则糠粃见矣，是非初为米店物而为汝借用者乎？复乌乎赖！”两造皆服，遵断去。

又一日，有父控其子不孝，粱肉自肥而不以甘旨相奉者，问其子，饮泣而已。若虚乃曰：“然则汝等已午膳乎？”曰：“膳矣。”忠曰：“吾此时无暇，汝等可坐此候判，然老年人饮食不甘，良苦，吾将赐汝一餐也。”遂书一纸，令侍者去。有顷，持数盏至，令子亦与食，已判他事。食未毕，均大呕，父所吐者粱肉，而子则非也。忠向老人微笑，复谓子曰：“汝当益尽其孝。”

鸣声九为樵者释讼

满洲鸣泰，字声九，以翰林散馆，分发云南，权昆明县，听断明敏。一日据案理事，有孝廉扭一樵者至，控其误碎眼镜，索赔八金。盖樵者值孝廉于途，市人拥挤，猝不及避，柴枝拂眼镜而坠地，片片摔碎，索偿而樵不允，故来控也。鸣晓之曰：“一樵夫耳，能出多金相偿乎？”孝廉坚不允。鸣怒，饬杖樵者三十板，标数字于其掌，谕之曰："可以此为凭，速至某钱肆取钱十千来，代若偿之。并紧握若拳，到时始准开视。"樵者如言而去。至钱肆，默视之，则掌中朱书四字，乃"火速走避"也。樵者大喜，飞奔而逸。日昃，鸣慰孝廉曰："子姑待，想当来矣。"与谈书史，娓娓不倦。及候至二鼓，终不至，饬役往寻，回言樵已遁去。鸣笑曰："村夫狡黠如是，子姑回，俟缉获后，当重惩之。"孝廉无如何，悻悻去。

倪子和妻虐婢案

四川候补知县倪子和，以续娶李有恒妾某氏，藉其资，加捐大花样，得补缺。后以事罣吏议去职，遂流寓成都。时刘幼丹太守心源自夔州调首郡，闻蜀中官吏虐待妾婢，时有以私刑至死者，乃出示严禁，且悬赏招告焉。

时倪家有一婢，为某氏所凌虐，光绪戊戌正月间，竟被榜掠致命。其家属因往诉于刘，刘饬人访之，知其瘗棺所在，乃遣役发之。及起验，则遍体伤痕凡十七，而前阴有烙痕，乃火箸插入所致，皆某氏所为也。惟靴尖一伤，为倪之帮凶。刘禀之藩司，拘之至，并传某氏，某氏方产，未到案。刘乃发倪于发审局，勒令交某氏，且曰："俟其至，当以其杀婢之法治之。"倪惧妻到案蒙大辱，力认为己所杀。未几而某氏投入天主教，挽教士出函抵刘，刘置不究，而倪亦被释矣。或曰，氏既免身，刘坐堂皇讯之，掴二十，令倪领归管束。

戊戌六君子冤狱

光绪戊戌八月初八日，康广仁等六人奉旨被逮时，由步军统领衙门兵役牵挽发辫以行。谭嗣同曰："我辈皆文人，且有官职，逃将焉往？"兵役曰："提督衙门拿人，向例如此。"次日解刑部，十三日有派御前大臣会审之说，刑部大堂增设公案，部署一切，而刚毅忽至，挥手嘱从缓，且听后命。旨下，将六人上堂点名，即令登车。刘光第询承审官为谁，谓："我至今未识康有为，尚可容申辩否?"众曰："不必言矣。"乃径解赴菜市口，由提督衙门兵役二百人护行。六人被杀之次第，先康广仁，次谭嗣同，次林旭，次杨深秀，次杨锐，次刘光第。正法讫，薄暮矣。林着补服未挂珠，余均便衣。死后，均由林联生太守为之成殓。

深秀以丧兄故，早欲出都，以其子得拔贡，俟朝考留京，遽罹于难。光第既死，妻女欲以身殉，遇救得不死。菜市口距广东会馆最近，广仁死后，粤人竟莫敢过问。嗣同死未瞑目，李铁船京卿征庸慰之曰："复生，头上有天耳。"始瞑目。十四日早，降谕暴其罪状。

沈北山冤狱

常熟沈北山太史鹏，幼孤，赖其嫂抚养成立。既举孝廉，入都，名动公卿。朝贵争欲婿之，袁忠节公昶方遣使为媒介矣，而武进费屺怀太史念慈亦欲妻以女。北山知费女才美，又以翁叔平相国之怂恿，遂聘焉。费妇为嘉定徐颂阁相国郙女，悍而骄，闻北山贫窘，已心恶之。及成进士，入翰林，始乞假归娶，拮据成婚，终为外姑所鄙。既结褵，伉俪亦不相得，北山乃怫然入都。

会李莲英、荣禄、刚毅方以黩货闻于时，大愤，一日忽草一疏，斥其为"三凶"，将请重治其罪。疏成，怀之以谒掌院徐相国桐，乞代递。徐大怒，詈为丧心病狂，逐之出。乃谒翁，翁阅其疏，亦挢舌，谓勿以卤莽贾祸。北山伏地痛哭，翁之孙弢夫观察强掖之登车，且迫其南旋。而所谓"三凶"者，已知其事，授意院长，摭他事褫其职，复咨苏抚拘之，苏抚遂檄常熟令提解至省，既至，发按察司狱，狱官朱云龙令与众囚伍，居秽湿之地。苏绅知之，白署臬司朱之榛，乃稍稍安适。诣狱慰问且馈物者，日必数起，费氏则从无往探者，仅赠银币二枚，使为买瓜之需。光绪庚子，拳乱起，美人李佳白、李提摩太言于孝钦后，始释归。

庚子五忠冤狱

光绪庚子有拳祸，被难诸臣之邂逅而及于难者，为海盐徐用仪。用仪由户部小京官考取军机章京，洊至正卿，官京师四十余年，一生谨慎，竟遘奇祸，盖为徐桐所深恶，必欲杀之而后快也。甲午之役，用仪以少宰为军机大臣，而桐以大学士管吏部。一日忽入内，出至吏部，用仪迎谓曰："今日有封事乎?"桐拈髯微笑曰："窃附《春秋》之义，责备贤者耳。"盖即劾孙毓汶及用仪也，用仪出军机，此疏有力焉。用仪字小云，死时年逾七十矣。

侍郎许景澄下狱之日，日哺〔晡〕饭罢，将赴总署，令从者驾车。阍人忽持一名刺入，景澄审其名，非素识，令辞以即赴总署。阍出，须臾入，谓其人自称为总署某弁，奉庆王命，以有要公待商，请大人即入署，其实来者为步军统领衙门之弁也。景澄驱车出胡同口，则番役数人，从某弁指挥，遽拥景澄车而北驶。俄至步军统领衙门，弁斥从者使还，引至一小室，即反扃其门而去。旁室有叱咤声，即太常寺卿袁昶也，时亦被收。夜皆送刑部，翌晨斩于市。监刑者为侍郎徐承煜，桐之子也。景澄字竹筼，秀水人；昶字爽秋，桐庐人。

学士联元，时将上封事请停攻使馆，出遇崇绮，崇曰："何今日未明入直耶?"元告以故，崇勃然曰："君自忘为旗人乎？乃效彼汉奸所为!"元拂衣出。绮怒，未数日，赴菜市矣。元字荇仙，汉军人。

尚书立山之赴西市也，大师兄实送之。大师兄红衣冠，骑而驰，马蹄系一人，缚手足，面目毁败，不可复辨，即山也。山字豫甫，汉军人。或曰，朝廷信任拳匪，围攻使馆，山力阻之，致触端王载漪、刚毅之怒，与景澄、昶同时被戮。先是，山尝为内务府总管数年，积资无算，号巨富，漪、毅等素涎之。祸将作，漪以其为旗人也，犹欲稍从宽假，毅密谓漪曰："杀彼，璧将焉往？此机不可失也。"漪大悟，意乃决，遂诬山于家中戏台下掘地道，与使馆通，密将政府内情泄于各使，目为汉奸，寘于极刑，而没收其资产。元、山既死，漪、毅诸人将以次尽杀异议诸臣，而尚书廖寿恒为之首，盖寿恒以翁同龢引入枢垣，尤为漪、毅所恶故也。寿恒时寓东华门外一小寺，闻耗大惧，属其戚某哀于荣禄。翌日，禄答之曰："今日入对，百计为仲山（寿恒字。）乞恩，而慈意不可回，奈何？可令及早自裁矣。"会先期一日，八国联军入城，乃得脱。

五忠既正法，载澜疏言攻使馆事，而附片奏称："诸臣通敌者，已尽寘典刑，独王文韶在耳，请并诛之"。疏至，禄先阅，阅毕急纳附片于袖，以摺授文韶。文韶阅竟，询左右曰："尚有一附片，安在耶？"禄徐应曰："想留中未下耳。"有顷，同入见，奏事毕，禄出澜片曰："载澜此奏，荒谬绝伦，请太后传旨申斥。"孝钦后厉色曰："汝能保无异志乎？"禄曰："朝臣即尽有异志，此人决不尔，敢以百口保之。"孝钦沉吟久之，始曰："果尔，即以此人交汝，倘有变，汝当与同罪。"禄乃顿首谢恩出。文韶耳故重听，又所跽处去御座较远，竟未知孝钦与禄所言为何事也。

奸杀赘婿案

粤东某生聘某氏女，国色也，偶出，为里豪所见，重贿其母，私与往来甚密。豪甚富，恐被人掩执，乃于女床下穿一地道，通后院密室，虑有恶耗，为潜避之地也。未几，某入泮，遣人订婚期。豪与母女谋，使入赘而毙之，母女诺，谓媒曰："吾无子，婿亦失怙恃，倘入赘，两得其便，否则缓。"

媒复婿，婿诺。及婚期，亲朋俱集，无不啧啧称新妇美。合卺时，某畅饮，妇执爵劝之尽醉。俄而外客闻内有惨呼声，方疑骇，则见新郎衣履如故，散发覆面，狂跃而出。群欲询之，已疾奔出，从之行里许，遇大河，即跃入而没，呼舟人捞救，不得尸之所在，客叹而返。女及母皆惶急，候于堂，客告以故，妇曰：

"方筵宴时，忽狂呼冲门出，知外室必有人阻之使返，何任其投河而没？是客戕婿也。"遂执客送之官。客皆曰："吾等岂有见死不救者？实猝不及防耳。"讯母女，则哀求还尸。

未几，令他调，代之者有明察声，见前案，反复推求，大悟曰："婿投河，反诬客，实欲客证婿之死以实之耳。"乃变服为星相，访其邻。邻曰："有某富豪与某女往来甚密，吾侪亦疑有故，然新郎投河，众所共见。"令曰："汝见新郎作何状?"曰："发覆不及见。"令曰："然则富豪安在?"曰："今日犹见其入妇家。"令急返易服，率健役百余围搜之，不得，将入女房，妇横阻不得前。令见陈设无可疑者，瞥见床下有男子履，妇失色。命移床，则地板有新者，举之露地道，乃挈役入密室，有鲜衣少年伏焉，富豪也。推门至他院，见地新挖状，启之，尸在，经年不变，喉间扼痕显然。出聚案中人证之，一讯伏辜。盖投水者，乃富豪以重价购善泅者为之也。

黄某以《劝学编》得释狱

光绪庚子七月唐才常之狱，湖北学生拘系者十余人，有黄某者与焉。黄入狱，日手《劝学编》而读之，《劝学编》者，张文襄所自制也。初，文襄疏荐康有为、梁启超，及戊戌政变，文襄欲自别之，乃以是进呈于朝，故当时大臣多得罪去者，而文襄以是竟无恙。黄知其然，故读之，冀其闻之而释己也。适当道有为诸生缓颊者，文襄果使人入狱觇诸生，使者以黄所为告，遂得释。

沈克諴冤狱

湘人沈克諴踔厉饶干略，以小吏需次湖北，谭嗣同特爱重之，言于其父继洵，时继洵方抚鄂也，使任抚辕文巡捕。光绪戊戌，嗣同狗国死，克諴与唐才常计划复仇，汉口难作，才常死，克諴脱走。庚子拳乱，来往京津间，任日本大坂《朝日新闻》访事。时哄传中俄结密约，苦不得真相，克誠探得密约草稿，寄《朝日新闻》披露焉。密约条文既披露，中日人士大哗，日俄战机愈紧，俄使大恨，言于孝钦后，必杀克誠。内务府郎中庆宽、革职检讨吴式钊赚克誠，缚交刑部，杖杀之。时两宫甫回銮，忽有此不经廷讯杖毙士人之举，舆论大激昂矣。

汪氏媳诬翁奸案

苏乡木渎镇多富室，镇西陆翁者，其一也。翁设酱园，掌园务者为其子，子年不及三十而死，乃以园务委之媳。媳汪氏，亦镇人也，粗解书算，理园务亦能称。顾年少守寡，私于邻生，夜或至，匿之于室中。久而姑渐知之，然不知其所私者果为谁也，欲乘间袭获之，而以爱之故，不欲彰其恶，乃微词讽之，使自绝。

汪夙以贞洁自诩者也，闻其言惭甚，乃诬翁与之通。盖翁年虽老，而好狎邪游，无日不涉足于娼家，家人尽知之也。姑闻汪言，颇信之，因詈曰："老蠢污我贤媳，败家声，辱祖先，何以为人？余誓必使之无地而后已。"是夜翁归，姑大声斥之，翁力辨其诬，曰："余虽好色，何能败伦常？"姑终不之信。翁恚甚，无以自白，欲获得奸人以自解也，遂日夜守之。而汪逆知事将败，预为防范，翁不能得。积半年，事渐寝矣，而汪腹有孕，百计求堕之不得，期年而产。姑大惊，坚叩之，汪泣而言曰："翁累我也。"姑忿甚，唤翁前，大骂之，翁力辨，而汪言之益坚。不数日，声播全镇，自好者咸不齿翁，或更讥笑之。翁大愤，遂作书记其颠末，自经死。越日，家人始知之，救之不及，检其衣得书，始知其自死之由也。姑亦知为汪愚，搜汪室中，得男子小影，视之，邻生也。使人往执之，而生适以事他去，遂缚妇而报之官，官捕生不可得，定谳，汪论绞。

库伦监狱

库伦之监狱，诚为黑暗世界，基址狭小，内有狱舍五六所，四周环之铁栅。有内地数人，政治犯也，科终身禁锢罪，居于形似棺之笼，外加铁锁，不能直立，亦不能平卧，其得稍见日光者，则每日二十四小时中，递食二次之数分时而已。囚徒反以就死为乐，将赴刑场，前导有马队，执最新来复枪，而囚徒则载以牛车，押赴距库伦五六里之行刑场。盖蒙古有神人，居巴克图诺尔山，山在库伦南面，以图拉河界之，与人境隔绝。其行刑场之设于远处者，亦以防犯触神怒耳。蒙古人视死刑甚轻，有射击巴克图诺尔山之鸟兽者即死，至终身禁锢，则其罪至重，特以处外籍人之违犯法律者耳。

开化讼事

开化民情强悍，杀人案件层见叠出。苦主辄向凶手索费，自四五六百金以至千金。凶手破产不能偿，则其族党亲戚，必多方为之弥补，恒有因之倾家者。盖其时虽已有新刑律，而若辈尚不知新律无连坐之条文也。议偿不洽，乃控于官。官莅止检验，则主于凶手之家，而凶手及家属悉已远扬，由其邻里戚党出为招待。有某令下乡验尸时，曾于途中接有桂圆汤一碗，既抵其家，则人参、燕窝等汤数见不鲜。而苦主是时亦必率其族党亲戚就食于凶手家，膳宿之费，日非数十金不办，苦主为报复计，乃以此困凶手。官既来，则亦相持不验，常有滞留四五日而始回署者。

黟县误杀男女案

黟县某既娶妇，父母俱亡，弟幼，兄嫂育之。兄营商于外，及弟年长，兄自外归，嫂为置酒呼叔共饮，席间先敬叔，后敬其夫，兄惑焉。次日凌晨即起，语妻曰："我贮货他处，须往发，必半月始归。"言已而去。嫂谓叔曰："尔兄向日还，温言絮语，家人契阔，固应尔尔。昨归而神气索然，至可疑。今我还家，视我父母，必尔兄归而后归也。箱箧皆封键，叔为我谨守房户可矣。"叔诺之。至夜而卧，闻叩门声急，启门则裸妇也，忽欲闭户，而妇涕泣跪槛前曰："有急难，非君嫂莫救。"曰："嫂已归宁，家仅我一男子，不可留也。"妇紧持户，乞怜不已。无奈，解衣掷之，令衣而入，宿于嫂房。已乃喟然曰："我一男子，而深夜纳妇人，何以自解？且渠无衣，天明，又将何以遣之？"于是反阖门而出。嫂之母家不远，夤夜往告之，使归与之衣而遣之，嫂曰："夜已半，我不可归。"时嫂之父在堂，曰："若然，叔亦暂留吾家，晨当同归，善遣之。"叔遂归钥于嫂，而自寝别室。

嫂之弟闻而生心焉，遂窃其钥而往，张皇入户，不及键，与共卧。适兄夜归，推门，已启，侧身潜进，历重门，伏房外，闻男女共语声。怒甚，操刀而入，尽杀之，而奔告妻家，曰："尔女与叔通，我皆杀之矣。"其外舅曰："尔何言？女与叔咸在是。"悉呼至，兄愕然曰："然则妇何人？"嫂与叔同述夜间事，兄憬然曰："误矣，然则男何人？"嫂环顾一家，不见弟，急索钥，不可得，曰："是必弟不肖，已为刀下鬼矣。"于是群往验之，果然，而不知妇所从来。无何，有杀奸而逸其妻者，喧传遍索，导之使验，曰："嘻，是也，幸代歼之矣。"乃共闻于官，令各掩埋而释之。

杨东村鞫府署窃案

杨东村，名景濂，陕西人。令福建南平，时府署失窃，报到往勘，外无迹，太守出，其卧室为人砍破窗户，失千余金。命详勘之，见刀痕有油荤，嗅之味腻，知为厨下人所窃，而未明言也。但云厨下几人，须由我带去，众亦莫解其故。回署即坐堂皇，问："汝等皆宿厨下否？"曰："宿厨下。"问："汝等于夜间有起者否？"曰："无。"问："别有声响否？"曰："无。"问："曾有他人行动否？"曰："管厨者某爷，夜曾取刀。"问："何用？"曰："砍竹。"问："某爷者旧用乎，新来乎？"曰："主人自都携以至，所亲信者。"问："平日作何举动？"曰："其人嗜赌，新负数百金。"

令至是乃命将众人严押，带健役复诣府署，专索某爷。其人出，衣履华洁，令知为太守所宠者，不可威吓，但云："有供牵涉汝，可往质。"其人犹崛强，众仆且为之缓颊，令命健役押之行。入内衙，婉言喻之，不承。令怒，褫之，小衣皆绉，曰："荒淫可知矣。"拍案曰："汝夜取刀砍竹，竹何在？"犹不承。令押众人至，面质，其人语塞，加以刑，始吐实。言银为昨夜所盗，用未罄。问："余银在何处？"曰："在卧室油缸下，余藏厕中。"时已五鼓，令命严禁之。天明，敂府署门，直入厨下，至其人卧室中，果有油缸，移开，下有砖，去砖而银在焉；如言复至厕，余银亦得之矣。

大庾毒翁案

长沙周克开官江西吉南赣宁道时，大庾陈氏妇与其姑之前夫子同居，前夫子谋陷妇而逐其夫，为吞产计，乘翁死，以毒诬之，妇不能自明，狱成矣。转至道，周审其冤，视所余药色黑，而质则雄黄也。又取相验时银针拭之，垢随手去，因穷治，得其实，妇冤始雪。

滑稽判案

易州有富室子私某孀妇，其夫弟讼之官。官讯之，则对曰："吾与其兄相友善，兄既死，彼不能养其嫂，吾时时周恤之。彼因愧生忿，且与吾有夙嫌，故以是相诬耳。"官乃叱讼者曰："汝以小嫌诬及汝嫂，俾尔兄蒙羞地下，诚莠民也，其归善视尔嫂，敢再讼者当重笞。"讼者惧而退。乃顾谓富室子曰："汝诚善人也，且跪案侧，视我折他狱。"

官至是，令吏以他案进，则有以欠债讼者，讯其数，对曰："渠欠我钱六十千，三年矣，子母犹未偿，吾今亦苦贫，故不得已而讼之。"讯被告者，则顿首曰："吾非不欲偿，奈力不足何！"

官沉吟曰："一欲缓偿而不能待，一欲速偿而无所出，将何以处此耶?"既而辗然曰："是无足虑，有善人在。"乃顾谓富室子曰："彼两人如此艰窘，亦为善者之所哀怜也，为代偿此债可乎?"某不敢辞，亟应曰："诺。"欲起，则止之曰："且少留，尚有一案未审，曷尽此然后归?"又提第二案至，乃一被控其子忤逆者，问子安在，则先逃矣。官徐慰之曰："尔子不孝若此，当为尔责惩，以期改行，顾已逃去，安从觅之？老年人气愤无所泄，将郁而生疾，可若何?"有顷，曰："得之矣。"又顾谓富室子曰："汝既力行善事，今代彼子受笞如何?"某顿首曰："此事乌可代者!"曰："何不可？此亦善举也。"遂笞之三十。笞已，笑问曰："尚欲行善否？吾案牍山积，盍一一为吾了之?"则泥首谢曰："不敢矣。"乃释之去。

高啸桐谳讼

长乐高啸桐都转凤岐尝权梧州守，州之举人某武断乡曲，为人所控，临质，抗辩不屈。高语之曰："幸与君同登贤书，今吾坐堂皇，使君对簿，君辱亦吾耻矣。"因开陈以义利至再三，某感服，讼遂息。

伍子衡冤狱

遵义伍子衡家贫，授徒为活，父瞽，母又衰老，乃娶乡之孤女以主中馈。女性慈善，克守妇道，勤纺织，里称贤妇焉。

伍有同学某，随宦掌书札，知伍困，作书招之去。后数年无耗，家益窘，而女奉翁姑一如畴昔，恃纺织以供养，日不足，继之以夜，数年不少息。某岁大疫，翁染之而死，姑继之，女家无宿粮，伍亲族多穷困，惟叔某略有资而啬甚，不可通缓急。女百思不得计，守尸痛哭。邻人某生知其故，乃集四邻而询之，女泣曰："二老骨未入土，余心何安？不然，早随二老于地下。"邻生知其有叔也，劝往贷，女曰："叔素吝，徒费唇舌耳。"邻人佥曰："岂有一家人而坐视其毙，不一为援手耶！"女请与俱往，俾可代诉也，邻生从之。及见叔，略不顾，邻生为之陈说，责以大义，叔怒詈，言多亵。邻生大怒，与之争，众力劝而息，乃俱退。及女家，邻生谓众曰："君等慷慨好义，能不急人之急耶？我当为首倡，醵资以殓之。"众诺，乃成殓。其叔闻之，大怒，诬女与邻生通，不然，何出资殓二尸？登女门辱之。众皆不平，群起将殴之，叔狼狈去。

又数年伍归，及家，女告以父母之丧，且白邻人之义，伍甚感，自诣四邻而谢之。邻生见伍，具言其叔之无礼，伍慰谢之。旋遇其叔，叔言女不贞，伍知其故，唯唯而已。越数日，有偷儿入伍家，伍觉而追之，为所杀，女号呼，众邻咸集，乃为之鸣于官，缉凶。其叔亦呈诉于官，谓伍为邻生之奸杀，并举前事为证。官为所惑，捕女及邻生讯之，不服，刑逼之，不胜其苦，遂锻炼成狱，论大辟。及女与邻生死之期年，忽有得伍所常佩之玉扇坠于张某家者，大疑之，检其室，得赃物甚多，间有伍物。遂大哗，聚众赴县署，讯之，固杀伍者也。事上闻，旨下，磔其叔与张。

郑州蜥蜴毙人案

郑州民某娶妇数年，伉俪颇笃。妇以母丧宁家，三月不归，屡遣人促之，而妇之弟终以故辞。又月余，自往速之，不得已，遂偕行焉。临行，妇与弟切切私语，若甚依恋者，大疑，既抵家，以妇与其弟私语事告家人。逾时，而其弟遣人馈羹来，某啜之，越日而毙，家人大愕，疑妇私于其弟而杀之也，鸣之官。拘妇及其弟问之，坚不承，迫以刑乃服，论斩。

刑有日矣，会官瓜代，新牧睹此案，以无据，复鞫之，叩妇曰："汝家有他异乎？"曰："无。"又问："羹来即食乎，抑移置他处而食乎？"则曰："羹尝一置厨下。"又问："厨下有毒物乎？"妇顿悟，乃涕泣而言曰："厨下固多蜥蜴也，夫中其毒矣。"官遂临其家勘视，复开棺验尸，则二小蜥蜴在其腹。因上闻，得释。

上海《苏报》案

自光绪戊戌政变以后，监谤益严，国中志士知非从根本改革不可救国，于是有昌言革命者，而《苏报》实为之先声。时主笔政者为山阴蔡元培、武进吴敬恒、阳湖汪文溥、衡山陈彝范，而华阳邹容、余杭章炳麟方著《革命军》及《訄书》，载之《苏报》以鼓吹之。一日，报之论说有“载湉小丑”四字，大吏遂商之上海领事，列名逮捕。仁和叶瀚知其事，告之四人，蔡、吴、汪、陈遂皆逸，章不行，乃被捕。既而以书诱邹至，同受审讯，侃侃自承，不稍讳。外人以邹、章为国事犯，地方官虽索之急，不与，以妨碍租界治安律，判禁西狱三年。

邹体羸，瘐死，章谈笑如平时，期满得释。汪既脱于难，旋为湖南醴陵知县，会醴陵党狱起，争之急，多赖以保全。事后被告密，谓汪故《苏报》案中人，遂去职。

睢宁张氏杀夫案

睢宁有王二者设车厂，年六十余，娶水寨张氏女，年二十余，颇具姿色，以是不安于室。王有弟曰三，素无赖，喜渔色，与张氏通。既而厂业败，余利又为弟所据。邑胥某诇知之，一日将掩执之，三奋与斗，破其额，张得乘间逸去，自是无复敢讹索者。

王偶病痢，张与三谋，俟其睡，洒汾酒于衣被而焚之，寻呼邻人灌救，灰尘中仅得其鞋。邻人素稔三淫恶，不平，诉之官，讯无端倪。官疑邻人涎其富，受嗾攀诬，将用刑讯，忽胥扶王至，备述原委，举衣呈案，则衣袖间犹带酒气也，三乃俯服科罪。盖胥自被击后，日伺之，闻王病，伺益急，当张在外纵火时，胥自屋顶跃下，负王至家，王固未死也，及家，始投案。

睢宁弑父案

张小三者，睢宁粮差，性悍逆，好食人肉，尝遣人拾野外弃儿，蒸之和醋以食，或买乞丐以充庖。父牵车为业，伺小三如奴，偶不称意，便叱詈，鞭挞随之。一日，小三赴乡催科，父御以往，归至中途，父以饥乏力，车缓行，小三叱使速行不应，则已倒卧路侧，大怒，举棍力击其胸立毙，置车上，覆以席，推之归。道南关，有路捕某，见而疑之，问："车上何物？"小三坦然曰："是野豕，将载归以佐肴耳。"捕益疑，戏言："可分尝一脔否？"小三拒之。捕揭席，则尸也，扭至署，一讯而服，后瘐死狱中。

讼师有三不管

讼师之性质，与律师略同，然在专制时代，大干例禁，故业是者十九失败。光绪时，某邑有宿守仁者，讼师也，善刀笔，一生无蹎蹶，尝语人曰："刀笔可为，但须有三不管耳。一，无理不管。理者，讼之元气，理不胜而讼终吉者，未之前闻。二，命案不管。命案之理由，多隐秘繁赜，恒在常情推测之外，死者果冤，理无不报；死者不屈，而我使生者抵偿，此结怨之道也。三，积年健讼者为讼油子，讼油子不管。彼既久称健讼，不得直而乞援于我，其无理可知，我贪得而助无理，是自取败也。"

讼师伎俩

光绪乙亥，江右有所谓"破鞋党"者，讼师咸师事之，坏法乱纪，此其极也。有父送〔讼〕其子忤逆者，子大恐，持重金投讼师。师曰："子无诉父理，奚以救为？"子出金跽请，师曰："汝有妻乎？"曰："甚少艾。"师曰："能书乎？"子曰："予曾应童子试，亦能书。"师受其金，曰："得之矣，汝试作数字。"子书以示之，师熟视之曰："汝转背反手向予，试书符，汝手握之见官，则无患矣，第不得私视，否则符泄不灵，且致大患，慎之慎之！"子诺，听其书毕，亟握而去，自投公堂。官果诘问，子痛哭不对，官怒呼杖，子如师教，膝行而前，舒掌向官，官视其左手曰："妻有刁蝉之貌。"其右手曰："父生董卓之心。"官掷笔与之，曰："书来！"子书以献，官对其掌，字迹同，遂叱其父曰："老而无耻，何讼子为！其速退，勿干责也。"

湖南廖某者，著名讼棍也，每为人起诉或辩护，罔弗胜。某孀妇，年少欲再醮，虑夫弟之掯阻也，商之廖，廖要以多金，诺之。廖为之撰诉词，略云："为守节失节改节全节事：翁无姑，年不老，叔无妻，年不小。"县官受词，听之。又有某姓子者，素以不孝闻里中，一日殴父，落父齿，父诉之官。官将惩之，子乃使廖为之设法，廖云："尔今晚来此，以手伸入吾之窗洞而接呈词，不然，讼将不胜。"应之。及晚，果如所言，以手伸入窗洞，廖猛噬其一指，出而告之曰："讯时，尔言尔父噬尔指，尔因自卫，欲出指，故父齿为之落。如是，无有弗胜者。"及讯，官果不究。

苏州有讼师曰陈社甫，其乡人王某富而懦，尝以金贷一孀，久不偿，遣人召孀至，薄责之，孀愧愤，夜半缢于王门。时适大雷雨，故不闻声，比晓始觉。惧而谋诸陈，陈曰："是须酬五百金，乃可为若谋。"王曰："诺。"陈曰："速为之易履。"王谨受教。陈振笔作状，顷刻千余言，中有警句云："八尺门高，一女焉能独缢？三更雨甚，两足何以无泥？"官为所动，以移尸图害论，判王具棺了案。

杨某，逸其名，崇明人也，而居于吴门。阴险而多谋，凡讼事，他人所不能胜者，必出奇以胜之。吴人某吝而多财，微时曾贷某孀妇金，后某富而妇转贫，屡挟券索偿，某不与，妇窘甚，乘暮缢于其门。某知之，急遣人邀杨。杨至，则与其仆从作摴蒱戏，意殊闲暇。某固求计，杨曰："若畏之乎？盍解之下。"某如其言。久之，杨逸兴遄飞，若无事者，某又促之，杨曰："若果胆怯，无宁仍悬之。"某复从之。杨嘱其闭门勿复启，强某与共戏，且曰："事易为耳，毋以忐忑败清兴。"天明，里正过其门，见之大骇，叩扉而入，询某以故，某如杨所教，答以不知，即偕里正往，首于官。未几，吏役至，而妇之家人亦来，以索逋不偿、冤愤屈死求昭雪。官验妇颈有两缢痕，疑为移尸谋陷，遂释某而反坐，盖皆杨有以致之也。杨既业是致富，饱食暖衣，逸居无事者久，乃返里作终老计。邻村某甲，乡农也，妻某氏有外遇，甲亦听之。一日甲他出，所欢复来，值甲醉归，与之遇，忿甚，操刃将杀之，少年惊逸。甲怒犹未已，遂杀其妻，醒而悔之，曰："我未获登徒子，杀妻无证，不将按律以偿命乎？"懊恨无及，求援于杨。杨曰："事已至此，可速归，今晚勿掩扉，擎孤灯于室中，操刃伺门后，苟有人至，急杀之，李代桃僵，罪可逭也。"盖旧律凡奸案男女同时并获者，本夫可以格杀勿论。甲如所言，返家静候之。其地风俗，凡人夜行困乏，途经庐舍，无论其居停是否相识，苟未阖户而有光，皆可入内休息。二更向尽，果有人携灯冉冉而至，入室少憩。甲大喜，乘其坐尚未定，出不意，突自后戕之。天未明，即叩门往告杨，邀共议事。杨甫至，急视尸，细审之，不禁大恸，盖所杀者为杨之子也。杨子久客经商，与甲素不相识，值省亲归，遂为甲所误杀矣。杨仅此一子，哀号而绝。甲不得已，诣县自陈。县宰廉其情，知杨咎由自取，乃更逮某少年，科以罪，笞甲而释之，令为杨子厚葬焉。

某生者，与同村之富室某中表也，为之司会计。某夭亡，仅遗少妇而无子，族人意其必不安于室，将乘隙图之。未几，妇果与生通，始犹朝至暮归，继则与同寝处。族人得确耗，约仆婢启关，群哄入寝室，生与妇皆裸卧，不及遁，连卧具卷而缚之，送城。生妻闻之大恐，亟叩周讼师门而求救焉，则曰："奸已双获，从何置辩？能从我计，尚可为也。"妻曰："生死惟命。"乃嘱其披发毁妆，唤健妇扶而去之。其时漏三下，晚衙已闭，巡役见执奸者至，令姑置班馆，俟明日早衙呈报。于是安置生妻于密室，而群坐外室以待旦。讼师偕生妻饮泣而来，役识，佥曰："先生何为暮夜至此？"讼师指生妻曰："是予外妹，所执之男子，其夫也，妹误为杀奸，其夫已死，痛不欲生。予曰，执者为族人，焉敢杀？妹不信，必欲一睹夫面，予故偕之来。"语次，以金授役，役笑曰："既为先生妹，请至密室观之，无恙也。"健妇扶生妻入。未几天曙，传呼放衙，讼师亟唤之出，仍披发掩面，唤舆送归。无何，官升座，讼者入告，命役将生与妇人帏而给衣，生出，诘之曰："儒者作奸犯科，可乎？"生曰："夫妻居室，人之大伦，何为不可？"官曰："被执者为汝妻乎？"生曰："然。"官曰："乌得同宿某家？"生曰："戚某死，其妇少寡，生欲别嫌，是以偕妇同往，不意为族人所误执也。"遂唤生妻出，众见非妇，气馁不敢辩，官杖族人而释生。夫妇二人归，厚酬讼师。

王振斋与李子仙善，旬日必相见。振斋好武艺，善舞刀，子仙欲就学之。一日访振斋，留饭，餐毕，振斋出新购倭刀与观，刃犀利，盖新出于硎者，相与摩挲玩赏。振斋乐甚，持而舞之，旋转如意，寒芒逼人。子仙欣羡不已，自其手夺之而效颦焉，用力过猛，偶不慎，及振斋之颈，殊焉。振斋之家属以子仙用刀杀人控于官，将论抵，子仙知之，谋于讼师，讼师为改"用"为"甩"，狱上，遂减等免死。盖用刀为有心故杀，甩刀为无心误杀也。甩者，手不经意而滑，以致伤人也。

袁宝光者，讼师也，一日为某家作讼词，事毕，夜已阑，急返家。半途，适州牧巡夜至，喝止之，问为谁，袁答曰："监生袁宝光。"问："深夜何往？"曰："作文会方回。"牧久耳其善讼之名，追问曰："何题？"曰："君子以文会友。"曰："稿何在？"曰："在此。"乃将讼词稿呈上。牧遂令卒提灯照阅，袁睨其方展开时，直前攫之，团于口中，曰："监生文章不通，阅之可笑。"牧无如何，释之去。

一日，袁往富家吊丧，欲诈其财，乃将礼帽之项绳不系于颈，面灵礼拜，帽无绳，俯首而坠地，孝子窃笑。袁见之，怒曰："汝身居血丧，竟敢窃笑，其罪一；吾来吊丧，汝笑，非敬客之道，其罪二。有此二罪，我必讼之，以正浇风。"富家惧其善讼，出数百金谢之。又有富家子好猎色，一夕为人所获，诈其财，富家子谓须取之家，捕之者不信，遂剪其辫之半以为志。富家子归，惧诈之者有所挟要求不已，乃商之于袁，袁以为难，富家子乃赂以多金。袁告之曰："明日西门外演剧，汝可挟剪往，于人丛中多剪数人之辮与汝同者。既剪后，将剪及发弃远，复拥入人丛中，伪作摸索者，呼曰辮为人所剪，则人皆摸辮，被汝剪者必同。汝寻入某家，不敢以汝无辮诈汝矣。"富家子如其言，果无事。

皖南何某以善讼名于时，时皖北大旱，芜关道禁止皖南米谷出口。有米商私运米数千石，为关吏所拘，将议重罚，商赂何求计。何为撰禀，中有句云："昔惠王乃小国之诸侯，犹能移河内之民，以就河东之粟；今皇上为天下之共主，岂忍闭皖南之粜，以乘皖北之饥?"道见之，以所持甚正，因免其罚。

知县某需次浙江，受知于巡抚而积忤于将军，将军思以中伤之，则非其属，屡讽于巡抚，辄左袒。某年元旦，行朝贺礼归，将军即具章劾知县朝贺失仪，当大不敬，以为巡抚且负失察之咎，不敢回护矣。事闻，朝旨果以让巡抚，巡抚愤懑而无可奈何。其从者偶语于酒肆中，为某讼师所闻，即大言曰："了此，八字足矣。"从者惊询之，则曰："何易言耶！予我三千金，我即传汝。"从者阴以白巡抚，巡抚喜，诺之。讼师曰："试于奏牍中加'参列前班，不遑后顾'八字，则巡抚无事矣。"巡抚思之良然，遂入奏牍，而朝旨果又转诘将军。盖巡抚、将军朝贺皆前列，不能顾及末吏，若将军亲见此令失仪，则将军亦自失仪矣，将军遂以此失职，而巡抚与知县皆无事。

讼师龚某多谲计。有以醉误杀其妻者，盖酒后持刀切肉，妻来与之戏，戏拟其脰，殊矣。大惊，问计于龚，龚曰："汝邻人王大奎者，狂且也，可诱之至家刃之，与若妻尸同置于地，提二人之头颅而诣官自首，则以杀奸而毙妻，无大罪也。"

周某唆赵某诉讼

周屠，初非屠也，少时为贵公子，后败，于是为屠。其父尝为某省太守，恃其戚某为京都权要，因恣为不法，民不堪命，讼之省者屡矣。大吏不能庇，以告周，讽令辞职。既归，则包揽词讼，武断乡曲，所入与作吏时略等。周喜曰："吾今而后知绅之足以致富也，何必官?"

先是，乡人赵某者以小康闻，有田与周接壤，经界不清，恒起纠葛。周怒，纠众拔界而据之，召人佃焉。赵本愿，又惧周势，弗敢抗，则以券归周，曰："吾弗欲结怨，且田已归彼，不如因而结之。"周以为诮己，且以赵长厚可欺，亦佯与交欢。

赵之邻沈某素无赖，尝醉啐赵，赵避之，沈追抶赵。赵子亦虎而冠者，见而怒，推沈堕之河，赵急救，得不死，以是相忤。里有文昌会，每岁首辄群聚而饮宴，会中人按年轮值，有田十顷，为会产，赵、沈皆与焉。于是值赵为主，以产事与沈有违言，沈以宿忿，复殴辱赵。周闻之大喜，谓沈弗让，而嗾赵讼之官，曰："吾为子助。"赵信之，因讼焉。顷之，周语赵，事大棘手，官索酬重，必与之。赵计酬，与所损略相等，欲弗讼。周曰："不可，官事非儿戏，讼之作辍，宁由尔邪?"又故激之，赵不得已，忍痛与如数。未几，周又曰："事难矣，官已准尔，而沈讼之省，即官亦弗能庇，奈何?"赵大惧，属周为之谋，周曰："省中大吏皆余旧友，救尔不难，顾非千金不可。"赵曰："吾安所得此?"周沉吟曰："今官中非贿不行，非可以一纸讼词争曲直者。且吾闻某要人为沈借箸，不速了，子必无幸。无已，子以券来，吾贷尔可耳。"赵慑其言，又不解官事，以为事良危，则勉措半数而贷其半于周，署券约偿。已而闻沈实未讼，皆周为之，则怒不可遏，往与拚，周则缚而送之官，以讹诈罪之。赵老，又愤怒苦痛，死于狱。赵子商于外，闻之则亟归，纠诸无赖，夜涂面持火炬利刃，破周户入，擒周缚之柱，遍淫其妇女，乃尽杀之。复以火烧杀周，劫其财，纵火焚屋而遁。是役也，周氏歼焉。

周子有妾王氏方在母家，以故得免，有子即屠，时年十三，英慧有志气，助母讼，而官以周冒已名得贿，已实无分，故大怒周。又以周死莫为毒，乃为广捕延案，久之未得犯，王又改嫁去。屠流为丐，走京师，访其戚某者，则同时犯案，谪戍新疆。流荡数年，辗转至江汉，乞于市。赵之邻人沈某者，时亦为乞，遇之，沈言一月前见赵子在此甚豪，尾之，下江轮去。屠约沈共往觅之，沈不可，屠曰："彼产悉余家所劫，苟璧返，必与尔分。"沈喜，从之。往来苏皖间，卒不得。沈意渐怠，而屠志益坚。一日至芜湖某庙，天雨，有数人避入庙，操乡音，出见则赵子也。大喜，告沈，沈曰："不可。彼死，吾弗知其居，产何可得也？不如尾之。"屠从之。雨霁，赵子出，二人尾至一处，赵子匆匆入，志其里居，返而谋之。议定，夜半撬门入，闻鼾声起，沈往叩门。赵子起启户，叱问谁何，屠举刃劈其首，裂为二。有妇人出，大呼，亦杀之。因聚火焚屋，二人佯为救火者，尽掠所有返。分讫，屠乃归里，购小屋居之。未几，所得赀渐罄，大惧，有屠某，见而收为徒。屠死无子，肆属周屠，周屠善营生，乡之市肉者，必之周屠。屠后又富矣，然较其父产，弗逮千之一耳。

上海教民占田庐案

李超琼，字紫璈，四川人，光绪时以名翰林出官江苏，机变有吏才。其折狱也，不规规于绳尺，常奇妙出人意表。令上海时，天主教民横甚，前令即以教案去者也。李至，即与神甫法人某极意交欢，抵任一月，案无留牍，独教案悉置不问，邑人争怪之。一日，有乡民投状，称田庐为教民某甲所占，李审甲恶，立擒而严鞫之。甫坐堂皇，一人投书公座，李受书，拍案大怒曰："我何人？此何地？强占人田庐何事？敢以书来关说耶！"取书碎裂之，令役以乱棍逐投书人出，置甲于狱，不复问。

少选，神甫至，李执礼甚恭，而神甫殊负气，卒然问李曰："我二人交情何如？"李曰："善也。"曰："然则何为见辱？"曰：

"不敢。"曰："君自辱我，何复掩饰？"李佯为惶恐状，曰："实未开罪，小人之谗，君毋疑焉。"神甫作色曰："诳言，大罪恶也，君奈何故蹈之？君更不承者，余二人之交且绝。"李曰："不知君意旨所在，明以告我何如？"曰："顷君擒甲，将治以罪，有诸？"曰："然。"曰："甲非作奸犯科者，余有书请释，君见之否？"曰："书固见之，人亦将释矣。"曰："然则何为辱余使？"李讶曰："乃有此谣诼耶？君殊误信。"神甫大忿曰："君犹欲欺人耶？余书且为君所碎，兹事安可假！"李瞿然，探袖出原书曰："幸有此语，书固完好，谣诼可明矣。"盖李知神甫必有请托，平日往来之函悉同式，故预置一枚于公座，所碎者非原书也。至是，神甫默然无语，李揶揄之曰："君不云乎，诳言，大罪恶也，尊使敢欺君，教中亦有罚条否？"神甫恧然曰："余为此辈所绐，今归，当尽除其名。甲听君办，不复乞情矣。"李曰："谨如命。"

神甫既去，李复升座，提某甲出，笞一千，荷校一月，田庐悉判归原主。更检前此所延搁关涉教民之案，按名擒治之，神甫亦终不过问焉。

京师中兴旅馆案

京师正阳门外西河沿有中兴旅馆者，地当繁会，密迩东西两车站，盖从政者流谒选、朝觐之所萃也。光绪乙巳春，一日有客至，操近畿音，而资装殊少，馆人以常客遇之。客居二十四号房，寡来往，日无所营，惟寂处，逾数月，未言去。旅馆通例，客戒行，则给茶酒之资于侍者，常住者苟非聚博或他游戏事，则侍者无所得，故侍者每喜新客，客居久则厌之，呼茶呼饭不时至，其惯习也。

某日晨，二十四号之房门不启，侍者问掌柜，则门钥未交，掌柜以其积欠房膳金也，疑其遁，穴窗窥之，见衾篋未动，人横于地。时流行疫方盛，意必猝病致毙，然何又自锁其门？顾已见死人，则群骇而呼。俄顷间，旅客亦麕（同"麇"）至，有询者，有诘者，有疑掌柜挟嫌者，有责侍者不谨者，咸张口眵目，环集室外，百声杂叱，喧嚣不可止。

于时掌柜排众发言，谓："冤有头，债有主，人死于店，为店主之责，无多言，决不为诸公累。但客何以死，何以锁门而死，事非验不明。以吾之意，其开门，乞诸公为之证，如可者，则令侍者开门。"客相视无言，顾亦无他策，则群从掌柜呼侍者，伐锁而启门。

门启，群哄而入，见赫然陈于地者，其旁有血迹，则又群骇而呼。掌柜曰："毋躁，姑视之。"则群却立以观。时则值此号之侍者胆颇豪，且知无所逃其责，从掌柜之指，迫而观之，瞿然曰："非客也，此德恒玉器铺伙也。"掌柜从而察之，曰："噫，是矣，客何往？此德恒玉器铺伙也，胡为死于此？且有伤。"客言："事至此，宜鸣官。非然者，余辈且不敢居此。"掌柜亦曰："事至此，宜鸣官。"乃令侍者守其室，至外城巡警总厅报之。

京城地面刑名事向属城坊，是年九月裁城坊，初置巡警部，设内外城巡警厅丞、佥事各官，粗举大纲，调用人员，半年少气盛，常喜事，有案报则随往。时勘案者为行走佥事某，先行正式之勘验。当据勘验得：中兴旅馆房屋一所，坐落外城石一区西河沿中间路北地方，计共平屋四层，西跨院平屋两层，二十四号房在中间第二层正房东首，隔墙小院，北屋一间，向东向南均不通别处。南窗两扇，窗纸有穿孔，窗西边朝南房门，门上布帘，门屈戌已毁。房内靠窗土炕，枕席未动，西墙方桌一张，上置茶壶烟袋零件，东墙櫈阁（通"搁"）软包、筐子、零件。房内单靠二，方杌一。尸卧炕前桌旁，仰面右侧，头西足东，左足微曲，地有血迹，旁遗小刀一柄。又命移尸向光处，检验尸体，当据检验得：死者李玉昌，年一十七岁，身穿蓝夏布长衫、白布坎肩，裤、鞋、袜全。尸身量长四尺三寸五分，仰面，面色白，致命左乳下尖刀伤一处，斜长七分、宽三分，深入内合面。谷道污秽，余无故。委系生前受伤身死，凶器小尖刀一柄，比较伤痕相符。

佥事勘验毕，命将尸身掩盖，行就地之研讯。于是传讯店主，问姓，答："周。"问名，答："祥美。"问何处人，答："山东登州府福山县。"问年，答："四十八岁。"问："此店尔亲开否?"答："是。"问："若干年?"答："二十余年。"问："店事何人经理?"答："掌柜王小侯经理，小人往来店中。"问："家住何处?"答："顺治门外广积寺后身。"问："今晨出事时，尔是否在店?"答："不在，闻报前来。"问："二十四号住客何名？是否认识?"答："住客陈兴法，素不认识，住店后，曾经见过。"问："死者何人？曾否认识?"答："死者李玉昌，门框胡同德恒玉器铺伙计，常携玉器包到店，认识。"问："与住客从前有无买卖口角等事?"答："小人不常在店，不知细情，要问掌柜。"问："尔店敢有窝藏匪徒及容留来历不明之人?"答："不敢。"又传讯掌柜，问："汝是王小侯?"答："是。"问："年几岁?"答："四十五岁。"问："掌柜几年?"答："前年到店，今三年了。"问："何处人?"答："宝坻。"问："与店主如何相识?"答："买卖相识。"问："前作何买卖?"答："天兴楼南菜馆管账。"问："因何到此店掌柜?"答："在菜馆时，与此间店主常有来往，后因天兴楼菜馆歇业，本店需人襄理，遂由旧东保荐到店。"问："有无家属在京?"答："小人家住宝坻原籍。"问："在城在乡?"答："城东小池后。"问："时回家否?"答："到店后尚未回家。"问："二十四号住客，果相识否?"答："小人认得。"问："何处人?"答："京东。"问："到京何干?"答："据说谋作洋货铺买卖。"问："何时来店?"答："今年正月二十四日。"问："住店是否半年?"答："五个多月了。"问："平日何人来往?"答："客甚寒且土，有前门东义兴成洋货铺伙计张姓，大栅栏豫祥南货铺伙计不知姓等，与他认识。"问："时常来往?"答："不常来往。"问："平日如何情形?"答："长日寂处时多。"问："向来出门，钥匙有无交柜?"答："向来出门，钥匙一定交柜。"问："与店中伙计相处如何?"答："买卖生意，一样招呼，惟久住不去，谋事无成，房膳钱并且短少，伙计们不甚瞧得起有之。”问：“有无口角情事？”答：“饭店生理，来往卸载，接送招呼，小店客人不少，伙计们知道规矩，不敢有口角情事。”问：“李玉昌携包串店，柜上自然相熟。”答：“柜上伙计们，人人认得。”问：“与此陈客人有无买卖交易？”答：“未有。”问：“向不大叫进否？”答：“有时叫进，伙计们知道”。问：“何时犯事？尔是否在店？”答：“柜上郑重，向不离店，但二十四号房是个死院子，小人前后招呼，不能时常到彼，有时招料不周。今日早饭时，伙计们来问钥匙，大家去看，方才知得。”问：“欠房饭钱多少？”答：“三月有余，约六百多串。”问：“然则欠店太多，必然迫胁索取。”答：“长年买卖，不在几百串钱，伙计们不敢。”又传讯侍者，问：“尔何名？”答：“小人叫老王。”问：“在店几年？”答：“两年多了。”问：“二十四号房，尔所值否？”答：“小人与李三、朱五同值第二层房，小人值东边一带，朱五值西边一带，李三承接往来。”问：“出事时，尔定知悉。”答：“小人当时不知，今早开饭，房门不开，始报掌柜，一同入看。”问：“尔既专值此房，岂有住客房内出此大事，尔竟声息不闻之理？定系知情畏罪，图赖胡说。”答：“小人不敢，小人疏忽是实。”问：“有此理乎？”答：“小人委实不知。”问：“尔偕掌柜入，是今晨何时事？”答：“约晌午，店中开饭之时。”问：“今晨尚闻此号住客声唤否？”答：“不曾听得，小人只当他睡眠。”问：“昨日何时之后汝不曾到此号房？”答：“昨晚饭后，小人到房拾掇家伙，泡茶掌灯，客人尚是好的。”问：“此后便不闻声息？”答：“八点钟时候，有山东孟老爷下店，官客堂客五位，仆从行李不少，正住二层正房，小人偕同李三、朱五帮同照料，人声嘈杂，是不曾留心得。”问：“然则死者李玉昌，是尔认识？”答：“小人与彼极熟。”问：“昨日何时到店？”答：“昨日来店，不止一次，小人们晚饭时，他尚看吃谈笑。”问：“此后如何？”答：“此后小人有事，便顾不得了。”又传讯玉器店主，问：“德恒玉器铺尔所开否？”答：“是小人亲开。”问姓，答：“张。”

问名，答："冠成。"问："几岁？"答："六十二岁。"问："何处人？"答："保定。"问："在京开店几年？"答："三十来年。"问："家住何处？"答："取灯儿胡同。"问："店中伙计若干？"答："小人亲自照料，并无伙计，仅有学徒三人。"问："如此，死者是学徒否？"答："是。"问："到店几年？"答："十四岁到店，今年十七，有三年了。"问："此人平素如何？"答："老成小心，在店甚是得力。"问："可惜了。昨日何时离店？"答："是，甚是可惜。昨日是早晨离店。"问："有无携带货包？"答："携带货包。"问："内有何物，尔自当有账。"答："是，小人亲手交与，小人记得。"当呈货单一纸，内计汉玉镯三只，翡翠玉镯二对，汉玉搬指一只，翡翠搬指三只，白玉皮翎管二个，白玉翎管一个，翡翠烟嘴五个，翡翠朝珠全串，珊瑚纪念四副，翡翠佛头二副，碧霞佛头一副，翡翠押发三根，翡翠如意簪一根，白玉匾簪一根，玉皮大簪一根，各项烟壶四个，各项手串五副，翡翠耳挖簪签零件十六件，白玉带头一个，翡翠带头二个，白玉皮带头一个，各项戒指等零件十九件，蜜蜡朝珠全副，金珀朝珠全副，桃核朝珠全副。以上约估值银一千二百两。佥事阅毕，问："有无销售？"答："此是早晨携出之物，在外一日，不知有无销售。"问："向来店中何时检货？"答："晚归报账检货。"问："如此，携货出店，当晚必需回店归账。"答："有时亦不一定，缘李玉昌家住西河沿西头，尚有孀母，只此一男，有时便住家中，到次日一并归算。"问："何以昨晚不归？尔不曾查问？"答："小人过十点钟回家过夜，当时未曾查问得。今晨到店，以为是彼住在家中，亦未诧异。晌午，此间店伙报信，小人赶忙前来，得知店主已经报案请验了，留此听传。"

尸母李张氏喊诉孤苦，求伸雪，传令候谕。因谕店主曰："事出汝店，店主莫可辞责，著先缴银八两，给尸母领尸自行棺殓，店伙老王带厅，听候缉凶质讯，余人保释。"谕毕，佥事归，署中人已散值矣。

检察某者，以巡警部卫生司主事兼巡警检察事，值夜班，留厅署。佥事与谈，告以适所检验事，相与研究之。检察曰："从来江湖无善士，店家窝匪为匪事常有，不可信。死者之为玉器伙，无确证，货包已失，可捏造。住客为谁，我辈未之见。使我为政，今日必带店主、掌柜归。"佥事曰："不然。店客固不一，此号客，曾有见之者，有与往来谈笑者，玉器伙，更有曾与交易者，店主纵为恶，不能尽掩诸客口。以我所见，此号客不获，终难水落石出也。"检察曰："不然。君之意，以为房属此客住，有死者，纵非手所杀，必有关涉事。以我见，如所语，此号住客，在店已半载，欲为奸乱，何不早措手？且欠房膳金，境盖迫，彼能杀人，何若是之窘？"佥事曰："不然。客杀人，非我所敢臆，特与此案不能无所涉。使非然者，胡为事起而人逸？以我见，参子语，店事诚不敢尽信，或知其隐而故纵。所谓房膳金者，乃以自卸责，以明客之遁，于店为无益，斯可以免诘。我今悔不带店主或掌柜，得与君共讯之。"检察曰："是亦毋须，如君语，此客必有其人，得其人，案自了。我辈今且思之，客之遁，出何道乎？将走汉，将走津？"佥事曰："不能，客无篋。"检察曰："将匿于他店乎？"佥事曰："不能，货包所到，必有识之者。"检察曰："姑寮乎？"佥事曰："亦不能，宵尚可，不易为终日计。"检察曰："其荒野乎？小洼之南乎？天坛之间乎？""或有之，寺刹之中，贫民之家，殆不易有消息也。"检察则转念曰："是亦不能，彼携玉器，适荒野，谁用之者？"佥事曰："迂哉，彼携玉器而必如常法以求售者？今日一日，我辈早获之矣。"语次，钟十鸣，检察曰："吾今且巡班，而暇与子参闷谜。行矣，明日谈。"则易其制衣革鞾，橐橐而自去。

佥事者，家于晋，孑身留京，宿逆旅。时既晚，亦无归意，踯躅室中，辗转所检事。倦而坐，复起行，旋又倚榻而假寐，自语曰："遁乎？必遁，无留京理。何往乎？近畿一带。骡车乎？步行乎？不能，是将遁，必谋速，何物最速？汽车乎？南走汉，东走津，则离京矣，吾何而弋之者？屈指计之，其离店已一日矣，遁津乎？匪特津也，登舟矣。遁汉乎？宿彰德矣，吾何从而弋之者？"瞿然曰："此予至部第一件承办案也，万不可使遁，万不可使遁。虽然，遁矣、遁矣！"转念曰："速乎？或犹留京，徐一日以定所向乎？"自解曰："亦不然。玉器一包，纵如单所开，不足以供大策画，仍易钱耳。卖之乎？果客也，彼无售处。质之乎？于理为近。虽然，所携又太多，将启质库疑，非也、非也。"跃然起，坐于榻曰："我愚矣，彼离京而售，谁识之？"怃然曰："汉口乎？大商场也，虽然，太远。亦不然，沿铁道而数，随处皆可售也。彰德乎？果南走，今日必售之彰德，今吾何术以遮之者？听之而已。或东走乎？得之矣，有电话在，虽不在津，盍一讯？"急起行，向墙而立，传电话至津。

佥事方传电话，检察跃而入，曰："事乃大快。"佥事曰："何如？"检察曰："适所言者，吾已得之矣。"佥事曰："何如？"检察曰："适出门，吾顺道南转，过天坛，则有至可疑之迹，发于道旁茶棚。"佥事曰："何如？"检察曰："夜深矣，乃有坐而啜茗者，审视之，则其人所携者玉器包也，吾乃执以俱来。"佥事曰："有是乎？人何在？待吾讯之。"

佥事出讯所获者，供为琉璃厂大升玉器铺伙，京东人杨立三，晨携包出店，在果子巷口，值其戚永定门外王某，告以要事待商，因偕至其家，则以新生子三朝作汤饼，坚留晚酌。及归已日暮，路长行倦，在天坛旁茶棚啜茗，突蒙巡班老爷拏案。佥事方迟疑，欲提旅馆侍者质讯，检所携玉器包，见所携玉器，有与德恒号开单相符者。反复间，忽睹包裹角上有戳记，审之，则大升玉器铺也。乃责之曰："巡警新章，十钟后，店铺均掩门，不得有串客人等携包出外行走，汝为店伙，岂不知？乃犹携包啜茗乎？是宜惩，不汝贷。"于是值役执黑索，拥立三以去。

佥事退，面检察，检察愕然曰："君何不一讯之？"佥事曰："讯之矣。"检察曰："否，予所谓者，旅馆事也。"佥事曰："此非德恒铺货包，携货包者，遍内外城皆是，何能一一讯以旅馆事?”检察曰：“拙哉，君之承审也！罪人肯持明证以示君乎？有店伙在，胡不质之?”佥事曰：“然，罪人断无持明证以示吾者。君盍思携货包者，遍城内外，所携货包，决不假他人手？人杀德恒店伙，何处得大升店包？纵已弥缝，曷不取他袱易之？尚留此玉器之包，藏其殊别之点以示君，而待予之反复详审也?”检察曰：“虽然，人情鬼蜮，安知不与旅馆通，窃人袱以为嫁祸计乎?”佥事曰：“然如君言，人皆莫我拙，我作旅馆侍者，将证我店主与杀人贼谋耳?”检察曰：“审判事，毋宁信人为恶。”佥事曰：“人犹在所，明日任君为之，何如?”

明日，佥事奉堂官命赴天津查此事，既登车，则见别一车之里门角坐一人，左手贯翠玉镯，色灿然，携黄布包，面左向，不可睹。至津，方下车，则遇天津警长，佥事握其手而劳之曰：“在此不可谈，试观彼。”警长顺其指，急释佥事手，奔而前，突阻一客之路。客何人，即佥事车中所遇之人也。

客惶然顾曰：“胡为者?”警长曰：“无他，谈话耳，汝不观我衣警服乎？汝何为者？自何来?”客期期曰：“通州。”警长曰：“通州乎？然则客昨宿京矣，亦闻京城有事乎?”客曰：“未闻，我未宿京，径来耳。”警长曰：“径来乎？则吾将问汝，汝何时登汽车?”客曰：“今晨。”警长曰：“经何处?”客曰：“不经何处。”警长曰：“至津始下车乎?”客曰：“然。”警长曰：“来津何事?”客曰：“将访戚友。”警长曰：“何人?”客曰：“姓王。”警长曰：“止。通州抵京有铁道，通州抵津无铁道，此为京城东来第一次车，在京七时三十分开行，京通车尚未到，汝由通州来，安得今晨上车？安得不宿京?”客曰：“否否，我固宿京，适语讹耳。”警长曰：“然，汝亦宿京矣。吾问汝，汝何处人?”客曰：“异哉，我不云通州乎?”警长曰：“通州矣，然则乡乎、城乎?”客曰：“我耕者耳，恶得在城！”警长则疾指其腕曰：“汝耕者乎？是胡为者?”客立变色曰：“是，是固非我有。”警长曰：“非汝有乎？

顾是物乃至有关系，吾料必有二，汝无恐，吾将搜汝衣。”客曰：“不能。”警长曰：“不能乎？试观吾身，吾今以警权禁汝，不容汝不能。”少选，巡警麕至，观者如堵墙。巡警驱人，人略退，围立成环形，各引其领、张其目。巡警褫客衣，于怀中得同式之镯三，若手串，若烟壶，凡玉之类若干具。警长则攫其黄色之包以授佥事，乃以所搜得，布之地，指以问客曰：“镯有三，胡为贯其一？凡此零星物，汝之耕，岂种玉者？”客颤其声曰：“冤哉！是吾舅氏属我携津者，我恶得有是？”警长曰：“汝舅何业乎？”客曰：“玉耳。”警长曰：“设肆于何处？”客曰：“通州西门大街万利。”纷扰间，佥事已展包，寻其角，则固门框胡同德恒字号也。乃止警长曰：“得之矣，字号已符，复何遁？”且举包以示客曰：“京城门框胡同德恒玉器铺伙计李玉昌为人所杀，失其玉器包，吾方奉文捕汝，汝不信，盍观此！”则启其襟，出文书，露一角曰：“汝万利，今不利矣。”顾警长曰：“请子令，且寄所。”于是巡警四人趋而前，执其人，挈其赃，而羁之于车站巡警派出所。

警长语佥事曰：“君为此来耶？”佥事曰：“子车何在？能同乘否？”警长曰：“可。”出站，则有马车在，二人同升，御者请所之，佥事谓警长曰：“今且诣贵署。”御者诺而行。佥事乃出所怀之文书，展以示之，曰：“是固非为彼也。”警长取阅，輾然曰：“乃为此耶，此早具而待。”俄顷，车及门，相将下，入办事室。少顷，进午餐，餐已，佥事别警长登车，警长则派巡警二人挈人与赃从之。

阅三时，佥事乘车至京师前门矣，天津巡警二，车站巡警四，或挈黄布包，或持翡翠镯，絷一人，从车后，经大街，折而西，以至于外城总厅之公署。

入门，则闻诘责声，盖方讯事也。佥事问同署中人曰：“有案耶？”则答曰：“昨事耳，君不知耶？检察公以子为懦不任事，昨夜已诣宅，特遣君至津，今日彼为政矣。”曰：“咄，彼伧父乃以我为懦，试观懦者之所为。”语未毕，检察已退，突见佥事，道劳苦。佥事曰："有少事，幸恕我，容后谈。"则出讯所获，提店伙老王质之，一鞫而伏。

叠供，立诣部，回堂，堂官曰："君曾诣津乎?"佥事曰："归矣。"堂官曰："何速?"佥事曰："今晨接知会，即乘早车往，不敢迟。"堂官曰："昨午一区案，须速讯。"佥事曰："已破获。"堂官曰："某所讯耶？吾固遣助子。"佥事曰："否，佥事昨勘归，已略得端绪，即传电话问津局，属在车站留意。今晨出，乃适与逋犯同车，当会津警执之归，顷已取供，谨呈阅。"

堂官受而读之，其词曰："外城巡警总厅呈，所有右一区呈报中兴旅馆住客杀人劫物凶犯脱逃案一件，相应据叙勘讯情形，摘录供词，开具清单，呈部核明奏咨办理可也。谨呈。"至其清单之所开具者，则曰："中兴旅馆住客陈兴法杀死德恒玉器铺伙李玉昌劫去货包乘间脱逃一案，佥事上行走分省知县某某据勘得，（中空。）解厅研讯。据凶犯陈兴法供，年四十七岁，通州人，父母双亡，兄弟俱无，妻子已故。向在通州西门大街德成洋货店生理，去年腊底，该店折本闭歇，在通无处谋生。今春正月，由通来京，住居西河沿中兴旅馆二十四号房内。这几个月来，旅费告竭，在京寻人不着，告贷无门，正在进退为难，这死者李玉昌，与小人素无仇隙，祸缘当日店中到有大批客人，声势煊赫，行李众多，店中招呼不开。这李玉昌在院中站不住，便到小人房内闲谈，取笑小人乡下人，没中用的材料。小人羞愤成怒，不合与之口角，顺手取切白肉小刀，作势威吓，一时失手，刺中左胸，登时倒地毙命。小人见势不佳，见财起意，取得这李玉昌所携玉器货包，思量逃走，恐怕被人看破，将房门仍旧锁上，溜出店门，店中人杂，无人留意。小人出店后，冒充卖货，在小李纱帽胡同喜顺下处混过一夜。次早，明知有人查问，不敢露面，即至南小洼龙泉寺一带藏身。第二夜，闻得厅上已经获人，希图脱走，当到东车站搭通州车，情急慌忙，误购天津车票上车，意图到津再走。后见有人上车，认是厅上老爷，情知不妙。车到杨村，等候交车，心想走下，适车门被老爷拦阻，不敢闯过。到津后，即蒙盘诘获住的。兹蒙提讯，小人不敢虚捏，总求恩典就是。所供是实。”

堂官阅毕，交佥事曰：“办事殊迅速。昨者某某言，方以子为懦。”佥事曰：“仗大人训诲，幸获耳。”堂官曰：“是宜补店主诸人供。”佥事曰：“是，特先请示，尚容叙稿。”堂官颔首。佥事出，乃面检察曰：“何如？”检察拱手曰：“让君一筹，幸恕唐突。”佥事曰：“岂敢，是亦幸耳。虽然，奇情异想，余终让子。特天下奇事少而常事多，客则客耳，杀人则杀人耳，必求特异之情，非常之谋，以推其事之真相，而真相乃愈远。如斯案者，吾不敢谓不得力于余之拙也。”检察唯唯谢过。于是备文呈部，如例办结。

怀宁毙倪玉贞案

安徽怀宁县之五道街王某官京师，物故久矣。有子曰树屏，未受室，坐拥资产；姊曰丽芙，长树屏一龄。树屏幼读书，丽芙随母习女红。母年迈多病，因吸鸦片，丽芙司其事，久之而丽芙亦隶名于黑籍。树屏体素弱，不能多读，师恒放任之，暇辄随姊吸烟以为乐。丽芙时年十九，情窦渐辟，而暧昧之事，遂哄传于外，所愦愦者，其母而已。

丽芙夫家梁姓，亦宦族，梁氏子就学于某校。丽芙既嫁，树屏日益憔悴，母不察，急思为之择妇。有旧戚倪氏者，世业鹾，家亦富厚，女曰玉贞，年与树屏相若，遂论婚焉。问名纳采，诸礼咸备，母乃使人迓丽芙返皖，襄内政，婿以就学，不能偕来。丽芙归，往树屏室，责之曰：“今而后，但见新人笑，那闻旧人哭？兹与汝约，苟与新妇谐伉俪者，吾将以白绫系颈，毕命汝前，吾魂必蜿蜒于汝夫妇之床第。”树屏闻之，俯首不语。

花烛之夕，丽芙引树屏至秘室，诫以勿与玉贞绸缪，树屏曰：“我可从命，然亦安足使姊之不疑？”曰：“我自有术。”于是出红线数缕，为树屏缝其私作小结束，曰："汝自去休，晨来，我将验汝。"树屏不得已，谨如约。天明，树屏急往就丽芙，袒衣使验之，丽芙大乐。自是，丽芙实代玉贞之职。久之，玉贞察树屏举动而大悟，言语间遂不能不谤及丽芙，而杀机于是伏矣。

光绪丙戌五月六日，凡为父母者，例接其既嫁女以归宁。及暮，玉贞归，微有酒意。树屏忽与丽芙计议，将死玉贞，丽芙曰："计安出?"树屏曰："彼嗜饮，若再以酒促之，俟其大醉，我扼其吭，姊以罗带缢杀之，以暴疾告其家，大事毕矣。"丽芙允之。树屏乃含笑入玉贞房，备极亲昵，复命婢令庖人进馔备酒。未几，夫妇相对，觥盏交错，树屏累以大杯相劝，玉贞连进数觥，而玉山颓矣。树屏令婢去，曰："将就寝。"少顷，丽芙来，树屏急起相迓，询之曰："携绳未?"丽芙曰："否。"言未已，觉窗外忽有窸窣声，丽芙命树屏出视之，良久，笑语丽芙曰："外有蛇，蜿蜒蕉叶尔。"丽芙忽遥语树屏曰："试捉之。"树屏如言，驰入室，丽芙手已握剪，使树屏以蛇持近玉贞口，己则以剪断其尾，蛇负痛，奔入玉贞腹，玉贞遂腾扑于床，不三五掷，死矣。时已破晓，树屏令丽芙遁，呼侍婢，告以暴死状。讣闻于倪，玉贞母率其媳齐氏来奔丧，察玉贞死状，愤不能平，鸣之官。怀宁令往勘，时腹已肿，乃尽褫上下衣，反复详视，无伤痕，口齿亦无毒质。官将诃责倪，其媳注视死者下体，忽大呼曰："结褵近一年，而小姑身犹处子，何也?"时树屏色顿变，一讯而服，乃械之回署，系于狱。树屏百计请托，有为之致书于令者，树屏又重贿倪，倪以案无左证，亦不苛求，而树屏遂出狱，与丽芙相狎如初矣。

秋瑾冤死案

山阴秋女士瑾之死，为绍兴守贵福所杀也，桐城吴芝瑛女士经纪其丧。芝瑛确访其事，而知为冤。盖秋自被逮后，即入山阴狱，次日夜深，正商明禁婆为解刑具，具纸笔作书，忽闻叩门声急，禁婆隔门与语，答以覆审之事，趣禁婆速启门。门辟，灯光烛天，兵士列队，如临大敌。禁婆入见秋，战栗不能出一言，秋曰："汝勿怖，待我出门往观。"及狱门，知有变，语兵士曰："汝暂息灯，容我凝神片刻，有语问县官。"及见令，询以："予犯何罪至此？欲一见贵福，死无憾。"令曰："吾极知汝冤，无回天力，奈何？且事已至此，见贵福胡为者？"秋乃与令约三事，一请作书别亲友，一临刑不能脱衣带，一不得枭首示众。令许以后二事，秋谢之，即有兵士前后掖之行，秋斥曰："吾固能行，何掖为？"及至轩亭口，秋从容语刑人曰："且住，容我一望，有无亲友来别我。"乃张目四顾，复闭目曰："可矣。"遂就义。时光绪丁未六月下旬也。秋为贵之义女，嫁湘人某。

色旺落尔布桑保被杀案

光绪时，蒙古科尔沁图什业图亲王色旺落（诺）尔布桑保者，为哲里木盟长，奢淫贪虐，役使蒙民，土木繁兴，备极壮丽。广购珍玩服御、花木奇石，远者求之闽粤，近亦辇自京师。蒙民皆自备资斧以供役，偶损失，必责赔，或处死刑。尝以小过笞人至死，需索不遂，缚其人，置暗室，令瘐毙以为快。好渔色，多内宠，其嫡福晋拉什曼都克久失宠，三福晋擅专房，多预外事，拉什曼都克以是尤怨色旺落尔布桑保矣。

光绪庚子八月，扎萨克图旗就抚匪首王洛虎、刚保、森保等复叛，杀掠各盟旗，色旺落尔布桑保大惧，急募壮丁自卫。辛丑三月，以欠饷久不给，卫兵哗变。台吉额力登乌卓勒等久蓄异志，至是遂招集散兵，作乱于贝勒海毕。色旺落尔布桑保与近侍夜走鄂逊鄂尔图庙，乱党追及之，色旺落尔布桑保不得已，誓改过自新，书手谕，令近侍西郎阿持示乱党。乱党裂其书，大呼曰："此时悔过，无及矣！宜速自决。"色旺落尔布桑保遂引带自决。护印协理台吉以色旺落尔布桑保暴薨，告帮办盟务札赉特王，且上盟长印信。五月，札赉特王呈理藩部代奏，得旨权补盟长。而色旺落尔布桑保无后，以喇嘛业西巴丹承继，议定尚未行也。时已革副盟长扎萨克图王乌泰，方避乱黑龙江省城，闻变，思复得盟长，且嫉札赉特王之仓卒出己上也，即疏陈乱状，并擅以己意推举盟长奏事之权。疏入，德宗始知色旺落尔布桑保非考终，十二月，派兵部尚书裕德驰驿前往查办，哲盟盟长由达尔汉王暂署。

壬寅二月，裕德至奉天，以乱党花里亚苏等实逼其自缢，罪有主名，分条具奏。事下刑部、理藩部速议，磔花里亚苏，斩花连、托克托、呼约木加卜三人，从犯论罪有差，福晋、协理台吉及扎赉特王均原情免议。十二月，奉天将军复奏，以业喜海顺承袭王爵图旗，事略定。未几，而丹赞尼玛争袭之案又起。

丹赞尼玛为色旺落尔布桑保之从父，业喜海顺虽于色旺落尔布桑保为从子，而服属已疏，徒以谄事福晋，得越次承袭。丹赞尼玛心弗平，欲以其子代之。狱事结后之三年为乙巳，丹赞尼玛以协理台吉等实主持弑逆，蒙蔽内外，愬于肃亲王隆懃，时隆懃方奉命赴蒙古查办事件也。初，花里亚苏等之诛也，伏法者仅四人，诸从逆者多逍遥法外，或且迎福晋意旨，擢显秩，握重权，蒙民益不平。隆懃以案已奏结，不容更有变，而蒙民劫众，又不可容其纷扰，乃属其事于盟长札赉特王，札赉特王以强力制之，众愈怨。协理台吉又嗾使福晋携业海喜顺至京，诉于理藩院，复籍没与丹赞尼玛连名呈控者数人之家，民怒愈甚，遂纠众醵财，资丹赞尼玛入都控告。丙午十二月，奉天将军奏革丹赞尼玛台吉。丁未正月，丹赞尼玛与其台吉十人皆为步军统领捕获，奏交理藩部审讯，而丹赞尼玛之子妇噶吉玛复为其翁讼冤，同时复有人奏参丹赞尼玛威逼亲藩，遂奉旨一并交奉天将军讯办。丹赞尼玛既被捕，其家属遂与俄人多必索夫订借款项为讼费，订明摊派牲畜一千匹以偿，然牲畜籍没者既不可得，其未籍没者亦被禁不得出境。乃谋聚众强取，怨毒相寻，俶扰日甚。协理台吉等既声称丹赞尼玛连结俄人谋寇蒙境，俄人复照会官府追索牲畜，于是盗贼交涉，逆案争继，乃混合而为一。俄人至奉天防营拿获丹赞尼玛长子必利图及从人七，搜其身，仅土枪七支，铅弹三十六粒，而翼长某徇部下邀功之请，遽指为逆匪，请予骈诛。东三省总督以为此皆奉旨饬拿之犯，不应含混就地正法，批交奉天府讯办。久之，始讯明丹赞尼玛争袭妄控及强取牲畜、擅缚蒙员情事，惟谋叛事实无左证，判决丹赞尼玛与必利图均监禁十五年。其俄人交涉，别由交涉司议结。奏闻，如议。

鹿文端查办贻谷案

光绪丁未、戊申间，领军机者庆王奕劻、张之洞、袁世凯外，尚有鹿传霖。鹿谨厚而性崛强，虽委蛇枢府，无所建白，查办贻谷案，颇见头角。贻为理藩院尚书衔绥远城将军兼垦务大臣，尝责令蒙旗报効地亩，又设公司，以贱值购买，及出售，则往往得善价，家本饶裕，至是益富。寻与副都统文哲珲不协，文遽以婪赃劾贻，孝钦后命鹿查办，贰之者为绍英。鹿乃奏调故吏樊增祥随行，樊参谋帷幄，其一切查办状况，具见奏摺。然贻独能再接再厉，终得脱身，盖金钱之魔力为之也。鹿谥文端，直隶定兴人。

宁德毙羽士案

杨绍煊，宁德人，家殷实。所居去县数十里，宅后有园，极旷奥。绍煊性恬穆，吟啸其间，翛然也。园之左有塘，人以“杨氏塘”呼之。

某岁夏，有一羽士丐于其门，索无厌，绍煊叱之出，羽士诟之，家人忿，鞭焉，羽士遂佯死，卧陇畔，久之，踉跄去。翌日，塘中得一尸，服羽士装，邹人莫能隐，白之里正。里正固尝与绍煊涉讼不敌，欲报之者屡矣，且微闻其鞭羽士事，遂报之县，谓绍煊毙羽士于塘。县宰得牒，逮绍煊，责楚无虚日，为之讼冤者并治之。绍煊不胜苦，将诬服矣。

定谳之日，适羽士复来宁德，里正悉之，惧事且败，乃贿以金，趣之去，人固莫之知也。无何，县闻之郡，郡守郑某以清介闻，见而疑焉，发尸重勘之，背现伤痕，大如盆，盖椎击者。时里正亦在，见状色陡变，且强辩不已。盖绍煊鞭羽士，固不得有椎痕也。守知有别情，且疑里正所为，诘之，不少承；掠之，不承如故。郑乃使人夜抵其家，作鬼语，里正素神鬼神者，遂吐实。盖死者为其友，里正尝贷其家，至是索偿，里正无以应，乃以椎毙之，且为之服羽士服而堕于塘中也。乃释绍煊，置里正于典，县宰及诡为证者咸论罪，而羽士亦渺矣。

郑赞园审私种莺粟案

郑赞园令连江时，以清静为政，务与民休息，摘奸无遗，尤具摺狱才。一日有呼于堂者曰："吾罪人也，以无子故，误继族侄，有饭不得食，有衣不得衣，讼四官，不能直。今且以违禁讦吾于禁烟长官，将猪（字出《礼记》，谓毁坏也。）吾庐矣。"视其人，则白发皤然，乡中一老叟也。问姓名居里，则王姓义名，世居管江，其地为由福州入连之往来孔道也。

时烟禁严，私种莺粟者，多下种暗陬，有密报者，验得实，没其田入官，即征价于乡之富室，以十分之二赏报者。种户逃避，则撤其庐焚之，以余椽断瓦列道旁，为故犯之戒。郑与道委禁烟员林某方出巡，以要公先归，林取道管江，将巡视诸乡，清近城毒卉。闻老人言，知王义所居地，即林所巡处也，急命舆出，命义后随。沿途问其侄何名，以质对，且行且语，不二时，至矣。乡中聚父老甚众，见先驱至，皆哗曰："县官来矣，今日不死质，吾属不得安枕也。"

郑舆行近王氏祠，见乡民集者愈众，围绕祠门，舆挤不得前。随行者喝让道，郑急止之，步行入，见林与质俱在，林色甚怒，坐定，告郑曰："质报其叔私种，吾欲往视，乡民拥塞祠门，不听出，非严治其首，后此诸乡皆不得往矣。"言毕欲起，郑笑止之，谓质曰："尔叔在是，尔何不将其私种地及种亩若干，明证吾前，有吾在，尔叔不敢仇，吾且厚赏尔，使得赀返。"质曰："吾叔刚愎，吾累谏不从，今惧累来言，非为赏也。"郑曰："尔能导往视乎？"质曰："吾叔党盛，门外皆助叔者，吾出，必为所困。"郑乃谓义曰："尔无犯禁，何以众阻官，不令散归？吾先以违抗治尔矣。"质闻言大悦。义怏怏出，郑命警兵随之，使私慰义。义至门外，呼曰："诸乡邻且归，听县官出，县官明察，且为吾昭雪也。"众未信，义乃就其中年长者，耳语良久，年长者复告众，乃散。

方义出时，郑复问质曰："尔叔富乎？"曰："富。""尔继为子几年矣？"曰："九年。"曰："相待如何？"曰："始甚佳，后复娶妻，欲自生子，乃置我不问。"曰："今尚同居乎？"曰："虽同居，而缓急不相通，我自为计，叔不加恤也。"郑颔之。适义入，问曰："众散乎？"义曰："散矣。"乃顾曰："尔二人可与我同行。"

既至，见田在大道旁，以新秧未布，旧岁遗藁尚寸寸留地上。质指田之后塍，有小畦二，土累累然，远视无所见，近察之，果有烟种。义欲有言，郑禁之。适林至，郑与之指点村庄，言他事。良久，忽指一巨室，问义曰："此为尔居乎？"义曰："是。"郑曰："吾适行疲，尔所居较祠近，吾欲小憩，尔可为导。"义诺，郑命质同行。时乡民观者甚众，见郑欲至义家，皆从之。

至门，见闬闳甚峻，入其庭，两旁皆积粟仓，仓侧小屋数椽，厅事雕漆甚丽，惟无陈设。坐定，四顾甚久，忽问质曰："尔屋何在？"质色变，不即言，大声促之，乃指仓旁小屋。郑立起，招林同入，见一妇色仓皇，方以手探灶下，逼视之，则莺粟种一束，有未破者，有已破取其子，但存外枯干者，床下烟盘一，烟膏及烟具皆备。郑命人持出，质见事败，色甚惨沮，然尚欲狡辩。郑复命搜其身，得一小包，尚余莺粟子无数，乃指质笑曰："尔尚何言？尔言叔富，彼非穷无复之，岂肯铤而走险？且私种者多在荒僻，孰肯于官道旁？明知必没收，以广沃良田，轻掷为此者？况他处苗已径寸，彼所种者独未发芽，当此春雨缠绵，岂有历时既多，而烟畦土尚块块锄痕久不溶解？尔烟容满面，荡产破家，尔叔难满所求，积嫌已久，闻禁烟员莅临，故临时为之，欲以是为邀赏资，且陷尔叔。今奸谋尽露，罪无可逭，尔纵欲不承，能为尔恕乎？"质面色惨白，不敢复言，乃命护勇系之，先押归。少顷，亦至署，检旧案，则义告质吸烟荡产事，卷盈尺。明日，管江人闻质被收，来诉其盗牛偷菜者又十数家，提质出，判如律，置之于狱，命义别择贤嗣。案既结，一邑称神明焉。

霍三明四串骗案

霍三者，正红旗汉军副都统霍伦泰；明四者，法部主事明安太也。宣统己酉，冀州有寇李氏者，以其夫恒礼病疯，为族人合谋霸产，曾起诉于冀州、保定各审判厅，案虽结，李不甘也。乃入京谋上诉，为佣妇王张氏所知，告以伦泰、安太至有权力，若相助，事必济。李乃乞为介绍，先后与伦泰、安太相见，二人利其多金，乃串骗之，未几而李悟。

伦泰之侄锡恒谓，若发觉，祸且连及，因嗾恒礼诬告李有恋奸图害情事，伦泰又谋劫李，哄于大理院门前，为院所知，乃将伦泰、安太奏革归案。前后所骗凡八次，赃银万余金，乃判决伦泰、安太各除本身旗档，发巴塘効力赎罪，余定为二年半徒刑。

林王祖茔案

浙东有林、王二姓者，聚族而居，林族大而贫，王丁少而富，其祖茔皆在村北，阡陌相连，每春秋佳日，则二姓男女群聚致祭焉。忽村中来一堪舆家，自言能相阴阳二宅，为人决祸福。林族有神其说者，告众，令至祖茔视之。相其前，啧啧赞不绝，登其陇，忽大惊，环顾久之，指其后一茔曰："此谁氏坟也？"众以王对，点首至再，曰："且归言之。"既至村，众争请其说，堪舆家曰："贵茔，吉穴也，主十世大富贵。惟压于王氏，故族虽盛而无大贵显。十年之后，王将衰，能以此时夷之，贵族其兴乎？"林族厚谢之，遂与王族渐不相能。有佃王氏田者，相戒不纳租谷。祭之日，王后至，则林氏男女据其坟；先至，则撤其祭品掷之。王亦愤不相避，于是每祭必斗，每斗必讼。然林贫，讼不得直，王丁薄，斗则每败，肇衅非一日矣。

宣统辛亥秋祭，有田翁者，欲联二氏之好，令各异时日而祭，以息衅，王许之。而林欲占先，且命王于致祭之前，必告林，代定时日。田返，传述，王之众大愤，与议者皆曰："是欲灭吾族也。彼得先祭，吾已示弱于人，复听定时日，彼故择凶辰，吾族必受其害。畏敌自祸，祖宗将不血食矣。"议久之，卒相持不下。王之族众，告于先灵，誓以死抗，乃谢田，仍期以同日致祭焉。至期，各戒备，以壮丁上坟，老弱皆不与。林众至盛，男子皆严装执械，如临大敌，王氏怯不敢前，欲待其既祭后至，以示退让。忽见林众大集，聚议久之，草草致祭，令撤具者先回，余众扬械直前，径突王村，王众大惊。王村夙以防盗故，遍树木栅，乃急令壮丁居前，闭栅守之。林众至，不得入，纵火焚其栅，栅烬，林众大呼，潮涌而入。王氏不支，守者皆奔。林众复焚其庐，追亡逐北，男子死者十余人，乘势奸淫，掠牲畜财物无算，满载而返。行经村北，锄王氏之墓，立平之。王村火犹未熄，会邻人奔救，力灭之。

王氏奔逃者亦稍集，乘夜告于邑，邑令大骇，檄召营兵，肃伍往。王氏检男女，死二十六人，庐舍焚三十家，财物、牲畜被掠，值十余万。令报省，抚命穷治，以林氏族众，恐哗变，议以大兵驻其村。令未下，有先告林者，林大恐，合族聚谋，欲缚献首事十余人，缴还所夺，求免深究。请于令，令将许之，召王氏族长告焉，族长大哭曰："吾族被此惨祸，其衅实肇于祖茔，今祖宗骸骨无存，纵死者得偿，生者复业，于事何补?”令再三劝谕，令姑商于族众。族长出复入，坚执前说，王氏男女数百人环跪前门，哭声震天，请为先灵昭雪。令慰遣之，密报抚，以两姓村居密迩，恐严治之仇益结，且详叙林氏所请，求暂缓兵。复密谕林族，检拾王茔残骸，备修筑用，然骸既无存，首事者十余人闻缚献之说，皆乘夜遁，令大窘。抚以巨案久悬，下檄严催，继知首犯尽逃，以办理不善褫令职。复委专员，以兵往，追缴所劫赃物。王氏宅有被焚者，令照数赔筑，复于邻邑获首事十余人，立斩之。案既定，谕两姓勿再修怨焉。

馆藏文献丛刊

清稗类钞选

②

徐 珂/编纂
绍 轩 伯 远/整理

上海科学技术文献出版社
Shanghai Scientific and Technological Literature Press

本册目录

吏治类

爵秩类

幕僚类

荐举类

知遇类

隐逸类

谏诤类

箴规类

讥讽类

诙谐类

婚姻类

门阀类

姓名类（字号附）

称谓类

吏治类

朱之锡督河

朱之锡，字梅麓。顺治中督河道时，运河夏浅，而黄河秋决，驰视南北，自为短歌，俾遒人循行谕之，无不踊跃趋事。卒于官，濒河多立庙祀之。

李赞元捕段世昌

顺治中，鄂有大猾段世昌，稔恶万端。会李赞元以兵部侍郎出按楚，佯置不问。一日饯客江干，已微醉，从一尉一僮，夜往叩门。世昌仓皇趋出，径前手絷之，命尉牵其颈，踏月还署，即置之狱。远近显要为之求解，李立杖杀之。当世昌入狱时，语其家人曰："曾见一道人，能知未来事。询以终身，道人曰：'他日所遇，非桃非杏，非坐非行，即禄尽时也。'"李初名立，字望石，山东海阳人。

李敏达治盗

李敏达公卫长于治盗，所辖地方，不逐娼妓，不禁樗蒲，不扰茶坊酒肆。曰："此盗线也，绝之，则盗难踪迹矣。"

鲍鈖赋诗不废吏事

鲍鈖知长兴，癖好诗。总督李敏达公卫尝谓湖州守曰："长兴令日赋诗，吾将劾之。"后徐察其不废吏事，百务修举，部民颂之，乃喜。

杨雍建高要治绩

杨少司马雍建，以高要令行取入台。作令一载，即就征，盖治行尤异也。

高要当广右之冲，制府驻节焉。于是师行络驿，供亿甚烦，每羽书至，征民夫累百，絷若犬羊，置隙地。时下车未久，值岁除，饮椒酒，忽起立曰："民夫亦人子，何忍使之露宿。"命徙廊庑，彻酒食给之。夫泥首谢，有泣下者。平南、靖南二藩同镇南海，盐、谷、丝、麻，输官价百倍，而县境羚羊峡产砚，遣其掾采石，日役夫匠无算，篝火入岩穴，多失气死。杨力减浮费，掾以砚奉，力却不受。军中索榕树条为绦绳，以燃炮火，风雨不熄。有百夫长持兵符下县征解，语不逊，坐而挞之，泣告其帅。帅愬之制府王国光，王曰："书生强直，廉吏方刚，是不可犯。"乃杖百夫长而荐杨于朝。

王国安摘伏如神

汉军王侍郎国安，康熙初抚浙，勤敏强记，所部吏民，贤不肖及奸宄姓名，各有记籍，摘伏如神。尝晨坐听事，属吏以次晋谒，复延见乡里耆老，问疾苦。甫阖扉，遽微服行阛阓间，或单骑出入山谷，访诸不逞者，立擒之。远近骇服，浙人称为"王阎罗"。

于清端问民疾苦

于清端公成龙，字北溟，山西永宁人。顺治丙申，以副贡知罗城县，年四十有五矣。临行，与友书曰："此行绝不以温饱为念，所自信者，天理良心四字而已。"罗城烟瘴地，官廨在丛箐间，插棘为门，虎白昼行庭中。于累土为几，案旁置爨釜一、盂一，召百姓从容问疾苦。皆感其至诚，益乐就之。

初，邻瑶岁率三四至，杀掠人畜，乃严保伍，勒乡兵，将捣其巢。瑶惧自投，不敢复犯界，数遣子女问安。春时，命两瑶舁竹舆，行田野中，见力耕者，辄呼与语，相劳苦，民率妇子罗拜。或坐树下，与饮食笑语，奖勤扶惰，民大劝。

于清端捕盗

于清端知黄州时，闻盗魁张某所居之屋，崇闳高垣，捕役多取食焉。虑少辽缓，奸不得，乃半途微服，佣于其家，诡名杨二，司洒扫惟谨，张爱之，使为群盗先。居无几何，尽悉盗之伴侣窝藏，暨机密绰号，乃遁去，鸣钲到官。一日，集健步约曰："从吾擒盗。"具仪仗兵械，称娖前行。至张所，排衙于庭，大呼盗出。张错愕迎拜，犹抵拦，于曰："勿承，可仰面视，我杨二也。"张惊，伏地请死。于袖出大案数十掷与之，曰："为办此，足以赎矣。"张唯唯。留健役助之，不数日，群盗尽获。

于襄勤善政皆实

于襄勤公与清端同名，宦迹亦与清端相追逐，人称清端为"老于成龙"，襄勤为"小于成龙"。襄勤初以乐亭令权知滦州，缘罪囚脱逃，应降调，乐亭民列其善政，叩阍吁留。部议以保留违禁，械为首者系于狱。逾年，县民再叩阍，巡抚金世德察奏所列善政皆实，始复襄勤官。嗣清端抚直，识其贤，清端迁两江总督，疏荐其可大用。寻以江宁府阙员，请敕廷推清操久著与于成龙相类者，上果以襄勤任之。

吴兴祚历官治迹

山阴吴留村，名兴祚，中顺治戊子进士，时年十七。明年，选江西萍乡县知县。改山西大宁县知县，升山东沂州府知府，以事镌级，左补江南无锡县知县。时忽有奸人持制府札，立取库金三千两，吴疑之，诘数语，其人伏罪。乃告之曰："尔等是极聪明人，故能作此伎俩，若落他人手，立斩矣。虽然，看汝状貌，尚有出息。”乃畀以百金，纵之去。后数年，闽寇日炽，吴解饷由海道至厦门，中途忽逢盗劫，已而尽还之。盗过船，叩头谢罪，曰：“公，大恩人也。”询之，即向所持札取库金者。由是，其人献密计为内应，将以报之。时闽浙总督为姚启圣，与吴同乡也，商所以灭寇之法。康熙丙辰冬，八闽既复，姚以吴功绩上闻，特擢福建按察使，旋擢两广总督。

吴在无锡时，前官亏帑金罣不得归者三人，役之在狱者三十余人。吴慨然，力为补苴请豁，官得归，役得出狱，佥曰：“吴公生我。”县田久不清丈，飞诡隐匿，弊百出，输役者至破家，吴以入官田千余亩卖为役费，民害遂除。康熙己酉、庚戌，水旱洊臻，为分乡赈粥之法，全活无算。苏州驻防兵回旗，吴请令箭于都统，单骑弹压，有取民一鸡者，立笞之，以故兵过而民不知。既膺殊遇，夙驾将行，锡之父老士庶被泽蒙庥者，自县治以至河干，直达于省城之金阊门，八九十里，号泣攀留，不下数万人。其搢绅及受知之士，则操舟祖道，肆筵设席，鼓吹喧阗，或有执酒以献于道路者，亦连樯数十里，依依不舍。

李文襄活民一百二十余万

武定李文襄公之芳为言官，侃侃謇謇，圣祖呼为“真御史”。出任封疆，勋绩尤著。当康亲王统师入闽时，方督闽浙，移镇衢州，遣师平江西诸贼。民有陷贼来归者，为茅屋二千余间，别男女居之，给其食，有田者予以耕具。又命属官于入闽通衢，设粥厂食饥民，凡五年，活民至一百二十余万。

陆清献待完粮之民

平湖陆清献公陇其宰嘉定时，民有逋粮者，将责之，哀祈俟下限，及期，果尽完。清献怒曰：“若必作贼矣！向累比不应，知汝穷，无亲戚援也，今何以得此？”民大恸，曰：“公为宰，焉敢盗？某恐累公考成，卖女与邻家，以完公事耳！”呼邻父子询之确，并令民女偕来。视女相庄雅，邻子粗识文字，即令女拜清献为父，夫人授以簪珥，鼓吹合卺焉。

叶燮宝应治绩

嘉善叶燮知宝应县，修决堤，出诬服杀人者，政声大起。而不容于上官，不二年落职。欣然曰：“吾与廉吏并登白简，荣于迁除矣。”时嘉定令陆清献公亦被劾也。

缪燧宰定海二十二年

定海北门外普慈寺旁有缪燧衣冠墓。燧，江阴人，康熙乙亥至定海，实国朝第一任之知县也。宰定二十二年，惠政不胜枚举。时值兵燹之后，疮痍满目，缪拊循绥集，俾遗民得渐谋生聚。没后，居民争留骸骨，至与缪子弟涉讼经年，不胜，乃留葬衣冠，岁时祭扫不绝。

董讷做好官

平原董近堂总督讷督两江，惠政及民，以事去官。康熙己卯，圣祖南巡，父老迎者千万人，咸吁恳还总督任。上许之，谓董曰：“汝做好官，江南人为汝建一小庙矣。”

王濡扁舟出巡

睢州王脊夫廉访濡，为江南粮储道，扁舟出巡。宜兴僻处万山中，一夕忽至，百姓讶曰：“吾侪不见粮道久矣，今乃飞至耶?”因号曰“飞粮道”。圣祖南巡，力疾迎觐。上顾苏抚宋荦曰：“朕闻王濡督粮储时，甚好。”

沈端恪筹台

仁和沈端恪公近思作《远虑论》四篇，皆为台湾作。一谓台地宜分为八县，地方官易于约束人民。二谓宜收桀骜之徒为兵。

三谓宜令渡台之民搬取家属，团圞保聚。四谓宜各设义学于乡村，以化强暴之风。

张连登捕王尔银

张中丞连登，咸阳人，康熙庚寅，授湖北按察使。四月初三日为诞辰。先四日，觞客于署。日昳，酒三巡，门者入，耳语移时。张无言，起如厕，俄而侍者传言张腹痛，命七郎主席。少选，又传言疾稍可，行即出，请坐客尽欢，毋遽散。旋命闭门犒从者。良久，复白曰："疾良已，方理文书，竢毕，当出与诸公痛饮耳。"客如命待之。忽闻鼓声，则已坐堂皇矣。惊问侍者，乃曰："曩疾，伪也。适有僧自卓刀泉来上变，屏人问之，有陶工王尔银者，潜居汉口，庀器械，私署文武，将以其生日为变。以僧有能力，遣其徒李五等十六人入寺，胁之曰：'从我当贵，不然，死刃下。'僧阳喜，饮之酒，餂得其实，即来报，云：'今皆醉卧，速往，可擒也。'张颔之，密遣员渡江，迹至寺中。群贼方酣醉，命众卒围寺外，大呼而入。群贼惊起，曰："呀，水发矣。'''水发'者，贼中庾词，谓消息漏泄也。遂械以归，靡得脱者，今至矣。"客始错愕罢酒。张验问诸囚反状，下之狱。旋出示曰："反者某某，于众人无与。所得誓书，愚民罣名其间，皆由逼胁，非本心，已焚之矣。其各安业，毋惑浮言。"反侧者转相告语，一夕尽散。

时总督额伦特适赴湘清丈田亩，巡抚刘殿衡以万寿节，方祝釐于武当山，先后闻警报，额曰："张臬司自能办此。"旬余，额、刘旋省，劳之曰："君不动声色，了此大事，入告后，行得楙赏矣。"张曰："不可，此案上闻，必下廷议，往返咨报，动经旬月。且更必严治胁从，反侧者无以自安，虑复有变。本司昔官青州，饥民攻城掠食，惟擒一二元凶置之法，余悉不问，后卒无事。况公等重臣，得专制阃外乎？不如勿上闻，令反侧自安。倘遭吏议，某不爱一官，以纾楚难，敢过望耶？"额、刘皆叹服曰：

“此真人所难能，君非惟有定变才，德量亦过人远矣。然此中有姚道人者，故大凶也，未获，奈何?”张曰：“已名捕矣，度七日可获。”曰：“何速也?”曰：“兹讯诸囚，知其人肥而多须，黑子着面成块，可寸许，毛丛生，年五十余。景陵西乡，其旧游处，已檄县令绘图往捕，计日可至。”已而果然。

狱既成，止杖杀首乱者七人于黄龙山下阅马厂，余区别处分，或直遣归其乡，盖中多赣、皖人也。后卒以此变获上知，超授刑部侍郎，旋出抚湖北。

徐文敬抚汴治绩

钱塘徐文敬公潮，尝于康熙庚辰以刑部侍郎出抚河南，洁己奉公。前此通省火耗，州县官意为轻重，文敬下令无过一分。南阳黑铅，卫辉漕米，向皆假手胥吏，恣为侵渔，文敬洞悉情弊，责成州县官自办，吏遂不敢舞弊。并汰庶人之隶名于官者，以均徭赋，教民开沟洫。开封五府洊饥，疏请漕粮暂征改折，出常平义仓米以平市价，复作糜粥以食饥者。

施世纶所至民怀

施世纶居官，廉强恤下。初知江苏泰州，值淮安下河被水，诏遣两大臣莅州督堤工，从者驿骚闾里，白其不法者治之。湖广兵变援剿，官兵过境，沿途攘夺，具刍粮以应，而令人各持一梃列而待，有犯者治之，兵皆敛手去。守扬州江宁，所至民怀，以父靖海侯琅忧去，乞留者万人。不得请，乃人投钱一文，建双亭于府署前，名“一文亭”。累迁督漕运。奉命勘陕西灾。全陕积储多虚耗，而西安、凤翔为甚。将具疏，总督鄂海以施子知会宁也，微词要挟。笑曰：“吾自入官，身且不顾，何有子?”卒劾之，鄂以失察罢官。

杨馝为固安一好官

光禄寺少卿杨馝静山，康熙时知固安，预修永定河。时永定河道黄某赋役钱不均，迟延及冬，朝涉者股战，杨怜之，许日出后下镢。黄巡工，迟民之来，欲笞之，杨力争不得，乃直前牵马至冻处，曰："公能往，民亦能往。此时日高舂，公重裘，尚瑟缩，乃责此赤胫者戴星来耶？"黄大恚，将缮牒劾之。会巡抚李文贞过柳家口，闻其事，召谓曰："汝年少能然，古之任延也。"劳以酒，解裘衣之，事得释。

及调宛平，圣祖巡畿南，固安老幼争乞留之。圣祖曰："别与汝固安一好官，何如？"一女子对曰："何不别以一好官与宛平耶？"圣祖大笑，以为诚，许食知州俸，仍令固安。

寻迁云南丽江府。丽江故苗地，新归版籍，乃召土官为典史，诸里魁以头目充。令人树榆一本，亩蓄水一沟，建文庙，定婚丧之制。期年岁熟，俗为一变。民饰庙以祀，号"第一太守祠"。

陆琦深得士心

康熙间，嘉兴陆太常琦任广西学政，深得士心。谢侍御济世有祭陆太常文，略曰："先生之督学吾粤也，问何餬口，曰：'有学租，朝粥暮饭。'人曰穷宗师。其阅卷也，手定甲乙，废寝食，人曰劳宗师。征鞍初卸，请业请益，纷来前，人曰老教书宗师。及其去也，十二郡士子，无不黯然悲者。"

太常有遗言一纸，述其先人儒素固穷，以及生平遭际，辞气间皆抑然自下。末乃道其所得力处，以示子孙，曰："不妄交一人，不妄为一事，不妄取一钱。"

赵恭毅问政得失

赵恭毅公申乔抚楚时，尝微服偕藩、臬之市肆中，问政得失，市人盛称赵而诋两人，两人愧汗不敢出一语，乃偕藩、臬去。顷复还，呼其人，谓之曰："若言两司过，两司必怒若，然有我在，无恐。"因以所携扇贻之，曰："持此谒藩司，则无事矣。”明日，藩司以扇还赵，赵徐语曰：“人言可畏也。”其后，藩臬亦奉法。属县水灾，与一仆操小舟抵城下，晨兴，坐县堂，令惊起伏谒，惟索米饮一瓯，啜已即去。

陈汝咸为好官

鄞陈莘学，名汝咸，随父讲学证人社中，专力于慎独之旨。康熙辛未成进士，散馆改知县。宰漳浦十三年，循绩惠政，不可殚纪。调南靖，浦人相率赴会城吁留，不可，归，收田器，塞县门，昼夜环守。去之日，民扶老携幼，环跪街巷，泣曰：“公毋去，活我百姓。”拥肩舆，不得行。陈下舆，步入李太学家，夜半，假城守二骑，作巡逻者，间道从北门逸去。民追思不已，即于北门构月湖书院，塑像瞻拜，世称“月湖先生”。在南靖，善治盗，颂声大作。

内召，由主事擢御史。疏言闽海挂号之弊，圣祖嘉纳，赏赉食物。时海贼陈尚义乞降，自请入海抚之。陛辞，温谕曰：“汝乃近御之臣，风涛不测，不必亲下海。”后随行之千总果遇飓风。事竣复命，圣祖又谕曰：“汝若同入海，不受惊耶？”癸巳，奉使至湖广，祭告诸陵，兼赉驻防士卒。出入红苗界，默筹久远之策，瑶洞长官有出迎者，歌其土音，乃为竹枝词，宣布太平威德之盛，使习之。明年，甘肃报荒，复奉使出抚。临行，圣祖谕曰：“穷边恐不得食，彼所出肉苁容土参，朕亦尝之，颇美，可啖也。”顿首谢。入境，见野有饿莩，即不复御酒肉。抚慰饥民，尝步行一日踰九岭，至平凉，发贮谷，并移镇原仓米赈之。以劳，卒于固原，有司检视其囊，仅衣一袭、钱一缗而已。讣闻，圣祖悯悼，称“好官可惜”者再。

鄂文端治盗

鄂文端公尔泰自浙抚迁桂抚时，道出湘江，将入零陵，有中使驰令受诏。时世宗尚束湿之治，中外受命者莫不震惧。文端奉诏欲启，中使曰："上旨令公抵任后发。"文端如命。及至桂发诏，乃命捕某剧盗，限三日解入都也。文端为之悚息。密召干吏，授以方略，果即就获，如命解都。

郭廷翥为郭青天

郭廷翥，即墨人，总督琇子。以举人入官，乾隆丁巳，知嘉兴府。莅任日，挈二子以随，日惟布衣蔬食，见之者不知其为太守也。明于断狱，多善政。嘉善奸民富大等以采生折割为事，尝诱孩提残损之，密访寘之法，人称之曰"郭青天"。

乾隆初旗籍督抚得人

高宗初政，擢用旗籍诸臣为疆吏，若简仪亲王德沛、尹文端公、黄文襄公是也。他如那苏图以武臣起家，历任七省制军，薨日，家无担石。其抚苗一疏，豫知红苗之乱，尤有卓见。吴春麓待御读其疏，尝曰："那公初无赫赫名，乃能深虑至此，胜黔督名将多矣。"时黔督为张广泗，固以知兵著称于时也。马尔泰为费直义后裔，任两江、闽浙诸省总督，亦以廉谨称职。策楞为果毅公裔，性刚毅，为僚属所怨，而识见明敏，卒为世重。雅尔图明医理，尝侍孝圣后医药，为上所倚重。抚河南时，亦以廉洁著。请罢田文镜一疏，世多称之。傅德清贞刚介，讲程朱之学，为徐文定、杨文定所赏。任豫抚时，前抚王士俊以苛酷为民所怨，甫下车，立更其制，欢声遍野，有"三月鲁治"之称。

简仪亲王重民事

甘肃地瘠，岁常歉，有司视为固然，无报灾成例。简仪亲王外任之始，即出抚甘肃，会两月不雨，旱甚，立驰奏赈之。高宗即位，迁湖广总督，调闽浙，再移江南，所至黜陟至公，尤重民事。乾隆壬戌，淮扬大水，王虑漕粟往，民不及炊，乃实麦饼千艘，蔽运河两岸，复命府县官放米开仓以赈。是役也，动用地丁、关税、盐课银一千万两。奏销时，属吏皆以为危，高宗弗问，盖信之有素矣。

陈文勤为百姓哭

陈文勤公世倌，相高宗十七年，每敷奏，及民间水旱疾苦，必反复具陈，或继以泣。上辄霁颜听之，曰："汝又来为百姓哭矣。"

杨蓉裳治饥民

杨蓉裳员外芳灿，初令甘肃，屡膺烦剧。知灵州时，尝单骑谕散夺米饥民，请借口粮设粥厂以安众。平日坐堂皇判事罢，即手一编就几读，人以为书痴，而临变敏决若是，故阿文成诸人极器之。嗣入赀为户部郎，旋丁内艰，贫不能治丧，鬻书办装以归，遂不复出。

陈文恭化民鞫吏

乾隆间，陈文恭公开府吴中。郡有北禅寺僧，为坛九成，置佛于颠，号于众曰："佛升天。"众施金钱亡算。积薪将焚之，陈闻之，微服诣坛视佛，乃阴敕有司收寺僧，而自语吴民曰："吾欲奉养佛。"以己舆舆归。数日始能言，则吴江人，为僧所闭，绝其饮食，豢以豨膏，使不能言，而状貌肥白瑰异，如佛像然也。论僧极刑，火其居。

石将军者，吴人以镇不祥，云古人石敢当也。人祷焉，或应，士女坌集，奸盗并作。陈至，谓吴民曰："吾闻石之灵者，入水不沉。果尔，吾当为立庙，盍从我试之乎？"众忻然从之。乃命武夫乘高投诸渊，弗起也。陈曰："嘻，是弗灵也已。"众乃爽然散。

抚吴日，每鞫吏之舞文者，得其实，则集群吏于庭曰："是不独一人一事矣。某月日，某人舞某弊，吾以事小，且不忍发也。今发矣，后有若此者，诛无赦。"由是吏人屏息。其于民之作奸犯科者，亦然。

沈廷芳礼贤爱民

仁和沈廷芳，乾隆鸿博科人物也。拜登莱青道之命，以莱州老儒高凤起、法坤厚、毛贽，晦名乐道，有加礼焉。暇则屏驺从，入村舍，巡视稼穑，问民疾苦。人识其所乘白马，见其马来，曰："我使君也。"迁河南按察使，入觐，奏言母年九十，乞归养。高宗俞其请，赐御书旌之。服除，陈臬山东，仍乞归老。其归也，数千人送至崮山驿，皆曰："使君前者去，不数岁复来，今当以何时至邪?"慰之曰："父老意良厚，其各训子弟，勉为善良，毋为系念矣。"流涕别去。

尹文端办赈条告

尹文端公继善督两江时，撰办赈条告，有云："倘不肖有司克赈肥家，一有见闻，断不能幸逃法网。即本部堂稽察有所不到，吾知天理难容，子孙将求为饿殍而不可得。"

庄亨阳巡沭阳

钱唐袁枚令沭阳，淮徐海道庄亨阳来巡。适馆，馈殽烝，受之，止袁共饮。问沭水原委、簿领利病甚悉，旁及山经、地志、星象、乐律甚辨。翼日，会诸生于学，讲《中庸》卒章，款款尽意，闻者色动。翼日，校丁壮发矢，矢旁决；爇火器，器闭。诸丁伏地请罪，袁亦起谢。亨阳乃弛外衣，手弓而前，教如法。矢发，十八人无不当鹄者，火器亦如之。毕，就坐，笑谓袁曰："而奚慊慊耶？专心治民。吾职在巡，年年来，为子教之可也。"从苍头二人、僮一人，皆自饮其马，临去犒以金，坚不受。后卒于官，民为罢市号哭，赙以钱，一日至六千缗。

周有声以理谕吏民

长沙周有声，字希甫，号云樵。乾隆中，以拣发赴黔，借补清江通判。黄平州吏听讼失民心，群情汹汹，将为乱，上官檄往摄，命以兵从。周曰："吏民交恶，当以理谕，不可以兵激之。"兼程至州，置为首者于法，笞其附和者，人情帖然。

思南俗，往往以病死亲属移尸户外，指为谋毙，得赂乃请和，至有戕其子弟以为利者。周廉得其情，置重枷于门，有诬人者枷之，朱书其诬状，驱赴场肆贸易处以辱之，藉儆其余。半年后，恶俗胥革。

徐士林历官治绩

徐中丞士林，山东文登人，尝官福建汀漳道。俗械斗杀人，捕之，辄纠众据山。或请用兵，曰："无庸。"命壮士分扼要隘，三日，度其食尽，遣人入，诱以好语，曰："出山者免。"果逐队出。乃伏其仇于旁，仇呼曰："为首者，某也。"立擒以徇，众惊散。自是捕犯无据山者。擢江苏布政使，丁父忧，诏夺情，不起。服阕入都，高宗问："山东、直隶麦何如？"奏曰："旱且萎。"问："得雨如何？"曰："虽雨无益。"问："何以用人？"曰："工献纳者，虽敏非才；昧是非者，虽廉实蠹。"上深然之。

徐擢江苏巡抚，守令来谒，辄命判试其才，教之曰："深文伤和，姑息养奸，戒之。夫律例，犹医书《本草》也，不善用者辄杀人。"

王峨园政声卓著

王峨园名师，山西太原人，为匿灾冒赈正法之甘抚亶望之父。其外家为苏州顾氏，故生于苏。乾隆丁卯，为苏藩，政声卓著，而抚军安某劾之去。庚午，抚吴，至则禁止加派夫船，按籍给值，胥吏不得需索。辛未夏，少雨，步祷赤日中，日行数里。复以米值腾贵，积忧成病，遂不起。弥留时，笑曰："生于苏，死于苏，命也。"

景福陈饥民疾苦

乾隆戊子秋，江阴旱，乡民相率哄县堂。江苏学使景福方受曹秀先之代，甫下车，出而抚慰，众即解散。越日，巡抚彰保统兵至，欲痛剿之，景与议不合，归即草疏，陈饥民疾苦。悬赏募急足，约七日至京师。彰摺至，则以民乱闻，上不直其言，召秀先问故。秀先具述灾状，盖旱时亦曾率属祷雨者也。遂奉特旨，置起事哄堂者一二人于法，余皆罔治。

李梦登得民心

李梦登，福建人。乾隆庚寅，除孝丰知县，不携家室，与同志三数人，惘惘到县。始谒巡抚，门者索金不应，因持刺不许入。梦登则绳床坐军门，竟日不去，曰："予以吏事见，非有私谒。俟公他出，即舆前白事，奚以门者为?"门者勉为通谒。巡抚察其状，戒之曰："君悃愊无华饰，甚善，然未娴吏事。宜亟求通律令、能治文书者致幕下，庶几佐君不逮。"梦登前曰："孝丰俸入，岁不过三十金，不能供幕客食。且梦登与偕来者，三数孝廉，皆读书服古，朝夕讲求，宜若可恃。"巡抚哂之。无何，卒用公式劾免，历官才三阅月也。

梦登居官，出无仪卫，门不设监奴，有质讼者，直诣厅事。梦登便为剖析，因而劝谕之，两造皆欢然以解。比出县门，终不见一胥吏。胥吏或请事，则曰："安有子女白事父母，转用奴隶勾检者？若辈必欲谋食，盍罢为农？否则请俟我去耳。"县庭无事，辄独行阡陌间，与父老商搉利病，或遇俊秀子弟，执手论文，娓娓竟日，县人安之。间或以公事道出邻县，遇哄斗者，辄为停舆，言讼庭毋诣，一朝之忿，他日终悔之，徒饱胥吏橐，甚无谓。斗者非部民，往往投拜舆下，实时散去。

梦登之罢官也，代者至门，交印讫，长揖而去。问库廪官物，犹前官封识也。稽文案簿籍，曰："自有主者。"察狱讼，曰："悉劝平之。"后官或访焉，则绨袍把故书，见人呐呐无他语，终竟亦不报访也。然不自省得谴所由，以书遍抵同官曰："梦登为县仅三月，未尝得罪百姓，有事未尝不尽心，然竟坐免，何故?"因乞为侦状，盖终不知狱词之非格也，闻者悯焉。

梦登罢官，窭甚，不能归，百姓争食之。负贩小民，侵晓各以所羡果蔬粟米，杂沓投门外，比门启，取给饔飧，亦不辨所从来。无，则闭关槁卧。然闲居周一岁，未尝有大匮乏。最后，县人醵金为治归计，并制青盖为赠，题名至万人，荣其行。

初，梦登在官，独行邨落间，闻老妇哭而哀，询之，云夫死子贫，不能养。梦登恻然，召其子，赐钱二缗，俾市易，逐什一，其子后稍裕。至是，纠尝受惠于梦登者，凡数辈，徒步负担，送梦登抵其家。

吴嗣爵治老坝工

嘉谟任总漕时，延郭大昌为上客。淮阳道以河方多故，就嘉乞郭以襄事。郭既客河道署，忤南河总浚吴嗣爵，遂赁居清江浦之五圣庙，时乾隆甲午七月也。是年八月望后，消溜切，滩南卧决，老坝口一夕塌宽至百二十五丈，跌塘深五丈，全黄入运，版闸关署被冲，滨运之淮、阳、高、宝四城官民皆乘屋，而山东逆匪王伦方滋事，相距才数百里。吴恇惧无所措，昧爽至五圣庙，排闼敦延，且再三谢罪。郭询所以维持之策，吴曰："嗣爵有成见，即不烦先生。然嗣爵意，此役必速举钱粮五十万，限期五十日，何如?"郭曰："如此，则公自为之，大昌不敢闻命。"吴曰："决口虽巨，然五十万不为少，五十日不为速。过此，恐干圣怒，罪且不测。"郭曰："山东匪势狓猖，与江南接壤，塞决稍迟，恐灾民惶惑生他变。且圣上见兵水交至，未审虚实，必发重使，公固欲以堵合事烦使者耶？必欲大昌任此役者，期不得过廿日，帑不得过十万。"吴再拜，请受事。郭曰："有一言不能从，不敢任也。调文武汛官各一，使得以冠盖刑杖在工弹压。此外如有员弁到工者，大昌即辞事。且荡料皆在淇福庄，距工咫尺，宜听调取。”仓猝办文稿不可得，公出图章一，付大昌，饬库道，见片纸即发帑。吴皆如约。至期，遂合龙，其用料土作支，并现帑，合计十万二千两有奇。吴缮摺入告。又三日，钦使乃至浦。郭故善河事，至是益知名。然终以省工费、拙言语触众怒。

嘉庆初，举丰工，工员欲请帑百二十万，河督议减其半，商于郭，郭曰：“再半之足矣。”河督有难色，郭曰：“以十五万办工，十五万与众工员共之，尚以为少耶?”河督怫然。郭自此遂绝意不复与南河事。

郑板桥居官治绩

兴化郑板桥，名燮。乾隆间知山东潍县，值岁连歉，斗粟直钱千，板桥乃大兴工役，招远近饥民，修城凿池，以工代赈。复劝邑中大户，开厂煮粥，轮饲之。尽封积粟之家，责其平粜，讼事则右窭子而左富商。监生以事上谒，辄坐大堂，召之入，瞋目大骂曰：“驼钱骡有何陈乞?”或命皂卒脱其帽，足踏之，或捽头黥面，逐之出。一时豪富咸严惮之，而贫民赖以存活者则无算。

其宰范时，有富家欲逐一贫婿，以千金为寿。板桥收其女为义女，复潜蓄其婿在署中。及女入拜见，因出金合卺，令其挽车同归，时称盛德。后以报灾事忤大吏，罢归乡里。

吴菘圃饶经济

吴菘圃协揆璥，以奏赋受知高宗，由编修超擢学士。屡持衡尺，朝士多推重其文章，阿文成公独荐吴某饶经济，可大任。奉旨分巡河南、兼理河务，遂以精练水事称。前后任东南河督，岁奏安澜，未尝有失。而它处溃防，奉命塞决者，罔不如期底绩。

杨景素精敏

乾隆朝，扬州杨景素起家县丞，洊跻开府，总督两广、浙闽、直隶。初投効直隶河工，以精敏为河道忌嫉，将笞之，跃马驰去。投河帅，愬曰："景素为功臣敏壮公捷后，有罪宜杀，不可辱。"且陈河渠利病，帅奇之，遂洊保至大用。

巡台湾时，值汉民与熟番构衅，生番亦乘间焚杀汉民。乃案界掘深沟，筑土牛，以为之限。请令熟番薙发留辫，以别于生番，永杜假冒。

吴达善治盗

吴制府达善历任陕甘、两湖、云贵总督。其督陕甘时，继黄文襄公办理军需，率循旧章，累邀高宗圣眷。及督楚，继爱必达宽纵之后，吏治玩弊，盗贼充斥，乃严加整饬。命营员构线，擒获江湖大盗数百名，立加诛戮，悬首江干，累累相望，一时盗贼戢迹，商贾便之。

蒋砺堂整理运铜事

乾末嘉初，滇省运铜为最苦之差。全滇属员，有亏短公帑者，有才具短绌者，有年迈者，本管道府即具报，委令运铜。于承领运脚时，将所短各数扣留藩库，以至委员赤手动身，止有卖铜一法，所短过多，或报沉失，或交不足数，至参革而止。此数十年弊政也。及蒋砺堂相国攸铦任滇藩，查知铜厂有提拉水泄一项，每年应发银二十万两，八成给发，扣存二成，得四万两，于四正运每船贴银八千两，副运减半，于起运时给发一半，船至湖北，全给之。保举运员，须本管府道加考，以并无亏空、年力正强为合格。此法行至道光年，尚无更变，人不以为畏途矣。

嘉庆初督抚得人

仁宗亲政之始，政治一新，督抚如岳中丞辈，罔非正人。长麟抚吴，尝私行街市，察下吏贤否。首清漕政，属吏抗之，乃斥其最贪者，余皆服。仁宗召入，命为陕甘总督。陈大文抚鲁，至日，清厘漕务，首劾贪吏三十余员。性深严，见下属，皆温颜以对，谈论良久，然后正色申之曰："汝某事贪贿若干，余皆悉知。若不速改，弹章已定草矣。"故下属咸畏之。觉罗吉庆抚齐、越诸邦，无所施为，去后民辄思之。每于署中构屋三间，不采不琢，仅避风雨。室设长几一、椅十，宋儒书数册，判事、见客、起居、饮食皆在焉，他屋皆封锁。书麟抚皖有善政，及督云贵，劾罢前督富纲。汪志伊起家县令，累任至福建巡抚。尝陛见热河，惟乘一敝车，束幞被其中，后随三奚奴而已。往来都邑数十处，皆不知其为封疆大吏也。请客惟二簋。疾世人废宋学，刊幼学仪节之书。以某制府性情不适，引疾去。台布初任户部银库郎中，时和珅专权，补者皆以赀进，故任意贪纵，侵盗官项，又勒索运饷外吏，经年累月，不时兑纳。台至，即与员外郎和德盟诸库神，积弊一清。后任广西巡抚，粤西储粮亏缺甚多，台调任数年，仓庾充牣。初彭龄抚滇，尝劾罢前抚江兰。逾年，以亲老陈情改补京职。后任为伊桑阿，任黔抚时即以贪著，又冒铜仁苗洞功，入境后，勒索沿路供用，滋扰下属。初已去任，闻之叹曰："均为天子大臣，岂可以去官故，目睹下民受害而不顾？"又露章劾之。上震怒，以手书奖慰，赐伊自尽，滇民大悦。吴熊光初任军机章京，以才能著，特擢卿贰。仁宗亲政，首擢河南巡抚。时豫省遭景安、倭什布之虐，盗贼遍野，民不聊生。吴至，定保甲，聚乡勇，堵御卢氏东境，不容一贼犯边，数载豫省安堵。后迁两湖总督。王秉韬初守颍州，嘉庆丁巳春，教匪突至光州，去颍州甚近，大吏皆畏葸闭关，任寇饱扬去。吴慨然曰："均为天子守臣，岂可以疆圉故致遗害？"与提督定柱团结乡勇数千，战于境上。定故知兵，吴复励以忠义，助以粮饷，破贼垒，贼踉跄去，豫省以安。朱石臣司农时抚皖，甚器之。仁宗亲政，首荐为奉天府尹，后任南河河道总督。性方正，不好名。荆道乾初为县令时，尝着敝衣，步行衙参，败絮应手，人笑之，不顾也。以朱石君荐，代为安徽巡抚，无所更张，而下属畏之，不敢干以非道。请客惟五簋，饭脱粟而已。后以疾去官。阮元抚浙江，为政廉平。温、台盗贼充斥，与提督李长庚设法捕之，风稍戢。性和蔼，守正不阿。上待之甚厚，每批其摺，尝“卿”之而不名。

姚祖同约束奴仆

姚中丞祖同，钱塘人。貌岐嶷，多智略。嘉庆中直枢庭，草谕旨辄万言，皆当上意。任直隶藩司，慎筦库，工会计。不多蓄奴仆，约束甚严，曰：“滋弊者，尽若辈也。”签押皆亲视钤印。

岳保约束侍从

嘉庆朝，岳保为江苏巡抚，署中仅用数仆，虽驭下甚宽，而不假以事权。尝与客会话，指其侍从曰：“若辈只可供洒埽趋走而已。政事，乃天子付我辈者，安可使之与闻？向来大臣之不令终，皆坐倚若辈为心腹耳。”

吴熊光对仁宗语

吴槐江督部熊光由楚督调粤督，引对时，仁宗曰：“教匪净尽，天下自此太平矣！”吴奏曰：“督抚率郡县加意抚循，提镇率将弁加意训练，使百姓有恩可怀，有威可畏，太平自不难致。若稍形松懈，则戎伏于莽，吴起所谓舟中皆敌国也。”仁宗大韪之。

李申耆治盗

武进李兆洛，字申耆，尝官安徽凤台县。凤台称难治，其地贫瘠而俗悍，以故民多流为盗，横刀拍张，出入淮泗间。豪桀者，乡居而攘其利，官吏捕之急，即走匿其家，事稍解则又聚合无赖，杀人越货，官其地者，往往以捕盗不力得罪去。李既至，于民之良懦者，抚辑之。治已大行，乃时策骑挟健役，周视乡墟，以察田稼，廉知豪桀有不法者，至其家，缚其魁以去。审其有材能者，贷其罚，署为县役，责以捕贼，于是凤台之盗渐戢。

时百龄督两江，治盗极严。会仪征有巨绅被盗，且戕其全家以逸，百震怒，檄下所属，一月不得盗，皆劾罢之。缇骑四出，盗杳然。各州县知盗不能获，必褫职也。李侦知盗为蒙城人，既劫，实伏匿于凤；又知翼蔽此盗者有巨猾，若名捕，或计诱之，必不得。乃夜密招前所抚用之健役，置酒于署中内室而命之饮。酒数行，李曰："吾不日去官矣！今置酒，与若辈别耳。"群役惊相顾，有泣下者。李复徐曰："仪征之盗案，若曹所知也，一月不获，则吾必同被劾。然盗匿吾境，吾夙知之，他人亦有知之者。吾去官，继来者或得盗，则吾获罪尤重矣。吾本欲遣若曹缚此盗，虑有不能，则不如吾一人任其咎。"语竟，群役进曰："公，好官也！甘自得罪去官，不以难事属役辈，公好官也！役辈之有今日，惟公生之，今请以死相报。请公收役妻子下于狱，而以捕盗事责役，如往三日不归，则役死矣。役辈妻子，惟公相哀。"李慨叹，亦泣下，拊其背，许而遣之。

盗所匿巨猾家，去县城四十余里，役辈乃以夜往。至时，巨猾方宴盗，室中燃巨烛如椽大，酣呼之声达户外。役突入，至其庭曰："故人别来相念否？今敢为不速之客。"巨猾睨役辈而笑曰："君辈久已在官中，此来，岂以仪征一案耶？"役乃言李以此案将去官，且告其妻子已下狱事。巨猾指上座一客曰："此即某也。君以李公命来，吾不忍相负，否则君不生还矣。至某之诣狱与否，君自商之。"盗某大声曰："去去，我从汝行。李公固好官，虽罪我，当也。我岂忍以自全躯命，累李公及汝辈？"遂相将入城，巨猾送至半道而反。

李知役去必得盗，预置槛车，并集壮丁百余人以待。及役偕盗至，即略诘狱情，盗亦直供不讳，即槛送蒙城，而亲督其行。凤台距蒙城八十里，中有巨镇，为凤、蒙交界地，亦往来所必经之要道也。李至镇，命舁槛车入旅店，自踞坐胡床于店门外。镇人闻获巨盗，观者环集，李笑谓众曰："此盗武技高，非我不能捕治。"口讲指画，如演故事。久之，复顾众曰："我今立此大功，不日将擢职，来观者应为我贺"。遂命酒，自引巨觥，且以饮观者。逾数时，登舆去。

方初发凤台时，知巨猾已约期于此镇来劫盗，既至镇，即踞坐店外，与观者语刺刺不休，而潜使壮丁在店中饱食后，即随槛车破后墙先行，疾驰至蒙。行时，巨猾率徒追于后，然已后槛车十余里矣。追劫既不得，始散去。

李既械盗入蒙城狱，一日夜，具狱词以上，云仪征盗已获，今由凤台解蒙城，不日可归案。百得牒，大喜。明日，又得蒙城县文书，则解盗至中途，终以宵遁，百亦无如之何，但治失盗者以逸犯之罪而已。

伊里布不戮无辜

觉罗伊里布，显祖第五子，其五世祖拜音图，以附睿忠王故，黜宗室，改隶旗籍。中乾隆辛酉进士，就国子监典簿，选云南通判。顺宁之役，逆首高罗衣既就擒，武弁贪功，多所株连，伯玉亭相国麟命伊讯之，皆释其囚。武弁谮之，伯大怒，召伊曰："老夫竭力擒捕巨盗，乃皆纵之，使老夫以何面目对众？"伊艴然曰："某官虽卑，为天子宗人，岂肯戮无辜以媚上司？如所纵再有叛者，某甘以命殉之。职之迁黜，惟命是视。若杀人以迁官，虽立擢制府，吾不愿也。"伯悚然叹曰："奇男子也！"立擢腾越同知。入朝，复荐于上，不四载，迁至云南巡抚。

伊任浙江藩司，嘉兴有水手闹漕者，道员李宗傅驰禀，请兵弹压。巡抚黄鸣杰曰："今河道壅滞，皇上盼漕甚殷，岂可阻其行期，以干重谴？"伊进曰："今调兵镇抚，即可无事，纵激变之，所误不过嘉兴一帮，其他故无害。否则纵凶殃民，所关甚大。"黄不听，反令护送之，致有刧囚杀官事，黄因之罢职。

康基田治河

康基田，山西兴县人。久官江南，由县令至方伯，未出本省。于河道最熟。任河道时，督率将卒守堤，动以军法从事，稽时日者，立枷杖，故人皆嗟怨，然河汛赖以无虞。睢、宿河溃，康立埽上，指挥士卒，狂澜大作，埽为之欹，众咸畏，而康声色愈厉，漫口因之堵塞。李香林河督告人曰："康君真天人也。"著有《河防筹略》，洞悉历代水利如指掌。嘉庆己未，总南河，积弊山积，官吏恐为所揭，阴纵火焚积料以掩其迹，康因之罢官。后上复赐太仆寺卿衔督办河务，而为要路掣肘，不能有所设施，因告病归。素服海参丸，故老年体轻健，步履如飞，年九十余始卒。

徐端治河

乾隆中，和珅秉政，河防日懈，任河督者，皆出其门，先纳贿，然后许之任，故皆利水患，藉蚀国帑。如嘉庆戊辰、己巳，开浚海口，改易河道，糜帑金至八百万，而庚午、辛未，高家堰、李家楼诸决口患尤倍于昔，良可叹也。河督徐端，起家河工微员，以廉能著，受仁宗特知，擢河东副总河，寻即真。久于河防，习知其弊，尝以国家有用赀财滥为糜费，每欲见上沥陈。同事者恐积弊揭出，株连者众，故尼其行，致抑郁而死。贫无以殓，所积赔项至十余万，妻子且无以存活焉。

刘慕陔筑城保民

绵州为蜀省冲要地，嘉庆庚申，白莲教匪刘之协叛乱，潜渡嘉陵江，渐逼潼、绵。毗陵刘慕陔适牧是州，特捐米五百石、钱千缗，为士民倡；民亦踊跃乐捐，不数日，得白金六万两。鸠工庀材，未匝月，工成。屹城崇墉，士民扶老携幼入城，皆得庇，无一被戕者。

鄂山治刘松党

鄂山官甘肃某县令，为邪匪刘松起逆地，前令莫敢诘。鄂访知之，命捕役暗录诸姓名，榜诸城门，然后登堂，召耆黎告之曰："某某等，皆王法所必诛。然予初莅任，应施宽法，暂弛其死。今与众约，如有再干禁例者，必杀无赦，莫谓言之不豫也。"其党魁漫曰："藐书生能若是强耶？"故犯其禁。鄂立毙五人于杖下，遂皆惧，邑大治。擢鄜州牧，卢中丞坤见而悦之，荐于朝。仁示召见，曰："奇才也。"累迁至陕西巡抚，去鄜州甫四载耳。

吴堦行保甲法

嘉庆癸酉，吴堦令山东之金乡，行保甲法，令十户编为一牌，各书姓名，互相纠察。汇造烟户总册，庄长按户详纪姓氏。各户皆有门牌，牌书男女姓氏，以木板悬门。十牌为一甲，甲有长；十甲为一保，保有正。其有不法者，牌长告之甲长，甲长告之保正，保正以闻于官。又招募官丁，训练义勇，开操演技，一曰拳脚，二曰长枪，三曰杂技，即鸟枪刀棍之类也。

长麟访察民隐

牧庵相公长麟，性廉明，抚苏时，擒获强暴，禁止奢侈。尝私行市井间，访察民隐，每就食于面馆。或语以大员出行为小民所识，恐无济于事，长曰："吴俗多诈，欲其知吾私行以警之也。"

汪如渊报国

秀水汪如渊官顺天府尹时，方在林清变后，事如猬集。不延幕客，危坐堂上，燃烛观文书，四鼓乃寝，暇独处陋室，足不踰阈。尚书刘镮之过访，叹曰："此去枯寂禅师有几？为官如此，有何乐境？"笑曰："此汪某报国之始念也。"刘笑谢之。京兆为之大治。宣宗即位，简广东布政，清惠如昔。与制府某不合，遇事裁抑，愤郁抱疾终，抵任未两月也。贫无以葬，粤人助赙襚焉。

罗含章爱民

罗含章，云南景东厅人。官广东县令，以廉直称。道光初，膺首荐，升肇罗道。调山东兖沂曹道，未期年，擢粤抚。爱民洁己，莅官时，召父老至，谆谆教诲，至涕下沾膺。故百姓感之如父母，号为“罗青天”。

黎襄勤治河

黎襄勤公世序，河南罗城人。以进士起家县令，洊至镇江太守。百菊溪制府龄知其才，荐于朝。会河督陈凤翔失事，仁宗即命黎代之，其去太守未期岁也。黎建议用碎石护御河堤，巨河汹涌，不能冲决，南河赖以安澜者十有二载，仁宗屡宠誉之。道光癸未春，以劳瘵薨于位，宣宗震悼，至有“抆泪批览”之谕，命入贤良祠，荫赠有差。卒未数月，南河即以阻漕圮堰见告，故黎之功益彰，世以为靳文襄后所仅见也。

张茂兰为政简易

张茂兰，字德馨，章丘人。令巨鹿，为政简易。服阕，起知任丘。时兵荒洊臻，乃上救荒四事，多见施行。官柳为饥民翦伐，或以为言，张曰：“孟氏有言：‘先仁民而后爱物。’岁饥，穷民无所得食，不得已，析木作薪，采叶充食，以缓须臾之死，乃厉禁乎？”又多市书籍，以劝学者，兵荒之余，人不废业。

罗玘过县，张慕其文行，北面称弟子。御史以纪功至，张不出迎，被诘，张仰视曰：“公此来，何为者耶？”御史怒曰：“剿贼纪功，独不闻乎？”曰：“贼去此几何？”御史曰：“八百里。”曰：“公以纪功为名，今相距八百里，脱有冒功者，何从知之？不责己去贼之远，而责令奉迎之迟，诚所未喻。”御史怒，亟驱车去。亡何，御史以事就逮，张迎数十里外，廪饩甚腼，方严冬，制衣裘以进。御史叹曰："令，古人也。暖不增衣，寒不减叶，吾见其人矣。"

张两为令，衣布、饭脱粟，不名一钱，不以妻孥自随。弃官，卜筑长山之阴，老焉。每天雨，农夫樵牧，蓑笠耰锄满舍中，张与杂坐谈农事，竟日无忤色，山中人亦忘其尝为大夫也。生平邃于经传，授徒山中，经其指授者，率有所成就，如袁轩冕、陈德安辈皆是也。道光乙未十月初三日病亟，起坐命酒，索陶诗、周子《通书》，置袖中而瞑，乡人称曰"东谷先生"。

戴羡门捕亡命

丹徒戴羡门尚书以知县起家，其知印州时，州民黄子贤等啸聚亡命，约以州试日为乱。侦之确，届期试士如平时，而密遣民壮潜赴聚谋处捕获，无漏网者，人咸服其镇静之度焉。

裕泰锄强去暴

道光间，裕泰久任督抚，扬历大圻六七行省。锄强去暴，匪丑必禽（古同"擒"），所捕邪徒枭贩、奸宄重囚，岁以数百计。崇阳钟人杰，新宁李沅发，即督湖广时所剿平者也。

吴文节革淫祀

楚人好鬼，越人好禨，自古而然。云贵僻处天西，其崇信鬼神，乃复不亚中土。省城旧有华光寺，城内外与之同名者凡数十处，俗称某天子庙，又曰某天坛、某天台。住持僧道，刱设无稽神像，诈言祸福。惑民渔利。道光间，督部吴文节公文镕深恶之，檄属亲督兵役，将各州县所供奉不经之土木偶像，投之浊流，并将庙宇分别毁拆，或改为善堂义塾，或改祀正神，淫祀遂革。

栗恭勤治河

河工之筑坝护堤，以砖代石，自栗恭勤公毓美始。自后每有大役，碎石秸扫〔埽〕，工用大减，数年省官银百三四十万两，而工益坚。自奏为定例，省费更不可訾（通“赀”）算矣。

林文忠治河

道光辛卯，林文忠公则徐擢东河总督，奏言秸料乃河工第一弊端，其门垛、滩垛、并垛诸名目，非抽拔拆视，难知底里。遂将南北十五厅各垛逐查，有弊者察治，所属懔然，岁省度支无算。得旨，谓向来河臣从未有如此精核者。

林文忠许贫民挑卖官盐

林文忠公督两湖日，整饬淮纲，许挑卖私盐之穷民改悔充肩贩，由各处官盐子店给票，挑赴四乡，卖完缴价。

林文忠曾文正重视牧令

林文忠公抚苏日，尝谓僚属曰：“吾恨不从牧令出身，事事由实践。”曾文正督两江日，亦尝曰：“作官当从州县作起，才立得脚住。”

江忠烈赈饥

道光己酉，江忠烈公忠源令秀水，维时米价腾贵，饥民抢掠，江甫履任，即有控抢二十余案，弋犯不下百余名。访有某甲者，平日最为地方害，以站笼暴烈日中毙之，余悉置之囹圄不问。旋至赈局，邀众绅谒城隍神，袖中出誓神文，问诸君肯自署名否，众唯唯。因爇〔爇〕香，鸣钟鼓，同跪神前，朗声诵誓文一遍。制两匾，书捐数，即赉花红鼓吹，以“乐善好施”四字褒之；否则大书“为富不仁某某”，额于门首，责令地保巡视，毋使藏匿，惟不许敲诈虐待，违则反坐，一时欢声雷动。于多捐者，给予禁抢告示一纸，犯者，照某甲一律处死。数日之间，捐银十余万两，盖均欲得此告示作护符耳。江乃乘船亲查饥民户口人数，分段汇册，交出捐之人，自行按给，五日一报县查核，并不缴官缴局，内而丁役，外而绅董，遂无乾没之弊。

郑洛书验尸

郑洛书为上海县知县，值岁初，谒郡守归，舟泊海口，有沉尸压以石磨，叹曰："此殆客死，故莫余告。"遣人侦近村民家，有石磨失其牡，辇以来，果相脗合，一讯即服。乃江西卖卜人，岁暮将归，房主利其财而杀之也。

张九钺赈灾

张九钺，字度西。宰南丰时，岁歉，请平粜。部例：大县存七粜三，张骤半之。上官严檄切责，幕僚以为病。张曰："积贮，民命也。吾能墨守旧制，坐视民饿死耶?"仓米绌，则劝邑绅捐助，牒买邻境，米麕至，全活者多。南昌西北滨彭蠡湖，秋潦为灾，力请赈，亲履勘散给，昼夜驻墟上，凡六阅月，动帑十二万有奇。

罗壮节著名绩

罗壮节公遵殿由牧令擢封圻，所至大著名绩。官湖北时，佐胡文忠公整饬吏治，筹划储胥，文忠倚为心腹。外任三十年，身后止薄田四十亩、土屋十余间而已。

夏廷松称职

新建夏廷松，字荫堂，以县尉仕江左，制府陶文毅公澍深器之。平日矜恤狱囚，禁狱卒凌虐，夏施药，冬给棉，十余年如一日，而治盗贼不少宽，闾阎安堵。尝曰："官无大小，期称职耳，吾不以卑官自卑也。"

骆文忠设鲊篰

咸、同间，骆文忠公秉章任封疆，当寒暑冗忙时，每便衣见客，设鲘箭，收匿名揭帖，贴四柱清册于照墙，欲不蔽耳目也。

张兆栋用人

历城中丞张兆栋，性严毅，风度端凝。所至无赫赫功，而上交不谄，下交不渎，以义制事，屹然若泰山之不可动。同治己巳、庚午间，开藩吴下，一意以澄清吏治为务。时丁日昌方抚吴，为政苛细，举止轻率，用人尤喜怒不常，纯任意气，加膝坠渊，变幻生于俄顷，张以镇定处之，多所补救。且以朝廷既开捐例，势不能拒使不来，而旅进旅退之中，又不暇一一考核，辨其优劣。乃核其需次之先后，别其入仕之资格，分班轮转，以次任用；需次以后，有绩可叙者，别为一班，予以特拔；而特拔之中，又论叙绩之先后，无幸无滥，布置井井。丁好以己意进退人，每遇缺员，辄欲乱次委任，张不为动。丁或谓其人恐无才，不能胜此任，则对曰："明试之谓何？果用之而不堪，今日能予，明日讵不能夺？若先事示疑，人将有词，亦非政体。"丁无如之何。及所用果误，亦弹治不护短，故属吏服其公而惮其严。

张凯嵩驾驭属吏

江夏张中丞凯嵩，以即用知县洊至巡抚，未尝一日离广西也。有政声，于属吏善驾使，胥乐为用。道员李钧由供事拣发至省，知其才，与筹军需，极得其力，广西厘务，条目巨细，皆李裁定。桂人言三仓积谷，李所创办，其推陈出新，立法最善。值春末，招商人碾米运东，议价较市为减；及秋成，由原商买米交仓，议价较市为昂。由是仓谷论石则日盈，论色则日新，转运无迹，公私皆便，商人亦深感信，无欺隐侵蚀等弊。

广西积苦于兵，张始终其间，浸至全境肃清。虽出湘中援军之力，而收集流氓，次第兴复，亦未易才也。

张勤果使民避水患

黄河多水患，张勤果公曜抚山东，甫下车，即于沿河一带列置多船，船备大囊，实以熟面，殆足月余之食。河决时，则令河丁鸣锣，促民登船，水至舟浮，任其所之，至水落，不致饥莩（同“殍”），全活者甚众。旋薨于位，围柩哀吊者以千万计也。

鹿文端历官治绩

鹿文端公传霖，起家州县，荐陟封疆，寻擢卿贰，入枢垣而膺大拜，以勤能廉洁著称于世。其尤啧啧人口者，一为督蜀时，创处置瞻对改土归流之议，惜为将军所尼，事不果行；一为在两江劾治海州分司徐某；一为任户部尚书时，大内将兴某项工程，独上疏抗议，以国用不足不能供给为对，孝钦后纳其言，卒发内帑修之；一为查办绥远城将军贻谷案，主者初欲宽纵，以其坚持久，未定议。

夏献云训农

新建夏献云，字芝岑。其祖家瑜尝守宝庆，以却富民石再书十万金事，著称于世者也。尝官湖南粮道，著《训农八则》，曰崇本务，曰守恒业，曰惜耕牛，曰勿争水利，曰勿私沟渠，曰遏毋籴，曰毋好讼，曰亟正供，皆曲中地方情弊。光绪乙酉，湘城大水，既退，民欲赛神以禳之。方伯某临期示禁，且持之甚力。于是群情汹汹，刁民聚众数千，火焚藩署，几成大变。夏出，晓以利害，谓首祸者法必惩，解散胁从，民心以定，自是湘人有“大畏民志，功兼明弼”之颂。子敬观，字剑丞，尝以道员需次江左，权江宁提学使，儒吏也，工诗词。

善子居为令政绩

光绪丙戌，知西安县事者，为蒙古善子居明府广。有博徒设花会于山中，聚众数千，历任邑宰不敢捕，以其备有枪械为卫也，亦惟以文告申禁而已。善下车，即令隶人先入其会以侦之，旋协同防营武弁，以深夜率兵役往，围其山，戒勿开枪，虑闻声而逸也。天辨色，先遣兵役之半叩关入，博徒发枪以御，其魁破后垣遁，兵役之伏垣外者，遽前擒之，遂就缚。乃抚慰其众，谕以利害，而驱之出，火其庐，自是花会之害遂除。是年夏秋之交，霪雨为灾，民诣县求贷公款以资种植者将万人，允之。及冬，移浦江。浦江向无积谷，岁饥，辄仰给于邻邑。善忧之，乃捐廉倡办，并令绅耆量为捐助，绅百计沮挠，盖误以为善将藉此染指也。善反复开导，资大集，谷仓遂成。某年六月旱，邑大饥，遂出谷振之。

善勤政爱民，不畏强御。顾以性戆直，为金衢严道联绶所忌而中伤之，遂移浦江，其在西安固未及期也。子二，长桂森，官江西；次桂荣，官浙江。

张文襄从政有宗旨

张文襄尝语黄绍箕云："我从政有一定之宗旨，即'启沃君心，恪守臣节，力行新政，不背旧章'十六字。终身持之，无敢差异也。"

张文襄整饬盐纲

光绪壬寅年，张文襄署江督，整饬盐纲，奏派蒯光典总办仪栈，资以兵轮，实力缉私，亲赴十二圩相度形势。自集一联悬之，以配曾文正联。先得上联，命蒯及黄绍箕对之。文为"积雪中春，飞霜暑路"，此张融《海赋》语。蒯退，以属某，某对以郭璞《江赋》之"总括汉泗，兼包淮湘"。蒯称善，言于张，张自以"洗兵海岛，刷马江洲"易之。

王步云有循声

光绪癸卯，王步云以拣选知县至广西，历宰剧邑，有循声。其在永淳时，每躬自出巡，访问闾阎疾苦。尝以兼旬周历十四村，由化龙而甘棠，而古拉，而鹿卢，而零竹，且纡道古城、平木、六吉、长运、梧李、黄平、路韦等处。遇有崎岖山岭，亦不辞劳瘁，徒步登陟，所至辄殷殷垂询，为之计划一切。又以永淳幅员辽阔，山林丛杂，上接宣、灵，下连宾、横，实为群盗出没之所，因出示劝谕各村，行联团互卫之策，并建筑闸阑以御盗，于是阖境肃然，咸得安枕。宣统辛亥补富川，所属龙窝村人与接壤湖南江华之瓮水村人，以山界纠葛之世仇，肇衅械斗，致伤多命。步云乃请于两省上官，由富、江两邑价购山地，作为瓯脱，永禁两造樵牧耕葬，以杜后患，民皆德之。步云名甲荣，浙江嘉兴人。久于幕，善属文，其子铭远、中翰、迈常，能世其学。

增子固治浙海塘

浙之海塘，关系七郡民命，康、乾时尝两届大修，特颁内帑，钦派专使驻工督办，圣祖、高宗南巡，亲临指示。其后岁拨经费，动逾百万，编设管塘同知暨营汛专缺，画分东西中三防，专司抢护，直辖于杭嘉湖道，而受成于巡抚。每遇伏、秋两汛，例有出巡之举，分投勘察，详明奏报，奉为考成，罔敢欺蔽。同、光以后，虚应故事，久之则上下相蒙，所定岁费亦皆移作别用。自此年短一年，而工程益不可问。迨宣统己酉，官绅昌言变法，时抚浙者为满洲增子固中丞韫，本主改革，讨论结果，乃将原有文武员缺一律裁免，特设塘工总局，遴委道员主之，严定处分，优与事权。其下并设塘工咨议会，分举士绅为咨议员，逐案建议，以多数取决之。执行、意思两大机关，亦于是时组织成立。

爵秩类

《爵秩全函》

京外大小文武百官之职掌、姓名、出身、籍贯、字号，有记载之专书，曰《爵秩全函》，一曰《搢绅全函》，又曰《搢绅录》，略同于明之《同官录》，日本之《职员录》。盖京师琉璃厂南纸铺中人，就吏、兵二部之胥吏，详查档册，汇而成编者也。有爵者亦记之。别有专载武职之单行本，曰《中枢备览》，岁出四版，分春夏秋冬四季。其书以红纸为面，黄纸为签，绨锦为帙。官吏之入都也，辄买之，归以遗戚友。

此书版权，初为吏部书吏某所专有，盖在乾隆末造和珅当国时，某以数千金贿珅，始禁止他人发行。久之而为各南纸铺所效尤，其最初者为荣禄斋，旋以“荣禄”二字嫌于僭，乃改“禄”为“录”。

同姓封爵及世职

太祖肇基，以满语定爵号，最尊者曰贝勒。太宗崇德改元，始定王公等爵，以封显祖子孙。及定鼎燕京，列爵十等，至于六祖子孙有德善勋劳者，量其等而锡之爵，王贝勒仅属追封。其及身受爵者，在国初则授昂邦章京、梅勒章京，继改精奇尼哈番、阿思哈尼哈番。

公侯伯之下，别有五等世职，盖八等也。乾隆丙辰，从舒文襄公赫德议，始改汉衔，视其品秩以定之。定一二三等精奇尼哈番（旧世职为昂邦章京。）为一二三等子，一二三等阿思哈尼哈番（旧世职为梅勒章京。）为一二三等男，一二三等阿达哈哈番（旧甲喇。）为一二三等轻车都尉，拜他喇布勒哈番（旧为牛录。）为骑都尉，他沙勒哈番（旧为半个前程。）为云骑尉。

宗室爵十四等

宗室爵凡十四等，一，和硕亲王。二，世子。（即亲王之长子。）三，多罗郡王。四，长子。（即郡王之长子。）五，多罗贝勒。六，固山贝子。七，镇国公。八，辅国公。九，不入八分镇国公。十，不入八分辅国公。十一，镇国将军，秩视一品。十二，辅国将军，秩视二品。十三，奉国将军，秩视三品。十四，奉恩将军，秩视四品。其下为闲散宗室，亦视四品，得服四开衩袍，束黄色腰带，俗称“黄带子”。

崇德丙子，定亲王、郡王，贝勒、贝子，镇国、辅国二公，皆冠宝石顶，以补服翎眼为差次，统名曰“入八分王公”，盖即“九锡”意也。（或曰天命间立八和硕贝勒共议国政，各置官属，朝会、燕飨皆异其礼，是为八分。）其不入八分公以及镇国、辅国将军，皆冠珊瑚顶，奉国将军视武正三品，奉恩将军视武正四品，秩皆与品官同。旧例，亲王嫡子封郡王，后袭亲王，（或曰先封世子。）郡王以下嫡子，皆递降一等受封。亲王众子封辅国公，亲王庶子封辅国将军，郡王以下递降同。故安王诸子皆封僖勤诸郡王也。

康熙时，以俸糈繁费，改定：亲王无论嫡子、众子，皆封不入八分辅国公，郡王以下递为减等而考试之，翻译、马步射三艺皆优者，然后授以本职，否则递相降等授爵。其亲、郡王皆世袭罔替，贝勒以下皆降袭，至辅国公然后世袭，而辅国公又无复降袭之例。其不入八分辅国公以下，皆降至奉恩将军，世袭罔替，无论军功、恩封，皆一例。故杜度、彰泰诸贝勒有开创大功者，亦皆一体降袭。高宗笃念宗亲，乃特定军功、恩封之例：其有勋劳者，无论王、贝勒，皆世袭罔替；其恩封者，亲王递降至镇国公，郡王递降至辅国公，贝勒递降至不入八分镇国公，贝子递降至不入八分辅国公，镇国公递降至镇国将军，辅国公递降至辅国将军，皆世袭罔替。

复还亲王始封爵号

睿亲王多尔衮以元勋懿戚，横被流言，乾隆朝，始特旨昭雪，复爵予谥。并以礼烈亲王后人改封巽亲王，又改封康亲王；郑献亲王后人改封简亲王；豫通亲王后人改封信郡王；肃裕亲王后人改封显亲王；克勤郡王后人改封衍禧郡王，又改封平郡王；均非初封之名，不足昭示后世，悉命复还始封爵号。

异姓封爵及世职

异姓爵凡二十五等：一，一等公。（袭二十六次。）二，二等公。（袭二十五次。）三，三等公。（袭二十四次。）四，一等侯兼一云骑尉。（袭二十三次。）五，一等侯。（袭二十二次。）六，二等侯。（袭二十一次。）七，三等侯。（袭二十次。）八，一等伯兼一云骑尉。（袭十九次。）九，一等伯。（袭十八次。）十，二等伯。（袭十七次。）十一，三等伯。（袭十六次。）十二，一等子兼一云骑尉。（袭十五次。）十三，一等子。（袭十四次。）十四，二等子。（袭十三次。）十五，三等子。（袭十二次。）十六，一等男兼一云骑尉。（袭十一次。）十七，一等男。（袭十次。）十八，二等男。（袭九次。）十九，三等男。（袭八次。）二十，一等轻车都尉。二十一，二等轻车都尉。二十二，三等轻车都尉。二十三，骑都尉。二十四，云骑尉。（自一等轻车都尉至云骑尉，各袭三次，袭次完时，以恩骑尉世袭罔替。）二十五，恩骑尉。

异姓者，自皇族外，统满洲、蒙古、汉军、汉人而言之也。国初以从龙英杰，皆为开国元臣，故凡拜勋爵、受勋职者，咸得世袭罔替。若锡封于顺治壬辰以后，则即以次为沿革，间有特命视开国元臣世袭罔替者，盖异数也。乾隆时，高宗追念阵殁殉难诸臣，赐后裔官一人曰“恩骑尉”，视正七品，世袭罔替。

世禄品级禄米

公之位视三公，冠珊瑚，服斗牛，禄米六百石。侯、伯服与公同，禄米四百石。子位视正一品，服麒麟，禄米三百石。男位视子，禄米一百五十石。轻车都尉正三品，禄米一百石。骑都尉正四品，禄米六十四石五斗。云骑尉，正五品，禄米四十石五斗。

衍圣公

自宋仁宗改孔子后裔文宣公封爵为衍圣公，历元、明不替，国朝亦因之。有采田。世居曲阜，岁时入朝，建邸于京师。

圣祖赐郑克塽公衔

康熙癸亥，闽海平，王师由澎湖入鹿耳，直抵台湾。郑克塽党羽携贰，险要尽失，始率属薙发迎降。圣祖特降明诏，授克塽公衔，其大将刘国轩、冯锡范伯衔，俱隶上三旗。

高宗谕文臣爵不承袭

乾隆壬戌十二月，高宗谕："我朝文臣无封公、侯、伯之例，大学士张廷玉伯爵系格外加恩，其奏请与其子张若霭承袭之处不合。今著带于本身，伊子张若霭不必承袭。"

汉爵之世袭罔替

海澄公黄梧，本郑成功将，顺治丙申归顺。其子芳度，康熙初，拒耿精忠之招，困守漳州，城陷殉难。事闻，赠王爵，谥忠勇。陕西提督王进宝以平吴三桂功，授三等子，赐彤弓骏马，卒谥忠勇。至乾隆丁亥，诏以黄芳度子孙于袭次完时，照八旗例给恩骑尉世袭罔替；王进宝以三等子爵世袭罔替。赵良栋授一等子爵，卒谥襄忠，诏以一等子爵世袭罔替；同时如将军张勇，提督孙思克、陈福、豆斌，总兵高天喜等，皆缘此推恩。又殉节阵亡之张国彦等十七员，军功较著之惠应诏等十四员，亦一体加恩。自是，汉人始有世袭罔替之例。

汉文臣得爵

汉文臣得五等勋爵者：康熙朝，桐城张廷玉三等勤宣伯；乾隆朝，钱塘孙士毅一等伯；道光朝，河南徐广缙一等子，汉阳叶名琛一等男。而廷玉之得配享太庙，尤异数。粤寇之据金陵也，文宗顾命，深引为憾，谓有能克复金陵者，可封郡王。及曾国藩克金陵，廷试以文臣封王，似嫌太骤，且旧制所无，因析而为四，封侯、伯、子、男各一。于是国藩封一等毅勇侯，世袭罔替，其弟国荃封一等毅威伯，提督李臣典封一等子，提督萧孚泗封一等男。左宗棠之肃清新疆也，廷议援长龄平张格尔封公之例，拟封一等公爵。孝贞后、孝钦后谓前曾国藩克复金陵，仅获封侯，左宗棠系曾国藩所荐，其所用得力之老湘营，亦系曾所遣，将领刘松山等又曾所举也，若左宗棠封公，则前赏曾国藩为太薄矣。乃议左以一等恪靖伯晋二等恪靖侯，所以不获一等者，稍逊于曾也。其他则有陕甘总督杨遇春封一等昭阳侯；文华殿大学士、直隶总督李鸿章封一等肃毅伯，薨后晋封一等侯；新疆巡抚刘锦棠封一等男；台湾巡抚刘铭传封一等男；两江总督刘坤一薨后封三等男；内阁总理大臣袁世凯封一等侯，未受。

世职可并爵

得两世职之较大者，可并为一爵，如一等轻车都尉兼一云骑尉是也。惟及身而止，不再袭。

世职可并为一

得两世职之较小者，可并为一大世职，如骑都尉兼一云尉可并为三等轻车都尉是也。亦及身而止，不再袭。

汉人世职始于雍正

汉文臣无世职，雍正间，以大学士朱轼、张廷玉、蒋廷锡勤劳辅弼，特扩成例，给予一等阿达哈哈番世袭，即轻车都尉也。汉世职盖自此始。又八旗世职袭次完时，有赏恩骑尉承袭罔替之例，汉世职则否，然其后亦准世袭，与八旗同。

汉臣世职与满臣同

国初，八旗官员阵亡，赐云骑尉世袭，绿营则仍沿明制，例与难荫，非特旨者不予焉。乾隆甲辰，上谕兵部云："国家满、汉视为一体，同为殉节之士，岂可功赏之间有所异也？"乃命文臣自大学士至典史，武臣自提督至把总，皆以次赏给世袭，与满臣同。

奏给白英子孙世职

汶上老人白英，明之有功黄河者也，立祠于戴村，子孙荫袭顶带。自入国朝，未奉明旨。康熙间，河东河道总督汉军李宏奏请仍给八品世职，奉旨允行。

划一文武阶级

乾隆丙子七月，高宗谕："三通馆进呈《皇朝通志·职官略》一门，文职自正一品至从九品共十八阶，武职自从一品至正七品只十二阶，宜改为划一。又文官降一级者，俱以正、从计算，止于正降为从；武则降一级即降一品，未免偏枯。此后正职处分，亦宜照文员之例。"

国初文武同官不回避

雍正甲寅，福建巡抚赵国麟与藩司刘藩长联姻，系先具奏允行。又魏经国为湖广提督，特旨以其子瓒为提标中军守备。及为松江提督，以其次子琨补泰州营游击，其时同官固不拘回避之说也。洎乾隆时，立法始密，部例日繁，同官皆须回避。咸、同以来，复有捐免回避之例。

文武旗官前后异名

八旗文武职官，前后异称，满语称札尔固齐者，后改佐理五大臣。满语称某部承政者，后改尚书。满语称某部参政者，后改侍郎。满语称左右承政者，后改左右都御史。满语称左右参政者，后改左右副都御史。满语称噶喇昂邦者，后改左右翼前锋统领。满语称固山额真、固山昂邦者，后改都统。满语称梅勒额真、梅勒章京者，后改副都统。满语称纛章京者，后改护军统领。满语称甲喇额真、甲喇章京者，后改参领。满语称牛录额真、牛录章京者，后改佐领。满语称盛京八门总管昂邦者，后改盛京将军。满语称驻防昂邦者，后改驻防将军。满语称墨尔根虾者，后改蒙古侍卫。

成都将军辖文武

各省将军专辖旗兵，惟成都将军一缺，管辖松、建文武。建昌道各属遇有特别事件，须分禀将军请示，通省牧令之奉委赴任者，皆须赴军院禀辞。门敬小费等等，视缺之高下为断，约数十金或百余金不等，接见与否，弗论也。其有吝惜小费不辞而别者，辄遭严谴。某岁将军缺出，暂由某督兼署，督吏治素著，颇不以将军分权为然，奏请将成都将军管辖松、建文武旧制取消，奉旨允准。

热河都统辖文武

驻防在外之都统，专辖军队，惟热河都统则兼管吏治，地方现任文武及需次者皆属之。

文武互改

汉臣文武不相移易，然亦有以文改武、以武改文者。如徐湛恩以侍卫改郎中，姚仪以知府改总兵，朱衣客以道员改总兵，刘清以盐运使改总兵，黄廷桂及杨忠武公遇春以提督改总督，刘襄勤公锦棠、刘壮肃公铭传皆以提督改巡抚。又如彭刚直公玉麟、蒋果敏公益澧之始为武员，张勤果公曜之始为文员，而仍以武改文。至杨勇悫公岳斌由湘乡把总起家，官至陕甘总督，且适与嘉庆间杨忠武同姓，同起行伍，同任兼圻，同督陕甘，先后若出一辙，则为咸、同军兴后一人而已。其后又有光绪末叶之刘永庆、田文烈、言效源三人。刘字延年，汴人。初至朝鲜，以直隶州知州充领事，洊至道员，寻被简为江北提督，加侍郎衔。田字焕庭，鄂人。初以广济县训导投新建陆军，积功保至道员，曾任宣化镇总兵。言字仲远，苏人。初以道员需次直隶，署大名镇总兵，未几而改任直隶巡警道。

徐湛恩以武改文

武臣鲜以词赋受知者。徐侍郎湛恩，明功臣中山王达后也。明季以关外都指挥家辽阳，入国朝，隶正蓝旗汉军。由贡生应武科，中康熙乙酉武进士。授侍卫，执戟殿下，赋诗称旨，特改兵部郎中。后官至阁学，两出治河，以廉干称。

田兴恕以武兼文

田兴恕于咸、同诸将中年最少。咸丰乙卯，从王葆生军，充领哨，剿粤寇，破之于郴州，时年裁（古同“才”）十六耳。葆生奇其勇，命独将五百人，名“虎威军”。及援黔，增募至二万，选敢死士五百，号曰“死勇”，后改名“长胜军”。己未，以副将擢贵州提督，授督师。辛酉，兼巡抚，年甫二十四也。援黔军之饷，夙仰给于湘，同治壬戌，田督饷湖南，以事忤湖南巡抚毛鸿宾，毛怒，奏停其饷；又以其起家勇目，年少佩大臣关防，阴劾之。遂缴大臣关防，解巡抚印，仍以提督领军事。兴恕，字忠普，湖南镇筸厅人。

杨恺出入文武

康熙朝，仪征武进士杨恺受知圣祖，召入南书房，与何义门、蒋南沙等同校书史。后提督两湖，颇著勋绩。

总督封将军

康熙己未，云贵总督蔡毓荣封绥远将军，赐以敕，总统绿旗兵，异数也。毓荣为汉军旗人。

尹文端历兼文武九印

尹文端公继善久督两江，境内将军、提督、巡抚、河督、漕督、监政、上下两江学政九职，皆尝兼摄之。

文武官员不准挈眷赴任

台湾初为荷兰人所据，郑成功逐荷人而有之，垂三世，及康熙癸亥，施琅破台湾，始入版图。时圣祖虑汉官至其地，结郑氏余孽为乱，故不许挈眷前往。乾隆丙申，高宗谕云："文武官员知县以上年过四十，其无子者，方准挈眷前往。此例未知始自何时，殊不可必。王道本乎人情，旧例未为允洽，嗣后俱准其携带。"自是文武官员，无论大小，遂无不携眷矣。

汉尚书任步军统领

汉人例不任步军统领，惟嘉庆朝常德杨超曾曾兼领，时杨本任吏部尚书也。

文升武降

嘉庆戊辰，庶吉士散馆，崇绶改三等侍卫，同时有步军统领文宁者，忽为侍郎广兴所劾，降翰林院编修。都人有一联云：“翰林充侍卫，提督作编修。”时谓之“文升武降”。盖庶吉士从七品，三等侍卫正五品；步军统领从一品，编修正七品也。

湘淮军人为督抚提镇

自定鼎以来，至咸丰初，满人为督抚者十之六七。粤寇倡乱，满督抚有殉节者，然无敢与抗。文宗崩，孝贞、孝钦二后垂帘，恭亲王辅政，乃汰满用汉。同治初，官文恭公文总督湖广，自官罢，而满人绝迹者三年，仅英翰擢至安徽巡抚耳。当同治己巳、庚午间，各省督抚提镇，为湘、淮军功臣占其大半。及恭王去位，满人势复盛。光绪甲午后，满督抚又遍各省，遂迄于宣统逊位。

齐苏勒任官不拘资格

勤恪公齐苏勒，初以内府主事出任永定河分司，既迁翰林院侍讲、国子监祭酒，仍管永定河分司事，时康熙壬午以后也。

郑其储迁转之奇

石首郑太常其储以康熙壬辰通籍，癸巳授检讨。世宗初元，改授户部山东司郎中；乙巳擢工科给事中；庚戌授四川松茂道参议。乾隆戊午，擢太常寺少卿，迁左佥都御史。己未改顺天府府丞；丁卯又转常少。盖以检讨改郎中，以郎中不阶御史，径擢给谏；既外任参议矣，忽擢常少。既由少卿迁佥都，再转而仍居故官。其间回翔迁转，皆不甚循寻常阶级，又非有被议降谪之事，实罕有也。

梁文庄兼领清要

内阁、吏部、翰林院，皆京僚极清要地。梁文庄公诗正尝兼领数年，王尚书际华戏谓之曰：“公可谓三清居士矣！”裘文达公曰修闻之，笑曰："若兼以上书房、南书房，则五清也。"

数年跻京官显秩

仕宦之速，如阮文达公元，中式后，未三年即擢少詹事。桂香东侍郎芳，中式五年，擢内阁学士。董鄂少司马恩宁，中式七年，至亚卿。卢少司农荫溥居郎官最久，其擢鸿胪寺少卿至兵部侍郎，未期年。盖皆宦途之最速者也。

朱朵山终于六品京官

海盐朱朵山殿撰昌颐，平生六易官阶，终于六品。初以选拔充小京官，升用主事，一也。道光丙戌，成进士，一甲一名，授翰林院修撰，二也。嗣升赞善，三也。缘事降谪，适得光禄寺署正，四也。由署正捐主事，五也。升员外得御史矣，复干吏议镌级归，咸丰朝起废员，仍赏主事，命来京，六也。

生前加太傅

大臣生前加太傅者，自金文通、洪文襄、范文肃、鄂文端、曹文正、长文襄、阮文达外，惟潘文恭公世恩而已。

议政王大臣

国初定制，设议政王大臣数员，皆以满人充之，军国重务，不由内阁票发者，皆交议政大臣。每朝期，坐中左门外会议，如坐朝。雍正中，设立军机处，议政之权遂微，然犹存其名，为满大臣兼衔。乾隆壬子，高宗特谕裁之。

议政王

定制：亲王、皇子等不得干预政事。咸丰辛亥，文宗崩，穆宗冲龄，国内不靖，孝贞后谦谨，不敢负重任；孝钦后位卑，恐不孚人望，思得一重望之亲贵佐理之。于是廷议推恭忠亲王奕䜣为议政王，总理军机大臣，此本为权宜之计，非永远定制也。同治乙丑，诏罢恭之军机处议政权，并撤去一切差使，然自此以后，屡有亲贵执政矣。

至亲王秉政时之称谓，向例：亲王、皇子与大学士相见，行半跪礼，称“老先生”；如兼师傅者，或称“老师”，自称或“门生”、或“晚生”。恭既议政，于是向之以老先生、老师称大学士者，遂一变而为官称，如称李文忠为李中堂，左文襄为左中堂，而大学士之对于议政王，则自称“晚生”矣。及光绪时，醇亲王载沣又呼李文忠曰少荃，是尤非尊重大臣之意矣。

监国摄政王

监国摄政王有二：一在顺治朝，即睿忠亲王多尔衮也；一在宣统朝，即醇亲王载沣也。

军机处

国初自内三院外，其军国政事，皆交议政王大臣。其人皆贵胄世爵，不谙世务。雍正己酉，青海用兵，世宗以内阁在太和门外，儤直者多，虑泄漏事机，议设军需房于隆宗门内，为承旨出政之总汇。庚戌，改名“军机处”，择内阁大学士兼任之，鄂尔泰、张廷玉是也，曰“军机大臣”。职在拟旨，内外臣工所奏，皆面取进止，明发上谕，其有旨敕议者，定可否以闻。明发谕旨先下内阁，以次及于部院，若指示兵略、告诫臣工，及查核刑政之失当者，为廷寄，密封交兵部驰递。内而部院、九卿、步军统领、内务府，外而各省督、抚、将军、学政、提督、总兵、盐政、榷使、各参赞办事大臣，讫四裔各属国，无事不综核。逐日召对，巡幸必从。四方章奏，皆改题为奏，以摺代本，径达军机处；内阁本章，则依例题达而已。甚而内阁、翰林院撰拟不当，亦下军机处。故军机大臣之任，至为烦重。旋以军务烦劳，择阁臣及六部卿贰熟谙政体者兼摄其事，并选部曹、内阁侍读中书等为僚属，曰“军机章京”。每日寅初，在奏事处上摺匣，帝秉烛批览，既毕，发军机处录入档册。所掌银印龟纽，初藏内府，有应用印者，皆立时请印出，大臣监视用毕，随即缴还。其仆役皆选内务府童子，司洒扫。旧例至二十岁即更出，后因循日久，有久供役而大臣喜其熟练者，非立法本意也。

乾隆丙辰，改军机处为总理处，旋又复旧。时张廷玉欲树党，以汪由敦长于文学，荐入代劳。丁卯，金川用兵，所下廷谕，均汪所撰。初惟满大学士讷亲一人承旨，既出，令汪在直庐撰拟。讷惟恐不合上意，辄令更易，有屡易而仍初稿者，一稿甫削，又传一稿，改易亦如之，汪颇以为苦，然不敢较也。己巳，金川平，汪自陈不能多记，恐有遗忘，乞令军机大臣同进见，遂沿为例。然秉笔之任，率推汪。其后满司员欲借为见才地，大学士傅恒稍假借之，令代拟。汪见满司员如此，而汉文犹必己出，近于揽权，乃亦听司员代拟，日久遂成为章京专职。

嘉庆己未，御史何元烺奏请酌改军机处名目一摺，内称：“军机处承办一切事务，与兵部之司戎政者不同，现在军务久经告蒇，似应更改名目，以见偃武之隆。”奉旨：“军机处名目，自雍正年间创设以来，沿用已久，一切承旨书谕及办理各件，皆关机要，此与前代所称‘平章军国重事’相仿，并非专指运筹决胜而言。目今三省邪匪，久已肃清，大功告蒇，薄海内外，共庆升平，不必改易‘军机’二字，始为偃武。何元烺摺著掷还。”

宣统辛亥四月，改军机处称内阁，然与昔之内阁异。设总理大臣一，协理大臣二。九月，纯采外国制，置总理大臣一，废协理大臣。自四月改称内阁至十二月，而宣统帝逊位，其间仅九阅月耳。

军机处员名任期

自雍正至宣统，二百余年，出政皆于军机处。自雍正庚戌至光绪丙午，军机大臣非实职也。是年改官制，始专设军机大臣，其原官各部者，命专管部务，开去军机大臣差。军机大臣员数，最少时二人，最多时八人，乾隆间，恒七人或五六人；嘉、道间，恒四五六人，后恒四五人；光绪时，恒六人。要之，乾隆以后，盖无有至七人者矣。在职时之最久者为董诰，凡三十八年；在职时之最短者，为哈元生，仅一月。全体更易者，光绪甲申，以法、越之战，恭亲王奕䜣、宝鋆、李鸿藻、景廉、翁同龢五人同时罢黜，而代以额勒和布、阎敬铭、张之万、许庚身、孙毓汶五人，增左宗棠一人是也。以亲郡王入直者，始于嘉庆己未之成亲王永瑆，自是而有咸丰癸丑之恭亲王奕䜣，光绪甲申之礼亲王世铎，庚子之端郡王载漪，癸卯之庆亲王奕劻，癸卯之醇亲王载沣。以贝勒入直者，为宣统间之毓朗。以武官入直者，为贵州提督哈元生。以军机大臣降军机章京再充军机大臣者，为乾隆间之索琳。兄弟同时入直者，为乾隆壬辰之福隆安、福康安，乾隆庚子、辛丑、壬寅之福隆安、福长安，乾隆癸卯、甲辰之福隆安、福康安、福长安。以军机大臣外放藩司者，为嘉庆丁巳之吴熊光，盖以通政司参议为章京，擢大臣，旋授直隶布政使也。以京堂入直者，为嘉庆辛未之光禄寺少卿卢荫溥，为道光庚子之大理寺少卿何汝霖，为咸丰辛亥之候补五品京堂穆荫，为咸丰辛酉之鸿胪寺少卿曹毓瑛。无罢免明文者，为光绪庚子之礼亲王世铎，以未随扈两宫至西安行在，别建政府也。至乾隆时之和珅，道光时之穆彰阿，则皆以权相赫然于时，然视明之权相若严嵩，若张居正，则远逊矣。

军机处行走

乾隆朝，大臣之入军机者，曰“军机处行走”，后则章京曰“军机处行走”，大臣曰“军机大臣上行走”。其初入者，加“学习”二字。乾隆癸亥，傅文忠公恒由户部侍郎入枢垣，当时诏旨，尚曰“军机处行走”也。

乾隆以前，别有“议政处行走”，文忠于丁卯擢户部尚书，在议政处行走。嘉庆辛未，卢文肃公荫溥时为光禄寺少卿，特旨令“在军机大臣上学习行走”，以五品卿超拜大枢，前此未有也。

军机处有科道稽察

嘉庆初，以军机办理枢务之地，宜严密，时部员多以回事、（禀达公事曰“回事”。）画稿（堂官例于牍稿之尾书一行字曰“画稿”。）为名，拥挤窗外探听，乃派科道一人，轮至隆宗门内北首内务府值房监视，军机大臣散后，方得退直。王、贝勒、子、公，文武满汉大臣，俱不得至军机处与军机大臣有所谈论。军机之有科道稽察，自庚申十一月十八日始也，庚辰十月初十日裁之。

军机处寄信

军机处寄信各省将军、督抚，向例于恭录谕旨前一行，用满、汉居首大臣挂衔。嘉庆丁巳，阿文成公桂薨，九月，太上皇召见枢臣于万寿山，谕和珅曰：“阿桂宣力年久，且有功，汝随同列衔，事尚可行。今阿桂身故，仅挂汝衔，外省无知，必疑事皆由汝，甚至称汝为师相，汝自揣称否?”词色甚厉。嗣后遂止写军机大臣字寄，不列姓名，著为例。

每月，兵部将所寄信之封数，及寄外任何人姓名，汇奏一次，亦杜大臣徇私请托之弊也。

军机章奏

军机章奏，于人名、地名、数目字，均不得回行写，然多用水笔，墨亦不精良，取其速而不求工也。缮写偶误，辄以纸贴之，虽经御览，未尝以草率见责。

李文正守孝百日仍赴弘德殿及军机处行走

高阳李文正公鸿藻，咸丰朝以编修视学河南，按试未周，奉特旨召还，授穆宗读。穆宗登极后，弘德殿师傅之任，虽广延耆宿，而以文正为甘盘旧学，两宫毗倚尤专，并已令参机务矣。同治丙寅，丁太夫人艰，懿旨开户部侍郎缺，守孝百日，仍赴弘德殿及军机处行走。文正累疏陈情，乞归终制，吏部尚书文文忠公庆为之代奏，同时授读诸臣大学士倭文端公仁、徐桐、翁同龢亦代为乞恩，卒邀俞允。

军机章京

军机章京初无定额，和珅在朝时，其挑补俱由军机大臣自主之，不带领引见。嘉庆己未正月，定为满、汉章京各十六缺，由内阁、六部、理藩院堂官于司员中书、笔帖式内，选择品方年富、字画端楷者，送军机带领引见。二月三十日，军机以保送人员引见，长龄等十五人充章京，富绵等二十人记名按次补用。其奉旨记名按次挨补，即自是年始。

军机挑取章京，旧时内阁保送中书，继而有六部之司员，工部虽保送，而司员邀用者独少，盖以衙门次序在后故也。丙寅，始奏请考试，挑取若干员，带领引见，奉旨用者挨补，若带领十人，用者不过六七也。至道光辛巳，愿送者日多，各堂官无如何，始有本衙门自试之例，试取者方得送内阁。及是日试时，更限以三刻交卷，字须三百，迟者不阅，而例愈严矣。

军机章京分满、汉，满章京不拟旨，惟司翻绎满文。乾隆以前，廷寄之字，以满文为多，故满章京事繁；自改用汉文，而满章京成闲曹矣。

军机大臣皆兼方略馆总裁，章京皆兼纂修。每日散值后，轮派章京一人在馆住班。是日章奏，亦归方略馆收庋，择要入《方略》。

军机达拉密

军机章京有定额，满、汉分班，非若军机大臣之不限满、汉也。每班八人，额外者不计。满、汉各有头二班，其领班者曰“达拉密”，即领袖也。有所白于大臣，例由达拉密发言。领班之外，有帮领班，且间有在领班章京上行走者。

大臣子弟充军机章京

军机章京，大臣子弟本须回避，嘉庆庚辰十月二十八日，始有一体保送之例。

翰林充军机章京

翰林无充军机章京者，若由举人中书充章京，一改庶常，即出军机。戴文端公衢亨以举人应天津召试，由中书充章京，及改修撰，出典湖北试，奉高宗特旨仍留章京。至侍讲学士时，始特赏三品卿，在军机大臣上行走。翰林之充军机章京者，乾隆以前，惟文端一人而已。

军机章京回直

军机章京外放后，无入都仍充章京者。乾隆朝，新建裘恭勤公行简初以举人中书入直，守宁武、平阳数年，以母老请内用，补户部员外郎，仍直军机。

吴熊光以军机章京召见

高宗训政时，三省教匪方炽，每日视朝，较平时恒早数时。一日召枢臣，俱未至，独章京吴熊光入直，遂蒙召对，是日即降旨以熊光为军机大臣。嗣后无召见章京者。

三院改内阁

内阁之制，唐之中书省也。明代不设宰相，遂不设中书省，改为内阁，以翰林学士赞襄庶政，至中叶，乃有“大学士”之名，其权固犹宰相也。太宗践祚之初，改内阁为三院，曰弘文院，曰秘书院，曰内院，皆置大学士、学士等官，盖仿宋昭文、集贤之制。入关后，仍沿其制，至顺治戊戌，复从明制，改设中和殿、保和殿、武英殿大学士。乾隆戊辰，裁中和殿大学士，增设体仁阁，以配三殿三阁之名。又有以大学士节制行省及钦差至各省专办重务者。保和殿大学士不常置，惟张文和、傅文忠拜焉。体仁阁大学士，杨廷璋、杨应琚先后充之，然皆不终位，刘墉、曹振镛递任之。

内阁规制

内阁在午门内东南隅，门西向，满语名“多尔吉衙门”。入门，西为满本堂，掌校写满字本祝板印篆及皇史宬大库之收藏。东为汉本堂，掌翻译清文，收发通本。（各省督抚、提镇、学院之题本由通政司达于阁，曰“通本”。）两堂之间北有一门，入门，有堂三间，为大学士直舍，堂上悬“调和元气”四字额，乃乾隆甲子十月初一日高宗御书以赐内阁者。楣悬癸酉六月初六日及嘉庆庚申十一月十八日，道光壬寅三月十二日、庚戌十二月十二日，仁宗、宣宗上谕凡四道。又嘉庆癸酉七月仁宗御制《勤政殿记》墨刻，乙亥四月二十七日仁宗御制《内阁箴》，满、汉书。堂外悬扁，其上揭“机密重地，一应官员不许擅入，违者治罪不饶”字样，亦满、汉书，刻金字，乃顺治甲午五月二十四日世祖所颁之旨也。其屋皆覆黄瓦。

堂垣之东西向者，为汉票签处，校阅各部院本，票拟、缮写，签记丝纶簿，拟撰进奉文字，收存军机处发交事件。后南向者为满票签处。又后小屋，为满档房，校阅满字本，缮写满字签与其档案，传知各衙门抄录事件。事件自军机处领出，有奏摺奉旨者，汉中书司之；奏摺未发交或特降旨者，满中书司之。值园班者同。园班者，满中书每值五日，汉中书每值二日，以次递换也。满票签处西垣外曰稽察房，员无定额。凡谕旨，既由票签处传抄，按日记档，月终汇奏。票签处每日进本签经钦定旨下，满、汉学士照签批红本面，假稽察房为批本之地。大学士标示谕，仅用墨笔，所以避尊也。又北东向之屋曰饭银库，南向之屋曰典籍厅。定例：部院及各职司皆有铸印，大学士无印，惟厅有关防，掌文移，统属吏役。有大典礼，请用御宝，满侍读兼摄其事。厅分南北为二，厅之北覆黄瓦者，曰蒙古堂，翻译外藩诸部文字，并课俄罗斯学生。此阁以内之规制与其职掌也。

由满票签处而北，为阁之后门。后门之东，红墙迤逦，为大库门二，典籍厅、满本堂分掌其锁钥，存贮历圣实录、批红副本、历代帝王功臣画像书籍。诰敕房在午门内之东廊，管理者无定员，满、汉本堂侍读二人充提调官。初，各官请封典，汉中书撰文拟进写轴颁发。乾隆时，彭元瑞奏请撰定满、汉京外文武各官诰敕文，不必随时具草，后遂为例。

内阁衙门，大学士总之，侍读以下常见列揆，惟长揖，无堂属礼。乾隆朝，和珅当国，势张甚，欲令阁曹长跪白事，一如部曹，诸人执故事不从，和恚恨。

内阁大堂，以有谕旨，故不设正座，六堂分左右六位。若遇大挑之年，则钦派王大臣皆面北而坐，应挑者皆南面跪。

徐文穆十六年入阁

钱塘徐文穆公本，为珂之高高伯祖，康熙戊戌，入翰林。以桐城张文端公英荐，督黔学；以鄂文端公尔泰荐，授黔臬。由是而擢楚藩，简皖抚，内迁总宪，晋大司空，乾隆丙辰入阁，距康熙辛丑散馆授职，仅十六年耳。自康熙至道光，翰詹诸臣素流平进，大率远者三四十年，近亦二十余年，始得入政事堂，盖以汉人言，固未有若文穆之速者也。文穆父，即文敬公潮，仕至吏部尚书。

大学士出为巡抚

以大学士出为总督者颇多，世称为“使相”者是也。然无为巡抚者。乾、嘉间，嵇文恭公抚浙江，朱文正公抚安徽，其时皆已入相矣。

大学士非翰林出身

满、蒙、汉军大学士，不必尽由翰林出身。国初，汉大学士亦皆特简，嗣由吏部进本，惟翰林出身者始开列。亦有以资劳入阁、不由翰林者，如赵国麟为康熙己丑进士，乾隆己未，授文华殿大学士；孙文靖公士毅为乾隆辛巳进士，壬子，授文渊阁大学士；费文恪公淳为乾隆癸未进士，嘉庆壬辰，授体仁阁大学士；章文简公煦为乾隆壬辰进士，嘉庆壬寅，授文渊阁大学士；彭蕴章为道光乙未进士，咸丰丙辰，亦授大学士，皆不由翰林出身。光绪初，左文襄公宗棠以举人起家，官至兼圻而入赞黄阁，海内惊为异数，实则亦非破格也。

彭蕴章为门外汉

彭咏莪相国蕴章未由馆选，初被协揆命，谢恩摺云："登揆席而未经词馆，计本朝不过数人；由部曹而洊陟纶扉，在微臣甫逾廿载。"旧制，大学士莅任，皆诣翰林院署，入登瀛门，降舆，诸后辈长揖迎之。先是，有某者亦未经馆选而大拜，将至院署，诸太史序立门内以待。而某于门外降舆拱手，自称曰"门外汉"，彭与之同。

设立内阁总理

宣统辛亥冬，厘订官制，设立内阁。凡各部之尚书、侍郎、左右丞参各缺，均即裁撤，改设大臣、副大臣各一员，而受辖于内阁总理大臣，与昔者内阁之组织不同。

孔继汾特授内阁中书

乾隆壬午，高宗东巡，释莱于孔林，谕："引驾官孔继汾，朕看其人，尚可造就，著加恩以内阁中书用。"

汪孟鋗到内阁口号

汪厚石吏部孟鋗为乾隆丙戌进士，先以壬午献《龙井闻见录》召试，赐中书，后擢典籍。其《初到内阁口号》云："陈人久叹积薪馀，乍许清班学士趋。猎猎西风敝裘帽，东华门外唤车驱。静听阁老马蹄声，侍读诸公白事迎。我自田间来几日，慎教轻易上阶行。六科书吏立如麻，齐下三单卅点加。埽（古同"扫"）笔纷纷忙注本，日轮眼急下东华。（遇启銮、封印日，则三日本齐下。）乾清门侧档初交，匣砚看人唤打包。枯坐今朝拚守晚，领归谕摺件传抄。（领上谕奏摺日，直中派一人候夜直交代，为守晚。）御门闻道特除官，朱笔题名敬奉观。别有改签更式样，传宣票拟细寻端。（御笔亲书为朱签，特旨改标为改签。）轮班辰入退过申，来是空言两隶人。莫怪此间无洒扫，禁城清绝不生尘。"又《典籍厅任事八首》云："六年历俸八年资，又向西厅坐褥移。一转成仙人共笑，邅迴不去待何时。""寂寞茶房淡泊厨，喧然吏役日高初。各堂上任夸谁似，一饱猪羊祭库馀。（典籍到任，例以猪羊祭库。）""画行事细粗能晓，点卯人多猝未详。夜直若非连两夜，军机须去面中堂。（供事皁隶、纸匠、苏拉，朔望日赴厅唱名。汉典籍无园直，夜直连两日。）""印单印簿缝钤存，启钥开箱昼继昏。始识相公多摄事，十才一二本衙门。（中堂有兼管上谕处、国史馆、三通馆、俄罗斯馆，行部院衙门，文俱用厅印，以印单为凭。）""掌印帮班等样官，平湖满汉一厅攒。考勤簿子亲书押，要送兼厅侍读看。（满、汉典籍各二缺，余皆别堂来兼理者。满侍读学士、侍读兼厅则为厅官之长。）""北厅章奏南厅案，大库文书小库银。承发散班齐了事，瓣香酹酒祭科神。（厅供事南北各十四人，五月十三日醵钱祀科神，云是萧、曹也。）""宝箱例引赴乾清，肃驾年年典据征。接送预行交泰殿，奉盈一念警宵兴。（旃檀香宝，交泰殿二十五宝之一，驾出，内阁学士、典籍各一员赴乾清宫请宝。驾旋送宝，亦如之。）""办事衔名不自由，背推踵接此勾留。莫将五日轻京兆，尚许笞人唤皁（同

"皂")头。(吏部选例中书带办事衔者,题管典籍,撰文则否。)"

端木国瑚两得中书

处州之青田故有鹤,而山以鹤名。端木舍人国瑚产是邑,生而神貌肖之,其大父取《易·乾、中孚》两"九二"之义,字之曰"鹤田",及晚岁,乃自号"太鹤山人",海内外知者多称之曰"太鹤先生"。当阮文达督学两浙时,得舍人,以夸示同朝曰:"吾得青田一鹤矣!"由是声闻天下。

嘉庆戊午,舍人登贤书。明年,文达佐朱文正典会试,闱中相期以得鹤为至幸,鹤竟不翔。后三十余年,舍人已官于朝,文达适自滇黔觐京师,遇于郊外,与之酹酒文正墓,犹言畴昔闱后,文正以失鹤为嗛,惘惘者至数月也。癸巳三月,文达方陛辞,宣宗留之。入闱会,录异才三数人,舍人始在选,朝士惊咤曰:"离枞老鹤,尚能高飞耶!"

道光庚寅,宣宗改卜万年寿陵,那彦成、禧恩得舍人所著《地理元文注》以献。上问近臣:"知此人乎?"曹振镛对曰:"此浙江名士,臣久闻其名。"遂诏浙江巡抚刘彬士召之。时舍人方倚隐囊注《周易》,闻命颠出坐后,左右扶之起,乃曰:"吾竟以方技名乎?"寿陵既定,将以知县用,原荐者为奏曰:"国瑚大挑一等,不愿为县令,故改授教官。"上乃特授内阁中书,加六品顶带,人以是益高之。癸巳成进士,仍以知县请改归中书。

中书至军机处领事

军机直房门帘,非军机处人员,擅揭者罪。内阁早班中书,每日至军机处领事,行抵帘次,必先声明职务,乃始揭帘而入。直日章京起立,彼此一揖,章京出黄绫匣,当面启封,谕旨共若干件,一一点交。旋出簿册,俾领事中书签名画押毕,然后捧持而出,(中书与章京虽同乡戚友,在军机直房亦不得交谈。)回内阁直房,上军机档。少迟,六科笔帖式至内阁领事,亦有簿册,签名画押。

翰詹两衙门

国初，设文馆，置榜式，（官名，一作“巴克什”。）旋改翰林院。自掌院以迄庶吉士，有大小教习，而不分堂属。詹事向为东宫官属，本朝不建储，第留以备词臣迁转之阶。且国子监祭酒、司业，亦由翰、詹两衙门升转。

翰林院

翰林院为储才地，大学士、尚书、侍郎出焉，督、抚、藩、臬出焉，大臣非翰林不得谥“文”，盖重视之也。嘉、道以前，名臣多出于翰林，咸、同中兴之手定大难者，胡文忠公林翼、骆文忠公秉章、曾文正公国藩、李文忠公鸿章，皆翰林也。然以大位可坐致，翰林习惫恧而安固陋，求通博宏重之选，又极罕觏。光绪末叶，翰林院亦废矣。

翰林掌院

翰林掌院，旧皆以学士兼礼部侍郎，满、汉皆然。自昆山徐立斋相国元文以文华殿大学士兼掌，桐城张文和公廷玉以礼部尚书兼掌，与往例不同，凡启奏、讲书等事，满前汉后，不论所居之本官也。长洲韩文懿公菼以礼部尚书兼掌院时亦然。

翰林院办事

翰林院例于编、检中奏派四人办理院事，（修撰亦与其选。）谓之办事翰林，遇京察，皆保列一等，此简放道府之基础也。每议派既定，掌院使人以名柬延请，使者曰：“请赴清祕堂。”不以公牍，尊而重之也。清祕堂办事处，有高尚其志、不屑外任者，则先事辞之。

道、咸以前，翰林传补御史，亦薄为小就。其志趣高迈者，虽掌院保送，往往考试届期，谒假弗与。

庶常支廪饩

各省儒学廪膳生员，岁支廪饩，翰林院庶常馆月之所支，亦曰廪饩。雍正壬子，张文和公议奏庶吉士廪饩银每人每月四两五钱。盖庶常未经散馆，官未真除，其隶翰林院，亦犹夫肄业生也。

翰林须留心诏敕

乾隆初，高宗谕："古来制诰多出词臣之手，必学问淹雅，识见明通，始称华国之选，有裨于政事。今翰、詹官员甚多，于诗赋外，当留心诏敕。掌院学士以下，编检以上，可各以己意拟写上谕一道，陆续封呈朕览。傥有切于吏治民生者，朕亦即颁发，见诸施行，则词曹非徒章句之虚文，而国家亦收文章之实用矣。庶吉士散馆后，即照此例行。"

洗马得与讲读一体较俸

坊局官僚升转，定例，洗马之名，次讲读后。长沙刘文恪公权之官洗马，十六年而后迁，时称"老马"。嘉庆初，戴尚书联奎擢此官，召对，垂问资俸，戴以实告，始奉与讲读诸臣一体较俸之谕。由是洗马无久淹者。

姜西溟得编修之迟

慈溪姜西溟，名宸英，年七十，以康熙丁丑一甲第三授编修。词臣珥笔，殆无迟于此者。

翰林部曹之出入

庶常改部曹，满员或有重入翰林者，汉员则回首玉堂，居然天上矣。雍正朝，新淦王太守泰甡捷甲辰会试，读书中秘，用才能转户曹。既跻正郎，复归庶常，散馆列一等，授职编修。其由庶常改户部诗云："岂解度支筹国赋，但能清俭懔官常。"授编修诗云："三载户曹居下考，一时翰苑忝头班。"

圣祖休致乞假词臣

康熙癸巳，凡词臣乞假者，部汇疏上，特旨概予休致。时圣祖闻翰林不共官次、干谒滋扰者甚多，故有此严谴也。比世宗嗣位，始悉予起用。

吴自高以布衣授翰林院待诏

桐城吴自高若山，少婴足疾，键户博通。其乡衮张文和公在官，以章奏繁剧，不能手自缮写，延若山入都，悉以任之。世宗尝垂问姓名。高宗在青宫时，因亦谂悉其才品，洎登大宝，遂蒙温旨，谓："吴自高为人慎密，可授翰林院待诏。"异数也。若山益感激自奋，仍为文和效笔墨之役，稍暇即丹黄点窜，手不停批，《善卷堂四六注》，其一也。

王白田以教授入上书房

宝应王白田年五十始通籍，上书乞教职。雍正癸卯，由安庆教授荐入京师，特旨直上书房，改编修，同直者大学士福敏，尚书徐元梦、朱轼，侍郎蔡世远，皆公卿大臣也。

科道行走上书房

上书房、南书房，无以科道行走者。雍正朝，鄞县邵学阯中丞尝以给事中直上书房。

程氏父子入上书房

程春海侍郎为兰翘学士昌期晚年爱子。乾隆朝，学士尝值上书房，比道光辛巳，侍郎亦以编修奉命在南书房行走。召见，谕之曰："汝父兰翘先生品学，朕昔年最敬，汝之声名，朕亦皆知。宜更守素行。"侍郎后于壬辰十二月，复被命入上书房，课惠亲王学，盖父子相继入上斋也。

周系英直上书房之特简

嘉庆戊辰，湘潭周侍郎系英以侍读学士奉命直南书房，保荐，仁宗谕掌院曰："朕意中止一周系英，可将其名列入荐牍。"未几，上书房出缺，例由掌院拟正陪，而入侍南斋者不列，侍郎复膺特简，且命之曰："不但授读作诗文，须教阿哥为人居心以忠厚为要。"因奏："书房例课八韵诗，臣愚以为宜令阿哥加读《资治通鉴》，以知今古治乱兴衰之故，悉民间之疾苦。"上是之。

南书房供奉

圣祖旧御读书处曰南书房，在乾清宫南廊下之西，最为清要之地。凡供奉诸员之饮食，皆给于大官，而纸笔之属出自御府、珍果之属撤自御馔者，亦日数至焉。既御乾清门听政，即召诸翰林至懋勤殿，辰、巳前讲经书，午后讲史，或代拟谕旨，或咨询庶政，或访问民隐，或讲求学业，或赏花钓鱼，剖析经义，虽为君臣，无异师友，如张文和、蒋文肃、厉廷仪、魏廷珍等，皆出其间。此南书房供奉之始也。

南书房之始设也，实在康熙丁巳。供奉诸人，不论官职崇卑，皆称南书房翰林。内廷供奉，惟南书房"翰林"称之，上书房行走者不得有此称也。

供奉诸员，亦非专以翰林充之，查初白、李复堂则以举人入，梅文穆、高江村、何屺瞻则以诸生入，方苞以白衣入。其优礼亦非他臣所敢望，赐赉与王公军机大臣同。若上书房，虽亦在内廷，而礼不逮矣。

方望溪以白衣入南书房

桐城方望溪侍郎苞，以《南山集》事系狱。在狱日，著《礼记析疑》及《丧礼或问》，金坛王编修澍间入狱视之，至则解衣礳磷，咨经诹史，旁若无人。同系者或讽曰："君纵忘此地为圜土，身负死刑，奈旁观姗笑何？"爰书上，同系者皆恟惧，方阅《礼经》自若。或厌之，投其于地，曰："命在须臾矣！"方曰："朝闻道，夕死可也。"狱词五上，李文贞公光地力救，圣祖遂宥之。

康熙癸巳，方出狱，隶汉军。圣祖朱谕武英殿总管曰："戴名世案内，方苞学问，天下莫不闻，可召入南书房。"遂命撰湖南峒苗归化碑文。越日，命作《黄钟为万事根本论》及赋一，每奏御，辄嘉赏曰："此即翰林中老辈兼旬就之，不能过也。"命以白衣入直南书房，寻移蒙养斋，编校乐律历算书，乃与徐文定公元梦承修乐律。上命与诸皇子游，自诚亲王以下，皆呼之曰先生。时诚亲王为监修官，性严，承事者多被谯呵。方遇事持正，王敬之，延为王子师，则南面坐，移王子坐东向，始就讲。

南书房翰林编书

乾清宫之东廊为端凝殿，西廊为懋勤殿，天府图书皆庋于此。乾、嘉两代，命翰林编录为《石渠宝笈》《天禄琳琅》《閟殿珠林》《西清古鉴》等书，入值者，皆南书房翰林也。

编修供奉内廷

康熙癸丑春，圣祖御讲筵，从容谓学士曰："朕欲得文学之臣，朝夕置左右，惟职经史讲诵，给内庐以居之，不令与外事，其慎择醇谨通达者以闻。"时举编修桐城张英，召入对，上心识之。自是再四咨询，对者无异辞，遂有内廷供奉之命。赐邸舍于瀛台之西，及辰而入，终戌而退。

上谕馆职掌

列圣家法相承，谕旨颁自枢府，或每谕万言，或日颁数旨。积累繁富，恐有遗漏，乃特立上谕馆，设主事二人，笔帖式若干人，专司恭录满、汉谕旨。每数月后汇奏一次，交起居注收藏，特简阁臣二人，综理其事。

批本处

国初，鉴明季秉笔太监之弊，特简满翰林官一员、满内阁侍读一员、满书六员，在内廷行走，专司批发。凡本章，大学士票拟以上，经御览毕，即交该处，用满字批示，然后交付内阁学士，恭录圣旨发抄。故机宜慎密，无敢迟滞，俗谓之“红本”。其行走人员，皆许挂珠用红雨襜帽，每遇岁时，内廷赏赐，咸预其列，以示荣宠。

奏事人员

自明太祖立通政司，凡内外章奏，皆于司挂号始入。故权相多以私人主之，上言者，非壅则泄。雍正朝，世宗命诸臣有紧密事，改用摺奏，专设奏事人员，以通喉舌。自是，无不立达御前，通政司惟掌文书而已。

奏蒙古事侍卫

旧制，选六班蒙古侍卫中之熟谙蒙古语者，与奏事官同事。凡外藩王公呈奏事件到京，为之呈递，满语谓之“卓亲辖”。以其语言气习与之相近，易通晓其意指也。

国史馆职掌

国初沿明制，惟修列圣实录，附载诸臣勋绩、履历、官阶。康熙朝，圣祖钦定功臣传一百六十余人，名曰《三朝功臣传》，藏于内府。雍正朝，修《八旗通志》，诸王公大臣传始备。然惟载丰沛世家，其他中州士族勋业懋著者，仍缺如也。所取皆本家乘，秉笔词臣又复视其好恶，任意褒贬。如开国名臣何温顺公和理、费直义公英东等诸传，寥寥数则，而蔡绥远毓荣、苏侍郎拜儿至万言，皆剽窃碑版中语。高宗知其弊，乾隆庚辰，特命开国史馆于东华门内，简儒臣之通掌故者司之。将旧传悉行删薙，惟遵实录、档册所载，详录其生平、功罪，案而不断，以待千古公论。后又重修《王公功绩表传》《恩封王公表传》《蒙古回部王公表传》等书，一如其例。嘉庆庚申，仁宗复命补修列圣本纪及天文、地理诸志乘，儒林、烈女等传附之。其续录者，以十年为则，陆续修之。

提学道改用翰林

国初提学道多以郎中任之。康熙朝，江、浙两省始改用翰林官，以吉水李振裕视学江南，太仓王掞视学浙江。王时为赞善，取士公明，浙人有“穷通翁”之谣，谓所奖拔，皆寒士之宿学而能文者也。

国初学政不差翰林

康熙庚辰七月，内阁奉上谕：“各省学道，原不差遣翰林官员。嗣后各省学道，宜将翰林官员一并差遣，尔等与翰林院会议具奏。”时长洲韩文懿公菼方掌院事，议上，略云：“翰林官朝夕讲习文章，树立品谊，犹不足以补报万一。今奉学道一并差遣之旨，此固不次之鸿恩。然诸臣中有志有守者，固不乏人，傥有一之未称，不特一己之面目所关，深恐负我皇上格外擢用之意，臣愚，不敢轻议差遣。”

陆清献殁后放江南学政

陆清献公以康熙壬申十月归道山。癸酉冬，会推直隶、江南学使，廷臣咸拟翰詹大僚，圣祖皆不允，特旨：“直隶著李光地去，江南著陆陇其去。”相国王文靖公熙奏称陆某已身故，上曰：“何不启奏？”对曰：“七品官在籍身故，无启奏例。”上嗟叹久之，曰：“本朝如此人者，不可多得矣！”

部曹视学

同、光两朝，部曹无得学政者。乾、嘉以前之以部郎视学者，不可指数，风气变迁，未解何繇。

学政不得监临乡试

嘉庆戊辰恩科，浙江学政刘凤诰代办乡试监临，闱后人言藉藉，有“监临打监军，小题大作；文宗代文字，矮屋长枪”之对语。密旨查询，经巡抚阮文达公元以对语达天听，仁宗复遣侍郎托津等三人赴浙按问。刘获重谴，阮亦以徇庇夺官。谕旨中有云：“乡试士子，系由学政录送入闱，刘凤诰本当避嫌，何以辄将监临之事，交伊代办?”然以学政代监临，必在巡抚适有要公之时，终科举时代，未尝改其例也。

考官不皆甲科出身

国初掌文衡者，间用举人出身人员，不必皆甲科也。康熙癸卯，兵部主事蔡驺充云南乡试正主考；丙午，户部主事曹首望充广西乡试正主考，皆以拔贡典试。首望之兄鼎望，是科以刑部员外郎典试湖广。

廷推考官

查查浦翰林嗣瑮奉命典试粤东，有《午门宣旨恭纪》诗，诗云：“敢谓九重亲试用，尚烦诸老更廷推。”盖是日命下，复令九卿公核贤否，此康熙朝之故制也。

前科状元充顺天乡试正考官

国朝承明例，顺天乡试正考官多以前一科一甲一名充之，康熙初年，几若定制，如壬子则以庚戌状元蔡启僔主考，乙卯则以癸丑状元韩菼主考，丁巳则以丙辰状元彭定求主考，辛酉则以己未状元归允肃主考。一时奔走声气者，遂先期辐辏于其门，场屋中多幸进者。及归入闱，关节不通，且撰文以自誓，榜发，下第者哗然，冀兴大狱。时魏敏果公象枢为大司寇，以朝端硕望，步行随一仆，携红褐垫，至归所居宅门外，行四拜礼，曰："我为国家庆得人也。"复赋诗纪事，遍示朝列，外议始息。（朱竹垞检讨典江南试回，敏果亦朝服造门再拜，谓检讨曰："非拜君也，庆朝使之得人也。"）然此后北闱试事，遂不复令新殿撰持衡矣。

词臣不愿作考官

康熙乙酉五月，圣祖驾幸西苑时，开列试差各员，适赴行在候御试，直庐请词臣同奏："臣等蒙恩点派扈从，不愿作主考官，求免试。"得旨："汝等所见极是。向来主考难得好声名，汝等既不愿出差，今年各省乡试，俱不必开列，传与掌院知道。"

直隶人不充顺天乡试考官

顺天乡试考官，凡籍隶畿辅者，例不开列。乾隆癸卯，翁覃溪阁学方纲以洗马奉命充副考官，尤为异数。（洗马亦例不充顺天主考。）嗣后纪文达公昀亦曾主京兆闱。

屡主文衡

乡试主考，会试总裁，皆朱笔亲除。（朱签款式，如请简江南主考，阁臣票拟云："江南正考官著某去，副考官著某去。"两"去"字上各留空白三字许，备朱笔填写。）乾隆末，有满洲京卿名"八十"者，每科必膺简命，时高宗耄期倦勤，取其名仅四画，便于宸翰也。

五典礼部试

五典礼部试者，孝感熊文端公赐履，长白德文庄公保，韩城王文端公杰，歙县曹文正公振镛，此外又有穆彰阿。

进士举人充乡试同考

雍正丁未，世宗谕将本省知县入帘之例，概行停止。议将邻省在籍候选之进士、举人，确访文行素优者，县府保送督抚，亲加验看，俟邻省调用，仍每人给路费银三十两。己酉、壬子两科皆然。

乡会同考无定额

国初，乡会试房考无定额。顺治己亥会试，庶吉士为同考者九人，皆戊戌进士也。辛丑会试，庶吉士为同考者十六人，内丙戌进士五人，己亥进士十一人。雍正癸卯顺天乡试，庶吉士为同考者八人。乾隆甲子顺天乡试，庶吉士为同考者十人，皆后所无也。其同考人数最多者，则康熙乙未会试至三十二人，内翰林二十一人，部曹十一人。戊戌、辛丑二科亦三十二人。丁酉乡试，同考至三十六人，内翰林三十一人，给事中二人，部曹三人。而最所鲜遇者，惟乾隆甲午顺天乡试十八房中，彼此官阶，迥相悬绝。如宗丞窦光鼐，太常吴玉纶，光禄吴绶诏，理少周于理，仆少曹学闵，通参赵佑，皆九列也；中允童凤三，编修管幹祯，则翰詹也；司业朱棻元，则国子监也；御史戈源，则都察院也；户部许宝善、善聪，礼部施学濂、郑源焘，则部属也。而此外又有助教吴省兰，学正徐立纲、汪如藻，皆举人；大理丞朱衣点，贡生。此四人皆例所不预开列者，是盖采选清望，不限阶资也。

帘官

州县官之充乡试同考官者曰“帘官”，以贡院中分内帘、外帘，同考官在内帘也。岁八月初二日，考帘官集于官厅，巡捕官延入别院，巡抚款曲数言而入，从者设笔砚、进茗碗，从容就坐，巡捕官揭题纸于楹。须臾午膳，午后完卷，俟同试者偕出。

初六日，赴藩署宾兴宴，宴毕，进贡院，入龙门。少顷，巡抚至，吏唱内帘官名，曰某某县某而不名。唱毕，入内帘门，则至公堂在焉。堂五楹，正面设两主试座，檐前设内监试、内收掌座，两旁设各同考官座。正副两主试登堂，传同考官见。见则三揖，无跪拜礼，其时次序未分，任意而坐。正主试于箭内拈一签，吏曰第几房；副主试于箭内拈一签，吏曰某县，则是县归其座，而坐其座者，坐其所离之座。唱毕，各房坐次皆定，起而对两主试三揖，各散。

初八日，刊题纸，四帘官监之，内监试主政，四隅封锁严密，乃请主试官命题，饬匠人刊刷，闻炮声，即开场也。每一炮，一府点毕也，俄而又闻之，则封门也。

十一日，两主试传同考官登堂阅卷，三揖如初。卷分若干束，内收掌主政、两主试拈签，左吏曰第几束，右吏曰第几房，则将两签并约于束中，由内监试加盖第几房戳，送其房官展阅。分派之卷，总视外收掌所进之数，而内收掌分之。各于堂上阅卷，寂不闻声，见有佳者，实时呈荐，荐则由内监试加盖某房官阅荐戳，进于主试。两主试亦各于座上阅卷，其取中者、黜落者，仅在此俄顷间耳。而场中士子，此时方进二场，犹逢人道其得意文字，不知已落孙山外也。明日又然。始时进卷少，各分四五十本，终日而毕。至十三四日以后，各分一二百本，则堂上所未阅者，携归夜阅之。约十八九日，卷皆阅定，至二十日前后，则二、三场卷各按头场红号分派，各房官第取已荐者品评之，余则点注而已。果二、三场有佳者补荐头场，然亦仅矣。

向例：乡试帘官以甲乙科第中人选充，然老州县强有力者，皆不乐就，有持京信求免者，有预为关说，借口地方重要不能檄调者。盖州县入闱，必须暂行离任，而后庖代之员诛求无厌，既索包费，又事事掣肘，所用家人、幕友，恒思于此数月间多方婪索，旧令尹之政，有必败于新令尹之手中者。

故事：外州县官入闱，必携幕友同入，请其阅卷。幕友须饰为家丁，盖帘官人，仅许挈二仆人、一庖人也。

当初八日入闱时，主考坐显轿，帘官坐四人轿，轿前加以监临封条二纸，如十字架之式，又封之。入闱后封门，监临端坐于至公堂，先点内帘十二人。十二日，方开始阅卷。每阅卷，必须先荐双数，或二本、或四本作一次荐，盖以备分呈两主试也。

房官初入闱，例用手版，以谒两主司、内监试。手版以蓝字写之，不录官衔，其自称曰“房官”，不称“卑职”，然见主试，亦称以“大人”，与监临例不相见，无所谓堂属也。每晨传点，铛铛声盈耳，则进菜盘。菜盘上有黄纸条，标以第几房字样。公膳日双鸡，为外供给易之以鹜。每索竹纸一刀作评语用者，则以半刀进；索洋烛一封，则以烛三支进，其他类此。闱中有药肆，如有病，可任意开药方取药，虽有官医，而医皆伧楚，不能活人也，故又谓之曰“房中药”。在闱时，如忽闻大炮开门，则有廷寄到也，有电旨上谕至也。迨九月初，则房官卷已荐毕。发榜日，黎明起，衣冠至大堂，盖监临入谒主试，房官例须站班。主试偕监临升堂，在事百执司文武官俱集，监临亦自外入。自第六名拆弥封，以至榜末，每拆一卷，先送本房官，房官照举子卷面姓名，以蓝笔书两长条，交监试、主试阅过，始发省事吏，省事吏交写榜吏书之，自朝至夕毕。别自第五名倒写至解元，每写一名，易满堂灯烛一次。至是时而人声嘈杂，如鼎沸，如火警，如乱兵之入城，如夕鸦之归林，踉跄扰乱，不可向迩，监临与主试皆出贡院矣。

部院值日

部院值日，八日一周，咸有定序。从省文呼之，曰“吏翰”，吏部、翰林院也。曰“户通詹”，户部、通政司、詹事府也。曰“礼宗钦”，礼部、宗人府、钦天监也。曰“兵常仆”，兵部、太常寺、太仆寺也。曰“刑都大”，刑部、都察院、大理寺也。曰“工鸿”，工部、鸿胪寺也。曰“理銮光”，理藩院、銮仪卫、光禄寺也。曰“内国”，内务府、国子监也。其后增设外务部、邮传部、民政部、农工商部，定序改矣。

各部京察

各部京察，率由尚书或筦（同“管”）部大学士主政，侍郎参与末议而已，非尚书、筦部意所属，侍郎不能争也。先内定，然后堂议。堂议之日，七堂或六堂皆南面坐，郎中以下皆堂外立，部胥持吏册，一一呼名入，一见即退出，谓之“过堂”。过堂既毕，尚书或筦部执笔，故踌蹰良久，顾诸堂曰：“一等与某某，何如?”皆赞曰：“善。”则标名画诺，付部胥缮奏，相揖而散。

六部

六部官仍明之旧，添满缺而用汉名，司官初名理事官，后改郎中、员外郎，惟宗人府未改。六部实缺官有尚书、侍郎、郎中、员外郎、主事、司务，此满、汉所同者也。至堂主事、七八九品笔帖式，惟宗室、满蒙汉八旗有之，此皆额设之员也。

每部分若干司，司有掌印，有主稿，有帮掌印，有帮主稿，又或有掌印上行走，帮掌印上行走，主稿上行走，帮主稿上行走，然任事者，掌印、主稿而已。吏、刑部有汉掌印，余皆满员，且不限郎中、员外郎、主事，惟堂官所任。主稿亦然，不限定司缺，亦有此司候补人员掌他司印钥者，全以堂官意指为之。此下有管股司员，有当月司员，则初到部者为之。

部有档房，一部之关键也。以司员为总办，帮办有堂主事，有笔帖式。笔帖式之分曰委署主事，曰掌稿，曰缮摺，曰牌子，所以供笔札、司收掌、任奔走，而实则学习部务，以备司员之选，分吏胥之权也。故列一等者，不三年洊至员外、郎中而掌印矣。乃法久弊生，堂官视为微员，不任以公事，笔帖式亦自甘废弃，不复问公事，而公事之权，乃仍在吏胥矣。

盛京五部

世祖初定北京，盛京设昂邦章京一员，及驻防官员、兵丁若干，以为陪京保障，时未设文员也。康熙初，丁口渐盛，其赋税、刑名等事亦渐增，因仿明南京之制，设户部侍郎一员，并以次设礼、兵、刑、工等部侍郎各一员，陪京之制始备。其官由京铨选，故不设吏部。后王侍郎原祁请增设汉员，以备体制，部议驳之。

承政参政

国初，满、汉大臣多有称某部承政、某部参政者，承政即尚书，参政即侍郎。左、右承政即左、右都御史，左、右参政即左、右副都御史。

一尚两侍之新官制

光绪丙午九月，改定新官制，始以一尚书、二侍郎为一部之长官，不分满、汉，非若前此之尚书满、汉各一，侍郎满、汉各二也。

至改官制之动机，则本于五大臣之出洋考察宪政，其事在乙巳，实发议于袁世凯，张伯熙等赞助之。初派载泽、徐世昌、绍英、端方、戴鸿慈五人，既因吴樾炸之于天津东站，世昌、绍英止不行，得旨，改派尚其亨、李盛铎分赴欧美。自炸弹案发，廷议乃汲汲于警政，特设巡警部，以徐世昌任尚书，赵秉钧任侍郎。又命王治馨率巡防八百人入京，筹保安，诘奸暴。数日之间，车不方轨，人异道行，街市溲便者处罚，盖猝然改观焉。樾匆促掷弹，弹遽发，自腰以下燔焉。当时知为吴樾者，不过数人，又不敢言。警部立，任史伯龙为侦探，乃于桐城会馆侦得之，不逮捕家属，不株连馆人，盖与雍、乾时之展转荼毒，稍异矣。

丙午夏，五大臣陆续还朝，始议立宪，先以改革官制为入手办法。孝钦后颇犹豫，周树模怂载泽具摺，再三请，谓必立宪始可救亡，始可保全皇室及满族，孝钦乃召直督袁世凯入京与议。当是时，铁良在军机，恐新制行，不能兼领，失权利，奋力与袁抗，每会议，惟具奏请旨。孝钦惑于铁，辄留中。会百熙入对，孝钦询以立宪利弊，辄侃侃陈之，孝钦倾听动容，始决议改定官制。奏上，数军机皆以兼部出枢廷，部臣皆恨新制行，不得兼差，指为多事，虽奉明谕改制，不过具文耳。

当会议官制时，端方力持改革议，铁阴请孝钦简端督两江，且拟旨，江南地方重要，令即赴任。袁知铁意，自请入对，面奏孝钦，请暂留端议官制，谓彼初自海外归，应留备咨询。铁谓江南事急，竟促之赴任。

各部堂司官琐事

管部及尚书、侍郎，皆各部之堂官也。往例：堂官至，则衙役呵殿而入。惟工部，则司官均趋门外站班，若外官之于上司焉；他部皆否，但有呵殿耳。光绪丙午后所设之新部则无之。

堂官至，则掌印、主稿率全司司官鱼贯而出，至堂檐下，书吏捧稿，每人而授之，使呈堂焉。受之者莫知内容，亦勿庸知也。至堂上，则堂官整冠迎之，立而画行，司官雁行立，画毕敬还司官，不敢久阅以烦司官也。有问，则掌印、主稿肃以对，对毕率其曹出，有随班上堂数年，不得与堂官交一语者。

凡指麾一切者，谓之“当家”，部事向皆满尚书当家，汉尚书伴食而已；四侍郎则更不事事，有半月不入署者。若管部为满大学士，或汉人而兼军机，则实权在管部；若汉大学士管部，尚书则满人而兼军机，则管部绝不过问。盖视乎地位、势力而有异同也。然亦有以侍郎当家者，赵舒翘、沈家本之在刑部，皆以深明旧律，为尚书所不及，实权乃渐集于侍郎。盖因其人而生权力也。非当家之堂官，值司官来请画稿，不敢细阅，谓之“画黑稿”。故有任堂官数年而不知部事为何物者。

掌印，佩司印之钥也。其事为至荣，皆旗人，恒以绣荷包佩腰间，以自表异。虽尚有帮掌印，掌印未至，印不得启。汉人终身无佩印钥者，有之则在丙午后矣。主稿率以汉人充之。

进士以主事分部，恒十余年或二十年始补缺，若捐纳出身，则白首不得补。戊戌变法后，限阈始破。

满、汉不分缺，自外务部始。丙午改官制，满、汉之界乃破，独都察院仍存此制。

部曹俸给至微，外务部始定津贴，其他新部效之。丙午后，各部亦踵起矣，然未画一也。

凡分部之司官，先日，由本司书吏具牒，请上任期。至日，司堂设公案，两吏夹案立，捧朱笔，请标某日，高揭“上任大吉”，群吏驾焉，诸役齐声叩喜。吏道拜各司，至门不入，对门一揖而去。丙午改官制后，此例遂废。

掌印、主稿，列坐堂皇，书吏持稿至，印、稿取其数目字或案名笔点之，书吏肃退，则公事毕矣。新入署之司官至，则隅坐无过问者，故鲜入署。如必欲习部务，则日往而隅坐，久之，印、稿见其人面善，偶一垂盼，乃试以小事，无误，则渐引而上之。舍此，则末由自进也。

旧制：冠带入署、终岁趋公者，自晨迄暮，无不冠带也。自唐绍仪为外务部侍郎，便衣入署，始属司官用便衣，学部、邮传部效之。及张文襄公之洞筦学部，命仍冠官帽，逮文襄薨，乃始不冠。

外务部前之总理衙门

自与各国通商，交涉之事日繁，咸丰辛酉，乃设总理各国事务大臣以主其事，世称“总理衙门”，简称曰“总署”或“译署”者是也。其初定名则曰“抚局”，盖犹视如夷狄之就抚耳。

署在京师东堂子胡同，大学士赛尚阿第也。总以亲王，副以尚、侍，章京分数股，有英股、法股、俄股、美股之别，皆以司员充之，不分满汉。兼此者，本署可不复顾，而升转如常。二年保奏一次，不数年，外放海关道。故京官趋之若鹜，视为终南捷径焉。

外务部

光绪庚子，德宗奉孝钦后西狩，即于行在谕改总理衙门为外务部，从外人请也。于是瞿鸿禨遂为外务部尚书。外部沿总署之旧，故有督办大臣、会办大臣、尚书兼会办大臣之三缺。至壬寅，那桐忽以户部侍郎授外务部尚书，列鸿禨上。那桐旋授大学士，仍为会办大臣，当时骤增一尚书，旋骤减一尚书，而皆不见明诏也。

军咨府

军咨府设军咨大臣二，军咨使二，总务厅副官二。另设厅五：曰第一、第二、第三、第四、第五，厅各设厅长一，副官一。厅之属各四科，科各设科长一，科员四，及录事。

海军衙门之创设

光绪癸未、甲申间，法、越战事起，侍讲学士张佩纶上疏请大兴海军，朝议韪之，未遑行也。乙酉春，中法和议成，始决议兴办，于是建海军署于京师，以醇贤亲王督其事，贝勒奕劻、(时奕劻尚未封王。)李文忠公鸿章副之，而曾忠襄公国荃、刘壮肃公铭传、曾惠敏公纪泽及容贵皆会办。醇固不知军，文忠总其成，然小事则不暇过问，且京津路隔，亦无由遥制，忠襄、壮肃皆疆臣，不过与议而已。故署中事，悉决于惠敏一人，规画精密，世称道之。

署中各科司员皆满人，十九纨袴子，非特不知海军，亦且未谙陆军，第以车马、衣服、酒食相征逐。惠敏病之，谋所以参用汉员者，孝钦后疑焉，密敕容贵为之备。容本市井无赖，徒以出身勋阀，得挑乾清门侍卫，因缘媚宫闱，不数年，洊至都统，孝钦特用之会办海军，第以钤制诸汉大臣而已。容至署，既尽用所亲为司员，又欲以满人充海军将校，惠敏不可，容乃大恨，所以齮龁之者甚至。惠敏愤，遂病，容更荐一欧医，使以药鸩之。惠敏既卒，海军署遂无汉人踪迹，都人士目为新内务府。后某国以汽舟进，乃置轮船公所；某国又进电灯，复置电灯公所。两所皆直隶海军衙门，调用旗员至数十人，月领巨薪，每二年开保一次，悉照军功异常劳绩，敕吏、兵部不得驳议。

尚书协办大学士

定制：凡以尚书协办大学士者，不开尚书缺。既大拜，或仍预部务，则曰“管理某部”，不系尚书原衔。亦有以大学士、尚书管理顺天府者，则曰“兼尹”。

各部尚书班次

满、汉大臣班次，各部满尚书在汉尚书之前。以大学士管部，虽汉人，亦列满尚书之前；若满、汉皆以大学士管部，则仍满先汉后。雍正戊申，公爵富尔丹管部务，张文和公廷玉方兼吏、户部，逊让再四，上命文和居前。至朝会班次，大学士例在领侍卫内大臣下，上亦特命张列王之下、公侯领侍卫内大臣之上。

沈端恪以郎中擢侍郎

钱塘沈端恪公近思于康熙朝通籍，官河南临颍县知县，膺卓荐，迁广西同知，旋以病归。经浙江巡抚奏乞破格擢用，雍正癸卯，特用吏部文选司郎中，恩加二级，赐第一区，帑金四百两。甲辰，即擢吏部右侍郎，赐诗有“操比寒潭洁，心同皎月明”之句。

吴郁生为一日侍郎

宣统庚戌春二月，吴郁生方以内阁学士入军机，适吏部侍郎唐景崇擢尚书，入学部，遂以缺授吴。然新例，入军机，又不许带底缺，故翌日复诏吴出吏部，入军机。而吴辗转于军机、吏部间，实止一日，故时人称之为“一日侍郎”。吴，字蔚若。

各部丞参

各部之有左右丞、左右参议，自光绪庚子设外务部始也。当总理衙门时，大臣之下有总办。顾肇新时方以郎中充总办，自揣必不能得侍郎，乃建增设丞、参之议，长官纳之。时王文勤公文韶在枢府，甚不谓然，谓：“京官与外官不同，本无隔阂，以丞、参横亘其门，徒生障碍。若仍重司官，则何必多此赘疣？”其后，卒从肇新议，设丞、参，肇新乃得左丞矣。

于是商部继之，学部又继之。学部初立，乔树枏本为学务处总办，如肇新之在译署也。树枏倡一丞两参之说，以当一尚书两侍郎。张仁黼为右侍郎，告树枏曰：“他部皆两丞两参，吾部乃拟一丞，一丞必属足下，人将谓足下以升转侍郎为一丞所独专，毋乃不可乎？”树枏大恚，后卒用两丞两参之制。

丙午，改新官制，各部并设丞、参。初皆由各部指名请简，以邮传部竞争为最烈。御史赵丙麟乃上奏，谓：“以二品之侍郎，指名请补三四品卿，亵朝廷之爵。请先准列保，临时开单请简。”从之。此后乃先由长官列保，及简任时，又须奔走枢要矣。

各部丞、参情状各殊。外务部丞、参由本部司员转授，故事堂官谨。商部以贝子载振不习公事，有藉于丞、参，唐文治为载振师，手创商部者也，载振乃延丞、参列坐大堂，若小堂官焉。法部选自秋审处，度支部选自北档房，皆熟习部务，视他部较胜者也，堂官如传舍耳，故事权集于丞、参。陆军部丞、参皆自外入，对司长极恭。司员皆直接堂官，已行之公事，命录事送丞、参补押而已，故陆军部丞参权弱。邮传部当陈璧为尚书时，视丞、参若无物，无过而问者。徐世昌至，以部务属丞、参，乃皆骤骄倨；盛宣怀来，仍陈璧之旧，又极闲废矣。

郎中前之启心郎

国初，满人不解汉语，部置启心郎一员，以通晓满语之汉员为之。职正三品，每议事，坐其中。后多缘以为奸，乃汰之。

司员回原衙门行走

京官三载考绩曰“京察”，各部司员遇京察截取年分，例得保送道府，或考授御史。然尝有引见时，察其才具不胜或御史条陈不合者，辄令回原衙门行走，此似以各部为容纳阘宂（同“冗”）、徒使伴食之地矣。

留学生居各部要津

部曹最清苦，自晚近举行新政，设立新部，如外务、民政、邮传、农工，其组织皆采新法，经费裕，人才多，都人士所啧啧称羡者也。其得上峰赏拔居要津者，大抵皆东西洋留学生，惟陈璧任邮传部尚书时，乌布最红、升迁最速者，为龙建章、叶恭绰。或一官兼数差，或一岁至九迁，则皆本国京师大学堂学生也。

嘉道以前部曹重于翰林

尹文端公继善官翰林院侍讲时，怡贤亲王延之为记室，寻奏补刑部郎中。陈文恭公宏谋由编修擢吏部郎中，张船山太守问陶且由翰林充御史，由御史选补吏部郎中，嘉、道以前，似此者不可枚举。其后新列词垣者，几视部郎为哙等，盖由捐例既开，六部司员皆可入赀行走，而柏台芸馆，必由科目进身。郎署黯然，职是之故。其实郎中非屡考不能得，编检则宂杂无定员，同一进士出身，皆可内升卿班、外放道府也。

郎员品级

郎中、员外郎二职之品级，在国初，满洲郎中三品，员外郎四品；汉郎中五品，员外郎从五品。顺治戊戌，始将满汉品级画一。

员外郎九转四品

员外郎内用九阶，方得四品，故有“九转丹成”之号。谓员外、郎中、御史、掌道、给事中、掌科、鸿少、光少、通参也。

主事分三等引见

国初，每科进士选充庶吉士外，分派各部，以主事学习行走，三年期满，始以部属知县分别录用。乾隆丙辰，经侍郎励宗万奏请嗣后学习期满人员，令该堂官出具考语，分三等引见，一等补主事，二等即用知县，三等补国子监助教、监丞及司经局正字等缺。又前因礼部事简，停止分派学习主事，至是，宗万请仍照旧例，与五部一体签派。下部议行。

录事正字

国初有录事正字，并入中书行人司正副，未久俱裁。其官此者，与府部寺院各司员及小官京笔帖式相埒。又顺天府治中通判，与各衙门司员统归京察，不视为外官也。

各部之录事，自光绪朝设立新部始，原有各部亦效之，有一等、二等、三等之别，其职务与供事同。

九卿

汉制，以太常、光禄、卫尉、廷尉、太仆、大鸿、署正、大司农、少府为九卿，明以都察院与六部称七卿，国初，则尝益以理藩院而称八卿。咸丰戊午，因会讯故相耆英一案，命大学士六部九卿会议，枢臣遍检档册，并未指定何项衙门为九卿。时军机章京焦佑瀛倡议，以都察院、通政司、大理寺、太常寺、太仆寺、光禄寺、顺天府尹、宗人府丞、理藩院九项当之，于是九卿之名始定。

弼德院

宣统时，弼德院成立，设院长一、副院长一，顾问大臣不限名额，其下有参议、秘书两厅。

都察院

六科给事中，国初自为一署，有都给事中，左、右给事中。后省，并改隶都察院，视各道御史。国初有巡按，后停。又有巡视五城、巡仓、巡漕、巡盐、巡察台湾者。

理藩院

理藩院，古典属国也。国初置蒙古尚书一人，侍郎二人，秩视六部。汉院判一人，秩三品。蒙古郎中、员外郎、主事若干人。汉知事四人，主事二人，经历二人。康熙时裁汉员，惟满员独存。司蒙古内、外部落诸务，分司六，曰旗籍，曰理刑，曰柔远，曰王会，曰典属，曰徕远。

旗籍司掌内四十八部落疆域、袭封、谱族、旗制诸典。故各析部族畛域，勿使侵占。其台吉有分析者，则加其赋，人丁滋蕃满百，许改官属以督之。其孳畜牛羊诸物，视其土之寒暖可种植者，许其自率蒙古人丁以耕。容留汉人，及以货易土者戒之。诸王公有袭封者，先辨其嫡庶、考其德行，然后授以印绶。其弱小者，择族人之忠正者护其印，既冠而后纳之。三岁修其谱牒，辨其贵贱。每旗设都统一人，秩二品；副军二人，秩三品。命诸王公自选其宰之良者授之，而部臣岁课其政令，有不职者易之，暴戾者罪之，并饬其王公焉。

王会司掌朝贡、会盟、聘享、武备诸政。藩王充补近侍者，岁一朝，余则三岁一朝，各于岁终分班入觐，辨其名位，给以廪饩。凡朝，郎官领入大内，按照爵秩，列于宗室王公下，朝见如仪，元旦、上元亦如之。岁朝，上宴诸藩于紫光阁。贡则视其土之所宜，禾黍皮帛以及牛羊诸物，部臣受贡。翌日，寓其使于署中。俸币则视宗室王公之半，有勋业者加之。部落有荒馑者，部长捐金以救，乏则请赈于朝。使入，许以驿传，视其途而赉之。国有大丧，则集诸藩王奔讣入次，举哀如仪。

典属司掌外汗四部落。各分视其畛域，奠其土宇，教以德化，理其政绩，旗制会盟，咸如内藩。屯戍将帅士卒，食其屯，乏则济以饷。每岁阅武，本司司员二人往视之，其技良者，赉其部长以兵仗，弱者罚。

柔远司掌外盟诸部朝觐、宴飨、聘纳诸仪。汗诸长四岁一朝，薄海诸长三岁一朝，杜尔伯特、西藏诸部长不限以年，五岁请命于朝，许以则觐。贡期，汗三岁一贡，西藏间岁一贡。各视其土之所宜，汗贡马、驼、羊、羯诸物，西藏、青海贡藏香、氆氇、马、驼，享使颁赏如内藩。

徕远司掌回部疆土分封、朝会、聘享诸政。嘉峪关外之回部，若吐鲁番、辟展、英吉沙尔、库车、巴颜岱、巴里坤、乌什、阿克苏、叶尔羌、和阗等，悉属之。其旧疆建诸王二，咸如蒙古诸藩，余则置伯克司之。伯克者，回部长吏也，三载更之。外藩如布鲁特、哈萨克、安集延、爱乌汗诸属国，皆置译使以通其语，朝聘宴享，悉如朝鲜、琉球。

理刑司掌蒙古诸刑名。自斩、绞外，罪止鞭扑，不及徒、流，而以牛马作赎，罚数惟九，牛三马六，递以加之，穷者贳之，富者倍之。

翁文端两为祭酒

翁文端公心存以大理寺少卿丁艰，服阕还京，补国子监祭酒。祭酒秩从四品，理少秩正四品，不得降补，时宣宗亟欲擢用，故有是命。于是文端两为祭酒矣。

黄寿廷授司业

香山黄寿廷生于乾隆庚午，至道光庚戌，钱塘许信臣祭酒督学粤东，始补博士弟子员。咸丰辛亥，钦赐举人。壬子，授国子监司业，时已百有三岁矣。某赠以联云："四朝身历升平日，百岁人呼矍铄翁。"

钦赐司业

世人视翰林至重，一若人而翰林，则无论德行节操、学问事功，无一不登峰造极者。持此见解，深入肺肝，根深蒂固，牢不可拔，虽通儒巨子不免。光绪甲午恩科会试，有钦赐进士湘人某，年一百十四岁，殿试后，钦赐国子监司业，盖宠异之也。某意殊不慊，谓："某某年仅百龄，某某且未逮百龄，皆蒙钦赐翰林，何独于吾靳弗予也?"

世祖以汤若望掌钦天监

顺治甲申十一月，以汤若望掌钦天监事。时若望疏言："臣等按新法推测月食时刻分秒，复定每年进呈书目，重复者删去，以免混淆。"得旨："钦天监印信，著汤若望掌管，所属官员，嗣后一切占候选择，悉听举行。"

乐部

乐部在京师西安门内，国初沿明制，设教坊司，有奉銮。其属，左、右韶舞司乐四人，协同官十人，俳长无定员。（或云用领乐官妻四名，领女乐二十四名，由各省乐户挑选，入京充补。）凡东朝行礼筵宴，随钟鼓司进，入宫作乐。顺治辛卯，改女乐；乙未，复之；己亥，又改用太监，遂为定制。雍正己酉，改为和声署，礼部、内务府、太常寺、鸿胪寺皆领之。乾隆壬戌，始命王大臣总理乐部事，王一人，侍郎一人，皆兼职也。

凡郊庙祠祭之乐，神乐署司之，仍隶于太常，和声署则隶内务府，以掌殿廷朝会宴飨之乐，俗呼为“南府”。宫中庆贺宴飨之乐，掌仪司司之；铙歌鼓吹前部大乐，銮仪卫司之，其优伶皆内监也，亦即古教坊司。

罢十三衙门

世祖开国，鉴明代宦官干政之失，始设内务府，罢太监不用。顺治癸巳，设乾清宫执事官及直殿局。甲午，裁内务府，置十三衙门。凡八监，曰司礼，曰御用，曰御马，曰内官，曰尚衣，曰尚膳，曰司设，曰尚宝。有三司，曰尚方，曰钟鼓，曰惜薪。有二局，曰兵仗，曰织染。嗣改钟鼓司为礼仪监，尚宝监为尚宝司，织染局为经局，后又改尚方司为尚方院。庚子，又改内官监曰宣徽院，礼仪院设郎中以下官。辛丑二月，世祖以遗诏罢之，并治满洲佟义、内官吴良辅变易旧制之罪。吴良辅论斩，以佟义已死，削其世职，其党大学士刘正宗以年老免死，于是革去十三衙门。后设内务府，以御用监之职立广储司，以尚膳监之职改采捕衙门，以惜薪司之职改内工部，又改御马监曰阿敦衙门，兵仗局曰武备院。

内务府

自古宫禁服御、饮食必有专司，惟《周礼》分设各官，统于冢宰，后世皆以宦寺掌之。国朝刱立内务府，以旧仆司其事。入关后，复以明三十二卫人附之，凡内廷之会计、服御、物饰皆属焉。

广储司掌库六：曰银库，曰缎库，曰衣库，曰茶库，曰皮库，曰瓷库，茶库兼收人参。初名御用监，顺治辛丑改。其初进项不敷，檄取户部库银接济。乾隆时，高宗亲为裁定，汰费，岁支六十余万两。后盈积，转充外府之用。

会计司掌领皇庄田亩事。田各有等，盛京庄八十有四：一等庄三十五，二等庄十，三等庄八，四等庄三十四。山海关外庄二百十一：一等庄六十六，二等庄四，三等庄二十，四等庄百二十一。喜峰口、古北口外庄百三十八，均一等。归化城庄十有三。畿辅庄三百二十二：一等五十七，二等十六，三等三十八，四等二百十一，半庄七十一。每庄设庄长一人，瓜田菜圃置长亦如之。各庄共地一万三千二百七十二顷八十亩有奇，赋粮九万三千四百四十石，菽二千二百二十五石，刍八万一千九百四十束有奇。编比壮丁，三年一次，盛京及关外、口外各庄由总管、将军、都统等，畿辅由内府委官，各具册至府，由府汇册奏闻。皇子分封，各按爵秩，给以庄地、人丁，公主、郡主赠嫁亦如之。宫女选内府三旗佐领、管领下女子年十三以上者，造册送府，奏交宫殿监督领侍等引见。入选者留宫，余令父母择配；留宫之女，至二十五岁遣还择配。收录内监，由礼部册列姓名、籍贯移府，总管太监察其来由无异，委年老内监一人验实具奏，候旨分拨。年老者听其回籍为民。支领内监月费，执事人匠役饩廪皆隶之。

掌仪司掌奉先殿（大内景运门东。）朔望瞻拜、岁时荐新、诞忌祭享、出入启告之礼。前殿、后殿均九间，中为穿堂，缭以周垣，供奉列圣、列后神牌，遇朔望、万寿圣节、元正、冬日及国有大庆，恭奉列圣神牌，前殿祭飨礼成，还御后殿寝室。礼仪祭器，一如太庙制，惟不设牲俎，不行饮福受胙礼，王公不陪祭。其乐有《贻平》《敉平》《敷平》《绍平》《光平》《乂平》诸名，亦异太庙之奏。遣官行礼，与太庙仪同。遇列圣、列后圣诞、忌辰及元宵、清明、中元、霜降、岁除等日，于后殿行礼，神位前设灯、酒、脯、果实。寿皇殿尊奉圣祖、世宗、高宗圣容。遇圣诞及忌辰，上躬率诸皇子及近支王展谒行礼，岁时奠献，一如事生仪。外藩蒙古，岁除及正月十五日赐宴，奏请命进酒大臣、内管领备筵九十席，宴于保和殿及正大光明殿。届时，鸿胪寺、理藩院引蒙古王、公、台吉入，领侍卫内大臣序王公班次，八旗一二品武职亦预焉。上升殿，奏《隆平》之章，蒙古王公、武大臣各就席，行一叩礼，坐。丹陛清乐作，奏《海宇升平》之章，尚茶正率侍卫等举茶案由中道进，至檐下正中北向跪，注茶于碗。进茶大臣奉茶入中门，群臣皆就本位跪，进茶大臣由中陛升至御前进茶，退西立。上饮茶，与宴臣僚咸行一叩礼。进茶大臣跪受茶碗，由右陛降，出中门，众皆坐。侍卫等分授与宴臣僚茶，皆于本位一叩，饮毕复行一叩礼。尚茶正彻茶案退，乐止。展席幂，乃进酒，如进茶仪。进酒大臣出，尚膳正率所进膳，殿廷清乐，奏《万象清宁》之章，尚膳正奉旨分赐食品各席遍，乐止。奏《庆隆舞》《扬烈舞》以次毕，殿内奏《喜起舞》毕，上召王公大臣及朝鲜等国使臣赐酒，群臣咸跪受，一叩，卒饮。朝鲜国俳进，百伎并作，退。尚膳正升，彻御筵，与宴之王公大臣等咸谢宴，行一跪三叩礼。丹陛大乐作，奏《治平》之章，上还宫，鸿胪寺、理藩院引外藩及百官以次退。皇子成婚，公主下嫁，设宴其邸，与内廷宴同。皇子成婚，钦天监先期诹吉以闻，乃命夫妇偕老之大臣传旨曰："以某官女某氏作配皇儿子为福晋。"福晋父率合族谢恩，行三跪九叩礼。择吉，简内臣侍卫随皇子诣福晋家，行文定礼。福晋父率合族彩服迎于大门外，延皇子入，至正寝，西向，行三叩礼毕；皇子回宫，福晋父率族人送大门外。诹吉行纳采礼，以内务府大臣、宫殿监督领侍充使。及门，福晋父迎入中堂谢恩，行三跪九叩礼，与宴大臣陪福晋父及族人在官者宴于中堂，内务府命妇、女官同陪女眷宴于内室毕，内务府大臣暨宫殿监督领侍回朝复命。成婚先一日，皇子于皇上、皇后前行礼，福晋母率诸妇至皇子所居宫中，设床帐妆奁，工部于宫门及皇子所居宫悬彩。届吉时，于皇子宫设锦褥二，东西向，设酒馔案于前，置两爵两卺于案。请皇子西面，福晋东面，相向行两拜礼，各就坐。执事者执金瓶，女官以卺爵酌酒，合和以进，皇子与福晋皆饮，乃进馔。酒馔三行，皇子与福晋起，仍行两拜礼，彻馔案。次日，皇子偕福晋朝见皇上、皇后，女官二人引皇子居左稍前，行三跪九叩礼，福晋居右稍后，行六肃三跪三叩礼。公主下嫁亦如之。王公之女奉旨授为和硕公主。郡主暨宗女抚养中宫者，其下嫁之礼，视爵秩以别差等，筵宴会礼部办理。进时宪书，进春牛，皆如礼部仪。凡妃嫔大事，皆会礼、工二部，按例遵行。

都虞司掌内府兵卫。训练内府护军、骁骑，岁以春秋二季，由该管官督率操演，各赏罚有差。宿卫大内，护军统领宿神武门内，掌顺贞门钥，大内后复道中，皆内务府护军值宿，其值宿西华门北者，合护军、骁骑、步军及三旗服役人。銮仪卫校尉别立班次，曰防范兵，专司戒火。皇后内廷主位出入，以内务府总管或散秩大臣一人，司官八人，内府护军统领一人，护军参领四人，护军校十人，率护卫豹尾班执枪者十人，佩仪刀者十人，翊卫护军百人，导引扈从。皇子、福晋出入，递减骑从。畿辅行宫，京东七处，京西四处，京北六处，口外十三处，各设千总若干人，分隶汤山、盘山、黄新庄、热河各总管管辖。捕牲乌喇官弁亦隶焉。

慎刑司掌太监、苏拉等词讼。审谳内府所属人犯，罪在杖一百下者，依律议结；一百以上者，皆移送刑部定拟。如事干宫禁者，请旨鞫问。内监私逃，按其次数，分别自首、被获，治以枷、杖等罪。

营造司掌匠役，均有定额。内府所属在官执艺者，于佐领、营领下选取；招募民匠，于工部咨取。又设司匠、领催以督率之，缺补惰除。凡修造紫禁城内工程，小修、大修、建造，皆会同工部。大内缮完，由内府匠人自理，禁城墙垣有应修理者，奏交工部，均由钦天监诹吉兴工。

庆丰司掌牧畜。定额，设内三圈于西华门外，养犏牛十有二，牝牛六，牡牛三，青牛一，乳牛无定数。设外三圈于南苑。设羊六圈于丰台，设牛羊群牧于张家口外。各牧所牛羊，均由该管官烙印。典牧设厩、副若干人，厩丁、司萩等夫以次递减。口外牧群设总管一人、副管二人，牛羊群协领、牧长、牧副、牧丁若干人，隶张家口外总管管辖。大凌河牛群隶盛京将军管辖。郊庙祭祀，皆用厩牛。岁以三月十五日后、四月初一前，于南苑宽闲丰草之处牧放，停止养菽，以九月二十日后、十月初五日前，各归原圈饲养。视牛犊毙损之多寡，以别功过。游牧诸群，每三牛三年孳生一犊，三羊三年孳生二羔，于定数内缺少者治罪，定数外孳生者由总管奏闻。

上驷院掌圉牧。设内厩于紫禁城，外厩于南苑，牧群于盛京及张家口外。以畜马籍其数而领之，稽查与庆丰司牛羊同。其供直，以内厩御马四，齐其鞍辔，立院门外。行幸驻跸，以御马六，立圈门右。车驾巡幸，日以十马备上乘御，由内院大臣奏请于御马内，简其尤良者以从，其驾车马及公马橐驼之数，附疏奏闻。扈跸各执事官役、内监所乘之马，由所司行院，如数以公马拨给。祃马，岁春秋二祭祷马于神，系帛于御马鬣尾以为识，凡三十匹。附养四色马四十匹，祭堂子，率以十匹诣神前受釐，系丝帛亦如之。

奉宸苑掌御园亭河道，南苑、西山稻田事。网户，沙河二十六人，霸州四十六人，江南六人，岁给米有差。河道应通浚者，知会工部修理。玉泉山稻田十有五顷，供上方玉食，余田三十余顷，皆征租赋。御河、三海诸处，岁有莲藕之租，均量地薄征，以供内庭植花卉之用。

武备院掌上甲胄、弓矢、兵仗及鞍辔、行帐、盖褥。御殿设绣盖，巡幸卤簿设黄罗销金九龙三檐曲柄华盖。春冬用黑貂褥，夏秋用黄龙绮，于换季日更易。兵仗皆由院敬谨修造，御用弓矢，皆选盛京之良楛砮石以造之。采办物料，岁支崇文门税务银千两，交各省办理。

内府人员不任部院

定制：内府人员充本府差使，不许任部院；惟科目出身者，始许与缙绅伍。故国朝内府大员，罕有勋绩可称。惟金恪恭公简自内府司员，进登六卿，以勤慎受高宗知。

汉臣总理内务府工程处

大庾戴文端公衢亨，以清慎悫诚为仁宗所知，命为总理内务府工程处，冀变历年积习也。而三督工程，皆获咎谴。初以监修吉地失察工弊，夺一官，褫宫衔、花翎。继以裕陵隆恩殿专金四柱俱丈二围大木，而十五六年之顷，遽致蠹朽，时方由河督起病，坐是迁副都。及予告归，适宝华峪地宫渗水，被严旨，与相国英和同逮。籍家产，才值万余缗，宣宗意稍解，除名放还。

銮仪卫

銮仪卫沿明锦衣卫制，不司缉探，掌卫者一人，七所隶之。左所掌辇辂，右所掌伞盖、仪刀、弓矢，中所掌麾、幡幢、纛、节钺、仗马，前所掌扇、拂、垆、盒，后所掌旗、瓜、金吾仗，驯象所掌仪象、骑驾、卤簿、《铙歌大乐》，旗手卫掌金钲、鼓角。其署列刑部之次，校尉、舆隶等，仪犹明制。管卫事大臣到任，拜印升堂，悉如部制，秩虽次领侍卫内大臣，而威仪过之。钟鼓司司谯漏，城北钟鼓楼，每夕委官校尉直更。神武门钟楼，上驻跸圆明园，则每夕钟记更漏，上在宫日则已。午门钟鼓，上祀郊庙、受朝贺时，鸣以为则。

銮仪卫初有汉员，后以满洲侍卫间之，名曰“銮仪卫侍卫”。雍正时，改汉员为汉军，满洲侍卫亦改定冠军、云麾等名，惟汉武科甲侍卫仍旧名。后许外放绿营武弁，汉军人员视为捷径，掌卫者复受私谒，故事多诿惰。仁宗亲政，特简大臣挑取，弊始革。

宗室任职官

国初宗臣，皆王公世荫，无任职官者。圣祖念宗臣无入仕之途，乃钦定侍卫九十人，命宗室挑补。雍正中，裁汰宗人府满洲司员笔帖式之半，皆命宗室人员充补。乾隆时，又设宗室御史四员，为司员升阶。嘉庆己未，以特设宗室翻译乡会试科目，六部理藩院亦增设宗室司员。

满缺任汉人

雍正时，满洲副都御史缺出，世宗命九卿密保，鄂文端公尔泰奏许希孔忠直可任。上曰："彼汉人，碍于资格。"文端曰："风宪衙门，为百僚丰采，臣为朝廷得人计，不暇分满、汉也。"上可其言。逾年，始调汉缺。

汉军用满缺

国初定制，汉军皆用汉缺，至六部司员，则有专为汉军而设者。雍正时悉汰之，并入汉员中，是以汉军之升转甚难。乾隆时有破格用满缺者：范时纪任满洲户部侍郎，范宜清任盛京工部侍郎，李侍尧任热河副都统，孙庆成任满缺户部侍郎兼护军统领；嘉庆时亦有之：范建丰任满缺吏部侍郎，李毓秀任热河都统，张百龄任满缺刑部尚书，复调左都御史，皆旷典也。

笔帖式

笔帖式为旗人进身之一途，各衙门皆有额设候补者。国初之大学士达海、额尔德尼、两文成公，领侍卫内大臣一等公文忠公索尼诸人，皆起家武臣，以精通满文，皆特恩赐号"巴克什"。巴克什，即笔帖式也。

且微员中之似无足重轻而关系极重者，莫如笔帖式。虽堂官不甚重视，司官亦羞与为伍，彼亦自侪于书吏舆儓之列。然三年大计，保列一等，不数年，题升郎官，掌印钥矣；又不数年，外任监司、太守矣。

内院笔帖式

国初，督抚多用汉人，文移用满文者皆不识，外省委内院笔帖式数人，代司满字文书。后内三院改为内阁翰林院翻书房，而督抚衙门笔帖式仍未更正。

爵邸员额

定制：亲王长史一员，头等护卫六员，二等护卫六员，三等护卫八员，四、五、六品典仪各二员，牧长二员，典膳一员，管领四员，司库二员，司匠、司牧六员。世子减二、三等护卫各二员，余如故。郡王减二等护卫二员、三等护卫三员、四品典仪二员、牧长一员、典膳一员，余如故。长子减头等护卫三员，余如故。贝勒减头等护卫四员，增司仪长一员、二等护卫二员，减五品典仪一员，司牧、司匠皆减。贝子减二等护卫六员，增三等护卫二员，减六品典仪二员，增七品典仪二员、八品典仪二员。镇国公减三等护卫二员，其余如故。至包衣参、佐领，亲军校、护军校，包衣骁骑校等，皆视其佐领亲军马甲之多寡，以递设之。惟怡贤亲王以赞襄世祖，庄恪亲王以辅翊高宗，封双亲王，其护卫皆倍增之。嘉庆初，仁宗谕仪、成二王皆增设头二三等护卫各二员，定亲王、庆郡王皆增设头等护卫一员、二三等护卫各二员，皆旷典也。

京城管理地面之官

京城管理地面之官不一，曰步军统领，司内城盗贼也；曰外营汛，司外城盗贼也；曰五城巡城御史，司闾阎词讼也；曰街道厅，平治道途也；曰顺天府尹，大兴、宛平两县，职在郊坰，城内之事不负责也。然相沿既久，渐至侵官，偶有违言，任人赴诉，任便拘捕，听官所为。盖其职不相统摄，民亦莫知适从；辇毂之下，肃清不易，亦大率由此也。

其中惟步军统领之权为较重，苟得其人，尚可为理。向以恩文肃公桂为称职。其为政尚严厉，街衢琐事，无不周知，奸人不得逞其技，至造歌谣以谤之。先是，技勇营人多粮少，用之不能得力，恩为奏减其额之半，俾人领双粮而严于选，于是番役始可用。又各街堆铺虽有兵，而夜多私宿于家，恩复奏许铺兵携眷，于是夜巡始严。后则以文锦如总兵秀为称职。凡道途小不修，立呼铺兵鞭责，俟平治毕始去。救火、巡夜，多以兵法部勒之。且清廉不名一钱，故能孤行己意。盖京师街巷，皆有堆铺，有官司之，凡水火、盗贼及民家细故之须闻于官者，皆可一呼即应，法至善也。乃日久弊生，始而捕盗，继而讳盗，终且取资于盗，或代盗偿其直。街市小窃俗号“小绺”者，倘被其窃，苟鸣之官厅，三日之内，无不返者，返则重酬之。

顺天府府尹

顺天府府尹，即古京兆尹之遗。国朝三品官皆用铜印，顺天府尹独以银，重之也。雍正癸卯，特简大臣兼理府事，较之部院堂上官，尤清要也。蔚州魏敏果公象枢尹京兆时，尝自署一额，书“我愧包公”四字，自后秦小岘侍郎瀛遂于署之听事，榜曰“知愧堂”。

议遣重臣监察督抚

康熙乙巳，停巡按，议遣重臣监察督抚，省各二人。吏部尚书阿思哈等主其议，冯溥、徐元文力持不可，议乃寝。

浙江观风整俗使

雍正丙午九月，世宗以浙江风俗浇漓，特授光禄寺卿王国栋为浙江观风整俗使；并停浙江乡会试，盖以文字获罪之汪景祺、查嗣庭，皆浙人也。

外臣加宫衔

太子所居为青宫，本朝虽不建储，而太子太师、太子太傅、太子太保、太子少师、太子少傅、太子少保仍设之，以为大臣特殊荣宠之加衔，谓之“宫衔”。如加太子少保衔者曰“宫保”，加太子太保衔者曰“宫太保”。虽列二品，而一品之尚书苟得之，亦至以为荣，固不以品级论也。其后外臣乃亦有得之者，则以其服务于我国也。宣统辛亥八月，太子少保衔总税务司英人赫德卒，晋赠太子太保衔。

编订各省官制

光绪丙午九月，德宗命编订各省官制，盖继厘定京官制而发也。（京官制至是有已厘定者，若内阁、军机处、外务部、吏部、学部均如旧；巡警部改为民政部；户部改为度支部，以财政处、税务处并入；太常、光禄、鸿胪三寺并入礼部；兵部改为陆军部，以练兵处、太仆寺并入；商部改为农工商部，另设邮传部；理藩院改为理藩部。各部除外务部外，均设尚书一员、侍郎二员，不分满汉，都察院改为都御史一员、副都御史二员，大理寺改为大理院是也。）

世宗破除文官回避本省之见

官员补授之例，回避本省，而如江苏之与安徽，湖北之与湖南，陕西之与甘肃，亦称同省，例应回避。雍正己酉，江苏、安徽、湖北、湖南、陕西、甘肃尚未分省，世宗以江南之上江、下江，湖广之湖南、湖北，陕西之西安、甘肃，虽同在一省，而幅员辽阔，各设巡抚司道以统辖之，其情形与隔省无异，且既系同省，则于彼处之人情土俗较为熟悉，未必不于地方有裨。嗣后此数处府、州、县以下官员，不在本籍巡抚辖下者，不必回避。

银铁二匠以保举而贵显

青浦叶雨臣，名梦雷，幼习银匠。及冠，北游至京师，受佣于人。康熙某年端午，同伴皆出游，明珠经其肆，出元宝一令剪之。叶为跳剪两端，不差累黍，明叹赏，招至邸，令司会计。寻以奶娘女佛氏妻之，并保以官，使入户部供职。其母初佣于邵氏，雍正时，以病乞归，自奉奢侈，为乡人官臬司者所劾，遂籍没。高宗登极，始赦回。其族弟有名照二官者，初业锻铁，雨臣贵，招之去，亦得官，由知府擢巡道。

吴湛山一岁九迁

固始吴湛山中丞士功起家部曹，自乾隆丁丑暨戊寅，仅一载，由楚臬而护楚抚，升陕藩，护陕抚，既调直藩，再调陕藩，再护陕抚，旋授闽抚，仍留陕抚兼管陕藩，盖一岁而九迁也。

阮文达佩六印

阮文达官粤时，以两广总督、两广盐政，摄广东巡抚、太平关税务、广东学政、粤海关庶务，共佩六印。时适生孙，因以“六印”名之。

宣宗重科举出身

宣宗任用官吏，颇重科举出身之人。故有由道府两三年而至督抚，由童生不二年而至二品官者。

满汉督抚

世祖入关时，初议各省督抚尽用满人。时柏乡魏文毅公裔介方为给事中，独抗疏力争，谓国家抚四海、大一统，当宏立贤无方之治，不当专用辽左旧人。朝廷亦重违其论，议遂寝。

康熙时，三藩既平，仅议定山西、陕西两抚不用汉人而已。当时汉大臣之为督抚者，本多于满人，故议用满人巡方以监察之。雍正一朝，督抚十七八皆汉军，朱批谕旨常有斥汉军“卑鄙”“下贱”之语，大书特书，殆不一见。至乾隆朝，则直省督抚满人为多，满人仕外官者，能洊至两司，则已为极品矣。及季年，各省省督抚凡二十有六缺，汉人仅毕沅、孙士毅、秦承恩三人耳。

世宗增设四川总督

雍正辛亥，大军征噶尔丹策凌，世宗以川陕地广，又理军需，总督一员，难于控制，特旨增设四川总督，即以四川提督黄廷桂补授，兼管提督印务。乾隆丙辰，西陲军务告竣，裁川督，廷桂仍为提督。后于戊辰年复设总督，始为定员。

方恪敏父子叔侄总督

桐城方恪敏公观承，以布衣赐中书，官至太子太保、直隶总督。子勤襄公维甸继之，而犹子来青宫保，亦官至兼圻。

尹文端久督两江

尹文端公继善，字符长，姓章佳氏，世居盛京。父文恪公尹泰，时方罢祭酒家居。世宗居藩邸时，奉圣祖命祭三陵，会雨，宿其家。与文恪语，奇之，问："有子仕乎?"对曰："第五子举京兆。"曰："令见我。"即文端也。及文端试礼部，将谒于邸，而世宗践阼，乃止。中雍正癸卯进士，引见，上喜曰："汝泰子耶?果大器也!"入翰林，未逾年，授广东按察使；甫抵任，迁副总河；未半年，迁江苏巡抚，去释褐甫六载。后督两江几三十年，久之，拜文华殿大学士，仍留江南。次年召还，临行，吏民环送悲号，文端不胜凄怆。过村桥野寺，流连小住，慰劳送者。其再督江南时，吴民有"吉甫再来天有眼"之谚。年八十余，卒于位。

李文忠久督直隶

咸、同以还，朝廷简授直隶总督，辄择其勋业、资望独出冠时者，故李文忠公鸿章任期为最久。盖以直督为疆臣领袖，凡有大兴作、大改革，必先咨之；而疆臣遇有要事，亦必先以函电探询意旨，亦实遥握中央政府之权也。

黄昆圃抚浙之早

康熙朝，宛平黄昆圃，名叔琳，年十九，已官至浙江巡抚。疆臣持节，殆无蚤于此者。

任道镕累迁至督抚

宜兴任筱沅中丞道镕，尝以拔贡为奉贤训导。咸、同兵事兴，遂从戎，积功保道员。累迁至浙江巡抚，擢河督。

鄂文恭由笔帖式至巡抚仅六年

满员升迁较捷于汉，以缺多而人少也。承平时循例升官，八旗中以鄂文恭公弥达为最速。文恭于雍正癸卯，犹一笔帖式也，旋授吏部主事，至庚戌，已擢广东巡抚。由微员至疆臣，食俸仅六载耳。

徐文穆以皖抚查办浙江事件

雍正甲寅，徐文穆公本方抚安徽，二月初六日奉旨充浙江查办事件大臣，令由安庆赴浙，会同浙江总督程元章审讯事件，盖会审接壤江西铅山之江山县匪类王益善一案也。其会同元章复奏之摺有云："据詹子彬供称，札付系向文阳王吴士荣领来，是督兵大元帅。徐敏也有札付，是提调。天下兵马大元帅，原系希图骗人财物，捏称天下将乱，领此札付，便可保守身家，兼得做官。因照吴士荣给札式，刊刻札板，与祝芳升合伙，四处煽诱，卖与王益善、张齐云、周德、黄雄、黄邦奇、周士兴、王昌宇、周灿、周统、锡管连、陈明章、周廷凤、祝芳升及已故之吴元德、鄢国嵋各札付一张等语。起出札付札板，及提各犯，讯无异。嗣于四月初六、初七等日，准江西抚臣由江南先解到首犯黄森官等一十五名，臣等复加察审。初犹狡供，迨至严加夹讯，并将盟布令其自行阅看，始供原因开店折本，无可营生，遂于雍正十年三月内，与傅秀山商量，在江西省城创造斋堂，设立三皇圣祖教，即圆敦大乘教，又白阳会等名目，煽惑愚民。而森官之父黄廷臣则自称为天老爷，又称黄大师，森官则为弥勒佛紫薇（微）星。不但入教男妇皆奉为教主，即伊胞叔亦甘心下拜。其后附和者众，森官则居然以紫薇星自居，遂与黄雨珍、熊簪举、周簪凤结为生死之交，因而狂悖之语，形于盟布之内，不轨情形，已属显然。惟散给札付之处，坚供止有堂簿，并未造札。若果有伪造情弊，盟布经书已经搜获，札板安能隐藏？再提吴士荣研审，据称系伊自造札付，诓骗詹子彬、徐敏，恐其不信，故自称为文阳王等语。但黄森官父子设立斋堂，创议起自傅秀山，而各犯又曾供傅秀山为军师，是造札实情，必傅秀山到案质讯，始成信谳。今于四月二十日，准江西抚臣谢明咨报，傅秀山一犯，分差查拏，业在福建地方拏获。臣等现在咨提，应俟提到傅秀山与各犯质对。至封禁山聚有伙党之处，夹讯黄森官，虽供并无同伙，复令前在衢州府供有千余人之祝芳升质对，则称得之詹子彬，而詹子彬又称吴士荣所说，及提吴士荣究讯，复称庚子年间闻铅山地方有强盗说过是封禁山，所以借此哄人等语。惟是封禁山地连江、闽，周围辽阔，封禁日久，易致藏奸。臣程元章已经会同江闽督抚委官前往山内，严密搜查，尚未回报。而四月十一日，又据江山县呈报，准玉山县关称，讯据获犯曹小胡供称'封禁山内有个齐阳王在里头，姓齐'等语，更非无因。臣等现在提讯，尚未解浙，除现在行提江西应质要犯一十五名，俟解到之日，再加确审，按律定拟，另行奏报”云云。文穆籍隶钱塘，以本省之人，查办本省事件，衣锦还乡，此为仅见。

巡抚加提督衔

乾隆庚申，河南布政使黄定疏言：“豫、东二省止有总兵，并无提督，凡队伍之整弛，弁员之勤惰，及墩台、营房之防守疏密，抚臣不相统属，难于稽查。若添设提督，未免纷更成例，请照山西例，加抚臣提督衔。”得旨，允行。

伊里布擢巡抚之速

伊里布，字莘农，以通判起家，至大学士。尝与客自道其生平，其言曰：“人生枯菀升沉，或由福而祸，或由祸而福，皆有定数。不见予年五十，犹于滇省节署堂皇西偏，枯坐胡床，仰屋默数木椽、方砖时耶？”客请其说，曰：“予初选云南通判，因公罣吏议去官，穷滞不得归。欲谒抚军，求谕寅寀筹赆资，阍者斥不与通，恳再三，始颔之，令少待。但见大小吏分队晋谒白事，司阍者次第传命，意以为当及己也。日晡，忽闻阍者大声言曰：‘抚军今日接见属吏，一一处分公事，为时久，惫甚矣。尔且退，期以诘朝相见。’予趦趄徒步归，往返三日，皆如之。惟日于节署堂皇西偏支胡床，屏息枯坐。始仰屋默数厅事自西讫东之木椽若干，继默数所嵌之方砖若干，目谛心识，顺算逆覆，周而复始。既，抚军但语郡守为地道，仅敛白金百两为赆，而抚军固终未得见也。

“滇去京师万里，途长赀短，因孑身入都称贷。不意都中戚友见予免官，相率避道，无一存问。故事：旗员因公去官，例许请觐。有旧胥谓予曰：‘君困若此，盍援例请觐，倘邀旷典，未可知。’”因如其言，得具文上请。时朝廷方廑念滇中苗疆事宜，以予从滇来，特召见，垂问苗情，予据实条陈。奏对称旨，上嘉悦，敕以原官仍回滇视事。戚友闻予复官，渐有来庆贺者。及陛辞遄发，旋奉命擢郡守，戚友来者愈众，有推荐纪纲者矣，有馈赠食物者矣，且有不向称贷而殷殷嘉惠程币，惟恐拒而不受者矣。予迫于朝命，不敢濡滞，甫出都，即奉诏简授监司，并谕兼程驰驿赴任。抵滇，即日谒抚军，阍者见予至，亟趋前，言笑和悦。比将命入，抚军即传命曰：‘请。’见予着监司冠服，讶曰：‘君尚不知耶？昨已奉诏，命君陈臬滇中，君尚不知而犹衣此耶？’命左右速为具按察冠服，即于节署更易。两年之间，由滇臬转布政，迁巡抚。受命之日，诣节署堂皇，接印毕，仰见堂皇西偏屋椽方砖，历历在目，因忆昔支胡床枯坐其下，三日往返，欲求一望见抚军颜色而不可得。固不料当日求见不得之抚军，两易寒暑，竟及身而代之也。”

琦善三十岁任巡抚

道光间，琦静庵相国善以荫生官刑部，时未逾冠。为汉族老辈所侮，心大恨之，以三百金延一部胥在家，事以北面，二年而尽其技。二十五岁擢京堂，特派查办事件。二十七岁任豫臬，连劾二巡抚去任。三十岁，即由江宁藩司擢山东巡抚。

江淮巡抚设而即裁

光绪甲辰十二月，改漕运总督为江淮巡抚。初，署两江总督端方代奏翰林院修撰张謇条陈，请于徐州建立行省，御史周树模亦请裁漕运总督，均下政务处议。至是议覆，改漕运总督为巡抚，仍驻清江，名为江淮巡抚，江、淮、扬、徐四府暨通、海两直隶州全归管辖，仍由两江总督兼辖。奏入，允行。乙巳三月，裁之。

巡抚加尚书衔

岑制军毓英巡抚福建时，谭制军钟麟巡抚浙江时，皆加兵部尚书衔。巡抚有头品顶戴者移抚他处，皆照例题请，其加尚书衔者，则特典也。若李鹤年抚河南，刘锦棠抚新疆，皆加尚书衔，一则以曾任总督，一则以万寿盛典赏之，不在此例。至光末宣初，则此类甚多，不悉记矣。

巡抚衔

南城曾侍郎燠由翰林散馆授户部主事，甫擢员外郎，即蒙高宗特简两淮运使，既洊陟封圻矣。乞养事毕，仁宗以淮鹾疲惫日甚，特命曾以巡抚衔巡视两淮盐政。

光绪朝，刘锦棠以提督改新疆巡抚，刘铭传以提督改台湾巡抚，张曜以提督改山东巡抚，皆先赏巡抚衔。

李如兰由训导至藩司

榆次李方伯如兰，初官泽州训导。雍正初年，以例当改主簿，与同辈三十六人入见，奏对独当上意，径授高邮州知州，累迁至四川布政司使。

江苏有两布政使

乾隆庚辰，高宗以江苏钱谷殷繁，令增设布政司分理。尹继善等奏请分江宁、淮南、扬州、徐州、通州、海州为一布政使，驻江宁；苏州、松江、常州、镇江、太仓州为一布政使，驻苏州，而以安徽布政使移驻安庆。

潘士成为本省运使

潘士成，字德畬，以粤人授本省运司，一时目为至荣。寻以方伯因病出缺，兼署藩篆数日，乡里尤啧啧称羡，以为不易觏之遭逢。士成虽奢侈，顾嗜诗书，文人学士争集其门。所辑《海山仙馆丛书》著称于世。

守道巡道

国初，设布政司左、右参政及参议，曰“守道”；按察司副使、佥事兼督学政，曰“巡道”，以三、四、五品为差。康熙时，始议简放学政，由翰詹科道出任者为学院，由部曹出任者仍为学道。至雍正丙午，皆改学院。乾隆癸酉，省参政等兼衔，定为守巡各道，秩正四品。

各省道员准奏事

道、府同知准封章奏事，雍正时行之，后亦渐止。嘉庆己未三月初十日，仁宗以监司大员职任巡查，与京中科道相等，除知府、同知外，有准各省道员照藩、臬两司例密摺封奏之谕。

台湾镇道奏事

台湾镇为挂印总兵，王命在焉。旧例，台湾镇、道得封章奏事。每决囚，道至镇署会鞫行刑，奏事列衔，道居镇后，决囚坐次如之。上元叶抚部世倬为台湾道，谓坐次不合，力争，奏事亦由道主稿，他镇武人悉听之。都统音登额兼娴吏治，为台湾镇时，阅道中稿，常有商改，遂为叶所衔。道光初，叶方大用，陛见，奏音有微词，宣宗犹念音功，第令改镇天津而已。

新进士即用道府

顺治己丑，春闱榜发，有新进士即用道、府二十余人，分发两广。止此一科，后不为例。

左必蕃仍管扬州府知府事

康熙朝，左必蕃以太常寺少卿守扬州，其结衔曰“太常寺少卿仍管扬州府知府事”。盖品秩虽埒，而一为京卿，一为外官，体制究有不同也。陛辞日，圣祖并赐以“世贞堂”匾额。

蓝鼎元以知县被劾授知府

漳浦蓝鹿洲鼎元，工古文，少与上杭刘鳌石坊友善，以文章、经济相期勖，顾贫甚，尝著《饿乡记》以自慰。为诸生，受知于张清恪公。旋从其族兄台澎总兵廷珍平台湾朱一贵之乱，羽书、露布，咸出其手。雍正初，贡入太学，以保举官广东普宁令。失上官意，被劾逮系。久之事白，世宗召见，即授广州府知府。莅任甫逾月，卒于官。

知府兼御史衔

外官之加京官衔者，惟总督加右都御史衔，巡抚加右副都御史衔，以便白简言事，外此无兼台职者。惟雍正朝陈文恭公宏谋，由台垣出守扬州时，仍带御史衔。

改知府为从四品

知府旧为正四品，道员则视其所带布政使司参政、参议，按察使司副使、佥事兼衔为等差，有三、四、五品之异。乾隆癸酉，诏以钱谷、刑名二司分任，道虽兼衔，事难越俎，且知府为受辖于道而兼参议、佥事衔者，阶级反较知府为卑，不足以示表率。因定守巡各道皆正四品，停兼衔，而改知府为从四品。

和尚为知府

嘉庆朝，有和尚而为官者。和尚俗姓王，名树勋，山西人。幼服役于扬州盐贾王家，仆也。后至京师为僧，号明心和尚。有口辩，多技能，兼挟异术，一时名动公卿，达官士庶皆有皈依座下者。一日，言于众曰："尘劫且至，吾当往游善地。"遂出都，留发蓄妻，往依所善某中丞，为之夤缘捐通判，分发湖北。不数年，授襄阳府知府，旋以卓异赴部，御史石承藻廉得其状，劾之，得旨逮讯。词连百制府龄，谓百居京师，识明心，在湖北任时，又曾令王树勋占休咎。仁宗谕询百是否即一人，百覆奏，谓："臣止知树勋为候补同知，不意其即明心也。"然百实与明心交好，固知树勋即明心之化身。后下刑部狱。奏上，仁宗震怒，发黑龙江编管，死于戍所。

训导授知州

雍正丙午，海阳吴文伯以训导引见，奏对称旨，特授河南禹州知州。文伯父隆，尝以奉化丞权县事，时方养疴奉化，得家书，伏床北向叩头谢恩。

知州体制

直隶州知州视守，知州视令。

丞倅盐官

直隶同知、通判，名虽与丞倅同，职掌实与守牧埒，盖沿元、明军民府之制。至盐课司提举、盐场大使，则分治井灶民事。

刘元燮辞道就佐贰

湘潭刘侍御元燮在词馆有隽望，在谏院有直声。授苍梧道，辞不赴，遂以违旨谪广西佐贰，洎然束装而行。

大挑知县

每届大挑，钦派王大臣在内阁举行。每二十人为一班，既序立，先唱三人名，盖用知县者三人。既出，继唱八人名，乃不用者，俗谓之“八仙”，亦皆出。其余九人不唱名，皆以教职用，自出，更一班进。

大挑论品貌，以“同田贯日身甲气由”八字为衡。同则面方长，田则面方短，贯则头大身直长，日则肥瘦长短适中而端直，皆中选。身则体斜不正，甲则头大身小，气则单肩高耸，由则头小身大，皆不中选。

拣选知县

雍正丁未，命吏部将会试举人拣选引见，并令九卿各举所知，举人内有同乡素日推服之人，亦著举人公举。或数人公举一人，或十数人公举一人，俱将姓名注册，务须有猷有为有守之人，方可推荐，不准滥。

孝廉方正知县

被举孝廉方正之举人出身者，以知县分发各省候补。

有瘴知县

广西乡试题名，每名下，注“官至某官”。顺治丁酉科，（是年广西始行乡试。）第六名邓开泰，注云：“湖北有瘴令。”盖当时知县缺，有有瘴、无瘴之分。以粤人耐烟瘴，故专补有瘴缺。

招民知县

康熙初，凡招民百户送至盛京者，优叙知县，谓之“招民知县”。后经王文靖公熙上疏，言恐有不肖奸民，借赀为市，贻害地方，宜改授散秩，以绝徼幸。从之。

知县行取

国初，以知县俸满行取，即得考选科道。康熙壬午，御史黄秉中疏言：“科道官由满洲、汉军升补者，大抵积俸二十余年，汉人一为知县，三年即选科道，殊觉太骤。请嗣后行取知县，先以六部主事用，俟练习有年，始许考选。”下九卿议行。

月选知县条陈时事

令甲：凡月选官，吏部给卷，许条陈时政得失，无所指陈者，各摊卷书履历以上，盖古悬鼗设铎意也。后选人多踘踖循故事，并履历亦鲜亲书。康熙时，漳浦蓝鼎元授广东普宁县时，独上五千言，奏陈五事，其议多见施行。

改孔氏族人宰曲阜县之例

山东曲阜县，向由衍圣公保选孔氏子孙中之谙习治体者，任知县事，盖明例，（唐昭宗帝〔唐哀帝〕天祐乙丑，孔氏之洒扫户孔末作乱，杀先师四十二代孙光嗣，而自为曲阜令。是圣裔之世令曲阜，自唐已然。）而本朝因之者也。乾隆丙子，汉军白庄恪公钟山以河东河道总督摄东抚，疏谓：“曲阜知县，例用孔氏族人衍圣公保举，每多瞻顾。且邑中非其尊长，即系姻娅，牵制狎玩，在所不免。请改为在外拣选，不必拘用孔氏一家。”下部议，如所请。初拟现任曲阜县知县赴部，以外省知县另补，谕曰：“我国家尊崇先圣，远迈前朝，延恩后叶，有加无已，岂于此而有靳焉？但与其循旧例而致瘝官，有乖政体，何如通变宜民，俾吏举其职、民安其治，于邑中黎庶孔氏族人，均有裨益。但现任世职知县既已谢事，若归部铨选，不过恩及其身而止，于朕心犹有未惬。著加恩授为世袭六品官，用副重道崇儒至意。”

米乔林保八品而得七品

乾隆庚戌，廓尔喀之役，孙文靖公士毅入藏督饷，从行者中书周肖廉、通判胡雪方。蜀道崎岖，过察木多数站至墨竹工卡，支帐甫就，忽有浙客米乔林请谒，孙喜曰：“真空谷足音也。”问之，乃肖廉之戚。肖廉娶山阴马氏，寄籍滦阳，米父亦以北籍，来教授，颇周旋。乔林以佻达为父所逐，其戚有倅于蜀者，依之，流转至此。献越酿一小瓶，云居停以革囊携至。尝之，如挹天浆，即留共饭，情话良久别去。明晨欲行，以乌拉不集，滞留竟日，此弊途中时有之。盖番人言语不通，理谕势驱，均属无用，须檄土司始办。方踟蹰间，乔林适来，告以故，曰：“试筹之。”乔林故无赖，妮（同“昵”）一蛮妓，译云“坐鸦头”，因与土民浃洽，且通蛮语。乃诏之，俾招乌拉。妓遣父兄招之，薄暮大集，五更行矣。孙更大喜，复令番民等前站晓谕，后站蝉递而下，由是无复阻滞，至杨八景驻焉。乃以乔林功上闻，乞以八品用，得旨与七品。将补剧邑，肖廉力阻，告孙曰：“米生轻躁，宜且试之。”乃借补州判，旋改县令，不十年，擢刺史。

弟终兄及之知县

夏宗彝，浙江人，以难荫县丞。中本省乡试经魁，旋纳粟为令，指分江苏。光绪初，补金坛令。谙吏事，有能名。遇命、盗重案，手定爰书，不假事权于人，既定谳，罕遭驳诘，以久为刑幕、学有根柢也。然性苟刻，不理于众口，乡人尤恶之。宰金坛数年，催科报最。调吴县，吴为邑繁剧，甲江苏五属，而政不难于治民，难在长官之趋承，巨室之周旋。夏肆应咸宜，在任遂历二载之久。旋以在任候选道选湖北督粮观察使，盖以金坛所得纳资为道也。即日卸邑篆，长、元、吴三令为赁巨宅于卫前街，朔望行庭参礼。未几，以家事被控，咨原籍查复，而御史亦露章劾之，遂褫职。

有知其事者，则曰自粤寇乱后，赳赳武夫，以军功厕武秩者，来历多不可问，空白札付、李代桃僵者，往往而有。若文官至七品以上，必可稽考，况难荫有奏案，经魁有榜名，是可伪也，孰不可伪也？而孰知夏之官职，乃袭其弟者，亦云奇矣。初，夏以布衣游幕，名祖彝；宗彝，其同堂弟也。弟承父荫，旋捷于乡，入赀为令，而忽以病卒。其母犹在堂，计纳粟引见，所费不资，尝痛人财之两失也。夏乃倩人以顶替说进，谓一转移间，死者若复生，失者可复得。其婶惑之，允其请，约终身奉养，视弟之母如母，抚弟之子如子。弟妇某氏稍知大义，痛夫之实亡而名存也，抑郁死。

夏之被控也，初闻有婶挈弟来自故乡，将正其冒名之罪，同官、同乡，争来探访。夏以弟早亡，何得有第三夏宗彝出现？恃此以不恐，任其扬言不一顾。婶居学士街斌陞栈，奉其孤孙为亡子所立神主及宗彝行状，置乘辎桥上，披发号呼，将俟官吏出而途诉之。寻控于抚院，并黏具宗图及诬坐甘结以实之，苏抚方行文咨查原籍，而平地风波又起矣。

方夏之从师学幕也，师有徒三人，其一为夏，夏既袭弟职而贵，其同学实知之。听鼓之初，犹有忌惮，内而叔母，外而同门，赡给之费，未尝后时。其后叔母约迎养，不从；孤侄需婚娶，不问；同学偶来，亦闭门不纳。同学有葭莩亲，方在臬署，乃为其婶主谋，贿属弹劾，交原籍及服官省分督抚查办。夏行贿求免，乃以“居心刻薄，不洽乡评”八字免官，原控则指为受唆，从宽免究；原参则稍事湔涤，谓为有因。其叔母原呈有数语，曰：“冐（古同“冒”）死为生，轻犯国家之宪典；弟终兄及，实乖人道之大防。”

高宗加崇学官品级

康熙以前，各省府教授系从九品，学正、教谕、训导均系未入流。及高宗登极，一日，念及学校之官所以训迪多士，厕居流外，则与杂职无殊，谕吏部议奏赏给品级。遂议教授加为正七品，学正、教谕加为正八品，训导加为从八品，升转仍依旧例。

以考试劳绩捐纳三途而仍为八品官

武进黄仲则景仁，诗才骏发，洪亮吉以李白比之。乾隆丙申，高宗幸山东，以献诗召试。入武英殿书签，叙劳授主簿。时毕沅方抚陕，为入赀得县丞，仅八品官。扬历中外，兼考试、劳绩、捐纳三途，亦不数觏也。

李震为本县县丞

华亭青村人李震为曾羽王之中表，明末，以营书得武职。顺治初，仍充翁家港汛官，以事为土人告讦于游击于登第，责二十板，革职。时适华亭县丞缺出，以原任青村守备傅介之居间，营谋得之。然震无资可筹，介复为之言于苏抚土国宝，约到任后偿值，土许之。震即莅任，出入乘四人舆，士绅入谒，其名刺皆自称治弟。县令每遇限期追比，发震理之，日扑责数十人。

有监生宋俊卿者，家赀数十万，以此雄于华亭。震落魄时，尝诣宋，有所求，然不满所欲，心衔之。震既得势，乘其纳粮时，藉端扑责之。后震解粮归，逋负颇多，以监追，死于狱。

江北河工之官

江北河工，厅官有五，闸官有六，岁需库帑可数十万。上下游紧要各闸凡六，一曰惠济，二曰通济，三曰福兴，四曰清江，五曰石礶，六曰草埝。此项闸官，秩虽卑而职綦重，其升转例由道详请去留。

供事蓝某特授河泊所所官

雍正时，内阁有供事蓝某，从公颇勤慎。戊申元夕，同事者皆归家，蓝独留，对月独酌。忽来冠服甚丽之伟丈夫，疑为内廷直宿官，急起迎，奉觞致敬。其人欣然就坐，问："何官？"曰："非官，供事耳。"问："何姓名？"具以对。问："何职掌？"曰："收发文牍。"问："同事若干人？"曰："四十余人。"曰："皆安往？"曰："皆假归矣。"问："何独留？"曰："朝廷公事綦重，若人人自便，万一事起意外，咎将谁归？"问："充供事有好处否？"曰："将来差满，冀选一小官。"问："小官乐乎？"曰："若运好，选广东河泊所所官，大乐矣。"问："何以乐？"曰："以其近海，舟楫往来多有馈送耳。"其人笑颔之，又饮数杯别去。明日，世宗视朝，召诸大臣问曰："广东有河泊所所官乎？"对曰："有。"曰："可以内阁供事蓝某补授之。"诸大臣领旨骇诧，一内监密白昨夜上微行事，乃往内阁宣旨。蓝后官至郡守。

捐例花样

自捐例盛行，迭创大小花样，或归部候选，或到省补用，班次甚多。姑略计之，有遇缺先、海防先、海防即、候补先，候补委用先、委用捐纳先、分缺先、分缺间等花样，辄按新旧轮计算，文武大小、京官外官皆有之。

五人公捐知县

自捐例开，而游手好闲之徒大率以官为市，越人为最多。官之岁入，县令尤巨，年得数千金者为瘠缺矣，然以视他项商业，则独赢。腴者多至十万，亦仅就钱粮漕米之平余计之耳，若不恤人言，遇事纳贿，则可至数十万。山阴蒋渊如涎其利久矣，而苦于捐资之巨也，乃与其友唐文卿、陈栢生、王平斋、吕少川谋之，醵资上捐，得最新花样、最优班次之候选知县。于是彼此约定，蒋为令，唐为刑幕，陈为钱幕，王为钱漕，（司钱粮漕米之家丁曰钱漕。）吕为门稿，（一切公牍先由书吏送家丁，乃转呈官幕，职此者曰门稿。）以免利之外溢。岁入多金之事，皆醵资者得之，而职权有高下，收入有多寡，即按出资之大小以定之。协商就绪，盟于神，歃血为誓，无间言。

越数月，得某邑，腴缺也，盖乘郑工捐例之第一卯而出赀上兑，故捷足先得焉。唐、陈、王、吕乃从蒋行，舟车舆马衣饰之资，亦醵之以集。既抵任，如前约，蒋为令，高坐堂皇，待唐、陈以宾师之礼，而奴视王、吕矣，王、吕安之，无违言。于是五人者舞文弄法，狼狈为奸，辇部民之金以入邑廨者，岁可以二十余万。三载考绩，蒋以贪褫职，然已与唐、陈、王、吕四人满载而归矣。中途遘疫，唐、吕殁于逆旅。蒋、陈还乡之越翼日，陈谒蒋，方对酌，庖人不谨，遗火于积薪，屋猝焚，时蒋、陈已烂醉，不及逃，皆烬焉。王归，则诇其妇与人有私，日诟谇。一日，遇所欢于闼，大忿，出刀斫之，妇毙。寻悔，亦自杀。

捐生以武阳山会为最多

自咸、同以迄光绪，其间捐例迭开，纳粟入官之徒，各县皆有，多至恒河沙数，而以武进、阳湖、山阴、会稽之捐生（无论官职大小，纳捐时均称捐生。）为尤夥。盖武、阳人之以官为市，甚于他省，呼朋引类，声应气求。光绪丙午，户部奏请停止实官捐输，于是各省捐生，亟乘未奉明诏（是年七月二十九日奉旨依议。）之前，争先报捐，一时武、阳人士输出之金殆五十万，可谓巨矣。至于山、会，则吏部胥吏为其世业，谙悉捐例，某班之可压某班，某轮之何时轮到，皆预知之，章程未布，储金以待。故自身及戚友凡有捐纳，无明珠投暗之失，其候选者，辄于第一卯得之。以是二因，各省之佐贰杂职，遂至如微生物之滋蔓，所在皆是矣。

各省候补情形

光、宣间，各省官僚自道员以至未入流，多者可数千人，需次者日多，槁饿以死者所在皆有，其有势力、善运动者，则兼数差。一日，江西藩署忽贴有联语云："有甚心儿，须向别处去；无大面子，莫到这里来。"盖不得志者之所为也。

候补文官之多，莫如江宁。宣统末年，在江宁之候补道三百余员，府、直隶州三百余员，州、县一千四五百员，其他佐贰杂职约二千余员，冠盖荟萃，备极一时之盛。顾此三数千候补人员，与江宁所设差缺数目相较，仅能得三十与一之比例，盖宁、苏两属，仅辖道缺七，府缺八，直隶州三，厅三，县六十七；若专以江宁而论，合道、府、厅、州、县计之，不满五十缺也。

文官各阶之名称

文官本身得授之阶，五品以上曰大夫，为诰授；正八品以上曰郎，为敕授；从八品、正从九品曰佐郎，亦敕授。正一品曰光禄大夫，从一品曰荣禄大夫，曾祖、祖、父均得封。正二品曰资政大夫，从二品曰通奉大夫，祖、父均得封。正三品曰通议大夫，从三品曰中议大夫，祖、父均得封。正四品曰中宪大夫，从四品曰朝议大夫，父得封。正五品曰奉政大夫，从五品曰奉直大夫，父得封。正六品曰承德郎，从六品曰儒林郎，吏员出身者曰宣德郎，父得封。正七品曰文林郎，吏员出身者曰宣德郎，从七品曰征仕郎，父得封。正八品曰修职郎，从八品曰修职佐郎，父得貤（古通"移"）封。正九品曰登仕郎，从九品曰登仕佐郎，父得貤封。此原则也。自捐例推广，可照衔给封，可逾品请封矣。未入流无阶。

将之名称

国初有五大臣、八大臣、十大臣、十六大臣，任兼将相，赞决军国重务，然究以征讨立勋为多。又有特授经略大将军、副将军、各路统兵大臣及领侍卫内大臣、内大臣、都统、步军统领、左右翼总兵、前锋统领、护军统领、京旗副都统、散秩大臣，各省驻防将军、都统、副都统、提督、总兵等职，自提督、总兵外，皆八旗专阃之将帅也。

国初，绿营各官带虚衔者，有左右都督、都督同知、都督佥事，以一二品为差，与师、傅、保衔之无职掌员额者同。至乾隆癸酉，裁之。

武官乘轿

旧制，武官一品皆乘轿。高宗以满洲大员皆宜习劳，将都统、将军、提督等乘轿之制尽行裁革，惟领侍卫内大臣例无明文，向率以诸王、大学士兼之，未有单衔者，故皆乘轿。惟英诚公阿克栋阿无兼官，又贫乏，不能豢舆夫，独乘车行。后超勇王拉旺多尔济以足疾，足跛之七额驸喀尔沁贝勒丹巴多尔济以擒逆犯成德受重创，皆奉特旨赐轿，继者亦相率因之。嘉庆丙子冬，仁宗特旨罢斥，仍交部议处，自是武官无坐轿者矣。

伊犁设官

伊犁乃准噶尔建庭之地，乾隆乙亥，荡平之。壬午，设伊犁将军，建惠远、惠宁二城。设将军一人，参赞大臣一人，领队大臣五人，分统满洲、蒙古、绿营、索伦、锡伯、额鲁特回民诸营，以扼边防之要。其漠南去伊犁三千余里曰乌鲁木齐，设都统一人，副都统一人，提督一人。掌漠南军务，通北去驿路，实为新疆门户重地。其北近哈萨克曰塔尔巴哈台，设参赞大臣一人，领队大臣一人。扼外夷要路，其地西连哈萨克，北界俄罗斯，为二国邮贡要隘。哈萨克入冬后则迁幕于卡伦内避寒，暑夏始驱逐之，实北之关键也。其山南诸路最要者，曰喀什噶尔，设参赞大臣一人，帮办大臣一人。与拔达克山接壤，风俗醇良，土地肥沃，所辖皆二和卓木遗氓。其北曰叶尔羌，其西南曰和阗，皆设办事大臣各二人。惟司回民采办玉石，以为贡献。其地富渥，天时和暖，有类内地，非漠北穷荒比也。其南五百余里曰乌什，曰库车，曰阿克苏，皆设办事大臣各一人。为回部心腹之区，绥定保障，尤加慎重。其南曰吐鲁番，设领队大臣一人。其北曰古城，设领队大臣一人，相传为唐李卫公建节之所。乾隆时，迪化城督粮道永余斋从纪文达公昀议，因建城焉。曰巴里坤、哈密，后大学士温福改为古城营，各设办事大臣及营汛诸官。转通粮帑，建牙设堠，咸如内地焉。

汉人任都统副都统

汉人之官副都统者，自康熙时陈昂始。昂，福建同安人。尝从靖海侯施琅征台湾，丙午，叙勋授职，洊至广东副都统。又康熙辛卯，以陕西总兵陕人何天培为镶白旗汉军都统，寻补某处将军，天培遂隶正白旗。自后温州总兵李华，平阳总兵王应虎，皆汉人，相继为福州副都统。平阳总兵后裁。

御前大臣

寺人不许干政，命内务府大臣监之，而内廷事务特设御前大臣，皆以内廷勋戚诸臣充之。无定员，凡乾清门内之侍卫、司员归其统辖。每上出宫巡幸，皆櫜鞬扈从，代宣王言，名位优重，仿两汉大将军制而亲密过之。初尚命军机大臣代摄，仁宗亲政，特分析之，体制尤正。乾隆时，命喀尔沁固山贝子扎尔丰阿兼之，其后蒙古藩臣有摄其职者。嘉庆初，特命睿恭王及定、庄二王兼之。

领侍卫内大臣

国初八旗诸将士，镶黄、正黄、正白三旗为皇上自将，选其子弟曰“侍卫”。日侍禁廷左右供趋走者曰“御前侍卫”，稍次曰

“乾清门侍卫”，值宿宫门者统曰“三旗侍卫”。设领侍卫内大臣六员，内大臣六员，散秩大臣无定员，俱以世荫公侯勋旧大臣并王公子弟充之。其班列尚书下，侍卫跻三阶，选其才俊者充随印协理事务。班领十二员，（每旗四人。）掌文书政令诸事。凡六班，分奇偶以为离合，十二日为一转。每班先于圆明园直宿四日，入禁中直宿二日，余六日为休沐之暇，更番轮直。行幸驻跸宿卫，一如禁中制。扈从则后扈二人，于御前大臣中简之；前引十人，于内大臣、散秩大臣及御前侍卫中简之。郊庙诸大祭祀，升殿庆贺，及巡幸殿跸，回銮日引导，常日驾出，则以侍卫二十员充前导。豹尾班侍卫队，选功臣后裔十人，日派二十人直后左门。乘舆出入，以十人执豹尾枪，十人佩仪刀，侍于乾清门阶下左右。驾出，侍卫殿于后，以领侍卫内大臣一人领之。巡幸方岳、木兰行围，御前大臣、侍卫暨乾清门侍卫，均随从轮直，侍卫以二班或三班随从。日行二十人，前导左右各十人，名曰“傍扈”，（满语曰“费延吉”。）豹尾枪殿如常制。次二班侍卫列队后行，或内大臣、散秩大臣一人，侍卫、什长二人，率黄龙大纛行，其余仍分令稽察逾越、喧哗者。驻跸行营，以内大臣一人、散秩大臣二人入直，分宿御营两厢。御营黄幔城旌门以侍卫二十人四隅分宿，网城门内以侍卫什长三人率亲军校等三十人环拱宿卫。御跸圆明园日，以领侍卫内大臣一人、散秩大臣一人于朝房驻宿，禁城则命内大臣一员代之。

朝会班次，岁于十二月将应入座之一品武大臣、散秩大臣、前锋护军统领暨外省来京之将军、都统，开列职名进呈，恭候钦定。散秩大臣世袭者，缺出，移咨该旗，将应袭人员开送引见补授。其兼摄者，为上驷院侍卫，每旗七人。鹰鹞房、鹘房、十五善射、善骑射、善鹄射、善强弓、善扑等处，统于三旗。

汉侍卫一甲一名者充头等侍卫，一甲二名、三名充二等侍卫，二甲则简选三等侍卫，三甲则简选蓝翎侍卫。

杨芳授国什哈

宿卫之臣，满人辄除乾清门侍卫，其重以贵戚或异材乃擢御前侍卫。汉人辄除大门上侍卫，以领侍卫内大臣辖之，其有材勇，则擢侍乾清门，而班之崇极矣。惟嘉庆间杨勤勇公芳，特授国什哈，辖汉国什哈。

御前各职

御前行走与御前侍卫同官而有别，外藩蒙古王公及贝勒、贝子、八分公则称“行走”，满洲则称“侍卫”。侍卫有额缺，行走无额缺也。

十五善射

国初定制，选王公大臣及满洲武官中之善射者四十五人，善骑射者三十人，善鹄射者二十人，赏戴花翎。至八旗兵丁，则每旗各选善射者十五人，赏六品顶带蓝翎。凡皇上御射，皆侍侧，命射则随射之，名“十五善射”。

五旗为王府僚属

皇帝亲将之镶黄、正黄、正白三旗外，诸王亲将之旗有五：曰正红，曰镶白，曰镶红，曰正蓝，曰镶蓝。其五旗户籍，皆为王公僚属，沿《左氏》人有十等之制，递为臣仆，升擢皆由王公掌之。承平日久，诸王习于骄汰，多虐其所属，世宗悯之，乃命王府护卫诸官由本王迁擢，其余悉隶有司，岁时庆吊趋谒，仍如制。其后护军营操习，各用王府旗纛，存旧制也。

绿营虚衔

国初沿明制，绿营总兵官有勋劳者，递加都督佥事、都督同知、右都督、左都督诸名目，盖即明五军府官。其最优者始加将军，如赵良栋勇略将军、潘育龙绥远将军、杨捷昭武将军是也。乾隆癸酉，高宗厌其名近伪，皆裁革，官提督为从一品，不尚虚衔矣。

绿营功加

旗人从军有功者，视功之优次，与之功牌，分三等级，凯旋日，兵部计叙功，与之世职。绿营则有“功加”之目，临阵奋勇者，与功加一次，核计功加二十四次，始叙一云骑尉，较之八旗功牌，殊为屈抑，是以世袭者少。高宗特颁恩旨，于阵亡人员一体予以世职，然功加尚未有及者。

武职借缺补署

咸、同以来，汉族武职以军功保举者至多，粤捻既平，位置不能尽，以一二品武职大员事力作自活者，不可胜计。盖有官无禄，固不仅汉家之薄视边功也。曾文正督两江时，省有缝人某，日以一肩担两筐，担头挂一冠，乃红顶花翎，若求沽者。一日，伺文正出，故招摇过市，冲其前导，从者呵之，文正知其欲有诉也，止从者，与之言，则曾以平粤寇功而累官提督者。文正念名器不可亵，而此辈又不可恝置也，乃谓之曰：“国家不能为君等增官，又不能使君等降品，故除拜有不及，非恩薄也。君以崇阶执贱役，辱国而不足为己荣，自玷焉尔。今为君救困计，请以百金易翎顶，可乎？”某不得已，允之，欷歔取金去。翌日上奏，遂请为借缺补署例，朝旨可之。故光绪初叶，江南有以提镇而权千把者，盖由此也。

特设江北提督

光绪乙巳三月，裁撤江淮巡抚，改淮扬镇总兵为江北提督。盖江淮分省，江苏京官争言其治理不便，事下政务处。至是，奏请裁撤江淮巡抚，设江北提督，允之。乃以汴人刘永庆为江北提督，并加侍郎衔，江北文官亦为其属，得辖治之。

挂印总兵

明以公、侯、伯、都督挂印，充各处总兵官，国朝仍明之旧而损益之。挂印总兵官凡九缺，宣化、大同、延绥、陕安、凉州、宁夏、西宁、肃州、台湾、皖南凡十镇。然有挂印之名，无将军之号也。

千把品级

顺治辛丑十二月，世祖始命给与千总、把总品级，千总为六品，把总为七品。

武官各阶之名称

正官本身得授之阶，正、从二品以上曰将军，正、从四品以上曰都尉，正、从五品以上曰骑尉，均为诰授。正、从七品以上亦曰骑尉，为敕授。正、从九品以上曰校尉，为敕授。正一品曰建威将军，从一品曰振威将军，正二品曰武显将军，从二品曰武功将军，正三品曰武义都尉，从三品曰武翼都尉，正四品曰昭武都尉，从四品曰宣武都尉。正五品曰武德骑尉，从五品曰武德佐骑尉，正六品曰武略骑尉，从六品曰武略佐骑尉，正七品曰武信骑尉，从七品曰武信佐骑尉，正八品曰奋武校尉，从八品曰奋武佐校尉，正九品曰修武校尉，从九品曰修武佐校尉。

加级纪录

凡京外文武升任之官，前任所得，及恭遇恩诏、京察加级，不准其随带，俱改为纪录一次。议叙加级题明随带者，准其随带；未经题明随带者，不准随带，改为纪录一次。惟军功议叙，加级纪录，不论曾否题明，悉准带于新任。至议叙加级改为纪录之后，又经升任抵销，余剩纪录，若系随带之级所改者，仍准随带，若非随带之级所改，在任时抵销过一次、二次、三次者，升任概行注销。若在任时所改，纪录并未抵销，只准将纪录一次带于新任。至特恩赏加之级，及捐纳加级，不准改为纪录四次，此原则也。自捐例广开，皆可输资得之矣。

官员呈递履历

文武官员参谒上司，例须呈递履历。以本身言，实缺之到任、需次之到省者均然，于上司之初至亦如之。其所记载，大抵为姓名、省府县、出身、官阶、翎衔及曾任、现任之缺或曾充、现充之差，并加级、纪录等。发端用“今开”二字，结尾用“须至履历者”五字。

以文职言，布政司于督抚，即须呈递履历，若武职之非有缺者，虽提镇于督抚，于执掌兵权之文职，受其管辖者，不论其品秩相当与否，皆备履历呈递。

西藏设官

西藏额设驻藏大臣二员，一正一副，均钦派，镇守边疆，袤延七千余里。每年春秋两操，七月启行，至后藏定日巡阅一次，九月回藏。二大臣轮值，一年报销银二千六百五十两，月费各银二百零六两四钱零。粮务一员，专管支放粮饷，兼钱、法事，辖本藏汉民。藏江以东即拉里，粮员月费银一百五十四两五钱，因兼管鼓铸，是以较多，自余五台粮员，月仅支一百十六两。夷情一员，为理藩院司员所派，管蒙古达木及三十九族。蒙古凡有土官缺出，听夷情先行考送驻藏大臣衙门定夺。岁十月，各夷族应上贡马银两俱于夷情衙门完纳。

番目，为办事之噶伦卜、噶布伦、管兵之戴琫等，由达赖、班禅选定，咨由驻藏大臣具奏，余由藏中自署。乾隆甲寅乃定官制，自三品至七品，给与顶戴，前藏官出缺，驻藏大臣会同达赖喇嘛选补；后藏官出缺，会同班禅额尔德尼选补。噶伦卜以下番目及管事喇嘛，皆为驻藏大臣属员。于是西藏官制定，而驻藏大臣之权亦愈重矣。

噶伦卜者，代达赖喇嘛理事者也。达赖喇嘛恒坐禅入定，事悉委之噶伦卜，或达赖年幼未满十八岁，则噶伦卜代掌宗教、政治权，及达赖成年，当喇嘛、大臣、头领及贵显等前，奉还宗教及政治之玉玺。凡新立噶伦卜，须经噶布伦大臣详议，得布达拉宫神之托宣，乃由驻藏大臣奏准行戴冠礼。噶伦卜所属，有书记官曰茶筛、财务官曰键持者二缺，茶筛管理玉玺。凡加士（书记之长。）所缮文牍，既呈达赖，达赖发交茶筛，即令用玺。苟不协，茶筛得拒却之，仍交加士别拟。

噶布伦（一作“噶隆”。）有四，统理兵马刑名，中一为喇嘛。喇嘛坐首席，为寺院代表。噶布伦为终身之职，虽达赖亦不得左右之。遇出缺时，由噶伦卜选戴琫、仔琫、商卓特巴三人之名送布达拉宫，就神前卜之。其官为三品，衣黄色，甚长，曰“沙古希”，冠蒙古帽。

密琫，掌户口册；戴琫，主兵，皆五品。次曰加琫，次曰甲琫，次曰定琫。

仔琫有三，商卓特巴有二，皆四品，总理金银缎疋珍宝内库之出纳及铸币事。遇出缺，以业尔仓巴、协尔帮、大中译等官升补，或以济仲喇嘛升补。商卓特巴本即仓储巴，以诸处皆有之，故特异其名。

业尔仓巴有二，五品官也，掌征收钱粮。出缺，以喇嘛补之。

朗仔辖有二，五品官也，管理拉萨市政。

噶厦、协尔帮，各有二，五品官也，任司法。

达琫有二，为六品官，掌马厂事。

大中译有二，六品，卓尼尔有三，达赖之传事者也。小中译有三，七品，属于噶布伦，分掌文牍庶务。第巴以下，管达赖之杂事。

岁琫，为达赖喇嘛起居之内侍。其次曰森琫、曰曲琫，司经卷；曰济仲，司熬茶。诸人并佐班禅额尔德尼分掌后藏大小政务。

硕第巴为五品官，管理札什伦布市政。

堪布，僧官之总称也，前后藏皆同。管理寺院，讲习经典，有总堪布、通巴堪布、达尔罕堪布之别。其品级自三品至八九品不等，惟以寺院之大小、喇嘛之多寡为差。

札萨克三人，乃济隆第穆两呼图克图及那门汗（一作“诺门汗”，位在呼图克图之次。）理事之大僧官也。传译语者曰罗藏娃。又有边缺大营官、小营官，皆主地方及兵事。外有管门、管草、管粑糌（糌粑）、帐房、牛羊厂诸职事。此西藏官吏之制也。

西康番官

西康呼图克图之官乃满人所称番官之名也。土司虽有宣慰司、宣抚司、安抚司、长官司之分，番人均不知，统称之曰“人不齐”，乃“尊大无比”之意也。而土司亦有属官焉，为总理者曰“襄资”，言“赞襄土司”也。此外有名“鼓抄”者，有名“业巴”者，各四人，皆土司之内官，分管粮税、词讼等事。其管理地方之外官，或名“协厂”，或名“恶巴”，或名“黑巴”，或名“学巴”，所在不同，汉人统称之曰“头人”，番人则称之曰“本”。本，即官也。番人称汉官亦曰“剖本”。至呼图克图，番人称之曰“佛都督”，亦曰“人不齐”。呼图克图所属之官为总理者曰“仓储巴”，其余之官与土司所属者大同小异。又有呼图克图临事时派往他处办事之官与以全权者，曰“替身”。其各官职，在番人自有尊卑大小之别，而番官之名亦尚不止此。自边务大臣赵尔丰奏将土司改汉官，头人名称皆改为保正、村长矣。

宣慰司、宣抚司、安抚司、长官司之职，历代以之隶兵部，承袭时，由兵部发给札付。土司有不职，督抚得题参之。后改汉官，土千总改千总职，土把总改把总职，以此推之，则宣慰司秩视副将矣。

番官之妻称曰“子莫姑学”，头人之妻称曰“姜姑学”。亦有以“姑学”名土司者，惟“姑学”上加称之字不同耳。

土司官职

滇、黔、蜀、桂有土司，官皆世袭，大率沿明之旧。官名为宣抚司，副宣抚司，安抚司，正长官司，副长官司，长官司，正左司，正右司，土知州，土知县，土州同，土县丞，土守备，土千总，土把总，土外委，土舍，土目。其初授官时，汉人为多，间有以土人充之者。遇有典礼，无论品秩崇卑，取《春秋》“王人虽微，序诸侯上”之义，分列僚佐之末。

土州

广西土州，吏目治汉人，土司治土人。汉知州不事事，相去数十里，有官署，岁收所输官税，遇应袭报名，官死袭职，或仇杀用兵，土司移文相告，为之转达，平居给膳度日，年满候升而已。土司知州乃世袭，类似古蛮夷小国，自擅生杀。其官属，首老二人最尊，次首大四人，次曰都老，曰耆老，曰权户，曰权工，无礼、兵、刑，盖兵、刑自有主者，礼弗尚也。州之峒甚多，每峒有峒官，有头目，有小目。主兵之官曰内兵，与首老敌体者一人，中军一人，先锋二三四人。有七总，总旗、总枪、总炮、总甲、总锚、总刀是也。兵无弓矢。又有八把，有马房，马房之官曰甲槽，曰马排。首老以下文职也，内兵以下武职也，峒官则县令巡司也，各得专刑杀。首老子弟送名于知州，补头目等职，次第迁转。送名注籍，馈献甚厚，每州输官税，岁三十六金，为重额，递轻至二十金而止。所取于其民者，盖万数而赢。

内地士人之往客游者，礼敬备至。土官必延内地人为师，教其子弟。重价买内地人女为姬妾，宠则薄其妻。妻怒，或以蛊毒杀夫，而利使子袭。子幼，母得肆志与所延士人为偶，亦不畏人知也。土官之考终者，亦鲜克中寿，则由少时纵欲使然。然自南宁、泗城以下，与安南邻接，境域辽广，珍异储积，匿亡命，前代逸民颇遯迹其中，其藏书有中土所未觏者。

土司改流

宣统庚戌以前，湖北、湖南土司悉已改为流官，而广西之土州县、贵州之长官司尚仍旧贯，四川则未改流者十之六七，云南土司多接外服，甘肃土司从未变革。曾经民政部于宣统辛亥春，奏请饬该督抚暨边务大臣酌拟改流办法。

女官名数品级

顺治戊戌十一月，礼部等衙门议定宫闱女官名数、品级及供事宫女名数，乾清宫有夫人一员，秩一品；淑仪一员，秩二品；婉侍六员，秩三品；柔婉二十员，芳婉三十员，秩俱四品。尚宫局有尚宫司纪、司言、司簿各二员，司闱四员，女史六员。尚仪局有尚仪一员，司乐二员，司籍、司宾、司赞各四员，女史三员。尚服局有尚服一员，司仗四员，司宝、司衣、司饰、女史各二员。尚食局有尚食一员，司馔四员，司酝、司药、司供、女史各二员。尚寝局有尚寝一员，司设、司灯各四员，司舆、司苑、女史各二员。尚绩局有尚绩一员，司制四员，司珍、司彩、司计、女史各二员。宫正司有宫正、女史各二员，秩俱六品。慈宁宫有贞容一员，秩二品；慎容一员，秩三品；勤侍无品级。

官员之妻有封典

文武官员之妻有封典，五品以上曰诰封，七品以上曰敕封，正、从同。一品曰一品夫人，曾祖母、祖母、母亦均得封。二品曰夫人，祖母、母均得封。三品曰淑人，祖母、母均得封。四品曰恭人，母得封。五品曰宜人，母得封。六品曰安人，母得封。七品曰孺人，母得封。八品、九品文武之妻无封，文之母得貤封，曰孺人；武之母无貤封。然此为原则，自捐例推广而后，亦有照衔给封、逾品请封之事矣。

幕僚类

幕僚曾定品级

雍正初，上谕有曰："今之幕宾，即古之参谋记室。凡节度观察，皆征辟幕僚，功绩果著，即拜表荐引。其仿古行之。"乾隆初，兵部侍郎吴应宗疏请督抚设七品幕职二员，布、按两司设八品记室二员，府、州、县设九品掾司一员。后皆不果行。

延请幕友有期限

乾隆丙申，御史胡翘元奏称："各衙门延请幕友，定以五年更换，并不准延请本省人，及邻省五百里内者。"得俞旨，通行各省。已而有劣幕徐、叶二案，均浙人。高宗怒，谓幕友果不通声气，虽年深，亦不至于请托舞文；设不能远迹避嫌，即年浅，亦难保无狥私曲法。且有驯谨之幕，相随日久，尚可资其辅助，若已满年期，动易生手，诸事未能即谙，而新延之人，亦未必悉皆可信。于是幕客之限稍弛。

绍兴师爷

绍兴师爷，纪文达称之为"四救先生"是也。非必有兼人之才、过人之识，不过上自督抚、下至州县，凡官署皆有此席，而彼此各通声气，招呼便利，遂能盘踞把持，玩弄本官于股掌之上。其办事也，除抄袭师传秘本及"等因""奉此"而外，类皆事理不通。官之所以必用之者，实以其能与上级衙门通声气焉。至"绍兴师爷"之称，可详言之。盖仆从之于官称"老爷"，于幕友称"师爷"，刑名、钱谷二席，均得此称，冠以"绍兴"二字者，则以操是业者之类皆绍人也。

粤省幕友

粤省幕友，束脩与火食并送，与江浙等省脩金之外别送火食者不同。脩多少不等。刑名、钱谷两席有分办，有兼办。南海、番禺两首县，案牍较繁，分捕属、司属、客案各席；广府分属案、提案、客案三席；臬司分广股、惠股、潮股三席；藩司分东、西文案两院。张文襄督粤汰之，改委文案委员。

名臣起家幕僚

当代名臣多由辟幕起家，百文敏公龄督两江，林文忠公则徐、陈芝楣中丞銮为幕僚，文敏均许以封疆才，后果不谬。陈佐文敏时，居署西偏池上百八十竿精舍，尝作小篆牓于亭，曰“个中乐”。及陈权两江督篆，复居此亭，旧同幕友顾蕙为作《中真意图》，僚属多有题咏。至如合肥二李之客于曾文正，左、刘二公之客于骆文忠，则尤为表表也。

红兰主人邸多文学士

红兰主人岳端，安亲王子，善诗词。邸中多文学士，安王命教诸子弟，故康熙间宗室文风，以安邸为最盛。延沈方舟济等为上宾。方舟妻朱氏，名柔然，亦工诗，迟方舟久不归，作《杭州图》寄之。主人为题诗云：“应怜夫婿无归信，翻画家山远寄来。”沈即日束装南旋。主人尝选郊、岛诗，为《寒瘦集》行世。

彭讱庵佐金光祖

南昌彭佑讱庵，国初侠士也，力田养亲，且耕且读。年四十，父母殁，始有四方之志。才略过人，诸大帅争致之幕府，而名绩尤著于粤东。康熙癸丑，三藩作乱，彭与宁都魏际瑞以策干平南王，不合，遂游诸方面间，而制府金光祖雅重之。刘进忠畔，官兵合围潮州，议绕营掘濠，而近营冢数百，居民汹惧。彭询知其俗多深葬，遂献议，濠宽上狭下如釜形，斜深丈许，即不伤墓中骨。金称善，因属役于彭，民大喜。未几，城遂下。海寇赵子龙犯肇庆，欲招之降，而难其人，强彭往。至则露刃相向，彭屹然注视良久，曰："若非濠畔街赵某乎？"赵屯胄涕泣，立解甲归顺。始赵居广城，众辱之于市，彭解之，与白金为生计，故一见而屈。金将上功以彭摄监司，彭拂袖行。抵广州，傅忠烈公以书币迎，谢曰："公惟伉直轻信人，勿蹈贼计。吾二亲未葬，子幼，不复来分忧矣。"已而傅果中诡计，入贼营遇害。彭在军，当道所遗白金，随手散，至家解装，仅买屋两楹、田数十亩，而葬四世十丧，余皆以恤族姻朋友之贫者。

邵子湘佐宋牧仲

邵长蘅字子湘，号青门，武进人。康熙中曾应博学鸿词之召，报罢，入太学，再应京兆试，卒不遇，益纵情山水。宋牧仲开府吴会，礼致之幕府，谈道论文，敦布衣昆弟之好。

世宗聘会稽徐某

雍正初，会稽有徐某，年四旬余，精名法，游河南，当时名幕也。偶家居，忽有使来聘，币至丰，所订束脩亦甚厚，而不具名。徐讶甚，谓其使曰："尔主为何人？为何官？聘我往何处？"使曰："先生毋详诘，至后自知之，决不有负先生也。"徐筹〔踌〕躇至再，遂约期同行。不旬日而至，使前导，历高堂大厦数十重，至一处，使谓徐曰："此即先生室也。服御饮食，有人司之，但不可出某处之门，出则恐不利。主人事忙，暇时自来相会，毋亟亟也。"言毕，怱怱去。徐大疑，询役人，又皆言语含糊。越数日，即有人送案件来办，徐阅之，皆各省重案也。方一月，前使又来，嘱写家书，注明银两居址，徐作书付之。家书来，亦以原封送阅。如是年余，徐以一步不能出门为恨，适院墙倚有木梯，乃缘梯而升，欲览墙外风景。不意隔墙一院，方有人小步，谛视之，友人某也，急呼与语。友惊曰："可急下，此时不及细谈，晚餐后当来也。"徐乃即下梯。薄暮，友果至，谓之曰："此事无须更言，子当知之。且子之来，出余之荐，实欲藉子相助为理耳。"徐曰："子岂不知余无昆季，有老母，奈何?"友亦爽然若失，沉吟良久曰："余固无还乡之理，若子则尚有可望，但须缓图。"语罢即去。后半载余，友又至，曰："子事谐矣，但须慎密，不可漏言，更不可就他人聘。速摒挡一切，自有人来相送。"徐如教。不数日，果有人来为之整理行装，送归里，自此不敢复理旧业。久之，始知遣使聘之者，即世宗也。

世宗问邬先生安否

雍正朝，田文镜为河东总督。有幕客邬先生，绍兴人，习法家言，尝谓田曰："公欲为名督抚耶？抑仅为寻常督抚耶?"田曰："必为名督抚。"曰："然则当任我为之，毋掣我肘矣。"田诘之，则曰："为公草疏上奏，然不能令公见，疏上而名成矣。"许之，盖劾隆科多也。隆为世宗元舅，有拥立功，既而骄恣不法，世宗深苦之。邬早窥知上意，故疏上而隆果获罪，田宠遇遂日隆。已而以事与邬龃龉，大愤，辞去。自此田奏辄不当上意，数被谴责，不得已，使人求邬所在，以重币聘之返。邬要以日必白金五十两，许之，邬始再至。然不居抚署，辰入酉出。每至，见几有红笺封元宝，即命笔，或偶阙，辄去。时世宗亦知邬在田幕，请安摺至，有时辄批："朕安，邬先生安否?"邬客大梁，无眷属，日得五十金，恒以振贫乏，或剧饮妓馆，必不留一毫忽至明日也。

或曰，浙抚署有屋三楹，相传为雍正时邬先生所居室。邬先生者，老贡生也，沉酣于制艺，对人呐呐，不能作一语。世宗在潜邸，微服游各省，三至浙，辄饭其家，邬亦不知为世宗也。及李卫督浙，陛辞日，世宗谓浙中某先生，端人也，可延之入幕。李谨志之。既至浙，亟延之，见其百无一能，无奈何，姑奉以厚糈，馆以精舍。时届岁暮，例进请安摺。请安摺者，寥寥数字，曰："某官某跪请皇上万安"。可影写，乃令邬书之。摺入，世宗识其字，朱批曰："朕安，邬先生安否?"李大惊，益优礼之。嗣是浙督屡易人，而邬先生者年享千余金，书一请安摺，终其身勿替。

顾礼琥一生作幕

乾隆中，有名幕顾礼琥者，久居河督幕府，虽尝以进士授职，而自为诸生时，以代河臣草奏，适中上旨，遂留不遣。寻被荐，再进官，未离幕府。高宗东巡，有欲为之地者，辄固谢以免。

毕秋帆幕多雅士

太仓毕秋帆尚书沅开府武昌，幕下宾僚，多一时方雅之士。会重修黄鹤楼成，江都汪中为之铭，歙县程瑶田书石，嘉定钱坫篆额。过客登楼，叹为三绝。

毕秋帆待程鱼门

毕秋帆尚书待士优异，程鱼门舍人晋芳亦尝入幕，勖以宜多读书，程谓行箧无书，毕立呼阍人至，谕曰："程老爷若买书，当为给值。"程自是得博观群籍。

孙渊如洪稚存焚妖书

毕秋帆尚书抚陕日，孙渊如观察星衍古幕府，僚众以其狂而好狎侮人也，檄逐之，不即行，至以去住要毕。毕以别馆馆渊如，且加脩焉。而渊如好冶游，节署地严，漏三商，必下键，毕自督视之。渊如乃夜踰垣出，辄翌晨归。一日，有长安生员某揭咸阳生员某伪造妖书，结党谋逆，已捕置狱中矣，并搜获妖书名册。刑幕语毕，穷治之，将兴大狱。渊如闻有妖书，约洪稚存同往，就请假观，则皆剽袭佛门福利之说，为诱胁箕敛计，并无悖逆字样，名册乃编造门牌草稿也。时方隆冬，垆火甚炽，出其不意，遽拉杂摧烧之。刑幕以白毕，毕坦然，事竟以释。

邓石如客曹毕幕

完白山人邓石如，立品甚高洁。乾隆庚戌，曹文敏公以祝釐入都，强山人同入都，山人独戴草笠，靸芒鞋，策驴，后文敏三日行。文敏舆从以山东发水，转后，与山人相值于开山。时巡抚以下命吏郊迎文敏，山人策驴过辕门，门者呵止之。文敏坐堂上，望见山人，趋出延入，让上座，语座客曰："此江南高士邓先生也，四体书皆国朝第一。"座客大惊，为具车从。文敏曰："吾屈先生甚，欲其入都，卒不肯同行，愿诸公共成其志。"乃率座客送之辕门外，上驴去。后入毕秋帆尚书幕。吴中名士，多在节署，裘马都丽，山人独布衣徒步。居三年，辞归，毕强留之，不可，乃为置田宅为终老计，而觞其行，曰："山人，吾幕中一服清凉散也。今行矣，甚减色。"四座惭沮。

胡思显以撰拟奏稿得三品卿衔

川楚用兵，以额勒登保为经略，奏带郎中胡思显代具奏稿。每有小衄，直陈不讳，仁宗嘉额不欺，并加胡思显三品卿衔。

幕友为招房所屈

戴山立家有婢曰珠姑，其夫亦戴氏奴。珠与佣工吉方、褚大、孔名奸好，同致夫死。事发，供出褚起意，吉买药，孔置饼中。幕友议四人罪维均。有招房陈大川，乘醉而骂，至内堂，曰："官以数百金聘幕宾，而罪不能定，天下宁有一人死而四人抵命者乎？"幕友大惭，招与商议，乃以买药者为罪首。狱定，吉遂斩，珠姑凌迟。

府幕遭瘟县幕慌

嘉庆中，山东莱州府太守新旧交替，值岁杪，旧太守未即成行，幕友屠某、杨某至新守署贺年，旋至首县。县令王某，湘人也，司阍不为通，屠、杨厉声叱之，讵阍者喝令门役肆殴。主人出，客狼狈不堪矣，诉于新守。新守作调人，为书二律诗于牍尾，诗云："豪奴结党打屠杨，府幕遭瘟县幕慌。两面调停新太守，一时气倒旧黄堂。拜年何必寻烦恼，喊禀居然要验伤。磕过头儿赔过礼，得收场处且收场。"又云："这回厮闹太无因，打狗还须看主人。平日纵容原不免，当场喝令恐非真。也知械杖循王法，无奈门丁是内亲。寄语长沙王令尹，从今纱帽要留神。"

冯志沂佐胜保

冯志沂，字鲁川，代州人，以刑部郎中京察一等，出为庐州府知府。古文私淑姚惜抱，师梅伯言，而以仁和邵位西、洪洞董研樵、平定张石州、满洲庆伯仓为友，皆当时攻经学、肆力于诗古文词者。尝入胜保幕，司奏牍。胜军无壁垒，兵士散处民间，从官皆备良马，闻警则骑而驰去。冯独以骡驾帷车，以牛车载行李、书笥，尝曰："吾不善骑，脱有警，堕马而死，不如死贼之为愈也。"一日，与胜言论不合，留书别之。胜大惊，亟命材官赍狐裘一袭，白金二百，飞骑追之还，戒材官曰："冯不归，杀无赦！"并手书致冯，略曰："计此书达左右时，公度韩侯岭矣。此即'雪拥蓝关马不前'，韩退之咨嗟太息之地也。公于军事虽非所长，然品望学问，当代所重。所以拳拳于公者，以公之品学足以表率群伦也。"冯得书即返，胜大慰。某记室私询于冯曰："公何以去而复返？"冯曰："胜虽跋扈恣睢，然能重斯文，言出于至诚，可感也。"然胜于章奏往往自属草，动曰"先皇帝曾奖臣以'忠勇性成，赤心报国'"，盖指咸丰庚申与英人战八里桥事也。又曰："古语有云，'阃以外将军治之'，非朝廷所能遥制。"

又曰："汉周亚夫壁细柳时，军中但闻将军令，不闻天子诏。"意以为太后妇人，穆宗幼稚，恐其牵掣耳。

曾李之于幕僚

曾文正公之督两江也，大事章奏，必令幕府诸贤各创一稿，然后审择点窜，亦有一字不易者。李文忠公督直隶，则必先自草创，听幕僚指陈得失，乃更自裁定。论者谓曾谦谨，李机警，而集思广益，其道则同。

曾文正幕府人才

咸、同间，曾文正公国藩督师剿粤寇，幕府人才，一时称盛。于军旅、吏治外，别有二派，曰道学，曰名士。道学派为何慎修、程鸿诰、涂宗瀛、倪文蔚、甘绍盘、方某诸人，名士派为莫友芝、张裕钊、李鸿裔诸人。

文正之重督两江也，中江李眉生鸿裔游其幕，年少倜傥，不矜细行。文正特爱之，视如犹子，文正秘室，惟眉生得出入无忌。时文正幕中有"三圣七贤"之目，皆一时宋学宿儒，文正震其名，悉罗致之，然第给以厚糈，不假以事权。一日，文正方与眉生在室中坐谈，适有客至，文正出见之，眉生独在室，翻几上案牍，得《不动心说》一首，为某老儒所撰。老儒，即所称圣贤十人中之一也。文之后幅，有"使置吾于妙曼娥眉之侧，问吾动好色之心否乎？曰不动。又使置吾于红蓝大顶之旁，问吾动高爵厚禄之心否乎？曰不动"。眉生阅至此，戏援笔题其上曰："妙曼娥眉侧，红蓝大顶旁，尔心都不动，只想见中堂。"题讫，掷笔而出。文正送客去，返书室见之，叹曰："必此子所为也。"因呼左右召眉生，则已不在署，盖又往秦淮河上冶游矣。文正令材官持令箭大索之，期必得，果得诸某姬舟中，挟以归。文正指所书诘之曰："子所为耶？"李曰："然。"文正曰："此辈皆虚声纯盗之流，言行必不能坦白如一，吾亦知之。然彼所以能获得厚资者，正赖此虚名耳。今汝必揭破之，使失其衣食之资，则彼之仇汝，岂寻常睚眦之怨可比？杀身赤族之祸，伏于是矣。盍戢诸!”眉生悚然受教，自此遂深自敛抑。

李文忠入曾文正幕

合肥李文忠公鸿章，始以翰林供职京师。愚荃封翁与曾文正公国藩，同年也。文忠未第时，尝以年家子从习制举文，既得翰林，亦常往问业。咸丰壬子，文正丁忧回籍，文忠与其封翁从侍郎吕文节公贤基，奉旨回籍治团练，自是遂不甚通音问。厥后皖北糜烂，吕殉舒城难，团练事遂无可为。文忠旋入皖抚福元修中丞济幕，中丞固文忠座主也。福本不知兵，措注未尽合宜，文忠亦不甚得志。会粤寇势日横，文忠病官军之退避也，力请大举一战。是时郑军门魁士为总统，谓：“寇强如此，君既欲战，如能保其必胜，愿书军令状否?”文忠毅然书之。官军与寇战而大败，寇漫山遍野而来，合肥诸乡寨皆被蹂躏，文忠所居寨亦不守。封翁先已捐馆，文忠与诸兄弟奉母避之镇江，而自出谒诸帅，图再举。既落落无所合，居久之，闻文正督师江西，遂间道往谒，意文正笃念故旧，必将用之。居逆旅几一月，未见动静。此时在文正幕者，为候补道程桓生尚斋、翰林院庶吉士陈鼐作梅、江宁布政使许振祎仙屏，而鼐与文忠本亦同年，探文正意不得要领，因言曰：“少荃以昔年雅故，愿侍老师，藉资历练。”文正曰：“少荃，翰林也，志大才高。此间局面窄狭，恐艨艟巨舰，非潺潺浅濑所能容，何不回京供职?”鼐曰：“少荃多经磨折，大非往年意气可比，老师盍姑试之?”文正诺，文忠入居幕中。

文正每日黎明，必召幕僚会食，而江南北风气与湖南不同，日食稍晏，文忠欲遂不往。一日以头痛辞，顷之，差弁络绎而来；顷之，巡捕又来，曰：“必待幕僚到齐乃食。”遂披衣踉跄而往。文正终食无言，食毕，舍箸，正色谓文忠曰：“少荃既入我幕，我有言相告：此处所尚，惟一诚字而已。”遂无他言而散，文忠为之悚然。盖文正素谂文忠才气不羁，故欲折之使就范也。文忠初掌书记，继司批稿奏稿。数月后，文正谓之曰："少荃天资，于公牍最相近，所拟奏咨函批，皆有大过人处。将来建树非凡，或竟青出于蓝，亦未可知。"文忠亦自谓历佐诸帅，茫无指归，至此如识南针，获益非浅。既而文正进驻祁门，文忠谓祁门地形如在釜底，殆兵家之所谓绝地，不如及早移军，庶几进退裕如。文正不从，文忠复力争之。文正曰："诸君如胆怯，可各散去。"会皖南道李元度率师守徽州，违文正节度，出城与寇战而败，徽州陷。始不知元度存亡，久乃出诣大营，又不留营听勘，径自归去。文正将具疏劾之，文忠以元度尝与文正同患难，乃率合幕人往争，且曰："果必奏劾，门生不敢拟稿。"文正曰："我自属稿。"文忠曰："若此，则门生亦将告辞，不能留侍矣。"文正曰："听君之便。"文忠乃辞，往江西，闲居一年。适官军克复安庆，文正移建军府焉，文忠驰书往贺。文正复书云："若在江西无事，可即来。"文忠乃束装赴安庆，文正复延入幕，礼貌有加于前，军国要务，皆与筹商。明年，吴中绅士雇轮船来迎援师，文正奏遣文忠募淮军赴沪，而密疏荐其才大心细，劲气内敛，可胜江苏巡抚之任。抵沪未及一月，奉命署理江苏巡抚，练兵选将。克复苏州、常州、嘉兴等郡，遂实授巡抚，加太子少保，赏黄马褂、双眼花翎，封一等肃毅伯，勋名几与文正相并，距出幕府时仅逾两年耳。未几，绩望日隆，卒蒇文正未竟之绪。盖文正之志业，文忠实继之也。

文宗垂询刘树森

巴陵刘湘浦名树森，弱冠以申、韩家言游秦，历佐诸侯四十余年。文章宗柳州，简练峭洁，其叙事之奏牍，虽极繁赜琐屑，他人数十语所不能尽者，辄以数语了之，曲折奥窔，无不毕举，以是名动九重。咸丰中，曾卓如中丞望颜入觐，文宗曾以刘名垂询及之。

朱秋芳幕于滇

秀水朱竹垞有裔曰秋芳，性刚介，幕于滇。晨起，日必令奴襆被，一言不合，即可褰裳也。脩脯以十日为断，不透支。居停有以处分隔阂见商者，必遭呵斥，谓："足下官职，岂与生偕来者耶？或前人遗留，或己身遭际，皆傥来之物，奈何以民命徇之？"上官或有偏倚，必再三顶覆，得申其意乃已。嶍峨有土豪李监生，富而横，悦佃妇。妇性贞烈，利诱之不动，势劫之不动，贿其夫若父，交逼之，终不动。乃遣数人缚妇，裹绷大树，炽火，炙杀之。夫若父跪求，益怒，且劫令其夫手爇之，即瘗之山。三年无敢发其事者，独一执爨人知之，大愤，然无以发也。旗员某廉干有识，选是邑，履任岁余，访得其耗，密禀上游，均难之。某愠，欲乞病。朱曰："何弱也！君不办，此案终不得白矣。我通详已定，连夜发之，等罢官耳，去乃有名。"某奋袂从之，搜得执爨人，藏之署中，以为证。案既定，纤悉皆入奏，大府夺俸镌级，二守皆实降，前任三令皆褫职，某以莅任二年，亦在议中，奉特旨宽免，且令引见。李监生已畏罪自缢，仍戮尸，为从二人发新疆为奴。籍其家，以半给夫家，以半给父家，氏旌表。于是朱秋芳之名大著，瑶僮至奉之为神。

林文忠访延记室

侯官林文忠公则徐年二十，中嘉庆甲子举人。时方就旁邑记室，以所削牍见赏于闽抚张师诚，延入幕，是为知名之始。其生平持论，谓"交际启事，第凭尺一以通情款，于此而不竭吾诚，乌乎用吾诚"，故能擅绝词翰。复笃于师友渊源，虽羽书旁午，亲切函札，从不假手于人。僚吏禀牍，写作佳者，每亲自批答，圈点付还。沈荫士尝在其幕中，询以"亦嫌烦琐否"，文忠曰："寒士缘此增重，官吏亦缘此加意佐治人才，所系固不细也。"荫士以会试北上，道出吴门，又问以"物色尺牍人才今得其人否"，文忠云："尝从陶文毅处知鄂藩署书启李某，词翰为当代第一，前岁托人以千金聘之，已辞馆入都会试，得馆选矣。"

左文襄佐骆文忠

左文襄公宗棠，初以举人居骆文忠公秉章幕府，事无大小，专决不顾。文忠日与诸姬宴饮为乐，文襄尝嘲之曰："公犹傀儡，无物以牵之，何能动邪！"文忠干笑而已。尝于夜半撰一奏草，叩文忠内室，大呼。文忠起读，叫绝，更命酒，对饮而去。监司以下白事，辄报请"左三先生可否"。

范肯堂佐李文忠

通州两名士，范肯堂其一也，德行文章，在人耳目。光绪初年，就李文忠公鸿章之聘。文忠尊师重道，朔望必衣冠候起居，每食，奉鱼翅一簋。范固甘菜根而薄膏粱者，却之；不获，文忠遂以干翅寄奉其二亲。时有以乡举劝者，范笑曰："谁不知我为李公西席，中式何为！"故事：节幕得用居停舆马，文忠蒙赏紫缰，范尝假用之，访友于天津紫竹林。或告文忠，谓范乘紫缰舆作狭邪游，文忠曰："既用紫缰，不可缺拥卫。"立命戈什哈八员护之。

李秉衡逐幕客

光绪甲午后，下汰兵诏。时李秉衡抚山左，幕府中有五六辈，皆枢密中人为作曹丘生者，思去之而踌躇不决。至是乃下逐客令，且谓之曰："朝廷方撙节縻费，谆谆告诫，为人臣者，敢不仰体九重之意，而徒博结纳名乎？"

徐仲眉入李子和幕

徐仲眉，名葆龄，侯官人。少孤贫，从军充书识，旋保武官，擢至副将。以代某提督作左文襄奏稿叙，为李子和督部鹤年所赏识，延入幕府，与陈木庵、陈芸敏、叶损轩友善。年五十余矣，风骨清峻。有庐一区，琴书潇洒。工小篆，自书门前楹联云：“南州高士宅，东海偃王孙。”颜卧室曰“落叶庵”，设一榻甚緻。尝邀同人分韵，赋落叶庵诗。

张文襄与幕僚会餐

光绪朝，南皮张文襄公久督两湖，知名之士大半罗致，故幕中人才称盛一时。其尤契合者，每饭必召与同餐。幕僚以文襄位望之尊，奉召必肃然陪侍。然有时餐未及半，文襄竟倚几假寐，沉沉睡去，诸幕僚未便遽离，仍整肃端坐，待文襄醒，然后毕餐。

张文襄不使幕僚误一字

张文襄督鄂时，尝委一首县杨某兼院署文案，某不敢辞而甚苦之。一日，院事毕即回署，适稿中误一字，饬人持令某改。同幕以某既去，即为代改。见字迹不类，询持去人，具以对，不怿，即召某与代改者入。凡文案入见，必衣冠，故某与代改者衣冠而进。先斥某曰：“稿有误字而不知，大谬；令改而已他出，尤谬。”又斥代改者曰：“汝何敢代人改字？更荒唐，速自涂去。”仍谓某曰：“非汝自改不可。”某改之，乃出。

幕友之敷衍伎俩

张文襄督鄂时，有振兴实业之举，分咨各省，调查物产。浙江玉山县令既奉宪檄，将以邑中所有树木茶纸之属据实牍报，幕友不可，仅举土产玉蟹、墨兰种种玩物具覆。县令叩其所以，幕友曰：“树木茶纸，皆有用物品，上达宪听，势必派员查验，仿效西法，求所以改良之方。委员接踵于道，行李之供给，君且疲于奔命，况有不止于是者乎？今以一二玩物塞责，大宪将一笑置之，顾不善耶？”其敷衍之伎俩如此。

吴彦复辞端午桥

庐江吴彦复，字保初，武壮公长庆子也。光绪中尝客天津，时督直隶者为泗州杨文敬公士骧，杨与之雅故，延入幕府。杨卒，继者端方。端字午桥，谥忠愍，亦旧识也，欲留之。先是某岁，吴尝大宴客于京师某酒肆，遇雨，猝改期，客有未及知者。端与全椒薛某先后至，固不相识，偶有触迕，端遽詈薛，薛愤，殴端。佣保奔告，吴亟往释纷。至是，吴入谒，端咄嗟谓之曰："得尔师季直书札否？"吴曰："张季直乃先君幕客，非吾师。"端曰："师可背乎？"吴愠曰："满人之刚愎者无逾刚毅，吾斥之，不能声。若何敢尔！"拂衣径去。

书启预备德政碑文

光绪末，山西太谷县某令将到任，或荐一书启友，令曰："能古文否？"问何故，令曰："他日我满任时，一篇德政碑文自不可少，故必请老夫子先为预备也。"

清客次于幕友

俗所谓"清客"者，门下食客也，主人之待遇次于幕。都下清客，在承平时至多，然亦须才品稍兼者，方能自立。有编为十字令者，曰："一笔好字，二等才情，三斤酒量，四季衣服，五子围棋，六出昆曲，七字歪诗，八张马吊，九品头衔，十分和气。"有续其后者，曰："一笔好字，不错；二等才情，不露；三斤酒量，不吐；四季衣服，不当；五子围棋，不悔；六出昆曲，不推；七字歪诗，不迟；八张马吊，不查；九品头衔，不选；十分和气，不俗。"则更进一解矣。

荐举类

命举贤才

顺治初，顺天巡抚宋权献治平三策，首言致贤才以佐上理，荐明蓟辽总督王永吉，因诏廷臣各举所知。嗣以知举多明季故吏废员，无肥遯逃名之士，定举主之法：得人者赏，缪滥连坐，禁不得以杂流黜革之人充数，缄默不言者罪之。顺治末，停差巡按，定直省巡抚应荐方面有司佐贰教官员额。康熙己未，都御史魏象枢举清廉十人，上谕："张沐、陆陇其系廉能之员，畀以直隶、江南繁剧之地，庶其才可以表见。"旋令部臣保关差，咸以操守难知对。上曰："清操如何可废，如郝浴居官甚好，犹侵蚀钱粮，魏象枢尝荐之，此事安能豫知？但将有守之人举出，自能效力。"寻九卿疏荐苏赫、范承勋、赵伦、崔华、张鹏翮数人，而陆陇其复与焉。之数人者，皆以廉惠爱民，有声于时。康熙中，尚书赵申乔举张应诏能耐清贫，可为两淮运使，疏内有"为知府不制衣服，随从数人"之语。上谕："清官不系贫富，张伯行家道甚饶，任所日用，皆取诸其家，随从四五十人，今以不清可乎？操守虽清，不能办事，何裨于国！"

世宗即位，大开贤路，谕京外大臣各举贤才，同乡、同年、门生、亲戚子弟，俱准保奏，勿避嫌疑，而得人称盛。晚近弹章惯语，罔不曰"任用私人"，实则用人之道，仅有贤不肖，而无所谓公私，不问其称职与否，斤斤于公私之间，亦已过矣。世宗尝因鄂藩开缺，思之数日，不得其人，始令九卿密保。盖明保为扬于王庭、与众共之之义，至于党援声气，又不得不豫防其微，乃有密上封事之例，则古大臣宠利不居之意也。乾隆时，以道府要职，令督抚、藩臬各举一二人。厥后，诏大学士举编检堪任知府者，寻又令侍郎以上举堪任三品京堂者，尚书以上举堪任侍郎者，明荐密保，更进迭用，未尝失之宽滥。嘉、道间，禀承家法，荐举之路，犹极谨严。咸、同军兴以后，需才孔亟，始有破格用人之典矣。

薛所蕴荐孙奇逢

顺治初，祭酒薛所蕴荐容城孙奇逢，称为许衡、吴澄，请以奇逢长成均。奇逢固辞。

汤文正荐徐文敬

钱塘徐文敬公潮官翰林日，睢阳汤文正公斌方侍讲东宫，独深器之，尝荐于圣祖曰："臣老矣，受恩至重，无可报称，荐徐某，所以报也。"因命书文正语于起居注。文正去，文敬遂继为讲官。

格尔古德荐卫立鼎陆陇其

文清公格尔古德继于清端公抚直隶，疏荐卢龙令卫立鼎、灵寿令陆陇其，众论翕然；及诏举贤能，九卿交推其清廉莫及焉。

帅颜保荐吴兴祚

康熙间，无锡知县吴兴祚以漕督帅颜保保荐，特擢福建按察使。

圣祖谕臣僚举所知

康熙戊午，圣祖御懋勤殿，召郎中王士祯赋诗，赐谳，特授翰林侍读，遂谕中外臣僚各举所知。

年羹尧荐蔡文勤

漳浦蔡文勤公之以庶吉士入都也，宝应乔教谕某遇诸逆旅，见其举止而异之，闻诸外舅甘抚胡期恒，胡以闻之年羹尧，遂荐诸世宗，至大用，然文勤实不知也。

札某以荐人受刑

雍正时，礼部侍郎札某以保举人才，摺中引孔明不识马谡事。世宗大怒，杖四十，复枷示以辱之。

祁鹤皋荐刘澄斋自代

祁文端公之父鹤皋，名韵生，邃于舆地掌故之学，所著《皇朝藩部要略》《西陲要略》《西域释地》诸书，纲领秩然，甄采有法。尝提调史馆，举介休刘澄斋锡五自代。总裁阿文成公问曰："此非某耶？骨气如此，可胜提调任矣。"

讷亲荐兆惠阿桂

乾隆中叶，讷亲以恃宠骄倨，复贻误金川军务，致罹重谴。其操守颇廉介，当隆赫时，门无苞苴，部院司员以公事关白，必反复驳诘，见有才器出众者，荐引惟恐后人。赞枢垣时，武毅谋勇公兆惠、诚谋英勇公阿桂，均为庶僚，讷即密保二人内堪尚书，外堪督抚，无一知者。迨讷身后，高宗将原摺发出，人始服其论荐之公。

来保荐兆惠

文端公来保善相马，一时有九方皋之目，而亦有知人之明。文襄公兆惠，微时贫甚，生未逾月，父母亡，育于姑家。七八岁，长大如成人，力敌百夫，入营，就步粮为街卒。时文端兼摄步军统领，见诸卒泼水，水所及不过寻丈，兆独远及数十丈外，异之，呼与语，甚戆；命鞭之，如击石焉，大呼曰："性耐刀锯耳，不堪鞭棰也！"文端闻言，益大异，令明日至府面试，挽强命中，挥刀运石，力大无穷；与谈行军纪律，侃侃而言，动中窾要。文端益喜，次日入朝，见高宗，叩首贺曰："臣为国家得一奇士。街卒兆惠，真大将才也。"即日召见，命之射，九发皆中，即授一等侍卫。后平定西域，数建大功。

阿文成荐松文清

相国松文清公筠年十二时，父母穷困失养，流转至吉林商贩家，为之饲马。年虽幼，能解马性，历一年，繁豢异恒，主人异之。及蒙古某赴吉林将军任，过其地，觉其状貌魁异，不类常儿，召马主人，还以身价，携归，抚为己子。读书习射，皆冠其曹。及冠，得阿文成公赏识，奏拔之，遂大用。阿疾革，仁宗临问："卿后谁当大任？"阿以松及庆相国对之。后松任封疆，勋业卓卓，为一代名臣。

以保荐期年至开府

宣宗即位，贤俊之沉沦下僚者，率超擢。如郑裕官郎中，以蒋攸铦荐，期年至直隶布政使。董鄂阿麟官郧阳知府，以那彦成荐，期年至江西巡抚。唐仲冕官知府，左辅官按察使，以英和荐，期年皆至开府。

大臣合荐罗绕典

安化罗文僖公绕典，生而有文在手曰"典"，因以为名。在词馆，即究心经世之学。湖南瑶变，宣宗询军事，图形势扼塞以进。曹文正公振镛言于上曰："有用才也。"未几，上书房员阙，上询于潘文恭公，文恭举文僖及杜文正以对。上复以二人询王文恪公，对曰："罗某，良吏才也。"会召对，垂询良久，谕近臣曰："此人精神满腹，可外任。"遂自平阳府知府洊督云贵，历官秦、晋、湘、楚、滇、黔六行省。（湖南为本籍，曾奉办理团防之命，力解长沙城围。）其乡人称其少读书岳麓，凡十二年，岁再归省，必徒行，曰："吾以习劳也。"

孙文靖荐陶文毅

安化陶文毅公澍，丰裁峻整，好议论人物，惟恐不尽，虽廷对亦然。开藩皖中，循例觐见，论某官溺职状，至声色俱厉，须髯翕张。宣宗疑之，密谕孙文靖公尔准，察其为人，时文靖方抚安徽也。文靖密疏荐引，朱批曰："卿不可为其所愚。"复具疏，条列善政，力保其无他。文毅遂获大用。

肃顺荐胡文忠曾文正

肃顺于咸丰年间始为御前大臣，贵宠用事。入军机，屡兴大狱，窃弄威福，大小臣工被其贼害，怨毒繁兴，卒以骄横僭儗，获罪伏法。然是时粤寇势甚张，而将帅之有功者皆在湖南，朝臣如祁文端公、彭文敬公尚瞢焉不察，惟肃知之深，颇能倾心推服。平时以座客谈论，常心折曾文正公之识量，胡文忠公之才略。苏、常既陷，何桂清以弃城获咎，文宗欲用文忠督两江，肃曰："胡林翼在湖北，措置尽善，未可移动，不如用曾国藩督两江，则上下游俱得人矣。"上曰："善。"遂如其议。

穆彰阿荐曾文正

穆彰阿尝汲引曾文正公国藩，每于御前奏称曾某遇事留心，可大用。一日，文正忽奉翌日召见之谕。是夕，宿穆邸，及入内，内监引至一室，则非平时候起处。逾亭午矣，未获入对。俄内传谕："明日再来可也。"文正退至穆宅。穆问奏对若何，文正述后命以对，并及候起处所。穆稍凝思，问曰："汝见壁间所悬字幅否?"文正未及对，穆怅然曰："机缘可惜。"因踌躇久之，则召干仆某，谕之曰："汝亟以银四百两往贻某内监，属其将某处壁间字幅，炳烛代录，此金为酬也。"因顾谓文正，仍下榻于此，明晨入内可。洎得觐，则玉音垂询，皆壁间所悬历朝圣训也。以是奏对称旨。并谕穆曰："汝言曾某遇事留心，诚然。"而文正自是骎骎向用矣。

左宗植荐江忠烈

湘阴左舍人宗植，文襄公宗棠兄也。少豁达，好谈时务，历赞大府帅戎幕，与文襄齐名。咸丰初年，粤寇起事，文宗命故相赛尚阿经略粤西军务。时左官京师，以赛参佐非人，亟草牍，力荐江忠烈公忠源于相国祁隽（寯）藻，祁遂上达天听。忠烈之转战数省，丰功劲节，实自左识拔始。

潘文勤胡文忠保左文襄

左文襄公宗棠为官文恭公文所劾，后得潘文勤公祖荫奏保获免，其中委曲甚多。当文恭参摺之上，已奉密谕："左某如果有不法情事，即行就地正法。"肃顺知之，语其幕客高心夔，高转语王闿运，王又转语郭嵩焘，郭使王偕高求肃营救。肃允之，第云仍须别有人奏保，上如问及，可从而解释之，其势顺而言亦易入；若凭空陈奏，恐上见疑。王以告郭，郭乃撰具保摺，并怀三百金往觅潘。既相见，郭卒然指潘而问曰："伯寅，何久不宴我于莲芬家也？"（莲芬姓朱，为尔时名伶，工生旦剧，潘所眷也。）潘曰："近者所入甚窘，何暇及此？"郭强嬲之，偕赴莲芬家。既至，郭又问曰："今者具奏保举人，肯为之乎？"潘询保何人，郭曰："姑勿问，摺已代撰，且缮就，第能具奏者，当以三百金为寿。"言次，即出三百金置潘前，连问曰："如何、如何？"潘既夙信郭，又见多金，足以应急，不能无动，即取金纳怀中，曰："吾辈姑饮酒，再商。"因命莲芬置酒，相与痛饮。既，郭要潘同往递摺，潘于路，复以所保何人为问，郭虑其中变，仍枝梧之。至奏事处，潘曰："事已至此，必无悔理。惟所保何人，摺中所言云何，必先令我知，否则万一叫起。（叫起即召见也。）将何词以对？"郭乃出摺与观，潘无异言。摺上，果叫起，上问曰："汝从何识左宗棠而知其为人？"潘仓卒间未筹及此，乃饰词对曰："左宗棠是臣业师。"上颔之。未几，而胡文忠保左之摺亦至，上乃顾肃曰："官文劾左宗棠，潘祖荫、胡林翼又保举左宗棠。方今多事，用人之际，人才难得。左宗棠果为不法，固应严惩；如有大才，亦应重用，不知究竟何若?"肃曰："闻左宗棠为湖南巡抚骆秉章所信用，一切皆归其主持。官文劾之，亦颇以其揽权为言。然骆秉章之在湖南，功绩昭著，即左宗棠之才可知矣。"上恍然，于是谕官再行确查。及官覆奏，亦为左洗雪，即奉命以三品京卿用。

曾文正荐李文忠

李文忠公鸿章初以优贡客都中，受知于曾文正公国藩，师事之，日与讲求经世之学。及入翰林，未三年，而粤寇难起，李适在籍，佐巡抚福济幕。时庐州已失，福欲复之，不得手，李乃建议先取含山、巢县以绝其援，福授以兵，克之，由是有知兵名。福疏荐，道员郑魁士沮之，遂不得志，而谤言日起。后授福建延建邵道，拥虚名，无官守。咸丰戊午，文正移师建昌，往谒，留焉。旋文正派湘军新旧九营，使其弟国荃统之，赴景德镇助剿，以李同往。江西告捷，又随文正大营两年有奇。庚申，文正议兴淮阳水师，荐李补两淮运使。疏上，值文宗北狩，不省。李时年三十八岁也。

胡文忠荐举人才之法

益阳胡文忠公关心时事，遇四方之使，虽小吏末弁，引坐与谈，举所述闻见，随笔记之，以备参考。若稍有志意者，则必问所见人才，所学何方，已效安在，且令指实事一二证之，兼注考语。故几席所在，手摺数十。或不知其故，以为何厚我而殷勤若是。盖文忠荐举人才，往往非宿昔相知，博采慎取，实默具权衡也。

陈国瑞荐段得胜

陈国瑞枭勇，为咸、同间诸将之冠，而秀美若处子。后与李世忠互殴落职，锢于家。生平爱才若渴，曾保荐段得胜于湖广总督谭廷襄，书云："部民有发僧天元道人顿首再拜，谨奉书于竹岩督帅大公祖阁下：杜老云：'炎风朔雪天王地，只在忠良翊圣朝。'其君之来督吾楚，救民水火之谓欤？武侯曰：'鞠躬尽瘁，死而后已。'其仆昔日之愚忠，可以质诸天地鬼神而不能剖以示人之苦心欤？五祖曰：'心心相印。'非仆与君未谋面之神交欤？语曰：'飞鸟尽，良弓藏。'其千古将帅之定论欤？嗟嗟！'栈石星饭，结荷水宿'，是仆罢兵后间道取归景况。'近乡情更怯，不敢问来人'，是仆初入里门景况。'世乱遭飘荡，生还偶然遂'，是仆与家人老弱终夜共话、刺刺不休景况。'伤心不忍问耆旧，复恐初从乱离说'，是与邻人酬酢景况。'在山泉水清，出山泉水浊'，是仆思渴多饮以清肺肝景况。'磨刀呜咽水，水赤刃伤手'，是回思'辛苦贼中来'景况。'积尸草木腥，流血川原丹'，是今日之《无家别》《垂老别》景况。呜呼！手无斧柯，奈龟山何？惟有日夜焚香默祷，以祝吾帅指挥能事回天地，训练强兵动鬼神，使死者尽雪耻、生者皆衔恩而已。仆买山以来，旧部士卒生还者，惟千总段得胜一人。昨来相见，仆久居深山，闻足音，则欣然以喜。仆怜其转徙无成，今幸得归隶麾下，伏惟鞭策，使尽其犬马之劳，不胜大幸。"文词郁勃可诵，书法亦浑劲腾踔。

郭嵩焘荐熊天保

郭嵩焘，字筠仙，有致江督刘文诚公坤一书，保荐熊天保。盖自粤抚落职后内召授闽臬时作，词意固极侘傺也。书云："去腊入都，敬闻荣督两江之命，以手加额，颂朝廷之明，贤者得位乘时，名业之流传方盛也。江南吏民相谓以稳实精炼，度越前型。嵩焘闻而忻快飞扬，不自知其身之沦贱也。自分家居养疾，读书自娱，无进取仕宦之心。去岁蒙恩内召，踌躇数月，乃始成行，实以滥承疆寄，未一叩谒天颜，臣子之心，有不能自已者。意谓京师小住月余，尚可告归。甫及一月，而有闽臬之命，欲遂决然以去，虑有不安贫贱之嫌，勉强扶病一行。三数月后，病体或不能支，仍即乞归耳。月之十三日，由天津航海抵沪，守候福建轮船。船价昂贵，数倍他处，以闽地穷瘠，仅一船来往，运载货物，用以居奇，耽延多日，耗费滋甚。闽官之不可为，随事皆然，足为一慨。都司熊天保，向在李伯相处充当护卫，嵩焘曾识之，为言于梅小岩方伯，求一小差使。顷至沪相候，求随赴闽，岂非怪诞？幸隶麾下，恩施磅礴，尚能荫及。因以一书，代其恳求。”

恭王荐人得体

光绪癸未春，豫抚李鹤年以王树汶案革职，孝钦后召见枢臣，谋代者。李文正公鸿藻举定兴鹿传霖，宝鋆举觉罗成孚，二人皆藩司，资望相埒。孝钦疑未决，顾问恭忠亲王，当与何人。恭对曰：“成孚亦甚好，但满员，恐不谙民间利病。豫省吏治甚颓敝，不可不简授清望之员以矫之，用成不如用鹿。”议遂定。会河督梅启照亦缘是案罢斥，乃命成孚署理河督。

李文忠保电报学生

李文忠公鸿章督直时，尝保奏电报学生谢某，中有云：“有民胞物与之量，体国经野之才。”

张百熙荐陈璧

光绪庚子前，御史陈璧巡视中城。时京师路政不修，行人遗矢，触目皆是，居民率以秽物倾门外，累累如小阜。陈视事后，于所辖境严禁之。京师畏巡城御史过天子，令出，果有效；更捐廉雇人，平其如小阜者，使皆成坦途，以是舆论德之。壬寅，两宫回銮，张文达公百熙由广东学使任满，自行在授总宪，随扈返京，僦居中城境，闻人追述陈事，乃疏保陈办事勤能。时陈已转给谏，不数年，即长邮部。

徐郙荐广东人

光绪中，徐协揆郙保举经济特科之摺上，或有谓其受贿者，某相语人曰：“颂老保举经济特科之摺，总觉粤人太多。”盖粤人喜用钱，迷信神鬼之外，于科名仕宦尤为迷信，每不惜以巨金冒险运动也。而此次实不然。

刚毅荐龙殿扬

总兵龙殿扬魁梧多力，刚毅所识拔者也。刚于孝钦后训政时，宠颇固。孝钦尝问之曰：“尔夹袋中储有良才乎?”刚曰：“有一黄天霸。”问为谁，以龙殿扬对，笑颔之。盖刚于满臣中自命忠清，故欲以施公自比，而不自知其辞之陋也。然龙后出镇曹州，卒赖刚所荐引。光绪乙巳，曹匪起，时刚已死，杨文敬公士骧方抚鲁，以龙酿乱，劾去之。

光宣间保举之滥

光、宣间，保举滥，仕途杂，朝输金帛，暮晋升阶。各省大员子弟，每有年未及岁，而祖若父即为之预捐升阶，丐人保举，以为日后登进之地者。

以父举子

康熙初，陕西提督王进宝保奏其子王用予材武，可令剿贼。嗣大军进规汉中，进宝遣用予前驱，绕出武关后，与大军夹攻，夺险而前，所向无敌，遂抵保宁，擒渠歼敌。诏擢用予松潘镇总兵，父子同建节钺。雍正癸卯，云南总兵赵坤擢贵州提督，陛辞日，请以其子候补参将赵秉铎补贵州提标参将，世宗允之。乙巳冬，调湖广提督，丙午二月，复特命秉铎调湖广提标参将。

以子举父

雍正戊申，世宗命内外诸臣各保举一人。衡永郴桂道汪榯乃保举其父原任刑部司官汪澐，学问优裕，政事练达，忠爱之性，出于至诚。奉旨，汪澐补授四川叙州府知府。

以兄举弟

孙文定公嘉淦官祭酒时，尝举其弟扬淦为国子监学正，而同时侍郎陈树萱奏保族弟盐大使陈大芳，则大为高宗谯责。

知遇类

汪钝翁知宋既庭畴三

宋既庭与宗弟畴三，俱以孝廉知名，时称大宋、小宋。或问汪钝翁曰："大宋何如人?"汪言阮思旷都不及真长、逸少，而能撮有诸人之胜。

赵千门知王丹麓

王丹麓早年高隐，甚负才望，莱阳赵千门司李亟称之，喻以"天地私蓄"。丹麓名晫，杭人。

应嗣寅知张元时辞奇

杭人张广平名元时，少与弟辞奇，同执经于应嗣寅之门。应亟称赏之，尝赠广平以诗云："子既张目无不识，弟亦下笔如有神。儿如亚子真可畏，元方季方安拟伦。"后果以诗文著称于时。应名撝谦，仁和人。

查伊璜知吴顺恪

海宁查孝廉培继，字伊璜，明崇祯时名士也。家居岁暮，值雪，偶步至门，见一丐避雪庑下，强直而立，心异之。因呼之入，坐而问曰："闻市中有手不曳杖，口若衔枚，敝衣枵腹，而无饥寒之色，人皆称为铁汉者，汝耶?"曰："是也。"问："能饮乎?"曰："能。"因以壶中余酒倾瓯与饮，丐者举瓯立尽。查复炽炭发醅，与之约，曰："汝以瓯饮，我以酬，竭此醅，乃止。"丐尽三十余瓯，无醉容，而查颓卧胡床矣，侍童扶挟入内。丐逡巡出，仍宿庑下。达旦雪霁，查酒醒，使人以絮袍与之，丐披袍而去，亦不求见致谢。

明年，查至杭，暮春之初，遇丐于西湖放鹤亭侧，露肘跣足，昂首独行。复挈之归寺，询以旧袍。曰："时当春杪，安用此为？已质钱付酒家矣。"因问曾读书识字否，丐曰："不读书识字，不至为丐也。"查悚然心动，熏沐而衣履之，徐谂其姓氏里居。丐曰："仆系出延陵，心仪曲逆，家居粤海，名曰六奇。只以早失父兄，性好博弈，遂致落拓江湖，流转至此。因念叩门乞食，昔贤不免，仆何人斯，敢以为污？不谓获遘明公，赏于风尘之外，加以推解之恩。仆虽非淮阴少年，然一饭之惠，其敢忘乎！"查亟起而捉其臂曰："吴生固海内奇杰也。我以酒友目吴生，失吴生矣。"仍与痛饮，盘桓累月，赠资遣归。

六奇世居潮州，为明吴观察道夫之后。略涉诗书，耽游卢雉，失业荡产，寄身邮卒。时王师由浙入广，舳舻相衔，旌旗钲鼓，喧耀数百里不绝，所过都邑，人民避匿村谷间，路无行者。六奇独贸贸然来，逻兵执送麾下，因请见主帅，备陈粤中形势，传檄可定。奇有义兄弟三十人，素号雄武，苟假奇以游札三十道，先往驰谕，散给群豪，近者迎降，远者响应，不逾月而破竹之势成矣。如其言行之，粤地悉平。由是六奇运箸之谋，所投必合，扛鼎之勇，无坚不破，征闽讨蜀，屡立奇功。数年之间，官至通省水陆提督。康熙初，开府循州，即遣牙将赍三千金存问查家，别奉书币，邀之至粤，舟舆供帐，俱极腆备。居一载，军事旁午，得查一言，无不立应，义取之赀，几至巨万。其归也，复以三千金赠行。

先是，苕中有富人庄廷鑨者，购得朱相国《史概》，博求三吴名士，增益修饰，刊行于世。前列参阅姓氏十余人，以查夙负重名，亦借列焉。未几，私史祸发，凡有事于是书者，皆论置极典。吴力为查奏辩，得免。后吴卒，赠少卿，兼太子太师，谥顺恪。

龚芝麓知马世俊

马章民世俊下第留京，落拓殊甚，以行卷上合肥龚芝麓尚书鼎孳。龚读至“而谓贤者为之乎”题，至后比“数亡主于马齿之前，遇兴王于牛口之下”，“河山方以贿终，而功名复以贿始”，“七十年以前之岁月已沦，七十年以后之星霜复变”，“少壮未闻诛书，而衰龄反同贩竖”云云，泪即涔涔下，曰：“李峤真才子也！”岁暮，赠诸名士炭金，章民得白金八百两，明年遂及第。

张自由识拔白谦

陈州环城皆水，产佳鲫。康熙初，张自由抚河南，陈州牧以鲫馈之，摺书“鲊鲫百头”。张甚骇愕，促召中军以手摺视之曰：“送鱼者称‘尾’，此独称‘头’。陈州牧由进士得官，当必有说。”中军曰：“职有知书之胥白谦，可令入对。”须臾，谦至，跪而言曰：“小人尝读《诗经》，有《在藻》之篇，其首章云：‘鱼在于藻，有颁其首。’其次章云：‘鱼在于藻，有莘其尾。’故鱼有称‘尾’，亦有称‘首’者。今州牧之称‘头’而不称‘尾’，正见其尊上之意。”张大惊喜，手扶谦起曰：“汝有此大学识，岂可屈居下役！汝即入我幕府，专掌书记可也。”自后事必咨谦，谦行则行，谦止则止，不逾年，拔为本省提塘，复改文职，旋以同知解秩归。

颜习斋知朱越千

博野颜习斋，名元。曾于开封市上见一少年甚伟，问其姓字，知为朱越千也。沽酒与饮，叩其志不凡，半醉起舞，为之歌曰：“八月秋风凋白杨，芦荻萧萧天雨霜，有客有客夜彷徨。彷徨良久鸜鹆舞，双眸炯炯空千古。纷纷世儒何足数，直呼小儿杨德祖。尊中有酒盘有餐，倚剑还歌行路难。美人家在青云端，何以赠之双琅玕。”

汤文正知冯山公

钱塘冯山公景，条陈淮扬民困于江苏巡抚汤文正公斌，因万季野以上之。文正见书三叹息，语季野致意，谓宜勉立德、功，不在徒言也。又尝语沈昭嗣曰："令友冯山公，固是不朽人。青史名长，不在暂时科第也。"

尤悔庵知宋荔裳

宋荔裳标格意气，风流文采，并足推倒一世，尤悔庵目为"东海伟人"。悔庵名侗。

尤悔庵知王西樵阮亭

新城王西樵阮亭昆仲之出游也，每过邮亭野店，辄题诗于壁，诗既惊人，使笔斗大，龙拿虎攫。尤悔庵道经燕齐，见之，解鞍造食，坐对移晷不能去。阮亭名士祯，官至刑部尚书，谥文简。

王阮亭知吴天章

吴雯，字天章，蒲州人，进士允升之子，授临颍县知县。康熙己未，举博学宏词，放归。有《莲洋集》。初至京师，未知名。王阮亭亟赏其诗，谓为天才。一日待漏朝房，诵其句于叶讱庵云："泉逸汉祠外，雪明秦树根。浓云湿西岭，春泥沾条桑。"又："门前九曲昆仑水，千点桃花尺半鱼。"叶大惊异，下直即命驾访之。自是，吴之诗名大噪都下。

王西樵知林铁崖

王西樵尝称林铁崖有异人者三：须眉奇古，略如李伯时所画罗汉相，则异在容貌；下笔落落，能为崥岍俶诡之词，出入于孙樵、刘蜕之间，则异在文笔；每当谦会，竹肉间作，或值徜徉山水之际，时而意得忘言，如释迦拈花、达摩面壁，时而快论斗发，又如春雷奋蛰、奇鬼搏人，则异在性情言语。

吴庆百知毛季莲

吴庆百以应康熙己未博学宏词之荐入京，止竹林寺。毛季莲尝偕其叔大可过吴庑，坐甫定，辄据柳林，自吟其宴集及登临诸作，大声撼四壁。吴顾大可曰："君家阿咸，正复不减，将不使卿单行。"

毛大可知史讷斋

毛大可尝谓史讷斋雝（同"雍"）睦居家，事父怡愉，不闻嘻嗃，似陈季方；把臂堪托以妻孥，似朱生；见利思义，不因人炎热，似童子鸿；嗜酒疏脱，每一饮必陶然尽醉，而诸务不失简则，似张黄门；训诸经百氏，钩深致远，可使担囊负笈，执经问字者不绝门舍，虽倾筐倒箧，随叩随应，犹鼠壤有余物，似马季长。史名廷柏，与毛皆萧山人。

彭羡门知沈去矜董文友

海盐彭羡门尚书孙遹在广陵，见沈去矜、董文友词，笑谓邹程邨曰："泥犂中皆若人，故无俗物。"

黄俞邰知周栎园

晋江黄俞邰，名虞稷，尝谓周栎园吏事精能，抚戢残暴，如张乖崖；屡更盘错，乃别利器，如虞升卿；文章名世，领袖后进，如欧阳永叔；博学多闻，穷搜远览，如张茂先；宏奖风流，座客恒满，如孔北海；心好异书，性乐酒德，如陶渊明；敦笃友朋，信心不欺，如朱文季；孺慕终身，友爱无间，如荀景倩、李孟元；登朝未久，试用不尽，如范希文；遭谗被谤，坎壈挫折，如苏长公。栎园名亮工。

丁药园知李湘北

丁药园仪部澎，尝典试河南，在闱搜采玮异。得一卷，奇之。同考官以波澜简质，度其人已老，请置于乙。丁曰："才与胆崎，岂老生所办？此必年少知名，终为大器者也。"榜发，乃永城李湘北天馥也。同考官出语人曰："吾以世目衡文，几失此佳士。"李年方弱冠，名振西清，以文章道谊有声于世，后官侍郎。

许原孝知许彝干

许彝干少而岐嶷，总角时，偶诣从祖原孝。原孝冠见之，左右曰："孙见祖，何必冠？"原孝曰："此子是许氏南来之秀。"

万季野姜西溟知方望溪

古文大家，必推桐城方侍郎苞为正宗，裁成而引掖者，实赖一二先喆（同"哲"）。侍郎少游京师，下笔为古文辄工。万季野奇之，告之曰："勿读无益之书，勿为无益之文。"侍郎终身诵之，遂一心穷经。后读徐所雕《九经解》三过，为文益峻洁。时姜西溟方以古文伏天下，扬于众曰："后来之秀也。"侍郎名遂大起。

陈筠受知于海外国王

吴县陈筠，字友石。幼孤，善书，能琴棋，独不能治家。年长未娶，父产已荡然无存，乃挟三十金入山贩笋，至昆山王彦修家卖之。居数日，彦修语之曰："天气蒸热，笋包宜开矣。"开则笋已腐烂。囊余二金，乃贩时宪书数十本，卖以度日。既而鬻字于苏州阊门，为扇肆写扇。一日，有满洲大员奉旨封王至海外者，方南下，泊舟阊关外，令家人买扇，筠为书之。满洲大员阅之称善，酬白金一两，邀至舟。茶罢对弈，欢若平生，谓筠曰：

“我奉旨航海，倘不弃，与我同行，则幸甚。”筠诺之。馈三十金为安家资，筠以十金奉母，十金制衣，更以十金买肴馔，遍款同舟之人。既而舟至琉球、安南诸国，其王尊天使，并及同来之客，所至分庭抗礼，各求其字，一小字酬一小银钱，一大字酬一大银钱。舟至高丽，高丽王太子好音律，与筠鼓琴，乃授以新声数曲。太子喜，谓其侍官曰：“我国僻处海中，得陈先生至此，天赐也，宜厚赠之。”于是所赠金银珍宝、象犀珠玉之物，不可数计。归舟至大洋，舟重不能行，柁工命以所载金银撒入海中，约存二三万两，舟始能行。趁风至福建漳州，值漳、泉大荒，筠所至赈饥，费万两，而自以二万金归家娶妻。后与其妇兄贸易，不数年，复荡尽，为窭人。晚年卖药于阳澄湖之滨，跌损一足，然兴甚豪，犹不肯作寒乞相也。

高丽使臣购徐成顾词

吴汉槎戍宁古塔，行笥携有徐电发釚《菊庄词》、成容若德《侧帽词》、顾梁汾贞观《弹指词》三册，会高丽使臣仇元吉、徐良崎见之，以一金饼购去。元吉题《菊庄词》云：“中朝寄得《菊庄词》，读罢烟霞照海湄。北宋风流何处是，一声铁笛起相思。”良崎题《侧帽》《弹指》二词云：“使车昨渡海东边，携得新词二妙传。谁料晓风残月后，而今重见柳屯田。”以高丽纸书之，寄至我国。王阮亭《渔洋续集》有“新传春雪咏，蜚徼织弓衣”句，即指此。

蔡文勤知张鹏翼

连城张鹏翼，耄而好学，尝曰：“考亭易箦之年，乃我下帷之始。”所居乡曰新泉，男女往来，分二桥，道不拾遗，市中交易，先让外客，皆服其教也。漳浦蔡文勤公世远甚器之，尝书“醇学”二字以表其闾，语人曰：“吾知蔡君甚深也。”

方观承一生知遇

桐城方氏以《南山集》一案，牵连遣戍者十余人，观承之父亦与焉。于是方观承岁恒只身徒步，省亲于塞外。尝转徙至浙之宁波访戚某，比至，岁已逼除，见其戚倚门诸奴，皆貂帽狐裘，甚豪倨，自顾褴缕，往谒恐遭逐，乃于其巷中赁屋以居。惟以资斧将尽，进退两难，日于门檐下探听其戚居乡状况。对门一屠奇方状貌，询邦族，诘来意，曰："我与之同巷二十年，未见其恤一亲族，去恐无益。"方闻言，深悔轻至。屠曰："先生既士族，必能书，亦解算否?"方曰："略谙之。"屠曰："时将度岁，我有账目，烦一结，代开账单，以便索欠。寒舍伊迩，便请下榻，何如?"方遂往。屠呼妻出见，款接甚殷。方持筹握算，半日已毕。屠出索逋，得钱较往岁为丰。除夕，具酒肴，延方上坐，作守岁宴。屠女五岁，亦随母侧坐。元旦，方欲行，屠坚留之，并嘱其妻为制絮袍相赠。至六日，屠捧絮袍，妇携袜履至，奉方服讫，见方帽破碎，乃脱己毡笠易之，并赠钱二千为路费，遂别去。

方至杭，偶游西湖，见数十人围星士而谈相。星士瞥见方，遽离案出揖曰："贵人至矣。"方疑其揶揄，正色曰："我不求相，何遽相戏?"星士谛视曰："此非深谈处。"遂收卜具，邀入小庙，揖之坐，曰："予跋涉江湖数十年，阅人多矣，无一失者。子某年为何官，某年至总督，惜不能令终耳。今官星已透，可速赴都，以应机缘。"方曰："无论罪人子无仕进路，即有机缘，徒手何由北上?"星士取二十金赠之，并出一名条，嘱曰："他日节制陕甘，有总兵迟误军机当斩，千万留意拯之，此即以报我也。"叩其姓氏，枝梧以对，遂行。至直隶，行李为盗掠。将至保定，访其素识某，至白河，遇大雪，冻毙古寺外。僧启户，见方僵卧雪中，掖入灌救始苏。颇相契，留数月始行。

先是，寺中有老僧，蓄金石极多，老僧圆寂后，无讲此者，因悉出所蓄，浼方鬻之。捆载至保定，就督署前设行肆焉。制府出，前导嗔方收肆迟，横加鞭扑。方愤甚，弃去，赴都，至东华门，以测字资旅食。适平郡王舆过，见招帖，善之，呼问，知为方书，延归掌记室，备蒙礼遇。久之，藩邸楹帖尽出方手，世宗临幸见之，询何人笔，王以方对，即召见，赏中书。从此受知，由监生至建节，不过十年。方既贵，招屠至，赠以三千金，令改业，并为其女择佳婿。遣人至白河，修古寺。后果总制陕甘，督饷嘉峪关外，总兵某违误军机当斩，力为开脱，则星士乃其父也。

方思晚节不终之语，恒惧不免，及总制直隶，迎星士至署，求解免法。星士曰："定数也。惟作大善事，救千万人命，或可感动彼苍。"方遍检案牍，见直隶通省报流民路毙者，岁多至数百起，思设留养局以拯之，方定见而未发也。翌晨往见星士，星士遽贺曰："公满面祥光，必已有莫大功德，不特获免刑戮，并可望累代贵显矣。果何事而至此？"方详告之，遂奏行焉。后陕甘军营事发，两督抚、一将军皆罹法，方亦应坐，奉特旨原免。

鄂文端知孙文定

世宗朝，合河孙文定公嘉淦被诬有婪赃，据以入告者，某亲王也。上询鄂文端公尔泰，文端曰："孙嘉淦性或偏执，若操守，臣敢以百口保之。"上意解，即命文端弟讯问。事白，抵诬者罪。文端弟名尔奇，时与文定同以少司空兼祭酒，亦贤者也。

梁文庄知侯夷门

台州侯元经，字夷门，才士也。词赋敏赡，屡踬场屋。年五十，官县佐，解饷至户部，筦库之吏有所需，不即予批回，侯未僚而贫，大窘。时钱塘梁文庄公为侍郎，见侯名曰："此夷门也。"语司官："某尚书祭文，诸公谦让不作，盍以属之？"即召至户部后堂，给笔札。不移晷，成骈体，极庄丽。某司官复进曰："此堂官公祭文，诸曹司尚需一首，亦以相属。"侯磨墨濡笔，复成四言韵文，于是堂上下啧啧称赏不已。彼筦库者已袖批回，俟侯出而付之，明日，束装行矣。后镇江黄太守永年试童子，延至署阅卷，后如厕，陷而卒。身后萧条，无一长物，江宁令袁枚以百金资之，始归其丧。

尹文端知程镜涛

程镜涛尝为尹文端公幕客，宾主甚契。初，尹下车江南，微行巡郡邑，至嘉定城隍庙灵苑中。时方春游，士女杂沓，尹踞坐盘石，镜涛适至，遇妇女，侧身避之。有遗钗者，镜涛拾得，亟访其夫还之。其夫感谢，且叩姓氏，不以告，拱手遥去。尹追而擥（同“揽”）其袪曰：“先生一举有三善焉：不目色，一也；不拾遗，二也；不徼名，三也。观子于微，知非矫饰所致。某阅人多矣，未有高谊如先生者。”遂与订交，已而延之幕府。尹督两江，贤声大著，章奏悉出其手。

纪文达知朱子颖

试帖初兴，多尚典赡，纪文达公始变为意格运题，馆阁中人辄呼此体为“纪家诗”。乾隆丙子，文达以扈从道出古北口，偶见旅壁一诗，剥落过半，中有“一水涨喧人语外，万山青到马蹄前”二句，奇赏之。壬午，顺天乡试，文达充同考官，得朱子颖运使孝纯，投诗作贽，则是联在焉，因叹针芥之契，果有夙因。后出督闽学，道浙，尝于严江舟中赋诗云：“山色空濛淡似烟，参差绿到大江边。斜阳流水推篷望，处处随人欲上船。”尝语子颖，谓此诗实从“万山”句脱胎。人言青出于蓝，今日乃蓝出于青矣。

金冬心感惓知己

钱塘金冬心名农，续集自序，多述其自少至七十所遇前辈诗老闻人评诗赞美之语，文颇诡玮无绳幅，而感惓知己，真气在胸。节录数段，以存逸事。

南山之南吴庆伯征君，隐居闭关，却轨著书，比牛腰粗。隔月，舁软舆过谈亦谙（亦谙，杭诗僧。）禅窟，见予《林逋墓上作》，谓亦谙曰："吾新营生圹，宜乞此子寒瘦诗，阿师为吾乞之，吾以高辛氏铜盘、太康玉辟邪相报。百载后，幽光藉之不泯也。"又乾隆丙戌，渡罗刹江，访九十一翁毛西河太史，至会稽禹穴，观窆石，作九言诗。太史激赏，夸示宾坐曰："吾年逾耄耋，忽睹此郎君，紫豪一管，能颠狂耶！"又读书吴中，秀水朱检讨在慧庆寺主东南诗盟，怀刺往谒。检讨出迎，笑曰："子非秀水周林张高士宅赋木莲花钱塘金二十六乎？吾齿虽衰脱，犹能记而歌也。"又辛丑游扬州，谢秀才前羲驰誉江表，不可一世，见予《景申集》雕本，槌壁发颠曰："吾目如炬，不轻让第一流，何来狂夫，夺吾赤帜！"又予赴莱东，道经临淄，邂逅赵秋谷詹事，索予诗，哑哑抚掌曰："子诗造诣，不盗寻常物，亦不屑效吾邻家鸡声，（"邻鸡"即指王文简公士祯不忘谈龙旧隙也。）自成孤调。"又客泽州陈幼安学士四载，相国午亭，留咏殆遍，中条、王屋，无处不放胆题诗，学士叹曰："吾不幸十六中进士，翱翔禁庭十年，罢归，不深读书。今夜灯相对，受益良多。君乡查翰林兔园挟策，吾最薄之。君诗如玉潭，如灵湫，绠汲不穷。非吾友，实吾师也。"从此执业称诗弟子。又华亭张得天尚书，（即文敏公照。）曾屏车骑访予樱桃斜街云："昨见君《风氏园古松歌》，病虎痴龙，造语险怪。君善八分，遐陬外域争购，极类建宁、光和笔法，曷不写五经以继鸿都石刻？吾当言之曲阜上公。"又予在新安，临川李侍郎来游黄山，乃云："君刻集自称'冬心先生'，吾谪官时，曾诺君作记，记古人自称'先生'四十九家，今可偿夙愿矣。若君诗，凌颜轹谢，含任吐沈，久播人口，吾不复称说也。"

阿文成拔擢人材

阿文成善拔擢人材，每遇散僚卒伍，一二语即知其器识，辄登荐牍，故人乐为用。尝识兴奎于军校，奇其状貌，令攻某寨，即日授副将。海兰察权奇自负，同时无一当其意，独服文成驱使，辱骂惟命；遇他帅，虽礼下之，不乐为用。

桑调元推器卢抱经

余姚卢抱经学士文弨，少传父业，敦笃翫（同“玩”）古，妇翁桑调元甚推器之，以为风韵似其外祖冯景，其湛深乃过之也。学士父藏景遗藁于家，有示抱经诗云：“外祖冯山公，文章惊在宥。衣钵无后人，瓣香落汝手。”抱经谨识之，晚乃出景《解春集》，请长洲彭绍升别择锓行。

塾师赏钱大昕之破题

钱大昕幼时，塾师以“至则行矣”命作破题，大昕援笔书曰：“入其室，阒无人，但见鸡毛一堆而已。”盖从上文“杀鸡为黍”而言之也。塾师见之，大激赏，谓文思迥不犹人。此足与郑成功幼时作“当洒扫应对进退”题文：“尧舜之揖让，一洒扫应对进退也；汤武之征诛，一洒扫应对进退也”数句，并传不朽。

李穆堂知刘海峰

刘海峰名大櫆，桐城人，古文名家。少以文谒临川李穆堂侍郎绂，李惊曰：“五百年无此作者，欧、苏以来，一人而已。”

纪文达知陶文毅

陶文毅公澍某年会试下第，无力出都，不得已，鬻谢石之术于某胡同。其地近纪文达公昀寓邸，文达出入，习见之。一日，询阍者，以湖南举人对。命延入，索阅其文，亟赏之，属假馆余屋，善视之，俾俟再试。陶自是德纪甚，及贵则厚恤纪之诸孤，两家往还如族姓。

阮文达知蒋征蔚

乾、嘉间，元和有三蒋：伯莘，字于野；仲征蔚，字蒋山；季夔，字希甫。皆工诗，人各一集。蒋山尤渊博，治经史小学，兼通象纬，著述甚精，诗文才力雄富，无所不有。弱冠游浙，阮文达公元方督浙学，一见倾倒，留之署，约为异姓兄弟，复序其《经学斋诗》，谓研精覃思，梦见孔、郑、贾、许时，不失颜、谢山水怀抱也。

王兰泉得淮海四士

青浦王兰泉侍郎昶尝曰："吾于淮海得四士焉：给事中王念孙及子引之善《苍》《雅》之学，汪中为杨（扬）、马之文，刘台拱有曾、闵之养。"时谓"四士三美"，宜矣。

巨室识林文忠

福州林文忠公则徐之父，以卖柴为生，幼时辄随父力作。有巨室某，见其器宇非凡儿，颇以为异，试与语，应对有序，聪颖殊常。计其必有成就，乃谋于其父，令伴诸儿读，时仅十二龄也。由是遂得通显，历任巡抚、总督者十三省。

汪文端知姚石甫

山阳汪文端公廷珍尝督学安徽，闻姚石甫乡试中式，语萍乡刘金门侍郎凤诰曰："吾昔于皖中佳士无所遗，独惜未得姚莹。今君暗中得之，何快也!"及姚成进士，为福建平和县知县，赴官过钱塘，时汪督学浙江，姚谒之，纵谈三日，索观诗文，为题诗卷首，有"众鸟啁啾中，独见孤凤皇"之句。石甫名莹，桐城人，后官台湾道。

何文安知李文恭

湘阴李文恭公星沅，尝以编修督学广东。时道州何文安公数主文，所在有清望，文恭叩以利弊，笔识之。文安敛手曰："子能虚心问、实心行，吾不独为粤士庆，为异日封疆幸矣。"

李文恭知曾文正能办贼

李文恭为钦差大臣时，曾遇曾文正公于逆旅。时粤寇方起，殊以为忧，谈竟夜。明日，李出京，临去时，按曾于坐而拜之曰："吾视天下人，惟君真能办贼。星沅老矣，无足言者，此一拜，所以寄此任于君也。"

林文忠知左文襄

左文襄微时，为林文忠所知。道光戊戌，林起自原籍，督师广西，胡文忠腾书荐左。林过湘，使县令觅左，时岁晚，将归家，挐舟江岸，县吏从小舟中大索得之，与共登林舟，忽失足落水，衣履尽湿。登舟叙礼毕，即谓林曰："闻古者待士以三薰三沐之礼，今三沐，已拜领之矣，若三薰，则犹未也。"林笑曰："子犹作文语耶？速易衣，防中寒也。"是日即宿舟中，为竟夕谈。谈次，及新疆边事，忽举手拍左肩曰："他日竟某之志者，其惟君乎！"左亦殊自负，后卒如林言。左晚年尝引以语幕僚，谓一生荣幸，此为第一。是时，林即于舟中手书一联赠左，联云："此地有崇山峻岭，茂林修竹；是能读三坟五典，八索九丘。"上款书"季高仁兄先生大人法正"，下款署"愚弟林某某"。左极感之，晚年，犹悬此联于斋壁。

陶文毅知左文襄

左文襄礼部报罢回籍，侘傺甚，充醴陵书院山长，脩脯至菲，几无以给朝夕。时安化陶文毅公澍方督两江，乞假回籍省墓。当时轮船未通，吴楚往来，皆遵陆取道江西。文毅奉优诏，驰驿回籍，地方官吏供张悉有加。醴陵为赣、湘孔道，县令特假书院为行馆，嘱文襄撰书楹帖，其上房联曰："春殿语从容，廿载家山，印心石在；大江流日夜，八州子弟，翘首公归。”“印心”者，文毅家有古石一，其形正方，名之曰“印心石”，故文毅斋名即以“印心石屋”命之，召见时宣宗尝从容询及也。文毅睹楹帖，激赏不已。问县令孰所撰，令具以文襄姓名对，即遣舆马迎之至，谈一日夜，大洽，即延入幕府，礼为上宾。

文毅得子晚，其公子尚在髫龄，而文襄有一女，年与相若。文毅一日置酒，邀文襄至，酒半，为述求婚意。文襄逊谢不敢当，文毅曰：“君毋然，君他日功名，必在老夫上。吾老而子幼，不及睹其成立，欲以教诲累君，且将以家事相付托也。”文襄知不可辞，即慨然允诺。未几，文毅骑箕，文襄经纪丧事，挈公子归里，亲为课读，且部署其家事，内外井井，如文毅在时。陶氏族人欺公子年幼，群谋染指，赖文襄之御侮，得无事。文毅藏书綦富，文襄暇日皆遍读之，学力由是日进，一生勋业，盖悉植基于是时也。

骆文忠信任左文襄

咸丰初年，左文襄以在籍举人，就张石卿中丞亮基之幕。张去位，骆文忠公秉章继之，信任文襄尤专。文忠每公暇，适幕府，值文襄与幕僚数人慷慨论事，援古证今，风发泉涌，文忠静听而已，未尝置可否也。

胡文忠知鲍武襄

鲍武襄公超，四川奉节人。微时在蜀，拐某民家妇，遁而至湘，寄其妇于长沙理问街某刀店。刀店主妇收养之，武襄乃呼为干阿奶，只身赴鄂，谒鄂抚胡文忠公。文忠一见器之，曰：“汝诚将才，若统一二营，必为出奇制胜之偏师也。”武襄大喜，亟还湘，召募湘人两营，率以见文忠。文忠讶之，意谓实未给札令募兵，然既来，姑给游饷。自是遂率师剿寇，然以无的饷，故每克一城，许部曲掠三日，三日后则严戒秋毫无犯。

朱伯韩知张忠武

临桂朱伯韩观察琦尝居谏垣，与苏廷槐〔魁〕、陈庆镛齐声，号称“三直”。粤西寇起，方在籍办团练。张忠武公国梁之来归也，官吏多疑之，观察独谓忠武可任事，毅然以十口保其无他，忠武卒为名将。

邓保之知王闿运

邓绎，字保之，湖南武冈人。少有大志，不屑屑章句，喜访求才俊，尝谓求才为经济第一事。湘潭王壬秋检讨闿运，幼时读书村塾，绎闻人诵其诗，有“月落梦痕”之句，喜曰：“此妙才也。”即往访订交。王故贫，绎资之，使学于名师，又逢人誉荐之，由是闿运学益精，声名大昌。

钟建霞受知于司账者

咸丰朝，有广东运使钟建霞者，起家寒微，以卖油为业。时漕运方盛，必担油赴粮艘求售。一日，以索值往，适司帐（同“账”）者方句稽款目，盘珠格格不已，钟睨其旁。久之，司帐者问何人，以索油值对，并谓君帐于某某处有误，故不符合。乃属钟代算，数悉符，则大喜，询姓名里居，留之舟中，相助为理，月酬以金，视担油丰且逸矣。

越数年，粮艘裁，司帐者谓：“吾今亦无所事，我二人盍业贾?”遂托以三千金往来贩运，赢利倍蓰，其人欲与分，钟不可，但计月取辛赀，固与而固辞焉。因为纳粟，得巡检，选授湖北副底司。未几，胡文忠驻兵新堤，饷糈支绌，钟以随办捐输，保升沔阳州州同，旋擢知州，积官至广东盐运使，以精明综核见称。

胡元炜捐官之奇遇

胡元炜之初仕也，告贷戚友，得数百金，将入都捐从九杂职。方在渡口僦舟，忽有一人来共渡，与语甚洽，因结伴同行。入都，僦屋同居。月余，其人忽问胡曰："子来何事？"曰："将捐官。"曰："盍将履历示我？"胡示之。数日，忽谓胡曰："吾已为子上兑，捐知府矣。子携来之物，即可作归费。大丈夫生当斯世，何必龌龊为小官。且朋友有无相通，我有余财，敢不为子图耶？"胡惊喜拜谢，云不敢忘德而已。

胡出都，到省未久，即奉檄置庐州府。时为咸丰癸丑，粤寇悍党方攻庐州也。胡资望浅，忽权守雄郡，盖亦其人为之经营，胡初不知也。及在围城中，一日，忽有人持名帖入署，胡视之大惊，盖即代捐知府之人也，出都后已久不相闻矣。属胡毋衣冠相迎，恐涉张皇，令外人知也。胡迎入，拜述前德。其人曰："子毋然。吾将以十二月十七日下庐州，子能迎降，必受封王之赏；不然，则命在今日矣。且子受我德甚大，今庐州兵饷两绌，决不能守，与其执迷而自速厥死，孰若报德以取富贵乎？"胡踌躇良久，决意从寇。届期，寇由胡所守之门入城。庐民闻胡通寇状，至城破时，相率入府署灭其家。胡降，寇使担水执爨，旋授以职。后官军克安庆，执而戮之。

谭绍洸待士人

粤寇谭绍洸据苏州时，有一士人为其徒所掳，拥之入见。谭见其温文尔雅，体羸甚，谓之曰："知书否？"士人曰："十年窗下，苦读未成。今不幸见获，家有老父，当倚闾而望矣。"谭曰："姑居此，吾当送还家也。"因与谈《左传》，剌剌不休，士人亦背诵如流。谭大喜，抚其背，知其寒，解衣衣之。士人素佞佛，夜静无人，辄礼斗。谭偶见之，戒曰："此间以拜偶像为例禁，幸余见之，尚无害。营中有墨面大汉，最粗暴无礼，苟为所见，则汝颈不足血彼刃矣。彼故渡僧桥恶丐也，以军功擢大将，幸自注意，勿撄其怒也。"居数日，谭曰："吾见汝身躯孱弱，此间不可久居。今派小队，送汝归家矣。"士人称谢而归。

石达开知熊倔

熊倔，字屈人，尝挟策金陵，干粤寇洪秀全，不能用也。石达开与语奇之，告秀全曰："熊某，奇才也。若用之，天下不足平矣；不然，即杀之，勿以资敌。"秀全犹豫未决。寻某酋被收，倔以书告达开，劝速遁。达开就其馆访之，已不知所之矣。

李文忠知王韬

咸、同间，吴县王紫诠广文韬，曾上书于粤寇之号称"忠王"者，洋洋数千言，皆足致官军于死命，而不见用，乃走南洋，历诸岛，息影于香港百步梯。初亦曾客忠幕，多所擘画，忠于是书乃交臂失之，不可谓非朝廷之幸也。盖粤寇不能善用五人，故致颠覆如是之疾。五人者，石达开、李秀成、钱江、容闳与韬也。韬名籍甚，斯时李文忠拟以上宾待之，聘使交至，胥逊谢，其答书有"此心久灰，老朽难用。同根相伐，敢再加厉"等语。文忠得书，数叹息曰："张元不为宋用，谁之过欤？"

曾文正知杨毓枏

拔贡朝考，得知县，以到省先后为补缺之序，授职后，即诣吏部领凭；既领凭，未有不实时遄往者。曾文正为侍郎时，有两门生，皆得直隶知县，同时往谒。问行期，其一为杨毓枏，遽对曰："已雇车，即行矣。"其一则某，曰："方待束装。"文正疑杨为巧宦，已而闻先去者乃某也，因叹曰："人固难知哉！杨向者之对，正其拙耳。"文正后颇遗书直隶大吏，言杨之贤。及杨复至，文正问相待如何，杨曰："上官待属吏皆好，待毓枏亦好。"文正大笑曰："若真老实矣，好、好！"杨后官至大名府知府，某竟以事被劾，如文正言。杨澹于宦情，文正督直隶时，欲委署道缺，竟辞归。乃赠以联云："已喜声华侔召杜，更看仁让式乡闾。"

曾文正知江忠烈程忠烈

江忠烈公忠源初谒曾文正于京邸，既别去，文正目送之，曰："此人必名天下，然当以节烈死。"时天下方无事，众讶其言之不伦。后十余年，忠烈果自领偏师，战功甚伟，嗣殉难庐州。

文正东征时，沪上乞师，乃奏请以合肥李文忠赴沪，而以程忠烈公学启从。临发，文正送之登舟，拊忠烈背曰："江南人誉张国梁不去口，君去，亦一国梁也。行闻君克苏州矣，勉之！"李至沪，由下游进兵，自青浦、昆山转战，拔名城，殪大憝。虽尝借助英、法兵，而西人独推忠烈功为淮军诸将最，其声威殊不出张忠武下。嗣克嘉兴，先登，中枪仆地，卒不救。其以死勤事，亦与忠武同。

曾文正重罗忠节塔忠武

曾文正生平所最器重者二人，曰罗忠节公泽南，曰塔忠武公齐布，分兵杀贼，屡建奇勋。后罗、塔同时殉难，曾臂援顿失，东西南北，往来无定。湘人为之口号曰："拆掉一座塔，打碎一面锣，穿烂一部罾。"盖纪实也。

曾文正识拔杜文澜

秀水杜小舫方伯文澜，始以钱幕入仕，曾文正至金陵，颇不然之。适由行台移节府，见堂室所揭楹联，于人地事事切合，奇赏之。询为杜之手笔，即延见，谭至盐务、洋务，尤指画详明，并条陈利害，灼然可行，叹为奇才。旋奏署江宁藩司，由是遍历三司五道，然未曾引对入都也。及沈文肃公葆桢莅任，乃以嗜好太深，劾之去职。

曾文正知容闳

容闳字纯甫，香山人。年七岁，即学于英教士。十三，从美教士普拉温。普爱其才，携之至美，使肄业于叶尔（今“耶鲁”）大学，时年十九。后七年，毕业回国。又十年，始受知于曾文正。同治中，奏设机器制造局于上海。文正使容赴美购料，容乃建议，遣聪俊子弟游学于美。文正从之，使为监督，兼充驻美副使。适华工在秘鲁、古巴诸国受虐待，事闻，中朝使容就近往查，属实，遂禁止移民秘鲁。已而文正薨，李文忠悉召游美学生回国，皆未毕业。容大失意，遂留美二十年不还。

先是，容娶美妇，举二子，皆三十余岁矣。光绪甲午中日之役，虽在海外，然仍不忘故国。时张文襄主战，幕客某与容识，容因献策于张，其一曰：“请亲赴伦敦借款一千五百万元，购办现成铁甲舰三四艘，招借洋兵五万，由太平洋出拊日本之背，以阻其西侵之势。”其二曰：“借款欧洲某国四亿元，以台湾为抵押，九十九年还，大兴海陆两军，以挽颓势。”张纳第一策，飞电促赴英。容急诣伦敦就富商谋之，富商咸欲以海关作抵，文忠与赫德皆不欲，议垂成而寝。

后数年，日皇简儿玉大将为台湾总督。一日，有白发短躯者来，投刺书“容闳”两字。儿玉出见之，极道倾慕之意，已而曰：“今窃为足下危者一事。”容不解，促膝问之。儿玉曰：“前者闽浙总督致书，言容闳苟来，请捕拿解交。”盖谬传容为康党也。容泰然曰：“公欲捕我，固无所逃。虽然，我为祖国谋，为忌者所中，此士之荣也。”儿玉笑曰：“我不为贵国捕吏，请足下勿虑。”因出报纸示之，曰：“此事为何人提倡?”盖所录者即容向所建第二策也。容受之读竟，曰：“此非他人，即我之策也。”举右手叩其胸者三，乃继语曰：“此言借款亿元，非事实也。吾欲借者，特其半耳。”儿玉笑而颔之。容曰：“他日苟临国难，吾将复建此策，人不能夺吾志也。”时儿玉将东归，劝容俱往。容适患喘，不果行，居数日，遂诣香港。儿玉派兵四人昼夜为之警护焉。

曾文正知李芋仙

李芋仙名士棻，四川忠州人。尝为江西南丰令，刘仲良中丞秉璋劾罢之。初，芋仙客曾文正所，使酒嫚言，文正以方外蓄之，不甚重也，然时怜其才。文正官江南日，芋仙屡有干请，戒门者勿通，芋仙乃以四诗，用禀封达之。文正读之称善。次日，梅小岩方伯启照入见，文正曰："李芋仙终是才人，务为之地，勿使失所。"于是芋仙得以温饱数年。文正卒，乃流落上海，教一二女伶度曲以自给。所藏书钤有"忠州李芋仙随身书卷"一印。其上文正诗有云："怜才始信得公难。"文正为之动心者此也。

曾文正李文忠识刘省三

刘铭传，字省三，怀远人，自幼喜弄棍棒。粤寇据金陵时，刘纠合数百人练之为团，以卫地方。然以经费支绌，尝遣其所部劫资以为助。邑人大忿，控之于钦差大臣向忠武公荣，向命邑令就地正法。令使入站笼，将毙之也，然刘无所苦。守役奇之，与之谈。刘谓："因公获罪，自问为全大局计，无所怼。惟吾死，恐邑亦陷矣。"役心善之，乃与偕亡，中途，守役别去。

刘乃至苏州，以乡谊谒李文忠公鸿章，李畀以帮哨。未几，曾文正公国藩阅兵至苏，命传见，且纳为门生，旋令统领四十营，去待罪时仅十八日耳。其后洊至提督，改巡抚，遂开府台湾。

程忠烈感曾贞幹

合肥程忠烈公学启初从粤寇，后降于官军。降时，与所部数百人俱，严装持满，叩曾文正之弟贞幹壁门，大呼曰："我来降，追者在后，故不能释兵。信我，可开壁相迎；不信，亦请发炮相击，免使我死贼手也。"曾闻之，遽倒屣出视，传呼开垒门纳之。程以此感曾甚，誓效死以报。

酒家叟识王筱岚

黔阳王筱岚，同、光间以诗文名。少时家贫，为村塾师，三应童子试不售，人咸藐视之。王郁郁不乐，寄怀于酒，日持百钱至村店沽饮，必醉而归，醉则益詈人，或痛哭大叫不已。酒家叟独敬之，待遇不与常人同。王怪之，曰："汝酒家佣也，岂知我哉！何厚我？"叟曰："君举止非碌碌者，何困于是？"王曰："汝岂知，贫家子岂有读书分耶？终岁辛苦，得馆谷，不足买一书。富人图书满家，子孙窃出易狗马，然不得入寒士手。若吾，岂有福读书者？已矣，吾其醉死矣！"言已掷杯，狂叫而起。叟曰："君不闻映雪凿壁事耶？士岂患贫哉！虽然，老夫当为君助。"乃延王至家课子，兼督其自学，有所需，力为之谋。王感其意，肆力于学，数年乃大进。后王与叟子皆成进士，为诗古文辞，有名于时。时叟年七十余，犹亲见之，王尊为师。叟曰："君力学之功也，老夫何与焉。"

左文襄知英果敏

左文襄公在西疆时，湘军而外，旗营、勇营林立其间，遇有饷项支绌时，无不立予协济，以是人服其公。然意气甚盛，虽有与文襄官秩相等者，而言语酬酢，书函往复，若自处于卑下，则遇有所求，无不如志。英果公翰时任乌鲁木齐都护，一见倾倒，派兵派饷，以供使用，概辞不受。嗣奏陈边事艰难情形，极推文襄之功，遽得月协八万巨饷，情好以是日密。将军金顺颇不能事，将奏荐代领其众，未及而英卒矣。英疾亟时，以寸纸手书告诀，文襄为之痛哭，告僚友曰："西边少一替人，吾且伤一知己矣！"飞章表其夙勤，为理身后事甚备。文襄向论旗员习气重，解事少，遇金顺，犹以部曲等之；至果敏，则称为有用才，同时督抚罕有其比也。

张文襄待遇僚属

南皮张文襄公之洞督鄂，勋绩颇著，然颇有僻见。僚属以事晋谒，或上条陈，甫接见，张默坐无语，若倦而假寐者，久之而发言，果为所称许，当视为循例套语之敷衍而已；或摇首蹙额，未几且呵叱之，则其人不出数月，必再被传见，为所用矣。

张文襄待士

张文襄博学强识，口若悬河。或有荐幕友者，无不并蓄兼收，暇时则叩其所学，率不能对其十一，多有知难而退者。督鄂时，一日有狂士某投刺入，命见。见已，遽曰："我某某也。我通测绘学，公知否?"文襄命人授以纸笔，欲面试以穷其技，狂士一一胪列，了如指掌。乃大叹赏，即檄充画图局教习。某出，谓人曰："某公固易与也。"

张文襄为某令之知己

张文襄入赞枢密，出任封疆，久镇两湖，政绩卓著。其平日，凡僚属秀异者，罔不加以青眼。某令者，历任剧邑，号能员，适解任，侨寓省垣。一日谒文襄，以楹帖进。文襄见而叹赏，立委某邑篆。句云："师事几人心北面，感恩知己首南皮。"

张文襄赏梁崧生

张文襄督鄂时，督署电报房领袖学生梁敦彦后为尚书字崧生者，时方专司译电报事。向例：朔望行礼，文案委员与电报学生皆分班行礼。梁在诸生之列，文案委员无一与谈者。一日，文襄瞥见之，自曳其手，使厕文案委员之列，曰："汝在此。"众大愕。此后文案委员见梁，皆刮目视之矣。

潘文勤知赵舒翘

长安赵展如司寇舒翘以寒素起家，致位六卿。晚节不终，失身奸党，论者辄诋诃之。然其历官治事，实有过人之才，不可没也。

赵初通籍，观政刑部。京曹本清苦，刑部事尤繁重，俸入又最廉。赵聪强绝人，耐艰苦，恒布衣蔬食，徒步入署，为常人所不能堪。秦士官秋曹多有声，赵尤冠其僚，论者谓薛云阶尚书允升以学力胜，赵则以天资胜，自二人外，前后数十年，无第三人也。吴县潘文勤公祖荫官大司寇时，尤器其才，奏留，未五年，即以提牢厅补主事缺，总办秋审，旋擢员外郎，外保京察一等。胡体安狱起，李鹤年为汴抚。初以王树汶代体安死，暨树汶临刑呼冤，则又援强盗不分首从立斩律，当树汶大辟，卒置体安不问。汴京官联衔参奏，文勤力主提案至京，委赵主其事。谳垂定矣，文勤忽入李鹤年客某言，欲寝其事弗究，而仍依汴中原谳定案。赵持稿上堂力争，声色俱厉。文勤不能堪，然心亦知赵所持正，顾未欲于众司官前显示诎伏。方犹豫，赵遽拂衣出，归家缮呈，乞开缺回籍修墓，拟翼日入署呈递，而文勤以是夕丁外艰矣。继任者为南皮张文达公之万，文勤于倚庐中手书致文达，略谓："赵司官学问才品皆不居第二流，荫于五年中超擢其人，由笕股至律例馆提调。前日之事，曲实在荫。丈既接任秋卿，乞仍照赵君所谳定稾。赵君刚烈过人，尤望吾丈曲意保全之也。"时赵去志已决，文达以文勤手书示之，始已。是时赵名震中外，而人尤服文勤之勇于改过、笃于爱才也。

翁叔平知康长素

光绪戊戌，常熟翁叔平相国同龢，尝于德宗前言及南海康长素主政有为，赞其才。盖德宗奋发自强，欲求人才，一日以康询相国，相国对以"才胜臣十倍"。

宝廷识吴武壮

光绪乙亥，吴武壮公长庆授真定镇总兵。入觐，宝竹坡侍郎廷邂逅，与之言。既定交，退而语人曰："中兴名将，吾见多矣，未见有气度高朗若吴筱轩（武壮字。）者。异时国家有事，建功者必斯人也。"

张翼受知于醇王

张翼，字燕谋，顺天通州人。父为诸生，贫甚。父殁，母、姊藉针黹以度日。张为人牧马，展转至醇王邸。一日王出，见张怜之，召问焉，应对有序。王喜，令充近侍。一日，王忽病，几殆。群医会商，非大黄不为功，顾以药力猛，未敢用。张瞰知其故，毅然曰："汝曹第开方，别将药名、重量，书条与我，我自购之，杂他药中。脱有他故，我负其责，与汝曹无涉也。"药进后，王病良已，问此方出自谁某，张直告之。王大称叹，曰："不料汝竟有此忠心，且有此胆。"次日，孝钦后及德宗往视疾，王具告之。孝钦亦称赏，且曰："俟张至二十岁时，可令其作官。"时张甫成童也。张及冠，纳资得道员，指省江苏。时左文襄公宗棠督两江，王于左陛辞时面托之。历供要差，旋返直隶，督采开平煤矿，累迁至礼部侍郎，以开平矿事镌职。张性孝友，年五十，母怒时辄长跪不起；待其姊甚厚，夜资达数十万金，姊有所求，无弗应。

醇王信任许恭慎

光绪癸未法、越之役，醇王以事关交涉，非寻常外侮可比，将发神机营出征。许恭慎公庚身不韪其策，乃委婉其词，以书达之，略谓："以王之训练有素，自必所向克捷。惟虑南北水土异宜，且闻彼地有瘴，倘兵士遘疠，有所挫折，不特有损天威，且于王之神武亦有所碍。"王大悟，谓许为知言。翌晨，要许于朝房，语之曰："昨君书大是，见识远到，匪急性人所思。且兵士战死固为本分，若死于瘴，势必挫损，岂不贻笑外人？吾昨已止前命矣。后有磋议事，还当不我遐弃耳。"由是王信任之弥笃焉。

袁忠节知施洛笙

施洛笙，名亦爵，吴县人。年十六，从父贾于沪，执业之暇，辄就娄县沈约斋习诗文，且工六法，似董香光。初主计于钱肆，继司招商局笔札，有肆应才。时董局者为严芝楣，器之，及老病，荐洛笙自代。袁忠节公昶见其诗札，与订交，语人曰："此吴下后来之秀，非阿蒙也。"

希将军悦罗某

湖北拔贡罗某，屡应乡试不售，喟然叹曰："人身在世，能几何年？大丈夫欲立大事，成大名，必欲藉手于科举，则终老泥涂耳。"时潘文勤公在朝，酷好金石，博收古代遗物。罗因以旧藏汉砖及最大之铜缸，载以北上。趦趄燕京者久之，得识同仁堂主。同仁堂者，燕京药肆，著称于时，王公大臣所常藉以休息之地也。同仁堂主暇辄以罗意告潘，潘延罗入私邸，颇赏其所携金石，问何所欲："金耶、官耶？幕府耶？抑推荐他处耶？"罗曰："他皆非所愿，愿得一书投吴大澂麾下，得行吾志，以报国家，则幸甚矣。"潘壮其言，作书命往投之。

时吴方驻天津，罗至，则吴已出关，罗孑身往从，裘敝金尽，困于逆旅。一日，有同寓之某见而问焉，罗悉告无隐。某曰："惜哉！失此机会。顾吾子之意奚若?"罗曰："吾仍愿达吴帅处耳。"某曰："关外险阻，非孑身可行也。吾向隶希将军麾下，将军方招致南方士子，君能从我往，川资不足计也。"罗大感之，因偕行谒希。希与语，大悦，因以转运之职托焉。凡三年，无过失。希曰："今俄人野心勃勃，君为我侦之，可乎?"曰："奚不可?"希曰："俄近与吾国有隙，吾国人之履其境者颇危，君其珍重。"罗乃饰酒贾装，操俄语，往西比利亚铁路详侦之。归，以所得告希，上其所著《见闻录》。希欲荐之，使得大用也，乃为达之部；部臣置不问，乃回里，时已保至浙省候补知县矣。

隐逸类

徐俟斋卖画为活

徐枋，字昭法，别字俟斋，长洲人。父忠节公汧，明崇祯戊辰进士，官少詹事，乞病归。乙亥六月，苏州破，正衣冠投虎丘桥下死。俟斋弱冠举崇祯壬午乡试。忠节将殉国，号泣欲从死，忠节曰："吾不可以不死，若长为农夫以没世，可也。"自是隐居终其身，与宣城沈寿民、嘉兴巢鸣盛，称"海内三遗民"。书宗孙过庭，画宗巨然，间法倪、黄。自署"秦馀山人"。得其遗墨者，视如拱璧。然贫甚，南岳僧洪储时周之，曰："此世外清净食也。"尝绝粮数日，黄九烟造访，出手中画扇，使童鬻于市，无售者，则曰："黄九烟诗画也。"乃得银数钱归。而俟斋及九烟皆怒，以为泄九烟名，趣返其值。豢一驴，甚驯，通人意，日用有所需，则以所作之画卷，置簏于驴背，遣之。驴独行，及城门而止，见者争趋之，曰："高士驴至矣。"亟取卷，以日用所需物如其指，备而纳诸簏，以为常。康熙甲戌，卒于天平山麓之涧上草堂，时年七十三。

方密之不臣不叛

方以智，字密之，为明末四公子之一，学者私谥曰"文忠先生"。明崇祯庚辰翰林。甲申，为睿亲王所得，胁之降，不屈，释之。逾年，桂王立于湖南，与瞿式耜并征，将以为东阁大学士，亦不赴。旋遁为僧，隐居桐城之浮山，自号"浮山愚者"，又称"无可道人"。不臣不叛，不降不辱，殆古伯夷、叔齐之流亚欤？密之于书无不读，学兼汉、宋，旁及诸子百家，天算、舆地、方伎、杂艺无不通贯，著书凡百二十种。

敬一主人读书毉巫闾山

敬一主人高塞，太宗七子也，封镇国公，世居盛京。善文翰，诗多清警，隐毉巫闾山，读书其间。常熟孙赤崖旸以事戍吉林，主人留之数载，遇赦始归。

黄梨洲凭几双肘隐然

余姚黄梨洲入国朝而隐，尝坐雪交亭，不知日之晚，倦则出门行塍亩间，已复就坐。如是而日、而月、而岁，其所凭之几，双肘隐然。庆吊吉凶之礼尽废，一女嫁城中，终岁不与往来；一女三年在越，涕泣求归宁，问之不答。黄尝曰："自北兵南下，悬书购余者二，应捕者一，守围城者一，以谋反告讦者二三，绝气沙墠者一昼夜，可谓濒于十死者矣。李斯将腰斩，顾谓其中子曰：'吾欲与若复牵黄犬，俱出上蔡东门，逐狡兔，岂可得乎？'陆机临死叹曰：'华亭鹤唳，岂可复闻乎？'吾死而不死，则今日者，是复得牵黄犬出上蔡东门，复闻华亭鹤唳之日也。以李斯、陆机所不能得之日，亦已幸矣。不自爱惜，而费之于庆吊吉凶之间，九原可作，李斯、陆机其不以为吾为怪乎？"

余若水不出城南一步

余若水，会稽人。明末画江之役，补礼部主事，迁郎中。事去，逃之山中，郡县逼之出见，乃舆疾城南，以死拒。久之，事得解。所居仅草屋三间，不蔽风雨，以鳖甲承漏。聚村童五六人，授以《三字经》。卧榻之下，牛宫鸡埘，无下足处。晨则秉耒出，与老农杂作。同年生王天锡为海防道，欲与话旧，以疾辞。天锡披帷直入，拥衾不起，曰："不幸有狗马疾，不得与故人为礼。"天锡执手劳苦，出门未数武，则已与其婢担粪灌园矣。天锡遥望见之，叹息去。冬夏一皂帽，虽至昵者，不见其科头。

尝慨世路偪仄，遂疑荀卿性恶之说为确，至欲著论以非孟。康熙己酉十月卒，年六十有五，盖二十有四年不出城南一步也。疾革，黄梨洲造其榻前，欲为切脉。笑曰："某祈死二十年以前，反祈生二十年以后乎？"梨洲泫然而别。

顾祖禹不愿列名

徐乾学修《一统志》，设局于包山，辟四方知名之士以为辅。无锡顾处士祖禹精地理学，固延之，三聘乃往。书成，将列名以上，处士不可，至欲投死阶石，始已。或谓处士尝游耿精忠幕，干以策，不用乃去。

申凫盟无干世心

申凫盟名涵光，明遗民也。自见苏门孙夏峰后，大书于门曰："真理学从五伦做起，大文章自六经得来。"又题书室曰："学古之志未衰，每日必拥书早起；干世之心已绝，无夕不饮酒高歌。"

张覆舆闭户绝人迹

永年张覆舆，明诸生，与申凫盟同学齐名。崇祯甲申后得狂疾，筑土室村外，闭户绝人迹，穴而进食。岁时一出拜母，虽妻子不见也。入夜时有泣声。

郭大临窜身黄冠

常熟郭孝廉大临，任侠尚气，明亡后，即窜身黄冠，遍走江湖，欲得奇才剑客而友之，卒无所遇。顺治辛丑，余姚黄太冲读书双瀑寺。双瀑在万山中，人迹殆绝，大临忽走访。太冲问何以知之，笑不答；问奚自，曰："甬上也。"

何稚元叔侄同隐

何稚元名蔚文，浪穹人。五岁读书，过目不忘，九岁能诗文。有大志。会明亡，屡有所谋，不就，遂与兄星文辈隐遯宁湖。家贫，四壁萧然，咏歌自适，间为词曲书画，以发其怨愤之情。巡抚袁懋功闻其贤，征之。谢曰："吾家世受明恩，愿以布衣终。"时人称其有陶靖节之遗风。著有《浪楂诗集》《文稿》。年七十三岁而卒。从子素珩，字尚白，读书有得，无意进取，与蔚文同隐于宁湖，自号"芘碧渔家"。（浪穹别名"芘湖"。）往来乘小舟，以琴樽自随，出入烟波中，其高风亦不减于蔚文也。

八大山人以"哑"字署门

八大山人者，即朱耷，明宗室也。为诸生，世居南昌。弱冠明亡，弃家遁奉新山中，祝发为僧，住山二十年。临川令胡亦堂闻其名，延之官舍。居年余，意忽忽不自得，遂发狂疾，忽大笑，忽痛哭竟日。一夕，裂其浮屠服焚之，还走会城，独身佯狂市肆间。尝戴布帽，曳长领袍，履穿踵决，拂袖蹁跹行，市中儿随观哗笑，人莫识也。犹子某留止其家，久之，疾良已。

山人工书法，行楷学大令、鲁公，狂草颇怪伟，亦喜画水墨芭蕉、怪石、花竹及芦雁、汀凫，翛然无俗韵，人争宝之。饮酒不能尽二升，乃喜饮。贫士或市人、屠沽邀之饮辄往，往饮辄醉，醉后墨渖淋漓，不甚自爱惜。数往城外僧舍，雏僧争嬲之索画，至牵袂捉衿，不拒也。戚友馈遗之，亦不辞。贵显人欲以数金易一石，不可得。或持绫绢至，直受之，举怀素语，谓将以为袜。以故贵显人求书画，乃反从贫士、山僧、屠沽儿购之。一日，忽大书"哑"字署其门，自是对人不交一言。然善笑，而喜饮益甚。或招之饮，则缩项抚掌，笑声哑哑然。又喜为藏钩拇阵之戏，赌酒胜，则笑哑哑；数负，则拳胜者背，笑愈哑哑不可止。醉则往往泣下。

郑孙段傅为四废

太原郑大元，偕孙繂、段樵、傅山，隐沁源山中。旋归柳峪，授徒自给，友一驼、一哑、一聋，号“四废”，不知所终。傅有赠大元诗云：“伯阳云愧汝，一饭不曾尝。节苦甘沟壑，蒙亨小学堂。三人伤独在，四废寄情狂。手植芳椒老，辛红满夕阳。”又题墓碣云：“柳峪似谷口，姓还同子真。上京名不振，伦拟德弥尊。白日无朋友，黄泉有段孙。心期长夜合，抵掌论乾坤。”

李潜夫不受人馈

宁都魏叔子尝游杭州，过嘉兴，访李潜夫。潜夫方绝粮，叔子探囊，得银五钱，为之买米。因作书与周青士，属其集知交数人，月为潜夫给盘餐。青士曰：“君意良厚，但李君不肯受人馈，君力不能，听其饿死可也。”

杜于皇四壁萧然

国初，杜于皇浚隐居鸡鸣山下，足迹不入城市，四壁萧然，炊烟常绝。偶有远友过之，欲供一饭而无所措，以案头《叶龙泉集》易炊。食顷，口占一绝，有“看君咀嚼叶龙泉”句。有人询以近状，答书云：“昔日之贫，以不举火为奇；今日之贫，以举火为奇，此其别耳。”

谢南衡遇大宁洞黄冠

谢南衡者，武昌人，本姓朱。尝游黔、蜀间，至大宁洞。洞有黄冠，兀坐如枯树，问之不答，试手触其冠，应手堕地为灰。旁有一印，文曰“大宁巡简司”。盖此人明世为是官，鼎革后避地修真于此，坐化，印故所佩，虽入定，未尝舍也。洞深处石壁，有罗念庵题一绝云：“海门千丈浪如山，一转千年瞬息间。洞里闻雷催雨急，作龙争似作鱼闲。”道流谓为念庵住静处，不可知也。

汪魏美为三高士之一

钱塘汪沨，字魏美，尝举明崇祯己卯乡试。娶钱飞卿之女，盛饰入门，诫之，乃屏侍婢，躬操作。明亡，弃科举，姻党欲强之试礼部，出千金视其妻，俾劝驾。妻曰："吾夫子不可劝，吾亦不屑受此金也。"嗣因兵乱，奉母入天台。海上师起，群盗满山谷，始反钱塘，居北郭外。室如悬罄〔磬〕，处之晏如。当是时，湖上有"三高士"之目，汪其一也。当事皆重之，监司卢高尤下士，一日遇之于僧舍，问汪孝廉何在，汪应曰："适在此，今已去矣。"卢怅然，不知应者即汪也。卢尝遣人通殷勤于三高士，约置酒湖船，以世外礼相见。其二人幅巾抗礼，卢相得甚欢，惟以汪不至为恨事。已知其在孤山，放船就之，终排墙遁去。

孙豹人隐居扬州

三原孙豹人隐居扬州，僦居董相祠，扃户读书。身长八尺，庞眉广额，衣冠甚伟。初与尤悔庵未识面。一日，悔庵宴集某处，豹人甫入门，悔庵即离坐起迎曰："此孙先生也，余固识之。"相与大笑。晚年筑室数楹，题曰"溉园"，烹鱼釜鬵，隐然寓"匪风"之痛也。尝游焦山，中流遇大风，舟中人失色震恐，豹人独扣舷歌曰："风起中流浪打舷，秦人失色海云边。也知赋命原穷薄，尚欲西归太华眠。"

邵得鲁游山始笑

明亡，余姚邵得鲁，名以实，欲死之，以母老不果，遂祝发为头陀，狂走，入雪窦山中。妙高台僧道岩者，故鄞广文张廷宾，亦姚产，而沈史讲会中人也，乃依之，苦身力，不与人接。鄞故都御史高斗枢物色得之，曰："异人也。"遣二弟从之游。周囊云亦以僧服居白坑，时时过从。寻以省母，返居潭上园。

黄泽望志节夙与邵近，至是居园中，夜共读谢皋羽《游录》而慕之，曰："方今豺虎满天下，五岳之志不可期矣。四明二百八十峰，近在卧榻，宜峰峰有吾两人屐齿也。"于是始遍走山中。然山寨方不靖，所在多逻卒，而黄、邵衣冠奇古，频遭诘难，不以为苦。亡何入绝谷，不知所向，方茫然求故道，不可得。俄而峰回路转，松竹梧桐甚盛，有鸡犬声，辄就之。茅舍一椽，中有幅巾者出，问客何来，则语之以里宅。笑曰："吾亦姚人，避世居此，不虞君之涉吾地也。"乃止宿，则告曰："是为石屋山。仆为故孙公硕肤监军，孙死海上，吾无所依，来此山中，遂与人世绝。"因相顾叹曰："是真桃源矣。"黄尝曰："得鲁自明崇祯甲申后，辅颊间无日不有泪痕，其稍稍开口笑者，游山耳。"未几黄卒，邵无所依，自是益卞急，弃家投四明山之杨庵。时尚有一妾，邵去，亦为尼于庵中，每日晨昏，各上堂礼佛，此外虽茗粥不相通。久之，皆卒于庵。

周唯一为无发居士

明亡，周唯一弃官归，遯入剡源，尽去其发葬之，为发冢。架险立飘，榜曰"囊云"。自称"无发居士"。剡源饶水石，则与山僧樵子出没瀑声虹影间。王天锡求见，拒之曰："咫尺清辉，举目有山河之异，不愿见也。"唯一名齐曾，鄞人。

阎古古湖山容身

阎古古，名尔梅，遇赦后，《别柏乡魏相公合肥龚尚书》诗云："君相从来能造命，湖山此后（去）好容身。"述感谢之意也。其《咏歌风台》云："英雄原不羞贫贱，歌舞奚曾损帝王。嫚骂亦看何等客，腐儒原足使人轻。"《至函谷关》句云："范叔西来人不识，田文东去吏犹眠。"

钱湘灵隐虞山

钱湘灵晚年隐虞山，老屋三楹，适当石梅之下，松阴岚翠，到处青苍。钱兀坐其中，拥书万卷，咿哦不辍。过其门者，往往驻足窥之，流连不去，而钱自若也。室榜一联云："名满天下，不曾出户一步；言满天下，不曾出口一字。"为三峰老衲硕揆书。

刘公勇着隐者服

颍川刘体仁，字公勇。其父仕中，在明季以任侠著。时流贼大起，颍当贼冲，惟中日夜部勒其乡人子弟，为颍捍守，其后竟死于贼。公勇甫弱冠，意气卓荦，有父风。数往来兵间，为诸大帅画策。及江南内附，入苏门山，从孙征君奇逢，着隐者服。然公勇为人轻财喜事，以交游为乐，实不能久留山中也。一旦，舍征君，去之梁、宋间，与其故交把酒赋诗谈笑，倨傲自若。

圣祖赞海内三隐

圣祖天亶右文，凡耆儒硕学名山著书者，其姓氏多达睿听。一日，李文贞奉独对，上偶问今时夷退之士，文贞以宣城梅文鼎、关中李容、河南张沐对。上亲笔记之御篚，屡语廷臣，嘉叹特至。中外闻风，因号文鼎等为“海内三隐”。

柴绍炳不应举

柴绍炳入国朝，居南屏山，贫甚，屏绝馈饷，卖药自给。其为学，于象纬、律历、舆地、礼制、农田、水利、兵戎、赋役，莫不研究。康熙己酉，敕举山林隐逸之士，浙抚范忠贞公亲诣之，请以应诏，固辞。

李二曲隐居读书

李二曲名容，起自田畯，尝一就科举，遂隐居读书。以理学倡导关中，修明横渠、蓝田之教，当时与孙夏峰、黄梨洲为三大儒，远近皆重其学行，称“二曲先生”。父信吾，从明监纪孙兆禄死贼难。家甚贫，母子相依，或一日不再食，或连日不举火。有踵门求见者，力辞不得，则一见之，终不报谒；再至，不复见。有馈遗者，虽十反，亦不受。母卒三年后，徒步之襄城，遍觅父遗蜕不得，昼夜哭不绝。知县张允中闻之，为立信吾祠，且造冢于故战场，以慰其心。乃负其冢土归，告于母墓，更持服如初丧。陕督鄂善以隐逸荐，自称废疾，长卧不起。康熙戊午，部臣以海内真儒荐，继之词科征，独得“昌明绝学”之目，必欲致之，固称疾笃。舁其床，至行省，遂绝粒，水浆不入口者六日。大吏犹欲强之，拔刀自刺，乃得予假治疾。自谓不幸有此名，乃学道不醇，洗心不密，不能自晦所致。其后荆扉反锁，不复与人接。已而圣祖西巡，欲见之，令陕督传旨，辞以废疾不至，特赐“关中大儒”四字宠之。

应潜斋却征

仁和应潜斋，名撝谦，既入国朝，遂弃诸生服。康熙戊午，阁学李天馥、项景襄以博学鸿儒荐，潜斋舁床以告有司曰：“某非敢却聘，实病不能行耳。”或举泰山孙明复尝从石介请，以成丞相之贤，谓不必果于却荐。潜斋曰：“我不能以我之不可，学明复之可。”乃免征。范承谟抚浙，又欲荐之，遂称废疾。海宁州牧许酉山请主讲席，造庐者再，不见。既而曰：“是非君子中庸之道也。”扁舟报谒。酉山大喜曰：“应先生其许我乎？”潜斋逡巡对曰：“使君学道，但从事于爱人足矣。彼口说者，适足以长客气耳。”酉山嘿然不怡。既出，潜斋解维疾行，曰：“使君好事，必有束帛之将，拒之且益其愠，受之则非心所安也。”杭州太守嵇宗孟数式庐，欲有所赠，嗫嚅未果，及见所作《无闷先生传》，乃不敢言。后以志局请，辞之，则请下榻郡斋数日以请益，然但一报谒而已。

同里姜御史图南视鹾返，于故旧皆有馈，尝再致潜斋，不受。偶遇诸途，方盛暑，则衣木棉衣，蕉萃踯躅。图南归，贻越葛二端，曰：“雅知先生不受人丝粟，然是戋戋者，非自盗泉来也。”辄又谢曰：“笥尚有絺绤，昨偶感寒，欲其汗耳。”竟还之。平日坐卧小楼，一几一榻，书册外无长物。弟子甚多，乃以楼上楼下为差，如马融例。里中一少年使酒，忽叩门，求听讲，许之，居三日，不胜其苦，去使酒如故。偶醉，持刀欲击人，汹汹莫能阻。忽有人曰："应先生来!"少年顿失魄，投刀垂手，汗浃背。潜斋抚之曰："一朝之忿，何至此？盍归乎!"乃俯首谢过去。

一壶先生踪迹无定

一壶先生者，不知其姓名，亦不知何许人，盖明之遗老，雪庵和尚、补锅匠之流亚也。衣破衣，戴角巾，佯狂自放。常往来登、莱间，爱劳山（今"崂山"）之胜，居数载去，久之复来，莫可得而迹也。好饮酒，每行，以酒一壶自随，人称之曰"一壶先生"。知之者饮以酒，即留宿其家。间一读书，辄欷歔流涕而罢，不能竟读也。与即墨黄生、莱阳李生善。两生知其非常人，皆敬事之，或就先生宿，或延先生主其家。然先生对两生，皆瞠目无语，辄曰："行酒来，余为生痛饮。"两生度其胸中有不平之思而外自放于酒，尝从容叩之，不答。一日，李生策蹇山行，望见桃花数十株盛开，临深溪，一人独坐树下，心异之，曰："其一壶先生乎？"比至，果先生也，方提壶下蹇，与共饮醉别去。其踪迹既无定，或留久之乃去，去不知所之，已而又来。康熙壬戌，去即墨久矣，忽又来，居僧舍，视其容貌蕉萃，神气惝恍，异前时。问其所自来，不答，每夜半，即放声哭，哭竟夜。阅数日，自经死。

纪伯紫为钟山遗老

纪映钟字伯紫，一字檗子，号戆叟，上元人，自称钟山遗老，与方文林古度齐名。白发当歌，红牙听曲，说青溪旧事，娓娓不倦。一日，与大梁周在浚雪客、枫江徐釚电发，痛饮燕市城西，有绝句云："风雅松陵胜昔时，力裁伪体出偏师。徐郎本事从珍重，始信无情未是诗。"谓电发所辑《续本事诗》也。徐亦和云："人物南朝赌酒时，过江仆射是吾师。犹馀戆叟风流在，怅绝青溪数首诗。"

钱近仁隐于补履

苏州虎丘有钱补履墓。其人名近仁，以补履为业，嗜读书，通知古今事。吴中士大夫称为“补履先生”，汪稼门廉使树墓碣以表之。

洞庭丐者为隐君子

吴中洞庭山有丐者，隐君子也，貌似狂易。汪钝翁记其数绝句云：“不信乾坤大，超然世莫群。口吐三峡水，脚踏万方云。有形皆是假，无象孰为真？悟到无生地，梅花满四邻。”

林茂之墨守

林茂之穷老金陵，《冬夜》诗云：“老来贫困实堪嗟，寒气偏归我一家。无被夜眠牵破絮，浑如孙鹤入芦花。”夏日又无帷帐，或遗之，则以易米。施愚山曰：“夏无帷，病于寒无衣，君能守之，当为作注。”处士笑曰：“当守之以虎。”客皆绝倒。后愚山自豫章寄一纻帐，书绝句云：“北牖高卧岂知贫，料理偏愁白发人。纻帐亲题林处士，草堂长伴百年身。”并属同志者各题一幅，曰：“不问知为林处士物，即谓之墨守可也。”时茂之年八十三，犹老健如五六十许人。

朱竹垞以七品官归隐

秀水朱竹垞检讨休官后，著书自娱，收藏日富。长洲韩文懿公菼，尝语门人张大受曰：“吾贵为尚书，何如秀水朱十，以七品官归田，饭蔬饮水，多读万卷书也。”

三风太守归隐

歙县吴绮，字园次，迁居江都，以部郎出知湖州府。有清操，不畏强御，时人目之为“三风太守”，谓其多风力、尚风节、饶风雅也。解组归隐，有园一区，荒秽不治。凡索文与诗者，多以花木竹石为润笔费，不数月而成林，因名之曰“种字林”，日读书宴客其中。

豸青山人夫妇偕隐

李锴，字铁君，号豸青山人。隶汉军，本勋臣后，当得官，不就。其妇翁为太傅索额图。索当枋（古同“柄”）用时，声势隆赫，山人远避之，尽以先世产业属二昆，偕其妇隐于盘山，买田豸峰下，构草舍，杂山甿以耕。其尤贫者，授之田而无所取。蔬材果实，与众共之。贤声远闻。嗜茗饮，遇山谷幽邃处，辄埽（古同“扫”）叶煮泉，竟日忘返。见者曰：“此李山人茶烟也。”

逆旅主人乃隐君子

陈恪勤之被逮入都也，除夕，市米潞河。主人问客何来，曰：“陈太守。”“是湘潭陈公邪？”曰：“然。”曰：“是廉吏，安用钱为？”反其值，问寓何所。次日，门外车槛槛，馈米十石，书一函，称：“天子必再用公，公宜以一节终始，毋失天下望。”纸尾不署姓名。问担夫，曰：“其人姓魏。”访之，则闭户他出矣，盖隐君子也。

徐康侯结庐小和山

钱塘徐康侯茂才浩，沉静寡欲。康熙中，以治书入郡庠，一试秋闱，不售，即弃去，为疆吏记室。未半月，厌官廨之嚣，留书别居停。居停赆其行，却之，襆被归。结庐小和山，自号“和峰子”，与金冬心、盛啸崖唱和自遣。邑令闻其名，造庐请谒，穴墙遁。

梅岩真逸所遇之叟

梅岩真逸，不详其姓名里居。年二十，学仙，历晋、豫、燕、赵，遇林下耆老状貌瑰异者，必从之游，反复穷叩，稍有所得，即订为兄弟。尝由京师过热河，僦居废寺，年五十余矣。一日经木厂，见一老叟颀身玉立，须髯如猬，心异之。叩其姓字，曰："姓李，名君灿，字君灿。"问其年，曰："猝不能记，但记生于明初。曾从宋金华先生受《春秋》学，由雁宕移居西湖颇久，至康熙时，始迁此地。"梅岩惊骇，揖而言曰："叟倘得暇一痛饮乎？"叟曰："可。"遂共入酒肆。从容问养生术，叟曰："爱惜精气神而已，无他术也。"既又询知叟家相距不远，酒后送叟归。入山数折，涧水如玉，桃花盛开。入门，则三五童子拱立以竢。问童子为谁，曰："十六代孙也。"言已，导梅岩入寝室。窗间花草数缾，案上焚木旃檀，日夕不断，书卷惟《道德经》《内经》《大学》《中庸》数种而已。梅岩曰："闻叟为金华弟子，金华手迹尚有存乎？"叟发笈出示，则手札数首，古色烂然，嗟赏久之。既而复请却老方，叟曰："但默体案上书，求之在己可耳。"后梅岩游吴门，止于南薰楼，与一道人谈及彭祖、张三丰事，心怦怦欲动。道人别去，则默念此说果否，安得重访李叟为印证之。忽报楼外有老人相候，延入，即李叟也。询以何事来，曰："知君惑于道人之说，颇念鄙人，故来一谈耳。"梅岩即请曰："道人之说，是耶非耶？"叟曰："真人应世，元出无心，若以有心求之，失之远矣。"于是市酒共饮，乐甚。明日叟归，梅岩欲与之俱，叟曰："珂乡某君与子同志，某岁有急，子当拯之。他日同访吾家，未晚也。"别后，梅岩以某岁济某之急，如叟言。

厉樊榭隐而不仕

厉樊榭以孝廉需次县令，将入京候铨，道经天津。查莲坡留之于水西庄，觞咏数月，同撰周密《绝妙好词笺》，遂不就选而归。扬州马秋玉兄弟延为上客，后遂隐而不仕。

方子云索居屏迹

歙县方正澍字子云，忘情仕进，乐志衡门，古之贾浪仙、罗昭谏一流人。诗工体物，与袁子才同寓金陵，激扬风雅，诗坛采长，照耀江东。子云赁屋长干，索居屏迹，于时词客，罕有颉昂。故袁有《论诗绝句》云："金陵从古诗人少，近有南园与古渔。更有闭门工索叱，无人解扣子云居。"子云著有《伴香阁诗》。南园为江都何士容，古渔为上元陈毅也。陈诗娇健，何诗清婉。古渔当尹文端督两江时，欲延为钟山书院诸生说诗，古渔呈诗，有"饿夫为将一军惊"句，议遂寝。

诸琴溪为青浦隐君子

青浦诸琴溪，隐君子也。捐馆之三日，邑宰孙溥致赙仪，且往吊。诸与孙素未谋面，又巷不容车，家人力辞之。孙曰："我敬其品，重其学。曩之不来，未敢以尘俗相溷耳；今当一奠，以展向往之诚。"遂却舆盖，徒步入门，而向灵帷瞻拜焉。

图鞳布筑墓宇傍

学士图鞳布，满洲人，官至侍读学士。貌清癯，中岁即以疾告而隐。筑室西郊外里，竹篱茅檐，轩窗精洁。院中叠石为山，奇峰崒嵂，径迂折，饶清趣。后圃莳花种蔬，亲灌溉。春秋佳日，偕宗丞曹学闵遍览西郊兰若，又尝风雪中共策蹇访潭柘、戒坛诸胜。短裘笠帽，望之如神仙中人。好吟咏，有靖节、放翁之风。筑墓宇傍，病剧时，告妻孥曰："不必舁入城中，死即埋我于此。"言讫，端坐而逝。夫人从其志。

何春巢隐居爱梅

钱塘何春巢名琪，嘉庆时人，隐居不仕。雅好花竹，尤爱梅，其庭院中，凡梅之种种色色几备。尝倩人写一小影，箬笠短衣，席地坐，旁置梅花一担，自题云："卖花叟，担花走。卖得铜钱复沽酒，花儿卖罢担儿丢，卖赋还如卖花否？卖花叟，担花走。"

徐虚斋中年不入城市

嘉庆中，钱塘徐虚斋明经以诚，屡应秋试，荐而不售。筑枕江楼于凤山门外，而独居之，啸歌自适。性宽大简重，好洁，涕唾必择所，坐处无纤尘，布袍整肃，襜如也。时方中年，足迹不履城市，近则默坐于樱桃山麓，远则散步于西湖之漪园。妻孥经岁不相见，日夕相从者，一僮一鹤而已。

李我隐于江湖

江南生者，嘉庆间江南畸人也，隐于江湖。尝游湖湘、江西，不言姓字。年三十许，无须，长身颀立，动止俶诡。逢人辄谈韵学，时或及经义，独发奇论，闻者舌挢不能下。庐溪诸生林逢馨馆之家，事以师礼，昕夕讲贯。有以疑义询者，辄曰："出某书第几页。"检之果然，数十问无一误。性嗜酒，酣饮无算，醉辄侘傺悲啸。与之游者莫之测也，逡巡避去。不甚喜见客，尤厌薄富家儿，有造谒者，则闭户大声读书，俟其去乃已。好习礼仪，暇辄设几席，招诸生，而己为之宾，盘辟自西阶上，跪拜罄（通"磬"）折如仪，宛然叔孙通之绵蕞也。尝语人曰："聪明诚由天授，而强识尽人可为。日以寸纸记五六事，黏壁间，终岁所获多矣。"其作字，必依许氏书。未尝泚笔为文，而衣带间恒系片纸，视之则所作《武宁卢氏溉园记》也。述经学，以汉魏为宗。县令杨朝位馆之半载，独居恒拊膺太息，若有大不得已于中者。一日忽辞归，赆以金，却之曰："吾无所用此也。"遂去。或谓生实姓李，偶见其《赠参客》诗，自署"李我"也。语音类楚。或曰："此楚之王百龄。"质之，皆非是。

郭频伽《万梅花拥一柴门图》

郭频伽名麐，吴江人。尝以《水村图》索人题咏，同县女士汪玉轸题之云："深闺未识诗人宅，昨夜分明梦水村。却与图中浑不似，万梅花拥一柴门。”频伽乃倩奚铁生补写《万梅花拥一柴门图》，以代前轴。

梁茝林七十归田

福州梁芷〔茝〕林中丞，晚年归田，有一印云：“二十举乡，三十登第，四十出守，五十还朝，六十开府，七十归田。”

张南山安享林泉之乐

番禺张南山维屏，以进士宰湖北，所至有政声，擢守南康。归田后，闭户著书，著作等身。有《国朝诗人征略》行世。工诗善书，老而弥笃，有“岭南三子”之誉。尝刻一小印，曰“乾隆秀才，嘉庆举人，道光进士，咸丰老渔”。曾筑听松园于花田之滨，为著书所。性爱松菊，园植老松，沿畦绕砌悉佳菊。每当花盛开，即邀友游谳其中，酒赋琴歌，盘桓竟日，享林泉之乐者三十余年。其绝笔诗云：“烟云过眼总成空，留得心情纸墨中。书未刻完人已逝，八旬回首惜匆匆。”“偶堕尘寰八十年，飘然归去大罗天。松溪花埭常游处，或者诗魂泛画船。”

何莲舫隐居邗上

江阴何莲舫太守自广信罢官，隐居邗上，托业淮鹾。自刻《悔馀庵全集》行世，胎息《庄》《骚》。曾文正公剧嘉许之，尝手书一联以贻之曰：“千顷太湖，偶与陶朱同泛宅；二分明月，合随何逊共移家。”

徐山云补梅孤山

钱塘徐山云茂才时，既屡应秋试不售，乃绝意进取，就六世祖文敬公潮清风草庐旁筑屋以居，慕林和靖处士风。道光丁酉，与同里汪介眉、沈念农、孙阆青诸老辈补梅孤山，以寄岑寂。同治辛未，阆青自湘中还，访其种梅处，题诗壁间曰：“空廊苔屐宛然新，重访寒花几怆神。记自碎锄明月后，又抛三十六回春。”

刘省三挂冠遗世

合肥刘铭传字省三，起家淮军，转战江右，建业回疆，被爵归田，年甫及壮。其《遣怀》云：“自从家破苦奔波，懒向人间唤奈何。名士不妨茅屋小，英雄总是布衣多。为嫌仕宦无肝胆，不惯逢迎受折磨。饿有糗粮寒有帛，草庐安卧且高歌。”自新疆归，即挂冠遗世。尝居金陵莫愁湖，恒策小驴，寻老僧谭佛。有《题报国寺慧真和尚游春图二绝》云：“桃花如锦草如茵，一杖逍遥物外身。春色万山仗谁管，神仙多半出家人。”“踏青携杖到零岑，绕涧穿林缓步行。山水多情常供佛，不教春色动禅心。”

朱研臣隐居胥山

朱研臣提举大勋，钱塘人。以所居在大井巷之吴山麓，自号“胥山老农”。少丁乱离，方粤寇扰杭时，仓皇出走。乱定归，弃举子业，得官亦不出。以诗酒自娱，春秋佳日，辄与二三同志小集乐山草堂，为文讌之会。乐山草堂襟西湖、枕钱江，风景清幽，以城郭而有山林之胜者也。女承芳，字蓉笙，髫年知书，尝云：“吾家居胥山，固秀色可餐也。”后适同里徐珂。

汪笑侬隐于伶

汪笑侬名僢，自号“伶隐”，皖人，仕而优者也。光绪中，以明经得乡选，大挑用知县。挟资次京师，自以新贵将得官，乃谋置一妾与之省，不知其适为宗室女也。事闻于台官，奏之朝，按验，例当斩。汪有家奴私请曰：“其无救乎？”汪曰：“救可为，惟必有任其罪者，乃得耳。”奴曰：“诚能乞得主人命，奴万死不辞也。”汪曰：“审乎？”奴曰：“第勉为之，奴誓无悔也。”汪知其诚，乃出资贿朝贵，遂坐奴买献罪。

奇丐隐于乞

榕城之西市，一日来一丐，脸瘦身矮，衣衫蓝缕，手一布囊，累累然不知中贮何物，蹣跚道上，口作吟诗声。途人皆奇之，有伫而观者，有踵其后者。继至一隙地，以布囊委地，向衣袋中取出一纸，铺地上，字大如钱，为端楷，上书“四海散人痛告”六字，下叙其由浙入闽，寻亲不遇，见逐于逆旅居停，腹枵三日，是以“呼号将伯，解囊助予”云云。时观者多悯之，佽助铜元数十枚。丐者殊弗顾，徐向布囊中取出一书，高声宣读，中多隐约语，其音清朗嘹喨。久之，始俯身拾地上钱，携囊行至一书坊前，昂然入，将所乞钱购书数册，束于腰，彳亍而出。或诘之曰：“尔奚有闲资购书?”丐者嗤之以鼻曰：“子鸿鹄耳，宁知我志哉!”弗顾而去，后亦不复见其人。

谏诤类

石廷柱谏逮讯大臣

太宗尝与大臣论边事，谓当以吕尚为法。忠勇公石廷柱对曰："吕尚能专制阃外生杀，故所向有功。今大臣若有过，即下所司逮讯，虽佐领以下，亦当与之比肩对簿，其何以堪?"或以其言过戆，请议处，上特宥之。

阿什坦谏止译杂书

满洲完颜给谏阿什坦，通经学，笃于践履。顺治初，翻译《大学》《中庸》《孝经》诸书，刊行之，以教旗人，皆出其手。时稗官小说盛行，满人多翻译，给谏上言：学者宜以圣贤为期、经史为导，此外无益杂书当屏绝；又请严旗人男女之别，定部院九品之制。俱报可。

冯铨谏废后

世祖之后，为科尔沁部亲王吴克善女，顺治辛卯册立，十月初八日幽废之。

初，睿亲王多尔衮视世祖如子，为之定婚。世祖渐长，耻王所为，托言谋叛，削其封，且迁怒于吴女，谓其为王之戚，不欲纳。寻以吴既送女至，姑纳之，然终不悦也。谪冷宫者凡三载，旋指为失德，宣诏废之。大学士冯铨乃争之曰："前代如汉光武帝、宋仁宗、明宣宗，皆称贤主，俱以废后一节，终为盛德之累。望皇上深思详虑，慎重举动，万世瞻仰，将在今日。"疏上，严饬。于是礼部仪制司员外郎孔允樾等复争之曰："臣考往古，如汉之马后、唐之长孙后，敦仆俭素，皆能养和平之福。至于吕后、武后，非不聪明颖利，然倾危社稷，终作乱阶。今皇后不以才能表著，自是天姿笃厚，亦何害为中宫，而乃议变易邪？”继之者，御史宗敦一等十四人。奏入，皆不听。亲王济尔哈朗等附之，废后之议遂决。世祖旋悔之，越五年，仍令皇后位号、册宝等悉如旧。

言官劾冯铨

睿亲王多尔衮摄政，凡言官劾大学士冯铨者，多降革。壬辰十一月，范文肃公汇原疏进呈，世祖览毕，问曰：“诸臣所劾诚当，何为以此罢？”范对曰：“诸臣疏劾大臣，无非为君为国，皇上当思所以爱惜之。”遂命俱原官起用。

周曾发谏止造乾清宫

顺治癸巳，恒雨为灾。给事中周曾发请停造乾清宫，以钱粮赈济军民。诏从其请。

郑献亲王遗言劝统一四海

和硕郑献亲王为太祖弟之子，世祖嗣位，与睿亲王多尔衮同辅政，功亦相埒。扈驾入关，封信义辅政叔王。顺治乙未，上疏推述太祖、太宗遗烈，以为平治天下，在信诏令、顺人心。前方降诏恤满洲官兵疾苦，已复令修乾清宫，诏令不信，何以服人！又请设起居注官，垂信万世。世祖善之。夏，薨于位，遗言劝上以统一四海为念。上哀恸，诏图像宫中。

魏文毅借史事进谏

柏乡魏文毅公裔介寿，尝侍直中和殿，泛论史鉴。世祖偶称唐太宗英主，文毅曰：“晚年无魏征苦谏，遂穷兵高丽，贻后悔矣。”世祖颔之。

杨雍建谏阻游畋

海宁杨少司马雍建初入兵垣时，驾数巡幸南海子，首上书请养圣躬、慎出入，毋勤于原兽。世祖震怒，谓国家以武定祸乱，顺时于田，示不忘战，乃宣杨跽苑庭，面数其罪，令免冠谢。杨对曰："臣惟知忠爱皇上，无他罪。"上益怒，色变，往返数数，过其前，谯让不已。诸臣侍直者咸股栗，杨神色不动。上乃曰："而讵不闻'善则归君，过则归己'乎？奈何翘翘然沽直声，将谓朕盘于游畋，欲方何代主？"于是杨始一顿首曰："此则臣罪。"时世祖固已心重之，后凡有章奏，无不霁颜听纳矣。

索尼述顾命

索尼最老成忠鲠，太宗不豫，以世祖托之。世祖逸游，索尼强谏，世祖或不堪其怒，索尼伏地引颈，称述顾命，至于涕泣。世祖往往泣下，掷刀回跸而止。知其忠直，复以圣祖托之，盖两朝顾命之臣也。

熊一潇疏请停改授并关卡

康熙初，投诚武职，许自请改文职，以参议、佥事、同知、通判等官用。南昌熊一潇时官台谏，心非之，乃疏言："巡道寄方伯连帅之任，同知、通判分兵刑钱谷之司。此等不文不武之辈，一经改授，罔知爱惜功名，觊觎营私，情未可定。请停改授之例。"从之。又其时榷关林立，部曹奉使监税，亦无定员。熊奏："关税原有定例，一时筹记策之人，自可胜任。今员数繁多，恐新员差出、旧员未归之时，将有一司无一官者；且一城数关，亦应酌并。至京师左右两翼，较在外各关钱粮更少，今满、汉兼差，亦可裁汰一员，俾综部务。"部议不准行。得旨："各省相近之关，应否一处兼管，由督抚察奏。两翼税差，著再议。"寻议，两翼应裁汉缺，江宁西新关并入龙江关，芜湖工关并入户关，广东遇仙桥浛光厂并入太平关，俱如一潇所议。

杨雍建封还红本

康熙甲辰，有星孛于翼轸，抵降娄，占验者以为含誉星。侍郎杨雍建时官给事中，独疏请修省。圣祖优诏答之，遂赦天下。宣赦后，红本下，二狱囚当决，杨封还红本。有旨，三法司再议，二囚乃得不死。

李文勤谏阻营建

三藩未变以前，圣祖偶思营建。时相国李文勤公掌邦计，询以有款项可动否，奏云："户部无可动之项。"事遂止。未几，吴三桂叛，上以帑项空虚为忧。又奏云："户部存项敷用。"上诘以前语，乃正色对曰："部帑原备缓急之需，若平日耗于土木，缓急将何以支?"上颔之。

魏文毅建言多裨国是

魏文毅官谏垣最久，顺治时，首劾张缙彦为明思宗复仇，后又屡劾大学士刘正宗、成克巩欺罔附会，陈之遴等植党营私，颇为世祖所引重。圣祖御极之始，辅政大臣议加练饷五百万，复力争之，遂止。

文毅在朝，每以单辞片语解纷决策，先后所上凡二百余疏，多裨于国是，以是敢谏之名震天下。

韩文懿对策上疏

韩文懿公菼廷试日，吴三桂逆衅已萌，其对策力言三藩当撤，无稍顾忌。祭酒阿理瑚请以故相达海从祀两庑，韩谓海造国书，一艺耳，未合从祀之典。御史郑惟孜请令国子监生回籍应试，韩疏言太学一空，非京师首善之义。

张螺浮嘉猷入告

海盐张惟赤，字螺浮，顺治甲午通籍，丙申、丁酉间入谏垣，直言敢谏。康熙初，有“先朝谏臣”之褒礼。及官工科给事中，时三藩不靖，军需孔亟，计臣或有履亩加赋之议，张力争以为不可，由是浙赋得循旧额。谏草曰《入告编》，其九世孙菊生副大臣元济为梓行之，见于《涉园丛刻》。谨严剀切，能纠官吏非违，达人民疾苦，绝无晚明台谏诡激嚣凌之习。《恭请皇上亲政》一疏，霜严日烈，出辞乃不溢锱黍。则以圣祖践阼，方在冲龄，权奸柄政，盈廷结舌，张独侃侃言之。至本朝入关之始，满、汉不无歧视，而张乃有“刑部审鞫录供，不宜但凭满官执笔，及人民投充满洲，余地拨给壮丁，不许复圈民地”之奏，真能言人所不敢言者也。

圣祖不禁科道风闻言事

黄陂姚抚部缔虞，康熙戊午以礼科给事中主考江西还，奏免江西逋赋二百十余万。初，宪臣艾元征请禁科道风闻言事，进言者日少。姚抗疏，请圣祖检阅世祖朝言官章奏，如何謇谔；今相率以软熟为风，恐平时无以作其敢言之气，临事必无肯为皇上尽忠者。顷之，圣祖御乾清门，召谕曰：“朕亲政以来，诸臣何尝以言获罪?”对曰：“上即不谴言官，但有此处分条例，诸臣方局蹐畏罪，谁复肯发奸指佞者?”圣祖色霁，因曰：“人臣论事，当择其大者远者，如魏象枢弹程汝璞，亦是风闻，已而鞫问得实，盖本朝原未有风闻之禁也。”将退，诏以所言宣付史馆。寻出抚四川，请罢蜀中采木之役。

蒋伊绘十二图进呈

常熟河南学道蒋莘田，为文肃父。康熙己未，滇、闽方用兵，征调四出，又广开捐纳事例。时蒋官御史，绘十二图以进，一曰《难民妻女图》，二曰《刑狱图》，三曰《寒窗读书图》，四曰《春耕夏耘图》，五曰《催科图》，六曰《鬻儿图》，七曰《水灾图》，八曰《旱灾图》，九曰《观榜图》，十曰《废书图》，十一曰《暴关图》，十二曰《疲驿图》。复为疏，极言其状。圣祖动容嗟叹，置诸左右。又尝为五疏论救荒之策，言切而哀。逾年，驾东巡，道多饥民，圣祖顾近臣曰："此蒋伊所绘《流民图》也。"及为学道，以经术造士，屏绝干请。居乡好施予，多所全活。

曹末任千之谏封禅巡狩

康熙壬癸间，三藩削平，诏以词臣曹末请封禅疏，付廷议。相国张文贞公秉笔，径请停止。萧山任冏卿千之方官六科，亦上言封禅仅见司马相如书，不足慕效。又云："巡狩载《虞典》，古诸侯各君其国，天子巡所守，以协同议礼制度。今天下一家，巡狩之礼亦不可举。"

徐立斋谏止鬻官

国初昆山三徐，名、位、资均相埒，文学称健庵尚书，而风节操持当首数立斋相国。立斋官修撰时，世祖常召见，讨论经义，赐鞍马、御膳，恩如家人。上晏驾，哀痛哭泣，羸瘠不胜。康熙庚申，从谒孝陵，犹悲恸不止。捐例初开，但令得官后三年称职，上官保举，否则罢；既，又令输银免保举，即听迁转。其初为祭酒时，即请免纳粟入监之例，及是又言"国家大体所关，惟贤不肖之辨而已，若捐银得免保举，是金多者与称职同科也"，因坚请停止捐例。后事例既罢，而府部寺院笔帖式近三千人，复求开例，出知州县。其以京察大计被议者，亦复谋官。廷议时争之三日，卒从其言。癸亥大计，一切馈遗无敢及门；其所弹劾，亦不避权贵也。

徐立斋谏止简巡按

康熙间，圣祖欲差满洲三品以上大臣巡按各省，徐立斋相国独力争不可。上曰："明时故有御史巡按旧例，（是时停止御史巡按未久。）今何为独不可耶？"立斋曰："明时虽有巡按，然御史秩卑，虽许其参劾督抚，然巡按果有不职，督抚亦得参劾，相维相制，故无大害。今三品以上大员，与督抚爵秩相等，又有满、汉亲疏之见为之先入，督抚岂敢贸然弹劾？倘有贪婪之人，恣行无忌，则百姓之受害，将靡穷矣！"上勃然作色曰："然则朕所差者，竟无一端人乎？"立斋顿首曰："皇上简任时，自必妙极一时之选，然百密中，难保竟无一疏。且人情往往见利忘义，从前昕夕在上前，且未有地方尺寸柄，虽庸才亦能勉敦行检。一旦衔命出使，移气移体，非真有操守者，固不能始终如一。况所差数十人中，岂能人人皆有操守？使有一人，则一省已受害矣。"上默然良久，卒罢其议。是时廷臣皆震慑失次，立斋独侃侃如平时。

奇奴有所谏

奇奴者，不知其姓名。康熙甲子，圣祖幸塞外还京，有人衣短后衣，无冠，跪道旁，呼万岁。上止辇问之，则对曰："有所谏，今条奏时务十二事。"上问："若何人也？"对曰："刑部郎中某家奴。"当是时，时局已定，四海承平，上以为狂奴妄言得失，辱朝廷而羞当世之士，非盛世事也，遂执付所司，按冲突仪仗、妄行奏诉律，发近边充军，杖而流之关外。奴仰天叹曰："吾为人奴，虽劳苦，不废书。以今世之务，合吾书之说，所宜言者固多。意台省诸大官，此月不言，必他月也，他月无闻焉；意今年不言，必明年也，明年又无闻焉。吾不复能待，故冒昧言之，而孰意独罪一至于此耶！"未出关，杖疮发，死于路。

魏敏果藉天变言事

魏敏果公象枢性骨鲠，敢言事，官刑科左给事中时，因灾变陈言，语侵权贵；会议时，又与诸大臣抗争是非，廷臣仄目。独大学士范文程公心识之，曰："此我国家任事之臣也。"其后有构之者，辄于众中剖晰之，卒得白。已而数迁至左都御史，适逢地一日连震，上昼夜坐武帐中。魏直入，奏曰："地，臣道也；臣失职，则地反常。臣不能肃风纪以修职业，请先罪臣以回天变。"上召魏入，魏伏地涕泣，请屏左右，语移时。极言天变若此，乃索额图、明珠二相植党市权，排斥忠良，引用佥壬，以祸国家之应。及出，副都御史施维翰迎于后左门，见魏泪流颊未干也。明日，上以六条宣廷臣集议，大略如魏指，于是朝士咸知魏造膝所请，用事大臣皆为之股栗。明年，索额图免官；戊辰，明珠为郭琇劾罢。至丙戌春，圣祖始以其面对语谕群臣。

李文贞直对

康熙癸巳，方望溪侍郎苞供奉南书房。一日，圣祖召编修沈宗敬至，命作大小行楷。日晡，内侍至，传谕李文贞公光地曰："朕初学书，宗敬之父荃实侍，每下笔，即指其病，兼析所由。至于今，每作书，未尝不思荃之勤也。"文贞因奏对曰："此即成汤改过不吝之心，苟自是而恶直言，则无由自镜矣。"

李文贞疏请甄别归休学使

各省黉序，皆隶提学道。康熙癸未，始设学政。越十余年，部议令学使归休者，悉赴城工效力。时李文贞公方家居，曰："贤否同辜，非所以示激厉也。"密疏"清公之臣若而人，请加甄别"，藉是多免役者。

张贞生谏阻大臣巡察

康熙中，议遣大臣巡察各省，庐陵张学士贞生上书切谏，被诏引见，以所言过戆，下考功议，免官，诏贬二秩。其自为诗云："圣明岂是诚难格，臣戆还应术未全。"可知其所养矣。后奉特旨，复原官。

韩菼谏诛阿山

康熙中，江南布政司张万禄亏库金三十余万，制府阿山上言费由南巡，非侵牟。或谓张于阿为姻家，上震怒，下九卿议。众议阿大辟，宗伯韩文懿公菼正色曰："果有连，其情私，而语则公也。且斯言得上达，所益不细。"忌者增语上闻，韩由是恩眷日替。

阮应商疏论铨曹之弊

康熙朝，阮应商官吏科给事中。时吏部选人，或违例压缺，改易文凭，驳选停放，除授不公。给谏上书极论，纚纚数百言，指斥无隐，铨曹多被议者，直声大震。一日，圣祖御门，有所咨访，特指名命对，给谏从容敷奏，众皆属目。嗣是连次御门，辄垂问阮应商在否。嗣以疾告归，遽卒。

龚翔麟劾权贵

康熙朝，龚蘅圃侍御翔麟劲直敢言，屡击权贵。劾靖逆侯子张云翮，劾滇黔督部赵良栋，皆拜御书之赐，旌其敢言。其劾熊赐履弟黩货，并纠赐履，圣祖亦韪之。

图尔泰劾满臣权重

康熙中，满洲某科给事中图尔泰，与明珠同族，不善其所为。尝劾奏满臣权重，汉六部九卿奉行文书而已，满人謦欬，无敢违者，殊非立政之体。以此忤权臣，谪黑龙江。图素尚理学，于戍所自置周程四先生祠，朝夕礼拜，人笑之，不顾也。

郭琇劾明珠

康熙间，山左名臣，自李之芳、董讷而下，实以郭瑞卿为最刚正。瑞卿名琇。当明珠柄政时，行为专恣，朝野多侧目。郭刚直性成，尝于明珠寿日，胪举其劣迹，列入弹章上之。旋复袖所草疏，乘车至明邸，踵门投刺。明以其素倔强，来谒不易，肃冠带迎之。及入，长揖不拜，坐移时，故频频作引袖状。明喜问曰："御史公近来兴致不浅，岂亦有寿诗见赐乎？"郭曰："否否。"探袖出视，乃一弹章。明取读未毕，郭忽拍按起曰："郭琇无礼，劾及故人，应受罚。"连引巨觥狂吸之，疾趋而出，座客大骇愕。未几而廷讯明珠之旨下矣。

笪重光屡有谏诤

句容笪侍御重光直声震朝野，屡有谏诤，且尝劾明珠、余国柱，弃官去，不知所终。或称其隐甘肃汉龙山，为道士，年九十余犹在，自称"绣发真人"。

高层云谏止旗屯

康熙时，旗军屯田江淮，所至驿（通"绎"）骚，华亭太常少卿高层云奏请停罢。议政王大臣阅其奏，皆大怒，将请旨治罪，上纳其言，立命停止。层云字菰村，工诗，善画山水，澹宁居御座侧之屏风四幅，其所绘也。

任葵尊章数十上

康熙中，御史之敢言者，为荆元实、任葵尊二人。葵尊名弘嘉，入台垣，直声大振，章数十上。

娄德纳谲谏

圣祖既废理王，揆叙、王鸿绪辈恐其复立，造诸蜚语以闻，上怒，欲置王重典，众莫敢谏。领侍卫内大臣娄德纳年已耄，善解人主意。时上自畅春园还宫，欲明颁诏旨，娄先日燕见曰："闻护军统领某得暴疾，肉尽消，骨立矣。"某固素以体胖著者。次早，上入宫，则见某佩刀侍神武门，丰伟如故。上诘娄，娄笑曰："可知人言未可信也。体之丰瘠，乃现于外者，尚讹传至此，况暧昧事哉！”上首肯其言，立罢宣诏。

朱天保谏废储

检讨朱天保字鹤田，满洲人，中康熙癸巳进士，入词林。父朱尔讷，任兵部侍郎。时理密亲王既废，储位久虚，廉亲王允禩觊其位，揆叙、王鸿绪等复左右之，欲阴害理密亲王。天保深忧之，疏言曰：“皇太子虽以疾废，然其失，良由左右非人，习于骄抗。若遣硕儒名臣，如赵申乔等辅导之，潜德日彰，犹可复问安视膳之事。储位重大，未可轻移，徒启藩臣觊觎，则天家骨肉之祸，有不可胜言者。”疏成欲上，以父在，徘徊久之。父察其情，曰：“忠孝未可两全，汝舍孝全忠可也。”趣入告。时圣祖幸汤山，疏上，上欷歔久之。近臣阿灵阿素为允禩党，曰：“朱某之疏，为希异日宠荣耳。”上大怒，置之于法，父荷校死，而理密得以寿终。

张廷枢直谏

韩城张司寇廷枢自擢九列，即以直谏任事著声。其始长刑部而罢也，以提督九门陶和气势焰方炽，司寇齐世武阿附之，摭其雠人死刑狱，张持不可，因此谮张。逾年，圣祖烛其奸，诛和气，投世武于荒，乃思张，以司空征，既至，改司寇。张感上灼知，益以国是自任，而众亦知上信张，凡部事，主断者十之七九；廷议待决者，亦过半焉。

圣祖春秋高，诸王门下人或因缘诡法。有以负债讼淮商及吏民者，命关逮。张正言折将命者，合堂变容，张意色愈坚，事竟罢。诚王属长史以文学信任，朝夕侍上侧，王府孟尚曾毙甘肃平民，事达部，王再三切谕，不得上闻，而张具以实奏，众皆危之，张坦如也。河南州县困于岁征黄粮，中家以下，鲜不破产鬻子供挽赁。巡抚杨宗义疏请改折，而仓督及有司阴阻之，户部九卿皆曰毋庸议。圣祖方犹豫，会张自阌乡鞫狱还，使事毕，慷慨陈民艰，退又具疏。圣祖立斥群议，特改诸州县之远水次者，民困大苏。

刘荫枢敢谏

韩城刘中丞荫枢，以知县行取，为吏、刑、户三科给事中，称直言敢谏。前后疏十上，论连捐速升之弊，又请试捐员、停保举、开言路、核名实，又言藩臬宜入觐奏事，又陈豫、秦两省事宜，皆报可。又论楚省摊粮病民，下九卿议，刘陈述公卿间，遂蠲其赋。外转赣南道，署按察使，以争疑狱，失巡抚意，劾罢之。康熙甲申，圣祖南巡，刘迎见于潼关。上曰："此刘胡子也，何衣民服?"以被劾对。诏复其官。刘广颡丰赜〔颐〕，美须髯，官科垣，屡蒙召见，上故识之。旋擢贵州巡抚。

会额鲁特数扰边，上使尚书富宁安等往征之，已击走矣，领兵大臣尚拟进剿，各省捐饷捐马者皆起。刘上封事曰："泽旺阿剌蒲坦，小丑也；侵扰哈密，小警也。请无用兵。"又密陈六事，略言："臣老人也，报皇上之日无几，敢冒死以陈。从来与庸主言，非发露其详不可；与圣主言，则引其端而已悟。皇上，圣主也。臣不敢多言，敢以六事进：重内地勿勤远略；谨喜怒而慎用人；核名实以重国本。"寻以年垂八十请老，上令赴大军驻所周阅，详议具奏。刘抵营，仍疏请屯哈密以东，兵毋轻出。又以病乞休，诏责其惮远涉，令还巡抚任。后数月，休致入京，下刑部议，以阻挠军务当绞，命发往博尔丹处种地，时年八十一矣。子炽，请随侍。刘笑止之，曰："人死道路，与家庭何异？汝自归，耕田读书，无我虑。"居喀尔三年，上谕廷臣曰："刘荫枢，忠臣也，但书生，不知兵耳。"诏还京，复其官，与千叟宴。雍正癸卯，世宗召见慰问，赐金，遣之归。旋卒于家。

孙文定以检讨上封事

世宗行政，以猛鸷著称，大臣无敢直言者。太原孙文定公嘉淦，乃以检讨上封事，曰亲骨肉，曰停捐纳，曰罢西兵。世宗召诸大臣示之，责掌院学士曰：“尔翰林院乃容此狂士！”掌院叩头谢罪。朱文端适在侧，徐对曰：“此生诚狂，然臣服其有胆。”良久，世宗亦大笑曰：“朕亦不能不服其有胆。”即召对，授国子监司业，并手指之以示九卿曰：“朕即位以来，孙嘉淦每事直言极谏，朕不惟不怒，且嘉悦焉。尔等当以为法也。”

金溶因谏落职

孙文定公在楚督任内获谴，罚修顺义城。御史金溶奏“以孙嘉淦之操守，不免议罚，恐天下督抚闻而自危，无以为他日地步”。金即文定所取士也，坐是落职，后卒起用。

沈端恪谏耗羡归公

沈端恪公近思性恪谨，每上封事，先期简阅衣冠，键户密书，书毕，蒲伏再拜而起。家人问何事？辄答以他语。雍正朝，耗羡归公之议，自山西大吏发之，谕旨令九卿会议。沈廷诤谔谔，同列震悚，世宗嘉其诚剀，不以为非。

沈端恪李绂谏阻逃禅

沈端恪公少时，尝在灵隐寺为僧。世宗喜逃禅，一日，沈独对，上问之曰：“汝于宗门必多精诣，试言之。”沈对曰：“臣少年潦倒，偶逃于此，幸得通籍，方留心经世之学，以报国家，日惧不给，不复更念及此。亦知皇上圣明天纵，早悟大乘，然万几为重，臣愿陛下为尧舜，不愿陛下为释迦。臣即有所记，安敢妄言，以分睿虑。”世宗改容颔之。

临川李穆堂侍郎绂在官日，世宗尝语之曰：“汝于书无所不读，则二氏经典，当亦尽通。”李曰：“臣向亦谛观之，然无补于天下国家。”世宗曰：“汝言是也。”

李元直抗言无所避

高密李元直官御史八月，章数十上，最后语侵诸大臣尤切。世宗召元直及诸廷臣入，历举中外大臣有名迹者诘之，元直抗言无所避。上徐谓诸臣曰："彼言虽野，心实无他。"翼日，复召入慰之，赐荔枝数枚出。于是都人呼为"戆李"。

徐文定谏阻诛二王

徐文定公元梦，舒穆禄氏扬武勋王裔。雍正中，廉王允禩、贝子允禟以觊觎大器，世宗命诸大臣议其罪。文定言二王之罪，诚不容诛，愿皇上念手足之情，暂免一时之死，情词肫挚，上为动容。

三张谏止捐赀运饷

雍正间，西事方殷，急馈饟（同"饷"），大将军入觐，以饟为言。大臣定议，各途守选及迁补停止，专用捐赀运饟人，事可集。已得旨，始下外廷。韩城尚书张廷枢闻其事，谓同列曰："此关国体，当以去就争。"时九卿会议数四，相视不言，乃昌言，惟捐纳所分员缺，可俾运饷人，其正途及迁补仍旧，因手奏定议。执政者大骇，使人谓少宰张廷玉曰："闻举朝同议，独张君阻之，不识何张君也？"少宰曰："首议者张廷枢，然余，吏部也，亦同此议。"少司寇张大有曰："我亦同议者。"于是士论翕然归"三张"。遂宁张鹏鹂〔翮〕方长吏部，为不适者久之。

曹一士疏论文字荐举

雍正乙卯，御史曹一士请宽比附妖言之狱，并挟仇诬告之文。疏云："比年以来，小人不识两朝所以诛殛大憝之故，往往挟睚眦之怨，借影响之词，攻讦诗书，指摘字句。有司见事生风，多方穷鞫，或致波累师友，株连亲故，破家亡命，甚可悯也。臣愚以为，井田封建，不过迂儒之常谈，不可以为生今反古；述怀咏史，不过词人之习态，不可以为援古刺今。即有序跋偶遗纪年，亦或草茅一时失检，非必果怀悖逆，敢于明布篇章”云云。然则当时有言井田封建或感怀咏史者，乃至著述序跋不录时王年号者，皆科大逆不道罪矣。又言牧民之吏，有贤有能，不可偏废，今督抚荐举，往往舍贤而尚能，故明作有功之意多，惇大成裕之意少。

李绂谢济世劾田文镜

雍正间，田文镜劾河南属吏黄振国、汪諴、邵言纶等，直督李绂言其冤，钦使往按验，还奏文镜所劾是。御史谢济世又劾文镜贪黩，奏入，与绂语多同。上疑焉，命九卿科道集刑部，讯交关状。谢辨无有，而刑部尚书励杜讷曰：“是当刑讯。”御史永丰陈学海在班中，忽起走庭中，北向大言曰：“与谢某交通者，我也。”大臣皆愕然。陈故以部郎从钦使河南，得文镜欺罔状，又为奏争不能得，归尝发愤为同僚言之者也。大臣将以闻，请并讯。谢则曰：“文镜之恶，中外皆知。济世读孔孟书，粗识大义，不忍视奸人罔上，故冒死以闻。必欲究指使者，乃独有孔子、孟子耳。”拷掠急，复大呼圣祖仁皇帝，王大臣皆瞿然起立，乃罢讯。入告曰：“是狂生，妄欲为忠臣，口剌剌称孔孟不休，终不言指使者。”世宗意亦解，曰：“是欲为忠臣，且令从军。”遂命往阿尔泰军前效力。乾隆朝，复再起，再被劾，卒获超雪，放归。学海得无事，然明年，卒以告病验不实，亦遣戍去。

齐周华疏救吕晚村

天台齐周华为召南犹子，以刊印吕留良书籍受极刑。其救吕疏稿中有云：“浙省吕留良，生于有明之季，延至我朝，著书立说，广播四方。其胸中胶于前代，敢妄为记撰，托桀犬以吠尧。夫尧不可吠而不吠尧，恐无以成为桀之犬，故偏见甘效顽民，而世论共推义士。又以其书能阐发圣贤精蕴，尊为理学者有之，实未知其有日记之说。伏读上谕，日以改过望天下之人，故宽曾静于法外。臣思吕留良、吕葆中逝世已久，即有《归仁说》作于冥冥中，臣已不得而见。第其子孙以祖父余孽，一旦罹于狱中，其悔过迁善、趋于自新之路，必有较曾静为尤激切者。夫曾静现在叛逆之徒，尚邀赦宥之典，岂吕留良以死后之空言，早为圣祖所赦宥者，独不可贷其一门之罪乎？"

吴炜疏请保护圣躬

乾隆初，高宗下诏求言，一时台谏，以吴南溪为最。吴名炜，歙县人，面黧黑，寡言笑，尝劾讷钦，为世所称。曾有保护圣躬一摺，上切责之，召询张文和。文和读疏讫，口啧啧称羡，遂有欲于鞾中取物状。上询之，文和曰："臣欲取笔附名于摺尾也。"上乃释然。

宫中尝演《鸣凤记》院本，孝圣后问朝中有如杨继盛之人否？上对曰："惟吴炜差近之。"吴年八十余，无疾而终。

李慎修谏阻观戏吟诗

乾隆初，御史李慎修，德州人，身伛偻而敢言。高宗于上元夜赐诸王公大臣观火戏，李谏阻之，以为玩物丧志。上喜吟诗，李亦谏，恐以摛翰有妨政治。上韪其言，尝召见曰："是何渺丈夫，乃能直言若此。"李奏曰："臣面陋心善。"上大笑。又当时以钱贵故，诸大臣议变制，李上疏阻之。

邹一桂疏请罢许容

乾隆壬戌，命许容巡抚湖北。时邹小山尚书一桂方转给事中，疏言："许容诬奏谢济世，奉旨夺职，总督以下承审官皆罢斥，不特湖南得见天日，天下臣民，罔弗额手称庆。此彰瘅之公，吏治所由知戒也。昨有旨，仍命抚湖北，中外闻之，莫不惊骇。乞降旨宣示臣民，俾晓然于黜陟之所以然。”疏入，事遂寝。

盛安谏止诛薙发者

满洲盛司寇安，以科第起家，颀然矗立，须眉苍然，以古大臣自命。乾隆戊辰春，孝贤后崩，时周中丞学健、塞制府楞额以违制薙发，交刑部治罪。又锦州守金文淳，禀命于府尹薙发，事发，高宗震怒，立命诛之。盛叩首请曰：“金小臣，罔识国制，且请命大僚，然后薙发，情可矜恕，请宽之。”上怒曰：“汝为金某游说耶?”盛曰：“臣司寇，但知尽职，固不识金某为何如人。如枉法干君，何以为天下平也?”上大怒，命侍卫反接盛，赴市曹，与金文淳同正法。盛长笑，惟曰：“臣负朝廷恩而已。”上悔悟，命近臣驰骑，并金赦之。盛施然叩谢如常时，市曹属目曰：“此真司寇也。”次日，上命入上书房，傅导诸皇子，曰：“盛安尚不畏朕，况诸皇子乎?”真师保之妙选也。

博尔奔察谲谏

内大臣博尔奔察侍高宗最久，善嬉谑。乾隆辛未春，扈从南巡。舟至京口，放烟火，有被烟熏嗽者，博笑曰：“此乃素被黄烟熏怕，故望而生畏也。”时黄文襄公廷桂督责所属过严，故言之。及至苏州，见灵岩梅可合抱，博拔刀作欲砍状。上惊问，博曰：“恨其不生于圆明园，而使皇上跋涉江湖之险也。”及较射，有弓落地者，上震怒。博在旁曰：“此皆因引见，昨日射箭多，致臂病，不能引弓也。”上乃释然。又一日，较射多不中侯，天颜不悦。有髯人至，博望而笑曰：“嘻，汪都统弟至矣。”都统汪扎尔修髯如戟，故谑及之，上为之抚掌大笑。上尝行窄巷，有步军校积石为山于厅侧，上问之，博曰：“此步兵花园也。”上大笑。又上书福字，博侍侧，上笑谓：“汝识此中佳否?”博应声曰：“知之，皇上所书福字，既黑且亮。”上大笑。

朱文端谏止诛舒文襄

乾隆乙亥，阿睦尔撒纳投诚，舒文襄公赫德时任定边将军，请将其家属分置苏尼特等近地，以为羁质。高宗大怒，谓其分散骨肉，有伤远人心，命近侍封刀斩之。朱文端公轼闻命，推扉而入，力言人材难得，舒虽一时过虑，然平日办事勤谨，请援议能之典。上曰："命下已逾日，恐难返。"朱曰："即命臣子成麟追之。"上可其请。朱出，谓其子曰："追不及，汝勿返也。"成麟故勇往，即于马前割袍前襟，驰骑往，至潼关，追前命归。傅文忠公恒告人曰："朱公诚仁者之勇。是日，虽如恒者百辈，无济于事也。"

松文清谏东巡

乾隆丁丑夏，畿辅亢旱，下诏求言。相国松文清公筠上疏，谏阻东巡。上以其故违祖制，应置重典，念其平日廉直，以二品衔谪察哈尔都统。寻擢为首辅，仍兼摄伊犁事。

杭大宗抗论时事

杭大宗世骏，钱塘人。抱经世才，以布衣召试鸿博，极言"国家用人宜泯满、汉之见，以收士望"云云。时宗室某相方用事，阅卷大怒，谮于高宗，几遭不测。其后官翰林院检讨，上疏抗论时事，谓用兵敛财及巡幸所至，有司一意奉行，其流弊皆及于百姓。疏凡十事，其言至戆激。部议当重辟，上仅令罢归田里，不之罪也。出京日，行李萧条，士夫惧召党祸，杭往话别，辄预戒阍者拒之，独刑部司狱某，相与徒步登陶然亭，痛饮竟日而别。

三保谏止乘骑渡河

三文敬公保，繙译进士，任两湖、浙闽总督，入拜东阁大学士。以不谙吏事，动为人欺，且屡任封疆，簠簋不饰，时以比李昭信。然幼读宋儒书，大节不苟。乾隆癸未夏，高宗巡幸承德，保时任直隶按察使。霖雨数日，潮水骤发，上欲乘骑渡河，保叩马谏曰："千金之子，坐不垂堂；况万乘至尊，轻试波涛，使御驷有失，虽万段臣躯，何可追悔！"上以满洲旧俗"宣劳示武"为言，保曰："皇上奉太后乘舆同至，即使上渡河安，不识太后之舆，安奉何所？"上乃动容回辔。

三保劾王亶望

三保督闽时，浙抚王亶望丁艰，以督办海塘夺情视事，又不遣眷回籍。保恶其蔑伦，密疏劾之，王因获罪。后为上书房总师傅，集古今储贰事，曰《春华日览》，教授诸皇子，词虽质直，不失师保之体。卒，赐谥文敬，取"责难于君"意也。

傅文忠谏嗔怒过节

高宗尝谕傅文忠公恒佛法清净，于身心亦有裨益，公余宜孳究内典。傅奏云："佛法先戒贪嗔痴，皇上天亶聪明，尚有时嗔怒过节；如臣庸愚，恐学亦徒劳。"又一日进见，高宗偶论魏征敢谏。傅云："魏征每陈谏牍，唐太宗不但不怒，并有褒赏。魏征是见敢谏之便宜，故不惮直言也。"上颔之。

尹会一言民间疾苦

高宗六次南巡，尹会一视学江苏，还奏云："陛下数次南巡，民间疾苦，怨声载道。"高宗厉声诘之曰："汝谓民间疾苦，试指出何人疾苦？怨声载道，试指明何人怨言？"会一至是，惟自伏妄奏，免冠叩首，乃谪戍远边。

方观承谏止诛犯跸者

乾隆乙巳以后某年春，高宗巡畿甸，突有村民犯跸，手携兵器，为扈从侍卫所格，立被执。诘之，曰："直隶人。"上震怒曰："朕历年春秋两巡，累及近畿百姓，固应怨我。然两次所免钱粮，积数十年计之，亦不为少，竟不足以生其感乎？是殆有主之者矣。"时总督方恪敏公观承，方在卡伦门外接驾，闻之，飞骑追上，而乘舆已前行。方疾趋，伏道旁，大声呼曰："臣方观承奏明：此人是保定村中一疯子也。"上闻稍回顾，乘舆已入宫门，甫降舆，即传军机大臣入对。上曰："顷犯跸之人，据方观承奏为疯子，不知究如何？"军机大臣蹚头奏："方观承久于直隶，据所奏是疯子，自必不误。"上曰："既如此，即交尔等会同刑部严讯，作疯子办理。"军机大臣碰头谢出，即日在行帐中定谳。

张问陶日上三疏

遂宁张船山名问陶，性伉爽，无城府。由检讨迁御史，上官日，连上三疏：一劾六部九卿，一劾各督抚，一劾河漕盐政。或谓之曰："子不虑结怨中外乎？"张笑曰："我所责难者，皆大臣名臣事业，其思为大臣名臣者，方且感我为达其意；若无意于此者，吾将其身分抬高至于如此，惭愧之不暇，又何暇怨我乎？"

舒超锌劾杜赖

直恪公舒超锌，历任西安、凉州、安西、黑龙江诸将军，高宗笃任之，尝曰："满洲世族未忘旧习者，惟某一人。"性直笃，在西安时，前将军杜赖贪鄙，屡侵粮饷，至自制饼饵，令军士重价购之，舒至三日，立劾之。金矿事发，牵连数百人，狱未决，命释之。僚属有请者，则曰："金矿窄不容足，安容数百人？盗者必获重宝以远扬，奚累及无辜为！"后盗果获于他境。

魁伦劾伍拉纳

制府魁伦，完颜氏，性勇，授福建将军。喜声伎，尝夜宿狭巷，为制府伍拉纳所觉，欲劾之。伍固贪吏，纳属员贿，动逾千百，不纳者，锁锢逼勒；又受海盗贿，不捕缉，五虎门外盗艇云集。魁慨然曰：“伍公以封疆大吏，举止同盗贼，不知愧悔，反欲劾人耶！”乃抗疏劾伍之贪纵，共闽省库藏亏绌事。高宗大怒，置伍于法，以魁代。

钱澧劾国泰

昆明钱南园通政澧为御史时，劾东抚国泰。时刘文清公偕和珅，奉高宗命往山东讯鞫，并谕御史同讯。方谳狱日，国泰忽起立，骂御史曰：“汝何物？敢劾我耶！”文清大怒曰：“御史奉诏治汝，汝敢骂天使耶！”立命隶人披其颊。国泰惧而伏，珅遂不敢曲芘（通“庇”）。狱上，国泰伏诛。

初，钱将奏国泰事，诣所善翰林邵南江曰：“家有事，需钱十千，可借乎？”邵曰：“钱可移用，将何事也，盍告我乎？”钱曰：“子勿问何事。有事欲用此钱，当于吾子取之。”越三日而弹章宣矣。时国泰声势方盛，人皆为之危，幸高宗察其忠直，得擢通政司副使。邵于是叩之曰：“子前告我需钱十千，岂为此事耶？”曰：“然。吾自度劾国泰，必受严谴戍边，故预备资用耳。”邵曰：“若果有此行，十千钱亦不济事。”曰：“吾性喜食牛肉，在道可不用傔从，以五千钱市牛肉，日啖此，可无饥。其余钱，吾自负之，得达戍所，足矣。”

钱澧劾和珅

钱南园既补通政司副使，复以事镌级，再补官言。时和珅擅权，直庐自立私寓，钱劾之，谓：“国家所以设立衙署，盖欲诸臣共集一堂，互相商搉（同“榷”），佞者既明目共视，难以挟私；贤者亦集思广益，以济其事。今和珅妄立私寓，不与诸大臣同堂办事，而命诸司员传语其间。即有私弊，诸臣不能共知；虽欲参议，无由而得，恐启揽权之渐。请皇上命珅拆毁其寓，遇事公同办理，无得私自处判。”疏入，命钱入军机以监之。逾年，钱暴卒，上大恸。

曹锡宝劾和珅

和珅在政府时，上海曹剑亭侍御锡宝上书论劾，同朝多咋舌者。侍御至热河待罪，高宗召入，谕之曰：“尔读书人，不读《易》欤？君不密，则失臣；臣不密，则失身。”侍御叩头流涕而出。

钱澧劾毕沅

乾隆末，甘肃冒振一案，侵蚀公私款项至数百万，事发，总督司道以下伏法者数十人。时毕沅方抚陕，具知其事，然以勒尔谨、王亶望皆和珅死党，毕亦奔走和门者，故明知之而不敢言。钱南园侍御乃上疏劾之，略云：“勒尔谨、王亶望、王廷赞虽已分别伏法，而现任陕西巡抚毕沅，前曾奉命署理督篆，以陕甘接壤，折捐冒振，瞻徇前任，畏避远嫌，明知积弊已深，不欲抉之自我，宁且隐忍以负朝廷，实非大臣居心之道，其罪较之捏结各员，尤觉有增无减。敬请敕下部臣，将毕沅比照诸人严加议处，以昭宪典之平，而各省督抚大吏，益知所警惕，不敢习为瞻徇，久致养痈”云云。疏上，毕终以有奥援故，竟免议处。

某侍卫谲谏游畋

高宗晚岁，恣意游畋，特建避暑山庄于热河。一日，游至苍石，四顾茂林修竹，绿草如茵，清风习习，几不知盛暑之至矣。顾谓某侍卫武员曰：“此间气候温淑，大胜京都，洵无愧‘避暑’山庄也。”侍卫对曰：“诚是。此陛下就宫内言耳，若外间城市极狭，房屋亦低，小民半多蜗处其中，且户灶衔接，炎暾之盛，十倍京师，故民间有谚曰：‘皇帝之庄真避暑，百姓仍是热河也。’”高宗不怿，亟挥之使出。

尹壮图遇事条奏

尹阁学壮图，云南蒙化人，久任部曹，洊至内阁学士。时和珅专擅于内，福文襄豪纵于外，督抚习为奢侈，库藏空虚，民业凋敝。尹上疏弹之，高宗为动容。和忌之，请即命尹驰驿，普察各省府库亏空，而令侍郎庆成监之。庆固贪酷，每至省会，不急盘查，而先游讌。尹惟终日枯坐馆舍，举动辄掣肘，待库藏挪移满数，然后启之，枰对初无亏绌。庆劾尹妄言，降主事。尹即告终养，当草疏夜，秉烛危坐，竟夕抄录。弟英图屡窥其户，尹笑曰："汝不必代兄忧，余之头，早悬都市矣。汝代养老亲可也。"仁宗即位，召入都，温谕至再，加给事中衔。以亲老，命乘传归，复给奏摺匣钥，命遇事条奏。久之，乃卒。

嘉庆初年谏臣

仁宗即位，首下求言诏，满洲广泰与广兴首先应之，劾和珅奸慝诸款，实时伏法。汉军蒋攸铦劾外省贪吏宜降革者，李奉翰、景安、泰〔秦〕承恩诸人先后获罪。瑚图灵阿为宜绵子，陈关税、盐务诸弊，又请却贡献、停捐纳。仁和马履泰论鄂督景安畏缩偷安、老师糜饷之罪，安为之罢职；又论湖北教匪、奸民宜抚诸条，上尽从之。满洲继善虽为和所引，无所依附。时翻译科场皆近臣子弟，藉以进身，顶冒传递之弊，多不胜言，善首论之，场务始肃。八旗士卒畜养马匹，多有冒领军饷者，出牧时啖番使以金帛，为蒙人所哂，善犯众怒言之，弊遂清。满人恨入骨，至验马日，众误以戴菔塘璐为善，殴之几毙，事闻，首谋者伏诛。礼部侍郎广西张鹏展任御史，奏出师八弊，皆中窾要。刑部郎中金光悌素便佞专擅，堂官多庇之，鹏展劾请离任，上允其请。满洲和靖额以翻译起家而素重文士。满洲举人旧例，三科后始选小京官，人多缺少，致多壅塞，非三十余年不能入仕版，不若汉人大挑之捷。和深悯之，陈请依汉人例，一体选授县令。济源卫谋，辛巳进士，年七十余始为谏官。福文襄王康安虽屡立战功，然苞苴广进，仁宗责那绎堂司空谕旨，有“福康安历任封疆，簠簋不饬”之语。谋因备论王诸贪婪状，不宜配享太庙，上虽未允其请，一时公论与之。宁夏周栻，论外省大吏所劾属员有初无劣迹者，恐悃愊无华之人，不得上司欢心，被劾者众。请自后得照大计例，许其给咨引见，则贤否自难逃圣明之洞鉴，使大吏专擅之习，为之稍减，上允其请。庚申夏，彭芸楣尚书策骑入内，坠地昏仆，朱石君司农以己舆载出。故事：大内无特旨，不容车轿出入。栻因劾之，略云：“朱珪无无君之心，而有无君之迹。”又藩司温承惠冒乡勇功为己功，依附罪抚秦承恩，致使武关有失，亦附劾之。当时虽奉严旨，未数月，石君舆夫闯入禁门殴伤守者，上切责之。尝曰：“周栻之言甚正，殊可嘉也。”归安沈琨于江苏生员之狱，巡抚宜兴庇护属员，信任家人，苞苴日进，特以非刑讯告者，有小夹棍、头箍诸名目，又于国丧中演剧，琨一一陈之，兴罢职。逾岁，上欲巡幸盛京，琨复上疏阻之。汉阳萧芝久淹词馆，及用御史，年已七十余。上疏言端正风俗，以天道人心为本，洋洋数千言，皆有关政治。山东王宁炜上疏言上之用人行政，宜习其素，不可因保举遽加升用，金光悌、黎兆登等非不有人荐用，然考核其实，殊有未称者。福建游光绎上疏言今大臣未尽和衷，武备未尽整饬，愿效魏元（玄）成《十思疏》，以裨治化，上奖之。后满洲某侍郎因公愤争，上曰：“游光绎之言，不为无见。”后以劾黄永沛罢职，人争惜之。

张进忠谏欹坐

嘉庆初，有宫殿监督领侍张进忠者，驭下整肃，好批小内监之颊，人以“嘴巴张”呼之。然性忠鲠，尝奏事内廷，仁宗偶欹坐，张捧黄匣不入。询之，张曰：“焉有万乘之主卧览奏章者乎？”上即正襟危坐，张乃捧疏入。

朱文正谏弛禁书

康熙以来，屡以文字兴大狱，钱牧斋诗文亦在毁禁之列，长洲沈归愚乃选以冠《别裁集》，几获咎。嘉庆初，大兴朱文正公珪奏言："诗文之诋谤本朝者，正如桀犬狂吠。圣人大公无私，何所不容？禁之，则秘藏愈甚。"仁宗然之，禁始弛。明末遗书，遂复有刊行者。

洪稚存以直谏戍伊犁

洪稚存，名亮吉，长身火色，性超迈，歌呼饮酒怡怡然。每兴至，凡朋侪所为，皆掣乱之为笑乐。至论当世大事，则目直视，颈发赤，以气加人，人不能堪。会有与稚存先后起官者，朱文正公珪并誉之，稚存大怒，以为轻己，遂悒悒不乐，复乞病，行有日矣。时川陕贼未靖，颇欲有所献替，顾编检例不奏事，乃上书成亲王暨当事大僚言时事，冀转奏。谓故贝子福康安所过繁费，州县吏以供亿致虚帑藏；故相和珅枋（同"柄"）国时，达官清选，多屈膝门下，列官中外者四十余人。末复指斥乘舆，有"群小荧惑，视朝稍晏"语。成亲王以闻，有旨召问，军机大臣即日覆奏，落职，交刑部治罪，就逮西华门外都虞司。群议汹汹，谓且以大不敬伏法。赵怀玉见其缧绁藉藁坐，大哭，投于地，不能言。稚存笑谓怀玉曰："味辛，今见稚存死耶？何悲也！"顷之，承审大臣至，有旨，不用刑。稚存闻宣，感动大哭，自引罪。坐"身列侍从，用疑似语谤君父，大不敬"，议斩立决。奏上，免死，戍伊犁。将军某妄测圣意，奏请俟其至，毙以法，先发后闻。得旨严饬，不行。

稚存谪戍伊犁之明年，即奉旨释回。赦下之次日，朱文正公珪入见，仁宗手洪书示朱，朱跽捧以观，则见御笔署其首四字，曰："座右良箴。"朱顿首泣曰："臣所郁结于中，久而不敢言者，至今日而皇上乃自行之。臣负皇上多矣，尚何言！"伏地久之始起。

王麓园谏止番役授职

北平王麓园，诗人平圃孙也。由翰林擢给谏，风节凛然。时步军统领衙门番役，多因缉匪授以官职，王以官职有关流品，奏罢之，仁宗遂有"持正可嘉"之旨。

汪如渊疏救杨世英

汪如渊，秀水人，尝任御史。杨御史世英与满御史某互劾，杨语颇直，仁宗两黜之。汪上疏救杨，上以其蹈有明台谏陋习，令改刑曹。

海秀抗言厩马事

海秀官正红旗参领，以廉能称。时和珅议以官厩马散兵丁饲养，会八旗大僚议，人皆应如响。海独曰："国家不惜数百万金钱为刍牧费，良以天闲重务，备缓急之用也。今若散给兵丁，虽稍济其生计，傥一旦用之，恐侵冒者众，徒繁刑害众，无实济。"和岸然曰："汝是何龌龊官，乃敢抗论！"卒如和议。仁宗复命立厩饲养，而海卒已数年矣。阆峰侍郎玉保夙与之善，尝曰："使八旗参领皆如海君，安有疲玩兵卒哉！"将荐于朝，海力辞。

吴熊光谏巡幸

嘉庆辛未，仁宗返自关东，驻跸夷齐庙，吴熊光方与戴文端、董文恭同召见。上曰："此行有言道路崎岖、风景略无可观者，今则道路甚平，风景绝佳。人言可尽信哉！"吴越次对曰："此非读书人语也。皇上此行，欲面稽太祖、太宗创业艰难之迹，以为万世子孙法，岂宜问道路、风景耶？"有顷，上目吴曰："朕少扈跸过苏州，风景诚无匹矣。"吴曰："皇上前所见，剪綵为花，一望之顷耳。苏州城外惟虎丘称名胜，实则一坟墓之大者。城中街皆临河，河道隘，粪船坌集，午后辄臭不可耐，何足言风景。”上曰：“如若言，皇考何为六度至苏耶?”吴叩头曰：“臣前侍皇上谒太上皇帝，蒙谕曰：‘朕临御天下六十年，尚无失德，惟六度南巡，劳民伤财，实为作无益害有益。将来皇帝如南巡，而汝不阻止，汝系朕特简之大臣，必无以对朕。’仁圣之所悔，言犹在耳，皇上宜谨佩勿谖。”时同列皆为挢舌。

绵亿请仁宗回銮

荣恪郡王绵亿，荣纯亲王子也。纯王少聪迈，娴习骑射、满言，高宗甚钟爱之。纯王早薨，而王孱弱，仁宗因令行走乾清门，以习劳勚，然其疾终不愈也。自幼喜读书，朗通经史，如瓶泻水，周秦诸子亦能背诵不遗。遇大节，尤侃侃。嘉庆癸酉天理教匪林清之变，王方扈从。闻变，泫然曰：“上为吾辈何人，即论亲谊，亦当代分其忧，况万乘之尊乎?”因请独对，劝上速回京师，以维人心。仁宗首肯，即日回銮，自此益重视王。尝曰：“朕诸侄中，惟绵亿骨肉情尤笃也。”逾年，以劳瘵卒。

董文恭请仁宗回銮

董文恭、曹文正皆为嘉、道大臣。嘉庆癸酉，林清遣其徒党入宫为乱，时仁宗幸热河，闻变，近臣请暂驻跸，文恭力请回銮，继以涕泣。而文正在京，镇之以静，畿甸遂安。时人有联云：“庸庸碌碌曹丞相，哭哭啼啼董太师。”其时文恭适加太子太师衔，文恭对人笑曰：“贱姓不佳之至。”

王文简谏圆明园增防事

嘉庆癸酉，林清以七十七人入禁门，智勇亲王放铳却之。事既定，有议筑圆明园宫墙高厚者，有议增圆明园兵额者。高邮王文简公意不谓然，乃具疏上言。仁宗大动容，召对良久，乃罢。谕军机大臣曰：“王引之乃能言人之所不敢言。”

夏修恕请释无辜

嘉庆癸酉，夏修恕官御史。时林清之乱已平，余党窜河南北，先后就诛，而州郡购捕疑似，牵引株连，多道死。夏因疏言：督限必获，有司逮系疏属，蔓引无穷，请下明诏，释省无辜。疏入，仁宗嘉纳，即降谕缓捕弛刑。当上疏时，同官怵以危语，夏艴然曰："安有首鼠而居路言者？遇圣主而不言，则终无言日矣。"修恕字森圃，新建人。

谏垣三直

宣宗时"谏垣三直"之目，盖即指晋江陈庆镛、临桂朱琦、高要苏廷魁而言也。

莫晋负气辩论

莫宝斋晋任仓场侍郎时，因常州武弁旗丁与州县互控，牵涉多人。侍郎润祥议交刑部审讯，莫议咨交两江总督就近鞫之，润持不可，莫不为屈，遂各执奏陈辨上前，仁宗卒从莫议。通州仓场署，满、汉两寮各榜"和衷报国"四字，乃仁宗纶音，为莫立也。

莫视学江苏，劾署藩司鄂云布玩公护短。道光壬午，以通场盘米事，与户部互讦，连拜三疏，措词峻激，至以"胡涂昏愦，不通文义"诋部臣，而以"洞悉仓务，无逾于臣"自诩。时户部满、汉两尚书皆军机大臣，方向用，朝士皆为莫危。上竟不之罪，谕称："莫晋所论，皆属因公。惟负气辩论，失敬事之道。"仅令降一级，为内阁学士。莫谢疏有云："主圣则臣自直，仰钦历世摩钝之精心；恩深而命转轻，弥坚报国忘身之素志。"

苏廷魁劾穆彰阿

道光癸卯春，御史高要苏廷魁抗疏数千言，大旨以时政乖迕，归过枢相穆彰阿辈，立请罢黜，而劝宣宗下罪己之诏，开直谏之门。语切至，多所指斥。宣宗览奏动容，特旨嘉奖。

戴文节因谏不行而归

宣宗末年为枢相穆彰阿壅蔽，略不省事。时盗已萌芽，督抚承穆风旨，莫敢奏闻。戴文节公熙为广东学政，期满还朝召见，问："汝一路由江西、安徽、江苏来，民情何如?"文节遽对曰："盗贼蠭起，民不聊生。"宣宗大骇曰："如汝言，尚复成何事体!"怒询穆，穆免冠谢曰："戴某见皇上春秋高，欲以此撼皇上，沽直名，非实也。"宣宗遂恶文节。旧例，年终赐南书房翰林福字，文节不与焉，乃遂以病告归。

陶文毅说正经话

安化陶文毅公澍官台谏日，铮铮有声。奉命巡视南漕，翼日请训，甫入殿侧门，即谕曰："放尔南漕矣！尔尚有良心，肯说几句正经话也。"

杜文正谏止废后

杜文正公受田为文宗师傅，文宗四岁时，即从之读。登极后，敬礼弗衰，凡所敷陈，皆报可。历朝积习均重满轻汉，至咸丰朝独信任曾、左诸人，削平大难，文正之力也。文宗嬖孝钦后甚，欲废孝贞后而立之。故事：凡册封皇后，须六部尚书签押。时文正为某部尚书，帝惮之，先事商焉。文正力谏，援古证今，申言宠妾灭嫡之祸，帝默然。由是得罪孝钦，遂拜查办河工之命，盖远之也。文正陛辞时，抱帝膝，力陈废后之不可，至泣下，帝为感动，议遂寝。

文正抵东河，见河工废弛，将具摺劾之，自河督以下皆不免，河督惧，欲赂不得。适文正有疾，河督进医诊之，服药后病遂亟，不三日而薨。遗疏入，帝大恸，诏令柩入国门，铺御道，由正阳门入，亲临奠醊，三孙均赐举人。文宗崩，文正子翰为户部侍郎，会端华、肃顺乱作，孝钦以衔文正故，罗织翰罪，籍其家。

张鑅奏并大差

凡恭上列圣列后册宝，必赍送盛京太庙尊藏；实录、玉牒修竟，亦如之。其赍送也，除道千七百里，具警跸如仪，餐宿皆建芦殿，随扈官校数千人，例发帑金十四万，下各州县具供张。有司或阴以应领之帑贿上官，而自敛于民，数且倍蓰，上官为所饵，弗能禁也。于是上下交征，视大差为利薮，民用重困。咸丰壬子，宣宗升祔礼成，有诏以明年三月恭迓册宝入陪都。时南皮张太常鑅，方以奉天丞兼督学政，适岁饥，奉旨煮粥赈之，所见饥民仅存皮骨，乃太息曰："是尚能供大差耶？且实录将告成，盍展典至秋，并为一次？"遂草疏约当道会奏，皆掩耳不乐闻，而筦尹事者且来力沮，愤甚。恐专疏多掣肘者，乃以摺稿寄门下士御史李鹤年，未两旬，特旨改期秋八月，与实录同送。当事心知张所为，不敢争也。后显庙实录成，亦援前案以行。

尹杏农谏和

咸丰戊午，英舰侵天津，举朝仓惶，无所为计。桃源尹杏农侍御独疏陈战守机宜，先后八九上，谓万不宜和，而枢臣主和甚力，卒格不行。最后疏上，奉命随同王大臣会议，尹侃侃与郑亲王端华抗辨，不稍诎，由是权贵益侧目，卒藉科场案去之。同治时再起，治军河南，官河陕汝道，多惠政。殁后入祀名宦，治绩宣付国史馆，列循吏传。

某御史劾夺情

咸丰中叶，某相丁艰，文宗诏令夺情，某未力辞，恐失宸眷也。有某御史参奏云："朝廷旧例，除军务紧急，在营丁忧，不准回籍，防开规避之端；此外即备员枢密，曾经降旨留任守制者，亦必再三沥陈大义，方可夺情。今某在京伴食，既未効力疆场，可以嫌于规避借口；虽躬膺宰辅，亦非朝廷不可少之人，可以夺情顺旨为名。在皇上眷念大臣，不过偶尔优容，而某阿意曲从，节哀顺变，公然居之不疑。是开不孝之端，启名教之罪，何以表率群伦、昭示后世乎？应请交部议处。”

王茂荫袁甲三劾权要

王侍郎茂荫、袁端敏公甲三，为言官时，皆侃侃论列，不避权要。端敏至劾及某郡王暨侍郎书元，虽文宗亦以为太甚，非所宜言，然犹抵某郡王以罚。

宝文靖谏止运银承德

宝文靖公鋆起家寒畯，知民间疾苦。当咸丰庚申之变，肃顺导文宗为秋狝之举，又惑文宗以土木音乐之玩。时度支存储无几，肃请悉数运至承德以备用，文宗从之。宝方为户部侍郎，奉命守城，既得严旨，且专官守取，骡纲已系于户部之仪门外，势不可少缓。宝抗疏持之，力言：“守城需饷，库无存储，是无京城也，臣敢以死争！”事得中辍。未几内务府失印，肃请降宝五品顶戴，开去守城之差。得旨时，宝适在署，即手自免冠，易其帽顶，嗤曰：“冠下之物且不顾，冠上者又何足道！”

李棠阶劾胜保

李棠阶尚书，正学名臣，存心极恕，嫉恶甚严。胜保以陕西军败逮问，中外大臣因发其历年贪污实迹，将置重典，而政府颇欲援议功之条，李无以难也。一日独对，据河南原籍所见实陈之，特旨赐胜自尽。马伯乐在武陟与李同主书院，偶宴集，座客新自皖、豫来者，叙及胜军。因言捻由光州西趋，劫官家两女，以老妇守之，禁勿犯，勒令具赎，议未及而胜军至，两女卒皆归胜。李勃然曰：“大臣乃盗贼之不若乎？”因中席不欢而散。

左文襄劾李元度

左文襄公奏议，语甚戆直。如奏查李元度摺，左既为李辨战败不得为罪，而后复申之曰："惟李在湘不得意，复钻营江西，得有优保，实为无耻。"左与李为至交，而入告之言，何切言也。

余光倬劾何桂清

武进余幼冰比部光倬，道光丁未进士，授主事，擢郎中，总办秋审处，虑囚详慎，不轻丽人于法。同治壬戌，江督何桂清就逮至京，光倬实司审谳。据《大清律》，地方大吏逃奔蹶事，比照守边将帅失守城寨斩监候律，拟斩监候，情罪重则拟斩立决，仍候上裁。时朝中大僚多为桂清故旧，谓不当加重，冀缓其死，而给事中郭祥瑞等复交章论劾，请速正典刊。大学士六部九卿翰詹科道议覆，刑部主稿。光倬疏奏曰："已革两江总督何桂清，身膺疆寄，受国厚恩，岂不知军旅之事，有进无退；守土之责，城存与存？况其时常州有兵有饷，并非不可固守，乃首先弃城逃避，致令全局溃散。望亭为无锡至苏州要冲，业经奏明截留长龙船，扎营于此，乃并未身经一战，命杀一贼，忽于苏州失陷之前一日，率师船退驻福山海口。是其撤兵远遁，纵寇殃民，尤罪迹之昭著者。至刑部历年审办军营失事成案，均视此为轻，惟余步云系由斩候加至斩决，情罪相等。虽带兵提督与统兵总督稍有不同，然论疆寄，则文臣视武臣为重；论军法，则逃官与逃将同诛；论情节，则闻警屡逃，非被攻被围变出不测者可比；论地方，则全省糜烂，非一城一寨偶致疏防者可比。请仍照原拟，从重拟以斩立决。"六月十三日奏上，得旨，改为斩监候，秋后处决；十月，竟奉特旨立决。

沈文肃抗疏三请

沈文肃公督两江时，尝以水灾奏请豁免钱粮，发帑赈济。一请不得，再请之，乃奉严旨申饬，文肃仍抗疏三请，卒邀俞允。疏中警句有云：“朝捧雷霆之诏，自省愆尤；夜闻风雨之声，难安枕席。”

广安请立铁券

自择立德宗之策定，朝臣纷纷窃议，有责李鸿藻之缩朒畏葸者，有责李鸿章阿附取容者，顾事已至此，遂亦相忍不言。内阁侍读学士广安，以为今日之举，太后不立孙而立子，实开爱新觉罗氏未有之奇，此后必有变局，乃抗疏言之，其略曰“大行皇帝冲龄御极，蒙两宫垂帘励治十有三载，天下底定。讵意皇嗣未举，一旦龙驭上宾，幸赖两宫择继咸宜，以皇上继文宗显皇帝为子，俟嗣皇帝生子，即继大行皇帝为嗣，计之万全，未有过此者。惟尝读《宋史》，窃有感焉。昔太祖遵母后命，传弟而不传子，厥后太宗偶因赵普一言，传子竟未传侄，是废母后成命，遂启无穷驳斥。使当日后以诏命铸成铁券，赵普安得一言间之？我皇上将来生有圣子，自必承继大行皇帝为嗣，第恐事久年湮，或有以普言引用。请颁立铁券，作奕世良谟”云云。廷旨以其冒昧渎陈，斥之。

吴可读尸谏

吴柳堂侍御名可读，甘肃人。道光庚戌进士，授主事，转御史，以劾成禄言激，左迁吏部主事。操行清洁，不附权贵。光绪己卯，穆宗梓宫永远奉安，吴乞派随扈行礼。至蓟州，遂密奏穆宗立后事，自尽于所居之寺中。摺上，孝钦后批云：“以死建言，孤忠可悯。”

刘恩溥以敢言称

光绪初，吴桥刘博泉侍郎恩溥官御史，以敢言称，与邓铁香鸿胪齐名。其奏疏好为滑稽之辞，辞意抑扬，若嘲若讽，与邓之朴实无华者迥异。所参奉天将军府尹一疏，有云："将军崇绮，除不贪贿外，别无所长；府尹松林，除贪贿外，亦别无所长。"

时宗室某甲设赌局于皇城内，有旗人某乙者，亦世家子，以饮博倾其家，贫无立锥。一日博偶赢，往索博逋，竟被殴死。其尸暴露城隅者二十余日，无为收敛者，官亦畏某甲势，不敢过问。刘乃上疏言其事，略谓："某甲托体天家，势焰熏灼，某乙何人，而敢贸然往犯重威？攒殴致死，固由自取。某甲以天潢贵胄，区区杀一平人，理势应尔，臣亦不敢干预。惟念圣朝怙冒之仁，草木鸟兽，咸沾恩泽。而某乙尸骸暴露，日饱乌鸢，揆以先王泽及枯骨之义，似非盛世所宜。合无饬下地方官检视掩埋，似亦仁政之一端也。"

梁经先疏劾陕抚

光绪丁丑秋，秦、豫、晋大旱，赤地数千里，死者枕藉。朝廷颁内帑，截留南漕米全百万，以振晋、豫饥民，且派大臣督办。朝邑阎文介公督山西振事，尤峻整，至斩吞噬振款者吉州牧段鼎耀，以警婪吏，官绅肃然，无敢相比周以侵官帑，故全活甚众。惟秦独向隅。

先是，丙子夏，渭北诸郡县小麦已歉收，仅二三成，秋禾亦未种，民固苦已饥矣。及秋而雨泽又甚歉，渭南诸郡县亦被其害，麦皆草草下种，有甫茁苗而已槁者。丁丑夏秋，遂不及二成，民有掘草根、剥榆皮以餬口者。自四月至九月，未得点滴雨，禾麦悉未种，大祲遂成。时抚陕者为湘人某也，左文襄方锐意恢复新疆，转饷庀械，日不暇给。李文忠独深忧之，尝贻书力争，谓："西北连年荒歉，民食犹苦不足，何忍更夺之以充兵饷？万一如明末造酿成流寇之变，惟尸其咎！"文襄得书，怫然不悦，遂恶人言陕灾旱事。陕抚，其两湖之乡人也，则一意附和之，禁属吏毋得以灾情上闻。有旨询陕旱情形，巡抚覆奏，犹言全省麦田仅有三成未播种者，余皆连得透雨，一律下种，虽有偏灾，不至成巨祲也。陕人柏子俊、刘古愚约诸绅上书陕抚，请以灾状上闻，且设局省城，派官绅会办赈务，陕抚不省。

众始别议致书京中言路，乞援手。于时陕人官西台者称极盛，南郑王炳、朝邑刘锡金、清涧王宪曾、平利余上华、三原梁经先，凡五人。梁于咸丰时为礼部郎，庚申之变，弃官潜逃回籍，乡人皆薄之，及是，公函遍致四人而不及梁。上华者，其先固鄂人，与巡抚论乡谊，交颇昵，得书则语诸人曰："绅士与大吏讧，言官更劾大吏，是愈激之怒也。万一击之不中，彼将更肆虐，如之何？宁少缓焉，吾先以私书为之调停，苟彼知惧而悔，又何必深责乎？"众韪其言，从之，而不知上华之别有阴谋也。上华既以言慰诸人，则亟驰书陕抚，并抄寄陕绅原函。陕抚得书，疏参陕绅把持公事，胁制官吏，移熟作荒，阴图冒赈。疏奏，陕民大哗，几暴动。陕抚亦惧，檄防营兵三千卫抚署，夜二鼓，即禁署前行人往来，日伏居内室，不敢出宅门一步。然梁经先参劾陕抚之折已上矣。

初，经先闻陕绅之遍贻书言路而不及己也，则大惭。自念为六十余老人，而为乡里所不齿，将来退归林下，何以自安？乃谋所以晚盖者。因抗疏劾巡抚骄蹇暴戾状，罗列多款，皆实有证据，且微及余上华事。疏上之次日，陕抚疏亦至，廷议以经先疏中有"上华潜通消息"语，而陕抚疏适与符合，且微知陕灾之巨也。两疏皆留中不下，廷寄询灾状甚悉。会丰润张幼樵庶子佩纶闻其事，勃然曰："陕灾如是，而巡抚尚沮绅民呼吁，是真欲剿绝陕民矣！"亟上疏，严劾陕抚，并详及上华事。宫廷得此疏，始具知陕灾，乃寄谕申饬陕抚，令明白回奏。陕抚奉谕大恐，立撤退环署卫兵，饬各州县同时办赈；且自知已不为陕人所容也，赈事毕，旋移疾调他省以去。

李文忠谏止征日

光绪己卯，日本收琉球为县。当事初起时，祭酒王先谦奏请征日。事下，李文忠公鸿章议覆，疏言："征日之志不可无，征日之事不必有。"

张文襄陈宝琛谏诛护军统领

光绪庚辰、辛巳间，张文襄公之洞方官庶子，有中官率小阉两人，奉旨担食物八盒，赐醇王。出午门之东左门，与护军统领及门兵口角，遂毁弃食物回宫，以殴抢告。德宗震怒，命褫护军统领职，门兵交刑部，将置重典。枢臣莫能解，刑部不敢讯，乃与陈宝琛上疏切论之，护军统领及门兵遂得免。时又有两御史言事琐屑，不合政体，被责议处。恭王手张、陈两疏示同列曰："两御史摺真笑柄。若此，真可谓为奏疏矣。"

光绪诸臣应诏直言

光绪戊寅，晋、豫亢旱，下诏罪己，有"天降鞠凶，何不移于宫廷"之语，因下诏求直言。侍讲张佩纶请杀四川提督张有恒，又与司业宝廷、编修何金寿请训责枢臣；学士黄体芳参尚书董恂；洗马廖寿恒参大学士李鸿章侈泰因循，左右无一正人。朝臣、台谏，封奏联翩，多所采纳。其后，孝钦后亦厌倦之。比甲申之役，张佩纶等并得罪谴去，当时清流党大受掊击，几于尽绝。朝臣皆以言事为戒，相与酒食征逐，其上者为诗文金石之玩而已。

延树南争谒陵礼

光绪丙戌三月，孝钦后率德宗谒定东陵，盖即孝贞皇后之陵也。銮舆甫至，未行礼，先诣配殿小憩。所司以礼单呈进，孝钦不怿，掷之地，命别议以进。盖照例拈香进酒，须跪拜也。时李文正鸿藻为汉尚书，闻命，战栗不敢出一语。满尚书延树南宗伯煦曰："此不能争，国家何用礼臣？"肃衣冠人，跪殿门外，大言曰："太后今日至此，两宫垂帘听政之礼节，无所用之，唯当依显皇帝在时仪注行之耳。"孝钦闻奏失色，命之起。延对曰："太后不以臣不肖，使待罪礼曹，见太后失礼而不敢争，臣死无以对祖宗。不得请，誓不敢起。”孝钦始允之，卒成礼而归。

屠仁守吴兆泰因谏去官

光绪己丑，孝钦撤帘之令既下，御史屠仁守知孝钦后之必不遽释政柄也，乃上疏，谓：“皇上春秋方富，正宜专心典学，请太后勿遂撤帘，再训政三年。”疏中且微及李莲英事。后得疏，立褫仁守职，永不叙用。先一岁，御史吴兆泰抗疏请停修颐和园工，亦触后怒革职。时有“湖北两御史”之称，盖仁守、兆泰皆鄂人也。

朱一新劾醇王

义乌朱鼎甫侍御一新，以劾李莲英去官，主广东端溪书院，旋移广雅书院，卒于院，年甫五十也。当醇王当国，初设海军，盛用满人之时，朱抗章极言非是，醇大怒，抄摺寄示李文忠。文忠就幕僚汪宗沂商之，嚶然大声曰：“写白摺子作八股之翰林，乃亦参海军，子谓亦可恶乎？”汪阅毕，置案上，默然无语。文忠曰：“何如？”汪曰：“鄙见亦以朱言为是，故不敢遽答。”文忠曰：“醇王不答应，终须回复。”汪曰：“暂缓。醇王徐思之，其气自平，中堂再为缓颊，朱可以免。”文忠如其言，事遂寝。

寇连才直言被诛

寇连才，直隶昌平州人。年十五，以阉入宫，事孝钦后，为梳头房太监，颇得宠，遂掌会计。稍长，见孝钦淫纵，屡谏，孝钦虽呵斥之，亦不加罪。已而为奏事处太监，年余，复为会计房太监。光绪乙未十月，孝钦杖瑾、珍二妃，蓄志废立。迫德宗为樗蒲戏，劝吸鸦片，别令太监李莲英及内务府人员在外造谣，诬德宗失德，为废立之地。又将修圆明园。寇忧之。丙申二月初十日晨起，孝钦方垂帐卧，寇流涕长跪。孝钦揭帐叱问，寇哭曰：“国危至此，老佛爷即不为祖宗天下计，独不自为计乎？何忍更纵游乐，生内变也。”孝钦以为狂，叱之去。寇乃请假五日归，诀其父母兄弟，出其所记宫中事一册，授之弟，还宫则分所蓄与小珰。至十五日，乃上疏，条陈十则：请归政皇上；请勿修圆明园以幽皇上；请止演戏；请废颐和园；请罢修铁路；请革李鸿章职；请续修战备与日本战。余数条，亦人所不敢言者。其末一条，则言皇上今尚无子，请择天下之贤者立为皇太子，效尧舜之事。奏上，孝钦疑有指使，旋见其文理不通，且多别体字，命之背诵，乃无甚舛，始信之。即亲讯之曰：“尔不知祖制，内监不准言政事乎？”曰：“知之。然事有缓急，不敢拘成例也。”孝钦曰：“尔知此有死罪乎？”曰：“知之，拚死而止也。”孝钦太息曰：“既如此，不怪我太忍心矣！”乃命囚于内务府慎刑司。十七日，移交刑部照例办理。至菜市，寇脱一碧玉搬指赠刽子曰：“费心从速。”又以玉佩一、金表一赠同事内监之来送者。神色不变，从容就死，年甫十八也。

王鹏运谏驻跸颐和园

孝钦后幸颐和园，驻跸三日，而王鹏运之疏上。时恭王、李文正方同直，李谓恭曰：“此事大臣不言而外廷小臣言之，吾曹滋愧矣！此人不可予处分，少迟入对，当保全之。”恭唯唯。及入对，德宗欲加严谴，恭婉切陈论。德宗曰：“寇连才何为而杀也？”恭奏：“寇某内臣，不应干事，御史乃谏官，未可一例而论。”德宗意稍解，徐曰：“朕亦何意督过言官？恐圣慈或不怿耳。汝曹好为之地，但此后不许再言此事可矣。”于是枢臣于原摺内片陈，略谓“该给事中冒昧渎奏，亦属忠爱微忱，臣等公同阅看，尚无悖谬字样，可否吁恩免究”云云。疏留中。旋闻车驾恭诣请安，面奉懿旨：“御史职司言事，予何责焉？王大臣面奉谕旨，此后如再有人妄言，侥倖尝试，即将王鹏运一并治罪，王大臣钦遵传谕知悉。”自是以后，虽驻跸颐和园，而慈驾还宫亦较早矣。

荣文忠谏止木瓜款

荣文忠公禄尝为内务府大臣，一日，德宗命提库帑五百两市木瓜。荣奏各宫陈设木瓜，所司悉已供进，即欲添购，何须如此巨款？上怒曰："汝欲靳吾用钱耶?"荣顿首曰："内府度支出入，毫厘皆须簿记，未便无名提拨也。"上为之霁颜，寝其命。

奕誴谲谏孝钦后

淳郡王奕誴为宣宗之子，喜滑稽。孝钦后训政，王欲有所献，而二内侍索贿，无则阻之。王怒，乃手持黄花鱼一盘，献诸孝钦。孝钦问："何自携来?"王曰："二内侍索贿，臣无有，故手持以来耳。"孝钦大怒，乃罪二内侍。

孝钦喜听说书，说者语渐不驯雅。王恶之，乃袒背盘辫于顶，口唱《十不闲》而入，内侍大骇。《十不闲》，京师里巷小儿所歌之曲也。孝钦曰："醉矣。"命人扶出，后遂辍听。

某学士劾徐用仪

某学士有陈奏，摺皆封口。旧例：凡封口摺，虽军机大臣，亦不得私窥一字。学士偶捧章，忽忽入，为徐用仪所见。徐诘之曰："汝今日又是封口摺，果劾谁?"学士厉声曰："汝不须问，总有汝在其中!"未几，徐奉指出军机，乃知学士前言，非虚语也。

昌寿公主婉谏匡正

恭王女昌寿公主，当孝钦后训政时，恒出入禁闼，颇能以婉谏匡正。一日，公主侦知孝钦制一艳色衣，从容言曰："曾在某处见一织品，材料、颜色均绝佳，拟制衣进御，以非祖制而罢。"孝钦默然。

德宗即位，恭王家人皆嫉之，公主力顾大局，时左右德宗。

说者谓德宗不被废，公主之力也。且以时与裕庚之女德龄游，故得稍习外事焉。

刘赶三谲谏

京伶赶三儿，刘姓也，善谲谏。光绪戊戌垂帘后，一日，饰皇帝，将据座，忽吊场而言曰：“汝看吾为假皇帝，尚得坐，彼为真皇帝者，长日侍立，又何尝坐耶?”自是以后，德宗觐孝钦，不植立矣。

宓昌墀奏陈毋忘在莒

汉阳宓孑公，名昌墀，光绪丙子举人。大挑知县，分发山西，署某县篆，直隶入山西境之第一站也。庚子拳匪之变，德宗奉孝钦后仓卒西巡，两宫入境，宓仅以白饭黄鸡进献，孝钦颇不悦。次日召见，将痛斥之，而宓先伏地大哭，历言近年种种政治之不良，又信任乱民，致酿巨变，以后求皇太后、皇上须励精图治，屏绝奢华，以示毋忘在莒之意。后以其言戆直，怒甚，立命革职，将予以重惩，德宗婉言解之，乃驱逐回籍。帝又潜赐白银三百两，始踉跄逃归。

王先谦劾李莲英

王益吾祭酒先谦之督学江苏也，名与黄漱兰侍郎齐，外间传其实贿李莲英而得此差。既瓜代，虑名为李污，乃疏劾之，并谓并非真阉，词颇秽亵。孝钦后览奏震怒，解李衣而众示之。遂以是罢归，然王之直声，动天下矣。既出京，李尝语人曰：“吾阅人多，从未见如王之狡者，昏暮而乞吾怜，明白而攻吾短。彼谓可以掩其过，吾谓适以彰其丑耳。南人多诈，王其表表者乎!”知之者则曰：“李既衔王，故以是损其誉也。”

赵尔巽尚欲有言

川督赵尔巽为御史时，戆直敢言。后以石阡府知府外放，请训，孝钦后曰："汝今后尚欲有言否?"赵对曰："奴才尚欲有言，当请都察院代奏。"临行，果由都察院代呈封奏二件：一言时政，一谏孝钦。光绪辛丑回銮，擢山西巡抚，入对，孝钦曰："此次之变，是我用人不当，皇上本欲殉社稷，亦因我牵累未决。如天之福，不意我君臣复得相见于此。"言罢大恸，赵亦叩头呜咽良久。孝钦曰："此次到山西，当如何办法?"赵曰："奴才当先办理交涉事件，使民教相安，一面练兵防匪，保卫地方。"孝钦称善。最后复问曰："汝从前屡次具奏参我，是受何人指使?"赵对曰："奴才从前误采风闻，不知我太后圣明如此。"孝钦大笑。

安维峻劾李文忠

御史安维峻在都，有"殿上苍鹰"之目，尝列款纠参李文忠公鸿章，留中不发。李久在天津，未尝识安面，一日陛见，在朝房小憩，适安从容入，李私问苏拉曰："此何人?"安闻之，遽曰："我即参君二十款之安维峻也。"李唯唯。

边宝泉劾李文忠

光绪中，李文忠督直隶时，以麦秀两歧入告。御史边宝泉劾之，有"阳为归美于朝廷，阴实自誉其政绩"之语，文忠致函谢过焉。

徐致祥痛论时事

德宗于臣工奏疏，有足为国家法者，辄置案头，以时展玩。嘉定徐季和侍郎致祥言事颇戆直，孝钦后外优容而内忌之，德宗眷之独厚。当徐简浙江学政时，濒行陛辞，召对至三时之久，谓徐曰："尔所奏事，朕无日不展阅一过，真名言也。"及痛论时事，至"府库空虚、内外交迫"等语，徐泣，德宗亦泣。徐曰："臣去后，愿皇上珍重圣躬。"德宗曰："卿亦须珍重。"盖德宗时厄于孝钦，而徐为当道所忌，故君臣之际，彼此相喻于微言也。时军机各大臣伫立门外，见徐久不出，恐被劾，莫不仓皇失色，及徐出而无事，始各相安。

七御史一日七奏

光绪庚子西巡，孝钦后与德宗下诏罪己，实出荣禄之意，樊增祥为之起草者也。朝臣稍稍趋行在，每召见，孝钦必哭，群臣条奏自强之计，多所采纳。迨辛丑回銮后，惊尘既定，陈大计者多束之阁矣。德宗宾天，醇王监国，虚怀采纳，召见江春霖、赵炳麟两侍御。谏垣入对，绝迹已三十年，一旦复见之，台谏风生，海内动色。尝有七御史同日各递封奏，称极盛焉。其后陈事者摭拾肤词，弹劾过多，亦未能悉当，封章遂十九留中。即有措词激烈者，欲求步赵启霖、江春霖之后，亦不可得矣。

台谏三霖

当庆王奕劻柄国时，举朝莫敢撄其锋，时台谏中有矫矫不阿之三霖焉。三霖者：湘赵启霖，闽江春霖，桂赵炳麟是也。启霖首揭其奸，革职；春霖继之，回原衙门，未久，皆归矣。惟炳麟未忤巨奸，幸而得保。时又有蒋侍御式瑆，以劾庆贪秽，回原衙门。

江春霖劾奕劻

光、宣间，凡军机处及海陆军、财政、外交诸任，均以亲贵掌之。诸王贝勒皆少年寡学，遍树党援，排斥异己，勾通阉寺，广行贿赂。宣统初，闽县江侍御春霖特疏纠参奕劻，疏中所谓江苏巡抚宝棻、陕西巡抚恩寿、山东巡抚孙宝琦为其亲家；山西布政使志森为其侄婿；浙江盐运使衡吉为其邸内旧人；直隶总督陈夔龙为其干女婿；安徽巡抚朱家宝之子朱纶，为其子载振之干儿，悉实事也。疏上，都下喧传，争为春霖危，谓恐蹈赵御史启霖覆辙，缘赵亦以劾庆而削职者，故群彦啧啧称“二霖”也。果奉旨命其明白回奏。及覆奏，乃历数诸故实，谓：“人言藉藉，事非传疑，本可按图以索也。”末更谓：“臣非不知赵启霖劾奕劻罢官，仗马一鸣，三品料去，只以枢垣重地，汲引私人，恐或贻误大局，激于忠悃，冒死直陈。”旋仍奉旨切责，命回原衙门行走。御史陈田、赵炳麟、胡思敬等，先后吁请收回成命，均不省。于是全台大愤，由御史忠廉领衔，联署者五十八人，公上“言路无所遵循，请明降谕旨”一摺。自有御史台以来，固未有众情一致，争尚风节如斯之甚者。春霖既被放，即奉母返闽，绘《梅阳归隐图》以见志。

永辉绝粒上书

颐和园八品苑副永辉，上书监国摄政王，痛陈四事，切中时弊。先六日绝粒，宣统己酉六月十六日卒。书由《爱国报》宣布，见者无不堕泪。后经赵炳麟、崇兴两侍御奏请褒（同“褒”）嘉。永之汉姓为白，字竹君。

张传楷上书自戕

张传楷，顺天人，字睿斌，本宗人府供事，积劳保至知州。其平居沉默寡言，任事勤恳，不辞劳怨。宣统辛亥九月，武昌革命事起，各省响应，举朝震恐，上至宗室达官，下至郎曹黎庶，均日以迁徙眷属为事，无一人上封奏者。张独草条陈千余言，诣都察院，乞院长代奏。时院中人已星散，张悲愤填膺，伏地痛哭不去者三日，遂怀刃自戕。役人亟扶送医院，为之调治，卒以伤重毙命。

箴规类

邹于先止赵砥之应试

邹于先、赵砥之并居吴江之西郊，明亡后，邑人多谢去子衿。俄学使按临至郡，遣人促其应试，言不出且遣戍。赵颇心动，邹正色曰："我辈但当论是非，不当计利害。"于是遂止。赵每为人言："微邹君，几丧吾守。"

汪钝翁王西樵互规

江钝翁颇自患懒放，兼以此规王西樵。王莞尔，亦规之曰："长安车马喧阗，若无吾党一二孤寂者点缀其间，使作缺陷，君亦何必以懒放自患耶？"

劝王文简不赋诗

王文简公士祯在京师，将移居慈仁寺。某往规之曰："子寓慈仁，不得不赋双松诗，然恐损子名。"王傲然曰："寓不可不移，诗那可便作！"

王文简尽言得失

王文简性和易宽简，好奖引士类，然人以诗文投谒者，必尽言其得失，不稍宽假。

杜茶村作进一步语

杜茶村书翰好作进一步语。简蒋前民曰："足下与王于一诗，俱已过细，尚未过麄，过麄更微于过细，行当知之。"又答某书云："自古小人之祸，君子激之；君子之名，小人成之。至于成君子之名，即已受小人之祸，天下事因之败坏者不少矣。"

姜宸英规翁司寇

国初有常熟翁司寇，为姜宸英故交，爱姜之文而契之，后以攻睢州汤文正公斌骤迁，据其位。姜发愤为文，谓"古者辅教太子，有太傅、少傅之官，太傅审父子君臣之道以示之，少傅奉太子以观太傅之德而审谕之。今詹事有正、贰，即古太傅、少傅之遗。翁君贰詹事，其正实睢州汤公。公治身、当官、立朝，斩然有法度，吾知翁君必能审谕汤公之德，以导太子矣"云云。翁见之，长跪曰："某知罪矣，愿子勿出也。"姜竟于越日刊布，翁用此操之尤急。

蔡文勤言诡随之弊

陶太常初通籍，偕同年数辈谒漳浦蔡文勤公，蔡叩以《诗·民劳篇》，太常逡巡未对。蔡曰："此诗重戒诡随，八章中独此句不变。"因极言诡随之弊，声色严厉，闻者悚然。后夫人病剧，蔡以太常知别脉，命之入视，衾帏粗敝，寒士所不堪，太常为之踧踖自愧。

施愚山规所亲

施愚山尝规所亲曰："我辈既知学道，自不至大戾名教。但终日不见己过，便绝圣贤之路；终日喜言人过，便伤天地之和。"

顾赤方愿施愚山攻瑕索垢

蕲州顾赤方，尝出其诗属施愚山雠校，与之握手而笑曰："吾侪本相好，然攻瑕索垢，当猛鸷如寇雠，毋留纤尘为后人口实。"时叹为名言。

汪钝翁戒文与也率尔作画

文与也作画，颇得待诏家法，然多率尔之笔。汪钝翁戒之曰：“此事定须霞思云想，刻意经营。奈何颓唐落墨，便布人间?”

方望溪勉李文贞

李文贞公光地以直抚入相，桐城方望溪侍郎苞叩之曰：“国朝以科目起家跻兹位者，凡几?”李曰：“屈指得五十余人。”侍郎曰：“甫六十年而已得五十余人，则其不足重也明矣，愿公更求其可重者。”

阿文成言亭名不佳

阿文成公桂年少时，饮于总督鄂某园中。园有古松一株，构亭其下，颜曰“倚松”。酒半，文成谓鄂曰：“亭名不佳，松岂可倚者?大风折松，亭亦受其压矣，可不惧乎!”

蒋励堂劝告属僚

蒋励堂相国攸铦历任封圻最久，待属吏恩威并用，举劾公明，尤善访察细事。任川督时，有大挑令数员，需次无事，辄聚为叶子戏，客过访之，恒拒不见。一日值常参，各员晋谒毕，相国独留诸人令少待，笑语曰：“诸君无案牍劳，以叶子偶尔坐遣，未尝不可。然频频为之，则伤财失业，作无益害有益；且因此疏慢朋友，来辄拒之，似更不可。诸君行将握篆，与其为无益有损之事，曷不先将律例留心观览乎?今与诸君约，俟一二月后余将问焉，能对者方委以民社，否则未敢以地方公事漫为尝试也。诸君以不佞之言为然否?”皆面如土，唯唯而退，自此不敢再作叶子戏矣。两月后谒见，择一二端以问，能对者即委缺以去；其茫然者，又谕之曰：“必能详举数条，方予委署，否则终身不用也。”自此咸讲求例案，无敢嬉于博。

袁子才箴友

袁子才有友富而不仁，尝作书规之，其言曰：“善用钱者，钱虽少，除自身享用外，仁粟义浆，皆钱为之；不善用钱者，钱虽多，除妻子奴仆有怨言外，招尤惹祸，亦皆钱为之。”

王惕甫呵睿王

王惕甫芑孙短小精悍，善诗古文。乾隆戊申，召试举人，然屡试未售，终江阴教谕。尝馆睿恭王邸，王契重之，尝随王之滦阳、木兰等处，诗愈遒劲。王稍有过，惕甫辄厉色呵之，使冠带谢过乃已。又尝谓法时帆云：“君有诗识无诗才，汪端光有诗笔无诗胆，其兼之者，故有人在。”盖自谓也。

孙氏劝夫莫作第二人

全椒吴山尊学士鼒，孙渊如妹婿也。渊如以乾隆丁未榜眼及第，山尊仍上计车。夫人孙氏赠行诗曰：“小语临歧记可真，回头仍怕阿兄嗔。看花迟早寻常事，莫作蓬莱第二人。”遂以是科通籍入翰林。山尊不喜治举子业，孙氏常规之。

苗氏妪劝礼王

嘉庆戊午春，和珅妻死，出殡，王公大臣皆往送。礼亲王从众行，比至，车马阻塞，因饭于农人苗姓家。苗氏妪语之云：“观君容止，必非不智。今和相骄溢已极，祸不旋踵，奈何趋此势利之途，以自伤其品也？”王赧颜退。不逾年，和果败，赐死。

吴春麓箴礼王

吴春麓御史赓枚，桐城人，嘉庆己未进士。性忠悫，以理学自期。尝与礼亲王书曰：“奋与偾，盛衰之本；勤与惰，成败之原；贪与廉，得失之林；宽与虐，恩怨之府；静与躁，寿夭之征；忍与激，安危之券；谦与盈，祸福之门；敬与肆，存亡之界。”

曾文正勉钱子密以操守

秀水钱子密尚书应溥，尝客曾文正公幕。某年，乞假应秋试，文正设筵饯之，酒阑，语之曰：“足下名位，他日必出在诸君之上，惟‘操守’二字，吾辈应共勉之。”钱后以小京官跻卿贰，入枢密。仅言名位，果如文正言矣。

曾文正与李广文互规

曾文正官京师，时士大夫无不嗜烟者，水、旱外，又有“潮鼻大”之称。潮，谓潮州烟；鼻，谓以鼻吸者；大，则鸦片也。一日，有同乡总角交李广文至，以其吸鸦片也，规之。李曰：“吾所吸者，一耳。公则水旱潮鼻，四者具焉，何也?”文正瞿然曰：“继自今，请子戒其一，我戒其四，可乎?”李旋以事去。及文正办军务，屡招之不至，最后来谒，询之，李赧然曰：“自与公约，闻公绝之久矣，而某沉溺如故，所不忍见公者，以此耳。”文正悯之，亲为布榻，坐烟具旁，谈话如平生，已而叹曰：“君老矣，不必官矣。”赠二千金使归。

曾文正规其戚

曾文正驻军安庆，有戚某自湘乡田间来，行李萧然，衣服敝素，对人沉默不能言。盖以家计寒俭，而投营谋事者。文正垂询乡里琐事及戚友近况，其人腼颜作答，讷讷然若不能出诸口，然偶择要对一二语，颇中肯綮，文正殊赏之，将任之以事。文正每饭，必召幕客会食，幕客各依时赴餐，无敢或违。一日正食，值饭有秕粒，某检出之而后食，文正视之良久，亦无他语。饭毕，文正与幕客围棋数局，手谈既竟，令支应备银二十两赠某以为贶。某大骇异，乃求文正表弟彭杏南，请于文正。文正语之曰：

"某食而去其秕，平时既非豪富，又未曾作客于外，辍耕来营，不过月余，而即有此种举动，吾乡人宁复如是耶？吾恐其见异思迁，而反以自累也。"杏南固请，且曰："此亦未为大过，公盍试之？"时文正喜植蔬，每日撷鲜而食，以为至味，姑令某主持园圃之事。某乃益自励，日与佣保杂作，寝食相共，灌溉粪治，自朝至夕，莫或休暇。文正微觇之，则见其持畚携锄，与耦耰之人，通力而合作也。如是者几一载，始终不渝。文正意解，召之来，亲述其故而规之。其人愧谢，乃以他事畀之。其人黾勉从公，克励厥职，卒以布衣扶摇而上，官至观察使，加布政使衔。

王壬秋规其戚

咸、同间，湘潭王壬秋太史闿运有戚串纳姬，或规之曰："志士枕戈之秋，不宜沉溺宴安。"王曰："此大易事，即名之曰'戈儿'，以示不忘在莒之义可也。"

龙汝霖规郭筠仙

湘阴郭筠仙侍郎家居时，好危言激论。攸县龙汝霖作《闻蝉》诗规之曰："商气满天地，金飙生汝凉。撩人秋意聒，忤梦怨声长。畏湿愁霜露，知时熟稻粱。隐情良自惜，莫忘有螳螂。"筠仙和曰："饱谙蝉意味，坐对日苍凉。天地一声肃，楼台万柳长。杳冥通碧落，惨淡梦黄粱。吟啸耽高洁，无劳引臂螂。"又："树木千章暑，山河一雨凉。阴浓栖影悄，风急咽声长。秋气needs微物，天心饫早粱。居高空自远，尘世转蜣螂。"后十余年，边事日棘，郭以礼部侍郎使英，至伦敦，致书直督李文忠，论列中外得失利病，准时度势，洞见癥结，凡所谋画，皆简而易行。其论当时洋务，谓宝佩蘅能见其大，丁禹生能致其精，沈幼丹次之，亦稍能尽其实。又自言平生学问，皆在虚处，无致实之功，其距幼丹尚远。皆真知灼见、阅历有得之言。全书凡四千二百余言。

郭筠仙规僧王

郭筠仙侍郎以编修参僧忠亲王军，拒英法联军于天津。王密询战守方略，侍郎对以“外人志在通商，但当讲求应付之方，不当称名与战。海防无功可言，无效可纪，不如其已”。王默然。自后凡有建白，无不被斥。上书至十有七次，大致以为今制敌之策，惟在狙击；然欲击之，必先自循理；循理而胜，保无后患。即败，亦不至有悔。王终不能用。及北塘溃败，乃服侍郎之远识，尝语人曰：“朝官惟郭翰林爱我，能进逆耳之言，我媿无以对之。使早从其言，何至此！”言时辄拊膺涕下。

李次青贺书寓规于规

曾文正既克粤寇，平江李次青廉访元度走书申贺。其书累三千言，中叙讨贼之初，书生张空拳撄巨寇，号召生徒子弟，忍饥转战，备历艰阻，百折而不回。及乎大功告成，懋邀巨赏，兄弟同日膺茅土。以蕞尔一邑，备有侯伯子男之封，建旄仗钺，寄专阃及方伯连帅之属，至以千百计，可谓如荼如火、千载一时矣。而末段寓规于颂，其辞云：“两江督府，兼综河漕、盐法及操江，诸务殷剧，号难治。承平时选帅，尝重于他省，非有文武威望、知大体可信畏者，莫能任。况辟榛狉、夺残黎于貙貗之口，其事与开创同。而又有岛夷逼伺，狡狯不可测，则所谓安内以攘外，宜必邃谋深识，消患于未萌焉。窃谓图治以教养为先，在今日则养先于教。世乱才胜法，若由乱而治，则当以才用法，而不为法所缚。至于内治既修，外侮自戢，道在蓄威养望，有以大服乎中外之心，久之必喙駾不遑矣”云云。

李木庵箴友

某家贫，谒选，贷数百金以养。李木庵正色告之曰：“今日之京债，即异日之公帑，亦即末路之赃私也。”闻者不寒而栗。

陈石遗规友

光绪时，张文襄督鄂最久。盖时值中外多故，武昌又居长江上流，形势扼要，枢府诸臣以为北门锁钥，非寇准不可，文襄亦方以陶侃自命，居之不疑。后郑苏堪方伯孝胥总铁路事，至汉口。其记室某有赌麻雀癖，闻陈石遗衍寓武昌。衍，一代诗人也。一日渡江，要其赠诗，因以句规之云："樗蒱运甓等无用，互讼廷尉难为平。"盖兼讽文襄也。

讥讽类

小半斤

黄周星，字九烟，明末遗老，著有《刍狗斋集》。其《小半斤谣》颇足发噱。序曰："有某公善治生，市肉不得逾四两，名为小半斤，人遂以'小半斤'呼之。道人闻而叹曰：'此盛德事也，不可不传。'因为长谣纪之。"谣曰："市肉市肉，震惊神人。乃公终身不饮酒，穷年不茹荤，今朝胡为忽市肉。咄咄怪事，畴可比伦？"（一解。）"市肉市肉，笑聚童仆。左手提衡，右手启椟。有铜如金，有钱如琛。把授童仆，不觉掩泪酸心。"（二解。）"童仆受钱，愕眙相视。长跪请命，市肉宁几。童曰一斤，公怒欲捶；仆曰半斤，怒犹未已。童仆惶恐，莫测公旨。"（三解。）"匍匐再请，听公所云，徐伸四指，曰小半斤。小半斤者，半斤之半。半而又半，禄已逾算。"（四解。）"仆乃前行，公尾其后，侧身蹑足，潜伏闾右。仆诣肉市，钱付屠手。屠方鼓刀，公突而前，曰'此我之肉，尔无我腹'。屠曰公肉，敢不腆焉？一增再增，肉重于权，小半斤名，不啻六两。公挟仆归，大喜过望。"（五解。）"肉已至家，仆欲持去。公曰无遽，谈何容易，此肉我当细区分，安得仓皇暴殄等儿戏。为我呼爨婢来前，此肉谨付尔，尔其善烹煎，一为干豆荐祖考，二为宾筵饷师生，三为君庖餍我口，饫彭亨。猫鼠不得窃，犬豕不得争，余汁满注缶，铄釜须令戛戛鸣。珍重小半斤，此肉良匪轻。"（六解。）"市肉市肉，震惊神人。咄咄怪事，谁可比伦？我闻东海麒麟，麻姑擘脯世莫陈。公之啖肉毋乃啖麒麟，吁嗟乎，小半斤！"（七解。）"我闻古有豢龙人，飂菽潜醢飨夏君。公之啖肉，毋乃脍龙肝、批龙鳞？吁嗟乎，小半斤！”（八解。）“我闻天府之内有熊蹯豹胎猩唇，惟辟玉食罢八珍。公之啖肉，毋乃啖彼熊蹯豹胎猩猩唇？吁嗟乎，小半斤！”（九解。）

九门八点一口钟

都人向有“九门八点一口钟”之谚。盖都中之城门启闭，皆以点为号，惟崇文门以钟。相传崇文门地址系一海眼，有巨鼋覆其上，此门即就鼋背建立。鼋示梦于司门者曰：“吾负此重任，何时始去？”门者语以“汝闻点鸣则可去”，故此门独以钟为号。此齐东野人之语也，然实有为而发。闻因某相揽权纳贿，寓崇文门内，民深恶之，造为此谣，以门喻朝政，以点喻典刑，意谓此等权贪，非自罹法网，不能去位也。至其鸣钟启闭，或以国初摄政王堂由此门出入故耳。

敝衣犹爱惜若此

洪文襄公承畴被擒时，太宗命范文肃公往说，文襄谩骂不已。文肃善言抚之，因与谈论今古事，适梁间积尘落文襄襟袖间，文襄屡拂拭。文肃遽辞归，奏太宗曰：“承畴不死矣。其敝衣犹爱惜若此，况其身耶！”

洪公果死耶

洪承畴降时，方喧传扬州史可法实未死，当时就义者伪也。洪与史交最密，初欲救之，不及，恒引为憾。当时扰乱之际，乱事纷起，吴中孙兆奎其一也。孤军被陷，执送南都。时洪当国，知孙至，与谈旧侣，并盛奖新君。便问及史，曰：“公在兵间，审知故阁部史公果死耶？抑未死耶？”孙曰：“经略从北来，审知松山殉难故督师洪公果死耶？抑未死耶？”洪大惭，惟面色不红，时人谓洪之脸皮乃革制者。孙卒遇害。

识公时目故有疾

益阳郭天门都贤尝荐举洪承畴，洪降本朝后，出而经略西南，谒郭于山中，郭故作目眯状。洪惊问之曰："君何时得目疾耶?"郭曰："始吾识公时，目故有疾耳。"洪默然。

吾君吾仇

有为洪承畴作颂者曰："灭吾君者吾仇也，灭吾仇者吾君也。"

前后两行状

明崇祯壬午，松山被陷时，京师传闻洪承畴已死，思宗辍朝，赐祭十六坛，其子弟在京师者成服受吊，撰行状送诸公卿矣。方祭第九坛，而生降之信至，遂罢祭，而行状已传人间。顺治甲申从入关，为内院大学士。次年，出而经略江南诸省，逋寇以次削平。复再出，经略楚、粤、滇、黔诸省，东南底定，皆其功也。归朝一年乃卒。其家再成服受吊，撰行状，不复叙前朝事，但自佐命入关起。有好事者尝得其前后两行状，订为一本焉。

入洛纷纭兴太浓

常熟钱谦益，字牧斋，明万历庚戌科探花，以诗文鸣海内。居恒自命登黄阁、修青史，为必得之事业，乃终明世，官不逾礼尚。入国朝，为礼部侍郎，命修《明史》，而夙愿渐偿。乃未几，牵连黄毓祺诗词一案，被逮放归，于是纵情诗酒，与柳如是遣怀风月。著《初学集》《有学集》，潦倒以终。

牧斋尝游虎丘，见壁间题诗云："入洛纷纭兴太浓，莼鲈此日又相逢。黑头已自羞王衍，青史何曾用蔡邕？昔去幸（尚）宽沉白马，今归（来）应悔卖卢龙。最怜攀折章台柳，撩乱秋风问阿侬。"即讥其出处者，不怿者久之。

君恩臣节

钱牧斋降后，尝揭一联于门，联为“君恩深似海，臣节重如山”二句。后有人于联下各添一字云：“君恩深似海矣！臣节重如山乎？”

当与前朝人序齿

黄叶道人潘班，尝呼钱牧斋为兄，钱怒且笑曰：“老夫今七十余矣！”时潘已被酒，昂首曰：“兄前朝年岁当与前朝人序齿，不应阑入本朝。若本朝年岁，则仆以顺治二年生，兄以顺治元年五月入大清，仅差十余月耳。唐诗曰：‘与君行年较一岁。’称兄自是古礼，君何过责耶？”

打你这倾国倾城帽

钱牧斋尝具满洲冠服出门，途遇一叟，以杖击其首曰：“我是个多愁多病身，打你这个倾国倾城帽。”“帽”与“貌”同音，盖窜易《西厢》词句也。

点妆巾帽俱新样

柳如是，本姓杨，名爱，嘉兴人。初为钱牧斋之侍姬，后改继室，称夫人。柳旧藏古镜，盖唐时物。镜背镌铭，辞曰：“日照菱花出，临池满月生。君看巾帽整，妾整点妆成。”遍征名流题咏。查他山《金陵杂咏》一绝曰：“宗伯夿清世莫知，菱花初照月临池。点妆巾帽俱新样，不用喧传镜背诗。”言外之指，婉而弥讽。

逸居无教老而不死

钱牧斋罢官归，乃自题其所居曰“逸老堂”。有滑稽者为之题一联云：“逸居无教则近，老而不死是为。”

小遗泰山峰侧

吴人有为《正钱录》者，攻摘钱牧斋不遗余力。吴江计甫草东戏语客曰："仆自山东来，曾游泰山，登日观峰。神志方悚栗，忽欲小遗，甚急，下山且四十里，不可忍，乃潜匿而溺于峰之侧。恐得重罪，然竟无恙，何也？泰山至大且高，人溺焉者众，泰山不知也。"客跃起大骂。吴梅邨闻之，颇是计言。

何科举人几甲进士

钱牧斋长子名孙爱，性懦而迂。其居在常熟东城，与海防同知署邻比。防署火，延及内衙，同知仓猝出，暂借钱厅小憩。孙爱出迎，始亦无失礼，乃坐定，便问老父台何科举人，第几甲进士。同知满人，非由科甲，嗫嚅未有以应。一吏从旁微语，系某旗下某堡人。孙爱不语，未待茶，便拂衣进内，遂不出，同知大窘而去。

一半清朝一半明

太仓吴梅村祭酒伟业以明臣降本朝，当被召时，三吴士大夫皆集虎丘会饯之。酒半，忽有少年投一函，启之，乃绝句一首，诗云："千人石上坐千人，一半清朝一半明。寄语娄东吴学士，两朝天子一朝人。"举座默然。

姓朱的有甚亏负你

顺治初有张某，以善叠假山，人共礼之，不以石工相遇。一日，吴梅村赴某家宴会，张亦在座。优人进院本，请点戏，吴命演《烂柯山》，盖以剧中有张石匠，欲以相戏也。伶人唱张石匠，讳张为李，吴点首笑曰："甚有窍。"后演至张别古寄书，有曰："姓朱的有甚亏负你？"张摇首曰："此太无窍矣！"吴不觉面赤。

可惜故夫曾未识

计甫草以和钱塘陆丽京圻《无题》诗六首呈吴梅村，于其出处，备极讥刺。诗云："广庭长恨月明多，小立阑干蹙黛蛾。胆怯几回看瘦影，夜深偷自试新歌。依稀斗帐人双宿，恍惚灵风雁独过。可惜故夫曾未识，孀居空有泪如波。""半额长眉学画成，临妆私许意盈盈。高楼柳暗谁相待，别浦莺归空复情。团扇旧经郎眼见，镜台还照妾心明。最嫌寂寞银灯上，挑得双花落又生。""边风吹落到炎洲，岁岁音书滞远游。妾梦长随庾岭外，欢闻翻隔楚江头。真成薄命原无怨，便祝他生是莫愁。俛仰阿婆衰鬓畔，可怜自小教箜篌。""忆年十二正调妆，短发毵毵覆额长。多摘桃花娇靧面，满裁蛱蝶点罗裳。同心早结青陵树，再笑差依白玉床。自捣守宫双约腕，不烦夫婿重堤防。""嫁衣叠叠不胜秋，深锁空箱怕见愁。但得回身邀半席，敢辞碎首堕层楼。梁间栖燕惭孤女，门外藏乌学并头。一任东邻新少妇，樱花永巷斗藏钩。""不胜幽怨却生疑，又见杨花满地吹。小妹生男良宴会，阿姨新宾又于归。一时轻薄横相诱，几度踟蹰不自持。日暖游丝争入户，辘轳肠内有谁知。"

糟糠之妾

计甫草故贫士，尝置一妾，晨夕设食，惟粗粝而已。其夫人张氏谑之曰："古闻糟糠之妻，不闻糟糠之妾，如何？"

山川满目不胜情

华亭金天石，明诸生，以诗文名一时。顺治间，以隐逸征，不起，时论高之。时松郡人文最盛，奉钱牧斋为盟主，钱亦屡至松。一日，舟次白龙潭，诸名士方趋迓钱，天石忽投以一诗云："画舫沧江载酒行，山川满目不胜情。朝元一闭千官散，无复尚书旧履声。"钱得诗默然，即日解维去。

演《跃鲤》

金天石尝客江宁，适合肥龚芝麓尚书鼎孳大会诗人于桃叶渡，天石与其列。伶请演剧，天石命演《跃鲤》，举座失色。盖龚自登第后，娶名妓顾横波为妾，衣服礼秩如嫡，故天石以弃妻讥焉。龚大不怿，而天石殊不顾。黄昏大雨，将散，车马咽阗，天石坐门限上，脱袜徒跣，了无怍色，徐徐去。

妾亦能作葛嫩

龚芝麓嬖顾横波甚，然时为所制。一日，有仆以事至横波室，语笑间，龚排闼人，疑其有私，谓仆无礼，罚令长跪。及龚出，横波闭户大哭，以长斋礼佛、不欲接见相要。龚再三劝慰，终不启扉，大窘。适钱牧斋以事至金陵，乞其作调人。横波曰："渠能作孙孝威，则妾亦能作葛嫩耳！"钱嗒然。

兵部尚书接驾

世祖入关，明兵部尚书某亦在迎降之列。后官浙中，赴讌西湖，伶人演闯贼破都事，一人执手板跪伏道傍，自唱"臣兵部尚书某迎接圣驾"，某怅然。

能骑否

堂邑张蓬玄，名凤翔，明之尚书也。入国朝，为大司寇，年七十余矣。一日侍宴，下阶而仆，世祖命内侍掖之以行。出长安门，尚有诏追问能骑否，徐讽令以礼致仕。遂进所撰《礼经》《乐经》而去。

清明时节两纷纷

某生，明末人也。其叔某，以明臣而仕国朝，某见其叔之变节，时有讪笑。一日家宴，某忽倡言行酒令，首句须物件一，次古人名一，后句用《千家诗》改一字。首坐者唱曰：“我有一张床，送与张子房，张子房不要。甚么不要？春色恼人眠不得。”次者曰：“我有一把扇，送与曹子建，曹子建不要。甚么不要？翦翦轻风阵阵凉。”次即轮至某，某曰：“我有一绺缨，送与我叔亲，”至此，众人群起诘问，谓不应以今人插入。某生曰：“我叔为明人，而服清官，非古人而何？”众无言。乃又续曰：“我叔亲不要。甚么不要？清明时节两纷纷。”叔闻之大惭。

一队夷齐下首阳

明末诸生入本朝，有抗节不就试者。后文宗按临出示，“山林隐逸，有志进取，一体收录”，诸生乃相率而至。或为诗以嘲之曰：“一队夷齐下首阳，几年观望好凄凉。早知薇蕨终难饱，悔杀无端谏武王。”及进院，以桌櫈限于额，仍驱之出。人即以前韵为诗曰：“失节夷齐下首阳，院门推出更凄凉。从今决意还山去，薇蕨堪嗟已吃光。”

奇怪痴怪

昆山归处士庄，与顾亭林齐名，时有“归奇顾怪”之目。后华亭陆暍字日为，工画，与同里严载齐名，亦称“陆痴严怪”。盖士大夫浮沉里闬，其制行稍岸异者，未有不为流俗人所讥讽者也。

天明应读汀芒

顾亭林西游，主李天生家。一日，亭林卧未起，天生谓之曰：“汀芒矣！”亭林愕然。天生曰：“子好讲古音，尚不知‘天’应读‘汀’，‘明’应读‘芒’耶！”亭林为之大笑。盖讥其嗜古之不可泥古也。

薰莸不同器而藏

昆山徐乾学被议放归，欲聘潘次耕于家，而顾亭林驰书尼之，其词甚激，至云："彼之官弥贵，客弥多，便佞者留，刚正者去。今且欲延一二学问之士，以盖其群丑，不知薰莸不同器而藏也。吾以六十四之舅氏，主于其家，见彼蝇营蚁附之流，骇人耳目，至于征声发色而拒之，仅得自完。"

茸城行

马进宝为江南提督，驻松江，爱结名流。有诸生窘迫，献马春联曰："渔阳老将多回席，鲁国诸生半在门。"马武人，不知其用唐人语也，大喜，赠千金。在江南暴敛横征，穷奢极侈，吴梅村赋《茸城行》以刺之。

铁面糟团

顺治庚寅、辛卯间，秦世桢巡按江南，有"铁面"之称。继之者李成绍，安静无为，惟日饮亡何而已，人目之曰"糟团"。有改崔护"人面桃花"句粘于墙，云："去年今日此门中，铁面糟团两不同。铁面不知何处去，糟团日日醉春风。"

原来货殖是家风

顺治丁酉江南乡试，得人最盛，如张玉书、马世俊、陵灿、赵炳，皆一时名下士。题为"子贡曰贫而无谄"全章，乃下第者横加诽语，为作《黄莺儿》词一首以讥之云："命意在题中，轻贫士，重富翁。诗云子曰全无用，切磋欠工，往来要通，其斯之谓方能中。告诸公，方人子贡，原来货殖是家风。"

胡桃滋味

金人瑞以哭庙案被诛，当弃市之日，作家书托狱卒寄妻子，狱卒疑有谤语，呈之官。官启缄视之，则见其上书曰："字付大儿看。盐菜与黄豆同吃，大有胡桃滋味。此法一传，我无遗憾也。"官大笑，曰："金先生死且侮人。"

候缺相公

益都孙相国廷铨，字道相，尝以大学士居忧。既三年，入都，报部起服，朝士笑之，目为候缺相公。

阙里侯

李笠翁名渔，工揣摩，走声势，取重于时，能以术笼取人赀。尝作《奈何天传奇》，先出上半本，其所云阙里侯者，衍圣公也，扮演丑恶，备极不堪。衍圣公患之，赂以重金。复出下半本，则所谓阙里侯者，已获神佑，完好如常人矣。

帝王卿相为傀儡

尤西堂舍人侗尝以达赖喇嘛骄纵、皇族喜唱戏、某旦结阉竖纳贿鬻官也而嫉之，乃作联云："世界小梨园，率帝王师相为傀儡，二十四史演成一部传奇；佛门大养济，收鳏寡孤独为丘尼，亿万千人遍受十方供给。"

手脚眼头口牙

明末，京师有骡行牙人某甲，工辞令，善钻营。鼎革后，附睿王多尔衮势致富，为二子营谋得官，称封翁矣。适新屋落成，遍觞朝士，莱阳宋荔裳按察琬亦与焉。酒罢，某甲招诸客游后园，园未毕工，壁有一孔，客讶之。或告曰："此手脚眼也。匠人以砖累垣，垣内外皆有匠。稍高，即彼此授受甚艰，故于壁间留一孔，以便递物，京师人谓之手脚眼。"荔裳闻之，忽曰："吾得确对矣！"众询之，曰："头口牙也。"盖北人谓骡马为头口，故以是诮之，众皆粲然。

金刚本是一团泥

吴三桂王滇时，建功德庙成，指泥塑四大金刚为题征诗。按察使某素忤三桂，吟曰："金刚本是一团泥，张牙舞爪把人欺。人说你是硬汉子，你敢同我洗澡去？"三桂恶其刺己也，杀之。

才难自古信其然

康熙己酉，简某督学江南。初试江北诸郡，案出，舆论哗然，士子即以试题作诗云："才难自古信其然，知我何须更问天。断断不能容一技，优优还要礼三千。贫而乐者甘从井，富可求乎愿执鞭。夫子宫墙高数仞，故人乐有父兄贤。"简闻之，逐阅文者某某，自是，所取皆孤寒士矣。

天为门客

太仓王太常子孙多而贤，康熙庚戌，颛庵、麓台甫弱冠，皆捷春闱。泥金报至，适吴梅村祭酒在座，戏曰："君家门下清客，当为苍苍者天耳。"太常大愕。吴曰："承主人意旨，而善于迎合者，惟门客耳。今日之天，得毋类是？"

五老

闽人呼酒曰"老"，新、旧、庆、白、行，五种酒名也。闽人谓酒醅以火再焙者为"庆"。康熙甲寅，靖南王耿精忠反，滥授伪官，人亦谓之五老，即借酒名以讽之。前朝旧官重出仕者曰"旧老"，举贡生监新入仕籍者曰"新老"，现任官从逆者曰"庆老"，输财入官者曰"白老"，微官徒行者曰"行老"。

笑杀两家刘备

康熙乙卯，长汀黎士弘官甘山。甘山各乡春秋赛会，均奉刘先主为案神。两乡之赛者，偶争道后先，互哄于县，控词称彼家刘备欺我家刘备。黎大笑，各扑其首事而遣之，并书《洛阳春》一词云："笑杀两家刘备，空争闲气一身。且自不相容，还要桃园结义？多是小人生意，有何干系。轻轻十板各归家，还算县官省事。"

输粟采薇

康熙丁巳、戊午年，入赀得官者甚众，继开博学宏词科，隐逸之士争趋辇毂。姜西溟太史有句曰："北阙已成输粟尉，西山犹贡采薇人。"一时以为实录。

终南山下草连天

康熙己未，诏开博学宏词科，常熟吴苍符龙锡有《偶成》二首嘲之云："终南山下草连天，神敖犹惭古史笺。到底不曾书鹄板，江南惟有顾书年。(即宁人也。)""荐雄征牍挂衡门，钦召金牌插短辕。京兆酒钱分赐后，大家携醵众春园。"

进士与鬼二而一

康熙己未博学宏词科，取中者五十人，高等者授官过优，遂为甲科所丑诋，目为野翰林；而宏博之诋甲科，亦不遗余力。尤展成检讨侗《题钟馗像》曰："进士也，鬼也；鬼也，进士也，一而二，二而一者也。"

博学宏儒本是名

慈溪郑寒村太守梁，见康熙宏博开科之杂流竞进也，嘲以诗，其一云："博学宏儒本是名，寄声词客莫营营。比周休得尤台省，门第还须怨父兄。"其二云："补牍何因也动心？纷纷求荐竟如林。总然博得虚名色，袖里应持廿四金。"

胜国君臣也皱眉

宏博科之初开，以议修《明史》始，主司为宝坻杜文端、高阳李文勤、益都冯文毅、昆山叶文敏四公。有以诗讽之者曰："自古文章推李杜，而今李杜实堪嗤。叶公懵懂遭龙吓，冯妇痴呆被虎欺。宿构零畊璇玉赋，失拈落韵省耕诗。(试题为"璇玑玉衡赋”“省耕诗”。）若教修史真羞死，胜国君臣也皱眉。”

商容改姓

康熙己未，圣祖诏修《明史》，鄞人之与其役者，人知有万氏季野与其兄子九沙太史经、五河太守言及姜西溟耳，而教谕左臣黄实亦从事祕书，并参明史馆务。教谕古文有盛名，其为人疏散，任本色，最重名节。同县周鄮山征君容，明遗民也，志行孤贞，皎然尘表，顾以名高，未绝酬应，教谕累讽之。一日忽谐之曰：“商容易代，受武王表闾之宠。赴谢镐京，道逢伯夷，劝其改姓，信有之乎？”征君笑不答。

夷齐陆续到皇畿

郑寒村与潘次耕遇于柯都谏家，郑以“夷齐陆续到皇畿，日向朱门乞蕨薇”一绝嘲潘。潘和韵答曰：“蒲东回首思依依，欲向关西心事违。输却樱桃红一点，春风重着绣襦归。”潘诗所使之事，切合郑姓，每句皆然。

妾等愿守西山之节

长洲汪琬，字钝翁，以应康熙己未博学宏词科入翰林，居京师，遣人南归迎其两妾。两妾皆不行，曰：“此老宦兴方浓，妾等却愿守西山之节。”同年诸名士为别纳一姬，王渔洋戏作《花烛词》，有云：“嬴女吹箫引凤雏，莫将缣素怨狂夫。似闻一语分明寄，我见犹怜况老奴。”盖调之也。

贻误后学

毛西河尝与阎百诗论地理，语多穿凿，百诗太息曰：“汪尧峰私造典礼，李天生杜撰故实，毛大可割裂经文，贻误后学不浅。”

澄清海甸保障东南

康熙朝，商丘宋牧仲荦（犖）抚吴十九年，尝修沧浪亭，刻

《沧浪亭小志》，又修唐伯虎坟。然似有不慊舆情处，其抚署东西两辕门牓曰："澄清海甸，保障东南。"时有加三字成联句云："澄清甸沧浪水，保障东南伯虎坟。"宋尝自题沧浪亭联曰："共知心似水，安见我非鱼。"或改"水"为"火"，改"鱼"为"牛"，暗合其名，亦堪一噱。

绿林昨夜绕官街

于清端公成龙抚直隶，筑长墙于大道，以御响马。后以劳民，罢之。赵恒夫有诗讽之曰："百里长墙拦贼马，绿林昨夜绕官街。"

何不出家

吴薗次太守绮尝游广州，有僧大汕者，日奔走于诸贵之门。一日，语吴以应酬杂沓，不堪其苦，吴笑应之曰："既以为苦，何不出家?"

赐水晶烟管

圣祖不饮酒，尤恶吸烟。溧阳史文靖、海宁陈文简两公，皆酷嗜淡巴菰，不能释手。及南巡，驻跸德州，闻二人之嗜也，特赐水晶烟管以讽之。偶呼吸，火焰上升，爆及唇际，乃惧而不敢用。遂传旨禁天下吸烟。

宁不食两庑特豚

朱竹垞太史晚年自订诗集，不删《风怀》一首，曰："宁不食两庑特豚也。"袁子才曰："竹垞果删此诗，岂真得厕两庑?"即竹垞亦非真有此意，盖以典礼太滥，甚有名行无考，附会性理数言，遽与程、朱并列者，竹垞耻之，托词自免，盖意在讥时耳。

相公纸尾之学

李文贞公光地幼工举子业，好为坊社选文，尝自夸其明文前选之精，曰一乡士子有能熟于此者，可永免兵水之灾。全谢山痛诋之，谓："相公纸尾之学，所以成中和位育之功者，尽在于此。"

何不开斋

朱相国平涵尝馆一贵人家，其人奉斋。一日怒庖，凡易十余品，俱不称意。朱笑谓之曰："何不开斋？"

嘲妁文

平湖钱起隆有所著制艺一卷，名《采芳集》，皆摘《四书》中艳丽字句，游戏成文，嘻笑怒骂，无所不有。如妁字题文云："宿瘤也以为仙姬，姣僮也以为娇客，在媒或以众见共闻，尚存廉耻，而妁乃备极其形容；优隶也以为俊秀，贫窭也以为豪华，在媒早以微言温语，任意相欺，而妁乃更从而点缀。"又云："本以妇人轻信之耳，妁复鼓彼如簧，遂使母氏专权，父虽欲禁之而不得；本以深闺独处之娇，妁竟诱诸觌面，遂使高堂未许，女先遥慕之而如迷。妁之巧者，意仅切于肥囊；妁之拙者，幻亦生于阅历。傥以彼列诸冠盖，即苏、张游说之俦。妁之老者，口舌既堪惑女；妁之少者，容貌并可悦男，故以彼略试逢迎，遂谐秦晋婚姻之好。"

两三杯水作波涛

丹徒相国张文贞公玉书既告归，一日偶步村中，见一家方祝寿，高悬某太史所书寿联，近前睨而视之。某见其衣冠古朴，问曰："汝何人？"答曰："诗翁。"某讶然曰："汝能诗乎？"乃以水吊子命题，令立咏。文贞援笔立成，云："腰圆腹扁土沙包，才上红炉气便豪。小物不堪成大器，两三杯水作波涛。"某大惭，乃俯首谢罪焉。

不群终恐太分明

蔡琬，字季玉，高文良其倬之夫人，绥远将军毓荣之女，尚书珽之妹也。濡染家学，能诗词，兼通政术。文良扬历中外，宦辙所随，辄为代撰疏檄。文良抚苏，屡为总督某所倾，而文良卓然孤立，终不附和。偶咏白燕，得句云“有色何曾轻假借”，对属未就，构思久之。夫人询其故，具以告，乃代对曰：“不群终恐太分明。”盖风之也。夫人诗集不传，世仅传其《九华寺》一章，曰：“萝壁松门一径深，题名犹记旧铺金。苔生尘鼎（阶砌）无香火，经蚀僧厨有蠹蟫（蟫）。赤手屠鲸千载事，白头归佛一生心。征南部曲今谁是？剩有枯禅守故林。”盖毓荣罣吏议后，弃家入空门，九华寺即其卓锡处，故诗云然。

鸟尽弓藏兔擒狗杀

世宗之即帝位也，年羹尧实与有大功。故羹尧得罪时，自讼疏中首云：“臣功最高，臣罪最重。忆自先皇帝升遐之日，臣首蒙皇上特擢，比时宫闱未靖，西丑跳梁，内多跋扈疐尾之虞，外有不服不臣之惧。臣于斯时，不惜身命，与参密勿，俾天下享太平之福，诚如明旨”云云。中言：“鸟尽弓藏，兔擒狗杀。”末谓：“虽欲臣死，不得不死，独奈何被以恶名，而死以九族？恐有乖天地之和。”

以冠加之于首为妙

张文和公廷玉事高宗久，与鄂文端公尔泰同官十余年，往往竟日不交一语，鄂有过，必微语讽之。鄂尝于暑日脱帽乘凉，宅宇湫隘，环视曰：“此帽置于何所？”张徐笑曰：“还以加之于首为妙。”鄂不怡者数日。

烟勿多吸

武进刘文定公纶，少贫，至绝食。尝以竹烟筒乞烟草于邻，邻诮曰："烟消食，勿多吸也。"

文不足一寓目

桐城方望溪侍郎苞，以古文自命，有不可一世之概，临川李穆堂侍郎绂轻之。望溪尝携所作曾祖墓铭示穆堂，才阅一行，即还之。望溪恚甚，曰："某文竟不足一寓目乎？"曰："然。"望溪益恚，请其说。穆堂曰："今县以桐名者有五：桐乡、桐庐、桐柏、桐梓，不独桐城也。省桐城而曰桐，后世谁知为桐城者？此之不讲，何以言文？"望溪默然者久之，然卒不肯改。金坛王若霖尝言望溪以古文为时文，以时文为古文，论者以为深中望溪之病。钱竹汀亦不满之。

先生不愧称本朝第三人

钱塘龚明水尝谒方望溪，望溪议论风发，龚拱听久之，避席赞叹曰："先生不愧称本朝第三人矣！"望溪瞿然，问第一、第二何人。龚徐曰："贵老师安溪先生，令兄百川先生，非与？"望溪默然无以应。

将军提防提防

粤中庄尚书有恭，幼有神童之誉。家邻镇粤将军署，时为放风筝之戏，适落于将军署之内宅，庄直入索取，诸役以其幼而忽之，未及阻其前进。将军方与客对弈，见其神格非凡，遽诘之曰："童子何来？"庄以实对。将军曰："汝曾读书否？曾属对否？"庄曰："对，小事耳，何难之有？"将军曰："能对几字？"庄曰："一字能之，一百字亦能之。"将军以其言之大而夸也，因指厅事所张画幅而命之对曰："旧画一堂，龙不吟，虎不啸，花不闻香鸟不叫，见此小子可笑可笑。"庄曰："即此间一局棋，便可对矣。"应声云："残棋半局，车无轮，马无鞍，炮无烟火卒无粮，喝声将军提防提防。"

上佛骨表者亦信佛

周文恭公煌以乾隆庚辰典闽试，陛辞，召问飓风及天后显应事。高宗笑曰："尔辈是上佛骨表者，亦信佛耶？"

九流三教

举人大挑，始于乾隆丙戌科。吏部新议选法：一等用知县者，又借补府经历，直隶州州同、州判，散州州同、州判，县丞，盐大使，藩库大使，凡九班；二等以学正、教谕用，借补训导，凡三班，时谓之"九流三教"。

胸中乌黑口明白

满人多工于应对。某有戏赠四品宗室某联云："胸中乌黑口明白，腰际鹅黄顶暗蓝。"（黄色以赭黄为最贵，杏黄次之，鹅黄又次之。黄带子皆鹅黄，宗室腰带皆鹅黄色。）

戏无益

钱塘徐文穆公本，予告归杭州，适里中社事正盛，昼夜相竞。有戏场数处，各以台上灯联求书，却之不可，乃大书曰："防贼防奸防火烛，费钱费力费工夫。"复书一扁曰："戏无益。"众喻其意，遂止。

以"矇瞎"称官

黔中苗人，私称官府曰"矇"，粤西称官曰"瞎"，称官府之仆从皆曰"老爷"，各衙门曰"朝廷"。"矇瞎"之称，殆《春秋》一字之讥欤？

面糊军机

军机处章京一职，必以下笔千言、倚马可待者承充。凡面奉谕旨发下之摺，俱由大臣折角以为暗记，如何则议奏，如何则照请，章京一一分别拟稿，经王大臣过目，合格者，用笔加一圈于纸背，交原人誊正，然后黏诸摺面。其自揣庸陋者，惟持面糊罐以俟，一一黏之。事毕乃相率退出，时人遂有“面糊军机”之号。

刑部四无

谚曰“刑部四无”，谓门无扁（古同“匾”）、堂无点、官无钱、吏无脸也。

卓尔人停问字车

蒋心馀、袁子才、秦大士，尝集尹文端公署中联句。蒋先成云：“卓尔人停问字车。”尹曰：“此教官请客诗也。君诗才气横绝，而时有疵累，尚坐不精思耳。”

合先后天而画袁子才

袁子才请罗两峰画像，因不甚似，以像寄还，并寓以书曰：“家人目中之我，一我也；两峰画中之我，一我也。或我貌本当如是，而当时天生之者之误耶？又或者今生之我虽不如是，而前世之我、后世之我，焉知其不如是？故两峰且舍近图远，合先后天而画之耶？家人既以为非我矣，藏于家中，势必误认为灶下执炊之叟、门前卖浆之翁，且拉杂摧烧之矣。两峰居士既以为似我矣，若藏之两峰处，当必推爱友之心，自爱其画，将与《鬼趣图》、冬心、龙泓两先生像，共薰奉珍护于无穷。故不敢自存，托两峰代存。”

附庸风雅小名家

蒋心馀《临川梦·隐奸》一折，写陈眉公上场，有一七律，调笑眉公，谑而近于虐矣。诗云：“妆点山林大架子，附庸风雅小名家。终南捷径无心走，处士虚声尽力夸。獭祭诗书充（称）

著作，绳（蝇）营钟鼎润烟霞。翩然一只云间鹤，飞去飞来宰相衙。”论者谓心馀讥仲醇太过，不知心馀乃借仲醇以诮袁子才耳。所云“年未四十，焚弃儒冠，自称高隐”，试思仲醇何曾不应科举？实即赵云翼控词之先声也。

后堂恐有未眠人

尹文端久督两江，袁子才以门生故，时得出入节署，与文端唱酬无虚夕。而文端多姬侍，袁尝戏以诗曰：“才高涌出笔花春，韵自天然句自新。吟至夜深公自爱，后堂恐有未眠人。”

能知味也否

袁子才《咏筯》诗云：“笑君攫取忙，送入他入口。一世酸咸中，能知味也否？”

福驴

乾隆朝，长白福大宗伯庆工诗。由热河回都城时，谒成邸，成叩其新制，宗伯以《途中即事》对，内有“蟹螯驴背舞，蝉翼马头吟”之句。成戏曰：“古有崔鸳鸯、郑鹧鸪，君其福驴乎？”

忘己

李元亮，昭信伯永苞五世孙，乾隆时任兵部尚书。性刚毅，聪慧过人，背诵兵马名籍，一字无遗，遇事多当上意。尝以籍隶汉军为耻，辄于俦人广众中，讦汉军之短，颇中其失。一日，复纵谈不已，和恭王笑曰：“公言良确，然忘己矣！”李嗒然而退。

刺时文

吴江徐灵胎有权奇倜傥之名，年将八十，犹谈论风生。门临太湖七十二峰，招之可到。有佳句云：“一生那有真闲日，百岁仍多未了缘。”自题墓门云：“满山灵草仙人药，一径松风处士坟。”灵胎有戒赌、戒酒、劝世道情，语虽俚，恰有意义。刺时文云：“读书人，最不齐，烂时文，烂如泥。国家本为求才计，谁知道变做了欺人技。三句承题，两句破题，摆尾摇头，便道是圣门高弟。可知道三通、四史，是何等文章？汉祖、唐宗，是那一朝皇帝？案头放高头讲章，店里买新科利器，读得来肩背高低，口角嘘唏。甘蔗渣儿，嚼了又嚼，有何滋味？孤负光阴，白白昏迷一世。就教他骗得高官，也算是百姓朝廷的晦气。”

故交为孔孟

某司空督学中州，好出搭题，防剿袭之弊，致经文多割裂，法时帆学士恶之。后复督学楚中，往辞法，法多所奖誉，某心喜。临行时，送至中庭，曰：“楚中有一故交，代为捶诿，可乎？”某询其姓氏，法曰：“孔、孟二夫子，著述已千载，请公勿将其文再行割裂也。”

既富何加

乾隆某科会试，有某举人固称富于时者，夹带被搜，枷号于贡院前。其同年友嘲之曰：“既富矣，又何加焉？”

不识字者乐

纪文达公昀官翰林时，一日草制，以苦思不就，负手巡廊行，闻鼾声，迹之，则一老军卧廊下。击以箑而醒，因询之曰：“黑甜乡之游，乐乎？”答曰：“乐。”乃以箑示之，令其认字，答曰：“不识。”纪乃曰：“人生识字忧患始，汝不识字，乐莫甚焉。”

个个草包

某总兵予告归里，大起第宅，请于某名士，乞书堂匾，乃为书“竹苞堂”三字。盖总兵不知书，家中皆纨袴子弟，目不识丁，故以“个个草包”诮之也。

活佛成死鬼

乾隆庚子，西藏活佛来朝，供张极盛，居雍和宫，远近僧徒参谒者日以千计，活佛高坐跏足，无少动也。未几，以出痘死。有好事者赠以挽联云："渺渺三魂，活佛竟成死鬼；迢迢万里，东来不见西归。"又有赠之者云："红豆相思，活佛变成死鬼；昙花一现，北京即是西天。"

补子胡同

和珅当国，一时朝士，趋之若鹜。和每日入署，士大夫之善奔走者，皆立伺道左，惟恐后期。时称为"补子胡同"，以士大夫皆衣补服也。或以诗嘲之云："绣衣成巷接公衙，曲曲弯弯路不差。莫笑此间街道窄，有门能达相公家。"

贪墨之风至此

和珅嗜书画。一日在直庐，手持水墨画轴，适为韩城王文端公杰所见，审视久之而言曰："今日贪墨之风，何竟一至于此！"

钱可通神

占文王课者，多用钱以定奇耦，因名"金钱课"，是筮法之变，非京房《易传》之钱卜也。或有以问金匮钱梅溪者，答曰："钱可通神，自然灵验耳。"

不能搬运到黄泉

元人吊脱脱丞相云："百千万贯犹嫌少，堆积黄金北斗边。可惜太师无脚费，不能搬运到黄泉。"乾隆末，和珅益骄富，或以此诗书其门，大索不得，未几遂败。

双黄鹄不税钱

苏州浒墅关之榷吏，例由内务府司员充之。乾嘉时，其缺最腴，有日进斗金之谣。盖稽察严，收税苛，过客无一能免也。或为诗讥之云："落日停桡一水前，行人争道使君贤。云间纵有双黄鹄，飞出吴关不税钱。"

打兔子

毕秋帆制军为陕西巡抚时，幕宾大半有断袖之癖。一日，毕忽语云："快传中军参将，要鸟枪兵、弓箭手五百名，进署伺候。"或问何为，曰："将署中所有兔子，俱打出去。"时嘉定曹习庵学士仁虎，以丁内艰游秦，为关中书院山长。曹与毕有连，恒居节署。毕偶于清晨诣其室，学士正酣卧，尚未启门也。见门上贴一联云："仁虎新居地，祥麟旧战场。"毕笑曰："此必钱献之所为也。"后毕移镇河南，幕客之好如故，毕又作此语。或正色谓之曰："不可打也。"问何故，曰："此处本是梁孝王兔园。"毕复大笑。

诗人固如是乎

汪容甫为诸生时，肄业扬州安定书院。山长沈编修祖志好为诗，往往诧示座客。一日宴会，酒酣，出诗示客，客誉之不绝口。次至容甫，容甫掷不观，大言曰："公为人师，不以经世之学诏后进，而徒沾沾言诗。诗即工，何益于生民？况不必工耶？"沈夙负时名，闻言愠曰："仆虽不贤，犹若师也。师可狎乎？"容甫复摘《三百篇》疑义叩之，沈面赤，不能答。容甫抚掌曰："诗人固如是乎？"拂衣大笑出。一座惊怍，不知所为。

得吾骂亦大难

汪容甫饶口辨，好骂当代盛名之人，聆之者辄掩耳疾走。或规之，应曰："子谓吾喜谩骂人乎？人得吾骂，亦大难。或言吾骂某某不通者，妄耳。彼方苞、袁枚辈，吾岂屑骂之哉！"

肯作诗便是名家

海丰张穆庵映玑，尝为两浙盐运使。性滑稽，与人谈话，辄以谐谑出之。嘉庆丙辰三月，与阮文达公元、秦小岘侍郎瀛、谢方伯启昆同游西湖，即席赋诗，张惟默坐他席，笑曰："公等皆起家科第，自能吟咏。余虽纳赀入官，乃亦有句，可求教否?"因朗诵曰："春来老腿酸于醋，雨后新苔滑似油。"合座称善。谢语之曰："君肯作诗，便是名家矣。"

论诗择地择人择时

大兴翁覃溪阁学方纲，负儒林重望，文士咸乐就之。一日，与刘芙初、吴兰雪、李兰卿同居诗境轩中互坐谈诗，忽阍人持柬入报，有客求见，已闯入外厅矣，因闻有客在内谈诗，即拂衣径去。同人皆嘿然，覃溪笑曰："我数日前，甫闻客谈一事，今正可为诸君述之。杭州涌金门外社庙下多泊渔舟，比有渔人，夜深闻祠中人语嘈杂，似有人控诉声。神呵曰：'何物野鬼，敢辱文士？当笞。'又闻剖诉曰：'月明人静，幽魂暂游水次，聊解穷愁。此二痴措大，刺刺论诗，众皆不解，厌闻引退则有之，未敢触犯也。'神默然良久，曰：'论诗雅事，亦当择地择人，先生休矣。'俄见祠中磷火，络绎而出，遥闻吃吃笑声不已。方今青天白日，似不宜有此，诸君若当清夜，则毋宁慎之，免死鬼厌闻也。"兰雪曰："诚如是言。则不但择人择地，并须择时。世路愈窄，人多于鬼，可若何?"覃溪曰："我所言，戏之耳。若吾子所言，则狂奴故态也。夫痴不过招厌，狂则必招忌。人诚多于鬼，吾子既不能超出世路，则无宁慎之，免使鬼笑人也。"

毕不管福死要陈到包

毕沅任两湖总督时，福宁为巡抚，陈淮为布政，三人朋比为奸。毕性迂缓，不以听政为事；福阴刻，广纳苞苴；陈则摘人瑕疵，务使下属倾囊解橐而后免。时人谣曰："毕不管，福死要，陈到包。"又言毕如蝙蝠，身不动摇，惟吸所过虫蚁；福如狼虎，虽人不免；陈如鼠橐，钻穴蚀物，人不知之，故激成教匪之变。

毕死后籍没，陈为初颐园劾罢，惟福幸免。

嘉庆吃饱

和珅于乾隆朝枋（古同“柄”）政二十年，嘉庆己未，高宗崩，仁宗赐之死，籍没家产，所得凡值八百兆有奇，悉以输入内府。时人为之语曰：“和珅跌倒，嘉庆吃饱。”

旦白室

嘉庆初，南汇有富人某，大治第宅，欲乞名流题斋匾以增重。时吴稷堂省兰方解组归，乃介人赠金币乞书。吴知其幼尝为人奴也，意轻之，为书“旦白室”三字焉。或叩以何据，且疑为“平旦之气”之别解也。则曰：“君亦知梨园脚本乎？旦之上场，作何声口？”客大悟。盖旦每自称“奴家”也。

一团和气

南汇吴白华，名省钦，稷堂之同怀兄弟也，皆跻显要。当和珅未第时，尝受业于稷堂。及珅贵，白华藉其力，典试者九，感珅德，遂以师礼事珅。典试之门生皆耻之，盖须沿俗例称珅为太老师也。嘉庆己未，珅败，白华削职归，门生有献画幅者，所绘为“一团和气”也。

钻狗洞

嘉庆甲子，车驾幸翰林院，欲令与宴者即席为诗。朱文正公奏诸翰林皆蒙赐酒观戏，恐心分，不能立就，仁宗允之。朱出，语诸翰林曰：“若是日即席为诗，诸君能不钻狗洞乎？”

斯文扫地不孝通天

仪征阮文达公元为编修时，遭丧家居。会公宴，与吴縠人祭酒锡麒同座，互论诗词。祭酒帽忽堕，阮出对云：“吴祭酒脱帽谈诗，斯文扫地。”吴应声曰：“阮太史居丧观乐，不孝通天。”

能解《春秋》有几人

阮文达为江西巡抚，时胡秉耀奉明裔朱毛里起事，闻报，亟征各营会攻，胡被擒。又调兵至崇义，擒钟体刚，同党二十余人皆论死。临刑，胡谓刽子曰：“吾以为一刀举起，则人头落地，今乃烦君等数十刀耶？”行刑后数日，有函投阮室，启视之，胡在狱中所著诗也。诗曰：“能解《春秋》有几人？漫将刘备作黄巾。读书怕见东林传，为有儒生入贰臣。”“南渡词臣说彦章，笔锋能抑亦能扬。为怜未解金人祸，草制徒工杀李纲。”“几多豪杰辅元胡，富贵人生不可无。论古且看明代史，因何文庙贬姚枢。”“读书万卷桑维翰，五代雄才有几人？惟向胡儿轻屈节，何如邯邑铁将军。”阮阅之，曰：“此人固亦解文字也。”

天下三王本一家

有王某者，居于乡，家小康，饱食暖衣，自以为富而未贵也。偶至镇，过巡检之署，值其出，弓兵前导，仆从后随，辄啧啧称羡曰：“是亦大丈夫得志于时者之所为也。”久之，遂纳赀为从九品，意谓掌铜印、绾墨绶，在指顾间矣。自是而遨游戚友间，益以门阀自夸，见有堂悬石谷所画之屏者，则曰：“此家二房叔曾祖也。”有手持梦楼所书之扇者，则曰：“此余未出服之族兄也。”凡王姓之仕宦者，必引为同宗，闻者皆匿笑之。

未几而分发江西。一日，班谒方伯，时方伯为袁柏田，忽谓大众曰：“仆有俚言，欲赠王君，试为诸君诵之。”盖嘲之也。语毕而笑吟曰：“天下三王本一家，任君东扯与西拏。太常山左称同族，方伯江南号梦华。（时江南布政使亦王姓。）舍弟粤东贻羽缎，家兄黔口寄团茶。行香若过灵官庙，五百年前叔太爷。”

请上坐泡好茶

扬州之平山堂，有僧主之，阮文达尝于予告后往游焉。时僧方据纸作楹帖，文达布袍葛履，旁立观之，僧以为村叟也，漫呼曰："坐，具茶。"书罢，叩其姓，文达以告，僧以为文达之族人也，遽加礼，云："请坐。"并呼泡茶。坐定，叩何字，文达以实告。僧惶遽失措，拂炕，请上坐，亟令泡好茶。旋以所备纸墨乞文达作书，文达濡毫据案，沉吟曰："无好联语。"俄书云："坐请坐请上坐，茶泡茶泡好茶。"

见龚则聪交龚则阔

阮文达居扬州，有以鄙事相浼者，辄佯作耳聋以避之，独龚定庵至，必剧谈，恒罄日夕，且时周给之。或为之语曰："阮公耳聋，见龚则聪；阮公俭啬，交龚则阔。"阮、龚闻之，皆大笑。

长林丰草禽兽所居

嘉庆某年，翰詹大考，赋题为"正大光明殿"。试后，有部郎数人小集，偶论及此题之难，而忘其韵脚，方仰首凝思。龚定庵适在座，曰："吾当忆之。"俄顷则曰："'长林丰草禽兽所居'八字耳。"

舍弟家兄

武昌某诸生居乡，好吟咏，有妻有妾，如齐人也，而帷薄不修，乡人皆耻之。一日，偶咏百韵诗，中有一联云："舍弟江南没，家兄塞北亡。"诗成，以呈某名士。某名士愀然曰："君之家运，何至此乎？"某曰："实无其事，惟图对偶工整耳！"乃语之曰："君何不云：'爱妾眠僧舍，娇妻宿道房。'既可取悦于妻妾，而又可保全兄弟二人之生命也。"

莫教泉路怨非刑

嘉庆中，那启泰任黑龙江将军。属僚画稿，例在五更后，那至日高始出视事，抵暮方散，故僚吏日仅得一食。尤喜用酷刑，造大枷，一枷累四五人，笞人每如限加至四五倍以上，俟其皮肉绽裂，复渍之以盐。绞囚既决，折其膂使断，曰："恐其苏而亡去也。"识者谓此与腰斩何异。时管库主事西清有口号云："盛世不闻腰斩律，莫教泉路怨非刑。"那闻之，始稍改。

周全天下事广积世间财

"周全天下事，广积世间财"，此嘉庆间山东民谣。缘内务府大臣广兴、左都御史周廷栋奉命往山东审案，广兴黩货营私，周廷栋为之隐饰，众怨繁兴，谤书腾播，此十字遂达天听。谳鞫得实，奉旨，广兴伏法，廷栋屏斥不复用。

易字多一圈

高桐村名景光，善诙谐。一日，以田产事诣某富室，主人托故不出，高坐书塾以候之。时塾师方教"於缉熙敬止"句，"於"字作本音，高奓户入，师褦襶无礼，问何事，高曰："以族人交易（去声。）事来。"师曰："何谓交易？（去声。）"曰："田土往来也。"师曰："当是交易。（入声。）"高曰："然。先生于'于'字上少一圈，我故于'易'字多一圈以补之。"师自知己教别字，谆嘱勿宣，并为调处其事。

墨卷

制义中有所谓"墨派"者，腐烂恶劣。有即以墨卷为题，而作二比文以嘲之者，其文曰："天地乃宇宙之乾坤，吾心实中怀之在抱，久矣夫，千百年来，已非一日矣。溯往事以追维，曷勿考记载而诵诗书之典籍。元后即帝王之天子，苍生乃百姓之黎元，庶矣哉，亿兆民中，已非一人矣。思入时而用世，曷勿瞻黼座而登廊庙之朝廷。"叠床架屋，的有此病，然仅以句调论，固圆熟无比也。

小试文怪谬

小试文怪谬百出，有引用“昧昧我思之”，误作“妹妹”者，阅者评曰：“哥哥，你错了。”又有“事父母”题文，其承题曰：“夫父母，何物也？”阅者评曰：“父，阳物也；母，阴物也。阴阳配合，而乃生此怪物也。”又有“鸡”字题文者，中比曰：“其为黑鸡耶，其为白鸡耶，其为不黑不白之鸡耶？”阅者评其下曰：“芦花鸡。”对比曰：“其为公鸡耶，其为母鸡耶，其为不公不母之鸡耶？”阅者评其下曰：“阉鸡。”

嘲童生联

童试最繁，县考府考，除正场外，各覆四试，终之以院试，愿考经古、算学者，则又各考一场。院试不售，已负数十日之光阴矣。或有仿徐茂宗挽妓彝林联之句调以嘲童生，联云：“试问数十天磨折，却苦谁来？如蜡自煎，如蚕自缚。没奈何学使按临，曾语人云，我固非枵腹者，不作第二人想也。呜呼！可以雄矣。忆昔至公堂畔，明远楼边，饭夹蒲包，袋携茶蛋。每遇题牌之下，常劳刻板之誊。昌黎无此文，羲之无此字，太白无此诗。纵教运蹇时乖，拚教滚跌，犹妄想完场酒席，得列前茅。况自家点点圈圈，删删改改。”对云：“岂图两三次簸翻，竟抛侬去，望鱼常杳，望肉常空。料不定礼房写字，爰为官计，彼必有衡文者，讵将后几牌（排）刷耶？噫嘻，殆其截欤！迄今照壁缘悭，辕门路断，羞贻婢仆，贺鲜亲朋。愁闻更鼓之声，怕听报锣之响。廪生弗能保，书办弗能求，枪手弗能杀。或者祖功宗德，尚有留贻，且录将长案姓名，进观后效。合有个袍袍套套，顶顶靴靴。”

夫子吓一跳

黄陂武生某，乡试不第，归而习文，未几入泮。其谒圣日，方行礼，其廪生大唱曰："武生入文庙，夫子吓一跳。子路打一躬，咱的门生到。"

茅房未便贴春宫

有赋诗嘲嘉、道间御史者，曰："昨宵相遇阙门东，数语寒暄又上骢。为说明朝有封事，茅房未便贴春宫。"盖是时台谏相率缄口，即有言者，亦摭拾细故，苟以塞责，与宋时所传"是何穆若之容，忽睹卷然之状"者同一笑噱也。

孔子之后有孔明

桐城张文和公之孙若霈，以部郎出为山东济南府，善谭（同"谈"）论。时藩司为阿某，胸无点墨，好以门阀自矜。一日于署中演剧，遍招同官欢宴。时演《孔明借箭》，阿笑谓座客曰："孔子之后，乃有孔明，可见善人自有善报。"众知其误，莫敢置对。张独进曰："岂独善人有善报，试观秦始皇之后，乃有秦桧，岂非恶人亦有恶报乎？"藩司点头称是者再。

龟有雌雄总姓乌

道光朝，浙抚有乌姓者，颇注重书院，尝亲自莅试。院中例供诸生食饭，诸生争食，至于攘夺，乌笑曰："好一群老鼠。"未几，见一纸在公案，取视之，乃一联，文曰："鼠无大小皆称老，龟有雌雄总姓乌。"

毕生事业盖世功名

乌中丞在浙江，治海塘极勤。而杭人不满意，为联以戏之曰："毕生事业三书院，盖世功名一海塘。"三书院"者，崇文、敷文、紫阳也。

众人叫一声丈人

常熟廪贡生吴某，常以三婿骄人。或为联以讽之曰："乾隆生，嘉庆廪，道光俊秀，此老是三朝元老；邹七贵，包八富，贺九书香，众人叫一声丈人。”吴闻之，愠曰：“止三婿耳，何得云众！”或曰：“三人成众，汝知之乎？”

垂老还登少女床

仁和胡书农学士敬，为浙江省城崇文书院山长。时监院为杭州人孝廉王某，其年已大衍。尝艳西湖岳氏女，托人通辞，竟与昵，遂挟以归。其家本有二女，并饶姿色，随监院去者，其姊也。胡乃为《湖堤曲》，其起句曰：“日暮湖堤万株柳，仰山楼畔一杯酒。”结句曰：“闻说他家有二乔，小乔更比大乔娇。劝君好与殷勤护，莫再湖边放画桡。”中有句云：“垂老还登少女床。”盖王平时颇以端正自命，自言已十数年来，足不登少女之床，故及之。大吏闻此诗，遽撤监院差。

胡蜂历乱飞

道光时，杭城诸生有俞少卿名城者，颇有文才，允工试帖。肄业崇文书院，屡试率不得前列，颇愤愤。时山长为胡书农，胡偶以“蜂重抱香归”命题，俞作首二句曰：“尔亦知香臭，胡蜂历乱飞。”胡见之，甚不悦，谓俞之师黄芗泉瑚曰：“此人，汝徒耶？奈何如此！”黄摇首曰：“彼尚以君为足教，故有此；若我辈，更在彼不屑教诲之列矣。”胡默然。

鸡芭狗石

道州何子贞太史绍基，尝幕游浙江，有乞其书者多应之，而恒不作画。一日，藩司设酒招饮，并盛气相陵，酒酣耳热，出丹青铅笔，舒纸乞其八法。子贞知不可却，因援笔作芭蕉、石、鸡、狗四幅。藩司大悦，以为有殊荣也，幕僚之同席者，亦力言其画之超妙。他日，藩司寿其母，以四幅饰花厅壁，方自鸣得意，有某名士进曰：“悬挂之次序误矣！须鸡第一幅，芭蕉第二幅，狗第三幅，石第四幅。”藩司问其故，笑不言，固问之，曰：“意盖谓‘鸡芭狗石’也。”

南省无如卑职者

湖南邓训导显鹤博学能诗，选沅湘耆旧诗集，搜罗文献颇赅。道光时，卿大夫犹知宏奖风流，邓交游颇广，有不逞者，嘲之曰：“藩司昨日拜区区，顷接中丞片纸书。南省无如卑职者，东斋敢说宪纲乎？一联春海传家宝，两字如山镇宅符。惟有新来陶太守，揭开手本骂糊涂。”

草鸡毛

宗室果益亭侍郎善射，每发矢，无不中羊眼者，（鹄的正中一点谓之“羊眼”，京师语。）人因呼之为“果羊眼”。一日宴集，座客有呼“果羊眼”者，某巨公在座，笑曰：“吾得一对。”众问之，答曰：“草鸡毛耳。”都人呼人之好大言而无实济者曰“草鸡毛”，某故以是戏果也。

衣之尺寸

道光时，京城内外之成衣匠，皆宁波人也。有人持匹帛命其裁剪，匠遂询主人之性情年纪状貌，及科第之年份，而独不言尺寸。其人怪之，匠曰：“少年科第者之性傲，胸必挺，宜前长而后短；老年科第者之心慵，背必伛，宜前短而后长。肥者腰宽，瘦者身仄，性之急者宜衣短，性之缓者宜衣长。至于尺寸，成法也，何必问耶？”

逆不靖威不扬

道光壬寅，英兵入沿海各省，朝廷以奕山为靖逆将军，奕经为扬威将军，分往广东、浙江御之，师久无功。时浙江巡抚刘韵珂部署防守，颇竭谋劳，又令士民献破敌之策，咸虚心听受，即不用，亦厚赠焉，时誉归之。或撰联云："逆不靖，威不扬，两将军难兄难弟；波未宁，海未定，一中丞忧国忧民。"

粪桶当年真妙计

道光壬寅，粤海戒严，果勇侯杨芳为参赞，慑英舰之炮利，下令收粪桶及诸秽为厌胜计。和议成，不果用。有人作诗嘲之曰："杨枝无力受南风，参赞如何用此公？粪桶当年施妙计，秽声长播粤城中。"然杨自有兵略，此亦一时迷信耳。

恶心霸道

杨庆荣字埃布尔，家居无行，为暴于一乡，道路侧目。或作一联以嘲之曰："包藏恶心，为鬼为蜮；圈成霸道，非人非羊。"盖以"亚"字加"心"则为"恶"，"伯"字圈去声，读如"霸"，而"杨"之音又与"羊"同也。

六吊三场

平湖王晓莲方伯大经未达时，极偃蹇，会试五次始获隽，中道光某科进士。后官京师，资用告匮。尝与数友同游西海，约需用若干，当公摊之。已而游竣，计每人须京钱六吊。六吊者，六千也，合制钱六百文耳。王误以为六千文也，遽云："如此巨款，实未能应。"或为对曰："西海一东悭六吊，南宫五北哭三场。"其扁额曰："苦来异穑。"平湖方言谓甚苦为"苦来异穑"，故用其语而书"色"为"穑"以戏之。

聚饿鬼于一堂

道光朝，京师士大夫公谯林文忠公则徐于某所，文忠久不至，众饥甚，索食颇急。时座客祝蘅畦庆蕃善谐笑，众因请试说一笑语。祝曰："亦知沈万三有聚宝盆乎？"曰："知之。"曰："知沈万三之邻人乎？"曰："不知。"曰："沈万三之邻，窭人子也。卒岁，无以为活，相与谋曰：‘吾邻非沈万三乎？试以比邻之谊，借其聚宝盆，片刻即足吾欲矣。’佥曰：‘然。’谋之沈，沈固不肯，强而后可，期以一用即还，不得逾晷。聚宝盆以类为招，以金银投盆中，俄顷，满盆皆金银矣。推之珊瑚、翡翠，大秦之珠，夜光之璧，皆然。某既携盆归，环顾四壁，无可投者，其妻卞急，乃以所抱儿投之。俄顷之间，满盆皆所抱儿也，呱呱而泣，咸求乳。某顿足叹曰：‘本意在求财，乃聚此饿鬼于一堂耶！’”

未尝此味

桐城姚石甫观察莹，于道光时官台湾道，以事为英人所诉，谪官。至四川，总督宝兴见之，卒然问曰：“闻台湾产金，信乎?”意盖有所求也。姚对曰：“某通籍二十年，未尝此味。”宝大惭。

三科殿试策如出一手

道光时，泰西文学士某游京师，偶于琉璃厂肆购新科状元策，译而读之，谓中国状元诚旷世鸿才也。次科购之，则大同小异焉；又次科购之，亦大同小异焉，于是诧绝，谓三科殿试策何以出一手也。

两字探花

谢梦渔侍御以道光庚戌科一甲三名及第。盖是年殿试，犹在宣宗宾天百日之内，士子于策中抬写处，多未留意，谢遇“皇上”“陛下”之上，辄加“当今”二字，阅卷大臣以为得体。初拟以状头位之，以书法太劣，置第三，都人呼为“两字探花”。

嘲出题割裂

鲍桂星督学中州，出题割裂，有刻薄子，逐题作诗嘲之，盛传于时。《咏十尺汤》云：“古来惨刻算殷商，炮烙非刑事可伤。不见周文身一丈，也教落去试油汤。”《咏七十里子》云：“没头没脚信难题，七十提封一望迷。阿伯不知何处去，剩将一子独孤栖。”《咏谷与鱼》云：“秋成到处谷盈堆，又见渔人撒网回。不是池中无别物，恐防现出本身来。”《咏下袭水》云：“真成一片白茫茫，无土水于何处藏。侮圣人言何道理，要他跌落海中央。”《咏宝珠》云：“拣取明珠玉任沉，依然一半是贪心。旁人不晓题何处，都向《红楼梦》里寻。”

你也配

成亲王以书鸣乾、嘉、道间，学士谢阶树丐其书《黄庭经》小楷，某都统见之，爱玩不释手，借观一日夜还之。越日，以数十金购宋纸，亲诣跪求，王颔之，翌日即送至。某都统深喜其神速，展视，仍白纸也。惟纸角有字，细如绳头，猝不易辨，谛视之，则“你也配”三字而已。

郎苏门口号

安吉郎苏门侍御葆辰好诙谐，初得编修时，有口号云：“未知何日升中允，且喜今年作老编。”久之，迎其眷入都，而家贫不蓄车，其出也辄步行，有口号云：“有屋三间开宅子，无车两脚走京官。红白分金终岁累，春秋俸米举家欢。”及擢御史，巡城，有口号云：“虽无红伞巡场阔，也有青衣喝道长。毛竹板高新簇簇，铁丝灯大亮煌煌。”盖自讽也。

苟不教

道光壬寅，英人再陷乍浦，以用兵乏饷，开附生捐教例，以济急需。或有一联曰：“廪生捐教，增生捐教，附生捐教，苟不教，于今多似蚁；红鬼要钱，黑鬼要钱，白鬼要钱，非其鬼，到处狠如牛。”

着着着是是是

道光季年，京师有人制联云：“着、着、着。（北音陟牙切。）

祖宗洪福臣之乐；是、是、是，皇上天恩臣无事。”盖谓当时之二相国也。扁曰“如何是好”。盖二相饶有伴食之风，造膝时绝尠（鲜）献替，唯阿容悦而已。

江淮河汉日月星辰

南海某太史初至京师，习官音。一日宴会中答座客语，有曰“系系”，盖言“是是”也。时某京卿在座，戏书一联赠之曰：“江淮河汉，日月星辰。”某不知其皆歇后语也，大喜，持归寓庐，揭之于楹。

以所书白楷示之

曾文正官翰林时，亦日书小楷，以备考差。适其弟忠襄读书京邸，一日，有友荐仆至，文正不欲留用，而仆固求不已。文正曰：“此仆殊纠缠，吾竟无术遣之。”忠襄曰：“但以所书白楷示之，彼必恝然舍去也。”文正怒之以目。

险也几乎又一坍

道、咸间，皖人有俞某某者，尝官川臬，辄于署中开赌，为何子贞学使绍基劾去。黄宗汉至粤，逗留于桂林，俞往谒，犹带翎顶，黄诘之，俞诡对曰：“是儿子诰封。”后粤人知其事，乃为诗嘲之曰：“御赐花翎孔雀斑，不知无耻又拖翻。冤家遇着黄宗汉，险也几乎又一坍。”

京报古文

道、咸间，士大夫犹知好名，有科目者，耻不能古文，往往用八比法杂案牍词语为之，时人称为“京报古文”。

磕睡军机

咸丰时，工部侍郎杜翰在军机，一日入对，盖军机大臣每以一人领班，跪头垫，备顾问，余惟俯伏于后也。杜班居第四，时值吏部缺人，文宗曰："杜翰转左。"是时杜应谢恩，而已熟睡，同列推之，良久始觉。时人谓之"磕睡军机"。

部院难为为掌院

咸丰朝，无锡邹壮节公鸣鹤初授广西桂林知府，洊擢巡抚，以粤寇之乱罢归。掌教东林书院，偶因细故，与诸生龃龉。某日，忽见厅事题一联云："部院难为为掌院，桂林不守守东林。"邹曰："是不可一日居矣。"遂出而从戎，后殉难，赐谥壮节，并开复原官，人谓为诸生一激之力也。

今之所谓良臣

文宗御书"清正良臣"四字赐陈某某，时某大臣适为上面责，玉音有"卑鄙无耻"语。京中传一联云："卑鄙无耻，人不可以无耻；清正良臣，今之所谓良臣。"

武冈可是五缸州

咸丰时，云梦许秋岩尚书兆椿以侍郎督学粤东，改授漕督。道出长沙，邑令某主供应，为营办仪仗，于官衔牌误书"漕"作"糟"，作诗戏之云："平生不作醉乡侯，况复星驰速置邮。岂有尚书兼麯部，漫劳明府作糟丘。读书字要分鱼豕，过客风原是马牛。闻说头衔已迁转，武冈可是五缸州？"盖兵部尚书为漕督兼衔也。

刘位坦三位令坦

贵筑黄子寿方伯彭年之夫人，为大兴刘宽夫侍御位坦女。刘有三婿，皆以"年"字命名，而刘尝自夸其婿之美。时人为之语云："刘位坦三位令坦，乔松年、吴福年、黄彭年，刘家女待年而字。"或对云："潘世恩累世承恩，癸丑科、乙丑科、辛丑科，潘氏子逢丑成名。”潘为乾隆癸丑状元，咸丰癸丑重宴琼林，其孙祖荫同钦赐举人，是岁祖荫复以探花及第，盖三逢癸丑也。而其弟世璜以嘉庆乙丑登第，其子曾莹为咸丰辛丑进士，故对语云尔。

避秦何处好

咸丰癸丑，粤寇洪秀全据江宁，尝于钟山试士，诗题为“四海之内有东王”得王字，五言八韵。某生卷有“胆为红巾破，愁随黑发长。伤心怜姊妹，含泪别爷娘。杀贼全凭向，殃民总是杨。避秦何处好，搔首对斜阳”等句。秀全大怒，命僇之。又有献以联者，文曰：“一统江山四十二里半，满朝文武三百六行头。”

明中秋月暗

洪秀全据江宁时，有郭镐者，皖之贡生也，被执，遂降之。时洪以八月三十日为中秋节，郭撰一联，为榜于门，云：“明中秋月暗，暗中秋月明，好教我不明不暗。”翌日有人投以下联云：“长头发日短，短头发日长，试问你谁短谁长？”

长毛去后短毛来

粤寇之乱，富民窖金于室，及归而金已无存。或戏作诗云：“兵戈离乱亦天灾，私喜回家有暗财。骇问何人开地窖？长毛去后短毛来。”

不杀长毛杀扁毛

捻匪之乱，某镇军防守淮西，大搜民间鸡鸭，以供馔肴。或戏作诗云：“风卷尘沙战气高，穷民香火拜弓刀。将军别有如山令，不杀长毛杀扁毛。”

击退风云雷电

咸丰间，苏州大旱，官吏祈雨于玄妙观，半月无效。一日，官吏将返署，忽见坛前悬一联云："妖道淫僧，一灵牌击退风云雷电；贪官污吏，九叩首祈来日月星辰。"

人不如鸟

咸丰丙辰，粤寇三陷扬州，是时居民鉴于前二次郡城之失陷，不得食，饿死者众，闻寇至，相率出城，不敢少留。某翁服务鹾局，家小康，先一日，送其眷避于乡，己又返里，摒挡细软，遍揭霤下瓦沟，藏白镪无数。翁平素好畜笼鸟，若百灵、若画眉、若竹叶青等，咸驯而善鸣，爱之如拱璧。至是，将往避难，回顾诸禽，益恋恋不能舍，筹划至再，乃弃其劣者，择佳禽而寘诸衷衣之间。然仓皇出门，行动多不便，以禽在衣中鸣，不得宁也。遇小寇，呵诘所从来，翁托他辞以对。或察其举动仓皇，疑为妖，"妖"者，寇所加官吏之徽号也。诘益急，翁坚不肯吐，恐告寇以实，凡此佳禽将为所劫也。大怒，搏翁，持其胫而裂之，尸分为二，禽乃飞去，寇顾而大笑。顾某闻而讥之曰："是真人不如鸟也。人之不可以有嗜好也，有如是乎！"

青瞎子

长白青墨卿麐（同"麟"）督学江苏，某制联嘲之云："白丁偏心真可怕，青瞎无目不成睛。"然此非实录，青之鉴衡文字殊允也。

不作学政真可惜

汉阳叶名琛以大学士出为两广总督，善书画，工诗。咸丰丁巳，英兵入粤，掳叶以去，粤中人士制乐府三章以刺之。其一云："叶中堂，告官吏，十五日，必无事，点兵调勇无庸议。十三敌炮来攻城，十四城破无炮声，十五无事灵不灵。谶诗耶，乩笔耶，占卦耶，择日耶?”其二云：“敌炮打城破，中堂书院坐。忽然双泪垂，广东人误我。广东人误诚有之，中堂此语无可疑。请问广东之人千百万，贻误中堂是阿谁?”其三云：“敌船敌炮环珠江，乡绅翰林谒中堂。中堂口不道时事，但讲算学声琅琅。四元玉鉴精妙极，今时文士几人识?中堂本有学问人，不作学政真可惜。”

叶有《镇海楼题壁》之作，传诵一时，然忍心误国，诗虽佳，不足道也。诗云：“镇海楼头月色寒，将星翻作客星单。空言一范军中有，其奈诸公壁上观。向戍何心求免死，苏卿无恙劝加餐。近闻日绘丹青像，恨态愁容下笔难。零丁南去叹无家，鹤讯犹传节度衙。海外难寻高士粟，斗边真泛使臣槎。心惊跃虎波澜阔，望断慈乌日影斜。惟有春风依旧返，女墙红遍木棉花。”身在囚虏，而以使节自命，廉耻之沦丧甚矣。或谓其侍者指海水言曰：“此水甚清。”叶皇然他顾而已。

相臣度量疆臣抱负

叶名琛既为英人挟之至香港，犹日作书画，以应英人之请。从者劝勿署姓名，乃题“海上苏武”四字于末。咸丰戊午二月，展转至印度之孟加拉国，居镇海楼上，犹日诵《吕祖经》，不废吟咏。己未三月，病卒。英人归其匶（古通“柩”）及所作诗。读其诗者辄憾其玩敌误国也，为之语曰：“不战不和，不守不死，不降不走；相臣度量，疆臣抱负，古之所无，今之所有。”

以《红楼梦》《水浒》喻官民

胡文忠公尝曰：“本朝官僚全以《红楼梦》一书为秘本，故一入仕途，即钻营挤轧，无所不至。而草野又全以《水浒传》为师资，故满口英雄好汉，而所谓奇谋秘策者，无不粗卤可笑。”

左俯

左文襄尝为曾文正所保荐，曾给以一札，有“右仰”字样。

左微哂曰："彼写右仰，岂将令我左俯乎？"嫌隙由是而生，其后竟如水火。

貂不足豕而啼

咸丰朝，湖北候补府续立人充省城保甲总局会办，为政严厉。一日出门，见肩舆中忽揭有一联，其辞曰："尊姓原来貂不足，大名倒转豕而啼。"上句用"貂不足，狗尾续"，下句用"豕人立而啼也"。续大怒，告之鄂督胡文忠。文忠亦以此风万不可长，札饬首府县严拿重惩。越日，续又谒文忠，文忠一见，即拱手道歉，谓："此联乃某所戏撰者。彼有此美才，而令沉沦于下，是吾过也。已令其入幕为上客矣。"盖文忠爱其语隽，以物色得之也，续乃不敢赘一辞。

道旁苦李

平江李元度，字次青，事曾文正。咸丰庚申，粤寇扰浙，李领偏师与战于衢州，大败，亡六七千人，文正劾之，并自请议处。军中有作联额以诮之者，联曰："士不忘丧其元；公胡为改其度。"额曰"道旁苦李。"

讥京师各署之事简

京师各部院有公事至简者，堂司各官，惟日一到署，小坐而已。或投一联嘲之云："大人套车，中堂请轿；（京师与人工资甚昂，若大拜，则以体制所在，不得不坐轿矣。）茶房开饭，苏拉（满语在官人役也。）倒茶。（斟茶于杯，京谚谓之"倒茶"，盖自壶倾出之也。）"

轿夫比京官

京谚以轿夫喻四种京官，前一为军机，扬眉吐气；前二为御史，不敢放屁；后一为翰林，昏天黑地；后二为部曹，全无主意。范叔度鳌由庶常改刑部，入军机，擢御史，人戏称为"四夫先生"。

尊宠亦古色古香

王壬秋，名闿运，即湘绮老人。咸丰中，客粤抚幕，纳粤女为妾，名大崽，宠爱逾恒。一日设筵宴客，席间极论文章之弊，拊几兴叹，谓书须读秦汉上，六朝以往，等诸自郐。旋呼大崽出谒座客，既黑且丑。一客乃拱手贺之曰："高论良当，诚春风时雨之化也。即尊宠亦古色古香，不屑屑作六朝标格矣。"王不知其诮己也，愕眙问故。客曰："世宁有如此之六朝金粉耶！"一座大噱。然大崽善为清歌，每当花阴月午，歌一声"月子弯弯"，不啻白石道人雪夜泛舟垂虹桥下，小红低唱"我吹箫"也。

橐驼老鸦

同治以前，京师士大夫尝目翰林为橐驼，讥其臃肿缓步也；科道为老鸦，讥其发声不祥也。

富贵威武贫贱

或以富贵威武贫贱拟六部，吏曰贵，户曰富，礼曰贫，兵曰武，刑曰威，工曰贱。

作官如唱戏

外省文武属官见上司，必递手版，然宜于叩头而起之时，出之袖中，屈一膝以呈。某生者，扬州贾人子也，以监生捐纳县丞，分发江西。初到省，例应先见上司，生不知呈递手版之仪式，即询其友某。某曰："君亦曾看戏乎？作官如唱戏也。呈手版时，将手版放开，如天官赐福状，便得矣。"生谨识其言。见上司时，即如某所教，上司怪问其故。生曰："此友人所教也。"上司曰："尔为所欺矣！今有署缺，即以与尔，因尔尚能读古人书，忠厚老实，肯听人话也。"生大喜而去。

尔狗官

何某需次直隶，权保定府事，公暇辄召伶人至署演剧。一日演《司马搜宫》出，正在形容之际，不觉气愤，命人将扮演之伶拿下，责以欺君之罪，呵令跪。伶本滑稽，思有以报，遂大摇大摆大声而疾呼曰：“尔狗官，好混账，大都督岂能跪四品黄堂！”

赠知县知府联

有戏赠知县联云：“下官拚万个头，向上司磕去；尔等把一生血，待本县绞来。”赠知府云：“见州县则吐气，见道臬则低眉，见督抚大人茶话须臾，只解得说几个是是是；有差役为爪牙，有书吏为羽翼，有地方绅董袖金赠贿，不觉的笑一声呵呵呵。”

嫌少嫌小嫌老

某县令年老。初莅任，即大书县治之前曰“三不要”，下注“一不要钱，二不要官，三不要命”。次日视之，则每行下已各添二字，不要钱下曰“嫌少”，不要官下曰“嫌小”，不要命下曰“嫌老”。

爱民犹子执法如山

某县署大堂有榜“爱民犹子，执法如山”八字者，而某颇贪黩，遂有续其下者曰：“爱民犹子，牛羊父母，仓廪父母，供为子职而已矣；执法如山，宝藏兴焉，货财殖焉，是岂山之性也哉。”

首县十字令

昔人言附郭县令之不可为，有“前生不善，今生为县。前生作恶，知县附郭。恶贯满盈，附郭省城”之谣，此语已脍炙人口。后有人作首县十字令者，一曰“红”，二曰“圆融”，三曰

"路路通"，四曰"认识古董"，五曰"不怕大亏空"，六曰"围棋马吊中中"，七曰"梨园子弟殷劝〔勤〕奉"，八曰"衣服齐整言语从容"，九曰"主恩宪德满口常称颂"，十曰"座上客常满，樽中酒不空"。

典史十字令

各县典史一缺为流外官，为未入流，然往往有擅作威福者。或为之作十字令云："一命之荣称得，二片竹板拖得，三十俸银领得，四乡地保传得，五下嘴巴打得，六角文书发得，七品堂官靠得，八字衙门开得，九品补服借得，十分高兴不得。"

一牛独坐看文章

浙江学使某颇苛刻，按试杭州，例在暑日，盖浙学出巡各郡，辄回省歇夏也。学使欲杜枪替，乃令以纸条黏考生之首，使其着案，不得交头接耳。及题纸下，诗题为"万马无声听号令"，一生忽拍案大声呼曰："此题出处大奇，诸君亦知其下句乎？"诸生大惊曰："不知。"又大声曰："下句为'一牛独坐看文章'。"诸生狂笑，一时纸条尽断，杜亦不能究矣。

滕文公晋封王爵

某科会试第三题"民事不可缓也"，会元卷内有"臣请为王言之"一语。数日后，会元赴某戏园观剧，忽见戏目大书"某日准演滕文公晋封王爵"，心异之，良久，始悟其卷中有是语也。急叩园主，询为某伶所书，次日赠以百金，属寝其事。

红黑章京

军机处之司员曰章京，而俗谚于人之负时名者目之曰红，反是则为黑。有好事者，尝作红章京口号曰："流水是车龙是马，主人如虎仆如狐。昂然直到军机处，笑问中堂到也无。"黑章京口号曰："篾篓作车驴作马，主人如鼠仆如猪。悄然溜到军机处，低问中堂到也无。"

不可阳得

咸、同间，丁文诚公葆桢督蜀时，延湘潭王壬秋主讲尊经书院。资阳某生解经，释"阳"字义曰"阳"与"多"通。壬秋批云："阳与多通，则资阳可作资多。资多有此人才，不可阳得矣。"

配服之至

咸、同间，盐城孙某以乡团功保县丞，发安徽，挟吴清惠公书投乔勤悫公，乔留之军中供奔走。孙自谓工诗，闻代州冯志沂有文名，挟一卷就正。及揭视，冯不觉大笑，盖其诗有"札饬军功加六品，借印申详记宿州"等句，如此甚夥。冯曰："彼强我题，何以落笔?"既而曰："有之矣!"遂书曰："读大著武体投地，配服之至。"众皆大笑，盖故作别字以讽之也。

奋到黄岩亦怪哉

会稽赵之谦，字撝叔，一字益甫，多才多艺，于金石书画、词章篆刻，靡不精妙。傲岸自喜，雅善诙谐，玩世不恭，辄藉书画以寄讽。某年，客黄岩县署，阅书院试卷，文中用"奋"（奮）字者，辄写作"奞臼"，屡戒不悛，乃书七律于卷端讽之。诗云："奋到黄岩亦怪哉，将田换个臼拿回。岂从佃父收租后，或是工人舂米来？送舅须防男变脸，养儿防是鬼成胎。畜生下体虽无恙，日久终须要凿开。"

钱猢狲

赵撝叔赴省试，同寓数人，中有钱侩之子焉。侩性喜诙谐，数以视其子至寓，不知赵之利口也，时出言嘲之，赵唯唯而已。

越人呼钱侩为钱猢狲，则以猢狲好弄，终日不休息，钱侩持筹握算，盘剥重利，亦终日不休息也。一日，侩又嘲赵，赵不能忍，乃随口胡诌而徐语之曰：“当孔子乘桴浮海之翌日，玉皇方大宴诸神，忽有急足上报曰：‘孔子遇难，甚于陈、蔡之厄。’玉皇大惊曰：‘是亟当拯之。’询遇难何地，急足以海中对。时龙王亦与宴，谓“臣往救之”，起奏而出。至，则孔子方为刘海蟾所窘，龙王叱之曰‘尔钱猢狲也，何不自量若此！人以金钱付汝，既拥有黄白，得溉余泽，足矣。何得妄有希冀，欲厕身士林耶？天下无耻之徒，诚莫汝若。不速退，将罚汝世世为龟矣’。刘海蟾闻言，大惭而窜，孔子乃免。”

藏书买山

赵撝叔以知县需次江右，有同僚某不识字，以采办皇木致富。一日，丐其书联，乃写“藏书万卷可教子；买山十里都种松”二句以畀之。上句讥其不识字，下句讥其采办皇木致富也。

立此存照

赵撝叔大令需次江右，有候补道以《礼服写真图》乞题。则题曰：“孔雀其翎，红顶其帽，恐后无凭，立此存照。”

相公遇着兵

咸、同间，道州何子贞太史绍基书法冠绝一时，晚年名益高，顾傲睨不群，又性好诙谑。时值粤寇难作，湖湘人士率子弟转战，故军功多出于楚南，一时有“红顶花翎大船载过洞庭湖”之语，非过言也。湘人之有识者，皆引以为耻，何尤鄙夷之，凡自戎马中来者，皆直呼以“湘勇”，即于曾文正、胡文正、彭刚直、左文襄，亦无不“勇”之者。一日，与彭同谦于侍郎郭昆焘家，酒酣，以某事互争，彭龂龂不少让，何愤然曰：“而勇也，何知乎！”彭怒，推案起，拔刀以拟之，曰：“里语云：‘相公遇着兵，有礼讲不清。’吾，勇也，今日必杀相公。”何骇然，急出席走避。彭逐之，几及，昆焘力解之，始止不追，徐徐收刃而笑曰：“聊以试先生胆耳！岂有宫太保而杀山长老师者！”（时彭以巡阅长江大臣晋宫衔，意得甚，自镌一小章曰“青宫太保”。何掌教南城书院。）然何已汗被于颡，吼作牛鸣，面无人色，自是亦不敢呼以湘勇矣。盔兜中人为之称快不置。

此水颇好

咸丰庚申闰三月，金陵大营溃，张国梁与粤寇战而死，和春自杀，总督何桂清弃常州而走，（时总督驻常州。）民留之不得。至苏，巡抚徐有壬闭城不纳；至常熟，常熟之民馈金数千，促之行，遂奔上海。朝旨褫职逮问，而迁延两年，竟不就道，给事中郭祥瑞、御史卞宝第交章劾之。同治壬戌，遂逮入京，下刑部狱，以失守封疆论死。相传何就逮时，有老仆一人从，何以朝中党援众，尚洋洋自若，而老仆则已决其不能免，屡劝以乘间自尽，何不从。一日行抵某处，距京只一二日程，道旁有水一泓，甚清洌，仆指而谓之曰：“此水颇好，得毋欲濯足乎？”意盖讽令死于此也。何不悟，卒伏法。

香橼

无锡华海初，名文汇，与会稽赵撝叔相识。一日，以纨扇乞画于撝叔，撝叔为其绘香橼二，题曰：“香了又香，圆了又圆，随缘乐助，画个香橼。”盖以“乡愿”讥之也。

一步登天

咸、同之际，捐例大开，稍有余赀者，莫不捐纳一官，夸耀乡里，时人有“官吏如蚁”之诗，盖纪实也。潘中丞某以商贾起家，纳粟得巡检，署广东某缺，获赀巨万，乃改道员，指贵州，寻护臬篆，不数年而竟黔抚矣。乡试，例须巡抚监临，潘方赴闱，见门侧一联云："巡检作巡抚，一步登天；监生当监临，斯文扫地。"

冠禽衣兽

粤寇扰赣，曾文正公与战不利，困于鄱阳湖，计无所出。大营前酒家门柱忽有一纸，上揭"出卖奇计"四字，左右报文正，探之则某生所为，文正喜，亟命延入。某好为大言，语皆诞，文正姑容之，自是恒出入于大营。一日，文武官吏以文正寿诞，皆具衣冠入贺，某与焉。既至，伏地大呼曰："谨贺大帅冠禽衣兽。"宾僚大骇。某徐言曰："大帅戴双眼花翎，非冠禽乎？穿貂褂，非衣兽乎？"文正怒，命责军棍二百下，絷之于营门。幕僚某好滑稽，因援笔书"冠禽衣兽"四字于其面，并疏之云："冠禽者，老鸦蔹也。衣兽者，犊鼻裈也。"

三代为赵大钱二孙三

同治初，瓜洲总兵某以末卒递保至总兵。一日，某参戎欲与联盟，结为异姓兄弟，先以帖至，总兵立嘱账房，依式购办，令幕友为之写。幕友请示三代之名，总兵大怒，谓"如此无用，连三代不能写，也作书记？可即襆被归"。因遍语同僚，介绍一能者。适某处有一人闲住，急荐之，入署即写盟帖。某知书记被逐事，乃以赵大、钱二、孙三作为总兵之曾祖、祖父，一挥而就。总兵称赏，遇某同僚，道谢不置。

夏征舒为君家何人

太原夏某贾于陕，致富矣，思得一官以夸耀侪辈，乃于同治初，纳粟为陕西候补令。既禀到，将衙参，虑有陨越也，聘一友为顾问。某日到省，至抚署官厅，众见其举止动作而窃笑之。时长安令为四川唐李杜，善滑稽。唐突揖之，询其姓，则对曰："夏。"唐又肃容问之曰："夏征舒为君家何人？"夏心目中以为是必贵显，乃曰："是先祖也。"事毕归，具以告其友。友曰："休矣！夏征舒乃龟子子，君何引为贵胄？"夏大怒。翌日，又衙参，复遇唐，即揪其领而詈之，曰："汝何詈我为龟子子？"拉之见巡抚。至二堂，文巡捕具以状入禀。时巡抚为曾望颜，命传二人入。曾问唐，唐曰："可问夏令。"乃问夏，夏以昨所问答缕述之，而夏征舒之"征"字，言时不明晰。曾大笑，斥之出，即悬一牌示，谓识字太少，难膺民社，著仍回籍读书。

土匪名士

曾文正公督两江时，人才荟萃。有何太史者，记问极博，下笔千言，而无理法，曾尝称之为"土匪名士"。

舟行遇风之叫骂

曾文正之移军安庆也，沈文肃方为赣抚，约以赣之厘金供其月饷，赣有事，则出师援之。既而粤寇丛集于赣，文正军益东，文肃惧援兵不即至也，疏请截留厘金，将自募兵，得俞旨。文正愠甚，谓文肃卖己，文肃贻书引咎自责，不答。其后文正督两江，陈右铭中丞见文正，从容言曰："舟行遇风，柁者、篙者、桨者，顿足叫骂，虽父子兄弟，若不相容。须臾风定舟泊，置酒慰劳，欢若平生。甚矣，小人喜怒之无常也！"文正曰："不然。向之顿足叫骂者，惧舟之覆，非有私焉。舟泊复好，又何疑耶？"陈曰："然则曩者公与沈公之事，亦惧两江之覆焉耳。今两江定矣，而两公之意不释，岂所见出舟人下哉？"文正大笑，即日手书致文肃，谢过焉。

官场与词场互争

薛慰农太守时雨，掌教金陵书院，偶作《白门新柳记》，述秦淮之近事，续旧院之丛谈，盖亦《画舫录》《板桥记》之例也。风流韵事，本无关政要。时议禁乐籍，当事为李雨亭，以此书为祸魁，爰劈其板，且于书院扃试之时，各致讥弹，一则曰《劝农词》，一则曰《喜雨亭记》，于是反唇不相下。白门士人撰有楹联以记之，其联曰："喜雨亭记，劝农夫词，官场与词场，互肆讥评果谁是？绛帐生徒，白门杨柳，风流本儒雅，偶然游戏亦何妨。"

螬食尚留井上果

李申甫布政湖南时，有梅姓官颇见信用。或戏为联云："螬食尚留井上果，鸮声啼杀墓门花。"台谏摭入弹章，遂免官。

螬食实者过半

莱阳李明经蕚，尝于某日访某塾师，师傲不为礼。李愤甚，见其瞽一目，睛突出如李，遂为作一破承云："请问其目，螬食实者过半矣。夫存乎人者，莫良于眸子，恶得有其一以慢其二哉？"

命题托讽

黄漱兰侍郎体芳督学江苏，命题匪夷所思。录遗时，贡、监照例同场，贡题为"有成德者"，监题为"有达财者"。尝有三县童生合考，黄命题曰"有李，国人皆曰可杀"，指李文忠也；曰"以左，是社稷之臣也"，指左文襄也；曰"老彭，吾无间然矣，"指彭刚直也。是可谓托讽于微矣。

鳖县

府试惯例，头二三场分县考试，洎终覆，方合各县童生于一棚而考之。光绪中叶，有某郡守于终覆时，以鼋鼍蛟龙鱼鳖命题，六县各作一字。首县童生某问邻号生曰："鳖字出在何县？"某应之曰："在别县。"因某县文风甚劣，又系下县，当作"鳖"字。自后，人遂呼某县为鳖县矣。

长其长才不才

粤寇之乱，合肥某公以诸生随营效力，累得优保，仕至江苏巡抚。时学政丁艰，照例兼摄学篆。一日，招紫阳、正谊两书院山长宴饮，以争坐位，各不相下。有人戏就此二事成一联云："山长骂山长，正谊山长，紫阳山长，人各长其长；秀才考秀才，庐州秀才，苏州秀才，未知才不才。"

能不用心

南皮张文达公之万年已耆耄，而神气无殊少年，恭王问之曰："君何修而得此？"张曰："吾无他术，独能不用心耳。"恭王曰："君真大能，爵位至高而能不用心，诚难得也。"

腹中满贮稀粥

张文达最爱演戏，有僧虚舟者，日在邸中，为戏提调，甚宠昵。刘赶三谑之曰："有一僧死，见阎罗王，王斥其戒律不严。僧极陈守戒清苦，可请验。王命剖视其腹，则满贮清菜豆腐也。继一尼至，王斥如前。尼亦力辨，且引僧为例。王又命剖视，则满贮稀粥而已。"盖北音"稀粥"，音近"虚舟"也。后被言官弹劾，逐虚舟出都。

戏提调

京师梨园最盛，公宴庆祝，别有演剧之所，名曰"戏庄"，将有事，择能肆应者一人司其事，曰"戏提调"。或作《戏提调歌》云："众宾皆散我不散，来手（班中管事之目。）未到我已到。巍然独踞下场门，赫赫新衔戏提调。定席要便宜，点戏夸精妙。怒目看官人，（是日必向司坊中借二三执鞭者在门前弹压，名曰"官人"，又曰"小马"。）软语磨车轿。（老师及各堂官车轿夫饭钱最难开销，且易得罪，故须磨以软语。）遍索前年旧戏单，烂熟胸中新堂号。（京师旦脚曰“相公”，所居之寓曰“某堂”。知其堂、知其人，始能点其戏。）大蜡新试三枝头，（曰“受热”、曰“坐蜡”者，皆京师俗呼“为难”者之别名。此语有双关之意。）靴页偶装几千吊。（京官多穷，故曰“偶装”，亦见其所费不菲矣。）小香到，提调笑；喜禄病，提调跳。锁得长庚跟兔，暂向柜前（房）存，待到半夜三更，自己转湾仍放掉。吁嗟乎！三更曲罢尤可怜，昏花二目饥肠穿。左有牙笏右掌柜，小马纷来满堂前。堂前灯火全不见，阴森疑到阎罗殿。此时提调锦囊空，只馀三字明天算。”

等老也而多寡分焉矣

京伶谑词，有令人解颐者。同治乙丑会试题为“上老老而民兴孝”，第三人某文中有“天子有老，庶人亦有老。天子之老，聚于一堂；庶人之老，散于四境。等老也，而多寡分焉矣”诸语。闱墨出，都人为之哗然。会新进士宴总裁、同考官于文昌馆，优人饰耆老数人相见，各问讯年齿，有云九十者，有云八十者，有云七十、六十者。一人曰：“吾辈皆老矣！”又一人曰：“虽皆老，然甲之齿多于乙，乙又多于丙，丙又多于丁、戊，不能一律以老概之。”又一人则恍然点首曰：“等老也，而多寡分焉矣。”听者哄堂。四总裁及本房同考官皆恧然，未终席而去。

丞相登坛亦快哉

曾文正之督直隶也，因法教士丰大业一案，以天津守令遣戍，颇不满于众望，湘籍京官联名致书诋諆，并将湖南全省会馆中所有文正科第、官阶扁额悉数除之，文正郁郁无如何。及调任两江，与知交书，有“内疚神明，外惭清议”语。同治壬申，值六旬寿诞，方演剧称觞，忽递到一封口文书，亟拆阅之，仅诗一首云：“笙歌鼎沸寿筵开，丞相登坛亦快哉。谁念黑龙江畔路，漫天风雪逐人来。”文正亦不究所从来，亟纳之袖以入，自是目疾增剧，俄薨于位。

老兄手段何如

李某某提督江南，威权颇重。其幼时尝执圬人业，以惮于作苦，舍镘而嬉，为其师所逐。及粤寇扰湖南北，乃投营効力，其后削平大难，遂至专阃。一日，谳彭刚直，刚直见其厅事间粉饰精工，极口誉匠人之巧。李方谦逊，刚直曰："不知老兄手段，较此何如?"李默然。

横却心肠

苏州顾子山观察文彬，居官有能声。仕至浙江宁绍台道，旋以老疾告归。归后，于所居筑园亭，结构精雅，极幽闲之致，颜之曰"怡园"。有轻薄子诮之曰："彼筑此园之金钱，乃横却心肠做宁绍台道得来者，故以竖心立于台字之旁，所以志也。"

北人不知南事

麟某尝以翰林充国史馆纂修，时年甫逾冠。一日，校罗泽南、刘蓉等列传，忽拍案而言曰："罗以一教官而保实缺道，并以布政使记名，死且请谥；刘亦仅候选知县耳，乃赏三品衔署布政使。外省保举之滥，竟至是耶!"恽彦彬时与同座，起而密诏之曰："彼等皆百战功臣，其时若无湘、淮军，吾辈亦安有今日耶?"麟曰："百战何事? 天下太平，当与谁战? 湘、淮军者，以何将军帅之耶?"恽曰："盖与太平战耳，君岂未知东南各省大乱十余年，失去数百城耶?"麟大愕曰："北方安靖若是，老前辈所谓与太平战者，此言尤难索解。"恽曰："粤寇洪秀全起事，自称太平天国，君不知耶?"麟曰："晚生今仅二十余岁，贼之事，何能知之!"恽曰："君北人，宜不知南方之事也。"

风魔了张解元

张文襄公之洞以乡榜第一人捷南宫，好事者制为灯谜，射六才子一句，曰："风魔了张解元。"

魔王

磨勘之例，乾隆己卯始严。时磨勘官宫太仆焕文、阎侍御循琦、朱侍御丕烈、朱侍御嵇，尽心细核，指摘较多，世以为"魔王"，盖借"魔"作"磨"也。同治癸酉，梁京卿僧宝充小磨勘，爬剔极严，主司房考多获谴，人亦呼梁曰"魔王"，至不安其位，乞病去。

文人吸鸦片构腹稿

马平王定甫通政拯负时名，惟以吸食鸦片为一生之玷；此外尚有吴墨井、黎二樵及近今姓名显著、脍炙人口之诸人，亦皆博学而有此嗜好。或云学者终日伏案，疲劳已甚，假此小憩，可卧而构腹稿也，较之嫖赌征逐，固胜一筹。且孝钦后以吸福寿膏著称于时，上有好者，下必甚焉。诸人皆挂名仕籍，宜其尔尔。又鸦片产于英属印度，为文明之英人贩运来华，此亦文明空气，宜为文明人所饱吸也。

公门为烟窟

鸦片盛行，官署上下几于无人不吸，公门之中，几成烟窟。有人仿唐诗一首曰："一进二三堂，席铺四五张。烟灯六七盏，八九十枝枪。"

百年有尽先拚命

钱塘徐印香舍人恩绶性方正，于博弈烟酒，痛恶深嫉。尤恨鸦片，尝有诗讽吸烟者，诗云："琼箫锦瑟并横陈，玉琢金装制作新。到口便医心上病，行云频见掌中身。百年有尽先拚命，寸铁无锋惯杀人。怪底一灯青似豆，夜深风雨化阴燐。"

可怜迎凤德何衰

鄞县陈鱼门观察政钥，居甬城迎凤桥，慷慨好交游，座客常满，以是多逋负。其族人有悲之者，及卒，挽以联云："鱼鳖无灵，满志成龙才未逮；门楣已倒，可怜迎凤德何衰。"

不甘跪拜

湘潭王壬秋闿运初举于乡，赴试春官，车行见京阙矣，忽洒涕回车。后亦尝入礼闱，偶语人曰："我若会殿，必许状头。但光绪帝年太幼，引见时之跪拜，心有不甘耳。"

鲍癞狗

奉节鲍武襄公超，身有癣痂，败肤屑粒恒堕地，而略不顾。尝侍宴于曾文正，文正酒酣，尝述郭橐驼事，阴以调之。鲍直口："今有鲍癞狗，庶可与古人作对耳！"文正为之粲然。盖其时军中群以"癞狗"呼鲍也。

子宫

仕宦家宅之大门，必有一匾，显贵者，如宫保第、大学士第、尚书第、总督第、中亟第等，恒以直匾书之。次者，如方伯第、观察第、大丈第等，恒以横匾书之。鲍武襄以行伍起家，官至湖北提督，锡封一等子。尝于里中建筑邸第，及落成，将揭一扁，门客咸谓爵列五等，即为古之诸侯，诸侯所居曰宫，不必称"第"，宜称"宫"。而宫之上有数字，颇难着笔。方拟议间，一客忽曰："可直书'子宫'二字，其他官秩，可括之矣。"遂命匠制匾。匾成，将悬之，有黠者见而大笑，语客曰："'子宫'二字之释义，果如何者？"于是众大悟，乃止。

飞牒捉鸳鸯

自经粤寇之乱，江宁省城荒废，秦淮一水，无复箫鼓（古同

"鼓")画船之盛，曾文正公国藩亟命兴之，以规复升平景象。后其弟忠襄公国荃继为两江总督，下禁娼令，薛慰农方在江宁，贻以诗云："六朝金粉久荒凉，才有生机上绿杨。修到秦淮风月长，岂宜飞牒捉鸳鸯。"忠襄见之，一笑而罢。

从今不画四灵图

秦淮某校书负时名，其父就养于曲中，狎客常见之。一日病死，有善画者撰联以挽之云："大可伤心，此老竟无千载寿；何以报德，从今不画四灵图。"

其气难闻

同、光间，吴县富人周自新语言无味，面目可憎，而癖嗜烟，各种之烟咸备焉。日过午，辄口衔旱烟管入书场，听评话，一僮从之。至则踞高椅，而呼其僮则高声曰："来。"僮持水烟筒捧以进，吸四五次，则伸手腰际，出鼻烟嗅之。好事者为之联曰："水烟旱烟鼻烟鸦片烟，无烟不口吸；土气臭气脾气牛臊气，其气难闻。"人因呼之曰"四气先生"。

此葛亮之所以为诸也

光绪初，左文襄督陕甘，时布政使为林寿图。一日，文襄招饮，左右报某处捷音至，林颂其神算，文襄拍案大声曰："此诸葛之所以为亮也。"已而臧否人物，文襄谓时下诸贤，类皆自称诸葛，林亦拍案曰："此葛亮之所以为诸也。"文襄以其讽己而恶之。

此人流品亦仅尔尔

光绪初元，以曾惠敏公纪泽言，选派部曹傅云龙、缪祐孙等出洋游历。祐孙官主事，游历俄国。甫抵境，谒某总督，已出见矣，忽返身入，遣侍者语翻译曰："此人戴白顶，官太小，我见之何为？曩吾在华，尝谒将军金顺，见其侍立左右执水烟筒之侍者，皆戴白顶，可见此人流品，亦仅尔尔，不足语也。”译员为之辩曰：“此人之白顶，乃由考试所得，与金将军侍者之白顶迥不同。”乃复出见。语次，犹屡以屈在下位为祐孙惜。

百余年前之竹汀工窃术

山阴赵某尝于书肆购得钱竹汀《庸言录》写本，不知其已刻也，深秘之，改己名以自炫。会稽李莼客侍御慈铭见之，诘曰：“子作何与钱竹汀所著大相似？岂百余年前之竹汀，亦工窃术耶？”某惭沮不知所答。

观音一日呼千遍

光绪时有何梅谷者，其妇垂老好佛，自晨至夕，必口诵观音菩萨千遍。梅谷以儒学闻于时，止之，则弗从；弗止，则恐贻士林笑。一日，呼“夫人”至再且三，随应随呼，弗辍。夫人怒曰：“何聒噪若是耶？”梅谷徐徐答曰：“呼仅二三，汝即我怒，然则观音一日为汝呼千遍，安得不汝怒耶？”夫人顿时大悟，遂止，不再诵观世音菩萨矣。

赖君一荐遂作散人

瑞安孙琴西官江宁布政使时，沈文肃公葆桢方督两江。孙于沈，以词馆论，则孙为后辈；以世谊论，则孙为世叔。孙与沈往还，恒论世谊，以属吏修衙参之故事，不数见也。沈积不能容，乃于年终甄别之考语中揭之，照例内转太仆。奉旨之次日，孙诣沈，直以京卿仪注拜会，俟开中门，肩舆径入。沈见其不以旧属礼自待也，恚甚，及见，即举倪若水送班景倩故事颂孙云：“世叔此行，何异登天！”孙瞪目，作尔汝语云：“赖君一荐，遂作散人，受惠多矣。烦君附片，请假数月，可乎？”沈愠见于色，然无可奈何也。孙归里，即乞浙抚奏请开缺，优游林下，年逾八十而卒。

黔阳人赠诗陈令

陈某者，尝为黔阳县知，妻有才而悍。陈尝陷贼，逸出，妻被贼留三年，卒携子以出。陈性懦，公事时被干与，去任时，县人摭其实事为诗三十首送之，濒行时，纳诸轿中。陈又尝出示禁花鼓戏，而妻笃嗜之。一日传演，全班方为钱侩丰某雇演，久之始至，著名龚姓小旦又为所留，大怒，遽嗾陈，出火签捕丰至署，半道龚至，乃释之。赠诗有云："冬冬花鼓闹穿衙，那顾街邻笑语哗。绝代风流龚小旦，四更犹唱海棠花。"又云："一击醋坛成粉碎，火签标出锁丰郎。"陈将受代，时近岁暮，其妻独身陆行赴省，为之营干。时继任者已奉牌示，故格不得行，诗有云："□□干娘多拜遍，宰官依旧返长沙。"陈妻多拜诸显宦妻为干娘，故云然。

杨玉科居长沙时，其妾五六人，陈妻均与结为义姊妹。时陈殊贫，无以度日，陈妻乃纵其子与杨妾通，而掩执之，大捶挞其子，且欲理说其事。杨妾惧宣露，乃以三千贿和。

将家

张文襄督蜀学时，有某生饶才艺，疏狂自喜，极承赏识，拔为某书院高材生。及张督鄂，某入幕府。一日，张见某使扇缋一非人非猴之物，盘辟双桂间，题李昌谷句云："吴质不眠倚桂树，露脚斜飞湿寒兔。"无下款，印曰"将家"。询知为某作，大怒，某亦负气去，时人咸不解其故。旋闻使之妻名银桂，即张之宠婢，而以吴质譬文襄，以兔譬某使也。

浆子糊满济南府

张勤果公曜以行伍起家，喜弄文翰。抚山东时，学使约赏雪，座有藩、臬。席间，张笑谓学使曰："今日雪大佳，不可不联句。"学使答曰："甚善。但联句须有次第，公官最尊，应先作，藩司次之，臬司又次之；予，主人也，宜最后。”张亦不辞，徐吟曰：“纷纷大雪空中舞。”藩司接曰：“遍地银花如种土。”臬司亦军功出身，思索半晌，始言曰：“灰面堆满不吃山”（山东有不其山，为郑康成传经处。臬误“其”为“吃”，以为雪虽如灰面，仍不可吃也。）学使因作一句以嘲之：“浆子糊满济南府。（以抚、藩、臬皆如浆糊也。）”

今日天气果好

英使威妥马居我国久，熟谙华事，归国后著一日记，详载闻见。其言总理衙门云：“总理衙门，与欧洲各国之外部迥然不同。凡各国使臣至总理衙门，必具酒果，王大臣以次陪客同坐，一若以饮食为交涉之要务也者。”又：“中国虽事权不归一，然大臣仍不敢各抒己见，每使臣发言，则各人以目相视，大臣视王，新入署之大臣又视旧在署之大臣。若王一发言，则各人轰然响应，亦莫非是言；若王不言，诸大臣必不敢先言也。一日至署，诸人相顾，无敢先发一语，余不能复耐，乃先发言曰：‘今日天气甚好。’而诸人尚不敢言，惟沈某者，似觉不可复默，乃首答曰：‘今日天气果好。’于是王大臣莫不曰：‘今日天气果好。’不啻如犬之吠影吠声矣。”

作官亦识字么

京伶小百岁者，丑角也。一日演《法门寺》，去小监，科白时，谓扮赵廉之生曰：“作官亦识字么？吾道你只识洋文，不识国文呢。”又尝于《五花洞》中，自唱：“做官不论大小，懂得洋文就好。”其言若有意、若无意。又都中妇女往往喜衔卷烟，一若表其时髦者，而不知泰西惟妓女吸之也。即十三四女郎，亦复如是。伶即假《法门寺》中之科白，谓宋玉姣曰：“千岁赐你锭银，不可将去买卷烟，中含尼古丁质，吸之有毒也。”

好香

某年祭太庙，总管忽于将事，丹墀中草丛丛然未芟薙。执事诸员恐遭严谴，而畏总管势，嗫嚅不敢言。一笔帖式忽拔草而嗅之曰："好香。"总管目之笑而曰："此草未尝香。"笔帖式曰："某方以为此皆香草，故总管欲留之，以呈御览耳。不然，何任其缘阶被砌也?"总管悟，乃立命锄之。

扶摇直上

某抚之简某关道也，实以八万金预为之地，复以一万金贿某督为之保举。既而果庆真除，某太史贺之曰："老兄可谓扶摇直上。"抚唯唯而已，不知中藏"九万"二字也。

犬足亦跑折

某太史倜傥，喜嘲骂。一日，湖广会馆公宴，方就座，谈次及商情隆替，某忽率然曰："在今日谋贸迁，实以业接骨膏为至佳耳。"众错愕，不知所云，问故，乃曰："今日世尚逢迎，人工奔走，虽犬足，亦跑折矣。其可不疗以膏，而续其骨耶?"

明眼人一口道破

山东某进士任知县，惟知读书，不理民事，政出多门，被人控于部，遂逮问，下刑部狱。某入狱坦然，所卧为一巨榻，每日横陈其上，披览典坟，大以为便。三年，遇赦得免，狱吏来道贺，某徘徊不忍去，曰："此间僻静，读书最佳，可惜不能终老于是。但我到此数载，有不可解者一事。"吏问故，某曰："我尝思之烂熟，仍须请教。此榻极大，断非此门可入，是先置榻于此，而后造屋否?"吏笑曰："然。公输子之巧，被君明眼人一口道破矣！"某曰："岂敢，我特管中窥豹，略见一斑耳。"

毕竟官场都是戏

浙江候补道蒋某与候补知府杨某，同充某局差，蒋为总办，杨为会办。有某事，蒋执不可，杨衔之。一日为蒋诞辰，凡候补同通州县咸往叩祝，杨亦与焉。蒋因宴各官，酒十余席。杨故善饮，蒋则杯酒不能入口者，杨故酌酒为蒋寿，蒋以不能饮辞。杨不顾，必欲蒋尽十爵乃止，蒋坚不饮，杨怒曰："在官厅，乃分上司属员，此非官厅也。"遽前扭蒋胸衣。蒋亦怒，起与殴，致几上红烛铿然堕地。各官咸起与劝慰，杨始悻悻去。当时有见其事者，因撰一联以嘲之。联曰："进宫献策，渡江偷书，演来一部梨园，毕竟官场都是戏；上客挥拳，下僚屈膝，推倒两行红烛，那堪海屋更添筹。"上联隐两君姓，下联纪实事也。

宪台升卑职

知州于通判为属员，公牍须用申文；而通判六品，知州五品，以品级论，通判又可升知州。故为知州者，恒藐视通判，而称谓之间，又不得不稍稍自抑。尝有知州与通判争事，曰："俟宪台升至卑职时，便知此事之难也。"

州县署有六声

司法、行政混合时代，俗吏之衙署辄有三声，笞杖、算盘、天平是也。至于政平人和，讼庭花落，厥为雅吏，而亦有三声。三声者何？则为唱曲，为吟诗，为下棋。

民之父母

某令以贪虐著，为民所切齿者久矣。某年，将解职，要邑绅赠匾，绅不得已，以"民之父母"四字贻之。有滑稽者题一联于其旁曰："蠹国殃民，别人说此之谓；横征暴敛，自我看乌在其。"

水晶板櫈

外官自监司以下各级官员，莫不有候补者，一时仕途拥挤，大有“过江名士多于鲫”之概。闲员逐队衙参，往往听鼓终身，无一差委，其官厅坐位，几为之穿，故滑稽家辄谓为“水晶板櫈”焉。

孝廉方正

孝廉方正，必俟新君登极，由各州县博访特举，旷典也。光绪初年，有左某以孝廉方正得官，出宰吴邑。乃其流品与出身适成反比例，有人作联调之云：“曾是谓孝恶能廉；可欺以方奚其正。”又有嘲人之夤缘孝廉方正者，曰：“何谓孝，逼得母亲上了吊。何谓廉，每月常放二分钱。何谓方，浑身都是杨梅疮。何谓正，丫头老妈没干净。”

村塾赋

上虞陈燧有《村塾赋》，穷形尽相，非深于世故者不能言。其警句有云：“三尺五尺之童，一楹两楹之屋。到小人国中，自侬居长；在蜜蜂窝裹，由我称王。”又：“尔其为劳也，如持脱锥而凿顽石，如策跛驴而涉高岗。”又：“尔其为闷也，如蚊蚋之并集于座，如婴孩之群号于床。”又：“汉令欲伸，防谢夫人之却立屏后；齐坛欲盟，忧郄从事之躲在帐前。”

嘲私塾诗

有嘲私塾七律一章曰：“一阵乌鸦噪晚风，诸生齐放好喉咙。赵钱孙李周吴郑，天地玄黄宇宙洪。《三字经》完翻《鉴略》，《千家诗》毕念《神童》。其中有个聪明者，一日三行读《大》《中》。”

村学究文

有仿制艺体，集《四书》成语嘲村学究者，其撰人为尤十郎也。文云：

诲人不倦，可以为师矣。夫人幼而学之，必有我师焉。与乡人处，学而不厌，吾见其人矣。达巷党人曰，夫子之设科也，十室之邑，皆有所矜式，来者不拒，亦教诲之而已矣。久矣哉，教者必以正。生斯世也，为斯世也，一乡皆称愿人焉，夫子之谓也。有人于此，正其衣冠，动容貌，规矩准绳，子为谁？师也。彼一时也，舍馆未定，则皇皇如也；此一时也，舍馆定，以约失之者鲜矣。至于日至之时，率其子弟，为贫者自行束脩以上，未尝无诲焉。可以处而处，不其然乎？践其位，居之不疑，学诗乎？学礼乎？语之而不惰者，坐而言，自以为是。诵其诗，读其书，谆谆然命之乎？徐行后长者，往送之门，（送上学。）礼仪三百，薄乎云尔。拜下，与之坐，上焉者，然后为学，愿窃有请也。力不能胜，从先生者，（就外傅。）是或一道，附之语人曰：予小子得其所哉？童子六七人，闻其声，辨之弗明，鴂舌。其徒数十人，观其色，不违如愚，涕出。有酒食，先生馔，杀鸡为黍而食之，未尝不饱，盖不敢不饱也。待先生，不逾矩。（送节规。）有童子以黍肉饷，亦可受也，斯受之而已矣。学之不讲，请问之，夫子不答，他日未尝问。论笃是与？奚可哉？以釜甑爨，（膳馆。）受一廛，外人皆称夫子，饔飧而治，自得焉。树墙下以桑。（是村学。）学不厌，教不倦，先生之号，谁敢侮之？处畎亩之中，循循然善诱人，先生之志，人皆信之。初命曰：不内顾，不疾言，不亲指。小子听之，必敬必戒。再命曰：视思明，听思聪，疑思问。必使学者，不愆不忘。继而有师命，今日之事，予将有远行，至于今，千岁之日至，若合符节，可以假馆。（如冬至节放假之类。）吾党之子小，尽信书，非礼勿动，无违夫子。当是时也，门人小子，举欣欣然有喜色而相告曰：先生将何之？吾见其居于位也。作之君，作之师，足之蹈之，手之舞之，无所不至矣。为间，夫子言之，自外至，则见而知之。蹶者趋者，不已急乎？入门，勃然变乎色，以杖搏执之曰：今若此，何必读书？鄙哉石硁硁乎，相向而哭，血之流不得免焉。噫！今之学者，易地则皆然。

尊公亦受约束

光绪间，兵部郎中某居京师兵部洼中街，时封翁就养在邸。其厅事悬一联，上句云："治家严如军令。"或问之曰："何尊公亦受约束耶？"某悟，乃撤去。

翻令我作丈夫难

北人何某尝仕于朝，初官翰林院庶吉士，散馆改部曹。夫人某氏，阃威甚厉，以何失翰林，怒甚，何长跪以谢，乃得释。既入工部，贽百金往拜满尚书为师，某嫌其菲，怒斥之。端午桥为撰一联曰："百两送朱提，狗尾乞怜，莫怪人嫌分润少；三年成白顶，蛾眉构衅，翻令我作丈夫难。"

八宝豆腐羹

光绪时，王可庄修撰仁堪出守镇江。初莅任，训导某晋谒，王言及某侍郎有抚苏之讯，某曰："某侍郎与卑职，某科同年也。"继复谈及苏籍之京师当道，如潘文勤公祖荫、翁相国同龢诸人，某则云"是与有戚谊也"，"是与有世谊也"。既又言苏省现任之督抚、将军，其中固非尽由科第起家，而某亦谓悉有年谊。王乃大愕，知其依草木，向壁虚造也，因语之曰："俗称教官为豆腐官。君之亲朋，既皆大人先生，可为奥援者若是之多，而犹寂守苜蓿，则此豆腐必异寻常，当为八宝豆腐羹也。君诚足以自豪矣。"

左文襄讽藩司

左文襄素有兀傲名。督两江时，年齿既尊，一时显达，出其部下者至夥，故兀傲益甚。尝令材官某投书于江宁藩司，嘱其面投。及见藩司，即与升炕并坐，侃侃而谈，藩司不悦。翌日上院，举以告左，左呼材官至前，责之曰："昨日命尔送信，尔公然与藩台大人分庭抗礼，荒谬绝伦。须知藩台大人之炕，非我之炕可比，我之炕，由尔睡，由尔坐；藩台大人之炕，岂有尔之坐位乎?"藩司闻之，大不安。退而问巡捕，始知某盖题奏提督，赏穿黄马褂，曾署某处总兵者也。又一日，藩司谒左，见其亲兵戈什哈坐于仪门，未起立示敬也，告之左。左令巡捕传谕，于藩台大人回署时，站队恭送，赎先倨之罪。须臾，送藩司出，鹄立大堂两旁者，皆红顶花翎。

福州无福

光绪甲申马江之役，当局者张佩纶、张树声、何如璋、何璟，皆一时人望所归，乃不战而溃，诚出意外。一时八闽儿童，连臂踏歌，有"福州真无福，法人原无法。两何没奈何，两张没主张"之谣。当未败时，何璟终日礼神，树声终日奔走询人，时人谑曰："制台不要头，抚台不要脚。"

八表经营三人会办

光绪甲申，中、法事起，张文襄由晋抚擢粤督，吴县吴中丞大澂、丰顺张副都佩纶、侯官陈阁学宝琛，均奉旨会办南洋军务。副都以败于马江，革职遣戍，陈亦责降，惟吴无恙。时有撰联嘲之者云："八表经营，也不过山右禁烟，广东开赌；三人会办，且先看侯官降职，丰顺充军。"甲午之役，吴自请督师而溃，亦遂罢官，"先看"二字遂成语谶。至上联云云，则以文襄初授晋抚时，到任谢折，有"身系一隅，敢忘八表经营"语，且抚晋时严禁种植莺粟，督粤时奏开闱姓之禁也。

三品功名丢马尾

光绪甲申，张佩纶督师马江，与法人战败绩，郁郁不乐。后入李文忠幕，适丧偶，文忠妻以老女，遂晏居白下以终。或作联嘲之云："三品功名丢马尾，一生艳福仗蛾眉。"

欲作绣衣难引线

粤东某女士负才名，于归之夕，例有闹新房之举，来宾出联索女属对，其联曰："花径碧烟迷野蝶。"众中有简某者，小有才而性傲，言多轻薄，女厌忌之，因闻人呼之为简先生，故知其姓，遂应声答曰："竹门白日系山牛。"简不悟女之嘲己也，犹鼓掌赞赏不已。众亦鼓掌戏简曰："君为山牛，自宜至今不得青一衿也。"女闻言，转出联以试简，联曰："密眼花针，欲作绣衣难引线。"盖取"绣"与"秀"同音。（粤人呼秀才为"秀衣"。）简猝无以对，众大哗。女以简有不豫色，遂开折扇以蔽面，简始触悟曰："疏骨折扇，虽遮粉面不全封。"盖粤人呼处女已破瓜者曰"不全封"也。众大笑，女赧然退。

惜不书孤拔顿首

张靖达公树声既卒，李芍农侍郎尝服其布置炮台之得法，取司马懿过诸葛孔明营垒叹为奇材意，用于挽联，末句曰："每经营垒叹奇材。"时正甲申也，于晦若侍郎式枚闻而笑曰："惜下款不书'孤拔顿首'耳！"

碧理小儿

谭碧理提督江南，某年晋宫保衔。谭喜作擘窠字，而每喜书"多福多寿多男子，曰富曰贵曰康宁"，及"穷不到头，富不到底"等字，一楹联，一横幅，时时持赠于人。尝镌一图章，文为

"青宫少保"，有所书，必钤于上。谑者曰："'青宫少保'，可对'碧理小儿'四字。"谭闻之，乃辍而勿用。

荣于华衮

李文忠公性好谩骂，所昵或将登用者，则骂尤甚，故左右辄以被骂之轻重多少，卜宪眷之衰隆云。督粤时，有思得中军者，顾与藩司触忤。或言君欲中军而与藩司不洽，似不可。此人遽曰："是无虑，前日中堂已骂我滚矣！"盖武人心无回曲，竟直言之也。或改成语以讥之云："一字之滚，荣于华衮。"

浑蛋

天津某令性糊涂，素有"浑蛋"之目。一日，有某妇以事起诉，陈说再三，令不省，妇怒曰："宜外间有浑蛋之号也。今听断如此颟顸，果是浑蛋，人言固不诬耳。"令叱曰："胡说，浑蛋之如我者，能有几耶？"

张得开管不紧

直隶乐亭县有宋、刘二姓，富而骄者也。科举时代，二姓或贿买官吏，或雇用枪手，盗取科名。某年县试，知县张某啖刘之贿，刘姓子弟尽列前茅，府考时，太守管某又受宋之托，而宋姓亦皆列前茅。众大不平，因赠联以嘲之曰："头场刘，二场宋，宋进去，刘出来，彼此同乐；知府管，知县张，张得开，管不紧，上下皆松。"

一日看花千金买笑

潘文勤公祖荫尝诣徐相国桐所，徐方以道学自命，时适有门生在座，徐殷殷然以立身敦品相勉，严戒独游，刺刺不休。文勤从旁止之曰："可勿过虑。近来举子类属寒畯，京官亦多穷窘，断无余赀以供挥霍，那能复如往时吾与老同年一日看花、千金买笑之豪举无前也。”语罢，犹故为咨嗟太息者久之，徐赧然。

造二十

桂某粗鄙无文，由都统改官某部侍郎后，例须画稿，一日书“开”字，将一横忘去，变成“丌”字。端方闻而笑曰：“彼欲使吾辈至其门中造二十。”“二十”者，极卑贱之土窑游费也。

石不能言最可人

山东候补道李某某善事上，能揣摩色笑。李秉衡抚山左，每见属僚，辄如泥塑，素恶人之喋喋。而某知其隐，噤龂无一语，颇蒙奖许。时人赠以诗曰：“石不能言最可人。”

酸丁

各省文武官敌体者之相见也，宾至署，仪卫止仪门外，宾由中门入，至外堂檐下下舆马，主人迎于檐前；宾告辞，主人送至初迎处，视乘舆马乃退。若督抚之于京朝官，或宜以宾礼相待之客，则不论其官职之崇卑及有无官职，必送至舆，舆固预待于二堂也。南皮张文襄公之洞作镇时，归善江孝廉逢辰分校某书院。一日徒步谒文襄，号房未见江舆，而内促不已，文襄与江均植立二堂，号房乃设法强他人舆入，令舁之归，江于此茫然也。居数月，江又谒，又闻内呼“请轿”之声。“请轿”者，命舁舆入也。号房探之曰：“江老爷乎？酸丁也。是固不费一钱而欲令大帅为之代出舆资者。”有成例，复以他人舆舁归，江仍茫然也。

谢天谢地

张文襄由晋抚擢督两广，命下，粤中舆情大欢，几有“我后来苏”之望。乃下车后首开赌禁，办事者务铺张，以建筑广雅书院言之，且縻帑至数十万。督粤未一年，怨言繁兴，殆为左右所累也。其尤不慊于张者，歌之曰：“闻公之名，惊天动地。望公之来，欢天喜地。见公之事，乌天黑地。愿公之去，谢天谢地。”

虚有其表

武昌汉阳门东有黄鹤楼，张文襄督鄂久，寻入相，鄂中官民怀之，即其地建一楼，颜曰“奥略”。楼前有时计钟绝大，然实无机括，针指不能动。有乘舟行江中望而谑之者，曰：“文襄以喜举新政著称于时，然所行新政，类虚皆有其表，亦有异于此钟否乎?”

盛唱《烛影摇红》词

张文襄以好士称，尝谓其友曰：“贽而来见者，吾皆倒屣，不识外间议论如何。”友曰：“自公大用，外间盛唱《烛影摇红》之词。”文襄惊问故，其友朗诵其卒章曰：“几回见了，见了还休，争如不见。”遂相与大笑。

佐其浮沉

钱念劬太守客日本东京，忽得张文襄密电，促令归国。钱束装就道，既至省，服便衣往，谓司阍者曰：“烦传语欲见，请以今日，我明日仍往日本。”司阍者如其言，果见。谈次，张言及梁廉访鼎芬曰：“举平日所知所能，尽以佐其浮沉之具，（此二句乃《才调集》见“义不为无勇也”题文。）此节庵之谓也。”钱遽曰：“若卑府，则残魂虽馁，不得依祖宗丘墓之乡；肝脑所涂，不得污中国帝王之土。”（此四句亦《才调集》“驱飞廉于海隅而戮之”题文。）张默然，遂端茶送客。

君是好人

有名士王某，尝任江西某郡守，好作诗。有见其所刻集者，中有句曰：“三声大炮响，两扇总门开。”余可想矣。尝就质于李芋仙，李曰：“君是好人。”王曰：“我问者诗也，非人也。”李曰："君能不作诗，更好。"王抱惭而去。又尝献稿于某太史，太史点头曰："有派头。"王喜，更问是何派头，太史曰："是贵戚凤阳派。"（凤阳丐者多持小钲一具，口中唱歌，沿街乞钱。）

鹰猿獐鹤

光绪中叶，孝钦后万寿，常熟人方以赛灯祝嘏。而常熟教谕殷某某、训导张某某，皆以贪贿为诸生所憎，乃制灯牌二，一绘鹰猿，讥殷某某也；一绘獐鹤，讥张某某也。而导以缺齿之老狮，意若曰："此乃无耻之老师耳。"

富有根贫无底

常熟有以胥吏起家富豪某，为乡里所不齿，邑人亦于赛灯时作像生牡丹花以讽之。花插于无当之纸瓶，瓶实以泥，盖隐寓"富有根，贫无底"之义也。

送穷文

穷鬼尔来，我乃语子：子不他适，缠我欲死。今之世界，势位是承，以尔昵我，每受人憎。古今论交，富豪是艳，以尔亲我，每致人厌。尔之所恃，颜质自雄，由今衡之，非钱不工。尔之所长，廉洁自持，由今观之，曾不重斯。青春耽误，白首速来，尔尚恋吾，吾其何哉？我欲尽言，为尔详告：何如速去，自他有耀。俄而有物，似人而非，破烂之冠，百结之衣。顾予叹曰：子诚梦梦，责己何轻，视人何重？子谓贵者，自谓不如；吾视贵者，尸居之余。子视富人，瞠乎其后；吾视富人，但有铜臭。子虽不富，富有诗书，鸡林虎观，潇洒自如。子虽不贵，贵于仕宦，百城坐拥，何假南面。笑人富贵，奚啻浮沤，以子立言，不朽千秋。二者相较，孰劣孰优？子不自立，反以我仇。予乍闻言，自疑自信，忽悟君子，穷真非病。

洋钱非我国物

钱某某以理学名，或加以“守旧鬼”之徽号，必哓哓争辨。其一切应用品物，概无冠以“洋”字者，如洋布、洋油、洋缎之类，钱视之，秽物也。有留学生某投刺请谒，以其名片乃洋式，恶之，辞不见。翌日，某赠以洋装《五经汇解》一册，大怒，掷池中。某曰：“此圣贤经义也，先生何忍污蔑乃尔？”钱曰：“洋书中，决无圣贤经义也。”某颔之。未几，值其诞辰，某乃持墨西哥银币一元往为寿，钱喜甚，亟纳之袖。某大呼曰：“适间菲仪，为洋人之银币，即俗所谓‘洋钱’者是也，非我国物。”钱有恧色，嗫嚅道谢而已。

先生头脑太冬烘

光绪中叶，学校渐兴，而未经改良之私塾，尚所在皆有。有为诗以嘲之者，诗云：“摆来桌椅纵横乱，七八儿童上学堂。一块红毡铺地上，拜完老孔拜天王。（俗呼童生为“童天王”，私塾师以童生为多。）先生头脑是冬烘，架子居然像不同。坐在一张高椅里，戒方一响逞威风。吓得儿童魂也消，宛如老鼠见狸猫。抬头怕看先生面，天地君亲着力号。温完《大学》读《中庸》，功课偏无半刻松。还有一桩可怕事，背书弗出跪灯笼。只许自家随意乐，学生嬉笑便含嗔。身边常带潮烟管，掮起来时乱打人。”

置天下人于何地

光绪时，长沙孔某某举于乡。是科第三艺题为“而尽力乎沟洫”。文分三大段，段末结语为“其将置我于何地，其将置众人于何地，其将置天下人于何地”等句，人多笑之。翌年计偕，濒行之前一日，其友某为之祖饯。主人延孔首座，而逊避第二席。一客推之起曰：“足下坐此，其将置我于何地耶？”乃依次递让，至第三第四，诸客同声曰：“其将置众人于何地耶？”急趋末座，众复哗然曰："其将置天下人于何地耶?"相与鼓掌大噱。孔乃还坐己位，卒局踖不安，坐未终席而去。

陶者何人铸者何人

长沙城中有某巨公者，掌教岳麓书院，岁惟巡抚送学时，随之入院而已。有院生孔复生者，宪教第三子也，一日揭帖于讲堂，有"古人师弟之间，情谊最亲密，故师生有同游者，有同寝者。今院长不住院，则诸生陶者何人？铸者何人？我等学业必致荒废"等语。末言将联合全体请求院长住院，若院长不允，则当禀请中丞械（古同"缄"）请院长住院云云。帖后署名"有心人"。

有鼻之人奚罪焉

江左有曾为侍御者某，好吟咏，偶至京师南河泡，题诗于壁。明日，临桂王幼霞侍御鹏运亦往游，见之大笑，乃故作俳体诗，次原韵以讥之，中有二句云："拖泥带水荷花塘，中间坐个老爷王。"诗为某所闻，大怒，摭王琐事劾之，摺有二句云："王鹏运性情既甚乖异，面目亦复不全。"盖王少年冶游，曾患梅毒，鼻因以毁也。某且语人曰："老爷王无鼻。"

逾年，举行京察，有部曹某与王同姓名，已列一等，有外简道府之望矣。主计典者曾微闻某摺有"面目不全"语，意谓此人体既残，恐不足胜方面之任，乃于其姓作一符号以识之。及引见，遂未记名，彼盖误认部曹为侍御也。或作文虎以谑之云："王鹏运京察一等不记名"，射《四书》一句，则"有鼻之人奚罪焉"七字也。

德来德来

光绪中，某省巡抚德某以事为某御史所劾去职，继之者为德某，亦为众所怨。赣人因书揭帖，伺人弗察，粘于继任所乘肩舆中，云："德去德来皆是德，财多财少总贪财。"德见之大怒，责舆夫弗慎，笞之见血，不能举步。后又有人作一联粘于舆中，云：“德去德来，无人见得；轿前轿后，有足皆蹻。”赣人读“蹻”若“跷”，与“轿”字叶音也。

诚心诚意看戏

德某酷嗜声剧，优伶之负盛名者，虽远道如京师，如天津，如上海，必罗致之，节辕除忌辰外，无日不笙歌沸天也。新建令汪以诚有能吏名，专为抚辕主办剧政，即俗所谓“戏提调”也，邑署事无大小，悉付他员代之。是时赣人为制一联曰：“以酒为缘，以色为缘，十二时买笑追欢，永夕永朝酣大梦；诚心看戏，诚意听戏，四九旦登场夺锦，双麟双凤共销魂”。额曰“汪洋欲海。”四九旦、双麟、双凤，皆伶名也。

毋宁为完全之伶人

伶界中有平等思想者，德珺如一人而已。珺如为相国穆彰阿孙，以荫生内用，尝官某部主事，而其父与程长庚交甚挚。珺如既长，好与伶人游，唱青衫，歌反二簧，喉舌间似奏笙簧细乐。及父卒，益放浪形骸，以客串为乐，遗产殆尽，各园主以其声调久足以左右座客也，遂劝之搭班，于是为伶人矣。有叔曰萨廉，字检斋，官至侍郎，止之曰：“优伶，贱业也。吾家何堪为此”？珺如曰：“吾日用至奢，叔能我助乎？倘能助我，将改业；如其未也，请许我自。优亦营业之一，亦何尝辱及先人哉？叔必令余弃优而仕，试问今日之官之心理、之才识，超出伶人之上者能有几人？与其为龌龊之官吏，毋宁为完全之伶人，贵贱非所计也。”萨无以难之，乃曰：“即为伶人，亦不宜唱包头。”珺如曰：“改唱小生，何如?”明日，即唱《黄鹤楼》，儒将风流，宛然公瑾，喜怒哀乐，描摩尽致。次日，演《夺小沛》，羽翎一发，直贯戟心，尤为他人所不及。由是珺如之名，噪于京师，惟不供奉内廷，惧以门第获谴也。

嘲科场联

有作联以嘲科场者。光绪朝某科，浙江正主考为殷如璋，副主考为周锡恩，联云：“殷礼不足征，业已如瞶如聋，那有文章操玉尺；周人有言曰，难得恩科恩榜，全凭交易度金针。”某科，广东正主考为刘福姚，副主考为萨廉，监临为巡抚许振祎、总督谭钟麟，联云：“公刘好货，菩萨低眉；少许胜人，空谭无补。”某科，浙江正主考为李文田，字仲约，副主考为陈鼎，字伯商，联云：“旧有文名，李仲约无非约略；新开鼎记，（杭城钱庄名。）陈伯商大可商量。”某科，浙江正主考为乌拉喜崇阿，副主考为恽毓鼎，联云：“鸟不如人，只少胸中一点墨；军无斗志，都因偏了半边心。”某科，某省正主考许某，文理不通，每中一卷，副主考必断断与争，忿甚，因撰联纪之曰：“天之将丧斯文也；吾其能与许争乎？”某科，某省两主考不重文字，填榜日，遇有缺额，于几上落卷中，随意抽取，联云：“尔多士论运不论文，碰；咱老子用手不用眼，抽。”光绪辛卯，浙闱主试为李端遇、费念慈，时有联云：“木子公木不可言，偏于两浙有缘，无端遇合；弗贝兄弗为已甚，但有千金相赠，举念慈祥。”

要之，科场人多额少，自必有榜发见遗之士子，好事者肆口雌黄，亦聊以泄愤耳。不识文字及有心作弊者，固亦千百中不得一二也。

某科会试总裁为常熟翁同龢，第三场策题，史学舆地率多舛乱，好事者就其谬误撰联云：“司徒托体姜嫄，可怜简狄凄凉，当日虚征玄鸟瑞；拓拔建都统万，为问平城寥廓，何年改作赫连王。”额曰“人地生疏”。某科会元某刘覆试时，居煞尾，总裁为满洲某相国及孙毓汶、祁世长两尚书。孙，山东人；祁，山西人。或戏赠以一联云：“万金能卖会元，是传闻也，顾何以忽而榜首、忽而榜尾；八旗不识文字，亦常事耳，而况又加以老东、加以老西。”是亦言过其实也。

都人读亳为毫

光绪辛卯，皖省藩司某署皖抚，亳州牧某往见。延入，坐定，问曰："毫州去省城若干里？"某答曰："卑职任亳州，非毫州。"某讶曰："亳州之亳，都人皆读作'毫'，君乃读作'卜'，岂不相差太远乎？"未几而御史劾以目不识丁，去职。时合肥蒯光典在金陵，对人呼冤不置，谓："尝往谒，闻其对仆人云：'速请朋大人。'然则'蒯'字虽不识，尚明明识得'朋'字也，且又识'毫'字，劾以目不识丁，不亦冤乎！"

半聋不聋

都门有炳半聋者，旗人，觉罗也。工篆刻，不轻为人作。半聋不聋，意谓时人之言，太半不堪入耳，故以"半聋"自号。

归来犹带粉花香

光绪时，有王某者官部曹，充军机章京，居正阳门外。某夜入直，忘挂珠，方驱车入城而门已闭，忽觉之，因乞借于东城汪某。汪以王躯短，检其妇所带者假之。王致谢时戏吟曰："百八牟尼珠一串，归来犹带粉花香。"汪即变色而入。王出，则汪已候门外，持刀相扑，王亟促御者疾驰，汪以刀斫车轮而返。明晨，仍持刀觅王，王遂乞休沐。久之，始悟所吟为乾隆时讥某相干女诗，即汪之曾祖母也。

中日战事讽联

光绪甲午中日一役，有人以其事为对联曰："王文韶、王文锦天津办防务；李鸿章、李鸿藻地狱打官司。"又曰："弃丰台，翁孙双割地；使日本，父子两全权。"又曰："卫达三衔冤呼菜市，刘坤一拚命出榆关。""旅顺口已归日本，颐和园又搭天棚。（指将演剧也。）"

访鹤吹牛

翁叔平相国同龢喜豢鹤，光绪甲午，其园中所豢之鹤有飞去不返者，乃自书赏格并“访鹤”二字，榜于京师正阳门瓮城中。慕其书者见之，辄揭之去，三易而三揭。时吴清卿中丞大澂方以湘抚督师，御日人而无功，或撰联语以纪之云：“翁同龢三次访鹤，吴大澂一味吹牛。”实亦言之过甚也。

深于黄老

光绪甲午之役，吴大澂督师赴敌，及启程，沿途以镌工自随，以手自摹仿夏商彝卣文字，铭其枪幹，斑驳几遍。一夕，师次北道某寺，寺僧来谒，见其轻裘缓带，取所铭枪，次第摩挱，状极暇豫。僧退而轻之，语其徒曰：“朝廷真欲以儒将致敌果耶?”未几率师归，仍宿寺中，僧复谒之。出语人曰：“贵人作止，洵不可以仓卒测哉。”或叩其胡以前后易评，僧曰：“兵凶战危，临事无惧，故轻之。既败矣，暇豫犹昔，襟怀澹定，非深于黄老者，其孰能之?”

百人有五十袴

光绪甲午，陈湜领兵出山海关，时后路粮台委员为某同知，年家子也，贪甚，采购棉衣报销一万件，其实十之四五而已。陈军书旁午，无暇兼顾。一日，宋庆来，谭次，宋故作诙谐语曰：“闻贵营一百人，仅得袴（同“裤”）五十袭，其半晨即起，其半尚睡以候袴，有诸?”陈大骇，按得其事，密令人授意使去。明日，移疾归。

王壬秋游仙诗

王禾秋所著《湘绮楼集》有游仙诗四首，皆刺光绪朝负有时望之京外诸要人而作者也。其一诗则云：“湘瑟清秋更懒弹，只言骑虎胜骖鸾。（谓余虎恩。）东华旧史犹簪笔，（谓王子畲。）南岳真妃肯降坛。（谓魏光斋。）叔夜只凭金换骨，陈平何用玉为冠。（各有所指，皆当时从军者。）淮王自许能娇贵，却被人呼作从官。（指李鸿章请任粮台事。）”

巧妻常伴拙夫眠文

有人以“巧妻常伴拙夫眠”为题作制艺者，极合光绪初年墨裁，颇足解颐。文云：

有足为妻解者，虽伴眠亦无憾焉。夫妻而曰巧，拙夫非其伦矣，而胡为眠常伴也？讵非天哉！且自天地灵秀之气，不钟于男子，则夫其所独钟者，宜其爱惜甚至矣。乃不惟不爱惜之，而顾颠倒摧残之，使之日汩没于寝兴寤寐之间，而几不克以自保。而身历其境者，大都习闻见而顺受若固然，而并不敢问天意之何居也。今夫一定者前因，凰凤卜和鸣之雅；而两歧者资禀，薰莸占臭味之殊。彼巧妻与拙夫，何容相提并论哉？雪肤花貌，妩媚能增；绣口锦心，聪灵独绝，而亦非有精而无粗也。克勤克俭，更不辞缝纫井臼之劳。于是戚族之间，有交誉其贤能者，而姑嫜妯娌无论矣。斯巧妻之巧，蔑以加矣。饱食暖衣，寸长莫展，蚤寝晏起，一艺难名，而亦非大智之若愚也。不识不知，几莫喻絪缊化醇之巧妙。于是日用之端，有难期其洞悉者，而事业功名何望矣？斯拙夫之拙，弗可及矣。且夫妻与夫，敌体之称也；巧与拙，悬殊之势也，何巧者常不与巧遇，拙者常不与拙遇也？此其中盖有天焉。气数之限人，丰于此者啬于彼，使妻巧而夫亦巧，则乾坤之清气，毕萃于一门，岂不甚美，而天弗许也。彼苍之赋物，益其寡者裒其多，使夫拙而妻亦拙，则宇宙之弃材，转成为嘉耦，亦复何伤，而天不为也。不然，眠何事也，而漫使伴之哉！是不必为巧妻惜，是不必为拙夫幸。且夫房帏之昵爱，弥徵谊、笃唱随耳。妻也名姝，可耐鸡栖豚栅；夫也笨伯，竟谐燕侣莺俦。俨然冰炭之投，而相近相亲，亦复盟山而誓海者，无他，数之常不可逃也。误我聪明，悔夺天孙之锦；为郎顴頳，敢憎月老之绳。蓝笥象床，乃至载幽忧而不足，旁观者或犹有名花堕溷之伤也。纵目染而耳濡，伴之有年，拙者或为巧者化，而奏功非旦夕，不知摩荡几经矣。东床之腹，竟坦当年；西子之眉，不颦何日，为夫者尚其自知愧励也夫？且夫床笫之燕私，益见情深伉俪耳。妻也针神驰誉，锦何让夫回文；夫也椎鲁贻讥，碑竟同于没字。勉为凿枘之入，而可亲可狎，亦复浃髓而沦肌者，无他，事之常，若无异也。实偪处此，忍忘戒旦于鸡鸣；彼皆不知，未必怀惭于鸠守。锦衾角枕，相与歌同梦而难甘，有心人不能无彩凤随鸦之慨也。纵神离而貌合，伴之虽久，巧者宁为拙者容，而聚首在晨昏，夫固瑕瑜不掩矣。但得双飞，那输蝴蝶；也拚独宿，却羡鸳鸯，为妻者尚其自安时命也夫？嗟乎！清才浓福，二者难兼，名士美人，千古同叹，此其中盖有天焉。彼姝者子，虽不安常处顺，得乎？

厘正文体上谕书后

光绪朝，有诏厘正文体，孝钦后之意也。或仿制艺体，书其后，寓谐于庄，声调谐畅。文云：

圣朝崇正学，国本不摇矣。夫文体，固与国体攸关者也，厘而正之，不綦要欤！且夫八股之学，创自有宋，盛于有明，至本朝而斐然可观，灿然大备，固文章之极轨、郅治之鸿规也。乃自喜事之徒，鄙为无用；趋时之士，弃焉如遗。圣人有忧之，光复典章，厘正文体，煌煌珠谕，炳日星焉。君子曰：是之谓女中尧舜。夫人皆知废八股、复八股之说之是非矣，曾亦知八股之文体，固何在乎？八股为孔教之真传，待后守先，直延尧舜禹汤之一脉，点窜典谟之字，出入风雅之辞。语贵不离宗，愿志士名流，唐宋以来书勿读。八股为圣朝之定制，震今铄古，直合文章经济为一家，局则拟行世之文，调则效登科之稿，言之如有物。恐矜奇好异，朝廷从此法难宽，可勿正哉！论坐言起行之理，儒士精神虚耗，八股诚足以误人，似也，而不然也。彼则谓大而能通天之奥，小亦足包格致之精，苟能养到功深，儒将名臣，由此其选，所谓学有本原者视此也。彼习非所用之言，老成者早鄙为惑世之妄谈矣。挽既倒澜，不几赖彤廷之厘剔乎？论拘文牵义之为，学子固执鲜通，八股或足以病国，似也，而不然也。彼则谓出虽无济世之良才，处可为安贫之愿士，苟能读书守分，人心风俗，即有所裨，所谓学无浮慕者视此也。观"民可使由"之语，有国者早奉为驭才之妙术矣，作中流砥柱，不仰藉深宫之订正乎？士习之衰，不可回也。声光化电，甘师巧艺之为；西地爱皮，竞效横行之字。棼棼泯泯，谬夸有用材焉，恨不能令读八股耳。今得圣母当阳矣，讲求正学，纶綍频宣，语好新奇，功令有所必黜。吾知培间左之佳子弟，蔚朝右之贤公卿，在此一举也。列祖列宗，在天之灵，实式凭之已，圣治之隆之为不替也。金陈章罗，颁为程序；谭林杨宋，在所诛锄。穆穆皇皇，群上无疆颂焉，何草非重视八股哉！今又懿旨下降矣，诰诫试官，禀承有自。鉴衡偶舛，磨勘之咎难辞，吾知保四千年中国之文明，壮四千万士林之元气，恃此一策也。周公、孔子，斯文未丧，保佑命之已，猗欤盛矣哉！文明以正，有道万年，他邦人士，行将拭目俟之矣。

器物铭

有为器物铭以讽世者，字纸篦〔簏〕云："大口箕张，咬文嚼字。人弃我取，便便腹笥。食而不化，羞愧无地。一倾吐之，及早变计。"鸡毛帚云："世不可问，断尾以全。拾羽作帚，束缚自坚。驱除不洁，尘埃荡然。可惜大才，乃小用焉。"眼镜云："肉眼多昏，重瞳已遥。高瞻远瞩，穷力为劳。获兹利器，使人昭昭。平增眼福，架鼻而遨。"牙刷云："惟口启羞，亦复含垢。

积垢毁齿，大开狗窦。有物拭之，晨兴之候。短小精悍，暂歼群丑。”笔架云：“三寸筠管，重于铁锄。力不能胜，以讥田夫。君堪肩任，双管力扶。形成山字，名实相符。”纸扇云：“世界太热，清凉绝少。赖君一挥，炎氛顿扫。奉扬仁风，居然有道。展之则大，敛之则小。”火炉云：“雪消春暖，围坐群来。一炉之外，余地恢恢。风动声起，轰轰如雷。丹心共鉴，勿遽成灰。”

用夷变夏

光绪庚辰，湘乡曾惠敏公纪泽奉使命至俄，求返伊犁。明年，伊犁条约成。及使命满期而还，回京，以在俄久，起居习惯，均有欧风，而全家妇孺，悉冠呢帽、蹑革履，窄袖紧腰，与欧人无稍差别。京朝士夫见之大哗，而理学家尤深恶痛嫉，谓：“父以道学名世，（曾文正尝与大学士倭文端诸人讲学。）子乃用夷变夏，是真不肖之尤。”物议沸腾，几欲鸣鼓而攻。时李文正公鸿藻当国，嫉谈洋务者如仇，故惠敏还京数年，卒不能大用，以侍郎终。

半世英雄夸独异

张樵野侍郎荫桓未遇时，每为世所诟病，既显贵，则颇有所表见，群谓为岭南之第一人也。光绪朝署户部侍郎，尝自镌一印，曰“红棉老人”，凡与人书楹联，悉用之。某作诗以讽，而张安然也。其诗云：“从来槐棘誉三公，谁识红棉位少农。半世英雄夸独异，一条光棍起凡空。繁华毕竟归摇落，衣被何曾及困穷。莫谓欲弹弹不得，二槌（“槌”与“徐”音近。）方议撼长弓。”时都下盛传二徐（致祥、郙。）有劾张之说，但未发表耳。

自上当

清河富室王氏设质库于邑城，累世矣。代远，子姓繁，有仍拥巨赀者，有仰此自给者，营业之事，则择一人主之。光绪时，主之者为寿萱观察锡祺。寿萱好学，好刻书，尝刊《小方壶斋舆地丛钞》，于营业不甚措意。而族众忌之，意其主持有年，必增益多金，思有以倾之也。乃各出其长物，典于质库，而必取重值。库伙以典物者之亦主人也，不得不如数以应之，凡若此者，几于无日蔑有，而因应穷矣。架本（典肆之资本曰“架本”。）不足，寿萱则以假贷资挹注，久之遂破产。时人为之语曰：“清河王，自上当。”盖质库一曰“典当”，俗谓质物曰“当”，为人所欺曰“上当”。王氏之当，非寿萱一人所设，族众亦主人，而各以己物往质，故为“自上当”也。

三姓合一家

萧某妻死无子，乃娶再醮妇。妇挈前夫之子以至，即俗所谓“拖油瓶”也。旋为其子纳妇，久而不孕，于是又买他人子以为孙。或以一联谑之云：“三姓合一家，祖孙父子；七铜配八铁，露水夫妻。”

大疯歌

粤南为瘴疠之乡，有大麻疯，一名癞，到处流行，犯之，眉毫尽脱，鼻洞穿焉。有遭其厄者，或仿汉高祖《大风歌》以嘲之曰：“大疯起兮自飞扬，安得猛士兮守鼻梁。”

姚姬

光绪乙未、丙申间，张文襄权江督，幕僚多才俊。值暮春佳日，相约踏青，访袁子才随园故址，谒其墓，七姬墓亦在焉。随园大门外有石碣，所镌者为王梦楼之撰序，姚姬传之题名，咸摩挲凭吊久之。归途，集上元顾石公孝廉家园，纵谈游事。石公亦秣陵耆宿也。某观察夙有通才之目，席间谓石公曰：“袁公七姬，其一姓姚，顷见石碑上有‘姚姬传’（读作去声。）字样。此传，公曾读过否?”石公瞠目不能答。某归而告人，其人讽之曰：“君于声音训诂之声，思过半矣。”

习气大全

张文襄初督江南时，朝令暮更，政局为之一变，其时难免有窃窃议之者。一日宾僚讌集，谈论及之，有掌教某公莞然曰："诸君无费词。以我视之，张公直一部'习气大全'耳。"众请其说，曰："世所谓书生习气，名士习气，纨袴习气，官场习气，滑头习气，与夫近世之新界习气，张公胥兼而有之，得不谓之'习气大全'乎？"

红顶之区别

光绪朝，京外官吏之三品以下者，泰半得有红顶，名器之滥，至此极矣。或为解释之：曰"笺红"，私函陈请者之所得也；曰"银红"，行贿纳捐者之所得也；曰"血红"，诬盗杀民者之所得也；曰"洋红"，办理交涉者之所得也；曰"喜红"，办理大婚典礼者之所得也；曰"老红"，循资按格之所得也。其有名为"肉红"者，则其所得，或自充上司之娈童，或令妻拜贵人为义父，或使妾与显者荐枕席，皆属之。

湖南义栈

周某某任安徽巡抚时，戚友之眷，皆可入居署中，时人目为"湖南义栈"。朔望行香日，妇女出观，大堂上下，异常嘈杂，而某不之怪也。

达材

光绪中，长沙设达材馆，颇不理于众口。或集成句以讽之云："何哉尔所谓达者，以为未尝有材焉。"

江河标榜

光绪朝，江建霞京卿标督湘学时，有谓其关防不谨者，乃以

"江标"二字撰联讥之云："为文不在工，但须进得水多，从此江河将日下；卖学只要票，尽是排班木偶，任他标榜自风流。"然非实录也。

黄粱一梦

梁鼎芬尝知汉阳府，办理警察，人怨其严，曾相率罢市数日。其所募巡士，无论冬夏，头戴暖帽，红绿绒项〔顶〕，身服红号挂〔褂〕，绿袖口，白团心，下着黄色土布袴，一人之身，五色俱备。又仿上海小菜场式，筑屋数楹，晨收小菜捐，午后收洋杂货摊捐，夜收医卜星相捐，实以供经费也。或制联赠之曰："一目不明，开口便成两片；廿头割断，此身应受八刀。"额曰"黄粱一梦"。

求荣反辱面无光

侍读学士荣光，以争设津浦铁路车站事未洽舆论，至褫职。或为上联嘲之曰："荣光争设站，求荣反辱面无光。"一时对者纷如，或曰："胜保妄谈兵，未胜先骄身莫保。"或曰："载振为藏娇，千载一时名大振。"或曰："达赖乞外援，欲达终穷行近赖。"

可怜光彩生门户

满洲志伯愚将军锐，起家科第，为德宗珍嫔、瑾嫔之兄，然未尝一日居要津也。或撰一联张之于其大门云："可怜光彩生门户，未有涓埃答圣朝。"

高唱挥毫

志伯愚嗜剧，能自唱，尤好观《打金枝》，耳熟能详，是剧中之"金乌东升玉兔坠"句，不觉时出诸口，然未能工也。平时与人书札，辄喜作狂草，亦不工。或嘲之以偶句云："忽然高唱，金乌玉兔之声；偶尔挥毫，牛鬼蛇神之字。”

一龙一凤一猪

有某编修者，喜诙谐，工联语。某年秋，某屠妇寿辰，作联寿之。屠妇家小康，夫亡矣，子已入泮，且有孙。其联曰：“祝圣寿于夏六月，祝慈寿于冬十月，祝尔母寿于秋八月，三寿同登，一龙一凤一猪，哈哈岂非笑话；有贤子在庠序中，有贤孙在襁褓中，有贤夫君在地狱中，群贤毕至，可喜可歌可泣，太太何以为情。”

龙蟠虎踞

提督杨金龙官两江督中协镇时，尝昵歌妓李玉仙。张文襄自鄂督移权江督，挈亲信某弁以至。至则率卫队及自强军，且保其秩至副将。其人恃文襄之宠，势张甚，视江南提镇蔑如也。既而艳玉仙名，时往顾曲焉。金龙固江南武僚中之有声望者，亦负气不相下，每入夜，各召集群党以往，纵酒酣歌，迨夜阑客散，龙虎分踞一室，相持不去，如是者数阅月。玉仙固黠者，且长于外交，竭力调停，然亦殊有左右为难之苦。一日，顾石公从友饮其家，玉仙谂其为名士也，酒阑，乃出白绫帐檐一幅，丐题额。石公挥毫书“龙蟠虎踞”四字以赠，盖诸葛亮论金陵形势云：“钟阜龙蟠，石城虎踞，真帝王之宅也。”

来宾堂

常熟盐枭，绰号“雁鹅党”，其渠魁某积非义财，营巨宅，丐某名士题额，并索联语。某书“来宾堂”三字予之，并集句为联云：“一曲平沙弹绿绮，半窗晴日写黄。”隐“雁鹅”二字。枭固不解，喜甚，悬之堂中。或告以意，乃毁联额。

木头

光绪朝，安徽之某县知县先后继任者，为查某某、李某某二人。邑人有联以嘲之曰："前七月初八，后七月初八，笑他接印同期，未见得文光射斗；去一个木头，来一个木头，只要爱财若命，都恐怕担子难挑。"盖查、李两字皆从木，其履任之期均为七月初八日也。

左右国人诸大夫曰贤

光绪朝，柯逢时督办膏捐。有某某者以百计夤缘，得鄂省膏捐差，遂恣为聚敛，复于膏捐外假筹饷名义，增门面税及烟酒糖各税。朱死，或挽以一联曰："门面有税，膏捐有税，烟酒糖有税，画策无遗，求也可使之富；左右曰贤，国人曰贤，诸大夫曰贤，盖棺论定，今之所谓良臣。"

执柯伐柯

柯逢时抚粤西，人病其严，乃制联诬之云："逢君之恶，罪不容于死；时日曷丧，予及女偕亡。"额曰"执柯伐柯"。

执牛耳者牛饮

某社宴集，社长豪于饮，醉而骂坐，末座少年讽之曰："执牛耳者固可牛饮乎？"

光绪戊戌谐联

光绪戊戌政变，某为联纪之曰："金銮宝殿唐天子，（指唐景崧。）锡蜡胡同张大人。"又曰："四品京堂，查无下落；（指王照。）三人会办，别出心裁。（指吴懋鼎等所办农桑局。）"又曰："昭信股票有千万，经济特科无一人。（是年保而未试。）"

尤物移人

光绪戊戌，陈宝箴抚湘时，力主变法，王壬秋常面讽之。然陈喜与谈，尝谓其子三立曰："尤物移人，勿被诱惑。"盖三立亦乐于亲王也。

充汉奸

光绪己亥，刚毅下江南筹饷时，候补道陶椝林观察前往禀谒。陶美须髯，素有“大胡子”之称。刚一见，遽谓之曰：“以君之貌，若充汉奸，真无愧也。”陶无词以应。

实为德便

德静山中丞抚粤省，办差者于署中建溷楼一所，四周围以玻璃窗，光明洞澈，略无纤翳。外加管钥，惟中丞得如厕，不许他人阑入。幕中数友皆选事人，一日，或题一额悬其上曰“实为德便”。

此处禁止小便

有讥人之不识者曰：某甲性愚蠢，目不识丁，其妻谙文学。一日，外舅家有喜事，妻命其往贺，且告之曰：“吾家皆恨尔愚昧不识字，今教尔数字，尔志之，可不为所轻视矣。”遂告之曰：“予家大门上有喜字，两旁之联，左为‘国恩家庆’，右为‘人寿年丰’。汝其志之。至门，必指之以语人曰：‘此喜字及国恩家庆人寿年丰九字，书法甚佳。’对门有米店，其门板上贴有‘求现不赊’四字，可指以语人曰：‘此求现不赊四字，亦秀润可喜。’后院井畔亦贴有一纸曰：‘此处禁止小便。’汝必须于欲溲时，佯奔井畔，作欲溲状。乃至，则急停止，而言曰：‘此处禁止小便，予几误矣。’于是他人必不敢谓汝为不识字之人。”甲大喜，命妻数教之。

及至，则见外舅外姑及妻之姊妹均立门次。甲亟指门而言曰：“佳哉！此喜字也。佳哉！此国恩家庆人寿年丰八字也。书法何若是之佳。”外舅等皆以为奇，私念人皆谓渠不识字，今何能随口道出也。又指对门米肆曰：“彼求现不赊四字，亦不亚于此。”旋肃之入，款以盛馔。未几，甲忽欲小便，乃急奔后院，果见井次有字一行，遂大声曰："此处禁止小便，予误矣！"遂奔往他处溲之。外舅更喜，以为有婿如此，可无误于女矣。宴后散坐，外姑欲指一字以试之，遂指其姨氏裙间所绣"万（卍）"字而问之，甲瞠目不能答。久之，举室大哄，甲愧甚，无地自容。俄而急智忽生，遂答曰："此喜字。"众曰否。甲又曰："然则此为国恩家庆人寿年丰矣。"众又哗曰："否否。"于是大声呼曰："是求现不赊也。"众又摇首。曰："然则是此处禁止小便矣！"外舅大怒，摽之于大门之外。

旅顺送向何处去

光绪甲午之役，我败于日，龚照玙以旅顺不守，乃即偕卫达三行。卫被诛，龚久羁于狱，得不死，庚子拳匪乱，遂自出狱，和议成，脱身南归。是年六月六日，为其六十寿期，乃预定宴客三日。邑人张某素与龚有隙，一日，忽肃衣冠而入，长揖曰："六哥，今日乐矣！容弟一言可乎？"龚曰："愿承教。"张曰："弟近阅新书，始知国民乃国家之主体，弟亦国民也，土地之存亡，应负一分之责任。请问六哥，前年以弟之旅顺，送向何处去？今日能见还乎？"龚大窘，狂呼逐客。次日之晨，其门首忽有联云："称六太爷，上六旬寿，欣占六月六日良辰，六数适相逢，曾听得张六先生，大踏步闯进门来，口叫六哥还旅顺；坐三年监，陪三次斩，赚得三代三品封典，三生愿已足，最可怜达三故友，小钱头不如咱洒，冤沉三字赴黄泉。"龚愤甚，大索数日，不得其人。（"小钱头不如咱洒"者，合肥土语。）

嘲鸦片及拳乱联

云南大观楼长联，为孙髯如（翁）所撰。上联云："五百里滇池，奔来腕底，披襟岸帻，喜茫茫波浪无边，看东骧神骏，西翥云仪，北走蜿蜒，南翔缟素，高人韵士，何妨选胜登临。趁蟹屿螺洲，梳裹就风鬟雾鬓，更蘋天苇地，点缀些翠羽丹霞。莫辜负四围香稻，万顷晴沙，九夏芙蓉，三春杨柳。”下联云：“数千年往事，注到心头，把酒凌虚，叹滚滚英雄谁在。想汉习楼船，唐标铁柱，宋挥玉斧，元跨革囊，伟烈丰功。费尽移山辛苦。尽珠帘画栋，卷不起暮雨朝云，更断碣残碑，都付与荒烟落照。只赢得几杵疏钟，半江渔火，两行秋雁，一枕清霜。”或仿其体以嘲吸鸦片烟者，上联云：“五百两烟泥，赊来手里，价廉货净，喜洋洋兴趣无穷。看粤夸黑土，楚重红瓤，黔尚清〔青〕山，滇崇白水，枯〔估〕成辨色，不妨请客闲评。趁火旺炉然，煮就了鱼泡蟹眼，正更长夜永，安排些雪藕冰桃。莫辜负四棱响斗，万字香盘，九节老枪，三镶玉嘴。”下联云：“数千金家产，忘却心头，瘾发神疲，叹滚滚钱财何用。想名类巴菰，膏珍福寿，种传莺粟，花号芙蓉，横枕开灯，足尽平生乐事。尽朝吹暮吸，那怕他日烈风寒，纵妻怨儿啼，都装做天聋地哑。只剩下几寸囚毛，半抽肩膀，两行清涕，一副枯骸。”光绪庚子五月，义和拳匪设立神坛于京城之清凉庵，或亦仿其体作一联云：“五百石粮储，助来坛里，登名造册，乱纷纷香火无边。看师尊孙膑，祖托洪均，神上太公，单传大士，伸拳闭目，总言灵爽凭依。趁古刹平台，安排些芦棚藁荐，便书符念咒，遮蔽那铅弹钢锋。莫辜负腰缠黄布，首裹红巾，背绕赤绳，手持白刃。”下联云：“万千人性命，付与团头，浓梦酣眠，明晃晃刀枪何用。想焚毁教堂，围攻使馆，摧残民舍，蹂躏官衙，张胆丧心，那得天良发现。矧杀人越货，直自同猘犬贪狼，纵作怪兴妖，今已化沙虫腐鼠。只赢得台偃龙旗，门瘝鱼钥，宫屯虎旅，道走翠华。”

秉节衡才

光绪庚子之乱，巡视长江大臣李秉衡力言义民可用，一意主战，致酿不可收拾之祸。然其巡抚山东时，颇以清介自负，惟吏治则略无起色。时有拟联嘲之者云：“秉节赴青齐，河海盐漕，无一不稀糟稀烂；衡才悬黑镜，智愚贤否，全都是糊里糊涂。”

某太史嘲刚毅诗

刚毅年老而善忘，广座之中，恒说讹字，如称虞舜为舜王，读皋陶之“陶”作如字，瘐死为“瘦死”，聊生为“耶生”之类，不一而足。光绪庚子之拳乱，刚实构之，某太史戏撰七律以嘲之云：“帝降为王虞舜惊，皋陶掩耳怕闻名。荐贤曾举黄天霸，远佞思除翁叔平。一字谁能争瘦死，万民可惜不耶生。功名鼎盛黄巾起，师弟师兄保大清。”

相国先从马后死

光绪庚子，两宫西狩，刚毅亦为扈跸大臣之一，卒于闻喜县。或仿《长恨歌》体记其事，有云：“回头一顾杀气生，江南司道无人色。”又云：“六军欲发可奈何，相国先从马后死。”

仅有半通

苏人迷信五通，光绪时，明诏兴学，有创废祠庙为黉舍者。吴县某乡仅有五通祠，将毁矣，耆民尼之。某绅素开通，知耆民之识字无多也，乃语之曰：“吴之五通，自汤文正颁谕废祀以后，已泰半除之矣，今亦仅有半通耳，果何惜耶？”此盖袭蒲留仙语而讥其半通也。

张李互诋

张文襄公意气傲岸，不可一世，李文忠、刘忠诚皆与之意见参差。光绪庚子，张、刘既订东南之约，李在京，惟日往来于联军总统瓦德西之门而已。张遗书诮让之，李告人曰：“香涛作官数十年，犹是书生之见也。”盖谓其不谙大局也。张闻而勃然曰：“少荃议和两三次，遂以前辈自居乎？”时人目为天然对偶。

两江呆人障三省钓鱼行

金陵久为粤寇洪秀全所据，自湘乡曾忠襄公国荃克复以后，战兵虽遣裁，而留防湘军常万数。故同、光之间，江督一缺，必于湘军宿将中选之，盖非此不足安其心，且恐有他变。杨金龙，亦湘人，提督江南十余年，虽跋扈，而朝廷不敢动，（哥老会多湘人，杨即为其魁，遇事擅专，督臣不能制。）亦此故也。光绪甲午、庚子间，刘忠诚公坤一督两江，前后殆十载，金陵遂俨为湘人汤沐邑矣。然忠诚壮岁从军，起为监司督抚，所至大有声。晚年督两江，则暮气乘之，且烟霞癖甚深，故军政吏政，一切守故常，不复图振作。而幕客亲私无所事，惟日于秦淮溪边钓鱼巷中歌舞为乐，谋差营缺者亦皆奔走于其间，忠诚声誉遂日衰。督署前东西辕门横额上所书，为“两江保障，三省钧衡”凡八字，有善嘲者，以拆字法易之曰：“两江呆人障，三省钓鱼行。”

怂恿鬼子拔俊贤

光绪庚子拳祸之兴，八国联军坌至，统帅瓦德西征诗。有一丐者在平度，唱《莲花落》云：“可怜可怜，西洋鬼子杀来也。沈郎年强多奇才，怂恿鬼子拔俊贤。一篇律赋，一篇墨裁，首阳隐士齐出山。道读书万卷，郁郁山林何为哉？快收拾笔墨纸砚，到交民巷去试试看。”

藉外人之势以鞭我

京师御者高七，性兀傲好斗，斗必以胜为快，稍挠挫则终日寻衅不休，必胜乃已。光绪辛丑，拳乱既平，为某国公使御者，拥盖策骡，意气颇自得。一日出前门，路窄不能方轨，适前有一老者，策薄笨车，逡巡不进，高七怒目叱之曰：“谁何之车，乃阻人道？不速行，将鞭汝。”老者唯唯，微哂曰：“此我自有之车，非他人车也。汝今日藉外人之势以鞭我，我又何辞，安敢不顺受？”高七无应，悒悒不乐，越数日即入西山某寺为僧。尝端居一暗室，闭目趺坐，有人问之，始终无一语。

臭沟

京师街市沟渠，以管理沟渠河道大臣总辖之，而街道御史实董其事。每年一开，例在二三月间，四月而毕，正举人会试期之前后也。时人为之语曰："臭沟开，举子来。闱墨出，臭沟塞。"

荣王瞿之别号

荣文忠公禄别号曰略园，王文勤公文韶号曰退园，瞿子玖相国鸿禨别号曰止庵，时皆在位。或谓荣略而不略，王退而不退，瞿止而不止，合以张文襄公之洞之校阅经济特科卷，被人翻案，可谓香涛不香。荣卒，某主政挽以联云："此一文忠，彼一文忠，彼弭乱之终，此酿乱之始，并宫府中外以调和，谁为罪魁，谁为功首，必有定论矣；成也相国，败也相国，败不居其过，成则居其名，更戊戌庚子诸祸变，而竟生荣，而竟死哀，谓非厚幸欤？"又某太史挽联云："天外尚有康梁，闻此老全归，纵使笔底千言，几时论定；地下若逢刚启，话当年同事，只为腰缠万贯，一步来迟。"

不倒翁

某相国枋政时，一日有客报谒，自称门生。既见，即献漆盒一事，启视乃不倒翁大小百枚也。客去，仆偶检视，见各粘有名字，最大者即相国之名，余则各部院及奔走其门下之人。盖中并有二十四字云："头锐能钻，腹空能受。冠带尊严，面和心垢。状似易倒，实立不仆。"亦言过其实也。

琉璃蛋

某京卿遇事发言多模棱，绝无偏倚，时人呼之曰"琉璃蛋"，形其圆滑也。

那像胡同

那某官京师时，曾于京师内城之某胡同扩其居宅，附近之民居、商店悉购之，改建西式园林。有过之者曰："美哉此屋，金谷园、半闲堂不是过矣。不审此胡同亦将改名否?"旁有答者曰："宣武门外丞相胡同，以明严嵩所居得名，后人恶嵩，改为绳匠。魏染胡同，以明魏忠贤所居得名，后人恶忠贤，改为魏阉。旋有某名士以阉字污目，改魏为染。今之金鱼胡同，可名那相胡同，闻者传讹，若改为那像胡同，可也。"

万寿无疆百姓遭殃

光绪壬寅，张文襄督鄂，时方举行孝钦万寿，各衙署悬灯结彩，费巨万，柬请各国领事筵宴，并奏西乐，唱新乐国歌。酒阑，某忽语梁某某曰："满街都唱爱国歌，未闻有人唱爱民歌者。"梁曰："君胡不试编之?"辜鸿铭略一伫思曰："余已得佳句四，君愿闻之否?"曰："愿闻。"曰："天子万年，百姓花钱。万寿无疆，百姓遭殃。"坐客哗然。

钱必进

檀某尝为福建学政，按临福州，从者不谨，榜发，舆论大哗。落第士子乃于谒圣之日，以肩舆舁纸糊秀才一，蓝衫雀顶，题其名曰"钱必进"，鼓乐喧阗，游行城内外，投刺拜客，作种种滑稽举动。后檀为御史所劾，遂落职。

枸腹稿作八股文

某年，考试东西洋留学生，题为"天行健君子以自强不息"。既毕试，游三贝子花园，汪某某与焉。时动物园有一象，行步蹒跚，或笑谓汪曰："此象规行矩步，身躯摇晃，殆正枸腹稿作八股文。"盖讥汪之曾应科举耳。汪笑应曰："诚哉是言，象作文之题，且为‘天行健君子以自强不息’二句也。”盖“天行健”句上有“象曰”二字也。

皆服外国之服

光绪中叶后，出洋留学者日多，以我国衣冠之为外人所揶揄也，皆改西装，及归，亦沿用之。于是凡在都会及通商口岸之少年，以为是固学生之标识，足以夸耀乡里也，乃相率仿效。顽固党见而大愤，恶其服外国之服，加以诮让。黠者还叩之曰：“吾改西装，固外国之服矣。公试临镜自照，亦古之深衣否？盖亦满洲衣冠耳。满洲在明亦外国，是公与吾，固皆服外国之服也，又奚择焉！”

冠盖京华白眼多

张文襄在京时，自书门联云：“朝廷有道青春好，门馆无私白日闲。”一日退值归，见联旁缀有小字，细审其语，则“优游武汉青春贱，冠盖京华白眼多”也。亟命毁之。

犂牛

德驻胶澳总督某通华文，颇有文采。尝谒鲁抚，抚某问以公子几人。胶督曰：“某有数子。”因一一语以所业。抚大赞曰：“真犂牛之子哉！”胶督色变，即问曰：“大帅公子有几？”某一一告之。胶督曰：“然则鄂人于犂牛相去殊远，公真为犂牛矣！”某尚以为赞美也，相与大笑。

小女子亦知稼穑

崇恩字雨铃，光绪朝尝官山东巡抚。某年陛见回任，道出济河，旅店壁上有齐河县崔令诗云：“为因相验下西乡，二八佳人割稻粱。□□□□□□□，打道回衙坐大堂。”他人见之，必为捧腹，而崇特于接见时，极力揄扬，且云：“崔大哥，汝诗必传，但必得我崇雨铃代作诗序方可。”遂脱口曰：“齐国有崔大夫，勤政爱民，化行俗美，虽小女子亦知稼穑之艰难，故诗人作诗以美之。”

钟撞和尚

有女学生某嫁男学生某，二人常以中国主人翁、主人婆自命。一日共论时事，慨然曰：“今日此事，只有做一日和尚撞一日钟耳。”妻曰：“吾之意，亦与君同，做一日钟撞一日和尚耳。”盖皆讽时之语也。

群盗如毛

端方抚鄂日，顺、直、秦、晋捐例大开，以候补道到省者一日数起，皆接见而厌其烦，谓人曰：“此真群盗如毛也。”

端人不若是也

端方督两江时，有刻薄者曾撰一联诬之。其上联云：“卖差卖缺卖厘金，端人不若也。”（以一事例之，有某者以知府得综理财政局差，许感之甚，会端移节北洋，许特馈白金二万以报之，美其名曰“贶敬”。然许卒以中饱败。）下联云：“买书买画买古董，方伎何其多乎。”外间盛传端在江南，曾侵吞赈款银至二百余万两之多，经言官揭参，固查无实据也。

五鸽道

咸、同军兴而后，以至光、宣之间，各省需次官员，流品极杂，而江南为尤甚。有赵某者，父以总兵官领军，战没于围攻金陵之役，诏照提督阵亡例从优赐恤，某遂以父荫得道员。服阕后，仍发江苏，历任总督，以其忠裔，常畀以要差。某亦粗识之无，惟于笔画稍为重密之字，即不甚了了，然性黠甚。一日赴同官之召，在酒楼西餐，侍者以菜单进，某茫然，因就座客五人点菜单中，各圈记一品示侍者。侍者诣詢〔询〕以尚需别味否，某大声曰："如是足矣！何必问？"侍者心异之，然不敢再诘，唯唯去。须臾肴进，则皆纸包鸽子也。座客相顾大骇，既而始各恍然，自是，人皆呼之曰"五鸽道"。

曷不浏览图史

端方督两江，时江宁将军为清某。一日，清谒端，见之于签押房。房悬名人书画，有钱大昕对联。清询钱为何朝人，且误读"昕"为"斤"。端以近代人物告之。清曰："公好骨董，此联有何可赏？"又指恽南田画之署款"寿平"二字以言曰："此甚佳，寿平隶何旗？"端曰："寿平为阳湖人，恽莘耘中丞之族祖也。"清曰："今官何省？"端曰："公欲识其人，亦何不可？惟不能久于任矣。今日画省余闲，曷不流览图史乎？"

死惜九年迟

当唐薇卿中丞景崧权抚台湾时，七次电争割地，台人拥唐暂主民权。时有所聘志局纂修闽中郑孝廉，贻书中丞，略谓谋人军国，败必殉之，书未达而中丞已出险。光绪乙巳，唐卒，郑寄联以挽之云："死惜九年迟，回头总统虚名，中史顿开民主局；论难千载定，放眼台湾义举，后人谁继我公贤？"

一木焉能支大厦

城南书院山长陈本钦，捐廉修理魁星楼，工未半而金已罄，不能竣事。院生乃将"本钦"二字拆之，作一联云："一木焉能支大厦，欠金何必起高楼。"

所贵者胄

京师有贵胄学堂之设，凡王公及一二品大员之子侄均得肄业，而以八旗子弟为多。习于骄贵，不问课程，及讲堂授课，虽亦就座，然或互相谈谑，或大声唱戏，教员之讲授自讲授，学生之谈唱自谈唱也。一日，历史教员某授课，学生谈唱自若，教员无奈，低声曰："诸君亦闻之乎?"学生若不闻，再三言之，始有某贝勒之子问曰："君何言?"教员又言之，贝勒之子作厌恶声曰："既讲矣，已毕乃事，何必问吾辈之闻不闻乎?"教员默然。

顺天刘某为堂中庶务员，一日，有友访之，谈次乃曰："贵堂学生叫嚣凌杂，绝无秩序，有类市井小人。而供给学生之肴馔，既精且盛，为值至昂，每餐需银数两，其胃纳甚健，食器辄罄。是贵堂学生之所贵者，脾胃而已。"

腹储秽物

无锡施叔隅，名建烈，性嗜酒。尝会饮某所，一贵官施施从外来，丹其顶矣。筵次，适有巨蝇餂酒，僵不能起，贵官固利于口者，借蝇讽施，曰："若贪酒，贪酒则宜死。"施撮蝇至案上，谓曰："若腹肥脑满，戴红顶，俨如二品大员，然腹中所储，只有秽物。"即破蝇腹以视贵官曰："何如?"贵官大惭，拂衣径去。

嗜好与俗殊酸咸

某鹾贾昵一妓，将娶之为妾，有成议矣。或赠以诗曰："淡红衫子淡罗裙，淡扫蛾眉淡点唇。只为一身都是淡，将来嫁与卖盐人。金钱买得东施去，底事干卿梦不安?亦淡亦咸风味外，惹人都为一身酸。"此妓面麻鼻偏，眇一目而又伛偻，诗故以东施拟之。鹾贾嬖之甚，客诘之，则曰："我固嗜好与俗殊酸咸也。"

肴犹未到口先呀

饮食之人，人皆贱之，谓之饕餮。有易七麻子者，食量素宏，或嘲以诗云："好吃无如易七麻，肴犹未到口先呀。尝将一箸箝三片，惯耸双肩压两家。嚼进嘴边流白沫，挠穿碗底现蓝花。酒阑人散无多事，闲倚栏干剔板牙。"

猪吃料理

光绪末，日本东京某铁道学校有我国学生七人卒业，皆列优等，意得甚，约至精养轩，互相酌酒以为贺。及门，下女鞠躬以迎，入座进食，请择肴，七人不识西文，皆茫然。一黠者刘某曰："前列者必不劣。"众以为然。于是各如教，择数肴，次第传进，则皆龙虾、青蟹、鹧鸪、山鸡之属，酒则上等香槟、勃兰地之类，烟则锡包雪加，恣意狂吞，讙笑并作。餐毕，则人需日币十余元，合之近百元，各以所携饼金畀之，尚不敷，乃分遣数人出外措资，余留餐馆以待。久之，始返而偿，连称惭愧而出。诘朝《朝日新闻》揭载其事，题曰《支那猪ハ料理ヲ食》，译之为《中国猪吃料理》也。

得意风云快马蹄

县署捕役，以缉捕盗贼为专责，遇有要事则骑而出，俗谓之曰"马快"。某马快者，充役久，富矣，新构厅事落成日，乞某名士书联。名士怏怏，乃强为书之，援笔落纸，大书"及时雷雨龙"五色，佯作色曰："此下应'舒龙甲'三字，今误将龙字颠倒，奈何?"马快云："先生书法高妙，虽颠倒无妨。"乃续书"舒甲"二字。其下联为"得意风云快马蹄"句，因亦倒写"马"字于"快"字之上焉。

只为一人歌有庆

孝钦后七旬寿诞，有人为撰一联，其上联云："今日幸颐园，明日幸南海，何时再幸古长安？亿兆民膏血全枯，只为一人歌有庆。"下联云："五十割交趾，六十割台湾，而今又割富朝鲜。四万里封圻日蹙，欣逢圣寿祝无疆。"

赌鬼颜欢

江苏咨议局开幕前，讨论会场礼节，有谓须衣外褂者，有谓须衣方马褂加一大帽者，争辨颇久。及开局，副议长提出议案，有禁止雀牌一条，嗣因各议员反对而止。有人集此二事，作联嘲之曰：“雀牌议案不须提，赌鬼颜欢，有教育界法律家数十人竭力维持，从此空劳禁止；马褂问题何日决？旁观齿冷，费咨议局筹办处一二日悉心探讨，临时仍复参差。”

一半功名一半财

某省有显者某，以中年起家佐贰，洊至兼圻，拥资数百万。滑稽者就其生平之事咏之，成一联云：“三分村路三分土，一半功名一半财。”

能者下流

山东有候补知县二人，一熊姓，一卞姓。熊屡得优差，卞忌之。一日遇于友人所，乃拆“熊”字为句以诮之，云：“能者多劳，跪断四条狗腿。”熊曰：“我可对。”卞询之，熊曰：“下流无耻，伸出一点龟头。”拆“卞”字也。

禽兽相争

某郡太守张某性爱鹤，署中常蓄数十只。有一纯白者，颈悬一牌云：“此鹤本府所爱，有犯之者受重惩。”一日，童驱鹤过市，突有猛犬至，啮死之。询知犬为蔡姓豆腐店所蓄者，归报太守，出票拘之。蔡求计于陈某，陈为之作状，中有云：“鹤虽有牌，犬不识字。禽兽相争，于人何与？”太守无以驳之，叱之去。

鱼龙变化

江北某校教员龚象衡以督课严，为生徒所恨。有黠者，于夜中就其姓名以拆字法题一横额于其房门，曰：“鱼龙变化。”又题一联曰：“龟为首，豕为身，不可与共；龙其头，鱼其腹，难以偕行。”

性情习惯皆在放任一方面

钱塘室女徐新华著有《彤芬室笔记》，中有一则云："烟禁厉行，又禁缠足，而天足渐多，戒烟者百不一觏。无他，国人性情习惯，皆在放任一方面。卧而吸烟，放任也；不缠足，亦放任也。故一有效而一无效。"

讽世俗语诗

有集俗语为七绝以讽世者，其诗云："奸淫造孽杜唐王，一代做官七代娼。善恶分明终有报，从无强盗好收场。""小人得志乱颠狂，不管旁观说短长。千丈麻绳终有结，一身做事一身当。""今日人心最不平，弗图来世有人生。黄狼攒在鸡棚里，吸尽黄河洗不清。""几只猫儿不喜腥，谁能拔去眼中钉？强人自有强人守，晦气层层不找零。""寅年要吃卯年粮，光打精来精打光。东手接来西手去，一双空手见阎王。""创业容易守业难，日求三饱夜求安。得闲且过今朝事，坐吃山空海要干。""事无难易在诚心，那怕山高又水深。如把工夫加十倍，何忧铁尺不成针。""火烧尾巴尚从容，灯尽油干命运终。开好天牕说亮话，外头好看里头空。""满地黄金又白银，横财弗赋命穷人。当光吃净谁来问，少了铜钱断六亲。""终日奔波假作忙，前人种树后人凉。吃了黄连无处话，好如雪上又加霜。"

速做官去

林琴南孝廉纾尝于斋壁揭一文，谓："凡为人子，当尽孝。"人见之者，皆弗解。林曰："我有两子，今我犹健，固无待其养我。书以晓之，为晚年计也。"一子为某省知府，偶以省亲至，居不一日，辄挥之使去。曰："若好做官，速做官去，弗留我所也。"

上台终有下台时

某剧场之戏台后有一联云："凡事莫当前，看戏何如听戏好；

为人须顾后，上台终有下台时。”

地棍

社会之于无赖恶少，律所谓“地棍”者，辄加以特别之名词，虽各省不同，而皆含有讥讽之意。曰地痞，曰痞子，曰青皮，曰拨（泼）皮，曰赖皮，曰混混儿，曰混子，曰闯棍，曰打溜，曰搭流，曰打流，曰烂崽，曰泥腿，曰野仙，曰田罗汉脚，曰聊荡，曰滥聊，曰流氓，皆是也。

门上家人

江苏甘泉县邵伯镇有王石平者，某督纪纲也。以买得某姓族谱画像，遂冒姓某氏，某督遂亦不以仆视之，由是起家，而购良田、置美宅。一日，以联榜于门曰：“门有通德，家承赐书。”里中人有与之不睦者，潜于“门”字下添一“上”字，“家”字下添一“人”字焉。

此字见《三字经》

宣统辛亥，朱家宝抚皖。有某小道者，南人也，充洋务局坐办。会巡警道卞柳门以爱子病剧，乞假不出，小道往省之，坐甫定，即言：“有名医可疗郎疾，曷速延之?”卞曰：“幸甚！乞告姓名。”小道嗫嚅良久曰：“医为陈某某，上一字音近‘影’，其状仿佛如‘类（類）’字，《学》《庸》《论》《孟》中不经见也。”卞以指画之数四，憬然曰：“此字岂见之《三字经》乎?”小道曰：“殆是矣。”卞复问下一字作何状，小道曰：“此易解，盖生化汤之‘生’也。”卞之幕僚有谂小道者，曰：“其夫人昨夜产一女，医者陈颖生曾嘱其服生化汤也。”

君在臣何敢死

宣统辛亥八月十九日，武昌革命起事，亲贵纷纷出都，天津、上海、青岛、大连湾等外人之租借地，踪迹殆满，屋租为之骤昂。好事者为书一联于某之门曰："君在，臣何敢死；寇至，我则先逃。"

朱姓名副其实

世俗骂人之无用者，辄譬以猪，曰"猪猡"，（"猡"同"阿"，见佛经《音义》。）以其无能为也。盖唐玄宗尝与安禄山夜宴，禄山醉卧，化为一龙而猪首，左右遽告帝。帝曰："此猪龙，无能为。"终不杀。（事见《太真外传》。）猪猡，殆猪龙之讹耳。至西人之以吾人首有发辫，呼为"豚尾奴"，而有以"猪猡"二字徽号相加者，则实皮相之见。且西女好插鸟羽于冠，衣翻毛（俗谓反穿者是。）之皮服，吾辈若反唇相稽，谓为"衣冠禽兽"，彼亦何以自解耶？又世之于朱姓者，偶尔谐谑，或目之为猪，则惟以"朱"音同"猪"，无他意也。然非所论于周石友之于朱云峰。朱，江右人，席父荫，饶于赀，粗识字，饱食终日，无所事事，惟吸鸦片烟。沉溺既久，荡其产，乃以招摇撞骗为生。家仅一妻，生育甚繁，得男女十三。男已婚，女已嫁，所产男女都凡六十余人。周尝以事为朱所愚，恨之，一日遇于友人许，谈次忽有口角，谓之曰："子粥粥无能，而善生育。子为朱姓，可谓名副其实矣。"盖以猪之善于生育，一胎恒十有余子，譬其为猪也。

朝廷不用人而用鬼

世俗骂人之词，辄曰"鬼"，如荒唐鬼、冒失鬼、胡涂鬼、刻薄鬼、衰鬼、淫鬼、赌鬼、酒鬼等，不可胜数。而于嗜及鸦片烟者，则目之曰"烟鬼"。咸、同以降，烟鬼日多，然未有举家全吸，一门之内，几不见有一人而皆为鬼如王某者。王曾任京秩，性贪。某年外简，携眷出都，道经某邑，邑令为具供张，婪索百端，一一如命，犹未餍。濒行，勒献鸦片甚急，王固审知邑为出产罂粟之地也。令应之，始行。及启程，令见坐车、行李车后别有一车，所庋置者皆烟具。询其仆，曰："中有烟枪三十六枝，盖自王而外，若所谓太太、姨太太、少爷、少奶奶、孙少爷、孙少奶奶者，无不吸烟；益以幕友、家丁，适得《永浒》天罡之数。"令归，与幕宾闲话，太息而言曰："今时局如此，朝廷乃不用人而用鬼，宜世界之黑暗，至于此极也，又何言！"

烟消日出不见人

有曾为显宦者，宦成而归，治园于西郭外，水木清华，亭馆幽邃，为一邑之冠。既成，大宴宾客以落之。酒半散步，盖将吸鸦片烟也。客有从行者，至假山后之一斗室，主人就榻坐，笑而言客曰："仆于此，将集成句为楹联，上句写'山重水复疑无路'，尚未有下句也。客见榻有烟具，乃曰："以'烟消日出不见人'对之，何如？"

官吏现身说法

官吏经商，例有明禁，立法之意，略同泰西，盖防其假公以济私，非谓其身分高于商也。而官吏误会其意，无不夜郎自大，贱视商贾，虽一命之夫，对于阛阓中人，亦复趾高气扬，若有不屑与伍之意。同、光以来，人心好利益甚，有在官而兼营商业者，有罢官而改营商业者，殆欲于直接取民以外，复以间接之法，与民争利也。然肉食者鄙，目光短浅，于开掘矿产、建筑工厂之利，茫然无知。所营之业，约计之，为古董铺也，为酒楼也，为茶肆也，为旅馆也，为车行也，皆不足以为社会生利者也。有高民者，闻之喟然，语其友王子密曰："官吏所营之业，不啻现身说法，自为写照。其设古董铺者，则皆陈旧之物，徒供陈列，若自言其无济实用也。其设酒楼者，则一生饕餮，惟知食粟，若自言其饱食终日、无所用心也。其设茶肆者，则呼朋引类，竟日坐谈，类于朝鲜人之烟茶消遣，若自言其将为亡国之民也。其设旅馆也，则来往无常，淹留不久，若自言其一官如寄，可以五日京兆视之也。其设车行者，则曳车奔走，惟恃足力，若自言其有终南捷径、易于钻营也。”子密曰：“君所言经商之官吏，尚为主人，俗所称‘东家’者是也。今天下多故，若辈必有失其官之一日。当是时，求生不得，求死不能，虽曾跻道员、知府之列，充总办、提调之差者，且恐欲求为商之伙而不得矣，犹敢趾高气扬耶？直将低首降心，患得患失，以谄事上官之术谄事巨商耳！”

高等游民

咸、同以降，捐例大开，纳粟得官，遂相传为世业。其稍有赀财或力能假贷者，祖孙、父子、兄弟，莫不以捐官为捷径，藉得温饱，或且致富。光、宣两朝，若辈尤夥，即以江苏候补道言之，多至三百余员。终日优游，无事事事，妄自尊大，有如夜郎，于是人皆谓之曰“高等游民”。

欧美、日本之毕业大学者，锡以学位，曰博士，曰硕士，曰学士，其上冠以所习科学之一字，如农学博士、工学博士、商学博士是也，余可推类。我国相传之四民，沿袭自古，曰士、农、工、商，别于农、工、商之外而曰士。“士”之名称，谬误已极，而所谓“士”者，乃竟一切不知，绝无所事，于是人亦谓之曰“高等游民”。

三多

华封人之祝陶唐氏也，一曰多福，二曰多寿，三曰多男子。此为三多之嚆矢，由是遂有“三多”之名词。京师有三多，曰多官，曰多相公，（都人呼优伶为相公，其年少貌美者辄为龙阳君，以后庭卖淫。）曰多粪。（大道粪秽充斥，人与骆驼、驴骡、牛马、犬所遗也。）江宁有三多，曰多道台，（宣统时候补道多至三百余员。）曰多驴子，（江宁人每骑驴以代步，大街小巷所在皆有。）曰多咸鸭。（咸鸭为江宁名产。）苏州有三多，曰多状元，曰多妾，曰多名妓。（苏州妇女之美著称于通国，舒铁云诗有“苏州女儿嫩如水”句。西人亦赞美之，谓全世界之妇女，西班牙与苏州并称。是以妾与名妓皆产于苏，各省娼妓且多托名苏产也。）上海有三多，曰多逃人，曰多烟鬼，曰多盗。（上海租界宽广，为我国法权所不及，于是各罪犯皆恃此为逋逃薮。而禁烟功令亦被阻格，吸烟者亦皆匿迹于此。以是二因，侨民遂多富室，为盗所觊觎，遂有白昼持械行劫于通衢者。且会审公廨无判决死刑之权，故益纵横无忌。）官之下继以相公及粪，道台之下继以驴子及咸鸭，状元之下继以妾及名妓，逃人之下继以烟鬼及盗，盖皆寓有讥讽之意也。

此地皮也

交河令周自怡以贪著，在官三年，为巡抚所劾褫职。去任之日，有耆民数人载泥赠之。周见而大怒，呵之，则曰："此地皮也，虑公有所不足，故担以来。"

宦裔

宦裔，仕宦者之后裔也。有陈孟庭者，好以阀阅自夸。父固天阉，与翁叔平相国同龢有同病，乃使其母伪为有孕而生孟庭，实胥某之子，孟庭不自知也。一日赴公宴，遇林少琴，又自述其家世。少琴固盛唱平等之说者，闻而厌之，曰："君果宦裔，吾辈知之久矣，又何言乎?"阉人为宦官，而其父夙以天阉著称，故以"宦裔"二字讽之，实别解也。

民壮何曾壮

州县额设民壮，始于明正统间，本为兵役。雍正甲辰，部议定额五十名，后准田文镜议，以地之冲僻、定额之多寡，每人岁给六金。光、宣间，州县各驻营勇，而民壮始仅为本官出入跟随、平日奔走之用。或讽以诗云："民壮何曾壮，官肥臃肿多。一年银六两，养不活家婆。"

巡丁为卡之代表

各省厘局，委员之下，有司事，有巡丁，皆委员所派也。委员所在为总局，总局之外有分卡，分卡各事，司事、巡丁任之。司事略如幕僚。巡丁见委员，立而不坐；对于司事，则视若侪辈，与同卧起，论其分际，固不上不下也。俗呼巡丁为签（亦作“扦”。）子手，盖商旅运货过卡，巡丁查验，辄刺铁签以探之。作威作福，悉恃此签，人皆恨之，因呼巡丁为卡之代表，盖委员、司事，均须仰其鼻息也。

同冠颛叟

宣统时，苏州创办法政学校，以期造就专门人才，所延教员，泰半雄辨高谈，睥睨一切。教员某善认别字，讲义亦多误解。某日登讲席，误言孔子为鲁同冠，而同时某商校教员，则读“颛臾”为“颛叟”，一时传为笑谈。或赠以联云：“孔子为同冠，可怜法政学堂，偏要讲二千年前故事；季氏伐颛叟，此等商科教习，还不如三家村里先生。”

茶壶脱底

某校理化教习上课堂，发明茶壶之作用，以粉笔绘茶壶于黑板，旁注“茶壶”二字，乃误书“壶”为“壸”。学生某起言曰：“先生误矣！壸字多一画。”教习嗫嚅曰：“笔误，笔误。”随将壸字末一画用粉刷拭之，成一“壼”字。合堂哄然，曰：“茶壶脱底，茶壶脱底。”

鸟界兽界

自学校盛兴，设有外国文一科，青年学子，略谙爱皮西地，辄自炫于人，以自矜异，而一切科学，既不精研；固有旧学，更不措意，若是者固所在皆有也。滇人王绍周，某校学生，一日贻书赵云轩，有“接诵来函，备悉鸟界”等语。鸟界，西文言一切也。意盖言鸟自空中下视，一切景物，无不入其目中。越翼日，云轩往访，赞之曰：“君入校未久，而已知有鸟界，可谓博洽。若再读若干年，必可优入兽界矣！”

放屁狗

王少香尝习为诗，平仄且不谐，以所居僻左，遂以诗鸣，自谓为诗人矣。某年入都，恒作诗赠人，李九溪见之，批“放狗屁”三字于上。或云：“君何作此恶骂？”李曰：“此为第一等之评语，尚有二等三等者，乃为恶骂。”或究其详，则曰：“放狗屁者，人而放狗屁，其中尚有人言，偶放狗屁也。第二等为狗放屁，狗非终日放屁，屁尚不多。第三等为放屁狗，狗以放屁名，则全是狗屁矣。”

流学生

世俗于游学生辄呼为留学生，笔之于纸亦然。盖“留学”二字，为日本之名词，输入最早，流传已久，口耳间固习之矣。“游学”二字，乃学部所奏定，普通社会中人，尚鲜有知之者。赵翰卿有戚某游学欧洲，一日贻以书，封面应有“中国留学生”字样，而“留”字误书作“流”。某得书阅讫，置于案。沈序侯者，与某夙有隙，适过访，见之，乃曰：“赵君书‘留’作‘流’，殆有深意。盖谓君等学识闳通，人格高尚，固力争上流之人，不至同流合污，堕入下流社会，与流氓之流，固截然不同也。”

游学费亦漏卮

自中外互市以来，商战日竞，洋货日盛，日用各物，几已尽为舶来品矣。我国输出之金钱，不可胜计。有周叔奇者忧之，谓为莫大之漏卮，则以工艺不振，财有往而不可复也。周于吸鸦片烟者尤深恶痛嫉，以是项漏卮之更有害于社会、家庭也。然于派遣游学生一事，亦深恶痛嫉，而以漏卮例之，亦实有激而云然耳。

余仲玉闻之，骤不解，诘其故，则曰："吾自有说。日本、欧美游学生之学费，岁需若干，平均计之，在日本者，岁约需银五百圆。（宣统己酉学部奏定：入官立高等专门学校者四百五十圆，入官立大学者五百圆，只习选科者四百五十圆。）五年毕业，人需二千五百元。在欧美者，岁需银二千圆。（光绪丙午学部奏定：英一百九十二镑，法四千八百佛郎，德三千八百四十马克，俄一千六百二十卢布，比四千八百佛郎，美九百六十圆美金。金价时有涨落，平均折合银币每人每年二千圆。）五年毕业，人需一万元。益以整装、归装诸费，不论官费自费，所费不赀，固皆我国之金钱也。学成而归，非置闲散，即用非所学，绝无可以发展能力之余地。此实政府，社会同尸其咎。盖工艺不兴，学生无可藉手，亦徒掷黄金于虚牝耳。此绝大之漏卮，与鸦片烟将毋同?"余曰："君亦知政府之遣官费生也，固徒为敷衍人民之用乎？家庭之遣自费生也，固徒为装饰门面之具乎?"

周又曰："君以游学费为漏卮，诚哉是言，吾今思之，犹不止此。盖若辈游学于外，宫室之美，饮食之丰，已久而习之矣。及归，于宫室、饮食以及一切日用之物，亦非西式不可。于是而国中多一游学生，即多一洋货之销路，漏卮不塞，永无穷期，固不仅游学费之为漏卮也。"

洋进士洋举人

科举时代之进士、举人，略如欧美、日本之学位。宣统己酉，学部奏酌拟考试毕业游学生章程，中有分等给奖一条，列最优等者奖给进士，列优等、中等者奖给举人。各冠以某学科字样，习文科者称文科进士、文科举人，他科仿此。顽固之人以若辈皆自东西洋游学而归也，辄以异路功名视之，谓之曰洋进士、洋举人。斯言也，盖有"彼哉彼哉"之意焉。然其中亦间有不知本国情事而辄夜郎自大者，宜为人所蔑视也。

游学生既经学部考验合格，分别等第，于保和殿举行廷试，即科举时代之殿试也。廷试须作经义一篇，题由钦命。主试、襄校、监临、监试、提调、收掌、弥封、庶务、监场各官，一切职掌，与向之乡、会试情形大相类似。盖朝廷之于学校，固仍以科举视之耳。

实并无利于己

国之有游学生，原冀其学成归国，出其所长，效用于世，以福我社会也。乃自考试合格，分别授职，观政京署，（其职为翰林院编修、检讨、庶吉士，内阁中书，各部主事，七品小京官。又有以知县分省试用者。）然仍与科举时代之浮沉郎署、用违其长者，不甚相远。其中非无学识闳通、研精实业之士，而得以发展能力者，仅为外国之语言文字，是亦何必远航重洋，岁耗巨款，以为此空言无补之事哉？且其筮仕都门，月入二三百元，不为不多，稽其出入，大率不能相抵，更须举债以自给。盖自光绪庚子而后，京官俸薪虽增，消费亦巨，益以百物之昂贵，日甚一日，而体面之顾全，声气之应求，又在在皆须多金。相习成风，不能自异，纵能力求撙节，而已日嗟困难。其家中既未能多所沾溉，即其一己，亦惟劳心理财，誃台高筑，而自怨自艾之不暇。且若辈亦极思尽力社会，而实业不兴，无可措手，所效用者，仍惟外国之语言文字而已。某主政亦毕业美洲大学，得博士学位者，有自知之明。尝与其友李子刚太息言之，而又曰："吾辈学成归国，今惟自谋衣食，恋此一官。而按其实际，非惟无利于国，且无利于家，实并无利于己，徒为外人增一种营业耳。"此固自讽之言，非实录也。

公自医公卒

宣统辛亥十一月，禾中某医卒，或作祭文以嘲之曰："公少读书不成，学击剑又不成。学医自谓成，行医三年，无问之者。

公忿，公疾，公自医，公卒。呜呼！公死矣！公竟死矣！公死而天下之人少死矣！”爰为之诔曰：“公之用方，如虎如狼。公之习术，非岐非黄。服公之药，无病有病。着公之手，不亡而亡。呜呼哀哉！尚飨。”

人不如猪

世俗于人之无用者，辄譬以猪，盖以其性蠢而不洁，惟供人之宰割也。然其肉为肉食之常品，虽消化较牛羊等肉为迟，而味美脂多，人恒嗜之。且毛可供织，脂肪可入药，并可为制造石碱与腊之原料，固非若庸庸者之饮水食粟，徒为社会之蠹也。故以比较言之，则人不如猪远矣！人而有知，宁不愧死乎！

人而狼

狼头锐喙尖，性猛恶，饥则袭人，常食哺乳类、鸟类动物。世俗于人之贪婪成性、求得无厌者，辄曰“狼贪”，喻其恣取也。

魏荔生者，以贫故，闲居三年，奔走南北又数载，无所获。久之，乃谋之于其友周楚卿，乞图一噉饭地，时已断炊数月矣。其戚党颇有显者，固未尝为之地道也，楚卿独悯之，越翼日，为荐之于某公司，充写官，月俸银币二十圆。然荔生拙于书，春蚓秋蛇，差足拟之，公司徇楚卿之请，二十圆已优给矣。乃犹日聒于楚卿，欲丐其一言，俾增俸，尝语楚卿曰：“公司中之吾辈，实以予所得为最微。某也字较劣，某也常旷公，其月入皆较予为巨。公司用人不当，主者老眼昏花，宁能有所辨别，亦惟滥用私人耳！予有技能，奚患无乐郊之适，今亦安土重迁耳。君姑为予言之，月增十圆，不为巨也。不得请者，吾将逝矣。”于是楚卿又为言之于主者，月益荔生以十圆，如其愿。

越数月，荔生又叩楚卿之门而请曰：“以君之言而得事，又以君之言而增俸，甚善、甚善！然公司与敝庐，相距太辽远，职员无宿舍，仆仆道途，腰脚不足以济胜，而徒行既非可久，赁车之费，又无所出。君诚爱我，又深知我者，盍乘间再为一言，俾得车资乎？”于是楚卿大恚，恶其再三之渎也，拒之。荔生唏嘘去。

荔生长身而头锐，似狼，且善钻营，人争笑之，呼之曰“尖头奴”。（北魏古弼头尖，太武帝常呼之为“尖头奴”。）其口虽非如狼之喙尖，而语言尖利，亦为人所憎恶，佥以“尖嘴姑娘”称之。一日有访楚卿者，谈次臧否人物，纵论至于荔生。客亦识其人，乃曰：“斯人也，有狼形，而又贪婪成性，求得无厌，其殆人而狼乎？”

人而鸟

钟子泰，鄂人；邱佩笙，粤人，与浙人骆菊舫善。骆工吟咏，豪于饮，钟、邱亦如之。同居京师，诗酒流连，过从无虚日。及骆出京，侨沪上，未几，钟以道员次湘，邱以知府次吴，皆以能谄事上官故，据要津，得厚禄。骆时贻以书及寄怀诗，钟、邱皆不一答。越数载，皆罣吏议去官，而谋生于沪，皆诣骆，乞谋枝栖，骆允为之介绍。乃日造骆庐，一如在都时。不数月，钟、邱各得其所，遂与骆绝迹。骆太息而语人曰：“饥则依人，饱则扬去者，鸟也。彼其之子，亦可谓人而鸟矣！”

制粪机器

有华素臣者，九尺四寸以长，粥粥无能，食粟而已。腹大如五石瓠，一饭可尽数升米，蹒跚如豕，不良于行。尝与友会食，友指其腹而言曰：“君子素臣，而腹笥便便，当以多贮窒素之故，此诚可谓为制粪机器矣。”窒素，即淡气（今“氮气”）也。粪含淡气颇多，可为壅田之天然肥料。

劝为人父

冯竹斋为窭人子，不自立，而与龚渊卿善，冯时有假贷，不责偿也，积二十载，所负千金矣。某年秋，冯病痢几殆，龚时往问疾，且为出医药资，旬日而愈。深感之，亟诣龚，叩首致谢，并道积逋未偿之歉，谓愿来世投生为子以报。适有一客在座，与冯亦相识，闻之，笑而语冯曰："君言瞀矣！何贪得无厌，倚赖龚君，至于此极耶？"冯大愕，请其说。客曰："君今生已负龚君多金，来生若为其子，则自抚养以至成年，或将较千金而倍之，不更滋累龚君耶？吾向未见有父能食子之报者，父之于子，直为作马牛而已。以君之今生而揣君之来生，亦必阘冗无能，而仍须仰给于父，此可断言，君果何忍再使龚作马牛耶？质言之，君果有意报德者，不若及今自誓，请命阎罗，而为其父，则凡衣、食、学、婚之资，皆君为筹之，所偿者，岂惟千金之本息已耶！"

若辈可语

金奇中跅弛不羁，读书击剑，不屑屑章句。性好客，客常满座。亦尝举于乡，参戎幕，久之，纳赀为京官。见曹部诸人之奄奄无生气，或且卑鄙龌龊也，不乐为伍，挂冠去，鬻文于沪以自给。自此恒杜门，经月或一出，然非花月冶游，则访僧尼耳，盖其生平固又耽禅悦也。或诘之曰："君辟世，宜寂处，沪至喧，何居此？君辟人，既谢客而畏见人矣，娼妓僧尼，独非人乎？"金曰："沪多女闾，若辈犹可与语，固胜于今之士大夫万万也，矧又有可谈禅者在乎？"

无废物有废人

竹头木屑，皆为有用之材，自古已然，于今为烈。盖自物质之学盛，而研格致者，精于化分，易朽腐为神奇，废物利用，几已纤悉靡遗，此所以有"世无废物"之说也。人则不然，教育不振，游民日多，盈天下皆废人也。徒见其嗷嗷待哺，消耗动物、植物、（充普通食品。）矿物（充药品者多。）而已。物皆为人所用，固知天下之无废物耳。金奇中有感于此而言曰："天下固无废物、有废人，然以有用之动物、植物、矿物而尽为无用之人所消费，则物且因人而废矣。”诸丹明曰：“不然，天下无废物，有废人。盖物虽为人所食，而化为粪溺，粪溺有窒素，可作肥料，犹可增益地方，是物固尚不至于永废也。吾固曰天下无废物，有废人也。”

亦公民也

一夫多妻，为数千年来之旧俗，其见于《礼记·昏义篇》者，则若周之天子有后一、夫人三、嫔九、世妇二十七、御妻八十一，可谓夥矣。而诸侯、大夫、士庶，亦莫不有妾。晚近富贵之家，恒有姬侍，多者至数十人，粤中尤甚。闻某地则反是，一妻多夫，兄弟数人相与共之，及生子，不专属于一父。金奇中曰：“此可谓公民矣！”公民，人民之有公权得选举议员者也。金则以有公共性质而称之曰公民，别解也。

亦选民也

“公民”二字，为日本所创之名词。光、宣间，筹备立宪，定选举法，初亦称有选举权之人为公民，旋改曰选民，欲自立异而已，无所别也。金奇中尝谓吾国人满为患，孳生日繁，欲有以淘汰之，亟宜抉择最良之种，使之生育，永其遗传。凡经甄选而留者，可称选民。如是数年，则盈天下皆选民矣。

奖励阉人

自权珰李莲英、小德张贵盛用事，而士大夫皆崇奉之、歆羡之，或且曰：“生子愿为阉。”金奇中乃曰：“朝廷果能下诏奖励阉人，自可减杀无算之生殖力矣。”

奖励释道

释、道为游民之一，不耕而食，不织而衣，于社会之有益无害，固人人能言之，然不婚不嫁，实能减杀人类之生殖力也。金奇中尝曰："今以广土众民之故，教养乏术，且亦无可移殖也。为今之计，莫若奖励人民，广给度牒，除家之有一子一女者外，余皆使其为僧尼道士，则数传而后，人民渐少，欲施教养，自易措手。虽若辈或有私生子，然皆畏人知，有即弃之，生而不育，亦何虑耶！"

奖励娼妓

娼妓不劳而获，无手足之勤，享王侯之奉，为人所歆羡者也。或恶之，目为社会之蠹，金奇中曰："非蠹也！今天下日忧贫矣，日忧人满矣！其已长成者，固不能无故诛之也。娼妓不易受孕，与其杀之于成人之后，不如先杀之于未成人之时。"此戏言耳。果能普及教育，提倡人格，人人温饱，则娼妓自然淘汰矣。

猫有利于社会

猫面圆齿锐，舌有细刺甚多，跖附肉块，藏锐爪于内，随时伸缩，行则以肉块着地，故足音甚微。眼之调节机甚发达，瞳孔大小，随光线强弱而变，昼间日光强烈，其细如丝，旦暮正圆，夜能视物，最善捕鼠。

猫为哺乳动物之一，亦胎生也。春、秋、冬凡三胎，胎辄四五子，虽少于猪，而视人之孳生蕃矣。然人世间惟见有人，不见有猫，且猫每产子，人辄辗转乞取，争宝贵之，无憎其多者，而转以人满为患。盖猫易生而易死，第其寿较长于蜉蝣耳。且国无教育，仅能食粟者十之八九，地不加增，农业不发达，徒消耗而已。政府、社会，皆不知殖民，此所以有人满之忧也。至于猫，则有捕鼠之能力，为人除害，方珍惜之不暇，奚患其多！故两相比较，非猫有利于社会、人有害于社会耶？

诸荫卿亦马牛

西俗，富人死，恒斥其私财以与人，非若我国之专遗子孙也。其用途为赠兄弟姊妹也，赠戚友也，赠奴仆也，为公共事业之助也，为慈善事业之助也。其子孙亦得分润焉，然无全数之得继承者。临终遗嘱，辄一一笔之于纸，使律师为证人，子孙亦不得有后言。金奇中闻而是之，尝以语于晦若侍郎式枚。

于曰："吾仕宦数十年，薄有所蓄，今且无子，他日辞世时，亦当略师西法，加惠于人。"金曰："君诚达人哉！吾尝见世之富人矣，百出其计以求财，不惜丧道德、败名誉，惟思积之以遗子孙耳。一旦不讳，子孙挥金如土，不数载而辄倾其家、荡其产者，比比皆是。及是时，子孙方怨其祖父，谓所积未丰，不足供吾之用也。有诸荫卿者，其父桂堂以为贪吏故，积金五十余万。桂堂晚岁欲归田，将具牒上官乞退矣，荫卿从幕宾许见牒稿，亟毁之，大怒，面桂堂斥之曰：'汝今尚矍铄如马牛，何忽萌退志？马之御事，牛之耕田，乃天职也，当再为我服务耳。华山之阳，桃林之野，其在十年后矣。识之，勿复言！'桂堂嗫嗫不敢答，乞退之牒，遂止不上。宣统庚戌十月二十日，桂堂卒于官。至辛亥十一月，未期年也，而桂堂遗产，所余不及万矣，盖皆荫卿挥霍以尽之也。"金曰："荫卿为马牛所生，亦马牛耳。"

无底洞

贪婪成性者，实繁有徒，其终身伏处乡里者，目光所及，仅咫尺耳，且惟知保守，不知进取。于一切财物，既入于己，即吝不与人。世称欲壑难填者曰"无底洞"，案无底洞即"无底壑"。《列子·汤问》："渤海之东，不知几亿万里，有大壑焉，其惟无底之谷，其下无底，名曰归墟。"俗语所谓"无底洞"者，盖本于此。

汪穰卿讽世

钱塘汪穰卿舍人康年幼遭丧乱，中更家难，中岁以后，怵于时势之危迫，欲有所设施而不得。姑以报章发抒言论，又叠为官所夺，故常郁郁不自得，至伤其生。尝改古语为联，以寓讽世之意。联曰："臣当此景，惟能说病；口不能言，对之以噫。"宣统辛亥冬，卒于京师。

金仲撝妄言真假贤愚

金仲撝好读书，富审美观念，负时誉。中年悟彻一切，尝曰："人生百年，终必一瞑，但求衣食自给足矣。蝇营狗苟，徒自苦耳。"杜门却埽，惟事撰述，穷年矻矻，不稍辍也。一月常二十九日不诣人，偶或他出，则冶游耳，然亦未尝卜夜也。怀献侯舍人桂琛询之，则曰："万事皆假。吾以为真者，名与色耳。名为吾一身之完全所有，子孙不得而分之；非若积金以贻子孙，徒为子孙所有也。至于色，则以悦吾目，为精神上之娱乐；非若衣之华美仅侈外观，食之不当且碍卫生也。名与色之外，皆假也。世人纷纷扰扰，愚莫甚矣。"

王又文谓佣保可语

有王又文者，越人也。性颖悟，生平多嗜好，有文誉。弱冠以后，尝一试为吏，非所好也，又厄于同僚，不一载，弃官去。去而之上海，徙妻孥居之。

沪为四方游客所萃，又文故广交，至者争访之，乃相与角逐于游嬉之场，日夕不稍厌，时或为诗以自娱。或尼之，则曰："饮食男女，人之大欲存焉，举世风靡，吾亦何不可耶？"因赋自述诗一章焉。宣统己酉十一月，忽大病，几殆。及愈而折节读书，杜门谢客，间或啜茗于老虎灶，（贫人啜茶之所，兼卖热水，苏、沪有之。）与佣保杂坐谈话以自遣。尝语其妇曰："天壤间所可与语者，若辈而已。以其率真也，不差胜于韩陵一片石耶？"

金奇中愿与古人晤对

金奇中以贫故，佣书于上海之某公司。勤于职，服务惟谨，晨往先于人，暮返后于人，日以为常。主者劳之，则曰："吾自求吾心之所安而已，他何问焉？"沪故豪华，多嬉游之地，女闾剧场，酒楼茶肆，所在皆是，辄有其同事之足迹焉，不则彼此相过从，以谈谐博弈为乐。而奇中不然，日之夕矣，则惟挟一小藤箧，戴一金丝眼镜，不衫不履，彳亍而行，进一长弄焉。邻人识之者，曰："金先生归矣。"

奇中既归，则徜徉片时，间与其妻妾闲话，吸淡巴菰，饮苦荈，多至一小时，辄又伏案观书，一如其在公司时矣。杜门却埽，客至辄托故拒之，久之遂无一与往还者。或诘之曰："君不避世，何避人为？"乃嗫嚅而答曰："举世昏昏，无可与语，吾方恨不得与木石居、与鹿豕游耳。人不避我，我亦将避人矣。且客之来也，所言无一是者。与今人语而徒为违心之论，实不如晤对古人之可以启发灵明，娱悦心志也。"

潘安笙甘得恶名

潘安笙尝谓三代以下之人，惟恐不好名。李子明语之曰："善名不易致也。"潘曰："能得恶名，亦胜于无名耳，不流芳百世，亦须遗臭万年。夫三十年为一世，百世，亦仅三千年，为善而名仅三千年，毋宁努力于恶，而转多七千年之名也。且为善之事，恒于金钱有关系，非以金与人，即不能取人之金。若欲为恶，则仅以贪而即得大名，无论在朝在野，但效盗贼之行为可也，且利既得而名亦随之矣。"

专用洋货者非国人

金奇中愤时嫉俗，多偏宕之论，殆亦有激而然也。盖自晚近以来，习见工艺不振，惰窳成风，小民生计日益艰绌，洋货进口日增月盛，人之起居衣食，无论富贵贫贱，几无一人不用洋货。即以三者言之，日用之磷寸，来自日本者为多；衵服之布，来自美利坚者为多；调料之糖，亦来自日本者为多。虽穷乡僻壤，求之于市，必有所供。至于家居都会、商埠者，则起居、衣服、饮食，及一切日用品、奢侈品，更无一而非洋货。其心目中，固以为非舶来之品，无一适用也。若而人者，虽犹黑其发、黄其睛，而其心实已外向，即谓之曰“非国人”亦不诬也。奇中则曰：“彼之父母，殆早已神交于外人，而故有此遗传性欤?”

借洋瓷马桶以变法

俗称溲便之器曰“马子”，初名“虎子”，以唐人讳“虎”而改为“马”，见《云麓漫钞》。而《通雅》则曰：“兽子者，亵器也，或以铜为马形，便于骑以溲也。”马子之称，殆沿于此。俗又称曰“马桶”，则始于宋《梦粱录》，云杭城户口繁夥，民家多无坑厕，只用马桶是也。南人无溷轩，（厕屋也。）男女皆用马桶。桶木质，髹之，越宿始倾脚头，（即溲便也。）置屋隅，虽有盖，不免时有恶臭，以其秽深入木之腠理也。金奇中患之，知泰西人所制之桶，铁质而加瓷釉，必较木制者为洁，无纹理，秽不深入也，俗呼之曰“洋瓷马桶”，因购而用之。然倾脚头者必越日始至，未能如西人之即遗即倾也，室中之恶臭乃加甚，至不可向迩。一日大悟，语其友龙南徐伯英鹾尹宗达曰：“吾之用洋磁马桶，吾之变法也。然此外皆不变，遂至多所扞格而不适于用。甚矣！变法之不可枝枝节节而为之也，变甲而不变乙，亦徒见其有害而无利，其害或且加甚矣!”伯深以为然。而奇中自是亦不敢轻言变法矣。

先生不如鼠

鼠之所喜食者甚多，米与油烛则为所尤嗜，无可窃，亦于故纸堆中讨生活而啮书籍焉。宣统时，杭州小营巷顾少岚家尝延一塾师，有“先生似鼠”之谑。此先生者，素贪小，其家与顾氏密迩，间数日一归，归必携有数器，中所实者，为米、为油、为烛。油、烛为供师之例物，撙节用之，以所余者携归，犹可言也。米则甚奇，岂此先生者于常膳时，亦如牛、羊、鹿之反刍，能将食物入胃，复反至口中，可出而哇之乎？且所食者为饭，非生米也，此真不可思议矣。以此，遂有人嘲之曰“先生似鼠”。

王立斋闻之而大笑，曰：“以吾观之，先生犹不如鼠也。吾之藏书，恒为鼠所啮，鼠固尚有文字缘也。而此先生者，虽为顾所信任，然识字无多，教弟子以《三字经》《千字文》恐犹不能卒读。其在塾也，日惟静坐昏睡而已，亦安能于故纸堆中讨生活耶？先生直不如鼠耳。”

教员昼寝

光、宣之交，令小学校生徒读《四书》《五经》，遂列《论语》为学科之一。某县某校有教员某，固以私塾师而改为之者，性好睡如宋之陈抟，每上讲堂，不及一刻，即昏昏欲睡，不能植立宣讲矣。校长患之，一日遇教员，询之曰：“比讲何书？”答曰：“《论语》。”校长伺其上讲堂时，令讲“宰予昼寝”章。教员喻其意，乃曰：“宰者，宰羊宰豕之宰，杀也。予者，我也。昼者，日之方中也。寝者，睡也。”校长驳之曰：“大误、大误！宰予乃人名，分之则割裂文义，而与事实不符矣。”教员曰：“割裂文义为吾辈之常技，昼寝为吾辈之习惯。君欲杀我，则杀之，欲我不昼寝，不可得也，何讽我为！”

功同一将

吴人陈某某以曾医孝钦后疾，遂为富贵家所重，争延致之，屡至沪。一日，忽有赠以一匾者，则“功同一将”四字，盖用古诗“一将功成万骨枯”之意也。

顽鹞鹰

京师游手好闲之辈，好以养鸟为消遣。养鹞子为尤无用，故俗名无所事事者曰“顽（同“玩”）鹞鹰”。

周明斋断章取义

为宫室之美，为妻妾之奉，为所识穷乏者得（通“德”）我，此实自利利他之人，为世所称曰“豪侠”者是也。而在战国时，乃为孟子所鄙夷，谓为物欲所蔽，失其本心。降至晚近，宫室之美，妻妾之奉，固人人所馨香祷祝而欲得之，且百出其计，降志辱身以力求之者。一旦致身青云，既富且贵，广厦细旃，所居者华膴，粉白黛绿，环侍于左右，而贫贱之故人，即反眼若不相识，更何分金之可言？盖“穷乏者得我”一语，早忘之矣。周明斋者，其一也。

明斋初亦窭人子，以科目起家，官至方面，积资百万有奇，建别业，占地二十余亩，蓄姬侍至二十七人之多。养尊处优，顾盼自得，而少年杵臼之交，车笠之盟，则皆弃之如遗，曾不能沾溉其万一，怨声载道不恤也。怀献侯曰：“明斋可谓读书得间，而能断章取义矣。”金奇中闻之，叹为知言。

呼吸相通

晚近以来，禁烟颇严，市中烟馆如俗所谓“灯吃”者，悉已歇业。然有设于人家作为自吃者，周北湖向业此。至是，更异想天开，以授徒为名，假一席地于宗祠，设烟具焉，旁近瘾君子纷至沓来，日不暇给。一日晨起，见有一联揭于门，联云：“与祖宗呼吸相通，方是香烟一脉；叹子孙诗书未读，也曾灯火三更。”

某京兆叉麻雀

某京兆以好叉麻雀著。叉麻雀者，博之一种也。有诋其荒于嬉者，或曰：“事有甚于画眉者，奚独此之责？”旁一人曰：“吾今乃知古今人之相去诚远矣。汉之京兆，尚知以画眉自误；今之京兆，则惟知叉麻雀而已。”

古赀郎多识几字

有二士人者，相过从，每泛论古今。一曰："今之从政者，文章道德远不逮古人，惟治生差为胜之。如西汉之张释之、司马相如，皆以赀郎起家也。以二人之才，释之有"久宦减仲产"之叹，相如谢病归，家徒壁立，苟非异日有以自见，必致坎壈终身矣。今人一入仕途，即可取偿十倍，何古今赀郎若是之不同也?"一曰："古之赀郎，亦即因多识几字耳。"

官之顶戴似蛋

京外文武各官，自一品以至未入流，皆有顶戴，其形则同、光间扁而圆，如荸荠；光、宣间尖而圆，如橄榄，盖皆与时变迁也。其最初制定之式，实椭圆，略如蛋。有即以"蛋"例顶戴者，曰：一二品之顶，以珊瑚为之，红色，如红蛋，俗所谓"喜蛋"者是也；三品之顶，以蓝宝石或蓝色明玻璃为之，明蓝色，如变蛋（即皮蛋。）中之响蛋，（北方谓之松花，即彩蛋也。）皮透明而微绿也；四品之顶，以青金石汆蓝色涅玻璃为之，暗蓝色，如普通之变蛋，皮深绿也；五品之顶，以水晶及白色明玻璃为之，白色，如蒸熟之鸽蛋，色透明也；六品之顶，以砗磲及白色涅玻璃为之，亦白色，如蒸熟之鹅、鸡、鸭蛋，色不透明也；七品至未入流之顶，虽曰金，实镀于铜耳，皆黄色，无以譬之，譬之以"王巴蛋"而已。盖南人"王、黄"同音，以"黄"假作"王"也。林重夫曰："七品以下得此称，冤矣！宜捐纳同知衔者之多也。"

官有奴颜奴性

《礼记》有"仕于公曰臣，仕于家曰仆"二语。仆，家臣也，与世之所谓"奴"者，本异其解。后世无家臣，而以供使令、效奔走之人为仆，义亦自通。盖《太玄经》有"小盛臣臣"一语，注：臣臣，自卑貌；《孟子》有"使己仆仆尔"一语，注：仆仆，烦猥貌。是则观于“臣、仆”二字之意义，其污下可知。至仕于公之臣即官也，自廉耻道丧，习于卑鄙，遂无不胁肩谄笑而奴其颜，委曲将顺而奴其性，至是而臣之与仆，固一而二、二而一矣，金奇中有慨于此而言曰：“凡有官癖、有官气者，即谓其为有天生之奴颜、奴性也，亦无不可。”

“奴”字之义，古时本为罪人之女，从坐而没入官者，谓之“奴婢”，后则仆隶下人价买而依主人之姓者曰奴。至“奴才”二字之释辞，即奴仆也，亦骂人鄙贱之词。刘渊谓：“成都王颖不用吾言，逆自奔溃，真奴才也。”则晋时已有此语。至国朝入主中原，犹循满洲军旅之俗尚，凡在旗文武官吏及汉人之为提镇者，其于皇帝之章疏奏对，皆自称曰奴才，译音曰“阿（读如“曷”字之平声。）哈”，汉人则皆称臣。至晚近而旗人亦改称臣矣，盖亦自知其名不雅驯而讳之也。

治国之以共和政体者，曰民国，言人人皆民而平等也，反是者曰帝国。专制政体则尤甚，以一人君临于上，而率土之滨，莫非王臣，则如我国之号称四万万人者，自一人为君外，余三万万九千九百九十九万九千九百九十九人皆为臣。臣即仆也，仆即奴也。然历代皇帝郊天所上表文，其署衔之下，犹自称“子臣”，是即谓四万万人为奴，而创一特别名词，曰“奴国”，亦无不可。况捐例大开，贩夫走卒，皆有冠带，不几已无一非官乎？

官不如丐

俗谚有云：“三年讨饭，不愿做官。”此足以表示吾人之野蛮自由思想也。盖世之所谓官者，以仰事俯畜而藉官为业，惟日孜孜，不得稍息，凡以为利也。且闭置署中，深居简出，出必辟人于道，起居动作，皆有人监视之，其束缚亦已甚矣。儗（古通“拟”）之于丐，实有霄壤之别。盖丐无职业，无家累，日图一饱而已。山巅水涯，形骸放浪，得绝对之自由，为舆论清议之所不及，故曰“官不如丐”也。

狗官不仅宋构贯

吾国自黄帝宰治以来，至宣统辛亥，易姓二十五，（如除曹魏则为二十四姓，南梁、南齐并为一则为二十三姓。）历年四千六百有八，固犹未脱离宗法社会也。所持为家族主义，故自天子以至于庶人，莫不重视嗣续，此所以有“不孝有三，无后为之大”说。又以后为男系，通国之人，乃皆重男不重女也。于是有男子子之诞生，辄以猫狗等字为咳名，祝其长成之速如猫如狗也。然与古人之所谓“豚儿”“犬子”者，意义大异。豚儿、犬子，言其蠢而不慧，谦辞也；譬以猫狗，则祝辞矣。盖惧宗祧断绝，祖宗及己将为若敖之鬼，故冠以发语之“阿”字而呼之，不曰“阿猫”，即曰“阿狗”。而上流社会以上之人家，则惟以仕宦为重，必于咳名之下，置一“官”字，曰“某官”。惟愿孩儿愚且鲁，无灾无害到公卿，人同此心，心同此理，固不仅宋之苏轼然也。且以簪缨传世、堂构承家之希望，尤惧其芝在室而先枯，兰生庭而早刈也。于是申以多福多寿之祝，欲其耆而艾，万有千岁，亦循普通之俗尚，而呼以“猫官”“狗官”矣，盖即“大富贵，亦寿考”之颂辞也。

同、光之交，有宋狗官者，山左人，宦裔也。其父母爱之甚，逾冠而授室矣，犹以“狗官”呼之，盖祝其寿考且贵也。然性顽劣，为低能儿之尤，至舞勺，读《五经》尚未卒业。父使习帖括，冀以科举起家，致身皇路，而拙于作文。将应试，为命名曰“构贯”，以音近狗官，仍寓颂祷之意也。三应童子试，终不售，年二十三矣，不得已，为入赀，得江苏县令。宣统时，曾一权剧邑，未半载，为部民所控，江督诇其恶，奏参之，奉旨革职。解任日，乡人入城送之，有至其舆前而大声骂之者，曰：“狗官去矣！狗官亦有今日乎？吾辈来送狗官矣。”盖以其名为构贯，以谐语斥之，初不知其原名狗官也。秀水董询五鹾尹曰：“彼固狗官矣，然非构贯之名而得狗官之实者，不亦滔滔皆是乎？”

贼官盗官

窃钩者诛，窃国者侯，大盗不操戈矛，此何言乎？殆即言晚近之官也，扶摇直上，致身青云，不数载，捆载而归，盈千累万者，比比然也。然悖而入者，必悖而出，一传而后，未有不终窭且贫者，子孙迫于饥寒而为盗贼者且有之。李柏甫久于仕宦，有鉴于此，尝曰："民碞可畏，吾不欲吾民之被我以贼官、盗官之称也。"

官妓之比较

官与妓之流品不同，官贵而妓贱，然其揆一也。唐英仲尝以沪妓例京官，颇可发噱。妓有既从良而又下堂，仍隶乐籍者，举目皆非，无所取决，犹京朝之编修、检讨，得简外任，刑名、钱谷皆非所习，惟旅进旅退而已，一也。名妓居所，岁必数迁，各鸨罗致甚力，有缘此而哄争者，犹能员为疆臣所电调，彼此相夺，二也。妓有逋欠至巨，每遇年节为龟鸨所逼，迫入账房，强令了债者，犹官之新旧交替，交代未清，不能回省，三也。妓有已嫁复出而仍为妓者，官有被劾褫职而开复者，四也。妓有名震一时，忽藉辞休憩，闭门独居而不嫁人者，犹河工人员遇有大汛，既获抢险保举，旋即请假回省，别图差事，五也。妓有以谄事狎客且及其同游之人者，犹官之以谄事上司且及其家属戚友，六也。妓有本不知名而一旦见赏于客，为之延誉，顿负时望，犹官之骤获于上，得列剡章，七也。妓有适人而夫不堪其扰，听其下堂者，犹御史之求放外任，日劾朝贵，为朝贵所嫉，逐之外出，八也。

女似狐

卫鹤亭娶一妾，名之曰"狐"。于潜赵伯英广文逢年，鹤亭之友也，闻而奇之。一日往访，诘其命名之意义，鹤亭曰："以狐喻妇女，最为适当。盖狐性多疑，渡冰河，且听且渡，妇女固皆善疑也。且其性善媚，亦如狐之为魅，媚悦以惑人。然可名狐者，宁独一吾妾耶!”

女魃女祸与男色

金奇中与姚宗舜同客沪，一日，宗舜诣奇中，以创设女校事就商之。奇中曰：“沪地利交通，设校便，然独不可以设女校。”宗舜请其说，奇中不答，微笑而已。宗舜出，奇中送之门，适有男女哄于途，众围其旁，声嘈杂，不可闻。遥瞩之，觉此男女者装束皆类学生，揣其年，一及冠，一及笄也。宗舜曳奇中趋而谛听之，则闻男骂女曰：“女，女魃也，女祸也。”奇中乃大笑。少顷则闻女之骂男也，其言曰：“尔亦男色耳，何自大为!”奇中又大笑，几为之绝缨。

宗舜以奇中大笑而质之，奇中曰：“女魃见《北史》，魏之先，始均仕于尧，逐女魃于弱水北，人赖其勋，舜命为田祖，是盖以魃喻之也。女祸则见于《唐书》，自高宗至于中宗，再罹女祸。是必深受其害而故有‘祸水’之譬也。若‘男色’二字，则以言男子之以美貌见宠者，《汉书·董贤传赞》云：‘柔曼之倾意，非独女德，盖亦有男色焉。’此非言其为弥子瑕、郑樱桃之俦耶?”奇中言至此，太息不已。宗舜乃大悟而言曰：“吾知之矣，宜君言上海之不可设女校也。”

女知势利

龙游有章炳文者，家小康，席遗荫，有负郭之田数十亩，衣租食税，差免于冻馁。尝习帖括，得青一衿，以舅氏唐恭甫之力，为夤缘于某保案，得为江苏候补同知。于是以官自居，出入里闬不步行，必以舆。已而其母以其齿逾冠，欲为之议婚，则曰：“儿今已官矣，王侯将相之女，虽不可得，必于仕宦之家求之。儿为母计，母亦受五品之封，称太宜人，为命妇矣，亦未可妄自菲薄，与田舍奴作姻娅也。”母颔之。于是有以执柯之说进者，皆以“时尚未至”答之，盖皆非宦裔也。

会邻村有姜叔铭者，以需次鄂省之通判，移疾归，有女曰兰珍，年二十五矣，尝三字人而夫辄前卒，故未嫁也。其三夫皆学贾。兰珍以从宦武昌，习见叔铭之所与往来者，有晶顶挂珠之少年，辄羡之，三字而三贾，恒郁郁。叔铭亦以其齿长须嫁也，欲婿炳文。一日示意于兰珍，兰珍曰：“信斯人也，既官矣，则必有厚福，儿之终身有托矣。”叔铭遂字之。阳湖杨赤玉主政瑜统，闻之而言曰：“兰珍谓官有厚福，盖言其势之利也。”兰珍乎，其世之真知势利者乎？

以女萎祝女寿

自欧美之学说输入，言平等，言自由，而女权之说大昌。然以未尝学问、不知法律之故，遂至放辟邪侈，无所不为，而为通人所诟病。上海有女棍施玉娥者，居法租界，年已三十，宣统己酉秋九月，为其设帨之辰，大启筵宴。玉娥固上海之女擦白党也，（以非法之举动、恐吓之手段引诱男子骗取财物者，为擦白党。）裙屐少年之无赖者争昵之，届期咸往称祝。有馈花以将贺者，效西俗也。严梅生者，尝肄业某校，亦与之相识，欲赠一特异之花，苦无之，乃质于其师金奇中。奇中曰：“吾亦不知有特异之花也，无已，其草木之花乎？”

梅生曰：“何草也？”奇中曰：“是可以女萎贻之。女萎为多年生之蔓草，野生，叶为复叶，其小叶有缺刻，至夏日，开花于茎端，小而色白，知之者鲜，非特异乎？”时吴县赵兆圻文学达观适在旁，俟梅生出，而询奇中曰：“植物中地衣类之女萝，蔓草中之女青，常绿小灌木中之女贞，不可择一以为赠品乎？何必女萎？”奇中曰：“君不知耶。今之昌言女权者，大抵不知义务之为何而惟权利之是争也，顽冥野蛮，至于斯极。吾实深恶而痛嫉之，方将冀其如草之至秋日萎也，犹岂望其绵延长寿而流传谬种乎？故不祝之而惟诅之耳。”

大人非小人

大人为有德者之称，《易》：“大人者，与天地合其德。”《孟子》：“有大人者，正己而物正者也。”以此准之，大人即君子也。亦为有位者之称，《孟子》：“说大人，则藐之。”至于小人，则谓细民也，《孟子》：“有大人之事，有小人之事。”亦谓不肖之人，《论语》：“君子固穷，小人穷斯滥矣。”

有位者之得称大人者夥矣，而为流俗之所最崇拜、最歆羡者，则为候补道，以其官秩较尊，而又可以捐纳得之，为人人所可希望者也。候补道既到省，各项差事，不论立法、司法、行政，皆得派充。今日立法，明日司法，又明日则行政，且有以同时而兼数事，若无所不能者，故俗有“道有万能”之说。高晴川曰：“是即君子也，大人而非小人也，名实固相副也。”

革面之革命

晚近以来，自日本输入革命之说，有主种族革命者，有主政治革命者。然“革命”二字，我国古籍早已见之。《易》之言曰：“天地革而四时成，汤武革命，顺乎天而应乎人。”第与今日革命之解异。盖古谓天子受命于天，故王者易姓曰革命，言天命既改也，而与种族、政治皆无关系。金奇中见革命之未从根本解决也，乃曰：“革命宜先革心。此之革命，虽非小人之行事而为君子之豹变也，然舍本求末，则亦革面而已矣。”（《易》有“君子豹变，小人革面”二句。）又尝语其友之从事革命者曰：“诸君行事，亦尝通盘筹画而计出万全乎？所可虑者，画虎不成反类犬耳。戒之戒之，慎毋为革命先进之法、美人所窃笑也。”

女为女男为男

女子所贵，须合自己之身分。盖天地有阴阳，四时有寒暖，世界之事，要皆有相对之二者而运行之，远心力之所在，必有求心力随之；正电之所发，必有负电应之。波斯宗教谓天地以善恶二神而成者，即以此也。至社会之进步，常赖正负两势力运行之者，历史所示，又彰彰在人耳目者矣。

人类有男女之分，则男子须刚毅勇廉，不愧为男；女子须幽娴贞静，不愧为女。不然，女子一旦模仿男性，自恃其刚，则必为男子所弃，社会所不容矣。其结果也，纵令终朝奔走，盛唱女权，而终之目的不达，转使势力益缩，局促一生而已。是以观于旧式女子，其恃已甚巧，乃有非今人所能及者。持幽娴贞静之德，内处家庭，外应社会，不必烦怒苦恼，而社会欢迎之，男子爱好之，凡今之新式女子所日夕希望而不能得者，彼乃不费一语，自然得之，而社会内部，郁然积为势力焉，此其巧也。即论今日，旧式女子之女杰，多于新式女子者，亦以此也。试观凡能忍耐艰难，勤持家政，以坚苦卓绝之行，使良人无后顾之忧，子女得教育之效者，无一非旧式女子。由此观之，则真正不愧为女子之人，反宜于旧式中求之，而新式者不足以语此也。

男子似女子

世界物理，有至奇者。如人类，四肢发达，则肋骨退化，试以人肋较兽肋，其不逮也远矣。男女之间，亦有同此理者。晚近女子，大言大奔，事男子之事，言男子之言，然男子则学妇人，渐成柔弱，驯至成为不敢言、不敢行之懦夫。近日男子之所以无志无行，令人见之可耻者，实女子过于大方使之也。若女子为女子，男子为男子，则社会健全矣。

财色

财色为人之所嗜，非具有出世想者，孰能舍之？何晴峰尤好色，苟有所见，辄目逆而送之，曾不旁瞬。其友徐伯英尝骂其为意淫。晴峰曰：“此吾审美观念之所表示也。且教育必以美感完成之，乌得而诮我？”一日，伯英得暇访晴峰，则已出矣，辗转觅之，始得之于妓寮，则方左拥右抱，意甚得也。见伯英，询何事，伯英曰：“欲邀君为摴蒲戏耳。”晴峰大喜，亟从之出，及暮而散，则博进（博胜所进之款也。）且累千，自是乃日嬲伯英与共博，不作冶游矣。伯英语之曰：“人之恒言曰财色，吾观于君，而乃知财之所以先于色也。”

贪吝

吴中有“九花娘”者，妓也，以淫得此称，实为李莲仙。齿长矣，望之如十七八好女郎，固鸡皮三少之夏姬也；而犹夕狎数男，不厌不倦，则又如武则天。其与庆雨轩尤昵。雨轩善容成术，能昔昔御女，久亦畏之而退避三舍矣。金奇中讶而询之，则曰：“吾为莲仙所嬲，每就宿，恒彻夜弗休，再接再厉，锐不可当，一宵之中，吾弃甲曳兵者数，而莲仙曾无涓滴之报，盖贪且吝者也。”奇中曰：“贪吝为人之恒性，宜莲仙之若此也。”

造弊厂

南北有造币厂，一设于江宁，一设于天津，俗所称“银元局”者是也。总办其事者，岁获数十万金，员司、工匠，亦皆有所沾溉，最少者亦可得数百金，凡此，皆窟穴于弊，以弊为利者也。钱塘徐振飞文学新六曰：“是可名为‘造弊厂’矣。”其表弟吴县赵兆圻文学达观曰：“我国地大物博，造弊者岂独此机关已耶！”

要钱要命

保险，防意外之危险而预保之也。以保险为营业者，谓之保险公司。欲保险者，与公司立约，交纳相当之保费，由公司书立保险书，遇险时，则由公司赔偿其损害。生命保险，其一也，俗谓之曰人寿保险，欧美人之业此于吾国者甚多。保之者有年限，岁纳若干，为数甚巨，遇有不测，亦可有巨大之收入。投保者以达官贵人为最多，盖岁入不赀，非宦囊丰厚，力有不及，或且以触犯刑章，至有生命之危险，则公司必为设法保全之。山阴王子次茂才洪林曰："佣保之力作，祁寒暑雨不稍避，盖要钱不要命也。今观官吏之热心于生命之保险，乃始知其要钱而又要命矣。"

多手多腿

世有"文官多只手，武官多只腿"之说，盖言文官要钱、武官怕死也。文官要钱之方法，或以鬻卖差缺而得之，或以枉法受贿而得之。盖司法、行政混合之时代，其为术正多，如取如携，故必多一手而始有济也。武官视之，瞠乎后矣，俸糈既不及文官之厚，而又不握财权，故求利之心为较轻，而怕死之心则较重。虽文官亦有致死之道，而武官则遇有战事辄易致命，临阵而脱逃者往往而有，欲疾趋以求活，自必多一腿而后可。此文官之所以多手，武官之所以多腿也。

晚近以来，则文官有多手而又多腿者，武官有多腿而又多手者，宦海之中，固时有所闻也。文官于鬻卖差缺、枉法受贿而外，于应解国库之款，所售官物之资，靡不侵吞入己，时机一至，夤夜卷逃而至天津、青岛、上海、香港，寄顿于外国银行矣。其所得，往往有多至数百万者，此所以既多手而又多腿也。武官不论汉、满，但须统防营、练新军，则于兵勇之饷，或截旷，或克扣，所得已属不赀，而军械、服装、粮食之采办，移营、出征、奖恤之开支，冒滥尤甚，实为大宗。一旦风鹤有警，即挟其所获，星夜逃逸，与文官同，多至数百万者，亦所在有之，此所以既多腿而又多手也。至是而胼手胝足者流，则惟相率避道，委身于沟壑而已矣。

漏卮

彭子敏尝客香港，其生平无他嗜，惟嗜冶游，嗜读书，于赫胥黎之《天演论》朝夕浏览，不厌不倦也。金奇中尝访之，入其室，见一切用物，几无一非舶来品，乃以保存国粹为请，语之曰："是漏卮也。今国力日匮，财一往而不复，果尽人如君者，民生之憔悴益甚矣，乌乎可！"子敏曰："君亦知物竞天择、优胜劣败之学说乎？"奇中不服，与之辩难，子敏厌其烦，强之偕出。过西人妓馆，奇中欲一游，子敏不可，逡巡入妓寮，则粤中之老举也，语奇中曰："此岂亦漏卮乎？"

书寓

以艺术、方技自炫而求鬻者，其税驾之地，辄揭橥于门，曰"某寓"，上海为最多。或曰"医寓"，或曰"相命寓"，或曰"书画寓"。而又有所谓"书寓"者，则说书女子所居也。其人大率来自常熟，姓名之上，必冠以"琴川"二字，盖柳敬亭、苏昆生之属，非妓也，俗谓之曰"卖口不卖身"。久之，而优等之妓辄托名曰书寓，即街市流妓亦间有袭此者矣。

宣统己酉，葛松泉以鬻书至沪，自署其门曰某某书寓。有吕孟苹者，好冶游，每夕辄巡行里巷，经葛居，意必流妓所栖也，入焉，葛呵之，斥其瞽。吕曰："尔固大书特书曰书寓，则已自侪于妓矣。且妓之于狎客也，不问谁何，皆称之曰大人，曰老爷，曰少爷。若曹得钱卖字，虽屠沽佣保，亦悉称以先生、仁兄，若曹鬻技为生，与妓亦何所别耶？"

名帖

某省督署夫役，与武庙隔壁某乙结为姻娅。文定之日，甲大书于帖曰"钦命头品顶戴兵部尚书都察院左都御史总督某处地方节制提督军门门下扫地夫愚弟某顿首拜"。乙张皇失措，就某绅商之。绅曰："隔壁为关帝庙，我自有法。"于是将回帖写之，文为"敕封关圣帝君汉寿亭侯隔壁愚弟某顿首拜"。

中之人官衔

吴俗，田房交易作中者曰"蚂蚁"。有老翁业此多年，家小康，买灶下婢生一子，令星士算之。星士善谑，口多微词，戏之曰："令郎英造，必大贵，君当作封翁。"翁曰："我辈执业卑微，何得挂名仕籍？"星士曰："是何言也？古者蝎号将军，萤称正字，蝶封香国粉侯，蜂擢花台刺史，诸虫皆贵，安见蚁命之独贱乎？"翁不知其戏，述星士语夸示同侪，日以封翁自负矣。儿长，性憨，年十八，读《大学》三页，人问令郎读《左传》否，翁曰："《左传》已读，今读'右传'矣。"盖日听其诵"右传首章""右传二章"故也。及年二十，顽钝如初，翁恐前言不验，复卜之星士。星士笑曰："君头衔已贵，何必倚佳儿博封诰哉？"翁问曰何衔，答曰："中人科中人升卖田司主事外擢合同知府例封文契郎晋封草议大夫。"

能自治斯能自活

今之世，物竞天择、优胜劣败之世也，盖欲求自存，必先有以自立；欲求自立，必先有以自治。宣统时，城镇乡地方各设自治公所，为城镇乡议事会会议及城镇董事会、乡董事会办事之地。其议事会选举议员，于本地方所居之选民中举之，每年一次，届期投票，翌日，开投票匭而检之，以得票较多数者为当选。

有黄莲舫者，当选为某镇自治公所议员。一日，贻书唐平卿，其封面应有某乡自治公所字样，乃误书"治"为"活"。平卿得书大笑，越翼日见而诘之。莲舫曰："一时笔误耳。然'自活'者，生存之谓也。今之具有自治能力者有几人耶？他不具论，姑以一事言之。某团体有职员二三十人，类皆讲求新学可为国人之矜式者也。其事务室旁设盥洗所，应用之巾盆咸具焉。有水管，开水则水至，盥既而水秽宜泄之，巾宜悬于杆，凡以便后至者之续盥也。余尝以访友而往，则频见盆有秽水，巾在水中。即此推之，吾国人之无自治能力，不亦昭然若揭乎？物竞天择，优胜劣败，循此不变，何以生存于世界？地方自治，今方萌芽，果有成绩与否，尚难逆知，能自治，斯能自活。吾之笔误，亦正以祝地方自治成绩之良好耳。”

学而优则仕

武进谈伯虎，名寅，尝为上海某校学生，继而弃去，从王钟声习文明新戏。其父小莲从九理熙尝斥之，怀献侯曰：“戏亦有学也，且为专门之科学。”小莲曰：“何以知其然乎？”献侯曰：“吾尝闻之长洲王梦生矣，其言曰，学之为言效也，凡事前创后赓，积数十世、数千百人心思耳目所推阐裁成者，皆谓之学，何独疑于戏？且闻西哲之言曰：‘凡合数种科学以成为一学科者，皆谓之专门之学。’若戏，则喜怒哀乐，心理学也；抬步技击，体育学也；化装扮演，审美学也；腔调节奏，音乐学也；时代人物，历史学也。以言君臣政事，则通乎国家学；以言父子夫妇，则通乎家政学；以言朋友交际，则通乎社会学。凡斯种种，非合数种科学以成为一学科乎？是故童年就习，谓之“科班”；剧本流传，谓之“科白”，“科”之一字，实有当之无媿者。得一佳唱，贵与科名等，亦且精与科学抗矣。此摹彼仿，月盛日增，有自少至老数十年，积精研求而卒不能出类拔萃者，谓非专门之学，吾不信也，君何嫌于郎君而责之乎？”

小莲闻之不答，若有不豫色然，盖以为献侯讽之也。献侯又曰：“子毋然。君之欲令郎君读书者，非必有志于国民教育也，亦视之若科举，欲冀其由中学而高等而大学而通儒院，得有出身官职，以簉仕于朝耳。孔子不尝云‘仕而优则学，学而优则仕’？习戏既入，学而优则仕矣，且即以戏场作官场可也。人生行乐耳，袍笏登场，一呼百诺，亦极大丈夫之豪举矣。戏场与官场，又何异耶？”

妓胜于官

李竹溪，浙人，自号“忧时子”，侨沪久矣。有见夫时艰之日亟，吏治之日下也，谓末日即在目前，当以醇酒妇人自遣，以是恒作冶游。一日在周若兰妆阁，与若兰谈时事，若兰询之曰："君将何为？屠沽纤儿，且相率入仕途矣，君亦及时自效乎？"

竹溪曰："吾有自知之明。吾无才略，无学识，不可以从政，且以席先人余荫，幸有负郭之田五十亩，足以给饘粥，更无意于仕宦矣。然亦尝为他人计之，苟欲谋生，毋宁为奴、为伶之为愈也。即为盗、为贼，害之所及，亦不甚巨。至于官之为祸，则可以亡国，可以灭种，自好者所断不为。吾虽不学无术，而天良未泯，虽冻馁至极，亦不愿以官谋生。今且于卿而羡之，卿托业虽微，而人之于卿，可得精神之快乐；卿之于人，可助美感之教育。吾故曰妓胜于官也，卿不犹忆吾言乎？"

大学士验看人才

宣统庚戌，保举人才入京，经大学士验看，加以考语，改授部曹，水南水北之向以"山人"名者，皆供驱使矣。李审言尝有诗记之云："南郡诸生说上京，(《后汉书·申屠蟠传》。)东山果有济时情。(谢太傅。)宾贤枉被群公热，(吴，野人。)是镜能高处士名。(是镜，江阴人。)万柳新荷谁主客，(冯文毅公溥事。)一丝九鼎费将迎。(黄鲁直咏严子陵。)坐中惜乏渔洋老，请诵当筵蛱蝶行。(顾亭林事。)"

傅晓渊自谓像人

诸暨有傅振海字晓渊者，以五品衔候补直隶州州同，需次江苏。曾权太仓州州同，及瓜而代，还次于苏。一日谒上官，憩于官厅，僚友咸相视而笑，曰："傅晓翁太不像官。"傅曰："诸君以振海为不像官乎？振海自入官，即以官为不足贵，官而循良，乃为可贵耳。所以时时省察，惟恐浮沉宦海，官派官气，日久濡染而不自觉。今诸公宠以'太不像官'四字，则平日读书谈道，渐有把握，而不遽为习俗所迁移。可知既不像官，或者尚像人也。"

今人性恶

性，生之质也，性善性恶，久无定论。周荀况之学说，谓人性本恶，必克治之，乃入于善，与孟子性善之说正相反。金奇中有见于晚近以来人心不古，太息痛恨而言曰："古之人性善，今之人性恶，盖自世道陵夷，诈伪相尚，即有一二自好之士，亦为社会所转移，同流合污，而所生男女，其性得自遗传，遂无一不恶矣。且自欧美学说输入而后，误会平等自由之说，习于猖狂恣肆，藩篱冲决，昔日偏而不全之道德亦遂荡然无存，深可慨也。"

天良

某太守，浙人，尝奉檄至沪，数作狭邪游，眷二女，妓院之女佣也，一曰阿毛，一曰阿土。旋入京，则与像姑名翠林、红湘者昕夕过从，文采风流，传播遐迩。尝为骈俪书致其沪上友人云："食毛践土，具有天良；倚翠偎红，敢云至乐。"或谓某太守能作感恩语，亦饶有官气也。

哑者之发声

哑，瘖也，然亦能发声，惟不成语耳，略如小儿之哑哑然然。金奇中尝遇一哑者于怀献侯许，见其以手指天画地，口中哑哑作声，询献侯曰："此君何亦能言乎？"献侯曰："渠固素不能言也。"奇中曰："吾虽不知其所言为何，然乍聆之，似与普通人所学不合法律、不合道德之言相类，令人无从索解也。以视鸟语猿语，固较胜一筹矣。"

文明野蛮之杂糅

金奇中之好天足也，在天足会未创以前。赵伯英尝询其故，则曰："今之妇女，既非如古代及欧女之束腰，其于头也，亦惟饰其发、涂其面，而亦不效非洲妇女之压头使扁，是固欲留其天然之美也，何独于足而欲以人力矫之？头大足小，徒觉其不称而已。此与吾国之开化虽早，进化独迟，文明野蛮杂糅其间而绝不相称也，庸有异乎？吾所以深恶而痛嫉之也。”

附膻逐臭

沪为五方杂处之地，自光绪末叶以迄宣统，社会之怪现状，不可殚述。曩以为文明之中心点者，渐易而为野蛮之中心点矣。姑举数端言之：奸淫也，拐骗也，卷逃也，盗劫也，私盐私烟也，暗杀明杀也，窃犯赌犯也，赖婚重婚也，无日而无之，古之朝歌、胜母，或犹未若是甚。而迁居于沪者，蜂屯蚁聚，纷至沓来，一若自沪以外，曾无一片干净土足安其身者。或曰：“蚁附膻，蝇逐臭，沪上腥臊之气，弥漫四周，易于感召，宜其同流合污，如水之就下而归壑也。”赵伯英曰：“沪为万恶之社会，可儗之于京师。”言虽刻酷，亦实有所见而云然耳。

权利之别解

“权利”为法律名词，即一人之行为，得据法律，使他人认为正当之力也。例如于自有之地造屋，他人若置物其上，得除去之，他人不能抵抗也，其确解若是。且“权利”二字，亦世界各国人人所公认而不讳之物也。所别乎可不可者，公私而已。以公心言权利，虽强国家、福人民，可也；以私心言权利，虽覆国家、祸人民，可也。

国人对于“权利”二字，辄有别解，而多从己着想。未得权也，不惜丧名屈节以求权；既得权也，又不惜丧名屈节以求利；既得利也，更荒淫奢侈，无所不为，而其后权亦有所不顾。何以故？以既得利，即无权，而我仍可安居行乐也。此乃国人富贵贫贱最劣之根性，苟不除之，他日之不为奴隶牛马也，几希矣。

牺牲一己

人之恒言曰：“吾今以忧之故，愿牺牲一己矣。”晚近以来，几合富贵贫贱之人而皆能言之矣。盖即本其己饥己溺之怀，舍身以救世也。牺牲者，谓捐弃一切，如云牺牲生命、牺牲财产、牺牲名誉，即捐弃其生命、财产、名誉也。其语实本于《吕氏春秋》。《吕氏春秋》曰："殷商克夏而王天下，五年不雨，汤乃以身祷于桑林，剪其发，割其爪，自以为牺牲。"

陶希明者，亦以牺牲为恒言，尝游学海外，以入赀为知县，夤缘于要津，得司榷。横征暴敛，以贪闻，不半载积金十余万。商贾怨之，一日，纠土棍数百人持械攻局，屋毁，司事、巡丁皆被挞，死二人，余亦垂毙，陶受棍伤跳楼遁，投金奇中家得免。金曰："吾今乃知君之所谓牺牲者，名誉而已，生命财产，固皆不与焉。"陶曰："吾作官之不恤人言者，初亦仅欲牺牲名誉而已。岂知生命亦将不保，财产亦有所失乎？予何言哉！"

金言之曰："成仁赴义，人所至难，生命姑不论，财产实为身外之物，黄金百万，能悉纳之于棺乎？亦惟为子孙殖财计耳！盖实拘于'不孝有三，无后为大'之义而重视子孙也。是以平日之一举一动，无一不为子孙计，而绝不为社会计，且并不为一己计。惟专心致志于财产，遂至一己之名誉全然丧失，一己之生命或且不保，愚孰甚焉？君今亦悟否？能牺牲子孙，斯能牺牲一己以舍身救世耳。"

热诚热中

冰其淋亦译"冰忌廉"，"其淋"之义，酪也，以牛乳、鸡蛋加香料，如香蕉、柠檬等物，搅和入冰筒，运机旋转，使渐凝结如冰。食之甘沁可口，西人于常餐时辄进之，冬日亦然，非若我国人之必于炎暑时始一尝也。金奇中曰："西人具热诚，故内热，须饮冰；我国人之食此者，富贵中人为多，岂以热中过甚，自知忏悔耶？"

无远虑有近忧

国人之目多近视，文儒尤多，誉之者谓伏案功深之证。亦实以案为平面，朝夕俯观，头低背伛而有以养成之，非若西人所用之案为斜面，可端坐读书，目与案之距离为均等也。金奇中亦近视，一日赴宴，座客戴叆叇者十八人，皆当世之号称第一流而与奇中有同病者也。奇中与十八人皆雅故，酒阑，奇中笑而言曰："国人方以无远虑有近忧为世所诟病。而吾辈且皆近视，仅具咫尺之目光，将若何？"

憧憧之影

金奇中侨沪久矣，以沪无山，每届重阳，辄登味莼园之眺华阁，以西望龙华之塔。奇中目短视，宣统庚戌九月九日与友登之，为登高之会，偶蹶于石，叆叇堕地而碎，友曰："君尚有所见乎？"奇中曰："我虽短视，固未尝瞽也。往来者之众，亦见之。"友曰："所见者何？"奇中曰："憧憧之影也。"友曰："往来者也，君何疑为鬼？"奇中曰："顷饮于九华楼，吾醉矣。"

父母之年之喜惧

邵保民尝读《论语》而至"父母之年不可不知也一则以喜一则以惧"章，而以己意释之曰："噫，吾知之矣。喜者，喜父母之马齿加长，去死不远，旨甘菽水之资即可免除。惧者，惧父母之精力就衰，不能为子生利，且一旦物化，须出巨资以营丧葬也。"此虽别解，然足见世人大多数之心理矣。

吴理安愿为犬马

人子之能养父母也，什百中无一二焉，有之，则惟乡曲之细民，欲于富贵家求之，殆千不得一矣。"今之孝者，是谓能养"，孔子所言，盖在春秋时也。至于晚近，则习闻泰西父子别居之说，而何有于养，更遑言敬？

吴士忍者，以贸迁致富，声色狗马之奉，穷极侈汰。有父名理安，别居，距五十里而遥，然仅岁时一问视，岁致银币十二圆而已。父垂老矣，穷年冻馁，几不能自存。一日，徒步五十里往叩其子之门，曰："吾今欲自侪于犬马之列，而得汝养，可乎？"士忍不答，但留其晚食，俾一饱，与以灯，使笼烛而归。

符稚仁极端之发财思想

今之能养父也，固几已百不一觏矣，然养母者则犹有所闻，盖其寿较男子为长耳。且妇女本难谋生，垂老之年，尤不得不坐食，子之养母，亦大率出于迫不得已也。符稚仁者，父殁矣，有后母吴氏，方少艾，为其父垂老所娶者也。

稚仁以父无遗产，有怨言，一日忽语其母曰："儿不肖，家贫，无以奉甘旨，母又方盛年，盍及是时而自为计乎？"母不答。稚仁曰："儿有二策。"母曰："姑言之。"稚仁曰："母而欲图长治久安也，其别嫁乎？不然，则有赵某、沈某、杨某、唐某、蒋某者，皆好冶游，以母之年、母之姿，何患不见容于若辈耶？且母亦优游自适矣。"母大怒而号。稚仁之意，殆欲于再醮之聘金，夜度之资费，可有所沾溉也。金奇中曰："稚仁欲以后母易金，丧心病狂，诚狗彘之不若矣。"此亦发财思想极端之所表示者也。

妻专制妾共和

青州陈少琴侨居于苏，有妻曰孙兰仪，杭人，世家女也；有妾曰王巧珍，苏人，乡农女也。苏农之女习田事，以天足故，杂男子力作，劳苦惟均，然此实有男女平权、男女平等之精义寓于其中，巧珍亦若是也。少琴娶兰仪之明年，偶至浒墅关，见巧珍力耕而美也，欲纳之，使女佣将意，巧珍之父阿瑞诺之，遂娶焉。嫡庶相处无违言，巧珍贤，兰仪亦不妬也。

兰仪幼从宦，居其父之官廨十九年。父曰佩卿，以任子得官，官气重，兰仪习之久，故其驭其下也，常寡恩而多威。巧珍固出自平民家者，则反是。金奇中曰："此可以譬政体矣，兰仪专制，巧珍共和也。"

积金为子孙

金奇中尝言人之欲积金者，为子孙耳，于己无锱铢之裨益也。汤颐琐询之曰："君何所见而云然？"奇中曰："晋之富室多藏镪，非储于窖也，镕之于地，高如丘山，有自明以至于今者，子孙世守之，无或动，大盗至亦惟相对愁叹而已，不能取其毫末也，人因号之曰'没奈何'。苟非子孙者，则此没奈何之金，何以子又传子、孙又传孙乎？累代相传，其子孙绵延不绝，则此藏金者，亦即绵延不绝，乌得有所减乎？盖亦子孙各为其子孙之故也。"

被催眠术

催眠术者，能令人集注意识于一点，使成睡眠或丧心病狂之态也。初视为妖术，至十九世纪法国医士某用之以治病人，世始知重，近渐盛行，且及于我国矣。

光绪庚子以拳匪肇乱，至使联军来华，劫盟城下，大辱奇耻，莫此为甚。国人至是宜若有所觉悟，发愤为雄矣。而朝野上下之人，乃犹昏睡不醒，或且冥行狂走，流连忘反，卧于积薪之上，处于漏舟之中，几无一人能瞿然惊醒、幡然改图者。徐新六忧之，曰："是岂皆被施催眠术者所利用乎？"怀献侯曰："不然，既无意识，曾何集注之有？冥顽一物，直木石耳，且鹿豕之不若也。"

人似河马野蝙蝠

兽类之体大者，跋涉维艰，大都不能迁徙，而体大则力强，无有顾忌，得有食物充足之地，足以养其躯，则安之不去矣。譬之河马，得有水及食物处，便即安居，不欲舍弃。非洲中部多长江大河，且地旷人稀，无猎户，河马成群而居，恒在芦苇丛生之水中，逍遥游玩，牝者且携其子负之于背，游戏水中，自以为闲适矣。野蝙蝠善飞，翼甚大，腹下有数囊，能蓄空气，其身轻而飞极速，然性不喜迁，居于幽黑之洞，久而不移其处，盖怀土也。金奇中曰："观于此，而可以知国人之不能变法，有似河马、野蝙蝠也。"

愿醉死不愿梦生

王梧冈者，窭人子，幼而无赖，习木工，以建筑致富，积资十余万。时已中年矣，乃折节读书，不两载而通知大义，渐纳交于士大夫，久而与之习。尝博览报章，欲大有为，而所谓士大夫者辄尼之，乃喟然曰："若是乎，斯人之不可与同群也！"于是无意于世，而恣为淫乐，与宾客为长夜饮，饮醇酒，多近妇女。徐新六劝之，则曰："吾将终老于是乡矣。醉生梦死，滔滔者皆是，此吾愿以醉死，不愿梦生也。"新六曰："梦生何谓也？"梧冈曰："不见世之行尸走肉者乎？漏舟积薪，沉迷不悟，非梦生而何？"

《四书》有十先生

有为童子师者，一日讲《论语》，至"自行束脩以上"句，曰："小子听之：孔门弟子皆贤人，束脩必自送，不必催。"且时有需索。主人恶之，尝令介绍人传语，讽其自辞。师不可，谓关约原订一年，未可中辍。及岁暮，而犹冀来年之续聘也，及探之于徒而问之曰："《四书》之中所谓先生者凡几见？"徒不能对，语其父。父知师意所在，因教之云云。明日，师又问，徒对以十见。令悉数之，乃曰："'先生以仁义说秦楚之王'，'先生之志则大矣'，'先生以利说秦楚之王'，'先生之号则不可'，'从先生者七十人'，'见其与先生并行也'，'有酒食先生馔'，'待先生如此其忠且敬也'，'先生何出此言也'，'先生将何之'。"师闻之，嗒然若失。

书堆跑马

两国文字互相翻译，既不可失之武断，亦不可失之穿凿。以华文译洋文，尤不易也，必须精研两国文字，并有专门术语，而又深知大意，融会贯通，所用名词，一一脗（同“吻”）合，方始极翻译之能事也。有某舌人者，以国文译英文，将“驰骋文场”四字译为“有骑马于书堆而奔跑四周”者，英人某曰：“华人其真善于跑马哉！”

嘲世歪诗

陶铸禹善谐语，曾作十七字诗三首，题曰“嘲世歪诗”。一云：“狮子大开口，胡言不怕羞。一等大滑头，吹牛。”二云：“到处乱唱喏，逢迎太肉麻。轻轻两手叉，拍马。”三云：“遇事善营谋，削尖和尚头。运动称老手，钻狗。”

新名词入诗

自日本移译之新名词流入中土，年少自喜者辄之以相夸，开口便是，下笔即来，实文章之革命军也。某曾赋诗四首以嘲之，一云：“处处皆团体，人人有脑筋。保全真目的，思想好精神。势力圈诚大，中心点最深。出门呼以太，何处定方针。”二云：“短衣随彼得，扁帽学鲁索。想设欢迎会，先开预备科。舞台新政府，学界老虔婆。乱拍维新掌，齐听禁〔进〕步歌。”三云：“欧风兼美雨，过渡到东方。脑蒂渐开化，眼帘初改良。个人宁腐败，全体要横强。料理支那事，酣眠大剧场。”四云：“阳历初三日，同胞上酒楼。一张民主脸，几颗野蛮头。细崽皆膨胀，姑娘尽自由。未须言直接，间接也风流。”

赠新人物诗

有人作赠新人物诗者，竭意描摹，寓规于讽。其咏学界者，则有“教习”“学生”“出洋学生”三题。教习云：“自道东瀛留学归，图谋聊借一枝栖。如今不说之乎者，换了新腔萨西司。”学生云：“不是从前酸秀才，学堂毕业气雄哉。文凭一纸非容易，辛苦三年骗得来。”出洋学生云：“一岁千金价不低，只因费重总难弥。单言衣服须双套，一套华装一套西。”

题李铁拐像诗

某家藏古画，所绘为八仙中之李铁拐像，乞文士某为之题诗。某援笔题之，诗云：“葫芦里是什么药，背来背去劳肩膊。个中如果有仙丹，何不先医自己脚。”

兄弟联句咏雪

中州有兄弟二人，纨袴子也，仅识之无，而自命为通品。一日赏雪，欲联句，苦思不得。忽见一狗自雪中来，兄曰：“予得起句矣！”遂吟曰：“黄狗身上白。”弟大叹服，谓其心思之巧。继而弟亦续吟曰：“白狗身上肿。”兄见之大惊曰：“尔我得此二句，竟成咏雪绝唱，不宜再作，非但恐贻狗尾之讥，且恐遭造物之忌也。”言毕相与大笑不置。

斋联门联

有自书一联揭于斋壁者曰：“倩人抓背，上些上些再上些，知痛痒还须自己；对客猜拳，是了是了定是了，真消息原在他人。”语虽滑稽，实亦道破世情矣。其大门联则八字，曰：“自由不死，国魂来归。”相传为鄂人戢元丞所撰，以白纸书之，不知者方以其家为有丧也。

松庄联

金陵富翁蔡某，暴发户也，尝于居宅之旁辟园囿，遍植长松，曰“松庄”。落成日，以巨金丐某名士譔（同“撰”）联，名士思有以戏之，为集《四子书》二句云：“臧文仲居蔡，夏后氏以松。”

戏台联

某邑演戏台有联，寓规于讽。联云："事事如斯，装一般打脸挂须，偏称脚色；年年依旧，唱几句南腔北调，就算改良。"又鄞谋曾撰傀儡戏（俗名"木人戏"。）联云："着几件衣裳，也在舞台充脚色；无半点血气，全凭光棍顶人头。"

厕所联

有作厕所联者，联云："到此方无中饱患，何人不为急公来。"

变之时义大矣哉

自光绪戊戌以至宣统，朝野上下，亦屡言变法矣。有心人起视之，则曰：国犹是而已，民犹是而已。

客有善说变者曰：今之世事，诚万变矣，变之时义大矣哉！"齐一变至于鲁，鲁一变至于道。"我国领土一变而为外国之属地，如香港、台湾是也；又一变而为外国之租借地，如澳门、广州湾、九龙、胶州湾、威海卫、旅顺、大连湾是也；又一变而为外国之租界，如上海、天津、汉口等是也。

孙悟空之变也，善摇其身，于是后世之学者，不惟摇其身，而且屈其膝，鞠其躬，奴其颜，凡小人之所能为者，无不优为之。变哉、变哉！社会之转移，能使有用者变为无用，废物、怪物，所在皆是。人种一变而为犹太，国运一变而为埃及、印度。变之又变，殆无所不用其变矣，可慨也。

害甚于洪水猛兽

大地各国，虽政教不同，治法各异，于保存固有之国粹，不忘天赋之本能，固初无二致也。而吾国乃有误解共和真理，议论驰于极端者，谓前史所载圣经贤传、大本大原等名词，皆以愚惑黔首，遂倡为无秩序之平等、无法律之自由，邪说横行，人禽莫辨，逾法蔑纪，伦理荡然，其害有甚于洪水猛兽也。夫国可由衰而盛、转弱为强，苟民德丧亡，纵地有二万万方里，人有四百兆之众，亦必士崩瓦解，不能立国于天地之间矣。

富家翁与贵公子

世称多金者曰“富家翁”，盖原本于《史记》。（沛公入秦宫，欲留居之，樊哙谏曰：“沛公欲有天下耶，将欲为富家翁耶？”）而于有官职者之子，恒以贵公子称之，则源于古诸侯之子曰“公子”之说也。一日，王、李二人遇于公宴之所，王富而耄，李贵而少。李以门地自矜，傲睨一切，谈谑间作，于王多所奚落，王不能堪，乃亦反唇相稽。谈某为解之，目王、李而言曰：“两公为富家翁，为贵公子，翁也子也，喋喋胡为者？翁之于子，固当理遣情恕耳。”

尸口

光绪末，民党中人以政府腐败至极，不足有为，爰创《民呼报》于沪，鼓吹革命。未久被封禁，因去“乎”字二画而为《民吁》，乃未久而又被封禁。民党坚持初志，冀达目的，于是有《民立报》之出版。金奇中曰：“报章之大声疾呼，长吁短叹，非一日矣，而政府诸人酣睡不醒如故也。今欲令人民求所以自立之道，宜曰尸口。”

洪少山闻其言而大愕，曰：“吾未闻陈死人之能言也。”奇中曰：“吾人之以行尸走肉为外人所诟病也，久矣，今以‘尸口’二字为揭橥者，意欲起先觉于九原，诏告国人，以觉后觉。盖蚩蚩者氓，笃于迷信，闻生人之言，习焉不察，若托为幽冥之谈，类似神话者，或尚能振其聩而发其聋。且于‘民吁’之后而改‘尸口’，亦以表示尸居者之尚有余气也。‘尸’字加点为‘户’，户口即人民耳。”

金奇中日观悲剧

剧有喜剧、悲剧之二大别，喜剧难工，而悲剧易工，犹之撰拟文字，摹写万恶之社会，取材多而象形易也。金奇中侨沪久，其妇柯默尹粗知文字，好观剧，奇中则反是。一夕，默尹至剧场，观演社会现形记，伶人现身说法，穷极世态，归言奇中曰："今夜剧大佳，君无周郎之癖，若偕往，则亦可以扩见闻、增阅历。惜哉！"奇中曰："吾日与世人处，目之所见，无往而非悲剧也。虽无哀丝急管之凄楚，而伤心惨目，至于已极，亦何必多此一观耶？"

盖上海之地，虽为歇浦滨之蕞尔一隅，而魑魅魍魉，群集于是，上中下三等社会皆有之。繁盛之首区，罪恶之大薮也，万怪千奇，不可究诘，皆若有师傅之衣钵、固有之窟穴。极其潜势力之所及，全国为之转移。黑幕重重，观者为之目眩，实无往而非悲剧也。

优言官场不如戏场

谚云"官场如戏场"，证以某优之言，良信。其言曰："吾党中如净末外老生，除休业外，无日不冠带登场，仪从煊赫，顾盼自喜，可十余年，而无风尘奔走之苦，患得患失之虑，忧谗畏讥之情，恐官场尚不如也。"

戴琴斋自知为社会之蠹

戴琴斋商于苏，挈其妻居冶芳浜有年矣。其子曰兰，行贾广州，既娶妇，则赁屋于濠畔街，以琴斋之年耄而有足疾也，屡上书迎养为请。琴斋不许，答之曰："儿意甚盛，第自他人观之，将以予为阘冗之尤耳。且予之所自歉者，虚生于世，分利而不生利，为社会之蠹。儿亦社会之一分子也，何可分儿之利耶？是以滋不愿也。"

精虫噬人

金奇中曰："俗有以所薙之胎发、所落之残齿而留以殉葬者，盖于'身体发肤不敢毁伤'之说，推阐之至于极也。独于构精之时，则任意弃掷，不稍顾恋，其视精液也，曾发齿之不若。”奇中之言，盖指恣为淫乱之人而言也。又曰：“若辈固浪用其精矣，及精虫之化而为子女也，则珍惜爱护，惟恐不周，畏之如帝天，尊之如父母，曾不敢稍拂其意，他日受累，亦无怨言。此即谓为精虫之噬人，无不可也。”

豢洋鼠

自黑死病传染至华，而国人名之曰鼠疫，于是知鼠之当捕灭也，盖之益甚，不仅以其啮物也。患鼠疫者，发强热，身体生核，故又名核子瘟，死者十人而九也。然见有洋鼠，辄爱其毛白体小，灵敏如人意，则又豢之，以为玩物。毛稚鸿曰：“此实以崇拜外人之故而及于其物也。”

畏洋狗

西人喜豢狗，恒挈之以出游，以口有铁笼，不啮人。而华人以其状之狞猛较甚于我国之犬也，尤畏之，遇之者辄让道。毛稚鸿曰：“慑于外人之积威而及于物也，且若是。”

一龙一蛇

晚近以来，趋炎附势之风日甚一日，拜老师、结兄弟之外，有所谓“义亲”者，则以己之子女谓他人父，谓他人母，而自身得与为亲家也。为其义父、义母者，必为之命名，使侪己之子女，并锡以觌金衣饰。至是，而其子女则曰某为我之义父，某为我之义母。邹志道与龚器，初不相识也，龚有声于时，邹慕之，强龚之邻为之介绍，而令其子认龚为义父，意若一登龙门，声价十倍也。吴录闻而言之曰：“龚君今六十岁，其生肖为蛇，非龙门，乃蛇门也。况此二人者，固一龙一蛇乎！”盖言其一则飞腾，一则蛰伏也。

量大福大

人之恒言曰“量大福大”，此亦遇有拂逆，旁观慰藉之辞耳。金奇中反其意而曰：“福大者量小。”汤伯迟请其说，奇中曰：“富贵者多吝，福大量小之证也。”伯迟曰：“然。且妇人之有娠也，腹便便然，大矣，而悭吝成性，非亦量小之明证耶?”

一笑千金

某与人语，必笑。或叩之曰：“笑由喜而发，子何于不能喜、不必喜之际而亦笑耶?”某曰：“笑岂必由喜而发？吾亦视为酬酢之具。第未能以一笑博千金耳。”

国人亦知制造

中外互市久矣，我国输出之物品，率为原料，盖国人固未讲求制造也。外人购之，加以制造，辄输入吾国，所易之金钱，遂不可以数计。朱少侯忧之，一日忽语人曰：“吾国人固亦知制造矣，不然，何于女子天然之足而加以人力耶?”

名口

我国民数之统计，载之者曰户籍，春秋时已有之，所谓“版”也，历代不废，特未精确耳。计男子之数曰“名”，若干人曰“若干名”；计妇女之数曰“口”，若干人曰“若干口”。杨子健曰：“男子有姓又有名，故曰名；妇女不皆有名，未嫁者从父姓称某氏，已嫁者冠夫姓于父姓之上，称某某氏，故曰口。且若谓妇女无所事事，仰给于男子，惟开口待哺而已。”

雄胜于雌

有倡男女平等之说者，持之甚力，谓巾帼丈夫，所在皆有，才、学、识三者，何遽不相若？鲁岱生曰：“其然，岂其然乎?

何以鸟之色丽者为雄，虫之善鸣者亦为雄乎？试观鸳鸯、蟋蟀而知之矣。

“鸳鸯，体小于鸭，嘴扁平而短，趾有蹼，栖息于池沼。雄曰鸳，羽毛美丽，头有紫黑色羽冠，翼之上部黄褐色；雌曰鸯，全体苍褐色，胸腹灰白。蟋蟀，亦名促织，长六七分，全体黑色。雄者前翅左下右上相重叠，连接处有刚强之声器，末端有尾毛二，较雌者为长，雌者翅短。此非雄胜于雌之证乎？”

苏州男女平等

金奇中尝闻苏州“男女平等而皆易贵”之言而疑之，继而思之，乃曰：“男子以服官而贵，女子以因夫或子之封典而贵，事之常也。苏州多状元，潘世恩、陆润庠且皆大拜，是诚贵矣，然犹为他处之所有也。至于女子之贵者，则苏为独多。一以世人置妾，必觅之于苏，蓬头跣足之田家女，以容貌之得天独厚而妍丽也，一旦嫁为人妾，遂得餍珍错、被罗绮，役使奴婢，而跻于上流之列矣。一以苏女为妓者夥，与达官贵人易于接近，久之辄有得为簉室者，或且如尹文端公继善之小妻张夫人，补行婚礼而为嫡。此则为他处之所不经见者矣，宜其皆易致贵而得处于平等之位也。”

妾妇教育

哲学家言：贤也，良也，佳也，善也，凡此名词，皆比较的，故甲与乙比，甲优乙劣，而甲与丙比，则甲劣丙优。同是甲也，与乙比则优，与丙比则劣。何以故？优劣为比较的名词，本无一定之标准也。向之所谓善者，今或不复以为善；今之所谓善者，后或不复以为善，此进步之说也。

自光绪戊戌以来，发动力太骤，反动力因之以起，复古风潮汪洋澎湃，一泻千里，其余波之及于女界，乃受患尤深。宣统时，贤母良妻之声，愈唱愈高，激急者至诋之为妾妇教育。“贤母良妻”四字本无可议，教育家倡此主义者，其理想中之贤母良妻，亦决非以旧社会富于服从而略知书算之女子当之，固不与妾妇教育同其界说也，徒以盘与烛可同指为日，鼠与玉可同谓之璞耳。新学家所言之贤母良妻，与旧社会所言之贤母良妻，其观念截然不同，而莫能相喻。乃顽旧之徒，布满朝野，新学家而不用旧名词则已，一言及此，且联想而及于历史所有之旧人物，甚且以理想中之妾妇当之，于是合于其理想者，谓之贤良，不合于其理想者，即不谓之贤良。而中人以下之女子，以希望贤良之名，遂不得不求合于妾妇之道，其为进步之阻力，恐非倡此主义者所及预料。有言责之君子，可勿谨于其始耶？

多尘之点

某视学员至某校，观地理教员上课，见其地球仪之积尘盈寸也，恶之，乃指地球仪曰：“此处之尘，足有寸许之厚。”教员答曰：“否，当厚于一寸。”视学员以锐利之声问曰：“汝何言耶？”教员答曰：“非言萨哈拉沙漠耶？”

曹明毅治地理学

有父曾游庠而子毕业于学校者，自目不识丁者视之，以为皆读书人也。父曰明毅，子曰道宏，曹姓，佚其籍，殆边省人也。明毅既入泮，即束书不观，席先人余荫，饱食暖衣，无所用心，性又健忘。邻妪有得其远游之子所寄白话家信者，持以指毅，乞讲述，辄瞠目不知所对，乃属道宏为讲述之。或有诮其不悦学者，林重夫曰：“明毅固治地理学者。”钱亮臣曰：“吾识明毅十年矣，未见其有伏案片刻之日，而乃以专门学者称，吾甚惑焉。”重夫曰：“明毅之为人，健于谈天，是知天文地理也。常日游城市，周历各地，是知地文地理也。好与不善人居，酒食征逐，是知人文地理也。谓非地理学之专门家，不可也。”

今之学者为人

己，身也，对人而言也。一身之外，即以最亲爱之妻孥而言，亦人也。高润山读《论语》至“古之学者为己，今之学者为人”二句，太息而言曰：“今日官吏之起家，或以科举，或以学校，固皆号称学者，而其初则布衣徒步来田间之士也。一旦致身通显，贵且富矣，惟日孜孜，无不为其妻孥计安乐、谋封殖，而于一己之道德名誉，不遑顾及。是非专于为人之证乎？”

官吏视民如伤

人之戴眼镜也，非短视即老花，继而视为妆饰之品，藉以壮观瞻，曰平光，其取材普通者为白色之水晶。又有茶晶、墨晶，短视、老花、平光皆有之。遇客必除之，以示谦、以示敬也，反是则为傲。

在任官吏之呵殿而出也，以未能尽辟行人，虑有识之者之难与为礼也，端坐舆中，例戴墨晶眼镜，一若非此不足以示威严者。金奇中曰：“此足以见其夜郎自大、目无余子矣。”怀献侯曰：“非也，殆以痌瘝在抱，视民如伤耳。”

临摹法帖

唐松泉工小楷，尝为人抄书，而自辰至酉，仅千余字。李芝生诮其手腕过钝，金奇中曰：“松泉殆临摹法帖耳。”芝生曰：“吾知松泉不谙文法，依样画葫芦，何能速耶！”

财重于色

汤子平有妻曰李淑，有妾曰周慧娥，皆青年。淑不当夕，主家政、握财权而已。子平宿于慧娥所，夜以为常，淑不问也，惟于慧娥衣饰之需、医药之费，辄吝之。金奇中曰：“财之重于色也，有如是夫！”

以身发财

有为龙阳君者，娶妇而美，不一载，亦卖淫矣。或以无业讥之，则曰："吾二人非坐食也，皆以身发财也。"

如此下台

再醮妇某氏屡嫁而屡丧其夫，最后适某甲，年耄矣。婚礼既成，即入房，甲兴高采烈，然年老力衰，亟思安寝。妇大愤曰："如此下台，固不如不上台之为愈也。"

官金二字之别解

宋王安石作《字说》，穿凿附会，贻笑千古。今之弄笔，意在一粲，幸勿绳以小学正例可也。

"官"字从宀、从𠂤。宀者，交覆深屋；𠂤即"堆"之正字。官之大者，多深居简出，以保威重、防炸弹，故从宀。𠂤有"众"意，言入官与谋官者之多，常如𠂤积也。"金"字从人，从王八。王、忘音同，八谓孝、弟、忠、信、礼、义、廉、耻也。人能忘却八者，则常为金所归。

官迷

凡人之中无所主而为外物所眩者，及中有所蔽而固结不可解者，皆谓之迷。"迷"之云者，有得之则生、弗得则死之义，有饥不择食、眠不择寝之义，世之啧啧称于时者，曰"官迷"，曰"色迷"，曰"财迷"。

有拟一疗治官迷之药方者，其脉案则大书云："终日奔走，两腿酸痛。朝多寻思，神经昏迷；夜卧不宁，时时梦呓。以致唇焦舌烂，面瘦肌黄。加以拍马拍牛，肺叶已伤，危险万分。勉尽棉力，立方候教。皮手套一副，（拍马用。）肥缺一个，差役愈多愈妙，尖帽一顶，（钻营用。）铲刀一柄，刑具十副以上，以上四味先煎。喇叭一个，（吹牛用。）汽车一辆，假面一个，（讨好时用。）外以钞票十万张烧灰，和金银汁吞服。”

官病

专制与共和之大别，在其国人之虚荣心、权势心何如而已。人人存此虚荣、权势心，于是乎好做官，又媚官，又畏官，以为官者，虚荣、权势之所寄焉者也。欧美之国，视其官若公司中股东所雇之一经理，且目之为公仆，有何虚荣、权势之可言？故其国人不愿以非分求官，而亦不媚官、不畏官。

世间最易传染之病曰鼠疫，曰黑死病，然未有如官病之甚者也。其病状为热中，若颠若狂，如痴如醉，旁观者危之，而身受者反以为乐。及其病深，心日黑，手日辣，治之以笑骂，无大效，惟面发淡红色，转瞬即灭。据深于医道者研究之，谓患此者亟宜投诸水火，否则将流毒全国，甚至有灭种之虞也。

煤气弥漫于官界

煤气者，设厂置机，以大铁炉爇煤所得之气也。无色，有特臭，含毒性。自地下所埋铁管中分送他处，以供灯火或煤气引擎之燃料，其副产物为煤黑油。

触煤气而致死者，中其毒也。而吾国又别有一种无臭之煤气，合陈腐、新奇之各种气味变化而成，弥漫于官界，触之者虽不即死，而或心为之灰，或气为之馁，甚且名为之丧，轰轰烈烈之人物触之，亦未有不败而与陈死人略有所异者。然热中人犹不悟，且奋身以投入此煤气中也。

建设破坏

人之恒言曰：“欲有建设，须自破坏始。”盖革故鼎新之谓也。晚近以来，交通日便，于是沪市有旅馆，而内地亦踵行之。旅馆虽亦逆旅，其异乎昔日之所谓客栈者，则以备有衾枕，孑身之客，无虑不便。旷夫怨女，乃因以为利，待字之闺秀亦群趋之。且其屋率仿西式，闬闳高峻，陈设华丽。金奇中亦顾而乐之，惟叹曰："此诚所谓建设也，然其破坏亦至于极矣。"

无道德者由于智识之不高

君子之所以异于小人者几希，诚与伪之辨而已。君子无在不诚，小人无在不伪。晚近以来，有海外之新智识输入，而适济其奸，相率为伪。间有一二自好者流，欲自勉为君子，而为群小所构，无可幸免。怀献侯有慨于此而言曰："近今人心不古，世道陵夷，道德之与知识，几成反比例，智识长则道德消，智识愈高，道德愈卑。环顾全国，苟非浑噩之乡人，无不以诈伪相尚，且犹借口于权术也。"金奇中曰："不然。道德为天所赋，孟子所谓性善是也。智识果高，自有真知灼见，不至为习俗所移，而可保守道德于弗替。然此必上智之覃精哲学者方能语此，若普通之予智自用者，欺世盗名，彼此作伪，惟以伪相战而已。心劳日拙，卒至失败，实为天下之大愚。其所以无道德者，实亦智识不高之所致也。"

成人自侪于儿童

光绪中叶，开通之士颇有知西人办事之综核名实，欲从而师之者。天津某财团之治事，效法西人，有定时，职员晨集暮散，迟到早退者曰旷，竟日之治事为七小时，是为法定时刻，在此时内，不得治己事，而便旋（俗名"小便"。）遗矢（俗名"大便"。）则不禁，以迫于排泄，不能强制也。乃竟有以此偷闲，而伪为如厕，甘受秽气之熏蒸者。此与私塾之徒，但图偶避其师习为游嬉者，无以稍异，则是以成人而自甘侪于儿童也。

万臭虫

臭虫为人所最恶，以身扁能藏于隙，故为人所不觉，且能久饿不死，有恶臭。卵白长而圆，孕卵一次，可六枚至五十枚，微隙之中皆可产卵，约七八日始成幼虫，初时为淡黄色，渐变深红，约八日脱壳一次，脱五次，凡历四十日即成臭虫。虽不饮不食，形亦不变，善于藏匿以保其生，每一脱壳食一次。其群居之处约为床之四周左右，或旧屋多孔之处。喙微似蜜蜂，有四小针，利如锥，一着人之皮肤，则针中发出长喙，以钻刺而吸血，使人肿痛。防之方法：宜用铁，或以坚木制榻，俾无容身之地。此外宜用煤油或松油及沸透之肥皂水洒入木器之缝，或焚硫黄等物使气上蒸亦可。盖臭虫非特吸人膏血，并有种种疾病，为臭虫所传染者，如复热症等是，故欲免其患，宜思所以预防之。

万松涛者，素无行，不齿于乡里，人以“万臭虫”称之，遇之于道辄远避，若见不洁之西子，必掩鼻而过也。万多子，其原配周氏产九人，继妻李氏产七人。有妾二：王氏产五人，朱氏产十人。群居终日，多行不义，其出也，咸相谓曰：“万臭虫之蕃殖，何亦类臭虫乃尔耶！”

人禽之界限

某妇性慧，有口辩。一日，骂其子曰：“你这狗婆养的，其蠢无对，真是牛马之不若也。”夫闻之笑曰：“‘狗婆’二字，岂非自骂乎？彼既为牛马，汝岂非牛婆马婆乎！”妇曰：“方今之世，对于人禽之界限，久已融洽，君谓今之人格，果大异于狗与牛马乎？则今之攒狗洞、吹牛皮、拍马屁者，不知凡几。彼自命为丈夫者，日日与狗牛马相狎而不以为嫌，予一妇人，即作狗婆，亦何不可！”

金奇中庆吊吊庆

社会交际有庆吊，生子女也，婚嫁也，寿诞也，则宜庆；死丧也，则宜吊，人情皆然。金奇中于此乃独异，有宜庆者则吊之。谓生齿日繁，已有人满之患，而又长生不死，岂非家庭社会之大不幸乎？是宜吊。有宜吊者则庆之。谓人之所恃以为养者，方患不给，今彼死而其家庭少一累，社会即少一蠹，可不至有生计革命之祸，岂不大可喜乎？是宜庆。汤颐琐闻之而语奇中之戚赵伯英曰："奇中生于叔季，愤世嫉俗，以凡所闻见，皆具悲观，故不觉有此偏激之言也。"

上海之声

上海民居鳞次栉比，一衖之中，衡宇相望，而衖中之声最可厌者为各种卖物叫唤之声。每日自日高舂至日下舂时，纷至沓来，几于震耳，而腕车之辘辘声，马车之得得声，犹不计也。或闻此声而愀然有感焉，意谓人烟之稠密，生计之艰窘，游手之日多，消耗物品之日以增益，一一于此声中传出，以视龚定庵之恶闻饧箫声，（定庵每于日斜时闻卖饧声则病，亦不知其所以然也。）殆有异焉。

自谓出言必信

某甲新雇一仆，诏之曰："行事务诚实，勿虚诈，我之言，汝必听从。"仆诺。一日，戒其仆，谓如出遇索债者某乙，毋谓主人在家。仆出而果而遇之，竟以实告。甲知之大恚，骂其不能从命。仆曰："我固事无虚诈，所告于乙者，即主人之言也，我何尝不听主人之言哉？"

不识字人勿入内

地方议会开幕时，各市选举议员，多有不识字人依样描写他人之姓名而入会投票者。某市管理人欲杜斯弊，而亦未审查选民也，但标书于市公所之门曰："不识字人请勿入内。"

水性爱钱

无锡惠山之麓，有惠泉，吾国第二泉也。泉有二池，方圆各一，游人围池观水，取钱投之，验钱之入水能否旋转而下，以是水底积钱，时有所见。某学究语人曰："水性固爱钱也。钱，泉也。钱可通神，钱不竭，则泉亦源源而来，池水自无浅时矣。"

深明其意

某老教员上讲堂，睡魔忽至，频点其首。及闻下课铃声，乃惊醒，拭其朦胧之眼，庄颜对学生曰："我所授之课，汝曹已深明其意耶？"

不是东西

有董仲池者，善病，与医为缘，而笃信新医术，医非日本人即德意志人也。光绪辛丑春，患疡，德医治之而愈。其年冬病伤寒，或以华医荐，则曰："君休矣，此不是东西，吾不信也。"

吾与子其为牛乎

衡阳曾季子善书，有晋人风。既罢官，无以为生，临川李梅盦乃劝其鬻书以自给，语之曰："子今不能以术取卿相，没人财帛以自富，又不能操白刃以劫人，为盗贼，称豪杰，直庸人耳。今老且贫，欲执册奉简，口吟雅步，称儒生，高言孔孟之道，此饿死相也。饿死，常也，人方救国，子不能自保其妻孥，不亦羞乎？且富者，人之性情所不学而俱欲者也。语云'求食者，牛不如鼠，鼠不如虎'，何也？牛服田力耕，以劳易食；鼠则窃处仓廪，无人犬之忧，长养其子孙；虎居深山，据大谷，上捕飞鸟，下瞰野兽，何求不得焉？子力不如虎，巧不如鼠，吾与子其为牛乎？鬻书虽末业，无饥寒之患，无刦夺之忧，无捐金之事，操三寸之觚，有十倍之息，所谓'不赍贷之子钱，以劳易食'者也。太史公曰：'富无常业，货无常主。'卖浆小业，张氏千万；洒削薄伎，郅氏鼎食。它日吾与子起家巨万，可与英美托辣司（今"托拉斯"）主者埒富矣。"

犬御外侮

有侨居上海租界之北苏州路曰周竹荪者，其地与闸北之乌镇路相接，距数十武而近。竹荪役于洋行，蓄洋犬二，皆牝也，一名亨姆，一名乔丽，每出入，必挈以自随。乌镇路居民李天泽则蓄一牡犬，亦有名，曰骏。一日，骏方食，为亨姆所见，趋之，夺其食，骏怒，啮亨姆之项，亨姆奔，天泽喜曰："骏能御外侮矣。"

得天独厚遗世独立

犁牛之子骍且角，不仅春秋时之仲弓为然也，今亦有之。其人为陈秉昌，少年老成，学行卓著。余克斋见而异之，语怀献侯曰："奇哉若人也！谓为得父母之遗传欤？其父母不辨菽麦也；谓为受社会之熏染欤？则社会固甚昏浊也。吾诚百求其故而不得矣。"献侯固亦识秉昌者，知之审，乃曰："斯人也，其殆得天独厚、遗世独立者欤？"

冶游观剧

上海之骄奢淫佚甲于通国，多娼寮，多舞台，男子嗜冶游，女子嗜观剧，凡中流社会以上之人，几已悉有此嗜。冶游为审美之作用，爱妓之色也；观剧亦审美之作用，爱伶之色也。冶游者每于构精时多留恋，观剧者每于曲终后始起去，则皆以既耗金钱，必使尽兴而后已，谚所谓"捞本儿"者是也。

以夫妇而有冶游、观剧之嗜者，亦有之。夫为谁？陶月舫也，大兴人。妇为谁？严俪也，元和人。宣统辛亥秋，其家居公共租界爱文义路之道达里，怀献侯曾与之结邻，尝语汤颐琐曰："自午后四时至十二时，过陶氏之门者，惟闻仆婢笑语声，嘲骂声，杂以弹丝吹竹声，呼卢喝雉声，而有时更闻氤氲之气，不可向迩，盖其子女三人皆吸鸦片烟也。吾之所以迁居者，避嚣也，择邻也，以其常日皆如是也。"

平等

男女之不平等也，贵贱之不平等也，贫富之不平等也，金奇中者，夙持大同主义，方苦无以剂其平也。一日，忽憬然有悟而言曰："王道不外乎人情，从民之欲，顺其趋势，则不平而自平矣。"怀献侯曰："其道何由?"奇中曰："今之人无不好观剧，好冶游，果使人人为伶，人人为妓者，男女、贵贱、贫富，岂不悉臻于平等耶?"

位尊多金

丹徒刘季英尝以龟甲赠金奇中，盖殷商卜时所用之遗物也。奇中甚珍之，以甲为石灰质之易碎也，乃镶以白金之盘，置于紫檀之架，登之文石之几。或见之，叹曰："此三千余年死龟之躯壳也，何亦位尊多金如是耶?"

本官本员

世称官吏为官员。员，官数也，如设官若干人，谓之"若干员"。官之对于人也，有自称"本官"者。而官员黩货者多，则以"员"字加"囗"为"圆"，即为银圆之圆故也。洎宣统时，而有议员出焉。议员者，咨议局之代议士也。其发言时，则于自称"本席"之外，或又自称"本员"，而黩货者之多，乃亦如官。林沪生曰："员之时义大矣哉!"

同流合污

吴子苍好啖饼饵，然必择市招之有"官礼名点"字样者而购之。其出行也，汽船必官舱，旅馆必官房，而就浴于肆，亦必惟官盆之是求。一日，至某镇之某浴室，则仅有澡池，见众人裸逐于中，乃叹曰："吾不能自失体统，以同流合污也。"乃遽拂袖而出。

乡人闻官话而生畏

官话为正音，流俗不察，以为必官吏而始有此话。北人之普通语言，颇似官话，非若吴越语言之为古时南蛮鴃舌之音也。吴越人乍与北人遇，闻其言，辄以官话目之，敬礼之心，不觉油然而生，此亦奴性表示之一端也。

然此所谓“吴人”者，就江苏之苏州、松江、常州、太仓而言，镇江北如扬州，如通州，如淮安，如徐州，及江南之江宁，虽亦为吴，而其语言大异，类似官话。吴越巨室，每佣北人为司阍，取其发言之似官，可以威吓乡愚，使之闻而生畏也。北人不可得，则佣扬州等处之人为之。

光绪初叶，吴人周甘卿入都，自清江浦遵陆而上，闻道旁男女之发言类官话，归而语人曰：“北人多智，虽三尺之童，皆操官话，不待学而能也。”

大骗小骗

沪上拐匪之炽，日甚一日，设局诱骗，无奇不有。高晴川伤之，林沪生曰：“今之世界，实大骗局耳。甚且有假法律而行其欺骗之手术者，与拐匪较，乃大骗小骗之分耳。”

父子之间不责善

有纵其子为不善者，曰周舜民，于其子之行事不一过问，佯为不见不闻而已。林沪生语之曰：“君有子而不能教，则中也养不中，将何以自解乎?”舜民曰：“吾年虽耄而尚未健忘也。幼时尝读《孟子》矣，孟子不云乎：‘父子之间不责善，责善则离，离则不祥莫大焉。’”

学拜年

有惧内而下跪者，或改《千家诗》一首嘲之曰：“云淡风轻近夜天，傍花随柳跪床前。时人不识予心怕，将谓偷闲学拜年。”

赎当头

有质钱赴博局者，提贯而言曰：“万事不如钱在手。”旁有一人应声曰：“一年几见赎当头？”

校字二音适相反

有何桂胜者，旅困于沪，久之，始得一事。一日，遇蒋少明于道，少明曰：“君比作何事？”桂胜曰：“近方为明正学校校对书稿。”其言时，于学校之“校”读如“矫”，于校对之“校”读如“效”，“校”字二音适相反也。少明鄙之，语之曰：“君读音宜审，若人人尽如君者，将呼君为‘乌龟生’矣。”

牛鸣马不应

沪多苏女，自侨居之大小闺秀、小家碧玉外，为妓者有长三，有么二，有野鸡，有花烟间；为佣者有娘姨，有大姐。盖壤地相望，一苇可杭，团体固结，彼此援引，在沪人数之多，可与广州、宁波之商人相提而并论。知吴语者，试一行通衢，入僻巷，侧耳听之，固所在皆有莺燕之声也。

汤颐琐以苏人而久旅于沪，固重乡土之观念，持博爱之主义者也。尝语金少川曰：“吾苏女之美，为欧人所赞，至比之于欧洲之意大利，（欧人尝曰欧洲妇女以意大利为最美，亚洲则苏女也。）其美可知。吾则谓吾苏妇女，实可以美字概之。虽蓬头挛耳，齞唇历齿，旁行踽偻，又疥且痔，千百中亦有一二，然详审之，则固无不饶有姿致，不待粉泽，我见亦怜。他处之女，则万不能及。吾故以为吾苏之女无一不可爱也。”

少川曰：“君苏人，而于苏女赞不容口，亦阿私所好也。”颐琐曰：“女无姿致，则为木偶人，尚何美之足云？古人之言美女者，不尝云‘仪态万方’乎？不又云‘柔情绰态’乎？凡可称为人者，固无不知之；不知苏人之美者，是无目者也。君以审美自衿〔矜〕，而并此不知，非牛鸣而马不应欤?”（夫牛鸣而马不应者，异类故也。见《列女传》，此则借用。）

尖先生

外人之谓吾国也，初则曰老大帝国，继而曰幼稚国。老大也，幼稚也，绝对相反，两不相容者也。果老大欤？果幼稚欤？虽旁观者清，恐外人亦不能下正确之判断也。而林沪生则曰：“皆是也，亦老大，亦幼稚。国既有老大、幼稚之徽号，则为其民者，皆可称尖先生矣。”“尖先生”者，沪人以称亦老大亦幼稚之妓，言其不大不小也。

扶得东来西又倒

醉人不可扶，扶之，则愈若醉而倒矣。金奇中久具厌世想，有举世皆醉我独醒之概，虽居沪，常杜门谢客。一日，偶以事出，遇戚子珍、唐善卿，见其彳亍于道，盖皆自酒楼大醉而出也。至九江路，二人大吐，子珍仆于地，奇中亟扶之起，则善卿倒矣；乃扶善卿，而子珍又仆。奇中叹曰：“扶得东来西又倒，奈何？不可为矣。”于是呼马车送之归。

嫂夫人

称人之妻曰“夫人”，尊之之辞耳，不必问其是否为得有一品二品封典之夫人也。或加以“嫂”字，曰“嫂夫人”，则以对于其夫，既视之如兄，对于其妻，自视之如嫂矣。骆少秋与曹松舟善，旬日必过从，松舟妻王氏甚贤，少秋至，辄具酒馔，使松舟与少秋对酌。少秋感之，恒语松舟曰：“夫人贤哉，君得内助矣。”越岁而王卒，又越岁而松舟续娶魏氏。魏亦贤，少秋至，亦治具饮之。一日，设河豚，少秋食而甘之。时松舟有友穆小溪亦在座，饮毕，少秋连声赞之曰：“夫人贤哉，夫人贤哉！”小溪曰："君误矣！何不称以嫂夫人乎？吾以为吾辈之所称者，惟嫂夫人为最当耳。不加嫂字，乌乎可！"松舟闻言，变色而起。盖松舟之继配，即其新寡之次嫂，俗所谓"叔接嫂"者是也。

贪欢受累

生齿之繁也，生计之绌也，盖以承平日久，漏卮日多而然也。于是比年以来，无告之穷民日益加甚，甚且有一家之父子兄弟一无所事，而欲为盗贼，则无胆无勇；欲为棍骗，则无口无术，惟知乞怜于人。而犹孳生不已者，意谓子女成立，必有人为之谋食也。被其累者每苦之，金奇中即其一也。

奇中性耿介，不干人，而又慈祥恺恻，于无告之穷民，辄视之如己饥己溺。王明卿者有二子，累奇中有年矣。盖其父子三人，以愚故，虽得枝栖，人终必摈之。奇中岁为之营干，作微生乞邻之举而干人，竭尽心力。久亦厌苦之，乃叹息而言曰："人贪欢，（一晌贪欢，见李后主词。）我受累矣。"贪欢者，盖言若辈之饱食恣淫也。

所乐不同

杨、荣、寿、孙、金、李、王七人皆侨津，服务于官署，晨集暮散，既散而各有所以为乐者。杨石友喜观剧，乐在目也；荣伯高喜听书，乐在耳也；寿兰生喜饮酒，乐在口也；孙梧堂喜斗牌，乐在手也；金仲撝喜看书，乐在心也；李季玉喜狎妓，乐在屌也；王少川喜散步，乐在足也。戴叔康闻之而叹曰："若辈所乐不同，金之所乐，高人一等矣。"

做戏看戏

金奇中客沪，服务于坊肆，任撰述，穷日夕之力，伏案搦管，矻矻不稍休。尝著社会小说，虽温太真之燃犀，吴道子之写生，不是过也。其妇柯默尹颇知书，读而善之，语之曰："子何不撰为剧本，以赠梨园，使予可得一常年优待免费之券，常日观剧，不费子一钱乎？”盖其妇固酷好观剧也。金答曰：“予撰社会小说，描摹世情，穷形尽相，嬉笑怒骂，无不备具，与做戏何异？我既做戏，则卿亦看我之戏可矣。且卿亦已现身于我之戏中，我为正角，卿为配角，虽不看他人之戏，庸何伤？”

不如半开化之为愈

机械变诈之心，每随文明之程度而俱进。盖知识日辟，艺术日高，自足以辅助其波谲云诡之千端万倪之伎俩而不为他人所觉，道德之堕落，群若视为当然者矣。怀献侯曰：“是不如半开化之为愈也。”

金奇丁胜于四不像

金奇中有族弟曰奇丁，自号“似而先生”，盖自言其似是而非也。其似是而非也若何？则似公子，似贵介，似达官，似名士，似新党也。似公子者若何？其尊人冷官也，而奇丁独无寒酸气，不知者且以为公卿大夫之子弟也。似贵介者若何？其从兄为京朝官，以其幼时之聪颖，独钟爱之、优待之，奇丁乃亦能露头角而有自异矣。似达官者若何？奇丁尝以纳赀得官，而起居动作，绝无丝毫龌龊委琐之状。似名士者若何？奇丁雅好文艺，颇能与当世之骚人墨客相周旋。似新党者若何？奇丁虽不通外国文，而嗜译本书，与人谈话，颇多新名词。奇中语之曰：“子生于非驴非马之中国，有此五似，胜于四不像多矣。”四不像者，兽名，麈之俗称，黑龙江之鄂伦春有之，人役之如牛马，有事，哨之则来，舐以盐则去。

杨景秋夜郎自大

自“大人”之称谓滥，自洋人之势力盛，而乡愚无知，见有异言异服者，不问其为厮养也，为乞丐（外人亦有在华行乞。）也，皆以“洋大人”称之。京津小儿习闻之矣，嬉于市，辄为之谣曰：“洋大人，无限威权在自身，咱们偏做中国民。”盖以光绪庚子八国联军之至，惧被诛戮而为此媚外之语也。有粤人杨景秋者，醉心仕途，初至津，一日过宫北估衣街，闻有呼洋大人者，以为呼己也，遂应之，自是而后，一举一动无不摹拟官僚矣。越翼日，马竹轩遇之于途，语之曰：“子勿自以为大人也。说大人则藐之者，吾也。且子之五官四肢，亦犹是人耳，夜郎自大，果何为？”

公仆之自嘲

有为省城附郭之首令者曰洪子澄，以达官贵人沓来纷至，苦于送迎之烦，辄咨嗟太息，欲告退。谓：“终日奔驰，望尘而拜，虽非奴颜婢膝，究亦同流合污，吾不为也。”林沪生闻之，语之曰：“欧美人谓官吏为公仆，君之仆仆道途也，宜哉！”

四贼穷无所之

余季考隐居苏州虎丘之山塘，且读且耕，殊自得也。中年始娶妇，妇为农家王氏女，曰秀云。既于归，则从季考从事于田作。客有过斟酌桥者，每于夕阳将下时，见其扶锄耦耕，徒跣泥淖间，双笠影斜，时或并肩而言，诚一幅天然图画也。其所居虽为绳枢瓮牖，而甚修洁，农具之外，杂以文具图史。乡里小儿目光隘，疑其有所蓄也，争瞷之。某岁暮春，有二贼穴后墙进，季考方夜读，惊而逸。翌日，季考出担粪，秀云亦芸草于田，乃有一贼入其室，衣及钗失矣。越旬余，秀云方归宁，夜深，季考寝矣，一贼自梁上而下，攫衾去。及秀云归，季考具告之，秀云曰：“吾家固无长物也，何四贼之惠然肯来，不我遐弃乎？”季考曰：“噫，此四贼也，固穷无所之，亦其父母之能生之而不能教之之所致耳，又何言！”

金奇中自歉

金奇中居沪久，常郁郁不乐。林沪生问之曰："君何所不慊乎？"奇中曰："他姑勿论，即言三端可矣。人之有求于我者三：借钱也，荐事也，作伐也。我为谋之而恒不能忠，方自歉，何所乐乎？"沪生曰："何也？"奇中曰："借钱与人，万贯不为多，百文不为少。然虽仅百文，我固已尽力矣。盖我亦窭人子，人亦谅我也。为人介绍而作曹丘生，以我之力微，彼之技劣，而不能月得巨资。然彼固尚有所获，慰情聊胜，我之力亦已尽矣。至于执柯，则必得两造之同意而后可。今则女多于男，天壤王郎，且不可得，以执柯相委者多矣，百不一成，无可致力，此吾之所以自歉也。"

柯默尹谓金奇中说梦

金奇中以其妇柯默尹之好观剧也，尝诫之曰："人生如戏耳，何必耗时失业，疲精费神，以观此戏中之戏耶？"默尹曰："人各有癖耳，观剧，吾之癖也。子岂一无所癖乎？"奇中曰："吾与明顾文端之癖同耳。"默尹请其说。奇中曰："文端，名宪成，无锡人，尝自言平生有二癖：一为好善癖，一为忧世癖。此两种癖所为，为天地立心，为生命立命。文端之言如此，卿尚何言？"默尹曰："子之玩世不恭，亦已甚矣，乃犹正襟危坐而说梦耶？休矣，毋污吾耳也。"

柯默尹谓金奇中好行其德

有抱乐器而奏之，且歌且行，蹀躞于坊陌，以售技自给者，凡繁盛之都会皆有之。金奇中好山水游，暇则手一卷，不入剧场，然当闭户夜读时，闻声辄召之入，使歌，且观书，且听曲，不以为嚣也。奇中之妇柯默尹以其歌之劣也，厌之，语奇中曰："沪上剧大佳，子不往观而乐此，好恶拂人之性矣。"奇中曰："吾非嗜此也。徒念若辈为无告之穷民，日得薄值，将以资俯仰耳。且自我出此些须之费，固无损，我伏案展卷，亦未夺我之日力也。”默尹曰：“信若斯乎？子亦好行其德矣。”

上场容易下场难

自提倡文明新剧之说盛，于是上海社会之中年人士，亦皆热心救世，而号召于众曰：“此固辅助社会教育之一端也。彼年少失学者，诚能日观新剧，濡染既久，自必有所观感而群思为善矣。安得有热心者，投身剧场，而现身说法乎？”曾子英习闻之，乃从提倡新剧之人而习焉。择日登台，观者座满，于时笙歌一奏，袍笏而出。孰知门帘方启，而台步已乱，鼓板不灵，喝倒采之声大作。高晴川曰：“上场容易下场难，有如是夫！”

捐员

捐官之外有所谓“捐员”者，捐议员也。官吏一称“官员”，入赀为官曰“捐官”。蒋禹洲者，浙之乡人也，饶于赀，以捐官之可以称雄于乡里也，欲纳粟者久矣。一日遇周子平于广座，即以捐官事托之，而谈次忽误言“捐官”为“捐员”也，子平哂之。座客有朱和雄者，乃曰：“处今之世，与其捐官，毋宁捐员之为愈。”子平诧而问之曰：“何谓也？”和雄曰：“今之议员，皆以金钱运动而得，费数百金，即可为之。他日所获，必倍之，或数倍之，无需次之苦，有取偿之道。且议员为出类拔萃之国民，虽有铜臭，于高尚之人格，固无损也。”禹州韪其言，乃不捐官而捐员。

良心

自革命之说起，而口头书面辄有“热心”二字，其误解者一意盲从，虽于非理之事亦必自表其热心。盖其人实乏判断力，事之是非，固不辨也，故凡所作为，无不逾越范围。林沪生曰：“是盖无良心上之主张也。良，音同凉，心既热，自不凉矣。”

机械之心

金奇中尝自上海乘沪宁汽车以至江宁，朝发而夕至也；又尝自汉口乘长江汽船以至上海，三日而已达也，神之，语怀献侯曰："机械之作用乃如此耶？外人何智，吾人何愚？"献侯曰："国人亦何尝无机械之心耶？用之不当耳！"

九头鸟

九头鸟，《太平广记》引《岭表录异》曰："鸺鹠乃鬼车之属。或云九首，曾为犬啮其一，常滴血，血滴之家则有凶咎。"今人以九头鸟为不祥之物，本此。又张君房《脞说》，时人语曰："天上有九头鸟，人间有三耳秀才。"按《续搜神记》，兖州张审通为泰山府君所召，额上安一耳，既醒，额痒，果生一耳，尤聪俊，时号"三耳秀才"。盖时人以九头鸟能预知一切，故以之比聪俊者。后更转以讥狡猾之人，而曰："天上有九头鸟，地下有湖北老。"盖言楚人多诈故也，其实亦不尽然。

狗有警察学识

陈蝶仙尝曰："吾国之犬，富有警察学识，每见异言异服者，必吠而逐之。"外人初入内地，殆无不为狗所困，故必以杖自卫。说者谓手杖之用，实等于打狗棒耳。

人乐我忧

许阁涛善育儿，有男子子七，女子子九。妇卒而续娶马氏，其岁为宣统庚戌，阁涛齿未四十也。逾年得孪生子二，粲粲成行，总计为十八矣。阁涛以力不足赡而常以为忧。一日薄暮，访其妻弟趾祥，趾祥虽有妻，而仅一子，且与之别居。时将晚膳，趾祥留之饭，则共餐者九人，皆门下食客也。阁涛乃笑而言曰："吾家食指之繁，自作孽，不可逭也。君何事而亦受人口腹之累耶？”趾祥曰：“人之乐，我之忧也。”盖趾祥亦贫，固笔耕而食，亦常患不给者也。

生利分利

金奇中尝自以虚生于世，饱食终日，分利不生利而自歉也，恒郁郁不乐。林重夫曰：“吾辈不农不工，皆无益于社会，分利之谤，自不免矣。然仰事俯蓄，萃于一身，犹能以劳心之所获，沾丐一家，就在家而言，固实为生利之人也，又何歉焉？以视阘冗之须眉丈夫，徒知食粟，而转赖其妇女以为养者，不已较胜一筹耶？”

两个呆人

师问学生曰：“一加一是几何？”生曰：“三。”师艴然曰：“汝真呆人，譬如汝与我，是几人？”答曰：“是两个呆人。”

未完之稿

有女学生嫁为人妇者，不能主中馈，其夫为购烹饪杂志。妇受而读之曰：“嘻，得之矣！烹饪之法乃若是其易，于我乎何有？”明日夫令作馔，则半熟不能食。夫曰：“噫，此何馔也？”妇曰：“此馔乎，制法悉遵杂志，惟为未完之稿耳。”

囚徒待决

汉口有某团体，每岁暮，放假三日，然于治事之末日午后，辄有袖手静坐，寂无所事，惟待时至即行者。李子和曰：“是殆如监狱待决之囚徒，知死期将至，故无所事事也。”

诙谐类

火灾可贺

国初有沈子均者，从朱近修游妙峰庵，遥望栖凤村火灾。栖凤村者，故沈所居。人为沈吊，沈曰："可贺也。"诘其故。曰："国破矣，家未亡也。家亡矣，身犹存也。侘傺至此时，庸何吊？以世俗言，身不死，便可贺。贺不加于吊，吊不加于贺也。"

齐脱貂裘猞猁狲

国初定制，三品以上，得衣貂及猞猁狲，乃任葵尊为御史时所疏定也。王渔洋戏为诗曰："京堂铨翰两衙门，齐脱貂裘猞猁狲。昨夜五更寒透骨，举朝谁不怨葵尊。"

枋头之败垓下之诛

姜垓，字如须，华阳人。夙与长洲徐昭法孝廉枋〔访〕善，尝客吴中，一日偕入市，姜顾徐曰："桓温一世之雄，尚有枋头之败。"徐应声曰："项羽万人之敌，难逃垓下之诛。"相与大笑。

状元归去驴如飞

顺治开科状元，为东昌傅相国以渐。相国曾扈驾，骑蹇驴归行帐。世祖在高处眺望，写其形状，戏题云"状元归去驴如飞"。画幅二尺许，设色古茂。

一顾再顾

顺治初，吏部诸司郎官，最为清要。吴郡顾松交，名予咸，顾蒨来名赟，俱以吏部郎解职里居，宾客辐辏。一日广坐中，一客忽曰："二公所谓一顾倾人城、再顾倾人国也。"

我身乃儿生之

沈稽中，名儒，青浦人，论《尚书》甚精。其父君化，于顺治时，有怨家诣军门，诬以大逆。时方治反狱，诛杀日数十百人。吏到门，举家惶惧，稽中挺身出曰："我即君化也。"讯时，颜状不变，词理条畅，竟得释。君化叹曰："儿之身，我生之。自今日以往，我之身，乃儿生之。"

翦取吴淞半江水

顺治甲午，张尔唯学曾自京曹出守吴郡，同官孙北海承泽、龚孝升鼎孳、曹秋岳溶三人设宴为别，各携所蓄名迹相玩赏。张因出江贯道《长江万里图》夸，相与赞羡不已，欲裂而分之。张大窘，孙集古句戏之云："翦取吴淞半江水，恼乱苏州刺史肠。"

入梦出梦

莱阳宋荔裳、新城王西樵、嘉善曹顾庵同游杭州西湖，一夕，看演邯郸卢生事，酣饮达旦。曹曰："吾辈百年间入梦出梦之境，一旦缩之银灯檀板中，可笑亦可涕也。"

岁在龙蛇

陆丽京尝遘危疾，宛转床笫间，犹喜滑稽。一夕，语陈际叔曰："奈何岁在龙蛇。"陈慰之曰："正恐吴中高士。"

筮短龟长

顺、康间，有龚、万二郎中，同舍相狎，龚长而万短。一日同僚毕会，龚复以短小为谑。万徐曰："左氏云'筮短龟长'，殆为兄发耳。"

朱移尊徐家筵

禾中朱竹垞、徐胜力为康熙己未宏博同征友，竹垞居梅里，胜力居城东角里。胜力尝邀竹垞饮，或竹垞移尊胜力家，彼此尝以名相戏，有“今日朱移尊，（音同“彝尊”。）明日徐家筵（音同“嘉炎”。）”之谑。

驼水驼汤

汤西厓少宰未遇时，与姜西溟太史同客都下，每出，则从西溟借马乘之。一日，西溟投以诗云：“我马瘪郎当，崚嶒瘦脊梁。终朝无限苦，驼水复驼汤。”

是蠏是蜂

黄吾堂尝饮范笏溪所，范举宋人语“二螯八足一团大腹”，曰：“君姓是蟹。”黄举《礼记·檀弓》语“范则冠而蝉有緌”，曰：“君姓是蜂。”范大称赏。

有龙有凤

松江钱舍人葆馚，康熙戊午曾举博学宏词者也。问董孝廉曰：“君家有龙，何也？”董曰：“犹君家有凤耳。”

差胜肉林

董苍水之子晴川臞，林南华肥，夏日裸坐，林曰：“真骨董。”董曰：“差胜肉林。”

朋友得夫妻之乐

太仓吴元朗暻、海宁查声山昇、仁和汤西厓右曾，为康熙戊辰进士同年，并负诗名，同官京师，恒唱酬竟日夕。某夕，社集声山寓斋，时值初春，天寒雪甚，因下榻焉。漏已三商，声山、西厓同榻先寝，元朗犹推敲未已。声山戏于枕上属对云："孤吟午夜，文章有性命之忧。"元朗应声云："双宿春宵，朋友得夫妻之乐。"声山闻之，戏拍西厓肩云："汤婆子，吾侪速睡休，勿令若人搅清梦也。"三人皆为之轩渠。

立得手痛写得脚痛

京朝各官，以儤直内廷为荣，然实不胜其苦，咫尺天颜，垂手侍立，久之则气血下注，十指欲肿。若派写进呈书籍，则终日伏案而坐，两脚不得屈伸。康熙朝，王宫詹图炳直南书房有年，尝奉命书《华严经》全部，出语人曰："伺候时立得手痛，抄录时写得脚痛，此苦岂外廷所知。"

山头盖起水晶殿

宣城施愚山侍讲闰章爱才如命，其督学某省时，有一名士入场，作"宝藏兴焉"文，误记其句在水下，录毕而后悟之，自知必被除名，乃作词以书于上曰："宝藏在山间，误认却在水边，山头盖起水晶殿，瑚长峰尖，珠结树颠。这一回，崖中真跌杀撑船汉，告苍天，留点蒂儿，好与友朋看。"施阅至此，和之曰："宝藏将山跨，忽然间在水涯，樵夫漫说渔翁话。题目虽差，文字却佳，怎肯放在他人下？常见他登高怕险，那曾见会水渰（同"淹"）杀。"

尚书少庶子多

康熙辛未，奉旨开局专修《尚书》，华亭王司空顼龄为总裁，纂修、协修诸员皆特简。一时荟萃名流，支给官物，按卷进呈，及夏秋则封达热河行在。东华珥笔，中禁蜚声，稽古之荣，不可一世。惟《尚书》卷帙无多，竣事易而撤局速。又司空颇蓄姬侍，皆有所出，平日坚持雅操，虽洊跻清要，而宦橐顾不甚丰，其长君图炳官春坊庶子，恒以分产不给为忧。或戏为撰联云：

“尚书只恨《尚书》少，庶子惟嫌庶子多。”

京职各署之比拟

京谚云：“翰林院文章，太医院药方，光禄寺茶汤，銮仪卫轿扛〔杠〕。”又云：“吏科官，户科饭，兵科纸，工科炭，刑科皁隶，礼科看。”盖各言其职守也。又巡城御史谚云：“中城珠玉锦绣，东城市帛菽粟，南城禽鱼花鸟，西城牛羊柴炭，北城衣冠盗贼。”盖各言其所巡之地，华朴喧寂，迥不同也。又称翰林院讲读学士云：“无事日有事，有事日无事。”詹事府衙门云：“开印日封印，封印日开印。”盖遇翰林院直日，讲读学士递无事摺，如有应奏事件，则由掌院学士具摺而学士弗与也。至于东宫官属，则政务清闲，用印日少故也。

吏部之喜怒哀乐

吏部有公宴，司员咸集，或语之曰：“公等一举手间，而人之喜怒哀乐随之矣。”众愕然，叩其故，则曰：“文选司掌选补、推升及班秩、品级诸典，故曰喜。考功司掌考察、降罚及引年、称疾、给假诸例，故曰怒。稽勋司掌丧制、终养、复姓、更名诸事，故曰哀。验封司掌封爵、诰命、赠荫、叙功、吏员考职等事及真人、土司承袭，故曰乐。”

康熙癸酉乡试谣言

康熙癸酉乡试前，御史有参翰林部曹不可提督学政一疏。相传京堂谋出督学，故浼台臣出疏。部下谣言沸羹，一时小说流行，有《小京堂密谋翻大局》《死御史卖本作生涯》《老郎中掣空筏望梅止渴》《穷翰林开白口画饼充饥》四剧。

恼煞老父东江

太仓唐实君考功孙华，别号东江，最钟爱其次子颐。康熙戊子省试，东江属望綦殷，而颐以违式不终场，遂逗挠白门，不敢归。有吴孝廉枢者调之曰："前有项王，后有唐郎。一个百战无功，羞见江东父老；一个三场不利，恼煞老父东江。"语末四句，回文巧合，可谓善戏谑兮。

杨朝麟批词

康熙己亥，三韩杨朝麟为江苏布政使，其批呈诉，脱去窠臼，记其一二如下：批女尼讼其徒孙嫁人者云："小尼姑脱却袈裟，便穿衲袄，正佛家所谓不二法门也。尔独何心，乃欲使之老死空门乎？尔如见猎心喜，不妨人云亦云。"又判以发妻被占控者云："前陆元公一案，某以谋占来告，本司庭审之下，乃是一个乌龟。今尔亦来告，本司仔细想来，必定也是一个乌龟。某人现在枷号示众，尔于某人放枷之日，速即来此，本司即将枷某人之枷，枷尔之颈，免得又污本司一面新枷也。"又判卖古董被骗者云："尔自谓善识古董，骗人财物，今亦遭人骗。观戏场上，大骗小骗，甚至胡须多被割去，其下场时，不过大哭一场而已，几曾见其告状？尔何不携陋巷之瓢，捉叩胫之杖，负曾子之蒉，向东郭墦间，乞祭余以骄妾妇；否则吹五子胥之箫，行乞吴市中，岂无舍太公九圜钱者？尽可谋生，不必兴讼。"

得卿来作挂帆人

方南堂，名贞观，康熙癸巳，以族人望溪侍郎事牵连，隶旗籍。雍正癸卯放归，屡客扬州，兴化县令尝荐之于大吏，将使应博学宏词科，辞不就试。著有《南堂诗钞》。其《戏示小婢》诗云："可能便结垂檐子，自顾将为就木身。好似远行舟楫具，得卿来作挂帆人。"

来见者何必知为谁

嘉兴钱文端公陈群居京时，有举子求见者，必极力赞扬。貌瘦，则赞其清华；体肥，则赞其福厚；至陋劣短小者，亦必谓其精神充足、事业无穷，各使得意而去。一日送客归，方解衣，子弟问客何人，尚书凝思良久，曰："忘其姓名矣。"子弟曰："大人如是称许，何遽忘之?"尚书笑曰："彼求见者，不过求赞耳！赞之而已，又何必知为谁也。"

翁仲

乾隆时，某词臣奉敕撰墓志铭，误将"翁仲"二字倒置，坐降通判。濒行，高宗为赋一绝云："翁仲如何说仲翁，十年窗下欠夫工。从今不许归林翰，贬尔山西作判通。"盖每句末二字均颠倒也。

酒祭廷朝

某祭酒出试题，误以"琱弓"作"弓琱"，太学生某嘲之曰："琱弓难以作弓琱，如此诗才欠致标。若使是人为酒祭，算来端的负廷朝。"此每句末二字亦颠倒也。

有字不如无字好

桂林陈宏谋退养林泉时，每与乡中父老聚谈为乐。至除夕前数日，乡人多有以春联索者，陈笑而受之，命人各标识于纸背。然绝不一书，亦不命书记代作。届期，乡人来索联，各以故纸还之。乡人大骇，问何不写字？陈曰："有字不如无字好。"乡人各欣然携归，各贴门首。或问曰："何无字?"乡人告曰："陈公云：'有事不如无事好。'故不用字也。"陈闻之，亦大笑。

僧有两妻

高宗南巡，驾次毗陵。一日游天宁寺，闻住持某僧有不规名，因询之，曰："汝有几妻?"僧以两妻对。帝异其言，又询之，则曰："夏拥竹夫人，冬怀汤婆子，宁非两妻乎?"帝一笑置之。

一瞽一跛

汪巢林、乐庆夫，皆金冬心布衣农之友也。巢林而丧明，庆夫亦患足疾，不良于行。冬心作诗慰之曰："蹇处却胜屈膝，闭时即是垂帘。可喜灵台不昧，何忧蓬户常潜。"又曰："此后已辞倾险路，从今不见寻常人。一春花福仍消受，弄影闻香各占新。"

满朝皆忠臣

高宗循卫河南巡，舟行倚窗，见道旁农夫耕作，为向所未见，辄顾而乐之。至山左某邑，欲悉民间疾苦，因召一农夫御舟，问岁获之丰歉，农业之大略，地方长官之贤否。农夫奏对，颇惬圣意。寻又令遍视随扈诸臣，兼询姓氏。群臣以农夫奉旨询问，于上前不敢不以名对，中多有恐农夫采舆论上闻致触圣怒者，皆股栗失常。农夫阅竟，奏曰："满朝皆忠臣。"上问何以知之。农夫奏称："吾见演剧时，净脚所扮之奸臣，如曹操、秦桧，皆面涂白粉如雪。今诸大臣无作此状者，故知其皆忠臣也。"上大噱。

阿堵物付流水耶

朱文正公珪喜诙谐，乾隆乙丑除夕，客有访之者，问岁事如何，因举胸前荷囊示曰："可怜此中空空，压岁钱尚无一文也。"有顷，阍人以节仪呈报曰："门生某爷某爷节仪若干封。"文正因谓客曰："此数人太呆，我从不识其面，乃以阿堵物付流水耶！"

老蛟精

张孟词，名腾蛟，福建宁化人，家近蛟湖。乾隆中，颇负时名，朱文正公尝以"老蛟精"呼之。文正诗云："三千文士校雄雌，第一应推张孟词。"

教读原来是下流

兴化郑板桥大令燮，少贫，尝为蒙师。既达，作诗自嘲云：“教读原来是下流，傍人门户过春秋。半饥半饱清闲客，无锁无枷自在囚。课少父兄嫌懒惰，功多子弟结冤仇。而今幸作青云客，遮却当年一半羞。”

新诗和到是明年

尹文端公继善诗才敏捷，督两江时，与门生袁子才太史枚倡和，每得句，必快马飞传，袁颇惮其神速。某年除夕，已三鼓矣，袁遣人持一诗至曰：“知公得句便传笺，倚马才高不让先。今日教公输一着，新诗和到是明年。”文端大笑。

束脩奉弟子

袁子才为尹文端代拟对联，文端贻书答之，并以风肉一盘为报。书中有“谢代笔之劳，兼谢在旁磨墨者之劳，佳人闻之，必嫣然一笑也”等语。又云：“自行束脩以上，为弟子奉先生而言。今自行束脩以下，又为先生奉弟子而言。”似改《论语》作倒装文法矣。

钱塘苏小是乡亲

袁子尝言一士大夫，杭人也，工书画，有“钱塘苏小是乡亲”印，恒于纸尾钤之。

青躬道人

仁和王健庵，袁子才甥也。家贫，以诸生老，晚年自号“青躬道人”。或问其故，曰：“无米无穴，精穷（窮）而已。”

总而言之曰穷

莱阳李蕚喜诙谐，岁试屡列前茅，而贫甚。尝自为楹联云：

“廪增附三生有幸，更有进焉者贡；少壮老一事无成，总而言之曰穷。”

只当小病一场

铅山蒋心馀太史士铨，尝以所撰《藏园曲》示袁子才，子才不喜。心馀曰：“只当小病一场，试读之。”子才无奈，强为过诵。越数日，心馀问及之，子才曰：“我已尽读一过，别无佳句。惟‘尽由他恁地聪明，也猜不透天情性’二语，略有风致耳！”心馀大笑曰：“先生是诗人，非词人也。词中所长，却不在‘尖刻’二字。”子才唯唯而已。

赤顶翠翎

河东河道总督无锡嵇涤圃，名承志，其先尝为长芦盐运使，不久引疾归。一日，偶与其妾戏曰：“吾不欲作显宦耳。若出山，珊瑚顶，孔雀翎，有何难哉！”妾曰：“妾不敢信。主公若得赤顶翠翎，妾愿作绿珠、红拂以事主公。”乃交相拍手为证。自此出山，已而果然。

以文比神仙鬼怪

武进管韫山侍御世铭，尝与同里诸子论文，目周宿航为仙，赵法伍为鬼，沈佩兰为怪。或戏曰：“韫山，君自作何品题？”宿航曰：“管大英风浩气，固当以神明目之。”一时里中遂有“神仙鬼怪”之目。庄虚庵诘韫山曰：“何以处我？”韫山笑应之曰：“君当是声闻、辟支耳。”

须抱不白之冤

陈句山太仆兆仑年逾耳顺，须尚全黑，裘文达公曰修戏之曰：“若以年而论，公须可谓抱不白之冤矣。”

打点饥肠吃剑潭

乾隆间，扬州盐商方盛，名士多往依之。有好客之商数家，曰方笠亭，曰汪剑潭。值梁昭明太子生日，会于文选楼，时诸名士方馆于方，而汪于席间邀诸名士过其家，群诺明日移榻，因相与联句，成一词曰："笠亭虽好，怎好天天扰？明日初三，打点饥肠吃剑潭。昭明太子，保佑我们休饿死。太子开言，尔与家君大有缘。"

君是蜂腰

献县纪文达公昀会试时，出孙端人宫允人龙门下。孙豪于酒，尝憾文达不能饮，戏之曰："东坡长处，学之可也，何并其短处亦刻画求似?"文达典试，得葛临溪太史正华，酒量冠一世，亟以书报孙。孙覆札云："吾再传而得此君，闻之起舞，但终憾君是蜂腰耳。"

夫人之夫字读如字

纪文达公夫人某氏卒，高宗命侍卫致祭，殊典也。纪谢恩，高宗问曰："汝负海内文豪之誉，且伉俪素笃，悼亡之作，必多佳著。"纪曰："臣年老矣，衰病侵寻，文字亦颓唐，不足登作者之堂。然六十余年结发，鼓盆之痛，其曷能已！仅抄袭古人陈言以塞责。"遂朗诵《兰亭序》"夫人之相与俯仰一世"，至"死生亦大矣，岂不痛哉"一节，高宗闻而大笑，曰："王逸少《兰亭序》只被汝将'夫人'之'夫'字读作如字，便是一段哭妻祭文矣。汝真善抄蓝本哉!"

老头子

纪文达体肥而畏暑，夏日汗流浃背，衣尽湿。时入直南书房，每出，至直庐，即脱衣纳凉，久之而后出。高宗闻内监言，知其如此，某日，欲有以戏之。会纪与同僚数人方皆赤身谈笑，忽高宗自内出，皆仓皇披衣，纪又短视，高宗至其前，始见之，时已不及着衣，亟伏御座下，喘息不敢动。高宗坐二小时不去，亦不言。纪以酷热不能耐，伸首外窥，问曰：“老头子去耶？”高宗笑，诸人亦笑。高宗曰：“纪昀无礼，何得出此轻薄之语？有说则可，无说则杀。”纪曰：“臣未衣。”高宗乃命内监代衣之，匍匐于地，高宗厉声继问“老头子”三字何解。纪从容免冠顿首谢曰：“万寿无疆之为老，顶天立地之为头，父天母地之为子。”高宗乃悦。

人间四季夏秋冬

纪文达尝于退直遇一内监，曰：“适有一联，乞公为足成之。”出句云：“榜上三元解会状。”文达应声云：“人间四季夏秋冬。”内监问何故脱却“春”字，文达笑曰：“君当自问其为何故也。”

其下无之矣

纪文达在直庐待漏，方与同直者谐谑，忽一小阉至，曰：“公等所说笑话，可得闻欤？”文达曰：“无笑话，惟今有一人……”语至此，默然。小阉曰：“其下如何？”文达曰：“其下无之矣。”

刘玉树小住芙蓉庵

纪文达有陆士龙癖，每笑辄不能止。尝典某科会试，试毕，左右传新科状元来谒。状元名刘玉树，即请见，晤后，首询其寓何所。刘对云：“现住芙蓉庵。”纪闻此语，忽笑不可仰，旋即退入内，久不能出。有顷，命请状元暂归府第。刘退，惴惴然。他日再见，探其故，始知是日成一联云：“刘玉树小住芙蓉庵，潘金莲大闹葡萄架。”借用小说回目作下句，而属对绝工，深自赞喜，故遂至是耳。

片云孤月

纪文达屡掌文衡，门生颇多。一日，有二生同谒，一额有黑瘢，一左目已瞽。文达见之，大笑不止。二生请其故，曰："吾偶集得杜句一联，分赠两君。"盖一为"片云头上黑"，一为"孤月浪中翻"也。

今日门生头触地

某生谒纪文达，一见即跪地叩首。文达忽大笑。或问之，曰："吾忆夜来事，得一佳对。"其对语即"今日门生头触地，昨宵师母脚朝天"也。

鸡飞旋于芭蕉之侧

有名林凤梧者，谒纪文达，文达问其命名之义，林夸曰："生时母梦凤栖于梧桐，故名。"文达叹曰："太夫人之兆，可谓佳矣。设若梦一鸡飞旋于芭蕉之侧，则足下之名，便不堪入耳矣。"

平平仄仄仄平平

纪文达新制蟒袍，与其戚某戏曰："昨亲家母来舍看女，见弟新袍，徘徊熟视，弟有诗赠之。"某曰："愿闻佳咏。"遂吟曰"昨宵亲母太多情，为看花袍绕膝行。看到夜深人静后"，诵至此句遂止。某曰："还有结句。"文达曰："无矣。"某曰："如何无结句？"文达曰："结句无非是平平仄仄仄平平而已。"

平上去入

有山阴平太史者，在京师续娶，纪文达所赠贺礼，中有《诗韵》一部，凡四册，分题以"之子于归"四字，平不解。既而赴谯，酒半，平从容问曰："昨蒙宠赐，内有《诗韵》四册，及所题之字，皆未识命意所在，今愿窃有请也。”文达曰：“无他，诗韵者，平上去入而已。之子于归，自应是平上去入耳。”

望月弹琴

纪文达有中表牛稔文者，其子坤娶妇，赠一联云：“绣阁团圞同望月，香闺静好对弹琴。”牛大赏之，以其隽雅也。明日，文达往贺，指此联曰：“吾用尊府典故，何如?”

女子小人寡妇鳏夫

或以“惟女子与小人为难养也”句令纪文达属对。文达曰：“有寡妇见鳏夫而欲嫁之。”盖欲使女子小人、寡妇鳏夫作偶也。

饮马驮人

陆耳山学士锡熊驱车谒客，便道过纪文达，语之曰：“适饮马四眼井，此五字以何为对?”文达曰：“即以阁下对之，可乎?”盖“驮人陆耳山”五字也。文达固以陆为马以戏之耳。

文治日光华

纪文达与王梦楼太守交莫逆，梦楼名文治。一日退直独早，忽忽至王寓所，遣家丁寄语其夫人曰：“顷在南书房，奉旨封王文治妻为光华夫人，特来贺喜。”夫人疑信参半。梦楼归，夫人语以故。梦楼曰：“若为晓岚所绐矣。”夫人诘其故，梦楼不语。盖其时都下春联有“皇恩春浩荡，文治日光华”句也。“日”字之音，盖借作□耳。

是狼是狗

纪文达宴于某尚书家，同座有某御史，亦滑稽者流，见一狗从庖前过，乃佯问曰：“是狼是狗?”“侍郎”与“是狼”同音，意指文达也。文达急对曰：“是狗。”尚书问曰：“何以知之?”文达曰："狗与狼有不同者二：一则视其尾之上下而别之，下垂是狼，上竖是狗；一则视其所食之物而别之，狼非肉不食，狗则遇肉吃肉，遇屎吃屎。"盖"上竖"与"尚书"同音，"遇屎"又与"御史"同音也。

疣太守

某太守尝谒纪文达，文达见其左额有疣，大如胡桃，讶曰："君拥连城、统僚属，累累者何以仪众？某市有某医能疗此疾，顾甚秘其术，必先具厚礼，徐告以情，乃可。"某如言，既见，则此人额亦有疣，乃悟为所戏，恚而归。

神行太保靴筩走水

纪文达酷嗜淡巴菰，顷刻不能离。一日当直，正吸烟，上忽召见，亟以烟袋插入靴筩中趋入。奏对良久，火炽于袜，痛甚，不觉呜咽流涕。高宗惊问之，则对曰："臣靴筩内走水。"盖北方谓失火为"走水"也。乃急挥之出。比至门外脱靴，则烟焰蓬勃，肌肤焦灼矣。先是文达行步最疾，每入朝，同僚咸落后，彭文勤戏语同人曰："晓岚确是神行太保"文达应声曰："云楣不媿圣手书生。"比遭此厄，不良于行者累日，文勤又嘲之为"李铁拐"焉。

谪居犹得住蓬莱

纪文达为人书联，其上联，必用"圣代即今多雨露"句，下联亦集唐诗为之，然绝不重复。一日，有丐其书联者，则以词林洊擢卿贰，旋又奉诏回原衙门行走者也。上联仍用旧句，下联则"谪居犹得住蓬莱"七字也。

中书君什么东西

乾隆某年，工部署被火而毁，高宗命侍郎金简（朝鲜人。）鸠工修复。有作上联者曰："水部火灾，金司空大兴土木。"久之无有对者。一日，纪文达遇一乡人之为内阁中书舍人者，谈次，中书述上联。文达曰："是不难，第恐累君耳。"中书诘之，文达曰："北人南相，中书君什么东西。"

进士皆《牡丹亭》脚色

乾隆庚辰一科进士泰半英年，京师好事者以其年貌各派《牡丹亭》全本脚色。如状元毕秋帆为花神，榜眼诸重光为陈最良，探花王梦楼为冥判，侍郎童梧冈为柳梦梅，编修宋小严为杜丽娘，尚书曹竹墟为春香。诸同年每呼宋为小姐、曹为春香，宋、曹竟应声以为常也。更有奇者，派南康谢中丞启昆为石道姑，汉阳萧侍御芝为农夫，见谢、萧者，无不失笑。

是太公的令兄

满人法某以滑稽闻，尤长于文事。督学某省时，某考生有书"员"为"负"者，法斥之，某不服。法援笔批其后云："私和句勾，吉去吕台，汝若再辨，革去秀才。"某乃心折。有某童生，年且七旬，法悯其老，恩给秀才，戏作《宝塔歌》曰："翁，古童，时运通，白发蓬松，是太公的令兄。"

说起穷来不算穷

吴山尊学士鼒，初官太平训导，一日宴于郡斋，即席口占二律云："诸公莫说教官穷，说起穷来分外穷。两个对头称正副，一年餬口仗生童。可怜岁考犹难免，纵有优差也不丰。不信但看盐典例，三钱倒有二钱铜。""诸公莫说教官穷，说起穷来不算穷。中轿居然安七尺，上台也只打三躬。老夫子叫人人是，外翰林称个个同。日上三竿犹未起，胜他多少磕头虫。"其他有自撰楹联，或嘲或讽者，如李时庵大堂联云："扫雪呼僮，莫认今朝点卯；轰雷请客，都知昨日逢丁。"傅芝堂联云："百无一事可言教，十有九分不像官。”屠筱园联云：“教无可教偏称教，官不成官却是官。”陆定圃联云：“近圣人居大门径，享闲官福小神仙。”沈秋河联云：“读书人惟这重衙门，可以无妨出入；做官的当此种职分，也要有些作为。”

多年不得诗书力

仁和厉樊榭孝廉鹗，诗集甫刊行，海内即有翻本。有刻书于楚中而以印本寄之者，刻书者与厉不相识，于姓旁误增“力”字作“励”。厉赋诗寄之云：“展卷风前睡眼醒，何人不辨六书形。萧生有系知非鄭，温尉如存笑带令。旅食欲添双鬓白，乡书只说两峰青。多年不得诗书力，早晚烟波买钓舲。”

敝姓曾连顾孟平

嘉善黄霁青大令名安涛，咸、同间词人也。同年生某投札致候，误书“黄”为“王”，乃答以诗曰：“江夏琅琊未结盟，廿头三画最分明。他家自接周吴郑，敝姓曾连顾孟平。须向九秋寻鞠有，莫从四月问瓜生。右军若把涪翁换，孤负笼鹅道士情。”

割耳剥皮

有周某馆于陈氏，周呼陈为东翁，俗尚然也。陈不解，以为己姓明明为陈，何呼我以东？思有以报之。一日，忽称周曰吉先生。周曰：“我姓是周，非吉也。”陈乃曰：“我姓是陈，非东也。汝既割余之耳为东，吾不得不剥汝之皮为吉。”

马卢两生相并

有知府马姓、知县卢姓二人会衔出示，幅小而字多，两姓相并，府先县后，距离绝近。一乡人阅示者，卒然曰：“驴字何反写也？”旁观者莞尔而笑曰：“他日者，吾邑侯不次超迁，官阶在太守上，则驴字当改正矣。”

字义之好者皆从羊

某太史一生不讲《说文》，一日宴会，进羊肉，客有不食者，太史曰："此品最美，何不食耶？试看古人造字之由，'美'字、'鲜'字、'善'字、'羹'字皆从羊，即吉祥字亦从羊。凡字义之好者皆从羊，非言其美乎？"

大花面

泾县包慎伯大令世臣，尝于上大府禀中用"小柴胡汤"四字，以是罣弹章。晚年谈锋更厉，滔滔不竭，或以拄杖指天画地，人称为"包大花面"。好事者撰联戏之云："说话浑如大花面，罢官只为小柴胡。"

拜佛佛无知

某太史一生不信佛，然爱寺院风景，辄往游玩。僧人请其拜佛，辄不应，乃自书五信偈于扇头云："逢僧必作礼，见佛我不拜。拜佛佛无知，礼僧僧见在。"

教演女儿兵

和珅好诙谐，所言多市井语。一日，乾清宫演礼，王大臣咸集，中有熏香傅粉之少年，珅笑曰："今日正如孙武子教演女儿兵矣。"

而今跳出圈圈外

山阴童二树以画梅著称于世，尝题云："左圈右圈圈不了，不知圈了有多少。而今跳出圈圈外，恐被圈圈圈到老。"童尝应道试，方入场，隶搜其身，恐有怀挟也。即拂袖归，曰："朝廷竟以盗贼待士子乎？"自是遂绝意进取，此即所谓"跳出圈圈外"也。

此亦妄人也已矣

松江张星为诸生，有才名，嗜酒而狂。尝以夏日浴于泮池，门斗禁之，弗听也。后闻于正副两广文，出而呵责，张以污泥藻覆面，赤身立水中，两手击水以拒之。广文怒，命门斗拘之尊经阁，令作文，以“此亦妄人也已矣”句命题。张援笔立就，其后二比，出股云：“此其人不可以教谕者也。”对股云：“此其人不可以训导者也，此亦妄人也已矣。”两广文愈怒，欲斥革之，爱其才，释焉。

认祖宗

嘉庆初，常熟蒋因培官山东知县，以好诙谐触大吏怒，落职。时相国蒋攸铦总制两粤，雅重其才，亟招之入幕，为记室。一日，蒋谈及蒋氏宗派，意在与因培联谱也。因培避席对曰：“蓬荜安敢妄附华胄？中堂乃《水浒传》中蒋门神之苗裔，若因培者，不过《金瓶梅》人蒋竹山之一嗣孙而已。”

舍节钺而为令

阮文达督粤时，有属吏欲求剧县，托某地道。文达曰：“官可自择乎？则吾舍节钺而为阳朔令矣。”某问故，文达曰：“阳朔、荔浦山水奇秀，甲于寰区，吾于阅兵时经过，今犹梦寐不忘也。”

秦桧夫妇追悔

阮文达平蔡牵，得兵器，悉以镕铸秦桧夫妇铁像，跪于岳忠武庙前。好事者戏譔一联，制两小牌题之，作夫妇二人追悔口吻，其一系秦桧颈上曰：“咳，仆本丧心，有贤妻何至若是！”其一系王氏颈上曰：“啐，妇虽长舌，非老贼不到今朝。”文达谒庙时见之，不觉失笑。

帝德皇恩

京师人家，例揭春联于门，其最普通者，为“帝德乾坤大，皇恩雨露深”二句。此盖市肆写以求售，主人不善属文，辄购以张之者也。除夕巡行里巷，所见者大率如此。谑者则谓官僚受恩虽亦深重，终不若移揭于皇后宫门之形容入妙耳。

作无品官

文官流品，自正一品至从九品，凡十有八，最下者为“未入流”，言其不入流品也。典史亦未入流之一，某典史尝题联于厅事云：“作无品官，行有品事；读百家书，成一家言。”

马上得之马上失之

上海赵谦士侍郎由监生起家，在懋勤殿行走，官至户部侍郎，仁宗巡幸热河，辄随驾较射，得孔雀翎。嘉庆辛未，以恭缮御制诗，误书“驻”字为“注”字，业已刻石进呈矣，大惧，亟入奏，自行检举。上以其素醇谨，不加罪，仅拔去花翎。都人有谑之者曰：“赵之翎，可谓马上得之，马上失之矣。”

云云

乾、嘉间，巨鹿某令禀复直督一事，稿案送稿时，内载“奉宪谕”之下，凡照例之处，只写“云云”二字，候誊写时补入，此向例如此。乃抄胥竟忘誊写，遂只作“督宪云云”。方制军观承批之曰：“吏云云，幕云云，官亦云云，速将该承办书办提解来辕，仰候本部堂当堂云云。”

师也过商也不及

全椒金棕亭博士兆燕，广交游。当教授扬州时，四方往来知名之士无不接见，文酒流连，殆无虚日。且肴馔至丰。或有诮其过侈，类于鹾商，不似广文苜蓿者。桐城吴太守逢圣时为兴化教谕，则笑而言曰："师也过，商也不及。"

嘲校对实录大考之诗

嘉庆间，修《高宗实录》，龙子嘉驾部汝言、顾渚茶中翰英暨某，均充校对官。每稿本成，必敬谨恭校，恐有错误。然进呈御览之本，讹脱甚多，且高宗庙号之"纯"字亦误书。仁宗震怒，将以大不敬论。诸校对下刑部，总裁英、陈两侍郎俱革职待罪，龙等三员发新疆効力。未几，而姚伯昂总宪元之以开坊翰林大考三等降编修，朱咏斋尚书开列名次，本不在先而忽擢春坊。有好事合而成诗曰："这回提调太荒唐，断送英陈两侍郎。出口可怜三校对，碰头空恼八亲王。（某王曾为乞恩，故邀宽典。）一封缄奏推卿相，五月还官笑伯昂。开列尽先都是梦，咏斋今日竟春坊。"

江宁贡院演戏

青浦诸联与其友庄如璋诸人赴金陵，应秋试。舟过苏州之浒关，乡人疑为梨园子弟，大声问曰："君辈至何处演戏？"仆从答以将往江宁贡院中演之。庄乃大笑而言曰："予等皆傀儡，特未知何人能演一场好戏也。"

糊涂疙瘩

瑚和斋名图礼，汪瑟斋名廷珍，同时为国子祭酒。瑚首课题"得天下英才而教育之"，汪首课题"德之不修"一节。监中为作一联曰："糊涂三乐，疙瘩四忧。""糊涂""瑚图"同音。汪项有瘿，人称为"汪疙瘩"也。

经学少一画三曲

曹雪芹所撰《红楼梦》一书，风行久矣，士大夫有习之者，称为“红学”。而嘉、道两朝，则以讲求经学为风尚。朱子美尝讪笑之，谓其穿凿附会、曲学阿世也。独嗜说部书，曾寓目者几九百种，尤熟精《红楼梦》，与朋辈闲话，辄及之。一日，有友过访，语之曰：“君何不治经？”朱曰：“予亦攻经学，第与世人所治之经不同耳。”友大诧。朱曰：“予之经学，所少于人者，一画三曲也。”友瞠目。朱曰：“红学耳。”盖“经（經）”字少“巛”，即为“红”也。朱名昌鼎，华亭人。

官之做法

京都向有“小官大做，热官冷做，俗官雅做，闲官忙做，男官女做”之谣，盖嘉、道间事也。德州卢南石荫溥为仪曹郎，而气宇轩昂，议论宏畅，杂之各长贰中，无以以辨，故曰大做。龚闇斋丽正值枢垣，不以奔竞趋走为事，故曰冷做。杨蓉裳芳灿由县令捐入户部，而与名流唱和无虚日，故曰雅做。周采川仪曹锡章专以应酬为事，终日奔走不暇，故曰忙做。蔡浣霞銮扬好作艳体诗，时复顾影自怜，故曰女做。

作儿子部民

归安张兰渚侍郎师诚抚闽时，兼摄闽浙总督事。其封翁在家，亲故往贺，翁曰：“我不意作儿子部民，君何贺耶？”

嘲军机章京

有作八股二比，状军机章京者，颇切合，盖嘉、道时此中人作也。其文云：“辰初入如意之门，流水桥边，换去衣包于厨子。解渴则清茶一椀，消闲则画烛三条。两班公鹄立枢堂，犹得于八荒无事时，捧银毫而共商起章。未正发归心之箭，斜阳窗外，频催抄摺于先生。封皮则两边齐飞，垂手则双行并写，八章京蚁旋值屋，相与循四日该班之例，交金牌而齐约看花。”

文刘互谑

文二与刘三少相狎。一日相将出游，见药肆悬大龟壳，以朱书“刘（劉)”码于壳面，盖价银九角二分也。文见之，笑曰：“此壳姓刘，（俗书“劉”为“刘”。）君之族也。”刘亦笑曰：“彼明书文二，盖君名耳，与我何涉?”

蔡大龟也

震泽倪师梦幼而颖悟异常，七岁时，与蔡某同塾读书。蔡亦聪慧，举《四书》注“倪，小儿也”句以戏之，倪应声曰：“蔡，大龟也。”

文仲居

潘某与蔡某友善而相狎也，每聚首，谐谑间作。一日，蔡欲悬额于斋，潘为题“文仲居”三字。蔡知其以大龟为嘲也，乃引用潘金莲事，撰联以报之曰：“紫石街前世泽，翠屏山下家声。”

品愈趋而愈下

镇平黄香铁钊，道光时举人，大挑一等，得知县。初到省，谒总督，例须跪拜，钊独长揖。总督心嗛之，遂被劾，改教职。官某邑教谕数年，正己率人，士习丕变。后迁翰林待诏，官虽升而品则降矣。寻谢病归，著有《读白华草堂》初、二、三各集。或赠以联云：“七品八品九品，品愈趋而愈下；一集二集三集，集日积以日多。”钊爱其语有风趣，笑而受之，即以悬诸厅事。盖知县七品、教谕八品、待诏九品也。

非为全废之物

道光朝，汤溪训导诸暨寿春亭，名于敏，和蔼可亲，喜诙谐，年九十二，听不衰，同僚中坐无车公不乐也。府试监场，例留教官二人司稽察，然必选年力强壮者。咸丰纪元，太守和龄忽以命寿，寿大喜，揖谢曰：“公知我尚属有用之材，非为全废之物。”于是端坐堂上者竟日，不稍跛倚。

厄于陈蔡饱欲死

寿春亭年老而健饮啖。以送考至金华，一日遇同僚公宴，海宁陈子庄与萧山蔡二风强之饮酒食肉，进一巨觥，则有以肉一大脔寿。尽三十余觥，起而笑曰：“昔孔子厄于陈蔡，饥欲死。今我厄于陈蔡，饱欲死。古今人真不相及也。”

有鳏在下

仁和龚定庵寓京师仁钱会馆魁星阁下。一日，书一联于柱曰：“告北斗星君，有鳏在下；奉西方佛教，非法出精。”

夫人可望得差

内阁中书之起家甲科者，例得考差，有典秋试主文衡之望。龚定庵既补中书，某科亦考差，而拙于楷，不中程序。或言徐星伯曰：“定庵嵚崎自喜，如得差，出其门下者，必多异人。”星伯曰：“定庵不能作小楷，断不能得。其夫人若与考，则可望矣。”盖定庵之夫人夙有书名，著称于日下也。

只履如飞凫

钱塘陈曼生司马鸿寿，尝与冯放山同舟赴粤，偶登舵楼，冯忽失一履。陈赠以诗云：“舵楼看月上，只履如飞凫。从者廋非也，徒人诛可乎？我家赤脚婢，只配黄头奴。若但跣一足，决踵还胜无。”

塞心孝廉载重

侯官沈文肃公葆桢喜谐谑，以会试赴京师，时海舶犹未通，自闽北行，必踰仙霞岭而道浙江。沿途有关，过者，有货物必纳税，惟应试公车，虽船户挈载，例须宽假。一日，沈舟过竹崎关，关吏以旗招之，船户应声而答曰："孝廉船。"关吏既放行，复揶揄曰："果为孝廉船，何载重乃尔？"沈顾同行者笑曰："我辈皆塞心孝廉，无怪载重。"闽谚诋文墨不通曰"塞心"，盖喻其茅塞也。

昨夕眼泪为多事

沈文肃尝与友乘衢、严之江山船，船有妓，沈亦偶与调笑，同行者群病为佻达。迨过桐庐，则同舟诸人亦皆牵率为欢，莫能自禁，而沈独岸然不动。及抵钱塘，客与妓咸恋恋，或有涕泣相向者。次日，舍舟登陆，以付资，妓与客计较不已，至出口相诟骂。沈悄然曰："吾之所以不动者，盖早知必有此。故既有今日之诟骂，则昨夕之眼泪为多事矣。"

温《儒林外史》

张文虎字啸山，南汇人，好诙谐。晚年居钱氏复园，为其校勘书籍。丹铅余暇，辄步行出园，至西门外茶寮小憩。茶寮无雅座，流品混淆。或语之曰："此间烦嚣乃尔，君何耐之？"则曰："吾尝阅全椒吴敬梓所撰《儒林外史》，其书于人情世故描写尽致，此间形形色色，悉能肖之。吾至此，不啻重温此书一过也。"言毕大笑。

册贡老寿星

松江郭友松放荡不羁，以狂名著。郭之妻父，贡生也。六十寿辰，郭画一寿星，旁立二僮子，一手执册籍，一手执贡卷。人问其命意，则曰："册贡老寿星也。"与吴谚之"撒空老寿星"同音，犹云空诸所有耳。

九转双全

季仙九探花覆试、殿试、朝考皆第三，杭人闻之，即以为联。联曰："覆试第三，殿试第三，朝考第三，三三见九，季仙九九转成丹。"时有杭人许子双名珏者在座。许方营钱肆，即有人指之而言曰："此何难。盍对以'元宝几两，纹银几两，圆丝几两，两两成双，许子双双全如意'。顾不佳欤？"

高心夔对矮脚虎

高碧湄，名心夔，捷南宫后，改官知县。令吴县时，适童试，高出坐大堂，点名给卷，诸童绕之三匝。有在人丛中效礼房声口唱曰："高心夔。"一童曰："何不对《水浒传》之'矮脚虎'？"碧湄闻而大赞曰："好极好极。"众哄然鼓掌。

谓吾为龙

恭忠亲王尝与宝文靖公鋆戏，以两手合作椭圆形，示文靖曰："外间都云君是此物。"意盖谓龟也。市俗相诮以龟，辄合手作椭圆形。时王服团龙褂，而两手作形，适当胸际团龙。文靖佯为不省，笑指团龙而应之曰："谓吾为此耶？不敢、不敢。"

龙生九子之一

宝文靖尝偕恭王游太庙，见负碑之赑屃，雕琢精工，王戏之曰："君试观之，是何宝贝？"宝知其意，径对曰："此是龙生九子之一。"王大惭而罢。

二沈缩头不出

陈姓兄弟与沈姓兄弟相友善。一日，二陈出行遇雨，过沈所居巷，亟叩门，欲趋入以避雨也。而二沈适皆有要事，未出见。二陈久坐书斋，雨止，归。他日遇于友人许，因作句嘲之曰："大雨沉沉，二沈缩头不出。"沈报之曰："狂风阵阵，两陈拔脚难开。"

绝无良心科

曾文正性严正而好谐谑，尝于退食之暇，与幕僚闲话，谈及才难，因太息久之。乃曰："遗大投艰，固非常人所能，然亦未可概期之贤也。当于德行、文学、言语、政事四科之外，别设一科，曰'绝无良心科'。"善化何应祺时亦侍坐，遂起而言曰："明公果设此科，其以晚生为弁冕否耶？"文正大笑。

鸳鸯无独宿之时

郭意城为湘中名儒，中兴诸老咸与交好，争欲罗致幕下。郭恋爱其妇，不能远离，力辞不就。曾文正尝寄书谑之，中有云："知公麋鹿之性，不堪束缚，请屈尊暂临，奉商一切，并偕仙眷同行，当饬人扫榻以俟。"迨郭至，曾乃命其遄返，书则曰："燕雁有代飞之候，鸳鸯无独宿之时，此亦事之可行者也。"郭得书，一笑置之。

自称曰不以言

张文襄公之洞发解后，大宴宾客，自撰一联，悬之中庭。其联云："上巳之前，犹是夫人自称曰；中秋而后，居然君子不以言。"盖缩脚语也。妙在不出《四书》，其构思之巧，真有令人不可及者。

小童

"夫人自称曰小童"题时文二股云："凡物莫不有大小之分，吾大也乎哉？吾小也。吾今虽大，吾昔则小也。凡人莫不有童女之别，吾童也乎哉？吾女也。吾前虽女，吾后则童也。"

无情对

张文襄早岁登第，名满都门，诗酒讌会无虚日。一日在陶然亭会饮，张创为无情对，对语甚夥，工力悉敌。如"树已半枯休纵斧”，张对以“果然一点不相干”，李莼客侍御慈铭对以“萧何三策定安刘”。又如“欲解牢愁惟纵酒”，张对以“兴观群怨不如诗”。此联尤工，因“解”与“观”皆为卦名，“愁”与“怨”皆从心部，最妙者则“牢”之下半为“牛”，而“群（羣）”字之下半为“羊”，更觉想入非非。最后，张以“陶然亭”三字命作无情对，李芍农侍郎文田曰：“若要无情，非阁下之姓名莫属矣。”众大笑，盖“张之洞”也。

出将入相

咸丰间，粤寇扰楚南，长沙既闭城，设桔槔及长梯于城东北，以上下行人。时赛尚阿由桂遁之湘，欲遵此以入，诸将卒出战者，则缒以出。罗绕典好诙谐，乃曰：“此出将入相之门也。”

厘局大财神

胡文忠公当驻军黄州时，一日念及饷事，取白纸，草书数行，付之印刷，加关防，付驿驰递。文曰：“开口便要钱，未免讨人厌。官军急收城，处处只说战。性命换口粮，岂能一日骗。眼前又中秋，给赏更难欠。惟祈各路厘局大财神，各办厘金三万串。”此纸驿递不十日，钱船遂络绎而至。

者回新妇礼难成

学使按临各郡，例有考试教官之举，然皆携卷以归，非扃试也。咸丰癸丑，万藕舲尚书青藜视学浙江，忽改为扃试，于是年老荒疏者皆大惧，乃预订同僚之年少未荒者某代作，某作书，以期完卷。万亦颇虑其曳白也，乃合优生与教官为一场。又下令曰：“若老师目昏手颤，不能端楷，可交优生代誊。”于是大半托优生捉刀矣。试至金华，九学教官正副十八人。试之日，人给方桌一，列坐堂上，优生则散坐厂中。文成交卷，教官尚得例宴，饱餐而散。秀水陈星垞广文皋言文素敏捷，一挥而就，又作七律一章，以呈同僚。万微闻之，亦一笑而已。其诗曰：“接谈散卷久通行，谁料今番忽变更。高踞考棚方桌子，俯求优行老门生。牢笼一日神都倦，安枕三年梦再惊。共说阿婆都做惯，者回新妇礼难成。”

乡试落卷批条

科场定例，凡朱卷之进内帘者，不中房考官程序，概不呈荐。卷批往往预为拟就，恒以笼统两三字如“欠妥”“欠稳”之类了之。有一士子领落卷，批为“欠利”二字，于是题诗云：“已去本洋三十圆，利钱还要欠三年。”又一卷批“粗”字，又题云：“自怜拙作同嫪毐，一入卿房便觉粗。”又有一卷批条竟贴“猪肉一斤，鸡蛋三十枚”等字。盖此等批，房考并不自贴，但命仆人随手黏之，误以向供给所采办物品之条混入批条也。

腹中满贮马绊筋

左文襄公体胖腹大，尝于饭后茶余，自捧其腹大笑曰：“将军不负腹，腹亦不负将军。”一日薄暮，顾左右曰：“汝等知我腹中所贮何物乎？”或曰：“满腹文章。”或曰：“满腹经纶。”或曰：“腹中有十万甲兵。”或曰：“腹中包罗万象。”文襄皆曰：“否，否。”忽有小校出而大声曰：“大帅腹中无他物，皆矢耳。”文襄有喜色，曰：“斯言近之矣。”言未已，又有一小校曰：“将军之腹，满贮马绊筋耳。”文襄乃拍案大赞曰：“是，是。”因拔擢之。盖马绊筋，草名，湘人呼牛所食之草为马绊筋。文襄素以牛为能任重致远，尝以己为牵牛星转世。曾于后园凿池其中，而左右各列石人一，肖织女与牛郎状，并立石牛于旁，隐寓自负之意。及闻小校言，适与其夙志符合，故大赏之也。

其貌可知

长沙老儒丁果臣崖岸高峻，而好观友人姬妾，有新纳宠者，必多方嬲之。咸丰朝，湘潭王壬秋太史闿运买妾于南宁，旋携之归，丁往贺，王呼妾出，拜于堂。有顷，欲强丁入绣闼，丁固却之。他日，或询王以妾貌何若，王曰："丁果臣且不欲再见，则其貌可知矣。"

君子不哭

穆宗就傅时，好嬉戏，傅谏不听，继之以哭。乃取《论语》中"君子不器"句，以手指掩下二口字使傅读之，则"君子不哭"也。傅亦为之胡卢。

不能预为后任作马牛

代州冯鲁川廉访志沂豪于饮，善诙谐。备兵庐凤时，随皖抚乔勤悫公鹤年驻寿州，主持捐输营务之报销，羡余归公，不稍侵蚀。或曰："公清矣，何不为后任地乎？"冯曰："吾何人？不能预为后任作马牛也。"

能不窃酒足矣

杨见山太守岘与冯鲁川友善，尝荐陈少塘于冯，司会计，于冯之私财侵渔无算。或告冯，请斥之，冯曰："吾私财何足论，彼掌吾酒，能不窃酒，足矣。"

留阴功与谁

冯鲁川权皖臬，冤狱多所平反。有颂其积阴功以贻子孙者，辄笑曰："吾无子，留阴功与谁？或天不靳吾年，俾吾多饮可耳。"

极贫可贺

咸、同以降，捐例广开，冗员需次，大率不得差委，每岁终，藩司辄筹资以给各贫员，中分极贫、次贫二种，亦必请托而得之。极贫银较多，谋亦不易，若辈有得者，其侪辈见之辄贺云：“恭喜老兄，今年又得极贫。”

沙壅水淹

翰林院有沙堆，刑部有白亭，地最低，雨后水深一二尺，故有“沙壅翰林院，水淹三法司”之谣。

螬食鸮声

咸、同间，李申甫布政湖南，时幕中有梅姓者，颇见信用。或戏为联云：“螬食尚留井上果，鸮声啼杀墓门花。”台谏摭入弹章，遂坐免。李雅有文才，留心经济，特以通脱不羁，锐身任怨，为人所构，识者惜之。

南北东西君臣上下

官场公牍字义多不可解，相沿既久，莫之能改。嘉应汤某游幕南阳时，戏作联语云：“劳形于详验关咨移檄牒，南北东西；寓目在钦蒙奉准据为承，君臣上下。”

衙参情形

各省之需次人员，自道府以逮佐杂，多者至数千人，每逢朔望，例有衙参，其情形大可发噱。有编为戏剧者，分十八出，一《乌合》，二《蝇聚》，三《鹊噪》，四《鹄立》，（站班。）五《鹤警》，六《凫趋》，七《鱼贯》，八《鹭伏》，九《蛙坐》，十《猿戏》，十一《鸭听》，十二《猫应》，十三《蟹行》，十四《鸦飞》，十五《虎威》，十六《狼餐》，十七《牛眠》，十八《蚁梦》。

先酌乡人

各直省府州县缺，概归酌补。某大吏对于乡人多所迁就，僚属为之语曰：“酌则谁先？曰：‘先酌乡人。’”

候补无期

某年元旦，开封文武百官诣抚署贺岁，中丞延见，谓曰："此邦旧有一对联，出句为'开封府开印大吉，封印大吉'，今为对之曰'黄泌厅黄水安澜，泌水安澜'。诸公以为何如?"咸谓巧合，而又吉祥，非大福泽人不能道也。一候补县令隅坐，似有所诵，中丞曰："足下殆亦有佳对乎?"对曰："卑职适亦得一对，不敢言耳!"固问之，乃曰："候补县候缺无期，补缺无期。"

隔江犹唱后庭花

忠州李芋仙大令有才名，工诗词，集成句对，不烦思索，脱口而出。尝客游河南，周翼庭太守方居祥符，因述在都时集句赠诸伶，皆暗藏其名。翼庭曰："吾号殊不易对。"李曰："何难?"即举《长恨歌》一语曰："在天愿作比翼鸟。"良久不言。客亟询之，李以手拍其股曰："尚有一句，'隔江犹唱后庭花'。"举座大笑。翼庭不悦，后李行时，所赠甚薄。李告人曰："为一联巧对，换我三百金也。"李好哭，曾文正戏呼为"李文哀公"。文正卒，后二年，李罢官居沪以老。

开口呜呼

有邓伯昭孝廉者，每谈及世风奢靡、人心浇薄，辄皱眉唏嘘不已。李芋仙呼之为"五代史"，言其开口即曰"呜呼"也。

御搬指者发痔

有西藏喇嘛僧某初入京师，见王公大臣之指多御搬指，不解其故，以询译人。译人戏之曰："此间妇女经期到时，则御戒指以戒房事。而京中多重优伶，好男色，其御搬指者，乃发痔时也。"

儒果何以坑之

同治中，武英殿焚，书版烬焉。相国李文正公鸿藻入见，穆宗谓曰："书已焚矣，儒果何以坑之？"（焚书坑儒本成事，而北人方言则以受窘辱为"坑"也。）李为之莞然。

和尚那得食肉

扬州僧莲溪善画，虽披剃为僧，而饮酒食肉如故。时两淮都转为定远方子贞，与相善，莲溪入见，每留饮。一日于众人宴集时，戏谓莲溪曰："汝既为和尚，何得更食肉？"莲溪故庄其容以对曰："敢问明公，和尚不食肉，又谁当食肉者？"方为之莞尔。

双手托住军机大臣

同治庚午科，济宁尚书孙文恪公毓汶典试四川，顺德李芍农侍郎文田副之。考官例驰驿，会秦、蜀间寇氛未靖，改道溯荆湖西上，由宜昌遵陆赴万县，山路绝险巇。有地名火风箭岭，尤斗峻无伦，文恪肩舆，竟于是倾跌，舆后二夫亦坠崖致毙。幸舆前有纤夫十六名，并力撑持，赖以不坠，舆前二夫亦幸免。其后，侍郎尝语人，当时情形奇险，幸山神有灵，双手托住军机大臣，仅乃无恙。是夕，驻节荒村，庖人无以为馔，于山家得一鸡，醢以煮粥，侍郎食而甘之。自后，非鸡粥不饱也。

白身督抚

刘武慎公长佑官至云贵总督，连章乞休，不允。最后请入觐，乃奉谕旨。及至都，两宫慰劳殷勤，时以云南报销被劾，而竟未提及。留京数月，坚乞归，中途忽奉降二级另候简用之命。盖武慎在官不名一钱，于内廷绝无馈赠，不悦者多。当时疆臣多承恩眷，如赏宫保衔、穿黄马褂、紫禁城骑马之类，不一而足，武慎皆无之。在云贵，已六旬矣，亦未蒙赐寿。尝戏言己为"白身督抚"。及薨，遗疏上，始开复任内一切处分，赐祭葬，予谥。

武慎在官，岁惟封印入宿于内，平时寝食，不离签押房。每五日一入内，与夫人谈家事，少顷即出。

天而既厌周德矣

吴县周伯荪太史兰，同治中尝督学陕甘。既归，则囊有余蓄，乃倾资与伶人狎。有张天元者，与周尤昵，因从之习诗字，过从无虚日，周戏呼之曰“天儿”。后因事有违言，踪迹渐疏，而奉新许仙屏河帅振祎亦方自陕甘学差归京，天元遂弃周而事许。一日，有人戏问周曰：“比亦见天儿否？”周太息曰：“天而（儿、而同音。）既厌周德矣，吾其能与许争乎？”

四大金刚八小鬼

光绪初，台谏以敢言名于时者十二人，滑稽者有“四大金刚”“八小鬼”之称。四金刚之一曰何金寿，八小鬼之二曰程仪洛、曰宜子望。而三人皆先后守扬州，何以正直称，程以清厉著，宜以严峻名。

自拟骆驼

光绪初，恭镗赴陕西西安将军任，以孝钦后重左文襄公宗棠，乃谒之甘肃。左设宴待之。酒酣，大言曰：“昔圣祖、高宗戡定绝域，所用将帅，皆骆驼耳！”意盖谀左也。时材官数十辈侍立左右，左指之曰：“此辈亦骆驼，稍负重，便竭蹶。”又自指曰：“我亦骆驼，然差胜若辈者，能负重而不竭蹶耳。”恭结舌不能答。

三人为犇

丁雨生中丞日昌尝抚吴，幕中有客能鼓琴，尝招俞曲园、潘玉泉、吴介山三人同听之。曲园不解音律，问潘、吴曰：“君等知之乎？”皆曰“不知”。曲园笑曰：“然则吾三人者，合成‘犇’字矣。”相与粲然。盖俗有“对牛弹琴牛不入耳”之谚也。

三个牛头人

彭而述家居，幼时，有父执朱青雷往诣其父，适他出，不遇。青雷夙知彭之慧黠也，出一偶语，令属对之，语曰：“彭老者一身土气。”盖言“彭老者”三字皆有“土”字也。彭应声曰：“朱先生三个牛头。”盖言“朱先生”三字皆为“牛”头也。

老斗高升

京伶扶云，瑞安黄漱兰通政体芳颇赏之。一日在酒座中，有客指黄而言曰：“扶云老斗。”盖京谚称狎伶者为“老斗”，伶人又有“相公”之称，故目其客为老斗，即门斗之意也。黄应之曰：“指日高升。”一客乃起立而大呼曰：“老斗高升。”

丈人腰斩老中堂

内阁中书有名吴鋆者，以堂官宝文靖公名鋆，因改己名为均金。后其婿某得内阁中书，有人撰联云：“女婿头衔新内阁，丈人腰斩老中堂。”

丘墓之间

端忠愍公方有藏石之癖，其京邸书室中，四壁皆庋汉、唐诸碑，入其中者，阴森欲绝。中庭立宋碑一座，黝然而黑，高与檐齐，远望之，颇类屏风。某太史尝过其居，谓之曰：“不揣谫陋，愿留一额。”端喜，拱手请教，太史曰：“可题为‘丘墓之间’。”

青春作伴好还乡

光绪中叶，山东有尹琅若编修琳基者，官词馆久，不开坊，悒悒弗自得，乃纵酒自遣，醉辄谩骂座客，以是与其乡人郑侍御溥元龃龉。郑遽摭尹阴事劾奏之，人皆不直郑。旨下，尹、郑皆休致。是日，枢臣述旨既退，宝文靖公鋆语同列曰：“‘白日放歌须纵酒，青春作伴好还乡’两句，可移赠尹、郑两君矣。”

担惊劳神

南安令谢芷庆明府赓云以事贻书其友，后附数语云：“某某到任及今，逐日目不停视，手不停挥，口不停说，犹觉案牍累累。簿书鞅掌之余，戏拟得‘年少才疏、力轻负重、赔钱呕气、担惊劳神’十六字，自谓可以概括现状也。”

铳手

志锐字伯愚，瑾妃之兄，萍乡文芸阁学士廷式之弟子也。文以其“锐”字形似“铳”，尝以“铳手”呼之。

堂堂乎张也

衡阳女士何承徽，部郎张通典之淑配也。幼承家教，绩学工诗。结褵之夕，烟视媚行，自是新人常态。通典调之曰：“怅怅其何之?”承徽应声曰：“堂堂乎张也。”

张氏二表八表

俗谓时计曰“錶”，“錶”与“表”同音。南皮张文达公之万枋（古同“柄”）国时，其人直也，尝佩时计二枚，一大一小，同僚曰：“得一足矣，奚以二为?”文达曰：“吾仅二表耳，舍弟且八表。”舍弟，谓文襄公之洞也，于文达为昆弟行。文襄久持疆符，声绩昭著，光绪甲申中法之役，文襄由晋抚移督两粤，到任谢恩摺，有“身系一隅，敢忘八表经营”等语，故文达节取“八表”二字以为言也。

宰相合肥司农常熟

翁叔平相国同龢长户部时，某年，适田谷不登，而李文忠公鸿章方以直督遥领文华殿大学士，为节相。有人撰联云：“宰相合肥天下瘦，司农常熟世间荒。”盖李籍合肥、翁籍常熟也。

当头有棒反面无情

婺源江峰青曾令嘉善，判牍多谐语。时有李氏妇者，设烟馆，初私识一僧，已又有所欢。僧忿而殴妇，妇乃揪之至县，讼之。江援笔立判云：“妇女开烟馆，其人可知；和尚过房亲，其事可想。不道徐娘老去，俏卖风流；那堪佛印重来，更逢露顶。两雄不并立，何分旧好新欢；一语未投机，遂至摩拳擦掌。金刚已相为努目，菩萨又不肯低眉。孙悟空仗佛救而潜身，猪八戒被魔缠而入笠。津迷醋海，兴波即在须臾；水溢蓝桥，孟浪而投冰案。既廉耻之尽丧，实法律所不容。在逃者另候访拿，到案者先行惩办。佛法当头有棒，合予笞臀；妇人反面无情，理应鞭背。此身不是三摩地，能容几许蒲团？方盘托出大西瓜，又了一重花案。该氏着当堂具结，永熄烟灯；该僧本钻穴余生，装成宝相。编兹秽史，污我彩毫；凡尔沙弥，毋为和障。此判。”

便宜若辈

翁叔平以天阉故，无姬侍，年五十余，尚无子。一日，同僚某造见曰：“公爵位名誉，无与伦比，所憾膝下尚虚，何不纳妾为宗祧计乎？”其时旁侍仆从甚众，翁微哂，以手指仆辈曰：“我若娶妾，则便宜若辈矣。”相与大笑。

追你这忘八旦

京伶刘鸿声好诙谐，为净角时，尝与某邸串演《锁五龙》。邸饰单雄信，败走时，刘饰尉迟敬德，追之曰：“追你这忘八旦。”邸大怒，即以鞭痛击其足，折胫，后遂步履不良。

潘文勤批语之奇

某科会试，潘文勤公祖荫充总裁。有一卷，荐而未售，评曰

“欠沙石”。及辗转托人致问，文勤曰：“其文日光玉洁，因恐风簷寸晷，未必有如此磨琢工夫，或系代枪所致，故抑之。”又一卷批一“矮”字，众皆愕视，文勤晓之曰：“矮者，谓其不高耳。”

人不如龟

洪文卿学士钧客死京师，或告潘文勤公祖荫，谈次及其爱妾赛金花之逃也，太息久之。文勤笑曰：“君何不达乃尔？人之死也，无所闻，无所见，身后之荣辱，有何可言？此所以有‘死乌龟’之谚也。且古人多以龟字命名，龟为四灵之一，龙犹列于其下。若麟，若凤，若龙，世人颂美之辞，辄以取譬，何独于龟而遗之？今吾方新构一斋，当颜以‘龟厂（同“庵”）’二字，并将为之说焉。”

未几，斋成宴客，出释龟文传观，自署“龟厂老人”。酒半，复令以“龟”字行令，笑而言曰：“龟厂者，龟居之，龟出入之，非我族类，屏之远之。今之出入者为谁乎？且龟寿可千岁，人生仅百年，即此以言，亦可知人之不如龟也。”

四灵除尔凤龙麟

京曹官公余宴集，辄于韩家潭伶家。有朵云者，寓斋尤精雅。一日，闽人置酒召客，酒阑，或为句曰：“三鸟害人鸦雀鸨。”鸦，谓鸦片烟；雀，谓麻雀牌；鸨，则指妓院之鸨也。沉吟久之，方苦无可属对，王可庄太守即指案上绿毛龟而言曰：“四灵除尔凤龙麟。”盖麟、凤、龟、龙为四灵也。

戌安卯鉴

尺牍中有全用干支字者。或曾戏拟一通，其最妙者曰：“敬请戌安，伏维卯鉴。”戌在干支中属狗，卯在干支中属兔也。

二公一元大武

杨广文烈臣，性豪爽，善诙谐。官钟祥，某爵帅召饮，座中有将军二、广文三。杨曰："今日胜会难再，有绝好对联一副，为公等寿，可乎?"众咸称善。杨曰："四座八品广文。"言至此，不肯毕其词，众促之曰："请言其下联。"杨指上座曰："二公一元大武。"上座两将军，起立拱手，连称不敢不敢。

放榜诗

光绪乙未，科举已废，有人作《怀春闱发榜》诗，颇滑稽。诗曰："乾鹊朝啼乐不支，赁佣门庑立多时。者番风鹤多疑警，似学元龙有卧痴。停箸忽教低蹑足，耐吟故解笑拈髭。个中情事今知否？局外参研绝妙词。曈曈晓日逐春街，帖子泥金望眼赊。塞马不辞翁失策，游龙直走客看花。低徊玉漏商量晚，问讯琼楼辗转差。翩若惊鸿归去也，礼曹端整放官衙。飞出名条第一人，开筵惊喜踏红尘。车从阁道驰初远，锣促都门听不真。九曲珠穿猜蚁似，千金布诺笑莺嗔。城南并马归来晚，曲苑筝琶有季伦。广场苇箔识神仙，弹指初三月已圆。半晌牙牌推造命，数繙齿录认同年。丁宁僮尽留春饭，子细文章索谜钱。未免素心甘角逐，不平鸣处暂随缘。"

迩安远至

某令官粤东时，勘案博罗，馆于县廨之四榕堂，四隅各有古榕一，枝叶葱郁。邑侯陆某蓄异鸟数十，笼架列两廊，綷羽锦章，娇音嚦啭，如发竹丝，更叠唱和。露朝花午，陆自出，分俵食料，群鸟拍翅争鸣以欢迎之。一日，有一鹤翘立树颠，惊飑吹堕阶前，陆饲之，亦驯驯就哺。数日后，翮健，轩举而去，然深感主人推食之恩，时来集止，甚恋恋也。某因戏谓陆曰："使子为鸟官，不患不迩安远至矣。"相与鼓掌久之。

八十文买顶

江苏巡抚恩寿字艺堂，甚风厉，司道以下，莫不受其斥辱。

每接见，必先问曰："君之顶戴自何处来?"一日，见发审局委员陈季生大令，亦以此相问，陈茫然不能对，而汗如雨下矣。既而忽大声曰："卑职之顶，在玄妙观旧货摊中，出钱八十文所买。"恩大笑而罢。寻署某县篆，同寅皆以"笑话知县"呼之。

孔子立借据

光绪中，山东高密县教谕尹某，以修葺文庙，借学堂底款京钱五百千。时邑令为张某，令立借据。其据云："立借据人大成至圣先师孔子。因屋漏抱愧，岁修费缺，屡向学堂告贷，经管帐绅董傅君等会议，幸蒙县尊关说，将学堂悬搁不用之款，借出八底铜元五百千，以济固穷，并承诸绅董让免利息。如此周急，实深铭感，断不敢久假不归，贻羞庙貌。恐后无凭，立字存据。庙祝尹押，代字张押，见证傅押。"

《中庸》其至矣乎

宗室盛伯熙祭酒昱，好清谈雅谑。一日谯客于京师陶然亭，其所延塾师直隶李某与焉。俄添酒，语次，漫引《中庸》"其至矣乎"句，读若"岂止一壶"，李瞿然避席曰："侮圣人之言。"言之色甚庄，四座愕眙久之，盛无如何也。

讲古勿蹈翁氏覆辙

端忠愍公方尝嘲王文敏公懿荣曰："君讲古，勿蹈翁氏覆辙。"王曰："常熟身为宰辅，可以大事相责备。若我则南斋侍从，除词翰外，无所事，正我之职任，特恐上不好古耳。"时盛伯熙在座，闻之大笑。

以老佛爷作题目

德和园听戏，东五间，西五间，孝钦后顾而乐之曰："今日满、汉一家，可不说异种矣。"群臣齐呼万岁。奎俊念佛经曰：

“大慈大悲，是普渡众生也。”肃王好诙谐，乃曰：“老奎此话，好类时文，竟以‘老佛爷’三字作为题目。将来老佛爷到西藏成佛时，四川为熟路，自必在后相从，是随銮，又是回任也。”

愿贵人勿效常人

光绪戊戌春，德国皇弟亨利亲王来华觐见德宗。时适恭亲王奕䜣薨逝，贵州夏同龢以第一甲第一人殿试及第，协办大学士军机大臣常熟翁同龢适奉开缺回籍之旨，翁，咸丰丙辰状元也。好事者为联云：“德亲王至，恭亲王薨，对活鬼宜思死鬼；夏同龢来，翁同龢去，愿贵人勿效常人。”夏，贵州人；翁，常熟人也。

杜煎龟鹿诸胶

药肆市招，例有“杜煎龟鹿诸胶”等字样。“杜煎”之“杜”，与“杜撰”之“杜”同一解释，言自煎诸胶，非贩自他人也。滨洲杜氏有设药肆者，开市日，循例宴宾。酒数巡，定兴鹿某至，既入座，谈谑间作。鹿语主人曰：“君何事不可为，而乃以膏自煎乎？”盖以“杜煎龟鹿”谑之为“龟鹿”也。主人曰：“吾所煎者，龟鹿诸胶耳，君为此言，得毋嫌相煎之太急乎？”

许许冯冯

某省京官公宴许应骙、冯文蔚于湖广会馆，或撰一联揭于戏台之楹曰：“许应骙伐木许许，冯文蔚削屦冯冯。”

陈陈徐徐

光绪戊戌，湖南巡抚陈宝箴及其子主事三立，学政徐仁铸及其父侍郎仁靖，均革职。好事者为作一长联云：“陈陈相因，徐徐云尔，不孝男罪孽深重，祸延显考，兵部侍郎，礼部侍郎；侃侃而道，迟迟吾行，维新党潜通消息，（参折中语。）勾引奸邪，抚台父子，学台父子。”

蹩浪漾徐徐

季某喜作游戏诗。一日，塾师命题曰“鱼戏莲叶东”得“鱼”字，众方伏案苦思，季忽拍案呼曰：“我有妙句，诸君试听之。”众曰：“诺。”季乃朗诵曰：“蹩浪漾徐徐。”众为之哄然。盖此五字，以吴音读之，极可笑，盖苏州俗语也。

强奸香涛一次

光绪己亥冬，孝钦后立溥儁为大阿哥，将废德宗，而外人有违言，孝钦微闻之。且东南督抚方电称死不奉诏，遂暂缓。时粤督为李文忠公，江督为刘忠诚公，鄂督为张文襄公。此电主稿者，李也，刘、张从而署名耳。然事前固未商之于张，盖夙知张胆怯，恐其持异议，至电发而始告之。他日，李语所亲曰：“老夫此举，不待香涛同意而即行之，实不啻强奸香涛一次也。”

人不知而不愠

某学究年假归，以所得束脩陈于几，骄其妻曰：“此乃从‘学而时习之，不亦悦乎’来者。”妻闻言，亦从柜中出钱若干陈于几，与之相炫。学究见妻之所陈，较己束脩多十倍，问所从来。妻曰：“此乃从‘有朋自远方来，不亦乐乎’来者。”学究大怒，与其妻争。其父在门外闻之，乃曰：“此细事，何必争，‘人不知而不愠，不亦君子乎？’”

卑职不敢说

外省同通以次各员之于道府，辄称之为“大人”，自称“卑职”，非独现任，即彼此需次者亦然。某二尹性诙谐，与某观察善。一日，观察命其谈可笑之事，二尹曰：“今日实无可谈，惟顷见二小孩，相争不已，继之以殴。询其故，则年幼者告曰：‘他骂我为乌龟。’卑职实悯其年幼之不可理喻也。”观察曰：“若辈皆小孩，岂果能作乌龟耶？君可告以‘乌龟，须大人始可为之’。”二尹即应声曰：“此乃大人自道，卑职不敢说。”

君乃有二父耶

某以呆名，其父名谷，偶读《鲁论》至“旧谷既没，新谷既升”句，以避父讳，遂改诵曰：“旧父既没，新父既升。”或云：“君乃有二父耶？”

闲云尤月

光绪初，某寺有僧名闲云者，自号渔父，善吹笛，与某庵尼尤月私。好事者尝撰联赠之，中嵌闲、云、尤、月四字，云：“此地迥非凡，闲听一曲渔歌，留云久住；夕阳无限好，尤爱三更人静，待月归来。”

老鼠哥哥

江建霞京卿标尝为人画纨扇，作二鼠，旁有一胡桃及花生数枚。题其上曰：“老鼠哥哥，你底事终宵闹我？腊烛已残，油灯又破，忍使俺无端闷坐。刚到新年，福橘乌菱，早饱哥哥肚。只剩得几荚花生，还有胡桃一个。些些桐子，不值今宵小吃，恐教受饿。劝哥哥明日还来，预备干粮，细嚼五更鼓。”

刮地皮

李文忠公督直隶久，傲睨僚属，有洗足见郦生之风。光绪壬辰冬，霍丘裴伯谦以翰林改官广东知县，过天津上谒，甫就坐，李倨身而扬声曰：“汝欲刮广东地皮耶？”己亥冬，李出镇粤，裴调南海，谒李。李曰：“汝再任首邑，政将奚先？”裴正容对曰：“先刮南海地皮。”李曰：“十年尚不忘此语耶？”裴曰：“公之命，公之戒也。”李辗然曰：“地皮须刮得尽。”皖语呼匪人为“地皮”，南海多匪，李首重捕匪，故作此隐语也。

排五排六排七见客

光绪时，京师梨园丑角首推刘赶三。赶三演剧以善诙谐得孝钦后欢，谑浪笑傲，无所不至。一日演《秦淮河》一剧，高声呼曰："排五的排六的排七的，都出来见客呀。"盖指惇王、恭王、醇王也。都中妓院，其妓以次行而无名字，故赶三以是相谑，宫人莫不掩口胡卢，即孝钦亦乐闻之。惇王闻之怒，立叱侍者擒下，杖四十。

剥黄马褂拔三眼花翎

刘赶三赴湖广会馆堂会，所演为《探亲相骂》。赶三每演是剧，辄乘其所豢黑卫，以博欢笑。是日登场，又牵卫而出，以鞭指之曰："尔勿动，否则即剥尔之黄马褂，拔尔之三眼花翎。"一堂为之哄然，盖指李文忠也。李方督两广，其时李之长子伯行兄弟俱在座，闻之怒不可遏，因属家丁数十人，伺于湖广馆门首。须臾，赶三演毕出，及门，李之家人蜂拥而上，拳足交加，几毙，众和解之始释。其徒舁之归，比至家，已不省人事，一夕而死。

锡茶壶

张文襄督两湖，起居无节，号令不时，其待遇属员，往往有使人难堪者。一日，有候补知府某禀见，文襄阅履历，知为监生出身，乃命左右取纸笔至，书"锡茶壶"三字示之，曰："做官必须识字，汝认得此三字否？"某曰："此锡茶壶也。"文襄大笑送客。次日，即将某咨回原籍，咨文中有"该守能识'锡茶壶'三字，尚可造就，著读书五年，再来听鼓。"

周瑜固未送客

梁鼎芬守武昌日，尝设筵于黄鹤楼，宴督抚藩臬司道，酒阑，梁不知何往。诘旦，张文襄责梁曰："昨日何以不送客？"梁曰："大帅亦观《黄鹤楼》之戏乎？周瑜请刘备讨荆州，刘备即从赵云而行，周瑜固未送客也。"张为之大笑。

黄鹤一去不复返

张文襄赴京陛见，僚属在黄鹤楼设筵公饯，梁鼎芬独设席于伯牙台。张与议，谓此二处将何往。梁曰："黄鹤楼万不可到，崔灏诗云'黄鹤一云不复返'，若辈乃咒大帅不能回任。"张爽然若失，乃命驾至伯牙台。

锡良铁良

张文襄在京，为某尚书所招谯，座客有锡清弼、铁宝臣两尚书。张曰："幼时记得一笑话，诸公愿闻否？"众曰："愿闻。"张曰："吾乡有一塾师，性极严厉，其徒憾之甚，思所以报复之，乃捕得泥鳅二，置诸夜壶。夜半，师起溺，壶中两鳅跳跃作声，师大惊，掷壶于门外，壶应手碎。次日，居停为之易一锡夜壶，其徒潜于壶底钻一细孔，师不知也。溺毕，被褥皆湿，师大骂。其居停又为之易一铁夜壶，于是始保无事。一日，师与居停谈及夜壶之比较，居停曰：'瓦夜壶与锡夜壶孰良？'师曰：'锡良。''然则锡夜壶与铁夜壶孰良？'师曰：'铁良。'"

远山近水各凄凉

张文襄有侍姬二，一名远山，一名近水，皆得宠幸。及薨，某部郎作挽联云："魂兮归来乎，星海云门同怅惘；死者长已矣，远山近水各凄凉。"盖以梁星海、樊云门均为其得意门生也。梁名鼎芬，官湖北按察使；樊名增祥，官江宁布政使。

野侍郎

于式枚侍郎晦若，博达典章，不谐时好。初由京卿擢邮传部右侍郎，意殊不乐，语人曰："昔朱竹垞应博学宏词科，得授检讨，时人目为野翰林。今承乏邮传，世得毋目余为野侍郎乎？”盖其时之邮传部乃新设也。

并吞御史倒挂中堂

荣庆长学部时，左丞为乔树枏，绰号“乔秃子”；右丞为孟庆荣，字黻臣。有人戏撰一联云：“秃子并吞双御史，黻翁倒挂老中堂。”双御史为高枏、高树，皆川人，乔名树枏，故曰“并吞”。荣为协办大学士，孟名庆荣，故曰“倒挂中堂”也。

诸公滚滚

张文达公百熙未办大学堂前，明知诸多窒碍，尝召执事诸员而谓之曰：“此学堂能办好，是衮衮诸公；不能办好，即诸公滚滚。”

曲靖曲全

光绪时，关榕祚以劾某大僚失欢于孝钦后，遂外简。德宗语王大臣曰：“使彼至曲靖府，是曲全彼之意。”时人摭余寿屏事成一联云：“余成格无思恩思想，关榕祚以曲靖曲全。”余名成格，时方简思恩府知府而不愿赴任也。

大人不失赤子之心

倪善，字小真，席父荫，以道员需次某省，时年甫弱冠也。跳荡自喜，到省后无所事事，朔望衙参之外，寂处邸中，惟与其弟妹僮婢以放风筝、踢毽子为戏。一日薄暮，戏于中庭，方在兴高采烈之际，一父执之以县丞需次者诣之。阍人入报，县丞随之进，见其方嬉戏也，逡巡不敢前，为倪所瞥见，则正襟肃容而言曰：“大人方有事。”倪笑而答之曰：“大人者，不失其赤子之心也。况余之姓，固以小儿二字所合而成乎！”

天干道台

光绪朝，甘肃有候补九人，好事者以天干配之，天然成文，如铸九鼎。有霍某者，由科甲出身，曰“甲道”。有向某者，由乙榜出身，名之曰“乙道”。胡某年老多病，曰“丙道”，则同声之假借也。署理甘凉道某，由生员报捐。时凉州守王步瀛以给事中外放，藐视之，讥其目不识丁，某遂以“丁道”称。署理巡警道某最得总督长庚信任，人以“二总督”呼之，遂以“庚道”称。伊某系蒙古籍，名之曰“辛道”，取伊尹耕于有莘之野而乐尧舜之道之义。王某善风鉴，其案头相书常满，因以“壬道”著名，以其擅三壬六甲法也。黄某年少，患吐红症，美其名曰“癸道”，则取天癸之义也。其中有孙某者，独得两字名号，孙以甘省候补人员兼奉膏捐大臣札委，总办甘肃土税。人谓其一人而兼主客，可称“双科道台”，应占“双分”字样，遂锡之封号曰“戊己道”，盖世俗以戊己属土也。

新婚联

有赠新婚者联云：“水流花谢，时闻鸟声；柳阴路曲，是有真迹。”又联云：“芳草萋萋，兔起鹘落；残花点点，燕舞莺啼。”又有以新郎新妇均学校毕业生，为撰联云：“娇揎红袖研生理，笑脱青衫试体操。”又联云：“国事维艰，卧榻岂容酣睡梦；时机已至，舞台大好造英雄。”又联云：“不破坏焉能进步，大冲突乃有感情。”又联云：“方针直达中心点，团体同登大舞台。”又赠花旦新婚联云：“安能辨我是雄雌，想华月金樽，也曾脂粉登场，为他人作嫁；毕竟可儿好身心，趁椒风锦帐，莫把葫芦依样，舍正路弗由。”又有方某精畴人术，某年结婚，其同学赠以联云：“形学须从三角验，测量初到几何深。”

娶妻当如王秀云

泗州杨莲甫制军士骧督直隶时，值五十初度，群僚醵金，召鞠部以为寿。津门习尚，男女合演。时女优王秀云色艺噪一时，杨召之入，演《卖胭脂》《小上坟》诸剧，冶艳绝伦，观者神荡。

有某贵人者，见之而太息曰："娶妻当如王秀云。"而秀云身价自是遂益高。

弟子服其劳

广州俗尚娶妾，稍足自给者，即欲效法齐人，左拥右抱。某塾师尤好色，妻犹少艾，而先后纳四姬。及夕则相争，声闻于外，其生徒之寄宿者，辄哗笑之。一夕，某被嬲不已，乃设一计，谓各人必引《四书》成语一句以定优劣，优者得之，劣者失之，皆唯唯。于是妻曰："君子用其一缓其二。"妾曰："焉得有其一以慢其二哉？"第二妾曰："天下有达尊者三。"第三妾曰："必先此四者。"第四妾曰："尊五美，屏四恶。"某以所言皆善，依违不敢决，乃大声呼曰："吾老矣，不能用也。"其徒在外室应曰："有事，弟子服其劳。"

孔子反在珠子下

某家设寿筵，贺客麇集。中有朱姓者年少，孔姓者年长，主人定席，匆促间，乃位朱于孔之上。孔悻悻，酒阑，出上联，属朱对之。曰："眼珠子，（"珠"与"朱"同音。）鼻孔子，孔子反在珠子下。"朱沉思有顷，语之曰："须先生，胡后生，后生却比先生长。"

琴皇帝

朱启连字棣垞，善诙谐，发言往往隽妙，倾倒一座。晚年酷好琴，自谓精意独得，千古无二，可称"琴皇帝"。其友闻之，因镌一玉章以劝进，其文曰"聊以自娱"。盖刺取《赵佗传》中语以调之也。

自题小照

某好滑稽，尝自题小照云："我道你是谁？原来就是我。是你的收成，是我的结果。只怕我后辈儿孙，也都认你不认我。"

又有赵沅芷者，尝自题小照云："此人姓赵，沅芷为号。恐后无凭，立此存照。"

尽其所有

某生县、府试屡举案首，不售，家赤贫，于路旁建厕屋，藉收粪以售资。上悬一扁，曰"尽其所有"。又悬一联曰："但愿你来我往，最恨屎少屁多。"

可容搔痒倩麻姑

有某宦者，其夫人性妬，年五十，尚无子。初，某有友，将赠婢以延嗣，某不敢承，遂止。逾数载，知尚乏嗣，曰："不可缓矣。"尽出诸婢，置帷幄中，各伸一手，从牖中出，令检之，合意者以环约其指。某见一婢，手白如脂，以环约其指，出之，麻面婢也。友为置奁送之，某载归，夫人见其麻，不复置问，然止服役，不使抱衾裯。其友因调以诗，中有"哀向吼声求柳氏，可容搔痒倩麻姑"之句。

道士吃笋烧肉

江南姚某，令某邑有政声，其折狱，多以诙谐出之。时有道士自远方至，喧传知未来事，惑之者甚众。令闻之，命仆持刺往，延入署，托言太夫人欲问休咎。道士以令之召也，欣然往。至则令出迎，延上座，有顷，卒然问曰："练师亦知相邀之意乎？"道士曰："太夫人有事见召，已知之矣。"令曰："相邀无事，请吃笋烧肉耳。"言毕，呼左右曳道士于阶下，命笞臀四百。笞已，令复问曰："尔知本县复笞尔乎？"道士哀求曰："青天开恩，必不复笞。"令喝曰："再笞四百。"笞已，令拍案曰："尔知未来事，何以笞尔，而犹不觉乎？妖言惑众，罪至于死，姑念尔初至，误触禁令，亦不深咎，速他徙，毋逗留。"判毕，命差役纵之去。

垂竿顿触钓鱼心

属员上书大吏，签上必写“大人钧禀”。某县令禀抚军，“钧”字漏写一点，则为“钓”字。抚军题诗于签还之云：“未必他年秉大钧，垂竿顿触钓鱼心。可怜一勺廉泉水，分赠同僚总不匀。”

两个渔翁揪打

某抚苏时，将军、总督、藩司等宴于临江某酒楼，即席联句。总督出句云：“举酒上危楼。”某接云：“天高一色秋。”次藩司云：“江边无限景。”最后至将军，瞠目不能赞一词，适两渔夫鬨于艇，将军拍案曰：“我亦有矣，‘两个渔翁揪打’，可乎？”藩司笑曰：“诗限五言，不如删打字，叶韵更好。”将军掀髯大喜，归署，遍告幕友。某幕捧腹曰：“该打该打。”将军曰：“打字原有，可惜为不通之藩司删去矣。”

天锡纯虾

鄞县某富户以渔起家，年七十矣，其子孙为之介寿。或赠以幛，其四字曰“天锡纯虾（蝦）”，盖“天锡钝嘏”之讹也。黠者某见之，大笑，谓其关切渔户之巧合也。

日之夕矣君何

有设旅店于燕赵间者，其地为孔道，遵陆入京者恒由之，其主妇貌都丽，以是生涯殊不恶。某年除夕，有人为题一门联云：“日之夕矣君何往，鸡既鸣兮我不留。”此固切合逆旅，然无他意也。有滑稽者见之，潜就其上下联各去一字，曰：“日之夕矣君何，鸡既鸣兮我不。”

正定府十四属联

直隶正定府属十四州县，好事者各缀二字，曰：正定将军，行唐使者，元氏夫人，阜平老人，晋州客人，获鹿道人，井陉童子，灵寿仙官，赞皇丞相，无极大帝，平山大王，栾城公子，新乐公主，藁城草寇，如小说中之称谓，然颇觉连贯。山左戴紫垣集成对句，颇见巧思，更衍之为联云：“公子何翩翩也，喜仙官暗系赤绳，于是夫人议婚，老人主盟，彼童子无知，但凭使者行媒，聘定藏娇公主；大帝其巍巍乎，赖丞相借筹玉箸，因而客人享利，道人服教，虽草寇窃发，可卜将军报捷，削平恃险大王。”

俗语联

有集俗语成联者，如：“七合升儿八合命；五花肠子六花心。”“打虎还是真兄弟；骑驴撞见亲家公。”“龟头有志终须贵；朝里无人莫作官。”

一万六千年前酒债

林有任工滑稽。尝与友饮村肆，酒阑，肆伙以帐进，而杖头钱不敷，将令其笔之于册，伙不允。林曰：“希腊天文家言，世界历一万六千年而还原一次，一万六千年后，吾侪仍集于此。今暂记之，他日可并偿也。”伙曰：“可。惟一万六千年前，君尚有未偿之酒债，今当先偿之耳。”友闻之，皆胡卢，林亦大笑，乃贷于友而偿之。

阴曹五殿阳世三间

丹徒包黎先茂才性通脱，尝客扬州。世俗于改岁之际必换春联，包因年事匆促，未及书写，遂以没字之联榜于门外。真州吴某见而异之，遂代书八字曰：“阴曹五殿，阳世三间。”

现身说法

有自称儒医者，一日出诊，中途渴甚，询舆夫以邻近茗肆之所在。舆夫答以无，惟云前村有一学塾，而塾师喜弄文，有往谒者，须先试对联，能对，始招待。医大喜曰：“我儒医也，尽可往。”既至塾，师诘来意，医告之。师曰：“能属对否?”医曰：“予亦试为之。”师即示一联云：“碧桃万村柳千条。”医不假思索，即对以“红枣二枚姜三片”。师奇之，烹茗款待而去。阅数月，又经其处，师又示一联云：“避暑宜寻深竹院。”医即对以“伤寒应用小柴胡”。师喜其敏捷，待之甚优。再阅数月，出诊忽遇大雪，不得归，迂道借宿于塾。师觞之，饮至半酣，师出一联云：“大地无分南北，遍洒梨花。”医始悟及其妻，凑成一联云：“小妾有件东西，似悬药碾。”师赞美不绝，复鼓掌大笑曰：“先生现身说法，真可谓大公无私矣。”

秋海棠

有荡妇名秋海棠者，因奸杀案讼于官，定谳后，解臬司过勘。臬署有甲乙两幕友，名士也。甲偶言秋海棠之名，颇不易对。时庭中有山药一株，垂实累累，乙曰：“‘夏山药’三字，似可为对。”甲谓：“对诚工矣，然只此三字，未免枯寂。今闲暇无事，不妨层累加之。”因曰：“带叶秋海棠。”乙曰：“连须夏山药。”甲曰：“一枝带叶秋海棠。”乙曰：“三寸连须夏山药。”甲曰：“斜插一枝带叶秋海棠。”乙曰：“倒垂三寸连须夏山药。”甲曰：“鬓边斜插一枝带叶秋海棠。”乙曰：“裤下倒垂三寸连须夏山药。”甲曰：“佳人鬓边斜插一枝带叶秋海棠。”乙曰：“大汉裤下倒垂三寸夏山药。”甲曰：“红粉佳人鬓边斜插一枝带叶秋海棠。”乙曰：“黑麻大汉裤下倒垂三寸连须夏山药。”甲曰：“江南红粉佳人鬓边斜插一枝带叶秋海棠。”乙曰：“关西黑麻大汉裤下倒垂三寸连须夏山药。”

活死人

历代大行皇帝梓宫奉移时，试演黄杠，由内务府特派大臣，将鸾幰安置杠上，中支以板，诸大臣群坐其上，以实验其低昂轻重焉。观者阗溢，相与语曰："此活死人也。"

卿真苦死

窭人子某衣食不给，对泣牛衣。妇死，乃以联挽之云："算来半世夫妻，吃也无，着也无，叹卿真苦死了；放下千斤担子，天不管，地不管，比我倒快活些。"

先死先生

某师以其弟子死而作联以挽之，联曰："先死先生，呸；斯人斯疾，唉。"

说我就来

有申、赵、周、李、成五人相友，结为异姓昆弟，皆莫逆。不数年，而申、赵、周相继化去，仅存李、成，遂益密。未几，李亦殇，成至是惟形影相吊矣，乃挽以联云："座中仅有两人，悲君又去；泉下若逢三友，说我就来。"

不得了了不得

某善滑稽，一日，有友死，往吊之，入门则哭声厉。其中有"了不得，不得了"二语，为某所闻，乃为书一联曰："不得了，了不得，了也不得。"书至此，又闻死者之妻抚柩大号，一老妪劝之曰："怎么哭，哭怎么。"即续书下联曰："怎么哭，哭怎么，哭又怎么？"

讣文对试策

或以讣文首数句并殿试策末数句摘出为一联，颇为天然巧对。其联云："罪孽深重，弗自陨灭，祸延显考；末学新进，罔识忌讳，干冒宸严。"

戴冕不垂旒

郑晓江大令好诙谐，有友张某，头大而有鹅形，因戏以词赠之曰："戴冕不垂旒，细辫子，大门楼。弟兄结拜人六个，嚼蛆趁热，下雨不愁，行瘟发晕皆难受。莫学油，二十一指，难比此颗头。"

寒士闲事

李森庐某岁在家，地方公举为团总。次日，书数语以辞之云："我本寒士，不管闲事。倘有闲事，来投寒士。莫怪寒士，不探闲事。如问闲事，永世寒士。"

私塾师长于科学

泰顺有私塾师张佩卿者，尝以科试入泮。其邑僻陋，黉舍诸生，略能识字而已。张之制艺，已能完篇，且能作试帖，遂为邑中翘楚，设帐授徒，从之者如归市。某年，偶至会垣，为友人招饮。座客有曾出洋留学者，友以此公科学甚精告之，张不解所谓，瞠目相视。久之，乃自指其鼻准而言曰："我亦长于科学者。"隔座一客遽就而问以科学名目，张默然，徐曰："我固于光绪甲申，大宗师祁世长督浙学时，科试所取入学之生员也。"

塾师寄妇诗

光绪时，有李森庐者，以教读为业。某年，逼岁除，不能归，有寄其妇诗十首云："今年馆事太清平，新旧生徒只数人。寄语贤妻休盼望，想钱还账莫劳神。""父无佳馆子闲居，命不如人总是虚。今岁家中宜省俭，老糠喂鸭菜淘猪。""我命从来实可怜，一双赤手砚为田。今年恰似逢干旱，只半收成莫怨天。""家中定要买棉花，手内无钱只自嗟。我有一言分付汝，不妨姑向凤翔赊。"（凤翔，邻居李姓富翁也。）"赊得棉花作速弹，更头此际要连翻。婆婆打杂姑姑纺，媳妇旁边莫躲艰。”“零星铺帐布柴钱，亏空今年要汝填。曾记俗人言一句，贴夫之半赖妻贤。”“所在言谈要使乖，逢人切莫倒招牌。但云今岁盛前岁，支扯方能驾得来。”“几度思量欲戒烟，此身犹恐病牵缠。早晨吞个芝麻泡，晚上开灯要一钱。”“每日堆花要半斤，灯油烟酒并开荤。算来搅用非轻恕，一百铜钱缺数文。”“果然苦尽自甘来，何患今生不发财。但得麟儿能入泮，相从谁不羡红梅。”（俗云：“杨梅红，有人从。”）

过去未来之妙品

某乙性吝，多诈。一日，其中表某甲五秩寿诞，乙具礼物一器，遣使赍往。甲揭视之，乃鸡卵四枚，附有说明书，曰：“此未来之肥鸡也。兄千秋令节，为时过早，若可迟三月者，一群凤雏，行将引吭而啼矣。”甲见之，不笑亦不怒，直受之。翌日，甲折柬招乙，乙欣然往。至则见灯烛辉煌，肆筵设席，座客已满，别有一种酒肉香味充杂空气中，度入鼻观，直沁心脾，觉甘美无伦。乙至此，馋涎欲滴。甲与寒暄毕，肃之，趋堂东，凭空案，使独坐。乙待良久，不见肴馔，正企盼间，忽睹甲手持青竹一竿至，置于案，谓乙曰：“此过去之嫩笋也。弟来何其迟，如早数月者，鲜肥之笋，尚未成竹，正可下酒也。”语已自去。

愿为人子

长沙某茂才以贫居书院，岁终，债主环迫，乃至古庙避之。同时有二友，境遇相若，亦与焉。盘肴尊酒，相对黯然。酒微酣，一友曰：“友朋在今日，不亦〔易〕聚首，我等得此，亦天缘也，不可不赋诗。”乃吟曰：“柴米油盐酱醋茶，无钱去买又无赊。思量只好将身卖，问遍长沙不要爷。”一友曰：“吾当和之：‘米盐柴布鸡鸭猪，八口之家不可无。思量只好将身卖，问遍长沙不要夫。’”某笑曰：“二君诗甚佳，然为人父、为人夫者，亦多有难言之隐也。吾意当为人子，似较父、夫为优。”乃吟曰：

“爷做官来子享福，我无福命怨阿谁？如今只好将身卖，怎奈官家不要儿。”二友曰：“君真想入非非矣。”乃相与鼓掌。

八窍妙判

山左刘为幹守庐江时，郡民卢仁娶妻姬氏，甫三日，忽告官乞离。诘所犯何条，以不能生育对。问燕尔方新，何以知其不育。初尚嗫嚅，坚鞫之，潸然曰：“人皆九窍，彼缺其一，便遗皆从一处出。”氏母争曰：“我亦八窍，女即亲生，何害？”乃令官媒引母女入内宅，属夫人督仆妇验之，良信。卢始愿领归，刘判曰：“盖闻窍分上下，七阳而二阴；质秉乾坤，三奇而六耦。然大地非无遍缺，而刑天绝少具形。厥有蚩氓，初谐婚媾。不图良匹，竟类人痾。但觇玉洞桃花，未睹后庭琼树。渔郎问渡，澄泾共浊渭同流；神女为云，鸟道与羊肠莫辨。奠我疆于南亩，何从界判鸿沟；启秘钥于北门，势且凿残混沌。虑乏邓攸之后嗣，遂效翁子之当年。公庭谬托乎诡词，虚衷用致其穷诘。瑟琴伊始，胡为伉俪情乖？岁月几何，安见熊罴梦杳！谯诃莫解，夏楚将施。含意难伸，直陈不讳。妇则抚心无忝，嫁鸡志在随鸡；媪则说法现身，雏凤形同老凤。母既载生而载育，女还宜室而宜家。无烦炼补于娲皇，但乞后堂犀照；姑允质成于周姥，果然下体象贤。本县教始彝伦，化先怨旷。在姬氏尾闾偶阙，无亏种玉之田；则卢生息壤可耕，焉用不毛之地。无犯出条之七，当援不去之三。未许鸾分，断从璧合。传其好事，风人增雌兔之诗；广此群生，讼牒绝男妾之案。”

改神童诗

“久旱逢甘雨，他乡遇故知。洞房花烛夜，金榜挂名时”四句，见于世俗流传之《神童诗》，极言人生之乐事也。有以为不足者，于每句各增二字，曰：“十年久旱逢甘雨，万里他乡遇故知。和尚洞房花烛夜，教官金榜挂名时。”或见之，犹以为未尽其乐，又改曰："千年久旱逢甘雨，球外（此言地球之外，游于他行星之中也。）他乡遇故知。三世洞房花烛夜，（言相思三世，至今始得结婚也。）黑奴金榜挂名时。（言黑奴得免沉沦也。）"此盖极意形容其乐也。然又言其似乐非乐者，亦以《神童诗》改之，于每句下注二字，曰："久旱逢甘雨，一滴。他乡遇故知，债主。洞房花烛夜，石女。金榜挂名时，副贡。"

寄语刘郎莫问津

刘恕皆有妇水静娴，工诗，晨昏伏案，嫥意吟咏，颇得倡随之乐。然恕皆恒宿外室，不常入内，妇亦厌床笫之事，辄听之。一夕，恕皆入绣闼，静娴即书一绝与观，有"小溪新涨桃花水，寄语刘郎莫问津"之句，盖实托故却之也。

不教胡马度阴山

上海名妓有姚七、姚八者，皆具殊色，某昵之甚，同时有胡某、马某者，亦垂涎焉。某恃强，日盘踞其家，胡、马不得间也。或询某，某为诵唐诗曰："不教胡马度阴山。"

相公相丫鬟丫

有少年夫妇，体皆肥硕，自日本留学毕业而归。其友某见之，戏作一联以赠，辞意滑稽。联云："相公相，肥而胖，头且然，而况；丫鬟丫，粗又大，嘴若此，其他。"

磕睡读书

某嗜读、好睡，黎明即起，伏案观书，日暮即就枕矣。尝自撰一联，揭于书斋之楹。联云："有打磕睡的豪杰，无不读书之神仙。"

夫子自道

"酒酣或化庄生蝶，饭后甘为孺子牛"，某名士自撰之联，盖夫子自道也。某嗜饮，醉辄寝。起则导其幼子嬉于庭，自为牛，而使幼子为牧童，曳之使行，蹒跚庭中，不稍拂其意。世之为儿孙作马牛者，固甚夥矣，然每不自承，若如某名士之能自道者，固绝无仅有也。

老父无能却更尊

衡山之俗，每当仲夏时，居民必迎神赛会，谓之避疫，仿古傩礼意也。城南为马王会，城西为康王会，两会争奇斗胜，积不相能。所装故事，亦多按“南西”二字，如《取西川》《征南蛮》之类。一日马王会出赛，装孔子像，横书“万世师表”四字匾额，以为无能出其右者。康王会中人闻之，乃饰孔子父叔梁纥出游，撰联悬于旁。联云：“吾儿有志虽称圣，老父无能却更尊。”马王会人见之，瞠目而返。

大小王霸儿子

某广文与某二尹为同僚，甚相契，朝夕过从，谈谐间作。偶以对联为酒令，广文因出对曰：“老教官，穷教官，老当益壮，穷当益坚，老大穷坚教官。”二尹方沉思，瞥见其两子戏于庭，即曰：“大儿子，小儿子，大则以王，小则以霸，大小王霸儿子。”

仲姓宜为调人

居两方间之调人，或证人，俗谓之“中人”。而燕、赵、齐、鲁人士之读“仲”字，其音辄如“中”，笔之于纸，亦复混淆，如“连中三元”，辄写作“连仲三元”。尝有延仲昴庭居间调处一事者，昴庭不允。请之者曰：“君姓仲，仲之义训中，且日本谓中人曰仲裁。调人之责任，君自负之，勿固辞。”昴庭乃笑而诺焉。

百鸟百兽图

马某宴客，客为乌、凤、燕、鸡、鸿、鹄、牛、羊、鹿、狼、豹、熊、虎、彪十四姓。或曰："此《主客图》（唐张为尝作《诗人主客图》。）也。可扩之为《百鸟图》《百兽图》，与上海广学会所出版者，并传于世矣。"

风马牛不相及

马子春尝挐舟入剡，访其友牛舜初。渡曹娥江，遇逆风，舟不得前，泊一昼夜。及至，而牛适亦以访友先一日他出，遂不遇。马归，语其妇曰："此真所谓风马牛不相及也。"

云龙角逐

云子远，粤人；龙念轩，湘人，皆尝客金陵。一日偕游钟山，云年少先登，龙蹑其后追之，至其巅则以行急而气喘，坐定语云曰："君平步青云，诚得风云之际会矣。"云曰："吾两人亦云龙角逐耳。"

满饭吃得满话说弗得

俗有"满饭吃得，满话说弗得"之谚，盖戒人说大话也。宣统时，革命势盛，竞唱排满，固以在野党为多，然亦间有随声附和之官吏。盖若辈狡黠性成，知革命潮流大涨，必有推翻政府之一日。故虽食朝廷之禄，不敢获咎党人，谈论所及，绝无帝德君恩字样，殆于"满饭吃得，满话说弗得"二语而偶尔误会也。

半夜三更打我锣

警察已遍郡县，然以不敷分布，故击柝守夜者，尚所在皆有。或为诗以赠之，中有云："清风明月无人管，半夜三更打我锣。"管、锣假借作对，不着痕迹。

亲之曰兄

友朋辈行相等，辄相呼曰兄，不计其齿。向子平年四十许，一日遇陈伯元，以兄呼之。陈之齿已逾耳顺矣，或语向曰：“君宜称陈为丈以尊之。”向曰：“尊之不若亲之，‘亲之曰兄，字曰孔方’，此见晋鲁褒《钱神论》，亦正以见吾之亲陈也。”

天下之大老也

有兄弟二人孪生，其友往往误认。一日遇其兄，遽呼之曰二老。旁有知之者，曰：“渠，大老也。”友曰：“总是一般，‘二老者，天下之大老也’。”

生子之本色谐语

诙谐语，必须本地风光，方可解颐喷饭。有笔贾举子，甚丰硕，或戏之曰：“羊毫兔毫，加工选料。此家用货，非比卖门市者，安得不佳?”又有书客举子，貌酷似父，或戏之曰：“原板初印，神气一丝不走，其非翻刻赝本可知。”又有庖人举子，肤色甚黑，或戏之曰：“此非炭火烟煤之气，即是油盐酱醋之精。”

制造人民子孙

余姚高云乡，名民，少业贾，旋为童子师以自给。生平嗜学，颇读译本书，且能为诗古文词，而口吃，好诙谐。某年，失馆家居，适生子，弥月设汤饼筵，一贺客询以今岁何所事事，则曰：“为国家制造人民，为祖宗制造子孙，非莫大之事业乎?”

施玉轩劝杨伯隐勿作马牛

施玉轩，皖人，有子名源深，幼聪慧好学，及岁而学成，能自立矣。乃其岁入，亦仅足自给。玉轩向为诸侯老宾客，至是犹作客如故。同幕李伯隐年五十余，长于玉轩者五岁，尚无子，恒以为忧，见源深之成立而岁入多金也，深羡也。一日语玉轩，谓今已垂老，亟欲纳妾以育子。玉轩曰：“君休矣，吾方羡君家累之轻，君乃以望子而欲置妾。即果生育，亦须骤增两口之用，而子之衣食学婚诸费，尤为不赀。待其弱冠成立，不必倚赖于君，且能以所获资君，而此二十载中，君之所耗金钱，实已不可胜数，岂不较今日担负之重，倍之而又倍之耶？彼时君已七十余矣，七十老翁何所求？亦奚必自寻烦恼耶！况其成立犹不可知，或竟阘冗无能而仰给于君，不更终身作马牛耶？且即以仆言之，年未五秩，而豚儿已能治生，然于仆何补？此非君所目击者耶？”伯隐闻之大悟，纳妾之议遂寝。

金中垒自恨不为拐匪

自咸、同间，粤、捻乱平，以至光、宣，承平数十年，生齿日繁，生计日绌，衣食不给、无以自赡者，所在皆是。赴沪谋生之人，纷至沓来，逆旅为满。有金中垒者，杭人也。侨沪既久，广交游，待人有肝胆，于稍能自立者，得其一言，辄有噉饭之地。章实甫粥粥无能，然其年甫成童也。一日丐于金，谓欲得一餬口之所，且为奴亦不恤。金太息曰：“人多事少之状况，年来日甚一日，虽下至厮养，亦苦无容身处，将若何？”乃给以饼金，章叩头谢。

章将行，而金之友汪明斋至，闲谈，纵论至谋生之事。金即指章而言曰：“彼哉彼哉，诚可太息痛恨者也。彼方当求学之年，而一再逃塾，绝无所能，其从何处觅生活耶？惜吾未为贩卖人口之拐匪耳，不然，则吾既可得多金，而彼又获栖身之所。虽及成年而不能自立，为其父母者，亦必衣之食之，可终身无冻馁忧矣。”汪愕然。金又告之曰：“粤人以族大丁多为尚，潮州尤甚。稍有力者，辄广置姬妾，以期孳生之众，而犹以为未足，更出资购之于外。光、宣之交，上海拐匪充斥，赴粤商轮，时有大帮幼童出口，盖即拐匪挈之往粤以求售者也。”

城中尽是馒头馅

古语云：“纵有千金铁门坎，终须一个土馒头。”谓坟也。后人又有句云："城外多少土馒头，城中尽是馒头馅。"盖言人之必有死也。

吁嗟阔兮

杭州某富翁卒，出殡，其车马仪卫之盛，穷极侈靡。或以告人曰："今日某家丧事，向未见有如是之阔者。"（杭俗以盛为阔。）座客曰："此所谓'吁嗟阔兮，不我活兮'是也。"

舍鱼而取熊掌

曹子章，晋人也。曾举于乡，为主事。以家无恒产，乃参戎幕于津沽，博升斗养母。久之，不获于府主，遂入官京师。未逾岁，弃职而走。至沪，鬻文为生。盖其人贞介绝俗，生平别无嗜好，惟视色与书若性命。爱沪上风景之佳，居数月，即移家焉，则以笔耕余暇，可恣览载籍，且作冶游也。沪之女闾丰昌，书肆阗溢，为全国冠。曹每于薄暮孑身入市，非阅书于坊，即至其所眷处，然辄以书自随。尝曰："余好色，而沪地之姝丽触目皆是。余好书，而沪坊之图籍悦心者多。色，犹鱼也；书，犹熊掌也。二者不可得兼，舍鱼而取熊掌也。然亦焉能竟忘情于鱼耶？"其友姜枕流戏之曰："吾为君计，他日再入轮回，可请命于阎罗，以两眼分布于面部之前后，则前可观色，后可观书，而人亦必以双方之独具只眼誉君矣。"

海上逐臭夫

上海县以滨海得名，谬托风雅者，辄称之曰"海上"，其实濒海之地，皆可以是称之。此亦类于"姑苏志""金陵志"之名称不当也。上海居民繁盛，士女丰昌，冶游置妾之徒，乃遂纷沓，然皆于勾阑中求之，亦以妆饰入时，易炫俗目耳。

钱塘金仲撝，风雅士也。有特识，尝谓沪江名姬，泰半为苏之乡女，与娘姨、大姐（皆女佣也，未嫁者曰大姐。）之出身正同。

而俗无真赏，但见其靓妆刻饰，便嬛（古同“绰”）约，（八字见《上林赋》。）即从而悦之。于天真烂漫、雅洁自好者，略不措意，此皮相天下士者之所以日多也。一日，赵伯英强之作狭邪游，小饮于名姬秦若兰妆阁，遇女佣阿珠，乱头粗服，弥美而艳。酒阑闲话，询知为苏乡甘露农家女，至沪甫半载，向从其母事田作，固亦胼手胝足者。因语伯英曰：“此小妮不假修饰，乃姣好若此，较之若兰奚若？且凡百女佣之若此者，实不可胜计，而君但知妓之美，何不知别择乎？”伯英平视久之，乃语仲撝曰：“君能赏识于牝牡骊黄之外，真具正法眼藏也。”沪俗，人家溺器，（储溲溺之器。）辄于清晨由女佣挈至门外，使担粪者倾之。自是，伯英恒于清晨独行里巷，恶臭触鼻，亦不之顾。一日，仲撝以谒客晨出，与之薢茩，曰：“君真可谓海上逐臭夫矣，何矫枉过正，竟一至于是耶！”

酱油豆腐干

有为淮南业者之孔康，设肆于苏州山塘，所沽菽乳至佳。俗呼菽乳为豆腐，加以酱油而干之，曰酱油豆腐干。康有女曰阿媛，黑而媚，陈仲勤见而好之，方思求为偶。逾月，介友通殷勤，则已嫁包氏子矣。乃悒悒，而作《黄莺儿》词以志之曰：“爱你素中珍，紫棠容，白玉身，温柔细腻端方正。馨香可人，闻味动心，清茶美酒常相敬。但只恨相逢布袋，包住了卿卿。”

娣肉二字之别解

熊子英工诗，好作谐语。一日作即事诗，中有“娣胸三白假，肉顶一黄真”二句。适其友邵菊屏过访见之，愕然不解，请其说。熊曰：“上句言吾妹当胸之鼻针，有白色假金刚钻三粒，下句言吾妇插髻之黄色簪，乃真金所制。盖以“娣”字拆之，为“女、弟”二字；以“肉”字拆之，为“内、人”二字也。”

如君二字之别解

世俗称人之妾，辄曰“如夫人”或“如君”。如夫人者，儗（古通“拟”）之于妻，亦原本于《左传》“齐桓公内嬖如夫人者六人”句也。如君之称，则以《论语》有“夫人自称曰小君”一语，《汉书》有“归遗细君”一语。且母以子贵，则曰“太君”。夫人既可称君，妾既无所不如，自得称“如君”矣。赵子义大令尝纳一姬，宠专房。大妇粗通文翰，好诙谐，一日，瞥案上有曾梅臣致赵书，有“夫人如君”字样，语赵曰：“君者，一国之主，皇帝是也。曾君书函，于我称夫人，而称姬为如君，是以彼为一家之主，尊贵拟于天子矣。子亦甘为其臣下否乎？”

妬律

《妬律》为广野居士述，凡八条，虽属游戏，亦颇有组织，因全录之，以资笑噱。

名例。一，凡妇梳头临镜架，言从镜中见夫与婢目挑，遂生嗔毒骂，并及丈夫者，拟坐以断罪不以律例，杖七十，徒一年半。判曰：“迷网沉沦，闻蚊声而惊梦；疑团莫解，饮弓影而成疴。是以披画图而含哀，询洛神而赴水。群狐满腹，载鬼一车。以莫须有之情，比将毋同之律。罪由自召，人亦何尤？”一，凡妇允夫宿妾，日间反复议明，及至更深，犹复令妾针纫，若或忘之者，拟坐以公事应行稽程律，笞二十，迟至三更者，加一等。判曰：“春秋盟会，成事定于一言；战国纵横，趋向决于词组。尔乃拘牵薄务，似存退悔之心；演习虚文，无非出纳之吝。虽曰健忘，当不至此；爰引律法，犹觉从宽。”一，凡夫与婢有染，妻乃去婢小衣，以秦椒等辛辣之物，纳入婢女私处，比照以秽污入人口律，加等，发黑龙江，给披甲为奴。判曰：“荳蔻犹含，殊苦盐梅之味；牡丹初放，何堪姜桂之投。即蛇蝎以为心，无此毒也；本豺狼而成性，岂其然乎！按律无可援引，加等从严究拟。”

吏部。一，凡妇人见夫外入，故拈针线，兀坐不语，及再三询之，一推而起，拟坐以无故不朝参公座律，杖八十，徒二年。判曰："慵拈倦绣，只念远人；默坐低头，为怀游子。未有室家静好，琴瑟和谐，见良人而转嗔，闻温言而添恨者也。妇德无极，女怨无终，律以朝参，正斯壶范。"一，凡妇有病在床，沉沉药饵，仍令腹婢稽查丈夫与妾偶语等情，拟坐以纳交近侍官员律，杖一百，流三千里。判曰："珠沉玉碎，肯使鸾镜尘埋；柳折花残，不许莺簧舌啭。即曰关心者乱，奚须壁后置人？若云在家必闻，夫岂沙中偶语？今乃展转反侧，殊多密探之烦；而迷梦沉吟，只廑他山之虑。官箴有玷，自当屏绝于遐荒；壶范斯惩，勿致悍成跋扈。"一，凡妇每见人之内眷，必苦劝不可令夫纳妾，娓娓不倦，拟坐以同僚代判文案律，杖八十，徒二年。判曰："画楼秘阁，共谈闺内之私；密室柔情，细诉胸中之垒。联床握手，附耳订谋。岂诚永漏话长，只为深闺计远。老珰衣钵，官家忽使空闲；少妇传灯，阿郎决难二色。比目何堪瘤赘，并头那许骈枝？第彼妇各具肺肠，漫劳人别参帷幄。家有制度，事属越庖。自谋已非，代人难恕。"

户部。一，凡妇每同婢妾触牌点韵，嘻笑一堂，忽闻主人声息，悉皆屏去，拟坐以脱漏户口律，杖六十，徒一年。判曰："紫罽平铺，象牌齐翻玉笋；霞笺试展，斑管漫揲瑶词。乃老子兴复不浅，而群芳吹散因何？是岂楚卒闻歌，竞解中宵之甲；抑亦苏生挟策，惟深兼并之防？罪坐发纵，奔逸免救。"一，凡妇值夫偶宿妾室，便偃卧不起，只推有病，及再三安慰，不觉盈盈泪下，拟坐以户役不均律，杖八十，徒二年。判曰："自是桃贪结子，故寻树底留红；原非浪逐痴儿，疑作花间恋蝶。不知樛木下逮，方可螽斯衍庆。尔乃鸟啼残梦，怜春色之将阑；花扰独愁，恨秋梧之早落。犹然心怀固宠，念旧爱而情伤；志切专房，分新恩而肠断。菀枯顿异，徒杖有归。"一，凡妇容夫纳妾，限夫往妾所，止以一更为率，迟归则怨望詈骂，拟坐以丁夫差遣不平律，杖六十。判曰：“命将出师，最忌从中掣肘；济人利物，应须忘分推心。如其箝制克期，恐致功多限促；必欲束缚计晷，定然此怨彼嗟。苟发纵之不公，当援律而予杖。”一，凡妇无子，畏人清议，阳为娶妾，私禁冷室，不令丈夫见面，拟坐以田地荒芜律，杖七十，徒一年半。判曰：“历岁深耕，既无薄获。憎人多口，爰挟阴谋。纵不学司马公夫人，饰之入院；何至如白太傅内子，不使进帏？鸦过长门，梦断朝阳日影；鱼封永巷，魂消巫峡云踪。女有罪而幽囚，郎何辜而乏后？荒我田畴，罪难轻贷。”一，凡妇见妾生子，故将家业施舍僧尼、搬运母家，并与出嫁女狼藉无度，拟坐以盗卖田宅律，杖八十，徒二年。判曰：“珠非蚌出，奚怜金穴铜山；箧自我操，即欲沙挥泥洒。绮丸蔽野，翠玉成尘。神诞佛生，结福缘于渺渺；老妪少妇，填谿壑于年年。甘心若敖之鬼，宁惜叔孙之儿。恶其纵恣，律以攘窃。”一，凡妇闻亲戚朋友娶妾，即行毒骂，并自咒以及丈夫，拟坐以把持行事律，杖八十，徒二年。判曰：“城门失火，未尝殃及池鱼；滕国防危，便尔忧先筑薛。含沙射影，足征鬼蜮之衷；打草惊蛇，预作绸缪之计。罪状似难比拟，情形那可姑容！律以把持，实为允协。”一，凡妇无子，恐夫买妾，强立己侄，或抱螟蛉，拟坐以斩人宗祀律，杖一百，刺配宁古塔，绝产没官，父母兄弟不行解劝，连坐。判曰：“妒蚌难胎，久虑蛾眉之入室；牝狐幻术，阴营蜾负之良图。乃欲代马以牛，更恐以武继李。科其罪状，投豺虎而谁怜？揆厥私衷，馁祖宗而莫顾。拟减等于大辟，宏施法外之仁；藉绝产而入官，讵资异姓之孽。在昔设谋决计，事虽首自妖姬。然而党恶模棱，罚难逭于丑类。祸因滋蔓，连坐非苛。”一，凡妇归宁父母，必将丈夫爱妾挈之同往，拟坐以拐带人口律，杖七十，徒一年半。判曰：“情怀水火，原非兰茝之和；意介干戈，素乏埙篪之雅。携手同归，是何心也？与子偕往，保无他乎？察其略取之情，治彼杖徒之罪。”一，凡妇与夫议明，或三六九，或二八日，分润于妾，乃至期龃龉，不令夫往，拟坐以收支留难律，笞五十，再犯者加一等，三次者杖六十，徒一年。判曰：“三分有二，宜加服事之诚；取二用三，古有贪残之戒。尔乃渝盟割地，辄怀犹豫之衷；役志侵渔，渐现饕餮之态。当与不与，律固有条。初犯从轻，再犯加等。”一，凡妇故令陋婢强夫枕席，以塞娶妾之念，拟坐以良贱为婚律，主婚者杖七十，徒一年半。判曰：“锦衾璀璨，自宜软玉温香；绣帐氤氲，可无秾桃翠柳？虽实命不同，允共葑菲薄采；而承恩非貌，奚堪魑魅偕欢。因浊酒麤布之谣，岂丑妻恶妾之解？进以匪匹，实为乱群；责有攸归，谁职其咎？”一，凡妇使婢年已长大，不令蓄发，恐丈夫有见猎之喜，拟坐以嫁娶失时律，杖七十，徒一年半。判曰：“芳草无情，随春来而渐茂；绿杨何意，因时至而垂丝。恶竹笋之冲檐，删其凤羽；嗔蔷薇之踰架，剪彼蓬心。自崔夫人不许丽服，而袁绍妻使髡头。乃虞掷果而禁偷桃，未咏标梅而歌冰泮。不疑他意，只问失时。”

礼部。一，凡妇年已衰迈，犹然脂粉翠钿，以固宠幸，拟坐以服饰违式律，笞五十，逐出，免供。判曰：“翠鬓香云，艳质曾邀帝宠；柳眉桃靥，娇姿准拟人看。不知出塞明妃，颜华已非旧日；抱疴婕妤，形容顿异当时。乞怜未必希恩，掩袖殊令增恶。态固难堪，情犹可悯。”一，凡妇蓄妾，原非得已，乃自夸贤德，冀人赞美，拟坐现任官辄自立碑律，杖一百，徒三年。判曰：“膏雨和风，令望应流于万里；深仁厚泽，芳誉自播于千年。故口碑载道，逢人惟说岘山；而尸祝由心，至今咏思棠芾。何乃事因情近，名与实违，诩向人言，攘为己德。苟传闻不传，几欲勒之贞珉；久假不归，竟尔厕于贤哲。盗名有禁，功令宜遵。”一，凡妇暗令腹婢借名骂奴仆，因及其夫妾，并有子之妾，拟坐以公差人员役欺凌长官律，杖六十，徒一年，主妇辨非主使，记过一次。判曰：“浪蝶狂蜂，奚顾新蓓嫩蕊；暴风骤雨，那管细果花胎。犹如狐假虎威，岂惜鼠投器忌。虽护身有符，苟犯法无赦。主妇记过，牙爪必惩。”一，凡妇买妾入门，必使魔镇，或挂己裤于门首，或置棒槌于门限内，种种不一，拟坐以禁止师巫邪说律，杖一百，流三千里。判曰："玉颜未入，轮回九转之肠；象管初吹，声断百年之梦。不用千金买赋，阴求片铁铸符。一纸朱书，宜投蛛网；数行秘箓，忽坠迷途。性情制以鹦哥，精爽摄为虎伥。是盖幻而无迹，即或杀之泯踪者也。淫觋邪巫，痛惩远屏。"一，凡妇因夫买妾，便设经堂，修斋礼忏，惟同僧尼往来，拟坐以左道惑众律，杖一百，流三千里。判曰："杨柳新栽，昨夜几番风雨；荼蘼初架，晓来无数葛藤。蛾眉入而粉黛衰，鸦鬓添而鸾镜掩。妆阁因而绣佛，琴堂用以翻经。寄怨毒于瞿昙，发幽愤于般若。淫艳姏尼，藉禅和而入室；贪痴释子，披缁戒而踵门。闺阃从此踰闲，性情由之难制。是用履霜杜渐，故为首禁严惩。"一，凡妇嫉夫有妾，从旁嫁祸，造作流言，拟坐以术士妄言祸福律，杖一百，流三千里。判曰："深情厚貌，须眉误中其猜嫌；伏阱隐机，脂粉亦忘其忮忌。是以不言掩鼻，郑袖以巧爱而毙楚姬；覆被杀儿，武曌以忍心而殒唐后。临风搧毒，向影吹沙。不第谗言离间，盖实溺陷死生者也。所当满杖，远配遐陬。"

兵部。一，凡妇每夜聚，必将床前暗制桌椅等物，周帀（同"匝"）布密，以防夫有他适，拟坐以假宿卫人仪仗律，杖一百，徒三年。判曰："秦王宫里，未失狐白之裘；汉后禁中，谁通豬马之迹？不虞窃符之魏姬，特恐偷香之韩寿。岂乏防意如城之谋，爰效入苙招豚之计。坐以假借，罚其愚騃。"一，凡妇因夫夜起溲溺，不行通知，即疑其私婢，生嗔毒骂，拟坐以夜禁不严律，笞五十。判曰："床内青铜，原属怀奸之具；枕边玉盒，用为护身之符。乃崇垣何处飞奴，帘外勿惊人影。醒来梦话，郎已梦到高唐；醉后消魂，身逐魂游楚馆。彼固失告，此则疎防。"一，凡妇使婢女，不许面粉鬓油，止令破衣敝履，充作夜不收，打听丈夫外事，拟坐以私渡关津律，杖八十，徒二年。判曰："粉黛三千，既无藏娇之屋；金钗十二，屈为下陈之材。况罗刹夜叉，分途勾摄；而山精水怪，匿形潜窥。出入自有关防，内外岂容飞越。爰书有禁，城旦何辞！”一，凡妇见夫入妾房言语，即假借公事突入冲散，拟坐以擅闯辕门律，如止诨扰，不作嗔状，引例末减，笞五十，免供，判曰：“翡翠床前，方调鹦鹉之舌；水晶帘外，忽来狮吼之声。不徒花上晒衣，未免腹中藏剑。有心心术不端，无心见识不到。”一，凡妇度妾与夫正值绸缪之际，忽唤妾起，属以他事，拟坐以擅调官军律，杖一百，发边远充军。判曰：“酣战方深，浪子春风一度；金牌忽召，夫人号令三申。既撤白登之围，讵有黄龙之望？隳功西徼，先轸之唾固宜；掣肘东腮，长舌之罪难贳。宥以生命，犹为宽典。”

督捕。一，凡夫入妾室，妾虑主母之嗔，因而逃入妻所，妻遂闭之，不令出户，拟坐以窝隐逃人律，杖一百，流徙尚阳堡。判曰：“桃源有路，本期接引渔郎；梅子多酸，未便相延洞口。效红拂之宵征，非得已也；岂文君之私奔，意何为乎？尔乃冥心已会，故托于李上蔡逐客之书；妙谛全窥，竟不学鲁男子闭户之美。汝既有意于窝逃，吾将按律而问拟。”

刑部。一，凡妇见夫与妾就寝，故意不卧，隔房频问琐屑事务，拟坐以听讼应回避不回避，笞四十。判曰：“鸳梦初谐，正虑窥帘鹦唤；蝶栖未稳，何堪聒耳蛙鸣。既干回避之条，难辞挠法之谴。量从薄儆，以蔽厥辜。”一，凡妇设榻于自己卧房，妾侍夫寝，必抱衾裯以就，即使合欢，不令畅遂，并不得谑语一字，拟坐以不应禁而禁律，杖六十。判曰：“卧榻之侧，本非鼾睡之乡；忌者之前，又岂诙谐之地？桃花三级，犹浪动潜鳞；莺啭一声，更怕惊翻宿蝶。是宜通禁，允此严惩。”一，凡妇因夫偶饮妓家，遂令端跪床前，自仍假寐，更余不允发放，拟坐以告状不受理律，杖一百，徒三年。判曰：“蛱蝶偶入花丛，原非贪宿；蜻蜓薄游水际，未免沾濡。况风过带香，何关薄幸；而衣沾剩粉，联以娱情。尔乃顿发娇嗔，罔顾黄金之膝；居然假寐，任凭玉漏之催。真变羊之巫可诳，而逆鳞之怒难批矣！悬案过情，杖遣不枉。”一，凡夫调婢，婢极力洒脱，以致颊红肉颤，妻乃不察，仍搏婢毒打，拟坐以官司故出入人罪律，杖六十，以增减轻重论。判曰：“狭路相逢，几饵身于豺虎；投梭峻拒，得幸脱于鹰鹯。颤断香肌，盖为云横烟锁；红堆粉面，岂关雨后霞生。不申法于强梁，反宣威于弱质。故出故入，按律何辞！”一，凡夫与妾寝，旦入妻房，妻乃托故启衅，需索首饰衣服，拟坐以因公科敛律，计赃从重论，赃未入手者，杖六十。判曰：“终年交颈，曾无感于寸衷；一旦分甘，遂矜怀于大赉。翠环金缕，非可要挟而求；宝钿绣衣，务在随宜而锡。尔需索出于机心，将拟罪应同于科敛。”一，凡妇因夫娶妾，假病卧床，不吃茶饭，其夫委曲劝解，仍忿言诟骂，及腹婢私进饮食则啖之，人至辄复藏匿。拟坐以奁缘作弊律，杖一百，流三千里。判曰：“银牙正辟，何心翠釜紫驼；绣户无人，辄啾金虀玉粒。若彼阴险之情，为鬼为蜮，业已觇其一斑；矧其闭藏之迹，如虺如蛇，宁能防之久后？纵兹不治，长此安穷？”一，凡婢薄有姿色，见其悄悄修容，辄以诱汉痛诋，拟坐以故勘平人律，杖八十。判曰：“桃花沐雨，夫岂有意呈娇；梅子含酸，遽谓揉脂献媚。必丫头尽属花面，即毒口见其蛇心。尔太多疑，罪同故勘。”一，凡妇看戏，见有演及妾妓者，辄哓哓不止，并骂点戏之人，以及自己丈夫，拟坐以决罚不当律，笞五十。判曰：“雅剧新声，不过逢场偶作；芳姿艳质，藉以合席同欢。事争选靡丽之情，词必出佳人之口。尔乃睹花容而色沮，闻莺啭而神伤。触目惊心，当歌疑讟。谁家薄幸，故开作俑之端？郎实猖狂，冀效跳梁之习。衾裯鼎沸，姻友波腾。鼓焰无端，笞惩有律。”一，凡妇责婢惯及下体私处，拟坐以决罚不如法，于人虚怯处非法殴打律，成伤者笞四十。判曰：“前代腐刑，爰书久削；编民阉割，宪典严惩。在男子而已然，况女子乎何有？尔乃借公泄忿，声罪讨于包茅；乘兴宣威，肆戈矛于夹谷。如验有伤，按律究拟。”一，凡妇值夫外出，即将夫妾并有娠之妾阴卖，并不择人论价，迨妾知觉不从，或以烧香等事诳骗出门。拟坐以监守自盗律，杖一百，发尚阳堡；同谋杖一百，流三千里。判曰："小往大来，本蓄分甘之怨；母以子贵，愈深固宠之忧。讵料君子之远行，恰值红颜之薄命。一副狠心辣手，早定调虎离山。拔去眼钉，推入火坑。辱当垆而不惜，虽换马亦欣然。伤情极矣，惨何如之？其最毒之元凶，固应远徙；即为从之恶党，勿令网遗。"一，凡妇端坐，令夫跪受刑杖，如不依从，即号哭不已，拟坐以威势制缚人律，杖一百，徒三年。判曰："毒龙飞怒，白日晦而海水扬；乳虎横行，谷风生而狐兔伏。吼声至厉，鼻息敢舒！彼既肆无忌惮，我持律以重惩。"一，凡妇蓄婢女，每同夫对饮，不许婢立己后，恐美目之盼，向夫传情，拟坐以诱人犯法律，杖一百，流三千里。判曰："锦绣成行，勿使肉屏障后；鸳鸯罗列，莫教花阵当前。盖防对面芙蓉，密订同心之约；灯前秋水，暗邀月下之期。不知慢藏之招，实为冶容之诲。尔故陷之，罪还责尔。"一，凡妇毒打婢女，其夫一言劝解，便谓私婢，愈加鞭笞，拟坐以冤屈平民为盗，杖六十，徒一年。判曰："毒手老拳，势难坐视；缨冠披发，迹涉嫌疑。乃词以情迁，卦因变动。贪非盗璧，浪指怀春。屈法枉赃，拟徒决杖。"一，凡妇不能容妾，反饰嗔作喜，以市贤名，愿称姊妹，无分大小，及妾入门，非禁即卖，拟坐以歉诈官私取财律，杖八十，徒二年。判曰："梦中之兰玉未占，被底之鸳鸯难共。琵琶隔院，声已远而莫疑；鹦鹉异笼，语屡调而毋觉。顾耳属于垣，趾不旋踵。王丞相之驱车，为凌诸婢；戚少保之肉袒，奚获二雏。尔乃蜜里藏刀，必欲花间逐蝶。狡亦甚矣，罚岂容轻！"一，凡妇与夫小有间言，便呼兄唤弟，肆行强横，以压制夫妾，拟坐以假冒官兵律，杖七十，徒一年半。判曰："日丽云闲，风忽变而成飓；波恬浪静，石偶激而生澜。巧令如虎如狼，哄然吠声吠影。骇当猛鸷搏鹰，不啻群鸦噪凤。蠢兹丑类，法所必惩；孰为主谋，讯明发遣。"一，凡妇举动恣肆，因夫稍违，辄指称听信婢妾之言，哭诉妯娌乡党，拟坐以越诉律，如污人名节，杖一百，发烟瘴充军。判曰："冀握大权在手，先以蜚语螫人。盖因蛊惑于心，奚啻含沙于口。不知盗嫂之事，犹可解也；至若通妹之诬，岂能堪乎！天谴难逃，王章莫贷。"一，凡妇见夫有恙，便归罪婢妾，丑言播告众人，拟坐以假公营私，杖六十，徒一年。判曰："纸帐呻吟，遽称此风之始；竹床偃仰，遂生为厉之阶。岂知闺阃之事，甚于画眉；乃以中冓之言，指为墙茨。意欲如将军体惫，因人言而驱姬；恐难同太傅暮年，以老病而放妾。假借衅端，诳诬加等。"一，凡妇打骂婢妾，吼声震外，并骂及亲友者，拟坐以辱骂尊长律，无服笞二十，有服笞五十，期亲同胞杖一百，伯叔师友各加一等。判曰："虎牙横噬，岂避贤豪；烈火蔓烈，宁分玉石？西楚大呼，铁骑重围辟易；河东一吼，柱杖落手茫然。鱼无耳而深藏，鸟高飞而色举。盖司晨之牝，非特门内之奴已也。就族党之尊卑，定科条之轻重，量从分别，予以自新。"一，凡婢年稍大，妇恐夫沾染，即行鬻卖，另买小者供用，拟坐以略卖人口律，杖八十，徒二年。若略卖至三口以上，枷号一个月，发边卫充军，并追价入官。判曰："丝柳初垂，便关心于黄鸟；夭桃未放，早留意于游蜂。以防微杜渐之怀，作出陈易新之举。刈绿竹以植黄杨，驱修翎而蓄蚱蜢。律以略卖，允蔽厥辜。"一，凡妇见婢垂髫，夫或属意，竟不谋之于夫，擅配家奴，拟坐以屏去人服食律，杖八十。判曰："桃花含蕊，何须便嫁东风？蜂孕犹胎，岂遂扬辉北渚。预作纳履之猜，何其遽也；阴为掉袭之计，不亦泰乎！拟以重杖，抑彼机心。"一，凡妇知妾有娠，故使劳力，以致堕胎，并令产中饮食失时，拟坐以窝弓杀人律，杖一百，徒三年。判曰："海棠新放，将有色而无香；荳蔻初含，幸渐开而结实。满园春色，谁是宜男？共祝天孙，若为乞巧。甫征兰梦，旋起鸩谋；致使瓜未熟而蒂已离，木向荣而心先蠹。覆巢岂容完卵，杀母必更伤儿。讵止暗地害人，是且明欲绝后。置之徽纆，大快人心。"一，凡妇因事与夫反目，即架言宠妾，身投尼室，经宿不回，拟坐以背夫逃走律，杖一百，流三千里。判曰："久蓄疑猜，苦无半隙；稔怀怨恨，巧架片言。禅关蓝室，允为解脱之门；祆庙淫祠，本是藏奸之薮。纵非红拂之奔，难洗缁流之辱。投之有北，永绝南还。"一，凡妇爪碎丈夫面皮，并啮伤肌肤者，拟坐以妻妾殴夫律，杖一百，徒三年，愿离者听。判曰："情绪偶乖，笑裂千端锦绣；幽思乍触，怒敲七尺珊瑚。狂飙发而松柏催，惊涛轰而兰蕙损。金闺虎坐，玉洞羊眠。既昧三从，须严七出。"一，凡妇等令腹婢私行窥探，互相谈论，以致妇之面色，忽白忽青，微微冷笑，拟坐以窃盗不得财律，笞五十，免刺。判曰："纱牕隙底，潜聆蚁斗之声；脂粉场中，化作鸱张之态。百萤惑眼，千祟蛊心。蜀碎芙蓉，吹上桃花之面；南香含笑，如嚰汉女之妆。薄笞少惩，姑免深究。"一，凡妇闻妓女送夫扇巾等物，必搜寻裂碎，拟坐以毁弃器物律，准窃盗已行而不得财律，笞四十。判曰："采兰赠芍，虽属淫风；煮鹤烹琴，殊亏大雅。况适情引趣，非尽溪水之纱；贻管呈憨，误认江皋之佩。留之增为韵事，毁之自取其尤。"

工部。一，凡妇置妾衾裯床笫，故令窄小，止堪一人独卧者，拟坐以造作不如法律，笞四十。判曰："花萼谊重，曾传大被之风；燕雀情深，夙著联床之美。即眉公之新式，未闻狭彼规模；非楚宫之细腰，何故减其绳尺？既稽古而无征，曷据律以示戒。"一，凡妇因夫欲往妾所，乃身先诱敌，及酣战良久，已挫其锋，始令就妾，拟坐以虚费工力采取不堪用律，坐赃论罪，杖一百，徒三年。判曰："嫩柳堪折，方图良夜佳期；老蚌馋涎，反欲争先夺食。壮哉锐进之气，此处不饶；休矣罢乏之兵，彼将何补？罪不止于阻挠，律应坐以虚费。粤稽赃迹，虽城旦而犹轻；究厥奸谋，迅决杖以发遣。"

生子之毒

俗以男子子为子，女子子为女。而古人对于所生，不论男女，辄曰"子"。萧石友与郑松轩产同里、贾同方。郑挈眷侨沪，有年矣，一妻一妾如齐人，而多子。萧孑身，好冶游，久之，染霉毒，（俗名杨梅疮。）几殆，德医以去毒药水注射之，得不死。然病三年，医药之费不赀。一日，语郑曰：“吾以病致贫，甚矣惫。”郑曰：“恶，是何言也？予之惫，尤甚于君。”萧大愕，请其故。郑曰：“君恶疾已瘳，今果悔过自新，不再狎邪，所入足自给，则后此皆优游之岁月矣，复何忧！况君未授室，毒亦及身而止，不至遗传子孙也。且贪色，性也，不足病。予则何如？男女九人，皆未成童，衣食学婚之需当若干。此九人者，幸而成立，则亦已耳，然予已受终身之累矣。否则及其长成，各有孳乳，生生无穷，遗害社会，永为巨蠹。生子之毒，蔓延若此，不又倍蓰于君之黴毒耶？故与其娶，毋宁嫖。”

竭力致身

金奇中，某县人，邑故僻陋，古之在夷者也。邑人常老死牖下，罕有至旁郡国者，都会士女之丰昌，不得见也。奇中从其父居于乡，年及冠，乃读性理书，既婚，颇持“不二色”之戒，且足迹不出五十里。及壮而有戚至自都会，导之出游，谓可一扩见闻也。乃南游江淮，上会稽，探禹穴，窥九疑，浮于沅湘，北涉燕、赵，观光于上都。既而航海东南行，及于沪，止焉。税驾逆旅，渐出而游览。沪故多女闾，颜色之姚冶，衣饰之丽都，为通国冠，游者叹观止。奇中亦顾而乐之，日与其戚涉足焉。凡长三、幺二之妓，及其娘姨大姐，靡不有所眷，盖几人人而悦之矣。居三年，所眷逾百人。

戚有友汤颐琐，端人也，亦尝读宋五子之书。一日遇奇中于途，与之谈，甚洽。自是恒相过从，越三月，疏矣。奇中惟日以狎邪为乐，或语之曰：“子幼时入塾，不尝读《语论》乎？‘贤贤易色’何谓也？”奇中曰：“予亦惟以事父母之道竭其力，以事君之道致其身耳。”

天足

宣统朝，天足盛行。天足者，妇女不缠之足也。然有昔已缠而今弛其缠者，骤观之，与天足无异，实则束缚已久，十指不舒，其形锐，未能屈伸自如也，辨其行步，即知之。金奇中曰："此非天足，乃夭足耳。"夭，状其形也。然已缠而放，究亦自好者之所为耳。

排泄

排泄，发舒之谓也。人体之所排泄者：炭气也，痰也，汗也，精也，粪也，溺也，屁也，月经也，皆是也。金奇中好滑稽，与诸丹民雅故，每过从，辄谐謔。一日，诸语金曰："君以厌世而愤世，所语多不平，是亦排泄之一也。"盖窃笑其放屁耳。金曰："予之言自口出，君之言非亦自口出耶？排泄之谓何？"

生产事业

晚近以来，朝野上下，以国富日减，财源日涸，无论为公为私，辄有举借外债之说。金奇中习闻是说而忧之，有年矣，谓贷资以兴生产事业，如开矿工、设工厂则可；反是，则有害而无利也。宣统己酉春二月朔，为奇中长子纳妇之日，奇中家固贫，先期贷人千金为婚费，方引以为忧，与怀献侯言之。献侯曰："郎君将制造国民，来年君可抱孙矣，则亦生产事业也，与开矿山、设工厂无以异，庸何忧！"

苏嘉人之情谊

江苏各属之在江南者，为苏州、松江、常州、镇江、太仓，曰苏五属；在江北者为江宁、淮安、扬州、徐州、通州、海州，曰宁六属。浙江号称两浙，人之恒言，于宁波、绍兴、台州、金华、衢州、严州、温州、处州八属曰浙东；于杭州、嘉兴、湖州三属曰浙西。江苏苏五属与宁六属，以风俗言之，大异，其人民相遇，遂至情意隔阂，而彼此视若途人矣。

苏州、嘉兴分隶两省，而壤地相接，风俗语言，固无不类似也。姻娅师友，彼此互有之，相亲相爱，其心目中不视之为两省也。

至若苏人之视江北，嘉人之视浙东，辄以风俗语言之截然不同而多所扞格。大庭广众，彼此蘼萏，辄淡漠视之。而苏、嘉人乃转昵，盖风俗语言相类之故也。苏州戴艺郛太守锡钧官吏部时，尝语嘉兴吴调卿广文仁均曰："吾苏人之于嘉人，情谊相联，若有服之中表兄弟也。江北各属，则视为无服之族兄弟而已。"吴曰："吾嘉人之于苏人及浙东，亦如是。"

以禾音读《毛诗》

宣统时，朝野上下，盛唱振兴教育之说。然学校实未遍设，类以私塾改之。嘉兴北门外有塘湾镇，密迩郡城，户口繁盛，有初等小学校焉。学童十数人，环坐左右，一师督之。一日，有客过其门，闻书声，驻足听之，有三句，若曰："王八骑马，亲家骑驴，就是骑你。"异之，意初等小学国文教科书之字句虽通俗，似亦太不雅驯，亟进而与师言，相问答，就视学童所诵之书，则《毛诗》，非国文教科书也。三句为"黄驳其马，亲结其缡，九十其仪。"盖禾音固如是耳。

客帝客官

光绪庚子以后，排满之说日盛，见之日报杂志者，不可胜数。章太炎著《訄书》尤斥之，至称德宗为客帝，盖言其以满族而入主中夏也。萧山姚赭生茂才宗舜闻之，乃曰："恶，是何言也？今方有昌言大同主义、中外一家者，何所嫉于满而客之，况族异而种固同乎？且即以其本非国人言之，亦自无害，盖官吏之不能筮仕本省，在明已然。准以此例，则宰治全国者，自不能求之于大多数之汉族中，而必外国人矣。虽为满族，亦奚害焉？今惟责其改良政治，斯可矣，客帝之名，甚无当也。且帝而曰客，则各省官吏，皆可称之曰客官矣。”（俗以他省之官吏因事至此省者称之为客官，别于此省固有之官吏也。此则借用。）太炎名炳麟，一字枚叔，浙江余杭人。

集《四书》为新婚趣联

有为塾师者，曰胡苕湄，设帐数十年，性好诙谐。耄矣，记忆力颇强，而《四子书》尤烂熟于胸中。盖授徒既久，于《大学》《中庸》《论语》《孟子》，日夕闻其学童之诵读也。一日，其友许星斋纳妇，往贺之。及夕，开宴，苕湄酒酣兴至，辄作一联以赠之。联云：“有妇人焉，赧赧然，强而后可；我丈夫也，洋洋乎，欲罢不能。”盖集成句以为之也。

学俞曲园拚命

德清俞曲园学使樾著作等身，曾文正尝言其拚命著书。有马鸣伯者，善读书，常得间，有所获，辄笔之于册，一日十二时恒伏案，晨五时已起，夕十一时始寝。兴之所至，虽夜已三商，辄起而篝灯，不假思索，奋笔疾书，滔滔不自休，若决江河，沛然莫之能御也。有时辄咿唔作声，盖自吟自赏也。其妇苦其扰，不得睡，嘲之曰：“卿欲学曲园之拚命，一旦不讳，亦自贻伊戚耳，夫谁尤？其如我之不愿为未亡人何！”乃强曳之寝。

暑假

晚近士大夫，颇知仿效西法。其团体之治事也，有定时，以某时始，以某时终。虽不必有寒假，而暑假则类有之，以其时炎歊逼人，宜事休憩也。某年，暑假中大雨时行，可御袷衣，一人曰：“今岁无暑而有假。”一人曰：“此诚可谓之暑假矣。”其意若曰此时之暑，假而非真，亦暑假也。

清风徐来

有自称徐二先生者，其名即为徐，字不速，侨居宝山之江湾。江湾铁道达吴淞，有夜车。吴淞有宾萌周任甫者，徐之友也，久不见矣。宣统己酉夏六月之某夕，徐忽附夜车访之，周大喜，曰："君真不速之客也。"因留之信宿焉。一日，周与之散步于旷野，时当斜日西下，归鸦在林，时徐手持大葵扇，彳亍江滨，周语之曰："君徐徐而行，宜清风之得以徐来也。"

林氏多材

徐秀民尝与林重夫闲话，谈次臧否人物，而忽太息曰："何人才消乏之至于斯极也？"重夫曰："恶，是何言也？第言寒族，人才亦自不乏，林文忠公固尤著于时者也。即以林爽文而言，虽为乾隆时之乱党，而能号召群氓，进陷彰化诸郡，固亦草泽之英雄也。晚近以来，则有名宦之林启，陆军之林述庆，文学之林纾，政法之林万里、林长民，且伶界有林颦卿、林步青，妓界有林黛玉，非亦为世所称者耶？吾林氏之多材（"材"与"才"同，《书》："任官惟贤材。"）若此，以一姓而概万姓，尚何消乏之是忧乎？"秀民曰："君家之多材，以姓林耳。林字去一捺为材，宜贤材之多也。虽然，君家文忠之所以克享大名、为妇孺所知者，亦以名则徐耳。则徐者，固效法于寒族也。"

回汤豆腐干

豆腐，以黄豆为之。造法：水浸磨浆，滤去滓，煎成，淀以盐卤汁，就釜收之。又有入缸以石膏末收之者。相传为汉淮南王刘安所造，名曰黎祁，一曰来其。既成为豆腐矣，加以酱油而煮之，即缩而硬，曰豆腐干。杭州天竺山市所售者，颇著名，进香之士女恒购之。至日暮不售，则再煮之，曰回汤豆腐干，质益硬，味益佳矣。余伯奇嗜之，每至杭，辄购之以贻汤吉甫。吉甫亦啖而甘之，恒以为下酒物。尝语伯奇曰：“食回汤豆腐干而不以为美者，真天下之不知味者也。”

吉甫初与伯奇同在某公司为秘书，未几，吉甫以故引退，闲居于津，有强其簉仕者，却之，其天性固高尚也。然以贫故，又不能家食，伯奇乃为之言于公司之主者，谋使复理旧业。主者曰：“此君姓汤，若再来，非回汤豆腐干乎？”伯奇曰：“回汤豆腐干，质虽硬，味自佳，君试尝之。”主者诺。于是吉甫遂为“回汤豆腐干”矣。

张冠李戴

京师内外城之街道，有官厅，为汛弁办公之地，受辖于步军统领，俗所称为“厅儿上”或“堆儿上”者是也。有兵役，司洒埽，厅前必悬数帽，夏羽缨，冬纬缨。盖兵役时或他出，居守者辄仅一二人，遇步军统领及左右翼总兵并各上级官至，必站班，而仓卒间不能得多人也，则强执途人，使立于帽下。所悬之帽本甚低，人行近之，适覆其首，乍观之，不辨其人之是否冒充也。阳湖杨赤玉主政瑜统在京时，一日乘车出，至闹市，居守之人语其御者曰：“二哥（都人侪辈相呼必曰二哥，以大哥有所讳也。）借光。”于是即顶帽而立，俟显者过，始驾车行。赤玉曰：“此真张冠李戴矣。”

湘人量大

傢（本音象，今读如家。）伙，俗以言器物也。“吃傢伙”者，言人之被挞于市朝也。饮与食皆曰吃，有受人之意。以挞人每用械，故曰“吃家伙”。俗又谓器物曰“东西”，则见之于《免园册》。盖以物产四方，约言东西，正犹史纪四时，而约言“春秋”耳。然“东西”二字，大小之器物皆赅之，“家伙”则多言大而少言小。可吃之物，必曰“东西”，不曰“家伙”。而长沙俗谚之于吃物也，则曰“吃家伙”，林沪生曰：“于此可见湘人之量大也。”

始祖鸟

祖一飞有足疾，必匍匐而行，就诊于西医而愈，然犹延缘壁间，未能植立也。一飞好诙谐，一日遇一客于友人许，问其姓，曰："孙。"其人还叩之，一飞曰："吾不敢言，言之滋不安。"其人固请，一飞曰："吾姓祖，对于君，则不敢言耳。"孙曰："君字一飞而未能冲天，殆始祖鸟乎？"盖始祖鸟者，为最古之鸟类，其化石于中古侏罗纪中发见，大如鸠，形状在今之鸟类与爬虫类之间，两颚有圆锥形之齿，脊椎骨形状亦异，尾椎多至二十一，椎各二翼，翼各三指，指各具爪，故持进化论者据以为鸟类自爬虫类进化之证。孙以此譬之者，谓其不良于行，有类爬虫耳。

富贵不能淫

怀献侯尝言，黄保如太守之于其妇相敬如宾，夜常宿外室。某劝其置姬侍以自娱，则曰："吾遇妇女晓妆散发时，心中辄作恶也。"然保如实天阉，此饰辞耳。某退而语人曰："富贵不能淫者，为大丈夫，黄君足当之矣。"

一乐一痛

宣统己酉秋七月，善化陈某新婚。其友章某善诙谐，集晋王右军《兰亭序》句为联以赠之，联曰："信可乐也，岂不痛哉！"

蒋少卿欲推陈出新

蒋少卿，寒士也。方三十余岁时，以寝兴、衣食需人侍奉，纳一妾，曰陈楚楚，非徒为娱乐计也。越十年，以其妾渐老而厌之。或以增购一姬为劝，辄摇首弗答。诘之，则曰："余之财力、精力皆患不足，焉能有所增益乎？楚楚果能背余而逃者，则在彼固别有自由，而余亦可推陈出新，以羊易牛矣。"

嬭娘

贫妇就佣于人，以乳哺主家之子女者曰“奶娘”。盖俗呼乳曰“奶”，即以古之“妳”字通之也。然“奶”字实当作嬭，音乃，乳也。奶娘之言曰“乳母”。旧律以父妾哺乳者为乳母，见朱子《家礼》“三父八母服制”条。母字，固对于父而始有此称也，受佣之乳妇，实不宜以“乳母”称之。

施省吾有六子，一妻所出也，佣乳妇六人，皆苏乡之少艾，美而艳。客有访省吾者见之，疑为其姬侍也，问之曰：“君何修而有如夫人者六人?”省吾大诧曰：“余惟守一夫一妻之制耳。”客曰：“此六人者，非尊宠耶?”省吾曰：“是皆儿辈之乳母耳。”客曰：“父妾哺乳者为乳母，彼既为令郎哺乳矣，君即目之为妾，亦奚不可?”

桐乡误同乡

同乡，同里之人也。其后扩而充之，凡同省者皆称同乡。浙江人之在江苏也，嘉兴府属与温州府属，虽道途相距千里有奇，语言风俗，亦皆隔阂；然同在江苏，彼此往来，固皆认为同乡也。董询五鹾尹宗善，为嘉兴之秀水人，以生长于桐乡之梅泾，遂操桐语。及长而侨居江苏之上海，亦有年矣。宣统己酉秋七月，赴其友延秋之会。席次，遇永嘉周某，既展问邦族，周曰：“吾二人为同乡也。”董亦从而和之曰：“同乡。”席未有鲁人俞姓者，虽与董相识，然仅知其为浙人也，至是，乃语董曰：“君固桐乡人，宜操桐语。”董曰：“敝县实秀水，惟尝侨居桐乡，今与周君言同乡者，谓同为浙人耳。”盖俞以“同乡”而误为“桐乡”也。

临况

况鹤山与林翔仲善，同居汉皋，旬日必数晤。忽以事，有违言，不相见者三阅月，盖宵小所构也。已而况悟为奸人之谗，欲修旧好，遂策骑访林。林大喜，坐定，语况曰："君今临况，幸甚。"越日，林答谒，方入门，况曰："今日君来，诚所谓临况矣。"盖又以"林"与"临"之音相同也，乃相与大笑，尽欢而别。

大小前后

金奇中好滑稽，林重夫与之习，久而效之，亦喜作谐语矣，且每互谑而互谀也。奇中与重夫尝服务于某局，局之办事室后有偏舍，为同人大小遗之所，仿西式。一日，重夫方奏厕，奇中以溲往，遇之焉。奇中曰："子大而我小，即此见之矣。"重夫曰："岂敢，子前我后，子绝尘而奔，我终望尘莫及矣。"奇中曰："子何谦也，我倨而子恭，我滋恧焉。"

门中一龟

王某与陈某善，一日，王倚门眺远，陈过其门，趋而与之言，又问之曰："今日事大急，因有人析产，托予代书分单，析产时必拈阄，'阄'字如何书写，仓卒忘之，敢问。"王曰："门中一龟是也。"

五官七窍之妙用

有某者，喜滑稽，尝言人之五官七窍皆有用，惜所生之地不当。眉当生于指，可作牙刷；耳当生于腰，可悬囊橐；鼻当倒生，可插箸；眼当以一在后，可作两方面之观察；肛门当生于背，雨中行路，可插伞，不至累手。

人皆笑我老

有字梅轩者，佚其姓名，尝有自述诗，滑稽可喜。诗云："人皆笑我老，我亦不计较。寄语少年人，应虑无人笑。"

赠阿毛联

上海有林桂英校书者，名噪一时，沪谚所称"时髦倌人"者是也。其侍婢曰阿毛，貌绝佳，一时名士与结不解缘者有八九人。某太史与阿毛尤称胶漆，太史曾戏以两联赠阿毛，其一曰："史记深入不，诗云德輶如。"其一曰："万古云霄争片羽，几人性命等轻鸿。"

改李白诗句

唐李白诗有"小时不识月，呼作白玉盘"二句。或戏改之曰："小时不识雨，只当天下痢。小时不识雷，只当天放屁。"

滑稽谜

陈钟梵尝设谜社，有二题，皆射《四子书》。一云"淫妇"，射"善与人交"一句。一云"寻花问柳，邂逅美人"，射"吊者大悦"一句，吊字作吊膀子之别解耳。吊膀子者，男女相悦，眉目传情，以相挑逗之谓也。

贤者乐此

有老年脱齿者，一日赴友人宴，同席好诙谐，见其食时唇翕张，而中央之齿无矣，戏之曰："天下固有无耻之徒耶?"其人笑而应之曰："贤者然后乐此，不贤者虽有此不乐也。"盖以"耻"叶"齿"，以"乐此"叶"落齿"。

小儿沈友兰

汉医之分科也，其二大别，曰内科，曰外科。析言之，曰妇科，曰儿科，曰眼科，曰喉科，曰疡科，曰伤科，曰毒门科。以医为业者，其市招必大书特书某某某(姓号也。)某科。

儿科，一曰幼科，又曰小儿科。沈友兰者，小儿科也。悬壶于京有年矣。一日有人延诊，遣伻走书告之。书之封面，备书"小儿科沈友兰"字样，匆匆下笔，漏写"科"字。伻亦喜作谐语者，入门时，大呼曰："小儿沈友兰在家否?"友兰怒，拳之，伻指封面示之，曰：“非我慢君也。”友兰始无言。

杜撰杜造

俗以事不合格者为杜撰。“杜”之云者，犹言“假”耳，如自酿薄酒曰“杜酒”是也。盖以《道藏》五千余卷，惟《道德经》二卷为真，余皆蜀道士杜光庭所撰，故曰“杜撰”。后又转而为“杜造”，则不专言假，而有以“杜”释“自”之意义矣。药肆市招曰“杜煎诸胶”，毯肆市招曰“杜织毛毯”，犹言“自煎之胶”“自织之毯”也。滨州杜某尝挈其八龄之子访友于济宁，一日出行，遇周某、王某二友。王不知八龄儿之为杜子也，询之周，周曰：“此杜造者也。”王曰：“貌不甚肖其父，得非杜撰者耶？”

杨朱墨翟

上海杨东山孝廉逸善画，长于山水；泾县翟孟举文学翥善书，远追汉魏。乌程周梦坡广文庆云，尝介其友某以缣素分致，乞杨作着色图，乞翟作盈丈联。盖某与杨、翟故相识也。某乃语周曰：“杨朱墨翟之道行于周矣。”盖图之着色必施朱，联之作字乃加墨也。

城北徐公

徐玉弓侨寓上海，屡易其居，十年而九徙。其寓庐辄有门条，大书“城北徐公馆”五字。“城北徐公”四字连书，“馆”字之上空一格。城北徐公，齐之美丽者也。见《国策》。赵伯英异而询之，曰：“君何自以为美也？”玉弓曰：“噫，是何言也！吾向持平等主义，雅不喜如俗之以爵秩自炫而自称公馆。然人情势利，非此称，又恐为他人公馆之奴仆所藐视。‘公’字、‘馆’字故不相连属也，若曰‘徐公之馆’耳，不作为‘公馆’解也。”

寿头

有寿某者，头长而额长，额之上端突如也，略如世俗所绘之寿星，古貌古心，见之者疑为羲皇上人，而无不肃容对之也。裘吉甫好谐，语赵达观曰："彼虽寿头，实具寿者相也。"

咏眼镜诗

晚近以来，戴眼镜之人日有增益，有人咏之云："长绳双耳系，横桥一鼻跨。"或云："终日耳边拉短纤，何时鼻上卸长枷？"

身有时宪书

有年老病多者，遇节气辄发，人谓其身有时宪书，盖一年二十四节无不发也。

身有自鸣钟

吸鸦片者日久瘾深，日不能间，即时刻亦不能稍差，人谓其身有一自鸣钟也。

稻香村

新城秔稻，风吹之，五里闻香，见魏文帝书，商店之以"稻香村"名者以此。稻香村所鬻，为糕饵及蜜饯花果、盐渍园蔬诸食物，盛于苏，苏人呼曰"青盐店"。金奇中曰："苏乡妇女美而艳者十之九，乱头粗服，楚楚有致，以天足故，皆从事田作，稻花自因之而香，不仅可闻五里也。"

知白守黑

汤迫迟以徐仲山之眷一姝，美而艳，长身天足，而肤色甚黑也，为之命曰"黑娟"，作诗以赠之，且曰："仲山可谓知白而守黑矣。"诗曰："蚁径闲穿九曲珠，羡君出手便成卢。贻来玖（玉之黑色者曰玖。）佩逢真赏，咏入缁宜与俗殊。漫事防闲宜署鲗，（墨鱼也。）非关爱屋只缘乌。微劳独冀垂青眼，秬鬯期为二卣图。（秬，黑黍也。秬鬯、二卣，断章取义于《尚书·洛诰篇》。）”盖全诗均切黑字也。

一举两得

郑子展以其妇有孪生子，设汤饼筵。客有善谑者往贺之，入门揖子展而言曰："君真一举而两得也。"

偷儿行乐图

有咏梅花诗者云："三尺短墙微有月，一湾流水寂无人。"或见而笑曰："此一幅绝妙偷儿行乐图也。"

童子美人

昔有"童子敲桐子，桐子不落，童子不乐"之绝对，后忽有人对云："美人做米人，米人弗肖，美人弗笑。"

力求平等

侪辈书札往复，通称"仁兄"。晚近以来，乃有子称父为仁兄者，某大令（廷试之留学生授县令者。）是也；有父称子为仁兄者，某太守（江西候补知府。）是也。金奇中闻而大愕，或曰："是何足奇？四万万之为同胞，人之恒言也。且耶教牧师之演说，不又尝曰诸位兄弟姊妹耶？殆亦力求平等耳。"

最亲昵之同胞

四万万之称同胞，盖统男女之而言之也。姜次村则曰："同胞中之最亲昵者为夫妻。盖他人仅同坐、同立、同行、同饮食而已，夫之与妻，则又同眠于一榻也。"

朱源于孔

钱塘朱剑芝二尹景彝有子曰祖懋，字西二，幼聪颖，好学。孔然斋爱之，字以女。金奇中闻其结婚而语剑芝曰："紫阳、曲阜，宜室宜家，孔道至是，得朱子而当益昌矣，孔之时义大矣哉！"因撰联以贺之，联曰："居室为人之大伦，一脉真传，朱源于孔；宜家乃日有馀庆，百年偕老，夫宾其妻。"读者试以上联详味之，当自悟。剑芝为杭州大井巷朱养心药室主人，书家研臣提举大勋之子。然斋名宪荣，鄞县人，杭州清河坊孔凤春香粉店，其所设也。入夕，有人闹房，或为联曰："舞台上大起风潮，讲男女平权，演柔软体操现象；战斗员研究伦理，有密切关系，振国民强种精神。"又曰："或取诸怀抱，晤言一室之内；或因寄所托，放浪形骸之外。"

鸳鸯鹦鹉

某叟有子，自幼聋哑，恐无与联婚者，乃抱一幼女为养媳。及长，行合卺礼，某集唐诗为联以贺之曰："鸳鸯生小曾相识，鹦鹉前头不敢言。"

母配孟德

有以母寿设宴受贺者，或赠以幛。其幛文曰"德配孟母"，盖置于匣中之四金字也。悬时，颠倒其文，则为"母配孟德"矣。

开户同床

有男女学生皆毕业于学校之文科，而以文学优美者称于时，自订婚嫁者。合卺之夕，相约以本地风光各述成语，代定情之篇什。女曰："牢人开户。"男不待思索而随口应之曰："与我同床。"此二句，皆见汉人焦赣所著之《易林》，妙语天成，且甚切合。

人贱物贵

价多曰贵，价少曰贱。宣统时之物价，较之同、光之交，间有贵至逾倍者。甬人周春泉，生于道光壬辰，同、光间贾于沪，岁获佣值千金。光绪己丑回甬，至宣统庚戌，年七十九矣。贫不能自存，又无子，复作沪游，觅生活，久之无所就，困顿逆旅中。一日，将买油灼桧代午餐，询其值，则云钱十文，为之挢舌不下而叹曰："吾曩在沪时，三钱可得之，今何若是之昂耶？吾以谋食来，乃欲求数金之月俸而不可得，谚固有'人老珠黄不值钱'之语。然即人贱物贵，何亦竟至是耶！"

人人亲其亲长其长

攀援依附之风，俗所恒有，而官场为尤甚，是以官场亲戚为最多。"亲戚"二字，古人于父子兄弟皆称之，后则专以母党妻党之戚属为亲戚，然亦就直接者而言也。若间接者，则鲜以姻相称。至于官场，则即间接而又间接者，亦皆以姻称之。例如赵钱孙李周吴郑王八姓，赵与钱，钱与孙，孙与李，李与周，周与吴，吴与郑，郑与王，各为直接之亲。而赵之于王，乃亦以姻称之。慈溪沈师桥之沈氏，子姓繁多，男丁可十万人，有"十里不问姓"之谚，言十里内皆沈姓也。有名同仁者，好结纳，而记忆力甚佳，于慈溪邑之人无不以姻联之。盖于某房之与何姓有连，皆知之也。又"老伯"之称，必施之于及父及胞伯叔之友朋，晚近以来，则于与族伯叔之相交者亦称之。然此为同姓，犹可言也。李某中书官京师，一日赴公宴，遇宋某，问李以贵衙门，李答之，宋即肃容而称之曰老伯，李愕眙。宋曰："吾之师王某亦中书，公与吾师同官，分在则然耳。"王与李本不相识，更何论于宋，乃亦从而老伯之。金奇中曰："合二事观之，殆亦人人亲其亲而长其长之别解也。"

徐徐而行

有徐仲文者，从其兄孟平访高晴川，皆徒行也。高之庐距徐之舍半里而近，越桥二，入一巷，而孟平不见仲文矣，盖其行甚迂缓也。孟平至晴川家，坐定，而仲文始至。孟平让之曰："子何迟也？"仲文嗫嚅而言曰："《孟子》不云乎：'疾行先长者谓之不弟。'弟久闻之矣，不敢忘。且弟之于昆弟行也，次居二，徐徐而行，亦当然之事也。第二'徐'字为重文，古书于重文，恒于下一字作'二'，弟为徐二，自徐徐矣。"孟平闻言，乃大笑，晴川则语仲文曰："君可谓恪守弟道矣。"

金亦保说笑话

金亦保好滑稽，谈次每谐谑杂作，机之所触，不觉冲口而出，盖舌尖而唇滑也。侪辈遇之，辄嬲之说笑话以为乐，如阉人之于纪文达也。一日，林重夫薜茞之于怀献侯许，询之曰："今日有笑话否？"亦保不应而微笑，重夫聒之，献侯亦起而应之。亦保至是乃狂笑，重夫、献侯则同声诘之曰："君何笑而不话乎？今日果有笑话否？"亦保始曰："笑话已有矣。"重夫、献侯皆大愕曰："君未发言，何笑话之有？"亦保又笑曰："我笑而公等话，非笑话乎？"

施少兰看洋广杂货

上海北四川路之侨民，以东西洋人及广东人为多，其妇女皆天足也。自余各省，亦间有之，土著则绝少。有施少兰者，好天足，落拓不羁，常至北四川路三多里口之茶肆品茗，然不于楼上而于楼下，以来往之妇女多，可作刘桢之平视，不必倚楼俯察，以耗目力也。或问之曰："君亦上流社会中人，盍不上楼品茗，而自亵乃如此乎？"少兰曰："吾在此，看洋广杂货也。"洋广杂货之肆，北四川路亦多。

陈鹤卿自愿常年病疟

有病疟而久未瘳者，曰陈鹤卿，已五阅月矣。其友汪牧村往视之，鹤卿好诙谐，语之曰："吾之疾久而不愈，固亦厌苦之，今日自揣，其将为常年之疟乎？果能半年发冷，半年发热，而冷热不相间，且冷热进行之期，适与天然之寒暑相反，夏则吾冷，冬则吾热，则吾不惟不畏疟，且喜有此疟，而于却暑御寒之具悉可屏除，非亦宁人息事之一法耶？"

舅舅

周叔康喜诙谐，而又好上人。一日，遇程又文于王伯陶许，语又文曰："君宜称我为舅舅，不当以平辈之称谓相加也。"盖叔康以俗称妇之兄弟曰妻舅，而妻舅之妻舅为舅之舅，故欲其称舅舅也。

母许招贴

凡巨室之有峻宇雕墙者，每有"毋许招贴"四字揭之于壁，盖禁止商肆之往贴市招也。然以"毋"字误写作"母"者，往往有之。一日，有持市招而往贴者，主人见而怒曰："汝不见墙上字耶？"则曰："君家母夫人已许我矣。"又有一人贸贸然登其堂，主人出阻之，问将何为，其人曰："君家母夫人明明揭有广告，招我至此，而尚可予我以津贴也。"主人大怒，呼警兵逐之。

召祖

旷安宅而不自居，待人往赁者，必以"召租"二字揭橥于门，以便问舍者之进而相屋谐价也。然误书"租"字为"祖"字者，所在有之。江宁朝阳门内有王姓者，诗礼之家也，亦误书"租"为"祖"。一日，有颁白叟自乡至，询赁值，对答间，王有倨傲之色，叟詈之曰："灰孙子，何藐视我！"王曰："子何言？"叟曰："汝固明明标明召祖也，我今至矣。汝非灰孙子而何！"

君子自重

有龙阳君至京师，以为北人好男色，必不虚此行也。一日就浴于澡塘，欲得利市。浴毕，随众裸坐，方熏香剃面，极意自炫，瞥见便旋处揭橥一纸，有"君子自重"四字，曰："休矣。"悒郁而出，盖误解也。

补缺

俗称候补官吏之得真除者曰补缺。荣伯华美丰姿，以佐贰需次于粤，十七年而未得题补一缺。侘傺无聊，惟日以散步坊巷自遣。一日过一家，见有中年妇方倚门，遇荣，睨之而笑。荣惑焉，访之于其邻，孀也。越翼日，又遇之，招之入，留膳焉，托以终身，自是遂时相往来。期年，而实行再醮矣。伯华乃语其友成仲福曰："予今日补缺矣。"

阴阳男女

历有阴阳之别，而俗以男女分属阴阳。有旅居南洋之荷属为甲必丹者，曰招庸，以与荷人往还，故每遇阳历改岁，辄与外人往来酬酢，为贺年之举。而其妇狃于中土之习惯，必至阴历新年始出而谒客。姚宗舜曰："男以阳历贺年，女以阴历贺年，阴阳各得其宜，不相混也。"

疑年

宣统辛亥冬十二月，杨理斋年七十六矣，与蒋松孙遇于沪上之青莲阁茶肆。理斋问其年，松孙曰："吾自亦疑年矣。"理斋曰："何谓也？"松孙曰："闻将有明诏改阳历，若以阳历计之，吾为七十七，然今固犹行阴历也。"

老小婆

老婆，犹言老妇。宋王晋卿诗："老婆心急频相劝。"谓老妇之主持家事者。今俗称妻曰老婆，则亦以其持家故也。而又有称人之妻曰大夫人者，若小夫人，妾也。见释法显《佛国记》：恒水上流有一国王，王小夫人生一肉胎，大夫人妬之。

妻称夫人，妾自可称小夫人；妻曰老婆，妾自可称小老婆矣。金奇中有妾曰季巾，北产也，性聪颖，识字，给事左右，能如其意，尝为其整理图史。一日为奇中代书信函之封面，以与其友，其友见而问之曰："此殆君之小夫人所书乎？"奇中曰："老小婆耳。"盖以其年长，故不曰"小老"而曰"老小"也。

各以一人试之

王菊轩娶妻久不育，将娶妾，商之于妻，妻不答。一再商之，则曰："此不知是谁之过，其各以一人试之，可乎？"

令尊小儿

甲谓乙曰："吾辈顷无事，盍在此作手谈？"乙答曰："人数不足。"甲曰："令尊我，小儿你，非四人乎？"

祷阿爷为龟

儿问母曰："世之最长命者何物？"母曰："莫若龟。"儿曰："然则吾祷阿爷为龟。"

肾债

世俗于晚辈之称谓必加"贤"字，如师之于弟，则称"贤契"；翁之于婿，则称"贤倩"是也。贤倩之称，别有解释，盖"贤"（賢）字去一"八"为"肾"，"倩"字增一"八"为"债"（債），故"贤倩"者，"肾债"也。

我朱孔阳

朱西二既娶孔保如为室，三朝，客有闹房者，诵城东七十七翁题春册诗以告之曰："乾坤大父母，二气相絪缊。洪炉虽未开，橐钥先具陈。摩荡任其势，元牡丹水温。否泰会其时，融洽身中春。一丝绝不挂，圣贤露其真。无此大撮弄，世界焉有人？鸿蒙开辟日，造化费经纶。奈何痴儿女，昧兹生死根。"诵甫竟，旁有一客继起而述一联曰："吾尝闻一贺新婚之联矣，其联曰：'相对殖民，自由研究；双方同意，积极进行。'孔子之道大矣哉！"西二闻之亦大笑，乃述《诗经》语以答之曰："我朱孔阳也。"孔，大也；阳，鲜明也。

马不奇

某甲善诙谐，席次遇客，问何姓，客曰："姓马。"甲曰："奇哉、奇哉！"客曰："马姓非僻，何奇之有？"甲曰："马不奇，（"骑"字谐音，下同。）尚谁奇耶？"

杨梅窗

有杨某者，乞某名士题号，以字雅为嘱，某曰："雅莫如梅。古诗云：'一窗晴日映梅花。'雅甚，字曰梅窗，可乎？"曰："可。"人乃合其姓而呼之曰"杨梅窗"。

饮鸩

新剧家将登场，剧有宴会一幕，因语后台经理曰："今夕愿君特备真食品，恣吾饱啖，幸勿更以木片纸团相饷也。"后台经理曰："诺，惟末幕中君须饮鸩而死，亦须以真者上场否耶？"

生吞仇敌

某甲贫甚，日食惟豆腐一簋。或问曰："君日食豆腐，恐三月不知肉味矣。”甲曰：“肉乎？肉为仇敌，豆腐乃视如性命，日食不厌，实爱憎之所系也。”他日，邻人召饮，甲恣啖肉，而于豆腐则不下箸。或又问曰：“君以豆腐为性命，以肉为仇敌，今乃反是矣。”甲曰：“否否。仇敌当前，誓生吞之而后快，虽性命有所弗顾也。”

写照者

画师为其友绘小影，手携一犬。画成，因题其上以戏之曰：“此即君之写照。”友得图，悬之壁，设筵宴客，见者无不笑，画师意大得。及审视之，则已添一“者”字矣。

放大

某久病面瘦，服滋补品而未效，求计于友。友曰：“盍不往照相馆，令其放大耶？”

不能发言

某童新入校，师谓之曰：“课室规则，上课时不能发言，其识之。”童承命而退。其后上课，问以所授功课，再三不对，师乃厉声曰：“尔其聋乎？胡不答！”童曰：“师固云‘上课时不能发言’也。”

一一成三

算术教员教儿童以加法曰：“一与一相合，则为二。”童曰：“先生误矣，是将成三耳。”师叩其故，童曰：“吾家一兄与一嫂相合，未几而添一小儿，非三而何？”

瀑布喷发

地理教师语学生曰：“地球之有赤道，犹人身之有腰带也。腰带以上为赤道北，腰带以下为赤道南。”又曰：“半岛者，半端连大陆，半端无所依附者也。”又曰：“瀑布者，凌空之泉水也。”生一一识之。一日，生欲溲，作坐立不安状。师询之，生曰：“赤道以南之半岛，将有瀑布喷发耳。”

牛皮作用

某生问物理学教员曰：“凡物，有于冬日澎涨者乎？”教员曰：“热涨冷缩，物之公例，要惟水与牛皮，遇冷则涨耳！”生乃出其冻瘃之手曰：“然则予手何一涨至此？”教员支吾曰：“是殆牛皮作用也。”

婚姻类

太祖与叶赫氏结婚

初，叶赫贝勒扬吉砮识太祖为非常人，言："我有幼女，俟其长，当奉侍。"太祖曰："欲缔姻盟，盍以年长者妻我。"扬吉砮曰："我非惜长女也。幼女容仪端重，举止不凡耳。"太祖因聘之，是为孝慈后，诞生太宗。

世祖嫁明长公主

明思宗长公主，名徽娖，年十五，奉圣母命，偕宫人数十至嘉定伯周奎府中。以门禁森严，不便请钥为辞，及天将晓，仍归大内。顺治乙酉，上书求出家，世祖命访原配周都尉世显，得之，诏使成婚，婚一年而卒。

豫王娶嫠妇刘氏

国初，豫亲王多铎之妃刘氏，字三季，常熟人。家世业儒，长兄赓虞守正不阿，仲兄肇周狡黠嗜利。刘生而聪颖，八岁母卒，父教之书，时学为笔札。十岁父死，依两嫂以居，十四岁犹未字也。邑富人黄亮功，娶于陈而亡，年四十无子，谋娶刘为继室，遣媒妁致意，赓虞不允，肇周利黄多金，力劝之，赓虞固执不可。未几，赓虞幕游山左，适讹言朝廷遣使至江浙选汉族女，婚嫁者一夕数百，肇周因嫁之于黄。

逾年，刘生女，爱之甚，命名曰珍。黄五十无子，乃育肇周子七，欲以为子也。及长，好勇斗很，喜与无赖游。刘悔，乃为珍赘直塘钱氏子为婿，将倚婿以终老。七窥其意，忿而愈横，刘逐之。黄死，七斩衰号柩前，欲分遗产，刘不与，摽诸门外，七大呼曰："吾必有以报仇。"越数日，七引盗来劫，幸先有备，盗惊逸。刘遂以财谷迁直塘而将徙居焉。

时李成栋已降本朝，率兵纵掠，七方投旗为走卒，因大言刘氏之富，所部旗将乃率五百人往劫，以七导。至则黄之仓廪、窖藏、箱笥皆空无所有矣。旗将怒，遂掳刘及其侍者张妪去。至江宁，则已有妇女三百余人，刘乃杂其中。初至，集于马棚。越日，豫王府总管满媪至矣。满媪能汉语，集众女，上下睨视，选得三十人，令至别所。谛视久之，复去其半，留十余人，审视其发眉耳目口鼻指臂，复隔衣而扪其乳，则存者仅五妇，乃令其列坐，殷勤问讯。其一音微涩，复去之，仅得四人，刘与焉。

四人乘舆至王府，张妪从。刘谓张妪曰："吾欲与珍相见，故含垢忍辱而不死，今已矣，其死乎！"言罢大哭。俄而王设宴，命四妇侍酒，刘独倚柱立，侧其面，不发一语，额光映灯烛，眼微红。王艳之，询以籍贯、年岁及夫为谁某，均不应。忽大哭，求速死，撞首于柱，满媪抱持之，且号且踊，髻解，发丈余委地。王谕满媪曰："善护持之。"而刘日夕悲泣，竟不食。

张妪至是乃语满媪曰："彼念女而悲，苟得通信以慰之，或可少进饮食。"满媪告王，王令媪属刘作书寄珍。书曰："我生不辰，叠罹险难，向日送尔河干，竟成长别，痛何可言！自七兽肆毒，虏我往松，幸叨假母慈覆，寝食相依，且许送我归虞，令母子完聚。不期罣名眷籍，候选省中，忽又送入掖庭，竟如坠崖之人，不能奋飞。嗟乎！珍儿，汝母至此，尚能隐忍以求活哉？所以苟延残喘、累遭窘折而不死者，尝与张媪言，汝是我一点血脉，若不相闻问而泯泯以死，是使汝抱无涯之戚也。前在松江，惊闻直塘一带村落尽被兵燹，想七兽未遂所欲，故又发纵指使，以势而揣，汝家亦为破巢之卵。然终究竟是真是假，尚不免将信将疑。今吾书至而汝有手书来，则吾知汝之幸不死于七兽也；吾书至而汝若无手书来，则吾知汝之不幸而竟死于七兽也。其生其死，决于片楮，专睇归鸿，息我愁思。若夫甇甇〔茕茕〕嫠妇，给事掖庭，凡所慰计，皆所素审。彼若辱我下陈，使以鞭棰，非口唾其面，即头撞其胸，虽粉吾骨，不屑也。吾秉性高抗，不肯下人，拚却一死，彼且奈我何！珍儿，珍儿，无为我虑。”

珍得书，以“母生儿生、母死儿死”八字为复。刘发书时已饮糜矣，得珍复书乃喜。适王妃忽喇氏薨，时王年四十，刘年三十五矣。讣至，为位于堂，刘缟衣素裙，从本旗妇女临哭。王遇之于中霤，谛视之，密语满媪曰：“此妇非发长委地者耶？善视之。”及夕，王命侍寝，刘泣曰：“如以婢妾蓄我，何惜一死。”张妪力劝之。满媪曰：“妃已薨，非婢妾也。”刘曰：“命我侍寝，非婢妾而何？”满媪会意，以告之王。越数日，将王命，赐刘冠服。是夕，张灯作乐，行婚礼。越岁，生一子，立为妃。

冬儿更嫁

良乡妓冬儿善讴，尤工南曲，初入明外戚左都督田宏遇家。宏遇卒，都督刘泽清购得之，以教诸少姬四十余人，其最姝丽者登儿也。顺治甲申，泽清欲侦二王存否，冬儿请自往田家探之，乃男饰而北，知二王已绝，遂南。泽清镇淮安，书佐某无罪，杀之，收其妇。

泽清降国朝，摄政王多尔衮赠宫女三人，皆尝御者，泽清不辞而嬖之。亡何，中一人告变，王录其家，及所夺书佐之妇。泽清供书佐有罪，故杀之，妇明其非罪，且云：“泽清私居冠角巾，谓事若迫，不如反耳。”泽清诛，冬儿下刑部。尚书汤某尝饮泽清所，出侑酒，故识冬儿，因曰：“尔非刘家人。”遂免籍更嫁。太仓吴梅村祭酒伟业作《临淮老妓行》，有句云：“临淮将军擅开府，不斗身强斗歌舞。”

陈氏女与聘夫完婚

浙东乱时，诸暨陈氏有女，年甫十八，为杭旗拨什库所得，鬻于银工，逼之，坚不从。杭人朱胆生、郭宗臣刱（同“创”）义醵金赎难民，知女之义，赎之。方至，忽友人某赎一童子，问之，即其夫也。翼日，赎一妪至，乃其母也，继又赎一妪至，乃其姑也。未几，有两翁觅妻，踉跄而至门，即其父及翁也。两家骨肉一时完聚，遂合卺结装而归之。

陈素庵不第娶妻

海宁陈素庵相国继配徐夫人，名灿，字湘蘋，工词善画，吴人也。明崇祯中，相国春闱下第南还，舟泊吴门，遇雨闷甚，觅散步处，闻徐氏饶花石，因独诣之。先一夕，徐翁梦黑龙碎其金鲫鱼缸。是日，相国至，方徘徊花竹间，误触一盆而堕，适碎其缸。相国方局蹐致不安，欲奉价偿之，而徐翁欣然问姓名，因留之小酌，备极款曲。酒酣，自言有二女，俱擅才色，愿奉箕帚。时相国适丧偶，闻之心动，素善子平，遂索其二女干支，归舟推之，则皆贵，惟长女微带桃花星，因纳其次，即夫人也。抵家后，相国之尊人以其不第而娶妻也，大怒，欲立遣之。太夫人闻之，曰：“此女果佳，即当告之家庙，以妇礼处之。不然，遣未晚也。”及至，见其端丽庄重，即以新妇呼之，后与相国偕老。

相国既仕本朝，一日过良乡，邂逅一妓，其貌宛与夫人相似。询之，则涕泣自言姓氏，及遭乱失身之故，即徐翁长女也。因赎归，携至京师。后归一满洲武臣，其人后至八座，女亦为命妇焉。

屈翁山娶固原守将甥

番禺屈大均，字翁山，明末诸生，遭乱弃去，为浮屠。旋返初服，乃游秦陇，与秦中名士李因笃辈为友，作《华岳百韵》诗。固原守将某爱其才，以甥妻之。敦好述笃，伉俪赋诗，如“同栖红翠三花树，对写丹青五岳图”，盖少室作也。自固原携妻至代州上谷，走马射生，纵博饮酒，倜傥不羁，世人嘲笑之，不顾也。再游京师，下吴会，自金陵还，妻旋病死。

刘以平兄弟同日婚

刘以平，字近塘，猗氏人。初聘关处士女，未娶而女病废，及婚，乃以次女行。合卺之夕，刘疑其无病容，诘之，媒以实告。刘怅然曰："吾聘者，病女也。弃之不义，且恐速其死。然次女已归吾家，无复还理，即室吾弟以宽可也。"更迎病女。女果泣涕求死，亲迎后，病遂愈，于是兄弟同日毕姻。

徐华国娶于吴

吴江徐元英，字华国，年少而称长者。有富人欲以女妻之，华国曰："非吾姻也。"及吴氏庚帖至，不发缄，映之日中，识其姓，曰："此吾妻矣。"遂娶之。生三子，长卯，次崧，次艮。华国曰："吾惟一子尔。"卯、艮果殇，惟崧成立。人怪而问之曰："君预知妻姓吴氏，惟有一子，其故何也?"华国曰："吾昔梦神人使吏与我一牒，有文曰室吴氏，年终四十三，子两耳佳。两耳，一人也。天定之矣。"

张文贞娶冷氏女

顺治乙酉科乡试，国朝取士之始也。江南解元张九征，丹徒人。故为明诸生，与冷某为执友，申以婚姻。明亡，相约不复应试。张既出山，冷遂不复与相见。冷遇国变后，每出必张盖着屐，若雨行者。一日，盖屐而至，寒暄既毕，则曰："儿女辈成立矣，吾二人盍不为之作合?"张曰："幸甚。将卜吉日，得吉，敬以相闻。"冷曰："勿庸，今日即吉日也，吾自携女来矣。"促为之妆，呼婿来交拜，礼成遂去，自此又不相见。其婿相国文贞公玉书也。

陈其年赋紫云婚词

有歌僮名紫云者，秀艳善歌，宜兴陈其年昵之。紫云成婚有期，陈赋《贺新郎》词以赠之云："小酌荼蘼酿。喜今朝、钗光钿影，灯前滉漾。隔着屏风喧笑语，报道雀翘初上。又悄把、檀奴偷相。扑朔雌雄浑不辨，但临风私取春弓量。 送尔去，揭鸳帐。六年孤馆相依傍。最难忘、红蕤枕畔，泪花轻扬。了尔一生花烛事，宛转妇随夫唱。努力做、藁砧模样。只我罗衾浑似铁，拥桃笙难得纱窗亮。休为我，再惆怅。"

曾弗人婚夕无床

曾弗人，名异栘，晋江人。以文章气节雄一时。贫而善病，率从友人借居。娶妻时不能具一床，自是身常不宿，俾妻随母而卧以为常。

王良臣为栗魁周聘某女

郑州王良臣宰阳城时，栗参政魁周方七八岁，一见奇之，曰："大器也。"召其父，劝令就学，且曰："择偶宜慎，待吾为定之。"一日出城迎春，男妇杂沓，见一垂髫女，年可八九岁，奇之，问役曰："此谁氏女？"役曰："东街某氏。"乃命召其父来，询之曰："若女字人未？"对曰："未也。"曰："我为汝觅一快婿。"曰："为谁？"曰："某乡栗某子也。"女父摇首不愿，曰："栗家极贫。"王曰："有如是郎君而终贫者乎？若女端厚，配此子，可作夫人。"女父勉从命。不数年，栗入泮，为邑名士，由科第而为达官。

李长祥娶钟山秀才

顺治丙戌，李长祥以抗拒大兵，结寨于上虞之东山，而且屯且耕焉。旋为大兵所迫，移寨滃洲。时长祥先已寄孥于上虞之赵氏，及寨溃，有传言长祥已殪者。夫人黄氏有子曰亩，乃聚家人谋共死。仆妇文莺，本夫人婢也，曰："夫人当为公子计，以延李氏宗祀，恶可死？"夫人曰："然则奈何？"文莺曰："婢子死罪，愿代夫人，以吾女代公子，俟死于此，夫人速以公子去。”夫人泣曰：“安忍使汝代我死?”文莺曰：“小不忍，事易偾，速去之，速去之!”东山有罗吉甫者，时时游长祥门下，至是奔告曰：“夫人、公子，我任之，虽以是死，甘心焉。”于是夫人抱亩拜吉甫，且拜文莺，文莺曰：“夫人休矣，捕者行至矣。”甫出门，捕者至，以文莺去。

长祥既移寨滃洲，至辛卯，出亡江淮间，又与夫人失。及居山阴，则夫人又自海上至，得再聚。及长祥为大吏安置于江宁，夫人已卒，总督马某阳礼之，而终疑之，曰：“是孑然者，谁保之?”长祥微闻之。时江宁有闺秀曰钟山秀才者，善书墨竹，容色绝世，乃娶之，朝夕甚昵。马私谓人曰：“李公有所恋矣。”未几，长祥乘守者之怠，竟去，由吴门渡秦邮，走河北，遍历宣化、大同，复南下百粤，与屈大均处者久之，天下大定，始居毗陵，筑读易台以老。长祥字研斋，四川达县人。

汪魏美娶钱瑟瑟

钱塘汪魏美孝廉沨，妻钱氏，字瑟瑟，建宁守飞卿女。初成婚，汪语之曰：“吾本寒儒，得连姻贵室，所望知礼仪，孝姑嫜，和妯娌，足矣。侈簪理绮绣之饰，毋庸也。”钱闻之，即尽去服饰，屏侍婢，以荆钗布裙亲操作。

邵峄晖三世夫妇

济宁邵士梅，字峄晖，顺治己亥进士。其妻某氏濒死时，语邵曰：“吾两人当三世为夫妇，再世当生馆陶董家，所居滨河，河曲第三家，君异时罢官后独寓萧寺翻佛经时，访我于此。”邵后谒选，得登州府教授。已而迁吴江知县，谢病归。有同年知馆陶县，因访之，馆于萧寺。寺有藏经一部，取阅之，忽忆妻语，乃沿河觅之，果得董姓于河曲第三家。家有女，未字，邵告以故，且求县宰为媒妁，娶之。后十余年，董病且死，与邵诀曰：

“此去当生襄阳王氏，所居滨江，门前有二柳树，君几年后访我于此，与君当再合。”后生二子。

和真艾雅喀世娶宗女

和真艾雅喀部在吉林东北，其俗：父母至六十诞日，即聚宗族会饮，刲其父母躯肉以供宾客，埋其骨于户枢前，岁时祭奠，其乡党始称孝焉。圣祖恶之，许其世娶宗女，俾资观感，以改污习。故其部落岁时至吉林纳聘，将军为买汉女代之，乘以红舆，赠以厚奁，其部落甚尊奉之。

王永康娶吴三桂女

苏州王永康，吴三桂女婿也。初，三桂与永康父同为将校，曾以女字永康，时两人俱在襁褓。未几，父死，家无儋石，寄养邻家，比长，飘流无依，年三十余犹未娶也。一日，有相者谓永康曰：“君富贵立至矣。”永康闻之，颇自疑。

某叟者，永康之戚也，知其事，告永康。时三桂已封平西王，声威赫奕。永康偶检箧，果得缔姻帖，始发奇想，遂行乞至云南。无以自达，乃书子婿帖诣府门投之。越三宿，乃得传进。三桂沉吟良久，曰：“有之。”命备一公馆，授为三品官，供应器具，咄嗟而办，择日成婚，奁物甚盛，并檄江苏巡抚为买田三千亩，大宅一区。苏抚承意旨，为购明末张士诚婿潘元诏故居，地广大，多林木，即齐门内之拙政园也。永康居滇数月，即携妇归，穷极奢侈，俨然厕于搢绅之列。三桂败，永康已前卒，其后家产亦入官。

王琴娘嫁戴研生

国初海上之变，搢绅骈戮者百数十人，株连遣戍之家尤不可胜数。常熟戴高亦以嫌疑被逮，罪至大辟，家族徙边。有子曰研生，成童颖异，通经史，善属文，有先民矩矱，咸目以大器。难作不及避，欲以身代父死，吏锢之，不令知，旋与母俱徙辽阳。

研生聘王氏女琴娘为妇。王名锡爵，邑名士，与高交契。研生故从之读，爱其敏妙韶秀，遂以琴字之。琴年十三，以难故，合家避地于金阊，不敢与戴通往来，时时遣人刺探消息而已。研生以亲亡家破，无意姻好，两家之音问遂绝。先是，研生课暇，曾与琴说字论诗。琴色美若舜华，而性峻洁，喜读贞女烈妇传记轶事。尝谓研生曰："昔有才女如文君，如文姬，而不贞其节，心窃鄙焉。吟风弄月之章，虽无伤雅道，然究不可以此为妇女之分所应尔也。"研生闻言，誉其卓见，且赋《女贞子歌》，稳〔隐〕括琴语以赞之。琴感其意，取笺稿藏箧中，暇辄讽诵之。女母夙有"针神"之目，琴亦复长于女红。既许字研生，遂与别嫌，见辄避面，自是遂专习针黹烹饪之属，不复与研生赏奇析疑矣。

无何，难作，王夫妇彷徨终夜，琴知有异，微问母，母不实告，但云："闻此当有兵乱，父意将徙苏，彼处防卫严，或可安堵耳。"琴谨听命，而察家人私语，似皆与己有关系，不能无疑。会小婢如意窃闻其事，因泄于琴。大惊怛，饮泣不食，朝夕取《女贞子歌》诵之，状如病狂。母觉之，乃曰："儿固聪慧，知世事，此灭门祸，独不为父母计耶？吾辈来此，姓名且更易，而子思念不已，设有漏言，吾族无类。儿当不如是之不解事也。"琴泣曰："母也天只，乌有不谅新生儿者，儿宁不知此中利害？但自藏其志，金石不可移。母请毋虑，儿决不漏言，惟此心则天日可誓耳。"母愀然曰："儿志果佳，惟此言殊有误。人方疑吾家与戴氏有连，儿若不别嫁，是以实证示人也，其三思之。"琴不语良久，既而毅然曰："儿悟矣。恋旧亦人情，能容儿三岁后更议此事乎？且儿年甫笄，尚当习家政，奈何议其他！"母曰："此亦无害，特机缘已至，终不能交臂失之耳。"琴闻言而啼。母怜之，乃曰："儿勿尔，父母非不明礼义者，乃以不情事强儿，亦徒为保全八口计耳。儿姑自爱，不置儿于度外也。"自是而日事女红，操井臼，邻里罕见其面。时锡爵仍为童子师，年余益困，复以忧郁故得目疾，至失明，止一子曰敬熙，少于琴五龄，自教之，妇亦侘傺死矣。

锡爵有中表曰范慕希，弃儒而贾，挟巨赀归，起第宅，富甲一乡。念锡爵贫，时周恤之。锡爵亦私至常熟，惟更易姓名曰李某。慕希有子，与琴年相若，曾至苏见琴而爱之，言于父母，欲求婚，慕希意谓可，而妻贫之，力阻其事。范子意不释，辗转乞人言之，母以语锡爵，锡爵欣然。事且就，顾锡爵常闻琴语，已誓不嫁，乃私问之，果言当以针黹养父抚弟，俟父百岁后，披剃为尼，其他非所知也。锡爵愕然，因劝之曰："儿毋徒启自苦，吾家宁肯负戴氏子？惟冰天雪窖，果不知尚有归期否耳。"琴闻言而泣。锡爵知不可回，以实告慕希。慕希大叹诧曰："此贞女也，吾方敬之不暇，何强为！"乃赠锡爵百金，且曰："幸保全贞女志节，以此补助衣食，姑待敬熙成立，勿令失所也。"锡爵大感谢，而范子恨甚，犹计在必得也。

狎友汪三者，无赖子也，言有术可致之，但当予百金，且许赠我以婢美珠耳。美珠者，范之婢也。范子悉许诺。汪乃踵锡爵之门而吓之曰："尔女，犯妇也，罪当俱徙。今匿于家，事且发，尔固不足惜，又累尔子，不早自为计，事至勿悔！"锡爵大惊，问所处置，汪曰："以尔女与范子，祸可免。"锡爵曰："吾固愿之，奈女执意何？设迫之，恐有他变。"汪笑曰："此易事耳，但言吾自辽东送研生归，今在某所，立待婚，则事谐矣。"锡爵曰："范子可冒为戴子乎？知而不从，又奈何？"汪曰："翁诚老悖，亦掩饰一时之计耳。尔女曾与范子相遇否？"锡爵曰："未也。"旋入以语琴，琴疑信参半，顾不可有他诿，令人疑己临事食言也。然终以事起仓卒，恐父以目盲受人之绐，忽得一计，曰："吾惟如此，乃可试真伪，否则虽死不从也。"因泣从父言。锡爵出告汪，汪喜而去，明日，成婚矣。及夕，闭绣户，令侍婢传语曰："须诵昔日《女贞子歌》，然后许谐夙愿。"范子愕然，既而怒曰："今日在吾掌中耳，尚安所遁耶？"排闼直入，欲干以非礼。琴至是始信非戴子，坚拒之，大声呼救，且以首触壁，血涔涔下滴，邻里皆惊起问讯，琴侃侃数范子诱致强逼之罪。中有父老闻之骇曰：“此范某子也，奈何行此不法事，当诉其父。”于是范子鼠窜去。众邻召锡爵至，使偕琴诉之慕希，慕希大惊，曰：“吾绝不知。”亟驰至，则锡爵与琴相持而泣，甚悲。慕希乃长跪而言曰：“某之罪也，誓必成女志以赎罪。”

慕希性夙慷慨，至是乃谓琴曰：“吾昔曾贾辽东，颇熟其山川道里城郭，请导女往，必可踪迹研生。若王翁，则吾当以一典肆奉养之，待女事定，或去或留，自有万全之策。”越数日，慕希挈琴行，约半载必归，众皆多其义，而举其子付一邻叟曰：“为我錮之，饮食教诲惟所命，半载内不使出也。”既去，逾二月，抵辽阳，顾遍访戍所居人，无知研生者。琴则荆布茹素，鲜衣肥甘皆不御，慕希强之，乃曰：“违亲背乡而为此，忍自佚乐乎？且公之义，吾尚不知所报，奈何一日安！”久之，乃闻研生辗转踰长白山，入吉林某将军麾下为记室，刻苦自励，未有家室，老母尚健，为之尸饔，将军嘉其行，将为奏请赦归。慕希乃挈琴往，果与研生相见。将军闻之，其钦琴之贞，叹曰：“戴生一门，贞义节孝俱备。”于是为之奏请，成礼于将军署，送之南归。

《女贞子歌》有云：“朔风遍吹劲草折，雪堕榆关夜凛冽。一枝独秀映冬青，累累可似妾心赤。”却扇之夕，琴请诵旧作，研生恍然如梦，曼声吟之，不觉泪下，曰：“不意竟成诗谶也。”既返，以归途唱和之作与谴戍时并琴随慕希北行寻夫诸作合刊之，曰《榆关双泪集》，谓悲喜同之也。慕希归，馆研生于家以教子，卒化为善，而以女适敬熙。吴人为作《侠烈传》，及《望夫石传奇》，姜西溟、汪尧峰诸人皆有题咏。

陆射山送女成婚

陆射山为明末老宿，善诗，夙有人伦鉴。欲为其女与寡嫂之女择婿于邑中，得查慎行、许汝霜二人，皆贫而好学。谓其嫂曰："查富贵未可必，必成名士。许则八座无疑也。"嫂以女字许，查为射山婿。许既婚，嫂知其家徒壁立，为之哭失明。查竟不能娶，而射山适悼亡，欲远行，佯谓其女曰："我与汝至舅家。"遂同乘小舟，至婿门，射山先入，谓慎行父曰："我二人儿女长大，可成婚矣。"慎行父亦名士，而拘于礼法，答曰："吾虽贫，不能备六礼，然即具酒食一席，亦非仓猝可致者。"射山曰："皆不须此，今是吉日，我特送女来。"遂成婚。许娶后数年，联捷至高位，为慎行座主。射山名嘉淑，海宁人。

蔡启僔欲见新妇

德清蔡殿撰启僔之封翁，庭训至严，殿撰花烛之夕，秋闱报捷，封翁曰："汝嘉礼已成，科名事重，不得以新婚分志。"限三日部署入都，不令进房。殿撰曰："谨遵严训，愿一见新妇之面足矣。"盖湖俗，新妇障面三日，封翁允其请。殿撰揭障视之即趋出，克日北上。次年得殿元，归省亲，始合卺焉。

郑宾日娶段氏

武进郑宾日茂才之罕娶于段，其大母为恽氏，有妹嫔于段，以其孤女孙约为昏姻，遂聘以为宾日妻。已而女患风病，右肱折，右足跛，欲辞婚。时康熙甲申，宾日甫九龄，父琢庵询之，宾日曰："不可。"琢庵曰："儿后得无悔乎？"宾日曰："大人义不以孤女负诺，儿忍负之耶？"段年十九来归，逾年患目疾，遂瞽，劝宾日买妾，宾日不允。琢庵笑曰："予尝以刘得之娶瞽女为难，不意汝今能之。"越二年，段卒。琢庵为继室于卜，既庙见，即令谒段之墓而迎其母，养之终身，殁，葬于段墓之右。卜氏以田六亩归宾日，曰："母遗命也。"却之。

吴菌次赘赵念昔为婿

长沙赵永怀，字念昔，为工部尚书开心孙。工诗。少时流寓江都，吴菌次太守绮爱其才，以女赘之，晚岁始归长沙。

席仲远嫁妾

吴县席本久，字仲远。妇姜氏贤而无子，尝出奁中金为仲远买二妾，其一氏沈。及沈生冢子士焜，即为其一择偶，庀妆具嫁之。久之，姜又为置一侍姬，弥年而嫁，则犹处子也。

唐启云行医得妻

唐启云，江右人。尝行医至常熟，治巨室孙某疾，良愈，许以女。去七八年，不来，亲族以为游方无信，更欲择人，女坚不允。未几而至，遂为夫妇，始占籍于熟。

夫妻老少之互易

康熙时，总兵王辅臣叛，所过掳掠，得妇女，不问老少妍媸，悉贮之布囊，四金一人，任人收买。三原民米某，年二十未娶，独以银五两诣营，以一两赂主者，冀获佳丽。主者导入营，令自择，米逐囊揣摩，检得腰细足纤者一囊，负之以行。至逆旅启视，则苍然一老妪也，满面瘢痕，年近七旬。悔恨无及，默然坐炕上，面如死灰。无何，一斑白叟控黑卫，载一好女子来投宿。扶女子，系卫于槽，即米之西室委装焉。相与拱揖，各叩里居姓字。叟自述刘姓，虾蟆注人，年六十七。昨以银四两自营中买得一囊人，不意齿太稚，幸好颜色，亦足以娱老矣。刘意得甚，拉米过市饮酒，米从之去。

妪俟其去远，蹀躞至西舍，启帘入，女方掩面泣，见妪乃起敛衽。妪诘其由来，女曰："我平凉人，姓葛氏，年十七矣。父母兄弟为贼所杀，我独被掳，欲见淫，我哭骂，群贼怒，故以奴鬻之老翁，是以悲耳。"妪叹曰："是造化小儿，颠倒众生，不可思议矣。老身老而不死，遭此乱离，且无端窘一少年，亦何忍！尔家老翁龙钟之态，正与老身年相当，况老夫少妻，未必便利。

彼二人一喜一闷，不醉无归，我二人盍易地而寝。明日五更，汝与少年郎早起速行。”女踟蹰不遽从，妪正色曰：“此所谓交易以道，各得其所，一举两得之策也。可速去，迟则事不谐矣。”即解衣相易，女拜谢。妪导入米屋，以被覆之，令勿言。乃自归西室，蒙被而卧。

三更后，叟与米皆醉归，奔走劳苦，亦各就枕。三更后，米梦中闻叩户声，披衣起视，则妪也。米讶曰：“汝何往?”妪止之，令勿声，旋入室告之。米且惊且喜，曰：“奈利己损人何?”妪哂曰：“不听老人言，则郎君弃掷一小娘，断送一老翁矣，于人何益，而于己得无损乎?”米始诺。因揭衾促女起，嘱之再四，米与女泣拜，即以青纱障女面，扶之出店。店主人曰：“无乃太早乎?”米答之曰：“早行避炎暑也。”即去。

翌日，叟见妪，大惊，诘知其故，大怒，拳之，妪亦不稍让。叟欲策蹇追之，居停曰：“彼得少艾而遁，岂复遵大路以俟尔追耶? 况四更已行，此时数十里矣，汝苟自知而安分，载媪以归，老夫老妻，正好度日，勿生妄念也。”叟痴立移时，气渐平，遂与俱去。

朱韫斯误娶同姓

石门有朱韫斯者，误娶同姓，后十年觉之，欲去其妇。友人曹射侯、陆丽京怜其雅非同望，作书劝之，因疏古名儒取同姓事以示之。会吴志伊后至，曰：“王沈与王基联姻，刘畴与刘嘏为婚，世人无讥，缘非同原也。”

韩承宠妻奁资数万

亢氏为山西巨富，自明已然。洪洞韩承宠娶于亢，奁金累数万。韩后官济南同知。

董文恪娶婢

富阳董文恪公邦达，少时以优贡生留滞京师，资尽，见逐于逆旅主人，穷无所之。有刘媪者奇其貌，谓必不长贫贱，馆之家，属勤业，待再试。董日夜淬厉，期得第自振，且酬媪德。榜发，仍落第，恚甚，谋自尽，蹀躞街市，未有所也，倚一高门而立。俄有人启门，呵问谁某，董告以下第生。其人大喜，邀入款语，出红笺倩书谢柬，署名则某侍郎也。既而留食，知为侍郎司阍，以荐初至也。司阍进谢柬，侍郎大称善，因请留董代笔，薄奉旅资，董方失路，欣然诺之。

自是一切书牍皆董代笔，往往当意，侍郎益信任仆。居顷之，侍郎有密事，召仆至内室拟稿，仆惶窘，良久不能成一字，侍郎穷诘，乃以实告。侍郎大骇，急延董至厅，具衣冠见之，且谢曰："使高才久辱奴辈，某之罪也。"因请为记室，相得甚欢。

侍郎家有婢，敏慧得夫人意，夫人欲嫁之，婢不可；强之，则曰："身贱，终随舆隶耳，必欲如董先生者乃事之，又安可得？故宁不嫁也。"夫人以告侍郎，侍郎哂曰："痴婢，董先生神志不凡，行且腾上，乌肯妻婢？"会中秋，侍郎与董饮月下，酒酣，从容述婢言，且愿为妾。董慨然曰："某落魄京师，尽京师不加青睐，公独厚爱之，彼女子亦有心，何敢言妾？正位也。"侍郎终以为疑，谋于夫人，女婢而婿董焉。逾年，董举乡试，成进士，后官尚书。生子诰，为相国，即文恭公。相国登庸时，太夫人犹健在也。

王家裕遣嫁义女

龙眠王家裕尝官常德守备，多惠政，军民信之。康熙壬戌夏，一日偶至厩中之别门，有老渔伺于外，进且却，意谓献鱼也。呼之，乃前跪曰："前日捕鱼荒洲，闻呼救声，望之，乃一女子，缚于覆舟，急往解其缚，饮以汤。徐问之，乃曰：'我本南宁张氏士人女，年十八，避乱山谷。大兵克滇，搜获之，欲肆辱，妾剪发毁容获免。然犹百计防我，求死不得，师旋，从马上缚来，及登舟，复缚之舟尾。次桃源白马渡，风逆舟覆，横浮水面，人尽没，我独以系在尾，出水上不死，流至此三日矣，翁若再迟至，饥寒死矣。今遇翁，实再生我。’旋解怀中所余簪珥见贻，民不受，女曰：‘既活我，盍至翁家，徐图寄信父母，使来迎，当有厚报。’民云：‘我非望报，惟生涯一叶，草庐半间，置汝其中，必为人所疑，报官诘治，则汝我皆受累矣。’女曰：‘翁处既不可，抑思善良有力之家，可转送收养乎？’民曰：‘人非畏累，即贪财贪色，傥以汝为侧室，或转鬻以求赢利，我实负汝矣。今常德守备王公，君子也，好行其德，必能全汝。’女首肯。故民夫妇载之以来，民先诣署前，不得通，因伺于此，果得见公，亦此女之缘也。”王乃命家人迎女至，则端洁婉好，虽久在兵间，闺范凝重。问之，谓以遭乱故，犹未字。王乃收为义女，而以十金给渔。渔曰：“公固好义，民亦非为利者。”坚辞不受。问其姓名，曰：“民今年七十余，夫妇二人，无子女，一蓑一笠，终老烟波，足矣，初不望报于后，何用知姓名为？”终不言，欢然而去。

王于女视如己出，又数因人寄讯其家，卒无人至。心念女年渐长，欲为择配，会有原籍常德之贵州武举周臣侯者至常祀祖，谒王，王见其少年倜傥，而属意焉。叩之，尚未婚。他日再来，遂留饮，同坐有赵某，周之中表兄也。王语之，赵惊曰：“此殆天缘矣。”乃言：“周于数月前梦授职归，拜香火堂，都不见一切神位，惟小屏有朱书一‘天’字。入内拜尊属，则见一女子持红丝侍侧，饮食甚盛，同饮者为王公玉。相与剧饮，醉而读《史通》，至东汉秦嘉妻小传而寤。次日以梦告，我等群相贺，谓授官必得上缺，且有缔姻之喜。岂知先有此遇，而我公之姓，又适符其梦耶！”语罢，又一友惊呼曰：“王姓非应在公，乃我也。我姓王，字公玉。梦中先得之，天其令我作合耶？”盖此友自岳阳来，王虽与久游，亦不知其字公玉也。周就视公玉貌，悉与梦中符，乃丐其执柯，王欣然允，既定，遂择吉日纳聘，以女归臣侯。

史文靖玉堂归娶

康熙庚辰，史文靖公贻直年十九，馆选后归娶，绘《玉堂归娶图》征诗。其门人钱唐袁子才太史枚题云："愧作彭宣拜后堂，绝无衣钵继安昌。算来只有归迎事，曾学黄粱梦一场。"

张红桥嫁林鸿

张荭娇，闽县良家女也，居福州红桥西，而小名荭娇，因取以自号曰"红桥"。敏慧善属文，垂髫时，已能吟咏一二断句。长益妍好，容色惊人。父母无子而家富，富家子弟争欲委禽，乃坚执不愿，白于父母曰："纨袴子多不才，无才者必无情，无情者不可偶也。儿愿得一才而有行者天之。"于是操觚之士争以五七字诗为媒妁，亦从而别其高下，然初无当意之卷。

长乐王偁赁居东邻，幼曾同塾，既长，遂不相见。偁之友福清林鸿尝过偁室，无意中于楼际睹红，辄掩面去，退而作诗，命邻媪投之。红援笔和答，命媪持还。媪贺鸿曰："张娘子案头诗卷堆积如山，曾不屑一顾，今和君诗，诚为希有。"鸿大喜过望，使媪陈词，月余获命。鸿时有期功服，遂舍其外室，俟服阕成礼。自是倡和无间，情好日笃，而父母以鸿赤贫，期以试售毕姻。久之，遂越礼。会为偁知，因访鸿，求一见红，红益自匿。偁密贿侍儿瞰鸿与红狎，作《乳酥》《云髻》二诗调之，红愈怒。偁知其意，乃挽鸿游山。越数日鸿归，夜至所居，红方倚红桥而望，鸿赋一绝句，红和焉。明年鸿冠秋试，始成礼。

越一年，鸿有金陵之游，红独坐小楼，感念成疾，遂殒。迨鸿归，大哭，忽见床头玉佩间悬一缄，拆之，有《蝶恋花》词及七言绝句一百首，病中忆远之作也。鸿赋哀词酬而祭之。后过红桥，一恸而绝。

包惊幾嫁友女

吴江包惊幾孝廉捷笃友谊，与吴东湖善，吴卒，抚其家属甚至。某年，将嫁女，闻吴女将适人，贫不能理装，即以女之奁具赠之。后一载，始嫁己女。

雪为贾谢之媒

康熙己丑冬，崇仁有两家同日娶妇者：一富室，贾姓；一士族，谢姓。新妇一姓王，名翠芳，婿为贾；一姓吴，婿为谢。吴贫而王富，两家香车遇于陌上。时大雪，几不辨途径，车各饰彩绘，覆以油幕，积雪封之一二寸。行二三里，同憩于野亭，舆夫仆辈以体寒，拾薪爇火以取温。久之，雪愈甚，恐日暮途远，各拥香车分道去。

是夜，翠芳将寝，环视室中奁具非己物，疑不能忍，乃问婿曰：“吾紫檀镜台安在？可令婢将来，为我卸装也。”婿笑曰：“卿家未有此物，今从何处觅之？”翠芳曰：“贾郎何必相诳？”婿又笑曰：“吾真郎，非假郎也。”翠芳曰：“谓郎姓贾耳。”婿曰：“某姓谢。”翠芳闻言大骇，乃大呼：“贼徒卖我！”婿亦惊，不知所措。家人尽集，问故，翠芳啼不止。谢母怒叱曰：“家虽儒素，谁曾作贼？汝父母厌我贫薄，教汝作此伎俩耶，谁畏汝！”翠芳曰：“吾闻汝家本姓贾，今姓谢，何也？”母曰：“岂有临婚而易姓者乎？然则汝家亦不姓吴乎？”翠芳悟曰：“我知之矣，汝妇自姓吴，我自姓王。吾来时，途次遇一新嫁娘，同避雪亭下，微闻旁人言此妇母家为吴氏，嫁于谢，殆汝家妇也。而吾乃贾氏之妇。雪甚寒极，两家车从仓卒而行，其必两误而互易之矣。速使人觇于贾氏，当得其故。”

贾氏相距三十里，使者明日乃达，则延陵季女，已共贾大夫射雉如皋矣。盖吴女谛视妆奁，略闻姓氏，亦颇知有误，而心艳其富，姑冒昧以从之，至是知之，佯为怨怒。而盆水之覆，亦不可收，即贾氏亦不欲其别抱琵琶也。使者反报，翠芳欲自尽。或劝之曰：“王、谢之婚，本由天定，殆姻缘簿偶尔错注，合有此颠倒也。今贾已婚于吴，则卿自宜归谢，尚何言哉？”翠芳不可。

谢乃驰使诣王，告以故，王深异之曰："非偶然也。"即遣媒者来告，愿为秦晋。翠芳以父母之命，乃始拜见姑嫜，同牢合卺，成夫妇之礼。厥后贾氏陵替，吴氏愤恚而卒。谢补诸生，终身伉俪，儿女成行，而翠芳以顺妇称焉。是事也，时人谓之"雪媒"。

赛可园遣嫁某女

文登赛可园佥事枝大，为山西提学道璋之子。当年二十余时，尝以太学生就试京兆。进士某之房师为璋门下士，赛因识之，与往还。一日赛将东归，某曰："吾无子，夙闻山东女子多淳朴，能为购妾乎？"赛曰："诺。"及归，为访某氏女，颇端淑，以善价购之。于是备衣饰奁具，僦车骑，躬送之都门。而某以妻妒，不果纳。或谓："此女殊属意于君，盍留作侧室？"赛曰："既购为吾友妾矣，而自留之，是负友也。"会有文登人入都贩易，其子年少，善居积，遂以此女妻之。

阮湘圃嫁旧家女

楚有旧家女，以窭而鬻为娼，得金二百。时仪征阮湘圃封翁客汉口，竭囊中赀赎之，嫁之士人。湘圃之子，即文达公元也。

顾饮和争婚礼之稽首

康熙时，顾一本娶于江宁龚氏。其俗不亲迎，而女之母将女至婿家，为苛礼以抑婿，一夕稽首至二十有四，女之母坐而受之。古者九拜，稽首最重，非君父无所施，而数止于三。《左传》所载，惟楚臣申包胥乞师秦庭，九顿首而坐，外此无有。唐显庆礼，子拜，父坐，母立受。外姑礼隆于君父，实为陋俗之最宜革者。龚氏亦循此俗，一本遂执礼以争，陈说百端，竟不可夺。一本字饮和，江都人。

高斗意外得妻

雍正初，东光有农人某，粗具中人产。一夕有劫盗，不甚搜财物，惟就衾中曳其女，入后圃，仰缚于曲项老树，盖其意本不在劫也。女哭骂，客作高斗睡圃中，闻之跃起，挺刃出与斗，盗悉披靡，女赖以免。然自是辄泣涕，不语不食，父母宽譬，终不解。穷诘再三，始出一语曰："我身裸露，可令高斗见乎？"父母喻意，遂以妻斗。

陈载东给假归娶

陈载东，名枚，松江人，居黑鱼衖。工绘事，其画能于寸纸尺缣，图写群山万壑，以显微镜照之，峰峦林木，屋舍桥梁，及一切人物，靡不具备。雍正丙午，以供奉画院，赏给内务府郎中衔，给假归娶。

项某以女妻沈端恪

仁和沈端恪公近思，字闇斋，幼依杭州灵隐寺僧谛辉。既披剃，复延师，课以举业，遂游庠。惟还俗后无所归，一日徘徊西湖之西泠桥下，遇项某，识其非常，邀至舍，妻以女。成进士，后为左都御史。

方恪敏嫁江宁女

方恪敏公观承年五十而未有子，抚浙时，使人于江宁买一女子，恪敏女兄弟送之至杭州，将择日纳之副室矣。恪敏至女兄弟所，见诗册有相知名，问之，知为此女所携其祖父之作也。恪敏曰："吾少时，与此女之祖以诗相知，安得纳其孙女？"即还其家，助资嫁之。及年六十，乃生子勤襄公维甸。

白太官娶盗女

白太官，武进人。美风仪，有勇力。雍正时，与甘凤池同师。家贫，客燕、赵，以事道井陉，绕山行者十余里。日暝入谷，迷失路，四山忽合，茅店如鸡栖，门外有墨书壁作"客店"

二字，门掩。推入，阒无人，室中绳不帐，几有残蜡，烬欲灭，风吹窗纸，瑟瑟作声。太官连声呼曰："有人未?"寂无应者，大疑。瞥见门左覆一巨缸，振振若动摇，一人自其中掀之，伸首视，倏然起，出户外，逐之则已杳。知非善地也，欲去，又地辟，无可徙，乃枕刀寝。须臾烛灭，月朦胧射窗，假寐，隐约闻窗响，觉黑影穿窗入。大惊，辨之，一女子也。体苗条，手双刀齐下，已不及起抵，疾转身内向，避其刀。刀下砍入床，猝不得拔，乃急抽刀起，与斗，不敌；欲逃，睹窗外似幢幢有影，惧布伏，不敢出由户。疾上纵，手承屋梁，奋足踢梁间椽，椽折瓦飞，耸身出，女随之，驰逐不舍，疾如驶，崎岖数十里，晓矣。两人力不支，俱仆，女晕不醒而太官起，挥刀欲诛女，逼视，睹女美，未忍，乃掷刀，掬水溪涧饮女，亦自饮。毕，坐女旁守之。女苏，感其情，遂委身事之，为妇焉，太官携以归。

袁寒篁嫁布贾

袁寒篁工词，择对不嫁。中年后，以父老无倚，委身布贾，郁郁不乐，遂断笔墨。雍正壬子夏，有人邀华亭蔡孝廉显往黄草地观剧，寒篁倚后门，小奚指曰："此袁寒篁也。"姿首平平，乃风韵翩然，不类俗女。著有《绿窗小草》，焦广期尝为叙之。

尹泰与徐夫人重行合卺

尹文端公继善之母徐氏，江宁人，为相国尹泰小妻。相国家法严，文端总督两江，夫人犹青衣侍屏匽。文端调云贵入觐，世宗从容问："汝母受封乎?"乃叩头免冠，将有所奏。世宗曰："止，朕知汝意。汝，庶出也。嫡母封，生母未封。朕即有旨。"文端拜谢出。相国怒曰："汝欲尊所生，未启我而遽奏上，乃以主眷压翁耶?"击以杖，堕孔雀翎，徐夫人为跪请乃已。世宗闻之，翌日，命内监、宫娥各四人，捧翟茀、翚衣至相国第，扶夫人榻上，代为栉沐，袨服襐饰，花钗灿然。八旗命妇皆严妆来，围夫人而贺者相环也。顷之，满、汉内阁学士捧玺书，高呼入，曰“有诏”。相国与夫人跪，乃宣读曰：“大学士尹泰，非藉其子继善之贤，不得入相；非侧室徐氏，继善何由生？著敕封徐氏为一品夫人。”尹泰先肃谢，夫人再如诏行礼。宣毕，四宫娥扶夫人南面坐，四内监引相国拜夫人。夫人惊，踧踖欲起，四宫娥强按之不得动。既，乃重行夫妇合卺结褵之仪，内府梨园子弟亦至，管弦铿锵，肴烝纷罗，诸命妇各起，持觞为相国夫人寿，酒罢，大欢笑去。

高宗筹宗室婚嫁

乾隆时，高宗笃念宗室贫乏失产，无以自活，命宗人府堂官详为抚恤，分别等第，极贫者，赏银三百两，次者半之，令回赎田产，以资生理。又念婚嫁无所瞻仰，特命王公行辈最尊者，司宗室红白事件，遇有婚嫁者，赐银一百二十两，以为妆费。

许江门为陈楞山婿

乾隆丙辰，钱塘陈楞山征君撰被荐宏博，不就试，江都江鹤亭迎而馆谷之。楞山有女，慧而贤，嫁南徐许滨。滨字江门，亦风雅士，画入神品，与楞山同馆江氏。哀弦中断，意见渐致参差，不可解也。

赵国麟与刘藩长联姻

咸、同以前，搢绅之家蔑视商贾，至光绪朝，士大夫习闻泰西之重商，官、商始有往来，与为戚友，若在彼时，即遭物议。乾隆初，大学士赵国麟与商人刘藩长联姻，为高宗所责。盖乾隆辛酉六月，因仲永檀劾赵往奠俞姓之事而及之，谕云：“赵国麟素讲理学，且身为大学士，与市井庸人刘藩长缔结姻亲，且在朕前保荐。朕已明降谕旨，较之仲永檀参奏之事，其过孰为重大？”斥刘为“市井庸人”，商之为世所轻乃如此。

尹文端女为皇子妃

尹文端公出将入相，垂四十年，常谦谦然不自喜。惟小妻张氏，以所生女入宫为皇子妃，诰封一品夫人，逢人必夸。故《纪恩》诗曰："瑞日曈胧展翠屏，环阶拜舞祝慈宁。争传王母赴瑶会，竟见仙班列小星。"而具摺谢恩，亦奏及生母徐夫人受封事。高宗曰："朕实不知先帝有此事。乃竟暗合，岂非卿之家运耶?"

文端继室鄂夫人，鄂文端公犹女也。两文端相见，鄂老矣，叹曰："吾日夜思抽身以退，未知能否?"夫人曰："女闻古之君子，事君能致其身。"又曰："明哲保身，未闻有抽身者。"两文端为之莞然。

袁子才乞假归娶

钱塘袁子才枚以翰林庶吉士归娶，绘图纪事，曰《恩假归娶图》。图有袁像，少年玉貌，披红斗篷，骑白色马，行风雪中，前后从者数人，跨卫同行。图后题跋者有数百人，皆雍、乾时老名宿也。咸丰时，粤寇陷金陵，图毁于难。

满洲铁冶亭少宗伯保，乾隆壬辰进士，由吏部郎中数迁至侍郎，工诗善书，名重京师。壬子，典试江南。事竣，访袁子才于随园，出诗求订，袁亦出《归娶图》求题。冶亭题云："诏恩归娶兴如何，白发朱颜镜里过。我向随园称后辈，廿年前亦小登科。"盖冶亭亦于庚寅乡举后完姻，都人谓完姻为"小登科"也。

胡秋岑娶姚芳淑

青浦胡秋岑娶妇于金山姚氏，名芳淑，结褵后，未尝同衾而寝，必俟芳淑睡而后睡，否则竟夕蹀躞房外矣，如是者四五年。及其翁蕙堂罢官而归，婴大病，芳淑搏颡吁天，刲股以进，翌旦病愈。胡甚感之，而同床异寝如故也。或疑其为天阉，而某科乡试有与秋岑之同号生伺其私瞷之，又殊不尔。

裴宗锡遣嫁友女

江右裘文达公曰修有友骆某，正直耿介，怀才不遇，抑郁死，无后，遗妻女甚贫困。裘官京师，迎至，赡养之，抚骆女为己女。女才貌冠一时。时裴中丞宗锡自皖述职入都，裴故与骆有旧，裘告之，裴亦以为己女，携至署，为之择婿。会供洞刘侍郎秉恬丧耦，闻女贤且美，因议婚，裘作伐，裴赠奁嫁焉。

王敏嫁婢

汾阳王敏老而无子，有一婢，自幼畜之，长而有姿。或劝纳为妾，敏曰："吾贫困，何又重累少女！"寻有以三百金购此婢者，或以劝，答曰："贫，吾分也。耻因婢取财，况不得其所乎？彼之生死事大，吾虽穷，弗忍为也。"乃即为择偶嫁之，为人妻。

吴山尊娶孙渊如妹

吴山尊学士续配孙恭人，渊如观察妹也。学士年四十一，赘于兖州，胡城东唐镌小印赠之，文曰"垂老遇仙"。观察《催妆》诗云："他时泲上传佳话，更指南楼作凤台。"张船山太守亦有诗云："莫倚元龙湖海气，须防谢女弟兄才。"盖调之也。

毕阮缔姻孔氏

阮文达公继娶孔夫人，乃孔子七十三代长孙女，为昭字辈衍圣公孙女、宪字辈衍圣公女。高宗幸阙里，夫人尚年幼，随其祖母跪迓宫舆，蒙驻舆询年齿，且携其手，赐宫花一朵。后文达以詹事视学山东，遂委禽焉。比成婚杭州，礼仪舆服，隆于一时，以诗贺者，有"压奁只用十三经"之句。

夫人习书礼，能诗文，有读古杂文数十篇，《唐宋旧经楼诗》六卷，世遂号"经楼夫人"。文达督学时，毕秋帆宫保为东抚，谓阮之封翁曰："吾女可配衍圣公，公为媒，衍圣公之本生胞姊可配公之子，吾为媒。”于是同日缔姻。

陈大受娶麻女

陈协揆大受之夫人，湖南祁阳富室女也。父母甚爱之，先纳聘于富家子。于归日，既交拜，傧者方去盖头红巾，婿觇其面麻、躯肥，骇而逃，不能成礼。宾客皆失色，谋所以劝合，而夫人坦然，遂卧。次日晨起，满床便溺，污染新被褥且遍。婿乃出而退婚，送之门者亦自汗颜。归后且三年，无问名者，其父母常以为忧。

邑有陈大受者，方为诸生，塾师为之作伐，女父以为贫，尚犹豫。师曰：“余观大受才器，非长贫者。”翁然之，赘于家。大受自此蝉联科第，历涉显要，官且至协办矣。乾隆时，某公主薨，太后哭之恸，时时悼念，抑郁几成疾。高宗惧，思所以解母后忧者，未得。会宫人有见夫人者，曰：“陈大受妻之貌，酷肖公主。”是言闻于宫闱，太后立召之入宫，一见喜曰：“真吾女也。”留居宫中，赏赐无算，自是时召之入，而宫主之爱移于夫人矣。当宿宫中时，一夕欲溲，两宫女舁一金桶至。夫人追忆前事，不觉失笑。盖床之遗，梦中正游宫也。后太后八旬万寿，诏宣两命妇驰驿来京祝寿，其一为夫人，年六十矣。太后赐龙头杖一，宫女四，内监四。

阿思哈养女嫁英和

中丞阿思哈官广东日，尝买一妾，妾携一女至，年方四五岁，甚美，遂留养。后十余年，而和珅有女，丑，且眇一目，欲婚于德定圃之子英和，恐其不愿，求高宗为主婚。德知之，亟驰赴阿，求此养女为子妇。明日，高宗果召见，问及婚事，奏云：“已与阿思哈有成议矣。”乃已。其后定圃官礼部尚书，以祭天坛之天灯不起，革职，盖珅之修怨也。

李四娘嫁谢参将

乾隆时，有水师参将谢某者，以勇名。初从狼山总兵，以长江皆枭匪，无能为，闻太湖盗能且众，自请入太湖督水师。大吏素多其能，且患盗，许之。故事：统带出巡，辄鸣金鼓、具麾帜，诸舰前后翼从。谢既至，笑曰："此辟盗，非求盗也。何盗之能得?"乃分数十舰为数起，各自为队，悉依商船式，偃旗息鼓，惟以暗号相通问，而自率其一以前。期月，得大盗数十，悉戮之，湖面肃清，谢意得甚，大吏亦奏奖其能。

高宗南巡，问将于大吏，大吏以谢对，乃使演习而阅之。阅毕，方归舟，舰首所置巨炮亡矣。大惊，以问左右，左右皆不知，但曰："方操演时，有小舟掠舰而过，急如箭。至舰旁忽停，叱之，始扬帆去，不知所往。舟仅二人，当不能为此也。"谢痛责所部。明晨，更失其旗，谢益忿，亲率左右三四人雇渔舟遍探湖中，求盗穴。不具枪炮，惟怀尺刀、被蓑笠，作老渔状，历两日，无所得。

一夕，大风起，浪涌缆断，谢舟竟随浪去。夜暗无月，天水沓冥，俄飘入一湾，风止雨作，众瑟缩舟中，寒甚，望岸有灯光，亟诣焉。有茅屋数椽，一老妪坐灯下，方绩麻。谢趋而前，妪惊问何来，以遭风对。妪见其衣蓑，讶之。谢自陈为渔人。妪曰："吾所疑即在此。湖中渔人，吾识之熟矣，未有如此面貌者。"遽呼曰："四娘速来。"则一少妇手揽白巾，盈盈自室中出。一见谢，遽笑曰："参戎亦来此耶?吾兄弟辈为参戎涂炭不少矣。"谢大惊。妇又曰："公速去，不然，将恐有不便也。"谢度不能隐，且度妇女二人无能为，乃目从者。从者抽刃前，妇怒曰："何不识皂白若是!"以巾一挥，刃悉堕地。谢惊起，妇直前握其领，提而掷之地，叱曰："竖子欲何为?"从者大惊，争跃登舟，方欲返棹，妪呼曰："止。"谢愤甚，大骂求死，妇拾地上刀欲杀谢，妪固止之。妇引绳缚谢于柱，偕妪入室，谈良久，妪乃独出解缚，谓之曰："吾母女非祸人者，不幸被冤莫伸，暂寄于此，欲乞公一援助，非敢妄为要挟，此事实非公莫办。公为好男子，能见许否?"谢曰："第言之。"妪更呼四娘，四娘出，妪曰："参戎欲知其究竟，汝盍言之?"四娘前曰："母言之可矣，须儿言何为?"妪曰："我耄，多遗忘，儿言之便。"四娘不得已，乃向谢言之。

四娘为淮上人，父母早亡，幼从妪居，其技勇得妪传。妪，义母也。既长，妪字之于孙姓，孙亦豪侠士也。某甲者，乡里无赖，而勇亚于孙，孙尝众辱之。已而甲杀人亡命，投通州营为什长。孙以事至通，是夜通被盗，甲因诬孙为盗，告营中捕之。孙不承，甲贿吏毙之狱。妇恨甚，夜入甲家，以有备，不得逞，如是者再。甲乃谋害妇，妇仅一子数岁，甲使人诱而毒杀之。妪有甥，湖盗也，乃以妇往投，将谋所报。甥艳妇之色，要以必妻之而后可，妇不从，夜伏于室，将犯妇，妇与斗，折其肱，乃逃。知盗之必不肯罢也，将谋去之，而谢适至。于是以渔舟载妇归，妇指示屋后，则炮与旗俱在也。归后，更以大舟往取旗炮，阖营见谢不得盗而得美妇，皆怪之，从者亦但称妇之勇也。

月余，谢以公文自通州调甲至，升署营官。甲喜甚，恃势横于外，谢初不问。一日，谢以要公委甲，限三日往返，甲迟一日。谢怒，缚而斩之。妇竟归于谢，偕老焉。

香山郑叟婚二女

香山郑家村，其始祖郑某，积产至数十万，年将七十无子，仅一女已嫁，不复作求嗣想，遂倾产与婿，欲依以终老，数年矣。一日偕婿父散步郊外，忽外孙以饭熟请，郑以为唤己也，应之，而外孙以请其祖对。食已，因思竖子且如此，其余可知，遂决计他徙。而券契累累，均在婿手，踌躇无计，忽佯作腹痛，呻吟达户外。女走视，曰："予病非药石所可医，往者发时，百医罔效，必以储放券契之箧满盛券契以代枕而后乃瘳，可速将之来。”女与之，郑即枕曰：“可矣，予欲睡，幸勿扰我。”有顷，郑启户遁，而遍裹券契于袙衣中。因忆邻村佃户某居室不远，径往投之。既入，与佃夜话，屡以羡汝家众为言，而属目于二女。二女皆及笄，稍具姿色。佃窥其意，又以其年迈巨富而无子也，睥睨之，因乘问曰：“小人有女，如不以陋质见憎，当令执箕帚，奉巾栉，或天不绝人，一索得男，以续宗祀，亦终胜于倚人门户也。”郑首肯。是夜宿佃家，连御二女。娶后年余，姊妹各举一男。郑享寿九十余岁，犹及见二子之毕婚也。数百年来，子姓蕃衍，所居市落，群呼之为郑家村。

沈澍娶人妾为妇

户部郎中范清注之妾刘氏美而艳，为刑部郎中沈澍所见而涎之，贿嘱媒婆周氏及刘所使唤之吴妪百计唆诱，范妻允之。刘要求凤冠补服，并誓书，下定礼，佯言将出家，约正觉寺尼迓之出，赁屋成婚。事为步军统领所闻，上疏劾之。高宗乃命兆惠、舒赫德、阿里衮审拟。奉旨：“沈澍革职发往伊犁，自备资斧，效力赎罪。”自是京师传有《采唐歌》，凡四百余字，中有云：“试从窃药问年华，笑指鸳鸯三十六。”则刘亦老矣。乾隆癸未春，其子毓麟具呈户部，捐银二万两，始赎归。

任女失贵婿

山阳汪文端公廷珍幼孤，读书淮安丽正书院，山长任子田器之。及任官京师，汪适举乾隆丙午乡试，入都谒之，任留之饭，欲以女妻之。任之夫人方于屏后窃窥，见汪饮啖兼人，身躯雄伟，曰：“奈何以吾女与武夫？”不允。旋嫁女于草堰场袁某，以不耐贫而死，戚友醵金敛之，袁亦以诸生老。

张船山续娶以砚缘

林佩环为遂宁张船山太守问陶之继室。船山初赘于成都盐茶道署，尝作《砚缘》诗，其序曰："妇翁林西崖先生初任成都县时，有人持古砚求售，匣上玉符一，符下有铭，其末云：'赐自大君，藏之渠厦。子孙宝之，传有德者。'翁知为故家赐物，赎而藏之。后二十年，余赘其家，见之，实先高祖文端公赴千叟宴时，仁庙所赐之绿端砚也，为族人所鬻。述于妇，妇以告翁，翁惊喜，以砚归余。且曰：'吾始读君诗，爱之，因以女妻君。岂意二十年前，君早以此作纳采之物耶?'余固不足副传德之言，然得失有数，亦足奇矣。作《砚缘》诗四首志之。"

金筠泉愿为张船山执箕帚

张船山诗才超妙，为海内骚人所倾仰，秀水金筠泉告其所亲，愿化作绝代丽姝，为船山执箕帚。而无锡马灿有赠张诗云："我愿来生作君妇，只愁清不到梅花。"盖船山夫人有"修到人间才子妇，不辞清瘦似梅花"之句也。张戏成二律以谢云："飞来绮语太缠绵，不独青娥爱少年。人尽愿为夫子妾，天教多结再生缘。累他名士皆求死，引我痴情欲放颠。为告山妻须料理，典衣早蓄买花钱。""名流争现女郎身，一笑残冬四座春。击壁此时无妒妇，倾城他日尽诗人。只愁隔世红裙小，未免先生白发新。宋玉年来伤积毁，登墙何事苦窥臣。"

臧和贵婚时有孝顺词

臧礼堂，字和贵，武进人。其娶妇时，自撰《孝顺词》，命女傧宣读，始成礼。后因妇有违言于母，不与同室，久而化之，乃勉从母命，完聚如初。

徐翁喜为人作伐

有徐翁者，乾隆时之青浦诸生也。生平无他好，惟喜为人作伐。凡戚友生有儿女者，辄密访时日，登于簿，俟其年及冠笄，即白之两家，撮合之。

卢净香以箧室扶正

卢净香女史名元素，一字淑莲，其先为福州驻防汉军镶黄旗人。父鼎，以裁旗入侯官籍，徙梁溪。父没，从其母，依许如兰女史之母以居，偕如兰习针黹，间或读书，初亦未能为诗画。乾隆戊申，有钱东者，谋置箧室，因如兰之父为之执柯。时方七夕，以诗十章为聘，未尝以赀入也。辛亥，净香归。明年，举一子曰守贻。甲寅，扬州金带围开一茎三花，时两淮都转为曾宾谷，属钱为图，且乞净香买丝为合卷。时净香颇学为诗，并绣所作和章于上。七月，图绣成。八月，次子生，故命名曰守瑞。其年冬，曾招王梦楼与钱，为《题襟馆消寒小集》。梦楼言净香能以诗画羽翼风雅，不宜久处箧室，宾谷立为陬〔诹〕吉，临钱氏，崇净香以继室之礼。

艾倬云娶瞽妇

艾倬云，字勷夏，新化人，年十六即补博士弟子，乾、嘉间人也。父秉实，为聘谢氏女。既聘而丧明，女之父谓女有废疾，不可事人，使辞焉。秉实以告倬云，倬云毅然曰："始聘之，旋弃之，不义。妇之所贵者在德，丧明何害？"秉实笑曰："吾特试汝耳，汝果如是，必能兴吾门。"及婚，女之父又以美婢为媵，却之。越岁，女目渐明，亦不废盥馈、笾豆之事。

郝雏玉嫁吕笙

乾隆末，扬州郝云士官吏部，谄事和珅。妾李氏生二女，长璥玉，次雏玉。璥玉嫁广东藩司刘文波子。雏玉年十五，秀外慧中，郝爱重之，将以留嫁贵人。郝精子平术，时祥符吕凤台方官给谏，郝为之推算，谓当官一品，其子亦贵，乃请见其子。吕子名笙，字晋斋，年十七，美如冠玉，能作褚河南书，已入邑庠。郝遂愿以女字笙，既行聘，两家过从甚密。后吕以劾和珅二十四大罪下狱，笙哭求于郝，郝哂之，寻得诸城刘文清公墉为之缓颊，戍乌鲁木齐。自是吕家日落，笙为人佣书，肄业金台书院，得膏火赡母。而郝至是已蓄意悔婚矣。

一日，郝召笙至宅，予以五百金，令作离婚书，笙不受金，即顾侍者取纸笔。方作数行，忽有女子之纤手自其背取离婚书，则雏玉也，谓笙曰："我何罪于吕而逐我？和相以贿震天下，吾翁弹之，是也。杨椒山死柴市，朝贵尚有以女字其子者。今逐我，不如应箕应尾远矣。"碎其纸，大哭不止，家人惊骇。郝有友适在内室，闻之亦出，曰："吕氏子非久贱长贫者，奈何不情如是！"郝羞愤，遂与其妻反目。笙乃归，以语母。母泣曰："郝云士祸不远矣，独惜吾贤妇身陷其中，恐不即脱，奈何？"吕母语未竟，忽闻车声止门外，则雏玉至矣。见母即拜，曰："儿未成礼，然吕家人也，今不得老父之欢而见逐矣。顾生为吕氏之人，死即吕氏之鬼、吕氏尸，烦尔吕家收也。明知不行亲迎而遽登门，于新妇为无状，于吕氏为僇人，顾姑贤而翁忠，新妇衷曲，或能见谅于堂上。今日之事，去留由母，即不见收，新妇已挟白刃来，誓自刭于此，不更归矣。"母曰："贤哉！儿贞淑如此，老身暮年乃享奇福。请与老身同处，明日具礼矣。"笙师高邮王怀祖闻之，令人以百金饷笙。越三日，雏玉莅厨，煮糜蒸饼，靡所不能，笙畏敬之如天人。是年仁宗御极，和珅下狱论死，凤台赦归，任太常少卿，逾年，补侍郎。而郝亦籍没，戍凤台故地，妻挈其蠢子归仪真。雏玉泣送之城外，母曰："吾观吕甥，伟器也，后此幸无忘若母。"雏玉涕不可仰。是时笙以第二人捷北闱，连捷入词苑，凤台亦擢尚书。

陶文毅娶黄氏婢

安化陶文毅公澍夫人在两江制府署时，有人亲见其右手之背有凸起一疣，问其故，则蹙然曰："我出身微贱，少常操作，此手为磨柄所伤耳。"盖文毅少极贫，初聘同邑黄氏女。有富翁吴某，闻黄有姿，谋夺之为其子继室，以厚利啖黄。黄顿萌异志，迫文毅退婚。文毅不可，黄之妻亦不愿，而女利吴之富，其父又主持甚力，遂誓不适陶。会家有养婢，愿以身代，黄妻诺，文毅亦坦然受之，初不疑，即后之膺一品封诰者也。

吴恃富，占曾姓田，遂交恶。吴子被杀死，吴亦继卒，族人欺黄女寡弱，侵其田产殆尽。时文毅已贵显，以丁外忧归里，始悉其颠末，怜黄女在窘乡，赠之五十金。黄女愧悔欲死，日抱银号泣，不忍用，旋为偷儿所盗，忿而自缢。文毅尚每年周恤其家不倦也。

金文简娶冰人女

吴江金文简公士松少贫，恒随其封翁外出读书。翁尝馆同邑某氏，某年至除夕始假归。主人讶其迟，翁曰："明年正月下旬为子聘妇，恐稽时日，故于今岁预补其不足耳。"又曰："寒士举事不易，纳币费实无所出，欲预支明年两月束脩，可乎？"主人如言付之。归而届期备礼延宾。冰人赵某，旧交也，饮酒欢甚。赍币至女家。女家徐姓，号素封，见赵色变，愤然曰："几为君误。今而知金氏赤贫，吾女奈何适窭人子乎？"赵谓："君已许之，岂能食言？"徐坚不允，词气俱厉。赵无如何，还白翁。时宾朋满座，见事中变，咸默然。翁惭甚，语赵曰："君作蹇修，而事至此，奈贻笑何？"赵俯思久之，乃曰："我与君旧交，家有息女，年与郎君相若，即以缔姻，何如？"翁喜诺，立浼座客执柯，以币纳于赵，应期成礼焉。及文简官大司马时，徐女已不知何往矣。

吴氏劝翁续娶

乾、嘉间，青浦有徐翁者，家素封，鳏居。止一子，娶吴氏女，结褵半载，子亡，族人无可嗣。越月，吴请曰："夫已亡，宗祧莫继，祖宗一脉，忍听其斩乎？"翁曰："此亦末如之何耳。"

吴曰："有一策，翁精神尚健，能续娶，得丈夫子，则祖宗攸赖矣。"翁以老迈辞。吴不俟命，为聘某氏。既娶三年，翁生二子：长宫南，次有常。未几而翁逝，吴折葼训孤，具膎畜，供孀姑，恩礼兼尽。后宫南有子，为吴嗣。又二十余年，嗣子成立授室。吴年七十余，无疾而终。

女侠代嫁

有嫠母与女独处，一纨袴子目而艳之，强委禽焉，选日往迎女。女夜与母诀，欲自裁。悲怆间，有虬髯者自屋下，谓母曰："若所苦，吾已闻之矣。勿悲，请以身代。"母方诧，即掷刀去巾髯，宛然好女子也。母女大惊喜，急为涂装结束，俄彩舆至，乃假嫠女往。豪家方张宴列炬以待，女入门，密爇异香，一室皆眯，乃攫其宝器还母家，夜犹未阑。谓母曰："恶姻缘已断，请为若女结好姻缘，此宝器以资奁具也。"遂挟母女去，不知所终。事见百菊溪所著《守意龛诗钞》。

钱弱士娶郭频伽妹

吴江郭频伽上舍麐有女弟，为之择婿，其友朱春生袁棠言有郑镂字弱士者，能为五七言古今体诗，可婿也。频伽乃试以诗，绝奇，遂以妹归之。未期年，呕血卒，年二十有二。将卒，谓其妇曰："吾死无恨，恨学未成，志未遂，卒不克自见于后。哲兄后必传，幸哀之，必使有以传我者。虽夭，不为不幸矣。"

吴某娶和珅妾

休宁吴某在京都布店作伙，积数十金，谋归娶妇。赁一骡车出彰义门，宿饭店，遇一少年，意甚皇遽，问将何往，吴以实对。夜半，少年径至榻前，密语曰："我实女也，为和珅妾，籍没时，乘间逸出，携珠宝甚多，愿从君偕老。"出两囊示之，皆瓌宝也。吴喜出望外，遂与偕归。中途虑事泄，仍男装，抵家始易服焉。自此顿成巨富。妇后生一子，六十余而卒。

潘文恭五女归一姓

潘文恭公世恩有女五，归一姓，汪学源、汪嘉森、汪楏、汪嘉梓、汪德英，皆其婿也。

沙氏女被人诱婚

武进西门外有市曰西直街。街之南隅有一井，有石栏护之，然无就汲者。墙阴有横石一，镌字四曰“沙氏义井”。井何有于义？因人之义而义之耳。且井非沙氏所独有也，而沙氏之义系于此，乃遂以沙氏名其井。

距井十数武有行曰沙裕昌，蛋行也。行为国初所设。嘉庆朝，行主某翁生三女，次女独艳绝，一时有国色之目。翁媪钟爱之，为择婿。某美丰姿、有文名，中选，婚有约矣。将嫁而某殂，女泣请守贞，翁诺之。女素勤俭，既守贞，益事操作，服劳奉养，过于男子。一夕入厨作晚炊，忽有扪其胸者，大惊，亟视之，新雇之童厮所为也。童年约十六七，来仅旬日，颇慧，惟见女辄目灼灼似贼。女至是大怒，力掌其颊。童被责，急遁。女白母，母杖童，逐之，而童已逸，遂不复究。

越数年，行有新贩客某至，年约二十余，操浙语，举止甚豪，自言新设蛋肆于浙东，需货甚夥，特来订购。翁待以上客，某恂恂，于交易尤大雅，无锱铢必较意。翁喜甚，别时殷殷订后约，某诺之。自是月余辄来，来辄主翁行，如是者年余矣。某日复至，贸易既定，散步于街，见道旁一老丐，遽呼曰：“舅在此，何一寒至此耶？觅舅久矣。今诚天作之合也。”遂偕之至行，告翁曰：“此吾舅，家本巨富，因乏嗣，思以吾为子，而族人多无赖，利其鳏，没其产。舅素懦，忿而不能与争，遂出亡。及出而族人益无忌惮，产垂尽矣。吾义无坐视，为之控于官，清厘之，渐有端绪，惟觅舅而久未遇。不图于此遇之，且不意其困顿若此也。”乃急为之熏沐更衣焉。

翁诧为奇逢，为设筵致贺。席次，某与丐絮絮言家常，谓某乡之田，某市之屋，均已清理就绪，惟某某素恃强，尚霸产未交，舅宜稍缓归，丐惟唯唯而已。某商于翁，请暂假馆舍，俾下榻，翁诺，乃粪除空舍以居之。自是某来肆，辄携浙物赠丐及翁，且言久扰滋不安，将移居逆旅，翁力留之。及某行之翌日，日暮矣，丐犹阖户高卧，翁排闼视之，死矣。大惊，继念某昨始行，计其程，当抵无锡，急遣与某素识之捷足往追，追之而及，乃与某俱返。

某入室，见丐死，大恸。久之，谓翁曰：“舅偶有疾，翁当为之延医，何任其死?”翁曰：“彼之死，实出不意。医药弗及，诚歉，今愿代备衣棺，且作佛事，可乎?”某沉思久之，曰：“此事若在他人，自必涉讼，然吾信翁久，知必无他，何敢重累翁。死者已矣，丧葬为当务之急，余可勿论。”翁允出赀为营葬事，却之，既毕事，遂载棕以去。

翁至是感之甚，思有以报之。一日，某又至，翁知其尚未娶，欲为媒致一佳妇，屡有所告，某皆不允，察其意，似已有所属。翁属人致询，某曰，“吾若娶妻，必如翁之次女而后可。否则宁终身鳏耳。”翁令媪商于女，女不可。翁复谓女曰：“某之舅死于吾行，某若起诉，当破产，某之恩我者厚矣。凡人子之孝事父母也，以父母有鞠育之恩耳。若父母于危难中受他人之恩而免于难，则人子之受其恩，当较父母之身受其恩者为尤重，益当思有以报之者。汝纵为一身计，独不为身所自来之父母计乎?”女素孝，闻父言，即许诺。翁遂属人通言于某，愿以次女奉箕帚，惟谓须入赘耳。某喜诺，遂携赀至武进，赘翁家，夫妇极相得。

越三年，生二子矣。一日，戚串中有喜事，某往贺，饮酒逾量。及归，女适在厨，某乃蹑足至女后，潜以手扪其乳。女惊视，怫然曰：“夫妻虽恩爱，当相敬如宾耳。此何时，此何地，乃遽肆轻薄耶?”某侧其首笑谓女曰：“可再掌吾颊，吾不复遁也。”女顿忆童厮昔年调戏事，诘之，不答。越翼日，女置酒于房，与对酌。酒酣，以言餂之，且谓婚数载矣，何事不可言，君果为谁，宜以实告。某以被酒故，不觉吐实。盖某即昔之童厮也。本士人子，聪慧能文，慕女色，乃托身为厮养。既遁，仍不忘女，思有以遂其愿。寻为僧，久之，反初服，设肆于市，因与翁通贸易，联情谊，复毒死丐而不究，以市恩。翁遂堕其计，为成夫妇焉。女廉得其情，大愤。知某日西门外开粮米仓，县官例须莅临，必道经行门。前夕，饮某以酒，既醉，刃其腹死之，复杀二子。凌晨，待令过门，拦舆控之。令大惊，曰：“某诚不德，然既为若夫，何遂杀之？”曰：“彼杀无辜之丐以谋我，我之贞节，姑置不论，但以杀丐论，彼固有可杀之道也。”令然之，复曰：“二子无辜，何杀之？”曰：“此孽种，留之必将为人害，故并杀之。”令无以诘。既而曰：“事出非常，汝宜暂入狱，俟请命于上官，为汝谋所以脱罪者。”女曰：“吾尚有言：吾生不辰，未嫁而寡，矢志守贞，卒为奸人所算，实不如死。且以吾一人之故而丧四命，公即怜而生我，我复何颜在人世乎？请一死以明吾志。”令急止之，而女已跃入道旁井中死矣。此沙氏义井之所由来也。

叶兰台以鸳鸯诗得妻

番禺叶兰台，名澧，诗才清逸。尝赋《鸳鸯》诗云：“笑我梦寒犹待阙，有人情重不言仙。”有柳翁者见之，诧曰：“有才如此，尚作‘不知何处月明多’耶？”以女妻之，一时传为佳话，有“叶鸳鸯”之目。

李氏同姓为婚

李愚荃侍御之夫人亦李氏，即文忠公鸿章之母。或曰，侍御本许氏子，未嗣于李时，已聘李矣。且征之康熙朝，有李柏者，字雪木，以女适李二曲之子，亦同姓为婚也。

蒋晋郎秦娘为秦晋配

秦娘者，维扬勾栏中人，父固老诸生也，失其姓。生而国色，幼失怙恃，依其舅以居。而其舅负官逋，不得已，议鬻之，为媒者所诳，遂入青楼。女守贞不辱，假母好言劝之，不从，恫愒之，挞楚之，惟以死自誓。假母计穷，议转鬻之他所，以其貌美，未忍也。或为假母谋曰："凡为女子，孰无情欲？宜广觅少年美男子，勿责以缠头之费，苟有当女意者，任留一二宿。此后事，易为计矣。"假母从之，凡所交好者，皆托其物色。于是裘马少年日有至者。女见之，辄哭泣，稍近之则怒骂，假母不能忍，日以鞭扑从事。女决意求一死，夜梦老翁，曰："吾，尔父也。汝慎无死，吾已觅佳婿。明日，当可谐秦晋之好矣。"

吴下有蒋某者，以应京兆试，道出芜城，初无意寻芳也。蒋有友，平时亦尝受假母之托，以蒋貌美，导之往。蒋始不可，友固怂恿之。及至，女向壁，哭如故。蒋调之曰："闻卿名秦娘，小生则小字晋郎。秦晋自宜为姻好，何拒我之深也？"女闻言，忆梦中父语，而睨视之，见蒋风度不凡，不觉哭声顿止。假母喜曰："大好大好！今日仙女思凡矣，老身且去料理酒食。"女与蒋同坐房中，虽无一言，亦无愠意。须臾，酒食至，假母招女同坐，女亦盈盈而至，然泪痕固涔涔也。蒋见旁无他人，乃问之曰："观卿情状，必有隐怀，仆虽交浅，何碍言深。"女详述己志，且告以梦，又哽咽而言曰："郎君若能为百年之计，梦中父命，敢不敬从。若以为风尘中人，苟遣一时意兴，虽死不从也。"蒋叹曰："有志女子哉！我固未娶，然贫，奈何？"女曰："苟许相从，荆布无恨，但求先矢天日，再伴杯勺。"蒋许之，共誓于神，是夜遂同燕好。假母喜女意转，坚留小住，乃流连三日。女谓蒋曰："郎君别后，假母必不容独居，宜早为计。君家有何人，所居何处，可详告妾。"蒋曰："家中无人，惟一寡姊相依，所居则姑苏某巷也。"女喜曰："妾得计矣。君宜为一书与姊，详述妾事，妾自有策脱此火坑。”蒋悉如其言。

及蒋去三日，假母果别招一客至，女强笑承迎，醉之以酒，乃服客之衣帽袜履，诈为客状，启户径出，大骂曰：“何物婢子，如此倔强，令人愤气填膺！”假母疑女又有变，得罪于客，追出谢之，则拂袖竟去矣。入房审视，客固醉卧未醒，而女兔脱，乃呼众出门追逐，已不知所之，追者皆废然返。女遂附船至苏州，竟至蒋家，投书于姊。姊审书不谬，留之。而女已有身，及期，产一男。姊始犹疑，视所生男，酷似其弟，乃大喜。

蒋自别女入京，应京兆试，不售。或荐之就四川学使幕，甫至而学使卒，蒋留蜀不得归。俄值川楚教匪之乱，益困顿。适大帅欲延一书记，蒋遂入其幕，宾主甚相得，以军功保举训导。时道路梗塞，蒋亦从事戎旃，置家事不问，遂与家人久绝音问。及川楚平，叙功，以知县铨选，始乞假归。自辞家北行至此，将二十年矣。至所居坊巷，则门庭如故，且红灯双挂，彩幕高张，鼓吹喧阗，溢于户外，不知其有何事。入门，则坐上客满，多不相识。有少年就问客所从来，蒋诧曰：“吾故蒋某，此吾家也。”少年大骇而入。无何，有中年妇人出，则其姊也，惊且喜曰：“吾弟归欤？”引少年就蒋曰：“此吾弟之子也。”盖其子年已弱冠，是日适为毕姻耳。坐客皆大惊叹，以为巧遇。姊曰：“正有一事为难，弟妇已将作阿婆，而犹垂发作女儿装束，使之改妆，不可，今吾弟幸而归来，事当如何？”一客曰：“何不趁此吉日，使父母子妇同日完姻，亦佳话也。”众宾轰然曰：“然。”于是青庐之内，花烛高烧，翁姑拜前，儿妇拜后，观者皆啧啧谓为未有之盛事，好事者为作《秦晋配传奇》。

父子同日合卺

蜀有某生，幼聘中表妹为妻。及成童，从塾师读。他日归，过其门，见女方推磨。某入，知舅妗俱他出，戏曰：“妹役良苦，我为代之，可乎？”女曰：“甚善。”时女已及笄，遂私焉。某素畏舅，自念女脱有孕，舅知之，奈何？别女而出，徘徊中道，遂逃亡，不知所之。越日，师使人探诸其家，家固以为在塾也，使人迹之，无朕兆。而女果孕，久之，腹渐膨脝。母察其有异，诘之，遂吐实，乃使人告某父母。其父母仅此一子，以出亡，方隐忧，闻女有孕，大喜，商诸冰人，以礼迎归，待某归成礼。

某之出亡也，乞食至汉口质库，主人见其不类乞人，留使学贾，既喜其勤谨，令司会计，大宠任之。频年蓄积殆及万金，乃与人合设布肆。特归省视，既至里，见道周有鼓吹喧阗、车马焜耀者，询知为某氏子亲迎，而固有母无父者，今娶矣。闻之惊喜，既念生平只一索，何便有子？试探之，果然。

先是，某家迎妹归，分娩，果得男。比长，读书甚慧。十三岁应童子试，学使赏其文，拔冠军，名噪庠序。同里某富翁有爱女，遂以字之，此时适成婚也。某抵家，见宾客满堂，姑与为礼，佥问“客从何来”，诡言曰：“至自楚北，为某作寄书邮者。”其子闻有父书，喜出叩见，问父书何在。某笑抚其背曰：“儿不知耶？我即父也。”其子惊疑。某窥其意，曰：“儿如不信，可呼汝母出见，自知之。”其子不得已，入请母出，某遽前揖之，曰：“别来幸无恙，推磨推磨，不如我与汝磨。”其母闻之喜，谓其子曰：“果儿父也。”盖某所云，乃当日推磨时相谑之词，非他人所与知也。宾客闻之，交口称贺，佥请具香烛酒醴，即于是日，父子姑妇，同行庙见礼而合卺焉。

孙耀宗邓巧姑为生死鸳鸯

狼山镇总兵邓某，初走卒也，从杨芳、杨遇春剿白莲教徒，积功至总戎。其在陕也，得郑良妇，纳之。凡六月而生女，生之时当七夕，故名之曰巧姑。巧姑生，其母不复孕。总戎多姬侍，终无子。不得已，子巧姑，为易男子装，束发为辫。总戎盛怒时，得巧姑一言，即立解。

孙荇洲者，江右老名士，总戎以千金聘之，使之教小姑。荇洲中岁丧妻，不复娶，以嫁李氏妹所生子耀宗为子，时年亦十二三，从至署，伴读焉。两小无猜，荏苒数年，巧姑长成矣。问名者接踵，总戎令自择。客至，巧姑自屏后窥之，年余无许可者，乃渐属意于耀宗。耀宗聪颖而谨愿，孙以女弟子将有室，耀宗宜引嫌，于是与巧姑稍稍疏远。久之，巧姑亦渐觉，微逗以辞，耀宗不敢应，然不能无动。荇洲乃挞耀宗，责以不知自爱。巧姑入塾，见耀宗有泪痕，异而诘之，耀宗不答。顷之，觇荇洲他顾，则小语曰："为卿耳。"巧姑是日归，遂卧，明日病矣。

总戎视之，以为巧姑患感冒也，延医诊治，服药而病益剧。连易数医，最后一医诊毕，告总戎曰："此非药可治。"总戎大惊，以告妇，推测久之，姑以询巧姑，不答，有惭色。乃召耀宗。耀宗至，总戎令坐榻前，手解其佩囊授巧姑，巧姑不接，则纳置枕下。曰："痴女，吾为汝定矣。"耀宗窥巧姑，面色白而微黄，瘦加平时，知其病久也。时总戎姬侍皆环榻坐，因是不敢出一言。少坐，即趦趄而出，以告荇洲。明日，总戎使两统领为媒，行聘礼，复数日，巧姑病果大愈。荇洲亦携耀宗辞归，总戎厚贶之，约吉期以明年某日。

明年，乃买舟循江而东，抵狼山。亲迎期至，耀宗方乘彩舆至署，忽见署中夫役纷乱，询之，知总戎昨夜被刺，其有关系者为爱妾某，且牵涉巧姑。大惊，亟奔归。及暮，闻犯人已舟送金陵，事关大员被刺，由臬司亲审矣。耀宗念巧姑甚，告之荇洲，欲往观审。乃偕至江宁，宿逆旅，使耀宗先往探监。抵暮，耀宗还，则哽咽不成声。问之，第曰："此狱实不冤，女已投江，尸且不得，哀哉!"久之，耀宗乃述其颠末焉。

盖郑氏者，母家实为吴，郑，其前夫之姓也。居四川叙州，家巨富。嘉庆戊午教匪之乱，合家尽殪，匿积薪中以免。已而邓以众至，复搜其家，得之，为殡殓其翁姑、夫婿、伯叔。既葬，始纳郑。郑感其义，且念腹中块肉未知若何，欲留以延郑氏一线之祀。不期已失身，而所生者乃一女，即巧姑也，亦无如之何。

昨以嫁女期届，从总戎检点一切，忽从箧中得故夫汉玉佩，及翁姑所常御物数事，以问总戎。总戎微醺，忘其故，即应曰："此西川一富豪物，吾使人劫杀其家而取之者。"郑顿悟，乃徐徐穷究之。总戎忽有省，遽叱曰："若已在吾手中，絮絮胡为者？"郑无言，总戎更满引数觥，大醉。是夕，就郑宿。郑不能复耐，翦其喉，毙之。巧姑初不知也。祸发，郑始以告巧姑。巧姑惧公堂凌辱，乃自投于江。荇洲闻言，叹息而已。寻秋谳定，郑处凌迟。荇洲亦率耀宗归，犹念巧姑，冀其不死，或有遇也。

越一年，荇洲病卒，族人觊其产，揭耀宗乱宗，于是复为李氏子。年二十，举孝廉。房师某爱其才，愿以其女妻之，耀宗不可，而父母强为订婚约。及期，贺客满座，而耀宗念巧姑，就座隅拭泪而已。彩舆入门，众扶耀宗迓新妇，则红巾系颈，赫然尸也。众大惊，耀宗亦惶惑审视，忽曰："是可活也。吾向在狼山，曾从总戎署中人习救急法，速舁致于榻，待吾为之。"众如言。耀宗挥众人出，曰："如有窥伺喧嚣者，术不灵。"众屏息以候。久之不出，有疑之者趋入视之，则两人一巾双结，臂与臂相抱，衣与衣相纠，足与足相勾。死者不生，而生者则死矣。询某，则此女得于江上，爱其慧，即女之。其订婚未尝以告，出阁之夕，女乃知之，自言已婿孙氏，不虞其至此也。李氏购大棺，合两人葬之，好事者乃为《生死鸳鸯曲》以哀之。

陈芝楣娶李小红

江夏陈芝楣制府銮之尊人，尝馆江宁鹾商家，芝楣方十八岁，往省父，商以其初入泮，器之，字以女。明年，父殁，服阕，家益贫，乃奉母命至江宁，贷于外舅外姑，供秋试赀。商拒之，且迫使退婚，芝楣从之，留逆旅，困甚。一日出游，经钓鱼巷，名妓李小红方送客出门，瞥见其憔悴中有英爽气，悯之，延之入，询知其落拓状，慨赠五百金，劝回鄂乡试，且与订婚约。是年即领解，明年为嘉庆庚辰，成进士，中探花。

道光辛巳，以宣宗登极，开恩科，充江南副主考。商女忿，郁郁死，而商亦大悔。或有告以小红事者，乃知其已杜门谢客也，亟以千金赎之，携至家，为义女。及试事竣，浼人为媒，奁增十万金，使成嘉礼。弥月回京，芝楣遂迎养老母，小红事之甚孝。次年，举一子。芝楣大考列优等，擢学士，旋外简。数年，督两江，莅任，适秋试，入闱监临。中秋，小红盛服乘舆，游钓鱼巷，因访知手帕姊妹，尚有隶名乐籍者，亟捐资赎之。是夕，即择年少有才之材官，为之一一婚配，凡二十一人。

黄殿光不与华族连姻

宿迁黄殿光守戎廷珠，有子女九人，所与连姻者无巨室。人问之，曰："华族无再盛也。"

胡文忠娶陶文毅女

益阳胡文忠公林翼之父，名达源，官至少詹事。夫人汤氏，娠文忠时，梦五色鸟飞集屋后丛，张两翼翔鸣，群鸟从飞，啄林中芝草，因名林翼，字咏芝。年八岁，陶文毅见而惊为伟器，遂以女字之。后以翰林典试江南，缘案注误，家居养晦。林文忠公则徐劝之出山，乃以知府分发贵州，洊擢至湖北巡抚。咸丰辛酉八月，以劳瘁薨于位。

骆文忠娶富户金氏女

花县骆文忠公秉章之未达也，壮而尚鳏。富户金某有妹，高颧广额而面麻，年长不字。或语骆，骆往谒金。金喜，遂委禽焉。自是恒得金氏助，乃伏案攻举子业。四十成进士，入翰林，后以知府仕至四川总督。

彭刚直娶婢

衡阳彭刚直公玉麟未遇时，生计颇窘。幼聘妻邹氏，家小康，及长，娶有日矣，邹嫌刚直贫，誓不适。及期，刚直彩舆往迎，邹号泣卧地不起，族党计无所出。忽灶下婢挺身前，启主妇，愿代嫁。主母喜甚，以其能解此纷也。临行，抚其背，嘱曰："汝在吾家，吾爱同吾女。汝貌不恶，此往，慎秘之。男儿多薄幸，慎勿以婢学夫人告婿也。"及嫁，伉俪弥笃，逾年生子。

已而粤寇事起，刚直仗策从军，转战东南，洊擢至兵部尚书，声望赫然，夫人亦累加宠锡。一日，刚直与夫人饮，酒半，追述往昔艰难，慨然身世。夫人乃戏语曰："吾与君遭际之奇，同耳。"刚直骇愕，愿毕其辞，遂备述颠末。时夫人与刚直结褵盖二十载矣。

沈文肃娶林文忠女

道、咸间，翁婿以功业显著，世皆称林文忠、沈文肃。林之相攸也甚奇。某岁，林方抚吴，沈时以诸生佣书于其署。值岁除，宾僚皆散归，而沈独留治文书，未去。林偶出，至旁舍见之，诘沈曰："今日除夕，幕宾均宁家，汝奚事留此?"沈曰："治事未竟，故独后。"林谛视良久，曰："吾有章奏，今夕须缮发，汝留此，大佳。"即招入厅事，畀疏稿属书。文累千万言，沈然烛疾书，漏三下始竟，自视无讹脱，遂以报林，且告归。而林忽曰："字太荒率，宜重录。"置于几，不复审。沈逡巡不敢归，复写一通，天将晓，重以进。林顾而笑曰："此差可。"无何，贺岁者坌集，林笑谓家人曰："今日贺正，并当贺我得佳婿。"众皆愕异，林乃招沈，使揖于众，曰："此我婿也。"盖林之重沈，殆有二端：岁除治事不归，有异侪辈；再属易书，不涉躁怨，宜其后能成功如林也。

于丹九娶居玉征

广西于丹九，晦若侍郎式枚之父也，有才名，且能词。张德甫方伯以粤东闺秀居玉征为可匹之也，为作之合。居善画花卉。

婚夕，张即席出纨扇索绘设色牡丹一本，居应手而就，于乃填词写于上，盖所以谢冰人也。

汤嘉民初婚即大归

汤贞愍公贻汾寓江宁，女公子嘉民善画，尤工仕女，赘河工同知某子某为婿。弥月，婿挈之返清江。抵京口，方黎明，某不告女，先渡江，留书与诀，颂言其貌不扬，不与偕归，恐为人笑也。女不得已，遂大归。

程刘老而成婚

山阳程允元，道光时人。少游直隶，议婚于刘氏，未娶而归，留玉环一双为聘，女父登庸即书庚帖付之，约三年而婚。允元抵家而登庸已前卒，女幼失母，至是益茕独，转徙天津，靡所依。邻人妄传允元死，将以为利，女闻之，朝暮饮泣，誓以身殉，而苦无确耗。或讽令改字，则哽咽不食，毁容素服，屏居尼庵，以针黹度日。盖南北音问断绝者，至是三十余年矣。

初，允元家居，父母相继殁，久不得登庸耗，又极贫困，屡欲践约而不果。中年以往，议婚者踵至，允元亦执义不纳。久之，附粮艘课徒，因北上，至天津。闻有刘贞女者，隐迹尼庵，询之，果登庸女，玉环犹在耳也。允元亦出庚帖为证，邻人皆喜，促议婚期。刘不可，曰："吾守父命，吾矢吾心耳。迟暮之年，行将就木，岂有五六十老女子而作新妇妆哉？"天津守闻而异之，召刘入署，使眷属劝慰，助奁具，备鼓吹，送归允元所。合卺之夕，两新人伛偻成礼，傧相扶持，鬓发如银，与花烛红妆相映射，远近观者皆感叹，诧为仅事。

周景芳与妻重婚

青浦重固镇有诸生周景芳者，娶妻数年，伉俪綦笃。偶至上海，遇术士曰："相君之面，当克妻。必再婚，始得偕老。"周言妻固无恙，术士曰："我不妄言，来年镜破矣。"周归，忽命妻回父母家，复邀媒妁行聘，鼓乐亲迎，盖以重婚厌之也。

某中丞以嫁女为市

嘉、道间，有某中丞者，乐与富人纳交，恒以戚族之女认为己出，与之缔姻，乃大索聘金，辄累巨万。富人藉以获光宠，惟自炫于人曰："中丞为我亲家也。"虽或倾家荡产，不之悔。

邬三意外得妻

天津有邬三者，父以沙船起家，死久矣。三嗜赌，耗其赀，田园皆归他姓，惟屋犹在，与母居之。俄而母死。津俗丧礼尚奢，出殡尤甚。三卖屋治丧，遂无立锥地，寄居博徒家。有姑，嫁奚姓，颇富，以其侄不肖，亦久不与通。三年二十余，尚未有室。某年迫岁除，窘甚，无以为生。有博徒与之谋，假以衣冠，使至其姑家求见。姑辞焉，则告阍者曰："此来非有求，特以将成婚，不敢不告长者耳。"姑闻之，乃命入见。时衣冠楚楚，颇不蓝缕。问频年何在，以贸易对。问婚期何日，曰："后日是也。"姑大喜，赠银十两为婚费，且云届期当来贺。

姑有子妇二人，各送津钱十千。（津钱十千，合制钱实五千。）三持银钱归，商于博徒。诸博徒喜曰："然则尚有后惠矣。"乃即所居屋使工为之标饰，觅一青年妓饰以荆布，使伪为新妇者。及期，姑至，见妇，悦之。妇又善承迎，入厨作羹，跪坐而馈，姑欣然。食已，谓曰："此屋隘，吾不能宿此，明日当复来，少有资助。"明日又至，出屋契一纸，曰："此屋赠汝夫妇，可迁其中。"又出田契曰："薄田百亩，粗供饘粥。"三惊喜过望。此妓之父亦博徒，因负人博进，暂以女为钱树子。既知三有田有屋，即以女妻之。

程汪夫妇有别

徽人程某，以赀雄其乡，累世矣。生一子，少而痴，及长，混混无所知。其家以二仆守之，饥饱寒燠，悉二仆为之节度，或不受教，则痛笞之，乃帖然服其术，若驭牛马然。远近皆知之，无与论婚者。程氏故有质剂之肆在无锡，有汪氏者，世为之主会计。汪有女，与程子年相若也。汪叟曰："吾家自祖父以来，皆主程氏。今程翁有子，无女之者，吾何惜一弱女子，不以酬其数世之恩谊乎？"使人达其意于程，程初辞焉。汪固请，程重逢其意，乃聘为子妇。及成婚，纁雁之仪，牢羞之费，颇极辉备。青庐既启，将行交拜礼，而程氏子蹩躠蹁躚，竟不成拜。已而入室，顾视室中罗屏绣幕，非平昔所寝处，则大惊，叫嚣东西，隳突南北，无以能近者。不得已，仍命二仆推挽以去。

女自此独处终身矣。舅姑语之曰："吾子，非人类也，苦我新妇，幸善自爱。"次日，即割家赀巨万与之，逾年，以兄弟之子一人为之嗣。而女甚贤达，上事舅姑，下抚嗣子，旁遇娣姒，皆无间言。舅姑益善之。因为子纳赀得官，女遂受四品服。与夫异室而处者三十年，虽命妇，仍处子也。程氏子先卒，女又十数年乃卒。晚岁年齿既高，行辈又长，家中事悉禀命焉。女善料事，并能知人，事无巨细，经女处分，悉中窍郤（同"隙"）。程氏子虽迷惘终身，然仪状端整，肥白如瓠，中年以后，须髯甚美，望之若丛祠中所塑神像者然。且自程氏子之生也，其家日益饶衍，候时转物，无不得利。程氏子死，稍稍衰矣。

成人婚姻

有富家子，所娶亦富家，奁具甚盛。婚夕，将就良席，妇忽长叹。子问故，妇曰："吾初许嫁老儒子，老儒死，家益贫，吾父亦死，吾母悔焉，背其盟，改适于君。虽母命，而追念往事，不觉失声，君勿罪也。"子瞿然曰："老儒子今安在？"曰："闻流落市井矣。"子遽出，谓其父曰："吾家幸富厚，何患无妇！奈何夺贫子之妻？"即访求老儒子，迎之以归，衣以己之衣，扫除别室，使成婚礼，尽以妇家所装送者畀之。居数岁，父使以太学生应乡试。子虽自幼从师读书，然日以嬉戏为事，所作诗文，皆师代为之，父固不知也。及入闱，执笔苦思，终日不得一字。疲极假寐，有老翁搴帷而入，推之起，曰：“吾文已成，而卷为墨渖所污，无用矣。知子文尚未就，敬以相赠。”子大喜，录之而出，以草稿示师。师曰：“佳则佳矣，二三场必不相副，奈何？”及入第二场，仍终日无一字。薄暮，内偪如厕，又遇此翁，哀之曰：“尚有以赠我乎？”翁笑曰：“诺。”出之袖中，经文五篇皆具，出以语师，师默然。至三场，又遇翁如前，师曰：“汝今必中式矣。”

榜发果中式，师乃告之曰：“汝所遇者鬼也，天下固无是好人。且第一场既以墨污遭摈斥，再入奚为？汝于第二场相遇，吾已知其非人。不言者，恐子畏怖耳。汝不夺贫子之妻，固宜有是报，此翁必其父也。”众以为然，乃厚赠贫子。后贫子亦成名，两家往还若姻娅。

姜渭以不娶报未婚妻

泰兴姜渭，幼负隽才，工词赋。李小湖侍郎联琇督学江苏时，按试通州，姜以经古冠通属。姜居之对门有老吏徐某，生三女，皆中下姿。长女年及笄，见姜，悦之，姜亦心属焉。一日有间，相约为夫妇，坚以誓。机不密，颇有知其事者。姜倩人执柯，徐惑于蜚语，不许，且有讽言。姜大怒曰：“吾士人，甘为若婿者，惟女故耳。不然，岂无大家闺秀，而顾向鸦群中求鸾凤哉？虽然，不欲则已耳，我欲矣，老悖胡能为？”一日，女与其妹立门外，姜径前捉其臂。妹遁，女嗔姜佻达，赧然返。徐微闻之，骂曰：“是酸子，欲辱吾女！使通州无问名吾女者，吾宁使女老闺中耳。”乃闭女幽室，不复出。

州小吏某侦其事，艳徐富，求婿徐。徐以愤姜故，径许某。女闻之，断裙带自缢，带绝女堕，家人救，得活。徐曰：“汝求死，将背父从所欢耶？”女曰：“然。父舍凤麟，许豚豕，儿宁死！儿诚知违父不孝，私约不贞。然已误于初矣，傥鲜克有终，将狗彘不食矣。”徐曰：“孩子拗至此乎？然婚以强合，吾耻之。”终不许姜。女曰：“不姜适，谁敢违亲？亲恤女，终不嫁，可矣。”徐笑诺。女自此闭门诵佛，虽亲串，罕觏其面，人亦无与论婚者。

姜闻女求死事，感女甚，益思得之，遂渡江，谒李。李为荐之浙江学使，校课卷。学使器其才，时与谈话。一日，叩其不娶之故，姜诡言幼聘徐氏，以贫故，外舅中悔，女守贞不字，己以不娶报之也。学使义之，曰：“此事，我当任之。”因贻书乞江督札通州牧传徐至，述督意。徐曰：“无父母之命，媒妁之言，何云聘？未聘，何云悔？一贵一贱，彼甘俯而就，我不甘仰而企，人各有志。世无我女必令适姜之理，亦无不适姜即罪我之理。儿女婚姻，父主之，部院大人亲至，且奈何？”牧不能强，详督，督复学使，学使书示姜，叹曰：“命矣夫，先生可勿复拘拘矣。”为别议婚，姜终不就，竟郁郁死。女得耗大悲，后竟老死。

九公主有夫唱妇随之乐

文宗之九公主，下嫁某额驸，悉去一切繁文，夫唱妇随，与普通家庭无以异。宫眷或嘲笑之，不为意也。

叶润臣嫁翁覃溪曾孙女

汉阳叶润臣阁读在都，闻翁覃溪学士方纲有曾孙女，溷迹市中，贫无以度，引为己女，择名门子嫁之。

官文忠以婢为继室

大学士官文忠公文督湖广时，有妾，时年甫二十余。其始为蜀人灶下婢，久历磨折，官纳之为妾，嬖之甚，饮食起居，拟于王侯。不数年，立为嫡室，甚畏之。胡文忠公林翼时方抚鄂，以欲结欢于官，认之为义妹，令拜母夫人为母。其后病瘵而卒。

袁忠节赘于薛

桐庐袁忠节公昶，少极贫，尝肄业杭州东城讲舍。时掌教为闽县高伯平，怜而教之，所学具有师法，又为之延誉于尊经书院全椒薛慰农山长时雨。慰农乃以兄子妻之，侍御淮生女也，遂赘于薛，居全椒数年。

杜宪英嫁周某

杜宪英，河南人，以勇略著于时。父为名诸生，藏书数千卷，幼从少林学拳法，技击绝精。及生宪英，爱之若掌珠，尽以藏书及拳击进退诸法授之。宪英亦聪颖，自辑古今兵事为一编，藏之枕中。父病，戒之曰："吾晚得汝，不及为汝订姻事。汝母年老，须自具特识，决可否。百年事重，勿似人间小儿女羞涩不言也。"遂卒。母自外家见两生，一周一郑，才品相类，皆内亲也。密商于宪英，宪英叹曰："文武兼备，世罕其人矣。郑当以文学进，而不能大成。周福较厚，特武功耳。"母曰："年荒，盗贼四起，武功亦良善。"遂字周。既嫁，伉俪果甚笃也。

陈慰民嫁婢

陈慰民，来安人也。守滁州时，适大雨，遂成水灾，鬻女之声不绝于道，陈遣人购婢三人。一日公暇，至夫人室，见诸婢侍立。陈问曰："此间乐否?"其二曰："乐甚。"一凄然泣下，问之，始曰："我祖为某科孝廉，父亦诸生。今以孤苦，为叔所强鬻，是以悲耳。"陈曰："吾反汝至家，不索身价，愿否?"女未及答，夫人曰："彼既无依，反之，亦终为叔所掠卖耳。今我膝下无女，不如继为螟蛉。"女喜，伏地顿首。夫人乃命之易装，令婢仆等呼为梅姑。越二载府试，有某生年十七，善属文，未娶，陈遂以女妻之。

某女欲嫁陆某

常州有女子，佚其姓氏，幼为父母鬻于妓船。女具绝色，船媪颇珍之。稍长，导以淫，不从，日楚挞之，卒不可。而客之见女者，艳其色，争啖以利，冀当女意。故虽不荐枕席，而所得缠头倍他妓。媪以故稍宽之，女亦私有储蓄，欲阴自为计矣。

咸丰己未，媪载女至湖州。市人陆某，温温然善伺人意，貌亦都雅。女年幼，于世情未阅历，见之，以为佳士也，遂与订婚约。陆去，女白媪曰："某日，陆郎以银币二百来赎儿，儿即辞母去，苟不见许，儿死，于母无益也。"媪知不可夺，诺之。女虑媪中变，遍诣邻舟，告以故，且言别。至期，陆不至，使招之来，问爽约之故，陆言无赀。女出私蓄银币百五十界之，期于明日来。陆得钱，即赴博场，顷刻而尽。他妓有知其事者，以告女，女犹不信。明日，陆仍不至，使招之，则徒手来。问昨所赠，曰："罄矣。"女哭失声，陆乘间亡去，女遂仰药死。

张翠君以诗得夫

咸、同间，某邑有张姓者，富冠一乡。有女曰翠君，年十七，美姿容，善诗赋。同里有曹氏子，名璧，聪俊工文词，年十六，未娶，张颇属意焉。曹以贫富自量，不敢启齿。张设塾于家，召璧使就读。璧负笈而至，翠于花下窥之，念曰："得归此郎，足矣。"张亦默自喜，命璧宿于西轩静室。时值重九，张与塾师登高，璧兀坐书斋，已而牕外闲步，与翠相遇，璧整容前揖，翠亦不避。方叙话，婢报主人回矣，遂各散去。翌日，翠书词于彩笺，使侍儿投之，中有"赤绳系足"之句。璧以诗答之，末联云："昨夜嫦娥降消息，广寒已许折高枝。"

一夕，璧独坐，闻叩门声，启视乃翠也，袖出花笺，上书四绝句，笑曰："妾效唐人作回文四时诗，请君改之。"其一为春："花枝几朵红垂槛，柳树千丝绿绕堤。鸦鬓两蟠乌袅袅，径苔行步印香泥。”其二为夏：“高梁画栋栖双燕，叶展荷钱小叠青。腰细褪裙罗带缓，销魂暗泪滴围屏。”其三为秋：“明月晚天清皎皎，凛霜晴雾冷悠悠。情伤暗想闲长夜，泪血垂胸锁恨愁。”其四为冬：“天冷雪花香堕指，日寒霜粉冻凝腮。悬悬意想空吁气，夜月闲庭一树梅。”璧诵毕，大赞之。翠曰：“家君新构别墅，名流题咏甚富，但无作回文者，请君为之。”璧亦成四绝，其一云：“东西岸草迷烟淡，近远汀花逐水流。虹跨短桥横曲径，石嶙嶙砌路悠悠。”其二云：“墙矮筑轩当绿野，树高连屋近青山。香清散处残红落，酒兴诗怀遣日闲。”其三云：“溪曲绕村流水碧，小桥斜傍竹居青。啼乌月落霜天晓，岸泊闲舟两叶轻。”其四云：“歧路曲盘蛇袅袅，乱山群舞凤层层。枝封雪蕊梅依屋，独坐闲牕夜伴灯。”翠读之，叹其敏妙，时漏下二鼓，乃各归就寝。张知之，乃倩媒赘璧为婿。后遭粤寇之乱，伉俪同殉焉。

孙淇娶盗妹

苏城孙淇贾于杭，美丰姿。一日，以完娶归，过太湖，觅船以进。舟子兄弟二人，盗也。有妹，年十七八，美而武。孙登舟，见女少艾，心动，颇目之，女亦目注不已。少顷，舟子赴岸曳纤，舟中惟女与孙。女曰：“子何以视我?”孙婉答之。女曰：“子今夜恐不佳。”以手去板，出白刃示之。孙投地求救，女因问曰：“尔曾娶妻否?”孙答以回苏完婚，女乃不言。

俄顷，舟子回，少憩，又登岸。孙哭泣求救，女乃问曰：“尔箱有多金否?”孙白以无。女为设计，谓可佯病呼痛，付匙与舟子，开箱觅药，冀免祸。迨舟子回舟，孙如其言，舟子开箱，以无药告，孙自言误记。二人又登岸，女曰：“子衣服甚华，恐终不免。”因授以刀，使伏暗中，俟其钻首进，即手刃之。孙虽持刃，而战栗不已。女乃进舱持刃。移时，其长兄果钻首进，女手刃之。其次兄闻无声息，疑孙有备，不敢入，趋至船头。女跃上篷，持刀刺之，次兄亦死。孙欲逃，女含涕告曰：“事已如此，子将何往？吾当与尔同首官。”因手持一袱，中皆其兄所杀之人发辫也。见官后，历言其兄平日凶暴状，涕泣请死。官既见辫累累，又检查旧案，二人实为江湖大盗。女虽有杀兄罪，然大盗因此而殄，功不可没。悯其齿稚无归，命孙妻之。孙自言有室，且见其手刃二兄，心惴惴。官谆论再四，命携女归。孙之妻家闻之，遂解约，女乃随孙至家，成夫妇。女事翁姑孝，德性柔顺，伉俪亦得，颇以贤妇称于里中。

胡汉卿娶盗女

胡汉卿，鲁人，幼孤，贫甚。寡母蔡率之至母家，母家故富室也。汉卿之衿氏亦寡，有子曰继宗，延师读于家，汉卿从之读。二人皆慧，一目辄数行俱下。继宗年十八，汉卿年十五，饮食卧起罔弗俱，昵甚。继宗好勇而躁，尝殴辱人，汉卿谏曰：“勇力所以卫身，非以害人。兄反之，非保身之道。”继宗韪之，然弗悛，性尤任侠，恶不平。

邑西有弥陀寺，寺僧法慧淫荡。有士人妻往礼佛，被污，归而自经。士人讼之官，僧惧，贿绅士张某求庇。张为言于官，得弗治。继宗闻而大怒，私属其徒至寺，觅法慧，弗得，益怒，聚薪焚之。方燃，法慧至，呼救，邻人毕集，救之。火息，乃执继宗而送之官。官素闻继宗富，无兄弟，大喜。即提鞫，继宗侃侃述法慧罪状，且斥官及绅受贿枉法。官大怒，杖而监之。继宗母大哭，上下营谋，费巨万。官绅持之急，欲未餍，卒弗释。汉卿日夜哭，忽遁去，遍觅弗得。去半月，汉卿寄书曰：“吾以兄事讼之省，未得当，将遍处设法，不报兄，必不复返。”察其书，发自省，急以人往踪迹之，不得。而讼事已有成议，破产赎继宗。既出，继宗闻汉卿遁，以己故，大哭，亦遁去，往觅汉卿，遗书曰：“不得汉卿，吾亦不复归。”已而汉卿闻继宗出，乃回。数日，或报继宗死于外，舁之归，有刀伤胸部二处。汉卿大哭曰：“兄以我死，我何生为!”母恐其复遁，严禁弗俾出。汉卿踰垣遁，方夜半，直入弥陀寺，叩法慧寝门。问为谁，汉卿曰：“速启，蔡继宗案发矣。”法慧皇遽启门，汉卿出所挟刃猛刺之。即弃刃，返身奔，亟至张某家，觅得柴室，火之。众毕集，救灭火。翌日，群讼之官，咸指继宗家，而继宗已死无人。官忽接书曰：“若以残慝贪婪治民，而妄刑无辜，亦闻大侠徐某否？不速悛，旦暮且取尔首。”时有大盗徐某者，以义侠闻，所诛杀贪官污吏及无赖辈不可数计。官得书气馁，遂弗治。

汉卿之亡也，疾行数十里。天明，达一山，倦甚，藉茵卧。忽有人推之使醒，视之，则伟丈夫也。汉卿跪曰：“长者何人？”曰：“童子，而何为者？”汉卿曰：“吾倦甚，吾夜行已数十里矣。”曰：“此间多盗，若孤身，不虑劫邪？”汉卿奇之，目灼灼视，未答。曰：“童子，尔毋疑。吾即盗徐某也，亦闻之否？”于是汉卿长跪大哭，具告所苦。徐怒曰：“吾固闻彼等狼狈，旦暮且诛之，不图其恶如是之甚。尔年幼，能行大事，能父事我者，必为尔报仇。”汉卿大喜，跪拜称父，而虑母衿被累。徐曰：“此都无虑。”俄有一人过，徐耳语之，其人匆匆去。徐挟汉卿行数里，至寨。居久之，汉卿复泣，求报仇。徐曰：“毋躁，微子事，吾亦不渠赦，姑待之。”未几，有数人至山中，出书示汉卿。汉卿读之，则母及衿手书也。略谓法慧、张某已授首，大仇尽雪，官以罣误免。吾亦不能久居于此，已悉售业产，卜居某县某村，若得请于义父，早图聚合，实所深盼。汉卿泣谢徐，徐曰：“山泽非子居，子有老母，可速往奉养。吾无子嗣，有女颇慧，与子年相若，可挈之去。吾事败，彼得弗及，则子之赐也。”呼女出，随汉卿去。异日往探之，深箐丛密，杳无人矣。

方某降妻为妾

咸、同间，署某营都司方某，总兵而加提督衔者也。少为粤寇所得，投诚后，从征江阴，略一难女为妻。询女家世，父故明经也。美静而能，有大家风范，方甚重之，誓将老于是乡矣。后以积功故，位渐高。或言女之归也不正，无以承诰命而肃家人，乃别聘金陵某氏为妻，而降女为侧室。女即以妾礼事其嫡，无愠色，无怨词。而大妇卒不能容，诮让溪刻，女惟背人饮泣，自叹实命不犹耳。未几，方病卒，女之父至，欲挈以归，而大妇兄弟辈不可，迫之居金陵，遂郁郁以死。

杨利叔成人婚姻

秀水杨利叔在苏州书局时，一日偶阅市，见一少年哭甚哀，旁立一人与以金，不受。异而问之，少年曰："吾幼聘某富绅女，彼以我家渐落而悔盟。今遣人持聘金见还，令我作退婚书，谓如不从，则以旬日持三百金来，方为若妇。"利叔乃询其里居姓名，语之曰："子且归，待我以一旬，庚帖勿还，退婚书勿具，聘金勿受，我姑为子谋之，成即幸也。"乃历叩所交富室门，为遍醵之，得三百金，持以赠少年，遂毕姻。

以寇乱娶妻致富

同治壬戌，粤寇难作，江南几无孑遗，徽、宁、池、太等郡男丁百无一二，有妇女随人不计一文钱而任人选择者，且有潜藏金叶珠宝于身，以购妇而致富者。先是，皖南山多于田，人习懋迁，重商贾，轻稼穑，俗尚奢侈，家蓄赀财，急金银，缓谷米，岁恒仰给于外，稍歉缺，即有钱无食。闻寇入境，恋家而不谋远徙，坐以待毙，老幼男丁，非杀则掳，惟余一二妇女，无所依归，故携其劫掠余赀，以苟延残命耳。

寇酋某姬嫁蜀人某

同治甲子，湘军收复金陵，籍各酋家。某姬色极艳，挟重赀，曾忠襄欲以赏将士，姬言非显官、才子、年少而美容仪者弗嫁。时蜀人某方筦粮储，四者皆备而未娶，姬慕之，遂委身焉。

陈统领嫁朱记室

多忠勇公隆阿，自楚率师过荆紫关，召募长夫。有陈童，孤儿也，应募从军，供炊爨、饲马之役。稍长，颇勇健，久之，得补勇额，每战必奋勇争先。忠勇爱之，积功保至记名提督巴图鲁，统五营矣。忠勇薨，历任总督皆委任如故。及左文襄公督陕甘，陈军驻兰州。皖人有朱紫光者为其记室，年少而白皙，陈待之甚厚。一日，招与同卧起，同事者于黎明时见朱自陈帐中出，咸匿笑，以朱为统领之娈童也。无何，陈之腹彭亨矣，大惧，与朱谋。朱教之言于文襄，取进止。文襄大骇，商之幕府，皆以为历岁既久，漫无觉察，且官已至极品，若据实上闻，恐以朦混获咎，不如使朱娶之，即以朱袭其名位而统领如故。朱于是骤贵，而陈则郁郁不得志。朱复不礼陈，陈大怒，遂与朱反目，而自挟赀回陕。朱于是请归宗，不复姓陈矣。陈居陕省时，其装束不男不女，常挟三五健儿出郊游猎以为乐，所生一子亦夭。后不知所终，闻者目之为花木兰第二。

易妇而婚

赣省某县令慈惠爱民，而性拘执。有塾师为两家部署婚礼，乡僻少士人，两姓婚书咸出塾师手。甲家以青年娶美妇，乙家则颁白衰翁，偶五十许老妪耳。塾师书竟，以归甲乙，既交换矣，始觉其互误。翁虽老，好色特甚，徒以力薄不能致美妇，闻状大喜，以为天缘，坚持书，不欲更正，遂涉讼。令曰："老夫女妻，老妇士夫，于经义有合，夫复何悔?"卒强成之。县故荒陋，无人救正之也。

吕凤梧因梦得妻

楚士吕凤梧游姑苏，一日泛舟，见他舟一女子，美而艳，来桡去楫，一瞬即过，然思之，盈盈在目也。是夕就枕，梦有人告曰："舟中人，汝妻也。"吕固未娶，心不能无动，然无可踪迹，亦姑置之。

明年，吕以贡入成均，遂如京师，偶于琉璃厂见一画，画有一女像，酷似舟中人。上有诗云："新妆宜面出帘来，共数庭花几朵开。我比敬君差解事，不曾轻去画齐台。"吕以青蚨一贯买得之。是岁，以知县签分江西，与同官沈某甚相得。沈，苏人也，一日至吕斋中，见画大惊曰："此亡妇像，仆所手绘，昔岁在京师，亡一箧，遂失此证，君得毋于都门市上得之乎？"吕曰："然则仆曾见君夫人。"因告以吴门舟中相遇事。沈曰："否、否，吾妇前一年已物故矣。"吕曰："若然，何相似之甚？"沈曰："此必吾姨也。吾外舅有二女，面目相同，虽家人不能别之。长者即亡妇，君所见者，其妹也。"吕因以梦中语告，沈曰："吾姨固待聘，当为君作蹇修。"后竟宛转媒合之。

吴某娶张桂姑

兴化张某营米业，有次女，名桂姑，喜读书，甚慧，十四五时通韵语。有中表周某者，长桂姑一岁，貌甚秀，时与讨论诗词，颇洽，旋请媒媪通意。张嫌其贫，不允，周自此不复来。

未几，有吴某遣媒为子求聘。吴家小康，子庸陋，好冶游，张利其资，许之。既于归，桂姑不得于夫，乃自号"艮心女史"，盖隐寓"恨"字也。女红而外，间阅《聊斋志异》《石头记》以自遣。吴子益游荡，无何，置一妾。妾恃宠而傲，渐逼桂姑，诟谇时闻，忧郁益甚，致成瘵。病剧时，周闻之，以戚串故，亦来问疾。桂姑微启目，遍视室中诸人，及周，长叹一声而逝。

张文襄续娶王文敏妹

张文襄公之洞视学蜀中时，石夫人已逝，求偶未得。及按临龙安，王文敏公懿荣之父方为龙安守，例充提调，办供张。文襄视帐上画折枝花卉甚妍，问文巡捕，此出谁手，答云："太守之女所画。”即文敏妹也。文襄丐吴仲宣制府振棫贻书于王，求为继室。王以文襄兴居无节，不即应。文襄乃丐在都戚友与王有连者再三言之，婚始就。及娶，贤而慧，文襄甚敬之，然亦早逝。

怨耦

杭人有娶妇者，合卺之夜，妇不与同衾，防御严。如是者一月，婿不得近，恨甚。俟妇归宁，出其衾，与所亲者观之，则以线密缝，仅容一身，每卧，以足逆人，若蛇之赴壑者。众咸异之。外舅外姑知其事，咸劝其女，竟不听。乃谓其婿曰：“必尔等成婚之日，适值孤辰寡宿，是以如此。当为尔除别舍，择吉辰，复行花烛之礼。”婿唯唯而已。会迫岁暮，人事纷纭，亦未遑及也。婿以将度岁，来迎其妇，妇泣涕不肯去，父母强之，乃归夫家。

是夜，婿入室，妇避灯后，不与语。婿不得已，先就枕，妇则坐以待旦，虽寒甚，不顾也。自是，婿亦恶其妇，屡反目。一日，以小故忿争，婿痛哭竟夕，详书妇来归后情状，揭之大门，竟去，不知所之。邻比竞集，读其书，有云：“非入空门，即寻死路。”是其生死不可知矣。此岂所谓怨耦者与？

某士娶空中女子

同治庚午三月，绍兴南门外自空坠一女，年十七八，貌娟好，问其姓氏，言语不能通，以手示意，索纸笔。即与之，自书为蜀人，距成都三千里，随母至田间，忽为狂风吹入空中，瞬息至此。道旁观者如堵墙，有一士、一农、一贾，皆欲得之以为妇。里长闻于官，官命自择所从，赧颜不对。固强之，乃指为士者，遂以鼓吹送归成礼。

岑襄勤与刘武慎联姻

岑襄勤公毓英，与刘武慎公长佑先后同官，敬礼武慎甚至。

尝欲联姻，武慎以子亡女嫁辞。襄勤曰：“非也，闻公多孙，吾欲以小女字之耳。”武慎曰：“吾与公为平交，若折行辈，与吾孙为翁婿，何敢当？”襄勤固请不已，乃允之。襄勤尝称武慎官至一品而终身不二色，可谓伟丈夫。武慎之罢官也，囊无余赀，赠以千金，而乞其所乘舆庋之，以志景仰焉。

德宗选后

列圣大婚之选后也，例由太后率皇上御便殿，自择之。德宗选后时，初属意于珍嫔、瑾嫔。孝钦后以隆裕后之貌虽亚珍、瑾，而庄重过之，遂定为后。工书，左手能作大字。

贺某娶雪鸿

淮阳贺某本旧家子，美丰姿，工词翰。幼聘中表女，以粤寇乱作，流离转徙，不相闻。贺落魄，游雁门，僦僧寺以居。一日雪霁，有驺从拥贵人入庙，询知为陕西李镇军。俄而夫人亦至，有侍婢，其一特慧丽，贺目注神移不能去。顷之，闻夫人呼雪鸿，令上殿爇香。窃喜，伺廊下，且往来遥尾之。地皆沙，玩其足迹，乃画沙为诗云：“玉梅花下影姗姗，仙步凌云自往还。一点灵犀通不得，只留香印在人间。”李过而见诗，疑之，顾问贺，贺不承，固诘，乃以情告。李虽武夫，而性好风雅，因与论诗，益奇之，延为记室，且许以雪鸿赠。贺敬诺，挈之至署，具奁嫁之。婚夕展邦族，则固所聘中表也，喜极，相持而恸。李闻之，亦喜，遂女雪鸿。后贺成进士，官知府。李夫妇老，无子，贺奉养之，终其身。

劫婚

劫婚者，仓猝毕姻，不备礼，而强迫从事也。然亦有先日订明，而出于彼此之自愿者。张阿福，绍兴人，寓于杭，自幼聘王氏女为妻，年三十矣，贫不能娶。女亦年二十有七，其母屡托媒媪趣阿福婚。媪曰：“彼贫，奈何？”母曰：“彼无婚费，我亦无嫁资。无已，其抢亲乎？”媪以告阿福，阿福大喜，乃期于某月日纠众劫女去，母故招集比邻，至张氏夺女，则合卺已毕，贺客盈门矣。媒媪劝曰：“事已至此，复何言？当令其明日来谢罪也。”母若为悻悻者而归。

苏州葑门内有王七者，与富仁坊巷某姓有连，自其父在时，即呼某姓妇为干阿奶。父卒后，某姓抚育之，视犹子也。妇有一女，与年相若，初意即以为婿。及王年长，则一流荡子也，妇乃悔前议，许嫁其女于胥门外某生。娶有日矣，王闻之，纠合无赖少年十余辈，劫其女归。女至王家，闭门号泣，久之无声，或自门隙窥之，则雉经矣。破门入，救之复苏，女遂绝食求死。事闻于官，官以王劫婚，非礼也，笞之百，且谕之曰：“汝谓某姓先曾有婚姻之议，然空言无实据。女既誓死不汝从，汝又何爱焉？男子岂患无妇哉！”乃判某姓妇以银币五十畀王，使为异日婚资，而全曩时抚育之义，女则归之某生。

杨玉书娶妻多次

杨玉书字赐麐，四川人。光绪丙子举于乡，旋以知县分发粤东。探知有故官某，巨富而死，遗一女，乃伪为丧妻者，遂谋娶之。已而居津之外妻偕其母至，杨大窘，乃乘其未至，往说之曰：“上司方督过我，若知我接眷至，必疑我有钱，汝辈宜别僦屋以居。”外妻许之。已而家中妻弟至，已而又有他处所娶之妇至，皆令别居一室。盖杨诳娶之妇，非一次矣。然杨每日伺候上官外，又须至五处周旋，备极疲乏，未几遂卒。以剿黎故，得恤典甚优。

卖糕得妻

光绪丙子、丁丑间，直隶大无。有兄嫂二人，挈其妹至天津求食，行至紫竹林，日将暮矣，休于道左。有以小车载糕而鬻者，适在其旁，嫂饥欲食，兄乃出钱买糕，夫妇共食之，不与妹。妹旁坐啜泣，卖糕者大不忍，乃推车就女，曰：“糕垂尽矣，值无多，尽以食汝，不责直也。”已而三人皆食毕，兄嫂起，招妹偕行。女曰：“前路茫茫，将安往？往而无食，亦不得生。吾受此人一饱之恩，不如从之去，免为兄嫂累也。”卖糕者喜，曰：“吾固无妻者，得为妻，何幸如之。”转求之兄嫂，兄嫂曰：“既彼此皆愿，吾何间焉？”卖糕者乃以车载女，并招兄嫂至其家。翌日成礼，扫旁舍，居兄嫂。其家固不甚贫，有骡二头，分一与其兄，使赁于人，食其值。

望空交拜之成婚

北地严寒，冬日则水泽腹坚，舟楫不通，虽通洋诸口，不能不停桡以待，谓之“封河”，若南中则向无是也。光绪丁丑腊月大雪之后，气候凛冽，河冰厚尺许，来桡去楫，停滞者旬余。苏城有某姓子，聘胥门外某氏女为妻，期于是月初八日迎娶。乃至是而冰雪交阻，将由陆路，则雪深没胫，舆不能行；将由水路，则冰坚如石，舟不能进。两家父母乃令新郎新妇望空交拜，以应吉时。越七日，而黄姑、织女乃得相见。

李珍误婚致命

武昌李女士名珍，其题画自署曰“潜江女史”，盖潜江人也。父小峰，以画花卉名，因以画法授之。性聪颖，绘事突过其父，求画者踵接。逮长，富家士流多往求婚，顾小峰性贪鄙，欲结婚宦族，非者辄谢不许。时有钱塘诸某者，江夏县诸可权之疏族也。流寓汉阳，年十七，家贫至不能举炊，有弟兄皆蠢陋。其母闻女名，心计若得为妇，则举家可倚以度日，因倩人求婚。小峰大喜，以为自此可得出入县署之荣耀，若捐一佐贰杂职，既有章服之荣，又可谋摄美缺，遂许之。

诸将娶而啬于资，因请改为赘姻，以钱五十千畀李，为女服饰及杂用之需。李至此追悔莫及，因托媒氏请诸改为百千，诸不可。李不得已诺焉，遂择期成婚。既婚，女见婿貌寝无能。未及月，随婿至汉阳，妯娌颇相谑，或憎其貌之寝，或议其足不纤，而体又弱，不任饪绩，则群笑其惰。未几，诸促女至武昌，取画具画稿归，冀得画润以给家用。女固恚之，而父又以画由己教授，所得润资应以泰半归父，翁婿遂龂龂相争。女至是既恨父、夫之贪鄙，而夫家人咸俗陋难堪，日与相处，若履荆棘，遂忿然曰："纵以大义责我，我以工艺养夫，足矣。今举家皆责食于我乎?"乃尽弃绘器，誓不复画。诸家中人益苦之，日夕之间，诟谇数作，女不能复忍，竟吞生莺粟膏以死。

徐宝山为雏妓主婚

光绪初，丹徒徐宝山方以贩盐为生。尝至仙女镇，与其徒游于女闾，肆筵设席。酒阑，忽闻哭声自内出，亟趋入觇之，则一垂髫雏妓，方缚柱受鞭。为解其缚，鸨母止之，谓："此豸方习弦索，而未能工，故责之也。"宝山曰："渠学唱，当使其循序渐进，何遽鞭之?"鸨强辨，宝山怒。瞥见其颈有针刺痕，令弛上衣视之，则黑色之烙痕，紫色之鞭痕，累累皆是也。宝山大怒，出手枪，掷几上，召院主至，使与鸨并跪于地而受鞭。其徒鞭之五百，复以刀犂其股者三，院主与鸨不敢呼痛也。事已，命备祀神之物，拽女拜神讫，宝山自端坐，复拽女使拜己，指之而语鸨曰："此我之义女也，姑寄养于此，饮食起居，毋使纤毫不如意，否则罚。若其体视今为瘠者，亦罚。敢有侵犯或强使接客，尔辈皆死。"月余，鸨使院主哀于宝山，愿遣女归，不允；乃以具厚奁嫁良家为请，始呼其父母至，为主婚焉。

某氏女寻夫毕姻

阿胜，广州人，逸其姓，少孤。游于美利坚国之旧金山，善贸易，居六载，积赀颇丰，航海而归。将缔婚，有某氏女及笄，因媒合之。女母闻其丰于赀也，许焉。既又惧其仍远游也，曰："吾女岂能相从于海外哉?"故使媒妁索重聘。阿胜鄙之，曰："卖婚，非礼也，吾何患无妻?"遂已其事，复出游。女闻之，不直其母，窃附海舶至旧金山寻夫。一日于途中遇之，连呼曰："阿胜，阿胜。"胜顾之，惊曰："卿闺中弱质，何为至此?"女具告之。胜感其义，与俱归旅舍，成礼焉。

长叙葆亨以子女嫁娶革职

光绪庚辰十一月，以侍郎长叙护理山西巡抚，布政使葆亨于祖忌辰为儿女嫁娶，交部严议，皆革职。

张佩纶续娶李文忠女

丰润张佩纶，以光绪乙酉中法之役督师马江败绩遣戍，及赦归，入李文忠公鸿章幕，信用之，倚如左右手。李有疾，张入内候之，忽见案有楷法端丽之诗稿，知为女公子所作。展视之，中有咏马关战事之七律，颇为张诿过于人者。张且读且佯哭曰："不意佩纶乃获一知己。"李笑曰："此小女走笔为之者，何足道!"张惊起曰："女公子作耶?此诚佩纶第一知己。佩纶今日且感且惭，直无地自容矣。"乃跪而言曰："佩纶今方悼亡，愿终身事女公子，藉报知己。"李大愕，欲挽之起，则长跪于地，不稍动。李徐曰："君起耳，此事自有商量之余地。"张即以外舅之称奉李，李不得已，诺之。夫人大怒，责李曰："吾女何人不可许，乃欲婚于麻子贼配军乎?"李无言，太息而已。

苗喜凤嫁被赚女

桐庐义贼苗喜凤短小有力，能上五丈余高墙，行城楼轻捷如猿。尝行窃江南，过某村，闻小屋有泣声，陟屋窥之，见西厢残灯尚炯，一女跪庭中，焚香瓦鼎，泣不可仰，方小语曰："弟幼家贫，仅老母相依，愿减寿增母。无力市药，请以臂肉和血，为母起病，求神鉴佑。”言已，出小刀。喜凤知为孝女，哀而敬之，捷下中庭。女大惊欲号，喜凤摇手曰：“无恐，今来拯卿，无恶意。”探怀出银，授之曰：“此三十金，可作医药资。数月后，我当复来，幸勿刲股伤身也。”言讫，一跃而逝。女惊定，知遇侠客，乘夜延医，而母竟不救，女哀毁不欲生。丧葬已，有某戚家怜女茕独，遣使来迎，女不可。数月后，喜凤来探，则破屋尘封，杳无人迹，问之邻，始悉颠末。

先是，女母佣城绅家，女亦时往助母操作。绅子涎女美，出金啖母，欲纳为妾，以有夫辞。公子怒，欲强逼之，母诉于绅，始得免。因以纺织度日，不复至绅家。公子恨未释，比绅死，女母亦亡，公子乃授计家人，赚女至家，囚之密室。迨夜半，公子来，尽褫女衣，欲污之，女惊叫，则絮塞其口。间不容发之际，喜凤以探得女耗，至绅家，闻南楼有呼救声，疾往觇之，大怒，破窗入，手刃公子，救女出。负女至野，谓之曰：“卿弟何在？可同往吾家避祸。”女告以弟所匿地，喜凤往觅之，顷刻携至。次早，雇船同返桐庐。女感甚，而欲委身事之。喜凤曰：“我岂好色者？救卿复娶卿，人将谓我不义矣。”卒为女择一士人，备奁嫁之。女之弟依喜凤为活，得成立。

何女嫁尼姑妹

尼姑妹，泉州人。闽俗往往以“尼姑”等字为名，时见之于名刺、书牍，不以为忤。有尼姑妹者，貌陋，两足参差不齐，故其履厚薄不一，然犹不能掩其足之长短，终不良于行。少读书，不甚了解，以买替入庠，益自骄，人咸称之为“尼姑秀才”。

泉州有故家何氏，祖父皆显宦，某亦副贡，家居为绅，性迂，谙占卜，所谓“文王八卦”者，尤自负。有一女，及笄矣，姿态明媚，颇聪颖。某为之卜婿，初占曰：“当为秀才妇。”既而曰：“当为释氏夫人。”某不解。问字者来，辄曰：“为县学生乎？”或曰然、或曰否，必又问曰：“头秃乎？”盖自意为发稀或为释氏之隐语也。闻者瞠目不知所对，怏怏去。既而闻“尼姑秀才”之名，则大喜曰：“文王之言，不我欺矣。”遂央媒妁，以女归之。何之婢微讽于女，女曰：“休矣。吾闻庸庸者多福，君几见福慧双修者乎？”既嫁，伉俪甚笃。而何女尤抚弄尼姑妹如婴儿，尼姑妹甚畏之，事必请命而后行。女私谓其婢曰：“女愿为才子妇，孰若为愚夫母耶？”闻者笑之。或曰：“福慧自古难双修，彼世为才子妇，又欲如何女之福者，徒自苦其不自足耳！”或曰：“为之母，愚夫何患。”

马女嫁吴某

山东某邑有镇焉，约百余家。马某有少女，幼字于吴，吴行贾十余年无耗。武生李某，虎而冠者也，闻女美，强委禽焉，马不敢违。居数月，吴猝归，且携多金谒马。马喜且骇，商于妻，妻曰：“女归吴，何以拒李？且吴孤身，不如毒之，金将焉往？”马然之，出市酒肉，妻呼曰：“市肉必于广生堂。”广生堂者，药店也。女在旁讶之，会邻家火，妻出视，女急呼吴曰：“可速走！吾父母将毒汝。”吴曰：“天下多美妇人，不远千里者，为卿耳，舍卿去，不如死。”女曰：“然则偕亡耳。”遂开后户，携金之半遁，而自成婚焉。

摄政王娶荣文忠女为福晋

监国摄政王载沣当未婚时，颇属意于江苏巡抚奎俊之女，第以拳乱方炽，不敢以琐事启奏。盖近支皇族嫁娶，例由太后指婚也。光绪庚子，两宫西幸，王后至。孝钦后召见时，谓：“途中见荣禄女甚好，可与尔作伐。”王不敢逆懿旨，遂定婚焉。

曾伯爵不再娶

义夫曾伯爵，蜀南筠邑人。家殷实，年未壮而悼亡，誓不再娶。戚族或劝之，毅然拒之，曰：“娶，为宗祧耳。余有嗣矣，何娶为!”或疑其有狭斜行，乃经营商业，挟巨资历京沪及通都大邑，虽楚馆秦楼，歌筵征逐，而守身固如玉也。年六十余卒。子名肇坤，字次乾，以明经官永宁学正。光绪朝，为伯爵请旌，于筠建义夫祠，建坊以志不朽。

杨重雅选孙婿

德兴杨靖伯中丞重雅抚广西时，张建勋方为诸生，应书院试，屡列高等。中丞奇赏之，尝召入节署，与文谯。既，谓其长子妇曰：“张秀才温文尔雅，前程未可量。若有女，曷以妻之?”长妇曰：“张乃某街糕饼肆子也，奈何以中丞孙偶饼师儿乎?”中丞乃绳张于次子妇，次妇曰：“翁谓可婿，即婿之耳，何敢违?”遂赘以女。杨氏子姓皆鄙侮之，张颇不能堪，中丞因资以金使归。及光绪己丑，张以一甲第一人及第，而中丞已归道山，不及见矣。中丞长子妇之女，后适黄县贾文端公桢家。其婿名位皆不显，且夫妇俱早卒。张字季端，临桂人，后为学使。

周平欲代子婚

句容农人周平早丧妻，勤俭自持，颇有储蓄。遗一子，名寿，提携抚育，年逾二十矣，为之文定王氏女。及迎娶，新妇彩舆至，寿亦肃衣冠而出。将行结婚礼，平忽挥寿使退，口中呶呶自言曰：“老夫数十年辛勤，乃令彼先享此乐耶?”遂并新妇立，欲交拜。来宾闻之，亟曳之入内，婚礼始成。

爱女配痴儿

光绪中叶，协揆某夫人某氏，善诗文，工书法，所书某巨公墓志铭拓本，端楷大寸半许，结构谨严，不类闺人手笔，撰文者即协揆也，艺林目为双璧。其长公子痴甚，年及冠，犹无人与论婚，协揆夫妇颇忧之。适甘肃臬使某罢官归，营谋起复，欲结协揆为内援，自请以爱女为子妇。协揆喜，即促夫人挈子返里成婚。越三日，夫人诇诸婢媪，皆言新妇虽夜夜与公子同寝，似未尝有所事。夫人自是屡以言讽女，女但微哂。一夕，公子忽自洞房排闼出，奔赴母所，大声呼母曰："新妇恶作剧，顷褫我衷衣，又压坐我身。"婢媪皆匿笑，夫人叱公子去。自是女虽强颜为笑，然归宁辄双泪汍澜。未几，竟死，而某臬使仍待罪家居。

阎锡龄子娶木商女

光绪己亥，某道监察御史阎锡龄，山右人，为子娶木商女。女曾认某福晋为义母，迎娶日，妆奁多至百余起，璀璨耀目，半为福晋所赠，远近争羡艳之。壬寅，两宫回銮，张文达公百熙为总宪，僦居中城，闻人言阎事，乃疏劾之，谓其巧于钻营。阎落职，侨京师，以书画自给。然其人实谨厚一流，为子议婚时，木商女甫二龄，初不知其异时之母福晋也。

载涛娶崇礼女

满洲、汉军旗人之通婚，为门第所限，而汉军旗女指婚与近支王子为福晋，郡主、乡主下嫁于汉军旗者，从无所闻。光绪朝，汉军崇礼之女公子由孝钦后指婚，与贝勒载涛为福晋，诚异数也。

王文勤续娶

杭州某闺秀壮而未有家，生平矢志非极品大员不嫁也。职是桃夭梅摽，芳期屡愆。迨后，仁和相国王文勤公文韶由枢相告归，有续胶之举，竟如愿相偿焉。文勤曾蒙赏用紫缰，结褵日，其公子某先意承欢，备极优礼，彩舆八座，特换紫缰，其他卤簿称是。旁观者咸啧啧称羡，新夫人尤踌躇满志焉。

王崇烈续娶陈孺云

王文敏公次子崇烈之继室，为陈代卿之第二女孺云。光绪己亥八月既婚，至京师，文敏见之，极称其渊源家学也。居京师二月，命随崇烈需次于天津，既又令画《伏生授经图》，文敏大喜，谓不特画非凡笔，即书法，吾儿亦当让妇出一头地也。孺云十余龄时，父母将为之择婿，孺云微闻之，语其姊曰："儿女同受父母鞠育，女大则嫁，吾不堪也。愿长依膝下，不远离。"因涕泣不止，议遂寝。既长，文敏为崇烈求婚，姊承父母意，语之曰："女生有家，古有明训。生女不为计终身，亲心何以慰乎？"孺云曰："父母命不敢违，顾依侍二十年，一旦置之数百里外，不复相顾，可乎？"姊慰之曰："山东、天津，壤地相接，往返易耳，勿虑也。"其母送之北上，既成礼，母又送之津门。将返，母谓女曰："吾闻汝翁甚称汝善事翁姑，和妯娌，又言汝慧心如此，若得翁教汝读书，其成就当突过文苑通人，无论女子。及至津，见汝夫妇静好，有逾宾友，抚前室子女如己出，汝如此，吾心慰矣。"

孙宝琦女于王邸

光绪时，山东巡抚孙宝琦以女嫁庆亲王奕劻之子为妇，汉人之联姻皇族者，此为仅见。孙字慕韩，浙江钱塘人。

太监娶宫女

李荣为宫内太监，居积甚富。光绪朝，在宫服役，即与宫女游承瀛结为夫妇。后遂相继出宫而居室焉。

陈锦心嫁毕国华

陈锦心，宛平世家女。锦有伯母毕，工针黹，光绪中叶，曾蒙孝钦后召入内廷，派充供奉，教习宫嫔。锦心从毕习女红，毕有犹子国华，见锦心爱之，丐毕作冰人，一言而成。时锦心年十八，国华少一岁，方肄业武备学校。国华家天津，有田千亩、肆数所。姻事成，国华约俟毕业始婚。无何，拳匪事起，津门扰攘，国华为拳所略。乱平而无耗，有言国华已死者，锦心闻之晕绝。父母欲令更字，锦心曰："君子之交，死生不渝，朋友且如此，矧已字人之妇耶？儿欲过门守志，以全贞焉。"父乃令女之友及戚族婉言譬喻，终弗获，于是令人告之毕宅。毕宅大惊，择日迎女过门。

是日，女服吉服，抱国华之木主行婚礼。礼毕即易素服，矢志柏舟，二年矣。一日，有客登门，翁姑出见，皆大欢喜，小姑奔入曰："嫂，哥归矣！我家哥哥盖未死，速出见，速出见！"言未已，翁姑引一人入，其人见女素服，抱而大哭，视之，国华也。盖国华为拳匪所掳，迫之司会计，不一月而大沽失守，外兵入京，匪分队四散，国华被胁出山海关，流徙至奉天，又至黑龙江，积二年之久始得归。于是举家大喜，择日与锦心成婚。

祝春海再世夫妇

重庆祝春海孝廉生而能言，八岁尽《十三经》，九岁游庠，十四举于乡。父母欲为论婚，坚不愿，固诘之，曰："儿前身为山左荷泽丁时芗也，年十八，以刻苦力学，呕血死。妻真氏，年十七，世家女，美而贤，临死誓来生仍为夫妇。今儿臂上朱痣，即妻所志也。"父母惊骇久之，曰："果尔，妻年将倍于汝，且世家女安肯再适？"祝曰："姑探之，不谐，当再议。"父母未能强，听之。明年春，入都，应礼部试，纡道山左，谒其前生母，述往事，皆合。真避不出见，令婢持一函以询之，祝乃于函之封面大书"愿矢来生仍为夫妇"八字付之，盖果丁临终时所手书之八字付之以为证也。真乃大哭。祝旋丐冰人为之媒合，真允之，遂为夫妇如初。真年之长虽近倍，望之犹二十许人。祝著有《两世缘传奇》。

应素娟吟诗得夫

端忠愍公方抚苏时，有丐妇蓬首垢面，诣辕请谒，自云本凤翔大家闺秀，以水没庐舍，父母诸兄俱溺死，孤身独存，乞食至吴门，日得一餐之后，再不复食，因念中丞长者，故请有所赐给。端深疑之，命左右给纸笔，使自述。妇把笔成诗云："萧条行李此经过，只为天灾受折磨。踏破绣鞋埋雨泞，拖残云鬓入风波。沿门乞食推恩少，掩面求人忍辱多。遥念故乡何处是，夕阳回首泪滂沱。"末书"难女应素娟拭泪作"，持纸呈阅，端深叹赏之。时饮马桥士人黄幹，多才而新鳏，端命以配素娟，自制贺词以宠之。

恩晓峰嫁姜春桂

恩晓峰，京旗人，为某相孙女。家故素封，其父行皆有周郎癖，暇辄弄弦索以为乐。晓峰固聪慧，辄自屏后记其节奏，于闺中肄习之，似小叫天，惟嗓音较小，然曲折幽怨，虽巫峡猿啼、衡阳鹤唳，不能过也。光绪壬寅，始至津奏伎，称一时独步。兼唱武生，如《落马湖》等出，亦不落凡响。汪笑侬排《戏迷传》，伶界皆展转仿效，津门能此曲者，曰麒麟童、小桂芬。顾二伶喉皆瘖，不尽善，其能如初写《黄庭》、恰到好处者，晓峰而已。"丹桂"闭，晓峰遂南下，旋嫁姜春桂。姜初为"下天仙"小生，自得晓峰后，月俸千金，遂安坐而食，不复操故业矣。

画姻缘

南海朱星工六法，绘仕女尤精绝，人争宝之。里女金翠芬亦善此，能吟咏，睹朱画，辄叹曰："得此即嫁之，足矣。"家藏朱画至夥，辄就其端题以绝句，日夕自诵之。父以其及笄，将受王氏聘。翠芬闻之，绝粒食者二日，旋以一诗呈父。父令其母探意，翠芬不语，母遂辞王聘。时朱亦未婚，翠芬乃赋百韵诗寄之。朱赋诗以答，丐人为媒，遂谐伉俪。及成婚，时有倡和，里人美之，谓之曰"画姻缘"。

朱吉甫择婿有约法

朱吉甫，光、宣间人，性奇僻。无子，有女二：曰婉珍，曰婉明。婉珍柔顺静穆。婉明性豪爽，处分家务，裕如也，然朱不之喜，曰："女子无才便是德，是亦才也。"朱无子，择婿苛，媒至，不待陈词辄止之，曰："若姑弗言，试语若以三章约法：家不必富有，而岁入须逾万金；才不必倚马，而科名必一榜；行不必圣贤，然狂士，吾深恶也。"于是媒谢曰："先生休矣。以先生门望，非此，诚不中乘龙选。仆不敏，恶足以知之？请弗复言媒事。"朱妻王氏，初颇赞其议当，然自此，媒妁绝迹于门。王知朱之议不可行，乃怒曰："老匹夫宝藏两女，将令以丫髻老邪？"而朱执拗，有王介甫风，亦大怒，遂无日不有诟谇声。朱益厌苦之，因析其家为二，而自居大厦，以小屋舍王，又曰："珍儿，吾所爱，可留。婉明类母，吾滋弗愿见，可随去。"珍儿乃自叹曰："阿妹得所矣。"

李方与拍尔利离婚

欧化东渐，竞事猎取，而"国际婚姻"一语，尤为留学青年所艳羡，望风附和，接迹国中。大理院推事李方者，当留学英国时，尝娶英女拍尔利为妻，旋以不愿，呈请离婚。兹录其原呈如下："具呈大理院推事李方，遣抱家人李兴，为呈请咨行事。窃职系广东长乐县人，自幼留学英国，于光绪二十五年，在甘别立与英国人拍尔利结婚，三十一年毕业回国，遂将拍尔利带回。现因拍尔利不守妇道，复于三十四年独回英国，至今不归，并来信言伊不归，实系彼此情愿离异。为此理合取具同乡京官印结，并拍尔利亲笔来信，一并呈请尹堂大人查核，照例咨行外务部，转咨英国公使馆办理，伏乞准予施行。"

官媒掌择堂发配之事

官媒为妇人之充官役者。旧例：各地方官遇发堂择配之妇女，皆交其执行，故称官媒。兼看管女犯之罪轻者，如斩绞监候妇女，秋审解勘经过地方，俱派拨官媒伴送。

门阀类

族长

合族之法，因其地而异。山西尉迟氏，自唐至今，未尝分家。其法：于族中选有才行者为族长，有事则至宗祠理之。有公案，有钤记，凡族中事，皆听其一言为进止，无敢违。继任者即由前族长自举，他人不得干预。既举，定三日受事。又苏州范氏为文正公后裔，巨族也。向推一人为族长，设公案，听断一族之事。有钤记，死或他故，则更以钤记授后任。交替时必着公服，一若官之受代者然。

连江黄氏六世同居

黄成富者，连江农家子也，六世同居，男女六十余，雍睦无间言，子弟各执其业。每出作田间，众妇俱往，留一妇视家，卧儿于筐，饥则乳之，不问为谁儿也。悬衣于桁，出则脱之，入则衣之，垢则澣之，不问为谁衣也。遇客至，供具饮食，家长主之，家中不闻有争言。

九经孟家

山东章丘有九经孟家者，其家法：祖遗产业不得分析。每添男丁，由族长月致所应得之钱。妇丧夫者，必先问其志愿，若欲嫁，则备奁具一份，由族中为择大家嫁之；若经三年不嫁，则赠以鸦片烟具一份，吸否亦听之，月致金如故。男子令识字，读《四书》，取粗通文字，不令作帖括，惟许武试，然亦得武举而止。倘必欲仕宦者，亦听其自由，惟不得分金。族人有小过，由族断之；犯大恶，即令出族而听官处置。

昆山巨族

昆山巨族，明时推戴、叶、王、顾、李五姓，迨入本朝，则徐氏兄弟贵，而前此五姓少衰矣。邑人因为之语曰：“带叶黄瓜李，不如一个大荸荠。”以“带”音同“戴”，“黄”音近“王”，“瓜”音转“顾”，“荠”音近“徐”故也。

万氏门风之雄

万履安名泰，充宗、季野父也。举明崇祯丙子乡试，入国朝，服道士服，隐居不出，文行为通国模楷。有子八人，师事余姚黄梨洲，各执一艺，务令精熟。梨洲尝叹曰：“浙东门风之雄，莫过万氏。”八子名斯年、斯程、斯祯、斯昌、斯选、斯大、斯构、斯同，世称“万氏八龙”。斯同名最高，昆山徐氏之《读礼通考》，华亭王氏之《横云史稿》，皆其所著，而为徐、王所攘也。其解经论史之书，未经刊布者尚多。斯选，字公择。沉潜理窟，师法梨洲，兼绍蕺山、阳明之绪。年六十卒，梨洲哭之恸，曰：“甬上从游，能振蕺山之绝学，公择一人而已。”斯大，字充宗。志操介持，邃于春秋之礼学，明张忠烈公煌言及父执陆符死，充宗皆持服葬之。李杲堂邺嗣尝言：“说经无双，名擅八龙，昔有慈明，今见充宗。”斯构，字允诚。明刘宗周殉难，其遗书皆允诚为之藏寄，全谢山称为蕺山之功臣。斯年，字祖绳。少从钱忠节公学，俄逢丧乱，剑战〔戟〕弧矢，遍于城市，读书不辍。既而避地屡迁，家具尽弃，悉载书卷以行。晚岁主教桃源书院，随学者资性分经授之，由是来就者日众。祖绳于二党皆有恩意，忠节死海外，收其文集，为之立嗣。斯程立学攻医，当黄宗炎行刑日，父泰与高斗魁等画策，潜载死囚代之，负宗炎冥行十里者，斯程也。斯祯，字正符。孝友性成，精研《周易》，旁治《毛诗》《春秋》，书宗北海，诗有风人之致。斯昌负才早殁。

西林觉罗仕宦之盛

满洲西林觉罗氏，自步军统领鄂拜曾官祭酒后，鄂拜侄鄂尔奇、侄孙鄂容安、玄孙润祥，皆相继长成均。润祥字补臣，有《四世司成诗卷》。西林氏自从龙入关，重侯累相，武达文通，在丰沛故家中，遗泽最远。第一辈：福伦，一等男爵；铁宝，副都统兼一等男爵；鄂尔泰，大学士，一等襄勤伯。第二辈：天保，袭一等男；乌金，内阁学士，礼部侍郎；鄂实，副都统，征叶尔羌阵亡，谥果壮；鄂容安，进士，官至两江总督，征伊犁阵亡，谥刚烈。第三辈：鄂岳，散秩大臣，一等伯；鄂津，伊犁领队大臣。其余中外一二品官不可胜纪，如后之盛京将军都兴阿，察哈尔都统三等男爵勇毅公西凌阿，江宁将军穆腾阿，皆其族也。

范氏四世显贵

汉军范文肃公文程，首建入关之议，赞襄洪业，爵为宗臣，列祖呼为“老秘书”。文肃子为忠贞公承谟、尚书承勋、侍郎承烈，孙为总督时崇、侍郎时纪、尚书时绶、都统时捷，曾孙为尚书宜恒，皆著名绩。

陈氏一门九列

陈文简公娶长洲宋文恪公女。康熙间，文简由吏部侍郎巡抚广西，宾客入贺，宋夫人独愀然不悦者累日，曰：“一门群从，咸列清华，我夫子乃出为粗官，令我惭颜于娣姒矣。”盖其时陈氏一门，宗伯清恪公、司空文和公、丙斋司寇、匏庐少宗伯，皆官九列，而夫人之姊妹夫太仓王相国、海宁顾侍郎、合肥李宫詹、长洲缪宫赞，亦同时以巍科清秩，比踵朝端，故夫人云然也。

安溪李氏功业

国初，功业之隆莫若安溪李氏，而族中尤以李文贞公光地为最。文贞初生，族人即以伟器期之，然忌者亦时时有毁声。族中某，与剧盗李金梁通，密纠党与，据祠宇为巢穴，且时与文贞父兆庆为难。金梁以距城远，四路通达，便于遁徙，欣然从之。盗入李祠后，知为族某所为，因集族众善为辞谢。时文贞方九龄，随其父立稠人中，金梁适见之，趋摩其顶而爱之，笑谓兆庆曰："我迁此，本无去意，今观此孩好骨相，倘让我，我便率众去，永不相犯。"兆庆讶其言不类，正诧异间，而族众乃恳兆庆许之，曰："舍一儿以保一族，即此子他日贵达，仍当复归生我，奈何不通权以济变乎？"兆庆无计，姑以问文贞，文贞谓惟父所命。盗跃起曰："公子言如此，事谐矣。"于是爇红烛，设厚宴，讌文贞父子及其族人。族人即强兆庆领文贞行父子礼，时金梁与其妇已高坐厅事，下铺红氍毹矣。兆庆无奈行之。金梁受礼后，复出其所生子与文贞相见。盗子少文贞仅一岁，亦白皙文雅，不类绿林所产。酒阑，金梁命从者以肩舆送兆庆归，留文贞偕返故地，与其子伴读，并令文贞此后同以父称，弗从。盗曰："翁在已从，何忽改也？"曰："父在从父，不在奚从？"金梁怒，闭之暗室，日给一餐，使人觇之，文贞殊无苦。如是饿冻残虐者十数日，而恬静如恒，若弗觉也。其妇谓盗曰："我相此子骨干厚，福命不浅，一切困苦，人固不忍，天亦不容。盍招其翁来，领之归，即以我子寄养？谚云：'没有强盗活八十。'假有不幸，我子以同族关系，或可藉延一线，春秋超荐，若敖之鬼，其不馁尔也。"金梁然其说。越日，以柬延兆庆来，领还文贞，末以抚领己子谆谆恳请，翁慨诺之。不数日，金梁即统众盗去。频年秋末，胥有金馈兆庆，报抚子之德，兆庆皆峻却，一介弗受。未几，金梁以案发伏诛，时文贞已得科名，曳朱紫矣。盗子以附文贞故，得免于祸，遂亦以安溪世其家。迄今安溪李族，其谱系中有另支附后者，即盗裔也。

杭州宦族

杭州阀阅，徐氏之外则有汪氏。汪氏在乾、嘉间极清华之盛，而学术亦一郡翘楚也。次为许氏。许氏世居横河桥，其先有为粤督幕僚者，以平一大狱，活千余人，自知当大其门，厥后果科第赫奕，一榜眼，一传胪，其门尝悬“七子登科”额。至为幕僚者，即学字辈之先德，尝以“学乃身之宝，儒为席上珍”十字为子孙命名次第。尚书乃普、巡抚乃钊，其第二辈也。尚书庚身，其第三辈也。之、宝二字辈寡显者，然科第未尝绝。其有留居番禺者，后亦显贵，尚书应骙、布政应鏻是也。次为吴氏。两世宦蜀，而子修提学庆坻，炯斋侍讲士鉴，父子入词林。次为高氏。高氏世居双陈巷，科名亦盛。家素封，好施，治家有法，自乾隆至宣统，家业未尝稍替也。

杭州徐氏

杭州徐氏，自康熙间文敬、文穆父子以科甲起家，冠盖相望，名德清门，著称于浙。文敬公名潮，官至吏部尚书。文穆公名本，官至东阁大学士。文穆有弟杞，则任西安巡抚；有子以煊，则任内阁学士。他如翼燕、景憙、绍堂、绍基、昺、暲，亦皆奋迹科第，余不悉数。且有以异途进者，如承恩之以监生官安徽巡抚，尤为当时所仅见。及经咸、同兵燹以后，户口既希，科第亦稍替，仅有印香舍人名恩绶、花农侍郎名琪两叔侄及舍人之子仲可名珂者，登第未久，而且废科举矣。至其前于文敬、文穆而为士林所宗仰者，则曰元荐，以处州府教授分校福建辛酉乡试，信为同考官中之向所罕有者也。

父子祖孙宰相

本朝父子调羹之盛者，指不胜屈，如阿文端公兰泰子为傅文恭公明安，阿文勤公克敦子为阿文成公桂，张文端公英子为文和公廷玉，刘文正公统勋子为文清公墉，皆父子宰相。马文穆公齐侄为傅文忠公恒，文忠子为福文襄王康安；高文良公斌子为高文端公晋，文端子为参政公书麟；温文端公达孙为温相国福，福子相国伯勒保；尹文恪公泰子为文端公继善，孙为相国庆桂，皆三代持衡，为升平良佐也。

兄弟子侄宰相

东武陈氏，为一邑巨族。康熙朝，实斋相国清恪公以科第起家，其弟文洵、子文勤，相继入阁。故时谚有“一门三阁老，五部六尚书”之称。

文勤为清恪侧室所生。文勤通籍，生母尚未貤封即谢世，以侧室不得由正门出丧，虽文勤力争，未能通融允行。最后文勤乃言曰：“将来我死，应由何门出丧?”家人咸云必出正门无疑。文勤乃跃登母柩，坚卧不起，卒由正门而出。文勤生母弃养时，清恪夫妇久已安葬。是以文勤为其生母别卜牛眠，第有母不可无父，因又为清恪公铸一金像，具衣冠，合葬于城东乡之三水桥，俗称为“金爷坟”。

世为河督

父子为河督者：乾隆朝钱塘吴嗣爵、嘉庆朝子大学士璥；乾隆朝钱塘姚立德，道光朝子祖同复署总河。三世为河督者：雍正朝无锡相国嵇文敏公曾筠、乾隆朝文敏子相国文恭公璜、嘉庆朝文敏公侄孙二泉承志；乾隆朝汉军李宏、子奉翰，嘉庆朝奉翰子亨特复任。叔侄为河督者：雍正朝长白相国高文定公斌，乾隆朝文定侄相国文端公晋。

父子同官

王文靖公熙以顺治丁酉擢弘文院学士。时文靖父文贞公崇简适任国史馆学士。世祖曰：“父子同官，古今所少，以尔诚恪，特加此恩。”

曾李一门节钺

同、光间，汉人之一门节钺者，以湘乡曾氏、合肥李氏为最。曾氏则文正公国藩、忠襄公国荃，李氏则筱荃制军瀚章、文忠公鸿章而外，又有犹子经羲。

端方家世

端方为托活络氏，家世贵盛。其伯父正色立朝，有声同、光间，即内务府大臣桂清也。桂于同治中任内务府大臣，能以法制裁抑近幸，群小侧目，争龁龁之，乃谢病去。其同列文锡、贵宝，始导穆宗微行，竟遇疾上仙。光绪初，某御史上疏，言："上方初政，内府为本原之地，当远小人、亲君子。小人谓谁？则文锡、贵宝是。君子谓谁？则前任大臣桂清是。"其疏一出，传诵遍都下，孝贞、孝钦两后乃褫文、贵二人职，而温旨起用桂。卒称病不出，人益高之。端藉其余荫，弱冠后，起家乙科，纳资为郎，分工部。六曹风气，惟工部最腐败，以所司无关军国要计，满洲世禄子弟趋之若归壑，车马、衣服、酒食征逐之外，无他好也。端在部，独以博闻强记、踔厉风发冠其曹列，不数载，遂躐登清档房总办。工部优差，皆遍历之，当时辇下为之语曰："六部三司官，大荣小那端老四。"大荣为浙江布政使荣铨，小那为大学士那桐也。光绪戊戌之夏，端以京察一等，简权霸昌道。于时德宗发愤变法，百废俱兴，端适以其时上疏言考工事，上得疏，大称赏，乃设农工商总局于京师，俾端领其事，开去道缺，加三品卿衔。同列二人，则吴京卿懋鼎、徐京卿建寅也。开局未几，即有八月之变，总局旋撤销，端危疑甚，旋以他事获解。自后，孝钦后意始大惬，命以臬司候简，未几授陕西按察使以出。

彭氏甲科传家

苏州彭氏有南畇者，以孝友称。其孙大司马某复中魁，祖孙状元，世所希见。司马之子绍观、绍升、绍咸，孙希郑、希洛、希曾，曾孙蕴辉，皆成进士。科目之盛，为当代冠。

同祖兄弟三十一人应试

桐城姚元之尝于嘉庆朝奉命督学浙中，按部湖州，岁试乌程。钮氏廪、增、附与试者三十一人，皆同祖兄弟也。姚问送考教官何如此之盛，答曰：“除已登科出仕者外，本年大魁及拔贡入都朝考，皆同祖者。”因问究有若干人，答曰八十余。其祖生子八人，子之子或十余、或八九、或七八不等。

兄弟翰林

灌阳唐氏薇卿名景崧，文简公名景崇，禹卿名景崶，当同治朝，同怀昆季，先后入翰林。其封翁懋功犹应礼部试，屡下第，辄愤懑无已。每值考试试差，封翁设几于门而坐焉，尼公子辈毋许赴试，恐其分校会闱，亲父须回避也。未几，遇覃恩，膺诰命，封翁则盛怒，（凡膺封诰者，毋得乡、会试。）索大杖杖三太史，亟走避，并浼乡人数辈为之再三缓颊，廑（同“仅”）乃得免。

裴氏两世以赀郎致贵

曲沃裴徫度由附贡捐纳主事，雍正间，官至江西巡抚。子宗锡，由监生捐纳同知，乾隆间，历抚安徽、云南、贵州。两世均以赀进也。

阮文达门联

阮文达公元退归后，初署门联曰：“三朝阁老，一代伟人。”下句盖敬录天语，非自夸也。然文达终恐涉于炫耀，遂改对语为“九省疆臣”。

珠子王家

京师隆福寺，每月九日百货云集，谓之庙会。有王翁携十岁幼孙往游，孙见一紫檀界尺，爱之，强翁买归玩弄。偶击几上，划然一小抽屉脱出，中藏东珠十枚。翁狂喜，骤获珠价，加以营殖，遂成巨室，都人呼为“珠子王家”。

金头朱家

无锡朱氏，先世业农，偶掘地，得一人头，乃金所铸成，不知何代物也。（古时武臣效命疆场，或丧其元，往往以重宝为首，配合躯体礼葬，铸金琢玉皆有之，朱氏所得，其殆是耶？）朱氏因居积致富，族姓蓁蕃，号为“金头朱家”。

吴氏各房轮值典当

江西丰城白马号吴家，其所开典当之账簿，以《千字文》编号，每月用一字。凡用《千字文》一周，则必大设酒食，请族人及诸司事会饮，已二百数十年矣。盖吴氏祖制：凡当，皆不得分析，每房以次输值一月，周而复始。值月者以时促，不能亏空作弊，故久存也。

史可法孙

《明史》可法殉节时尚无子，遗命以副将史德为之后。及雍正初，聊城邓东长宗伯督学江左，时有童年四十余，视其卷，署祖名可法，询之，即其孙也。盖督师赴扬，寄孥白下，有孕妾，沧桑后生一子，延史氏之脉，因家焉。邓遍询诸老生，对无异词，阅其文，疵颣百出。邓曰：“是不可以文论。”录之邑庠，而刻石署壁，以记其事，是史阁部固有孙矣。

宋王之后

宋荔裳卒后，止一幼女，祝发中山为尼，名道启。王渔洋裔孙某，当嘉、道间在新城县署为皂隶。南昌诸生尚镕赋诗哀之曰：“当年赤帜树骚坛，宝树盈庭尚可观。名盛久如明七子，孙微今似鲁三桓。谁将斐豹丹书爇，曾使华泉后裔安。寒食不须频上墓，鹤归华表恨漫漫。”

江焦之后

江慎修名永，婺源大儒也。其居处名江湾，地极秀异，而其裔设豆腐店。焦里堂名循，甘泉大儒也，其后人亦以卖饼为生。或云此亦公羊卖饼家。

熊赐履无子

熊文端公锡履，汉阳人。相圣祖先后几三十年，忠清刚介，崇尚理学，号为贤相。薨时家无儋石，赖族人本立治丧始葬。暮年始生子，名志契，文端甚钟爱之，然才智庸劣，幼失怙恃，无训迪，目不识丁。圣祖眷念旧辅，召见志契，欲赐科目，问曰："汝何所慕?"志契童騃，遽曰："我欲策蹇驴游都市中。"上嗟叹曰："赐履无子矣。"因命归。乾隆甲子，授翰林院孔目，命上驷院赐驴一头，以遂其志。志契官四十余年，以孔目终其身，丙午始卒，年七十余。

福康安后嗣不振

福康安薨，封郡王，其子德麟，袭封贝勒，吸鸦片，日在京师南城娼家住宿。白昼贪睡，屡误差使。仁宗命内侍在乾清门外痛打八十对头板，逐出内廷，终于淫荡而死。孙庆敏，袭封贝子，亦游荡，吸鸦片，奉旨革去职任。

海兰察有子

乾清门侍卫安禄超勇公，海兰察长子也。嘉庆己未川楚教匪之役，追贼阵亡，上深为悯恻，谕称："安禄甫至军营，即能奋不顾身，海兰察于九泉下，亦当自喜有子。"并命将安禄新生一子赐名恩特赫默扎拉芬，即袭公爵。而其弟安成，袭骑都尉世职，恤忠之典，与大员殉难相同。盖仁宗追念安禄之殊功懋伐也。

和珅门楣衰替

和珅赐死后，门楣衰替。子丰绅殷德，号天爵，善小诗，俊逸可喜。尚和孝公主，初赐贝子品级，因父获罪，降散秩大臣。中年慕道，与方士辈讲养生术，卒致喘疾，号数旬死，年未不惑也。珅弟和琳，有子名丰绅伊绵，号存谷，初袭宣勇公，嗣降袭其祖荫轻车都尉。善堪舆，贵家争延致之，间有验者。后以痨瘵终，惟余一幼子，年甫四龄。

姓名类 字号附

楼上层以诗句成姓名及字

乾隆季年，东阳有“楼更一”者，名诸生也，其名曰上层。盖以唐诗“更上一层楼”句错综为之，而姓名及字，皆在其中矣。

姓异名异

进士题名碑录，满人中，有娃尔答和尚、岂他他八拜、（俱顺治乙未。）白小子、（康熙癸丑。）五哥、（康熙甲戌。）常哥、（康熙丁丑。）骚达子、（康熙丙戌。）蛮子；（雍正甲辰。）汉人中，有王世疆、（顺治丁亥，江南盐城人。）惠龗嗣、（康熙辛未，陕西富平人。）李世偶（乾隆丙戌，陕西三原人。）诸名。榜花（希姓中式见于榜者，谓之“榜花”。）各姓，则有青伯昌、（顺治丙戌，河南洛阳人。）侣鸾举、（顺治己亥，直隶清丰人。）赛玉弦、（康熙丁未，山东靖海卫人。）茆荐馨、（康熙己未探花，浙江长兴人。）昂天翻、（康熙乙丑，江南合肥人。）战殿邦、（康熙乙丑，山东胶州人。）雒伦、（康熙甲戌，河南武陟人。）须州、（康熙乙丑，江南武进人。）叱骝、（雍正癸卯，陕西蒲城人。）秘象震、（雍正甲辰，直隶故城人。）缑山鹏、（乾隆甲戌，陕西郦洲人。）拱翊勋、（乾隆丁丑，广西桂林人。）侍朝、（乾隆庚辰，江南泰州人。）粘克昇、（乾隆戊戌，福建晋江人。）要问政（乾隆甲辰，山西太谷人。）诸人。其以地取名者，满人有喀尔喀。（康熙辛未。）其名类闺秀者，广东有佘艳雪。（康熙己未。）

康熙间，安邑县有一人，姓、名皆奇，姓为山，（音妥。）名为哥。（音厥。）

同治间，钱塘孙子授侍郎诒经督学八闽，一日点名毕，入内，笑谓幕友曰：“今日见一姓名，真大奇。”幕友叩所以，曰：“其人姓出。”良久不语。一友问曰：“岂名‘精’耶?”曰：“果然。”咸大抚掌。

姓名属天文

咸丰朝，即补副将雷风云，谥威毅。光绪中叶，鄂人有张翼轸者，工行草书，尝游京师，有鬻字润格在琉璃厂肆，其姓名三字，皆星名，与雷风云属对绝工。

姓名属干支

钱塘丁氏家素封，富藏书，竹舟主事名申，松生大令名丙，为同怀兄弟，其从弟颐生明经名午。姓为天干，而名皆为地支也。

以姓为名

以姓为名者，绝无仅有。而光绪中叶，山阴有幕客孙逊者，初名孙，以文童应府试，同学见具姓名之重文也，笑而嘲之，曰：“君对于吾辈，本已为孙矣，今又名孙，是吾孙之孙也，君其为吾辈之玄孙乎?”孙愠，乃改名曰逊。既入泮，幕游福州，人又曰：“吾孙南走闽矣。‘走’者逊也，故宜加‘辵’。”又光、宣间，有吴江叶楚伧者，亦以姓为名，曰叶叶，善属文。

满族以名之一字为氏

氏族之制，简于夏、殷，而繁于周。夏、殷以姓统某族，有姓而无氏。周人以氏别其族，既有姓，复有氏，因时创制，妙具权衡，千祀相缘，遂成风尚。前宗之者有元魏，近宗之者有满族大臣。

顺、康、雍、乾之朝，满大臣有以姓之一字为氏者，有以名之一字为氏者，父子祖孙，相沿成习，犹有周人以地命氏、以名命氏之遗意焉。若石、若顾、若舒、若鄂、若尹诸族，皆是也。兹约举之。雍正朝，大学士徐元梦，本姓舒穆禄氏，（“舒”与“徐”满音略同，遂相沿误。）孙舒赫德，曾孙舒常，此一族乃以姓之一字为氏者也。顺治朝，镇海将军石廷柱，本姓瓜尔佳氏，子石琳，孙石文炳、石文晟。康熙朝，礼部尚书顾八代，本姓伊尔根觉罗氏，子顾俨，孙顾琮。雍正朝，大学士鄂尔泰，本姓西林觉罗氏，以父名鄂拜，遂以鄂为氏，子鄂容安，孙鄂津。乾隆朝，大学士尹继善，本姓章佳氏，以父名尹泰，遂以尹为氏，其诸子尚有相沿不易者。此四族，皆以名之一字为氏者也。

其余习俗相称，亦辄以名之第一字冠于字号之首，哈剌库不称李，墨勒根鰕不称祖，从满俗也。间有名为满文而译汉姓以冠之者。

姓名作对

朱竹垞曾以古人姓名作对，叶调生广其例，为之补遗，其佳者如公孙丑，母弟辰；郑小同，杨大异；韩擒虎，李攀龙；陈万年，张千载；直不疑，何无忌；张恶子，郑善夫；殷开山，俞通海；张九思，胡三省；王十朋，陆万友；李桐客，郭药师；郭蝦蟇，王鸜鹉；刘黑闼，寇白门；郭芍药，郑樱桃；张红红，薛素素，皆可与“祭仲足，鲍叔牙”等共称佳话。文人游戏，往往喜争奇斗胜。昔东方虬自言后世必以己姓名与西门豹作对，有举“西门豹”属一九龄童对者，童举“南宫牛”以应之。

同时同姓名

同姓名之在同时而皆著称于世、不愧为名臣者，则有康熙朝之两于成龙。一谥清端，山西永宁人，字北溟，官至两江总督。一谥襄勤，汉军人，由荫生知通州及江宁府，后官至河道总督。

道光壬午顺天乡试，旗生中有两锡麟。一官卷，一民卷，弥封所误以官卷包入民卷而中式，及填榜，始知为官卷。而是科官卷，额中三名，且溢额，乃以中式第九十一名之旗官卷去之。去一官卷，则民卷缺额一名，匆遽间，以落卷补之。

丁乃一姓名五笔

姓名笔画最少者，同治朝，有内阁中书丁乃一，三字仅五笔，不易有二也。

僻姓

僻姓至多，有一字者，俗曰单姓；有二字者，俗曰双姓；又有三字者，且尚有四字、五字、六字、七字者。列举如下：

单姓即一字姓，凡一千二百一十六。云、昌、凤、花、酆、廉、安、乐、于、时、和，穆、湛、明、伏、支、昝、贲、滑、于、曲、家、封、羿、郦、松、弓、牧、隗、仰，秋、钭（音黮，子感切。）、幸、司、韶、薄、宿、怀、郤、从、鄂、索、咸、藉、蔺、蒙、胥、能、苍、双、莘、扶、宰、郦、郄、璩、通、扈、燕、郏、农、别、充、连、刁、宧、（音怡。）鱼、容、古、慎、庾、终、暨、居、衡、步、都、满、弘、国、广、禄、阙、东、利、蔚、越、夔、隆、师、巩、厍、（音舍。）勾、融、冷、訾、阚、那、简、饶、空、母、乜、养、鞠、须、丰、相、后、红、竺、逯、（音录。）盖、益、桓、公、言、揭、綦、繁、皇、邝、达、来、皋、官、多、荀、祭、帅、门、枚、召、折、晋、鲜、过、随、京、雒、展、海、覃、归、密、浑、朴、原、谌、敬、弥、疏、商、阿、郇，介、墨、辜、阳、到、漆、涂、弋、胶、练、线、锁、苌、麦、檀、迟、笪、（音亶。）种、南、畲（音蛇。）真、秘、亘、德、大、中、汉、回、藏、法、典、希、有、仁、义、载、道、尧、舜、庆、疆、稷、善、说、政、长、萌、服、邦、质、霸、业、芳、香、襄、军、楚、学、寒、恶、狂、畅、当、佴（音贰。）肯、堂、崇、琴、倩、亮，征、操、北、蕃、汝、詶、吾、抱、赏、兴、椒、仪、嘉、美、算、斩、達、炅、（音桂。）者、银、盘、我、俸、闭、院、宝、鸡、督、鞅、州、县、鼎、革、锦、延、抗、风、雅，才、宽、奇、忠、臣、孝、女、木、兰、释、仙、凡、野、佚、市、悦、求、酒、是、朋、友、诗、作、蹇、修、行、素、顺、世、守、愚、治、禾、弦、诵、灵、台、好、问、圣、主、思、信、雕、开、望、推、哈、眭、（音麣。）定、六、新、莽、横、渠、翼、图、伯、夷、隐、谋、离、显、夫、放、荡、意、而、浮、占、超、伟、爱、曲、端、述、更、始、符、生、铁、铉、沐、英、妫、续、緱、城、钟、年、君、迦、萨、塞、忒、貂、绿、承、恩、佟、客、牟、后、子、姒、重、书、悉、帝、甲、托、拔、交、同、光、百、姓、复、楔、（音屑。）首、鬷、（音蓤。）戎、束、鸿、雄、虫、庸、共、枞、麋、脂、茨、猗、眉、縻、裨，絺、颐、尸、菑、感、茹、鉏、闾、如、组、渔、区、涂、徒、壶、臾、珠、邽、（音圭。）洼、（音娃。）哀、掊、颓、奎、轮、彬、云、辕、爰、垣、敦、论、根、恒、番、轩、乾、邗、冠、莞、完、欢、环、蔺、还、馯、牵、全、泉、宣、然、坚、玄、绵、芊、编、蜎、缠、鱄、渊、巅、钳、颠、贤、千、偏、便、涓、铫、要、昭、招、聊、鄡。朝、摇、匏、麃、桃、呙、河、娥、夸、衙、蛇、仓、卬、将、芒、防、强、凉、狼、良、荆、庚、名、营、嬴、荣、闳、瓶、称、凭、僧、升、欧、优、不、驺、彪、句、稠、邮、黔、禽、钦、镡、潭、郯、汜、奉、垌、（音桶。）勇、冰、士、木？巳、理、轨、俟、绮、弭、已、倚、以、蚁、里、被、委、蒆、（音荐。）癸、起、履、累、紫、郦、（音底。）蔿、所、巨、圉、序、旅、武、祖、浦、辅、卤、午、吐、禹、虎、爾、亥、尽、准、圈、苑、曼、偃、罕、筦、散、亶、栈、隽、展、扁、矫、蟜、骁、兆、枣、老、造、可、假、冶、楼、掌、攘、访、井、颍、靖、咎、郈、丑、寿、九、臼、峡、陕、匽、（音偃。）喊、痛、梦、冀、挚、刺、类、欿、驷、戏、异、自、喜、贵、既、谕、御、度、瓠、务、布、欣、库、护、吞、隶、系、惠、慧、第、励、赖、太、泰、哙、篑、蒉、炔、拜、代、赛、赉、衅、振、员、运、顿、艮、逊、灌、斡、驆、爨、盻、豹、暴、漕、贺、柘、怕、谅、赣、砀、况、正、宁、寇、谬、斗、豆、绣、念、监、谷、郁、曲、叔、濮、鹿、玉、肃、犊、虙、（音服。）缩、撒、鬻、蓼、目、竹、睦、福、束、沃、粟、渌、烛、卓、偓、濯、郅、栗、乙、悉、郄、恤、佛、骨、发、谒、遏、颉、列、桀、啮、泄、渫、郝、出、山、（音妾。）莫、药、铎、博、约、落、柏、帛、赤、剧、格、额、锡、力、职、直、勒、息、隰、袭、沓、塔、纳、拉、涉，接、捷、宫、桐、鬼、彤、恭、松、拱、逢、岐、耆、宜、椅、骑、锱、卑、驰，池、资、为、平、（同丕。）皮、脂、危、之、台、睢、怡、旗、饥、颀、非、飞、肥、衣、威、初、朐、（音劬。）拏、杆、觚、三、乌、昂、呼、梧、孤、荼、豫、余、舆、俱、禺、殳、巫、狐、邬、且、输、栖、西、泥、烓、（音甗。）嵬、莱、邻、鳞、春、伦、纶、豳、神、因、筋、屯、钧、频、缗、下、薰、芬、昆、尊、盆、懃、元、存、园、丹、干、但、盘、难、观、菅、间，骞、先、砖、卷、开、船、肩、篯、讹、嬿、（音然。）拳、允、（音沿。）枭、桥、谯、条、蛸、疗、巢、劳、刀、牢、蒿、瑀、茤、（音多。）瑕、娲、牙、奢、把、棠、囊、杭、强、坊、竺、羌、琅、伤、坑、翔、井、婴、苦、卿、盈、声、鸣、清、星、登、征、宏、乘、仍、陵、青、攸、令、瞜、舟、投、飂、幽、穋、讴、畴、犹、寻、鄩、宷、（音森。）侵、临，针、郴、箴、阴、参、啖、聃、堪、昙、瞻、纤、苫、泛、函、劙、菶、宠、拱、纸、垒、邸、氏、止、水、只、吁、尾、虺、与、沮、莒、处、万、羽、普、仵、举、叙、绪、鄅、（音禹。）甫、府，柱、竖、仲、户、取、浊、济、礼、底、晵、买、楷、改、采、近、菀、宛、短、洗、晈、表、绍、卯，杲、偘、保、射、仉、（音掌。）敞、鞅、罔、攘、曩、朗、汻、（音酐，许朗切。）永、郢、猛、秉、整、滓、（音纂。）庱、（音篡。）鄘、（音裴。）斗、酉、茆、、口、灸、（音救。）耦、翟、（音韭。）守、（音纂。）聚、（音筹。）、羑、厚、审、枕、品、舀、丼、（音赡。）检、闪、减、众、用、颂、统、绛、巷、智、懿、俟、器、赐、瑞、翠、次、未、吃、（音气。）庶、据、署、誉、鐻、虑、絮、具、祚、蠹、孺、逗、（音住。）铸、树、丽、厉、计、毳、锐、豊、（音帝。）棣、继、慕、税、会、䓨、蒯、快、能、（音耐。）奈、逮、邃、待、徻、郓、儁、献、寸、健、鄚、炭、奂、谏、汗、砚、见、战、荐（音林。）淖、旺、虣、（音报。）耗、磨、妙、你、夜、晋、（音亚。）崋、（音华。）筦、象、亢、盎、谅、匠、旷，透，竟、救、厩、旧、宥、候、鄮、蕳、（音陋。）禁、淡、漷、鄐、（音畜。）鹄、蝮、夹、秃、樛、辱、敹、岳、角、朔、映、室、戌、郁、邺、（音秘。）茀、月、教、（音孛。）兀、忽、嗢、末、脱、跋、杀、察、舌、聿、訋、（音吊。）恪、略、错、鄚、（音莫。）婼、（音绰。）夕、握、鬲、虢、籍、泽、昔、掖、适、粮、籴、激、的、析、即、黑、食、则、式、棘、特、咇、（音逼。）殖、策、啬、湿、及、戢、集、袭、立、给、阖、乖、（音“搀”）绁、侠、郰、侣、叱、粘、侍、源、畿、儿、瞎、合、（音合。）树、茂、（音戎。）眷、哀、褒、克、糸、（音觅。）辰、丙、谟、晁、煞、（一作萨。）少？儿、（一作小？儿。）遇、额、卧、（一作谔。）柔、宇、权、咩、（音乜，一作密。）芭、乩。（音伽。）

双姓即二字姓，凡五百零五。万俟、司马、上官、欧阳、夏侯，诸葛、闻人、东方、赫连、皇甫、尉迟、公羊、澹台、公冶、宗政、濮阳、淳于、单于、太叔、申屠、公孙、仲孙、轩辕、令狐、钟离、宇文、长孙、慕容、司徒、司空、王孙，叔孙、公明、榖梁、端木、子桑、壤驷、赤松、羊舌、子濯、主父、高堂、段干、公良、司寇、呼延、五鹿、相里、九方、新垣、用里、屠岸、独孤、少正、安丘、高阳、亓官、毋丘、微生、叔梁、达鲁、达奚、宰父、巫马、左丘、乐正、颛孙、胡母、漆雕、第五、北宫、百里、司城、子服、完颜、士孙、沈犹、提弥、右师、子家、仆固、师延、仲长、樗里、雍门、南郭、咸丘、行人、屋庐、盆成、东门、西门、北门、拓跋、夹谷、梁丘、鲜于、贺兰、屈突、息夫、哥舒、安期、古冶、南宫、中行、闾丘、子车、言福、东关、东郭、东乡、东宫、东阳、东野、东阁、公输、公西、公仪、公山、公士、公伯、公祖、公仲、公族、公宾、公绪、公河、公王、公叔、公孟、公明、公晳、公子、公乘、公户、公齐、公都、公折、公旅、公旗、公之、公巫、公文、公建、逢门、弓里、龙丘、容城、甾丘、司鸿、师宜、綦母、綦连、伊娄、彨门、吾仕、虞丘、毋将、壶丘、胡非、豆卢、蒲卢、姑布、西乡、西方、奚容、申徒、申公、真郭、孙阳、邯郸、安丘、安国、延陵、廪丘、曹丘、陶丘、瑕丘、商丘、将巨、将闾、阳成、棠溪、章仇、羊角、京相、成公、青史、青乌、浮丘、浮屠、勾龙、由吾、林闾、南公、子州、于伯、水丘、尔朱、左人、古野、宰氏、尹文、老成、老商、老莱、仲长、待其、库狄、务成、步叔、傅余、第二、闭珊、契苾、太史、信都、浩星、贺若、贺娄、贺拔、洞沐、匠丽、上方、北人、北唐、斛律、斛斯、谷那、秃发、赤将、室中、乙弗、屈侯、乞伏、閦门、列御、洛下、索罗、霍里、石作、石户、伯成、柏侯，黑齿、墨胎、执失、翁承、翰公、季融、仲熊、巴公、潜龙、关龙、列宗、闾葵、侍其、柷其、鸠夷、目夷、围龟、史龟、折龟、侯分、荔非、右归、修鱼、沮渠、辜用、信都、密如、复蒲、王夫、祸余、沓卢、堂溪、余推，陈哀、良臣、元钧、三伉、伯昏、徒单、子于、子庚、越椒、鬪强、鲁阳、寻梁、强梁、丰将、赤张、苑羊、秣陵、菟裘、东楼、邑由、针巫、沈瀸、（音尖。）飞廉、大李、事父、子稚、中野、鵱冶、北野、运掩、巴郯、楼季、白寘、中驷、不第、艾岁、羌宪、东灌、答禄、恭叔、屋引、訾辱、少室、密茅、密革、密须、纥奚、石抹、末那、折屈、铁伐、长勺、北郭、昨和、吉白、襄隰、萨孤、柘王、可达、拔也、乙干、贺逐、贺悦、折娄、车非、可频、仇尼、徒何、谷会、拔略、俟利、莫者、莫侯、悦力、敕力、倍利、多兰、贺术、胡掖、木易、者舌、植黎、茹茹、吐贺、悉居、可沓、丑门、库汗、武都、普屯、折掘、斫骨、达步、叱列、郁朱、鲍殂、鹘也、鹘奚、渠金、军车、叱雷、骆雷、吐粟、都车、生耳、薄野、九卢、荷訾、李兰、默容、三种、吐火、吐和、屋南、鹘野、乌延、奥敦、纳兰、加古、阿叠、抹撚、木年、雪泥、别速、察台、凯烈、薛亦、札鲁、合丹、亦剌、桓答、乜先、曲出、帖尼、忽委、外剌、奴丹、明理、纳哈、（一作合。）捏古、八达、斗奴、完者、昭剌、八里、的斤、巧歹、积宁、耶卜、族款、迦乃、昔里、耶律、秃伯、夯（音杭。）力、于弥、把里、杂辣、（一作察喇。）都罗、讹留、（一作额鲁。）讹罗、（亦一作额鲁。）（一作纽鄂。）咩布、（一作蔑布。）折逋、庄浪、浪讹、（一作朗鄂特。）嵬恧、（一作威纽。）恧恧、（一作纽纽。）卧落、（一作锡鄂。）嵬宰、（一作威载。）骨勒、（一作古沁。）讹口？移、（一作额伊。）嵬名、（一作威明。）谋宁、（一作穆纳。）麻骨、（一作莽古。）麻奴、（一作玛努勒。）页允、纽尚、（一作诺尔桑。）乃令、（一作纳琳。）拽税、（一作雅苏。）拽浪、孰嵬、（一作舒威。）吴哆、（一作乌伊。）野蒲、（一作也蒲。）庞静、（一作巴沁。）咩铭、（一作蔑莽。）野遇、（一作叶里。）啰哆、（一作罗伊。）。折哆、（一作哲伊。）连都、（一作连都敦信。）梅讹、（一作美赫。）乃来、（一作鼐尔。）罔佐、习勒、（一作锡勒。）威赫、赏罗、美勒、（一作妹勒。）星多、如定、叶朗、铸督、卫慕、野利、屈怀、密密、默藏、（一作没藏。）摩益、西壁、觅诺、撒逋、约啰、客藏、没细、泪丁、韩玉、驽涉、哩鼎、心牟、青唐、咩迷、多多、茄罗、兀赃、成王、豬如、米母、没移。（一作没哆。）

三字姓，凡七十三。巨辰经、季老男、壹斗眷、一那楼、纥豆陵、若口引、阿史那、阿史德、大利稽、末那楼、越质诘、邱目陵、于古论、兀林歹、阿儿剌、晃（一作兀。）忽摊、秃别歹、曲律吕、哈答吉、塔塔歹、散儿歹、乞要歹、列术歹、兀罗带、术里歹、外兀台、外抹台、布兀剌、担古思、许大歹、撒术歹、哈答歹、许兀愤、逊（一作孙。）都思、达达儿、脱脱忒、脱脱伦、答失蛮、罕禄鲁，鲁纳只、束吕纠、彻兀台、别伦哥、土别燕、阿剌剌、答答丈、按赤歹、乞咬契、帖赤吉、耐温台、笃思剌、古麻里、忽都台、索罗真、哈迷里、拜叶伦、鲁哈纳、札只剌、朵儿只、木八剌、吾和理、迪烈纠、苦里鲁、剌乞歹、赤乞歹、恰鲁歹、火里剌、撒里哥、秃八歹、密赤思、苦鲁丁、甘木鲁、天藉辣。（一作台楚噜。）

四字姓凡三十九。井疆六斤，目死独膊，耨盌温都，列里养赛，郭儿剌角，（音歹。）也里吉斤、札剌只剌、八鲁忽剌、脱里别歹、颜不花歹、颜不草歹、散术兀台、别帖里歹、那颜乞台、哈忒乞歹、末里乞歹、木温塔歹、扎马儿歹、兀罗罗台、外抹歹乃、朵颜别歹、察里吉歹、阔里吉思、秃伯怯烈、脱脱里台、（一作答答里带。）麦里吉思、（一作蔑儿吉解。）燕（一作衍。）只吉台、兀速儿吉、斡剌纳儿、列班塔达、达罕（一作海。）的斤、阿兀思吉、纳思马土、希台特勒、唐兀乌密、秃鲁八歹、拙儿察歹、乞失迷儿、唐兀乌密。

五字姓凡十一。忽神忙兀歹、也可抹（一作林。）合剌。阿大（一作塔。）里（一作力。）吉歹、忽神塔乙儿、阿火里力歹、察浑灭儿乞、按摊脱脱里、察罕札剌儿、兀（一作乌。）里养哈觧、苦灭古麻里、哈剌吉答歹。

六字姓凡三。瓦只剌孙答里、列帖乞乃蛮歹、主儿赤台乌佑。

七字姓一。卜领（一作颜。）勒多礼伯台。

合姓

合姓，非双姓也，以二姓并合而成，大率为甥嗣舅、婿嗣翁而又不忍使本宗斩祀者也，不知者，辄疑为双姓耳。其著称于世者，有浙江桐乡之陆费瑔。瑔为嘉、道间人，字玉泉，官至湖南巡抚。

尹姓为伊无人

顺治间，吴中有尹姓者，得罪于友，友作尹字谣以嘲之，云：“伊无人，羊口是其群。斩头笋，灭口君，缩尾便成丑，直脚半开门。一根长轿杠，打个死尸灵。”

圣祖诏赐朱姓复旧

康熙戊申，诏故明宗室子孙众多，有窜伏山林者，悉归田里，姓氏皆复旧。盖明既鼎革，天潢贵胄转徙流亡，无不改姓自晦。有改姓林者，并改名时益，改字确斋，隐居宁都，康熙间卒。又咸丰间，有会稽宗涤楼者，名稷辰，尝为御史，亦明之宗裔也。

陈文简高文恪联姓谱

海宁之陈，本出渤海高氏，相国文简公官京朝时，尝与高文恪公士奇联谱，会都御史华野郭琇劾文恪怙宠纳贿，并指目文简交结状，得旨一并休致。文简奏辩，谓：“臣宗本出自高，谱牒炳然，若果臣交结士奇，何以士奇反称臣为叔?”事乃得白。

任丘边

直隶河间之任丘县边氏，世家也，累代科第不绝，故顺天乡试向有“无边不开榜”之谣。

秦大士以姓得利得害

秦大士《秦淮》绝句，有“淮水而今尚姓秦”句，一时脍炙人口，则以其姓得利也。某年，偕袁子才游西湖，过岳王坟，睹秦桧像，人泥其题句，秦大不怿，子才为代吟曰：“人于宋后羞称桧，我到坟前愧姓秦。”大士以姓几受奇窘，微子才，殆矣，是又以姓得害也。

叶芸潭以姓得督学

朱文正公之为掌院学士也，仁宗尝问以衙门中有学问最优者否，文正误以为内阁衙门，乃以叶云素舍人继雯对，又适忘其名，辄以字对。叶时为内阁中书，充军机章京，而叶芸潭绍本时为编修。一日，忽奉督学福建之命，入谢。上问其官中书几年，充章京几年，典试几次，同考几次。时翰林中叶姓仅一人，上意朱所奏者，即而人矣。芸潭至闽，已过岁试，例得留任，在闽凡五年。云素由部郎改御史，后以言事降官。

旧林新林

左文襄入嘉应州，尽捕附和粤寇之嫌疑者杀之。东王支族有居嘉应州之丙村者，颇繁衍，几数万人，乃尽易杨姓，以木字易杨旁，悉为林姓。故称土著之林姓者为旧林，由杨改姓者为新林。

者贵得姓之原

光绪朝，李文忠督直隶时，有部将，姓者名贵，滇人也，生于合肥。盖其高、曾以事发配至合肥，遂家焉。贵幼失怙恃，不自知其姓。稍长，应募为兵，主募者询其姓，瞠目不能对，主募者笑曰：“无甚奇，之乎者也，皆可为姓，尔可姓者名贵。”遂以“者贵”二字注册籍。从军久，积功，洊至记名提督巴图鲁，借补直隶通州协副将。

宗室觉罗

本朝发祥长白，自太祖入关定鼎后，显祖以下之本支子孙皆为宗室，显祖之伯叔兄弟各支子孙皆为觉罗，皇子皇女及近支所生子女，每岁终，由宗人府记之于表，名曰《星源集庆》。次年正月，交入大内，每遇丁年，纂修玉牒一次。宗室与人私生子，则不入属籍，赐姓曰“觉罗禅”，犹言非正支也。

那拉即纳兰

世人皆称孝钦后为那拉氏，谓其祖出自叶赫，实则那拉即纳兰也。昆山徐健庵纳兰性德（字容若，初名成德，以避东宫嫌名，改曰性德。）墓志铭中有云：“自明初内附中国讳星恳达尔汉，君之始祖也。六传至讳养汲弩，君之高祖也。有子三人，第三子讳金台什，若曾祖考也。女弟为太祖高皇帝后，生太宗文皇帝。太祖高皇帝举大事，而叶赫为明外捍，数遣使往谕不听，因加兵克叶赫，金台什死焉。卒以旧恩，存其世祀。其次子即今太傅公（即明珠。）之考倪迓韩者，君祖考也”云云。

满蒙汉八旗之姓

满、蒙两族之姓氏，不著于世，辄以其名之第一字相呼为姓，流俗不察，遂以为其祖父子孙不同姓矣。汉军本为汉人，有汉姓，其欲依附丰沛，以旗籍自炫者，亦效满、蒙。

满洲八大贵族之姓

满洲氏族，以八大家为最贵：一曰瓜尔佳氏，直义公费英东之后；一曰钮祜禄氏，宏毅公额亦都之后；一曰舒穆禄氏，武勋王扬古利之后；一曰纳喇氏，叶赫贝勒锦台什之后；一曰栋鄂氏，温顺公何和哩之后；一曰马佳氏，文襄公图海之后；一曰伊尔根觉罗氏，敏壮公安费古之后；一曰辉发氏，文清公阿兰泰之后。凡尚主、选婚，以及赏赐功臣、奴仆，皆以八族为最。

瓜尔佳氏以苏完为贵

荣禄系出瓜尔佳氏，而瓜尔佳氏以苏完为贵。荣官户部尚书日，遇一都统，展问氏族，则亦瓜尔佳氏，荣曰：“然则吾等乃同族也。”都统转问有“苏完”二字否，荣曰：“无。”都统摇首曰：“殆非也。”

人名簿

林文忠有记人名簿四册，分题千、古、江、山四字，凡姓之第一笔为“丿”者，入千簿；第一笔为“一”者，入古簿；“丶”者入江簿；“丨”者入山簿。名下兼注字号籍贯，亦略载其言行。

皇室命名行派

乾隆间，皇六子永瑢绘《岁朝图》进呈孝圣后，高宗题诗，有“永绵奕载奉慈娱”之句，其后命取“永绵奕载”四字为近支宗室命名行派，然未有明谕也。甲辰，亲见皇长子定安亲王生曾孙载锡，是为皇玄孙，五世一堂，因于雍和宫后室及大内景福宫、避暑山庄，皆书揭“五代五福”堂额，诚古今帝王中所仅见者。道光丁亥，钦定续拟“溥毓恒启”四字，其时“溥”字辈已命名“奉”字，皆令改之。咸丰丁巳，又钦定续拟“焘闿增祺”四字，均见谕旨。

孔氏命名之字派

曲阜孔氏为孔子之后，命名皆有字派，其迁徙他郡县者，但系孔子嫡传，亦必同一字派。盖自元代之五十四代衍圣公名思晦者起，于是凡五十四代孙，均以“思”字为派。思字下为“克”字派，克字以下，则为希、言、公、彦、承、弘、闻、贞、尚、衍十派，再次则为兴、毓、传、继、广、昭、宪、庆、繁、祥十派，又次则为令、德、维、垂、佑、钦、绍、念、显、扬十派。

蒋赫德自请于太宗而改名

蒋文肃赫德，初名元恒，滦州人。为诸生，即善望气术。明天启丁卯，蒋赴科场，夜闻明远楼鼓声，惊曰："此颓败之音，国安能久？"不终闱而去。游九边，谓王气聚于辽沈，其间必生圣人。逾年，太宗入关，文肃杖策军门，上阅其文喜之，自请改名，遂携出塞，不数载大拜。

命名不合须更改

顺治壬辰，谕："臣民等如有以景字、泰字命名而下一字系龄、林等字者，两字相连，两音相协，如策丹玉福之原名者，自当更改。"其用"景"字、"泰"字命名者，原不在敬避之列。丙申，谕："圣、谟二字，岂臣下所可命名？嗣后遇有此等命名，不合者，即当留意更正。"

王撰以嫌名不获首选

太仓王撰，烟客次子也，中顺治乙未进士。馆选日，某相欲荐之居首，及闻胪唱，"撰"字与"魁"音相近，世祖曰："是负心王魁耶？"盖小说家有王魁负桂英女事也。某相遂默然而止。

世祖为陈廷敬改名

陈文贞公廷敬，字子端，号悦岩，山西泽州人。顺治戊戌进士，选庶吉士。文贞初名敬，以是科有同姓名者，世祖特加"廷"字别之，遂改今名。

五字名

顺治初，天津有吴自初上舍者，性好奇，蓄两仆，皆通晓文字，一曰"明白而易晓"，一曰"一览而无余"。

师生同名

康熙戊戌榜眼张廷璐，桐城文端公英第三子也。长兄廷瓒，康熙戊午北举，己未进士。初，海宁有张英者，康熙癸丑进士，出文端门，师生同一姓名，当时以为奇。及戊午，海宁张英分校北闱，廷瓒又出其门，亦可谓会逢其适矣。

误呼沈龛之名

吴江有廪生沈龛，顺治中，江南督学御史某岁试点名，不解龛字，乃破“龛”而呼云“合龙”。

王綡不识自名

康熙间，蒲城王孝斋名綡，谒选县令，唱名者读綡为梁，王不应。唱至再三，王趋进曰：“知县名读如京，而呼作梁，未敢应耳。”吏部哄然曰：“汝进士出身，即尔名尚不识耶？綡为击冠之声，古谓之帻梁，故字书止有梁音。汝乃以偏傍读之，谬矣。”

杨文定子名应询

杨文定公艰于得子，康熙丙申，圣祖垂问及之，深为焦虑，奏云：“臣弟廪贡生杨名世，今年可望举子，即以为臣后。”名世果以是年生子，乃抚以为嗣，名应询，盖纪恩也。

臣工不避世宗嫌名

庙讳御名，前代悬为厉禁，列圣谕旨，亦只令敬避下一字。世宗见臣工有避嫌名者，辄怒曰：“朕安得有许多名字？非朕名而避，是不敬也。”

高宗恶满人取汉名

高宗不喜满人渐染汉俗，满洲旧旗，有命名如汉人，以钮钴禄氏为郎者，深鄙之，恐忘本也。

胡长龄以名得大魁

胡印渚，名长龄，乾隆朝，大魁天下。殿试时，胡卷本在进呈十本之末，时高宗春秋高，睹胡名，笑曰："胡人乃长龄耶?"遂置第一。时和珅当国，胡会试时出和门下。胡本名士，重气节，谂和不法状，不趋谒，和衔之。胡为翰林十年，未得一差，典鬻殆尽，其友悯之。适和寿辰，友以乌鲗墨仿胡体，书一联为和寿，又丐某侍郎致意曰："胡贫且病，衣服不完，不能趋贺。"和笑曰："胡蛮子贫乃至此耶?"阅数日，遂拜山东学政之命。友又以乌鲗墨书一刺，瞰和之亡而往谢焉，胡始终不知也。后和珅事败，籍其家，朝臣中惟胡无片纸只字，盖乌鲗所书字，经岁即脱，联字澌灭久矣，由是胡为仁宗所重，累迁至礼部尚书。

陈文恭改名避弘字

陈文恭公宏谋，初名弘谋，乾隆丁亥三月，授东阁大学士、始奏请将原名改用"宏"字，恭避御名。前此扬历数十年，章奏书名，均与御名上一字同。

科尔沁王名十二字

高宗时，满洲、蒙古大臣恒由上命之名，丰绅济伦，本只济伦二字，丰绅为上所加，（丰绅，满语"有福泽"也。）御前行走科尔沁王鄂勒哲依忒木尔额尔克巴拜，亦上命之名。鄂勒哲依，蒙古语"有福"也；（"哲依"二字急读。）忒木尔，"有寿"也。额尔克，"铁"也；巴拜，"宝"也。王为大长公主所钟爱，上幼时，期其有福有寿、结实如铁而又珍奇若宝也，故以是名之，一名至十二字，实为历来所未有。

法时帆改名

法式善，字开文，号时帆，原名运昌，蒙古正黄旗人。乾隆中，官庶子，奉旨改名，以示勉力上进之意。

朱白泉改名

朱白泉观察朱尔赓额，为海愚运使长子，原名友桂。纳赀为郎，入军机，充满章京。高宗雅不欲旗员命名与汉人同，乃改此四字，以汉译之，即“好古”也。

王广心原名谁

王广心侍御，原名谁，年十三入泮。宗师怪其名，王应声曰：“取萧何之义耳。”宗师大赏之。

沈冘与阮元

某县文童沈冘应试，学使以冘字颇僻，诘其胡以取此，对曰：“古有伊尹，后有阮元，沈冘亦犹是耳。”学使笑曰：“若亦知冘字何义乎？”曰：“不知。”曰：“淫淫之行耳。”《说文》：“冘，淫淫行貌。”故引以为戏也。

仁宗赐额威勇子名

额威勇公初有一子为侍卫，早卒，额方治军，得书不言，亦无戚容，夜归帐乃哀，明日，治事如故。回京后，复生一子，仁宗赐之名。甫数月额薨，上亲临奠，取其子置诸膝，即命袭封，逾岁亦卒。

仁宗赐百文敏子名

百文敏公壮年官京师。有子不育，屡荷仁宗垂廑。嘉庆辛未九年，万寿之辰，枢臣面奏其得子，上喜甚，下诏曰：“百龄年逾六旬，望子甚切，连年任事，有裨封疆，故得上蒙天佑，老年生子。朕甚为欣悦，可赐名札拉芬。”（满语“长寿”也。）百奏谢，手诏优答，有“天赐麟儿”语。

严可均名其子曰六孤

乌程严可均字铁桥，有一子，初堕地，自卜子六龄当孤，因命名曰“六孤”。

同儿命名之原因

道光中，有贝勒奕绘者，笃嗜风雅，著有《明善堂集》，自号太素道人。其侧室顾春，字子春，号太清，世皆称之为“太清春”。太清常举其族望曰西林，自署曰“太清西林春”。太清第三子名载同，在太素诸子中为行九。载同以道光甲午正月初五日生，时太素方三十六岁，与太素之生在其父荣恪郡王三十六岁时同，且载同之生，与太清同日。太素有《生同儿》诗云：“先考三十六，生余颇憾迟。我年三十六，同儿生亦奇。生日同伊母，生年同我期。祝儿同父母，名同字同之。”是年十二月二十二日，以痘殇，太素、太清皆以诗哭之。

宣宗赐福锟名

国家二百年来，宰臣媚内监者，以福锟为最。福本二十四门溥字行，其祖名奕溥，故特改名福，宣宗所锡也。

朱贞木改名应试

番禺朱贞木，未游庠时曾捐监生，后改名应童试获售，群起讦之。督学姚文僖公爱其才，置不问。

孙庆咸改名应试

孙山麓，会稽人，初名某，困于春官，北上屡不售。值咸丰纪元，举行恩科，乃易名庆咸，以应其瑞。然当闱前访友，犹用旧刺，其仆且不知有改名事也。试毕俟榜，不作第二人想。揭晓夕，令仆往观，已则秉烛以待之。已而报者纷至，同寓多获隽者，而孙之捷音杳然也。无何，仆归，默无一语，知已绝望矣，犹强询之曰：“何如?”仆仍默无一语。孙曰：“然则会元何人?”曰：“亦孙姓，但其名为庆咸耳。”孙闻之，忽跃起，因骂其仆曰：“王八旦，即我也。”盖喜极语促，不觉脱口而出耳。

曾文正李文忠之原名

曾文正公国藩，初名子城。李文忠公鸿章，初名章铜。

勒少仲初名人璧

江西勒少仲中丞应拔萃科时，名人璧，及选贡，学使曰：“尔当改名。勒人之璧，非盗贼而何？璧又与逼同音，既勒人，而又为人所逼，于义不可。”乃更名方锜。

游子岱初名于艺

湖南游子岱方伯智开，初名于艺，乡试中式，主司乔勤恪公嘱其改名。游问故，乔曰：“阅《日知录》当知之。”后阅至黄幡绰、敬新磨故事，始大悟，乃更名智开。

谭某某初名二监

茶陵谭某某，初名谭二监，谑者遂谓其兄必名谭太监矣。

许景澄初名癸身

许竹筼侍郎景澄，浙江秀水人，初名癸身。时仁和许庚身方为军机大臣，或疑为侍郎之兄，以令兄称之。侍郎恚，乃易癸身为景澄。

孝钦后恶王国均之名

江苏王颂平大令国均，同治戊辰进士，殿试已列入前十本卷，进呈乙览矣。及胪唱，孝钦后以王国均三字之音，与“亡国君”同，不怿，乃抑置三甲。以知县发安徽，被议改教职，司铎山阳二十年，始以卓异选云南某县令，未之任而卒。

裕德贵秀铁良锡良之讳名

裕德多忌讳，最恶人触犯其先人之名。光绪某科入闱，尝以其父名崇纶之故，令各房官不准荐直犯“崇纶”二字之卷，即拿破仑“仑”字，英伦伦敦之“伦”字，以与“纶”字同音，亦不得巧为回护。又一日，阅稿有“轮奸”字样，嘱司官改之。司官言此系律例应用之字，若大人欲改，请大人吩咐。裕不怿，卒亦无如何。

左都御史贵秀，以京师韩家潭有优伶小班曰“贵秀堂”，因饬差往谕，勒令改堂名，曰犯讳也。

京谚谓嘲笑人为“改人”，新名词有“改良”二字，众皆习为口头禅。光绪中，铁良长陆军部，有某司员陈说军机须改良，铁怒曰：“你刚才说改什么？”某惧而谢罪。锡良亦最恶此二字，有人提及，必斥之曰：“改什么良？简直改我罢了。”盖二人皆名“良”也。

试差取吉名

光绪间，某科云贵试差，所简四人，考差均非前五名，孝钦后特圈出李哲明、刘彭年、张星吉、于齐庆，合成“明年吉庆”四字。军机大臣面奏于简副考官，有所未便，改派吴庆坻。初因骆成骧之名有二“马”旁，吴鸿甲又有“鸟”字，均未能合格也。

三抚名片易一字

光绪间，江西巡抚德馨既解职，继之者为德寿。德寿去，则继之者为松寿。皮鹿门尝语人曰：“此三人名片，但须易一字耳。”

名亨而不亨

光绪间，有田世亨字子贞者。其先世以武功为睢阳卫指挥，遂籍焉。幼丧父，复不慈于其母，凡冠婚诸事为人道所当有者，辄龃龉不得当，年益壮而穷益甚。布政使某，其父之同年生也，乃以书属世亨于州牧某，曰：“此吾年家子也，幸善视之。”州牧召世亨汤沐之，置酒食，备主人礼。饮未半，仆入报某左官，草草罢去。已而有一人按察中州，亦其父同年也。世亨上谒，慰问周至，问有子读书否，对以有子且读书，则曰：“学使者吾密友也，吾当为游扬，隶若子于庠。”已而学使者迁去，遂不果。世亨每出，虽晴而中道必雨，归则又晴。每访人于附近村聚，其人必于前一二时许他出。或持钱入市，有所求，则所求之物适亡矣。如是者数十年，累试不爽，人皆笑曰：“君名世亨，何竟无一事之亨也?”世亨因自号钝庵。

弟以两兄之名为名

长乐高氏昆仲三人，长名凤岐，字啸桐，光绪末，尝权梧州守，被荐，试御史，名列第一而不用。次名而谦，字子益，官至云南布政使。又次字梦旦，诸生也，则取长兄名之第一字，仲兄名之第二字，合而名之曰凤谦。

汉人取满名

汉军取满名者甚多，若汉人，则固绝无而仅有也。临桂况夔笙太守周颐，尝官内阁中书。在京日，得一子，甚慧，爱之笃，惧其夭也，为命名曰额尔克。额尔克，满语也，以汉文译之为“铁”，欲其如铁之坚固耐久也，然其后竟夭。

名重文

光、宣间，有主持君主立宪者曰刘少少，名为重文。下流社会恒有之，士人以重文为名，自少少始。

名字

名字于人，要有关系，命意取类，不可不审。自古及今，从无名士通人取俗陋不堪之名字者，此可见也。古人名、字，意多相属，如仲由字子路，卜商字子夏，馯臂字子弓，孟轲字子舆之类，不可胜数，汉、魏犹然，自晋以后，乃不尽尔。

名字所取，根于心意，沿于习尚，因时变迁。总而观之，可分六种：唐虞以上为一种，三代为一种，秦、汉、三国为一种，六朝为一种，唐至宋为一种，金、元至国朝为一种。其间虽有小出入，然大较如是。且国朝人之于名字，固尤为致意耳。

金圣叹改名字

金圣叹原名采，字若采，吴县人。好饮酒。尝于所居贯华堂中设高座，召徒讲经，经史子集，纵横颠倒，一以贯之。与王斲山最善。一日，斲山以三千金畀之，曰："君可以此权子母，后日母仍归我，以子金助君膏火资。"越月，罄矣，乃语斲山曰："此物留君家，君适为守财虏，吾已为君尽之矣。"斲山一笑置之。及入国朝，绝意仕进，更名人瑞，字曰圣叹。或问以改字之义，则曰："《论语》有两'喟然叹曰'，在颜渊为叹圣，在曾点为圣叹，予其为点之流亚欤？"

兄弟之名字号如一

宗室宝廷，字竹坡，光绪中官礼部侍郎。尝典试福建，以道经浙江，纳九姓渔船女为妾，罣吏议褫职。有二子，一名寿富，号伯福，别号一二；一名富寿，号仲福，别号二一。

名字合一

衣冠中人有名必有字，名与字皆著称于时。若名、字合一，而名即为字、字即为名者，顺、康间，有李君灿者，即字君灿；道光中，有阳湖钱季重者，即字季重；光绪中有黄孝觉者，即字孝觉是也。

同时同姓字

康熙朝，有二人皆邵姓，一名长蘅，一名陵，皆字青门，皆以文学著称于时。

二堂

江都焦里堂循，与甘泉江郑堂藩，皆以淹博经史为艺苑所推，世有“扬州二堂”之目。

平艮仄艮

道光中，苏郡有二人，皆字艮甫，以词鸣于江南。一曹楙坚，吴县人，官至湖北按察使，有《昙云阁词钞》。一赵函，震泽人，有《飞鸿阁琴意》。一时有平艮、仄艮之称，盖以其姓之平声仄声别之也。

以天文数目之字合为字

光绪中，粤西有秦书祥、于夔者，结友十人，讲学论道。其取字甚奇，第一字皆属天文，第二字皆属数目。秦字云五，取义于“五色云”也。于字风八，取义于“八方风”也。有字雷一者，盖取“一声雷”之义也。有字星七者，盖取“七星”之义也。其他多昉此，不悉忆矣。秦为光绪丙午举人，于尝行医于广州，著一书曰《医医医》。

小字

顺、康间，徽人相称好用小字，虽卑幼于长老亦然，曾不以为忤也。

汪钝翁程可则小字

汪钝翁小字液仙，程可则小字佛壮。王阮亭有诗云：“佛壮谈诗登秘阁，液仙趋府算钱刀。”（钝翁先除户部。）一佛一仙，天然对偶。

号重文

沛县阎尔梅，字调鼎，明之遗民也。入本朝，隐居不出，著有《白耷山人》《浉罝草堂》等集。其号甚奇，曰“古古”，盖重文也。与余畣（古文“本”字。）之字曰“生生”者同一新颖，特阎为号而余为字耳。

高宗自号十全老人

高宗耄期倦勤，自号“十全老人”。

文宗自号且乐道人

文宗之季年，东南沦胥于粤寇，京津见偪于英舰，内忧外患，宵旰靡宁。驾幸热河，乃以“且乐道人”自号，盖有得过且过之意也。

石瑶辰自号民佣

翼城石瑶辰司马家绍尝曰：“父母保抱其子，盖日为佣而不自知也。”因自号“民佣”。

龚孝拱自号半伦

龚半伦，仁和人，为定庵子。初名公襄，字孝拱，继更名曰刷刺，曰橙，曰太息，曰小定，曰昌匏，晚年自号半伦。“半伦”者，谓无君臣、父子、夫妇、昆弟、朋友，而尚爱一妾也。

左文襄自号老亮

左文襄公雅喜自负，与友人书翰，恒于其末自署“老亮”，盖以诸葛自况也。尝谓胡文忠公曰：“千秋万世名，寂寞身后事，人生数十寒暑，乌能谋及来兹？但得生前自谥忠介先生，私愿已满，公其许我乎？”

吴大澂自号窸斋

吴大澂字清卿，自号“窸斋”。尝为潘文勤公祖荫作篆，署号于纸尾，文勤奇之，不识也。此与某尚书谓章太炎所著《訄书》，曰“那个什么什么字”相同。

母以道人儿号其子

贞髦君，太原傅青主山母也。姓陈氏，父讳勔，忻州诸生。母周二十二岁，励柏舟操，十七岁归檀孟，为傅氏妇。舅御家严，诸妇中，陈独以勤慎著。生子三，长庚，诸生，先卒；次即山，明崇祯甲申后以“道人”称；三止，太学生。甲申后，山弃家而旅，随所寓，奉母往，母绝不以旧业介意，沙蓬苦苣，怡然安之。顺治甲午，山以飞语下狱，祸且不测，从山游者，佥议申救。贞髦君要众语之云：“道人儿自然当有今日事，即死，亦分，不必救也。但吾儿止有一子眉，若果相念，眉得不死，以存傅氏之祀，足矣。”逾年，飞语白，山出狱，见母，母不甚悲，亦不甚喜，颔之而已。

人以避青先生号顾亭林

明社既屋，顾亭林誓不损节，每届端午，辄于门楣悬红色蔓菁一，内实以蒜青少许，并挂白布一片于后，书“避青”二字，意示不直国朝、恶而避之之义，人因称之曰“避青先生”。尝步行至江宁明孝陵，哭吊数次，往返数千里，不辞跋涉之苦也。

人以醉公号塞勒

塞勒，睿忠亲王曾孙。性爽抗〔伉〕，嗜酒，虽朝会，气犹醺然，人呼为“醉公”。然遇大事多直鲠。康熙戊戌，理王以罪黜，东宫虚位，圣祖命诸臣集议，时廉王觊觎大器，揆叙、王鸿绪左右之。塞愤怒，起于坐，大声曰：“惟立雍亲王，苍生始蒙其福。”众憬然。后世宗即位，召见，责之曰：“当日汝言，几危朕躬，然忠鲠可嘉也。”塞免冠谢曰：“臣一时愚直，自不能遏抑耳。”

人以圣卵号朱端侯

光绪朝，山阴有朱端侯者，世家子也。中乙酉副贡，设帐授徒，究心濂洛关闽之学。里人迂之，以其效法孔子，具体而微，若已有孔子全体之一部分者。一部分为何？睾丸是也。睾丸即卵，遂以“孔子之卵”（山阴、会稽本有此谚，于人之讲道学者辄以此四字称之。）嘲之，呼曰“圣卵”。端侯夙善八法，肖朱子，自是为人作书，辄署款曰“圣卵朱某”。

称谓类

皇帝称臣

冬至郊天，例有表文，焚表时，有汉大学士一人侍帝侧。皇帝称“总理山河臣某”，汉大学士称“协理山河臣某”。

皇帝老爷

高宗南巡江浙，耆老妇女道左瞻仰，有称“皇帝老爷”者，前驱卫士将执而治之。高宗亦惊讶，询之江督尹文端公继善。尹奏：南方愚民，不明大体，往往呼天为天老爷，天神地祇，无不得“老爷”之称者。高宗大笑，扈从诸臣遂不复言。

阿哥

诸皇子皆称阿哥，以行列之大、二、三、四等数目冠之于上。皇帝与人言及，亦称之为阿哥，且有见之于谕旨者。

奴才

满洲大臣奏事，向有称臣或奴才者。乾隆戊子下谕：“嗣后颁行公事摺奏称臣，请安、谢恩寻常摺奏仍称奴才。”所以存满洲旧俗也。乃久之，满臣奏摺无论公事私事，俱称奴才，以为媚矣。

当未入关以前，满洲曾贡献于高丽，其表文，自称“后金国奴才”。可见“奴才”二字之来历，实为对于上国所通用，其后遂相沿成习耳。

然不独满洲也，蒙古、汉军亦同此称，惟与汉人会衔之章奏，则一律称臣。

汉人之为提督、总兵者，称奴才，虽与督抚会衔，而称奴才如故，不能与督抚一律称臣也。

王公府邸之属员奴仆，对于其主，亦自称奴才。

笔帖黑答

满语称翰林院为笔帖黑衙门，称侍读学士为笔帖黑答，翰林院之长也。

文官上下之称谓

属僚对于上官之称谓，称人与自称，京、外不同。对于管理各部院之亲、郡王，称之为"王爷"。对于部院之尚书、侍郎，则称之为"大人"，而冠以姓，以尚、侍不止一人也。其自称，则不论郎中、员外、主事，均称"司官"，亦有称"章京"者。（章京初为将军之满洲称谓，世祖入关时盛京将军自称章京是也。继而转为委员之满洲称谓，如军机处、总理各国事务衙门之属员，皆称章京是也。）虽京堂道府为章京，亦自称章京。尚、侍对于司官、章京之无戚友私谊者，则曰"某老爷"，某，姓也。此就京曹官言之也。若在外官，则藩、臬、学各司对于督抚，自称"本司"或"司里"，巡、守、河、粮、盐、警各道对于督抚自称"职道"，候补者亦如之。知府自称"卑府"，直州、散州之知州以及同、通、教佐，下至从九、未入，则皆自称"卑职"，无区别矣，现任、候补皆从同。

先生大人老先生

明时，京官自阁臣以至大少九卿皆称"老先生"，门生称座主亦如之，盖称谓之最尊者也。外省，则佥、宪以上悉以此称巡抚。若称按部使者，则止曰"先生大人"而已。康熙时，京官犹沿明旧称，如内阁部堂，彼此曰"老先生"，翰、詹亦然。给事曰"掌科"，御史曰"道长"，吏部曰"印君"、曰"长官"。至同治初，所谓掌科、道长、长官者，绝无如此称谓。惟印君，则六部掌印者皆然，不独吏部也。而“老先生”三字，则贵贱上下，满朝无一人称之矣。

大人

“大人”之称，始于雍正初，然惟督抚有之，康熙末，则施之于钦差大臣矣。嘉、道以降，京官四品以上，外官司道以上，无不称“大人”。翰林开坊，六品亦“大人”；编、检得差，七品亦“大人”。至光绪末，则未得差之编、检及庶吉士，并郎中、员外郎、主事、内阁中书，皆称“大人”矣。外官加三品衔或道衔者，无不“大人”。久之而知府、直隶州同知，亦“大人”矣。

张叔未称人奴为大人

嘉兴张叔未名廷济，精赏鉴，工篆隶，求书者踵相接。润例甚苛，扇、对每件须银若干，如署款欲称“大人”者，必加银若干。有友某，偶持对联乞书，未加署款之润，张遂不署“大人”。一日张诣友，忽见友之仆侍侧，手持一扇，甚精雅。友故问曰：“汝此扇，是何人为汝书？”仆云：“是求张老爷书者。”友掣观之，谓张曰：“汝亦太自亵矣，何至贪润银，乃称奴辈为大人？”张骇视之，果有“某某仁兄大人”等字，始知为友所算也。

老师先生

弟子之于师，凡受知者称“老师”，受业者称“先生”，非若笔札之必称“夫子”也。若后进之于先进，非父执，非平行，而不易加以称谓者，亦曰“先生”，或加以其人之字，曰“某某先生”。

普通侪辈相呼，彼此亦各有以“先生”相称者。

商业中，奴婢之于主人，称“先生”。

光绪中，上海高等妓女，世俗所称之“书寓”“长三”是也，亦称“先生”而不称“小姐”。

曾文正称刘玱林为玱林先生

咸丰辛酉春，曾忠襄公国荃围攻安庆，粤寇陈玉成部下刘玱林方据集贤关，为城中犄角，曾文正致书忠襄有云："勿使玱翁逸去。"又称之曰"玱林先生"。继闻鲍超攻破其垒，杀之，则大喜。文正素持正，不轻假人以辞，于玉成则直斥曰狗，于玱林则尊之曰"玱翁"、曰"先生"。玱林殆亦当时粤寇之健者也。

大老爷老爷

明时缙绅，惟九卿称"老爷"，词林称"老爷"，外任司道以上称"老爷"，余止称"爷"、称"老爹"而已。乾隆时，内而九卿，外而司道以上，俱称"大老爷"。自知府至知县，亦称"大老爷"。咸、同以降，至光、宣间，知府无加衔者，以至知县，皆称"大老爷"。佐贰六品以上，即"大老爷"；举、贡、生、监，无"不老爷"；甚至市侩捐六品衔，亦"大老爷"矣。

"老爷"之称，又最为普通，凡文武官吏之家中奴婢，无不称其主曰"老爷"，中堂且然，不若门外之人之须一一分别也。又俗以举、贡为有授官之基础，故亦得受此称。光绪末，"老爷"更多，偏僻之地，乡人且称生、监为"老爷"；即非生、监，而家居平日着长衣者，亦皆称之为"老爷"矣。

太爷太老爷

"太爷"之称，次于"大老爷"及"老爷"，以称外官之佐杂，县丞以下是也。函牍中有称之为"太老爷"者，则略尊矣。而乾隆时之举人、贡生，亦称"太爷"。

老大人老太爷

自身有官职，其封翁，大者称"老大人"，小者称"老太爷"。

爷

北人侪辈相呼辄曰“爷”，以其姓氏加于上，曰赵爷，曰钱爷；以其行列加于上，曰大爷，曰二爷。光绪朝，都人每称恭忠亲王为六爷，醇贤亲王为七爷。

少爷孙少爷

“少爷”“孙少爷”者，官之子孙也。自身为大人，子可称“少大人”，孙可称“孙少大人”。自身为大老爷，子可称“少老爷”，孙可称“孙少老爷”。若自身为太爷，则子孙亦仅称“少爷”“孙少爷”而已。晚近以来，富室固沿是称，即稍有体面者亦然。

某官

凡年未及冠之男子，尊长及奴仆，或以其行列别之，曰“大官”“二官”；或以其咳名（即乳名，亦即小名。）冠之，曰“某官”。此亦可见社会之热心仕宦也。十龄以外，辄改称“少爷”。

相公

咸丰以前，奴仆之于未仕者，如监生、诸生，皆称以“相公”。以其姓或名或号或行列冠于上，曰“某某相公”。

大帅老帅

“大帅”之称，初惟施之于大将军或经略也，后且及于督抚。咸、同军兴，卿贰总军务者，亦悉有此称。光绪以来，督抚非军务省份，亦称“大帅”；其年老资深者或称为“老帅”，久之而实缺提督亦受此称矣。

总爷副爷将爷都爷爷

“大人”“大老爷”之称谓，武官亦有之。就绿营而论，提督、总兵、副将、参将皆称“大人”，游击、都司皆称“大老爷”，守备初称“总爷”，后亦称“大老爷”矣，千总、把总则皆称“副爷”。

平民于兵士称之曰“将爷”，祝其由兵而将也。在国初，则称都“爷爷”。

标下沐恩

武官对于受辖之官称之为“大帅大人”，其自称则曰“标下”。“标”者，军标、督标、抚标、提标、镇标，言在其标下供职也。又有称“沐恩”者，谓效力军中，官职之迁擢皆受恩于上官也。

晚生侍生

京官有“晚生”“侍生”之称，军机处、内阁、翰林院、都察院、吏部、礼部皆有之。大抵用之于同署科分或到署年份、月份在前之人，间有用之于外官者，则督抚也。

范忠贞耿精忠互称眷生晚生

范文肃公文程，耿精忠至戚也。先是，耿之祖归顺辽左，受封为王，实文肃力也。时文肃官内院，方枋国，与耿交谊最厚，誓为婚姻，至袭王，已第三辈矣。而忠贞公承谟为文肃之子，耿之妹又嫁忠贞之侄，姻娅中于辈行为长。凡书函往来，耿称“晚生”，范称“眷生”，无相间也。忠贞在浙久，念耿辈虽卑而爵已尊，同列封疆，受其“晚生”之称似太过，因逊谢再四，自后耿称“侍生”，范称“弟”，亦无间也。

旧例，各省督抚移文，与平西、定南、靖南三王俱平行，衔封表面，仅书某官姓，公文递至某王军前开拆，来文亦如之。一日，耿公文至浙，传鼓投进，衔封已变例程，表面大书年月黑签，某日旁写“右照会浙江巡抚”，背有“靖南王封”四大字。忠贞愕然，及启私函，则耿仍称“晚生”，札云：“新奉则例，王移文至督抚，俱改照会，故于私函仍用晚生帖。”忠贞怫然，答柬仍改书“眷生”，两晚生帖竟不璧还，函外仅写“王爷”，书面授来使，而不用印信函封，以后来往悉然，嫌隙始于此矣。

吴陈炎自称眷同学

康熙中，仁和吴陈炎宝崖以国子生供奉内廷，凡与京官往来名刺，书“眷同学某”，而无“弟”与“晚”之称谓，都人乃呼为“吴同学”。

老查少查

查初白编修，先以泽州相国荐起，命直南书房。明年，始赐出身，由庶常授编修。其族子升，方以宫坊久侍直，宫监无以别之，乃呼初白为“老查”，声山为“少查”。

称谓避庄有恭嫌名

属吏上大宪书，向用“恭惟大人”四字。乾隆朝，庄滋圃相国有恭总督南河，僚属具禀，改为“仰维”，或作“辰维”，避“恭”字也。

称谓避左文襄嫌名

定例称大学士曰“中堂”，左文襄公宗棠自陕甘总督入相，两省官吏避“宗棠”二字之嫌名，皆称“伯相”；比晋封二等侯，又称为“侯相”。

书札封面称家大人严君

有京官某者，凡致信于同姓者，辄书曰“家老爷”“家少爷”。有某某者，官某道，某不辨，而书曰“家大人”。又一日，致信与姓严者，书之曰“严君”。严阅之，走谢曰：“尊称实不敢当。”

召见时称兄曰家兄

粤寇之役，军事繁兴，各路将帅战功卓著，保案大开，于是幕府中人多膺荐剡，而依草附木者不可胜数。湖北王某，有兄统兵，屡立奇勋，某亦以随营参赞功，历保至道员，加花翎二品顶戴，赏巴图鲁勇号，时某年仅二十余也。光绪初年，复以某督明保，送部引见，孝贞、孝钦两后垂帘，孝贞问曰："观尔履历，以随营功保至道员，尔究随何人立功得保此职?"王年幼，又在军久，不知仪注，率尔对曰："家兄营中所保。"孝贞闻之一笑，遂不复问。某既退，两后谓军机大臣曰："此人年轻有功，似尚聪明能办事，惟少阅历，恐未能任地方官，可不必记名，姑照例发往，俟其历练数年，可用也。"寻分发江西。

董文恭令人称老表兄

董文恭公诰，以詹事府右中允于乾隆己丑丁外艰回籍，每舆出，小儿哗曰："董诰来矣。"一日，有所闻，呼而告之曰："我之姓名，惟我父母君师得呼之，我与尔辈有戚谊，此后相见，呼'老表兄'可也。"

自称弟为令弟

海盐陈子庄广文为金华教官时，有诸生数人请见，自称其弟为令弟，同座均目笑之，其人亦自忸怩。陈解之曰："古人自称其弟，本有令字，诸君特未留意耳。"众咸求教，陈因诵谢灵运《酬从弟惠连》诗云："末路值令弟，开颜披心胸。"杜少陵《送弟韶》诗云："令弟尚为苍水使，名家莫出杜陵人。"是称己之弟为"令"者，亦犹行古之道也。言罢，众俱粲然。

圣祖禁称社弟盟弟

明季时，文社行，往来投刺者无不称"社弟"。国初，盟会盛行，凡投刺无不称“盟弟”。甚而豪胥市狙能翕张为气势者，搢绅蹑屐问讯，亦无不以“盟弟”自附。康熙初，朝廷以法律驭下，严行禁革，遂不称“同盟”而称“同学”矣。

粤人以契弟二字骂人

“契弟”之称，初惟师之于弟有之，言其衣钵相传、两两相契也。继而避嫌不用，则以闽、粤之好男风者，每以此二字称其所欢耳。粤中骂人辄曰“契弟”，其音略同“开息”，盖以龙阳譬之也。

丘丈勇爷

俗称妇翁曰“岳丈”，妇之兄弟曰“舅爷”。而富贵人家得宠之妾，亦有许其家属往来者。或曰是宜去“岳”字之“山”，而称妾父为“丘丈”；以“勇”字形似“舅”字，而称妾之兄弟曰“勇爷”。

太后之称谓

光绪朝，宫廷自皇帝以次及于宫眷，均呼孝钦后以男称，有时亦呼“老祖宗”，又或称之为“老佛爷”，德宗则称之曰“亲爸爸”。

至“老佛爷”之称，则以孝钦时作观音大士妆，以李莲英为善财童子，莲英之姊为龙女，用西法照一大像悬于寝殿，于是宫人均呼孝钦为“老佛爷”。

皇室皇族之女称谓

本朝公主有二称，皇后所生曰“固伦公主”，妃嫔所生曰“和硕公主”。亲王之女称“郡主”，郡王及贝子、贝勒、辅国公之女称“县主”。然除公主外，虽有郡主、县主资格，如未奉有正式封号者，皆统称“格格”。大抵称“格格”者，以次女以下之处子为多。若其长女，未得正式之封号者亦罕。驸马都尉称额驸，亦因所尚主，加固伦、和硕等字。若宗室，（俗称“黄带子”。）若觉罗，（俗称“红带子”。）若闲散八旗，若内府三旗，凡对于未嫁之幼女，皆称“妞妞”。

福晋

本朝初入关时，一切称谓悉随汉族之音，例如“福晋”二字，即“夫人”二字之音。盖初用满文，而后从满文改译汉文，至有“福晋”二字也。

太太

命妇称“太太”，其夫自一品以至未入流皆然，无所别也。久之，则富人亦称之。又久之，则凡为人妇之可以家居坐食者，亦无不称之矣。

老太太

妇之姑称“老太太”，以别于己之称“太太”也。进而上之，祖姑称“祖老太太”。

少太太

妇有翁姑者，称“少奶奶”，固已。然以其夫之显贵而欲表示其尊，则称“少太太”。若此者，其姑则称“太太”，其子妇则称“少奶奶”。

奶奶

妇人之称“奶奶”，南北均有之，而作用不同。南方之称奶奶者，其初大率为中流社会不敢自比于宦族而称太太，因以奶奶替之。北方不然，自王公以至士庶，妇年少壮而或上有翁姑者，均称奶奶，惟以行列冠于上，曰大奶奶、二奶奶。

少奶奶

富贵家之子妇，翁姑及奴婢皆称之曰“少奶奶”。或以其夫之行列别之，或以其夫之乳名冠之，曰“某少奶奶”。

孙少奶奶

“孙少奶奶”者，以妇之夫有祖父母在堂，而姑犹称“少奶奶”，遂得此称。

姨太太姨奶奶

富室贵家之妾称“姨太太”。粤人类多姬侍，辄称之以大姨太太、二姨太太，或仅一“太”字。其有为大妇所抑而不得此称，或年龄太稚者，均曰“姨奶奶”。下焉者，则但以本人之姓或名冠于“姑娘”二字之上，曰“某姑娘”。

凡姨太大、姨奶奶之称，大率为已有子女或崇尚体面者而设。

老姨太太老姨奶奶

尊长之妾，无论有无子女，均可称“老姨太太”，或“老姨奶奶”，亦不问其卑幼之有无姬侍也。

姨少太太姨少奶奶

卑幼之妾，称“姨少太太”或“姨少奶奶”者，以其家尊长之妾，称“姨太太”或“姨奶奶”故也。

小姐姑娘

姐，姐儿也，轻之之辞也。而富贵家之女乃有此称，且又从而小之，曰“小姐”。巨室闺秀反以此称为荣，大奇。

北方有称“姑娘”者，旗人尤多，揣其意义，实较“小姐”为尊也。然南方之妓女亦称“小姐”，北方之妓女亦称“姑娘”。既嫁，则称“姑太太”，或“姑奶奶”。

太小姐

富贵家有在室处女，不嫁而年迈，其兄弟之女已称“小姐”，而己之行辈已较高，遂得此称。然不能改称“老小姐”，盖于此而称“老”，一若有讥其老大不嫁之意也。

姑小姐

室女已无父母，两家长为其兄弟，虽已字人，尚未于归，且年龄在三十以下者，辄称之曰“姑小姐”，不必称“太小姐”也。

孙小姐

“孙小姐”者，本人之父尚在室，姊妹称“小姐”，奴婢对之，则称之曰“孙小姐”，以示别也。

馆藏文献丛刊

清稗类钞选

③

徐　珂 / 编纂
绍　轩　伯　远 / 整理

上海科学技术文献出版社
Shanghai Scientific and Technological Literature Press

本册目录

孝友类

忠荩类

敬信类

义侠类

技勇类

正直类

贞烈类

谦谨类

廉俭类

孝友类

文与也孝友

长洲文处士君点，字与也。负盛名，为文肃公震孟之孙。诗古文辞，书画金石，咸不失高、曾矩法。执亲丧三年，止酒彻肉，昼夜居庐。服除，祀事惟谨，朔望肃衣冠，拜宗祠，遇祭日，虽风雨必返祭。仲父乘授命，家产破落，与也怡然，依墓田以居。兄然为逋赋所累，乃转贷亲懿，为输之官。

方穉官孝友

遂安方穉官，名成郏，东阁大学士书田之子，进士象瑛之父也。孝友性成，其事父能服勤尽养，父尝曰："是子先意承顺，不愧古养志者。"已而父遇变闽中，乃尽鬻田庐，迎柩以归。少弟穉稷偶随之吴门，遘寒疾，舌苔厚几寸许。穉官以帛裹指拭其口，四十日始愈，指为之溃。

施愚山孝友

宣城施愚山侍讲闰章，少失怙，事叔如父。及贵，叔稍不悦，犹冠服长跪。母马夙失欢于大母，抑郁而卒，乃请大母命，循例乞褒封，据地哀陈，始获焚黄袝庙。其讲学白鹭书院时，一日讲"长幼有序"，因自言少年孤露，终鲜兄弟，至于啜泣。座中有阋墙者，为之悔感。

林瑛佩孝友

侯官林瑛佩聪慧能诗。年十四，父云铭遭耿精忠事下狱，瑛佩匿其弟于深山中，藏利刃衣袖间以自防，日馌饘粥，饷父于狱。母以惊怖成疾，瑛佩刲股疗之。身任家务，卒免父于难。

郑诚斋孝友

秀水郑诚斋虎文，乾隆中官赞善。少孤，竭力事母，母病，祷于神，请减算畀母。事兄如父，迎寡姊归老于家，抚诸侄、诸甥五十年，亲戚故人待以养葬者无虚岁，就食于其家者无虚日。囊箧每空，家人告之，郑笑曰："姑强支持，饥寒当共之，吾宁苦身，无以病吾心也。"性无苟取，岁时有馈遗者，非其人，虽亲旧不受。

夏修德孝友

新建夏修德，字筠湄。性至孝，事祖母供养如礼，甘旨必亲进。始励志帖括，应乡举，不得志，遂绝意进取，理家政。而亟课诸弟，日夜督率激励之，皆斐然有文行。弟修憲、修忠相继举于乡，修恕成进士，入翰林，乃欣然曰："吾自是可以报先人于地下矣。"

李春江孝友

苏伶李春江伟躯润嗓，技艺冠群。性聪敏，尝于市肆购残缺《耕织图》一帙，暇辄临摹，久而有得，画人物无不入神。又尝与诸画家晨夕切磋，声誉日增，岁得润笔资倍于戏值，然终不弃伶卖画，曰："伶本业，画余技也。且班中脚色无多，缺一不办，我去，奈众人何?"弟某性顽劣，不事生计，母偏爱之。李得赀悉数奉母，弟浪用不敢怨，弟有所忤，亦笑抚之，不与校，盖恐伤母意也。咸丰时，粤寇难作，有人见其负母挈弟出胥门去。不知所终。

邓裕明孝友

邓裕明，常熟梅里镇人。世业鬻饧，以父宪文耄而失业，裕明日备甘旨以供膳，更察其性之所嗜使尽欢。咸丰戊午，宪文病卒，医药丧葬无不具。母顾氏之浣溺涤污，亦躬任之。母病，夜不解衣，及痊，裕明始有笑容。

裕明友爱其弟裕福，遇其病，调护备至。念母老，自卖饧于市，无人侍奉也，乃措资于人，为裕福纳妇。裕明旋亦自娶，然母之所需，仍躬任如初。

训导杨泽清宣讲至梅里，尝造庐访之。市有不孝子某，杨召之至裕明家，强裕明上坐，令某长跪受责，某卒改行。

钱塘丁氏之孝友

钱塘有丁孝子二人，长曰申，字竹舟；次曰丙，字松生。既卜葬其父母于西溪而庐墓焉，乃筑风木盦以避寒暑。咸丰丁巳，粤寇扰杭，盦毁于燹。光绪季年重建之，其附属于盦者，有松梦寮、友梅轩、凫戏池、思颜亭、不如圃、西园、慕陆簃、朝阳台诸胜。竹舟、松生孝而悌，每自相师友，以文行著于时，且综理杭城善举逾三十年。昼治事，夕著书，恒就所居嘉惠堂而东西列坐，相与商搉，怡怡如也。申之子修甫，名立诚；丙之子和甫、名立中，亦友爱群从，教以诗礼，使足自立，盖亦善于养志者也。

殷怀乡孝友

殷怀乡，汪浦人。少孤，有母及诸弟，无恒产，佣力以养。耕作之暇，辄入山刈薪，至夜分始休，明旦入市，易甘脆奉母，日以为常。年三十始娶妇，教之事姑，妇亦婉娩听从。无何，岁大荒，无所得食，乃谓妇曰：“俱死无益，不如嫁汝，得银钱可以养吾母及吾弟，汝亦得生路，一举而两利也。”妇不可。殷曰：“非吾意也。非汝负我，且吾母得存活，即汝所以报我也。”妇乃从之，母及弟卒赖以全。后母死，负土成坟，诸弟成立，皆为婚娶。或劝续娶，泣曰：“吾妇归我，无失德，且得母欢心。昔以贫故弃之，今复娶，是负吾贤妇也。”卒不娶，独庐于墓侧以终。

安子孝友

安子，佚其姓，伶也。尝寓杭州吉羊巷，事母事兄无间言。兄早娶，乃以童养媳完姻者，母待之甚薄，日夕自操作，稍不遂意，即以鞭扑从事。迨安子娶妇，妇之母家颇小康，时有馈遗，母心艳次妇之富，时承奉之，而待长妇则如奴仆。安子谂知之，婉谏其母，更慰兄嫂，且令妻务与嫂同作苦。妻笑而言曰："我岂木偶之不灵耶？抑如悍妇之狂悖耶？但能使母勿尔，毋虑余不能操作也。"安子乃请母弗偏护，母颔之。

安子外出数月，归见母，方持一盘上楼，视之，火腿粥一瓯，白片嫩鸡一盆也。至楼，安排碗箸毕，唤次妇命之食，旁坐以待。安子怒，重斥妻曰："尔以吾母为奴仆耶？"母应声而言曰："我愿送来，不干尔事。"安子忍气下楼，视兄嫂，则于灶下共席而飧，其肴仅白菜一碗而已。于是太息而言："何势利之一至于此也！"复上楼，母已撤馔俱竣，妻笑曰："何如，何如？此非吾之过也。"安子怒甚，揪妻发而痛责之，旋欲跳楼出，兄止之，安子曰："我不忍见。"遂去。

庞佑孝友

虎丘山塘有庞孝子者，名佑，字申甫。早丧母，侍父寝食，晨夕依依也，以是终身不再娶。父年六十余，病蛊，便溺闭癃，治莫效。一日，忽水道通畅，患顿释，盖实孝子吮之所致也。越八年，父卒，哭踊尽哀，经营窀穸，无失礼。既葬父，家事一秉兄命，不析产。弟卒，抚其孤；孤亡，又抚嫠稚四人，教养成立。偿兄逋以千计，戚属中之不克葬者悉助之，推解周急，承父志，一如父在时。

金桂银桂官妇之孝友

出苏州阊门东北行五十余里，有巨浸曰鹅湖，湖滨有市集曰荡口，地属金匮。诸荡萦绕，以水为乡，中最大者为鹅镇荡，洪涛巨浪，不让江湖。余若清镇、蔡湾、舒遂等荡，星罗碁布，或三里一遇，或五里一遇，土人操舟为业者十之五也。

光绪中叶，有银桂官者，舟人之少子也，姓华氏，兄金桂官。兄长弟二龄，而诞生皆以八月，故命名如此。父早卒，兄弟各操一舟，母氏傅，传食于二子。子妇熙熙，无稍拂逆，而二妇之相亲相敬，相怜相惜，求之世家大族，虽手足不易得，况娣姒乎？

银桂官妇姓裘氏，无锡人，生一子一女，皆能助父母，分微劳。姑年迈而健，妇钗荆髻椎，雅善牵挽，貌沉实，寡言笑，骤视之，无异于常人。奉姑事夫，虽有礼，亦常人所能勉为，姑亦慈善。

金桂官妇沈氏，亦无锡人，貌娟秀，好涂泽。事姑以怡色柔声。膝下仅一女，责之独严，不稍假借，盖事亲事夫以情胜，待所生，则持义方之义。妇每视姑膳毕，坐姑侧，随口说故事，又曼声唱山歌以娱姑，姑乐甚。

先是，沈以童养媳七岁至华家，姑兼母职，教养兼施。沈又活泼，时以干糇启衅邻舟，姑约束遂严，然姿首楚楚，善承色笑，固甚爱之。迨银桂官娶裘氏，沈已先一年与兄完聚矣。齐民家庭之习惯，童养媳辄为人所蔑视，翁姑亦往往虐遇之；临时迎娶者，虽赤贫，亦备六礼。今沈妇虽得堂上欢，然童而养焉，夙受教训，裘后至，又驯谨无可瑕疵，姑遂假以词色，不似遇沈之喜则抚循、怒则呵斥也。二妇初相见，即甚相得，裘固乐沈之和易，沈亦爱裘之巽顺。两舟各揽客载，不能日相守，间数日共泊一湾，亲昵臻至。姑偶不适，即谢客不载，裘自任扶掖浣濯之劳，而使沈调羹奉药。沈不自安，暇辄取溺器裹衣，乘裘不在侧分其劳，裘见之必夺去，甚至苦相持，不知者几疑为攘臂之争也。裘之言曰："嫂事姑久，识姑性，心细而灵，主饮食，和药饵，关系至重，且荏弱不耐劳苦，一转移间，各得自尽其心，又何嫌焉？"其诚恳如此。某年夏五，同泊甘露镇，载客观赛会。夫有旗叔某亦操舟，是日适泊于二舟间，左金而右银也。叔母顾氏，愚妇也，媳周氏，亦童养，佻达狠戾，奴视尊嫜，夫不敢问，翁责之必反唇。沈、裘深鄙之，向不与亲近，姑亦戒勿相答。

赛会之举，肩摩毂击，尤易生事。方诸舟之维系也，已无隙地，一舟后来，欲泊无所，转舵欲还，误触周船尾，碎磁碗二，两不相让，遂用武。而周与彼舟妇角力不已，同落水，周乃过银桂官舟，丐裘为理发。裘知其余怒未息，不能却，周怨其姑坐视，申申骂，且言童养妇非人所为。裘慰之，谓："婶夙爱妹，今日之事，男女分曹而斗，婶性良懦，噤不敢前，非袖手也。然彼妇虽凶恶，亦饱饮清流，且见额青紫而臂流血也，我气为之稍平。"周默然，衔其讽刺，欲与争，以裘负贤名，远近戚串皆重之，言语参商，知必不得直，乃佯笑应之，而阴谋徐起。念裘以孝尊嫜和妯娌得名，而妯娌之和，尤为难能而可贵，欲败其名，必使其嫂恶之。

沈与裘相处渐久，庄言谐语，彼此无猜，乃一旦骤改常度，阅两月，绝不闻沈有娓娓之谈。平日喜嘲弄，有童心，夕阳倚棹，鹢首停针，辄与裘把袂牵衣，或互引小儿女啼笑以为乐。两月以来，亦绝无此事，裘实不知开罪之由，惟矙（同"瞰"）姑之不留意，沈时时与周相往还，裘则大诧。未几，而姑忽假事语裘曰："汝嫂虽童养媳，我视如女，所以随意喜怒，不存芥蒂者，正惟亲之，固非轻之。媳无论童养与否，惟贤者可重耳。"裘大骇，彻始彻终，颠倒思索，意不能无疑于周。然自此与嫂言笑，一如平时，嫂本无城府，亦稍安之，但不能如前此之水乳也。会沈之女患时疫未愈，而沈亦受传染几殆，裘竭力调护，不离左右，迷惘时固未及知。病起，闻金桂官之赞叹，姑又历历叙述，谓："病重时劝其稍留意，防传染，彼固不听，且夜半焚香祝天云：'吾家可无我，不可无嫂，嫂事姑久，能得欢心，乞天垂宥。'涕泗横流，我适闻之。"沈感泣，相爱如初，惟交谊中断之原因与周之谗口阴谋，沈犹未尝稍露。后戚串有嘉礼，亦童养媳成婚者，女宾中有裘氏母族在，谓裘曰："童养成婚，礼殊草草，我与汝幸免此，得不为人所轻。"裘曰："是何言？我嫂固童养媳也，我不敢拘成见，泥恶俗。如不贤，虽备礼迎，亦惟家之索。"语未竟，忽有人拊其背笑曰："一个闷葫芦，今打破矣。"则沈也。乡间酒食殊简率，须臾客散，二妇踏月携手归舟，述周之谮，并深自刻责，为不识人。姑殁后，犹不分析，卒和好终其身。盖二妇之孝于姑，而妯娌之相友，实世所罕有也。

夏邑盗之孝友

夏邑多盗，报案而若干年不获，县官有三参、四参之处分，至四参，须褫职矣。一日获一人，令提案严讯，盗曰："吾为是二十余年，案累累不可胜数，既至此，有死而已。此间苟有年久不破之案，小人悉承之，官可免四参矣。惟小人有父母，当拯之。"令依其言，并案解府，录供通详。钉封至，兵役拥之出，将赴刑场，其父母哭送之。盗曰："勿哭，父母犹忆某年之大荒乎？儿以为农多饥寒，不如为盗，请于父母，父母允之，自是而两弟授室，两妹遣嫁，父母得称小康。儿志毕矣，虽砍头，亦何怨哉？"遂引颈就刑。

施督从父命执礼

宣城施督为愚山尊人，家法严重。始婚夕，客强以酒，谢弗胜，父以为忤客，目慑之，即跪谢，父遣去，则退而跪于寝门。漏三下，父入见之，引其手曰："孺子执礼过矣！"

颜习斋寻亲

颜习斋名元，幼鞠于蠡县朱翁，长归宗，至关东寻亲。时为明崇祯戊寅，大兵直薄近畿，元之父被掠，果得其踪于沈阳，殁矣。寻其墓，哭奠如初丧礼，招魂题主，奉而归，遂弃诸生，终三年丧。自是用世之志益殷，曰："苍生休戚，圣道晦明，责实在余，余敢偷安自私乎?”乃南游中州，张医卜肆于开封以阅人，所遇甚众，倡实学，明辨婉引，人多归之，然执宋儒之见者比比，未能化也。

冷昇寻亲

冷昇，益都人，诸生。父植元，于明崇祯己卯游岭表，既鼎革，兵戈阻绝三十年。昇发愤，依肇庆道赵进美于端州，冀便咨访。一日，有乔某者，亦山东人，往西粤，昇跪请访求。越岁乔返，微闻其父殁于龙州。昇遂辞去，溯牂牁而上，历三百七十余滩，自横州达南宁，经迁隆、思明，行五千里，遇那利人蔡、郑二叟，询知与其父旧为龙州土司客，乃偕往。复与葬师谭某遇，遂得父榇于龙州北门交带桥侧，负骸骨归。

张孝女为父复雠

张孝女，陕西镇原人。父某，为雠家所杀，女有三弟，不能报。讼于官，雠家辄以贿寝之，凡三讼，不得直，女愤曰:“吾誓以死复吾仇!”语稍稍闻于外，雠家则谓此弱女子，无足为也。时值明季，寇盗纷起，李自成陷镇西，守令皆降贼，狱事益缓。既而自成陷京师，明思宗殉国，大兵既入关，自成复走陕西，大兵逐之。女闻兵至，乃断发易衣冠为男子，臂弓腰矢以往，请于主兵者，愿杀贼自効。主兵者伟其言，令率五百人为先驱，每战必先，以功授为忠显校。迨西安既定，女陈言于主兵者曰:“镇原，吾乡里也。道路山川，吾所素悉，且被兵久。请以一军往略之。”乃进为武毅将军，遣一军随之，徇镇原。

既下，女即围雠家，取雠头祭父墓。既抵家，乃泣拜其母曰:“母当不知儿为何人。儿，母女也。儿之变服为男子者，冒死以杀贼，实为父雠。今雠已复，吾志已遂，有弟可侍母，儿亦不能再作椎髻之妇事人。志遂雠复，儿请死。”遂自刭，母欲阻之，血濡刃而出矣。镇原之人哀之，为之立孝女祠。

洪承畴母责子以孝

洪承畴母某氏，志节凛然。承畴既降，随大兵入都，乃遣人迎其母于闽。母至，见承畴大怒，操杖击之，且责以不死之罪，曰："汝迎我来，将使我为旗下老婢耶？我打汝死，为天下除害。汝不忠若此，即不孝也，汝当思所以孝我者。"承畴疾走而免，母即买舟南还。

陆介庵莱舞承颜

陆瑶林，字以攻，号介庵，顺治朝官金溪令。性至孝，中年即乞归终养。乙酉春，同里陆鹤田侍御举高年会，凡十二人，得寿一千余岁。鹤田绘图志盛，过叔寅作记，余各赋长歌。十二人之年龄，倪青翟年九十六，王胪始年九十一，施抑庵年八十九，潘泰瞻、张默先年八十四，俞萍涵、于贞瑕、沈元甫年八十一，过叔寅年七十八。次年复会，增入者三人，俞元白年八十二，杨孚九年八十一，其一则介庵也。介庵时年六十有一，随父�修方伯年八十四，父子同与，尤盛事也。先是，明天启甲子元旦，方伯年六十一，作诗有"既是三元推作首，复看五纪让居前"之句。介庵步韵云："椒觞上寿孙应后，莱舞承颜我欲前。"

夏国材夫妇双孝

夏国材，字光宇，新建人。有孝行。母病，其妇熊氏径刲股以进，病寻愈。居父母丧，夫妇以孝称。顺治丁亥岁旱，倾囷廪以济族邻，谓遵父母遗命也。

柴绍炳以孝感人

仁和柴虎臣名绍炳，少有至性，生计清寒。父亡于官，求商人附载东去，迎棺归葬，乃躬自负土成丘，时节祭奠，涕泪迸涌。里中有避父笞出亡者，虎臣遇之，问得其故，大悲曰："尔有父笞，非苦；我无父笞，乃苦耳!”为赋《游子遇孤儿行》。其人垂泣自恨，卒为孝子。

张鹏翼事亲养志

连城张鹏翼笃信程、朱，锐意问学，自治甚严整。终日端坐，跬步不苟，盛暑不袒裼，事亲养志无违。居丧，蔬食三年，不外游，不内寝，动必以礼。

史大成乞终养其父

鄞县史立庵名大成，顺治朝官礼部侍郎。时同官议裁孝子节妇廪给，曰：“彼分内事，何与朝廷?”史毅然曰：“为子不孝，为妇不贞，亦何与朝廷，必以法绳之耶?”议遂寝。

史性至孝，会其父思之，绘己容以寄，亦令其绘己容寄之，闻命惊怵，晨夕不安。故事：京察六年俸满，方得请假归，史仅四年，不合例，乃上疏自陈曰：“臣父思子不见，思见子之仪容；呼子不来，频呼子之名字。臣而忍此，不可以为人子，亦何以为人臣?”世祖览奏恻然，特许终养。及中途，而父凶问至，哀毁成疾，遂以养母家居。

桑文侯抱铛哭父

桑调元，世称弢甫先生，其父文侯，孝子也。家贫，粥角黍于市，亲病关鬲，和羊脂于粥以进，终不痊，抱铛而哭。人为绘《抱铛图》，万征君光泰赠诗云：“羊脂数合米一匊，病父在床惟啜粥。父能啜粥子亦甘，粒米胜于五鼎肉。升屋皋某无归魂，束薪断火铛寡恩。床前呼父铛畔哭，抱铛三日铛犹温。恨身不作铛中米，临没犹能进一匕。”谓铛不闻铛有耳。

胡励斋恸父致疾

仁和胡励斋通政亶性至孝。父患脾疾，日夜侍汤药，衣不解带，目不交睫，中裙、厕牏，皆自涤之。及卒，三日勺水不入口，一恸吐血数升，遂以哀毁成疾，寻亦不禄。

徐敬庵负父骨归

钱塘徐敬庵中丞旭龄，少负至性。父死于豫章，蒲伏数千里，求遗骸，间关险阻，猛虎在前，初不色动。感父见梦，得死处，卒负骨以归。

陆棻大呼救父

陆棻，原名世枋，字次友，号义山，平湖人。当大兵南下，父未庵为阿什免所执，将加刃，义山从麦陇中跃出，大呼曰："宁杀我，勿伤父!"阿异之，乃舍而俘之，献于固山诚顺伯马光远，试以文，大喜，抚为子，留于旗，后乞归。康熙朝官至内阁学士。既致仕，抵家之日，着屐登岸，淡然荣利，绝不自知有二品之尊也。

常氏孝姑

顺、康间，闽县有二怪，一黑怪，一白怪。白怪为陈轩田，名昂，诸生也。恃才而狂，以事忤当道被斥，流山左。昂仅有一母，已老，妻常氏，未婚，闻昂远戍，亟来归奉姑。其仆陈德采薪以供爨。安溪陈介石太史迁鹤为醵金赎罪，乃释归。复补弟子员，始与常氏成婚。黑怪即方迈，字日斯，其行事与白怪相类。

陈定庵上书救父

陈文和公敳永之父定庵，以父谪塞外，上书讼冤，格于吏议，遂沥血草疏，愿代父行，有"缇萦以一女子尚能救父，臣荷圣朝孝治，敢惜微躯"之语。虽不得请，然世祖怜其孝，次年即释归。及圣祖御极，以孝行蒙宸眷，屡擢至工部尚书。

圣祖不忍死其考

光绪己丑，盛伯希祭酒昱在京师琉璃厂坊肆，见有“顺治十九年”五字之圣祖御笔画，盖圣祖不忍以世祖出亡而改用年号也。

李因笃遵母命就征

康熙己未，圣祖诏开博学宏词科，李因笃被征，以母老辞，阁臣闻其名，必欲致之，大吏承风旨，加意敦迫。将以死拒，母劝之曰：“儿死固佳，七十老人将何依乎?”不得已，始涕泣就道。应试入翰林，与朱彝尊、潘耒、严绳孙称“四布衣”。授官后，即上疏乞养，情词恳恻，诏许放归。疏中有曰：“内阁学士臣项景襄、李天馥等旁采虚声，先后以臣因笃姓名，联尘荐牍，获奉谕旨，吏部尊行，陕西督抚促臣应诏赴京。臣自念臣母年逾七十，属岁多病，又缘避寇坠马，左股撞伤，昼夜呻吟，久成废疾，困顿床褥，转侧须人。臣年四十有九，儿女并无，母子茕茕，相依为命，躬亲扶持，跬步难离。随经具呈哀辞，亦第移咨吏部。吏部谓称亲援病，恐有推诿，一概驳回。而台司郡邑络绎遣臣长行，急若风火。臣趋期之限，虽迫于戴星，而问寝之私，倍悬于爱日。然呼天莫应，号泣于途，心绪荒迷，如坠云雾，低头转瞬，辄见臣母在前，寝食俱忘，肝肠迸裂。”既归，奉母家居，旦夕不离。因笃，字天生，陕西富平人。

陆清献居父丧礼

陆清献公陇其再起应宏博科，在都闻封公讣，即徒跣出国门。抵家后，日夕哭泣，惟茹素，不入内寝，席地而卧。期年，乃以土坏〔坯〕置垫四隅，寝其上，所制服悉准《家礼》。三月之内，衰绖不去体，三月后，始易麻帽，以麻缕为纬，服麻袍。小祥，始用白布帽，以棉纱线为纬，服粗白布袍。大祥，以月白线为纬，始用浅色布套，加于素袍。从时法古，盖两得之矣。

陆清献以孝母感人

陆清献尝为灵寿令，政尚宽大，吏民莫不怀德。或以其性近书痴，故嬲之，陆徐发其谋，不动声色，由是无敢有欺之者。一日有老妪控子忤逆，呼其子至案前，则一年未弱冠之少年也。陆谓其母曰："余署中无僮厮，尔子可暂服役，俟有代者，当为杖遣可也。"随命其子给事左右，毋得稍离。陆每晨鹄立太夫人房外，太夫人起，即进盥漱，进茗饵。午餐侍案侧，奉甘旨，时作孺子态，承色笑，太夫人食毕，方啖其余，晚餐亦如之。每公暇，辄侍坐，或述古事，或说民间情状，以为笑乐。太夫人稍不适，则扶掖搔爬，秤药量水，数夜不寐，了无倦容。如是者数月，某子忽跪请归省，陆曰："汝母子龃龉，何省为？"某子泣曰："小人向不知礼，开罪于母，悔不可追。"遂召其母至，子见母，痛哭自投，母亦哭，即令其母挈之归，后以孝闻。

姜西溟梦梨寄母

姜西溟，名宸英，性行敦敏。尝客中州，梦食大梨而甘之，欲遗母，不果，怅然而醒，因作《梦梨》诗寄两弟。追溯月日，正其母病，思大梨遍觅不得时也。

姜云一孝父母

姜云一，名国霖，少有至性。父游京师病，云一往省，则已殇（同"歿"），无钱市棺，乃以敝衣一袭裹尸，负之乞食而还，族人为醵金葬之。母善怒，怒则致疾，云一百计解之。一日怒甚，跪膝前，作小儿嬉戏状，自持母手，挞其面，母笑而罢，自是不复怒。时云一年五十矣。

阎百诗卧起父侧

太原阎百诗，名璩。遭母丧，疏食三年。服既阕，哀其母，不忍其父之独处也，不入内而卧起于父侧者又一年。父谕之，不去。

丁世淳终养继母

继母年老，无终养例。康熙庚戌，浙抚范承谟疏言，知县丁世淳以继母刘氏年老，呈请终养，吏部议驳，奉特旨允行。自是而有继母、生母者，皆许终养矣。

朱寿命赎母

朱寿命，江西余干人，康熙乙卯遭乱，与母李氏相失，日夜泣，不欲生，如是者数年。一夕，梦若有神语云："汝母无恙，隶正蓝旗下。"寿命乃痛哭，遍拜其戚族邻里，与诀曰："苟不见母，不生还矣。"于是短衣芒屦，背黄袱，足胫赤露，匍匐三千余里走京师。至则行乞市中，或遗以饼饵，则自食，遗以银钱，则纫衣缝中，竟日忍饿，不费一钱，为赎母计也。踪迹久之，果得母所在，如梦中语，而旗主故要重值以拒之，乃日跪其门外，双膝为肿。遇母生日，持肉面一盂，跪进母，伺母食毕，然后起。邵远平学士时官京师，义而赎之，既出，无所依，因留学士家，母性卞急，小不如意，则诟骂不休，甚则捽而批其颊，寿命益嬉笑谢，曰："恐伤母手。"后数月，得便舟，乃奉之归余干。

巢端明庐母墓

嘉兴巢端明，名鸣盛，事母孝。母殁，筑室于墓，颜其堂曰"永思"，阁曰"止阁"，自号"止园"，三十七年跬步不离墓次。及卒，徐俟斋私谥之曰"贞孝先生"。

高裔赎父事母

宛平高大理裔，少有至性。生十二年，而父以吏事谪沈阳，高涕泣号呼，欲上书阙下，请以身代，众皆骇笑，以为孺子言，莫与承听者。临行，揽父裾泣曰："儿不能发愤致身，使生父还，十年后，当独身依戍所，不复言归。”自是，遂刻苦于问学，昼则从诸昆弟坐列贩鬻，夜中且泣且读书，严冬常服短布罩衣，忍寒抱卷不辍。康熙丙辰，成进士，入翰林。会以地震，推恩宽在法者，高请于朝。圣祖恻然感其至情，诏许赎归。而方是时，家无丝粟，乃流涕委曲，跪告于同官暨乡人，倾身以营。逾年，父得归。

高侍父，自壮至老，容色如婴儿，动静、作止、语默之间，所以承意观色而处其宜者，皆古礼经所未尝有。退朝，常居于内，问之仆御，则母夫人令其读《杂记》，陈说其义以为欢乐也。

崇明老人有孝子孝媳

康熙癸亥，崇明有吴姓老人者，年九十九，其妇亦九十七岁矣。老人生四子，壮年家贫，鬻子以自给，四子尽为富家奴。及四子长，咸自立，各赎身娶妇，遂同居而共养父母焉。

吴卜居县治西，列肆五间，伯花米店，仲布庄，叔腌腊店，季南北杂货店，四店并列，中一间为出入之所。四子奉养父母，曲尽孝道，始拟膳每月至一家，周而复始。其媳曰：“翁姑老矣，若一月一周，则必历三月而方得侍奉颜色也，太疏。”复拟每日一周，周而复始。媳又曰：“翁姑老矣，若一日一周，则历三日而方得侍奉颜色也，亦疏。”乃以一餐为率，如早餐伯，则午餐仲，晚餐叔，则明日早餐季，四餐一周。若逢五及十，则四子共设于中堂，老人坐其上，东则四子及诸孙辈，西则四媳及诸孙媳辈，分昭穆坐定，以次称觞献寿，率以为常。老人饮食之所，后置一厨，厨中家各置钱一串，每串五十文，老人每食毕，反手于厨，随意取钱一串，即往市中嬉，买果饼啖之。厨中钱缺，则其子潜补之，不令老人知也。老人间与知交游，或博弈，或樗蒲，四子知其所往，辄遣人密持钱二三百文，安置所游家，且嘱其佯输钱于老人。老人胜，辄踊跃持钱归，老人亦不知也，亦率以为常，盖数十年无异也。

老人长子年七十七岁，余子皆颁白，孙与曾孙可二十余人。崇明总兵刘兆以联表其门曰："百龄夫妇齐眉；五世儿孙绕膝。"

许伯泰孝父母

许伯泰，巴陵人，康熙时诸生。岁大疫，父客长沙，中疾，伯泰奔侍之。父愈而闻母又病于家，急驰归。时某邑令施医药，药性良，急求之，既得，冒风雨乘孤舟下潇湘，风猛舟覆，溺洞庭湖，家人弗知也。是夕，母见伯泰以药饮己，饮罄大汗，疾顿愈，呼伯泰，家人讶未归，后始知其已殁而托母以梦也。

焦袁熹以亲老辞官

焦袁熹，字广期，世居歇浦南，学者称"南浦先生"。康熙丙子登乡荐，念祖母鞠氏、母唐氏春秋高，遂绝意进取。癸巳，诏求实学之士，华亭王文恭公、安溪李文贞公交章荐之，奉旨召见，以亲老固辞；及选山阳教谕，仍乞终养。乙巳，母病，袁熹年六十六矣，犹躬自扶掖，进饮食，积三四月不怠。及卒，勺水不入口者十日。

张如绪乞归养父

济宁张如绪，字绍先。康熙庚辰进士，为礼部主客司郎中，以父世思百岁告养，蒙召见，并许其家居得具摺附闻世思起居。

李孝贞事父不嫁

禾中李孝贞，字凤，梦康女也。梦康儒而贫，日不再炊，孝贞织纴以佐尸饔。梦康疾，祷于天，有鸟衔果蓏堕药柈中，尝而进之，霍然愈。里中世族争欲聘孝贞，孝贞益不自安。一日，请于梦康曰："女以何而贤？"梦康曰："善事舅姑耳。"孝贞曰："非也，焉有舍我父事他人亲以为贤乎？"竟不可夺。

孝贞既事父不嫁，闾巷闻而化之，诸妇女有争言诟谇者，皆相戒曰："毋令孝贞知。"时人为之语曰："生女慎勿嗔，养女不嫁有孝贞。"

唐容斋守母棺

唐容斋有母丧，会贼入其邑，杀长吏，死者相枕藉。唐缞麻苴杖，卧丧次，贼逐之，环柩三匝，且泣且骂。贼以刀斫唐，弗中，中几，几裂，刀亦寸寸断。贼相顾惊怪，稍稍引去，自是遂相诫，无敢入唐孝子门。

王恩荣为父复仇

王恩荣，字仁庵，蓬莱诸生也。父永泰，为县吏尹奇强殴死，恩荣甫九龄。祖母刘氏力讼，官袒奇强，给银十两，斥去其状，刘悲愤，闭门自经死。恩荣母亦刘氏，既抱夫仇，复痛姑丧，重裹官所予十金，识而藏之，渴葬其姑，厝永泰于小屋中，自居其旁，大书示其子曰："汝知杀而父者谁耶?"痛哭三年，婴疾且卒，呼孝子至，授以裹金曰："汝家累年积三丧，而祖母及父皆不得良死，而吾仇竟优游法外。此裹金官所给也，汝家以三命易十金矣。吾所以宝藏至死者，冀汝长成，能见金而念仇。今金在仇存，汝当知祖母及父母之死状惨也。"恩荣受金，乃大哭。

恩荣家连积三丧，日益贫。服阕，入邑庠，誓于父柩，以利斧自随。其舅患之，令读书长山岛中，且戒之曰："复仇，固志士；然以四命易一仇，且自斩其嗣，毋庸也。必勿报仇。"恩荣佯诺，日取《伍员列传》读之，读已即哭。夜深则露香告天，冀得仇所。夜梦，辄遇仇呼骂，拊床呻呓，如触魇魇。时年二十有八，筋力稍壮，幸举一子，告其舅曰："王氏有胤续矣。"

恩荣乃怀斧入城，遇奇强于道，猝进斧，手颤不即中，掇石投之，奇强仆于道周。乃猱进，将就而殊之，路人大集，不得逞。奇强遂戢足不窥门宇。一日偶独立，而恩荣已伏侦其门，直前斧之，毡帽厚，得不殊，但创其耳。家人奔愬于官，顾年远而永泰狱无左验，官将坐恩荣以谋杀，恩荣涕泣出裹金，朱批烂然，其裹以指血作书钤之。官见而太息曰："孝哉王生！罪尔违天，违天不祥。听尔违法，违法得罪。考诸《周礼》，有调人之司，尹奇强，汝终身避王生可也。"恩荣应声哭，官亦哭，奇强遂遁于栖霞。

事寝八年矣。奇强固长于医，其戚某为奇强所常往来者，子弟造栖霞坚请，奇强亦以事隔久远，未必即值恩荣，逡巡入城。道经一小巷，奇强固缩备，则张望无人始进，而恩荣已突出小屋中，以手揕其胸，奇强知不免，泥首乞哀，恩荣曰："奇强，尔大命近，吾父迟尔久矣。"疾下其斧，斧入颅开，血溅恩荣面。然犹患不死，则以足力蹴其胸，实则奇强中斧时已久殊，恩荣恨之深，故累蹴以泄其愤。邻右闻声争集，遮恩荣，不听前，恩荣大笑曰："王恩荣白日杀人报仇，岂能逃者？众来，随恩荣面令君以自首。"

奇强家延讼师，谓当日永泰实自缢而死，非殴毙者。县官欲开棺验视，恩荣稽首出血曰："尹氏所求者，欲论抵耳。吾既不爱死，则尹氏之欲已偿，吾安忍再暴父尸，以重己罪？"官不能屈，博征诸胥吏及父老，咸曰："永泰之死，实奇强毙之，且恩荣伺之十余年，今日得复其仇，天也。"官遂具牒上之法司，法司议曰："古律无复仇之文，然查今律，有擅杀行凶人者，予杖六十，其实时杀死者不论，是未尝不教人复仇也。恩荣父死三年，尚未成童，其后迭杀不遂，虽非即，犹即也。观其视死如饴，激烈之气有足嘉者，应特予开释，复其诸生。即以原存埋葬银给还尹氏，以彰其孝。"且将具题请旌，恩荣之舅闻之，造有司曰："孺子求见其父母耳。夫人遭奇祸，以要旌门式闾之荣，又何忍矣？"官叹曰："汝亦贤者也。"遂止，而祀其母于祠，时康熙己丑也。是时莅斯事者则抚军蒋廷锡，提学黄叔琳，观察李发甲，皆一时名宿。

赵希乾割心食母

南丰赵希乾，年十七，母病甚，割心以食母。既剖胸，心不可得，则叩肠而截之，母子俱无恙。其后胸肉合，肠不得入，粪秽自胸次出，谷道遂闭，而饮食男女如平人。

丁季渊母丧不脱衰

丁季渊居继母张夫人丧，三年不脱衰。以亲染风疾，终身不言“风”。

王瑞虹冒火负祖母

钱塘王瑞虹，名湛，聚族居杭州长板巷。一夕盗入其室，无所获，遂纵火。时火猝起，人又畏盗，皆屏迹不敢前。祖母沈氏年耄不能避，陷烟焰中，径路且绝。瑞虹挺身投焰，负之出，毛发为焦，两得无恙。

林铁崖欲见父母

林铁崖持节驻珠厓，其地故多飓风，风起，拔山飞树。李尝祖立中庭，仰天祝曰：“好将某吹送到泉郡开元寺，挂东西千丈二石塔上，然后呼僧絙引而下，得见吾父母，拊棺一恸，幸甚。”

袁重其捧衣思母

袁重其将出游，母辄为脱衣浣濯而更纴之。偶就客饮，有镊工为之按摩，误为所裂。初不觉，归寝，解外服乃见之，则母前所纴之衣，离褷不可卸，大惊，捧衣长号，悔痛终身不能释。

徐智千孝母

仁和徐智千茂才元英正直好义，事母尤孝，先意承志，惟恐或失其欢。既举茂才，谓帖括无益世用，欲弃去，秋试期近，母强之应考，遂欣然入闱。荐而不售，母使游燕京，应京兆试，乃居全浙会馆三载，有《怀母》诗题壁间。同治甲戌，八世孙印香舍人恩绶以计偕入都，摄影以归。

一日，茂才方在书斋剃头，（宋黄山谷诗："身不出家心若住，何须更觅剃头书。"）母召之，则剃匠方与茂才辨论诗律。母闻之大喜，亟诏茂才出资，令剃匠就傅。既知其有母待养而不可辍业也，复诏茂才月给米一石，茂才悉遵母命，无敢违。

刘琪间关寻父

康熙间，毕节刘琪生四岁，父出贾不返，琪时涕泣思父，辄依母陈氏问父形貌奚若，及平日言动，谨志之。既而请于母，欲求父所在，母曰："儿幼稚，何能为？姑待之。"至年十四，泣谓母曰："儿行决矣。"母亦泣曰："若父始客滇，今十年，不知所往，儿能大索天下邪？慎无去我。"琪跪曰："儿幸有兄弟，可奉母，母无念儿。儿不得父，不可为子，儿行决矣。"则先求之滇，不得，则之蜀、之楚，西踰桂林，北走秦陇，险阻寒饿，屡濒于死。时距父客游时已辽远，传闻疑似，必踪迹达其地，望绝而后之它。思悲凄怆，为诗四十章传于人，冀有来告者。

既而琪又之吴越，之齐鲁，之燕，之赵，如是者十年。一日，忽于京师之国舅厂，闻有乡音者，审里居姓名，则其父也；道家常事，悉符合，相持大恸，道路闻者皆流涕。琪侍父归，母犹无恙。家故贫，竭力营甘旨，孝养二十余年，及遭忧，年四十余矣。子五人，一举于乡，孙、曾并著文行。玄孙御史晟昌始以琪事实上于朝，覆按得实，乃命有司坊其县而祠祀之。

杨大瓢为父讼冤

山阴杨宾，字大瓢。工诗善书，嗜著述，乡里有"杨才子"之目。父安城以友人事牵连，戍宁古塔，宾赴阙讼冤。圣祖鉴其诚，谕令之柳条边，迎父归养，塞外人称为"杨孝子"。著有

《柳边记〔纪〕略》。宾既归越，乡人亦改称为“孝子”焉。

唐女愿为婢赎父

康熙朝，守备唐汾犯法当戍尚阳堡，而家有老母，其幼女投牒刑部，愿入官为婢，留父养亲。情词凄楚，涕落无声，诸曹郎怜其孝，屡为乞请，而卒格于例。慈溪郑寒村太守梁时官刑部，为赋《悲唐行》。

潘天成寻父母

桐城诸生潘天成锡寿，世称潘孝子。幼与父母避仇相失，天成乞食求之，往来休宁山中，跳走哭泣。每至市，辄持一鼗鼓，大声为乡语，观者从而笑之，莫测其意也。行至江西界，其母从巷中出，颇疑天成非丐者，详问所由，相持而悲。因又询知父所在，迎之归里。天成论学祖姚江，又从荆溪汤之锜，受东林之学，后事宣城梅文鼎，略涉历算。狷洁长贫，以老饿死。

方恪敏迎父骸骨

桐城方恪敏公观承天性孝友，封翁以事戍边，卒于戍所。恪敏年甫弱冠，闻耗，跣足徒行数万里，至塞外，负父骸骨归。后以布衣获马周之遇，官至直隶总督。

徐煐刲股疗母疾

徐煐，杭郡庠生徐栩子，性孝友。康熙辛卯，栩妻周氏病笃，煐年甫十六，见母病日急，私念刲股可疗疾，因潜割左股，和药以进。越八年为戊戌，母卒，乃亲卜地于西湖山麓，躬负畚挶以葬之。

陈孀妇助父四万金

康、雍间，海宁陈氏有孀妇，富而孝。父尝官州牧，以罣误，图复官，需二万金，拟商诸妇。别多年，遽数百里诣之，阍人入报，亟请稍憩厅事，妇已步至屏后，是固急欲见父也。逾刻，婢以红氍毹敷地，然但闻环佩声而已，忽一婢云："夫人扶病来矣。"少顷，复加绣毯，终不出。父怪之，命仆私问于婢，婢言地尘垢，夫人畏伏地，必俟父命免拜方出。父乃传谕去地衣，谓病初愈，可弗拜，免劳乏。语未毕，姗姗来前，作欲拜状，父止之，乃裣衽万福。父命坐，然后详叩起居，并途中劳顿否。延入内闼，父述来意，妇言此细事，弟辈或仆来均可，何劳大人亲至。然数年不见颜色，藉得稍申定省，甚善。又言复官后，安能即有缺，恐二万金不敷，行时，兑四万金可也。坚留十余日，洒泪而别。

孝敬后至赐园问安

京师狮子林北有世宗藩邸扈跸时赐园。圣祖幸园进膳，特命孝敬后率孝圣后问安拜觐，天颜喜溢，连称有福之人。

王麟瑞无愧事继母如母

雍正朝，南靖王侍御麟瑞八岁丧母，能尽哀，事继母如母。母病渴，思食青梅，侍御绕树呼号，绝食三日。父殁，庐墓三年，突遇虎，虎却避之。里人刘升，遗金数百两，拾而还之，俾得完娶。雍正纪元，既举特科，复以荐授永平知府，擢四川道监察御史。

徐大姑刲股疗母疾

钱塘孝女徐大姑，为吏部尚书文敬公潮孙女，陕西巡抚静谷宗丞杞女。母素患羸疾，雍正丙午七月，宗丞方以编修典试广西，随母在杭，见母病笃，因语弟曰："母病已笃，傥不起，将奈何？吾已投疏祷神，愿以身代。"旋又割股和药以进，母病果愈。

张白氏刲肱疗母

阳湖张金第妻白氏生三子，夫死于京师，舅亦旋殁。家贫，藉纺织度日，戚族有周给者，皆簿记之，以为异日报答之地，年六十四卒。其母病时，尝刲肱以进，舅疾复然。知县黄瑞鹏表其门曰“纯孝苦节”。有孙名惠言，字皋文，闻人也。

高宗依祖训

太宗尝命儒臣翻译《三国志》，辽、金、元《史》，《性理》诸书，以教国人。及读《金世宗本纪》，见申女真人学汉人衣冠之禁，心伟其语。一日御翔凤楼，传谕王大臣，不许褒衣博带，以染汉人习气，凡祭享明堂，必手自割俎，以昭诚敬。谆谆数千言，详载《圣训》。故高宗钦依祖训，于八旗校射处，皆立卧碑以示儆焉。

高宗孝孝圣后

高宗侍奉孝圣后，孝养备至。每巡幸木兰、江浙，必首奉慈舆，朝夕侍奉。尝从后之训，减刑罢兵。后喜居畅春园，上恒于冬季入宫之后，间数日，必问安侍膳。及崩，则于燕处之地皆设寝宫，巾栉、樿椸、沐盆、吐盂，备陈如生时，时往参谒，哭每失声；且于园隙建恩慕寺，以资冥福。

孝贤后孝孝圣后

孝贤后事孝圣后最得欢心，高宗尝称其淑德为古今之贤后，故待遇后族至优，富察氏之先后膺五等封爵者，凡十四人。后崩，御祭文字，哀婉沉挚，凡平日所御奁具衣物不令撤去，悉如常设之，盖念其孝也。

蒋韶年愿代父戍

乾隆丁巳，长芦运使蒋国祥以事谪戍军台，其子韶年屡求代，不得。壬戌五月，出塞省之，恸哭求于台帅。帅怜之，为奏请，果获俞旨。国祥归，寻卒，韶年旋亦放还。

冯成修乞假寻父

南海冯成修，字达天。七龄丧母，父远出不归，依世父以居，与语其父，辄涕泗交颐，益奋学。乾隆己未成进士，点庶吉士，散馆授吏部主事。庚午，擢郎中。己卯，视蜀学，揭条约十四则以训士。得官后，两次乞假寻父，卒无所遇。年六十一，假归，不复出，掌教粤秀、越华两书院，受业数百人。年八十，计其父已百有一龄矣，乃持服三年。乙卯，重宴鹿鸣。卒时年九十有五，著有《养正要规》诸书。

汪鱼亭殉父

乾隆朝杭人汪宪，字鱼亭，尝官刑部员外郎，在京数年，以亲老归，不复出。居父忧，食苴服粝，期不变制，遽以毁卒。钱文端公陈群尝比之荀顗、谢贞。

秦文恭愿赎父罪

金匮秦文恭公蕙田，尝以父坐事系狱，伏阙上书，愿以身赎。寻奉旨免父罪。

陆朗夫陈情养母

吴江陆朗夫中丞耀外任时，母已年高，高宗谂知之，初选大理府知府，为改登州，升西宁道，复调运河。及擢方伯，母以有痰疾，颠狂益甚，必中丞侍侧稍息叫号，乃上疏陈情，即蒙温纶垂允。

曹士元收父骨

曹起凤，字士元。父子文客死于蜀，不知其所。士元往求遗骨，道河南，历陕西，走成都，南至于云南，西达于金川，书牒于背，且哭且行。乾隆己巳，反成都，濒死者数矣。一夕，梦神告以所在，遂往求，见有棺累累然，棺皆有主名，其一独无，启棺见骨，沥血验之，没骨，遂收骨归。

谢御史陈情养母

全州谢御史之重入台垣也，戆直如初，高宗屡褒之。时谢继母蒋氏家居，老矣，谢上疏乞补外，曰："窃惟科道之望内升甚于外转，而人情即愿外转不愿左迁。况臣负罪至深，受恩至重，欲图涓埃之报，宜依日月之光，而才识龙颜，遽辞凤阙，犬犹恋主，蛇亦衔珠，臣独何心，敢昧斯义？伏念臣继母蒋氏年已七十一岁，臣又系独子，忆自雍正甲辰秋服阕赴补，母子离别，十五年于兹矣；丙午冬，从军出塞，母氏含藜藿以弄孙，倚门闾而望子，又十二年于兹矣。臣今虽复朝班，尚违子舍，顷者母氏书来，道及行动艰难，耳目昏聩，开缄捧读，愧惧交并。欲归养，则家道贫苦，甘旨不供，不孝有三，其一斯在。欲迎养，则广西至京，水陆七千余里，江湖之风波可畏，车马之颠覆亦可虞。欲归省，则往返动经半年，在家不过数月，乍逢又须告别，既别却难再逢，慈母之涕泪转多，游子之方寸终乱。是则矢忠矢孝，二者难兼，而在官去官，无一而可。臣再四踌躇，惟有外转邻省，庶得迎养数年。但臣才能既不称道府之官，而迁转又从无自请之例，违例干泽，端不可开。伏乞敕部治臣妄请之罪，或知州，或知县，降授微员，悯臣将母之忱。或湖南，或广东，量予近地。臣亦知风尘下吏，远逊台谏清班，然民社在身，外得竭驽骀之力；母子聚首，内得伸乌鸟之私，虽公庭屈膝于上官，胜往岁荷戈于荒塞。"寻有旨，授湖南督粮道，旌直臣也，奖孝子也。

卢庆钟庆禄宝父手泽

余姚卢抱经学士文弨性嗜古籍，官俸、脩脯悉以购书，雠校刊行，不假人助。及没，无以为家，其执友某为谋以抱经堂数万卷归巨室，巨室佽助以金，待其子孙如约取归，如南阳井公与晁昭德故事。其子庆钟、庆禄曰："是先人手泽存焉，虽贫，安忍一日离也?"

段若膺居丧哀毁

金坛段若膺大令玉裁七十丧亲，如孺子哀。八十祭先，未尝不哭泣。八十时读书，未尝不危坐，坐卧有尺寸，未尝失之。

洪稚存遇母忌不食

洪稚存，名亮吉，幼孤贫。及长，常橐笔游公卿间，节所入以养母。母卒，时客处州，弟霭吉不敢讣，为书言母疾甚，促其归。洪亟行，距家二十里，舍舟而徒，方度桥，遇其仆之父仇三，知母殁，大号踊，失足落水中。流数里，汲者见发飏水上，揽之得人，识之者共舁至家，久之方苏。洪以不及视含敛，后遇忌日辄不食。

陈质庵承欢塞外

陈质庵，名容礼。以父英德令沁斋谪戍伊犁，遂弃妻子，随侍以往，跬步不离者十余载。尝密请于将军松筠，愿以身代，俾父得生入玉门。松怜其诚，据情入奏，虽未奉俞旨，而孝子名布于域外矣。父殁，徒跣万里，扶柩归葬，庐墓三年。后官江苏通判。及松入掌钧轴，书联赠之曰："揽胜寰中九万里，承欢塞外十三年。"盖纪实也。

翁运槐运标寻父

乾隆朝，有孝子翁运槐、运标，余姚人也。初，其父大环偕所亲赴粤西，舟经湖南永州之新塘站，夜忽失所在，同舟者遍迹不可得，驰报其家。妻母邬氏得耗，遣老仆走粤西，冀有遇，久之，终不得踪迹，乃具所遗衣冠以葬。既卜兆于神，有“意外得生还”之语，三卜而三兆，故举家犹冀大环之得生还也。时运槐方八岁，运标止三岁。

后三年，邬殁。殁时呼其女，以两子属之曰：“我不即捐躯从汝父于地下者，待二子成立，将挈而亲迹诸衡永间，今已矣。”当是时，姊弟相守，求大环遗箧，得舟次新塘一诗，末云：“霜浓古寺钟闻处，一点空明透佛灯。”群复疑大环或遁迹于沙门矣。迨运槐年十三，即奋身往湖南、广西间求父。中道病，困逆旅中，适同乡有贾于其地者，挈之归。姊迎而哭曰：“汝之行，固母志也。垂绝丁宁，皆冀两弟能成立以后事，今犹未也，乃以孱幼之身，颠踣道路，何为者？”两子泣受姊氏诫，自是不轻出。

越三十余年，运标成进士，运槐举一子，遂商所以迹父者。卜诸神，复得生还兆，曰：“神许我矣，誓寻父，不得则不返。”皆密自部署行李，担负作远行状，日试奔走于幽室中。既而运标亦举子，甫三日，遂潜身偕出，人无知者。两人之行，或分或合，困苦艰险，不避也。阅数月，会于全州之湘山寺，盖以其父诗有“古寺佛灯”之句，故凡荒刹废院辄刺探焉。其友邵某闻其已会于全州，至寺诇之，白其故，邵曰：“误矣。若翁非好为畸行者，平日为文章，多恳恳于儒墨之辨，岂可以一诗疑之？吾意衡永之间，可通舟楫，子盍制一舟，榜曰‘浙东余姚翁某兄弟寻父之船’，溯洄上下，必有得耗以来告者。”乃从之。

运槐、运标乃泛舟，沿流上下半载余。一日泊舟白沙洲，有老人造舟而告曰：“吾为郑海还，汝所求，生者吾不知，非然，则瘗于是洲者，其是耶？”则大愕，跪而叩其颠末，乃言：“去此二十里，为吾所居之鸟窝塘。吾有弟，曰海生。其妇于乾隆壬申十一月七日产子，海生走报其妇家。渡江，溺焉，为败苇架阁，得不死。俄顷苏，出水登岸，迴视丛苇中赫然有一尸，趣吾往视之。其人貌癯而皙，所衣表里皆缯制，因共舁而瘗之。洲前有隆然高阜，即埋骨地也。前数闻有人访求，将往语之，里老尼吾曰：‘所求者生人，非求溺而死者。指死者以应，是速祸也。’自是三十余年，吾怀为之耿耿。今海生已前殁，吾老矣，幸不死，闻君等来，敢以告。”

海还所言得尸于丛苇中，以月日计之，距大环之失踪新塘才二日耳，盖海生是日所生子曰某者，时犹健在，故其时日，海还尚能碻记之。遂至海还家，则海生之妇亦能具道当日事，以其夫曾同日罹厄也。复言当瘗尸时，曾拾得杂佩数事，今惟一钥尚存，亟取视之，钥乃折叠制，已缺一齿。因忆遗箧之锁固失钥，即募善走者持钥还浙，乞姊证之。姊得钥大恸，曰：“是也。当日遗箧归已无钥，我启以他物耳。”急足还报，始信是洲之为父葬处也，遂奠哭如礼，招魂而归殡。路人见之，无不感泣。

其后运标官祁阳知县，白沙洲为其邻县境，遂筑祠买墓田，使郑之后世守之。

沈应科徒步寻父骸

德清沈应科之父名炯文，乾隆时以时事牵率戍渭南，卒于戍所。越十年，应科长矣，赍本县牒，徒步往求父尸。则匵（古同“柩”）已瘗，衰草平原，天苍苍，地茫茫，不可觅也，乃放声长号。会有牧人过，见而问焉，告以故。牧人曰：“吾知之，然已忘之，汝可问荷锸者张可宁。”因遥指张居处。入门则张已病亟，哭拜叩下，张气息仅属，瞠目曰：“吁！吾几忘之矣。汝父瘗处，吾尝埋三巨石于上，若品字然，亟寻之勿失。”言讫即逝。应科哭拜出，遍觅两日，至一所，有石微露，搰之果得三石，再搰则棺见焉，木朽矣。炯文少时当唇堕一齿，验之宛然，复啮指滴血，血沁入，遂负骨徒步以归。

蔡以台鬻妻养母

闽中蔡殿撰以台家赤贫，至孝；无以为养，将鬻其妻。夫人不忍拂，请行，抵富家白其故，乞改执爨役，主人感动，遂如指。一日，召墨客入书斋，适遇夫人，相对泣。主人骇，诘之，知客即蔡也，乃送还。未几，蔡联捷会状，屡典文衡，激厉寒畯，现身说法，初不以此事为讳。

哑孝子丐食奉母

乾隆时，昆明有哑孝子者，居东门外，有母，老矣。孝子贫且哑，不能治生，己出丐食，有得则归以奉母，三日或一餐也。暑日，人与以瓜，受而不食，强之不可，瞰之，则再拜奉膝下矣。母亡，众议给棺，不受，至井畔汲之，得铜钱六千，盖其平日所积以供葬费者也。后不知所往。

舒铁云以母老辞官

舒铁云孝廉位，大兴人，侨寓湖州之乌镇。尝从王朝梧观察之黔，值南笼仲苗不靖，威勤侯勒保统兵征之。观察身在行间，为治文书，勒见而器之，恒与计军事。仲苗平，勒移督四川，为经略，率三省兵攻白莲教匪，时乾隆癸丑也。勒与舒约曰："子之才，傅修期、骆宾王流也。从我游，军蒇，治中、别驾，所以烦士元者在吾，无忧。"舒以母老道远思归辞，曰："昔温太真，东晋之国士也，绝裾违亲，为论史者所惜，吾岂以五品官而置七旬垂白之母于八千里外乎？"谢勒南归。贫无以养，恒负米湖湘间以养母，岁一归省。既又客云间、秣陵、会稽，地较近，辄数月一归以省母。

毛燧传喜母病愈

毛燧传，字阳明。数岁时，母病逾月，体清削减半；母愈，骄语其侪曰："吾母今已愈矣。"人曰："母愈，乃一乐至此耶？"应声曰："乐有大于是者耶？"

陈稽亭父丧哀毁

元和陈稽亭工部鹤少出嗣，居本生父忧，哀毁倍常，瘠甚，降服三年，要经不除。乡举后，以祖母年高，不欲往应礼部试。久之，通籍官部曹，再出再归，率掌教江宁之尊经书院以老。

吕西圃出父于水火

苏州吕孝子西圃尝从父泛舟吴淞，父失足，溺于水，西圃即跃入洪流中，负之以出。其平日实不谙水性也，狂风骇浪，竟获无恙。一日，乡邻不戒于火，及吕氏庐，西圃突焰而入，负父出，方及门，所居室烬焉。

仁宗孝敬

高宗内禅，颁行嘉庆丙辰时宪书，盖仁宗登极之纪元也。仁宗面谕枢臣，命除民间通行专用嘉庆元年一种外，其内廷进御，及中外各衙门与外藩各国颁朔，皆别刊乾隆六十一年之本，与嘉庆本并行，以彰孝敬之诚。自是两本并行者历四载，至高宗升遐始已。

邓显鹖事父母

邓显鹖，字子振，“云渠”其自号也。新化人。少事里中宿儒张某，诲以穷经植品、澹泊自守，遂守之以终身。初为学时，即一言一动必依礼，佻达者或戏呼为道学先生，弗顾也。

母毛孺人，靖州训导学古女也。尝遣显鹖省父于靖州，濒行，自作《授经图》，左手执经，右手持杖，以针刺指血濡其上，图成以授之曰：“儿离吾左右，慎勿忘持杖告诫时也。”及至靖州，学古留之使学，遂闭门昼夜勤学，夜分倦荼，则展《授经图》而泣，泣已诵弗辍，以达于旦。如是者数年，学益进，遂于书无不窥，旁及阴阳卜筮之学，亦罔不研究。及嘉庆初，父母俱老，而家徒壁立，无以为养，遂于里中传授生徒，资其脯脩以易甘旨。鸡鸣即起督课，晡后必归省，归则备述诸生一日课程，以承色笑。父长智晚患气疾，遇寒即发。尝出游，一日显鹖为诸生讲，已登座发难矣，时秋风微起，即辍讲，至家径取箧中衣送父游所。父曰："吾知儿必来也。"有疾，恒竟夕侍，父或勉自支慰，遣其就馆，则篝灯寝室户外，屏息评阅生徒课蓺以达曙，室中有转侧呻吟，未尝不在侧也。如是者十余年。既而父母相继殂，乃偕弟湘皋训导显鹤庐墓旁。所蓄犬夜常蹲伏庐外，庐中人悲哭，犬亦狺狺作哭声应之。小祥日，犬忽不食而死。

李汝恢寻父叔

李汝恢，字开泰。父仲鸿素负大志，屡试不售，转而习医。既奉父母终天年，即浪游于外，累二十余年不归。汝恢幼与母居，日夕念父，及年十三，即至川粤踪迹之，不得，归而饮泣更甚。于是戒酒减膳，凡一切日用所必需者，皆三分损一，以留其余。积十年得百金，复出走，乃遇父于贵州之会城，扶持以归，承欢于家者二年。而其叔亦以贫故远游，不知所在，又奉父命往寻。遇于柳州，喜不自胜，忽念亲心痛，促装言归。及抵家，其父固无疾也，见弟与子，一笑而逝。

邹彝寻父

江宁邹彝，字明川。生十余岁而父游蜀，其始也，间数岁一归，已而不归者三十余年，后遂不通书问。彝痛念之，一日谢家人，襆被徒步，入蜀访焉。至成都不见，见其故人，告曰："尊公去此久矣。"问以地，谢不知。乃渡桔柏，踰五漫，徒步走，七月至达州。

初，汉诸葛武侯卒，蜀人哀思，如丧父母，其裹首布多以白，谓为武侯持服也，自汉以来，相沿不变。彝至达州，适村民有会事，首白巾者相属于道。俄见一老翁朱缨而至，彝望见之，即曰："此吾父也。"趋前伏地，以父呼之。翁大惊，扶掖起，既相问，良然，相持大痛不已。遂迎以归，尽孝养者十余岁。

佘酉州求赦父罪

嘉庆壬申，四川崇庆十一岁女子佘酉州，以其父长安遣戍湖北，祖父母年逾八旬，无人侍养，匍匐入京，叩请释放。台臣为之奏请，仁宗谕曰："余长安原犯情罪，尚非常赦所不原。念伊女年幼至性，加恩释放回籍。"

龚良星为母割胸臂

什邡龚良星，监生启运次子。启运一生好善，妻汪氏没，遗三子，继妻夏氏视三子如己出。启运没，三子编笠养母。嘉庆甲戌秋八月，母病月余，医药不效。良星罔知所措，中夜密祷空中，持刀割其胸，仆地，方起再割。少顷，和鸡汤以进，母服之，次日愈。妻察其状貌异，固问不答。半月余，瞥见刀痕，惊告夫兄良修，始知其事。母与兄相持大哭，邻族聚观，咸劝慰之。于是书其状以报纪大奎，大奎验某胸，刀痕有二，俱横三寸，结痂，且其前岁两次割臂疗母之痕亦尚存。

大奎乃曰："古之言孝者，以刲股割肝戕生为非孝，而良星顾屡为之。然良星两割臂人无知者，当其时，知有母而已，良星固不欲有孝名也。良星痛生母之不复见，其视继母䵷然若生母之在前，岂非孝哉?"良星言貌质朴，询其事，容蹙然若不自安。次日，大奎为大书"孝心切挚"四字作扁，旌其门。扁成，鼓吹舁城内外一周，观者如堵，送至其家，给米二百、布一匹。

徐守仁庐母墓

青阳徐守仁世业农，四岁而孤，未尝读书。事母孝，晨昏视问，悉如礼。为人佣，得值则市酒肉，归奉母，母呼之共食，辄以持斋谢，盖不忍分其甘也。母年七十六而终，哀慕若孺子。既葬，露处墓侧，号泣十余日，蛇虺附体，不顾也。乡人怜而为之庐，且饮食之，乃并奉其父木主以居。有吊问者，镪楮外悉不受。既免丧，或劝之归，则曰："必俟母过八十寿而后归。"于是守墓凡四十有二月，归时则须发尺许矣。嘉庆甲戌，皖学使白洗马镕闻而叹曰："吾人自束发受书，少而负笈，长而服官，大抵奉亲之日少而违亲之日多，及抱恨终天，又或牵于尘累，求如孝子之尽礼者终不可得，乃致父母有富贵子不如有贫贱子之言，可胜痛哉！”

濮童以食钱奉母

嘉庆丙子，皖旱，流民载道，转徙至于浙。永嘉市上有一幼童，跣足短褐而端谨，永嘉县令适出而见之，问其姓，曰：“濮。”问其籍，曰：“全椒。”问其年，曰：“十。”问何以来此，曰：“家止山田一顷，丰年仅足食。今旱干无获，刈谷四十余石，祖母年将八十，胞伯亦诸生，已六十，偕其伯母侍养，半菽不饱，故父挈母与叔挈细小以就食江南，乃流转至此也。”与之食，辞；诘之，曰：“父母啖薯兼旬矣，不忍独饫。”乃为箪食与肉，寘诸橐以遗之。出，即献其母。旋又召之入，予钱二百文，则拜而襭之襟，曰：“出以奉母，童子无私藏也。”时瓯守为蒋峨峰，尚未有子，闻而奇之，呼与语，大悦，欲养为假子，童不可，乃止。

赵阿耆事母

嘉、道间，常州丰乐乡有一丐名阿耆，赵，其姓也。有老母，同住破庙中。晨乞食必先进之母，得钱则更买甘旨、置衣服以奉之。冬则置母暖处，至夏日，则就森林，负母纳凉。夜不能具帐，母寝则持扇立侍，累月无倦容。母有所苦，恒歌舞跳弄，务得其欢而后已。里人知某孝，有所施，辄较常丐稍丰。

富鬍鬍为母致馄饨

秀水之柞溪有富鬍鬍者，少孤，业负贩，事母至孝。母嗜馄饨，家距市三里，恒于清晨为母致之，风雨无间。母死，设灵几，所陈祭品一而已，然必择其夙嗜者，终身不改。

永闻为母梳发

永闻上人工诗，有母，奉之居庵，色养惟谨。老而病臂，不能梳发，晨起，长跪为代梳，十余年如一日。

葛大宾事父母

葛大宾，字寅轩，湘乡增生。四岁丧父，哀戚若成人。年十三，值父忌日，出木主以祭，适粉面剥落，审视，微露他姓，盖木工饰废主为之也。大宾恸哭，引咎告墓，易主，十日乃祭。事母孝，尝隆冬独坐于馆，忽心动，急驰归，入门数呼母。母方负暄后院，闻声趋出，而屋后山颓，坐处已压碎矣。母殁，勺饮不入口者五日，既葬，衰服终其丧。兄弟五既分居，而负债无以自存，大宾请于母，复同居如初。尝授徒里门，从游者多知名士。道光初元，被举孝廉方正。

李亘荣事母

李亘荣，字华塘，龙山人，世籍武陵。少随其叔贾龙山，婿于张氏，遂家焉。父蚤殁，母贾氏尚留武陵，有二兄随母居。一日，亘荣心动，语其妻张曰："吾母恐病矣。"乃自龙急驰，五日抵陵。入门而母果病，询病起时，即心动时也。病革，并迎张氏往侍之。母殁，则返张于龙，而独庐墓所三年。

亘荣以贫废读，然聪警，喜向学。一日，闻友人讲《论语》"子路问成人章"，憬然曰："吾今乃知圣贤之言，固有益身心也。"有潘某者游于龙，有学行，亘荣延至家，亲从其讲授。潘年少于亘荣，事之如父兄，凡三年始去。

王瘦山殉母

王爔，号瘦山，华亭人。少孤，大父嘉璧鞠之。嘉璧耆年绩学，学者称"瑶峰先生"。没后，家赤贫，瘦山刻苦读书，为学官弟子，授徒养其母。道光癸未夏，霪雨，江以南皆泽国，松江尤甚，斗米钱五六百文。瘦山脩脯不能餬其口，然堂上甘旨无少缺。未几，疫大作，母遘疾不起，不克敛，贷三十镒始成丧。自后不盥洗，不寝息，埃垢积发肤，搏膺而呼，悲酸结塞。一日天未明，凭棺恸哭，退而自书曰："不孝子王爔生无以为养，死无以为礼，以亲丧故累人，不如死。"即潜入后舍，启其扉，扉临河，投河死之。平明，家人起，视后舍扉启，中阒无人，大骇，适买棉纱人来曰："吾见南门大张泾东岸白杨树下有一尸，麻衣草履者，其是耶?"急觅之，则瘦山也。

苏应喜救母而死

苏应喜，正安州人，年十八，母刘氏。道光乙酉，东街火延及西街，民居殆尽。喜方在书院肄业，闻报奔回，不问物，惟寻母耗，不得。既而闻火中哭声，喜知是母，急入救。众以火猛，入必死，挽之，喜哭曰："天下岂有无母之子哉?"奋身入救，死之。后灰烬中见喜覆母，母通身焦黑，而喜面如生。

刘明魁救父而死

刘明魁，茶陵州人。道光丙戌大水，扶父母出避。父陷淖，明魁负母置高岸，回掖父，水突至，遽揽浮木授父，父得生而明魁死。

尹六生弃子救母

茶陵有尹六生者，掖母挟子趋高冈，水及膝，遽弃三岁子，而负母以奔。会州人李青在冈上见之，曰："孝子也。"跃水救之，子亦免。

顾恒丰庐母墓

荆溪顾恒丰有兄弟四，恒丰次居二。善事父母，父殁，事母尤笃孝。道光庚寅七月，母患痢，刲股肉疗之，凡数四，终不愈。既葬，庐墓侧，将终身焉。既终三年丧，其兄为娶妇，有期矣，不得已而归。恒丰初不知书，族祖兴宗教之识字，授以《论语》《孝经》，为之讲解，辄能了其大义。邑大夫陈某闻之，奖之以额曰“孺慕可风”。

曹清文救母而死

曹清文，宁远人。道光壬辰瑶乱，清文负母避山中。瑶搜及之，清文以身翼母，受刃而死，母获免。

郭钊事父母

善化郭钊家贫窭，读书刻苦，屡应童子试不利，母督课益急。母寝疾，侍左右，数月无倦容。疾革，刲左肱肉血和药进，而母已不能食，时道光壬辰正月也。母没而父且病，钊擗踊无节，昼夜悲哀，食不知味，衣不解带。既葬其母，复席地父榻前，进饘粥、奉药饵，嘤嘤月余，双目大瘇。值令节，则又号泣冢上，以头抢地，弟妹要之归，乃归。如是者以为常，竟以毁致疾，咯血，四年而卒，年二十有五。凡钊之亲党师友佥曰：“孝子死矣。”初，钊持刀一盌一登楼，移时袖而下，无识为刲肱者。明日，倩邻姑缝母附身衣裳，钊大号，叩头谢，邻姑手扶触创处，痛仆于地，久之乃起，亦不知为何。迨百日沐浴瀚濯，则袒服膏血如漆，创口犹未合也。

王品璋殉母

王品璋，海宁人，家贫，负贾于吴门。道光壬辰，闻母病，徒步归，侍汤药惟谨。越七日母殁，庀丧具，昼夜长号，旬日骨立，旁观者忧之，而品璋不觉也。常蒲伏侍柩侧，癸巳春正月八日夜将半，呼家人言曰：“吾将从母往矣。”问何往，曰：“归位。”逾时卒，距母丧未百日也。

刘孟涂客游养母

刘孟涂家贫不足以养母，乃奔走公卿间，无干谒之态。尝谓姚元之曰："吾乡多佳山水，使吾有菽水资，迎吾母居龙眠、杯渡间，手一编，不去吾母左右，其乐何如？而顾为是仆仆哉！"然亦习举子业，试辄不利，卒以上舍终。

刘端临孝事继母

宝应刘端临，名台拱。学宗康成，行仪紫阳，既举于乡，两上公车不复出。尝为丹阳训导，课士之暇，闭门著书。事继母至孝，家书来，辄先觉。一夕忽心动，请急归视母，果病且剧，亟营医药以进。母爱之曰："如尔，不愈于我所自生者耶！"连遭二丧，哀毁过情，蔬韭四年，人以为难。

申祥麟寻亲

申祥麟故习秦声，渭南人。初出山，由汉中渡江，南至武昌。其地有胡妲者，艺颇精，求其指示，欲藉以假食，不肯授，转嗾同辈揶揄之。大愤，弃去，乃佣于金弹儿家。弹儿，汉阳名娼也。祥麟事之，见其一颦一笑、一举止一饮食寤寐，明姿冶态，备极诸好。居一载，曰："吾得之矣。"复请奏技，观者一座尽倾。又数月，夜宿旅店，忽有白刃自牖至，揕其首，亟避，出视之，即胡妲也。知其地不可居，即日返渭南。

方祥麟之始去也，年十六。又四载归，入室，父母已出亡，有云见之山西者，复弃家渡河，由蒲州奏技至太原访之。一日演剧于沈竹坪观察署中，傔从列侍中有老叟似其父，时方登场，一瞥眼，不觉失声。询其故，令相认，果然。其母亦在署，闻之，亟趋出，抱持之，各相视，恸不能起，座客皆泣下。观察感动，厚赠之，令与俱归，返旧居。置田五十亩于渭河川原上，事亲以终其身。

郑立本塞外寻亲

萧山郑立本之父曰相德，坐事戍塞外。立本稍长，知之，痛哭废寝食。年十八，辞母寻父。家故贫，誓以丐往，母初止之，不听；临行，哭而戒之曰："汝父左手小指缺一节，中有横纹，幸而相见，以此为验可也。"历半年，行抵库车，检军籍，无父名，流徙数月，未知所往，边徼人稀地广，又无可乞食者，困甚。军将高魁元闻立本操中土音，问之，具以告，魁元惊曰："汝父，我友也。曩昔戍乌鲁木齐之绥来县，虽然，别八年矣。去此三千里，中隔雪山，往不易也。"馈赀而别。

立本既知相德耗，心益急。时张格尔余党未靖，官道梗塞，乃裹粮走小路，攀崖越岭，误入深山，前临陡涧，不见底。方旁皇无策，忽有兽自南来，其大如象，疾行若电，黄光闪铄（同"烁"），举步作金声，瞥然北去。因念此物来处，当有途径，黑夜探行，辗转至天明，乃回库车之路。惝怳道旁，气息仅属，惟呼天吁父而已。

时差官赵弁从山脊过，闻而怜之，曰："我转饷回，即赴绥来，当携汝行。道路险巇，勿自往，往亦不识也。"托立本于回务主事奇某家，奇礼遇之。

立本居逾年，赵不至，亦无他伴，乃复潜去。行入戈壁中，绝水，时夏月酷烈，掬路旁马溺饮之而呕，呕而复饮，如是数日，惫极而仆。适番众骑马过，抚之未绝，负至泉饮之，逾时始苏，又以饼饵食之，复起。行数十里，见天山雪水，汹汹迎来，自念有进死无退生，褰裳涉之，寒若层冰，中挟砂石，如碗如拳，击胫骨痛不可忍，良久得岸，始达土鲁番大道。由是，历蒙古塔、白洋河至乌鲁木齐，急奔绥来访问，则父已病殁数年矣。

立本以相德殁，长号过市，恸不欲生，濒死者再。先是，相德抵戍，土人延请教读，及门者多，卒之日，共营葬焉。及闻立本至，告以墓所，争延致之。立本自是患病二年，门人轮视不少怠，以故得不死。他日启墓，门人悉会，内地人流寓塞外者，咸来设祭。祭毕开棺，体肤悉化，惟左手独存缺指，横纹宛然，远近骇异，以为天留只手，以待孝子辨认也。立本益哀哭不能止。众上其事于都统，沿途具夫役，给驿马，护之负骨以归。时英人入寇广东之前四岁，道光甲午也。盖往返二万数千里，时历八年。立本抵家拜母，相持悲泣，葬之日，父老士女奔走往观，咸呼之为郑孝子。

王秀娥为父报仇

王秀娥，平湖之乍浦人。父名英。道光壬寅，鸦片之役起，英从戎，充队长。英兵犯乍浦，英战死，时秀娥年十七，痛不欲生，欲以身殉。既而曰："人孰无死？死固不足惜。我父为国而死，死有荣也。我第报父仇可耳。"越数日，乍浦失守，秀娥策马突入英军，挥刀奋斫，纵横跳荡，杀数十人。俄有自后斫之者，臂中伤，坠马，然犹强起，杀二英兵而死。

萧韶事祖父母

萧韶，字选楼，零陵之乡人。少颖悟，读书日终一卷。道光丁酉拔贡，留京，旋以疾卒，年甫二十六。韶生周晬即失怙，母守节抚之成立。逮事祖父母，为所钟爱。祖母殁，以母事祖父多不便，凡省起居、供甘旨之事，皆身代之，日随行、夜伴宿，以为常也。一日入城而祖父卒，比归，已敛矣，遂呼号，以头触地，气绝，久之乃甦。

张启荣侍奉如母意

道、咸间，山阴有张启荣者，业负贩。母年迈，病瘫痪，卧床者二十年矣。朝夕侍奉惟谨，梳盥衣食，悉如母意。其荷担而出以鬻物也，路不过二三里，不再远；日不过二三时，不再久，恐母有所需，无代之者耳。年五十一，尚未娶，以母望孙切，则为其弟纳妇焉。山阴令林怡如闻其孝而贫，资助之，不受，曰："小民食力自给，今得月廪，无以报，不敢虚縻公帑也。"

孙月泉养父以酒

孙月泉，名承祖，咸、同时之仁和布衣也。事亲孝。父嗜酒而贫，母数诫之，索杖头钱常不与。布衣时方为童子师，辄以脩脯所入，窃市酒以奉父，不使母知也。一日母觉之，语布衣曰："而翁酒后恒失德，吾惧其贻祸耳。"自是，布衣辄侍父入市，醉则掖之以归。

江学海迎父母于寇中

江学海，武举也，世居全州北乡之杨家湾。粤寇围全州时，四乡咸设团练，以兵力薄弱，不足以解州城之围，众议推江赴湖南乞援。及自楚返，全州城陷，团溃，江之父母悉被掳。时寇趋道州，江遂往投之。其父方陷寇中职牧马，母在酋所司烹饪，江白之酋，愿迎还父母，酋怜其孝，许之。咸丰壬子六月杪，劳文毅公崇光方督师谋复道州，江先开城迎降，遂复道州。劳欲叙其功，力辞，乃奉其父母归全州。

菜孝子临死念母

番禺卖菜佣某，佚其姓名。性至孝，日以百五十钱奉父，父殁，事母维谨。人称曰"菜孝子"。咸丰甲寅，红巾匪窃发于澳门，孝子为军人所获，诬为贼，将杀之。忽与其女兄遇，有军人某方饷孝子以酒肉，孝子谓女兄曰："弟已诬服，母在，无人供养，可以此遗母，但言弟不知流落何方可也。"遂相持痛哭，俄而孝子死矣。

葛秉珩赎母

葛秉珩，武进人。幼有神童之目。年十六，补博士弟子员。

咸丰中叶，粤寇扰常州，掳其母、妹以去，秉珩即驰赴寇营曰："吾父年高，倘必夺我母、妹，则我父将不保。"寇曰："得百金可赎之。"秉珩竭蹶求得五十金，寇仅还其母，乃与妹诀曰："我去，汝即死。"寇闻之，遂遮道不放，欲并留秉珩为书记，且曰："汝能劝妹顺我，当惟汝所欲。"秉珩大骂不从，寇攒刀剉杀之。于是百计诱胁其妹，妹大骂求死，寇悦其色，犹不忍加诛，割发裂衣以恐之。妹仍骂不已，遂被杀，时年十七耳，其父收尸瘞之。

殷润之殉母

殷春生，名润之，丹阳人也。值粤寇之乱，举家迁泰兴之季市，家焉。其后伯叔继死，父亦逝，家中落，其兄玉彬衣食于奔走，春生则依叔东桥以为生。尝语人曰："吾少孤，吾有母而不能事，何以为人?"遂辞叔归，作佣于人以养母。

母茹素佞佛，终日喃喃礼大士，果食之类，殷皆以母可口者遗之，日数至家，不惮烦。母病风痹，全体不仁，目又盲一，转侧需人，口食不能自就，而春生饲之；溲溺不能自便，而春生侍之。如是者有年，而无难色、无怨言。一夕夜阑矣，春生之市市温水，注器为母濯足，突闻钲声聒耳，火光烛天，市人曰："此殷某邻也，不戒于火。"殷家距市半里许，闻之，狂奔而归，呼号求救曰："小人有母，若不出，安用生为?"抢地呼天，躃踊至再，口鼻血涔涔然，遂殉母而死。

颜氏子思亲而瞽

咸丰时，粤寇之攻兴安县者为韦正。既陷城，俘虏中有一颜氏子，年十八，两目异常人，夜不灯火，能作蝇头细字，复能以绣花针数十枚于暗室中以发贯穿。屡试皆然。韦大异之，抚为己子。而其性纯孝，以思念父母，日夜哭泣，月余，泪不干，两目遂盲。韦多方抚慰，终不止，不半载，竟忧郁以殁。

吴廷栋甘受母挞

霍山吴彦甫少寇廷栋为咸、同间理学名臣，母叶太夫人博通书史，吴四岁即授之以经籍，过目成诵。有过，手挞之，吴泣，大夫人曰："汝头有鲠骨，痛吾手矣。"吴捧母手，拊摩再四，曰："母再挞儿，可用絓紬裹也。"太夫人为之霁颜。

左白玉为翁姑母割臂

阳湖左小莲，名白玉，杏庄中丞辅之女孙，常熟言良鈖室。工诗词，性纯孝。在室时，割臂愈母疾。既嫁，翁忠杰、姑郑氏同时病笃，值良鈖应京兆试未归，白玉复割臂肉以疗之。没时，家人见其两臂刀痕宛然。其遗稿名《餐霞楼集》。

冯孝子佣耕养母

冯孝子，佚其名，太仓老闸镇人。少孤贫，佣耕以养母。粤乱平后，无田可耕，乃行乞于市，得钱则市酒肉以进，歌俚曲以侑之。同治丁卯，母卒，乞得义冢地，并其父柩合葬之。日则仍行乞，夕于墓旁宿焉。每日外出，必携数石以归，环墓成垣，自结草庐，寝处其下。后数年，无病卒，乡人即葬之于其所庐处，知州方传书立碣表之，曰"冯孝子墓"。

姚立孝父母

姚立，居金山之温河泾，为博士弟子。髫龄即善承父母颜色。母杨氏苦腹胀，立年十四，恒抚摩之，问所苦。后十年，母以微疾终，擗踊不欲生，父曲谕之，乃进一溢米。

父以跌伤足，立方他出，即心动，归而捧父足哭，延医治之，倾其赀，寻愈。既而疽发于项，危甚，疡医顾某居黄桥，距所居二十里，立走邀之。会雪甚，至斜塘，无渡者，则立而大号，渔者悯而渡之。抵顾所，顾亦感动，具舟与俱来，尽剂愈。

又尝苦痢，废眠食六十余日，父亦瘳，而立以劳殆，故病。病咯血，辄自讳，惧贻父忧也，然自是父出必与偕。同治戊辰冬，泛舟泊泖滨，父欲登岸，忽倾踣落水中，立仓猝亦自投水。时已薄暮，风大作，观者方顿足无如何，立瞀罔中，忽已两手抱父立于荻丛，去所泊舟处三四里矣，父卒无恙。

立既脱父于水，则感寒疾，殗殜以殁。临殁，视其妻许曰："吾不能终事父，汝能代吾养父，不使父眠食失所，吾不死矣。"遂卒，卒时年三十，父年七十矣。乡鄙胪列其行，上之有司，得旌如制。

朱孝子为愚孝

宝应界首镇有朱孝子者，以理发为业，性至孝。其事父母也，晨夕必问安，进食有定则，肴馔果饵必请于父母而始购之。及父母相继殁，日至墓供奉如生时，风雨无阻。母生时惧雷，每雷雨时辄至墓旁，大呼曰："儿在此，勿惧也。"同治丙寅，清水潭坝倒，狂流急注，一片汪洋，乃于墓旁立木桩，以绳之一端系桩，一端束己腰，而呼曰："儿在此，长伴父母，大水虽来，亦不能冲儿去矣。"水至，距墓前不远，四面皆壁立，如城然。堤岸救水之官民望见之，大惊异，询其人，乃咸知为朱孝子也。墓之四周，田约九百余亩，未遭水害，后收获极佳。李文忠公奏请为建坊，并以表旌之。然朱习旧业如故。曾文正督两江时，闻其名，召之至，赐坐，令改业，朱曰："此为吾祖业，历代相承，不敢改也。"曾闻其语，称之为愚忠愚孝。

庄曾炎代父戍

同治朝，阳湖有庄曾炎者，事父母以孝闻。父逢吉，入赀得山东某县县丞，坐法戍奉天。曾炎方弱冠，痛父远行，奔诉于郡守，欲走代之。守有难色，曾炎号泣于庭曰："人孰无父哉！奈何独沮于我也？"左右为之请，太守亦鉴其诚，获如其请。曾炎遂即日上道，诣京师，伏阙上疏曰："臣父县丞逢吉，不幸罣吏议，谪戍辽阳，筋力就衰，不能执事。大母范，春秋逾九十，旦夕想念，恐染霜露疾，无以遂其菽水之忱，终天之憾，或及其身。臣犬马之齿方殷，愿代父作劳，使其终养，虽即死无恨。圣天子以孝治天下，惟哀矜焉。"疏入，穆宗恻然从之。

曾炎乃易短衣，欣然就道，无难色。然体质尪弱，不胜负任之苦，越十月，以疾殁。临卒，谓吏役曰："毋使父母及祖母知，恐伤老人心也。"曾炎通《毛诗》，善歌辞，赋性刚直，读古忠孝事，敛衽久之，且曰："使曾炎生于其时，亦当若是。"遇友朋患难，舍身赴援，蹈汤火不辞也。卒年仅二十二。

祝世乔寻父

祝世乔，字子迁，江西人，神谷子也。方襁褓时，父远游，久未归，及世乔年十五，乃孑身远出以求之。历楚及秦，数濒于危。

神谷精医术，楚有杨某者，德神谷之疗其疾也，思报之。及见世乔，亟欲妻以女，世乔泣辞曰："父尚未见，敢言妻哉！"遂辞去。而秦西山高地寒，值严冬，皲瘃无完肤，自分必死。久之，乃遇父于西和县，相抱而泣，奉之至高陵，始卜室焉。世乔虽在穷途，读书不辍，后卒知名于庠序。

郭孝子伏墓卫母

浏阳郭孝子，村氓也。早孤，以力食于人，得值以养母。母畏雷，孝子因之不远出。春夏之交故多雷，辄弃其所事以归，闻雷声，即持抱母。一日母曰："幸儿卫我，得无怖，若在九泉，谁卫我者？"孝子慰之曰："母百年后，若逢阴雨，儿尝守母如母生时。"后母卒，葬毕即宿墓旁。旁有小岩，可容一人，乃庐其中，晴则出，阴则守。每雷电交作时，即伏墓侧而呼曰："儿在此，母无恐。"率以为常。

马贼亦知教人以孝

马贼出没奉、吉，以乘骑系铃，行时有声，故又曰“响马”。恣睢杀人，旅客遇之辄无幸。阳湖恽某以省母南归，途遇长髯客四五人，怒马而前，喝令止，恽曰：“财帛恣君取之，但得生还见母，斯幸耳。”皆斥其诈言，欲杀之，其一独曰：“吾辈任侠，当教人以孝。彼以省母归，孝子也。”搜其箧，见有朱提五笏，取其三，以二还之，纵之去。

刘某杀虎救母

童子刘某，遂安人。年十四，采薪以养母。一日自山中归，且行且歌，邻人奔告曰：“虎衔尔母去，犹歌耶?”刘大惊，弃薪而归，荷铁叉以出，走逐虎。及之，以叉籍其后，虎怒释母，还噬刘，张其口，呀呀然。刘揕以叉，中其腭，虎跃，刘亦跃，叉益进，贯其颐，乃楮叉于地，虎口不得噏，两前足在空际，不能用功，困甚，久之复跃，带叉而仆。刘亦仆，起，亟负母归，呼邻人往视虎，则死矣。纳之官，官赐钱十万，母伤不甚重，药之而愈。

傅氏女殉父

傅氏女，湖南人。幼从其父宦于中州，父甚爱怜之。年十六而嫁，已首途矣，父自送之数十里外，将返，解所衣半臂授之，曰：“途中以此御寒。”既嫁，夫妇甚相得，又柔和，善事其舅姑，一家无间言。已而其父死，舅姑秘不以闻，夫告之，女大恸，舅姑争慰藉之，女曰：“蒙舅姑过爱，新妇敢不自爱乎?”乃止不哭，然不数月，竟奄然而死。死后有小婢言女于密室中悬其父所与半臂，向之而拜，拜已辄饮泣，良久始出。对舅姑，则愉色婉容，仍如平常，其在幽闲无人之所，未尝不涕泪横集也。

马氏妇孝姑

马氏妇，湖南人。其姑病且死，泣曰："姑、妇二人相依为命，设不可为讳，则新妇茕茕何所依？形单影只，亦就死耳。"姑曰："汝勿忧，我死，且为鸟，仍与汝居。"已而姑死，果有鸟止于室中不去，时集于其妇之怀，乃日以米饲之。至月余，妇泣而祝曰："姑悯我孤苦，化鸟，以卵翼我，甚善，然我心何安？请自便。"祝毕，鸟去，不复来。

史氏妇鬻子葬姑

高密史立言以家贫故，率妻子奉其母出外谋生。至莱阳，母病殁，遂厝柩于庙，属妻居烟台暂待，而自赴吉林谋生。妻以姑柩未葬，日夜悬念，乃以五龄之子易银币二十元，扶柩归里，谋葬焉。

柴氏妇愿鬻身养姑

历城西门外有柴氏妇，其夫贾也，频岁折阅，资尽不能养母，妇诘夫曰："母与妻孰重？"夫曰："母重。""事夫与事姑孰重？"夫曰："事姑重。"妇曰："然则鬻妇以养姑乎？"夫泣，妇亦泣，邻人乃醵金遗之，妇卒不鬻。

张大观拯母断手

某岁秋，伊洛大溢，水破外堤灌城，汹汹有声，民皆避水于魁星楼，张大观者，亦奉母登焉。水撼急，楼倾，众皆溺，大观左手为楼石柱所触，腕折，不断如缕，血漂波赤，不顾，入奔涛求母。孙号救，大观叱之去。望见母髻露水中，得之，负出水。有老树横偃衢口，大观曳其断手，独以右手举母，骑树枝上，复泅而觅食以食母。母抚其断手而泣，佯慰曰："儿手虽折，幸不创，母自爱，毋忧。"水退，负母归家，犹屏当衣食，是夜创重，竟死。

蔡应泰护母柩

蔡应泰母方死，而伊洛溢，水将至，以绳缚母柩，流转洪波中，相与上下，柩与手若两翼飞，瞬息八十里，下巩县神堤滩。神堤滩者，北邙山尾也。山横洛口，遏黄河，河涨，倒灌洛流，萦旋滩上。柩忽为沙拥，村民异之，以长钩引至岸，舁之上，蔡亦无恙。日将暮，闻邻村喧救两人，趋视之，其妻与子也。众嗟叹，醵钱送之归。

杨璞襁母逃水

伊洛水溢之年，杨璞者，与其弟奉母居，弟饶于资，璞懦且贫。水至，弟以筏载其妻逃北山，母呼之不应，竟去。璞怒，弃其妻子，襁母于背，将浮沉。抵北窑，水势奔骤，若有挈之者，旋跃入大溜中。山上人望之，如鼋鼍濆溃不沉，亦下神堤滩，村民救之登岸。顷之，有一妇人抱子漂下，母遥望，忽号曰："吾妇与孙也。"拯之，果然，翌日归。其弟舟将抵北山下，山石崩，压舟，夫妇俱溺死。

蒋少颖移居念母

武进蒋树德，号少颖，幼孝母。及母年七十而寝疾逾岁，朝夕奉事，督其妇煮药，尝而后进，夜则与妇番宿递侍。严寒大溲，以身掖护之，使妇承之以器，终宵惕息，即倦，假寐而已，自寝疾至殁，未尝一日安枕也。后十余年，为光绪中叶，移居新厦，叹曰："母在时，思得新屋以居，以贫故，未能，今不及矣！"因泪下。

中州丐殉母

中州丐者，不知其名，亦不详其姓氏，人于中州道上见之，因之得称焉。年二十余，面目黧黑，鹑衣百结，奉母栖古寺中，日必市酒肉以归，不得钱，虽昏暮，犹膝行号于市。市人厌之，怒叱曰："若贪酒，宜丐也。"曰："以供母。"或有疑其罔者，潜侦之，则携酒跪母前，杂出馂馀，陈之几，母少啖则大喜；不食则跪而泣且劝，呢呢若小鸟之反哺。或拊手歌唱，曳杖跳舞，或蹲地作沐猴舞，及鸡鸣犬吠声。母死，号泣三昼夜不绝声，里人怜之，集资殡焉。又号泣三昼夜，不食而卒。

李明安鬻子养母

李明安，嘉鱼人。有母，年逾六旬。妻刘氏，亦贤淑，生一子，仅四岁。某年，以霪雨为灾，不举火者亘三日，李泣谓其妻曰："势迫矣，母命促矣，奈何、奈何？"妻曰："今有一计，与其使母作饿鬼，遗恨终天，不如以此子售之于人。此子逃生，母命得保，岂不两全耶？"乃以子售之某船，得钱二十缗，以养母焉。

王承基佣工养祖母

济南西关有王承基者，年十五，父殁，祖母尚存，年八十矣。家贫，自知祖孙难以存活，因佣于修造工程处，日得工钱三百文以养祖母。

毛胜孝母

毛胜，上海人，父亡母老，无兄弟，平居无恒业，惟日取赢于博场以为生。然性孝，事母惟谨，与人争，母至辄解；或殴辱人，人诉之其母，母谯责之，亦俯首受命。

里有新设药肆者，一日肆中人方朝餐，毛顾肆主曰："腹馁甚，可饭我。"肆主知其无赖也，为具餐焉。比暮又至，如是数日，肆主无如何，而毛益贪得无厌。自是而索鱼索肉，偶不应，辄汹汹，欲用武。一日早餐稍迟，毛至，骂曰："此时不饭，胡为者？"肆伙应之曰："主人有家祭，稍迟耳。"毛盛气入，见肆主衣冠跪拜于地，遽怒曰："过时不饭，而匍匐于此，是何状耶？"尽毁其祭器，大呼速具饭来。肆主不得已，为之具饭，饭至，不及半，掉臂去，盖又往博场矣。

肆主至是积不能堪，就商于邻，邻人曰："彼凶恶已极，无敢撄者。然其母甚贤淑，毛甚畏之，盍诉诸？"肆主乃往觅毛之居而往诉焉。扣户，有出应者，毛母也，遂尽以前事告。母闻之，亟为负荆，遣人觅毛至，严责之，毛俯首长跪无辞。母怒甚，执鞭重笞之数十，毛呜呜泣，不稍动。主人乃代为乞免，母乃叱毛起，戒以后毋得再犯，毛唯唯。肆主返，而毛之迹竟绝于药肆之门矣。

其后，毛以事被控，县令欲发充极边，毛泣而告曰："小人固当刑，有老母，不能供饔飧，是所痛耳。"令召其母至，曰："子不肖，罔知法纪，自宜按律处置。"令曰："若子能养若乎？"母曰："能。"毛大声呼母救命，且曰："儿今后誓不为恶矣。"叩头无算，母亦泣。令释之，毛亦由是不复作恶。毛有子曰南，始亦有父风，后得其姊夫劝导而改行焉，盖亦为恶不终者。

王继谷殉母

王继谷，会稽诸生也。父英澜，为鄞县教谕，全眷随侍任所。继谷志趣超卓，能文工诗，善书法，处骨肉间无间言。某年，英澜病，与其兄子献太史继香祷于神，争死甚力，英澜卒不起。继谷哀毁骨立，瘗发殡所，忽产灵芝一茎，人以为孝感所致。翌年三月，母又病且殆，继香方返会稽，乃为疏，祷于神曰："去年父病乞代，以志行未坚，未能感格。今母抱疴日亟，刲肱割肝，不免伤残肢体。曷若削儿纪算，续母桑榆。晨昏尚有诸昆，似续已延弱息，尘世名利，况非本怀，身后毁誉，在所不计。湛湛月湖，寸心可鉴。"遂投湖以死。死后，其家人乃于案上得遗札云："去来有期，此行甚乐。"并处分身后事甚悉。又题字于湖亭之柱曰"漱六道人归真处，道人随父之鄞县学任所，父卒越百八十日，入月湖以去，时年二十九”云云。家人如其札中所言，索之贺公祠畔，果得尸，植立水中，冠服不乱。时宗湘文观察源瀚方守甬，访知其事，详请浙抚，专摺旌表。浙抚以“事近奇僻，王道不取”驳之，宗固请，卒如其议，遂为立碑于月湖之旁。

孙兰贞殉母

襄阳孙兰贞者，孝女也，性温柔，年十五。父早丧，寡母抚之成人，家无遗产。尝从母纺绩，母病痰喘，不能吐，兰贞乃口含母唇而吸之。晨夕侍奉，割肱进汤，然终不见效。及亡，兰葬之，礼成痛哭，绝食七日而亦死。死时方严寒，女单衣，盖已质棉衣等物以葬母也。乡人贤之，为葬于母旁。

殷雪雪感犬而孝

殷雪雪，庐陵西鄙人也。父母具存，无兄弟，家贫甚，绹索织草履。不读书，父教之绹，母教之织，皆不应，酣然而嬉。常命之入市，鬻索卖履，得值不奉其亲，悉数易酒肉饱口腹焉。偶呵之，则恶言厉色以抗；偶抶之，则应手挥拳以报，如是者有年。

家畜一犬，雪雪爱之，故得食必分之犬，犬固驯，能习雪雪颐指。后犬生子，子长而母犬老矣，犬子得骨肉辄先献其母。未几，犬母病，毛脱皮烂，犬子辄为母舐伤处。越三日，犬母死，犬子狂号，其声如哭，不食亦不饮，号一日夜亦死。雪雪见之，忽大感悔，引手自搰其面曰：“予过矣，予过矣！犬，畜类耳，其孝也如此。予，人也，今乃不犬若耶?”乃疾趋至父母前，拜泣不能起，叩额有声，仰而哀曰：“阿爷，阿娘，儿知罪矣，今不敢复尔矣。”其父母睹状，殊骇异，则曰：“起，起。谁教汝者?”雪雪曰：“儿观犬子犹能以身殉其母也。”父母叱之起，曰：“汝能孝，予无忧矣。”自是而后，雪雪起敬起孝，能以力养，终日绹且织，积三日一出售，以钱易米，负而归，炊以奉父母，父母既饱，食其余。既而更樵于山、渔于水，所入较丰，乃得以甘旨养父母。雪雪年三十一始有室，室人不德，动违翁姑意，出之；再娶，举二子。父年至七十一，母年至七十五，父先卒，母越二年逝。雪雪发斑矣，犹作孺子啼曰："予十八年前，苟即能孝养，则可多博父母十年之欢。今日思之，大有憾矣。"未几，竟抑郁以终，乡人咸称之为殷孝子。

罗义进养父

闽县有罗义进者，字孚高。隆冬一褐，不蔽两胫，胫冻则缀败絮于褐，状若裳。案置一盂，糨屑盐豉，杂菜根实其中，一日再哺，咸以取佐饭。父年八十七，自获义进之养，所御恒有新衣，烹饪之事必出其手，美馔佳饵，恒多方罗致以供之。其所居室，以厚楮膀壁，记进膳晷刻，不差累黍，父所常御爊（同"熬"）鱼煨肉之类，备列无遗。父年老，饭益健，义进侍侧，颐动眉肆，若自餍者，父食稍减，则退亦弗食，如是三十余年。同治戊辰，父患目疾，结厚障，西医将启以刀，义进大啼，父卒就西医馆，启其障。义进日载珍膳，即馆以哺父，夜复即床下宿，历百有五日，疾愈。

义进同怀兄二人，均有子。义进壮时，尝佐人贸迁，受直辄奉亲，父将为之娶，义进语人曰："两兄所获，仅庇其孥。我娶，我父安得养？我终不以妇人夺己之养也。苟大宗勿废祀，我宁为其不孝者？"故终身鳏。

光绪甲午，父目疾复作，义进策父年高，不可更即西医，乃五更起，以舌舐父目，既设案中庭，搏颡吁天，迟明始已，凡二十四阅月，而义进病。

先是，义进有足疾，常患胫肿。至是，家人戒勿夜起以增困，曰："父愈，我病，庸何伤？"疾几殆，犹即枕上礼佛弗辍。乙未某月卒，年五十有三岁。

义进晚年屏落世事，专以养父为急。恒于父前作娇昵，若婴儿，父年高，亦忘义进之岁，以为尚三十许也。尝曰："吾子三十矣，未娶，奈何?"其死时犹喃喃呼父也。

李氏女断指救父

东台李氏女，父贸盐，不纳有司赋，官捕得，法当死，簿已伏，刑有日矣。女求见运使，泣愬（同"诉"）于庭曰："某七岁而母亡，蒙父私盗官利，衣食某身，为生厚矣。今父因养女而获罪，女当坐法。若不可，官能原乎？原之不能，请随坐之。"运使怜而原之，因为减死。女大泣曰："某之身，前则父所育，今则官所赐，愿去发为女道士，以报官德。"自以女子之言难信，因出利刃于怀，断一指以示决心，血淋漓，见者皆惊。运使益义之，竟赦其父，女乃即披剃为尼。

蓝忠杀虎救父

蓝忠，漳浦人。生有膂力，事亲孝。妻卓氏尤尽妇道，宗族称之。所居村在万山中，常患虎，尝有一巨虎为近村伏弩所伤，愤跳怒吼，声裂山谷，居民闭户莫敢声。忠与叔比屋居，时夜深人静，虎咆哮，扑其叔门。其家以世居山中，防虎患，门内植两柱，卫以横木。虎猛扑，不能入，其叔恐，大呼，虎闻声，狂跳登屋，被瓦桷直下，毙其叔。

忠之父闻弟有虎患，发声助喊，虎复狂跳破屋，扑其父仆地。忠于是手长刀，直前斗虎，卓携杵从之。虎舍其父扑忠，忠持刀刺虎，中其喉，刃入腹三尺许，拔刃，不得出，手余脱柄，虎负痛复扑忠。卓弃杵，急自后抱虎，双手搤虎颈，虎既重创，不能脱。忠持手中柄连击数十，惶急山，卒无以毙虎。卓呼曰："斧。"忠急觅取斧，力劈之。比鸡鸣，夫妇力皆疲，瞪目熟视，则虎已死矣。急视父，尚卧地呻吟，乃共扶入寝所，以药敷治之。翌日，其父竟死。

忠屠虎祭父，哀痛极切，丧葬悉如礼。里中父老谋白其事于令长，请旌表，忠泣辞甚力，佥曰：“无伤孝子心也。”乃已。

范仲光为父刲肱

范仲光，桂阳人，农家子也。幼聪慧，父母命入塾读书，过目辄成诵，以故师及同学咸爱敬之。年十八，父遘危疾，医药罔效，仲光潜刲两肱，家人莫之知也，见其惨淡无人色，窃异之。未几，父竟死。仲光宛转眩瞀，神支离，不自克，如欲无生者。其母惧失子，逾两月，召其同学者数辈强掖之至塾。仲光重违母意，忍涕习所业，手掣缩，艰上下，人静辄絮泣。其曹疑之，阳与语，时而袒其臂，则左右各去肉倍寸许，赭如渥。仲光哭，其曹皆哭，人始知其割肱也。免丧就试，补弟子员，举一子，终以毁故，病咯血，年二十有五遽没。妻何氏为守义抚孤，克自立焉。

姜冠东为父复仇

姜士刚以拳术鸣于淮徐间，天下闻风而栗，过其门者，咸侧目焉；往与较武者，辄毙之。光绪癸卯，有僧叩门入，见姜，再拜而言曰：“敝寺长老，震君名，特遣僧相迓。”言毕，出百金为寿，姜许之，遂行。

姜子冠东从行，至寺，僧入报，未几，老僧引数十僧出迎。老僧貌峥嵘，余僧亦赳赳，冠东搴父袪，姜曰：“我何畏哉？”既登殿，僧率徒下阶拜，并请登高阁饮宴。姜诺，循梯而上，冠东曰：“宴殿上可耳。”僧急伏地谢曰：“公子胆怯，不敢请登阁矣。”姜自许勇敢，命他僧引冠东出，冠东不允，姜怒，拳之，冠东乃泣而去，曰：“父好自为之。”老僧再拜曰：“君开诚布公若此。”旋令左右进酒为寿，且饮且行，及至高阁，推窗四顾，但见四周危山高耸，下临绝涧，悸然心动，然已半醉，肢力微弱。突闻鸣钟一响，老僧及其徒皆出铁尺扑姜，姜大惊，急以手拒，战数合，毙其徒十余，伤者不可胜计，然亦卒为老僧所杀。

冠东闻父被戕，乃匿殿侧，伺老僧出，以刃斫其头，头不为动。冠东急奔得脱，号啼于荒山之麓。有樵父问之，冠东告以故，樵父慨然曰："予为尔复仇，何如?"冠东曰："能复父仇，虽头不吝。"樵父曰："诚然。"冠东曰："恶僧勇甚，其头，利刃不能伤也。吾惧吾头虽割，而仇不得报耳。"樵父以拳扑山岩，山岩崩，曰："恶僧头视此何若?"冠东乃三叩首而自刎，樵父取其头往面老僧请赏。僧命之入，口未启而樵父已引刃斩其头。樵父乃还头于冠东之尸，埋于山麓。

韩氏女为父复仇

冯雄，济南人。少年入绿林，勇冠侪辈，然运使武器，率不中规矩。壮游燕、赵，从名师习技击，艺遂大进。后为镖客，十余年名大著，远近莫敢撄其锋。

一日，冯护军饷至陕，中途舟泊大岭下。时值炎暑，倦而假寐，恍惚间，舟略动，冯惊醒，见一人短衣窄袖，在舱面携一银包跃上岭去。急起逐之，其人忽徐忽疾，或奔或跃，竭力驰驱，终不及。须臾，至一巨第，第有墙，墙辟一洞，径不盈尺，其人纵身上，蚍伏以入，冯体大，不能容，乃登垣跃而下，中无人迹，甚异之。缓步入内，见一室，有榻，罗帐低垂，露纤足，纤不盈掬，所失银包在足下。冯骇异，欲径前取银包，而坚不能动，急返身出，忽闻语声，回顾则姿容绝世之十七八好女子也。冯欺其弱，遽放一镖，女接去，连放连接，而镖已尽，急拔佩刀相拒，女又从容以飞剑破之，冯亟伏地请罪。女笑曰："余兄妹二人隐于此，久闻君名。吾兄攫银无他意，欲一较技也。"遂令冯就坐，复令冯与其兄相见，设酒馔款之，遂共饮，席次询之，知为韩姓，父亦豪客，为仇所害，女善父术，能水上行，兄虽得父传，然远不如女。两人之隐于此者，以父已死，兄妹具此绝技，恐人疑也。冯辞去，女即以银包授之。

冯抵陕而还，顺道再访，其兄已他适，惟女留守。冯自陈愿随女学，女许之，居三年，尽得其技。女曰："可矣。"遂遣冯去，冯依依不忍别，女曰："勿尔，此间亦非余等久居之地，徒以大事未了，故不得不溷迹耳。君此去，前途尚须自秘，且毋以余等踪迹告人也。"冯唯唯而去。

冯自是艺益精，然凛女戒，卒不敢露圭角，弃镖业，只身作汗漫游。道出会稽，有异僧，就广场演拳术，往觇之，见僧飞身凌空，翻纵腾跃，所习与己相似。遂入场求一角，僧颔之，甫交手，僧曰："止，是吾道中人，无须角，但请以令师姓名告我，异日当踵门谢罪也。"冯固请较技，僧乃与冯相盘旋，十余合外，僧忽腾一右足起，冯不及避，中胯下，颠数十步，僧竟去。冯大窘，幸为轻伤，急赴陕告女，女询其状，曰："是我父仇也，技不逮余父，然终非汝所敌。幸渠识为道中人，犹未加毒手耳。此去度不远，汝再往迹之，当为汝援。余兄访之三数年，卒未能得，今乃在是。"冯悚然，女遂偕之行。果复与僧遇，女先隐身去，僧见冯笑曰："前日幸恕冒犯。"冯曰："无妨，今日可再一决耳。"僧曰："彼此一家人，何苦仇？"冯不可，求必再角。僧怒曰："后辈何得无礼？岂莫欺老衲龙钟耶？"遂与冯搏，三五合，冯已不支，方危急间，突见白光一缕，直奔僧喉际而入，僧出不意，大吼一声，遽跌百步外。就视之，气已绝；顾视女，亦不见，再往访之，则庐舍烬矣。

英人旌表孝母之吴二魁

孟家庄距威海四十里，为英国租借地。居民有吴二魁者，事亲至孝。某日，母病剧，吴割股肉以疗之，病果愈。事为威海英官所闻，奏明英皇，给一等金牌及银币十圆，且令二魁摄影以寄英，并语二魁曰："汝事母心诚，感动上帝，必降福于汝。此后汝母设再病，来此陈之，当令医至汝家为汝母诊治，不需资也。"言毕，验其股，创痕固宛在也。

陈永胜庐母墓

陈永胜，衡阳人，为缝人，性奇孝。家贫甚，母目失明，永胜侍左右，所入必市甘旨以进。母有所之，必负以行，常负而徒步越数百里。遭火，永胜卧疾，厥然起，负母剑弟以出。时火光烛天，永胜自赤烟中跃而过，衣不燃，见者叹异之。年二十二父殁，明年，从母之江宁，贫愈甚，无所得食，日号于军垒前。军士悯之，曰："若何能?"曰："能缝纫。"乃言于军校，使司絍，然所得殊微，乃节缩其馈以供母。逾年母殁，永胜恸甚，既厝冶山侧，庐于墓，及三年之丧毕，犹不出。光绪戊甲，江督、苏抚奏旌之。

永胜不识诗书，初不解庐墓为名高，盖依母为命，母厝而犹不忍离耳。程一夔尝过冶山下，见茅屋中有一人执粽〔棕〕拂趺坐，不言亦不笑，意为学道之士，讯之旁居人，始知为永胜也。闻旁居妇妪竞为具食，且护卫之。

张四殉母

张四，宣统时延庆州人。貌寝而有力，人呼曰"大力哥"。二弟一妹皆夭亡，四捕兽养母，以孝闻。严冬霜雪封山谷，无所得食，则仰天叹曰："使弟妹而在，吾可出谋升斗。甚矣，天之困我也!"村之长者闻而怜之，则稍稍济其乏。四曰："人称吾大力，吾不敢辞；称吾哥，何若称吾丐乎?"四尝捕一狼，相持终日，驰逐六七十里，乃毙之；又尝徒手缚一豹曰土豹者，猛兽也，其多力如此。后母死，葬之山中，触石殉焉。

史久宬为父复仇

史久宬，字青照，大兴人。父悠钊，幕游关外，光绪初，以县丞需次辽东，被檄勘案山中，为马贼所掳，索千金，无所得，支解之。久宬方十六龄，见父久不归，疑有变，辞母曰："不得父，不生归见母也。”于是短衣匹马，手短铳，日伺贼山谷间，无所得。既而投其党，得贼魁姓名，且知父死所，密具祭品祷祀之，谓：“儿饮忍含痛，冒险至此，父果有灵，其助儿杀贼。”祭毕，取牲埋之，遂手铳，狙伺贼于其寨中。

一日，贼方饮讌，群贼环侍，无所措手。久宬乃佯报某地有大队贾客过，贼喜，命群贼出击，以久宬为导。方出寨半里许。扬言欲急溲，谓诸君且前行，当自后蹑至，遂脱身而奔。返寨，魁方据鞍大嚼，且醉，出不意击之，脑裂。群贼失久宬，依依无所之，使人返迹之，不获。正踌躇间，久宬喘息至，谓山后有虎，几为所噬，求众先殪之。其中一人号最有力，奋臂前，复出不意，铳击之，立殪，遂持铳大呼曰：“抗予者，请饮此铳中弹。余已毙汝魁，今长汝曹矣。”众大骇，或奔返寨中，或下马听命。久宬慰之曰：“吾本为父雠至此，今仇已授首，汝曹能听余命者，则以后悉受余羁勒，不可伤无辜一人。”遂返寨，立誓约，并觅父尸，复祭告而葬之。居数日，久宬揖众曰：“吾故不能为此生活，行矣，将返报母。诸君幸各事正业。”并为之陈利害，众感泣，誓不复为贼，遂散。

久宬扶父榇归葬，遂居京师。会母卒，乃只身走鲁豫关陇间，凡数年，既而曰：“得之矣，天下事尚可为也。”以策干当道，当道莫之识，不果行，复遨游关外数年。宣统己酉，皇甫鹏九遇之于燕市，一见如故，相与纵谈天下事。时监国摄政王载澧初枋（古同“柄”）政，载洵、载涛兄弟握兵权，久宬慨然曰：“二百六十余年之天下，其终于此乎？天下将乱，吾不获为虬髯客，觅海外扶余，君年少，当目击其事也。”庚戌，卒于京师，无嗣。

刘礼为父仇杀熊

东三省地广人稀，其边鄙之境，森林弥望，豺虎踞之，亘古未开辟。而气候奇寒，八月降雪，严冬冰雪蔽山谷。无虎狼踪迹，惟熊性耐冷，恒蹒跚荒山老树间，而无所得食，则渐入村落人家，猎者乃设阱而陷之。盖熊性猛而蠢，力能敌虎豹，以铳射之，弹中其心腹，犹能负创伤人，故必诱而取之也。有山东人刘礼者，独能以短铳制熊。铳，铁管木柄，其射法亦无异于他猎，每天寒雪下，必荷之以伺山谷间，或枯树穴口。熊自远来，逆而敌之，不数步，铳发，熊乃反奔，人立而长号，再击之，而熊犹前奔不已，弹三发，追逐半里，然后倒，而刘无伤也。刘之言曰："吾技岂异于人哉？知兽性耳。盖熊受击必反奔，自后击之者，适阻其反奔之路，鲜不被其蹂躏者。击其面，熊一返而不复回，故无伤。"刘又曰："老夫行猎三十年，手毙猛兽以千百计。顾有时不能捕一鼯鼠，非力不足也，不知其性耳。"

刘年五十许，须发苍苍然，而精神矍铄，过于壮夫。无家室妻子，只身客吉林，以猎为生，有时操江南音。或有知其详者曰："其父商于吉林，为熊所食，乃痛哭，誓杀熊，遂习猎。得老猎师授以察兽性之法，于是发无不中，而所至之地，辄无巨兽入村落为患。"或曰："察敌之性而后击之，猎之道也，可通于用兵。"

黄氏女鬻身养父母

黄氏女，萧山黄秉奎女也。其先世盖显者，至秉奎，习为农，体弱，弗任劳苦，女常助之。会岁歉，益贫。乡有傅姓少年，睹女而艳之，愿以二百金买为妾。秉奎泣曰："虽贫，奈何鬻女？"将逐其使，女亟止之曰："父弗尔。钱在彼，允否在父，汹汹然，徒示人以不广。"秉奎曰："何如？"女曰："父允之。女在家，无益于父，滋益家累。不如昂其值而嫁之，父得金稍置产，庶不忧冻馁。女虽弗肖，颇知顺道，敬以事夫，和以下嫡，蔑不济矣。"母杨氏初颇不愿，闻女言，亦怂恿，秉奎叹息而已。女毅然出，语使者曰："吾家非鬻女者，兹以贫，旦夕委沟壑，自愿鬻身养父母。归语若主，可将三百金来，吾即从若去。"使者返命，傅诺，如女言，遂嫁之。

傅名子文，席父遗业，酗酒赌博无昼夜，又弗精，辄为人算。女常劝之，而怒，待之渐薄，女不敢怨，侍奉益谨。李氏悍而奇妬，幸女贤，不争夕，且以子文不爱女故，略优容之，女因得免荼毒。李生一子而死，女视子如己出，抚育保抱，殷勤备至，子文亦渐贤之。子文本中人产，不善营生，而赌博所耗不赀，寖困，渐至鬻产；不足，益以家藏器具珍玩。女劝曰："富而不知俭，其结果辄如此。曩进药石言，君辄骂余騃，余固早知有今日也。然否泰循环，天道善变，穷通贵贱，宁有种邪?"子文奋然曰："卿之言然，今请举室听子。"因择日告亲友，立女为正室，令主家政。女乃货其巨厦，赁城中小屋居之，设肆权子母，延秉奎经纪之。数年，业大兴，复称小康矣。

张梅依母

张梅为九江农民文榜女，生有异禀，未读书，能识之无，性慈善，终岁茹素。十数龄时，父命饭牛于外，群女皆嬉戏，女独趺坐草间，畜牧之暇兼及针刺，不苟言笑。年及笄，有求字者，不乐，曰："吾欲终身依吾母，出入赖之，生死以之耳。"

孙夏峰救弟

孙夏峰，名奇逢。有弟韵雅，坐事被逮，系刑部狱，凡五年。将远徙，夏峰具橐饘以从，病则为致药饵，朝夕相顾视，且周恤其同系者。夏峰故贫，斥产以供弟，故交赠遗皆拒不纳，尝以省弟故，徒步烈日中，两足皆肿。一日，遇暴风雨失道，几溺死，饥渴困顿，遂病。每假寐，口中喃喃，皆其弟事也。顷之，竟不起，弥留时犹张目曰："吾弟免矣。"遂卒，年五十有五。不数日，弟事渐解，免流徙。

魏和公乐受兄笞骂

江西宁都三魏，即善伯名祥、叔子名禧、和公名礼者是也。

和公少叔子五岁，父命叔子授以书，笞骂皆乐受，曰：“叔兄爱我也。”比弱冠，益刻苦自励，学日进，两兄俨以畏友待之。

魏和公省兄

魏和公尝省某兄善伯于潮州，贼方杀人，流血在道，趣负担者行，曰：“彼方得货，不遽出也。”卒无恙。及善伯客燕，又省之。

蒋壮其与兄俱归

顺治初，中原寇起，睢州蒋壮其孝廉奇猷移家避河朔。未几返，而高许之变旋作。兵刃颠踣中，陇亩荷锸，身自经理之，卒未尝废学。与第五兄刻志砥砺，凡道傍柳荫、古刹、檐隙，皆坐卧吟诵。以故声震于庠，兄弟相继登贤书，人皆荣之。上春官，不第。己丑中副车时，谒选，例得司李，五兄劝就铨，以不忍独留，遂与兄俱归。

李雍熙待弟

长山李雍熙笃友于，有两弟。明熙官济南都司佥书，将移家别墅，乃分宅与之，不忍离析。延熙卒，遗孤贞之在襁褓，为置田园，抚之成立。延熙有女，则盛奁具嫁之。抚从弟时熙遗孤亦如之。族弟以先垄宰木求售，给直而返其券。族人某与其兄弟争产，则出私钱别置腴田，如其所争之数而归之，争遂息。

徐华国待弟

徐元英，字华国，吴江人。少贫，与仲、季二弟分田，仲曰：“季田腴，必易之。”相争不决。华国谓仲曰：“我田亦腴，可升汝，毋与季易。”于是兄弟以和。

恽长祉待弟妹

武进恽哲有狂疾，数侮其兄长祉，恒踞其卧榻，溺于食器，且焚屋，长祉弗瞋也。哲袴单，脱己袴与之，曰："吾弟寒。"易粟斗，分数升与之，曰："吾弟饥。"孙读书，则教其侄曰："吾弟亦望儿读书也。"妹食，给以面，暑夜自驱牛磨之，妇执箠苦蟁（同"蚊"），无怨也。长祉，字寿侯。

刘国友养寡姊

刘国友有姊，丧夫殇子，无以为家。刘迎之同居，衣食从厚，令家人礼敬之，数十年如一日。

李振阳感兄待姊

李振阳，名生春，商丘人。世居邑西南鄙，薄有田庐，力耕而好义。有从伯善治生，纤啬自刻苦，铢累所积至八百金。比病革，趣召振阳至，则无所语，如是者数，终不及语而卒。振阳往视其丧，则管篷者迎哭户内，已而指橐中装语之曰："此汝伯终身所蓄也，遗命畀汝，与而兄平分之。向之所以屡召汝而终无言者，凡为此耳。"振阳闻之，哭曰："伯虽无子，固有女在。此八百金，皆伯忍嗜欲、瘏手足所经画而积贮者也，岂不欲有子而遗之？不幸终身无所出，而至于大故，顾以义割恩，不畀女而畀某兄弟，某何心私擅之？昧义而伤伯之隐，向之所以数召而终无语者，固命我矣，愿以某所应分者均之二姊焉。"及兄至，奉其半以进，告之故，兄曰："汝能是，以我为匪人耶？其悉辍以资伯之女，勿更言受金事也。"

李氏兄弟交让

鄞县李叔则，名士楷；叔范，名士模，兄弟也。叔范初读书，叔则已补诸生，有名，遂让其兄使专治经史，而自理家务。已而承父命，使分产，叔范逡巡不忍答，辄曰："有长兄在，凡田宅，俱请受其下者。"叔则亦曰："吾家之田一亩、屋一廛，皆吾弟所益，吾当受其下者。"兄弟交让不置，里中闻者竞嗟叹，至以其名呼曰："李氏兄可为模，弟可为楷。"

张仲嘉友爱

张文嘉，字仲嘉。性友爱，及于群从。其从姊有适钱氏者，病危，为置棺衾，合姊婿而葬其祖墓之旁。同产女弟二人，则抚恤之者尤至。兄弟同居共爨垂数十年，经历变故。某岁屋焚，始分产别居，然亦取其荒瘠者。

施訚食鱼思弟

施誉，宣城人，訚之弟也，读书阳羡。会秋荐新谷，与客会食，烹池鱼，訚忽泫然曰："吾弟出门时，鱼方二寸许，今盈尺矣。"遂呜咽废箸。兄弟间自为知己，常恐年寿不齐，辄于月下相抱持而哭，愿世世为兄弟。

林湛分弟忧

康熙初，闽有七才子，林湛其一也。湛与弟成之友爱甚笃，成之为灵台令，使人相迎，则寝疾数月矣。口授次子，使作书以报成之曰："吾平生为弟分忧，今弟当分我忧。"时问疾者绕床，意谓湛将以家累属成之也。既而曰："治民事上，虽竭精殚虑，犹惧不免，今不事事而为人所愚，实遗垂死之兄以忧也。"其后，成之果败。

吴绍先寻弟

吴绍先，稷山人。少读书，略解文义。十三岁而丧父，十六岁而丧母。有二弟，季年十一，偶与其从兄出，遂失踪；又数年，仲以博负逃。绍先负贩以迹之，南出襄洛，西历剑州，东至黑龙江，积十有六年，卒同时得之。其求仲也，出塞，抵宁古塔，而仲方在某豪家为奴，以情请，不许，乃冒公人入军府讼。军吏庇豪，欲威慑绍先，以应对失仪，捶其面，血淋漓，绍先词愈强直，卒白大帅，持其弟以归。

时仲冬沍寒，夜经大卧矶，绍先与弟相推挽，顾而曰："此中人未有如吾乐者也。"比入塞，爪甲灰烂，无存者。至京师，待季偕行。知其事者争传说，公卿贤士多就而礼之，绍先赧然若无以自容。衣敝履穿，或赠遗，终不受。有与同寓者，闻其哭失声，就视之，则读《鲁论》"父母之年章"也。绍先生康熙朝，以是名动于时。

方百川爱弟

方舟字百川，诸生也，为望溪侍郎苞之兄，长望溪二岁。时家贫，无仆婢，望溪五六岁辄与之同卧起。百川赴芜湖之岁，将行，伏望溪背而流涕。其后稍长，即各奔走四方，望溪归，百川常在外；百川归，望溪常在外。百川尝曰："吾与汝得常家居，俾二大人无离别忧。春秋佳日，与二三同好步北山，徘徊墟莽间，候暝而归，吾愿足矣。"

周舆则待弟

钱塘周轼，字舆则，有兄弟七人，次为五。既丧父，兄舆载、舆正、舆述亦相继而殁，舆则哀毁尽礼，独泫然曰："乡者有父兄在，今父兄之责，萃予一人，敢不竭力。"异母弟舆卫、舆封、舆闲并幼，友爱甚笃，其教兄子雨三，一如舆载之教舆则者，曰："吾以报长兄德也。"每祭集家庙时，群从子弟五十余人，谆谆以孝弟礼义相劝勉，间有犯者，必称祖宗命，涕泣切责之，甚者予杖焉。

康熙乙巳七月，舆则病卒，易箦之日，忽起坐，遍召亲友，劳苦如平生，告家人曰："吾祖宗累世同居，子孙宜法之。必不得已，分产为七，必均。虽我自劳力而获，微先人之德，不至此，其敢为己功乎？"又曰："吾向著家谱，凡我族人，当恤其不足，毋使冻馁，以贻先人羞。以我赀资之，不以累尔曹也。"处分后事，小大毕周，曰："守我成法，亦足保世。"诸弟问兄何往，则曰："我主麒麟殿使者，候之久矣。大丈夫诀别，宁作儿女态？慎毋哭，徒乱人意耳。"及闻难鸣，曰："吾去矣。"诵佛号百声而逝。

贺行素待弟

获嘉贺庄，幼为流寇所掠，其兄行素忧伤感泣，尝为哭弟诗，闻者悲之。至是，侦知养于晋中，急迎归，复往晋，厚报其人。居数年，共议析产，行素曰："先世数椽，两弟共避风雨。余无多业，仅取田一区、树数株，存先人遗泽而已。"

魏石如访兄

嘉善魏正锴，字冬木，有弟正锜，字石如，忠烈公后也。友爱无间，皆博士弟子员，教授于乡，相距数十里。一日，石如忽忆冬木，亟拏扁丹，至其馆。冬木闻之，欣然延入，一揖后坐定，相对不语，涕泗交作。馆主人为具餐，食讫，遂辞还。冬木送之至门，望不见舟而入，终无一言。

胥端生事兄

胥汝衎，字端生。笃友爱。其兄庶出也，事之惟谨，生为营产业，殁为备殓葬。兄之遗孤方数龄，抚之如己子，俄而夭，仰天号泣曰："吾兄懋德，奚至此耶？"后言及，辄悲痛，竟日不食。

沈去矜让屋于兄

沈去矜，名谦，仁和人。性孝友，父殁，毁瘠呕血。会东乡盗起，纵火杀人，焚其堂。堂固分属两兄者，既烬，去矜即割己宅居之。久之，两兄欲徙去，去矜念兄贫，无资可僦屋也，固留之。

李锴以产让兄

汉军李锴，字铁君，号豸青山人。家世贵盛，淡于名利，析产时，悉以屋及珍物让两兄。

胡馀规寻兄

胡恢舜，字馀规。生负异禀，有文章名。充雍正乙卯选拔贡生，以母老疾，不赴朝考。母卒，哀毁尽礼。初，有兄亡于外，馀规迹至天津，已婚王氏而家焉，泣请偕其嫂以归。顷之，又出亡，复走数千里遍迹之，不可得，涕泣反，赡其嫂终身。

桂天士待姊

慈溪桂贵，字天士。有女兄适魏氏而贫寡，天士往省，即亲取姊厕牏涤之，复代之任舂焉。魏居魏家桥，距天士所居二十里，姊年九十，天士亦八十余矣，魏家桥人无月不见其再三至也。

吴粲玉待弟

吴璟，字粲玉。与诸兄弟友于，无间言。其后食指繁，乃析爨，其第舍完整，季宅窳陋，乃曰："吾弟幼，不任土木。"乃相与易之。母孺人之养老公田，尽以让其幼弟，曰："吾以承慈帏志也。"

康子厚事兄抚弟

康惇，字子厚，兴县人。有兄弟四，年既长，让分居，乃拓地建屋数十间。既成，让诸兄弟，而自居故宅。或问之，曰："长兄，吾所事；弱弟，吾所抚也，吾不可以怀安也。"

张恻庵待弟

张恻庵，名大俊。友爱诸昆季，析产取其瘠，让其腴。诸昆季或中落，复给贷无倦容，匄金至数百缗，至于母、息无所偿，有见之而赧者，即焚其券，曰："昆季，吾同体也，义重则财轻，若之何以锱铢计乎？"

高宗友爱和果二王

高宗友爱和、果二王，赋诗饮酒，陪宴无虚日，然不使干预政事，和少时骄抗，恒优容之。尝命监试八旗子弟于正大光明殿，日已晡，上未退朝，和请上退食内宫，恤臣僚也。后以斋宫为更衣殿，不复驻跸。

马嶰谷爱兄弟如一体

祁门马曰管，字嶰谷，家扬州。兄曰楚，出后世父，嫡母洪恭人出。弟曰璐，与嶰谷同母，皆陈恭人出。嶰谷至性过人，受经后，尝据案静坐，矻然若老儒。说经岳岳不可撼，难兄稚弟，考校文艺，评骘史传，旁逮金石文字，自相师友。后虽授室，风雪凄其，未尝不抵足联床，恒曰："吾三人如一体，不能暂分也。"

施旧山兄弟相爱

施谟，号旧山，嘉兴人。出嗣于钱塘谢氏，为之治生产。寻归禾，兄弟故相爱，往依之。一日，告其兄曰："二兄以劳苦农务致畜聚，而弟顾闲居，坐享其逸，不忍。向在谢氏，与杭人习，当就彼谋营，以冀自拔。"二兄慨然，各赠以金。量受其半，遂之杭州，赁屋以居。稍积赀，归金其兄，兄拂然曰："弟乃以我为非人耶?"曰："非也，人事消长不可知，万一蹉跌，欲更贷兄金，兄讵不可复见与耶？且与为耗散而重困，孰若得子而归母。由此以思，金之归，弟之福，兄之所乐也。"二兄曰："善。"自是家于杭。后二兄相继殁，归为经纪其丧，抚遗孤，俾成立。

臧和贵事兄

武进臧和贵处士，名礼堂，与其伯兄名庸、字用中者，并以博学闻于时。有兄弟四人，敦友爱，少师事伯兄，敬爱弥加，然有过，辄规诫无隐。仲兄嗜博，谏不听，则日追随之，并约至父墓立誓，弗再犯乃已。伯应京兆试，闻仲荡产，致家累不支，寓书切责，辞颇激，连陈二书。和贵历引经史往迹以劝之，累累数千言，伯因而感释。至其为季弟谋安全者，亦无微不至也。

蔡居拙事兄

蔡居拙，句容人。性痴騃，与兄同居，家仅有田可耕耳。兄力田，居拙服贾，致产数万金。当始为贾时，人多笑之曰："是痴騃耳。黠者犹多折阅，况彼耶?"然居拙废贮鬻，财奇赢，多出意外，倍于能心计者所得远甚。兄与析产，乃不言此数万金者为己有，以十之九推与兄，曰："吾兄有六子，累滋重，吾仅一子，无用多金为也。"筑屋数十间，仅取其一，余悉以归兄。

阮世恩祈死代兄

阮世恩，字聿修，桐城人。兄世忠，为学官弟子。友爱无间，一人以事出，则终日彷徨不宁，夜常同榻而卧，有疾病则亲视汤药，未尝顷刻离。世忠读书佛寺，忽呕血，世恩时以为忧。乾隆丁卯春，世忠自为棺，而世恩监匠者髤漆其上。匠言兄死当在七八月，世恩即惨怆悲怀，自以二子小伯、晓日皆成人，而兄仅一子无母，且幼未授室，愿以身代。祷于上下神祇，凡刺血书词十七纸，而世恩是年遂得疾。逾年，世忠病甚，医多言不治。世恩与同榻卧，而使其二子更迭候夜，且复祷如前，又刺血书词十七纸。世忠寻愈，而世恩遂以是年七月初四日卒。

蒲宗瑾六世同居

蒲宗瑾，沅州人，六世同居。自祖父及宗瑾，三传兄弟得五人，四传得十七人，五传得四十一人，六传得六十人，男女共一百二十三人。秩以分，联以情，主持家政，规条严饬，人无私财。乾隆己巳，知县张淑奖以额，曰"聚顺可风"。

杨琼华爱弟

乾隆戊子，杨重英既被执于缅甸。其女琼华，当父在缅时，素服持斋，时遣人周恤其弟。

李嵩泉爱弟

甘泉李滨石，名钟泗，有兄钟源，字嵩泉。嵩泉爱其弟，能教之，每弟会文友家，家无仆，辄自持灯或雨具立其门外，待弟出与归，虽寒夜，常露立雨雪中。弟屡泣辞之，终不改。自不娶，为弟聘妇，竭力营一室，将迁居而殁。先是，焦里堂过其门，必以饼饵延焦食，自不啖，而劝于旁曰："吾弟年少学浅，望勿以为市交也。"乾隆甲寅，里堂与滨石同舟试于省，嵩泉送之，坐舟中良久，复谆谆以弟相属，语次呜咽。八月二十日，滨石归而嵩泉死矣。

张聘九析产与弟

武威张聘九增生应举，事亲孝，亲殁，弟求析产，止之不可，则与以田之上腴者半，他器物称是。未几尽，弟欲析应举之所有者，又与之；尽，更与之。凡七析而无以食，乃授徒自给，犹时时与弟共所有。弟殁，及殡乃已。

周白民推产与弟

山阳周振采，字白民。家素封，有瞽弟听谗言，求析居，悉推产与之。及弟破产，时周赡之，且抚其子如己子。

赵镇寰爱弟

上虞赵镇寰茂才如山，为诸侯老宾客。乾隆时，客江左者二十年，然恒以大比年归试于乡。及归，辄与诸弟话儿时事，至呜咽流涕。诸弟以次将婚，归时必与之同卧起，手摩其肥瘠以为忧乐。濒行，每欷歔久之。

顾东岩以忍爱弟

顾我鲁，号东岩，诸生，性友爱。有弟出后世父，意渐自外于东岩。会东岩客蔚州，而里之人有自蔚州来者，言南中食物至其地，得值皆倍。弟思获厚利，捆载而往，然不得贸易要领，既至，物不售，则以委之东岩，谓资本百金，皆质妇奁物，非得倍称息，则惭负其妇，不能归。东岩乃竭蹶措百金与之，而弟必欲取盈二百，以无现金，令东岩籍记之，以俟异日。东岩夙谂其畏妇，唯唯听之。

其后数年，东岩自蔚州归，弟妇遽语之曰："昔贷钱者月取二分息，逾三岁，即子母相侔，今此百金已逾十载，为子母相侔者三，计当八百金矣。"于是东岩罄资装，犹不足以偿。妇日搏膺噪呼，时太夫人犹在堂，不堪其扰，东岩乃以所居室立券付弟，而奉母别居。然屋小，不足抵八百金，衣饰器皿，恣所攫取，故东岩移居，家具萧然，见者皆叹息。时袁湘湄为书门帖曰："长物只余诗一卷，寄居聊借屋三间。"方家难作时，顾蔚云赠诗，有"早识讼师由饮食，迭书忍字保彝伦"。皆实录也。

姚夔待弟

姚夔，晃州诸生，笃友爱。方兄弟欲析产时，劝止之，不听，则曰："吾平生仅爱一马，幸以予我，田庐杂物，任兄弟分之，吾不问也。"析爨日，诸宗姻皆会，而夔已先期避去矣。归时，妻子呶呶以生计为言，夔但问马在否，不及其他。

李台三哭弟

李台三太学应卜有弟应会亡，遗孤缉方一岁，哭之恸，一夜须发皆白。其抚缉也，食必呼共案，出必视而行，返必问其在何所。缉病疮，医针甫下，泪滚滚落，曰："吾有何方为汝分痛？"

缉每出，望其早归。易箦前一夕，缉归稍迟，更深矣，犹坐以待。及至，厉声责曰："独不念吾望尔乎？"

奎壮烈为兄复仇

奎壮烈公林，勇力过人。高宗以其兄明瑞殉节滇南，故不使临戎，而奎乞请者再，至痛哭殿陛间，愿杀贼复兄仇，上为动容。乾隆丁亥壬辰，从征缅甸、金川，皆以趫捷建功。

洪霞城事兄

洪炜，字霞城，至性过人。其仲兄瞽淤目，炜扶持之，常不离。乾隆戊辰，黄璋与之同试于越城，有传言仲兄病者，即命舟而返，距试期才一二日，而已不及时矣。

包慎伯待姑太太

包慎伯，名世臣。尝有家书一通，其文曰："兴实见字，十八日之书，至二十六方到，此次迟延至八天，可诧之至。昨责汝阿辛薪水一节，汝须细思之。我少而贫窭，壮而游四方，堂上二老，皆赖姑太太女代子职，若无姑太太，我何能奔走谋甘旨？溯我落拓江湖四十余年，一贫如昔，而菽水不缺，儿辈宦成，果谁之力？微姑太太，汝辈有今日哉？况汝少受姑母钟爱，视如掌上珍，乃既壮大，并不知报德，而并其子之四金之薪水亦吝之，我不责汝，天亦不福汝矣。做人道理，全要明白。我在天长时，佐人书记，月得三千，而以二千济郑大哥，不足，又为称贷以益之，此事汝知之。我于郑大哥尚尔，况汝于姑太太哉！粉饰之词，我不愿听。总之，阿辛薪水必送，且与汝之任期相终始。至属至属！李提戎之润笔，三千乎？三金乎？便望寄来为要。七月晦，父字。"末附一行云："百合粉并不见佳，下次不必寄来。"

傅麟瑞七世同居

乾隆己酉夏四月，高宗以河南鲁山县生员傅麟瑞七世同居，特御制诗章、御书扁额以赐之。

周仲寿以束脩奉兄

周锡麟，字仲寿，乾、嘉间人，长沙诸生。有同母兄二，皆力田。仲寿为童子师，束脩所入，虽一丝半粟，悉以奉兄嫂，未尝自新一衣。

李九以雪兄冤而死

李九，赣榆青口人。邑人罕识其名，问李九，则无不知者。兄七，与邻人讼隙地，县官索贿，七弗与。邻人赂之，系七典史署，朝暮逼迫，继以搒掠，饮食又不以时至，七愤而缢。时县令吴蕊元、典史费长春也。九方午食，闻七死，掀案而起曰："所不与兄复此仇者，非丈夫也。"投状海州，州不为理，控诸监司，仍檄州。

九念外省官吏上下徇庇，终无能为兄雪冤者，乃徒步入京，具状都察院。事闻，下苏抚集讯。九既多历风霜，又到省赀罄，日受挫折，疮疥发于腹背，卧病中，惟祝七冤得雪，即身死无撼。九妇闻之，日夜涕泣，焚香告天，求夫生还，愿以身代。而蕊元、长春贿属承宪官，责九健讼，鞭笞惨毒，身无完肤，九忍死不少屈。蕊元等度终不可威胁，因属其素所亲信者就旅舍，置酒召美妓，反复开陈，饵以重利。九始终闭目不一言，既而曰："吾与若厚，不忍牵累，不然，今日之举，即公堂左证也。"蕊元等闻之益惧，计无所出，乃议以毒手取九命矣。

初，医士某为九诊病，长春与相识，夜往谒之，曰："李九必欲杀我，奈何？"因袖出饼金为寿。医士佯惊谢，长春曰："不宁惟是，今日长春一命，吴公一官，悬于君手。君诚能因九病，药而酖之，报德方长，不食言也。”医诺，约以十日乘便行事。时陈继昌按察江苏，方莅任，微闻其冤，即日提案，详摘蕊元等顶带，将加刑讯。九则蹿踊堂上，眼枯无泪，长涕而号。蕊元等竟不能讳，尽得实情。狱具，蕊元褫职，长春戍边，吏役正法者二人。九至是喟然叹曰：“今而后死无憾矣。”时受病已深，奄奄一息，归至半途竟卒。镇中绅士以鼓乐迎其榇，其妻见榇，触额求死，姻党劝慰，乃归。

彭陶养兄弟

彭陶，字菊村，衡山人，父贾于郴，遂为郴人。方十余岁，父负债数千金，常累日不食以养父，父没，为债家所迫，系于官者月余。陈某怜之，解其讼，因教之学，曰：“子，有造才也。”见其容若病者，问之，曰：“无食。”食之。年余，补学官弟子员，去为童子师，而以文字就正于陈，文日进，数年食廪饩。是时馆谷渐丰，而养其兄弟六人，且为之娶妇。长兄死，葬之，抚其孤。母又老疾，医药甚勤。年三十六，母曰：“汝以予与兄弟故而无妻，如嗣续何？汝其娶以慰予。”娶妻逾月而母卒，逾年，妻又卒，贫益甚，乃不续娶而教季弟学，亦补弟子员。三兄死，葬之，抚其孤，而自亦病。道光辛卯卒，年四十三。

林屏芬爱弟妹

咸丰初，鄞县林屏芬避难至罗江，中途失夫，所从者惟弟妹，裙布萧然。寓罗氏宗祠，不得食，或怜之，时周以升斗，则先饱弟妹，而己食其余。然识字能文，罗氏故多富者，因延之教子女，凡六年，多所成就。复归鄞，自是而弟成立，妹嫁矣。

徐司马悬赏觅兄子

咸丰时，徐若洲司马鸿谟，以薄宦出入兵间。尝作尉江甘，方受代，而有袁江之役，眷留广陵。寇猝至，城陷，家属仓卒出城，中道相失，历数月，始会于如皋，失一女与其兄子。司马揭于衢曰："得我兄子者，予钱十万。"果得之，曰："是可以慰吾寡嫂矣。吾女，听之耳。"俄而亦至。司马有子琪，字花农，光绪朝，署兵部侍郎。

程某代兄死

咸丰戊午科场之狱，大学士柏葰罹大辟，副主考程文桂以其子炳采贿买关节，私递名条，父子几同日弃市，后从末减，文桂得免死，仅置炳采于法。其实正法者非炳采，乃其弟某。先是，程有两子，长炳采，次某，皆随父在京。事发时，炳采已先逃，三大臣会讯时，弟冒兄之名，力承其事。狱定，始知罪应缳首，顾已无及。刑日，其妇奔赴菜市口，欲向监斩者申诉，为卫兵所阻，不得上，夫妇抱头大哭，绝而复苏者再，刽卒皆下泪。盖其妇方少艾，婚未久也。后文桂遣戍，炳采不敢归，潜随文桂往新疆，而次子之妇则竟以痛夫死。

曾文正哭弟

粤寇起，曾文正公国藩既奉诏治军，而其弟愍烈公国华、靖毅公贞幹，亦帅偏师剿寇，后相继殂逝。文正夙友爱，至是哭之恸。愍烈亡于三河，文正方在鄂，以联挽之云："归去来兮，夜月楼台花萼影；行不得也，楚天风雨鹧鸪声。"靖毅亡于金陵，以联挽之云："功名百战总成空，泪眼看河山，怜予季保此人民，奠此疆土；慧业三生磨不尽，痴心说因果，愿来世再为哲弟，并为勋臣。"

愍烈，名国华，字温甫。由监生应京兆试不遇，归而讲求经世之略。咸丰乙卯，文正督师豫章，粤寇石达开窜江西，周培春等复自广东窜至，与之合，迭陷名城。愍烈倍道走武昌，乞师于胡文忠公林翼，遂受檄，与刘腾鸿等率五千人行，乃攻克咸宁、蒲圻、崇阳、通城、新昌、上高六县。文正尝言："使吾有生还之日，憨烈力也。”戊午，李忠武公续宾剿寇皖中，憨烈助之，连下潜山、太湖、桐城、舒城四县，遂乘胜捣三河城，十月初十日，力战死之。

靖毅，名贞幹，原名国葆。文正奉诏督师，靖毅率六百人从。咸丰庚申，改从兄忠襄公国荃围安庆，辛酉克之。同治壬戌，克繁昌等三县，复会师进薄金陵雨花台，与寇血战四十六日，遘疫，遂不起。

杨某待庶妹

杨某，山西人，官贵州。有妹，庶出也，妹甫生而所生母死，育于其母。幼而明慧，父母皆奇爱之，父临终，谓某曰：“必善视此妹。”母临终，亦谓某曰：“此女虽非我所生，我爱之逾所生，必善视之。”某承父母遗意，遇此妹甚厚；其妻颇贤，待小姑亦甚厚。女美而且才，家中事悉女主之。已而其妻死，继室亦贤，仍以内政让女。女年长矣，某择配良苛，凡求娶者，某视之辄曰：“非吾妹偶也。”因循久之，其继室又死。未几，又续娶一妇，妇不能如前两人之贤，辄怏怏曰：“奈何以小姑主家政？”然不敢讼言于其夫。女知之，乃往往托疾，有以家事关白者，让以与嫂。如是年余，家中事遂悉决于嫂，然兄之饮食衣服，女尚手自料理。嫂意不乐，自是而家庭间有违言，女郁郁成疾，是时女年几三十矣。某急欲为择婿，终以未得其人，无成议。某偶于役于外，闻女疾甚，驰而归，则女死矣，乃抚膺大恸曰：“吾父遗言谓何？吾母遗言谓何？吾妹死，吾何面见父母于地下乎？”痛哭呕血，未数月亦死。

谭赛花为兄报仇

谭赛花，侠女也，佚其里居，从其兄某流寓通州之营防港。性沉静，不苟言笑，精柔术，尤善用单刀。某亦以技击鸣，生而骁健，貌陋。尝强贷富人金，于黑夜投贫乏家，然人仅知其为盗，不知其为侠也，辄目之曰大盗。赛花数谏之曰："柔术一道，造诣功深，原当救人息难，刦富济贫。不能大白于天下，窃为兄不取。今莫若敛手，否则将遇害。"某不听。诸富人乃欲得之以去后患，闻某寺僧有奇勇，出金以招，僧诺。

一日，僧乔装游方者抵谭门，口喃喃诵经，赛花见之，语某曰："此有道者也，不可不献小技。"某遂以小钱一枚，掷入木鱼中，且语曰："速去，毋喋喋。"僧以钱还原处，亦语曰："区区一钱，何足重轻？量何小也？"脱然去，某亦不与较。僧急往，告富人曰："谭技艺过人，非僧所敌，不若诬以某案，请兵会剿。"众然之，白其事于州牧，遣人守要处，僧率捕十余人往擒。与某遇诸途，途次有沟，水可八尺许，某恐众寡不敌，一跃入河，僧随之下。未几，僧舁某出矣，送州牧讯鞫，诸贫者争为之判白，而知州某卒以受贿故，以严刑供认。既刑，赛花殡之，操短刀入僧寺，越楼窗而进，既诛僧复仇，乃割发为尼，自是终身不复研究柔术矣。

梅宝之以悌教人

梅宝之，江宁人。同治时，居昆山百坡塘，群呼为梅先生而不名。某年，邻村有兄弟议析曆而相争者，弟曰："欲得其平，必请梅先生来。"兄诺。弟遂跨驴造梅门，梅曰："此至易解，第须小住于此。"因使与子弟共寝处。见少长咸集，雍雍如也，已渐悟。复使偕其孙出游，邻人询得其故，皆曰："兄弟不可析居，吾村人向无兄弟析居之事也。"弟大惭，返而告梅曰："小人知过，无烦先生矣，今将归。"会其兄亦来探其弟，遂对持而泣，梅更婉导之，兄乃携弟而去，同居如初。

徐舍人事兄谨

钱塘徐印香舍人恩绶笃于友于，事其兄昆生封翁惟谨。舍人尝司铎姚江，以兄方罢幕家居，相隔数百里，仅岁时一归，犹未尽联床情话之乐也，辄以书问往复，缕述朝章国故及家常细事、乡里琐闻以相娱乐。时邮政未举，函件必付信局，局取寄资必向受信人索之。嫂性悭甚，闻旬月所出信资巨，戒阍者毋纳信人。兄郁郁者旬日，久始知之，贻书告舍人，自是舍人寄书，辄令信人归取信资，而鱼书雁帛乃如故。

封翁夙有季常之惧，其游幕时，脩脯所入，岁恒数千金，悉为妇所有，斥之以施僧尼，封翁不得过问也。舍人居贫，则月奉银币果饵以为常，且不使嫂知也。

沈北山脱裘寄兄

沈北山太史鹏，常熟人。事兄谨。尝肄业国子监南学，一日，相国翁同龢以事至，见其未裘而悯之，是日天寒甚，翁命从者取皮裘赠之。翌日，又遇于乡人席次，则犹衣敝缊袍也，询裘所在，则云已寄兄矣。

汪穰卿教弟

钱塘汪穰卿舍人康年，幼从父宦粤，失怙而归，振绮堂旧庐已非所有矣，乃赁屋以居。弟颂阁、社耆从之读，实教学相长也。尝于午夜，围坐一方案，一灯如豆，穰卿中坐，颂阁、社耆则分坐于旁，各治所业，所不解者，穰卿为讲解之，赏奇析疑，无倦容。三人者，皆应敷文、崇文、紫阳三书院月课，人作数卷，又皆月应诂经精舍之试，往往合作一卷，穰卿任经解，颂阁任词赋，而社耆故善书法，为之誊写，每彻夜不辍。比事毕，即挟卷往投于收卷之门斗家，出其门，天甫破晓也。晓风吹人，腹中觉饥，咸就道旁贾浆家啜一盂以为常，啜既则三人者相与扶持，谈笑而归。光绪戊戌，移居上海，乃筑屋于静安寺路，三人同居，如在杭时，兄弟怡怡，固不改其乐也。颂阁，名诒年，能文；社耆，一字鸥客，名洛年，善书画镌石，皆有名于时。

潘书琳愿代兄死

潘某，直隶人，宦于江苏。子二，长书瑛，次书琳。琳笃于友爱，从兄返里，居济南村店，沽酒对酌。适门外来一丐索钱，兄不与，琳窃与之。丐喃喃骂其兄，兄怒，时已醉，乃取几上椀遥掷之，触丐额，血溢不止，抚之已绝。村人大哗，拘其兄，就质于官。琳随兄往，坚承丐为己杀，兄大惊，谓汝何能杀人？琳笑曰："兄自怜我耳，我杀丐，安忍累兄。"官亦弗能辨，然怜琳幼，思开脱之，遂监弟兄于狱，而函告潘某，使以金来贿丐者家属，活两儿。潘闻之大惊，急谋诸妇，妇不许，曰："若何言？金自劳苦得之，儿死，当听之耳。"潘不能强。官不得已出兄，乃坐琳误杀论绞。此光绪甲辰事也。

刘伯箴让产与弟

宣城刘伯箴年二十而丧父，遗弟二，一五龄，一周晬。逾年，母又死，伯箴夫妇鞠以成立，授室诞子。而二弟皆荒嬉无度，群恶少嗾其与兄析产，冀沾润，二弟遂日与伯箴相牴牾。伯箴弗获已，从之，田百亩，伯箴取三十，弟各与三十五亩；屋二区，悉归二弟，自僦居焉。未半载，二弟荡其产，伯箴乃设筵延其舅氏及弟曰："弟等不用良言，今若此，舅胡以教我？"舅曰："若辈所为宜饿死，尚可言？"伯箴曰："不然。兄弟，手足也。手全而足废，身何安？弟能改辙，曩事何足校？吾所受田三十亩，仍父产也，可各取十五亩以资生，第须努力，毋再耗耳。"

二弟得田稍稍悔，而群恶少涎焉，百计诱之，未几，十五亩又属他人矣。大愧，不敢面兄。伯箴闻之，泣曰："家何不幸哉！"复招舅告之，舅曰："然则奈何？"曰："天下无不可为善之人，教之不服，以意感之，未有再三而不化者。数年来，殖产治庐已如父数，再量与之，何如？"舅未答，伯箴妻自内出，曰："若尔，是蹈前辙也，非爱之，适屡形其过耳。吾家屋宇闲旷，盍群处而合业焉？则产莫能移，两叔庶无苦。”伯箴大喜，卜日迎二弟合居焉。

至是，二弟感甚，叩头至流血，自悔昔非人，誓不再耗，并力赞助。十余年。益田数千亩，屋舍连亘，寖成巨室。伯箴年六十，综核财产三分之，二弟辞曰：“此兄物，衣食足矣，奚敢取？”伯箴曰：“毋尔也。昔由分而合，冀今日之成；今由合而分，杜后日之患。盖诸弟非复似昔，自可守其财，吾子孙未必如我，或难继吾志耳。”

陆某感牛而爱弟

浙人陆某性横恣，时与弟相尤。某畜牝牛产犊，贩之邻，弟转鬻之，继又产一犊，某自饲焉。后弟之犊在牧场随某所畜犊归，宿某之牛圈中，弟力挽之不得出。翌日，某之犊亦随弟所畜犊归，宿弟之牛圈中，自是日同牧、夜同宿，若自知其为同母生者。陆于是涕泣语弟曰：“我过矣，我过矣！兽犹如此，可以人而不如兽乎？”自是遂和好。

胡氏女抚弟侄

安东胡氏女以丑闻，年二十，父母欲嫁之，女不可，曰：“世未必有好德如好色者，嫁而失所，徒供人凌藉耳，何如家居侍养父母之为得也？”自是辄织衽刺绣，市甘旨奉父母。及年三十，长兄死，父母恸之，亦相继没。期年，嫂不能守，竟别嫁。女零丁孤苦，抚孤侄二、弱弟一，侄年不满十岁，弟年可十一二岁。女昼绣而夜织，弟、侄捧书围坐，女虽不识字，然听久，能以耳辨书声，其书声朗畅如流者，则知书已熟矣，乃令就寝以为常。

其邻有黄贡生者，设帐授徒，弟、侄皆从黄读者也。黄、胡两家仅隔一墙，中夜起，常闻机声、书声，又时闻女训其弟、侄之言，心贤而哀之，乃不取束脩。女不可，曰：“师礼不可废，今以十指劳力自给，虽贫，是戋戋者尚非不能供。弟、侄幼，非可以无端受惠者。”黄力却，终不听，心益敬之。会黄妻病卒，女有舅氏，亦黄素识也，则从之求婚。舅以告女，女仍不可，舅具述黄意，且曰：“此知己也，不可负之。”女意稍转，惟曰：“弟、侄皆幼，必视其成婚，方可议及一身事。”舅以告，黄曰：“迟数年，何害?”黄有幼妹，请以配女之弟，舅径为主持，各行聘焉。越四年，女弟已娶，女尽以家事授之，己乃嫁黄。

刘昭容教弟

刘昭容，一名十三旦，汉口女伶也，唱花衫。其为人也，婉静俭约，寡言笑。幼字于韩，而早失怙恃，遗两弟，曰森，曰庚。时森年十四，庚年十一，而昭容十六，乃以针黹度日，使森、庚出就外傅。既而见女伶之为世所重而易得多金也，乃曰：“森、庚学费不赀，仅仰十指，非久远计也。森、庚而果成立者，吾虽死，吾亦甘之，更何耻于伶？吾其现身舞台以说法乎?”好事者怂恿之，于是遂隶乐部，京、津、沪、汉，所至享盛名，而月入多不妄费。自是而森、庚益得肆力于学，入大同学校，更勖之曰：“而姊以色身示人，不得已也。若勉之，若不自立，而姊终身不嫁矣。”

忠荩类

洛翰削指卫上

太祖创业之初，有洛翰者，本刘姓，以佣至辽，初给事建州，颇勤俭，有勇力，拔为侍卫。觉罗某叛，夜怀刃入太祖寝帐，洛觉，以手格之，四指皆落，卒卫上出。后犹能执锐御敌，太祖嘉之，倚如左右手。卒于起义之前，故不得预五大臣之列，其裔后隶内务府。

扬武勋王因公致命

扬古利以开国功封武勋王，尚主，为异姓臣冠。晚年从太宗征朝鲜，大捷。后巡视山谷，大雾，中伏弩，遂致命焉。

费英东额亦都世笃忠贞

异姓勋臣以满洲信勇公费英东、宏毅公额亦都为最著。信勇公子昭勋公图赖、宏毅公子忠义公图尔格，又能世笃忠贞，两世皆侑食太庙。

范忠贞不屈于耿精忠

康熙初年，撤藩议起，吴三桂反于滇，闽藩耿精忠遥应之，巡抚刘秉政降。精忠环兵刃胁总督范忠贞公，范挺身前，嚼齿大骂，精忠执之，复使秉政往说。秉政时已为伪枢密使，范蹴之仆地，笑曰："逆贼分即死，予先褫其魄矣。"精忠见范无屈意，乃使人问曰："闻公昔与水月和尚游，和尚何言属公邪?"范叱之曰："吾家世读孔孟书，忠孝大节，岂死生所能夺？即彼缁流，稍有识，亦必以忠孝劝人，岂肯妄言祸福？归语尔主，善自为计，无自取族灭也。”

耿精忠母责子受伪命

耿精忠母周氏，贤母也。当滇氛初起，精忠密受伪命，周氏屡责不悛，即愤郁绝食而死，范忠贞公往唁之。

甘忠果殉藩乱

甘文焜，辽东人，康熙壬子为云贵总督。吴三桂反，致书贵州提督李本深，慷慨数千言，约共剿御，而本深以安顺应贼。甘知贵阳不可守，（时总督驻贵阳。）遂驰下镇远，杀其妾以飨士，冀招楚兵扼隘，而副将姜义先已从贼。甘知事不可为，乃自缢于吉羊寺。事闻，赠兵部尚书，谥“忠果”。

叶映榴骂贼自刎

康熙乙丑，裁湖北总督缺及其标兵。楚兵故剽悍，有夏逢龙者，尤桀黠。裁檄下，向巡抚索月饷不得，则聚众谋山中，将为乱。武昌同知某倡议剿捕，众益怒，露刃入辕门。粮道叶映榴急入，白巡抚，请抚之。巡抚出，众语不逊，骂曰：“若欲反耶？”众挥刃曰：“反也，将奈何？”蜂涌上，巡抚逸。映榴冒刃前，谕以朝廷威德，不应。拥归，逼从逆，瞋目叱之，乘间欲夺刃自刎。众大呼曰：“杀好官，不祥！”遂以兵环之。巡抚既遁，余或亡或降，贼势大振。映榴困孤城中，誓一死全志，独念老母无所托，未即引决。后谓其妻陈氏曰：“以付若。”陈慨然曰：“夫尽忠，妇尽孝，分也，敢不如命！”遂奉姑易服遁。映榴计母、妻已出险，乃曰：“吾今可以死矣。”立缮遗疏，北向九拜，升公座，骂贼自刎，瞋目良久乃瞑。贼大惊，罗拜而去。

臣民为圣祖禳疾

康熙癸酉，圣祖有疾，谕诸王大臣修斋祷禳，初仅宗室及满大臣行之，继而上自汉六部九卿，下至富商大贾，亦莫不效之。或三昼夜，或七昼夜，或九昼夜，各于就近寺观设坛以祷。皇城内外，黄冠络绎，月余乃止。

顾天成挽圣祖诗

世宗以蔡嵩依附年羹尧，籍其家，得顾天成《咏星星草》诗稿。疑语涉讥讽，命蔡索全集进呈，则见有恭挽圣祖诗，诗有“已过虞舜巡方日，尚少唐尧在位年”之句。上泪下曰：“草莽之间，乃有此臣耶!”因召入，特赐编修，使直上书房。

朱轼不以疾引去

朱轼以晚岁多病，恩重不得乞身。时方望溪侍郎苞方困于忧虞，屡欲告归，朱固止之曰：“譬如巨室虚无人，虽老疾者偃卧其中，盗贼犹有戒焉。吾辈三数人，尚可以疾自引去乎?”言罢欷歔。

李恭勤忠爱

李恭勤公世杰，贵州黔西州人。初为江南某司巡检。高宗南巡，司船跳木，时雨后泥滑，上登舟偶失足，遽起扶之。督抚缚之以请命，上笑曰：“此彼忠爱之意也。”命立擢知州。后官四川、江南总督，以廉能称。上屡欲以为阁臣，尼之者言其不由科目，例不可，乃止。

颜希深母为国为民

乾隆时，颜中丞希深官平度知州，于役省垣。州遭大水，城不没者数版，灾民嗷嗷，流冗载道。太夫人闻而恻然，命发仓粟尽数赈饥，民赖以苏。大吏以擅动仓谷劾罢中丞官，上览疏大怒曰：“有此贤母好官，为国为民，宜保。反劾，何以示劝?”立擢知府，并赐其母三品，封为淑人。

拉傅以诛朱尔墨特扎布而自死

乾隆戊辰，拉忠襄公布敦奉命与傅襄烈公清，同为驻藏大臣。傅为孝贤后兄，性忠鲠，其弟文忠公贵，尚于人前呵叱之。西藏达赖喇嘛颇罗鼐新故，子朱尔墨特扎布性凶悍，与准夷勾通谋逆，计日举事。拉、傅密劾之，上命岳襄勤公钟琪率兵讨之，未至而逆谋日炽。拉、傅计曰："语云'千里裹粮，士有饥色'，况万里乎？今贼谋日甚，若不矫诏诛之，使羽翼已成，吾二人亦必为屠害，而岳公不获进讨，非惟徒死无益，是弃二藏地也。不若先发制人，虽死犹生，继之者亦易为力。"因矫诏，召朱至楼上宣诏，豫去其梯，朱跪拜，傅自后断其首。贼围楼数重，傅遂自刎死。拉挥泪挟刃，跳楼下，杀数十人，自剖肠死。事闻，上震悼，均追封一等伯，敕建双忠祠。

策凌世笃忠贞

雍正壬子，有光显寺之战，超勇亲王策凌威名镇漠北，虏骑震慑，不敢南牧。及高宗即位，授王定边左副将军，镇乌里雅苏台。傅阁峰尚书归定和议，上命王会议。虏使哈柳，辩士也，谒王于京邸，诮王曰："闻王漠北有营帐，奚必居京邸？"王曰："皇帝都于此，我随皇帝而居，即为吾土。喀尔喀乃藩部，何足道？"柳又言幼子思归，欲传致之。王曰："公主所育，为吾嫡长，其余孽何足齿及？汝部纵放归，吾请于皇上，必戮于宗也。"嗒然退。王复面奏高宗曰："今北虏挟臣子以为重，臣若许之，适足以长其骄心，恐无益于国事。况此子不肖，不即陨灭，赧颜偷生，无足存也。"上诏奖之，比之乐羊，复命王修书答之，和议乃成。

王长子成衮扎布，后亦掌定边左副将军印。其族贝勒青滚杂卜，因兄额林沁多尔济故纵阿睦尔撒纳，奉旨赐死，阴煽惑诸喀尔喀蒙古诸藩曰："元太祖裔，无正法理。"谋共叛。檄至王所，王大怒曰："焉有人臣犯而复仇之理？吾家世笃忠贞，岂可自蹈诛夷也。"首发其谋，复寄札于哲卜尊丹巴呼图克图，令其谕所部知大义，俾勿惑。事闻，高宗嘉之，即命王统师剿之，曰："大义灭亲，王茂宏所以仗安东节也。"王率诸喀尔喀藩部追捕，青滚杂卜计穷，拥兵自卫。王传檄诸部，宣布国家威德，其党皆散，惟青滚杂卜父子数人宛转沙漠中，迷失道路，为官兵所擒。上大悦，赐王黄金带，敕封其子为世子。

庚午，王薨于军，遗表请归祔公主园寝，上惋惜之，命配享太庙及贤良祠。外藩得预侑食者，惟王一人，盖异数也。

嘉庆甲戌，礼部尚书成宁以王为外藩，撤贤良祠牌位于后殿。事闻，仁宗震怒，立褫成职。

玛木特为烈士

信勇公玛木特，额鲁特人。初为准噶尔宰桑。乾隆癸酉，杜尔伯特汗策凌来降，达瓦齐遣玛追之，既入边，复逸出，副都统达青阿诱擒之。高宗谕曰："玛木特倘召之不至，或至，心怀不服，则擒之可。今遣使往辄至，不明惩其罪，反诱擒，非也。"诏宥罪，遣归，给衣冠。玛感上恩，稽首而还。后我兵入，玛感前事，且念达瓦齐不足事，乃赴副将军萨拉尔军请内徙。入觐，上念其诚，授内大臣。时议征达瓦齐，以阿睦尔撒纳为左副将军，以玛为参赞。玛密奏曰："阿睦尔撒纳，豺狼也，往必为殃。"上以不逆诈谕之。军抵伊犁，玛多赞画功，封三等信勇公，赏双眼孔雀翎、四团龙服，命守札哈沁，以疾留伊犁。阿叛，为逆党所擒。阿慰之曰："准噶尔与天朝疆域殊异，尔欲内向，何也？不如归我，当善视之。"玛怒，唾而言曰："天下岂有无君之国哉！达瓦齐篡虐，圣天子讨其罪，噶尔丹策凌嗣已绝，我不内附，将焉往？且天朝已擒我，不即诛，复释还，此所谓生死而肉骨也，何忍背之？尔先我往，圣天子待尔厚，尔乃谋逆，今既擒我，我何惧？死则死尔。大军至，将磔汝，犬不食尔肉也。"阿惭，缢杀之。事闻，上震悼，御制《烈士行》以奖之。

鄂刚烈力战自尽

襄勤伯鄂容安，文端公长子也。家传方略，勇敢性成，连任疆圻，多所筹划。乾隆乙亥，偕班第驻守伊犁，值阿睦尔撒纳叛逆，力战自尽，上深轸悼。及阁臣议谥，以其由词苑起家，议文刚、文烈以进，高宗抹去二“文”字，取“刚烈”二字以赐。盖夙知其忠义果毅，不复以常例拘之也。

杨重英节过苏武

乾隆中叶，广州汉军杨重英官云南按察使，率兵驻滇、缅界上之新街，为缅人所虏，絷之，而纵其随员知县某某等归国。高宗怒，命执两员磔诸境上，不许入国界；且谕令滇督，如重英他日归时，即照此办理。重英既被虏，终不入缅都，缅人舍之于新街，欲其降，譬说万端，卒不屈。重英在新街，先后二十五年，足迹未出阈一步，其眷亦囚之请室。己丑，缅乞和，且值高宗七旬万寿，始释重英归。甫及境，滇督某遵前旨，执而梏之，亟驰奏。时上春秋高，颇悔当时治此案过严，乃下诏旌其忠，奖以“节过苏武”，且令滇督驿送来京，预备召见。旨至滇，重英已病卒。重英为云贵总督拜满缺大学士应琚之子也。

马壮节死木果木难

马壮节公铨，初中乾隆壬申武探花，因与同僚角抵罢官，入京营充武弁，傅文忠公恒倚任之。复中庚辰探花，洊至四川提督，从征金川。时相国温福拥兵不进，马慨然曰：“金川蕞尔小夷，经大兵两度挞伐，不能获尺寸之利，屯驻经年，老师糜饷，安用将帅为？今相国以台司重臣不能出险用奇，使彼畏威革面，惟置酒高会，挞辱士卒，将何归报天子？”温斥其妄。其后木果木之败，马殿后队，手戮数十贼，力尽死焉。

温福阵亡于大金川之木果木

乾隆癸巳，温福以定边将军征金川，阵亡于木果木。时总兵宋元俊方乘胜直捣美诺，若厚集兵力，一鼓歼灭，金川可定。温乃狃于易胜，不复檄调各路兵马，惟日与提督董天弼辈置酒高宴。额驸色布腾巴尔珠尔屡劝阻，温乃谓其煽惑军心，上疏劾之。

护军统领伍岱，辽东骁士也，见温所为，叹曰："吾闻速拙，未闻迟巧，焉有屯兵贼境而日以宴会为务？吾固辽海健儿，未审有若此能致胜者。"温大怒，以他罪遣戍。遣绿营兵三五十人取碉卡，有致伤者，温反责之，人心益懈。超勇公海兰察至扣刀诮温曰："身为大将，苟安旦夕，非夫也。今师虽老，使某督之，犹可致胜。"温拂袖起。迁延月余，贼侦官兵弱，乃整劲旅数千东攻，官兵不战自溃。海初对敌，即咤曰："云气已颓散，不可战，余马首欲东，与诸公期会于美诺寨。"因驰马破围去。

温方雅服督战，为贼所擒，董天弼、牛天畀、张大经等皆死之。师遂大溃，自相践踏，终夜有声，渡铁锁桥，人相拥挤，锁崩桥断，落水死者以千计。参政明亮方结营美诺，见溃兵如蚁，往来山岭间，遣人止之。溃兵知明在，止者数千，收留犒赏，兵少安。适有持铜匜沃水者，误落于地，惊曰："追者至矣。"群起东走，势不可遏，其丧胆也若此。

杨梦槎殪贼而死

乾隆朝，无锡杨梦槎明府以孝廉令四川酆都。丁卯，金川酋逆命，调赴前敌，监制炮位，屡有功。癸巳六月，大军至木果木山，夜半贼劫炮局，遂拥之去。环叩用炮之法，明府阳教之，而阴诡其制，反裂，殪贼无算。贼酋切齿，剁其尸如泥。事闻，诏赠兵备道，赐祭葬，荫一子，如其官。

李侍尧处置台湾

乾隆丙午，李侍尧督闽。时值台湾之变，高宗以常青非将材，恐不能守，令全师归，待福文襄王康安至，再筹进取。李以台为岩疆，一旦失守，非十万兵不易取，恐失机宜，节谕旨数语寄常青，具疏请罪。高宗嘉其忠，以为处置得宜，有古大臣风，赐双眼孔雀翎奖之。

寿同春谋复厅城而死

乾隆丙午，会稽寿同春以布衣客台湾淡水厅幕。值林爽文之变，淡水陷，厅官及于难，寿展转贼中，密约忠义士反正，城立复，乃搜捕群不逞，斩刈无算，而抚定其孑遗，赒恤备至，威惠大著。草万言书，渡海达大府，大府疏告。上惊赏，即命知淡水厅。后骂贼不屈死。事闻，赠太仆寺卿，荫官立祠。

奎壮烈愿马革裹尸

孝贤后之犹子奎壮烈公林，尝于乾隆壬子从福文襄征廓尔喀，疽发于项，仍力疾从军。孙文靖公士毅往视其疾，执手曰："疾何必问？大丈夫不能马革裹尸，殗殜床箦，实可丑也。"及卒，惟以军务未蒇为忧，语不及他。奎尝读《元史》，王述庵侍郎问所慕，奎曰："耶律文正非余所及，得及王保保之忠贞，足矣!"

谢家瓒雪仇报国

谢家瓒，湖南麻阳富室也。居高村，村故与苗接壤。乾隆乙卯，苗民石三保叛，大掠于麻阳，家瓒尽散其家财数十万，募乡里壮士御之，杀三保兵无算，三保深仇之。一日，家瓒率众守溪口，三保骤悉，兵围高村，曰："出家瓒，乃免。"家泰，家瓒族弟也，闻之挺身出，语村父老曰："贼必欲得吾兄而后快，不获吾兄，村人必无幸矣。"径投三保军，大骂曰："我即家瓒也。"

三保亲剸刃家泰胸，剥其皮，家泰骂不绝口，终死无异辞。三保心以为信家瓒也，然意犹未餍，复威索村人献家瓒妻子，缚以归，始知所杀者非家瓒。迨家瓒驰率兵归救，而事无及矣，大愤，于是与三保战益力。事闻于朝，天子嘉之，予之官。将军福康安尝伺其罢战归，劳之有加礼。家瓒曰："瓒受国恩，义当为国家效死戮力。且苗，吾仇也，吾弟死焉，吾家歼焉，瓒自雪仇报国而已。"三保既知家瓒实不死，必欲甘心家瓒，亟攻溪口。家瓒力不支，其下有劝之者，曰："贼指名悬购吾子亟甚，殆难免矣，盍易服而行，以求援也?"从之，毙于路。贼退，收其尸葬焉。

王文雄为楚匪支解

嘉庆丙辰春，楚匪滋事，当事者过于持重，遂至蔓延三省，用兵十载方扑灭。其中殉难者：提督为王文雄、花连布、富成、穆克登额，总兵为诸神保、朱射斗、袁国璜、何元卿、施缙、凝德、札尔杭阿、李绍祖，而文雄死事尤烈。

文雄，贵州人也，由行伍洊至通州协副将，率直隶兵往援郧阳。陕抚秦承恩性懦弱，不知兵，贼遂入陕境，至盩厔，秦惟闭城哭，目尽肿。文雄仓卒率直兵绕道击之，陕境保全。事闻，秦受上赏。王累击贼，贼畏恨之。庚申夏，于栈道中猝遇贼，贼觇知其兵弱，四出纷击，转战竟日，路既险峻，粮复绝，遂为贼擒，喷血痛骂。贼首曰："此手戮吾三十二首领，不可令其速死。"乃支解竟日。贼既退，军士于草中寻遗骸，一臂而已。事闻，上震悼，赐世袭一等子。

李壮烈以死报国

嘉庆丁卯，蔡牵寇台湾，浙江提督李壮烈公长庚率兵讨之。渔山之战，坐船遭风失信，闽督阿林保遂诬李逃寇，不知所之，赖浙抚阮元以李受伤入告，仁宗优诏奖之。嘉庆丁卯，战于黑水洋，蔡牵穷迫，以三舟舣岛，去李艇半里耳。李因山为垒，以逸待劳，四面围之，计日可获。而闽督飞檄催战，责以逗挠。幕客劝李封章入奏，李斫舷怒曰：“大丈夫以死报国，不受唾面辱也。”因整军进，下令皆持短兵，为必死计。及战，浙军无不一当百，有卒跃登牵船，牵几被擒，以众寡不敌死。而牵奴林十回素识李，潜由篷窗发火枪，中胸。李茹痛呼曰：“诸君不杀此贼，老夫死不瞑目矣。”长号而终。事闻，仁宗震悼，封一等壮烈伯，谥忠毅，祀昭忠祠。李卒之二年，部将邱良功、王得禄等率旧卒建功海上，时闽督方葆岩制府维甸与邱、王合志歼贼，戴文端公衢亨掌枢柄，所请无阻挠，二将得以用命。牵投海死，子小仁获而奴之，海氛遂平。

张茂修全家遇害

张茂修，河南滑县人，曾入庠，性豪宕，不拘小节。嘉庆中，李文成将叛，以其武勇可恃，阴遣其徒约之。茂修欲辞，既念文成势已就，非口舌所能阻，佯许之。奔告巡检刘某，刘初未信，茂修曰：“此何等事，某敢以为戏耶？愿君早发之，犹可救，勿使滋蔓。”刘乃转详滑令强忠烈公克捷，文成始就擒。后贼刼犯时，茂修全家遇害。

倭门四忠

道光乙未会试，蒙古倭文端公仁为同考官，得士最盛。而会稽陶文节公恩培、通州孙文介公铭恩、旌德吕文节公贤基、宿松罗文节公遵殿，皆出其门，先后殉粤寇之难，世称“倭门四忠”。

京口驻防效忠

道光壬寅，英人犯镇江，京口副都统海龄御之，相持七昼夜，六月十四日城破，海龄与妻孙氏同时殉节。骁骑校祥云投水死，其父马甲长松先，一日登陴，毙于炮；妻邬琅罕济勒们氏惧遭污辱，掩面以利刃刺杀二女，然后自戕。镶红旗望阿与英人战，身受重创，仆地不能起，舁至家，奋然起曰："吾家世受国恩，不可辱于贼。"遂驱其子善昌、善崇，女花姑投井中，自与妻张氏投缳死。（后二子遇救得免。）侄孙奎赓复力战于城南小教场，阵亡。奎之祖母耿氏、母施氏、叔母白氏闻讯，阖户自焚，老幼男女七人悉烬焉。

三总兵力战身殉

道光壬寅，英之复陷定海也，有三总兵力战却敌，卒以身殉。三总兵者：直隶王刚节公锡朋、浙江葛壮节公云飞、湖南郑忠节公国鸿是也。

王字樵佣，由武举人补兵部差官，授固原游击。道光丙戌，从大军征张格尔，矢殪其酋。壬辰，平瑶匪，尽歼之，以功擢副将。复定回疆，历破广东、湖南诸瑶匪，积功擢寿春镇总兵。庚子，英人既陷定海，始奉命与葛、郑镇其地。辛丑八月，英人再至，出守九安门。时葛驻竹山门，郑驻晓峰岭，相去十余里。英军先犯九安，不利，退攻竹山、晓峰，敌势甚锐，众可二万。王急驰救，而我军合三镇仅四千，以寡不敌众请援兵，大府拥兵不发，众且尽，英人至益多，卒挥短兵陷阵死。

葛字南田，以武进士授守备，五擢至定海镇总兵。丁忧致仕，临归上书大府，以广东禁鸦片事方急，英人狡焉思逞，恐一旦有变，波及浙、闽，宜先事定谋。庚子七月，英人据定海，巡抚某服其先见之明，驰书要之，诣镇海，计防御。葛得书，只身赴镇海，请尽出劲兵，扼守金鸡、招宝两山。会英军统领安夺德被执，葛请乘虚出兵以复定海，大府嗫嚅不能从。辛丑，和约成，许通商，英人求释安夺德而归定海于我，朝廷许之，命与王、郑同镇焉。惟定海踞山临海，易攻不易守，葛议筑土城、列巨炮，当事以费巨，不果行。七月，英扰厦门，葛闻之急牒大府，请益兵增炮，皆不省。八月，复犯定海，攻竹山门及东港浦，皆力战却之。而英军益众，以舰二十九艘迫竹山。所部仅二百余人，乃驰书大营，请济师，勿许，且复书戒死守，毋望援。时天雨浃旬，葛以青布缠首，着铁齿鞾，指挥霪潦中，相持数日，屡战却敌。会天大雾，英人全队逼土城，葛炮沉其舰，英人分道攻晓峰，晓峰无炮，英人夺间道下，破竹山门，薄土城。葛以炮回击，敌军死进，率部卒持刀械斗。安夺德执旗麾兵进，葛持刀斫其兵数十人，刀折，复拔佩刀，冲入英军中。至竹山门，方登城，英人刀劈其面，去其半，血淋漓，犹奋身上登。忽有炮弹背击，洞胸没。部卒某夜迹其尸，走竹山门。时雨霁月明，见葛犹宛然立崖石下，两手握刀不释，左目炯炯如生，欲负之行，不能举。拜而祝曰："曷归见太夫人乎？"遂抱尸，浮舟内渡，大吏护丧还葬。

郑字雪堂，由云骑尉世职擢至处州镇总兵。旋奉命同守定海，所至皆能举其职，至是亦以力战死。

葛、郑皆以儒将著。葛有《四十自伤》诗，颇为人传诵。其诗曰："马不嘶风剑不鸣，等闲已老健儿身。近来不敢窥明镜，恐照头颅白发新。"郑文学甚优，而尤精经术，著有《诗经疏义》行世。

葛壮节务尽我心

葛壮节公复任定海镇总兵，有与其妹婿朱世禄书云："夷匪一案，未发之前，文武大吏，漠不关心；失事之后，仓皇无措，迁延日久。群议蠭起，或矜意气，或图私便，既无切中窾要之论，亦无公忠体国之心，时事至此，尤堪长叹。余受事后，屡言犬羊之性，非大加惩创，无以善后，并将剿办机宜，分晰条陈，而当事诸公咸以为难。自后局势屡变，忽抚忽剿，总无定见。现虽收复，而善后事宜，更无把握。余一武人，惟不避艰危，务尽我心而已。"

王连陞效死

王连陞者，王刚节公锡朋之乡人也。躯干修伟，绝有力。初佣于刚节家，性简傲，不为同辈所喜。刚节知其戆直，抚慰之，连陞自是益感奋。刚节贵，拔为亲兵。道光辛丑鸦片之役，大府檄下寿春，兵士无不色变心骇，有以病辞者，连陞独奋曰："国家养士累世，用在一朝，人私其身，国何赖焉？"同辈大感动。行至定海，刚节守九安门，连陞曰："擐甲执兵，杀敌是求，不当寇，非夫也。请为前锋。"刚节壮而许之。顾敌众我寡，援兵又不至，势危甚。连陞见刚节寝食不安，切齿言曰："大帅坐拥强兵，曾无分灾救患之意，岂忠臣义士而忍出此乎？"言讫，为太息者久之。已而炮声彻夜不绝，弹丸雨集，刚节知事不济，无几微忧惧之怀，顾独念身为镇将，自当为国效命，而若辈旧卒相从多年，乃亦以失援之故，同时并命于枪林弹雨间，于心何安？抚膺而叹者屡焉。连陞审知其意，趋而前曰："今日之事，公与连陞等分虽殊，心则一也。公为国之镇帅，能忠于国而弗爱其身，连陞辈乃不能効死而甘心负其上乎？况犬马受豢养之恩犹知报焉，连陞辈岂犬马之不如耶？"刚节闻言，至泣下。定海陷，刚节死，连陞已先半日力战殉难，而其余近卒数十人亦无一免者。

黄腾鸿负创杀敌

黄腾鸿世居平江，富膂力，能挽五百弓，射必命中，以贫故，偕弟飞鸿走定海，充战兵，隶郑忠节公国鸿部下。道光辛丑，英军再犯定海，攻竹山、九安，皆不利，乃退而迫晓峰岭。岭无炮，时有营将在岭外，忠节欲调入，敌弹雨下，不能行。募敢死者令缒岭入，腾鸿应募。少选，兵皆入岭，忠节奇之。然我军驻晓峰者止二百余人，英人可二十倍，忠节以众寡不敌，命腾鸿复缒岭出，赴镇海求援，期以三日。腾鸿逾宿即至，至则顿足大哭。忠节知大府之拥兵不救，慨然曰："吾受国恩二十年，来守此土，城亡，则与之俱亡耳。世有断头将军，无降将军也。”腾鸿曰：“腾鸿愿与主将俱死。”忠节嘉其义勇，即擢为副将。越二日，英军首领安夺德率兵万余至，与旧军联合猛攻，岭破。忠节策马持刀出战，腾鸿先驱，英兵以短刀刺忠节，腾鸿急以背受之，中肩，血淋漓，仍竭力拥护。忽枪弹飞中忠节首，仆而殉，鸿负创持忠节刀，挥杀英兵十余人，力竭而死，忽起立大呼曰：“亦足以报国矣！”言讫，尸复仆。飞鸿乘夜盗忠节及其兄尸，见腾鸿面中十余创，双目灼灼如生。年仅二十有四。事闻于朝，特赠总兵，附祀郑忠节祠。

陈连升血战而死

副将陈连升，以受知于陈化成、林则徐，洊升至广东水师参将。在军日，勤训练，严纪律，营务肃然。道光辛丑，鸦片衅起，连升时署副将，奉关天培命守沙角、大角炮台。至则相度形势，部署战守，昼夜不少休。未几，英军攻两台，势强甚，连升飞书告急。时诸军集广府者，驻防满兵，督标、抚标兵不下万人，又调集客兵、团练、乡勇、民兵数万，而大帅所遣助守台者仅二百人，连升与在台将卒誓死守。英将伯麦复率舰队进攻，炮弹如雨，偏裨某中弹死，或劝稍避，连升曰：“今日，吾死日也，敢言退者，斩！”既知势不可支，大呼曰：“死无憾，吾死而二台必陷，虎门且将不保，为可憾耳！”血战逾时，力竭死之。

是役也，盖连升预埋地雷，敌至而雷发，死百人。英人怒，知我兵少，麾众前进，连升以数百兵当英人五倍，自辰及申，火药罄，英人别遣精兵绕出三河口，烧毁我兵脚船，与前所伏兵合力夹攻。连升中铳仆，沙角、大角并陷。英人大恨之，刀矛交下，身被数十创，又执其子斫之，刳其腹。守备张清龄、外委瞿殿林从殉，三河营丧兵最多。

连升既亡，其坐马为英军所得，饲之，他顾，不肯食；乘之，蹶踶弗克上；弃之，悲鸣跳掷而死。

关忠节以赐衣堕齿寄家

关忠节公天培，山阳人，以武生至专阃。貌英伟，面红如中酒，威毅惊人。道光辛丑，英人扰粤东，关与林文忠督兵事。领事义律已被俘，乃为琦善所牵掣，林革职遣戍，关势益孤，死守虎门炮台。奉琦严饬，谓方议和，不得轻开战衅，英人遂乘隙驾炮来攻。关告急请援，不应，老仆劝关退，关叱之去。仆跪抱关足求退，关拔剑欲砍之。仆大哭而下，行未数里，炮台已为英炮所击碎，遂以身殉。宣宗震怒，命锁押琦善来京，悯关义烈，赐谥忠节，敕建专祠。

当事棘时，关尝缄一匣寄家人，坚不可开，及后启视，则赐衣一袭、堕齿数枚而已。盖死志早定也。

是役也，关守镇远，李润堂守威远，马辰、多隆守定远，皆仅数百兵，进不能战，退不能守，门户藩篱全不足恃。关与诸提镇请于大帅某，力诉炮台危急、坐以待毙状，不得兵，恸哭不行。某怒曰："不到炮台是畏死，即以军法从事。"诸将曰："炮台何敢不往？兵不发，徒往何益？是迫之死也。国家死数提镇不足惜，第恐大局一坏，丧师失地，于国体有关耳。"不听，各炮台遂相继失守，关及总兵祥福、游击麦廷章、都司沈占鳌、守备洪达科，同时中炮阵亡。关身受数十创，半体焦烂，廷章亦存半体。关仆孙长庆既受关命，送印大府所，返而求主人尸，膝行入英人营，铍交于胸，历举他尸数十审视乃得之。英人虽忌关而心敬其人，独某静镇如故，英人由是进逼省垣矣。

劳文毅忠信笃敬

劳文毅公崇光，宣力中外，练达坚贞，其开府滇、粤，尤为盘根错节之遇。先是，英人扰粤东，番舶逼五羊城，前督叶名琛被劫，洪泖依回，惜一死，广州大乱。英人入居节署及民廛，文武官避居佛山镇，会城空无人。劳闻命，兼程抵广州，从者请缓，叱曰："非尔所知也。"属吏叩马谏，则曰："吾奉天子命来为督抚，不入城，将焉往？"遂单骑疾驱入。英人亦骇愕，遂与营弁列队郊迎。英酋请见，劳见之，若无事者。及论事，则折以理，不稍屈。明日，商民复业者数千家，英人莫测其所为，气夺，因退去。

其督云贵也，云南汉、回民方互斗，黠者煽为乱，自署督潘忠毅公铎殉难后，会城为回所踞，守土大吏徐之铭辈寖与为缘。劳自勘黔案拜总督之命，驰抵昆明，僚属裴裒（徘徊）俟进止。或尼其出入，乃曰："吾尝单骑入广东，岛夷万计，视之蔑如也，岂慑叛回哉？"遂入城，汉、回军民皆郊迎，如抵粤时。既至，语属吏曰："汉、回仇杀，乃械斗案，非军务也。"益开诚心，安反仄，武员中有持两端者，感其忠荩，皆革面以功名自奋，滇事始可收拾，贼乃渐平。劳常佩小印，文曰"忠信笃敬"，至是人益服其可行于蛮貊焉。

陈忠愍殉难吴淞

同安陈忠愍公化成之官江南提督也，为道光壬寅，时英人方陷镇江，逼江宁。乃坚筑炮垒，御敌吴淞，檄镇将某分驻西炮台，以示固守。并与江督裕禄书，略谓："海口军事，一以付余，君但无出宝山县城一步，并力相击，则事济矣。"未几，英人近吴淞，陈尽力轰击，战将捷矣，裕闻警，弃宝山而遁，由是西炮台守将以宿隙反炮击之，中项而卒，兵遂溃。

钱金玉大呼贼奴

钱金玉官松江千总，性刚果，尚廉节。道光壬寅鸦片衅起，钱方假归省亲，闻讯即束装启行。其戚友尼之曰："军事方急，祸福不可知，君方在假，上官又未有文檄趣君往，何急急为？"钱不听。既至吴淞，从守西炮台，与部卒同饮食卧起，以力战相勖。及东炮台陷，弹丸咸集于西炮台，钱奋勇督战，喋血数小时，左臂中三弹，曾不少却。其近卒泣陈公有老母在，不可死，笑谢曰："焉有食国之禄，而逃其难者乎？幸勿为吾母虑也。"未几，一弹来，中左乳，遂仆。弥留之际，犹大呼"贼奴误国"不置。

林文忠临殁呼"星斗南"

道光乙巳，粤寇初起，首陷平乐府城。时林文忠公已由西域赐环（通"还"），文宗特诏起之田间。方卧疾，闻命束装，星夜兼程，宿疴益剧。其子编修汝舟随侍，劝以节劳暂息，文忠慨然曰："二万里冰天雪窖，只身荷戈，未尝言苦，此时反惮劳乎？"口占一联云："苟利国家生死以，敢因患难避趋之。"乃舁疾亟行。忧国焦劳，驰驱尽瘁，遂卒于广宁行馆。初，贼震文忠威名，咸胆裂，思解散；猝闻溘逝，毒焰益张。临殁，大呼"星斗南"，莫解所谓。

李文恭自谓不忠

粤寇起，林文忠公殁于军，诏起李文恭公星沅督师。时李以养疴在籍，而太夫人亦春秋高矣，闻命即拜疏登道，太夫人挥涕促之。行浃辰，抵桂林，调兵集饷，不速办，襄事者意歧出，累月无功。李愤，激动宿疾，密疏请易帅，犹强起克期出巡，卒不支。因口授遗疏，至"贼不能平谓之不忠，养不能终谓之不孝"四语，声哽咽，不可复续，幕僚为足成之。垂绝，犹瞋目曰："粤西宿将，惟向荣可倚。"言之至再三。

张文毅挽青墨卿联

鄂抚青墨卿中丞麐，待士卒有恩，众乐为用。以徇某总兵请，移兵就饷，入湖南境。文宗震怒，正法荆州，死之日，三军皆哭。张文毅公芾挽以联云："雷霆雨露总天恩，早知秉节孤忠，久拚一死；成败功名皆幻境，即此盖棺论定，已足千秋。"

罗忠节殒命洪山

粤寇之乱，罗忠节公泽南守洪山，寇攻屡不得志，出赏格，募广济、兴国人围攻，死亡甚多。时江西告急，促往援，罗以屡奉诏诘责，不即克复湖北省城，未即赴。一日，寇大股猝至，督队下山，时罗戴长穗小帽，衣棉马褂，突有枪弹伤其额。众闻主帅受伤，阵稍动，罗犹指挥全军，旋冲旋退，故寇不敢径逼。而血殷袍袖，众劝速归养伤，不允，使两人夹扶，徐行至营，立门外，众兵由是咸陈营前，寇遂退。卒以伤后受风，殒于军。

吴文节被害堵城

吴文节公文镕之督两湖也，粤寇方由江西回窜田家镇，师溃，武昌戒严，时咸丰癸丑九月，受任甫三日也。巡抚崇纶惧欲逃，扬言督兵营城外。吴策马往诘，则曰："饷绌兵单，城岂能守?"吴正色曰："汝朝廷二品官，何出此语?此时吾辈舍'城存与存，城亡与亡'八字外，岂有他策?"崇曰："公欲以死节博美名耳?军兴，疆臣多并命，吾二人头颅傥再落么麽手，如国体何?"吴忿不能遏，拔佩刀斫几上曰："谁再言出城者，污吾刃!"崇齿战，面土色，惕惕然惊，不复能正视。吴婴城固守数十日，竟击退剧寇，城赖以完。崇大憾，所筹划悉反吴所为，檄饷征兵，百计龂龁。十一月，吴遵旨督兵攻黄州，少有斩获。明年正月，移驻堵城，(距城五十里。)寇纵火焚营垒，士卒惊溃，吴遂被害。

邓总兵埋药自轰

咸丰癸丑，总兵邓某率师御粤寇，扼守江南石子湾，时部下方往他处攻剿，左右才数百人。俄寇大至，众言不可敌，宜速避，邓曰："吾受国恩至重，义不宜去。汝辈可速自为计。"众感其恩义，亦不肯行。邓曰："汝辈同死此何益?不如姑去，将来犹可为报雠计。"众犹不肯。邓曰："既如是，与其徒死，不如设计伤贼。”乃尽以所余火药埋置地下，俟寇至，即轰发，于是寇多被轰死，而邓及部下亦同殉焉。

徐叔玙自谓清朝赤子

徐叔玙名璠，花农侍郎琪之同怀弟也。咸丰癸丑二月，粤寇薄扬州，家属分道出避，姊向北行，得一村而免。叔玙随妪东行，转与寇遇，寇见其秀稚，从妪手中夺去。妪争之不得，泣曰：“吾武林徐氏儿，清朝赤子也，岂从贼？速纵我。不然，请杀耳。”寇初以甘言慰之，曰：“从我去，胜尔家也。”则怒甚，夺贼手中刃欲自刺，力弱不能得，以手批其颊，复大骂。而仆妪又进前夺之，寇不允，妪泣求，寇益愤，乃以刃先斩妪，旋掷之于地，颈被刃，遂死。

张继庚内应被磔

咸丰癸丑，粤寇据江宁，廪生张继庚陷寇中，审寇势炽盛，非内应有人必不能溃，遂伪降。有章氏子者，故无赖，继庚结之，共谋夜开仪凤门，俾官兵长驱径入。已而章忽悔，诣继庚索千金，继庚无以应，章乃告密，立逮继庚，搒掠备至。时继庚易姓名为叶某，于是有缓颊于酋者曰：“主谋者张继庚私逸久矣，叶某无罪。”狱将得解，杨秀清改命胡元炜为谳官。元炜故庐州知府，陷江忠烈公忠源于死，以城降者也。严刑峻法，继庚不能堪，因叱之曰：“若堂堂四品官，吾亦曾为若部民，实承可也。兹事至大，非一二江南人所能胜，广西诸老寇之怨望者多首谋，苦难以屈指尽，请以籍付我，当为汝言。”元炜顾左右取籍至，继庚以食指点名曰：“此主谋也。”即逮杀之。又点一名曰：“此同谋也。”亦逮杀之。又点一名曰：“此知情而不举也。”复逮杀之。继庚指点所至，辄立施刀斧，不容置辨，咄嗟间，杀至三十余人。秀清忽大悟曰：“所杀皆吾兄弟，堕奸谋矣。”遂车裂继庚，死状至惨。章氏子叹曰：“张公濒死，犹能以一指杀贼数十，不可谓非豪杰。且我实卖张公，张公不之怨，指点数十人而不及我，是念我尝与谋，欲留吾身，以俟晚盖。惧祸食言，不报张公之德，非夫也。”率其党夜杀守门者至数十，官兵至，稍濡，不能入。明日，秀清大索杀人者，迄不可得。他日，章与某医朋饮，酒酣，大言曰：“畴昔之夜，杀守门人数十者，我也。吾继张公之志，实有余快。”医亟首诸寇，杀章氏子，自是无敢谋内应者。医以事出城，乡民恶其败章氏谋，戮之。

先是，有张沛泽者，尝与继赓内应之约。适迁官，感甚，愿效死，遂背继赓。平日与继赓交谊颇笃，不忍发其事，寇侦得之，卒置之死地。

机匠父子杀粤寇

机匠某居江宁西南城隅下浮桥右委巷中，与三子皆绝有力。咸丰癸丑，粤寇初入城，比户括财物，苟屋非甚华，启则入，闭则去，于是居人皆闭户，匠户独启，坐俟寇。其室仅三间，各以一子主之，置刀杖限处，寇众至者，则伛偻肃送迎，第见其无长物，辄弃去。寇若三二人或一人至，则必止之，令入其室。甫入即键户而守，诸子视寇所至室，执而杀之，埋于后圃荆棘中。既埋，复启户，如是者十数日，所杀寇将百。其继也，邻有老妇人，忽戒一寇毋过其家，事遂露。群寇夜来围之，与二子皆斗死，惟仲子得脱。

张丫头杀粤寇

江宁张丫头者，里巷习拳勇之民，世所称为无赖子者是也。粤寇既据江宁，丫头浮沉寇中，近一年，能终不为寇所得，盖其智有过人者。咸丰甲寅二月，张炳垣既与外兵成谋，计非有勇士不能斩关迎外兵，或举丫头于张，使人说之，丫头不可，曰：“张君知我，必自请我，乃为知我者死耳。”张闻之，即日过丫头，丫头大喜，许之。至期，张袖大刀，夜至神策门，尽杀守门寇二三十人，候外兵，外兵迄不至，丫头遂惘惘归。既而寇推杀人者甚急，适张事已露，有知丫头附张者，白之，乃捕得丫头。丫头呼速杀，遂先张死。先是，有倪丫头者，亦以无赖称。于陷城日，见委巷中有寇独行者，伺左右无人，即袖出刀杀之，凡杀七八人，终不得主名。后不知所往。

刘松涛骂粤寇而死

刘世业，字松涛，川沙人也。好读书，尚气节，性刚躁不能容物。遇权要辄加以白眼，不通一语，见田舍翁作富人态即讥刺之。性落拓，不治生计，家产挥霍殆尽。咸丰间，粤寇陷川沙，居民纷纷避，松涛安然如故。家人促之，曰："若曹欲爱惜生命，速自去，无顾我。"未几，众皆逃，而松涛仍兀坐。寇见之，问曰："汝何人？"不答。又问之，则张目怒曰："汝辈皆小贼，何足与语？速唤贼头来，我当责以大义。"寇怒甚，牵之去。时有丁某者，与松涛相识，耳语曰："此何时耶，何谩骂乃尔？"松涛大声曰："汝辈小人，惟知偷生，安明大义？我堂堂七尺之躯，岂肯效贼之所为乎！"寇益怒，以刀刺之，伤臂，血溅衣襟，涔涔然，而神色不稍变，至死犹骂不绝口。

汤贞愍阖门殉难

汤贞愍公贻汾，字雨生，江苏武进人。以难荫起家，官至浙江金华协副将。致仕居江宁。粤寇起事，陆立夫制府建瀛奏留在省筹办军务，深倚重之。及江宁城陷，阖门殉难，时年七十有六。临难，作绝命诗五律一首，其诗曰："死生轻一瞬，忠义重千秋。骨肉非甘弃，儿孙好自谋。故乡魂可到，绝笔泪难收。藁葬毋予恸，平生积罪尤。"贞愍生时爱才好士，画笔尤绝伦，张南山挽以诗云："父子祖孙同节烈，画诗词赋有辉光。"

江忠烈殉难庐州

咸丰癸丑，粤寇攻庐州，抚皖者为江忠烈公忠源，方以赴任道庐，从庐守胡元炜言，守庐城。十二月十七日，寇穴东城威武门为隧道，江募死士迎隧出。有黄糯寇据隧口下窥，外委冯贵引刀劈削其面，寇惊噪，官军自城上掷火弹击之，皆反奔。江守水西门，寇据山引矢，射及江幄，江久病，益不支，众力请江宿城下。寇复穴水西门，伏地雷轰城，崩数丈。江跃而起，手大旗，缘堞上，督众连毙寇目，堵筑阙口。会援师数道皆为寇所败，城中势益孤。元炜部勇分守北城拱宸门，勇首徐淮，故县役也，素无赖，与寇交通，夜开门引入，城上兵与寇鏖战竟夕。天且明，雾蔌蔌如雨，左右拥忠烈行，手剑自刎，不殊。都司马良勋负之疾驰，啮其耳，良勋负痛，因堕地，至水关桥，自投古塘死之。从死者曰布政使刘裕鉁，知府陈源兖，同知邹汉勋、胡子雝，副将松安，都司马良勋、戴文澜，县丞艾延辉、兴福也。元炜竟降于寇。

孙文节移孝作忠

孙文节公铭恩，号兰检，江苏通州人。道光乙未翰林，累迁至兵部右侍郎，简安徽学政。值粤寇之乱，陛辞时，文宗谕曰："皖有寇警，路途多梗，行何速也?"对曰："以寇警，愈不敢迟耳。"文宗韪之。

皖学使署在太平，太平当金陵之冲，金陵失守久，太平亦尝失守而克复，其地城郭不完，兵饷乏竭。抵庐州时，庐守胡元炜劝勿轻往，正色拒之。舟由庐启行，途遇寇舟蔽江而下，舟子及幕友皆泣，请避入巢县，怒曰："焉有天子大臣而避贼者乎?"寇舟亦未相犯，蠭拥去，遂安抵太平。

当时大营饷绌，兵多逃亡，蜀兵黄利中、熊正武等先后率数百人至太平，将肆劫焉。谕之义，感以诚，均称孙为好官，愿効奔走，孙以未奉命督师辞焉，皆渡江去。

旋檄各属举团练，捐千金为倡，规模粗具。忽奉其父鼎庵书，略谓"卧床三月，动辄需人。速告养归省，毋贪富贵，迟恐不见汝矣"。得书惊泣，又以兀坐危城，不能按试，于事无补；

父仅一子，父病不归省，是大不孝，不孝则不忠，遂决计拜疏乞养。时适有协同河督潘锡恩防堵徽州之命，尚未知也。疏上，朝廷疑其规避，奉严旨，准开缺，销假后以三四品京堂降补。念父甚，将以印信交皖抚，又得其父书曰："病小愈矣。既奉严旨，须代者至然后去职，脱先行者，非吾子也。"乃遵父命，坐待后任。尝寓书其子云："城外金柱关火起，居民惊避，仆从以开缺为辞，请暂出城。余思一日不去职，即一日不可避难，傥遇贼劫，正可明心。"盖死志决矣。

咸丰甲寅四月，寇窜太平，孙升廨大骂，与仆范源被执至金陵。孙守义不食，寇百计说降，而汤水不进，终日大骂，遂被害，范亦死焉。

葛壮节父子之忠

葛壮节公有二子，长曰以简，字小凌；季曰以敦，字小台。壮节殉后，宣宗震悼，始用一品例赏世职，复以文、武二举人分赐二子。及岁，召见，并命入官，小凌官甘肃同知，小台官湖北守备。二子皆骨鲠有父风，小凌以不肯媚上官被劾，宣宗念壮节忠烈，寝其奏不行。小台以安陆营守备擢都司，击河南溃寇有功，文宗赏花翎。咸丰乙卯，与寇力战，殉难随州，上命以游击例优恤。

冯福基自谓大清人

冯福基，代州人。幼随父焯于潜山县天堂巡检任。九岁解《周易》大义，众称神童。咸丰丁巳，粤寇犯潜山，福基年十四，匿母他所，袖利刃奋身出。寇执之，思刃其酋，弗得。随至黄梅，宿药肆，夜窃药置寇饭裹中，中毒死者十七人。惧事泄，吞余药而瞑，寇委之去。越二日，福基苏，自度必不活，寓书诀父母及天堂父老。父老得书，遴弓兵之故执役巡检署者，走访得之。福基猝见，益悲恸，创裂肠断。临死，犹握弓兵手，厉齿曰："我大清人，殓以大清服，勿效贼为也。"弓兵舆尸行九日，达天堂，面如生。

温壮勇阵亡六合

咸丰戊午，温壮勇公绍源以布政使衔道员权六合县事，御粤寇，而"四眼狗"围之。总统张国梁率师赴援至，阵板桥，去城三里，大雾不得进，停军一时许以待之。天明雾开，疾趋六合，则城已先一时陷矣。温遇害，寇刳其腹，残其尸，闻大军至，即弃城去。事闻，赠温布政使，谥壮勇。

李武愍不屈于陈玉成

咸丰戊午，粤寇扰皖，巡抚李武愍公孟群既克六安，驻军麻埠，进规庐州，陈玉成攻陷其垒，被执。玉成接之以礼，欲降之，李不屈，绝食祈死。玉成叹曰："李公大节皎然，吾当从其志。"择日设台，置李台上，生祭之，率诸将罗拜于下。既退，李旋自经，玉成敛之，冠服如礼，遣遗卒持其丧归。玉成驰驱江淮积年，既败，其部下多矢死无二，殆亦感其生祭武愍而然欤？

叶名琛犹知不食外国之物

咸丰己未七月，广东布政使毕承昭奏称："本年四月初，广东省城传闻已革督臣叶名琛有在五印度地方病故之信。正在饬查间，即于四月十三日，据英官巴夏礼等照会，内称'本年三月初八日，贵国前任两广总督叶名琛在印度城内病故，当经装殓妥协，派委向来陪侍之英官阿查利一路护送，于四月十二日晚到粤。本日已将棺柩及所遗银物均交南海县收领，所有上岸停放各事宜，随后妥商办理'等因，当即札县查明验收妥办去后。旋据署南海县知县朱燮亲往洋船，将叶名琛棺柩验收，移至东大门外斗姥宫内妥为停放，并将带回所遗银物逐一点明，封存县库。讯据随行家人许庆、胡福同供：'咸丰八年正月初三日，小的们与武巡捕蓝镔跟随叶主人由省坐轮船到香港，并厨子刘喜、薙头匠刘四，一同携带食物随行。初七日由香港开船，十六日到吗喇国，即新加坡。十八日由新加坡到孟喀喇，即五印度。二月初一日搬上炮台居住。三月二十五日，又迁往相距十五里之大里恩寺花园楼上居住。自到大里恩寺后，洋人预备车马，屡请游玩，主人不允。迨至九年二月二十日后，带去食物已尽，小的们请在彼处添买，主人不允，且云："我之所以不死而来者，当时闻夷人欲送我到英国，闻其国王素称明理，意欲得见该国王，当面理论，既经和好，何以无端起衅，究竟孰是孰非，以冀折服其心，而存国家体制。彼时，此身已置诸度外。不意日望一日，总不能到该国，淹留此地，要生何为？所带粮食既完，何颜食外国之物？"屡经翻译官将食物送来，一概杜绝不用，小的们屡劝不从。于二月二十九日得病不食，至三月初七日戌时病故。临绝并无别话，只说辜负国恩，死不瞑目。当时有翻译官阿查利在场料理，于初八日酉时用棺装殓，二十四日将棺木运上火船，翻译官带同小的们坐火船运回广东，四月十三日到省。'蓝镔已于九年正月二十二日在孟喀喇病故，寄葬客地。谨奏。"名琛，汉阳人，道光乙未进士。由翰林外任知府，洊擢巡抚。己酉，与鹿邑徐仲升制军因办理夷人进城事宜，得旨嘉奖，徐封子爵，叶封男爵。后徐罢职，叶遂总督两广，晋大学士。丁巳冬，粤城变作，被虏。

胡文忠效忠桑梓

咸丰季年，安徽布衣胡文忠当粤寇破定远时，家毁于难，鬻其女，只身赴京师，谓林远村侍御之望曰："胜保督师久无功，又骄纵，好声色，皖名城多陷。苗沛霖跋扈，反形日露，胜若不知。民无生望，吾当为桑梓痛哭矣。使袁甲三终不去，皖何至是？君有言责，当入告。"林唯唯。胡不及待，即自缢死，死犹怀书责林，语益激。林以其书并奏之。未几，胜以丧，诏许其去，仍以袁往。

陈右铭劝田友梅勤王

咸丰庚申之变，圆明园被毁。时义宁陈右铭中丞宝箴客京都，方饮于旗亭，登楼望之，痛哭流涕。未罄酌，仓皇返逆旅，驰书田友梅于河南，速其勤王。右铭倜傥好奇计，其为文类魏叔子，都人颇以狂士目之。

张忠武殁于河

咸丰丙辰，张忠武公国梁奉旨帮办军务，佐向忠武公荣剿粤寇。及向薨于军，钦差大臣某不谙军旅，饷不时给，忌者益多方沮挠，先后屡失事机。度寇未易灭，誓以身殉，抉一齿畀家人归报，示无还期。江宁寇受围久，势蹙甚，城垂破者屡矣。为出柙计，乃集各路悍党，思并力一决胜负。亡何，官军缺饷已五阅月，士卒汹汹。张不得已，躬诣某所，长跪告急，继之以泣，卒弗许。退而念此饥军终不支，亟檄召副统帅某，冀相与戮力，一鼓下省城，擒寇首，出万死不顾一生，事或济。副帅将行，何桂清尼之，羽书七往返，不至。寇闻之，急攻官军，官军噪于营，某帅遁，师大溃。张闻变，搏膺而呼，坠马几绝，立自镇江驰至丹阳城下与寇战。伤重，知不免，探怀中印授材官某，令走报。下马，向阙再拜曰："臣力尽矣。"复上马大呼，望寇营而驰，乱流渡河，人马俱殁于水。时庚申闰三月二十九日也。

罗壮节清忠大节

罗壮节公遵殿通籍后，以知县发直隶，屡治剧邑，循绩远闻。在清苑，以保举卓异引见，宣宗谕廷臣曰："此本色书生也。"赏加同知衔。罗之受知自此始。咸丰庚申二月，粤寇陷杭州，罗适抚浙，死之。文宗温旨褒恤，予谥忠愍。未几，御史高延祜摭浮议劾之，有旨罢恤典。同治壬戌，曾文正公讼罗清忠大节，穆宗特谕，仍遵文宗初次谕旨，照巡抚例从优议恤，赠衔赐葬，予谥壮节，并给骑都尉世职，入祀京师及本籍昭忠祠。一人两谥，已为古今所稀闻；而妻徐氏、孀女陈罗氏、侄妇周氏同时殉难者，均令配食专祠，并以雇妇金梅氏、家丁顾斌祔祀赐恤，为尤渥也。

林汝霖全家殉粤寇难

林汝霖，字小岩，上杭人。咸丰己未冬，署仁和典史。庚申，粤寇扰浙，杭州陷，其母、妻、二姊、长女皆先自缢。寇至，危坐堂皇，瞋目大骂。寇婉言劝降，大呼曰："生不能啖汝肉，死亦当为厉鬼杀汝。"随举案上砚击寇首破，寇怒，遂遇害。长子懋生旋投效军中，冀复仇，死于诸暨包村之难。辛酉，次子泾生遇寇不屈，又为所戕。越七年，重葺典史署，得一门忠骸，杭人为之附葬西湖孤山林处士墓侧。

王壮愍为忠臣

咸丰辛酉十一月，杭州再陷于粤寇，巡抚王壮愍公有龄死之。当未陷时，壮愍力求救于曾文正，文正先以他事与壮愍有隙，故迟之。而李秀成兵入杭州矣，壮愍自缢于院署桂花树下。秀成入，叹为忠臣，以王者冠服葬之，故杭人多秀成、少文正也。是年，杭人以城陷死者七十余万。

曾文正李文忠效忠王室

曾文正公国藩驻军祁门时，王某献诗，尝讽以联合粤寇而自取之，曾不能用，拂衣遂去。李文忠公鸿章既平捻，握重兵，部将颇有欲拥戴之者，李喻其意，假他事逐之。

程忠烈以创伤卒

同治癸亥三月，遇缺题奏提督江西南赣镇总兵勃勇巴图鲁程忠烈公学启之卒，以伤重也。程，桐城人。尝陷粤寇中，某酋甚重之，而不为用。咸丰庚申，逸出，投曾文正营，破安庆，多得其力。及随李文忠至沪，所部开字营仅五六千人，破寇数万，李奇其才，为增至万人而专任之，遂收省会，成大功。每战，必扼要捣虚，制寇死命，故所至皆捷。治军严，所过无秋毫犯。自被创回苏，李旦夕往视。既而创渐合，留败骨为梗，医云不可去，乃自拔之，因伤脑及喉舌，不复能饮食。卒之日，命侍者进黄马褂，起服之，绕室行，顾取茗碗，不下咽而绝，年甫三十五。英将戈登素相服，及诛苏城降酋，戈登意不平，忿与绝。至是闻之泣下，乞其督阵时二长旗携以归，为纪念。旧藏程之镜摄小影二，至是以一遗李而自悬其一。西人每轻视我国大将，其重程如此。李具以状闻，追赠太子太保，谥忠烈，给骑都尉世职，事迹宣付史馆，安庆、苏州、嘉兴俱建专祠。

僧格林沁阵亡

同治乙丑夏四月，忠亲王僧格林沁督陈国瑞、郭宝昌、成保、何建鳌等军与捻战于曹南，败，退入空堡，被围数重，且欲掘长濠以困之。官军粮草俱乏，逮夜，汹汹欲溃。诸将咸启王，请突围出，不许；固请，乃许之。王部分诸将，自与成保马队俱，使降捻桂三率数百骑为前驱。王饮酒至醉，上马，马踶逸不肯行，乃易马以出，时已二更矣。天星昏黑，桂三有异志，既出堡，即反走，突冲官军，捻乘之，国瑞所部步队四千覆溃几尽，国瑞仅以身免。余军与捻不相辨识，长驱并骛于昏黑中，迟明，收队入堡，不知王所在。俄有戴三眼花翎红顶之捻首扬扬过圩去，未几，迹至麦塍中，见王已遇害，身受数伤，旁一僮从死焉。乃以骑载王尸，告有司敛之。总兵何建鳌、内阁学士全顺，皆死于阵。或曰，王被围至数重，乃下马踞坐于地，示诸军无退意，捻亦不知为王也。围之愈急，适诸将皆先发，左右无可以解此围者，王恐为捻所得，遂从容就义。一捻取其冠献于酋，酋问冠何来，以王就义对。酋曰："既王就义，此冠即不当持来。"令速诛之。明日，国瑞求王尸，捻复围之。陈凡三出入，呼曰："王之威德，尔辈所知也，岂可不令其返葬故乡乎？今日不得王尸，吾必不返。"捻相谓曰："彼既求王尸，不可困之。"乃解去。卒获王尸以出。或又曰，王既被困一日夜，亟命所部突围而出。及半道，为捻所逼，单骑折回，部下不知也。王知不能脱，乃下骑，趺坐草间。捻中一顽童见之，异其状，更见其佩带各物均罕睹，即索其翠玉搬指、荷包等件，王一一掷与。顽童走示他人，众亦为异，集视之，王不言不动，与语亦不答。有测其必非常人者，举枪刺之，立毙，亦不知其为王也。其部下突围后，不得王之所在，正事搜访，而其骑独归，乃始知有变矣。

汪柳门忠于德宗

钱塘汪柳门侍郎鸣銮之被逐也，谕旨谓其离间宫廷，逐回原籍。先是，孝钦后垂帘训政，大权在握，德宗惟拱手受成而已。汪颇获圣眷，侍讲筵进讲之暇，辄有所言，皆忠于德宗者。语为孝钦所闻，大怒，遂遭严谴。

马江诸将死事

光绪甲申马江之败，死事最烈者，为督带"飞云"兵轮副将衔参将高腾云，管带福星轮船五品军功陈英。时学士张佩纶原疏叙高事云："该参将由粤来援，论事呐呐，如不出口。前月二十六日，法增一船，诸将来请援，独义形于色，臣心异之。夜复来见，询以方略，该参将曰：'闽防之意，本以牵制，使敌不发耳。厂非战地也，但炮注子、人枕戈者已一月，昼夜相持，咫尺间恐酿成战事。知帅意急欲先发，必多牵制不可得，南洋援必不来，即来，怯将亦无用，徒害事耳。'臣诘之曰：'然则奈何？'对曰：'专攻孤拔，得一当以报而已。'臣欲令其统率诸将，则辞以资望在李新明后，且曰：'水师船各自为战，非若陆军一将，能指挥十余万也。请不必纷更，坚守以待上命。'该参将既去，臣复嘱各船就商筹策，该参将志定神完，誓死报国。是日手发巨炮，击其乌波船，一一命中，以一飞云小舰，当敌人三大舰，中流坚拒不退。忽横来一炮，该参将骽（古同“腿”）为之折；复一炮，遂飞入水中而没，舟乃发火。”其叙陈事云：“该军功人极瘦弱，文理甚优。方敌舰日增，臣深忧之，军功上书，请以各轮船合攻孤拔座船，而艇船等发火牵制下游，使各轮小商船水勇及捍雷船截其鱼雷舰。所论均有条理，臣采其论，下诸将。布置略定，无如法暗约英、美先发也。军功见英、美船骤下，急起椗誓众曰：‘此吾报国日矣。吾船与炮俱小，非深入不及敌船。’敌以三船环之，舟中机损人亡，不顾，但以炮向孤拔船，孤拔船受炮略退。敌复增船来持，至一时许，军功猝中炮于望台，学生王涟随殉，船始焚毁。英、美船观战者均称叹不置，为之深惜”云云。是役也，力战死者尚有千总许寿山、叶琛，五品军功林森林三人。

滕玉亭知有国

光绪甲申七月，法人陷越南北宁，法海军统帅孤拔率舰攻台湾不利，进逼福州，窥马江，我军炮中孤拔。马江要塞毁，军械兵舰尽为法破。乙酉，法人闯进镇南关，我军猛击，法人败，我军乘势克谅山。人皆谓提督冯子材之功，不知实滕玉亭之力也。

玉亭少孤贫，豪放不羁，好读书，以贫故，弃而业商。养母以孝闻，逾年母死，投冯军。初为小卒，旋擢百总。谅山之役，法军参谋某多智谋，有干略，勇敢善战，子材忌之，募刺客谋阴伤之。玉亭欣然往，跛其足，敝其衣，日行乞于法营旁，法人不察。会军中缺伙夫，招华人贫苦者充之，玉亭乘隙往，法人不疑，纳之。入营三月，怀椎枕刃以待。某夜战，某参赞督队，玉亭闻而潜尾之。至郊野，出手枪轰然一声，毙某参赞。玉亭被执，法军官鞫讯，玉亭无惧色，慷慨陈曰：“予，华人也，与参赞本无隙。所以出此者，为祖国耳。尔军屡获胜，计划悉出自参赞，今参赞死，军气不免稍杀。”法军官曰：“尔从戎久，如以华军秘密告我，可贷汝死。”曰：“我知有国，不知有身，死非我惧。”法官知不可强，命毙之。临刑时，面色如恒，向南点首者再，含笑而逝。参赞死，法军纷乱者屡日，我军遂规复谅山。

左文襄呼“出队”而薨

光绪乙酉，法人入寇，诏左文襄督师闽海。至天津，与直督李文忠争协饷，弗谐，中道谓所亲曰：“老矣，不复能如往年抬杠。到天津，与李二抬杠不中用，到江南，不得与曾九抬杠。”俗称强梁争事曰“抬杠”。时曾忠襄督两江，既见，执手欷歔，相顾须鬓曰：“老九识我邪？我乃不能识老九。老九之兄死矣，我便是老九之兄。”曾喻意曰：“此行，闽海协兵协饷是小弟事。”退而燕谈，问老九一生得力所在，曰：“挥金如土，杀人如麻。”左大笑曰：“吾固谓老九才气胜乃兄也。”

到防，忧愤时事，有如心疾，日在营中呼小孩儿“快造饭，料理裹脚草鞋，今日要打法人”，譊譊不绝口。左右谋看戏，演忠义战事如岳飞大胜金兀术等出，乃欣然不言。会元日，问是何日，曰：“过年。”曰：“儿辈都在福建省城过年邪？”曰：“然。”曰：“今日不准过年，要出队。法人乘过年好打厦门，小孩儿出队，我当前敌。”总督杨昌浚贺年，谓：“法人怕中堂，自然不来，中堂可不去。”左曰：“此言何足信？我在浙剿粤寇，在陕、甘、新疆剿匪，都非若辈怕我，尚须打。”杨沮之不已，左哭曰：“杨石泉竟非罗罗山门人。”左右报将军穆图善贺年来，曰：“彼来何事？彼在陕、甘害死刘松山，我还有多人为彼害乎？”且骂且泪。及见，将军曰：“中堂在此为元戎，宜坐镇。宜去者，将军、总督耳。”左曰：“汝二人已是大官矣，仍是我去。”将军言：“我辈固大官，要不如中堂关系大局。”左无声，徐言：“如此，便汝二人亦不必去，令诸统领去，诸统领不得一人不去。”

先是，法人诇厦门距福州极西无重兵，将乘元日以大队兵船扰厦门，未至厦门五十里，用远镜测厦门沿海诸山，皆恪靖军红旗，知有备而遁，曰："左宗棠利害，不可犯也。"他日欲渡海至台湾，杨载福请行，或谓台湾危险，杨曰："中堂硕德重望请行，我安得不行？"左曰："去，善甚，惟须秘密。"因假他事造杨以送别。俄而杨使人以病告，左拍膝曰："厚庵病矣，奈何？"使人省视，返命曰："病甚，裁留一子供药饵在侧。"左又拍膝曰："厚庵去矣。"杨着洋布旧衫，携一子趁渔船渡海，以帮办钦差关防钉船底，谍搜之，无所得。至台湾，仅王纯龙有湘军二千人，穷夜造姓字旗，分数人为一哨，连绵屯岭上。明日，法人见其旗，不知此兵何处来也，当夺回四堵、五堵各地。

和约定，左忽咄咄自语："今日大喜事，速张灯悬彩。"将军、总督以为有喜事，相率入贺，问曰："今日贺中堂，中堂是何喜事？"曰："大喜事都不知，未免时局太不关心。我昨日以灭法人露布入告矣。"将军、总督退。使人出视和约，气急而战，不能成读，太息曰："阎中堂为全国清议所归，奈何亦傅会和约！"然犹不时连声呼："诃诃，出队！出队！"颠而呕血，遂薨。

戍卒以发辫归

法、越之役，朝命鲍超、岑毓英、冯子材、刘铭传诸帅分道出防。未几议和，而以水土不习感受烟瘴而死者累累皆是，及撤戍，皆弃其尸，归其辫，辫系姓名籍贯，将为招魂之葬。岑于其临行也，设醮祭之，题一联于醮坛云："是谁浩劫催成，马革分归，虫沙竞化，更摧残瘴雨蛮烟，试回看越裳殄瘁，汉帜苍茫，这无限国殇，各向天涯遥布奠；何处巫阳招得，关门月黑，塞上云昏，尽淹滞忠魂义魄，倘他时三界轮回，九幽度脱，愿都为壮士，重来边塞忾同仇。"

左宝贵阵亡平壤

光绪甲午中、日之役，五月，总兵左宝贵提师五千人援朝鲜，次平壤，日本出我不意，骤进。宝贵探知，请提督叶志超会师助战，志超谢之，宝贵怒。宝贵故回人，遵回礼，先期沐浴，誓临阵死节。会战期迫，宝贵翎顶辉煌，为士卒先。或劝去其翎顶，免为敌矢之的，宝贵曰：“吾服朝服，欲士卒知我先，庶竞为之死也。敌之注目，吾何惧乎？”故战时所部兵均勇往直前。惜孤军独当一面，大军不为之援，日人围之数重，全军覆焉。事闻，赠提督，照提督阵亡例赐恤。

邓壮节阵亡黄海

光绪甲午八月十七日，广东邓壮节公世昌乘致远舰与日人战于黄海，致远中鱼雷而炸沉，邓死焉。先是，致远之开机进行也，舰中秩序略乱，邓大呼曰：“吾辈从军卫国，早置生死于度外。今日之事，有死而已，奚事纷纷为？况吾辈虽死，而海军声威不至坠落，亦可告无罪。”于是众意渐定。观此则知邓早以必死自期矣。邓在军激扬风义，甄拔士卒，有古烈士风。遇忠孝节烈事，极口表扬，凄怆激楚，使人雪涕。李文忠公鸿章尝叹曰：“不图近世尚有此人。”及是，果以身死国，大节凛然，实与左宝贵相辉映也。

赵某射日人

宁陵赵某善射，性迂，然有大志，而鄙夷火器，视之蔑如也。尝得雕弓于古冢，脊有铭，字为大篆，曰：“生同功，死同雄，三千年，息土中，吁嗟乎弓。”甚宝之。一日，与友之善枪者谈兵事，友极言火器之利，赵不信，约共射。树鹄半里外，友发枪，十中其半，赵发矢，十不失一，自是更志得意满。光绪甲午中、日事起，赵自以善射请从军，军帅目为迂，却之。大愤，乃潜至辽阳，伏丛莽沟涧，狙伺日人，傅毒于矢，瞥见辄射杀之。及闻和议成而将割弃台湾也，日伏道旁，伺日将大山岩出，欲死之。及遇，即发矢，不中，伤其卫兵二。遂被执，不食而死。

旅顺丐儿忠于为国

光绪甲午，日人占辽东，驻重兵于旅顺。日兵某常出游，一日，偶于僻巷中遇一丐儿向之行乞。日兵解华语，见其辞令敏捷，欲挈以去，儿欣然从之。至日营，军士咸与之嬉，儿亦善伺人意。无何，营中痢疾盛行，军士悉传染，死亡者踵相接，丐儿亦奄卧床笫间，气息仅属。一日，忽振衣而起，独游营中，至后营，覸（同“觑”）无人在，探手胸次，出纸包一，疾趋至水缸列处，包启，即布末屑倾入水中。既竟，乃手攀缸口，目注缸水而微笑，语曰：“此一包药屑，胜逾十万横磨。国仇已报，虽死亦甘。”语至此，气促而喘。忽闻喝叱一声，回视之，则一军官怒目相向曰：“汝胆诚不细。”丐儿睨军官而笑，复频耸其肩，状至从容，军官不语，牵儿去。日将某亲鞫之，儿慷慨陈曰：“汝等以予为何如人乎？实言之，予非乞儿，家甚富，何至行乞？所以丐者，诳汝等耳。幸天从吾愿，竟得入汝营中。予预蓄泻药甚多，汝等所饮所食，俱经予手。予为国杀敌，早拚一死。所恨者，药屑犹余，未杀尽汝等耳。予言尽于此。”询其姓名籍贯及有无唆使，儿大笑曰：“汝等真庸夫，何问为？予无名，旅顺一丐儿也。”固诘之，勃然怒曰：“杀则杀耳，呶呶不休，殊惹人厌！”日将令部下锢禁之，徐探其实。儿乘人不意，以首撞柱而死。事后数年，渐有人谓儿为旅顺某富商之幼子，愤日人横暴，背父母出此。不吐姓字者，实恐株连父母也。

邱逢甲谋保台湾

邱逢甲，台湾人，字仙根。躯魁梧。幼负大志，于书靡所不读。未几，举于乡，旋举进士，授主事。光绪甲午台湾兵事之初起也，逢甲忧之，日集乡民训练，备战守，涕泣而语之曰：“吾台孤悬海外，去朝廷远，朝廷之爱吾台，曷若吾台人之自爱？官兵又不尽足恃，一旦变生不测，朝廷遑复相顾。惟人自为战，家自为守耳。否则祸至无日，祖宗庐墓掷诸无何有之乡，吾侪其何以为家耶?”听者咸痛哭，愿惟命是听。时护台抚唐景崧与刘永福交恶，分兵而守，逢甲又引以为忧，乃急为之调停。景崧坚持不为动，二军遂分，逢甲出而叹曰：“其殆天乎!”

割地之议既起，举国大哗，台民争尤力，廷意颇动，欲改约，而约不可改。时俄、德、法三国出而抗日本，日本惧，许还辽东，台湾终不肯还。旋换约于烟台，适台湾举人以会试在都，伏阙上书，涕泣而争。朝廷不顾，特命景崧率军民内渡，又命李经方为台湾交割使，逢甲乃倡台湾自主之说。

台人响应，以须先定宪法，群推逢甲起草。逢甲遂草定临时宪法，议建台湾为民主国，选总统、副总统各一人，开议院，定官制，设内部、外部、军部，制蓝地黄虎国旗，皆赞成。次议总统，众意属景崧，逢甲乃帅绅民数千人鼓吹前导，诣抚署，上台湾民主国总统印绶于景崧。景崧朝服出，望阙九叩首，旋北面受任，大哭而入。即抚署为总统府，电告于朝，言遥奉正朔，永作屏藩。

副总统一席，群以属逢甲，逢甲不获辞，乃为副总统兼大将军，大权仍景崧操之，于是台湾为自主国矣。

台既自主，设官分职，部署略定，官吏不愿留者听内渡，有留者，有去者。时日本明治天皇已命桦山资纪为台湾总督，兵舰将大集，台中兵力薄弱，饷又不继，乃乞兵饷于沿海各督抚，无应者。又命陈季同介法人，求各国承认自主，皆不答。景崧复不善治军，军中时有变志，什长李文奎杀副将方某，景崧不能正文奎罪，乃令充营官，军士夙藐视景崧，至是益紊乱无纪律矣。逢甲请严肃军律，景崧不从，逢甲不获已，乃练乡团义兵以备变。倾家财充饷，不足则乞诸义士捐资以助之。

及日兵大集，战不利，据台北，景崧遁。日人又诇知台湾自主事为逢甲所倡，下令严索。会防守台南之刘永福以兵力不支亦失守，于是逢甲知事不可为，亦内渡入粤，而台湾遂亡。

逢甲既内渡，遂入广东，家于嘉应州，买屋居焉，自署为台湾之遗民。

简大狮爱国

闽人简大狮，少有勇名，富民族平等思想，市井佣工请见亦礼之，若上宾焉。尝游厦门，偶于途中睹一西人欺凌一华人，又有一人袖手旁观，其色若自得者，大狮耻之，乃击旁观者之颊而骂之曰："若视同胞受辱，不引为耻，反顾而笑之，诚无耻之尤者也！"西人见其勇，亦遽退焉。光绪乙未，大狮闻台湾割于日，甚不平，乃散其家资，募死士拒强邻，卒以众寡不敌，败窜泉州。然日人惮之，威逼闽官，谓若不予大狮，当兴师问罪。闽官惧，亟索大狮，获而囚之。大狮泣曰："吾宁见杀于本国，不愿被赦于他邦。"闽官不可，遂畀日人。日人甚敬之，呼为烈士，欲降之，大狮不可，乃不屈死。

王四闻古廷忠于德宗

光绪丙申二月，内监寇连才既以上书伏法，同时有王四者，亦孝钦后梳头房太监，以附德宗发军台。又有闻古廷者，德宗之内侍，本为贡生，雅好文学，甚忠于德宗，为孝钦所忌，发往宁古塔，旋杀之。御史杨崇伊劾文廷式疏，谓廷式私通内侍，联为兄弟，即此人也。崇伊盖误以"闻"为"文"耳。

荣禄调护德宗

光绪戊戌变政，孝钦后不慊于德宗，废立之意甚亟，荣禄累谏不从。一日，孝钦又以语荣，荣曰："必欲议废立，请先斩臣。"孝钦无言，事遂寝。

陈文恪保全德宗

陈文恪公学芬，素不附孝钦后，后欲废德宗更立溥儁，文恪闻之，泣数日。立山以其事告孝钦，且云："训政可，废立不可。

外廷不以此事为然者，尚不止陈某也。”后意大沮。及光绪庚子乱作，孝钦及载漪等颇诛锄异己，文恪恒以智术自全。后病卒，赠恤如礼，而不予谥。久之，始以大学士昆冈言，追谥文恪。

张文襄题三忠祠联

光绪中，张文襄公之洞督粤时，偶为言者所攻，书三忠祠联云：“海气百重楼，总为浮云能蔽日；文章千古事，萧条异代不同时。”三忠者：虞翻、韩愈、苏轼也。借古人以自况，具见怀抱。

袁忠节临刑吟诗

光绪庚子，袁忠节公昶被害，就刑时，峨冠博带，跪菜市口，笑谓行刑者曰：“且缓，待我吟一首诗。”遂朗吟曰：“爽秋居士老维摩，做尽人间好事多。正统已添新岁月，大清重整旧山河。功过吕望扶周室，德迈张良散楚歌。顾我于今归去也，白云堆里笑呵呵。”“呵呵”二字未及完而刃已及腹矣。

联元寿富富寿殉拳难

宗室宝廷子寿富，联元婿也。讲理学，宗程、朱。寿语以新学，乃大悟西国富强之故。光绪庚子拳乱作，联抗疏力争，谓必无幸，遂得罪于载澜。夜半，澜遣骑收之。联寝矣，跣而履，从逻卒往，斩于菜市。寿痛哭失声，语其弟富寿曰：“大事去矣!”及八国联军入都，寿富、富寿均殉焉。

王懿荣合家殉难

王廉生祭酒懿荣官京朝二十年，书法雄健，喜金石书画，一贫如洗，虽典衣绝粮不顾也，吴县潘文勤公祖荫极赏之。王性耿介，好诙谐，动辄玩世，使酒骂座，同官均侧目，有“东怪”之称。至光绪庚子八国联军入都，合家殉难，人始叹为不可及。

聂士成中榴弹而殒

光绪庚子春，义和拳起，所过焚掠。聂士成时官直隶提督，发兵讨之，一击而败。拳转集京师，结连宫庭，端王刚毅遂构聂，降旨严斥。聂奉旨叹息，谓其下曰："吾无死所矣！"有劝其避往保定者，聂喟然曰："死，吾分也，特患不得其名。且举吾数年辛苦所成之精锐，误供凶暴，投诸一烬，为可惜耳。今国衅既开，天津首当其冲，吾目未瞑，必尽吾职，不许外兵履斯土。然充吾力，讵足以拒八国联军乎？吾死必矣！"五月十八日，大沽失守，聂前军驻守紫竹林，日军至，聂一举而败之，死者累累。联军继进，聂苦战累日，杀伤过当。联军知不易胜也，乃用绿（今"氯"）气炮攻之。聂知无幸，先一日，诫所部曰："惟吾先自蹈死，汝曹退守他所。或能稍完吾精锐，备他时国家一用，无俱从也。"明日，列阵复战，聂以独身扼守一桥，联军来攻，力斫数十人。忽一榴弹飞至，聂并其骑俱化灰烬死。

罗荣光以炮台失陷而殉

大沽形势，九湾八曲，广而且深，每曲均有炮台。庚子，裕禄督直，驻津门，京师拳匪方炽，端王载漪祟奉倍至，裕亦深信之，得罪各国，议和不成而战。八国兵舰数十艘在大沽口外，屡欲进，而慑于炮台，不敢逼。时守台官罗荣光日夕严防，不稍怠，外人无隙可乘。而京乱愈危，遂运动某道佯求和于裕，谓但得四五艘进港为护侨计，永不敢战，并尽卸武装以示意。裕允之，即以令罗。罗大惊，急诣裕，痛陈外国兵舰入口之祸，不听。罗以死争，裕曰："已允，奈何？"拂衣自入。罗归，外人鼓轮遽前，罗望见之，欲加炮，台员咸以事关大局，且有督命，止之。罗不得已，奔告裕，裕谓既允于前，自听其入，但严加防范耳。罗无术，奔还防守，则兵舰临口者已五六艘。遂自驾飞划至兵舰旁，勒令缴械。舰员从之，进如故，将及台，遽于夹板下出快炮击台。罗亟往见裕，裕不出，罗大愤，左右有报以洋舰已尽毁炮台者，则瞠目无语。从人急扶之归寓，默坐移时，忽大叫曰："此天命，吾死时至也!"遂提刀入内，杀其眷属，曰："不可使辱于敌。"俄炮声四起，甚烈，罗提刀出奔，有仆随之。后闻得其尸于炮台旁近，仆尸亦在焉。

李秉衡钟琦殉拳难

光绪庚子七月，李秉衡奉孝钦后懿旨帮办武卫军，节制张春发、陈泽霖、万本华、夏辛酉四军，将以敌八国之联军也。十二日出都，从者实仅百余人。至河西务，调四军，不受命，谓先奉懿旨屯此，不能移。会马玉昆往谒，谓已于北仓挖长濠，且蓄水，足遏联军北上之路，李遣人往勘，实无之。马续谒，李询之曰："尚能一战否?"马曰："能。"李曰："其同赴前敌乎?"马欣然先行。

李集幕僚语之曰："万本华乃万人敌，夏辛酉亦能战，惜所部皆不多。今事已至此，我受国厚恩，自当效死，诸君不必与其难。"男爵钟琦者，李所激赏而为出京时奏调八随员之一也，与李俱。行约二三里，闻接仗声，则非马军而为万军，马不知何往。万军驻河西务，夏军驻廊坊，联军以李在河西务，故缘间道，越廊坊而过，先击万军。万军败，复回攻夏军。夏军弹药罄，战一日，伤亡几二千。李退至张家湾，吞鸦片烟以殉。钟琦为敛之，入都省母，复出，亦自缢。

郑道湜殉拳乱

郑道湜，字芷青，桂林人，山西阳城县典史。光绪庚子，义和拳入晋。拳本白莲教余孽，齐、鲁奸民多习之。晋初未有拳也，毓贤抚晋，始招之西来。既戕杀各国传教士，上下承风旨，益纵之，不旬日，全省靡然。阳城令叶廷桢简雅工书画，而短于吏材，民习拳者日多，耰锄棘矜，时时至城下，袖手而已。或倡言闭门登陴，廷桢遽从之，拳益横行。

县之南有村曰石臼，形势险阻，昔尝有据之啸聚者。至是，石臼习拳者尤众，邑人皆有戒心，廷桢集绅耆议剿抚，久之，未有所定。郑请遣人解散其党，不济而后改图。廷桢曰："谁当行者?"郑曰："道湜言之矣，道湜请行。"外委宋富贵者，廷桢所倚以治防守者也，尤恇怯寡谋。于是廷桢曰："若能行，幸甚，吾当使宋弁卫君。"郑曰："多人徒滋其疑，道湜且无从置喙。抑公欲以是已乱耶，是速之也。请以单骑行。"遂启门而出。廷桢顾富贵曰："速率队尾典史行，变出意外，庶有援也。"石臼始闻典史来，议迎拒者不一。有登岩而望者，曰："几堕官计，是何来之多也?"郑方鞭马南骛，固不意后之有兵。方入隘，土石如雨下，富贵仓皇走，郑遂及于难，遗骸残毁，兵役死者四人，时闰八月二十六日也。

宋承庠殉拳乱

光绪庚子，八国联军入都城，孝钦后率德宗西狩。华亭宋养初侍御承庠方巡城，守"城亡与亡"之义，仰药以殉。

王铁珊殉拳乱

光绪庚子之变，英山王伯唐主事铁珊方在都，意谓拳匪排外，适启外侮，各国必联合兴师以见攻也。其寄族伯蕊修书云："联军必至，非骄将乱民所能敌，都城如陷，誓以身殉。"城破，遂死之。

王焕殉拳乱

光绪庚子，寿山为黑龙江将军，拳乱起，左右有与通者，寿信之。幕僚王焕力言其妄，寿不怿，王辞行矣。拳诬其通洋也，迫寿速之反，既至，即戮之。焕字辅臣，山阴人，官郎中。在京邸时，与寿结异姓昆弟，曾济寿于微时者也。

冯夏威为国牺牲

光绪乙巳六月，南海冯夏威以美国苛虐华工事，自戕于沪上美领事馆，粤人震悼。丙午六月，龙州广东会馆绅商开追悼会，某撰联挽之云："论四千年义烈人才，用抵制伸民权，君真不死；当二十世竞争时代，以和平存国体，我敬先生。"

咸水妹爱国

粤东咸水妹，率自他省拐贩而售之蛋〔疍〕户者，衣服诡异，不与常妓同，人以其侍西人也，多贱视之，然是中人亦各有意志。大率为咸水妹者，多立志不至欧洲，不入西教，非嫁西人则不改西装。其言曰："吾之为是，以迫于不得已也。若遂欲吾心向西人，岂有是哉?"又虽与西人相接，多物色国人，择年相当之可事者，俟蓄积稍富，则嫁之。既嫁，则不复与旧时侪偶通，以恐为夫所贱视也，夫若不嫌，始来往如平昔。其嫁西人者，十不一二也。

有名联桂者，尝为某船主所昵，计月给资，俨然妻室也。自港至申，中途见一民船将覆，船主无救意，联请船主救之，船主曰："此中国人船，何与我事?"联桂怒曰："汝如此轻视中国人，则吾亦中国人，以后请与汝绝。"船主又曰："汝何必如是？此非粤人船。"联桂愈怒曰："此虽非粤人船，然亦中国船也。汝何为于我中国加以区别乎?"船主不得已，始停舟施救焉。

西人之至我国者，多与咸水妹相昵，久之，或月给值以养之，或竟娶为妻，至礼拜堂成礼，并登报宣告。其稍有身分者，虽与相处如夫妇，告人则仍称之为妓也。然娶咸水妹者，大率安于我国，不复为归计；即归，女亦不从，以离国则亲友尽绝，且势孤也。

髯阉殉德宗

光绪末，有髯监者往来燕市中，自述其入宫之历史。谓少生于杨村，年七岁，以小刀嬉戏，势去其半，晕绝。父母痛甚，延医治之，如法阉割，逾数十日而创平。适村中人有与某内监识者，夤缘得入宫事德宗，年十五矣。时帝年亦十四五，典学之余，好嬉戏，于击毬尤昕夕不废。余遂娴其术。帝谓余能事己也，宠逾他监。一日，帝以他监多不能识字，谓余曰："汝能诵《四子书》乎?"曰："能。""能诵《五经》乎?"曰："不能。"曰："朕教汝，汝为朕弟子。"于是朝夕授以经。余颇自奋，帝亦谓余敏而好学。不二年，《五经》犅毕业，帝曰："朕不能为汝师矣!"从上书房取子史及唐、宋人诗文，命余读之，谓得奇解，当以相质证。自是而学遂大进，帝辄曰："竖子可教也。"洎帝大婚，以余值内书房。余年亦稍长，鬑鬑髭根，忽渐现于余颊，宫中颇疑余为伟男子，顾帝甚宠余。一夕，屏他侍谓余曰："汝亦思室家乎?"余长跪对曰："不敢。"帝曰："朕不汝罪，汝第言之，朕当遣汝出宫，还汝室家也。"余涕泣以对曰："蒙陛下恩宠，不敢不直言。小臣自幼阉割，不意近日阳茎旁挺。但此身已不完，出宫，恐亦无以自立家室，惟陛下哀怜之。"帝曰："既若是，恐居此间不便。朕不汝罪，第恐他人不能汝容耳。"乃赐余内帑五百金，命出宫，还觅婚配。余叩头谢，谓蒙皇上再造之恩，没世不忘，当力图报称。不意余出宫后，觅父母不得，询之邻里，则已亡去数载矣。求戚族，亦不可得。自念此身已残废，决计终身不娶，今鬑鬑者已满颞矣。戊申冬，德宗上宾，髯监遂缢于芦沟桥畔。衣带中有绝命诗云："无端毁体忆髫年，供奉黄门荷宠怜。今日龙髯攀未得，小臣应许负登天。"

李六更欲救国

宣统朝，天津有李叟者，痛时事之日非、人心之渐死也，辄痛哭于衢，有时持柝巡行里巷，而打六更，高呼"中国将亡""同胞速醒"等语。不衫不履，形同疯癫，至京亦如之。人问其姓名，则曰"李六更"。

宣统辛亥死事诸臣

宣统辛亥八月十九日，革命事起，武汉军兴，死绥将士、殉节官僚亦复不少，兹记其最著者如下：

黄忠浩为湖南防营统领，民军攻抚署时，黄出阻被戕，事闻，诏恤。

王毓江为候选道，充湖南营务处总办，同时被杀，诏恤。

陈瀛为湖南长沙县知县，被执不屈，卒以枪毙，诏恤。

陆钟琦为山西巡抚，殉于任，诏照总督例从优赐恤，赏二等轻车都尉世职，予谥文烈。

陆唐氏，钟琦妻也，与钟琦同殉，诏旌表。

陆光熙为翰林院侍讲，钟琦子也，同殉，诏赠三品京堂，照三品京员例从优赐恤，予谥文节。

谭振德为山西某协协统，与钟琦同殉，诏照协都统例赐恤。

熊国斌充山西某营管带，与钟琦同殉，诏照正参领例赐恤。

李升、马八、牛万春，均钟琦仆役也，同殉，诏照兵丁阵亡例赐恤。

松寿为闽浙总督，与城殉，诏赠太子少保，赏二等轻车都尉世职，照总督例赐恤，予谥忠节。

朴寿为福州将军，被执不屈死，诏赠太子太保，赏二等轻车都尉世职，照将军例赐恤，并予谥。

冯汝骙为江西巡抚，殉难于九江，诏照总督例赐恤，予谥忠愍。

赵国贤为广东潮州镇总兵，与城殉，诏照提督例赐恤，予谥忠壮。

端方为署理四川总督，中途遇害，诏赠太子太保，赏二等轻车都尉世职，照总督例赐恤，予谥忠愍。

端锦为三品衔河南候补知府，端方弟也，同殉，诏照三品官阵亡例赐恤。

志锐为伊犁将军，与城殉，诏赠太子少保，照将军例赐恤，予谥文贞。

钟麟同为云南统制官，兵变阵亡，诏赠副都统，照副都统例赐恤，并予谥。

王振畿为候选道，充云南兵备处总办，与麟同同殉，诏照协都统例赐恤。

范钟岳为云南辎重营管带，中弹阵亡，诏照正参领例赐恤。

良弼为镶白旗汉军副都统，兼军咨府军咨使，被炸受伤，身殒，诏照副都统例赐恤。

载穆，宗室也，抵京口副都统任甫四月，江苏独立，民军约之缴驻防各营军械。载知事急，集众议之，愿殉身而保全镇江人民，遂于缴械之夜，阖户自缢。

桂城，字仲藩，为宪兵科协军校，江南陆军警察营管带官。江、浙民军会攻江宁，统制徐绍桢督第九镇新兵驻秣陵关，桂以事往谒，被拘留，闭荒祠中。会第九镇新兵败于雨花台，退守秣陵关，众迁怒于桂，拥之出，不屈死，距莅事未五月也。事闻，予谥刚愍。京口驻防员弁奉差于新兵营而同被难者有国全、海靖、文馨、秉升，江宁驻防有某营教练官恩锡及海祥等十余人。

杨调元，号穌甫，贵筑人。宦陕西，以宣统辛亥正月权渭南令。先是，江、浙革命军数起，皆挫衄，始改计，以学生之隶籍新军者遍结其将校卒伍，俾劾援应，海内新军无虑，皆跃跃思一试矣。陕军颇荏弱，恐不足集事，则又阴饵会党，以厚其力。方伺隙待发，秘谋亦稍稍泄，遂决计大举。八月十九日，武昌事起，洎九月朔，陕变继作，诸守令靡所为计，多委而去之。杨独毅然，谓守土吏当与城存亡，西安既有变，州县土匪且旦夕起，必痡毒闾左，亟召绅民议城守。陕之东境沿渭南北有所谓“刀客”者，皆椎埋屠沽辈，杀人报仇，数冒县官法，然颇有约束，不甚为暴乡里。至是感杨义，争自效，誓以死卫桑梓，数日间集者万余人，檄邑绅韩有书统之。有书故武进士，诸刀客所敬惮者也。于是邻匪蠭起，羡渭南富实，谋入境寇抄屡矣，先后悉为有书所击走，众赖少安。已而有临潼武生张士原者，无赖子也，矫军政府命，率众至渭南宣谕，城扃不克入，则呼噪，将进攻。杨念大势已去，战守亦徒苦吾民，乃登陴语之曰：“若果自谓义师，当勿伤吾民，其释兵而入。吾为民故，故推诚，与若商摧。不者，城决不启。且此邑民兵万数，非不能一战也。”士原知不可诎，即释兵入见，言省中饷绌，议赋捐于民。杨不可，自出俸钱五千金与之。士原意未惬，忿怒，语侵杨。杨慨然曰：“吾为朝廷守土吏，谊以城为存亡，所以委曲迁就者，欲脱吾民于兵祸而后归死耳。今詬（古同“诟”）辱至此，其尚可偷生乎?”遂投井死之，时九月十一日也。

汪承第，镇洋人，字棣园，四川候补县丞。宣统辛亥九月，署双流县知县。一日，革命军扑城，汪率小队御之，中三枪而死。时吴县曹元忠方办内阁制诰局第三科事，以其时已十二月二十五日，同乡官皆已出京，无可具结，即为代办，拟旨用玺，照知府阵亡例赐恤，并加道衔。

敬信类

谭复堂敬事而信

光绪朝，仁和谭复堂司马献以名孝廉现宰官身，宦皖中，屡权剧邑，补含山未赴，引疾归。其为政也，以经术饬吏治，敬事而信，舆论推之。事上接民，无不相见以诚，不为朝三暮四之术，粹然儒吏也。尝曰："临民以庄，必先持己以敬，则民不敢狎，而威信以昭，庶事以集。"识者叹为知言。

李孝悫体念"敬"字

李孝悫为明诸生，明亡，谢世事不复问，一意读书。念圣学以敬为枢纽，颜其斋曰"主一"。每晨兴，读《孝经》《大学》《中庸》朱注各编后，旁及他书，潜玩默体，务期实致之躬。

李函子为学主敬

李经世，字函子。家居学道，有密室焉，上蔡张仲诚为颜之曰"静庵"，世因称之曰"静庵先生"。其为学也，仁孝为本，而主于敬。或问敬与静孰要，曰："敬乃所以为静也。静固静，动亦静，非敬何由矣？方吾流离苍黄时，顾安所得静？吾自持吾敬，乃遂志定气亦定，斯即所谓静也。上蔡先生手书静字义盖如此，密迩一室云乎哉！"

朱柏庐为学主敬

朱致一，名用纯，江苏昆山人。父集璜，诸生，贡太学，大兵下江东，城陷不屈死。致一恫焉，慕王褒攀柏之义，乃自号曰

"柏庐"，隐居味道，以诸生老。其学确守程、朱，知行并进，而一以主敬为程。长洲徐昭法与为通家友，屡以书问学，答之曰："窃观吾兄酬应人伦，微喜谐谑。谐谑虽无损大节，要非君子所宜为。何者？书云：'德盛不狎侮。'身狎侮，其职不修；心狎侮，其体不立。孔子曰：'修己以敬。'非外人物而为孤孑之修，亦非外人物而为偏寂之修。故一修已而人安，百姓安矣。若视他人一分可忽，便是自己一分学力未到。盖圣贤实见人之与我，此心同，此理同，吾无可骄于彼，彼无可为吾所忽者。夫妇之愚不肖，可以与知与能，及其至也，虽圣人亦有所不知不能，夫又何可忽乎哉！夫又何可忽乎哉！狎侮之心，毕竟起于忽人；忽人之心，毕竟起于不自修。未见自修之至而犹恐忽人者也。此'允恭克让'所以为尧之德，'温恭允塞'所以为舜之德也。"

朱柏庐进止肃恭

朱柏庐敦厉学行，声光闇然。每岁孟春，辄率其弟子行释菜礼，礼毕，讲《四书》一章。进止肃恭，兴起者众。

胡石庄持躬主居敬

天门胡石庄，名承诺，励志于学。尝曰："持躬以居敬为主，而严于不睹不闻，隐微幽独，允执之谓也。先正所以为教，后人所以为学，必如是，为得其宗也。"

施星洲居敬

长洲施星洲茂才灿，为沈文悫公德潜之师，居浒墅关之偏。其独坐也，衣冠必肃；每出行，遇童子与之揖让，必尽礼答之；过先贤祠宇墟墓，辄再拜移时始去。盖无时无地不以居敬为学也。

王子方勉学者以敬

翼城王端，字子方，号任庵，布衣。其学以思得之，养其心以合乎理，定其性以全其天。尝曰：“心者，一身之主宰也。理与气合则为心，以理御气则为敬。敬则中虚，虚则外邪不能扰。敬则中实，实则天理无不达。敬则明，不敬则昏；敬则勤，不敬则惰；敬则清，不敬则杂；敬则细，不敬则粗；敬则乐，不敬则戚；敬则大，不敬则小；敬则可以成人而至于圣贤，不敬则流于邪僻而无异禽兽。然则有志于学者，可不敬乎？”

朱止泉居敬穷理

宝应朱泽澐，号止泉，康熙朝诸生。初得陈畏斋《读书分年日程》，即寻其次序，刻厉诵习。学天文于泰州陈厚耀，能得其意。继而专意理学，居敬穷理，以朱子为师。尝曰：“朱子之色庄言厉，行舒而恭，坐端而直，言貌之涵养者然；整容正坐，缓视微唫（同“吟”），虚心涵泳，切己体察，读书之涵养者然。静而常觉，静之涵养者然；动而常止，动之涵养者然。仁之包义、礼、智也，求仁之涵养者然；仁、义、礼之归于智也，藏智之涵养者然。历观朱子注疏，纂辑删述粹精之理，居官事君治民忠爱之道，立身行事之大小，无不皆然，此所以动静周流，皆贯通于涵养未发之中者也。然其间尤有当辨者，朱子曰：‘敬字功夫，贯通动静，但以静为本，言乎主敬而静也。’程子曰：‘敬则自虚静，不可把虚静唤做敬，言乎主敬则无弊，主静则有偏也。’二说不同，亦自相须，必以敬为主，肃然收敛，无有杂念，乃是性体，此下手要着。敬到熟处，自然一念不杂而静，朱子无时不敬，无时不静。敬、静，一者也。若有意于静而不知主敬，诚有如程子所言者。故朱子‘答胡季随吕寺丞讲戒谨慎独’二节言：‘彻头彻尾，随时随处，无不致其戒惧之力于独之起处，尤为切要，更加谨慎。’所以涵养须用敬，庶几有未发之中以省已发，慎所已发以全未发之中，而用敬、用静之不可不辨也。”

朱止泉论主敬穷理之序

朱止泉尝论主敬穷理之序，其言曰：“朱子立教，以遵小学、收放心为先。小学主敬功夫，只是收敛在此，尚未能有所见，而主敬之功浅；入大学，必先格致，识得义理，有所涵养，而主敬之功深。到得成于己，断定是个孝弟忠信底人，仍用戒惧存养功夫，则所养益密，而主敬之功益深。此主敬穷理之序，不可不知也。”

朱止泉谓存心须敬

朱止泉之论存心也，则曰：“吃紧着力，惟在‘敬’之一字。静时能敬，则四德之根，发荣滋长，体段呈露；动时能敬，则四德之萌，直达流行，节目分明。此朱子发挥‘敬’字最为圣学存心之要也。”

朱止泉肃容端坐

朱止泉未明即起，肃容端坐。辨色时，展卷庄诵，事至斯应，应已复诵。

康一峰论慎独

武功康吕赐，号一峰。尝言王文成以格物致良知，此功夫知行兼到，自是切实精详。又云：“《中庸》揭出慎独，即孔子‘修己以敬’之血脉，文成更提掇‘明快’，二录大旨已尽于此。”

崔清夫低首敛容

长垣崔渭源，号清夫，为胡具庆之姑夫，而相契，时与谈论。当清夫议论锋起时，一言及父母，即肃然，低首敛容，俨若父母临乎其前者。一日，与具庆共论“孟懿子问孝”四章，清夫曰：“朱子解经，吾不敢议，惟解‘子游问孝’一章，吾不能无憾焉。”具庆问之，清夫曰：“所谓‘犬马皆能有养’者，如犬马之服役于人，及以其肉供人食，皆可谓之养。但犬马能养人而不敬人。若人子不能敬亲，即与犬马无别，是盖言人子无以自别于犬马也。朱子乃曰：‘犬马待人而食，亦若养然。人畜犬马，皆能有以养之，若能养其亲而敬不至，则与养犬马者何异?’嗟乎！儗人必于其伦，奈何以养父母者而比之养犬马乎？虽曰甚言以深警之，得毋言之太不伦乎？圣人岂忍作此言乎？人子岂忍闻此言乎?”当是时，清夫变容易色，摇首闭目，咨嗟叹息，连声曰：“不可，不可!”

秦海翁侧行却立

秦德藻，号海翁，无锡人，对岩宫谕松龄之封翁也。有笃行，常以敬持己。其事伯叔父也甚谨，有一叔齿少于海翁者且二十岁，海翁见之，侧行却立，虽白首不渝。

张北湖论致知躬行之宜敬

海宁张北湖茂才朝晋，潜究洛闽之学，尝自题卧榻右柱曰：“临床伏枕，须思一日所言所行差谬否。”左柱曰：“夜半眠中，或起妄想，披衣起坐，豁然退听。”其友褚惠公见之曰：“此山阴慎独之功也，不愧衾影，莘皋有焉。”北湖又言治病之法，当理其心，动静以敬，心火自定。治怒之法，克己为先，否则凝冰焦火，未易消释。其答友人书云：“朱子为学之方，穷理以致其知，反躬以践其实。居敬者，所以成始而成终也。致知不以敬，无以识义礼之归；躬行不以敬，无以致义理之实。持敬之方，主一无适，勿贰以二，勿参以三，终日俨然，讨论典训，存此心于斋〔齐〕庄静一之中，穷此理于学问思辨之际，思虑未萌而知不昧，事物相接而品节不差，不安于偏见，不急于小就，而为学之功成矣。”

杨文定疏言存诚主敬之学

杨文定公名时，尝督云贵。一日具疏言事，疏中言及存诚主敬之学，世宗手批答之曰：“吾君臣万里谈道，不亦乐乎!”

向荆山论敬

向荆山，名璇，山阴人，幼敏悟。一日读《孟子》，至“人之所以异于禽兽者几希”句，猛省而语人曰：“存此，则为君子；去此，不将为禽兽乎?”遂愁然耻为凡民，先从王阳明族裔王行九讲良知，后得《高忠宪年谱》、薛文清《读书录》，反复玩味，内以体诸身心，外以验诸事物，乃觉良知之说未当，而居敬穷理之确不可易也。尝曰：“程子所谓敬，则只是敬，敬字上更添不得。盖主一之谓敬，才添，便不是主一也。要之，敬时，连这敬字也著不得。著个敬字，便已添了一件，已不是敬矣。故程子又谓‘以敬直内便不直也’。”

刘先庚正襟危坐

南昌刘丁，字先庚。每读书，正襟危坐，至夜分，未尝欹侧。待人必诚信。弱冠补弟子员，授徒自给。来学者必教以整齐严肃，收敛精神，曰：“此固圣学，即举业，亦无他巧也。”

汪绂初以敬剔起心

婺源汪绂初茂才烜好学，治宋五子书。尝有人询之曰：“同此一心，或言敬，或言诚，或言仁，或言一，何也?”曰：“敬是提摄此心，使不走作；诚是此心所得于天之实理。此理实而不妄谓之诚，此理全而不亏谓之仁，此理纯而不杂谓之一，其实一也。诚有以实心言者，亦以能敬，则此心实有此理而无妄耳。心如灯火，一片灵明，敬如剔起此心，使之灵明不息，而光自无不照。若久而不剔，则此灵明亦渐昏去；若先有物蔽之，则其明有所不照矣。灯中有炧，能障光明，此非灯火之本体，乃火所附之烛之烬，形气之私也。剔之，则此炧自落矣。”

汪绂初教弟子以敬

汪绂初之教弟子也，必以敬，坐不得倚，立不得跛，以谨制其容度。闲与客坐语，弟子胡元僎足小跛，童子倚侧笑曰："先生亦跛耶?"胡肃然，谓同学曰："童子箴我是，若曹退思，恐未必如我也。"

姜云一危坐竟日

姜国霖，字云一，潍县人。生平无急言遽色。尝于广众中危坐竟日无颓容，人或非毁之，即面诮，终夷然不为动也。

陈宏猷衣冠必正

康、雍间，太仓有陈宏猷者，方年二十五时，即有志求道，不应试，惟教授生徒以自给。初好《易》，后乃专力于《四子书》。手《四书》一编，终日研讨，虽燕居，衣冠必正，乡里笑之曰："是小朱文公也。"

祝人斋用力于敬

海宁祝人斋，名淦，励志勤学，用力于敬，须臾不离，家居对妻妾，与游处王公大人间无异容。

罗谦斋盛暑衣冠

罗登选，号谦斋，衡山人。少溺苦于学，遂患心疾。年二十九，弃诸生，益闭户读书。侨居长沙，足不及市者五十余年。为人温而恭，仁而好施。与人言，姝姝然如恐伤之。故人子弟往见之，虽盛暑必衣冠，坐无惰容，见者自肃。

童寒泉论敬

连城童寒泉茂才能灵，励志于学，生平守程、朱家法，于先儒言理、言功夫，一字不放过，往往举其难明者，曲折指譬，而不厌其繁。其有参考互验，信之于心，而亦未尝已于辨难。其答长乐郑一志曰："尹氏之论敬，谓中心不容一物；谢氏之论敬，谓常惺惺法，此要皆说得透露，有精神，但稍费力耳。程子曰：‘整齐严肃，则心便一，一则自无非僻之干。’其言平正，而二家之说皆涵盖焉。何也？心若一时，自不容一物而常惺惺也。且程子从整齐严肃说来，便有把握，只须将容貌言语上有形象处整顿收敛得来，自然心己一也。若单从心上用力，而求其不容一物而常惺惺，便未免太劳苦拘迫而难于持久，且或反致别生病痛而不自知，此不可不察也。大抵朱子雅言，亦是如此。然此一处，亦足以见程子之言甚似孔子也。”

童寒泉端坐于厕

童寒泉持己以敬，衣儒衣，冠儒冠，立必正，行必缓，每出辄为途人所指，曰：“此儒者也。”一日晚归，以内急如厕，亦正襟端坐，坐二小时许竟无所遗。盖其气内敛，遂至不得排泄也。

任可轩盛暑正衣冠

长洲任可轩孝廉时懋，励志于学，以居敬穷理自期。时里中有文社，每当同人会集，议论飙起，甚或讙噪叫呶，而坐有寂然无言者，视之，可轩也。会课经义，虽盛暑，必正衣冠，终日如对古圣贤。

郑板桥居敬穷理

兴化郑板桥大令燮，以诗、书、画三绝著称于乾隆朝，风流文采，照耀一时。世皆谓其跅弛不羁，倜傥自喜，而不知其亦颇讲求居敬穷理之功也。其官山左时，台司有所委任，无不敬谨将事。及罢官家居，周旋乡里间，于宗族姻世之尊长，岁时宴会，亦必致敬尽礼，无或失仪。人怪而问之，则曰：“《逸周书》有云：‘敬事供上曰恭。’台司、尊长，于吾皆为上也，敢不敬乎？”

倭文端持己以敬

倭文端公仁，字艮峰，官至文华殿大学士，隶蒙古正红旗。

河南开封之驻防也，居近濂洛，为世名儒。官京师时，时与曾文正公国藩、吴彦甫侍郎廷栋相过从。尝曰：“吾人居官行政，当求所以身体而力行者，而以持己以敬为之本。”故每退直观书，辄陈一编，正襟对案，席不正不坐也。客至，恒肃衣整冠，迓于庭除，及就座，庄容相对，所谈皆身心性命之语，无戏言。

俞筱甫执事敬

俞筱甫通守，名廷瑛，吴县人。官浙江有年，儒雅风流，为无锡秦澹如廉访湘业所器重，樽酒论文，时与倡和。廉访尝檄委之，有所勾当，通守执事必敬，慎于行，不稍忽。仁和孙月泉布衣承祖与廉访、通守雅故，语廉访曰：“俞君任事勤恳，无时下名士恶习，于宦海中吾见亦罕矣。”廉访曰：“彼实居敬穷理之名士也。”

陆丽京言必信

陆丽京学既渊茂，而言必信、行必果。有人属书邮寄者，务令必达，且终身未尝私扣一函。时人以阮长之不侮暗室比之。

路安卿重然诺

曲周路安卿封翁泽农，重然诺，久要不忘。与昆山顾宁人处士炎武善，偶有缓急，假顾金，绝无一人知之者。及闻顾逝，即寄偿其家，不以其殁（古同“殁”）而爽约也。其嗣子来，留之肄业，逾二载，厚装遣之。

蔡眉人重然诺

蔡眉人，世族也，被服儒素，生平重然诺。方病之殷，有来问所托事者，家人辞之，眉从枕上大声应之，且诵荀息之言曰：“死者复生，生者不愧。”盖眉人自知病革，意谓生者几时能不相见，生者后死，死者不愧也。

周舆则重然诺

钱塘周舆则，名轼，重然诺，不斗智璅璅。起家中人产，为贾吴越间，末年乃比素封。康熙辛卯，一遭盗劫，南北诸贾寄帑千计，咸谓无遗。事定，倾囊还之，曰："宁失吾有，勿以累客。"客益叹服。其后客遂辐辏于其门。

黄庭表重信

太仓黄庭表太史与坚，性落落，惟与人交，有所诺，虽当生死患难，不欲转目相背负，盖重信也。

程鱼门不爽游约

程鱼门客金陵，尝与袁简斋约游雨花台，及期而风雨作，有尼之者，鱼门曰："简斋，信人也。吾与之期矣而不往，乃独使彼为信人乎？"遂持盖着屐，途中甚狼狈，不顾也。至则简斋之行厨已在矣。俄而简斋至，天亦霁，遂相与赋诗饮酒以为乐，流连竟日，薄暮始归。

良穆腾请停旗人淘汰例以示信

八旗兵丁，凡非满、蒙人之投効及本身有罪者之子孙，名隶附册。每届三年，辄一淘汰，销除旗档，坐是遂穷无所归，至有流离失所者。乾隆时，京口驻防镶蓝旗佐领良智建议，以为嘉其祖父之劳，赏延于世；戮其祖父之罪，罚弗及孥。前既以加恩而准其入旗，今乃以无罪而使之出旗，失信于人，甚为朝廷惜之。拟请停止三年淘汰旧例，以广皇仁而昭大信。大府据以上闻，得旨俞允。良字穆腾，性简默，寡言笑，好读书，工画兰竹，尤精满、蒙文。子一，即道光壬寅殉难之望阿也。

蔡璘重诺责

蔡璘，字勉旃，吴县人。重诺责，敦风义。有友某以千金寄之，不立券。亡何，其人亡，蔡召其子至，归之，愕然不受，曰："嘻！无此事也，安有寄千金而无券者？且父未尝语我也。"蔡笑曰："券在心，不在纸，而翁知我，故不语郎君。"卒辇而致之。

刘融斋偿逋不逾期

兴化刘融斋司业熙载，尝以翰林侍上书房，贫无仆，每入直，怀食物以往。届年节，内竖例索犒金，一日某小阉至，见其方以脱粟煮于老瓦罐，询之曰："君所食耶？"逡巡去。久之，愈窘，将断炊，乃辞官，乞假游晋，假寓某同年所，设帐授徒。脩脯所入，辄铢积寸累，以偿宿逋，戚友所贷，虽一金必还，且无一逾期者。

吴彦甫不欲失信

吴彦甫侍郎在京时，一日饮于乡人家，酒阑行令，负者罚于翌日作东道主，乃饷同座者以晚餐。吴屡负，而是日骤寒，吴归而疾作，同座者知之，诫勿设宴，吴不可，仍折柬招客，令家人设具。或诧之，则曰："此虽游戏事，亦不欲失信也。"客至，仍出而酬酢，且终席焉。

左文襄不欲失信

各省省城附郭之知府谓之首府，首府出缺，由藩司查照补缺轮次，挨班序补。湘阴左文襄公宗棠督两江时，不明此例，适江宁府出缺，即以其文案试用知县某署理。藩司力争不可，文襄曰："保过府班，则得矣。"藩司曰："府班人多，谈何容易？且朝廷有定制，似不宜擅更。"文襄大怒曰："君以朝廷胁我耶？我出将入相数十年，用人惟知择其才耳，不知定制也。"藩司愤。时苏抚某亦与文襄有隙，乃以擅改祖制、紊乱官常劾之，文襄不知也。及部员函告文襄，文襄语人曰："我许某权首府已言之矣，不可失信也。"乃奏以试用知县保举知府。旋奉上谕，著照所请。

穆香甫偿逋不失信

天津有穆香甫者，回人也，以诚笃著，富累世矣。香甫之父在时，一日有豆船被水，泊岸求售，上船审视，以廉价购之。盖豆之被水者，仅外层耳，其在内者，均干燥，可久囤也。是年豆适匮，遂大获利。香甫亦营豆业，某岁失利，大困，其所与往来之票号钱庄皆以香甫诚笃，戒令明岁清偿。香甫不允，曰："吾惟知负人逋，必如约以偿，即荡产亦不恤。吾穆氏向固若是耳，信不可失也。"遽簿其物，售以付债主，于是遂贫。

边竺潭不欲失信

光绪时，汉军宗啸吾司马山、任丘边竺潭鹾尹葆枢，皆需次于浙，过从甚密。宗有孙月泉布衣所手拓之汉帖五帙，视为瓌宝，什袭珍藏，不轻示人也。边尝假观，以十日为限，谓必自赍以返之。及期而运使传见，以有要公，约作竟日谈。边虑误返帖事也，亲挟之诣宗，宗留之，摩挲鉴赏，约一小时始出。诣运署，则已误见客时矣，屏不见。他日，运使语钱塘丁松生大令丙曰："边某抗我命，何也？"自是深咎之。丁曰："彼亦欲不失信于人耳。"

谢阿明不敢失信

有谢阿明者，苏之市井细民也，以鬻果为生。桃、杏、李、梅、梨、橘、瓜、莲藕、栗、枇杷、杨梅之属，每届时，必担之行里巷以求售，价不二，品必佳，人咸信之。有与之期者，付定资，届期必如其日时以与之，未尝爽约也。一日，临顿路夏子英定购白沙枇杷，约期交易，及期而洞庭山之船不至，乃反其定资。夏语以明日交货不为迟，谢曰："吾自言今日，吾不敢失信耳。"

潘文勤宴客不失时

吴县潘文勤公祖荫每具启约客，客依时至，则进酒尽欢，或稍越时，则肃之入座，啜之以茗，且与长谈，而终不具馔。坐久客饥，则令进面一器而已。客退而让其慢，文勤不受也，曰："客自失时，我何罪焉?"

赵仲穆镌石不爽约

武进赵仲穆，名穆，以镌刻图章负盛名。光绪己丑七月，俞筱甫通守以家藏田黄、鸡血、昌化等佳章四十方俾其镌，约十月望可取。九月，赵寝疾，十月初旬犹未瘳，虑愆期，力疾起，为之奏刀，三日夜，惫甚。其妻固尝从学，悯之，至是为之代者半，十四日悉告蒇，俞如期取之以归。子小铁，能世其学。

俞筱甫如期还金

俞筱甫通守尝榷税于西兴，不妄取，及卸事，几无以给朝夕，贷于谭复堂司马，约以翌年岁晚偿之。将届期而疾作，乃辍医药、货琴书，以摒挡一切，卒如期以还。

徐少渔偿金不失信

钱塘徐少渔尝从蒙古守彝斋貣（音忒，从人借入财物也。"旦暮乞貣蛮夷"，与古义之"贷"同。古义，借债曰贷，《孟子》"又称贷而益之"，谓借入也。今簿记学术语所用之贷与借为对称，则专指借出言，此故用"貣"字。）银币百圆，貣之日，为光绪庚寅八月朔，期以一载毕偿，不署券。翌年为辛卯，八月初，少渔触暑而病，几殆，卧榻呓语，辄喃喃自言曰："彝斋之金，偿期迫矣，吾果死者，将如何?"语为其妇金氏所闻，告之曰："君今方卧疾，医药之费所耗不赀，且所假无券，固无践约之必要也。其奚忧!"少渔曰："彼以信我而不立券，我何可自失其信?"亟指头一笥而言曰："此中有玉如意一柄，狐裘二袭，可将去易金。"妇如言，命仆至质库，得银币九十圆以归。少渔乃又贷于人，得十圆，遂如期以偿彝斋。越数日，疾亦瘳。

昭信股票失信

光绪戊戌正月，詹事府右中允黄思永奏筹借华款，请造自强股票，命户部速议。户部议印造股票一百万张，名曰“昭信股票”，以五厘行息，分二十年偿还本利，令京、外王公将军督抚及大小文武官员均领票缴银，以为商民之倡。奏入，允行。七月，以昭信股票扰民，命即停止。

己亥正月，荣禄等奏请将认领昭信股票银两作为报效，允之。于是自庆亲王奕劻以下及中外文武大小各官，均奖叙有差。仍谕各省绅商士民认缴之款，照原议按年计利，如期还本。然次年为庚子，即遭拳匪之祸，迄未偿还。

邑令与盗均不失信

某宰山东某邑三年，以病归，年甫四十，宦囊足自给，乃栽花养鱼以终身。人皆重其高尚，然实不得已也。盖邑故盗薮，宰是者多罣吏议去，某莅任，谓盗不去、官不安，锐意擒盗。盗首五人，众咸知其姓名，而官与吏胥弗敢问。某指名索五人，隶役屡受刑而弗能获也。一日阍传刺，谓有人求见，视之则五人姓名也，立传进。五人者，貌甚伟，自陈将有远行，借千金为路费，某诺之。五人云：“某日三鼓时，自到内室面领。”某亦诺之。遂去。某念莅任未久，何从得千金？而既已诺之，不可失信，遂假之于人，并设酒食于内室，令妻子远避。是夕独坐，秉烛待。三鼓，屋瓦声砉然，五人至，衣黑衣，立于前曰：“千金如何？”曰：“在几。”五人笑曰：“子信人也。”某曰：“能饮啖酒食乎？”曰：“能。”遂大肆饮啖，不交一言。啖毕，人取二百金，珍重一声，且谓他日当奉还也。旋不见，但仍闻屋瓦声砉然耳。此后境无一盗，夜不闭户，殆以邻境为壑矣。三年，某宦囊已裕，自念非有胆何以致此？除夕置酒，始与家人言之。

一日，某晨起，几置银若干，视之，则前所赠盗金也。旁插一匕首，霜锋可鉴，有札一封，置剑左，启视之，云："某非少金者，向之所为，试君胆耳。而君若此，敢不钦佩？某等足不履君境已三年矣，君宦囊虽不多，然某日寄家置田之银若干，某日存典生息之银若干，已数倍于此，某等相酬，已不为薄，倘再恋栈，殊于某不便；某之不便，亦即君之不便也。谨将原金缴还，三日之内，如不告病遄返者，视此剑。"某阅竟，汗出如浴，不知所云。翌日，即上牍以病去官。

送快信者不失信

自邮局兴而有快信，繁盛之都会悉有之，有专足之邮差投递，虽夜分必往，虽风雨无阻。长沙邮差易寿彭职送快信，宣统辛亥夏五月，一日大风雨，至落星田，其地有大树，风甚树折，枝适压其背，血流被体，犹忍痛疾奔，分投讫始归，已薄暮矣。家人尤之，谓何不早归就医，则曰："余所送者，快信也，焉可以余一时之伤而失信乎？"

国人不信信条

宣统辛亥秋九月，隆裕后颁布宪法信条十九条，择期宣誓太庙，冀以实行立宪，藉缓革命之祸。而国人不信之，江、浙、皖、桂、闽、粤亦皆相继独立矣。

义侠类

万履安为同年调药饵

鄞县万泰，字履安，明孝廉。明亡后，尝一客岭外。舟还，有毛洴者与之同年，道病疫且死，舟人俱欲弃之，万不可，躬为调药饵，时起卧。洴得生，而万泰遂病不起，卒年六十。

汪文卿赡胡士骅妻子

婺源汪光翰，字文卿，明崇祯末客川南道景陵胡恒幕，入本朝不仕。当恒驻邛州时，张献忠陷成都，分兵徇邛，恒命光翰出调兵。未至，城陷，恒与子士骅战死，阖门遇害，惟士骅妻朱氏挈其幼子峨生，匿民间得脱。贼武大定闻朱有殊色，劫致之，朱乃剺面毁容以自免。光翰间关夷倮中，得朱氏母子所在，事之甚谨。值岁大饥，斗米十金，光翰百计保护，或以经书教授为塾师，或操奇赢坐市肆中，得钱以供朱氏母子饘粥，二十余年不倦。朱教子严，峨生亦读书，知自奋。蜀平，峡路通，光翰乃躬送其归景陵。

唐自仁护主

唐自仁者，唐氏之仆也。颀伟精悍，有胆识。役于唐者三世，能护主于难、养主于生，仆也而有行，义士矣。顺治初，寇氛未靖，居民相率逃窜，仁之主家七口匿山谷，独留仁于家，日贮饭蔬盘匕之属于筐，赍以饷之。一日遇贼山椒，贼遽刃之，仁仆佯死，贼远乃起。

初，仁之衣制高领，密缝布七层，防不虞。及是，刃痕五层而止，利在迎刃而速仆，人故未竟，不者殆已。越数日，贼坌涌至，掠家中物，仁睨贼某独攫百金。贼共雄视仁，招为党，阳诺之。随至贼所止地，先觑得某贼匿金处，乘间纳诸怀，某惧众攻其私，忍弗敢张。明日，给贼赌骑射，众方整辔具韔，仁跃马着鞭而逸，竟得脱。急迹主眷属，得伯仲二稚，问主何在，曰："饿已三日，父觅食未回，母先被掳。"仁携稚安置，乃出，遇主山峡中，导与稚一处。又出访主母，闻以殉节投水死，族有葬之者。号痛而反，乃栖主于幽僻之地，资前金，力作以济之。

戚三为盛三赎妇

大兵下江阴，杀其民之以城抗者，而俘其妇。戚三铍项，仆城下，得不死。独念妇王氏被俘，默祷于神，夜梦神授以字，曰："为汝赎妇者，戚三也。"寤而叹曰："我即戚三耳，尚谁赎妇哉?"明，遇人于荡间，则寻妇者盛三也。戚忆梦中所见戚字，中模糊，有似于盛，遂同行。至江宁，揭访帖于亭。或有告戚以妇所者，索酬金，戚曰："吾实不持金，向所揭，诳耳。"曰："然则赎亦无金耶?"曰："无之。"曰："然则虽告以所在而安庸也? 速去之。"戚挽之泣。其人视其揭，沉思有顷，曰："若苟善书，客有雇书手书《楞严》百部于报恩塔者，可得值也。"戚受雇而半贷于人，得十金，赎之绿旗郝将军部下。将军妇受金，阳不解，鞭逐之，且不肯还金。时盛同往，泣曰："此金非他，江阴戚三佣书以赎妇者也。城陷家破，所不惮濒死以丐此金者，为妇在耳。妇未还而金又失，岂谓城陷时不能死耶? 吾，盛三也，今偕戚三来，终不令戚三独死此矣。"号而哗。闻于将军，义之，许还妇。及还，则盛三妇也。

先是，盛妇被俘，来密书曰："江阴盛三妇在郝将军旗。"而盛字中蚀，有似于戚，故是时告者竟误盛为戚，而指以所也。盛曰："奈何以戚三金而为盛三赎妇耶? 愿夫妇鬻于旗，还戚值，而佐戚觅妇。"郝曰："勿庸。"红旗张将军方需役，荐之张，得值二十金，尽予戚，而盛留旗下供役。晚除马通，闻旁室妇与人语，操里音，盛乃操里音歌曰："二十一，是七三，托我寻汝来江南。"少顷，妇亦操里音微吟曰："一十一，是王氏，愿为七三告七四。"盛闻之大喜，曰："是矣。"急呼戚蹑至，妇已去。次日，盛偕戚语郝，郝为探之得实，遂同诣张，请赎之。张执不可，且曰："是妇有色，值昂，金固不足。且已留此妇，何赎焉？"二人者固争，郝亦力为之言。久之，盛乃挥己妇出，诀曰："吾与戚三同来，矢不独还。今戚三以佣书金赎汝，书尚未尽偿，而吾与汝空鬻身，无以报戚，何用独赎为？汝仍还郝，吾与戚同去，赴江水死耳。"以妇交郝，返张值，既拜郝及张，相将牵臂出，且号且行，而戚妇与盛妇俱号。时张之部曲有愿出金代赎者，有迸涕者，至是，张心动，谓郝曰："止！吾安惜以一妇全两家也？虽然，妇值不止是，而减值以赎，则无以示来者。且此值，盛值也。盛为戚鬻身，吾何能独遣妻而反留盛？"因并遣盛、戚，而以二十金分之，为归里资，于是各欢呼谢去。过佣书所，二人夫妇皆善书，请各书以偿，主者感之，不听，乃合书一部，以贮之报恩塔。

刘显之返韩生白柩

刘必显，字显之，鲁人。文笔矫异，慷慨好义。韩生白延之于家，教其子仲美。久之，生白为许州同知，明崇祯壬午，城陷死之。仲美缞绖往迎柩，时寇贼充斥，豫州路鲜行人，戚友惴惴无从者。显之适来视仲美，知将南行，因问曰："千里畏途，道茀不可行也，仗剑从子者几何人？"仲美曰："未敢以烦亲知也。"显之毅然请从，不返舍，即襆被行矣。

行次东明，晤旧邑令辛某，以别墅止之，显之不可。次长垣，溃兵满野，城中戒严，闭城中者十日。出而次开州，辗转至滑县，越卫辉，抵新乡，仲美病，不能前，计无复之。显之将只身渡河而南，仲美难之，显之决请前。会有鄢陵人单骑北来者，显之跨一马从之南下，仲美乃作书贻河南故知及当路，令往取进止，以七日为期。

后二十余日音问杳然，仲美忧甚，日扶病号于河干。忽见鹑衣黧面徒步来者，依稀似显之，仲美疾趋而前，泣问曰：“先生，人耶，鬼耶？”显之曰：“幸甚，无恙。汝父柩在后，旧仆王代兴扶之，旦夕至矣。”仲美乃拜，伏地哭，执手问状。显之曰：“别汝后，即至新郑，贼骑蔽野，见予大惊，鸣钲发炮。予夜宿林薄间，日叩邨人，语以故，隔垣度食，得以无甚馁。越荥阳、长葛，久之，达许州。城破后，居民四散，屡问无知者。遇一人，自言为田忠，尊先公旧役也，道殉难事甚详，并指藏衣冠地以相示，且曰：‘一二残民，感先公遗惠，已伐北坛柏为椑焉。’乃导予往。旧仆惟代兴在，侍香火，受邑人吊唁。邑人致牟麦，给朝夕，困甚矣，因治装将还。时府之委员挽留，且将申上台请赙，有旧例。予却之，即售马，得百五十金，僦二舆夫，倍之为行计，而代兴有前讨贼时俘妇为室，不欲北。予与田忠曲喻之以大义，且曰：‘北归便。’乃各就道。夜宿黄河，突有南陈叛兵至，尽劫行装，杀舆夫二人，予裸身越墙伏河畔，仅免。体无寸缕，邨媪投一帕，蔽下体，乃号于市曰：‘我山东庠生来迎许州死难同知韩公灵柩者也。以亲知之谊，故冒险前来，今被劫，不能前矣。其子某俟于河干，若辈有能扶榇过河者，当重酬。’时河南被兵久，里人各分砦自卫，有张、王两人，皆砦主也，感予言而前曰：‘公好义，天下岂无义士乎？’乃遣四人拥护而前，三日，北渡河矣。予急返先公柩，前函实未投也。”仲美抢地哭，不能起。少旋，柩果至，乃泝卫河以归。

白羽皇蠲金

广昌白羽皇文学朝宁，顺治初之隐君子也。家固贫，而好施予，岁以教授所得金供甘旨、资衣食，有所余辄以周人之急。一日行于道，闻妇人哭甚哀，讯之，则云夫为贼诬，狱急，将鬻女，恻然出袖中金与之，问姓名，不答竟去。及羽皇卒，忽有一人携妻女至柩前哭，伏地叩头至流血，曰："我邱安宇也，受公厚恩，不能报，奈何死乎？"家人询之，安宇备述其故，家人始知羽皇有蠲金事。

田馨野纳乡人

兖州田馨野，名生兰，以明末盗贼蠭起，自兖南徙，展转于淮阴、秦邮、广陵之间。继迁江宁，而鼎革，王师南下，群不逞之徒乘乱构衅，日寻戈矛以修私怨。豪帅马某所隶士卒，素不驯，争欲得而甘心焉。田有乡人某，亦隶马戏下，一夕，携眷属数十口诣田乞避害，田纳之。或持械大呼于门曰："速出之，可免祸，否则汝家毁矣！"田曰："彼虽非张俭，我独不能为孔融耶？"不听。诸亡赖亦稍稍散去。比事定，绝口不复言。

王某妻代人徙边

王某，佚其名，如皋隶也，任侠好义。本朝定鼎，同邑布衣许德溥不肯薙发，刺臂誓死，有司以抗令弃之市，妻当徙。王知之，高德溥之义，欲脱其妻而无术，乃终夜欷歔不成寐。其妻怪之，问曰："君何为彷徨如此耶？"王不答。妻又曰："君何为彷徨如此耶？"曰："非尔妇人所知也。"妻曰："子毋以我为妇人也而忽之。子第语我，我能为子筹之。"王语之故。妻曰："子高德溥之义而欲脱其妻，此豪杰之举也。诚得一人代之可矣。"王曰："然，顾安得其人？"妻曰："吾愿代以行。"王曰："然乎？戏耶？"妻曰："诚然，何戏之有！"王乃伏地顿首谢。旋以告德溥妻，使匿母家，而王夫妇即就道，每经郡县驿舍就验时，俨然官役解罪妇也。历数千里，抵徙所，风霜艰苦，甘之不厌。于是皋人感之，为敛金赎之归，由是夫妇得终老于家。

胡义勤侍主人

顺治乙酉，杜浚侍父母居金陵，僮奴十余辈，多挈妻子叛去，走部落营伍，窜入兵籍。不数日，飞骑至，立马主人门，举鞭指画，放言无忌，以示得意，甚者且拔刀斫庭柱，叫呼索酒食，不得则恣意大骂。老仆胡义勤见之，独切齿痛恨。别一奴亦已隶尺籍，私来说义勤去，义勤谢之曰："人各有命，尔本当得意，一旦遭时，自奋发。吾命薄，与主人同，愿共守饥寒而已。"此奴亦颇惭其言，自是不复来骂主人矣。

义勤，浚兄方朔之乳媪之子也。方朔自金陵携眷归黄冈时，义勤适以他事阻江外。方朔之殁，义勤逾年而知之则大恸，即日惶遽，自千里外奔故乡，哭方朔。跳掷号吼，呕血数升，遂得喘病，因寄食于方朔之婿曹氏家而养疴焉。居一年，病稍间，曹稍役使之，义勤慨然叹曰："吾闻忠良之臣不事二姓。仆，犹臣也。今曹氏虽为先主翁之婿，然其姓则曹，亦二姓矣，吾奈何遂事之？五十老奴而仰面于又一姓，良足羞也。且吾未尝受先主翁命，事之，尤无名。"于是复来金陵依浚，则老病可怜，耳聋益甚。浚既素义其为人，且重念方朔，待之甚优，命视管钥而已。浚，字于皇，黄冈人。

张三爱不去其主

张三爱，歙人。年四十不娶，受役于人。其主贫，或告曰："去之可乎？"张曰："否，三爱之主在，不并受他人恩也。"主老而逋赋，县令索租急，当予杖，三爱屡代主受笞，至百数不少怼。三爱为人修长，且健筋力。多种蔬售之市，悉以其赀归，购衣肉以奉主，且曰："主老，不忍使其一日缺衣肉也。"

胡端友救幼主

胡端友，宁乡人，刘光初之仆也。顺治丙戌，光初妻胡氏遇贼于花桥，自知不免，以幼子付端友。端友负而逃，遇贼力奔始得脱，至家释负，倒地晕绝，逾时始苏。

蒋尔直负主骨归

蒋尔直，湘阴人，蒋之棻仆也。之棻客死于粤，囊余三百金，尔直倡言携资负主骨归。同伴三人私议杀尔直而分其金，尔直知之，挈资先遁，俟三人散去复返，负骨数千里，冒锋镝归。及没，之棻子为之服齐衰三日。

张瑛纳赵氏稚子

顺治已丑姜瓖之乱，汾阳东官村有赵某者被劫，男妇均被杀，仅余一稚子奔至张瑛所，纳之。匪往索，瑛曰："是不可。必欲得者，吾两村且斗，视强弱。"及乱平，瑛助稚子白诸官，治罪者十余人。瑛，字玉采，汾阳人。

杨硕父收瞿式耜张同敞尸

顺治庚寅十一月，定南壮武王孔有德之军抵灵川，入严关，起兵之明遗民张同敞乃乘夜独泅漓江，入桂林，见明桂王之广西巡抚瞿式耜，相对泣，誓以死。王既下会城，执瞿、张令降，不从，幽之月余而后杀诸市。瞿被执，时家属匿杨蓺所。蓺字硕父，瞿之幕客也。事发，并执蓺，蓺不屈，王义而释之。瞿死，蓺服衰绖，悬楮钱满衣，行窣窣有声，号哭营市间，见缨弁袴韡短后衣者辄叩头，请言于王收殓主人。王闻之，曰："瞿某有客义若此乎？"并同敞尸许之，遂得葬。

性因上书言收瞿张尸事

当瞿式耜、张同敞未收殓时，有僧性因者，即永明王时之给事中金堡也，谪戍不赴，披剃于桂林之茅坪庵，亦上书定南壮武王，言收殓瞿、张事。其略曰："古之成大业者必表扬忠节，杀其身而爱敬之，若唐高祖之于尧君素，周世宗之于刘仁赡，元世祖之祭文天祥，明太祖之祠福寿是也。衰国之忠臣与开国之功臣，皆受命于天，以分任乾坤之事。天下无功臣，则世道不平；天下无忠臣，则人心不正。事虽殊轨，道实同源。王既杀两人，则忠臣之忠见，功臣之功亦见矣，抑又王见德之时也。夫杀两人于生，王所以为功于本朝也；礼两人于死，王所以为德于天下万世也。请具衣冠为两人殓，并择付亲知归葬故里，则王播仁义之誉无穷矣。”侍者诣府将投书，遇蘏，知已得请，遂不上。

文周匿故主妻孥

顺治辛卯，大兵破舟山，董幼安志宁妻孥在急捕中。其仆文周者匿之，挺身赴官，锻炼几死而卒不一言，乃获免。洎后，悼其主之祀绝也，独以缟衣蔬食终其身。

张某养夏士友母

江夏夏士友孝母，以孝子名于时。某岁以疾卒，母痛其亡而自悲七十之年将挤于沟壑也，日夕哭之哀。有张某者，晋人也，僦居江夏，与之邻。闻而询于人，人告之故，曰：“嘻，世固有孝子其人哉？世固有孝子其人而母不得终养者哉？我养若母，且我得与孝子为兄弟行也，幸甚！”亟趋诣其家，匍匐母前，愿为义子。月供薪米，奉以终身。

吴自充焚券

吴幼符，名自充，歙人，性慷慨。尝假人以金，年三十三而病卒，取其券焚之，谓其妻、子曰：“吾之余财足给饘粥，无求多入，当其来贷时，吾已心赠之矣。”

徐曰彦殓估客

徐长猷，字曰彦，广济人。十岁时，侍父于临洮官舍。比长，好客游。某岁返棹时，有江西估客附舟，病且死，舟子利其货，夜取尸沉之水。僮仆闻之以告，曰彦乃召舟子怒诘之，舟子色恐。语之曰："汝出其尸，当以厚直与汝，余物悉籍记以待其子。"言已，买棺殓之。舟抵估客之乡县，访其子，命迎柩以归。

施孟达焚田产簿册

施于德，字孟达，嘉定人。家素封，及孟达服贾，益富厚。而性仁恕，佃户有负租者，夷然不较，曰："彼贫耳，非本意也。"宁忍负己，不忍直于有司。尝出手书一帙，焚之，皆记载田产积逋之簿册也，计九千有奇。越数年又出一帙焚之，倍于前。

刘国友济段某

西华段某携眷归，避乱阻于道，闻刘国友义，往归之。即授以居，粮糗布帛之需，悉为赡给，道可通，百计谋所以济之。段卒得还里，其家亦免于难。

徐华国救人

吴江徐华国屏居东郊，其地多荒冢，有鬼，数迷人，或至死，向暮，人不敢过其处。一日，华国夜归，闻桑中空舍有若魇呼声，疾趋视之，则见一人转侧于地，土塞其鼻，将死矣。乃负以返，救之，得活。

许季觉活饥民

顺治时，海宁频岁饥馑，流离载道。邑人许季觉慨然忧之，致书当路，议甚剀切，当路韪其言。邑故多巨族，籍记其姓名，下注某出粟若干，榜于通衢，以片纸责取。巨族素信之，无有难者，凡得粟数万石。又籍记饥民村里、年貌并户口多寡，按日至城隍庙，按籍以次而给，人人得所欲以去。饥民于季觉过时，必扶老携幼，罗列道旁，手执长香，跪而言曰："许公活我。"

朱湛侯诸雅六救黄晦木

明末画江之役，黄晦木步迎明监国于绍之蒿坝，兄弟毁家，率子弟僮仆荷戈，妇女皆执爨以饷，世所谓“世忠营”者是也。其兄梨洲西下海宁，晦木乃留龛山治辎重。事败，狂走入四明山，为冯侍郎京第参军事，奔走诸寨间。顺治庚寅，山寨军歼，被缚。侍郎之嫂，晦木妻母也，匿其家，事发当论死，梨洲还至鄞，谋以计活之。冯尚书子道济，故人也，慨然任其责。临行，日晡矣，道济潜载死囚随之。亡何，火忽灭，暗中有突出负晦木去者，不知何许人也。火至，以囚代之，冥行十里许始息，则万户部履安之白云庄也，负之者，户部子斯程也。时遗民毕集，解缚置酒，忽管弦声出隔岸，晦木掉小舟往，因自取琴弹之，曰：“广陵散，幸无恙。”侍郎故部寻复合，晦木仍左右之，慈和寨主沈尔绪又以拏寄。丙申，再遭名捕，梨洲闻之叹曰：“死矣。”故人朱湛侯、诸雅六力救之，免。遂提药笼游海宁、石门间，或以古篆为人镌石印，或用李思训、赵伯驹画法鬻之以自给，浙西传为黄高士画，争购之。

冯易斋存孤

顺治己亥海上之变，缙绅之家罹祸最酷者，以金坛为甚。时王明新名亦在逆籍，身戮家徙。妾某氏方孕，行至山东红花浦旅舍产一儿，老仆杨某曰：“覆巢之下，已无完卵，一线之系，在兹客婴。此去冯相国家不远，主人为其门下士，受知极深，驰告求匿，必能纳也。”妾是其言。杨乃褓儿于怀，夜叩冯门。时冯方家居，慨然曰：“此我事也。”疾挥杨去。命侍姬乳之，命名曰“协一”，示与己出无二也。协一年弱冠，徐立斋相国高冯之义，女其内侄，以字协一。后协一以冯荫，仕至广州太守。冯，名溥，字易斋，文华殿大学士，谥文毅，山东益都人。

刘继庄倾赀济人

刘继庄处士献廷，别号广阳子，大兴人。年十九亲殁，挈家而南，隐于吴之洞庭山，家赀尚数千金。后从游者数百人，四方奇士慕义缔交者踵相接，其穷乏者或罹患难者辄倾赀济之，由是赀日匮。有邻女许字，其夫贫而流于外，母将别字之，女誓不从。献廷闻之恻然，时仅余药肆一廛，立鬻金，寻其夫赠之，使婚，而家遂益贫。

吴缾庵急人之难

顺治时，吴门枫江之市有君子焉，人皆称曰“缾庵”，或曰守口如缾，取谨言之义；或曰缾窄口而广腹，善容物者也。缾庵幼失怙废书，及长自力于学，好文士，于贤人隐君子尤尊敬之。友朋之穷老无所归者，曰：“于我乎养生送死。”于是士君子皆贤缾庵。人有难急，好行其德。尝僦小舟，问舟子曰：“值需几何钱?”舟子曰若干。缾庵曰：“米贵甚，如是，安得自活?”乃增其值，故负贩人亦曰缾庵盛德长者。缾庵，吴其姓，传鼎其名，雨岑其字，休宁人，侨于吴。

赵士望解贾时泰狱

贾时泰，直隶蠡县人。少习拳勇，性愚直，见有为不义者，面责不少贷，里人严惮之。生平独喜击贼，所居为县南乡，南乡之村四十有二，遇有警，必率其村之勇者以俱赴，贼逸去，远近搜索，务尽其踪迹始已。

幽燕俗喜斗很（古同“狠”），而蠡、博、高、肃、献诸邑，与山东之泰山、齐河壤地相接，其间椎埋剽劫之徒尤多。会世乱，所在蜂起，蠡之乡北东西焚掠无虚日，独南乡以时泰故，得无事。总督张某闻其名，使邑令召之，属以击贼事。时泰固心喜，又重以大府命，毅然不辞。不与以官，止易其名，曰乡长。时泰受任，乃椎牛具酒食，聚东北西乡之豪杰而誓之曰：“自某至某，凡村几，属之某，其村之可属以事者，某任之，有事则某与某毕其力，非是有罚。乡之中有不良者教之，不率有罚，相隐庇罚同。凡某与某不善，闻于时泰；时泰不善，闻于官。不如约，有罚。”众皆听命惟谨。数年，蠡之乡大治，于是时泰以能击贼名于蠡。

蠡之旁邑有贼不能击，亦皆请时泰，卒以告成。然当事者每击贼，必遣弁及胥役与之俱，时泰负其能，不相让，又性执，与诸人意见多不合，故虽有功不赏。而群盗之归正者，往往得为官，反在官左右时时媒蘖之，于是诸贼闻之，皆相贺。更令其徒侦其数年行事，密以闻，某年月日，竟捕时泰置于狱。时泰已老，自念生平无罪，徒以多击贼得咎，不服，每对簿辄慷慨，以首触地流血，听者以拘牵文法，无所暴白。会赦，时有赵士望者，亦蠡人，甘以身受荼毒，得备言时泰生平击贼状，当事者始心动，事乃解。

范洪震待杜秀才

管江杜秀才之死节也，陆处士宇爆取其遗孤育之。其孤多病，宇爆一日与买药，过范洪震，则问曰：“是何人也，而为之药?”宇爆以告。洪震瞿然起曰：“杜郎耶?其尊公为吾同学，兼以同岁，又同志也。吾于其尊公之死，哭之者几日，时时从湖东来者，问其孤，莫有复者。今乃以买药遇，天也，岂可使丈独为君子乎?”宇爆因言其三丧未举，洪震曰：“不特死者当于我葬，杜郎未娶，我当娶之，有匮乏以告我。”卒为杜氏窆其三丧，而并置墓田以赡之，且助之娶。

席文舆好慈善

席文舆舍人启图，吴县之洞庭东山人。性恬静寡欲，未尝孜孜于钱刀，为俛拾仰取计。惟好行其德于乡里，为慈善事业，宗族亲故之待其举火者若而家，待其资以毕婚丧者若而家。山中细民苦贫，则祁寒施褚衣，炎暑施苎帐，病则予之药，死而无以殓者畀以棺，无以葬者，又广其先德所置义冢至三十余亩。岁值大歉，则出粟周之，多或千余石，少亦不下数百石。而又赎归其子女之被鬻者，收育其婴孺之弃遗于道者，岁所费率逾数千金。

刘义救高新田

刘义，益阳人，高新田之仆也。土寇杨四保聚掠，执新田加刃，义奔救，请代死，贼并释之。

海霞还所盗物

伊阙韩公子，父显宦也，积赀且百万，卒以贪婪为御史所劾罢归，气结死，死时，公子方弱冠也。公子年少慷慨，力行周济任恤之事，义声闻河洛间。一日，客有踵门求见者，衣敝褐袍，曳敝履，而神气洒如，若不自介意者。异之，询来意，以闻声相思告。询族望，曰巨鹿人，王姓，无名字。与之谈，客博甚，口如悬河，古今中外事若无不知者。公子大惊异，推食解衣，留为上客。居月余，谓公子曰："吾初闻公名，以为必有所为也。今睹平日行为，乃乡里善人耳。吾将去矣，拟假十万金壮行色，公子能不吝否?"公子踌躇未应。客笑曰："行矣，吾戏言耳。"遂去，公子不能挽。客出一折扇，曰："蒙厚款，无以为报，留此奉赠。他日君往河北时，如遇急难，持此可免也。"

客去后，公子视扇，则以湘妃竹为之，面书陆桴亭《新蒲绿》词，尾署海霞自题，扇半旧矣。不数日，偶检箧，箧多空，大骇，所失者皆金玉贵品也，约计之，值十万有奇。公子夫人念客言，颇疑之，然无以发也，报官缉捕，寂无影响。于时公子既多挥霍，家事不问，主计者与其仆从悉夤缘吞蚀，不十年，家计殆尽，腴田、甲第皆质于人，宾客僮仆皆散，公子夫妇与子女数人独守老屋，一童子应门而已。

公子有族叔知保定府事，谛（同"审"）公子才，招入署，佐治公事。公子乃寄其妻子于妇家，而独身往北，丁宁家人而别。公子夫人捡点行箧，得客所留扇，忆曩言，即付公子持之。公子在保定经年，叔待之良厚。而已叔殁于官，一子方幼，外惟夫人与少妾，公子乃襄理其家事，扶榇而归。过卫辉，宿逆旅，夕，盗大至，公子本无长物，而叔之宦囊则尽没矣，幸不伤人。众人惊定，相顾叹息，莫能为计。明午，盗忽尽送其物以还，且谢误犯。公子惊异，不知所以然，不敢不受。又明日，更扶柩而南，过太行山下，忽一骑骋而前，挽公子臂曰："识故人否？"公子审视，曩客也，因叙契阔。客邀至山寨一叙，公子以扶柩辞。客出觱篥吹之，四山出人马数百，众人震恐失次，客一挥，人皆趋前拥棺柩及公子一行人登山。公子入盗窟十日，供馈良厚，其叔母等心终惧，公子力求归，客使一骑送下山，所过皆安静，无惊恐。抵家不十日，有送书来者，发之，皆契券也。盖前所售出，客多为赎归，末附一纸，则昔时所取珍品，一一标其价值，以核赎归之产，为价适相当焉。自是复为富人，而周济任恤之事，则行之尤力矣。

顾梦游收宋珏遗文

莆阳宋珏客死而无子，江宁顾梦游走数千里往哭之，收其遗文，乞钱牧斋尚书谦益表其墓。

应潜斋经纪沈朗思丧

仁和沈朗思，名昀，受业刘忠介公门，学以诚敬为宗，适用为主。尝绝粒数日，取阶前马兰草食之。卒时无以为敛，应潜斋为经纪其丧，涕泣不食。或问之，曰："吾不敢轻受赙襚，以玷先生。"潜斋弟子姚敬恒趋问曰："如某，可敛先生乎？"曰："子笃行，殆可也。"

张南士济友之急

余姚魏涝尝以腊月赴杭，方渡西陵，旗兵之戍者剽其装，乃衷衣过蔡子伯。蔡饭之，裹之以越布单衣。时张南士居萧山，涝并过南士，南士脱所衣絮袍衣之，且转贷邻人金为理装。或问子伯，曰："吾亦思有以助之，然念群从，其不能卒岁多矣。且家人雪中皆无兼衣，而以厚所薄，不忍也。"以问南士，曰："友以急投我而我薄视之，则安赖有友者？若夫吾所厚，则生平事也。生平不厚厚，临急而较量及之，徒薄而已。"南士，名彬，山阴人。

冷秋江还人手泽

文与也常以先世手泽湮灭为恨，丹徒冷秋江处士士嵋闻之慨然，出所藏温州待诏《三桥湖州》三世墨迹赠之，皆世所重购而不得者也。

周笃谷济人还金

禾中周贫，字笃谷。隐于市，性慷慨，人有匮乏，辄倾肆中钱米给之。采石估贩米八百斛，得值千金，贮周笥。估独往硖石，中道死，周具以殓之，且作手书召其子至，出金还之。

郭允观受老生之托

海州有老生，与山阳郭允观同姓，以避乱，携妾侨山阳。有子八龄而病困，妾苦嚔（同"啼"），虑无以送死存孤。老生曰："闻此间有郭海若者，义士也。"亟往请，曰："身后欲以累公。"允观曰："所托不敢辞。然当归谋所以安公妾者，乃惟命耳。"遂去。旦日复往，告之曰："君可瞑矣。吾辟舍旁一室，以闭置公妾，虽盛暑，不得出，吾令人穴其窗，度可馈食，且有一老妪与起居。公八岁孤儿，吾教之，不令绝公家之读书种子也。区区衾敛，更不足计，何如？"老生遂卒。允观为殡葬如礼，迎其寡妾孤儿于家，馆饩之，久而不厌。

孤儿年十八，补海州诸生，于是其妾已闭置十年矣。乃破户出之，俾与俱去，语孤儿曰："吾幸不负若翁垂死之托。吾家贫，本不足以赡若母子，顾义不得辞耳。今若长，宜自养母而归守先人庐墓，吾又为若营馆谷，不忧无以为生也。”孤儿与其母感泣，乃谢去。允观，字海若，诸生。授徒自给，弟子多至数百人。

王武不自爱其力

长洲王武，字勤中，诸生。善绘花卉翎毛，远师赵昌、边鸾，近法陈淳、陆治。而生平慷慨赴义，家中落，与人交，不设城府，所遇无贵贱长少，率委曲相款洽。居平善病，晚岁病屡发，不复多作画。然友有贫乏者，辄强之使作，以鬻于人，王欣然执笔，曰：“愿以佐吾子晨夕需。”族父年老，有女孙不能嫁，复力疾为作数幅，俾鬻以治奁。客有以病谏者，则曰：“吾财不足而力有余，敢自爱耶?”

汤光启为友忘身

长洲汤光启，字式九，王武之弟子也。光启写生尽得其传，而好义亦复相似。遇友朋急难，辄慷慨赴之，几欲忘其身。晚岁家产荡然，藉笔耕餬口，三旬九食不悔也。

吴庆百为友具含赙

鄞县周容、太仓王昊客死京师，吴麓祥质衣为具含赙，视白旐即路乃返。吴，字庆百，钱塘人。

陆际明哭祭姚奇胤

姚进士奇胤幼尝与仁和陆际明教授同研席，相契，申之以婚姻，愿以女为其仲子妇。未几，姚殉岭南之难，尽室歼焉，陆具要绖哭诸寝门之外。岁时伏腊，必招魂以祭之。

陆际明经纪王于一丧

南昌王于一尝客杭州，某年，疽发于项，喘喘然将死。拏一小艇访宋荔裳于塘栖，与之诀曰：“余不幸遘虐疾，而吾子且有家祸，命也，奈何？然吾死，则委骨于陆氏，子如不讳，亦有如斯人可托七尺之孤者乎？”因相对哽咽，不能一语而别。甫食顷，缇骑骤至，宋仓皇就逮，不复知于一消息矣。及宋事解，再过钱塘，则于一前死已四年，诸孤偕苍头载其棺归江西。问谁为经纪其丧者，则陆际明教授也。

朱璧欲保张苍水母子

康熙初，鄞张煌言解军后，将以悬岙为首阳，议者谓其不死必复逞，购之急，有司乃系累其妻子族属以待。及被故校所执，遂赋绝命词，挺立受刑死。时杭有朱孝廉璧者，投状有司，请以百口保其母子，不得。

煌言，字符著，世称苍水先生。明末南京之败，与同郡钱肃乐等倡义奉鲁王监国，以佥都御史监张名振军，屡抗王师。舟山破，鲁王入闽依郑成功。苍水劝成功取南京，自崇明入江，所向克捷。苍水先移师上游，直取九江，成功自镇江败退，事遂不成。

史丙藏张苍水诗文

张苍水被执登舟，中夜，防卒史丙坐篷下唱《苏武牧羊》曲，张披衣起，扣舷和之，且酌以酒劳之曰：“尔亦有心人也。吾志已定，尔无虑。”张之诗文集如《奇零草》《水槎集》《北征录》《采薇吟》，皆丙所藏。或有从而购之者，丙曰：“公之真迹，吾日夕焚香拜之，安得付子！”

郭宁玉任改折事

康熙乙巳，广济旱蝗，郭宁玉愀然曰：“邑人惫矣。”乃襆被西征，独任改折事。先是，改折费岁以千金计，是岁才三百金，而檄已下。至武昌，念邻邑所在报灾，广济独否，遂与司吏约，乞例蠲，而徐令补详。蠲下，邑人欢呼庆更生，而郭乃出其橐中数十金以偿司吏。口不言，尝自号“粥粥”，盖谦让其天性也。

徐太君命子还妾

郭宁玉之母徐太君有贤称。康熙辛亥，宁玉会往浔阳，置侧室，女入门，色酸楚。徐心动，询之，有前夫在。急呼宁玉立堂下，泣涕而言曰："儿误矣！儿误矣！"立遣之去。宁玉长跪曰："诺。"时旱甚，宁玉访寻其夫，还券，出廪粟，买舟载之以归。当是时，浔阳人籍籍贤郭母不容口。厥后，宁玉更置一侧室，而生齿蕃息，至七子而犹未艾，孙且绳绳焉。

郑成仙修桥

郑成仙，歙之杨冲人。以织箕为业，质坚而价不二，近村数十里争购之。箕敝，皆卧舂以待。少壮时，尝值风雨过坤沙前磵，小桥木腐，蹶而危者再。忽仰天自矢，曰："吾有生之日，当积箕为石，以缮此桥。"闻者皆笑之。自是得钱，稍易银，即贮之于小瓦缾，閟土锉下，其妇与子皆不识也。锉少溢，或为邻人所贷，或閟处偶泄，伺者窃去。凡三散而三蓄，志愈坚，家人藜藿不给，弗恤也。久之，艺售而贫窭如故，人窃疑之。

康熙丁未，郑年七十余。一日，忽呼诸邻叟至室，曰："吾足趼而背伛，夙愿不酬，桥与身俱逝矣。吾初愿尚不止此。"倾缾而出，灿若繁星，合计之，得金二镒，即日鸠工采石。其妇与子皆敝衣椎髻，环立瞪目，作悔恨声。曩之笑者忽敛容惊愕曰："叟果至是耶？"遂相与诹吉经始，稚者负锸，壮者肩石，挥汗趋役，穷日不休。未匝月，工毕举，奠危以宁，其道如砥，乃大具牲醴，率邻叟以侑神焉。

吴三桂待故人

平西王吴三桂，明之武举也，出江南某巨公之门。某殁，其子奉母以居，贫无以供菽水。一日，于故书堆得武乡试录一册，见吴名，始悟出父门下。时吴镇云南，方贵盛，欲往谒之，以告母，母初不可，既而贫困日甚，乃许之，鬻田质簪珥，治装以行。比至滇，旁皇歧路，不克自达，卖字市中，聊给朝夕。忽遇藩下护卫，询其本贯，知为江南士人，邀致家塾。既半载，宾主颇洽，因从容言："欲一见王，可乎？"询其求见之故，乃为叙述师友渊源，护卫诺之。一日，吴大会僚佐，酒阑，盛言少年时起家科目，夸示座客。护卫适侍侧，即跪启曰："王当日出江南某巨公门乎？"吴惊曰："然，汝安得知此？"护卫曰："某有子贫困，万里上谒至此，无由自通，今寄食某所，故知之耳。"吴大喜，立召之，使预宾筵为重客，留府第数月。某以母老告归，吴又大集宾僚，为之祖道，赠以二万金，别扃鐍一箧使为母寿，皆珠宝也。某归江南，遂为富人。

李玉峰以子赠孙书台

长洲李玉峰封翁文科有二子，曰劢，曰勷，皆幼慧，读书于玄妙观。会德州孙书台罢长洲令居吴，见勷，器之，曰："是儿不凡。"谓玉峰曰："君多男，吾子年逾壮，无所出，曷以是儿为吾嗣孙？君生之，我成之，不亦可乎？"书台，廉吏也，有善政于吴，玉峰不忍终拒，许之。惟念子幼稚，乃携其家至安德，时康熙丁未也。

王仁纲以请均税受刑

王仁纲，衡阳人，诸生。勇于为义。县田税自明万历中，每石粮增税三升六合，号曰"加秋"，康熙初，虚报垦荒，科粮千四百余石，计见田增入之，号曰"倍额粮"，民困甚。仁纲讼之院司，请荒熟并丈，计亩均其税，巡抚同安深韪之，切责道府行其议。官吏憾仁纲，欲坐以生员言事律，置之死。按察使拘仁纲，仁纲不屈，方加刑，急呼天称枉。忽大声若雷，震几案尽碎，惧而止，遂得请通丈。赵恭毅公申乔造鱼鳞册，自仁纲发之也。

王文简夫人有侠性

王文简公士桢（祯）之妻张夫人，贤耦也，有侠性。闽人许珌以会试入京师，道出邗江，金尽告急，王无以应，有忧色，夫人遂脱跳脱于腕。徐夜者，字东痴，隐居东皋郑潢河上，贫且老，虽冻饿不以干人。会大风雪，夫人出絮帛谓王曰："君得毋念徐先生寒乎？曷以遗之？"

朱之锡遣婢

朱之锡，字梅麓，曾因事遣婢，其帖云："前送回张氏女子，原无大过，只是娃子气，好言教导，不甚知省。诚恐声色相加，流入婢子一类，所以量给衣饰，还其父母。初时原是待年，五六日后便有遣归之意，故自后并无半语谐谑，犹然处子也。足下可将此女完璧归赵，一段缘由，向其父母、中媒昌言明白，以便此女将来易于择婿也。"

王介人遣还有夫妇

嘉兴王介人，名翃，与郡司李严正矩善。王无子，严赠之妾。妾故有夫，为乱兵驱散，后访至王所，王哀之，立还之其夫。

曹本荣为谭凤祯治丧

曹本荣尝官国子监司业，黄冈人。有同年谭凤祯殁于京师，为之治丧，其妾生子，令室中婢乳之。后成立，魏敏果公象枢为赋《古人交行》。

冯云生赴人之急

德州冯云生孝廉沛素重意气，赴人之急如其私。其姊夫尝为里人仇陷，慷慨白有司，得解，仇遂并螫云生。事已，乃杜门谢交，日为子弟授《周易》《孝经》以自娱。

傅青主哭张际

平定张际，明遗民也，以不谨得疾死。傅青主抚其尸哭之，曰："今世之醇酒妇人以求必死者，有几人哉？呜呼张生！是与沙场之痛等也。"又自叹曰："弯强跃骏之骨，而以占毕朽之，是则埋吾血千年而碧不可灭者矣。"

郑志上斥财

歙人郑明允，字志上。尝与其戚某同贾吴下，某大失利，号哭不欲生。志上曰："尔困矣，予空手归，尚能粗给衣食。"发橐中金悉赠之。志上有族子，以事缢于客舍，同舍者惧累，悉避去。适夜至，骇曰："舍空鼠暴，可若何？"秉烛坐尸傍，达曙白于官，出私财殓焉。淮北友人某以豪侠荡其赀，困甚，至淮北，志上恻然，倾囊助之。

年羹尧幼时焚屋券

大将军年羹尧家赀巨万，父遐龄长于心计，持筹握算，纤屑靡遗，羹尧颇不善之。十二岁，自塾逃学归，散步郊原，见一老妪倚树根坐而哭，目尽肿。询所苦，妪乃曰："所居离年家仅十数武，老而寡。有子四人，皆浮薄，不治家人生产业，日与里中无赖博。博屡负，鬻所居屋偿之，已署券矣。屋主促让屋，无宁晷。让屋不难，如无家何？"羹尧恻然。问屋主为谁，即羹尧之父也。羹尧大喜曰："子无虑，屋主即我父，容归谋之，必有以处子。"因挟妪归，白于父，请返其券，父有难色。羹尧索券于母，取火焚之，令妪跪谢父，即挥之去，父亦无如之何也。

李恒岳资助郭琇

康熙朝，左都御史郭琇以荐起，自度俸糈不足自给，不欲出。有李恒岳者，郭之妻兄弟也，问之曰："子在京师，日费几何？"曰："得一金足矣。"恒岳曰："子果出而有济于世，吾能任之。"郭遂行。终郭在官，无内顾忧者，恒岳力也。

叶秋老哺主子

叶秋老，萍乡孙大猷仆也。大猷故贫士，复多疾，居室破陋，不蔽风雨，日两餐，胥出其力，无怨辞。某岁疫，大猷夫妇相继死，为力营其丧。遗孤儿数月，需乳，叶妻适产，令同哺之。未几，妻又死，乃向邻妇丐乳，先饱孙子而后及己子，己子以饥死，弗惜也。邻妇厌其频，靳勿与，叶窘，饲以糕糜，孙子苦噎不能下，夜啼达旦。叶益无措，姑以己乳塞儿口，啼顿止，听之，嚅哜有声，探之，乳出矣，大惊，继念为天佑，转喜。遂自乳之，儿遂赖以长成。

周栎园葬赵十五陈叔度

周栎园在闽，有赵十五、陈叔度者，皆工诗，没不能葬。周出俸金葬之西郊，题曰："诗人赵十五陈叔度墓。"

赵恭毅为古谊之士

赵恭毅公申乔登第后，以古道自居，人厌之，托疾归。会买妾，其家故宦族女，以负债卖之。赵知之，慨然曰："吾奈何乘人之急以污其节？冯商之举，不可继乎！"立送女归。圣祖知之，曰："此古谊之士也。"

邹飞虎脱汤公子于囚

通州汤公子豪侠自喜，结交当世知名士。康熙时，庄氏私史祸发，怨家因以讦公子。当道穷治，家破，婢仆星散，所亲莫敢问。夫人闻家族给配披甲之耗，夜抱幼女投井，九岁子亦憔悴死。公子入狱，自分必死，心夷然。

同系有一囚，短发鬅鬙，高颧突颡，面黑而黝，虬筋结体，狱吏伺之谨。公子初至，囚颇侵之，公子不怯亦不怒，囚大叹服，久之竟彼此无间。乃知囚固燕山大盗也，号飞虎，劫案半天下，平时吏莫能捕。后乃侦知其母在江南，执以下狱，将杀之，飞虎乃诣官自陈，以释其母。公子亦夙闻其名也。狱中飞虎之徒党犹时相往来，狱吏畏其势，贪其贿，弗禁也。一日，又有人访飞虎，人去，飞虎以家事告。公子痛哭曰："尽矣，奈何?"时公子已自诬服，案且定，刑有日。飞虎忽谓公子曰："吾向者不能为君援手，以吾弟未至故。今旦晚且至，当可相救。"公子涕泣曰："覆巢之下无完卵，孑然一身，生亦何聊？不愿救也。"飞虎曰："不然，今一家血胤，系于君身，君若死，是绝嗣也。必及吾弟之来也而谋之。"

越一日，有少年至，短小精悍，见飞虎，语刺刺不休，多廋辞，公子莫解。飞虎曰："是吾弟也。"公子在囚中，夜恒危坐不成眠，是夜忽闻有香一缕，若因风飘至者，氤氲馥郁，令人意释。公子觉倦，顾禁卒及诸囚，亦欠伸不已，须臾悉入黑甜矣。公子既醒，忽见日光一片，直照己身。此日光者，自入狱以来，数月所未得见也。大讶，视己身，乃在小室中之木榻，无复桎梏囹圄矣。旋闻橹声咿哑，始悟身在舟中。略一转侧，则一人趋入，少年也，顾公子曰："君醉醒耶？昨日劝少饮一杯，我言如何者？遽烂醉如此。今日逾午，舟过狼山矣。"且语且示以目，公子亦佯与应答。舟人进汤沐，公子披衣起，听同舟人谈话，则一舟人皆估客也。少年亦自称为金姓，适贩夏布于江右，而称公子为伙友。行数日，抵苏，有小舟来迎，少年将公子登小舟，直趣太湖。舟行多僻港小汊，与官河不相接。时一泊村镇，闻人言纷纷，通州出巨案，钦犯被劫矣，公子心悚栗不自安。

久之，公子望见十里外青山叠叠如屏障，俄而愈近，则于山坳见阡陌蜿蜒，茅屋相比。少年亟引公子登岸，行数十武，有瓦屋数椽，公子入，则飞虎已迎于堂，指少年曰："此吾弟，名海鹏。”问得脱之因，则少年当夜先掣州守印置其夫人镜奁上，下压一纸曰：“劫狱者，邹飞虎也。今告汝，慎汝头。”乃入狱脱公子。州官晨起，见印及字，大惊，复闻公子被劫，益惶惑不知所为。疑狱中所系非其人，吏胥得飞虎金，亦为左右之，遂释之出。公子舟行凡五日，飞虎被释才三日，竟先至。

自是公子遂居山中，然每念家室流离，辄欷歔涕下。飞虎兄弟日从公子闲谈，皆江湖豪侠事，公子亦藉以自遣。有时闻后堂琴声悠扬飘渺，一往三复，公子听之，知为妇人，初不之问。相习既久，偶为飞虎言之。飞虎顾左右，左右趋入，须臾，珠帘高卷，有少妇练衣素裙，微步姗姗而来，一雏婢可十三四，抱琴立其后。飞虎曰：“此吾甥女银荷也，生十九年矣。曾嫁杭州某生，不幸见弃，其父母俱亡，憔悴万状，吾故迎之以归。”因顾女曰：“此尊客，不必避，客悦琴声，盍为一奏！”公子敛容起谢。妇纤指微拂，悲怆伊戾之声，顿从弦起，曲未及终，公子泪下。琴阕，飞虎顾公子曰：“亦有意乎？”公子仓猝不能答。飞虎笑曰：“我知之，君诺矣。”是夜遂成礼。

明旦，飞虎谓公子曰：“君文人，绿林中可暂居，不可久。吾数年奔波各地，为此女谋快婿，不图于缧绁遇君。今获所天，君亦有室，两人事完矣，舟在山下，便可成行。”公子茫茫然不知所之，妇阴目公子，令应之。乃登小船出海门，易大艑，竟飘洋去。飞虎故有商馆在南洋爪哇岛，舟抵岸，则商伙引领以待。出飞虎函，言此馆为甥女奁赠，自是公子遂居于岛。

胡穆孟代沈廷栋死

康熙甲寅，靖南王耿精忠反，征武科之举人、进士以为车骑、骁骑诸常侍。闽人胡穆孟者，武进士，且将门子也，亦被征，独坚辞伪命，逃之连江沈廷栋家。廷栋房师某为县令，某以事至省，廷栋具书币修候。已缄未发也，穆孟窃视其书，备言靖藩举动乖乱，人心不属，难成大事。骇曰：“此何等语，可形之笔札耶？往必获咎。”因取书润色之，使隐约其词，自为更书，入故缄，而廷栋未之知也。以付使者，至城下，为门者所诘，索得书，涉诽谤，发书刑曹，逮廷栋穷治，伏辜，论死。

穆孟闻之，直奔还，谋诸妇王氏曰：“沈七罪固当，然母老妻艾，且未有后，若敖之痛可念，奈何？”王曰：“沈母春秋高，见爱子受戮，必无生理；其妻寡无依，亦必偕亡，是沈君一人死而三人俱死也。君素善沈君，讵可坐视？”穆孟曰：“然。今惟吾可出代沈君死，但未知卿意如何耳。”王曰：“杀身取义，烈丈夫事也。君为奇男子，妾甘为愚妇乎？君忠臣之胄，膝下有呱呱者，天道不远，必不使胡氏无后，孰与沈君有灭族之惨耶？君勉之，毋以妾为念也。顾计将安出？”穆孟因语之故，即赴刑曹，具状自伏。刑曹疑之，召廷栋与质，廷栋实不知易书之由，争死甚力。穆孟曰：“书实吾所为，此易辨耳。今第使两人各具书，书迹同者坐，复何辞？”刑曹然之。使书，果穆孟手笔，乃释廷栋而辟穆孟。论决之日，王氏设奠西市，哭尽哀，取其首缝之，具衣以敛。且市两棺，属其子于廷栋与穆孟之弟，令抚视之，而自缢于尸侧。

石天际为国为民

三藩反，军书旁午，诛求无艺，守土者皆不得其人，乘隙搜民财不已。湘潭石天际大愤，策单骑诣阙上书，讼诸守土者。当天子意，谕曰：“此秀才之为国为民者也，许乘传归籍，听勘，所历地方，毋得凌虐。勘后，诸不法者处分有差。”

胡梦豸自承杀贼

胡梦豸，字去邪，先世上虞人，迁江都。康熙甲寅，梦豸年二十二岁，随父归越省墓。父过市，遇山贼劫民财，瞋其不义，贼怒，将刃之。梦豸从后奔至击贼，仆之，市民群起殴杀贼。贼众大至，欲屠其里，梦豸曰：“不可以我故危一乡也。”入贼寨，独承之，遂被杀。

诸兆元从马文毅地下

诸老道者，马文毅公雄镇之仆也，名兆元，句容人。老而蔬食，喜佞佛，故称“老道”。文毅抚桂林，遭吴世琮之变，被拘四年，抗节不屈而死。方贼遣骑收文毅时，并缚诸仆，及老道，贼以其老，纵之去。老道大呼曰：“吾得从主人地下，甚幸！岂效鼠辈叛主，苟图富贵，以贻千古骂名耶？”奋然随文毅行。文毅箕踞大骂，老道亦詢（同“诟”）骂不绝口，文毅遇害，贼亦竟杀老道。

黄珠为人报父仇

九江铁工黄珠设肆于市，为人讷而钝。李某，其邻也，授徒为活。每晨起，李授经，黄则执锤，诵读声与锻冶声相应和也。李家与黄隔一壁，壁以板为之，入夜，生徒皆去，黄灯下操作，灯光自壁隙中入李室，缕缕如线。李年三十余矣，无父母，无妻子，终岁不出门，亦无交游。一夕夜半，李忽抚案哭，声凄而烈，隙窥之，炉中香一缕，犹袅袅上升也。明日以哭故问李，李漫应曰：“魇耳。”黄遂不复言。

李结邻三年，凡数哭，黄窥之已审，乃谓李曰：“君必有故，盍告我？”李度不能隐，即曰：“吾父忌日耳。”黄曰：“信耶？”曰：“信。”黄曰：“不翅此，君父之没，病耶，抑有故耶？”李不语，而目中泪乃如泉下，几放声矣。黄笑曰：“子毋然，仆虽无能，或可为君效也。”李耳语以故。盖李家本小康，父在日为乡董，以严正为匪人所恨。县令周某得流盗，盗承李家为赃窝，令因以求贿，不得，乃刑讯，殪之。李城居，求报复，数年不得间。而县令秩满矣，踪之，则又任要差，累讼皆不得直。黄闻言，若不经意者，曰：“君为此耶？力不能报，当为后图耳，何戚戚为？”遂去，自是不更与李交言。又数月，黄忽称折阅，收店自去，不知所之。李闻令当以某日陆行入省谒上官，道经某岭，乃挟刃往，潜要之，伏空山中数日，令竟不出。一日薄暮，忽有人手一布包过前，徘徊若有所觅，视之，黄也，遽出。黄喜曰："君在此耶？吾固疑君当在此，今果然矣。"出布包，赫然令首也。问何以得此，黄曰："自别君后，去为舆夫。昨令度岭，吾舆之以行，故迟之。及绝险处，天已昏矣，遽释手，渠乃颠于崖下，四肢皆折。其家人俯视万仞，不识道，莫能谁何。吾乃从绝壁挂藤萝而下，因刎之以来。"李大喜，即山僻处撮土为香，陈头于前，遥祭其父。复抽刃乱斫，糜而杂土棘瘗之。与黄俱去，南至闽，黄仍以冶铁为业，李则卖字为活。阅数年，事寝，乃相与返里。

寻海疆有兵事，黄入伍，积功至游击，李如故，乃招致幕中，任以书记。一日，有谒黄者，当日共为舆夫者也。知黄得势，特挟前事要索，且云令之弟今为贵官，若不允，当以告。李闻之曰："我奈何以己事累人耶？"趋出，力为周旋，并留与共宿。夜半手刃之，提头自首，言以仇故。黄方为之营救，李已自刎死。

张南士送戍友

康熙癸卯，海上大狱起，归安魏耕走萧山，复走梅市。大将军刊章遮捕之，获耕，兼逮萧山、梅市之藏耕者，以银铛鏁（古同"锁"）李达、杨迁及祁忠敏公次子班孙，家人莫敢问。张南士挺身走三家，为经纪其事。县官遣伍伯戍守，而南士时时渡江往来狱中，狱吏怪之，执以告提刑。提刑大惊，初以为异姓非家人，窥探资给，拟坐，既而察其无故，慰遣之。及耕伏法，南士阴匄之钱塘孙治收其尸，而班孙、达、迁并徙塞外。点解时，多一人，则南士也。解官斥之曰："汝欲偕往耶？"曰："当魏耕逃时，亦思至某家，而徒以舟楫未便故，某幸免。今某不忍三人者独行，欲送之过河，而执事以为欲偕往，吾岂畏往者耶？"解官义之，劝之返，乃嚎咷牵衣而别。

张南士携毛大可归

萧山毛大可为怨家所陷，以杀人律负死罪在逮，出走十五年，中道遇赦，潜归。将抵家，而怨家迹之，张南士自饰为舟子，待之白鱼潭而藏于家。越一年，远近多有知之者，乃徙之南山之大衣寺，出入瞭视。每以大可茹蔬久，私市肉炙之，捣鱼虾杂菜而合之为菹，日捧餢以进，如家人。顾终以暴露徙去。康熙乙卯，南士过禾中，闻大可在汝宁金使君署，念甚，遂独身襆被，涉江溯淮，由颍亳而西，直趋汝宁。遇于城南之蒋亭，相抱痛哭，言国家屡有赦，籍簿已灭，怨家亦散亡略尽，黄门姜君为君雪其事，可还矣。遂大游淮蔡十日，携大可以归。

唐叔达赠人言

嘉定侯广成峒曾举进士归，其父欲令谒唐叔达，而适晤叔达于友人所，与言之。叔达曰："勿遽来，不佞叨居父执，相见时，宜有言为赠，当预思所以训戒之者。"又太仓、太原王氏，亦叔达之世交也。当烟客奉常官京师日，叔达过其家，诸公子迎之入，至厅事，南向坐，诸公子设红氍毹拜之，不为动。拜毕，摩诸公子首曰："汝父远宦京师，好自读书勉之。"诸公子侍立唯诺，叔达乃徐徐曳杖而起。

某奴经纪索额图丧

索额图性贪，属吏多以贿进。然有谋略，三藩叛时，料理军书，调度将帅，皆中肯要。吴三桂密遣人刺之，索方秉烛治军书，瞥见一修髯伟貌者立其旁，问曰："汝得非吴王刺客乎？"客长跪俯首。索曰："然则取吾头？"客曰："若果害公，早取公首去，不待公命也。吾至良久，见公批示军机，咸如亲见，料理军书，竟夕不寐，诚良相也。某虽愚，岂敢刺良相？"因反接请死。索笑，挥之去。次日，投邸为奴，执役甚恭，驱使无不如意。后索下狱，某潜入狱馈饮食。及伏法，经纪其丧事毕，痛哭而去，不知所终。

李因笃解顾亭林狱

顾亭林于明亡后，尝数至江宁，五谒孝陵，乃东行，垦田于章丘之长白山下以自给。顺治戊戌，遍游北畿，出山海关，归至昌平，谒长陵以下，次年再谒。又念江南山水有未尽者，复归，六谒孝陵，东游至会稽。次年复北，谒思陵，由太原、大同入关中至榆林。是岁庄氏史祸作，幸得脱。康熙甲辰，四谒思陵，而垦田于雁门之北、五台之东。

初，亭林之居东也，以地湿，不欲久留，每言马伏波田畴，皆从塞上立业，欲居代北。尝曰："使我泽中有牛羊千，江南不足怀也。"然又苦其地寒，乃经营创始，使门人辈司之，而身出游。丁未，之淮上，次年，自山东入京师。即墨黄培，有奴告其主所作诗者，多株连，复以江南陈济生所辑《忠义录》指为亭林作，首之，书中有名者三百余人。亭林闻之，驰赴山东，自请勘。讼系数月，富平李因笃亲至历下解之，狱白。复如京师，五谒思陵。自是往还河北诸边塞者凡十年，丁巳，六谒思陵，乃卜居陕之华阴。

始亭林遍观四方，心耿未下，谓秦人慕经学，重处士，持清议，实他省所无。而华阴绾毂关河之口，虽足不出户而能见天下之人，闻天下之事，有警入山守险，仅十里之遥，若志在四方，则一出关门，亦有建瓴之便，乃定居焉。

徐大文经纪友丧

海宁徐大文，名林鸿，笃友谊。永嘉县令汉阳王世显去官，留杭州，处士南昌王猷定游杭，寓西湖昭庆寺，先后客死，大文皆为之视含敛，送其柩至江浦乃还。康熙己未，以应宏博试入都，而太仓征士王昊、慈溪处士周容卒于京，亦为经纪后事，收其文集，以俟奔丧者来乃付之。

李苑芝出火中男妇

李苑芝，鹤山人，豪侠有勇略。时天下多故，苑芝破千金产募壮士卫乡里。康熙庚申，贼围径口塞，将纵火，陈桐迁急召苑芝。苑芝至，大呼曰：“八老在，敢尔?”八老，苑芝号也。贼相顾引退。楼中火起，苑芝自火中出男妇十许人，复上马追贼，斩十余级。贼转斗不胜，伏炮草中，炮发，苑芝死，自是贼无有敢犯径口者。

申自然为友死

申自然，松江人也。尝为明博士弟子，丰于财。明亡，弃制举业，散家财结客，欲有所为。未发，谋泄，有司捕得之，同坐者六七百人，皆论斩。自然已押赴西市矣，忽有从众中易之者，虽自然亦不自知其故也，于是得逸去。既亡，抵家，而其家人有七十二人，以自然为必死，皆先期缢死。自然之妻孕，既悬于梁而胎殒，犬守之，邻人之犬欲噉其胎者，守犬辄斗杀之。凡杀犬者四，而此犬之力竭，亦死于旁。

自然既坐法亡匿，家人又尽死，乃孑身走天下。然善画，以画餬其口，亦足自给。转徙至沛县。会宜兴陈昭大之叔任沛县教谕，昭大从焉。一日，见自然之画于准提庵壁间，昭大善之，叩之庵僧，而识自然。时昭大病气逆，已坐定而疾作，自然进药于昭大，服之愈。昭大德之，归谋于叔，将授自然馆。自然曰：“吾与友十二人，俱不可以俱止，吾将以画售其直，给十二人装，然后从陈子游。”约定即去。去逾月，复诣昭大曰：“彼十二人者，吾悉遣之矣。”昭大客之，几逾年，未尝一言其事。然性嗜酒，饮必极醉，醉则歌呼之声不绝，至学为犬吠而后已。昭大怪之，间一询之，不答。至逾年，而后泫然告昭大曰：“往者吾妇死于缢而胎陨，邻人之犬争噉之者，吾之犬辄杀之，凡杀四犬而吾之犬亦死。吾每念之痛心，故醉而为犬吠也。吾家贵贱七十二人，无一生者。吾尝赴西市矣，忽有易我于众中，而吾不知脱我于死者之为谁也。吾于明时为博士弟子，丰于财，不忍故主之亡，破产结客，今家破身亡，终不悔。吾名自然，则自然之，不必叩吾之名若讳也。吾为松人，则松人之，不必悉吾之里邑也。"

会昭大以其叔之吏事之淮安，自然有故友居山东，招自然去，不及与昭大别，遗书昭大曰："吾年已六十余，吾家已无人，吾亦无能为矣。吾卖画得二百金，当之宜兴，就君居以终老。"昭大志之。后一年，昭大之叔罢官归，昭大亦去沛还于宜。后二年，自然自杭城又贻昭大书曰："吾之友陷大狱，得三千金可免死。吾卖画于杭城，几得半矣。将之金陵，脱吾友于狱，则还就予以遂终老约。"昭大又志之。久之，闻自然所谋脱狱者竟论死，已行刑，自然亦于是日扼腕死。

刘公望解橐焚券

楚客郑某拥重赀，遇劫盗，一空所积，饥寒不能自活。南昌刘公望处士斯吕，解橐出三十金为行李费，送之还家。公望又尝以重价购一仆，越旬余，见其泪痕被面，详诘所苦，乃知其为人所掠卖者。立焚券，访其住址所在，使人送还其父母。

刘古塘周人之急

遂宁张文端公鹏翮督学江南，招刘古塘入使院。及归，解装得数百金，族姻故旧环至，视其所急而分给之，随手尽。俄而屡空，日旰不得食，宴如也。

郭节斥财

康熙时，万安郭节以善酿致富。平生不欺人，人或遣僮婢行沽，必问能饮否，量酌之，曰："毋盗瓶中酒，受主人笞也。"或以倾跌破瓶缶，辄家取瓶，更注酒，使持以归，由是远近称长者。里有事，醵饮者必会其肆。里中有数聚饮平事不得决者，相对咨嗟，多墨色。节问曰："诸君何为数聚饮平事不得决相咨嗟也？"聚饮者曰："吾侪保甲贷乙金，甲逾期不肯偿，将讼，讼则破家，事连吾侪，数姓人不得休矣。"节曰："数几何？"曰："子母四百金。"节曰："何忧为？"立出四百金为偿之，不责券。乙得金欣然，以为甲终不负己也。四年，甲乃仅偿节以四百金，无子金也。

万安有术者，谈五行，立决人死期，疏先后宜死者凡六人，节与焉。将及期，置酒，召所买田舍主毕至，曰："吾往买若田宅，若心中愿之乎？价得毋不足乎？欲赎者视券价，不足者追偿以金。"又召诸贷者曰："汝贷金若干，子母若干矣，能偿者捐其息。"贫者立券还之，曰："毋使我子孙患苦汝也。"及期，大会戚友，沐浴更衣待死，颜色阳阳如平时。戚友相候视，至夜分乃散去。其后此五人者果各如期死，节更活七年。

张建白斥财

张大纶，字建白，河东人。其待宗族也，黾勉有无，有求必应，偶不继，必百计谋之，以餍其请，有不谅者，且一日数至焉。里中嫁娶不时者，辄相谓曰："姑诣张公，当不令汝终鳏也。"殡葬不给者，辄曰："以告张公，可无忧暴露也。"岁一不稔，则鸠形鹄面者皆曰："张公哺我。"时当冱寒，则鹑衣历落者皆曰："张公燠我。"

汪雨苍救溺人

歙人汪霖，字雨苍。家故饶，业鹾，父殁业败。而喜读书，负大略。尝至杭州，渡钱塘江，潮怒涌，舟没。同舟者夥，乃窜身入巨浪，左右腾跃提掷，尽出溺者，使登岸。

汪雨苍斥财

汪雨苍以鹾业败而家遂中落，又不遇，生产日薄。乃尽倾其资倡族人，取先世之累棺未瘗者，尽葬之如礼，于是洗手赤立，至不给旦夕。一日，妇脱头上簪易斗粟，市人倍与之。汪曰：“误也。”归其赢。冬夜行市中，见裸卧于途而呻吟者，即视之，且毙，急归，持所用衾覆之，家故无余衾也。久之，出为鹾商主计数载，忽散橐中金，为偿诸佣之负主值者，一夕立尽，遂襆被返。

杨寓乾斥财

康熙辛酉、壬戌间，滇乱甫靖，疫盛行，昆明杨寓乾悯之，合药济人，施楄柎无算，家以此落，弗顾也。后家止余古玩数种，有老友病而断炊，假以易薪米，即与之。

杨春华为友自首

杨春华，字友声，山阴安城人，人称之曰安城先生，后改名越。少喜读书，性慷爽，数济人危难。明崇祯末，海内多故，慨然有济世之志，与朱伯虎、吴佩远、魏雪窦游，诸人奴视龌龊士，士亦莫敢近。及伯虎死，佩远入滇，雪窦为怨家所构，谓其与张苍水交通，罪不宥。词连长兴钱允武，允武妻贷千金属春华营救。书为逻者所获，严拷允武，索春华甚急，允武死不承。春华遣人谓之曰：“吾名在牍，讵能免？我出，则君冤自白，毋自苦也。”遂诣狱。狱具，魏、钱坐死，春华流宁古塔。旧例，出塞者例签妻行。或请代于春华妻范氏，范毅然不可，乃相将就道，居塞外数十年，卒于戍所。

吴鸿锡留侍噶尼布

吴鸿锡，字允康，福建晋江人。生七岁而海寇乱，父万佑挟以避，乃居浙江。适兵部车驾司郎中满洲噶尼布奉命来造战舰，延万佑于幕。数月，万佑卒，尼布亦还都，挈鸿锡以返，命其奴仆名忠朴者父之。鸿锡请呼以叔，曰：“父一而已。”尼布大奇之，曰：“七龄儿能辨此耶？”尼布清宦，家渐困，鸿锡亦稍长，助任刍牧，精勤勇猛，刍恒有余，因以易钱，市书册弓矢私习之。又市果酒，就能者质焉。数岁，遂通汉文，精骑射。一日，尼布阅射，方怒拙射者，鸿锡从旁指导。尼布谓："汝能耶？汝手弓。"鸿锡徐进，纵送合法，三发皆中，益奇之。康熙癸亥，鸿锡之从兄云鳞以平台湾功授温州营参将，引见至京，因就尼布乞鸿锡。尼布喜，遽诺之。鸿锡潸然流涕曰："我未可归也。我七岁育于公，今我壮而公老矣，三子始扶携，安所恃？必俟公子成立，我乃可归耳。"尼布闻言，持之大恸，遂不果行。

张翚救法宝

张翚，字羽军，一字采舒，吴县人。工诗善琴，豪于饮，广交游，重然诺，利害无所避。年十八，从其父于京师，闻旗人有法宝者，才而好士，以诗谒之。一见倾倒，宾于家，礼意优渥，往来酬唱者半载。翚父促之归，宝以五百金为赠，翚固辞，曰："大丈夫一日定交，则终身生死以之。彼须金而结者，悠悠世人耳，非所望于公也。"乃挥手而别。宝倚国戚，且数以吟咏傲其侪辈，行事不甚循理，圣祖闻之不悦。宝惧祸，挈妻子奴婢十数人出走，买舟直抵湖广。访其旧友总兵某，而某已殁，惘惘无可依。因念吴中有故人张翚，侠者也，家在虎阜，犹忆曩年分歧之语，投之必见纳，遂泛长江，自毗陵达姑苏。

一日，山塘晓市初罢，翚侍其父酌，忽有叩门者，翚出见，乃宝也。翚延之坐，入告其父曰："法公为我知己，被罪出亡，于国法无赦，留者，罪与之均。今穷而归我，畏法，则执之而首于官，死法公矣。昔孔融藏匿张俭，义声炳于千秋。敢告严君，将背友而保家乎？舍生而取义乎？"翚父张目奋髯曰："北海之母何人，我岂不及一巾帼哉？其留之。"因致诸窟室居焉。

先是，宝出奔时，圣祖震怒，命大索天下。宝寄翚日久，恐事泄累翚，乃与故所善者邹某谋，移无锡之惠山。康熙乙丑，圣祖南巡，宝之仆告宝谋逆，且历指所匿处，乃捕宝，并逮翚。翚为父力辨，得脱罪，辈论斩，减等，流秦。凡官于秦者，高其义，皆愿与交，不以流人目之。为之营居长安市，萧然环堵，花木幽疏。客至，入小楼，辄具尊酒，酒阑，鼓琴一曲，或赋诗四韵，若忘其身在异乡矣。

方来捐金赎奴婢

康熙时，闽乱既平，以事牵逮者，皆没入为奴婢。方来捐金为首倡，俾悉赎还，保聚者数百家。

王宁收吕留良尸

吕留良之难，虽父母妻子无所免。剉尸后，朋友至交不敢收其尸，独有王宁者，留良旧仆也，慨然曰："受恩不报，非人也。"乃尽质其衣服，卖其妻子，欲厚敛之。时人相戒曰："毋然。若然，尔不得其死矣。"宁不顾，乃抱尸痛哭，寻得留良死时衣服为之衣着，欲将尸入棺矣。地甲要宁入官署，宁愤然曰："死且不顾，惟必妥而后从命。"强拽之入，问官拷掠备至，卒无变言。系之狱，以创溃死。留良尸仍露于外，无人肯收之者。吕字晚村，石门人，被文字之祸而身后戮尸者也。

江世鳌代安某偿金

江世鳌在泰伯，泰伯安某逋同行客饼值，请鬻其子以偿。江劝客勿受，而窥客有沮色，遽启箧出金代偿。其父子哭拜路旁，相携去。

江世鳌焚券

江世鳌在梁溪与蔡子尚善。蔡故有所匄贷，算未酬者二金，蔡以繇单一纸抵补。江遽起，焚其折阅之券谢曰："繇单，无锡蓄田者所重，且君所欠有几，而置喙及此乎?"遂掉臂去。

李振阳焚券

商丘李振阳，名生春。重义轻财，为乡里所推重。或售宅与振阳，质剂既立，予之直矣，乃不责以移居。逮数岁，闻其家有阋墙之变，察知其以移居故，乃置酒，召其兄弟曰："野人幸有数椽庇风雨，忍使同气异宫而居乎?"因折其券弃之，曰："汝兄弟其终有此，毫末之直，聊供伯仲用耳，不必偿也。"

李振阳弃货值

李振阳尝贾于嘉善，有负其货值至数百缗者，计无以偿，谋鬻其子及其妇以办。遽止之曰："奈何以抵债伤父子恩？不可。"其人泫然而谢曰："公德我良厚，无以报，即令彼两人者来给事于家，愿终其身。"则曰："欲完人骨肉而自有之，是阳为义而阴为利也，岂忍出此?"挥之去，不顾。

顾贞观救吴兆骞

无锡顾贞观与吴江吴兆骞，以文章齐名当世，相友善。吴中顺天乡试南元，会是科为言者所纠，特旨通榜殿廷覆试，吴因病曳白除名，遣戍塞外。时顾亦客京师，临歧，执手泣曰："汉槎往矣。子年方三十，幸而至五十不死，则此二十年中，吾必捐踵顶救吾汉槎也。"

顾以工填词，与明珠子侍卫成德订交，遂客明家。一日，念吴不已，谱《金缕曲》二阕以代札。其一云："季子平安否？便归来、平生万事，那堪回首。行路悠悠谁慰藉，母老家贫子幼。记不起、从前杯酒。魑魅搏人应见惯，总输他覆雨翻云手。冰与雪，周旋久。　泪痕莫滴牛衣透。数天涯、依然骨肉，几家能够。比似红颜多薄命，更不如今还有。只绝塞、苦寒难受。廿载包胥成一诺，盼乌头马角终相救。置此札，兄怀袖?"其二云："我亦飘零久。十年来、深恩负尽，死生师友。夙昔齐名非忝窃，只看杜陵穷叟。曾不减、夜郎僝僽。薄命长辞知己别，问人生到此凄凉否？千万恨，为兄剖。　兄生辛未吾丁丑。共些时、冰霜摧折，早衰蒲柳。词赋而今须少作，留取心魂相守。但愿得、河清人寿。归日急翻行戍稿，把空名料理传身后。言不尽，观顿首？”成德，字容若，后改名性德。

缄书既发，置其草于几，成见之，叹曰：“此河梁生别诗也，弟当成先生之志。”言于父，力求为吴地道。明曰：“汝明日邀顾至内斋，吾亲与言之。”越日，顾入见，明笑语顾曰：“吴素负才名，又与先生莫逆，老夫愿一效棉薄。但先生素不饮酒，今日能为君友饮乎？”且笑且举杯以进。顾立尽其器。明复笑曰：“先生南人，不肯效吾旗俗请安。今日更能为君友请安者，老夫必有以报命。”顾径前请安，不稍逡巡。明改容谢曰：“老夫聊相戏耳，不图先生血性热肠一至于此，请放怀以待。”未几，吴果以明力，得赐环归，归固不知其情，顾亦不言也。二人后以小隙失睦，绝往来，而吴诋顾尤甚。明知之，亟具酒召吴。吴至，即前日见顾之内斋也，榜其左楹曰：“顾某为吴某饮酒处。”榜其右楹曰：“顾某为吴某屈膝处。”吴见之大愕，及询得实，请顾相见，长跪言曰：“生死肉骨之恩，而以口舌之争辜之，兆骞非人类矣。”乃大哭。明命进酒以饮二人，二人之交谊自此益密。

姜桐音为友赎子女

会稽姜桐音，名廷梧。历世仕宦，家贫无赢笥，然性慷慨，喜急人之急。山阴徐伯调家被贼，贼质其子女而要之赎。徐不能，姜卸妇头上饰物以赎之。伯调，名缄。

顾与治待友

丹徒姜子翥，名鹤侪。尝被难系狱，江宁顾与治明经梦游力为营救，不能出，除夕，遣甥梁尔砺往省之于狱，与同守岁。莆田宋比玉亦与顾善，宋没十余年，顾走闽哭之，伐石表墓。南州苏武子工古文，好奇结客，游秦淮死，无恤之者，顾经纪其丧。石阡费笔山考功罢官，贫不能归，顾分宅居之，及卒，为葬之于顾氏茔侧。

崔清夫好义乐施

长垣崔渭源，号清夫，好义乐施。尝仿范文正义田以周族党，然又不欲以义田为名，曰："吾惟随分自尽而已。"有从兄以地求售，索价百金，即其价买之。既而复以地归其家，曰："我非买也，相助耳。"

桂天士祭师友墓

慈溪桂天士，名贵。有受业师九人、执友一人，于其卒后，每遇寒食，辄督子孙负壶榼，遍祭诸师友墓，为之封土。

桂天士寿毕十臣

明季，蕲水毕十臣令慈溪，以童子试首拔桂天士，天士德之甚。康熙某年，十臣年九十矣，天士自家治饼饵果蓏之属，负担往，为十臣寿。行至江西，遇寇乱，逻者怪其貌，执诣军门。方伯姚启盛（圣）问知其故，义之，即释其缚，资之行。至则然烛列果饵案上，坐十臣南面，自拜于堂下。十臣命举家皆出拜之，留月余始归。

陈鸾栖脱裘赠叟

陈梧，字鸾栖，攸县人。冬日出行，遇老叟瑟缩风雪中，即脱所被裘衣之。

贺希白全人夫妇

获嘉贺希白孝廉行素家固贫，邑令怜之，时欲为之地。一日，有夫妇相贼，鸣之官，罹重典，赍数十金诣贺，丐其言于令，冀免罪。令闻之曰："是足疗贺子贫矣。"即日出之。贺俟事解，还其金，曰："是岂有人心者所宜受耶？"

万玉为主割股

万玉，桃源人，万国安仆也。国安六十无子，玉劝其纳妾，生一子。嫡庶不和，玉多方调护。国安遘笃疾，玉割股疗之，得享大年。

陈皋亭赠金

陈句山太仆兆仑年十九游庠，犹身衣布衣，其祖越石山人出白金二锭授之太仆父皋亭曰："孙今游庠矣，可制缯衣一袭以宠之。"语甫毕，有中表亲适至，状甚困惫，自言其家晨炊不举者三日矣。山人心悯，欲有以恤之，箧中更无余金。皋亭请曰："孙无缯衣，自足以御寒，孰与无食而为饿莩也？"山人大喜，即以白金赠之。

陆清献有人论救

康熙辛未六月十四日，陆清献公陇其在阙右门会议捐纳保举一事，大忤旨，至二十二日始得宽免之旨。陆尝自言方颠沛时，最承相爱者，满人则钟申保，汉人则同衙门各道长外，如谭祖豫之计划旅费，张长史之殷勤执贽，崔平山之踌躇前路，皆有古风；而沈乐存之慷慨愿救，尤同僚之杰出者也。

谢恕园为友三破家

谢翠，号恕园，会稽人。家丰厚，急人之难，无稍顾惜。尝言吾为友三破家，今其人皆将相矣。问其姓名，皆不答。

王山救范尧章柩

归安王山生六岁，其父鬻之于婺人范尧章为奴，尧章待山有恩。已而尧章老，益贫，为之经营生计，日夕尽瘁。病革，谓山曰："若苦矣，我还若卖身契，我死，听若所之。"山泣对曰："奴六岁事主，于今四十年，恩犹父子。奴之去留，不在券也。如背主恩，即不还券亦去。"尧章卒还其券而殁，山竟留不去，佣庖取直以供主母。康熙癸酉仲春，邻火，将及尧章居，山趣主母、幼主亟去。主母曰："如柩何?"山曰："山能出，出之，不能，则与柩同烬矣。"遂闭门拒火，抚柩呼天。火燎檐，山以水浇之，俄而风回火熄。是夜焚者三百家。范氏居独存。

圣祖惓念林师

康熙甲戌，特旨令礼部取霸州廪生林佳荫充内官学汉教习。谕廷臣曰："是朕教书林师之孙，其家甚贫也。"时圣祖御极已三十余年，佳荫方为诸生耳。

圣祖令人为王文恭持服

汉代士大夫往往以师丧免官持服，后世鲜行之者。杭世骏议谓宜从之，以厚风俗，卒为时论所格。然康熙时大学士华亭王文恭公顼龄薨，上谕官员有系伊门生者，令其素服持丧，惜未尝著为令耳。

戴南枝潘次耕葬徐昭法

戴南枝游吴门时，年七十余矣。苍颜古貌，幅巾方袍，谈论娓娓。喜吟咏，能作径寸八分书，吴人传客之。徐昭法性行高峻，平居阖户，不见一人，特与南枝相得，称老友。昭法暮年丧其子文止，欲自营葬地，以告南枝。南枝曰："堪舆家言人人殊，且君无力延致。吾粗明此术，当为君求之。"昭法因言其先文靖公葬阳山，吾不欲离其侧，勿求诸他所。南枝乃芒鞋箬笠，循阳山左右求之，久乃得一地，地属诸大姓，购之不得。

康熙甲戌，昭法没，自后仅一嫠妇，一孤孙，饘粥不继，谋葬之于祖茔而族人不可。南枝曰："吾已为任此事，不得地，一日不了。"于是买小舟，遍历诸村，舟所不能至者，徒步跋涉，风餐水宿，无间寒暑。然南枝素不为人相地，人亦无以是烦之者，独为昭法营度，费皆自任之。经年，乃得地于邓尉之西真如坞，以告潘次耕曰："地甚佳，又在梅花深处，与高士相宜。地价须三十余金，无所出。"次耕乃先以十金成券，余将徐图之。会次耕有黄庐之游，南枝募于人，无应者，乃矢愿卖字以买地。

南枝故善八分书，然非其人多不应，得者必厚酬。至是，榜于门，书一幅止受银一钱，人乐购之。赀稍稍集，又相旁地之当买者并买之，凡四十余金，而地毕入。及次耕远游归，惊喜过望。盖吴下营葬，惟卜地最难，地师既鲜良者，薄有名，即高自标置，丧家具舟舆、备饮馔以偕往，或三四年不能得一善地。既得之，次耕任葬费，间有助者，又费七十余金，而昭法得葬矣。南枝复为之培土栽树，伐石立表，又费三十余金。

南枝酷贫，寓无隔宿炊，冬月常衣绤。其求地也，目之所营，神之所驰，无往不在是。黧面茧足，彷徨山谷中，不知疲瘁。其卖字也，铢积寸累，悉归之地，不妄费一钱，一苍头不能忍饥辄辞去。寄食僧舍中，语及昭法必流涕，人多笑其迂、讥其愚，终不悔也。

吴鸿锡待噶尼布诸孤

噶尼布卒而诸孤幼，夫人以哀毁得狂疾，长子和顺甫七岁，次和鼐六岁，次和麟五岁。吴鸿锡独力治丧事尽礼。然尼布新丧，族中诸豪与隶人之悍者，视眈欲逐，将蚕食其家。鸿锡信行素孚，又材武，谕以义，慑以威，咸莫敢如何。家故不及中人资，鸿锡精心计，权子母，岁入恒倍，日以饶。延良师课之，饮食必亲馈，业稍进则顿首谢。三子感之，益尽力。又亲教三子以满书，稍长，并为娶名族女。

鸿锡尤谨于礼，终日具冠带不怠，司梱以妇人。岁时庆祝，必盛衣冠，率诸僮仆入执事，事毕，亲率以出，中外肃然。和顺年十六，有忌之者令为护军，将困苦之。每番直，鸿锡辄佩刀以从，夜直则露坐终夕，人莫敢加害。顾念非通仕籍无以免厥役，而尼布故交无能相援者，大学士阿兰泰虽尝同仕兵部，又以事相失。鸿锡独谓阿公长者，可以义动也，日率三子候门外。兰泰廉得其情，果恻然，问："诸子习满书乎？"曰："皆习。""孰最优？"曰："顺优。"兰泰诺，以中书用之。既而首辅索额图欲以用其族子，鸿锡即为书，言和顺孤苦状，伺索出，跪而上之。索大怒，掷书去，不顾。鸿锡跪其门五昼夜，水浆不入口，困垂毙。索大惊，抚之曰："世乃有义烈如子者乎？吾用顺矣。"顺就内阁试，果补录。乙亥，圣祖亲征厄鲁特，鸿锡勉顺曰："国家有事，正臣子效命之秋，赤子发迹地也。"亟为治装，请从征，遂从大将军伯费扬古由西路进。鸿锡结束从行，方数日，家中宵小攘夺蠭起，使人追鸿锡还。乃泣谓顺曰："吾不得偕行矣。虽然，死生命也，战阵无勇，非孝即非忠，子必勉之。"怒马抵家，宵小亡匿，讫无事。而顺亦自力于矢石间，得功牌二，凯旋议叙，擢礼部主事。有约顺会饮者，以博具佐觞政，鸿锡知其为匪人也，拔刀冲坐，执其人，数之曰："饮博非居官所宜，顺孤子，何得以此诱之？必杀汝。"刀触席，声铿然，其人大呼乞命，叩头不已，使捽而去之，引顺归。或问："人可杀乎？"鸿锡正色曰："杀人者不过死耳，吾已许噶公，抚诸孤，而坐视其溺于燕朋，诚生不如死。吾死而诸孤知勉，则死贤于生矣。"然顺深感之，自是不复与燕会。

蓝九廷为海烈妇鸣冤

康熙丙子冬，钱塘冯山公景行清和坊，避雪于其宗人之药室。有壮士，睅目丰颐，长不满八尺，而腰大九围，敝衣穿空，望见山公，欲前致辞。山公揖之以入，宗人举手歈（古同"揶"）

歙曰："公无然，此齐人也。"壮士惭而退。时雪霁，山公乃循街而走，追及壮士问之，则对曰："余姓蓝，名九廷，山东人。少为粮船篙师，南北居货，贸易致千金，散与穷亲故立尽。子在台湾，就养之。今夏乘海船北归，至四明，遭风覆溺，攀木缘崖乃得生，归而无资，以是行乞于杭市，得三金，可抵家矣。"山公怜而止之宿，醵钱告同志，事立办。

九廷乃大感，明日将行，至夕，山公饮之酒，酒酣，九廷拊膺叹息曰："余亦尝读书了了明大谊，少时却贿为烈妇申冤，人称义士。今不幸遭患乱，饥饿濒死，窃自念天道苟可知，决不死异乡，今果遇公，获济也。"山公因问烈妇为谁，对曰："徐州海烈妇者是也。康熙丁未，烈妇坚拒旗军林九功夜穴舱强奸，自缢死节。方是时，余却九功贿鸣官。官来，出尸米中，色如生，袓衣穷袴，皆牢缀如裹革。"言未既，山公离席鞠躔，酌以三大觞，亦自觞曰："冯景何幸见义士。吾故知君非常人，果然。且君非遭海风覆舟，予奚由见君？君亦奚由至吾前述三十年事？予将奋笔表君，使百世下知有篙师蓝九廷者为义士，则天道可知也。"九廷喜甚，罢酒就寝。鸡初鸣起，篝火磨墨，索山公书。书已，天亦明，九廷再拜去。

陈卜年救葛承勋

鄞县葛管村征君之在明史馆也，性鲠直，人不可干以私。时明之辅相家子弟多以贿入京，求史馆诸总裁为先人作佳传，而管村适主崇祯长编，力格之，坐是出知五河县。史馆同人恨之未已，又令大吏以事致其罪，论死。狱急，管村之子承勋前往救父。时陕中开赎例，管村之故人赍金五千两以与承勋，管村得赎免死。而承勋年少，陕中吏胥欺之，虽报额五千，蚀其半，未之上也。管村归，而陕抚咨浙抚，追赎金之未足者。

承勋至是大窘，计无所出。承勋之友陈卜年奋然曰："达道有五，而君臣、父子居其二。今管村有君臣之戹（同"厄"），承勋有父子之戹，徒以无朋友，使大伦灭其一。吾当偕行之。”然卜年亦贫甚，芒鞋布袜，即日束装，挟承勋去。又以被盗，尽丧其装，沿途乞食于所知者，得至陕。寻入京，再告急于管村之故人，人皆义卜年所为，复得金三千，卒事而归。方卜年在途，承勋有过，辄流涕而扑之曰：“汝父当戹，汝敢若是？”然所以护其寒暑饥渴者，不翅慈母之于婴儿也。卜年，名坊，鄞县人。

李延昰临死赠物于友

康熙丁丑十一月，朱竹垞至平湖，访李延昰，而已疾革。视之，犹披衣起坐，出所著《南吴旧话录》《放鹇亭集》以付朱，且命弟子以藏书二千五百卷畀焉。余若平居之玩好，一瓢一笠，一琴一砚，悉分赠友朋。越二日终，遗命弟子用浮屠法，盛尸于龛，焚其骨，瘗之塔。

张瑛听人赎田

张瑛，字玉采，汾阳人。家素饶，每岁杪，辄出粟周乡邻。康熙丁丑饥，既出财粟以助振矣，而振所不及，有持田契求售以踵门者，皆自贬其值，第如其愿售之，价视平时，盖不及十之二，于是得田且千亩。明年大熟，瑛乃榜示各村曰：“愿赎者听。”匝旬，悉赎之以去。

方望溪哭徐诒孙

青阳徐诒孙，名念祖。内行洁修，文章冠郡邑，方望溪之友也。诒孙去京师，望溪送之歧路间。既与侪辈登车复返，下车，执望溪手而号恸曰：“惟子知我，何当归，吾与子得更相见，足矣。”其后诒孙一至金陵，望溪在外，竟不可得再见。会望溪有子新殇，意殊不自得，及闻诒孙死，出门西乡，号而哭之，不复觉子死之痛矣。

盗还沈节母诗文

华亭沈临秋进士泓之母，守节久矣，临秋为征海内诗文，得数百篇，置于箧。遇盗失之，沈号哭道中，七日不去。时佘山寺老僧晨起，见供桌有一卷书，封识甚密，署曰："烦上人亲致沈孝子。"沈遂得之。

黄仙裳慷慨赠金

商丘田雪龛为泰州牧，居官廉，州人黄仙裳与之周旋，绝不干以私。已而田落职，在州不得归，黄适返自汝宁，囊仅有二十金，乃先诣田寓，分半以赠。语人曰："是日吾若先至家，则家中需金甚亟，不得分以赠田矣。"盖黄客汝宁时，太守金某为黄旧友，赠贻极厚。时有别驾郑某所知客，多不能成行，一日，黄遍召客，置酒高会，酒酣，以太守赠金尽散诸客而去。故归时止存二十金，其贫如故，人多笑之，黄不以为意也。

吴璟发言止搜粟

康熙壬午、癸未间，齐、鲁大饥，谷价翔贵，白骨相望于道。素封之家，非昂其值以射倍蓰之利，辄扃鐍以自封殖，坐视道殣弗恤也。霑化吴璟悯之，仿常平法，贱售谷以活饿人；又计己家口，仅留以供饘粥，斥其羡，煮糜以济众，全活无算。

大吏以凶荒事具疏上闻，圣祖特遣旗员赍太仓银、米，分道振济，至霑者为曹某等五人。一日，召邑人士会议，众嗫嚅莫敢前。曹攘臂起曰："今日之事，有尽者帑金，无穷者饥民。以有尽供无穷，是谿壑也，其何能济！计惟括富民粟，佐公家之不足，以拯此一方民耳。"言次，须发怒张，将胁众以必从，座客相顾失色。吴抗颜折之曰："诚如天使言，祸踵至矣！天子使公等拊恤残民耳，而比户检括，是古所云搜粟都尉也，岂称上旨哉？且千里大祲，富室所余几何？破一中人之产，而闾左皇皇，尽室逃窜，是召乱也，是益之凶也。饥不可救，渐不可长，得毋偾公家事乎？何如酌金粟多寡，按户分振，以厌众望，而公亦坐收人心，计无便于此者。”使者默然，气为之夺，遂止不括富民粟。璟，字西峰。

吴璟救饥民

霑化大饥时，有贫民将鬻其妻，夫妇对泣，悲甚。吴璟闻之，急赒以银、米，其人泣拜而去。岁稍稔，凡逋负者悉来相偿，合券而投之曰：“岁虽小稔，吾收若负，是再敛也。”悉折其券而焚之。

吴璟屡助邑令

阳羡令蒋天麟以母丧离任，为同僚羁绊，不能归。吴璟出粟数百斛，助其交代，蒋始得归。潘俨思，亦令也，坐官逋淹滞。吴首倡义佽助五十金，潘得补官帑而去。孙鼎鋐任某邑令，以罪谴，戍霑化，艰于衣食。吴资给之十余年，得免于冻饿。

吴鸿锡助和顺振饥

康熙癸未，山东大饥，朝廷遣官往振，和顺与焉。吴鸿锡曰：“此仁人君子尽心时也。”从以往，分振武城。廪未发，鸿锡即以私钱市米，因逐户稽册，先量给之。念居民有僻远不能至县者，度四乡中地，得南鲁集为散振所。又惧民饥久，不胜食，日为蒸饼万，计人给饼二。然饥肠骤饱有毙者。或言先饮萝卜汤则无患，亟为汤，遂日活无算。

韩乐吾分粮与友

康熙戊子，广陵大饥，有寒士韩乐吾者，典鬻殆尽，余米二升而已。闻有友绝粮三日，欲分半与之，妻曰：“如明日何？”韩曰：“我明日无粮，则明日死。彼绝粮已三日，便恐今日死矣。”

竟分半与之。至明日，灶穴坏，探之，得窖金焉。遂以买米，广济饥民。

潘玉符几至毁家

吴县潘荣锦以布业起家，寓青浦之朱家角，往来襄、汉间。有伉爽声，喜周恤亲族里党。及老，家中落。其子玉符好读书，而屡厄院试，即弃去，纳粟太学，为上舍生，理父业，家仍稍稍起，渐饶益。朱家角为五方杂处之地，通贩鬻，土著轻稼穑，鲜盖藏。康熙戊子、己丑相继旱，民艰食，玉符以储积之米散给邻里，妇女工纺织者给以古贝，资其生，以是几毁家。

徐粤翰助人婚葬

钱塘徐粤翰大令相，为文敬公本仲弟，慷慨负义气，重然诺。有故人子未葬其亲，又贫不能娶，乃为称贷以助其葬，复佐之婚。已而偿其贷，其人弗知也。

程正家待张清恪

康熙辛卯，仪封张清恪公伯行以纠发科场关节事，与总督噶礼讼，奉旨解任，即讯。时噶怙势作威，日遣谍诇其左右，籍记姓名，将罗织致重罪。人皆惴恐避匿，独扬州程正家晨夕过从，只身往来维扬、姑苏间。岁余，事始解。

华希闵待张清恪

华希闵，字豫元，无锡诸生也。喜任侠。与张清恪公善，然硁硁自守，未尝以私干之。康熙癸巳，清恪为总督赫寿诬陷被逮，奉诏令刑部尚书张鹏翮偕赫寿讯之镇江，拘之城隍庙，门生故吏无敢向迩者。希闵闻之，慷慨言曰："此吾报知己之日也。吾闻受人知者分人忧，受人惠者急人难。今张公蒙不白之冤，陷不测之罪，吾岂可置身事外，坐见其死哉?"

于是希闵自无锡疾驰，一昼夜逾二百里至镇江，唁焉。既抵庙门，不得入，乃伪为皂隶者入之，与清恪劳苦如平生。谈久，辞去，越五日，而鹏翮之生祠毁矣。

初，鹏翮视学江左有声，吴中人为祠于江阴，歌舞之。康熙辛卯，清恪之与噶礼交讼也，鹏翮按事至苏，苏自士夫以下遮马首者以万数，愿无夺我抚军。而鹏翮私袒噶礼，苏人恨之刺骨。及是，鹏翮又与寿劾清恪挟诈欺君罪，且至死，苏人闻之，咸涕泣不知所为。会希闵自镇江来，具言抚军就逮良苦，则益汹汹然，顾无所发怒。希闵遂倡言曰："昔父老之祠张鹏翮也，岂非以其有令誉耶？今若此，辱父老甚矣，祠之何为？愿与父老共毁之。"于是率众数千人奔鹏翮生祠下，争撤屋瓦，顷刻而尽，呼声动天，尘起数里。明日，寿闻状大惊，阴使人廉问主名者，疏以去。当是时，希闵几不测，会圣祖知寿与鹏翮构陷状，免清恪罪，而苏人聚众毁祠事亦不究，希闵遂得免。

希闵虽慷慨，好急人难，然为人和易有容，不修苛节。见人无贵贱，皆自下，或凌践之，无忤色，人愈多之。善诗文，工书，后官教谕。

吴薗次待赵龚

吴薗次太守绮，慷慨义烈，敦尚友谊。长沙赵洞门总宪当柄用时，车马辐辏，及罢归，出国门送者三数人，薗次与焉。其召还也，宾客复集，薗次独落落然，踪迹阔疏。合肥龚芝麓尚书提倡风雅，门生故吏遍九州，殁于客邸，两孙惸惸（同“茕”）孤露，无过存者。薗次则哀而振之，抚其幼者如子，而字以爱女，至于成立。

蒋非磷赴人之急

蒋坚，字非磷，铅山人，心余太史士铨父也。性慷慨，乐赴人之急。尝出为叔父收债，得金一镒归。过其友黄某，黄方负人金，索者至，出恶语，为解之。索者忿曰："我索金于黄，何豫汝？汝诚庇之，何不以金与我？"蒋笑曰："若以吾吝此金邪？"即尽出金予之，索者惭谢去。蒋向所主朱某者，将谒吏部选，欲邀与俱，未发，闻以金予黄而未有以偿也，乃曰："黄，吾友也。君诚与我偕，吾当任其金。"蒋既失金，虑无以报叔父，乃许诺，从朱行。舟出大江，朱仓猝堕水，蒋故善泅，袒裼跃入洪涛中，浮里许，握朱发提其首出江面，翼而行，遇浮橹凭焉，遂得脱。

康熙癸巳，蒋客泽州守佟国珑幕，时临汾令暴而贪，民不堪命，群聚大噪，执殴之。城中民汹汹，各徙于郊以观变，巡抚檄佟往，令以兵从。蒋曰："是速之变也。"乃与佟疾驰，以七人从，自日中至晡，行二百里。及郊，见四山人皆蚁聚，揭竿树鉏，且作乱。白之佟，取巡抚令箭先往视之，而号于众曰："巡抚怜汝辈为吏所苦，令太守来治之。辠（同"罪"）不在民，勿恐。"乃还，属佟入县治，坐听事，呼令出，及其胥五人，并缚之。鞭胥流血，观者如堵。佟谓之曰："尔等不顾父母妻子邪？何不复尔居？"众唯唯，皆散去。明日，佟挟诸囚复巡抚，临汾遂宁。及佟乞休，蒋始归。

蒋旋遭母丧，服阕，乃娶妇，时年四十六矣。居家，笃于兄弟，在外时，闻将析产，乃让田于弟。尝累千金，施贫者辄尽。出游见贫妇十余人，率幼稚绕岸泣，衣不蔽身，问之，曰："适遭焚剽，故致此。"乃出笥中布二十匹散之。已而闻佟以属官亏帑被逮，责偿数千金，狱急。遂走天津，省其家，至栾城，为佟索逋千金。复至泽州，泽州人故德佟，愿代之输，守弗听。及蒋至，守有疑狱欲委其决之，因责以必脱佟。守遂下令，有愿代佟输者听。三日得五千金，佟遂出狱，复质其衣裘赆之以归。

喻全易急人之困

康熙时，淮之北有豪强某，肆毒里闾，无不至。喻全易知之，恚甚，潜约人入其家，手刃之。事闻，官逮捕，系狱累累，喻挺身自首曰："谋杀某而亲杀之者，小衲也。诸人何与焉？"众得释，喻从减论。其时喻已为僧矣。兴化洊饥，喻率众比丘急走遐方，杂募金钱粟米，设糜以振之，存活甚众。

邑有无赖子，以投旗为名，勾结党羽，鱼肉善良，令莫敢问。喻引士民吁总督，请严保甲，立杖击法。有匪至乡，十家众共掊而缚之，以献于官，风遂息。又尝于市肆中见众数十拥一官人，欲戮辱之，修旧怨也。喻以斧拟数十人，数十人皆辟易，遂护官人还家。诸所德喻者，往往奉金帛为寿，喻曰："吾缁流也，以不贪为宝。且吾之为此，直以遂其格格不可忍之性，固非利若财也。"概无所取。及还俗，尝访一友于官，友适遭吏议，祸且剧，亲故仆从皆散。会议狱，喻伪为友之傔仆应质堂下，头抢地，伸两足，入三木，悲切哀号，力雪其冤。事既白，即脱身去，公卿益以此重之。

潘蕴洪待人

潘蕴洪，字函三，湖州诸生。康熙癸巳，尝与方望溪侍郎苞同供事于蒙养斋。而晚岁甚贫，数典衣，持钱归，道逢废疾之窭人，即使持去。又尝游江西，邻舟覆，为挈其夫妇子女行千里而致其家。

刘古塘送方望溪

刘捷，字古塘，故名家子。其祖若宰，明崇祯辛未及第第一人。同产兄辉祖，康熙庚午乡试举第一。及辛卯，捷复举第一，而礼部独不喜捷文，磨勘，停一科。癸巳秋，特行会试，将赴公车，会方望溪以戴名世文集牵连，编旗伍，檄有司解送妻子北上。捷固与之友善，曰："吾不可不偕行也。"至京师，则试期过矣。其后病且衰，竟未得一与礼部之试。

徐梦麒为友赎儿

徐梦麒，字忠移，潮阳诸生。尝教授于达濠，有陈某者，邑之华里东人，亦训蒙于其地，两人交相善也。已而陈病且死，与徐诀曰："死不足惜，但无后，负不孝罪耳。某蜑妇有一男，颇佳，愿为某嗣，有成议，今已矣。"言讫，呜咽而卒。家不能具殡敛，徐为之拮据经营，窆焉。

徐既窆陈，乃访所谓蜑妇男者，则陈之外遇所产也。笑且骂曰："竖子作此不经事，今死矣，责足负。无后为大，犹愈于他人子也。"蜑妇索身价六金，乃遍贷亲朋，得之，取其子，躬抱送至陈家。里人闻舆中有呱呱而泣者，以为女宾来矣，比至门停舆，皆骇愕，不知为谁眷，群趋视。舆夫揭帘，见抱儿者出，则昂然之长髯丈夫也，里人皆大笑。徐从容呼其父母，告以故，举儿畀之，里人相谓曰："此义人也。"徐仍时省视之，周其困乏，后儿亦成立。

圣祖谕扶助熊赐履家

康熙壬寅正月，上谕："大学士如李霨、王熙、杜立德、张玉书、李光地、王顼龄等之子孙，皆为职官，惟熊赐履居官清正，学问优赡，朕每念旧劳，不忘于怀。其长子有疯疾，次子尚幼。熊赐履为试官，所取门生不下千人，身后竟无顾恤其家者，令诸臣扶助，以望成就。"于是门生王鸿绪等助银三千余两，命交江宁织造曹頫生息，给予用度。

袁良谟焚券

康熙辛丑、壬寅间，某邑岁大荒，饥民遍闾里，袁良谟与伯兄倾囊周济，多全活。或有相质以业者，既酬其值矣，易时年丰，则念向且竭所有以与人，不可乘陒利其有，乃集质业者焚其券，券千余金。

赵永怀归关玉山榇

长洲赵念昔，名永怀。幼时流寓江都，晚归长沙，为环庄，奉母以居，自号“环庄居士”。笃友义，故友关玉山客死，永怀为迎榇归，合其家八口瘗之，仍分宅养其妻子。

康子厚为张成偿债

张成负客债千余金不能偿，以忧，得危疾。康惇往问之，曰：“子何忧债？吾力能代子偿之。”成叩头谢曰：“甚善。”然成卒病死。乃召客语之曰：“成之债，吾已任之矣。请焚成券而立吾券。”客惊喜曰：“诺。”时惇家已落，卒如约，终其身偿大半；及诸子既长，乃尽偿之。惇，字子厚，兴县人。

张自超鬻田助赈

张自超，字彝叹，高淳诸生，世居苍溪。少孤，课耕以奉母，应试而外，未尝入县治。岁连祲，死者相藉。一日造县令，具陈方略，令夙重之，为设饮，尽召邑富人。富人曰：“张君，吾邑之望。所蠲助，则吾侪视之。”自超遂注籍二百金，诸富人相视大骇，次第注籍，然逆料其不能猝具也。越数日，自超首纳金，诸富人大屈，尽出金，为部署，活邑人几半。自超故有田二百亩，亩六七金，鬻其半，索直三之一，众争购之，故得金速也。

刘文正赠孙孝愉言

诸城刘文正公统勋，与兴县孙文定公嘉淦同在朝列，（咸丰以上，孙文定有三人：一康熙朝大学士益都孙廷铨，一道光朝户部尚书济宁孙瑞珍，一即兴县相国，其最著者。）最相得。文定子孝愉官秋曹，为文正属吏，文正待之尤严，曹事悉以委之，至废寝食。文定偶以为言，文正曰：“此姑息之爱也。”文定语塞。

张恻庵掩骼养童

康、雍间，山左大饥，白骨枕藉，鬻子女者，值仅数百钱。

某州筑万人坑，以埋胔掩骼。有路远不能致者，多委弃而去，积尸塞途，为乌鸢犬彘食。歙张恻庵自京师归，过其地，恻然悯之，立解橐中金；金尽，复假贷于同行者。雇人荷锄畚，送枯骸数百于某州以瘗焉。更出钱买童子之嗁号将毙者数百人，携之归里门，给其衣食。次年秋熟，悉纵之归，还其父母，皆涕泣叩头而去。山左人皆设主于家，朔望祀之，每垂涕告其子女曰："张公，尔之再生父母也。"

世宗命拨养廉给业师

雍正初，有某学使者，希上旨，以风节自矜。其业师以儿女昏姻之故，不远千里求助，以俸薄辞，坚索之，遽以入告。世宗震怒，几罹不测。或营救之，乃仅传旨申饬，命藩司由学政养廉项下拨五百金以给其师。

卢志仁待主人

御史谢济世官翰林时，佣三仆，一黠，一朴，一戆。一日同僚小集，酒酣，谢曰："吾辈兴阑矣，安得歌者侑一觞乎？"黠者应声曰："有。"既，又虑戆者有言，乃白主人，以他故遣之出，令朴者司阍，而自往召。召未至，戆者已归，见二人抱琵琶至门，诧曰："胡为乎来？"黠者曰："奉主命。"戆者厉声曰："自吾在门下十余年，未尝见此辈出入，必醉命也。"挥拳逐去。客哄而散，谢愧谢之。一夕然烛，酌酒校书，天寒，瓶已罄，颜未酡。黠者眴朴者再酤，遭戆者于道，夺瓶还，谏曰："今日二瓶，明日三瓶，有益无损也。多酤伤费，多饮伤生，有损无益也。"谢强颔之。

既而谢改御史，一日早朝，书童掌灯，倾油污朝衣，黠者顿足曰："不吉。"主人怒，命朴者行杖，戆者止之，谏曰："仆尝闻主言：'古人有羹污衣、烛然须不动声色者。'主能言，不能行乎？"谢迁怒曰："尔欲沽直耶？市恩耶？"应曰："恩出自主，仆何有焉？仆效愚忠而主曰沽直，主今居言路，异日跪御榻，与天子争是非；坐朝班，与大臣争献替，弃印绶其若蹝，甘迁谪以如归，主果沽直而为之乎？人亦谓主沽直而为之乎？”谢语塞谢之，而心颇衔之。由是，黠者日夜伺其短，诱朴者共媒蘖，劝谢逐之。

雍正丙午，谢以事下狱，未几，奉命戍边。出狱治装，黠者逃矣，朴者亦力求去，戆者攘臂而前曰：“此吾主报国之时，即吾侪报主之时也。仆愿往。”市马造车，制穹庐、备粱糗以从。于是谢喟然叹曰：“吾向以为黠者有用，朴者可用也。乃今而知黠者有用而不可用，而戆者可用也；朴者可用而实无用，而戆者有用也。”养以为子，名曰“戆子”。戆子实姓卢，名志仁。

徐万宝尚义可风

雍正丁未，福建督、抚合辞奏曰：“仙游太学生徐万宝敦修累善，岁饥，振米八千余石，殁于积劳，尚义可风，请建坊立祠。”世宗下其议于礼部，特给帑金建坊，入祠致祭，并赐“善劳可嘉”扁额，荫一子入监读书。

秃梁行乞尚侠

秃梁，乞人也，张姓，不知何许人。自幼独身行乞，其顶无发，自呼为“秃梁”，人亦以秃梁呼之。魁梧有膂力，声粗猛，一呼，衖巷无不知为秃梁至也。有钱则买食，余以分人。偶佣工，工资不计多寡，遇人呼修桥梁道路，不索直。某年大饥，梁乞至夷潍，忽大恸，诘之，曰：“我思家遽归。”及春，人相食，弃婴儿满道。梁以二筐贮十数人担之，乞食食之，有死者，旋补之，五阅月无怠容。生平不饮不博不盗，不与人斗，人托之馈遗，虽重赀，一无所苟，即大风雨不愆期。有欲授以室者，笑而不答。雍正己酉，病死于高密，年七十矣。

王花农醵金拯某令

伶人王四喜，号花农，深州人。年十四，家贫，堕伶籍，隶京师四喜部，以色艺称。性豪迈，有幽燕侠士风，人以是重之。长洲某散馆出宰甘肃某邑，以不善理财，亏官帑巨万。省吏闻之怒，立奏褫其职，并下狱严追。胆怯者惧牵累，悉乘夜遁。辇下贵人有与某交厚者，将醵金为之营谋，然数巨，不易集。花农初不识某令，闻之，倡助百金。同人感其义，始各出囊赀代偿所亏，某始得出狱，而花农之名，则因是大噪。顾性孤介，不甚谐于俗，久之落落无所遇。后十余年，有人见于并州，年鬓长矣，而曲伎益精，并工琴，能画兰。长洲宋于庭填《八声甘州》一阕赠之。

马查程拯饥寒

雍、乾之交，北届燕赵，南尽吴越，其间读书嗜古，岁散万金拯士之饥寒，学与名日以进，家日以落，而兀兀不休者，于广陵，则为祁门马嶰谷、半查昆仲；于天津，则为查莲坡、榕巢昆仲；于淮，则程水南及其从子莼江，皆学人才士所望而归也。

水南以乾隆乙丑殁，及乙亥，嶰谷、半查皆老病，键户谢客；查氏或死，或远仕。士子之由北而南者，顺风曳帆，靡所止泊，益凄厉寥落矣。

湖南士民讼谢济世冤

乾隆初，全州谢御史济世起戍籍，授湖南督粮道，方以刚直为巡抚许容所忌。衡阳令李澎，善化令樊德贻，皆许之私人，征粮多浮收。谢知之，乃饰为乡人，赴县纳粮，遂得实，具牒纠李、樊。于面陈状时，语过激，许大怒，辄具疏劾谢，令解任听勘。廷谕总督孙嘉淦赴湘会鞫，孙惑于许及布政使张璨、按察使王玠之言，褫谢职，于是湖南士民数万人，揭帖为讼冤。高宗遣御史胡定、侍郎阿里衮往勘，得朋谋倾陷状，狱具，督、抚、布、按、守、令皆坐免，谢则改官盐道焉。

吴某假人金

乾隆初，两淮运司署有鼓楼，颇雄敞。某岁除夕，有鹾贾程某以避债居此，夜半，忽闻有橐橐声登梯者，睇之，则同业吴某。惊讯曰："君何为来此?"吴亦讯曰："君何为先在此?"程曰："吾今岁逋负四万，无以应付，故隐此。君本厚利广，何亦来?"吴曰："吾今岁未了，须十万金，今拼挡，仅及其半，与甲则漏乙，给丁而缺丙，剖分无术，故匿此以待来年。"程曰："与君作伴守岁，良佳。"吴曰："不然。吾有五万金在家，自用则不足，济君则有余，何不假吾金去，尽可归家料理。"即作票付程。程感谢驰去，俄顷复来，并载酒肴酌吴曰："吾嘱伙料理，今乃真可伴君守岁矣。"两人皆徽籍，程更良贾，工心计，是岁以海运遭风，至大折阅。幸有吴接济，得不废业。明岁，遂援吴为同事，亦尽复故业。

张文和赠阿文成言

张文和公廷玉与阿文勤公克敦最相得，文勤子文成公桂初在朝列，文和视之如子弟。一日见文成疾趋，谕之曰："汝远到之器，当持以凝重。君子不重则不威。"文成终身诵之。

莫冕侯送吴王归

乾隆辛酉，琼州莫冕侯恩贡纮赴省试时，有同府之吴烈、王曾二生皆才而贫，莫慨然与之俱。吴、王道病，既终试，而病皆剧，莫为之乞医药，任看护，复挈以归。病且死，水无与之舟，陆无与之舆者。吴、王皆张目视，见莫在旁，叹曰："吾友良苦。"语辄咽，而气仅属。莫仰天祝曰："哀哉二君，并有老母，幸获及家而瞑。幽鬼明神，其怜之。"自往而返，其里三千四百，竟致吴、王于其母，得不死于道路焉。

卢雅雨馈胡西垞金

山阴胡西垞素行诡激，落魄扬州。时卢雅雨为运使，屡谒不得见。至除夕，乃投诗云："莽莽乾坤岁又阑，萧萧白发老江干。布金地暖回春易，列戟门高再拜难。庾信生涯最萧瑟，孟郊诗骨剧清寒。自嫌七字香无力，封上梅花阁下看。"卢见诗，即呼驺往拜，馈金数笏。

夏湘人送卢雅雨出塞

六安夏湘人，名之璜。卢雅雨初为六安牧时，识之于诸生中，科州试拔置第一。然夏非试期不入。卢在六安三年，得民心，后擢运使，坐羡余不足被劾，寓扬州董相祠听部议。乾隆己未冬十月为卢诞辰，夏远来慰祝，以十二月至。适有谪戍军台之命，毅然请从行，密为治装，属孔体仁为绘《军台负笈图》。

初，卢闻之，未以为果负笈也，辞谢之。及五月，果就道，妻子哭于室，戚友饯于郊，惘惘有怜色，而夏饮三爵，策马飞行，去不顾，盖所以报知己也。在塞三年，壬戌始归，往返万余里。身所经历闻见，皆有札记，名曰《橐中集》，浙江督学使者雷翠庭副宪鋐为序行之。

赵宗夫完佃夫妇

分宜赵士沆，字宗夫。有质行，家小康。佃人罗光廷苦赤贫，将嫁其妻，宗夫闻之，曰："吾之佃，乃有此苦况耶？"予以银、米，周恤之，其妇得不嫁。

吴纫兰倡办义田

歙县丰溪之吴氏，族繁人众，其穷者或至无告，重以水旱饥馑，纫兰封翁邦佩忧之。一日，谓其从父损斋及弟轶容曰："吾侪何遽不若古人？昔范文正公置义田，田至今犹在。盍师其意，行于族党间？”损斋、轶容以为然，而族人汉延、蜚英复交口赞成之。遂共输白金万两有奇，买田宣州沚水间，岁所收入，悉以振族人之困乏者。纫兰实董其事，然不以自居，而推功于族人，辄曰：“微此四公者，吾言之而谁听之邪？”

周氏义庄

苏州周氏义庄，自乾隆时设立，庄田凡二千亩，均报明藩司，给有执帖在案。设庄正，由裔孙轮充，世守家法，无异言。

陶筱奏建义庄

乾隆庚午，吴县候选员外郎陶筱置常稔田千亩，营守舍三十余楹为义庄。是冬十二月，苏抚雅尔哈善疏闻，明年四月，奉旨依部议，照原衔即用，以示奖劝。

罗谦斋好施与

衡山罗谦斋名登进，好施与。有故人子，贫无完衣，赠之袍，又私解所衷衣衣之。一日，有偷儿窃入，缘庭树自蔽，家人环噪，谦斋止之。徐呼使下，予千钱，慰以温语，遣之去。

唐子和施豆粥

黔邑唐子和，名义谦。弃儒习贾，遇戚里之困乏者辄周之。积劳三十年，视其橐可数百金，稍稍置田宅。乾隆癸酉，邑大旱，斗米钱四百，子和慨然曰：“予固饥寒中人也。今幸而获生，不可立视人之死。”因损赀施豆粥，计所费，盖丧其产三之一矣。

黄云师乐善好施

乾隆乙亥，上海大饥，吏劝富人煮粥以赈。黄云师曰：“无益也。民饥而来，虽得粥，且不饱，又有候伺填溢之患，不如捐钱给之。”乃自为倡，即所居五十二图验其最贫者，别大小口，大者日给钱二十，小者半之。家给一票，令民持票取钱，按图之次，五日一周，民不劳而得食，所活者甚众。云师字驺书，家素封，固以乐善好施称于里闾者也。

裘文达赠度岁资

新建裘文达公曰修，尝于京师石虎胡同赐宅构一轩，曰“好春”，退直辄就而憩之，宾客至者径入其内。一日，值岁小除，诸人咸诣轩饯岁，裘命挈一囊至，倾出之，皆重五十两之银锭也。数座客人数，令各怀其一，曰：“诸君年事大窘，聊以分润耳。”数不足，复命入取之，遍给乃止。然以食指之多，宾客之众，时值窘乏而断炊。一日过午，尚未具食，坐客有愠者，裘觇知之，出而语之曰：“诸君他日皆饫天厨、颁尚食之人，岂矜矜于裘某之一餐乎？且予亦尚未食，不独客也。”客意乃解。

裘文达赠朱文正金

大兴相国朱文公珪，介节清风，纤尘不染，虽居台鼎，固无殊寒素也。与裘文达公为文字至交。某年，岁云暮矣，偶诣文达，谈次捻髭叹曰：“贫甚，可若何？去冬蒙上方赐貂袿，比亦付质库矣。”文达笑曰：“君贫甚，由自取，可若何？欲一扩眼界乎？”因出所领户部饭食银千两，陈之几上，黄封歘然。文正略注视，辄起自座间，手攫二钜镪登车遂行。文达不语，盖赠之矣。其陈银几上也，固欲周之也，文正会其恉，故取之弗疑。庄生所谓“相视而笑，莫逆于心”，晚近无此交情也。

程风衣助马璞臣

乾隆时，桐城马璞臣访程风衣，时将入都，以便道至扬州也，风衣留之。居数日，璞臣资匮，而风衣亦方在窘乡，乃从质库中诺其请，助之成行。

江郑堂好客斥金

甘泉江郑堂藩，淹贯经史，博通群书，旁及九流二氏之学，无不综览。诗古文豪迈雄俊，才气无双，尝作《河赋》，以匹郭景纯、木玄虚《江》《海》二作。受业于惠氏子弟余仲林，尽得其传，诸经多有发明。其为人则权奇倜傥，能走马夺槊，狂歌豪饮，好客，得金辄斥之，至贫其家。

温芝山力疾办赈

乾隆丙子，湖州饥，饿殍载道。温芝山悯之，与同志张元灿等请于通判陈荣，议振，陈首捐俸。遍劝，得银五千两，乃语陈曰："经费不难，分给难；分给不难，弱不遗漏，强不冒滥难。"陈曰："余筹之熟矣。特此事，非君才不能办，非君心不肯办耳。君其行矣。"时疫疠盛作，戚族多沮留，温曰："此吾志也。一方之人濒于死，义不可止，得多活人，余焉惜?"乃日徒步数十里，抵一乡，按户目验其丁口，得极贫一万二百七十七人，手注册，给符一，大口钱四十，小口半之，七日一给。劳苦两阅月而病作，犹力疾前往，事竣，竟不起。疾革，语嗣子曰："我家世尚节义，以自便利为大辱。非只辱其身，且辱其祖若父也。我死，汝宜益勉于善。"

高天喜救兆文毅

高总兵天喜，其先准噶尔部人。雍正时，为官兵高姓者所掳，抚为子，故冒其姓。双颧凸出，须髯猬刺，日饮酒以石计。兆文毅公惠被困于济尔哈朗，数月无耗，当事者遣使侦之。时风雪凛然，人皆惮行，高慨然应命。十日还，往返数千里，卒通兆信。高宗大喜，立擢游击，未逾年任总兵。未几而兆复被困于黑水，率本部兵援之，以力战死。

祝贻孙经纪汪谢谷丧

海宁祝贻孙之与人交也，生死不渝。大理守汪谢谷与之契，赴官时，聘以俱行，无一不左右之。无何，汪病卒，为经纪其丧，扶榇旋里。既至，为文辞其灵，若犹不胜伤感者。

祝贻孙教养幼子

周铁梅取友必端，交游亦广，而身后萧然，罕有恤其子嗣者。祝贻孙教养其季子庸玉，携以同居，后遂成立。

赵镇寰待芜湖令

芜湖令某卒于官，亏赋额，无遗橐，孤寡昼夜泣。赵镇寰曾客其幕，至是还其向所致之脩币，且自质贷数百金以济之。众感其义，争致赙赠，遂归其柩与孥。镇寰名如山，乾隆时之上虞人。

姬南唐斥财

永济姬南唐负郭田无十亩，储偫不及担石，然人有困乏必拯之。每秋阴积雨，辄诣邻舍下户问所须，告以饿，则罄瓮盎之米散之，己无以炊，弗顾也。闻人以采雁不足不能成婚礼，辄持数十金与之，不责偿。有偿夙负者，称父遗命，谓姬氏之恩不可忘，以检旧券弗得，遂不受。

汪禹绩斥财

汪禹绩，名汝淮，铅山孝廉也。尝有人负其金久而不偿，不责也。而其人多宿逋，旋为诸债家所迫，呕血一斗。其邻人悯之，至禹绩所来匄药。禹绩故精医，岁合丸散施人，治病辄奇效。至是与以药，且持金数饼纳邻人怀，曰：“烦以此付彼偿逋，勿药可愈也。”

刘世杰斥财

刘世杰，字君玉。甫髫失怙，事母惟谨。性悫挚，多隐德，人弗之知也。乾隆某年，值岁歉，倾囊济之，不少吝。大祲，复借发常平仓粟，赖以全活者数百十户。尝救覆舟者九人，中有浮尸，买棺瘗之，榜示其尸之衣履年貌于道。逾年，乃知为邓某也。适有无赖子唆其家诬控同舟者，质之公庭，发棺推验，得死者佩纕中二十余金，事乃已。有司以闻，诏赐八品顶带，于是里党翕然称其贤。

何靖陶待佃人

宜兴何讷庵既殁，而身后负戚鄙债三千余金，其子靖陶悉焚其券。家有田二顷，佃之黠者纳租时每短其升斗，而于良者取盈焉。靖陶亲课其租而还其盈者，曰："腴瘠等而租异，吾不以汝良而课汝也。"黠者始知媿。某寡妇佃其田数亩，十余年无偿，置不责，转周恤之。遇歉岁，施槥、设糜，尤力为之。靖陶，名亮直。

何靖陶还券

乾隆某年，有远方夫妇挈子至宜兴，浮舟乞食，未几，夫死，何靖陶为具衣棕以敛之。妇欲归，鬻子与舟为费，纳券于靖陶。将行，母子相持哭。乃取券焚之，还其舟，曰："我向受汝券者，恐汝子不鬻于我，即属他人，则归亦未可必。且不见别离之苦，即归，亦难保后此之不轻弃其子也。"

曾纪灿还券

曾纪灿，字纹焜，桂阳州人，治货殖。有石某者，逋纪灿金，鬻妇以偿，乃还其券，石为感泣。一日负囊将归，自郴行及梁山，已薄暮，忽后有人，自言王琪，愿代之负。从行过山坳，见有虎噬人，纪灿大惧，王曰："虎所伤者，不义人也。君毋恐。"抵旅舍，其人忽不见，纪灿异之，归以语兄。兄曰："吾忆石某妻，王氏也，其父名琪，无乃结草之报欤?"纪灿乃捡诸贷券，酌其贫者，悉归之。

毛叔成弃债

毛叔成，名应镐，钱塘人。性慷慨，人有负其金钱而贫不能偿者，辄焚其券，先后凡数千金。尝过一债家，会日暮，主人留叔成饮，因出而沽酒，久之不返，妇披帷出，与叔成语。叔成不答，疾去，遂弃债，不更往。

李应卜轻财好施

郯城李应卜轻财好施。有典其田而远游者，牵其孤诣应卜，涕泪以托，为之授室，且复其田。有丧其妻者，为之娶，再亡，复娶，更给田六十亩资其生。有以困故欲远徙者，与粟百石以留之。其他贫不能自存者，或与之金使贸迁，或授之田使耕，或代偿其债，或归赎其产。又有受其资贾于外者，及归，货财都尽，愧无以见应卜，应卜无憾容。

山西贾人阎文焕尝佣于应卜之肆，负其债而死。其幼妻携稚子涕泪而诉曰："吾夫贫，有负主翁。寡妇孤儿，家乡千里，奈何?"应卜太息曰："往事勿复言。"市棺殓之，岁给以粟布。

李应卜携金诣县庭

李应卜设肆货粟。一日，有携金市粟者，阅其金，有官封，心窃疑之，与粟，遣之去，即携金入县庭。县令坐堂皇，方夹讯库吏盗金，而应卜持封金至，乃释吏。令雅重之，造其庐，欲举为乡饮宾，固辞不就。

秦封翁拯危全节

秦磵泉修撰大士之封翁，尝为刑房吏，年五十而无嗣。邑有某甲坐法论死，妻少艾有姿，伉俪甚笃，欲失节而救其夫。谋之秦曰："妾夫不幸罹死罪，有能援手者，妾当夫之。"秦未之对。妇以秦拒，哭不能仰，秦见而哀之，曰："汝姑去，当竭力图之。济则已，不济，亦有以报。"妇去，秦力为之谋，其夫竟得活。又年余，释归，夫偕妇往谢秦，并欲留妇践约。秦正色曰："吾之救汝，岂利妇乎?"力拒之，遣与俱归。邑人闻其事，皆相语曰："刑房刑房，救一成双。何以报之，生状元郎。"明年，生大士，少时气宇已自不凡。迨大士及第，封翁犹及见之，年八十余矣。

王敏徒步送稚子

汾阳武生王敏尝徒步赴省试，居逆旅，遇一稚子，察知为被诱者，走百里送归其家。则此儿为寡妇所抚，忽失之，正惶急不欲生，望见儿，母子如获更生。愿酬谢，敏曰："吾怜稚子无依耳，何谢为?"遂行。

江橙里买园不自有

程在山，名钟，吴县人，世居枫桥。其父为富商，门庭豪侈，而在山生性渊静，好读书，不问家人生事。为诸生，一试于有司，不得志，即弃举业，以诗歌自娱。中年父殁，料检记籍，知频岁折阅多逋负，悉售其居积之货以偿，犹不足，则并弃其室庐。

在山旧有园，在西碛山下，地极幽僻，于是移家居之。园有紫藤，枝干奇古，荫数亩，本为山家荒圃中物。在山之父见而爱之，并买其地以为园，然仅有屋数椽，余皆菜畦。既得之，则以次经营，遂有九峰草庐、清晖阁、寒香泉、钓雪槎、绿藻亭、腾啸台诸胜，名之曰"逸园"。终日吟啸，罕入城市。妻顾信芳，号"生香居士"，亦能诗，高情雅致，不减在山。春秋佳日，或偕游铜坑、邓尉间，布衣椎结如村氓，而行吟不辍，见者以为神仙中人。如是者二十余年而妻死，在山亦老矣。妾生一子，方襁禄，自度不能终有此园，乃以售于扬州江橙里。橙里亦豪士，夙重在山名，以买园之资归之，而使其仍居园为主人。橙里岁时一至，与在山觞咏数日而已。

叶氏子迫李某还鞘银

永宁州有陈某者，家巨富。尝饮于州署，席间有伟丈夫突然至，少年也，衣服鲜美。陈异其人，讯州牧，牧曰："此李某，至州已三载，惟以交纳官吏为事，实未详其世族。"陈有少女，欲婿李，乞州牧为媒。李允之，惟约曰："月有数夕出会客，莫相阻。"陈允之。既赘，夕出，终夜不返，所往来者，皆峨冠奇服、状貌僬丑之辈，陈悔之。

吴中有叶氏子，少无赖，好剑术。有老妪，能以剑为双丸纳口中，又能使人以白刃击其肩背无血迹，曰："此麻姑避剑法也。"叶受其术，出游于外。时乾隆丁亥，王师征缅甸，转饷至沅州，一夕，忽失银数百鞘。守吏大惊，责胥吏捕缉，终日笞挞。有老胥曰："银有数百鞘，非一人所能持。其伙若多，声应諠沓，何以守者无所闻？必有异。"因号泣路旁。叶适至沅，异而问之，老胥告以故。叶怜其老，曰："吾为代觅之。"因物色于滇、黔，终不得。一日之永宁，遇李于途，诧曰："此小李将军也，奚至此？"路人曰："此陈氏赘婿也。"叶遂至陈宅，告楚中失帑事。陈亦讶曰："数日前，婿颇暴富，未审所自，岂即盗官项耶？"叶曰："夜令汝女细询之。"陈告其女。晚，李至入户，见妻凄然，诘之，女战栗，长跪以谢。李疑有他故，拔壁上剑将斩之，叶自窗跃入，曰："不可害良家女。泄其机者，某也。"李嗒然弃剑曰："吾兄奚至此？吾事败矣，不可久居。"叶忿然责之曰："吾侪以义为重，岂可盗官家物，遗祸于人？"李曰："诺。兄速回楚，官帑保无失，吾亦弃此而他徙矣。"叶辞陈归，李亦以其日弃家去，不知所之。是夜，沅库得所失鞘，则封印如故也。

叶既归吴，物色者愈众，叶曰："布衣而享妖异之名，其祸足以杀身。"因辞父母，之点苍山学道，卒未归。

郑大纯殡友

闽县郑大纯孝廉际熙，介节而敦谊，家甚贫。邻有吴某者，亦介士，死不能殓。郑重其节，独往，手殡之。将去，顾见吴母，母老惫，衣破，即解衣与母。母知郑无余衣，弗忍受也，乃置衣室中，亟趋出。

郑大纯救某举人

郑大纯既举于乡，将试京师，北上道苏州。或告之曰："适有闽中某举人至此，发狂疾，忽骂大吏，吏系之，祸不测矣。"郑瞿然曰："吾友也。"即谢同行者，徒步往，就其系所，为供医药饭羹，其便溺时，辄代掖之。适有所识贵人至苏，求为之解，某始得释。即护之南行，至乍浦，乃遇其家人，与别去。于是以失会试期，不得与。

贝慕庭寿辰焚券

吴县贝慕庭，名绍溥。方年六十，遇寿辰，诸子方奉觞称祝，慕庭出一箧，其中悉债券也，谓诸子曰："焚之，所以为若翁寿也。"

贝慕庭临死赠金

贝慕庭化本姓为何，以曾祖启祚出嗣其母舅贝开仲，遂氏贝。以乾隆己丑正月十七日卒，时年六十五矣。初得痰疾，疾甚时，遍召贝氏、何氏子姓诸姻亲之党至前，款语良久，出金，次第分赠之，下至婢仆无遗者。既乃属家事于诸子，命治敛具，语之曰："吾胸中无罣碍，可瞑目矣。"乃整衣端坐而逝。

马秋玉待郑板桥

兴化郑板桥大令燮未通籍时，居东门外宝塔湾，以课徒自给。值岁俭，生徒尽散，因举债以偿急需。约至端午，质剂子本，届时而畀。然虑不得偿，先期避焦山，依其乡僧，饰辞逭暑，实避债也。五月下旬，未得家中耗，不敢遽归。马秋玉曰管时住松寥阁，清晨雨霁，携一仆登山椒，微吟相属。板桥从其后听之，似重叠，仅得一语云："山光扑面经宵雨。"板桥遽前揖曰："君得句颇佳，已窃听之。"马谓："诗思涩甚，先生能举其偶乎？"板桥曰："不才已得'江水回头欲晚潮'七字，不审足下谓何？"马喜甚，谓较己语为自然，叩其所居。明日访之，邀往对弈，即为设一榻，请移居，乐数晨夕。久之，板桥欲归不得，有忧色。马询曰："以君雅人，方谋行乐，何郁郁为？"板桥曰："仆以避债而来，非能效公等作达也。今将归矣，虑家中无耗，不敢遽行，故忧耳。"马唯唯。又历十数日，与马别，为之祖饯，举觞为寿，板桥自落落也。

板桥抵里，步近门巷，趑趄不前。见圬人方墁墙扫除，大骇，以为宅已赁他姓矣。及入门，则其孺人含笑相劳苦，又呼仆具酒食，曰："老爷当饿矣，可亟备食。"板桥益踧踖不安，私叩孺人曰："端午节何如？"曰："前数日君寄家二百金，已毕偿，端节左右嚓突吾门者，皆改容谢罪去。今以其余修屋，防梅雨耳。"板桥自叹曰："吾怪马君固应不至是，今果知贤者也。"是年赴扬州，与马订交，后遂为马上客，既罢官，亦常主于马。

郑板桥念乳母

郑板桥少孤寒，赖乳母费氏抚养得活。岁饥，费晨负入市，以一钱易饼置其手，始治他事。板桥既入官，有诗云："食禄千万钟，不如饼在手。平生所负恩，岂独一乳母。"

郑板桥倾囊赠人

郑板桥尝官山东潍县，乾隆时罢归家居。尝作一大布囊，凡钱帛食物皆置其中，随取随用，或遇故人子弟及同里贫善之家，则倾与之。著有《板桥诗词钞》及《家书》《道情》行世。潍县人多效其书法，世咸以才人目之。其集中家书数篇，语语真挚，肝肺槎牙，跃然纸上，又非仅骚人墨客比也。

浦天玉以利济为事

浦天玉性好施与，以说书于扬州，得厚赀，益以利济为事。尝于冬日说范叔绨袍故事，曲尽冻丐之状于富室诸女郎前，且曰："我少年时亦犹是也。我将罄所蓄，制棉袄以施冻人，种来生温燠。"诸女郎感其言，尽发囊箧，侍女灶妾，亦有脱簪珥以为助者。是冬祈寒，雪深三尺，而城内外乞儿无不挟纩者，天玉之力也。天玉，名琳，乾隆时之江都人也。

齐周华救吕晚村

天台齐周华为召南犹子，以刊印吕留良书籍受极刑。其《救吕晚村疏稿》有云："吕留良生于有明之季，至我朝，著书立说，广播四方。其胸中胶于前代，敢妄为记撰，托桀犬以吠尧。夫尧不可吠而不吠尧，恐无以成为桀之犬。故偏见甘效顽民，而世论共推义士。又以其书能阐发圣贤精蕴，尊为理学者有之，实未知其有日记之说。伏读上谕，日以改过望天下之人，故宽曾静于法外。臣思吕留良、吕葆中逝世已久，即有《归仁说》，作于冥冥中，臣已不得而见，第其子孙以祖父余孽，一旦罹于狱中，其悔过迁善、趋于自新之路，必有较曾静为尤激切者。夫曾静现在叛逆之徒，尚邀赦宥之典，岂吕留良以死后之空言，早为圣祖所赦宥者，独不可贷其一门之罪乎？"

朱抱经待全谢山

甘泉朱抱经，名重庆，寒士也。善诗古文，与全谢山太史祖望交最深。谢山寓扬州，病危急，乃移居抱经家，参苓之资，皆抱经任之。

董小钝整理全谢山集

全谢山易箦时，以诗文稿付其弟子董秉纯小钝藏弆。手定凡六十卷，其余残篇剩简几满一竹笥。小钝泣拜而受，黏连补缀，又汇为七十卷。其中与正集重复及别见于他作者几十之四，拟重删定。以多谢山手书，不忍涂乙，因手自誊写，课徒之隙，抄得三百余纸，船唇驴背，挟以俱行，竟未竣事。小钝旋判那池州，地僻政简，日课字四千，四阅月，始卒业，即后所传《鲒埼亭外编》也。

阮文达刊胡稚威文

阮文达公尝督浙江学，按部绍兴，道经胡稚威之居，怦然心动，询其老嫠，则稚威妻也，因搜其遗文刊之。

陈履和刊崔东壁遗书

陈履和，石屏举人。乾隆时，入都会试，遇崔东壁，见其所著《考信录》，即执弟子礼。崔殁，无子，为刊行其遗书。

袁子才瘗龙武台

江宁梓人龙武台长瘦多力，随园亭榭，率成其手。龙病故，袁子才为之棺敛，瘗于园之西偏隙地。又为诗以告之，有“汝为余作室，余为汝作棺。瘗汝于园侧，始觉于我安。本汝所营造，使汝仍往还”等句。

仆劝秦文恭攻经史

秦文恭公蕙田未第时，曾就金陵通志局缮书。文恭昼夜围棋，有仆某，不服使令，文恭面责之。某对曰："主家累世仕宦，薪水未至乏绝，太夫人以志馆可养静读书，是以命主到此。主乃终日围棋。奴敢问主，围棋中可有状元宰相乎？主若专攻经史，奴服勤，不敢少怠；如长此围棋，奴非惟不服使令，且回家报老主母矣。"诘旦，文恭召仆谓之曰："夜来思汝言，大有理，当屏去棋局，不复戏矣。"未几，省试中式，春闱告捷，旋以第三人及第，授编修。

俞蓉江归友榇

金匮俞蓉江，名大鸿。幼警悟，嗜学，工诗画，得唐、宋人意。及长，循例入太学肄业，岁需膏火，自顾弗遑也。有吉水人某，与俞善，游学至都，遘疾不起，俞罄己资经纪其丧，且抚育其十岁儿，为之延师课读，数年学大就。适俞以考职发河工，将出都，以某尚未归葬，其子不能独留都下，亟托其乡人，给资，令扶榇同返。其子旋游庠食饩，感俞高义，尸祝之。

成果亭赆洪北江

洪北江遣戍伊犁，将行，无所得资。成果亭尚书格，时官户部主事，贫甚，又雅未识洪，闻其无资用，以屋券质银三百两尽馈之，乃就道。洪在戍所仅百日，特旨赐环。

洪北江经纪黄仲则丧

洪北江与黄仲则友善，仲则西游病亟，飞书达洪，促急行，以属后事。洪在毕秋帆制府幕次闻耗，借马疾驰，日走四驿。至则仲则已逝，移殡萧寺。洪哭临甚哀，为经纪后事备至。扶榇东下，途中有与秋帆笺云："自渡风陵，易车而骑，朝发蒲坂，夕宿盐池，阴云蔽亏，时雨凌厉。自河以东，与关内稍异，土逼若衖，涂危入栈，原林黯惨，疑披谷口之雾；衢歌哀怨，恍聆山阳之笛。日在西隅，始展黄君仲则殡于运城西市，见其遗棺七尺，枕书满箧。抚其吟案，则阿䴉之遗笺尚存；披其繐帷，则城东之小吏既去。盖相如病肺，经月而难痊；昌谷呕心，临终而始悔者也。犹复丹铅狼藉，几案纷披，手不能书，画之以指，此则杜鹃欲化，犹振哀音；鸷鸟将亡，冀留劲羽，遗弃一世之务，留连身后之名者焉。伏念明公生则为营薄宦，死则为恤衰亲，复发德音，欲梓遗集，一士之身，玉成终始，闻之者动容，受之者沦髓。冀其游岱之魂，感恩而西顾；返洛之旐，衔酸而东指。又况龚生竟夭，尚有故人；元伯虽亡，不无死友。他日传公风义，勉其遗孤，风兹来祼，亦盛事也。今谨上其诗及乐府共四大册。此君平生与亮吉雅故，惟持论不同，尝戏谓亮吉曰：'予不幸早死，集经君订定，必乖予之指趣矣。'省其遗言，为之堕泪。今不敢辄加朱墨，皆封送阁下，暨与述庵廉使、冬友侍读共删定之。（述庵，王昶字，后官侍郎。冬友，严长明字。）即其所就，已有足传，方乎古人，无愧作者。惟稿草皆其手写，别无副本，梓后尚望付其遗孤，以为手泽耳。亮吉十九日已抵潼关，马上率启，不宣。"读之想见洪之风义也。

毕秋帆以万金惠贫士

毕秋帆性巽懦，无远略。任两湖总督，教匪初起，受和珅指，不实告，遂致蔓延日久，九载始靖，人争咎之。姚姬传且曰："戮毕沅之尸，庶足以谢天下。"其受谤如此。然性好风雅，广集遗书，敬礼文士，孙渊如、洪稚存、赵味辛诸名士多出其幕。岁以万金遍惠贫士，人言为宋牧仲尚书后一人也。

孙渊如为蒋伯生追逋

蒋伯生随宦山左，久为寓公，所筑萝庄，花木交荫，有古槐七十二树，名其堂曰“七十二槐堂”，一时名士东游者，题襟书壁，各有倡酬。伯生家不中赀，又为人假贷千金，穷日甚。其人有力而不欲偿，适孙渊如权廉使下其事于邑，伯生有句云：“为我追逋真火急，向人延誉见风流。”

程鱼门周济亲友

程鱼门晋芳，新安大族也，治盐于淮。时两淮殷富，程尤豪侈，多畜声伎狗马，鱼门独愔愔好学，服行儒业，罄其资以购书，庋阁之富，至五六万卷，论一时藏书者，莫不首屈一指。好交游，招致多闻博学之士，与讨论世故，商量旧学。无何，鹾业折阅，家道中落，庶务皆由门客悍仆处理。又好周济亲友，求者应，不求者或强施之，付会计于他人，一任侵盗不勘诘。以故虽有佽助，如沃雪填海，负券山积，势不能支。会避债赴陕，将谋之毕秋帆，以为归老计也。冒暑行暍，至署未半月，遂病卒。

颜玉光行医施药

颜玉光，桂阳州学生。放于诗酒，磊落自喜，面斥人过，人卒无怨者。善疗目疾，自施药，家贫，不常得钱，得之即合药。遇求医者，其疾深，即留置空室中，饮食之，治疗之，愈乃使去。邻妇病求药，需重金，顾室中无可为计，惘惘不乐。其友怪之，以情告，友遽出赀助之，病果愈。

顾琮经纪完颜伟丧

顾琮尝为河东总督，方莅任，前督完颜伟病于署，家属已先行，顾为之守护汤药，旬日无倦容。完颜谢之，曰：“吾辈共事君父，与昆仲无异，安有兄病而弟不经理者乎？况公家属已去，琮敢不黾勉从事乎？”完颜感激垂涕。后卒于署，顾董其丧事，含殓从厚。

钱太和归人双榇

钱九韶，字太和。寡言笑，而于义之当为者，无不为之。有胞姊为禹氏妇，家道中落，次甥佣书于商南，欲奉其父母以去，太和苦劝不能止。不数岁，姊与姊夫相继死，十年不归榇，太和念之辄泪下，节缩岁入数十金，返其双榇而葬之。

钱太和教养友女

郑州诸生孟云苍，钱太和之故人也。家赤贫，为之介绍，馆于大梁。云苍携家往，值疫疠大作，其长子、冢妇皆死，云苍亦亡。有弱女年十三，无所归，毅然收养之。时再继室张氏有癫疾，纳陈留王氏以为簉，即以此女为王氏女，名之曰孟姑，使不忘其本。抚育教诲，得成淑媛，后为择婿嫁之。

冯三友送某观察榇

皋兰冯三友，名益。四岁失怙，卖饼饵以养生母，母寄居尼庵。及九龄，某观察留抚之。越四年，观察死，其妻孥将扶榇归燕，三友感其德，将送丧，请于母曰："微观察，儿不得侍母，且儿之报观察者，止此矣。请期一岁返。"遂往，力襄葬事，若成人。葬毕，观察子强留之，三友曰："吾与母约一岁归，敢以交情贻倚庐忧乎?"即归，时年甫十三也。

冯三友以义烈称

冯三友自燕归，以义烈称，邑宰延主常平仓会计。仓故多弊，蠹胥从粮长索贿，三友闻之怒。胥曰："将馈公耳。"三友益怒，曰："尔为盗，吾亦盗耶?"乃止。长安尉某闻三友贤，招之往，则曰："子职在恤囚，吾请助子。"至狱，命卒涤刑具，检囚食，询疾苦，日以黎明赴狱。狱卒曰："公何自苦?"曰："吾与若起居无禁，囚手足贯锒铛，便旋候监放。何忍贪一己之安，贻众囚以苦耶?”囚闻之，皆感泣。

孙隐谷为吴某营美榇

孙隐谷，名宗濂。有疏戚吴某，粥粥无他能，依孙以老。为营美榇，或曰:“豫凶事何亟亟也?”曰:“使及见之，恐其遽瞑目而疑我之薄矣。”然孙死而吴尚健饭也。

纪文达勖奴师犬之义

纪文达公昀戍乌鲁木齐，畜数犬。乾隆辛卯，赐环东归，一黑犬曰“四儿”，恋恋随行，挥之不去，遂偕至京师。途中守行箧甚严，非文达至前，虽僮仆不能取一物，稍近辄人立怒啮。一日过辟展七达坂，车四辆，半在岭北，半在岭南，日已曛黑，不能全度。犬乃独卧岭巅，左右望而护视之，见人影，辄驰视。文达为赋诗二首曰:“归路无烦汝寄书，风餐露宿且随予。夜深奴子酣眠后，为守东行数辆车。”“空山日日忍饥行，冰雪骑驱百廿程。我已无官何所恋，可怜汝亦太痴生。”纪实也。至京岁余，一夕，中毒死。或曰奴辈病其司夜严，故以计杀之，而托词于盗也。文达收葬其骨，欲为起冢，题曰“义犬四儿墓”，而琢石象出塞四奴之形，跪其墓前，各镌姓名于胸臆，曰赵长明，曰于禄，曰刘成功，曰齐来旺。或曰以此四奴置犬旁，恐犬不屑，文达乃止，仅题额诸奴所居室曰“师犬堂”。

曹慕堂仗义

乾隆朝，曹慕堂宗丞学闵，与纪文达公同在翰林院清閟堂办事。会有八九人以争名事为院长所嫉，院长将劾之，文达亦被嫌，日在危疑中。曹，仗义人也，乃邀同人诣院长前婉请曰:“以公所闻，此数人者，褫不蔽辜矣。然此语从何来?倘白简一上，事下刑曹，无证佐，不能成狱。愿先示告者姓名，并列章中。”院长沉吟久之，竟中止。后数人皆通显，皆不知此事之由曹解之也。

曹之同年陈裕斋侍御，四十余无子，而不能置妾。曹乃鸠赀买一女送其家，后举一子。侍御夫妇相继没，有婿谋据其余资，百计媒糵，孤儿孀妇，且旦夕不自存。曹又率诸同年，声婿之罪而斥逐之，乃得安。

葛志齐求免邑人徭役

葛志齐，辰溪人，精医术，尤长外科。湖广总督开泰患足痈，屡治不效，志齐疗之立愈。乾隆癸巳，缅甸叛，领兵大臣阿文成公桂道患背疽，危甚，召志齐治之。问效迟速，志齐以半月对。至十二日愈，阿谢以金，不受，曰："但求免本籍徭役。"阿以其劳著于军，行县援免，勒碑县庭。

仙鹤翎以救尹吉图受伤

提督仙鹤翎，山东人。乾隆甲午秋，王伦叛，时方为千总，随副都统尹吉图入汪家小楼搜缉。尹骤抱伦背，贼党刀剑丛至，尹仆地，仙奋身前救尹出，背受刃伤如画，三日乃苏。舒文襄公赫德奏闻，立擢守备。后洊至湖南提督。

高海樵归友榇

闽县高海樵，名腾。与曾燮堂孝廉韶为同年至契，曾以豪饮致疾，高寄诗规之。乾隆丁酉，高之友叶秀旅死福州，为之经纪其丧，且送榇归。适秋试榜发，中道闻捷，或劝其返棹，曰："得一科而弃友榇，于心忍乎?"

严敏中质钱应人

杭人严果，字敏中，以授徒为生，岁入之脩脯常不给。有告急而以书画、经籍之类求售者，不较其值，辄质钱以向之购；或见而爱之，亦即持去，是以家无遗物。其自作书画，亦皆随手赠人，不自珍秘也。

陆健桥收广兴尸

《燕兰小谱》作于乾隆乙酉以后，及庚戌举行万寿大典时，浙江盐商承办皇会，有三庆班入京，自此继至者，则有四喜、启秀、霓翠、和春、春台等班。各班小旦将百人，大半见诸士夫歌咏。若春台班小旦陆健桥（苏州人。）为广十二爷收尸一事，尤为难得。广名兴，其兄弟行为十二，官侍郎，与陆最昵。遭事弃市，亲族中无敢收其尸者，陆为棺敛之。

王鹭亭送病友

王联字鹭亭，泰州人。善诗古文，精制艺，饩于庠。乾隆庚子，偕沈某赴金陵应秋试，沈病喉欲归，时去试期仅五六日。沈贫蹇，势又将死，王独慷慨送之。至龙潭，宿客邸，沈病亟，呼有鬼，命王伴之卧，口臭腐，秽触鼻，王自若。中夜起，沈坐肩舆中不自持，王步行，以背卫之于两扃之间。未几，沈毙于路，舆人欲散，王以义感之，始舁之至丹徒之某寺殡焉。

解士雄睦姻任恤

解士雄字勷武，海州人。少孤，以力田起家，入赀为国子生。为人朴鲁俭约，常布衣疏食。而性好施予，有睦姻任恤风，族党之力难殡葬者，嫁娶愆期者，皆待之以给。岁暮农事毕，则周行村野间，视破屋中之有鹑衣尘甑者，辄予以布粟，故一乡皆称之为“解善人”。

乾隆乙巳，海州大旱，民饥，州牧林光照设厂煮粥以振，解率先捐钱八百缗助之。既而念所居白墖（古同“塔”）埠镇之被灾为尤剧，复即其家别设粥厂，分男女二棚，与其妻分督之。辄中夜起，率婢仆淅米执爨。清晨，饿者环集，夫妇先啜一盂以尝之，然后操杓散给，无不饱饫以去。日常数百人，自冬至夏，阅六月，所全活者逾千。是岁，农无籽种，弃田不耕，乃出所藏粟麦，计亩而贷之种，不立券，获而偿者不取息，不偿者听。会郡县将上捐赈籍，林嘉解之行谊，欲达其名于大府，解逊谢曰："乡甿自以其私洽比邻里，何敢炫鬻求荣邪？"

盗救祁门邑令

乾隆戊申夏，徽、宁大水，祁门受水尤甚，城墙、官署、学校、监狱悉被冲。监中有仗义杀人之盗，罪当斩，邑令贵州吴开元力为营救之，得减。遇水冲监，盗跃出，入内署，水亦至，吴抱印偕眷登楼。须臾，水没楼梯，楼旁有合抱大杨，盗跃登之，得跨入楼，而水已没楼窗，盗一手擎之，破楼檐，援杨枝，送置树巅，得不死。家属不及救，楼旋圮，悉为鱼鳖。水退，盗扶吴下，偕至省，吴以短衫单裤见抚军，抚军哀之，予以衣服饮食并银若干两，令回县料理，且曰："奏闻后必有升擢。"吴泣曰："一门数十口，自天南相随至此，今尽藏鱼腹中。卑职身已无家，何须富贵？愿纳印信入黄山落发耳。惟某盗为今之义士，愿奖拔之。"抚军从其言，悉以状奏闻，朝廷优恤焉。

壮士盗印免粮

魏五者，乾隆时在邗上，以技击闻。尤善骑射，解马语，与薛三、张饮源齐名，当时所称为"魏马张刀薛硬弓"者也。

魏初不解马语，少无赖，投清河县为马快，以能诘盗称名捕。江苏布政庄某挈眷游金焦，值江涨，拘农人曳舟，迟则鞭之。时方莳稻，农甚以为苦。有壮士自来任役，麾众去，独牵舟行，把缆而走，其疾如风。将渡彼岸，一跃登舟，左把舵，右牵篷索，顷刻竟渡。庄大悦，将厚赉之，壮士笑曰："某不需此。"出尺纸曰："烦为印此空白。"庄大惊曰："此何能妄为？且印不在此。"壮士曰："公必印此，且印已携来，今置某号箱中，何见诳之深也？"庄怒，叱曰："而不知我为天子命吏耶，意欲何为？"

壮士亦怒，嗤之以鼻，曰：“某，细民也，乃不知若惯以天子吓人。”庄目左右捽之，壮士拂以袖，皆纵横僵仆，径取其箱，擘以手，立裂之，出印，顾庄曰：“恕汝初来，未有差误。不然，当摘以去，便当如何？”庄所率护勇数十人皆相望，莫敢前。壮士印讫，踏波如平地，徒步去。庄大骇，命转棹以归，舟子告舵坏矣，盖顷间已折也。乃急命修理，明日始行。还苏，阴令人以年貌访之，咸不知所由来。

月余，川沙厅以公文至，言奉檄免东偏渚地钱粮，今已如命。川沙者，其东边前病海啸，民流离者甚多，令请免征，庄恶亏国课，竟不许。既而公文忽下，疑之，故以报，不意果伪。庄甚怒，然印已钤，无如何也，乃求能捕之者。或以魏荐，庄性严厉，任事者不称职辄获罪，众皆为魏危。魏年少气盛，率然往。庄召之，语以故，且曰：“当于盗窟求之。”魏率尔应曰：“此种行径，必非盗也，于盗窟必不得，当于村野间求之耳。”庄左右争目魏，令无辨，辨者，大人且怒。魏佯不觉，又曰：“为此者必川沙人，彼目击邻里之灾难，故以是为救济之计。大人诚能因其伪而奖之，嘉许其胆识，庶彼将闻风而来，得之始较易耳。”庄曰：“言似有理，且为我访之。”魏乃芒蹻行縢草冠饰为乡人者，四出侦察。得卜者一书，乃南行渡钱塘，入括苍，遇黄冠之道者，以书投之，肃立听命。道者发书，谓魏曰：“汝所物色者，年貌形容固若是耶？”曰：“是也。”曰：“此吾弟子，汝欲得之，盍从我来？”乃携手从石壁上行，俯视万仞，风声飒飒然从足下起，魏甚惧。天向晚，雾霭蒸山谷，不见手足，赖道者提携，得不堕。久之至一境，山四环若城，中豁然平坦，可百数十里，鸡犬民居甚众。道者引之至一室令居之，曰：“吾徒已出矣，汝安心，勿他往，须三日后始来。汝在此待之。”道者遂去。魏心疑，夜不成寐，起，秉烛视室中，四壁排列者皆书籍也。抽数册览之，皆不解。翻阅久之，得一册，皆言马之形体、情性及其声音、刍秣者，魏本好骑，观之有会心。已而天明，道者排户入，魏方把卷，道者见之，微哂曰："公门中人，乃如书呆子秉烛达旦耶？"魏言诸皆不识，独此略有领解耳。道者就而取视之，曰："此书汝尚可看。"因试举书中旨趣以问，魏答其二三，因为魏讲解。如是者又一日，道者忽偕一人入户，视其形貌如庄所言，即以书授魏，并令其人从魏往。魏不识途径，其人挟持之，翘足耸身，自绝壁下，遂至大道。魏谂其有绝技，途中辄礼下之，其人则谈笑如无事者。至省，庄见之，果然，命絷而讯之，一一皆承。时同时有大案数起，试以诘之，其人亦立承，于是刑有日矣。魏念道者畴昔之谊，具酒食饷之，语且泣。其人笑曰："吾将解脱矣，不我贺而泣，何为者？"魏疑他案非是，其人笑曰："奴辈不能获真盗，徒枉平民，我独承之，不干净了当耶？且我即抵罪，盗乌能脱我手者？"魏叹息去。其人竟斩首，魏遂以都司保用，然叹咤不已。

逾年，有客来访，则曩时人也，云师命来索书者，魏疑其鬼也。其人大笑曰："皮相者，前谓我川沙人，今复谓我真死耶？畴昔之夜，我执得巨盗，摄以自代而脱去。行刑者不知，不谓子亦不知也。"出书与之，询师所在，不答，掉头去。魏自是以马术冠江南，久益与马狎熟，至以马鸣定狼山总戎之死焉。

刘其中排难济急

刘其中，名敬祖，桂阳州人。当乡试年，州人士自武昌归者，（时湖北、湖南秋试合闱。）多困乏。其中商于衡州，日询归舟，遇州中举子，辄资其用，还则受之，终不问其所贷之多少，以此得侠名。为人排难济急，人来谢，不自居功也。其弟范，以纳赀选西安府经历，布政使郭某见范，问之曰："桂阳刘其中为族人耶？"范惊，起立而对曰："兄敬祖之字，何自识公？"郭揖范上，设宾主礼，曰："吾昔者困于汉口，其中不问名姓，假二百金得归。心不敢一日忘，为报贤兄，藩司俸禄厚，可偿前负矣。"

海鹿门解圈

海保字鹿门，裔出自襄阳孟氏。先世忠毅公乔芳，以从龙勋，隶旗籍。海侍其父宦吴，弱冠从李兆洛游，兼精骑射、击刺、拳勇、超跃诸艺。性任侠，负气好义，见不平事，不惜以身殉之。苏州玄妙观，郡人游观之薮也，士女日集，恒万人。诸恶少见游女，必环而尾之，困之重围，恣意戏侮，分劫巾履簪珥，曰“打圈”。海少时，尝与人捄（同“救”）一雏女得免打圈之辱。

先是，女偕一童游观，猝遇众无赖，窥其意不善，亟携童踉跄反走。众麕缀要遮，女东亦东，女西亦西，肆口秽谑，女不能脱。海适见之，大愤，攘臂跃入人丛，横身要截，厉声叱曰：“止、止，鼠子不得无礼！”众无赖怒，一人遽前以掌掴海面，海佝身，疾出腋下，反掌搏其背，复以趾踆之颠，一人踵而前，又颠之。连踣四五人，余不敢继起，始纷纷鸟兽散，围遂解。

汪太太捐资助书院

汪太太者，为汪石公妻，石公乃两淮八大盐商之一也。扬州有安定、梅花两书院，绌于经费，太太独捐资数万以为之倡。

唐秉政出幼孩于水

唐德权，字秉政，桑植人，魁奇有勇力。尝赴鄂，泊舟江滨，有幼孩堕水，其母挽救之不及，亦投水。德权见之，急跃入，游涌波间，久之，挈其母子以出。其家厚遗之，不受。

三少年护夏朝衡

衡阳夏朝衡幼有至性，以贫，行贾汉中。归，遇客舟之被寇掠者，男女方跣跔号哭，心怜之，出百金资其行。同舟三少年异所为，问姓名，致礼焉。夜半，群盗遮舟索朝衡，曰：“劫客舟者，我曹也。汝舟有巨商能予人百金，余金宜尽纳于我。”朝衡惧，三少年起，各挥以杖，盗慑服，乞命去。朝衡喜，谢三人，且请姓名，则笑不答。至郧阳，三少年辞去，朝衡谢以金，复笑不取，曰：“我辈亦盗也。敬公义，故改而护公。”不顾而去。其夜复来，谓朝衡曰：“吾辈劫人多矣，见公所为，自耻其盗，故不敢告姓名。今愿从公归，而前所获资尽不义，不宜仍以自污，公能假我一室乎?”朝衡喜诺。三少年从至衡阳，以力作自食，数年，各娶妇生子。后始知此三少年者，一姓王，二皆姓刘。

王九峰送铁冶亭

王九峰，名之政，丹徒人。性磊落，慷慨有丈夫气。与满洲铁冶亭制军保交最密，铁督两江时，王每赴江宁，相依必数月，所赠多不受。及铁获罪，有乌里雅苏台之行，一日夜，襆被至清江，依依不能舍，泪随语下。复亲送其眷十余程，过山东界始回。

王仲瞿欲刺和珅

王仲瞿，名昙，以掌心雷之说废弃终身。然仲瞿实工剑术，炼青锋二，纳之鼻中，顾不轻示人。时和珅当国，权倾中外，有炙手可热之势。仲瞿负盛名，珅尝笼络之，仲瞿亦与往来焉。

某岁，珅生日，张筵为寿，王公百官咸在，珅扬扬然有骄色。仲瞿忽离席而言曰：中堂耳目之娱备矣，然某以为犹有憾。公孙大娘之技，此鲜传者，如有之，亦千古佳话也。”珅曰：“谁可者?”仲瞿曰：“非曰能之，然愿献末技为中堂寿，不识府中亦有干将、莫邪否?”珅顾左右取剑，剑至，仲瞿手折为二，曰：“废铁耳。”连易数剑，皆如之。珅惊顾左右，令往卧室中，见有锦袱重裹宝匣而鐍者，取以来。及开箧视之，则倭刀也，光灿如新发硎。仲瞿睆视良久，曰：“较美矣。”言未竟，已曲之成环形。珅失色，仲瞿曰：“中堂惜之耶?”捧而直之如初，转以授侍者。珅顾谓无好剑，将如何，仲瞿曰：“若然，则某固有随身者在。”俯首大嚏，有白光二道从鼻孔出，盘旋飞舞，寒光射人，并仲瞿之形亦不可见，剑闪铄不可逼视。忽有一白光飞向席上，砰然一声，光遽收，色遽敛，仲瞿亦渺不知所在。众方惊诧，但见珅呆立案侧，案划然中分，剖而为二矣。

及珅神色稍定，顾谓朝士曰：“孺子将不利于我，我有以处置之。”乃密奏高宗，谓妖人王昙行刺未成。高宗密谕步军统领严缉，勿使逸。比户大索，将十日矣，一日高宗视朝，忽见御座旁有诗一首，诗曰：“黑衣队本卫旋宫，灶奥而今竟不同。翻手为云都化瘴，秦头压日正方中。金输瓜子韩王府，车走雷声巫女峰。请得上方三尺剑，几人妙手笑空空。”下有款识曰“妖人王昙”。高宗大惊，珅侍侧，面如死灰，遽伏地请付刑部治罪。盖仲瞿手笔，珅能辨之也。高宗令珅起，顾值殿宫监侍卫，问有人私入宫禁否，佥曰：“无之。”谓珅曰：“宫庭邃密，渠乃能来，我亦无奈何矣。”珅出，乃谕步军统领不严究。然仲瞿一击不中，遽变姓名，南下江、浙，《虎丘山穸室志》中所谓“张禄变名，辛文改姓”者，即此时事也。及嘉庆己未高宗崩，仁宗亲政，尝谕枢臣，谓：“王昙若来京会试，朕欲亲见其人。”说者谓府中舞剑，殿壁题诗，仁宗实备闻之也。

张予焯乐善好施

乾隆时，昆山有漆工祁天章者，年四十，无妻。张予焯与以金，劝之娶，祁诺，受金而去。明日过祁，察其容甚戚，诘之，不肯告。询其邻，曰：“噫，是以金归而道遗。”张又贻以金如前，语之曰：“尔有遗乎？”曰：“否。”如是者三，张笑曰：“汝欺我耶？”出金袖中，曰：“此非汝遗何？”祁大喜，以为诚然。道见卖菜佣失百钱，忿欲死，张呼佣至家，令家人秤菜而阴置百钱菜甲中。钱堕地，张佯惊曰：“尔钱乃在是。”张家故素封，以乐善好施，遂中落，而施不衰。一夕岁除，慨然语其妻曰：“吾往岁除夕，每怀金二十两馈贫交，未尝有余。今馈损于前而金不尽。”言未既，有相访者，出余金予之。岁饥，平价粜于其邻，不计值也。张，字潜文。

姚姬传作袁子才墓志

姚姬传主讲钟山时，袁子才以诗号召后进，姚与异趋而往来无间。子才尝以门人某属姚，愿执贽居门下，姚坚辞之。及子才死，人多劝姚勿为作墓志，谓其人率皆生则依托取名，殁而穷极诟厉。姚曰：“设余于康熙时为朱锡鬯、毛大可作志，君许之乎？”曰：“是固宜也。”姚曰：“子才，正朱、毛一例耳。其文采风流有可取，亦何害于作志耶？”

饶流泉平治道途

饶尚芳，字流泉，龙山监生。初，家贫，负贩为业。由县至湖北之来凤，路仅十余里，然艰险不利行。尚芳往返，则慨然曰：“吾终当易此为康庄也。”已而果然。

王冰确修路

王冰确，字宾恪。无兄弟，无妻子。居无庐，冬无衾，夏无帐。岁假陇上小茅舍，召村童训读以资生，夜则投僧寺而栖，或倚亭檐宿焉。奇穷矣，而孳孳行善事，辄瘁心力于桥梁道路间。自其所居之山后撞钟石至白果市，春雨冬雪，滑不可行，其后镶砺石，成坦道，则冰确募修力也。衡之人感其意之诚、操之廉也，他募或不应，冰确募，无不应者。其岁获训蒙资，自给饔飧外，偶有余，必以供修路费。或悯之，或且嗤之，然山前之有路当修者，每延冰确为募主，或并请其监工焉。

冯铁匠夫妇之侠

冯铁匠，故世家子，其先四川忠州人也。高祖桀，事世祖，以武功致通显。曾祖建庸，承父荫，入监读书，例得叙县丞，自以将种当执干戈卫社稷，具呈请改武秩。世祖壮之，特旨用守备，发甘肃，隶宁夏镇标，以骁勇闻。同列忌之，谮于镇将，被嫌疑，几中危法，会病免。临殁，戒子孙：宁行乞，勿为材官。祖若父承先志，绝意功名，以贫，不能归故乡，遂家宁夏。

冯生有膂力，躯干雄伟，又聪颖有夙慧，束发受书，琅琅上口，刚经柔史，以次淹通。父早丧，奉母侨居。年十七，以宁夏籍入泮，二十，食廪饩。旋娶延安沙氏妇。未逾月母亡，遂弃书不读，丧葬毕，挈妇走延安，为铁匠以自给。工作有定时，所得资敷一日用即已，不求有余。所炼钢纯粹无疵，延安市上称绝技。暇则手双铁丸，磨荡不稍息。妇美而贤，黾勉作苦，终日无疾言遽色。有时冯出游三五日不返，或至十余日，家无余储，妇质荆布，亦不怨。人爱其炼冶之精，而患其能事之不受迫促也，恒瞰亡，以薪米馈妇。妇受而簿记之，归以告，则称其值而偿以器。延安去宁夏远甚，人固不知为胶庠之彦，遑论先阀，然工良器利，外和蔼而内狷介，“冯铁匠”之名遂大著。

延安为边塞要隘，与榆林毗连。乾隆时，山谷之间萑苻不静，有司苦之。营汛尤甚，往往一巨案报勘，辄有揭帖，警告文武，戒勿妄捕，甚且取其衵服，封其秘函，署名驰书，置于左右。或竟录其夤缘秘密之商榷语，房闼背人之狎昵语，载明时日，一一告之，以示一举一动之皆能洞察，大好头颅，直我辈囊中物也者。是盖世宗招致亡命，嗣皇屏斥，散而之四方者，所在皆是。故官吏以文告为缉捕，虚应故事，漏网吞舟，非一日矣。

会神木县民某以嫠妇奉迈姑，抚二孤，居县城之南三里许，突被淫掠，妇不屈死，财物罄尽，报勘经年，久无耗。适县令以履勘旱灾过其地，里正忽报一无名尸，脰断而未殊，血液模糊，僵伏道左，似遭仇杀状。令检视之，短小精悍，髯长及腹，而怀中得寸纸，大书曰：“此淫掠某氏之盗魁也。此盗不诛，是无天理，官不能捕，我为殪之”云云。下不署名，绘二马，小寸许，一伏枥，一昂首长鸣，皆极神骏。令大惊异，亟瘗盗尸，招属认领，详视所书，蜿蜒屈伸，得草圣真传，爱不忍释，以事涉怪诞，遂不附卷，然尸亦卒无有认领者。

延安城外有长堤，堤多植柳，曰柳湖。春秋佳日，一碧如油，都人士联袂游观，兴复不浅。某岁三月值郡试，太守扃门坐堂皇，按名给卷毕，退食稍憩。及放牌，复出升座，于案上得一纸，字仿欧阳率更，秀骨天成，尾端绘二马，纸上无他语，七言绝句一章也。绝句曰："醉揭长竿认酒旗，柳湖风雨急如丝。我来多管人间事，春水粼粼绉一池。"守询诸童，以为戏也。诸童曰："无之。"更问左右以何物来，左右亦莫对。乃付首邑令，使察之。令机警，率干役易服沽饮湖堤上三日，果有群匪轰饮，乘醉大言，意图不轨。出不意，飞黑索系之，得其三而逸其四，一鞫遂伏。盖欲乘考试未毕，谋劫狱掠仓库也。匪谋遂败，守令虑讦告者为匪党之内讧，寝不问。

既而葭州、府谷、怀远、甘泉、延川诸州县迭获巨盗，皆先有绘二马者，通词官署，指导窟穴，因而成擒，盗风为之一戢。葭州牧某，故首邑令也。得告密之件，讶纸尾二马与延安献诗者如出一手，稍稍与僚友言之，凡曾受此种揭帖之长吏，争移书询牧，而神木令竟以前所得盗尸怀中之寸楮呈大府，大府亦风闻延安、榆林之间，屡有绘二马人告讦获盗事，悉命呈出，一一验之，若晋鄙合信陵君之军符也。骇甚，乃通檄各郡县，严密侦缉。

初，冯之去宁夏也，同学诸生问所之，诡词以对。蔡旭与冯莫逆，特饯之，微叩所向，并以秋闱期近，有劝驾意。冯慨然曰："当今之世，凡事皆可为，惟官不可为。武夫出入生死，为国效力，不足当谗间者一启口之祸。文官玩愒因循，恋爵禄、厚妻子而已，虽有贤者，一木焉能支大厦？某，伤心人也，行将挈山妻，走穷荒，虽行乞，所不辞，安能守此一衿乎？吾妻以不逾月之新妇，能割股和药以尽孝于吾母，故不忍弃之，否则亦敝屣耳。"蔡请其所游之方，则曰无定。及隐于冶，蔡乃时时得冯消息焉。

越十五年，蔡之外舅魏某以孝廉大挑一等，签分陕西，得宝鸡令，移权延安。蔡送妇归宁，骤遇冯于市，短衣黧面，坐冶炉下，炉火熠耀，映冯面作纯青色，惊不敢认。及见其妻，布衣椎髻，虽在尘中，不改静穆之旧，乃遽前执冯手，问何所取义而托业于冶。冯曰：“我固不辞行乞，冶不犹胜于行乞乎？”蔡大嗟叹，时相过从。一日，蔡忽来别，谓外舅以捕盗不力，将去官，己亦将挈妇返宁夏。冯笑曰：“盗固不可治也，将谁尤！”后又数年，冯与妻中宵丧其元，一子生十年矣，藉草卧下，幸免于难。宰官勘验，门户前后无盗迹，奇之。检其巾箱，惟破书中有一横幅，绘事精绝，平沙卷草，二骥俯仰其间，神采生动，情景悲壮，下题“沙掩风嘶”四字，并系以诗，警句云：“兼善不可得，独善胡为者。借手一锄凶，隐身炉冶下。”其以二骥影“冯”字，平沙著妻姓氏，是又一幅闺中行乐图也。宰爱不忍释，携归，知盗之贼冯，为复仇计，严缉之，无所获。乃捐资为冯营葬，树丰碑于墓前，曰“侠士冯铁匠夫妇归骨处”。遗子颇驯谨，宰使与己子偕，就傅后，竟继其书香。冯名搏，字翰飞，市隐后，人皆呼为冯铁匠，罕有知其名字者。

曹王在报王恕

曹王在，上海人，为县著姓，工制义。乾隆甲寅春，与沈大成同游广州，客学使王东麓所，大成则馆闽抚铜梁王中丞恕署中。越一年，王闻曹名，迎以为诸子师，大合乐，置酒，宾客咸会，具公服拜之，延之上坐，指谓众人曰：“此江表曹先生，海内名士，即仆亦当师之。”曹逊谢不敢当，而王终席未倦。既罢，曹私谓大成曰：“我馆人多矣，未有王公之礼我若此也。吾何以报之？”自是生辰及岁朝、节日，王必具公服拜之，有疾，晨夕往问，暇即至馆，与论文史。盖由粤去闽，迄王之薨，如一日也。

王既归葬蜀，家属侨濡须，曹将渡江，其妻弟朱补园少詹招之试京兆。曹曰：“王氏诸子学未成，义不可他去。且因奥援以就功名，非吾志也。”后王家仍返铜梁，而曹以疾留。逾年，其家以乡无硕师也，书来，言道远家贫，不敢强之行。曹欣然治装，携其长子间关入蜀。有阻之者，曰：“此吾报王公之日也，即死无憾。”去数年归，过大成曰：“王氏诸子学皆成，其季汝嘉、汝璧尤刻苦，能趾美。吾死，可见王公于地下矣。”汝璧后入仕，以安徽巡抚入官工部侍郎。

李仲彭还束脩

连城李简庵茂才有子名成文，字仲彭，亦诸生。境极困，以授徒自给。岁终，以徒学未成为愧，于束脩有半受者，有全却者，徒以感奋。尝应举，有人馈赆之，固辞不受，或遗其家，既而知之，即酬以古琴。

余观德焚券

乾隆末，高邮知州孙某，尝负歙人余观德白金五千两，及余以索逋往，而孙病殆濒危，执余手以稚妻幼子为托。余乃为买宅于扬州小东门，任其家用，俟其子能就学，属之名师，且时周给之而焚前券。

徐明经分人以财

钱塘徐虚斋明经以诚，生平辟佛老而好施与，闭户教授，单寒之家，辄不计其脩，且岁时周恤之。乾隆季年，表弟范圻方髫龀，从父宦游，遭家不造，自数千里外扶父榇归，依明经，则曰：“中表亦同血胤，犹我弟也。”饮食教诲，无微不至。及其成人，为之授室，并给资使游秦、晋，为诸侯上客。明经之曾孙为印香舍人恩绶，有祖风，亦贫而好施，即珂之父也。

何春渚供厉樊榭月上栗主

厉樊榭征君鹗之殁也，杭堇浦太史世骏哭以诗，有云：“泉路定应寻月上，断风零雨说相思。”月上，征君爱姬也，早卒，征君有《悼亡姬》七律十二首，极凄丽。征君无子，殁四十余年，征君及月上栗主俱委榛莽中。何春渚布衣琪见之，取归送黄山谷祠，洒埽一室以供之。青浦王兰泉侍郎昶且属同人，岁于忌日为荐酒脯以祭之。

成善还人媳

成善，满洲人，冀州知州。时甘肃道员蒋全迪以冒赈伏法，子孙皆遣戍，妻孥流离觅食，至州界，妻病旅店中，因卖媳为婢。成买其媳归，询知家世，慨然曰：“等为外吏，岂可幸其患难，辱及家室，安知吾子孙他日不至此耶?”立遣还，并厚赠以赀，送其妻媳回籍。

纪某为丁氏子雪弑父冤

山阳丁佩弦富而吝，乡人怨之，呼为“铁丁”。丁闻之，亦自喜也，遂以为号。丁有子冠矣，有女笄矣，不为婚，不为嫁也。或问之，曰：“婚嫁多费，置之，俟其力能自致耳。”子能读书，孝其父，见其父之焦劳也，每为其父劝。父不听，言辄挞之，积久恩义益疏。而其子曾不之顾，涕泣甫过，则又笑语于前矣，虽百挞不去也。女聪颖绝伦，有艳名。铁丁既不问婚嫁，少年得间，辄与女通殷勤，女不拒。其子既不得于父，又以妹之举动为不然，亦时时规之。妹亦厌其兄之迂，又怜其诚也，面拒之，而阴于父前为之游说，故父子之间相夷犹未甚也。

邑有狂生纪某，嗜酒能文，好议论当世事。酒酣兴至，辄面折人，邑人皆畏而远之，女独好与谈。一日里中演剧，纪半醉而往，遇女，纪遽前揖曰：“而翁老铁无恙?”女大怒，猝拳之，折其齿，纪负痛不怒，惟大笑引却。女反不自安，拾其齿，明日将送还。而纪书来，曰：“慕卿久，家贫不能具六礼。齿者骨肉之余，既玉手亲折，即留为聘仪，当胜于珠玉也。”女得函，沉吟久之，置不覆，然自是敛迹不出门，不见人，惟时以言餂其父。继见其父之意不可移也，遂奔于纪。纪无父母兄弟，家徒壁立。且女惟以女红文字为活，间谒丁，丁以省嫁资为喜，转有嘉礼。久之，纪有所亲商于山左，招之，挈家去。女辞父，涕泗交颐，丁了无惨色，于是顽钝无耻之名益著。年余，又逐其子，盖其子偶窃钱数百文济一贫瞽之老者也。丁独与群仆居，无何，中夜为人所杀，莫知主名。诸仆得丁子于室，因偕丁族人执之送于官。官讯之，涕堕如绠，曰："父死，我不独生，死可也。谓我弑逆则冤甚。"诘以父为何人所杀，则称不知。按察某疑之，延其狱，不遽断，而其事已传播远近。会学使按临济南，按察往迎，学使力言其冤，按察以未获正凶，终不释也。

丁子在狱久，历诸艰苦，自谓必死，再阅月，狱卒忽宽待之，移至一室，枕褥衾榻悉备，丁子怪之。已而狱卒言学使署中有人来谒，视之则纪也。纪在山左得学使识拔，已为入幕之宾矣。丁子前惎纪，未尝正视，至是惨沮之中，颇有惭色。纪询得颠末，盖丁子虽被逐，然不忘其父，夜分俟父熟寝，辄往省视。是日见父死于床，大惊而呼，遂为众执。丁之族人则谋分其产，计莫如先戕其子，因厚诬焉。纪闻之，乃告学使再请按察严询诸仆，尽得其情，果诸仆恨丁之刻，合谋弑之，而嫁罪于其子也。案既成，丁子始谢纪夫妇。纪将为之议婚于大家，丁子不欲，继乃自言前为父所逐时，宿破庙中，见瞽女以星命度日，而绝孝其母，因留意焉。纪固不羁士，即为媒之。成婚日，路人皆曰："铁丁何等人，而其一子一女，乃皆畸人，何耶？"

樵叟救某宦出狱

峨眉之麓，林木蓊然，居民类业樵。某岁春，来一叟，须发斑然，偻其背，扶一杖，时造酒肆饮，辄罄数十觥，余晷则负锄事樵。夜宿古刹中，默然未尝发一言，如是者年余。

一日，叟方辍饮步山中，突有老仆拥一女郎至，见叟则下拜，叟拂袖径去。时已薄瞑（通“暝”），遂失所在。居人奇之，叩女郎以颠末。女郎操南音曰：“叟，游侠士也。我父宦于浙，叟乃来归，自称曰勇士。父奇其貌，礼之殊众宾，叟安之，未尝谢。明年，父遭权贵忌下狱，就道之日，忽失叟迹。明年父归，未尝不兴言感叟也。”初，女之父下狱后，叟欲拯之者屡矣，犹以为未得间。会某相子好剑术，无师，欲募天下勇者精其术，虽万金勿吝。叟挺然往，旬日之间，技大进，某相乃进叟而谓之曰：“子傅我儿，技乃大进，我实嘉子。子有何欲，我必从之。”叟乃乘间以女父事进，并告之曰：“能拯若人，感如身受。”父遂以是归。知叟所为，感甚，誓欲迹之，顾病瘫勿果，乃教女觅叟，跋涉长途，有日矣。今始遇之，何图绝裾若此，施恩不望报，仁哉叟也！居民相与嗟咤，始知叟乃非常人也。

吴婢救王仆

杭州汪大丰之族母有婢吴，颇婉顺，母怜之，后病且死，嘱二子善遣之。子体母意，厚赐之，遣老仆王某送归其家。婢父母均前卒，两兄皆无赖，所赍既诱尽，更以二百金鬻之远所，音耗遂绝。久之，王以急事往闽，渡海遇蔡牵被掠，驱至一艇中。忽有呼之者，曰：“若非汪孺人家王伯乎？”王谛视，急呼曰：“吴姐乃在此，救我救我！”吴叱左右解其缚，谓：“两兄皆匪人，荡我赀，复计陷我。此间大出海捐千金购我，颇厚我。然所为不道，我微讽之，渠亦自危。然以群伙牵制，不能决行，当与之俱烬矣。”俄顷牵来，群盗传呼曰：“大出海至。”盖“大出海”者，舶主之尊称也。牵短衣跨褶，妇则戎服裹头，诚压寨夫人也，惟皆徒跣耳。吴指王谓牵曰：“此我旧主之仆，昔蒙其惠，老且贫，勿责其赎也。幸送之归。”牵诺之，赠以金，并一旗，曰：“执此，海道无阻。”王与吴大泣而别，归以告其兄。时二兄鬻妹金已罄，计为盗亦得，入海投之。吴闻其至，即怒曰：“人之无良，我乃以为兄耶？必杀之！”牵为宛转解释，始抱头窜归。后牵败，以巨炮自沉其舟，则吴果与之俱烬矣。

罗壮勇杀豪救妇

锦江某孀妇老而贫，有子远出经商，三年不归。媳方少艾，土豪某强委禽焉，不可则将劫取之。姑、妇夜泣，罗壮勇公思举方为盗，过其屋，闻泣声，伏听而悲之，即跃下，授以橐中所获，使他匿。是夜，豪方饮于室，有物若魑魅，忽入室，攫其首去。时川盗推壮勇为最便捷，其家疑为壮勇也，报官，并悬千金之赏以捕之，久之不得。嘉庆戊午，川、楚军兴，壮勇积功至提督。他日谒县令，自言之，且曰："法不可废，请归案待罪可也。"令再三逊谢，乃销案。壮勇以千金给豪家，曰："若悬赏千金，是为我定价也。请以此自赎，何如？"

罗壮勇妻鬻身救夫

罗壮勇改行后，始娶妻，忽患奇疾，百方不治。一道人过门曰："有方可救，但得钱三十千，乃可制药。"罗自念贫窭，安得三十千钱？语其妻曰："吾病且死，汝亦饿死耳。苟鬻汝，得钱买药，则两活矣。"妻不可，强之再三，泣而从之。病果瘳。罗既官游击，乃遣人访其妻，以重金赎还，为夫妇如初，报其鬻身救夫之义也。此事不足训，然以视少共艰苦，既贵而厌弃其糟糠者，其厚薄之区，殆不可以道里计矣。

齐二寡妇救老尼

嘉庆时，有齐二寡妇王氏者，美而勇，且善幻术、工技击，从夫鬻技四方，能着弓鞋立马上，驰骋若飞。白莲教匪作乱，横突兵间，剽悍无敌。时夫死，齐方祝发尼庵。庵多常住，官觊其利，诬老尼通贼，系之狱，籍其产。齐素以拳勇教授乡里，游侠多出门下，乃共谋劫狱，出老尼。既劫，则众不可散，遂与诸游侠据山为乱，投入白莲教，为教首，渐更男子服，改初志矣。

朱文正病中作墓铭

上海曹侍御疏劾和珅，身后始蒙优奖。当嘉庆己未，侍御子玉水舍人江将扶榇归葬，求铭于朱文正公珪。文正病背痈方剧，舍人请俟愈后为之寄江南，曰："可及也。"文正曰："不可。吾病，吾文且益真挚，愈于不病者。"乃流涕属草。稿竣，请刘文清公墉书之。文清为避易数字，文正意不惬，复改定，而文清更书之，即后所刊石流传者也。

黄竹冈送裴宗锡柩

黄堃，字竹冈，吴县人。晚游天台，翛然有遗世之想。更名云鹳，称"吴中云鹳老人"。嘉庆时，尝客皖抚裴宗锡幕，事无大小，悉咨之。裴调云南，从之。裴卒于官，节相李侍尧兼摄抚篆，仍延之。未几，裴丧归，子幼，无期功亲为护丧者，竹冈即辞节相以送之归，盖水陆万余里也。

俞文救秀才

俞文，苏州人，世为紫阳书院门斗，嗜酒。嘉庆己未，有某生负富者金，庭辱于县，会学使以试事按郡，诸生数十人讼某冤，且讦县令受富者关白，不直，则大噪。学使惧，檄某丞杂治。而附郭他县令素与院生有隙，思窜名倾之，密召文，属其言不法事。翌日，当庭鞫，呼文，使指名，不应，则厉声曰某某犯某事。文瞠目呼"无之"，且谓某某皆好秀才，会鞫者气沮。文身被三木，一昼夜股骨折，胫露，卒无他言。后以狱解得释，徜徉于酒者又二十年，始卒。

王诚救毛大瀛

毛大瀛，宝山人，原名诗正，字又衾。乾隆时诸生，工词章，充四库全书馆誊录，议叙州同。嘉庆丙辰，从勒保平达州教匪，计擒贼首，叙功赏戴花翎，擢简州知州。庚申三月，匪渡嘉陵，犯成都，大瀛被檄募勇遏之。匪窜州境，大瀛率三百人迎击于土沟桥，斩获无算。匪大至，兵溃，匪飞戟刺大瀛，大瀛仆。其仆王诚急冠大瀛冠，效纪信故事，为误匪计。匪寸磔之，截其首去。而大瀛身亦被十余创，肠出腹外，手持矟，骂不绝口而死，时年六十六矣。

龚龚奠顾澹湖

顾公燮，字丹午，号澹湖，又号担瓠，吴郡老诸生也。少从学于陆桂森、张九叶，既入泮，试辄高等。中年放旷，不事举子业。长子早卒，次子好游荡，逐之，走至安庆，有悦之者招为婿，不复还，竟无后。澹湖有义仆曰龚龚者，殁后，每清明寒食，辄携盂饭卮酒以上冢，焚纸钱奠之。

何玉鉴慷慨好义

何玉鉴，字明选，桂阳监生，慷慨好义。尝从妇翁范宗裕于东乡县令任所，有饶向荣者，贫士也，玉鉴怜其才，请于宗裕，延为童子师，复倾囊赡之。向荣励学三载，入翰林。又县民某女许嫁一士人，后以其贫而悔，讼于官，其婿恚欲死。玉鉴助以百金，使成礼。士人赋诗赠玉鉴以为谢，有云："镜眉别画伤千古，故剑重还恃二天。"

林清周给曹纶

曹纶，汉军正黄旗人。父廷奎，贵州安顺府同知。乾隆庚戌，纶随任高邮，时林清为粮道随役，至高邮查漕，与纶识。廷奎有廉声，卒之日，益拮据。纶归都，妻子鹑衣百结，纶出外供职，则衣敝袍，自与妻子析薪执爨，日或不给二餔，则市馎饦以充饥。嘉庆丁卯春，纶卧疾不出，忽闻叩门声，启视则清也。握手道旧事，清愀然曰："公子一寒至此，清虽力薄，然通财济乏，义也，何敢辞！”即与以白金数镒，寻遣人持衣数袭赠之。夏四月，病起，造清之门，清约纶为兄弟，纶有乏，清必给之。

白兰花募赈捐

嘉庆中叶，有漕督某者，素刚鲠，恶淮商周海门之豪侈而劾之，三疏不动。一日，某忽自至其家，置酒饮宴，欢若兄弟，一时群诧之，久乃度其奥援之有自也。尝于春日饮客花下，与客纵论古今豪杰及剑侠，海门拊膺曰：“吾闻剑侠之术亦非所难，而环顾当世，乃寥寥如曙后星，何也？诸君亦曾有此遇否？”座有少年起而对曰：“有之，且尝一见之，其人盖在缧绁中也。”

海门亟问何人，客曰：“其人不知姓名，或谓为郁林州人。其入人家，无冬无夏，临去留白兰花一萼，不知其所自来，世所称白兰花者也。”众请毕其说，客曰：“白兰花无居止，无踪迹，往往无意遇之，求之又不可得。庚午，东江大水，民漂荡者以万计。请于官，官不赈，某董事倡募义捐，应者寥寥。董事夜寐，置捐册于案，明旦失所在，而鉼中插白兰花一，大惊。越三日，有人持捐册来，且促董事往任散赈之事。董事素识其人，问所从来，曰：‘途中有人以此给我，嘱来相邀，且云待于河干。’董事视其簿，则平日所号为老悭者，皆乐输千百，最后则不肯认赈之某官，亦捐白金八千，且钤有县印也。于时趋而前，至河干，万钟之粟，千镒之金，已立具。事后追问，莫知其由，以意度之，其为强迫可知。自是“白兰花”之名大噪，巨室豪右，中夜尝无故自惊，以为白兰花至也，迹之，无朕兆。

某将军以海寇发，率师船巡海。一夕舟泊虎门，即座舰宴客，妓女数十人左右拥抱。将军宴罢，留妓侍寝。将军起，则白兰花俨然在案，大骇，久之无异，疑而遍检舟中，无形影。已而用印，则印字已磨漶不可见，而别有篆文‘粉侯’二字，幕宾识之以告，将军大怒，潜召工更摹刻焉。”

魏长生有侠气

魏三，名长生，四川金堂人，行三，秦腔之花旦也。入都时，年将三十矣。时都中盛行弋腔，士大夫厌其嚣杂，长生因之改秦腔，名动京师，王公贵人无不愿识之。其为人有侠气，纳兰太傅孙曰成安者，初与之狎，后遇事遣戍归，贫无以立，长生时周恤之。

王应祥代人偿逋

永嘉王应祥，字国桢。初读书，以家资中落，遂自主会计，以善治生，渐饶裕。性慷爽，商人梁子藏以负逋无措，将就死，乃假以多金，并为转貣于他人，至期不偿，更自鬻田宅以偿之。

郭家彪慷慨好施

郭家彪，字春坊，湘阴人。生而温约夷愉，与人无竞，而慷慨好施。家故饶裕，诸父豪宕，或日费数十万钱无所惜，家彪亦夷然，不为有亡之顾虑也。亲故假贷，辄如其意以去；或贷于他人要一言为质，及期爽约，而责偿于家彪亦不拒。岁中为人理宿逋，率至三四，久之往往不雠，则毁其约契。会岁大祲，家以中圮，然志在淡泊，不以丰约易度，布衣粝食，萧然自得，益以济人为务。且广储方药，病者踵门求乞，手剂与之。自寻常草木、马勃、牛溲以至丹砂、钟乳、千岁之苓、尚方之参，诸奇珍物，无所不蓄，亦无所不施。其尤贫者，辅以羞饵，使人日再问焉；疾革，躬三问焉；没后，里人言之，辄涕泗交颐也。

程升清厘汪滋畹债

有程升者，汪阁学滋畹之旧仆也。阁学官翰林时，升年逾六旬。阁学有友人为之买妾，令升送之入都，坚不从，且以大义责之，乃遣妾别嫁。阁学卒，逋负累累，负之者亦复不少，升终年跋涉而为之清厘，不以为劳也。

骆六救陶凫芗

骆六，宝坻人。幼为陶凫芗仆。嘉庆癸酉，六方从陶以翰林在文颖馆校书，时仁宗秋狝木兰，教匪林清勾结内监张泰、王福禄、刘得财等作乱，京师震动。数匪入馆，骆藏陶复室中，扃其户，自索器谋拒之，苦无械，乃折桌足持与斗。匪削以刀，断四指，晕而仆。匪入室，虚无人，遂出。时皂隶数人伏草中，匪去乃出闭馆门，陶与诸人共守之。事平，骆殊未死，移归邸，渐苏，陶厚待之。其后陶每陛见，宣宗辄问义仆骆六尚在否。陶养之，终其身。

六诚朴无他长，不知机械变诈，故临难忠奋，有古人风。年七十卒于家。子满仓，有田二顷，陶所赐也。

郝某雪邱梦馀冤

山阳邱梦馀孝廉彬，少孤苦，无恒业，俭衣削食，积脩脯若干缗，权子母。久之，子本相侔，生息渐裕。有猾吏利其赀，踵门求贷，既贷，竟不偿，乃诉之郡。吏以赀赂守，不之理；促之，守怒，辱梦馀于堂。梦馀乃上控大府，吏恃其狡，冤不雪。同舍生有郝某者，愤甚，招诸生集明伦堂，问吏罪，众畏缩不敢前，事遂寝。

陈稚峰待妻弟

陈稚峰之游滇也，以妻弟许某有采铜之役，固请与偕。一年而许卒于滇，失铜价至三千金，孤悬八千里外，势且不返。稚峰经纪其丧，竭力营救，滇之当官者咸高其谊，卒偿所失铜价，载许与其族人之柩及妾若遗腹子，间关以归其家。

新城陈氏义田

自北宋范文正公以来设置义庄，至本朝，崇尚风义，凡以义田义产敬宗收族上闻者，岁不下百十家，其父子兄弟赓续推衍，立法之善及其后遗泽之长者，则莫如江右新城陈氏。陈据高赀已百年，自赠光禄大夫道始置义田二千石，其诸子金衢严道守诚、陈州府知府守诒、内阁中书守中、江苏按察使守训、内阁中书守誉，先后增益学田、祭田、小宗义田至七千石，嘉庆时详具文簿，牒于县府行省，以达于部，得旨旌奖。时光禄之孙仓场侍郎观、礼部侍郎用光，曾孙工部侍郎希曾，均在朝列，具摺入谢，仁宗召见而垂询焉。而希曾兄浙江道御史希祖、用光侄翰林兰祥，及其他封胡羯末官、曹郎监司，取甲乙科者，期功房从中多至数十人，可谓盛矣。

沈芳周贫乏

嘉庆时，长洲有女士沈芳者，字梦湘，为诸生顾春山继室。好读书，耽吟咏，兼工绘事。所售笔墨之资辄以周贫乏，曰："吾无饥寒忧，留此何用?"

盗报庞某恩

庞某以酿酒为业，一日晨起，有偷儿卧瓮侧，枕所窃衣物甚酣。呼之起，跪而乞命。问其姓氏，讶曰："故人子也，乌得流为穿窬？果能改过，当赠二金，以资谋生。"因启后门令去。越数年，庞至闽从戎，官千总，时海盗充斥，出洋巡哨，遇盗迫捕，众寡不敌，盗凿舟，舟覆，十余人皆被擒。擒至一岛，岛有城峻甚，槛车盘旋而上。至一处，宏敞如官廨，簇拥而前。俄闻呼过堂处决，点名至庞，酋诘里居姓氏，备述之，有霁色，喝左右留庞再询，余皆槛候。俄降座，惊释其缚，请入后堂，令易新衣，左右按庞于座，降级下拜。大惊，酋曰："君不忆瓮旁酣睡者耶？别后仍复潦倒，饥寒驱人，役于闽舶。一日舟覆，蒙岛王收录，不没微劳，得膺此职。君如肯落草，当虚左以待焉。"

"落草"者，为盗之隐语也。庞笑谢不敏，酋乃留之暂居。

一日设筵宴之，命侍儿执巾栉。居数月，酋语庞曰："君有旋闽之思乎？他日遇于中流，自当退避三舍，不敢犯君之锋，即所以为报也。"翌日，祖饯海滨，馈贻优渥，庞惟受其器械旗帜，为归而首功计。被擒者亦皆释回。不数日抵闽，以失利被擒、设计图脱、夺获军装呈验等情禀知上官，上官嘉其智勇，加升衔。其后每巡哨，所向辄有功，他将则否，于是积功擢总兵。后因病假归，盗猖獗如初，及起用，仍肃清无事。

阎老六为主人御张老材

郯城张老材，盗之豪者也。郯有富人娶于东郭，张侦之。盗约行劫之先，必留符识于门或墙之隐处以为验，既告其徒，亦以示他盗使知有先之者，则不复争也。是日张先往，既识之矣，明日复往，以其宾从之多，未敢仓猝从事也，则杂稠人中而观之。

时有丐傍偕立，张视之，其举止盗也，其面目盗也，其神情状态无一非盗也。张度其为外来者也，则以盗语语之，且示以所识。丐忽跃然起，呼曰："盗来矣，不速捕，将失之。"遽牵张臂。张大骇，亦反肱击之。张绝勇健，丐亦多力，两人相持牵掣，击触阶下，阶上人皆惊起。张度终不得脱，则诘丐曰："若亦丐而盗者也。"主人闻之，趋而前曰："如两君言，两君皆不免于盗也。今日吉期，辱两君光降，两君之来，不盗于我，而相偕以道，是两君之厚我也。请即此宾筵，相与一酌，何如？"

丐至是大笑，曰："甚善。"遽自趋上座，引满而釂，张亦忸怩就座。酒数巡，张欲起，丐挽之曰："张某，若贼心未死，欲顾而之他耶？若欲去，若知我何人？"张不能答。丐俯首，自解其足置案，则刻木者也。曳下衣示人，曰："胫以下血色犹殷，如新截以刃者。座客皆大惊，张亦动色。丐引满曰："失此足，二十年矣。"顾张曰："仆当日亦如君所为者也。君亦知泰安有阎老六乎？仆是也。仆当时与徒党纵横东道有年矣。一日，有老人偕女郎自北来，资装不甚多，惟挟两瓮，铸铜为之，其光可鉴。

车之上下，皆自提携之，不令他人近也。仆当时甚怪之，尾之行，自阿城而南，宿于安山驿。老人入逆旅，有美少年自南来，华服跨紫骝，亦入，相见欢甚。是日，老人命具花烛，为少年与女郎就逆旅中合卺，老人所赠，两瓮而已。女郎明珰翠羽，金钿玉钗，曳百褶裙，衣饰皆非仓猝所具者，窥之，悉取自瓮中。瓮固不大，不识何以取携如是。是夜，女郎卸妆，乃置瓮中，老人则俟合卺礼成，匆匆冒夜径去。于是仆等即往劫之，推其门，无声；入其室，不见动静。揭其帐，两人方跏趺对坐，声息都渺，刃砍之，如着棉絮，不惊亦不怒，惟曰：'汝辈欲金帛耶？在床下瓮中，能取即自取也。'仆极力提掇，瓮重几万斤，不可动。仆知有异，回顾欲出，而同伴三人者，皆卤莽，遽挥刃连劈床上人。于是少年怒，跃起，奋袖一挥，四人皆仆地。少年顾仆曰：'汝盗首耶？'当时度不能脱，即应之曰：'是。'少年释三人去，举瓮置前，令持去，仆终不能稍移。少年笑曰：'无用至此，尚称健儿耶？趣去，毋溷！'仅得脱。明旦，少年夫妇东行，仍遥尾之，欲观其究竟。行二十里，少年忽回顾曰：'若不欲生耶？'嗔目一叱，电光自其目出，隔十数丈，已及吾身，其凉如水，不觉昏绝。及醒，则在室中，诸同伴方环视，盖两足皆失，病创卧一昼夜矣。自是改行不敢复为。不图今日复为君所窥，君真好眼力哉，惜武技尚未至也。"乃以手划桌面作势，深入半寸许，张大惊服。

张至是欲请丐长其群，丐不许，张之徒来者多人，见此状，皆不敢动。自是富人德丐，日周给之。丐得钱辄散去，不留一文。张以为形迹已露，乃不复为盗于近地，而时时远出。一旦，劫漕艘于河壖，被格创死，州判某以富人与张有一席之雅，因诬以窝赃，欲诈取财帛也。不与，因陷之狱中。丐闻，为之诣堂上，侃侃而辨，官并逮丐与富人同系。丐谓富人曰："事急，吾不得不为冯妇矣。"遂自褫其械，夜踰墙去，将旦复还。是夜官库被劫，而州判得银于床头，大骇，不敢隐，以呈太守，果库银也。虽然失数不符尚多，竟以嫌疑撤任。后任至，富人遂得昭雪出狱，更求丐，不知所之矣。

伊墨卿赠宋芷湾金

嘉、道间，伊墨卿太守秉绶以翰林出守惠州。时嘉应宋芷湾太史湘以会试无旅赀，当时公车资费，人必数百金，宋与伊为文字交，告贷于伊。伊曰："能以东西南北四字赠我一七言联语，当以三百金为赠。"宋不假思索，秉笔立成，联曰："南海有人瞻北斗，东坡此地即西湖。（惠州有小西湖。）"伊大喜，决其是科必售，赠以五百金。宋果于是科膺选。

伊墨卿经纪张孟词丧

宁化张孟词，名腾蛟，少负异才。家近蛟湖，朱文正尝以"老蛟精"呼之。性喜博览，尝撰《山海精良》一书，未就而卒。孟词与伊墨卿交笃，殁于京邸，墨卿为经纪其丧。哭以诗，有"执手弥留际，心宣更目成。亮为雏凤计，竟失老蛟精"。

某伶恤某公妻子

某伶者，色艺俱工绝。游于陕，陕尚秦声，无解南音者，困甚，无所得衣食。时某部为秦声冠，投焉，部中人共揶揄之，亦不甚令登场。会抚署谯客，数折后，藩司某问有能昆曲者否，部中无以应。伶独趋进自承，曹长愕然，欲止之，则堂上已呼召矣。登台奏技，甫一发声，某色喜，满座倾听。歌一阕，遽止之，曰："笛板工尺相左，他乐器亦无一合者，是乌足尽所长？"趣呼藩署家乐和之，使演《扫花》一出。伶既畜技久，思一逞，又多历轗轲，愤郁无所泄，至是乃尽吐之，浏亮顿挫，曲尽其妙。某号称知音，不觉神夺而身离席也。座客见其倾倒如是，咸称羡附和之。曲终，缠头以千计，而伶之名大噪。

已而伶持某书入都，都下贵人争爱赏之，宴会非伶不欢，由是名益著。阅数岁，某以藩司擢陕抚，冒赈事发被逮，下刑部狱，家产籍没，眷属羁滞京邸，衣食不给，终日相对惨怛。忽一苍头问讯而至，言主人命致意，已为夫人觅得一安宅，趣呼舆马送至，则屋宇精美，米薪器用，下至箕帚之属，一一完好，顾不知主人为谁。时某已论大辟，系狱久，生平故旧无一过问者。一日晨起，突有人直至系所，哭拜不能起，视之则伶也，已去其业，居京师作富人，夫人宅即所置也。于是即狱中置酒，复为歌《扫花》一出。甫及半，某大哭，即止不歌，而相对泪下如绠縻。自是朝夕至，视寒暖，调饮食，如孝子之事亲。弃市日，具棺椁厚敛之，送其榇与妻子归里，又恤其度日费，度足用乃止。

董晋卿侍师疾

武进董士锡，字晋卿，副贡生，历主通州紫琅书院、扬州广陵书院、泰州书院讲席。道光辛巳，其房师霑化苏某观察淮扬，招之入幕。苏猝染时疫，病甚，侍疾惟谨。或告以乡试期迫，盍舍去，则作色曰："吾受师知遇之恩，未能一日报，今师疾病，遽舍之而行，是重负师也。"卒不应试。侍疾阅数月，苏亦愈。

吴名扬保全射村人

去归安可四十里有地曰射村，一小市镇也，归安县丞驻之。村曲折多支港，为太湖巨浸之尾闾，人家面水居，非舟楫不能渡，以是称水乡焉。村西仅农民数十家，寥落如晨星。过板桥而东，则人烟较稠密，有小街一，市廛在于是，为一村之中心点。

道光时，村有陆翁者，农也，蓄薄田数十亩自耕，足衣食，有余则好行小惠。每岁暮，邻里之奇贫者辄济其急，不责报，村人多德之。翁中年得一子曰名扬，长而气盛，勇于任事，尤喜名，或以谀言奉之则喜，虽拔山举鼎而无辞，利害成败不计也。村东社公庙年久将圮，而旧时之理其事者以无款置不问，名扬请于众，愿集赀新之。众韪其议，以名扬有干才，遂被推，使督修。未数月而祠落成，规模至宏敞。及稽其用款，则较畴昔为节省，人始悟前之经纪者必蚀款以自肥，而名扬则无是也。村有小争讼，类就质于名扬，名扬所言多平直，又善于排解，能折争者之心。久之，村有大事，父老所不能办者，咸集于其门，邻之人亦慕名扬才，竞往商进止。而名扬乃俨以里豪自居，先人田畴，固不复躬亲其事矣。

未几，归安县令以漕艘将开，缺万石不能集，而射村一带多疲户，欠漕未完，任追，罔一应，令窘甚。有黠役某与名扬友，知其能，乃请于令，遣人招名扬往商。名扬遂买舟谒令，令以催漕嘱之。名扬曰："官能依吾语，视往年所收减十一，俾村民纾喘息，吾当说吾村先期输全漕。"令不得已，允其请。名扬返，属徒党鸣锣于四乡，先陈其利害，谓官许贬收，待民已至厚，宜急输，毋稍迟。村民是之，赴城完漕，争先恐后，不几日而数大旺，令得以资报解。事已，令给以谕，使充射村董。后遇地方事，惟名扬言是从，而村人之完纳钱粮虑为吏困者，亦倚名扬为护符，而名扬之把持漕务亦自此始。

时漕未改折，民完纳率以米，官吏兑解征收，种种需费，费无从出，不得不取给于浮粮，乡民忍之而已。中有黠者，乃得以揭其短，于是弊日甚，刁风且愈炽。江浙为财赋区，归安漕数之巨尤甲于浙西各州县，而弊亦如之。姚文僖公文田尝具疏以闻，卒格于势，未能革其一二。乡民顾不能堪，遂起而自筹抵制，官吏以其不易收纳也，目之曰顽庄。射村为顽庄之一，而名扬实其魁焉。每收漕时，名扬率乡人赴县完纳，小舟数百，载米随之。及抵县城，先与吏役相款洽，使闻诸官，官乃遣役至船与之议。名扬至黠，其党徒又甚嚣张，必执年谷不丰之词乞官从优恤。官不之许，则议屡不得谐，而粮船泊河干，路几为之塞。久之，名扬始稍稍与官以浮收，每石准加粮数斗，而所议淋尖踢斛、袋费票钱诸名目则一例废除，是名为加粮，实多所取巧。胥吏恐忤其意，不敢较长短，官以考成攸系，且值浑漕时代，惧为人发其阴私也，乃俯首以就范焉。

归安故优缺，非炙手可热者，不能攫得之。直隶姚大谦与浙抚帅承瀛有戚谊，某年署邑篆，下车后，以搜括为能事，尤注意于漕粮，蠹胥猾吏复因缘以为奸。抵任适春初，按征上年尾漕，辄额外取盈，贪声载道。有控之者，以帅故，无敢投鼠忌器，一摘其隐也。及冬而开漕，相率集议，遏粮不纳。大谦恐甚，欲签提花户，则办不胜办，且人众易激变，而己转不安于位。展转筹思，无可为计。有献议者，谓宜先使其来纳，俟有数成，再用严厉手段，即可择肥而噬，此上策也。且民已闻官名，非出示以坚其信，必互相观望，不乐于输纳。大谦喜，翌午，出奉宪谕八折收漕之示，大张于乡村中。名扬睹之，急令其党速揭一纸，藏于家。未及数小时，前所张贴者悉不见，人或称怪，名扬笑曰："必官中有后命，又揭回也。然既藏一纸，已珍如拱璧矣。"次日往县城，先属徒党照八折完粮，谓是遵宪谕，吏役不敢声。既复访漕书，出揭示而语之曰："八折收漕，乃圣朝盛德事，大府之意，亦甚可感，吾拟即日走京师，将击登闻鼓，以谢天恩。但何日奉宪谕，乞子告我，俾勿忘。"漕书闻之色立变，旋招之登酒家楼，婉词以劝，谓之曰："此非得已者，子但八折完，已便宜矣，何必问他人事，与吾辈戏?"名扬艴然曰："吾一乡之魁，应为乡人致谢忱耳。"漕书知名扬此来，非空言所能济，且味其语句，亦有取瑟而歌之意，急白大谦。大谦初以事颇完密，不图尚贻一纸于人手，闻告，甚悔。顾事已至此，乃愿出千金为揭示之交换品。名扬先不允，后经书吏再三商之，始袖金去，临行犹大言曰："是区区者，不足值乃公一笑也。虽然，其亦稍寒贪官之胆乎?"

大谦之贿千金也，乃迫而使然，欲修怨，时露于词色，一二知者颇为名扬危。未几，大谦移乌程，越半载，通判王寿榕来权归安。寿榕迂懦不解事，履新伊始，辄求教于大谦，大谦乃诡言曰："归安无难治，难在漕耳。"寿榕诘其故，大谦曰："不办顽庄，漕不可收；不去陆名扬，则顽庄不可办也。"寿榕韪之，初不虑有他意。一日，乘间请于太守方某，谓非严惩顽庄与拏办名扬不可。方以新令勇毅敢作事，心壮之。寿榕复以射村在县边境，与乌程、德清相毗连，拟请府檄两县，往会捕之，免漏网，方亦谓然，许即日下密札。寿榕更商诸大谦，函促德清令订期至射村，以为一鼓就擒之计。顾名扬党羽众，府县吏役多与之通，得讯较早，急遣人入城，浼某巨绅为缓颊。绅以名扬果非善，然能卫乡里，为进言于方，乞免究，俾自新。寿榕亦第求其无预公家事，均允不之究，事已寝矣。乃德清令周某奉府檄并得大谦、寿榕函，以事关捕犯，星夜命驾往，及抵射村，始得郡绅乞情之信，知程、安两令不果来，乃折船以归。又恐贻轻率之诮，于是过射村以北，将迂道从武康返。及行经武康，忽有乡民击官舫几坏，人众，势汹涌，无可理喻，周仅以身免。有告周者，言武康上年亦有闹漕事，今见大舟十余衔尾来，知为官，乃大骇，疑武康邑侯将捕其村人，惶惧不暇择，遂出此抵抗之下策也。周乃走诉于方，乞檄武康按其事。适至府署，先与大谦遇，语以状，大谦佯为劝慰者，并与之计曰："名扬事虽已，而太尊意未释，君适挑衅于武康，治之无名，徒贻识者笑。不如归咎于名扬，归安王令且德君。"周应之，遂联袂谒方，以名扬唆众殴官告。方怒，谓名扬为乱民，不可稍姑息，于是名扬之狱乃构成，而有府县会捕之密议。当议捕名扬之日，正冬令办防之时。

初，射村冬防，县令皆谕名扬董其事，岁以为常。而名扬机警有谲智，又能得众心，措置咸宜，村赖以靖。至是，寿榕恶名扬，方议芟刈之，更不欲假以事权，乃令他绅举办。类无能力，再四辞，而村人感名扬，遂仍私属之。名扬乃集村人而议曰："往岁防范之策，甚不足恃，吾村环以水，天堑也，非注意于河道，恐有懈。"村人诺。于是名扬乘小舟，沿村度勘，凡近村之溪港通舟楫处，皆钉排桩，中留一舟之地，便河道往来。至晚则键以木栅，如关卡然，俾客舟不得深入。布置既密，复与村人约，闻钲声，虽深夜必集；非盗警，亦不鸣钲也。及三县会捕之事起，名扬虽浼郡绅为转圜，幸得免，然益整饬河防，日命羽党泛舟中流，严司栅栏之启闭。村人咸啧啧道，谓名扬能卫乡里，顾名扬实藉谋自保耳。一日，城中专足至，言守令将以办要案，往射村。名扬以近村无要案发生，颇疑府县之来或不利于己，乃遣人沿途密探信，归者果谓官舫甚夥，县役以目示意，名扬悟，乃密筹所备，命心腹速键河中栅，使路塞不得进。己则佯作工人状，择村之僻处，踞高墩以远瞩。遥见官船顺流进，将近村，河栅忽下键，官船触桩而止。名扬手铜钲乱击之，而四乡之锣声亦起，村人大骇，疑来者为盗舟，闻声集两岸。适时已薄暮，不复见官船之旗帜，乃以瓦砾向舟掷，路隔，未尽中，而波浪溅沸，官船遂有进退维谷之势。周鉴于前辙，先命退，程、安两令见势不敌，亦纷纷拟遁。方船在前，猝不能转棹，且以睹事急，出立船唇，将以利害语乡人，稍一不慎，忽失足坠于水，赖有拯之者，得不死。

方返府城，急请于省宪，发营兵五百，将围射村捕之。名扬知已肇大祸，集党徒计之，有恇怯者，谓走他县，或可免祸。名扬笑曰："终有此着，特尚未至时耳。况吾本无罪，而官吏有以激成之，不稍使知吾能，将谓吾负虚名也。"近村十里以内临河树木，遍插小旗，上书"官逼民变"四字。名扬以兵至必无幸，乃潜匿他处，出没亦无常，虽心腹亦鲜知之。名扬党又扬言兵来必屠戮，村人骇惧，皆扃户，以小舟载妻子逃。名扬见而喜甚，谓此可证非吾之罪，曲在官耳。未数日，官兵果大至，火名扬之居，四出大索，不能获，而谣诼蠭起，将激变。官兵不得已，整队归。实则名扬匿狮子吼寺，未离射村一步也。

时抚浙之帅承瀛，为政尚严厉，既得湖守报，即下严檄，将尽捕首从，以正其罪。方伯伊某执不可，谓府县治此事已操切，设更责之，则立兴大狱，不如明白示谕，乡民误会概不究，但悬重赏，或可得名扬。帅然其说，乃先褫寿榕职，更委干员数人下村抚慰，于是村人闻风返，稍稍复旧业。名扬至此，知故里不能留，乃集父老而泣语之曰："名扬罪滋重，祸延桑梓，今官中所欲得者，名扬耳。父老怜名扬诚，请缚以致诸县，所有赏资，可为里中谋善举。他日论者或不忘名扬，名扬于愿足矣。"语罢，呜咽不能声。父老谓名扬诈，相率慰以好言，名扬始再拜曰："父老必不见许，则名扬其他适。先人垄墓，烦父老为守之。"其徒张成甲遽攘臂呼曰："行则行耳，喋喋又胡为者？倘有人道秘密，莫谓白刃无情也。"名扬乃不复言，稍事摒挡，买舟奔武康，绕道至杭州，辗转而匿居于苏之木渎镇。

名扬既远扬，而官中购之急，增赏至三千金，卒不济。顾事经抚部上闻，倘不得者，案终莫结，官吏忧之。念名扬遁必不远，而村里中必有潜与通者，倘得绅士之助，必可致。适吴介坪孝廉方城居，官吏乃恳其设法，介坪慨然诺。明日，介坪访名扬之党，匿村中者尚数人，而成甲亦在其列。乃遣人赚至城，责其罪而语之曰："汝善自为计，吾当乞官贯之。"党徒曰："如何而可？"介坪作色曰："捕者日至，城村都不靖，农事尽误，岂自命豪侠者如此乎？汝辈欲死则已，倘愿生者，盍迹名扬所往，劝之曰：'丈夫作事，成败一身任之，何为偷生远行，令一村不得安堵？'"党徒应之，公推成甲往，以成甲为名扬所信也。成甲无可辞，乃偕捕者至木渎，得与名扬见。名扬不俟成甲言，已知之，则慷慨语曰："吾本不欲遁，劝者亦汝耳。今若此，吾岂以一身累一村哉？"遂从之返，并请捕者上刑具。比抵府城，于庭讯时，犹殷殷以勿扰射村为请也。未几，名扬解省，决于市，介坪应得赏三千金，移给成甲。成甲不自安，辞勿受，强之至再，为设育婴堂于村东。而村人念名扬，每值春秋令节，犹私以麦饭纸钱，扫其先墓，盖皆不忘名扬之嘱也。省吏以射村地僻，民俗强悍，即名扬居为署，移县丞于其中，以资弹压。是为归安县丞移驻之始。

扬州四为何景炎任讼费

道光初，青浦有妓曰"扬州四"者，姓田氏，与何景炎昵，缱绻倍至。何为讼案所累，四忧惧，不知所出，愿罄积金为谋脱罪，终不可得，乃为任讼费。且蓬首入狱，涕泣相对。及何遣配，四远送至苏州之浒关，痛哭言别，指天日自誓，谓当永守荆布。何乃令儿辈以母事之。

陈硕士恤舅师之后

陈硕士宗伯用光，为鲁山木大令九皋之甥，而姚姬传郎中其本师也，故陈亦以古文名，坚守桐城、新城之家法。山木官夏县三年，不名一钱，没后，诸子奔走衣食，无恒产以自存，姬传后人亦鬻田他姓，无力以赎。陈于道光戊子奉命督闽学，乃出其养廉，买田五十余石为舅氏祭产，复出八百金为师门置田，俾姚氏子祭扫之余，得粗给饘粥焉。

邓石如周三族之贫

毕秋帆制军开府两湖，称好士，尤重邓石如。石如留岁余，以其间登衡山，访岣嵝碑，泛洞庭，望九疑。其归也，毕觞鹾商，使为石如寿，橐中装且千金，归而买田筑室，延师课子侄，为室家计。顷之，渡河，登东山，遂至京师，欲以篆籀古法劘切时俗，公卿多非笑，惟刘文清公墉深器之。乃游盘山、西山，谒昌平陵而返。

自后石如时时客游，然仅大江南北而已。修干美髯，沉毅寡言笑，游四方，所止必物色其贤达士，及搜求古人金石之迹以自考。与人论道艺，所持断断，丝毫不假借，布衣棕笠宾客公卿间，岸然无所诎也。出游而归，囊中赀先以周三族之贫者，又以赀贷匠氏，使制棺椟，凡不能葬者，随取给焉。

李凌汉平楚蜀险滩

李本忠，字凌汉，汉阳大商也。一日赴归州，请于州牧曰："州多险滩，本忠之祖死于是，父亦尝濒于死，心窃痛之。愿出赀募能伐石者。”州牧可其请，州滩以平。又走蜀，之夔州，一如请于归州者，皆得请。既去诸滩石，又以楚舟溯江而上，必用挽夫数十人负緪走崱屶间，恒失足颠坠死，乃凿崖通道，以利其行。始嘉庆乙丑，讫道光庚子，凡平险四十有八，所费金二十万，盖旷世义举也。楚、蜀有司闻于大吏，以上于朝，本忠及其子孙并膺四品章服之赐。或纪其事颠末，曰《平滩纪略》。

张亨甫急姚石甫难

道光庚子，桐城姚石甫观察莹官台湾道，礼聘建宁张亨甫孝廉际亮为幕宾。亨甫喜，将渡海，及厦门，畏险，使人写其貌，题诗寄姚而返。闻鹿泽长为宁绍台道，往依之。至则宁波失守，狼狈走江西。将至山东，不果，遂过桐城，访方植之、光律原、马元伯而至湖北，方伯叶敬昌厚礼之。复之吴中。既而姚以事为英人谋愬江南，奏劾，有闽人附和其言被逮。亨甫闻之愤甚，见某巨公，面责之。意石甫赴逮必过吴，栖迟以待。七月，石甫过淮，乃从至京师。时台谏愤石甫之被祸，交章论救，山阳鲁通甫一同又作《台湾道姚莹功罪状》，代鸣不平。及抵都，一时名公卿争枉车骑出迓，至长新店者凡三十余人，曾文正其一也。而石甫终入刑部狱。

初，亨甫有妾蒋氏从在淮，及赴石甫难，留蒋于淮，属其友。亨甫方痁疾，扶病从，石甫止之，不可，自投方剂，未已。石甫事白出狱，亨甫大喜，从石甫居炸子桥杨椒山故宅，延人治其病。而所患深矣，竟殁。何子贞太史绍基挽以联云：“是骨肉同年，诗订闽江，酒倾燕市；真血性男子，生依石甫，死傍椒山。”亨甫疾革时，托遗诗于石甫，值临桂朱伯韩观察琦来视疾，因坐榻前，代执笔而自定去留，所谓《思伯子堂诗集》者是也。

姚石甫抚刘孟涂孤

姚石甫与刘孟涂皆桐城人，相善也。孟涂客死亳州，石甫抚其孤如己出。孟涂，名大槐。

莫兰馨待黄得胜

道光己亥，广州有丐焉，年三十有奇，跛一足，终日行衢市中，时而掩面哭，时而仰天笑。人有怜之者，与以钱，不却亦不谢，视其状类颠，盖伤心人别有怀抱也。时有莫兰馨者，粤之侠绅也，乐善好施，见丐，心勿忍，招之至家，款以食，与以衣。丐不可，曰："无故受大惠，非所愿。"言已欲行，兰馨止之，曰："余知足下非常人，故招君来，何拘此？"丐乃受之，曰："足下遇余厚，感甚，然余终以无故受惠为耻。无已，其就君家为佣乎？"兰馨不可，丐固请，乃诺之。

及夕，兰馨与之同饮，丐曰："余，黄得胜也，山东莱州人。幼好武艺，十七而从军。时当道方以焚鸦片故与英人开衅，余适当前敌，以为此战永驱之于域外矣。岂知一败再败，至割香港。"言至此，呜咽不已。久之续言曰："余之足，亦是役所折，遂成废人，乃流落于此。自恨不能为国复仇，而恒愿国人复之也。然周览四方，徒见国人之醉生梦死而已，不复知有国耻矣。呜呼！大事已矣。"言毕大哭。丐居兰馨家，操作甚力，日出而起，日入而息，不厌不倦也。兰馨待之益厚，操作亦益力，半年而自辞，不知其所之。

和尚杀杀人者

穆彰阿当国时，鸦片战争方炽，一时清议均主战，穆独持和议，论者群訾其受外人巨金运动，敢于卖国。一夕独坐阁中，有声豁然，则一僧抉履而入，貌奇丑，瞋目狞视，穆噤不敢呻。僧出短刃将杀之，乃诵观音佛号不已。僧大笑曰："汝卖国贼，乃念佛，佛岂能救汝卖国贼耶？"穆跪而乞命，曰："和尚慈悲，定能救我。"崩角无算。僧又大笑，曰："吾以汝有奸人之雄，今孱懦贪生乃尔，杀汝，且污吾刃。惟汝何以受外人巨金而主和？"

穆嗫嚅而对曰："此意出自朝廷。"僧曰："焉用汝相?"穆又叩首不已，久且伏不敢仰。其妾适遣二婢来，正睹一物瞥然凌空去，见穆伏地诵佛，神色大异，扶之起。穆急问曰："汝见和尚乎?"婢以未见对。意少定，复曰："和尚者，佛也，彼来接引我耳。"

翌日，穆念恶僧行刺，必有主者，乃购刺客，将杀林文忠，殆以其力主战而疑之也。时林在戍所，一夕，仆以事起，蓦睹一丑僧卧窗外，大骇而呼。林出视，僧亦徐起，曰："僧自卧此，无害于公，酣睡可耳。"林请其入室卧，僧不可，林乃戒其仆无相扰。次夕，僧仍在焉。越二十余日，林执卷高吟，忽窗外有声甚厉，已而寂然。急呼仆出视，则僧方掘地埋一人尸，血渍模糊遍阶砌。仆惊呼曰："和尚杀人。"僧笑曰："和尚不杀人，和尚杀杀人者。"林奇之，强邀入室，将款以酒，僧曰："吾持酒戒。"林问何以不持杀戒，曰："能杀人，方能活人。"及林赐环（通"还"），僧忽宵遁。

葛衣人为江进士杀和尚

江宁进士江某赴京师，至某邑，客中小饮。时密雪严寒，忽见户外有葛衣人过，颀然而长，跣足行雪中，了无寒色。江异之，前叩其姓氏，不答；又问"客寒乎"，亦不答；又问"客饮酒乎"，乃点首。遂引入旅舍，饮至无算不醉，复进食，食至无算亦不饱，而终席都无一语，状类喑哑，江愈奇之。次日将行，请客俱，摇首勿许，遂别。

行三日，至一处，葛衣人忽至，谓江曰："君见夫宽衣大笠短棒荷灯笼遥立道旁者乎?"江曰："见之，僧也。彼何为?"曰："今夜三鼓飞刃取君首者，即渠也。"江胆丧，伏地求救。客曰："吾在，固无畏。渠果来，膏吾斧矣。"乃戒江安寝勿惊。至夜半，客提僧头掷地上，曰："莽髡无礼，吾已杀之。亦君携金太多，为渠所觊耳。"江初讳之，客曰："君囊中白金若干，黄金若干，封识何状，庋置何所，何欺我也?"江大惊失色，曰："唯唯。”客曰：“挟此何为？”江曰：“欲往投某当道门下，以此为贽耳。”客艴然怒，曰：“咄！汝固蝇营若此哉？吾目眯，误识尔，悔不教和尚杀君也。”言罢，提僧头越屋而去，时星光黯淡，顷刻无踪。江惭惧，遂不入京而返。

藕丝救福某

藕丝，宿州人，方伯福某嬖僮也，生而娇媚如好女。淮北风气剽劲，俗尚武，藕丝弱甚，不能作苦，复善病，其父母兄弟皆厌之。然质敏，从蒙师一二年，辄能作短札。又善画，无稿本，惟观天地风云、人物山水之态而纵笔描之，无不如志，以是亦颇有称之者。然不示人，人或见而夺取，则手揉而口嚼之。

淮多水患，藕丝年十六值灾，家人皆流徙，至扬州，资用乏绝，乞食于道。时福方综淮鹾，以重金求艳妾，藕丝之父母以藕丝似女，即市软骨药，谋改其双趺，易女装，因媒媪以进。福大悦，问价，索千金，立召其父母至，许给五百金。其父母恐事败，即应之，取金去。福命二婢夹侍，奉熏沐，治钗珥衣裙，转瞬间，明珰翠羽，仪态万方，一绝代丽姝也。福掀髯而笑，门下客皆争进谀词，助豪兴。酒阑，福携藕丝手将入帏，藕丝忽长跪而泣。福大讶之，藕丝顿首曰：“死罪，身实男也。父母饥欲死，不得已，饰为女以鬻。今不敢欺，死生惟命。”语时，泪潸潸下。福手援以起，曰：“汝既舍身为父母，吾亦何心不成全汝？但不为雄飞而为雌伏，汝甘之否？”藕丝曰：“惟主人命。”福喜，明日以告于众，使易钗而弁，然仍曳罗縠、被锦绣，早夜侍主人熏香洗砚，不令与群仆齿也。藕丝亦恭谨，见人辄引避，姬妾间见之，亦低头垂手，侧立而止。由是益得福欢，每他出，亦携以行。福淫而爱洁，见侍者涕痍辄杖责，防诸姬尤严，偶失言语皆责罚，藕丝时时为之缓颊，得宽解，由是不妬而反德之。

福党权相穆彰阿，已而穆败，福为御史劾赃私数十事，审实，褫职，下刑部狱，危甚。家人姬妾皆星散，故旧动色相戒，莫为援手。其子省之于狱，以家事告，福问藕丝，曰："亦不知何往矣。"顿足曰："此人亦负我耶?"公子曰："闻已投某中堂矣。"福颜色遽变，公子不敢再言，福亦不更问。俄而诏下，从宽戍边，半途即赐环。福惘惘，不知所以然。公子探之，谓出某中堂之运动，始悟。时福已耄矣，在狱被荼毒，抱忧愤，脱祸未几而病。病剧时，藕丝来一视疾，握手涕泣，留之，不可。未几福卒，藕丝竟居某中堂门下以老。

奕绘惩厂甸无赖

太素道人奕绘，字幻园，贝勒也。少任侠，负文武才，著有《子章子》及骈文、诗词。都门恶习，上元节，妇女游厂甸，若车非大鞍，御者无红帽，无赖辈每起与窘之。其窘之之法，辄扛车令仰翻，以迫车中人之出，于是拏裾捉肘，攫钗珥杂佩，罄所有以去。幻园知之，则坐小鞍车而垂帘，以习用二铁械各缚弓鞬于一端，置鞬帘外，双翘纤削若菱，戒御者衣帽坐作，悉如雇车式。向无赖麇集处于于来，则群起扛车令翻，幻园出，张怒髯叱咤辟易，以缚弓鞬之铁械狙击众无赖，乃皆长跪乞贷死，崩角有声。幻园于是大乐，策款段以归。

某王为亢掌柜解围

京师大贾多晋人。正阳门外粮食店有亢掌柜者，雄于财而性懦，其远戚平某素无赖，恒嬲之，亢为所窘者屡矣。一日载米入城，亢自督之，牛车数乘，络绎于道。遥见平施施来，亢欲遁，平笑，以手挽之曰："卜者言，予今日南行利，不谓适遇兄。前途挑青帘者，酒家也，盍饮乎?"亢辞以有事。平固邀之，亢不允，平大怒，曰："邀汝饮，叙亲谊耳；不饮，是无亲也。无亲者，何顾惜为？昨家中适断炊，君有米数车，当借石许，为卒岁计也。"亢窘，请缓期。平曰："君家妻子饥，亦食能缓期否?"

亢至是辞窘，扬鞭挥牛行，弗顾。平急解衣卧车辙中，叱曰："老悭能毙我，驱车压我；不能，予十石米。"亢无计，婉求之，不听；请减其数，不许。时已薄暮，亢恐误行程，泪如雨，聚而观者如堵墙。俄有骡车辘辘来，至此，亦停辔，一峨冠丈夫下，问故，亢具告之。丈夫遽厉色叱平曰："是汝言耶？"平怒曰："是也，何预汝？"卧不动。丈夫不答，遽夺车夫鞭鞭牛，轰然一声，大车压平腹而过，平腹裂死。众大惊，坊保咸集，丈夫曰："渠自求死，生之胡为？"趣亢行，曰："汝勿恐，我自杀之，不尔罪也。"坊保将絷丈夫，忽南城御史至，叱保退，跪请罪。丈夫曰："此皇城御道，而奸民横行若此，需巡城御史胡为者？"御史唯唯，面如土。丈夫又曰："有效尤者，此为例，压死勿论。"言毕登车去。御史责坊保不早报，挞之。见者皆咋舌，有胥役曰："此某王也。"

刀侠还饷

道光时，粤有解饷委员，过扬州，忽大雨，见山上一人来，沾濡遍体，欲附船行，云对渡即至矣。船户不可，委员以其言切，许之。转至对岸，给舟赀，登岸去。比至扬州，则舟饷三万余金均失矣。大惊，责船户，欲送之官，船户力辨非是。忽茶店中一少年笑曰："此事岂船户所办？"急问何人，少年曰："汝辈中途有所遇否？"船户急曰："吾固言附船者不可信，而官固欲听之，必此人也。"委员至此亦悔之，因言状。少年曰："殆即此。"委员问："能为我求否？"少年曰："不能。"问其所居，少年良久始告曰："从彼上岸处，即登一山，凡南行几里，东行几里，有小屋，门悬一灯，可夜往。至五更，即有一人出，向西行，汝可伏东，候其返，速跪求之。彼或哀汝，能返汝。彼若问何人，慎勿言也。"委员如其言，至五更，果有一人持鸡出，西行，若有所祷，且杀鸡沥其血。委员遽跪其前，此人笑曰："汝来，得毋为所失银耶？"曰："然。吾身家性命在此矣，愿哀我。"曰："已还汝矣，盍归视之？然何人告汝？"委员怖，因言其状。归，船户笑迎曰："银得矣，满船皆此物也。"视之，果然。至扬，则少年迎于岸，委员具以所遇告之。少年曰："亦言我否？"委员曰："不敢隐，已告之矣。"少年曰："固知汝不敢隐。彼何言？"曰："有与君一信。"少年曰："速固执之，勿开视。"急持其信，诵咒良久，开之则白铁刀，盖刀侠也。

黑衣人为隶杀盗

道光时，某官遣隶以事西上，挈巨资。道出殽、渑间，暮宿逆旅，坐甫定，逆旅主人见行李，忽惊起，顾客曰："顷有人相尾否？"隶闻言殊讶，主人指示行李上有红印一、青印一，曰："此固有之标识耶？"隶曰："奇哉！吾晨起行时，未见有是也。"主人曰："此盗符也。青者取物，红者杀人。凡诸盗，各有所部，即各有符号。符号所著者，即表明其为某部所发见，而他部不能争。君试思之，顷间必有尾君后者，亦有人与君谈否？"

隶思之良久，曰："晨有二军官，同餐于野店，与吾坐同案而略谈，云自开封奉公往洛阳。餐毕先行，其马甚良，顷刻已远。日过午，中途有黑衣人跨黑驴，自歧路来同行。渠屡返顾，吾辈见其如此，则亦目之，渠似微觉，鞭驴径去。"主人曰："此皆可疑，君第慎之可也。"语毕而出。隶惧，欲舍此而去，则须前行百里外始有顿舍。方踟蹰间，闻外呼汤沐声甚急，觇之，则黑衣人坐堂上矣，益震骇。已而主人具晚餐，黑衣人与隶拥案对坐，隶勉食数蒸饼，不敢举首，黑衣人殊坦然，豪饮大啖。

时逆旅客满，惟东厢只二客，黑衣人饱餐毕，告主人，移装具，宿东厢。主人以有客告，黑衣人曰："吾侦之久矣，东厢甚宽，三人无碍也。"主人移行囊往，客拒之，主人以告，黑衣人指隶曰："无已，其与此君共宿乎？"隶若丧魂魄，几不能出言。黑衣人遂移行囊入，隶蒙被卧，二更向尽，无声息。忽案灯骤明，黑衣人操刀起，隶涕泣，求免死。黑衣人笑曰："吾不杀汝，杀汝者行至矣。速以绳授我，将有用。"隶伏枕称谢，抽绳授之。

已而灯又暗，闻有巨物撞门声，才三四声，而门枢脱矣。隶被罩其首，不敢动。复闻人僵仆声，闻黑衣人叱曰："奴才，此种身手，乃向江湖猎食，宁不愧杀耶？"隶掀被视之，则两盗已缚跪床前，犹着军官服也。黑衣人手鞭痛抶之，盗无语。

已而天明，黑衣人解盗缚曰："念汝雏儿，暂饶一命。去去！"黑衣人顾隶曰："今免矣，行李上有徽识，速剜去之。吾将适南阳，不暇与君同道也。"问姓名，不答，策驴径去。

隶事毕，归途，更问旧主人，亦迄未复见。越数年，隶偶见刑部录囚，有杀人犯某当处决，则向之黑衣人也。亟询其颠末，告主人，为营脱之。乃往见黑衣人，告以故，黑衣人曰："汝事某当道者耶？"曰："然。"叱曰："去去！吾不受鼠辈惠也。"复诣刑部，自诉实杀人，不宜枉纵。刑部堂官以当道所嘱，疑有他故，相视色动。黑衣人拍案骂曰："贼官，国家法度，岂汝逢迎上官之具耶？汝欲枉法，老子决不任尔！"堂官大惊，亟使人牵之，则匕首已自陷其胸矣。

高螺舟载参将柩返国

仁和高螺舟太守人鉴以翰林起家，道光时，奉命册封琉球国王。礼成，散步使馆外，见一屋有棺焉，前和［有］题识曰"天朝参将某公之柩"。询之，则乾隆朝护送册封之使至琉而以病死者也。问何不归，曰："海船忌载柩。"高曰："俗忌耳，何足虑？吾当归之。"谋于副使，副使不可，高曰："吾两人，犹彼也，万一不幸，亦无归乎？请以吾舟载之，虽沉溺无悔。"而一舟之人亦皆执不可，高怒曰："此吾舟也，吾为政。"卒载之行。未一日，风浪大作，舟中人咸崩角于高之前，请弃柩，势汹汹，不可止。高叹曰："彼在外国，固幸无恙，吾载之归，反弃之海，吾何以对死者乎？汝曹可为设祭，吾当祝告死者以不得已之意焉。"

众乃舁柩至船头，又数人为陈设祭品，又数人告具于高。高衣冠而出，登木而坐，谓众曰："速投之海。"众争前挽高，高叱曰："吾以一柩故，累尔众人，不投之海，无以对生者。然吾不与同投于海，又何以对死者？吾意决矣。"众环顾，罔措手足。正相持间，风浪亦息，高笑曰："舟平如席，汝曹何纷纷乃尔？姑徐之，风作，再议可也。"于是仍舁柩下。而自此风恬波静，安抵粤东。参将故粤人，访其家而归之。

杨光洁好施与

杨光洁，字玉川，黔阳例贡生。朴厚沉毅，好施与，常慨然有范文正先忧后乐之志。父思锦欲建义学未果，光洁与弟光洪力建经、蒙两塾，约费万缗，置田租数百石。尝捐修学宫七百缗。岁储谷四百石，每夏末开仓发给，不取偿，年终藉以度岁者，日填于门，不稍吝。其诸子隆冬薄棉敝服，或以为言，光洁愀然曰："自奉不俭，彼门外饿夫，将安取资？"少时师友，数十年犹月送薪米，无德色。某童拙而贫，光洁日以粟课其文艺之多寡，试则备其资斧，数年名竟成。

谢廷恩斥财

谢廷恩，字拜赓。少贫甚，读书裁尽《论语》，遽去而之农。又之商，南入闽，西入蜀，逐物贵贱，转徙常赢。尝与邓某共为贾，主计者误以六百金入其帐，密归之，戒主计者更易簿记。会有天幸，所居积恒有获，累致巨万，及羡辄散之。为县建义仓，构廪四十二间，贮谷万六百石，捐金凡千三百斤；建育婴堂，捐金二千两。家置宗祠，捐谷若干斛；郡县立群礼庙，捐钱若干缗。学官于新进生例取束脩之资，新进生或贫乏无所出，则又为捐四百万钱。

曾文正追饯江忠烈

江忠烈公忠源初以公车入京，馆曾文正公国藩邸，既下第，日事狎游，赀罄矣。文正劝之归，许为办装。明日，江不别而行，文正亟命驾追之。及于长辛店，则江方午饘，慰之曰："以君之才，他日不患无所遇。但有亲在堂，此归殊难为怀。"出百金赆之。文正返，客争问所往，曰："追饯江岷樵耳。"客大愕，文正曰："岷樵必以忠节名天下，诸君非其伦，异日当自知之。"岷樵，忠烈字也。

江忠烈徒步送友柩

江忠烈公少负才气，好饮博，与人交，衷貌如一。有友死京师，忠烈质衣物归其丧，徒步送之。

谢选门赡养亲族

嘉应谢选门，名云龙。宰庐陵时，宗族亲友之穷乏者皆归之，其族人至于易姓与仆隶伍。或疑为不情，抑知为乡党之无以为生者，委曲图免沟壑，正其深于情耳。署中人众，而约束极严，子弟之擅出宅门者，手笞之，阖署肃然。庐陵故优缺，在任数年，空无所有，以受养者过多故也。

郝金官助赈

道光时，怀宁伶人郝金官名噪京师。晚岁还里，至山东，直大饥，人相食，官吏方劝振，郝慨然以历年所积之五万金报大府，愿振饥民。大府义之，将奏奖以官，郝固辞，曰："我为伶，谁不知之？即得官，亦不为人所齿。果能许我之子孙与齐民一体应试足矣，他非所望也。"允之。乃返旆，终老于京。同治壬戌，其孙同篪捷京兆。乙丑，成进士，为庶常，散馆改吏部主事。

玉琵琶好施与

道、咸间，有居于武进、无锡间者，以"玉琵琶"称，佚其姓名矣。其人性好施与，比邻数十家咸待举火，奔走若部伍；远道之走求资助者，无不与。虽甚自重，接人辄蔼如，不喜交通官府竞势利，不蓄姬妾，不积财逐什一，故鲜忮求之害。乡里多之，盖不独以技长也。

夫妇皆剑侠

怀庆郭某经商归，雇小车一，俗所谓“二把手”也。属俟黎明行，而未五更，车夫即促之起。既就道，荒僻特甚，数十里无人烟，天又昏黑不可辨，且疑且惧。车夫似已觉之，笑而慰之曰：“客何必尔耶？客囊中所有，吾早知之，设将行不利于客，虽青天白日，岂无僻静处，何必昏夜？特吾辈近不为此，幸勿以夜行为疑。”聆其言，始知其旧为盗也，益惧，然无如之何，姑听之。

行数日，沽酒劳之，从容叩其改行之故。则笑曰：“吾两人向者自恃勇力，以匹马纵横燕、赵，非一日矣。某年纠伴七人，将行劫某处，至则已暮。见山前茅屋数椽，四无居邻，屋旁一女，年可二十余，偕其夫转辘轳汲井以灌地，姿色甚媚。同伴中一人扬鞭言曰：‘今夜宿此何如？’众会其意，杂然应曰：‘诺。’前有大林，遂共赴之，解鞍憩息，以待日落。凡吾辈见色而起淫心者，谓之采花，犯此未有不败。人定后，五人者往，而吾两人留林中以待。已而念以一纤弱女子，骤遭强暴，不知作何状，乃潜登其屋后山静听之，则五人者早排闼入，而室内无声。方疑讶间，忽闻女子语云：‘汝竟高卧不起，亦太懒矣。’男答之曰：‘汝一人，有何不了事，尚烦吾起耶？’少间，男又问共得几人，女以五人对。男曰：‘明明七人，何乃五也？是必尚匿其二于林中。吾当起，与汝往，共了之。’遂联袂去。吾两人大骇，俟其去远，潜至室中侦之，则血流满地，五人者俱身首异处矣。乃知此夫妇近古剑侠者流，吾两人之得保首领者，幸也。于是弃行李马匹越山遁，自此辍往业，以力自给。”

陈大强人以财济贫

陈大，山左滋阳人，多力善斗，嫉恶如雠。少时为人负米入市，遇众人围而哗，陈问之，知为人家姑虐养媳而死者。陈大愤，释肩上米袋压其姑毙之，因亡命走河南淇、辉间，为人佣。

淇、辉固多盗，许某者，辉之富家也，谣传盗将劫之，许惧，议防御。或有知陈大者，谓许曰："曷往求大?"许访之，适遇大荷锄自田间回，许揖之，问御盗计。大笑曰："佣工朝夕耕作，以求一饱，安知此！虽然，御盗亦易事，散汝家财，盗自不来矣，何御为也？君见盗劫我穷汉乎?"许丧气归，雇武夫十余人逻守之。一夕，月明如昼，万籁皆息，忽屋瓦上有啸声如鹗，一伟男子跃下，众呼盗至。盗曰："陈大不来，安畏汝鼠辈耶?"伸手握一人喉而提之，如提鸡鸭然，其人闷死，余皆窜，盗尽劫许家所有而去。

许闻盗言，知盗实畏大，明日复求大为追盗。大曰："易事耳，然追得之财物，当悉以济贫乏。"许从之。夜半，盗果送所劫财物还，曰："从陈大命也。"交毕一啸而去。许畏大，不敢不如其言，悉散其财以济贫民，赖以活者无数。再往访大，已不知所往。当日武夫中有识大者，曰："大亦盗也。"

金祥为主致万金

金祥，潮阳人。生八岁，父以贫故，鬻之于邑人陈子焜家为僮。子焜性惠而慈，御下有恩，祥自幼纯谨，故子焜尤优待之。已而子焜经商折阅，家日落，祥壮未有室，为主掌会计，朝夕尽瘁，丝毫不入己，子焜益倚重之。某岁，子焜病腹胀，祥忧甚，衣不解带，目不交睫，眼脂糊两眶，而炊药不少衰。未几病革，谓祥曰："若苦矣！我病累月，我妻若子，不逮若之事我勤。我无以报，还若卖身券，我死，听若所之。"祥泣曰："奴八岁事主，于今垂三十年，恩犹父子。奴之去留，不在券也。"子焜叹息良久曰："虽然，子良苦，吾终还若券。"遂命家人出券与祥而殁。

祥哀号过于其子，竟留不去，谓子焜妻曰："一家数口，坐食非计。"乃画策营生，惟苦无资本，谋以舍后余地亩许售之，得百金，悉以畀祥。祥则入城贩纱，甫三月而两倍其息，归而喜曰："主母无忧，富可立致矣。"又四五年而致产万金，为子焜子娶妇，并纳粟为太学生，又觅地为子焜营葬。至是，有劝之娶者，祥曰："予正以无室家之累，故得专其心力以报主恩。况今年逾四十，精力就衰，尚望娶妻生子哉?"闻者贤之。越数载，祥病且死，告子焜之子曰："老奴马牛之报尽矣。"出枕中一纸，则家计巨细，与往来银数悉载之，曰："以此薄产，世守可也。"言讫而逝。或疑祥必稍有私蓄，窃发其箧，则无寸丝粒粟之储也。

丐助来懋斋应试

萧山西乡来懋斋家奇贫，性慷慨，有过人之节。得乡举，欲试礼部，而苦无资斧，于是奔走告贷亲故之门，迄无应者。既而曰："以云资贷，恐如我之贫，终无还期。孰如成一会而筹集之，庶取次偿楚，他人金钱无虚牝之掷，而一己之行旅庶以鸠集，且得从容措归焉。"于是复奔走于亲故之门者数日，始有七人认可，然皆强应之而心实否之。

届期，来黎明起，扫庭除，洁杯盘，具旨酒佳肴以候，乃亲故皆不至。适有群丐过其门见之，意必有所谓喜事者，遂麇集户外，欲得其杯盘余沛。斯时也，来方饥愤，乃出谓群丐曰："予之肆筵设席也，实以会试期迫，赴都乏资，欲藉亲故集会，输资应急耳。奈亲故负我，酒肴遂为虚设，孰若供君等之一饱。汝曹其偕来，汝曹其就座，吾将为东道主而畅饮焉。"群丐酣醪醲饷，既已，谓来曰："吾侪蒙酒食之赐，固属非分，然一饭之恩，胡能让前人专美。今试问由此达京师，需金几何?"来曰："但使途无饥渴，而安抵都门足矣。"群丐应声起曰："是戋戋者，何难之有！吾侪愿尽力焉。"遂侍送至京，或携行囊，或负书笥，或扛肩舆，拥以就道，沿途以行乞所得供来食。逆旅主人往往嘉其义而奇其事，辄缕询颠末，且厚有赠馈。既抵都，群丐仍分道行乞，以所得资为来之试费。

来既试捷南宫，出为某邑宰，归途过浙，甫抵里闬，亲故之问寒温、表庆贺者肩摩踵接，充塞门间，来亦不甚介意。越数日，将之官，群丐请从之任所，来恐有所不慊，又恐背前谊，方踌躇间，中有黠者似已窥其意，曰："先生之作官自作官，某等之行乞自行乞，但使有效犬马处，则吾等愿藉之以毕余生。若其他世俗之累，决不敢为先生浼，且自浼也，请勿作再三之虑。"及来抵任，各行乞四方，惟昏暮时间一潜入署而已。来亦随时资给之，然往往不受。时邑多盗，群丐间为侦探，是以屡破重案，然颁发赏格时，悬牌累月，迄无向领者。

丐侍郝小峰疾

郝小峰，名植松，性抗直，喜诙谐，保定大族也。道光时，以选拔令江苏，所至有长厚名，人呼为"郝疯子"，一时士大夫喜与之游。以忧免官，从事糈台，郁郁不得志。咸丰时，起复需次，同事多贵显，小峰则垂垂老矣。居金陵，敝衣谒当道，当道谓其衣不中体，则答曰："年老家贫，不似大人为整衣褶时。"盖昔有其事，分隔云泥，人所不敢言者也。

后年余，郝益困。一日，以事至妙香庵，有丐曝于廊，小峰大呼曰："多年不见，何一寒至此？"丐错愕，不知所为。遽携手入佛堂，纵谈十余年事，或歌或哭，某也贤，则伏地叩头，丐亦叩头；某不肖，痛骂之，丐亦骂。日西下，子弟请归，命舆，与丐同行，观者如堵墙。及归，夫人迎而谓之曰："岂真疯耶？何颠倒乃尔！"丐者曰："夫人勿怪，某与公不相识，而流离颠沛，所遇略同。如谓非类，则今日贵显者，非昔时订金兰、联苔岑者乎？异日相逢，正恐以非类薄君家矣。承公雅爱，誓不相负，请勿疑虑。"自此同起居，共饮食，凡小峰一茶一饭，无不倾心料理，偶缺乏，踽踽出门去，归必有所遗。小峰旋病喘，日夜服侍，溲溺必亲至，病殁，丐痛哭呕血。其子弟问姓名，不答，送榇至江岸，对船大哭，声振松木。扬帆出燕子矶，犹闻山颠叫号，泪下如雨也。

妾救嫡

河南洛阳县民某有一妾，故尼也，既归某，不习井臼之事，鲜衣甘食，终日嬉游。其嫡弗善也，时时责让之，遂不相能，诟谇之声日闻于外，同处一室若寇雠矣。咸丰初，粤寇犯河南，攻之不克，大掠于乡，某仓皇出走，不能顾其家，其家人犹能强步，寇且至，皆避去。独嫡以纤趾不能行，自分必死于刃矣，妾奋然曰："吾负尔去。"遂负之行，三日三夜，跖穿膝暴，屡仆屡起而不释于肩。嫡抚之泣曰："吾不知妹之爱我一至于此。"寇退俱返，遂相亲爱若姊妹焉。有邻媪问妾曰："尔与嫡不相能，何出死力相救若此？"妾曰："平日彼此凌谇，私忿耳。患难之中死生所系，安有为人妾，坐视其嫡之死而不救者乎？"闻者益贤之。

湘军将帅患难相从

湘军之兴，诸将帅患难相从，皆迫于师友之谊。如彭刚直之芒鞵徒步以赴江西之急，曾文正常以为有烈士之风。若江忠烈之攻庐州，事前已奉朝旨，令勿拘城亡与亡之例，而忠烈坚持守土之责，省城既陷，即仗义自投于水。新化邹叔绩，名汉勋，为湘中汉学大儒。与忠烈同学至好，特往军中访之，尚居宾客之位，初未有职守也。及见忠烈殉难，邹亦激于义愤，慷慨投水中。文正挽之曰："闻叔绩不生，风云变色；与岷樵同死，日月增光。"盖纪实也。

文正弟愍烈公国华，与李忠武公续宾为姻娅，三河之役，愍烈已卸兵事，留军中观战。及忠武战殁，愍烈亦从死。盖由文正以忠孝文武为天下倡，气机鼓动，轻死重义，有发于不能自已者也。

曾文正加惠经学大师

咸丰时，曾文正驻师祁门，狂寇环攻，储胥奇困，为其一生行军最苦之境。乃手写遗属，帐悬佩刀，神志湛然若无事。一日，忽忆及皖中多经学大师，遭乱颠沛，存亡殆不可知，遂遣人四出存问。存者贻书约相见于戎幕，亡者恤其细弱，索其遗文。如桐城方宗诚存之、戴钧衡存庄，歙俞正燮理初，黟程鸿诏伯敷诸家，皆藉以得脱于险。

王壮武存问张老人

咸丰乙卯春，王壮武公鑫由楚边逐寇于粤境，假道宁远。张老人者，年一百十八岁，县中不知有老人，饥寒鲜赒恤者。王入其县，即遣人存问，为置田宅，资其子娶妇，且召饮之。比还，复途过，省老人，老人已抱孙矣。乃邀之登九嶷山，合宾客部曲张宴山上。是日为王之封翁生日，客以次奉觞遥为寿，且庆其功。酒酣，怅然曰："予常有三恨，恨任事太早，学业太浅，用心太苦而多忤人。身遭时变，以士卒用力，人号为劲军。吾常恐世乱未已，将无以毕三恨，奉养二亲，将奈何?"老人执爵起，慰以大义，合席举酒极欢。及班师回楚，即乞假省亲，于是离家已四载矣。

马为塔忠武死而哀鸣

咸丰乙卯，塔忠武公齐布有战马，本总兵乌兰泰之马也。乌阵亡，马为粤寇有，塔官湖南都司时，与寇战，其卒得此马不能骑，乃献之塔，塔命圉人畜之。马见圉人，踶蹶欲噬，强被以鞍辔，则人立而号，声若虎豹，一营皆惊。塔闻之往视，马悚立不敢动，其色黝润如髹，高七尺，长丈有咫，两耳如削筒，四蹄各有肉爪出五分许，遍体旋毛，作鳞之而。塔曰："此龙种也。"试乘之，疾如惊电，一尘不起，亭午出营，行五十里回，日尚未晡，盖两时许，往还百里矣。塔大喜，自是战必乘之。

塔既骁勇敢战，马又翘骏倍常，酣战时，每提刀单骑突出，马振鬣嘶鸣，驰骤如风雨，将士恐失主将，辄奔命从之。寇愕眙失措，不能当，往往以此取胜。由是寇望见即骇曰："黑马将军来矣。"或不战而溃。一日，塔轻骑，遇伏寇百余人追急，乃避道旁逆旅中，以马匿芋窖，覆以草，祝曰："若鸣，则我与尔俱死矣。"乃易服为爨者状，坐灶前。部署甫定，追者至，问塔曰："见黑马将军乎？"曰："未也。"追者遍迹屋前后，至芋窖数数，马竟无声，获免。塔之薨也，马哀鸣数日乃食，然受鞍则踶蹶如故，无敢乘者，遂令从塔榇归于京师。

犬救主于火

南海陈林酷嗜酒，尝从军粤西，豢一犬甚驯，出入必与偕。一日痛饮入山，至半途酒发倒地，卧林草间。值火焚林草，将及，犬乃投身淤泥，起而以身溅火，火息则犬已惫不能起。及陈醒，犬已垂毙，但见野草半灰，犬卧其侧，焦毛之中，泥迹尚存。顿悟其以救己而毙命，遂含泪破土掩之，再拜，志其处而去。归乃戒其子孙曰："吾非犬，无以返乡井，汝等识之。"此咸丰朝事也。

张星五出资犒师

天津富人有张星五者，曾在旗员海某处为家奴，遂有"海张五"之名。又尝纳粟入监，后虽缘事斥革，然操白圭、计然之术，卒以业鹾起家，拥资巨万。咸丰辛酉，英人犯天津，张出所有犒其师，以保全津人生命财产为请，英将许之，于是一切皆听张所言。继而和约成，文宗以其有保护乡里功，宠赐极优，且给帑以偿其犒军之费。津民亦感其惠，集资如所费以酬之。英人既得赔款，亦拨款以偿其进奉之资，复举圆明园所掠之珍玩为赠。张既骤得此大宗巨资，一跃而至数百万，寿八十余而卒。再传至孙媳时，猝遭回禄，珍宝、房屋尽付一炬，并焚死两人，闻所毁约值银一百万两以外也。

戆头陀杀卫队

天台、雁荡以山水著于世，士之慕名胜、好风雅者趋焉。尝有知名士数人，以九日登天台为黄花之会，吟诗传盏，相顾甚得。忽层峦间一僧荷薪行歌而来，敝衣布履，发鬖鬖齐眉，见客方饮啖，即释担，不辞而据上坐，手撮肉数片仰吞之，倾壶就口，一吸而酒尽。众顾之怪讶，然见其貌狞，亦微慑，不敢侮。僧见纸笔及诗稿，笑曰："诸君大风雅，为此好事耶?"援笔濡墨，亦题一诗于石壁，长笑而去。众视其字，作米颠草，诗有"海风万里吹衣袂，一发天南自在青"之句。各顾所作，叹弗如也，悔不及问其名焉。

是夕，名士宿国清寺，则僧在厨下执爨，见众人，仍操作往来如故。众就与谈，僧自称为戆头陀。问以何地人，及何时出家，皆摇首言不知也。与之言诗，僧仍不答。明晨，众相约观日出，天未明，即鼓勇登前山。遥见有人立峰顶雾霭中，东向而望，至前，乃头陀也，两手结莲花印，向日诵佛号。少顷，日自海上来，红霞一片，左右捧之，照四山草木岩石，皆作虹彩，还觇下方，犹黑暗沉沉也。众啧啧称叹，或有为风轮星气之谈者。方酣畅，忽狂风自左来，草木尽偃，头陀遽回顾曰："猛兽至矣，诸君毋动。"风始过，一虎跳踯而前，众战栗，几不能起。头陀袒臂搏之，虎绝颔而仆，僧荷死虎去。久之，众神定，始相扶下山，入寺少息，不见头陀，乃归。出寺不数里，头陀忽提一食盒来，启之，酒食满焉。谓众曰："前叨扰，今以此报，可乎?"众方饥渴，就道旁列坐，肴美而腴，色白如腐，众诧为未见。僧曰："此虎髓也，食之益有力。"乃饱餐去。

逾年，有重游天台者，问戆头陀，则久去矣；问何所，则不知也。萧山来梦珊者，亦当日众中之一人，后十余年，自豫藩幕假归，道淮北。淮北，盗薮也，来甚惧。藩署卫兵甲乙者，皆以勇闻，故盗也，使送来归。二人有异志，觇知方伯赠来之千金在箧中，谋攘之，每次舍，辄以盗警吓来。数日，入归德界，两人故促车入歧途，日暮，入一大林中。甲乙各抽刃叱御者止，遂曳来自车出，与御者对缚大树上，狞笑曰："来先生，十日来受惊否？先生患寇盗，今日送先生至地府，彼处安稳，无惊恐，可常住也。"

御者哀求，来瞑目无语。须臾，眼前觉刀光一闪，以为刃下矣，忍不动。忽闻甲乙叩头称死罪，视之，曩之头陀也。手戒刀，怒气彪彪然，甲乙则列跪于旁。头陀神采亦犹昔，谓来曰："今日幸相遇，稍迟，无及矣。"命甲起，为二人解其缚。乙觇头陀稍暇，猝自地跃起，一窜数丈，欲逃去。僧哂曰："鼠子尚尔耶？"一挥手，铁丸横飞出，乙已仆百步外矣。甲解绳讫，头陀即以绳缚之于树，戟指数之曰："我使汝二人送书少室，而汝不返命，罪一也。又构陷某兄弟，引官军迹我于陆浑山中，幸我早避，不然，遭汝毒手，罪二也。作卫队以后，诬良罔善，前后倾陷七十余人，罪三也。"甲俯首无言。头陀又曰："我当初收汝部下，若何看待？众兄弟于汝，又何等亲睦？汝果以何而变心？"甲无言。头陀笑曰："今不汝容矣。"白刃一挥，人头与树齐断。顾御者促驰，又十数里，河横于前，头陀出筚篥吹之，即有舟自隔岸苇中出，渡三人而过。有茅舍百余间临水居，四面皆湖荡也。头陀与来宿焉，抵足谈竟夜，皆豫省吏治事，于民间疾苦、州郡贪廉甚悉，乃知头陀为有心人也。

盗僧还黄某银

天台黄某工技击，善弹，为浙抚帐下材官。一日，抚命解饷银赴京，中途被雨，止旅店。见店主与一行脚僧争论，近审之，知僧乏旅资，主人下逐客令也。黄解囊代偿，且招之共饭，僧大嚼不谢。未几雨霁，已薄暮，黄更欲前进，僧尼之曰："勿夜行，此中多盗。"黄曰："某有弹丸在，毛贼不足患也。"僧微笑云："愿客前途保重。"黄遂策马进发。行数十里，已昏黑，星光下见一人起草间，执短鞭尾之，呼叱不应。黄知其盗也，急取弓弹之，方意必中，丸为鞭所击而落。再弹，中其鞭，鞭折。复手铜丸十余，连发弹中之，仍不退。丸尽，黄惧，骤马前行，未数里，见空中电光相逐，渐逼其身。黄大惊，下马伏地，迨电光渐灭，将跨马复行，视银，不翼而飞矣。

方骇怪间，途中忽来一僧，语黄曰："君单骑夜行，何不畏暴客也？"遥指有林木处曰："兰若去此不远，君若枉顾，亦可稍息征尘，来朝走马未晚也。"黄以饷银已失，或可因之缉盗踪，许之，即牵马与僧同行。行里许，至一庄，数十人列炬出迎。僧延黄坐厅事，入报主僧。少顷，主僧出，锦袍玉带，皂衣人罗列左右，笑揖黄曰："客识老僧乎？"黄视之，乃前店中僧也。主僧执黄手曰："老僧，盗也。昨蒙盛意，知君豪士，第君以弹丸自矜，故聊以相试耳。"因手出数丸与黄，曰："此君所加遗也。君艺若此，非老僧亦莫敌，剑术未知，是君之短。君银悉在，幸不疑，今且燕乐，明日送君行也。"乃命布筵，酒酣，各道生平，主宾意惬。谳罢，主僧笑曰："余有小技，今日兴不浅，当为君一奏。"遂入。良久，短衣窄袖，拥长短数剑出，起舞庭中，寒光逼人，黄大惊。食顷，掷剑植地，如列戟状，主僧已直立席前，笑顾黄曰："君解此乎？"黄拱手曰："上人绝技，弟子万不及也。"主僧大笑。是夕，主僧与黄坐语达旦，所论多击剑及弹弓事。天将晓，主僧以银还黄，送之路口，赠以双剑而别。

盗尼戒多杀人

徽州汪某以勇称，有大贾延之为镖客，卫之入陕，道逢显宦挟重资，约同行止。抵旅舍，甫解装，有童子来投宿，系骑于门外，趋至汪前，曰："若囊中物，皆攫取而来，予当攫取而去。明旦君若缓发，恐见骇也。"汪讶而不敢言。夜过半，呼起行，诿为倦，请后，约去远，乃就道。十里入山径，见车驮狼藉，童子坐岩上，指溪以示汪，皆死人也。汪大骇，童子曰："此去山路恶，可速行。”汪叱众急趋，以贪程，失住处，彷徨谷中。见山堰有草庵，求栖宿，一比丘尼年四十余，引至堂东小室曰：“栖此，夜间多虎狼，勿乱窥，骡马置苑后，无妨也。”一更许，闻扣门，徐闻尼曰：“取不义物也，馘其魁，何得多杀人，忘我戒！”即闻以杖击物声。汪众悚惧，未及晓，束装，谢尼而行。

曹子铭以义感盗

粤人曹子铭曾策骑过深林，见盗贼群居，意以为彼等贫甚，故至此，非好为恶业也，遂以财物悉授之。行未数武，觉衣中尚有余金，复至前，大呼曰：“余衣中尚藏有金，顷忘之，今尽与汝等，故再来也。”乃投其藏金。将去，盗贼大骇诧，且感泣曰：“余等为盗既久，不图遇有德若斯人者。今悔矣，愿以前所赐金还公，自是当从事稼穑，不复为此矣。”言已，向子铭拱手而去。其后，是邑竟无盗。

顾月波除邻舟盗

山西顾月波，女士也。其父母以无子，令自幼作男子装。酷爱武艺，能舞刀击剑，又善弹，能中飞鸟数十，健男不能近。性豪爽，举止端谨，无有知其为女子者。曾作估，远行长江，遇盗劫邻舟，舟有母女二人及仆妪，皆惶恐无人色。月波跃登邻舟，拔剑斩盗三人，余均遁。母女感再生恩，谈家世，盖母女二人者，为某令之眷，令先赴任，遣仆护眷至署者也。并以长途多险，乞护送至署，月波慨然诺之。既至署，令感之甚，愿以所救女素仙者字之，以报大德。顾再四坚辞，并以归禀母为言。令曰：“是无害。”遂作书邀顾母一言，专使送往。顾母获书后，笑谓使者曰：“贵上不弃寒微，何幸如之！奈吾儿不能转女为男何？”使者复命，令大惊异，乃使其女结为姊妹焉。

壮士为人却盗

太原朱某，故家子也。累试不第，年二十余矣，贫甚，至不能举炊。王某者，以状元开府浙省，父执也，朱颇不欲干要人，虽困，未尝一通讯。会太原有某令于浙，王询知朱近况，具书招之，朱不欲往，母促之行。既至浙，王日询其帖括之学，殷殷以取科名为训，朱唯唯而已。尝作诗以寄愤，中有句云："孔老无文名，道德迈千古。子房无文章，勋业佐高祖。吁嗟竖孺辈，眼光以寸数。博得状元郎，南面作开府。酸气犹未除，满腹秀才腐。"为王所见，知其讽己，以其狂置之。朱不自安，见王告归，王亦不留，赠三百金。朱不受，王曰："我与尔父有兄弟情，此戋戋者，乃我之奉嫂者，请为尔母作甘旨也。"朱始受之。

朱束装就道，颇郁郁，日以饮酒自遣。行至淮北，有二人尾之，貌狰狞。薄暮，寓一店，二人亦投宿焉。朱解装，独酌于中堂，纵饮高歌，目空一切。少焉，一壮士入，亦旅人之求宿者。至则坐客已满，壮士解装沽酒，而无坐地，朱以手招之，曰："同饮，可乎？"壮士即就坐，谈论颇相得。夜半饮罢，朱入东厢。少焉，有声甚厉，朱于窗隙窥之，见宿西厢者二人执刀扑东厢，壮士以手挥之，二人皆仆倒。朱屏息不敢作声。有顷，壮士入朱房，朱曰："黄白物在某处，尔速携之，毋相害也。"壮士曰："谁欲尔黄白物耶？欲尔黄白者，已被我仆倒矣。我见尔襟怀磊落，故来护尔，孰知尔亦俗物也？"朱跃起谢罪，壮士已不知所往矣。朱大悔，尝语人曰："徒以一念畏死，于风尘中失此豪杰也。"

某客为公子除盗

贵公子某，载多金入长安，有盗十余，侦而随之，公子亦疑其为盗，悉戒备。会暴雨，遂不能按程，栖野店中，公子大惧。

先是，店有一人，居西屋中倚门望雨，公子见其昂藏修伟，异之，问曰："途中未遭淋耶？"客曰："幸而免。"遂邀与共饮。公子有忧色，客问故，以盗伺告。客毅然曰："今夜但请高枕，吾将候之而甘心焉。"公子起谢，就安置，并令从人皆寝。

客亦闭户独坐，舐窗外视，月照庭院，忽闻东壁垣间如鸟隼飞落，则有一人踰垣入院。客于窗罅以气吹之，其人首落地。逾时又一人至，又吹之，凡十余吹，而尸已枕藉庭阶。又一人入，四顾，客但以气微嘘其顶，似切瓜一片，其人抱头跳出，自是寂然。

及曙，公子起，客启户，见尸大惊。客乃告以歼之之故，且言有一后至者，但削顶而逸，或未至死。继出一金盒，以指匙取药弹于尸，皆化为水。公子乃知其为侠，厚赠之，不受，问姓名，亦不答，送之出，客跨卫拱手遂去。

后十年，公子在京师，与一喇嘛友善。尝对弈，盛暑，僧汗流，不脱帽，公子固请，僧坚不肯除。一日又对弈，公子戏以扇柄挥之。僧帽落，见平顶如劈瓠，不生发，有一疤类大莲蓬。公子笑问故，僧踟蹰曰："十余年前，未尝不头角峥嵘也。缘为盗，夤夜入人家，不知被何冷气吹去顶皮，濒死，许久创合，至今犹不敢脱帽露顶于王公前也。"公子曰："是某年月日雨后旅店事乎？"僧惊栗，公子曰："我即载金人也，兹汝已逃禅，且为我友，不汝究矣。"

刘孝铭除假鬼

勇士刘孝铭，名纯，保定人。生有膂力，两手能举重六百斤，人咸以勇士目之。喜游侠，习拳勇，北方之鬻拳艺者过其地，必适馆授餐，助以资斧，以是挥霍颇巨。会父母相继没，刘变产以资远游。一日行山中，日暮而未遇村落，幸月色皎洁，得辨路。孑身行里许，见一古刹，破壁颓垣，门户荒芜，似久无人踪者。刘入，乃以巨石掩门，殿中尘埃堆积，刘就殿和衣寐。未几，闻拨门声，知有异，忽划然一声，墙角崩陷，于月光中见有巨鬼立墙外。时微云蔽月，面目不可辨，惟目光闪闪，直视刘面。鬼望刘猛扑，刘急以棒击之，呀然仆地，趋视之，赤发青面，狰狞可怖，口吐鲜血不止。刘知为非鬼，因复击之，使毙。

天渐明，刘遂行，未五里，有村焉，腹饥，入食店。店主人讶之，谓刘曰："山中多怪，夜来亦有所遇否？"刘一一告之。主人大喜，以告村人，为置酒款之。盖村中有盗某，常假作鬼状，匿山中，遇孤行旅客则威吓之，以谋取财物，人有因此而殒其生者也。

汪十四送美人归

汪十四者，新安人也。性慷慨，善骑射。时游西蜀，蜀山川险阻，盗至多，凡经商往来者，辄被劫掠。闻汪名，咸愿聘为镖师，汪许之，遂与数百人俱，拥骑而行。闻山上发矢声，汪即弯弓相向，与箭锋相触，空中折堕。以故盗甚畏之，秋毫不敢犯，商贾尽得数倍利，盗心忮之而无如何也。

无几时，汪归，而曩时往来川中者尽被剽掠，乃踉跄走新安，罗拜于门曰："愿乞壮士重过西川，勿使啸聚之徒大得志也，其许之乎？"汪曰："诺。"挟弓矢连骑而去。盗于是又大惊，谋有以胜汪者，乃选数骁骑如商装，杂商队以行。近盗巢，箭声飒飒来，汪发矢，后有一人持利刃向弦际一挥，弦断矢落，汪遂就擒，置于山寨之空室，絷其手足，不得动。忽有美人向汪笑曰："君豪杰，何就缚至此？"汪曰："毋多言，能救我，则救之。"美人即以刀断其缚而出之。汪不遑谢，见旁有刀剑弓矢，悉挟以行，左挈美人，右持器械，行数百步，见一骑甚骏，遂并坐其上。盗闻之，疾驱而前，汪厉声曰："来、来，吾射汝！"应弦而倒。连发十数矢，毙多人，盗纵之去。

汪从马上问美人姓名，美人泣曰："吾，宦家女也。父为给事中，在京，今年携眷至京被劫，母及诸婢为所杀，仅留予一人。所以不死者，必欲一见严君，可以无恨。又私念世间或有大豪杰能拔人虎穴者，故踌躇至今。今遇明公，得一拜严君，予乃知死所矣。"汪曰："某之重生，皆卿所赐，当担簦扶策，卫卿以行。"于是陆行从车，水行从舟，奔走数千里，同起居饮食者非一日，略无相狎之意，竟以女还之其父，而径归新安。

华宋待张秀才妻子

寿州张秀才年五十而死，有二子，方数岁。秀才病亟时，属其友华某、宋某曰："吾妻壮子幼，身后遗百金耳，惟二君有以处之。"秀才殁，宋与华计曰："人生重友朋者，贵能托后。张君殁，吾当携其妻子归，其百金，君可为之权子母也。"二子长，宋教之读书，视若己子。十数年，二子相继入州庠，次子某旋举于乡。年及冠，宋为之授室，华出七百金为买田宅，命二子奉母以居。二子泣谢，华曰："是固而父金也。"

陈佝偻疏财尚义

陈佝偻，兴宁人，盗魁也。疏财尚义，人皆呼为"陈佝偻大伯"。党羽众，号令能及闽、赣，粤中巨盗及偷儿几尽出其门下。他处暴客入境，必先关白，而所有盗窃等事，陈必先知。然所劫者多豪富不仁，贫家或被窃投诉于陈，即于原处得所失物，不少铢黍，以故人咸敬惮之。

族叔某不善其所为，一日，叔耕牛被窃，遍求不获，不得已，往语陈，陈颔之。俄而室外爆竹声大作，出视，见爆竹悬树枝绝高处，下系牛一，即所失者。叔大骇，益惮而远之。

陈喜周恤贫困及远方流民，各省绿林中人往来者，必作东道。一日薄暮，有数客造门求宿，身魁伟，自言为陕人，陈款留饮宴。夜二鼓，客入房就寝，终席未言来意。陈疑之，潜加键焉。天甫明，而数十里外某乡当铺是夜三鼓被劫之报至，劫赃甚巨，铺主固与陈有素，驰函诮让。陈知非己部下所为，大骇，急启钥，视数客尚酣睡未醒。因促起用朝膳，席间举杯向客曰："夜来礼多慢，幸毋以小故罪同道中人。鄙人适有一事欲奉告，然以事所或有，理所必无，故未敢耳。"数客微笑，似已喻意。食竟，辞出门，谓陈曰："感君厚意，楼上贮有微物，聊以奉报。"陈返视楼上，则累累堆积者，即劫赃也。细察楼顶，仅一角稍移故位，余屋瓦均无损。顷刻之间，劫巨赃于数十里外，一尘不惊，数客之为，盖神乎其技矣。遂急召失主，悉数给还。

石达开重义轻财

粤寇石达开初为诸生，以财雄一方，慕游侠，好结纳。顾不择人，门下食客繁，多两粤无赖子。惟日与健儿数十辈，驰马骑射、击剑舞槊以为乐。

距所居十余里有一山，当孔道，剧盗某窃踞之，杀越人于货，过客无幸免者。有闽商挟重赀出此，闻之，忧惧不知所出，夙耳达开名，因往谒，备陈所苦，乞庇护。达开许之，留闽商于家，将为择健者卫送度岭。盗魁大怒，率其党百余人登达开门，谋篡取之。达开闻盗至，即开门延入，语之曰："壮士之所欲，货财耳。第念闽客挟赀离乡井，走万里外，以谋什一利，亦良苦。今壮士欲攘为己有，彼丧其赀，胡以东归？惟有蹈沟壑死耳。仆不忍，故敢为缓颊。"因问闽客所携金几何，曰："五千。"则自启其箧，出五千金，陈诸几，谓曰："聊备不腆，敬以为献，代客请命。倘矜而宥之，仆不啻身受其赐矣。"盗与其党相顾愕眙，太息曰："人言石先生重义轻财，岂不信哉？吾侪所为，殆非人。今重违公命，客第就道，无他虑，然所惠实不敢受，请辞。"达开大悦，治酒为闽客祖饯，兼觞群盗。酒既酣，倾吐胸臆，恨相见晚。酒罢，客辞去，盗亦辞，达开仍以前金予之，盗却再三，受其半。

盗既归，感甚，思有以报之，侦达开生日，因持金玉锦绣之属往为寿。达开谳客三日，盗亦在座。有不慊于达开者，密报邑令，谓达开藏盗于家，恐不免为地方害。令亦涎达开富，谋所以鱼肉之者，立率众往。座客尚未散，即并达开与盗擒之，置诸狱。达开与杨秀清故莫逆，秀清闻变，即以众往劫出之，旋从洪秀全起事而为寇矣。

程姓婢抚幼主

山左程姓者，寓吴中，有一婢，嫁农家叶氏子。咸丰庚申之乱，程全家避于叶，财物悉寄焉。不数年，程家属相继死，仅遗一幼子，在襁褓中，婢抚以为子，使与诸子齿。俄而其夫亦死，婢守义不嫁，抚程子及其子俱成立，为程子聘邻村一女为妻。成婚之日，请姑出，将以新妇见，而婢遽出自房，登氍毹而先拜焉。程子大惊，婢对众自陈曰："我非新郎之母，乃程氏婢也。主人不幸遭乱，流离死亡殆尽，我以郎君年幼，无人管束，故十余年越主婢之分，冒母子之名，今敢不道其实欤?"于是具述颠末，并出资财尽以归之。程子欲分其半以与婢，不受，乃使其妻以姑事之，而已仍呼为母焉。

秋菊抚幼主

崇义医士王德化，年五十无子，妻为置妾，生子周晬，夫妇相继死，妾典钗珥营丧葬，抱儿号泣，恨不欲生。婢秋菊慨然请曰："主人惟此一脉，娘子徒死，不足塞责。宜勤于抚育，恶衣粗食，奴当任之，毋过苦也。"妾含泪谢。自此，秋菊日出为邻家操作，夜归织屦灯下，得值以赡口食。间获赢钱，则投诸瓮，积五六年，瓮钱盈口矣。

无何，妾殂，秋菊出钱治具。既念己出佣，儿无依，乃使就学于私塾。师怜之，罔较所酬。秋菊旦送儿往，暮迎儿归，形影呼吸，相依为命。复倩良工绘主人妻妾像悬中庭，旦夕命儿瞻拜，一室中俨如主人在焉。遇儿废读，秋菊辄对像悲啼，儿为之感动，一意力学。十七岁入庠，秋菊喜，探床头钱又数瓮，为儿整庐舍，洁衣冠，将择妇。里人薄其孤寒，鲜与论婚者，塾师独器儿，以女妻之。秋菊具礼迎归，儿妇拜像毕，请拜秋菊，走避，谢曰："我，婢也，何可当小主人拜?"儿请自今事以母仪，秋菊曰："此尤不可。秋菊昔事主人，未荐枕席，名分所在，敢与两主母匹哉？”儿固请，坚拒不受，塾师劝再三，始允以平等见，于是儿称曰姊，妇尊之曰大姑，外人呼曰姑娘。大姑以储钱授弟妇，谢家政，然不敢自息，恒纺织以佐薪水用。自是家寖裕，儿无内顾忧，得卒业。

邑有富人丧耦，闻秋菊贤，遣媒聘。秋菊笑曰：“使我欲得丈夫，嫁久矣，待今日耶？吾主人大器，终有赖，彼肮脏翁，奚足动吾念哉？”媒惭而退。后儿举孝廉，适秋菊六十初度，郡邑楔旌其闾。寿臻九十，以处子终，孝廉用姊弟礼服期年丧，殡于王氏先茔，享祀之。

粉面狮救书生

巴东巫峡形势险峻，道途崎岖，凡由武汉入蜀而就捷径者，必经是峡，其隘处迂回曲折，仅容身耳。峡中间有小肆，盗纵横，或设黑店以陷过客，大盗粉面狮独以大侠称。“粉面狮”者，蜀人也，富膂力，能举千金，而平居则柔婉娇好，宛如弱女子，故得是名。狮虽为盗，而劫富济贫，扶善锄恶，生平未妄杀一人。

一日，狮出游，途遇一车，车帘四起，中坐一书生某及其仆，视其车夫，盗也。因趋而前，愿附车行，车夫严拒之。哀于某，某许之。车夫曰：“人心不同，有如其面，安能必其无恶意耶？”某曰：“余知之。”

狮闻言，乃一跃入车，与某为礼，遂问行踪。某告以父宰江南，今遣余回籍就婚也。由是抵掌纵谈，渐至同食同寝。车行五日，狮密语某曰：“车夫皆巴东劫贼，今当不利于公，再过三站，地辟而狭，将施其谋矣。”某大怖，狮曰：“有余在，二三孺子，直螳臂当车耳，不足介怀也。”某虽壮其言，然以其瘦弱如少女，未遽信。行三站，已薄暮，狮语某曰：“今晚当下毒手矣。设有变，请安眠，勿作声也。”某唯唯。

夜半，狮闻车夫私语，因假寐俟之。少选，一车夫提刀入，后从二人，至某宿处，方欲举刃，狮跃起，取寝枕掷之，先入者扑地而倒，后至者亦为余势所蹶。狮乃扬声曰："鼠辈闻粉面狮之名乎？敢以非礼向乃公！"三人已惫不能起，泣而言曰："素闻长者威名，今觌面不识泰山，余辈盲矣。幸长者之贷其一死也。"狮怒斥曰："去去去！姑留尔曹命，可星夜奔赴前站，为公子买酒压惊也。"时某已起坐，向狮谢曰："义士真神人哉！再生之德，何以为报？"狮笑曰："大丈夫见义而为，宁望报乎？"至前站，狮出金，为某置酒压惊。酒次，狮召车夫语曰："为我送公子归里，取得平安信来报我。若有怠慢者，公子不给汝书，尔曹生死，悬余掌中也。"车夫诺诺而退。狮又顾某曰："前途当可无虞。余事冗，不远送，后会有期也。"言既，一跃而出。

英果敏救吴武壮

英果敏公翰初作令于皖，吴武壮公长庆方以末弁为果敏所器，倚之如左右手。时刘壮肃公铭传、张勇烈公树声，方各结团自保，武壮偶与之有违言，互斗而败，被获，乃缚武壮于柱。果敏遣人往说之，壮肃、勇烈皆不可，曰："必县令自至，而乃可释也。"果敏如其言，始得释，武壮以是终身执弟子礼。果敏身后，岁时馈问不绝。

杨大头使酒任侠

杨大头，亳州某村之屠者，以头大得名。尚气力，使酒任侠，横于亳。亳之恶少年尝伺其独行，群掩而踣之，具水火炮烙，惨毒甚，终闭口无一言，众由是服之，奉为魁。时粤寇扰大江南北，而西北复有回捻，大头因拥其党众结砦某山，富人避兵来者，声言保护，多胁取赂金，众称之曰"将军"，自此不复屠矣。有劝之扩张势力者，皆不听。楚师讨苗沛霖，大头辄要取其饷。已而苗氏灭，杨惧，诣官军谢罪，遂被杀。

大头名成，其父固文童，年五十，求入泮不可得，及生子，期其成名，故名之曰成。然性奇鲁，读数年不能识一字，得间则窃从屠沽儿游。父责之，终不改，乃愤死，大头遂为屠，其始亦一无赖耳。会所居村谣传捻寇且至，村人惧，各弃家而走山。山去村才五六里，林壑深窈，有石洞，可容数百人，当是时，成亦在众中。事起仓猝，不及裹糇粮，居一日，饥渴甚，登山巅，望村中炊烟缕缕，群以为捻果至，益不敢下。夜半大雨，众掬饮之，得稍解渴。成语其徒曰："贼三日不退，吾侪纵能求食四方，妻子皆饥馁死矣。昼间炊烟不多，捻必未至，恐为土寇；即至者，亦一分队尔，吾侪壮丁可数百，亦足以制之。今大雨，彼必无备，可一战也。"乃持刀而先，众中有胆者从之，得三十余人，人持竿或斧或刃。至村前，寂无声息，成独入村探望。顷之出，麾众以往，则捻二十余人方酣卧巨室中。众入，始惊起格斗，成手杀五人，余慑伏莫敢动，遂尽执之。讯知寇将三日后来，此其侦者也。成得状，即刲之如羊豕，而尽迁粮糗器具入山，空其村。三日后，捻果至，成豫置酒食于村中以毒之，又藏火药灶中，捻多死，而村亦毁，遂引去。由是得名，归者益众。成遂造枪械，冶五兵，分其众，半耕耨而半守望，更迭相代，竟无恙。

涡阳某氏子方迎娶，及吉期而寇至，一家皆逃依成，新郎亦被掳去。妇有色，成强取之，妇大哭，诉称有夫。成问夫何在，曰："捻掳之矣。"成笑曰："易事耳。"即夕遣归。不三日，其夫忽自至，自言捻遣来为侦，因幸得脱，而不知成所为也。

兵乱之际，有妇姑母子避难来奔者，其子溺妇言，负之行，而弃母于道，追呼之不应，乃息于道旁。寇至，见为老妇，舍之，其邻人见而哀焉，扶以免。他日，子复逐其母，且迁怒邻人，邻人告成。成召其子，温酒于壶，篝火于炉，以待之。既至，不复讯，亲割其肉，炙以行酒，帐下百人同时举刀，顷刻肉尽，呼号犹未绝也。执其媳，榜之百，配圉人，而廪给其母，以是众称公明。然驭下严酷，虽故人，一言不合，辄戮之。又终岁以蓄积耕种为事，稍有壮心者不能耐，皆去之。方苗之败，其帐下闻之，亦多欲执成献功者，成微知之，故自首以求免，而不知适絓于祸，盖非始计所及也。

小镜子欲除贪吏

小镜子，上海富室徐友山之火夫也，性任侠。友山工诗、善书画，尤娴经史，暇日恒为小镜子述历代兴亡事，辄感奋。一日，小镜子忽语徐曰："今天下困苦若此，有崛起草泽间者，吾当为之前驱，扫除贪吏也。"徐戒之曰："吾家夙以富闻，汝谰言如此，破吾家者，必汝也。汝不能忍，其速去。"

小镜子至是遂不敢声，然主仆之情，则未尝稍疏。粤寇构难，苏、常无应者，乃与无赖谋，仓猝起事。城中无一卒，遂杀县令，而苏松太道乘间遁。小镜子自命为天下大招讨，令徐为军师，无赖不用命，劫居民财货殆尽，所存者，惟洋泾桥近旁洋楼数幢，时人有"天下大招讨，不过洋泾桥"之谚。据城凡十三月，官兵至，不敢前。继见城内无动静，乃破门入，实则匪早绝迹，小镜子亦不知所往矣。徐尚存，官兵乃械徐，送之江宁，不待刑，自刎死。

徐树人赆严问樵

咸丰时，丹徒严问樵太史保镛弱冠为名解元，春官报罢，暮秋始出都。行至山东，旅囊告罄。时通州徐树人中丞宗幹方为泰安守，初未识面，因书一联使人投之云："千里而来，徐孺子可能下榻；一寒至此，严先生尚未披裘。"徐亟迎入署，盘桓数日，濒行，赠五百金。逾年，严成进士，入词馆。

郭壮武以博资济人急

郭壮武公松林性豪迈，喜博。未显时，除夕尝与人博，获镪累累。既而同博有痛哭者，询之，则负人巨金，以百金作孤注，一蹶而不振也。郭得实，恻然悯之，即以所获与其人。踉跄返家，索逋者正列坐以待，郭狂笑，即偃卧败絮中，索逋者无如何，乃诟詈去。

王古愚除患释难

咸丰时，吴有剧盗，勇悍绝伦，自以为万夫莫敌，苏抚欲捕之，亦束手。时宜兴有王古愚者，精拳勇，家贫，授徒自给。貌陋甚。曾联合文艺有拳勇者共十人，读书讲艺，人称"北郭十子"。而无锡某，即苏抚门下士。会盗诣抚，欲贷万金，抚方踌躇，某遂以古愚荐。抚见其貌不扬，使教其子，古愚怏怏不自得。尝自习其技于月下，抚乃与谈除盗事，古愚曰："某之来，为盗也。今置而不问，是知某之无能也。愿得一见盗。"抚曰："此非易事，事败，我休矣。"古愚曰："无害也。我一见其人，即知其技之高下。技而高也，我纵之；技而下也，我决之，与公无与焉。"

抚不得已，折简招盗，盗果至。古愚觇之，曰："此可擒也。惟我一人敌盗，盗必死，苟盗之从者多，吾彼此相击，恐盗且逸焉。假我二十人伏幕中，我以掷杯为识，俾二十人羁其从者，我一人敌盗，盗必擒矣。"抚从之。古愚乃易青衣，伪为童仆侍酒状。俟抚出，即掷杯于地，二十人皆出，盗之从者不得逞。盗知事急，即拊几一跃，欲破屋而遁，古愚亦跃从之，持其足，力分其尸为二，掷于地，并除从者，于是吴中盗害以除。抚嘉其功，思有以酬之，古愚笑曰："天下之所贵为士者，除患释难，平危乱而无所取者也。惟愿君此后不以貌取人，世之有能者，皆在布衣风尘中耳。"遂辞归。

李抚民假明某以资

李抚民者，豫章人，以卖笔来往粤西。粤西鹾贾某，以其勤慎，荐之为商伙。阅数载，积资数千金，因谋归娶。既行，舟泊漓江，闻邻船有长叹声，竟夕不寐。访其傔从，告曰："主人隶旗籍，以主事出为直隶州，分发来此。客冬权西隆令，不幸以灾祲，亏帑半万，将登白简耳。”李心动，曰：“我代筹之，何如?”主人即延入，告曰：“仆明姓，以交代上省，君能代谋，幸甚。”李曰：“幸有余资，方谋归计，今君适有急用，数亦尚可摒挡，得缺归楚，无妨也。”即倾橐畀之。明欲立券，李曰：“勿尔，我非权子母者。”乃结为异姓兄弟，且曰：“兄乍到粤，苦无相识，弟能从我游乎?”李曰：“诺。”乃偕往桂林，为之措置。居数月，新抚军来，则明之戚也，即檄署浔州府。时盐务废弛，革商追引，明知李深悉盐务，即以委之。不数年，赀已巨万，久之，富甲一省矣。即娶于粤，营别业焉。遇豫章人流落者，必周之，曰：“吾不敢忘一伞一幞时也。”当道沉滞者有所诿諈，亦必应，曰：“吾无以报明，此所以志也。”其子秉铨，后为浙江金衢严道。

杜宪英为人除盗

咸、同间，汴有女子杜宪英者，为周某妻，尝与周分领土兵御粤寇。周为寇所掳，三年不归，宪英母又殁，乃以钱数万买得一婢，阔面长身，膂力甚壮，教以武事，从己出游阜城、连镇间，密访周消息，不得，又由皖北间道至江南。一日泊舟江港，有富室子弟结商人赍赀贩运，而冒为士人赴试杭州者，系缆于宪英舟之左。岸有僧，宽衣大笠，趺坐击木鱼，别以短杖担衣钵，置之身旁，目眈眈视女。宪英转视群商，久之，太息去。远闻觱栗数声，已而岸上有二三士人，散步徘徊。群商方欲结纳士人，为偷漏关税计，揖而邀之舟中，煮茗闲话。各通姓名里贯已，士人纵论天下事，杂以文字科名语、农商语、兵语、青楼谐谑语，群商于卖买经纪外，瞪目不能发一辞。士人曰：“吾辈一见如故，意气极相得，公等果将赴试耶?”中一商曰：“实不相欺，薄有赀货，前途关卡多，仰藉大力庇荫，得免税金，抵浙必厚报也。”士人曰：“饮啄前定，萍水因缘，此小事，何论报乎?”拱而别，注目宪英舟。

群商喜甚，各以言语相调笑，亦目之。时婢在后舱假寐，宪英怒目语曰："身死财丧之不知，犹窃视闺眷耶？"群商闻之大惊，密语久之，疑宪英为盗船，长跽求免。宪英哂曰："吾船无盗，适与君等共语船中，及向之趺坐岸上者，乃真盗也。君等家拥巨资，日处醉梦中，不见天日，岂知世路险巇哉？"众诺诺。又曰："处世需才，即兵戈扰攘中，挟赀远行，亦非大有才者不可。苟自度无其具，宁坐闺中弄稚子，毋以买命钱空饵虎狼也。今身死财丧之不知，犹窃视闺眷耶？"群商曰："且为奈何？"女呼婢出，曰："此吾前锋燕支将军也。诸君畏怯者，请避岸上，否则安卧以待，慎勿露声影，吾二人尽力当之，视诸君时命何如耳。"及夜，又闻觱栗声甚近，女曰："是矣。"群商不敢出，亦不敢卧，急闭舱门，灭火屏息。

时残月初出，繁星丽空，略辨人影，两岸芦苇瑟瑟作声。宪英念迎斗则彼众我寡，不易制胜，不如待其来，出不意以刺之。与婢约曰："昏夜不辨彼此，以髻上明珠映月光为记。"未几，贼果先登商舟，前二人不可识，其第三人，僧也。昂首四顾，遽夺商船门。宪英手利剑，径前刺之，应手而仆。其二人大叫曰："上。"则竞趋宪英舟。宪英挥剑，旋绕如练，婢手双铁椎自其后突出，光耀上下如转球。贼方避剑，不虞婢椎之出也，左右扑刺，落水死。鏖斗方急，商船后舱呼贼至，婢跃登篷顶，左臂适中贼枪，忍痛弃椎易刀连斫之，贼亦负痛狂奔，东西分窜去。

于是发火四照，船头篷顶，皆血渍。群商闻声，亟出谢，人人面如土。宪英叱之去，使婢裹创卧，而独坐待旦以备之。明日，将解缆，逆风大作。及午，有楼船十数自上游乘风而来，亦泊港外，探之，始知某营总兵官王某帅师巡缉盗贼者也。军士先诘商船，群商曰："赴试。"曰："赴试何以载货，毋乃盗乎？"商曰："我非盗，乃遇盗幸免者耳。"次诘宪英船，未及答，商曰："是即杀盗救吾属者。"军士见两女子、无一男丁，群商又不类士子状，疑其踪迹，琐琐盘诘。宪英怒曰："何多言，我乃手杀左山虎之中州杜宪英也。问我何为?”语未毕，忽有一人自楼船跃登宪英舟，问曰：“英娘不识我乎?”女目之，方面伟躯，貌似相识，而鬑鬑有须矣。其人曰：“我即河南周某，今帅兵缉盗过此，不意遇卿。”女犹不敢遽应，周乃曰：“卿不忆嵩山射虎时耶?”女曰：“弓衣金弹何在?”周曰：“置之洛水犀腹中。”盖当时闺中隐语。问答既合，宪英不觉泣下，曰：“妾为君子力已至矣。幸神明垂佑，相见于此，顾何以不周而王也?”周乃告以被虏后，说贼投降，主将王某爱之，使从己姓，授守备，从征江皖，历保今职，赏花翎，赐勇号，且以提督记名矣。周问宪英何时渡江，婢为何人，宪英言未半，诸商请见军门，叩首船头，谓受夫人活命恩，愿献五百金为寿。宪英坚不受，谢之去，属以后小心，谓不能复遇我矣。群商皆感泣。周既了巡缉事，即日引疾解官，携宪英偕隐嵩山，读书种菜以为乐。婢归，适某千总，勇过其夫。

侠盗为人拒盗

李春辉，高阳名族也，家临通衢。咸、同间，乡多剧盗，各村皆设演武场，延拳棒师教练，为自卫计。其族固大，因专设一场，以备练习之所，李亦从而学之。一夜，有盗踰墙入，可十数人，教师及守院者均为所伤，盗撞扉几坏，家人惶骇，不知所为。危急间，忽一老工人持杖入，厉声曰：“有老夫在，鼠辈乃敢尔!”盗以其老弱奔之，叟舞杖风动，当之辄靡，瞬息已击倒十余人，余贼悉遁。主人始出，慰之曰：“今日几破吾家，赖丈援救，得脱危险，敢忘大德！请自今始，凡余所有，当与丈共之。”且询叟曰：“素未闻丈能武，未有加礼，英雄不自言，何也?”叟曰：“余，绿林之雄也，因事避此。本拟即行，在此数载，相待极厚，知盗欲来，不忍离，遂效微劳，藉为万一之酬耳，何敢复望厚赐。且余与贼素有隙，今复杀其同伙，与余仇益深矣，乌能久居此乎？请从此逝，无为主人累也。”

主人闻其言，大骇。既而谓叟曰："丈可居此，况蒙保卫，始得室家无恙，尚未酬报，何遽离此？且戮盗十余人，彼若再来复仇，奈何？"叟曰："无恐，余去，盗亦不来矣。倘余在此，盗来正无已时也。"留之不可，赠以金帛，不受而去。明日，执诸盗送官，均置于法，余盗竟不复来。

秦商遇盗还所劫

秦商某，遇盗于少华，尽驱其驼马资装以去，某单骑窜山中。久之日暮，峰回路转，迷不得出，闻隔涧犬声，乃大呼。俄丛树中有人应曰："左转。"乃左转，得石梁，渡之，忽见麦畦纵横，似已辟治者。

循陌行，得一村，或问所从来，以遇盗告。有苍髯者招至一室，飞甍画栋，大家也，命就西厢宿，饷以酒食。夜不成寐，更阑，闻门外人马声，亟伏门隙窥之，见骑马者可百人，鱼贯而入，拥资物可数十车，皆下马，一一登堂。堂烧巨烛如椽，苍髯者振衣高坐，骑者进谒讫，一一慰问，语隐约断续不可辨。久之，骑者群出，苍髯者点首送之，止一人令住，其人顿仓皇失措。苍髯者叱曰："吾令若出，以驱除贪官污吏，而夺小民生计，何为耶？"其人蒲伏不敢声。立命杖之，杖讫，命去。寻更牵一人至，神气索然，诘责尤厉，囚但叩头称"犯官死罪"。亦命鞭之数十，鞭讫，复遣去，而堂中烛光一时并黯。

次晨，苍髯者手一物授商曰："持此无失，东去又左折，行丛竹中十数里，即至官道，向南一逆旅中四十许人，胖而微须，可以此授之，当得偿所失也。"商夜窥所为，知叟非常人，即受之。如言至一逆旅，果得其人，授以物，解视之，印信也。其人自陈为华州知州，因事入省，昨为盗劫，舆马尽丧，仆从亦死。盗取印去，而以物置逆旅中，送我至此，令守之以待君来。商视之，所失货也，并驼马亦在后厩，纤毫无失。

林琴南馈米于师

闽县林琴南孝廉纾六七岁时，从师读，师贫甚，炊不得米，林知之，亟归，以袜实米满之，负以致师。师怒，谓其窃，却弗受。林归以告母，母笑曰："若心固善，然此岂束脩之礼？"即呼佣，赍米一石致之塾，师乃受。

蒋少颖祀师

武进蒋少颖，名树德，同、光间人。生十二岁而孤。当九岁入塾读书时，徇齐敦敏，如成人。一日师出，群童纷呶，则正色叱之曰："师不在，当与师在如一。"师适归，闻其语，大奇之，尝曰："是子可教，家贫不能具礼，无伤也。"师年老无子，则私自窃念，他日必奉养吾师。其后师卒，辄于岁时祀祖时，设位祀之，犹初志也。

周泰康舍金救人

粤寇扰宁波时，鄞周泰康亡命乡间，夜伏丛尸中，朦胧间，忽闻呵道声，窃睨之，有古衣冠人，随数吏，按尸点名。以次至周，皆诧曰："此江边徐七麻子手中货也，胡在此？"言已不见。

周惊醒，念名在劫中矣，欲他适，然不过江，则他处盗窟多，难逃，不如就死为得，因趋至江滨。先有男女数口，望洋号哭，询之，云："我等全家欲雇舟回乡，而旅资告罄，舟子又居奇，将葬身虎口，是以悲耳。"时周囊中尚有三十余金，自念死在顷刻，与其充贼囊，不如救人命，遂举金以赠之。其人急呼舟近岸，促周同往。周再三辞，不得已，告以姓名居址，扬帆自去。周静俟河干，日晡，大队麇集，中有一贼酋身伟而面麻，执戟先驱，周以为即此是矣。因大呼曰："徐七麻子，我待汝久矣，何迟也？"贼若弗闻也者。又连呼之，贼回头微笑，探囊掷一包与之，纵马竟去。贼过后，检视之，内包金钏及银币数十枚，遂买棹过江。寻至前一家，家故巨族，留与同居，赘之以女。后以贩运成巨富。

余善人大类墨子

同治戊辰，江苏巡抚丁日昌檄其所属曰："无锡县人余治，煦仁孑义，迹近不轨，其捕以来。"治字翼庭，号莲材。其为人大类墨子，日以天下之溺与饥廑于怀，奔走之而惟恐或后。又尝擒剧盗王锦标等于泰州。江畔沙民往往蔑视官长，而慑服于余之一言，丁之欲捕余也，盖由此。

余自得檄，立赴辕门，将所持刺付阍者以待命。丁壮其胆，延入，以客礼见之。语移时，丁起谢曰："予为谗所中，开罪实多，子真可谓善人者矣。"盖"余善人"之称，则固久著于大江南北也。余以任恤功，由诸生得保训导，卒时年六十有六。

倪惠姑护主杀盗

同治己巳、庚午间，鲁大饥，寇盗横行，胶州以东无一安乐土。胶东有镖客倪孝者，工技击，以其事母孝，故以"孝"名。女曰惠姑，年十七，美而艳，从父习拳勇，得秘传。倪以盗多，道梗难行，家居授徒数十辈，胶之富人争以重金为聘，以备非常。倪乃令其徒各领一队，周巡警视，盗弗得逞，因憾倪。胶牧李某偶获积盗，诬倪为渠魁，捕致之，刑讯殊惨。倪极口呼枉，曰："小人固捕盗者，非盗也。有胶之绅富某某可保证也。"牧乃命具保结释倪。倪感牧德，愿献女为牧侍妾，牧曰："叟休矣。除暴安良，牧之职也。今释叟，为公，非为私也。于法，无以部民女作妾者，叟休矣。"倪感泣而归，由此感牧愈深，遇年节，辄登堂叩谢之。

越岁，牧因公被劾。牧吴产，将携眷南旋，以历官久，囊橐颇丰。倪知之，诣牧曰："饥馑之后，盗贼充斥，小人老矣，不能随护南行。女貌虽陋，然有谋勇，果使侍君左右，水陆险阻，无虑也。”牧鉴其意诚，纳之。时惠姑年十八，从之俱南，行李以百计，仆从如云，盗少不敢举。盗法：凡侦得辎重可图者，或以寡不敌众，则通远程伙合以谋。故举事迟而伙益众，志在必得也。

时牧已去胶数日，计程行三百里有奇，抵西鲁界，觅宿所。有旅舍后室横通三院，墙高丈余，仅一门容出入，牧欲居之。惠姑谓牧及夫人曰：“妾观此屋，若为谋闭行客者，逆旅主人必非善辈。夜深或有变，请主人静觇之，勿高作声，妾自有制之之法，不使匪类得志也。”牧大骇。惠姑乃预为布置，居牧于室之东偏，使二婢伏西室内，曰：“呼而后出，出取玻璃灯安窗下，使彻院如白昼。”己乃着箭袖青绸短袄，锐头皮鞋，鞋尖置钢，锋利无对，腰利刃。严装讫，灭烛跃身登门额，屏息以待。

夜既深，寂无声。店主人小燕青，盗魁也。窥牧辎重，乃预集群盗之杰者，各操利器，跃登后壁，伺便而入，余盗潜伏四周。先一人跃下，久而不出，曰：“何迟迟也？”又二三跃下，久又不出，乃相顾愕然。小燕青曰：“若辈了不长进，是何大事，乃尚须劳乃公耶？”遂跃入院中，欲脱关，刃已中颅，而不知其何自来也，跌十数武外。忽自空下一人，坐胸际，举佩刀欲砍，而肩被制，臂软不能为力。凝神间，乍闻娇音唤婢举灯，至，一幼妇耳。惠姑曰：“我初至，观其形势，知是对手，果巨凶也。汝为旅店主人，不知害人多少，待杀却，惜污我刃。”乃割其耳，截其足，以药揉之，血立止。时则天已曙矣，惠姑释之去，曰：“留汝残生，为尔曹戒。”乃偕牧夫妇仆从，整顿行李，首途南下。

牛救盛氏儿

同治庚午，咸宁有虎患。盛氏儿方牧牛于郊，突与虎遇，儿自牛背堕地。牛以身庇之，奋其角与虎斗，不胜，有他牛来助之，虎乃去，儿得不死，所牧牛以伤重而毙。于是盛氏长老咸集，皆曰：“此义牛也。”买棺敛之，穴地葬之，日为作佛事，而使此儿斩衰治其丧，若丧所亲者然，谓之“牛孝子”。

僧为人返信银

同治癸酉冬，江宁有为人寄信银者，行经龙膊子岭下被劫，仅以身免。行十余里，晚投旅店，闭门泣。俄邻舍来一游方僧，口操北音，貌壮伟，闻其泣，扣门问故。具告之，且曰："此银乃数十家养命之物，今予既无以复命，期必死，而诸家待哺者何辜？是以悲耳。"僧奋起曰："有是哉？鼠子敢尔，誓为君索回。"止之，不顾，曰："予速回，则原璧归赵，否则身殉，不累君。"言已，掉臂去。

食顷，有声如暴风起，出视之，见一人从空而下，审之，僧也，颜色不变，置银于几，果故物。大喜，因询其详。僧曰："我往见若，若曰：'和尚何为？'我曰：'适有急足信银为尔取去，可速还我。不然，且污我手。'盗大笑。再言之，群以刀杖进。我足踏一人，两手抟两人，互击之，众罗拜归银，乃释之而返耳。"店客闻之，群来视僧，问其里居姓名，笑而不答。天明，某至邻房谢，僧杳矣。

魁若时待师友之义

丹徒谢庭兰，字湘谷。避乱至江阴，受古人义法于承受亶培元，读书植节。幼与魁若时将军玉，同受业于老诸生李某，盖魁父时官京口也。后数十年，魁官江宁将军，谢亦馆江宁。值马端敏公新贻被刺，魁署江督，江宁教授赵某，谢同年也，衙参日，泄于魁曰："公尚有旧同学在此。"魁曰："吾久忆之，意其死久矣，君能为我致之否？"赵曰："诺。"即访谢，谢曰："吾不欲谒贵人。"赵固请，则以无衣冠对。赵假以衣，又嫌其华美。乃以葛袍进，谢曰："得之矣。"侵晨，徒步往，具一刺，署曰"丹徒附监生谢庭兰"。文巡捕睨而微笑，有老而伛者戒之曰："此老先生，不可侮，须上报。"入少顷，内传呼文武巡捕站班，启中门，魁迎入。谢进揖，魁操丹徒音曰："渴想渴想。"问近状，具告之。魁曰："君太自苦。余在行间，粗立战功，姓名稍著人口，君宜闻之。若屈己相就，吾将待以故旧之礼，纵不敢以章服浼君，然必能溉君，不至如今之犹困童子师也。君太自爱，太自爱。"谢曰："吾乐居此，岁得束脩六十千，尚有余，可刻所著书。"魁曰："此间有江南书局，有采访忠义局，请择一，当为谋之。"谢曰："书局有乡人韩叔起在焉，不便与争。至采访忠义局，则分鬼之血食，又不忍为。吾老无子，愿甘寂寞，感公雅意，谨藏于心可也。"

一日，魁语谢曰："吾访李先生后，先后冒认者数辈，吾终欲得一真者。"谢曰："李先生子死于乱，有寡妇及一孤子居通州。"魁曰："吾有四百金，请君致李，买田数十亩，俾其供朝夕。"谢曰："当招李来亲取。余贫士，骤见巨金，安知余不乾没耶?"因大笑。魁留饮署中，至二更许告别，魁顾从者请谢老爷轿。谢赧然，魁曰："然则骑马来乎？请坐骑。"谢曰："喜徒步，特走来。"魁曰："速备轿。"谢曰："不可。"因命从者持灯送出。次日答拜，再属赵道意，请入书局，又命中军某坚请，皆辞之。魁始叹曰："吾乃终不可屈故人耶？吾望之愈远矣。"

紫鹃为人理讼事

粤人某游于沪，悦一妓，名紫鹃，脱籍，携之归，将偕老矣。俄某以讼事破家，鹃自鬻于平康，以其赀料理之，讼始解。鹃再入青楼，郁郁不自得。某时往慰喻之，欲重为脱籍，而苦无资，乃复至沪，将醵于旧友，久而无成。鹃在粤日夕企望，忽有言某已在沪物故者，遂服阿芙蓉膏死。同伴觉之，救治复苏。其事传闻至沪，人咸义之，助某使归，鹃亦卒归于某。

赵升救幼主

粤寇扰皖，安庆城下之日，死亡满道。去城三十余里，有山曰龙眠，老人某结庐其中。岁暮老人樵采归，闻绝壑下有啼声，大疑，俯身大呼，久之乃呻吟相答。老人急掷薪卧地，解缚薪棕绳垂之下，使束腰际，牵挽而上，罊中人乃喘息攀缘而履平地，卧地大悲。视其状，为苍头，年近六十，怀中一儿，约半岁。急邀至其庐，诘行踪，苍头曰："我，赵升也，服役于赵侍御家。侍御在京，主母及刘姨、许姨居安庆。"又指怀中小儿泣而言曰："此子为许姨所出，主母爱之若拱璧。寇攻城，一家殉焉，我故救之，以存其祀也。"

步氏兄弟保全舟客

庐州李某由宁波附海艘赴沪，共戴者五十余人，中有少年客，美秀而文，与李联床，谈颇洽，李叩其姓名，则漫应之。中途，客附李耳低语曰："君知舟子何许人也?"李曰："不知。"客曰："君不惯涉江湖，不知道途之险。我详察舟子，非良善，其篙师亦面有杀气，若曹居心叵测，惟我能辨之。计一路，惟某洲最险，倘经其处，不泊舟，当无患，君须识之。"李惊问曰："舟果泊者，将奈何?"客笑曰："君毋多言，幸有我在，彼何能为?"李疑信参半，姑默识以觇之。

舟至某洲，未暮也，舟子果命系缆，诸客佥谓尚可趁程，何遽泊，舟子不答。众哗，少年以目止之。洲孤悬海中，四望无际，更无别舟。少选，饭熟，舟人但自饱啖，并不食客，众饥而索食，亦不听。久之不能耐，舟子忽率其党各执刀械进前，厉声谓众曰："此地险要，向为群盗出没之区，汝等所挟赀可速献我，当为善藏之。不从我，有不虞，悔无及也。"客皆挟巨赀，闻言互惊愕，乃哀告曰："我等同舟，患难自当与共。薄赀固在，纵有不虞，亦全恃主人防卫，如可免患，不惜重酬，又何必劳君代藏也。"舟子怒目叱曰："尔辈死在目前，犹哓哓饶舌，欲作守财虏耶?"言毕，回顾其党曰："不速了，复何待!"其党争持刀械而入，诸客相视觳觫。

李依少年傍，亦窃自危，第见少年从容起立，喝舟子曰：

“汝休孟浪，亦知步家兄弟乎？”舟子卒然敛容，答曰：“唯唯。小人不敢。”少年叱曰：“汝率党入内，将何为？”乃以肱一挥，即堕其最犷悍者五人于海。舟子等大恐，急弃刀械，环跪乞命。少年口中不知作何语，舟子等益恐，崩角叩舷，自称无知冒犯，罪应万死，愿出赀别为买舟，载众至沪，以求赎罪。少年叱曰：“汝既知罪，姑贷汝，仍乘汝舟。再萌恶念，决不轻恕。”舟子等稽颡唯唯而退，乃命具酒食款客。至沪，同人佥德少年，谋有以报，悉笑而却之。李私询其寓所，少年笑曰：“我居无定所，君盍告我所寓，暇当相访耳。”李具告之。后三日，少年来作别，问将何往，亦不答也。

刘壮肃杀陈总兵

总兵陈振邦剿捻阵亡，无子，其妻方娠，扶榇南归。至清江，忽有陈姓者，亦总兵也，自诡为振邦子，欲夺其丧敛赙资。妇大哭，伏榇上，某强推之下，颠而小产，妇愤甚，自缢。家人控告府县官及宪司，皆相视嘿嘿。时刘壮肃公铭传方奉檄赴山东，过此闻之，大怒，命卒缚某至，数其罪，斩以狥。

虬髯客为人解盗厄

同治时，川人某宦京师，有政声，耄年解职归。时值粤寇乱后，遍地伏莽，杀人越货，数见不鲜，北道为尤甚，行旅咸怀戒心。某舆马行装甚丰，所经皆山僻，以有仆从数人，自念当无他虑。一日行山岭中，忽铃声琅然，一客自后飞骑至，状至修伟，虬髯如戟，睨视某车者久之始去。某惊骇，顾谓仆曰：“彼岂绿林豪客耶？不然，何目灼灼视吾车也？”仆故作暇豫态，曰：“彼手无寸铁，必为行路商贾耳。”

某意终不释，日未落，即投逆旅。坐甫定，遥闻歌声清越，出邻室，潜窥之，则途中所遇客也，袒胸危坐，饮酒高歌。某愈疑，晚餐毕，即扃户寝，辗转不成寐。黎明起就道，先众而发，盖冀客之追踪莫及也。及日暮，投旅邸，而客已先在，笑曰："公至何暮耶？仆俟驾久矣。"某益骇，唯唯而已。翌日，朝暾已上，将首途，客请同行，某念事已至此，姑安之。

于是车马并发，客按辔徐行。正挥鞭纵谈间，忽凄风四起，林木瑟瑟有声，某悸甚，毛发森竖。回首四顾，一箭飞至，客接以手，曰："此响箭也。少安，吾为公除之。"言未已，剧盗四五乘怒马至，客探囊，出一丸掷之，发箭者应声落马下，连掷数丸，无不中。近前视之，盗尸纵横，均贯脑死矣。括其囊，得数百两，宝石珍珠无数，皆所掠商民物也。客曰："仆老于江湖，窥盗迹无不辨。今窥盗垂涎公装，尾公后者数日矣。仆以公宽和雍容，无时俗官习，故从公以相卫耳。今果得剪除丑类，大快事也。"并以盗赃归之，曰："此物取之不祥，宜存之地方有司，招失物者具领。"某感谢不已，叹曰："君真奇男子也。吾失物色于风尘矣。"赠以金不受，问其姓名亦不答，行数里，扬鞭径去。

周绿以头颅报友

同治时，京师有巨盗周绿者，积案甚多，屡捕未获。其室悬巨镜，镜前设榻一，周尝坐卧焉。一日捕至，方假寐，捕就趋缚，周跃身入镜中去，而镜自若。盖镜有机，首触之，可转出镜后也。捕尾之，周自度不得脱，乃与俱行。至刑部署，悉承种种案，不少隐，遂下狱，死有日矣。周召妻子来，嘱付一切毕，乃曰："吾尚有一事未了。"既而曰："已矣，汝等归休。"周则遍向狱囚询罪状，大言曰："若者固应死，若二人实不应死。"狱吏闻言，乃大觳觫，而防之愈严。当是时，刑部官吏方相庆慰，以为幸获周，今必死，除一患矣。无何，狱吏汗且喘，奔告曰："周绿逃矣，又挟二囚俱逃矣。"部中人皆相顾失色，不知所措，既无可如何，姑悬重赏缉购。忽一日，一人与周俱来，自称顷所获得者。部中人皆狂喜，不暇诘获状，即给金使去，而周以死。

方周之逃也，非真逃也。周有友某，尝有德于周，周无以报。在狱时，使某妻先与之约，某日会于某茶肆。至期，周越狱往，则其人先在。周诘之，曰："朝廷方悬赏购我，汝与我去，可得赏。"盖其语妻子尚有事未了者即此，又其所挟之二囚，即周所谓罪不应死者也。

靴子李欲为宝文靖市义

宝文靖公鋆以四川总督回京，一夕在曲室与宠姬对酌，酒微醺，将就寝矣，忽见绣帘若被风吹起，突一豪客持白刃挑帘入，屈一膝，对宝言曰："中堂安否？"宝惊问："尔何人，夤夜至此何为？"曰："小人自成都一路护送中堂到此，今夕无人，故特来见。如不信，中堂且回忆成都起程至某处时，宿某姓家，夜不成寐，戏索雏姬臂，并枕而卧，嫌其钏搁脑后不安，亟命脱之，置枕畔，明晨失之，忽忽晓发，不暇寻觅，有是事乎？此物当时即小人代收，盖预藏之，以为随行之券也。"遂从袖中出金钏一，掷案上，触酒盏，铿然有声。宝视之，果然；忆所言，亦验。卒然问曰："然则尔欲何求？"曰："可薄给旅费回蜀。"问须几何，曰："十万八万不见多，三千五千不嫌少。小人乞赏，岂有奢望？惟中堂命。"宝曰："畀尔五千金，何如？"曰："谨谢。"宝复沉吟曰："宅中现无此数，奈何？"曰："是不难，就此夹室中某箱外有作何封识者，中储黄金甚夥，何妨取三百以犒小人？"宝不得已，开钥，如数予之。客受讫，就腰间解黄袱出而裹之，负剑于背，复拱手致谢。欲行，瞥睹案头有白玉鼻烟壶一具，莹然夺目，指曰："此壶甚佳，但不审烟味若何？"宝瞋之曰："尔亦识此雅趣乎？"曰："然。小人不肖，颇有此癖。"便取壶倾烟嗅之，点首曰："诚佳，但微觉未尽芳洌耳。小人欲奉借三日，待归璧时，当请易以曩年所藏之品，还为中堂寿，聊答厚赐，如何？"宝曰："欲取，便取去，何托言借为？"客笑曰："金则拜赐，壶必见还，不敢欺也。"遂袖之，掀帘去。宝忽遥呼曰："来，我尚有一言忘问尔。"客返身曰："中堂欲问小人姓名乎？小人姓李，未尝有名，平时侪辈因小人喜着短靴，辄以‘靴子李’见呼。中堂如明日报步军统领、五城御史一体严拿时，勿忘。”乃耸身过檐际，如鸟飞去，庭前枯树叶，飒飒如雨下，久始定。

天明，宝急遣人报缉，并详言昨夜所见之装束、年貌、声音，命捕役记之。复曰：“三日内必执来，当厚赏。否则将迁怒于尔等也。”官吏急派兵役四出穷搜，至晚，绝无所见。明日，忽有一役于正阳门外某酒肆见有一人，年若四十余，面瘦而颡广，目如愁胡下视，短衣窄袖，足蹑皂靴，当炉独酌，顷刻尽数器，复连呼取酒，详察之，果李也。欲擒之，虑不敌，驰归，告其伙，请共捕之。坊官有一黠者，闻而摇手曰：“此非常人，实不可以力取。我当先自往，动之以情，冀或有济，众尾我来，遥觇动静，可也。”众曰：“善。”此坊官某遂单骑直奔至某肆，下马入门，便长揖曰：“李二哥久不见，从何处来？”李见之，笑拊其背曰：“甚好。我在此待君等久矣。”亟让坐于己上，提壶酌之，戏曰：“君岂真问我从何来耶？只欲浼我同往耳。”坊官俯首，曰：“不敢。中堂之命，大哥想早闻之，如能见怜，感且无尽，否则惟有随二哥马足之尘，相率偕逝耳。”李慰之曰：“我如欲累君等，早离此矣，何必久待？”因引满，请各尽一杯，把臂徒步出门去。

李既偕坊官入城，直赴刑部，将上堂，顾左右曰：“此法堂也，例宜加刑具。”左右乃以械械其手足。少顷，承审司员升座严讯，厉声问曰：“尔即靴子李乎？”曰：“然。”曰：“前夜劫宝中堂五千金者，尔也？”曰：“五千金数诚不误，乃中堂所赏，非劫也。”官曰：“玉壶想亦是赏与尔者矣？”李曰：“此小人求借一观，今夜当送还，非赏亦非劫。”官怒曰：“尔诚狡辩，待我请命中堂，再严办尔。”命先系于狱，众乃曳之下。至阶，李请少憩，就靴中取斑竹烟管吸烟，且吸且顾曰：“此处监狱颓败不堪，想历年修造之费，均被堂司各员蠹尽，各营私宅去矣。我今捐助二百金，烦公等略葺墙垣，恐目前即有逸犯也。”言已，顿足一呼，铁索寸折，上下桎梏如蜕脱，跃登屋瓦，三四转即不见，众相顾咋唶，莫敢谁何，懊恨而已。宝闻之，知其是夕必来，悚惧不能卧，室中环燃巨烛，令仆从持兵器，绕室三匝，待之。夜半寂然，喜其不果来。鸡初鸣，忽见李从空际翩然下，仆辈瞪目直视，身如缚，噤不能声。李直趋宝前，探囊取玉壶置于几，从容谓曰："小人前约今夕必自来，以此物见还，日间何必扰扰？中堂请试尝此烟。小人日来将有远行，更有一言，敢为临别之赠。中堂亦知当日开府蜀中时，吏治不修，纪纲隳坏，臣门如市，贿赂公行，辖境士民衔之刺骨。天灾人祸，必有一焉，可立而待也。小人前奉假五千金，原欲为中堂市义，稍济穷乏，冀赎前愆。岂知见利忘死，区区之数，犹难割爱。人之愦愦，孰过于此？想中堂上既不畏国法，下复不恤人言，犹幸天假手于靴子李其人，得以旦夕制其死命，使其有所畏惮而不敢肆行无忌。中堂如日后稍知悛悔，勉为善人，或犹得保首领以没。不然，靴子李随时可来致候也。中堂幸自爱，靴子李行矣。"言已，一揖而逝。

隐侠脱满翠亭于罪

寿州有侠，不知其名，相称曰"隐侠"。侠行天下，多手贼达官与有权力之人，若无势而非所名者，不屑也。未几，漕督某为所侵，乃下符州牧致此侠，曰："不获，即以纵盗纠若官。"牧大恐，或曰："是需满翠亭者。"翠亭者何？则能风影索贼者也。遂召翠亭。翠亭辞曰："凡盗，即无踪，皆着翠亭手。此江淮异人也，安致力？"牧怒，叱之曰："此漕帅下符所索盗，不获，则彼纠我官，我死汝杖。"翠亭曰："愿死杖。"牧乃立致翠亭妻子于狱，迫翠亭行，曰："急努力，苟违期者，妻子杖死矣。"

于是翠亭哭而行，行楚、豫间三年，迹之，终不得，归至金陵，宿旅舍，抵暮，微被酒，因涕泣，慷慨自语。忽闻楼板有声，自楼下一人，呼曰："翠亭良苦！"其人目炯炯，腰一剑。翠亭大骇曰："若为谁？"其人笑自指曰："若索此三年，今来面，犹不识乎？翠亭虚得名矣。”翠亭惶恐谢，忽不见，翠亭叹曰：“侠则聊视我面，此欲一出其技耳，安望其更来耶？”顷之，侠更来，携酒饮翠亭，既醉，即卧翠亭榻。翠亭愕，欲缚之，手软终不敢，因亦睡。比晓视，则户闭而榻空矣，翠亭又大惊。一日，侠复至，语翠亭曰：“若归，可至寿州三十里界亭待我。”及翠亭至，侠先之矣。语翠亭曰：“而先归，白而州主，我剑侠，非盗也，岂州县所能捕？而我之来，凡以为翠亭也。当受械数日，俟出寿州界则行，倘不利于而公也，则吾剑血濡缕，取其首去矣。”翠亭曰：“不敢。”后出界，果械存而人不见。

毕道远待潘芸阁

潘芸阁河帅锡恩，为江督李文恭公星沅疏劾罢官。咸、同间粤寇之乱，芸阁家产荡然，孑身至盐城西乡之丁马港，访其门生毕道远，借赀入都。毕适至邻乡收租，芸阁踵门呼毕门者出，曰：“毕道远在家否？”门者以仪观甚伟，不敢轻之，延之入厅事，请村人凌举贤陪谈，急促毕归。毕于屏风后窃窥之，大惊，即肃衣冠拜谒。芸阁掖之，曰：“世乱，毋行此礼。”留宴数日，谓毕曰：“吾从君贷百金赴都，就诸儿曹以毕余年。”毕出金奉之，并亲送至王家营，视其上车而去。后潘卒于京师。

程长庚脱某道罪

名伶程长庚，字玉山，人呼之为“大老板”。其掌京师三庆班也，有道员某以非罪被劾，当褫职，旨将下矣，某愤不欲生。戚友来慰问者，佥为之谋，某踌躇久之，忽拍案而起曰：“道在是矣。”则群起亟问之，友曰：“兹事回天大不易，非枢府斡旋不为功。方今黜陟大柄操之恭王，长庚为王所赏识，得其片言，冤可立白，曷姑求之？”某亦瞿然曰：“诚然。幸尝与长庚通款曲。”则亟偕友往，婉言告长庚。长庚曰：“仆溷迹软红，方以曲艺进身自愧，自好益复断断，向于王公大人，虽促膝抵掌，未尝干以私，尤不敢与闻官事。矧人微言轻，言之亦未必有济，敢敬谢不敏。”

某固请不已，友亦为之陈恳，长庚曰：“幸被劾诚非罪，差可措词，当勉效棉薄，视机会何如耳。”则亟谒王。值王憩寝，良久，仅乃得达。王则诃谒者，（启事官之职如古谒者。）谓将命胡迟迟也，并为长庚道歉忱。长庚白来意，王始有难色，谓旨已交拟，恐不易保全。既而曰：“尔果不轻干人，事虽难，吾当尽力图之。”长庚称谢肃退。王曰：“少休，勿亟，吾正欲与尔闲谈也。”诘朝，谕旨下，竟无某道褫职事，则参摺留中矣。

某德长庚甚，赍厚币，自诣谢，长庚拒弗见，馈物悉返璧。命侍者出，传语曰：“请某官还，以此整顿地方公事，毋以民脂民膏作人情也。”且从此不与某道相见，有人问此事者，长庚且力辨其无。

程长庚为某园挽危局

都中某戏园门前冷落，座客寥寥若晨星，园主坐柜旁，乍见程长庚过，即疾趋而出，殷勤问好，并诉艰难困苦之状，乞其助。长庚怦然心动，乃谓园主曰：“尔毋恐，有我在。”园主闻言，揖谢者再。长庚曰：“速四出驰报，我将为尔挽危局，即当登台唱《战长沙》也。”园主欣喜过望，遣人四出招徕，凡在他园之听客，一闻“大老板战长沙”六字，罔不舍其原在之戏园，而仓皇奔至某园。于是某园得利市三倍焉。

程长庚赈伶界

同治甲戌冬，穆宗宾天，都门各戏园照例停演二十七月。时戏园有三庆、四喜、义顺、和源、顺和等数家，合各项角色计之，不下二千余人，有将流为乞丐者。程长庚忧之，乃以平日所积，易米施粥，以赈伶界之无食者。咸感之，为立长生木主，曰“优人大成至圣先师”。

程长庚徐小香恤同侪

光绪辛巳，孝贞后崩，歌台阒寂，优人大困。程长庚与徐小香固同在三庆班，至是则哀之诸富贵子弟，醵金以拯之，贫苦之零碎角色，皆间数日得小米五六升，遂赖以存活。

葛四待杨三

都中苏班名伶有杨三、葛四二人者，皆苏人，皆唱昆丑，二人交至密，鬻技京师。杨尝语葛云："君技胜我，所在皆可求食。君在京，则人皆贱我矣，君能去乎?"葛曰："诺。"遂去。之河南，之山东，所至为人所重。杨自是遂独以技名京师。葛暮年病盲，仍留山东不去，曰："我不负杨也。"既盲，仍时演剧，每演，必《尼姑下山》一剧，神采飞动，台步整齐，背负一人，其行如驶，见者不知其盲。盖精熟既久，权衡在心也。论者多其重交游，不轻然诺，故挽之演剧，争厚馈之。杨在京，亦时与通问讯，两家往来如姻娅。葛子文玉，小名虎子，亦能唱昆曲。扮武生，身段绝佳，惜喉闭不能发音，然已矫矫于世，人谓葛四醇厚，宜有子也。

杨继周夫人睦姻任恤

建水杨继周提军万才之夫人曾氏，亦建水人，年十八适杨。杨以武功起家，贵至专阃，而周荆钗布裙如平时，散其余以为睦姻任恤事。杨敬之，语人曰："吾得一意治军忘家者，吾妻力也。"

善子健焚券

蒙古善子健，名康。性伉直，重然诺，京口驻防也。幼习商，人有缓急，署券而乞其假金者，无不允；至期不偿，亦听之。光绪初，里人某假金数年而本息无归者，一日遇之于城南，偶询之，某嗫嚅无以对。乃偕行，行近古塘，某垂涕而道曰："某实负君，殊无颜以见君矣。"奋身欲跃入，善亟揽其衣，慰之曰："余今亦信君之贫，当毁券，不汝责也。"及归，遂焚之。

鲍增祥为许程雪冤

光绪初，歙县某令，书生也，愚而墨。宠二胥，曰王耀，曰三多，恣横一邑，豪夺巧取无虚日。歙人许颂康薄有赀，其戚程某为武生，富过许，有质库一，在县北富堨市。许以事积忤二胥，适邑有盗案发，二胥乃虚构左证，诬许、程为逋逃主，执以入狱。许、程不胜搒掠，两股肉尽糜，遂诬服。狱成，上江督、皖抚，不日出决矣。

鲍增祥者，字绍廷，歙诸生，举秋试为副贡，能词、工画梅。家无儋石储，得钱辄散去，儒而侠者也。闻其事大愤，乃攘臂为文，独署己名上徽守，白许、程冤。守召增祥诘之曰："狱已成，汝横来干涉，案出入甚大，诬平民，犹反坐，况官长乎？汝能任此责，吾为转详大府；否则不如已也。"增祥毅然曰："诺。刀锯鼎镬，某一人当之，不以累众也。"书遂上，二胥犹不知，日盼金陵回文至，决许、程于市。歙故无刽手，走休宁假以来。是时侯官沈文肃公葆桢督两江，政尚严明，得书，廉得其实，乃大怒，立驰钉封付徽守，释许、程，枭二胥示众。守奉檄坐堂皇，召二胥至，阳阳如平时，示以檄，始色变无语。缚以赴市，守亲监刑，即以休宁刽手奏刀焉。某令闻变，饮药死。

鲍增祥斥方伯松

方伯松者，歙人。少无赖，以博荡其产，婪索闾里，邑人苦之。天主教士来歙，方首先皈依，称信徒，益号召群不逞以济其虐。方不识字，诸生某某等为之任记室。赴诉者日恒数十人，半田产钱债事，方颐指记室，录其词毕，即授券于其党，往各村索债，使母子毋有稍欠，券皆数十年陈旧物也，日暮归，悉出所收以献，无稍缺。方妾诞日，邑绅皆上寿，寿礼至盈屋，西教士固不知也。遇狱讼，方第署片纸付县令，令悚息奉行，如得大府檄，胥役辅之，四境骚然，至不敢偶语方名。

鲍增祥久客于外，初归，闻之大愤，曰："世安得有此！"谋走省，控诸院司。方闻而笑曰："此岂复枭王耀、三多时耶！"鲍怒愈甚，星夜去。方扬言将以众毁鲍庐，鲍子鹗，是时举于乡，夷然弗为动，方亦卒不敢往也。鲍卒白皖抚，邮书上海法主教某，斥方出教籍，徒党悉鸟兽散，方始敛迹。

舒雅佩救贩马客

皖人舒雅佩，不娶，以拳勇著称，能步行墙垣。他技师与人角，多陨其要害，舒惟仆人而已，未尝戕一人也。尝游正阳关，遇贩马者，挽其袖止之，曰："子面色有异，不治将死。"贩者怒，将殴之，或告以舒名，乃止。询以故，舒曰："子臂此时觉酸乎？"曰："微觉之。"曰："是矣。一小时以前，有按汝背者乎？"曰："有之。"曰："何人？"曰："遇一少年于郊，不相识也。欲以所乘跛马易吾骏骑，拒之，因相詈也。渠一拍而去。"曰："是矣。此点穴也，一周时将死。"乃以药饮之，贩者觉腹痛，须臾，吐黑血块数枚，如棋子。舒曰："此无事矣。"贩者止而谢之，不顾去。

舒去里许，遇少年，少年引手，欲致毒于舒。舒走且避，无已，乃与之搏。手数交，少年忽噤其口，若痴。舒徐返，招贩者与药，曰："以此苏之，且释汝仇。"贩者如言，少年释，惭不可仰，追舒，渺矣。光绪辛巳，舒死，年九十七。

琼州盗除暴

某甲，琼州人，佚其名，海上之雄也。琼州地邻香港、澳门，火器易致，故盗之悍者远过内地。甲在海上尤恣睢，官军不敢捕。闻海丰某为富人也，率众往，将劫之，使其徒散居酒肆中，而先往侦焉。夜伏屋上，俯而窥之，则某方与客议夺某农产，所以罗织之者甚悉。甲备闻之，归告其众。明夜亟往，执甲数其罪，痛抶之，令尽出文籍簿券悉投之火乃已，榜其罪于门。其徒或有欲掠之者，甲曰："吾来此，以除暴也，掠之，将失此义。"舍之去。某姓不失一物而破其产，谓盗有意诬之也。然事已播矣。

葡萄牙商人某拥厚资，戒备甚至，甲初赁缘其仆为之御。一日游于郊，行稍远，甲遽捽商背，如提小儿，以土窒塞其口，扬帆去，其家大惊。明日，得书于案，要银币二十五万，令送致某地。如言送往，未及至，已攘之途中，所谓某地者，盖以诳葡人，非真也。明日，其家楼上巨箱中忽有鼾声，发之，葡商出焉。问往还之境，云数日未见光，恍恍惚惚，不知何以至此也。

甲尝刦某地，其家知而备之，既入而伏起，身被三枪，犹能跃垣以走，越数十百廛如飞，众莫能逐。已而创发，堕茅檐下。室中母女二人，闻而出视，遂拯以起。女知为盗，欲市恩，乃朝夕护之。既少愈，跃然起，遂去，越日，投千金其室。女犹未嫁，其婿贫儒也，疑其不贞，将离婚，女闻之，涕泣欲死。甲一夜面其婿，亲责之，声色俱厉，婿不为动。月余，有为媒于他姓者，合卺之明晨，乃知仍曩女也。审其贞，乃无间言，甲亦不再见。

义妇为人乳子

戴莲溪太史鸾翔之长子为广东令，未久即卒，其妻方孕，而宦橐萧然，不能久居。时莲溪犹作宦中州，乃扶柩北归，将往依之。行至湖南，休于逆旅，妻产一男，然苦无乳，儿日夜啼，妻亦抱儿而哭。逆旅之邻有妇人来视之，曰："患无乳耶，何不雇奶婆？"妻曰："异乡栖泊，何从雇募？且资粮匮乏，尚惧不足以达所届，能议及此耶？"又泣曰："未亡人止此一块肉，儿死，我亦死矣。"妇闻之，大不忍，久乃言曰："吾家幸温饱，固非为人作奶婆者。然闻若言，吾心惄下。吾生一子，甫数月耳，可以吾湩食若子。虽然，必归而告吾夫。”

言已，遽归，以语其夫。其夫怒曰：“吾家幸温饱，岂为人作奶婆哉？”妇曰：“固也。然此儿死，其母亦必死。二命所关，岂容坐视？我则既言矣，君无阻我。”乃属其子于他人使乳之，而自从戴妻以行。

戴妻问月需钱如干，至中州，当言于吾舅，必如约。妇怒曰：“吾岂为人作奶婆哉？哀汝耳。虽自汴还楚，舟车之费，吾亦自具，不需汝钱也。行矣，无多言。”遂发湖南，道湖北，而至于汴。莲溪夫妇皆感泣，曰：“微此妇，吾得有此孙耶？”厚酬之，竟不受，莲溪乃使其妻盛服拜谢之，又具盛馔与之谳饮数日。临行，语之曰：“归楚之费知已备具，夫人高洁，超迈寻常，然太不为吾夫妇地矣。薄具车徒，幸勿却焉。”乃资送之以归。

谢子受助陈国瑞女

陈国瑞居扬州，以詹启纶殴伤人命，强梁干涉，抵启纶罪，遂谪戍黑龙江，寻死戍所。有一女年十四五，自关外走京师，因阎文介公敬铭哭诉于醇贤亲王，王奏请资送其柩回南，一时争言其女为缇萦复见。

女许字雷太常以諴之孙，国瑞有数千金，在妾某氏所，合官吏赙赠，殆将万金。嫁女时，妾为之主，资从甚薄，雷渐不能自给。女数告贷于庶母，后遂厌之。妾居扬州尼庵，以数千金资其母弟开钱肆，女益愤，自率健儿奔入庶母所，以索还雷氏原聘朝珠为词，搜其金饰数事去。庶母驰赴甘泉县署，报白日抢劫，县令林之蘅饬役逮捕。女诉之于淮扬道，道为临桂谢子受，习闻女贤，欲缓其狱，甘泉令乃径以抢案具详。谢传见女，问其详。女青裙屏饰，举止端详，陈说庶母寡恩及家世衰微状，涕泪迸集。谢恻然，移书陈舫仙廉访，饬令细查情节禀复，毋卤莽；又属令谕其庶母资雷千金了案。后谢行部扬州，金迁延未缴，女复诉，谢为假坐扬州府大堂，饬甘泉令立提陈妾之弟至，责令即具金交女。此光绪壬辰事也。

何元为人除盗

光绪初，某邑有丐何元者，家负郭。忽东城墙崩，一家压毙五口，元得生。时方弱冠，零丁孤苦，无期功强近亲，遂流为丐。性素鲠，宁乞，不贷戚友。邻人悯其饥，予以残羹，不受，惟米薪受焉。有富绅欲留为仆，元曰："大丈夫宁为鸡口，毋为牛后。某即穷饿以终，岂肯屈身奴隶耶?"绅感其言，时赒之。元无隔宿粮，乞有余，即以惠同侪，或自不食，而转以饷诸丐之老者病者，故当时号之为"义丐"焉。

某绅富资财，久为群小所觊。一日，元杂众盗中，闻有行劫某绅之议，薄暮，元潜入绅家后园，持棒蜷伏树下。更定后，众盗蜂拥至，踰园墙过，方欲跳下，元举棒踣其一，再登再踣，连毙三人，盗乃惧而散。绅知之，亟肃人，酬以金，不受去。

白胜魁不盗其乡

光绪初，吉林有剧盗白胜魁者，骁悍无伦，精击刺，身轻善超距，越峻墙如履平地。行劫，不杀人，亦不合伙，无论远近，皆独赴之。凡入事主家，破门而入，搜刮金资，拒则无幸。然不扰其乡，其所居之地，周三十里以内无盗劫，有则白为之捕，而追赃给主，群盗惮白勇，相戒毋敢犯。邻里贫人不能举火，辄周恤之，凡以急告者无不应，亦无不满意而去。以是一方之人爱而敬之，群称之为"白大爷"。

铁汉还所盗物

宣城富家韩氏尝被盗，丧金资巨万，报官捕治，不得。已而主人死，一子名少坤，才八岁，寡母谢抚之。茕茕幼弱，不能理旧业，族人之强者咸鱼肉之，主计者复狼狈为奸，不数年，零落殆尽。母子傫然，无所为计，所居宅亦售于人。一夕，母绩子读，时将夜分，中庭月明如水，谢望月而叹。忽中庭有人应声曰："夫人毋悲叹，郎君能读书，他日必有成就，亦仅十年辛苦耳。"韩大惊，良久无声息，开门出视，明月满庭，寂无人踪也。回顾，则案有皮箧一，不知何来。亟启之，则累累者黄白充其中，间以珠玉。谢一再审视，则多半数年前所失者，知顷间语声有自来也。急戒儿勿多言，仍苦守如故。

少坤长，应试入泮，旋举孝廉，以大挑官浙江知县。谢于是出所藏，赎旧宅，更新之。少坤性本聪颖，尤善应对，颇为上官所器重，作令数年，宦囊颇丰。一日，吏报获一大盗，亲鞫之，盗神气自若，问姓名，自称为铁汉，不肯言真姓氏。命掠治之，盗运气以御，刑具加之，皆无如何。已而盗仰视堂上曰："汝韩少坤耶？十年前四月十八夜之言，犹记之否？盍询汝母。"少坤瞿然，命且收禁，归告其母。母命检箧，则箧上盖有钤记，正"铁汉"二字也。谢欲释之，少坤不可，曰："此为某巨室案中要犯，若释之，则官且不保。彼不过以掠我者还我，未足云恩。我今公事公办，是亦足矣。"谢氏曰："当日穷居之际，终日勤勤，不足一饱，彼若不还，母子久为沟中瘠矣。且非若辈肆劫于前，则区区者亦并入债家之门耳。彼取之有余之时，而给之不足之日，此惠安可忘也？"少坤乃曰："今释此人亦可，但令彼以恩人自居，恐事若宣布，外人追论及之，昏暮去来，不无妄测，不如灭口之为善也。"谢未答。忽白光一道，射窗而入，窗棂尽折。有短衣窄袖立于前者，铁汉也。笑顾少坤曰："很哉！乃以怨报德，且挟持若母耶？"少坤木立不知所云。一转眼，白光满室，如触电者。须臾光过，铁汉立屋脊上，捧三尺剑，拱手曰："再会。"少坤神定觉痛，则两眉皆连皮削去矣。是夜，狱中报失大盗，少坤遂病悸，神气索漠，不能理公事，乃罢官归。

慧，事郑夫妇先意承志。会郑运鹾至江淮，中途遇盗，沉诸江，族侄某从溺而未死，乃乞食归报黄。复日夕奔走，谋得郑骸骨，又奔走为之营殡葬，且鸠宗族之长与戚友之势而才者讼之官。于是黄德之，使司内外出纳，且抚以为嗣。

时嫣年十六，忽亡去，黄大恚恨，左右复媒孽之，谓其早具贰心矣。嫣亡走京师，投身曲院中，声誉隆起，少年豪贵车骑盈门，顾嫣自矜重，弗少假借。王五者，京师大侠，世所称为“大刀王五”者也。酒酣以往，见嫣，倾倒之，嫣遂委身焉。王日馈以金玉锦绣，悉屏弗受，强之，乃凄然曰：“君以妾为何如人乎？妾而重金玉锦绣也，彼豪贵少年，固足以挟持妾而左右之矣，又安敢以辱君？君必重妾以金玉锦绣，天下美人多矣，又安取于妾？君之宠妾，妾弗敢知；妾之敬君，以君为大侠耳。”王动容，益感嫣义，思所以报之。

时郑之族侄某掌家政，事无巨细皆专之，黄弗能制，抑郁死，某则居然主人矣，横恣乡里，族众以目。一夕，盗入某寝室杀之，挈其头去，家人控之府尹，大索竟日不得。夜半，剑光撼窗棂，掷某头于府尹卧榻侧，尹大惊惧，狱遂缓。而嫣则素车白马，至郑家，登堂，拜黄之灵，且言：“某杀主父，当其归报主母时，吾见其进有忧而退有喜，主母不知也。”于是复拜郑之木主，大哭，哭毕，登车去。郑之家人相顾错愕，而邻里环观者咸为感动泣下，曰：“是非古所谓侠女耶？”其后，京师豪贵少年访嫣，莫知其所在。或曰在五所，或曰嫣归未久而病陨，或曰光绪庚子之乱，五及难，嫣以身殉。

葛三易衣代徐宝山

丹徒徐宝山为盐枭时，所部子弟几二千人。有葛三者，大头目也，勇鸷猛悍，百人不可近，而慷慨忠义，尤非人所能及。某年，徐率数百人以盐船百艘至泰州，为官军所逼，困于江村茅屋中，百计不能脱。第官兵畏徐暴，亦莫敢撄其锋，乃扬言只愿得徐抵罪，附从者悉免。徐愈急，左右咸泣，莫能仰视。

葛至是排众直前，厉声曰："事危束手，作儿女子哭泣以了之耶?"徐收涕询之，葛曰："官兵欲得而甘心者，君一人耳。我貌类君，请易衣，以伪乱真，余冲锋出而君脱矣。"徐从其计。葛易衣毕，口衔利刃，手执快炮，狂呼一声，如风而前，且曰："我徐某也，当吾者死!"官兵错愕莫能举，开壁让之，以故葛出重围，身未着一弹，官兵果以其为徐也，解围去。是役也，徐甚德葛，视之如兄弟矣。后徐反正，官游击，而葛贩盐如故。

先是，镇江木商运木，胥由江行，以避税改由内河，葛审其隐，年责商偿二万金，且诛求无已，将绝其行，商因讼之于江督刘忠诚公坤一。刘按状实，檄徐捕葛。时葛住泰县之口岸，徐率千人往，若临大敌。阴令人召葛来，劝降。葛曰："今日之事，有死而已，终不能奴颜婢膝向若辈求生活。"徐无计，乃遣葛遁皖之寿州。事为刘所闻，檄徐急，且曰："苟不得葛者，汝即葛也。"徐念易衣事，抵死不从。刘乃诡谓徐曰："葛既豪侠，余亦欲得其人以官之耳。汝其召之来。"徐奉命召之，葛至，无难色，越日，斩葛于东市。

奕譞以金周八旗贫户

官吏有行贿恭王者，辄贮酒瓮中，如宋赵普海物十瓶事。淳郡王奕譞知之，默识焉。一日至恭王邸，坐而长叹，恭询之，淳曰："予嗜饮，无钱沽酒。贵为天子叔，而不能谋一醉，是以叹耳。"曰："弟有佳酿，奉兄如何?"淳曰："甚美。然必须兄自择也。"即择素所识者，命人舁归。启之，皆黄白物，遂以周八旗之贫户，一日而尽，恭大怒而无如何。

郑十六舍身救同胞

郑十六者，粤西盗也。重信义，轻财任怨，雄武有力，秘密社会中人以故多归之，推为党魁，化号刘义，隐以刘永福旧名自称。然以武犯禁，不容于内地，于是率其徒投身海外，至荷兰属地之文岛，佣作于吧叻工场。

方其时，荷属之吧叻头（华人为荷人管理吧叻者。）率求媚于甲必丹，（华人为荷官管理华人者。）蝇营狗苟，残害同胞，凡吧叻之工人，工作则昼夜劳苦，求值则曲折万端。（工场向例，担泥井则数人为一班，如一班之十人中有二三力弱体病者，则苦工竟日难毕，必继以夜。如有以力不足告者，则鞭挞随之，血流肉烂，不稍顾恤。其刑罚之毒，惨无人道，真令人目不忍睹。有愤极出怨言者，则挈工头报告吧叻头，吧叻头则送之甲必丹，判苦工修路数星期不等，工人之弱者往往自经死，强者则越山而逃。）佣值月一发，未至期，或有需钱物者，则吧叻头遣其戚眷以钱物贷之，重利取偿，至月终会计，必令其一一清缴，发后数日，又聚赌以尽其工值，因是吾华之充工人者，百无一二生还矣。久之，弱者委沟壑，强者匿山林，然逃亡之区，得食大难，不得已，流而为窃盗。刘之义兄弟亦多亡匿山中者，偶为吧叻头等所见，则群以枪炮毙之。

刘悲同胞之受害如此，乃号召徒党数十人，亡命走山中，时出劫吧叻头，或执富者勒索，以济其徒。各吧叻工人闻刘之名，从者渐众，驯至数百人，忽聚忽散，势如流寇。文岛、九港乃大起恐慌，聚众而保者有之，迁地而避者有之。刘乃劫槟港，又劫流石，荷官乃请重兵征之。刘固无火器，然兵多则散而之四方，兵少则又聚而与之抗，商旅结队行者，咸有戒心，村落保守者，则闭其栅。如是者数月。

文岛总监乃设法加一千盾赏格以购之。时刘适患病，卧匿于流石大山下之茅屋中，值度岁，其徒视其病，且饮之酒，醺然醉卧，为侦探所侦知，报吏捕之。围之数十人，然尚格斗数小时，伤数人始就擒，以刘之孔武有力，身无完肤，乃犹缚其手足于车。军警列队押赴流石关都律，监数日，伤愈，公开庭讯。直供不讳，且厉声历述甲必丹、吧叻头等之酷虐状况，力斥之不已，旋解至文岛鞫讯，复历诉工人被虐情形。吧城荷官定死刑，文到日，荷官及甲必丹钟怀勋监视其上钓棚。刘致敬于怀勋，侃侃而言曰："君为甲必丹，素爱同胞，使九港中为甲必丹者，尽如君，刘固视如兄弟，又何至扰乱地方如此？今日之变，皆某甲酷虐工人之所致也。故某甲欲见我，我大骂其为吸同胞血之臭人，我固深恶痛绝而不之见。荷政府苟不改良吧叻办法，今日死我一刘义，明日更不知又生几许刘义矣。我固舍一身以救同胞者，愿假君口，以告荷官，速改良吧叻办法，俾我后来之同胞免遭酷虐，则我死亦瞑目矣。我非真名刘义，实郑十六也。"盾，荷兰币名，每盾合英币一先令七辨士零。

言时，须发翕张，既而从容就刑。怀勋纪其临刑所言，告之荷官，荷官据以上闻吧城总督。至是，始悉工人困苦，特派干员作文岛总监，办理善后，稍稍改良吧叻办法，不任吧叻头违背人道。凡匿山中者，一律赦其无罪，仍听自由分投吧叻佣工，前欠吧叻头之款，亦令悉免，文岛、九港地方，于是始复治安。

兰仙待勒省旃

新建勒深之，字省旃，方锜子也，为光绪朝贵公子之一。倜傥不群，蹐落无检局，衣服、饮食、宫室、车马、声色之奉，几驾王侯而上之。尝客吴门，眷妓张少卿，制联赠之云："少之时戒之在色；卿不死孤不得安。"以是罄其父产，而犹不悛。某年在京师，称贷于人以事狎游，方出伶之门，即入妓之室，浪费无度，到手辄尽，囊有金不留至诘朝也。时姬妾亦星散矣。

久之，乡人厌勒告贷之数，为之具行李，购船票，遣伻伴之南旋，将道沪以返赣。登舟之明夕，散步甲板，猝遇其旧妾兰仙。初，兰仙自出勒门，入天津女闾，一年余矣。将徙沪，遂不期而与之遇。至是询知其落魄之状，深悯之，语之曰："君不听妾言，至有今日。盍从我游，免冻馁乎？"未几，舟至沪，勒乃给其伴，使他适，从兰仙至英租界。兰仙舍馆既定，则别赁一椽，俾居之，给以衣食之资，如是者将两年。南昌之戚友知其已受旅京乡人之资遣而犹不至赣也，大疑，询在沪赣人，无所闻。久之，始诇知其状，谓此与戴绿头巾者何异，则群引以为耻，乃亦为措办旅费，迫令上汽船。及归南昌，则大病，医谓餐品忌谷类，宜食鸡，鸡不能购，则乞于戚友，日始得一饱。月余，戚友之馈绝，遂穷饿以死。汉军宗啸吾司马曰："不意勒少仲乃有此儿。"少仲，方锜字也。

周某知财之宜散

周某，皖人，佚其名。父故为茶贾，商于吴，因家焉。周席父业，积产数万金，顾喜挥霍，性任侠，尤乐结宾客，门下寄食者常数十人，人皆称之为孟尝君。每岁暮，必怀金以出，见贫困无以卒岁者则与之，得金者问其姓名，隐弗道。又常施棺掩骼，逢盛夏，则施治疫诸药品。以是里人争德之，然坐是而家日以落。尝慨然谓其友曰："财之为物，能聚尤贵能散，特视其用途何如耳。"

柏爱才开会济贫

湘江义丐柏爱才少有气节，生平嗜好惟诗书，终日不释手。会某邑水灾，各省皆设法赈济，爱才怜之，以家贫无力，不得已，行乞于市，日出而往，日入而返，如是者数十日，得十余金。一日，某地特开大会于济贫园，以所售券资悉作赈费。男女与会者数千人，爱才亦往焉，赍所得金付之，并登台演讲。众感其言，乃将金饰银币纷纷掷于讲台，顷刻得数万金。

某令资助吴兆泰

吴兆泰谏停三海工程，时德宗怒叵测，戚友莫敢至，吴杜门谢客。一日，有分发安徽知县来见，门者却之。某固请，吴乃出见，甫通款曲，即问此次处分当若何，吴谢不敢知。又问君有债负否，曰："作京朝官自不免，幸素节省，不过八百金而已。"某因曰："某见近日言官尽喑默，惟君能直言。然揣上意，恐必去官。知君清苦，故为备资斧。”吴愕然不敢受。某曰：“此是公义，君不特不可辞，且不应辞也。”因探怀，出六百金票相赠。越日，又送四百金至，曰：“还债外，可更以此为归计。”越日命下，果如所料。

张弼士欲毁家与德人竞

欧洲邮船经新嘉坡而至香港也，独德国公司明定华人不许乘头等舱之例。时张弼士权我国驻坡领事，以事将返国，遣人持名刺向德公司购头等舱票，公司执事以张为华人，格于例，坚不售。张乃登广告于西文各报，招聘船员，购造商舰，往来新嘉坡、香港间，专载华人华货，价照德公司减半，盖誓毁家以与德公司竞也。德公司经理人见此广告，异之，询知原因，知张之财力既足及此，即以营业言，张亦不至大有损失，乃挽人诣张婉谢。张亦虑摇动其他商业，告以“若能除去华人不许乘头等舱之例，则余此举可已，否则宁毁家以争吾国人之体面也”。德公司允之，由是此例遂废。

袁某为人市义

盗袁某性赣直，其为盗与众殊，孤寡不取，老弱不取，即其所取者，亦半数而止，必留有余畀其人，使别图生业，人乃以“义盗”名之。袁尝于岁暮制梃伏丛莽中伺行人，俄有某商囊赀过焉，骤出要之，商弃橐走，启视之，白镪充其中。亟招商返，曰：“余得十金度岁，足矣。是累累者无所用此，今以还君。”商喜过望，囊资欲行，则又曰：“前途如余辈者尚多，余既得君资，当为君卫。”乃送之越境而止。又尝值岁饥，乡有大户某甲，囤谷不肯贱售，辄纠党劫之，尽取其谷，遍招贫户至，计口授食，顷刻而尽。乃向甲谢曰：“余且为君市义也。”甲惭悔无语，众皆快之。

袁每叹曰：“今之世殆无一非盗也。上者盗国，其次盗名，至如吾侪之盗财者，则指不胜屈。然吾之盗，犹盗以予人；彼之盗，则盗以肥己而已，此其所以异也。”

陈大忠为主鸣冤

光绪时，永嘉李大华与其戚经商，获利颇丰，乃广置姬侍，常有卷资遁者。晚年余三人，妻徐氏生子焜，长姬胡无出，次姬张生子耀，四姬林生子燧。最后得苏妓郁珍娘，生子女各一，女曰蒨姑，三岁而夭，子曰炳。

大华既富，尝往来南北，扩其营业不稍懈，故罕家居。徐佞佛，常居尼庵，家政咸操之郁。焜素骄纵，颇不直郁，恒与炳相持。未几，徐病死，大华知之，归自京，以郁能治家，立之为正室。以徐曩与胡相得也，畀年金畜焜，并命严守之。及焜长，大华为娶于韩，亦令从胡居。韩贤，焜事颇多匡正，焜乃稍自敛。

有世仆曰陈宝忠者，义侠忠悫。其子小忠，以柔顺得大华欢，令治事内室，郁亦嬖爱之。时诸姬之倾轧益甚，而林独和平，不争执短长，众亦不为意。林之子燧，忽患毒瘢，面部累累皆遍，大华厌之。生十四岁，诚笃好学，惟不慧，延师教读，三年未毕《四书》。林以焜、炳等相争竞，禁燧弗与往来，益不问家事，冀免冲突。值大华之父文晖冥诞，燧往拜，屋后有园，中有亭池，亭周植花木，燧久不往视，伺大华昼寝，潜至园，园门扃，拾竹片以代匙，竟启。燧入，睹树上青梅涎甚，取石上投，有声轰然。忽闻亭内似有人语，蹑步从窗隙窥之，旋见郁自前门出，见燧厉声叱问，燧素惧郁，匆匆挟青梅三四归，以郁事告林。林沉思有顷，问亭中有它人否，燧曰：“似有人语，细不可辨。窗际悬黑衣，似小忠也。”林大忧曰：“孽子祸机伏矣，勿声扬。”益严禁燧，弗令出。

初，徐遇诸姬厚，诸姬尝相过从。及徐死，胡与郁不洽，林素中立，终岁或弗相见，惟张以郁优待故，常至郁处，益谄事郁，郁喜，倚为腹心。郁恶燧之窥其秘也，张亦憾燧之恒侮耀也，遂协以谋林。大华饮于戚家，醉回，过仆人陈贵房，闻哗笑声，疑焉，穴窗窥之，见贵持绣鞋，戏弄曰："林姨所遗也。"它仆止之曰："毋扬声，主人且回。"大华愤甚，亟叩户，户扃不得启。郁方自内出，大华尽以所见闻告之，郁急止之，曰："子姑睡，醒而察之可也。"乃立召贵，则已遁，所弄鞋，遑遽未将去，取视之，林物也。遂逐林，又以燧貌之陋也，并斥之。林涕泣自辨，卒不听，率燧回母家，哭而过市，盛扬郁淫及厮仆之事。郁闻之憾甚，益思致之死地矣。

焜虽骄纵，然负气，恶见不平事，虽闻人言林之冤，恒欲一知究竟。一日至林处，林具以前后事告焜。焜益怒，返，欲俟便刺杀郁，取酒痛饮，醉。韩睹状有异，餂以言，具得其情，奔告胡。胡惊且恚，曰："必而也，将四姨我矣。"哭而自挝。焜惧，涕泣自陈，誓不妄作，自是闭户读书，不预外事。然焜事，郁已具知之矣。

郁以焜及胡氏之与林也，将为一网打尽之计，谋之张。张曰："若焜辈，易与耳。"因具为画计。郁乃乘间为大华泣曰："林姨之事，子所亲见，证据具在。今焜以为诬，疑妾指使，常至林处道妾短。妾不难一死以自明，其如子何？且夫人之死，焜有言焉，子又弗图，因而宠之，此焜之所以不平也。且闻焜有异志，盍察之？"时张在侧，因证曰："夫人言良信。不然，子逐林也，而焜证其诬。且焜虽不法，素质直无城府，今其事秘，此必有人为之借箸者，子必慎之。"

越数日，大华如乡，郁召焜饮以酒，因托故人，使小忠伪与婢谈林事。焜从旁问之，小忠具道林病重，贫不能延医，且死。焜闻而大愤良久，小忠更热酒进，焜复饮，大醉，抵足痛詈郁，郁佯不闻。小忠因劝曰："小主素善林姨，盍往省视，果惫，稍周济之，亦见旧情，且阴德也。"焜即趋访林，未入门，则耀已先在。焜曰："若来何也？"耀曰："母命馈药于林姨也。"焜叩门，大华方自乡回，过而见之，怒甚，抵家，郁使耀语焜曰："父方盛怒，往必无幸。顷欲杀我，母命我暂避兄处，且告兄毋往，俟父怒息，往与俱谢可也。”焜益惧。大华所使召焜者亦至，佯促耀去，焜避入内，弗敢出。耀至，因告大华曰：“顷在兄处，渠方詈父髦，父往召，渠言曰：‘林姨厚我也，而父斥之。今往省林病，父怒我，乃使使来召，此必有意督过之，败吾事而又以为罪，有死而已。’其蔑敢见矣。”大华问使者，始不肯道，固问之，言同。大华浩然长叹，泪下如绠。郁亦泣曰：“以我故，而子受其侮，吾罪甚重。不如赦焜而斥我，则父子安矣。”大华复大怒，将自往捉焜。张适至，诘得故，则犹豫曰：“林姨落落，罕与人接，且貌寝，吾谓爱之者特贵耳，固不然耶？虽然，是殆宿缘，子必恕之。”大华愤而晕，久始苏，遂病。

一日，张使人谓焜曰：“父以汝故病，旦日不可不早自来谢。”焜益疑惧。未几，又使人来，矫大华命召焜，速来自投，当为父子如初，不然且置之死。焜至，大华弗见，焜欲返，张嬲与谈琐事。郁持药入，曰：“焜之遗也。”大华嗅之气恶，召焜嘱自饮。焜不遽接，郁即掷杯于地，痛哭曰：“贼由焜也。”焜皇急，无所为计，大奔返，家人尽哭，韩泣曰：“子冒不韪，脱身归家，谓可幸免邪？不如逃之。”胡以为是。焜曰：“逃将焉往？”韩曰：“不如往吾母家，匿弗出，旦暮所需，母能供汝。”焜匆匆去。而健仆三四辈至索焜，胡诡言未回。返复命，郁又证胡曰：“与知之。”将治胡，胡闻而自经，韩亦归母家。

郁又遣使侦焜，知匿韩所，讼之官，提焜。临讯，焜已知胡死，痛不欲生，侃侃陈前事自白。官弗听，杖之，焜不胜痛楚，遂诬服。焜之外舅韩某，亦宦裔而式微者，戚某居要津，势颇盛，韩求设法救婿。某素善大华，知焜冤，驰书责大华。

大华自闻胡死，颇疑事有异。陈宝忠者不义其子，禁之，不可，徐死，乃老，召小忠不得，怒析之，誓弗相见。宝忠老，多病，持斋奉佛，益不闻外事。至是或告以李事，宝忠大惊曰：“主母仅此一块肉，乃以妖狐之谮，遽兴大狱。且吾事李氏三世，主人遇我厚，虽老，奈何坐视？”扶杖出。长子大忠，任侠有血性，商于外，时方归家，闻之亦怒，与共谒大华。宝忠为述林、胡及焜之冤，大华不信，宝忠年老气促，愤填胸臆，啮指出血，溅大华面。大华大惊，因竭意慰之，意颇感动。郁闻宝忠来，使小忠往瞰，大忠见之，捉之人，因阖门而扃之，厉声语大华曰："主人家事，弟尽知，吾以主人故，不敢爱弟，主人何弗悟？"宝忠起，提壁上剑，将杀小忠。大华急止之，宝忠曰："吾老，不能多动作，大忠为我问之。"大忠接剑，谓小忠曰："速言之，支吾者，立抉汝首。"小忠慑伏，尽吐实。大忠曰："主人今已悟邪？"大华强起，取剑将出，大忠亟抱持之，问将何为。大华曰："往杀淫妇。"宝忠纳之座，曰："姑缓，毋急急。主人老，非彼敌也。且家中厮仆悉为其党，主人更安所使乎？"大华无言，长叹而已。仆以书进，启之，韩之戚某所遗，责大华昏瞶（古通"愦"），颠倒是非，且曰："已嘱令亲韩公讼之省，事发，君何颜见人？"大华阅竟，嘱大忠以肩舆至，往县，匆匆去。宝忠命人缚小忠，随大华之县。家距县署十余里，时已暮，达署，夜阑，大忠为击鼓鸣冤。官以大华为绅富也，立讯，即夜提郁、张，而释焜。焜见大华，相抱痛哭。焜屡受杖责，体无完肤，一恸而绝，竟不救。大华亦晕绝，既醒，安舆送回，则无家矣。

先是，郁以焜事，贿差役毙之狱，论数未得当，不及问宝忠事。及见大华挟小忠去，则大惧，乃急卷细软，纵火焚屋，挟炳遁。张及子耀以方共谋画，宿郁处，烬焉。大华至，暂息焜处，以人迓林母子。林不忍却，至则大华已死，大哭，与焜共葬。大华置田宅颇夥，契券悉毁于火，林素不问家事，不能清理，因尽售别院，迁于省，寓于所设之肆，燧主其事。逾年，悉倒闭，复回永嘉，依韩以居。宝忠已死，大忠不忘父志，颇周恤之。

李大茂为人报仇

萧山李大茂业商，性豪侠，恶见不平事。尝至友人刘某家，刘懦而怯，妻王氏悍而妬，刘畏之，无子，不敢娶妾。私一婢，有姬，王知之，方持鞭挞婢，呼号甚急。李闻而异焉，问刘，刘支吾曰："婢偶窃物，山荆施家法耳。"李心疑，曰："婢虽微，亦人子也。毋乃太过？"刘不能置词。已而婢哭声渐低，而鞭挞叱詈之声益厉。李怒甚，推椅起，径入视之，则见婢上下衣尽去，遍体有血，奄奄待毙。李愤，直斥王，王亦恶声相向，李直前批其颊，挈婢径出，声言且讼之官。王羞愤号哭，谓刘曰："不报此辱，与俱死耳。"刘曰："彼虽无礼，言固当。"词未毕，王猛扑刘，啮其臂，刘大痛，急言"知罪"。王意未解，披发伏地，欲觅死，刘长跪，誓不与李共天日。王稍解，问将何以报，刘曰："召之来而责之。"王唾曰："仅此便了事邪？男子而不能庇一妇，受人凌侮，犹弗知报，尔不羞死，吾且愤死矣。"刘曰："然则奈何？"王曰："必杀之。"刘战栗曰："杀之邪？余安能此？"王又唾之，曰："昂然大丈夫，胆小如鼯鼠，犹不知羞？"刘不能答。王怒，捉其耳，力撕之。刘大呼求宥，且曰："吾必召之来，自处之可耳。"王始允。

刘出诣李，李方详问婢，具得状，怒不可遏。刘至，则力抶而逐之出，刘欲有言，李曰："若非男子，若非人，吾不屑与为友。速去，毋溷乃公事。"刘不敢再言，惘惘归。王问李来邪，刘不答。王迫之，则嗫嚅曰："彼赳赳，吾实惮之。且彼安肯来？"王大怒，连唾之，刘勿敢辨。时已夜，挈健仆数辈攻李，李已闻，亦集众相抗。李固健，直前搏王，投之河，众急救，幸无恙，狼狈而回。刘有侄庚生，亦虎而冠者，商于外，闻之，怒曰："婶虽狠，伯与彼友，且我家杀婢，何预彼事？辄敢恣肆，谓刘氏无人邪？"克日返，集众谋报复。未发，李知之，出不意先攻刘，刘不及防，大奔败，李火其居。庚生虽猛，颇饶心计，知不敌，仓皇遁，向邻人借煤油火种，只身造李家，亦火之，尽杀李之妻子及所救婢。李返，则无家矣，知庚生所为，大怒，纠众复攻刘，杀刘及王，而庚生已遁，不知所之。怒曰："贱奴，避将安之？不杀汝，乃非我。"遂尽鬻产业，遨游各地，冀遇庚生，卒不得。辗转入汉，资斧不继，流为丐。一日，李见贵官过，舆马仆从甚夥，睇之，怪与庚生相似，因尾之，入一公馆，榜于门曰刘公馆。

先是，庚生避仇出，至江北，有达官某遇盗劫，庚生饶膂力，乃救之出险，官感其恩，认为义子，遂得要差，未久也。大茂默志之，退，筹思无计，踯躅道周，见地有物，拾视之，乃一大珠，喜甚，旋自念曰："此必何处贵妇人所遗，度今方悔恨欲死。吾得之无用，不如访而还之。"翌日，盛传富室王某失珠，觅得者赏若干。李挟珠往，返之，王大喜，重酬之，不受，曰："吾丐耳，需此何用？"问所欲，曰："得一席地安身，足矣。"问能书乎，曰："粗知之。"授笔令书，虽未佳，然清秀不俗，因留任书记。王询其出处，具告之。问仇何名，弗隐。王大惊曰："刘庚生，若仇雠邪？"李曰："然。主人殆识之？"王太息曰："是吾仇也。吾有息女，字本邑鄂氏，庚生恃义父势，强委禽焉。拒之，则以势相压，今尚未决也。"李曰："吾今必致之死，顾弗得其机，主人苟假手枪一，必为主人除害，决不相累。"王不敢允。李出，忽报庚生以人至，约期娶女，王惮其势，卒许之。李喜曰："计在此矣。"及期，庚生亲迎，李挟利刃伺庚生入，即舆中曳以出，立抉其首。众大惊，王痛哭曰："子灭吾门矣。"李慨然曰："主人弗虑，李大茂非阘冗汉，且吾固言弗累主人也。"即趋县自投，侃侃述前后事。官为动容，谕之曰："尔义侠可嘉，然杀人者死。尔既自首，吾亦弗能庇尔，姑往就监。"李毅然曰："生平恶吏役龌龊，义不为所辱。"出利刃，自刺其腹，肠胃迸裂，亦死。王感其义，为殓而葬之。

犬为石铁雪冤

昆山石铁擅膂力，设饰肆于千墩镇。一夕，有贼入其室，石觉，执而扑之，贼哀呼乞免，乃纵之去。明年，贼又至，窃其宝匣，（置贵重首饰者，银肆中谓之宝匣。）将出，石又觉，以宝匣所值甚巨，奋起夺之。贼力拒不舍，互扭至门外，贼出利刃示之，不惧，捉其臂益力。贼乃谓之曰：“我去年遭汝毒手，今亦当使汝略受痛苦矣。”言讫，即猛刺其手臂诸处，血淋漓下，石仍不释。时夜已过午，邻人皆深入睡乡，呼救无应者。相持数小时，天将明，贼恐不得脱，一刀中其心房，乃死。时宰昆山者为蜀人龚世潼，闻报，莅镇检验，缉凶手获之，一鞫而服。龚夙以胡涂称，迁延数年，未正法。继任者俞某，亦持救生不救死之说，即贼，亦自以为不死矣。石家蓄一犬，甚猛，一日，俞以催科至镇，仪从甚盛，甫下舆，犬突自人丛中跃出，啮俞衣不释。俞异之，窃念此犬何自而来，得毋有凭之者，因默祝曰：“尔果有冤，且去。某当为汝伸理也。”犬果摇尾去。俞归，立命检旧案，得石铁事，知凶手尚在囹圄中，沉冤未雪，即日申请上台，提出斩之。

苏有彪归刘璈骨

光绪朝，河南豫正营之驻河南岸者为南路统领，其中营帮带苏有彪，台州人也。初从黄金满为盗，台守湘潭刘璈治盗严，先后获一百七十余人，有彪与焉，皆就地正法。行刑日，盗左右分两行跪，杀时，自右行始，至三十余人，刀口渐卷，须斫十余刀，颈乃殊。有彪杂左行中，忽大呼曰：“技若此，能杀人乎？速易人来。”刘遥语之曰：“释汝缚，能代此职否？”有彪曰：“能。”乃去绳索，付以刀，有彪飞步至右，少选，诛讫矣。至左行，刑至己所跪之处，逡巡不前。刘又语之曰：“汝可为殿，速依次斩之。”顷刻左行亦竣，释刀跪堂下，愿受刀。刘曰：“今宥汝，能不再为盗否？”有彪曰：“果得温饱，誓不复为。”乃挈之回署，充什长者三年。

刘旋以擢台湾道去，有彪从之。光绪甲申中、法之战，我师败于马江，刘亦以贻误军机被劾，发往军台效力，时年已七十余矣。族戚幕仆皆星散，侍姬亦囊财物而遁，有彪独慷慨请从。至黑龙江，遽病卒，有彪敛之厝山下，自行乞以存活，年余，负遗骨南行。

及抵道口镇，宿逆旅，夜半有盗至，毁门入，无所获，盗以隐语自嘲，有彪亦答以隐语。盗闻而诧之，曰：“若岂同党耶？”有彪曰：“然。”问何以至此，有彪述崖略。盗肃然起敬，出白金数十两赠之而去。十一月中旬，至朱仙镇，忽大病，泣告逆旅主人曰：“我死，而委主人遗骨于外，不能正丘首，殊可痛耳。”时许州城守王某往开封，道朱仙，至此就食，闻哭声询之，有彪具以告。王曰：“无虑，我与汝主人为同乡，且姨表兄弟，刘子适见访，贷资归匶（古同“柩”）。今既与汝遇，当专马往告，许州距此百余里耳，三日后可相晤也。”越翼日，刘子驰马至，携骨以归，即以有彪介绍于王某。及王充南路统领，遂以之为中营帮带。

唐才常哭谭嗣同

浏阳二杰以义侠并称于时，谭嗣同、唐才常也。光绪戊戌之变，唐哭之恸，欲航海复仇不果。庚子汉口之役，盖素志也。其与谭订交，生死不渝，足愧当世，挽谭七十二字，一字一泪，实一字一恨也。联云：“与我公别几许时，忽惊电飞来，恨不携二十年刎颈交，同赴泉台，满〔漫〕嬴（引）将去楚孤臣，箫声呜咽；近至尊刚十数日，被群阴构死，忍抛弃四百兆为奴种，长埋地狱，只剩得扶桑英杰，剑气摩空。”

汪穰卿好施济

汪穰卿舍人康年，杭之钱塘人。甬人周雪舫尝谓杭人多悭吝，而独赞穰卿，盖穰卿家食贫而性好施济，遇人有急难辄解囊相助，有以旅费困乏告者，果确知之，即解囊。某岁，有人仓皇过访，谓适需旅赀，无可谋，时穰卿实亦无余赀，乃质皮裘以与之。光绪戊戌政变时，有尤某某者仓猝离沪，登舟矣，缺银币三十圆，密属人商诸穰卿。尤某与穰卿不甚洽，至是乃自持银送诸舟，郑重而别。

其从兄伯棠侍郎大燮、胞弟颂阁训导诒年之性情，亦皆与穰卿相类。伯棠仕宦于外，每岁暮，辄寄金至杭，赡其族人。颂阁侨沪久，有以急需向贷者，亦颇竭力以应之。雪舫每云汪氏昆仲在杭人中为绝无仅有，则以此数人之境遇，固非席丰履厚也。然雪舫所识之杭人固不多，其言绝无仅有者，亦就其所识之数十人而言之耳，非笃论也。

汪穰卿为农人雪冤

上海梵王渡农人某方耕于田，忽被一西人某以锄击其脑，几殒命。初无为之伸雪者，汪穰卿闻之，急出四百金，延律师琼长讼于其国之刑官，卒得直，某监禁三年。

汪穰卿不畏外人

上海公共租界汉口路某某珠宝商，为某洋行伙所绐，耗赀巨万。讼于其国之领事，不得直，其伙转从而宣言曰："洋行初不贩卖珠宝，彼自与吾伙订约，虽假用洋行名义，实不负责。"汪穰卿闻之大愤，为综记其始末，欲载之报，俾后来者勿蹈覆辙，不以其外人而顾忌也。然珠宝主人方慑于西官之威势，力恳穰卿勿宣布其事，穰卿不得已，乃罢。

汪穰卿不恤贾怨

汪穰卿外和而内刚，有不称意事，未尝形诸词色；或忤之，虽极人世所至难堪之事，初不出一言以相报，久之，始假他事微露其意，使人自愧而已。然利害所在，辄侃侃力争，一意孤行，虽贾怨，不恤也。光绪戊戌冬，孝钦后欲废德宗，立端王载漪子溥儁为大阿哥，舆论大哗。上虞经莲珊太守元善方筦上海电报局，发电争之，孝钦震怒，将杀之。或欲为之伸诉，集众议其事，或言所延律师为南洋正法律官某，方与政界相昵，恐不能得力，宜易人。座有某客嗫嚅而言曰："是为某所荐，辞之恐开罪。”时穰卿在座，乃曰：“今但筹所以救莲珊之策耳，余勿复言，我主之可耳。”

陈禾青声责凌辱妇人之罪

苏人有孙、李二人者，光绪时以捐纳，均官部曹，携眷在都，居江苏会馆。二人初无隙，一日，孙妾与李妻以小故口角，孙助其妾，遽掌李妻颊，李之女仆出护其主，亦为孙所殴，李不与孙较也。陈禾青女士闻之大怒，曰：“孙为男子，何得凌辱妇人？且何得庇护己妾而凌辱友妻？”乃召集同乡京官之女眷开会于某所，宣布孙罪，附以条件三：一，孙向李妻赔罪。一，孙向李之女仆道歉。一，孙亲书认罪笔据。又声言如或不从，当以女界全体名义控之于都察院，必得直而后已。孙无如何，唯唯如命。禾青，溧阳人，为汪穰卿之继妻。习书史，知医。

陈禾青为董氏复田

光绪初，江都董韫卿尚书恂，官户部尚书兼总理各国事务衙门大臣，尝以所得宦资购邵伯田千亩，属其婿齐某为经理之。齐，即邵伯人也，甚狡。当董在时，岁以所得田租易银寄京，毫厘不敢少。及董殁，齐知其子之易欺也，则岁寄十之四五。既而董子及孙相继死，齐遂岁以歉收及佃户抗租为辞，绝无所寄矣。董之妻及其两孙媳懦弱无援，弗能争也。某年，陈禾青从其夫汪穰卿入都，适赁董屋，朝夕过从，询知其故，知齐非易与，且佃户即其乡人，知有齐而不知有董者已久，非可以口舌争也。时董之门生有官京曹者，乃属其具呈于江督张安圃制军人骏，沥陈齐之无良，董后裔之被欺，请饬县惩治。又自率人至邵伯，竭数月之力，始将董田悉数夺归，岁得租金一二千圆，自是董之生计始稍裕。

春兰出幼主于火

吴郡程姓有婢曰春兰者，性和蔼，且勤俭，主人视若爱女。

某夜，家失火，主人奔，春兰寝于后楼，方伴其五岁幼主眠，惊而醒，火已及楼，梯焚矣。春兰抱幼主欲自窗跃下，恐伤之，乃急取棉被裹之，系以长绳，握其端，自窗下及地，而春兰眉发已为火所灼矣。春兰既救幼主，乃奋身跃下，伤肱。是役也，幼主安然无所伤。

陈伯商尚义好侠

会试之年，各省士子纷集京都，辄于闱后举行团拜，以宴其在都之正副座师。届期，座师必至，且别备筵席送座师之邸，飨师母也。光绪某岁，浙江己丑科团拜，是科副主司为衡山陈伯商编修鼎。先期，语其门生汪穰卿曰："闻同门有六人化去，以贫故，其家属无以给朝夕，盍以团拜费移助之？吾将捐五十金以为之倡。"穰卿退而商之诸同年，则皆诺。独某某抗议，谓："老师好义，可自为之，何必强人以所难？诸君乐输，吾亦不之阻，吾则不出一文也。"其后编修果出五十金，诸同年所醵逾千金；惟某不与，然某固以富闻于时者也。编修讲求经世之学，家固贫，尚义好侠，以好骂坐，为世所嫉。

侠盗取貂褂赈饥

光绪丙申，张文襄公之洞督鄂。某日，汉口石码头之泰生典，忽报仁义司巡检来访，坐既定，遽曰："贵典质有貂褂否？"伙曰："未也。""然则巨珠五粒，必有人来质之。"曰："亦未也。"曰："果乎？"曰："斯炯炯者，容能不系于心，而作泛常小件视之乎？典业约法，物质百千以上者，必集同人酌之。斯二者，皆非质百千物，安得不知？"巡检曰："予不能信，以贵典近十月质簿假予一阅。"簿至，倩其随来者阅之，曰："无也。"巡检色忸怩，乃曰："恕予冒昧，予奉上官命督责，不得已也。"

先是，巡检奉郡守札，谓："老帅之真珠钮貂鼠褂为盗窃去，门无罅隙，箱绾锁，置之于地。室为九姨太太卧室，物乃醇贤亲王所赠者，故老帅怒，追甚力，予故有是冒昧也。”言竟去。

某夜，文襄得一柬，书曰：“山东义民某某告汝知：汝衣，某取去矣。山东大旱，饥民载野，故假汝衣赈之。汝得自醇，醇得自某，某括山东脂膏而得，今返赈诸山东之民，汝宜无憾。汝再扰湖北之民，予必取汝首。慎之！”柬旁置犀利匕首一，文襄惧，寝其事。

吴趼人焚券

有负吴趼人二百金者，久无以偿而病，病将死。趼人往视之，其人曰：“吾负君金，今垂死，当誓之来生为犬马以报矣。”趼人曰：“吾亦负人金，而未能悉偿也。君毋忧，不责偿矣。”归而取券，面其人焚之，并赠以二十金，使为医药费。趼人尝自号“我佛山人”，南海荷屋中丞荣光之裔也。

大刀王五疏财尚义

光绪时，京师大侠有疏财尚义之大刀王五者，以保镖为业，能手定法律，约束河北、山东群盗，其所劫，必赃吏猾胥之不义财也。己卯、庚辰间，直隶劫案数十起，逐捕不一得，皆心疑王，以属刑部，乃由五城御史发卒数百人围其宣武门外之宅。王以二十余人持械守门，数百人弗敢入，日暮，吏卒悉散归。

明日，王忽诣刑部自首，时总司谳事兼提牢者为濮文暹，异而询之，则曰：“曩以兵胁，故不从命。兵既罢，故自归。”诘以数月劫案，则侃侃直言具为之者，或徒党，或他路贼，无少遁饰。濮固廉知其材勇义烈，欲全之，乃曰：“诸劫案固于汝无与，然以匹夫而广交游，恣饮博，不得为善类。吾逮汝者，将以小惩而大戒也。”笞二十而逐之。癸未，濮被简为南阳府知府，将之官，资匮，忧甚。一日，王忽求见，既入，则顿首曰：“小人蒙公再生恩，无可为报。今出守南阳，途中必多暴客，非小人为卫，必不免。且闻公资斧不继，特以二百金为贶。”濮曰：“今已得金矣。”王曰：“何欺为，公今晨非贷百金于某西商而议不谐乎？无已，盍署券付我，俟到任相偿，何如？至执鞭弭以周旋左右，则计早决矣。”濮力辞不得，署券与之，遂同行。至卫辉，黄河方盛涨，金垂尽，乃以语王。王笑曰：“区区何足难我！”言毕，乃匹马要佩刀去，从者皆疑其往劫也。薄暮归，解腰缠五百金掷几上。濮曰：“此盗泉也，吾虽渴，决不饮一滴，速将去。”王大笑曰：“疑我劫乎？区区五百金，何至无可贷？此固某商所假，不信，可召而询之。”乃书片纸令从者持去。次日，商来，以券呈，信然，始受之。既送王至南阳，仍还京理故业。

御史安维峻以建言获咎，戍军台，王实护之往，并任车驮资。王夙与谭嗣同善，戊戌之变，政府捕谭，王劝谭出奔，愿以身护行，谭不从。及谭死，王潜结壮士欲有所为，未成而庚子拳祸作，遂及于难。

白巧儿护主御盗

光绪庚子之变，池阳李心台方致仕归，时夫人、公子俱死贼，佣农家妇白巧儿者，供缝饪之役。李惟观书自遣，或载酒游乡市间，寻野老话农事，遇疾苦贫弱者，辄助之钱或米麦。无赖者流遂疑李富厚，谋劫之，巧儿告李，李笑之，慢不为备。

一夕，李方秉烛读，有数盗破门入，执李，问金所在。李战栗不能语，盗持刀加颈吓之。正争持间，忽一人自梁上跃下，举棍猛击贼，贼不胜，抱头而遁。李惊定，审视之，则巧儿也。问何以能此，巧儿曰：“此非旦夕之功。吾夫尝耕崖下，吾往馈膳时，欲绕道去则膳冷，故尝就捷径从崖跃下。初亦甚不易，后则不觉苦矣。”李曰：“子今日何由知盗之将至？”巧儿曰：“余待之数日矣。”李谢曰：“微子，吾几不保。今而后请毋自侪于仆也。”巧儿谢不敢，仍尊之如初。数年，死，遗产悉归巧儿，李之命也。

邓剑娥出芬兰人于死

光绪庚子，张家口技师邓魁之女剑娥，既掷俄将于地，俄将起，率其众窜去。俄将之妻以剑娥言词温婉，遽倾心焉，乃使所佣华仆告剑娥，邀与偕往。剑娥念不去且示怯，即与同诣西餐馆。大开夜燕，多贵宾，剑娥雅能矜持，众皆啧啧称异，宵分送归。俄将以剑娥之母卒未葬也，使役夫六十人来为营葬。剑娥问役夫，皆俄将拘以来者，则悉遣之去，往谓俄将妻曰："此曹皆吾同种，何忍役之，勿再遣来也。"俄将妻大惊叹。剑娥自负土成坟。一村皆以剑娥故，得免俄兵之扰，无不感之，于是俄军自统帅以次，其携妻室以来者，皆愿从剑娥受技击焉。

又数月，剑娥能俄语，改俄装，跨鞍马，日从俄营驰骋往来。时俄以战胜国自居，气骄甚，于华人多所陵藉。剑娥目击其状，心愤甚，知力不能救，亦不多言。久之，益与俄女界狎，乃知俄人中有波兰人、芬兰人、犹太人等，皆亡国之余，颇具恢复之志，乃稍稍笼络之。俄看护妇中有某女士者，故波兰人，年四十余，与剑娥尤契。剑娥之教俄人以技击也，往往授其粗而匿其精，独于女士不惮指点，久之，始各以心事相白，于是交益厚。

女士有子年二十余，在俄营为队长。其人魁梧奇伟，举止有威，尝毕业于柏林大学，知腊丁、英、法文字，尤邃于数学，善拊士卒，望之俨然不可犯，而语言则温雅如文人。一日，遇剑娥于其母前，其母为之介绍，一见惊曰："此亚洲人耶，何似吾宝兰之甚也？"剑娥不知宝兰何人，以问女士。女士曰："此吾子未婚妻也。其父为政府冤杀，渠衔哀而死，吾子至今念之。"剑娥知失问，遽俯首不言。越日，女士来，请教其子，剑娥曰："吾不授男弟子。"力却之。然与女士往还既多，即不得不与其子时时晤面，其子时出射猎，有所得，即以馈剑娥。剑娥既与俄人酬应，渐谙西礼，竟受之。

曩时，俄将妻为剑娥最先熟识者，见剑娥之厚于他人也，心滋妬焉，又疑剑娥于技击多秘者，不以悉授也，乃渐疏之。一日，见女士母子与剑娥饮于餐馆，切切私语，不知为何，于是出以告人，谓剑娥与某队长有婚约矣，然剑娥乃自此不常与女士往来。一夕，剑娥已寝，忽闻叩门声甚急，出视之，大雪满天，女士立风雪中，面惨淡，几无人色。剑娥延女士入，坐未定，泪下如雨，曰："吾死矣，夫何言者！"再问之，乃知其子固虚无党人，恫其国亡，谋所报复，其投身军队非他，盖为灌输此主义于军人也。不意为俄将觉察，并搜得其文籍、报纸等，已开军法会议，审讯定罪，将枪毙矣。幸部下因平日之感情，特密以相告。吾国亡夫死，仅此一儿，今势处覆巢之下，夫何言！"剑娥曰："吾当为夫人计之。"女士曰："计将安出？"剑娥曰："计诚有之，但恨无助者耳。如夫人言，郎君既得军心，其部下能为之出死力，夫人盍一探之？天明，更晤于某地可也。"

于是剑娥急装佩枪剑，家本无他人，剑娥出，即反阖其门，与女士匆匆分道去。是日，俄司令部以获党中首要人物，则阖营戒严，守卫之士交枪为列，自统带以下皆详细诘问，然后得出入。逻兵三十人，负枪实弹，守囚人密室，室四周皆垣，绕之以棘，上架以楼，人出入皆自楼梯，如地窖然。时天大寒，俄兵以军令严故，思酒不得，群忍寒相怨诅。囚二日无动静，第三日以天明行刑，方夜半，俄军倦且寒甚，皆相拥背以取暖。忽有香气自壁隙来，如麝如兰，莫可名状，俄兵皆魇，恍惚见白衣人过前，欲起问，而口舌手足皆不能动。久之乃苏，视囚，囚不见矣。亟报司令部，统帅鞫三十人，无异辞，问卫兵，皆不见其出入。惟大尉高克四夫者，言己所蓄芬兰犬夜半忽狂吠于门，起视则无他，方卧未酣，而吠声又作，当时颇惊讶之，意囚之逃或此时也。于是俄军中人颇有疑及剑娥者，遣人瞰之，已莫知所之矣。队长之母亦于同时失其踪。俄急通电西伯利亚沿道大索，不得，其事遂寝。

朱子谷为微波报仇

朱子谷，同安人。父壁，诸生也，能技勇，尝营国外贸易，继迁南洋英属地。子谷能传父技，弱冠，卒业某中学校。光绪时，留学欧西，入爱丁堡大学。课暇，为赛跑、角力、击球诸戏，有不服者，试与角，皆一挥迸仆数步外，尝于大运动场试演，仆著名力士十余人。

有同学微波女士者，籍威尔士，美目纤腰，妙绝一世，自以欧洲名族，视黄种人蔑如也。子谷勇名既著，微波始稍稍加礼。一日，子谷方独坐室中，微波翩然入，促膝谈心，久之乃别。越数日又至，子谷以其无因至前，颇疑讶，乃从容叩之。微波曰："无他，慕君勇耳。"询其家世，则微波父亦一竞技者，且尝从日本人学柔术，殁数年矣。子谷意武士爱同道，因不疑。往还年余，向之求婚，微波曰："可，但有一事能为力，则此身即君有也。"子谷问何事，曰："非君不可，时至当告君。"子谷笑曰："然则决斗耳？"微波曰："然。"问何人，则不言。又月余，微波语子谷曰："其人至矣。"与子谷往观之，则德国力士，自称为孙唐弟子，方登台献技，两手擒一巨熊示众。微波曰："当日吾父即毙其手，君或能胜之。"演讫，掷熊铁柙中，熊犹活也。子谷审视久之，曰："其人膂力殊胜余，然技艺疏陋，非劲敌也。"微波喜，于是约期与角技。

及期，两人登场，德人右手嵌金刚石指环一，精光眩目，即先与子谷握手，子谷觉有异。交手不数合，腾一足，德人立仆，胁骨尽折，毙矣。子谷手亦觉酸楚，已而上及肩，微波急送之医院，医院验为血管中毒。子谷因疑指环，取验之，果有毒质。治久之，幸不死，终成偏中。微波时时来病榻，一日探以言，子谷知其意，哂曰："我已偏中，胡累汝为？既有此心，便速决之，不必嗫嚅也。"微波赧然去。后别嫁，赠子谷金资巨万，子谷悉受而投之泰晤士河。

凤仙为人脱籍

凤仙者，某邑之侠妓也，居北里有年，积资颇厚。某有所善校书银福，将从良，为鸨所厄，凤仙遽出金货与之，银福得脱籍去。

张致安救姚生范

光绪壬寅冬，张致安权醴陵令，循故事阅狱。见狱囚姚生范，知其为庚子富有票案中人也，循阅其几，则置有《新民》《大陆》《清议》各报，以手翻阅，不言即去。自典史至狱卒，皆咎生范不应读此新书，以为必获谴，虽生范亦自危之。未几，举学堂考试，所命有“民为贵社稷次之君为轻”《四书》义及“铁血论”“权限说”等试题。生范曰：“异哉，专制政体下，亦有此具世界眼光人物乎？”已而，其家丁管狱者某日必至，至必与倾谈，初以为监视有他举动否，其职应尔也。久之，某逾十数日始至，问其故，则言：“本官有门人陈天华，在日本结学生军，谋与俄战，本官诺助饷六百金，今赴省汇款归耳。”由是知其为维新人物也，乃上书干之。一日提牌至，径延生范至内花厅，其幕友黎尚雯、张淦泉及其弟致芳、其婿盛岂凡皆在。致安曰：“今创自新习艺所，延君为所长，兼任演说，请拟章程，即日开办。闻君算学甚精，诸弟及小儿并为教授之。”即日移居所中。越日，典史某固争，以为久必逸，致安怒曰：“彼逃，咎在我。”乃由县钤文书给典史，始无异词。开办及三月，成绩炳然，致安曰：“姚某有用材，必善全之。”

赵次山制军时为湘抚，亦维新派也。致安以为请释必有效，乃汇其所著演说稿及习艺所成绩牒之，至以官阶及合家生命为保。批未至，致安去任，会巡抚批至，准提入省城自新所查看。明年甲辰，论释，致安为之谋曰：“今者新幕已揭，为君计，宜速赴日本学法政，数年归国，或进或退，自绰然有余裕。”生范一一如其教。行至上海，旅费告罄，范源廉佽助之，乃抵东京。致安字济卿，贵州遵义人；生范字南滂，湖南慈利人。

潘元养主人眷属

潘元者，山阳人，佣于清河法部郎中王锡祺家几四十年。光绪己卯，随锡祺东渡，游历日本，习日语，自编《东语入门》二卷。

先是，王氏有质库设于淮，亲族每藉端寻衅，元苦心调停，困乏者，则请命周济之。甲辰，王氏破产，有司故与锡祺有隙，因拘留之于典史署，幽居二年，元朝夕服役，一如平素。复迎其主之妾与子，留养其家，饔飧无缺焉。

金铃子代主受罪

江南施某有僮曰金铃子，事施谨，性敏慧，甚爱之。有某翁者，家小康，年五十，仅一女，曰华仙。清明，翁挈女谒墓，乘小舆行山谷间，施亦挈金作踏青之游。邂逅乘舆，诧之为绝色，乃私问金曰："此谁家丽姝也？"金漫应之曰："当侦之。"已而穿林渡涧，施遂与舆失，徘徊间，亦不见金，乃独步归。日暮，金不还，大惊，四出侦之，杳无迹，方谓金不愿为奴，乘间逃耳。

金之失也，乃尾舆而行。至墓，舆夫休于树下，金伪为樵者，与之琐琐闲话，乘间问舆中人姓氏里居，得其详，大喜。欲返告其主也，顾迷途，苦不得施。又探怀，则惊惧异常，盖施授金一简，使送之友人某，置诸怀，探之，失矣。方皇皇，而远闻呼声，则舆夫已追至，执至翁前曰："汝何人，不畏死耶？其速言姓名，否则笞汝死。"金呼冤不置，翁怒曰："此简非汝为者耶？"金闻之，知必施之简为翁拾得也，又知简中语之轻薄也，故以启翁疑，然实不知简作何言。以其因失简而祸主，何如即自承以代罪，则亦不负主人待己之厚也。思已，遂自引咎，诡言："姓徐，士子也，以恋华仙故，而伪为樵子，伺华之出，修此简，欲藉以通款曲，然罪在我，无与华事。”翁见金衣服修洁，不类樵，复闻其自承之语，遂深信不疑。

于是命舆夫缚金归，拘之暗室，复以颠末询华仙。华被诘，惊惧并集，翁遂以污辱闺阃之罪控于官，金自承如前。而同时有控私鬻奴仆者，先金受鞫，金窥之，识为施也。忽悟曰：“得毋以我而兴讼乎？若然，则负主人不浅。”及察官与施所问答，果为己也，不俟言毕，乃大呼曰：“金铃子在此也！”施惊视，果金，问官相顾失色。金前，述其详，且曰：“吾前不欲祸吾主人也，今等是祸矣。金不出，吾主必不得生，曷若直陈之？”问官察其实，于是施之疑案顿释，而华之奇冤以白。

惟控施者则闻风而遁，盖无赖假以图施钱者耳。施授金之简，为艳诗二章，初无他语，亦未署姓名。翁至此，亦知非为华也，疑亦破。官薄责施而释之，而厚嘉金。案既结，施亦感金，不以奴隶待之，相视如兄弟。

太原丐救某翁

丐无名，行乞于太原，衣褴褛，面目黧黑，无冬夏，裼其肩，腻白，不类其貌。携铁棒，弄不去手，若甚轻者，人亦莫审其重轻。遇吠犬，狞笑而过，从不与校。遇富人，亦如之。长日寡言笑，惟日之薄暮辄登高睥睨，引吭而歌，声类哭，兴至舞棒，城下群小儿相与笑之，不顾也。某翁者，以武艺雄一乡，与丐善，丐绝不言技，欲丐共事，不可，丐如故。乡人多忌翁，丐知之，进为翁劝，不听，舍之去。一日翁夜行，突遇两暴客，力不胜，几殆矣。两暴客忽皆倒，则有策铁棒前立者，丐也。翁惭，欲逮两暴客，丐止之，自是义丐名大噪。一日，丐奔翁许，谢曰：“叟幸自爱，丐去矣。”言已，踉跄去。

丐为商伙折僧股

湖南某邑有游方僧募于市，视商店大小而定价焉。其所索，缺一不可，市人见其貌恶而言戆也，畏之，不敢与较。后至某酱坊，索钱二千，坊伙某心不能平，故以钱二百予之。僧接而掷之柜中，伙责其无礼，僧乃谩骂，伙大怒曰："今竟一文不给，当如何？"僧遂以一手掇阶前长石置于柜。伙本有膂力，兹又负气，乃以两手勉提置原处。僧不语，忿忿而去，一市粲然，僧自此绝不复至。

伙为乡人，距家百余里，岁暮必归，路偏僻，往往数十里无人烟。祀灶后，伙返里，久行旷野，忽睹茅舍，意欲吸烟小憩。入门，则僧危坐其中，盖僧为伙所窘，即欲致之死，访知此路为彼所必经，故结茅为庐以待之。见伙至，曰："汝亦来乎？"伙曰："然。"心知必不免，谓僧曰："姑容我吸烟乎？"僧曰："可。"

时突有群丐过，中一丐呼伙曰："某掌柜归家耶？"伙视之，某丐也。每遇朔望，各店施丐钱皆鹅眼，伙独给以大钱，丐皆颂之。此丐常乞于市，故识伙。群丐方坐于地，伙以僧将与为难语丐，丐目僧曰："此我邑中善人，吾等既相遇，必不能为汝所侮。"僧怒目大叱曰："饿鬼尚敢与金刚较手段耶？"即起立，擦掌摩拳，而群丐七八辈猛起，力扑僧倒地，欲死之。伙曰："不可，彼虽不良，我不能以人命拖累。若灭其迹，王法何存？汝等但重惩之可也。"丐乃折其股，并断其手指焉。僧竟不死，年余，或在别县见之，匍匐而行，亦在街头乞食矣。

夏老五以银赠人

光绪戊申季冬，浙江石门湾有盗劫小汽船，枪毙多人。当肆劫时，一为首者曰："我夏老五，盐枭也。以缉私严，改而从事于博，又不如我意，乃不得已而为盗。且亦非欲杀人，以欲令船停之故，聊示威耳。若欲捕盗，捕我可也。"有船客中枪死，其母在旁自请死，曰："吾子死，吾无所得食，亦必死，不如并杀我。"夏乃以他所劫银币五十圆畀之。

叶钧葬杨卓林

杨卓林，民党也。居沪，筹运军械，欲起事，以仓卒谋泄而败，乃大呼曰："吾得死所矣！"扬州某镇者，故会党丛集地，卓林密结其渠魁，欲谋响应，先刺杀江督端忠愍公方以举事。部署既定，挟炸弹及二友以行。事为湘人刘复权、萧子翼所闻，中途遣人告忠愍，遂被逮。忠愍以卓林大侠，又为党中魁杰也，檄道员朱恩黻鞫其狱。恩黻反报，谓卓林罪涉疑似，不可杀，必欲强我诬杀者，宁免职，不为也，狱用是久不决。而警监何黻章欲要首功，力言卓林有罪，并及同逮者二人。忠愍乃故遣恩黻之沪，亲鞫卓林，兼讯二人。卓林知祸已迫，二人且不免，乃一以自任，且骂且起，前掀案，案折，曰："事与彼二人者无涉，我志不遂，死耳。天下岂有畏死之杨卓林耶？速杀我，毋及无辜。"遂以光绪丁未二月七日死东市，而二人卒得脱。卓林既死，人无敢视者，萍乡叶钧收葬之于金陵。

徐晓秋欲救秋瑾

上海徐晓秋，名彭龄，官钱清场盐大使。光绪丁未六月初某夕三鼓，阍人报客至，谓客不自道姓名。时徐已睡，披衣出见，则绍兴知府贵福也，神色仓皇。徐惊问曰："公何来？"贵曰："扰君睡，至歉。请为我备一舟，将他往。"徐曰："某向不办上司差使，亦不迎送，实不敢破成例。"辞未毕，贵曰："否否，我自出资，烦代雇耳。"徐曰："公从何处来？"曰："来自省。"曰："然则原舟何往？"曰："西兴雇舟时，言明仅至钱清也。"徐曰："公自有坐船，何必雇？既雇矣，何又中途易舟？某实不解，非详告，不敢奉命。"贵乃以欲尽杀大通学堂员生告之，且云已奉中丞令矣。徐惊曰："徐伯荪亦素识，其人温雅若处子，安庆之事，必有激之使然者。（徐伯荪名锡麟，山阴人。时在安庆起事，枪杀皖抚恩铭被戮。大通学堂即徐所办，秋瑾为校长。）秋瑾为女子，更何能为？且学生无辜，安可以‘莫须有’三字杀数百人？此于学界前途极有影响。某在此创办大小学校七，深知绍兴办学不难于筹款，难于招生。大通学生若见杀，则人将视学堂为贾祸之媒介，避之若蛇蝎，谁愿入校求学？今愿以全家保大通学生之不通谋。”贵不省。徐曰：“此间荒僻，深夜无由雇船，请在此度夜，辨明，即送公返郡可也。”贵不得已，乃留宿焉。

是时，徐即飞书至郡，托山阴令李钟岳为之设法，略云：“顷太尊来署，急迫慌张，现于词色。再三探询，知以皖事将兴大狱，欲尽杀大通全校教员学生。此事关系学界前途至大。余与彼中办事人无一面之交，只以余在此沥心血，售私产，办七校，若实行杀戮政策，则此七校必皆堕地。万恳尽力主持，密告秋，令全校人远避，勿入虎口。太尊阻留在此，余函到时，屈指必在黎明，太尊午时始能回署，君尽可从容布置也。”

李得书，更衣，自至校，以徐原函示之，促令速离，并将原函焚化以灭迹。盖李为畿辅进士，以即用知县分浙江，家贫性介，时患不给，徐每周济之。曾榷厘金，与商民冲突，及令山阴，又与士绅龃龉，皆徐为之解释，故李感之次骨，徐所言，无不奉令维谨也。秋得讯，即告全校职员、学生遣令归，毁学生名册，自策马出城，行至西郭门外，忽忆所遗皮箧中储要件，乃令圉人归取。圉人年幼，嬉于市，秋俟久不至，返校自取，且毁要件。忽见十余学生仍在，乃以事约略告之，促令急行，而诸生不忍弃行箧，秋亦监视学生出后再行。正料理间，而兵役鼇至，李犹密谕差役捕男释女。孰知秋已易男装矣，乃遂遭捕。至山阴县署，令自报姓名，李目秋曰：“尔乃校役张八斤也。”秋曰：“否，我实秋瑾。”李顾书吏曰：“速列册，彼乃学生周敬耳。”秋曰：“否否，我非学生，乃校长秋瑾。”李顿足气塞。盖李受徐委托，意欲为秋地，而秋矢口直陈，及悔悟，已以真名入册，无可解脱矣。

秋既入狱，徐闻之，飞棹至郡，诣贵，力请承审是案，贵不许。李又请贵札委徐承审，贵以恶声报之。徐知贵将杀戮邀功，不足与言，乃挈其子蔚伯同至杭州，见提学司某。某性懦，谓徐曰："此案固冤，然中丞与贵守皆无一字来司，无可言之于中丞者。且贵为旗人，奥援至广，不可撄其锋，君宜慎之。"徐怫然曰："教育为公专职，学生托公荫庇，不知其冤，犹可言也；知而不言，人其谓公何？言而不用，心亦可安？公以无公牍不易措词，某愿以单衔具牍，禀求主持，公即袖某禀向中丞力陈，若以贵为旗人，畏其多奥援，公厚爱我，戒勿撄其锋，然此案关系全省学务，影响及于全国，某即以此褫职定罪，亦甘之如饴也。"某无言，许俟牍到详抚。

徐归寓，命蔚伯缮稿，辞约万言，黎明缮正印发。辰刻，徐往见，某曰："事不及矣，顷从抚辕来，今日偕臬司同见中丞，谓秋案已电京，请就地正法。我即言徐某来省，力陈此案之冤，禀请本司转详两院。抚军拍案大怒，谓：'徐某胆敢为大逆不道谋反叛逆之人说项，脱不念其居官声名好，办学热心，必登白简。令其速归，勿越俎代谋，有干令甲也。'"徐闻之，气沮而出，即渡江，再至郡。会秋将受刑，方自狱提出上缚，两目突出二三寸，有红丝牵系，摇动如转球。与刑幕诸人讨论，或谓惊恐所致，或谓预已服毒，究不知其何故也。秋既死，徐嘱李保全他人，是以贵命李查抄秋氏母族家属，李先令人教以口供，狱中诸生亦均一一教之，终李之任，未尝刑责一人。贵以李孱弱，详请撤任，易以恶名素著之某酷吏。徐宦越久，从游者数百人，潜令门下士主清议，故某亦不敢淫刑以逞。李以无罪去官，愤当道之暴，气急成痫，悬梁自尽。

曹再韩津贴栗某

栗恭勤公毓美治河有声，薨后，敕封诚孚大王，立庙祀之，例定岁给津贴一百四十金，由河南河工八厅支付。光绪戊申秋，恭勤之孙候补巡检曰养泉者病故，署藩曹再韩方伯悯其贫，自捐三年津贴银六十两，复令八厅支给三年津贴银四百二十两，存庄生息，为其遗族赡养费。

王玉峰卖伎助公费

汉军王玉峰以三弦鸣于时，光绪戊申，京师自治会、阅报社、戒烟公所等，皆欲延之售技，以助公费。玉峰乐其有益于人而不费也，则竭精敝神以应之，先后助义举者不可胜计，或累日不息，手指尽肿。其师治平闻之，叹曰："可以止矣！"玉峰事师谨，所言必听，至是为之少休。玉峰虽以技称，而喜书史，又留心时务，暇则令人诵书说报以为乐，闻及国事辄太息。

玉峰为人谨小节、审礼义，凡寡妇之家及以不孝不廉闻者，皆不往，人以是咸重之。性好音律，筝琶箫管之属，无不精妙，而三弦尤工，故世称三弦者，必曰王玉峰。

锡嘏让洋货店

京都大栅栏福寿全洋货店，光绪某岁，以多占股本之某死，逋欠多而倒闭。商会禀官，以存货及店屋、器具出售彩票，其票数及得彩之号数，悉依湖北签捐票。有满洲锡嘏者，陆军部司员，亦股东之一。商会如其股分之数以票与之，及签捐票号码出，头彩为锡得。乃该店全基，估值银十万元，是夕，有人愿以十万两转购之，锡不允。次日，言于商会曰："吾与某，友也。人死店闭，家无以为养，吾不忍坐视，愿举头彩所得悉与之。"此事一传，锡之义声震京师。时山西提学使亦名锡嘏，适于是时死，年已七十矣。或为之语曰："锡嘏福寿全归，福寿全归锡嘏。"以命对，莫有能对者。

梨涡救人

梨涡，某之爱姬也，曰"梨涡"者，状其态也。

有某抚者，习于声色，某局长尝出重金求艳姬以进。于苏，于沪，于扬州，得美妓三，欲更求其一，以合四美。最后，乃得雏鬟于无锡，饼师女也，年十五，天足，着布衣，系犊鼻裈，与家人杂作，而修蛾曼绿，云鬓天然，不以操作故稍损其媚，膏沐既加，神采顿发。入门时，抚已老，而姬侍皆盛年，间有外遇，独姬年幼，而谨慎自持，内外无间，以是得主人怜。

某以文学名于时，司文牍，尝以事入白，值姬侍侧，猝不及避，抚曰："此某先生，非他人比，不必避也。"于是中坐，某与姬东西列坐。某慑于珠光玉泽，不敢仰视，抚笑曰："君朴愿乃尔耶！"越日再见，则命姬再拜执贽，从习文字。姬慧甚，不及一年，已能阅小说、作短简，久之，亦能为小诗矣。

既而某投身秘密社会，为其谍，抚不知也。一夕，某方寝，闻窗下弹指声，问之，则姬也。某隔窗小语曰："感卿厚意，然苟且之局，非可以终，一旦败露，彼此俱失，愿卿察之。"窗外应曰："君误矣！此来为君及一干人命，宁有他耶？"即从窗隙塞一纸卷进。取阅之，秘密党人名册也，己名乃在第十五。知有告密者，大骇。姬隔窗嘱曰："君速去，主人已阅此册一过，明晨当有达官过境，主人往迓，日中必返，返将穷究，宜速行。"语既，卸臂上金钏置窗棂间，曰："速去，即以此为赀斧，勿迟！"某方欲再有言，而已远去，某遂行。已而某客青岛，以卖文自给，犹念美人之贻，时时出金钏把玩，不忍售。又三年，闻抚死，婢侍皆星散，颇时时念姬。一夕，有美少年来谒，不俟请，直入内室，夫人大惊，少年自脱帽，则云鬟犹昔也。询知自抚去世，落泊无依，于报见某文，因辗转寻访至此。夫人素妒，然见姬委婉，又念昔年拯救之谊，乃善待之。

朱芸姑出主于火

和州有葛曼卿者，好施与，三十年如一日。宣统庚戌，皖省患水，有朱某者，无为产也，家八口逃难至和，死者过半，仅祖一孙一，又濒死。旁有十余龄一弱女，哀号竟日，所得钱不足购一棺，而女且饿死。葛怜之，命仆买薄榇，殓叟及童，葬之于义冢，舁女归，灌以汤，三日而兴。问其姓名，曰："朱芸姑。"感葛不已，愿卖身为婢以自赎。葛曰："老夫岂望报耶？汝可为孙辈司针黹。"芸姑许之。辛亥春，某日薄暮，葛卧室不戒于火，无力自脱，须臾，火焰中忽有一人负葛出，则芸姑也。又月余，葛病，芸姑侍奉汤药，不解带、不交睫者兼旬。葛死，芸姑欲以身殉，后经他人以勉事少主为言，始寝。

钻天燕子拯武官

东三省胡匪钻天燕子，颇有声势，出没于营口、牛庄、海城、盖平一带，其人工诗善书，江南文人也，故亦曰"江南燕子"。武官某素不识燕子，辛亥春，以为人诬陷，将处死刑，燕子重其为人，独力援救得免，复资助之，使往俄京留学焉。

李麻子杀人而赙之

李麻子者，川西大盗也。一日迫于追骑，三昼夜不得脱，众罢甚，将弃所得以逃，李咄之曰："弃则心散各自顾，复能相救耶？且四面合围，逃将安之？是皆死矣！前有古刹，趋之，吾自有脱险计。"众如命，趋刹中，阖扉而加石焉。追者至，围之数匝，李命从者出糇粮，焚败扉乱草以为食。捕有乘垣者，李出手枪击之，堕二人，乃从容团坐而食。食已，疾呼装炮，则各向腰际出铁圈一，圈有螺旋，逐节联合之，顷刻间成一巨炮。入药数升，碎破斧为弹，数人肩之，一人执火立其后。料量已，自辟其门，门辟，炮发，仆捕数十人，即冒烟冲出，继以排枪，捕惊溃，无敢再追者。李命遗银二篇以赙死者，曰："吾侪杀人，非得已也。"

刘翁救王丽姐

山西盂县王某家小康，夫妇年皆五十余。有女丽姐慧而美，嫁于柳树屯。屯距城四十里，往返皆以车，马为王所自畜。丽时归宁，一日将返家，王命老仆驾车送之。至中途，突有群兔跃车前，马惊奔而车颠，丽仆路侧，老仆逐马去，女幸无恙，坐地以俟之。是路也，不通大镇市，鲜行人，夕阳西下，丽起立四顾，不见人迹，乃伏地大泣。既而一老翁至，见而问之，丽为之详述始末。翁悯其将露宿也，告之曰："余刘姓，家白草村，离此仅里许，且止吾家。今已晚，翼朝当送归也。汝本弱质，留此殊险。"丽甚感之，遂偕翁至其家。

翁年已六十余，卖菜度日，家惟其妻而已。翁携丽归，妻问之，翁备述其事，且以己意告之。妪曰："奈无余屋何？汝固老耄，然百岁亦男也，男女之嫌，可不避乎？俟吾熟筹之。"已而曰："隔壁王娘家仅母女，曷寄之于其家？姑往商之。"妪归曰："大娘雅不愿，求之再，今首肯矣。"遂导丽去，且嘱大娘善视焉。翌晨往视之，无迹，询之王，王曰："汝梦魇耶？女郎何自至吾家，而汝家又何有女郎耶？"互有辨驳，风闻于外，翁亦至，观者更不辨其真伪。大娘辩给，妪非其敌，翁谓妪曰："汝且归，予往告其父母。"言已，匆匆去。翁喘奔至城，时已亭午，丽之父母方望其仆之回也，忽闻警耗，遂讼之官。

官传案详诘，大娘哭诉曰："刘叟与亡夫素有隙，今将借此陷害，幸详察之。"翁忿甚，几不成语。官因之直大娘而责翁，且收押焉。翁缘救人而得罪，忿而病，遂死。妪闻翁死，抚尸痛哭，自刃于堂上。官骇，再传大娘讯之，供如前，施以刑，乃始供曰："吾有女，将嫁矣，贫不能办奁。某夜，适刘妪携女郎至，且请借宿。女郎饰甚眩，衣亦丽都，所值甚巨，遂与女谋而勒之死，置尸于村北关帝庙，倒之井中。"官遣役往搜之，果得井，命起尸出，则非女郎尸，为白发老僧也，众更骇。有识之者，则谓为关帝庙之住持。官于是诣庙，甫入门，闻呼冤声，二僧年皆二十余，形甚惶恐，役即捕之。俄而一女郎出，伏地称冤，官详询之，始知此女郎即丽也。

先是，关帝庙老僧于是夜闻有人投井声，呼二徒往救之，徒皆不允。老僧遂入井，先以绳系女上，二徒见女美，且气尚未绝，谋畜于庙，又恐师败其事，徉为导之上，遂断绳而毙其师于井中。官既得情，判二徒抵其师，王家母女以罪坐死。丽以身被奸，初不欲生，判既下，因亦自缢。而送丽之车夫以失丽故，亦缢于某村之树间。

贝如笙代人报仇

贝如笙者，武弁子，冲龄失怙，习饮博，母禁之，辄踰垣作永夜游，黎明复踰垣入寝，如是以为常，母弗觉也。不数载，家渐落，而犹足自给。及母以天年终，酣饮肆博，益无忌，坐是贫如洗。然性豪爽，疾恶如仇，遇不平事，往往代人报仇，济人之急，未尝自为德；受人之施，亦视为无足重轻，绝不一言谢也。

一日，贝入市，值某甲捽一乡人，几殆，乡人乞饶，甲骂益厉。贝遂拨众而入，问其故，则乡人负柴入市，荆棘刺甲衣，裂一小缝，乡人释担谢过，甲坚责其赔新衣，故被殴而乞怜也。贝闻而笑曰："此事易易，尔可释樵，衣之值，我偿之可也。"旁观者亦为缓颊。甲本恶少，谓贝意在袒樵，迁怒及之，复击樵无算以辱之。贝以排解为波及，怒甚，俯拾巨石，力贯甲首，甲未及防，额破脑出，毙于市。观者多恐株连，哄然去，贝从容自言曰："杀人偿命，罪有攸归，贝如笙岂嫁祸他人者?"遂赴县自首。樵者随至，争认杀人状，令以一命不二抵，严刑鞫首从，屡讯无异词。后访知缘由，义贝，乃以樵论抵，监禁待决。至是，贝亦以从凶，应充军云南。起解日，邻里多有资助，以是行路得不苦。既达戍所，派令饲马，得乘间逸归。甲无亲属，其事遂寝。时樵者已迭遇恩赦，得释出，自是二人遂结为刎颈交。

邑有恶绅，欺压良懦，为害一方，贝每觌绅面，辄言其家庭秽史，故使闻之，甚则拾瓦砾击其臀，掬污泥傅其衣，绅送之于官。令以案无实证，终难置之死，笞数十，枷数月而已。即置之囹圄，释则骂如故，绅无如何也。尝语绅曰："尔之技止此，不能死我，我之骂固自若也，吾何畏哉！”一夕，绅宴客酒楼，主宾兴正酣，贝潜入，蛇行至桌底，力持桌足掀翻之，杯盘匙箸，窣窸齐鸣，残羹冷炙，污客衣殆遍，菜汁滴沥自身下。贝乃起立，笑揖众客曰：“此误也，非故也，诸君勿苛责也。”众一哄而散。绅毁冠裂裳，诣县自陈，令拘贝至，杖之，置于狱，仍不悛。奸盗之犯，率遭其詈，狱中为之语曰：“宁吃黄连汤三斗，莫教贝公一开口。”后逸去，为绅侦知，闻之令，令以逸犯上详，而其时已在赦后，置不究。

朱太君乐善好施

诸暨朱太君为蒋观云大令智由之妇，伯器协统尊簋之母也。相夫教子，有贤声于时。其治己以勤朴闻，而乐善好施，亲党之急，有求而予者，则令书券，而率燔之以为常，曰：“不取其券，则彼有易财之心，将轻用之。然吾以周之也，非以质之。”每岁冬，辄以棉衣惠窭人，必自料检，或手纫紩之，曰：“人作，则以为施衣也，率易绽，且减料而絮恶，贫者不得实其用，徒施舍之名何！”

技勇类

世祖驰马如飞

顺治某年八月十九日，世祖幸南海子校猎，学士范承谟、陈敳永从。海子纵横各四十里，上驰马如飞。顾问“陈安在”，近臣对“马劣不能及”，上乃命选天闲之骏，使学士骑之。学士驰及驾，上问曰：“若知马良否？”学士曰：“马脊劲而蹄锐，驰而若无动，良马也。”上笑颔之。又问：“习骑乎？”曰：“少而习之，终不如八旗诸臣之娴习也。”上笑以为然。每日合围四五，奔逐必十余里，草深及马腹，上不以为劳。举火读奏章，命学士批答，一更乃已。

惠顺王与喀使角觗

国初诸王，披坚执锐，抚定辽沈。礼烈亲王诸子中，如克勤郡王、颖毅王，平定山左，各著劳绩。惟惠王以年幼未从军，然天授神勇，众罕与匹。生有髭须数十茎，人咸异之。顺治中，有喀尔喀使臣至，与近臣角觗，俱莫能撄。王闻之，请于烈王，饰为护卫，入与使臣斗，应手而仆。世祖大悦，赏赉无算，时年甫弱冠也。后尝告人曰：“此间殊寂寞恼人，未若诸天乐。”烈王方讶为不祥，未逾年，薨。

舒穆禄射中太和门

豫德亲王下江南，王铎、钱谦益等迎降，王未察其诚伪，命都统舒穆禄、谭泰往侦之。舒至太和门，门扉为生铁包裹，甚坚厚，舒射，洞之，明人惊为神。嘉、道间，其箭犹存，每值翠华南幸，有司辄饰其楛羽，以示威德。

阿里玛掷巴图鲁占

国初有骁将阿里玛，能自握其发足悬于地，又能举盛京实胜寺重逾千斤之石狮，战功甚巨。入京后，所为多不法，世祖欲置于法，恐其难制。有巴图鲁占者，勇亚于阿，命往擒之。占至阿邸，故与语，猝握其指。阿怒，以手拂占，掷于庭外数十武，曰："汝何等人，敢与吾斗？"占以上命告。阿笑曰："好男儿安惜死为？何用绐也！"因受缚，乘车赴市曹。至宣武门，阿曰："死则死耳，余满洲人，终不使汉儿见之，诛于门内可也。"以足絓城门瓮洞间，车不能行，行刑者从其言。阿延颈受戮，其颈如铁，刀不能下，阿自命占以佩刀割其筋，始毙。

褚库巴图鲁缝颈

褚库巴图鲁，姓萨尔图氏，少为礼亲王牙将，勇冠一时。攻宣化府城，首登其堞，颈为明兵所刃。褚左手抚额，右手犹手刃数人，僵于城侧，气仅属，城因以破。医云其喉未断，使妇女抚吸其气，犹可生。乃命妓如法治之，缝其颈，果复生。顺治中，从世祖幸南苑，弯弓逐兽，马蹶，颈复断，遂卒。

胡迩光用铜箸

无锡胡迩光，顺治时秀才。精武艺，善用铜箸，时号无敌，异人授也。其铜箸有大有小，大者长二尺，粗一指许，临大敌用之；小者长尺余，细不盈指，平时应急用之，半藏于袖，半出指端。一日游市，见僧索钱某店，迩光谓僧貌非良，店遂无所予，僧龂龂，迩光不措意也。后往武当礼佛，中途寓一庵，庵僧出款，貌似相识，意殷殷。晚餐毕，忽闻砺刀声，心动，视户已锁，始忆似某店丐钱僧也。礼佛例不得携械，仓卒无所得铜箸。适见案间餐具未收，有饭箸二搁甑上，取藏于袖以待之。僧启门持刀入，叫骂曰："尔犹忆某年事乎？"挺刀直砍。迩光以饭箸抵之，少顷，中僧手腕，刀落堕地，僧反跪顿地乞命。迩光曰："从此释怨，可乎？"僧叩首听命，明晨厚款而别。

陆桴亭梅花枪法

太仓陆桴亭深晓兵律，通武艺，其梅花枪法为峨嵋山僧指授。僧得两弟子，一为某总制，一即陆。相传陆家居时，忽来一远方人，执弟子礼入谒，请留授业，纳之，时与讲诵，其人亦能了了。久之渐谂，乃以技勇炫，陆喜，遂以枪法授之。数月辞去，不复至。未几，邻境典铺被盗，其主翁罪保守者曰："若受千金之聘，而失御以赍盗，是技之劣也。赃盗无获，奈何？"答曰："余生平恃以无敌者，一铁杆耳，独峨嵋僧梅花枪能胜余。是法传派在太仓陆某，诘之，盗有在矣。"主翁以所言为证，请当道问陆。牒至，州人力辨其诬，事乃寝。然盗终未获，保守者以主人不悦，去。陆亦颇疑请业之远方人，适有所往，舟行晚泊，夜半，忽有人破篷挺枪入，陆起，夺枪倒刺之，其人负痛遁，烛之，不知所在。或曰失事家仇陆，故使贼谋害；或曰即请业之盗，效逢蒙之杀羿也。

煎海僧用铁刀

江阴有煎海僧，初为名诸生，所用铁刀重八十斤，力能举之。大兵围江阴，率壮士五百人守城。其妇亦能诗画，至是乃自杀，曰："不贻君内顾忧也。"典史阎应元命其率五百人突围求救，往返数四，少三十人，独提刀引之出。城破，披剃居小岛，五百人从之，煮盐自给，因以"煎海僧"自号。尝担盐出卖，盐重四百余斤。大吏遣使招抚不降，遂自杀，五百人皆从死。

三山和尚勇力绝人

和尚，铜仁人，姓吴，名以幻，明故将军无锡何以培家将也。勇力绝人，豪侠尚义，避雠袭僧服，顺治初栖止无锡之三山，故人字之曰“三山和尚”。

三山在太湖中，为群盗出没地。有盗伙劫其衣囊，和尚疾避下山，手挈盗舟上，覆丰草中，隐身舟下，匍匐伺之。盗下，猝觅舟不得，心骇，欲舍舟遁，又无他途可通陆，惶遽甚。和尚两手掀舟起，奋呼曰：“舟在此。”盗视舟倒覆草间，负矗立者赫然一和尚也，大惊，叩首乞哀曰：“师，神人也。后弗敢犯矣。”乃携舟，从容置之湖，盗罗拜，谓和尚不可当也。

明总兵黄蜚屯军湖中，曾分兵攻无锡南门，与大兵战。和尚适以事过其地，仓猝无所得兵器，乃入民居，得切面刀及板扉各一，左手持扉作盾，捍刀矢，右手舞刀大呼，突阵助蜚兵，横截马足，马仆截人，所向披靡，大兵遂奔避入城。

僧普涛用手枪

王兰皋，籍江宁。少游山左，值谢迁乱，避长山之醴泉寺，与王阮亭、西樵昆仲相友善。时阮亭未弱冠，诗才清妙，兰皋叹异之。寺有异僧曰普涛，自黄山文殊院来，茹荤酒，性伉爽，蔑视大众，于阮亭独敬礼有加。一日，普涛与兰皋携酒登长白峰纵饮，仰见群雀翔飞，出手枪举手弹数雀陨地。兰皋问何术，亦不答，醉坐盘石，倚大树。方仰天发啸，忽神色变易，抖袖向空，见白光起如匹练，遂腾身跃地，风泠然，触人作噤，已不知所在。兰皋骇甚，亟返寺寝。夜半推扉入，手皮囊，滴血涔涔，惧而匿走。普涛哑然曰：“子勿畏，我去救一方涂炭耳。”指囊曰：“此中贮巨寇首级，子盍一观。”出怀中小匣，取黑丸一投囊，囊洞然声裂，泄水斗余，蹶然缩。越日，果有人来山，言贼犯淄川，将肆屠杀，若有神兵鼓风而至，贼首皆断，余众纷窜，又得官兵追殪，新城等处围已解矣。始信其有神术，密叩之，答谓：“今值太平，身当隐，与君有缘，故尔周旋，幸勿语阮亭。渠贵人，且为当世诗学正宗，不愿使形诸歌咏，致留后人口实也。然子亦当贵，我有秘字留赠，不有急难，勿轻启。”出红纸，裹封甚紧，兰皋受而藏之，寻别去。

其后兰皋任两浙盐政，闽耿精忠开藩，檄取盐课助军。时浙中被兵，库存不继，迟未应命。耿怒，劾逮来闽，将加不利。正惶惧间，忆及僧所授秘字，夜露祷于空，发其封，乃黄纸符二，旁书“焚咽之”。乃焚一，吞其灰，顷觉体足轻举，似有人提之空中，有风御之行，直达耿寝室，抽壁上剑，飞舞帐前。耿偕其妾裸跪床下，战噤惕息，兰皋斲其须寸许，掷剑而去，仍飞行至寓，案上灯荧荧，疑为梦境。翌日，耿传帖令王旋任，即乞休，移家绍兴。

褚复堂用四平枪

褚复堂，名士宝。负膂力，好技击。及友毕昆阳、武君卿，遂精枪法，横枪旋转，号曰“四平枪”。明末曾官伏波营游击。有独骨张擎者，横行市廛，众请褚除之，褚曰：“必先观其技而后可。”众乃设席宴张，并及褚。张自夸其勇，酒酣，攘臂而起舞，褚徐以箸向其胸点之，曰：“坐。”盖褚善用气，已运神功，中其要害矣，而张不知也，终席默坐。翼日，张死于亭桥，遍体色青如靛也。

李赛儿弄九连环

磁州李甲，以同姓娼为妻，既入门，尽弃旧习，夫妻督耕为活。频年蝗旱，娼之父母相继殁，其妹年二十新寡，曰赛儿，有绝世姿，擅跑马踏绳之戏，尤善用九连环。盖以熟铜制环似钏，其数九，尝掷一环于空际，约三四丈，复掷一环迎而拼之，其声铿然，两环相套如连环式，连掷连拼，九环连络，诚绝技也。父母未亡时，蓄一僮，年十三，首双角，善觔斗扑跌，曰小三儿。甲以妻父母殁，招赛与小三同居。未几，以年谷不登，与妻谋江湖卖艺，甲固擅拳棒，娼有搬坛、翻桌诸术，可假此以避饥馑也。娼虑赛无依，赛愿与俱，谓以薄技佐之，可无虑也。娼曰："虑妹青年无偶耳。"赛曰："人尽夫也。小三渐冠，当收为男妾，途中当意者，商而择之，何虑为?"甲大喜，检点枪棒戏具，并召徒党数人，先赴郑州会场。

赛至郑州，鸣锣击鼓，作连环戏，观者赞叹。是夕，有旅郑之湖州贾，招赛饮，明日，赠绫锦数端，衣服为之一新。武生某复眷赛，以骏马绣鞍为缠头。于是赛衣新衣，薄施脂粉，献跑马之技，以一足立鞍上，鞭马急奔，蹁跹漫舞，略无喘息。数夕，赛以所得赀约数百缗尽交甲，曰："妹闻南人好奇尚新，且多纨袴子，挥金如土，此行或可致富。"甲曰："善。"即以所得为赛制衣衾，其他称是，凡所经水陆辐辏之所，获资无算。

旋由江浙（同"浙"）入闽，至建宁一村，居民数千家，有贵人子某生，年二十许，喜拳勇，尚未娶。甲至，或以告，生具酒食邀至后园空隙处演其艺。甲与伙奏舞盘、使棒、接球诸剧毕，娼始登场，红袄青裤，乌绫束眉际及腰，持小花瓷缸通身环绕。复叠桌五层，高齐木末，盘旋而上，仰卧其间，以两小足承大瓮，重数十斤，舞弄久之。去其瓮易小木梯，直竖足底，使小三儿束发金冠，绿缎小袄，披四合云肩，大红绣裤，蹑登云履，直立梯上，翻穿梯空，忽大叫一声，自空下坠，旁立大汉，徐以两手擎小三两掌，作竖蜻蜓状。饭罢，赛着桃花色小袄，大红绣袴，弓鞢底系金铃，行步有声，外罩绿大呢合衫以出，向生欠身万福，生起身还以半礼。赛卸合衫，以手拍左右腿数下，掣钏作连环戏，歌九连环小曲。戏毕，赛谓生曰："闻公子雅善拳法，能赐教否?"生诺。于是生与赛略走数围，曰："同出少林，何分高下?"明日，生使人求婚于甲，愿以万金为聘，甲允之。

圣祖射获诸兽

圣祖西巡，去台怀数十里，突有虎隐见丛薄间，亲御弧矢，壹发殪之。父老皆欢呼曰："是为害久矣。銮舆远临，猛兽用殛，殆天之除民害也。”因号为“射虎川”。

易州西南有北魏太武御射三碑，自夸飞矢逾崖，刊石赞功，至于再三。是役也，圣祖御驾过此，勒马而射，连发三矢，直逾峰颠，居民遂呼其地曰“三箭山”。

圣祖尝以三眼神枪刺虎，又力能挽强，每用十二把长箭，围中射鹿，率贯腋洞胸。

圣祖晚年，尝于行间幄次谕近御侍卫诸臣曰：“朕自幼至老，凡用鸟枪、弓矢获虎一百三十五，熊二十，豹二十五，猞猁狲十，麋鹿十四，狼九十六，野猪一百三十二，哨获之鹿凡数百，其余射获诸兽不胜记矣。又于一日内射兔三百一十八。”

许子逊发辫上指

康熙时，王文简公有诗弟子许子逊，由进士官福建知县。虽文士，绝擅拳勇。尝补武平令，县境与粤东某县毗连，两县民以争山地械斗，许驰赴填戢，粤民殊犷悍，群起殴抶许，则败，皆詟服，弗敢肆。后以年老乞疾归，息影里闾，逾古稀矣。一日，有山东老僧踵门请角艺，许延见，从容语之曰：“若与仆皆老矣，心雄发短，胡竞胜为？矧两败必有一伤，夙非怨雠，即亦何忍出此？何如各奏尔能，以优劣为胜负也。”僧韪之。于是会射，则皆中的；较力，则举任相若，旁观者末由稍稍轩轾。许窥于微，知僧实有胜己处，乃与之约：“吾曹孰胜负，以翌日为期，视一事之能否为断。”则置酒召宾朋，席间，许忽默坐运气，令发辫上指，卓立若植竿然，其辫绳葑垂飘拂，若矛戟之繁饰也。僧无辫，谢不敏，竟伏退。此沛公所谓吾宁斗智不能斗力也。

吕尚义善枪

康熙初，有吕尚义者，大庾人，世居南源山下。其地在大庾、崇义二县间，土田肥美，然毗连广东，层峦峻岭，为盗渊薮。山有锡矿，群盗嚣聚开采，峒老锡竭，则四出剽刦，人莫敢居。惟尚义结庐其下，数十年盗莫能害。尚义与妻俱善鸟枪，百步可三发，无不中。每盗至，夫妇双枪并放，若连珠然，岁杀盗无算。

广东万猴山有盗魁蓝姓者，率其党数百人，白日持枪炮过大庾岭，昌言往南源杀尚义。时尚义妻已死，一女亦能用鸟枪，父女二人共杀盗百数十，余盗皆走匿山谷。南赣镇总兵闻之，命两守备以兵来，尚义曰："官兵来，甚善。盗在山谷，第随我来，可尽擒也。"两守备以林深箐密，颇惮之，不得已，从尚义往。尚义鹰目，虽百步外，盗伏草莽中，皆见之，发枪即中。盗惊起，踰山走，官兵莫敢捕也，得所遗器械以归。于是大庾、崇义两令争欲署尚义为捕头，悉谢之，曰："农民不愿充役也。"县令闻于大吏，大吏召尚义欲官之，尚义曰："小人不愿官也。苟有事，不敢辞死。南源有吾女在，可无忧矣。此外如有山盗入两县境，请从官兵捕之，盗闻吾至，即走耳。"大吏喜，厚赉而遣之。然山盗自是役大创，终尚义之身，不敢复涉其境。

三贤阁道士善竞走

禾郡青镇三贤阁道院有"门外不泊江北船"之说，其事甚奇。相传康熙间之江北船来镇者，皆泊三贤阁下，舟中人之黠者往往盗院中物，道士得其故，逐之。江北人怒，纠众与道士角。道士精拳勇，善竞走，一腾跃间，数十人俱颠扑，众无如何，乃解维去。越一载，道士方倚扉闲眺，忽见水次来一小舟，已近岸，道士叱之。舱中突出一少妇，年二十余，貌中姿，双趺纤瘦，手指道士慢骂。道士怒甚，势将用武，妇忽跃起，以双足拟道士肩，道士接而掷之舰首。妇既踣，默不一语，掉舟竟去。二年后，阁下又有一舟来泊，道士知为江北船也，又叱之。中一女郎出，年可十五六，貌美丽，身材袅娜，弱不胜衣，其双钩较前妇益瘦削，见道士亦跃登其肩。道士念此易与耳，思更掷之，手甫举，觉来势猛捷，一瞥眼间，足趾已及肩窝。道士知受伤重，即逃归，女亦不追，一跃登舟，扬帆自去。道士令徒辈解衣视之，见足趾所著处伤痕晕黑如墨，旋死。自是以后，奉官命禁止江北船泊三贤阁，著为例。

刘千斤行及奔马

宁国刘千斤多力，能运四十斤铁锥，故名。貌魁梧，行及奔马，日可五百里。尝仰天而叹，里有宁某过之，曰："孺子何叹？"曰："吾负奇技于天下，而食不饱，故叹耳。"宁曰："孰使若负奇技者？然志在一饱，是不难，亦闻有刘将军乎？"千斤曰："闻之。"宁曰："此吾故人，好奇士，其幕有十友，皆天下之至勇。近亡其一，孺子可往也。"千斤遂以宁之介绍书见刘。刘阅其技，谓可作第十人。千斤自以天下之豪无出其右，今乃作第十人，颇怏怏。

刘治宴定坐次，千斤居末，视第一坐为一白皙少年，柔弱如处女，阴念曰："此书生不能胜匹雏者，叱之可倒，乌足以言至勇？"意愈不平。值烽火起，刘厉兵以待，将战，军门戒严，无敢动。少年乘小驹出千斤前，语曰："将军战，当以子为前驱。君姑待，视电光所指，乃摧拉之。"千斤讶其言。兵接，少年突围，果见电光长丈余，绕敌军，噪而进，溃其师。千斤十荡十决皆如意，斩首以百数，献馘至刘前，刘坐帐上，方与少年弈，大骇，方知为非常人。饱食年余，忽军中传少年遁去，遗一书，中无所云，书项羽《垓下歌》，将军恶之。数日军覆，将军歿于阵，千斤幸以身免，以为天下无复有用之者，归乡里为老农。康熙间，人尚见之，年八十余。退让不类武夫，间谈及往事，辄欷歔流涕，谓人曰："天下清平，诸君无尚勇也。"

秦光甫手出大车

沈丘秦光甫，伟丈夫也，有侨狄之长，其足尺有四寸。尝入市，遇有驾三牛之大车陷泥淖中不能出，御者知其担秸之可四十捆，而绝有力也，哀之，则脱三牛于轭，徒手出其车。康熙乙卯，安亲王伐吴三桂，求武士，或荐之，遂为稗〔裨〕将。以躯干肥硕，驴马之健者不能胜载，刀矛入其手轻僄不能用，王乃为铸三十斤之铁枪，并以驼为其坐骑焉。

僧定因用铁钯

康熙庚辛间，泉州有僧定因者，膂力绝人，精拳棍，弟子数百人。每远行，辄煮米数斗尽食之，途中可数日不食。时漳州有虎，食人畜无算，太守必欲殪之，集兵丁持械往，虎负嵎眈眈，无敢近者。定因适以事至，众望见之，噪曰："事济矣。"群走告之。定因曰："杀虎，易耳。顾须铁钯五十斤者乃足制之。"遍择无当意者，一才十五六斤，曰："此稍可用，然恐钯折，不能制其死，须命弟子持枪同行。"未至十步外，虎怒，腾起数丈，直扑定因者三。定因待虎扑落未起时，急以钯击虎首，虎哮吼，钯折，弟子直以枪刺之，自喉达尻，虎立毙。官重赏之，曰："吾为民除害耳，非求赏也。"不受而去。时郑成功方据台湾，定因弟子精拳勇者，多渡海从之。或劝定因往，定因曰："老僧闲散久矣，此诸少年事也。且吾在此，为之训练勇士，所得顾不多耶？"

宋牧仲精骑射

宋牧仲尚书荦精骑射，百步穿鼓子，百发百中。十岁随其父文康公于喜峰口，飞骑逐黑白兔，至塞外，得兔而返。判黄州时，率健卒出猎，一日射三虎，后连杀十余虎，黄州遂无虎患。

姚启圣全家武勇

会稽姚尚书启圣，生而倜傥，以豪闻。甫冠，以诸生游通州，得权知州事，杖土豪，杀之。寻弃官去。游萧山，遇二健儿掠二女子行，有老父随之哭，持牵汹汹。姚怒，夺佩刀杀二健儿，纵女去，乃亡命，隶汉军。康熙辛酉，平台一役功独多。夫人何氏亦绝有力，举石臼如无物，姚奇之，娶焉。长子仪，雄伟与尚书埒。尝驱驷马驾奔车，自后掣之，马为之却；挽强弓百步外，可洞四札。人望见前锋，曰："此姚公子旗也。"以功授知县，擢部郎，出知开封府。圣祖谕以京堂用，自请効力从戎，改总兵，终云南鹤庆总兵官。国朝文臣自请改武自此始。

沈学仙以折扇却盗

康、雍间，有沈学仙者，生平慕项学仙之为人，以学仙自号，两人居相比，膂力又相亚。而沈独文弱如书生，有犯之者，辄趋避恐后，故人莫知其技。一夕，舟泊洞庭，时际秋仲，月色水光，交相映射。上流忽来二巨舰，人语嘈杂，门窗深闭，离二丈许，亦系缆。沈见之，戒舟子曰："此盗舰也，毋酣睡，试观其变。"三更，盗果麕至，沈起，以折叠扇挥之，且曰："行箧无长物，毋徒劳，不堪持赠也。"言未毕，盗尽仆，沈一一叱之去。盗或不能起，则掷之岸上。旋脱衣而卧，迨天明，盗舰已不知所往。

马和尚屈铁担

年羹尧幕中有江宁严星标、常熟徐芝仙二叟，雍正癸卯，从年征青海，旋以年骄抗，恐为所累，辞归，年厚赠金送还。宿蒲州，有两骑客来，状虓猛，心悸之。又逢二僧，皆獶黠少年，二叟益惧，不敢按站行，十余里即宿。僧来，扬其目而视之曰："我疑若，书生也，乃亦盗耶？橐内赤金二千从何来？"严、徐骇曰："财必为盗而后得耶？朋友赠，何妨？"僧曰："若然，二君必年大将军客也。"曰："然。"曰："几杀好人。"起，挟女尼走东厢。抵暮，两骑客亦来，解鞍宿西舍。入夜，严、徐闭门卧，僧独步檐外，啧啧曰："好马，好马。"亡何，两骑客去，僧闯然叩门。严窘，挺身出曰："事至此，尚何言？行李头颅，都可将去。"僧笑曰："我不杀汝，先去之两骑客，乃杀汝者也。"诘其故，曰："凡绿林豪测客囊，皆视马蹄尘。两盗，雏耳，虽相伺而眼眯，误赤金为钱镪，故不值一下手。然非我在此，二君殆矣。"问僧何来，曰："余亦从年大将军处来也。今将赴中州，行经此，苦无马，逢两盗骑善，故夺之。"因拉严、徐出，视厩，则已将盗所肩铁担屈而圆之，束二马首于内矣。言毕，挟女尼牵马拱手作别曰："二君有戒心，可南去，毋忧也。"越三十余年，严之孙用晦过河南登封县，遇少林僧，论拳法，曰："雍正中有异僧来，传技尤精。后总督田文镜严禁，僧转授永泰寺环师，及环师之亡，其徒曰惠来者能传其术。"用晦心知其大父所遇之僧即马和尚，环师者即僧所昵之金环妓也。

段七与颠和尚混战

雍正时，石门有段七者，以拳勇闻。妹名珠，从之学，年十六七时，艺更过于七，顾韶丽秀媚，见者不知其能武也。七常以事往豫，日暮投僧寺止宿，一僧出迎曰："师他出，不留客也。"七曰："一宵何妨？段七非盗贼，何拒之甚也？"僧曰："尔段七与？师恒言段七武勇，尔即是耶？尔既为段七，今晚宿此，当与我辈一角。"七曰："诺。"夜共僧饭。僧三十余，七问贵师何名，僧曰："颠和尚。"七夙闻颠名，思其技出己上，其徒必不弱，三十余人，恐非一己所能胜，忽生一计，语僧曰："混战，可乎？"僧曰："何谓混战？"七曰："混战者，地铺石灰，猝灭火，暗中互相扑斗，或撕碎衣服，或颠仆在地，口号一声，彼此即罢手，然后验衣服之破碎、石灰之有无以为胜负。"众应曰："甚妙。"饭后，引至一殿，众铺石灰如法。时值月晦，且阴雨，火灭后黑暗不见手掌，半晌斗息，三十余僧无不身沾石灰，衣服破碎，七则点灰不染，寸丝未裂。明日，七去，颠回，僧言七之勇，并述昨日斗状。颠入殿视之，笑曰："尔辈受其愚矣。试看梁上之尘，何以有手指印也？"盖七乘火灭，即跃上屋梁，俟斗息始下。众仰视，果然。颠曰："此辱不可不报也。"间二年，颠访七于石门，七适不在家，妹在楼上应之。颠和尚曰：“往年尔兄访我，适他出，尔兄与我徒灭烛混战。今日我访尔兄，尔兄亦他出，夜间亦灭烛与尔混战，岂不胜与乃兄斗耶？”珠知谑己，大怒，自楼跃下，以鞋尖蹴颠之两太阳穴，洞入寸余，目珠突出而死。

僧大邑膂力过人

雍正间，蜀僧大邑膂力过人，年四十，黥其身，自顶至腹为一串肉菩提子。自置铁香炉一、烛台二，重百数十斤，一肩担之。遇里闬不平事，辄挺身解围，四方勇士投赠金帛无算。大将军岳钟琪深赏之，大邑欲往江南，将军给札十通，所过舟车行赆迎送不绝。

大邑不识字，而供奉仓颉圣像，及去蜀，迎像于舟，铁香炉、烛台亦载之行。居天台山十年，移扬州天宁寺，爱天心墩绎经台，遂即其址为仓圣殿。其旁有吴园，荒亭花树，整而新之，复华严堂，建山门于姜家墩路西，门内层折石级上，二山门额曰“乐善庵”。然自来是庵渐富，技勇亦疏。里有武生三人，一曰魏五，善骑射，通马语，狼山总兵阅兵过扬州营，时营马齐鸣，魏谓人曰：“三月后总戎当死。”已而果然。一曰张饮源，善双刀。一曰薛三，能挽五十石弓。人称之为魏马、张刀、薛硬弓。时与大邑谈艺，常不及，而受其睚眦，由是怨之，逡巡二十年。一日，薛至庵，擎铁炉掷之，大邑接以手，薛呕血死。数日后张来，又与之斗，亦不能胜。魏五曰：“是非阴谋不能得也。”大邑多癣疥，日必入浴池浴，魏俟其人，乘不备，踣而殴之。大邑膝断，勇渐退，后死于庵。

秋红使铁丸

雍正间，浙江学使蔡仕舢尚气节，总督李卫雅敬之，遇事必与商摧。时总河朱藻与李声气相持，各不肯下，李欲伺隙中伤之。会蔡任满归京，赠李一婢曰秋红，能捷走，如猿猱，为李探访阴事。尝劝李和辑上下，勿近名，李不听，果败。秋红后为山左豪家侍妾，主知有异术，令押银驮至江南，路有犯者，即中标枪毙。手常使铁丸，抛击如飞。人见其密藏一画轴，有红眼兽白毛茸茸然。或云白猿公，剑术之祖也，所祀毋乃是欤？

智海掷铜钱

环秀庵在无锡北关之蓉湖尖，司香火者为僧智海，即年羹尧部下之材官也。材官非勇者不得与，而智海实为其曹偶长。及年败，散之四方，往往走江湖，为商旅护行，作镖客。惟智海为僧，不与俱，以自别于侪辈。而侪辈护赀货行，不殊水陆，舟若车辄插帜以旌，既知智海为僧是庵，载舟出其地，无敢不下帜以示敬者。一日，日将夕，有镖者舟过此，其人非智海徒，不知下帜，智海登小楼见之，取铜钱一掷舟中灯，中之，熄其火。镖者大惊，止舟登岸谢，智海笑曰："老僧与子戏耳。"镖者则言曰："师戏，小子心胆堕矣。"智海慰遣之去。

智海既应无锡邹翁招居环秀庵，邹氏子姓乃多请受业为弟子。初，邹氏子姓居蓉湖尖者世业售窑器，百廛鳞次，望衡接宇，皆窑器店也，故土称其地曰缸尖。尖滨运河，每岁运漕艘出其地者以千计，争购窑器贩他方，岁赢利不下万金，邹氏业此致富者不可以计算。惟漕卒性蛮横，往往有意滋事，邹氏子姓得智海传者既多，辄亦有以制之。尝有漕卒登岸购货，双手擎五石缸置计柜，缸巨，重数百斤，微得五六壮夫者不得举，而卒取携如桉（同"案"）盂然。询伙曰："此缸值几何？"伙应曰几何。卒怒曰："此缸有疵，价乃昂如许，予不欲购矣。"愤，舍缸计柜去，声隆然，压柜几碎。内一人出，擎缸如卒，呼曰："客来客来，疵在何所？客示予。"卒猝无以应。其人乃曰："客不能言疵所在，又恶值昂，予亦不售客矣。"擎缸跃柜出，仍置原处，卒慑不敢肆。其人率智海弟子也。

楚二技精力大

无锡环秀庵僧人智海之徒党甚众，而尤以楚二为最著。楚技精而力大，其家在无锡北乡之前洲。尝偕友入城，适邑城隍庙演剧，其友欲往观，恐众拥挤，不入。楚曰："无害，吾翼子往。"至则推其友在前，张两臂居后为卫，观者杂进挤楚，屹不动。终剧人散，友视楚足践所履砖，陷入地深没胫矣。楚丛髯没颐，故人亦谓之"楚二胡子"。后传弟子顾二嬷嬷，再传而为邹蕙塘。蕙塘，或谓即年羹尧女所出也。

甘凤池拳勇

雍、乾时，武勇之士最著者为江宁甘凤池。凤池具绝大神力，于拳法通内外二家秘奥，以故莫与敌。偶出行，见二牛斗于路，势汹汹，不可近，乃以手徐推之，两牛皆陷入田中数尺，展转不能出。牛主固求凤池为之出，凤池复提出之。夏日被酒，行至岭上，倦憩于山石。忽腥风骤起，林木怒号，有白额虎自林间跃出，直扑凤池。凤池举臂迎击，仅一拳，虎已涔涔血出而就毙。

汴有无赖子，多勇力，见富家圉人牵马出，曰："此马甚高大，暂借吾乘之。"圉人曰："此马善踢人，勿轻近。"无赖曰："如吾者，乃畏马踢耶?"直牵之，果被马踢而伤股。亟起，告其师胡某，胡至富家，索医金。富人曰："彼自乘吾马，马自怒踢之。"胡曰："然则罪在马，不给医金，当踢汝之马。"富人见其强悍，知不可理喻，曰："此任汝。"胡踢马股，马果亦受伤，遂扬扬自得。适报凤池至，富人喜，亟延入，因谓胡曰："汝踢马股，不为勇，能踢甘老爷肾囊，吾始服汝矣。"具以前事语凤池，凤池曰："吾与彼无仇，何必然?"胡亦曰："吾与彼无仇，何必然?"富人激之曰："甘老爷如许汝，汝敢踢之乎?"胡虽闻凤池名，遂曰："彼见允，吾焉有不敢?"富人固请，凤池笑允之。于是奋衣当阶立，胡果怒踢，凤池毫不觉，而胡仰跌于地，大呼痛不止，须臾，股肿如斗矣。凤池曰："此乃汝自愿，不得怨吾。但汝受伤已深，吾出药与汝服，静养两月当愈。"由是胡某师弟不敢为横暴，而凤池之名益著。

凤池尝寓太仓张氏，时梅花盛开，众酌酒谯赏，求献技，则曰："诸君皆文士，奚用武为？无已，作落梅之戏何如？"使人暗志花朵，索棉花一团，摘少许，圆如钮大，立百步外掷之，梅朵朵坠，无稍差。

凤池尝游济宁，有李公子者，其地之豪族，且高手也。知其至，盛筵招饮，初见相揖，凤池方折腰，李揖之还，于其低首时，以一足由其头上闪过。凤池若不觉者，周旋而退。李方笑其徒负虚名而自诩也，凤池旋遣人送一纸裹至，启之，见寸许大青白绸二小块，再四思索，忽悟己所衣夹裾亦此二色，急视之，裆穿一洞。盖李举足时，凤池已手撮其裆矣。李遂款留之，请受业焉。

凤池遍游全国，未遇其敌，或曰尚系第七手也，第一手为日食人脑三枚之僧也。

僧运大铁杖

雍、乾间，与甘凤池同时善技击者九人，第一手为僧，第十手为白太官。太官艺不及人，而能腾踔空中。九人者，以僧淫凶已极，乡里备受荼毒，思除其害，约日共往。僧即日食人脑三枚者也，亦不惧，持大铁杖重三四百斤，运动如飞。众悉力接战，斗方酣，不防太官自空中飞下，直劈其首，自顶至项，析为半，犹苦斗半时也。

白太官误死其儿

白太官腾踔空中，一跃可数十丈，然性刻，忌胜己。出门数载归，将及家，途见一稚儿年不盈十岁，坚握小拳，猛击道旁人家石狮，火星爆射者数尺。太官心骇之，曰："此儿幼小如此，长大不可制矣。”遂与之角。小儿不胜，创且死，大号曰：“吾父白太官何不归，儿被人殴死矣。”太官大惊，然创重，无能救，泣负其尸而归。其妇怒诟曰：“虎豹不食子，若乃过于虎耶！”

金飞以剑斫豆

雍、乾间，蜀有剑客金飞，学于甘陇，得不传之秘。既归蜀，开门授徒，至者千人，惟授炼目炼臂之法，日一审视，课其勤惰而已。三年，徒皆怨，纷纷且散，留者仅数十人，亦疑师之无技也，请试以示。飞令各握豆盈把，涂以朱墨，掷之，飞斫以剑，豆尽而身无痕，乃命拾豆视之，豆皆着剑痕，于是始服其术之工也。争请益，飞曰：“此岂可躐进者？汝曹腕力未灵，目光未聚，虽教汝，不能为也。”众力请，乃授以蛱蝶双飞势。众试之，疾则人剑相纠而伤，徐则人剑相妨而滞，知不可猝就也，乃去。飞叹曰：“千古奇术，岂绝于斯耶？吾得之，岂可轻弃。”乃衍剑术为八母、九势、七十二步、三百五十手，精思三月乃成书，藏之小阁。

飞之邻有秀才郑树者，亦稍学武，慕飞术，纳交焉，乃请学剑，飞仍以教诸弟子者教之。树受教不懈，三年终不变，飞乃以剑术授之。月余，飞自郊外来，遥见城关有斗者，勇捷特甚，马上瞩之，树也。策骑自他道返，由是疏树。树侦知其故，度飞必不更授，亦不复至。数日后，飞他出，树复来，不遇而去。是日飞归，检阁上书，亡矣，怒往招树，树不知所往。盖已挈飞书匿山中读之矣，年余尽究其技，遂去之京、津。

京，津旱道多伏莽，树挟枝游其间，要挟娄索，无所不至，有不顺者，剑戕之乃已。群盗皆恶之，欲害树，而树蹻捷甚，往来如风，仓猝不可近。尝宿妓家，伏盗自下出，砍以刀，不中，中妓，妓殪而树已破屋腾去。明日，三盗方饮肆中，忽有刀自窗入，断一人头，则即前宵床下人也。

居京、津十数年而南归，过济南，见一妇人年近四十，携幼女甫十三四，操南音。女立广场中，把剑舞，作种种形式。妇号于众曰："妾不幸，夫死，只身无所依，不得已，携幼女走天涯，将以此技为吾女求雀屏之选。诸君能垂青者，幸当场一试好男儿身手，何如?"树视女美，而绕场观者多人，皆莫敢前，乃横剑入。往还数合，妇忽呼曰："止，君技不凡，奈何不通姓名耶?"树以告。妇曰："郑君耶? 若尔，此地非角技所，东城后有隙地，明日盍往一较。"树见其技非劲敌，且疑有意，即应曰："诺。"明日，结束即往，女已先在，一纵剑，乃非昨比，树悉技御之，差得相当。良久，气急汗如雨，女迫益紧，方着力，忽人丛中一叟呼曰："妙哉剑乎!"叟者，金飞也。树一闻其声，略错愕，女剑下，右腕解矣。旋见武士数十，各操刀奔而前，争呼曰："报仇报仇!"树知不得免。叟前，向众拱揖曰："承诸君命，已折之矣，幸恕之。"树见叟愧甚，叟更为傅以药，创愈，竟不死。寻始知树去后，飞纳妾生女，群盗既久怨树，访得飞，招以制之。妾若女，亦皆具绝技也。树所盗书，飞复搜以去。

达某足踢拳打

六合达某，雍、乾时人，以拳勇与甘凤池齐名。会邑中来一拳师鬻艺于市，场中竖旗一，大书曰："足踢黄河两岸，拳打南北二京。"达思败之，而虑不胜，乃密计以绫为袜而着靴，靴亦以绫为之。既往，求较艺，其人拳法精甚，竟不得间。移时，达腾一足去，其人接之以手，达亟收足，则绫袜着于绫靴，足滑出，仅空靴在其人手中。还足一踢，而其人死矣，由是名益噪。

达尝乘马出山东道，遇一小儿辇少妇行其前，少妇叱儿曰："达爷来矣，胡不趣让?"儿随手以车端起，移避路旁，达大惊异。比暮，宿茅店，其主人出，即昼中所遇少妇也，各默会不言。翌晨，达取钱偿店值，数钱桌上，以手按覆，钱皆嵌入桌中。少妇前，以手掌拍案，钱皆迸出，徐取而一一数入竹筒，则皆立钉于筒底矣，达大服而去。

达在山东为捕十余年，后以盲归里。尝自云奉命至某寨捕盗，寨之前峭壁双峙，仅一谷可通，谷中守猘犬百头，入者无幸。乃纵连环步，以掌击杀九十余头，余始散去。复前进，见石级百数十矗其前，最高处有人相招，达耸身上，则寨中人已设筵相待矣。席次进肴，皆以匕首，即受之以口，而断其刃。更进糕，糕裹铁钉无数，则衔糕而喷之壁，钉皆着壁上。主席乃首肯，命厨下火夫随去复命。达无奈，从之。自后门出，后门以石为之，重可千觔，所谓火夫者，以双手取移，达乃得过。既复命，遂自将两目揉盲，不敢再执此役矣。顾威名犹震于乡里。一日，偕其幼侄至城外茶肆品茗，闻道上有铃铎声，命其侄出视，曰："若但向驱骡人乞其鞭可耳，他勿受也。"侄如言，驱骡人怒曰："若何人?"曰："吾达某侄也。"惊曰："达某犹在乎？吾固愿见。"侄乃导见达，谈移时，语多不能解。别时，解背上草履一赠达。既去，解视之，则草履中瑟瑟者皆金叶，驱骡人盖大盗也。

高宗习射

乾隆初，高宗每月朝孝圣后于畅春园者九，因于讨源书室听政。己巳秋，上习射苑门侧，发二十矢，中者十九，侍班诸臣无不悦服。齐召南曾纪以诗，上赐和其韵，即命镌诸壁上，以示武焉。

汉文臣射鹿

每岁射布靶时，汉文臣有能射者亦许与及，特赐花翎以旌之。赵谦士侍郎每岁贯侯，屡为文员冠，高宗甚嘉之。戴文端公衢亨任修撰时，随从木兰，射鹿以献，高宗大悦，曾赋天章以纪焉。惟江畹香中丞兰甫弯弓，其鞢忽坏，弓矢尽落于地，上大笑，时谓之"江三丢"。

虎枪处将校递头枪

选各营将校精锐者习虎枪，此定例也。上巡狩日任导引，大猎时，其部长率有技勇者十人，入深林密箐中觅虎踪迹，列枪以伺。虎跃至猛，先以枪刺其胸，仆之，谓之递头枪，然后群抢攒刺。其中头枪者，赏赉优渥。高宗朝，凡杀虎为虎啮毙及被创者，照军营殉难、受伤例赐恤。

善扑营兵角觗

选八旗精练勇士为角觗之戏，名“善扑营”。凡大燕享，皆呈其伎。或与藩部之角觗者较优劣，胜者赐茶缯以旌之。高宗最喜其伎。著名者为大五格海秀，其名皆上所呼。有自士卒拔至专阃者，以其勇鸷有素也。和珅当轴，令巡捕营将士亦选是伎，及文远皋、金吾宁莅任，奏罢之。

河卒角觗

河督顾琮所部河上兵卒，皆文弱少年，教以兵法技艺。尝与李敏达公卫遇，李素以知兵自负，其亲随率关西壮伟之士，笑谓顾曰：“若此，何以御敌?”顾笑曰：“狄武襄以少俊为西夏所轻，故制渗金面具，接战辄多奇捷，安用外貌伟哉?”命与角觗，李兵应声而倒，李惭而谢之。

汪瑚曳三十余人从水中行

宜都汪瑚，幼时卖菜为业，晨兴辄荷担寄萧寺，疾走还家，而后鬻菜于市。寺僧讯之，为市饼饵啖母也。僧曰：“孝哉！孺子可教。”于是教以技击、丁甲、壬遁诸秘术。及术成，尝乘舟渡河，笠为风落水，汪踏水而取之。

有舅氏宦成而归，富甲乡里，汪往省，见急装客徘徊门外。汪曰：“此非孔道，客殆为舅来耶?”舅恐，问计，汪难之。舅曰：“甥能识客，必能御客，毋辞。”汪不得已应之，曰：“此特侦者耳，后当大至。可备白金千，盛筵二，至时，烹茗待之。”后三夕，闭从者于室，舅从隙瞯汪。时夜将半，汪独在中庭，忽一人自空而下，汪呼茗，茗自牖出，已而累累者十余人相继下，汪连呼茗，举箧向牖，茗置于箧，累十余椀不坠，因遍饷客。汪曰：“公等来，仆已喻指。顾主人非他，仆舅也；仆非他，某师弟子也。虽然，主人已治具饷客，且奉千金为寿。”众唯唯，饮食既，取金去。盖素詟服某寺僧，而隐知有汪者也。由是舅大宠异之，为纳粟作令，数岁解组归，遂闭门谢客。

乾隆初，汪年逾六十矣。川督某眷属道出宜都，被盗丧重赀，污其妇女。督闻之，大怒，檄县令克期捕盗，否则罪。令惶惧，计无所出，或谓汪可办盗，乃急踵门求汪。汪始托辞他出，既而察令为廉吏，卒许之，语令曰：“此去入蜀境，巫山中群盗在焉。请具大舶，在彼俟我。”汪乃乘小舟昼夜达，则巍峰峻岭中，群盗结砦自卫。汪上及半阪，遇逻者，大呼曰：“速告尔酋，汪瑚来也。”盗魁闻之，跪迓于砦口，请曰：“兹事重大，愿公终贷此三十余人。”汪曰：“攫不义金，本不足问，淫恶者不可宥也。”群盗意汪只身来，可攒毙之，方动念，手足已如絷，乃皆大惊异失色。魁曰：“止。”汪徐徐出袖中缠，悉绾之而去。还至水次，汪先登小舟，系三十余人于舟尾，曳之从水中行，过大舶，始加桎梏，遂按治如律。

金陵樵者能神行

静安舒四，长好拳勇，阅数师矣，顾自谓不善，去之金陵，登甘凤池之门而学焉，居数年，略尽其技。一日，甘率诸徒游于市，舒与焉。樵者负薪过，误裂徒某衣，樵惶恐谢过，甘怒，掴其面。樵愠曰：“误而谢焉，亦足矣，何遽掴我？”甘以己平素掴人无不仆者，樵乃不仆，且抗言，愈怒，遂拳之。手未及樵，反仆，其徒皆骇，相顾莫敢近。樵责让数言，徐徐负薪去。

舒异而潜尾之，出城数里，有荒村，茅屋一区，樵者入焉。舒拜于门外，乞为弟子。樵反顾，讶曰：“子何为者？”舒曰：“公适所仆者，吾师也。知公神勇，故舍而从公，请为弟子。”樵辞以无能，径入不出。舒徘徊门外，询其邻，邻曰："是不久徙此，莫知姓名。有母焉，老矣。日给于樵，甚孝也。"舒遂归，旦日复往，伺樵既出，登堂拜其母，出百金为寿。母大诧，不肯纳，舒具陈己意，欲母语樵，使卒为弟子。母许之。樵归，得母命，且感其诚意，谓舒曰："苟有薄长，敢不以相授？然请兄我，毋师我。"舒从之。樵引至屋后，有石坡甚峻，轨辙如绳，下有铠，重三四百斤，使舒掇之，仅能举。樵以足蹴铠辘而上，及于坡顶，复辘于下，又蹴之，如是者十数，无困色，曰："筋力久弛，聊以当运甓耳。"饮舒以药，使日习之，久而能焉。遂教以练形摄气之法，周身如铁，巨梃扑之，皆反跃。以腹贴墙壁及梁柱，能行而不坠。积数年，乃辞归，卖浆豫章城，遇人谦谨，若无能者。或言舒若无敌矣，闻者多不信，群不逞诣之，请与角。舒谢曰："诸公皆壮士，予何能？"请不已，乃曰："虽尝学之，然甚劣，窃欲博观诸公技勇，使习而进焉，幸甚。"众许之，相与之野外，各呈其能。舒观而哂曰："甚善。"众欲试舒，舒曰："若欲试我者，则殴我。"一少年应声殴之，甫引拳，忽反扑，少年羞怒，出铁杵悉力击之，舒挟持其杵，作色曰："大恶作剧，是欲死我乎？"乃弛衣裸而立，曰："来、来，共攻我，我不畏。"于是手足器械交至如雨，舒屹然受之，众纷纷颠踬，黠者乘虚力击其外肾，如击石焉。众始惧，罗拜，请长其曹，乞勿扬于人，以败其誉。舒笑曰："吾以自娱耳，岂欲与诸君竞短长哉？幸毋虑此。"众益服其量，由是舒名噪一时。尝曰："吾能气行耳。樵乃能神行，不可及也。"樵盖秦人，尝为盗，已乃改行，变姓名，遁居金陵，奉其母终身。

飞蝴蝶善走

飞蝴蝶，乾隆时大盗也。善走，往来飘倏，人莫测其踪迹，故以"飞蝴蝶"名之，当时江湖大盗无出其右者。王老虎，捕役也，力能举数千斤，精武艺，以善舞铁鞭闻，飞慑之。时大内失玉环，牒捕甚急，侦者知为飞所窃，然莫敢谁何，官吏令王追之。飞知事急，逃至琼州岛，佣于僧寺为伙夫，人不知其为飞也。有石生，读书其中，偶散步郊外，见其以巨担担水，远望之，担齐于耳，非以肩承之者，至近则仍着于肩，心惑之。初以为目眩也，于是日往侦之，皆如是，知非目眩也。一日，先伏井旁伺之，见其来，伏手向井一捺，复桶倾之，水随手出，注满桶中，然后置肩上，即悬与耳齐。潜踪之，至寺门，则又着于肩。生知为异人，次日乃具酒食邀之。食有间，徐谓之曰："子何技之神耶？汲水不以绳，担水不以肩，子盍以教我乎？"飞遽失色，曰："子侦知之乎？"生曰："然，非一日矣。"曰："实告君，我飞蝴蝶也。君请无泄，否则死无地矣。"生力矢不泄，且坚请受教。飞曰："吾老矣，不能授汝，且捕者将至，欲转至他处。子，富贵中人也，学之何为？"生力请不已，曰："无已，吾之技尽传吾女，子愿婿我，当以女妻汝，可授汝以技也。"生诺之。于是出一卷书授生，曰："读此，则吾毕生之技，胥于是可得。"生安之，日读其书，暇则请益于飞。又月余矣，一日忽谓生曰："王老虎不日将至此。"生诘之曰："何以知之？"曰："吾昨晚于广州市上见之。吾欲行矣，尚当与老虎一试也，子可为我备大钱数十枚。"生从之。飞乃以钱横叠之，成二串。又三日，谓生曰："今晚王当至，子可伏于暗处窥之。吾去后，当使吾女至也。"生诺。夜三更，月明如昼，飞促生起曰："王至矣，汝潜窥之。"生起，飞乃辟寺门，一手执钱一串，贴身于寺门墙上。无何，见一老者偕一少年踏月而至，将及寺门，飞以两手作翅形，向上一闪，于是腾起空中数丈。老者见之，以鞭向空掷去，鞭及跨下，以两足钳之，随堕于地。少年向前欲执，老者止之不听，乃以两手捺飞两足趾。须臾，飞忽腾空而去，砉然一声，少年手中尚捺住鞋底一两，乃与老者太息而去。生住月余，果有女郎来访，偕住数日，遂同返广州。生后举孝廉，亦未尝以技闻，生一子，能传母业。

打人王被掷于甘凤池

打人王，泰州黄桥农家子，膂力绝伦，能飞身踰重屋，履数丈官河若平地，屐不沾湿。好勇者与斗多被创，远近震其名，遂真以为天下无与敌矣。然拳法无师传，性又蠢，不可以情理喻，识者不屑与之搏也。甘凤池以拳勇闻江湖间，一日过黄桥，行囊告乏，售技于市东，观者云集。王闻之大愤，黎明奔甘寓，叱曰："何物狂奴，目无余子，独不闻黄桥有打人王耶?"甘曰："初经上国，实出不知，乞宥疏忽。"王不答，遽触以首，甘退身避，且曰："穷途行乞，非得已也，容竭诚负荆，可乎?"王摇首，复力触之，甘犹退让。既见触不已，乃腹御之，徐曰："得罪得罪。"王踉跄踣败墙侧，墙坏，颠粪窖中，力挣乃得出，抱首遁。晌午，见一四十许人须发如猬，持酒榼入门，问姓名，则王之兄也。甘大骇，疑必负绝技为其弟报复者，耸身跃数十步外俟之。其兄笑曰："勿尔，予非角力者。劣弟屡戒勿悛，今受创，始知天下尚有伟人，从此当不敢萌故智矣。今特以斗酒酬大德也。"甘始释然，与为礼。明日，诣其家谢罪，王惭弗见。

周振国膂力过人

思州千总周振国膂力过人，能负五百斤之物。胁有六骨。尝遇虎，张口欲噬，周以两手力开其颐颔，使不得合，乃令兵卒猛戳其臀孔而毙，背负以归，且行且歌，略不喘息也。

戚某为力所苦

戚某，乾隆时人，河间农家子也。幼尪（同"尩"）弱，与群儿戏，恒不胜，恨之，乃锐意习武。河间故多剑客，得间辄从之游，及壮，遂以拳勇闻。

一日，戚遇游方僧手钵乞食，扬臂过之，触钵坠地，反骂僧无目犯行客，不知趋避，僧微笑不答。怒击之，僧不动，自仆数步外，于是知技未足。询知僧自少林来，乃走少林，学之数年，以为成矣。

他日，戚游塞外，见有徒手格熊者，皆应手断头折胁，讶之，试与角，乃被提掷涧中。归复游少林，问于师，师曰："凡力，有人有天，吾教子炼力至千数百斤，人术尽矣。若有过此者，如古称拔山扛鼎，乃得天独厚者，非人人所能也。"曰："若然，则竟无术以处此乎？"曰："此外有能讲求服食炼气者，宜可更进，然非吾所知也。子欲求之，当遍游名山大泽，或一遇异人耳。"戚于是决然去，先游于襄汉，下夔巫，历衡湘九疑，又从罗浮，历滇、黔，入巴蜀，皆无所得。乃出陇右至甘、凉，闻人言大青山某喇嘛者，曾在内廷，独与侍卫数十人竞技，任意提挈之如婴儿，称神力，遂往访之，具述来意。喇嘛辞不出，谒数次不得见，乃即寓寺中不去，喇嘛始召入见。喇嘛年耄矣，坐石台上，发鬖髿被其肩，皓如银丝，容古朴，行步蹒跚，如欲仆者。弟子进饮食，举手接之，状至漫缓，类有羸疾，戚甚疑焉。喇嘛问来意，具以对。曰："此细事耳，术至易，然得之，适以自病，不可为也。吾方悔之，子求之何为？"戚疑喇嘛故为大言，乃曰："弟子千里来此，愿得一睹大师龙象之力，并求以相授。大师倘不吝教者，虽死无恨。"喇嘛曰："汝意决耶？吾迩来枯槁岑寂，守此不动，即惧以力贻祸之故。汝果获此，他日虽欲解之，不可得也。"戚矢言不悔。喇嘛乃徐起，环室行数步，所踏砖石皆碎，又以指刺石壁，如以锥画沙，深且数寸，戚大惊。喇嘛指山下绿草一丛曰："拔之，服此三七日，虽蛟龙虎豹不足当一挥也。然须慎之，尤宜绝房事，不然，祸不救。"戚取草如法服之，觉通体火出，身手坚壮如铁石，数日后渐和畅，步以归。行及陕，偶背痒，引手隔衣搔之，衣顿碎裂如败纸。乘壮骡行，股稍着力，骡腰斩如剪，不觉大骇。骡夫失骡，挽之索赔，一拂袖，立坠十丈外，众不敢近，遂去。一日行七八百里，所践木石辄破裂，食辄碎器皿、折匕箸。比抵家，衣裤皆尽，心懊甚，知喇嘛言验矣。叩家门，门墙俱颓，家人骇绝。戚自惩其力，自知为力所苦，亦不敢与家人近，但遥立，语以故，家人亦惘然。戚夜独寝一室，偶侧身，炕为之毁。比明，向父母妻子痛哭流涕，辞去，将更乞喇嘛解之，一去数载竟不归。儿既长，颇知思父，乃求之于大青山中，见戚已披剃为喇嘛，仍从大喇嘛居。盖既不能解，又明知尘世不可近也。其子度父不能归，乃自返。

才伯伯精技击

乾隆时，有才伯伯者，姓冯，年六十余，龙钟伛偻，若不胜惫，而故精技击，勇猛绝伦。里中来一配犯陈三，以脑门发白，又呼为“白脑门”，亦以勇武自诩，藐视冯，积不相能。偶以事口角，冯挥陈仆地，陈衔之愈深。一夕，迹冯出门未归，伏桥畔伺之。二更后冯还，行抵伏所，陈欻起，提手中铁尺猛击之。冯知有人暗算，即腾一足起，中陈腕，铁尺脱手飞去数十丈，直堕于某质肆三层更楼瓦上。冯心知为陈，遥语曰：“黔驴伎俩，欲与而翁角，须更精而艺。”陈闻之，殊愤恨，自归，闭门习练，无间寒暑。三年，技大精，自谓足以胜冯矣。一日天雨，冯足屐手伞，复托面一盘，偃蹇度茅桥。适与陈值，疾击冯，冯掷盘空中，挥陈仆，仍从容接盘过桥去。陈自此不复反矣。

唐阶元运气

唐阶元者，才伯伯徒也，乾隆时人。年五十许，短小精悍。巨室夜遇盗劫，汹汹数十人，明火执械，将破门入。唐闻之疾起，一跃登屋，飞瓦击盗，盗被创，如鸟兽散，因赖以全。唐能运气，运气处，有硬块坟起如桃核，刀石不能伤。或见其运功时，出利匕首用尖锋指其喉，使壮健者力拍刀柄，铿然有声，旁观者咸股栗，而唐之喉无恙。

虬髯汉弄铁扁拐

某公子，逸其姓名，素奔走某相门。从京师持三千金归，道遇一僧，貌狰狞，所肩行李有铁扁拐，光黑而甚重，伺公子信宿，公子初未介意也。会抵一旅舍，公子先驱入，止左厢，僧继至，就右厢炕上卧。逆旅主人密呼公子告曰："客从京师来，囊必有重金，否则，若奚俱至？"公子始心动，仓皇失措。主人劝公子勿恋金，第饮酒。坐甫定，忽一虬髯汉身长七尺余，腰大十围，须尽赤，激张如猬，即座上，掷弓刀，呼酒食甚急，叱咤作雷声。公子益惊怖，股栗欲仆。髯微顾曰："君神色俱殊，度有急，盍言之？"公子屏息若瘖，主人乃为述持金遇僧状。髯曰："僧今安在？"则指右厢卧炕上者。髯顾公子毋动，直提刀排闼入，骂曰："钝贼，胡不拾粪道上，而行劫耶？"因弄其铁扁拐屈之成环，掷炕上，曰："若直此，听若取客金，不直，则亟引领就刃。"僧僵卧不动，良久，始匍匐下地请死。顾视扁拐成环，泣下，请益哀。髯笑曰："固料若不能直此，聊为若直之去，毋污乃公刃。"公子、主人皆咋舌，从门外观。已复趋前罗拜，请姓名，髯笑不答，令俱就寝。旦日，请护公子行，公子大喜。至扬州，谓公子曰："今但去，无患，吾行矣。"公子叩头谢曰："某受客大恩，无以报，愿进三百金为寿。且自此抵某家计四日耳，盍俱渡江而南？"髯笑曰："吾起家行阵，今只身来，为幕府标官，设贪金，岂止三百哉？吾凭限迫，不能从，或缘公事过江，则访君，幸为我具面十五斤，生彘二口，酒一石。"公子不得已，与别。

居数月，髯果至，呼公子曰："饥甚。"公子亟进面、生彘、酒，如前约。髯立饮酒至尽，即所佩刀刺杀生彘，而手自揉面作饼，且炙且啖，尽其半。公子曰："参军力可拔山，度可举几百钧？"髯曰："吾亦不自知举几百钧，虽然，姑试之。"乃站庭石上，而令数十人撞之，屹立不少动，曰："未尽也。"复竖二指，中开一寸，以绳绕一匝，数健儿并力曳两端，倔强如铁，不能动毫末。于是公子进曰："今天下盗贼蠭起，外患内忧，讫无宁晷，朝廷方亟用兵，以参军威武，杀贼中原，如拉朽耳。今首相某，吾师也。吾驰一纸书，旦夕且挂大将军印，乌用隶人麾下为?”髯瞠目而视，仰天大笑，徐谓公子曰：“君顾某相国门下士耶？吾行矣。”

罗台山徒手御捕

罗台山，名有高，尝学于赣邓元昌，修儒者业，于书无所不窥，精思入微，遂喜佛法。自京师归，忽登楼纵火自焚，救之得不死，狂走入山，衣沙门服，不薙发，趺坐，与人言孝弟，而歌哭无时。下扬子，渡钱塘，过甬东，多托迹佛寺中。奉化快手怪其服，令（合）侪辈纂〔篡〕台山，台山力大，徒手御之，不可近。因诣县，趺坐县庭，为禅语。主事邵洪时家居，识台山，乃释之。遂游普陀，寓西湖。已复走京师，及归而卒。

罗台山以石击舟子

罗台山好蓄奇石，有米南宫癖，独行数千里外，无仆从。尝慕蜀中瞿塘滟滪、峨眉剑阁山水之雄险，束装独游，比返，载石盈舟，压舟欲沉。石皆置于囊，上者裹以缣帛，坐舟中终日摩挲。舟子窃窥视，以为金也，夜相与谋，议杀之而分其有。舟子四，一老翁，其二为翁子，一为佣。二子及佣窃窃语，翁入问，初皆秘之，翁诘不已，始以所谋告。翁惊曰：“乌乎可?”二子曰：“厚利也，且易而无祸，何葸焉?”翁不能止，叹息去。时罗已寝，忽惊觉，潜起属耳，察之审，还就枕。越数日，薄暮，舟泊荒江丛苇间，其侪请曰：“今者享神介福，愿以馂馀为客寿，客毋辞。”罗曰：“甚善。”舟子喜，以酒肴进。罗知其酒，鸩也，置不饮。舟子阴异之，然欺其独，夜必无所辟匿，亦不之强。罗自出绍兴酒一瓮，倾杯大嚼，瓮几罄，佯醉据榻，灭烛寝。顷之，三人各秉炬持刀入，一人举刀，就枕下悉力斫之，觉有异，验之非人，盖卷被为之，如酣卧状。相与大骇，搜索，闻罗在别舱呼曰：“余在此。”一人犇之，忽飞一石起，中腕，腕伤刀落，二人次至，亦如之。遂突起，击三人俱仆，拽而迭之，拾刀拟其项，笑曰："余能前知，安能犯余？余无金，亦无点金术，尔曹何利焉？姑与尔暂戏，故不泄也。亦藉以歼厥败类，聊逞余志。"三人哀呼乞命，翁亦来跪请。罗麾之起，曰："翁无罪，毋恐。"翁泣曰："三人者，罪固不宥，然老朽之嗣斩于是矣。幸仁人宽假之。"罗从容掷刀，曰："为翁故，贷尔曹死，亟革乃心，脱萌故态，必血吾刃矣。且孤踪远涉者，类能自保，如某，犹其季指耳。遇之，悉当善视，毋自取戾，摇尾态不足常恃也。"众唯唯。

卢虎儿受教于叟

卢虎儿，临淮无赖子也，以健斗横于市。市之椎埋恶少以千数，莫不下之，虎儿自以为一世之雄也。尝夜饮，大醉而归，踉跄与一老叟相触，遽握拳大骂。叟笑曰："若醉矣，我不与若较。吾居此东五里之桃村，若仇我者，其明日来。"拂袖去。虎儿归，酒醒，亦忘之矣。翼日过市，复与叟遇，肩排之，叟不动，虎儿乃倒却寻丈外，惭且愤，复大骂。叟笑曰："我岂又犯汝耶？纤儿，欲索斗，则斗耳，汹汹者何为？"虎儿度不能胜，然以在稠人广众中，不甘退让，则奋身前搏之。叟但举手一挥，虎儿颠数步外，然不伤也。益愤，出死力抵之，叟三挥，虎儿三仆，仍直进不止。叟徐步去，虎儿则追而殴之，叟蹙额曰："竖子何冥顽乃尔？"适过一短栅，叟一挥，虎儿遽落栅内。栅内，豕圈也。虎儿坠其中，周身为淤泥溲勃涂几满，亟起立跃出，视叟已不知所往。趋归沐浴，易衣履，愈愤，忆叟前言，乃怀刃东出求之。虎儿行数里，不见有村，黄叶纷纷，积地逾寸，穿林而行，簌簌有声。林尽处有茅庵，类有人居，意桃村当不远，可问讯。自墙隙窥之，则庵中二人对弈，其一，十二三岁之小儿，其一，即叟也。幸其未见，急趋伏林间，夜静，度童叟皆眠矣，乃出。时室中孤灯荧荧，摇曳欲灭，虎儿疾入，扬刃向东壁一榻悉力劈之，寂无一声，揭衾视之，故无人也。方欲出，忽黑影若鹏鹗然，拂窗直入。虎儿方迎以刃，不觉身已自仆，刃亦遥掷数步外，盖日间对弈之童至矣。叱曰："若何人，乘吾师不在，欲何为耶?"虎儿支吾，以迷途乞火对。童指破衾曰："此何故？汝速自陈。不尔，便杀却。"仓卒间，叟亦至，见虎儿，即令童释手。虎儿度不能脱，伏地自陈请死。叟笑曰："何至是?"援之起，令去。虎儿出行数步，思之甚奇，复还伏叟前，请为徒，叟不许，再三请，叟曰："吾术以退让为主者也。汝求学此，以欺人耳，得此术，亦何为?"虎儿再三自陈，愿悔改，叟始许之。自是城市中不见虎儿踪迹，盖已随叟去矣。

蔡三受书于落木翁

椎埋之徒有蔡三者，其勇亚卢虎儿，虎儿既去，蔡三遂长其群。居数年，蔡三北游燕、赵，道遇一客，被服甚华侈，控骏骢四蹄，一骡车载箱箧从之，视其人，若曾相识者。夜同宿一驿，客呼逆旅主人治酒肴，理行榻，若有待者。蔡三怪之，佯早眠，伺客起溲，潜入其室，伏梁上。客至，若不觉者，据案独酌，饮啖甚豪，夜分乃罢，犹秉烛观书，不遽寐。已而有物泠然若流星，穿窗直入，客亦距跃而起，烛光下风声飒飒，星影散乱。久之，有虬髯人自空而踣，客端坐如故，虬髯垂手立，若甚惧者。客指旁椅令坐，复仰首曰："梁上君子倦乎？可以下矣。"蔡三大骇，亦跃而下，三人对坐。客曰："故人不识我乎？其少思之。"蔡三聆客音，俨然虎儿也，察其貌，亦十得五六，默识之。客与虬髯人语刺刺不休，语皆不可晓。已而出一函，授虬髯人曰："为我送之鸡足山某师处，限五日内得覆音，毋误。"虬髯人唯唯，起辞出门，遂不见。客始谓蔡三曰："吾，当日卢虎儿也。幸从师去，今稍稍有得耳。"蔡三深致欣羡，问师何人，曰："落木翁也。"蔡欲从之学，虎儿曰："吾师规律，门人不得擅收弟子，须禀命焉。三日后待我于黄河堤畔，必有以报。"天明，遂别去。至期，虎儿来曰："吾师言子血勇，非神勇，不能学也。今授子一卷书，当不失富贵。”视之，皆射御格斗之术。习之三年，中武科，官副将。乾隆丁亥，有缅甸之难，从明瑞击缅，没于阵。

黄标善泅水

福文襄王督粤时，简练水师，募奇材异能之士。有守备黄标者，以善泅水著，能于海洋中出没月余，视波中鱼鳖历历可数。王奇其才，立擢参将，洊至总兵，捕海盗多伟绩。

啸马善射

马金，乾隆时人。身长八尺，双目有棱，富膂力，性戆直，善书能文，由翰林擢御史，以敢言闻。时朝政多秕，权奸用事，卒以直言被黜。既放归，习武艺，改名马金，应武试，以侍卫洊至苏松镇总兵。然豪放逾平昔，人因呼之为“啸马”也。尤善射，百步外能穿杨贯虱。一日，有薙发匠挥刀劈飞蚊，迎刃坠膝上，啸马拾视之，两断矣。乃笑谓匠曰：“技精矣，盍一观吾技乎？”乃叱左右缚匠于辕门，发一矢，中匠之左耳，弦声又响，则中右耳焉，然匠人肤肉均未伤。乃令解缚而笑谓之曰：“我技较若技何如？”

其在官时，署畜飞枪手五十人，饮食居处，悉与己等，号曰“小岳军”。工飞剑袭击，善矛槊，尝率之出东郭，演技于大校场，而自乘肥马，舞长矛，独立高冈。小岳军俱衣黑衣，披红缨，左持盾，右手或枪或剑，呼啸成群。众槊并进，或飞舞云雾中，摩盘于上；或跳跃马前后，冲击于下。烟尘蔽天，不可辨识，军笛一声，截然各止，其整肃如此。

宣宗连中三矢

乾隆己酉，高宗秋狝木兰，宣宗以诸皇孙随扈，时圣龄方十岁。一日至张家湾行宫，上亲率诸王校射，宣宗侍侧，俟诸王射毕，亦御小弓矢，连发中其二。上大喜，拊其顶曰：“儿能连中三矢，当以黄马褂为赉。”果三中之，即置弓矢，跪上前，上问所欲，不对，亦不起。上大笑曰：“吾知之矣。”因命侍臣取黄褂衣之，仓卒间不得小者，即以成人之衣被之。及谢恩起，而裾长拂地，不能行，乃命侍卫抱以归。高宗御制诗有“老我策骢尚武服，幼孙中鹿赐花翎。是宜志事成七律，所喜争先早二龄”之句。盖高宗以十二岁时，从狝木兰，初围得熊，宣宗则初围得鹿，年十龄也。

高双凤三射三中

乾隆末，吴妓高双凤寓扬州小秦淮畔。天长林道源方与人校射净香园，高旁观久，揎袖前，请射，三发而三中。

镖师女以碎杯屑毙盗

乾、嘉之际，行北道者咸苦盗贼。有京宦川人某，欲运银数十万旋蜀，往某镖师行延镖师，则均他往，惟一十龄丫角女在焉，行主令应召。届期，女跨黑卫来，不持寸铁，宦惴惴。抵潼关犹未暮也，女命停车，指道旁一大逆旅曰：“可止此。”及入店，则已有伟丈夫十数人，耽〔眈〕目视银车。宦大骇，女坦然若未睹，命将银车入。女年稚，沿途皆独宿一室。是夕饭毕，命众睡，自索茶壶及杯阖门而寝，宦率众执械，守女室外。漏三下，微闻屋瓦有声，自庭隙窥之，盗已满女室之顶，宦再窥女，方秉烛观书。少选，屋瓦移故址，盗注目下窥，女斟茶徐饮，饮尽，覆杯碎之，成细块一堆，一手执书以阅，一手拈杯屑弹之。及杯屑尽，灭烛睡。黎明，女启扉，命众登屋收尸，验之，则盗双目中微有血点耳。其死也，盖杯屑弹入目而贯脑耳。

逆旅老人发矢殪骑

周少谷曾官山东高密县，世称“三间大夫”者是也。其行县，挟一吏一仆，控三驴，驴鞍置板，可位置笔墨。吏抱牍前行，民之讼者即驴前伸理，命讼者招其所被讼之人至，为定曲直，就鞍上了之，故有是称，以“闾”与“驴”声通也。子辛仲，十九领乡荐，省之于高密，不挈仆，恒单车，逆旅中有人言盗杀人，行客因之相戒，辛仲亦悚然。时见同舍中有老人与少年同饭，少年眉宇英特，老人长眉而伛偻。辛仲请同行，老人似可，然未之答，少年则慨诺无拒。迟明，车同发，晓色初起，沙碛之上，有人影蠕蠕然联缀而行，御者语辛仲曰：“盗也。”辛仲驰告老人，老人夷然无动，而少年已起戒备。语未竟，尘土涨天，七骑同来，横刀马上作霜气，少年立下，言曰：“七骑敌一步，非勇。能下马与我地斗者，始男子。”骑中一髯丈夫曰：“此奚不可！”遂下。少年出刀如柳叶，上下腾踔，髯丈夫已失其耳。六骑大呼，出刃剚少年，老人忽即车发矢，殪其一骑，一骑更上，复殪，乃皆奔逸。老人谓辛仲曰：“吾此去殊险，郎君与我同行，且相累，不如别从广队行，盗或以郎君文士而免之。”辛仲大骇不能答，老人竟挟少年驰去。

定恭王猿臂善射

定恭王绵恩，定安亲王次子。貌颀秀，猿臂善射，驰马趫捷如飞。举止安详，趋跄有节，高宗爱之。弱冠即充火器营统领，凡五十余年。年七十六薨，仁宗震悼，亲往奠醊。

卞铁拳击断巨碑

潍县城北有玉清宫，当乾、嘉之际，道侣繁盛。铁工卞某见道侣演技，慕之。一日遇方丈于山门，求授业。笑诺之，使以拳击扉，曰：“人之练技，当专于一，勿徒求多。尔可击坚硬物百遍，以练腕力。腕力足，始授以其他。”数月后，又遇之，即于方丈前试其技，有小树一，挥拳击之，立折。方丈嘉其纯，仍使练拳。年余，以内家法授之；又年余，技大进。忽有求谒方丈者，三十余岁伟丈夫也。方丈惧，辞不见，来人固请之云：“夙闻大名，愿一交手。”方丈不得已，招卞至，授以意。卞出见，曰：“壮士不远千里而来，当有惊人技，求一赐教。”其人以非方丈，笑不答。卞曰：“如某者，第吾师之新徒耳，且无长技，愿献一得之愚于壮士前。倘壮士亦能如某之练习，则吾师必出而受教矣。”其人曰：“诺。”乃踌躇曰：“他亦无须，且试其易者，聊博一笑可也。”于是择一巨碑，作势运气，击之，轰然一声，碑已中断，来者惊谢去。由是玉清宫拳术远迩咸闻，而卞尤以铁拳称于时。

齐二寡妇用铁鞭

齐二寡妇者，工技击，恒用一铁鞭，所向无敌。佚其夫之名，母家为王，世称齐王氏者是也。魏默深误以为教首王林妻，乃据当时奏报耳。齐既倡乱于嘉庆初年，蜀督勒保亟欲致之，桂涵、罗思举方投効军前，因以都司札付二张、元宝二锭给之，限七日斩齐首级，迟则军法从事。桂、罗易服往探，时齐拥众屯大寺，夜卧纱帐，翘一足帐外，室燃巨烛，露刃侍室外者四十人。桂、罗登树伺之，竟夕不得间。继思逾限必死，欲以性命博之，乃各执巨斧跳下，护卫者惧而窜。齐闻变，自榻上飞出铁鞭，几为所中。桂、罗仓猝中以斧斫其一足，疾上树而遁，持足以献。齐王氏既受伤，越日遂死，勒乃优赏桂、罗。

绛绡女较剑

陇右剑客金树云矫捷精悍，能日行五百里，佩双剑，长不及三尺，其柔可卷为带，而能削坚石为片。尝独行出嘉峪关，绕柴达木，走青海，窥河源。复出昆仑，下岷峨，自蜀归。途中三遇猛兽，皆殪之，无留刃，其剑术盖得之崆峒道士也。

金负其勇，数犯险，好以气上人。尝至登封，前一日，有盗投书登封某富人，索金十万，逾三日不应者毁其家。富人惧，闻金来，奉厚币以聘。金至，谓富人曰：“使盗不我知而来，将不免决斗。盍榜我名于门，使彼见之，自不敢来，不亦善乎?”富人如言，逾限，盗不至。

居月余，忽有扣门求谒者，金见之，伧也，手一函曰：“顷采樵山中，见女子，嘱我致书。”金发之，约与较剑也，期于少室。如期往，遍觅不见，东峰最高，绝攀援，猿鸟不能上。闻其巅有笑声，仰视，见三女子皆衣轻绡，一绛色，一浅碧色，一藕色，皆不施脂粉，而天然明冶。方仰视，女俯招曰：“君乃在此，胡不登眺耶?”金即出生平绝技，斜趁而上。女笑曰：“君洵可人。”金登山巅，乃平坦如镜面，出剑请试。女笑曰：“君倦矣，少息何如?”金固请，二女者推绛衣女子曰：“妹当之，足矣。”女遂出，手一剑，长可二尺许，然不先动，惟俯首视剑跗，若羞怯者。金亦不动。旁二女曰：“金君请先举，无妨也。”金把剑，狙伏而入，绛绡者视其将近，徐举剑一拂，白光出剑芒，若秋月荡水，须臾光四合，如流冰围雪，金骇绝，几不能措手。须臾，女自收剑，金亦不敢再试。绛绡者笑曰：“君之技止此耶？向者本无意迕君，见君揭榜，度必有异，不图君乃仅视流俗高一筹耳。”金心折，愿受教，绛绡女不许。旁二女怂恿之曰：“妹收之，何妨?”绛绡者诺。山巅有草屋数楹，蔬数畦，诸女夜不宿于此，昼亦时不知所之，惟间数日或来一指点，或月夜坐峰前鼓琴一阕，琴声既终，不知所往矣。金居少室二年，一日，诸女谓曰：“汝技即此已足，于人世可无敌，不必更求矣。”挥之下山。年余，金忽念世有所谓剑仙者，此岂是耶？方更求之，草舍如昨，居三月余不一见，始惘然返。

红娥舞双剑

红娥者，荆溪周济妾也。济字保绪，嘉庆朝人。善古文词，与张皋文齐名。又娴技击，辟易百人。性任侠，好作不平鸣，往来齐、鲁间，杀盗以百计，盗憾焉。一日道出山东，遇剧盗二，阴蹑其后，将甘心于济，济不知也。夜宿逆旅，月光斜射入室，明见纤屑。方灭灯欲寐，户骤辟，有二盗跃入室，猛扑济榻，疾若风。济惊起，觉二盗艺出己上，且仓卒无刃，势不敌，皇遽间，一女子自窗外飞入，径奔二盗。时盗刃将及济，间不容发，突觉有人袭其后，大惊，急还刃，返身迎斗。女舞双剑敌二盗，夭矫若长虹。刀光闪倏中，一盗丧其元，立仆，其一知不敌，欲夺门遁，女挥剑击之，亦毙。乃从容拭剑入鞘，顾谓济曰："仓卒不及豫告，致鼠辈惊君子矣。妾红娥，逆旅主人女也。方君入室时，妾见二盗尾君后，徘徊门外。此故剧盗，夙谂之，察其意，似将不利于君。君仪表不凡，非横死盗手者，故来救也。"方女斗时，济错愕，惟袖手观。见女艺远胜己，大惊异，至是女与语，始恍然觉。月光中注视女，则窄袖蛮靴，仪态万方，一十七八丽人也。因急揖，谢相援德。女又曰："虽然，妾以一念不忍，夜入君室，非礼孰甚，人其谓我何？事已至此，不可别字，请从君。"济谢曰："卿言良是，顾仆有室矣，奈何？"女毅然曰："无伤，妾我亦可。"济大感，许之，女遂去。

翌日，见女母，解佩为贽。及娶之，偕返，济妻素悍妒，见夫挟美妾归，大怒，旦夕诟谇，待女尤酷，日鞭挞之。然女性和顺，未尝有怨言。或讽以略显技勇，藉警妒妇，女正色曰："恶是何言！庶之事嫡，礼固宜是。虽受谴责，顾皆有以自取，何与夫人事而仇之耶？"

草庵和尚用铁杖

嘉庆己未和珅之败，忽有僧至无锡，驻锡某乡草庵中。庵故荒僻，四周皆丛冢，无僧尼居住者已数十年。

和尚初来时，仅铁杖一，革囊一，既至，即圬其墁，除其荆棘，辟庵后地数亩自种植之。时年五十余，而精神奕奕，殆如二十许。平时不茹素，不念经，亦不诣檀越求布施，然香积厨中，未尝匮乏。性又嗜酒，一引数十觥，酒酣耳热，则解衣磅礴，舞铁杖以为戏，盘旋上下，观者目为之眩。

一夕盗入室，和尚觅铁杖不得，徒手奋斗，盗尽仆。一盗持刃入，砍和尚首，铿然有声，刃跃出数丈外。盗大惊，罗拜而去。居久之，会朝廷捕和党急，缇骑四出，和尚闻之，叹曰："此间不可久居矣。"遂去，不知所终。

李有山用枣木棍

新会李有山习拳棒，少林派也。游都门，在豫邸数年。有某师者，禅杖重数十斤，有山持枣木棍，与较胜负，竟败之，名噪甚。中岁归里，隐居授徒。偶值乡中赛神演剧，往观，其徒旁侍，徒之徒又旁侍，列其旁者殆数百人。一日，有一人年约二十，衣服华美，神采焕发，从一剪发奚童，年十三四，盖外来人也。乡人尊有山称为师傅，凡师傅过处，辄相避成路，而外来人未之知也，望望然，柴立其中央。其徒辈讶其不避，厉声叱之，其人仰首应曰："是官也耶？"则又叱之曰："尔盲耶，不识李师傅耶？"其人逡巡欲避，剪发奴曰："是尚可忍？主人不动手，奴亦不能恕之矣。"有山门人皆少年喜事，蜂拥而前，主仆二人举手提人，掷诸数十步外。有山不得已，亲往交手，一迎拒间，其人喝曰："止，尔少林派也。尔师为谁？"有山告之，其人袒臂示有山，贴金刺字一行，则少林传授世系也，盖与有山之师同出一门焉。

眇僧用五毒功

嘉庆时，湖州练市镇有拳师濮焕章，名甚著，尝应聘四方，后年老倦游，乃家居。邻有鱼牙沈大，孔武有力，能以一手断奔牛脊骨，亦粗通拳脚，性横好斗。所居近塘为南北孔道，一日，有商载巨资泊舟河下，二少年保镖，登岸市鱼，偶与沈忤而相竞，为沈击败，天明解维去。

越岁余，镇忽来一眇僧，折臂跛足，若不胜衰迈者，日乞于市。经沈门，沈呵叱不去，不与，强索。或劝之行，僧曰："余索钱，以时之久暂论数之多寡，此间居士当厚我偿。久立，庸何伤?”沈闻，大怒，骂曰：“秃贼将诈我耶?”直前批其颊。僧闪过，骈二指捺沈臂曳之。沈被曳，遽出槛外，复腾一足起，未及中僧，反颠仆数尺外。僧乃疾趋而去。濮时适倚门闲眺，睹状大疑，追及僧，揖而问曰：“老和尚何来，与沈何仇?”僧笑谢无他。濮曰：“是必有故，愿无深讳。”僧始自言从少林寺来。因转诘姓氏，濮告之。僧拱手致敬曰：“慕盛名久矣，既承下问，焉敢固秘？烦代寄声沈某，曩年遭击之二镖师，小徒也，彼如欲活，须于明日往龙翔寺方丈觅余，过午则行矣。”濮骇问何功，曰：“此名五毒功，异人传授，不在寻常武艺之中。学此术者，平日搜罗虺蝮等最毒之物和药啖之，使毒气深入肌里，功行既足，凡以一指着人肤者，其人七昼夜后皮肉悉化脓血，无药可治。然余有秘方，可愈也。”濮亟为沈详述之。沈初不信，既而渐觉僧所捺处微痒，搔之，觉甚适。而创痕渐阔，皮肉应指腐落，血流衣袖，作深黑色，始大怖。乘夜奔至龙翔寺，果得僧，即长跪乞命。僧诮让良久，然后徐徐出药一丸，如龙眼大，令调水服之，笑曰：“愈矣。”沈拜谢而返，臂创果愈，但痒处黑毛丛生，剪去复茁。

杨老光与盗独身斗

杨老光，湘人。嘉庆末，以技击闻。时川、陕之寇，湖、广之苗，虽先后平定，而绿林豪客纠合逋匿，因山泽林箐之形势，探丸鸣镝，阻截要隘者，所在多有。鸦片之市，亦于是时始盛。其中枢为广州，自广而北，或取道大庾，出钞关，下赣水，以入三吴；或泛舟湘、漓，道衡、永间，西通滇、黔、巴、蜀，岁几数千万。以盗故，率以重金雇勇士为卫，犹时时被侵掠，独杨所护货，盗犯者辄创之，终不稍失。

晚年辍业为技师于陈氏，陈氏子弟多从之游。其左股有创瘢一，阔三寸许，深见骨，尝举以示弟子，谓此为平生失败之迹，当引为鉴。盖年三十余岁时事也。当是时，湘、粤间有盗踞山而砦，商旅患之。杨亦知其丑类之繁也，率徒数十人以行。盗果至，杨挥众斗，山径荦确，蓬蒿荆棘长冒人，彼此错杂，相为起伏。良久，盗大败走，殪其三，杨之徒亦伤其一。夜宿兰若，有投刺求见者，一壮士也。体修伟，髯丛其颊，见杨，遽按剑语曰："昼间之战，我徒冒犯，殒君手者三。我殊不服，今特来一角，请各屏群从，以独身斗。君胜则我死，我胜则君死，不惊客人，不动财物。君如不愿，即以众斗，亦可。但吾此来，率众二百，君徒之众尚不及其半也。"杨曰："诺。"同趣出，即草地试手搏，杨蹈厉奋发，虎跃蛟腾，来者但左右避且应，若不胜支拄者。杨益喜，数捣其虚，俄而一跃丈余，直蹴其首，其人遽俯首一避，即自足下斜趁而入。杨急迫，不及返顾，股被创几折，忍痛却立，张拳以待。壮士笑曰："君败矣，然亦好汉。吾固不忍堕君名，戕君命，胜败，君自知之。"按剑长啸。顷刻，其众自四山出，皆黑衣手刀，插标枪甚严，月光下数之，可二百人，环来者分两队徐立。来者缓步去，二队合为一列，蜿蜒从之行。杨目送之，去且远乃归，视创处，肉尽着衣如糜，白骨显露。其徒皆惊，药封之，越数日竟无恙，惟肉终不复生。

张立松善技击

力士张立松，字孟如，太仓人。短而髯，善技击，尝从击蔡牵。既平，闻南海盗张保、乌石二等未灭，投曾宾谷方伯。比至，困于逆旅，遇武进汤贞愍公贻汾，遂相过从。饮酒微醉后喜舞刀，又善画松，贞愍尝赠以诗云："襆被天南壮士饥，楼船十万见君奇。谁知猿臂黄熊掌，能敌颜弓朱亥椎。笔底蛟龙松十丈，胸中块磊酒千盅。市楼歌哭无人问，一剑如飞去几时。"

周保绪习易筋经卷帘术

荆溪周保绪教授济，嘉庆乙丑进士，为淮安府教授。少工词章，与张翰风、李申耆善。又习易筋经、卷帘诸术，拳勇技击一时无两。初客宝山县署，县令巨野田钧敬礼之为上客。田丁忧，以交代未清，羁苏州。时李文成之乱连及山东，田念母柩未葬，虑毁于贼，北望号泣。周慨然，与武举任子田往视，两人单马持矛出入贼薮，凡刺杀百数十人，葬田母毕，复并骑反，历十八日以报田，田泣拜之。

官淮安日，与漕督周文忠公天爵、知府周听松焘，并以勇力闻，号“淮有三洲”，以“洲”之音同于“周”也。城守营参将某以剿川、陕教匪立功，自矜武力，周曰：“姑至敝署一较，何如?”翌日往，共赌跃大成殿，周十上十下，如飞鸟濯翼，超过檐际，某仅得其六，微侧，遽堕，折其右足，医数月，卒跛而行。

山阳有豪胥，士绅多折辈行与交，见周，唱喏而已。一日，周散步署前，胥适过，呼之来，以所吸烟筒铜斗遍击其首，叱曰：“速去。”胥至家，首暴痛，肿几如斗，呼謈求死。胥妻子知胥罪，泣跪阶下求救，命舁至，又以铜斗微击数周，痛立时止。

两江总督孙寄圃制军重其才，属统江淮缉私之任，资以厚糈。乃招置奇材剑客，辟园亭于扬州，日夕训练，先后捕获枭匪数辈报孙，凡累致数万金。当其盛时，妖姬曼舞，迭侍左右，醉则使矛如风，或纵笔为巨幅山水，一时尽十数纸，下款署介存。久而厌之，散遣壮士，斥财立尽，一意闭关著书，遂成《晋略》。周文忠督鄂日，犹招其一往，未几卒。

白和尚踏砖使平

拳勇之技，即唐、宋所谓“白打”，其传以三峰为内家，少林为外家，大旨以眼捷手快为要。松江白和尚有徒永嘉、石岩，均习手搏，以伤科为业，能自赡。一日，白偏袒右肩，纳凉殿中，或谓其年已八十，余勇可贾，数十雕面少年非其敌也。好事者请小试其技，白辞曰：“垂死之人，气血衰耗，无以博诸公一粲。”请于客曰：“晷已将午，荒厨蔬笋，能共饭乎?”众诺之。白供净馔。时盛暑多蝇，侍者挥扇。旁午，白令别取一盋（同“钵”），与客且谈且饭，饭已，则盋中之蝇亦满矣。众大诧，白曰：“不过指头活泼耳。”众益嬲之，曰：“此师妙法，更愿一观神勇。”白曰：“本无勇也，安所得神？惟旧曾学一小技。”乃引入一精舍，舍中新铺方砖，胶以灰沙，殊坚致。白方跣，着棕鞋，自南至北，倚墙微步一周，则阖室之砖皆起矣。谓客曰：“此砖本未铺匀，下多轩轾，不必呼匠而需一日工资也。”众皆吐舌。

南禅寺僧蹴櫈足陷土

破钵（鉢）者，闽县人，忘其姓名，人恒称之曰“破钵”。一日行经戚南塘纪功坊下，道狭，左右夹池沼，有少年怒马趣坊下，马首抵钵胸臆，钵以手举马足，马人立。少年善骑，幸不坠，然蹄铁则力蹴破钵之胸，钵若无事者，少年卑词哀之，始释去。又明日，以柬至，言将延南中壮士置酒高会于南涧，请钵较艺。钵行江湖久，知江淮多异人流寓闽中，计众集，必非己艺所任，则就南禅寺僧商所可。

僧年三十许，颇温文，有诗名，亦未闻其能武者，不审钵何由知之。力陈情于僧求助，僧自言入山久，不与人间事，必不得已者，寺门之限高二尺许，当卧其上，钵能以拳中吾胸者，吾力助汝。僧起，钵随出山门，如僧言，累击，乃不中。钵益神僧之所为，长跪力请。僧许诺，曰：“明日裹首为恒人，钵先与会，席半，吾至，易汝归。胜负均吾事，无与汝矣。”至期，钵至南涧，列长筵十数，首座为老媪，白发被颡，神至坚定。酒数行，僧入言师家有人病急，趣归。座客大哗，僧曰：“师家得剧患，吾留此献技，乃不可耶?”闽人制长櫈，恒斫巨杉可丈许，自颠及末，安八足，可列坐二十人。僧举櫈置广场，力蹴其上，八足均深陷入土，尽没。媪曰：“此猘儿，未易当也。”释令去。

冯克善夺门以出

冯克善为林清之党，后亦被逮。初授徒献县，精技击。尝自入一室，使数徒守门，手利刃而向内刺之。冯忽大声曰："我出矣。"则已立徒之后，不知其何策以夺门而出也。

七额驸两手抱成德

嘉庆时，成德行刺，伺仁宗驾幸圆明园时，猝发一袖箭。一侍卫见箭来，不及御，辄以身覆御座，箭洞胸而死。时七额驸在旁，急以两手抱成德，众侍卫群趋持之，乃就擒。相传成德武艺，侍卫中无有敌者。或于地中钉短柱一行，成德腾一足扫去，柱皆扳起，时七额驸亦能之。然额驸仅能扫七柱，而成德可扫至十二柱焉。

七额驸擒熊

仁宗驾幸木兰打围，群臣方驰逐，有一熊突至御前，连伤侍卫数人。七额驸直前，与熊持良久，为熊所擒，坐身下不得脱。额驸急屈右足竭力跌熊，熊仆于山麓，糜烂而死，然其足自是跛矣。

谢福魁一手举石

道光朝，王刚节公锡朋为固原游击，举行冬防。一日，刚节出巡，有谢福魁者，方习技广场。场故有巨石，无一能举者，福魁挥众人而前曰："走，走。"一手举之。刚节见而大喜，曰："健儿也。"遂录为亲兵，后官把总。

某少年力持船篙

萧春台，杭人。道光乙酉春，有事袁江，道出徒阳运河。时漕艘搁浅，候潮乃行，民船皆为所阻，遂偕一小舟同泊岸旁。而漕船水手横甚，一篙工持篙误破其邻船之窗扉，篙之入者尺许，拔不能出，聚数人拔之，亦然。呼其舵工下视之，则见小舟有一老仆坐船头，懵腾欲睡，一少年在舱中，左手执书，右手以两指持其篙，篙遂不出也。舵工大骇，力戒其水手弗生事，自登小舟，告之曰："舟人无知，误有触犯，乞恕之，弗与较。"少年未及答，其舟人自后突出曰："吾扉为所破，须偿也。"舵工与之青蚨千，少年乃一笑释手。

公子夫妇用斧剑

有九江公子者，省其父于长沙太守任。及归，夫妇时年俱二十余，子尚襁褓，启行日，服御鲜华，舆从赫奕。盗见而心动，驾小舟随其后，中途将行劫。而公子颇老成，天明始解缆，未晚即泊，必于人烟稠密之区。时距九江仅数日程，盗知前无可下手处，议欲回。一盗曰："彼长途辛苦，归必倦。伺其倦而劫之，是失之于途而取偿于家也。数千里相随，乃徒手反乎?"众以为然，复随之。

公子既归，一日，盗怀器械，踰垣进，历屋数重，直抵卧室。见左屋内一灯荧然，俯听之，则公子夫妇方弄其儿以为乐。凡盗入人家，必先探主人之勇怯以为进退。一盗乃振其手中叉作声，以观室中张皇与否，而公子闻之，即灭其灯，寂无声，似未尝闻者然。盗疑，逡巡不敢下。少顷，忽见中室扉豁然开，公子与其妻先后出。公子黑布裹头，身被一短袄，袄与裈相属之际束以黑绫，左手执炬，右手操两斧。其妻妆束略同，惟裙则曳起两前幅，拴腰际，以红绫束之，左手执炬，右手持双剑。既出，公子置其炬于左，分执两斧，面东立，妻置其炬于右，分执双剑，面西立，背与背相抵。立既定，公子乃以斧指屋上曰："下。"盗大骇，一先下。妻闻其堕地声，回顾公子曰："雏耳，君一人足了之，无俟我为矣。"即收其手中剑，携炬入。公子正立，俟群盗次第下，乃哂曰："汝辈伎俩如此，诚不足膏我斧。今且问：

来此奚为？”盗魁觳觫前对曰：“公子之能如此，更何奢望？惟念数千里从公子来，欲归无资，倘赐以小资斧，俾不至流落他乡，幸矣。”公子曰：“此细事，吾当给汝。然须静俟庭中，无稍动，动则吾不汝宥也。”乃亦收其双斧，携炬入。少间，手千金自室内遥掷庭中曰：“得此，可归矣。虽然，宜小心，毋惊吾役人也。”言已，阖扉进。

初，群盗空手来，故能踰垣，及手携千金，势不得不由扉出，迤逦而达最外一重门，突闻旁屋有人诘为谁。盗念出此，即天空任飞矣，复何惧？且听其声，年亦甚少，乃不之顾，而争前拔关。其人已手一梃，启户出，见群盗，即持梃奋击，须臾，连扑数盗于地，呻吟不绝，余盗震慑，罗拜乞哀，兼述公子言。其人笑曰：“此门，吾所司。既公子意若此，姑不留汝。虽然，尔翁连日缺杖头资，手中物可留下，勿将去也。”盗唯唯从命。乃俟其启门，扶起扑地者，鼠窜去。

书院肄业生用剑

道光朝，杭州崇文书院有肄业生某者，貌清癯，若不胜衣，来时无长物，一敝簏而已。每晨即他去，不知所往，午夜则闻其鼾声雷动矣。与人殊落落。众疑之，私启其簏，无余物，一剑仅尺余，光芒照室成白，乃知剑仙，惧而覆盖，安置如常。一日薄暮，数生散步柳阴，某忽至，众讶其归之早，攷（同“叩”）之，某曰：“仆久溷群公侧，明日当归省老母，是以早归，一点检敝簏耳。”众曰：“与君聚首，良复寡时。归修温清，奚敢尼君？簏中一剑，何畏人耶？”某笑谢曰：“仆固知某日某时公等曾发吾簏，然向所以不言者，恐致疑耳。仆少学剑术，犄明击刺，爱此山水，蹔（同“暂”）息萍踪，乃亦为群公所知。”众曰：“君果仙矣。然人生蓬转，交臂易失，幸托同舍，敢求一观仙术，可乎？”某谢术浅，众强之，乃出剑曰：“聊以杨枝为戏，幸择欲中者。”众指第三树，高殆十丈许，曰：“中其杪之某枝，可乎？”某曰：“诺。”

即见剑飞而上，斩某枝，枝未抵地，剑已入手。某即别众自归卧舍，是夜不闻鼾声，微明视之，户阖如故，人篦俱杳。

老者舞铁练

徒阳运河，每年漕艘归次后，煞坝兴挑，限期四十日而毕。当煞坝时，南北之路不通，行旅苦之，然为运道计，势不能已也。道光癸巳，会试之公车北上，坝犹未开，皆纡道越河闸，出江而前。有一巨舟亘闸口，挽不能出，问其人，本贯山左也；问其所载，豆也。众恐误试期，群起催逐，闸官某亦恐滋事，自至其船，劝令出江。比至，则有一老者出，年约七十余，须发如银，速闸官入而告之曰："吾非故与众为难也。昨已起豆之半上岸，并集多人挽之，无如水浅船胶，人力难施。今官来，极善。但有法挽吾舟出口，需费若干，吾不靳也。"闸官无如何，乃出。

时有江快某者，平时集无赖数百人横行于江。至此，见闸官出而其舟不动也，乃聚众噪骂于其侧，其意非为众计，盖意老者必将出资贿己，以灭其口耳。老者初若不闻，已而骂者益众，语益秽，乃顾其舟中人曰："若辈如是无礼，势非用武不可矣。"即起，持一铁练（通"链"）长丈余，粗若小儿臂，从船头一跃上岸。众见其势猛，各反奔，持械而往。而老者舞练如舞棍然，但闻空中有声，如析竹，如裂帛，殆半时许，而众人手中所持皆成哥舒翰半段枪矣。于是大骇而散，老者亦一笑归舟，众不复迫。次日，有人至舟，愿从之学艺。老者笑曰："吾束发学此，今数十年矣，始得小试其技，诸君又安所用之？不如其已也。"

楚二胡子捋腰带

楚二胡子，无锡北乡人，习术于江南某镖客。三年，术成，恒为客商保卫辎重，往来齐、楚、燕、赵间。盖保镖辄悬旗为标识，绿林客见之，纵垂涎，勿与校。楚自以为能，携旗而勿悬。一日，为某商保二万金，由京至苏，道山左，宿逆旅，店主人以客满辞，谓无已，有小厢，已容一客，如可联床，请携行李来。楚颔之，下车入，曲折达一室。室小于斗，置两榻，一榻有老者趺坐，年七十许。寒暄中，知老人实贩枣者。时已薄暮，店主人入室，饷客晚餐。餐毕，携烛一，茶壶一，置榻前小桌，阖门径去。楚与客谈次甚欢，几忘寝。天寒，楚已御裘，忽觉温暖，以为室小无风，且近烛，不之怪。三更许，室益暖，以手扪壁如沸，烛油倒泻如注。楚大惧，目炯炯视老者，老者辴然曰："君有何能，敢携二万金长驱来此？此乃著名黑店，来此，无或免。君亦知四壁皆铁铸，上有椽，木质者三，能从此出，则得生。余枕函中尚有黄金三千两，筹已熟，君毋虑。虽然，君果何能？"楚曰："实无所能，惟有湖绉束腰带一条，捋之，坚逾棍。"老者曰："可矣。"遂纵身腾起，及椽，椽断，身已置屋顶。楚急捋带授老者，老者挈之出，跃墙外，叩店门。店主人启视之，固厢间客也，含笑延入，启精舍三楹，安榻焉。黎明，楚与客分道去，客亦不言姓氏。楚归，不复保镖，以伤科悬壶自给。其子若孙，世守其业勿替。

石达开碎碑

道光中，石达开游衡阳，以拳术教授弟子数百人。其拳术，高曰弓箭装，低曰悬狮装，九面应敌。每决斗，矗立敌前，骈五指蔽其眼，即反跳百步外，俟敌踵至，疾转踢其腹脐下，如敌劲，则数转环踢之，敌随足飞起，跌出数丈外，甚有跌出数十丈外者，曰连环鸳鸯步，少林寺、武当山两派所无也。教授于古寺中，前幢有丰碑，高二丈，厚三尺。一日，石将远去，酒后言："吾门以陈邦森为最能，应一较艺。吾身紧贴碑，任汝击三拳，吾还击汝，亦如之。"邦森拳石，石腹软如绵，邦森拳如着碑，拳启而腹平。还击邦森，邦森知不可敌，侧身避，石拳下，碑裂为数段。

罗家三展之拳

罗守仁湛古学，困于场屋，改习拳。年四十，因事如广西，至梧州，宿古寺。遇一僧，年耄矣，尚矍铄，与语甚洽，因及技击，言时颇露矜色。僧请一试，罗遂起舞。僧斜睨，微笑曰："美则美矣，然不能胜老僧也。"因起作势，使罗扑之。罗旋舞而进，僧挥以手，罗退盈丈而颠。笑曰："何如？"罗知技未进，请执弟子礼，凡三年，学成而归，设馆于羊城以授徒。

山东有某甲，富人子也，勇而好斗，漫游燕、赵、梁、楚间，所遇未尝败，自谓勇盖一世。至广州，闻罗名，往访之。时罗生徒如市，而以技击称者亦多，与搏，皆败。某必欲见罗，罗适外出，及归，闻此事，乃穴壁置烟具，以巨石塞之。明日，某乘马来，束武装，罗有惧色，乃佯为徒，招待之曰："予师适他出。"言次，以一手插石，指没石中，如入淤泥。取石置他处，奉烟具以进，乘势按其手，以试某力，力逊于己。知能敌，因曰："予师尚未归，弟子请得与长者先角，可乎？"某慨然允之。遂交手，回旋数次，某知不敌，遂拱手曰："某阅技多矣，所遇未尝败。今乃值君，天下之大，固自有人哉。"上马辞去。临别，罗阴以手按马脊，脊骨断，马蹶而死。

罗寝室覆厚石于地，石破碎如捣，盖习技时所践破也。榻高二丈，寝时耸身上，下亦如之。生徒有试其技者，夜纠七八人，各携武器待诸途，群械并进，罗一一按而夺之。或至夜横系巨缆于巷，待其过，罗缓步行，若无物，缆断若枯。及晚年，乃综所学，择尤者演为七十二首，每首凡三变，名曰"三展"。而学者每苦其难，至三十六首辄止，未能概尽其妙。后其技仍见称于人，号曰"罗家三展"。

某妇以针刺毙人

丹徒武举文某善拳术，力举数百斤，气不喘，面不赪，道光时人也。一日过广陵，口渴，欲得杯水，苦无茶肆。逡巡入破寺，则见一老僧趺坐蒲团，文乞饮，不答，击之，拳着其胸如棉，而手大痛，亟长跪求恕。僧始张目曰："何卤莽乃尔？吾，峨眉十八郎也。尝事一师，吾与同学凡十八人，皆擅绝技，余次十八。一日，次十二、次十三者告于师，谓有夫妇二人南下，保镖银数百万，南下欲劫之，虑勿胜。诸人争欲助之，跪于师前，求下山，师许之，余亦与焉。余既行，止潼关外某山以俟之。旋知镖抵关内一逆旅，众议即夜劫之，漏初下，命余先往探。既至，跃登其卧室之屋顶，窥知其夫醉卧，妇方倚灯制履，银车列榻后。余惴惴，方恨诸人不至。惟见妇时以针抹头上油，或就窗上刺之，既而妇忽仰首曰：'十八郎可下。'余心知不可逃，揭瓦而下。妇启窗，指庭中曰：'速移之返，否则余夫醒，汝亦危矣。'盖庭中有十七人之尸也。余乃肩十七尸越关出，检视各尸，仅眉心有一刺痕，盖妇以针刺窗时，即十七人中针而殒矣。葬事毕，余披剃为僧，今七十矣。子其猛省乎？"文汗流浃背，即辞归。

陶先生以伞柄拨人

陶先生者，青浦诸生，课徒为业。一日，途遇粮艘舟子执一卖饼儿挞之，询之，则以选钱故。陶睨而笑曰："如此鹅眼榆荚，乃以易如盘大饼，曲即在汝。"舟子怒曰："何与汝事？竖儒强判曲直，且试老拳。"方一举拳，而身已蓦然倒，蹶起，大惭而去。薄暮过桥，有十余恶少环而骂之。时微雨，陶手盖足屐，身着斗袯，携一油瓶，将买油以继晷。乃笑曰："鸡肋不足以供尊拳，以油瓶寄店家，碎此，将妨我半宵课。"语未毕，则见一恶少已掷对岸。众愈忿，如墙而进，陶以伞柄拨之，纷纷而倒，半掷滩外，半坠河中。粮艘旗丁闻而趋赴，呵曰："若辈无目，奈何犯陶先生？"陶曰："幸我早知君部，无伤也。传吾语戒之，此后慎勿惊吓儿曹。"一笑而去。时馆僮二，一曰文荣，一曰永禄，问陶何以不举手而人仆，陶笑曰："汝等试击吾。"文荣固孱，随击而仆；永禄负其壮，猛击之，则身掷数步外矣。

陶先生以笔管制犬

陶先生在塾中，以败笔管削其两头，置于袖，行村中，遇狞犬，向之一掷，无不张口狂奔而遁。盖剡竹支其两腭，不能合，不能吠也。

叶鸿驹精内家拳

吾国拳术，自达摩东来后而益精，达摩之后，间有名家，而以宋艺祖为最。艺祖性猜刻，秘其术，不欲传之人，故人罕知者。后值大宴，艺祖被酒，偶泄之，且云将绘图附注，俾人传其术，大臣在旁怂恿之。及旦，艺祖悔，然恐失信于大臣，乃立庙于少林，藏其拳术秘本，又故严其规，使人不易知，虽知而难出庙以传之人。此少林秘奥之所以难窥也。

叶鸿驹者，嘉定人。少孤，然多力，异常儿。有游方僧见而奇之，度为徒，携之入少林。鸿驹入其中十年，尽得其秘而思归，询之同侪，佥云："庙规本有艺成准出之条，然大门有大师严守，不得出，欲出者，须自庙后夹弄出，惟险甚。弄中有机百数，艺稍疏者，辄死于机，非一人矣。"鸿驹恃其艺，且归家心切，不为沮，乃破机出。归后，馆于某富室，出其艺以授人，受其教者，咸能十人敌，于是鸿驹之名大噪。一日信步河滨，有牵舟者过其前，厉声命让道，不服，大声曰："我叶鸿驹也。"其人不声，取肩上牵板掷地，悉陷入，即曰："吾特访汝而来，请一较。"许之。斗良久，牵舟者负，陨入河。后三年，复来较，仍不敌，为鸿驹所败。其人去后，鸿驹告人，谓："彼技已大进，特以疏故，为我败耳。再三年，我不能敌之矣。"后三年果复来，鸿驹避他出，设棺于堂，诡云已死，其人信之，乃行吊祭礼。奠毕，以指插入棺中，取石灰一握而去。鸿驹归，视其插处，如利锥所凿，叹曰："彼已入武当内家宗矣。"乃遍访诸内客之有名者而尽习其术，于是鸿驹以外客而精内家，而性亦彬彬如儒者矣。

鸿驹尝言学拳须先练筋骨，初入少林，无术以学，惟命挑水于山腰之涧边，肩水一担，须步行梅花桩以达寺。挑水三月乃习烧火，火突有数十，须距跃乃可，练筋骨也。鸿驹子无名，早卒。其孙春伯，亦以拳勇著。

罗思举走峻超阻

罗思举幼嗜武艺，家窭甚，博弈，善饮酒，益窘困。无以自赡，遂为盗，或行乞，不之苦也。罗宅邻某寺，古寺也，诸无赖时出没其间。有绰号“包子大王”者，横尤甚，设博于寺，罗所盗、乞而得者，屡为大王所攫，村人之以博负而丧其家者更多，恨之甚，罗尤恨之。值端阳，村人酌酒为乐，罗得饱食，且多得金，则往寺。大王见罗，微哂之曰：“吾知今朝令节，人乐与子金。子以多得，复来此耶？”言毕，抚髯大笑。罗曰：“诺。”顷，金罄。大王曰：“尽是耶？”曰：“然。”大王曰：“无伤也，速行，多乞金来。”罗怒其侵己甚，欲殴之，畏其徒，则归，尽出其数日所窃得之米烹为粥，烂熟之，裹以荷叶，携入寺。潜立大王后，举粥倾于其首，直达踵，头糜烂无完肤。罗乘隙遁，知弗容于村，遂之陕。

至陕，初为佣，寻弃之，仍其前业。陕人相惊以蜀盗，上之吏，控牍盈尺矣。吏以久不得罗，闻诸抚，抚大怒，饬捕罗，罗遁入华山。一日逼罗，几得矣，大恐，忽见幽岩一古寺，欲奔入，惧弗测；欲弗前，恐被逮。犹疑间，遽闻呼声，骇绝，将遁矣，谛视之，则一小道也。曰：“师待君久矣，速来。不然，追者及，且见杀。”罗曰：“子毋我谎，吾戴吾头来，束手以待君取。”小道嗤之以鼻，复曰：“速入。”促愈急，罗遂入。导入一幽室，一老道中室坐，须发皓白，呼罗曰：“思举，来何迟？吾令小道导子，复趑趄，何也？”罗闻呼己名，复大惊，伏地请释。老道曰：“毋若此。子兴，吾语汝。饭乎？”曰：“未。”命小道取饭来。食毕，老道曰："子来此，吾将有以教子也。寺侧南山多荆棘，可束为薪，自明日始，子其日与二三小道荛采于是，毋怠也。"罗曰："谨奉教。"

南山者，华山绝峰也。无道，缘草行。老道阴嘱小道，日授罗以跃岩超涧、走峻越阻之术，罗习久，履险若飞，虽绝阻者，视之如夷。若斯者四年余，足重茧，肤胼裂，处之怡然也。

未几，蜀大乱，边烽日棘。老道谓罗曰："蜀今乱，正健儿用武之时，以子材艺迈轶群伦，建绩树勋，若俯手拾草芥耳。吾欲命子归蜀，子意云何?"罗请行。老道赠以旅钱数贯，并偕日与罗荛采者饯之。既出而从戎，未几，迭以功擢至提督。

吴小将军夺梃击盗

某自汴梁入京，僦居樱桃斜街旅店，旁舍有客，彻夜咿唔，继以歌啸，翌晨觇之，方箕踞炕上，劈豚肩而食，连举巨觥，旁若无人。时朔风怒号，彤云酿雪，舆夫、卖菜佣且反披羊裘若渔蓑，犹耸肩缩脰，作觳觫状。客衣单帢，脱帽露肘，额汗津津也。炕无衾褥，而书籍纵横，几榻皆满。因入室与之接谈，客笑曰："仆，饮食之人也。风尘劳悴，寂寞枯槁，无当世用。不祥姓字，何足为足下告。"揣其年二十许，语音类吴下，因私询逆旅主人，客何为者。主人曰："客来匝月矣，至之日，时方夜半，叩门甚急，启之，两健儿负箱箧置之而去。问其姓氏里居，皆不答，视其行李萧条，而书籍甚富，必非暴客，故任其居处而不疑。然一月来无交游往还，日用饮食过侈，而白金累累。日者有乡人自塞外归云：'昨岁严冬，遇客于榆关道上，轻裘肥马，行李甚都。其夜同居逆旅，有绿林豪客十余辈，持白梃，弯弓彀矢，思劫其赀装。客夺梃，纵横挥击，中者辄颠掷十数武外不能起，余皆伏地乞命。客曰："鼠辈不足污吴小将军刃，急异去，毋缓。"于是盗皆扶掖背负而散。'其为系出延陵，而鸷勇趫健，'将军'之称，非夸语也。"会某有保阳之役，返逾旬而客去，主人谓某曰："吴小将军于前夕款段出都门矣。"

某夫人击周伯脑

周伯以武技神一州，林勿邨中丞曾从而师之。尝与乳下儿同寝，妻起旋，儿啼，周以手微抚儿令寝，儿无声，视之，死矣。妻大骂恨，自是名益噪。其友人某恒造之问艺，伯时时语之以势，及狙击跳跃之能。然友归语其妻，恒弗善，友遂白周伯，言吾妻不善先生技。伯大骇，乃请面夫人。夫人方治具款伯，但传语："请先生试艺于庭，吾居厨次，自别善否。"伯笑，略试之，夫人传语曰："未尽所长，请更试。"伯始骇，果悉其所长于庭中，屋柱为之震震作声，夫人曰："可矣。但未足为吾夫师也。"伯微愠，坚请面夫人，夫人出，则轻盈瘦弱，一良家姝也。礼竟，伯请较艺，夫人不可；固请，乃曰："略具形势，勿交以手。"伯佯诺，猱进，瞥然不见夫人，乃觉脑后奇痛，发际之骨已微陷，眩且仆。夫人笑曰："名闻一州者，艺乃如是？"出刀圭药令服。伯自是见妇人辄中慑，不敢逞。

彭半人提石狮

苏州西乡荷花荡有老叟，曰彭半人。半人本越产，以贫遁于外。一日至报恩寺，假寐弥陀佛座下，忽有人促之云："起，起。此间有大缘事可做。"醒而异之，视身上骨胁中俱生小节，节布神力。行至抚署前，有石狮，其重至千斤，半人乃指而告人曰："吾能提此而掷之。"众不之信。遂提石狮投之丈余，众大骇，后数十人不能动，遂以赂请，半人复提而致之故地。寻居觅渡桥，饥则采野果食之，虽毒草猛蛇，啗之无事。

某年四月，粤寇至苏，乡民谋自卫，厚币延半人，半人慨然曰："此其大缘事乎？"遂负囊至村中待寇来。李秀成闻而欲生致之，而半人持械相向，众为辟易，杀人数百，手提头，累累若贯珠。秀成不得已，手书劝之，许官以总制。半人心动，夜半，易服逃，村人不知也。半人至秀成府，秀成下阶劳问，请试技，遂负一石碾，置二丈方木于碾上，木上又安一床，床上坐歌妓四人奏曲，半人仰瞰微笑，若不知有重物在身者。曲终而下，绝无痛苦。秀成甚宠眷，立补木二总制前军先锋。

以摸钱掷石习拳法

少林寺拳法著于世，学者先存赀若干，拜一僧为师，衣食之费皆取给于赀之息。学成将行，从庙后夹弄出。门有土木偶，设机焉，触之即拳杖交下，能敌之而无恙，可安然行矣。行时，僧设饯于门，反其赀，不然，仍返而受业。有数年不成者，则越墙逸去，赀亦不可得矣。

一日，有瞽者来请业，僧视其瞳有膜障，以铜钱五百枚掷山上下，俾觅之，曰："尽得，当传技。"瞽乃日于两餐外踯躅山上下，暗中摸索，渐有所得，年余，积四百九十九枚，遂大索其一。一日忽得之，狂喜，目亦顿明，乃受其技去。又有患痿症者，两股不能动，亦持赀来学。僧以石子一筐，置其坐处，于山上一石，画大小墨圈，命之击，久辄中，乃命击飞鸟，鸟应手下。后以石子小于芥者掷鸟目，目穿而坠，前后左右，无不如志。僧曰："技成矣。"后辄以护水标为业，每坐船首，身旁置石一器，剧盗不敢近。

老妪用铁拐

枝江卢生，有族兄官狄道州，往依之，而兄已于两月前擢守镇西，遂流寓沙尼驿，以幼习武事，权教拳棒为活。驿前二枣树，围可合抱，时当果熟，打枣者日以百计。卢笑曰："装钩削梃，毋乃太纡？吾为若辈计之。"乃袒衣趋左树下，抱而撼焉，柔若蓬植，枣簌簌堕地，众奇之。旁有一髯笑曰："是何足奇？"亦袒衣而趋右树下，以两手对抱，则枝叶殊不少动，卢哂之。髯者曰："汝所习者，外功也。仆习内功，此树一着手，转瞬憔悴死矣。”卢疑其妄。亡何，叶黄枝脱，纷纷带枣而堕。卢大骇。髯者曰：“孺子亦可教。”询其家世，并问婚未。卢曰：“予贫薄，未授室。”髯者曰：“仆有女，可纳之否？”卢曰：“一身萍梗，得丈人行覆翼之，固所愿也。”髯喜，挈之同归，妆女出见，即夕成嘉礼。明日谒其内党，有老妪跛而杖者为女之祖母，蛮衿秃袖颀而长者为女之嫡母，短衣窄袴足巨如箩者为女之生母，野花堆鬓而粉黛不施者则女之寡姊也。卢以女柔婉，颇安之。

卢居半载，见髯形踪诡秘，乘其出游未反，谓女曰：“卿家行事，吾已谂知。但杀人夺货，终至灭亡，一旦火焚玉石，卿将何以处我？”女曰：“行止随君，妾何敢决。”卢曰：“为今之计，惟与卿同归乡里，庶无贻后日之悔。”女曰：“君姑言之。”卢以己意白妪，妪沉吟久之，曰：“外舅未归，宜静候。既有去志，明日即当祖饯。”卢喜，述诸女，女蹙然曰：“吾家制度与君处不同。所谓祖饯者，自房而室而堂而门，各持器械以守，能处处夺门而出，方许脱身，否则刀剑下无骨肉情也。”卢大窘。女曰：“妾筹之已熟。姊短小精悍，然非妾敌手，嫡母近日病臂，亦可勉力支撑，生母力敌万夫，而妾实为其所出，不至逼人太甚。惟祖母一枝铁拐，如泰山压顶，稍一疏虞，头颅糜烂矣。妾当尽心保护，但未卜天命何如耳。”晨起束装，潜藏兵器而出，姊持斧直前曰：“妹丈行矣，请吃此银刀脍去。”女曰：“姊休恶作剧，记姊丈去世，寒夜孤衾，替阿姊三年拥背。今日之事，幸为妹稍留薄面。”姊叱曰：“痴婢背父而逃，尚强颜作说客耶？”取斧直砍其面。女出腰间锤抵之，甫三交，姊汗淫气喘，掷斧而遁。至外室，嫡母迎而笑曰：“娇客远行，无以奉赠，一枝竹节鞭，权当压装。”女跪请曰：“母向以姊氏丧夫，终年悲悼，儿虽异母，亦当为儿筹之。”嫡母怒曰：“妖婢多言，先当及汝。”举鞭一掣，而女手中锤起矣。格斗移时，嫡母弃鞭骂曰：“刻毒儿，欺娘病臂，只把沙家流星法咄咄逼人。”呵之去。遥望中堂，生母垂涕而俟，女亦含泪出见，曳卢偕跪。生母曰：“儿太忍心，竟欲抛娘去耶？”两语后，哽不成声。卢曳女欲行，女牵衣大泣，生母曰："妇人从夫为正，吾不汝留。然饯行旧例，不可废也。"就架上取绿沉枪，枪上挑金钱数枚，明珠一挂，故刺入女怀。女随手接取，砉然解脱，盖银样蜡枪头耳。佯呼曰："儿郎太跋扈，竟逃出夫人城矣。"女会其意，曳卢急走。将及门，铁拐一枝，当头飞下。女极生平伎俩，取双锤急架，卢从拐下冲出，夺门而奔。女长跪请罪，妪掷拐叹曰："女心外向，今信然矣。速随去，勿作此假惺惺态也。"

女随卢归里，鬻其金珠，小作负贩，颇能自给。后髯者事败见执，一家尽斩于市，惟女之生母孑身远遁，祝发于药草尼庵，年八十而终。有遗书寄女，女偕卢迹至尼庵，见床头横禅杖一枝，犹是昔年枪杆也。女与卢皆大哭，瘗其柩于东山之阳，庐墓三年，然后同反。

俞大年善运气施明擅跳踔

乐平俞、施二姓聚族而居，相去不一里，互相婚姻，大年之父与明之父，姻娅也。咸丰末造，粤寇起，时大年年二十余，明尚总角也。二人父母相继亡，辗转兵间，大年为僧，明为道。大年精运气术，力大如虎，竖二指，以绳缚之，数十人不能屈也；明身轻，二三丈之高且广者能越之。洪秀全据金陵，大年欲投之，行至皖，道阻不得行，寓望江塔，尝出技以谋食，一市哄传。时明亦寓某观，顾二人皆不相知，以僧道名行，明不知僧即大年，大年亦不知道即明也。明欲访大年，畏其多力，伺其出，投刺谒焉。一僮应门，明曰："师既不在，请留刺于塔。"遂一跃登塔而留刺焉。大年归，僮告之故，大年不语，亦伺其亡也而谒明。明所寓之观颇巨，大年以一手抱柱，一手置刺于柱隙，诸道士皆咋舌。明归，亦不敢再访。

僧念亮用铁鞭

念亮者，无锡嵩山寺僧也。粤寇黄和锦陷无锡，遣兵徇堠山，居民邀念亮往御之。念亮持铁鞭奋身独出，适一骁酋握大旗驰马挥众来迎敌，念亮迈步窜入所乘马腹下贴卧，马惊而跃，倒撞其人下马，挥鞭疾击，碎其首而搴其旗，和锦兵夺气，众噪而前，大败之。念亮俗姓杨，四川人。或曰其人故大盗也，殆以捕急，避官中人眼目，削发变貌为僧耳。

德州尼用剑

海道未通前，中原行客往往自德州入燕。仁和丁某以事入都，所挟颇丰，惟从二纲纪，道上二骑客尾之。丁中慑，适道左有茅庵，乃径叩其扉，尼也，拒勿纳。丁曰："暮景已逼，且雨，前途无逆旅。乞阿师便我，得大雄殿次，容一蒲团危坐达晓已足。愿上十金，为香火资。"尼曰："衲尚有大师，容告之，取进止。"而大师诺。丁上其金弗受，除左厢，以脱粟款客。食已，忽传大师语曰："来客似挟重装，夜中幸慎重，防有暴客。"丁固疑途次两骑客矣，即曰："道中逢二骑士，容止颇异，师言得毋指是?"有顷，又传大师语曰："盗固皆骑，客所见，未必确，防之良是。"夜深而雨，忽闻檐际有声曰："幸未中。"又闻有声曰："已中吾耳。"已而寂然。明日侵晨，侍者已起，趣客行，且曰："夜来大师出殿墀，已发遣二盗矣。大师读内典十年，万缘已空，不欲死贼，故一剑但逾其发际，一中其耳，小创之。去此十五里有寺，中有驼背行者，汝将大师命，与之同行，逾山东界，即无盗矣。"时丁必求见大师，入方丈，丛花盛开，湘帘下垂花际。师，三十许丽人也，不图其艺如此。去城十五里，果得行者，述大师谕，行者即引蹇驴从行。行不挟兵，但悬一囊于驴背，满实小刃，自云发无不中，为大师高足。叩以大师踪迹，行者但笑不答，于是尽山东境，乃不遇一盗。

蒋志善枪术

无锡陶某精武术，号内家，善用枪，世有"陶家枪"之目。

武官莅是土者，必先谒其庐，无敢慢。有蒋志善者，咸丰间，尝官无锡守备者也，独不礼焉。陶怒，盛气往谒，见蒋长身皤腹，肌肉坟起，知必孔武有力，内怯，气颇慑，不敢轻发怒，归。蒋乃报谒，请曰："闻陶家枪精妙无敌，某驽，不敢请枪法，愿赐君枪观之。"陶素以枪法自负，出枪视，不觉摆舞作势。蒋亟止之曰："君枪法，自是猛无匹，惜枪幹劣，不任舞，稍用力，折矣，奈何?"陶不信，曰："此幹良材，乃不任舞耶?"蒋索枪，握其梢，力摆动，幹砉然断，笑曰："何如?某藏数枪，似不劣。"陶惭，必欲一视其枪，乞随蒋返署，索视枪，实胜己所用者。蒋又请曰："此枪可用，幸得一觇君伎。"陶唯，竭力飞舞，驱拨空中，气呼呼有声。蒋睨视久，曰："止止，君用枪，乃不任刺人。"陶大骇曰："薄伎至不足道，然天下乃有用枪之不任刺人者乎?"蒋拍其胸，曰："不予信，君试刺我。"陶怒，斥曰："君胡予戏?死君，且论抵。"蒋又激之曰："君殊自多，予信君伎，必不任相死。"陶愤，曳枪回走十数步，远舞作刺势，径前洞蒋胸。蒋疾解巾挥格之，巾缠枪尖，不得脱，向后倒掖之，陶失枪，不觉拜伏地曰："愿有以教之。"蒋呼取盂水与陶，曰："视予急舞，即持泼予体。"乃起持枪舞，闪闪成白光，大若径四五丈车轮，瞥忽耀陶目，至不能张视。疾取盂泼之水，水点纷纷反泼，下若雨，淋漓满己身，无一点着蒋体者。

尝有鬻拳者，强占崇安寺废址。寺，邑古刹也，邑人欲驱之而无术，走告蒋。蒋微服往觇，伎颇高，恐不可强力制，归取枪，驰马绕所占地舞一匝，威之。明日，其人遁矣。相传此即固始李世忠也。

罗汉武力长乡曲

有童子，痘瘢积于额颊，力能任百斤，奇童也。赵孔修言其师李某精武技，顾和蔼，未尝忤人。村有恶少十八人，号罗汉，以武力长乡曲，顾不乐李有能名，则张筵，延李较艺。李至，命列榻十八于堂上，面所谓罗汉者曰："余必令君辈同时列坐，果如罗汉坐者。"十八人者皆曰："勿空言。"于是杂扑李，咄嗟间，此十八人者果皆为李拳所中，咸据榻坐，独一人侧耳。十八人咸服李，延之首席，然犹思所以胜之。

十八人中，有三人同师一僧，因挟其侣谒僧，言李语侵阿师，将进此，与阿师角技。僧怒，以柬招李随喜山门。李初不审僧之有隙也，径至。僧结束，着双铁屐迎李，李大骇。食既，僧请试艺，疾起仰跳，以手攀栋上垂絙，悬双屐空际，意李近其下，则屐铁适陷李肩井，法立死。顾李捷疾，未及其下践，则已仰握其胫，胫碎，僧立死。

陈国瑞犷悍多力

陈国瑞，故农人子，数岁丧父母，依叔父母居。十二三岁即犷悍多力，叔父母使牧牛，辄聚群儿为行列，跨牛奔驰，上下山坡如马，群儿不从命者，执而鞭以柳条，群儿畏其力，不敢抗。牛多瘠，叔父母怪之，知其事，乃不令牧。

国瑞性嗜杀，日以屠狗为事，尝以片肉置掌中，犬来餂，执而曳之，皆折颈死，村邻日有责言。叔父问所志，曰："好武。"使从技师于庐江，学手搏击剑，三日不能通一技。师责之，国瑞请与师互殴数拳以较，一挥而仆其师，拂衣径去。时兵乱后，田野萧条，有物如人而锯牙虎爪，匿寿西山中，搏人为食，刀不能伤，村人号为夜叉。国瑞既横甚，众欲使膏其吻，故激以言，国瑞果踊跃往。授以兵，皆嫌轻甚，河干有舟人所寄铁锚重数百斤，握以往。搜林箐中，数日遇于岩下，物见人来搏，以铁锚击之，应手糜碎，荷死体归。会僧格林沁征兵剿捻，众共资以往。僧初未之奇，见其有力，使为旗手。大纛长数丈，幅亦二丈余，国瑞舞之如风，临阵不俟命，辄麾以入，左右横击，捻人马皆倒仆，荡决数里，军以大胜。僧以其不守号令，先笞三十，次奖其勇，立授千总，于是积功至提督。

国瑞初不识字，后与幕宾讨论，遂能文，然纵情声色，勇力亦稍稍衰矣。至其与李世忠辈交哄，及在京师鞭寺僧事，固世所习知者也。

大头检点与塔齐布徒搏

粤寇韦昌辉营检点王欣，头颅甚大，较之常人殆逾数倍，故称“大头检点”，或即以“王大头”呼之。大头有殊力，勇悍善战，每战必执长矛，骑而驰，至官军阵后，相度一周始回。既陷湖南之江华县，一日乘马出北门，门悬巨木，大头自下骑，以两手攀木，两足力勾所乘之马，人马俱起，悬空际，片时始下。

大头至长沙，闻官军有都司曰塔齐布，以骁勇著。一日与塔约，不乘马，不用械，徒手奋斗，彼此不得有人助，必互分胜负而后已。至期，两人互搏击，至即晡，塔渐不支。塔有一亲兵疾趋而前，举枪向大头轰击，遂中弹而毙。塔斫其头权之，重十四斤有奇。

杨二姑为飞刀神手

杨二姑，粤寇杨辅清之妹也，勇敢果决。夫江得胜，为辅清部下都指挥，亦甚骁勇。每战，二姑辄以黄巾裹首，系大红战裙，与其夫并辔而出，冲锋陷阵，人莫敢敌。能于马上掷刀刺人，百发百中，中者无不立倒。刀长七寸，锋厉无比，临阵时，胸前垂一革囊，囊中累累者，皆利刃也。自称为“飞刀神手”。且粗知文墨。江不识字，簿书皆委之二姑，所撰安民告示，今录如下：“开造王勋右辅总裁顶天扶朝纲辅王威千岁杨殿下都指挥江，为封刀安民，不可恐怕逃亡。天兵到者，一天二天洗城，杀尽妖魔，止除天父天兄，暂息雷霆之怒。今日天兵到者，到有两天，妖魔杀尽。天父天兄不杀百姓，看顾小子。今日封刀安民，就此不许杀人。不听我言，强抢硬买，杀百姓，打先锋，斩首号令。不可恐怕逃亡，大家投降，信天父天兄圣教，大胆做生意，不许变妖。看看斩首号令，祷告天父，急急特示。”二姑自命通才，意谓不必有人相助也，凡被掳之能文者辄杀之。

刘三姑娘舞双刀

张龙，宿州人，同治中捻首也。妻曰刘三姑娘，美而勇，尝披红锦袍，插双雉尾，乘骏马，舞双刀，所向无敌。张有外宠，刘衔之次骨，钦差大臣胜保知之，使人诱刘为义女。刘感胜，遂刺杀龙，以众降。胜又虑人之多言也，以刘俪部将某。

刘汶用二剑

李棅，岭南人，所用名刺则题曰李某，勇力武技冠一时。其徒刘汶，称曰先锋，佩二剑，长四尺许，运转如飞雪，数十人莫近。作横于番禺、香山诸县，刦掠无虚日。估船聚石步，月明中，棅驾小舟，投名刺，订时刻假金，随其人之丰啬索之，拒之，夜中辄亡其颅。

有武弁李姓，勇健少年也。策诛棅非易，法当先翦其翼，乃怀小枪以侦汶。一夕，遇汶于狭巷中，弁引手出顶上。“引手出顶上”者，官中人捕盗，令盗跧伏之隐语也。汶素轻弁，曰：“汝何敢?”立负剑，剑长巷偪，不能即出，李枪已洞其胸，刘仆。棅闻耗始震，然犹行剽于江上。前山刘姓族大，咸能武，地迩澳门，棅每行刦，辄隐澳门。前山之刘乃密布小舟海上，侦棅出没。一夕，阨之小渚间，棅轻身履水而行，如蜻蜓，刘姓子弟咸能枪，多命中，棅被三枪，始殊。起其尸，英气勃勃，目作精光射人也。

少妇用匕首

常熟多拳师，同时有四庭柱、一正梁之目。正梁者，陶姓，最勇健。庭柱者，二文二武，均举人，其一曰仲家德，且以制艺著称于时。

常熟滨海多沙地，非有力者不能得，往往以争夺而械斗。仲受人聘，敌请其技，适地有巨石，一拳下，石陷地三尺，众惧，不敢斗。时有一异方少妇，肩一雨盖，日游于市，而貌美体弱足纤小，有无赖戏之者，一指着身即仆，行踪又极诡秘。庭柱之党思困之，适妇过萧寺，一人直前扑妇，妇足略举，颠百步外，五人合力攻之，妇挥拳抵敌，操纵裕如，久不能胜。陶潜取手镖伤其眉际，遂败而遁。众追之，疾如飞鸟，瞬息已杳。所遗之雨盖，抽其柄，得匕首二，吹毛断铁，犀利无比，不知为何许人也。

谢伯麟掷镖

左文襄幕中有谢伯麟太史，与吴观礼齐名，每论事，意见辄相左。谢久客戎幄，习武技，能掷镖，百发百中，无虚掷。尝于墙上插香枝，密如星点，以镖遥掷之，相距百步，中处香悉坠。

欧三用枪

闽人欧三业猎，善用枪，猛兽鸷鸟遇之无免。令人隔墙抛鸡卵，以枪弹之，卵立碎。或忮之，约群盗于夜劫之，欧三枪发，中盗胫，凡五枪，中五盗，皆在其胫，子小如豆，不足死人。盗大惊，皆扶携以去。明日，欧以剑劈大树，书曰："余居山殪虎，于尔等何害，乃必欲死我？死我者，纵虎乎？特示尔薄惩，俾自悔过，试自验其胫，弹所入处，不几同穴耶？量之，能起分寸否？此足知吾枪术矣。幸告渠魁，勿复来。"

某女掷钱

江湖技击，有书详载其法。其言掷钱之法者，云有某生官知府，娶某提督女为妻。将到省，舟过某处，见有数人坐一小船掠过其旁，女乃谓生曰："今夜有盗，当治之。汝第匿舱内，无恐。"生素不知女能技击，大骇，然无可如何，姑听之。夜半，果闻有小船三五飞桨而至，生伏不敢动，但闻有人跳跃过船声，数人落水声，一人倒入舱中声。俄闻桅上有人大呼缚盗，于是舱后篙工等始取火出，见一盗在舱中，因共缚之。俄见女自外入，指挥诸人令缚盗送官，且曰："尚有一盗，惜被逸去。"生惊问曰："卿操何技而能如是？"女曰："吾少在吾父署中，刺绣之暇，每喜掷钱为戏。父曰：'汝好掷钱，盍即以此练技击？'因令缚草为人，置数丈外击之。已而人渐小，相距亦渐远，击之能中。遂于草人身上记要害处击之，乃曰：'可矣。'顷数盗过船，吾先猱升桅上，手中取钱一掷击之，一一中要害，故落水死。最后二盗未中要害，一逃去，一倒船中，今缚送官者是矣。"

其后，生官云南某府。有一同城武员与生颇相得，言次，因曰："吾向故为盗，一日在某处，遇一官船，共谋劫之，不意先数人皆落水死。余过船时，觉有物相击，急退回，幸得免。后改行为官，得擢至今职。顾彼时觉船中寂无声息，不知是何神术也。"生省即前所遇，乃谓曰："神术人今在此，汝欲见否？"曰："甚愿。"生令请夫人出，武员大惊，伏拜称神人。并问何术，女告以故，武员乃大服。

朱寿得以颈断箸

朱寿得者，楚二胡子之徒也，人谓其多艺，然颇自秘，不欲暴其能。一日赴魏姓宴，座客必欲观其技，固却不可，乃以竹箸七，束之可盈把，先以一端接几缘，而后以颈承之，箸中断。自言少时可断十四箸，于时寿得年六十外矣。

驾长起大殿柱

海宁有游方医王某者，奔走江湖间，获利渐丰，遂归乡，设肆货药。时有游僧来市，托紫石钵，重百斤，入肆宣佛号，婪索不遂，辄以钵置于柜，张拱合掌拒门外，人无敢出入者。市人厌苦之，不得已，满其愿，则又过一家。次第至药肆，索百钱，王仅与三枚。僧怒，将举钵压其柜，王接而掷之，石为之碎。僧恧颜，拾破钵而遁。逾岁，王将赴苏购药材，雇吴江小舟，舟子二，其一驾长也。驾长力猛，非橹脱即篙折，伙怨骂之，恒忍受也。惟张帆时，则驾长右手执索，左手持柁，以足代篙，四体并用，无不当，伙得卧而观之，故相安焉。

越三日，晚泊城外寒山寺起爨，王登岸闲玩，有僧立寺门外，审视王，呼曰："客非海宁药肆之王居士乎?"王曰："唯，何以相识?"僧曰："予前年托钵贵乡，领教已深。今幸至此，实有天缘。予师慕客久矣，请至方丈一叙。"王曰："诺，姑俟我返舟饭毕，而后会尊师也。"僧喜，反奔入内。王归舟泣下，驾长见之，曰："客何悲?"王语以故。驾长笑曰："既能掷钵，何惧乎秃？吾今请助客。"王曰："我既犯僧，死由自取，子何为哉?"驾长曰："吾乐此，死亦无怨，恐僧不吾较耳。请假衣冠，以师弟称。若角技时，必呼吾先，可无事。"王诺之，遂饱餐偕往。

二人入门，群僧笑迎曰："客，信人也。"报首座，接于庭，视其人，身高七尺有余，脸横腰阔，气概粗豪，已望而生畏。肃客入方丈坐，乃曰："前者小徒蒙赐教，老僧夙夜在心，冀图一遇。今既垂顾，请至艺圃，仰瞻绝技。"王唯唯。于是群拥入后圃，有地一区，高垣围绕，仅通一门，亦甚坚实，圃南包大殿之后檐，为阅武厅，甚雄伟，柱壮两围，础高三尺，隔以石栏。有椅二，首座与王对坐，寮僧十余皆短褐，持仗站围矣，群呼曰："来、来、来!"王谓首座曰："请徒与徒对，师与师对。我命弟子先戏，可乎?"首座目驾长体貌清癯，漫应曰："何不可?"驾长亦释服，曰："秃有贼形，恐窃吾衣，必谨藏之。"乃蹲身抱大殿之后柱，起尺余，屋瓦震动，砖石齐鸣，以左足扫础倒，置衣其下，以右足扶直之，仍安柱，转身呼斗，声若巨雷。于是首座及寮僧咸股栗膜拜曰："我教中韦驮天尊，旋乾转坤之力，亦仅如是。僧辈肉体凡胎，何敢相角？若尊客一挥肱，则皆成糜粉。情甘降服，不敢再言技勇矣。"王与驾长相顾大笑。群僧屏气肃候，延至方丈，侍茶毕，王告退，首座与寮僧尽易法衣，执旛幢以送。王返舟，谓驾长曰：“壮士之力，天下无敌，盍不入营为伍，则显职立至。请以资助，聊报大德。”驾长曰：“嘻，吾若不为显职，亦可小康，何至操贱业？客尚欲吾博显职耶？”王叩其旧职及里居姓氏，驾长不答。王凛然，报以百金，亦不受。

赵孔修掌有吸力

江右剑师赵孔修善运剑，且能斫竹片于地。以手去地三尺许，作势引之，竹片立起，附赵掌，是殆所谓吸力耶？

陆葆德随盗上屋

陆葆德，河南人。精拳勇，曾中武举。入都与宗室某较技，某被殴死，论抵，遇赦免，乃为标客。一日护某客货，道出某地，有来劫者，陆却之。俄引健儿数辈来苦斗，又获胜。已而其酋至，尤猱捷，与陆持，亦未能胜，酋遂引之归，请与其女较。女素得父传，尽其技，且加精焉。是日，仅能相御。酋大喜，遂以女妻陆。

陆本能文，改试文，中进士，得庶吉士，散馆为令于蜀，然好色，妾媵至十四人，精力大衰减，然与朋僚燕集时，犹自炫其技。夏日，院有凉棚甚高，陆立阶前，拍手一呼，即腾立棚上，众咸失色。一日演剧为母寿，偶至寝室，适见贼展袱括财物，遽前捉之。贼上屋，陆亦上屋，贼跃过屋数重，亦从之行。贼掷瓦击之，以手接取。俄而胥役麇集，贼适误踹坏墙，坠地被获。陆严刑，欲讯其不法事，贼大言曰：“我辈十三人，由齐至此，中途相失，否则岂为汝获？毙我可耳，安肯说平日事！”遂毙之杖下。

清江女子富足力

德清俞桐园筮仕三吴，以解饷道出清江，将舍馆，及门，瞥睹一少年张两目直视，口涎流颐，左臂侧垂，而独伸右臂，反其掌下向，若有所取携状，骈其足植门外如僵，虽五六壮夫喧哗推挽，莫能动。旁有老人谇呵曰："汝浮薄，强调人家女郎，非叩求此姑姑者，此子不得活矣。"桐园异之而就问焉，老人应曰："顷有一行道男子，携女郎，载独轮轺车，女郎翘纤足车轼，足锐小，结束若锥。诸人道见之，乃群激少年，谓能一握此粲者纤钩，当以酒食相寿。少年忻诺，意其必宿于此，乃随诸人绕道先立门侧。须臾车止，男子负被装先下入门，女郎方欠伸欲起，少年猝出手握其足。诸人正注视，欲出声讙笑，不意少年掌甫触女郎纤趾，而忽睹其体若寒噤，扬手不得下。女郎了若无觉，盈盈下车，而少年兀植如故。诸人心知有异，视之，僵矣。女郎盖富足力者。"语毕，顾诸人曰："傥得官人好言相慰此姑姑，或贳此子生。"诸人闻言，群乞桐园为缓颊。桐园许之，偕诸人入，见女郎方盥面，群呼曰："是矣。"乃环向叩首曰："适有一少年犯姑姑，犹僵立不动。今已知罪，乞恕之。"男子在侧，骤睹状，大惊，询得故，咎女郎曰："吾侪异地人，道此，何事伤人？"桐园从旁代请，女郎哂曰："轻薄儿直须扑杀，官人为好言，当释之。"乃翩然出户外，轻掖少年右臂，少年忽出气，作嘘声，活矣。后少年视己右掌，见掌心黑点大如黍，则所触蹤履泥痕也。

某少女与盗角飞檐术

燕、赵多任侠之士，巾帼中亦有之。有剧盗，矫捷如猿，足善走，百里外顷刻可至，横行燕、赵间。某夜入一巨宅，则见其中图书刀剑，纷然杂列，一女子徘徊楼中，状颇惫。俄顷，据案坐，秉烛观书，目不旁瞬。乃破扉入，搜衣饰毕，将行，遽前，轻拍女肩曰："略分尔金，异日当归偿。"女挺身起，大声曰："咄咄鼠辈，欲窃物，则窃物耳，敢溷乃娘耶？"大怒。盗惶恐，继念余固横行燕、赵间者，此一弱女子，何惧为？因曰："予有绝技，请献。"遂向壁蹑足而上，如登梯然，及颠，翩然下。女嗤之曰："技止此乎?"盗曰："此飞檐术也。"女亦蹑足而上，较盗尤捷。及颠，复返身贴壁，徐步而下，顾谓盗曰："较尔技如何?"盗大惊，屈膝求免，女掷诸窗外。厥后盗匿迹山林，而女亦不知所终。

墨爷夫妇精拳术

爱景，金匮人，佚其姓，饶于资。妻金氏，有拳术。爱景身黑如墨，乡人呼之曰"墨爷"。旋委家政于金，而自结庐鸿山之巅居之。山东麓有梁鸿寺，中供梁伯鸾夫妇像。寺僧觉空，少林弟子也，精拳棒，与墨善。墨朝暮往来，凡五年，尽得其术。一夕，群盗入其家，金踰垣出告墨，墨闻警，与金各执械伏户外之深林中，度盗伙之必经此路也。须臾，二盗肩物踉跄至，既近，墨与金猛击之，二盗俱仆地，遂戮之。后来者见二盗死，遂弃物窜去，穷追之，一盗回身横刀相拒，格斗不胜，被擒。夫妇二人曳之归，数盗罪，盗叩头哀求，誓不敢再犯。墨恻然，纵之去，命家人搬回盗刦物，检点无失。自后，遂无敢有覬覦者，里中亦无盗患。又一日，墨至苏，乘航船归，夜半，突来盗十数人，舟客哭呼救。墨跃起，觅木棍，击盗之先入者捽于河，余盗知不敌，遁去。舟客得无恙，深感墨功，于是名大噪。

林植斋为窭人所殴

林植斋培基，闽县人，以武科第三人及第。挟其稚妾至山东，宿逆旅，林他出，有同舍窭人屡搴帷作平视，妾怒，诉之林。林径登寓楼，寻窭人，窭人蠢蠢，无所陈辩。林拳殴之无数，窭人一无声响。林既下，手足如病风痹，不能动。逆旅主人曰："楼上人，老拳师也。哀之，尚可得生。"植斋颇以人示意，窭人曰："必其姬氏哀我。"妾不得已，道歉衷。窭人下，为抚摩，旋愈。且戒之曰："勿饮酒，勿近妇人，疾当已。不尔，亦殆。当时不敢以一指加君，尚委顿至是。然国家尚武，固以弓马之力为武耶？则老夫所不能深解矣。”

德宗习枪

德宗知尚武，万几之暇，颇习枪法。所常御者为十三响枪，宫人呼为“十三太保”。

舞飞枪

有善舞飞枪者，穴壁置一杯，口向外出，掷枪中杯，杯随枪出，以手接之，百不一爽。武器以飞枪为难，然见有能舞双飞枪者，如二龙盘旋空际，群以长戟刺之，皆不能中。

黎平民善马枪

贵州黎平县初为苗疆，汉、夷杂处，地居黔之下游，风气闭塞。土民多以打猎、务农为生，自幼练习马枪，技之精者百发百中，且能走击飞鸟，其枪约长五六尺也。

黄少春舞刀

黄芍岩军门少春幼孤苦，为粤寇所掠，后降官军。骁勇善战，弱冠即积功官总戎，其提督浙江时，年未三十。一日置酒觞客，酒酣，笑谓客曰：“予，武夫也，好武艺。今日兴不浅，敢献薄技?”佥曰：“善，幸寓目。”黄顾左右，少选，材官以大刀进，小校挽骏马待。黄起而引巨觥，目客曰：“饮。”则一饮而尽，客亦各尽一觞举以示。黄莞尔而笑，自易戎衣，提刀上马，起舞庭前，下抑上扬，左荡右决，惟见光芒闪烁，不复辨其人马所在。舞毕下马，气静神闲，笑顾客曰：“何如?”客群贺曰：“公神武，真当代之英雄，绛、灌不足伍也。”

邱尊谦使大刀

邱尊谦，徐州沛县人。能使大刀，重十许斤，人呼为“邱大刀”。少沦于盗。同治中，庐江吴武壮公长庆，从李文忠公鸿章征捻，道出徐州，闻其壮烈，招降之。尝为先锋，驰驱齐鲁，多功绩，仕至副将。吴移军江浦、登州，皆从。善诘盗，所至辄召诸少年箕踞而饮，蹴踘为乐，少年有窘乏，辄周给之，以故捕盗无弗获，所在一方无盗。其生平不治生产，得金辄挥手尽。光绪辛巳，卒于里，年五十许。

石六郎刀法

广州石翁产六子，皆英英壮人也。翁家富而患盗，则欲使六子皆武以备盗，延聘四方精于拳勇者主其家，分授六子艺。一日，有病叟造门，喘且急，言将以所学授公子。翁见状愕然，以礼延集厅事，问师所以教余六子者，何操而来。叟趣命斫荆棘为地衣，命此六郎者赤足践过之。以次渐过，至第六郎，六郎不可，曰：“吾躯干，父母所授，胡必求艺以自残?”叟笑曰：“可矣。六郎不残其身，宁残人哉？吾学可授矣。”居石翁家八月，六郎乃尽有其师所授。一日与师试艺，力偪师于壁衣间，师斗起一脚，六郎立毙。师匆匆卷单行，至村桥，遇石翁于桥上，翁曰：“先生胡挈囊以行?”叟曰：“六郎与老夫较力，老夫毙之矣。”翁曰：“吾尚有五子，师更择其一而授之。六郎，吾无惜也。”将叟复归，见六郎有微息，则出刀圭药纳其口，六郎顿苏，于是更六月留。叟曰：“吾学罄矣，六郎温润有养，必足以卫主翁之产，外侮不足虑矣。”

叟去近村三十里，复授徒，可三十人。然晨起，必有枣糕于案上，如是经月，始侦其人曰王新，村人称之曰“酸糕新”。叟问何求，新曰：“夜来窃观先生授艺，经月矣，顾不获自进。意纳糕为脩脯，乞录于弟子门籍。”叟笑曰：“可。”新乃轻趫便利，不六月，艺出此三十人者上，履险骑危，如猿猱。遂谢叟去，为盗剽掠于近郊间，郡人咸以为苦。寻侦得新为叟之高弟也，则并叟而讼之于吏。叟既见录，知年老不足以制新，则行三十里造六郎家，延六郎捕盗自赎。六郎逊谢，叟曰："汝勿悸，新所能者，老夫知之。新每登屋，必倒其刀锋下向，追者踵上，则新刀必疾下，中追者肩井立死。老夫今授汝趣登疾退之法，见新超而登瓦，汝则伪作声势，欲从之登者。新备汝，必疾以刀下，汝已狙伏。新不中，且更上，汝则鼓勇以刀锋上翘，中其股，新坠矣。"六郎习刀法可十日，遂从叟捕新，果遇之村店，六郎如叟言，新中创坠，卒捕得之，伏诛。

某女郎用刀

中州俗强悍，睚眦必报，又多禁忌，入境必问俗，非是，必屡受辱。某自汴赴汉，一日午，息茅店，制麦面作午餐。方食，有贩麦客来，约三十人，高声呼店主人备膳，嘈哓呼叱，各以扁担架两麦袋间而坐其上，出竹根短烟管而吸。忽有三竹轿至，轿中一老妪、一小女子、一童，女与童似姊也弟者，童年幼，约十二三岁，皆入室坐。有顷，车声辚辚，至店而止，车盖载三人行李者。童喜，奔出，有担适当门而亘，童跃过之。客大怒，欲批其颊，车夫劝止，命童对担叩首以禳之。盖汴俗以扁担被跨为不祥也。童允，老妪出谓曰："彼年幼，自外省归，不知礼，盍恕之?"继又令童揖担，童果揖。客仍躁，车夫怒，与客争。客恃众，群捽车夫，复一拥入室，欲执童。童依老妪肘下，女郎独含怒意，老妪掖女手，似掣之，令勿动者。女怒不可遏，超进，捽当先者如提婴儿，向众客掷去。客狂退，女随出，客悉取担遥立，作击势。女取童跨过之担掷空中，拔腰际佩刀，担下坠，乘势劈之，担断，向客飞去。女大呼曰："敢犯吾弟者视此!"客惶恐，尽逃。女嘻笑入，饭毕，登轿去。

匕首杀人百步外

某处有土豪，耄而好色，姬妾环侍犹不足。邻村有女美，百计求之，女不愿，以金啖女叔，叔贫，心动。女无父母，仅一弟，他出未归，叔逼女入豪家，豪大喜。女谓豪曰："盍释我归？吾弟乃侠士，能飞匕首杀人百步外。"豪笑。女不言，但求十日限，豪不听。女大哭觅死，豪计穷，姑待之。

先是，女家有老奴，至忠诚，见女叔逼女入豪门，怒甚，目眦尽裂。女乃告以其弟所在，奴诺，兼程去。十日之限既届，日已落，女失望，欣然靓妆，藏剪衣袋中。豪喜，大宴宾客。酒数巡，豪醉，起就镜，拂其须，自赞矍铄。突有怪风一阵，见一匕首铿然中己面，大惊而踣，以手摩面，不觉痛，详察之，则霜刃长三寸许，插玻璃镜上。入室，女不见矣。

末座少年用剑

纪人龙者，善技击，慷慨任侠，尝客游湖湘间。有潘某，家饶于财，亦以侠闻，四方技勇之士多游其门。纪往访，款接甚至，宴之，座客几二十人。酒三巡，各述技击师承，谈论蜂起。末座有少年，敝衣露肘，短发突鬓，默不一语。纪问主人此客来几时矣，潘曰将半年。问何能，曰："不闻所能，但随堂粥饭已耳。"众大笑，少年亦不语。后数日，复燕集，忽有铁面汉款门通谒，装束甚武，拱手向主人曰："闻今日群英雅集，敬来观光。"乃遍睨座中人，至少年曰："汝亦在是乎？"少年但俯首不语。潘乃延客上座，饮啖兼人。既而曰："今日之会，良非偶然，诸君曷各奏尔能，余亦有薄技当呈教也。"潘大喜，移席射圃，尽出其所用器械，诸人皆臂弓腰剑。其人笑曰："诸君可云技矣，而未神也。"乃于衣底出二剑，盘旋腾跃，初如雪滚花翻，以后但觉白光周身，旋转如月。众观时，少年立最远，既而众亦渐渐远避，方愕眙间，其人忽举剑直击少年。少年急走避，袖中砉然有声，亦出二剑，疾如金蛇，左右腾击，与白光相激触，寒气森森，众皆却立十余步。久之，白光渐缩，渐敛至土墙边，戛然长啸一声，向东南而逝。众惊就视，惟见少年背手立墙阴而已。急罗拜问故，少年曰："吾辈皆习剑术者，彼实与我同师，以我技出彼上，不相能，狭路较击者七次矣。始我闻主人名，意门下必多奇能之士，倘彼来时，可以相助，岂谓皆碌碌不足数。子固皮相者，不足与言，吾亦从此逝矣。”一跃登屋，遂不见。

吴庆晋与垂髫女较剑

吴庆晋富而任侠，精剑术。尝客楚，一日，有垂髫女从一叟造门，请较剑，吴问姓名，不告，惟约于郎官湖上。及期，吴往，女已文服捧剑立。吴令更剑妆，曰：“无庸也。”语次，白光已及吴顶，吴亟出剑敌之。一剑又起，飒飒有声，女隐约白光中。吴益退，剑益迫，大惧，奋身跃八九步外，曰：“神技也。无过偪。”女乃止，微笑曰：“君能敌我，亦大不易，宜吾师之谓君为高足弟子也。”吴大愕，诘之，则授女术者，固即吴之师耳。

清霜襟剑

武陟之木栾店寨，河北大镇也。寨有巨族宋氏，族绅某有女曰清霜，幼从女冠静玄习武艺，传其术，得襟剑真秘。襟剑者，襟袖一挥，能百步外取人首级也。女字庠生金某，光绪甲午七月某日为婚期。女将上舆，忽有白发翁褰裳入，举袖拂烛，烛光惨绿，入内，不见。女戒众勿喧。登楼迹之，出剑相较，但闻空中搏击声。众拾级窥之，剑光闪闪，冷气逼人，目不得视。久之，楼上裂帛一声，众大惊，女已冉冉下。众诘之，女曰：“仇人欲坏我术，不久且复来，姑俟之。”俄而翁又来，斗益厉，至夜，终无胜负。明日又斗，正酣际，一白袷少年仗剑来助翁，女敛手曰：“贤乔梓剑法诚高，顾以二丈夫欺一弱女子，胜亦不武，不愿斗也。”翁乃叱去少年，挺剑再斗，如是三日，不能嫁。众患之，请于其地之游击，以精兵围翁。陡见光芒万丈，自窗隙出，手足俱震，尖刃尽绝。游击大惭，率其伍而退。翌晨，斗方猛，女忽收剑入匣，曰：“翁回剑露隙，一着之失，吾苟相怨见忍，翁无幸矣。且翁为父辈行，宜见怜，何相逼至是?”翁掀髯曰：

“老夫昏聩，沾沾于胜败之间。既降心以相从，吾复何求？但误尔十日琴瑟，奈何奈何！”遂出，乃成礼。

刘墭挽弓击剑

刘墭，字蜀生，湖南巴陵人。幼承母周氏教。周曾于长沙创办私立周氏女学者，读书之暇，复究心武事，能挽强弓，善击剑，长归林文钊。光绪甲申，文钊卒于应山县典史任所，扶榇返湘，行次汉口，适马江有中、法战事，乃改殡于汉阳十里铺，题一联曰：“五父而今原暂殡；百年以后愿同归。”殡事毕，挈三子赴南昌，依母族刘碧礽大令以居。湘省各校争聘女士为教员，授天算、舆地，继充奉天女师范监督。生徒体操之暇，又以挽弓击剑之术教之，兼及柔术。居未久，辞职南归。

冯氏女发袖箭

冯氏女，籍登州，流寓江浙间，嫁吴森祥。女美丰姿，工挟弹走马，及秋千、蹴踘、高絙诸技，所至，人遮道观，其家人即赖以餬口。一日售技毕，将返舟，途遇群少年方逐射，顾见一鹰盘旋树上，一人出时计一，约曰：“有中此鹰者，以此物相赠。否则罚如直。”少年皆不中。女笑而前曰：“妾请为君弹之。”一发而鹰坠，乃取时计以去。

逾十年，女卖技黄岩。黄岩故多盗，某夕，盗众二十人持械往刦某富室，森祥过其地见之，大呼捕盗，为盗之侦者所闻，手利刃，刺杀之。女闻变，带刀出，大呼于市曰：“好男子，从我杀盗，护室家。”一时从者数十人，然苦无械。女又至竹行呼曰：“事急矣，人假一竿，直取诸我。”此数十人者直抵某富室，时盗犹在内搜括财物，女命众围若堵墙，己则往来其间。未几，盗饱掠以出，女急发袖箭，一矢出，辄殪一盗，盗连毙者十有二人，余盗气慑，伏地乞哀。女令众一一擒缚之，送之有司，置诸法。邑令嘉其功，赏二百金。女曰：“妾此举为地方除害，一也；为夫复仇，二也。今妾志已遂，安用金为!”乃悉散给诸从者。

女自森祥死后，即弃业，不复献技，遁迹尼庵，作女道士装，焚香礼佛，喃喃诵经，见者不能狎也。尝谓人曰：“妾所以流落江湖间者，以婿非此不活也。今婿死，奚必复操贱业以自取辱哉?”

剑伤后山林木

合肥李瀚章抚湖北时，一日为太夫人祝寿，宾乐甚盛。忽一人便衣至，年可四十许，言欲登堂祝寿。阍者拒之，其人汹汹欲入，为李所闻，乃命延入。入即长揖曰：“君识我乎?”李记忆久之，不能省。其人乃曰：“君亦记君家有后园树林被削之事乎?”李愕然，亟改容加礼，请入座与燕。宾众咸莫测所以，争前问故。李怃然曰：“斯真大异事。余童时与诸弟读书塾中，一日散塾后，与诸弟嬉门前，见有一人若自他方至者，方蹲而大便。旁有小包袱，又一小纸裹，中似无物，而喁然若猪尿泡者。余等觉其怪，遽与诸弟取纸裹开视之，其人遽呼不可。已而见吾诸人已取纸裹，亟提裤前，欲夺回，则纸裹已开，瞥然有气冲出。其人顿足曰：‘殆矣，殆矣!’即蜷缩地上，若甚畏悚困惫者。顷之，忽如有气回入纸中，其人亟以手握纸，则已如前状矣。余辈咸觉可怪，争问其故，其人悚然曰：‘汝等真大福人。余故能剑术，纸裹之中，乃剑也，向出，必杀人始返。汝等前程远大，得无伤，已移于君家后山林木矣。’余辈咸怪其语不情。次日入塾，以语师，师曰：‘是极可怪，殆异人耶?汝等何乃交臂失之?’亟偕诸童至后山，观林木，则树杪枝叶咸被削去，师及余等咸大惊异。其人微有须，若四十许人，今去尔时已二十余年，而省视容貌，若不异前，岂非真有道之士耶?”

舟中人矢无虚发

舟中人，不知何许人，常驾小舟游于三吴间。金陵少年之豪者操弧矢，赌饮于燕子矶，舟中人从而观之。一少年引弓而射，矢破的，舟中人笑曰："艺善矣，惜手平而骨未齐也。"又一少年进，曰："骨齐矣，惜气不固也。"更一少年进，曰："气固矣，惜神不完也。"诸少年哗曰："尔善此乎？"曰："幼习此艺，今老矣，恐为诸君笑。"乃令立十竿为的，于百步外引彀，呼曰："中某节。"尽数十矢，无虚发，少年皆惊，邀上坐。请言姓名，曰："吾舟中人耳，无姓名也。"取酒自酌，既酣，鼓枻而去。

旗人以习射为娱

八旗以骑射为本务，而士夫家居，亦以习射为娱，家有射圃，良朋三五，约期为会。其射之法不一，曰"射鹄子"，高悬栖皮，送以响箭，鹄之层亦不一名，最小者名羊眼，然工者仍不事此，或一箭诸圈，皆开而不落，如花篮式，此为至难。曰"射月子"，满语名"艾杭"，即画布为正也。曰射绸，悬方寸之绸于空而射之，此亦难。又有于暮夜悬香火于空而射之，则更难。然皆巧也，非力也。闻之开国之初，其射也，弓用八力，箭长三尺，镞长五寸，名"透甲锥"，所中必洞，或连贯二人而有余力。

巴塘夷人柳林较射

巴塘清真寺下有柳数百株，夷人于秋收后往往移居林内，终日较射赌酒以为乐。每值八月既望，夷人辄支布为鹄，于五十步外以木箭射之，连中三次者，群具酒饮之。惜其箭过笨，不若内地所造巧也。然亦有连中三次者。

苗人善用弓弩

苗人生子，俟其长大，练（炼）钢以为刀，终身用之。试刀，必仰刃牛项下，以肩负之，一肩即殊者，良刀也。弩名偏架，以一足蹶张，手背传矢，镞皆附毒，中人立毙，然非怨结者不轻发。枪名杆，长二丈余，用以护弩。有事则一弩一枪，相将而前，执弩者，口衔刀而手射人，或冒刃迫之，枪无所施，乃释弩，取口中刀奋击以救。

苗所居无城郭，三十家或五十家据险而居。每一处，合募一勇士，号曰老虎，饮食供奉有加焉。与人斗，则老虎当先，指挥调度。合诸苗计之，为老虎者不知其几千百也。

黄芳钠用铁简流星锤

湖南黄芳钠工书画，能文章，而勇武过人，五十以后，遇人辄恂恂。光绪初，自北京应廷试，报罢，归途出山东，囊金三百余，盗觇知之，以黄附大商帮行，未敢动也。及临清，黄始别向东南行，盗三人尾之。黄坐车中，手一卷，意甚闲暇，乃放哨以惊之。黄不动，盗莫之测，袖手而已，然不能舍。

已而过济南，黄宿逆旅，出银币六，令仆曰："门外有三人，方徙倚，汝往，以此犒之。第言主人云：'劳诸君相送，今当临别，特以备一夕刍秣之资。'"仆如言去。三盗笑曰："若主识我耶？既如此，当面谈。"遂趋入，拱手曰："黄君好眼力，仆等远道相从，岂为此区区者？君既相识，不得谓非一面之缘。今因此故，某等三人请君人犒六十金，当护君安抵湖南，不然，吾侪无因受此区区也。"黄佯谢，称实无之。盗笑曰："君何必讳？"指一箱曰："银在此中，计三百五十两有奇。虽给吾辈，君日用尚有余。生命为重，区区者何必计较？且吾侪走江湖数十年，岂受人言词欺饰者。"黄笑曰："君果不能稍通融乎？"盗厉声曰："然。"黄曰："君既猎食江湖，应有尺寸可恃，倘能出以见示，果不谬，当如命。"盗踊跃而前，举手作势，黄略与支拒，出怀中简一击，仆二人，其一逃去。黄命縶之，将以送官。顷之，逃者复来，将三四人，入门而趋，升堂而跪，具言弟兄辈无知冒昧，务祈容恕，许予赦原，当自加罚。黄不可。盗恳至再，念不欲结怨若辈，乃许之。盗负以去。黄遂归，沿途数千里，无敢犯者。

后复有广东之役。自广东附帆船北行，行数日，过南澳，舟人言更前有海盗窟，日过午未可行。黄必欲进，众亦惧，力止黄，黄笑曰：“汝辈怯耶？乃翁在，盗何能为！”舟人无如何，遂行。时后舱有客，敝衣槁项，若有阿芙蓉癖者，倚篷凝望，初无一言。久之，暮霭中忽有小舟傍左舷来，疾如箭，舟人惊曰：“海盗至矣。”黄生平绝技以铁简及流星锤为最，至是已戒备，即迎敌舱面。盗来者四人，不数合，悉殪简下，腾足蹴之，尸掷起数丈，陨于海，小舟早遁矣。黄泰然坐船头。是夕，船方欲收口，前小舟者已载一老翁至，翁诘黄曰：“吾辈江湖日久，乃不知有君，诚误犯。然君独不能少少留情耶？胡恃强，尽歼之？吾殊不服，今特来为弟子辈复仇。”黄不待言毕，即叱曰：“鼠辈敢尔？”一耸身，铁简即直压而下。讵翁微引其手，简已入翁手中。黄大惊，然势不能止，即更击翁，亦更夺之，黄发流星锤，又为所接。翁大笑曰：“豪杰豪杰，如是如是。”黄窘甚，将自投于海。忽有拽之者，后舱客也。客谓翁曰：“为盗者死，古今通例，翁纵徒从为盗，乃嗔人不当伤害耶？而翁尤恃强，何得咎人？今吾在此，翁能一角，当听翁所为；不然，宜善思之，毋后悔。”翁闻言大怒，跃而前，客蹈瑕一蹴，直坠翁海中。还顾黄曰：“天下奇人甚多，勇未可恃也。君异日宜戒之。”黄再拜，求指授，客不答，舟抵烟台，先登岸去。

张氏女用铁棒

广州张氏女，家贫，年二十许，佣城中某富家，操杂役。一日自市购物归，道经米市口，市数十户，皆米肆。舂米者多无赖少年，约三百余人，中有某，尤佻，见女色美，戏之。女正色曰：“幸勿尔，复尔者，将不利于子。”某不听。时女持一伞，即以伞尖挑其腹，甲果应手倒。于是舂米者群哄至，谓女白昼杀人，欲甘心焉，各持短梃还攻。女略无惧色，但以一伞护其身，上下飞舞，众皆辟易。女从容退，归诉之主人。主人方惊叹，忽门外哗声大震，阍者入报，知舂米者欲复仇，前后门皆有伏，言必得张氏女自出与斗。主人调停之，不获免，且谓再迟者将火尔居。主人无奈，商之女，女坦然曰："吾视此辈如犬羊，乌足污吾刃。在势可不遗一矢脱此厄也。"言已，携一铁棒出，顾谓众曰："欲何为者，便何为，何狺狺焉?"众见其铁棒略如酒杯大，而女乃绝不费力，运用如拾芥然，知非所敌，乃不斗而走。

后女抵家，家有老母及妹，亦恶若辈之无状，思有以报之。一夕二更向尽，母女尚未寝，有盗数十人攻其家。女阴念距城仅十数里，是必若辈无疑，于是母女各持一铁棒，启其门。盗蜂拥遽入，女当先御之，即连踣其十数人，复毙其五六。盗方欲散去，女故厉声止之曰："勿尔！伤而能逃者，可即去，死于是者，亦悉听运归，不汝难也。"盗逡巡，女自篱内次第掷出之。于是母欲暂徙城中以避盗，女曰："世果治也，山居与城郭何异?"母不能强。女终不为意，日往来市上不辍。一日归抵山麓，距家仅数百武，时夕阳西下，林树苍茫，径少人迹，乍闻轰然一声，则铳弹已中女股，第二弹继至，复中其腹，遂倒地。母、妹适采樵返，见之，急负归，女急怒目视曰："杀儿者仍米佣也。"言已始逝。

垂髫女舞短木棍

陈志三孝廉虬，乐清人，以会试在都。一日宴于某所，席有一豪客，询以漫游南北亦遇劲敌否。客摇首曰："难言也。余自谓余子碌碌，非我师，殆无出我右者。某年北上，以余师别十余年，将便道往省。一日驱车出驿，有两童驾犊车迎面而来，余视之，一男一女，男甫胜衣，女亦垂髫耳。谓可戏也，阻其所之，女怒曰：'吾辈早行，干君甚事，阻之何意?'余笑谓之曰：'喜若辈可儿，能往者即往。'男捉女袖曰：'姊何絮絮是人，恶贼耳。'女谓余曰：'观君亦是豪客，殆欲斗耶?'余曰：'幸甚。'女曰：'徒手耶，械耶?'余思不如械，女即持一短木棍，男持其稍长者，往还数合，竟逸去。明日抵师家，师喜甚，命子女出拜，乃即此两童也，一笑而入。余乃为师贺。平生所遇，惟此耳。”志三亦能拳，且夙知客精技击也。

刘綎平举筵桌

有秦某者，佚其名，无锡人也。好武略，两手能举八百斤，自以为力过人，无与敌。皖有武状元某，以力闻，秦慕皖中山水，裹粮往游，顺道访某。谈次甚欢洽，夕设筵为秦洗尘。有刘姓客适至，某为秦绍介。坐既定，厅事陈柏木桌一，广方倍于常，设筵其上。某起立曰：“山肴野蔌，不足以敬嘉客，惟嘉客辱临，可各献其技。”皆曰：“诺。”某又曰：“桌四足，举其二，步行，物无动者胜。”秦技痒不可耐，持两足蹲地，竭平生力举起，勉行，则杯盘狼藉，汗见于额。某继之，行不数武，而竭蹶如秦。及刘，两手平举，绕室巡行者三，物无纤毫动者。某与秦皆叹服。入席，尽欢而散。刘为谁？盖草堂刘綎也。

卞云西用铁钱

平陆有巨盗劫富室，杀伤事主，逾月获盗，解省审讯，供不讳，论斩，而枭首于平陆。平陆距太原千余里，守备廖某押解盗首出省。廖负拳术，善超距，曾充毅军材官，颇自负，途中恃无恐。行至平遥，遇镖客五六人，由京护饷回秦，中有二人，引廖为同乡，甚昵。其一姓卞，名云西，年老而无须，鬓苍白，辫联假发，粗盈握，盘于顶而裹以帕，大逾笠，鞋尖包铁叶，手持烟杆长二尺，巨如杯口，扪之，铁也。廖以此乃镖客常态，未之奇。将抵赵城，卞忽谓廖曰：“君知近日之危乎？”廖愕然曰：“不知也。”曰：“盗首为洪洞人，其党沿途伺伏，将劫首级以葬，徒以有我辈在，未敢造次。君不信，明晨盍于墙外验之？”迨往验，果有迹。廖年少，殊勇往，曰：“今夜当俟其至。”卞曰：“盗能且众，君非其敌，来日，行至赵城、洪洞之交，必不能免。事已至此，请效臂指。”廖叩谢，曰：“虽然，长者为客，寇至，余当前驱。”卞曰：“若是则事当败。君但知战阵之事，炮火相见，无奇可用，未知短刃相接，其机间不容发，一转瞬间，敌乘我之瑕而枪机发矣。君第安睡，毋掣我肘。”廖唯唯。

次日晚抵丰店，乱山中盗窟也，店主亦狰狞可畏。廖惴惴，匿盗首于密室。众镖客先寝，卞就地设席，门窗尽启，剪灯吸阿芙蓉膏，铁烟杆在其旁，腰间出大铁钱二三十枚，其厚分许，置灯下，频频合眼，似倦极打盹状。夜半，店主与人嚷，渐至格斗，大声呼救。众镖客齐起，置不理，屏息伏户内。卞息灯，横卧如前。时月弦初上，微见人影，廖伸首注视，突见卞奋臂飞一钱出，俄又连飞两钱，墙外訇然，火光迸裂，耸身起，捷如飞鸟，二镖客随之。旋闻墙土簌簌下落，墙外有声甚厉，久之寂然。卞入，复卧。东方微明，推廖急起，曰：“险哉，老夫几遭不测。当店主呼救时，吾料贼徒必乘间而登，先登者，吾以钱伤其目，其次手短枪踵至，吾急以一钱伤其手，一钱伤其目，手枪落地而机震，发其三，吾以杆击其脑而颠，不死亦重伤矣。”遣同伴携廖踰墙迹之，血点狼藉，草中荧荧然，拾视之，乃铁钱也，血迹犹殷。卞乃曰：“店主人为虎作伥，罪在不赦，今且杀却此獠。”镖客领命，大索店中，店主不知何往。乃赴洪洞县报明，派差迎接。县令张小霞出郭亲迎，延廖及众镖客入署，饮以酒。酒半，强卞试技，卞命以生牛皮钉于木板，画人形，眉目毕具，相距三丈有奇。取腰间铁钱连环飞去，各中一目，近视之，铁钱穿牛皮深入木，露其半，健夫不能拔。卞略摇动，应手而落。喟然曰：“老迈之年，兼犯嗜好，无能为矣。”众俱咋舌。饮毕，张奉二百金出，坚请勿却，曰：“廖君莅敝邑，设有不幸，吾获重咎，不则与廖君二人同受严谴，微君，岂有今日？此区区者，曷足言报？”廖亦力劝，卞始受。自此与廖跬步不离，直送至平陆，珍重而别。廖率勇役不敢过洪洞，迂道还太原。

石信掷碎石

石信，通州人，初姓李，名四郎。貌魁梧，孔武有力，能举数百斤物。家赤贫不能自立，乃鬻身于石氏为奴，从其姓，改名信。鲠直而勤谨。某年，随主人入都，中途忽有盗至，拔刃相向，信叱曰："何物小丑，胆大乃尔，敢在太岁头上动土耶?"语毕，拾道左碎石，望群盗掷击，百发百中，盗乃鸟兽散。未几，主人为权阉李莲英所陷，将下狱，信请以身代，遂瘐死狱中。

村店小儿运钩

文登县邓叟，年六十余。一日策蹇驴至海阳，小饮于道旁酒家，隔座一小儿，年可十三四，尫羸如病，叟怜之。儿言不食竟日矣，叟推食与之，儿健啖，尽饼三斤，腹始果，遂相将同行。可十余里，地僻无人，忽尘起于前，儿曰："止。"徐起当尘来处，出怀中红线可五尺许，上着小钩，作玉色，儿运钩如舞空拳，然马上人已着钩，立坠其骑。儿出小剑，断骑士首如断韭薤，剖腹纳其首，以刀挖穴瘗其尸，启幞，得黄金三百。叟大骇，几坠驴。儿曰："此某令纲纪也。令坐赃，防挂白简，以金啖巡抚。吾恶其贪黩而草菅人命，除仆，所以示警。今当与公分此金，不义之财，尽吾辈取之，无害也。"邓逊谢不敢取，小儿囊金上马，拱揖，风驰而逝。

拳有大架子小架子二派

光绪朝，马永贞以大力著名于沪。一日，有卖艺力士约武伶十余人与决斗，皆辟易而退。马少时曾为松江正营教师，时副营中有窦教师，亦以拳法名家，惟躯短、年老，马藐视之，屡欲与之较艺。一日，谓窦曰："老教师拳力精能，小子愿承教。"窦曰："我辈均藉此餬口耳，何必较高低?"马自恃力大，再三强之，窦始应曰："如必欲较一日之短长，则请君先动手，否则无以对君之师。"马于是短衣窄袖，运全力于腕而以拳击之，窦不改常态，略耸身躯，而马之拳已从窦之腕下穿过，击空而仆，且帽已为窦摘，而马犹不知，盖拳出腕下时所摘也。窦乃笑谓马曰："君幸遇仆耳，否则摘帽时，以两指戳君顶，君即殆矣。尚其返而求之于师。"马赧然退。有知其事者，谓马之拳法为大架子，窦之拳法为小架子，家法不同，非马力之果不及窦也。马旋遁至沪，卒不改其性，为马贩子所算。

霍元甲七世善拳

霍元甲，绰号"黄面虎"，直隶人，以拳鸣于时者七世矣。兄弟十人皆善拳，元甲为巨擘，以是名震南北。光绪朝，美有大力士方侨沪，绝有力，能载重百斤，闻元甲名，请来沪较艺，元甲应之。及至而某惧，不果较。旋有赵某者，亦申此请，不允。赵以其怯也，作书登报诮之，元甲乃命其徒赛于昧莼园，胜之。不数日，赵又邀其友与元甲约赛，乃先令其徒角之，无胜负，然卒为元甲所辱。元甲乃太息而言曰："余来沪者，与异族较短长耳，不欲自残同胞也。后此幸勿相扰。"

元甲旋创办精武学堂，尝曰："欲使强国，非人人尚武不可。"久之，而为日本之擅柔术者某所忌，思有以倾之，乃约十人至沪，欲与元甲角，然皆惧死，要以勿用拳，元甲拒之，卒以手决胜负。元甲又使其徒先与赛，日人败者五，大恚，亟推一最有力者与赛，乘间出臂，欲中伤之，元甲徐格以手而臂折矣。

万春蕖以气不以力

南昌万春蕖精技击，移家安义之西山，所遇南北棒师剑客皆出己下。性厌城市，不欲与江湖武士竞时名也。光绪时，德馨抚江西，幕客何某以标自负，并擅拳勇，遍识城中技师，举不当意。闻春蕖名，羡且妬之，乃遣使访之安邑，请入城论技。使者造其庐，白何意，请俱往，春蕖笑曰："春蕖，山泽之癯也，不可入抚署，何君欲论技，来山中可乎？"使还，述春蕖语，何不悦，顾急欲一见试其勇，明日，呼使者与俱。既至，春蕖延之坐，从容叩所习，何以标示之，曰："请于墙壁画细圈数十，自上至下，此标不能尽中，某不敢复言技矣。”春蕖如其言画讫，则次第悉中。已，乃揖春蕖而言曰：“君所善者何器耶?”春蕖示以十指，曰：“尽在是，无以器为也。”少顷，何请试技，婉谢之，再请，触则仆矣。何起，数数试之，或坠于近，或坠于远，或前或后，或左或右，应手辄坠，不能自主。何再拜请曰：“某平生未尝少挫于人，君技至此，神矣哉，愿受教。”春蕖曰：“君以力，予以气，力有尽而气无穷也。”何曰：“吾师乎！吾师乎!”既而曰：“君能从某谒府主，不愈于山居乎?”春蕖曰：“君意良厚，予性耽山涧，不欲见贵人矣。”

丁潜生潜气内运

丁潜生廉访峻有神力，尝于退食之暇，在密室中盘膝坐铁椅，约半小时，舒两臂徐徐挈椅起，离地高而历时久，身不动摇，盖潜气内运也。

陈蓉酩能运气

光绪时，有陈蓉酩孝廉者，幼嗜学，然多疾，读书数过即喘。友告以习《易筋经》，疾可已。从之，百日，体顿肥，能运气矣。一日，方在厅事与客谈话，或叩其术，即骈二指于中设之大圆几，力按之，随意绕之行，则几亦旋转自如。少选，令人于厅事之东西两端各置一几，相距四五尺，置头于东几，置足于西几，其中空如桥，招三友使立于其腹而撼之，蓉酩仍安卧不动也。

李麻子指劈空气

光绪戊子、己丑间，鲁人李麻子至常州售拳技，时于广场献艺，兔起鹘落，剽疾如风，其手指旋转伸缩之际，劈划空气，嗤然作响。郡有豪家子十余人，年少好事，聘李为师，授拳术。李虽恂恂儒雅，而性至暴烈，偶触其怒，则轩髯怒目，抶之无算，必哀恳求免乃已。然居常数年，虽日以拳术授弟子，而秘要之处不轻授也。其弟子某甲者，学技数年，以为尽得其师之秘，请较技，李笑而应之。既交手，李若不经意，俟其拳至，辄转侧避之，甲以为怯，屡攻其隙，且猱进搏之，欲揕其胸。李以二指轻点其腕，腕忽暴痛，手不能举，亟向李请罪。李笑，以手握其腕，痛良已。李乃呵之曰："孺子恃勇，乃欲仆老夫耶？老夫苟为汝所仆者，三十年之名誉扫地尽矣。"李卒以夜饮醉归，为无赖所扼，醉甚不能御，被棰几毙，卧十日乃愈。往觅无赖之魁者，殴之，折其一股。无赖将质于官，李亡去，不知所之。

张童子以拳击井

堠山有张童子者，农人子也。年十三，户外有井，童子幼无知，道井旁过，必虚拟拳下击。久之，拳下，井水辄大声澒洞若上腾。然井深及丈，童子短臂，下拳必无能着水面之理，人皆异之。一日，有鬻拳者过，见而大惊曰："此童拳着人体，必无救。"索童子父，谓之曰："此匪若家子，宜与予，不且为若乡里菑。"父惧，许诺。后不知所终。

石勇左右肩承石

石勇，温州人。少失怙恃，双眸炯炯，虽黑夜，能远视数十里。力大于牛，食兼人食，家贫不能得一饱。有戚奇其量，煮斗米佐以十肴使啖之，曰："饱乎？"勇攒眉良久，曰："否，否。"主人大窘，以索食厨，已空也。

其舅某，墁工也。毗罗寺僧佣之造殿，乃邀勇往作役。役徒丛集，担者负者不下数百人，舅誓于众曰："能运砖石一次重百斤者，每百斤，与钱二十；重倍，与亦倍之。卒役，受佣值仍如例。"众皆踊跃，然他人率为力所限，无能多负，而勇独左右肩承，往往数倍于众。顾必绕行避寺中菜畦，路迂远，而心嫌之，竟破篱率众横跨畦过，蹂践菜蔬。菜佣哗阻，勇怒，举肱一挥，仆者数人。余或辟易，走赴寺，告主僧。主僧者曾为右职，亦勇有力者也。出视，见勇东西逐菜佣，众噪和之，叱曰："汝曹何敢尔？"勇嗔目诟曰："秃，方外人，乃与汝爷事耶？"疾飞担幹击僧，僧笑避，伺勇益进，骈两指，扣勇肩，勇痛而颠，众窜避。勇伏地乞宥，僧曰："竖子有几斤力，便目无人耶？盍起，随老僧来。"手扶勇臂，痛顿失。随至寺，僧询勇何便为此，勇以贫而谋得一饱餐对。僧曰："余寺厨虽寡藏，当足汝啖。"方顾左右欲有言，勇亟曰："倘得赐食，幸甚。奈不惯蔬食何？"僧睨之，笑曰："寺中例不许食肉，此戒勉为汝破矣。老僧乃不意汝更馋肉。"遂命炊饭蒸肉，盛巨盂，佐以鸡鱼数品，可十人餐。勇狂喜大啖，顷刻已尽，抚腹拱谢。僧命锢一室，三日无与食饮，至期瞰之，则神色自若，僧曰："孺子可教，诚非碌碌者。"

时光绪甲午，中、日失和，某大帅备兵闽、浙。御日需人才，僧故大帅僚吏也，作书予勇。辞其舅，赍往见大帅，得官把总，引卒千人，随副将张必胜守海口炮台。一夕夜半，诸将吏枕戈卧方酣，忽炮声轰然，副将遣人视，奔告石把总恇扰，擅发炮。副将怒，缚勇，欲斩之。申大帅，大帅知有异，传勇诘责，勇曰："某岂病狂！适因守视时，远见数里外有敌船向台驶，某恐其乘不备袭我，往复禀报，辗转误机事耳。"副将在旁斥曰："汝欲诳言欺大帅耶？"正驳诘间，俄海谍报至，言敌船二，驶口外，为炮台击沉其一，其一创而走。大帅知勇言信，喜，释其缚，谓副将曰："汝徒高官，乃卤莽不明功罪若此，是汝才不足以莅勇也。今夺汝官与勇，而以勇官畀汝者，汝心甘乎？"副将惭伏不敢言。

韦得道力冠侪辈

海昌陈侠君在岭南经理武缘鹾务时，有役夫韦得道者，力冠侪辈。廉州盐每篓重一百余斤，东关盐每包重一百五十六斤，盐艘至时，自水次运至盐仓，路若二里，例以二人舁之。然岸高途窄，舁夫必于中途暂停以舒力，惟得道能独挑廉盐四篓，东盐二包，缚以长藤，柔木巨梃荷之，径至仓中，半途不息也。自馆运钱下船，健者挑至二十千止矣，得道挑必四十千，尚言恨无好扁担，否则五六十千易易也。

二牛斗于狭路，四角相抵，不可解，人绕道行，得道手各执其一角，左右排之，中开四尺余，牧人始分驱而去。陈之卧室窗前有石峰，高可过寻，大可三人抱，欲徙诸墙角，以广中庭。使石工视之，曰："非用三十人力不可动也。更需麻皮作巨绠，系而舁之，始有济。"得道在旁笑曰："此石易徙，但以酒饮小人，方可独任。"陈喜甚，饮以汾酒，佐以豚肩。得道袒其衣，两手撼石，岌岌震动，遂曲腰徐步，且推且移，约四丈许，至墙角，安顿之，石工摇首咋舌去。

得道身不逾中人，每饭仅四五椀，饮酒过斤许辄醉而酣寝。同侪伺其睡，戏以绳縶其手足，比醒而欠伸，则所縶皆断。一日，方俛首劈柴，有戏披其颈者，举三指轻弹其额，崩然有声，其人额间忽肿起如鸡卵，血涔涔流，自是人不敢犯。

得道性温和缄默，凡用力之事，辄以身先，同辈咸喜之，莫与忤者。陈嘉其勇而勤，给与工值独倍。后病伤寒，不汗死。

卢幻山以力还人

卢幻山，宜兴人。少习技击，走江湖，术益精。尝以事赴乡，行经田陇，见绿阴中有桔槔，三五少年据其上，皆裸裎。幻山亦就阴小憩，谓少年曰："气候诚炎热，然此间近孔道，往来者众，曷以腰围布，可蔽其私。"少年怒，群唾之，谓："汝但知饱食，不知盘飧粒粒辛苦，尚敢来此说风凉话耶?"幻山不答。少年怒不可遏，一时拳足交加，幻山蹲地勿拒，少年尽力殴之而罢。幻山知不可以理喻，遂拂衣去。少年以为得计，相与戏谑。复上桔槔，则四肢无力，不能转其轴，惶急万状，踉跄归，以告村人。有老者沉思良久曰："此必卢幻山也。"急入城，踵门请罪，幻山笑曰："事诚有之，彼各举力以赠老夫，愧无以报，不图力已尽。今既来索，可令彼自来，还之可矣。”老者挐舟载少年至，幻山谓少年曰：“必欲还尔力者，其速来殴。”乃蹲地以待。少年相顾失色，谓胡敢蹈覆辙，且力竭，几不能握其拳。幻山促再四，少年跪而前，以掌摩挲其股。幻山曰：“勿怖，老夫宁肯作诳语？前日费几许力，今日亦如之，而后力可复。”少年强应，然心殊愧惧，姑轻击之，觉有气自指甲透入，须臾，周全身筋骨舒展，精神亦奋。幻山跃起曰：“既吝此区区力，则前日之奋勇，胡为者？老夫言，尚忆之否？”少年唯唯受命，泥首者三，幻山命之起。

刘胜能饭而多力

武当山某寺僧悟心，方丈也。少习拳于少林，年六十余而精悍不减少壮，寺僧皆能拳，承其教也。山下农家子刘胜，有力、善饭，无以为生，叩寺门行乞，众僧殴之，刘若不觉。骇而告悟心，悟心问刘曰：“尔何求？”曰：“欲饭耳。”“尔何能？”曰：“能造饭耳。”“尔力几何？”曰：“不知。”“能食饭几何？”曰：“亦不知。”悟心笑之，命食之以饭，将尽二斗米矣。饭后引至隙地，有巨石二，重各八百斤，刘以手左右挟之而舞，殊从容也。乃授以拳法，而蠢甚，茫然莫解，因置之香积厨，众藐视之。一日来挂单僧，衣履极敝，而神气奕奕，众僧加以白眼，刘常私食之。悟心方教其徒以武艺，挂单僧视之，默不一语。或谓挂单僧曰：“尔能乎？”曰：“不能。”习罢，归食堂，挂单僧独立，众莫之顾。刘招其食，挂单僧谓刘曰：“尔何不学拳？”刘曰：“不知也。”挂单僧曰：“我教尔。”于是教以手势。夜半，挂单僧引刘对坐，久之，刘忽悟曰：“我知之矣。”乃尽教以奇正虚实之道，进退起伏之节，戒之曰：“尔由此熟练，无敌于天下。尔善用之，我去矣。”遂一跃而逝。自是，刘辄于夜静私习之。

越二年，悟心集众僧语之曰：“吾将往天台，有武艺超群者，当授以方丈之位。”最后得一僧，名超凡，将以方丈授之，刘上前曰："稍迟，我尚未试也。"众哗笑之。刘曰："尔辈之拳，不过外家之粗浅者耳。"因解衣跳跃。悟心惊曰："尔何能此？此等拳法，我尚不如也。"刘乃自道挂单僧所传授，遂为某寺方丈，改名天禅，于是武当之拳法得与少林齐名。

跛僧取棍如拾芥

冯某性旷达，好作汗漫游。某年夏，避暑杭州，游某寺，见一僧跛一足，而行步仍自若，奇之，叩而问曰："大僧足虽跛而精神矍铄，何术以得此耶？"僧笑曰："余，徽人也。祖业猎，入山求鹿兔以为生。余生有武力，父兄爱余，授以拳棒，幼时遂通武术。忆十岁时，共诸兄戏，诸兄各持木梃拟余，余取柴一束，上下左右舞，诸兄十余辈不能近也。及诸兄袭父业，而近山之兽尽矣，乃裹糗粮，挟弓弹，觅兽于百里之外。余以年弱留家中，数日，诸兄归，所得兽倍于曩昔，皆甚喜，由此诸兄时猎于远处，出则数日方归。

"某岁春，诸兄尽往猎，家中仅余一人。而五日后，诸兄皆不归，心滋惑，往迹之。及中途，见一人卧地呻吟，视之，兄也。兄曰：'余等猎五日，大获，方欲归，遇群虎与斗，而数日猎已疲极，不能复斗，皆被害，我亦受伤。'余乃负之村，为之调治，伤重不得愈，三日而死。余痛甚，念一家尽丧于虎，誓必尽杀之，遂葬兄而归，悉售所有以为资，挟械入山，寻兄骨，不可得矣，愈恨。穷搜山谷，得虎辄毙之，更往他山，亦如之，数年，毙虎数十矣。旋入某山，遇一虎，负矢而奔，即持铁棍击之，毙焉。方欲负以去，见一少年挟只弓，呵曰：'莽男子何得夺我虎?'余与之争，不相让，遂互斗。余持棍左右挥，迄不得中，少年惟以弓拒之。逾时，余惫，少年伺余隙，以弓击余腿，遂倒地。少年去，余足折矣，不能起。卧地一日，有一长老过，怜余，携至此，削发皈依。今年五十矣，幸尚强健，然不敢自夸武力。"室有棍一，冯等四五人持之不能举，僧取之如拾芥，即当年毙虎之武器也。

小沙弥撮石桃

杭州虎跑之胜，同于理安寺，山路愈入愈幽，竹柏交光，小径纯绿，所谓紫李黄瓜者，虽不多见，然乌纱白袷，道衣固已凉也。祖塔院有二泉，范之以石，厥状如井，水色清深，东坡七律尚镌之壁间。西向，则宋僧济颠师塔在焉，坊表尚存，然师塔洼下，塔上有积水，草木阴秽，似久弗治。院中列石桃五，重可五六斤，其最巨者殆二十余斤。顶尖而滑，若常经撮取者，尖上尚带汗渍。光绪时，闽人林纾之弟子陈某，恒自负多力，则力撮其小者，久撮莫起，寺僧微哂。林前请曰："石桃滑如是，非日撮之者不得是形。大师设此，必精少林之学，幸试撮之，以广眼福。"僧逊谢不可。林再三请，乃出一小沙弥，令撮其小者，则从容如掇馒头，其力之大可想。沙弥指坚硬如铁，意此二十余斤之石桃，必此僧撮之，第对客不欲自炫其技耳。

载漪一手举百斤

载漪粗鄙甚，本册立为瑞亲王，受命后读"瑞"为"端"，孝钦后闻之，即仍其误，乃易"瑞"为"端"。嗜拳艺，孔武有力，能一手举百余斤物，凡花拳绣腿一流人物，悉以重金延致，间有萑苻余孽惧撄文网而出其门下以为护身符者。有一僧，得少林派真传，亡命江湖间十余年矣，后亦依附之，颇蒙倚任。光绪庚子，拳匪之变死于火。

曹大举千斤

曹大，常州人，鬻南货为业，家可中资。好拳勇，两手能举千斤。有游僧过，闻其名，诣曹购胡桃，以二指捏碎，皆云不佳。曹乃出胡桃斗余，略拂以手，皆碎，僧颔之而去。

常城每九月，商人咸诣灵官庙报赛，演剧无虚日。曹往观，立台前，千人推挽，屹然不动，岁以为常。一日，有矮人，长不过三尺，微须窄面，径立曹前，以背贴曹腹，曹推之，不觉，又力推之，仍不动。其人回首顾曹曰："何为?"骈二指捺曹胁，从人丛中去。曹急以手按胁，面色如纸，口不能言。邻人见，立扶归，呕血数升而死。死后左肋青黑，按之，骨条条断，而矮人不知所往。

章中臂负三百斤

章中，字受庸，幼负奇禀，体魁伟。初读书，鄙举子业，塾师强之，愤而走，因学将略。年十七，即善骑射，两臂能负重三百斤，乡人咸以"章大力"呼之。为人精细果劲，结束支架，无不骁骏。年十九，补武生，越五载，举于乡。尤善控悍马。尝骑入市，忽奔逸，人仆，揽缰逸过，力稍猛，颠，旋从尻尾跃而登。时马骋飙迅，卒坐是伤臂，屡延医治疗，创口不合，逾岁卒。

马如飞钩右手食指

马如飞，北人，以力称于时。某岁游上海，西人闻其勇，与较辄败，英人乃请于马，欲选香港捕房之最有力者至沪相角，以决胜负。马允之，惟曰："中西异术，防卫滋难，姑各以右手食指相钩，被钩直者为负。"方钩时，英人大号，遂止。越数年，马为众圉夫围击而毙，盖尝为所困以泄忿也。

杨某两指撮铁杠

杨某善钧，精拳术，骈五指能切砖石。或询所自学，曰："吾父官都司，尝过苏州灵岩山，与化云道人较艺，结为异姓兄弟，从之学。期年，父以捕枭中弹死，予遂专心从道人。道人授徒有律，晨授解法，过午令汲水。庭列巨缸四十，同学者三，山无泉，井居山趺，上下无阶砌，初行苦之，久亦不觉其惫。井有石盖，重莫测，但记初学时，四人掀之不起，师助，始动。水既汲，又盖之，缸受水几十担。师曰：'道人烹茗，瓯水足矣，何须缸，悉泼之。’尽四人力，缸始侧，水汩汩如瀑布，如是以为常。五六年后，则自能掀盖如摘帽，泼水如覆杯，上下如履坦。师又削园后铁竹为竿，令钓于山下溪。铁竹色黑质坚，以供钓著名，远近求者众，每空林焉。钓三月，师钻竹节，注入铁沙，竿渐重，得鱼不易，隆冬碎冰而钓，不以为苦。五年余，铁屑满竿，重莫埒，乃易铁竿，亦缕节纹，以掩人目。二指挟竿端，上下如意，钓得，互衡以轻重为殿最，或终日不得鱼，则罚以杯酒。居山十五年，道人死，徒四散，乃始作漫游。”

太湖剧盗大毛子以勇雄，访杨于野，拳杨颃，杨猱避，手轻拍盗股，盗蹶，医三月始愈，然犹蹩。某校铁杠重百斤，杨以两指摄一端，杠平，面色自若。

臂香

苏俗赛神，舆神而游于市。（俗谓之“出会”。）前导有臂香者，袒裼张两臂，以铜丝穿臂肉，仅絫（古同“累”）黍，悬铜锡香炉，爇栴檀其中，或悬巨铜钲，皆重数十斤。数十人振臂而行，历远而弗坠。此盖梁僧智泉铁钩挂体然千灯之遗法也。

某少年撼树而断

光绪朝，龚某自岳州东下，过洞庭遇风，泊小港，时港中避风之舟以十数，岸上有茅屋数间，酒肆也，乃登岸沽饮。时肆中已有三客在，一年可三十许，一二十以来，一可十七八。主人鞠跽奉觞，屏息旁立，若侍贵客。最少者独南面坐，二客东西坐，执礼殊下。龚顾而异之。见三客饮啖甚豪，酒两瓮，肉数斤，皆尽之，复索供馔，主人亦不敢辞，直出豕于牢，立宰以奉。时灶旁薪尽，主人挥斧伐门外巨柳，将析之，南面客忽起，顾二人曰：“主人劳甚，我为彼了之，可乎？”皆曰：“善。”客即趋出，手握树，左右撼之，磞然有声，数围之大树中断如劈。客更擘之践之，应手碎裂，如锤斧所击，木屑纷纷遍地。主人徐拾以焚之。自晨至日昃，客不停箸、不歇杯，尽酒五瓮、豕全体乃罢。

客濒行，召主人，絮絮语良久，手布包授主人，主人不受，客遽作色，受之乃去。龚初以船上客也，惊其大力，乃踪之，立岸畔，窥各船皆无是人，乃归问主人。时日暮，风不止，龚度舟不可行，即假宿主人家，以向客问。主人曰："噫，此吾早岁一旧事也。今十年矣，不图于此相遇，更不图君窥见之也。"龚请其说，主人曰："余二十岁时，亦一武士也，善用铁枪。尝猎兽山中，遇人熊三，挺枪力斗，悉刺杀之，由是以武闻于时。东南武师有名者来角技，余数胜之，以是自满，授徒几千人，所过常恃武力，辄骚动乡里，凌慢主客。久之，闻甘肃有某技师者，为当世技击大家，立意访之。自汉口出襄、邓，行数千里至偃师，宿逆旅。对房有客，一白皙少年，即今日之东向坐者是也。时余既挟铁枪，少年则目余微哂。及晨，殆将发，少年又直据上坐不辞，余益忿之。早发，即策骑尾以行。少年回顾问余：'君好武技否?'余曰：'然。'少年请一试。余出铁枪，少年曰：'此无用物耳。'取枪纠之，开合提挈数次，团团如玉轮吐彩，须臾，哔剥有声，而枪折矣。余大惊服。少年出铁胎弹弓曰：'吾习此，试之何如?'余力拽之，弓开不及半。时群鸟噪而过，少年发五弹五中，鸟坠地，须臾复翔去，视地上五羽在焉，盖不欲伤之也。余心悸，欲挽辔就歧路。少年忽挽余臂，问余来意，余不及答，少年则拽余坠马，叱曰：'若非某某耶?平日作奸犯科，余知之已久，今日乃敢捋虎须，自寻死路?今姑赦汝归去，其改之，如不然，他日决不相容也。'时余怀中有金百七十两余，少年尽取之，乃见释。自是余不敢更西，乃归隐于此。岂意少年忽见临，饮毕，即以前金见还。余不敢受，彼力掷之始去。去时犹顾余曰：'汝能悔改，甚善甚善。不然，死矣。'余心为栗然，目送其出门，瞬即失之，不知何往。"龚俯视主人所用析薪之斧，亦巨大非常，问之，云重四十斤。

丁仲芳以指弹钵

长安丁氏，望族也。有子曰仲芳，甚慧，嗜技击，日与江湖术士游。后得异师，潜心从之学，不数年技成，能赤手搏人于锋镝之下。一日在某肆，有丐僧托石钵来，钵重可百斤，入门，以钵置柜，肆中人以一钱投之，僧微哂曰："贫衲非为一钱来，畀我二百，则当去，否则不足遣我。"肆中人虽怒而不敢言也。丁徐起，以指弹钵，钵堕地碎焉。僧扬目视丁曰："公子解武事耶？其能与贫衲角？公子而胜，则埋首山林，终当不出。不然，则钵为贫衲传世宝，万金不可易，当请公之偿之。"丁怒，与之较，僧三起三仆，人尽笑之，而僧殊不惭，合掌对丁曰："勇哉公子，贫衲拜下风矣。"遂去。丁意颇自得。隔月余，丁忽病肺，嗽甚，迁某寺养疴。寺僧年九十余，而神采飘然，好清洁。丁偶与谈，唾地，僧睨之良久，丁愧谢。僧曰："非谓污我地也。视公子所唾，似有伤，公子得毋与人斗勇乎？此内伤，将不救矣。"丁惧，具以告。僧曰："公子千金之躯，何乃与丐僧斗？败则可忧，胜亦何喜？"遂裹药投之，数剂而愈。自是丁绝口不言武事，从师读书，卒成名儒。

王遂拳铁块陷土

山东王遂者，客京师，佣为人仆，力能擎大栅栏关帝庙前石狮，跃垣高丈许。土人相传石狮重五六百斤，无不伏遂之神勇。

遂少时为盗燕、赵，系铃于矢，去其镞，彀矢跃马郊外，伺行道者车载赀过，向空发，作锵鸣声，意止车毋行也。道行者遇之，无不倾橐献其赀。后以事与同辈龃，弃去不为，投京师万盛镖局。其主人年六十余矣，见遂，请艺，遂曰："若何而可？"引视后院，有铁块一，纵横广三尺，高如之，主人曰："拳之。"拳之，铁下陷土者寸许，颇自矜负。主人乃颔首曰："可。"意似不甚隆异也。遂心愠，还请主人试之，铁没地视遂三倍之又有奇，遂不觉气折。主人语之曰："若新来，无任大事。兹有某宦者装赀八千金归济南，若其不嫌小试乎?"遂诺。主人乃酌酒饯别，与小旗，曰："以此树车上，行无虞也。"遂行，自思己亦曾为响马，响马不必皆材武，大率虚声相詟骇以威客倾其赀耳，今当觇之以尽其技也。怀小旗，不树，危坐车辕。中途，响马十余骑飙驰自后来，发响箭如例。遂佯为不知，车依旧行，觇所为。响马莫测，不敢逼，抽矢傅镞，彀弓射遂。遂闻矢来，锵鸣有声，以为仍响箭也，无镞，不之备，猝为所中，创肩，痛莫任，急探怀出小旗扬之。响马见，下骑曰："误矣。何不树帜也?"乃为傅药裹创，护送至济南，归见主人。主人慰问创愈未，乃大惭，不敢出声。主人则语之曰："吾辈走镖无偾事，岂诚勇绝人人哉？所恃者，平昔与若辈有交谊耳。惟遇顽梗无可与语交者，不可不一儆之，以震其余。是则匪材且武者莫任也。然若辈之材且武者，诚亦何限，何可徒恃其勇？若休矣。"却去不复用。

孙贡玉碎钱箸

孙贡玉以勇闻，习拳于少林寺，得内家法。艺既成，由寺后夹弄出。时日已暮，望前村有灯火光，一老者伛偻迓之曰："汝非某僧高弟乎？此径无足音久矣。"曰："然。"老者曰："盍休此？我与汝师厚，明日汝师当顾我。"旦，僧果自外来，相见色喜，老者令幼子与孙角艺，僧高坐作壁上观。搏方酣，僧遽呼曰："止、止！为汝易帽。"孙自顾帽已失，乃语请留，复三载，精其技。

孙归后，为镖师，商贾聘护囊箧。里有不逞子入北省为魁，素骁勇，号"大刀柳"，然知孙善弹击，戒其党勿犯，以故望帜即驰去。孙性和易，虽妇孺皆与狎。有固请观技者，削箸作束，抵其项，以手击箸，箸折而项不伤，又指按铜钱数十枚立碎。有巨盗伺孙久，夜登楼扪之，加利刃，孙捷于飞猱，已自后拨其腕，盗投地痛甚。子璧，坚请习技，不许，曰："生平见壮士多横死，汝足病废，天之爱汝者厚矣，我何忍以此技祸汝也?”晚年杜门韬晦，得以寿终。

呼延通断铁尺

海陵无赖子朱五，能以头击人，当者皆披靡，人以其好抵触而多力，以“独角兽”称之。独角兽率其徒日横行闾里间，人莫敢谁何也。已而新任州牧至，其人平时以酷吏称，尝办省城巡防，得大盗巨猾，辄以巨棒抵其腹，一击毙之，一年中，屠人以数百计。及抵任，第一日即有人呈诉，朱五觇之，知为己也，惧而逃。有友在山东，亦县胥也，将往依之。冬大雪，襆被冒寒出门，伏鞍急驰，夜行百数十里，天明出境，约计去安丰镇不远。忽闻有呻吟声，急察之，有少妇仆雪中，下骑扶持，妇言身为镇市某商妻，昨在舅家，闻夫病，乘驴急归，雪深冰滑，驴仆人坠。妇孕已三四月，因腹痛，不能起，驴则逸去。朱哀之，因解装中被，令妇伏其上，裹而提之，迭骑急驰，须臾至镇。妇之夫，粮食杂货铺主人也，见朱，甚感，询所来，朱以实告。其人留朱宿店中，月余乃去。至山东，住数年，州牧解任始归。

朱既归，其旧日之徒党复来会，乃恣横如故。一日又閧于市，市人见之大惧，不敢问。有铃医，盖新至者，年可五十余，须发苍白矣，适入市，即力为排解。朱怒叱曰：“老不死，乃不识我独角兽耶?”医笑曰：“不识。”朱跃而触，医且语且左右避，搏之，终不中，愤愈甚。俄而步稍蹈空，市有新屠之猪，悬架上，朱首直撞入猪中，一市大笑，铃医徐徐去。朱惭甚，使其徒侦之，铃医寄迹城隍庙。及夜，朱短衣怀铁尺而往，铃医宿庙东廊，趺坐不动，朱扪铁尺，欲击之，心怯不敢下。医忽开目，曰：“独角兽来耶?”朱度不可中止，即挥铁尺一击，医接以手，折为数段，掷足下，哂曰：“此芒草茎，不足搔痒，乃以戏老人耶?”朱惊，欲退，医握其领，如挈匹雏，曰：“君既来，何必忽忽?”朱不能动，因听之。医曰：“君莫误会，我此来，特访君也。我女曩倒风雪中，非君，我女死矣。曩闻我女言，数年来感激不忘，何图今日市中幸得相遇。然君勇力，讲武不足，贾祸有余，前此幸脱酷吏之手，何尚不知悔耶?”因拍其项曰：“此太强矣。”应手如冷水淋背，体为之麻。医出粉一瓶曰：“此良药，费数年精力配合成者。君以此治疡疽，但用寻常膏药，弹此一黍许于上，其灵效无比。君得一生吃着不尽，无须更为荒唐事矣。”朱谢而受之。天明，医负行囊自去，问所之，则曰：“海角天涯，行踪无定。”朱送出北门，医步履如飞，顷刻已远，乃惘然归。朱自是患颈僵，一转侧辄痛，无复早年勇气。安居于家，卖药果有奇效，其折断之铁尺则留以为纪念。人询往事并良药之由，皆历历不讳。医姓呼延，名通，曹人也。

僧碎某氏女胸前镜

某教师以拳勇驰誉衡、湘间，一女微有姿，尽以其技授之。女有约，必得技如己者而后嫁焉。父没，遂以前约榜于门，远近至者不下数百人，皆非女敌。惟一少林僧技出众上，女以其僧也，恶之。翌日复交手，飞脚点其胸，履头故着铁，僧几毙。去而恚曰：“三年后当相报也。”后一江西武举亦以技投，技不如僧，然武举为美少年，女心属之，退避三舍，遂委禽焉。

居三年，女常戚戚，谓其夫曰：“曩以炫技之故，结怨一少林僧，彼云三年后当至。今其时矣，宜谨备之。”未几而僧至，女命夫出见，而己为仆妇装，胸前悬一大镜，重衣袭之，捧茶出。僧熟视之，默然无语。女退，以膀靠柱，柱离础尺许，以手正之，复如故。僧起立曰：“技至此乎？吾不敢较矣。”随以手抵其胸，女色变，少却，曰：“三年所学，亦只平平。”僧竦然退。女急解衣，镜已碎矣，着指处如椎凿然。

旗兵打滑挞

禁中冬月打滑挞，先汲水浇地使冰，遂成冰山，高三四丈，莹滑无比。乃使勇健兵士着带毛猪皮履，其滑更甚，自其颠挺立而下，以到地不仆者为胜。

汴鲁儿童习走

汴、鲁儿童类习飞檐走壁之技，童而习之，谓之“上学”，其时期大抵为七岁。习之之法，缚铅于足，重者可三斤，乃掘地为深寸许之坑，一跃而过，递深至三尺。又习枪箭，则先画圈于壁，以炼眼光，期于百发百中而止。

卢滋以手足贴壁行

临清州民俗强悍，多盗。光绪初，其魁卢滋就降于州牧，党众亦皆慑伏，卢遂为鲁抚福润所知。一日传见，令试技。抚署墙至峻，卢乃以手足贴壁，横行丈许，往还者数次。旋蹲墙隅，耸身登屋顶，倒一足，钩于檐，逡巡沿壁下。福击节称善，厚赐遣归。

江僮负石疾趋

少林拳法有炼工术，运气于筋肉，则脉络突起，筋如坚索，肉如韧革，刀击之不能伤也。黄用行为淮上豪客，行侠乡里，家蓄一僮，江姓，佚其名，砀人，年三十余，膂力异常，负巨石疾趋数百武如飞。室有车，殊笨重，挽以二牛始能行。江袒腹默坐车侧，徐徐呼吸，俄作欠伸状，凡五六次，运其臂格格有声，鼓其腹膨然隆起，历半小时乃起立。取一利刃，长三尺，刃尖锋锐，光芒逼目，持其柄支车端，以腹部承刃尖，徐以身向前倾，背其手奋力推之，轮转可七八周，始释刃而罢，腹部尚凸起，无伤痕。

陈叟挟双刀而走

京师有巨屋，在化石桥左，刘四尝僦居之，蓄妻妾仆媪殊伙，赫然大家也。刘躯小面白，蔼然如儒者，而性慷慨好周急，邻人颂之。岁尝以秋至京东催租，谓有田数十顷，返以翌年春，则巨车运物至矣，如是者两年有奇。

刘时就门前馄饨担购馄饨啖之，鬻者为陈叟，久之与刘习。一日，笑而语之曰："予蓟州陈某也，有父且有祖，祖年九十四，予有三子、五孙、二孙女，此十余口者，今悉在囹圄，皆以君耳。君果垂悯我全家者，盍从我行，以纾我难乎？"刘徐答曰："子识我，无误欤？"陈曰："无误。"刘曰："无多言，可偕行耳。"乃陡自坡下跃上城，行如飞，陈自折其担，出二刀挟于胁际，亦一跃从之，瞬息杳矣。

朱文英掩肠捷走

朱文英与俞菊笙同时为京师武旦，交莫逆，艺亦相埒。俞以武旦不足出人头地，改武生，朱实左右之。朱善走，尝以一日而走二百余里。俞既以武生噪一时，同业嫉之甚。一日演剧庆乐园，将束装，突有人自外入，向俞疾驰，朱亟拦而诘之，其人不及刺俞，则径投刃而窜。刃入朱腹左，急拔之，肠随出，然尚能捷走如平时也。遂左手掩肠，右手持刃，追及屋顶，掖之而下，始觉痛，延伤科治之，经月愈，复能舞跃如平时矣。

驿卒展足捷走

台湾之驿卒曰"麻达"，走递公文时，辄插雉尾于首，手背系萨鼓，鼓以铁为之，状如卷荷，长三寸许。展足捷走，足掌去地尺余，扑及其臀，沙起风飞，手镯与萨鼓相击，其声丁当，瞬息数十里。

苗人善履巉石荆棘

苗人椎髻跣足，男子生甫行，烧铁石烙足，涂以桐膏，频岁如是，足渐厚，成重茧。女亦如之。履巉石荆棘如履平地，故五寨司狗扒岩诸峰石壁嶒嶙，仄径为人所罕至者，纵身上若飞，须臾蹑其巅。

浮水僧履水如履地

僧，山东人，不知其何时入闽。闽里社演剧，人集道亘，僧不得过，绕而向小湫，僧蹑足履水如平地。乡人有李诺者，目送之，则大骇，揭水而追。至一破寺前，僧回顾，骇问何来，李膜拜于地，曰："弟子嗜拳技，久不得良师。适见师履水如履地，度非少林宗派不复有此。"僧叹曰："吾言技耶？且即荒庵，告居士以衲之身世。"因肃客入，瓶花茗椀，位置精洁。僧曰："吾兄力能御奔马，飞行绝迹。衲其稚弟耳，艺皆受之吾兄。实不见讳，吾兄，剧盗耳。一日凭山觇行客，见平原有少年驱马三十四，衲将下要之，兄曰：'此少年独行无侣，乃能驱马三十四，非常人也，非汝所制。'兄瞥然如鹗，飞坠少年马前，尘土飞处，衲见红光一片，吾兄之躯中裂矣，遂瞑然若死，不敢下。少年去，始瘗尸于山次，削发云游。今居士就吾叩所学，即艺侪吾兄，又胡为者？矧乃不可即及。"诺废然，谢僧归。迟日更叩其扃，虚无人矣。

郑大腹水面作蜻蜓点

常熟西乡有郑姓者，失其名。殊健饭，食兼人，犹不能果腹，每日抚其腹曰："如此大腹何？"人因以"大腹"名之。多力，善技击，得少林宗派，能于水面作蜻蜓点，一跃数十丈，视城垣如门阈。时江湖多盗，行旅皆以壮士为卫。有汉口富商，以巨瓮纳白金万余两，载舟南下，郑与偕行。行扬子江，日向夕，风利不泊，旋觉有异，泊焉，检瓮，则已失。遥望烟波中，隐约有人影奔窜，郑跃水迅追。稍近，微辨其为僧，手提两瓮，踏波如飞，郑点水尾之，僧登岸，郑亦登岸。

行里许，有兰若，四周石壁颇峻，僧耸身入，郑随之。僧至佛殿，置瓮廊下，顾郑笑曰："劳汝追随，且止宿。"郑颔之。乃设酒食，恣饮啖，既毕，以灯导入禅房。房小而洁，中横石榻，左右列几，榻有衾褥，无帷帐，仰瞻屋梁，铺板作阁，板多隙，僧挂灯于壁，拱手请高枕，遂出户，反扃其门去。郑疑，不敢卧，假寐几侧。夜将半，闻板阁有声，簌簌如密雨，从隙中落榻上，郑惧，不敢一探首。逾时始寂。天明视之，则短矢猬集，长三寸，聚刃盈榻下。郑知僧所为，乃蟠坐矢端，而矢不一折。及僧启扃入，笑谓郑曰："夜间相戏，汝乃尔尔，不免大才小用。"郑曰："我坐蒲团耳。"僧点首，挽郑出，盥栉讫，进以麦饼。郑请还瓮，僧曰："必一角胜负，胜则许，负则否。"郑曰："如何?"僧指石壁曰："递相袒腹，背倚此壁，各击腹三拳，无伤者胜。"郑问孰先，僧曰："子，客也，主不先客，请子先击。"言毕，慨然袒腹倚壁，曰："来。"郑自恃其力，奋拳击僧腹，如击巨石，寂不动。郑骇极，拳再下，腹坚如前，僧但微笑，而郑力疲矣。及三击，僧鼓腹郑前，示无伤意，然后请还击。郑颇窘，然不能辞，乃逡巡效僧所为。僧从容进，左手揭衣袖，右手挺拳入，郑急以背缘壁上跃，避僧拳，此名"壁虎游"，盖少林秘传也。僧出不意，收拳不及，入于壁，没腕。郑骤落，力挫僧臂，臂砉如藕折。僧曰："好，子可取瓮去，异日再相见也。"郑亟提两瓮返。

郑自此隐姓名，徙居远乡，无子，惟一女，亦以力称，得父传。家甚贫，郑每食不获饱。女嫁武弁某，常馈米肉，颇不乏，勤于省父，旬日一归宁，归必致父于醉饱。常佣于人以疗饥。一日，女归省，突有人排门入，视之，僧也。郑不及避，僧已至前，揖郑而言曰："访君久矣，今始得晤，别来当无恙?"郑知其意，乘未备，起右脚蹴僧肾，僧让步，骤以左手接，变色责曰："君殊孟浪，故人远来，不叙寒暄，而遽用武，岂我臂未痊，不能擒君足耶？君断我臂，我断君足，不亦可乎?"郑以足在僧手，窘甚。女从旁呼曰："父亲何不作双飞蝶?"郑顿悟，左足又起，僧伤颐而仆，郑与女共杀之，瘗于后圃。所谓"双飞蝶"者，乃两足并起之名。凡少林派，虽一足为人所执，一足犹能平地疾起，力蹴敌人之颐，此固郑所素习，仓卒间忘之，微女之呼，几丧僧手。由是愈不轻出。

茶商堕桥耸身起

福州南台有大桥，往来者日数千人。一年，有操北音者至，坐桥顶，张字于旁曰："过者纳钱一文，有能与予角斗者免，胜予者取钱以行。"期以一旬，凡数日，投钱数万矣。间有角者，皆未能胜。茶商粤人某旅其地，翩翩儒雅，未尝以技击鸣。偶经是处，北人索钱，甲探囊适空，曰："予忘携钱，返取与子，何如？"北人曰："至此，未可空去，请一角。不然，则纳衣为质，以钱来，乃取衣行。"某曰："世焉有横暴如此者？吾本无缚鸡力，虽然，既如此相迫，吾亦当一领教。"伫立待之。北人挥拳进，仅一交手，北人曰："此少林正宗也。"斗有顷，北人腾一足起，中某，某佯堕桥下。桥去水丈余，某堕桥下，离水面尺许，耸身起，立桥上，面不改色。方某堕时，北人以为胜，有矜色，至是，色顿变。某随曰："子技尚未也。世间异人多，速改尔业，不然，吾见子之必败也。"北人乃弃钱遁。

王趙蹴杉人于寻丈外

福州有菜佣王趙者，年七十许矣。长日寡言笑，伛而长髯，负殊勇，精内家拳，然颇自敛，不欲以技自炫也。一日行于道，有负巨杉者，蹑趙后，以杉末抵趙，趙却立，则又抵之。趙曰："汝将何为？"杉人曰："我生平咸如是，汝如何者！"趙曰："奴子敢尔？"杉人下其杉，扑趙，趙骤起一足，蹴杉人于寻丈之外。杉人起，跪谢曰："十年步先生后，今日乃得此法，此少林的髓也。"拜已，负杉去，趙惘然如有失。

番人斗走

台湾番人自幼习走，辄以轻捷较胜负。练习既久，及长，一日能驰三百余里，虽快马不能及。臂带钏，手持铜瓦，走则以瓦扣钏，声如鸣钟，一步一击，不疾不徐，辄声闻数里。

蒙人贯跤驰马

新疆蒙人尝于每岁四月祀鄂博，祀毕，年壮子弟相与贯（通“掼”）跤驰马，以角胜负。贯跤者，分东西列，二人跃出场，抗空拳相持搏，格手蹘足，牛觉虎踞，胜者扶负人起，以靥相抚掩。官长高座监斗，连胜十人者为上，以次至五等，其赏皆有差。驰马者，群年少子，各选善走名马，集于预定之处，近则二三十里，远或百余里，待命斗胜负。整橛饰，齐月题，治鞍筴。恐其蹶于蹠也，为之刻其甲；防其愊于力也，为之剔毛；虑其笃于行也，为之饿其腹。缓之骤之，控之纵之。闻角声起，争叱马鞭其后，疾驰趋鄂博。先至者谓之夺彩，其赏亦列五等，各得银布有差。

胜者固有赠彩，惟必须将负者按捺于地，其负者不能挣持再起，乃分胜负。

蒙人不论男女老幼，未有不能骑马者。其男女孩童自五六岁即能骑马驰驱于野，故虽悍劣已极之马，一经蒙人控驭，辄能驯良。遇有异闻，则骏马四驰，传布旷野，亦至速也。

蒙人斗牛驼

蒙人有斗牛斗驼之戏，然不以驰驱为优劣，而以踢咬别胜负，胜者有赠彩。其斗时，只以童牛两头相斗，或雄驼两者相斗，非以多数混斗也。

藏人跑人跑马

西藏有跑马、跑人之举，多在夏季。凌晨，御弥勒佛像以出巡，护法随以旙旗，杂扮各色奇鬼者数十人，各官均在门楼俯阅。导一象至大昭楼前，朝贺，引鼻三舞，郭家哇赤身短中衣以吹献布库之戏，即相扑也。有大石一块，重可六七十斤，圆滑如卵，能举起者赏哈达。跑马，自磨盘山西纵辔飞驰，至工布塘止，约二十余里。是日，献技者着鲜衣，佩剑，肩拖叉子枪，驾快马，由马道飞驰，或马上射箭，或马上放枪。道左置的，射箭放枪之中的者，众皆齐声喝彩。或于飞驰时，由马上倒身拾地上物，有好事者往往杂置烟草、纸、银元、铜元等于马道之旁，藏民飞驰时，倒身俯拾，从无一堕马者。跑至工布塘，按先后给以木签，执回昭前受赏。达赖又遣官分赏绸缎、哈达，其跑第一者，马即送献布达拉山上，达赖给银五十两，六七岁小儿或十余岁能服此役，即免其家一年差徭，亦尚武之俗也。跑人亦如跑马，远近大小不一，赏亦如之，捷足者先得也。

青海头目跑马

青海产良马，头人所乘，尤极上选。最良者之速率日可行千里，性质、幹仗、毛色、筋力、足程数者，无一不全，珍爱倍至，千金不易。富者鞍韉鞭镫以赤金缕之，次则以银。

会盟典礼，蒙、番原名“跑马大会”，藉此习练马足，尽马力之所及，兼程而至。事后又会集于海岸，择旷野纵辔绝驰，以角胜负。惟不赌彩，胜者，众以红布覆马首为别。

万军四习落地生根法

有陈四者，其父、叔皆精技击，遂稍习拳勇。父死，叔常凌之。一日语母曰：“儿以艺未精，为叔所欺，愿访名师，学万人敌。”母许之。四乃改姓名为万军四，取百万军中之义也。游学数月，至桂林，闻某乡酒米店有蒸酒匠高某者，精拳艺，为少林宗派，亟往述来意。高许之，日令军四以单手五指执酒坛口倾出其中所盛者，复使立马作势，至一年，方授拳艺，三年学成。高曰：“可去矣。”高送至海旁，举足踏舟几覆，故令舟子群撑以篙，舟不稍动。军四复上岸，高问其故，军四曰：“求毕授此技。”高曰：“此为落地生根，虽百数十人不能动。”复留数月始去。

潘五先生精搏击

同、光间，虞山有潘五先生者，于兄弟次居五，为妁妪长者，乡里之人咸重之，尊之曰“潘五先生”而不名。精超距搏击之术，秘不授人。

同里有丁元生者，武师也。自知伎不如潘能，必欲有以倾其秘焉。每于稠人广座中遇潘，辄以言激之曰：“人皆谓五先生能，天下岂有能而不欲与人见者？此必先生无所能，故示人以不可测，自掩其技之拙耳。”众或和之，潘惟唯唯，不与辨。元生百计不能得潘怒，猝不能忍，乃起，高跃丈许自堕下，拳击其脑，于法，受者无不殆，意潘至是必疾避也。不意潘昂首引颈受元生拳，无纤毫楚容，笑曰：“天下惟中实者，势重下，捷不可当。若五指不能迸力，虽握拳，指不靠掌心，故中虚不实。其着体也浮匪沉，虽猛，不足以楚予也。”元生惭伏，乞受教，曰：“若之何而实？”潘曰：“易耳。若置一缸于卧室，中盛水，水性柔而面凝，猛着拳，必格不使得下。若旦暮下拳击之，引臂务直，必使水浸没腕，臂、指及掌，靡丝毫不受水抵力。如此，治愈久，臂力愈劲，指一一挤靠掌心，拳自实，不虚矣。”元生谨受教，久之，觉骎骎乎若与曩者异矣。

一日，元生遇潘于市，潘谓之曰：“若今试拳予。”元生反走数步作势，而乃直前拳潘胸，潘挺立自若，而元生外仆，逾所反走之路。潘笑而扶之起，曰：“若今拳中实，匪昔矣。然欲搏人，必先自虚其躯，若运周身之力聚拳，气不觉上浮而步下虚。步虚，上重下轻，立必不稳。自立不能稳而猛力扑敌，敌劲，反藉力以蹈吾虚，其力愈劲，反仆者愈远。此言搏术者之所以不可不审步法也。若心精力果，予不恤尽与子言，其识之。”

某令与皇族决斗

某县令为余姚邵中丞友濂妹婿，幼跅弛不羁，精技击，力能敌数十人。年十七寓京师，偶涉足平康，与一皇族冲突，约日择旷地决战。届期，皇族率臧获十数至，某仅一人，以一足扫之，十数人者皆伏地，呻吟不能起，更捽皇族倒地，拳击几毙，因是系刑部狱者数月。及释，折节读书，足不出户，未三年，联捷入词林。夏日尝纳凉庭中，强其妇使并肩坐，突以左手揽其臂，右手把椅，耸身一跃，直登屋脊，人椅曾不少欹，俄复挟与俱下。中年，知鄂省某县，遇缉捕大盗，必躬亲其役，以故靡勿获，长官皆称之曰能。然好色殊甚，偶外出，见民家有美妇，辄默识其门户，夤夜踰垣用强，因而被污者不少。一日，又悦一小家妇，即夕就之，妇惊而大呼。隔院有石工十余人，闻声持械至，卒被获，士绅控之省，遂镌职。

老僧与黎某竞斗

南海黎某家巨富，幼失怙恃，慕技勇，延教师于家，尽其术。比中年而家渐落，乃授徒为生，旁近无赖辈咸乐与游。一日，忽有少林宗派之某僧，挈一徒至乡卖拳棒。黎与遇，欲窘之，命之去，僧乞饶，黎不许，僧逡巡避之。黎复率其徒觅僧，大喝曰："尔诈欺取财，当以半为吾侪酒资。"僧解囊献百钱，黎掷还之，僧曰："行囊仅此耳。"黎怒，欲搜其囊，僧亦大怒，谓当以竞斗决胜负。乃择广场以斗，黎挺巨戟刺僧胸，僧举左腕拨之，戟堕。黎拔剑乱麾，一时许，僧侧身，疾出黎腋上，反掌搏其背，复以趾蹴之颠。复再斗，僧以指削黎手，手若断，剑飞数武外，仆地矣，僧从容去。

武良与盗徒搏

琼州武良，父为标客，以拳勇著。良幼时，父以药炼其筋骨，肤坚如铁，兵革不能入。稍长，与群儿游，以泅为戏，良艺独精，步水面如平地，又能伏水中一昼夜。体小而敏捷，年十八，裁如童，膂力犹人，与人徒手搏辄胜。又善飞腾，能作旋风舞，城垣高数丈，跃而登，若履阈焉。

良母早卒，父每出，必与俱。尝随父为某商保标至太原，中途父病，道出济南，突有盗数十辈要劫之，良父病不任战，盗伤其目。良大怒，操刃一跃，距地七八丈，出盗不意，疾下，挥其颅，脑裂而毙，群盗惊窜。父负伤剧，旋殒，良仍保商抵晋，始扶榇返琼。鉴于父之善骑而堕也，弃故业，藉小负贩以谋生，深自晦矣。

良有表姑，适吴某，吴才而贫，良恒资助之。其女日售针黹以助家用，吴爱逾掌珍，年及笄，犹未字也。邻居张绅尝官侍御，以贿免职家居，为暴乡里，有司不敢问。子曰缙，眇而无文，年及冠，不能辨之无，惟以狎妓为乐，世家大族无与论婚。会有议吴女美者，缙羡之，归告张，使委禽于吴。张不忍拂缙意，且意吴故寒士，怵于威权，当无不谐，遣人往说吴。吴鄙张，不许，张怒，乘吴出，劫女归，幽之楼而要之。女固称须待父命，张方邀吴，而吴已至，即迫令草婚书。吴益大骂，张忿甚，嗾家人杖毙之，女堕楼卒，而良之表姑亦雉经以死。良闻，诣宰讼冤，宰畏张，袒焉。良恚，语侵宰，宰不理，麾隶逐之。良怒，中夜怀刃越张垣，张家七口悉手戕之。翌晨，宰往验，疑必良所为，飞牒捕良，不可得。更定后，宰已寝，觉有物堕胸际，时方酣梦，惊而视之，良也。大骇欲呼，良示以刃，叱曰："勿尔！汝为亲民官，任势豪怙威作恶，不惩而反庇之，本当杀却。念汝惕于权势，速解任，犹可免，脱再恋栈，须问汝头颅有几也。"宰大惧，急诺之，不三日，挂冠遁，而良亦他适。

良自是投身入行伍，隶某总镇麾下。从征数有功，擢官至游击。总镇忌之，而无隙可乘也。会有巨匪寇境，守戎往剿失利，飞书告急，总镇檄良驰援之。匪魁殊善战，阵亡士卒二十余人，擒副将一，良出与斗，久之，匪与良战益酣，俱弃械徒手搏，匪力渐懈，将就缚矣。旁有深堑，匪忽跃入其中，良方惊疑，突觉有物击脑后，颠仆入堑，乘势扼匪吭，因擒以献，受上赏焉。途次，匪私语良曰："君濒死而获功，因祸得福，是殆天授，非人力也。”良疑其言，固诘之，匪笑曰：“狡兔死，走狗烹，高鸟尽，良弓藏。君功益显，君身益危矣。余不入堑，亦且为君所擒，然入堑而复为君擒，此余所不料也。总镇未遇时，亦我党人耳，有绝技，善飞弹，百发百中，当之无不毙者。余斗君时，遥望总镇取弹拽弓，跃跃欲试，余心忐忑，力因以懈。方弹发时，余避入堑，甫跃下，睹弹中君脑，余始知总镇之弹为君发，而非为余发。余方幸君之死，而不虞犹为君擒也。然君果何术，顾能当此一击乎?”良始悟，以手探创痕，肿如鹅卵矣。奏凯而归，宵遁入海，不知所终。后总镇率水师剿海盗，发弹毙十余人，忽舟覆，溺以死，或云良为之也。

洪峻与三等羯斗

粤西洪峻业医，与田子安皆以勇闻，尤善铁弹。一日，偕至野外试技，洪丸入木三寸，田三发，两丸裂甲，一入寸许。旁有西僰僧睨之，笑而言曰：“指力犹弱，恐不能伤人。”田怒，击僧，连发数丸，皆不中。洪请僧试其技，僧以左手大指抵丸，以右二指捺而出之，一发洞树。洪大惭，请从学，僧悉授其术。临别，赠以蛟虹剑，语之曰：“此剑须秘之，能于百步外取首级也。”

田至桂林，为巨盗马半汉所杀，洪得耗，亟至桂，诇知其窟，夜纵火焚之，则于火光中见一伟丈夫，知为半汉，飞剑斩之，割其首，归以祭田，自是名震两粤。复游秦、蜀、三楚，无敌手。时有巨商贸贩外国，苦海盗，聘洪护镳。及出洋，即见一小舟逆流而上，船唇立癯叟，盖即绰号“伏狮佛”及“云鼎叟”者是也。飞剑击之，不中。俄群盗已及，各掣刃相向，叟喝曰：“此獠须生缚以见。”众缚洪去。至一岛，有大厦，门外甲士数百人，夹刃列侍。洪进，伏阶下，叟略诘之，即传头等羯十余人进见。羯者，力士也。俄有二等羯二十余人、三等羯数十人鱼贯而入，西僰僧与焉。未数语，叟命斩僧，僧哀号乞命，众请赦乃免。

旋拥洪至前，叟命隶僧部下。洪无事，辄与诸伴较力，僧悉心指示，业益精。

刘远以耕地法败游僧

乐平刘远精拳艺，乐人习械斗，远常为之魁。且家世习拳，远祖某初学于少林，后更从业于浙之张松溪，合内外两家而融化之，自成一派，至远尤精。远又尚侠，其助斗也，必其事之大不平者，否则人虽有求，必却之，甚且助求者之敌，故乐邑无赖，皆深恨之。会某寺来一僧，自言至自天台，众不知其能武，僧亦未尝自言也。一日，某某两姓约百余人私斗，僧视之而笑。或曰：“能助乎？”僧曰：“惟有解之耳。”遂驰入众中，以手左右麾之，众皆避，不能前。无赖某见之，喜曰：“是可得之以敌远也。”设计与远善，故以激远怒，远应之，请结束上场，僧亦凝气以待之。未交臂，僧曰：“众斗无谓，不如吾二人相角，以胜负定曲直也。”远曰：“甚善。”遂各麾其众以退。而僧左手虚映远之面，乃分两手，遽以左足加远之下部，远趁僧足势，屈右足盘于地，以左足遽加僧之右足，俟僧左足方落，远全身偕右足并起，随进一步，遂仆焉。明日僧去。远乃语人曰：“此僧实健，使非用耕地法，扑其脚跟，吾必败于其手矣。”

璞琢之夫人杀盗

光绪中，满洲璞琢之观察玉，观察荆州，家属侨鄂垣。某夕，有剧盗夜登其寓屋，时夫人尚未寝，盗闻户中有人声，静踞屋顶，以俟人静后窃发。一盗踞屋脊，吸潮烟，烟烬自屋檐下坠。夫人在室中瞭见火星落庭中，知有异，默取手枪移步入暗陬，向屋上斜放之。一盗应声坠，落邻家门外，余盗亦自屋顶狂奔，瓴甓棱棱作声。家人咸集，邻众合力擒六盗，无一脱者。时张文襄督两湖，命武昌府陈树屏鞫诸盗，知系某巨案逸盗，因电璞云：“以尊阃之威，手斩剧盗，积案因之悉破，宜纪录一次。”

邓剑娥掷俄将于地

光绪初，张家口有镖师邓魁者，能传其始祖鸣谦之业，善剑术枪法。有女曰剑娥，年十四，魁以逐马贼中伏枪死，乃代其业，有年矣，矢志不嫁。能立马上击空中鹏鹗，枪无虚发，皆贯其目，他无伤也。一日，忽告母曰："火器盛行，武技渐绌矣。盗之器械皆视我为精，今惟以情谊名誉羁之耳。父果以何而殒命乎？生活之资今已粗具，不如改业之为愈也。"母诺。乃买田奉天西关外，闭门以居。

庚子，娥年二十余矣，俄军南下，奉母避田野。母旋卒，未及葬，一日，俄将入其家，见娥，将拥之以行。娥微笑曰："能抱我起，当从汝。"俄将竭其力，迄不能撼。须臾，娥稍振其衣，俄将顿颠出十步外，大怒，叱之，从卒争趋而前，娥植立如故，卒皆仆。俄将出小枪将发，娥亟夺之，握之于右手，而左手则挟俄将，力掷之于地，使跪，复蹈其背，俄将方哀免之。从卒已回营，告其伍，须臾众至，俄将伏地呼曰："若曹今惟乞和耳，否则吾先不免。"俄将之妻方为看护妇，亦在军，因随众而至，为之再三乞哀，娥令立誓，旋释之。

滕亚珍善拳艺

宝山滕亚珍女士，名学琴，光、宣间，以拳艺著称于江左，尝有女子从之学。嫔于朱，夫曰阜山。

杨叟除假鬼

皖省某县，山邑也，地瘠水寒，不宜谷，而产药材，苍术、黄精之属甚多，居民采至他邑卖之，得重值。自邑至西邻某县，约百里，道经狼山。狼山者，山径崎岖，老树阴翳，数十里不见天日，相传狼虎之外，更有鬼物出没，薄暮辄攫行人，遇者不免；或力奔而脱，亦必胆破魂落，终身不敢再往。然要道不可避也，居民患之。

杨叟者，邻邑老农也，以胆大称。邑人往求为除鬼，叟慷慨应之。问何须，曰："一斧。"问何报，曰："苍术三百斤。"叟只身至狼山，日方午，入丛林，阴黑惨黯，不类人境，凄风刺骨，松涛簌簌而鸣，隐约闻鬼啼，声细欲杳，渐引而近。叟知鬼至，大声而啸，若洪钟。俄而有怪声学叟啸，声凄而尖，丛莽中跳一鬼出，臝其体，肌黑如漆，双目炯炯有光，直扑叟，张口欲噬之，齿长寸许。叟挥斧击之，不中，鬼亦拗树枝格之。斗良久，鬼不敌，啸而奔，叟追之。约里许，至山麓，忽巨鬼在前，长数丈，叟力斫之，随手而颠。此时黑鬼已逸，又一白鬼来迎斗，斗久之，双手被叟执，拟以斧，鬼忽号曰："我非鬼，人也，装鬼劫人财耳。"叟曰："人装鬼，尤可杀。"斧其头而毙。回视巨鬼，则缚草为人形，披以衣也。一笑而还，以语邑人，邑人报以苍术三百斤，而狼山之鬼遂绝。后邑人入山搜得一茅屋，盖当日鬼穴，石灰、炭墨、乱发之属，用以装鬼者，犹存也。

王铁头撞头陀

六安王某，骈指能削巨砖匏落如腐，额能受巨棒而无损伤，乡党中皆以"王铁头"称之。初亦无盛名。适某乡来一头陀，设场较拳勇，莫之能敌。王往与较，头陀勇甚，王伺间撞之以头，头陀避，还足一踢，王仰跌，乃乘头陀不备，疾起，出其胁下，爪去头陀乳傍肉一片。头陀大怒，飞锡杖掷王，王知其必将致命，已预为备，不得中。头陀负伤遁，王之名遂大噪。

冯允昌以头撞人

嘉兴新市镇西庙前有冯允昌者，以卖腐为业。勇力兼人，头甚劲，与人斗，以头撞之，罔弗披靡。偶与西庙道士忤，冯于五更磨腐时，挟庙前石狮置庙门外。明日，道士见而异之，雇人舁置原所。不数日，冯又如之。如是者五六次，道士耗佣费不赀，心疑焉，夜潜卧庙门侧，觇其异。一日五更，闻冯店开门声，见其挟狮而来，始悟由于前次开罪之故，遂启户出，向冯谢罪恳求。冯大笑，复以狮安于原所而罢。其邻有与昵者，谓之曰："子头诚有力，倘以石击之，恐亦不能当也。"冯拾一石，大如椀，掷空中，以头承之，磞然有声，石迸去而头不伤，至是遂以"铁头"著。一日，冯泼水于衢，适陕西贩皮客张姓者过，误溅其衣，张微骂之，冯恶声相应而出，挥之以拳，张不与较，冯自后趋至，以头撞之，张不回顾，而略侧其身，冯头适入于肋间，为所挟，竭力摇拔不可脱。张笑曰："吾知汝为冯铁头，然果是铁否？吾当试之。"于是骈两指就肋间擦之，冯痛不可忍，失声而号。张曰："若然，则非铁头矣。且去，再加纯钢铸炼，吾当复来相较也。"遂释之，缓步而去。冯之头红肿者旬余，于是深自敛抑，不敢滥用其头矣。

秃者敲头

桐城张已振游京师，见一秃者，手承双铁锤，大若钵，自敲其头，左右环下，起落如风雨，每下辄隆然作响，头不为碎。其颅顶当锤下处，愈光亮若磨镜矣。观者或疑其锤非铁，索视，质重，莫任举其一者。

何元龙掴少年颊

何元龙精拳勇，偶以事至湖州之南浔，夜宿舟次，遇民舍失火，披衣往救。见喧哗中，有一少年，手两巨桶注水令满，跃登屋瓦，从上灌之，往复奔腾如掷梭。何亦取桶之尤巨者，注水跃救，一如某状。少年怒其不逊，乘何方下地立未稳，出不意，以双手按何肩曰："好，好。"何大骇，亦举一掌力掴其颊曰："好，好。"火熄各散。何归舟解视，肩头肿赤，药之始愈，少年则口中上下十余齿皆摇摇欲脱矣。

康飞骽用足踢

乔公子以豪勇名，有友康飞骽（古同“腿”），以用足称无敌。一日，有僧造焉，请角力，乔揣僧技实胜己，因假近游，约以数日归后试较。僧复大言曰：“不问谁，能挥我一拳，蹴我一足，即推为牛耳。若缩朒者，非夫也。”因与康谋，乘僧闲坐，于隔墙飞骽击之，僧、壁同倾数十步外。僧起笑曰：“郎君何必壁后置人？今已矣，会有相见日耳。”后年余，乔与康同游天台，于石梁旁遇僧，曰：“此间无人，正可一决雌雄也。当互殴三拳，以判胜负。”乔方踟蹰间，康目之，佯云：“君素习《易筋经》，今何怯也？请师先之。”乔乃袒衣立石壁下，僧数步取势，鼓勇击之，康立其旁，飞蹴乔肩，乔倏然横倒，而僧之臂已击于石壁上，成三折肱矣。

卖拳女击少年肩

无锡之有崇安寺，犹苏州之有玄妙观。寺前有广场，每届新年，男女纷沓，江湖卖技者莫不利市三倍。尝有卖拳者，挈家人妇子，择隙地，围布幔，中竖刀枪剑戟之属，金革杂作，镗然阗然，游人如蚁聚、如蜂屯，循幔一周，几无容足地。及演技，技果精，半日获钱无算。

某少年性放诞，偶逐队往观。卖拳者有女，貌楚楚，而结束谨严，若顾盼自雄者。少年慕之，正凝想间，女手藤盘一，翩然来索钱。少年曰：“钱在囊中，可自取之。”女不以为戏，如其言。既取出，少年以为悦己，不觉举手探胸际。女正色曰：“勿尔。”遂以手轻击其肩，少年陡觉自肩背及踵，痛楚莫可名状，遽坐于地，旁人扶之不能起，于是众大哗。有识者，谓系铃解铃，可延女来。卖拳者知之，笑谓少年曰：“小女无状，开罪先生。然卖技卖身，亦自有别，小女亦胡可戏者？”语竟，强扶少年起，执其手，屈伸之，未几，行动如常，急遁去。

赵仲妻踢其夫

楚人赵仲躭（古同“耽”）饮博，好技击，妻幼卿美而艳，初流寓于杭，父没，嫁赵，每劝其勿与博徒游，遂时时反目矣。

有鲁某者，拳师也，自言力能举鼎，精拳术，门徒百余人，赵与焉。一日，赵复以细故挞其妻，妻善走，捷于猿猱，俄越窗遁。赵追之急，妻侧身自后推其背，赵仆地。妻入室阖户，赵自地跃起，始以石挝户，不得入。继思己为鲁之高足弟子，拳技独有心得，不意为弱女子跌踣，且惭且怯，反身出外，走诉于师。鲁问曰：“汝妻平日曾习拳艺乎？”赵曰：“否、否，操井臼而已，未从事也。”鲁大笑曰：“然则汝自失足耳，何怯为？”赵曰：“弟子亟返家，欲消此一踣之耻，敢乞师临舍，脱有失败，仗师援手，可乎？”鲁曰：“可。”于是率徒十余人造其室，门启，其妻立于阈。赵盛气欲击之，恐弗敌，不敢举手，逡巡复却。其妻举目见鲁，怒曰：“若何预人家事，岂以拳教师吓人乎？”鲁闻言，忿然作色，骂曰：“婢子无状，敢在太岁头上动土耶？”奔之，合双拳搏女面，女蹑锐屣踢其膝，鲁跌丈余，仰卧阶下，徒急舁而去。入其室，目左右顾，问无外人否，其徒曰：“无有。”大号曰：“痛甚，痛甚！”速觅药敷伤处。继又痛，顾曰：“吾虞其手而不虞其足也，偶败耳。”

小儿碎王魁睾丸

山阴指月庵有僧，善武艺，然能守清规。王魁师之，僧遂日与讲武事。数年，王自为尽羿之道，忌僧之愈己也，一日问僧曰：“设睡时有人行刺，师能知而避之乎？”僧曰：“刀剑之来也有风，风离刀约尺余，能者遇风即觉，避之何难。”越数日，僧午睡板上，王持刀刺僧，僧忽转身落下，刀穿睡板。僧骽踢王出门外，驱之曰：“吾误授匪人，恨不杀汝以除患。今悔之晚矣。”又谓庵众曰：“王心不正，将来必作邪事。作邪事必忌我，忌我必杀我，我不若去此以避害。”僧遂去。

王自是益横行不法，日肆淫掠。尝欲奸一孀妇，妇有儿，年约十三四，知其事，衔之。时从村塾归，早晚以手搦石子，如练弹状，年余，搦瓦砾成粉，私喜曰：“可矣。”乃于黑夜伪作乞丐，横卧狭路中，以伺王。王适往妇家，见卧者当道，乃于儿身跨而过，儿即一手撮其睾丸，王毙。儿握双丸投案，诉之官，官以其年幼有志，义而壮之，案寝不问。

金魁殪熊

湘人金魁躯伟有力。光绪丁丑，从左文襄公宗棠平伊犁。伊犁多熊，一日会餐，文襄语诸将曰：“取熊心为羹，美甚。得其大者，当更佳。”金曰：“某当往猎之。”遂率四十骑入山。薄暮，一大鹿驰马前，发枪歼之。俄有一巨熊自远至，乃分骑伏深林，自隐于石后以觇之。熊见鹿，人立而啖，金突持枪刃刺之，刃反却，大惊，欲返奔，则左臂已为熊所握，不得脱，惧甚。方伸右手取腰间手枪，熊适反顾，亟发一枪，中其喉，仆地；连击之，遂殪。众为金出其臂，舁熊以归。

万夫雄毙三虎

万夫雄，泾川人。少负膂力，以拳勇称，然初未尝事田猎也。一日，与范某早行深山中，忽林莽中一虎跃出，搏范以去，范号曰：“万君救我！”万亦不知所措，遂撼大树，拔之，怒持树往，追里许，震天一呼，虎逡巡退者三，范得以脱。因挺击虎，中其项，虎狰狞，欲迎斗，以项痛，竟不能举。乃乘势再击之，虎毙。母虎暨虎子相寻至，万度不能止，且却且前，又奋平生之勇，纵送格扑，而二虎相继毙矣。

老翁捕虎

有纪中涵者，知旌德县。时近城有虎，猎者不能捕，邑人请曰："非聘徽州唐打猎，不能除此患也。"乃遣吏持币往，归报唐氏，选艺至精者二人，行且至。至则一老翁，须发皓然，时咯咯作嗽；一童子，十六七岁耳。大失望，姑命具食。老翁察中涵意不满，半跪启曰："闻此虎距城不五里，先往捕之，赐食未晚也。"遂命役导往。役至谷口不敢行，老翁哂曰："我在，尔尚畏耶?"入谷将半，老翁顾童子曰："此畜似尚睡，汝呼之醒。"童子作虎啸声，果自林中出，径搏老翁。老翁手一短柄斧，纵八九寸，横半之，奋臂屹立。虎扑至，侧首让之，虎自顶上跃过，已血流仆地，视之，自颔下至尾闾，皆触斧裂矣。乃厚赠遣之。老翁自言炼臂十年，炼目十年。其目，以毛帚扫之不瞬；其臂，使壮夫攀之，悬身下缒不能动。

王某搏虎

山西兴县之至太原，为程四百余里，山路崎岖，素多虎患。有王某者，膂力过人，尝偕数人持鸟枪入山中，猝与虎遇，前数人遥见之，亟走旁径而免。王不知也，贸贸然前，虎骤起扑之，两扑俱不中，而左右衣襟皆为所裂。最后以两前足据其肩，张口欲噬，王以鸟枪尽力支其上腭，口不得交，并落其一齿，而王臂亦为虎所伤。相持既久，俯见地有乱石，乃拾其最巨者反手向上猛击之，虎痛甚，舍之去。王归，至家养旬余，臂伤始愈。

郭子仁毙鹊狼

杭州郭子仁精拳术。一日，与其徒众演技于城隍庙，时有陆某者，年方壮，自负勇力，欲试之，因出不意，突然起一足。郭曰："勿恶作剧。"骈二指插入鞋缝中，足顿不能举，视之，鞋圈脱矣，幸未伤足也。

既而技毕，郭负器将归，见山门外戏台之颠有三鹊，笑而语陆曰："请为君落此鹊。"即探囊出一弹丸，置食指上，下拇指拨之，鹊遂应手落。郭曾保标至山西，独行荒岭，遇狼，追之，疾如奔马。行里许，至一大溪，深数丈，郭乃面溪而立，及狼至，郭以双足蹬其背，狼遂跌入溪而死。郭身躯短小，不及中人，然所用剑锤铁椎皆五十斤也。

曾如飞杀蟒

曾如飞，粤人，善跳跃，高十丈，横十丈，腾踔如飞，人遂呼为“曾如飞”。如飞少孤，遇异人挟之入山，授以铁棍，重逾五百斤，昕夕练习。既纯熟，则以兽炭燃红，令徒手玩弄，夕必尽数十斤，指甲成灰，掌中肤几糜烂，苦之，顾炉火辄蹙额。师略有所觉，谓如飞曰：“身不自有而技可精。肤受苦楚而不能忍，孺子殆不足与语矣。”如飞繇是益倾心，隐忍而已。师顾之色喜，复教以飞跃，期年，耸身起，则一跃数丈，捷逾隼鹘，遇河，凭而过。师曰：“汝技精矣，善用之，衣食可无虑。”资遣之归。

如飞既归，略展其技，而名震里巷，子弟咸争师事之。一日入山猎，跃马行数十里，重峦叠嶂，崎岖不能进，旁有涧，下马就涧边休息，忽见巨蟒长十余丈，首昂如斗，渡涧来，嘘气成雾。如飞知不能避，急跃涧过，出蟒后，拔刀断其尾。蟒转身奔如飞，如飞腾跃迎之，劈其首，蟒负痛蜿蜒跳掷，山谷震撼，历数时死。如飞上马归，述其事于邻人，邻人惊喜，谓一岁中牛羊鸡犬之死于蟒者不可以数计，如飞除之，比之周处斩蛟也。

鹿鹿毙虾蟆及犬

闽有稗贩人，名鹿鹿者，习内功，善按穴道，人畜遇之，往往为其毙。尝取虾蟆仰其腹，以目视日影，用小竹点其腹，则虾蟆立毙。鹿鹿所居之邻有犬，巨而猛若狮，好噬人，恶之。一日，投犬以肉，犬尽之，更以肉寘诸掌饵犬，使就其掌舐肉，鹿鹿以指点犬穴，犬狂嗥，力奔十余步而死。

方世培殪牛

方世培，福清茶山人也。练拳技二十年，法曰纵鹤，运气周其身，又聚周身之气透双拳而出，出时作吼声，久久则并声而无之，但闻鼻息出入而已。手分金木火水土以御人，惟水出时，被中者如中恶，而世培之身则已飞越寻丈外，几不可见矣。

世培之徒遍闽中，其最知名者为王陵。陵尝以掌抵柱，柱皆为之撼动。有所谓“大身化小身法”者，中人无不败。陵恒以此法与拳师试，皆莫当。一日，求与世培较艺，世培陷其樊中，在法当仰跌，世培忽骈三指置陵胸，陵肝鬲间如沃沸汤，声息皆渺，如死人，世培笑曰：“孺子初不自量。”即出小丸药合水使饮之，立苏。茶山多落花生，居人恒种之以为产，遍畦陇常有牛来食之。世培出户驱牛，牛弗行，鞭之亦弗动，乃以拳抵牛，牛疾奔，至岭上死。俄而究牛之所由来，则伯氏之牛也。剖牛腹，则肝长可二尺许，是殆肝脏为拳所伤耳。自是，世培以死牛故，名乃益噪。

蒙人系马

蒙古人于马之未施鞍辔者曰“额尔宾”，踶啮腾趠，不受衔勒，健者辄以竿索约系其项，捉而骑之。行次招华，（在张家口外三百里。）敕就牧所赐大将军马数百，阑废堵中印烙。有伍巴什者捉马，马怒立，什于马上磬身，擒其双耳，股离鞍，马前后努突，项益下，终不得脱去。

拳术各技

拳术分内外二家，而世人所能者，外家为多。然无论内外家，于沉托、分闭、起顿诸法，必使各尽其妙，而又调之以气，会之以理，运之以神，以成一式，则五寸之矩不难尽天下之方。且练习时最重下部，下部为百骸之基础，下部不固，无论如何，终不足以应大敌，如秋叶之易落，非质有殊也，着于枝者不固也。拳术家所演各技之名称，其略如下，盖宣统辛亥九月，有人闻之于拳师戴锦唐、李勤波、李春如三人也。

少林拳、太祖拳、通臂拳、大红拳、小红拳，二郎拳、路行拳、梅花拳、罗汉拳、地堂拳、关西拳，万古手、黄英手、三十看对手，打掌、谭腿、头进、六家势、廿四势、双实练、十八滚、短打、燕青、飞架、三步架、醉刘唐、双插子、双戟、三套子，大刀、单刀、少林单刀、少林双刀、春秋刀、梅花双刀、小提刀、连环刀、连环双刀、八卦刀、空手进刀，单刀花枪、单刀进枪、花枪大刀、花枪、（一名六合枪。）对枪、金枪、川少枪、罗汉枪、刺膝枪，赤剑、虎头剑、八卦剑、八卦七星剑，少林棍、三节棍、棍进三节棍、空手进三节棍、双拐进三节棍、行钩、梅花虎头钩，软鞭，峨眉针。

正直类

世祖斥正一真人符

江西巡抚李翔凤，尝于顺治丁亥进正一真人张应景符四十幅。得旨："为治之道，惟在敬天勤民，安所事此？朝廷一用，天下必至效尤，其置之。"

顾亭林不夜饮

昆山顾林亭尝曰："北方之人，饱食终日，无所用心。南方之人，群居终日，言不及义，好行小慧。"其甥徐乾学延之夜饮，怒曰："古人饮酒，卜昼不卜夜，世间惟淫奔、纳贿二者夜行，岂有君子而夜行者乎！"

马惟兴不私撰祖父名

国初，孙可望将马惟兴既降，官福建总兵。及廷赐诸将三代封典，惟兴久不具摺。闽抚询其故，愀然曰："惟兴少为寇掳，相从作贼，实不知祖若父为何人也。若私撰祖父姓名以上，不惟欺君，抑且诬及先人矣。"

汪苕文不畏强御

汪琬字苕文，号钝翁，长洲人。顺治中，由进士授户部主事，降为兵马司指挥。旗人与民争，缚民至司，其党数十人皆偃仰卧踞厅事中。汪举手厉声言："曲在民，当尽法；若曲在旗，敢厉民乎？"卒直民而惩旗人。又治奸民以假命噬人者，惩豪家奴以势凌胁人者。任满且去，北城民炷香提酒，送者填溢巷衢。

铁面学道

溧阳狄敬，顺治甲午，以文望简授湖广提学道。每临所部，辄集诸生于学宫讲卧碑，不如式者辄挞之。或訾其过严，狄曰："士习颓靡久矣，今敷教在严，惟严而后可以言宽也。"试之日，绯衣坐堂上，（时服色初定，品官犹或沿明制也。）取诸生试卷当堂面阅，阅毕即发，一切竿牍不得行，而积弊以清。所奖拔士，皆穷巷老儒，足迹鲜入城市者，群号为"铁面学道"。又尝识熊文端于乡举时。后文端居金陵，狄已告归，复相与讲学谈经，阐东林、白鹿之绪。

孙承恩不肯欺君卖弟

顺治戊戌状元孙承恩，常熟人也。先是，承恩弟旸举丁酉北闱，以事遣戍。胪传前一夕，世祖阅承恩卷，其颂语有云："克宽克仁，止孝止慈。"玉音称赏。拆卷，见其籍贯，疑与孙旸一家，遣学士王熙疾驰出禁城，至承恩寓面询。学士故与承恩善，因语之故，且曰："今升天沉渊，决于一言，回奏当云何？"承恩良久，慨然曰："祸福命耳，不可以欺君卖弟。"学士叹息。既上马，复回顾云："得毋悔乎？"承恩曰："虽死无悔。"学士疾驰去。世祖秉烛以待，既得奏，尤嘉其不欺，遂定为一甲第一。

王伯勉不为尚书译字

汤阴王东皋，名伯勉，官吏部郎。一日，世祖谕旨至部，示满洲尚书韩代，尚书以无汉字，召东皋至，属书之。辞曰："译字非郎中职，出上意邪，伯勉不敢不书；大臣意耶，腕虽断，不敢书也。"既改御史，巡城，豪强屏息，无敢有轻裘怒马洋洋道上者。考满内用，台长将以巡盐两淮荐，力辞不可，曰："内用之员，例不奉差，必以此事相付，则前此弊窦，吾不敢隐也。"荐者惧而止。丁忧服除，遽卒。

圣祖禁章奏媚语

康熙时，廷臣章疏有“德迈二帝，功过三王”语。圣祖曰：“二帝三王，岂朕所能迈且过哉!”传谕中外，自后不许如是。

王文简恶开捐

康熙时，王文简公士祯官户部时，秦中大饥，开纳粟例，堂司多相缘为奸利。文简一无所豫，戒司官，凡捐纳事，勿以一呈一稿至。

陈尔昌拒奔女

陈尔昌，名玉纶，鄞诸生。家贫，课徒自给。雍丘有世家侯氏者，延二师，尔昌其一也。侯氏庭设女乐，有女甚丽，命侑觞席上，极欢而罢。夜半就枕，忽户外剥啄声，启视则女子也，峻拒不纳。明晨，主人入，拜曰：“真吾师也。”昨同席者已束装行矣。

李森杖毙伶僧

掖县李侍御森巡按江南，诛鉏豪右，优人王紫稼（吴梅村之《王郎曲》，即赋此事。）及三遮和尚淫奢无状，皆杖毙之。及中谗被逮，（李自选御史，两经革职，俱复原官。后又以言事谪戍尚阳堡，寻赦还。至是已四黜矣。）吴民号泣攀送者数万人，既登舟，僚属相顾挥涕。松江知府李正华最后至，携一酒瓢，满酌送侍御曰：“吾曹期不愧天日，不愧朝廷，不愧百姓耳。成败利钝，造物司之。今日之行，荣于登仙，诸君何至作楚囚相对耶?”侍御为之掀髯大笑。

姚端恪父子无私

姚堂，端恪公文然子也。堂应会试，为总裁王清所黜。清，端恪所举士也。撤棘后，始知之，来谢过，端恪笑曰："此足明我两人无私也。君报我厚矣，何谢为！"

陆清献不以取诸民者寿巡抚

平湖陆清献公陇其令嘉定时，值苏抚慕天颜生辰，众皆献纳珍物惟恐不丰，清献独于袖中出布一疋、履二双，曰："此非取诸民者，为公寿。"天颜笑却之。卒以微罪劾罢其任。

施世纶面折托和诺

漕督施世纶有权术，尹京兆时，步军统领托和诺行骄纵，轿前常拥八驺，施遇诸途，乃拱立道旁，长揖以俟。托惊骇，下轿问之。施忽厉声曰："国制非王公不设驺马，吾以为诸王至此，拱立以俟，孰意汝也。"欲劾之，托谢，乃已。俗呼曰"施青天"。

阮应商驾驭猾吏

大河卫人阮给谏应商，康熙中官户部郎，善驾驭猾吏，群为之悚息。其莅任第一日，即以裘服逾制，挞从事二人。督治文案，惟令抱牍待判，不得出一语，故云南一司，无不洗手奉令也。

高某抗议出妇女

蒙阳高某守信州，在康熙癸丑、甲寅间。时吴三桂、耿精忠为逆，信州迩闽，信之妇女多为闽寇所掠，闽民之避乱山中者，其妻女亦多为信营所获。平闽之后，两地居民觅妻寻母者，日以千百计。时军令例不许赎。高使各具供状，开列姓名、籍贯及其妻母形貌、被掳之地址、现在之旗份，不数日而满三大柜，持赴军门，语将军曰："此号泣而来者，皆不从贼之良民也。今其妻女咸在军中，色且少者，坚不许赎；老且陋者，故勒高价。当死亡之余，家业凌替，仅存一身耳，顾安所得金钱耶？令数千百失业之民日夜环城而泣，势必至相聚为盗。将军不速为之计，吾地方官也，法不敢隐，即据此报亲王矣。”将军挥手曰：“止、止，吾即从汝！”趣下令，军中有留妇女一人者立斩。一时欢声震地，获团聚者数千家。复移文闽镇，论以国法，而信民之妇女得发回千余人。时闽中好事有为传奇名《三春梦》者，备载其事。将军名额楚。

蓝理斩戈什哈

康熙癸亥初，郑成功踞台、澎，数侵扰漳、泉，为边患，议大兴师，命靖海将军施琅征之。施名将，雅知人，闻蓝理忠勇，奏署右营游击。部议持之，特旨报可，使领前队先锋。自是遂在厦门练水师。一日，有二卒出市薪蔬，遇将军戈什哈观剧使酒，擒而挞之，且痛诋及理。卒归愬，理笑曰：“斗殴，常事也。且问汝，胜耶负耶？”曰：“受挞耳。”理怒曰：“汝不能胜二戈什哈，何能杀贼！”命斩之。卒呼冤，曰：“某等以将军故，让之。请复与斗，如不胜，愿死。”乃纵之再斗，反命曰：“大胜矣。”大喜，命二卒卧板扉上，刺鸡血淋之，舁以往，见将军，请发戈什哈二人付治。琅不可，理固请曰：“今用人之始，士卒不爱躯命，为将军出死力，将军宜一体抚恤之。戈什哈倚将军势，无故挞士卒，且大言辱詈某，损先锋威重，摇军心。将军不发此二人付某治，恐军中人人解体也。”琅不得已付之。理回营，具牒飞报将军曰：“今日上吉，先锋官启行。”即诣海岸，缚戈什哈二人斩以祭江，轰巨炮，顺风扬帆去。琅闻之不怿，既而曰：“虎将也。”

郭世隆毁淫祠

康熙时，汉军郭尚书世隆督浙闽时，闽俗信鬼，多淫祠，黠者敛钱于民，辄数十万，檄州县毁之。

徐立斋整理旗务

徐立斋相国少受知于世祖，即以天下自任。圣祖尤委任之，两总内台。凡事涉八旗者，同僚多咋舌，徐持之甚力。时方重窝逃之律，将军马哈达请令奴亡者得自勾摄，勿关有司。立斋执不可，曰："是重扰民也。"满大臣曰："当令将军会同督抚行之。"立斋曰："如此，则仍将军为政。当令督抚会同将军。"上以立斋言为是。

京师奸人多掠平民卖旗下，故逃者日众。立斋请由地方正印官验问，给印契为凭，否者坐之。八旗家人以投水、自经报部者，岁至千人，立斋请凡验有伤痕及一家中前后死三人者，酌予处分。从之。

费武襄斩番僧

费武襄公扬古，勋业甚隆，平噶尔丹功第一，其胆识亦正不可及。尝从圣祖之番僧寺，番僧中号为活佛者，见上傲睨不为礼，即挥刃斩之。上尤其鲁莽，[公] 徐奏曰："番僧虽贵，亦人臣也，岂可使无礼于君前，乱我国法？使有异术，臣抽刃时，应早令伽蓝按捺，不延颈就戮矣。"扈从者争服其言。自此，番僧见大皇帝弥益恭顺。

何义门请削门生籍

长洲何焯，字义门，康熙时拔贡，赐举人、进士，侍皇八子读。时尚书徐乾学、祭酒翁叔元方号召海内新进，何亦及其门。会设太子讲官，以汤斌、尹泰、鄂棻、舒淑、黄与坚任之。汤荐候补道耿介。适朝廷下诏求言，灵台郎董汉臣上书指斥时事，下九卿议。执政惶恐，与同列囚服待罪，汤宣言于殿廷曰："董言虽妄，无死罪。大臣不言，小臣言之，吾辈当自省。"明珠入告，以汤当会议时，有"惭对汉臣"语，传旨诘问。汤具疏引罪，耿亦以疾乞休。于是翁叔元受要人旨，与尹泰、舒淑、开音布并劾耿实无病，汤妄荐。举朝多不平，何致书于翁，请削门生籍，士论快之。

某典史笞太监

圣祖南巡，銮辂所经，督抚派员除道，左右为夹道，听官民往来，御道居中，禁人行走。某典史巡视某处，圣驾未临，有太监戴孔雀翎，彪彪然直驰御道。典史阻之，太监叱曰："若何人斯，敢阻咱老子耶!"典史命拽下马，械至官栅，坐堂执法。旧例，刑太监不褫下体衣。典史不知，直扯其袴，两腿尽露，杖下喷血，监叩头乞哀乃罢。督抚闻而让之，典史曰："天无二日，卑职典守御道，只知有圣驾，不知所谓太监也。"督抚诣行在具奏，自请处分。上问典史何在，奏曰："待罪宫门。"上曰："其人有此胆量，不宜辱以典史。"召见，甚宠异之，以四品官用。

甘庄恪看管侍卫

奉新甘庄恪公汝来为涞水令，以其地多豪强，请于上官，得以柳木棒示威，皆戢服。毕里克者，侍卫之练鹰者也，率拜唐阿及其家丁数十至涞，涞民万廷荷等被殴几毙，争愬之甘，毕等亦入县堂责甘。甘大怒，挥令看管，置其家丁于狱。事闻，部议褫甘职，夺毕俸。特诏毕革职，复甘官。

任葵尊叱缚千金旦

任葵尊，名宏嘉。康熙中官御史，巡视北城，亲王诸府、公侯第宅多在辖下，骄悍尤难治。任偶出，有锦衣骏马者突其前，任呵叱之。从者曰："此某王所嬖千金旦也。"任大怒，身逐之，率隶卒奔抵王府，坐其门謼（古同"呼"），必得旦乃已。王曰："是申申者何也？即出，敢若何？"旦出，任叱缚之，予杖四十。王大恚，入奏，圣祖曰："彼非凌汝，行者吾法。汝庇优，亏吾法。"王觳觫稽颡出。

任葵尊鞭马三爷

马三爷者，戚畹某之弟，登城私。任葵尊官御史，方巡城，执而鞭之，告其兄，兄面谢过。已而谋龄龁任，任廷发其奸，某矫辨，圣祖命掌其颊三十，又声九门提督罪，诏立斥罢。任尝慨然流涕曰："宏嘉之得保首领，天子赐也。"

汤文正面折明珠家奴

汤文正公斌巡抚江苏时，相国明珠有家奴，言事多效，公卿震慑，所至，大府多郊迎，恂恂执弟子礼颇恭。过苏，畏汤，不敢谒。自监司以下，朝夕候其门。汤闻，使召之。将命者用故事，以客礼请，从骑数十。至辕门，顾谓左右："主人出迎何迟也?"久之，辟大门传呼，大惊，窘迫，脱厮舆服被之。入至阶下，见汤南面坐，乃跪而听命。汤曰："汝主与吾同朝，闻汝来，故以酒食犒汝。"命门卒为主人。其人惭沮，即日去苏。归诉之明，谋致难于汤，而汤声绩甚著，上方向用。念在外无从得事端，会阿哥出阁读书，乃上言汤某以理学为时所崇，辅教太子，非某不称。上然之，遂以詹事征入京。明珠私人余国柱，即以汤去苏时士民攀援者塞道指为市名，并罗织减赋事为归过君上，俱入告，而汤不知也。进讲东宫，首《大学》"财聚民散"数则。毕讲，阿哥入侍，上令举所肄以闻。上曰："此列国分疆时语，若海内统一，民散，将安之?试询之。"汤具陈奏陈、隋土崩状，且言一统而民散，祸更烈于分国时。上虽谅其忠，以有先入之言，眷遇非前日比矣。会议杀董汉臣，汤坚持不可，自是上滋不悦。迨汤薨数月，犹与诸大臣语曰："吾遇汤某特厚，而怨讪不休，何也?"

拉卜敦忤明珠

满洲拉总宪卜敦，董鄂氏，有勇力，能弯十石弓左右射。善诗文，顷刻数篇，外国语无不通悉。性刚直，立朝不苟。尝忤明珠，戍西藏，藏人叛，殉难。

项学仙请移贿充赈

项学仙，康熙时人，负膂力，工镖。尝游秦、晋、燕、赵间，强暴闻其名，不敢犯。嗣陕督以千金聘至，厚遇之，隶标下。一日，出黄金五千、白银三万，命献明珠。学仙因叩首曰："今陕、甘、两广之地，天灾流行，饿莩载道，明公盍以此赈饥？民将全活无算。小人不敏，不惯为人作暮夜求也。"督怒，系之狱。及明败，督亦去位，始释归。爰杜门不出，以歧黄术自给。门临河，荇藻掩映之，尝以箸取鱼，烹以佐酒。妻艳而勇，能扑人于数十丈外，济南道上，曾佐其夫败剧盗百余人。

康绩斥允禵

康熙戊戌，固山贝子允题〔禵〕以抚远大将军督西陲边事。会岁饥，武弁康绩方运粮至半道，绩以所运赈之，军法当斩。允禵重其义，乃疏言云："绩法宜死而心宜生。"圣祖赦之。其后，绩参机宜事，时有匡正，有不当者，辄面斥之。每遇允禵宴会，辄劝其止饮，允禵改容谢之。

鄂文端拒见皇子

鄂文端任内务府司员时，世宗在藩邸，因事召之，鄂曰："皇子宜毓德春华，不可交结外臣。"上心善其言。及即位，首召之，戚友以前事为之忧。及入对，即谕曰："汝以郎官之微，而敢上拒皇子，守法甚坚，为大臣，必不受请托。"立授江苏布政使。不十年，登首揆。

赵恭毅重惩徐采

康熙季年，优人徐采给事藩邸，嗾佣者杀人，事下九卿，议者欲脱采，以佣抵。武进赵恭毅公申乔夙以廉直著，独据刑部谳，论采主使，坐绞。已而采竟减死戍边。及世宗即位，仍逮采于边，论如律，下诏褒赵。

赵恭毅不为王屈法

武进赵恭毅任司寇时，廉邸有伶杀人，讽赵出其罪，谢曰："天子之法，不能为王屈也。"

顾琮刚亦不吐

顾琮，太师顾八代孙也。风骨挺劲，在满洲大臣中，与徐元梦并称，时人为之语曰："前徐后顾，刚亦不吐。"世宗初年，设会考府，顾为主事，杖某王府吏。王初不悦，后奇之。尝持议欲行限田法以均贫富，与用事大臣动色争于上前，无所挠挫。有文觉禅师者出都，声势烜赫，骑从如云，道出袁浦，兖、豫二州方面大僚率属郊迎。顾方与前总漕魏廷珍相交替，皆若弗闻也者。

孙诏成杖宫监

武威孙方伯诏成，康熙壬辰进士，选庶吉士。雍正初年解馆，改知直隶某县。会世宗有事先陵，跸经其邑，大雪，积行宫门外数寸。故事：宫门内外粪除之役，宫监司之。时宫监有所索，未之允也，辄呼县官来扫雪。孙拥篲以前，谓宫监曰："县官为天子扫雪，岂辱事耶！"伛偻扫雪不已。宫监怒，将群集而殴之。于是引其魁以出，饬阜（同"皂"）隶缚而加杖。时上官皆候宫门外，闻之震栗，遂以其实上陈，且请罪。世宗览奏，欣然曰："此知县好大胆。太监滋事不可赦，著交所司治罪。"召见，慰勉者再。未几，擢守宁波，旋迁宁绍台道，转两浙盐运使。

余甸为直臣

康熙间，以河官而兼民治实德在人者，诸暨杨观察三炯而外，惟福清余少京兆甸。余初试江津令，西事起，藏连青海诸番谋窥川、陕。年羹尧抚四川，加正赋，通私茶，犹不足以奉战士，多额外急征，檄再三至，余不应。乃遣内丁持印文告谕，自朝至日晡，不出。使者哗，乃开门坐正堂，命反接，众不敢动。余怒，乃共推曳，伏之地，投六签，丞簿皆曲跽为请。须臾，士民集堂下者数百千人，耆老数十升堂，以身蔽使者，告哀曰："公何难弃官，但我民自今无怙恃矣。望哀赤子无依，宽使者法。"久之，乃命释缚羁候。越日，使者索原文，斥之曰："还报大人，我无子，闭门待劾，原文已间道付二三执友矣。"旬日，声震京师。羹尧曰："此民所戴也，劾之伤众心。"

会行取入京，为吏部主事。掌选二年，权要富人之求速化者，多为所格，长官亦阴患其戆，乃力求退。嗣被荐，起为兖济道。士民闻其至，讼狱者争赴焉。河督齐苏勒旋以工事劾之，士民相随听勘者数千人。齐巡工，至余所部，父老争结彩炷香，稽首于舫前，请登岸受万民瞻拜，拥肩舆至广原，升高座，聚者万余人，四面环拜，投香于地，高如丘陵，咸呼曰："还我余公，吾民万世尸祝。"齐大惊，许拜疏，众乃散。世宗闻之，立召入，退语政府曰："吾又得一直臣矣。"

沈端恪侃侃持正议

沈端恪公近思初为文选郎，尚书隆科多最专断，曹司莫敢仰视，端恪独侃侃持正议。一日画诺，尚书曰"可"，端恪曰"不可"。尚书怒，端恪持之益力。良久，尚书忽曰："沈选君，诤友也。"改而从之。且曰："僚友当如此矣。"入告世宗，擢太仆寺卿，仍领选司，自此得大用。

徐时伯抗李卫

徐时伯，建宁人，雍正壬子令邢台。时李卫以苛刻称，而时伯独能持大体，疏文法，李深恶之。有细民韩德者，以符水治病有验，人多信之。母死，葬西山，送者甚众。武弁某素喜事，以邪教聚众密白李，李令郡守调兵急捕之。守以告时伯，时伯曰："西山民颇谨愿，可力保无他，请单骑验之。"守曰："李公意严切，其事果实，君一身能任其咎乎?"时伯对曰："果尔，愿以亲属百口同坐。"守颔之，遂往毁其墓庐，以德归，白李，予杖责而已。未几，他县民以被诬邪教而逮，相牵入狱者三百余人，多自毙，守叹曰："吾今乃知民命之悬于令也。微徐令，西山之民殆矣。"

其后调清范。甫至，会大水，放赈，而常平仓粟半朽腐。李欲派令各县摊补，时伯力言不可。李怒甚，时伯谢曰："公意与民意均重，然二者相衡，某宁逆公意，不敢逆民意也。"李厉声诃之，时伯不为动，徐起趋出，时左右闻者皆股栗。李色变，目上视，语良久，顾两司曰："是人乃敢忤我，殊有胆，吾今姑恕之。"翌日，召之入，谓曰："子言良是，行别筹之。"时伯不言谢也。人皆笑其迂。寻以乞养归，民攀舆送者至流涕，而邢台人思之为尤至。

方灵皋折王相

方灵皋名苞，受世宗知，以罪傫而致卿贰。性刚戆，遇事辄争。尝与履恭王同判礼部事，王有所过当，拂袖争之。王曰："秃老子，若敢尔!"方曰："王言有马勃味。"王怒，入奏，上两罢之。往谒相国查郎阿，其仆恃势不即禀，大怒，以杖叩其头，血涔涔下。仆狂奔告，查迎见，方云："公为天子辅臣，宜以谦冲恭敬待下僚，安可纵豪仆以忤天子之卿贰?公误多矣!"佛然欲去，查长揖谢之，乃已。后复至查邸，其仆望之即走，曰："舞杖老翁又来矣。"

李绂崛强到底

李绂字穆堂，临川人。生有异禀，读书日二十册。由编修超五阶为庶子。世宗在潜邸即知其名，及即位，授广西巡抚。当是时，庙堂痛惩朋党之习，尚书蔡珽适获戾，李面保，忌者因目为死党。而河南巡抚田文镜者，由县丞至巡抚，察察为明，圣眷隆甚，严吏治，一劾辄数十员。雍正间，李以直隶总督入觐，过豫，一揖未了，即厉声问田曰："公身任封疆，有心蹂践读书人，何耶?"田立以李语入奏。李入，亦首劾田负国殃民，又连疏纠劾。会御史谢济世亦劾田，世宗以济世所言与李奏一一脗合，明是结党倾陷，宜严惩。于是内外诸臣，以全力排李，必欲死之。上知其才，又恶其倔强到底，欲摧折而用之。两次决囚，缚李西市，刀加颈，问："此时知田文镜好否?"李奏："臣愚，虽死不知文镜好处。"乃宣旨赦还。

魏定国抗将军

广昌魏少宰定国知应城县时，善决狱，邻县讼者咸赴愬，上官亦知之。云梦、孝感民为有司所虐，闭城罢市，大吏亲临不得入，檄魏往。民望见衔牌，讙曰："魏青天至矣。"皆罗拜，旋解散。嗣守杭州，豁浮粮，屏盗贼，戢旗兵，民感戴如在楚时。会巡抚黄叔琳获罪，或言叔琳弟叔璥为御史，巡台湾，过杭扰民，民罢市，世宗命将军、督抚会讯。讯日，观者如堵墙。叔璥囚服噤不语，将军呼三木胁之。魏率钱塘令上阶，抗声曰："府县司地方，地方罢市，府县不知，请先劾府县。且阖城老弱万千在庭下，辱将军一问，有无立剖，安用刑为!"将军目外望，诸百姓匍伏，同声应曰："如府君言。"叔璥遂得释。后以陈臬畿辅，拷人致死，谪戍黑龙江。乾隆丙辰，与杨名时、魏廷珍同召见，出抚安徽，入贰吏部，终其身，世称"魏青天"。

高宗不喜朋党

高宗初年，鄂文端、张文和二相国秉政，嗜好不齐，门下士渐分门户，上屡降明谕，引世宗《朋党论》戒之。内阁学士胡中藻为鄂得意士，以张党为寇仇，多讥刺，上正其罪，诛之。

全谢山碎木主

郑县有名宦乡贤祠，明降臣张军门杰、谢太仆三宾亦滥列焉，当时不知何人所谬为陈请者也。全谢山年十四，补诸生，初入学，例往谒，见二木主，大怒曰："此反复卖主之乱贼，奈何污宫墙也！"亟掣取，捶碎之，投之泮池。

鲁亮侪保全中牟令

鲁之裕，字亮侪，奇男子也。雍正间官清河道，时田文镜督豫严，提镇司道以下受署惟谨，无游目视者。鲁効力麾下。一日，命摘中牟李令印，即摄中牟。鲁为微行，大布之衣，草冠，驱驴入境。父老数百，扶而道苦之，再拜问讯曰："闻有鲁公来代吾令，客在开封，知否？"鲁谩曰："若问云何？"曰："吾令贤，不忍其去故也。"又数里，见儒衣冠者，簇簇然谋曰："好官去，可惜。伺鲁公来，盍诉之？"或摇手曰："咄，田督有令，虽十鲁公，奚能为！且鲁方取其官而代之，宁肯舍己从人耶？"鲁心敬之而无言。至县，见李貌温温奇雅，揖鲁入，曰："印待公久矣。"鲁拱手曰："观公状貌被服，非豪纵者，且贤称噪于士民，甫下车而库亏，何耶？"李曰："某，滇南万里外人也。别母游京师十年，得中牟，借俸迎母，母至被劾，命也。"言未毕，泣。鲁曰："吾暍甚，具汤浴我。"径诣别室，且浴且思，意不能无动。良久，击盆水誓曰："依人而行者，非夫也！"具衣冠辞李。李大惊，曰："公何之？"曰："之省。"与之印，不受，强之曰："毋累公。"鲁掷印铿然，厉声曰："君非知鲁亮侪者。"竟怒马驰去，合邑士民焚香送之。

至省，先谒两司，告之故，皆曰："汝病丧心耶？以若所为，他督抚犹不可，况田公耶！"明早诣辕，则两司先在。名纸未投，令辕传呼鲁令入。田南向坐，面铁色，盛气迎之。旁列司道及文武十余人，睨鲁曰："汝不理县事而来，何也?"曰："有所启。"曰："印何在?"曰："在中牟。"曰："交何人?"曰："李令。"田干笑，顾左右曰："天下摘印者，宁有是耶?"皆曰："无之。"两司起立，谢曰："某等教敕亡素，致有狂悖之员，请公并劾。鲁付某等，严讯朋党之弊，以惩余官。"鲁免冠前，叩首大言曰："固也，待裕言之。裕一寒士，以求官故，来河南，得官中牟，喜甚，恨不连夜排衙视事。不意入境时，李令之民心如是，士心如是，见其人，知亏帑故，又则是。若明公已知其然而令裕往，裕沽名誉，空手归，裕之罪也；若明公未知其然而令裕往，裕归陈明，请公意旨，庶不负大君子爱才之心，与圣上孝治天下之意。公若以为无可哀怜，则裕再往取印未迟。不然，公辕外官数十，皆求印不得者也，裕何人，敢逆公意耶!"田默然。两司目之退，鲁不谢，走出。至屋霤外，田变色下阶呼曰："来!"鲁入跪。又招曰："前!"取所戴珊瑚冠覆鲁头，叹曰："奇男子！此冠宜汝戴也。非汝，吾几误劾贤员。但疏去矣，奈何?"鲁曰："几日?"曰："五日，快马不能追也。"鲁曰："公有恩，裕能追之。裕少时，能日行三百里，公果欲追疏，请赐契箭一枝以为信。"田许之，遂行，五日而疏还。中牟令竟无恙。以此鲁名闻天下。

先是，亮侪父某为广东提督，与三藩要盟。亮侪年七岁，为质子于吴。吴王坐朝，亮侪衣黄夹衫、戴貂蝉侍侧，年少豪甚。读书毕，日与吴帐下健儿学赢越勾［卒］、掷涂赌跳之法，故武艺尤绝人。

刘文正主试持正

刘文正公累主会试及顺天乡试，门下宾友往往以暗中被摈，人无怨言。所得士，虽已列仕版，多不识面。

蒋因培面折巡漕御史

常熟蒋伯生大令因培宰山东，多惠政。会巡漕御史某家人婪索供张，势张甚，所过咸趋承惟谨。抵汶上，蒋方诣行馆报谒，及门闻诟厉，廉知横行状，便止屏外，扬声慷慨而言曰："公奉天子命来，因公过境，凡适馆具餐，所应储峙，有司为东道主，何敢怠忽？今乃纵厮养无状乃尔乎？是藐功令也。因培亦朝廷命官，藐功令者，而顾腼颜奉之，非夫也。"遽令撤所张灯及供膳，拂衣径归。御史遂中夜苍黄去。后事发，以贿赂牵连者数辈。东抚以蒋事上闻，奉朱批："此人可嘉之至。"

熊会玜不惧长官

高宗之南巡也，黄文襄公廷桂任江督，方厉威重，供张悉咄嗟取办，属吏惕息，无有敢少忤其意者。时丹徒令为潜山熊会玜，开辟御道，不忍坏人冢墓，迂绕里许。文襄大怒，谓跸路所经，不由直道，是大不敬，弗急改，必诛。熊对曰："岂驾前有人持指南针，由京师直至丹徒，不一转弯耶？且上非秦始皇，如闻江南有发冢暴骼事，必赫然震怒，罪将在公而不在某。幸而上不知，公独无恻隐心乎？"道府咸骇，引其袂使谢，熊不肯，且大言曰："参官已耳，能杀我耶？"文襄无如何，道卒不改。

苏臬司某好微行访察，一日，密檄逮丹徒大猾某解省。熊使人拘之至，则农家愿悫人也，立纵之去，以实上禀。未几，以事赴苏，臬司怒曰："君识其为善人而遣之，我乃不能识人耶？"熊曰："由县解司，其间有胥吏之层层需索，公即有皋陶之明，讯而释之，其家已破，诬者之计得矣。"臬司瞿然。

熊后以治绩擢至知府。尝曰："长官亦人耳，何必惧？有患得患失心，则面少人色，将顺不暇，居官之治忽，可想见矣。"

张若瀛杖太监

高宗幸滦阳，有随侍太监某滋扰民间。时热河巡检张若瀛者，桐城相国文和公族子也，抚以善言，太监愈咆哮，若瀛乃呼役缚之，立加大杖。直督方恪敏公闻之，大惊曰："张某疯矣！"

亟上章劾奏。上察其情，谓侍臣曰："非太监恣行不法，若瀛安敢尔！其人殊有家风，朕甚嘉之。"因降特旨，令越七阶擢同知，而太监遣戍矣。

某吏目杖太监

乾隆时，高宗驾幸通州，有内监数人至州署索供张，知州与辩，内监势张甚，批其颊，知州遁。吏目乃叱役痛予杖，监诉于上。翼日，召见吏目，嘉其官卑能执法。适有知县缺出，即以吏目补授，谕曰："汝作知县，可始终强项，以庇百姓，勿为上官屈也。"

李漱芳捕栾大

李侍御漱芳，四川人。巡视中城，有傅文忠公家奴栾大，恃势招无赖，肆行市阛，无过问者。李慨然曰："傅相以忠谨传家，故能保。大，家奴也，游荡非傅相所知，关系甚巨，不可使贻累椒房也。"乃捕大，审得实，立登白简。高宗大悦，戍大，傅罚锾，擢李为给事中。

卫哲诒直陈阿思哈

卫司空哲诒历任封疆，以廉能著。抚粤西时，谢侍御济世子犯法，卫锻炼其子，因波及侍御。袁简斋曾作书规之，刘文清公亦言其"官每高一阶，而其品乃下一级"，盖亦不能自守之士也。然其召对时，高宗问近日封疆大吏臧否，卫自谢无状。上言："姑置汝勿论，孰最劣？"卫对曰："惟江西巡抚阿思哈耳。"时阿宠眷最渥，而卫敢撄之，亦难能也。

佟伊勤慎严待侍卫

襄毅伯佟伊勤慎，乾隆中任领侍卫内大臣，典宿禁近数十年，驭下严肃。每早朝，必正襟坐中左门，入直侍卫，按簿呼唱，朝服佩刀率以入，迟者令自负襆被出，以辱之。景运、隆宗二禁门，非奏事、待旨及宣召，虽王公大臣不许私入。当时禁籞严，部曹有终身不识乾清门者。后日渐废弛，至旷班累日不至，夏日宜宿，长衫羽扇，諠哗嘻笑；至圆明园诸宫门，有竟日袒裼酣卧者。有人告当事，当事者笑曰："使裸者俱在，已幸，君何苛责哉！"

陈昌齐答德壮果之言

海康陈宾臣观察昌齐，任温处道，值德壮果公以一等侯阅视闽浙营伍，下令于各海岸设兵巡逻，不许一人下海，属吏莫敢置对。陈曰："沿海居民多捕鱼为业，若禁其下海，则数万渔户无以为生，激变之咎，谁当任之?"德默然久之，曰："君言是也。"

罗慎斋恶袁简斋

湘潭罗慎斋少卿典，致仕后，主讲岳麓书院，以程朱学诲人，造次必于礼法。诸生心向之，而苦其拘。时袁简斋过湘，闻罗名，访之，罗薄其为人，拒不见。袁去，罗命仆担水洗门前阶石，仆怪之，曰："勿使秽迹污吾地也。"

张亨甫责曾宾谷

建宁张亨甫，名际亮，尝游京师。时曾宾谷鹾使燠，方以名辈显宦居京师，罗致知名士，士日获其赠遗，谄之甚。一日曾食瓜子，壳黏其须，有门下士起而拂之，亨甫斜视大笑。翼日，寓书于曾，责其不能教导后进，徒以势利奔走寒士，门下士复不知自爱，廉耻俱丧，负天下望。曾大怒，毁之，由是得狂名。

张慨当世之好士，曾不如其好色之真也，取一时名优为传，曰《金台残泪记》。自序云："自获麟陨涕而后，天下有二泪焉。一贾生之哭，国事也；一阮籍之哭，穷途也。"又尝谓九十九峰散吏曰："吾记金台，匪记也，后世必有泪余之泪者。"

王文端不许其子应试

王文端公杰与和珅同朝，和而介。其子某工文艺，善书，恒为父代笔。高宗知之，以问王，辄以不才对。每届秋闱，先期谓众曰："谁荐中吾子者，吾即劾之。"子无奈回陕，欲应本省乡试。时陕抚某，门下士也，亟致信，亦以是属之。收卷时，中丞视其文可中，乃袖置己室，不发誊录。盖其子豪于饮，故不令仕，且惧其不免为和所陷也。

钱梅溪阻毕秋帆寿和珅

毕秋帆沅督两湖时，值和珅年四十，自宰相以下，皆有币帛贺之。秋帆赋诗十首，并检书画、铜瓷数物为寿。时钱梅溪泳在毕幕中，语之曰："公将以此诗入《冰山录》中耶?"秋帆乃大悟。

管韫山折和珅

武进管韫山侍御，名世铭，以户部主事入直军机处，受知于阿文成。时和珅任枢密，赫奕冠一时，管时持正论折之。和屡欲中以危法，赖文成保全之。管既传补御史，文成虑其以言贾祸，乃面奏："军机章京唯管世铭一人谙练故事，下笔敏捷，世铭去，无继之者，请以御史仍留军机处行走。"故事：军机传补御史，即退出直庐，若留，则不得上疏奏事也。管未引见时，已草疏数千言，备论和奸状。引见归，急缮摺，将于明日上之，而仍留军机处之命已下矣，管大失望。洎入直，谒文成，犹侘傺不平，文成慰之曰："报称有日，胡亟亟以言自显乎？且和相得君专，一疏不足以仆之，则适以取祸，无补于国事也。留有用之身，图异日之报，不亦可乎?"管乃稍稍自晦。及文成薨，管旋亦下世，距和之败数月而已。

武虚谷杖和珅差役

武虚谷，名亿，河南偃师人。任山东德平县令，有政声。乾隆甲午秋，寿张王伦倡乱，为舒文襄公扑灭。或传伦实未死，潜匿他方。庚戌，山西人董二告伦匿山西某县，和珅希封赏，授意于觉罗牧庵相国长麟，令侦缉。牧庵以虚妄对，和艴然，乃密签役往山东缉访。至德平，役恃和势，作威福。武擒至署，取视捕役签票，惟书二公差名，而同行者乃十五人。武责之，役抗横无礼，武怒，以大杖责数十。役归告和，和怒曰："县令乃敢杖吾胥役！"授意山东巡抚，劾罢武职。武归装惟书数十簏而已。嘉庆己未，有洊武者，仁宗命复其职，而武已先卒矣。

谢香泉烧和珅车

湘乡谢香泉任台谏时，以直声著。时和珅用事，权焰甚张，恒思有以折之。先是，珅有宠奴，常乘珅车出，人避之，莫敢诘。一日，谢巡城，适遇诸途，怒，命卒曳下笞之。奴曰："汝敢笞我！我乘我主车，汝敢笞我！"谢益怒，痛笞奴，遂烧其车，曰："此车岂复堪宰相坐耶！"九衢中人聚观，欢呼曰："此真好御史矣。"和恨之，假他事削其籍以归。

谢文章名一时，喜山水，乃遍游江浙，所至人士争奉笻履迎，饮酒赋诗，名益高，人皆传称之曰"烧车谢御史"。和伏诛，复官部郎以卒。道光癸巳，河南裕州知州谢兴尧以卓异荐入都，兴尧，御史之子，由翰林改官者也。引见时，唱陈名贯毕，宣宗问曰："汝湖南人，作京语，何也？"尧对言："臣父谢振定，历官翰林、御史，臣生长京师。"宣宗悟曰："尔乃烧和珅车谢御史之子耶？"因褒勉之。明日，宣宗语阁臣："朕少时闻谢御史烧车事，心壮之，昨见其子来，甚喜。"未几，命擢兴尧叙州府知府。

和孝固伦公主折丰绅殷德

高宗幼主和孝固伦公主，下嫁和珅子丰绅殷德。丰挟父势，颇骄纵，公主从容语之曰："若翁受皇父厚宠，不图报称，惟以纳贿闻。象有齿以亡其身，期正不远，若顾挟之以骄纵，何耶？"丰闻之，色沮者良久。后和籍没，丰继殂，公主持家政者十余年，内外严肃，赖以小康。道光癸未秋，薨，宣宗曾亲临奠醊焉。

李世杰却福文襄檄

黔西李恭勤公世杰督两江，值福文襄王征台湾，檄调督抚府库饷银，李力持不与，曰："此朝廷府库，不见部文征拨，誓不敢发。"福无如何。

严士鋐擒治总督傔从

丹徒严廉访士鋐令四川华阳时，甫莅任，西藏廓尔喀兵事起。福文襄为大将军，征之，军符络绎于道，自成都至打箭炉，皆设军需局。严言于布政使英善曰："大兵大役，圣人所以绥远人、靖边陲，内地民人尤宜爱护。兵部勘合颁行在案，凡有为百姓撙节者，所以仰体皇仁。有藉端需索、征求无厌者，必痛惩之。"会总督和琳傔从入局，苛索夫马酒食，势张甚，廉访立擒治，申请递解回籍，众为之肃。

潼川商纳赀为道，而负盐课。盐道林儁为之调停，其人抗不服。大府以委廉访，申其罪，请褫革，加桎梏焉。别签商人如原议。

学政以门联示意

陆耳山督学福建，榜其门曰："尔无文字休言命；我有儿孙要读书。"彭芝楣督学江南，榜其门曰："一卷不阅，两目即枯。"窦东皋督学浙江，榜其门曰："文章千古留其是；夙夜一心惟不欺。"朱石君督学浙江，榜其门曰："铁面无情，凡涉科场，戚谊年家须谅我；镜心普照，但凭文字，平奇浓淡不冤渠。"吴稷堂督学浙江，大门榜曰："畏简书尤畏人言，常以怀刑盟夙夜；正文风先正士习，每将知耻勖胶庠。"

洪亮吉斥董诰

富阳董蔗林相国诰，长子淇以荫官户部郎，中年夭折，相国悲咤。一日，偶谓门下士曰："予自问生平无罪，西河之痛，天何罚之酷耶？"众或引孔子伯鱼、释迦摩侯罗为况者，相国愈不释。时洪稚存编修在座，最戆，率尔对曰："师何无罪？师秉国钧，上之宜法皋、夔、伊、傅，次之亦当效房、杜、范、韩，乃庸庸祇祇，徒效孔光、石庆之所为。不能造福，即有馀殃，慎无以无罪自蒙也。"相国惘然久之。后分发掣签一案，议穷治应讯者数十员。相国方掌吏部，力言于朝，谓若等微员下士，来自田间，不识忌讳，或以笠屐所经，熟其风土，或有葭莩所托，资其饔飧，与指名鬻缺者大异，请恕其既往，禁其将来。此案乃治吏而不及官，得全者甚众。

黄秋平与孔府讲礼

阮文达公元，与衍圣公有姻娅，衍圣公嘱代延塾师，即荐黄秋平往。开馆讲书，从学者皆坐而听讲。秋平曰："尔孔府，天下古今乃第一讲礼人家，其学规竟如此耶？依礼，我则留；不依礼，我自去耳。"

王侪峤揭钱俊

王侪峤名苏，居谏垣，有直声。出守洛阳，不趋势要，上司畏其锋棱。钱楷时为方伯，其族弟俊以资授道员，恃兄势，颇豪纵。王察其办物料有亏缺，乃直揭藩司，禀中有"深知钱道为上台族人，然夙信大人之清正，必不以葭莩故，致误国事也"。钱大惊，准其揭治俊如法。后告人曰："是日读禀时，余手自颤摇，不知作何批示方好也。"

龚鉴杖僧

钱塘龚明水大令鉴，知甘泉。僧明慧者，曾与内廷法会，干谒遍大江南北。一日，以书币关白于龚，龚杖其使而遣之。总督叹曰："强项令乃如是耶！"事闻，上召明慧至，锢之于京师。

陆泌逻伺逆书

陆侍御泌，钱塘人，颇骨鲠。嘉庆癸酉林清之变，太监杨进忠为某贝勒袒庇，已漏网，陆不平，曰："阉寺本无威权，赫赫天潢，反与交结，如不举发，奚用御史为！"乃遣吏逻伺，卒得其逆书，劾之。仁宗叹赏，立擢之为四品京堂。其党衔之次骨，然卒未能中伤也。

桂芳责某相

觉罗桂芳，字香东。官户部侍郎时，值某为相，政苟且，桂面责之曰："不意宗臣中乃有如公者，直污蔑腰带矣！"盖宗室得腰系黄带，觉罗得腰系红带，俗有"黄带子""红带子"之称也。某恨之次骨，亦无如何。嘉庆癸酉林清之变，桂拟奏稿数条示董相国诰，董曰："公言虽是，恐不合上意。"桂正色曰："此何等时，尚以迎合为言耶？"董谢之。奏上，上皆嘉纳。甲戌春，命往粤西审办成林案，病于武昌寓所，未数日暴卒。

邹晓屏争铨选事

无锡邹晓屏冢宰，立朝不苟。尝与胡图理争铨选事，直言侃侃，莫能夺，卒以见谪。一日，礼亲王遇之于九松山古寺中，邹历言胡变法，曰："吾年已及衰，尚恋恋此位何为？当以去就争之，不可使朝廷之法自我坏也。"仁宗亦重其品，诞日，赐内府梨园部曲以荣之。

祁文恪驳报销案

山西祁文恪公性方严，管工部时，于各省报销之稍与例案出入者，必驳斥，虽左右堂为之言，不稍迁就。

杨遇春家法严正

杨遇春有子曰国桢，少倜傥，豪饮不羁。其自刑部郎出守颍州也，遇春方提督固原，兄国佐亦以守备引见，并予假省亲。国桢至，辕者以遇春命止之，不许入。国佐入，为跪请，久乃召而庭数之，国桢免冠谢。遇春曰："吾起家武举，上拔擢至此，恩遇无比，常恐老不知所报。始我期汝云何，而忘之也?"命予杖。文武官吏为叩头乞免，不许，已皆大骇服。道光初，国桢擢云南盐法道，未上，迁按察使，陛辞，宣宗谕曰："好为之。有如不称，当语而父知之耳。"盖当是时，上亦知遇春之家法也。

王东槐笞王府车夫

道光时，王东槐任巡城御史，遇王府木器车横行中路，途为之塞，特拘车夫笞之。

高叟斥牛鉴

甘肃牛制府鉴，少时家綦贫，徒步走千余里，至西安，肄业关中书院，无以给饔飧资，常寄食于院中之厨役高叟家。高伟其气宇，知必大用，不责偿也。及牛通籍，报以千金。道光中，督两江，高犹健在，年逾七十矣，家亦小康，因往访牛，牛留之署中。己亥，鸦片战事起，牛附和奕山、伊里布等，力主和议，陷陈忠愍公化成、裕靖节公谦于死。高大愤，驰书告其子，举家中产业，凡以牛赠金营运所殖者，悉斥卖之，汇其银至江南，计逾二千金，乃持以谒牛曰："牛先生，昔吾所以解衣推食者，以子英伟，将来为名臣耳，岂望报乎？今子乃误国至此，吾义不受子之惠，请以昔者所赠及历年所得子金悉还之子。吾仍为厨役，不虑饿死也。"牛亟起谢，高竟拂衣去，贷于乡人而归。

何允彪拒青衣丽姝

萧山何允彪中丞煊，道光中叶任云南巡抚。为诸生时，尝假馆杭州山村小庵中，四顾荒寂，众数相惊以走，何居之坦然。忽夜闻叩门声，则一青衣丽姝，冉然入，咄之，对曰：“夫久出，今忽得书，不识字，请先生为我诵之。”何掷不阅，曰：“村中岂无识字人，何必乘夜求我？尔可来，则可去，毋稍延！”妇惭而出。

黄辅辰持正不阿

贵筑黄观察辅辰官吏部考功郎时，遇事侃侃，持正不阿，屡忤尚书恩桂，又与张侍郎争易州牧贪墨事，抗议再三。同官或目之曰“硬黄”，镌二字于石以赠之。黄少奇困，尝屑和麦麸为粥，又不给，则就邻生撷园中桃实生啖之，意充然，不废学。

王茂荫不阿肃顺

歙县王子怀，名茂荫，咸丰初为御史，抗疏直言，于国家大计多所建白。未几，洊升户部侍郎，遇事力持正论，朝贵为之敛迹。时肃顺柄国，颇忌惮之，遣客通殷勤。王意颇动，订于某日偕谒。客待于外堂，车驾矣，衣冠而出，过厅事东偏，有巨镜，忽对镜立，瞻顾一周，拈须自语曰：“焉有堂堂王子怀，而为权臣屈节者乎？”遽谢客。客还报，肃恚甚，将谋所以中伤之，乃引疾归。比穆宗立，优诏起用，有“直言敢谏，志虑忠纯”之奖，遂复出。时京师粥厂以办理不善，泽不下逮，奏请扩张整顿，风清弊绝，饥民多感颂焉。晚年，奉命查案山西，所挈随员有得贿者，为所欺，覆奏失实，清望稍减。其所居在京师宣武门城南，即歙馆。歙人言及王，恒指镜以相告语也。

王茂荫折瑞常

咸丰戊午京察，时大学士瑞常筦兵部，泾县王茂荫为左侍郎。及过堂，瑞举一等诸员姓名，语尚、侍，王起，正色曰：“某某特善奔走，非真能办事者。若某某，皆勤于职事，为、守兼优，应以一等与之。”瑞怫然曰：“如君言，乃非我所知，请君为我定之。”即以笔授王。王曰：“诚然。中堂事多，不常至署，茂荫终岁在部，察诸司勤惰较详，敬当为中堂定之。”径取笔标识，促其画诺，付胥缮摺具奏。瑞大不平，然竟无如何也。

石赞清之对英人

石襄臣少寇赞清，贵州人。先是，知天津府数年，勤以敷政，严以持躬，吏慑其威，民怀其惠。咸丰戊午，英人犯天津，直督某走。太守以巨瓮二贮水，寘堂阶，曰：“英人入胁，则吾与妻死此。”未几，相国桂良与议和，英人去。庚申，英法联军入天津，督部以次，皆横被侮辱。英将卒分驻官廨，赞清坚持不为动，英人挥令去，曰：“断吾头，可，衙署不让也。”英人诧而韪之。一日，英军以五百人持兵入署，扶赞清坐肩舆，导入英馆，曰：“非敢相难，闻有兵欲烧吾船，姑假君为镇耳。”赞清愤不食。仅数日，民情汹汹，重失赞清，将与英人并命。英人惧，命之去，赞清不可，曰：“吾如何来，当如何归耳。”英人复命五百人前导，具肩舆送之，则竖其将指称之曰：“真好官也！”英人踞天津数月，赞清迄未离府署。事闻，不次迁擢，官至刑部左侍郎。

长姑论时局

京师镶红旗骁骑校额明德，有女曰长姑，幼颖慧。尝从叔氏读，通书史大义。额老而无子，家赤贫，恃其针黹以为养，暇则教邻童以识字，藉博微资佐菽水。咸丰己未，内廷选秀女，名在籍中，闻报，抱父母恸哭，念父母老无依，欲奉以遁者数。既不克脱，届期随众往，候驾坤宁宫门外。众女俟驾久，疲不能耐，相向泣。监者叱之曰：“驾且至，敢若此，不畏笞耶？”长姑厉声曰：“果当选，即终身幽闭，不复见其亲，生离死别，争此晷刻，安得不泣？且粤寇今陷金陵，天子不求将帅之臣，汲汲谋战守，乃犹强攫人女，以纵己一日之欲，行见寇氛迫宫阙，九庙不血食也。吾死且不畏，况鞭乎！”监者亟掩其口，而御辇至矣。因缚其手，牵诣驾前，抑之跪。文宗先已微闻其言，至是，笑问其故。长姑仍奏如前。上默然久之，挥使出，曰："汝不愿应选，可自去。"当上之初出也，人人自危，以为天威不可测。及闻长姑慷慨数言，而上不怒，无不颂上之宽仁，服长姑之胆识。长姑以是蜚声于时，湘潭王闿运为作《今烈女传》以宠之。后某侍郎子慕其名，礼聘焉。既嫁，不得于小姑，年未三十，郁郁卒。

胡文忠不庇族戚

胡文忠公林翼律己甚严，于宗族戚党，不稍假借。在黄州时，族人某来谒，饮食之者数月。一日，辞赴前敌。问其故，以营官某奉调，银钱所荐与偕行。文忠勃然，面谕营官曰："吾有族戚，力岂不能庇之？尔辈藉以结纳，风气一开，伊于胡底！姑记过一次以儆。"因自给族人归资，并通饬各台局营员，用人一事，胥秉至公，不得徇上司、同僚情面，滥为汲引，若经访闻，立即参处。

刘章侯不阿官文

胡文忠任鄂抚，澄叙官方，于州县等官尤为慎重，鄂督官文恭公文亦未能主之。一日，文恭予所亲署鹤峰知州，文忠以山州僻壤，未甚措意。而荆州守刘章侯者，审署州人材，不足胜任，于过谒时，留迟其期，密揭于官、胡，请易员以代。适官、胡望日祠祀相见，文恭谓曰："昨一大怪事，君知之乎？督抚委缺，本府不许履任，有是理乎？"文忠答曰："此吾辈过也。知府持正，吾辈当谢之耳。"文恭复曰："虽然，当留吾面目。"文忠颔之，令署州视事三月，引退。及文忠薨，刘竟坐事降荆州同知，刘亦安焉。及李文忠公鸿章督楚，刘犹在荆。李为刘年家子，欲力为之地。刘辞曰："公意极厚。卑职年七十余矣，精力万不足任事，闲曹薄俸，稍可自给，他不敢求。"文忠太息而止。

文祥阻金安清内用

同治壬戌春，两淮盐运使秀水金安清谋内用，乃辇金入都，结纳奕劻。时劻年逾冠，为之运动权要，将以京卿内用矣。一日，文宗语枢臣曰："金安清究可内用否？"诸臣皆力为揄扬。继询文祥，祥曰："小有才，心术不端耳。"文宗曰："心术不端，如何可！"遂罢。未几，漕督吴棠上封事，劾其营私舞弊四十余款，奉旨革职查抄，且永不叙用，交地方官严加管束。

袁州学官直言

侯官沈文肃公葆桢抚江西，有年老袁州府教授某广文来谒，沈问曰："袁州某守作官如何？"广文答曰："某太尊为官尚好，惟其弟实不堪耳。"沈因详询之，广文乃将其弟招摇纳贿诸端，言之无隐。沈密派员查访，果然，遂撤某守任，而惩其弟如律。广文闻之，愕然曰："吾实谓伊为官甚好，特其弟不堪耳。岂并此亦不能言耶？"

沈文肃诛胥吏

沈文肃公被旨为本省钦差大臣，省吏皆畏且忌。藩署胥吏某，平日挟指上官，以刻蠹起家，与沈有连，而沈素恶之。一日以饷故忤沈，沈立逮之至，数其罪，以军法从事。布政为之哀请，不听。方坐堂皇，而封翁手书至，沈置书案隅，曰："了公事后，治私事耳。"卒诛之。事讫发封，封翁书果为胥缓颊也。

沈文肃不私同乡挚友

沈文肃公性刚直，朝贵无敢有请托，有之亦置之不答。某与沈同乡挚友，以知府需次山西，乞函于沈，致桂抚为先容。沈笑不应，徐检尺牍三四函示之，则桂抚关说未报者也。因晓之曰："彼若受而应之，吾何从施面目？君第去，若无所事，吾当按月资给君。”遂以四百金赠其行。李元度与文肃夙称骨肉交，荐一族子至，留署数月，文肃忽召询之：“若家几人？岁需几何足资生？”对以百金足矣。文肃立出千金助之归，不予差遣。及薨于两江督署，方疾亟，忽手书一纸下所司，以江西督销局海州分司二人，应行改调，方拟稿而薨矣。时洪都转汝奎总后事，以文肃遗令不敢违，即日檄行如例。西局分司，皆鹾政要地，任者不称，文肃择材易之，时无不诵其明者。而当临危时，神明不乱，尤为人所难能也。

李雨苍殴曾文正子

汉军李雨苍，少慷慨，好奇节。以诸生走数千里，至湖南，谒曾文正。值文正他出，雨苍见其公子。公子以李衣敝而风尘满面，有慢色。雨苍直前殴之曰：“而父以礼士闻天下，若慢士如此！”公子谢之，始已。文正归，奇之，留幕下，授以一军，荐至参赞大臣，以回疆失事罢任。

张兆栋折丁日昌

秀水沈玮宝，以知府需次江苏，资望未深，丁日昌遽使权苏州府事。旋受代，复使督浚昭文县白茆河工程。故事：属吏谒督抚司道，月有定日，日有定时，惟有要事待裁决者，得随时投谒，不格以成例。

一日亭午，沈自工次诣抚院，有所陈说，语不逊，丁呵之，不受，反唇相抵。丁大怒，拍案碎茗椀，沈亦拂袖欲起。丁不许，使受申饬，沈遽免冠置几上，谓当听弹劾，径出。丁饬巡捕留沈于外，立传令，召中军、参将，列队阶下，声言将斩沈以徇。府县闻报，齐集辕下，婉言譬喻，冀沈入谢罪。沈曰：“遭世承平，不必有断头将军，何妨有断头太守？欲杀，则竟杀矣，何谢为！”府县入谒，代缓颊，丁益咆哮不可止，有“不杀沈势不休”之说，命材官立传司道。时勒少仲廉访方宴客，立命驾。及至抚署前，甲仗森严，旌旗焜耀，若将决巨寇者。廉访惶遽入，让沈，沈出硬语，怨府县不善调停，府县白宪怒未息状。方抢攘间，粮储道亦至，丁又传催司道及中军、参将甚急。勒待藩司张兆栋来，同入见，而张久不至，命长洲令蒯德模速驾。张屏不见，传语蒯令，宜自回署理民事。蒯回报勒，勒不得已，偕粮道率府县先谒见，从容乞免。丁以张迟不至，为轻己，益怒，知中军亦违抗，明谓勒勿预此事。时已近酉，丁揖勒等令出，谕麾下武弁，逾三刻，藩司与中军不至，惟令是听，毋久待。勒踯躅廊庑间，又迁延逾时，张始缓缓来。众官惶惶，视张意旨。张命召沈入司道官厅，问触犯状，沈一一缕陈，众始知其故。盖惶遽中惟知抚军将杀沈，虽廉访亦未暇问究竟，司道府县两次求免，亦但闻丁述沈玮宝藐抗罪应死，下固未敢叩其源，上亦未及示其详也。

先是，沈报工竣，由水利局司道委员验工，禀复工坚料实，请开坝便舟楫，丁批准，沈即遵批开坝，而丁忽专札饬令毋许开坝。坝已开，不可复堵，面陈之下，丁谓沈不遵后命，沈谓后命至已在奉批开坝之后。丁谓工必草率，故仓皇开坝，以掩其迹。沈谓工经委员验报，坝系奉文准开，果有所疑，何不委员复验，而遽批准开之牍？丁怒其藐视上官，沈请参处，丁曰："罪不止此。"沈请奏明戍边，丁曰："戍边何足蔽辜？我誓杀汝！"沈干笑，谓："今日不杀我，不成丈夫。"事遂决裂。张既详询始末，复问："前批以何日奉到？坝以何日开？第二次公文以何日到？"一一具答之，并谓有卷可稽。张曰："奈何忘上下之分？轻上官，是轻朝廷也。假令汝之子弟据理悻悻与汝争，汝岂能堪？长官于属吏，犹尊属，汝亦曾权首郡篆，奈何冒昧至此？宪怒方盛，不可谢，姑反尔舍，静思己过，明日早谒我，同谢抚军。"沈犹欲有言，遽令退，并命速乘舆去。勒大惊，谓何可遽令归，张笑曰："斩犯我自纵之，有我在，何患焉？"遂入见。丁曰："相需甚殷，来何晏也？"张问："今日果将杀沈某乎？"曰："是何言？我志已决！"问："沈某之罪，即以不遵二次公文擅开坝乎？"曰：

“唯唯，否否，犹有藐抗不逊之罪。”张曰：“沈某已详询明确，令归，候公处分。公若必欲诛之，以示威群僚，公之军令也，谁敢违？公可遣一缇骑，逮而诛之，亦殊易易。事后，公如不奏闻，幸甚；倘入告，某亦当另摺具陈。某不敢以一属吏抗公令，更不敢以非常事不自奏闻。日旰公勤，请速断。”丁默然良久曰：“终必有以处之。”张遂出，辕下亦解严，沈竟无事。

阎文介杖某弁

官文恭公文督鄂时，阎文介公敬铭署鄂藩。有某弁为文恭娈童，文恭令带卫队，保副将矣。弁恃宠，势张甚。一日，率亲兵数人入民家，欲奸其处女，女不从，杀之而逸。其父母诣府县讼冤，府县莫敢问。文介大怒，亟谒文恭。弁固知文介知之而必不己赦也，先入求救，文恭匿之。有顷，文介果上谒，文恭辞以疾。文介谓有要事必待面陈，如不可以风，即就见于卧室。阍者出，仍固拒之。文介曰：“中堂病必有痊时，俟痊，必当传见，吾即居此以待可耳。”命从者自舆中出襆被，曰：“吾即以司道官厅为藩司行署矣。”卧起官厅者三日夜。文恭授意司道劝归署，必不可。文恭窘甚，以新繁严渭春中丞树森、盩厔李太守宗寿与文介同乡，急延之至，浼为调人。严、李多方譬喻，文介出誓言，谓不斩弁，不还署。文恭乃自出见，即长跽。文介岸然仰视，不为动。严正色曰：“丹初亦太甚矣！中堂不惜屈体至此，独不能稍开一面网乎？”文介不得已，趋扶文恭起，与要约，立斥弁职，令健儿押归原籍，立启行。文恭诺，乃呼弁出，令顿首文介前，谢再生恩。文介忽变色，叱健儿执诣阶下，褫其衣，重杖四十，杖毕，立发遣。事讫，始诣文恭谢。文恭由是益敬惮之，密疏保奏，乃抚山东。

孙衣言怒某令之谄

英翰尝抚皖，一日为太夫人祝七十寿，天长令馈一苏绣缎幛，以其美丽，悬之中堂，而移藩、臬两司所赠者于旁。臬司孙衣言见而大怒，曰："监司不及县令耶?"知宾者留其与宴观剧，均不可，英大惑。太夫人知其事，翼日，命英设盛筵，为之道歉，孙却之。英固请，乃以见于直隶会馆相要。英如言，届期，张宴演剧。英以孙负重望，颇严惮之，特肃衣冠，迎于门。见孙将下舆，即长跪而言曰："一时胡涂，乞恕罪。"孙亟下舆，扶之起而谢曰："非敢傲中丞，特怒某令太谄耳。"

光绪朝之清流党

光绪乙亥至己卯间，发、捻荡平，左文襄公宗棠戡定新疆，疮痍渐复，民气昭苏，中兴之业，号为极盛。沈文定公桂芬当国，务为安静。文定性矜慎而稍刻深，箝束士类，无一毫奋发踔厉之气，而才士之锐气阴消沮矣。

己卯，俄约事起，崇厚以蒽茶丧权辱国，言路交章论劾，而清流党以起。清流风力，以张文襄公之洞为最著，而邓承修、张佩纶、盛昱、陈宝琛等皆知名健者，以文章节气著称。时文定以军机大臣总理各国事务衙门，当言路之冲，特以矜慎故，孝钦后终倚重之，迨以老病卒，未尝去位。而清流党之名大震，士气益发抒矣。

清流之盛也，李文正公鸿藻实主之。文正与文定同事孝钦，权不逮文定，而尚气，不甘为文定下，文定稍抑之，故不能平。清流以论劾大臣见风采，中外皆惮之。甲申三月，枢垣全体皆罢，势张甚。法越之役，名士皆主战，战不利，佩纶且败，名士气慑。会文襄以山西学政出，宝琛以会办南洋防务出，佩纶罣误于福建海防，承修入总理衙门，而清流党至是遂星散。以是而计，十年之间，前五年为文定守太平、尚静谧之时，后五年为士大夫矜才气、好言论之时。文定没，枢臣未尝膺艰巨，一无所可否，潘祖荫、翁同龢，以金石文学唱导后进、宏奖风流而已。至恭王及文正、宝文靖公鋆、景廉、翁同龢等同时罢，醇王至军机处议事，而朝局为之一变。

先是，恭王长枢府，雅善文定所施为，犹有持重之风。孝钦欲有所兴作，辄谏沮之，惜财力、喜宁静、抑夸张也。迨醇王入枢垣，国库渐殷实，意稍恢张，锐意兴海军以致天下之财，而苑囿宫殿土木大作矣。醇王不常视事，皆倚任济宁孙文恪公毓汶。文恪父为醇师，故雅相亲重，权倾中外，以宠赂为时所訾，亦莫敢谁何。顾醇王主恢张，而是时掌户部者为阎文介公敬铭，又继之以翁同龢，皆主节啬，疆臣有言军备者，辄沮抑之，甲午之役，战具皆窳败不任用，职此之由。

己丑，德宗亲政，略无更张。中日事起，言官八十余人联衔劾枢臣，请起恭王主持军国重事，气势甚盛，两宫为之动容。故是岁枢臣先后罢，更易殆尽，与甲申相似，而朝局又为之一变，此甲午冬十月、十一月事也。

初，上命设督办政务处，以恭王、李鸿藻、翁同龢、荣禄、长麟为督办政务处王大臣。盖上意不信任军机，不欲以国之大政属之，又不可轻拂慈意而易军机也，故有是命。未几，又命庆王入。每日，上召见军机后，复召见督办政务大臣。未几，文正与翁入军机。又未几，恭王入军机。未及一月，督办政务处撤，而国之大政仍属之军机，于是而有戊戌之事。

乙未、戊戌间，无大举动，恭王与文正及翁支拄其间。戊戌三月恭薨，四月翁同龢罢，五月王文韶入直，八月崇禄入直，是为戊戌政变。

戊戌以后，刚毅颇用事，又援启秀、赵舒翘以自助，顾顽陋以为学，很（古同“狠”）愎以为治，无所树威信，则横决以求逞，于是而有庚子之祸。盖戊戌之事伏于甲午，庚子之祸生于戊戌，导源甚远，伏流甚细，而祸发最烈，国之凌夷，关系至巨，且至是而清流党亦尽矣。

彭刚直杀李文忠犹子

衡阳彭刚直公玉麟，貌癯，如闲云野鹤，出语声细微，至不可辨。然每盛怒，则见之者皆不寒而栗。每年巡哨，必戮数人，所至之处，将弁士卒咸有戒心。其兵额常缺，自揣不能朦混者，多夜遁。佥呼之为“活阎王”。

彭以钦差大臣巡阅长江水师至皖，时合肥李氏势方盛，文忠犹子某素骪法，时出夺人财物妻女，官不敢问。一日，夺某乡民妻去，乡民诣刚直诉之。刚直留乡民，而命吏以刺邀某至，出乡民，谓某曰：“此人告若夺其妻，有之乎？”某自恃势盛，直应曰：“然。”刚直大怒，命笞之无算。而府县官皆至，悚息哀求，刚直不听。俄抚、藩俱以刺至，请见，刚直命延接，而阴嘱吏曰：“趣斫之！”巡抚足甫登舟，而吏持头来缴令矣。刚直乃移书文忠曰：“令侄坏公家声，想亦公所恨也，吾已为公处置讫矣。”文忠复书谢之。

彭刚直斩管带

彭刚直衣服朴质，类村叟，偶出行，一奚奴随之，亦村童也。一日，过浙江石门湾，石门湾故大镇，亦往来孔道，有水师管带驻焉。时将黄昏，命奚奴候镇外，自憩于茶寮。寮中每夜有说文书者，镇人群集听之。正中一座为管带席，他人不敢僭，彭即据其座。寮主劝其移他次，彭婉谢之曰：“俟某大人至，吾当谨避之耳，此时无妨也。”寮主不得已，谆嘱之，彭曰：“诺。”俄而二弁舁大灯，导管带至，坐客莫不避席。寮主即趣彭，彭不听。管带大怒曰：“何物村人，大胆据吾座！”二弁亦大声嗥叱。彭徐徙他座，蜷伏无言，管带犹余怒未息，坐客莫不悚息。俄而彭潜去，立召管带。管带至，则见高坐堂皇者，乃适所斥坐上村人也，匍匐如死人。彭略叱曰：“一管带，威福至此耶！”命斩之。

彭刚直杀厘卡司事

彭刚直巡阅长江，至某处厘卡，主之者监司也，司巡多不法，行旅寒心。一日，彭驾小舟至，命兵诣局，请验行，司事不应。逾时又请，则哂曰："汝心躁耶？奈我不乐验何！"兵复命，彭大怒，趋至，厉声曰："请验，所以遵功令也。今有意羁我，岂空舡亦索贿耶？"司事亦怒曰："便羁汝，敢控我？"彭曰："吾不控汝，直杀汝耳！"颐少动，兵遽拥至河干，杀之。观者失色，趋告监司。监司急出，见彭大惊，长跪请罪。彭怒色诃责，良久乃去。自此沿途局卡司巡，淫威稍减，恒惴惴相戒，不敢如前之傲狠，水面为之肃然。

卫荣光惩旗丁

光绪丁丑六月间，杭州有调自荆州之旗人，以与边福泰茶叶店口角，忽纠众滋事，殴伤近二十人。于是市人汹汹，自鼓楼至盐桥，皆罢布。仁和、钱塘两县令出为谢，乃始开市。时卫静澜中丞荣光方护抚院，曰："狠戾如是，是不可长。"遂直奏其事，并讽杭人宦京者合辞揭参。于是朝廷震怒，命浙抚严办，乃将为首肇事之人革马甲，鞭若干下，以木笼囚之。自是旗人稍敛迹。

袁忠节斥某总管

桐庐袁忠节公昶微时，馆京师某相国邸第，一日，某总管来谒，至密室，袁在焉。谈未久，适有他要人求谒相国，相国趋出，留总管在室。总管偶执袁手，谑之曰："十指何纤柔乃尔！"袁正色曰："手虽好，惜不知要钱耳。"总管面红耳赤者有顷，不待相国至，即起身去。

易笏山停送干脩

龙阳易笏山方伯佩绅任苏布政时，丰裁严峻，人皆侧目。凡前任所赠干脩之人，均持当道函来谒，欲仍旧贯，辄取朱笔书其后曰："一国将军一国令，一朝天子一朝臣，停停停！"书毕，掷还之。

刘仁折刘秉璋

刘秉璋督川日，有直隶副贡刘仁援例就教职，后复改就直州判，指省四川。初抵省进谒，秉璋阅履历讫，大言曰："汝系已就教职而改就州判者耶？是不甘为冷官而思作外吏发财耶？且必指分川省也何故？殆以为易于发财耶?"某直陈曰："职之由副贡而或改教职，或改州判，均朝廷功令所准，初非骫法。至州判即可发财，则总督之发财当不可胜计。若四川州判果易发财，则总督所得当若何？惟明公有以教之。"秉璋语塞，愤然拂袖入。会藩司上谒，秉璋余怒未已，因言顷有直州判刘仁来见，言语挺撞，至为可恶。可即予以苦差，如稍贻误，即当登之白简。时适修建省垣，因委令监视工程。刘以直言犯督帅，方镇日惴惴，忽奉檄委，大喜过望。孑然一身，无室家友朋之累，遂日坐城上督察。年余，凡院司查工，刘咸拱立以侍。秉璋闻而大异之，谓宜酌予优差，以奖其劳。藩司承命，檄署盐茶道库大使。

额勒精额正直自矢

额勒精额，字裕如，四川驻防旗人，以进士官农曹，正直自矢，不媕阿。与屠梅君、毛实君、朱蓉生辈讲求为己之学，清介绝俗。及出为广东按察使，清名益著。光绪甲午，中日事急，德宗下诏罪己，采人望，迁河南布政使。其讲学日记，原本儒先，力争上游，盖其树立者有素也。

周应麟斥布政

光绪朝，鹿传霖抚汴，属吏宴之于江苏会馆，演剧焉。所演有《牧童乐》，花旦牡丹红方出场，忽有候补知县周应麟至，遽夺巡士手棍，跃登台，踢花旦倒，而语布政曰："此何时也？两宫宵旰勤劳，何歌舞行乐，竟无心肝至此耶!"鹿闻之，大惊而逸。

欧阳友仙以身殉道

新化欧阳友仙，名佺，性迂谨，以知县需次江苏。光绪丁酉，以解饷入都，既毕事，仍遵陆而归，所挈薪资旅费犹六百金。道曲阜，时在德占胶州之前数月也，以将谒孔林，寄其金于曲阜令。令欲留之饮，友仙曰："吾往谒孔林，就道在即，不能饱德，且姑醉心耳。"谈次太息，极言孔教之衰微，世道人心之不可问，遂匆匆策骑去，信宿不返。令遣人诇之，则孔林某屋之正梁，赫然有友仙之尸在焉，盖就缢于此，而以身殉道矣。

夏涤庵守正不阿

光绪朝，富阳夏涤庵主政震武，尝主京师大学堂讲席，守正不阿，笃守程朱学说。有以"成见"二字让之者，涤庵辄曰："有定见而后可以无成见。"

李炳甫据理直言

鄞县李炳甫大令景祥，以光绪乙未进士，为令于奉天，知广宁。一日，教士以讼事关说，李曰："两造皆吾国人，何与君事？且曲在教民，吾不能宥也。"教士默然。李命役杖之二百。教士乞末减，李不可，决如数。杖竟，判枷六月，教士又为之哀请，李曰："姑念其情有可原，当减为一月。"教士退，诉之将军，斥李之强项。将军旋召李入见，语之曰："朝廷方怀柔远人，若何乃尔？"李对曰："卑职惟据理直言耳。"将军亦无以难之。

荣禄持正

光绪庚子，两宫幸西安，粤人某献石屏，绝新异，孝钦后将赏以知县，谋诸荣禄。荣不可，曰："以进石屏而赏知县，更重于石屏者，何以待之？"遂返其献。拳乱盛时，庄王、端王数矫旨，荣电李鸿章，谓五月二十四日后矫旨不可信，令转达各省。时召李入都，荣电江、鄂二督，谓李宜缓行，俟后命，盖是时庄、端二王方欲害李也。

贞烈类

张淑仪守礼全贞

妇人之不失节者曰贞，未嫁而不失节者亦曰贞，盖言其有节操也，故贞可赅节而言之。

康熙时，丹徒有铁匠某，其妻张淑仪能诗。袁健磐尝访友镇江，寓其家，与之唱酬。其佳句云："嫩妆撩鬓易，私泣拭痕难。"又云："三月桃花怜妾命，六桥烟柳梦君家。"虽彼此潜通笺札，而终不及于乱。健磐以微辞挑之，则正色曰："妾固老秀才某之女，幼嗜文史，父亡，为媒者所诳，误嫁贱工，一字不识。彼方炽炭，我自吟诗，为此郁郁。得遇君子，聆音识曲，使几句荒言，得传播于士大夫之口足矣。至于人欲之感，发乎情、止乎礼义可也。"再三言，则涕泣立誓，以来生为订。健磐心敬之而不强也。逾两年，再过其地访之，则铁肆已闭，全家不知何往矣。后在粤，又遇一刘铁匠，不能作字而能吟诗，每得句，倩人代写。《月下闻歌》云："朱阑几曲人何处？银河一泓秋更清。笑我寄怀仍寄迹，与人同听不同情。"健磐曰："同一铁匠，使张女当初得嫁刘某，便称佳偶矣。"

张氏女饰丐全贞

张某，青县人，康熙时流寓东光。有女及笄，明慧纤丽，东光马德聘之为妇。张既得聘，虑无嫁资，其妻曰："女艳若此，携而逃，再受聘，且得重金。"张惑其言，全家逸去。女阴以为不可，泣谏父母，咸唾骂曰："行将嫁汝贵家，衣锦餍粱肉，顾不安乐，乃欲从窭人子终身操作耶？"女知不可挽回，乃潜易蓝缕衣，涂面如乞人妇，手足皲茧，星夜出，匍匐而行，询马氏居，诣之。马故有母，问所从来，告之故。母泣曰："苦吾新妇矣。"盥而视之，光可以鉴，乃命子鸣之官。令拘张至，询得背盟状，惩之，具鼓吹送女至马家，使合卺焉。

李云娘拒汪公子以全贞

李云娘，密云人，父卖酒自给。年十八，嫁密云参将汪某之仆王忠。康熙时，汪解任将归，行李累累，惧盗掠，谋于忠。忠归，与云娘言，云曰："余请效武士装，卫主以归。"汪因以云娘为卫。途屡遇盗，常以一身却敌。汪得归故乡，德云娘，留之于家。其子欲逼之，云娘绐之曰："妾有夫在，于公子不利。若善遣忠，而以礼纳妾，幸也。"公子遂厚赐忠，遣赴远役。择日治筵，宾客满堂，将行合卺礼。云娘忽易戎装，操白刃出，立堂上，以刃拟公子，数曰："尔家建高牙大纛，顾不能为国家卫百姓、靖寇氛，至以囊橐累予。予一妇人，奋身为尔卫辎重，千里跋涉，主臣之义，为报者至矣。今乃欲行不义，污我清白身，其速受予刃！"奋起欲斫。公子长跪自投，客相率不敢动。云娘因向门外大呼云："汝曹速入！"即有贫民数百人踵门进，云娘以刃指公子曰："予为尔家卫财，为庸既多，然予不愿受报，今宜出三之一，惠此贫民。违者血此刃！"因举刃作势。公子唯唯，即发箧，以财帛赠贫民。云娘遂出门，门外立二长须客以待，相将乘马去。忠自是亦不复反。后二十年，有人见之京师，忠设镖局，云娘为客保镖，往来关西，积赀致富，所至群盗咸畏慑不敢近。

吴氏女未婚守贞

吴氏女，程诒昆聘妻也。年十六，未嫁，闻诒昆讣，誓死。其母慰讽之，乃语其母曰："儿虽未结褵，然程某，吾夫也，愿往奠之。"母诺，女乃乘肩舆往。入门，问祖姑安在，青衣练裙，拜于寝室。拜后易衰绖，遂留不返，使人语其母曰："儿虽未结褵，然诒昆，吾夫也，愿留养祖姑。”母从其志。女董率家政，蔬食缟衣，闺中肃然也。诒昆，岑山人，侨扬州。家饶于赀，父母俱殁，独祖母存焉，事之甚孝。喜交落拓人，与曹震亭交最善。震亭有哭诒昆诗曰：“梧桐叶落暮啼鸦，秋草城南落照斜。流水板桥人断处，春寒相倚看梅花。旅况频频问管宁，芝田曾许借仙翎。谁知碧树听鹂约，转作青山瘗鹤铭。”

贺双卿不愿识书生面

贺双卿，丹阳绡山女子也，世务农。生有夙慧，闻书声即喜笑。十余岁，工女红。其舅氏某为塾师，邻其室，听之，悉暗记。以女红易诗词，诵习之。习小楷，点画端妍，能于桂叶上写《心经》。有邻女嫁书生者，笑其农家不能识书生面也。雍正壬子，双卿年十八，山中人无有知其才者，第啧啧艳其容，以是秋嫁周姓农家子。其姑，乳媪也。夫长双卿十余岁，看时宪书，强记月大小字耳。

双卿尝遗史梧冈词，以芍药叶粉书《浣溪纱》云：“暖雨无情漏几丝，牧童斜插嫩花枝，小田新麦上场时。　汲水种瓜偏怒早，忍烟炊黍又嗔迟，日长酸透软腰肢。”又以玉簪叶粉书《望江南》云：“春不见，寻遍野桥西。染梦淡红欺粉蝶，锁愁浓绿骗黄鹂，幽恨莫重题。　人不见，相见是还非？拜月有香空惹袖，惜花无泪可沾衣，山远夕阳低。”又为词嘲段玉函，段怒，双卿闻之，曰：“妾生长山家，自分此生无福见书生，幸于散记中识才子，每夜持香线望空稽首，若笼鸟之企翔凤也。”于是向隅而叹曰：“田舍郎虽俗，乃能宛转相怜，何忍厌之！此生不愿识书生面矣。”乃为《湿罗衣》云：“世间难吐只幽情，泪珠咽尽还生。手捻残花，无言倚屏。镜里相看，自惊瘦亭亭。春容不是，秋容不是，可是双卿？”段悔，填词十数首索和，均不答。偶见双卿于门，容色甚惨，殊异畴昔。段望空遥拜，时托人为倩工画者写其容。为留别词，苦其索和，乃以小缄圆裹，题封甚密，属于无人处拆视之。段欣然袖之去。明日，史使婢问之，双卿微笑，吟《白罗》诗曰："多情竟有痴仙子，又累书生半晌猜。"后卒以姑恶，劳瘁而死，然怨而不怒，贞矣。

二奇女守一全贞

咸、同间，粤寇扰江南，李文忠公鸿章部下有英将戈登者，亦率兵从征。某女已被掠于寇矣，复为戈所得，欲妻之。女不从，戈诘其故，曰："彼，国人。汝，外人也。我从国人则可，从外人则不可。"又一女初为寇所掳，官兵败寇而拔得之，亦欲以为妇。女固不从，官兵亦诘之，曰："惟已从彼，故不能从汝。彼不知法、不知理，故不能不从。汝既为官兵，宜知法知理，奈何亦强劫人乎？"

袁氏女未婚守贞

苏州袁氏女许嫁吴氏子，未婚，而遇咸丰庚申粤寇之乱，两家咸徙避。及乱定，女从父兄复还。父故业贾，理旧业，居积颇赢。而吴氏则人亡家破，仅存老孀妇，即女之姑也。女请于父，愿适吴氏，事孀姑。父不可，且谋别嫁之，女断发自誓，因亦不强也。同治甲戌，有吴氏亲串自秦中归，言与吴氏子同被掠，展转至江西，吴于某年月日死。女闻大恸，谓父曰："今日当从儿志矣。如不许，愿死之。"父不得已，乃以归诸吴。

凤儿不嫁里豪以全贞

粤西阳大令耀祖幕山右，府主周某怜其鳏，以侍婢凤儿赠之。凤貌秀，性婉嫕，阳深爱怜之。光绪庚辰，阳赴礼部试，挈凤同行。至磁州，凤忆其里闾姓氏，访之，则其父尚在也。阳所赍固不丰，且以细弱为行李累，乃留资斧，使依其父以居。阳至都，南宫又报罢，大挑得一等，以知县发广东，匆匆航海行，凤之音问遂疏。阳有故仆，亦桂人也，自晋南归，道磁，谂凤父所在，访之，凤始知阳已得官，且南行经年矣。凤父故乡愚，有里豪涎凤姿，以重金饵之。父意夺，迫凤归豪。凤曰：“女以避荒，流转山右，幸得依周氏，周以赠阳君，备小星。今人未弃我而背之，不祥。”以死自誓。豪既丧其资，恚甚，乃讼诸州。州牧施某阅豪词，即召凤至，屏逐观者，止留老吏役一二人，温颜询之。知凤意极坚，慨然曰：“吾当成汝节也。”责凤父还豪聘。豪不甘，笞而逐之。廉知凤有舅，颇谨厚，召之至，而以凤畀焉。走书山右，询周始末，得阳姓名与其科分，更致书南海、番禺两令，嘱觅其人。越五月而阳之使者至磁，凤遂南归。

姚小宾未婚妇守贞

如皋姚小宾孝廉彭年方悼亡，而捷于乡。有为媒介同邑某氏女为继室者，议成矣，未及文定而北行。光绪壬辰卒于京，某日成殓，其家中方为之纳采。是夕，女梦一美丈夫三揖之，谆嘱珍重，且曰：“今误卿终身矣。勿过悲，当俟之再世耳。”言既而杳。未一旬，讣至，女感其诚，遂以守贞终其身。

疯女守贞

广西有放疯之说，疯，麻疯也。妇女将发时，与人交则愈，否则送之城外痲疯院，令自相配偶，历三代始出院。有某氏女者，已许字矣，以传染得此疾。父母欲循俗，将觅一男子使与交，女期期以为不可，谓女子所重者贞，失之而生，无宁守之而死。父母不得已，乃送之入院。居数年，偶出院散步，忽闻异香自远来，寻香而往，至一小药肆，香益烈，伏地嗅焉。肆主问之，告以故。肆主乃遍搜室中，则知其所闻之异香，自药酒之瓶出焉，藏之久矣。至是，揭瓶盖觇之，则中有已死之蛇，试示之，女狂喜，取啖之。肆主惧有毒，禁勿与，而已啖其半。越数日，女所患处结痂矣。肆主闻之，使人叩其里居姓氏，则聘妻也。因感其守贞，亦不再聘，仍使人传语，令在院调养。月余，痂尽脱，一丽人也，肆主乃迎之归，合卺焉。

郑紫纶为尼以全贞

郑氏，浙西大族也。有某者，历任科、道、学使。晚年纳妾，得幼女，时已退居林下矣。爱之甚，使为男妆，而名之曰“紫纶”，亲教之书字。紫纶慧绝，年十岁，解吟咏；十四五，文名动一时。顾紫纶意不自足也，言于父，愿出洋游学。父不可，紫纶争之，至废寝食。父无如何，以预备语言文字止之。又以日本较近，乃先延师习日本言文，匝一岁，学粗有成，而父没矣。岁余，诸兄弟遂析产别居，紫纶亦得奁资五千金，乃言于母，遂以自费赴东留学，入东京女子师范学校。紫纶时年十有九矣。科学虽非熟习，然成绩出侪辈上。校长绝爱之，以逆旅烦嚣，劝紫纶馆其家中，紫纶从之。

先是，紫纶之僦居逆旅也，有甬东某生以官费至日本，入早稻田大学习法政，亦翩翩美少年也。紫纶时出入，某常见之，刺知其姓氏籍贯，知为同乡，遂思以礼聘之。乃致书家中，详陈一切，属为图之，紫纶初不知也。既迁居校长家，某闻之，亦更僦居其旁。校长有子一女二，女年与紫纶相若，子年稍长，皆与紫纶相契。既侦知紫纶未受聘也，则百计媚之。课余辄就紫纶闲谈，自世界人物、科学诗文之属，旁征博引，多所陈说，紫纶不能不一一酬答，则欣喜欲狂。久之益相习，遂不能无谐谑，紫纶辄凛然无言，惟时告校长，欲迁出。校长不怿，其子又再三负荆于前，于是暂止。

春三月，樱花方盛，校长之家人皆游于上野公园，紫纶亦往。散步稍远，顾女伴皆不见，而校长子自花下出，以婚期为言。紫纶不可，强聒之。紫纶转身欲返，校长子把其袂。紫纶艴然怒，将斥之。忽有人自后来，视之，类熟识者而不知其名，校长子遂去，其人亦去。女归，明日遂迁出。校长知以此故，恨曰：“支那人非好相识。”而其子心终不死也。

紫纶每课罢归宿，常觉有人若尾之者，惟稍远不可辨。初谓为偶然，继乃益疑，知必校长子所为，留意防之而已。一夕，校长忽招饮，紫纶往，至其家，独其子不在。校长曰："恐渠唐突，已预遣之矣。"紫纶唯唯而已。夜，校长命以车送归。紫纶登车，车行若风，然不循故道。紫纶患之，呼之止，不听；欲下，不得。俄顷至一地，月光黯淡，芳草纷披，车止。车夫解外衣，则校长子也。紫纶大惊。校长子曰："前日公园庞杂，仆不应唐突。今此地僻静，无人来，以一言为定可乎?"紫纶不应。校长子曰："仆此来，非敢刦盟，特以爱卿之心出于不自已，卿鉴之，仆年来于卿有开罪处否?"紫纶度势不能止，即慷慨言曰："皆无之。惟贵国占我东省，吾国仇也，吾岂能与仇人为夫妇耶?"校长子闻之。亦厉声曰："卿不可，意决否?"紫纶疾呼曰："决，决!"校长子笑曰："卿虽决，恐难自主也。"遂直前拥抱。紫纶力拒之，且狂呼，无应者。力渐竭矣，忽有人疾趋而前，叱曰："贼辈谁敢者!"趋前扼校长子喉。紫纶乘间得脱，视两人相持，滚跌草中甚苦。紫纶徐定神，望百步外有电灯，急趋之，因得至大道以归。明日，见报载校长子被人搤杀于荒野，其人盖我国留学生某也，旋自首。紫纶知即昨日事，大嗟悼。是日课罢，得母书，知已许字某生，见姓名，即昨日杀人犯也，益凄怆无已。念昨日相救恩，虽为守节，亦自甘心。将往谒之狱中，闻谳已成，将论抵矣。乃请于狱官，缓二十分钟行刑，忍泪一谈，紫纶乃略知始末。校长子即尾紫纶，某又尾校长子，非一次矣。最后相遇，乃成一诀。某既受刑，紫纶亦昏绝于地，众拯之以醒。自是废学归，为尼于西湖某寺。

马戏女郎守贞

京师演马戏者，有二马，赤白各一。演戏者为女郎，既上马，或立或坐，或仰卧，或倒悬，变幻不可测，又能于驰骋时易骑，赤白无定，观者目迷。顾技精而色艳，某贝勒闻而涎之，召之至邸，演三日，赏无算，乘间谓女郎曰："今日留汝居府中，可乎？"女郎曰："诺。"及夕，引至密室，问曰："汝嫁乎？"答曰："未。母老，嫁则谁欤奉养者？"又问曰："今夕与子同梦，汝愿之乎？"答曰："不可。贱质未足以伴玉体，且非卖身者。"贝勒勃然变色曰："汝其为我卧于榻！"女郎曰："卧则卧耳。"遂就榻仰卧。贝勒善骑射，有力，遽以两手分其股，股坚如铁，急呼从者。女郎曰："室小不足以容众，选精壮十人来，能分余股者，惟命是听。"遂如其言。少选，十人进，命两行立，尽力分之，榻覆而股不少动。女郎笑曰："休矣。吾辈卖技者，先练两股，以女子身浪迹江湖，不畏强暴者，徒以有两股耳。即施以强暴，岂遂无性命虞耶？"贝勒命从者退，谓女郎曰："非欲相逼，实睹子之技也。子能贞孝，吾且敬子。"赠百金，令独宿焉。

李贞女失婿不嫁

李贞女，江都人，世居李典乡。父昌桐，母王氏，服贾治家，勤俭有法。生二子三女，贞女其长也，天性纯笃，服膺亲训，内睦昆季，外接戚党，熙熙誾誾，人无间言。缔婚于徐，婿流荡，绝音耗，微闻家人语，窃自伤叹，遂萌不夺之志。已而徐氏告子亡失，请罢婚约。时父已前没，母欲令别适，贞女喟然曰："妇德无二，吾终为李氏女矣。"竟不嫁。家故处约，贞女从母后，率先操作，数十年如一日。中岁，群从析居，众口沸羹，居间平亭，不竞不偏，交让益和，贞女力也。于是贞女侍母与大弟祚禧居，年几五十矣。祚禧有二子，以其次光旭后贞女，教养顾复，逾其父母。祚禧亦笃事老姊不懈，乡里两贤之。宣统庚戌，母卒，垂老执丧，哀毁过礼。

纪阿男以节闻

上元纪映钟，字伯紫。有妹名映淮，字阿男，富才藻，善诗，幼有"栖鸦流水点秋光"之句。后适莒州杜氏，以节闻。王文简公士祯司理扬州时，作《秦淮杂诗》，其末章云："栖鸦流水空萧瑟，不见题诗纪阿男。"伯紫见之，殊不悦，曰："公诗，即史也。今以青闺嫠妇与莫愁、桃叶并称，后人其谓之何？"文简改容谢之。后为仪曹，力主覆疏，旌其闾，曰："吾以忏少年绮语之过也。"

巢节母抚两代孤

节母巢氏，郑龙田之祖母也，年二十，适若驹，二十三而寡。若驹有兄子二，立其长以为嗣，曰子嘉，生龙田。龙田年十六丧父，节母年七十有七矣。方寡时，内外人利其产，讽之嫁，节母曰："无儿，殉矣；有之，嫁乎？"居无何，若驹之兄死，内外人益欺凌之，乃与姒复合爨。已而姒之一子亡，节母慰之曰："吾子，姒出也。有孙，先伯氏后。娣与姒皆未亡人，幸相依，为郑持门户，耐岁寒也。"

越二年，姒亡，节母以身保遗孤，誓有死无二。念夫早世，伯氏妻子相继殁，晨昏只影，无与应声息者，欲哭强忍，恐儿悲，然帘帷井臼间皆泪痕，潜所渍也，子嘉既生子而卒，节母老矣。龙田嫡母恽，生母黄，俱物故，继母谢，来仅逾年，节母抚龙田，复如初。雍正甲辰上元日，节母终，年八十有六。龙田叩诸能文者，得诗文词赋百篇。

恽宁溪有歌曰："节母西归八十六，雪满龙城夜闻哭。双拳捭阖摇天关，两脚踜蹭旋地轴。忆昔母年方二十，郑郎年少安乡塾。蓬跣终年理门户，锦衾角枕甘幽独。秀才感激文益奇，拾芥南宫预能卜。呜呼天道道不得，夺我赋才何太蹙。巾帼红颜死殊易，伯兮有子还堪育。咄哉生平足颠覆，儿婴伯已归山麓。疾革扶持拜柏舟，孤孩反累裙钗鞠。豹虎汹汹动群丑，短战长刀势崩屋。可怜孑尔未亡人，万屈千支乞亲睦。慨然与姆合爨食，义门郑氏流风复。皇天不鉴托孤心，一枝摧折阶前玉。殷勤慰阿姆，自毁毋太毒。我儿成长尔共之，枝头硕果行看熟。交柯连理二年分，阿姆坟头草仍宿。历尽崎岖出崖谷，摩娑老眼看龙竹。节母于斯万得足，烹羊置酒邀群族。我今有子子复孙，只果双枝义当续。惟山有松篱有菊，月东升兮日南陆。考钟击鼓乐未央，麻衣孺子悲莪蓼。佛火蒲团二十年，敬姜余力从新戮。十载辛勤卵翼深，龙孙头角如文鹿。遮莫期颐食遐福，瑶池阆苑趋归速。闻道伊人自天竺，白衣有话尝亲告。灵根何晶莹，禀气自清淑。当年若作男子身，直比文山与武穆。繄我无才重节义，短章纪实留芳躅。彤管能争日月光，世上须眉空碌碌。”

节母好施，晚年长斋奉佛，尝梦白衣大士赐名性本。元夕疾笃，夜分，节母有喜色，云见有持莲花宝幢者，引我登慈航，乃以手牵龙田，视之而瞑。

邢鲁堂妾抚孤

邢鲁堂太守，陕人，颇风雅。守嘉兴时，以重金购苏妓为妾，宠爱异常。太守死于任所，仅遗嫡子，方九岁。同官谋归太守骨于秦中而遣其妾，其妾乃麻衣见客，泣诉平生，谓主人待我厚，我虽出身微贱，颇识大义，诸君能容我抚孤，则生，不容，则死。闻者动容。其后携公子西归，延师课之，而自构一楼以居，终其身未下楼也。

陆妇血指全节

赵蓉江名光，未第时，馆东城陆氏。时主妇新寡，有子七岁，从蓉江受业。一夕，秉烛读书，闻叩户声，启而纳之，主妇也。叩所自来，含笑不言，固诘之，曰：“先生离家久，孤眠岑寂，今夕好风月，不揣自荐，遣此良宵。”蓉江正色曰：“妇珍名节，士重廉隅，稍不自爱，则交失矣。汝可速回，人言大可畏也。”因推之出户，妇反身复入。蓉江急阖其扉，而两指夹于门隙，大声呼痛，稍启之，脱手遁去。妇归，阖户寝，顿思清门孀妇，何至作此丑行，凌贱乃尔，转辗床褥，羞与悔并。急起引刀，截其两指，血奔溢，濒死复苏。潜取两指拌以石灰，什袭藏之，而蓉江不知也，即于明日卷帐归。

后其子成进士，入部曹，为其母请旌。时蓉江已居显要，屡申屡驳。其子不解，归述诸母，母笑曰："吾知之矣。"出一小檀匣封其口，授其子曰："往呈尔师，当有验。"子奉母命，呈匣于师。蓉江启视之，见断指两枚，骈卧其中，灰土上犹隐然有血斑也。遂大悟，即日具题请旌。

徐毕氏含饴弄孙

毕氏，淄川人，自肃女，徐之大妻也。年十六归之大，事舅姑以孝，处娣姒姊妹以和，内外交称贤明。

道光壬午，之大病。时济南方被兵，舅姑奔山间，之大又婴危疾，毕以一身周旋锋镝之下，历试诸艰无惰容。癸未，之大病亟，毕自割左腕，取肉投药饵进之，舅姑掩面哭失声，左右皆泣，血流被体，弗恤也。既而病不起，舅姑老，又失壮子，毕以未亡人枝柱其间。壬辰，长子甲病卒。乙未、丙申间，舅姑又相继弃养。毕哭踊治丧，葬祭悉遵礼。归侍母王氏左右者又数年，与事舅姑无以异也。王卒，乃还家，含饴弄孙，顾而乐之，曰："吾不自意未亡人卒瘏之余，乃得有今日也。"幼子秸，丈夫孙一，女子孙二。

陈丐妇拒丐全节

道光季年，京师厚载门内陈丐妇，貌端好，早寡，群丐争欲犯之，誓死不从。有内监闻而义之，育为女。

王三娘守节

姑苏逆旅主人有王三娘者，嫠而贞，供具精洁，清谈能解纷，每论兴衰代谢，动人感慨，如春梦婆也。惠秋韶孝廉尝主于其家，作诗赠之云："巷比乌衣客易寻，画堂生小燕知音。莫疑秀实因缘女，最得林宗洒扫心。白发蹉跎花富贵，红楼阅历絮光阴。等闲广厦男女庇，娃馆春残草自深。”

蒋氏削发守节

道光庚子，张亨甫孝廉际亮，从姚石甫观察莹于京师而病卒，年四十五也。其妾蒋氏在淮浦，年逾笄，闻张殁大恸，誓死守。或劝之嫁，乃披剃为尼。一小婢感焉，亦从之削发。河、漕二督及善张者，咸重其才、高其义，又叹异蒋氏，皆怜而资之。

陈氏誓死全节

道光时，江西新城王氏有兄弟甲乙同居，甲妻李，乙妻陈。陈美而贤，李妒很，貌亦中人。乙为土寇所掠，数年无耗，甲与李谋曰："乙久不归，殆死矣。今有妇在，惰而能食，不如嫁之，且姿美，可得厚聘。"他日示意于陈，不可；强之，以死自誓。由是变易素服，深自谨饬。李言于夫曰："是不可以善处，若与媒氏议之，第求多金，强载而去，何患不从。"甲曰："善。"

城有富人将纳妾，以百金聘之。甲既得金，私与媒氏约曰："陈善作伪，语以为妾必不愿，若夜以火入，见白饰髻者载之，及城而后改妆焉，事谐矣。"届期，甲先出，若为不知者。陈将卧，闻门外喧扰声，既又刺刺作私语，知有变，急灭灯，为投缳计。李遽闯入，曳陈出。陈不从，互相支柱，两人假髻皆堕地。时迎娶之人催促扰攘，李曰："勿亟，行即出矣。"匆遽间，足蹴地上有物，拾之，髻也，戴之而出。众见髻发白饰，势汹汹，曳登舆。李呼误，众皆不闻。及城，妆易，李复自辨非是。富人举酒笑曰："是遁辞也，新人岂有误者？即误，不可反矣。"代解衣扣，遂与成婚。明日，甲归，大恚。陈初不解其故，至是始知李之误代己行也。甲欲反妇，诈索富人多金，不允，将讼诸官。众调停未定，而乙竟还家。陈诉知变服之由，相持大哭。甲闻乙返，弃妇于富室而遁，终身不复归。

张氏女守节

湖北有张氏女许嫁胡氏子，婚有日矣，而胡病甚，乃使媒请绝于张。张不可，曰："女子既以身许人，死生以之。"遂适胡氏。而胡病有间，又逾数年，生二子，始死，张抚其二子以终。

新安汪氏四节

四节皆出于新安汪氏，为汪允中之家属，三其姑也，一其姊也。姑及姊，皆与允中同祖。一姑行四，适方氏，未两载而夫亡，遗孤殇焉，嗣族人子为子，以存先祀，三代未葬之柩，悉为营葬，是节而兼孝者，四姑也。五姑适许氏，夫临卒执其手，以父老为托，谨识之。翁疾，刲臂疗之，又吁天，请以身代，其节孝与四姑同。六姑适杨氏，夫病且死，六姑语家人曰："治敛具必二。"家人知其意，备之严，乘间自坠楼死，盖其志趣与四姑、五姑异矣。姊适程氏，夫亡，抚遗孤成立，承袭其先世所得世职。子亦能禀母教，不坠其家声。允中名定执，与俞曲园太史樾雅故，乃为作《新安汪氏四节图说序》以表之。

周丽卿为好女子

周丽卿者，本名族女，少读刘向《烈〔列〕女传》，颇慕节烈事。及长，光艳罕俦，而性严重，寡语笑，婢媪多惮之，戚串中不可干以非礼语。既笄，适冯叔衡秀才，伉俪甚相得。时粤寇窜杭州，披猖甚，烽燧迭警，人皆惴惴，虑朝夕不相保，多有徙居以避其锋者。冯为众绅公举，主守城事，义不得他往。继而丹阳陷，张忠武公国梁殉，冯氏尽族将行，周勉其夫曰："此报国效忠之时也。万一不济，以死继之。"城破，冯犹率家丁巷战，短兵相拒，毙寇无算。后力竭而蹶，偃卧积尸中，寇意其死，舍之去。其家丁李升者，健儿也，天未明，匍匐趋往视之，则气犹咻咻焉，乃负之出城，寘空屋中，灌以汤，渐苏。翌日，避居乡村，以探寇耗。不十日，江苏诸城尽没，叹曰："是不可为也！"急走江北大营请兵，大帅留之幕府焉。

周知城已破，内外衣悉自密缝，肘底挟双白刃，坐中堂待死。须臾，寇酋至，周坐自若。寇顾其党曰："此美人何为？何面凛凛有杀气，使我见之甚悸？"寇中凡掳妇女，先设女馆，俟城中搜括既尽，然后遣配其党。周于是亦入女馆。既而有伪王欲选殊丽者备侍御，或以周荐，乃命以夕见。馆中主事媪具汤请周浴，周涕泣拒之。顷之，布襦椎髻出，数媪拥至灯下，哽咽不能语。良久，啼有声，举首光耀，与华灯相映射，酋侧目睨之曰："善。"周厉声前曰："余，士人妇也。所以忍缓须臾不死者，以未知丈夫消息耳。冀见天日，以了吾事。若相迫，愿以颈血溅于此。"突于胸前出一刃，皎若霜雪，寇酋左右皆咋舌，久之，忽喟然叹曰："汝真好女子，吾知汝矣。愿勿死，必使汝夫妇相见也。"

明晨，寇首命人具舟遣之。时冯族中尚有居近村者，周访得之，告以故，举族相庆其得脱虎口，因送周至江北，仍为伉俪如初。妇陷寇中，凡阅一百八十日，衣未尝解带，刃未尝离身也。

费恭人守节

孙家泰，寿州巨绅也。苗沛霖之叛，孙全家皆死于难，独一妾以居别墅幸免。妾氏费，籍河南，美而勇，其父精拳艺。同治纪元，钦差大臣胜克斋宫保保，率大军解颍州围，势张甚。闻费美，遣人往劫之，费曰："大帅左右岂少姬侍，而必辱及未亡人，何也？如不得免，将挟刃以往，俾伏尸二人，流血五步，其无悔！"使者归报，胜乃罢，费因得守节以终。抚一子为后，膺四品封，故曰"费恭人"。

黄母沈氏之节

黄母沈氏，华亭处士东繁女。生而端静，明大义。既笄，归于黄。夫名祖宪，字徽卿。母归黄十年，夫卒，念姑老，夫丧未葬，子家麟且幼，是不可死。黄故贫，至是益困，尝啖饼饦充朝夕。家麟自塾归，跦跦得食而舞，咽之，糠也，捧之泣，母亦泣。母以乏食故，时时典衣于质库。一帬，入以布，出，毳然锦也。母曰："其误耶？如小郎何！"小郎者，质库中少年司箱箧者也。卒趣易之。母尤善教子，凡家麟所与游，必审其品之端否。有以讼浼者，痛绝之。一钱或妄费，辄戒之曰："汝忘泣饼时耶？"以是家麟自奉绝俭约。

家麟之设义塾于张泽也，张泽人德之甚。家麟曰："母志也。"初，家麟读书，束脩取给母十指，不继则叹曰："安所得义塾，使儿卒业？"家麟谨志之，至是成其志。家麟举于乡，学使者题黄氏门曰"松贞获训"，自是而母节稍稍显矣。

李睐希青年守节

节母李太君者，仁和汪曼峰茂才嵚之庶曾祖母也，名睐希，赣县人。曼峰髫龄孤露，太君提携抱负之，自堕地以迄于成人，在义又曰慈。

曼峰之曾祖春生太守道森，以庶常改官江右，历领州县，所至有声。擢守广信，太君方十七岁，来侍焉。及以忧去职，时粤寇方张，杭州再陷，既脱险，就养于其子子庄刺史曰敬粤东署。太守年六十矣，以迭经患难，颠沛流离，遽撄痰疾，起居饮食，扶持抑搔，惟太君能委婉承意以慰之。逾八年，为同治庚午，太守卒于其孙毅臣鹾尹觐宸之电茂鹾署，时太君年仅二十有四也。青年守节，惟佐曼峰之母操持家政，料量甘旨，内言不出，宗族称焉。逮鹾尹奉讳去官，家益落。鹾尹之弟方供要差，境稍腴，而太君宁甘淡泊，不舍也。

光绪辛巳，曼峰生，自襁褓即惟太君任提负，同卧起，时其饮食寒暖不稍忽。曼峰五岁患痘濒危，太君未尝解衣宁息者逾浃旬。及就傅，则常储珍羞以待之，于枕上课所业。壬辰，曼峰丧母；癸巳，鹾尹殁。自后境愈蹙，双棺在殡，一室皆秋，饘粥之供，仅恃曼峰嫡母挈姊妹以鬻绣得食。太君则亲炊爨，操井臼，怡然怿然，无倦意，无怨言。曼峰昼则挟书就私塾，归则太君及姊督课所学，一灯荧然，书声恒与刀尺声相间杂。太君亦旁坐督促，温然如春。逮读竟就寝，乃予以果饵，或以所传说之古训哲言、懿行美德娓娓言之。丁酉，曼峰奉柩挈眷言旋。越岁戊戌，曼峰学于宗文，负笈入塾，朝夕始与太君离。五月，补博士弟子员，乃軃然一笑，谓"褓负稚子，果继书香"。盖汪氏自祖以上，均起家科第，嵯尹少年入仕，恒以"书香中辍"为言太君，尝谓："甲第华膴，固非足荣，惟得一青衿，始无忝儒者家风也。"太君尝闻之，故以其能继书香而色喜也。逮曼峰授室生子，则抚爱婴儿，一如曼峰之童时焉。

弓氏妾守节抚孤

安平县某乡有弓某，年老无子，蓄两妾，皆不育，不得已，为其犹子某娶一妻，使嗣己房，俗所谓"一支双祧"者是也。未几，弓卒，妻亦殁，犹子之妻以产殒，第一妾亦下堂改嫁；惟第二妾老三誓志自守，抚诸孙，不他适，时年甫二十余也。夫族弟某，觊其年少而寡可侮也，唆使其犹子将诸儿收归抚养，而逼老三嫁。犹子愚騃，从其言，于老三备极无礼。老三大怒，讼诸官，对簿时侃侃而陈，历数夫之族弟与其犹子诸恶状，且出白刃以相示，谓必欲逼我改嫁，即请死于此以明志。官乃责二人，而直老三，老三自是益自检束刻苦。及诸孙成立，使之就学授室，经纪内外，罔不井井有条。年六十余，已有元孙十余人，资产较前尤富，亲族乡党不复以"老三"呼之，且为之悬匾立坊焉。

刘节妇割发守节

刘节妇，父韩姓，业冶工，所入差足自给。节妇有殊色，富室刘某，谋娶之为妾，啖以重金。韩意夺，节妇泫然曰："父乃鬻女邪？且彼以利来，父许之，为所轻，女亦终不能为人，请先死父前。”韩乃谢刘。已而刘妻死，使风示韩，愿以正室待节妇。韩曰：“乃今许之邪？”节妇弗语，涕泣而已，遂允之。

节妇入门，伉俪甚笃，而家人厮仆以节妇出小家，窃窃诽薄之，刘母尤弗善子所为。节妇虽竭力承欢，而动辄得咎。姑有爱婢秋菊，阴险工谗，刘尝私焉。既娶节妇，渐远之，秋菊以故怨节妇，谤毁万端，甚或面辱之。刘闻而怒，将逐秋菊，节妇止之曰：“不可。姑非秋菊，食不饱，寝不安。姑老矣，君既不乐，又夺所爱，人其谓君何？”刘乃止。秋菊既失刘欢，因与小僮惠全昵。会盛暑，同浴于室，节妇偶过之，闻嘻笑声，大疑，然弗敢窥，疾趋过之。而秋菊已知，惧甚，构节妇益急，且流言节妇在家时与族兄某有染。母闻，怒责刘，令出之。刘力辨节妇贤，益怒，痛哭，自挝无算。节妇闻，毅然出，跪姑前，泣请息怒，且曰：“姑意妇知之。事之虚实，妇虽百喙弗敢辨。要之，众口铄金，流长飞短，终非一家福，敢有不从，以怒姑心？请归死于家。”敛衽而退，无戚容，亦无忧色。母意沮。刘返，持节妇手哭，节妇慨然曰：“本知非偶，所以从君者，以君拳拳，意良弗忍负。且人生聚散，命也，今孽缘已满，复奚言！”因取酒与刘饮，尽醉，泣数行下。翌日，尽易敝服，作农家妆束，辞姑，弗见；别刘，刘挽持之不使行。节妇责之曰：“君背慈命而殉私情，非人子之道也。”刘释手痛哭，目尽肿。节妇亦哭，哭尽血，匆匆行，竟去。

韩怒，将讼之官，节妇泣曰：“为人妇，不能孝养，致遭驱斥，又从而抗之，滋益罪也。且彼艳女色，父羡彼财，利始者，宁以义终？固早知今日也。”宵深人静，悬梁而缢，带绝，坠，惊韩，亟救之，幸无恙。韩泣曰：“彼即绝女，女顾弗为父地？”节妇乃止。刘闻，奔访节妇，节妇避弗见，使父礼之，且语之曰：“谗夫高张，构我二人，弗自远嫌，祸终未已。请速归，益修孝道，毋令有所藉口。至于妾，生为刘家人，死亦作刘家鬼，君固信之矣。”刘涕泣去。

秋菊既逐节妇，姑委以家政，益肆，旋虐及主人，金钱、器具辄窃去。妪某，事刘氏三代，自姑以下皆下之，颇弗直所为，隐诮之。秋菊指户曰："几日而不我从！"妪怒，詈去，秋菊辄引其姊代之。姑渐不能忍，略让之，秋菊裂眦相向，姑转惧之，事事为所持，因颇思节妇。节妇虽出，常遣使存问，所馈遗甚夥，悉手制。姑始拒弗见，至是，又以人至，母乃叹曰："吾有贤妇而弗能容，乃受恶婢愚。"使谓节妇："若家穷，毋再相馈。"报以百金。节妇受之，遣使道谢。姑止使，且以酒食饷之，缕缕问节妇近状。秋菊闻之怒，直入斥姑，逐使者去。姑不能堪，大哭。刘亦怒，批秋菊颊，将逐之。窥母意已悔，间请迎节妇回。节妇至，姑持其手而哭，哀甚，节妇亦哭。秋菊自知罪重，为节妇既入而惧，挈姊某及惠全，席卷姑所有，将奔。节妇预知之，以告刘，擒治之，凡搜出金宝之属无算。节妇惧伤姑心，且不欲结怨小人，释令去。

姑年老，又以事多逆，因疾病，医至，曰："疾不可为也，恐弗及新，速具身后事。"节妇昼夜侍，衣不解带者一月，卒不瘳，因刲股和药进，良已，而姑弗知也。刘见其创而怪之，诘得故，益惊爱之。事渐泄，母益大感动，孝声著四远。节妇归刘一年而出，出半年而还，更年余，举一子，而刘死。节妇哭之恸，勺饮不入口，割发殉之，曰："君戴老母而履弱息，孝养方新。吾责未尽，不能从君地下，割发殉君，见发如见妾也。"既葬，事姑益谨，姑大慰。子长，延师教读，颇慧，能文。母年八十而殁。

孔氏守节

舒城黄先楷，娶妻孔氏，时孔年十六也。祖姑婴痼疾，卧榻逾十年，侍疾无倦，而事翁姑特严。咸丰时，粤寇起，江淮大震，先楷读书好任侠，锐思犯大难、骋厥奇，孔恒泣谏之。未几，有友刦于兵，危甚，先楷运奇策拔之，友脱而身竟死。当是时，孔鞠子女两人，姑没，翁益老，次子书霖方在震（通“娠”），阅五月始生。而江淮乱炽，则泣手遗孤，日数徙，事急，伏芦泽逾旬，乳缺，米绝贵，囊余金约指一，易米啜遗孤，以其半奉堂上。垂老述其状，犹涕泣不置。无何，翁又没，独身毕丧葬，莫克生，而湘乡王仁和书适至。

初，先楷喜结纳，仁和方俊少，见而大奇之，曰：“将才也。”以其女字之，盟成，先楷没。不十年，仁和为大将，乃遣材官赍婚约，逆其女入湘，且迎养，孔始挈二子与俱。伯子长能军，书霖幼羸甚，四岁不能行，孔顾复特挚。久之，书霖长且健，课读尤严，夜分必成诵乃寝，稍怠则声泪俱下，书霖亦涕泣不敢嬉。已而伯子累战功，擢陇西统将，乃挈书霖至陇西。左文襄驻节兰州，课诸生，得书霖卷，大奇之。时奏分陕、甘闱，特许侨人入试，书霖遂以光绪壬午登贤书。未几，伯子西征，中丸弹；乙酉，伤剧，没于军。书霖试礼部，李文忠为北帅，诧其才，疏请返原籍，聘授北洋武校生，攸迎孔，挈家返旅舍。书霖久不第，名乃动公卿间。辛卯，官日本理事。三年，擢知府，之浙江，摄严州府事，晋道员。丙午，任闽塞总司令官，乞养归。庚戌，任讲武堂于皖，所至靡不奉孔以行。

刘丐妇守节抚子

刘丐妇，新阳人，粗知文理，稍长，事女红。年十六，母患肝郁，医药罔效，妇割臂肉煎汤药以进，卒不起，悲痛甚，欲以身殉。戚属往劝之，且曰：“弃生父而殉死母，非大义也。”妇乃免。然富于才，母在日，尝以家中琐务令任之。至是，佐父理家事，事无大小，悉布置妥善，家赖以治。

同邑李生，窭人子也，性灵敏，才过人，年甫十八，誉望翕然。以贫故，尚未聘，闻妇贤而孝，遣媒妁求婚。父以李贤，诺之。六礼既成，赘李入，妇事之唯谨，并勖其务实学，李为肃然。期年，举一子。未几，遭火，妇与子从火中出，父、夫烬焉。时遗孤甫五龄，妇以遭家不造，家计萧条，遂寄身戚属，愿服劳为餬口计，然戚属恒薄遇之，乃出而行乞焉。

妇既行乞，至夜则宿尼庵。自朝至暮，偶得暇，则勤针黹，口授子以《四子书》，折枝画地为字以教之。后乃乞得残书数部，并以钱十二文购笔一，令蘸水习字于大砖，如是者以为常，晏如也。其衣履虽破碎而整洁，不类丐。当行乞时，子携书喃喃诵，人以此益贤之，金钱之赐，亦视他丐为多。宣统庚戌疫行，妇传染将死，语其子曰："刘、李两族，今仅留儿，儿当从事于学，力求上进，勿以贫乏不读书，勿因行乞污品行。彼吹箫吴市者，英杰固自在也。吾已矣，儿其勉之!"言已，卒于观音庵，时年三十有五。子名建猷，肄业于贫民学校。

陈丐女守节

丐女姓陈氏，幼丧父，母瞽。女年七八龄，常从母乞食于乡，人以其残废幼弱，怜而厚给之。得食，必奉母，已则啜其余。如是六七年，女稍长，而母病死，无以为殓，不得已，乃哀于人曰："有能葬吾母者，以身事之，丰俭所不计，但得吾母骸骨不至暴露足矣。"里有苦力少年某甲闻之，出薄资，为葬于山麓，于是涕泣而女于某甲，时年仅十五龄耳。女操作甚勤，日夜纺绩不少懈，室无灯火，则就月下为之，寒暑不辍也。而甲自得妇后，佣所入绝不浪费，相处年余，颇足自给。是年疫疠盛行，某甲罹疫死，女哭之恸，为摒挡衣饰，质钱以葬之。自后刻苦益甚，常为村邻佣工以自给。

甲有弟乙，无赖子也，利其少艾，迫使改醮，坚不可。乙诡计百出，一夕，女独坐未眠，忽见十余健者排闼入，女以为匪，急哀之，曰："吾家贫如此，无物可献，请恕我。"众不顾，掳女出。至中途，有舆相俟，即置女于舆。舆夫舁至一巨室，则灯烛辉灿，设盛筵，始知为人所鬻也，抢地哀号。主人劝之，不听；强之，则求死。主人大恐，送诸官而追原聘焉。

主人为某巨室，以正妻无出，欲纳妾以承宗祧。有媒媪来，谓乙有寡嫂，愿充侧室，乃议遣舆迎归，固不知其事之原委也。乙知女必不从，乃贿嘱徒党，劫女于室，复潜嘱舆夫迎于途，意事必谐。不图次晨甫起，衙役群集，絷以去。官传乙至，论如律。遣人送女归，且大书"节妇"二字，令其族之长者，为制额悬于堂以旌之。时宣统辛亥春也。

沈太恭人抚遗腹子

同治丁卯十月初一日，仁和盛赤文司马元炜需次江苏，以奉檄赴都北上，深夜溲于船首，舟欹失足，落水而死。妻沈太恭人年二十三岁，方有孕，十二月初九日生男，即幼文观察钟俊，俗所称遗腹子者是也。盛氏家故富，粤寇扰浙，家赀荡然。太恭人拮据抚孤，自教之，遂以成立。幼文喜任侠，在杭人中为具有特性者，且有声于时，禀母教也。太恭人名静贞，山阴人，为饱〔鲍〕山文学定年女弟。十七岁而嫁，嫁八年而寡。

张太君守节抚孤

武进孟节母张太君，为莼生茂才森、庸生孝廉昭常、潮生副贡鑫之母也。年十九，嫔于同里骏誉封翁为继室。时同治壬戌冬，两家方避乱江介，盖成礼于患难之中也。及江南平，归里，而燹后赤贫，太君安之若素，烹饪浣濯，饥渴有无，劳苦不可言喻，初不以母家素封、少长丰赡而有所难堪。然以此之故，磨厉艰辛，好勤恶惰，好俭恶奢，乃至终身不知有游散陶写之事，不为游观，不解蒱博，乡里咸颂其美德焉。

及封翁卒，太君抚莼生而呼曰："天乎！吾与若兄弟其能幸存乎？若其不能，如孟氏何！"既毕丧葬，益厉志守贫，严督诸孤，使无废学。封翁性任侠，常曰："吾虽贫，尚不至日日冻馁，耳目所及，固多贫于我者。"以故遇有病不能兴、丧不能殓，及严冬啼饥号寒无所告诉者，辄倾囊投之。封翁殁后，无改此志，一以周旋亲故之缓急为务，时或力有不逮，至减数日之日用以足之，数十年如一日也。

杜氏妇投河

以身殉道而不屈以死者曰烈。明亡后，大兵入江宁，有杜氏妇，夫早死，色美丽，性淑静，不苟言笑。为一兵所见，掳之去，欲污之。妇曰："待我祭亡夫后，乃从尔。"兵信之。妇携酒饭至武定桥哭奠，跃入河中而死。

芜湖烈妇投水

江南初入版图时，有裨将于芜湖掠一妇人，义不受辱，衣服上下，缝纫周密。其夫访赎之，坚不许。妇悲愤，投水死。至晚泊舟，舵前窸窣有声，则妇尸已在。次日泊舟，复然。以篙逐之，俄顷复至。又次日复然，乃舁而弃之岸。月余，裨将在船头纳凉，忽大叫曰："妇又至矣！"投水而死。

柳如是投缳殉夫

钱谦益值顺治乙酉五月南都之变，其姬人柳如是尝劝之死，不从。如是奋身投池，谦益反持之，不得入。谦益既降，仍官宗伯，如是乃削发入道。谦益死，即投缳以殉。其墓在常熟拂水岩下，墓久荒废。嘉庆乙亥，邑令陈文述为之清理而立石焉。

沈骐妻攀桃赴水

沈烈妇，诸生骐妻也。顺治乙酉九月，上海浦东拜空邪教孔贞伯聚众数千人，攻川沙，总督李成栋提兵剿之。营卒之收捕余党者，欲犯烈妇，烈妇攀桃树赴水尽节。后有误触此树者辄死，人相戒弗近焉。

徐氏赴水殉夫

顺治初，吴江陈裕容死于兵，妻徐氏哀号半年，忽寂然，以一子一女托大姆曰："我暂归宁，幸为我善视之。"问舟人以夫棺厝处之所在，既至乃恸哭曰："果是乎？"即赴水死。

凌贞自经殉夫

上海凌贞，父名康，顺治时人。字嘉定金维骊，年十七，维骊死，贞誓志守贞。岁余，议婚者踵至，贞赋绝命词以自见，其解曰："鞠育恩难报，此身愧仄多。红颜原薄命，浪静莫生波。"遂自经而死。维骊嗣子以堉迎柩归，葬之。

彭妃有侍婢从死

明宁藩裔永宁王世子妃彭氏，奉贤人，有国色，骁勇多智，力敌万夫。江西破，永宁父子皆殉国，妃乃率家丁数十人入闽，寓汀州，结范继辰等，聚众数千，克宁化、归化等十余州县，势张甚，大兵极畏之。会岁饥，众稍散，遂以顺治戊子为叛将王梦煜所败。被执不屈，绞杀于汀州之灵龟庙前。其从婢二人，一名金保，一名魏真，年皆未及笄，有勇力，善骑射。妃既死，保自刭，真窜绝谷十余日，兵退乃出，窃妃与保尸葬之，遂去为尼，不知所终。

洪许娘殉聘夫

同安闺秀洪汝敬，小字许娘，七岁，许字碣石镇总兵东宁林黄彩子世芳为妻。世芳弱冠补弟子员，未婚而殁。许娘闻讣，勺饮不入，卧五日而殁。

许娘少工吟咏，然常自匿，不令人见，稿亦罕有存者。及卒，其家人于香奁衣笥中，拾得数章，皆清丽可诵。如《玩月》云："月色清如许，空庭彻骨寒。惟余月桂影，霜里斗婵娟。"《红梅》云："绛雪应同艳，清香不怕寒。浑如红粉女，无语倚阑干。"《春闺》云："迟迟春日上湘帘，宝鸭心香手自添。闲向碧纱窗里坐，呢喃双燕语红檐。"

将逝前一夕，自命画工图其貌，作《寒梅白石图》，冰雪满庭，缟衣独立于梅林之下。次夕，夜将半，有鸟飞鸣屋上，家人异之，曰："当是郎魂幻化，邀余往也。行矣！"因口占一绝曰："已是姑延几日生，亲恩顾我未忘情。鸟声啼断三更月，望夫台山泪满城。"以林聘凤钗为殉，平日绣物悉以分戚党，从所属也。时邑之缙绅为诗歌以挽者百余人。

张氏沈氏仰药殉夫

吴江生员吴炎妻为张氏，潘柽童妻为沈氏。康熙癸卯，炎与柽章俱以庄廷鑨史案牵连坐死，家属北徙。张偕其子就道，至京师齐化门，仰药自杀。沈以有身不即死，赍药自随，既免身，至广宁，子不育，亦仰药自杀。

沈烈女拒邹某而死

沈烈女，吴江诸生枢之女也。年十七，许字顾某，未嫁。其家倚城墙，邻有邹氏子闻其美，常登城窥之。一日女病，推帘欲唾，遂得一见。夜伺枢出，踰垣入，见女方刺绣于灯下，向前抱，遽扑火。女惊呼捉贼，恐力不能拒，即取剪刀自刎。婢仆争持杖火击邹，邹就缚。闻户内仆地声，急往视女，喉已断，血涌如泉，死矣。邹乘间得走，扬言曰："是向私我，所以死者，羞见婢仆耳。"及县谳时，贿吏张挺为之脱罪。挺归方食，忽顾见女形，挟箸含粥而死。县再谳，论如律。时康熙丙午也。

朱氏女投江自尽

三藩之乱，长沙朱氏女为营卒所掠，朱志坚决，众莫敢犯。舟行至小孤山下，奋身投江，尸逆流三昼夜，浮于故居之门前，为其父母所见，恸哭收殡。解其襦，于怀间得绝句十章，重缄密纫，字不沾濡。有二绝句，为最悲痛。一云："少小伶娉画阁时，诗书曾奉母为师。涛声向夜悲何急，犹记灯前读楚词。"一云：

“狂帆惨说过双孤，掩袖潸潸泪忽枯。葬入江鱼浮海去，不留羞家在姑苏。”

蔡慧奴拒满帅而自刎

蔡慧奴，黄岩人，础女，黄嘉文妻也。美姿容，知书史。生子女各一，俱幼。康熙甲寅，耿精忠叛于闽，陷黄岩，围台州，军于城之南。定海将军固山贝子统大兵驻郡城，阻江而阵。乙卯秋，贝子潜遣师自黄之西茅坪凉棚半山岭而进，截贼之后，贼遁。凡大兵所过诸乡，咸以其民附贼，悉俘焉。慧奴及子女，为驻防杭州满帅所获。帅年迈，有子未婚，瞰慧奴端庄秀丽，冀为子媳，善待之。越月，遣卒赴杭，迎其子至台成礼。其子将至，时九月望前一日，帅语慧奴曰：“翼日为汝团圆日，知之乎？”慧奴初不解，徐惊曰：“得毋迫我乎？”既而帅子至，慧奴觉之，夜半私谓其女曰：“吾忍死须臾，为汝也，今不能为汝计矣。弟尚幼，汝善抚之。”言毕，遂窃帅壁间所挂佩刀，自刎而死。帅大怒，既悔且媿，投其尸于江，挈其子女归于杭州满城。

嘉文痛妻尸不可得，间关至杭，家贫，不得赎。帅恨慧奴，故高其值，见嘉文，操戈逐之，流离冻馁，无所居止。武林好义者闻风悼叹，为之僦居，给衣食资斧。未旬日，得八十金，相率赴满城，赎其子女，付嘉文以归。是夕，础梦慧奴告曰：“翼日当收我于海滨某村桑阴下，幸无后期。”次日，础如言，至其处，忽飓风大作，海潮涌起，慧奴尸随波而至，颜色如生。县令奇之，赠棺殓之，葬黄氏祖茔之侧。越数日，嘉文偕子女俱至。慧奴死于九月之望，及是，盖三阅月矣。

吴绛雪以死纾难

吴宗爱，字绛雪，永康人，广文士骥女也。幼慧，色绝美，工诗善琴。长嫁邑诸生徐明英，早寡。耿精忠部下总兵徐尚朝攻处州，游兵至金华，宣言于永康曰：“以绛雪献者，免。”众议行之以纾难，势汹汹。绛雪念徒死无益桑梓，乃佯请行，以诱敌出境。行至三十里坑，投崖死。时康熙甲寅六月也，年二十有四。

苏瑶青自缢殉夫

嵇留山为范忠贞幕宾，殉闽藩耿精忠之变。有妾苏氏，字瑶青，随侍在闽，同幽于狱三年，以抄嵇著作为日课，所传《西京杂语》二十余篇、《东田医补》十二卷及《竹林集》《葭秋堂诗》之属，皆瑶青手稿也。嵇赴义，瑶青年甫十七，同时取带，面嵇而缢。此康熙甲寅事。留山，文敏公曾筠之先德也。

王富英被掠自缢

烈妇王富英，儒家女也，其母梦吞牡丹花而生，故以为名。康熙癸丑，归孙文恪公之孙槐。会土寇乱，富英被掠。贼酋慕其色，将犯之，坚不从；继以兵刃搒掠，亦不从。夜阑，伺守者倦而寐，遂以帛自缢死，貌如生。酋惊叹其贞烈，已而自悔曰："如此烈妇而我迫之以至死，吾不知死所矣。"乃谢其侪伍，披缁入山，不知所终。

李氏绝食殉夫

康熙时，归安菱湖镇有孙龙行妻李氏，维申女也，幼慧能诗。龙行夙有呕血之病，娶李后，病间发。李归宁，告母曰："孙郎病恐难治，儿将以身殉之矣。"龙行病革，泣谢李氏曰："吾累汝，吾累汝！吾死，命也，汝奈何？"李泣曰："君若不讳，则惟随君地下耳。"癸酉六月二十一日，龙行殁。至月晦，李果不食死。李初绝粒时，母强灌以粥，齩（同"咬"）盌，盌碎。至五日，蚘（同"蛔"）自口出，李吐且咽。七日，五脏团结上冲，按之下，忍痛终不言。死时年止十八耳。

吴氏投水殉夫

归安前溪吴讱伯之女，适菱湖王秦。秦病，呕血不止，吴鬻奁具经营参药，百方不验。燾自念且死，母老子稚，以言侦吴，吴曰："君即不起，妇自有去处，不烦虑也。"有闻之者，颇非笑之。燾寻没，含敛后数日，吴遍拜族人而哭曰："寡姑无依，惟宗亲生死之。"则皆诺。又率其九龄之孤，拜夫从兄昌言而哭曰："此无父之藐孤，以累诸父。"又属幼子于其兄鏖曰："是儿丰下，宜有成。家贫难活，舅能效郄〔郗〕公哺甥乎？"昌言与鏖皆诺。乃归而稽颡哭于姑前，甚哀。姑曰："何为？"曰："妇本欲侍姑，今不得矣。"姑恚曰："夫肉未寒，便欲舍我去耶？"已各如寝，夜半微闻启扉声，久之寂寂。姑疑，起视吴床，二雏方鼾睡，撼问九龄者，则曰："娘灯下缝裳，教儿自眠，今何往耶？"言已而哭。姑即燃火求邻子踪迹之。邻子出门四索，天微明，见吴兀立深湍中，谛视之，裳服皆连纫层结，观者无不惊叹感泣。时距其夫死仅九日也。

鲁烈妇死不怨夫

烈妇本姓张氏，其父为鲁氏屏之养子，负屏钱，因乞为女。及长，以妻其子祥。居松江洙泾镇之西街，后枕秀州塘，为江浙孔道，商贾鳞集，群娼错处其间。祥之母沈妪，故娼也，阴与子计，诱烈妇，载之枫泾镇，迫使为娼。不可，则痛加鞭笞，绝其衣食，积三四岁不改。烈妇日夜涕泣，以死自誓。一日，其夫复劫之他往，烈妇知不免，潜启后户，赴水死。河流迅疾，里人求其尸不得。越八日，即其故处获焉，颜色不变，衣上下百结完整，观者千百，咸惊以为神，间有泣下者。烈妇年才二十有一。其未死之前数日，语其父母曰："夫以贫，故至此，我必死，死，命也，慎勿抵夫罪。"是其心固安于死者也。里人为之葬于桥左，复立祠墓旁。此康熙丁丑三月初九日事也。

陈女惧劫自缢

陈氏，父文升，凤阳人。文升之父宗卿，以事株连系狱。有陈玉秀者，仗义营救得免，因以女许字玉秀子某，时甫八龄。值岁祲，玉秀将携其子远适，留半镜为他日之验。泗州周二虎，土豪也，以玉秀年久不归，强委禽焉。女知之，以死自誓。二虎率众劫之，女自缢以死。时康熙甲辰九月二十四日，女年十八矣，父母为厝之。至十月初十日，忽有群犬破其土，女复苏，过者闻棺中有女子啼声，走报其家。父母亟趋至，问之曰："汝死已半月，今人耶、鬼耶?"女曰："女非鬼，人也。"急开棺携归。二虎闻之，复欲劫娶，女遂投玉皇庵为尼。二虎仍凌偪不已，女乃浼其邻黄子贵妻胡氏同赴京，诉刑部，事得白。二虎伏法，女得旌如例，卒归陈子。

林如兰死而寻夫

长乐林邦基妻如兰，通文史，工诗，事舅姑极孝，相夫以礼。舅汉朝贾于杭，徙家焉，遂占仁和籍。妇嫁十二年，无所出。康熙癸未，姑殁，邦基哭成疾，病革，谓妇曰："尔能从我地下乎?"如兰泣而诺之。邦基死，如兰命匠人制二棺，敛夫毕，将以身殉。再投缳，皆遇救。汉朝劝止之，不听，于是投牒仁和县，报明尽节。县令谢俨批牍尾曰："尔媳曾氏宜代夫尽孝，尔速为立嗣，庶慈孝节义萃一门。尔其婉谕，毋求存案。"于是汉朝执批归，反复劝谕，妇号曰："翁有伯叔妯娌在，岂不足供养哉?"潜以指环镕金丸，将吞之，汉朝复奔县求存案，免后累。俨又批曰："尔速为立嗣，本县当捐俸相恤，给匾预旌。尔慎勿坐视。"汉朝归，复涕泣劝谕，且立其次孙志文为邦基后，命妇抚之。

越十日，妇乃自为词诣县曰："蒙谕养亲教子为孝节两全之道，氏亦知之。惟思夫已有兄翔、弟翊，可供子职，亲年虽老，无须氏养。伯翔次子立为夫后，本生有父，无须氏教。回念亡夫临终，许氏身殉，氏泣诺之，夫方含笑入地。若盖棺未久，即负前言，他日黄泉，何颜相见?且氏素守闺训，一话一言，不肯苟出，岂可反失大信？至于翁亲伯叔，劝谕谆谆，氏志弥坚，非关挽救之不力。今特亲叩求批，藉免贻累。氏死之日，犹生之年。”俨又批曰：“此禀仍不准存案。嗣子已立，本县命名为林光节，尔善抚之。尔许以身殉夫，不负前言，是也。但来日方长，人事难料，万一老亲失养、稚子失教，尔夫亦当含哀地下，深悔前言。不若抚孤成立、事翁终身，乃践前约，则所得实大。盖慷慨赴死易，从容守节难，勿泥小谅而废大伦。”俨即捐俸金，并大书“孝节双全”四字，表其门闾。妇痛哭归，乃抚光节，孝养汉朝惟谨。自癸未迄丙戌，四载如一日。

明年九月，汉朝疾废，妇竭力扶持，佐伯叔妯娌侍汤药，历久不怠。又明年三月，汉朝捐馆，妇哀毁如丧姑时，脱簪珥以襄葬事，两丧并举。独留夫棺不出，又尽解衣装，营身后事咸备，乃告妯娌曰：“吾今可以践前言矣。”遂绝粒十四日而殒。先期集平日诗文稿焚之，临终赋五律一首，有“我自寻夫去，人休作烈看”之句。

冯珊儿仰药殉夫

张文和公廷玉，以七十致政归，体至健，人谓之“逍遥公”。而侍姬数十人，无一当意者，悒悒寡欢。清明扫墓，独携小僮步行，过小溪，竹篱茅舍，桃花数枝，秀色可餐。一女子年十四五，折花嬉戏，憨态曼妍，迥异凡质。令小僮问其谁家，则冯姓，文和家佃也。其父肃之入，煎茶闲话，询知为第三女，名珊儿，尚未许字。诘朝遣人以双璧聘之。及女入文和家，则憨嬉如故，见者皆笑为痴顽，然侍起居独勤，且情意肫挚。文和没年八十，他妾皆淡然，冯独仰药殉节焉。

梅洛姐未婚殉夫

武进余宅村，有农人梅友仲者，生一女，名洛姐，貌端倩。幼失母，寡言笑，友仲爱之，许字庄氏子。雍正戊申，女年十八，未嫁，夫以九月初一日病故。闻讣，辄欲剪发为尼，友仲止之。是日，即不食。至初三日，梳洗毕，独携筐，自采棉，夕阳且西下，不归。友仲疑而往视之，田间止一筐在焉，所采棉甚少。友仲大惊，急呼人漉河中，得其尸。

周氏饿死殉夫

周氏者，雍正己酉正月归陈国材，辛亥三月二十日戌时殉烈，年二十六，去国材之死五十日。国材死，欲为其他日立嗣，尽二月，待国材之犹子至，告以故，付以嫁时衣饰，曰："以是累君。"其父隔江来，白其志，诀别焉。父劝无死，妇曰："陈氏无舅姑子女，将何依？随父归，人必曰'陈某妻谋再醮矣'，辱孰甚？"议既定，明日遂沐浴，纫缀其衣裳极周致，乃语人曰："殓时，幸无以寸丝易吾衰麻也。"吞金至五钱，不死。羸惫久，饵大黄若干，粪暴下气脱，反下所吞金，又不死。粒米勺水不入口已十日，自勒，手弛不死。凡前后二十日，卒饿死。烈妇，上元医士鉴侯女。国材，江都人。

焦烈妇吟血诗而死

烈归焦氏，宁国之某邑人。父以明经教授于乡，学行醇谨，里中人翕然称之。妇幼失恃，严父、慈母，明经以一身兼之。妇幼时即洞晓诗礼，举止合度，彬彬有古淑女风。一日，捧《列女传》侍父旁，琅琅诵王凝妻、韩凭妇故事。明经偶引董生语曰："受大辱以生者，毋宁死。"妇意有所触，遽轩眉而语曰："使儿不幸而覯闵，亦如斯矣。"明经适然惊，怃然叹，目摄其女者良久，盖滋怪其语之不祥也。

无何，字宣城陆某。陆故世家子，具中人产，为学官弟子，蜚声黉序间。明经意慊甚，掀髯自语曰："得婿如陆生，王逸少不足专美矣。"自是客有从宣城来者，辄曳袖询陆近状。客曰："陆生自是佳子弟，顾嗜博，或亦盗名之玷。"明经艴然曰："皇甫泌嗜博，何损其贤！”未几，客有来言者曰：“陆生博屡负，鬻田以偿之矣。”明经愀然有忧容。未几，复有来言者曰：“陆生博又屡负，割宅以偿之矣。”明经嗒然丧气曰：“果尔，吾女将奈何？”维时涓吉有期，相距止旬日，明经曰：“吾誓不令吾女适无赖子，即彩舆来迓，吾亦必挥诸门外。”执柯者窘甚，往来关说，唇舌敝焦，明经意不可动。妇微闻之，则忍泪以谏曰：“铸错已成，阿爷即梗议，于事亦无裨。集枯集菀，儿悉听之，愿勿毁约。”明经不获已，则立召执柯者，与之约，谓苟不复萌故智者，吾愿践宿诺，执柯者唯唯。旋传陆语，谓已痛改前非，自今以往，苟不率教者，有如白水。迨妇既嫁，伉俪颇相得。

时明经适馆宣城，与婿舍相距咫尺，则频诇察之。陆惮明经之严，稍自检束，妇又时举嗜博之害以规之，陆自此不复至博场。顾陆家已中落，度日至艰困，米盐薪酼，半取给于妇之十指，针纫补缀，至夜分不勌（古同“倦”）。人不堪其忧，而意殊安，曰：“针黹，妇职也。夫子不与博者游，妾即终夜治纫，十指见骨而死，甘如饴矣。”逾年，举一雄，陆闭户弄雏，与博徒往来益疏。明经乃笑语陆曰：“汝能改过迁善，吾复何忧！”妇亦輾然曰：“夫子卒为善士，父陶冶之效也。”

越数年，明经竟客死宣城，妇哀毁逾度，长日惘惘然。而陆乃引以自慰曰：“今奚所畏耶？吾其为脱笼鸟矣，不扬奚待！”则匆匆出门访博徒去，竟夕踪迹杳然，妇殊駴诧。越日，陆归，诘以奚往，曰：“博场耳。”曰：“吾父在时，子慷慨誓天日，谓终身不复博。今几日耳，父骨未寒，而子盟寒矣，如逝者何？”曰：“渠殊不晓事，吾向者特虚与委蛇耳。渠虑博能破产，顾博者十，而破产者亦止一二。或先钝而后利，或小往而大来。收合余烬，背城借一，及今图之，未为晚也。”曰：“然则今者博何如？”曰：“负矣。”妇尚欲有所语，而陆遽入室，搜箧中物逸去。翌日，又垂橐归。曰：“何如？”曰：“负矣。”由是日湛溺于博，凡可以供博资者，罗掘几尽，驯至拔妇头上钗，攫取四岁儿项间银圈，为孤注之一掷。妇强阻之，则怒曰：“若殊愦愦，此值几何钱，而靳不吾与？且吾博果胜，以银饰往，以金饰归矣。”诘朝，陆归，则向壁咄嗟，频频搓其空掌。妇曰：“若赍得金饰归乎？”不应。“然则银饰尚存乎？”又不应。妇俛首泣。儿见母泣，亦嗷然哭。良久，陆殊不答一辞。妇拭泪睥睨之，则已渺。比入厨下执爨，则釜锅什物，一一不胫而走，盖又将去偿博资矣。妇大恸，儿腹枵然，啼饥且弗止。邻人哀之，争投以饼饵，儿得食止哭，妇竟日不食。入夜，风雨交作，斗室如虚舟，飘摇不定。妇抚儿就寝，则倚檠而坐，忍饥以待其归。比三鼓，冒雨返，曰：“今日惫矣。”既入室，目灼灼视妇，嗫嚅者久之。妇曰：“子将奚语者？”陆曰：“吾夫妇潦倒至是，殊不足以自存，今于无可求全之中，将别筹一两全之策耳。”妇曰：“求全将奈何？”陆不语。坚诘之，则以鬻妻偿博对。妇殊不怒，曰：“子第归寝，徐思之，明发当有以报命。”

陆乃弛然卧。比晓，呼妇语，妇不之应，起索之，则雉经死室外矣。邻人悉其事，咸不直陆，争挟持之，弗使逸。检妇遗体，得血书八绝句，斑斑洒染巾帕间，盖破指书也。每一绝句，辄拈二字为题，词不必工，而意则悲矣。《夜坐》云：“风雨侵人蔽短墙，单衣不耐五更凉。挥毫欲写中情事，提起心头已断肠。”《诉恨》云：“是谁设此迷魂局？笼络儿夫暮作朝。身勌囊空归寝后，梦中犹唤一声么。”《对檠》云：“风敲庭竹夜凄清，独对孤檠诉不平。绛蜡也知人永诀，替侬堕泪到天明。”《题巾》云：“漫云薄命属红颜，侬不红颜命亦艰。留下青绡巾一幅，迟君细认血斑斑。”《辞佛》云：“心香一炷袅清烟，稽首慈云大士前。倘得儿夫情性改，阿侬含笑到重泉。”《哭父》云：“不堪庭训溯当年，执卷闲哦《列女篇》。今日夜台逢老父，儿身洁似水中莲。”《痛子》云：“百结鹑衣冷不支，郎归休在五更时。风酸月苦空闺里，犹有床头四岁儿。”《投缳》云：“拂泪含悲暗启扉，侬今视死已如归。可怜梁上呢喃燕，来日牕前各自飞。”八诗既宣布，遐迩传诵之。陆被逮，械系于县狱，中丞某闻其事，题请旌表节烈。得旨褫陆衿，断其八指，饬有司为妇建祠。祠成，以陆为司阍。陆既残废，不数年病卒，其遗孤由公家抚育。既长，克自树立，家业亦稍稍恢复。妇血诗八章，尚存于祠。中丞手批其后曰："字字泪，语语血。耻瓦全，宁玉折。焦氏清风，可歌可泣。"此乾隆丙辰事也。

钱氏自缢殉夫

常熟吴曙光妻钱氏，幼尝刲股疗母。年二十二于归，甫一载，曙光殁，钱方抱恙，或以为有娠也，强延数日。既而觉其非孕，服衰绖，乘间自缢，后曙光之亡止十六日。

阿芸投缳殉夫

阿芸，苏州女伶也，失其姓。超勇公海兰察平定台湾还，过吴，当道饯之虎丘画舫，芸出侑酒。海钟爱之，为脱籍，挈之去，宠专房。海性麤躁，纵嗜欲，芸婉曲陈谏，多所保全。海子安禄尤不检，芸能裁抑之。海殁之日，芸不哭泣，独絮絮向安规劝，语以功臣子孙不易为，贵家门户不易守，安甚感其言。是夕，芸投缳殉矣。

汝朱氏自缢殉夫

汝烈妇朱氏，吴江诸生殿邦妻。年二十六归殿邦，治家能，姑及伯姒皆爱之。生一子。殿邦遘疾，朱祷于天，愿以身代。及疾革，殿邦目视朱，朱泣，亦目视殿邦曰："君如不讳，当从君地下耳。"是夕，殿邦卒，朱长号擗踊，白姑曰："姑善自爱，有姒在，新妇可死。"顾视幼子，谓姒曰："儿以累姒。"姑泣，姒亦泣。敛之日，朱首触棺几绝，姑与姒救之，得不死，命婢密防之。不复言死，防者懈。将匝月，诡云儿乏乳，属伯姒乳哺之。入室，遣婢于外，扃户缢。家人觉之，急毁户入，救之则已绝矣。时年二十九，其事在乾隆乙丑也。

灵璧王氏有双烈

灵璧王氏双烈者，姒朱氏，娣杨氏，皆澹叟子妇也。澹叟之仲子琯印，年十九，聘同邑杨师震之女成。未几，管印病，其母欲令子见其妇，师震不可。成请随母往视疾，既往而管印病剧，成愿留奉汤药。二日而管印卒，成勺饮不入口，家人疑其死也，防之。成阳为寝食如常，伺防者懈，夜起服衰绖，焚香柩前，坐而自经。比家人觉，趋救，则死矣。事在康熙甲辰春三月丁亥，距管印之卒五日，成时年甫十六。是岁，朱氏年十九，归于管印之兄璟印。璟印兄弟并早慧，能文章，而璟印又多材，善鼓琴，工画。然璟印少病膝疽，比岁更剧，朱扶持之惟谨。管印卒后六年，而璟印卒。将葬，朱早起，趋家人造食。及家人起，朱经于柩侧，死矣。

初，杨氏死，灵璧宰晋淑石与邑中士大夫共赙之，乡饮宾田培中买地城西为营葬，学博汪之章题其墓。及朱死，宰灵璧者为马骕，亦率邑人赙赠有加。乾隆丙寅，并奉旨旌表，澹叟少子理印之子曰朝元者请之也。朝元母马氏生朝元，才四岁而夫卒，马氏守节扶孤，事舅姑尽孝，年逾八十乃终。

乞烈妇绝食殉夫

莱阳沽河之南，故有乞烈妇墓，不知何许人。乾隆庚午岁大饥，烈妇从其夫自西南乞至水沽头，夫病，妇守焉；夫卒，妇亦卒，盖不食七日矣。周某、曲某为醵金，市二棺葬于此。

陈烈妇拒奸被杀

陈烈妇，苏州人，去城五十里而居，其地曰塘村。夫以圬为业，时出外，烈妇常闭门绩麻。邻某甲者，嗜酒而凶，窥烈妇美，欲犯之。一日倚酒，径过烈妇家，问某郎在否，则应曰："某郎又出矣。"他日复来，问如初，已乃调烈妇曰："某郎数出，奈若独处何?"烈妇怒，詈甲，甲笑而去。夫归，烈妇哭而告之故，谋徙避之。夫以刃授烈妇曰："彼来，汝杀之。"烈妇受而藏诸褥。

一日，其夫适以圬入城，甲知之，夜被酒，伪为烈妇夫叩门者。烈妇方抱三岁儿乳，未寝，闻声惊疑，置其儿，儿啼，掩儿口以听。甲遂排户直入，犯烈妇。烈妇以刃杀之，不中。甲怒，取刃刃烈妇，洞胸死。儿犹以为母寝也，索乳，号不已。至旦，邻妇异之，入视，则赫然死人，反走，出告人，村人尽集，独无甲。群疑甲杀之，哗焉。方甲之杀烈妇而逸也，路辄穷，尽夜不能过一里，邻村人执以来。夫归，白县，鞫得其实，甲伏诛。里有塾师曹素叔，尽出所蓄金，建烈妇祠，图像以祀，并祀旁近地节妇九人。

黄烈女未嫁殉夫

黄烈女，楚人，许字同县李氏子。未嫁而李卒，女誓死归。守三载矣，一夕梦李来迎，次日即卒。女家执古礼，葬黄氏茔旁。其舅往哭之，墓忽自裂，乃与李合葬焉。纪文达吊以七律二章，中有曰："延陵挂剑心虽许，属国吞毡志竟成。特与人间存大节，不关儿女有私情。"又曰："延津宝剑终双去，合浦明珠解自归。谁与重翻新乐府？古来曾唱《华山畿》。"

朱氏未嫁殉夫

常熟秦汝楫妻朱氏，未嫁闻秦讣，乘间自经。留五言绝句于几，后有句曰："今日重阳，计未亡人已周百日，死未可迟。奉劝双亲，毋以女为戚，他日得与秦合葬，死不朽矣。"

施张氏悬梁殉夫

乾隆乙亥，元和有施烈妇张氏者，为文灼妻，吴县诸生步青女。年二十一，归文灼。归三年而文灼病，逾年卒，无子，张为之治敛具详谨。既而谓夫弟振声曰："夫不禄，弃两代尊人去。我年少，未有所出，且今无应为嗣者。叔善事两世姑，我死不恨。"遂上堂拜姑与祖姑曰："新妇罪莫逭，终不得事大人。"举家惊骇恸哭，防护不稍弛。张顾稍稍示从容，若无志死者，家人亦渐安之矣。已而亲朋会吊事毕，内外倥偬，忽失张所在。视柩侧，则麻衣累然，县帨在梁而死矣。

单节妇饿死殉夫

永宁有丑夫郝小车，以业名，生而短小，发秃，手挛足跛，一目眇，口期期然。其妻为渑池柳沟村单氏女，年十八，丽姝也。于归，父母以夫丑家贫为忧，单绝不介意，伉俪殊笃。邻妇常嘲之，单正色曰："夫，天也，天可憎乎？且吾命也，请勿再言。"众惭，转相敬焉。单劝夫弃小车，变旼服，躬纺绩以奉舅姑，与郝捃松枝、拾马通以爨。有子矣。三年，舅姑相继死，单鬻所居破屋，营葬无缺礼。食更绌，数日不举火。族人怜之，予荞麦数斗，磨面鬻饼，分其余以饱。夫妇日夜歌声出闾巷，将以老矣。

乾隆乙巳，邑大饥，单为邻妇佐女红，贷余食以食，郝自咽糠核。明年疫作，郝病，单钩柳叶煮杂糜以给，郝竟死。数日，子又夭。单丐席裹尸，以木杖掘坎瘗之。杖断，更以手捧土。茔成，血渍地，乃椎胸号曰："天乎单氏！汝偷生乎？"族人以其年少，劝令贬节。单愤怒，不应，坐破窑中，饿数日死，年二十六岁。族人醵钱葬之夫茔旁，有过之者辄指曰："此好老婆坟也。"

袁素文殉夫

钱塘袁素文，名机，子才妹也，幼许字如皋高氏子。高以子有恶疾，愿离婚，素文曰："女，从一者也。疾，我侍之。死，我守之。"卒归高。高躁戾跳荡，倾奁具为狭邪赀，不足，日扑抶，至以火炮烙之。姑闻奔救，殴母折齿。既欲鬻素文以偿博负，不得已，始归母家，长斋素衣，孝养母氏。高病狂死，哭泣尽哀，血泪交迸，越一年亦卒。子才检其箧笥，得手编《烈女传》三卷，诗三卷。有诗曰："有凤荒山老，桐花不复春。死犹怜弱女，生已作陈人。灯影三更梦，昙花顷刻身。何如蜩与鷽，鸣噪得天真？"

汤氏殉夫

乾隆丁未，军机章京给事中刘谨之病故，其妻汤氏殉之。事闻，赠谨之鸿胪寺卿衔，并赐银一百两治丧，汤氏特旨旌表。

史氏女投缳殉未婚夫

史氏女，秀水史家村人。年十六，字仁和沈守坤。守坤为观察世焘次子，观察罢官，侨于禾，而以官逋游四方。守坤年十七，赴杭应童子试，以疾归，旬日而死。讣至女家，女方刺绣，闻变，以剪尽碎之。七日不食，痛几绝，泣请于父母曰："婿虽死，儿誓不为他人妇，曷令儿即归乎？"父母度不可骤移其志也，姑以观察未归告之。乃日夜饮泣，见守坤于梦中。守坤足微跛，举足示女，言自杭州来。妇惊寤，征之所亲而信，于是求归之意益急。

先是，守坤死，厝柩于茶禅寺东之僧舍，女廉知之，乃请其祖母礼佛于寺。寺故多旧棺，女顾老僧，历问其姓氏，若无意者。至守坤柩，遂色变，不复询，归而谓其婢曰："吾必归于沈，否则我必死。我死，无易我衣履，慎志之毋泄。"盖女自闻变后，即衣素衣，以麻结发，虽令节不易，如是者二年，年二十矣。既而观察自楚返，其邻有卜媪者，数往来于城，女闻观察归，即促母倩妪以己意告。观察微闻其意而未悉也，召媒曰："礼，女未嫁，婿死，斩衰往吊，葬而除之。未嫁守节，非古也，汝曷为我以礼辞之？"至是，知媒来，急出听，闻数语，黯然白父母曰："儿实自愿，沈岂必不欲儿之归乎？且儿归，犹得与父母见也。"

父母不以其言告媒。媒去，乃叹曰："已矣，夫何言!"时日方午，携水入卧室，顷之，不闻声。婢疑之，排户入，则浴毕，整衣投缳，气绝矣。媒所居，距史十余里，急追之，犹在中途也。观察命仆妇驰视殓，天酷暑，一昼夜而貌如生。死之日，为嘉庆丙辰六月十七日。越三日，舁其柩与守坤之榇同厝焉。

姚烈妇先夫饮卤死

姚烈妇者，钱塘金秉中之女也，夫曰圣天。秉中殁，妇依兄以居。而圣天病瘵，且以两家贫，不能举礼，故妇之待嫁也及二十年，秉中之族人嗾其母，令绝婚者数矣。妇拒以父命，谓不归姚氏，无死所也。岁久，先时媒灼无在者。其从兄裕堂再三趣姚曰："妹婿，旦夕人耳。吾妹愿即婚，得逮事老姑，不怨也。杀礼举之，何忌?"妇遂以嘉庆丁巳二月十八日归于姚。姚氏子有统天、应天者，圣天之兄也，先丧偶，无子，以圣天病废久，故亦不愿圣天婚。及妇入门，愿以女工所得资佐医药，圣天得少延矣。戊午八月，病又剧，乃吞声而私语妇曰："汝何归哉！汝何归哉！吾终且负汝。汝能学他家节妇乎？吾死，吾母日益老，奈吾家独居者何?"妇闻言大泣。月大尽之夕，妇坐视圣天呻吟，楔齿闭目不忍视，潜伺圣天声息，旋阖户，饮卤死。圣天苏而恸，且以掌击木者再，曰："吾有妇矣!"继而亦死。

徐潘氏吞金殉夫

徐潘氏，钱塘徐步瀛妻。嘉庆庚申，步瀛卒，视含敛毕，即沐浴，手缝其里外衣，拜别戚党曰："吾虽无子嗣，有叔弟学瀛在，他日有子，足以承宗祀矣。先夫地下无伴，妾愿从之去。"遂以剪刺喉，左右强夺之，然竟不食，潜吞金屑而卒。

江阴黄氏有两烈

黄烈妇孔氏，江阴坝头村人果之妻也。果死，孔怀娠五月矣，挥泪祝曰："死者有知，其产一男以延黄氏祀乎？"逾四月而生，女也，遂自经死。时乾隆甲寅某月日也。后十余年而其宗又有烈妇朱氏焉。朱氏，同观妻，亦居坝头村。同观年二十一，患痘死，时朱年十九，归同观仅四月耳。其父母往唁慰之，欲携之以归，朱曰："儿夫初死，儿不可以从父母归。七日后，儿且暂归耳。"许之。届期，其弟棹舟候于门，至日中，人言朱死于后池矣。其舅姑急奔救之，扶坐于堂，竟死。时嘉庆乙丑四月某日也。

徐烈女投缳殉夫

徐女，盛泽人，任唐女，字康庆丰。道光戊戌四月，康病殁。女闻讣，哭泣不食，人以康素患伛偻劝解之，女变色曰："一女岂可字二夫耶？"大母怜之，私令其姊防护。二十日辰时，潜入卧室，更布韈，投缳陨命。舅姑乃迎其柩归，与庆丰合葬之。

吕氏妇殉再醮夫

吴天桂，邠州人，少孤，至安西柳沟习为伶。武威吕成魁死，吴娶其妻。后吴病瘵，贫甚，欲速死以活妇，吕妇不可，吴潜缢而死。吕妇见之，亦缢死。州牧许乃谷怜之，以再醮例不得请旌，爰作《同绳篇》，并叙颠末，征诗以彰之，时道光甲午也。

王氏吞烟

王氏，丹徒人，嫁同邑赵星彩。姑陆妪，与道士潘致云私通，翁利其财，阴纵焉。致云见妇少艾，与妪谋，欲污之。妪以语妇，妇泣誓不从。妪怒，日肆虐，见妇志坚，乃假他故出妇。母怜其少，欲使改适，妇矢不二。年余，妪阳为好言以谢，妇乃复归。一日，致云私匿妇床侧，俟其寝，突出犯之。妇大呼奋击，致云惧而走。妪益怒，刺以锥，棓击无算。妇度不免，乃乘间闭户，沐浴更衣，衣裳三袭，皆缝纫，检其翁平日所蓄鸦片吞之，立毙。妪佯以急病闻其家。妇族懦，虽鸣诸官，莫能直也。会有调人，遂罢，殓妇。时道光甲午八月十九日也，裕忠愍公谦方陈臬江苏，廉得其情，密遣干役捕得之，判如律。

金烈女谓面贼即辱

金烈女，休宁人。父云门，粤寇之乱，以黄州知府殉节。寇之攻黄州也，太守先奉檄守通城，而寇由蒲圻入，烈女随母及姊困危城中。城陷，将自裁，叔父瑾畲止之，女大言曰："叔父何言也？吾第与贼一面，即辱矣。"乃为母与姊整冠服，皆缢，然后从容自缢于旁。时咸丰壬子十二月四日也，年二十二。"面贼即辱"一言，所谓充类至义之尽。昔某贞妇以腕为人握，辄持利刃自断其腕，而烈女尤严絜有加焉，可以愧世之隳节易操而曲为之辞以自恕者。烈女幼慧能诗，激烈有英气，太守尝以"吟风弄月"戏命其孙属对，女适旁侍，应声曰："立地顶天。"太守亟叹赏之，谓夫人曰："惜哉女子也！"所著诗曰《纫兰集》。

李氏姬到家殉夫

仁和李方伯本仁开藩皖江时，携千金至吴门聘一姬，美而慧，方伯宠之专房，又于苏州招一老伶，教之度曲。花晨月夕，檀板金樽，极声色之娱，僚属多窃议之。咸丰癸丑十月，安庆不守，移省庐州，军事又急，方伯誓以身殉。姬请随死，不许；请益坚，则谓之曰："汝欲死，归至家，死可也。"遂遣人护之出。又陈金几上，集家众谕曰："我受国恩，自当城亡与亡。尔辈愿同我死者留，否则各持金去。"于是众皆怀金哭拜而散。老伶奋然曰："众皆去，谁侍主者？"掷金于地，遂独留。方伯叹曰："岁寒知松柏，不图于伶人遇之！"越二日，城陷，方伯战死。老伶掩其尸已，亦吞金死。时姬行尚未百里，回望城中烟焰烛天，恸哭欲绝。遂晓夜遄行，不匝旦抵家，发丧成服。众方幸更生，姬独诣夫人前叩首请死。夫人劝之曰："若已脱难，吾亦善视若，若何必死？”姬对曰：“主人命我到家乃死，我不可负主人。”遂不食数日而卒。

夏氏女惧辱投水

江阴曹朗轩，士族也，聘邑人夏氏女为妇，其父为舟人。生而绝慧敏，朗轩之父遂聘之。咸丰庚申四月十三日，江阴为粤寇所陷，所至肆焚掠，妇女少艾者尤莫得幸免。寇至城南，见女，胁而欲掠之。女曰：“吾虽细民女，既为士族所不弃而为士族妇，义固不辱于若辈也。”遂跃入十方庵前池水中死焉。时年仅十七也。

朱秀姑以死报未婚夫

朱秀姑，麻城人，貌丽，性聪颖，针黹之暇，辄学吟咏。父为名诸生，性迂拙，苛于选婿，故笄而未字也。咸丰甲寅二月，粤寇破麻城，杀其父而掳秀姑。复扰及河南之固始县，豫抚督兵击败之，寇弃妇女、货宝而走。时有怀庆人张文镕者，豫抚门下士也，言于豫抚，寄妇女于尼庵，拨款恤之。妇女百余人，秀姑与焉，妍姿艳质，独出众中，文镕慰藉之，秀姑亦深感焉。及遣散时，文镕留秀姑，订婚约，请于豫抚，寄之于署。豫抚见秀姑美，欲自得之，乃佯惊曰：“此女已许字某氏，今在开封，不如送之婿家。”秀姑知其诈，乃泣别文镕。行至淮河，跃入水，死焉。文镕闻之痛，遂辞豫抚入嵩山，削发为僧。

朱烈妇杀寇而死

丹阳有朱烈妇者，夫远贾于外，家有老姑及年幼之夫弟。粤寇至，悉被掠，中途杀其姑。妇夺刀相格，寇亦为烈妇所杀。俄而寇麕至，妇不能敌，攒刃而死，血溢喷寇面，犹杀寇一人，断其一之臂。

方太恭人率三女投江

咸丰辛酉十二月二十八日，粤寇再扰浙，杭州城陷。钱塘徐印香舍人恩绶之妇方太恭人，率大女祯、二女泗、三女娥，同时投钱塘江。祯字伯禨，泗字绿滨，娥字月霓，皆受教于太恭人，读《女四书》。城将陷，祯语太恭人曰："寇至矣，吾辈宜谋所以自全者。"太恭人不语，率之出城，泝江而行，至海月桥，耸身一跃，祯与泗、娥皆从之，遂俱死。

陈吴氏饵毒殉夫

山阳吴夫人，为颍州陈勇烈公之妇，吴礼北游击璜之女也。幼读《女四书》，孝事父母，能识大义。同治乙丑，勇烈奉李文忠公鸿章檄，会剿陕捻张仲愚于滑县之陈滩。时各军未合，前后受敌，勇烈鏖战竟日，身受矛伤，复大呼，驰斩悍捻六名。捻发铜炮，中腰而颠。时年仅二十一。遗命葬山阳。

夫人初得凶问，昼夜号泣，水浆不入口者五日。父母劝之，曰："吾何敢死？腹中一块肉，陈氏宗祧所系。"勉起啜粥。及勇烈柩至清河，有某某闻文忠为奏请优恤，欲移柩返天长，盖天长为勇烈昔年被掳之地也。夫人曰："先夫生不乐居天长，死乃强之耶？必欲移柩，更以一棺将我去耳。"某无言，遽出。阅十日，突以众至，径登堂举柩行。夫人阻之，伏柩而号，勇士扶之，颠晕于地。及柩出，胎堕，哭而言曰："吾不可复生矣！"遂服毒药死。时年仅十有八耳。刘壮肃公铭传方帅师驻清河之扬庄，闻之怒，立遣兵勇水陆追柩返，并擒某及同谋之张孝先，实时正法。文忠则疏请建双烈祠以合祀之。

沈氏饵阿芙蓉膏而死

甘氏姬沈氏，苏之长泾人，父母早亡，依假母沈氏，遂从其姓。美姿容，通文史。闽人甘应槐作宰于吴，购之为妾，生一女。王壮愍公有龄由苏藩升浙抚，檄调应槐以行。当粤寇告警，遣姬随大妇归。未几，省城陷，壮愍死，甘亦死焉。姬矢志守洁，假母至闽，迫其反，欲嫁之，不从。发箧中书焚之，赋《十叹》《十诀词》绝句二十首，遂饮阿芙蓉膏而死，年甫二十五。时同治丙寅十月也。

某女为安得海逼死

孝钦后藉恭亲王之力，以诛端华、肃顺，时奔走其间者，实惟内监安得海。事成，孝钦倍益宠幸之。而安亦自恃有功，愈跋扈，恃势妄为，无所不至。京师西华门某羊肉铺有女子，色殊丽，安见而悦之。以其父不允，嘱盗诬女父为同党，毙之狱。女悲愤，益不从。一日，值安过其门，女大詈，自投阶下而死。

阿莲投井

咸丰时功令：官吏有亲丧，因兵乱不奔赴者，虽服满，仍解任回籍，持百日服。于是，樊玉农由河南府知府回湖北咸宁县籍持服，而满洲德某实来代之，未逾月，有妾投井死。

先是，有王某者，与德之父同官江西，实有异姓昆弟之谊，其王媪与德之母，亦以姊妹称。后王以事遣戍，有仆负羁绁以从，临行，叩首于主母曰："奴从主人去，无所恋，惟一女名阿莲，所爱怜也，幸善视之。"媪曰："若从主人去，若女即吾女也。"于是迁莲于闺中，以女畜之，且教之读书。莲长而美，德见而艳之。德故呼媪为姨，请于姨，愿委禽焉。德美风仪，且能为诗，喜金石书画，翩翩佳公子也，然性儇薄，得新则弃旧。初娶妇，极相爱重，后又纳广陵倡女为妾，与其妇仳离。媪固知之，谓曰："汝已娶妻，将以阿莲为妾乎？"德曰："不然。前所娶妇，不安于室，久归母家，姨所知也。莲妹归我，即我妻矣。"媪曰："广陵之妇，口舌可畏，莲非其敌也。"德曰："彼物故久矣。"媪使侦之，其家果无广陵妇，乃诺其请。德以礼娶之，视如嫡。而广陵妇实未死，已更易满装，故侦者不觉也。其性阴险，凡德所爱宠者，必以术间之。德怒，则或以赠僚友，或以配家奴。若有子女，知不可去，则用计并杀其母子，如是者非一人矣。

莲始至，广陵妇谬相敬重，不敢均礼。久之，微用其离间之策，而德甚爱莲，不能动。广陵妇乃益自卑下，日为栉发。俄而发臭，俄而体臭，然他人固不闻也，惟德则闻之，不知其何术也。俄而并其室中亦臭，德遂不复入莲室。久而厌之，乃以与其弟，弟于兄弟行居八，家人呼之曰八爷。莲号泣不从，德语之曰："吾与若，缘尽矣。吾弟八爷年少未娶，从八爷，不胜从我乎？"乃择吉日，将使成礼。而所谓八爷者，亦喜甚，未及期，先入莲室，以甘言悦之曰："若意中欲何物，当为若购之。"莲不应，固问之，乃大言曰："他无所需，为我买好棺一具足矣。"八爷悚然而出。会媪之子来为河南府丞，媪将与偕至，莲每日问已至未，乃媪未至而期已及，莲知不及待，一日，挈一小婢入后圃，圃故有井，莲趋赴井旁，而命婢至他处采花，婢去稍远，即奋身入井。婢回救，无及矣，奔告于德，使人出之井，其内衣皆缝纫严密，知其死志久定也。莲既死而媪至，大骂于河南府之堂，呼德之小名曰："巧儿，偿吾女之命！"德叩头服罪，且为莲盛丧葬之仪，使其弟八爷以妻服服之。

孝哲后殉穆宗

孝钦后喜观剧，孝哲后侍，见淫秽戏剧，即转首面壁，孝钦累谕之，不从。旋以宫监、宫眷之谮，遂深嫉之。孝哲美而端重，每见穆宗，辄微笑以迎，孝钦即加以狐媚惑主之罪。有劝其昵孝钦者，后曰："敬则可，昵则不可。我乃奉天地祖宗之命，由大清门迎入者，非易动摇也。"有谗者言于孝钦，益恨之，由是有死之之心矣。然孝哲无失德，知不欲帝近已，则亦远帝，孝钦无如何。

会穆宗病，孝钦往视，或见孝哲未侍，立召至而严斥之，孝哲曰："未奉懿旨。"孝钦语塞。及穆宗弥留，不待召，哭而往，问有遗旨否，手为拭脓血。穆宗书一纸与之。孝钦忽入，大骂曰："妖婢！此时犹狐媚，必欲死尔夫耶？皇帝与尔何物？可与我！"孝哲不敢匿。孝钦阅讫，冷笑曰："敢如此大胆耶？"立焚之。盖立嗣事也。乃手批其颊无数。孝钦手戴金指甲，致孝哲面血痕缕缕，乃斥令退，不使之送终也。须臾，穆宗升遐，孝哲以片纸请命于父崇绮，崇批一"死"字，殉节之志遂决。

或曰：孝哲痛不欲生，旦夕悲痛，两目尽肿。崇入视，因奏曰："皇后如此悲痛，可即随大行皇帝去矣。"崇出未移晷，而孝哲崩。时光绪乙亥二月二十日，年二十二，距穆宗崩未百日也。孝哲一目为重瞳，福相端严，不好音乐，作书端丽，比以身殉，天下痛之。潘敦彦之奏，虽愚忠，亦公论也。

刘氏妇投水

津门流妓，多出杨柳青、独流诸处，其地淫风流行，过于溱洧矣。乃有刘氏妇者，亦杨柳青人，其姑佣于某氏。某氏子知其子妇之美，乃以重金啖其姑，使招子妇来，供缝纫之役。其子妇初意不愿，姑强之乃往。始至无所事，针黹稀少而饮馔丰腆，亦颇相安。数日后，某氏子于薄暮入其室，挑以言，不从，直前犯之，夺门而出，奔回其家。某氏子乃使其姑劝谕之，姑告其子，子亦以为可，母子二人朝夕聒焉，妇遂投水死。

邢阿金殉后夫

邢阿金，苏州农女也。幼随母往来大家，故有大家风，修眉纤趾，望之楚楚，烹飪缝纫，并皆精妙，诵唐人小诗，略能上口。年及笄，嫁田舍儿，性粗暴，以其荏弱不任井臼，虐遇之。阿金性柔和，惟背人啜泣而已。其母闻之，大戚，以钱赎之归。又嫁一富家子，则年少美丰仪，阿金自幸以为得佳婿也。不意其佻达无度，得新弃旧，旋即仳离，乃嫁一官人为妾，又不容于大妇而归。于是阿金年亦逾二十矣。有黄大令者，年逾周甲，得之为篷室，甚嬖之。黄妻久卒，谋以为妻，阿金不可，曰：“妾出身微贱，岂足上俪君子？不独损折年寿，亦且累君盛德。”黄鉴其诚，益爱重之。黄有子妇，与年相若，阿金待之极有恩礼。子妇承翁意，事之如姑，阿金虽谦不敢当，然子妇执礼不衰。无何，黄病，阿金侍汤药惟谨。年余，黄卒，竟仰药以殉。黄之子感其殉父，附葬如礼焉。

胡氏殉后夫

黔中有任某者，续娶胡氏，再嫁妇也。然甚贤淑，抚前妻子如己出。越数年，任大病，胡侍奉汤药，支持门户，累月不懈。见任病笃，知不可为，乃先服毒，欲与俱死，抱之痛哭，任卒而亦卒。亲友入吊，咸叹其烈。亦有议其不死前夫者，苛矣！

王蕙芳缢而死

王蕙芳，常州人。父遭粤寇之乱，挈家避沪渎，遂家焉。贫不能自存，乃鬻女于王姓者为女，时蕙芳甫四岁。及长，丰姿秀丽，娴习女红，王爱之。无何，王卒，其妻旧居北里，搔头弄姿，非良妇也，携蕙芳再嫁，蕙芳心非之而不敢言。其后夫素有登徒子之名，见其美，屡挑之。惧不免，遂于同治癸酉二月十三日夜缢而死。

张澹娘自缢殉夫

张澹娘，碣石人。父以命案，株连系狱，行贿数十金，罪可脱，而家贫不能措。澹娘愀然谓母曰：“儿不能学缇萦、曹娥，杀身救父，有能出聘金数十藉脱父罪者，不问谁，愿以身从之。”有陈某者，舟子也，年四十，愿出聘金如数，父遂出狱。成婚有期矣，而陈舟遭风溺于海。讣至，父母欲其改适，澹娘正容曰：“陈之聘金，为救父也。父无恙而陈已亡，若遂他适，则为负心人，神当殛之。”悲甚，俄缢于房。父母觉，救之，绝矣。

殉情夫

光绪癸未，扬州有某巨公者，不知何许人，挈眷居钞关外。其奴曰郁贵，苏人，年二十，聪慧秀丽，颇得主人欢。主人知其未娶，予以婢，固却之。一日忽接家报，知父母病危，乃急归。越十余日，郁又至，且携一少女来，自言此女为胞姊，以父母俱逝，贫无以殓，愿鬻于主人，以为二老身后之资，婢之、妾之惟命。某见少女婉娈可人意，遂纳之后房。

郁既葬父母，仍就役，视前益谨，某愈爱重之。然郁于无人处，或夜深人静时，辄喟然长叹，或且泣下。偶为同伴所瞰，怪而问之，则支吾以对，人遂不之疑。郁素不嗜杯中物，七夕，忽沽酒独酌，仰视银河，顾谓同伴曰：“今夕非牛女二星相见期耶？神仙且然，人何以堪！”语毕大悲。同伴亦不以为意。次日晨起，忽失郁所在，侦骑四出，杳无踪影。某告其姊，姊泣曰：“弟必死矣。弟死，妾何生为！”某慰藉者再，命人于水中求之，果得郁尸于三叉河口，舁归家中。其姊大哭，擗踊而呼曰：“妾误汝！妾误汝！”是夜，即投缳自尽。

某大骇，疑别有隐情，命人检其室，则又无迹，益不解。及殓，乃于其姊怀中得锦囊一，启视，则郁之绝命书也。书曰：“自舅死后，表姊三岁即来我家，尔我婚姻，定于父母，十余年中，两小无猜。弟初意主人归田，告假完姻，不意父母大故，贫无敛具，计穷力竭，乃蒙吾姊施恩，一片孝心，出此下策。原期见机行事，以践旧盟，不意侯门似海，无隙可寻，两地伤心。姊既奄然致病，弟又胆怯，不敢入中堂一步。今生已矣，唯望吾姊勿忘来世夫妻之誓，则九泉瞑目矣。”某阅毕，乃知二人本为未婚夫妇，曰姊弟者，诡辞耳，因市良棺二，合葬之。好事者且为谱南北院曲十六折，名曰《殉情夫》。

李玉桂仰药死

李玉桂，妓也，故蜀产，不知其姓氏，流转至汉皋，从假母之姓，故曰李，颇有声北里间。有李孝廉者，长沙人也，计偕北上，道出汉皋，友人强之作狭邪游，遂与玉桂相遇。玉桂屡目之，友曰："若爱李郎乎？是故将买妾而未得其人也。"玉桂私于李曰："信乎？果信也，妾有私赀如干，当出以佐君，为脱籍费。"李感其意，诺之，而请俟之礼闱捷后。已而春风失意，旅食京华，遂失前约。玉桂偃蹇风尘中，未尝一日忘李也。有富商某，艳其色，强委千金于其假母，劫之去。不食七日，不死，仰药死。

阿保仰药死

阿保，小家女也，父母早卒，育于比邻金氏媪。及长，颇有姿，媪欲倚之为钱树子，阿保泣曰："豢养之恩，没齿不忘，虽鬻我，为妾为婢，我不敢怨。若令堕入烟花，则刀锯鼎镬，不能夺我志也。"媪无如何，鬻于某姓为妾。而大妇妬甚，日加鞭笞，体无完肤，阿保饮泣而已。一日，妇乘夫外出，送之归媪，而以逃亡告其夫。阿保俟夫归，作书自陈，杳无复书。媪乃伪为其夫书，命他适。阿保得之，即日仰药死。

苏红叶仰药殉夫

苏红叶，同安人，为吴菊农鹾尹之篷室。居久之，无所出。吴本豪族，婢而妾者八人，红叶次第七，时自危。光绪庚寅，菊农病，益不安，谋殉之，遗书与母诀。大妇闻之，百端晓譬，不听。十月五日，菊农卒，遂仰药其侧而死。

张四宝仰药殉夫

光绪时，沪有名妓张四宝者，貌昳丽，性端静，从华阳薛次申观察华培为箧室。居数年，薛以穷愁卒。当病亟时，执手泫然，张曰："君傥不讳，妾亦胡忍独生也！"退而饮药逝。薛亦晕绝复苏，自视其丧，阅三日乃殁。

李闰自刭殉夫

浏阳谭复生京卿嗣同之夫人李氏，名闰，为篁仙观察之女。幼娴《内则》，博极群书，复生尝叹为明达。集历朝《列女传》，各系以论，于明杨椒山夫人乞代夫死事，论曰："明太祖、成祖皆不学无术，任刑法以治天下，其流弊足以利小人而害君子。严嵩、魏忠贤相继而起，流毒善类，卒以亡国。而椒山以迕嵩父子，屡被廷杖，血肉狼藉，筋断骨折，备诸惨酷而死。方是时，贼党布满朝列，暗无天日，杨夫人欲白其夫之冤，疏虽十上，必不能达。为杨夫人计，惟有以疏结诸发际，怀匕首诣宫门自裁，以代夫死，或可感悟皇上"云云。及复生殉光绪戊戌之难，夫人舆入湘抚署，跪地痛哭，袖出寸刃自刭，颈血溅陈右铭中丞衣袂而死。

春桂一子自刭殉夫

光绪中叶，京妓有春桂一子者，蜚声于时，蓄多金，座上客常满。狎客之尤著者凡三，一为岭南许某之长公子，一为浙西徐某之四公子，一为直隶乐亭刘某。刘自国初即以富著称，家产逾千万。徐、许以与刘妬宠，集手下健儿数百，互相斗殴，伤十余人，死二人，刘逃而免。既酿衅，御史先后揭参，成巨狱。狱起，刑部逮春桂一子就案，刘出全力以卫之。方春桂一子之就逮也，行经顺治门外之御河桥，桥故高，以纤足不良于行，刘商之部役，驮之过桥，仅数十步耳，而纳贿至三千金。综计先后用费，凡巨万。卒以金钱力，获胜诉，龟奴论戍，释春桂一子，归于刘。

刘本某科会元，供职于部。经此变，遂弃官，挈春桂一子返乐亭。家虽富，而居恒守俭约，规则尤严。将至乐亭，春桂一子尽锁置其衣饰，布裙椎髻，一改旧观。刘讶之，曰："吾今为君家人，安得不守君家法！"入门以后，合族无间言。会刘父病瘫痪，春桂一子竭诚奉侍，衣不解带、目不交睫者，先后凡三年。是秋，刘妻病殁，春桂一子代主家政，内外秩然，有条不紊。会刘父病革，乃置酒，遍延戚族而诏之曰："吾病废在床，于兹数载。家人侍我虽孝，然无如儿妾之历久不渝、秽亵不避者。得妇如此，吾儿之福，亦吾宗之福。吾旦晚就木，必为之正名定分，于吾未死以前亲见之，吾心始安。今日之举，吾命也。"众于是交口称善。其后刘翁卒，刘以哀毁过度，亦呕血死。春桂一子虽料理丧葬，处分家事，昕夕不遑，而色不甚戚，群以为疑，或有议之者。某日，治葬方毕，春桂一子突于坟次出利刃自刺，血四射。众骇愕甚，顾以无备，驰救不及，遂死。

席烈妇有遗札

吴县朱（席）烈妇[①]，幼喜读书，善吟咏。既笄，适朱湛园。湛园家故富，经粤寇之乱，家业荡然，乃幕游于外。烈妇在家，赖十指以活，无怨词。光绪壬午，湛园游浙，烈妇从。甫一载而湛园病甚危，乃焚香誓天，愿以身代，且刲股，卒不起。时湛园之妾传贵已有娠，烈妇乃勉抑哀痛，挈妾扶榇以回籍。营葬毕，即自经以殉。先数日，焚毁诗稿。妾问其故，则曰："非尔所知。"但谆谆以抚孤守节大义勖之。殁后，搜其妆奁，得遗函数通，皆托孤之语。其致夫弟一函，则曰："蒙先夫之友黄辅之、魏纫芝二人之德，将愚嫂之苦况告于众友，共十七人，周济洋百元，亲自到舍交我。此二人恩德，真是难报。但自绍到山买地一方，一切开销，已用去八十余元，还少安葬之费，并传贵生产用

---

① 此条目录及正文标题，均作"席烈妇"。而此处正文作"朱烈妇"，应是随夫姓而误。

度。惟以后之用，一无所有。虽承梓叔相许家用，但愚嫂忽遭此变，日夜悲苦伤心，留此无用，倒要累人衣食，千思万想，不如死，死后倒可相从先夫于地下。偷生数十日，因未到家山，安葬未办。今得冢地已买好，诸事已了，我死亦安。所念者，惟传贵与遗孤，拜托吾叔、二叔、三叔抚养管教，成人之恩德，生死不忘。传贵年少，如不能守，因无遗资，愚嫂不便自主，三位贤叔与梓叔商量可也。愚嫂席氏泣血。十一月十五日绝笔。”又曰：“什物数件，可付传贵收用。我死之后，棺木衣衾，即用愚嫂三十年针工所积，不必累人。”

蔡氏妾不从张某

蔡春容，阜阳人，甘肃平凉府经历。其挂冠也，挈妾以归，有仆张某从之。妾年少而有智。张亦阜阳产，从蔡久，蔡信之，陆行数十日，服务唯谨。至蒙城，易陆而水，扬帆东下。中途，张与舟子恒切切私语，状颇不善。妾见之，告蔡，蔡不信。一日，舟至僻处，张持利刃杀蔡，沉其尸于江。妾号泣不能阻，欲呼救则四无应者，不得已，隐忍以待。及夕，张谓妾曰：“主人死矣，尔将何归？不如从我。”妾漫应之。迫令侍寝，则以月姅辞，如是者数日。舟子恐事泄，因与张分其财物，促他适，张遂别雇一舟，挈妾而去。

蔡既被杀，其妾即密筹报仇之策，因阳作欢容，使之不疑；惟不与张同卧起，以防其玷，易舟，仍如之。一日薄暮泊舟，张登岸购物，妾见舟子颇诚笃，招之入舱，泣诉之，请为助。舟子慨然曰：“恶奴弑主，罪不容诛，当代为鸣官也。”翌日，天未明即解缆行，至涡阳县之义门司，诡言有他事，奔告之于巡检署。时张卧尚未起，逮至案，一鞫而服。

毛芷香不忍见夫死而死

毛芷香，湘乡人，少园女。生于皖，因归桐城汪楷。芷香性慧，知书史，明大义。光绪庚子，楷挈其弟尧臣与唐才常、林圭等倡革命，往来湘鄂间，每困乏，则芷香辄质钗珥以助。事败，楷与尧臣被逮于长沙，尧臣仰药死，楷下狱。时官吏上首功，株累众，无幸免。芷香不忍见夫死，乃仰药自尽。前三日生一女，弃之，后二年，楷得释，而芷香死矣。

陈蕙贞不愿为娼而死

开封陈善，居省城宋门外，以卖面为生。有一女曰蕙贞，姿美丽而性贞洁。第四巷为大梁高等女闾所在，善以送面故，数往来娼家，见其闬闳高大，屋宇宽广，服御、饮食、奴仆过世家，心羡之。某娼有一子，知蕙贞色艳，因求婚，诺之，以蕙贞归焉。入门，恪尽妇道。姑教之习唱，弹琵琶。无何，使应客，蕙贞不允。娼及夫怒，笞之，蕙贞誓死不从，卒受挫折而死。书院士子肄业者，多作勾栏游，知其事，使善具禀控抚院，复具公禀为请旌。汴抚高其节，送入节孝祠，严治娼夫妇罪。

女学生投缳

闽中俗例，每岁中秋节，十四、十五两夕，各家争以摆塔相赛。届时张灯结彩，高置宝塔于香台，罗列珍玩，门户洞开，纵人游览，士女往来如云。城西有女学生某，良家女也，受城中某生聘，未赋于归。时值宣统己酉八月十四日之夜，女挈伴出游，为其夫友某所见。次日，友致书于其夫，词秽亵，夫愤甚，遂作离婚书贻女。女得书而愤，是夕，竟成绝命诗三首，投缳自缢，时人哀之。其诗曰："圭璋璧玉本无瑕，谁道闺中大节差？纵有摩肩人载道，岂无携手女同车？方夸夫婿通三略，讵料微躯丧一花。寄与同时诸姊妹，埋头从此掩窗纱。""才度芳春十七余，投缳决绝几踌躇。母兮圣善空生我，夫也无良忍弃予。此日捐躯轻似蚁，当年比翼愿同雎〔雎〕。黄泉惨作无家鬼，断送夫君一纸书。""暮鼓冬冬刻漏残，强将梳洗泪偷弹。前生缘结今生断，此日愁牵昨日欢。可恨修函郎尽晓，无端贾祸妾何堪。知君自有名门配，莫为忧思顿减餐。”

江烈女不为父母舅姑所夺

江烈女，新宁人，家贫力农，已字而未嫁也。邑豪绅艳其色，欲私之，苦不得间。女父母故负绅金，绅乃益贷之，意其必无以偿，则可劫而诱也。既而其父母果无以偿，乃愿致女。及期，女微闻其事，宵遁之夫家。绅又饵其舅姑，皆许诺。为期召绅至，闭女于楼，女遂缢。邑人畏绅势，秘其事。

武烈女以不愿改适自缢

宣统时，有武烈女者，鸡泽人。父业儒，早世，家贫，母寡，藉针黹以佐饔飧，恬如也。女性庄重，不苟言笑。其父在日，女已许字同里焦氏。焦氏子长而不肖，流为丐，母闻而恶之，常讽女改适，女不允。母劝之急，女泣曰：“薄命之婚，父实主之。背死父，不孝；字二夫，不贞。生女如此，不如无也。”遂以死自誓。里有富翁，闻女贤，以重聘啖其母，母许之，且以数百金绝焦郎婚，女不知也。及迎娶有日，女见母制嫁衣颇华丽，心疑焦氏子焉得有此？适母他出，邻媪告女曰：“非汝母，焉得有此?”女闻而悲啼，取新制衣片碎之。母归，忿詈备至，女夜自缢死。死后，又有同邑富人因子新死，慕女贞烈，亦以重金许其母，将聘女为冥媳，择期并葬。事为邑令所闻，力阻之，乃止。令遂捐俸为女营葬。葬之日，冠盖如云，观者塞涂。卜地于其所居河阳村之北，树梅花三百本，题曰“武烈女墓”。

谦谨类

王文僖谦谨

王文僖公懿修，青阳人，立朝四十年，持躬谦抑，从不与人忤。尝入朝，每过门，必谦让许久。成哲王厌其烦，曰：“此朝廷政门，非先生居室，无容久逊。”皆大笑。任学政时，每封事，必检阅数日，始拜发。一日拜摺后，偶忆其中脱一字，大诧曰：“吾命休矣！”终日恹恹无人色。逮批摺回，神气始定。

刘斗迓范文程之谦

范文程督闽，初莅任时，前督刘斗尚在闽，遣人至杭迓之，书币庄腆，辞意谦抑，有逾常格。取而视之，书中有云：“恭维老亲翁白龙鱼服。”不觉失笑。

顾亭林自言不如人

顾亭林尝自言：“学究天人，确乎不拔，吾不如王锡阐。读书为己，探赜洞微，吾不如杨雪臣。独精三《礼》，卓然经师，吾不如张尔岐。萧然物外，自得天机，吾不如傅山。坚苦力学，无师而成，吾不如李容。险阻备尝，与时屈伸，吾不如路安卿。博闻强记，群书之府，吾不如吴任臣。文章尔雅，宅心和厚，吾不如朱彝尊。好学不倦，笃于朋友，吾不如王宏撰。精心六书，信而好古，吾不如张弨。”

阎百诗自言不如人

太原阎百诗，名璩，尝与客评骘人物，谓吴志伊之博览，徐胜力之强记，自问不如。

李杲堂自言不如人

鄞县李杲堂，最心折万氏家学，尝云："粹然有得，造次儒者，吾不如公择。事古而信，笃志不分，吾不如季野。"杭大宗太史亦自谓："吾经学不如吴东壁，史学不如全谢山，诗学不如厉樊榭。"其自谦亦如杲堂也。

黎媿曾不言功

长汀黎士宏，字媿曾，少游李元仲门，称入室弟子。顺治朝，补永新令，历官至甘山道，移节宁夏。适边将倡乱，讹言数起，独以镇静处之，督饷筹边，治军书每至达旦。八年塞上，劳苦功高。迨干羽舞阶，肤功克奏，诸人多以节钺相推，而屡疏陈情，卒遂初服，一亩之宫，弹琴赋诗，几忘当日赤羽白旗，而以身为长城之寄也。

蓝田叔让陈老莲写生

钱唐蓝田叔，名瑛，工写生。会稽陈老莲初师其法为传染，已而轻之，蓝亦自以不逮陈，终其身不写生，曰："此天授也。"

三魏不敢拟古人

宁都三魏，或比之眉山三苏。魏笑谢曰："人各自成其我，虽兄弟至亲，不期相类，何事高拟，以辱古人?"三魏，皆征君天民子，长曰祥，一名际瑞，字善伯，是为伯子；次曰禧，字冰叔，是为叔子；又次曰礼，字和公，是为季子。

缪念斋挹挹下人

吴县缪念斋修撰彤初，擢廷对第一，意挹挹下人，自奉益菲薄，欿然若有不足于怀者。计甫草见之，叹曰："念斋之志行远矣!"

陆丽京不自满假

陆丽京年德转升，往往领袖群彦，然虚怀冲挹，不自满假。或问："卿自比稚黄、志伊如何？"陆曰："志伊学海，稚黄雅宗，故当不及。"

施愚山不刻讲学语录

施愚山笃信程、朱学说，而常谦抑自下。或劝其刻讲学语录，辄婉言谢之。集中有复孙征君钟元书云："人事冗沓，恶动求静，正是动静未合一处。此道要须静处立根，久之，即动是静，乃为得手。"又与所亲书云："终日不见己过，便绝圣贤之路；终日喜言人过，便伤天地之和。"

王丹麓常有以自下

王丹麓意思深远，常有以自下。与人言，未尝先一语。名士讌集，故未尝不在，而竟日冲然，若不知其在座者。

魏敏果自谓职多未尽

康熙戊午，蔚州魏敏果公象枢，以左都御史迁长刑部，疏言："臣忝司风纪，职多未尽。敢援汉汲黯自请为郎故事，乞辞新命而领旧秩。"圣祖鉴其无欺，许之，乃赏加刑部尚书衔，俾仍留原任。一时百僚震慑，纲纪肃然。

严存庵自言无德

归安严存庵侍郎我斯，以康熙甲辰殿撰荐至礼部左侍郎，致政家居。每赴公宴，里人以其为乡党祭酒也，必推之首座，辄不允；强之，则曰："老夫无德，爵、齿不足言也。"遂径就末席。又尝步行村市，遇田夫樵子之年耄者，往往呼之为兄。

韩文懿自陈无政事才

长洲韩文懿公菼，以时文受圣祖特达之知。通籍后，即奉谕作时文二篇进呈，旋奉命悉呈平日文稿。圣祖尝谕大臣曰：“韩菼天下才，风度好，奏对亦诚实。”又谕：“韩菼学问优长，文章古雅，前代所仅有。”又谕：“韩菼文能道朕意中事。”至晚年，宠眷骤衰。康熙庚辰，任礼部尚书，自陈无政事才，请解部务。甲申，复以病求免。得旨：“韩菼以工于时文，屡经擢用至礼部尚书。前掌翰林院事时，于庶吉士不勤加教习，每日率领饮酒，至九卿会议之处，不为国事直言，惟事瞻徇，所行殊不逮所学。今自知其非，引病求罢，殊属不合，著仍留原任。”

韩文懿自谓碌碌

方望溪侍郎苞未遇时，韩文懿实礼先焉。闻其下第，必面责主司。及举于乡，乃相见京师，愀然曰：“是非子之幸也。子终不遇，学与行可成。”晚年病肺，而饮酒不辍，望溪劝少止，文懿则曰：“子知我者，吾少不能自晦，崎岖宦途，碌碌无所建树。今老矣，常恐未得死所，以至再辱寿考，非吾福也。且子终谓我为何如人?”望溪曰：“公为人，天下士尽知之，况某耶?”文懿曰：“世人惟知吾文，吾文不足言。或目为旷达，亦似矣而非也。吾立身，尚能粗见古人之绳墨耳。吾为亚卿，未尝一至正官之门也；吾为学士，未尝一至执政之门也。自趋朝外，舆马未尝入内城。吾好朋友，尝与酣嬉淋漓，然贰冢宰，岁未再终，发吏之奸，为永禁者七百余事，锓诸板，是诚沉饮人耶?”

文懿每预廷议归，辄颓然自沮丧。望溪叩之，曰：“凡吾有言，众若弗闻焉。将为上别白之，则更有阴为掣曳者，而其道必反矣，内负吾心而外赧于友朋，孰若囊者家居，浩然有以自得哉!”

徐文定与中书讲寅谊

满洲徐文定公元梦，尝以事谪为内阁中书，到署日，即抱案牍、持铅管以从事。同僚有逊之者，徐曰："此仆之职，敢不黾勉！"退与诸中书讲寅谊焉。

张文和以谦贻笑

桐城张文和公廷玉，晚年颇以谦抑自晦，遇启事者至，动云"好好"。一日，有阁中胥吏请假，问何事，曰："适闻父讣。"张习为常，亦云"好好"，人皆掩口而笑，而张未知。

朱楚生自谓面目可憎

朱楚生者，康熙中名妓也，娇慧善嗔。有查于周者，与朱踪跡甚密，然终落落未易近。查尝得善写真者曾某，欲为朱绘一小影，先贻书询之。朱复书曰："来书云云，令人吞吐不下，字字足传神矣，安得又有曾君然犀来照人也？但面目可憎，毫无可画，惟排场上丑态毕露为可画耳。来教又云，心可假而貌不可假，此语固然，令人恚甚。我常以不可假而假之，人知之矣；亦常以可假而不假，君知之乎？与君心期十载，情感三生，犹仅知我貌耳，未知我心，可叹也。曾君可画我可假之心，何以倾注于君？我当尽解钗钏为曾君寿。如必以貌为言，即使神似形似，百日真真，千呼万唤，我不下也。不如已之，何如？"

戴正自谓臣劣

雍正初，大吏荐江慎修于朝。世宗召见，江战栗不能对，乃荐其弟子戴正。戴口如泉涌，剀切详明，上大悦，问："卿与师孰优？"对曰："臣劣。"上曰："师优不对，何也？"对曰："师年耄，患重听，若所学，固胜臣万万也。"上嘉其让，赐翰林。江名永，婺源人。

尹文端性谦下

满洲尹文端公继善，老于封疆，凡一督云贵，三督川陕，四督江南。每遇艰巨，纡徐料量，靡不妥帖。而性谦下，将有张弛，必集监司以下而属之曰："我意如是，诸君必驳我；我解说，则再驳之，使万无可驳而后可行，勿以总督语有所因循也。"以故所行鲜有败事。

陈文恭以死让中堂

临桂陈文恭公宏谋，雍容持下。尹文端居首揆，素所推仰。文恭病剧，文端往视，曰："吾辈均老，不知谁先作古人？"文恭拱手曰："还让中堂。"盖习于撝谦，不自觉也。文端默然。及文恭予告，方戒途，而文端已先骑箕。文恭欲回京一恸，家人力阻，行至韩庄而薨。

傅文忠待下谦冲

傅文忠公恒，款待下属，多谦冲，与共几榻，绝无骄状。

恭勤悫不以富贵失友谊

恭勤悫公阿拉，家素贫。父任中书久，罢官，饔飧不给，恭以负贩养亲。后累迁至骁骑参领，仍赁汪时斋总宪屋以居。时斋喜其直悫，时周助焉。以恭慈太后封承恩侯，乾隆时，任礼部尚书十余年。出自困阨，深悉里巷情事，和平谦冲，虽戚畹，无骄抗习。岁必宴集故交，欢饮竟日，曰："奚可以富贵失友谊！"尝拾匿名文书，即命仆焚毁，曰："吾聊以此报上恩也。"

嵇文恭改避生日

乾隆乙巳，举行千叟宴，汉大臣与宴者，以无锡嵇文恭公璜领班，时年八十，与高宗同庚。生辰本在六月，值班时尝口奏：

“臣不敢先君，拟改期于万寿后。”上许为谦而知礼，因代定八月十五日，遣侍卫为之称觞。

法式善咏物诗止不行世

蒙古时帆祭酒法式善，与王惕甫广文芑孙交契，有作，必就王审定。尝刻行其咏物诗，首以示王，偶勿之善，遂止不行。后五六年，钦州冯鱼山敏昌见而大称之，问：“何以不行？”时帆因以王言告之。

邵叔宀好人讥弹文字

常熟邵叔宀太史齐焘，工东汉、六朝文，其《玉芝堂集》，渊懿枪洋，鲸铿春丽，骈偶家奉为鸿宝。然温温不自许，尝以陈思王语“仆尝好人讥弹其文”八字，镌诸小印。

董文恭降级迎驿丞

富阳董文恭公诰在都时，有富阳驿丞某得选出都，忽投刺求见。时文恭方谯客，公服降级出迎。驿丞鞠躬曰：“某获官珂里，趋叩请训。”文恭曰：“是何言与？老夫离乡日久，将来父台遇老夫戚友，稍有过犯，万勿因老夫故而稍假辞色，随时训诲，此即老夫所切望也。”

钟选楼抑抑若不自胜

甘泉钟选楼明经怀文，尝著《菽厓考古录》，譔述通慧，制行动中礼法。嘉庆甲子，督学刘文清公墉举为优贡生，钟入谒，抑抑若不自胜，自谓“諐咎殊多，不称此目”，与家人朋友言，屡及之。

刘申受自谓不如人

武进刘申受尝语人曰：“敦行孝友，厉志贞白，吾不如庄传永。思通造化，学究皇坟，吾不如庄珍艺。精研《易》《礼》，时雨润物，吾不如张皋文。文采斐然，左宜右有，吾不如孙渊如。议论激扬，聪敏特达，吾不如恽子居。博综古今，若无若虚，吾不如李申耆。与物无忤，泛应曲当，吾不如陆邵闻。学有矩矱，辞动魂魄，吾不如董晋卿。数穷天地，进未见止，吾不如董方立。心通仓籀，笔勒金石，吾不如吴山子。”

倭文端让坐

蒙古倭文端公仁，官大学士时，其行走班次，在商城周相国上，而宴见必以让周。一日，以选玉牒馆校对等官，至朝房，又相让，周笑而推之曰：“二哥，何又作此态？此何地耶？”文端始就坐。

郑夫人对门下士之言

侯官林文忠公则徐，以粤事议戍，道陕西。有门下士迎谒，谈次微露不平，而以文忠谈笑自若，不敢尽其言。退谒郑夫人，曰：“甚矣，此行也！”夫人曰：“子毋然。朝廷以汝师能举天下大局付之，今决裂若此，得保首领，天恩厚矣。臣子自负国耳，敢惮行乎？”论者咸颂夫人之谦。

肃顺心折汉人

肃顺恣睢暴戾，苛待旗籍司官，而于汉司官则甚谦抑，尝语人曰：“旗人多无知识，汉人能文，不可开罪。”其纳贿也，亦惟受旗人所赠而已。汉人有才学者，必罗致之，如匡鹤泉源、陈子鹤孚恩、高碧湄心夔，皆素所心折者也。

朱洪章让首功

同治甲子六月，曾忠襄克复金陵，李臣典、萧孚泗咸膺上赏，封子、男，而不知悉黔将朱洪章一人之功也。洪章，镇远人。胡文忠守镇远，洪章以亲军隶麾下。及陈臬湖北，遂挈以自随，肃清武汉，实为首功。旋遣从曾文正军。文正因使帅精锐数千人，随忠襄捣金陵，不得下。洪章率所部，开地道于龙脖子，垂成而陷，歼四百人。二次地道成，洪章为前驱，从烟焰中跃上缺口，肉薄蚁附而登，城遂复。臣典于次日病卒。忠襄使以首功让臣典，洪章诺。及捷报至安庆，文正主稿入奏，乃以洪章为第四人。于是洪章仅得轻车都尉，殊不平，谒忠襄，语及之。忠襄笑而授以佩刀曰："捷奏由吾兄主政，实幕客李鸿裔高下其手耳，可手刃之。"洪章一笑而罢。后终云南鹤丽镇总兵。

陈湜自称小使

陈舫仙廉访湜，于中兴时崛起，转战河南北，膺懋赏，洊擢江西臬司。然以老于行伍，秉质麤豪，官场仪注，置之不讲。一日有太守诣辕请谒，胁肩谄笑，执礼殊恭，"卑府"之声不去口。陈思有以答之，乃除去老兄、兄弟之通称，而自谦按察使为"小使"，闻者哄然。

文文忠待士

蔡毅若观察锡勇，以幼童入广东同文馆习英文，其后选送京师同文馆肄业，偕同学入都。抵馆门，方下车卸装，见一长髯老翁笑而相迎，慰劳备至，遂导之入，引观各室，每至一处，则告之曰："此斋舍也，此讲堂也，此膳堂也。"指示殆遍。其貌温然，其言蔼然，诸生但知为长者，而不知为谁也。老翁询诸生以已否午餐，诸生答曰："未。"老翁即传呼提调官。旋见一红顶花翎者旁立，貌甚恭，诸生始知适所见者，乃相国文文忠公庆也。

杨勇悫示庞鸿书以谦

法越事起，杨勇悫公载福奉特旨，募勇援台。时庞鸿书为巡抚，重其名，先为募勇数营。杨至省，见多市井之徒，不可用，改募之。庞又荐某为将，杨以其曾隶部下而偾事者，告以不可用，庞衔之。

是月，适届太后万寿期，文武官绅皆诣万寿宫庆祝。初，所司置拜垫，杨与绅士伍。适杨先时至，拜位列大府后。藩司某至，见杨垫居第三，曰："公昔为总督，今为钦差，朝廷班次宜有序。"杨谦谢。藩司固请之，亲移拜垫于巡抚之左。庞至，即行礼，不知其前之谦也，见而益恨之，乃日催其拔队，阴按饷不给。藩司请示，不置可否。长沙民习于兵，见乡兵至，辄欺侮之。兵怒，数斗詈，或延烧居民草房一间。庞遂命闭城门，且榜示民得诛乱兵，格杀勿论，阴欲激变。即日以纵兵焚掠入告，且谓彭玉麟受命即行，而杨乃逗留长沙，久不去。于是杨部将多愤懑，幕宾亦怂杨疏辩，杨曰："朝廷方忧边，何忍更以琐屑烦圣虑耶？降罪，我自当之。"然德宗知杨，卒未下庞奏。

杨勇悫以入告事让守臣

杨勇悫既以援台事至闽，与守官等议办防守机宜，幕府欲其入告，杨曰："此守臣事，吾特助为之耳。若我入告，是占守臣颜面也。"卒不奏。时须渡台，而我海军悉已为法人所歼，将军、总督等欲留杨省中，因问渡台事，杨曰："吾奉朝命渡台，自当即行。"问行期，不语。翌日，巡阅炮台，提督方留宴，杨起如厕，久不出。众候，不敢散，逾日，始知已改装附舟渡海矣。后和议成，遂归。杨在家，与诸绅齐列；出门，但坐平常肩舆；至乡，即乘竹轿，与田夫野老问答如平交。

潘文勤慰谢司员

吴县潘文勤公祖荫长刑部时，司员某送稿，文勤欲其改易，某不服，文勤大怒，掷稿于地。某指地下稿詈曰："拾此者为忘八旦。"愤愤而出。文勤命仆拾之，北人习惯，虽下流社会，辱及其亲必怒，佥以司员某有"忘八旦"之詈，相顾不前。文勤乃自起拾之，笑曰："我做忘八旦，何如？"散衙后，亲诣某司员宅慰谢焉。

阎文介自谓不及王安石

朝邑阎文介公敬铭既以相国告归，屡征不起，谢摺有云："宋臣王安石小官则受，大官则辞，况臣不及安石万一乎？"

潘峄琴自言少读书

山阴胡梅臣，名元鼎，尝应岁考经古试，题为《庄周梦为蝴蝶赋》，以题为韵。时学使为南海潘峄琴学士衍桐，胡衣冠登堂，问："蝴蝶之蝴字，在诗韵第几韵？"潘怫然曰："汝为秀才，蝴字在七虞，尚不知乎？"胡唯唯而退。其第五段押蝴字，有云："看残三月莺花，花间有蝶；翻遍七虞诗韵，韵内无蝴。"及揭晓，列第一。考毕发落时，潘下座揖胡，谓："弟年轻，少读书，竟忘诗韵无蝴字，致贻笑柄，幸乞弗责。"

恭亲王待张文襄

光绪朝，大阿哥溥儁既废，恭亲王溥伟觊觎储位甚力。适张文襄由鄂督入为军机大臣，溥伟以文襄硕德重望，谓可树以为援，于是待遇文襄礼极恭谨，每言必称以"太世伯"，而自称"再侄"，盖以其祖忠王与文襄同朝也。文襄每入朝，与溥伟遇，升阶踰阈，必从旁扶掖之惟谨。戊申十月，孝钦后万寿，赏王大臣听戏。故事：臣工听戏者，皆于两廊设地褥，盘膝坐听。文襄已笃老，坐久不支，无休息所，深以为苦。溥伟忽至，曳其袂，邀与散步。文襄起，随之出，曲折达小院，阒其无人。文襄不敢前，则曰："无妨也。"因趋前启帘，肃文襄入室，有短榻横窗下，隐囊裀褥无不精，地下茶鼎方谡谡作声，一小珰持箑扇火，几陈果饵数盘，悉上厨精制也。文襄方饥渴不可忍，得此则大喜。餐毕，且让文襄偃卧，而己则旁坐相陪。文襄终数日听戏大典，而精力不少惫，以此。文襄常语人曰："恭邸乃亲王，乃敬礼我若是。泽公仅一公爵，齿尚较恭邸为少，乃直呼我香涛，人之相去悬绝，乃如是耶！"然后来定策时，诏旨径从中出，文襄竟未尝与闻也。

姚端恪议条例之谨

桐城姚端恪公文然长刑部日，方更定条例，尝曰："刃杀人有限，例杀人无穷，吾曹可无慎乎！"虚衷详议，去其太甚，剂于宽平。决狱有所平反，归辄色喜。尝有囚误刺字，争之不得，及归而以长跪自罚。

张文贞少端重

丹徒张文贞公玉书，性颖悟，少端重，寡言笑。尝与宾讌，竟夕危坐，比去，双趺宛然。

沈甸华自警

钱塘沈甸华，名兰先，性慎密，闻人有过，辄自警曰："吾得毋有是乎？"亦时以此训其子弟。又尝言人多读书则识进，且能自见瑕疵，故终身都无足处。

张文端宅心安定

桐城张文端公英，康熙朝之名臣也。僾直禁廷，颇极荣遇，然宅心自守，不为外诱。居恒尝自语曰："年来得一法，守方寸之地，制为坚城，坚闭四门，不许荣辱升沉、生死得失之念阑入其中。更有安心一法，非理事决不做，费力挽回事决不做，不可告人事决不做。衙门中事，因物付物，不将迎于事前，不留滞于事后。"是以每卧辄酣，当食辄饱。

朱文端用志不纷

高安朱文端公轼，少好学，用志不纷。塾师尝招饮，不往，读书不辍。师命爨夫遗以酒肉，置座间，若无睹也。每见古大儒、名臣、循吏之行，辄笔记之。

包饮和身无私钱

萧山包饮和，名饮德，授书乡塾，身无私钱。每岁暮归，辄怀授书金，跽父前献之。某年，则跽而不起，良久乃曰："儿于中擅取数缗矣。"侦之，周友贫也。又一岁复然，易书也。

张文和谨身节欲

桐城张文和公廷玉，幼体弱多疾，精神疲短，步行里许，辄困惫，尊长以为忧。文和因此谨疾，慎起居，节饮食，时自儆惕。年三十，通籍，气体稍壮。嗣值南书房，辰入戌出，岁无虚日。塞外扈从十一次，夏则避暑热河，秋则随猎于边塞辽阔之地，乘马奔驰，饮食失节，而不觉其劳。

康熙丁亥，圣祖以外藩望幸，车驾远临，遍历蒙古诸部落，皆珥笔以从，一百余日不离鞍马，亦不自知其鞅掌。世宗朝，委任益笃，以大学士管吏部、户部，掌翰林院，皆极繁要重大之职。兼以晨夕内直，宣召不时，适西北军兴旁午，每奉密谕，筹划机务，羽书四出，晷刻不稽。偶至朝房或公署听事，则诸曹司抱案牍于旁者常数十百人，环立番进，以待裁决。舆中、马上披览文书，吏人多随行于后，候一言为进止。

文和总裁史馆、书局，都十余处，纂修诸人时以疑难相质，辄为之从容论定。薄暮还寓，则宾客、门生，车驾杂沓，守候于外舍者如鲫矣。夜然双烛治事，既就寝，或从枕上思及某疏某稿未妥，即披衣起，自握笔改正，黎明付书记缮以进。而气体之强健，反过于少壮时。至八十余，偶作书，尝颠倒一语，掷笔叹曰："精力竭矣！"世宗召对，问各部院大臣及司员胥吏名姓，缕陈籍贯、科目，无误也。

世宗谨小慎微

张文和日值内廷，常承命侍食，见世宗于饭颗饼屑，未尝弃置纤毫。每燕见臣工，必以珍惜五谷、暴殄天物为戒。世宗又尝语文和曰："朕在藩邸时，与人同行，从不以足履其头影，亦从不践踏虫蚁。"

佟维纲仁善勤恪

佟维纲为孝康后幼弟，性谨恪，虽屡膺重任，不欲揽权，公暇惟延学士讲文艺为乐。没后，世宗手书"仁善勤恪"额于墓道以旌之。

恒王谨于持家

恒恪郡王弘晊，圣祖孙也，幼袭父爵，性严重俭朴。诸藩邸皆畜声伎、恢园囿，惟王崇尚儒素，俸粢除日用外，皆置买田产屋庐，岁收其利。人以吝笑之，王曰："汝等何无远虑？藩邸除俸粢、田产外，无他货取之所，不于有余时积之，子孙蕃衍，何以为生？"诸邸后皆中落，至有不能举炊者，而王之子孙皆自给，人始服其先见焉。

邹小山谨慎

高宗在藩邸，无锡邹小山宗伯一桂，方以工画值内廷。一日令内侍持笺命画，邹以未奉谕旨，不敢应。高宗登极，赏其谨慎，特用卿贰。

夏芙裳言三不可忽

高邮夏之蓉，字芙裳，号醴谷，虚衷乐善，出乎天性，于己不讳其所短，于人务尽其所长。乾隆丙辰，召试宏博，官检讨。著有《半舫斋集》，集中有《三不可忽》诗，自注云："孝感先生谓天下无可忽之人，世间无可忽之事，此生无可忽之言，作此以代书绅。”孝感先生，即熊文端公赐履也。

陈文恭谢迂阔

陈文恭公宏谋任司道时，尝与某抚论事不合，督抚斥以迂阔，陈谢不敢当。讶问之，陈曰：“迂者远也，阔者大也，宪台期以远大，安得不谢！”

沈文悫不答日本人书函

长沙沈文悫公德潜，晚年诗名日高。日本高彝寄书千余言，溯诗学之源流，诋諆钱牧斋持论不公，而以沈为中正。又赠诗四章，愿附弟子之列，并乞奖借一言，其意甚诚。沈谓外人不宜以文章通往还，因师文衡山不予远夷书画意，置不作答。

阿文成勤慎

阿文成公桂承家教，进止温恭，起居有常处。每朝，先五鼓起，入禁廷，坐直房待旦，不假寐，诸曹屏息，室内外如无人。上召阁部直事官，询上折记阁本与岁时应举掌故及一日所折狱备顾问，始入内朝。有奏稿，必亲阅，无误字乃进御。或御辇经直房，侍者下户帘，文成从室内起立，垂手候卤簿过，方复坐。其画诺至恭慎，每署日稿尾，虽遇仓猝，运末笔如有力千钧。管刑部最久，一郎与议公事不合，然颇以其赣直而卒予特擢。郎有伛偻而勤政者，乃举任剧郡。及入觐，高宗亦曰：“人果不可以貌取也。”

嵇文恭谨慎知大体

嵇文恭弱冠即为词臣，谨慎无纤微过失。尝于进呈文字中，有引御制诗，用字未经改写，坐是出南书房。自后每掌文衡，及进部院疏奏，遇庙讳、御名，倍矢敬畏。即寻常点画之细，偶有舛讹，不稍假借。及暮年，高宗有温旨，遇身体不适则免朝。文恭每早必揉伸其躯久之，曰："今日舒畅。"登朝如故。人皆服其谨慎知大体。

孙文定绝口不言朝事

孙文定公嘉淦督直隶，以近畿土地皆为八旗勋藩所圈，民无恒产，赖租种旗地以自活。而旗人恃势，增租更佃，使民无以聊生。乃建议，旗地不许增租夺佃，有抗欠者，许讦之官，官代征收，解旗分领。后以讯谢侍御济世事不实，免。傅文忠公秉政，力荐于朝，召补副都御史，寻迁吏部尚书、协办大学士。傅延其会食，往谒其邸，未入座，遽趋出。傅怪问之，文定曰："某处设反坫，某处建螭头阀阅，皆王邸制度，公不宜有此，将归缮疏言之。"傅请立改，文定乃入席，欢饮终日。

文定既负直声，屡踬屡起，晚年物望愈隆，朝中略有建白，天下咸曰："得非孙公耶?"遂有匪人伪疏一纸，语甚悖，穷诘经年，方得主名。高宗知其忠诚，宠遇益隆，而终不自安，以为舍他人而假我名，致之者有自。自此参赞密勿，绝口不言朝事，即家庭亦无知者。

蔡文恭请圣安

蔡文恭公新，文勤公世远侄也。文勤为高宗藩邸师傅，故高宗待文恭尤厚。文恭性端悫，世崇理学，为安溪正派。虽以过屡遭严旨，敬礼犹如故，充上书房总师傅四十一年，诸皇子皆敬惮之。乾隆乙巳春，予告归里，诸皇子赋诗送行，时人比之疏傅。恭王尝自滦阳返，遇之于途，立降舆。王止之，文恭曰："某非为王降舆也。"乃正襟北面恭请圣安毕，然后相见。

松文清克勤厥职

松文清公筠官副都御史时，以劾骁骑校溺职事触高宗怒，降补骁骑校，克勤厥职，日宿于署，如是者三月。一日，高宗问某都统曰："松筠何如？"都统对曰："伊三月未出署，合署均夙兴夜寐，风气一变。"即日命还其职。后擢将军，抚伊犁，又以事干上怒，谪中书。未久，复以原官起用。文清，玛拉特氏，蒙古正蓝旗人，字湘浦，善书"虎"字。

陈望坡亲身押犯

闽县陈望坡尚书若霖为刑部郎时，惟日坐司堂理牍。时和珅方赐死，其仆刘秃已拟远戍。故事：凡遣犯，由提牢官点交差役，解往顺天府衙门发配，司官弗与闻。是日，适陈当月，念刘系重犯，躬自押往，索取顺天府收文而还。旋有科道参奏，遣犯刘秃声势尚赫，临行夹道饯筵，拥挤不绝，以致发配三日尚未出京。仁宗震怒，立召刑部各堂官斥以所司何事，各堂官噤无以对，磕头出，即联骑入署，立传各司官诘之，司官亦皆茫然。时陈方上堂，堂官厉色曰："汝于某日当月乎？"曰："然。"曰："刘秃之事发矣，尚不知乎？"曰："顷适知之，但咎在顺天府衙门，与本部何干？与当月者又何干？某日刘秃出禁，司官即于是日亲身押交顺天府衙门，并立取本日收到印文为据，尚何惧乎？"因就怀中出一纸上呈，堂官皆輾然曰："是不难覆奏矣。"事遂解。

汪守和言动遵古礼

乐平汪宗伯守和性谨，言动悉遵礼法，每食必置菜羹于坐隅，以祭先代，始为饮食之人揖，然后坐。

商景霨不泄禁中事

太医院院判商景霨，山阴人，文毅公十世孙。工医学，多奇效。性直戆，抚诸弱弟甚友睦，所蓄医金尽为弟用，不较也。供奉大内数十年，不泄禁中事，有询之者，惟曰"圣躬万安"而已。有某太医性便佞，好与藩邸交接，立劾罢之，曰："是人心术不纯，不可侍上左右。"仁宗嘉之，即赏加五品衔以示优宠。

宣宗谨小慎微

嘉庆庚辰七月二十五日，军机大臣拟遗诏，中有“高宗降生避暑山庄”之语。越月余，宣宗检读实录，始知高宗实于康熙辛卯八月十三日诞生于雍和宫邸，而《高宗御制诗》凡言降生雍和宫者，三见集中，因传旨诘问。枢臣回奏称：“《仁宗御制诗》初集第十四卷、第六卷诗注，均载纯皇帝以辛卯岁诞生于山庄都福之庭。”上责其巧辨，谕云：“朕恭绎皇考诗内语意，系泛言山庄为都福之庭，并无诞降山庄之句，当日拟注臣工误会诗意，且皇祖诗集久经颁行，不得诿为未读。”遂降旨，托津、戴均元退出军机，与卢荫溥、文孚均镌级有差。时宣宗临御甫匝月，盖谨小慎微，迩言必察，殆睿性天成也。

汤文端自咎失时

萧山汤文端公金钊，每遇奏事日前一夕，宿澄怀园，必静数更筹，频问晷刻，偶假寐，辄矍然起坐，自咎失时。

某章京虑诗已经御览

仪征阮文达公元以云贵总督拜体仁阁大学士，入军机，尝奉派充阅卷大臣。某年，偶见一卷甚佳，而诗末句仅四字，漏写所押之韵，文达曰：“此必用某韵无疑。”取军机章京某之笔拟为补填，某曰：“中堂勿尔！安知此卷不先经御览乎？”文达悟，掷笔，以原卷进。迨召见诸阅卷者，即问曰：“诗有书四字者，见之乎？”对曰：“见之。”复问曰：“取否？”对曰：“未取。”乃复及他语。既退，文达揖某曰：“非子，吾此时已交刑部矣。”（凡阅卷，须写取不取及名次黄签，故必由阅卷之军机大臣带章京一人进内供役。）

曹文正谨慎

曹文正公振镛在官日，每奏事，手捧黄匣，必高于顶。屡典春官，终日危坐堂皇，尽心衡校。朝房待漏，坐而假寐，默诵经书，数十年如一日。

于次棠重视名器

于次棠中丞荫霖崇朴实，重理学。任皖藩时，与巡抚福少农中丞润积不相能，抚署戈什哈皆有翎顶奖札，每见客时，侍立者皆煌煌然，于以名器所系，面斥之。

沈文肃拘绳尺

侯官沈文肃公葆桢综理微密，晚年尤拘绳尺，即拆淞沪铁路事而言，宜世人之诮其迂谨也。督两江时，适英人创淞沪铁路成，文肃承朝命，以巨金购得，或劝仍置原处，以便途人，文肃怫然，决意拆之。

朝仪以醇王而肃

德宗夙恨近支宗室不求学，日肆游惰，常戒勉醇王留意政治，故每值经筵听讲时，王常侍侧。王颇正直，惟懦弱不能断，且口稍吃，语言不甚晰，然遇事必循轨范，拘于小节。

王初入军机时，对于庆王世续颇恭谨，朝仪亦因以整肃。先是，上未升殿时，王公大臣皆先集朝房，人声喧杂。朝房仅有破棹（同“桌”）椅，无褥垫。洎王至，则各依顺序而入内。时上未至，王即鹄立屏气以待，余则非至口号传出不整肃。（口号者，即上将入坐，先有内监以口吹哨也。）上有祭事，各城皆开正门，护从王公候上过，亦随之而出，王则必由偏门。其读书贵胄学堂时，策骑往来，固无护卫也。及宣统帝立，奉隆裕后懿旨，为监国摄政王。

王蕴斋夫人迂谨

两淮草堰场大使王蕴斋之夫人，性拘执，以为夫妇相见如宾之盛，不可使古人专美，遂与其夫旦夕相与，如外宾酬酢。既生二子，即以男女居室为至秽而又足戕生也，年三十，即与夫分室居。晨起，子妇侍栉沐，妆竟至中堂，俟夫盥洗，分庭坐，子若妇侍两侧，俟仆媪进茗，进早餐对食讫，率子若妇送其夫出前厅治事，及中门而返。薄暮，夫事竣而入，则率子若妇迎于庭，复偶坐，几设灯二，进茗，子若妇侍如故，相慰劳，进晚餐。餐毕论家事，约二鼓，语夫曰："昼治公，劳矣，宜早将息。"夫必曰："时未晏，可略谈。"少选，亲执灯，送夫至寝室，稍坐，夫起，送之归寝，子若妇均随侍焉，乃训以家事。久之，令子若妇去而后卧。常年如一日。夫苦之，遂以同室居、置少妾、吸鸦片三事请，听择其一，乃仅许以吸鸦片焉。

其子与妇亦异室居，监之严，以为男女配偶，为宗嗣计，既得子而仍同室居，男有碍于学，女有碍于工，不可也。会冢妇归宁，子同舟往，因而复孕。迨产，始知之，乃盛怒赴产室，斥妇为傫。妇恚，自经死。未几，次子送妇归省，舟次亦怀娠，将弥月，其夫先密函告其母家，设辞迎之归，始无事。

廉俭类

吴兴祚廉俭

山阴吴督部兴祚仕宦四十余年，位一品，所得禄赐，尽以养战士、遗亲故，而居无一廛，囊无赢金。及以粤督解任还京师，与无锡秦谕德遇于瓜洲，一日会食，脱粟枯鱼，酸寒相对。谕德曰："公贫乃至此乎？"明日与别，吴喜见眉宇，告谕德曰："适有饷米数十石者，不忧馁矣。"

田山姜廉俭

康熙己未开博学宏词科，一时名士率皆怀刺跨马，日夜诣司枋者之门，乞声誉以进。德州田山姜侍郎雯，方以工部郎中膺荐辟，屏居萧寺，不见一客。比督学江南，舁以肩舆，从两驴，载衣裳一箱、《五经》子史两方厨，苍头奴二人，踽踽行道上，戒有司勿置邮传给供张，自市蔬菜十把、脱粟三斗，不为酒醪佳设，惟日矻矻以文章为事。

陈清端廉俭

陈清端公瑸释褐归里，讲学五年，足迹未尝入公门。每谓贪不在多，一二非分钱便如千百万。后尝举此入对，圣祖嘉之。旋令古田，调台湾，督川学，巡台、厦，开府湖南、福建，孑身在外，几二十年，未尝挈眷属、延幕宾。公子旷隔数千里，力不能具舟车一往省视。傔从一二人，官厨以瓜蔬为恒膳，其清苦有为人情所万不能堪者，陈晏然安之，终其身不少更变。圣祖目为苦行老僧，又曰："从古清官，无逾瑸者。"

于清端廉俭

于清端公成龙令罗城，拊循残氓，悉除诸禁，诚意感人，民皆以田赋亲输清端手。或留数钱置案上，问何意，曰：“阿耶不纳火耗，不谋衣食，宁酒亦不买乎？”清端感其意，留数钱。计得酒一壶而止。

清端居罗城久，从仆或散去或死，罗人益怜之，每晨夕，集问安否，间敛金钱跪进，云：“知阿耶清苦，我曹供些少盐米费耳。”笑谢曰：“我一人，何须如许物，可持归易甘旨，奉汝父母，如我受也。”民怏怏持去。一日，闻其家人来，民大喜，奔哗庭中，言：“阿耶人来，好将物安家去。”又进金钱如初。又笑谢曰：“此去吾家六千里，单人携赀，适为累耳。”麾使去。民皆伏泣，清端亦泣，卒不受。比迁知合州，罗民遮道呼号曰：“耶今去，我侪无天矣。”追送数百里，哭而返。一眇者独留不去，清端问故，曰：“民习星卜，度公橐中赀不足行千里，民技犹可资以行也。”清端感其意，因不遣去。会霪雨赀尽，竟藉其力得达。

其后清端薨于两江总督任所，先一夕，微觉体中不适，晨兴，坐内堂判事，少顷，瞑目不语，遂薨。藩臬入内寝，检遗囊，为棺敛计，见其衾帏敝陋，笥存白金三两、旧衣数袭、青钱二千、粟米五六斗，相率太息而出。性廉洁，俭于自奉，不为妻子计，恶衣粗食，安之若素。圣祖亦信之弥笃，以为“廉吏第一”。

岳起廉俭

少保岳起，满洲人，以孝廉起家。初任奉天府尹，前任某以贪著，岳入署，命人于屋宇器用皆洗涤之，曰：“勿染其旧也。”后与将军某抗，罢官，仁宗用为山东布政使，未几擢江苏巡抚。生平清介自矢，夫人自掌签押。出门驺从萧条，瘦骖敝服，禁止游船妓馆，无事不许谯宾演剧，吴下奢风为之一变。夫人尤严正，岳尝往籍毕秋帆尚书产，归时已薄暮，小饮，面微醺，夫人正色告曰：“秋帆尚书以耽于酒色，致有今日，相公触目警心，方谨戒之不暇，乃复效所为耶?”吴民有《岳青天歌》，以为汤文正公后一人。

顾琮廉俭

顾琮在京师守制时，每出门，小车敝帷，不知者以为厮养也。奉命治漕，治南北河，皆久于任。及老病罢归，至不能僦一廛以居，其廉可知。

戴简恪廉俭

开化戴简恪公敦元，尝以江西按察迁山西布政，方入觐，途中日以面饼六枚供饔飧，不解衣，不下车。五更，趣车夫起，驱之行。凡上官过境，州县例设供亿，具迎送礼。简恪独行数千里，而舆夫、馆人莫知其为新任藩使者。抵京师，客至，屏仆户外，煮茶漉酒，辄躬为之。山西藩署有陋规，曰厘头银，上下皆取资焉。简恪曰：“官有养廉，仆御，宦所豢也，何赢余之有!”遂革之。

未几，内召为刑部侍郎，居京师，同僚非公事不得见，所治狱无纵无滥。莅部事毕，归坐一室，家人为设食饮，暮则置烛对书，坐倦而寝，否则坐暗中，倦亦寝，虽饥甚，不自言也。假归浙江时，大府谳之，雨，着屐往，终饮，群官拥送，鼓吹启戟门，呼舆马，乃笑索伞自执之，扬扬出门去。

王应辰以廉俭贾祸

常州王应辰以嘉庆辛酉进士，选四川新繁县知县，性廉俭，到官颇得士民心。新繁素号饶邑，王绝苞苴之私，不能饰厨传、供过客，故上游及同列皆不喜之。戊辰冬，举计典，有素识之日者，往来于藩司之门，自省中遗书云：“方伯将以计典黜君矣，得金若干，乃可免。”缄其书，以方伯印封发之。王得书笑曰：“鬼蜮乃敢白昼见!”藏其书，而以其事白制府。制府以为胁持也，怒，以才力不及填计典入奏，立委员摄印署理。委员至，王拒不见，委员噪于庭乃出，索其委牌，而委员以制府督促，不及待司文，无以应。王笑曰："此亦可诈耶?"呼驺械之。委员恐，驰去，诉制府，谓某敢抗制府命，且辱之。制府大怒，命中军提兵，随成都府知府往捕，围其署大索，获日者所致书毁之，缚王归于省，置诸狱，以抗不交印奏，祸且不测。于是四川诸州县大哗，腾谤书遍于道路。顷之，闻于朝，御史或摭以入告，奉旨查办，然后出王于狱，放之归，而以病风覆奏焉。

额勒布廉俭

乾、嘉以前，淮纲繁富甲天下，视鹾使者骄贵简出，出则舆从华盛倍封圻，金钱挥霍，一斥巨万。额少农勒布尝官两淮，力矫积弊，常从二三骑，自策骡，穿街巷；祷雨甘泉山，辄步烈日中，往返三数十里。

旧例，别库岁征几千万，乃鹾贾结交势要，弗听使者主持。额壹不问，游客来谒，自馈肴疏果饵数器而已，曰："吾为扬州别开生面也。"嘉庆戊辰，被议入都，鹾贾送至王家营，环跪，纳会子四纸，纸各镪十万。诘何为，佥曰："公节官费岁数十万，又奏增盐息至分半，岁溢且二百万，公按临六载，众商所受恩且累千万，区区者诚不足言报称。"额曰："我前节官费，而以为今日地，是攫寮寀所应有也。请增盐息者，为岸猾持若短长耳。若等竟以作市价，是捊民以益商，我负疚滋重，况分若肥耶?必不听者，以状上闻矣。"是年秋，额故当觐圣，例以珍玩为面贡。额阅实制备物，仅值十六万，先期贮京邸。及至都，部议供差热河，不得面，无用贡，将赴戍，遣使悉送还扬州，费脚价银六千，实己资也。

徐杉泉廉俭

钱塘徐杉泉大令鼐，性廉俭。嘉庆中，官南汇令。其地素称沃壤，财赋饶衍，甲于三吴，居是官者，靡弗优渥。大令悉以所入加书院之膏火，助善堂之经费，斋厨萧然，至不能自给。去官日，无所赢，有所负，鬻田不足以偿，并图籍书画鬻之，以偿官钱。

戴一夫廉俭

戴山人名尧，字一夫。嘉庆末，流寓湘潭，后居澧州之津市，冬夏常衣一灰布袍，白布带，日啖米半升，不御酒肉。精奇门遁甲术，尝榜其门，课金一两。一日有亡其幼子者，赍金往，求占课。山人曰："明日午刻，有一老人携篮，中贮母鸡、腊肉，并送此子至家。"已而果然。于是求占者纷集，山人挥之出，曰："吾岂能作卖卜人乎！"以市膏药为生，间为人书市招，字仿率更体。有所获，悉以施贫人。见乞儿之有疾病者，即予药饵，为医治之，不稍厌倦；富贵之家，虽酬千金，不顾也。津市有吴醉碧者，拥赀巨万，母病，不敢启请。一日江涨，饥民嗷嗷，栖息无所，山人曰："吴君若能出白米五百石，建芦席篷数十座以施赈，吾当破戒，治富人病矣。"醉碧如其言，再拜邀至家，诊数月，疾愈。

山人在潭时，偶至万寿宫，僧人留宿，不允，曰："门已扃，先生何能归？"未几如厕，久不返，迹之则已回寓矣。墙高数仞，不知何以超越也。王菽原方伯莅湘，嘱澧牧物色致之，方知其为通州拔贡生，与方伯旧同学，杀人亡命，浪游数十年不归，其终日布衣蔬食者，以不得奔父母之丧耳。时世难方殷，方伯欲荐之军中，不从；欲留住，与以千金，供施济之用，亦不从。数日辞去，所赠衣物银钱悉却之。时郭筠仙、意城兄弟，周杏农、孙芝房，均在方伯所，山人都不为礼。至澧州，独与一煮豆者昵。或问其故，曰："此剧盗也。吾劝其改行，终日作小贸易，得百钱以养母，自啜粥度日，其纯孝如此，吾故重其人。"后终于澧州，年七十余。

姚镜堂廉俭

归安姚镜堂兵部学塽，学问赡博，品尤高卓。官京师数十年，寓破庙中，不携眷，公暇以文酒自娱，朝贵罕识其面。曾典贵州乡试，门下士馈贽金者，力却之，惟赠酒则受。因是贫特甚，出不乘车，随一僮持衣囊而已。所服皮衣冠，毛堕，半见其鞟，每彳亍道中，群儿争指笑之，夷然自若也。

裴荫森廉俭

裴荫森以清介著，尝官湖南辰沅道，冬日所衣之袍，其质纱也。出巡所经，戒勿供应。恒语属吏曰："凡得德政碑、万民伞之最多者，其政声之恶可知矣。"

多忠勇廉俭

同治癸亥，多忠勇公隆阿视师盩厔，以受伤薨于军。方受伤时，穆宗命发内府珍药敷治，并命黑龙江将军传其子双全，驰驿往视。而多本无家，双全依戚族以居，身无完衣，将军怜骇，赠以行资，始得驰往，已不及见。遗疏有云："不使家有长物，身有余财。"其廉俭盖出自天性也。

沈文肃廉俭

沈文肃公葆桢薨于江督任，事闻，上命苏抚吴元炳为之办理丧事，且摄督篆。吴至金陵，见沈身后萧然，仅于枕畔得银币五十元，此外则无长物，搜其箧，惟布衣数袭、旧书若干卷，乃深叹其廉俭焉。

徐枋廉洁自好

长洲徐枋为明遗老，工画，生平廉洁自好，卜居灵岩山侧，渲染丹青，世称绝妙。将军蔡毓荣督武昌，尝遣使通书，馈兼金求画。枋笑曰："明府正是殷荆州，特吾薄顾长康而不为耳。"

彭了凡却人馈粟

国初，蠡县彭了凡、容城张果中、西华理鬯和并著奇节，皆与孙征君奇逢友善，王文简公士祯谓之"苏门三贤"。了凡，明诸生，乱后游河朔，依孙以居，贞介绝俗。土人馈之粟，不受，饿死啸台傍，征君为题碑曰"饿夫墓"。

温秋香一介不取

温毓桂，字秋香，晋之高士，一介不取。执亲丧，居庐三载。尝曰："昔与傅青主、梁小素游，文章道义，相为切磋。自二公作古后，不数十年而士风日下，典型无存，缅想风规，如东京梦华，邈焉难再矣。"

高愈世仍廉白

高愈为攀龙从孙，世仍廉白，守静不苟。晚岁清窭至极，某年，啜粥七日矣，方挈其子临城瞩眺，不改其乐。尝曰："士求自立，当自不忘沟壑始。"

周釜山廉能感人

华亭周釜山，名茂源，守处州三年，行廉政清，士民化之。有篙工拾遗犀一箧，不忍取，白府以归遗者，盖感于周之廉也。

侯抒愫却金

河南侯户部抒愫尝令潍县，清操绝人。大贾郭某陷于讼，荐绅怀金往请者以十数，辄闭阁不与通。同年某方守莱州，移书惩责，侯佯为不解，复曰："滥竽作吏，旷职怀惭，苟有可以报朝廷、爱百姓者教之，敢不惟命！"守意沮。

王次山却赂

王次山侍御峻，常熟人。在台垣，志气岳岳，到官三日，劾罢都御史彭维新，称其很（古同“狠”）忮无学术，时论向之。退归，修《苏州府志》，有明季大僚曾污伪命者，其子孙乞为之讳饰，侍御不可，赂千金，不受；介要津求更一二字，终不许。

杜文端不贪一钱

宝坻杜文端公立德尝入对，既出，世祖顾左右曰：“尔等识此人乎？此新授刑部尚书杜立德也，不贪一钱，亦不妄杀一人。”圣祖尝论左右阁臣，谓如杜立德者，真不愧古大臣。

顾景范不取非义一钱

顾景范，名祖禹，性廉介，不取非义一钱，以授徒自给，不求闻达，常落落人外。当事闻其名，欲罗致之，终不可得。其子亦鬻薪为生。

陈太君勖子以廉

江都宗定九，少时奉母陈太君家居，值岁凶，啼饥号寒，初不向宗族借贷，尝曰：“饿死事小，遣十岁童子汗颜面以求人，使从此不知有廉耻，事大。”时以为名言。

钱瑟瑟不爱千金

钱塘汪魏美孝廉沨，隐居不出。其内姻欲强之试礼部，出千金视汪妇，曰：“能劝夫子驾，则畀汝。”妇对曰：“吾夫子不可劝，吾亦不爱此金。”其人惭而止。汪妇为钱瑟瑟，建宁守飞卿女也。

宋文恪却四十金

长洲相国宋文恪公德宜官户部侍郎时，龙江关大使李九官解铜入京，尝于中夜报谒，馈银四十两，求给门票。宋斥出，立劾之。圣祖谓宋自首馈遗，不负简任，褫九官职。

张文端不妄受一文钱

国初各省学政，沿明旧习，多徇干谒、行苞苴，圣祖深嫉之。时大僚中清誉久著者，莫如浙抚张文端公鹏翮，各省积弊最深者莫如江南，遂特简文端视江南学。文端信心直行，矢慎矢公，不妄受一文钱，终其任无一幸进者。声华之士，偶得京函，踯躅逡巡，不投而去。

宋牧仲乃以清廉著称

商丘宋牧仲尚书荦抚江苏，阁臣伊桑阿奏称其“清廉为天下抚臣最”。未几，圣祖南巡至苏，手书“怀抱清朗”四大字以赐之。后擢大宗伯，内迁吏部尚书。越三年，致仕归，濒行，帝赐诗，有句云：“久任封疆事，苏台净点尘。”

王东皋却例馈

康熙朝，王文简公论盐法，尝言但以两淮付王东皋，两浙付魏环老，而久于其任，何患不肃清。陆清献公陇其，亦称王东皋在吏部壁立千仞。东皋，盖汤阴王御史伯勉字也。少贫，借榻枯寺，忍饥读书。顺治初，通籍谒选，授行人，充山东诏使，却例馈，不干有司一语。迁吏部郎，掌选事，清介日有名。尝语人曰：“岳忠武，吾县人也。文官不爱钱，武官不怕死，吾生平惟诵此二语，求无媿耳。”

王东皋却金及裘帽

王东皋有同年范印心，以山西平阳府知府入觐，知其贫也，怀金将贻之，谒其庐，语久之，卒不敢出而退。一羊裘十年，毛尽脱，同官醵金制裘一、帽一遗之，东皋曰：“伯勉生平未尝受人一钱，何敢烦公等？”固劝之，乃受。

李天植一介不取

平湖李因仲，名天植，隐居蜃园，一介不取。魏叔子属曹秋岳侍郎溶、周青士布衣篔，纠同志为之继粟，徐昭法曰：“李先生不食人食，听其饿死可也。”未几卒。乍浦有郑婴垣者，与李称石交，先二年，冻死雪中，李临殁曰：“吾无愧老友矣。”

窦静庵却八百金

柘城窦静庵检讨克勤以理学名，持躬端谨，不修边幅，敝服破帽，周旋公卿间，意气自若。寓庐湫隘，不足蔽风雨，从者不能甘，相继辞去，诸子亲为应门。有维扬贾人子游京师，闻江南学使者与静庵有旧，挟八百金赂静庵，求通于学使。静庵曰：“以此滥入胶庠，奈屈抑寒素何！”力绝之。其人恨恨去。昆山徐健庵尚书闻之，曰：“真古君子也。爰一言而掷八百金，尚有他事可移其志操乎？”

卫立鼎饮卢龙杯水

阳城卫慎之太守立鼎知卢龙，魏敏果公象枢偕吏部侍郎科尔坤巡察畿内，至卢龙，已治具，不食，但啜茶一瓯，曰：“令饮卢龙一杯水，吾亦饮令一杯水。”巡抚格文清公疏荐其治行第一，灵寿令陆清献公次之。

文与也却亭户金

文与也，名君点，长洲人，工绘事。尝有富人子具兼金求画，期以三日走取，文恚曰：“仆非画工，安得受促迫！”掷金于地。其人再请，不顾。汤文正公斌抚苏，器之，时与过从。一亭户拥厚赀，以千金为文寿，请通姓名于汤。文曰：“汤公以道义交我，我岂负之？若既伤惠，吾复伤廉，奚取为！”亭户惭而退。

郭琇自洗堂庑

汤文正公斌抚吴，以清介自励，下属有贪酷者，皆善为劝勉，不改，始惩之。郭总宪琇时任吴江令，以贪黩闻，文正檄至省，励以贞廉。郭曰："琇所以贪者，以供前任某抚军之欲也。今公既清廉自矢，请宽一月期，如犹昔，请立置典刑。"归，自洗其堂庑，曰："前令郭琇已死，今又一郭琇也。"政为之一变，文正因荐于朝。

万氏叔侄却金

康熙己未，圣祖诏修《明史》，所网罗者皆一时名士也，万季野与其兄子言，皆与焉。一日，有运饷官遇贼，走死山谷，其孙怀白金，请附《忠义传》后。万曰："将陈寿我乎？"斥去之。后言独成《崇祯长编》，故国辅相家子弟多以贿入京，求减其先人之罪，言峻拒曰："若知吾季父事乎？"季野，名斯同，为斯大弟，学者称石园先生。博通诸史，尤熟于明代掌故，《明史稿》五百卷皆其手定。卒后，门人私谥曰"贞文先生"。

赵良栋秋毫无犯

康熙己未平滇之役，赵襄壮公良栋实为首功，其操守尤不可及。城破时，诸将争取子女玉帛，赵独戒所部营城外，秋毫无所犯。又访得吴三桂司筦库之人，以藩宫簿籍进呈，于是诸将所乾没尽发觉。而三桂宠姬二人，一归将军穆占，一归总督蔡毓荣者，事亦上闻，遂独以廉洁蒙圣祖褒奖。

李雪木不欲受人惠

康熙己未，李天生以应宏博之征至京师，数称李柏贤，都人始有知柏者。柏家贫，居山中，著书乏纸，以槲叶书之。或欲有所周，辄峻拒曰："吾不欲受人惠也。"尝一日两粥，或半月食无盐，忍饥默坐，洒如也。自诵曰："贫贱在我，实有其门。出我门死，入我门存。"柏字雪木，自号太白山人。

格尔古德却万金

格尔古德抚直隶，岁却馈金以万计。圣祖尝曰："格尔古德为巡抚，殁后人犹思慕称颂之。居官苟善，岂有不致声誉者乎？"

恒鲁无沾染

辅国公恒鲁以廉洁著，任吉林将军，仅领俸，绝无沾染。尝坐小阁，以每岁出入之帐手录封存，人问之，曰："为籍没时之证。"吉林产参甚旺，无敢私贩者，国家岁销参票数千纸，辽饷赖以济。当事者索貂褂，恒乃售辽东旧产，购以与之，初不索之商贾也。

萧永藻仆洁如其主

康熙时，萧永藻为广东巡抚，在官日一介不取。其纪纲之仆张二，洁如其主，以赂进者，亦正色峻拒之。

德格勒却明珠千金

康熙朝，德格勒官侍讲，李光地尝荐其学行，屡召见，论经义。性骨鲠，不附权势。偶扈驾巡行，明珠见其将向用也，使人累千金为装，却不受。会久不雨，圣祖命德筮之，遇夬，曰："泽上于天，将降矣。一阴居上，天屯其膏，决之即雨。"上愕然曰："安有是？"以明珠对。明珠闻而大恚。丁卯冬，坐私删起居注论死，遇赦，以谪籍终。

朱竹垞却豆粥

朱竹垞，名彝尊，秀水人。康熙己未以宏博授检讨，归田后，居节廉桥。时值岁凶，比邻王氏有老仆，讶其日午无炊烟，而书声琅琅不辍，因叩门馈以豆粥。竹垞却之，忍饥读书自若也。

王君鉴不受田宅

王范，字君鉴，成都人。肆力经史，工诗古文词。康熙辛未成进士，为丹阳令。治漕有功，擢御史，会遭母艰，时噶尔丹入寇，四川不靖，遂移家入吴。阳人闻其至，争愿割田宅授之，谢弗受。时出游，散步阡陌间，与农家父老相过从，见者初不知为旧令也。

张清恪檄止馈赠

仪封张清恪公伯行之任督抚也，尝传檄属吏，禁止馈赠。檄云："一丝一粒，我之名节；一厘一毫，民之脂膏。宽一分，民受赐不止一分；取一文，我为人不值一文。谁云交际之常，廉耻实伤；傥非不义之财，此物何来?"

汪灏廉节著闻

山左汪灏以侍读督学山右，屏绝竿牍，廉节著闻。圣祖西巡，俯察迩言，采及清望，温旨褒奖，特命超五阶为内阁学士兼礼部侍郎，复调陕西学政，旋命巡抚河南。

徐元文为清官

昆山徐相国元文致仕回籍，舟过临清关，关吏大索，虽酱瓿之属皆发视，舟中仅得图书数千卷、光禄馔金三百而已，人皆啧啧，叹为清官。

汪舟次却琉球馈赆

休宁汪舟次方伯楫，以诸生召试一等，授检讨。康熙己亥，奉命册封琉球，为其国王撰《孔子庙碑》，馈赆极丰腆，力却不受，琉人为建却金亭。

额勒布廉能第一

索佳氏约斋侍郎额勒布官户部郎中时，以管部王大臣密荐廉能第一，特旨擢本部侍郎管钱法堂事务。

李皭以俸金外为赃

李皭为福建将乐令，春秋行乡饮酒礼时，至邨落间问民疾苦，牧竖妇女皆环集，导之以善，肫然如家人。期月，邑人悉向化，境无盗贼，讼庭稀鞭扑声。皭初至官，与家人约曰："在官，俸金外皆赃也，不可以丝毫累我。"官廨有桂二株，方花开，李指之曰："此亦官物也，擅折者必治之。"自是家人不敢簪桂花。尝出郭省敛，从仆摘道旁一橘，顾见之，责曰："岂可坏法自汝始!"立下马杖之，命偿其直。居三年，上官有索馈者，无以应，遂去官归。

涂天相以规银归公

孝感涂玉生尚书天相尝督仓场，赴任日，以一棺自随，观者惊诧。例有规银数千两，奏请归公，不自私也。

杨文定操守

江阴杨文定公名时在词馆时，萧然如穷诸生。一日，圣祖问李文贞公光地曰："朝臣操守有如张鹏翮、赵申乔者乎?"文贞以文定对，遂命提学直隶。直隶学臣以检讨任，前未闻也。迁侍讲，丁艰，服满，自河工还朝，未补官，有旨令主陕试，亦出特恩。雍正间，以云贵总督兼云抚，时于奏牍中言存诚主敬之学，世宗手批答之云："吾君臣万里谈道，不亦乐乎!"

张文和廉正自守

世宗御宇时，桐城张文和公廷玉渥承恩遇，然廉正自守，不争权利。各省督抚入京，以同年宿谊馈文和，不过葛、纱二事。文和笃爱长子阁学若霭。阁学少年科第，书画皆精妙，尤善鉴赏。一日，文和至庶僚家，见名人山水画幅，归语阁学，称善者再。既逾日，则悬阁学斋壁中。文和审视毕，语阁学曰："我无介溪之才，汝乃有东楼之好矣。"阁学跪谢良久，旋归画其主乃已。

蔡珽辞金银绫绮

雍正乙巳，世宗赐年羹尧死，籍没其家产，乃以其京都房屋一所、奴婢二百二十五口、金银绫绮衣物器皿，赐左都御史蔡珽。珽奏言："房屋乃国家旧赐羹尧者，奴婢则内府所隶之人，既蒙恩赉，臣不敢辞。若金银绫绮等，皆不可问之物。释氏有言：'审己功德，量彼来处。'臣不敢受。"

赵恭毅自革陋规

武进赵恭毅公申乔，起家牧令，刻苦自厉，清不近名。当开藩浙江时，尝谓欲令州县无亏帑，当先革藩司陋规，故有之钱粮加平、时节馈送、兵饷挂发、奏销部费诸款，一切禁绝。僚属凛凛奉法律。及由浙抚调湖南，禁州县额外加派，裁软抬硬驼、公费脚价诸名色。时苦盐贵，乃谕商人尽革诸衙门陋规，自巡抚始，司道以下视之，毋得更高价累民。旋入长台垣，因万寿恩诏，请免官地民房新旧租税；奉使陕西，请蠲潼卫、大同府本年应征米豆草束。皆报可。

黄静山却珠

乾隆时，广昌黄静山永年官刑部主事，矻矻治案牍，于疑狱多所平反。有广东客谒之私第，阍者入刺，弗识也。及见，伏地叩头谢，问其故，曰："顷以事陷冤狱，非公，已入鬼箓矣。"徐出珠一盒献之，曰："谢公大德。"黄变色曰："我为刑官，知守法耳，期无负职也。何比于汝，而乃污我为？"客大惭，逡巡去。

程易畴不取嘉定一钱

程瑶田，字易畴，徽州人。官嘉定教谕甚久，斋规严整，踵法苏、湖，士习为之一变。乞病归，邑人购忠烈名流手迹赠之。程曰："乡贤手迹，宜藏于乡也。"对曰："先生不取吾邑一钱，岂破纸亦不受耶？"乃受之。王西庄诗曰："官惟当湖陆，师则新安程。"此语诚不诬也。

钱文端撤帐归所司

乾隆辛酉，秀水钱文端公陈群视学畿辅，有《题帐》诗，诗序云："往年学使者下车，供张甚盛，厥后相继简任于此者，多清节素著之前辈，以次删除，惟卧室内设一帐，寒则御风，夏避蝇蚊。余前后视学于此，凡七年，莅瀛郡者四，将行，必撤帐归所司，曰：'明年来，无烦改作也。'辛酉春复来，见帐极新，因识数语，并缀以诗。继余而役于此者，必朝右君子，慎乃俭德，有同志焉。"诗云："不寝常如枕有警，屏私直似镜无尘。题诗自有纱笼护，留伴他时绛帐人。"

杭大宗掷鹾商金

钱塘杭大宗检讨世骏有钱癖，馆俸所入，必罗列官板制钱，权其重者，贯之以索，累累积下，或至尺许，其么麽破碎及私铸者，方以市物。故杭在家，舍作书外，时效姹女之数钱，偶出见客，两手非墨污，即铜绿盈指。然性廉，一日，有鹾商获罪鹾使，夜半走伻乞救，袖重金置于几，掷而出之门外，不一顾也。

范西屏却千金

海宁范西屏，名世勋，乾隆时弈国手也。遇显者及窭人子，面不改色。受人礼聘而弈，弈以外，有所干请，虽贻以千金不顾也。

钱孔却某藩使金

某藩使殁，其子以千金求钱竹汀学士大昕作传，复以千金求孔东山孝廉书丹，皆不允。

秦大士却厚币

侍讲学士江宁秦大士，乾隆壬申殿试第一人也，精篆隶行草。未贵时，尝卖字以自给，求者踵至。客有知其贫，以厚币请者，微察其有德色，遽还之，客谢罪至再，终不许。游两淮鹾使幕中，闻前辈箴规语，亟拂袖归，闭门竟其学。

阿文成取安南王一二物

安南国王阮光平至京，遣其臣馈阿文成公桂土仪。阿取一二物，语使人曰："中朝相公问陪臣好。汝国王既诚心朝觐，其优赉厚宠皆出自皇上体恤远人之意，莫谓中朝相公不识顺逆二字也。"陪臣汗流浃背，谓人曰："此诚宰相语也。"

陈稽亭却别敬

元和陈鹤，字稽亭，尝官工部，平居取予不苟。同邑吴臬司俊由粤东入觐，将出都，以例馈同乡官，俗所谓"别敬"者是也。陈谓其使者曰："吾于尔主人未尝有交旧也。"却之。然陈甚贫，是日日高尚未爨也。在部，与栖霞牟昌裕、山阳郑士超交，相善，京师谓之"工部三君子"。

徐士林不名一钱

文登徐中丞士林，居官清洁自励，不名一钱。以贤劳没于苏松巡抚任所，同官赙赠千金，其弟士楹却之曰："兄素矢清白，恐拂初心，不敢纳。"高宗闻而嘉之。时士楹以孝廉家居，一日忽奉旨赐进士，授粤东某邑令。

朱文正假资立券

吴孝廉重光，江都人。乾隆间，令山西阳曲。时大兴朱文正公珪方任布政使，吴善属文，朱时招至署，论文赋诗。吴为之搜葺金石古迹，访修晋祠，树碑石，极讙。一夕，急呼吴，吴趋入，朱手一券谓吴曰："吾奉命入朝，计行李资需二百金，特立券与君谋之。"吴唯唯，不敢受其券。朱正色曰："不受券，是以贿交我也。"吴唯唯受券返，明日面致二百金，朱欣然。

朱文正不取平馀

朱文正居官廉洁，尝布政数省，平馀银巨万，悉不取。乾隆中，抚安徽，裁芜湖关陋规。某年，闽省洋商陋规事发，朱独不受一钱。

长牧庵不纳公费

长牧庵相国麟抚山东时，每岁临清关有解巡抚公费若干两，长不受，欲奏归公。其长公子怀新方十余岁，以为不可，曰："大人不取此项，不足为廉，若一奏入，瓜代者至，将必仍旧贯，是令司关者倍出之矣。"不听。后果如公子言，长亦自悔所见之不远也。

杨勤悫却长生果

清江杨勤悫公锡绂尝抚广西，属吏有以人参馈者，讳其名曰长生果。怒却之，以入告，高宗曰："汝真不愧'四知'者矣。"

庄存与却珊顶

武进庄方耕侍郎存与，性廉鲠。尝典浙江试，巡抚馈以金不受，遗以二品冠受之。及途，从者以告曰："冠顶，真珊瑚也，直千金。"怒曰："何不蚤白!"亟驰使千余里返之。其为讲官日，上御文华殿，同官者将俟上起，讲仪毕矣，庄忽奏“讲章有舛误，臣意不谓尔也”。乃奉书进讲，琅琅尽其指。同官大惊，上为少留，颔之。

孙文靖以廉著

仁和孙文靖公士毅，虽有交结权要、殒师安南之咎，然独以廉著，每出巡，轻车减从，不择饮食。尝乘传至江西，时程蓉江方为县令，往谒之，孙即呼与对食，则蔬食数簋而已。

阮湘圃耻苟得

阮文达公之父湘圃封翁，承信居贫，洁身自守。偶至某渡口，获一囊，启之，皆白金，而有官牒在其中，怆然曰：“此事上关国务，下系人民，宜守此以俟之。”日暮，果有一人来，将投水，诘之，对以失金，且泣曰：“自累、累本官，不如先死。”封翁亟出囊付之，不告以姓名。

文达既贵，督学浙中，一日按部驻绍兴，有乡中故人谒封翁于省署，接以礼，故人曰：“清贫若此乎？”翁曰：“家本寒也。”其人徐出二纸曰：“契值千金，为先生寿。”封翁艴然，白髯翕张，斥之曰：“吾生平耻苟得财，故贫耳。君奈何无故为我寿，不恤千金？若曰有乞于吾之子，吾子受朝廷重恩，清廉犹不足报万一，而以此污之乎？君以礼来，吾接君以礼；君以贿来，恐今不可出此门阈也。”其人愕然，叩头谢罪而退。

刘文正却千金

刘文正公统勋久居相位，颇为高宗所倚任。尝有世家子任楚抚，岁暮馈千金。刘呼其仆入，正色告之曰：“汝主以世谊通问候，名甚正。余承乏政府，尚不需此。汝可归告汝主，留赠故旧之贫窭者。”有赀郎昏夜叩门，拒不见。翌晨至政事堂，呼之至，责之曰：“昏夜叩门，贤者不为。汝有何禀告，可众前言之。虽老夫过失，亦可箴规。”其人嗫嚅而退。薨时，高宗亲奠其宅，门间湫隘，去舆盖然后入。上归告近臣曰：“如刘统勋者，方不愧真宰相，汝等宜效法之。”

陆朗夫却白金三万两

吴江陆朗夫中丞耀巡抚湖南，初莅任，鹾商以白金三万两进，问其故，商曰：“此旧规也。先进此，后当以时继。”不受，并绝其再进。商曰：“公不受，此金无所归矣。”乃命以其数平盐价，价为之顿落。时各省督抚皆有贡献，争以珍奇自媚，陆所贡者，寻常土宜而已。高宗知其廉，必受之，以慰其意。而和珅方用事，官吏重赂，习以为常，陆未尝致一物，虽知其能为祸，不惧也。故事：巡抚岁决狱，有失入者，部臣以轻重议罪；有失出者，议罚之。会廷臣言失出之罚，使巡抚自议当罚几何，乃私忧曰：“岁岁决狱，难保无失出之误，自议所罚，则不可从轻，而我惟有旧宅一区、田百亩在，将何以胜之？”

鄂文端署券偿和珅

乾隆癸卯，鄂文端公尔泰以吏部尚书协办大学士。甲辰七月，授东阁大学士。越二月，和珅亦以冢宰拜参知矣。世多以鄂为珅之外祖，以年辈论之，似不甚符，或文端女为珅之继母耳。相传文端家有急需，公子辈贷二千金于珅，文端闻之，语公子云：“既已向贷，退还不情。”命取契之价值相当者，署券归偿。珅力辞，使者三返，始勉受。

夏家瑜却十万金

新建夏家瑜，字润堂。初丞广东，以获盗功，迁令新安，擢广州通判，所至有循声。乾隆癸卯，守宝庆，邵阳民石再书者，豪富也，尝以事龂石魁五、周会友胫，同时县民李步周亦龂杨茂则、茂盛胫，五日连毙四人，无过而问者。茂则无亲属，魁五犹子秀和以其事上控，大吏饬县鞫之，前守李心耕已据知县鲁大治取具秀和悔状，拟杖详转矣。

家瑜抵任，诧曰："此大本薤也，可勿拔耶！"乃请提府确讯。会以荆门州违例应付云南差弁案他调，将行，再书知家瑜清贫，且有官累，使人啖以重利，至十万金，求毁稿。家瑜曰："斗金可弃，此稿不可毁也。"去之日，囊橐萧然，父老相携送至百里外，为建却金亭。继之者为天津沈名掞，仍照县详结。杨锐志者，前所毙四人中杨茂则之同姓也，诡称茂则与魁五同案，赴大府控告。按察使郭世勋提省检验皆实，讯悉前状，乃置再书等于法，而夺名掞、大治职。家瑜以一稿存，得免议。至是，人重其刚正，且服其先见也。

梁山舟却砚

钱塘梁山舟学士同书之父文庄公诗正，官至大学士。文庄未达，居凤凰山麓，夫人夜织；儿嬉于旁，虎突入户，夫人惊绝，山舟戏如故，神色自若。亟问之，曰："有大兽来，四顾而去，亦不知为虎也。"其后乾隆庚戌，以在籍侍讲入都祝釐，不肯诣时相门，有以祸福怵之者，勿顾也。其威武弗屈，已于幼不畏虎时征之矣。毕秋帆尚书沅尝自楚赠大砚，不纳，使人委之而去。越数年，友有宦于楚者，仍附以还之。

桂香东却门生贽

觉罗香东侍郎桂芳，嘉庆己未进士，上召见曰："奇才也。"日见信任，不数年，登九列。家素贫窭，然门生有馈纳者，桂曰："以束脩贽先生，谊甚古。然某方任司农，岁入有俸，差足自给，不敢受。"悉封还之。

舒超锋却人参

舒超铎任黑龙江将军，有馈人参者，笑曰："吾日啖粟数升，自强健，安用是物?”取小者啖之，曰：“已领盛意矣。味甚苦，无所取也。”

姚姬传却重币

桐城姚姬传郎中鼐，居乡循古礼，日讲政书于塾。有贾人子以重币聘，力却之，曰：“鲰生虽贫，不能受无义财也。”年八十余，犹著述不休。嘉庆庚午，重赴鹿鸣，赐四品章服。又数年，始卒。论者谓其品望为桐城第一。

帅仙舟不取供应

嘉庆末，帅仙舟侍郎承瀛奉命谳狱陕西，地方官供应过奢，有以五彩丝线塞枕与坐褥者，其他可知。乃晓之曰：“予在家，铺垫用草，居官亦然。如此暴殄，尚识民间疾苦、物力艰难耶?一夕之安，需数十金，劳民伤财，吾不忍也。”因诫员仆，丝毫不得擅取，面谕馆人搜检。有奴某，素持斋诵经，颇诚实，携备使令，觊觎一古铜香炉，思以供佛，馆人在马鞍下检出，帅怒，杖四十，逐之，赏馆人银一两，从者咸懔然。

阮文达遗产仅芦洲

阮文达公元以翰林起家，扬历中外垂二十年，生平廉谨自持，而于嗜古、爱才两事，罄所入，差自给，家人生产事弗问也。晚岁甫以三千金置一芦洲，越三十年，洲忽大涨，岁进万金。

夏修宪却万四千金

新建夏修宪官元和主簿，尝奉藩司檄查办宝苏钱局，炉匠某欲谋私铸，约每卯贿以千金，计十四卯可得万四千金，总捕同知某已诺之矣，夏力持之而止。

朱为弼不受属官供张

道光甲申，平湖朱茮（古同“椒”）堂漕帅为弼，由顺天府丞擢府尹。时境有蝗孽，单骑驰视，属官备供张，朱曰：“吾为蝗来，若乃蝗我耶？”

曹文正廉澹

道光朝，曹文正公振镛当国，陶文毅公澍督两江，兼盐政，时以商人籍引贩私，国课日亏，私销日畅，至有“根窝”之名，谋尽去之。而文正世业鹾，根窝殊夥，文毅又出文正门下，投鼠之忌，至费踌躇，因先奉书取进止。文正覆书，略曰：“苟利于国，决计行之，无以寒家为念，世宁有饿死宰相乎？”文毅遂奏请改章，尽革前弊，此其廉澹有足多者。

李龠通却鹾商重贶

两淮运使拥东南财赋之雄，此席得人，于库储、鹾政均有裨益。道光中叶，陶文毅整理淮纲，选江宁守平罗俞德渊为运使。俞初至扬，运库若洗，次年遂有三百万之储。稍后则为高阳李廉访龠通，亦能一尘不染，诸务肃然。去任时，鹾商例有重贶，李力却之。陈臬两浙，卒后灵榇过邗，商家仍申前请，其妻子仍力却之，谓遗命然也。

张亮基却河弁馈金

铜山张督部亮基，初以中书从王文恪治河工，适林文忠谪襄河务，见而契之。时张尝却河弁馈金三千，文忠密识诸简，未以告人也。逮张为永昌守，文忠方由西域赐环，授滇督，道谒焉。文忠欢甚，出手籍示之，则记有却金日月也。张懱（古同“悚”）然异之，盖不复省记矣。

林文忠却赎锾

林文忠戍西域时，南中绅民有募集赎锾之举，不期而会，集白金至巨万。林闻之，邮书婉谢，而公子汝舟言尤切至，遂不果行。未几即赐环，且重膺节钺矣。

何子贞受水返银

何子贞太史绍基为湖南道州人，道州产荷花，何每携其种分赠友人。或报之金，则怒。某太守馈白银二百、惠泉水一瓮，何乃受水而返银。

柏静涛却五千金

柏静涛相国葰，以咸丰戊午科场事被戮，世皆知肃顺、端华之修夙憾也。柏尝于道光朝以少宰使朝鲜，朝鲜国王馈五千金，却之，请益坚，携归奏闻，请存礼部，还其使臣。

钱晓庭不妄受人惠

秀水钱晓庭教谕聚朝为箨石宗伯曾孙，早岁綦贫，而性甚介，不妄受人惠。一日，尝语人曰："昨晚断炊，仅余白米少许，供老母饘粥，而我则以炊饼二枚度一日。"然意气自如，绝不露寒乞相。及举于乡，家稍裕。大挑得淳安教谕，未满任即弃官归。归后以书画自给，不问外事。

罗忠节行军不取银谷

罗忠节公泽南尝率师过江右某县境，有秀才某故与令稔，因往询罗之行军状况，令叹曰："罗公真圣人！吾见行军者多矣，未见有如是整肃者。"某因往谒，将至营，适有数营兵牵一牛至，曰："秀才来，甚好。适有民来营，愬牛为他营兵盗去，帅命吾等往索，他营兵不服，与斗，胜之，遂以牛归。而牛主闻斗，惊惧逸去，吾等无所归牛，今当请秀才代交牛主。”忠节克复某城，某又与他绅往谒，忠节曰：“君辈来，甚佳。今寇未受重伤，虽得城无益，吾须即往。此间现存银谷甚多，吾已命兵运置一处，汝辈可即以此办保甲团练也。”语讫，即驰马去。已而他将所带绿营兵至，掠取存物，无一存者。

吴养源却鹾商赙金

吴文节公镕抚浙时，鹾商献羡余八千金，却之。及殉难湖北，家无余赀，商人感其清德，欲以此为赙。公子养源曰：“若义也，先公早受之矣。先公却而某受之，是堕先公之德也，敢辞。”强之，卒不受。

吴文节检视供张

吴文节督云贵时，于到省先二日发传单，内载柴炭若干，米肉蔬果若干，余概不必备，并亲笔标识，到馆亲验。到日，乘舆至馆，于内外各室供张一一检视，次至厨，按单中所载一一收讫。次晨将行，饬所随员役皆先出，复至馆内外各室及厨覆视一周，无短失，乃登舆去。一宿所费，仅数十金而已。

姚学塽不取印结银

归安姚镜塘，名学塽，居官端谨，不履要津。部曹每月有印结银，姚独不受。旧制：中外大小官员引见验看，须同乡京官出印结，结费之多少，视品位之崇卑；既出结，得分结费，软红薄宦恃此为樵米资矣。京曹有印官可出结者，为六部郎中、员外郎、主事，宗人府起居注主事，光禄寺署正，顺天府治中粮马通判，大兴、宛平两县知县。而五六品京堂、给事中、御史弗与，体制崇也。翰林院修撰、编检、内阁中书亦弗与，无印也。某省印结事务，由本省出结官分年轮管，结费即由管结官分送。

吴廷栋清操绝俗

吴彦甫少寇廷栋，幼时欲着好衣，又欲以功名显，太夫人训之曰："人以衣服爱汝慕汝，是汝徒以衣服重矣。功名者，傥来之物，无学以济之，何贵乎功名耶?"吴恍然曰："儿知之，天爵为贵。"太夫人曰："然。"邻有质库，吴尝嬉戏其中，司事某欲试之，闻吴来，以碎金散置于地，自匿帐中。吴入门见之，即扬声止步，不入。某起询之，吴谓金在而不见人，脱遗失，岂能自白，某大惊叹。其后扬历中外四十余年，清操绝俗，引疾后，归无一椽，日食不给，处之晏然。时曾文正公国藩督两江，念吴贫，值中秋节，欲以三百金赠之，携以往。晤对良久，微询近状，吴答曰："贫，吾素也，不可干人。"文正唯唯，终不敢出金而去。

翁文端母却州牧金

海州学正翁咸封之夫人，文端公母也。学正尝奉檄查赈，海州牧某欲更饥民册，馈重金于夫人，请补印，夫人峻却之。

曾文正愿法林文忠之廉

曾文正尝致其弟忠襄公国荃书云："闻林文忠三子分家，各得钱六千串。督抚二十年家产如此，真不可及，吾辈当以为法。"

庞佑还金珠

长洲庞佑，字申甫，性严介，取与不苟。有卖珠妪过其家，遗金珠一箧。妪归，暴病死，物主向妪家索金珠不得，讼之官，责鬻产以偿。申甫迹知之，还其箧，封识宛然，讼得解。谢以金，不受。

罗鹤山却席敬

曾忠襄督两江时，幕有罗鹤山者，总角交也，性刚介，忠襄待之独厚。留连旬月，将归，忠襄语之曰："君乏政治才，久苦无位置，奈何？适有城守营兵，照章应遣人巡视一周，即以劳君，可乎？"及莅事，鹤山奉职惟谨，凡城中走倅贩夫为各营朦补行列者，术艺窳败，斥责尤厉，各营惶恐，军政为之一肃。事毕，诸僚举酒相庆曰："君可归矣，行囊当富。"鹤山愕然曰："余奉檄时，各营有假席敬名义相馈遗者，暮夜投金，古人所愧，悉屏斥之矣。"诸僚变色起敬。事为忠襄所知，自是视鹤山益重，及其行，以二千金赆之。

陈国瑞不受无名钱

陈国瑞因事被谪，时有某侍臣重其人、怜其遇，赆以兼金。国瑞性直率，恒自称老子，乃大声谓来使曰："老子向不受人怜，亦不受此无名钱。"力却之，来使乃怀金而退。某侍臣闻其言，因喟然曰："国瑞固佳，然亦太野矣。"

苏老五不受贵人金

光绪朝，杭州驻防旗人有苏老五者，能左手按三弦，右手拨琵琶，调合而声圆，绝技也。尝至京师，贵人试其技，予金，不受，岸然而归。

吴某不没人之金囊

光绪朝，吴人某甲习商于上海租界某洋货肆，主人嘉其诚，信任之。端午前数日，使携小革囊收款南市，晨出，至日中得银币千八百余元，匆匆饮于十六铺茶楼，归而失其囊，仓卒莫省所失地。主人疑其诈，皆申申詈，且谓不立返者，必送之官，甲百口莫能辨，遂大哭。

有浦东人某乙者，亦习贾租界中，方失志懊丧。是日将渡浦归，与甲差一二分时，同过十六铺，登楼茗饮，适见有囊遗于案，取而启视之，则巨金也，既惊且喜，旋又自忖曰："此累累者，吾若取以归，宁不足疗吾贫，且半生温饱有余矣。顾物各有主，彼或以是金故，丧名誉而殒身命，于吾心奚安？贫富，命也。吾今既见之，宜尽吾责，坐待其主者来，得归乃已耳。”于时亭午，座客仅八九可数，遍视颜色，无一似失金者，乃忍饥坐，目炯炯注人丛中，卒无得。至夕照横江，疏灯点水，楼中人尽鸟兽散，甲面色凄白，随二人仓皇至，盖甲几费唇舌，其主人始牵率以出也。乙察其真，笑迎之曰：“子岂失金囊者乎？吾望子久矣。”言已，以革囊示之。甲感激涕零，不知所以谢，且告之曰：“非子，余今晚欲自缢。”既相叙姓名，甲以五之一为寿，不可；则十之一，又不可；则百之一，乙峻拒勿受。乃曰：“然则饮乎？”乙仍坚辞。三人者，约明日必枉顾而去。

翌晨，乙果赴约，谢曰：“吾赖子失金，得免葬江鱼之腹。昨吾将以午后一时渡江，讵渡者二十三人，中流遇急浪，闻皆溺死矣。”以一举而全两人，皆啧啧称贺。甲之主人谓乙有至性，更留与谈，俾管领簿记。女年十九，美而慧，主人契乙甚，数月，遂置甥馆。乙得凭借，致力商业，竟拥资数十万，为富家翁。

黄土老爷却四百金

黄土老爷者，满人也，谈者不言其名。光绪乙酉，选授湖南靖州吏目，家故贫乏，独行至楚，不挈僮仆。至，将纳部文于布政，乃遍谒台司，上谒，谒者索钱，不与，遂不为通。久之，不得之官，资用乏绝，衣装俱尽，流落廛市间为人担荷黄土，日得钱数十以餬其口。一日，因所与佣值不足其数，龂龂与争。时涂朗轩中丞宗瀛方为布政使，适出而见之，驻舆问故，其人以告，自称卑职。涂疑其人有心疾，置不问，麾使去。又久之，益困，至代行夜者击柝。有某官者，实主夜禁，闻柝声而不见其人，使人呼之，则自棚中出。怒曰：“汝职行夜，乃高卧欤？”将笞之。

其人呼曰："不可，吾乃官也。"某官异其言，转怒为笑，问："汝何官？"曰："靖州吏目。"某官大惊，而察其声，则北音也，乃曰："信乎？"曰："信。""信则明日可于公廨见。"曰："诺。"及明日，不至，问之，曰："吾短布单衣，仅至骭耳，可以行夜，不可以见长官。"某官曰："此吾之疏也。"以衣假之，其人乃至。审其家世及官秩次第履历，则真靖州吏目也。遂以见长沙太守。太守言于涂，涂啃曰："然则曩称卑职者，即此君欤？"召而见之，曰："君良苦矣。"命吏稽籍，"今靖州吏目谁也？"则摄事者瓜期久满，以代者不至，未得交卸。涂命吏趣治文书，俾靖州吏目之官，已而又谓太守曰："此君良苦，宜稍佽助之。"乃共醵金，得四百两，以资其行。

居数日，靖州吏目入辞，涂又见之，语曰："吾前命太守以四百金为赆，小助行色。君久历艰苦，宜益刻励，勉为好官。"其人顿首曰："敢不奉教。然所赐四百金实未敢受，已寄之长沙县库矣。"涂问其意，曰："一官虽瘠，终胜担荷黄土时，布衣蔬食，岂不足自给，何用多金？谨存县库，备公家一日之用。"涂大嗟叹曰："君异时必一好官也。"于是其事遍传三湘间，称为"黄土老爷"，而其名转不著。以都下所刊《爵秩全函》考之，则靖州吏目名寿嵩，或即其人欤？

奎乐峰却金八仙

光绪朝，满洲奎乐峰制府俊抚苏日，值太夫人八秩寿辰，某令以金八仙献，立饬巡捕屏还之，曰："是铜物，乃亦赠人耶？"人乃服其廉，更多其智。盖若明言为金，即当以通贿论，不得仅以不受置之也。

崧镇青宦囊六百金

崧镇青中丞骏廉介自持，抚浙时，值六旬寿辰，不纳僚属一物，闭辕门不受贺。后卒于任，箧中仅余养廉银六百金。

炳半聋不受故旧金

炳成，字集之，以左耳重听，五十后自号“半聋”，觉罗也。贫甚，幼好学，嗜金石书画。尝随父桂昌于浙江粮道任，从桐城吴康甫习篆隶镌刻，识钟鼎字。嗣返京师，居宣武门故第，遭母丧，货其宅，赁居南城外龙树院之东偏天倪阁。炳之为人也，能饮健谈，尤熟于国朝掌故。一介不取，故旧资以金，皆不受。以荫为都察院笔帖式，四十年不迁，岁入俸仅四十余金，不足，恒鬻书画以益之。

翁叔平不受借款回扣

常熟翁叔平相国柄政时，借某国款，有司以回扣进。翁怒，却之，翌晨奏闻。德宗大怒，命密查分此回扣诸人之姓名。越日，翁入直，上曰：“昨日之事，不必究矣。”言讫长叹，盖孝钦后于此亦有所受也。

翁叔平却赆金

翁叔平被斥，荣文忠公禄知其贫也，赆以千金。翁不受，荣遂以翁为与有隙，而悻悻矣，实则翁欲自示以廉也。

高啸桐虑林琴南却金

光绪丁酉、戊戌间，林琴南孝廉纾居杭州，甚贫悴，自言囊中赀不足四百钱者盖五年。而高啸桐太守凤岐方居杭，知之，语人曰：“林先生窘迫已甚，我欲资以金五百，顾虞其弗受，至今未敢自陈也。”

刘光第却炭敬

刘光第以光绪戊戌政变罹于难，六君子之一也。生平一介不与，一介不取，古之狷者也。京官每以外省炭敬为挹注，刘独不然，有馈之者，必受呵叱。礼服仅一夹袍，一纱蟒衣，无他衣也。被逮日，出拜客，逻者返，翌晨，自缚赴刑部投到。张文襄闻其罹难之信，涕泣不能仰视，立电王文勤曰："刘光第本即出京，之洞留之，如必见杀，则之洞杀之也。"词甚哀切。然孝钦后方盛怒，王不敢进言也。

王半唐自谓恐伤吾廉

临桂王半唐黄门鹏运，清通温雅，饶有晋人风格。尝官礼科掌印给事中。某年，截取道员，旋奉旨以简缺道员用。向例：京曹截取道府，皆以繁缺用。以简缺用者，不用之别名也，为自有截取之例以来所仅见，半唐泊然安之。是岁薪米所需至艰绌，或馈以金，辄却之。未几，复严劾某枢相，不见容于朝列，襆被出都。有载米酒及书画贻之于苏州逆旅者，留书画，返酒米。其人再三慰劝，半唐曰："君毋尔，恐伤吾廉也。"卒不受。

李超琼却万金

李超琼，字紫璈，以名孝廉仕江苏，历宰上元、长洲、武进诸县，所至皆有声。登上上考，以卓异荐，最后宰上海。殁无余资，几无以敛，上海士绅为敛资，恤其遗族。其宰上海时，有侨商某积资累千万，为匪人所涎。枭酋范高头者，为省吏所获，鞫讯时诬供某窝赃。李廉知其冤，密招某，告以危。某具陈生平，李曰："吾固知尔无与，行且穷鞫范。"再讯之，知其诬，范亦自服。某感李，以万金为寿。李曰："是货也。吾问心，固不敢诬人为盗也，何德为!"悉返其资。然其时李已亏负累累，某再三请，力拒之。

杨奎廉洁

杨奎，奉贤人，年十六，为某家仆，性勤慎。主人应试棘闱，前后凡七次，奎靡役不从。已而命司帐籍，历二十余载，未尝有废事。一日，主人嘱某戚赴某地收债，而以奎为之副。戚谓负债者曰："尔与吾金若干，吾归言之，为缓其偿。"负债者喜甚，以金与二人，奎曰："主人遇我厚，乃受贿以败彼事乎？"卒不受。

丐拾金不昧

丐某，燕人也，恒行乞于宝坻之市。一日有策马而驰者，颠播裂其囊，囊中金宝散于道侧。丐呼之不应，狂奔而去，丐乃起而拾之，自忖曰："吾其以此易钱乎？彼市主必疑吾为盗，吾无以自白也。且缉捕者见之，必为所攘。即不然，同侪艳吾多金，鲜有不谋而夺之者。然则此祸基也，不如献诸官，以脱吾祸，非旷然自得之道乎？"遂投献邑宰。宰奇之，曰："得遗失物者给之半，律有明条，汝其受诸。"丐叩首曰："小人无罪，怀璧其罪，知之审矣，非所愿也。"宰益奇之。既而金主驰归，呈诉邑宰，宰语之故，还其宝物。金主再拜曰："小人何幸而值此义士！渠之所虑者，无宅以庇身耳。愿助之置宅。"宰曰："能如是乎？余当给以资本，且旌其善。"乃呼里长为之谋宅于市廛，置货立业，且表其额曰"拾金不昧"。

太祖躬行节俭

太祖尝出猎，雪初霁，虑草上浮雪沾濡，撷衣而行。侍卫辈私语曰："上何所不有，而惜一衣耶？"太祖闻之，笑曰："吾岂无衣而惜之，吾常以衣赐尔曹，与其被雪沾濡，何如鲜洁之为愈？躬行节俭，汝等正当效法耳。"自是八旗臣民无敢以褕衣华服从事者。

京官策驼入署

国初风气淳朴，京朝官多有策驼而入署者，后易骆驼为马，最后易马为车。

圣祖宫中费用少于明

康熙己巳，大内发出明代宫殿、楼亭、门名折子，又宫中所用银两及金花铺垫并各宫老媪数目折子，令王大臣等察阅。诸臣等覆奏："查得故明宫中，每年用金花银共九十六万九千四百余两，今悉已充饷。又故明光禄寺每年送内所用各项钱粮二十四万余两，今每年止用三万余两。明每年木柴二千六百八十六万余斤，今止用六七八万斤。明每年用红螺等炭共一千二百八万余斤，今止用百余万斤。各宫床帐、舆轮、花毯等项，明每年共享银二万八千二百余两，今俱不用。又查故明宫殿楼亭门名共七百八十六座，今以本朝宫殿数目较之，不及前明十分之三。至故明各宫殿九层，基址墙垣俱用临清砖，木料俱用楠木，今禁中修造房屋，出于断不可已，凡一切基址墙垣俱用寻常砖料，木植皆用松木而已。"

庚寅，圣祖谕大学士等曰："明季事迹，卿等所知，往往皆纸上陈言。万历以后所用太监，有在御前服役者，故朕知之独详。明朝费用甚奢，兴作亦广，一日之费，可抵今一年之用。其宫中脂粉钱四十万两，供应银数百万两，至世祖皇帝登极，始悉除之。紫禁城内一切工作，俱派民间，今皆现钱雇觅。明季宫女至九千人，内监至十万人，饭食不能遍及，日有饿死者，今则宫中不过四五百人而已。"又谕户部曰："国家钱粮，理当节省，否则必致经费不敷，每年有正额蠲免，有河工费用，必能大加节省，方有裨益。前光禄寺一年用银一百万两，今止用十万两；工部一年用二百万两，今止用二三十万两。必如此，然后可谓之节省也。"

王文靖祭墓用蔬果

宛平王文靖公熙尝训其子云："祭墓无以牲牢，以蔬果代。"人有言其过俭者，王曰："今以宰相祭墓，诚为太俭，日后子孙侪于庶人，则易于措办，若敖氏之鬼可不至馁也。”

汤文正有三汤之称

汤文正公斌尝官岭北道，赴任时，雇一骡，载襆被出关。移疾受代，衣物了无所增。及抚江苏，日给惟菜韭。一日阅簿，见某日市只鸡，愕问曰：“谁市鸡者?”仆叩头曰：“公子。”大怒，召公子，使跽庭下，责之曰：“汝谓苏鸡值贱如河南邪?汝思啖鸡，便归去，恶有士不嚼菜根而能自立者!”并笞其仆而遣之。

某日，遇寿辰，荐绅知汤绝馈遗，惟制屏为寿，辞焉，启曰：“汪琬撰文在上。”乃命录以入，仍返其屏。

内擢去苏，敝簏数肩，不增于旧，惟二十一史则吴中物。汤指谓祖道诸人曰：“吴中价廉，故市之，然颇累马力。”其夫人乘舆出，有败絮堕舆前，见者为泣下。至京，贫益甚，赁居委巷，御寒仅一羊裘。冬月入朝，卫士识与不识，咸目之曰：“此羊裘者，即汤尚书矣。”

吴人于汤有“三汤”之称，三汤者，豆腐汤，黄连汤，人参汤。盖人参虽亦如豆腐汤之清、黄连汤之苦，而有益元气也。

汤文正贫无以殓

汤文正殁于京邸日，同官唁之，则卧板床上，所衣为敝蓝丝袄，下着褐色布袴。检其所遗，竹笥中有俸银八两。昆山徐尚书乾学赙以二十金，乃能成殡。

于清端有青菜之称

于清端公成龙自江防迁闽臬，舟将发，趣人买萝卜，多至数石。人笑曰：“贱物耳，何多为?”于曰：“我沿途供馔赖此矣。”其自直隶赴江宁也，与幼子赁驴车一辆，各袖钱数十文，投旅舍，未尝烦驿递公馆也。在制府署，日惟啖青菜，佐以菜把，(即咸菜之缚而成把者。)江南人咸呼为“于青菜”。仆从无从得茗，则日采衙后槐叶啖之，树为之秃。诸子冬衣褐，或木棉袍，未尝制一裘。年饥，则屑糠杂米为粥，举家食之。客至，亦以进，谓曰：“如法行之，可留余以赈饥民也。”

官楚时，长公子将归，署中偶有腌鸭，刳半与之。民间有“于公豆腐量太狭，长公临行割半鸭”之谣。

清端卒之日，僚吏入哭，见床头敝笥中惟绨袍一袭、靴带二事，及粗米数斛、盐豉数器而已。

赵恭毅购物

武进赵恭毅公申乔尝令商丘，时白太夫人就养官署，寄家书购物，仅红头绳一两、胡粉一匣。由偏沅巡抚迎驾清江，往返所用仅白金五十两耳。

张伯行以节俭率属

仪封张清恪公伯行历官二十余年，所至以节俭率属。莅闽时，官廨帷幕皆锦绣，悉命撤去。比移吴，先檄所属禁陈设，奢侈之风为之一变。

朱文端以崇俭为政

高安朱文端公轼尝抚浙，以崇俭为政，谕民嫁娶之节、里党宾蜡宴会止五簋，俱有常品，人呼为“朱公席”。偶出行，见一妇盛妆，问其夫，为卖菜者。命入署，使人导之至厨下，问谁为夫人。时夫人与女奴杂作，妇莫之辨，指示之曰：“炊者夫人也。”命留侍夫人午饭，馔惟蔬菜，食毕，命之出。

汪周士不侈衣食

汪文桂，字周士，桐乡人。康熙戊子、己丑间，邑中旱涝相继，设粥厂，立药局，全活甚众。丙午，被水灾，首倡振济，以食饥民。性俭约，有质库在苕溪、云间，晚年犹往来按行执事。

人有衣美衣服者，闻汪至，必易布素而出。姻党具常馔，欣然一饱；或盛筵，则不乐。尝曰："财当为有用，徒侈衣食，是委诸壑也。"

来成夫敝衣缕裂

来成夫，名蕃，萧山人。十岁出试，辄冠军。精六书，能作古文、鱼籀、大小篆、殳隶、八分，第不轻作写。好立名节，人有以东汉人物相拟者则喜。家贫，敝衣缕裂，所储图史外，惟缾盎十余，实米盐、纻絮于中。每出行，书衣笔袠，手自持抱，至两肘累累，蔽以博袖，俨如五石匏也。

高宗俭德

高宗自少至老，衬衣及裤皆以高丽布为之，寒暑无间，尝谓民间之着纺绸裤者为暴珍天物。其冬夜暖足，不用汤婆子，恒以大鹅卵石置炉火中，煨至极热，裹以旧絮，置于衾。

高宗废躬耕彩棚

先农坛在京师永定门内之西，周六里，缭以周垣。岁三月，上率王公九卿躬耕。旧制设彩棚于田，乾隆戊寅上谕："耤亩所重劝农，黛耜青箱，畚锸蓑笠，咸寓知民疾苦之意。而设棚悬彩，以庇风雨，义无取焉。吾民凉雨犂而赤日耘，虽袯襫之尚艰，岂炎湿之能避？且片时用而过期彻，所费不啻数百金，是中人数十家之产也。其饬除之！"此后遂为定例。至耕耤之乐，不同他典，所用有腰鼓、拍板，所歌皆御制禾词，每歌一句，偃旗一次，上四推毕，诸王及诸臣始耕。

孝贤后俭德

孝贤后富察氏，傅文忠公恒姊也。性节俭，平时髻插通草，织绒花，不御珠翠。珍惜金银线索，岁时进呈高宗荷包，惟以鹿羔氄绒缉为佩囊，仿先世关外之制，寓不忘本也。

邵学阯自奉之俭

鄞邵学阯，名基，为康、雍、乾三朝近臣，久以卿贰参匦司，先后侍直两书房，出抚江苏。方贵盛时，妻不衣帛，旁无姬侍。客至，鱼菽萧然，人多议其矫。及卒，谕祭使者至门，隘巷不足容肩舆，则步以入；矮屋不足以容广筵，则毕事于檐溜之下。

甘庄恪月用银十六两

乾隆初，高宗坚意复三年丧，诸臣莫详其制。吴江甘庄恪公汝来时官礼部，依据经注，参定大礼，繁简悉当，后皆遵之。一日暴薨于署，同事者为讷亲，自至其家告之，见老妪缝纫于庭，讷呼曰："传语夫人，君家主暴薨于署矣。"妪愕然曰："汝为谁？"讷备告其故，老妇大哭，始知即夫人也。讷问："有余赀否？"夫人曰："有。"启囊，出银八两，曰："此志书馆月课俸也，俸本十六金，计日以用，此所余半月费也。"讷因感泣，代具衣衾殓之。奏于上，上亦感动，命内务府理其丧，入祀贤良祠。

陈文恭裁纸

临桂陈文恭公宏谋为冢宰时，掾吏日呈小摺，陈于其无字处，皆裁取之。时方修则例，每卷批驳之小签，皆此纸也。又外僚书禀，率用红纸手版，陈答书讫，裁其衔名还之，余纸留作别用。

李清时葛帐布衾

李清时抚山左，薨于任。病笃时，群僚咸诣卧榻致问，见其葛帐布衾，宛然穷秀才风。口授遗摺讫，勖属吏以作好官、延世泽为词，遂坦然而化。

金会川好俭

吴县金会川按察祖静，平居多礼而好俭，尝语人曰："惟俭可以惜福，惟俭可以养廉。"起居饮食，澹泊寡营，溽暑祁寒，不炉不扇，每日早起晚罢，向夜，砚火荧荧，苦志明经不逮也。

朱文正新年着棉袍褂

朱文正公珪崖岸峻绝，一介不取，历官中外，无敢以苞苴进者。及陟正卿，清贫若寒素。某岁新年，值大雪，往贺裘文达公曰修，文达见其所衣为棉袍褂，乃曰："范叔何一寒至此？某欲效古人以绨袍赠君。"即呼仆入内，取貂裘一袭奉之。急辞谢曰："良友多情，固所深感，然朱某固一介不取，生平未尝失节。且貂裘亦仅壮观，若云御寒，则已着重棉矣。君不见道旁雪中尚有多数赤身僵卧者乎？彼与某，皆人也。某较彼已有天堂地狱之别，敢不知足！君盍以赠我者移赠若辈乎？"文达急谢过，曰："君真道德士，当谨遵仁人之言。"急呼仆持貂裘付质，以质价购棉衣数十袭，至市给贫民。

刘文定自叹俭陋

刘慎涵，名纶，谥文定。少在尹文端公继善幕府，旋以乾隆丙辰宏博第一人词林。汪文端公由敦爱其才，兼重其度，晚年尤与相契。或尝以要事缮奏稿，夜半诣文定请阅，文定起爇烛，操笔点定。时仲冬寒甚，文定呼三公子具酒脯，而厨传已空，仅有白枣十余枚以侑酒，文定亦自叹俭陋焉。

王文肃饼饵充饥

王文肃公安国性刚毅，操守廉洁，屡历膴仕，贫如故。每早登朝，家不举火，偕幼子同舆往，入内进餐，惟市饼饵数枚，令其子坐舆中食之充饥而已。履懿王与之善，尝佽助之，辞不受，曰：“忝在九列，不敢与王有所交结也。”

嵇文恭膳无兼味

嵇文恭公璜，晚年予告，常膳至不能具兼味。薨未一载，京师宣武门外懒眠胡同第宅属他姓矣。

尹均饮豆汤

乾隆朝，内阁典籍尹均性好俭，子内阁学士壮图，均好饮豆汤，月必数设，呼子若孙共啖，曰：“此吾乡味，若曹即富贵，慎勿忘。”与阁学同朝，父子入直，常共载一车。诸城刘文清公墉尝叹曰：“尹舍人可谓以清白遗子孙矣。”

戴简恪粗服敝车

戴简恪公敦元官司寇日，朝士呼为“破败书厨”，以其万卷罗胸而麤（同“粗”）服敝车，外观极寒俭也。

王述庵出无仆

青浦王述庵侍郎昶读《礼》家居，以事赴姑苏谒巡抚，无从仆，至市雇肩舆。欲令舆夫投刺，舆夫呼之曰“老伯伯”，且曰：“此乌可胡乱为之？汝青浦人，大不知法纪。昨岁丁呆子到此，通报者皆获罪。谁则以几十文钱受谴责乎？速去，毋相累！”王因自赴号房通报，既见巡抚而出，舆夫遁矣，乃徒步回。

翟咏参性俭而厚

泾县翟咏参，字星文，家久落，轻财如故。性俭而厚，虽囊无一钱，时恻恻，具嗟闵悼独意。父授狼裘一，严冬弗御，问之，曰：“见村人无絮袄者众，滋不安耳。”

德瑛不具驷马

尚书德瑛年六十余而官太常寺卿，又二十年始擢户部尚书，已八十余矣，与朱文正、王文端等作五老会，时人荣之。德貌清癯，性俭，官至司徒，家不能具驷马，人比之公孙弘。尝入直枢庭，其属吏告人曰："他费不具论，即四时衣冠之赀，我公即未能具也。"

李恭勤以俭矫俗

乾隆辛卯，李恭勤公继福康安而督四川。时方用兵大小金川，思以俭矫俗，乃与僚寀约，府州县无事，非公事不得至省，至亦有期限，届期必归，不得蓄音乐，不得侈宴会，不得饰舆马衣服。

在官数年，未宴一客，属吏亦无置酒饮之者。一日，有新简成都将军抵任，则俟其眷至，馈以烧羊蒸豚，为佐家宴而已。署中届除夕，惟制饽饽无算，俟元旦朝贺毕，自布政司以下皆享之，佐以四肴，且同食焉。

徐司马务为省约

钱塘徐石船司马绍基，为文敬公潮曾孙，文穆公本孙，润亭宗伯以煊子。乾隆中叶，官淮安同知。时江南全盛，淮上为河工人员所集之地，风俗浮夸，服食奢侈。司马体晏子国奢示俭之意，务为省约。尝与同僚会话，或言其鞾敝，则笑曰："帮虽敝，底子佳也，且不犹胜于徒跣而行者耶？"

董文恪力矫华侈

上元董文恪公教增，以翰林入直军机，出为外吏，强毅不阿。任川藩时，俗尚华侈，董力矫之，务为俭约。每公宴，诫不用优伶。总督勒保以春酒召，董至门，已通刺矣，闻音乐声即返。勒为之撤乐，乃复至，饮尽欢，风尚为之一变。

陈思敬不衣绮纨

陈思敬，字泰初，同安人，乾隆某科副贡生。自奉至俭，生平未尝衣绮纨。晚年用稍窘，或劝其为子孙计，则叹曰："自古岂有丰啬常在一家者耶？子孙宜自振，吾知行吾意而已。"

刘文清敝衣恶服

乾隆末，和珅当国，穷极奢侈，翰苑部曹多效所为，衣袿袍褶争妍斗奇，其悃愊无华者皆视为弃物。惟刘文清公敝衣恶服，周旋班联中，曰："吾自视衣冠体貌无一相宜，乃能备位政府，不致陨越者何也？寄语郎署诸公，可憬然矣。"

刘全母不忘旧日景况

和珅之奴刘全，幼时为人执鞭，家甚贫。和揽权时，甚倚任之，屋宇深邃，至百余间，士大夫不肖者争与联姻。而其母甚贤，全富时，其母必日索腐豉下餐，曰："昔日思此而不易得，今虽豪富，敢忘旧日景况耶?"故全禀受母教，罔敢干犯国法。子某甚不肖，致有京师南郊私毙人命事，遭刑诛，而全母卒善终。

王培铸终身素服

三年之丧，人子为父母持之，或父已前卒而祖父母亡，为长孙者亦持丧三年，为承重服，皆谓之曰"丁忧"。常服色黑或白，以布不以帛。乾隆末叶，山阴有申韩家王培铸者，年二十一即幕于外，至四十五岁而返，凡官幕之与相识者，绝未见其身有衣帛之一日也。盖培铸逾冠即丧母郑氏，期年，父穑文续娶寿氏，方二年而寿卒，卒未半载，父又续娶孙氏，一年半又卒，是培铸已持丧九年矣。方孙氏之丧及禫，而穑文卒，服除，则又丧其兼祧母温氏，温卒将二年，而兼祧父酉俊续娶木氏，未一年木卒，甫释服，而酉俊忽以疫卒，于是培铸又持丧十二年。时祖母杜氏犹在堂，痛其两房子媳之相继物化，仅有一孙培铸而又频年远游不得见也，日夕哀伤，遂致疾，距酉俊之殁方三年而亦卒。培铸至是，盖服三年之丧二十有四年，而亦老矣，以积棺未葬，遂辞馆归。或曰："培铸亦尝数持三年之丧，特未必绵绵延延缟素相续，至二十四年之久耳。其殆天性俭约，饰言丁忧，可不衣帛。"至谓其假此名义以纳赙金，则苛论也。

胡光北衣食之俭

乾、嘉间，浏阳胡光北尝肄业长沙岳麓书院，其后同学者宦迹半天下，交游奔趋，俨如朝市，不与之通只字，虽于夙所最契之罗麓西太守、严乐园按察亦然。性好俭，浏阳土产有葛绸、夏布二种，葛绸薄如蝉翼，一名银葛，以其有白光如银也，其值倍于夏布，胡终其身未尝一御也。食无兼味，佐脱粟者野菜而已。炊时，邻人闻其庖中有肉香，则必曰："今日胡先生祀祖矣。"光北字楚良，号学山。

仁宗禁止万寿演戏

仁宗五旬万寿，御史景德奏请于万寿节令城内演戏，设剧十日，岁以为例。得旨以景德冒昧陈奏，照溺职例革职，并发往盛京差遣，充当苦差。

朱文正身后萧条

朱文正公薨日，卧处仅一布被布褥，其别舍则残书数箧而已，见者莫不悲感。仁宗亲赐奠，甫至门，即放声大哭，赐以挽诗，有"半生惟独宿，一世不言钱"之句。

汤文端宦京无安宅

汤文端公金钊，萧山人，嘉庆己未进士，出朱文正门，朱甚器之。性质朴，悃愊无华。官词林时，寓光明殿左廊房，为童子师，及任祭酒，尚居地安门外文昌宫，无安宅也。及视学江南，仆从惟数人，自阅课卷，暇日携书至江阴君山上，诵读终日，自笑曰："此亦可谓玩物丧志矣。"

文端官卿贰日，不蓄车，入朝则赁诸市，一仆跨辕而已。京官子弟多从阅文，一日退食后，至某徒所，谈文稍久，为具小食，知汤不喜丰，肉一柈，胡饼数枚。汤问曰：“食肉乎?”对曰：“然。”问几何，曰：“不过一斤。”攒眉摇首曰：“此胡可?未免费矣!”有缓急求助者，视亲疏量为应之。最恶装饰。来子庚观察入都，见其冠有饰，故问何物，答以宝石，曰：“宝当藏之于心，不在冠也。”

周子西之俭为吝

青浦周子西富而俭，实吝也。当暑，曝水于日中，俟其热，以为盥澡之用。夜捣米，不燃灯烛，辄坐其旁，默识舂数，以验糙白。灶下灰积久，见少，持筛簸扬之。又恐妨妻女纺绩之日力，治綀提汲皆亲任之。遇病服药，将生者咽嚼，谓弃其渣可惜，且省薪炭也。嘉庆丁丑秋，忽大病，不服药，遂卒。

姚祖同嫁女不用鼓乐

姚祖同抚直隶时，嫁女日不用鼓乐，潜送之出城。

裕庄毅自奉菲薄

裕庄毅公泰髫年时，考取翻绎中书。家贫，日趋内阁必徒步。母李太夫人与钱买小食，每归，多不用，故既贵显为督抚，于民生之困苦莫不洞知，而自奉菲薄，澹然如老书生。

许子位食脱粟

许子位尝知闻喜县，携一子、一仆至官，食脱粟饭，佐以青菜。往来郡省，策蹇而行。贽上官者，诗扇而已。

黄蛟门不裘不帷

黄蛟门，名以旗，嘉庆朝之江宁增生也。父有遗产，殁后，五子均分，蛟门以长男独不与。既贫甚，常为童子师以自给，盖冬不裘、夏不帷幕者三十余年，冠履虽垢敝不易也，时有补缀痕。有笑之者，惟以一笑为答。常膳不具兼味，人或招与饮食，必坚拒逃匿，须要觅牵持，不得已而后至；经数日，辄相酬，其丰腆恒倍之。

宣宗节俭

宣宗中年尤崇节俭。尝有御用黑狐端罩，衬缎稍阔，令内侍将出，四周添皮，内府呈册需银千两，乃谕勿添。明日，军机大臣入直，谕及兹事，自是京官衣裘不出风者十有余年。

宣宗所服套裤，当膝处已穿，辄令所司缀一圆绸其上，俗所云“打掌”是也。于是大臣效之，亦缀一圆绸于膝间。一日召见军机大巨，时曹文正跪近御座，宣宗见其缀痕，问曰：“汝套裤亦打掌乎?”对曰：“改制甚费，故补缀。”宣宗问曰：“汝打掌须银几何?”曹愕眙久之，曰：“须银三钱。”宣宗曰：“汝外间作物大便宜，吾内府乃须银五两。”又尝问曹曰：“汝家食鸡卵，须银若干?”曹诡对曰：“臣少患气病，生平未尝食鸡卵，故不知其价。”

孝贞后崇俭

孝贞后圣德巍巍，尤崇俭朴，宫中器用一切用银，起居饮食皆有常节，所役内监亦仅七十余人。

散秩大臣之俭

有入都应试者，赁一巨室，主人为一老者，酬应颇周，时出闲谭，常日每服短后衣，拖双屦，携长柄篮，躬自出外市物，群以其寒俭也，不为意。一夕漏方深，众已睡，忽闻堂上諠哗声，仆从纷纷然，似出入甚忙者，又似有踶啮声在中庭踯躅不已者。应试者潜披衣起，自窗隙窥之，则堂上下灯火烂然，老者已蟒服补褂，戴孔雀翎，冠绯顶，自内出即乘舆去，灯烛遂灭。因急起同伴，具告之。久之，将复睡，忽隐隐闻马嘶声，未几，其声益近，似将入门者。时天微明，果见老者朝服自外入，至堂前降舆，从容进内去，仆从均伺主人入，乃扰扰牵缰挽舆出。众乃大怪，方猜度间，忽有人叩门，启视则一仆也，入内私问曰："君等顷有所见否?"皆曰："然，敢问何也?"仆遽摇手曰："慎勿声。此某宗室也，以与皇帝渐疏远，故非遇大事不朝，仅居家食俸，为散秩大臣而已。今以令节，故特往朝。惟主人以贫故，深自讳匿，慎不可问，否则必遭逐也。"既而天大明，主人出，仍蹑双屦，服短后衣，携篮市物如平时。

周天爵夫人无命服

东阿周天爵初任怀远令，单车赴任，久之，始迓其母、妻至署。夫人事纺绩，官舍萧然。适度岁，僚眷相往还，而夫人无命服，怀远地僻不易购，周又不欲假诸缙绅家，典史孔某，平阳世家也，检笥中旧七品服献之，始得贺岁成礼。

曾文正夫人纺棉纱

曾文正公国藩驻师安庆时，其夫人及其冢妇刘氏在署中，每夜同纺棉纱，以四两为率，二鼓后即止。一夜，不觉至三更，长子惠敏公纪泽已就寝矣，夫人曰："今为尔说一笑话，以醒睡魔，可乎?有率其子妇纺至夜深者，子怒詈，谓纺车声聒耳不得眠，欲击碎之。父在房应声曰：'吾儿可将尔母纺车一并击之为妙。'"翌日早餐，文正为笑述之，坐中无不喷饭。时有邓伯昭孝廉者，性古执，在江达川方伯幕中，闻之赞叹，谓可以破除官场家人骄惰之习，力劝方伯制纺车，强其妻效之，终日不能成一丝，人笑以为迂。

左文襄絮裘木案

左文襄公宗棠刚果强毅，至耄年，精力不衰，虽兵间积苦，未尝以况瘁形于辞色。边塞苦寒，雪压行帐，惟拥缁布絮裘，据白木案，手披图籍，口授方略，自朝至于日中昃，不皇暇食，军事旁午，官书山积，亦必次第省治之，不稍休也。

萧敬孚自买菜

桐城萧敬孚学渊博，曾文正公尝荐之，馆于上海之江南制造局，垂三十年。赁居城西，辄自提篮入市买菜，居停主人坐马车遇之，曰："此萧先生也。"亟与为礼，命仆代携之行。

彭刚直崇俭

衡阳彭刚直公玉麟力崇俭朴，偶微服出，布衣草履，状如村夫子。巡阅长江时，每赴营官处，营官急将厅事陈设之古玩及华焕之铺陈一律撤去，始敢迎入。副将某方以千金得玉钟一具，一日闻彭至，捧而趋出，忽失足，砰然堕地。彭适入，见之，微笑曰："惜哉!"副将慑伏，至不敢仰视。又尝饭友人处，见珍馔必蹙额，终席不下箸，惟嗜辣椒及豆豉酱。又有人尝谒之于退省庵，时岁首，彭衣茧绸袍，加老羊皮外挂〔褂〕，已裂数处，冠缨作黄色，室除笔砚外，竹簏二事而已。久之，命饭，园蔬数种，中置肉一盘。饭已出，或告之曰："此已优待君矣。"

刚直赴苏，适楚南会馆举行团拜，预焉。是日召优演剧，午后在阶下闲立，见一人帽缀披霞宝玉，衣品蓝漳缎袍，昂然入，意必同乡子弟也，颔之，与为礼。其人置不理，乃询左右，则唱花旦之吴兰仙也，大怒，立命缚之出，呼杖，将毙之。兰仙膝行至织造前，乞缓颊，织造再三陈请，众亦环求，怒始已，仅命褫其服，逐之出。兰仙自是声名顿落。

德宗崇俭恶奢

德宗崇俭恶奢，每遇进膳，便云："诏书屡有卧薪尝胆之语，而朕终日所尝者为何？朕心殊不安。以后进膳，不得过事肥美。"

德宗尤恶机巧玩物，其崇尚西法，纯出于保国救民之念，外间所传某侍郎入对，必怀西人玩物以进而得邀圣眷者，皆蜚语耳。秀水沈淇泉学使卫，于光绪甲午殿试前补行覆试，其诗结联颂圣处曰："圣朝崇本务，奇技绌重洋。"阅卷大臣原定一等第十名，及进呈，特以朱笔密圈，拔置第一人，观此可知德宗之俭德矣。

孝钦后禁宫人滥费

孝钦后好货财，然亦恶人滥费。一日，宫眷启一裹，欲断绳，不许，既解之，命将纸折叠，与绳同置于屉。孝钦有时赏官眷钱，每人与一小簿，宫眷用钱皆须记载于上，至月杪则躬自查阅一次，费则责之，俭则奖之。

天下俭一国俭

光绪初年，有"天下俭，一国俭"之谣。"天下俭"者，为李用清，其自江西原籍起复入京时，徒步三千余里，未雇一车骑。及抚云南，则日坐堂皇理事，夫人即居其旁之小室。将产时，不雇接生媪，既产，遂毙。其仆怜之，为市棺，稍昂，以为费，令易薄者。已而子亦死，仆又为市小棺，叱曰："安用是！"乃启夫人棺纳之。"一国俭"者，为李嘉乐，其为江西布政使也，常薙发，每次与二十文，已而询其仆曰："薙发匠得资，亦得意否？"仆曰："外间薙发皆四十钱，今殊不满所望，已垫付数十文使去矣。"李怒曰："吾家中薙发才须十二文，今多与之，已大（古通"太"）过，汝乃更益之乎？此后不须彼矣。"盖李之夫人亦能供待诏之役，不假他人手也。后二李均被劾。

阎文介崇俭

阎文介公敬铭官部曹时，胡文忠公林翼奏引办湖北粮台，崇尚俭朴，风为之变。及抚山西，则躬御布袍，所著韡下缀上布，其夫人纺绩于大堂之后，僚属诣谒者，惟闻暖阁旁机声轧轧而已。冬月衣缊絮袍，出示僚属曰："此中之絮，内人所手弹也。"

文介将至晋，语其戚某曰："宜多携搭连布。"此布至粗且厚，抵任，首制以为袍褂。属员有用摹本缎者，辄斥之，谓："方今兵书旁午，汝辈何尚奢侈？审如此者，必多财，可捐资充军饷。"属员等乃皆以搭连布为袍褂。戚所携布且尽，价大涨。有知县某以进士即用，尝遍假贷华贵之衣及诸佩物，服以入见，文介责其奢，对曰："卑职需次此间，所得宦囊仅足制衣物，实再无此多金购搭连布，故服旧衣入见，虽被参劾，亦无可避。"文介惭不复语，自后虽有着摹本线绉者，亦不复致诘矣。

文介所御肴馔极粗恶，尝招新学政饮，所设皆草具，中一碟则为干烧饼也，文介擘而啖之，若有余味。学政终席不下一箸，故强之，勉尽白饭半盂，归语人曰："此岂是请客，直祭鬼耳！"

李用清为文介门生，守苏州时，访知陆稿荐熏腊店卤锅外围之面饼，价廉而味美，（卤锅上用蒸桶，汁易侵出，围以生麦面，汁渍入，卤锅熟而饼亦熟，贫家购以当肉食。）告其中丞，因共令其店分进此饼以为常，苏人传为笑柄。及擢陕西布政，署中不具厨传，宴客则取之旗亭。有某酒楼以方伯初次定席，殽馔精美，计值甚廉。其后宴客，皆责如前例，酒楼主人遂移他处以避之。李在签押房，见仆抱衣出澣，云："何不交太太洗之"？仆言："太太今无暇。"则云："俟明日。"陕抚叶伯英后因事劾李去，文介在枢府力争，失上意，乞罢。光绪壬辰，文介薨于解州，遗摺入，初拟恤典甚渥，后悉改常例，独谥以文介。孝钦后常语人曰："可恨阎敬铭骗一好谥法去。"孝钦好侈，文介管户部，阴加裁节，故有此语也。

阎文介恶华字

阎文介管户部日，临桂谢春谷启华官主事，充云南司主稿，兼北档房。一日，文介谓谢曰："取名何必用'华'字？"谢固别有奥援者，从容对曰："中堂以'华'字为嫌，然则取名当用何字耶？中堂异日若奉命转文华殿，抑亦拜命否耶？"文介默然，不以为忤也。

卫荣光之俭

光绪朝，浙抚卫静澜中丞荣光以节俭著称，其便服多补缀痕。蓄一羊裘，鞹（古同“鞟”）矣，衣以见客，不怍也。夜于签押房阅文牍，案仅竹灯檠，荧荧如豆而已。尝召客晚餐，肴三簋，客出，方呼灯送，仆以无烛对，客逡巡去。一日，其仆购烧饼、油条二大盘，幕僚问之，则曰：“今为中丞夫人诞辰也。”

钱塘丁氏之俭

钱塘丁竹舟主政申、松生大令丙，为同怀兄弟，家充殷盛，而性好俭，恶衣恶食，惟志于道。凡撰拟文字，所用纸，每就残余者墨之。外来书函之封套，或翻用其里，或加签其上，不浪费也。杭城慈善事业，主政、大令主持者有年，大府倚重之。大令谒大府，辄徒步而往，使人挈礼服，至官厅易之，其俭如此。然俭而不吝，睦姻任恤，著于里闾。主政之子修甫舍人立诚，大令之子和甫舍人立中，亦皆有父风，每敝衣冠行于市，见者不知其为富人子也。

李秉衡之俭

李秉衡巡抚山左时，颇以俭德著，居恒衣冠暗敝，与赵舒翘同。所衣棉袍缝裂，絮缕缕然漏于外，或睨之而笑，则须发怒张，厉声曰：“此出风也，汝不识耶？”一仆戴新红雨缨帽，李见而大恚，发县笞数十，逐之去。自是属吏多有鹑衣百结而行庭参礼者，李则极口称之为廉吏。

杨古酝之俭

娄县杨古酝大令葆光，名宿也，性俭约。自浙罢官归，出必徒步。年七十九时，腰脚犹健，尝与徐珂游苏州，步行至虎丘，登千人石，珂喘息甫定，倚石小坐，杨犹徘徊赋诗，不觉其劳。归途饮于花步里之酒楼，食前方丈，杨下箸者二簋而已。珂诧问之，杨曰："晚年宜戒饕餮，餐廑兼味，虽宴会亦如是也。"

赵廉昉李审言之俭

赵能官，字廉昉，与李审言详为中表兄弟，少时居审言家读书。审言妻赵氏为廉昉女兄。廉昉与审言各健饭，酸齏尺韭，率尽数盌。釜罄，赵氏每食铛底焦饭，或竟忍饥，诡云已食。以是有怨詢（古同"诟"）之者，并及赵氏，审言与廉昉若不闻，而互厉于学。二人恒共亵衣一袭，赵氏递澣之，计日以易，不失先后。

朱吉甫待客至俭

朱吉甫，光、宣间人，待客至俭，菜则园蔬，鱼必亲钓，曰："是有真滋味，市品远弗逮也。"

馆藏文献丛刊

清稗类钞选

④

徐　珂 / 编纂

绍　轩　伯　远 / 整理

上海科学技术文献出版社
Shanghai Scientific and Technological Literature Press

豪侈类

才辩类

明智类

雅量类

异禀类

容止类

著述类

性理类

经术类

文学类

狷介类

黄梨洲却荐

余姚黄梨洲，名宗羲，闻翰林院掌院学士叶方蔼将荐己，寓书拒之，叶不从。门人陈锡嘏知之，大惊，诣叶曰："公如是，是将使吾师为杀身之叠山也。"叶愕然，乃又以老病奏闻。

林茂之远避权要

林茂之居金陵，年八十余，贫甚，不受人怜，富商某欲招致之，不为屈。冬夜眠败絮中吟诗，有"恰如孤鹤入芦花"句。方尔止寄诗云："积雪初晴鸟晒毛，闲携幼女出林皋。家人莫怪儿衣薄，八十五翁犹缊袍。"茂之，福清人，顺治初移居金陵，嗜客耽吟，远避权要，残毡破榻，读书琅琅。"孤鹤芦花"七字，王文简公士祯尝谓为雅韵清才。

查韬荒不应试

查容，字韬荒，海宁人也。少时应童子试，有司例有搜检，查怒曰："朝廷以之取士，而有司以不肖待人，人之不肖固至此耶?"遂不应试，以布衣终。

张祖望傲慢难近

秀水何蕤音，名元英，以顺治乙未进士通籍，官侍御，与张祖望友善。或短张曰："此君遗落世事，傲慢难近。"何曰："今人不少便佞，吾正喜其傲慢耳。"祖望名纲孙，仁和人。

王迈人不通京师一字

嘉兴王迈人参政庭，自京外简，事上官强项不屈，好为其难。在官八年，不通京师一字。所迁皆极边，命下即单车就道，不惕利害。家计萧条，几不给朝夕，不问也。

张太阿不就廷试

康熙丙辰，张鋆举明经，不就廷试。或有以谒选讽之者，则曰："吾年几六十，老矣，宁贪一官，令五柳笑人耶?"鋆字太阿，襄城人。

李二曲一再却荐

李颙，字中孚，陕西盩厔人，学者称"二曲先生"。康熙癸丑，陕督以隐逸荐，书八上，皆以病为解。戊午，部臣以真儒荐之，乃固称疾笃，至就卧于床，使人舁之至行省，以示不起。及圣祖西巡，将召见，闻之，曰："吾其死矣。"遂遣其子进所著《四书反身录》，圣祖御书"关中大儒"四字赐之。

李雪木弃博士弟子

关中"二李"，为康熙间大儒；亦有称"三李"者，二曲、天生外，(天生名因笃。)一则郿之太白山人也，名柏，字雪木。九岁孤，稍长读《小学》，曰："道在是矣。"遂尽焚所习帖括，日诵古书。会童子试，匿废寺智井以免，母命之，乃一就试。补博士弟子员，旋弃去，入山力耕苦学。

严绳孙自陈疾不能试

严绳孙为康熙宏博大科四布衣之一，方被荐，贻书京师达官曰："闻荐举滥及贱名，某虽愚，自幼不希无妄之福，今行老矣，无论试而见黜，为不知者所姗笑，即不尔，去就当何从哉？窃谓尧舜在上，而欲全草泽之身以没余齿，讵有不得？惟幸加保护耳。”时有司奉诏敦趣，引疾，不许。既抵京，赴吏部，自陈疾不能应试状，至再四，终不允。御试之日，发题赋诗各一首，严仅赋《省耕诗》一首而出，冀被放也。圣祖素谂其姓字，谕阁臣曰：“史局不可无此人。”仍用翰林。绳孙，字荪友。

严绳孙拂袖遽归

严绳孙在职五年，尝侍宴保和殿，和圣制《昇平嘉讌》诗称旨，特命撤御前金盘枣脯以赐。又从容语左右：“严某好人，中外皆知。”时论谓旦夕当大用，而严竟拂袖遽归。

万季野不少宽假

康熙己未，诏修《明史》，鄞县万季野在史局，周旋诸贵人间，不肯稍自贬抑。其题刺则曰“布衣万斯同”，其会坐则摄衣登首席，岸然以宾师自居。故督师某之姻人方居要津，请少宽假，噤不答。

陶紫笥请从此辞

陶紫笥进士元淳，江苏人也。年少入都，能文章，尚志节，万季野、阎百诗皆与订忘年交。时徐乾学领史局，季野为之任考索，而颇委紫笥以文。已而为忌者所排，与徐绝。紫笥甫通籍，一日在某邸，某之子，妄人也，辱何义门于众中，紫笥愤甚，请某出，以正谊责之。某护其子，甚不直紫笥，紫笥长揖出，且谓之曰：“明公之力，不过使陶生不为翰林，请从此辞。”已而果不与馆选，出令粤之昌化，有惠政。

叶星期不见宋牧仲

叶星期，名燮，字横山，康熙时令宝应，以强项落职。时嘉定令为陆清献公陇其，亦被劾，星期曰：“吾与廉吏同列白简，荣于迁除矣。”既归，移家入横山，筑小圃，颜曰“独立苍茫处”，著书其中。商丘宋牧仲荦闻其名，减从往访，辞不见。牧仲曰：“独立苍茫处容一立否?”留二绝句而去，叶不往报也。晚年寓萧寺，有富豪招之饮，星期曰：“吾忍饥诵经，岂不知屠沽儿有酒食耶!”

朱竹垞不攀援驰逐

朱竹垞在禾中时，恒与里人王翃、周篔、缪泳、沈进、李绳远、良年为诗课。然贫甚，仅一布袍，绳远兄弟止一偏提，每会则付质库，两家眷属各以纺绩助之，后会复然。及游京师，访孙承泽，孙过寓，见插架书，谓人曰：“客长安者，务攀援驰逐耳。车尘蓬勃间，不废著述者，惟秀水朱十而已。”

周青士耿介

周篔，字青士，嘉兴人。性耿介，游京师，未尝投贵人一刺，朝士愿与纳交者，一饭后不复过其邸。徐乾学好延揽海内知名士，时有徐秀才善主其家，青士尝就善同卧起，乾学欲见之，不可得。

某宗室所爱小妻周氏，买自楚，一日谓其主曰：“妾实禾中人，公所识之周篔，妾季父也。”宗室以语青士，将令出拜，青士曰：“篔，农家子也，聚族不及二十人，未尝有楚游者，误矣。”遽拂衣出。

吴庆百不入社

吴征君农祥，字庆百，仁和人。康熙己未荐举宏博，淹贯经史，与毛西河、朱竹垞相颉颃。其状貌则鸢肩鹤颈，指爪长三寸，须鬑鬑然，颓然渊放，得钱辄付酒家。庆百识微见远，时吴中人沿复社故态，角艺相征逐，而浙西之读书、秋声、登楼、孚社等争立名字应之，各欲得庆百以自重。庆百曰：“是载祸见饷也，诸君子忘东京钩党事乎？”不答书，书亦不发视。其后政府果切齿于为社集事者，悉搜所刊，拉杂摧烧之。

吴莲洋耿介

吴莲洋，名雯，性耿介。康熙己未，尝应博学宏词之征，在京待试。一日，益都相国冯文毅公溥以便面索书，莲洋提笔濡墨，大书一绝句还之，不以拘守绳墨为足恭也。冯亦不介意。

申和孟不欲轻通贵交

广平申和孟不欲轻通贵交，惟致书汪钝翁，微讯王吏部近状，汪报之曰：“吏部萧疏简远，不失故武，诚吾党第一流也。”

徐伯调不谐于俗

徐伯调居山阴梅市，扁舟箬笠，弋钓自娱，不谐于俗。时宋荔裳廉访分守绍兴，宣城施愚山寓书于宋曰：“山阴有徐缄者，渭之亚也。”宋遣人招之，久不至。比宋罢官，客西湖，徐乃时时往，相与盱衡抵掌，抗言今昔，意所不合，虽尊贵甚有气势，口期期不服。

翁仲谦不与俗谐

吴江翁仲谦，名逊，性孤介，不与俗谐。家酷贫，值岁俭，不能餬口，终日啜水而已。邻有招之食者，谢不赴，尝曰：“耐饥易，耐俗子难。”惟徐介白、顾茂伦饷之方受。后病卒，茂伦卖古琴殓之。

宗定九数月兀坐

宗定九性不喜烦，与人对终日即病，饮酌数夕亦然，或值势利毁誉之场，便如溽暑置身赤日下。移家居乡，未尝至柴门外，或客至，或入郡，始一到门，不则数月兀坐草堂而已。

汪魏美与人落落

汪魏美，名沨，钱塘人。年二十二，举孝廉，甘贫不仕。尝独身提药裹，往来山谷间，食宿无定处。与人落落，性不好声华，时人号曰“汪冷”。当道或割俸金为寿，不得却，坎而埋之。里贵人请撰墓铭，赠百金，拒勿许。

李良年不为翕翕热

李征士良年，小字阿京，幼与朱竹垞齐名，其立品尤崭然峻绝。康熙己未，被举宏博入都，王公贵人多折节下交，征士独高瞩雅步，不肯为翕翕热。先是，御试未有期，宝应乔舍人莱语之曰：“冯相国论海内诗家，首推子矣。”他日有谓宜造谢者，征士曰：“诗，小技也；穷达，命也。相公知吾诗，孰与相公知吾守乎？”坚不往。闻者以为诳，及见放，始信。

张恻庵与贵人不交一语

张大俊，号恻庵，其先世自薛川迁于歙南东源，遂家焉。晚岁归里门，衣冠古朴，见贵人，拱揖而外，不交一语。暇则幅巾拄杖，跨乌犍，往来霞山、栖云、翠微诸胜，与田夫野老课晴雨、话桑麻，足迹不入城市，客至，或杜门避之。

孙宋光一宿不留

孙璟字宋光，金坛人。家素封，至宋光而业尽落，暮年至不免于饥寒，然虽有亲知欲稍稍衣食之，不可得。子松，客授淮上，其主人慕宋光，具四十金脩脯，延至其家，宋光一宿谢去。松亦为主人跪而请留，乃瞪目曰：“汝乃能居是耶？”卒去不顾。

刘古塘不合即行

怀宁刘捷，字古塘，家甚贫，僦屋穷巷，无一亩之地，而名满天下。诸大府常不远数千里，以厚币招之，一语不合，则命驾而行，无能留者。

刘古塘辞年羹尧

年羹尧尝抚四川，聘刘古塘以往，初不允，再三请，乃与之偕。年议加赋，力争而止，遂以他故行，曰："其心神外我矣，能守吾言以期月邪?"及督川陕，复固请以往，再三见，浃日而归。

张彝叹不肯试为吏

高淳张彝叹进士自超为诸生时，试必冠其曹，困举场三十载，未尝有愠色。为诗古文，皆警迈，而未尝争名于时。年近五十，始登甲科，而不肯试为吏。其既升于礼部也，宗伯韩文懿公菼昌言于朝，谓张自超宜在上甲，自超踵门曰："某有母，病且衰，某登上甲，必以职留，公当爱人以德也。"

程召南不谒权贵

程召南，滁、和间人。康熙初尝游京师，不一谒权贵。所为制艺、诗辞（词）绝工，宦族某闻其才贤，罗致之，命子弟受业焉。京师固冠盖云集之地，名士之馆于斯者，辄怀刺访友，倒屣接宾，日不暇给，时时索脩金为酬酢资，或以饰冠服。程角巾短褐，如山中野客，然绣纨狐白之绮丽，书画笔砚之精良，藏庋于笥，间一取之以被体、以置架，俨然贵游，非贫也。自入馆，手一卷，不出门户，亦绝无一士来谒者。

窦静庵不可见

康熙朝，柘城窦静庵克勤官检讨。时索额图当国，势倾天下，王公百官逢迎恐后，静庵未尝投刺。索之子托贤为分校礼闱所得士，索言于朝曰："小儿叨与科第，外人曾有物议否?"某答曰："以明公贵盛，易滋物议，但出窦君之门，自无物议耳。"后索数延相会，静庵辞不往，索叹曰："名可闻，人不可见，吾于窦君益信。"

陈左原不谒徐乾学

长洲陈学洙，字左原，康熙甲子举人。当戊辰会试时，主司徐乾学先期罗致诸名士，有约左原往谒者，左原曰："中不中，命也。"卒不往。

刘言洁为狷者

刘齐字言洁，无锡人。康熙丙寅，以选贡入太学，声誉压其侪辈。应试顺天，有欲援而进之者，齐作《闺女词》五章以谢之。及教习官学生期满，叙于吏部，以十之八授县令为正途，下则授州佐为冗杂，且淹滞无选期。徐乾学遣人先于齐曰："君来见，必为选首。"齐笑曰："吾不以一刺易科第，肯易县令耶?"卒不往。或劝纳粟为教官，齐贻书邵羲曰："教官虽微，当为诸生分义利之辨，奈何己先以纳粟进耶?"亦却之。及卒，方望溪侍郎苞大书其墓道曰"狷者刘言洁先生之墓"。

王文简不以诗寿明珠

王文简公好士，为扬州推官时，一郡士子无不被其容接。及官京师，风裁严整，门无杂宾，以纳兰太傅明珠之赫奕，而不得其一诗。盖文简自重其作，不轻为人下笔。盖明之称寿也，朝士争致礼物，徐乾学先期以金笺一幅，请于文简，欲得一诗以侑觞，文简念曲笔以媚权贵，君子不为，遂力辞之。文简没后，门人私谥之为"文介"。

当是时，世称"南朱北王"，然朱竹垞犹结交成容若，以为梯荣之地，文简则独与汤文正昵。文正弟子郭琇，即劾明去位者，沆瀣相通，知文简固不以此堕节也。

徐元梦不附索明

明珠执政，好轻财厚施，以招徕新进及海内知名士。时满洲文定公徐元梦，方以庶常数被召见，讲经论议，以不附索额图，散馆改部属。明每与索以权势相倾，用此尤欲致徐。徐为童子，试京兆，与明子成德名相次，又同榜，选庶吉士，屡招皆不就。

徐旋改官于部，时因公见明，明必赞之于广众中。及改中允，迁侍讲，圣祖偶询徐之为人，明以诚实对。选讲官，列荐名，先于学士，徐终不一至其门。旋奉命为皇子师，明复使所亲谓徐曰："此非福也，惟归诚于执政，或少安。"徐不答。

一日，上御瀛台，教诸皇子射。徐不能挽强，上怒，以严辞诘责。徐奏辨，上震怒，命扑责，被重伤，命籍其父母，皆发黑龙江安置。然上意终怜之，其夜，命医二人治其疮，翌日复召诣皇子书堂。时大雨，裹疮至宫门，跪泥中，见御前侍卫，号泣求转奏，谓："奉职无状，罪应死。臣父廉谨，当官数十年，籍产不及五金，望明主察之。且臣父母皆老病，臣年正壮，乞代父谪戍，尚能胜甲兵，尽命力。"众皆掩耳走。有关保者，最后至，斥徐而入，尽以所言奏上，立赦之。父母则已槛车就道矣，及诸途，观者夹路皆感泣。遂复徐官，仍侍皇子。后复以德格勒私删起居注，下徐于狱几死，然久之亦察其忠诚，复自司员擢用至正卿。比世宗登极，倚任益专，尝赐诗，称为"同学旧翰林"。论者谓康熙一朝，不附明珠、索额图者，汉臣惟汤潜庵、魏环溪、郭华野，旗人则顾八代、德格勒与徐三人而已。

阿什坦不见鳌拜

康熙初，给事中阿什坦既退闲家居，时鳌拜专政，欲令一见，终不往。嗣以荐起，圣祖尝召入便殿，问节用爱人，对曰："节用莫要于寡欲，爱人莫先于用贤。"圣祖顾左右曰："此我朝大儒也。"

文与也辞荐

长洲文与也，名君点。康熙时，薄游京师，有贵人欲以国子博士荐，力辞之，遂引去。尝舍莲泾慧庆寺，汤文正公抚苏，屏骑访之，问为政之要，文曰："爱民先务，在去其害。如虎丘采茶，府县吏络绎征办，积弊有年，公能除之，即善政矣。"汤乃伐其树，且语之曰："闻先生存田三亩，何以给饘粥？"文对曰："贫者，士之幸也。"汤称善。

邵青门束书归江南

武进邵长衡，字子湘，自号青门山人。束发能诗，弱冠，以古文雄一时，既又潜心经学。某年，橐所著书游京师，名动公卿，亲交强之入太学，已随牒试吏部矣。长洲宋文恪公方为冢宰，得其文，惊曰："今之归震川也。"拔第一，例授州同知。时滇、黔犹开入赀例，立得选，亲交欲为之地，笑不应。乃提笔研（古同"砚"），再就京兆试，再报罢，笑曰："吾大误。吾今已为五十青帬媪，乃犹从少年为倚门妆耶？草堂松菊，迟吾久矣。"遽束书归江南。

周六云不为都讲

遂安周上治，字六云，貌清而修，长指爪，眼开合有红光。好读书，所与游者多一时名士，而于徐苹村少宗伯尤投分。盖六云尝受知于谷霖苍学使，两试皆第一，时苹村实襄校试卷也。及苹村官禁近，六云方以年资贡太学，苹村大喜，为言于祭酒，欲延之为都讲。而六云投策礼曹，则已单仆孱驴，出春明门矣。苹村叹曰："真可谓望尘不及也。"

顾文端不附执政

文端公顾八代精韬略，善射，以摆牙喇从征云南，先后参镇南将军襄壮公莽依图、平南大将军襄毅公赖塔军，比有功。洊长礼部，列内臣班。文端虽以武功起，在家好治经义，矻矻如诸生。居母丧，三日不食，三年不入内。立朝持大节，不附执政索额图，为所抑。居要津数十年，致仕卒，无以为殓。世宗在藩邸，遣王府官治其丧，乃克成礼。

苏瑞一拒显者

苏瑞一家居时，有显者欲求其文，至其所居之聚贤坊，不能舁八轿，乃徒步入门，竟拒不纳。

王白田不通竿牍

王白田编辑《朱子年谱》，去取精审，于年月先后尤龂龂，少壮精力专注一书，世称为“紫阳功臣”，不诬也。性介澹，尝谓友人曰：“老屋三间，破书万卷，平生志愿，于斯足矣。”后虽以荐起，特授编修，既入官华要，而无日不以山林为志。及丁母忧，世宗赐内府白金佽丧葬，逾年入都谢恩，遂以老病辞，时年仅五十余耳。归田后，杜门著书，当路贵人皆前时禁廷宿侣，未尝以竿牍及之；即故人天上，偶落双鱼，亦未尝以寸笺答复也。白田，名懋竑，宝应人。

杜旭初避俗客

杜曙，字旭初，杞县人，乡饮大宾。善画水墨花草，洒落自适，有徐渭风，名闻梁、宋间。兼长山水，偶写白衣大士，亦雅秀。性孤高狷僻，善饮，醉后落墨不肯休，遇俗客则趋避，掩面卧，一顾不可得，客恒索然去。

汪惟宪充贡不出

钱塘汪惟宪，字积山，性好静，其知交有欲使之为州县者，拍其肩曰：“可，且少住耳。”雍正己酉，例选士，贡国学，惟宪以疾未赴。学使大怒，遣学官押之入试，竟以充贡，且谓之曰："子若务为名高，不随牒上计，我将以棰扑报子矣。"惟宪谢不敢，然竟以病不出。

谢济世母不欲子为蓝衫屈

金州谢观察济世，雍正朝之谏垣直臣也。年十八，应学使者试，学使跣而坐于堂，命跽而呈卷，谢不从，逐之出。请罪于其母，母笑曰："儿何罪！今日为一领蓝衫屈，它日仕宦，窥狗窦，为门生、义儿，皆此忍辱求荣一念误之也。汝能是，吾无忧矣。"

谢济世谓自有我在

谢济世既以直声震天下，慎郡王闻其名，思一见，平郡王为道意，谢曰："曳裾王门，非义也。"值朝会，廷臣咸集，平指之曰："此谢侍御也。"乃前握手，如平生欢。及在阿尔泰军前效力时，为钦拜草疏。乾隆丁巳春，平入觐，高宗首赞钦疏曰："钦拜有古大臣风。"平以实对，上顾左右曰："果不出朕所料也。"平尝遣嗣王从学，会得猎犬二，拟进奉，谢曰："进犬非王事，孰与进贤？"平颔之。

其初至军前也，姚中允三辰、陈御史学海，亦以谪戍至，偕谒将军。问仪节，或告曰："三叩首。"姚、陈凄然，谢怡然曰："此戍卒见将军，非我见将军也。"及见，将军免礼，赐坐赐茶。出，姚、陈怡然，谢夷然曰："此将军待废官，非将军待我也。"曰："然则子为谁？"曰："我自有我在。"

周钦莱畏轩冕

周钦莱绝嗜欲，好读书，咿哦行途中，至得意时，人呼之不应。慕鹿门、岘山之胜，裹粮携笻，历荆襄，溯沔汉，足迹万山中，尽探其奥。寡交游，尤畏轩冕，有造之者，匿身帐中，若恐其攫之而出也。

丁敬身兀傲自负

钱塘丁敬身处士敬，韬伏荒江，兀傲自负。博物工诗，尤专研金石之学。制府方恪敏公观承爱其铁笔，媚之者欲得其一二，方通意指，而恶声殷墙屋，惊而逸去。

江苑卿春，世所称鹤亭主人者，虽起家禺荚，而颇嗜风雅。慕处士诗，将之武林，以币贽，谢勿与通。江亦畏其锋，瑟缩不敢进。雍、乾之间，杭人金冬心、厉樊榭、张畏庐、奚铁生辈，咸以孤峭奥博著称，而处士尤高绝也。

陈昆玉落落

海宁陈昆玉，名璘，以屡试弗售，弃诸生。性耿介，不随俗媕阿。时其族方盛，内而居揆席、官侍从，外而乘朱轩、任牧伯者，不知凡几，昆玉未尝一至其门，以故终落落无所遇。

梁文庄门庭阒然

梁文庄公诗正官京朝日，自奉啬于贫士，赀郎热官不敢因缘造请。每下直，双扉昼掩，门庭阒然，署所居为“味初斋”，示不忘旧也。

全谢山以诗辞官

全谢山，名祖望，以翰林改外，宦情顿淡。李穆堂侍郎绂劝其就铨，乃呈诗曰：“生平坐笑陶彭泽，岂有牵丝百里才。秫未成醪身已去，先几何待督邮来。”后高宗南巡，梁文庄将荐之，亦以诗代柬辞谢，有“故人代我关情处，莫学琼山强定山”之句。

姚梧轩不私造邑廨

黄陂姚梧轩孝廉之琅之居乡也，其所受知者，适为令于其邑，不一私造，令召之，辄托故谢。及令去官候代，则日踵其寓，虽大风雨必往。

王存素不欲入画苑

沈文悫公德潜为词林尊宿，且精赏鉴，尤爱王存素诗画，招至吴门，一时名公巨卿争欲得存素画，存素不受迫促也。京华故交有欲荐入画苑者，遗书敦劝，笑曰："余自知才不足用世，故寄意丹青，奈何借胸中丘壑为终南捷径邪？"存素名愫，镇洋人。

朱东臣不为贵介作画

休宁朱东臣，名栋，侨居苏州之枫桥。善画山水人物，尤工荷花，得朱巨山秘传。性耿介，颇嗜酒，尝有贵介索其画，东臣睨之而言曰："若殆以我为贾竖耶？"挥之去。有载酒至者，则罄其胸臆，奋笔为之，辄淋漓满幅。

姚姬传却特荐

姚姬传名鼐，方在京纂修祕书时，于文襄公敏中雅重之，欲令出其门，竟不往。书竣，当议迁官，刘文正公统勋以御史荐，已记名矣，未授而刘薨，遂决计去。既退归，以教读为生。梁阶平相国属（古同"嘱"）所亲传语曰："姚君若出，吾当特荐，可得殊擢。"婉谢之。南康谢方伯启昆见之，退而叹曰："姚先生如醴泉芝草，使人尘俗都尽。"青浦王侍郎昶尝集海内诗，至姚，曰："姬传蔼然孝弟，践履醇笃，有儒者气象。"

毛叔成不干谒显者

钱塘毛叔成，名应镐，性耿介，亲交有显者，绝不干请。间通礼意，必将以恭，曰："傲，凶德也，我其敢以贫贱骄人，而狎士大夫之喜怒乎？"

沈冠云授官不就

吴江沈彤，字冠云，乾隆朝宏博科征士之表表者也。少醇笃，精研六经，尤善礼学，以与修《三礼》《一统志》，书成授官，不就，归。顾贫甚，无灶，以行灶炊爨。尝绝粮，其母采羊眼豆以供晚食，寒斋絮衣，纂述不倦。

吴改堂耿介

吴江吴改堂征君夔，性耿介，家贫。尝作诸侯宾客，倦游归，栖于苏州紫阳书院，所居老屋一间，拥破书数百卷，夕阳映树，四壁无声，咿唔不辍也。每遇试，与新进争头角，如少年时。遇达官名士，则以前辈自居，据上座，两目阖如线，抗颜讲论古今不稍逊。然卒以诸生终，晚益困。有令吴江者，改堂馆京师时旧徒也，之任即谒改堂，不得面，乃屏驺从往，步上谒，始得面。既见，欲有言，改堂正色戒之曰："若令于斯，但能廉洁爱民，于我有光矣，他勿言。"令唯唯，不得一言而退。及寝疾久，忽自言曰："吾一生所读书，不能无疑，今乃得无疑，死无恨，但惜无受吾学者。"言罢而卒，年七十六。

雷翠亭不欲自媒

宁化雷翠亭副宪鋐，尝随计入都，寓蔡文勤公世远邸。高安朱文端公轼方居比邻，文勤语雷曰："高安素知子，子可一见。"雷以陆清献不见魏敏果为比。后文端礼先焉，乃往见。又一日，孙文定公嘉淦过文勤，文勤语雷曰："孙公实为子来，当一往以答其意。"曰："不敢也。将有保举，恐近自媒。"文定终荐之，补国子监学正。

王宜秋不干人

镇洋王谐，字宜秋，有清操。家贫甚，不干人。尝以艺应人请，然稍不合，辄拂衣去。一宦家尝缄白金馈之，请书其堂匾，艴然叱使者曰："而主视我为何等人耶！"遂不复往。

年王臣未尝有干谒

年瘦生，名王臣，家本勋旧，不乐华膴。僦居邗上，时忍饥僵卧，未尝有所干谒。其作画，亦惟二三知己互相切磋，尤不可以货取。生平雅慕倪云林，画山水，落笔辄似之，亦不画人。且能诗，尝写枯木竹石赠黄煦堂，题一绝于上云："几度行吟问水滨，西风回首总无因。年来笔墨皆拘束，只写溪山孏（古同"懒"）画人。"

蔡于麓不见试官

乾隆癸巳，高宗诏开四库全书馆，四方知名之士咸集焉。人多劝蔡于麓人都谋一官，蔡曰："寒家自曾大父以来，大父兄弟多起家诸生明经，虽拥节旄、仕州县，竟未一第。仆若假他途以进，非祖父志，不屑也。"比屡荐未售，试官有物色之而欲为之地者，卒谢之，不一见。

朱笥河为狷者

大兴朱笥河学士筠，尝主刘文正公统勋家，文正大拜后，不复通刺往候。一日，文正遇朱于朝，戏之曰："忘我邪?"朱正色曰："非公事，不敢过丞相门。"文正应声而言曰："狷者，狷者!"

朱笥河不和同

朱笥河视学安徽时，已官学士，以事降编修，在四库全书处行走。比归，总办《日下旧闻》纂修事。是时，掌院金坛于敏中为总裁，并直军机，凡书馆稿本，披覈辨析，苦往复之烦，意欲学士就见面质，而学士执翰林故事，总裁、纂修相见于馆所，无往见礼，讫不往。爱之者强曳之，至西园相见，学士持论侃侃，不稍下。于间为上言朱筠办书颇迟，高宗不之罪，曰："命蒋锡棨趣之。"后学士弟文正公珪自山西归，复入翰林，从容为兄言，宜稍和同，学士曰："子亦为是言耶？"文正媿服。

陈在轩不求人怜

陈璇，字在轩，益阳诸生。家贫力学，饬廉隅，不苟阿于世，尝自署其门曰："颇堪自问，不求人怜。"与乡先达蔡璨善，璨教授衡州，为之荐于衡阳县署，为馆师。主人礼稍疏，即谢去。璨归，益阳邑令闻璇贤且贫，欲璨介之见，璨语璇，璇曰："吾修身洁行数十年，岂以贫故见邑宰乎？"卒不见。

胡稚威自谓不可招

胡天游，字稚威，少好奇任气，有异才。当《一统志》成时，鄂文端公尔泰、张文和公廷玉，咸属表于齐次风侍郎召南，齐倩天游为之。鄂、张见之惊叹，欲招之入都，齐曰："稚威奇才，岂可招乎？"及举经明行修科，为忌者所中而罢。尝与田山姜有旧，往依之于蒲州，数载而卒。

吴西林不应试

吴颖芳，字西林，居仁和之临江乡，故自号"临江乡人"。其称于释氏，则曰"树虚"。少而端重沉默，寡言笑，年十五而孤。一赴童子试，为隶所诃，曰："是求荣而先辱也。"自是不复应试。

刘文定闭门杜客

刘文定公纶在朝时，每下直，即闭门却轨，兀坐书室，无所往还。

钱鲁斯不强求进

仆射山樵，姓钱氏，名伯坰，字鲁斯，阳湖人，国子监生，以善书名，天下称曰"鲁斯先生"。体貌魁梧，瞻视不群。乾隆癸巳至京师，时方开四库全书馆，天下寒畯竞奔走，求试誊录，期满得以丞簿进身。其族父文敏公维城欲为之地，辞之。一试不入格，遂去，不强求进也。

褚廷璋膝不为和珅屈

褚筠心廷璋，长洲人，为沈文悫公弟子。少时与赵文哲、曹仁虎结社，号“吴门七子”。诗宗盛唐，无宋、元卑靡之习。尝修《西域同文志》，习新疆古迹，所作《西域咏古》诸诗，苍凉合格。性鲠直，和珅秉权，褚傲不为礼。和衔之，中以考事，改官部曹，遂终身不谒铨选，曰：“此膝不为权臣屈也。”

黄仲则拒权贵

乾隆乙未，高宗东巡，武进黄仲则文学景仁被召试，列二等，在武英殿为书签官。是年入都，都中士大夫如翁学士方纲、纪文达公昀、温舍人汝适、潘舍人有为、李主事威、冯庶常敏昌，皆奇仲则，仲则亦愿与定交。比权贵招之，拒不往也。

钱湘舲却和珅招

钱棨字湘舲，少嗜学，年二十八始补长洲庠生，县府院试均第一，有“小三元”之目。六试乡闱，至乾隆庚子始举第一。明年，辛丑会试，联捷会状，座主赠诗，有“千古以来第七人”之句。时和珅方柄用，欲招致之，决意不往。及和败，一岁间擢内阁学士，卒于云南学政之任。

阿文成不与和珅通

阿文成公桂，与和珅同充军机大臣者十余年，除召见议政外，毫不与通，立御阶侧，必去和十数武，愕然独立。和就与言事，亦漫然应之，终不移故处。

金方雪不阿和珅

和珅当权时，吏部司员金方雪有能吏称，甚赏之，而金不甚通谒。一日，和笑语金曰："京察已记名，不日可外任，当以苏松太道处君，亦如意否?"金曰："原籍在五百里内，例应回避。"和笑曰："君太迂，此细事，何足介怀!"盖金为杭人，故云然。金终不自安。至省，即以告督抚，奏入，与江宁盐法道对调，和大恚。未二载，值高邮冒赈案发，已讯结，和忽奏曰："历任藩司失察，亦应议处。"上颔之。盖金曾两署宁藩也，遂由是镌职去。和记忆力甚强，故巧中之。

陈小官不附和珅

陈小官，冀州人，佚其名字，其乡人以其为七品小京官也，佥以"陈小官"称之。小官当乾隆时，颇有清望。居第与和珅为邻，时珅势正盛，雅重小官名，思致之门下而未得。结邻既久，两家仆妇时携儿同处嬉敖，情谊渐洽。一日，珅仆引陈儿至府，珅见而诘之，仆以陈家对。珅引至前，问以饮食冷暖诸琐事。时儿方数岁，黠甚，随问随答，捷如响，珅大爱悦，使仆妇示意小官家人，肯纳子为义儿者，显达可立致。家人意动，白小官，小官诡词谢之。然珅终不释，时致果饵玩物，托言赠儿，以通殷勤。小官曰："此比邻之谊，不可却也。"受之。逾一二日，辄酬以倍礼，自是数年无间言。然小官深忧远计，自守甚坚，虽时相馈遗，而足未尝一涉其门，始终亦未通一柬。及珅败，或窃窃然议之，然以无毫发证，得不株连。事后，小官语人曰："曩时拒之则速祸，近之则同罪。徒以择邻不慎，致数年不得安枕，今而后吾知免矣。"

孙渊如不谒和珅

阳湖孙渊如，名星衍，乾隆丁未科以一甲进士授编修。散馆时，《厉志赋》用《史记》"船船如畏"语，和珅指为别字，抑置二等。盖珅方当国，朝官多趋走其门，孙独不往谒，珅衔之，故有是举。顾旧例，鼎甲散部，可奏请留馆，即改官，亦可得员外郎。时珅掌院事，欲孙面谒，卒不往，毅然曰："天子命，何官不可为！某男子，不受人惠也。"卒以主事分刑部，出为兖沂曹济道，权臬事，告归。

吴縠人却和珅招

吴縠人，名锡麒，乾隆末，尝馆阿文成公宅，授那绎堂尚书彦成读。师范严肃，杜绝权要，故徜徉词苑二十余年，始至祭酒。尝曰："得为国子宗师，吾愿足矣。"即日请假归。世传阮文达公元进身由和珅，吴时有以教之。和贵盛时，慕吴名，欲招致门下，卒谢不往。

白镕不为和珅屈

乾隆辛亥，通州白尚书镕以春闱下第，待考教习在都。方赴试，途遇秀水汪宫詹润之，且行且语，至则门已扃矣。方徙倚间，突有多骑拥华舆自内出者，则大学士和珅也。问两少年奚为，具以对，复询名贯，笑曰："来何晏也？吾当为若计。"即颐指其奴，有所语，语毕，行矣，而门忽启，白、汪乃得入。榜发，白裒然首列，汪殿焉。和雅重白，而白未往谒，欲招致之，竟不为屈。

长麟不媚和珅

乾隆末，长麟尝抚山西，以陛见入都。时和珅觊觎上公爵，市人董二诬告山东逆匪王伦潜匿晋省某家，珅见长，与握手宫门之柳下，嘱托再三曰："无论真伪，务坐为逆党，吾与公皆得上赏矣。"长至晋，访之无实据，某实董之仇家，故欲倾陷之也。慨然曰："吾发垂白，奈何灭人九族以媚权相！"因坐董二以诬告，大忤珅意。后因闽事牵连，谪戍西域。仁宗亲政，起用之，历任闽、陕诸督，以母老，入都参知政事，又以目眚致仕。久之，卒。

汤文端不谢和珅

萧山汤文端公金钊未第时，其封翁设酒肆于市，除夕，市阑矣，惟一叟独留。翁促之曰："岁除，人各有事，可归矣。"叟唏嘘曰："垂死之人，何归为！"翁讶曰："叟何出此言也?"叟曰："余半生止一爱女，昨岁被奸人诱拐，近始知其在都为和相之妾，欲往见之，而道途遥远，徒手不能行，行死沟壑耳。"翁曰："附粮艘入，仅十余金可矣，我当代谋之。"叟拜谢而去。明年，叟至，翁出金与之。及至都，见女，知为和之专房。既相见，女问父何能来，叟告以故。是岁为乾隆某科乡试，文端方应举，和疏其名，以授浙主司，遂领解。明年，入都应礼部试，谒座主，语之曰："子之得解，和相力也，宜急往谢。"文端愕然。返寓即托病，匆匆南归。

和败，文端始赴会试，成进士。及入史馆，朝贵争罗致之，谢不往，而时时徒步从大兴朱文正公珪游，请业督过，如古圣贤，相为师友。大庾戴文端公衢亨延馆其家，虽居门下后进，诸国老大人皆严惮之。

冯秋鹤不交当道

嘉兴冯治，号秋鹤，为巡抚钤之子。尝随任署中，未尝私接宾客。家居，得父书，必正立恭读，若亲承教语者。偶有训饬，虽严冬，汗辄沾衣。父罢归，事之，得其欢心。及卒，奉生祖母曾太夫人、母庄夫人，爱敬备至。有劝之仕者，辄辞以亲老，杜门自守，不交当道，郡守伊某欲见之不得。伊迁官赴滇，冯读其留别诗，乃送之舟次。伊喜曰："吾乃今日得见澹台灭明也。"

张翰宣自惟不能仕

张士元，字翰宣，震泽人。乾隆戊申举乡试，七试于礼部，无所遇。老而需次，当为教谕，以耳聩不肯就。或劝之，谢曰：

"国家设学校，使师若弟子相从讲学，岂漫以廪禄振贫士哉？吾自惟不能仕也，苟利焉而往，不可。"翰宣亦时时馆于外，义不合即去。尝与其友书曰："吾其寿欤、夭欤，抑饿而死欤？吾妻孥得保聚欤、终漂泊欤？皆命也。命不可知，则听之可也。盖至死生不足变于己，而目前之得失固已轻矣。此吾之所自得者，虽傥得傥失，终愈于无所得也。"

单德昭弃举业

常熟单德昭德棻，乾隆时人。年十三四时，曾一应县试，见侪辈杂处堂下，县吏抱牍呼名序进，便却走疾出，自此割弃举业不再试。

胡芋庄弃帖括

毗陵胡芋庄香昊，见金陵应试者披襟跣足，及隶卒搜检状，曰："士不可贱，奈先自贱何！"遂弃帖括，不赴试。

奚铁生不就试

奚冈号铁生，又号蒙泉外史，行九，人呼"奚九"，钱塘人。九岁作隶书，及长，工行书草篆，兼善诗词，而尤以画名。方应童子试，高宗南巡浙江，行在垩白壁，需画，或以奚言。杭州府知府王瑞使人系之至，呵之曰："速画壁。"冈笑曰："焉有属画而系至者乎！"居壁下三日，不画，曰："头可断，画不可得。"系者曰："尔非童生，乃铁生也。""童"与"铜"音同，故戏云。后或为之解，及释归，因自号"铁生"。自是遂不就试，惟以画自给。

奚铁生不谢过于贵官

奚铁生性介僻，所作书画，必其人之可与者乃与之。钱塘有贵官慕其名，延请数四，不得已而径至，则贵官犹高卧未起，奚已心鄙之。及见，命仆持绢素出，索画，且克期。奚大怒，谩骂之。贵官亦怒，愬于令。令语奚，宜稍贬，往谢过，奚坚不肯。令亦素闻奚名，曰：“吾岂以贵人故辱高士哉！”释之。

奚铁生却征

奚铁生少即见赏于杭堇浦、吴西林、方雪瓢诸人，四十后，名益重。性豪迈不羁，与人交，披露肝胆，周人之急，倾囊倒箧无所吝，久而相忘，不责偿也。豪于饮，往往酣嬉淋漓，酒气从襟间出。同席皆倦，犹左右叫呶不休，或稍避之，则大怒。座有俗客，醉后辄白眼睨之，继以嫚骂。生平以友朋为性命，然非其人，不与之接；大吏或屏驺从访之，拒不纳。汪志伊为方伯时，欲以孝廉方正征，不就。阮文达公元、秦小岘侍郎瀛，争欲识其面，多方致之，终不可得。晚年叠遭家难，旬日中丧其同母弟銮，又丧其三子濂、澧、沖，与女子子而四。无何，家毁于火。迁居后，又遭母丧。既除服，于嘉庆癸亥十月卒，年五十有八，所著有《冬花庵烬馀稿》。

桐城姚妇不义其夫之食

桐城姚氏妇，不义其夫之食而弗食也，食豆浆一盂，仅不死。一日，携其子之母家，不复归。

翁春不见贵人

大学士诸城刘文清公墉，尝以侍郎视学江苏。行县，闻华亭翁春名，欲见之，春不可，乃手书为卷以赠之。青浦王侍郎昶中岁假归，亦礼先于春，春不率谒也。春，字曙鸠。

毛大瀛耻以苞苴进

嘉庆丙辰，宝山毛大瀛从蜀督勒保平达州教匪，擒其酋，例得叙官。时和珅当国，凡叙官者必婪索，大瀛耻以苞苴进，遂弗叙。及珅败，始以达州功，得官简州知州。

黄钺拒和珅

黄钺为诸生即有名，高宗南巡，献赋行在，列二等。和珅思罗致之，不应。乾隆庚戌成进士，未朝考殿试，和即使人招之，餂以鼎甲，笑不答，珅恨甚，遂失馆选，其试卷实前十本也。官主事，不久假归，有句云："驰驱九陌逐下风，不肯轻投一人刺。"嘉庆己未，珅赐死，仁宗召黄入都，谕曰："朕在藩邸，即闻汝名。"乃以主事授赞善，使直南斋，洊历户部尚书、军机大臣。赐寿，谢摺有云："夕阳无限，敢云已近黄昏；湛露方浓，窃喜长依化雨。"一时传遍大江南北。以目微眚，故自号"井西盲左"。

邓显�辞举优行

邓显鹤，字子振，学行为世所重。某岁，新化教谕张家榘欲举其优行，邓闻之，陈书固辞。张得书，知不可强，遂不举，亦不更举它人。时学使为秀水汪世樽，试毕谓张曰："它庠皆举荐优行，君独不能得人耶？"张以邓辞举事告，汪嗟叹久之。又三年，张卒举之于学使岳镇南，邓不知也。

邓石如不谒翁覃溪

邓石如，号完白山人，工书，著名于世。初入都时，都中作篆分者，咸以翁覃溪阁学方纲为宗师，石如独不谒，遂蒙诋諆。归南中，则阳湖钱鲁斯、嘉定钱献之同负世誉，未免以私意相凌，石如亦不与校也。

邓石如索鹤于某太守

邓石如长身修髯，遇人落落无款曲。常居集贤关，得一鹤，畜诸僧院中。某太守见而爱之，携以去，石如大恚，立致书索之，卒得还。其书辞绝戛兀，某太守不以为忤。石如有诗云："草漫衙门春复秋，年华如水称东流。朝朝两件闲功课，放鹤晴空理钓舟。丘壑闲身古画图，青松留客足清娱。向平志愿何年遂，老矣须眉七尺躯。"即居集贤关时作也。卒时年六十有三，为嘉庆乙丑，鹤哀鸣数日，亦化去。

周保绪不谒戴文端

荆溪周济，字保绪，所著《晋略》六十六篇，大体不失为精当，其风骨尤有不可及者。嘉庆戊辰成进士，在都有盛名。时大庾戴文端公衢亨方筦枢密，时赞美之，周不往谒。一日猝相遇，备述倾慕之意，语之曰："子必得大魁，廷试对策，幸无过激。"周对曰："此乃士子进身之始，敢欺君乎？"文端失色，曰："谨受教。"遂不得上第，以知县归班，改教。后数年，选淮安府学教授，与知府论事不合，投劾归，游四方。既而客汉上，旋依曲阿周制军天爵以老，制军为刊其《晋略》以行世。

陈继昌却穆彰阿招

嘉庆庚辰，广西陈继昌以解元联得会状。时穆彰阿当国，欲罗致门下，遣人招之，陈不往，遂外补，终江苏布政司。

莫若谦不为势胁利诱

善化莫我愚，字若谦，性聪颖，于真行草书、指头书、篰头书，皆不学而能。善画山水，有兴到笔随之致；尤善写照，每一点染，或白描，莫不毕肖。然不苟作，有以缣素请者，心所弗善，虽以势胁、以利诱，弗得也。每风日清佳，忻然纵笔，作种种书画示同好，即为人所攫，亦一笑置之。间以持赠，必视其人，获之者恒珍若拱璧。

温靖介不应试

温靖介，名贤书，好学善属文。年三十，始补博士弟子员。

逾年，宾兴，偕其曹偶出就试，至闱门，士众蠭（同“蜂”）午相推排，或僵仆，衣被及筐中具狼藉满地，众蹂践其肩背行，且哗于门。靖介见之，叹曰：“国家以科目招人，曰为国求贤也，曰明经取士也。若此者，亦足当贤士选耶?”亟命仆襆被返。

李季眉不乐仕进

湘阴李星渔，字季眉，性恬旷，不乐仕进。其兄文恭公星沅尝官总督，从子辈亦皆显达。而季眉少补诸生，兄贵即不应试。乃于宅旁构园，杂莳花木，啸傲其中，时或赋诗，与二三贫士酬倡，达官贵人皆不知文恭有能诗之同怀弟也。

彭甘亭未尝有所私请

镇洋彭兆荪，字甘亭，少随父官山西，即神隽有声。出应乡试，诸公卿争欲罗致。嘉庆丁卯，所知者主江南试，尤欲得彭，彭闻之，遂不复应。其集中有贻友人书，即指此也。父兄没后，家贫甚，债集其门，议斥产以偿。人曰：“得彭君一言，毋问旧事。”彭独破产尽偿所负，而自鞠幼弟，只身客游以为养。诸大吏多资其才，倾身内交，彭未尝有所私请，于义所不可，嶷如也。胡侍郎克家为江苏布政使时，江督以国用不足议加赋，彭力赞侍郎白大吏，寝其事。曾侍郎燠转运两淮，尤重彭，间一至邗上，诗文外无他语。两侍郎平居议论颇不合，于彭皆无间言。道光纪元，例举孝廉方正，太仓牧以彭名应诏，力辞。未几，赴修文之召矣。

杨谱香好与朔风斗

道光时，钱塘有杨尚观号谱香者，习申韩家言，酷好饮，醉辄忤俗，以此贫甚，然意兴自如，不郁于境。壬辰冬，海盐黄燮清游杭，一日值大雪，谱香邀黄泛西湖，凿冰行舟，泊荒亭败柳间。谱香衣薄寒栗，肌寸寸粟，犹流连不去，填《如此江山》词一阕。是夕，下榻黄馆舍，作竟夕谈。黄谂其寒甚，衣以敝裘，笑而辞曰："我炼此傲骨，好与朔风斗也。"

曹文正守旧例

旧例：军机大臣与入觐督抚不私觌，不留饮，惟于朝房公众地延接数次，以其为人所共知共见之地也。曹文正在枢密时，守此例独严。

陆二自愿饿死

咸丰庚申秋，粤寇陷常熟，寇出资觅丐为佣，争应之，丐陆二则詈之为贼，曰："是不可与有为。"官兵至，亦将有所役，许以重酬，亦不顾。人问之曰："汝何强项乃尔？"陆厉声曰："吾宁饿死耳。"

朱丫头甘饥寒

朱丫头，娄县农家子也。家赤贫，又茕茕无所依，日行乞于市。咸丰辛酉，粤寇自嘉善趋枫泾，遇之，劫与俱去。朱曰："我，丐也，既无钱自赎，又无艺可供用，何劫我为？"寇曰："汝既丐，饥寒之困甚矣，从我去，不忧不富贵。"朱怒曰："我惟甘饥寒，故丐耳。否则为窃为盗，胡不可！我不为窃为盗，乃从尔作贼乎？"抗声大骂，遂见害。

徐舍人却蒋果敏之招

粤寇蹂躏东南，两陷杭州。同治甲子二月，蒋果敏公益澧得法总兵德克碑洋枪队之助，自富阳进兵。会左文襄公宗棠奉抚浙之命，统率楚军，至自严州，大举督战，遂克之。时郡县亦先后收复。乱既平，设赈抚局，办理善后事宜，钱塘徐印香舍人恩绶与丁松生大令丙诸人从事其间，事无不举。果敏嘉其才，屡称赏之，然非公事不往谒也。果敏由浙藩擢抚粤东，欲挈以俱，徐不可，语所亲曰："某当为桑梓尽义务，不敢为一己谋富贵也。"

张春圃不羡龌龊富贵

琴工张春圃，戆直而朴野，以弹琴为都中士大夫所赏。光绪辛巳、壬午间，孝钦后病，将有以自遣，欲学琴，召入寝殿，授琴焉。张与阉约，面孝钦不能跽，必坐弹始成声，皆许之，故与孝钦异室而坐。设琴七八具，金徽玉轸，穷极富丽，取以弹，皆不中节。孝钦乃使以御用者令弹之，张落指，觉声甚清越，赞曰："好，好！"方阕，忽有若乳母者数人，携一可十龄之童来，衣华美，睹琴而笑，拨其徽，抽其轸。张止之，曰："此老佛爷物。"童瞪目视，旁妇怒以目，遂不言。自是张出宫后，更宣召则不入矣。

张入宫时，阉受孝钦旨，语之曰："好自为之，异日可得一官，供职于内府，不患不富贵也。"然张竟绝迹不再往。或问之，则曰："吾不希冀此龌龊富贵也。"

张亦尝应肃王隆懃之招，受月俸，弹琴于其邸，恒晨往而夕返。一日，王以雨止其勿归，张出言有所忤，因逐之，怡然也。

张有女兄，亦善琴，以孀居，就养于张。

朱棣垞学行高岸

浙人朱棣垞，名启连，籍于粤，学行高岸。张文襄公之洞督粤时，礼贤下士，首延其入幕，而数日不出晤，朱愤然贻书责之，即襆被而出。

崔朝庆不欲师张荫桓

崔聘臣，名朝庆，静海人，精畴人家言。光绪时，尝于京师大学堂、南京高等学堂教授算学，负时名。时溥玉岑侍郎良，以江苏学政任满回朝，特疏保荐。故事：学政荐举人才，仍许入京考试。崔至都，总署命题试之。阅卷者为席淦，席谓崔造诣精深，时张樵野侍郎荫桓方为总署堂官，雅重崔名，遣人示意，欲罗而致之门下。崔大笑曰："何物伧荒，乃欲我师事之耶！"张怒，遂黜之。

黄慎之不受外人之官

光绪庚子，八国联军入都，美兵官闻黄慎之名，欲任以官。黄不可，力筹拥护主权之策，遂倡议以绅董名义划界分设公所，筹济民食，保护闾阎，措置裕如，远近风效。时奸吏劣绅争媚敌，德军以其公使被害，声言复雠，迫令户悬德旗。而顺治门大街以西黄主之，无一竖降帜者，凡所诛求，悉拒之。黄名思永，江宁人。

黄慎之不冀起用

黄慎之早罣吏议，及设商部，庆王谋起用之，属其子中慧致殷勤者再。黄谢曰："吾老矣，不能屈膝也。"其他王公之先施者，见亦长揖而已。

吴吉人不仰竖子鼻息

吴吉人总戎杰，守甬东招宝山炮台久，以台官递迁至定海镇总兵，历任疆吏咸礼重之。其在台也，筑塞增械，皇皇然如不可终日者，尝语同僚曰："孰谓吾国不能战？以吾所知，招宝山之炮台即一健者。"盖亦勇于自信也。

宣统初，朝廷方谋兴海军，贝勒载洵至浙勘军港，其时将拟经营象山港也。吴起家学生，于浙形势了如指掌，乃属幕宾草海军十二策，绘图贴诧，周密明瞭，将献之于载洵，乞转奏。挟策往，而三往三拒，大诧，语阍者曰："余以公事来，非有所干也，何不达？"阍者笑曰："若海上老兵，何尚不知门包例耶？速以二百金来，当俾若望见颜色也。"吴愤然而言曰："老夫报国数十年，今白须盈尺矣，不欲仰竖子鼻息也。”趣左右回马。归而呕血，未几，竟不起。

李吉瑞不与女伶配戏

李吉瑞为武生中之卓有声誉者，性耿介。演剧于津门，不与女伶配戏。女伶勾引之，不为动。尝衣大布之衣，遨游廛市间，不与恶少游。

豪侈类

金瓦盖屋

国初，湖州南浔有一小儿摸蚌于溪，忽得一瓦，色黝黑，叩之有声，意为铜也，携之归。阅数日，以布拭之，微觉黄色，异而告其父。其父携至质库，求人识别之。质库中人见之，惊曰："此金瓦也。昔富人以之盖屋者，何为乎来哉?"乡人告以故，乃欣然怀之去，权之得八十两有奇。盖南浔与七里毗连，明末若温、若金皆巨族，瓦或为此两姓物，鼎革时遗失于此也。

日役六十人递水

云南安宁州有温泉，极佳，浴之可愈风湿之疾。国初，云贵总督某及其姬妾，须此泉水浴之，日费水三十斛。州牧为之制木桶，使气不泄，常雇六十人更番作水递，至督署尚暖可浴也。

冯云生跌宕自喜

顺治辛卯，德州冯沛举于乡，性豪侈。家故畜小伶，时时使度曲，召亲故，置酒高会，或围碁、博簺，跌宕自喜。昼引宾客，夜则然烛观书，一过目终身不忘也。沛，字云生。

杨序玉家园多妓乐

武进杨序玉，名方荣，家有园林，器具精良，非世所恒有。客至命酒，珍错迭陈。稍醉即赋诗，或召冶童歌，自吹箫以和之。盖其父以进士起家，累官至巡抚，家多妓乐，率善歌舞，其园为里中冠。杨生而习知歌舞，吹箫击鼓，鸣筝度曲，俱幼眇自喜。又美姿容，时比之潘、卫，以望见为幸，每一出游，至倾市观。顾好为文章，能学歌诗、猎传记，虽善谈笑，不为嫚戏。后赴省试罢归，愈发愤力学，凡昔日所往还者，率谢绝不为通，曰：“使吾读书三载，即不如古人，何至若庸妄之流，徒逐若辈以为豪耶！”未几以病卒，年止二十有七，诸从游者无不流涕。

吴三桂结客之豪

吴三桂轻财结客，宁都曾应遴于吴有恩，其子傅灿游滇，吴以十四万金赠行。巡抚袁懋功内召，馈以十万金；李天洛予告，亦以三万金为赆。知县以上官有才望素著及仪表伟岸者，皆令投身藩下，蓄为私人。

吴三桂宴会赏赉

吴三桂奢侈无度，后宫之选，殆及千人。公暇，辄幅巾便服，召幕中诸名士谯会。酒酣，三桂擫笛，宫人以次高唱入云。旋呼颁赏，则珠玉金帛堆置满前，诸宫人相率攘取，三桂辄顾之以为乐。

顾威明以米易须

松江顾威明之曾祖，明时官少参，富而好礼。曾出银十万四千余两，置义田四万八千余亩，合郡皆食其德。事闻于县，命复其家。再传以后，家渐落，至威明已饘粥不给矣，朝廷忽下所司尽还其产。威明性喜博，又酷好观剧，以窭人骤拥多金，遂聘四方伶人演汤临川《牡丹亭记》。有一伶，已蓄须矣，方饰杜丽娘，进曰：“俗语去须一茎，偿米七百，倘勿吝，乃可从命。”威明抚掌笑曰：“此细事耳。”即令一青衣从旁数之，计削须四十三茎，立取白粲三百石送其家，其豪举多类此。不四五年，以逋赋为县官所拘，缢死于狱，而四万八千余亩之田不可考矣。

李如縠赠曹叔方千金

李如縠官武昌郡守，江陵曹叔方以所编乐府投之。时李方坐堂皇，立取《梁州序》亲自度曲，以扇代拍。时隶役百十辈，皆屏息而听，寂若无人。歌罢，即出千金赠曹。

张敉庵豪侈

太仓张敉庵给事王治，性豪侈，姿容瓌伟，饮酒日可三升。兴至，蒱博争道，独酌引满，呼小僮挝鼓奏伎，奋袖激昂，大噱不止。

翁逢春置酒高会

吴县翁舍人逢春尝游武林，鞶橐中金二千于庑下。一日被酒归，蹴金伤其趾，大怒，遽呼曰："吾明日用汝不尽，不复称侠。"遂遍召故人、游士及妖童、艳倡之属，期诘旦集湖上。是日，檥舫西泠桥，合数十百人置酒高会，所赠遗缠头资无算。抵暮，问守奴余金几何，则已尽矣。

景亭北自侈以为豪

仁和景亭北布衣星杓之父邦鼎，字三岳，丰于财，人呼为"景三侠先生"，盖尝出赀为人排大难也。亭北性亦磊落，不拘小节，尝集画舫数十，招诗人、酒徒、剑客，遨游禾中之鸳鸯湖。故通音律，方閧饮，援篴（古同"笛"）作数弄，隔湖人偪耳嘹亮。有奴曰青猨，最趫捷，酒酣耳热，起射林薄间，命青猨疾取箭为乐。赴友难，白昼刃人都市中，散万金如流水，难得纾。家业如洗，犹自侈以为豪。

谭慕郸座满食客

谭士珌，字慕郸，为沔阳名族子。好读书，家虽中落，而视货财如土。论文之暇，酷嗜弈，亲故及四方士夫乐从之游。食客满座，樽酒盘飧日费数千钱，以是益贫。

多罗皮雨衣

蒙古篷帐以油布为之，有用多罗皮者，非多金之贵族不办。多罗，蒙古树名，其精者编作雨衣，轻巧便捷，入水不濡，卷之一手可握，每套值银二百余。查初白扈驾木兰，值大雨，圣祖以己所御雨衣赐之，即多罗皮织成者也。

乾隆时富人之豪

京师米、贾、祝氏，自明代起家，富逾王侯，屋宇至千余间，园亭瑰丽，游十日未竟。宛平查氏、盛氏富亦相仿，然二族喜交结士大夫，为干进之阶，故屡为言官弹劾。怀柔郝氏膏腴万顷，喜施济贫乏，人呼为“郝善人”。高宗尝驻跸其家，进奉上方水陆珍错至百余品，王公近侍及舆儓奴隶皆供食馔，一日之餐，费至十余万。又有尉迟氏者，居陕西，为唐尉迟敬德之后，积资无算。铸银如砖式，以四健儿舁之，不能动也，散置墙阴下，不加检点。所居俨然城郭，有四门，不时启闭，藉防寇盗。仰给于其家者人数万，皆自称奴隶。相传敬德微时，为冶工自给，其家间有仕于外者，一时有“铁匠官”之谑。又有亢氏者，得明时闯贼遗产。闯贼恣掠夺，聚全国精华运藏一处，如董卓之郿坞。闯贼死，所有乃归亢氏。某岁，有人于亢氏所居左右设典肆，一日，有以金罗汉典银一千两者，翌日又如之。约三月，资本将完，大惧，叩其故，则答曰：“吾家有金罗汉五百尊，此三月间方典至九十尊，尚有四百十尊未携至也。”主人侦访之，知为亢氏，与之商，取赎后匆匆收肆去。

典商汪己山之侈

清江浦为南北孔道，乾、嘉间河工极盛；距二十里即湖嘴，乃淮北盐商聚集之地；再五里为淮城，乃漕船所必经者。河、盐、漕三途并集一隅，故人士流寓之多，宾客饮宴之乐，自广州、汉口外，虽吴门亦不逮也。有徽人汪己山，侨此二百年矣，家富百万，列典肆，俗呼为“汪家大门”。与本地人不通婚姻，惟与北商程氏互为陈朱而已。

程氏有字水南者，以名翰林隐居，有曲江楼、菰蒲一曲、荻庄诸胜，诗画皆臻绝诣。汪则工书，能作方丈字，得率更笔意。广结名流，筑观复斋，四方英彦毕至，投缟赠纻无虚日，与扬州之玲珑山馆、康山草堂、天津之水西庄，后先辉映。未及二十年，家遂大落，典肆以负帑入官，汪亦贫悴而死，未至六十也。吴门午节后名优皆歇夏，汪则以重资迓之来，留至八月始归，此数十日之午后，辄布氍毹于广厦中，疏簾清簟，茶瓜四列，座皆不速之客，歌声绕梁，笙簧迭奏，不啻神仙之境也。

河员之汰

南河河工岁修费银四百五十万，决口漫溢不与焉。浙人王权斋熟于外工，谓采买竹木薪石麻铁之属，与在工人役一切公用，费帑金十之三二，可以保安澜；十用四三，可以书上考矣。其余三百万，除各厅浮销外，则供给院道，酬应戚友，馈送京员、过客，降至丞簿、千把总、胥吏、兵丁，凡有职事于河工者，皆取给焉。岁修积弊，各有传授，筑堤则削浜增顶，挑河则垫崖贴腮，买料则虚堆假垛，即大吏临工查验，奉行故事，势不能亲发其藏，当局者张皇补苴，沿为积习，上下欺蔽，瘠公肥私，而河工不败不止矣。故清江上下数十里，街市之繁，食货之富，五方辐辏，肩摩毂击，曲廊高厦，食客盈门，细谷丰毛，山腴海馔，扬扬然意气自得。青楼绮阁之中，悲管清瑟，华烛通宵，不知其几十百家也。梨园丽质，贡媚于后堂；琳官缁流，抗颜为上客。长袖利屣，飒沓如云，不自觉其错杂而不伦也。

盐商起居服食之奢靡

康、乾盛时，盐纲遍天下，而以江苏之扬州总其纲。当时业鹾者竞尚奢靡，无论婚嫁丧葬之事，凡宫室、饮食、衣服、舆马之所费，辄数十万金。有某姓者，每食，庖人备十数席，临食时，夫妇并坐堂上，侍者置席于前，茶面荤素等，凡不食者辄对之摇首，侍者审色，则更易他类。有好马者，蓄马数百，每马日费数十金，朝自城中出，暮自城外入，五花灿著，观者目炫。有好兰者，自门以至内室，置兰殆遍。或以木作裸体妇人，动以机关，置诸斋阁，座客往往为之惊避。即其所延之宾客，所蓄之奴仆，支给月俸，初不为厚，乃不数年而悉致小康者，则以每一奉命采办货物，沾溉甚多。且凡隶其门籍者，主人必次第使之，固不计其贤否，而但期普及，不令向隅也。

其先以安麓村为最盛，后起之家则更奇矣。有欲以万金一时费去者，使门下客以金尽买金箔，载至镇江金山寺塔上，向风扬之，顷刻而散，沿缘草树间，不可复收。又有以三千金尽买苏州不倒翁，倾于水中，水道为之塞者。有喜美貌者，自司阍以至灶婢，皆选十数龄清秀之辈。或反之而尽用奇丑者，自镜之以为不称，毁其面，以酱敷之，暴于日中。有好大者，以铜为溺器，高五六尺，夜欲溺，起就之。一时争奇斗异，不可胜计。自嘉庆时盐务改制，又经陶文毅之裁抑，乃日就衰落，不可问矣。

麓村尝延河督赵世显饮酒，十里之外，灯彩如云。至其家，东厢西舍，珍奇古玩罗列无算，世显顾之，如无有也。及酒酣席撤，入燕室小坐，则有美女二人捧双锦盒呈上，麓村语世显曰："此中有小玩物。"世显启之，乃关东活貂鼠二尾，跃然而出，拱手向世显。世显始哑然一笑，顾谓麓村曰："今日君费心矣。"

黄某者，家业鹾，均太其名也。然人但知有均太而不知有黄某，故呼黄某者辄以"均太"呼之。均太为两淮八大盐商之冠，晨起饵燕窝，进参汤，更食鸡蛋二枚，庖人亦例以是进。一日无事，偶翻阅簿记，见蛋二枚下注每枚纹银一两，均太大诧曰："蛋值即昂，未必如此之巨。"即呼庖人至，责以浮冒过甚。庖人曰："每日所进之鸡蛋，非市上所购者可比，每枚纹银一两，价犹未昂。主人不信，请别易一人，试尝其味，以为适口，则用之可也。"言毕，自告退。黄遂择一人充之，而其味迥异于昔。一易再易，仍如是，意不怿，仍命其入宅服役。翌日以鸡蛋进，味果如初，因问曰："汝果操何术而使味美若此?"庖人曰："小人家中畜母鸡百余头，所饲之食皆参术等物，研末掺入，其味乃若是之美。主人试使人至小人家中一观，即知真伪也。"均太遣人往验，果然，由是复重用之。

汪太太奢侈

汪石公者，两淮八大盐商之一也。石公既殁，内外各事均其妇主持，故人辄称之曰"汪太太"。太太当高宗幸扬时，与淮之盐商，先数月，在北城外择荒地数百亩，仿杭之西湖风景，建筑亭台园榭，以供御览。惟中少一池，太太独出数万金，夜集工匠，赶造三仙池一方。池夜成而翌日驾至，高宗大赞赏，赐珍物，由是而太太之名益著。门下多食客，有求于太太者，咸如愿以偿。家畜优伶，常演剧自遣。扬城每值灯节，儿童辄作花鼓龙灯之戏，太太莫不招入，而人亦以乐得太太赏赐，争趋之。

某总商丧仪之侈

两淮盐务某总商者，居父丧，饰终之典备至，而丧礼亦浩侈无度，其尤僭者，为遮道白布天棚。出殡之先七日，使人预于出丧必由之路，上施布幔，弥望皆白。沿途所经，如节孝坊上之"圣旨"二字，下马碑之"奉旨"等字，寺院额上之"敕建""御赐"等字，皆为白幔所掩。葬日，观者万人。后经言官某纠参，有"胆敢将圣旨字、御字、敕字任意抹蔽，轻亵朝廷，欺妄无礼"等语，将坐以大不道罪。事下督抚会勘，人皆为之危。而最后定案，亦惟嫁祸于江都县某令，科以失察罪，仅镌一级去，(总商馈白金五千以慰之。)而总商仍如故也。

查小山之侈

海宁查小山员外有圻官京师，席先世业，称巨富。性奢侈，自奉至丰，京师以“查三膘子”呼之。喜蓄石砚，砚皆镌前代名人之铭，积数十年，选其尤者百方，装潢藏弆，所费累巨万矣。晚年家落，一日，取所藏砚质千金，遍历歌台舞榭，金尽矣，归入门，思赎砚无期，悲极号咷。既而曰：“千古之能散财者，当以查小山为第一人。”复纵声狂笑不止。查敬礼名士，闻张船山太守问陶诗名，延为上客。张醉后时詈之，不以为侮，每送新诗一卷，辄馈五百金为润笔资。

王亶望骄奢淫佚

浙江巡抚王亶望，以资郎起家至中丞，后以不法伏诛。籍没时，箧有四足裤，绣字于上，曰“鸳鸯裤”。高宗大恶之，曰：“公卿宣淫，一至于此！”

朱云锦客扬州，雇庖人王某，自言幼时随其师役于王署中。王喜食驴肉丝，厨中有专饲驴者，蓄数驴，肥而健。中丞食时，若传言燋驴肉丝，则审视驴之腴处，刲一脔，烹以献。驴刲处，血淋漓，则以烧铁烙之，血即止。其食鸭也，必食填鸭。填鸭者，饲鸭不使鸭动，法以绍兴酒坛去其底，令鸭入其中，以泥封之，使鸭颈伸于坛外，用脂和饭饲之，留孔遗粪，六七日即肥大可食，肉之嫩如豆腐。王偶欲食豆腐，则杀两鸭熬汤，煮腐以献之。

王有宠妾曰卿怜，后归和珅。四足裤之为物，殆王与卿怜所用者也。

福康安享用之豪

异姓封王者，三藩而后，福康安一人而已。福享用豪奢，其用兵时，大军所过，地方官供给动逾数万。福既至，则笙歌一片，彻旦通宵。福喜御紫色衣，人争效之，谓之“福色”。善歌昆曲，每驻节，辄手操鼓板，引吭高唱，虽前敌开仗，血肉交飞，而袅袅之声犹未绝也。

张亨甫纵酒听歌

建宁张亨甫，名际亮，诗人也。计偕入都，一日忽有所不慊，戒门者谢客，独招素所喜歌郎，命酒为长夜饮。既散，搜箧出朱提，令各挟十两以去，乃酣睡。及醒，仆告米尽，则囊空无以应矣。执友某闻之，继粟继肉，私为部署，而亨甫弗问也。

文钦明任意挥霍

横塘居士文钦明，名思。其先为韩人，国初入京师，两传而富埒陶、顿。居士赋性脱略，任意挥霍，凡人间服食、居处、子女、玩好、狗马之奉，无不备致。

随园食物具备

袁子才居江宁之随园，以其地僻左，故家储食物甚夥，购之于市者惟鲜猪肉及豆腐，其他则无一不备。有果，有蔬，有鱼，而豢养鸡凫，尤为得法，美酿储藏，可称名贵，形形色色，较购诸市者为佳。有不速之客至，肆设筵席，可咄嗟立办也。

袁子才宴客更酒盏

袁子才性不饮酒，家中多藏美酿，又喜搜罗酒器。每当宴客时，一席之中，例更酒盏四五度，始而名瓷，继而白玉，继而犀角，继而玻璃，由小而大，递相劝酬，宏量者，期尽欢而后已。

王立人结客

王立人，佚其名，山阴人，人呼之曰“王二先生”。工搯奏，刑名、钱谷之学无弗知。居滇久，熟其风土人情，遂执梃为幕宾盟长。馆于近花圃，园林、戏台咸备，以督抚之尊，可折简招之，道府以下，有君前、无士前也。时布政为德清许祖京，按察为江夏贺长庚，皆其儿女姻亲。首府为武林庄肇奎，交谊尤笃，左靴贮刑名，右靴藏钱谷，视王二先生点定，即遣奴呈督抚施行，不待斟酌。一缺出，官须两司议详、两院商定，幕则仅王片言而决，当局者不敢参一词。滇省脩脯最优，即至薄者亦六百金，繁缺倍之，皆其门下士，然亦以技之长短分高下，不稍轩轾也。府、厅、州、县衙参大府后，午必麇集，谒贵者于斯，访友者于斯，审案者亦于斯，娱戏者亦必于斯，一厅则敲朴喧哗，一厅则笙歌婀娜，不相闻，不相混。夜必设筵，器物如大方杌、阔茶几，皆新制，人占一杌一几，进食单，以笔点之，一壶一簋不并案。或欲遍尝，或不兼味，惟其便。绍酒大尊价纹银十二两，夜必罄一尊。乡人之赋闲者，悉馆谷之。故虽大府有投赠，司道有缟纻，府厅以下有进奉，而终不足供其挥霍也。

于是王谋于当事，总办各省铜运，除京运八起及粤省以盐交易外，其余各省以铜本交藩库，即以运本交王。届期，则于百色兑铜，既速且逸，运员以恬以娱。运本羡余，岁本可得数万金，而办理十余年，总计短二十四万，乃告两司曰："公等得铜厂、钱局之润，多者七八十万，少者亦不下二三十万，非臣力不及此。今与公等约，若助我十六万，若助我八万。宦囊太丰，非福也，以济我急，且减君装耳。见机而作，予亦从此逝矣。"召诸委员代草公禀，讫己，复为两司代草详稿罪己。以边省犯事，调戍四川，搜合余烬，尚存万余金，挟之走成都，曰："予本窭人子，还我本来面目，亦大不恶。"不见一客，年八十余卒于蜀。

周海门结客

嘉庆时，周海门只身商于淮，不十年，致素封，坐中食客常千人。士之踵其门者，虽一技一能，必温颜接之，延上座而厚款焉。倚山建客邸数百，编号为之，客之来者，以次就宿，如归其家。又善于纵横捭阖，贵戚权要，皆通赂遗；地方长官有疑难事，必就决于周；里邻有急难，辄周济之。

沙三预雇大小船

承平时，苏州虎丘之繁华甲全国，酒楼歌榭，画舫灯船，留连其中以破家者不可胜计。尤盛者，竞渡之戏，粉黛杂沓，笙歌敖曹，逾月不止，浮薄子弟及富商市贾，皆趋之若狂。

有沙三者，富而无闻。一日偕友往观，买舟不得，盖游人预约舟子于三日前，无空船也。沙败兴，惭愤而归。明年端午，官幕、绅富买舟者，皆曰沙氏订矣。觅小舟，小舟亦然。盖沙于前岁遍召长年篙师，予之金，约不得载他客。届期，置酒招妓，广集戚友，虽半面识、一揖交，皆与焉。桂楫兰桡，上下千计，歌舞盛于往时，莫非沙氏客也。

自是沙之名大噪于吴中，黄金买笑，红袖争迎，豪举数年，赀财将尽。妻争之不得，乃析余田，独与子居。沙困甚，至衣食不给，妻、子欲迎养之，沙笑曰："吾手挥十万金，不数载辄尽，今乃仰食于儿女子耶！"去不顾。已而卖寒具于市，好歌，歌皆述其平日冶游事。寒具，俗所食之麻团也。里巷小儿及勾栏相识者，乐闻其歌，争买之。得钱，则诣酒肆醉饱以为常。会苏守某至，恶民俗奢侈，日思所以儆之。或举沙三事以告，守抚掌曰："吾得之矣。"又明年端午，命备一舟，置酒招妓如故。即召沙，使多挟寒具以来，榜其船曰"麻团胜会"。沙至，跣一足，衣袴蓝褛，手捧筐篮，腰悬破灯一，即每夕自照以归，刻不去身者也。登船放棹，容与于彩旗花舫间。守意藉沙作棒喝，而沙则大乐，令诸妓杂奏丝竹，自携鼓板，曼歌以和之。酒酣，自书联云："借景玩龙舟，不履不衫，三少爷及时行乐；回头看虎阜，是真是假，大老官触目伤心。"

和珅餐珠

和珅贪黩枉法，僭侈逾制，世多知之。相传和每日早起，屑珠为粉作晨餐，饵珠后心窍开朗，诸事了了。凡已旧及穿孔者，屏不服，即服之亦无效。价极重，一粒二万金，次者万金，最贱者犹值八千金。吴县珠贾石某专司其事，牟利甚厚。藏珠之法，搓赤金为丸，裹以缊，袭以锦囊，贮以精美小箧。海上采珠者日涉风涛中，得美珠必投石，石装潢之，以时献。

和珅有真珠鼻烟壶

和珅伏诛时，仁宗尝谓其私取大内宝物，诚然。孙士毅自越南归，待漏宫门外，与珅值，珅见孙所持鼻烟壶而索观之，则大如雀卵之明珠所琢成者也。珅欲之，孙大窘，曰："昨已奏闻，即当呈进，奈何?"珅微哂曰："相戏耳。"其后复相遇于直庐，和以昨亦得一珠壶告孙，出示之，即前日物，孙意以为上所赐也。旋侦之，知珅出入禁庭，遇所喜者，径攫以出，不复关白也。

黄学乾为要紧穷

青浦黄学乾为富人子，纳资得五品衔，出入仪从比于现任官吏。以薪炭之多烟而难炽也，憎之。或曰："莫若改用木花。"顾不能即得，乃买巨木，使工人刨之。一日，有友言苏州阊门某待诏，艺为吴中第一，即赁舟至苏，薙发而回。又于重九挟金箔登山散之，深林高麓，俱成金色，人遂呼之曰"要紧穷"。久之，家产荡尽，晚年遂不能自给，鬻身于苏州某氏。某出谒客，则潜戴晶顶从其后。某骇问，则曰："吾固青浦黄某也。"某不敢留，赠金遣归。比抵家，则其妇已就养母家。翌年元旦，黄诣妇家称贺，其妇从外舅、外姑出见，乘间攫其妇之钗环以走。甫出门，遇丐，即赠之。

那伦日易涤器

侍卫那伦，纳兰太傅明珠后也。少时家巨富，以银器涤面，日易其一。

高江村子孙之豪

张得天司寇初娶高氏，为江村女孙，谷兰女也。新婚庙见后，妇循例视庖，司寇之父茹英语之曰："厨下诸人执事尚勤否?"曰："甚勤，然未免太劳。即如执爨一役，传薪必再四。"翁曰："媳家不如是乎?"曰："媳家止架薪于陉，将熄，则以膏沃之。"其奁赠甚丰，即图章亦一千具，玉石晶瓷咸备。一日，司寇赴座师家庆寿，帽珠为人窃。父性严，虑有呵责，乃归谋诸妇。高云："珠本二颗，以三千金购之，一以装君帽，一以缀余幗，无辨也。"司寇大喜，然苦珠无穴，乃命小奴以铁锥穿之，不入，击以石，珠裂为二，片刻而值三千金之物失矣。岁余，举一子，谷兰贻外孙者，有正龙头刻丝衲百幅，婢媪即以供儿溺焉。

谷兰与陆双柑善，双柑荐一客往，谷兰方内值，旬余不见，供给至腆。一日，谷兰报谒，语之曰："有所欲，幸即以告，双柑与我一也。"客乃请曰："愿効力门下。"谷兰即呼纪纲来，嘱之，则对曰："府中事事有主者，无已，惟近畿芦台一带，逋租已及三万，无暇料理，但琐甚，无以为也。"谷兰俯仰久之，语客曰："敬以奉烦，可乎?"客曰："幸甚。"乃点检而往。客颇练事，往索月余，得五千金，造册篋金归。又候之旬余，复得见，奉册呈金，方将陈说，谷兰略一劳苦，初不省视，颦蹙久之。客曰："此后当渐有生色。"谷兰摇手曰："何可再也。重劳长者，殊深惶悚，即以五千金为寿，幸勿嫌也。"客拜赐而归，小康矣。谷兰一身挥霍，及殁，司寇挽诗云："文人承世宠，弱冠紫宸前。性命杯中酒，生平语外禅。曾挥万镒尽，不着一丝牵。谁最伤知己？诗人孟浩然。"浩然，以况双柑，皆纪实也。至子三台时，已中落，然豪迈犹有父风。翰林程珣假三台金，积子母，已七万五千，亲自来索，馆于秀野。一日束装欲归，或问之曰：“程君负已清乎?”曰：“清矣。”曰：“何速也?”曰：“我找与二万五千，结十万金票，乃得清耳。”三台子作令陕中，以公私交累，潦倒而死。

阿克当阿之奢侈

起居服食之奢侈，以旗员为最，盖多供奉内廷，得风气之先，无往而不当行出色也。嘉、道时，两淮盐政以阿克当阿为尤侈，任淮鹾至十余年，人称为“阿财神”。过客之酬应，至少无减五百金者，交游遍天下。仁宗亦眷之，派查河，派查赈，乃竟未能洊擢封疆，盖其时政体尚严也。至道光，则同为内务府员之钟云亭，即任闽督、鲁抚矣。

阿所藏书籍字画值三十万金，金玉珠玩值二三十万，花卉、食器、几案值十万，衣裘、车马值三十万，僮仆以百计，幕友以数十计。每食必方丈，非国忌，鲜不演剧。即鼻烟壶一种，亦有二三百枚，无百金以内物，纷红骇绿，美不胜收。真奇楠朝珠用碧犀、翡翠为配件者，一挂必三五千金，皆腻软如泥，润不留手，香闻半里以外。带钩玉佩则更多矣。司书籍者仆八人，随时装潢补订者，又别有人。宋、元团扇多至二千余，每扇值四五两，乃于数万中选择而留之者。全唐文馆即其奏请开办者也。吴縠人、吴山尊、孙渊如、黄仲则、石琢堂、洪桐生，皆为座上客，极一时风雅之乐。其饮馔，他不具论，鲥鱼上市，必派数小艇张网于焦山急流中，上置薪釜，得鱼即投之釜，双浆驰归，至平山则正熟，与亲在焦山烹食者无异也。

叶卢之侈

粤东富室，在嘉、道间首推潘、卢、伍、叶。叶之盛时，饮食起居倍极豪侈，其家庙之木主铸金字，以茄楠为质。洎式微，既以金易钱，复斲楠质为牟尼，每一木主得粒十八，遂以成串，次第为之，犹得拯一家数载之饥寒也。卢亦穷奢极欲，其裔曰秋舫者，穷极无聊，乃以需索乡人为业。一日忽异想天开，斲木为烛二，持之周行城市乡落，见有丧家，辄贡以木烛，予一银元，则称谢而去，习以为常，遂终其身得饱暖矣。

潘士成散姬

粤东潘士成盛时，姬妾数十人，以一大楼处之。人各一室，窗壁悉用玻璃，彼此通明，不得容奸，又禁不使下楼。有所需，则婢媪致之。潘别居一室，至夜，欲召人侍寝，则按其行第，使人召之。潘败，一日将遣诸妾，则令人楼下呼之曰："几姑，（粤俗，婢仆呼主人之妾，多以入门之前后次第之，曰几姑。）老爷召汝，可扃门来。"至，则潘谕之曰："今不需汝等，汝欲留者，吾仍月给汝金若干，否则给汝四百金，任汝所之，惟不得复上楼。"一人去，则又呼他人，散者十之九。诸人初不预备，故房中物纤悉未取也。

南海伍氏购呢

南海伍氏，较潘、卢、叶三氏为尤富。当其盛时，其子弟某尝购洋呢于英属香港，肆主以货已有人预定，所取过多，不克应付，因倍其价以难之。某烛其隐，故倍取之，不以值昂为嫌，遂空其肆中所有。事为英民政司所闻，属华董劝其少节，曰："物力艰也。"某不能用。

潘汪斗富

潘梅溪为苏城巨富，与之相埒者，惟枫桥汪姓而已。尝谒汪，服貂耳茸外褂，汪不之识，问潘，潘告之，面有得色，汪大恚。潘去，乃令其仆遍至巨室搜觅此服，且悬重价，每一袭偿金八百两，一夕而得八袭。诘朝，折柬招潘饮。潘至，则八仆立于大门之左，所服与潘无异，潘惭而返。

南河官吏之食品

治河总督，当铜瓦厢河决以前，有南、北二缺。驻山东济宁者为北督，事简费绌，远不如南督之繁剧也。南督驻江苏清河县之清江浦，以有岁修费五六百万金，大小官吏常乾没其十之九，骄奢淫佚，乃遂著称于道光时。即饮食言之，略举一二，几有非帝王所可及者。

某督尝设宴，座客咸赞豚肉之美。酒阑，一客起去，偶见院中有豕尸数十，枕藉阶下，异而询之典厨，始知席次所陈之一簋，实集众豕背肉而成。其法，闭豚于室，屠者人持一竿，追而挞之，豕负痛，必叫号奔走，走愈亟，挞愈甚，待其力竭而毙，亟刲背肉一脔，复及他豕，死五十余，始足供一席之用。盖其背受挞，以全力护痛，则全体精华皆萃于背，甘腴无比，余皆腥恶失味，不堪烹饪，尽委而弃之矣。至烹鹅掌之法，则用铁笼笼鹅于地，炽炭其下，旁置酰酱。有顷，地热，鹅环走，不胜痛，辄饮酰酱自救。及死，全身脂膏萃于两掌，厚可数寸，而余肉悉不堪食矣。有食驼峰者，选壮健橐驼缚于柱，以沸汤浇其背，立死，菁华皆在一峰，一席所需恒三四驼。又有吸猴脑之法，尤惨酷。选俊猴，被以锦衣，穴方桌为圆孔，纳猴首孔中，拄之以木，使不能进退，乃以刀剃其毛，刮其皮。猴不胜痛，号极哀，然后以沸汤灌其顶，用铁椎击破颅骨，诸客各手银勺入猴首中，探其脑吸之。每客所吸，数勺而已。他如食一豆腐，制法有数十种之多，且须数月前购集材料，选派工人，统计所需，非数百金不能餐来其一箸也。食品既繁，一席之宴，恒历三昼夜不能毕，往往酒阑人倦，各自引去，从未有终席者。

奕经之侈

道光辛丑鸦片之战，九月，蒙古、吉林及京师火器、健锐营兵，由扬威将军帅领南来者，命翼长等统之，分布江浙资策应。而将军驻节苏州，往来于杭、绍之间，营帐中器皿珍羞，穷极瑰异。其幕客知州鄂某，复滥支军饷，费用无度，以博将军欢。会天寒风雪，帘幕、壁衣之属皆以貂狐、洋灰鼠为之。围炉拥酒，侑以管弦，说者谓有缓带轻裘、雅歌投壶之概。时英人要索条款不已，参赞或请进兵，将军酒半启帷探望，曰："寒哉气也！"扬威将军者，协办大学士奕经也，其参赞为副都统特依顺侍郎文蔚。

吴某门客以百计

浙中富家子吴某，性豪侈，起居饮食，拟于王侯，而求资助者无不允。客其门者以百计，各挟一技以自炫。一日，有僧来访，貌甚寝，门者见其衣冠褴褛，阻不入，呵之，声闻于内。吴趋出，问故，怒责门者，迎僧入，礼甚恭。僧居月余，亦不言去。一夕，吴置酒款僧，僧量甚豪，饮辄尽数斗，酒酣，谓吴曰："僧蒙主人厚待，无可报酬，敢以薄技献君。"吴唯唯。口出铁丸二，旋化白光，上下飞绕如白练。吴及诸人皆呆立如木偶。俄而戛然有声，僧与白练俱杳，但闻遥呼曰："吾去矣！"

耆英吸鼻烟

耆英官两广总督时，每吸鼻烟，辄以手握一把擦鼻端，狼藉遍地，皆上品鼻烟也。其侍者不忍，尝随时录贮之。后其家贫甚，乃以之售诸肆，得数百金。

玉琵琶享用豪奢

玉琵琶者，不知何许人，道、咸间人也，居武进、无锡间，人皆称为老技师，生徒遍大江南北。所居为巨宅，沤钉兽镮，与世家埒。享用豪奢，每宴客，舟车坌集，明灯烛天，水陆之珍求之数千里外，侑酒歌吹必菊部名伶。僮仆数百人，皆日得醉饱，臧获辈啧啧矜其值，殆不止贫家一岁粮也。平居盛容饰，玉蝉貂锦，状类金张子弟。深居简出，出则香车宝马，或彩锦小肩舆，行厨食榼，奚奴三五，络绎随之，徜徉湖壖。春秋佳日，有见之者，争言天下琵琶第一人，故克享此清福也。

官文恭张灯奏乐

官文恭公文督两湖，军书旁午。文恭设军务处，与胡文忠公林翼莅其事，藩臬司道参知焉。文恭间日一临，文忠则自朝至夜寝馈于斯。文恭多内嬖，在节署，每夜必张灯奏乐，文恭引羊脂玉巨盌，偎红倚翠，藉以消遣。军报至，文恭辄曰："告胡大人可也。"厥后论功行赏，乃褎然居首，封伯爵。

胡文忠口体之奉

胡文忠公少时有公子、才子之目，颇豪宕不羁。改官黔中，始励志政事，军兴而后，益以名节自厉。然口体之奉，未能如曾文正、左文襄之啬苦也。营英山时，无三日不小宴者，且肴馔至精，外间遂有粮台供应日五十金之谣。

洪秀全有珠帐

咸、同间，粤寇李秀成部下恣淫掠，尝出其所掠金玉宝玩别为五等，最上者献洪秀全，次者自取，余以分赏诸酋。有饰冠之大珠，如龙眼，夜置暗室，光射五尺许。又选珠之一分以上者十数盘，以银丝联为帷帐，献诸秀全，谓暑日寝其中，自能清凉爽健也。

杨秀清之侈

粤寇杨秀清所寝之床，以玻璃片镶嵌，中贮水，养金鱼。又结珍珠成一帐，杂以五色宝石，奇光灿烂，炫耀夺目。其余器物概用金玉，地衣则以黄缎为之。

馆前有女传宣十二人，均朱冠黄帽。有人进谒，悉由传宣通报。秀清之出门也，随从极盛，有铜锣十余对，五色绣龙长数十丈，轿夫三十六人，美童二人在轿前击小钟，以记里数，旗幡簇拥如云。

潘云阁耽声色

咸、同间，有南河总督潘云阁者，耽声色，几不仅金钗十二也。当五十岁前，受制于妻，无后房之宠。既失偶，乃大纵所欲，有称如夫人者四，各蓄艳婢四，自余女佣及婢之少艾者尤夥，皆昵之，而犹以为不足。每出巡，见民妇之美好者，辄遣仆妪托如夫人命召之入署，信宿而出，赠以二十金。

潘治南河时，年将七十矣。而精神矍铄逾壮年，豪纵犹昔。其宠姬率南部名娼，精音律，艳婢皆娴歌舞，演剧之化装咸备。时或命酒展红氍毹，令诸婢扮演，爱妾理丝竹于后，自衣及膝之短绿袄，冠便帽，红线成握，长尺有咫，斜披肩背，（时便帽结红线必附以绥缨。）白发如帚拂胸，支颐叠股而观。遇剧中关目可噱者，则入场与诸婢狂嬲以为乐，属吏得纵观。一日演《挑帘》《裁衣》诸院本，备极妖冶，遂嬲诸婢，闻旁有掩口嗤者，由是遂不得与观。又闻其于理事室中别辟一房，妇女装饰针凿所需之品无不备，午后辄至，凡署中妇女欲市各物，必至此交易，一一亲与论值，故靳之，索群雌笑骂以为快。

胜保食必方丈

胜保性豪侈，声色狗马皆酷嗜之。食辄方丈，每肴必二器，食之甘，则曰："以此赐文案某。"盖仿上方之赐食也，然惟文案诸人得与焉。胜又豪于饮，每食，必传文案一人侍晏（同"宴"）。一日军次同州境，忽谓文案诸员曰："今午食韭黄，甚佳，晚飧时与诸君共尝之。"及就坐，询韭黄，则弃其余于临潼矣。大怒，立斩庖人于席前，期明晨必得。[诸] 庖人大骇，立策骑往取，往复二百余里，亟以进。

周莘仲座客常满

周长庚，字莘仲，侯官人。未冠，举同治壬戌乡试，选建阳教谕，调彰化。爱士弥至，士有为人中伤者，必争诸长官，无所惮。尤喜宾接士大夫，讲经济词章之学。闽中士大夫之有名者至台，必主彰化，车马辐辏，座客常满，台之南北无不知有周教谕矣。有与其夜宴者，谓珍错杂陈，灯炬如昼，非苜蓿荒斋所得有也。

曾忠襄买蜡笺

同治甲子，曾忠襄公国荃率师下金陵，粤寇洪秀全自杀。曾文正公奏言，初疑秀全有积金，可助国用，后严密搜求，乃知其诬。然恭王尝对人言，闻忠襄是时尝买蜡笺一捆，至费三千金云，然是言亦固无据也。

曾忠襄有珠数珠

同治甲子，江宁城破，曾忠襄之部下献物有明珠一串，大于指顶。悬之项下，则晶莹的铄，光射须眉。珠凡一百零八颗，配以背云之类，改作朝珠。

郭壮武之豪

郭壮武公松林，尝从李文忠公鸿章征粤寇及捻，其部将有钱永林者，后官施南协副将。当剿贼时，每破一城，贼往往弃财帛而去，有所获辄献之郭，故郭之家资累数百万。乃大兴土木于长沙，以奢僭为御史所劾，几不测。饮食男女之事，一时无与并者。又好博，呼卢喝雉，一掷辄巨万。郭字子美，湘潭人。何子贞太史绍基尝寿以联云："古今双子美，前后两汾阳。"

李次青有玳瑁杯

平江李次青廉访元度，尝藏玳瑁杯四进，杯口不大，径寸许，不见其合缝，盖以一片琢成者。映光深红，似紫玻璃，其边各镌“万寿无疆”四字，金线镶入，盖为内府供奉之物。或云某内监窃而售之，值万金。

淮商洪某谳客

淮商巨擘有洪姓者，以助饷百万，赏二品衔。同治戊辰仲夏，约客为消炎会。自外观其庐，则堂构爽垲，楼阁壮丽。洪肃客入，委宛曲折，约历十数门，至一院，小山玲珑，供素兰、茉莉、夜来香、西番莲数十种，悉以白石琢盆，梓楠为架。正南小阁三楹，前槐后竹，垂荫周匝，窗户尽悬水纹虾须帘。卷帘入内，悬董思白雪景山水，副以赵子昂联，下铺紫、黄二竹互织卍字地簟，左右棕竹椅十六，瓷凳二，瓷榻一，以龙须草为枕褥，棕竹方几一，花栏细密，以锡作屉，面嵌水晶，中蓄绿荇，金鱼游泳可玩，两壁皆以紫檀花板为之，雕镂山水人物，空其隙以通两夹室。室贮香花，排五轮大扇，典守者运轮转轴，风自隙入。逡巡入苑囿，丘壑连环，亭台雅丽。于是绕山穿林，前有平池，满栽芙蕖，红白相间。缘堤而东，则垂杨无数，别有舫室。渡板桥而入，为头亭，为中舱，为稍（梢）棚，宛然船也。窗以铁线纱为屉，延入荷香，桌椅皆湘妃竹镶青花瓷为之。就船设筵，筵陈榴、荔、梨、枣、苹婆果、哈蜜瓜之属，半非时物，食器皆铁底哥窑。每客侍以娈童二，一执壶，一供馔。馔则客各一器，常供之雪燕、冰参以外，有驼峰、鹿臡、熊蹯、象白诸珍。俄而妓至，妙舞清歌。酒数行，洪命布雨，则池面龙首四出，环屋而喷。宴毕雨止，潜察龙之所在，乃制皮为之，掉入池中，一人坐其背，鼓水而上者也。

英果敏抛掷银块

英果敏公翰抚院时，蓄女仆甚多，皆年少美风姿者。暇时辄以宝银碎为一二钱重之块，抛掷于地，使婢子与女仆争攫之以为己有，如扑蜨戏。英大乐，几日以为常。

胡雪岩之豪

同、光间，杭有巨富江西候补道胡雪岩者，名光墉，以豪著称。居省城元宝巷，姬妾极多，于所居之宅作数长弄，诸妾以次处其中，各占一室，若大内永巷。胡不甚省其名，每夕由侍婢以银盘进，盘储牙牌无数，胡随手拈得一牌，婢即按牌后所镌之姓名，呼入令侍寝，率以为常。又喜作微服游，过街市，见有姿色美丽者，即令门客访其居址姓氏，向之关说，身价多寡不计，且允与其父若夫或兄弟一美事。于是凡妇女之无志节者，男子之阘茸者，无不惟命是听。而其各省营业所用之伙友，大半恃有内宠，乾没诓骗无所不至，遂至于败。久之，荒淫过度，精力不继，有以京都狗皮膏献者，大喜。盖其他春药，皆为煎剂或丸药之类，虽暂济一时，然日久另致他疾，惟狗皮膏但贴于涌泉穴中，事毕即弃去，其药性不经由脏腑，故较他药为良。然都中他店所售皆伪物，即有真者，而火候失宜，亦不见效，惟一家独得秘传，擅名一时，而有时亦以旧物欺人，伪作新者。故岁必嘱其至戚，挟巨金入京监制，以供一年之用，所费亦不赀。

胡既败，自知不能再如前之挥霍，乃先遣散其姬妾之次等者，令家属领归，室中所有亦任携去，所得不亚中人之产。迨事急，有将行籍没之举，乃亟择留其最爱者数人，余皆遣去，则所携已不及前，然犹珠翠盈头、绮罗被体也。洎疾亟，并其所留之姬亦遣之，遂徒手而出，一无所得矣。

胡败，江浙诸省之商务因之大减，论者谓不下于咸丰庚申之劫。盖其时惟官款及诸势要之存款，尚能勒取其居室、市肆、古玩为抵，此外若各善堂、各行号、各官民之存款，则皆无可追索，相率饮恨吞声而已。胡之母享年九十余，当胡未败时，为母称觞于西湖云林寺，自山门直至方丈房，悬挂寿文，几无隙地，官绅戚族登堂祝寿者踵相接。胡卒后，母亦继殁，亲友避匿，到者寥寥，又适被查抄之命，虑人指摘，丧仪一切惟务减杀，无复前之铺张矣。

孝钦后之衣饰

孝钦后常御之服为黄缎袍，上绣粉红大牡丹花。珠宝满髻，左垂珠络，中盘粉红牡丹，皆以宝石配成。项下披肩，形似鱼网，以三千五百粒真珠缀之，粒大如鸟卵，圆而且光。复有美玉缨络。手带珠玉镯各一，右手三指五指悉罩金护指，左手两指罩玉护指，各长三寸，复带宝石戒指数枚。鞋亦有珠络，镶以各色宝石。

孝钦后宴外宾时，衣更华美，衣以孔雀毛织成凤凰，每一凤凰口中衔珠缨络一串，约长三寸，略一行动，前后左右均放异彩。冠巾及鞋，亦均绣凤凰。

孝钦后之珠宝饰器

孝钦后宫中储藏珠宝之屋，有三面木架，由上至下，中置檀木盒一排，各标名称，凡三千箱，尚有储藏他处者。

孝钦后之珠鞋

孝钦后有珠鞋一双，四围均镶大珍珠，乃袁世凯督直时所进献者，综计购办及宫门费，都凡七十万金。

孝钦后之饮食品

孝钦后用膳无定所，惟每饭必有上铺白布之三大桌，其及时陈设也。太监立于院中，持多数食盒以进，盒黄色，中可置二大碗、四小碗，碗皆黄底绿龙或寿字，约一百五十品，列成长式，大碗小碟相间排列。别有二几置果盘，皆糖莲子、瓜子、核桃等干鲜果品，为餐后随意掇食之用。至茗饮时，辄置金银花于茶器中。肴之最多者为猪羊鸡鸭野菜，即以肉丸论，亦有红白二色，此外尚有清汤鱼翅、蒸鸡鸭、锅烧鸡鸭、（鸡上覆以松柏之枝。）鸡蛋饼、香肉、白菜煨肉、萝卜煨肉、樱桃烧肉、葱烩肉片、竹笋炒肉丝之属。

孝钦喜食烧烤与酱及麦类，饼为炕饼、蒸饼、椒盐饼、甜饼，亦有以肉为馅者，其式为龙形、蝶形、花形，又有大米小米粥、绿豆糕、花生糕带甜汤，凡此种种，皆常膳所必备者也。

米饭以玉田稻米为之，长及寸，有胭脂、碧粳诸名。常膳必备粥，至五十余种之多，稻粱菽麦无所不有。故每餐所耗辄需百金。

御厨供膳，小菜俱盛以碟，如腌西瓜皮之类，亦灿然大备，其味精绝，闻别有泡制之方。

大梨切为块，以蜜渍之，尤为隽味，诸王大臣时蒙撤赐。孝钦晚年，时患咳，故以此代滋润之品焉。

水皆于玉泉山汲之，清洌异常，非泥沙俱下者所能比也。

太后用膳毕，辄命皇后、宫妃等食之，然不得坐，惟立而餐之，且不敢言语。

孝钦后以二万金摄影

日人某精摄影，庆王为之介绍于孝钦后，令至颐和园为照一簪花小像，即在庆邸消夏园洗晒，已许以千金之赏矣，内廷传谕又支二万余金。

许翁散财之豪

许翁，歙县人，汪镜轩之外舅也。家故巨富，设质物之肆四十余所，江浙多有之，至翁犹然。翁为人极愿悫，其言呐呐然如不出口。而其子弟中则有三四辈以豪侈自喜，浆酒藿肉，奉养逾王侯，家僮百数十人，马数十匹，青骊彤白，无色不具，腹鞅背韅亦与相称。每出则前后导从，炫熿（古同“晃”）于闾巷间。一日，忽郡吏持官文书来，太守以其豪横，欲逮问之，乃惧，上下行赂求免，所费无算，始寝不问。于是此三四辈者相与谋曰：“故乡不可居矣，盍出游！”乃各具舟车出游江浙间，凡其家设肆之处，无远不至，至则日以片纸至肆中取银钱，无餍足。主者或靳之，辄怒曰：“此吾家物，何预乃公事！”使所善倡家自至肆中恣所取，主者大惧，皆以书白翁。翁自度不能要束其子弟，乃曰：“今吾悉闭诸肆，彼无所取，则已矣。”为书遍告诸肆，使同日而闭。已而肆中之客皆大哗曰：“主人所不足者非财也，何为悉罢？为肆主人自为计，则得矣，如吾曹何？”翁闻之，曰：“诚如公等言。”乃命自筦事者以下悉有所赠，筦事者或与之千金，或二千金，视肆之大小，自是递降，至厮役扈养皆有之，最下亦与钱十万。方定此议时，初未尝辜较其人数，及此议出，主者按籍而计之，则四十余肆中人数几及二千，各如数拜赐而去，而钱罄矣。十数世之积，数百万之赀，一朝而尽，亦可骇也。俞曲园太史樾曾于其闭肆后，见之于友人许，则其冠犹戴青金石顶，缀鹖羽蓝翎焉。然所存虽仅此，而意气固犹不减于昔也。

苏子熙善用钱

广西提督苏子熙宫保元春，专阃久矣。性好佛，驻龙州时，每年七月，必召集僧道，设坛建醮，所费辄数千金，于阵亡之从征将士无不列名追荐，而自为之焚香奠酒。又广交游，凡京朝官之负有资望者，岁必以珍品相贻。尝遣人至暹罗采办燕窝，大如瓢者始合格，贮以篋笥，飞递至京，王公大臣无不普及。光绪己亥，入都陛见，所赠京朝官之金表多至三百余枚。又性嗜西洋酒，凡勃兰地、惠司格等悉列之几。某制军为滇抚时，与苏同癖，苏知之，馈若干箱。某痛饮得咯血症，苏知之，乃又馈以药饵。及罢官，实不名一钱，论者皆谓其善用钱也。

德晓峰蓄鼻烟壶

京、外达官贵人皆嗜鼻烟，每于公众宴会时，各出其所藏以相炫。其名有十三太保、小金花之别，年愈久则值愈昂，每瓶昂者至数百金。蓄之多者辄身佩数枚，日易数次也。

贮鼻烟之壶，旧以五色玻璃为之，其后改用套料，且更有套至四五采者，雕镂皆极精，以壶足题有“古月轩”字者为最著名。又其后则以美玉、宝石、水晶、象牙、甆、黄杨木、椰等物为之，然赏鉴家仍以旧制之玻璃者为上也，值昂者一壶辄千金。德晓峰中丞馨所藏之壶，多至千余品，有一最奇者乃金珀所制，中有一蜘蛛，头足毕具。

程长庚与某王赛鼻烟

程长庚中年以后，名誉益著，凡堂会戏，几以无程为缺憾。一日至某王府演戏，王知其嗜鼻烟，因尽出所藏，分装各色烟壶，使品之，曰：“汝非至予处，一时断不得闻如许名烟。”程恶其谩己也，谓王曰：“某亦略有所蓄，王曷临况，一评其优劣乎？”王诺之。次日王至，程以所蓄各种烟列于几，烟壶或玉或翠，亦各以类分，每一类可分为数种或十数种，五光十色，纷陈王前，乃笑谓王曰：“此视王所蓄者何如？”王惭而去。

李文忠冠饰玉

京师达官达人多喜饰珠玉于便帽，而旗人为多。李文忠公亦嗜之，其玉为恭亲王奕䜣所赠，值逾万。权阉李莲英涎之，尝讽文忠，欲求此玉，李曰：“昔韩宣子向郑商求环，彼商人尚能不畏权势，力抗弗与，子产又善为之辞，故卒能保其所有。余老矣，何爱于一玉，特此物贻自故友，饰帽已三十年，何得轻以与人，为终身之玷耶！”乃于琉璃厂出五千金，市他玉以赠莲英。

继禄享用拟王侯

京师之富而多豪举者有三项人，内务府人员，吏、户两部书吏，各库库丁是也。其中之强有力者，辄皆岁入数十万，然率不事家人生产，每岁所得，悉糜于声色狗马诸玩好。故凡歌楼妓馆中，传呼某某等至，则群呼大爷或二爷，其音彻耳，如向日六部司员之参谒堂官然，其乞怜之状可掬也。而以内务府中人为尤甚。

内务府总管大臣继禄，为荣文忠公禄近族，以荣之援，又于李莲英为义子，故内府大权握于一手，积资至数百万。姓好马，闻有名驹，必罗而致之厩下，虽千金不惜。养鸽千余头，种色皆备，日饲粟五斗，有一头贵至百金者。家畜美妾五。其享用拟于王侯，有过之无不及也。

继禄为妓脱籍

继禄尝以八千金为花宝琴脱籍，以三千金为翠云脱籍，又以巨金为银福、红宝脱籍，费累巨万。然虽多姬侍，犹作冶游，无夕不至勾栏，每夕必费数百金。

文某为伶脱籍

文某为内务府司员，暇则狎优。其在光绪中叶，伶之稍有声誉者，皆出资为之脱籍，每费必万金。又尝于同日为四像姑出师，四人皆以“颖”字名其堂，时人号称“四颖”。像姑为“相公”之音转，即伶人也。

立山为伶妓脱籍

立山字豫甫，内务府旗人，尝官户部尚书。饶于财，性豪侈，凡京师菊部名伶、北里歌伎之有声誉者，往往为之脱籍。

立山日易朝珠

京师巨族，自数百年以来，聚物至多。立豫甫尚书家有朝珠三百六十五挂，下者犹值千金。立平时除国忌外，每日易一挂，绝不重复。所蓄古玩值三百万。光绪庚子拳匪之乱，既被难，迨联军入京，家赀尽丧，宝器大半西去矣。

荣文忠日易貂褂

荣文忠公美风仪，有玉人之目，衣裳、杂佩皆极精好。每岁自十一月朔迄次年之元夕，所服貂褂日易一袭，无重复者。其衣衩内标第几号，是可知其多矣。趋朝遇风雨，恒服四不露褂。四不露，即不出风毛者也。

荣文忠之翎管

荣文忠之宝物，拳乱亦多散失，其后广收贿赂，未几即已充实。闻所用翡翠翎管表里莹澈，自外视之，翎毛纤发毕睹，盖玻璃翠也，价值一万三千金。带钩一具，亦值万余。

荣文忠嗣子日挥千金

荣文忠无子，乃抚从子某以为嗣。某好声色，日挥千金不稍惜。荣薨，孝钦后念其勋，赏以四品京堂，某益挥霍无忌惮。所畜马为京师最，出则前后簇拥十数匹，望之毛色一律，异日更出，则全易其色，如是数易而马色不复。

食鱼翅之豪举

鱼翅产闽粤而不多，大率来自日本，自明以来始为珍品，宴客无之则客以为慢。京庖为此，未必尽得法，故以闽粤人为最擅长，次则河南。光绪时，有闽籍京官四人，为食鱼翅之盛会，其法以一百六十金购上等鱼翅，复剔选再四，而平铺于蒸笼，蒸之极烂，又以火腿四肘、鸡四只，亦精选，火腿去爪、去滴油、去骨，鸡去腹中物、去爪翼，煮至极融化，而漉取其汁，则又以火腿鸡鸭各四，再以前汁煮之，并撤去其油，使极清腴，乃以蒸烂之鱼翅入之，味之鲜美，为普通所无，所耗各物及犒赏庖丁之费，计之约三百余金。四人者，为翰林院编修林贻书、商部主事沈瑶庆、候选道陈某，其一人则佚其姓名矣。

某贵人以豆芽为奢侈品

京师贵人某，一日访其戚，留午餐，肴有豆芽。其戚固尝乞贷于某者，至是，某责之曰："君屡言贫，而肴馔何奢侈乃尔？"戚力辨为非贵品，某曰："此为吾所常食，每盘需银一二钱，何得谓非贵品？"戚以未烹者示之，且曰："所值实仅钱二三文耳。"某悟厨人之奸，归而欲逐之。厨人乃取豆芽截其须，以辣椒丝覆其上，又调以麻油、酱油，别取不截须者渍以盐水，悉盛于盘以献之，指不截须者而言曰："此贱物，即三文尚嫌贵，主人所见者此也。若主人平日之所食者，则确为贵品。"某不知其诈，遂复留厨人。

僧尼素食之侈

乾隆时，京师某寺方丈僧，以高行闻于时。善围碁，某枢相亦有碁癖，过从甚密。其香积厨所供素面，风味绝佳，枢相食而甘之，辄命庖丁仿制，弗若也，则扑责之屡矣。庖丁窘且愤，变姓名，佣于僧，久之乃得其法，则选鸡雏肥美者，擘析其至精，缕而屑之，入面中，故汁醲而无脂，味鲜而弗腻。盖自是而高僧之誉骤衰矣。

辇下多诸宅眷，一日集某尼庵，为礼佛诵经之举，虔诚斋絜，庖人以蔬馔至，经婢妪辈搜检，然后入，虽涤器之布，亦必易其新者。而不知此新布之两面，即满涂鸡脂，入厨后沃以沸汤，可得最浓厚之鸡汁。盖非此，则笋菌瓜瓠之属不能使之悦口也。

亲贵所服之珍裘

光绪中叶以后，京朝官相尚奢侈，衣服丽都。戊申冬十二月，庆王府以事筵宴，宾客重裘而至，皆珍品，多亲贵所服也。其种类为雀舌犴尖、鸡心犴尖、凤眼犴尖、条龙犴尖、京庄犴尖、云南犴尖、本作犴尖、带膝紫貂、银针紫貂、翎眼紫貂、贝勒小貂、紫貂膝、貂爪仁、貂耳绒、银针海虎、猞猁狄，猞猁脊、猞猁腿、西藏獭皮、金丝猴皮、火狐狄、白狐狄、玄狐狄、吉祥狄、白狐腿、大狐腿、青狐狄、金银狄、白狐梓、红狐腿、金银腿、狐耳绒、青狐膝、白狐膝、金边膝、火狐背、玉堂狄、天马狄、宥窝刀、花灰鼠、真银鼠、洋灰鼠、索伦灰脊、白狼狄、宁夏滩皮、青顺腿、红顺腿、黑种羊、青种羊、白种羊、葡萄狄、玉带狄、海棠狄、黑缁羔、同州羔皮。

银针海虎之拉虎

四块瓦，即便帽中之拉虎也，以其上分四块，如瓦形，故以为名，下垂短带。普通多用熏貂，佳者值三十余金。而荣文忠公所戴者值三百余金，盖以银针海虎为之也。

那琴轩膳费月六七百金

那琴轩相国桐善饭，然非佳殽不适口，每食必具参、翅数簋，啖之立尽。其庖人月领膳费至六七百金之多。

某侍郎之饮馔

光绪季年，京曹官风尚豪侈，即以饮馔言之，无不罗列珍错，食前方丈。有久居京师之某侍郎亦然，所佣庖人，中西兼备，中肴皆苏扬名手，人必有一二品之擅长者，西肴则欧美名庖任之。早晚三餐，中西各肴列于左右，某坐其中，椅可随意旋转，择所嗜啖之。其宴客更可知矣。京师贵人遇宴外宾及外省入觐之大吏，必假其庖，亦中西肴并列，每席有费至二百金者。试言其鸭，则火烤而松脆者，仿京师制也；红焖而甘腴者，仿苏州制也；清蒸而肥腻者，仿扬州制也。余肴亦大率类是。自午至晡，客已辍箸，而尚燔炙纷陈，续续不已，类皆不待终席而散矣。

金仲撝有豪侈之思想

光绪时，有历佐戎幕之闽人金仲撝名谦者，家故寒素，而豪迈自喜，所得金到手辄尽，既无资以营商，又不欲作齷齪官以猎取傥来物，初颇悒郁不自得。久之而研究哲学，有所悟，于世之虚荣实利，视之如浮云，弃之如敝屣矣。至其少年时之豪侈思想，则固尝为仁和林重夫茂才任道之，其言至恢诡，虽富如猗顿、贵如金张，恐亦未易实行也，谓为呓语可耳。然可譬之道经屠门者，即不得肉，但大嚼亦快意于一时也。

重夫尝以告人曰：仲撝虽闽籍，其大父以宦浙寄居，故生于浙江之杭州。意谓湖山有美，诚为通国第一名胜之区。苏杭齐名，以山水言，杭胜于苏多矣。惟以西湖居民之粗俗可厌也，欲为移民之策，徙苏州男女以实之，冀以吴姬之颜色，吴娃之语言，与三竺、六桥之花柳燕莺，相得益彰，无美不臻也。至是，乃择地灵隐，建筑园林，其间重堂高阁，温庐凉馆，及亭台、楼观、轩榭、池沼之属，无不具备。植物如奇葩异木，动物如珍禽嘉兽，凡人世间所可有者悉罗致之。更于其中构宅以居京师、奉天、长沙、广州、苏州、扬州之妾者六，各自为宅，仲撝则与其妇于六宅之中央而居一宅焉。妾为京师产，则宅亦京师式，室中之器具，食时之肴馔，役使之婢妪，亦无不自京师致之。推而至于奉天、长沙、广州、苏州、扬州，皆如之。不出园门，日偕其妇任意以游。入某妾之室，则所进之食、所闻之言，无不与此妾之出生地相应。故见京师之妾，则如至京师矣；见奉天之妾，则如至奉天矣；见长沙之妾，则如至长沙矣；见广州之妾，则如至广州矣；见苏州之妾，则如至苏州矣；见扬州之妾，则如至扬州矣。至夕，或与其妇偕返自居之宅，或己留而妇返，惟其便。

至于仲撝常日之衣食，则但取其有资卫生足矣。虽妻妾臧获被文服纤，（四字见《文选》宋玉《招魂》，文谓绮绣也，纤谓罗縠也。）饫膏粱而餍珍错，而己之所衣仅取适体，寒暑惟宜而已，且或科跣而见客也。食必参以西法，饭麦茹素，肴以豆类制者为多，不求快一时之朵颐。偶食米，必粗粝，盖以其淀粉质少，蛋白质多，多滋养料，次于麦，胜于精米也。有时宴客，食前必方丈，偶或参坐，亦惟饵日进之常馔数簋，客纵饮狂啖弗之顾。盖食有定时，且不欲以饕餮伤生也。客之来去，令幕宾迎送之。春秋佳日，召男女名伶演剧，犒金则以千。不延客观剧，客闻之而来，亦不拒。仲撝不衫不履，支胡床，坐而观之。设榻于旁，倦而假寐，即就枕，剧亦辍演，俟醒而续演。亦与人通庆吊，然异于常。宗族戚友之贫窭者，遇婚丧，至少馈百金，富贵者无赠。仲撝家有事，则不纳人之仪物，或以诗文为庆祝，亦不受，盖恶谀也。平时有以急难丐资助者，千金亦不吝；地方之公共事业、慈善事业，累数万斥之以为常。仲撝与其妇之诞日，则佃人免租一年，服贾于其肆者增一月俸。仅计此，凡得惠者逾千人焉。

才辩类

徐竹逸自谓无隐恶

宜兴徐竹逸司李喈，顺治戊戌进士。某年丧子，客有议之者曰："徐君必有隐恶，故罚及其子。"竹逸闻之，曰："昔仲尼有何隐恶，而伯鱼殀乎？"

陈散木健辩论

通州陈散木，名世祥，性狷介，不为苟容。素健辩论，客或不合，必与抗争，不少迁随。或憾焉，散木闻而言曰："我之所嫉，怒我固然；即尔见喜，正复何益！"

徐敬舆解释裘尽金敝

仁和徐敬舆，名敬直，尝与人闲谈，误"金尽裘敝"为"裘尽金敝"，客笑之，徐曰："皮之不存，毛将焉附，非裘尽乎？何意百炼刚（钢），化为绕指柔，非金敝乎？"客无以难。

不打尔打佛

华亦祥为顺治己亥进士第二人，圣眷甚优。康熙初，尝扈跸至京外之香山。有某寺僧者，圣祖礼之，如拜佛然，僧箕踞自若也。亦祥含怒未发，顷之，车驾出门，亦祥遂取所持锡杖痛殴之，谩骂曰："尔何人，敢受天子拜耶！"僧曰："不拜我，拜佛也。"华亦曰："我不打尔，打佛也。"僧乃合掌曰："阿弥陀佛善知识。"

史立庵论孝子节妇廪给

康熙朝，鄞县史立庵侍郎及超官少宗伯时，同官议裁孝子、节妇廪给，曰：“彼自分内事，何与朝廷？”史曰：“为子不孝，为妇不节，亦何与朝廷，而必以法绳之耶？”议遂寝。

沈去矜发辩议

沈去矜弱不胜衣，而骨性刚挺。平时与人语，气才属，及发辩议，则电闪霆激，摧屈一坐。

靳文襄论治河

汉军靳文襄公辅，任河事最久，其受人倾轧亦最多。康熙乙丑，上念高邮、宝应诸州县湖水泛溢，民田被淹，命安徽按察使于成龙经理海口。旋召靳及于至京汇议，于力主开浚海口故道，靳仍初议，筑长堤束水敌潮。时大学士九卿从靳议，而通政司参议成其范、给事中王又旦、御史钱珏均韪于说，宝应侍读乔莱亦奏靳议非是，乃命尚书萨穆哈等勘视，奏称海口不必开。会汤文正公斌以巡抚入为尚书，独奏下河宜浚。卒以廷臣异议，命侍郎孙在丰往董其役，未尝专从靳策也。丁卯谕，又询下河田亩可纾水患之策，靳仍主筑堤减水之说。时于抚直隶，上以靳疏示询，于仍言下河宜开，重堤不宜筑。诏遣尚书佛伦、侍郎熊一潇与总督董讷、总漕慕天颜、孙在丰会勘，惟佛伦奏应从靳议，天颜、在丰议均与靳左。戊辰正月，御史郭琇劾靳縻费帑金，攘夺民田，横取米麦，越境货卖，科臣刘楷、台臣陆修祖复交章劾之，天颜、在丰亦疏论靳屯田累民及阻挠下河开浚事。靳自请入觐。上御乾清门，命辅、琇及于各陈所见，卒允九卿议，停筑重堤，革靳职。后又命学士凯音布、侍卫马布、尚书张玉书、图纳等先后往勘，均称靳治河功。己巳正月，上南巡阅河，靳从行，上亲见堤工河道，始褒靳实心任事，劳绩昭然，复原品。壬申，复任河督。逾年，召见于及原署河督董讷，责其排靳，谕大学士曰：“于成龙曾奏河岸未见靳辅栽柳，及朕南巡，指询成龙，无辞以对。董讷亦曾言之。彼时九卿皆言靳辅当从重治罪，若即诛辅，则死者可复生乎？”成龙、讷皆叩首。

周栎园上下今古

周栎园嗜饮好客，客日满坐，坐必设酒，谈谐辩难，上下今古，旁及山川草木、方名小物，娓娓不倦，觞政拇阵，迭出新意，务使客极欢而去。

邵稼轩举乖字

康熙时有邵稼轩者，强识多闻，性喜诙谐。值《康熙字典》初成，读三月而毕，不遗一字。有难之者，造“乖”字以请，邵曰：“此字六书所不载，人不能识而我独能识之。一手提两口，当为亨（去声。）鼻涕之亨字。”难之者不能辩。

王丹麓解口字着人

地师沈六如尝过王丹麓，语以庭前不宜种树，谓口字着木为困字，不佳。王曰：“诚然，君亦未宜立于此也。口字着人，岂不成囚字乎？”沈默然。

宗举儿谓月中桂树不奇

宗定九子举儿，名学诗，喜读书，善言辞，六岁而殇。年五岁时，曾偕诸儿戏于庭，一儿指月而言曰：“月中那得有桂树？”举儿曰：“汝谓月中桂树为奇，彼天地间之有树，亦当奇耶？”

王用和谓孔子无眉

王丹麓好客，裙屐纷集。一日，有客谓孔子无须，众诘其说，客曰：“见之《孔丛子》。子思告齐王曰：‘先君生无须眉，天下王侯不以此损其敬。’故知今像多须，误也。”时丹麓子鼎在侧，方六岁，应声曰：“然则孔子亦无眉耶?”客语塞。鼎，字用和。

王小能谓风亦畏寒

王丹麓病起畏寒，每当雪夕，辄楗户御风。其第五子小能方五岁，适坐于膝，曰：“大人寒，故畏风，抑知风亦畏寒乎?”王问故，答曰：“风不畏寒，何由喜扑人怀?”

吴威卿谓有孤独连文

吴锦雯有子名鷹，字威卿，幼慧好学。七岁，尝侍客座，客论诗，谓无孤独连文者。吴应声答曰：“孤云独去闲，非佳句耶?”一坐惊叹。

虞景敏作辞巧文

石门虞景敏，名黄昊，康熙丙午举于乡，十岁即善属文。尝阅唐柳宗元《乞巧文》而斥其谬，更作《辞巧文》以辨之。

高宗谓三藩司皆督抚才

乾隆时，有浙江、山东、甘肃三藩司入觐，同时召对。高宗问：“汝等皆历任藩司，在任时亦畏督抚否?”东藩对曰：“不畏。”问其故，对曰：“皇上既放督抚，又放藩司，本属互相纠察，若一味畏惧，不敢争论，则藩司为虚设矣。”浙藩对曰：“臣公事不畏督抚，私事畏督抚。”问何谓，对曰：“公事，督抚有失，必当争执，如畏惧默默，必致逢迎迁就；至私事，稍涉营私不公，督抚即当奏劾，安敢不畏?”上以为然。又次，甘藩对曰：“臣甚畏督抚。”上曰：“尔何以独甚?”对曰：“督抚以下即藩司，属员视藩司如视督抚，藩司不畏督抚，属员亦相率不畏藩司。属员无畏惧心，公事必致棘手，臣不敢不畏。”上亦以为然。次日，召见军机大臣，谓昨见三藩司，皆督抚才也。未几，皆擢疆圻。

梁相国释佛之笑

梁相国，即《贰臣传》中某。国初，父子相继入枢垣，权势张甚。高宗南巡时，其子已退老，或以其不法事上闻。会梁迎驾游大佛寺，至山门前，高宗怒指弥勒佛问曰："佛见朕笑，于意云何?"梁以佛见佛故笑对。高宗复返顾问曰："然则见汝亦笑，何欤?"梁免冠顿首曰："佛笑奴才不成佛耳。"

金寿门为鹾商解围

钱塘金寿门客扬州，诸鹾商慕其名，竞相延致。一日，有某商宴客于平山堂，金首坐，席间以古人诗句飞红为觞政。次至某商，苦思未得，众客将议罚，商曰："得之矣。柳絮飞来片片红。"一座哗然，谓其杜撰。金独曰："此元人咏平山堂诗也，引用綦切。"众请其全篇，金诵之曰："廿四桥边廿四风，凭阑犹忆旧江东。夕阳返照桃花渡，柳絮飞来片片红。"众皆服金博洽。其实乃金口占此诗，为某商解围耳。商大喜，越日以千金馈之。寿门名农，乾隆丙辰尝以布衣举宏博科而不就。

杭堇浦有谈天口

仁和杭堇浦，名世骏，字大宗。生平博闻强记，口如悬河。时方灵皋以文章负重名，堇浦独侃侃与辩，灵皋逊避之。袁子才有挽诗云："横冲一世谈天口，生就千秋数典才。"盖纪实也。

戴姚成微言息争

戴东原太史与钱箨石宗伯，乾隆中同官京师。钱素不喜戴。一日，钱之乡人会饮，同馆后辈某纵谈至于戴，钱力诋之，某与之往复辩论，钱愤，责某诋斥前辈。越翼日，乡人又会饮，钱与某均在座，有言及钱之同馆前辈杭大宗者，颇致不满，钱和之。

某又抗论，钱不怿，因以某言质之末席戴舍人姚成，姚成曰：“小子不敏，于先生所操月旦，实未敢置喙也。所不解者，先生前有一语耳。”钱大愕，询之，姚成则曰：“先生不尝以某之排斥前辈为无礼乎？先生之于大宗，亦前辈也，今亦排斥之，宜小子之不解也。”钱乃肃容起立而谢曰：“君言良是。老夫不敏，愿安承教。”

李复堂题佛像

李复堂鱓、郑板桥燮，书画皆精绝。复堂尝为人题观音大士像云：“巧笑倩兮，美目盼兮。”或讶其儗（古通“拟”）于不伦，复堂奇窘。板桥即应声而言曰：“何不云‘彼美人兮，西方之人兮’。”

和尚惧内不敢娶

广州某寺住持僧某，名衲也，平日不事文字，而语言超妙。一日招集诸名流小饮，座有戏问我辈何人最惧内者，众未及答，僧亟应曰：“惟老僧最惧内。”众笑其不伦，僧徐徐而言曰：“惟惧内，故不敢娶耳。”

袁子才释“园”字

袁子才居金陵，尝畜一羊，逸入邻园，食其所种之菜。园叟来告，袁戏叟曰：“汝知园字乎？必筑围而后可。”叟固风雅士也，闻之，亦戏曰：“汝亦知园（園）字内为何字乎？筑围仅能防围外，不能防围内也。”袁亦为之绝倒。

一朝天子一朝臣

秦殿撰大士尝侍高宗，一日，高宗偶问曰：“汝果秦桧后人乎?”秦无他言，但对曰：“一朝天子一朝臣。”

梁文庄召对得体

钱塘梁文庄公诗正在政府，一时援引如陈句山太仆兆仑、孙虚船通议灏，皆杭州名宿也。或有以文庄庇护乡人为言者，一日，高宗召文庄谓之曰："人言尔庇护同乡，自后有则改之，无则加勉。"梁顿首对曰："臣领皇上无则加勉之训。"时服其有体。

熟梅天气半阴晴

乾隆末，桐城有方、姚二人，同负时望，而议论辄相抵，每因一言，辩驳累日，得他人排解始息，久竟成为惯例。一日同赴张某家小饮，酒后闲谈，偶及时令，方谓黄梅多雨，姚谓黄梅常晴。方曰："唐诗'黄梅时节家家雨'，子未知耶？"姚曰："尚有'梅子黄时日日晴'句，子忘之耶？"方怒之以目，姚亦忿忿，张急劝解曰："二君之言皆当，惜尚忘却唐诗一句，不然可毋争矣。"方、姚齐声问何句，张曰："'熟梅天气半阴晴'，非耶？"于是皆大笑。

僧问毕秋帆以子曰

毕秋帆制军抚秦，赴任时道经某刹，因往随喜。一老僧迎入，毕曰："尔亦知诵经否？"僧答以曾诵。毕曰："一部《法华经》，得多少阿弥陀佛？"僧曰："荒庵老衲，深愧钝根。大人天上文星，作福全陕，自有夙悟，不知一部《四书》，得多少子曰？"毕愕然，深赏之，遂捐俸置田为香火资，并新其寺。

某生论金顶

嘉庆初年，厘正品级，凡生员帽顶，必循例用银而不得用金。河南汲县某生，以事至县署，戴金顶，令指其顶而嗔其违制。生曰："生员家贫，无银，故用铜。若以此为违制，则老父台已先之矣，何责生员？"令大怒，曰："吾何尝违制？"生曰："按例，老父台之顶宜照七品例用金，今果金也者，以责生员可也，否则生员不独任违制之罪也。敢请以顶俾生员验之。”令语塞。

龚宝宝问难

嘉庆中，江苏诗人龚光瓒以事戍黑龙江，历任将军至，皆待以宾礼，不以流人视之也。光瓒有子宝宝，幼慧，嗜读，年九岁，已毕《五经》，人咸称之曰圣童，将军那启泰常命苍头负入节署中说经。宝宝，庶出也，一日讲《易》大义，问将军曰：“乾为天为父，坤为地为母，天地父母，一而已。我乃一爷而二娘，然则地固可多于天欤？”将军无以应之，漫曰：“在江苏为江南地，在黑龙江为塞北地，地虽多，其实一也。若有两母，将毋同。”宝宝亦漫诺之。

某明经谓徐令无规矩

长兴县令徐某初下车，颇锋利，每收呈，必摘呈中语面诘之，倘所对稍有参差，轻则掷还，重且扑责，其意盖以示能也。有明经某者，平日把持邑中事，吏胥咸畏之。令亦知其人，思痛惩之，而未有间。明经亦知令将与己为难，会有事，讼之县，乃自怀呈往。是日具呈者殆百余人，吏胥以明经呈置第一，意令出，先诘数语，即可纵之去，以免滋事也。俄而令升堂，人皆跪而待命。令见明经呈，即置之末，而每阅一呈，必呼一人前，絮絮问不休，欲令久跪以挫之。明经颇不耐，然尚无隙可乘也。少顷，令摘冠置案上，以手搔发际。明经见之，即蹶然起。令怒曰：“汝衣冠中人，奈何不知规矩？公堂之上，容汝长立不跪乎？”明经乃以手指其头曰：“汝先无规矩矣。世岂有不衣冠而临民之官耶？”言已，掉臂出，令竟无如之何。

良相是长麟

某部司官马某，为长麟所劾。某日，与某中翰等在陶然亭谯叙，纵谭及此，中翰高吟曰："司中无小马，堂上有长麟。"盖讥之也。长突然至，微闻"长麟"二字，严词致诘。中翰笑曰："吾辈方以公名作对耳，曰'名医惟扁鹊，良相是长麟'。"长始欢然而去。

贼诘周焘

嘉、道间有周太守焘者，尝牧通州，治贼严，每获贼，即断其脚胫。有一贼甚强项，谓周曰："小的虽作贼多年，亦颇知《大清律例》，割脚胫在何条?"周笑曰："汝言甚是。惟吾亦问汝，三百六十行，行行吃饭着衣裳，汝为何行?"贼不语，遂割之。

孙制府以片言解纷

道光癸未冬，裘安邦任南河中军副将时，以兵丁鼓噪，禀请河督究办，而河督不允，遂至龃龉。值江督孙某莅浦，询裘曰："是日演武场中，仅人语喧哗乎，抑有击鼓者乎?"裘曰："无鼓声。"孙笑曰："鼓者，伐鼓渊渊；噪者，人声嘈杂。必兼之，乃为鼓噪，此殆非也。"其狱顿息。

罗文俊不违天威

罗侍郎文俊有才辩，素短视，寻丈外即茫无所睹。宣宗尝于召见时笑问："卿见朕否?"叩首曰："天威不违颜咫尺。"盖罗实一无所见也。

康泰直呼县令姓名

上海庠生康泰，以强索漕规岁千元事被控，上海令许乃大提之到案。康甚辩，许怒，语之曰："尔既为庠生，当知礼法。尔为何学使所取进?"康期期言曰："周、周、周。"许曰："岂周系英耶?"康遽应曰："许乃大所言是也。"许怒，拍案曰："尔何直呼本县姓名?"康曰："老父台可直呼学使姓名，生员自可直呼老父台姓名。”许大怒，详请学使斥革衣顶，学使斥不准。

钱东平谈锋

长兴钱东平布衣，名江，负不羁才，遍读异书，足迹满天下。少入京师，上万言书，言时政，请迁都江宁，废时文，罢乡会考试，令各省选录人才。书上，奉旨严逮，遂发乌里雅苏台为奴。旋赐环，再入京师，与李文忠公鸿章、何子贞太史绍基友善。未几，粤寇洪秀全陷鄂城，东平星夜往奔。洪一见器之，令掌机要。上书劝洪直趋京师，洪不听，径取江宁，遂弃洪而逃。乃谒曾文正公国藩，阍者延入，文正雅重其名，降级迎之，握手入中堂。东平岸然，拱手就坐，与文正论海内大局及安危所系，纵横辩论，索笔绘图，指陈得失。文正唯唯，不敢稍阻其谈锋也。

沈文定为殷谱经饰辞

吴江沈文定公桂芬直军机时，对于宦京乡人，每极意周旋之。殷谱经侍郎方行走南书房，遇文定，岸然以乡先辈自居，文定恒下之。侍郎性峭直，出言不顾忌讳，文定时弥缝之。一日待漏朝房，百司咸集，有某大臣询侍郎曰：“闻圣躬违和，果何症也?”侍郎遽喟然曰：“小儿好色所致也。”文定闻言大惊，幸侍郎语时微带吴音，故闻者不甚了了，文定遂亟以京语从容顾侍郎曰：“老前辈所云，非宵衣旰食所致也欤?”于是闻者释然。盖京语“宵衣旰食”四字，其音与“小儿好色”本绝相似，故遂无觉者。

金安清口若悬河

同治初元，秀水金安清以两淮盐运使褫职，乃游说于湘淮军诸帅，求起用。七谒曾文正，不见。文正语人曰：“我不敢见也。此人口若悬河，江南财政了如指掌，一见必为所动，不如用其言不用其人之为愈也。”同治壬申，遂从金说，得增淮南票盐八十万。曾忠襄抚某省时，金往说之，大为所惑，专摺奏保请起用，大受申斥。文正闻之，叹曰：“老九几为其所累矣。”久之，郁郁死。

孝哲后为穆宗争立嗣

孝哲后与穆宗伉俪綦笃，而不得于孝钦后。穆宗病革时，本拟令贝勒载□承大统，孝哲亦以为然。及李文正公鸿藻泄其事于孝钦，孝钦震怒。穆宗崩，孝钦议立德宗，后复争之，谓不可使大行皇帝无后。孝钦曰：“有相予得佳妇者，大行皇帝有后久矣。”意盖诮后无出也。后顿首曰：“儿德薄，负先帝恩，万死莫辞。然后宫某氏已有身，宗社有灵，或诞降皇储以承丕绪也。”孝钦曰：“国不可一日无君，且能预卜其所生为男耶？”后曰：“请先立贤王监国以待之，所生果女，然后即真，似未晚也。”孝钦怒后哓辩，厉声曰：“此事有余暨慈安后主之，安有汝置喙地？再多言，当论死！”慈安后，即孝贞后也。后素和婉，事两宫有礼，是日忽愤不可忍，泣而言曰：“死从先帝，儿之志也。儿以皇嗣未定，故隐忍须臾耳，今已矣。然儿死尚能自大清门出者，则请为先帝立后，固儿之分所当言，安能以是为儿罪耶？”孝钦大怒曰：“汝谓我死不能自大清门出耶？”立呼内监批后颊。孝贞力为之请，始叱后退。后遂绝粒。久而未绝，卒乃服碎磁屑而崩。奉安时，孝钦憾其前言，欲使后金棺自便门出，孝贞曰：“我朝家法，后崩，金棺必出大清门，历代相承，不可改也。”孝钦默然，乃止。惟后所言后宫有身者，竟不知所终。

彼此以“何”相诘

朱九江有犹子，酷嗜钱，一日，九江谓之曰：“钱之为物，有何佳处，汝顾爱之若是？”犹子者亦质问九江曰：“钱之为物，有何不佳处，叔顾不爱之若是？”

桂林清议绝可畏。况东桥所居，距其弟夔笙太守周颐之庐不数武。某日向夕诣兄，值盛暑，未易长衣，甫出门，遇一友，遽诃太守曰："汝何故着短衣出门？"太守亦笑诘之曰："汝何故着长衣出门？"

左文襄俊辩

左文襄大拜，至翰林院受职。诸翰林意存蔑视，文襄危坐清祕堂中，曰："适从何来，遽集于此？"诸翰林肃然起敬。已而请书匾额，文襄大喜，谓："诸君皆擅长八法，今乃推一矗鄙武夫作此，足征引重之心，遂有入学蒙童乍临影帖为塾师所激赏动笔加圈之乐。"诸翰林皆服其俊辩。盖左以举人补赏检讨，为入阁地也。既官东阁，往往一人在室中摇首自语曰："东阁大学士，东阁大学士。"

王惟清谓举人尚

左文襄以孝廉从军，立跻通显，居尝高自期许，以为秀才能任天下，布衣可佐王业，雅不欲以甲科中人为评骘之定鉴，此盖有所激而然也。光绪甲申法越之役，帅军由江苏至福建，道次九江，官吏呈刺谒见，左视九江道履历，乃进士出身，未延见，仅传见九江府。继而德化等县皆进士出身，不得已，皆见之。后有同知王惟清，以举人需次者，持刺来见，左视之若大宾，肃衣延之入，即纳之上座，于后谒者概令谢绝。候辕诸人疑之，密贿持帖者探左意。未几，柬房人云：左见惟清时，颇谦抑，进茶后，问惟清出身，惟清以举人对。左问举人与进士孰尚，惟清曰："举人尚。"文襄佯示疑讶，诘之，惟清正对曰："凡人作秀才时，仅经营于八股试帖，以外无暇他及。通籍后，又有大考试差，纷纠于内，不得不于小楷诗赋昕夜研攻，犹必出习世故，奔走于酬酢应答之间。惟至乡榜告捷，胸襟始展，志气甫宏，经世文章，政治沿革，乃稍稍有暇究治焉。幸而出仕，及膺任显要，皆其平日所营治者，尚得有尸位诮耶？故卑职窃谓举人尚。”文襄拍案叫绝，称“是”者久之，曰：“一篇好议论，今何幸闻之！足下在晚近中，真不愧为佼佼矣。”语毕，送惟清出。时道府方站班，文襄顾左右曰：“此间好官，仅一王丞，奈何使之屈抑如此？”道府耸然受教。文襄行后，道府问惟清与文襄感洽之故，惟清详述之，与阍人所道同。

陈树屏善解纷

张文襄督鄂时，与抚军谭继洵意见不合，遇事多龃龉。一日公宴，集黄鹤楼，宾主酬酢，咸有酒意。座客某询及汉水江面之广狭，谭答以五里三分，曾见某书。张沉思有顷，乃顾客而言曰：“其言不实。实广七里三分，有某某书可考。”谭不屈，仍争为五里三分，互争执不相让。张、谭盛气之下，急欲一竞胜负，然又无所取决。张乃遣弁飞骑召江夏县，时知县事者为望江陈树屏，名进士也，闻召，亟肃衣冠飞骑往。比至，甫入门，未及开言，张、谭皆同声问曰：“君知江夏县事，汉水在汝辖境，亦知江面七里三分乎，抑五里三分乎？”陈应声曰：“江面水涨，即广至七里三分；水落，即狭至五里三分。制军就水涨言之，中丞所言，就水落言之也，知县以为皆无讹。”张、谭闻之，皆大笑，争乃解。

康广仁辩才无碍

南海康广仁为有为胞弟，辩才无碍，每申驳议，层出不穷，谭嗣同辈咸畏服之。有封事，广仁直达黼座，德宗即与之计划，他人不知也。光绪戊戌被难，由京师广仁善堂收殓，葬于义冢，南海会馆为立一碑，无字。庚子联军入京，始有人镌字其上，曰“南海康广仁之墓”。后以沈荩之力，始返其骨于故乡。

李文忠拒革命

光绪庚子，拳匪肇乱畿辅，八国联军踵至，南北隔阂，举国不统一，势岌岌如累卵。时李文忠自粤至沪，寓刘学询家之沧洲别墅。革命党将于沿江起事，因举某某二人往说文忠，意将推为首领。文忠若已早知某某来意者，立延见之，方通姓名，遽曰："君等欲称兵乎？惜我年老，不能相助。亦恨君等迟生五十年，当时不能助我也。"其言明亮痛快，使人更不能再进一语。某乃询兵事利钝，文忠曰："我国用兵，本无奥妙，亦惟一哄而已。"言时，举手作閧势，复续言曰："哄得过去即胜，胜即成事。"言至此，仰屋大笑，拄杖起立矣。

偷儿自称刘坤一

光绪中，刘忠诚公坤一任两江总督时，一夕，署中获一偷儿，亲鞫之，询姓名，偷儿曰："小的姓刘，名坤一。"刘拍案曰："岂有刘坤一而作贼者乎？"偷儿顺口改曰："小的本不作贼，实为差役误拘。"刘曰："然则何为暮夜入署中？"偷儿曰："大人与小的姓名偶同，窃欲一觇大人颜色耳。"时有幕友某在旁，谓宜改名刘坤二，偷儿颔首曰："小的与大人，本一而二、二而一者也，赐名坤二，亦何妨！"刘服其辩，笑而释之。

钱念劬论请安

归安钱念劬，名恂，尝以道员需次江苏，每见司道，辄随俗请安。或以奴性讥之，钱笑曰："人之一身，手在上，足在下，手尊而足贱，若辈敢受我长揖乎？不如以足与之行礼，但弯腿而已可也。"

王文勤设辞拒人

仁和王文勤公文韶在枢垣时，有浙人某以知县引见，将出京，谒王，丐八行书，以介绍于当道，王曰："如君之才，必为上游所赏，老朽之言不足增重也。"某无辞而退。又有谋出洋随员，乞其言于驻美公使者，王曰："出洋路险，中途若有疏虞，若家中人转而诘我，我将何以复之？敢谢不敏。”

张氏女慷慨陈说

湖北张氏女有干才，已嫁而孀矣。其父仕于闽，为县令，资财巨万，惟挟二妾以从，弃妻于家不顾也。族人咸不平，怂恿（古通“遬”，遬同“恿”）其妻，使如闽，辞无资，则为醵资。又惧不礼于夫，女乃曰：“母无惧，我侍母以行，然须具来往之资，合则留，不合则返耳。”于是母女俱如闽，未至其所三十里，使人以告。父闻妻至，将不纳，闻女与俱至，始大具车徒迎之。既至，果相安。居数月，女辞欲返，母留之，女曰：“家有尊长，岂能居此长奉母乎！”母泣曰：“汝在，故我无苦；汝去，彼将鱼肉我矣。吾从汝归耳。”遂与俱返。其后，父以赃败，诏下原籍，簿录其家财。县官奉檄至门，母皇恐伏灶下，余人悉走匿。女盛服出见县官，言父平时弃母不顾状，且曰：“父盛时，母不同其乐；今父败，母岂得同其忧？请公入视，如有铢金寸锦之储，甘受隐匿之罪。”声情慷慨，县官为之动容。入视之，破屋数椽，疏帐缥被而已，叹曰：“诚如汝言，诚如汝言。”遂去。

董成妻善遣张姓女

董成，山东人，少无行，以博负债，潜逃至京师，佣于某商店。性伶俐，能得主人欢。主人与某王交，王时至商店，拂巾瀹茗，皆令成充其役，便捷机巧，无不如意。王悦之，与主人商，召之邸，供杂役。谨慎将事，与人无忤，邸中上下，无不交口称成，王因委以管钥焉。邸侧有张姓者，养一女，年与成相若而贫，以十指自给。成时以缝纫事至其家，渐与女狎，女父母知之，亦不之拒。越二年，王以成朴实，赐以邸中婢，且为治外宅。婢颇慧，口齿伶俐，为成治家政，毫厘无所失，以是成无余资复赡女家。张之门绝成迹者数月，女渐闻成纳婢事，与母计，欲觅成，母曰：“吾家以贫故，得成赡助，赖以免冻馁，彼已成家，谅无兼顾力。且渠妻为贵人婢，与之争，必不胜，子安之可也。”女曰：“否，渠与儿有前约，寒盟不可。”遂偕往。抵门，值成出，婢邀入室，询家族，女母始叙来意，并言送女来，无再返理。婢曰：“兹事颠末，予概不知。既有前盟，而渠背之，诚为非是。但予系贵人赐，而彼无家产，居室饮食惟主人是求，多一人尚虞不给，宁容有二乎？况汝年方少艾，私约无人知，宜及此时别觅佳婿，愿三思之。”女曰：“予所以蒙羞而来者，以息壤在前，已如倾出之水不可复收耳。苟相爱，奴婢犬马皆所不辞；若不见纳，请即以颈血溅汝身。”婢笑谓之曰：“勿尔，鸿毛之死，智者所羞，况戕生于此，秽名益彰。”复为之画策曰：“渠执役数年，识人颇夥，汝可认予作义妹，姊为择一俊婿，奁费予为代办，即二老亦得娱天年，妹以为何如？”女沉思良久而归。数月后，为女介绍一山西贾人子，悉出所蓄为购奁具。届期，以鼓乐迎，女登车去，成与婢相处以终。

氏有子姑有孙

某姓姑、妇孀居，家仅中资，姑欲为己嗣子，妇亦欲为己嗣子。族党中有助姑者，有助妇者，呶呶纷争，竟至涉讼，久仍不决。妇特投一老讼师，欲求必胜，讼师曰：“易事耳。”遂为拟一词，中有句云：“为姑立嗣，姑有子而氏无夫；为氏立嗣，氏有子则姑有孙矣。”问官阅此数语，乃判令族党为妇立嗣。

崔李辩难

崔、李为六朝著姓，有崔鸿者字初民，李元者字赤萌，居同里，学同师，而少相狎也。一日李访崔，坐定，谈谑间作，李嘲崔曰：“君名鸿而字初民，初民即原人，产生于鸿蒙甫辟之时代，野蛮二字之徽号殆难免矣。”崔曰：“君既目我为原人，则我为人之鼻祖，君独非我之云仍乎？君以元为名，以赤萌为字，赤萌者，赤子之萌芽，即精虫也。精虫一名生原，原与元音同。（精虫体甚小，为蝌蚪形，行动活泼如虫，在男性生殖器之精液中，故名。须用五六百倍之显微镜始能见之，与女性生殖器所生之卵珠同为生殖之原。）况元龟为古之宝物，见于《诗》，龟又尝被老桑称为元绪，《述异记》曾载之，元之时义大矣哉。”李曰：“元者始也，凡数之始，多曰元，如元年、元月、元日是也。又善也，子元元，民之类善，故曰元，则见于《国语》。吾名之元，元气之元也。《白虎通》曰：‘地者元气所生，万物之祖也。’又道教之神曰元始天尊，晁氏《读书志》尝纪之也。且吾即为精虫，则人类皆吾所化生，君亦托始于吾也。”崔曰：“君休矣，精虫尚未成人，岂能齿于人类耶！”

明智类

傅青主知子将死

傅青主征君山善草书，一日醉后，偶作草书，书毕偃卧，书置几上，子眉潜以己书易之。傅醒见之，叹曰："我昨醉后偶书，今起视之，中气已绝，殆将死矣。"眉亟白其事，山曰："然则汝不食麦矣。"后果然。

邵薪传知死贤于生

常熟邵薪传刑部灯，顺治壬辰进士，尝言向子平未是达人，既知富不如贫，贵不如贱，便应知死贤于生。

计甫草知了一生

或问计甫草暇日何以自娱，计云："赋诗弹碁，俱增恶业，但能日诵《楞严经》两卷，便足了一生事。"

林视公卜真宅

鄞县林视公岳隆，为侍御祖述子，少宰栋隆兄，家世贵盛，而超旷自喜。尝预为生藏，每春秋佳日，必命仆荷榼相随，自携一卷诗，日造饮其所。人过问之，林笑答曰："卜吾真宅，爱此寂居。游云翩翩，古今无期。"

融和满汉

顺、康间，有以融和满汉直陈于殿试策中者，溧阳马章民世俊所对策有云："臣尤有进者，唐贞观时，天子问山东、关中之同异，而其大臣曰：‘王者以天下为家，不宜示同异于天下。’裴度既平蔡，即用蔡人为牙兵，曰蔡人即吾人。今天下遐迩倾心，车书同轨，而犹分满人汉人之名，恐亦非全盛之世所宜也。”宜兴储遯庵方庆所对策有云：“陛下既为天下主，即当收天下才供天下用，一有偏重于其间，臣恐汉人有所顾忌，满人无以取信于天下矣。”

魏文毅请鄂督移荆州

康熙甲辰，吴三桂定云南，使镇之。魏文毅公裔介上疏，请命湖广总督自武昌移驻荆州，从之。及三桂反，湖南州县俱陷，卒不得以只轮匹马躏及荆湘，人以是服文毅之先见也。

查容知吴三桂欲叛

吴三桂之未叛也，幕有查容，敬礼倍至。查察其有异志，久欲去之。一日与宴，伪为醉后失仪状，不告而出。濒行，题一诗于壁，有“将军有酒能投辖，壮士闻鸡已出关”句，三桂亟遣材官往追，查策骑直前，提材官掷之于地曰：“乃公终不为汝留也。”材官归报，三桂大怒，遣人杀之，微服间道乃免。容字渐江，一字韬荒，海宁人。

颜修来知生死

颜修来，名光敏，字逊甫，曲阜人，官吏部郎中。嗜读书，善鼓琴，精骑射，躭山水，好友，勤于睦族，年四十卒。生平不信浮屠、星命之说，尝言躯体犹炭，神气犹火也，火传于炭，然后能为功，炭当风则易烬，扇之则立烬，置密室覆以灰则后烬，然则谓人可长生者妄也，谓死有时，不可先、不可后者亦妄也。

圣祖机警

圣祖登极，甫八龄，时鳌拜当国，势甚张，以帝幼，肆行无忌。帝日选小奄之强有力者，令习布库以为戏。布库，满语也，相斗赌力。拜入奏事，不之避也。拜更以帝弱且好弄，心益坦然。一日入内，帝令布库擒之，十数小奄立执拜，遂伏诛。

陈圆圆知吴三桂必败

平西王吴三桂之妾陈圆圆，逆知三桂必败，出家峨眉山，（在四川嘉定府峨眉县。）其妆阁在云南五华山华国寺后，曾留影一帧而去。

刘玄初为吴三桂画策

蜀人刘玄初客吴三桂幕，康熙癸丑，平南王尚可喜、靖南王耿精忠，皆疏请解职东归，三桂世子应熊使人致意于三桂。三桂命玄初拟草，玄初曰："上久思调王，特难启口，王疏朝上而夕调矣。"三桂怒，出玄初为盐井提举。贵州变，三桂驻兵松滋，三月不进，玄初上启曰："愚计此时当直捣黄龙而痛饮矣，乃阻兵不进，河上逍遥，坐失机宜，以待四方之兵集，愚不知其为何说也。意者王特送诸大臣入朝，为王请乎？诸大臣救死不暇，乌能为王请也！若曰待世子归乎？愚以为朝廷宁失四海，决不令世子返国也。夫弱者与强者斗，弱者利于乘捷，而强者利于角力；富者与贫者讼，贫者乐于速结，而富者乐于持久。今云南一隅之地，不足当东南一郡，而吴越之财货，山陕之武勇，皆云翔猬集于荆襄江汉之间，乃按兵不举，思与久持，是何异弱者与强者角力，而贫者与富者竞财也。噫！惟望天早生圣人以靖中华耳。"三桂不答。

天然和尚知萧墙之祸

广州海云寺林峦秀蔚，为海山佛国之佳境。明末，僧今湛主之。鼎革后，天然和尚主讲焉。平南王尚可喜镇粤时，为之广寺田，铸佛像，土木之盛，近代罕有，遂为海邦上刹。天然即曾起辛，明末以名孝廉教授乡里，知时事不可为，披剃出家，父母姊妹咸为僧尼，人多异之。及国变，缙绅父老多遁迹空门，天然为之汲引，世人始服其先见焉。可喜仰慕高踪，礼聘至邸，一宿即告归。或问之，曰：“平南具佛性而无定力，游豫多忍，萧墙之祸不旋踵矣，遑计其他耶！”后悉如其言。

南征小校以计惊贼

康熙乙卯，大兵讨吴三桂，涿州有小校从军行。校初入伍，无他技，惟善烹饪，遂留为军士具食。一日爇饭初熟，贼劫营入，众奔溃。校以饭囊系马后，囊蒸马背，马咆哮，转入贼队，贼将惊惧，因转败为胜，大破贼众。主将嘉之，拔为队长，后累功至护军参领。

费武襄防黩武穷兵之渐

费武襄公以国戚封伯爵，大兵征噶尔丹，出为抚远大将军。康熙丁丑，既奏凯，众欲露布扬功绩，费不谓然，其疏惟言“兵至某处迷道，某处败绩，某处绝粮，此行屡蹈危机，皆臣失算之故。今凭借圣天子洪福，徼幸成功，实非意料所及”。幕客皆咎其失体，费曰：“天子深居九重，如见策勋太易，必至好大喜功。士卒劳瘁，不可不使上闻之，庶异日无穷兵黩武之患也。”人皆慑服。

毛稚黄自相审矣

有客荐相者陈生于毛稚黄，谓其术比许负。毛曰：“贫贱吾所自有，富贵本非所望。夭寿不贰，修身俟之。仆自相审矣，故无烦此公饶舌也。”

王丹麓谓天幸德我

王丹麓年逾四十，益困，其妇语之曰：“同学少年皆不贱，奈何夫子独长贫？”王曰：“昊庐少詹有言：贫者，上天所设以待学者之清俸。金陵吴介兹亦言：天以贫德人。今处侪类之中，天幸德我，特颁清俸，义难独享，愿以共卿。”妇曰：“君意良厚，但不知何日俸满耳。”

乔文衣悟人世升沉

内丘乔文衣司城钵官京师时，尝于夜半过午门，踽踽独行。万籁俱寂，猛思日中百亿生灵，今归何处，乃悟人世升沉，如此而已。

罗瑕公看春夏光景

上元罗瑕公孚尹尝云：“楼居受用天气，看春夏过接处，光景绝微。”

陆丽京善思误书

陆丽京诵读明敏，善思误书，尝阅《韩非子》，至“一从而成危”句，曰：“是一徙而成邑也。”后令他人覆射，无一合者，惟其弟左右为城中之。

任待庵悟盗金者为裴爱

康熙时，安西估魏丙贸卉布于上海，夜就逆旅醉卧，风雨大作，失橐金三百两。时上海令为萧山任待庵辰旦，素善谳，而是狱乃不能定。因诣城隍庙祷之，请神以实告，乃留捕之随往者，使待命于神寝宫。入夜，捕梦寝官有幼妇出，右手抱细女，左手挈衣与之，及接视，则裙襕也。归以告令。令俯首再三，仰而言曰：“赐衣而得裙襕，非衣也。非衣者，裴也。岂有裴姓其人者耶？”捕叩头曰：“似也。闾左有裴爱，无赖也，不事家人生产作业，而僦旅舍旁以居，得出入于舍，此当是也。”任曰：“然。然则其抱细女者抑可知矣。夫细女，爱女耳。吾闻纳音之数，阳姓从左，今左非衣而右爱女，其为裴爱无可疑者。”遂收裴，拷之，得实。

赵洞门知吴菌次可恃

赵洞门为御史大夫，宾客盈庭，车马辐辏，望尘者接踵于道。及罢归，出国门，送者才三数人。寻召还，前去者复来如初。歙县吴菌次太守绮，独落落然不以欣戚改观，赵每目送之，顾谓子友沂曰："吾百年后，终当恃此人力耳。”未几，友沂卒，赵亦以痛子殁于京邸，两孙孤立，菌次哀而振之，抚其幼者如子，字以爱女，一时咸叹赵有知人之明。

圣祖知张伯行为清官

仪封张伯行尚书通籍，用内阁中书，总河张文端公异其才，题赴河工，以劳绩补济宁道，旋迁江宁按察使。康熙己卯，圣祖南巡，以伯行为江南第一清官，遍问大学士督抚以下，推奖无异词，大悦，曰："汝等何不保举？朕保之，将来居官好，天下以朕为明君；若贪赃坏法，天下人笑朕不识人。”驾至松江，即擢福建巡抚。又伯行抚苏时，以缉海盗及科场二事，与总督噶礼互讦，廷臣多袒噶者，上谕削噶礼职，而伯行留原任。时江左士民欢声遍朝野，榜于门曰："天子圣明，还我天下第一清官。”焚香结彩，拜龙亭、呼万岁者，至数十万人。复有数万人赴京师畅春园，跪疏谢恩，愿各减一龄，益圣寿万万岁，以申真实感激之忱。

圣祖知施世纶偏执

康熙辛巳，漕督施世纶方官淮徐道，适湖南按察使阙员，大学士伊桑阿等以九卿保举世纶人奏。谕曰："施世纶，朕深知之，其操守果廉，但遇事偏执，百姓与生员讼，彼必护庇百姓；生员与缙绅讼，彼必护庇生员。夫处事惟求得中，岂可偏私？如施世纶者，委以钱谷之事，则相宜耳。”

圣祖知熊文端遗疏之伪

孝感相国熊文端赐履引退后，初留京师，嗣疏辞食俸，归老江宁。康熙己丑卒，遗疏至京，其同姓编修熊本窜入荐己语。上览疏，谕廷臣曰："熊赐履学问既优，人品亦端，此遗疏内荐举其侄熊本，必系虚伪。"命总督噶礼确察。噶礼取其疏草以进，果无是语，下法司鞫勘，论熊本罪如律。或曰，噶礼迎合忮忌，所呈疏草未可据也。

圣祖知三藩之宜撤

康熙甲寅，尚可喜请撤藩，吴三桂、耿精忠亦阳请，以觇廷议。满洲米敏果公坚言宜撤。既而三桂、精忠相继叛，人谓撤藩速变，圣祖谕廷臣曰："朕少时即以三藩势焰日炽，不可不撤，岂因其叛，遂委过于人耶？"

富春知王亶望不久

宗室辅国公富春任杭州将军，抚军王亶望，贪吏也，耽声色。元旦拜圣牌，王困酒，日中始至，富正色责曰："元旦为履端令节，拜牌乃臣子礼仪，安可迟延，是玩愒也。"王长跽请谢。富退谓人曰："王公其不久乎！"逾年以贪纵败，如其言。

爱星阿知明珠

爱星阿曾偕吴三桂入缅，擒获明桂王由榔，以功任领侍卫内大臣。初，索额图以椒房擅宠，时明珠为侍郎，因索而见知于圣祖，爱谓索曰："明之材智在君上，今虽因君见用，殊畏惧，盖忌君也，他日齮龁君者必明。"索不悟。后明引高士奇、徐乾学辈为党，索为所挤落职，抑郁以终，如爱所料。

世宗批示之明察

世宗明察特甚，屡于批示中见之。某获罪受锢，在狱上书自陈，有“辜负天恩，羞惧交并”之语，批云：“知汝惧死实甚，然羞则未也。”批某督密奏云：“朕未践祚，即谂知汝，汝谓朕为盲耶?”批示某抚云：“善治本省，朕虽未悉汝面，然汝之政绩，朕皆谂悉，莫谓朕无耳也。”批刑部秋决一案云：“犯妇某氏谋死亲夫，例应处刑。但该氏以丈夫逼其为娼，情急自卫，与因奸成命者有别，应免治罪。且该氏贞洁自保，至死所天而不顾，大义灭亲，亟宜为建坊旌表”云云。

世宗察下情

雍正初，世宗因允禩辈蓄逆谋，故设缇骑，四出侦伺，即闾阎细故，亦皆上达。有引见人欲买新冠者，路逢人，问其处。次日入朝，免冠谢恩，上笑曰：“慎勿污汝新帽也。”王制府士俊出都，张文和荐一健仆，供役甚谨。王将陛见，仆豫辞去。王问故，仆曰：“汝数年无大咎，吾亦入京面圣，为汝先容。”至此，乃始知仆为侍卫某也。

世宗知部臣疏于入署

刑部大门之匾额，相传世宗遣人取之，部臣不知也。一日御门，询及“尔部有额否”？对以有。上命人舁出，示之曰：“额在此久矣，而若辈未之知，则平日疏于入署可知也。”诸臣叩首引罪，自是额亦不复发出，故遂无额。

阿文勤与年羹尧踪迹甚疏

阿文勤与年大将军羹尧为同年，年入觐时，宠眷方隆，文勤知其必败也，落落然与之踪迹甚疏。一日，年在朝房中语文勤云：“我二人乃老同年，形迹何落寞若是?”次日即馈多仪于文勤，文勤仅纳袍褂料各一端，自诣年邸致谢，此后遂不通往来。年赐死，牵连者众，文勤竟不为所累。

蒋衡知年羹尧必败

年羹尧镇西安时，广求才士，罗而致之于幕中。孝廉蒋衡应聘往，年甚爱其才，曰："下科状头当属君。"盖年有权势，试官皆不敢违也。蒋见其威福自用，告同舍生曰："年公德不胜威，祸必至，吾侪不可久居于此。"友不听，蒋佯称疾发，辞归。年赆以千金，蒋辞不受；易百金，乃受。归未逾时，年以事诛，幕宾皆罹其难。年素侈，用不及五百者不登簿，蒋故辞千而受百。时雍正乙巳也。

孙剑才知年羹尧必败

湘人孙剑才以善卜，客年羹尧门下，居二年矣。年建邸，术士咸集，皆曰："百年之业也。"孙曰："俄顷可墟耳。"年大怒，将杀之。孙自陈愿一言而死，乃召之至，孙曰："大将军大祸在前而不悟，愿就死。"年诘之，孙曰："大将军威震中外，然功高则疑，主上苛察而群下构陷，非福也。且张广泗、岳钟琪率军征西，方成犄角之势，所以制将军也。果能遣人往刺张、岳，自统大军入燕，燕破，各省不移檄而定矣。此子孙万世之业也。"年曰："成败不可知，吾固握有兵权耳。"孙由是得释，变姓名而遁。其后年眷入京，中途遇盗，失其子。及雍正乙巳，年赐死。年子既为盗所掳，教之读书、学剑。盗为谁？孙剑才也。盖逆知年之必不善终，欲存其嗣，故出此刼人之策耳。

世宗不信岳襄勤谋逆谣言

雍正乙巳，成都岳襄勤公以一等公总督川陕，勋高望重，持节故乡。丁未秋，成都谣言有谓襄勤以川陕兵马反者，疏闻，谕曰："数年以来，在朕前谗谮岳钟琪者甚多，不但谤书一箧，甚至有谓钟琪系岳飞之后，意欲修宋、金之报复者。其荒唐悖谬，至于此极。岳钟琪懋著功勋，川陕兵淳良忠厚，其尊君亲上，众所共知共闻。今奸民乃云从钟琪谋反，是不特诬钟琪，并诬川陕兵民以叛逆之罪矣。”特饬疆臣黄炳、黄廷桂严审造言之人，旋讯知为湖广奸民寄居四川之卢宗汉播造浮言，乃论斩如律。

伶人机警

年羹尧率师出征，朝士设宴为祖饯，演剧以佐觞，所点某出曲本中，有“瓦罐不离井上破，将军难免阵前亡”二句。及扮演登场，曲已过半，方猛然悟之，然已无及矣。点者不敢声。讵知某伶竟改为“瓦罐岂必井上破，将军此去定封王”，座客击节，赏赉有加。又《文昭关》之伍员例宜佩剑，某伶结束登场，误悬腰刀一口，出场方觉，同辈咸为之寒心，座客亦有腹诽之者。某伶绝不介意，乃将“过了一天又一天”四句，改为“过了一朝又一朝，心中烦恼何日消？腰中佩了三尺刀，父兄怨仇不能报”。点者嘉许之，赉以百金，伶由是知名。

高宗精音律，《拾金》一出，御制曲也。南巡时，昆伶某净名重江浙间，以供奉承值。甫开场，命演《训子》剧。时院本《粉蝶儿》一曲，首句俱作“那其间天下荒荒”，净知不可邀宸听也，乃改唱“那其间楚汉争强”，实较原本为胜，高宗大嘉叹，厚赏之。

蒋适园知老僧杀人

铅山蒋适园坚，为心馀之父，七岁从叔游法云寺，听讽经。庑有县署捕役数人，以踪迹杀人犯至，方坐谈，蒋微闻其言曰：“某僧被杀，不得主名，奈何？”乃私告其叔曰：“杀人者即堂上老僧。”叔问何以知之，曰：“彼诵经而目屡顾，可疑也。”语为捕者闻，牵僧去，一讯即服。

高宗不取好名无实之举

乾隆癸酉，近畿蝗，曹文恪公秀先方为御史，疏请御制祭文，颁发有蝗郡县，誊黄祭告，并稽古典举行蜡祭。手敕曰："煌蝻害稼，惟当实力扑灭，此人事所当尽。至于诸神报赛，礼亦宜之。若欲假文词以期感格，如韩愈之祭鳄鱼，其鳄鱼之远徙与否，究亦无可稽求，未必非好事者附会其说。朕非有泰山北斗之文笔，似此好名无实之举，深所弗取，所请著不准行。"

戴东原问周宋相去时代

戴东原名震，幼入塾，塾师授以《大学》章句。一日，读至"右经"一章，质于师曰："曾子何以知为孔子之言而述之，门人又何以知为曾子之意而记之？"师曰："朱子所言也。"戴曰："朱子何时人？"师曰："南宋。"戴曰："曾子何时人？"师曰："东周。"戴澄思有顷而又问曰："周、宋相去若干年矣？"师曰："约二千年。"戴曰："时代相距若此之远，朱子何以知其然而云尔？"师默然。

钱文端有知人鉴

秀水钱文端公陈群，有知人鉴。诸城刘文正公统勋初释褐时，以所业就正，钱谓文正房师王楼山云："吾贺子，及门得伟器，他日令仆才也。"时文正及钱唐梁文庄，俱以笔法自诩，钱曰："二君毋高自位置，会看贤郎跨灶耳。"后文正子文清公墉、文庄子山舟学士同书，果濡染家学，八法冠时，碑版大书，照耀四裔，而书名突出其父上矣。

舒文襄预知阿睦尔撒纳之叛

乾隆乙亥，舒文襄公以分置准噶尔阿睦尔撒纳家属获罪，降为马卒，即荷殳执靮，与士卒同伍。及闻班忠烈公第密劾阿事，曰："阿叛志已决，不可使得其家属，傅虎以翼。余虽得罪，曾任大臣，出疆专命之罪，余甘任之。"乃部勒士卒，围其营帐。阿果夜率众至，欲掳其家属牧厂。兵士争先用命，阿知有备，踉跄遁。高宗闻之大喜，复其职。

和珅预知试题

每届顺天乡试，其《四书》文题，例由钦定。先期，内阁进呈《四书》一部，命题毕，仍发下。乾隆乙酉乡试，奄人捧《四书》发还内阁，和珅就奄与语，探高宗命题时情状。奄言："上披阅时忽微笑，振笔直书。"珅不语，遂知为"或乞醯焉"一章。盖"乞醯"二字中嵌"乙酉"字在内也。乃密通信于其门生，倩人预构，获隽者甚众。

郭大昌识和珅之奸

嘉谟为河库道，大学士忠襄伯和珅，其外孙也。珅少贫，每遣仆刘全徒步往返五千里，求佽助，嘉资以白金五十两。郭大昌方为河库道吏，与全饮而欢，语之曰："子且贵，何为人仆从苦如此?"亦资之如嘉数。珅嗣以家累，遣全求嘉助白金三百两，嘉怒詈遣之。珅遂私出都诣嘉。嘉怒甚，欲治以逃人之法。郭从容语嘉曰："吏见和郎，贵当在公上，公毋薄其贫。且公以三百两助外孙，事甚小，何苦怒如此?"嘉曰："汝善和郎，何不自助之。"郭曰："公不助和郎者，吏不敢先。"嘉乃出金授郭曰："即日为我遣之。"郭招至酒楼，握手曰："郎君不日当大贵，贵后愿毋忘，今日为天下穷黎乞命。"既为具鞍马，又自以白金三百助其装。其后珅以户部尚书为军机大臣，扈跸下江南，至红花埠，遣全驰诣郭，约相见于众兴集。郭曰："吾始谓若济世才，今乃招权纳贿，为赃吏逋逃薮，毒流生民，吾恨尔时不怂恿治以逃旗外遣之罪。若主仆旦夕且无死所，毋累我!"遂与绝。后卒如其言。大昌，山阳人，洞彻水性，穷极事变，乾、嘉之际数十年，凡奉特旨持节治河及经制官河督以下，无不遇事咨决，倚为安危，盖振奇士也。

赵谦士知物可招尤

椰子产岭南，取其蒂以为数珠，冬不冰手，夏不畏汗渍，于服用最宜。色纯黑，若稍有筋膜，则杂以微黄，每一百八颗中，求其纯黑光润无瑕疵者，殆难一二。上海赵谦士侍郎尝就骨董铺取数十百串，择其美者集为一，以十数年之功，始纯粹以精，不啻千狐之腋也，甚爱之。官户部时，和珅正烜赫，方为其属，每见必目其珠，或手摩挲之，叹美不置，有欲得之色，赵辄佯为不知者而退。或谓之曰："彼视金玉如糠粃，而独爱君数珠。此微物耳，若献之，美迁可得也。"笑不答。归遂扃之，不复御。他日，从容语其家人曰："吾之集此数珠，未尝不自笑其甚劳而无谓也。吾有玩物，友朋爱之，必以赠。盖归于所好，物得其所，初不必终据为己有也。若以贻权要，即微物亦不可。然吾闻物异于众，足以招尤，吾终身不复用矣。"

陈四承王槐江教

和珅之仆有陈四者，旧曾给事于兵部侍郎奉宽。乾隆某年，王槐江随珅使滇，四亦从，以王为奉之门下士也，优礼有加。及差竣回都，四语王曰："如有求补州县者，可为关说，彼此均可沾润。"王饰词却之。后复再三陈述，王引至无人处，告以利害所在，四爽然而止，旋托疾退役，及珅败，四脱然无累。

完颜夫人知祸福关头

傅文忠公恒原配完颜夫人，总督明山长女也。性爽伉，有机智，遇事多决断。俪文忠二十余年，时佐理案牍。安南国王阮光平既归降，高宗欲阮来朝，始贳其罪，而阮畏惧不敢来。傅以为忧，夫人曰："此相公祸福关头也。阮不亲至，何以报上命？"因呼阮使臣吴俊入内室，隔帘语之曰："吾侪虽裙钗，敢以此头保汝王不死，务须令其至粤，以彰圣德。"吴驰归，力说阮，以夫人语告之，阮始入觐。上大悦，优赉以归。文忠薨后数十年，夫人持家以严肃称，为满洲世族中所罕遘也。

周文恭知川陕楚豫兵少之危

周文恭公锽任武政时，语人云：“今天下惟川、陕、楚、豫甲兵甚少，其地当中原腹心，道路险阻，一旦盗贼窃发，恐非有司所能办。”欲见上陈奏经略，会以病去官不果。及川、楚教匪作乱，果以兵势单弱不及备，蔓延九载，人始信其有先见也。

程正夫知百年真梦

程正夫，名先贞，夙具达观。尝制一棺，题曰“休息庵”，自作铭刻其上，酒酣便即偃卧于中。有诗曰：“版屋萧然密四周，愚人息矣圣人休。百年恍惚真疑梦，万事纷纭已到头。广柳何时催去驾，猗兰此夕咏闲愁。相烦雅客来欣赏，莫待遥怜土一丘。”

张介宾知死期

张介宾邃于医，著述甚富，晚年尤深于《易》，事皆前知。至八十三岁之秋，一日忽语家人曰：“我将死，速备殓具。”既而连日阴雨，乃曰：“道路泥淖，未可走别同人，展迟十日，亦无不可。”届期，宴戚友，欢饮毕，讲《易》至随卦三爻，时月色正明，乃曰：“可去矣。”起身拱手，向诸人作别，上榻趺坐，一笑而逝。

袁守中案置小棺

嘉庆时，苏州城隍庙道士袁守中居月渚山房，其案头常置紫檀小棺一，长三寸许，有盖可开阖。钱梅溪见而询之曰：“制此何用耶?”袁曰：“人生必有死，死则便入此中。吾怪世之但知富贵功名而不知有死者，比比是也。吾每有不如意事，辄取视之，以当严师之训诫、座右之箴铭耳。”

罗思举驱猿

四川山中多猿，猿以族居，时时入人家盗食物。稻熟时，猿多以千计，自山下，人以器获，则猿以爪摘，逐之则东驰西去，猿轻捷，人往往不能近，而稻则蹂躏无遗，或击殪其一二，猿不惧也。农民无如之何，则听之，三分秋收，猿取其一，人取其二，岁以为常。罗壮勇公思举幼尝为人放牛山中，一日语主人，能以千钱见予者，当尽驱猿群，使不敢盗一穗一粟，主人许之。俄而猿大至，思举手绳伏垄下，伺一巨者过，猝跃起擒之，縶以献主人。主人诮曰："若以是计去猿耶？山中猿多不可计，今捕其一，所去几何？"思举曰："即此已足，敢保三日后猿屏迹不来也。"乃缚猿于柱，假薙刀一，剃其体，茸茸者悉去之，濯濯之鞟露矣。于是周身涂以五采，陆离斑驳，有若鬼怪，乃以爆竹数千系诸其尾。明日，猿群又至，则取前所擒者燃爆竹而纵之，爆竹骤发，所擒之猿则奔还其群。其群见之大骇，以为异物也，亟奔逃。所擒者为爆竹所轰，亦骇极，益狂奔不止，自相追逐践踏，展转互引，颠陨山谷，死伤累累，自是不敢复出。壮勇由是以智显，后官至湖北提督。

仁宗知和珅

嘉庆丙辰元日，仁宗既受禅，和珅以拥戴自居，待之甚厚。遇有奏高宗者，皆珅代白。左右有非之者，上曰："朕方倚相公理四海，何可轻也。"珅又荐其师吴省兰为上录诗草，觇动静。上知其意，吟咏中不露圭角，珅心安之。及高宗崩，王念孙、广兴等先后劾之，立命仪、成二王传旨逮珅，并命勇士阿兰保监以行，寻赐死。

某太守名刺以珍珠为字

和珅当国，朝士咸奔走于其门。嘉庆己未，珅败，凡所援引之人悉被累获咎，即仅投一刺者，籍没时为吏所得，辄不免。某太守知其必败，而又不敢不往，所用名刺缀珍珠为字，阍人贪得珠，即毁其刺，故珅败而其太守独无恙。

仁宗驳斥闭门求雨之奏

嘉庆丁卯，春夏恒旸，光禄卿钱楷请依《汉书》求雨闭阳纵阴之说，将正阳门石道停工。仁宗谓："五行生克，大率经生傅会，即如《汉书》求雨注内所称闭南门、禁举火之类，一乡一邑或可偶一为之，京师都会之地，设令正阳、崇文、宣武三门暂闭数日，成何政体？从前窦光鼐惑于此说，竟有不开房门、出入窗牖之事，岂非笑谈？雨泽愆期，惟当勤修实政，敬迓天和。所奏应无庸议。"

钱黼堂知将死

嘉善钱黼堂少宰樾，乾隆壬辰进士，官至吏部左侍郎。少工书法。年七十余，自营生圹，一切饰终之具皆自经理。一日早起，命家人将书籍、笔砚、字画、什物及生平玩好之具，悉点检而锁扃之，若将有远行者，遂坐后堂，倐（同"倏"）然而逝。

托津戴均元督内臣检御箧

嘉庆庚辰七月，满相托津、汉相大庾戴均元，扈跸于滦阳围。甫驻跸，圣躬骤不豫，变出仓猝，从官多皇遽失措。托、戴督内臣检御箧十数事，最后近侍于身间出小金盒，锁固无钥，托坏金锁发盒，得宝书，遂相偕奉宣宗即大位，率文武百官随瑞邸行礼，乃发丧。中外晏然，均服其急智。

龙夫人智略

嘉、道名将，首推二杨。果勇侯芳则有夫人龙氏，为华阳人。侯方任宁陕总兵，夫人归焉，婚三日，终南教匪炽，侯率兵搜贼。明年，调署固原提督，夫人方怀妊，未行。及秋，宁陕镇兵以停饷两月，啧有叛言，镇将不善驾驭，势岌岌不可终日。或请夫人乘夜速行，夫人曰："叛否不可知，若行而后叛，是通贼也。不然，何以先知?"卒不行。乱作，杀营官，肆焚掠，阖城扰攘，官民眷属夤夜惊窜，反依夫人为逃死薮。方是时，未叛者拒于内，曰："夫人勿死，我辈受恩重，誓御贼以卫夫人。即不敌而死，主将闻之，亦见我辈心也。"已叛者拒于外，曰："夫人勿惊，我辈受恩重，情急而叛，无与夫人事。诚虑外寇惊及夫人，主将闻之，无以明我辈心也。"先是，镇署司饷员朱之贵，性吝刻，众欲杀之。夫人藏之复壁中，佯令追捕，众意乃释。

黎明，叛众请见夫人，奴婢及避难妇女仓皇号涕，求勿放入。夫人怒曰："生死有数，敢涕泣者惩之。且朽墙薄壁，脱有他意，谁能御之?请见则见，何畏之有!"命左右启门出，端坐堂上，叛首数十人血臂淋沥，伏地痛哭，请送夫人出城。夫人曰："谁则戕官?杀人者抵命，于汝众人何尤!速擒首逆，绝妄念，主将或可以申奏朝廷，予以生路。"众曰："我辈结盟，誓同生死，不能遵夫人命。谨备舆马以俟。"诸妇女又曰："夫人行，我辈死矣。"夫人曰："此辈皆我故旧，须随我出，不得伤残。"即出婢媪衣履，与官眷结束，以次启行，而己乃乘舆殿后。甫出署，叛众发号传队以送，夫人呵曰："止!此何时，何等狂悖，而犹循此虚文耶?除现在署前者，余皆不得露面。"众唯唯，送至涧沟，哭拜而返。适遇之贵于途，举刃拟之曰："汝今日亦入我辈手耶?"之贵曰："我藏复壁，夫人计也。夫人忘盥盆，命我送往，汝等欲杀我，即转赍盥盆去。"众审视良久，曰："且为此盆饶汝。"

明日，夫人抵石泉县，石泉民方迁徙，县令不能止，闻夫人至，公服攀辕，留守城池。越六日，始就兴安免身。时典郡兴安者，夫人从兄燮堂也。

初，侯于固原闻变，遣属将选兵进剿，而自帅亲丁四人，冒雨急驰千二百里，三昼夜而至盩厔。得夔堂书，知夫人已居兴安，即驰往石泉抚贼，解鄠县围。贼首蒲大芳，旧部也，素得众心，侯又素得大芳心，乃单骑入贼垒谕以顺逆利害，说令投诚，仍同入宁陕镇城，约束归伍。而大芳心怀反侧，颇悔降，遂以愿赴兴安迎致夫人为请，实以试主将心也。侯立允所请，不增一奴。或谓夫人明哲，必托辞而不行。比大芳至，天大风雪，夫人冒雪抱子，泰然登程。越日，道过汉阴厅，大芳与同行王奉者相閧，夫人入厅署，讯知曲宜，棍责大芳四十，械系而行。将至镇城，降众代求免系，更乞勿使主将知，夫人许之。及见侯，询问公私事，则悲喜交集，独不言途责大芳事。居十日，各帅遣都守驰候侯，见左右役使皆叛党，目灼灼，皆相视无一言。少顷，请间，密白曰："各帅得汉阴禀函，知夫人途责大芳，恐降众离心，故遣某等探候。"侯曰："吾不知也。"入询夫人，曰："有之。"曰："何无一言？"夫人曰："是不必知。知而不诛则废法，知而加诛则失信。我见不彻，不敢行；既行，保其贴服，无劳探也。"侯出语都守，皆叹服而去。他日，各帅戏谓侯曰："君小心，夫人敢责贼，恐元帅亦不免也。"

方侯削职将戍伊犁时，谓立功赎罪，或可免行。夫人曰："卒伍为逆而主帅无罪，国家无此法度。所望君恩高厚，不久戍耳。"后一月，果蒙赐还。侯籍隶贵州，褫职自犍为南归，舟子怂恿籴盐，谓至沿河司可获重利，侯几为之动。夫人曰："居官不宜重利，况数奇，始罢官，一生财禄可知。"力谏而止。行抵黄瓜漕，前舟撞损，以载轻，急驶傍岸，人免而船沉。

阿文成远虑

乾隆辛丑，大学士阿文成公桂既平回乱，廷臣有新开郡县之议，文成言："回部性顽，难治以汉法，宜择酋建国，而驻大将军于乌鲁木齐，责其贡赋。不然，恐办事领队大臣或有嗜财好色者，不过六十年后，总当有变。"及道光乙酉，张格尔事起，适符其期。参赞大臣武隆阿因重进此说，上遂命直督那彦成驰往密议，始以丁亥除夕擒张于铁盖山。

胡兴仁办差急智

道光中，胡中丞兴仁官陕西西安府，时长文襄公凯旋过境，天寒，需火炉，仓猝无以具，乃命取食案数百，旋其中，置铁镬盛火，而截其足之半，自是三军如挟纩。又督师牙兵三千索貂缨，诺之。从官请折价，需金六千，乃购貂裘数袭，命缝人缕裁之，叱嗟立办，长大悦。

程恩泽预知粤乱

南海谭玉生莹素善饮，虽疾病不去杯杓，或箴以湎酒非摄生所宜，莹笑曰："酒乃天之美禄，古人所以享食高年，岂杀人物？况寿算天定，吾犬马齿当逾古稀。"或曰："何以知之?"莹曰："道光壬辰，歙县程侍郎恩泽至粤典试，榜后，同人饯于白云山云泉仙馆，酒酣，慨然曰：'粤东今日可云极盛，衰象将见，此后二十余年，乱从粤东起；再十余年，乱遍天下，不堪设想矣。'曹拔贡钊与相问难，不觉郁悒，程笑曰：'子无为杞人忧，吾与子不及见。'随谛视座客曰：'皆不及见矣。及见者，谭玉生耳。'"后五年，程卒。甲寅，红巾起，曾卒。丁巳以降，内外交讧，几如阳九百六之期，而当日座客物故殆尽，惟莹独存，至七十二始殁。

李文恭深虑粤乱

李文恭公星沅尝官两江总督，寻以母老乞病归。文宗御极召用，恳请终养。道光乙巳，粤寇渐肆，而林文忠公则徐道卒，朝廷以文恭能任事也，讫以钦差大臣关防畀之，而李又殂。方其抵粤西也，忧寇甚，寝食失常度，每谓人曰："此贼非眼前诸公可了。"时周文忠公天爵、向忠武公荣、乌武壮公兰泰皆与共事，意不谓然，李曰：“后当思吾言耳。”疾革，以关防送周，而遗表荐乌、向，谓可任其后。

吴文熊知会匪将为后患

道光戊申，吴文熊锡征佐其从兄武阳司巡检某擒会匪十余人，中有洪秀全、杨秀清、石达开、韦昌辉四人。文熊见其状，知不可制，必为后日患，言于巡检，将请县令置之重典，而令得贿三千金，分以与巡检，遂释之，文熊太息而已。

孙渠田预知粤寇之变

道光庚戌，粤寇未起，而广西全省伏莽已四布。时瑞安孙渠田学士方督学广西，知必有大变，亟草疏以陈。盖广西岁饥多盗，适湖南雷再浩、李沅发两次之乱，均有窜至广西者，乃蜂起应之。六月，洪秀全遂据桂平县之金田村以为乱，咸丰壬子二月，秀全围省城矣。

孙宜人贤而智

孙太君为钱塘徐杉泉大令之配，生平居处必循礼，素重师儒，两子就傅时，每飨塾师，必有豕肉。一日，飧不继，忧之，谋于子妇孙宜人曰：“吾与子可不食，奈师长何?”孙宜人曰：“易易耳。”乃以青蚨八，市馎饦，以外裘之黍进太君，而取其中之肉醢置蔬上，成一簋。太君喜曰：“子可谓贤而智矣。”

潘功甫知亢旱

吴县潘功甫舍人曾沂为文恭冢子，文恭当国，深自韬匿，就所居凤池园构一庐曰“船庵”，键关谢人事，终日焚香读书，浇花洗竹，一家如在深山中。有童子应门，客至，受柬门隙，无贵贱一不报。中间省视京邸者再，往返数千里，亦不见一客。俗所用署名小红笺，摈不具者二十余年。中岁以后，长斋礼佛，究心内典。弟曾莹举京兆，从子祖荫捷南宫，咸预知，次第不爽。咸丰壬子春，趣工治义井，凿新渫旧，凡四五十区，人莫测也。无何，秋八月不雨，至冬十有一月，城中担水直百钱，远近赖以得饮，始大异之。

文庆破除满汉成见

咸丰乙卯七月，文庆以大学士入军机，时海内多故，粤寇纵横，满臣如赛尚阿、讷尔经额，皆以失利获咎。文尝言欲办天下事，当重用汉人，平时建白，常密请破除满汉成见，不拘资地以用人。曾国藩起乡团击贼，为寿阳祁隽藻所排抵，文独谓其能杀贼，终当建大功。胡林翼以江南科场失察，与文同镌秩。文知胡负奇才，尝荐之，乃由贵州道员一岁而擢湖北巡抚。而袁甲三、骆秉章皆文所力荐，赖以削平大难者。及将薨，遗疏谓各省督抚如庆端、福济、崇恩、英棨等，皆难胜任，不早罢斥，恐误封疆事，其后皆如所料。

阎文介劝胡文忠勿劾官文

咸丰时，胡文忠公林翼抚鄂，时督师者为官文恭公文。官有门丁弄权纳贿，府中用财无度，不足则提用军饷，文忠恒以为忧。朝邑阎文介公敬铭，时以户部员外郎总理粮饷，参帷幄，往谒文忠，请间言事。文忠屏人，以督府事告之曰："方今筹饷艰难，而彼用若泥沙。进贤退不肖，大臣之职也，而彼动辄乖谬。今若不举实纠参，恐误封疆事。"阎对曰："公误矣。夫湖北居天下冲，为良将劲兵所萃，朝廷岂肯不以亲信大臣临之？夫督抚相劾，无论未必能胜，即能胜，能保后来者必胜前人耶？公能复劾之耶？且使继之者或励清操，勤庶务，而不明远略，未必不专心自用。彼秩至督抚，亦欲自行其是，岂必尽能让人？若是则掣肘滋甚，讵若今用事者胸无成见，依人而行。况以使相而握兵符，又隶旗籍，为朝廷所倚重，每有大事，可借其言以得请。今彼于军事、饷事之大者，皆惟公言是听，其失只在私费豪奢耳。然诚于天下事有济，即岁捐十万金以供给之，未为失计。至其位置一二私人，可容则容之，不可容则劾去之，彼意气素平，必无忤也。此等共事人，正求之不可得，公乃欲去之，何耶?”文忠深服其言，由是益与官交欢无间言。

葛谦山知兵祸

广西浔州葛谦山，性豪侠。道光末，粤寇洪秀全、杨秀清皆与交，方思乘机煽乱，将罗致谦山，乃深自匿。某年，仁和钟某挈子骏声从新简浔州守，至浔，掌教某书院。诸生中有与谦山交契者，言于钟曰：“葛谦山家深山中，缺西席，雅慕公子，欲延以为师。”于是骏声遂往。其家有园，依山为墙，导涧为池，屋百余椽，馆之于园中。谦山待骏声有加礼，徒二人，至驯谨。一日，谦山语骏声曰：“仆有事外出，某日某刻将有数人来访，虑阍人无以峻却而阑入书室，善为我辞，则幸甚。”至期，客果至，答如前。客坐久，慨然曰：“主人匿不见，亦无瞢焉。虽然，余等非甘受绐者，请以一言为证，主人此时在某楼，坐某向，阅某书，试往验之。余等从此逝矣。”遂去。骏声亟携僮登楼视之，谦山所坐之向，所阅之书，不爽毫发，盖诸客亦精术数也。谦山乃语骏声曰：“若辈素与予交，今将举大事，予故避之。君在此亦危矣，宜亟请尊甫来，予当有以相告。”越日，某至，谦山设席相待，曰：“余将远徙，此地不久为灰烬，所存者惟园中湖石耳。君于庚申，可得殿撰，惟此时兵祸蔓延半天下，过此，其亡也忽诸。为今日计，乔梓宜速归。自此至浙，亘数千里，途中盗贼游勇，满地荆棘，多携资斧，无益有累，仆已缮书数函，投某某处，可得资为助。他日轺车四出，或至山中一观园石之存否可乎？敢以此言为息壤。”饮酣而别。后骏声果以庚申第一人及第。越数年，视学某省，事竣，迂道访之，则荒烟蔓草矣。问之乡人，皆云不知所往，而湖石则岿然独存。

萧智怀以遁自全

萧智怀，湘乡人也，生而豪荡不羁。年数岁，读书一目了然，然不肯竟读，得闲辄逸去，集牧牛儿为超距、拔河之戏，指挥进退，如大将抚士卒。稍长，有文名，肄业长沙岳麓书院。当时士人率以八股为事，萧不耐，遇题出，就己意挥洒，以气行之，顷刻千言，见者吐舌。抚军某初下车，观风，题为《故仲尼不有天下》，萧中幅云："假使天命有归，则三恪可封，杞、宋与成周并列；诸侯锡命，晋、楚与郳、莒同行。所难为者，鲁君质季孟不免北面之惭耳。抑使人心有属，则安内攘外，回、由信将相之才；继体守文，鲤、伋亦成、康之比。所遗憾者，亳社与殷顽无及祼将之耻耳。"抚军见文大惊，立拔置第一而黜之出斋。萧亦不为意，其文则传诵一时。

及粤寇起，萧被褐谒洪秀全于军次，挺身直入，门卒止之，不听，疑为刺客，执而搜之。萧怒，出市井语相詈，声达于内，杨秀清闻而出视，萧拱手曰："公，东王耶？敢问今日举兵，将以排满欤，抑以佐满欤？"秀清曰："恶，是何言！吾固排满，安得佐之？"萧曰："然则公欲举大事矣，乃使走卒窘辱国士，何也？"杨大笑曰："君亦狂生也。"乃握手入，偕见秀全。萧请毋恋战，顺流而下，急取襄鄂，出兵中原，以窥燕京，秀全纳之。武昌既陷，将士觑东南繁富，皆请东下，萧不能争。及据金陵，萧又画策，请以荆襄之兵出南阳，趋河洛；皖赣之兵出淮颍，趋开封；秀全出扬州，沿运河水陆并进，扼临清，赴幽冀，所在招纳豪杰，易置守令，一切因俗从简易，暂不更张，如此则河北将望风而下。秀全意亦谓然。而秀清阴有异志，以军中耳目多，不便举动，由是兵不得出。萧叹曰："事败矣！"佯狂不问事，俄而乘间逸去。

曾文正围金陵，时陈湜在军，与萧有旧，萧访之，故态犹昔，欲留之，萧不可，曰："已事洪矣。既鸡口，复牛后耶？"遂去，不知所终。

高继周论卵石之势

某年，曹县之变，贼劫狱，释罪犯皆逸。中有因命案拟抵之犯高继周，将被纠入伙，高曰："我已入死而出生，不从将焉往！然徒侣只此数百人，将何以举大事？兖沂曹道距此甚近，帅兵来剿，是卵石之势也。若困守孤城，直坐以待毙耳。君等可先去，我当至各村纠集数百人，庶可成事。"贼以为然，弃城去。高奔告各署，仅一武弁，与之商，召集兵民，闭城，城遂完，高自投案，卒免于罪。

穆宗知肃顺有异志

穆宗天资英敏，即位时方八岁，知肃顺有异志，尝戏以小刀割菜，呼曰："杀肃顺，剐肃顺。"及见肃，亦周旋无异他人，故肃不之疑也。

左文襄力斥众论

光绪初，帕夏之未平也，左文襄肃清关内，禡旗启行。英使威妥玛居间调停，倡议封帕夏为外藩，朝士和之，并为一谈。文襄独引边荒艰巨为己任，力斥众论，而西域遂平。

左文襄见几而作

左文襄公宗棠入都，僦居东安门内之石鼓阁，其时盖以节度入枢密也。初亦锐意欲有所为，而成例具在，丝毫难于展布，且陈奏发行，急于星火，无暇推敲，又有明日上章，而今日甫定稿者，有所建白，为同僚所尼，多中辍。所以文襄入值未几，即力疏求去，殆亦见几而作欤？

曾惠敏夫人赛会急智

曾惠敏公纪泽使英时，夫人从之，尝与彼都人士相酬酢。一日，诸贵妇公议，翌日各出所有列会，供人游览，以得酬多者胜。贵妇多富豪，夫人自知不敌，归商于惠敏。惠敏殊踌躇，顾又不能毁约。届时，夫人挈龙井茶叶以往，是日酷热，游者疲而渴，夫人乘时煎茶进，游者大悦，竞掷以资，会既，夫人得酬独多。

焉敢重为社会之蠹

钱塘徐印香舍人恩绶浮沉下僚，安贫乐道，湘阴左文襄公宗棠、湘乡蒋果敏公益澧，及合肥李筱荃制军瀚章，先后欲疏荐之，辄谢勿受。任丘边竹潭鹾尹葆枢尝劝之，则曰："吾无经世才，不欲以牧令自效，焉敢朘削膏脂，重为杜会之蠹乎？即此以言，已为分利之人，方滋愧焉。"吴县俞小甫通守廷瑛，闻而语人曰："徐君其真明智乎！"

沈文肃虑西人见底蕴

同治甲戌、光绪乙亥间，日本与台湾生番构衅，侯官沈文肃公葆桢奉命巡台，晤日本司令官西乡从道，告以两国海军方萌芽，不宜遽开战，为西人尽见底蕴，不如各归，益自治军，二十年以后可相见也。西乡大感动，遂罢兵。及移督两江，奏定各行省岁协南北洋二百万两，专储海军用，期以十年成南、北、粤三洋大军。又恐缓不及事，先助北洋四百万，令成军。于是购制镇远、定远铁甲两舰，镇东、镇泰、镇南、镇北四炮舰。己卯，日本灭琉球，北洋增购致远、靖远、经远、来远四舰，雇琅威理督操。及颐和园工兴，海军费二千余万尽输之，南洋前积费数百万，亦为左文襄公宗棠移治朱家山河工。甲午战后，文肃孙翊清赴日阅兵，西乡从道犹在，语栩清曰："日本海军之有今日，不敢忘令祖之赠言，惜其人不再见。且贵国任事者，不能完其遗志，尤可惜也。"

张文襄不奉伪诏

凡上饬下曰"仰"，惟官文书则然，未闻见于谕旨者，谕旨则用“著”字。光绪庚子拳匪之变，矫诏南中疆吏雠逐外人，五月某日，鄂督张文襄公之洞奉廷寄，有“仰该督抚等”云云，故一望而知其为矫诏也，不奉诏之计益决。

刘葆真知拳祸

武进刘葆真太史可毅，为光绪壬辰会元。庚子，从事京师大学堂，见拳乱之亟，忧之，乃言于许竹筼侍郎景澄曰：“此非义民也，不戢，将有大祸。”寻挈其家属徙通州，拳遇之于途，识之，遂及于难。

汪氏女知前途之忧

轮回宿命之说，本自不诬，西藏、青海喇嘛近世尚有擅斯术者，但必避人避世，修持于青海中之二岛耳。

光绪时有汪孟平者，官河南周家口同知，生数女。其季女幼而好道，善文字，不教而能。家固多藏书，女悉发箧，择其关于道术者读之。孟平欲为议婚，女知之，曰：“儿再来人也，幸夙因不昧，二十岁后即入山学道，今暂寄于此。必苦相迫者，当委蜕去耳。”孟平以其年幼，姑置之。

孟平倜傥自喜，好声色，年五十，犹纳雏妓为妾，夫人阻之不得，时牴牾。女劝母曰：“去之可耳。人世事如朝露，何恋此旦夕为！”于是夫人托辞归宁，携女去。

时女年未二十，孟平遣干仆数辈，具车马送之。行数舍，女在逆旅中，一日晨起，叱仆使归，词意决绝，眉棱威毅，状若剑客，仆震慑不敢抗，惟顾夫人，夫人无一言。仆退，群议曰：“女公子素和易，何忽骇人乃尔？然失夫人与女，责任在吾侪，将何以报？盍阳去而阴尾之。”是日，女侍母登车，命御者曰：“听我命，左则左，右则右。”御者不敢违。车行山野，女左右挥，若甚悉者。自汴入陕，至华山下，女令母暂寓旅舍，先入山觅地。已而女至，曰：“得之矣。”驱车入山。行数里，车马不前，女命御者负行李以从，而自扶母，缘层崖数叠，至一潭，水清若镜，潭侧一石洞，委装于内，遣御者去，遂居之。

仆侦得实，归白孟平。孟平大惊，知不能挽，乃使人以刍米之属周给之。年余，夫人病卒，女葬之山中，亲负土为坟。庚子拳匪变起，周家口亦毁一教堂，孟平缘是罣吏议，罢官归。甫抵家，女慰藉之函亦至，并隐约及辛亥事，且谓前途之忧方大也。

有乳妪，女幼时尝得其鞠养，以孟平命往视，宿山中三日。言女已辟谷，惟啖黄精，石洞无门，编枝为篱，夜有豹卧篱外，巨若牛，而见女则驯如犬。女尝引妪游山中，见石洞数十所，或有人，或无人，其在者皆女子，云有自明末来者，相见亦不甚为礼也。

陆太君不佞佛

光、宣间，钱塘徐印香舍人恩绶之继室仁和陆太君玉珍居沪上，不持斋而有时茹素，不念佛而终日看经。女琳、子妇何墨君尝进言曰：“老年血气衰，宜肉食，观书恐耗目力。”太君则曰：“食植物者多寿，观书以养心耳。吾非佞佛也，毋多言！”

新嫁娘知偷儿

苏州某姓嫁女，奁具丰，观者如市，夫家亦豪富，有贼见而涎之矣。婚夕客散，新郎倦而睡，新妇亦卸装将寝，瞥见床下有人，疑为闹房者。盖吴有闹房之俗，新婚三日内，戚好张谳设饮，尝至达旦，甚有隐匿幭间床下，窃听新人私语为噱。及见其人以刀剖地上榛栗，知为偷儿，遂搴帐语郎曰：“我欲溲而器渗，奈何？”郎曰：“夜深矣，明日设法补之。”妇曰：“试探姑睡否？如尚未也，将往谒姑。”郎如言，女即使郎移烛出，而下键于门，诣姑言其状，谓贼匿此，必有接赃者在外，可潜谕厮养。于是举家健丁持械而至，贼不及防，遂就擒，并其党尽数捕得而送之官。

林生妻预设米肆

有林生者，家中资，而性嗜博，父母时训之，始稍敛抑。及父母亡，遂无所顾忌，家事悉委其妻。妻固贤而有才识者，劝之不听，乃密与其母家兄嫂谋曰："妹夫沉湎于此，将来必至荡产倾家，妹有金资少许，欲托兄嫂代为经营，以免他日饥寒。"兄固长者，然之，为设一米肆。林不知也，惟嗜赌如故，逋负丛集，鬻田产以偿。久之，饔飧不济，乃就商于妻兄，妻兄曰："为今之计，谋生为急。仆设有米铺，将延一司会计者，诚能改行，不妨即任此事，月可得金若干。"林乃自矢以后不赌，遂延之往。及数年后，妻兄见其无他，始明告之。

白棉线知《聊斋》为愤世劝世之作

白棉线，李氏女，泗水倡也。姿不甚都，善修饰，以能周急济困，由是名遂振，茶商、盐贩日造其门。所得缠头资，买泗水田数十亩，赁邻境宅一区，将为终老计。亡何，病，田宅皆被人占。或为之不平曰："何不讼？"棉线从容言曰："吾所得，皆不义财，听之可也。"暇则听人讲说古事，闻忠孝节义则泪涔涔下，有身堕泥犁、追悔莫及之慨。尤喜听人说《聊斋志异》，凡所合意，必请重宣以记之。客或诘之曰："卿喜狐乎，喜鬼乎？"棉线笑曰："煌煌宇宙，何狐何鬼？此蒲留仙愤世语也，劝世文也。蒲因君子道消，托言比兴，何得以稗官野史而忽之耶？"客将更有问，棉线倦而倚几酣睡矣。

刘桂庆瞭然去来

京伶刘桂庆工王帽戏，一日赴内城某宅演剧，侵晓归，而语其家人曰："吾心如落叶空山，了无归宿，恐将逝矣。"家人以为诞。刘偃息在床，日加午，遽卒。此殆瞭然于去来者欤？

智仆成人之美

御史某以清节著于时，一日宴客，见一妓有殊色，席散，遂命仆唤之，既而忽自悔曰："某不得无礼。"急命人呼仆返。仆从屏后转出，某曰："汝未去耶?"仆曰："吾事公久，未见有此举动，度公之必悔也，是以未去。"某喜甚，重赏之。

钱邦彦聆音知兵祸

声音之道，感人至微。钱俊甫拔贡邦彦以朝考入都，见京朝士夫卑鄙龌龊，拂袖而归，在乡授徒自给，布衣脱粟，晏如也。宣统庚戌，偶入城，闻警局掌号声，忽叹曰："将亡矣。"遇老友某，告之曰："不出二年，必有兵革之祸，我从此不入城市，君亦宜善自为谋。"辛亥八月，武昌果起事矣。

杨仁山神明不乱

石埭杨仁山，名文会，以居士而为佛家尊宿。父官杭州。自言十八九时驰逐声色，二十后始潜心西方圣人之书，屏绝嗜好。少亦工诗，有"客味鹅儿酒，乡心燕子鱼"句。宣统辛亥秋，病没，处分后事，神明不乱。仁山尝言："谭复生临刑，呼刚毅欲有所言，即此一念，尚须堕入轮回。"

村妇杀盗

富川县僻处广西边疆，多崇山峻岭，群盗倚之为巢穴。村妇某生而骁健，有胆识。尝孑身归宁，一盗要于路，妇长跽乞怜，请以钗环代，盗不可，更曰："愿倾吾身所有而与之，何如?"盗曰："可矣。"即释刃，铺包裹，整置一切。半晌，妇又曰："吾解衬衣，请君背我。"盗信之，急转身反向，仍料理衣具。村妇乘隙拾刃，奋力一击，中其颈部，遂殒。妇返其物，急奔回。念遗尸路旁，或且累人，是不可以不一白之，乃自投县署，诉颠末。邑令王甲荣嘉其能杀贼也，优礼之，赠额曰"勇比健男"。此宣统辛亥事也。

雅 量 类

太宗释张春

天聪辛未，大兵围大凌河城，生擒明监军道张春等。春见太宗不跪，太宗引弓怖之，礼烈亲王谏曰："彼不惧死，射之何为?"乃舍之。春终不失节，以寿终。

世祖许恩养明太子

李自成既去燕西走，摄政王多尔衮亟命吴三桂与英亲王阿济格合军追击，而己则以明太子手敕，赚之入都。

时太子已自三桂军中逸出，匿故内官杨玉外舍。越数月，见京师大局稍定，玉乃为太子易服，送之故嘉定伯周奎府中。奎，烈后父，太子外大父也。奎侄铎引太子入见故长平公主，兄妹相对泣。奎具酒食以献，举家行君臣礼。薄暮，太子哭别而去。数日复至，公主赠以锦袍。后又至，奎留宿，教太子自诡姓刘，为书生，以免祸及，否则即向官府究论。太子不从，奎遂以闻。捕下三法司，刑部主事钱凤览勘问，传讯内侍旧臣，花园内监常进节、指挥官李时荫佥言此真太子，故司礼王德化亦谓为真。观者数千，皆应声呼真太子。

及廷勘，太子言宫中事甚悉，再召故锦衣官尝侍卫东宫者十人证之，十人同声对曰："真也。"独故贵妃袁氏及故晋王执以为非是，遂下太子、玉、进节、时荫、德化及锦衣官十人于狱，凤览上疏力争曰："前太子，危地也，何所觊觎而假之?"于是凤览亦被逮下狱。时京师商民皆具疏请释故太子。又有宛平杨时茂者上疏，请将时茂身肉剁为泥，骨碰成粉，以赎故太子。顺天府民人杨博等，亦疏请留故太子以奉明祀。疏上，悉留中。而故太子已先一夜绞杀于狱中，凤览暨玉等十五人翌日同弃市，时顺治甲申十二月辛巳日也。仍令内院传谕中外，有以真明太子来告者，太子必加恩养，来告之人亦于优赏。

世祖褒恤凌忠介

凌忠介公义渠为明末十九忠臣之一，顺治间归骨故丘，世祖谕知府吴绮护之行，且命为卜葬。褒恤遗忠之典，自世祖开之，不以其效忠胜国而恶之也。

世祖命歌《万古愁》曲

明归震川之孙玄恭所著《万古愁》一曲，沉郁瑰瓌，悲壮淋漓，其中实含有民族主义。当时流传极广，至达大内。世祖方入关，欲禁之，后不果，乃命乐工歌之以侑食焉。

世祖不罪尤侗

尤悔庵舍人侗惑于女色，构消渴疾，经年不愈。圣祖时为皇太子，命内竖馈药饵焉。尤作启谢之曰："臣风月膏肓，烟花痼疾，同马卿之消渴，比庐子之幽忧。忽启文鱼，如逢扁鹊。赠之芍药，投我木瓜。紫苏与白芷同香，黄菊共红花相映。猥云小草，锡以上方。月宫桂杵，窃是姮娥；台洞桃花，采从仙女。一杯池水，堪资丈室之谭；半匕神楼，顿醒惊天之梦。肺俯铭篆，羊叔子岂有酖人；耳目发皇，楚太子无劳谢客。谨启。"圣祖得书，见"赠之芍药"及"月宫""台洞"等句，以为大不敬，言于世祖，将加罪焉。世祖笑曰："文人之文，兴到笔随，岂能有所顾忌？尤侗乃胜国遗逸，杀之不祥。"圣祖默然。

徐竹逸与弟独守敝庐

世祖初定鼎时，兵戈四起，人皆裹粮避山谷间。徐竹逸与弟竹虚独守敝庐，昼则力田，夜不废读，俨如太平之世。其避兵他处者，率多受警归。竹逸语弟曰：“吉凶悔吝生乎动，于今益信。”

顾亭林谓鼠勉我

顾亭林居家恒服布衣，附身者无寸缕之丝。当著《音学五书》时，《诗本音》卷二稿再为鼠啮，再为誊录，略无愠色。有劝其翻瓦倒壁一尽其类者，顾曰：“鼠啮我稿，实勉我也。不然，好好搁置，焉能五易其稿耶?”

丁药园与牧竖同卧起

仁和丁药园仪部澎初至靖安，卜筑东冈，躬自饭牛，与收竖同卧起。暇则乘牛车行游紫塞中，手《周易》一卷，吟诵自若。

丁药园赐吏鹅炙

丁药园居法曹，诗名满京师，吏人尝窃其牍以易鹅炙。灶下养思染指，不获，讼于庭，药园自出其所食鹅炙以赐之。

毛尔旋恕佃人

遂安毛尔旋之履绝意仕进，惟日课其子际可为文。家有薄田，督收秋租，佃人以稗湿者充数，置不问。或诘之，乃恻然曰：“若辈方田作苦，尚不能奉父母、饱妻孥，吾姑譬之鼠雀耗耳。”比至岁祲，颇不能自给，弗顾也。

圣祖优容大臣

圣祖厚待臣下，如明珠虽贪擅，念其筹划削平三藩之功，终未置之极典。徐乾学昆仲与高士奇比昵，时有“九天供赋归东海，万国金珠献淡人”之谣，上知之，惟夺其官而已。尝谕近臣曰：“诸臣为秀才，皆徒步布素，一朝得位，使高轩驷马，八驺拥护，皆何所来？可细究乎？”

圣祖宽容陈名夏

国初于明臣之归款者，率仍还其本职，保全始终。大学士陈名夏辗转矫诈，屡贷其死，乃犹语同僚宁完我曰：“若望天下太平，除非依我两事。”宁问何事，名夏推帽摩其首曰：“留发，复衣冠，天下即太平矣。”宁以其语上闻，圣祖颔之，然惟治名夏以抹删谕旨、作奸犯科诸款，于前两语置不问也。

计甫草观江涛澎湃

吴江计甫草自海陵归里，渡扬子江，会大风雨雪，舟不得发，同行者皆垂首叹惋。计坐舵楼下，手王阮亭诗读之，至论郑少谷绝句，哭失声。既乃大喜，拭涕起，坐雪中，观江涛澎湃，吟啸自乐。

董苍水渡湖赋诗

华亭董苍水孝廉俞，有鹿角山之游，渡洞庭湖，风大作，波翻浪涌，上流覆舟，蔽湖而下，僮仆震慑无人色。董坦然危坐，赋二诗，投之湖，竟无恙，且以数小时而行三百余里。

诸骏男渡江赋诗

钱塘诸骏男，名九鼎，尝与仁和姜真源侍御汇思，联舟渡扬子江。过金山时，风大作，舟直触郭璞墓石。姜意诸必大惶怖，而诸方吟啸自若，作《过金山》诗。

黄大宗扣舷吟啸

山阳黄大宗，名之翰，游楚，尝月夜破浪江行，为戍卒所追，扣舷吟啸，神思自若。

王水云掀髯渡江

余杭王水云大令舟瑶，旧与钱塘茅子鸿兆儒，偕渡扬子江。时风涛汹涌，王掀髯称快，曰："吾胸中郁勃之气，对此稍舒。"茅亦为之放胆。

高念东系驴而卧

蒙阴高念东，名珩，少年登第，筮仕馆阁，屡膺简命，出入中外三十余年。家般阳，每风日晴和，辄自跨一驴出，遇嘉石浓荫，即系驴而卧，见者不知其为贵人也。

王匡庐不留枝赘

新城王匡庐，名与敕，生平不恒为诗，每遇林皋清旷，襟抱悠然，辄复有作。诸子或请编录，王曰："吾写怀送抱，如弦之有音，所怀既往，则弦停音寂，何庸留此枝赘为耶!"

徐野君与村人周旋

徐野君性坦易，不与人忤。每遇能文章者，与言文章；晓音律者，与言音律；善琴弈、丹青诸艺者，与言琴弈、丹青诸艺。暇辄独行村落，山颠水涯，所遇村人如樵翁、渔叟、牧童，亦与周旋，终日无倦色。

沈康臣儒冠见大猾

国初兵乱，有大猾招集流亡，扰浙东西。猾与山阴沈康臣比部夙有郤，悬赏购沈急。沈夷然不顾，被儒衣冠往见，曰："某来矣。杀一书生，何购为!"猾奇之，大笑，留之饮，旋释令归家。

周栎园在狱赋诗

祥符周栎园，名亮工，被谗，诣诏狱。尝于雪夜静坐，念狱事正急，铁衣人周罗户外，乃与黄山、吴冠五共为诗，漏下数十刻不止。又曾对卧薄板上，已解衣卧，忽联句成，两人拥败絮，从口吻中湿不律，露臂争书薄板，跃起，短烛扑灭，一笑而止。又一日，堂下健卒狰狞立，锒铛累累，呼謈声如沸，手拲（音巩，两手同械也。）据地，顾伍伯，乞纸笔作《送客游大梁》诗三十三绝句，投笔起，对簿。诗语皆惊人。

周赤之饮酒自若

周栎园在狱时几死，狱且成。其父赤之家金陵，客为之忧，赤之曰："吾今固甚念之，然吾生平无一念足死吾子，吾子又类我，于理不死，行当雪耳。且义命有在，吾即日夜忧之，岂能遂脱吾子？"卒与客饮酒自若。已而事果得雪，竟如其言。

邹程村举酒自慰

邹程村为晋陵甲族，豪于赀。会有蜚语中之者，一日散万金立尽，四顾壁立，举酒自慰，曰："田园无存，幸宾客尚在耳。"

朱子殷歌呼笑傲

嘉善朱子殷，名辂，家贫甚，虽瓶无宿舂，歌呼笑傲，不改其乐。宋既庭尝语人曰："子殷积学辩才，今日之楼君卿也。"

张晴峰贫而购书

景川张晴峰学使衡，尝为水部郎，居京师，贫不能自给。一日，贷钱举火，过慈仁寺，竟倒囊中钱，购书以归，陶然自适。

陈际叔掩旧棺

陈际叔廷会拮据葬父，而发穴得旧棺，亟掩之，曰："冥漠君不安，即亲灵不妥也。"仍厚礼葬师而遣之。

李郑生见绯衣而不动

修湖李郑生学廉梦兰，尝游学白鹿洞，数年不归，独居攻苦。夜半孤灯，忽见绯衣满室，不之动，吟诵自如。

徐羽仪不畏虎

徐羽仪尝读书杭州西湖之灵鹫山，夜涉北高峰望月，有虎怒啸，山谷震动。或劝之避，徐笑曰："虎虽猛兽，焉能啮人？人惟畏虎，虎故啮之。"意气自若。

王辅臣遣妾散财

康熙甲寅五月，王辅臣反于陕西，然非辅臣本意。方部众之谋为变也，辅臣以死自誓曰："宁杀我，无负朝廷。"言之至再。迨变局成，而辅臣亦无如之何矣。

平凉之兵既杀经略莫洛，陕西督抚以反状闻。圣祖亟召辅臣之子继桢入内，曰："汝父反矣。"继桢曰："不知也。"上以陕抚疏示之，继桢战栗不能言。上曰："无恐。朕知汝父忠贞，决不及此，此由经略不善调御，汝父为平凉兵所胁，不得不从耳。汝宜亟往宣朕命，汝父无罪，杀经略，罪在众人。汝父宜竭力约束徒众，破贼立功，朕赦众罪，不食言也。"继桢乃赍敕，星夜归平凉。时辅臣尚在秦州，平凉居守诸将见继桢归，欢呼曰："大总爷至矣。"拥之入城，奉为总兵，设官分守焉。继桢亦不复顾。而辅臣之反势成，且既杀莫洛，思疾取西安，虑张勇蹑其后，踌躇审顾，退保平凉，而大兵已四集矣。

辅臣初在大同，城破日，有发妻自缢而死。后贵，复置妻妾七。平凉被围时，顾七人而叹曰："死大同者，今无其人矣。"七人闻之，同时皆自缢死。辅臣出战虽屡胜，而孤城坐困不支。经略图海招之降，与之钻刀设誓，保无他。辅臣出降，随图海转战有功。事平，上撤图海还，并召辅臣。鞍马已具，行有日矣，乃出其后妻。盖自七人缢后，辅臣复娶一女，至是忽与反目，决欲出之，召其父来，与诀而密语之曰："领汝女亟离此远嫁，我出汝女，所以保全之也。"

辅臣随命司计者取库银分之，各一封，多以百计，少或数两，悉标识之。所余二万金，置库中，封以印条，更录簿记银数及诸杂物，曰："吾为提督久，岂无余赀，令人动疑，累后人也。"取旧账册悉火之。召诸将卒、仆役等至前曰："汝等随我久，东西南北奔走，犯霜露，冒矢石，亦良苦。今我与汝等辞，汝等宜远去。"各以银一封与之，曰："可持此，愿归田者亟归，愿入行伍者速投他镇去，但勿言向随我也。"众皆哭，挥之行，曰："速去！我事不至累汝等，从此诀矣。"既乃命酒独酌，高歌酣醉，视盛鱼银碗在案，重二十余两，沉吟曰："此物当与谁？"适有童子捧茶至，顾曰："汝在此几年？曾娶妻否？"童曰："未娶也。"遽命取石槌碗令扁，以授童，曰："与汝，可归娶一妻，勿更来。"

辅臣至是乃复酣饮高歌，亘二三日，问门下尚有几人，则惟数十人在矣。召之来，共坐，呼酒欢饮，至夜半，泣谓之曰："我起行伍，受朝廷厚恩，富贵已极。前迫于众人，为不义事，又不成。今虽反正，然朝廷蓄怒已深，岂能恕我？大丈夫与其骈首僇于市曹，何如自死！然刀死、绳死、药死，迹不可掩，则将遗累经略，遗累督抚，遗累汝等。我已筹之熟矣，待我极醉，絷我手足，以纸蒙我面，冷水噀之立死，与病死无异，汝等当以暴死告。"众哭止之。怒，欲自刎，不得已从之。天明，以厥死闻，时丙辰四月也。

圣祖于台湾事不降谕旨

康熙庚申、辛酉间，台湾蠢动，闽省警报到日，圣祖方率诸皇子习射于畅春园，谕令该部"知道"而已。旋报全台失陷，仍如前谕。诸皇子请宣旨指授机宜，圣祖不答。射毕回宫，始召诸皇子谕之曰："闽省距京数千里，台湾复隔重洋，平日用督抚提镇，原为地方有事而设，伊等自能就近筹办。若降谕旨，岂能悉合海外情形？不遵则违旨，遵则误事。”未几，全台收复矣。

圣祖保全施琅

福建提督靖海侯施琅陛见，圣祖曰：“尔前为内大臣十有三年，当时颇有以尔为闽人而轻尔者，惟朕深知尔，待尔甚厚。其后三逆反叛，虐我赤子，旋经次第平定。惟有海寇游魂，潜踞台湾，尚为闽害，欲除此寇，非尔不可。爰断自朕衷，特加擢用，果能竭力尽心，不负任使，举六十年难平之冠殄灭无余，诚尔之功也。迩来或有言尔恃功骄傲者，朕亦颇闻之。今尔来京，又有言当留尔弗遣者。朕思寇乱之际，尚用尔勿疑，况天下已平，疑尔勿遣耶？今命尔复任，自此宜益加敬慎，以保功名。从来功高者往往不克保全始终，皆由未能敬慎之故，尔其勉之。更须和辑兵民，使地方安静，以副朕爱兵息民并保全功臣至意。”琅奏曰：“臣年力已衰，封疆重大，恐精神不堪。”圣祖曰：“为将尚智不尚力，朕用尔以智耳，岂在手足之力哉！”

圣祖宥杜诏

海宁查慎行与杜紫纶太史诏友善，圣祖尝赐杜御书一幅，为程明道《春日偶成》诗，查戏题一截曰：“天子挥毫不值钱，紫纶新诏赐绫笺。千家诗句从头写，云淡风轻近午天。”诗成未寄，录之日记簿，杜不知也。后查罹罪，籍没其家，日记簿进呈御览。杜闻，大惊。圣祖谓此事与杜无关，不之罪。初，杜赍御书而返，建楼供奉，额曰“云川”，集御书中语也；复自号“云川居士”以志恩宠。

汤文正移居旁舍

康熙时，睢阳汤文正公斌奉旨简授江苏巡抚，其赴任时，布衣牛车，从一老苍头。中途遇一年少官，衣冠华丽，骑从纷纭，或先之，或后之，时而触其舆盖。从人辄怒声呵斥，汤不较，避之路隅。无何，抵逆旅，汤已入上屋，年少官后至，从者叱店主令相让，店主以已有人对。从者曰："不问谁何，必移让。某县太爷至，讵容他客占此！"店主婉商于汤，汤即移入旁舍焉。

王永吉不使魏敏果避道

京朝官之途遇也，秩卑者或勒马候过，或让道旁行，显贵则昂然前行而已。蔚州魏敏果公象枢在台垣时，一日与吏部尚书王永吉途遇，魏当引避，王坚请魏先行。翌日，使族人语魏曰："吾每过其门，门可罗雀，其清操可想，吾甚敬之。若避道，则吾心何安？后勿复尔。"

李文定平气

合肥李文定公天馥廉静宽和，尤慎刑辟。每预廷议，务持平。同官或厉辞色，笑语之曰："君何至是！凡事，平其气而可也。吾初亦尔，后既熟，渐平也。"文定官至武英殿大学士，其在官以简易为主，威福归之于朝，毁誉不出诸口，宰物应机，悉以虚心处之，不以己与也。

圣祖宥王掞

理密亲王既废，圣祖命王大臣保立东宫。时允禩党羽布中外，王鸿绪后至，手书八字以视众，众遂共保廉亲王为储君。圣祖震怒，问首谋之人，众莫敢对。以太傅马齐衔名居首，拟大辟，因谓众曰："朕必立一刚坚不可夺之人，为天下共主。"盖谓世宗也。众莫测上意。太仓相国王掞年七十余矣，自念受恩深，当言天下第一事，又以祖文肃公锡爵于明以建储事受恶名，遂于康熙丁酉五月密奏建储事，疏留中。是年冬，又有上言建储者，上不悦，并发掞疏，命内阁议处。忌掞者引马齐故事，欲陷掞以死。掞止宫门外，不敢入，圣祖顾左右，问王掞何在，首辅李光地奏掞待罪宫门。圣祖曰："王掞言甚是，但不宜命御史同奏，蹈前明恶习。汝等票拟处分太重，可速召其来。"掞闻命趋入，免冠谢。上坐乾清宫，手招令前，耳语良久，人不能知。

后五年，辛丑正月，掞复疏前事，语尤激切。三月十三日，又有御史柴谦等十三人亦上疏如掞言。圣祖震怒，召诸王大臣，降旨责掞植党希恩，并令覆奏，举朝失色。掞就宫门阶石上裂生纸，以唾濡墨奏之，略谓："臣伏见宋仁宗为一代贤君，而晚年立储犹豫，其时名臣如范镇、包拯等皆交章切谏。臣愚信古太笃，妄思效法古人，实未尝妄嗾台臣共为此奏。"奏上，待罪五日，诏谓王掞应谪戍军台，姑念年老免行，著其子王奕清随诸御史代父往。明年元旦，诸大臣上寿，无掞名，圣祖发还札子，命列掞名以进，随赐宴太和殿。宴毕，再召见东暖阁，赐坐，命起原官，视事如初。

陈恪勤神色逌然

陈恪勤公鹏年守江宁，为总督阿山所齮，将入狱，神色逌（古同"悠"）然，自忖未了事曰："杜茶村未葬，某僧求书未与，布衣王安节缺为面别。"从容料量，承鏁（古同"锁"）而行，其镇定如此。

陈宦迹所至，尝表东海孝妇庙，建狄梁公祠，立陆绩廉石，复刘蕡后人租徭。在苏，舁郁林石于郡学，游焦山，遣人泅水出《瘗鹤铭》，为亭覆之。

柴虎臣予偷儿以钱

仁和柴虎臣，名绍炳，家居。尝有偷儿夜入其室，觉其为邻人也，默不言。捃摭及衣被，徐曰："独不能留此为吾御寒邪？"偷儿惊而止。遂劝其改行，检枕畔百钱及案上铜器一二具予之，令持出，其人呜咽去。

徐文敬令群儿呼字

钱塘徐文敬公潮以户部尚书致仕家居，时徒步里巷，儿童见之，群相指曰："徐潮来矣。"文敬问群儿曰："汝等何以识吾为徐潮也?"儿曰："闻人以此呼公，故知之。"乃曰："潮，我名也，未可呼。我字青来，自后汝等可呼我为青来耳。"

世宗待理密亲王

世宗居藩邸时，人情物理即已通澈，郡国利弊如指诸掌。时理密亲王已正储位，世宗事之最敬。而王先受宵小言，待之甚薄。及被罪，圣祖缚置空庐，禁人入见。世宗亲持汤羹以进，守者遏之，世宗曰："吾惟知昆弟之情，不知利害也。"圣祖闻而善之。

世宗准明裔袭封

雍正癸卯，世宗于圣祖书笥中检出未发谕旨一道，以明太祖崛起布衣，统一方夏，经文纬武，汉、唐、宋诸君之所未能及，其后嗣亦未有如前代荒淫暴虐亡国之迹，欲大廓成例，访求支派一人，量授官职，以奉春秋陈荐，仍令世袭。甲辰，遂封朱之琏为一等侯，入汉军正白旗。

鄂文端读书达旦

鄂文端公尔泰尝阅兵雒容，会日暮大雨，从者失道，供给不继。独危坐草室中，读书达旦，无愠色。

陈木斋以正舱让人

江右陈木斋侍郎守创居官清介，雍正某年，以诖误罢仓场侍郎，居京师数载，几不能举火。庚戌冬，蒙恩放归，及登舟，则有一商人在焉。商所出赁钱略多于陈，陈遂以正舱让之，而自与一仆居头舱。时陈行李萧然，商意颇轻之，亦不问为谁也。至淮上，总河嵇筠遣人以名刺致意，商犹茫然。未几，淮安守以腰舆往迎，始大骇，知为陈，旋匿去。然陈自以所出钱少，宜让以正舱，不介意也。

高宗命补载史可法书

高宗尝阅《睿忠王传》，以致明史忠正公可法书未载回札，因命将内阁库中所存原稿检以补载。法时帆谓睿王之书乃李舒章雯捉刀。雯，江苏人，顺治初曾官内阁中书舍人。答书为侯朝宗方域之笔。二人皆当时文章巨手，故致书察时明理，答书义正辞严，不惟颉颃一时，洵足并传千古也。

高宗优容鄂忠烈国柱

高宗虽厌满人之沿袭汉俗，然遇宿儒耆学，亦优容之。鄂忠烈公容安不谙满语，上厚加任使，未尝因一眚废弃。国太仆柱校射禁庭，褒衣大冠，侍卫有望之而笑者，上曰："汝莫姗笑。彼儒士，能持弓校射，不忘旧俗，殊可嘉也。"

阿文成容岳钟琪

阿文成公桂从征金川时，曾被大将军岳襄勤公钟琪参劾获咎。其后文成总督云贵，襄勤适任云南提督，心常惴惴。文成偶咏诗示之云："鸣镝一声山响答，长空飞鸟漫相疑。"襄勤始释然。

阿文成道歉于李荣吉

阿文成奉命堵青龙冈工，副将李荣吉以为进占得占，大工所深忌，宜缓之，得实而后进，以防陡蛰。文成斥其挠众，急趣之。既合龙，文武皆贺，惟荣吉不至。召之，则于坝上再拜使者曰："为荣吉谢公相，坝实未固，荣吉不敢贺。"乃督土料追压。阅两日，竟不守。文成中夜闻坝蛰，驰至，荣吉已挂缆落水。文成令曰："能生之者，官擢二等，兵吏赏千金。"未几，舁荣吉至，文成垂涕，亲去其湿衣，以上赐黑狐端罩护之，良久始苏。乃道歉忱，寻即自劾而荐荣吉。

阿文成马逸不怒

阿文成有上赐马，一日脱韁去。圉人入告，方观书，曰："觅之。"既获，复命，徐曰："好。"读书如故，不怒也。

梁文恪犯而不校

会稽梁文恪公国治，乾隆戊辰状元，入直南书房，累任学使，后以粤东事免，寻被简为湖南巡抚。尝出巡，州县具供张，家丁索贿不遂，故阻膳脯以激之使怒。枵腹终日，初无怨容，亦不知为奴所绐也。及入枢垣，和珅以其懦弱，有意揶揄之，至用佩刀为薙其发，以为笑乐，亦不与校。

朱石君赖杯水解围

大兴朱文正公珪，与兄竹君学士筠对弈，家人以茶至，误触文正衣，尽湿。文正起，顾学士笑曰："几为兄败矣，赖此杯水解围耳。"

王西庄恕酒人

嘉定王西庄阁学鸣盛，乾隆甲戌榜眼，官至内阁学士。寻丁内艰归，遂不出，家居三十年。有无赖子与人赌胜，乘醉骂其门，阍人不能忍，力止之。次日，无赖子酒醒，其母挈之登堂请罪，笑谢之曰："昨汝酒醉，我固不怪，惟以后若醉而骂他人，恐获咎耳。"无赖子惶恐而归，戒酒终身，卒无事。

彭定求锯楼柱

乾隆时，彭定求家中建楼，已立柱矣，有友过访，述堪舆家言，谓楼太高，固无碍于本宅，第未免有碍邻家耳。彭曰："此甚易，将柱锯去尺许，即无碍。”友曰：“公自筑楼，当自谋安适，何必为邻计?”彭曰：“楼稍卑，尽可安居，何必妨及邻家。”竟锯去之。

刘纶被人呼名

乾隆时，常州某太守颇锋厉，一日呵殿出门，闻途人有直呼其名者，大怒，饬役锁拏，绁之回署，系于狱。时武进刘绳庵相国纶方读《礼》家居，微闻其事，适太守往谒之，坐定，语之曰：“此地愚民不谙体制，我有时外出，人皆呼我为刘纶也，亦听之耳。”太守爽然，回署立释之。

刘宾门罢潘姓输鱼

渔家多畜鸬鹚以捕鱼，湘潭潘某，明末时官武弁，隶统兵官同邑刘髦嗣部下。一日犯令，当诛，刘惜其勇，曲宥之。后战死，子孙以渔为业，然皆感刘恩，每年开网，凡三日内所得鱼，悉以输刘。乾隆朝，刘族益繁，潘仍照常供应，不稍衰也。至刘之五世孙宾门太史时，始罢其馈，以全祖德。

姚立德协守东昌之镇静

乾隆甲午，山东王伦之乱，姚立德方官河督，值东抚徐绩剿匪不克，退驻东昌府城，姚与之协筹守御。府东门外人烟辐辏，为南北往来水衢，匪传檄某日攻城。先一夕，东厢火起，徐疑匪至，登城，促令放炮。姚曰：“事未得实，万有一误，则城外生灵涂炭，民心惶变，恐失城不待贼至矣。”相持不已。徐欲手自然火，姚从后掣其肘。未几，报至，则民居失火，非匪也。徐揖谢姚，姚曰：“君志在急灭贼，不暇思耳。”人服其雅量。

雷翠庭恕茶迟至

宁化雷翠庭副宪鋐立朝謇谔，贞介绝尘，其雅量亦不可及。

家居时，客至，三呼从人捧茶来，未应，雷怡然。或问之，曰："若辈在吾家，廪给薄，自懈于趋承耳。"

某方伯有一字师

乾隆时，某方伯莅浙，见文牍有"鳖子亹"三字，投牍于地曰："此明明是亹字，何得误读为门耶？"一吏从容拾牍，援《大雅·鹥凫》之说以进曰："旧注亹音门，谓水流峡中，两峰如门也。"方伯怃然曰："微子，几误乃公事！子即吾一字师也。"

吴榖人任人负桌

钱塘吴榖人祭酒锡麒，乾隆乙未通籍，时其家适以中元延僧放焰口，事毕，仆携杂物进内，有供寒林大士之半桌尚置门外，偷儿乘间窃负而去。仆出求桌，不得，询诸人。吴方默坐厅事，应曰："适见一人负去矣。"仆曰："何不呼？"吴曰："其人已负去，呼之，奈若人何？"

沈文悫购物不论价

长洲沈文悫公德潜官至礼部尚书，以诗受知高宗。少时家贫，不蓄僮仆，晨必携一筐，自购物于市。售者索值若干，悉照给，不稍与争。久之，市人知其宽厚，亦无有敢欺之者。

董文敏不念旧恶

上元董文敏公教曾，以乾隆丁未通籍。当未第时，贫甚，举拔贡，入都朝考，徒步襆被，自负而往。至邗上，遇一舟，时尚热，力惫，求附载。榜人为请于舱中客，许之。董坐舵旁，朝夕朗诵不辍。榜人私语舱中为巨绅某公子兄弟甲乙赴京应试者，勿相扰，董读如故。舱中客方以饮酒度曲为乐，果厌之。两少年出，呵问："尔何人？"具述名姓，并言将应试，遽嗤之曰："尔寒乞如是，亦欲赴试求名耶？"狎客等从而和之。董不能堪，负气奔岸，又走数百里，勉赁小车抵都，朝考列二等，授小京官。旋乡、会试联捷，中探花，授职编修，数年京察，由监司洊擢四川布政使。某公子甲方以贰尹同官一省，忆及前事，不自安，谋引退。董闻之，召之入见，好言慰之。询其弟乙，则已死，乃笑语之曰：“韩信不雠胯下之辱，余岂不逮古人，勿以往事介怀也。”此事尝于为闽督时自述以戒人，且云：“当时以负重徒步远行，至今左膊逢阴雨时辄酸痛也。”

董文恭宥窃珠奴

富阳董文恭公诰，未冠成进士，入直枢府几四十年。和珅当轴，谦冲自居，不为用。仁宗亲政，宠眷日隆，终身无过，时人贤之。尝有上赐朝珠，价值数万，一旦失之，绝不介意，但责有司捕治。后知为奴所盗，因训之曰：“余待汝甚厚，何得为此不肖事？使余逐汝，终身无倚矣。”仍令服役。奴感终身，及董薨，以身殉。

黄南薰以屋地假人

嘉庆甲子，嘉善大水，米价骤腾，县官令行平粜。时众多避匿，黄南薰封翁凯钧独以身倡，大暑烈日，持盖步行，按户之上下，定米之多寡，罔有漏失，全活甚夥。尝以屋旁隙地假人，其后久假不归，且加辱焉，南薰笑置不问。又买邻人之屋，而其屋已先出赁为商店，虑其他徙失利，券垂成，毁之。

李翁谓金镕有耗

乌程新市镇李翁饶于资，将嫁女，出赤金数斤，召匠制奁具。制毕权之，几少其十之二，举室大哗，谓匠窃金，议欲褫其衣而搜之。匠初亦哓哓置辨，已而面赤不发一言。适翁自外至，笑曰：“金就镕，岂无耗。”以好言慰匠，遣之。匠归，其夕即死。盖匠实窃金，每夕必携少许归。是日亦藏少许于身，闻将搜之，亟纳于口，而不图争辩时误吞之也。设非翁置而不校，则匠死于翁家，而其家且执以兴讼矣。

徐华亭自引咎

徐华亭督学浙江，生员某文中有“颜苦孔之卓”句，华亭批其语曰“杜撰”，置之三等。洎发落日，生员乃面陈曰：“颜苦孔之卓，出自扬子《太玄经》，非生员杜撰也。”华亭即起立曰：“本部院以侥幸太早，未读古书，予之过也。”即改为前列，俾附一等末。

蔡西斋承认为老头儿

蔡西斋名鸿业，道光庚寅，以奉讳罢官。家居之暇，辄荷衣箬笠，徒步田野，与二三老农课晴雨、话桑麻，人不知其为二品贵官也。某抚遣使送牍，使叩门，遇一老人方薙草，因呼之曰“老头儿”，辄应之。问以蔡大人第宅所在，老人指点之。及请见，则大人即薙草之老人也。使叩头请罪，笑掖之起，厚犒而去。

李复轩予偷儿以钱

有偷儿潜匿李复轩家中堂之长案下，复轩见之，不明言，与其妇归佩珊在堂中吟诗，迭相赓和。夜半，复轩令偷儿出，邀之食粥。偷儿大骇，叩头不已。复轩给以钱二百文，戒之曰：“此后当为好人。”偷儿感之，后遂改行。

某封翁呼树上君子

某封翁富而好德，某岁除夕，出厅事莅家谦，二婢执烛前导，过中庭，翁仰见树杪有人，即止不进，告二婢曰：“汝等留烛于亭，吾愿留此独酌，速移樽至。”

既，翁屏退家人，仰树呼曰：“树上君子，此间已无外人，盍下，且畅饮耶?”树上人闻之，战栗几坠。翁曰：“毋恐，老夫岂忍执人者。”其人乃下，叩首称死罪。翁视之，邻人也，相将入亭，先酌之三杯，曰：“汝所需若干?”邻人泣告曰：“小人有母，遇年荒，无以卒岁，素谂翁家富有，故行此不肖事。今既不罪，尚敢他望耶?”言已，声酸嘶。翁曰：“不能周济邻居，以至为非，老夫之过也。今酒殽尚温，汝其饱飡（同“餐”）。当以三十金畀汝，卒岁之余，小作贸易，可度日矣。勿再为此，他人不汝恕也，且陷老母于不义。一成为盗，没齿不能掩盖，其奈何!”食已，乃予银，并布裹食物，送之墙下，曰：“归遗尔母。汝仍出此，勿使我家人知之，余亦终勿告人也。”邻人俟母卒，弃家为僧，苦志虔修，为西湖灵隐寺方丈。闻翁死，千里赴丧，哭不成声，且自言其事。

王定九不怒批颊

王定九相国尝家居，偶出游，至弄唐，私焉。无赖子不知其为相国也，批其颊，相国一笑置之。

陈硕士静退

陈硕士侍郎奂家素封，以诸父仕宦，中落。侍郎自御史回翰林院原衔门，贫益甚。人劝其出游，陈曰：“吾近臣矣，又为人客，奈何!”一日，有贷于友人，至则弈棋赋诗，尽日暮，忘所事而返。后骤迁至阁学，宣宗谕之曰：“汝非有保举人，朕知汝静退有操守，故进汝官。”

汤文端偿菜值

萧山汤文端公金钊在京日，乘车过京师宣武门大街，有卖菜翁弛担坐，前驱误触之，菜倾于地。翁不知为文端也，捽其仆下，詈且殴，欲索菜值。文端启帘笑曰：“值几何耶?我偿尔。”翁言钱一贯，仆曰：“此数文耳，何诈也!”翁怒曰：“即一文，谁使触我？”复欲斗。乃笑止之，且曰：“取钱我家，如何？”翁不肯，曰：“子无良，将愚我至家送我也。偿则此地偿耳。”文端为之窘。适南城兵马司指挥至，起居已，禀曰：“此小人，卑职带回重惩可也。”翁始惧，叩首乞哀。文端谓指挥曰：“无庸，假贯钱足矣。”指挥请自给，翁不许，乃如数携至。文端面予翁，翁觳觫谢，固予之，乃叩首去。文端停辔，故与指挥言许久，意翁行已杳，乃别指挥，叱驭去。

琦善曲成二令

琦善性豪爽，善判决，声如洪钟，奏对辄称旨。三十岁，督某省，一日有试用令二人报谒，一截取，一大挑，老名士也，皆寒素。初见时，犹服便章，外饰补褂而已。投刺，不候传呼，直趋官厅，匡床对坐，论经史，侃侃有声。内巡捕官恶其荒唐，欲屏去。琦在牖后窃听其言论，嘉赏之，戒勿声。琦出，二令不知琦之年少也，坐微起，曰：“我辈谒见大人，候之久矣，烦后生为我请之。”琦微笑曰：“二位老先生请坐，我即琦某也。”二令急下拜，起而询曰：“大人好福命。如此英年，卑职方在塾中读书，大人已京外天子矣。是何出身？敢问贵科。”琦笑而不答。琦，满人，袭其先世侯爵官阶，不由科名，故未壮而居高位，二令不知也。然琦虽世禄之子，而雅重斯文，以延揽英豪自命，二人负重名，故优容之。督甘时，甫抵任，连劾司道以下数十人，其锋锷可知。

越数日，传二令入，各以女公子受读。二人请曰：“卑职在家半生教书，今一行作吏，复膺此任，不犹然故我耶？”琦曰：“候缺无期，姑吃无钱饭耳。”二令称善。逾时请缺，琦曰：“易耳。”盖琦知其无吏才，授以州县，必一蹶不振，预为改教，得食读书之报以娱老也。又恐往返道途，艰于赀斧，故辟为教读。及部文转出，以示二令曰：“两先生缺在是矣。”二令愕然。乃各与一荐书、金五百，而归掌教书院，在籍候选。

林文忠制怒

侯官林文忠公则徐性卞急，抚苏日，尝手书匾额于听事之堂，曰“制一怒字”。久之，人亦服其有雅量矣。

林文忠怡然就道

道光辛丑，林文忠戍伊犁时，王定九相国以其详悉水利，特请留办河工。未几，即合龙。一日，王宴客，文忠与焉，忽传旨到，使者谓于合龙日开读。明日启读，则曰：“林则徐于合龙后，著仍往伊犁。”王大骇。文忠自若，即日怡然就道。既至伊犁，将军某固夙器文忠者，问之曰：“君欲远乎，欲近乎？”文忠曰：“愿远。”乃遂批发极远之所。

陆韵梅夫人仁恕

吴县潘申甫侍郎曾莹，为嘉庆朝大学士文恭公世恩仲子，学有根柢，尤长于史学。画以青藤、白阳为宗，书则初学吴兴、晚学襄阳，尤得其神髓。淑配陆夫人，名韵梅，字琇卿，亦知书、工书画。同时女史汪小韫端，镌小印以赠，文曰“潘江陆海”。夫人性仁恕，每大雨初霁，闻门前有卖瓜果者，曰：“天凉如此，孰购之？徒赪其肩耳。”命尽买之。一日，婢不慎，偶有两瓯堕地，一碎一否，顾诸子曰：“汝曹识之，薄者破，厚者完也。”

万文敏犯而不校

万文敏公官尚书时，自起宅第，高其闬闳。其对门有旗人某，所居殊卑隘，惑于风水之说，嫉万宅轩峻，势若凭陵己也，日必詈于其门。公子辈欲与校，文敏则设几门内而坐镇焉，谕阖宅人等毋许出外与人争。久之，詈益肆，语侵及所生，公子曰：“至是宁尚可忍乎？”文敏曰：“彼所詈者若而人，我非若而人，则彼非詈我也，何不可忍之有！”公子辈闻之释然。

官文恭不以细故介怀

官文恭公文之督两湖也，胡文忠公林翼为巡抚，胡心轻之，事多径行，不与商摧。官所用人，辄为胡所劾，登之白简。幕僚皆不平，请之官，将劾胡所用者以报之，官力持不可。

胡军于外，以军械不继，遣弁持令箭至督署坐索，幕客皆怒曰："彼无礼至此，公即不怒，我辈在此亦觉无颜。"为草一疏，请其入奏。官晓之曰："诸君若提一军而御寇，能如胡乎？"曰："不能。""我即出而剿寇，能如胡乎？"曰："亦似不能。"曰："我辈之才皆不及胡，而胡身历行间，独任其劳，我辈安享其逸，所愧多矣。且此间大僚惟我与胡，我无胡不能御敌，胡无我不能筹饷，若以细故介怀，国事将谁任之？诸君休矣。"后胡闻之，深悔所为，躬诣请罪，官乃与之约为异姓兄弟焉。

胡文忠不欲置人危地

胡文忠尝病，饮王远仲药而愈。已而治兵黄州，时军事方急，前病复发，或劝复迎王，文忠曰："安可因己求生，置人危地。"

张秀才不怒邻人杀子

张秀才，寿州人也，性任侠，重义气，好交当世奇士。寿俗尚武，比户蓄兵器。邻人有市鸟枪归者，夜试之宅旁，猝闻号声，急往视之，有死者，则秀才子也。邻人惧，曰："杀他人子且不可，况杀张秀才子乎！"乃率家人环跽秀才门，泣诉其故，且曰："惟君所欲为。"秀才曰："子岂敢故杀吾子哉？是吾子命当绝也。且安知非我不德，天之降罚，杀吾子以报吾耶？"命具棺瘗之，无他语。秀才时已年五十矣，邻人思有以报其德，求女以进，秀才不可，强而后受之，生二子。

曾文正大度

曾文正未达时，尝肄业长沙岳麓书院，与某生同居。某性褊躁，其书案距窗可数尺，文正因置案窗前以取光，某怒曰：“吾案头之光全自窗中射入，今为汝遮，则减吾读书之光矣。”文正曰：“然则令我置之何处？”某指床侧曰：“可置此。”文正亦如其言。中夜读书，某又怒曰：“平日不读书，此时乃聒噪如此！”为之低声潜诵。后居军中，从容坐镇，绰有雅歌投壶气概，日必围棋一局以养心，前敌交绥，或逢小挫，亦无太息咨嗟之状。

曾文正毫无芥蒂

新宁刘武慎公长佑，以拔贡生入都朝考，时曾文正已贵，有阅卷大臣之望，索武慎楷书，欲预识其字体，固不与。其后为直隶总督，捻势方炽，文正主分堵，武慎主合剿，草疏将上之，或曰：“如曾公意不同何？”武慎曰：“顾事理何如耳，他何足恤！”文正见其疏，甚以为然。武慎知之，乃语幕客曰：“涤翁于此乃毫无芥蒂，良由做过圣贤工夫来也。”

德宗谕慰冯子材

冯萃亭少保子材初从粤寇，及归诚，隶淮北大营，立功至专阃。光绪乙亥，叛将李扬材作乱越南，犯粤、桂，大府奏派少保统诸军出关督剿，大破贼，扬材授首，凯旋入关。朝廷嘉其功，赏赉稠叠，赐物中有《平定粤匪方略》一种，其书于少保未归诚前与官军拒战事不稍讳。少保读而病之，乃专疏入奏，略谓“臣少年迫于饥寒，误入贼中，桀犬吠尧，良非本心。自投诚后，二十年间，东南兵事无役不从，所冀少赎前愆，附骥于忠义之林。今恭读《方略》，于臣前事详载靡遣，史官职在征信，自应据事直书，但微臣伏读之下，辄觉媿汗，无以为人。可否仰恳天恩，念臣积劳，泯其往事。命史官凡遇冯子材字样，均于‘材’字增一笔，改为‘林’字，则感激之忱益无纪极”云云。时孝钦后垂帘听政，念其新立大功，且武人不识掌故，仅降旨申斥，以温谕慰解之。

李文忠与戈登交欢

李文忠平吴之役，多斩降人，洋将戈登谏之不纳，由是欲得而甘心。或告文忠，且为画策，文忠叹曰：“吾自不德，致启怨尤。外人伉爽，宜有此英风侠骨，听之可也。然吾亦不惧。”戈闻其言，隐然折服。后文忠开府畿疆，戈以事往谒，仍欢然道故，不稍介怀。

李文忠举手谢过

李文忠居要津久，僚属咸仰其鼻息，政躬劳勚过甚，自不免有倨傲侮慢之处，然有面折其过者，则亦深自引咎。某令进谒，行半跪礼，文忠仰天拈髭，若未之见者。既坐定，问何事来见，对曰：“闻中堂政躬弗豫，特来省疾。”曰：“无之，或外间传讹耳。”曰：“否，以卑职所见，中堂或患目疾也。”笑曰：“是益谬妄。”曰：“卑职方向中堂请安，中堂未见，恐目疾深，中堂反不自觉耳。”文忠为之举手谢过。

李文忠胸中一段春

李文忠尝于签押房揭一自手书之楹帖云：“受尽天下百官气，养就胸中一段春。”

卫荣光体贴寒士

卫静澜中丞荣光起家寒素，以翰林至中丞。尝巡抚浙江，逢书院课时，必檄派进士出身之属员五六人，于一二日内尽阅试卷，三日揭晓。尝语所属曰：“我未达时，曾往乡间课蒙，离城十余里，每试必不惮跋涉，亲候榜示。寒士苦况，大略相同，其候榜之心，必皆以先睹为快也。”

俞小甫谨谢不敏

吴县俞小甫，名廷瑛，工诗词，尤善骈文。于咸、同间从军浙江，得一官，旋以通判需次，久充军需局文案。性淡泊，落拓无威仪，同僚辄藐之。一日，候补同知胡因明过其斋，出寿文稿示之，曰："此大作也，何不通至是？"则俞所为浙抚卫荣光之寿序也。俞视之，评抹满纸，皆门外汉语，但唯唯而已。越日，胡复谗之于军需局总办，总办以告俞，俞谨谢不敏，无他言。

陶善之恕轻薄少年

陶善之尝撰联以自寿，揭之堂楹，联云："排排坐，吃果果，童子六七人，从吾所好；欣欣然，斗虫虫，彭祖八百岁，视我犹孩。"善之，上元人，为光绪初寿榜副贡。年八十余，日以寻乐为事，每出游，白须朱履，轻薄少年或戏之，辄一笑而去，不以为忤也。

刘襄勤容袁垚龄之戆

湘乡刘襄勤公锦棠尝抚新疆，每食必与幕友偕，欲办一事，往往自挟文牍，就友商榷。诸友拟稿，有应增损之处，亦必面言其所以然，情款密而语开爽。有袁垚龄者，以襄勤言某事将出奏，乃曰："此公职所应为者，何必入告？"襄勤曰："如此，名可达天聪耳。"袁曰："吾向以公为贪，观此益信。"复顾他友曰："凡贪者，不必爱钱也，即好名亦谓之贪。"他友有初来者，窃议袁之戆，然襄勤竟受之不怫也。

周百纯自谓得横览形胜

光绪间，杭有张子虞者，名预，久客李文忠幕，后官翰林院编修，提学湖南。其父名道，隐士也，与里人周百纯为道义交。百纯有文誉，以贫老，赴湘访预，冀其介绍于人，得馆谷也，托辞拒之。越日，赍杭州土宜以往，预受之而仍不延见，且不答谒。百纯乃作书与之，三月不报。百纯困逆旅中窘甚，乃质衣物以归。或问之，则曰："张虽拒我，然若不受我土宜，则累累者将携之以返，不更累乎？且此行也，泝大江，涉洞庭，得横览形胜，谓非张君之赐而何？"

张文襄躁释矜平

张文襄晚年躁释矜平。有犹子捷南宫，一日开贺，宾客纷集，席半，各赠以朱卷一册，多有故作谀词以赞叹者。座客黄绍第，文章经济卓绝海内，且读且訾，未终幅，裂而碎之，掷于地。文襄惶恐，逡巡入。次日语人曰："黄君所评，诚不谬也。"

文襄在鄂时提倡兴学，某年，某校行毕业礼，官吏、教员、学生毕集。时番禺梁星海廉访鼎芬，方充两湖书院监督，特制长篇颂词，道扬盛美，令毕业生刘某朗诵之，环而肃听者数百人。诵甫毕，忽有狂生某应声续曰："呜呼哀哉，尚飨！"闻者莫不駴（古同"骇"）笑，群集视于发声之一隅。顷之，亟敛笑收视，肃立如初。梁艴然变色者久之，文襄夷然自若，若充耳不闻者，亦未尝旁瞬也。

王文勤楷书蹈字

光绪中，刚毅与王文勤公文韶同官枢密，一日，刚于拟谕旁自增"毋蹈积习"四字，以授文勤，而书"蹈"为"跌"。文勤见之，乃取朱笔密点"跌"字四围，复以恭楷书一"蹈"字于旁，始终未变辞色。

谭复堂恕醉人

仁和谭复堂司马献，性和蔼，粹然儒者之容。光绪中叶，补含山县，不赴官，告归。时俞小甫通守方待次杭州，与之结文字交，甚投契，常相过从。一日偕游西湖，小饮于楼外楼。隔座有三少年，亦杭人，方剧谈，盖臧否乡邦人物也。酒酣，佥有醉意，纵论至于谭，评骘其所选刊之《箧中词》，多谰言。俞闻之不平，语谭曰："此亦蚍蜉撼大树也。"谭曰："人孰能无过，苦不自知。若辈所言，或不尽诬。且仆年逾五十，亦幸尚能知非耳。矧彼为醉人，听彼言之，庸何伤！"

何梓汀恕醉人

汲县何梓汀太守棪尝需次山左，书生本色，落落无威仪，恒步行于市，不以仆随，人不知其为官僚也。一日独游大明湖，晚归，将至寓矣，误触醉汉，醉汉詈曰："咱老子出门，孰不让道？尔何人斯，速去休！"时何之仆适自市购物归，经其地，闻而责之曰："此某大人也，乃受汝谩骂耶？"醉汉犹喋喋不已。仆大怒，欲殴之，何亟止之曰："慎勿尔。王道坦坦，大公无私，彼自不审斯义耳，况又为醉后之失德耶？且人类平等，又何必以我之官吓之？速行，吾腹馁，将归而进餐也。"

张文达言吾未审

长沙张文达公百熙爱才如命，顾独不喜面谀。某为张所重，思见好于张。会张之妾有疾，某设香案祈祷于寓中，张闻之曰："吾爱其才，吾未审。"言至此遽止。自是虽貌重之，不若乡者之殷挚矣。

张文达令门生自爱

赣人某甲，以窭人子受张文达识拔，得官部曹，饮食教诲，无所不至。甲数负张，而张卒涵容之。光绪甲辰，某乙至京师，初谒张，即诲之曰："若年少，同门如某者，勿与亲洽。"乙唯唯，意谓已屏诸门外矣，而张资赡其妻子如故也。厥后甲假张名以行诈伪，张知之，召至，赠以四百金，温语之曰："行矣自爱，长安居大不易也。"

陆太淑人恕婢覆羹

仁和陆太淑人玉珍，为钱塘徐印香舍人恩绶继室，生子珂、女琳，性仁慈严正。家蓄二婢，曰来喜，曰来庆，衣食必周，偶有疾病，恒使就医，灯下则教其识字，与讲大意，有过失，诃斥之而已，不鞭挞也。一日将午膳，来喜进羹，偶不慎，倾其碗，碗碎，羹污太淑人手及衣。羹至热，手痛衣污，来喜惧遭谴而泣，太淑人夷然曰："衣不足惜，固可浣也，手痛亦俄顷耳。碗之碎，更何足道。台湾，我疆土也，今且割畀日本矣，遑论其他！况汝亦无心之过乎。"语已，犹极力抚慰之，不责也。珂之师俞小甫通守闻之，乃语珂曰："太淑人之雅量，诚巾帼中所罕见者。且待婢若此，是直为贫民教养子女耳，使比户皆然，亦社会教育普及之一端也，更何必申蓄婢之禁哉！"

叶逋梅遇盗不惊

昆明叶逋梅与南海周俊叔同旅济南，皆诸侯宾客也。光绪甲辰，相将赴曹州，将至矣，俊叔车在前，逋梅蹑其后，方手书披览，猝有盗至。俊叔蜷伏车中，战栗无人色。逋梅从容下车，语盗曰："吾辈皆穷书生，无珍物，苟不弃者，任取之，不汝怨也。且工业不兴，若辈无以为生，亦奚咎！第勿攫吾书可耳。"乃植立道左，观书如故。盗搜箧，取所携旅费而去。

异禀类

禀气异常

俗谓男子十四而精通，六十而精绝；女子二七而天癸至，七七而闭，验之，实不尽然。曾见有七八十岁之衰翁而娶中年妇者，其家族窃觇之，则固能人道而再接再厉也。且有八十老人娶少艾而得孪生子者。至女子受孕，有十二岁而生子者，有六十余而生二男一女者。是皆不可以常理测之也。

闽妇孕期

妇人孕，本十阅月而生。闽妇则十余月或二三十月，不独土著为然，即他处人之久居于闽者亦常有之。有苏人某，久居闽，其子即三十六月而生，生时与普通产儿无异。医家原谓子在母腹，有妨碍发育之感受，产必延期，然若是之久，亦所罕觏，闽则视为固常也。

文人多寿

本朝文人多寿，如王文简公士祯年七十七，朱竹垞检讨彝尊年八十四，尤西堂舍人侗年八十五，沈文悫公德潜年九十五，宋牧仲尚书荦年七十二，查初白编修慎行年七十，方望溪侍郎苞年八十，袁子才太史枚年八十二，钱辛楣学士大昕年七十，纪文达公昀年八十二，彭文勤公元瑞年七十，姚惜抱郎中鼐年八十四，翁覃溪阁学方纲年八十六，梁山舟学士同书年九十二，赵瓯北观察翼年八十二是也。

曹子顾博闻强记

嘉善曹子顾学士尔堪博闻强记，出游所至，山川阨塞，无不能画其形势。士大夫一与之交，积久不忘，且具能识其名氏、爵里、家世，毫发无遗。

钱牧斋富记忆力

钱牧斋尚书谦益富记忆力，幼尝与人举《四书》语“口”字最多者以角胜负。或举“人知之亦嚣嚣，人不知亦嚣嚣”二句，得十八“口”字，钱举“讴（謳）歌者不讴歌益，而讴歌启”，得十九“口”字，遂获胜。

顾亭林强记

顾亭林，名炎武，尝客京师。一日，王文简过其邸舍，语之曰：“先生博学强记，请诵古乐府《蛱蝶行》可乎？”顾即朗诵一过，同坐皆惊。

刘璐十龄不言

刘璐，字石渠，沈丘人。父学向，顺治进士，令于浙江。长、仲二兄，聪慧而夭。璐时年十龄，尚不能言，状类痴呆，父忧之。一日独坐长叹，璐侍侧，问曰：“父何叹？”父以其忽能言也，喜甚，曰：“家门不幸，汝兄夭折，而汝又不能言。今能言，吾无忧矣。”自是教之读，过目成诵，恍如有宿慧者。

原襄敏读书痴呆

阳城原襄敏公髫龄入塾，既一载，书不成诵，亦不甚解。岁将除，师召其父至，令其偕归。中途，父让之曰：“向与若论世事，颇敏慧，何读书竟痴呆乃尔？”襄敏曰：“读书亦如应世事乎？”曰：“然。”曰：“得之矣。”复入塾，听讲辄洞彻，久之博洽今古，掇巍科，为世名臣。

周于漆记前世事

汪浦周西水兵部于漆，幼不能言，而能记前世事。自言前世为某邑人，及所常栖止处，尝于广庭设一几，庭有红蔷薇一丛，时时梦到其地。七岁时，戏门前，有僧过门，顾之曰："此郎有夙因。"周应声，即能言，家人惊喜。因令读书，一过目如宿习，数月遍通《左传》《国语》《史记》《汉书》。年十四，读书山中精舍，一日日向夕，憩溪边石上，遇老僧，谓曰："郎忘七岁门前相见时耶?"叩其名，曰："我宝蕊也，闽人。"周因留之舍，日夜与论象纬、律历、六壬、丁甲、勾股、洞章之术，未半载，尽通其说。濒行，复以黄河、海道、九边授之，且曰："吾数学未传人，今当游四方访之。"又密语周以十年之内天下必大乱，若异代人物也。自明崇祯丙子迄甲申，九年而明果亡，皆如其言。

周入国朝，以明经谒选人，常念宝蕊别时赠诗有"元夕灯前寻贾子，秋风台下拜邹生"之句，未详所谓。及谒选，得房山令，上元与僚属谯于贾公祠，问之，唐诗人贾阆仙祠也。问有子孙乎，吏对有贾某者，其裔也，见以逋税系狱。周即令出之，代完其逋。是年秋，调平谷令，抵县日即出勘田亩，夜宿山村古庙，比晨，视其额，则邹衍祠也。于是悟宝蕊之语，一一无爽，乃述其学，著《三才儒要》三十卷。

洪润孙有洁癖

钱塘洪润孙，名景融，以博雅擅名。乃有洁癖，每醴面，辄自旦达午不休。陆丽京偎胡同往视之，洪尔时神气傲迈，旁若无人。

黄庭表童年颖悟

黄与坚，字庭表，号忍庵，太仓人，顺治己亥进士。康熙己未，举博学宏词，官赞善。童年颖悟，诗一目、文二三目即记忆。三岁能识字，五岁能诵诗，八岁酷好唐人诗。尝录小本，出入辄携以自随。十四，慨然有志于古学，欲遍读周、秦以下书，甫三年而读周末诸子及六朝以上者几尽。

魏昭士二龄诵《归去来辞》

宁都魏昭士，名世效，生甫二十余月，实年为二龄，母口授《归去来辞》及《九歌》一二章，久之辄能背诵。诸父尝抱之，诱以果饵，使歌，歌声悠扬可听，诧为英物。

博野妇人不饮食

顺、康间，博野有妇人，一生不饮食，而生育男女数人，日夕操作与常人无异，亦罕疾病。

克勤郡王无日废饮

顺治时，克勤郡王战功卓著，性和平，无贵胄气，旌麾所莅，恒喜与野老闲话。又能约束所部，禁淫掠。声色狗马，一无所奉，惟嗜酒，一石不醉。岁时赐宴，世祖知其量，使罄无算爵，不愆于仪，不改常度。

康熙初，天下略定，王移书各督抚，有以酒力称最者，不问贵贱，资送入都。时圣祖方幼冲，太后训政，台臣劾王招致酒徒，荒耽纵佚，且主少国疑，迹近树党，请下廷尉问状。太后以章示王，王对曰："臣嗜酒，在朝在军无日废饮，幸不及乱，先帝不之禁。赖宗庙之福，海内大宁，臣诚无状，欲与天下善饮者一角酒力，愚昧不识大体，迹涉树党，愿伏重诛，请毋付廷尉。"某王，尊属也，谓天下虽定，隐患犹多，亲藩大臣不兢兢业业赞襄政务，沉湎于酒，又擅与督抚书，招酒人入都角饮，台臣言是，请治以罪。太后曰："彼忠诚无他，先朝所许，姑听之。"惟谆谆以勿为酒困、毋迩宵人为戒。王感谢而退。即日，以公牍与各督抚，寝前议，而山西抚臣已资送一人至矣。

先是，王令既出，疆臣下属县罗致，久而未得。盖各省所产之酒，惟浙之女儿酒、汾之西鲁酒为天下最，而南人不能饮汾酒，北人亦以女儿酒味薄，屏弗御。南省督抚知王生长朔方，饮醇醪者未必能敌，辄不敢献；北人善饮者众，一时于此中求不醉量，殊觉莫衷壹是。壶关某令有酒癖，且能兼收并蓄，浙酒、汾酒泛爱不倦。巡抚闻之，欲以塞责，召某令面谕之。令亦喜，谓催科、抚字之外，杯中物亦能署上考，秣马整装，行有日矣。忽急足自凉州至，令之母以疾终于乡，终天永痛，匍匐星奔。濒行，为巡抚言："县属羊肠坂有一人，年且七十矣，终身不娶，以酒为命。顾樵采为生，不能以野人溷亲藩，奈何?"巡抚曰："斯人之饮，于君何如?"曰："胜属吏远甚。每岁行春，辄赐卮酒，观者掩口，以为是戋戋者，彼固视之如一滴，官何吝也。次年，舁巨瓮置老人前，令罄之，顷刻而尽，若无事者。此非异人乎?"巡抚曰："王固不择人，惟求善饮者，樵采何碍!"急识姓名，檄新令尹送入省，亲试之，信，为具装，遣材官与之俱。既入都，投邸，王之长史、内奄索巨贿，不得见。老人怒，谓长史曰："我奉巡抚命来应王召，为饮酒耳，不闻有婪索事，是以无备。"长史呵之。材官为之缓颊，以费不足，终不许入。旅馆羁迟，资用将乏。材官欲具牍禀巡抚，老人曰："待巡抚以金来，老人饿且死。"翌日黎明，出走阛阓，见有舆从过市，辄攀舆诉入都事，并言王人壅遏状。舆中为某贝子，急引至王邸，面致之。乃革长史，杖奄人，召材官，赉以金帛。问老人年岁、职业，见其短小精悍，髯长及胸，目灼灼有光，知非常人，置于别室，待入朝奏明，请假一日，为角饮计。

王邸深邃，时值新秋，老人请择爽垲地以行酒，许之。问能弈乎，曰："能。"王益喜。曲栏清池，残荷犹馥，有亭翼然，顾视轩敞，王于此设楸枰，煮苦茗，先与对局。局半，内侍舁巨瓮二，分置于王与老人之前。瓮可三十斤，乃女儿酒之最醇者。王以老人居汾河，必善饮汾酒，绍酒不易至山西，野老更不能致，或者不胜巨瓮，思有以难之。席间别无下酒物，各设一圆碟，分贮金华干脯、巴达杏仁及鲜梨少许。且饮且弈，自午至于酉，一局未终，老人遽起曰：“王以角饮见征，不闻以弈。请置此，姑酣饮，以副成命。”盖已预计负一子半矣。王笑从之，以手乱局，促左右进酒。内侍曰：“瓮罄。”回视老人，神色自若也。王曰：“尔饮诚豪，然亦未足以胜我。”对曰：“王之量，包涵万物，于以上佐天子，致升平。若杯杓之间，终让野人一筹。”王不服。曰：“今犹有说。”王曰：“何如？”乃指肴碟以对，谓王贵人也，珍错之奉，度已餍足，非若村野，初尝异味。今王食干脯略尽，杏仁亦过半，野人不然。以此言之，王固以贵下贱，大得民也。王爽然，留之匝月，仍赉巨金使返，并为告巡抚，饬所司以时存问。

河南信阳州北乡有一农，亦酒豪，刺史将为王致之。奉行不善，签差传提，惧不欲行。胥徒挥斥叫号，势汹汹若捕巨盗。农有迈父，已病逾月，惊悸遂死。家人典其所有田二亩，赂蠹役，诡报病故，乃免。

惠天牧背诵封禅文

惠天牧初生时，父梦东里杨文贞公来谒，遂名士奇。年十二，善为诗，有“柳未成阴夕照多”之句，为名流所激赏。弱冠补诸生，或戏谓之曰：“卿熟《史记》《汉书》，试为我诵《封禅文》。”即应声朗诵终篇，略无讹脱。

王虎儿三岁诵唐诗

王文简公士祯幼子，小字虎儿，三岁能诵唐诗百首。

年羹尧解《三字经》

年羹尧七岁，父延师教之读，开学日，师授以《三字经》，即问其师曰："人之初，性本善，其解如何？"师曰："人之初生，性质本美，所有恶人，皆日后受社会之熏染而成。"年曰："我意不然。初生之人，性质皆恶，必有人教之，以渐而改。苟不然者，吾父何必请先生来教我乎？"师默然。又一日，读《千字文》，亦问曰："天地玄黄，其解如何？"师曰："天玄色，地黄色。"年又曰："地果黄。天青色，有时或苍色，至下雨时亦灰色，固无玄色也。"

章言在以笔状颧额须眉

仁和章言在，名谷，幼从塾师学，师出，有友访之，比归，群儿告以客至，而忘其姓氏。师怒，呵群儿。章曰："师毋怒，我犹能约略记之。"因以笔状其颧额须眉，栩栩然也。师见而笑曰："是得非某乎？"已而叩之，果然。

王文简前身为高丽国王

王文简前身为高丽国王。将诞之夕，有人止村庙中，见途中羽葆鼓吹，仪卫甚盛。其人骇惧，询之从者，云："高丽国王降生新城王家。"其人素善封翁，急入城探访，文简已堕地矣。

王文简目览文书口决报

王文简为扬州司李时，地殷务剧，座客日满。晨起坐堂皇，目览文书，口决报，呼謈之声沸耳，案牍成于手中。及放衙，召客刻烛赋诗，清言霏霏，久而不绝。座客见而诧曰："王公真天才也。"

阎百诗先鲁后敏

阮应韶之父，少时与阎百诗同受业于靳茶坡。日暮，各抱书归，阎愚鲁，独吟不置，必背诵如翻水乃已。后发愤，将书拆散，读一页，辄用面糊黏几，背诵既熟，即焚之，终身不再读。

一夕，胸前膈下豁然洞开，若有声震耳，后阅书，一过目即成诵。尝集陶贞白、皇甫士安语题其柱曰："一物不知，以为深耻；遭人而问，少有宁日。"

或谓阎幼时口吃资钝，读书至千百过始略上口。又善病，母禁之读，遂暗记不复出声，如是十年。当十五岁时，冬夜读书有所碍，沉思坚坐，心忽开朗，自是颖悟异常，盖积精所致也。

毛西河五官并用

萧山毛西河检讨奇龄，生有异禀，能五官并用。尝以右手改弟子课作，左手拨算珠，耳听弟子背诵经书，目视小僮浇花，口又答弟子之问难，间与其妇诟谇焉，不稍紊也。

毛西河博闻强记

毛西河博闻强记，尝与客言："《四书》中有一妖、二怪、三女子，五龙、九虎、十先生，又九馆、十先生。"二怪者，"素隐行怪"，"怪力乱神"是也。他昉此。毛历历数之，客且并《四书》之句而忘之矣。

毛西河默写市招

毛西河尝与友骑而入市，默记两旁市招，归而书于册。明日，友持册至市校之，一字不差。

毛西河默写染肆账册

毛西河尝入染肆，与肆伙闲话，坐定，吸淡巴菰，且阅其账册，星火落焉，乘风而燃，册遂毁。肆伙窘而大号，毛曰："勿惧。"取别纸，一一书之，凡染物人姓名、绸布、日期均无讹。

姜西溟不食猪肉

姜西溟名宸英，不食猪肉，偶见人食辄避之，致有以回教徒称之者。朱竹垞戏曰："假食猪肉，得淡墨书名，则何如？"西溟不答。相传朱竹垞自定诗集，不肯删《风怀》二百韵，曰："我宁不食两庑特豚耳。"若西溟，乃真不食特豚者。

潘次耕闇诵历书

吴江潘次耕检讨耒，幼有圣童之目，览历书一过，即能闇诵，无所讹脱，首尾不遗一字。

徐健庵饮食之多

昆山徐健庵司寇乾学善饮啖，每早入朝，食饽饽五十、黄雀五十、鸡子五十、酒十壶，可竟日不饥。及解组言归，门生饯之，谓将供一日醉饱也。安一空腹铜人于座后，凡徐进一觞，则亦倾一觞于铜人腹，殽（古同"肴"）胾羹汤皆然。铜人腹满而倒换者再，徐则健啖自若也。

徐健庵十行俱下

徐健庵之记忆力甚强，凡与有一面之缘者，终身不忘。无才艺者，不入门下。有执贽者，先缮帙以进，十行俱下，顷刻终篇。遇不善处，折角志之。其人进见，则面命指示，一字不爽。且尤能记忆人之面貌也。

徐健庵横阅碑文

徐健庵尝与姜西溟编修观古碑，碑甚高，徐令人掖之以上，横阅之。已，又横阅其中下，遂举其文。编修大惊，叹为绝才。

张玉书饮食之少

丹徒大学士张玉书，古貌清癯，每朝餐，仅食山药二片、清水一杯，可竟日不饥。

魏经国饭米八升

魏经国，汉军正白旗人，少为监者，供役大内，每夜饭米八升，所得不足给一餐，请于主者，愿加倍工食，以夜继之。某日漏下，圣祖出游禁苑，闻力作声，询知其情，即命以米如数作饭。经国跪食尽之。大为称异，擢厚载门守备，又擢通州副将，代白小民冤。后调湖广提督，复调江南提督，加太子少傅，并尚书衔。

简谦居过目不忘

蜀中简谦居天姿绝人，凡有记览，过目不忘。康熙辛亥，视学江南，按临各郡，每发榜，辄进诸生而诲之，某某解题中款，某某用古入化，不必摊卷于案，自能背诵其文，无所讹脱。

周栎园记忆力

河南周栎园，名亮工，尝观察维扬，簿书稍暇，辄手一编不辍。即以参拜大僚、酬访宾客而出，坐舆幙中，犹以十数卷自随。归语幕宾，辄能举其详曲。虽甚久远，偶析一字之疑，引据证明，必指其出何书载何卷以及行墨之次第，当命掌记依检，应手而出，不差絫黍。

陈句山背诵门牓

钱塘陈句山太仆兆仑，幼清警好学。尝游西湖净慈寺，读门牓三过，还家试诵，略无遗脱。

孙文定过目成诵

孙文定公家淦家世清贫，少耕且读书，过目辄成诵。尝上山斧薪，值大风雪，斧落层崖间，缘迹手探之，几至僵仆，而口中犹咿唔也。

纳兰容若转世

纳兰容若名成德，原名性德，太傅明珠子也。与无锡顾梁汾舍人贞观交最密，尝赋《贺新郎》词为梁汾题照云："一日心期千劫在，后身缘恐结他生里。"梁汾答词亦有"结托来生休悔"之语。容若没，梁汾亦归里，一夕梦容若至，曰："文章知己，念不去怀，泡影石光，愿寻息壤。"是夜举一孙，梁汾视之，面目与容若无二，灼然知为再来也，梁汾喜甚。弥月，忽得疾。梁汾一日晨卧未醒，骤梦容若来别，惊寤，闻哭声，则已殇矣，"泡影石光"之言亦验。容若故有小像在梁汾处，梁汾乃赋词题其上，词中隐寓其事，一时名流和者甚众。像存惠山草庵贯华阁。

钱芳标为饭头陀转世

钱芳标，华亭人，或言其父少司寇艰于嗣，与夫人往宁波之天童求子，大师为集众僧，问谁愿随钱居士往，众皆不答，一饭头陀老矣，自言愿往。已而果得子，名鼎瑞，字宝汾，后易名芳标，字葆馚。词华丽藻，有名东南。中康熙丙午顺天乡试，官中书舍人，既而假归。康熙戊午，以博学宏词荐，值丁内艰，不赴。一日，方与客坐书斋，有僧至门，持一椷（古同"缄"）书，云自天童来。舍人启视之，殊不骇讶，但云："仓卒奈何？"明日晨起，遍召亲故与决（通"诀"），索笔书一偈云："来从白云来，去从白云去。笑至天童山，是我旧游处。"微笑而逝。

赵撝谦百有六岁举子女

闽人赵撝谦善容成御女术，康熙中，有人见之，年百有六岁矣，犹蓄数姬，举子女十余人。偶游京师，朝贵争相延致，竞作诗歌以赠之，且有执贽门庭称弟子者，群尊之为赵老仙人。

李蟠食三十六饽饽

康熙丁丑状元李蟠，字根大，书法不甚精，文思亦蹇涩。廷试日，试者薄暮皆出，蟠独留，殿前护军催督甚急，蟠泣告曰："毕生之业在此一朝，幸毋相促，以成鄙人功名。"护军哂而诺之。直至四鼓，始获完卷。圣祖廉知之，意为苦心之士，拔置一甲一名，同榜探花则慈溪姜宸英也。姜作五言赠之云："望重彭城郡，名高进士科。仪容如绛勃，刀笔似萧何。木下还生子，虫边更著番。一般难学处，三十六饽饽。"蟠伟干虬须，状似武人，其为诸生时，以刀笔闻。廷试，怀面饼三十六枚餐之至尽。饽饽，都下方言也。

澎禹峰饮食之豪

邓州彭禹峰，名而述，长身修髯，声若洪钟，一饮能举数升，一食能尽一彘肩，汪钝翁目为拨乱之异才。

允礽起居饮食之奇

康熙己丑，圣祖以太子允礽肆恶虐众，暴戾淫乱，特下诏废为庶人。即其起居饮食以言，则昼多沉睡，夜半方食，饮酒数十巨觥不醉。每对越神明，则惊惧不能成礼；遇阴雨雷电，则畏沮不知所措。居处失常，语言颠倒，为鬼魅所凭，不安寝处，屡迁其居。啖饭七八碗尚不知饱，饮酒二三十觥亦不至醉。

方穉官饮酒数斗

方穉官天怀坦易，饮酒数斗不乱。每良辰令节，辄携友诣狮山，剧饮欢呼，旷然自放。间独行道中，诸田父相谓曰："村酿新熟，翁能从吾饮乎？但苦无佐酒具耳。"方亟归，左提鱼，右持盖，行烈日中，就其家酣醉，达旦始罢。

卢西宁断乳后不食他物

仁和卢西宁学士琦，少有异秉，断乳后不食他物，昼夜饮酒三五升，一吸辄尽，家人谓之酒仙。

高士奇盛暑无汗

钱塘高江村宫詹士奇，生有异质，身御盛服，虽时尝酷暑，曾无点汗，便遗之事，终日不行。以是出入禁闼，从容中礼，侍从诸臣俱莫能及。

邵僧弥有洁癖

长洲邵僧弥，名弥，性舒缓，有洁癖。整拂巾屐，经营几砚，皆人世所不急之事，乃为之烦数纤悉，虽僮仆患苦、妻子窃骂，不为意也。

陈氏妇有洁癖

海宁陈家有孀妇某氏，富而有洁癖。尝驾舟赴邓尉探梅，行数里，于船窗内见他舟倾粪溺于河，已舟方汲水为炊，遂命返棹。婢媪力言已炊乃自携雪水，已早熟。不听，竟归。氏平日饮食淡泊，一切腥腻从不沾唇，嫌秽浊也。最憎稳婆，望而却走，去后必觅其茶杯弃之。所用物或为妇人所跨，即弃不用，以其秽也。或以此物适加他物上，则又大声疾呼，谓以秽遇秽也。晨起，面巾不用布，以绩时出妇人跨下，不可施之头面，以竹纸拭之。日啖莲实、山药及香稻米粥等物而已。此康、雍间事也。

汪积山好洁

雍正时，钱塘汪积山惟宪善为诗，尤工五言，论者谓览其诗，非徒愔愔有雅致，乃别见贞白之性。有《积山集》六卷。少补诸生，好洁成癖，每受知于学使者，终不肯毕乡试，以场屋储积污秽，易沾垢渍也。

齐次风敏悟强识

天台齐次风侍郎召南，敏悟强识，观书每十行下，既览则终身不忘。其应征北上时，谒某邑宰，留宿署中，见架有异书八册，请借观，宰诺。次日，将登程，宰奉书以出，齐曰："已阅讫矣。"宰未信，抽一二册询之，探喉而出，不讹一字。

齐次风记军籍簿

齐次风尝客杭州，将军某延其午饭，几有军籍簿，齐披阅，皆能记其姓名。翌晨，代将军传呼，不误一名，并皆识其状貌，遇于道辄呼之，皆应声而答。

李穆堂有夙慧

临川李穆堂侍郎绂有夙慧，少贫，无赀买书，贷于邻，每一披览，无不成诵。及官翰林，库中旧藏有《永乐大典》，皆读之。同僚取架上书以难之，无不立对。典试江南，闱中试卷几及万本，一一批示，无不中肯。

李穆堂查阅册籍

李穆堂尝由侍郎降光禄卿，履任之日，检阅册籍，复至实录馆，同僚问以今日何事，李历举筵宴器物制度，背诵无遗。盖一过目，辄能至老不改也。

严冬友十行并下

江宁严冬友侍读长明，幼读书十行并下。年十一岁时，值李穆堂奉命典试江南，闻其早慧，欲见之，因介编修熊本往谒。李举"子夏"二字令对，即应声曰："亥唐。"大奇之。谓方侍郎苞、杨编修绳武曰："此将来国器也，公等善视之。"严遂执经二人之门，学以大成。

全祖谦为圣童

鄞县全祖谦，谢山太史祖望之兄也。四龄入塾，即通诸经章句，蒋寥涯见而奇之，曰："此圣童也。"一日，戏以小剪剪纸，伤指，感风而疾，遂笃。临危，大书"鲤也死"三字于几，而作破题以示意曰："圣人不得有子，圣人之不幸也。"竟卒，时年仅六岁耳。

朱氏两神童

大兴朱竹君学士筠、石君太傅珪，均幼负美才。太傅甫成童，受知于府丞石首郑太常其储，擢第一，学士次之，遂同入学，人称"朱氏两神童"。明年，府尹常州蒋炳，约其同乡刘文定公纶、程文恭公景伊、钱文敏公维城、庄侍郎存［与］设筵，招两神童面试。文定授题《崑田双玉歌》，诗成，合座惊喜，明日皆先就访焉。

焦里堂早慧

甘泉焦里堂，名循，早慧，八岁至人家，客有举"冯夷"音如"缝尼"者，焦曰："此出《楚辞》，冯字读皮冰切。"客大惊。

和珅为世宗某妃转世

世宗朝某妃，貌姣艳，高宗年将冠，以事入宫，过妃侧，见妃方对镜理发，遽自后以两手掩其目，盖与之戏耳。妃不知为太子，大惊，遽持梳向后击之，中其额。高宗觉痛，遂舍之。翌日为月朔，高宗往谒孝圣后，后瞥见其额有伤痕，问之，高宗隐不言。严诘之，始具以对。后大怒，疑妃之调太子也，立赐妃死。高宗大骇，欲白其冤，逡巡不敢发，乃染朱于指，迅往妃所，则妃已缳帛，气垂绝，亟以指朱印妃颈，曰："我害尔矣。魂而有灵，俟二十年后，其复与吾相聚乎！"

乾隆中叶，珅以满洲官学生入銮仪卫，选异御舆。一日驾将出，仓猝求黄盖不得，高宗曰："是谁之过欤？"珅应声曰："典守者不得辞其责。"高宗闻而视之，则似曾相识者，骤思之于何处相遇，竟不可得，然心终不能忘也。既回宫，追忆自少至壮事，恍然于珅之貌与妃相似。因密召珅入，令跪近御座，俯视其颈，指痕宛在。因默认珅为妃之后身，倍怜之。不数年，遂由内务府总管而骤跻相位。迨高宗将归政时，谓珅曰："我与汝有宿缘，故能若是，后之人将不汝容也。"嘉庆己未，仁宗果赐其死。

和珅记性绝佳

和珅记性绝佳，每日谕旨，一见辄能默记，乃至中外章奏连篇累牍，仓猝披阅，皆能提纲挈领，批卻〔郤〕导窾。以故与闻密勿，奏对咸能称旨。此所谓"才足济奸，聪明误用"者矣。

张永清五龄背御制诗

乾隆戊辰，高宗幸曲阜，谒孔林，济南贡生张廷曌，挈其五龄孙永清跽迎道左，自陈能背诵御制《乐善堂全集》。高宗召见之，果不谬，文义声律，悉能了解。高宗大悦，御制诗赐之，并钦赐举人。

钱竹汀王西庄背诵历书

嘉定钱竹汀宫詹、王西庄光禄，本至戚，生同时，长同塾，名誉、官阶亦相颉颃。相传宫詹少时，一日在塾检阅历书，适光禄至，因谓曰："吾与若偕读，能先默诵者为胜。"宫詹允之。光禄甫读一遍，已能背诵，宫詹则读三遍而始能之，于是同塾之人咸优光禄而绌宫詹。及翌日，请再试之，宫詹一字不误，而光禄则间有讹舛，以是知二人固无分轩轾也。

孙渊如背诵《文选》全部

阳湖孙渊如，名星衍，年十四能背诵《文选》全部。

汪容甫过目能记

江都汪容甫明经中，蚤岁家贫无书，尝入坊肆借阅，过目能记。既而贩卖书籍，且贩且诵，博览古今文史，学遂大成。

张大进愿背诵所读书

翁覃溪视学粤东时，所出文告有“广东士子素不读书”之语。一日，岁贡生张大进具禀上陈，自称生平所读之书，尽能背诵者三千余卷，能通大义、未能成诵者五千余卷，开列书目，禀请考验。翁召之至，将有以难之，张复曰：“此考不载功令，贡生不能尽读数千卷而妄言欺诳，受罪何辞。倘若不谬，亦欲一叩学使胸中之书，能成诵者几卷，通大义者几卷，尚望惠告，以广见闻。”翁以其侮己也，大怒，叱之使出。

李侍尧过目不忘

李昭信相国侍尧，少以世荫膺宿卫，高宗见之曰：“老奇才也。”立授满洲副都统。后任广州将军，转两广总督，先后几二十余年。性机警，案牍过目辄不忘，属吏谒见，数语即知其才，谈其邑之利害动中窾要，人有阴事，缕缕道之如目睹。

于文襄强记

高宗御制诗文皆无定藁（稿），上朗诵后，由大学士于文襄公敏中为之起草，一字无误。后梁诗正入军机，上命梁掌诗本，专委于以政事。一日，上召于及梁入，复诵天章。于目梁，梁不省。及出，于待梁誊录，久之不至，问之，茫然。于曰：“吾以为君所专司，故不复记忆，今奈何?”梁愧无以答。于曰：“老夫代公思之。”因默坐斗室刻余，录出，所差惟一二字耳，梁大折服。

纪文达不谷食

纪文达公昀生平未尝谷食，米不进口，麦饭则偶一尝之。饭时，烹肉一盘，熬茶一壶，别无他物。每宴客，肴馔亦精洁，主人惟在旁举箸相让而已。一日偕人闲话，适有饷火腿数斤者，啖之立尽。

纪文达中夜见物

纪文达自言少时中夜开目，一室之物无不见之。及年逾二十，乃仅见一二物而已。

纪文达对语敏捷

纪文达对语敏捷工巧。一日，为其师招饮，座有戊子科父子同榜者，师云："晓岚，尔善对，今有出语，能即席成之，当以百金古砚为赠，否则照罚。"纪诺。师云："父戊子，子戊子，父子戊子。"纪不假思索，即对云："师司徒，徒司徒，师徒司徒。"盖某时为户部尚书，纪时为户部侍郎，皆本地风光也。

彭文勤对语敏捷

高宗燕见词臣，谈次出对曰："水冷酒，一点水，两点水，三点水。"南昌彭文勤公元瑞时亦侍侧，应声而对曰："丁香花，百人头，千人头，万（萬）人头。"

戴可亭父子享大年

国朝宰辅，颐耋引年，戴可亭相国其称首矣。相国名均元，年九十有五，长子户部郎中诗亨侍养在籍，年将八十，依依膝下如婴儿，人呼为"小莱子"。

汤云程古稀再庆

乾隆辛未南巡，有湖南老人汤云程接驾，年一百四十岁。高宗先赐匾额云"花甲重周"，又赐云"古稀再庆"。其孙曾随者，皆白发飘萧之翁也。

王世芳寿百十七岁

南亭老人王世芳，临海人。康熙丙辰，曾养性犯台州，祖为贼所害，老人随父请兵，夜袭贼营，杀贼无算，口不言功。归而读书，家贫，卖药自给。年四十九入学，八十贡成均，九十六官遂昌训导，百有九岁告休，七世一堂。高宗御赐诗章，并赏国子监司业衔，建坊表以旌人瑞。老人寿百十七岁始终。

姚仁和百有三岁

扬州北湖姚老人仁和，乾隆丙午夏六月，乘肩舆入市，一老人负囊从之，囊中皆钱。童子数十人绕其舆，不能前。仁和怒，责负囊老人，负囊老人唯唯。已而入市肆饮，尽肉半斤，曰："吾不耐舆矣。"步行去。负囊老人随之不及，汗浃背。盖是日为仁和百岁诞日，谒沿湖诸神庙，负舆者其两孙，负囊老人其子也，年八十矣。仁和发尚黑，望之如六十许人。于是里人将为之举于有司，而商人某更欲张其事，仁和婉谢曰："我农人，生平未敢上人，故活至今日。一旦自肆，非农所宜，且天促我岁也。"遂中止。邗上士大夫乃皆赋诗寿之，而焦里堂孝廉补为之序，时老人已百有三岁，尚无恙。

丁文恪九十九岁

内务府总管丁文恪公皂保，汉军人，寿至九十九岁而薨。袁简斋尝往谒，问养生之方，丁曰："薄滋味、少愠怒六字而已。"又曰："人在世，居心、行事，不可一日无喜神护持。"袁拜而识之。

某僧吃尽天下无敌手

薛一瓢，吴门医士也，居南园扫叶庄，旷达风雅。尝遇异僧于路，身挂一瓢，瓢镌七字，曰"吃尽天下无敌手"。薛奇之，邀至家。薛故不善饮，时门下从游者甚众，悉召至，布席堂中，薛南向，僧北向，余皆东西相向坐。以瓢注酒，约斤许，饮一昼夜，薛尽一瓢，僧尽三十六瓢。一陈某，薛弟子也，亦尽三十六瓢。僧僵三日，弃瓢遁去。由是薛遂自号为"一瓢"。

恭勤悫善饮

勤悫公恭阿拉善饮，官礼部尚书十余年，尝与长沙刘相国较酒量，日倾二十余瓮不醉也。

铁冶亭饮酒四百杯

铁冶亭侍郎保尝督两江，一日，司道请其赏花瞻园，因宴之。铁饮绍酒二百杯，无醉意，藩司曰："黄酒力薄，易以烧酒，何如?"铁颔之，复饮二百杯，于是有"铁酒缸"之称。

吴白华某将军善饭

吴白华侍郎省钦素善饭，宗室某将军与有同嗜。一日，侍郎谓将军曰："夙仰将军之腹，量可兼人，若某者，虽非经笥便便，而亦不愧为酒囊饭袋，盍一决胜负乎?"将军笑应之。侍郎命左右持筹侍侧，每噉一碗，则授一筹。饭罢数之，将军得三十二筹，侍郎得二十四筹。侍郎不服，约明日再赌，将军笑曰："败军之将，尚敢战乎?"侍郎曰："明日与君白战，不许持寸铁，仅设饭而无殽，若再不胜，愿拜麾下。"于是复计筹而食，将军食至三十碗而止，侍郎竟得三十六筹。

尹文端仅食莲米

尹文端公继善每趋朝，仅食莲米一瓯。迨退直，则日亭午矣，案积公牍，手不停披，而少呼饥之日。

曹文恪达香圃善啖猪肉

善啖猪肉者，首推曹文恪公秀先，次则达香圃总宪椿。人言文恪肚皮宽松，折一二叠，以带束之，饱则以次放折。每赐食肉，王公大臣人携一羊乌叉，皆以遗文恪，轿仓为之满。文恪坐轿中，取置扶手板上，以刀片而食之。至家，轿仓中之肉已尽矣。故其摺中有“微臣善于吃肉”之句，道其实也。香圃每日常膳之外，必得火腿、猪头、肥鸭、油鸡，率双分以为常。有时无猪肉，惟贸牛肉四五斤，以供一饱。肉亦不必甚烂，略煮而已。香圃人极儒雅，食时见肉至，则喉中有声，如猫之见鼠者又加厉焉，与同食者皆不敢下箸。都城风俗，亲戚寿日必以烧鸭、烧豚相馈遗。香圃每生日，馈者多，是日但取烧鸭切为方块，置簸箕中，宴坐，以手攫啖，为之一快。伤寒病起，高宗问尚能食肉否，对以“能食”，于是赐食肉，乃竟以此反其病而终。

谢金圃饭半盏

谢金圃侍郎墉每日两餐，饭仅半盏。

香姑

乾隆中，桐城姚氏诞一女，竟体芳馥如兰，人称之曰“香姑”。既长，通张氏子某，文端公英之裔也。此与俄国农家子同。盖俄国农家诞一子，状貌与常儿无殊，身有异香，晴则香气浓郁，阴晦略减。有医士闻而往视，亦莫详其由。是则汉宫人吹气如兰之事，无足奇矣。

罗两峰净眼

扬州罗两峰自言为净眼，（俗名狗眼，能见鬼也。）能见鬼物，不独夜中，日惟午时绝迹，余皆有鬼。或隐跃街市，或杂处人丛，千态万状，不可枚举。画有《鬼趣图》，装之成卷，士大夫皆有题咏，真奇笔也。乾隆壬子，两峰寓京师，于玉河桥翰林院署旁见金甲二神，长丈余。后于镇江焦山松寥阁前见一鬼，长三四丈，遍身绿色，眼出血，口吐火。或曰：“此江魈也。”一日，有友留其夜宴，推窗出溺，一鬼仓卒难避，影为溺所冲而散。

胡宝瑔净眼

松江胡中丞宝瑔生而具净眼，尝于清晨见属员，有两鬼在前，横坐窗槛，呼止之，以告此员。闻者莫不惊骇，而中丞怡笑自若也。

吴鸣捷净眼

吴蔗乡明府鸣捷，歙县人，嘉庆辛酉科进士，出为陕西咸阳令。生有净眼，能白日见鬼，每日所见者以数万计。吴每谓鬼多于人。一日见有两鬼争道，适一醉汉踉跄而来，一鬼避不及，身为挤碎，一鬼拍手大笑。顷之，又有一人来，碰笑者，碎裂如前。

阮文达对语敏捷

阮文达公元对语敏捷，其在翰苑时，一日仁宗召见便殿，命其自以姓名属对，文达即应声而对曰："伊尹。"

李忠毅幼时弄笔

李忠毅公长庚生有异禀，幼时在塾中，好弄笔，辄大书"天生我才必有用"七字。其后果为大将，以剿海寇蔡牵、朱濆死事。

周莲堂过目不忘

周莲堂尝以诸生佐百文敏公幕，两江案牍日以千计，过目不忘，有问辄答。

任昭才潜身海底

鄞人任昭才入海底，能历数时之久，行数十里之远。阮文达抚浙，获安南二千余斤铜炮，遭飓沉于温州三盘海，命昭才往图之。昭才变通秤象之法，用八船，分二番，一番四船，空其中，四船满载碎石，自引八巨绳入海底，系沉船之四隅，以四绳末系四石船。系定，掇其石，入四空船，则石船空矣，浮起者数尺。复以四绳系二番之石船，系定，复掇石入第一番空船，浮起者又数尺。如此数十番，船与炮皆出水矣。后昭才入营，仅得微官，旋以病卒。

刘文恪酒量

刘文恪公权之酒量至洪，官京朝时，非正阳门涌金楼之酒不饮。罢相南归，门人史望之尚书致俨，核公饮数于楼，楼中人谓其邸第自取者，五十年中不下二十余万钱，燕会、馈遗不计也。

诸士毅酒量

青浦黄俨思家有巨觥，几容半瓮之酒。一日集善饮者，谓有能胜此，即相赠。客相顾有难色，诸士毅大叫而起，手持一吸，无剩沥，无醉态。席终，径携以归。觥以榆树根为之，雕刻精巧，高二尺，下列三足，每足可盛酒一经。

松文清费筠圃日饮千杯

松文清公筠督两江，方南下时，道袁浦，漕督费筠圃就其行馆宴之。松善饮，日可千杯，与费敌。而嫌二人对酌之寂寞也，以袁浦僚属有无善饮者询费，费乃招河辕中军某副将至，令侍末座。松、费各手巨盏，谈谐间作，副将坐旁默饮，罄爵无算。天将晓，松辞归舟。费旋报谒，则松以守风故，订再饮，仍使材官召副将，材官返，知副将已醉死矣。

程元恭善饮戴子韶善饭

程元恭善饮，一吸百钟无酒色，以牛饮著于嘉、道间。偶赴友人宴，座客戴子韶独涓滴不入口，同辈戏之，戴曰："人各有能有不能，何见侮?"程起而言曰："君何能?"戴曰："我善饭，能食肴。"程请试之。会席上余豚蹄四、鱼三、饭三大盂，争取以进，顷刻啖尽。程曰："君可得'饭桶'之称矣。"

严九能生而识字

归安严九能，名元照，生而识字。四岁，作书径尺，有规矩；十龄，于屏风上为四体书，擅其艺者莫能及，人号之为“严氏奇童”。九能父树萼，聚书至数万卷，其涵育有自来矣。

焦虎玉童年精算

焦廷琥虎玉，里堂孝廉子也，读书具慧心，能传家学，知平圆三角八线之法。阮文达校浙士，以算学别为一科，孝廉佐之阅卷，虎玉随至杭。阮尝令其步筹推算，以验得数，百不失一，时年仅十四也。

十龄神童

常熟翁祖庚视学贵州，按临某郡，应试者有十龄童子，群目之曰神童。翁面试之，出一对曰：“公孙丑。”童应声曰：“此对可对大人。”翁曰：“‘大人’二字，如何能对?”童曰：“对大宗师。”翁曰：“不工。”童曰：“非也。谓即对大宗师之姓名也。”翁大笑曰：“诚是。我几忘我之为翁祖庚也。”童以是入郡庠。

洪大全九龄背诵《十三经》

粤寇有洪大全者，幼敏慧，九龄能背诵《十三经》。屡应童子试不售，乃益狂放，往谒秀全，联宗谊，遂为寇矣。

蒋砺堂默写题名录

蒋砺堂相国攸铦在军机日，宣宗欲观会试题名录，即默写以进，二百数十名，其差者仅一县名耳。

某侍郎有妾不御

某侍郎之夫人甚贤淑，侍郎以二百金买一妾，绝色也，嬖之，恒与妾同宿，然绝不闻笑语，某秉烛观书，妾为之添香捧砚而已。逾年，夫人探之，犹处子也，诧而问之，某笑曰：“譬之天上一轮好月，人间一枝好花，流连玩赏，生趣无穷，若距跃攀折，则俗子所为矣。”夫人大笑。

汤文端临死不昧

萧山汤文端公金钊卒之日，尚披衣坐于床，使进酒，饮毕，取帐顶所庋预书遗摺展阅一过，乃卧，未几逝矣。

徐少薇前生为华林子

钱塘徐少薇孝廉暲，尝应嘉庆庚辰、道光壬午春试，俱不利，颇郁郁。以次年试期近，遂留居京邸。一夕假寐，梦至一所，修篁夹路，中有棋声，因自吟曰：“飞来碎玉度棋声，修竹婵娟画不成。”忽有人应曰：“惆怅碧溪相别后，烟霞深处五峰青。”寻声而往，则一樵者在焉，讶曰：“华林子，来何速乎？钱某犹未至也。既来此，可与子一观。”乃导与俱往，至一朱门，类官廨。入门，有女郎六七人，执帚扫花，相视无语，堂楹悬一联曰：“天下今宵共明月，人间何处有仙山。”堂之左右书橱八九，有野服者挟册讽诵。樵者信手取一卷示之，则生平所作诗文皆载其上。初不解何祥，惟钱为同砚友也，私念前生或与同在一处。乃未及数日，钱讣至。自知将不起，乃记其事藏书箧中。

秋露轩净眼

山阴秋女士瑾之大父露轩，尝自言为天生净眼，见鬼甚多，青天白日，朝野市井皆有鬼往来其间，惟见人则避道而行，余朝夕遇之，亦不辨孰为鬼、孰为人矣。有两次则毛骨悚然。一日，饮逾量，至道旁小遗，遥见墙隅有鬼仅尺许，心鄙其小，轻之。溲未毕，忽高逾屋檐，蹒跚而前，骇绝，狂呼而逸。闽有会馆，旷大无比，传闻有厉鬼，常出为祟，余居之，宴如也。又一日游园，见一老者衣红袍，蹒跚道左，余以为同居之人也，趋前叩询，乃掉头不顾而去。至舍后，冉冉而没，大骇，翌日询之馆丁，始知前数日有老者缢死于园中小舍也。

陆阿昭能视鬼

青浦吴小南有仆曰陆祥，其子阿昭，年十余，目有双眸子，日中能见鬼，凡小儿有疾者，使阿昭在外导魂归，病辄愈。会小南之长子育光病，令往觅之，曰：“无庸，官人在床自坐腹上。”隔日，曰：“在枕次。”又隔日，曰：“在床槛，在牕次。”末一日，急报曰：“官人外走，我强曳之，亦不欲归矣。”人视而育光果气绝。俄而其母病，阿昭谓有人索祭，祥不应，旁人劝之，祥犹喃喃骂，问阿昭何所见，则曰：“老翁面短而髯，左颊有痣。”言未毕，祥已长跪，盖即祥父也，死二十余年矣。

马葵好洁致死

道、咸间，京师阜成门外三里河有民马葵，美丰姿，性好洁，衣无纤尘。每值炎暑，日数易衣，恶汗垢也。好食瓜，卖瓜者果衣服清洁，筐筥齐整，无美恶必购之以尝。鳏居无偶，井臼自操，所用器物不假手于人，或有手触之者，即弃置不御。偶入肆饮酒，必戒肆人洗杯箸，净刀杓，远座客，据独案。或唾于旁，即推箸不复食，目炯炯，口喃喃，遽拂衣去。一日雨后入厕，则秽水溢流，蛆虫蠕蠕，睹之欲呕。顾腹痛，亟欲遗矢，仓卒赴村市，又腐草杂泥泞。瞥见邻家有短垣，绿草蒙茸，雅可爱玩，跃登而遗。适邻翁种豆垣下，俯首铲土，砉然一声，矢淋漓满头。翁大惊，举首见之，遽以镰刀刺其臀。马大痛，坠垣外，翁痛詈之。至是，衣履尽污秽，蹒跚自归。

马好洁成癖，饮食、衣服之资遂较普通为费。久之，家财荡尽，乃谋入绿营，博微饷以自赡。而杂处侪偶中，憎其秽，遂相忤。未几退伍，邻妪怜之，时馈以饭，亦憎其秽不食。一日，仰天叹曰：“污浊世界，谁可同群？人不我怜，我亦不欲受人怜也，不如死。”将投河，见水浊，凄然曰：“吾虽死，岂可为秽水所污哉!”岸旁有古墓，其地青松若盖，绿草如茵，野花送香，快人心意，乃欣然曰：“此吾死所也。”遽择佳木，投环死。

张文达为简雍后身

南皮张文达公之万尝佩一私印，曰“简雍后身”。盖尝梦至一殿，伏拜其王，王起与为礼，承命旁坐。忽有一官上白，谓下界事已勘定，须暂释诸囚，王颔之。少选，诸囚麇集，王一一点名，最后，有监者系一囚至，睫下有二大黑子。王顾张，大声叱曰：“此吾简雍先生也，苟有犯，决不贷。”复顾张曰：“顷释诸囚，下界恐有不靖，先生好为之。”张拜谢而出。后粤寇难作，其酋有绰号“四眼狗”者，为陈玉成，睫下有双黑子，所向无敌，惟闻有张在，辄引避。

哑子能言

绍兴有孙氏妇，嫠也，年且五十矣，与比邻徐叟通，生一子，不忍弃。而妇有女已嫁，亦早寡无子，乃使女子之。女甚喜，托言得之育婴堂者，抚之如所出。子五岁不能言，而性甚悍，年浸长，恒操刀与母斗，女患之。其母适至，女以告。时女之夫族有花坐者，曰：“此儿本非己出，又悍无人理，养虎畜狼，甚无谓也，不如逐之。”母素爱此儿，不信女言，断断与辩。儿忽大声谓女曰：“我本尔弟也，何得子我！”母女皆失色。族人以其素不能言，亦甚骇异，细诘之，则不复语矣。知其有异，亦不穷究。于是复留数年，年益长，性益暴。而是时其母已与徐叟合而同居，若夫妇矣。女之夫族竟以此儿归之二老，二老亦受之不辞。儿归徐，遂能言，与常儿无异，后为木工。

蒋剑人有神童之誉

咸丰时，宝山蒋剑人有神童之誉，当六七岁时，塾师指几上墨令对，蒋即应声曰：“泉。”塾师以为未工，蒋曰：“白水对黑土，何谓不工？”塾师大奇之。

陈允升允文豪饮

吴江陈允升，字玉泉，以资雄于咸、同间，性亢爽，豪于饮。尝以事上郡，饮数十酒家不醉。暇则与其弟允文字秋泉者饮，时节宴会，客恒满坐，二人辄相与歌呼行令以为乐，非各罄百盏，不达旦不止也。允文子去病，亦善饮，能文，有声于时。

三奇童背寿文

无锡邵某，幼时与同邑丁松年、惠远二人，并称三奇童。旧同游洞虚宫，嗣龙山房道士时年八十余矣，既见，谓之曰："君等聪颖，闻之久矣。有王学士寿先师祖文千余言，能诵十过，记之，当烹白鹅以进。"于是丁诵一过，背之，不失一字。惠二过，讹四五字。邵细读三过，又侧听二子背诵各一，讹十余字。道士大笑，进鹅。既去，谓其弟子曰："邵子深沉寡言，举止不苟，乃远大之器。二子质敏而气浮，非其伦也。"时三人皆十余岁。又三年，丁以儒士第一人应举不第，寻卒。惠仕终顺天通判，邵至尚书。

裘日照默写《汉书》

同治朝有裘日照者，博闻强记，能诗，善属文。或疑之，乃当众携纸吮笔，写《前汉书》十一卷，并臣瓒、师古等注，无一字遗脱，未及二小时毕矣。

王涛日记千言

宝应王涛生有异禀，五岁时，客以"鲁男子"三字属对，涛即曰："徐夫人。"四座叹赏。客有难其更对者，涛又曰："莽大夫。"客愈惊。方入塾，师教之读《神童诗》，涛笑曰："吾能作也，何必读。请读九经。"日记千言，三年而毕。年十九，不娶妇，父母亦无如何。

王渐默写文告

临江王元瀚，名渐，尝至苏州，与客阅市，见某官文告列数十事，约万余言，渐与客俱览一过。归逆旅，呼酒共酌，问客以所览事，客仅记一二，乃援笔引纸默写，须臾而毕。复偕客过其地，相与对读，不误一字。常谓举世龌龊，无足当意者，而其志欲将大有为，故其傲诞，下视一世如无人。郁郁之气久不得伸，而疽发于背，遂卒。无妻子，其友为殡之僧舍。

孟昭暹早慧不寿

安庆诸生有孟昭暹者，年十二，补博士弟子员，其诗文、书法具臻完美，尤善属对，尝以"盘庚"对"箕子"，名噪一时。曾文正驻师安庆，闻而召见之，询家世，知其祖亦诸生也。文正口占四字使属对，曰："孙承祖志。"昭暹应声对曰："孟受曾传。"文正大激赏，谓此子必可有成。乃自同治甲子至癸酉科，四应乡试皆不售，癸酉出闱，遽以疾卒。

长生不死

湖南有异人，以修脚为业，蓄发赤体，常如四五十岁人。布政使彭理恐其惑众，为之薙发，予以单衣，遂着之，四时不改。

曾文正畏鸡毛

曾文正公畏鸡毛，在军，遇有插羽文，皆不敢手拆。某年，至上海阅兵，上海县令具供张，从者先至，见座后有鸡毛箒，嘱去之，谓大帅恶见此物，群不解其故，盖喜食鸡肉，而乃畏其毛耳。

刘琨竟日饮酒

刘琨尝官湖南巡抚，以事褫职，遂侨长沙，沉湎于酒以自放，世以"刘伶第二"称之。盖自朝至于日中昃，杯杓未一离手也。门生故吏遍湘中，岁时馈赠，率以绍酒、汾酒。某大令馈赠不至，乃贻以书云："弟老而无用，无用即其用，无能即其能。"时年八十余矣。

戴子高好洁

德清戴子高，名望，研精经史，性好洁。同治朝校书金陵，尝与江阴金淮生登酒楼，席未半，大呕不止。同席者疑其醉，争趋视之。子高手指隔席之人，呕益剧。众回视之，见有衣服褴褛者数人，正隔席饮酒也，乃不终席而去。

湘乡胡氏多寿

光绪戊寅，湖南巡抚奏称湘乡县胡氏兄弟五人，皆耆寿健存，长曰朝瑜，八十九岁；次曰朝瑞，八十七岁；次曰朝琇，八十五岁；次曰朝瑺，八十三岁；次曰朝环，八十一岁，请旨旌表，德宗俞之。

喇嘛转世

世称喇嘛世世相传，有神识不灭之说。陕右有某者，即能斯术，云恍恍惚惚，意念所触，觉此身前为樵夫，在山中种菜伐薪以奉母，娶妻，生二子，年四十余，以下则不可知，盖濒死矣。

某云：昔奉差河湟，居大青山喇嘛寺。岁余，有大喇嘛者与相善，乃授以静功及秘密咒，令先学入定之法。初习时，万念纷起，则以咒力禁压之。七日以后，念稍淡，而胸中沉闷，若有大忧患者，然莫可端倪，以问喇嘛，喇嘛曰："此进境也。当先过此关，庶几乃至道耳。"如是者又十余日，日惟诵咒数千万遍，心渐平静，而本生所作所为者，一一如在目前，闭目辄亲历其境。始犹在数年以内，已而渐远，乃至儿童啼笑之际，己身亦俨然瑶佩轮紃也，终不动，每至忧喜哀乐极难堪之境，辄持咒以忍之。以问喇嘛，喇嘛曰："此劫魔也。必胜之，毋为所动。不然，且狂。"于是力忍之。忍之既久，顿觉心地澄明，空蒙洞彻，无有上下古今、左右内外，不禁喜跃曰："得之矣。"以告喇嘛，喇嘛曰："此虚光也，何轻易乃尔？凡盈虚消息之道，七日来复。子方虚而未盈，消而未息，七日以后，魔将复来。不尔，十四日亦必致败。其慎之。"某退。七日，果觉冲漠不极渺冥无际之中，忽然若无著者，瞿然生戒心，栗然生惧心，勉自持咒，力求克之。已而苍苍莽莽之中，忽觉有天地，有日月，有人有己，则又历历在目矣。惟持咒稍懈，即现于前，一力持咒，便觉稍间。以问喇嘛，喇嘛曰："此前生也。然观君道力，不能克矣，当以俗情克之耳。"某不信，如法更行之，终不能驱除也。乃求术于喇嘛，喇嘛令之博弈、饮酒、淫妇人、恣游猎以自遣，自此始绝。欲更从喇嘛学，喇嘛曰："术不可以再渎。"然至今但趺坐凝神，亦隐约可睹也。

某又云：喇嘛神气至静，两眸作青色，炯炯逼人。尝问以转世之由，曰："人本无轮回，惟以业力辗转相引，故至于此。""子已称呼图克图，何以仍有轮回？"曰："以道力未坚故。数世以后，至多五世，便不须复来。"今之号为世世不绝者，皆番民临时妄作耳。惟间有天资亮亢者，一旦触悟，立地证成，则又转轮数世，以净业根，故至今喇嘛之中虽无一人为当日真身，而高僧仍自不乏也。

苑姓之后身

苑寨苑姓娶智氏，年余忽病。数月，疾少间，妻归宁。一日，病复剧，家人以车迓其妻。妻在室坐，见夫掀帘入，色凄惋，急询何来，则已渺矣。妻惊疑，乘夜急归，夫已卒。苑寨东北十余里某村一家，是夜诞一子，生而能言，言己为苑寨苑某。此家遣人乘专马往探问，则苑卒时正其子生时也。

跛脚僧托生

吴县金芗圃老而无子，偶游杭州，诣灵隐寺，默祝三宝求嗣。与长老散步廊间，过香积厨，忽一跛脚僧执爨杖出，顾金而笑，长老复颔之，金不解。及归，阅十月，妾夜梦僧入，惊醒，生子，因戏以“小和尚”呼之。金后过寺，长老曰：“公子无恙耶?”金愕然，询预知之故。长老引至厨下，见一龛曰：“此公子前身，昔遇而笑之跛僧也。当圆寂时，自题联云：‘此去有缘凭夙慧，归来好认旧菩提。’且嘱勿焚化，故留以待。”金出资为甃砌之，乃归，命子名曰葆。及长，不茹荤酒，强与辄吐，读书至慧，博闻强记，精通释典。父死，事母孝。十五入泮，明年，领乡荐，联捷入南宫。

京师慈仁寺有浮屠大师善知识，能说无上妙法。葆诣之，僧傲不为礼，葆竖一指叱曰：“天地间亦知有我否?”僧喜，延入方丈，与语一真、二谛、三摩、四大、五蕴、六欲、七心、八垢、九根、十行，莫不了了，僧惊服。后出为荆州守，安恬无为，与民休息，郡人咸颂之。尝曰：“《大学》工夫由静定做起，其效乃至平天下。佛、老亦言静定，而以淑身则有余，以法世则不足。盖视静定为凝神淡虑，万缘皆空，不知利欲可空，而人伦骨肉不可空也。故通儒术者可以括释、老之全，而谭释、道者当深求儒者之理。”葆言若此，固习于佛而不锢于佛者也。

后三年，母死，归葬，服阕不仕。有僧自杭来，门吏不与通，僧遗扇去。葆知之，曰：“长老命我归矣。”欲之杭为僧。夫人李氏，世家女，明大义，乃进言曰：“妾闻达者闻（明）理而通变，愚人守暗（闇）而抱拙。今夫子欲去先人之墓庐，遁迹枯槁，妾窃非之，深愿夫子之不出家而成教于国也。”葆怃然曰：“余达此理久矣，今何蒙蔽至此！虽然，不可不一行，了前因果。”抵寺，询长老所在，僧云：“三月前卓锡去矣。”葆乃启龛视，面如生，集众具火化之。封山后，葆自题其塔曰：“再来人建。”遂归。修身立行，为学益坚。年八十二，无疾而终。

张文襄起居异人

南皮张文襄公之洞生有异禀，其起居大异于人。尝终日不食，终夜不寝，而无倦容。无论大寒暑，辄于签押房和衣卧，未尝解带。每观书，则朦胧合眼睡，或一昼夜，或两三时不等，左右屏息环立，不敢须臾离。侍姬辈亦于此时进御，从者反扃其扉，遥立而已。盖签押房有一门，故与内室通也。

当文襄督蜀学时，一日出城，游浣花草堂，集杜诗二语为楹帖，欲系以跋，乃坐而属思，稿数十易，终不惬，然已三日夜不寐矣。侍者更番下直，犹不支，困而僵者相属也，而文襄从容如平时。及挥毫落纸，则仅“集本集句”四字而已。书成，始欣然命驾归。及任鄂督，则已垂老，日夜在签押旁，或会客，或理发，忽鼾声大作，亦常事也。

张文襄善食忍饥

张文襄食量亦甚宏，其签押房中恒杂置肴糖果饵等物，随意掇食。然勤于事，能忍饥不辍，须事讫方用膳，故其用膳无定刻，恒有午膳至夜始餐者，每留客用膳，莫不饥困。其卒时年七十九矣。

张权幼慧

张文襄之长公子名权，幼敏慧。一日，有客访文襄，不遇，权出，谒焉。客与语，甚赏之，因语之曰：“鼎甲一二三，可对何语？”权应声曰：“盘庚上中下。”

某臬司食量兼人

山东臬司某体丰伟，食量兼人。时张勤果公曜为巡抚，一日戒庖人曰：“今日某臬台来，吾须留之作半日谈，可作面两海碗，臬台食量大，非此不足饱也。”已而某至，勤果延之签押房，与谳谈，因为设食。仆人持两海碗面至，某食之顿尽，勤果谓必已大饱，因姑问曰：“君食此，颇已饱否?”某曰：“已稍可，如有余，尚可食。”勤果饬仆命庖人益面，庖人答言顷所作面都已啖尽，不能益矣。勤果责庖人数语乃罢。他日来谒，又留之，款以水饺二百枚，啖之才余二三枚。勤果问：“今日得饱否?”曰：“今日颇饱矣。”勤果因颂之曰：“如君者，真可谓量大福大者矣。”某曰：“如司里（藩司、学司、臬司之于督抚，公牍自称本司，发言时自称司里。）何足言，昔者吾父，食量实倍之。”勤果亟称曰：“食福如此，真可艳羡。”某一时忘前言，便曰：“何足羡，不过傻吃耳。”

郑绍宗食量

郑绍宗长身广膊，孔武有力。初从粤寇，以降于官军，隶统领金某麾下，乃从主将姓，曰金绍宗。口大几容二拳，食量至伟，能尽粟一斗、彘肩四双，时称“大口金”。后积功官至提督，始奏请归宗。

孙文恪酒量

光绪朝，枢臣孙文恪公毓汶酒量极宏，每退值，辄小饮。即遇内廷赏戏，孝钦后赐以酒肴，亦复茗艼大醉，或且鼾声作而径睡矣。

孙文正少食

寿州孙文正公家鼎，食量甚小。光绪中，管理京师大学堂，尝与教习同案用膳，孙性喜食面，一日适食米饭期，孙不乐食，令仆买油炸桧来，取一枝，劈其半置碗中，以蛋汤少许泡之，食讫便辍箸。或曰：“公所食毋乃太少乎?”曰：“即此已足，吾每饭皆然。”孙卒年八十。

方曜伏水中三昼夜

方曜能在水中伏三昼夜，取鱼虾以为粮。临阵，身先士卒，所至披靡，洵异人也。

产异

邵阳妇孕十四月，产一物，巨牙钩爪，虎首人身，长尺许，堕地即跳跃。母见之，大骇昏绝，稳婆亦惊走。父闻声趋至，急裹以被，拳击足踏，啾啾有声，久之乃绝。然其体虽小，而手爪长四寸许，利如钢钩，足指亦坚锐若熊掌，所卧之被已尽裂矣。

高邮农家妇生子，狞目血口，发被及肩，堕地时啮稳婆手血流不止。能跳跃，趋至中庭，就瓮饮水，人莫敢近。所畜犬见之，力噬其肩，则返肩斗犬，伤犬。家人以梃击毙之，血色青，腥臭特甚，犬亦举体流血矣。

光绪某年，天津侯家后老君堂西某甲妻，孕七月而产怪物七，形似鱼，其头则具体而微，类刑天，有口，有须，有眼，有尾，无耳鼻，手足皆类爪，大者尺余，小者七八寸。落地后，大动大叫。某见之，亟以梃击死之。越日，东乡亦生一怪，形似人，惟头生两角，长不满尺。一手抚胸，一足直立，一足斜伸，身有黑毛，闻怀胎三月余而即产之。

许治邦百十一岁

光绪庚辰五月，谭文卿制军方抚浙，疏称："台州府天台县民许治邦生于乾隆三十五年，至同治十一年百有三岁，经前抚臣杨昌浚照例请旌，并蒙赏给上用缎一匹、银十两。兹据天台县职员陈补过等呈称，许治邦见年一百十一岁，长曾孙许尊周于光绪五年八月诞孿（同"孪"）生二子，次曾孙许尊贤亦生一子。许治邦家住福溪，人游寿宇，越百龄有十岁，萃五世于一堂，仰恳天恩，从优旌表。"奉旨："礼部知道。"

某翁百十四岁

光绪甲午恩科会试之钦赐进士某，佚其名，年一百十四岁矣。奉旨："准其一体殿试，更赐国子监司业。"

沈毓桂百岁

震泽附贡生沈毓桂入赀得官，尝选授云南昭通府通判，生于嘉庆戊辰，至光绪戊申，百岁矣。其八十岁时，尝手书所作诗赠钱塘徐印香舍人，诗字秀润，足为寿征。苏抚陈夔龙为之上疏请奖，奉旨赏给二品顶戴。

西藏老人二百余岁

光、宣之交，英、藏有交涉，川督委张某入藏查勘，言遇一人，自言曾随岳襄勤公钟琪征青海、西藏，遂留此，时年已二百有奇矣。

容止类

举人大挑取状貌

举人三科会试不中进士，可于榜后应大挑，授以官职。不考文字，专取状貌。伟丈夫列一等，授知县；小丈夫列二等，授教职；再次则无授矣。

黄大宗风神超逸

黄大宗状貌奇伟，黄冈王昊庐少詹泽宏见之，叹曰："风神超逸，卓有父风。"

韦六象神朗貌癯

武康韦六象，名人凤，神朗貌癯，衣布，不肉食。长夜拥絮被，危坐不寐，读书至旦以为常。高简淡泊，仿佛如枯岩禅客。与人言，肺腑倾尽，不事表襮。尘俗人望之，颓然自远。

梁苍岩大类坡仙

梁苍岩襟期潇洒，意度廓落，大类坡仙。

柏嶷山高风秀骨

柏嶷山过涉园，嘉善魏青城少参学渠称其高风秀骨，英采惠姿，照映泉石。

李戒庵美风仪

鄞县李戒庵，名文纯，美风仪，尝于上元夜着绛衣，与郡中名士集贺监祠，乘月上湖桥长啸，观者谓为神仙。

王丹麓神致萧散

稽淑子谓王丹麓神致萧散，超然物外。

周芮公冲怀秀骨

晋江周芮公进士廷鑨，冲怀秀骨，与之晤对，如揖广成，如瞻水镜。

介公风仪萧散

介公，名元堂，字明介，鄞县天童寺西堂僧。风仪萧散，寡言笑，体羸若不胜衣，而神鉴渊然。与诸名士接，但以目会，四坐尽通，退相品题，不失分寸。

钱础石神姿崖异

吴六益尝谓钱础石神姿崖异，有壁立万仞之概。

纳兰容若仪态似王逸少

纳兰容若名成德，明珠子也。十七为诸生，十八举乡试，十九成进士，二十二授侍卫。天姿英绝，萧然若寒素。拥书数万卷，弹琴歌曲、评书画以自娱，书学褚河南。幼善骑射，自入环卫，益便习，发无不中。扈跸塞垣，琱弓牙箭，环列罽帐，以意制器，多巧倕所不能到。尝读赵松雪自写照诗有感，即绘小像，仿其衣装。座客或期许太过，皆不应。徐乾学曰："尔仪态何酷似王逸少！"乃大喜。

丁大声躯材拔起

萧山丁大声，名克振，躯材拔起，咳如挺钟，言同奔河。

赵恭毅仪状奇古

武进赵恭毅公申乔，仪状奇古，圭角岸然。长户部时，人呼曰“冷庙龙王”。

王澣在坐酣睡

康熙朝，试武进士骑射，赵恭毅方以兵部尚书偕诸臣坐班，不觉酣睡。圣祖以其笃老，但训诲之。雍正时，成都知府王澣年七旬，侍巡抚宪德考验武弁，在坐酣睡。经宪德奏参，世宗援引赵事，宽其处分，令改京秩。

史文靖风度端凝

史文靖公贻直，器量宏大，风度端凝。尝有不时宣召，辄雅步如常，或促之，则曰：“天下安有奔迫宰相耶！”

钱黼堂貌似赵荣禄

嘉善钱黼堂少宰樾为翰林时，其貌绝似赵荣禄画像。年逾五十，两耳下忽添长须。七十余，须发俱白，惟两耳下须尚墨，亦罕见也。

龚定庵有异表

仁和龚定庵礼部自珍有异表，顶棱起而四分，如十字形，额凹下而颏仰上，目炯炯如岩下电。眇小精悍，作止无常则，语非滑稽不以出诸口也。

田兴恕美秀而文

贵州提督田兴恕美秀而文，一时有玉人之目。每临阵，则又雷奋飙举，横厉无前。年十八即握兵符，所至之处，万人空巷，环绕而观之，田羞涩如处子。幕友中有张太守者，貌与田相若，而喜作狭邪游，取给于田者累万。田三十余即卒，时貌昳丽犹如二十许也。

德宗仪表

德宗貌清刚，面瘦，终日无笑容。大口白齿，高准黑睛，身长五尺强。

著人容貌

曾文正公国藩器宇凝重，面如满月，须髯甚伟，殆韩子所云“如高山深林巨谷，龙虎变化不测”者，当代巨公无其匹也。知府张沣翰尝谓其端坐注视，张爪刮须，似癞龙也。惟眉发略低，故生平劳苦多而逸豫少。忠襄公国荃体貌颇似文正，而修硕稍逊。李文忠公鸿章长身鹤立，瞻瞩高远，识敏辞爽，胸无城府，人谓其似仙鹤。胡文忠公林翼精神四溢，威棱慑人，目光闪闪如岩下电，而面微似皋陶之削瓜。骆文忠公秉章如乡里老儒，粥粥无能，而外朴内明，能辨贤否。左文襄公宗棠貌亦如老儒，而倜傥好奇，议论风生，若适与骆相反。罗忠节公泽南貌不扬，又短视。彭刚直公玉麟恂恂儒者，和气蔼然。杨勇悫公载福貌儒雅。鲍武襄公超躯干不逾中人，弱不胜衣。阎文介公敬铭短小精健，不改关中敦朴气象。丁文诚公葆桢状貌修伟，绰有威风。岑襄勤公毓英雄姿沉毅，而黧黑。倭文端公仁体不逾中人，而洒然出尘，清气可挹。霍丘吴竹如侍郎学养完粹，道味盎然。巴陵吴南屏广文敏树貌朴野，而气韵高洁。此皆咸丰、同治、光绪三朝之著人也。

曾文正仪表

有于同治壬戌、癸亥间见曾文正于江宁者，时文正年逾花甲矣，精神奕然。身长约五尺，躯格雄伟，肢体大小咸相称。方肩阔胸，首大而正，额阔且高，眼三角有棱，目眦平如直线。凡常人眼必斜，颧骨必高，而文正独无此。两颊平直，髭髯甚多，鬖鬖直连颏下，披覆于宽博之胸，益增威严。目不巨而光极锐利，眸子作榛色，口阔唇薄，是皆足为其有宗旨、有决断之表证也。

曾文正肤如蛇皮

曾文正有皮肤病，肤如蛇皮，时时爬搔之，鳞屑簌簌散于地，虽见客亦不辍也。而宋人王安石亦有斯疾。王为进贤饶氏甥，其舅党以其肤理如蛇皮，目之曰："此行货亦欲求售耶?"王寻举进士，以诗寄之曰："世人莫笑老蛇皮，已化龙鳞衣锦归。传语进贤饶八舅，如今行货正当时。"

陆祥貌似刘文懿

陆祥，粤西故家子也，及祥而家稍稍败。年长，喜从无赖饮博。既丧父母，不能自活，乃出关。有设肆于越南边祥州者，从之为伙，月得钱十余千，供烟酒资而已。边祥巡抚为刘文懿。时法教士恃其国力，骄甚，数侵地方官权，独于边祥则不敢。文懿长身皙面，年三十余，蓄须鬑鬑，祥貌似之。光绪壬午，法越衅起，法攻越南诸州甚亟。文懿守边祥，屡出奇兵却敌。及法定北圻，乃悉众攻边祥，声言将屠城。州人惧，力请于文懿，文懿叹曰："事不可为矣。然士可杀不可辱，我岂能为降将军哉!"拔剑自刎，左右力持之，即解印绶悬帐前，自跨马从间道去。

前此，文懿尝诈降，设伏城中，诱杀法人数千。至是，众请降，且以文懿已去告法人。法人不可，曰："必得巡抚亲来。不然，屠无赦。"时祥在围城中，闻屠城之说，窘甚，方求出不得，一人见之，忽呼曰："使君在是矣。"众皆和之，哄如雷。祥不知所为，听众拥入。至抚署，有戎服佩剑者坐堂上，望见祥，即招以上，出一纸令签押，中皆法文。踌躇间，法将按短枪睨之，祥大惧，草草挥讫。法将忽作越语曰："君自号健者，誓死与我师角，乃有今日耶?"祥唯唯。须臾，法将上马，亦别以一马令乘之，至法营，法人待以宾礼，见其衣敝，争指之曰："若一巡抚，乃衣贫人衣，矫饰如此！将谓奇智，今日究能逃吾辈面否耶？"祥不觉赧颜。三日释归，寻返粤西。

周老人为丈夫

老人姓周氏，名霞，字华国，籍滇西太和县，近世称"东亚老人"者是也。老人躯雄伟，额广、颧高、颊丰，目炯炯如箕，长眉美须髯，强饭健步，壮者不之及。年六十二，游学日本，发秃，服西式学生冠服，气益豪，日人咸颂之曰："丈夫，丈夫！"强健之意也。日本明治天皇者，自信老而壮，异其名，延见之，谢不如，曰："此真亚东仅有之老人矣，而万里越国求学，难哉！"于是报章艳传老人名，东西学子争得其小影，以策后进。光绪甲辰，日人胜俄军，东京市大祝捷，观者如堵。老人有《感事》诗，其一联云："十五万人齐祝捷，他人含笑我吞声。"外人因见老人，亦不敢以病夫目我，此老人之声名所以啧啧人口也。

初，周氏世业医，传数世，至其父鸿雪，名益震，治病罔弗起。数年，积资万余金，忽散之，徙居于琼岳山，若避难然。未几，难果作，州城陷，鸿雪家独获免，其后遂生老人于此山中。老人生而颖异，甫能言，自述其最初所见，则堕地三日内，身旁之人物，证之历历不爽，父母于是益奇之。髫龄通灵素书，手种杏树，随手都活。成童后，遭回乱，弃而学剑，好侠行。咸、同间，杜文秀据大理，黠者走，怯者死，云南已无汉人立足地，老人出入花门无惧色。尝挟医术走寇营中，游说机宜，汉兵得老人力居多，时人称之曰"鸿门宴之子房"，其魄力足也。

巡捕官身长一丈

徐树人中丞宗幹，有一巡捕官，通州人，长约一丈，衣用呢羽。每行，则数十小儿随之。祠庙演剧，以颏挂台上观之。台下有售水烟者，仰而举，长人则俯而吸之。从中丞出行，为前导，无马可乘，易以健骡，为压毙者七，自此即步行矣。左文襄督闽时，从者多提镇，左右侍立者动以百计，中丞侍者仅一人，见者无不骇慑。旋以私通武闱关节被斥，遂饿死。

詹五身暴长

长人詹五，徽州农家子，年十五，家中仅一妹同居，甫十三。一日，五于田畇中得一大鳝，短而粗，归与妹烹食之。卧至夜半，五忽觉其身暴长，头足皆抵墙，知有异。黎明起，取镜自照，见己身长约一丈，而极瘦，头大如斗，大惊。趋视其妹，亦如之。二人偕出，村人咸目为妖，相与骇走。妹恚甚，是夜即自鸩死。五自是食量极宏，而家赤贫，终日不能获一饱。有族叔客汉口，开詹大有墨庄，因往依之。适一西人见五，异焉，出重资雇之出洋，观者人索金钱一枚。五遍历各国，获资綦厚。如是者十余年，粗习英语，改装娶英妇归。光绪庚辰六月，自筑巨宅于上海老闸，极富丽，往来多西人。辛巳三月某日，乘人力车出，二人推挽之。行至跑马场，身重车小，自车中坠地死，妇乃席卷其资以去。

侏儒

四川卓某，相国秉怡孙也。光绪时，居京师，体短，人呼为“卓矮子”。性甚暴，每怒妻妾，辄呼令前，自立于桌，以杖打之。若不受，则暴更甚，必逞始已。后其妻密购高四五尺之装谷桶，见卓盛怒，与妾共抱之置桶中，卓因竟日不得出，自责乃已。

梁成福头若箕斗

粤寇之酋有号启王者，为梁成福。尝由荆襄窜扰汉中一带，洎势蹙，以其余力陷阶州，据焉。官军合三省兵数万，围匝月，乃擒之，磔于益州市曹。其头巨若箕斗，眉间杀气棱棱，张目怒，人皆辟易不敢近。

周氏子三头

宣统庚戌，黄坡农人周立茂妻产一男，有三头，在中者较巨，一头吸乳，则二头皆泣。立茂挈其妻抱之至汉口，美人卡立脱欲出三百金购之，以送纽约博物院，不允。

李氏女绣面

黎女将字人，辄于面涅花卉昆虫之属，曰绣面。夫家给花样以为识，盖使之不得再嫁也。康熙时，有李氏女者，为之独工，既嫁，夫以其花样悉符也，甚悦之。

旧字面孔

雍正时，有江位初者，面长方而黧黑，棱层皈摺，人呼为“旧字面孔”。凡识江面者，每读书遇旧（舊）字，辄念及江，无不失笑。

卢抱经以手摩面

卢抱经学士文弨精于考索，每朋辈小集谈艺，学士仰而沉思，辄以手频摩其面。

施世纶兽面人心

乾隆时，漕督施世纶貌奇丑，人号为“缺不全”。初为县尹，谒上官，上官或掩口而笑，施正色而言曰：“公以某貌丑耶？人面兽心者，可恶耳。若某，则兽面人心，何害焉！”

三圣不薙发

满俗薙发，自世祖入关定鼎，汉人亦遵行之，有不从者，辄置重典。然热河行宫所藏世祖、圣祖、世宗三代御容，皆不薙发，诚可异矣。

黄陶庵不薙发

国初薙发令下，檄至上海，上海之士绅期会于邑之学宫，众以俟巨绅曹某至，决从违。曹盖邑之望族也。及曹至，众趋前问意，则徐脱其风帽示众曰："某已表顺从矣。"于是众皆薙发。檄至嘉定，嘉定之士绅亦期会于学宫，众以俟黄陶庵至，决从违。陶庵至，则慷慨激烈，对众宣言，谓头可断，发不可断，于是众皆涕泣，愿共守城誓死。

许德溥不薙发

许元博，名德溥，如皋人。生而有过人至性，事父与继母承欢竭旨，孝闻于乡。薙发令下，元博不从，以父在，恐罹祸为亲忧，乃截发如头陀，誓不入城。幼慕岳鄂王为人，刺字左臂，曰"生为明人"，右臂曰"死为明鬼"，刺胸曰"不媿本朝"，墨瘢黯然，终不灭也。既壮，训蒙双店吴氏家。吴有仇人欲借元博以倾吴，遂首之于官。逮至，挺立堂上，令曰："尔何业？"抗声曰："布衣。"令曰："何不跪？"曰："我何罪？"令曰："尔不薙发何也？"曰："不忍忘前朝。"令曰："若独不畏功令乎？"曰："昔谢叠山之在元时，愿为顽民，窃愿效之。"令曰："叠山何为迟迟不死？"曰："以有老母在。我更以父母俱在也。"往复辩不休。令强使人为薙发，德溥大呼曰："斫头便斫头耳，何薙发为！"且袒臂示之，更曰："吾久拚一死矣。"遂论死。逮系扬州，不食者数日。狱吏恐其毙也，且感其义，泣以请。德溥曰："吾求速死耳。吾不爱头颅，宁畏刀锯耶！"自是复进食如平日。刑日，出狱门，因腰间余金授所亲曰："急偕老父游红桥，勿使之闻也。"慷慨赴西市，无怖色。

钱仙上不薙发

钱应金，字而介，号仙上，一字上士，嘉兴人。以诗文名于时，谙声律。诗酒余暇，辄邀集宾侣，吹箫，歌自度曲。晚年自称“是公”，精禅学。居春波里，尝自署“春波词人钱点雁”。顺治乙酉，城将破，招同邑高承埏避竹林里，不至，遂居嘉会都。既而游兵掠郊野，钱犹服明衣冠，发未薙，威胁之，不屈，乃就捕。钱大骂其众，众怒，刃毙之。

叶尚高披发佯狂

叶尚高，字而立，乐清人，温州府学生。披发佯狂，幅巾大袖，行于市，官吏见而执之。赋诗云：“北风袖大惹寒凉，恼杀温州刺史肠。何似蜉蝣易生死，得全楚楚好衣裳。”吏释之不问。顺治丁亥二月上丁，携水一杯，采芹一束，乘吏未奠时，哭于圣庙之庭曰：“吾师乎，吾师乎！纵泰山之已颓，而林放之不如乎?”吏怒，系之狱。迨五月四日，语狱卒曰：“诘朝为屈大夫沉湘之日，吾其死夫!”令具汤沐。至明，自缢。

发作金钱式

董志学为江西巡按，按部吉安，饬守令礼请缙绅子弟及举贡监生饮宴。酒酣，起而言曰：“当朝重薙发，式当如金钱，请脱帽验之。”因尽去其帽，则皆略去鬓发，余顶结如故，惟一人如式，得放出，余悉系之于狱。

福康安剃发

九江剃发者素著名，福康安过九江时，偶呼待诏至，其奏刀簌簌如风，令人如不觉。剃毕，命赏五十金去。剃发者出告人曰：“吾生平为人剃发多矣，无如此之难者。”盖福既卧坐任意，又倏忽转侧，一不留意，即易致伤损，深惧获罪也。

程穆倩眉宇深古

歙县程穆倩，名邃，眉宇深古，视下而念沉，处治不媒进，处乱不易方。

黄之骖眉听

田少司寇潞亭雯巡抚贵州时，有一孝廉，黄姓，名之骖，耳不能听，以眉听。古谓龙以角听，牛以鼻听，乃人亦有之。

丁文博眉目明秀

嘉善丁文博水部彦，眉目明秀，如碧梧翠竹。

沈沧雨长须

顺治初，浦江有诸生沈沧雨者，貌奇陋，一目既眇，须长一丈有余，自胸以下连绾三大结，尚有尺余拂地，综而计之，殆逾一身有半也。其人固小有才，恃符妄作，后为巡按者因事拘杖，折股而毙。

陈其年短而髯

王西樵常语子弟曰："陈其年短而髯，不修边幅，吾对之，只觉其妩媚可爱，以其胸中有数千卷书耳。"其年字迦陵，宜兴人。

吴锦雯张祖望有修髯

吴锦雯、张祖望并有修髯，夏日，尝促膝吟咏，意思萧旷。毛稚黄赠以诗云："吴公美髯不易得，张也于思亦自奇。长日吟诗相对坐，南风吹动万茎丝。"相与大笑。

宁秀生而有髭

纳兰侍卫宁秀为明珠曾孙，生时有髭数十茎，罗罗颐下。年弱冠，貌苍老如四五十岁人。未三十，即下世，家因之日替。

高宗捋黄龙眉长髯

长髯翁者，黄其姓，龙眉其名，锦棠其别字也。弱冠后即蓄须，以长髯称，其长委地。乾隆初，上自王公贵人，下逮厮养走卒，偶举锦棠名，识与不识辄曰："嘻，此长髯翁也。"于是有艳其遇之奇者，有惋其数之奇者。然翁惟髯奇，故遇奇，其遇愈奇，故其数亦愈奇，荣枯得丧，翁不得自主，而髯主之。

翁少习懋迁术，随估客往返江淮间。一夕泊京口，群盗连舸至，跃上估客舟，势汹汹，投众商于江而掠其货。翁被缚，生命在呼吸间。盗魁伟其髯，嚄唶曰："是鬑鬑者，殊不类市井儿，可释之。"而翁乃庆更生。因弃商，入县中吏舍佣书，殚心于文例卷牍，勤奋逾他吏。积资数年，遂以掾吏起家，得官县尉于古北口。

古北口邻木兰，为皇帝校猎地，秋狝之场在焉。每岁，法驾启行，羽林、期门、鹖冠、虎贲之士，歕（古同"喷"）山欱（同"喝"）野，扈从甚盛，咸以是口为出入要道。高宗秋幸滦阳，翁以尉给事供帐，跪迎道旁，上目摄之。既至避暑山庄，召翁入行殿。翁以疏远小臣，忽被清问，虑上意叵测，奏对殊觳觫。上温语劳之，命翁起立，趋近御座，以手捋视其髯，啧啧叹赏。又令翁绕行殿上一周，益大笑，称奇不置，赐江绸一疋、大荷包一双。已而皇太后悉其异，思一睹为快，促召赴都。翁应诏，乘传至辇下，一再展觐，大获赏赉。越翼日，上询部臣有县令缺乎，部臣以房山县对，遂降旨特授翁为房山县，盖旷世之遇也。

翁素率真，未尝为贵人低颜色。抵县后，上官亦貌敬之，不责以僚属仪注。敬翁者，敬其髯也。时制府长白某，忮刻人也，衙参日，属员俛首屈膝，率不敢仰视，而翁独掀髯而前，作刘桢平视状。制府怫然，谓"夫夫也，挟髯贵而骄，我当有以制之"。不数月，即毛举细故，登翁于白简，劾之去职。翁闻之，殊坦然，谓人曰："以髯得之，复以髯失之，夫何尤！"即日襆被出县署，驱骡车，过武胜关，骡惊而车覆，翁遂颠，髯萦于轴，而骡奔不已，辗转胶附不得脱，竟死车下。

乞须免须

桃源薛怀，号小凤，苇间居士边髯甥也。诗词书画皆酷似其舅，而须则童然不如也，乃为《乞须词》以自祷。金坛史梧冈为反其旨、转其语为《免须词》，命小伶歌以贺之。苇间居士掀髯而笑曰："是贬须也，将使渭阳成不毛之地乎？"史谢曰："佞须惟我固善，至于须之轶群而绝伦者，殆将褒之矣。"

《乞须词》云："松窗棘院消磨处，无端三十虚度。七尺休夸，二毛已赋，不道须偏迟暮。笺天乞与，便几缕风前，代将吟麈，曲径捻时，应添多少好诗句，于思不敢请耳。但臣之壮也，一婆甚惧，漫把菱花，寸田尺宅，盼断浑无头绪。山妻笑语，问于意云何，躁心如许，且制罗囊，异时留满贮。"《免须词》云："青衫彩管风流处，几曾三十虚度。七尺堪夸，二毛虽赋，犹喜须偏迟暮。愿天勿与，恐髯愧群羊，尾惭仙麈，捻断休烦，自添多少好诗句，于思徒取诮耳。有婆心一片，婆颜何惧？最厌蓬松，寸长尺短，欲理竟无头绪。佳人笑语，免双梦同时，刺人如许，省却罗囊，睡时难尽贮。"

髯仙程鱼门见之，叹曰："世无郭忠恕，谁肯薙须以效颦者？当为吾须作解嘲，编以五色丝，妒煞薛郎可耳。"程研民曰："余家有竹实山房，小凤所来仪也。凤比灵于龙，龙有髯，天奈何独吝凤哉？余亦鬑鬑有须者，假须而可赠，余固不吝此于小凤也。"

李惺长髯

乾隆辛丑进士李惺，以钱唐令起家，洊升顺庆寺。告养起复，年七十余矣，长髯髟髟，华采照铄。陛辞日，高宗大为叹赏，令赴政事堂，使诸大臣观之。

割须平夷

滇南某营，汉苗杂处，有生苗时出滋扰。都司梅某体伟岸，长髯多智。一日，苗出巢抢掠，率兵剿捕之。苗潜伏老林，伺其深入，大吼，兵遂溃，梅被擒。苗曰：“尔非梅胡子乎？平日颇耳威名，今安在哉？”割其须，命服役。梅潜取须纳怀中，苗笑曰：“尔身首不保，尚爱须耶？”曰：“生杀之权，出自尊裁，吾须受诸父母，不敢毁弃。”苗笑而置之。数月后，乘隙逃出，请罪于滇抚。抚怒，责之曰：“尔今被擒，须眉已改，尚有面目来见我耶？”梅曰：“不入虎穴，焉得虎子。苗扰汉地有年矣，有防御之方，无征讨之力。某自诈败后，深入其境，彼之溪径巢穴，略知梗概。若得劲卒千人，可入其窟，使其略知警惧，不敢时出滋害，于疆场亦有裨也。”抚曰：“尔以割须受辱，故巧言塞责耳。”曰：“某须乃自割也。某守边久，与苗人素相识，若不稍改面目，则彼众我寡，犯疆场而丧躯命，辱孰甚焉！”抚曰：“人割与自割奚殊？”梅从容自怀出须呈验，抚乃信，拨精兵千人，以梅为前驱，直捣其巢。苗大惊，溃窜不敢抗，前所被获者悉数出之，自后边患乃息。

陈六笙还须

贵县陈六笙方伯璚，尝随蒋果敏公澧至浙，以论事不合，怒而去。归粤后，剪其须，函寄果敏，曰：“吾从军以来，无负于公，惟此须乃军中所长，谨以还公。”蒋大怒。其后，陈简放杭嘉湖道，蒋乃白之左文襄公宗棠降为知府，仍留浙。陈遂沉滞，积十数年，始为湖南之岳常澧道，后为四川布政使，终老于浙。

朱文端河目海口

高安朱文端公轼，字若瞻，生而宏声广颡，双颧插鬓，大口长目，步阔二尺。二十三岁入学，二十九中乡试，主司宋大业见之，即曰："河目海口，惟吾先公。今复见子。"大业，文恪子也。

章霖为独眼翰林

顺治乙未，华亭章霖以进士登第，时年已六十矣，貌不扬，一目复眇。自维面目不全，恐引见时以体貌残毁，不获木天之选，因盛修其服饰，冠佩甚都，且剪纸为睛，贴眼眶中，望之非不双眸炯然也。及面圣，假睛忽脱，见者咸匿笑。然卒邀馆选，时人乃以"独眼翰林"呼之。

齐次风瞳小

天台齐次风，名召南，眼中之瞳极小，能远视。尝与友登山，见江船如叶许大，齐能辨舟中人数及其服色，即杯斝壶觞之属亦历历可数。下山至泊所，则舟甚大，所视皆不爽也。

应潜斋重瞳

仁和应潜斋，名撝谦，两目皆重瞳。

黄淳馀重瞳

武进黄仲则之孙曰淳馀，小仲之子也。生而重瞳，双眸炯炯，谛视之，眶有瞳神二。时方周晬，头颅至魁伟。至七龄，家人抱往武庙，睹关壮缪像，忽盛怒，戟手大骂。家人大骇，抱归，是夜即殇。

朱脩庐短视

青浦朱脩庐，名桐森，短于视。一日薄暮，至友人赵一新家。赵方置寿棺，竖立门侧。朱以为户开也，亟走入，东西扪摸而无径，心急足违，棺被推遽仆，大声疾呼。邻人咸集，始扶之以出。

吴趼人短视

南海吴趼人征君沃尧，自号“我佛山人”，神宇轩然，望而知为高明之士，惟绌于目力，必增镜助光。有所著述，下笔万言，不加点窜。然恒以静夜为之，昧爽乃少休，日出更趋治事。以酒为粮，或逾月不一饭。

骆文忠瞽能辨人

骆文忠公秉章督川时，蜀民见其摧陷廓清，用兵神速，谓为诸葛复生。其后双目失明，僚属来谒者，或以手扪其面目，或以耳听其声音，辄辨识为某人，与之谈论公事，百不失一。

朱竹石瞽能辨人

平湖朱之榛，字竹石，中年目失明，然以道员久次江苏，主持通省牙厘局，应官治事，亦如常人。尝于光绪朝权江苏按察使者十次。晚年，奏补淮扬徐道，其进谒大吏，访问寮寀，进退周旋，毫无所误。盖瞽而辨人，亦如骆文忠也。

瞽者能叶子戏

沈青斋之子宾谷，双目皆瞽，不能行。然或与之为叶子戏，摸其牌而配合去取之，虽巧者莫能胜也。

徐武令辞艰于口

徐武令为人朴讷，辞艰于口，平居辄好书写，不知棋局，每以自方葛洪。

陆德恭四乳独肾

青浦增广生陆馥蓉，名德恭，幼颖慧，总角时能背诵《十三经》。有异禀，四乳独肾。

陈忠愍腰大

道光壬寅，英兵逼吴淞，陈忠愍公化成帅舟师驻于黄浦。会天暑触热，乃率亲随二人登岸，至某商店，乞假片地以涤烦燥。商诺之，并以酒食进。啖鸡子数十，食肉无算，下以火酒，约三斤许。少选，商请进浴，偕两亲随入室，商窥之于窗隙，见其腰膊间缠青布两幅，即令从人去之，其腰围大逾常人。浴罢，挺立如前，裹腰以出，谢商，登舟去。

曲膝虚坐

张文襄督粤时，一日见诸州县官，入见者八客，而客座仅八椅，除主位外仅七座，仆忘未增椅。有一客曲膝顿股，虚作坐形。久之，倦忘，略一转动，即仰倒于地，四座愕然。

应潜斋手有文

应潜斋生而有文在手，如八卦。有欲试其操守者，藏妓于馆，夜醉而归之，诵书达旦，卒不为动。

手指长甲

高宗南巡时，有献诗者，手指爪甚长，特异于众。内有数爪，以过长，屈曲绕其掌。故露其爪于外，若有得色。退后，上顾侍者曰："是人必甚懒，否则何指爪之长也。"

纤手剥芡实

道、咸间，段光清令鄞县，察察为明，曾以琐事邀盛誉。下车初，辄乘夜微行，过某家，闻呜呜作响，内有灯光，自门隙窥之，乃豆腐店也。见一男子袒而推磨，灯光下有一少妇，貌殊可人，以纤指剥芡实，亲纳于男子口中，如喂小孩，且嬉笑，与男子接吻，状甚狎。段见之，疑或有奸情也。回署，即遣役拘男妇至，诘之，始知其实为夫妇也。段大嘉许，称为梁孟复见，饬吏取钱二十千赏之，俾善营生业，别赏妇以绸布数端，为妇人敬夫者劝。夫妇皆叩谢而出。

养手指爪

光绪间，有女子杨贞媛者，喜养爪，蓄之十余稔，爪长二尺余，复折至数寸。自记其养爪之法凡四：一，指宜常屈，勿使伸，护以银甲，其甲必长于爪一寸，岁易之。一，盥漱时，以巾揩渍胰子沫，频拭之，则明透如通犀。一，夏日宜卸甲，免指肉腐败。冬日藏甲于油中，使不失温和，免风拆。卸甲时宜伸，护甲时宜屈，盥时宜伸，浴时、卧时皆宜屈。一，爪不可为挖耳及搔痒之用，偶有损，见甲边露白痕，亟剪之，勿稍惜。若气候燥烈，甲边卷曲，宜置温汤中。其效应亦四：一，蓄爪可弭强暴之气，盖以护惜指爪为重，不复有燥烈之性矣。一，占候可以预知。天将雨，爪纹间黄白；天将晴，爪色尽白；天热，则护甲内有气水；天冷，则护甲之根肤色燥白。一，蓄爪可以验病。将病，则爪色渐枯；既病，则爪根洁白，无血色；病将愈，爪根现粉红色；健康时，则爪色莹润；病后，则爪根现出一节，大病节显，小病节微。一，可以占祸福。偶或断折，即有祸征。某年，贞媛之无名指爪折，而幼子逝；又一日，中指爪折，而遇盗。似此中亦有蓍蔡之意也。

章氏子孙足指有歧

浙中章姓，有特别之标识，盖其家先代有节妇，小足而趾有歧，于是子孙之足莫不有六指，惟其女之出嫁者，则仅传其子而止，至于孙即如常矣。

徐三瘪脚饿死

徐三瘪脚，农家子也。传者不详为何县人。童时有痘疔生足底，遂不良于行。俗谓企踵行曰瘷，而其人于兄弟行居三，故里人呼之曰“徐三瘷脚”。瘷脚不识字，然自幼恶释氏，有僧至门，必持椎逐之，遇于途，则詈曰：“懒奴，懒奴！”

时世祖初定鼎，民犹未亲附，瘷脚闻四方有起义兵者，乃谓其父曰：“我家何不起义？”父曰：“痴儿子，我乡农也，何义之起？”于是疾走村学究所，求书“忠义”二字，学究书与之。归，即裂白布一幅，依学究所书点画，大书二字于布，揭竿标之门前。父大惊，取布裂之，唾其面曰：“我一家为尔死矣。”瘷脚愤懑不能语，入其室，引被自覆而卧，呼之不起，与之食，覆诸被中。积五日，母往探之，僵矣，询其父曰：“痴子胡以死？”发其被，五日所饷之饭粒皆在。

陈清恪左足赤痣

陈清恪公诜，左足下有赤痣，每自诩为贵征。查夫人侍婢黄氏尝为濯足，手捧足而视其痣，陈笑曰：“我所以官极品者，此痣之相也。”婢亦笑曰：“公欺我。公足仅一痣，已贵为公卿，何以我两足心均有赤痣而为婢？”陈惊，使跣而视之，信，遂纳为簉室，即黄夫人也。生二子，长文勤公世倌官宰相，次闇斋名世侃，官翰林。

厉樊榭曳步缓行

钱塘厉樊榭征君鹗，意制拙率，不修威仪。尝曳步缓行，仰天摇首，虽在衢巷，时见吟咏意。市人望见，辄呼曰：“诗魔来矣。”

情感类

屈翁山悼俪

屈翁山，名大钧，尝携其妻王华姜归粤。甫半岁而王卒，乃集当日同人表志挽诔，梓为一集，名之曰《悼俪》。某作十绝句挽之，其序云："广南高士，代北佳人，地本相悬，天作之合。王将军碎躯殉国，仅产遗珠；屈大夫呵壁问天，犹存远裔。忠臣义士，气类原同；才子淑媛，薜苔非偶。萋萋芳草，牵衣虽恋王孙；哑哑啼乌，陟屺还悲游子。尔乃遄车言迈，携手同归。历塞上之风尘，黛蛾霑雪；压江南之舟楫，宝靥侵星。远自鴈门，双还珠浦。儿佳妇好，倚闾之望欣然；我负子戴，《考槃》之怀更遂。无何兰香易歇，云性常飞，偕老之期，虽定情于五夜；悼亡之赋，旋结恨于重泉。以此思哀，哀可知已；代之写怨，怨何极乎！呜呼！艳骨已埋，应念佳人难再；空华等幻，庶几达者之观。冀散哀于一言，效素交之三益，曲终致意，风末传音。"当时翁山游华山，赋诗百韵，有李某者深服其才，闻之参将赵某，因而作合。序言委婉详尽，心迹昭然，可当一则别传观。

周姗姗恋黄云孙而死

姗姗者，字小姗，周姓，戴溪黄夫人侍儿也。数岁，戏于庭，适夫人命银工制钗，曰："如一封书式。"姗姗应声曰："一封书到便兴师。"夫人为之发粲，自是极怜爱之，令从女塾学。稍长，课之绣，性婉媚，善伺夫人意。夫人每曰："此吾如意珠也。"幼有洁癖，熏香浣衣，惟恐弗及，服食器用，不令同辈近之。昼习女红，夜随夫人诵经。既退，但闭阁寝坐，终不闻语声。顺治丁亥，姗姗年十五，夫人将为之有家。夫人族子云孙，时以会试下第归。一日为夫人六秩初度，云孙从而捧觞焉。姗姗侍夫人出，常妆便服，姿态闲逸。云孙瞥见之，心荡。礼毕，姗姗遽随夫人入，云孙怅然别去，赋《浣溪纱》一词，呼媒者告之故，使通殷勤。而夫人乃命家妪私询姗姗，妪曰："是前称寿者，恂恂少年。吾闻其才名冠江南，私心慕子，惟恐不得当也，唯夫人命可乎?"姗姗首肯。云孙大喜。云孙之妇湘夫人为出私赀聘之。时戊子十月，应春官试者悉北上，云孙将诹吉娶以偕往，以父命不果，且促之行，不得已，治装将去。而姗姗忽遘疾，云孙为留竟月，延医治之，意殊怏怏不欲行。使者传夫人语曰："儿疾在我，云孙岂以一女子病而辍试事耶?"越夕遂行。

姗姗病日剧，医来，犹强起栉沐。既又闻云孙被放，捧心而泣。夫人再三慰之曰："若何所言，但告我。"姗姗曰："妾命薄，辱夫人不弃，依膝下十六年，不得长侍阿母，夫复何言!"夫人固问之曰："岂有思于云孙耶?"姗姗长吁，瞪目顾左右曰："扶我，扶我!"起而顿首曰："郎君天下才，睠我厚。今试北，非战之罪，乃以妾故也。为我谢郎君，生死异路，从此辞矣。"自后不复进药，数日竟死。

越三日，云孙抵家，湘夫人告以姗姗之殇。云孙既内伤姗姗，平居忽忽不乐，幽思隐恸，时结于怀，尝以杯酒告于灵曰："吾将入海，乞不死药、返魂香以起之，则三神山有大风引舟，不能到。欲得少君方士之术，上天入地求之遍，而七夕夜半未及比肩，无誓可忆。佳人难再得，当复奈何!"然其后姗姗亦数数入梦也。

飞琼悦文价堂

文价堂，陵川人，富才藻，善吟咏，读书高平县之云泉村。东邻有云泉庵，最少之尼曰圆实，为本村某氏女，幼多病，其母与云泉庵老尼友，纳尼劝，遂舍之为尼。既长而美，通梵书，遐迩皆艳之。及文寓西邻，尝执书绕阶，且行且诵，晓暮不辍。圆实闻书声，辄以梵音和之，若酬答然。一日，文闻梵音，踪迹至庵，则见一幼尼手指口画，摹文读书状，见而遁。老尼叩文姓名，圆实乃微闻之，知即西邻读书者。捧茶至，目文，文亦目圆实，老尼笑曰："向固千呼万唤不见一人者，今何勤也！"少顷，有延老尼作佛事者，老尼出，文独留，因问之曰："师何名？"则以圆实对。文曰："何所取义？"答曰："道无形像，真一难图，变而分布，各自独居，可以知其义矣。"文曰："不然。圆者天也，实者阳也。子以阴质寄空门，宜名方虚。殆为其嫌于无阳也，故称圆，复称实焉，然乎、否乎？虽然，子玉貌而近仙风，何不字以飞琼？"圆实以其语之近佻也，怫然径去。然数日后，圆实竟请于师，字飞琼矣。

越旬余，文复至庵，然逡巡未敢入，往来阶除，拟琼捧茶状。琼忽至，以花笺一幅及为文特制之双舄，委地去。文览双舄，针累细密，底之外向者，以轻绢裹软棉花，其上书小诗云："亲制飞凫寄点情，中含密缕莫嫌轻。斜阳漫试凌云步，别个无人识履声。"文待至黄昏，着舄往。琼启门，迎入禅室，盖老尼适又他出也，询文家里学业甚悉。文偶入游词，则峻拒之，曰："我以君读书至勤，倘不懈，必为大器，故不惜犯规，欲相唱和，为文字友，藉破岑寂，非敢以小人视君也。且庵中伴侣多有遗行，方时以我为饵，君一不慎，堕其术，则身败名裂弗可挽矣。我既误入此，自防维谨，亦不敢冒犯，惟闭户不问若辈事。窃重君，故预告，冀君以学为急，勿如浪子荡妇之所为。且我辈皆年少，前途远大，幸千万自重。"言毕，促之返。自是唱和遂不绝，大抵皆慰勉之语，不及于邪。

无何，文归陵川，有无赖子窥琼美，欲以重利啖老尼，尼为之动，乘间语琼，琼且怨且涕曰："琼以贫病，幼托师门，师乃以琼为钱树子，作鸨母行耶？"老尼恐且怒，逐之去。当是时，泽州大旱，斗粟千钱。琼有母，出庵往依之，相持而泣。琼徐曰："无伤也，儿之十指尚可供食。惟已削发，家居非雅。"于是择近村之碧梧庵居焉。文之母夫人微闻之，且赞其贤也，乘舆往，欲以侧室置之家。琼不可，曰："公子，琼友也，非私也。琼惟爱其才，故犯规与之一晤以勉之。若如太夫人言，是琼先污之矣。且琼命孤，处人家，恐不祥。"太夫人贤其言，遂不果纳，厚周之而去。

时文方读书太原，明崇祯己卯、壬午俱不举，郁郁归乡里，因间道访之。琼曰："我无颜见子矣。我辈为友，人知其迹，不知其心也。君之不第而来此，且不能自守其心，何能心我心乎？当己卯榜发，琼闻陵川中一人，谓必君也，而非君。迟之三年，壬午榜发，闻陵川中二人，必有君也，而又非君。对此宝幢禅灯，正不知抛却几许清泪。今乃徒以浪子行为败我清规也，何故？宜速去，不成名，勿再相见。"

文归家，学益勤。顺治乙酉，拔于庠。丙戌，将赴都，复访之。琼不出，令其母以白露纸一方，上画圆光遗之。文问故，母述其语曰："此菩提心镜也，读时揭之窗前，勤学则圆光明如鉴，少间则圆光暗如铁。"文且信且疑，持入都，置笥中，久亦忘之。戊子，复报罢，忽忆菩提心镜之说，启笥观之，圆光黑如铁矣。大惊，复闭户勤学，以圆光置于几，朝夕对之若师保。积一月，光退一线，愈奇之，功加奋。半载后，光退三分。庚寅七月，黑者仅一线耳。是秋，果获隽。将试京兆，愈自励，视圆光黑线悉除，澄澈可鉴，不觉稽首至地曰："此飞琼感化我也。"次年联捷，授外职，归省父母。入内室，见玉镜台前有女子方理发，发长委地，光艳四射。惊问为谁，其夫人笑曰："此乃君在云泉庵之旧相识也。闻其贤，已告翁姑，聘之至矣。其发，新蓄也。"文喜，谢夫人。以所绘圆光悬中堂，晶莹如雪，叩琼以故，对曰："人心如鉴，静则明，染欲则昏矣。菩提心者，我心也，非有二也。"

酒家女慕叶元礼而死

吴江叶元礼舍人舒崇，美丰姿，有卫玠之目。少时，尝随其兄学山至同里镇，过流虹桥，有酒家女子方倚楼凝眺，见而慕之，问其母曰："有与叶九秀才偕行者，何人也？"母漫应之曰："三郎也。"女由是积思成疾，将终，语母曰："得三郎一见，死无恨矣。"女卒，元礼适过其门，母以女临终之言告之。元礼入哭，女目始瞑。秀水朱竹垞检计彝尊为作《高阳台词》记其事。

朱竹垞眷冯寿嫦

《曝书亭集》有《风怀》二百韵，朱竹垞未通籍时为其幼姨所作也。姨，冯氏，世居碧漪坊，与朱宅相近，即《风怀》诗中所谓"居连朱雀巷，里是碧鸡坊"是也。竹垞少尝读书冯宅，年十七，赘焉，与幼姨情益笃。而家人防闲密，意苦不得达，适人后始通殷勤。海陵夫人知之，弗禁也。其《风怀》诗中所谓"乍执纤纤手，深回寸寸肠。背人来冉冉，广坐走佯佯。啮臂盟言履，摇情漏刻长。梅阴虽结子，瓜字尚含瓤"是也。《纪事》词云："枕上闻商略，记全家看灯元夜，小楼帘幕。暗里横梯听点屐，知是潜回香阁。险把个玉清追著。 径仄春衣风渐逼，惹钗横翠凤都惊落。三里雾，旋迷却。 星桥路返填河鹊。算天孙经年已嫁，夜情难度，走近合欢床上坐。谁料香含红萼，又两暑三霜分索。绿叶清阴看总好，也不须频悔当时错。且莫负，晓云约。"皆指此事也。

竹垞平日尝矫夫人命召其姨，一日相约，俟夫人卧后作深谈。夫人微闻之，即先卧。次晨起，乃命老妪送之归。竹垞有词云："仲冬二七，算良期须果，若再沉吟甚时可？况熏炉渐冷，牕烛都灰，难道又，各自抱衾闲坐？ 银湾桥已就，冉冉行云，明月怀中半宵堕。归去忒忽忽，软语丁宁，第一怕袜罗尘涴。料消息青鸾定应知，也莫说今番，不曾真个。"后数年，姨卒因竹垞死，诗中所谓“定苦遭谣诼，凭谁解迭遏。樸先为檀斫，李果代桃僵”，即指此事也。

竹垞《静志居琴趣词》一卷，皆《风怀》诗注脚也。姨名寿常，字静志。《风怀》诗所谓“巧笑原名寿，妍娥合号嫦”，分嵌其名，至为明显。竹垞生于明崇祯己巳，而《风怀》诗云“问年愁我误”，是静志生于崇祯乙亥，少于竹垞七龄。其余事迹，细心推求，自可十得六七。太仓某姓家藏有金簪一枝，上刻“寿常”二字，《洞仙歌》词所云“金簪三寸短，留结殷勤，铸就偏名有谁认”，固实事而非寓言也。

纳兰容若饰喇嘛入宫

纳兰容若，名性德，一名成德，为康熙朝相国明珠之子。尝眷一女，绝色也，有婚约。此女旋入宫，容若誓必一见。会遭国丧，故事：喇嘛每日应入宫唪经。容若贿喇嘛，披袈裟，杂其俦以入，果得见。而宫禁森严，始终无由通辞，怅怅而出。故《红楼梦》一书，林黛玉之称潇湘妃子，乃系事实。否则黛玉未嫁，而诗社遽以“妃子”题名，以作者才思之周密，不应疏忽乃尔。其卷百十六宝玉重游幻境，即指入宫事，故始终亦未与妃子通一语。而宝玉出家，即指披袈裟诡充喇嘛时也。

毛西河词为冯氏所悦

毛西河检讨奇龄少与兄万并知名，人呼西河为“小毛子”。性恢奇，负才任达，善诗歌乐府填词。其所为大率托之美人香草，以写其骚激之意，缠绵绮丽，按节而歌，使人凄悦。又能吹箫度曲。游靖江，当垆冯氏者悦其词，欲私就之，西河谢曰：“彼美不知我，直以我为狂夫也。”径去。

钱氏女悦周栎园

周栎园，名亮工。尝为滁州牧，莅任时，州民共观之，以其少年科第，貌秀雅，咸啧啧称羡。署前有银工钱氏女者，年及笄而美丽，性聪慧柔和，矢志不偶俗流，见周而心动，卧不起。母疑其疾也，问何苦，女曰："儿之苦，母不能解。"母讶之，走语父。父致询，女不言；与之食，不食。父母爱怜甚，百计诱之，乃言曰："女自念惟一死耳。"因堕泪。又曰："天生我貌，复少假之才，即当生我名族中，纵不得作显者妇，不失为士人妻。今不幸父业是，以类为偶，逆计异时所适，不过一银工而止。"曰："然则儿何欲？"女曰："儿不言亦死，言亦死。儿欲得人如新牧周公之品貌科第者事之。"父曰："痴妮子，彼赫奕若此，宁尚无妇。纵无之，肯婿我家耶？"曰："儿岂不自揣，第得为侍妾，死亦不恨。"父曰："小儿女全不晓功令，渠为民父母，敢纳部民女为妾乎？"女默然，不食如故，竟成疾。父母忧甚，乃延葛医诊之。

葛为滁国士，得出入州署，视女无他疾，惟中怀郁结耳。父母不能讳，语之故。葛素有侠肠，曰："小姑毋自苦，吾且设策为谋之。倘有天缘，幸而成，不可知。宜自爱，勿使憔悴也。"居数日，周延葛治疾，按视良久，状若别有所思者。周曰："吾饮食稍减，无恙乎？"葛不答，他视而已。周复言，葛终不答，笑自若。周怒曰："汝目中无我耶？胡语汝若不闻？"葛请罪曰："某见公，不觉触一事，殊可笑，故失对。"周问："何事，可共闻乎？"葛故不言，周曰："第言之，何害？"葛曰："公勿责也。署前有钱氏女者。"言至是，复止。周问钱若何，葛曰："曩者女见公之玉貌，且知公少年科第，才出群，女自负素有姿，精女红，颇知书，誓必人如公者始事之，为妾亦不辞。又度势万不能，将饿以死。生哀其志，悲其遇，而嗤其妄也，是以笑耳。"周曰："世有女子怜才若此者乎？情不可负也。今与君约，明晨，吾当出谒客，君语彼倚门，俾我见，果适我意，我微作首肯状以定情，当曲成之。不可，则速已。"葛语女，女自信曰："吾事必谐矣。"晨起，略事栉沐，裙布钗荆。周出，自舆中望之，不觉颔首者三，众不觉也。

女入，周归，思所以动夫人者，曰："世间不虞之誉，有出人意外者。吾与卿至此未久，外间何所闻？乃有银工女某，谓夫人大家女，贤淑为世所罕，彼自恨不幸为小家女，未娴教诲，若得朝夕侍夫人，习闺范，虽为婢，有荣焉。是不亦痴乎，奚所慕而若是？"夫人曰："宁有此耶？"周曰："我何由知！医生某笑其女，为我覼缕陈之也。"夫人召葛，叩其详。周已预白葛，葛即宛转曲为之词，以悦夫人。夫人曰："有志女子也。顾其貌如何？"葛以中材对。夫人曰："吾为娶之，成其志。"周佯斥之曰："卿谬甚，独不畏物议、玷官箴耶？"夫人曰："吾筹之详矣，自有处。"即托以治首饰，呼钱入，畀以百金，与订婚，令徙南都，无处滁境。居久之，周即诣安庆，夫人出钗铒币帛之属，使往娶焉。既纳之，及周归，入其房，女却曰："妾愿执箕帚，今得侍公何幸！第未谒夫人，不敢奉衾枕。"周爱其有礼，弗强也。俄而见夫人，周以前言告，夫人喜。是夕，周入室，女又却之曰："公远归，夜宿夫人所，妾不敢当夕。"周怅然而去。夫人闻之，益喜，自秉烛送周入房，曰："妹尊我，意甚善，吾已具知之。今夕佳夕，无负吉期，此吾命也。"女乃从。自是女奉周与夫人，如妇之事姑，惟谦抑自下，事必咨禀而后行，坐不敢共，行不敢偕，饮食则食夫人之余者，曰："妾心敬慕夫人，夫人所余食之，若更有味也。"夫人乃爱之甚于周。周小有龃龉，夫人必愠曰："人舍父母而来，且其德性如此，尚有不足耶？"以是，嫡庶相处若姊妹，欢然无间言，各生二子。

江上女子慕张漱石

江宁张漱石工填词，有《玉燕堂传奇》四种行世。尝宿钱塘酒家，见灯下老妪方缝裳，蟹筐贮有针线簿，丹铅灿然，取观之，所抄《梦中缘》稿本也。漱石询其由，云："主人有幼女，能读《鲁论》《毛诗》，娴吟咏，爱诵是编。尝与嫂赌记其词，辄以手画空作圈，摇头若儒生状。年十六，以瘵死，此其遗也。今作箧，藏针线矣。”漱石视其书，已残缺，中有诗一首云：“拾得新词第一编，携来妆阁晚风前。囊追贺锦才尤丽，笔吐江花句欲仙。自是有情偏有恨，几多无梦亦无缘。背人爱把丹铅点，独自闲吟独自怜。”署名“江上女子题”。漱石询姓名，老妪终不言，乃出一金，易之以归。明年复过其地，则酒家老妪亦杳矣，漱石因赋诗吊之。

黄仲则《绮怀》诗

武进黄仲则主簿景仁集中《绮怀》诗十六首，盖为其意中人而作也。意中人所适者，为四川屏山县知县之子，故诗句云“何须更说蓬山远，一角屏山便不逢。”又云：“锦江疑在青天上，望断流头尺鲤鱼。”又云：“忍见青娥绝塞行。”是其证也。其人仅中人姿，故诗中绝不言其美。

扬州女慕叶令运而死

浙西叶令运有文名，貌婉嫕如妇人。乾隆辛丑北上，道扬州，维舟虹桥下。时已薄暮，伫立船头，流连光景，则有朱楼一角，障以疏帘，意当有画中人在，颇涉幻想。少顷，果有一少女当帘立，浅绛罗衫，为白纨团扇所掩，流盼所及，又似非无意者。叶心动，顾舟子进膳，则频频于篷窗中睇之。楼已上灯，女则晚妆未罢也。叶思果为倡家者，将往访之。会舟子欲趁潮夜行，遂不果。

明年，自京归，重过扬州，又泊舟其处，乃遂登岸，访其家。至则女怛化矣，其家犹举哀。叶步却，已为家人所见，曰：“是矣，是矣。”拽之入，面女母，母收泪瞩之，呜咽曰：“貌固相类也。”旋命取影片来授叶，叶视之，为血块之影，可方寸许，中隐约有一船，船上少年俨然己也。泣曰：“伯仁由我死邪？精诚所至，篆肺铭心，不图亲遇之。”因问血影如何，曰：“女自一见后，殗殜成疾，自言所思，苟不见此少年者，当无生理。后此愈重，百药罔效。弥留时，吐此块也。”叶乃再拜于柩前，愿载木主归奉家庙，并以子女嗣之，为卜葬于玉钩斜，复迎归其母终养焉。

钱坤元与兰花唱和

钱坤元，名滢，青浦诸生也。长爪通眉，风采奕奕，人以陈平譬之。尝馆金华范氏。范有爱妾兰花，美而艳，工诗词。钱与唱和，久之通焉。一夜漏三下，挟以遁。范自出迹之，至青浦被获，将解县。时值六月，范气愤，犯暑暴死。邑令判钱发配陕西之两当。

某王孙以赪绡巾赠某女

某王孙者，嘉庆初之天潢贵胄也。丰姿翘秀，英英露爽，性蕴藉，不苟言笑。某氏女，亦贵家也，与王孙以中表相慕重。杏儿者，女侍婢也，识诗书，工风鉴。尝语其主曰："王孙，所谓都尔敦风古阿思哈发都。"都尔敦风古，满语"骨格异"也；阿思哈发都，满语"聪明绝特"也。杏言之再三，女不应。后王孙遘家难，女家薄之，求婚，拒不与，而两家儿女皆病矣。

一日，杏儿矫主命，私召王孙。王孙冒风雪，衣雪鼠裘而至。杏出迎，笑曰："寒矣。"亲为解裘，径拥入女帐中，曰："好自为之，毋拂姑娘意也。"合扉而出。女方寝，惊寤，申礼防，不从。王孙曰："来省姊病耳，亦以礼自固也，可作终夕谈。"杏但闻絮絮达旦，不涉燕私，心重之，杏自送之出，王孙隐以赪绡中纳女枕中，女不知也。经月余，王孙方拥衾独睡，见女排闼入，盈盈欲涕，执巾问曰："此君物也?"曰："然。"飘然即去。身追之，一蹶而寤。方惊疑间，而女讣适至，知杏已取巾以佐殓矣。王孙亦郁郁以卒。杏寻亦自缢以殉。

宋笋谷眷秀环

娄县宋笋谷自幼居青浦，久废章句，悦其戚之婢秀环，屡挑之。婢曰："子以礼聘，我固愿从。若苟合，则设想左矣。"宋请于戚，应曰："尔读书能游庠，即如尔意。"宋因厉志研读。如约复请，戚曰："汝騃也。汝本簪缨之裔，今服章缝，何患无美女子，而乃欲娶一婢乎？"宋默然止。

毕郎为某姝所悦

横塘毕郎，苏州善歌者也，貌昳丽，冠侪辈。工度曲，穷极要眇。道光辛巳八月间，偶游专诸巷骨董肆，见有碧云箫，以云南翡翠玉整段为之，色纯绿，水气透澈，表里焕发，希世珍也。问其直，奇昂，取调之，则工尺准的，沉亮无比。

肆之对门有小楼，一姝居焉。毕过其下，姝辄搴帘俛窥，仿佛艳绝。诇之，知为良家女之依母待聘者。试命媒媪通辞，其母言得箫押庚帖，事可谐。毕不得已，货其产得六百金以购箫，亲持之，偕媒氏往。女母曰："前言戏之耳。今竟如所请，足见郎情深矣。"即脱女腕白汉玉钏为答。择期，以女归毕，箫媵焉。毕故有大妇，亦美而知乐，然色艺俱逊女。毕旧畜枣皮、汉铜、金铁蕉、白端湘妃竹四箫，皆精好，中律吕，然合之，不足当碧云。爰筑楼以居女，庋箫其中，谓之"二宝"。

彭刚直眷梅姑

衡阳彭刚直公玉麟之先德，官安徽巡检。及卒，刚直还楚，贫甚，寡母弱弟，伶仃相依，辄为族人所窘。发愤力学，遂以成名。邻女梅仙具殊色，慕刚直才学，愿委身焉。将有成议，格于他故，遂不果。梅仙旋怏怏卒，刚直恸之，誓写梅花十万幅以报。其《题采石矶太白楼》诗曰："三生石上因缘在，结得梅花当蹇修。"又曰："颓然一醉狂无赖，乱写梅花十万枝。"又曰："一枝留得江南信，频寄相思秋复春。"又曰："无补时艰深愧我，一腔心事托梅花。"殆皆因梅仙而发者欤？

或曰：刚直少时好为摴捕戏，每博辄负。邻有梅仙者与之昵，刚直率私怀其钗珥质于肆，作孤注。一日，得二十金往博，又负，乃归，以情告梅仙。梅仙曰："但得白首，此区区何足数哉!"然不能娶之。一日忽大病，自抚膺曰："死于枕席，岂丈夫哉！我今年必死，顾可不觅一好死所乎?"遂从军。遇粤寇，身蔽锋镝，欲以求死，而往往得奇功。迨寇平，刚直显贵，梅仙犹在而已寡。常至其家，出金周之，或酒或弈，如伉俪，惟不及私耳。

苗女恋洪某而死

滇中洪某幼孤贫，年十二，牧于野，为苗人所掠。苗酋有女，年与之埒，乃相善。久之，洪渐谙苗语。苗人好武，凡苗所能技，洪靡不精，而尤长于发锤。

苗人性嗜杀，获汉人或他族人，必极刑致死。炙铁锤，烙入脑门，谓之戴红顶。煅钢针，刺入太阳穴，谓之插金花。洪虽居苗地久，恒耳食此说，然亦未目睹。一日，与女游于野，闻呼救声。听之，汉人声也，来自山巅。遂歘然起，嘱女少待，疾奔上山。既及巅，匿身于林。探首外望，见苗人四，聚薪为火，蹲火次炙手中锤。汉人被缚于地，一为少女，已晕；一为老人，犹竭声呼救。四苗人睨之而笑，睹状似将置之死者。洪怒，自林出，连发三锤，毙三苗。其一大惊，发锤还击，顾距洪远，不及，仓皇欲遁。洪收锤，追击之，亦毙。返身解汉人缚。于时女亦踪至，不怿曰："君奚事戕吾同类?"洪指老人、少女告以故。女微叹无语，既曰："彼两人既践吾界，在理当死。"洪不服，曰："吾汉人何仇于汝苗?"女曰："虽然，吾祖律然也。"洪愤然曰："蠢哉汝苗！只知杀人，不啻禽兽也。"女亦微愠曰："君奈何出此言？苟不有数年情愫者，吾早动手矣。君既贰心，则斯处非君宜履之地，速去休！否则吾众知之，恐不为君福。"洪无语，偕老人、少女疾行。女目送之，叹曰："薄幸哉!"遂止步返顾曰："汝语何指?"女俛首不答。就视之，盈盈泣矣。洪生曰："吾不去。"女乃挥手促之行，曰："吾不忍见君死于斯，去为佳。"语至此，呜咽不成声。洪曰："吾留于斯，听老人、少女自去，则前途多危险，为德不卒，非丈夫也。吾果去者，则汝何如？然吾亦不忍舍汝而去，将奈何？"良久，毅然曰："吾决偕两人往，待出境，再来未迟。"

既而洪复至，语女曰："吾之去来，幸未为若辈见。"女戚然曰："君杀吾类，众已知，将不利于君。君兹行险哉！乘其未觉，可速离此。"洪曰："吾胡能舍妹？"女曰："君恋吾耶？须知恋吾非福。"洪曰："知之，然亦听之。"女沉思半晌，曰："既然，当与君偕亡，何如？"洪曰："佳，行乎？"女乃随之行。中途，数遇苗人，皆避道。既出苗境，女止步不前。洪促之，女泫然曰："缘尽于斯，请与君别。"洪讶曰："妹将焉往？"女曰："归侍吾父母，吾不忍背父母也。"洪默然久之，复促其同行，不许，相对凄然。移时，东方渐白，黯然而别。女既行，忽闻洪自后呼曰："妹缓行，吾送妹往也。"回眸微睇，见洪投山涧而逝，女大哭，顷之，忽如惊鸿一瞥，则亦跃入水中矣。

连儿恋韩某而死

江连儿，海陵人，父早世，自幼依母居。聪慧异常，读书辄不忘。稍长，事女红，精巧绝伦。婢红珍，亦可儿，竟日伴连，非连命不出。母以无子故，爱若掌珠。连年已笄，犹待字闺中。汾阳韩某者，一日薄暮，自其巷中过，见连倚门立，衣夹罗衣，系锦褶裙，娇艳欲仙，婢旁侍，吃吃作笑声，韩徘徊不忍去。连不觉一笑，顾谓婢曰："何事狂笑？勿令人谓汝痴耶！"径入内去。

韩木立良久乃归。自是时从其门前过，卒无所遇。某夕，遇婢于途，遂喋喋道倾慕意，乞转达。婢睨之笑曰："痴郎不解事，今乃亦欲作张生耶？数日后，当有佳音相报也。"时值中元夜，韩信步闲游，遥见连偕婢方立月下，趦趄不敢前。俄婢来，语之曰："迟君久矣。"时连淡妆雅素，双颊微红，俯首弄衣角，姿态羞涩，揖而进曰："得亲香泽，死无恨矣。"连腼然小语曰："郎君丰度翩翩，知非凡才，愿以终身相托。”韩指天自矢。由是至夕，恒与连相晤于柳阴下，母或外出，则邀入闲话。久之，韩之母微闻其事，命往南梁业商以远之。年余归，则已为之聘妇矣。韩莫知所措，一夕，告于连，谋偕老计。连默然良久曰：“命耳，何商为！”即促其出。未一月，病殁。韩闻之大痛，亦病，几不起，誓不婚某妇。

甄素琼恋紫霞而死

湘女甄素琼之父为诸生，琼幼，即教之读，十三四能作小词短札，字娟秀，尤工绘事。年十八，父母为议婚，不可，恒闭门作密书。或偶为父母见，急掩之，不与观。疑其有他，密侦之。未几，琼病，遂不起。既死，检其箧，得函一束，怒而投之火，秘其事。明日，邻女有名紫霞者，闻琼死，泣不可仰，即扃户卧，久不出。家人呼之不应，破扉入视之，僵矣。检其衣，亦得函一束，皆素琼手笔也。其一曰：“父母不解妹意，不令与姊同居，强欲与浊男子为偶，不亦冤耶？妹自别姊，思与日深，病与日积，奄奄一息，在旦暮间耳。纸窗夜凉，残月入室，药炉烟袅，灯冷花落，回忆去年春夜，与姊并肩坐碧纱窗下，挑灯读李笠翁《怜香伴》之剧，则恍惚姊犹徘徊吾左右。回顾不见姊，又自惊却，急掩帏卧，双眸苦不得合，挑灯作此，以达吾姊。须知草此时，肠已断也。紫霞吾姊青鉴。妹素琼上。”霞家人怪之，以示琼父母。噫！此二女也，其殆广东顺德十姊妹之流亚欤？

董琬慕张申伯

苏州张申伯，粤寇洪秀全据江宁时开科试士所中之解元也，颇见重于李秀成，时进谒。李有宠姬金陵董氏女，名琬，风流妩媚女子也，见张，甚有意。张谒李时，董侍左右，秋波流盼，为之魂消。卒以内外隔绝，不得如愿。某年中秋夜，张在家，忽有垂髫女子送诗一缄，署名曰“薄命琬”。启视之，则五言律一章，诗曰："秦淮无限恨，佳节况中秋。侠骨梁红玉，高才秦少游。花开三月暮，人到五更愁。相见不相识，长江滚滚流。"张得书，思想无已，后不复见。既而秀成至苏，与李文忠公鸿章决战，董乘隙逃出。张时随李在苏，李败，董至苏，百计访张，终不遇，流为妓。

潘文恭萦情故剑

潘文恭公世恩，年十六举于乡，伉俪至笃，不欲计偕远出。父母督趣再三，弗听，乃使夫人伪为反目，因强遣之。既贵，而夫人卒。文恭以计偕之行顿成永诀，悲不自胜，遂欲遁入空门，以资忏悔。妇翁坚沮之，使富室汪氏女子伪为己女，俾作鸾胶之续。婚后始觉，角枕锦衾，萦情故剑，数十年如一日也。

查氏女悦杨小匡

山阳世家杨鼎来，字小匡，能文，精拳勇。幼随其父苏州校官任，署邻有海盐查姓者，眷属时相往来。查女幼而才，与杨固两小无猜也，两人唱酬无虚日。时女已字吴县潘祖同。祖同父侍郎曾莹在籍时，杨曾受业门下，及长，聘彭氏。彭官京师，杨往就婚，馆于潘。时女已于归，祖同亦入翰林。咸丰己未，杨中顺天副榜，已与女通。至甲子，又中乡举。其年，祖同因事革职遣戍，兄文勤公祖荫又由侍郎降编修，骤失势，杨遂无所忌。然其师曾莹固在也，以侍郎退休，就养于都。一日，见杨与女唱和诗，语多狎亵，逐杨出。次年，杨会试不第，乃夤夜踰墙入潘宅，负女遁。潘氏聘拳师五人，使于中途杀之。追至天津之杨柳青，见杨与女叠骑而驰，五人皆败还，杨遂安然归里。

潘乃遍告同乡故旧，于是朝臣相戒，会场若得杨卷，即抽换，不使淫凶得志也。然杨竟于同治戊辰复入京应试，乃拆弥封，杨名在第九。已呈御览，不能易，（发榜前数日，必将中拟之前十本进呈，候钦定也。）遂更相戒于殿试时抑之。杨素工书，师米襄阳，人皆识之。至是，杨变作率更体，众果不察，进呈前十本，杨之卷又在焉。朝考时，始抑入三等，犹得用主事，分工部。杨自知不容于清议，遂归，筑精室于淮河下，与女日夕唱和，享闺房之乐者二十余年，授徒以终。淮人合女二夫之姓之半，呼之曰“汤夫人”，盖谑之也。后女先杨数月死，杨挽以联云：“前世孽缘今世了，他生未卜此生休。”有曾见女者，谓女不美，面且麻，惟多才耳。

赵封翁眷女佣

赵封翁，满城人，与高阳李文正公鸿藻为中表。壮时侨京师，以授徒赡家。中年丧偶，不续娶，仅余二子。长子业儒，以文正介绍，佐某巨公幕，任事勤审，宾主极洽。不十年，补河南陕州知州，以亲老告归。封翁年八十，长孙已娶妻生子，忽不甘独居。有女佣新寡，貌不俗，翁思纳为簉室，而艰于启齿。乃百计寻衅，少不如意，即罚令二子长跪，呶呶詈其不孝。将寝，子妇入室问安，令分立两旁，已则伏案假寐，必鱼更三四跃，始叱令偕去。天甫明即起，见子妇扉未启，以杖遍挝之，谓子时已晏，不应仍拥妇高卧。如是者一年。一日，又起勃溪，只身逸至某寺，欲为僧，觅之数日始得。长子固孝，急迎其姑至，探翁意旨，乃知翁实钟情女佣而出此也。二子筹度再三，不得已，给女佣千金，令入侍翁寝。然不及一月，翁病死矣。

男女情死

浙右某年少，美丰姿，有声庠序。以早丧父母故，弱冠而未有室。某年，以乡试至省城，寓亲串家。其家有女，貌美而能文，两相慕悦，遂有割臂之盟。女父已亡，其母微知之，不禁也。及某使媒妁来求婚，母问其年，则长于女者六岁，以俗有六冲之忌，辞焉。女知事不谐，终日悲泣。母始而慰谕，继而谯诃，女遂雉经死。某闻之，亦仰药自尽。拘牵俗忌，遂使男女并以情死，虽非礼所许，其情亦可怜也。

茶肆女恋纪石甫而死

丰城纪石甫，工诗，尝馆刘崧生提督鹤龄家。时刘方从周达武解阶州围，周于治军之暇，辄出其所作诗乞纪评之。纪直言无隐，周衔之。一日，纪至某茶肆小憩，肆中老姥以药方见质，云有女病疟，此医者所处方。纪视之，则药性多相犯，笑曰："饮此，适增剧耳。"乃别拟一方与之。次日，纪又往，姥迎告曰："病果愈矣。"纪复为疏方。越日，姥至营求复往视，纪不许。刘之义子谢某劝之，次日乃同往。纪独入视疾，见女虽憔悴而貌可人，又见壁揭一纸，视之乃二诗，袖之归。自是辄独往，久之，遂相洽。

纪以军功叙官，保至知府，例须入都引见。女与之潜谋，以弱质处乱地，觊觎者众，亟宜脱身。未几，纪行，遽以母女偕。纪之同僚夙与纪有隙，又嫉其载美而行也，乃使人冒为本夫，诉诸周。周既积前怒，至是遂严责刘。刘无如何，乃令义子谢某往追，五日而及之。谢语之曰："追亡者急，盍以女付我，俾先行。君行稍需，可不至授人口实也。"纪唯唯，谢乃携女行。逾二日，女微知其情，语谢曰："汝等之谋，吾颇知之，不如先遣我归，当自料理。"女既返家，即往见周，力言事与纪无涉，来往吾家者，多达字营中人，并历数其姓名。且诵周诗，若宿诵者，谓是达字营中人所携来者。且此乃民事，与军人何干？周语塞，将付地方官治之，为幕宾所阻，不果，乃令放归。而军人欲得之者众，嬲不已。女虑卒不得如志，一日，出刀自刎死。

彭刚直眷岳二官

彭刚直岁于巡阅长江之便，辄至杭州，居西湖退省庵，暇必谒岳坟。坟左右皆岳王子孙，岳姓中有女名二官者，艳名噪一时。刚直至，二官必出，为之捧茶，致殷勤，刚直亦极力周旋之。尝赋二绝以赠，其次章收句云："但愿来生再相见，二官未嫁我年轻。"未几，刚直卒，而二官亦以是年殁。

张子明恋田家女

石门张子明，年少能文，美容仪。家贫，授徒自给。其戚某商宛陵，延之课子。宛陵山水佳，有谢朓、李白之遗迹。张好游览，春秋佳日，辄登山涉水。敬亭山在城外十里许，一日游敬亭还，见一田家女郎立柳树下，视张微笑，楚楚可怜。张归，不能忘。其戚固恶张旷课，因令子从他师学，侪张于食客行。张郁郁不自得，因益念之。明日再至其处，柳下人已不可见，徘徊久之，及月上而归。客馆宵深，呼僮语村坊琐事以自遣，僮曰："某女郎遇一书生，视之微笑，为其嫂所见，痛责之，女遂自缢，非奇事耶?"张问其地，即昨所经处也。大惊，亟拔关出，径至其处，见一茅舍灯火未灭，隐隐有哭声，曰："是矣。"趋入，则两三人围尸而哭，见张入，争呼贼至。张不顾，径前视尸，果女也，抚之大哭，呕血，倒于地。女家人不知所措，检张身，得书一幅，长尺余，以不识字，姑置之，乃守以待旦。倦而微睡，及醒，女及张俱失所在。

周凤珠恋金某而死

周凤珠，字月娥，重庆人，父为云南南关同知。性慧，四岁，父授以唐诗，上口不忘，父母爱之如拱璧。明年，父殁，亏官帑千余金，无以偿。官符下逮，其母货祖遗田舍得千金，纳诸库，犹不足，吏胥追呼不已，复典质钗珥得数百金，持以去，始免。女与其母遂流落滇中，不得归矣。越翼年，女七岁，能作簪花小字，容光亦日艳，一老乳母、一雏鬟伴之读。是年冬，母卒，女哀毁异常，屡欲殉母，以老妪、雏鬟守视而止。及十三岁，老妪既聋且瞶，雏鬟方十一二龄，好嬉戏。久之，邻有大宅，纳某税而居之，有女四五，率长于音律。女与之游，尽得其技，能自制新调，谱入笙箫。诸女自愧弗如，咸师事之。时女年十五六矣。见纳时，有轻薄少年踞坐谈笑，心弗善其所为，遂绝迹不至。

及纳迁居去，女乃稍稍偕老妪、雏鬟时一出游。光绪丁酉清明，女挈妪扫父母墓。墓距城可五里许，比返，憩于茶肆。时有金某者，越东故家子，好读书击剑，以授徒来滇。适踏青归，与二三友人作茗谈，瞥见之，恍若素识，彼此注视。女遽起行，生亦嗒焉若丧而返。自是而金、女互相入梦矣。中秋，金赴戚串家祝嘏，盖即假寓于曾居纳姓之大宅者，堂悬夹竹桃画帧，初以为毛笔画也，视款识，题曰“绿阴深处晕红霞，翠袖翩翩卷绛纱。杜宇一声春去也，不知是竹是桃花。西蜀凤珠女史针绘。”始知为五采丝织银纱而成者，工丽绝伦。问凤珠何人，以邻女对。问此邻女何为者，亦不甚了了。问可得而沽之否，曰：“女固以针黹为活者也。”金即挟金往访，老妪应门，耳聋多歧语，与女隔帘论值，半面初窥，不意即彼此入梦之人也。金乃置定金于几而返。越数日再往，女方于尺幅鲛绡中作董北苑《秋山红树图》，款金坐，询问家世，为之泫然。一日，女方倦绣，金适来，煮茗清谈，视牕前有黑白棋枰，问女：“善弈乎？”乃对弈一局，无半子胜负，彼此均称异。再弈，复如初。金诧曰：“何我二人之思想相同而局局和也？”此后某遂时至，日益款洽。偶挑以游语，辄峻拒，云：“若订婚娶，虽妾媵亦可，否则死不从命。”然数月以来，闺房之乐，诚有过于画眉者，惟不及乱耳。

某年四月某日，金饮于戚串家，过女门，大醉而踣，几折股。女闻声舁入，为之按摩，痛稍止。口渴甚，索饮急，女出大理雪梨膏，汲井水调而饮之，酒顿醒。归而病疟，呻吟床褥者两月余。金昏迷中辄呼女名不置，女知而悔甚。盖人皆以为金之病，由饮新汲井水调梨膏而起也。乃遣妪诣某家，言欲往侍疾，苟能稍慰病者，虽毁身弗惜。金母拒之。女愧甚，日饮泣，誓金死后以身殉。妪劝不听，乃谓有奇计可使会晤，重赂巫，言能以符箓驱疟鬼，惟须于疟未作时远出避之，其所避处不得使家人知。金母信不疑，令先一日往避，大喜，扶杖入女家。时方盛暑而畏寒甚，女拥重衾以偎之，一汗而疟不复来，乃相与申白头之约。明年夏，金之叔方权某州牧，趣往为记室，固辞不获。端午后一日行，而女病矣。数月弗瘳。里有白额者，虎而冠者也，时方为保局绅，艳女色，欲纳为小星，遣媒游说，女拒之。白怒甚，诉于官，诬女为流娼，官判以官价发卖。白厚赂吏胥，重价赎之归。女不从，屡图自尽，白逐之。女归而病愈甚，专函招金，兼程返，而女卒矣。雏鬟出一纸书授金，泪痕墨迹，不可辨识，盖乞其书墓碑“亡妾周某之墓”十七字也。

锦娘恋朱琴南而死

朱琴南，别字半痴山人，钱塘人。幼读书，能文章。十岁时，从兄游学于英，居数载，未尝一日忘故国也。时同学有锦娘者，本法京巴黎产，从父经商而籍于英。女年仅七八，性温厚，艳而能文，与琴南同砚，两小无猜。稍长，眷恋尤笃，彼此竟忘为异种人矣。一日，相将散步海滨，锦娘曰：“予闻支那山水甲于世界，倘得携手共游，亦足以遂平生之愿矣。”琴南曰：“吾国名胜之区，指不胜屈，若匡庐、西湖、黄山、华岱、彭蠡、洞庭、峨嵋，皆是也。他日倘能同游乎？”锦娘曰：“予之爱游支那者，以情故。由情而爱君，因君而推及支那。君之脑海果亦爱予而爱我法乎？”琴南笑颔之。

明年为光绪庚子，拳匪起事，列强联军破京师，英国各报之纪述，纷致嘲谑。琴南引以为耻，终日兀坐，疏与人交。锦娘慰之曰：“支那地大物博，经此小挫，必能改行新政，数年之后称雄于世，今日之辱，即来日之荣也，君何忧为！”一日，又语之曰：“近日君之于予，大异曩日。然相处十载，久欲以清白之体相属，君何以故国受挫而见弃乎？”琴南喟然叹曰：“卿之心，仆审之久矣。虽不见弃，奈人言何？来日方长，卿亦宜重思之。”

锦娘闻言而悲，颤声应曰："弃我之心决乎？苍苍者天，命也如斯！十年来相亲相爱，无言不吐者，惟君一人耳，能更属身他人乎？"琴南乃执其手，挥泪而言曰："自今以往，当与卿永为良友矣。订婚之事，实不能诺。"锦娘怆然出。

琴南知锦娘之伤心也，反复凝思，夜不成寝。黎明起，思有以慰之，乃往访，入门则恶臭触鼻，锦娘已以煤气自尽矣。几有遗书一函，阅之，大哭。越数载，毕业得文学博士，即归国，自誓终身不娶以报之。

邹问蘧恋李银姑而死

新城王氏，文简公士祯裔也。家世已式微矣，而文采风流犹未稍减。有女嫁淄川李氏。李，富贾也，以草帽缏业起家，商于烟台，因挈家居之，粗通文字，夫妇相爱敬。生女曰银姑，肄业烟台美教会所设某女校，资禀仅中人，而性情惇笃，态度尤婀婉，见人不多言，在校甚勤学。

有吴女者，新入教会，虽尝受洗礼，不甚守教则。顾慧黠绝人，其于科学若不甚经意者，而每有触悟，往往出人意表，校中论高才生必推吴，次乃及银姑。二人者，居共室，坐同案，尤相善也。及毕业考试，银姑第一，而吴第五。银姑以试事心力交瘁而病矣，时喃喃呓语，所言者隐约皆校中事，医者谓其脑伤甚剧，非静养不愈也。吴闻病，来视之，因请于李，愿昼夜看护。李夫妇知吴平日喜动恶静，虑其烦扰，转增女疾，以问银姑。银姑意欲之，吴乃留，与同榻，侍汤药，问寒暖，终日跬步不离，虽李夫妇皆自以为不及也。荏苒十余旬，银姑病益亟，吴形色怆恻，若含大悲者，见李夫妇辄欲言复止，问之，亦竟不答。

银姑病益剧，李夫妇来视之，银姑亦自虑不起，伏枕告父母曰："儿不幸短命，死无恨，独亲恩未报，而吴姊盛心未得酬于万一耳。"因握吴手以泣。吴颜色惨变，一手自掩其面，一手牵银姑手曰："侬以区区爱慕之情，欺姊三年矣，庸知乃得此结果耶?”更跪而白曰:“侬非女,邹问蘧也。五年前,慕姊才貌性情。求婚不遂,继闻入某校,乃不恤乔妆,以求一晤。幸两情契合,得订金兰,方谓毕业以后,更赋求凰,岂意雌雄未识而中道分飞,两人之缘,乃以今日为止境耶?”言已,泪下如雨。视女,则已婚绝于榻上矣。

李夫妇度不可为,亦不暇问前事,亟出,指挥家人料理后事。问蘧起视银姑,面色如生,抚其胸,犹热也。夙闻病人有时气咽,得生人度气犹可活,乃口含樱唇而呼吸焉。鼓气久之,肺为之痛,头岑岑欲晕,而银姑有鼻息矣,手足犹厥冷,即亦不避嫌,抱而温之,身渐转暖。李夫妇见女复苏,大喜。明日,医来,谓可以生矣。于是问蘧踪迹已露,不得不辞去,李亦不留也。

问蘧亦世家子,少女一岁,为博山人。父早丧,母抚之成人。家有田千亩、肆数所,固俨然豪族也。母以博山地僻,烟台为商埠,且有商店在,故使就学烟台。不图初来时,即遇银姑侍母游于公园,爱好之而不能得。念古有木兰、黄崇嘏,不如反其道而行之,果得亲近,然未尝敢有轻薄也。银姑病愈,问蘧虽不获更晤,心亦大安。而不知当在校时,两家父母已各为其子女订有婚约矣。

问蘧自李家出,得母书促归,银姑亦嫁期已迫,其父母始以告,银姑无言。是夕复病,日夜呕血,不复进饮食。绵惙三日,濒死,谓父母曰:“儿死,尸愿归邹氏,必召邹郎来,亲迎以去,儿死庶瞑目也。”父泣而颔之。问蘧既归,其母即告以姻事,云:“吉期在秋间,文定者即表妹。”两人自小常共嬉戏游玩者,稍长,始引嫌相远。邹母爱之,然问蘧实不爱也,以母命不敢违,乃支吾应之。母询学业,则出毕业文凭以睐母。其母固不识字,乃又附会其说,母亦信之。问蘧退,自念李女未有成说,而外家姻事又相逼而来,奈何、奈何?念表妹素识字,乃潜作书,叙己与吴事颠末以谢之,令媪持往。女得书以示其父兄,皆大怒,登门声罪，喧豗叫嚣。问蘧挺身而出，与众争辩，侃侃不挠，众殴之而去。至是，问蘧之母始知之，度诘责无益，置不问。未几，而李氏函至矣。发函大哭，以告堂上，请如函所言。母力阻，继许之，惟嘱以道途慎重，毋蹈前辙而已。

问蘧既去，其外舅侦知李女已死，以再论婚为请。问蘧之母度势可就，复应之。及问蘧归，营葬李女事毕，乃以告，问蘧不答；再诘之，则曰："儿有死耳，他何言！"母大恚，度问蘧意不回，即称病不起，饮食不进，问蘧视疾，拒不纳。问蘧大惶急，彷徨一日夜，乃入跪请罪，言愿娶表妹。母乃喜，为之一餐，犹恐有变也，促择日亲迎。时时窥探问蘧颜色，和适如平时，始不置意。及吉期，新郎早起易新衣，匆匆而出。家人问之，以如厕对。久之不归，母知祸发，急遣干仆四出求之，不得。越数日，闻烟台有蹈海者，使人省之，果问蘧也。

载澂悦某妇[①]

载澂者，封贝勒，恭王奕䜣子也。年少好色。某年夏，游十岔海，海岸有茶座，澂见有妇，甚妖冶，独坐无偶，屡目澂，因命其党购莲蓬赠之，谓之曰："大爷欲与尔相会，可乎？"妇曰："择一地，可耳。"澂大喜，遂期于酒楼。妇知澂，澂不知妇为谁也。久之，澂欲纳妇，妇曰："此何可？我固有姑有夫也。无已，惟劫我于半途耳。"澂乃约妇于十岔海茶座间，率其党劫之去。妇亦巨室女，平日颇贞洁，徒以为势所迫而至是，可惜。

龙碧桃悦朱剑秋

锦江朱剑秋，美丰仪，失父母，依叔以居，未娶。一日偶过市，见卖解女立绳上，轻盈如燕，素衣练裙，明靓无俦，心好

① 此处标题，目录、正文不一，前者为"某妇"，后者为"一妇"，今从目录。而据其他资料，此妇实为载澂族姑，故有"悦族姑"之说。

之，因注目焉。女见朱，忽秋波一转。朱大惑，潜问于众，知女姓龙，字碧桃，从其父母自湖广来者也，心识之，遂归。

时朱年十八矣，叔父母遇之厉，督课程又严，虽心涉遐想，不敢言也。宵分，辗转思念，倦极而寐，残梦既回，恍惚觉有人并枕者，香喘微闻，兰气四溢。时天色微明，蒙眬之光自窗隙透入，案上一灯如豆，相与激射，视并枕者非他，昼间所见人也，急诘之曰："卿得非碧桃耶？"女摇头微笑。再问之，乃自承为狐，云："君前身亦狐也，本有宿缘。今见君昼间注意卖解女子，因幻其形以来，决不为祸。"语次微倚朱怀，作昵态，肌肤莹滑，芗泽腻人。俄而天大明，披衣起，怀中出小镜、象牙梳，自拢鬓云，匆匆遂去。朱虑门者或诘之，乃出室门而无声息。

自是，女间一二夜辄至。朱之叔见其功课日荒，疑而诘之，不以实对，乃挞之，罚不与晚餐。朱饮泣，暗坐室中。夜阑人静，女至，见朱怪之，朱具以告。女叹曰："寄人篱下，情非所生，固宜如此，何不去之？"朱曰："孤苦零丁，欲去无所耳。"女曰："何不从侬去，薄有技，可以给君，何患耶？"朱曰："得毋匿伏山洞耶？"女曰："君痴矣，今当溷迹城市耳。山居寂寞，谁能耐此！"生曰："去以何时？"女曰："即今夕耳。"朱问何往，女曰："郎无问，但从我所向。"女先去，朱伪如厕者。既出门，女已控骑以待，两人叠骑行，夜色微茫，不辨道路，纵骑所之，惟时见山坡林树从马前过而已。鸡鸣，抵一城，女偕朱翩然下，回顾乘骑，不知所之。两人因择一小逆旅入宿，探怀出资，购酒肉，醉饱而眠。

明日，女择旷地，张布幕，架木片，为露台，标曰"仙姑戏法"。令朱坐幕中，鸣金鼓。金声一纵，女扬其广袖，有粉蝶纷纷自袖中出，黄者、白者、金者、黑者、朱碧者，飞舞上下，大小不一，有如团絮零霙。已而大者、小者、高者、低者自相并合，须臾成一白鹤，翅如车轮，盘旋台前，欲下不下。女顾曰："鹤奴，速请天女来。"鹤犹不去。再咄之，一飞冲天，遽不复见，金声遽歇。时观者已数百人，女顾众曰：“天女将至，诸君今日福缘不浅哉！愿得略解杖头，乞诸君余福何如？”观者睹女姿容，又眩于异术，争先散掷。须臾，钱落如雨，女命朱扫取之，盈数畚，举之犹不尽。女敛钱毕，更举袖招曰：“来、来，速来、速来！”俄而鹤唳一声，天女至矣，坐鹤背，稚弱如十一二岁小儿，颜色殊丽，鹤负之行，围场一周，遍诣众人前。众中有无赖者，举手抚天女颊，忽砰然一声，如大爆竹，无赖惊退。众视地上，爆响者果爆竹也，而人与鹤皆不见，声断续刻许乃静，台上台下碎纸皆满。女曰：“天女怒矣。幸我在，不然殆哉！”乃禹步作咒，持羽扇，且扇且行，扇所著，纸屑皆为蝴蝶，悉飞起，仍前状。久之，向东飞去，踪迹渺然，于是撤台归。

又明日，观者益多，女乃为散花天女之戏。口吸淡巴菰吐之，凝幻不散，须臾成彩云朵朵，隐约于云中见铢衣霞袂。女谓观者曰：“昨有人唐突，今天女不降矣，惟当散花供诸君一览耳。”须臾，云彩渐淡，果有花自空中缤纷下坠，红白相间，非桃非杏，不知其名。女招以手，花尽坠台上。命朱扫取之，裹以纸，凡数百包，大如拳，皆纸花也。女呼曰：“此天花者，小儿佩之，清痘疹，通关煞；妇人囊之，辟邪秽，易生产。欲得之者，百钱易一包。”众争购取，须臾皆尽。计两日所获可百千，女令朱悉以易银，辞逆旅主人，更他去。

数日，至一城市，盖潼川也。出资赁屋居之，仍榜于门，鬻戏术，然惟应大官贵人之召，不复眩技市衢矣。安居数月余，所获尤不赀。一夕，方与女挑灯夜话，忽屋瓦有声，如物过者。女方惊起，翁媪已搴帘入，骂曰：“无耻贱婢，背父母逃耶？”朱作色，方欲有言，翁剑指之曰：“无赖贼，诱人闺女，不恤污吾剑锋，屠汝如犬彘耳！”女虑朱或伤，目止之，朱乃不动。翁媪遽牵女，左提右挈，穿窗而去，倏已不见。朱惊定，大恸。念失女，终不得归，幸有余赀，暂自给。某甲者，业油烛，与朱新相识，颇契洽，乃往告之。时甲亦闲居，乃说朱，合设一肆。甲颇朴诚，朱亦灵敏，营业日发达。终念女不置。审其行止性情，颇疑其非狐，然不能决，乃倩甲摄店事，归探之。

朱之逃也，其叔求数日不获，疑其或萌短见，颇惨怛，久亦置之。及朱自归，察其形容衣履，似非困顿者，诘其故，乃隐其偕奔之事，而以经商为言，云颇得利，故一归耳。问资本何出，曰："假之友人。"复出潼川土物馈其叔。家居数日，问龙姓者，则自朱行后，亦已去矣。朱念无可踪迹，仍诣潼川。叔使人从往，觇之而信。

叔固教读为业者也，未几，学堂起，塾师皆失业。叔不得已，往依朱，朱亦善事之。甲有妹及笄，使人媒于朱，朱不许。其叔力主之，朱乃以情告，且曰："背德不祥。"叔曰："妖魅本非人匹，彼父母絷之去，今两年来无消息，岂有复合之理耶?"朱终不听，曰："必不得已，龙氏女碧桃乃可，吾已心许之矣。"因托伙友辗转访问，恨当日仅询姓名，未及问里居。记其方言，微类鄂音，乃访之湖北，终无音耗。迁延数年，不得已，仍就甲论婚。

亲迎之日，忽有老叟款门送函至者，并寄一物，包裹甚密。时已半醉，群客喧豗哗笑，弄新人新婿，而送物者言此为要物，必面投。众听入，朱发函视之，曰："薄命女碧桃谨上朱君。君今日，新人燕笑矣。薄命人早日不能自爱，凭借幻术，假借灵狐，值君不疑，遂荐枕席。自是奔波历碌，同济艰难，双宿双飞，俨然伉俪。何图君是药师，妾非红拂，老亲见迫，顷刻天涯。别后日坐愁城，旧欢如梦，眼枯寒泪，豆碎相思。严命敦迫，遣嫁异方，义正辞严，不容剖析。自惟一失于前，岂堪再辱于后，徘徊无策，自挂床前。虽珠胎已结，豆蔻方苞，亦不暇顾矣。何期恨海犹深，孽缘未了，中宵绠断，惊起老人，调治多方，复得苏息。然元气已伤，君之骨血亦自此不能保矣。老亲见此，知不可回，乃悯其痴愚，许以再合，辞谢聘币，一意待君。然死期未临，而病魔已至，宛转床第，复一岁有余。乃者老父从友人处闻君守义，誓志不婚，归以告人，妾在病床，亦自欣幸。病愈以后，阿母复为二竖所缠，淹历数月，遂致弃养。丧事既毕，始决意寻君，计为别近四载矣。昨甫过门前，笙歌盈耳，闻之邻右，明日吉期。嗟乎！妾前既不肯明言，后复累君久待，误人自误，夫复何言！四年以来，期不为短，似续大事，岂敢咎君？惟有自恨多情，自伤薄命而已耳。草草因缘，轻尘短梦，更何颜一傍新人奁镜哉！从此一去，海角天涯，随身所适，千秋万古，永无见期。君一点骨血，不敢轻亵，特以还君。两人情缘，由此俱了。妾只作世界未有君，君亦作世界未有妾可也。匆匆书此，惟新人多福为祝。”生阅竟，颜色惨变，问使者，已自去，取布包纳箧中。是夕，竟不及合欢。明晨，据案作书致甲，启箧取包自去。甲阅书云：“昨宵作鲁男子一夕，今有急事，不得当，将终身不归，足下善为斟酌，莫误令妹青春也。”别有书致叔，详述颠末。家人大骇，遣人四出求之，终不得。新人亦竟不去，以处女终老。

姜雪英悦姚某

吴人姜雪英，宦家女也，美而艳，知书。悦西邻姚某，中心藏之久矣。一日遇于虎丘，虽流目送盼，一瞥间，各相避，自是不面者半载。姚之父母为聘他姓女，雪英闻之而愠，遂病。一日，见其臂有“雪英”二字，则针刺痕也。婢诘之，则曰：“吾不久于人世矣，刺此二字者，俾托生之家可知前身之为某也。”及姚娶妇而生子，臂有红丝，隐约类字，审之则雪英也。盖雪英卧疾不久而早死矣。

师友类

魏叔子论师友行辈

魏叔子以易堂之交如亲兄弟，降及三世，其尊卑有不可班例者，尝曰："余年近五十未举子，而门人之长者，仅少余四五岁以下，门人之子与通家子子，有举子者矣。假令吾今即举子，而其子且长于吾子，乃令其父以行辈为后进，非情也，义也。故作《师友行辈议》，质诸同堂，使后之人有所依据焉。"叔子，名禧，字冰叔，号裕斋，宁都人。有兄际瑞，字善伯；弟礼，字和公，世称"宁都三魏"。

其议曰：师者，师其德；友者，友者义。以德义为名分，故兄弟子孙行辈，非如族姓姻戚之有一定可递推也。古者师友无服，义无一定，故不可以制服。知服之不可制，则知行辈之不可递推，为合礼义矣。请言其例。德业之师，以父道事之，师之父，尊其称曰祖；师之妻，尊其称曰母，此名不可杀者也。至所以事之之礼，则不尽如祖与母也。其父有名德，而妻贤，齿且长，以祖与母事之可也；不然，则奉以名焉可已。师之至亲伯叔兄弟，俯然为子弟，吾不可以雁行也。非名德，宜自居于后进。师之弟，学与齿可雁行，则雁行之矣。曰师伯叔者，俗人之称也。何也？师之弟，有可以为吾弟子者，则分非一定也。师之子，以兄弟礼之，常也。然师有以门人为其子师者，故学与齿相去也远，而师视其门人如至友，则师之子可事以父执。（有初相友而后为师弟者，有本为师弟而情义实如朋友者，师之子隅坐随行，拜跪当如通家子礼，但以伯叔侄称呼，则不可以先后辈可也。）汉昭烈谓后主曰："汝事丞相、从事，当如事父。"是君臣且然矣。昔者吾以父事吾师杨一水先生，而先生使二子晟、晋以父执事余。及其长也，乃为弟子焉。（彭躬庵曰："师之子可以先辈事其门人，以父执则不可。"）同立乎一师之门，有先辈焉，有后辈焉，其礼不可班也。父与子，师与门人，可共进而师一人。门人之子，于师之子为后进，常也。学与齿可雁行，则雁行之矣。故曰，师也者，师其德；友也者，友其义。非德非义，苟非名分之必不可移，则不可以递推。吾友之子以吾为父执，不可移者也。故友之孙，视吾子为前辈，常也。（友之子称父执曰友伯叔，自称曰友侄，于同辈以齿序相称，曰友兄弟。子之子相称曰世兄弟，称父执曰世伯叔，自称曰世侄，以世别友者，原以世谊相推故也。）而齿与学相等，则雁行可也。友之子与吾子，不徒以通家为兄弟，而自为兄弟。其孙与吾子，虽齿学等焉，而雁行不可也。（父自为兄弟者，其子皆称友，不称世。）友之中，有可以兄视其父而弟视其子者，父友之子亦友之者，古人所谓群纪之间也。交亲如兄弟者，则不可必，视其所始交，或父其父，或子其子，不可移也。此其大较也。岭南之东莞，有九姓祠焉。远祖九人，相厚善为兄弟，其子孙世世以行辈叙叔侄，绝婚姻。此贤者之过，然而不易及也。其子孙必贤者也，否则再世如路人矣。（彭躬庵曰："愚意易堂九人即不得如九姓，而子与孙世次必不容混，即齿学等不挤也，过此则出入可矣。"）父之友或亲为兄弟，或同齿同学，出入同友善，则皆可以伯叔礼之。今夫伯叔之服，自期至于缌以及同姓，其亲疏固有杀也。故父之友，有事之如亲伯叔父者，有如从、再从以下者，有仅奉之以其名者，天子称同姓诸侯曰父、异姓曰舅是也。余少于前辈，甚重伯叔之名，或不得已，循其礼焉，而心惭则过也。

冯金伯友钱涤山而兼师

钱芬，号涤山，冯金伯敬事之，实友而兼师也。顺治丁亥春初，冯阻雪盱眙，北征不果，憩于虎丘竹亭。旬日聚首，唱酬之余，钱尝作画贻冯，满纸云烟，藏弆箧衍，每一展视，则不胜有人琴之感。

汪蛟门惓惓师友

汪蛟门有《五客话旧图》。客为一师四友，读其序，知其惓惓于师友也。序曰："懋麟自顺治末受知于济南王公，康熙初，举乡试，始通宾客，与海内名贤相结纳。乙巳，得交合阳王公；丁未，得交昆山徐公；己酉，应阁试入京，得交泽州陈公，相与论诗，有合焉。时陈公官侍读，徐公为孝廉，王公领县潜江，而济南公则由扬州推官迁礼部主客矣。岁庚戌，徐公取上第，入词馆，济南公历户部郎，懋麟在中书，四人者相聚于阙下。惟王公隔江汉，相去三千余里之外，虽时见其诗、思其人，而远莫能致也。壬子秋，济南公典试入蜀，寻以太夫人忧去。明年，徐公觐省去，懋麟遭母忧去，而陈公方朝夕讲幄，蒙上知，凛然公辅，不似予辈之憔悴而濩落也。又三年丙辰，王公自潜江被召，授给事中。余与徐公服满入京，而王公先以忧去，不得见，惟予四人者，复聚于阙下，暇辄论诗。未几，徐公与予再以忧去。越三年己未，予两人再来，济南公已改馆阁，寻拜祭酒，而陈公久领翰林学士，先数月以太夫人丧归里，又不得见。又二年辛酉，王公始来给事门下，陈公继入，再领翰林，五人者始聚而不散。回忆二十年来，聚复散，散复聚，中更忧患，情事不殊，若不期而然者，陈公于此有深感焉。于是壬戌七月，相聚于城南山庄，赋诗饮酒相娱乐，命兴化禹生貌五人像为一图，属懋麟为之记。"

赵秋谷师友在冯氏

朱竹垞、吴天章、陈元孝，虽皆折辈行与赵秋谷交，而秋谷天才骏厉，视侪辈无足当意，独善德州冯大木廷櫆。所师承者，常熟冯定远班。尝曰："吾平生师友，皆在冯氏矣。"由是名日高，忌者亦日众。

王兆符于方氏有师友

王昆绳弃家漫游，其子兆符自天津迁金坛，复从方望溪侍郎苞于白下。昆绳尝语望溪曰："兆符视子犹父也。吾执友惟子及李刚主，吾使事刚主，曰：'兆符于方子之学，未之能竟也。'"

成容若有师友

成容若为康熙时名公子，明珠子也。容若有徐健庵、查初白、姜西溟为师，朱竹垞、高澹人、顾梁汾、徐电发为友，名章俊语，价重鸡林，不假《通志堂经解》为重也。

汪默庵有师友

新安汪燧，字默庵，与高汇旃、吴徽仲、汪惕若、徐齐为师友，善言《易》，有《读易质疑》二十卷。高寄诗有云："游吴握手皆奇士，还里论心有硕儒。"

黄崧甫陈凝斋之师友

广昌黄崧甫主政永年，为新城陈凝斋大令道之师。而崧甫之友若宁化雷副宪鋐、宣城刘观察方蔼、云南傅中丞为詝、刘司寇吴龙，皆海内贤者，并折节乐与凝斋交，皆以师友之礼事之。凝斋所自取之友，则为海宁祝淦、新建夏之瀚，每聚首，辄相与讲习正学。

师儒为学之师友

国朝师儒之为学也，皆得力于师友，渊源有自，故能卓然有所成就。仁和谭仲修大令献尝论列之，其言绝学、名家、大儒、通儒、经师、校雠名家、舆地名家、小学名家之关于师友者，节录如下。

绝学　汪容甫有同学刘端临、李孝臣、贾稻孙、江郑堂。章实斋有同学邵二云。龚定庵有同学魏默深。黄春谷有同学焦里堂。春谷之弟子为王句生、梅蕴生。

名家　惠定宇有弟子江艮庭、余古农。

大儒　颜习斋有弟子李刚主、王昆绳、刘继庄。刚主别师为毛河右。昆绳有同学马宛斯。

通儒　黄梨洲之私淑为全谢山。顾亭林之同学为张稷若。

经师　江慎修一传为戴东原，再传为段懋堂、金檠之，三传为陈硕父，四传为戴子高。硕父有同学胡竹村、胡墨庄。姚惜抱有弟子管异之、陈硕士、梅伯言，其师资为刘海峰、姚姜坞。张皋文有同学洪稚存、孙渊如。

校雠名家　卢召弓有同学孙伯渊、毕秋帆。

舆地名家　顾景范有同学顾亭林。

小学名家　段懋堂有诤友徐谢山，言《说文》之学。江慎修一传为戴东原，再传为段懋堂，言声韵之学。

丁氏兄弟自相师友

钱塘丁松生大令丙，以学行著于时，盖得力于其兄竹舟主政申也，教以事而喻诸德。主政以兄而兼师资友谊，实为晚近所仅见。主政有子，长为修甫舍人立诚，次为道甫太守立本，大令长子为和甫舍人立中，以同堂昆仲而亦互相切磋，自相师友，遂皆为世闻人。

师之类别

科举时代之师，类别颇多。曰“受业师”，朝夕侍教者也。曰“问业师”，偶诣函丈，有所请益、有所质问者也。曰“受知师”，则或为县府道试之主试官及其阅卷主任，或为科岁主试之学政，或为优拔主试之学政、会考之巡抚，或为乡会试之主考、房考，或为朝殿考试之阅卷、读卷各大臣，或为书院之山长、监院是也。有所谓“保举师”者，则惟仕宦中人有之。属吏受知于上官，为之具疏保荐，俾晋升阶，如是而小之得以给衣食，大之得以恣贪婪，感激涕零，欲奉之为父，厕身义子之列而不得，于是加以“夫子”之称谓，而尊之曰师。

由斯以观，弟子之致敬于师，所最竭诚尽礼者，为保举之受知师，而考试之师则次之。平时也，年节也，师及其父母、妻妾、子女之庆吊各事也，无不有所献，师惟安然受之而已。若受业、问业之师，则皆视如途人，不相闻问。其有通往来、馈财物者，则必致身通显，著闻于时，或可藉为声援者也。

此外又有拜门之师，亦厕于受知之列，其实初固不相识也，且不必计其人之言行何如。即其辈行下于己、年龄少于己，但须为当代之显宦，足以为奥援、利汲引者，即可丐人介绍，肃衣冠、具财物而往谒之。见必叩首无数，呼之曰“老师”，而著录称弟子矣。

弟子于师之自身称谓，笔之于书面，皆写“受业”二字，至于口头则有别。对于受业、问业之师，曰“学生”；对于受知之师，曰“门生”，盖以列于门墙也。且受知师大抵为达官贵人，其公署，其私邸，必有阍人，阍人所居之室曰“门房”，弟子往谒，必先至门房，俟阍人通报传见，乃敢面师，故曰“拜门”。所赠阍人之金曰“门包”，约为师所得贽敬百分之十。

谙达

皇子六龄入学，遴选八旗武员弓马、满语娴熟者数人，更番入卫教授，名曰“谙达”，体制稍次于师傅，盖古保氏之遗。皆选东三省人充补，以其弓马尤精也。

延师关书

延订宾师之书，曰“关书”，亦曰“关聘”，上载所任之事及酬报之数，其实亦契约也。送关书时，必附以聘金。

三年役于师

江浙间，凡学手艺者，必三年而成。成后，役于其师者三年，不取值。故俗语谓之“学三年，帮三年”。六年之后，任其所往，若师欲留之，必予值矣。

高僧愿师刘继庄

吴中有高僧说法，士人醵金为聘，从之讲《华严》。刘继庄处士献廷闻之，与焉。坐食顷，伏几而鼾。僧说罢，处士鼾亦罢。明日复往如故，众窃笑，僧诧曰：“客何为者?”呼与语，则大惊，拜伏地，曰：“公，神人也。”掖登座。处士夷然而登，不让，畅衍厥旨，众大说。僧率众蒲伏，愿为弟子。处士笑曰：“吾正若误耳，岂为浮屠学者哉!”拂衣去。由是从游者日众。

鲍夔生师魏叔子

鲍夔生，字子韶，歙县人。幼聪颖，于诸书章句，闻而诵，诵而辄解。尝遇魏叔子于扬州，谈论累日，出，语人曰：“魏先生真吾师也。”遂执业于其门。

吴汉槎为师于塞外

吴汉槎孝廉兆骞以科场事遭冤狱，投荒二十四年，垂老赐环，当时人莫不怜其才、悲其遇，而以生入玉门，张为幸事。然汉槎在宁古塔时，历任将军皆延之为上宾，飞书草檄，纵情诗酒，无异于在内地。盖其地读书人少，汉槎至，则官吏子弟及士人之志在科第者，皆就之执经问业，脩脯丰腴，养生之具赖以无缺。及归，乃侘傺无聊，日为饥躯。且在边塞久，习其风土，江南溽暑，转以为苦，卒以此致肺疾而终。临殁时，语其子曰：“吾欲与汝射雉白山之麓，钓尺鲤松花江，挈归供饍（同“膳”），手采庭下篱边新磨菰（同“菇”），付汝母作羹，以佐晚餐，岂可得耶?”味其词意，若转不忘塞外之乐也。

揆恺功师查初白

揆叙，字恺功，为明珠之子，曾受业于查初白。查登第，揆已官掌院学士，面奏“查某为臣业师，请免教习”，特旨允之。初白有《奉旨免赴教习厅赋呈恺功》诗云：“第二厅前逐队过，北扉咫尺接鸾坡。诏恩已免春秋课，馆职犹充弟子科。变白果能生黑否？出蓝其奈谢青何！回思东阁传经地，老厕门墙媿自多。”

胡大灵不欲受教于惠士奇

胡方，字大灵，新会金竹冈人，侨居南海之盐步。元和惠士奇督粤学时，尝访之，檥舟至村外，遣吴某至其家，求一见，急挥手曰：“学政未蕆事，不可见，不可见。”出吴而扃其门。惠再至，索所著书，仅乃得之。惠试竣，仍介吴求见，则假一冠，投刺至，长揖曰：“今日斋沐，谢知己。方年迈，无受教地，不能执弟子礼。”语毕遂起。

汪孺人延女师

汪孺人，萧山王声远茂才鉽之妇也。声远以康熙甲子八月卒，有遗孤，孺人乃饰书币，请山阴之闺秀夙以文字相往来者曰金先生，出子女使事之，授《孝经》《论语》，一时讲诵之盛，逾外塾焉。

汪钝翁叶星期各有门徒

汪钝翁教授尧峰，门徒数百辈，比于郑众、挚恂。时嘉善叶燮星期方罢官，筑室吴县横山下，远近从学者亦复负笈踵来，廊舍为满。钝翁说经铿铿，素不下人，与星期持论凿枘，互相诋諆，两家门下士遂各持师说不相让。后钝翁没，星期曰：“吾向不满汪氏文，亦为其名太高，意气太盛，故麻列其失，非为汪氏学竟谬盭（同“戾”）于圣人也。今汪殁，谁讥弹吾文者？吾少一诤友矣。”因取向所摘汪文短处，悉焚之。星期前宰宝应，值三藩倡乱，驿道云扰，黄、淮交涨，堤岸屡决，毁家纾难，民赖乂安，固非仅以文学表见者也。

叶星期门下有诗人

长洲沈文悫公德潜，少从学于叶星期。叶所居在横山，故王文简公士祯尝云：“横山门下尚有诗人。”然其独综今古，无藉而成，源本汉魏，效法盛唐，先宗老杜，次及昌黎、义山、东坡、遗山，下至青丘、崆峒、大复、卧子、阮亭，皆能兼综条贯。有门下士王光禄鸣盛、司寇昶、钱宫詹大昕、曹侍讲仁虎、赵少卿文哲、吴舍人泰来、黄明府文莲诸人，俱以文章气节重于天下，因汇刻吴中七子诗。

桑弢甫师劳麟书

劳史为桑调元之师，自杭来谒，论学数日。将别，送之曰：“吾寿不过三年，恐不复相见。行矣，勉之！”劳字麟书，余姚人。桑字弢甫，钱塘人。

陈少章师何义门

吴多博闻好古、砥节励行之硕儒。康熙以前，位不大而名最著者，则有何义门。门弟子无虑数百人，其最相契如晦翁之于蔡季通呼为“老友”者，曰陈少章。

方雪瓢师何义门

方雪瓢，名粹然，淳安人，朴山子。少随朴山居京师，从何义门游，称义门高第弟子。

循王师吴炜

歙县吴炜由口北道擢光禄少卿，入上书房。循王有过，吴以大杖责之。王哭诉于高宗，高宗曰："汝师用夏楚，良是，何诉为！若再犯，朕必亲责也。"

洪北江要师恕罪

洪北江少孤，寄读于某塾师，性慧而不羁，恒不受约束。师以其少孤，未忍严责也。一日，洪瞯师去，洗砚假山后。师忽过其旁，洪误为同学也，泼以墨汁。师叱之。洪惧责，亟援花架以上，箕坐屋顶。师再三呼之下，不应，而曰："师以甘言诱我，必痛施夏楚，宁死不下。"师曰："我勿责尔，且决不相诳。"洪曰："口说不足凭。"师曰："然则必如何而后可？"洪曰："须与我以证。"师不得已，以片纸用长竿递之，其文曰："泼墨非出有心，当恕汝罪。且归坐读书，决不扑汝。"洪观之微笑，始缘梯冉冉而下。

皇子隆重师傅

国朝家法，皇子皇孙无不于六岁就外傅，非若明季诸臣之常以皇子出阁读书为请也。上书房在乾清门之东北向，卯入申出，攻《五经》《史》《汉》、策问、诗赋之学，虽穷寒盛暑不辍。旧例：皇子初就学见师傅，彼此皆长揖。徐元梦于康熙癸酉以原任侍讲入直，佟渊若于戊寅以检讨入直，曰"教书"，曰"课读"，尚无"师傅"之称。其居处为南薰殿西长房兆祥所咸福宫，亦无"上书房"之名。雍正纪元，谕："诸皇子入学之日，与师傅预备杌子四张、高桌四张，将书籍笔砚安设桌上。皇子行礼时，尔等力劝其受礼。如不肯受，皇子向座一揖，以师儒之礼相敬。如此，则皇子知隆重师傅，师傅等得尽心教导，此古礼也。至桌张饭菜之预备，亦须竭诚尽礼，毋或稍间。"

尹文端与袁子才师生之契

袁子才与尹文端公师生之契，固不与寻常同。文端督两江时，袁时相过从，情意亲密如家人。文端或勾当公事未了，在签押房，袁直入内室。文端多姬侍，不避袁，评诗论画，咸以袁先生呼之。一日，文端招袁，迟之久不至，屡催之，不知踪迹所在。及文端退食燕寝，袁已与诸姬开樽饮矣。文端为颂《山枢》一诗以嘲之，相与大笑。

金纤纤愿师袁子才

苏州有女士曰金纤纤，名逸，生而有夭窕之容。幼读书即辨四声，爱作韵语，每落笔，如骏马在御，蹀躞不能自止。年甫笄，嫁吴中少年陈竹士。结褵之夕，忽一婢手花笺出，索竹士催妆诗。竹士适然惊，幸素所习也，即应教，索和。然事尊章谨，不以文翰自矜。当时吴门多闺秀，如沈散花、汪玉轸、江碧珠等皆能诗，皆推纤纤为祭酒。一日，偕诸女坐虎丘剑池旁，相与谈《越绝书》《吴越春秋》诸故事，洋洋千言，此往彼复，缙绅先生旁听者或不解所谓。其论诗，于唐宋诸名家，靡不研究，尤嗜袁子才诗。尝于病中得《小仓山房集》，伏枕读之，尽四昼夜毕。寄书谆谆，乞为弟子。及袁往访，扶病出拜，逾数月而死矣。

袁子才有女弟子

乾隆壬子三月，袁子才寓西湖宝石山庄，一时江浙女弟子各以诗来受业。因属尤某、汪某写图布景，其在柳下姊妹偕行者，湖楼主人孙令宜臬使之二女云凤、云鹤也；正坐抚琴者，己卯经魁孙原湘之妻席佩兰也；侧坐其旁者，大学士徐文穆公本之女孙裕馨也；手折兰者，安徽巡抚汪又新之女缵祖也；执笔题芭蕉者，汪秋御明经之女妽也；稚女倚其肩而立者，吴江李宁人臬使之外孙女严蕊珠也；凭几拈毫若有所思者，松江廖古檀明府之女云锦也；把卷对坐者，太仓孝子金瑚之室张玉珍也；隅坐于几旁者，虞山屈婉仙也；倚竹而立者，蒋戟门少司农之女孙金宝也；执团扇者，即金纤纤，吴下陈竹士秀才之妻也；持钓竿而山遮其身者，京江鲍雅堂郎中之妹，名之蕙，字芷香，张可斋诗人之室也。十三人外，侍随园老人侧，而携其儿者，子才之侄妇戴兰英也，儿名恩官。

张芑堂师丁敬身

海盐张芑堂征君燕昌，少曾受业于丁敬身。初及门时，囊负南瓜二枚为贽，丁欣然受之，为烹瓜具饭焉。

仁宗尊师

仁宗之于朱文正公也，礼数逾涯，恩荣终始。殁后数年，文正犹子锡爵方为山东藩司，而山东学政黄勤敏公亦文正昔所特荐也。仁宗批勤敏谢恩摺云：“朱锡爵才胜于德，汝应念石君师傅之旧恩，时加训戒，毋忽。并令转谕知锡爵，令其回奏。”御笔于“石君”二字上空一格，尊师之意也。

阮文达受门生土宜

嘉庆甲戌，阮文达公元总督漕运，驻节淮安。萧山王某诣辕叩谒，以浙中土宜西湖藕粉、烧酒杨梅、瓯柑、笋脯为贽。入门，巡捕迎谓曰：“漕帅到任以来，从不收受官民一丝一粟，此恐当见却也。”又私告曰：“如漕帅却还，能分惠少许乎？”王曰：“某车中断难携带，当尽以奉赠耳。”既而呼令入见，并命将礼物全纳，巡捕大骇。坐定，文达笑谓巡捕曰：“此萧山王某，余翼而长之，二十年矣。彼以师生之礼来，故可受之而无愧也。”又曰：“是皆浙中佳品，吾不尝其味者已有年矣。今日见之，未免露老饕故态也。”乃命启筐，出瓯柑十枚与巡捕，曰：“尔亦试尝此味。其余诸物，我当寄归扬州，不能割爱矣。”

李文恭师陶文毅

湘阴李文恭公星沅起家孤寒，开敏沉毅。陶文毅公雨澍，故父执也，知之久，招入川东幕，委以书记。每口授大略，援笔万言，曲尽事理。文毅色喜曰：“子，经世才也，但当多读书耳。”文恭感激自力，执弟子礼终其身。

陈用光不以门生视管异之

嘉庆初，姚姬传主江宁钟山书院，管异之与梅伯言最受知。其后，管苦力孤诣，学日以进，四方贤士争欲识之。道光乙酉，新城陈侍郎用光典试江南，力拔之，得中举人。陈固姬传弟子也，既得，异之，不敢以世俗门生之礼相待。管名同，上元人。

王桂仙师侯青甫汤贞愍

咸丰时，金陵有名妓王桂仙者，色艺冠一时，研究音律，善箫管。以诗画请益于上元侯青甫广文、汤贞愍公贻汾，列女弟子行，名益噪。

陈六舟师董枯匏

道、咸间，秀水董枯匏明经耀，尝馆仪征陈氏，为塾师者九载，主人敬礼备至，久而不衰，即六舟中丞彝之尊人也。明经授课之暇，日诣书肆，纵观其插架所有。以力棉（绵），不能悉购，辄手一编坐柜旁，日晡始返塾，日以为常。主人微闻之。某年岁暮，解馆归，主人买舟送之。甫登舟，则见簏书多于昔，讶其非尽己物也，询舟人，乃言其中有主人所赠之书。启观之，皆平日在书肆所常披阅者。盖主人诇知其嗜书，购以贻之也。明经侨居桐乡之梅泾，咸丰庚申，粤寇至梅，欲毁其庐，一酋见有藏书，曰：“此读书人家也。”止其党，遂得不毁。中丞从明经有年，克以成立。光绪时，中丞督学浙江，于按临禾中时，尝遣使存问其家。

程长庚闭门授徒

道光戊戌，英吉利以雅片入广东，戊申入长江，程长庚闻之大愤。咸丰时，匪乱遍国中，诸贵人谯乐不衰，长庚则闭户不出。或怪之，则泫然流涕曰："京师首善乃若此，吾不知所税驾矣。"乃择门下之贤者教之，曰："京师乱且作，毋使广陵散绝人间也。"咸丰丙辰，英人破广州，缚粤督去。江南军大溃，捻势益炽。庚申，英法联军入京师，文宗狩木兰，长庚痛哭去。未几，和议成，俄罗斯夺龙江、吉林边地七千里，英法始订市长江。辛酉，文宗崩，穆宗幼，两宫听政，返京师，恭忠亲王领枢府，始设译署理外交，诸贵人谯乐如故。长庚丧乱且贫，则复治故业，孤怆抑塞，调益高，独喜演古贤豪故事，若诸葛亮、刘基之伦，则沉郁英壮，四座悚然，无不流涕。久之，而简三、杨月楼、汪桂芬、谭鑫培之徒出焉，皆长庚忧乱时所闭门授业者也。

李申夫师曾文正

李申夫方伯从曾文正公最久，文正在祁门，兵事方急，惟李相随不去。同治壬申，文正薨，李挽之曰："极赞亦何辞，文为正学，武告成功，百世旗常，更无史笔纷纭日；茹悲还自慰，前佐东征，后随北伐，八年戎幕，犹及师门患难时。"李文忠公见之，颇恨其言。申夫，乃文正之弟子也。

某侍郎倒拜门

某侍郎家资本饶，岁入又巨，其入仕也，非以科第，而好为人师。著弟子籍者多至百余，盖皆漫不相识，纳金为贽，俗所谓"拜门"者是也。且束脩之丰啬，在所不计，以是人多归之。光绪乙亥秋七月，至汉口，初居逆旅。继以其妇自京至，遂赁庑于后花楼之某里，与其友合居，然仅僦其楼下之数椽而已。汉之土豪、商贾，但知其为达官贵人，而争欲执贽于其门矣。

有周某者，居城中，初亦欲令其长男往厕弟子之列，将以为后日之奥援也。丐人介绍，言以银币百元为贽。某闻之欣然，有成议矣。已而闻某之所居卑陋，非广厦细旃也，疑其为江湖游客自炫官秩以诈欺取财者，遂逡巡不往。某昼夜嫖赌，方苦资匮，日盼此百元以补不足，使居间者促之。乃订期，由居间者挈周氏子以诣某寓，修弟子见师礼。然及期而竟爽约。某彷徨无措，因与居间者谋，令导之入城，自登其堂，由居间者入内，以危辞胁之，迫周氏子出拜，匆促成礼，而袖金以归。有知其事者，则曰此为“倒拜门”。盖以师就弟，固为特别之拜门也。

袁忠节师高刘

桐庐袁忠节公昶幼贫，日从溪边漉小鱼，杂野蔬为食。后游学杭州，闽高伯平主讲东城精舍，怜其才，周恤备至。继而问乐于兴化刘融斋中允。自谓闽县、兴化两师，一生衣被所在也。

岑襄勤师李文忠

岑襄勤公之于李文忠公也，初极诋之，后乃认之为师。某年，襄勤赴云南，遣其子谒文忠，请授心法。李云：“越南非我国所急，朝廷方重用唐炯，可让之。”岑既到滇，力言救越南之非计，迨奉严旨督责，始惶悚请视师。

秦五九师张樵野

五九，姓秦，光绪时，在京师国兴堂唱青衣，嗓音清亮，有穿云裂帛之誉。张樵野侍郎奇赏之，公余散值，辄至国兴堂小坐，教以读书、作楷。间或招至邸寓，以玩好古物、金石图画陈列案头，口讲指授，若师弟焉。

李莲英好为人师

士子之以乡试中举人、会试成进士者，皆刻朱卷，而列履历于卷端，凡与考试之有关系者，悉列之为师，载其姓名官秩，文科然，武科亦然。总管李莲英自以身属刑余，不得列于乡会试及第士子履历之末，引为终身之憾。光绪中，某科武会试，李竭力运动，得派为场中巡查，于是李总管之名，遂登于武进士之履历。自是而诸侍卫遂有投李为师、自称门生者，且有武员入拜其门者矣。武员为何？丁汝昌、赵桂林、龚照屿、叶志超、卫汝贵、卫汝成是也。未几，又运动为某科殿试搜检官。某进士欲以李名列入受知师，惧舆论抨击，未果，然犹具柬往谒，而自称受业焉。

异姓盟为兄弟

世俗交友相得，盟为兄弟，各书红柬交换以为证，曰"兰谱"，盖取《易经》所载"同心之言，其臭如兰"，及《世说》所载山公与嵇、阮"一面契若金兰"之义也。红柬所书，如姓名、字号、省府县籍贯、年岁、诞生之年月日时、男三代之名号、女三代之姓、兄弟姊妹妻妾子女孙曾之名号并其官爵、职业，若有显贵之疏族，亦备书之，以示光宠。此实为依附攀援之作用，非果志同而道合、声应而气求也。然如甲乙二人皆于微时订盟，结为异姓兄弟，他日者，甲贵而乙贱，适同官一地，而乙须受辖于甲，则乙必择期具手版上谒，附缴兰谱，甲亦直受之不谦让也。自是而口头、书面不敢有如兄、如弟之称谓矣，惟乙之对于他人，则必仍曰某宪为予之盟兄弟，以骄于人。

俗谓异姓兄弟曰"盟兄弟"，一曰"谱兄弟"，又曰"靶兄弟"。靶者，箭靶，射矢之鹄也。殆本于三国时之刘备、关羽、张飞三人之兵中结义，弧矢设誓欤？结盟时曰"拜靶"，亦有设筵肆席以联欢者。

以团拜联友谊

办团拜者，每年之春，京师各部院及有科目者，例必举行。以值年一二人承办，开筵演剧，费至数百金，次者亦必择地会饮。盖京师地大人众，往往经年不一面，亦藉此以得聚晤耳。外省亦然，且多有联合商界以行之者。

顾亭林与王山史善

顾亭林为明大儒，既鼎革，历游名山大川，尝有英雄自喜、不可一世之志，而蛟龙泥蟠，终制蝼蚁。晚年与陕人王山史善，山史为构书院以居之。山史名宏（弘）撰，华阴人。

傅青主广交游

傅青主年甫逾冠，交游已广。及明祚既移，所与游者，大率为遗逸、学问、艺术之士及方外而已。有温毓桂字秋香者，晋之高士，尝曰："昔与傅青主、梁小素游，文章道义，相为切磋。自二公作古后，不数十年而士风日下，典型无存，缅想风规，如东京梦华，邈焉难再矣。"青主尝自言："吾自二十外以来，交游颇多，亦尽有意气倾倒之人。惟为日既久，渐觉其无甚益我处耳。"

顾景范兄事魏叔子

顾景范，名祖禹，于侪辈中少所许可，惟兄事魏叔子，至为之执伞、奉溺器焉。

易堂九子

魏叔子文集有"易堂九子"之名，盖魏氏兄弟避兵翠微峰，与故人讲学时之称。易堂者，即魏氏堂也。九子者，三魏而外，为彭任、曾灿、林时益、李腾蛟、邱维屏、彭士望也。

魏和公所至交贤豪

魏和公既以明亡弃诸生，事远游，历闽，粤，渡海达琼州，北抵燕京，返辙夷门，过洛阳，南浮汉沔，入秦关，涉伊水，经凤、滁。所至必交其贤豪，访寻穷岩遗佚之士。尝省故人于韩城，往观砥柱三门，闻高士彭荆山居华山绝险处，直上四十里，手铁絙，蹑飞磴，访之。遂居翠微峰顶，榜曰"吾庐"，更以自号。

魏和公寿李世熊

宁化李媿庵副贡世熊之八十也，魏和公往寿之。媿庵亟逆之于门，注视，执手涕下曰："须发遽如是白也！"翌日，命其季子出拜，媿庵亲掖和公，使勿答。及归，送一里许，挥涕曰："知能再相见耶？"

冒青若怀友

如皋冒青若，名丹书，为辟疆次子。其游京师时，明遗逸鹂圯道人戴本孝曾作画册赠之，题其后曰："冒子青若，生平于事亲怀友之外，无他骛，进德修业，不出户庭而誉闻四方。年近三十，始远游来京师，承亲志也。时余已旅食燕市两年，因主人能适余性，不扫室危坐，则蒙袂独行，出入可以自恣。一闻户外革鞜声，则畏匿不敢见，即间有过从，仅素心一两人而已。尝叹青若来，自今之公卿大夫以及远近名彦，莫不折节乐与之游。余每过其次舍，不终食，辄欲避影而逃也。夫以青若恂恂若不胜衣，讷讷不能出口，今则复能控辔疾步，恒交错于剧骖氛尘之中，饮酒赋诗日相赠答不少倦，此皆青若夙所未涉者，而顾善若此，嘻！岂得已哉，岂得已哉？承亲志也。亲之志，曷若是其不得已也？若其得已，青若老亲之上，犹有老亲在焉，肯以其家三十年中不违晨昏之贤子若孙，有如吾青若者，令其久旅孑处于数千里之外，将仆仆欲奚为也？苟非知者，则亦第谓其若今之逐富贵、慕声势者等耳。嘻！岂青若之所以勉承亲志也哉？青若少余十有八岁，固兄事余，因其降辰，将裒仁人金石之音以赠之，遂出是册，以当先粃。青若持余赠归皋东，以娱其亲，庶见交道在今日，犹有跫然若某某先生其人者，若是乎其不能忘也。"王文简公士祯《感旧集》已录其册中题画诗数首。鹂圯道人又号鹰阿山樵，海阳人，侨居历阳，著有《前生馀生诗稿》。

黄珍百交董文友

武进董以宁，字文友，少工填词，为闺襜之作。喜结宾客，时时被酒。尝游荆溪，荆溪之士觞之于南山之麓者二十二人，遍起道姓名毕，黄珍百奉酒言曰：“仆，山中之鄙人也。今闻董生贤，窃愿交董生。”

士大夫以复社通声气

明季士大夫特重声气，故复社废兴，几与国运相终始。顺治癸巳上巳，吴阊宋既庭实颖、章素文在兹复举社事，飞笺订客，大会于虎阜，江浙二省及自远赴者几二千人。先一日，布席山顶。次夕，联巨舰数十，飞觞赋诗，歌舞达曙。翼日，各挟一小册，汇书籍贯、姓名而散。吴梅村祭酒以诗记之云：“杨柳丝丝逼禁烟，笔床书卷五湖船。青溪胜集仍遗老，白帢高谈尽少年。笋屐莺花看士女，羽觞冠盖会神仙。茂先往事风流在，重过兰亭意惘然。”梅村当时尚未入仕本朝，未几，即为海宁相国陈之遴所荐矣。

吴梅村悔负侯朝宗

吴梅村之入仕也，侯朝宗曾遗书力阻。吴不听，继而悔之，自谓负侯生也。其吊朝宗诗云：“死生总负侯嬴诺。”临殁时，填《贺新凉》词云：“论龚生天年竟夭，高名难没。”又云：“为当年沉吟不断，草间偷活。”又云：“竟一钱不值何须说。”怨艾之意深矣。遗命以僧服殓，题碣曰“诗人吴梅村之墓”。

蔡大美喜交游

宣城蔡蓁春，字大美，善属文，喜交游。常自酿酒待客，酿兼数种。其后家益贫，酿不能给，客至辄质衣以具酒焉。

李笠翁交潘愚溪

潘一晟，字愚溪，东安人，明诸生。明亡，不复应科举，恣意游览。尝斥家财以供诗酒，所题咏未尝署名。尝游南昌东湖，题句于酒肆，李笠翁物色之，知为东安人。笠翁游桂林，纡道访之，莫能得。偶泊舟大树下，见草屋之门署一联，笑曰："此有尘外之致，其是矣。"入询主人，相与拊掌。遂留信宿而去。笠翁，名渔。

吴野人与吴鳞潭为神交

泰州吴野人名所居曰"陋轩"，甘心穷饿。与吴鳞潭祭酒善。鳞潭官京师，夜梦野人索棉布十丈，诘朝，寄诗与布。野人得之，曰："神交哉！"报以诗。

刘继庄有讲学之友

刘继庄平生讲学之友，严事者曰梁溪顾畇滋、衡山王而农，而尤心服者曰彭躬庵。彭尚平实，而刘之恢张殆有过之。

宋荔裳好客

宋荔裳廉访琬，性倜傥好客，征歌命酒，座无虚席。即向未谋面者，亦许阑入，去来不问，亦不询其姓氏。客游吴越，居西湖十年，偕诸名流觞咏其间，动至经月。

吴薗次广交游

吴薗次守湖州日，广交游，四方名士过从无虚日。尝与吴梅村、宋荔裳、曹秋岳等集窪樽亭，皆屏去驺从，解衣盘礴，见者目为神仙中人。梅村作诗纪事，有"客比乱山多"之句。陈其年独未与其盛，故其叙《林蕙堂集》，有"独有鄙人，况居旁邑，调弦待奏，情含流水之中；灭刺难前，客在乱山之外"等句。

李方山友宋荔裳

历城李方山，名日景。尝客南昌，有传宋荔裳已死者，特为诗吊之，与宋初未识也。后至武林，闻宋尚无恙，李喜甚，借马于友人，疾驰相视，且出诗读之，两人因泣下沾襟。已而命酒，狂饮极欢，策马而去，自是遂为友。

王文简交邵潜夫

通州有布衣邵潜夫者，明万历时，以诗歌名江表。康熙初，年八十余矣，家贫，苦徭役。值王文简公士祯司李扬州，按部抵境，首谒邵。邵居委巷，乃屏舆从，徒步而入。邵曰："适有酒一斗，能饮乎?"文简欣然为引满，流连移晷始别。有司闻之，立除其役。

孙豹人交王文简

三原孙豹人，曾于明崇祯甲申闯寇乱时，结里中少年杀贼，失足堕坎中，幸不死。后流寓广陵学贾，三致千金，已而尽散之。

王文简司李扬州，慕豹人名，欲往诣之而恐其不见，乃先贻之以诗曰："焦获奇人孙豹人，新诗雅健出风尘。王宏不见陶潜迹，端木宁知原宪贫。"遂为莫逆。文简俸满入都，豹人送以诗曰："欲问忘情老，何名并命禽。"

吴贤感王文简而订交

王文简公官扬州司李时，一夕雪甚，漏三下，风籁窌寥，街鼓寂然，方于灯下简箧中故书，得吴贤诗，且读且叹，遂泚笔为序。明日，走急足驰二百里寄之。吴感其意，为刺舟入郡城，相见欢甚，因与订交。

造访不作宾主礼

王文简公官京师时，曾居保安寺街。邵青门亦寓焉，与文简衡宇相对，施愚山所居相去数十武，陆冰修仅隔一墙。数人者，偶一相思，率尔造访，都不作宾主礼。某岁，寓稍远，隔日辄相见，恒于月夜偕扣文简门，坐梧树下，茗椀香炉，清谈达曙。愚山《赠行》诗有云“踏月夜敲门，贻诗朝满扇”是也。

丁野鹤入都访友

丁野鹤在京都充内廷教习时，尝于米市筑室，与王觉斯、傅掌雷、薛行屋、张坦公诸人赋诗其中，王敬斋为题其室曰“陆舫”。后官椒丘广文，忽念京师旧游，策驴冒风雪，日驰三四百里，至华严寺陆舫中，召诸贵游、山人、琴师、剑客，杂坐酣饮，笑谑怒骂，笔墨淋漓，兴尽策驴而返。

梁仲木交孙宇台

宛平梁仲木，名以楠，某年至武林，一见孙宇台，便披衿契，与之为友。谓人曰：“若孙子者，所谓云中白鹤，邴根矩、刘士光之俦也。”

王丹麓广交游

钱塘王丹麓，名晫，广交游，遇好友，谭论移日，至信宿不厌。非其人，不得阑入，偶遇之他所，亦不妄交一言。乡里宵人故多憾之，至欲相倾构，则察几豫应，不明其所以然，然卒亦不能为害也。

闵伯宗交友

祥符闵伯宗大令派鲁，性简默，其交友也，意致萧远，殊不大快人意。然久与居处，辄觉欣然如饮醇醪。

诸骏男念友伤怀

诸骏男尝过广陵，叹曰："小有之风流顿尽，于一之宿草久衰，柴丈遁迹于白门，梅岑栖踪于远郭，故人云驰雨散，念此能不伤怀！"

陈纬云追念邹董

宜兴陈纬云，名维岳，其年弟也。尝云："邹、董相继零落，兰陵旧游，酒旗歌板之故地，阑风长雨，不可复寻，言之凄然，不待过黄公酒垆而始恸哭也。"

石哈生为宋释之知己

富平宋释之尝客靖逆侯将军张勇幕，勇平定三藩，多出释之策。一日，语勇曰："予平生少知己。"勇曰："如予者，不足为知己耶？"释之曰："予与将军一言偶合，非知己也。所称知己者，独石哈生而已。"及归西安，每访哈生于其家，必携酒自后户入。既相见，偕至僻地趺坐，而饮酒剧谈，谈罢大笑，笑罢复大哭，兴尽，弃其饮器而散。又尝于将军幕中大会宾客，设席虚左，或问之，曰："此待吾友人石哈生也。"俄而哈生草冠草履，披褐衣，昂然而入，揖众，直踞其席。释之旁侍，执壶倾酒甚恭。哈生亦不少逊，持杯豪饮，旁若无人。众大惊骇，卒莫测其为何许人。释之，一作石芝。哈生，一作哈兴。

四明有四友

康熙时，镇海谢绪章北溟、慈溪郑性南溪、鄞县万承勋西郭、李暾东门，号称四友，各以诗鸣，尝合刻《四明四友诗集》。

萧山有四友

萧山包饮和著述自豪，出处不苟，尝与同邑崇儒里沈七禹锡、城南蔡五十一仲光、城东里毛奇龄为四友。

陈绎思交和本初

陈确字绎思，江宁人，从父官湘乡，遂家焉。为人尚大节，不治生，工诗字，所居为茅庐，书数卷、竹数竿而已。长沙之能文者皆豪之，与往来，然特与北人和本初友善。本初者，乃绎思里人彭警庵之妹婿也。其父甲武举官守备，而本初事文艺，隶善化庠，名籍甚。胸无城府，人有过，面争之，扶人于危，口不市德。产于南，而慷慨悲歌，尚有燕赵风也。

王山史交李天生

王山史与富平李天生检讨因笃初未相识，一日邂逅于长安茶肆，隔席遥接，各以意拟名姓，及询之，皆不谬，遂相与定交。

李文定兄事李天生

李天生为三相国所荐，至京师，名重一时。合肥武英殿大学士文定公天馥，以同姓年长兄事之，天生居之不疑。

朱人远交四方奇士

会稽朱人远茂才迩迈，尝以事至京师，名公巨卿尝延之东阁，以观四方奇士，人远因得遍交之。相与唱和者，为王西樵与其弟文简公，及宋荔裳、朱竹垞、屈翁山、郑禹梅、陈迦陵，皆当世文学大家也。

徐虹亭朱竹垞定交辇下

吴江徐虹亭、秀水朱竹垞，均少负才名，定交辇下。后同被征，同入史馆，相宅同居。虹亭就征日，属友绘《枫江渔父图》，竹垞题诗，有“惊起沙鸥定相笑，黑头未称作渔翁”之句。又填《摸鱼子》词，前调云：“怕白水捞虾，红阑斗鸭，与尔便无分。”

后调云："料八测塘边、三高祠里，让我醉眠稳。"既而竹垞谪官，虹亭亦言归，所居虽壤判江浙，然邮签百里而近，朝挂席而夕抵其庐，一舸往还，互商旧业。白头二老，隐系东南文献之传，后生望见者，咸以神仙目之。徐、朱本姻戚，虹亭七十时，竹垞往祝，因命工为《二老垂纶图》。

周青士好客

周青士家嘉兴之梅里，以卖米为业，自晨至午居市肆，过午辄闭肆，登小楼读书。工诗，好客，与朱彝尊、李良年、钟渊映比邻相善，诗酒往来无虚日。晚游京师，至宿迁，堕水死。

储同人有友十二人

储欣字同人，年未二十，好学。尝约里中才俊集于一堂，切劘经义，里中称之曰"八俊"。既而广之为十二人，皆友也。约曰："非圣贤之书勿视，非其行勿繇，不幸有过，必面责，改然后止。"又约曰："文之课，月有三。合而课者一，为书之艺七；离而课者二，书之艺五，论、表、判、策暨诗赋、古文词诸体胥一。"后如约行之，寒暖不稍辍者凡七八年。盖尝约周础芹、周天绥、叶培生、吴仲文暨群从君宜、井陉、清源为八士课也，又益以许子廷、周亚卿、周亮生、徐叔远而为十二人。

成容若与顾梁汾交契

成容若风雅好友，座客常满，与无锡顾梁汾舍人贞观尤契，旬日不见则不欢。梁汾诣容若，恒登楼去梯，不令去，一谈辄数日夕。

姜西溟哭成容若诗

成容若卒，姜西溟哭以诗云："禁方亲赐与，天语更缠绵。"又云："俄闻中使告，惨淡素帷前。"自注："次日老羌款关报至，诏使哭告灵前。”

郑芷畦广交游

郑元庆，字芷畦，归安人。覃思著述，期有用于世，而广交游，毛大可、朱竹垞、胡东樵、张朴村诸名人，并折行辈与之交。

芷畦自名所居之地曰“小谷口”，其著书之室曰“鱼计亭”。亭前种花垒石，后有方池一泓，大旱不涸。友朋过从，征文考献，与人应答，终日忘罢。

康熙戊寅京都名人大会

康熙戊寅夏，京都名人大会，合写《芷仙书屋图》。作画三十人：王原祁，宋骏业，禹之鼎，顾士奇，张振岳，杨晋，顾昉，沈坚，黄鼎，刘石龄，郑淮，马是行，孔衍栻，杨豹，方孝维，马昂，于炎，周兹，许容，姚匡，冯纕，顾芷，王永，李坚，邓熼，黄卫，钱石含，翁嵩年，唐岱；而始写树石，末复补远山一角者，石谷子王翚也。吟诗六十人，皆余思祖为之书：姚奎，袁启旭，费厚藩，黄元治，胡介祉，汪灏，宫鸿历，李时龙，胡赓昌，钱维夏，江宏文，王奕清，刘允升，朱襄，汪若，顾嗣协，翁必选，钱汝翼，钱元昉，孙致弥，蒋仁锡，冯历，王源，王泽宏，周彝，朱时凤，许志进，蔡玺，朱镐，顾彩，吴麐，顾瑶光，庞垲，姜宸英，王盛益，蒋畤锡，金璧，王时鸿，周清源，马几先，孙鋐，叶藩，陈于王，沈用济，吴世标，孔尚任，曹日暎，金肇昌，张霔，金德纯，吴涟，宏焯，阿文昭，博尔都，占拙斋，珠兼山，端释，等承，慈眎也；尚有孔毓圻之题识，则陈奕禧所书。

金启与刘绍锜善

金启，字奕山，会稽人。尝居三原，放于酒，独与三原刘绍锜善。绍锜虽不胜杯杓，而精于诗，启喜从之游，绍锜辄为具饮。启独酌，绍锜操笔其旁，为诗以酬，且键户，他人不得预也。

岳襄勤交怡亲王

岳襄勤公钟琪居京师，怡贤亲王与之纳交。一日，岳以忌之者多，不克保身为忧，王遂于奏对之暇代为陈之，岳不知也。世宗曰："既如是，可令其改入旗籍，当无敢有撼之者。然汝私往商之，勿云朕意。"王既至，与岳久谈，终不言而去。世宗问之，王曰："观钟琪意，似不愿也。"世宗曰："若尔，则勿庸。"然岳始终不知也。襄勤，号蓉湖，成都人，尝拜抚远大将军，终四川提督，绘像南书房，加太子少保、兵部尚书，封威信公。

马秋玉佩兮好客

祁门马秋玉刺史曰琯，与弟佩兮上舍曰璐同居，皆好客。举宏博，皆不就。乾隆癸巳，以开四库全书馆，进书七百七十六种。有园曰"小玲珑山馆"，全谢山祖望、符幼鲁曾、厉樊榭鹗、金寿门农、陶篁村元藻、陈楞山撰诸名士悉主其家。

扬州鹾商好客

扬州为鹾商所萃，类皆风雅好客，喜招名士以自重，而小玲珑山馆主人马秋玉、佩兮昆仲，尤为众望所归。时卢雅雨任运使，又能奔走寒畯，于是四方之士辐辏于邗，而浙人尤多。

江永交戴震

休宁戴震，少不誉于乡曲，婺源江永独重之，引为忘年交。震字东原，永字慎修。

禾中有四友

秀水冯柳东与史竹南、屠梅西、周桐北称"禾中四友"，钱警石《甘泉乡人集》中有《与冯柳东劝辞荐举书》，称三君为道义之友、总角之交。

刘文清交瑛梦禅

刘文清公墉与瑛梦禅交最契，梦禅居勾栏胡同，与文清邸第邻巷也。文清善书，与梦禅手札凡二百通，由壮至老，体格皆备，梦禅装为册，自为之序。又有与梦禅馈物事目一册，日用之物无所不具，殆亦无日不馈也。又二册，则多邀饮之札。此可想见二人交谊矣。

程风衣马璞臣如旧相识

乾隆壬戌，淮扬大贾之业鹾者，深居简出，四方游客未易得见。桐城马璞臣，名相如，名士也。至扬，投刺于程风衣，再至，阍人再拒之。马怒，哄于门。已而有一人便衣小冠，趿履而出，问曰："子何人?"曰："吾桐城马相如也。"曰："马璞臣耶?"曰："然。""子何人？子知程风衣在家耶?"曰："吾即程风衣也。"两人乃大笑，牵袂入，各尽吐所欲语，如旧相识。留数日，尽欢而别。风衣，名嗣立，有寒士风。

裘文达下直见客

新建裘文达公曰修，每下直，即居听事西轩，环设客座，戒阍人，客至即引入坐，与共饮食，迭起迎送，竟日无倦容。

袁子才广交

袁子才广交，居金陵随园，为诗坛盟主。四方客至，坐花醉月，樽俎联欢，殆无虚日。一日大开东阁，客至五百人，皆一时知名之士，惟赵云松观察方游栖霞，折简招之，竟谢不往，贻以诗云："名纸填门奉坫坛，随园豪举欲留餐。灵山五百阿罗汉，一个观音请到难。"袁得诗大笑。

子才交游遍海内，大江南北为尤多。每出行，自白下起程，而京口，而毗陵，而锡山，而苏，而松，以抵杭州，沿途访旧，都以肴蒸相馈赠，虽有行厨，虚自备员而已。至杭后，句留略久，人之询归期者，鱼雁日以属，及将返金陵，皆已相候于道矣。或邀至其家，一宿再宿，其馈赠一如出行时。子才曰："三年一看西湖雨，累得家家具黍鸡。惟年已七十余矣，若问重来与否，则前路茫茫，殊难自主，而未能预定耳。"

庆似村与袁子才铁冶亭善

庆似村名兰，文端公尹继善子。寡交游，与袁子才善，而铁冶亭交之最久。冶亭每过访，一鬅头婢应门，引入室，见主人不衫不屣，案头诗一本，窗间竹数竿，此外别无长物。烹新茗一瓯，味至佳，不留饮，亦不答拜，曰："我无车马僮仆也。"年五十余，以布衣终。

杭堇浦与何耿莫逆

杭堇浦名世骏，字大宗。乾隆时主讲粤秀书院，自壬申至甲戌乃北归。其在广州时，与何西池、耿湘门最莫逆。湘门于静海门外濠畔街辟素舫斋，堇浦时过从谈谳，有句云："风流吴楚朋襟接，天色西南雨脚赊。传语重城休上钥，酒边正要说梅花。"

冯三友为某观察子友

冯三友名益，皋兰人，先世居江宁，高祖某宦于兰，遂家焉。父福，尝从戎有勋，病殁，三友方四龄，福之妾张氏所生也。嫡母王氏生三禄，三禄弗为养，逐张及三友。稍长，卖饼饵以供生母。时有某观察者，方为子求塾侣，或进三友，时仅九龄，总角长揖，举止端谨。观察异之，酬以揖，曰："是子良足为吾子友也。"

谢鸣谦与赵汪杨定交

南丰赵山南孝廉由仪工诗，谢鸣谦与之善。谢于赵为十年长，赵四五岁时，谢已爱其神骏。其后尝燕见，以饮食征逐相歌呼为乐。谢性拙率，人或面谀之，辄忸怩，虽有甚爱，不自达。乾隆甲子，赵交武宁汪辇云。汪贫而工诗，壬戌、癸亥间名大起，当路争罗致之。谢晤之于南昌，方熟察其所为，而赵与一见，遂定交。是时与汪方驾者，为南昌杨子载，而赵独推重汪，然间尝示谢以杨书，又未尝不叹其忠告侃侃，以为古人复出也。而赵顾数数为汪、杨言，谢以是又交汪、杨。

名流欢迎张熙河

乾隆时，平湖张諴字熙河，性倜傥，好游名山，九州历其七，五岳登其三。所至，贤士大夫如袁子才、毕秋帆、洪稚存、孙渊如辈，皆倾襟倒屣，相见恨晚。

姚朱王相契

姚姬传在京师，与辽东朱孝纯子颖、丹徒王文治梦楼最相契。一日，天寒微雪，偕过黑窑厂，置酒纵谈，咏歌击节，旁若无人。明日，盛传都下。既而王自云南罢官旋里，朱为两淮运使，闻姚归，三人者相约复聚于扬州。朱特筑书院于梅花岭侧，一夕植梅五百株，延姚主讲席，此即梅花书院之所自始也。

梁山舟交任礼堂

钱唐梁侍讲同书，初字符颖，偶得元贯酸斋行楷“山舟”字，揭之轩中，士林遂称山舟先生。后阳羡任礼堂过云间，于天马山周氏见石刻“山舟”二字，迹类飞白，甚奇古，盖赵承旨笔也，亟手拓一本，俾吴槎客骞携至杭州赠侍讲。任、梁素未谋面，自此遂订交，槎客赋长歌以纪之。

朱东臣与陈李契

朱东臣名栋，与陈斗泉、李乐泉初未相识。一日相遇于王云谷斋中，则三人并生于乾隆丙寅，并号“泉”，于是甚相契。自是，吴中厮养隶卒亦无不知枫桥有“三泉”矣。

黄仲则交洪稚存

黄仲则少尹景仁，性落落难合，不广交，以是始慕与交者，后皆稍稍避之，黄亦不置意。独与洪稚存太史亮吉交十八年，洪屡以事规黄，黄虽不之善，而亦不之绝也。

毛大瀛与国泰为异姓兄弟

毛大瀛，宝山诸生，善属文，试辄不利。年逾五十，以荐举得官。教匪起湖北，蹂躏陕、汴、川诸处，大府奏调毛随营。以功擢知县，寻授简州知州。毛初在鲁抚国泰幕，几十年。国泰者，毛在京时所识，约为兄弟者也，抚山东，即挟之以行。

国性暴戾，妻子仆隶皆若不可一日共居者，独重毛，始终无纤毫芥蒂。毛质直，尝数其过，国受之不校也。国盛怒时，或至扑妻子、刃仆隶，得毛数语即解。以是署内外事毛如神明，国亦饬所亲下人奉毛若己。毛或赴试，则阖署人环以泣，阻其行，若势不可留，则各囊金以赠之。毛入试，所获无算，亦随手辄尽，不余一钱也。在幕府日，国四鼓即促毛起，然巨烛，与分案治官文书，日出，事始竣。国读书不甚分句读，顾酷嗜作制举文，日必拈一题，强毛共为之。

董小狂友汤贞愍何蕉衫

上元诸生董小狂，名进，好为诗，结茅野处，名曰窥园。与汤贞愍公贻汾结为异姓昆弟。贞愍患疥，不时往，小狂怪之，曰：“恒欲得浴。”曰：“窥园不可浴耶？”曰：“无抑搔者。”乃即剂药焊汤以浴贞愍，躬抑搔之。董所善又有何蕉衫，尝客游，图其形壁间，每饮酒，辄设桮（古同“杯”）勺，若劝酬。何之子曰成儿者幼，小狂爱惜逾己子。成儿夭，饮食坐卧及为诗，无非哭成儿。

花连布友洪稚存

提督花连布，满洲镶白旗人，以世职历官贵州南笼镇总兵。洪稚存太史视黔学，始识之。花性质直，与人交，有肝胆，尝语洪曰：“少时读书，曾习《论语》《左传》。袭职后，乃辍读。”学政例岁试武生童，必移文所辖总督，请派副将以下一员，监视骑射，盖立法之始，恐文臣不谙弓马也。洪试南笼，所派适为花标下之参将。洪按定制，正坐演武厅，而参将及充提调官之知府左右坐。花闻之，不悦。日晚，会讌于花之署斋，花愠见于色，洪笑曰：“非妄自尊大也，例若此耳。公不尝读《左氏传》乎？王人叙诸侯之上，左氏言之矣。”语未竟，花意顿释，谈甚洽，遂约为异姓兄弟。洪之从弟显吉留太守署中，一日见花，以花之官称之，花不悦曰：“吾与若兄交，汝何外我耶？”因强之入内室，令妻子出见，岁时馈问若骨肉焉。

张东甫交四方名宿

张之杲，号东甫，钱塘人。幼随其大父宦于湘，继以家贫母老，思橐笔以游。会曾宾谷侍郎燠方在邗，乃往依之，命居题襟馆。时四方名宿若汪容甫、魏默深辈咸聚馆中，遍交之。侍郎或一月至，或数月至，至则谈文艺，无一语及私。东甫后官江苏泰州知州。

高爽泉爱交游

高爽泉名垲，钱塘人，以善书著于时。爱交游，如何上舍元锡、查刺史揆、陈司马鸿寿、陈明府文述、郭明经麐、彭上舍兆荪、陈侍郎嵩庆、朱漕督为弼、庆制军保、胡中丞克家、陈中丞桂生，咸相与推襟送抱，跌宕文酒，盖重其书，并器其人也。

蔡木龛爱客若命

钱塘布衣蔡焜，字木龛，居武林门内斜桥河下，家贫，而爱客若命。室惟一老妪给事，门悬竹梆一，客至击之，则妪启扃出。门设题名簿，访者先书姓氏焉。登其堂，修洁无尘，茗碗熏炉位置妥贴，酒谈茶话，惟客之便。蔡不作诗而善谈论，腹笥极博，待人接物则煦煦作春气也。

龚定庵交遍海内

仁和龚定庵，名自珍，为段懋堂外孙。两世礼曹，交遍海内，绮纨附骥，齿挂通人，道光时之名公子也。

刘孟涂为姚石甫好友

桐城姚石甫，少与刘孟涂为友。后石甫成进士归，里人招饮，两人在座，孟涂直斥其文。石甫几不能堪，避席引去，至阶，复入席坐，孟涂骂如故。石甫避而返者三，终入坐，泣曰："孟涂真吾好友，吾知过矣，请改之。"孟涂骂始息。

道光末，石甫罢官居里，过其家，遇孟涂叔某，时年老目眩，问客谁，石甫跪而自呼其名曰："某在斯。"其叔抚摩石甫之顶而言曰："姚三，汝归来耶？何久别也！"若不知其曾为廉访也者。

曾文正友莫子偲

独山莫子偲友芝，少与郑子尹珍齐名，精许书，工篆籀，诗亦古朴有味。尝与曾文正公国藩，订交于京师琉璃厂书肆中。文正遗莫书云："阁下与郑先生游，六合之奇，览之于一匊，千秋之业，信之于寸心。"其倾倒可谓至矣。

澄园八友十友

乾隆时，上斋内直诸臣尝绘《澄园八友图》，主之者漳浦蔡文恭公新，凡七人，则陈尚书悳华，程文恭公景伊，张文恪公泰开，观总宪保，二周学士长发、玉章，梁少詹锡屿也。汪文端公由敦、秦文恭公蕙田作记，武进刘文定公纶作长歌。铅山蒋侍御士铨代涂少空逢震作二律，中有云："地邻海淀兼三岛，人异淮南正八公。"至咸丰朝，倭文端公仁亦尝绘《澄怀十友图》，孙方伯衣言《逊学斋集》中有记，图中姓名惜未全举也。

林琴南友菜佣

林琴南早年贫甚，授徒奉母，时苦不给。一日，有卖菜佣弛担息其门首，出见与语。菜佣自言家止一母，负贩所得，以供甘旨外，无他求。林叹曰："若然，我侪之友也。"菜佣谢弗敢当，林曰："若无然。我侪操业不同，能孝母，一也，我今友汝矣。"

郭午桥交谭复堂

同治癸亥，仁和谭复堂大令献在闽，铜梁郭午桥偕南昌朱莲峰访之。谭、郭相见于分水县，仅再面耳，情谊恳挚，有如素交。闻谭遇汀州之变，怆惋累月。既而知其尚在人间，又不知踪迹，与桐庐江退谷乱后相见，辄动色以告。及至闽，访求甚坚，得莲峰，始知谭所在，以得见为欢幸。

高谭之交谊

同治己巳，仁和高古民卒，谭复堂大令哭之恸，尝曰："追怀癸丑以来，论交群纪之间，与昭伯结昆弟之好，又唱酬相得。仲瀛、白叔童幼亲密，予弟畜之。昭伯得心疾，沉绵不瘳。予南北奔走，与高氏踪迹遂隔。乱定言归，昭伯殁于越州，有子歧嶷，而仲瀛好学深思，白叔才气飙举，皆可一日千里。丈周甲之年，神明强固，犹跌宕文酒之场。家素封，遇乱，不能无折阅。父子兄弟，怡悦家衖，授受文史。丁卯秋，白叔与予同举于乡，通家之谊，视予加亲。礼闱报罢，与丈犹数见。秋初婴疾，奄忽阅岁，遂以不起。遗诗二三十卷，尚未刊布，意趣在梅村、竹垞间。言念畴昔，怆怀老成，如何可言！”

谭樊定交于都门

同治甲戌春二月，谭复堂大令以计偕入都，与恩施樊云门方伯增祥定交。下第后赠言，以为古君子、勿为今名士相勗，谓宜读有用书，成伟人，斯为交游光宠耳。

高逋孙与陈石遗善

侯官高逋孙文学钟泉之妇邵氏，幼随父宦江南，尝与逋孙谈太湖山水，为之神往，以语其友陈石遗。时陈亦蜷曲乡井，往往出门写忧，意行原野，则回汀断港，颓榭荒龛，与高相遻（古同“遇”）而笑，买山果菱芡之属以充饥渴。日既入，不忍舍去，有千百钱，则沽酒相从老屋中，谈谐动邻壁，盖高与陈固相善也。

德宗有小友

德宗登极方四龄，初入宫时，以乳姆未至，大哭。故事：无官者不得入宫门。孝钦后乃赏乳姆四品服，召之入，哭乃止。翌晨又哭，孝钦问故，乳姆告之，盖帝在醇邸时，邸有御者某之子，与帝年相若，朝夕嬉戏，极相得，因御者之子不至，故哭也。又赏御者之子四品服，召入宫，帝乃嬉戏如常。

谭复堂与庄中白为心交

谭复堂大令与庄中白至相善也，光绪戊寅，中白卒于扬州，大令哭之恸，复笔之于日记曰：“月余日出入寡欢，心志惨沮，觉非佳朕。忽得扬州书，乃庄中白讣也。郢人逝矣，臣质已沦，茫茫六合，此身遂孤，怀宁一别，竟终古矣。二十余年，心交无第二人，素车之约，亦不能践，梦魂摇摇，更无熟路。再展遗文，遂有‘昨犹见佛，今日已称我闻’之叹。”中白，名棫，丹徒人。

谭复堂引夏薪卿为小友

钱塘夏薪卿，名曾传，为子仪农曹之子，紫笙中书之侄，从宦于京。时当舞象之年，适谭复堂大令在都，时以诗就质。大令以其制题结调有成人风，引之为小友。

黄体芳友何金寿

光绪初，京朝官中有五虎之名，其最著称者，则以何金寿、黄体芳为尤著。二人本相友善，皆以抗直闻。未几，何以忤朝贵谪官扬州府，黄适督学江南。何到任后，卒于官，黄挽以联云：“清慎勤万口成碑，即今宦橐萧然，剩有西台留谏草；诗书画一朝绝笔，令我征帆到此，不堪东阁吊官梅。”

陈兆甲与扮黄天霸之武生缔交

归安陈兆甲，字友三，官户部云南司主事。素不谙事，一日忽大悟曰：“今岂犹是闭门寂处时乎？正须广求天下英雄豪杰而与之结交，斯可矣。”逾时，往观四喜班所演戏剧，见扮黄天霸某武生，拍案大喜曰：“真英雄在此矣。”观戏毕，亟往求其人而与之缔交，并结为异姓兄弟。更求武生之友而遍与之交，饮食往还无虚日。又时括家中金，或质贷得金而与之，缘是落拓殊甚。其妻，粤东某方伯之妹也，与议曰：“汝为京官，贫欲死。吾当至粤，向家兄贷金若干，与汝捐一直隶州，差堪自活。”陈唯唯。妻遂至粤，筹得数千金，携至京与陈。陈则不报捐，又不还债，而悉贷与武生及其诸友。岁暮，债户猬集，陈惟视天，无一语。其妻微怨之，陈愧甚，遽吞鸦片烟而死。

金友筠与俞曲园神交

青浦有金友筠者，自号“无碍翁”，又号“林阴仰雪翁”，家园养晦，以著述自娱。与德清俞曲园太史樾初未相见也，光绪丁亥、戊子间，忽上书于曲园，与订神交，而不署真姓名，曲园谓其如漫郎聱叟之姓名未许人知也。自是尺素往来，辞意肫挚，时而为文字之商量，时而为缟纻之投报，拳拳敬爱，久而不渝。通问之明年，乃始以真姓名告曲园。

王兰生寡交游

侯官王兰生孝廉景寡交游，惟与陈琇莹、陈衍、陈念祖、许贞幹诸人善，无三日不过从，多集念祖所。念祖家近市，对门有酒楼，饮辄弥日，恒言诗，同饮者厌其酸，目笑之。景性复不广，遇生客则敛容不一语，人亦多弗之喜，故独与琇莹及衍之交为最亲且久也。

王文敏谒客之名刺

福山王文敏公懿荣，光绪庚辰进士，蚤负博雅名。居京师久，士子公车入都，咸以得一识面为荣。王答拜之名刺有三种：仅工制举文者，用楷书刺；稍知古今学、不名一体者，用隶书；媁精汉学、旁通金石者，用小篆。歙县汪仲伊与王为同年，或问曰：“王与先生何如”？答曰：“用隶书，犹以其为同年也。”因大笑。

俞筱甫友谭复堂

教人以事者曰师，然古之君子互相切磋，固兼师资友谊而言也。光绪中叶，吴县俞筱甫通守廷瑛官浙中时，谭复堂大令方自皖罢官，休于里门。谭以经学、文学负海内重望，俞与之友，每有撰著，辄携以就正，奉以为师，风潇雨晦，时相过从，不厌不倦也。谭曰：“俞君非风尘中人，老而好学，固自有千秋也。”

丁徐久敬不衰

丁竹舟主政松生大令，与徐印香舍人恩绶，皆钱塘人。舍人家居时，里闬近接，数相过从。别后，书札往还无虚月。结契垂四十年，以道义文字相切磋，久敬不衰。丁富而徐贫，徐不谄，丁亦不骄也。

徐朱沈广交游

光绪中叶，浙江京官有三人，皆以广交游名于时：一，仁和徐花农侍郎琪；一，海盐朱桂卿讲学福诜；一，秀水沈淇泉编修卫。自在京之王公百官外，各省入都之官吏士子，无不相与往还。有葛云垣者，尝过其邸寓，谓舆人仆从填咽户外，途为之塞，若权门焉。

三人皆负时望，而宫室、车马、衣服之自奉，儗于素封，盖亦以门阀之异于寻常耳。其宴客也，且旬日而九。有见其门籍者，谓一日间往谒之客，多者以百计，审其籍，则汉、满、蒙及二十二行省之人几已悉具，而徐为尤多。三人皆相识，徐、朱且为姻娅也。

林暾谷交名流

侯官林暾谷京卿旭尝游武昌，遍识一时名流，若陈宝箴三立父子、梁鼎芬、蒯光典、屠寄之伦。光绪癸巳旋里，应童子试，三试冠其曹，为邑诸生。旋领乡荐第一，其闱作传诵天下，年十有九耳。入都，知名之士争与交，乃遂交黄绍基、沈曾植、康有为、梁启超、严复诸人。

汪穰卿好客

汪穰卿舍人康年好客，出于天性。尝分校两湖书院，凡名士之客于张文襄者，无不结纳。光绪戊戌，设《时务报》于上海，则凡寓公之于政治、学术、艺能、商业负有声誉与夫道沪者，无不踵门投刺。穰卿闻其来，亦无不迎候、访问，夕则设讌以款之，相与谈天下大计，或咨询其所长，或征求其所闻见，故于各省之人情风俗与夫其人性情品行之奚若，无不明瞭于胸。尝手辑一书，以平日所见之人分省记载，并详著其所长，颜曰《曹仓人物志》。

穰卿好客之名既著，故四方人士无不求与一面。日本人之能作华语者，亦与相周旋，某且举其家藏之宝刀以为赠。

穰卿有弟曰仲阁者，则反是，以耳聋，须与人笔谈，人恒厌之故也。

谭鑫培交李某

名伶谭鑫培好立崖岸，与之交者颇不久，惟内务府茶库李某与狎，久而不衰，岁贷金钱不可胜数。而李固不吝，以获交伟伶为荣。人家婚诞演剧，欲延谭而不得者，往往卑礼厚币，介李以请，得李一诺，谭必至矣。故李因谭，亦终岁受人馈遗讌饮无虚日，颇用是以自多。光宠交游，此之谓矣。

著述类

列圣钦定诸书目录

列圣万几之暇，博览经史，爰命儒臣选择简编，亲为裁定，颁行儒官，以为士子模范。胪列其目于左。

经部，则《易经通注》四卷，《日讲易经解义》十八卷，《御纂周易折中》二十二卷，《御纂周易述义》十卷，《日讲书经解义》十三卷，《钦定书经传说汇纂》二十四卷，《钦定诗经传说汇纂》二十卷，《御纂诗义折中》二十卷，《钦定周官义疏》四十八卷，《钦定仪礼义疏》四十八卷，《钦定礼记义疏》八十二卷。《日讲礼记解义》二十卷，《日讲春秋解义》六十四卷，《钦定春秋传说汇纂》三十八卷，《御纂春秋直解》十六卷，《御注孝经》一卷，《御纂孝经集注》一卷，《日讲四书解义》二十六卷，《御纂律吕正义》五卷，《御纂律吕正义后编》一百二十卷，《御定康熙字典》四十二卷，《钦定西域同文志》二十四卷，《御定音韵阐微》十八卷，《钦定同文统韵》六卷，《钦定叶韵汇辑》五十八卷，《钦定音韵述微》一百有六卷。

史部，则《钦定明史》三百六十卷，《御批通鉴辑览》一百二十卷，《御定通鉴纲目》三编四十卷，《开国方略》三十二卷，《御定三逆方略》，《亲征平定朔漠方略》四十八卷，《平定金川方略》三十二卷，《平定准噶尔方略》前编五十四卷、正编八十五卷、续编三十三卷，《平定两金川方略》一百五十二卷，《临清犯略》十六卷，《石峰堡纪略》，《台湾纪略》，《平定廓尔喀纪略》，《平苗纪略》，《平定三省教匪纪略》，《辛酉工赈纪略》，《太祖高皇帝圣训》四卷，《太宗文皇帝圣训》六卷，《世祖章皇帝圣训》六卷，《圣祖仁皇帝圣训》六十卷，《世宗宪皇帝圣训》三十六卷，《高宗纯皇帝圣训》三百卷，《上谕内阁》一百五十九卷，《朱批谕旨》三百六十卷，《钦定明臣奏议》二十卷，《钦定宗室王公功绩表传》十二卷，《钦定蒙古回部王公表传》六十卷，《钦定八旗满洲氏族通谱》八十卷，《钦定胜朝殉节诸臣录》十二卷，《钦定月令辑要》二十四卷，《大清一统志》五百卷，《钦定热河志》八十卷，《钦定日下旧闻考》一百三十卷，《钦定满洲源流考》二十卷，《钦定皇舆西域图志》五十二卷，《皇清职贡图》九卷，《钦定盛京通志》一百卷，《词林典故》八卷，《续词林典故》，《钦定历代职官表》，《钦定大清会典》一百卷，《新定大清会典》，《大清会典则例》一百八十卷，《新定大清会典则例》一百八十卷，《钦定续文献通考》二百五十二卷，《钦定皇朝文献通考》二百六十二卷，《钦定续通志》一百四十四卷，《钦定皇朝通志》一百卷，《钦定皇朝通典》二百卷，《幸鲁盛典》四十卷，《万寿盛典》一百二十卷，《钦定大清通礼》四十卷，《南巡盛典》一百二十卷，《皇朝礼器图式》二十八卷，《国朝宫史》三十六卷，《续国朝宫史》□□卷，《钦定满洲祭神祭天典礼》六卷，《八旗通志》初集二百五十卷，《八旗通志》二集□□卷，《大清律例》四十七卷，《钦定天禄琳琅》十卷，《御制详〔评〕鉴阐要》二十卷。

子部，则《御撰资政要览》三卷、《后序》一卷，《圣谕广训》一卷，《庭训格言》一卷，《御制人臣儆心录》一卷，《御制日知荟要》一卷，《御定孝经衍义》一百卷，《御定内则衍义》十六卷，《御纂性理精义》十二卷，《御纂朱子全书》六十六卷，《御定执法成宪》八卷，《钦定授时通考》七十八卷，《钦定医宗金鉴》九十卷，《御定历象考成》四十二卷，《御定历象考成》后编十卷，《御定仪象考成》三十二卷，《御制数理精蕴》五十三卷，《御定星历考源》六卷，《钦定协纪辨方》三十六卷，《钦定佩文斋书画谱》一百卷，《秘殿珠林》二十四卷，《石渠宝笈》四十四卷，《续石渠宝笈》□□卷，《钱录》十六卷，《钦定西清古鉴》四十卷，《钦定西清砚谱》二十四卷，《御定古今图书集成》五千二百卷，《钦定渊鉴类函》四百五十卷，《御定骈字类编》二百四十卷，《御定分类字锦》六十四卷，《御定子史精华》一百六十卷，《御定佩文韵府》四百四十二卷，《御定韵府拾遗》一百十二卷，《御注道德经》二卷。

集部，则《圣祖仁皇帝初集》四十卷、《二集》五十卷、《三集》五十卷、《四集》三十六卷，《世宗宪皇帝文集》三十卷，《高宗纯皇帝乐善堂全集》三十卷，《御制文初集》三十卷、《二集》四十卷、《馀集》二卷，《御制诗初集》四十四卷、《二集》九十四卷、《三集》一百卷、《四集》一百二十卷、《五集》一百四十卷、《馀集》□□卷，《仁宗睿皇帝味馀书室集》□卷，《御制文初集》□□卷，《御制诗初集》□□卷、《二集》□□卷，《御定全唐文》五千卷，《御定古今渊鉴》六十四卷，《御定全唐诗》九百卷，《御定赋汇》一百四十卷、《外集》□□卷、《补遗》二十二卷，《御选四朝诗》二百九十二卷，《御定佩文斋咏物诗选》四百八十二卷，《御定历代题画诗类》一百二十卷，《御定全金诗》七十四卷，《御选唐诗》三十二卷，《御选唐宋文醇》五十卷，《御选唐宋诗醇》四十七卷，《皇清文颖》一百二十四卷，《续皇清文颖》□□卷，《钦定四书文》四十一卷，《钦定历代诗馀》一百二十卷，《御定词谱》四十卷，《御定曲谱》十三卷。

牵缀姓氏于集中

查夏重、姜西溟、唐东江、汤西崖、宫恕堂、史蕉饮在辇下为文酒之会，尝谓吾辈将来人各有集，传不传未可知，惟彼此牵缀姓氏于集中，百年以后，一人传而皆传矣。

刘继庄劝万季野著书

鄞县万季野与大兴刘继庄同在徐健庵邸中，万终夕危坐观书，或瞑目静坐，而刘好游，日必出，或兼旬不返，归而以其所历告之万，万亦以所读书证之，语毕复出。故都人求见此二人者，得见万为多，而刘以游故罕所接。时万与刘各以馆脯所入，佣写人抄史馆秘书，连甍接架。徐既去官，刘亦返吴，而万为明史馆所留。刘语之曰："不如与我归，共成所欲著之书。"万诺之，然不果。刘返吴，不久而卒，其书星散。及万卒于京，书亦无存矣。刘，名献廷，籍顺天而家苏州。

《图书集成》

《图书集成》一书，相传独成于陈省斋之手。省斋，名梦雷。其实非省斋一人所成也。康熙壬寅十一月上谕，有"陈梦雷原系叛附耿精忠之人，皇考宽仁免戮，发往关东。朕东巡时，以其平日稍知学问，带回京师，交诚亲王处行走。累年以来，招摇无忌，不法甚多，京师断不可留。著将陈梦雷父子发遣边外，或有陈梦雷之门生，平日在外生事者，亦即指名陈奏。杨文有乃耿逆伪相，一时漏网，公然潜匿京师，著书立说。今虽已服冥刑，如有子弟在京者，亦即奏明驱遣，尔等毋得稍徇私隐蔽。陈梦雷处所存《古今图书集成》一书，皆皇考指示训诲钦定，费数十年圣心，故能贯穿古今，汇合经史天文地理，皆有图记，下至山川草木，百工制造、海西秘法，靡不备具，洵为典籍之大观。此书工犹未竣，著九卿公举一二学问渊通之人，令其编辑竣事。原稿内有讹错未当者，即加润色增删"等语。据此，则《图书集成》之成帙，非省斋所能专其功，而省斋之跅弛亦可见矣。

刘南村不好著书

刘林青，字南村，雍正时之攸县明经也。好读书，于六经尤有心得；随日札记，每积寸许，辄毁之，存者无几。尝言古人戒好著书，不特悔其少作也，每教学者，令无忘斯语。

《四库全书》

乾隆朝，御史王应彩、安徽学政朱筠先后疏请下诏求遗书，并言翰林院贮有《永乐大典》，内多古书，请开局校阅，具言搜辑之道甚备。时大学士刘文正公统勋，独以为非为政之要，且四处搜访，徒滋骚扰，欲议寝之。而协揆于敏中独善其议，固争之，卒用应彩等说上之。癸巳，四库全书馆开，而私家著述一经疆臣辇送至京，廷臣检阅，指出一二近似谤讪之语，于是生者陷大辟，死者戮尸，虽妻子亦从而坐死矣。馆开十三年而书成，共存书三千四百六十种，计七万五千八百五十有四卷，除颁赏内外臣工外，余悉存于翰林院。及光绪庚子拳乱，院被焚，弘编巨册遂无片纸之留矣。

凡所纂辑，得之《永乐大典》中者五百余部，合各省遗籍殆有万余种，皆世所不传者，次第刊布，别藏其副于翰林院，依全书目次四部，编排标签，以清秘堂办事翰林司其籍。翰林及大臣有欲观者，许其请阅，亦可携纸就抄，惟不能私携出院耳。

《四库全书提要》

献县纪文达公昀总纂《四库全书》，一切体例皆其手定，每进一书，仿刘向、曾巩例作提要以冠之简首，高宗辄览而善之。评骘精审，识力在王仲宝、阮孝绪上。自言一生精力，全萃此书，洵古今大著作也。时陆耳山副宪与文达同主其事，耳山博闻强记，资禀绝人，由中书入直军机，曾奉勅编《通鉴辑览》者也。

张阮林以著作为己任

张阮林，名聪咸，桐城人，文端公英之五世孙也。高祖为工部右侍郎廷璩，祖为贵西兵备道曾敭，皆以甲科贵。父元位，亦以副贡官巴州州判。阮林幼颖悟，为祖父所钟爱。家故世族，又自矜贵，未冠能文，有才气，睥睨同辈。年十九，游于从祖菉园之门，见里人姚石甫观察莹，与语大惊，悔其所作，尽焚之，曰："世固有不朽之学，此不可羞耶？"由是博极群书，遂以著作为己任。

王船山有遗书

衡阳王船山著书数百种，临殁时，嘱其子孙曰："吾所著，非二百年后不能大行。"子孙守其遗训，不以示人。当乾隆癸巳开四库馆时，湖南巡抚某至其家求书，仅得经学书数种。至道光末，邓湘皋求船山遗书，船山之裔以为符二百年之说也，乃出稿付刊。船山，名夫之。

曹叔彦著述满家

吴县曹叔彦检讨元弼，盛岁成名，著述满家。然双目短视，咫尺不辨，吐属宏深，语成文采，于故书雅训，百不失一。

张菊生辑《涉园丛刻》

《涉园丛刻》者，海盐张菊生副大臣元济于宣统辛亥六月，以其先世著述已梓而板亡及家藏未刻者，活版印行，凡八种。曰《入告编》，其九世祖螺浮给谏惟赤之谏草也。其赋咏为《退思轩诗集》。曰《赋闲楼诗集》者，螺浮之子皜亭主政皓著。曰《宾谷诗选》者，螺浮之孙葭士郎中芳湄著。曰《扪腹斋诗钞》《扪腹斋诗馀》者，皆螺浮曾孙青在明经宗松著。曰《藕村词存》者，螺浮曾孙咏川上舍宗橚著；附以《涉园题咏》，则螺浮曾孙选岩上舍鹤征所辑也。张氏食德承家，泽躬尔雅，各能以文采自襮，不坠名家令闻。施及菊生，盖九世矣。其持梓者，曰《带经堂诗话》，螺浮曾孙吟庐上舍宗楠著；曰《词林纪事》，咏川上舍著；曰《初白庵诗评》，螺浮曾孙芷斋明经载华辑；曰《竺岩诗存》，则赐采著，凡四种。

赵撝叔辑《鹤斋丛书》

会稽赵撝叔大令之谦善刻画，文词雅饬，有《悲庵居士文存》。又尝辑刻《鹤斋丛书》。鹤斋者，具言之，则为仰视千七百几十几鹤斋。盖以鹤喻县令，我国都凡一千七百几十几县，其时赵候缺，尚未真除，故云然也。

史臣文笔之详慎

《明史》三百三十六卷，乾隆丙午七月二十五日书成，凡本纪二十四卷，志七十五卷，表一十三卷，列传二百二十卷，目录四卷。康熙己未，用博学宏词诸臣为分纂，以叶方蔼、张玉书等为总裁，继又以汤斌、徐乾学、王鸿绪、陈廷敬、张英为之。诸纂修官皆博学能文，论古有识。玉书总志，廷敬总本纪，鸿绪总列传。至甲午，鸿绪传稿成，表上之，而本纪、志、表尚未就，鸿绪又加以纂辑。雍正癸卯，始再表上。世宗乃命张廷玉为总裁，即就鸿绪本，令词臣再加订正。及书成，盖已六十年矣。古来修史，未有如是之从事慎而为日久者。所以编纂得当，详简合宜，行文尔雅，超出于辽、宋、元三《史》之上，而可以继欧阳之《五代》也。

万季野手定《明史稿》

有明以来，谈道统者扬己陵人，卒酿门户之祸。万季野目击其弊，著《儒林宗派》十六卷，凡汉后、唐前传经之儒，一一具列，除排挤之私以消朋党，持论独为平允。季野少不驯，其父闭之空室中，窃视插架庋有明史料数十册及经学诸书，尽读之。既出，其伯兄出经义试之，俄顷成千言。伯兄大惊，以告其父。其父曰："几失吾子！"是日始为之新衣履，送入塾。康熙己未，开局修《明史》，徐元文延之往，则以布衣参史局，不署衔、不受俸为请，许之。遂手定《明史稿》五百卷。时季野老矣，两目尽废，而胸罗全史，信口衍说，贯串成章。时钱亮工尚未达，为徐门下士，才思捷敏，昼则征逐朋酒，夕则晋接津要，夜半始归静室中。季野踞高足床上坐，亮工就炕几前执笔，随问随答，如瓶泻水。亮工据纸疾书，笔不停辍，十行并下，略无罅漏。史稿之成，虽经数十人手，而季野、亮工实尸之。

李天生改王鸿绪《明史稿》

富平李因笃，字天生，性行伉爽，一秉秦中雄直之气。生平与李二曲交最密。天生宗朱子，二曲讲良知，各尊所闻，不为同异。康熙己未，以博学宏词及第，授检讨，与修《明史》，精熟明代事迹，史馆无能及者。授职数月，乞归养母。后王鸿绪史稿成，欲令正之，时老病在床，令二人捧稿朗诵，呼曰改，即加窜易，半载而毕。鸿绪，华亭人，文恭公项龄之次弟也，官至户部尚书，有《横云山人集》。

史疑之审订

历代称史学者，亦惟评骘旧闻，抨弹往迹，甫翻史略，即可成文，昔人所以有“玩物丧志”之讥，又有“读史令人心粗”之慨也。至于本朝诸儒，皆实事求是，有疑必审，有误必订，而非前人所可及。如钱大昕之《廿二史考异》，王鸣盛之《十七史商榷》，赵翼之《廿二史札记》，张熷之《读史举正》，洪颐煊之《诸史考异》，皆通校全史者也。梁玉绳之《史记志疑》，钱大昭之《两汉书辨疑》，沈钦韩之《两汉书疏证》，梁章钜之《三国志旁证》，赵绍祖之《新旧唐书互证》，施国祁之《金史详校》，皆专考一史者也。披郤导窾，莫不精深确当，读史者宜奉为指南矣。

王士禄拟改正史体

新城王士禄，文简公士祯之兄弟行也。尝病二十一史冗驳乖舛，《三国志》并列为非，谓宜废陈氏而用谢承《季汉书》，仿《晋书》例，列魏、吴为世家，去宋、齐、梁、陈、魏、北齐、周七《书》，而用李延寿南北二《史》，其宋、辽、金用柯维骐《宋史新编》，合之十二史，既正史体，复省烦复。拟上书，不果。又谓坊本《子贡诗传》《申公诗说》并伪书，李维正序行，

《津逮秘书》收之，皆误也。

赵瓯北著《廿二史札记》

赵翼撰《廿二史札记》之初，自言不能研究经学，惟历代史书事显而义浅，便于浏览，于是取为日课。有所得，辄记于别纸，有稗乘脞说与正史歧误者，不敢遽记为得间之奇，修史时此等记载，无不搜入，史局弃而不取，必有难以征信之处，今反据以驳正史，不免为有识者所讥。钱大昕闻而赞之，谓为论古特识。翼字瓯北，阳湖人。

朱昭芑于史多撰述

太仓朱昭芑茂才明镐，以不得志于有司，发愤攻古学。每读一书，辄手自勘雠，朱黄钩贯，上自年经月纬，政因事革，下至方言物考，音义章句，无不通以训故，参以稗家，攟摭补缀，穿窒疑，定纰缪，丝分缕析而后止。长身修伟，负意气，好持论，恢奇多闻，上下千百年若指诸掌，听者惊悚莫敢夺。于国事虽有论述，藏之箧，不示人。马迁、班、范三史考核未竟，魏、晋以降，贯穿详洽，所著之《书史异同》《新旧异同》二书先成，其余日抄月撮，曰《史典》，曰《史几》，曰《史略》，曰《史风》，曰《史游》，曰《史嘉》，曰《史芸》，曰《史异》，曰《史最》，曰《史俳》，曰《史鉴》，曰《史粲》，曰《史纠》，凡十有三种。

史阙之增补

《史》《汉》有表，而范书则无；班氏有《艺文志》，而范氏、陈氏、欧阳氏及辽、金、元三《史》皆缺；沈约《宋书》，纪、志、传三体悉仿旧史，独阙刑法、食货二志，亦乖史裁；三国、东晋、十六国疆域最为错杂，而无志以别之：皆读史者之所抱憾者也。自有钱大昭之《后汉书补表》及《补续汉书艺文志》，侯康之《补三国艺文志》，顾怀三之《补五代史艺文志》，倪灿之

《补辽金元艺文志》，郝懿行之补《宋书》刑法、食货二志，洪亮吉之补三国、东晋、十六国各《疆域志》，阐幽决滞，抱坠拾遗，生于数千百年以下，追及数千百年以上之事，恍如掌上螺纹，洵非浅见寡闻者所能道矣。

杭堇浦辑历代艺文志

杭堇浦世骏曾辑历代《艺文志》，历数十载，成此巨观。其子贫甚，不能给朝夕，因以半部质于扬州马氏玉玲珑馆，半部质于杭州孙氏寿松堂。在孙氏者，转入徐印香舍人家，咸、同间，粤寇扰浙，遂不知流落何所。

惠定宇有《后汉书训纂》

惠定宇尝病于扬州，医言欲饵参。定宇贫窘，不可得。时歙人汪对琴比部棣亦侨居邗上，雅重定宇品学，慨然购上品紫团参持赠，值千金。定宇病起，举所撰《后汉书训纂》初稿及缮本尽以贻之。比部不欲攘美，什袭珍护，屡思梓行而绌于力。以同里陈氏喜藏书，因付以缮本，而自留原稿。后桐乡冯氏所刻《后汉书补注》，即此本也。

《旧五代史》

世所流行之《旧五代史》，非薛居正纂辑之原书，盖乾隆壬寅七月间，四库馆臣从《永乐大典》搜集而成者。据高宗御题，已云非薛史之旧，且复杂采《册府元龟》《太平御览》《通鉴考异》《五代会要》《契丹国志》《北梦琐言》《东都事略》《五代春秋》《九国志》《十国春秋》及宋人说部诸书以附益之，其非薛史之旧可知矣。

刘凤诰注《五代史》

刘侍郎凤诰注《五代史》成，日呕黑血如墨，未几死。赵文恪公慎畛尝见其手写残稿于会稽顾氏，凡六册，十二卷，稿用墨笔，涂注用丹黄笔，书为端楷，点画皆遵《字典》。

钱大昕著《元史续编》

钱大昕幼聪敏，过目成诵，凡天文、地理、经史、小学、算法，学无不精。所著《经史答问》数卷，畅发郑、贾之奥。又习蒙古语，故考核金、元诸史及外藩诸地名，非他儒所及。成亲王言其在上斋时，质庄正尝获元代蒙古碑版，体制异今书，人皆不识，倩章嘉国师译汉文。会大昕过而见之，曰："章嘉故博学，然其译为汉文，字句有误者。吾有收藏元时库库所译汉文，可取而证之。"归寓取原文，章嘉所误处毕见。乃著《元史续编》，采择精当。而小学诸书翻切极详，惟讲论字学，株守许氏《说文》，排斥别解，取择颇褊窄耳。大昕字辛楣，嘉定人。

马宛斯著《绎史》

邹平马骕宛斯著《绎史》百六十卷，自开辟讫秦亡，事迹略备。先著有《左传事纬》十二卷，顾亭林见而亟称之。时人号为"马三代"。

章实斋为史学大宗

才、学、识三长，得一不易，而兼三尤难。唐刘知几《史通》扬榷古今，褒贬传记，为千古不刊之书。后之继武者，当推会稽章学诚之《文史通义》。命名仿《史通》，而《史德》《史释》诸篇，且为《史通》所未及。《方志》之学，仿《春秋》《梼杌》而成书。《校雠》之篇，非扬雄、刘向、郑樵不能胜任。条分缕析，矩叠规重，多为前贤所未发，世所由推之为史学大宗也。学诚，字实斋。

章实斋得史裁

章实斋尝修《永清县志》，苏州叶廷管谓其思精体大，深得史裁。如职官、选举有表，年经事纬，先后不紊。又有《士族表》，以澄流品而劝睦姻。舆地、水道有图，开方计里，形势瞭如。又有《建置图》，但详制度而略景物。至于《列女传》，尤极匠心为之，但有一节可书、片言为则，无不描摹謦欬，刻画仪容，欲忍饮冰茹蘖之贞，特改列名注略之陋。若夫阙访有传，防猥滥也，即以待参稽；前志有传，明渊源也，即以维废坠，其体裁皆足为后之修志家取法。各序因志例而推论史例，更有发前人所未发者。刘子玄《史通》一编，独擅千古，实斋可谓继声矣。王亮生言其所修《和州志》，体例较此又变而极精善，盖志家固有因地制宜之道，非可以一格拘也。

张孟劬著《史微》

钱塘张孟劬太守尔田竺（古同“笃”）于学，尝撰《史微》一书，盖为考镜六艺诸子学术流别而作也。古今言六艺诸子者夥矣，非便词巧说，破碎大道，即凭虚任臆，诋为异端。盖自汉武帝废黜百家，而先王官守之遗衰；自郑康成混合今古文，而孔子垂世立教之微言绝。暖暖姝姝，抱一先生之言以迄于今，虽以乾、嘉诸大儒考订校雠之勤，苦志尽情，头童齿豁，尚不识六艺诸子为何物，真庄生所谓“大惑终身不解”者也。孟劬与其友孙益莽孝廉德谦同谭道广平，即苦阮氏、王氏所汇刊之《经解》琐屑饾饤，无当宏恉，嗣得章实斋《通义》，服膺之，乃于周秦学术之流别，稍有所窥见。久之，读太史公书，读班孟坚书，无不迎刃而解，豁然贯通，一时之所创痦，殆若有天牖焉。爰悉取六艺诸子之存于世者理而董之，仿刘知几《史通》例，分为内外篇，都十万余言。内篇为古人洗冤，为来学袪惑，本经立义，比次之学为多。外篇发明天人之故，政教之原，越世高谈，论断之学为多。名曰《史微》者，以六艺皆古史，而诸子又史之流裔也。

高宗《御制十全记》

高宗自号“十全老人”，有《御制十全记》。十功者，平准噶尔为二，定回部为一，扫金川为二，靖台湾为一，降缅甸、安南各一，降廓尔喀为二。其内地之三藩叛乱，谓为么麽小丑，不屑数也。

魏默深著《圣武记》

邵阳魏默深源之著《圣武记》也，龚定庵手书楹帖赠之，曰："读万卷书，行万里路；综一代典，成一家言。"

孙之騄辑《二曲野录》

乾隆时禁毁之书，晚近稍稍出现。《二曲野录》八卷，仁和孙之騄所辑也。详载明洪武戊申至崇祯甲申之遗闻轶事，而于灾祥妖异之作，尤娓娓言之，故辞甚复杂。其以甲子编年，又若寄陶渊明之旨趣焉。惜无序跋，不克详其本末也。

陈湖辑《荆驼逸史》

今世所传《嘉定屠城》《扬州十日》等记，皆见之于《荆驼逸史》。此书自《三朝野纪》至《平台纪略》，凡五十种，四十八册，编辑者称陈湖进士，盖当日书禁例严，故深自隐匿其名姓。其序中详述所由得之者，颇类怪诞。序云："无梦园者，明宫詹陈文庄公之别墅也，其址在葑门东道桥之南。中有荷池数亩，饶有园亭之趣、竹石之佳，柳暗花明之胜，至足乐也。是时公尝与周忠介、文文肃、姚文毅日相倡和于其间。园故为陈氏世居，家多藏书，所刻书籍碑板多系以无梦园者，公故有《无梦园文集》行于世。闻诸故老传云，书板多藏于兹园之四飞阁上。迨入清朝，卉木废，湖石圮，颓垣零落，已成荒园矣，即书籍碑板亦散失不复存。壬癸之交，予寓居于园之水阁，敝庐数椽，足蔽风雨，昼耕夜诵，人事都绝。庭阴有枯松一株，虽枝干蜿蜒，而萧然无复生意，命人斸而去之。不数尺，下有石板，叩之铿然有声，启视之，得铜柜一具，不敢轻亵，疑其中有异物藏焉。再拜稽首而开之，无他，乃残书一束耳。字迹潦草，复多漫漶。读书之暇，挑灯细阅，俱系故国遗闻，约有数十种。不忍散弃，爰录而存之，用昭劝惩，以备正史所未逮，可与《天宝遗事》并垂不朽。裒帙既成，命之曰《荆驼逸史》，藏之巾箱，以俟世之鸿博君子采择，庶不负予之一片苦心尔。"

王白田为紫阳功臣

宝应王白田，名懋竑，编辑《朱子年谱》，去取精审，于年月先后尤断断，少壮精力专注一书，世称为"紫阳功臣"，不诬也。白田性介澹，尝谓友人曰："老屋三间，破书万卷，平生志愿，于斯足焉。"

旧抄《贰臣传》

乾隆末，高宗勅廷臣撰录《贰臣传》，其书甚秘，凡二十卷，首录谕旨五道，卷一为甲乙表，卷二至卷二十为列传。表分六等，以遇难殉节者入甲编上，著有勋绩者入甲编中，著有劳绩者入甲编下，无功绩可纪者入乙编上，曾获罪者入乙编中，首降流贼后投诚者入乙编下，各传即视此以编次，盖旧抄国史馆定本，异于湖南坊刻者也。坊刻并作十二卷，漏载谕旨暨甲乙表，各传先后杂糅，无复甲乙次序。又如乙编上之马光远、左梦康、谢升、金之俊、房可壮、王永吉、王铎、梁云构，乙编中之冯诠、谢启光，乙编下之卫周祚，龚鼎孳、刘昌、高尔俨、张端、孙可望，共十六人，乾隆壬子奉特旨削谥，此本分系各传末，而坊刻亦均遗之。

王壬秋著《湘军志》

湖南王壬秋检讨闿运著《湘军志》，叙湘军之缘起与琐事，虽表扬功绩，而劣迹曾不少讳，于曾文且有微词，皆直笔也。湘军将帅恶之，购其板，毁焉。乃群属王定安别撰《湘军记》，则皆谀颂之矣。

刘芗林欲作《淮军志》

贵池刘芗林观察含芳，尝谓淮军非始于李文忠，其官登莱青兵备道时，为人述淮军之原委，欲作淮志，未果而卒。

世宗有朱批谕旨

世宗勤于吏治，朱批谕旨，自雍正辛亥发刊至乾隆戊午蒇事者，虽有三百卷之多，然雍正十三年中，无日不自握丹毫，畴咨庶政，故朱批谕旨甚多，所发刊者不过十之三四。其余以事关军国大计，当时未便发刊，均藏保和殿东西两庑。

国朝史事，以康、雍、乾三朝为中坚。而雍正时之振刷，尤为一代特色，故世宗手批，实为史材中最要之物也。

朱东观编明崇祯诸臣奏疏

朱东观编明崇祯时诸臣奏疏一卷，高宗以为忠于所事，不足为罪，惟令改去"虏""胡""鞑"等字。

国初诸曹章奏

光绪庚子，甘肃燉煌石室写经初见于世之时，法人伯希和取古代宝物。是室湮没于唐代，所藏皆唐以前物，学部令甘抚送京，遂由部设京师图书馆庋藏之，复购置书籍以益其不足，并奏请酌拨内府书籍，于是内府书稍稍传布，然多残缺重复之物。中有诸曹章奏钞本五册，皆系顺治甲申九月章奏也，而仅有吏、户、礼三曹。计礼曹章奏分上下两册，其上册首页署纂修官编修朱之锡、检讨李中白。户曹章奏一册，署纂修官编修陈爌、李昌垣。吏曹章奏上下两册，首不署名，知为吏曹者，亦就文义定之耳。

何子贞著《史汉地理合证》

道、咸间，道州何子贞绍基以书名著于世，然其生平学问，专肆力《史》《汉》。罢官后，恒为各省大吏聘修通志，体例精严，撰述赡洽。诗宗昌黎、东坡，有苍莽横逸之气。所著有《史汉地理合证》《东洲草堂诗文集》《玄女室杂记》《春陵倦忆录》。

《宫史》

内廷奉诏编纂《宫史》一书，不授剞劂。其“宫苑”一门，备载宫中现行则例。首一门为圣训，有圣祖御旨。

顾亭林有《肇域志》手稿

顾亭林《肇域志》手稿，德清许周生藏。咸丰庚申浙乱后，为扬州黄古蟠所得，于同治丁卯为黠贾市去。黄先世多藏书，任子田侍御曾假十余种至京师，有经周书昌、丁小雅勘定者，俱为黄之后人以贱价售之。

顾祖禹著《方舆纪要》

顾祖禹所著《读史方舆纪要》，博闻宏辨，囊括古今，宁都魏叔子禧称为数千百年绝无仅有之业。江夏刘湘煃者，尝校顾书十余年，爱其精博而微訾其纵横，著《读史方舆纪要订》若干卷。禧弟子梁份尝著《秦边纪略》，有书无图。湘煃得图以校份书宛合，乃知为份旧本。然与祖禹书颇龃龉，湘煃因合订为《秦边纪略异同考》。份传禧学，不仕，为西边大帅上客，其书仅存。湘煃受业于梅文鼎，以诸生终。

李尧栋言地理

李中丞尧栋，乾、嘉间贤大吏也。任馆职时，雠校精核，为高宗所知。一日，代人撰《日下旧闻考》表文，高宗亟称善。尝为《云南山川地理图》二卷、《夷人图》二卷，图后各系以说。又尝刱修《四川通志》，详实不芜。又尝购书以惠湖南岳麓书院之弟子，又于江宁建长干桥，缮莫愁湖，而志以诗文，筑补梅亭于湖南节署，以志嗣美梁文定之名迹。

杨守敬治旧地理

同、光以来，精目录版本之学者，有桐城萧穆、江阴缪荃孙；精金石考证之学者，有义州李葆恂。而宜都杨守敬则兼之，地理之学，尤为独擅。盖守敬治旧地理，早著《历代地理沿革图》《隋书地理志考证》行世。晚成《禹贡本义》《水经注要删》《水经注图》《晦明轩稿》。以为自来治《禹贡》者，若胡渭、徐文靖、程瑶田、焦循、成蓉镜、丁晏诸家，于黑水、三危、九江、三江之类，往往强为牵合，莫得要归。实则两黑水、两三危、两九江、四三江、三沮水、两洛水、两漳水等，皆异地同名，并不相涉，必沟而通之，致南北混淆、古今杂糅矣。至若碑帖及宋、元版古书，考订题跋，景摹上石付梓者，不可胜数。所成有《丛书举要》《日本访书志》《续补寰宇访碑录》《寰宇贞石图》《留真谱钱录》。守敬，字惺吾。

朱竹垞编《日下旧闻》

《日下旧闻》为朱竹垞所编，而于敏中综其成。乾隆癸巳，高宗令福隆安、英廉、蒋赐棨、刘纯炜等逐一确覈，凡方隅不符、记载失实，及承袭讹舛、遗漏未登者，悉行分类胪载，并载入《四库全书》，以垂久远。

吴为相修桂阳州志

吴为相，桂阳州人，少有颖才，性简略。顺治庚子举于乡，不乐仕进。会试不第，归隐。州牧董之辅甚重之，属修州志，诸纂次尽付之。时诸生集者百数，议论尽出为相下。已而诸生皆散去，为相一人属稿，日数十纸，五月书成，人咸叹为莫及。

《白下志》

有以《白下志》就正于袁子才者，袁置案头，尘壒积矣。作者索之数四，即完璧归之。其人即梓以问世，而颇怪袁之惜墨如金也。袁曰："此志命名，已不足寓目矣。"或问其故，袁曰："白下者，江宁之别名也。《白下志》为江宁府志乎，抑江宁县志、上元县志乎？抑志白下山水乎，抑志白下人物乎？作文必先有题，既无题，安有文？是不必观也。"其人闻之，匿其板不复问世。

徐星伯著《新疆赋》《新疆识略》

大兴徐星伯继朱竹君学士筠、文正公珪、翁覃溪阁学方纲而起，招徕后进，天性敦挚似竹君，胸次宽博较覃溪为胜，四方宿学之士客京师者，以是皆归之。官湖南学政，为武陵赵文恪公慎畛劾罢，戍伊犁，且籍其家。其得罪之原因，盖随棚厨夫卖茶点与诸生敛钱，事涉徐之封翁，赵摭以入奏。然不经此，星伯之《新疆赋》及《新疆识略》不成。天山南北路冰涯雪窖，皆天畀之以著书材也。赐环后，仍官中书，门下往来者有乌程沈垚、平定张穆、泰兴陈潮、甘泉杨亮、阳湖董佑诚，皆谈地学之友也。

林利著《太平天国外纪》

《太平天国外纪》著者名林利，为英国海军官员，仕于粤寇伪忠王李秀成部下，曾为之组织忠义军，以对抗戈登之长胜军。

李秀成著《天国鉴略实录》

粤寇李秀成死后，其子征祥尚幼，钱塘某富室收养之。当出险时，一切金玉宝物俱不取，惟怀秀成手著《天国鉴略实录》一册而出。

董韫卿著述等身

甘泉董酝〔韫〕卿司农恂，自幼至老，手不释卷，汗牛充栋，著述等身；舆地一科，尤为精阐。所著有《江北运程记》《楚漕江程记》，为生平心力所注，尤稗〔裨〕国计。

徐延旭辑《越南纪略》

徐延旭之抚广西也，擢自湖北襄郧荆道，不二年，迁擢之速，震耀一时。盖徐尝辑《越南纪略》一书，张文襄公于奏保人才时，并以进呈，朝廷奖之。然其书体例杂糅，于越南地势、民风、政教、禁令，率皆摭拾大略，于今昔沿革损益、利害，均未之考。惟中、越边界各隘，历粤抵滇，计有千八百里，详载无遗，尚足备览，然《广西通志》固有之矣。徐自言守太平时，款结贡使，出关抵一人家，因雨留数日，得抄册纪载越事，携归，并采案牍，汇为是书，不意缘此致福也。

周燕生谙朝鲜掌故

海门周燕生家禄，随吴武壮公长庆驻师朝鲜。燕生居朝鲜久，熟谙朝鲜掌故，著《朝鲜世表》《朝鲜载记》《朝鲜乐府》三种，皆精核。

曾文正辑《五百家姓》

《百家姓》一书，为宋初人著，故首赵姓，尊其时之皇系也。然有韵无文，识者病之。国初费九烟重编之，成文矣而不传。湘乡曾文正公乃又作《五百家姓》，凡单姓、双姓共五百家，而字则二千余，盖每句首冠以姓，其下即引一先贤事实以注之。

徐锡辑《熙朝新语》

《熙朝新语》残本，题曰“古歙余金德水辑”。及考《周庄镇志》，云前辈传闻，谓是镇人徐锡所作，藏名为“余金”者，以当日法网綦严，故不敢直书其名也。书凡十六卷。嘉庆戊寅，翁子敬付之梓而序之，以为得之武昌市肆中，且称其多采前人著述，无一臆撰讹传之语，又旁搜轶事，发潜阐幽，凡登临耳目所经，巷议街谈所及，自国初至嘉庆二百年中，有关于政事、文章、人心、风俗者，靡不具载。

汤海秋著《浮丘子》

道光朝，士无不知湖南有汤海秋者。海秋二十成进士，三十补御史，意气蹈厉，勇言事。未逾月，三上章，最后以言宗室尚书叱辱满司官事，在已奉旨处分后，罢御史回原官户部。时英人扰海疆，求通市，海秋愤不得言事，犹条上尚书转奏，策夷务善后三十事。嗣西人求改关市约，有其折中不可许者数条，人以是服其精。浮湛部曹不得志，退而著《浮丘子》一书，大抵言军国利病、吏治要最、人事情伪、开设形势、寻摄要眇，凡九十篇，四十余万言。每遇人，辄曰：“能过我一读《浮丘子》乎？”卒年仅四十余。海秋，名鹏，湖南益阳人。

叶调笙著《吹网录》

叶调笙著《吹网录》成，或谓之曰：“子既以儒家著书，而以释家之语名之，毋乃见讥于识者欤？”调笙曰：“是诚然。然宋儒讲学之书，已袭取唐时释子语录之名，下此则小说家有宋人《铁围山丛谈》，近世如纪文达之《如是我闻》，彭甘亭之《忏摩录》，亦皆以释家语命名，拙著亦窃援其例耳。”调笙，名廷管，咸丰时之苏州人。

《求阙斋日记》

湘乡曾氏藏有《求阙斋日记》真迹，装以册页，得数十巨册，皆文正所手书。宣统纪元。携至上海，将赴石印。中颇有讥刺朝政、抑扬人物处，或见之喜曰："此信史也。"意欲摘录，以卷帙浩繁而罢。及印本出，重览一过，则讥刺朝政、抑扬人物之处皆删除净尽矣。

小说之盛行

好小说家言者，首推纪文达公昀诙谐善谈，今所传《滦阳消夏录》《续录》《桐阴杂记》《如是我闻》《姑妄听之》是也。袁枚尝作《子不语》，然不及其雅饬。蒲松龄之《聊斋志异》，尤为卓绝，其叙事简古，人比之司马迁《史记》。余如金人瑞之《西域风俗记》，汤传楹之《闲馀笔话》，余怀之《板桥杂记》，吴翊凤之《秋灯丛录》，均能巧言切状，如印之印泥，不加雕削而曲写毫芥。至章回小记，自达海以满字譒译《三国演义》以教旗人，而忠毅公额勒登保直视同古兵法，破川楚教匪，为一朝名将，此亦可见小说之有裨实用矣。若吕抚之《二十四史通俗衍义》，蔡奡之《东周列国志》，胡为而之《东汉演义》，褚人获之改正《隋唐演义》，虽较之《三国演义》文质殊体，雅俗异态，而贞百虑于一致，驱万途于同归，亦能使纷烦众理，无倒置之乖；骰杂群言，无棼丝之乱，譬如葑菲，节取焉可也。言情之作，则莫如曹寅之《红楼梦》；讥世之书，则莫如吴敬梓之《儒林外史》。曹以婉转缠绵胜，思理为妙，神与物游，有将军欲以巧胜人，盘马弯弓故不发之致；吴以精刻廉悍胜，穷形尽相，惟妙惟肖，有箭在弦上不得不发之势，所谓各造其极也。至善评小说者，则推金人瑞，笔端有刺，舌底澜翻，亦爽快，亦敏妙，钟惺、李卓吾之徒望尘莫及矣。文章游戏，缪艮所作，近代则之，厥风大畅，东方谲谏，淳于滑稽，其于世道人心盖亦有功不少矣。

《水浒传》《西厢记》

吴县金圣叹，名人瑞，原为张采，字若采，文倜傥不群。少补长洲博士弟子员，后以岁试文怪诞黜革。及科试，顶金人瑞名就试，即拔第一，补郡庠生。圣叹于施耐庵《水浒传》、王实甫《西厢记》皆有批本。顺治丁亥戊子之交，方从事杜诗，详加评点，未卒业而被难，士林惜之。

《聊斋志异》

淄川蒲松龄，字留仙，号柳泉，康熙辛卯岁贡，以文章风节著一时。弱冠应童子试，受知于学使施愚山侍讲闰章，文名籍甚。顾以不得志于有司，乃决然舍去，一肆力于古文辞，悲愤感慨，自成一家言。

留仙研精训典，究心古学，老宿名流时加刮目，因亦私心自喜，不敢妄自菲薄。又因目击国初乱离时事，官玩民偷，风漓俗靡，思欲假借狐鬼，纂成一书，以抒孤愤而谂识者，则词章、经济、志节皆与之俱传矣。每当授徒乡间，长昼多暇，独舒蒲席于大树下，左茗右烟，手握葵扇，偃蹇终日。遇行客渔樵，必遮邀烟茗，谈谑间作，虽床笫鄙亵之语、市井荒伧之言，亦倾听无倦容。人以其易亲，故乐近之。初尝效东坡强人妄言，其后不必用强，甚为构空造作奇闻以来取悦者矣。晚归篝灯，组织所闻，或合数人之话为一事，或合数事之曲折为一传，但冀首尾完具，以悦观听。其文非一朝所猝办，其事亦非一日所网罗，历二十年，稿三数易，始得此高不盈寸之著作。其行文驱遣成语，运用典籍，全化襞袭痕迹，殊得唐人小说三昧。留仙之孙立德序《聊斋》云十六卷，与今之传本合。或云尚有余卷，当日其家以所传多明亡逸事，惧触文网，为删之矣。

或曰，《聊斋志异》初成，就正于王文简，文简欲市其稿，留仙不与，因加评骘而还之，并书后一绝云："姑妄言之姑听之，豆棚瓜架雨如丝。料应厌作人间语，爱听秋坟鬼唱时。"

《聊斋志异》之不为《四库全书》说部所收者，盖以《罗刹海市》一则，含有讥讽满人、非刺时政之意，如云女子效男儿装，乃言旗俗，遂与美不见容、丑乃愈贵诸事，同遭摈斥也。

《客舍偶闻》

淮南彭孙贻《客舍偶闻》一帙，顺德李芍农侍郎文田注之，所记康熙初年满人互相挤轧之状，历历如绘。其自叙曰：“客长安，见贵游接席，必屏人趣膝良久，人不闻，须臾广坐寒暄而已。征以道上所闻，唯唯谢弗知。廷有大事，卿寺台省集禁门，其中自有主者，群公画尺一而退，咸诺诺。议更寘大吏，冢宰不得闻；有所调发，司马不知。群公优游无事，日置酒从容。诸小臣相聚博弈，连晨夕，或达旦。失朝会，始以病告，当事亦不问，以是闻见甚希。然时时游于酒人豪士间，抵掌谈世事，无所讳，突梯者又姑妄言之，足以新人听。虽多耳食，征其实，亦十得五六，更益以所见，随笔记之。”

《野叟曝言》

《野叟曝言》为康熙时江阴缪某所撰。缪有才学，颇自负，而终身不得志，晚乃为此书以抒愤。书成，适圣祖南巡，缪乃缮写一部，装潢精美，外加以袱，将于迎銮时进呈，冀博宸赏。其女亦通文墨，且明慧晓世事，知此书进呈，必酿祸；又度其父性坚执，不可劝止。乃与父之徒某议，乘夜用白纸装钉一部，其精美与原书无殊，即置袱中而匿原书于他处。次日，缪将迎驾，姑启袱出书，重加什袭，则见书犹是，而已无一字矣。缪大哭，以为是殆为造物所忌，故一夕之间书遽羽化也。女乃徐劝之曰：“既为造物所忌，似不进呈亦佳，免召杀身之祸。”缪无如何，始罢进呈之意，由是郁郁而死。死后，女乃将其书重加润饰，凡秽亵之语，删除略尽，始付刊，即世间流传之本也。缪湛深理学，又长于兵、诗、医、算，乃以素臣自居，而以理学归之母氏，以兵、诗、医、算分之四妾，举所心得，宣泄无遗。书凡一百五十四回，其中讲道学，辟邪说，叙侠义，纪武力，描春态，纵谐谑，述神怪，无一不臻绝顶。昔人评高则诚之《琵琶记》，谓用力太猛，是书亦然。书托言明弘治年事，按之正史，事实间有相合，而时代不能两符也。

纪文达谓古今著述大备

纪文达为人作序、记、碑、表之属，随即弃掷，未尝存稿。或以为言，纪曰："吾自校理秘书，纵观古今著述，知作者固已大备，后之人竭其心思才力，要不出古人之范围，其自谓过之者，皆不自量之甚者也。"

《阅微草堂笔记》

纪文达学究天人，胸罗万象，所谓无书不窥，无技不绝。加以天性旷达，不靳靳然赖雕虫小技见称后世，其精义微言，皆隐见于《阅微草堂笔记》五种。

《滦阳续录》误收金人诗为近人诗

叶调笙所著《吹网录》云：纪文达公昀《滦阳续录》，载其座师介野园宗伯乾隆丁丑年所作恩荣宴诗曰："鹦鹉新班宴御园，摧颓老鹤也乘轩。龙津桥上黄金榜，四见门生作状元。"文达自言"鹦鹉新班"不知出典，当时拟以询野园，而因循忘之。郭频伽《灵芬馆诗话》则谓元遗山《探花词》五首，中有句云"殿前鹦鹉唤新班"，野园殆即本于是欤？然去一"唤"字，于理未协。(此以"唤"字属鹦鹉，故谓去之未协。)余尝阅《中州集》第八卷，则见此诗，乃知为金吏部尚书张大节所作，题为《同新进士吕子成辈宴集状元楼》。所异者，"御园"为"杏园"，"摧颓"为"不妨"，"四见"为"三见"，"作状元"为"是状元"耳。野园殆见此诗事颇类己，偶书之而略改数字，见者遂误谓以为野园所作也。至"鹦鹉新班"，当是金源故事，尚须博考。频伽亦以此诗为野园作，故谓遗山句是其所本。若就金人而言，据《中州集》小传，张大节于明昌初已请老，计在遗山之前数十年，应是遗山诗本之张句，“唤”字之可去与否，亦难以臆定也。

著书自述身世

小说家多好以自身所经过之历史为著述之资料，如《儒林外史》中之杜少卿，即著者吴敬梓征君之自寓也。《儿女英雄传》著者文铁仙，曾简驻藏大臣，以事不果往，故书中安龙媒将有乌里雅苏台之役而卒不成行，殆亦以泚笔之时感触身世，因而自为描写耳。

《儒林外史》

《儒林外史》五十卷，穷极文士情态，全椒吴敬梓所著也。吴字敏轩，一字文木，乾隆时人，尝以博学宏词荐，不赴。袭祖业甚富，而素不习治生，性复豪，遇贫即施，与文士往还，饮酒歌呼，穷日夜不休，未数年产尽。醉中辄诵樊川“人生直合扬州死”之句，后竟如所言。

是书将雍、乾时代之怪现状，描写尽致。盖此时代之名士，最高者亦至于诗辞文字、笺注考订而止。汪容甫于当时最负盛名，而《儒林外史》中之匡超人，或谓即指容甫。世传其有出妻之事，与小说所载微异，然即此，亦足见人言啧啧之有自来矣。容甫初娶孙氏，工吟咏，尝有句云：“人意好如秋后叶，一回相见一回疏。”最为容甫所不怿。一日晨出，忽潜回房，时孙方梳头，容甫出不意，自其后抱之。孙骇问曰：“是何人，敢尔相戏?”容甫遽怒曰：“岂尚有他人敢如此乎?”即以此为罪出之，自是遂为时论所薄。后拟刘孝标《自序》，乃有“蹀躞东西，终成沟水”之语。文士出妻，固亦常事，如容甫者，则太不近人情矣。

《红楼梦》

《红楼梦》一书，所载皆纳兰太傅明珠家之琐事。妙玉，姜宸英也。宝钗为某太史。太史尝遣其妻侍太傅，冬日辄取朝珠置胸际，恐冰项也。或谓“红楼梦”为全书标目，寄托遥深。容若词云：“此夜红楼，天上人间一样愁。”贾探春为高士奇，与妙玉之为宸英同一命义。容若，名成德，后改性德，太傅子也。

或曰，是书所指，皆雍、乾以前事，宁国、荣国者，即赫赫有名之六王、七王第也。二王于开国有大功，赐第宏敞，本相联属。金陵十二钗，悉二王南下用兵时所得吴越佳丽，列之宠姬者也。作是书者，乃江南一士子，为二王上宾，才气纵横，不可一世。二王倚之如左右手，时出其爱姬使执经问难，从学文字，以才投才，如磁引石，久之遂不能自持也。事机不密，终为二王侦悉，遂斥士子，不予深究。士子落拓京师，穷无聊赖，乃成是书以志感。京师后城之西北，有大观园旧址，树石池水犹隐约可辨也。

或曰，是书实国初文人抱民族之痛，无可发泄，遂以极哀艳、极繁华之笔为之，欲导满人奢侈而覆其国祚者。其说诚非无稽，试读第一回之诗曰：“满纸荒唐言，一把辛酸泪。都云作者痴，谁解其中意?”其言何等凄楚痛绝，则知其中有绝大原因，非游戏笔墨之自道身世者可比也。

或曰，《红楼梦》可谓之政治小说，于其叙元妃归省也，则曰“当初既把我送到那不得见人的去处”，于其叙元妃之疾也，则曰“反不如寻常贫贱人家，娘儿兄妹们常在一块儿”，绝不及皇家一语，而隐然有一专制君主之威在其言外，使人读之而自喻，此其关系于政治上者也。

京师有陈某者，设书肆于琉璃厂。光绪庚子，避难他徙，比归，则家产荡然，懊丧欲死。一日，访友于乡，友言：“乱离之中，不知何人遗书籍两箱于吾室，君固业此，趣视之，或可货耳。”陈检视其书，乃精楷抄本《红楼梦》全部，每页十三行，三十字，抄之者各注姓名于中缝，则陆润庠等数十人也，乃知为禁中物。急携之归，而不敢示人。阅半载，由同业某介绍，售于某国公使馆秘书某，陈遂获巨资，不复忧衣食矣。其书每页之上，均有细字朱批，知出于孝钦后之手，盖孝钦最喜阅《红楼梦》也。

《不寐录》

武进东南境太湖中，有山曰马迹，古夫椒也，山水清幽，素为名儒硕彦之渊薮。乾隆时，有孝廉许亦鲁字省舆者，例得截取知县，而雅不愿，翩然归隐，历主各书院讲席，崇实黜华，力矫时弊，以造就真才。所著《领云全集》，诗古文十六卷，已风行海内。又有《不寐录》小说二十四卷，记载社会之现象，上自宫禁，下至闾阎，形形色色，无奇不有，而于明季轶事，搜录尤详，因犯禁忌，故藏之名山，迄未付梓。后某于许姓书簏中得稿本，几为鼠蚀虫伤，乃遂锓版公之于世。

《品花宝鉴》

《品花宝鉴》出于道光中叶，著者挟贵人书，以稿本谒江浙大吏，所至获金无算。其书中人，有见之者，华公子为崇华岩，父名玉某，两任户部银库郎中，积资百余万，有园林在京师平则门外。公子死，贫无以殓。或曰，华为成亲王。徐子云者为锡某，有六枝指，园在南下洼，名怡园。田春航为毕秋帆，侯石翁为袁子才，史南湘为蒋苕生，屈道翁为张船山，孙亮功为穆扬阿，即慈安后之父，嗣徽、嗣元即其二子四山、五山也。魏聘才为常州朱宣初，即江浙时文八名家中朱雪塍之父也。萧静宜为江慎修，梅学士为铁保，奚十一为孙尔准之子，尔准时官粤督。潘其观为京师内城内兴隆靴肆主人苏姓也。高品为陈森书，即著书之人也。伶人袁宝珠则仍其姓名，云南甘太史为之自尽者也。苏蕙兰为李桂官，其余诸伶亦皆原姓名。宏济寺即兴胜寺。金粟即桂竹荪，曾权常州守，遭吏议。余如王恂、颜仲清，亦皆隐指当时之名人也。

《花月痕》

《花月痕》书中姓名，皆实有人在，韩荷生乃左宗棠，李谡如乃郭松林，梅小岑乃李鸿章，包起乃鲍超，刘梧仙乃李元度。元度字次青，一生伊郁，百感苍茫，其境遇实大同而小异。

李伯元著小说

武进李宝嘉，字伯元，自号南亭亭长，创《游戏报》，为我国报界辟一别裁，踵起而效颦者无虑十数家，均望尘不及也。继又别为一格，创《繁华报》。光绪辛丑，朝廷开特科，征经济之士，曾慕陶侍郎广汉以李荐。会台谏中有忌之者，遂列弹章。李笑曰："是真能知我者矣。"自是肆力于小说，而以谲谏当路、启人智慧为宗旨，撰为《庚子国变弹词》《官场现形记》《中国现在记》及《文明小史》《活地狱》等书。每一稿脱，辄纸贵洛阳，坊贾且以他人所撰小说假其名以出版，则其见重于社会可知矣。光绪丙十三月卒，时年仅四十也。

《孽海花》

近人所著小说，以东亚病夫《孽海花》为最著。全书以名妓赛金花为主。金花初名彩云，不仅为近世名妓，其一生历史，即求之于古籍中，以一勾阑女关系国家存亡，除陈圆圆外，殆不多见也。是书网罗同、光以来三十年之遗闻轶事，可为近世之历史小说。其间描写名士气习，如禹鼎铸奸，如温犀照渚，尤为淋漓尽致。出版以后，重印至六七次，已达二万部左右，在我国新小说中，可谓销行最多者矣。其中人物，皆影射同、光时人姓名，如金雯青即洪文卿，龚和甫即翁同龢，潘八瀛即潘伯寅，黎石农即李芍农，李纯克治民即李莼客慈铭，庄小燕即张樵野，庄仑樵佑培即张佩纶幼樵，陆菶如仁祥即陆凤石润庠，钱塘卿端敏即汪柳门鸣銮，何珏斋太真即吴清卿大澂，唐常肃即康长素，王子度恭即黄公度，过肇延即顾辑庭，吕辛芳即李经芳，匡次芳即汪芝房，谢山芝即谢绥之，许镜澄即许景澄，云仁甫即容纯甫，贝效亭即费幼亭，李台霞即李丹崖，潘胜芝曾奇即潘曾琦，徐忠华即徐仲虎，庄寿香芝栋即张香涛之洞，马美叔即马眉叔，吕顺斋即藜莼斋，薛淑云即薛叔耘，李任叔即李壬叔，米筱亭即费屺怀，姜剑云即江建霞，王忆莪仙屺即王益吾先谦，祝宝廷溥即宝竹坡，黄叔兰礼方即黄漱兰体芳，黄仲涛即黄仲弢，袁尚秋即袁爽秋，缪寄坪即廖季平，连沅荇仙即联元，成伯怡即盛伯羲，段扈桥即端午桥，闻韵高即文芸阁，荀子佩即沈子培，汪莲孙即王廉生，冯景亭即冯桂芳也。其后半部为他人所续，则毫无精采矣。

《灵魂学》

康熙朝，掌钦天监事西人南怀仁上所著《灵魂学》一书，其言以灵魂为性，一切知识记忆不在于心，而在头脑之内，圣祖阅之大怒，斥其语为不经，尤刺谬，立命焚之。

《三字经补》

《三字经》一书，所包甚广，其中各科学无不完备，惟历史所叙国初诸语为曲笔。或仿近行历史教科书改订补缉之例，为作《三字经补》，此段文字直接原文"至李闯，神器焚"之下，而原文清太祖四句则删之。

日报月报旬报星期报之始

报章，通称为新闻纸，或排日出版，所以报告社会及政治上之事项者。赵升《朝野类要》："朝报每日［由］门下后省编定，请给事判报，方行下都进奏院，报行天下。其有所谓内探、省探、衙探之类，皆衷私小报，率有漏泄之禁，故隐而号之曰新闻。"则宋时已有此称也。

日报所载事项，由各地访事员日记其所见闻而报之，常者报以书，要者报以电，得之外国者，则展转而译述之。于是中外要事无不归类排比，详细分列，可一目了然矣。报纸所载事项极多，一时不能得其要旨，故有主笔著为社论，以明大势之所趋，或于一事一人著有时评，俾利害分明，阅者无待于稽考。不出一室而能周知世界者，实以此也。月报、旬报、星期报，体例亦略同。

京师报房、宫门抄、谕摺汇存，谓之京报，军机密件仍多缺略。林文忠公则徐抚粤时，会同江督饬江海关道译英国蓝皮书，送之总署及通商大臣、各督抚，藉以略通洋情，然人民多不得见，曰《西国近事汇编》，月出一册。此我国报章之最古者，是为月报之始。

《申报》创行于同治时，是为日报之始。盖英人美查、耶松二人相友善，来华贸易，美查创办《申报》，延山阴何桂笙、上海黄梦畹主笔政，特所载猥琐，每逢乡试年，必载解元闱艺，与外报之能开通智识、昌明学术者，相去霄壤。时天南遯叟王紫荃布衣韬颇有时名，间撰时务论说，弁之报首，销数遂以渐推广，获利亦不赀。耶松设一船厂，开创之始，连年折阅。美查遂以《申报》所获，补助耶松船厂，得以维持永久，而申报馆因之大受影响矣。光绪中叶改组，添招商股，由吴县席裕福经理之。旋由江海关道蔡乃煌出资收买，后又展转售与沪人。是报为吾国首创者，至于今，沪市卖报人于所卖各报，必大声呼曰“卖申报”，是“申报”二字，在沪已成为新闻纸之普通名词。继《申报》而起者，在南洋叻埠曰《叻报》，在上海曰《字林沪报》。癸巳冬，电报沪局总办上虞经莲珊太守元善，纠股设一报馆，曰《新闻报》，往往用二等官电传递紧要新闻，消息较灵捷。甲午之役，痛诋当局失计，直言不讳，一时洛阳纸贵，海内风行。沪商以其销数之多，广告云集，至今商家广告仍以《新闻报》为最也。

若夫预闻政事之报，当以《时务日报》为首。是报为光绪戊戌汪康年、梁启超所经营者，旋改为《中外日报》，始终有官费补助，所谓半官报者是也。

《中外日报》纪载中外大事，评论时事得失，凡政治、学术、风俗、人心之应匡正、应辅翼者，无不据理直陈，颇为士大夫所重视。是年，居上海之法人有强夺四明公所之案，甬人起而抗拒，始则指导之，继则节制之，一于报纸发表其意见。以是甬人虽全体一致与法人相抗，而始终无暴动之事，法人亦曲意让步焉。庚子拳乱之役，中外骚然，康年著论力斥拳匪之酿患，政府之误国，然仍推本于人民信拳之心理，排外之缘由，以见其咎不尽在吾国。西人转相译述，复证以闻见，于是公论始稍出。辛丑议和之时，俄人不允将在东三省之兵撤退，中外皆知其不利于吾国，然无肯起而争者。康年乃纠集同志，开会演说，力陈俄人之无理，东三省之俄兵不可不撤，外人永久驻兵之不可开其端，激昂慷慨，闻者动容。既已腾电中外，苦口相争，复于报纸中畅陈其义。西报转载之，深叹吾国之尚有人也。

戊申，《中外日报》以论江苏政局之腐败，大触江督端忠敏公方之忌，而江海关道蔡乃煌复迎合端意，没收之。

至于反对政府、鼓吹革命者，前惟《苏报》，后惟《民呼》《民吁》二报矣。宣统辛亥秋，则各报一律排满，而《民立报》声价尤高，贩卖居奇，较原价昂至十倍。

戊戌，《广仁报》刱于桂林，七日一册，名虽不著，然溯星期报之始，实首屈一指焉。

光绪丙申，康年设《时务报》于上海，是为旬报之始。其意以为甲午中日之战大败于日本，非变法不足以图存，非将教育、政治一切大经大法改弦更张，不足以言变法，乃纠集赀本，设报馆于上海。时启超方居京师，因招之至，令主编辑事，而以筹款事自任，间亦时有所撰述也。某月，康年著《中国自强策三篇》，冠之报端，力言我国宜复民权、重公理，宜尚创作而贱安闲，尚改变而贱守常，以能开利源为能，以能创新学为优，民性必求其宣达，士气必求其振奋。昔之不使民与国事者，今必与之共治；

昔之使民安于愚弱者，今必使之极其明强。是为宗旨所在。其办法则以立议院、举议员为首。彼时变法之说虽渐兴，然不敢昌言民权，康年大声疾呼不稍讳，朋辈动色相戒，或贻书箴之，不顾也。后复为《中国参用民权之利益论》，以解内外之惑。其言曰："民无权，则不知国为民所共有，而与上相睽；民有权，则民知以国为事，而与上相亲。盖人所以相亲者，事相谋、情相接、志相通也。若夫君隆然若天人，民藐然如草芥，民以为天下四海皆君之物，我辈但为君之奴仆而已，平日政事举措，漠不相闻，一旦变故起，相率委而去之，但知咎君之不能保护己，而不知纤毫尽心力于君。惟与民共治之国，民之与君，声气相接，亲爱之心，油然自生。故西国之民，见君则免冠为礼，每饮酒，必为君祝福，国有大事，则群起而谋其故。盖必与民共乐，民然后乐其乐；与民共忧，民然后忧其忧，必然之理也。"

《清议报》

光绪戊戌之变，康有为、梁启超既出走，乃设《清议报》于日本之横滨，诋毁孝钦后党不遗余力。是时唐才常亦设《亚东时报》于上海，以翼《清议》。庚子，唐死，梁之同志复刱办《新民丛报》，以言论自效。当是时，京朝士夫及草野志士咸思变法图强，喜得《新民丛报》之为指导也，故其销数乃达十万以上。盖我国自有报纸以来，未有若斯之盛者也。

出洋留学生刊行杂志

光绪戊戌以后，内地革命思潮既已流转各地，而东瀛留学界更为狂热，乃各集乡人刊行杂志。于是湖北有《湖北学生界》，浙江有《浙江潮》，湖南有《湖南》以及《游学译编》《民报》之类，殆皆以鼓吹革命为宗旨。政府知势之难遏也，思以利禄羁縻之，乃廷试留日毕业学生曹汝霖、金邦平等十余人，分别赏以翰林、进士出身，而留学界革命之热潮乃愈炽矣。

《刍言报》

宣统庚戌十月，汪康年设立《刍言报》于京师，不以登载时事为职志，而以匡救政府、警醒社会、纠正舆论为主要。月出六纸，编辑、核对、发行皆一人任之。时患膈疾已久，或劝其不必为是以自苦，辄笑谢之曰：“吾即以是为疗疾之药耳。”辛亥，以病卒于京，时年五十一也。

性理类

诸儒学派之总纲

国初讲学诸家，容城孙奇逢、余姚黄宗羲号称南北大师。奇逢交定兴鹿忠节公继善为讲友，宗羲奉山阴刘忠正公宗周为本师，皆受王守仁姚江之传。盩厔李颙起自布衣，安贫乐道，以理学倡导关中，与奇逢、宗羲相鼎足，其学亦出于姚江。嘉定陆世仪、桐乡张履祥皆蕺山弟子，独无门户之见。南丰谢文洊亦先姚江而后程、朱。睢州汤文正公斌源出夏峰，而能持新安、金溪之平。安溪李文贞公光地，平湖陆清献公陇其，江阴杨文定公名时，无锡高愈、顾枢，宝应王懋竑，及闽中、广东、山左、山右诸学派，则一以程、朱为宗。至八旗儒臣之以理学称者，则简仪亲王德沛其最著也。

夏峰学派

孙奇逢，字启泰，号钟元。少倜傥，好奇节。明万历庚子举人。顺治乙酉，以国子祭酒征，盖祭酒薛所蕴谓其学行可比元之许衡、吴澄而荐之也。有司敦趣，固辞。移居新乡之夏峰村，潜心濂洛之学，家庭雍睦。慕苏门百泉之胜，为宋邵康节、元姚枢、许衡诸人讲学之所，遂渡河家焉。水部郎马光裕奉以夏峰田庐，乃率子弟躬耕，四方来学之愿留者，亦授田使耕，所居成聚矣。

奇逢幼当梁溪、吉水讲学都门之日，与鹿忠节公交修默证，以圣贤相期许。忠节既殉难，独任斯运者四十余年。两朝征聘十一次，坚卧不起，居夏峰二十五年而卒，年九十有二。天下咸称为孙征君，又称为夏峰先生，或曰苏门先生。其学宗明之王阳明，而归本于慎独，人无贤愚，莫不导之为善，盖孟子所谓“天民”也。尝言喜怒哀乐中节，视听言动合礼，子臣弟友合分，此终身行之不尽者。弟子甚众，而新安魏一鳌、清苑高镐、范阳耿极、登封耿介、睢州汤文正公斌为尤著。奇逢命一鳌辑《北学编》，文正辑《洛学编》，自著《理学宗传表》，以周、程、张、邵、朱、陆、薛、王及罗念庵、顾泾阳为十一子，别为《诸儒考》附之，盖独出己见，非依榜旧闻者比也。弟子中有漆士昌者，江陵人，尝补《理学宗传》，列奇逢于顾宪成后，为古今第十二人。虽儒者不以其说为然，而苏门教泽入人之深，门弟子信从之笃，亦可见矣。

梨洲学派

黄宗羲，字太冲，明御史忠端公尊素长子。山阴刘忠正公宗周倡道蕺山，奉忠端遗命，从之游。是时越中承海门周氏之绪余，援儒入释，石梁陶奭龄为之魁，姚江之绪大坏，宗羲力摧其说，学者称梨洲先生。明亡，养母不仕。尝谓明代讲学，袭语录之糟粕，不以《六经》为根柢。又谓问学者必先穷经，经术所以经世，必兼读史，史学明而后不为迂儒。又谓读书不多，无以证理之变化；多而不求于心，则为俗学。生徒甚盛，鄞陈赤衷、董允蹈、慈溪郑性、山阳杨开沅，以及陈锡嘏、仇兆鳌、万斯大、斯同昆季，皆出其门。所著《明儒学案》六十二卷，三百年儒林之薮也。又尝论文，以为唐以前句短，唐以后句长，唐以前字华，唐以后字质，唐以前如高山深谷，唐以后如平原旷野，故自唐以后为一大变，然而文之美恶不与焉，其所变者辞，所不变者千古如一日也。生平为文，不名一家，晚年爱谢皋羽文，则以所处之地同耳。

二曲学派

李颙，字中孚。不求仕进，于山中筑一土室居之，自署“二曲土室病夫”，以水曲曰盩、山曲曰厔，取所籍县名之义也。学者称二曲先生。尝读横渠、蓝田之书，慨然有修明关学意，勤于海诱，从游者日多。论学以自新改过为极则，又谓《大学》明德与良知无分，学者当先观象山、慈湖、白沙之书，阐明心性，然后取二程、朱子以及康斋、敬轩、泾阳、整庵之书以身践履之，则其趣颇近乎姚江。与富平李因笃、郿李柏称“关中三李”。后鄠县王心敬作《关学编》以传之。

柏，字雪木，自号太白山人。初为诸生，及母卒，遂弃冠服，入太白山，率家人力耕，刻苦为学。家故贫，历兵盗水旱，滋益困。自富平李子德被征至京师，数称柏贤，人始有知之者。或欲周之，而柏虽难为衣食，尝一日两粥，半月食无盐，时时忍饿默坐，间临水把钓，夷然不屑也。自诵曰：“贫贱在我，实有其门。出我门死，入我门存。”又曰：“牛被绣，鸾刀就。”又曰：“古之人有七日不火食者，有三旬九餐者，有食木子、橡栗者，有屑榆者，有一日长坐者，有餐毡啮雪十九年者，盖有主于中，不动于外，抱节死义，不忘沟壑也。”

关学倡于明冯从吾，国初，华州白焕彩、同州党湛、蒲城王化泰诸人相与切礶，或步访二曲于盩厔，或迎二曲主其家，执弟子礼。焕彩有“关中文献”之目，湛与化泰亦有名于时。武功有冯云程、康锡吕、张承烈，同州有李士瓆、张弭，朝邑有王建常、关独可，咸宁有罗魁，韩城有程良受，蒲城有宁维垣，邠州有王吉相，淳化有宋振麟，皆笃志励学，得知行合一之旨。至乾隆时，则有武功孙景烈，亦能接关中学者之传。

桴亭学派

陆世仪，字道威。明亡，凿池十亩，筑亭其中，不通宾客，自号“桴亭”。少从蕺山讲学，与同里陈瑚、盛敬、江士韶相约为迁善改过之学。虑惊世骇俗，深自韬晦，于近代讲学家最为笃实，人称为“嘉定四先生”。世仪尝曰：“天下无讲学之人，此世道之衰；天下皆讲学之人，亦世道之衰。嘉、隆间书院遍天下，呼朋引类，动辄千人，附影逐声，废时失事，甚有借以行其私者，此所谓处士横议也。”其于薛敬宣、吴康斋、胡敬斋、陈白沙、王阳明诸儒，皆有评论，后儒以为允，大旨以不立门户为主。全祖望谓孙夏峰、黄梨洲、李二曲皆以儒名，而桴亭少知者，及读其书，而始叹其学之粹也。著有《思辨录辑要》三十五卷。诗才甚清，惜全稿不传。

杨园学派

张履祥，字考夫。居桐乡之杨园，学者称杨园先生。幼孤，母口受《四子书》，曰："孔孟只两家无父儿也。"后受业于蕺山，闻慎独之说，晚乃肆力紫阳。当时东南文社各立门户，履祥退然如不胜，惟与同里颜统、钱寅以文行相砥砺，继与海盐何汝霖、凌克贞切磋讲习，益务躬行。尝谓人多读书则识进，且能自见瑕疵，故终身都无足处。又曰："稼穑者，治生之大端也。务稼穑，则无求于人，而廉耻立；不妄取于人，而礼让兴。廉耻立，礼让兴，然后风俗淳懿，而古道可复。"因著《补农书》以劝其子弟。朱竹垞曰："考夫讲学，一以鹿洞为宗，仁宅义根，言规行矩，间作诗，不沿安乐窝头巾语也。"著有《杨园备忘录》三十四卷。

程山学派

谢文洊，字约斋，号秋水，明诸生。先读龙溪王氏书，复读阳明书，自信益笃。年四十，会讲于新城之神童峰。有王圣瑞者，力攻阳明，文洊与争辩累日，为所动，取罗钦顺《困知记》读之，始一意程、朱。辟程山学舍于城西，名其堂曰"尊洛"。著《大学中庸切己录》，发明张子主敬之旨。其《程山十则》，亦以躬行实践为主。时宁都魏祥等称"易堂九子"，节行、文章为当时所重；星子宋之盛等称"髻山七子"，亦以节概名。而文洊独反己暗修，务求自得。之盛过访，文洊遂邀魏禧、彭任会于程山，讲学旬余。于是皆推文洊，谓其笃躬行、识道本。及门甘京、封濬危、龙光、曾日都、汤其仁、黄熙，时号“程山六君子”，故西江言理学者，必首推文洊。康熙辛酉卒，门人黄熙等传其所著焉。

睢州学派

汤斌，字孔伯，号潜庵。少读宋儒书，喜陆子，以清苦励学。顺治壬辰进士，授翰林院编修，出为陕西潼关道副使。时朝邑雷子霖以理学显，治事之暇，时时造其庐以志景慕。丁父忧，授徒自给，旋受业于孙夏峰。其生平论学，颇宗阳明，然能持朱、陆之平，以刻励讲求实用为主，无阳明杳冥放荡之弊。康熙己未，召试博学宏词，授侍讲，与修《明史》，疏请顺治甲申、乙酉以前抗拒本朝、临危致命诸臣，皆据事直书，圣祖嘉与，颁之史馆为成命，由是明季诸义烈皆得表彰。后官至工部尚书。临终，戒其子溥曰：“孟子言乍见孺子，皆有怵惕恻隐之心，尔等当养此真心，禀至性，求实理，否则习为乡愿，无益也。”又曰：“吾数月来，心无一线放逸，得力深于平时。”可想见其克己之功矣。乾隆丙辰，追谥文正。同时登封耿介、上蔡张沐，并有志操，学者称为“中州三大儒”。

安溪学派

理学有相业者，魏文毅公裔介外，推安溪李文贞公光地、高安朱文端公轼。文贞字晋卿，一字厚庵，官至文渊阁大学士，笃信程、朱之说。其注解《正蒙》二卷，疏通证明，多所阐发，于先儒异同之处，尤能别白是非。《性理大全》一书，明胡广等所采宋儒之说，凡一百二十家，其中撷录原书、自为部帙者九种，捃摭群言、分门编纂者十三类，太抵襞积成书，未能于道学源流真有鉴别，圣祖特诏儒臣删为《性理精义》，皆文贞承旨纂修。门下士江阴杨文定公名时、漳浦蔡文勤公世远，并以理学著名，文端最称美之，盖同调也。仪封张清恪公伯行讲明正学，为天下第一清官。为江苏巡抚时，与两江总督噶礼讼，祸几不测。圣祖忽罢礼，复清恪官，文贞实阴赞之，亦可见其沆瀣一气矣。

平湖学派

陆陇其，字稼书。少即有志圣贤，不肯碌碌。既长，博观先儒语录，尤斥阳明致良知之说。且曰："白沙、阳明之病，今世学者知之。至于泾阳前选，偏于主静，虽本宗朱紫阳，终近禅学，亦弗足尚。"于是专以朱子为宗，异于朱子即谓为异端，判别区轸，不敢出入也。康熙庚戌，成进士，释褐为嘉定知县，将赴官，为铭以自警曰："生者待汝养，死者待汝葬，天下后世待汝治，尔毋或轻尔身，以殉无穷之欲，而丧厥志。"旋因盗案落职。工部主事吴元起举应己未博学宏词科，其荐牍中有云："理学深醇，久入程、朱之室；文章宏博，复登韩、柳之堂。"当时谓非虚誉。未及试，奔父丧归。后官监察御史。壬申卒。著有《四书大全》《三鱼堂文集》《问学录》等书十余种。乾隆初元，追谥清献。

江阴学派

杨名时，字宾实，一字凝斋。官至礼部尚书，卒谥文定。少有志圣学，为文章原本经训。康熙辛未成进士，出李文贞公光地门，及入翰林，遂朝夕相从问学。方望溪侍郎苞与文贞辨析经义，常自日昃至夜中。文定端坐如植，言不及，终无言。及同直南书房，侍郎久与居，乃知其于文贞所讲授者，笃信力行，而凡古圣贤相传性命之旨要，皆能探其所以然，故能忠诚耿著，夷险一节，为世完人。其督云贵时，以受人诬奏落职，部议拟斩监候，而文定篝火治《诗》《礼》，坦然如平时。狱词上，世宗特旨宽免。留滇七年，讲学不少倦。乾隆初元，以礼部尚书入教皇子，兼国子监祭酒，荐宁化雷翠亭副宪鋐、安溪官献瑶、南靖庄亨阳、无锡蔡德音等七人为助教，都下号为“四贤五君子”。未几卒。所著有《杨氏全书》。侍郎在都时，尝与蔡文勤公世远太息人才之难，计数朋辈，如杨宾实、陈沧洲，后生中尚未见坚然可信其几及者，况在古人。文勤曰：“吾门雷生，（即鋐，七助教之一。）乃后起之宾实也。”又歙县程晋芳《正学论》曰：“国朝以来有三大儒，曰汤文正公斌，陆清献公陇其，杨文定公名时。清献之立朝治人，可以无憾，所微惜者，攻陆、王太过，犹有讲学习气。若潜庵、宾实，则昭昭与日月并行，玉粹金坚，吾无间然矣。”

江阴有徐世沐者，字尔瀚，号青牧。笃信朱子，切己反求，务有益于身心，虚怀抑志，不敢自是，至耄年如一日。少年犹及交太仓陆桴亭、无锡高汇旃、武进马一庵，往来论学无虚日。关中李二曲南游，世沐与深谈久之。二曲曰：“子学笃而行未广。”答曰：“先生行高而学未醇。”其不苟同多类此。晚年，随子入都，闭户读书，日有记注。仇沧柱见而惊叹，扬言于众，由是文贞、清献亟与订交。所著书曰《惜阴录》，大旨以为圣贤之学即知即行，若知而不行，虽读尽《十三经》《二十一史》，徒敝精神，其光阴可惜也。卒年八十有三。疾革，召老友陈克艰与诀，遗命勿作佛事，息心端坐而逝。克艰与世沐同里同学。继之者，文定也。

无锡学派

明万历时，无锡顾端文公宪成、高忠宪公攀龙讲学东南，修宋杨时东林书院，恪遵程、朱教法，力辟姚江无善无恶之说，有功于世，别为东林学派。一时名人先被权阉魏忠贤之难，后为马士英、阮大铖所排，困苦亦最甚。忠宪从子世泰，字汇旃，笃守家学，葺道南祠、丽泽堂于梁溪，与从子愈等讲习其中。祁州刁包闻声谒之，往返论学，尤莫逆，学者有“南梁北祁”之称。歙人汪学圣所学近禅，两至东林，乃大悟前失。其乡人汪知默、陈二典、胡渊、朱宏、吴慎、施璜、汪燧辈，方讲朱子之学于紫阳书院，因学圣以问业东林，志相得，乃作《紫阳通志录》。陆清献、张清恪皆与友善，若孝感熊文端公赐履，则世泰之徒所成就者矣。

愈，字紫超。十岁，读忠宪遗书，即知向学，谨言行，植身艰苦。尝言士求自立，当自不忘沟壑始。平居体安气和，虽子弟未尝诃责。终日危坐不欠伸，盛暑不裸跣，与人食不越簋下箸。有忿争者，至其前，辄愧悔。顾栋高从之游，说经娓娓忘倦。所撰《朱子小学注》，乾隆时，侍郎尹会一督学江苏，以小学取士，颁行其书。

顾枢，字所止，一字庸庵，端文公之孙也。明天启中举人。少从忠宪学，明亡，韬形遁迹，不入城市，不赴讲会，惟心体力行而已。于明儒服膺薛、胡，而谓陈、王不免差失。又谓端文主无欲，忠宪主格物，并直接宋儒。同县顾培、张夏、严瀫，宜兴汤之锜，亦皆能传东林之学。

白田学派

王懋竑，字与中。少从叔父式丹学，即自刻励。后与方望溪侍郎交，笃志经史，耻为标榜之习。康熙戊子举乡试，戊戌成进士，官安庆府教授，重建培元书院，以学行造士。语学者曰："人一号名士，无足取矣。"尝作诗，书诸座右，曰："长堤溃蚁穴，君子慎其微。生平操持力，不敌一念非。波浪浮天阔，漭漭决四围。内省增叹息，已往安可追。奔马不可驭，盘石不可斡。是非反掌间，铅刀贵一割。我心似寒灰，百念俱利劙。颐更塞其端，绝之在由枘。"此可以见其蕴蓄矣。晚年，校定《朱子年谱》，于文集、《语类》考订尤详，大旨在辨为学次序，以攻阳明之说。著有《白田草堂集》二十四卷。

朱泽澐，字湘陶，号止泉。切磋讲贯，宗朱子，以为孔子以来相传的绪，穷即穷其所存之心，存即存其所穷之理，止是一事。喟然叹曰：“尊德性者，莫如朱子；道问学者，亦莫如朱子矣。”没后，学者以其尝讲道锡山，祀之于东林道南祠。

闽中学派

闽中学派，李氏最盛。文贞公之弟光坡，字耜卿，与文贞相与讲贯，著《性论》三篇，辨论理气先后、动静，以订近儒之误。又著《三礼述注》六十九卷，以授兄子钟伦。从弟光墺，字广卿；光型，字仪卿，同撰《二李经说》。钟伦子清植有《仪礼纂辑录》。世谓李氏一门能传礼学也。蔡文勤公闻道于文贞，而传道于雷鋐。鋐之学，以仁为归，以敬、义为门户，以人情、物理为权衡，以《六经》为食饵，以文艺为绅佩，以奖引天下之士为藩墙，而邪正之界，流渐之溃，析之尤精，防之尤密。生平出处，按之于道，盖无一不合者。他如连城李梦箕精进学业，崇尚朱子；子图南能世其学，与文勤讲明修身穷理之要，文勤深重之；而邑人张鹏翼、童能灵，皆以学行称。鋐曾言闽江学者，当以鹏翼为冠，孟超然辈行稍后，然读书有识，不为俗学所牵，则后先一揆也。

广东学派

广东学派，守陈白沙之旧者，为新会胡方。方字大灵，所居曰金竹冈，学者称为“金竹先生”。立志清苦，潜心理学。总督吴兴祚闻其名，招之，不出。知州何西池注其《梅花》诗，谓皆寓言讲学，如白沙子之以诗为教也。弟子偶冒不韪，愿就鞭扑，不愿闻其事于胡先生。里中语曰：“可被他人笞，勿使胡君知。他人笞尚可，胡君愧杀我。”其诚之感人如此。督学惠士奇亲往受教，亦不见，乃索所著书，与明季梁朝钟文并刻之，名曰《岭南文选》。集中《谒白沙祠》及《白沙子论》，具见渊源所自。后粤中笃学行者，有南海冯成修、劳潼。

山左学派

山左学派，自安丘刘原渌笃信朱子之学，集朱子书作《续近思录》，后数十年，昌乐阎循观，潍县姜国霖、刘以贵、韩梦周，德州梁鸿翥，胶州法坤宏，犹能守原渌之学。梦周任安徽来安县知县，与山阳任瑗友。梦周与人书曰："任君体用俱备，有明以来，无此巨儒。"及梦周将北归，瑗语之曰："山左人多质直，君当接引后进，以续正学。"因作《反经说》以示之。

博野颜元，字易直，一字浑然。其学贯古今、兼体用。尝言尧舜之道在六府三事，周公教士以三物，孔子以四教，非主静、专诵读，流为禅宗俗学者所可托。于是著《存学》《存性》《存治》《存人》四编以立教，名其居曰"习斋"，学者因称为"习斋先生"。肥乡有漳南书院，邑人郝文灿延元往教，三聘始往，为立规制，有文事、武备、经史、艺能等科，从游者数十人。会天大雨，漳水溢，墙垣堂舍悉没，人迹殆绝，元叹曰："天不欲行吾道也！"乃辞归。又谓张文升曰："如天不废予，当以七字富天下：垦荒、均田、兴水利。以六字强天下：人皆兵，官皆将。以九字安天下：举人才，正大经，兴礼乐。"

元论学宗阳明，而清克洁悫，自为一家之说。尝谓孟子性善，与孔子性相近、习相远意同而语异。时人追味，以为知言，又矫后儒心学放恣之弊。徽州姚际恒作《庸言录》，谓周、程、张、朱皆出于禅，其说本于元。又谓圣人无心学而有其学，乃自立为学次第，杂取《少仪》《内则》诸篇，定幼学之准，而以古文《禹谟》、李氏《周官经》所云六府、三事、三物为节目，与阳明限年责功之说大略相似，所阙者惟心学耳。

元有弟子数百人，而蠡县李塨最有名，与大兴王源、上元程廷祚，日讨论天地阴阳之变、伯王大略、兵法文章、古今典制、方域要害、近代人才邪正，所学必可见之于民事。廷祚推之曰："为颜氏者，其势难于孟子，其功亦优于孟子。"去今逾二百年，法语学规直与泰西暗合，奇哉！德清戴望撰《颜氏学记》以传之，犹惜其偏于空言心性也。

李明性，字晦夫，学者私谥为孝悫先生，塨之父也。家素饶，明亡后，田被圈入旗，食指且蕃，绌于用，然与人言，绝口不道贫字，守志益定，持节益严，视天下不义之富贵若将浼焉。弥留之际，屏妇女勿近，顾谓塨行属纩礼，其亦一息尚存不肯少懈者欤？

山右学派

山右学派，传绛州辛全之学者，有洪洞范鄗鼎，绛州党成、李生光、陶世征诸人。鄗鼎，字位西，究心濂洛遗书，养母不仕，河汾人士多从之受经。康熙己未，举博学宏词，以母老辞。家居立希贤书院，置田以赡学者。陆清献尝与以书曰："夙闻山右辛复元之名，而未见其书。承乏恒阳，幸与山右接壤，则又闻先生出处不苟，守礼谨严，盖今之辛复元也。且尽刊行辛书，大有功于世道。辱以见示，不敢私于箧衍，将携以南归，遍告乡后进，俾知太行之西，龙门之东，复有大儒出其间，王仲淹、薛敬轩之遗风未坠，相与讨论而传习之，为惠不亦多乎？"成字宪公，号冰壑。以明理去私为本，生平不求人知。鄗鼎尝誉之于人，意不怿。生光，字闇章，明诸生，至孝，以程、朱微言训弟。明亡，北向痛哭，焚其青衿，自号汾曲逸民。世征，字视庵。平生愿学孔子，尝言："一部《论语》，皆孔子精神所流露也。至'无行不与'之语，乃诸弟子极意摹拟赞扬之辞，较之寻常答问尤为亲切。从此想象其精神命脉之所存，久之，觉夫子之真面目跃然欲出，恍若亲承提命者然。"

两湖学派

曾国藩，字伯涵，号涤生，湘乡人。道光戊戌进士，官至大学士，封一等毅勇侯，卒谥文正。性理之学，上接朱紫阳；经世之略，更过王阳明。在都既与倭文端公仁、吴侍郎廷栋为讲学之友，在家亦引益阳胡文忠公林翼、同邑罗忠节公泽南为同志。文忠抚湖北，正值粤寇猖獗之时，治军理民，均能省身克己，并礼兴国处士万斛泉以资表率。而忠节训诸生以道德，相率投袂讨寇，驰名天下。又善化唐鉴推崇平湖之学，博闻而约守，矜严而乐易，汉阳刘传莹内志外体，一准于法，均为文正所重。惟鉴著《学案小识》，摈夏峰不录，复深致鄙夷，则亦有门户之见存矣。

八旗学派

八旗儒臣中，以理学称者，首推简仪亲王德沛。王为太祖弟济尔哈齐四世孙，早岁，应袭父爵为镇国公，让与从子，入西山读书。怡贤亲王荐之于朝，世宗召见，问所欲，曰："愿侧身孔庙，分特豚之飨。"世宗大器之，授兵部侍郎。王益折节向学，立志希圣，一言一动，必由仁义。乾隆初，兼祭酒。每入学，摩挲俎豆，不忍决舍。尝集太学诸生讲《大学》首章，圜桥听者凡千余人，靡不悦服，独助教王之锐以为未尽，复陈己意，王欣然下阶三揖，其虚衷多类此。后督闽浙，驻节杭州时，于敷文书院绘河洛、方圜、羲文诸图，揭于屏间，王手执松枝，伫立指点，讲解移时，听者忘倦，佥谓天潢节钺中古今一人。尝曰："人心为风俗之本，未有人心浇漓而风俗朴厚者。今世不患乏才，患人心不古耳，非讲学无以明之。果使风化日移，胜呻唔呫毕多矣。"在闽时，有《鳌峰书院讲学录》行世。所著又有《易图解》《实践录》二书。乾隆己巳，简亲王神保住削爵，诏以王袭封。

王后历封疆，以廉能著。然与河督高斌议不合，高欲岁减革沙船，力持不得，语人曰："古人制度安可轻易改革？吾老不及见，汝异日当思吾语。"乾隆癸酉，张家路头秋水漫涨，果如王所料，时王薨二年矣。及河患日增，至竭国帑民财以治之，犹无补，于以服王之先见矣。讲学家尊之曰"德济斋夫子"。

王同时有徐元梦者，字善长，一字蝶园，满洲正白旗人，姓舒穆禄氏。舒与徐，满音略同，而字义亦近，故天下称蝶园徐公。康熙癸丑进士，官至协办大学士，充《明史》总裁。中年后精研理学，言貌温温，若惟恐伤人者，而中持黑白，卒无所依违。与人敬以和，贵贱老少如一。老而笃学，与方望溪侍郎共事蒙养斋，暇即就问经义，事望溪如师。卒谥文定。

道、咸间，继起者为文端公倭仁，字艮峰，姓乌齐格里氏，隶蒙古正红旗，为河南驻防。道光己丑进士，官至文华殿大学士。与曾文正公、吴侍郎廷栋相与讲学，兼讲经济，皆实求朱子之志而力践之。又翙吃糠会以厉侈靡之俗，为朝野所推重。其学以九容入手，见过自讼，言动无妄，行己接物，绝无偏私。《敬陈治本》一疏，亟亟以讲明正学为先。尝曰："志始于思，辨于学，发端甚微，为效甚巨。"真卓然儒者之言也。

同、光间，蒙古崇绮，字文山，某科状元，三等承恩公，孝哲后之父也，亦以精研性理闻于时。杜门谢客，列几之书籍，皆学案、语录类也。穆宗崩，孝哲请命于崇，崇命以死，即此可见矣。

汉军徐荫轩相国桐，亦以讲理学名于时，然不可与简仪亲王、文定、文端、文山所可同日而语也，其徒党乃至拟之为程、朱。尝召门人讲阴阳动静之学，徐曰："譬如小几，几面，阳也，几底，阴也，去几曰动，安几曰静。"文芸阁学士闻之大笑曰："此为大儒之讲学乎？虽车夫亦能之也。"

王船山神契《正蒙》之说

王夫之，衡阳人，明举人，世人以其居石船山，故称之为"船山先生"。杜门著书，神契张载《正蒙》之说，演为《思问录》内外二篇。康熙时，以吴三桂叛，兵至湘，乃又逃之深山。

汤默斋劝黄九烟讲学

明亡，户部主事黄九烟隐居不仕，从汤默斋游。默斋劝之讲学，九烟曰："吾负不忠不孝名，何学之讲耶！"

王寒荷晚好性理

宁陵王当世，号寒荷，晚好性理，得洛、闽诸儒之书，伏而读之。间于体佳时，邀良友坐讲床头，率能融彻大义。虽孤行其意，少与人周旋，然一与晋接，则蔼蔼无亢厉色。闾里之间，骨肉之好，卒不能名之，然亦皆知之。

顾在瞻戒空谈

顾在瞻，名諟，与汤禹江同为黄梨洲之弟子。少时著《陆学传习录》，颇谤陆、王。及自甬上归，语门人云："吾向日一知半解，心粗胆大，妄议先儒。今从黄先生游，乃知半生全在梦中。"遍索所抄《传习录》焚之。与禹江订读经史法，求实学，戒空谈，后生翕然从之。杨，名开沅。

张巽仲自儒而禅

张五权，字中生，一字巽仲。弃举子业，从汪有源昆一问学，寻且延致于其家，反复克复归仁之指，凝思终夜。粥田得资，以馔宾客，不倦。久之，瞿然曰："朝闻道，夕死可矣，仲尼岂欺我哉！"益搜先儒语录，澄心默坐，日以为常。间与浮屠往来质问，欣然有得，乃断荤酒，著《复初论》，集古妇人得道者二卷，授妻沈氏，异室而处。人訾为自儒而禅，不恤也。顺治辛卯疾革，却医药，端坐，曰："死生，旦暮耳。"服深衣幅巾，作诗而逝，有"悟后修持二十年，儒功梵行两能坚"之句。学者私谥为懿靖先生。

圣祖崇理学

圣祖笃信程、朱，所著《几暇馀编》，其穷理尽性处，虽宿儒耆学如李文贞公、汤文正公等，皆莫能测。尝出《理学真伪论》题以试词林，又刊定《性理大全》《朱子全书》等书，特命朱子升祀十哲之列，自是而四配之下遂有十二哲矣。

丁觉民体验身心

康熙戊申秋，长兴丁觉民进士玥北游天雄，留燕蓟间四载，闭户却扫，体验身心，与圣贤之旨相证合。或披衣达旦，隐几终日，仰天而嘘，浩然其有得也。尝自谓戊戌以来，十余年苦心一无所得，皆好异之心误之，今日始知极平淡处是极神奇处，凡一涉奇怪，便非也。

王子方志于圣道

翼城王子方，名端。生八岁而习句读，十二而求文艺，十六而志于圣道，独行独勉，二十四而粗得其大略。不幸卧病二载，两目失明，不敢复言学道矣。康熙庚午，病瘥身强，虽目不见字，耳闻而口诵，日有稍进，乃复自奋，每读书有得，辄命子录之，名曰《学思录》。

邵季鲁习王氏学

康熙辛巳，黄冈令韦钟藻建姚江书院于县南，博访有绍王阳明之学者。闻邵季鲁习王氏学，乃以礼币致之，使主院事。先一日戒众，厥明，诸生毕至，韦偕教谕、训导往，博士弟子迎于门外，揖至阶。邵出莅阶，韦升阶揖邵，并揖教谕、训导，次及诸弟子，皆揖而入，释菜于先贤如礼。出即讲堂揖坐，邵南向，韦西向，教谕、训导东向，弟子侍于阶。童子歌诗阕，邵为讲《易》之艮卦。韦顾诸生曰："先生哉！先生哉！"礼成，县之父老喜曰："数十年今见此也。"

劳麟书勉人为圣贤

余姚劳麟书，名史，好引接后学，委曲尽诚，佣工下隶，皆教之使向道，曰："尽汝职分，务实做去，终身不懈，圣贤矣。

勿自薄也。”闻者莫不爽然。里中贩物者近麟书居，不忍货伪物；刍儿牧童，或折弃缯缴，毁机穽；有斗争者，就质于麟书，往往置酒求解。

李恒斋欲不枉一生

李文照，字朗轩，号恒斋，善化之乡人。母孕十六月而生，幼读书，寓目成诵。十岁，适郡城，父携之谒先师孔子庙，循行殿庑，告以配享从祀之典，文照曰：“如此，庶不枉一生。”

李简庵反躬切体

连城李图南，号简庵，诸生也。性端敏，甫四龄，而《四子书》已成诵。能谨容节，就傅习举业，兼攻诗古文。既而叹曰：“吾学自有身心性命之所急者，顾可以虚名自骛乎?”于是究心濂洛关闽之书，以反躬切体为务。居莲峰、点石诸山者久之。尝曰：“学者惟名利之念为害最大，越此，庶可与言学。”

汤介亭师圣贤

睢州汤准，字稚平，号介亭，文正公斌之四子也。少歧嶷，有远志。年十三，书“圣贤自可师”五字于纸，文正喜而勖之以正学。遂体究儒先，默识贯穿，悉本于身心践履，不务讲学名。尝曰：“为学不在多言。”

朱湘涛做圣贤功夫

朱湘涛，名泽澐，宝应人。晚岁得脾疾，每五更起，盥沐，观书，至夜分乃息。谓其子曰：“圣贤功夫正于困苦时验之，若稍稍放倒，便至堕落，可不惧哉!”疾甚，吟宋邵康节诗曰：“任经生死心无异，虽隔江湖路不迷。”命家人治后事，别亲友，怡然而逝，时年六十七。

王沣川为关中儒者

王心敬，字沣川，鄠县人。幼学于李容，为邑诸生。雍正庚戌，其子某为令，陛见，例陈摺，世宗见而嘉之，曰："名儒子，故不凡。"令上疏者以为式。乾隆丙辰，蒲城某进士赴廷试，大学士鄂文端公尔泰问沣川安否，进士素不知沣川也，不能应，文端笑曰："若不识关中儒者，何太俗耶！"

姜云一味《论语》

昌乐阎怀庭与潍县姜云一善，一日问云一喜读何书，曰："《论语》，终身味之不尽也。"云一尝自述其生平学力，谓年四十，始能不以贫富撄其心；五十，始能不以生死动其心。

王勿斋作克复格

王立楷，号勿斋，乾隆初之湘阴诸生也。性方正，勤于自治，甚刻苦。尝作克复格，每月言动必谨记之。

汪绂初精研性理

汪绂初，名烜，安徽婺源人。家贫困，佣于江西景德镇之瓷器制造所，为画之盌（同"碗"）之役。博极儒书，精研性理，以宋五子之学为归。

劳莪野读书有得

劳莪野尝言读孔子书，得一言曰"务民之义"；读孟子书，得一言曰"强为善而已矣"；读朱子书，得一言曰"切己体察"。劳，名潼，乾隆时南海举人也。

戴东原为本朝儒者

德清戴子高明经望，尝与仁和谭复堂大令献评骘戴东原，谓为本朝儒者第一。谭不答，盖目之为第二流也。东原名震，休宁人，乾隆时翰林院庶吉士也。

陈仁五研究性理

攸县陈仁五茂才惠，研究性理之学，有犹子叙斋，尝携之入家塾。一日讲《中庸·天命章》，自卯达日午，娓娓不倦，叙斋亦恍然悟。其教人也，以小学为先。每慨然曰："士生斯世，不能俎豆馨香，树士林坊表，徒执笔咿唔，习举子业以弋取荣名，夸耀闾里，有道耻之也。"

邓元昌悔为朱子罪人

雩都宋昌图尝以通家子礼谒赣县邓元昌，器之，馆之于家，昕夕论学，为日程疏记，言动交相摘。一日，昌图读朱子《大学或问》首章，元昌适过窗外，立听之，不觉泪下而拜，感动不能起，谓昌图曰："子勉之，无蹈吾所悔，永为朱子罪人，偷息天壤间也。"

孙玉山潜心理学

孙占鳌，字玉山，零陵岁贡生。尝役于府署，辄怀书而往，郡守奇之，令改业为儒。不数年，文誉大起，旋入庠食饩，贡成均。晚年潜心理学，终日默坐，与性道相契，世味泊如也。所著有《周易疑参》《四书质疑》。

夏锡畴笃志励行

河内夏锡畴，字用九。笃志励行，治经通大义，不为章句之学。尝自言曰："今之讲学者，吾知之矣。摹仿其口吻，比附其文字，以较量于锱铢毫厘、依稀轻重之间，若是者，俗学也，吾弗为也。悟空习静，妙归本体，扫除见闻，屏绝思虑，以程、朱为支离，若是者，异学也，吾弗为也。耽嗜泉石，厌鄙世故，甘心枯槁而无闻者，畸民也，吾弗为也。趋时若骛，逐利如绳，巧宦通神，前有阱而不见，后有贼而不知者，戮民也，吾窃矜而悲之。其或志切功名，挟策干主，布衣上书，以此博名而显天下，吾力弗及焉，而又不为也。”

朱紫桂读先哲书

同、光间，湘乡有朱紫桂者，以贸茶致巨富。少固未尝读书也，至是而悔之，向学弥笃。尝课子延师，于帷后静听之，课罢，则就经中之字请解其义。客有读书者，入门辄挟卷以质疑，数十年如一日。其所常观之书，为《四子书》及陆象山、王阳明集。有过不自讳。有见其与李筱秋书，谓“自聆雅教以来，及读各先哲书，亦知利不可专，而于利字关头总打不破，不解何故”云云。所寄友人尺牍，不假他手，虽有讹字，文笔固明畅。曾卜寿藏于五脑梅花山，自作一联曰：“一点灵光还造化，百年骸骨葬梅花。”

王曙轩服膺朱子

湘潭王曙轩征君生平服膺朱子之学，尝主讲河南明道、洛学两书院，刻布约言，颁示诸生。光绪辛亥，湘藩胡某聘主长沙求实书院讲席，时年已七十余矣，白发萧然。其持论颇不与袁淑瑜合。淑瑜少出曙轩门下，曙轩犹以学生待之，辞气之间，不少假借，淑瑜颇不堪，谓其挟长。

经术类

群经精义之发明

经学之分汉、宋，犹理学之分朱、陆也。其专宗汉学以抵程、朱之隙者，为毛奇龄、惠栋、戴震诸人。其义理宗程、朱，仍博稽汉、唐注疏者，为李光地、方苞、姚鼐诸人。自有明中叶，人皆敝精力于帖括，而根柢之学阙焉。国初，朴学之士始出，顾炎武、阎若璩开风气之先，其后巨儒踵接，元和惠氏、武进庄氏、高邮王氏、嘉定钱氏盛于吴中，婺源江氏、休宁戴氏继起于宣、歙。由是汉学昌明，远绍微言，兼通大义，千载沉霾，一朝复旦。极盛于乾隆，益精于嘉庆，遗经端绪，皆有条理。然江藩作《汉学师承记》，凡稍近宋学者皆摈之。阮元刻《皇清经解》千四百余卷，而光地与苞之著述一字一收，盖几于分茅设蕝矣。一时风气所趋，遂以搜残举碎为功，诋宋儒为空疏，肆力掊击，抑又过矣。要知汉儒之训诂，宋儒之义理，相须而行，阙一不可，其激而互有胜负者，皆末流之失也。

经学有北南二派

长沙有校经堂，创自湘抚吴荣光。光绪初，学使余姚朱肯夫少詹逌然筹款扩之，人才号为极盛。湘潭叶奂彬主政德辉，其魁硕也，有论经之言，今节录之。

其论经学北派也，则曰博野有颜元，蠡县有李塨。塨所著曰《周易传注》《诗经传注》《李氏乐学录》。元之学，一传而为李塨，塨又受学于毛奇龄，此南学合北学之始。再传而为程廷祚，则又以南人而为北学。然如所著《晚书订疑》《禘祫辨误》二书，绝不附和毛氏《古文尚书冤词》及《郊社禘祫问》之说，是则冰寒青胜，派同而学不同。至所著《春秋识小录》，已入乾嘉考据一派，其殆学成之日乎？元之学，初不行于南方，厥后二百余年，德清戴望本其先世家学，著《颜氏学记》一书表扬之。望晚年又从陈奂受《毛诗》，从宋翔凤受《公羊》，所注《论语》，即发明《公羊》之义，是又转入南学今文派矣。

曲阜有孔广森，所著曰《顨轩所著书》；孔广林，所著曰《孔丛伯遗书》。广森受学于戴震，震为江永高弟，是当列于婺源派之再传。然北方为汉学者，纪文达公昀无传书，独孔氏一家为之，至马国翰而极盛，故特列为一派，以张汉帜。

其论经学南派也，则曰昆山派有顾炎武，所著曰《亭林遗书》《音学五书》《日知录》。徐乾学为炎武甥，所著为《读礼通考》。潘耒为炎武弟子，刻《亭林遗书》。炎武之学，出于朱子，而实事求是，遂开东南汉学之先，论一代儒宗，当以炎武与元和惠周惕为不祧之祖。江藩《汉学师承记》退炎武与黄宗羲居于卷末，是诚所谓蚍蜉撼大树者矣。

元和派有惠周惕，所著曰《诗说》。士奇为周惕子，所著为《易说》《礼说》《春秋说》。栋为士奇子，所著为《易例》《周易述》《易汉学》《易大义》《易微言》《周易本义辨证》《古文尚书考》《明堂大道录》《禘说》《左传补注》《九经古义》。惠氏三世治经，至栋而益盛，吴中汉学，实惠氏一家开之。故周惕与炎武，不独化被三吴、泽及桑梓，即天下后世，亦当推为两巨师焉。栋之弟子，一为江藩，著《周易述》《补尔雅小笺》；一为余萧客，著《古经解钩沉》，皆于汉学一派有功后学者也。

婺源派有江永，所著曰《周礼疑义举要》《仪礼释例》《仪礼释宫增注》《礼记训义择言》《深衣考误》《礼书纲目》《律吕新义》《律吕阐微》《春秋地理考实》《乡党图考》《群经补义》。戴震为永弟子，所著曰《戴氏遗书》。段玉裁为震弟子，所著曰《经韵楼全书》《说文解字注》。龚自珍为玉裁外孙，所著曰《尚书泰誓答问》

《春秋决事比》。龚橙为自珍子，所著曰《诗本谊》。永之学出于朱子，震乃操入室之戈，再传而为玉裁，犹是古文学一派。三传而为自珍，又转入今文学一派。此无他，师承之严重不如汉京，故学者但随风气为转移，遂不惜背师而驰，自乱统系。

常州派，一曰阳湖派，有庄存与，所著曰《周官记》《周官说》《周官说补》《春秋正辞》四种。述祖为存与从子，所著曰《尚书校逸》《尚书说》《毛诗考证》《周颂口义》《夏小正考释》《五经小学述》《说文古籀疏证》。刘逢禄为述祖弟子，所著曰《尚书今古文集解》《公羊何氏释例》《公羊何氏解诂笺》《论语述何》《发墨守评》《箴膏肓评》《［穀梁］废疾申何》。龚自珍为逢禄弟子，所著曰《婺源三传书》。魏源亦逢禄弟子，所著曰《书古微》《诗古微》。孙星衍所著曰《周堂集解》《尚书今古文马郑注》《尚书今古文注疏》《明堂考》《魏三体石经考》《孔子集语》。张惠言所著曰《茗柯全书》《仪礼图》。成孙为惠言子，所著曰《说文谐声谱》。常州之学，本分二派，一为今文学派，庄氏一家开之，传至龚、魏，横流极矣。然其学通天人之故，接西京之传，盖得董、贾之精微，而非如龚、魏之流于狂易。江藩《汉学师承记》不列其名与书，殆有"彼哉"之意乎？一为古文学派，孙星衍卓然名师，为古学之劲旅，当时与洪亮吉齐名乡里。亮吉所著《左传诂》，远不如孙之精深。盖洪后以史学地理名家，精神别有专用也。惠言精研《易》《礼》，实惠氏之旁支。昆山元和以外，其学派未有过于常州者也。

仪征派有阮元，所著曰《皇清经解》《诗书古训》《车制图解》《仪礼石经校勘记》《曾子注释》《十三经注疏校勘记》《经籍纂诂》。元主持汉学，全在《经解》一书。节钺所至之处，于广州则创学海堂，于浙江则建诂经书院，两省承学之士，百年以来，犹沿其余风。湘省汉学，兴起最迟，然创湘水校经堂者，则其弟子巡抚吴荣光也。瞽宗之祀，其为先河乎？长沙王先谦续编《经解》一书，推衍宗风，网罗散佚，其嫡派终在湖湘。新学既兴，南风不竞矣。

高邮派有王念孙，所著曰《读书杂志》《广雅疏证》。引之为念孙子，所著曰《经义述闻》《经传释词》。高邮自创一派，专以形声训诂校勘古书，于是千古沉晦不可解之文词，循其例，无不涣然冰释。俞樾踵其后，为《群经平议》，为《诸子平议》，为《古书疑义举例》，而后四部书之讹文脱简，重门洞开，可谓周、孔之扫夫，刘、班之嫡子。曾文正《圣哲画像记》推为集小学之大成，盖犹等夷之见矣。

南雷派有黄宗羲，所著曰《易学象数论》《深衣考》《孟子师说》。南雷得蕺山之传，其理学为阳明一派，然为全祖望所私淑，又为万斯大兄弟受业之师，浙中经学之风，故当以宗羲为鼻祖。

四明派有万斯大，所著曰《万氏经学五书》。斯同为斯大弟，有《石经考》。四明之学，为浙中汉学之先声，非毛奇龄逞其口辩一味叫嚣之比也。少时兄弟师事南雷，得闻蕺山之绪论，平日持论，以为非通诸经，不能通一经；非悟传注之失，则不能通经；非以经释经，则亦无由悟传注之失。至理名言，诚实事求是之义。当时并无汉学名帜，而治经之法，遂为一代宗风，不可谓非豪杰之士也。

桐城派有方苞，所著曰《望溪全集》。刘大櫆为苞弟子，不传经。姚鼐为大櫆弟子，有《左传补注》《公羊补注》《穀梁补注》《国语补注》《九经说》。桐城方氏说经诸书，源出北宋，再传为鼐，以参合义理、考据、词章为宗。桐城之学，至此一变，曾文正师之。

东塾派有陈澧，所著曰《东塾读书记》《汉儒通义》。澧为阮元再传弟子，然近世所谓汉、宋兼采一派者，至澧而始定其名，故别为派以殿于后。

经有六证

叶奂彬深于经学，尝谓经有六证，可以经证经，以史证经，以子证经，以汉人文赋证经，以《说文解字》证经，以汉碑证经。今录其证经之言如下。

一以经证经　如以《礼》证《易》，则有张惠言《虞氏易礼》。以《春秋》证《易》，则有毛奇龄《春秋占筮书》。以《春秋》证《礼》，则有宋张大亨《春秋五礼例宗》。以《公羊》证《礼》，则有凌曙《公羊礼疏》《公羊礼说》，陈奂《公羊逸礼考征》。以《穀梁》证《礼》，则有侯康《穀梁礼征》。以《礼》证《诗》，则有包世荣《毛诗礼征》。以《公羊》证《论语》，则有刘逢禄《论语述何》。昔人云，不通群经，不能治一经，此解经第一要义也。

一以史证经　司马迁受经于孔安国，故言汉学者，推为古文家，不尽然也。《史记》一书，《五帝本纪》《夏本纪》《殷本纪》《周本纪》可以证《尚书》，春秋列国《世家》可以证《尚书》，亦可证《左传》，《孔子世家》《仲尼弟子列传》可以证《论语》，《荀孟列传》可以证《孟子》。自余前汉诸人，其列传中引用经文，多与今本殊异，缪祐孙有《两汉书引经考》，最为详洽，可以参观。《史》《汉》以外，则《三国志》《南北史》，不独经师遗说时有异同，即其授受源流，亦足以资考索。至《国语》《国策》《逸周书》，本属经类，或与《春秋》相表里，或与《尚书》相贯通，虽纯驳不同，而参考必备，《四库全书》均入于史部杂史，非知三书源流者也。

一以子证经　诸子皆六艺之支流，其学多出于七十子。周、秦、两汉九流分驰，诸儒往往摭其书之遗言，以发明诸经之古学，今试举其书论之。如京氏《易传》（《隋书·经籍志》“五行家”京《易占》即此书也。）为孟喜《易》义，焦赣《易林》（翟云升考定为崔篆撰。）为京房《易》义，《韩诗外传》为《韩诗》义，班固《列女传》为《鲁诗》义，《韩非子》《淮南子》为《春秋左氏》义，《白虎通德论》为《春秋》礼义，《荀子》、蔡邕《独断》为《礼》义，此其彰明较著者。至《墨子》有《古尚书》，有《百国春秋》，《管子》有《周礼》遗法，《淮南子》有九师《易》义，是又在读者之善为沟通，而无用其比较已。

一以汉人文赋证经 王逸《离骚注》、《蔡中郎集》有《鲁诗》义，阮元辑《三家诗》，陈寿祺《三家遗说考》，已详举靡遗。其他《两汉书》中诸人封事、文赋，或释经有异义，或引经有异文，大抵诸儒各治一经，无不贯澈源流，搜采遗佚。其书见于前、续两《经解》中者，可以按目求之。即小有出入异同，亦无损其全书之例。乾、嘉两朝，江、浙间诸经师，不得不推为经苑之功臣矣。

一以《说文解字》证经 许为古文学而兼采众家之言，故其书同一引经，往往先后异字，解义亦不相同。陈瑑《说文引经考证》、吴玉搢《说文引经考》、柳荣宗《说文引经考异》，皆有专书，可取而细绎之也。

一以汉碑证经 汉儒治经，最重师说，凡流传碑本，其引经与他本异者，家法皆各殊。皮锡瑞有《汉碑引经考》一书，疏证详明，真伟作也。

顾亭林春夏温经

顾亭林少时，每年以春夏温经，延请士子之声音宏畅者四人，设左右坐，置注疏于前，自居中央，其前亦置经，使一人读而己听之。遇其中字句不同或偶忘者，详问而辨论之。凡读二十纸，再易一人，四人周而复始，计一日温书二百纸。

陆紫宸于六经有撰述

陆楣，字紫宸，无锡人。幼孤露，读书于鸡栖豚栅旁，志意慷慨，喜为古文辞，同邑有朱旃者，见楣所作，为之延誉于秦宫谕松龄，乃得纵观秦氏藏书。自是北走燕赵，南逾闽峤，其学益进。楣于《六经》皆有撰述。垂老，作《古今官制考》，未成而殁。其状巨肩蝎鼻，不知者以为河朔伧父也。

陈念兹疏注五经

陈明管，号念兹，诸生也。好与人尚论千古，每及忠臣义士，则意气激昂，扬眉抵掌。至言及不平事，则目瞪口噤，气填胸薄喉，半晌不出声。耽嗜书史，朝夕科跣，坐卧一小斋，刿心鉥肾，研穷圣贤义蕴。尝疏注《五经》，沿流讨源，深造自得。

顾复初发明五经

顾复初，名栋高。以经学授国子监司业，年逾七十，不复出山。康熙丁丑春圣祖南巡，迎銮献所著《诗》《书》两《义》，蒙恩加祭酒衔，又数年而终。复初为辛丑进士，性倨慢，不合时。官中书时，与堂上官龃龉，仅三载，即归田。生平以穷经著书为事，自幼至老，未尝一日不读书，于《五经》皆有所发明。掌教淮阴，从游者甚众。夏日不见客，闭重门，解衣脱袜履，至寸丝不挂，匿帷后，手一卷不辍。辛未经学，惟复初无愧色耳。

李恒斋治经有声

善化李恒斋究心正学，治经有声，与同邑熊超、宁乡张鸣珂、邵阳车无咎、王元复为友，各守一编，相与切劘。尝释《易》卦象，订《礼》，正《诗》《乐》，解《春秋》，论纂宋五子书。为岳麓院长，著《学庸讲义》，其他子史百家、舆地象纬莫不淹贯。湖南自王夫之以学术闻天下，文照继起，名与之埒。

徐文定精研经学

满洲徐文定公元梦精研经学，老而弥笃，暇即就方望溪侍郎苞考问经义。诸王侍卫中有年逾三十始读《大学》，而请业于方者，讲至《秦誓》，方作而言曰："所谓一个臣，吾观徐公良然。"

高宗重经学

高宗特诏大臣保荐经术之士，课其学之醇疵，特拜顾栋高为祭酒，陈祖范、吴鼎、梁锡玙等皆授司业。又特刊《十三经注疏》，颁布学官，命方苞、任启运等裒集三《礼》，自是汉学大著。

乾隆乙酉，谕曰："儒林亦史传所必及，果经明学粹，不论韦布，岂以品位拘。如近日顾栋高辈，终使淹没无闻邪？"嗣是史馆始立儒林传。

梁鸿翥月必诵经

梁鸿翥，字志南，安丘人。穷老笃学，月必诵《九经》一过，乡里目为痴人。益都李司马文藻一见奇之，为之延誉，遂知名于世。每治一经，几案不列他书，有疑义，思之累日夜，必得而后已。

戴东原通十三经

戴东原生十岁始能言，就傅读诗，过目成诵。塾师授以《大学章句》"右经一章"，问其师曰："此何以知为孔子之言而曾子述之？又何以知为曾子之意而门人记之？"师曰："此朱子云尔。"又问："朱子何时人？"曰："南宋。""曾子何时人？"曰："东周。""周去宋几何时？"曰："几二千年。"曰："然则朱子何以知其然？"师不能答。后读他经书，一字必求其义，塾师略举传注训解之，意不释，师乃取许氏《说文解字》，令自检阅。学之三年，通其义，于是《十三经》尽通矣。

钱萚石不服戴东原经述

钱萚石侍郎载，襟情萧旷，豪饮健谈，每偕朱竹君、王石臞诸人过法梧门祭酒，冬夜消寒，卷波浮白，必至街鼓三四下。竹君盛推戴东原经术，萚石独有违言。论至学问得失处，颧发赤，聚讼纷挐（拏），酒罢出门，犹嚣嚣不已，上车复下者数四。月苦霜凄，风沙蓬勃，余客拱手以竢，无不掩口笑。

臧在东拜经

武进臧镛堂在东，经师玉林孙也。受业于卢抱经，经史小学精审不苟，殆过其师。每岁除夕，陈所读书，肃衣冠而拜之，故又字曰拜经，盖慕其远祖荣绪庚子陈经之故事也。其弟礼堂，学亦深邃，持父丧，白衣冠而处，不与人见。

焦李凌皆邃于经

江都焦里堂循，吴县李尚之锐，歙县凌次仲廷堪，皆邃于经义，尤精天文步算之学，交相契爱，为谈天三友。焦里堂既免生母殷太孺人丧，小有足疾，遂托疾居江都黄珏桥村舍，闭户著书。葺其老屋，曰“半九书塾”；复构一楼，曰“雕菰楼”，有湖光山色之胜，读书著述，恒楼居，足不入城市者十余年。

刘文清勗焦里堂习经学

刘文清公墉按试扬州，焦里堂时年十七，应童子试，取入学。覆试日，文清问诗中用“馧馫”字者谁也，里堂起应之。问何所本，以《文薮·桃花赋》对，且述其音义。文清喜曰：“学经乎?”对曰：“未也。”文清曰：“不学经，何以足用，尔盍以学赋者学经?”明日复谒，复呼里堂至前，曰：“识之，不学经，无以为生员也。”里堂归，乃屏他学而学经，卒成经师。

汪绂初呓语说经

乾隆某岁，婺源大饥，无米。汪绂初市豆屑，炊之作食，而未尝告人，曰：“士人辄语人贫，人纵怜我，我可受邪?”寻遘疫，作呓语，侍疾者听之，皆说经也。绂初，名煊。

陈祖范著《经咫》

陈祖范，字亦韩，亦字见复，常熟人。雍正癸卯举人，未及殿试。乾隆辛未，荐举经学，特赐国子监司业衔。著有《经咫》一卷，皆其说经之文。名“经咫”者，用《国语》“晋文公咫闻”语也。祖范膺荐时，曾录呈御览，此其门人归宣光等所刊，凡《易》七条，《书》十二条，《诗》七条，《春秋》十三条，《礼》六条，《论语》十三条，《中庸》二条，《孟子》十条，而以杂文之有关礼义者八篇，列于《礼》后。其论《书》不取梅赜，论《诗》不废《小序》，论《春秋》不取义例，论《礼》不以古制违人情，皆通达之论。

原序称“文不离乎《六经》《四书》，说不参乎支离怪僻”，视萧山毛奇龄之专攻前人者，同一说经，而纯驳显然。试观其书，如驳《公羊传》弟为兄后之说，而取其母以子贵之文；驳婚礼不告庙之非，《论语》无所取材，主郑康成桴材之说，谓宁武子不及仕卫文公，谓瓜祭非必祭；及政逮大夫四世之类，取奇龄说者，不一而足；惟《古文尚书》显然立异耳。祖范学问笃实，必非剽取人书者，或奇龄之书盛气叫嚣，肆行诽诋，为祖范所不欲观，故不知先有是说，偶然暗合耶？然如奇龄经说以诸贤配享为多事，而谓学宫祀文昌、魁星为有理，则祖范终无是也。

龚元玠说经凿空

南昌龚元玠以举人举乾隆丙辰博学宏词，辛未又举经学，皆不第。甲戌始成进士，以县令终。著书甚多，经学有《十三经客难》一书，凿空梦呓，至可喷饭。最可笑者，谓孔子晚年设教杏坛，乃为司成教学之官，非私设讲席也。以“使漆雕开仕”一章断之，谓非论才荐士之职，不能使人仕也。又征诸“三年学不志于谷”章，谓夫子既有荐士之职，故诸弟子皆求其论荐，当时鲁国学制，以三年为毕业之限，诸弟子有未满三年而汲汲求仕者，欲孔子破例荐举，故孔子发此叹。又云：“夫子删述《六经》，必禀命周天子。盖六艺皆掌于官，非夫子所得自擅。当时周天子必命夫子先修鲁史，作《春秋》，以观其史才。《春秋》既成，方欲令修周史，而不意其遽没也。”

越中经学

越中经学，自黄梨洲权舆于前，毛西河起而和之，已有廓清宋学之功。若邵二云、卢抱经者，则皆为汉学之大宗。范蘅州名辈次于卢、邵，虽著述未富，成就卓然。茹三樵、王汾原名不甚著，其书皆足不朽。而王方川、胡稚威皆博学有盛名，所业竟无传者，可惜也。

张忍斋默理经解

张忍斋贯通经学，为两浙儒宗。官京师时，别无所嗜，暇则手一册，默理经解。凡经书一节一句中之有数说者，辄书数姓氏于侧，循姓氏而递忆其说焉。

徐退山有五经读法

古今谈经者，无虑数百家，其中立言不朽者固多，而剽窃老生常谈以自文其浅陋者，亦指不胜屈，黄茅白苇，尘目螯口，嗜奇爱古之士，每望望然去之。徐退山曾著《经史辨体》一书，评点皆别出手眼。经部前各载读法数十则，半取材于京山郝氏，竖义虽不无偏执，而岸然自异，羞语雷同，令览者如拨云雾而见青天，洵经义中所创见也。退山，名与乔，昆山人。

吴山夫经术

山阳吴山夫，名玉搢，著有《金石存》《别雅》《说文引经考》《山阳志遗》等书。国史四《儒林传》、秦文恭公《五礼通考》多其校字，其辈行在东原、潜研之前。

汪容甫解经

汪容甫名中，江都人，解经有神识。病古人之疑《周官》《左传》也，为《周官征文》及《左氏春秋释疑》，皆依据经证，箴砭俗学。又病后人疑经“中春会男女”之文，中读“会”若“司会”，以谓霜降逆女、冰泮杀止，至中春则过时，媒氏书男女年月日名于是时计之，故亦言聘则为妻、奔则为妾。经言“奔”者，谓不及礼聘，非淫奔也。又病未嫁女为婿守贞之不合礼，以谓妇人不二斩，故为夫斩，则为父母期，未有夫妇之恩而重为之服以降其父母，于婿为无因，于父母为不存，失礼之中又失礼焉。

沈冠云精研六经

吴江沈彤，字冠云，乾隆宏博科之表表者。少醇笃，精研《六经》，尤善理学。与修《三礼［义疏］》及《一统志》，书成，授官不就而归。顾家计贫甚，家无灶，以行灶炊爨，有《行灶记》存集中。尝绝粮，其母采羊眼豆以供晚食。寒斋絮衣，纂述不勌（古同“倦”）。所著《周官禄田考》诸书，皆有功经学也。

段懋堂有二十一经之说

昔人以六经而广为“九经”，又广为“十三经”，其意善矣。金坛段懋堂则言当广为“二十一经”。取《礼》益以《大戴》，《春秋》益以《国语》《史记》《汉书》《资治通鉴》。又谓《周礼》六艺之书，《尔雅》未足以当之，当取《说文解字》《九章算经》《周髀算经》三种以益之，庶学者诵习佩服，于训诂、名物、制度之昭显，民情物理之隐微，无不了如指掌，无道学之名，有读书之实也。

惠定宇论近代经学

惠定宇尝谓近代经学，北平孙退谷于《五经》皆有著述，而其书不足传；昆山顾宁人博极群书，独不通《易》；萧山毛大可《仲氏易》，南海屈介子《易外》，非汉非宋，皆思而不学者也。定宇，名栋。

余仲林著《古经解钩沉》

惠定宇之弟子，最知名者为江声叔澐、余萧客仲林。仲林撰《古经解钩沉》三十卷，书将成，适婴疾，无暇校正，遂有疵阙，然不能不谓之精博也。病愈，损其目，生徒求教，但以口授，时人称为“盲先生”。

朱竹君教人读注疏

朱竹君学士筠督学八闽，尝教人以读《十三经注疏》法，言注疏惟《葩经》最博，先阅此经以为纲领，如其中征引何经，即检原经注疏对勘，读竟此经，诸经之大概已得。后读别经，仍用此法，愈勘愈熟，不费记忆，可期贯通之效矣。又言读书人即事忙，能每日看得二三页注疏，自大有益。

王九溪教人读注疏

余存吾成进士，欲贯串经义，苦无畔岸。时王九溪主讲岳麓书院，存吾诣之。九溪性素吝，即学业，亦吝不告人。三四请之，乃告以《十三经注疏》必熟读，乃可究其义理。临别时，仍谆嘱云：“此法不必为外人道也。”

江叔澐集经之大成

疑伪古文者，始于宋之吴才老。朱子以后，吴草庐、郝京山、梅鷟皆不能得其要领。至阎百诗、惠定宇两征君所著之书，乃能发其作伪之迹，剿窃之原。若刊正经文，疏明古注，则皆未之及也。江叔澐乃出而集大成。

江叔澐书四易稿

江叔澐病唐贞观时之为诸经《正义》者，自《诗》《礼》《公羊》外，皆取晋人后出之经，而汉儒专家师说反不传。惠定宇既作《周易述》，搜讨古学，叔澐亦撰《尚书集注音疏》，以存今文二十九篇，以别梅氏所上二十八篇之伪造。取《书传》所引《汤征》《泰誓》诸篇逸文，案《书》序入录，又采《说文》、经子所引书古文本字，更正秦人隶书，及开元中改易古字之谬，辑郑康成注及汉儒逸说，附以己见，为之疏，凡四易稿，积十余年而后成，书凡十二卷。时王光禄鸣盛撰《尚书后案》，延叔澐于家，商订疑义。嘉庆丙辰，应孝廉方正征。己未九月卒，年七十有九。

阮文达推重经学

萧山毛西河、德清胡朏明所著书，初时鲜过问者。自阮文达督学浙江，为作序推重之，坊间遂多流传。时苏州书贾语人曰："许氏《说文》贩脱，皆向浙江去矣。"文达闻之，谓幕中友人曰："此好消息也。"

看经有手记簿

看经要有手记簿，此法始于元之许鲁斋，余存吾、张忍斋皆踵行之。每日分五起，从某处读起，至某处止，即记明某句有几说。他日重温，即依所记默想之，偶或遗忘，则重翻原书记之，久之自熟习矣。

徐云甫治经

包慎伯在扬州时，与徐云甫为道义交，尝手书所撰楹联赠之云："高才袁彦伯，硕学郑司农。"时云甫以治经负重望，故伯山倾倒如此。

乾嘉间考据之学极盛

乾、嘉间，考据之学极盛，士大夫无不读书。若南昌彭文勤公、南昌吴白华总宪、稷堂侍郎、萍乡刘金门宫保、平湖朱茶堂漕帅、歙程春海侍郎、山阳汪文端公、莫宝斋侍郎诸人，于应制之学皆能探讨本原，故虽不能赫赫以经术名，而被服儒雅，维持朴学，此道实赖以不堕。

龚闇斋三世经学

仁和龚闇斋观察丽正为金坛段懋堂婿，传其小学，其子定庵仪部自珍益拓而精之。定庵又受常州庄氏之学于刘礼部逢禄，改习《公羊》，专骛群经之微言大义。定庵之子孝拱，所学亦如此。

严九能承父命治经

严元照，字九能，归安人。父树萼，喜聚书，书至数万卷。课九能，不使应试，谓之曰："读书不精，非学也。士必通经，通经必通训诂，而文字声音则训诂所由出，舍古训而以意说经，破碎大道，必始此矣。"

陈炜卿授子女以经

嘉兴钱新梧给谏仪吉官京师，无力延师教子，乃与其室人余杭陈炜卿女史尔士亲自督课。女史尝于讲贯之暇，推阐经旨，著《授经偶笔》以训子女。

钟保其书多说经

甘泉钟保其优贡怀既卒，其子负二囊以谒焦里堂，保其所著草稿也，乞焦为之理董焉。启囊，得十三种，曰《春秋考异》，论三《传》也；曰《说书》，解《尚书》也；曰《区别录》，考订《毛诗》之草木虫鱼也；曰《论语考古》，发《鲁论》之疑滞也；曰《祭法解》，覈古祀典也；曰《周官识小》，经纬诸职而类释之也；曰《读选杂述》，补《文选》注之不及也；曰《兴艺塾问答》，与子弟门人辈讲说之所录也；曰《汉儒考》，表两汉经师也；曰《兴艺塾笔记》，曰《考古录》，杂论经籍之所丛也；曰

《觉庵日记》，记日所行之事也；曰《筠心馆集》，诗古文词也。

庄大久抱遗经

庄献可，后改名有可，字大久，武进诸生。幼而沉粹内朗，喜读书，无歧好。父自昭邃于学，恪守庭训，而所进辄过所期。迨长，益取诸经传精研义理，参考礼制，句栉字比，求其异同损益之故，使如轨辙之合，浩然无滞于心。然后核诸儒之书，正其是非，而自为之说。首撰《周官指掌》一书，其族祖养恬侍郎见之，大加嗟赏。自言诸经中《春秋》功力最挚，尝语左仲甫中丞辅曰："频年究心《春秋》，读二千余遍，精义日出。近于字数得定岁差法。"为论甚奇，惜未究其说也。

大久淡于名利，世故无一切撄心，惟抱遗经，寝食与共。当其凝精冥求，耳目俱废，块然不复知有形骸，数十年如一日。两游京师，为当道延校中秘书，考核精审，并签原书沿流传习之误，见者服其精博，而犹自以为学问中麤迹也。

大久功力猛进，中年精气遂耗，心灼灼如焚，每嚼黄连咽之，餐则冷淘盐腐而已。后更患便血，左苦口进规。越数日，笑谓左曰："感子言切，独坐自休，觉手足耳目全无顿置处，奈何?"嘉庆壬申，子诜男迎养于南召县署，得家人子孙之乐，意稍稍适。然晨夕一编，卒未尝废。旬日卒，年七十有九。所著有《春秋注解》十六卷、《春秋字数义》百有四卷、《春秋天道义》九十四卷、《春秋人伦义》五十六卷、《春秋地理义》十五卷、《春秋物类义》六卷、《春秋字义》四卷、《春秋小学》一卷、《春秋异》一卷、《春秋地名考》二卷、《春秋人名考》二卷、《周易集说》七卷、《周易条析》六卷、《周易卦序数臆》四卷、《周易异文》一卷、《毛诗说》五卷、《毛诗说蕴》上下四卷、《毛诗字义》五卷、《毛诗异文字义》一卷、《毛诗序说》一卷、《毛诗异闻》二卷、《尚书今文集注》六卷、《尚书序说》二卷、《周官集说》十二卷、《周官指掌》四卷、《仪礼丧服经传分释图表》二卷、《礼记集说》四十九卷、《考工记集说》一卷、《各经传记小学》十四卷、《传记不载说文余字》三卷。

毘陵庄氏之族望，为海内所宗仰，代有闻人，湛深经术。自大久外，起蒙字鹤澜，廷臣字凝宇，淳凝字容轩，存与字方耕，逢原字汇川，关和字有钧，述祖字珍艺，镇方字秋寓，绶甲字卿珊（方耕之孙。）宇逵字达甫，皆于群经有所撰述。而以方耕、珍艺、卿珊、大久为尤著。盖自康熙以迄同治，凡得十一人。

嘉道间汉学家流别

包慎伯作《甘泉薛传均子韵墓碑》，叙述交游，多嘉、道间汉学之儒。碑云："子韵少与仪征刘文淇、孟瞻、泾包慎言孟开、旌德姚配中仲虞及予弟季怀（名世荣。）五人者，相结为本原之学。孟瞻、孟开、季怀治《诗》攻毛、郑氏，治《易》攻虞氏，子韵治小学攻许氏，皆旁通群籍，而据所业为本，砥砺以有成。近世昌许氏者，推嘉定钱氏、金坛段氏，子韵究其得失而右钱氏。"又云："予弱冠展侧江淮间，物色朴学，得阳湖黄乙生小仲通郑氏《礼》，行不违其言。武进刘逢禄申受通何氏《春秋》、虞氏《易》，虽情钟势曜，而读书如有嗜好。江都凌曙晓楼治何氏《春秋》、郑氏《礼》，困学而不厌。泾人胡世琦玉樵墨守郑氏，有缀残补缺之勤。嘉定潘鸿诰望之能错综许、郑，以适大义。丹徒柳兴宗宾叔治《诗》《礼》《史》《汉》，能依雅训以捍俗说。宝应刘宝楠楚桢，上世故崇汉学，能不坠其家法。仪征汪谷小城覃精许、郑，尤长于地理。黟俞正燮理初通郑氏《礼》、杜氏《春秋》。乌程凌堃厚堂，综汉义说《易》《礼》《春秋》数十万言，与理初并长推步算术。吴越英隽，略备于斯，然必守许氏以推原贾、马、郑、服训诂者，卒莫如子韵之善。"

常州二申通经

常州学派，导源于新安，嘉、道之间，其流浸广，而所发挥之微言大义，固由江永、戴震启之。盖金辅之榜治《礼》之薪火，既传于常州，适其时山东孔㢸轩广森之公羊学派，自其婿朱见庵文翰传至江淮，日与常州人士相接，而宋、庄、刘之绪乃因兹而光大也。当时常人推为通经宜用之学者，竞言二申，海内亦胥重之。二申者，刘申受、李申耆也。若由二申之学而再推演，则如后之魏默深、龚定庵，亦皆与常州学派有关。刘申受《礼部集》首有魏默深序，亦推本常州学派源于新安江、戴、金、程之意。程，名易畴。

刘在礼曹十二年，遇有疑事，辄以经义决之。道光甲申，河南学政某奏请以睢州汤文正公从祀文庙，议者以文正尝于康熙朝辅导理密亲王获谴，乾隆朝尝奉驳难之。刘援笔书曰："后夔典乐，犹有朱、均；吕望陈书，难匡管、蔡。"汪文端公廷珍方为尚书，善其言而用之，遂奉谕旨。又越南贡使为其国王之母妃乞赏人参，得旨赏给。贡使以谕中有"外夷贡道"之语，欲请改为外藩，部以诏书不可更易，而难却其请，嘱刘草牒复之。牒中有曰："《周礼》职方氏，王畿之外分九服，夷服去王国七千里，藩服去王国九千里，是夷近而藩远。《说文》羌、苗、蛮、貊字皆从物旁，惟夷字从大从弓，东方大人之国。夷俗仁，仁者寿，故东方有不死之国，而孔子欲居之。且乾隆中尝奉上谕申斥四库馆臣，不得改书籍中夷字作彝、裔字，孟子谓'舜东夷之人，文王西夷之人'。我朝六合一家，尽去汉唐以来拘忌嫌疑之陋，使者无得以此为疑。"

吴南屏治经融会汉宋

吴南屏，名敏树，巴陵人，为湘楚古文大家。其治经也，融会汉、宋，兼通性理典章之学，不愧晚近之巨儒。乃观其《柈湖文集》，中有诋《西铭》"乾称父，坤称母"之说，以为似天主教。是不知"称父称母"之本于《易》，"惟天地万物父母"之本于《书》，亦智者之一失矣。

孙芝房诋汉学

孙芝房尝作《畚塘刍论》，痛诋汉学，谓其致粤寇之乱，曾文正非之。其后左文襄作《吾学录序》，持论亦与芝房相同。盖文襄固亦由理学养成之人物，于汉学素少研求，故为此不持平之论也。平心论之，汉学诸人，如戴东原、王念孙，其人品亦无可议。然如毛西河之猖狂恣肆，王鸣盛之贪得无厌，则殊为人心风俗之忧耳。

谭复堂治群经

同治癸亥，仁和谭复堂大令献在闽中，杂治群经，时诵诸老说经之文，自谓笔端胸次若有滞窒，不知为进为退也。

李莼客论经学

光绪辛巳四月初二日，会稽李莼客侍御慈铭阅《古微堂外集》而言曰："自道光以来，经学之书充栋，诸儒考订之密，无以复加。于是一二心思才智之士，苦其繁富，又自知必不能过之，乃刱为西汉之说。谓微言大义汩于东京以后，张皇幽眇，恣臆妄言，攻击康成，土苴冲远，力诋乾隆诸大儒，以为章句饾饤，名物繁碎，敝精神于无用，甚至谓海夷之禍（古同"祸"），粤寇之乱，酿成于汉学。实则自便空疏，景附一二古书，寱语醉醬，欺诓愚俗。其所尊者，《逸周书》，《竹书纪年》，《春秋繁露》，《尚书大传》，或断烂丛残，或悠谬无征，以为此七十子之真传，三代先秦之古谊。复搜求乾、嘉诸儒所辑之《古易注》《今文尚书说》《三家诗考》，攘而秘之，以为此微言大义所在也。又本武进庄存与之说，考尊《公羊》，扶翼《解诂》，卑《穀梁》为舆皁，比《左氏》于盗贼。盖几于非圣无法，病狂丧心。而所看之书不过十余部，所治之经不过三四种，较之为宋学者，尚须守五子之语录，辨朱、陆之异同，其用力尤简、得名尤易，此人心学术之大忧，至今未已也。魏默深才粗而气浮，心傲而神狠，于学无所得，乃遁而附于常州庄氏，其臆决窍谈，固无待驳辨也。”

张文襄说经

南皮张文襄公之洞说经铿铿，颇多妙解。尝谓《大易·系词》“金曰从革”，“从革”当作“纵横”。盖书契历千百余年，蟫蠹丛残，脱落偏房，穿漏笔画，意中事也。后人未遑深考，遂致沿“从革”之讹。又谓“孤篷听雨”，在诗中则为妙境，若身历其地，便觉难堪。其妙想随在表示，不独说经也。

张文襄论通经之法

张文襄尝言士子宜通经，而条举其法，其言如下。

一，读经宜读全本也。《周礼》《礼记》《左传》断不可删，即鲁钝者亦须买全本，就其上钩乙选读，日后尚可寻检寓目，不然，终身不知此经有几卷矣。

一，解经宜先识字（字书、韵书之学，经学家谓之小学。）也。字有形，形不一。一古文，二籀文，三小篆，四八分，五隶书，六真书，相因递变。字有声，声不一。有三代之音，有汉、魏之音，有六朝至唐之音。字有义，义不一。有本义，有引申义，有通借义。形声不审，训诂不明，岂知经典为何语耶？如何而后能审定音义？必须识小篆，通《说文》，熟《尔雅》。（五《雅》《玉篇》《广韵》并宜参究。）俗师知其一、不知其二，知其末、不知其源，骋其臆说，止如寱语。此事甚不易，非翻检字书便能通晓者也。（《说文》字部难于寻检。毛谟《说文检字》、黎永椿《说文通检》颇便初学，黎书较胜。《方言》《释名》《小尔雅》《广雅》《埤雅》为五《雅》。或以明方以智《通雅》易《埤雅》。）

《说文》初看无味，稍解一二，便觉趣妙无穷。国朝讲《说文》之书甚多，段玉裁《说文解字注》最善。段注繁博，可先看徐铉注《说文解字》。(俗称《许氏说文》，其书较简约。)

一，读经宜正音读也。古时九州语言不同，而诵诗读书，同归正读。故太史公曰："言不雅驯，荐绅难言。"班孟坚曰："读应《尔雅》，古语可知。"雅者，正也。近世一淆于方音，一误于俗师。至于句读离合，文义所系，尤宜讲明音读。雅正可据者，有唐陆德明《经典释文》一书，其中皆采集魏、晋、南北朝诸家音释不同者并存之，各本经文不同者标出之，此可听学者自视家法，择善而从，总不出此书之外，即可为有本之学。

经传中语，同此一字，而区分平仄，音读多门，以致韵书数部并收，异同之辨，相去杪忽，此皆六朝时学究不达本原、不详通变者所为，(本原者形声，通变者转注、假借。)揆之六书之义，实多难通。故《颜氏家训》已发其端，《经典释文·叙录》直攻其失，近代通儒纠擿尤备。特初学讽诵，不示区分，将各骋方言，无从画一。且义随音别，解(记也。)释为易，律体诗赋一出，更难通融，此乃因时制宜之道。又同此一字，或小有形变而解诂遂殊，点画无差而训释各别，训因师异，事随训改，各尊所受，歧说滋多。然正赖此经本，异文、异读、异义参差抵牾，得以钩考古义。学者博通以后，于音义两端窥见本原，自晓通借，先知其分而后知其合，不可躐等。(此二条虽是约说，颇有深谈，小学家字书、韵书大指略具，通材详焉。)

一，宜讲汉学也。汉学者何？汉人注经讲经之说是也。经是汉人所传，注是汉人创作，义有师承，语有根据，去古最近，多见古书，能识古字、通古语，故必须以汉学为本而推阐之，乃能有合。以后诸儒传注，其义理精粹，足以补正汉人者不少。要之，宋人皆熟读注疏之人，故能推阐发明。(朱子论贡举治经，谓"宜讨论诸家之说，各立家法，而皆以注疏为主"云云。即如南宋理学家如魏鹤山、词章家如叶石林，皆烂熟注疏，其他可知。)傥不知本源，即读宋儒书，亦不解也。方今学官所颁《十三经注疏》，虽不皆为汉人所作，然注疏所言，即汉学也。(国朝江藩有《汉学师承记》当看。阮元《经籍籑诂》为训诂最要之书。）

汉学所要者二：一音读训诂，一考据事实。音训明，方知此字为何语；考据确，方知此物为何物，此事为何事，此人为何人，然后知圣贤此言是何意义。不然，空谈臆说，望文生义，即或有理，亦所谓郢书燕说耳，于经旨无与也。譬如晋人与楚人语，不通其方言，岂能知其意中事；不问其姓氏里居，岂能断其人之行谊何如耶？（汉人说岂无讹漏？汉学者，用汉人之法，得汉人之意之谓也。）

《十三经注疏》及相台岳氏本《五经》，皆古注，（《易》王弼、韩康伯注，《书》孔安国传，《诗》郑康成注，《春秋左传》杜预《集解》，《礼记》郑康成注。）沿明制通行之《五经》，皆宋元注，（《易》朱子本义、程传，《书》蔡沈传，《诗》朱子《集传》，《春秋》旧用胡传，今废，仍用《左传》杜注；《礼记》陈澔《集说》。）此为正经正注。《御纂七经》，乃荟萃历代传说以裁定者也。

一，宜读国朝人经学书也。经语，惟汉人能解；汉儒语，惟国朝通儒能遍解。何也？诸大儒读书多，记书真，校书细，好看古书，不敢轻改古本，不肯轻驳古说，善思善悟，善参校，善比例，善分别真伪，故经学为千古之冠。书多矣，以《皇清经解》为大宗，虽未全录，已得大概。此书一千余卷，当从何种看起？先看郝疏《尔雅》、段注《说文》、王氏《经义述闻》三种。（此书书精价廉，一举而得数十百种书，计无便于此矣。乍看注疏，人所不耐，故必以国朝人经说先之。）学海堂辑刻《皇清经解》，成书后，续出者尚多，先出而未见未收者亦不少，以此例之，即得通志堂刻《经解》，卷轴虽富，菁华无多。（其中上驷多有别刻本，李衡《周易义海撮要》、敖继公《仪礼集说》、卫湜《礼记集说》无别刻本。）当徐健庵初刻时，即为何义门所讥，所与学海堂刻《经解》相去远甚。若治经从此下手，穷年莫殚，所得有限，不惟徒劳，且茫无师法，转致迷罔矣。若于此道源流派别既已秩然，再取读之，未为晚也。

一，宜专治一经也。十三经岂能尽通，专精其一，即已不易。历代经师大儒，大约以一经名家者多，兼通群经者，古今止有数人。今且先治其一，再及其他。但仍须参考诸经，博综群籍，方能通此一经。不然，此一经亦不能通也。

一，治经宜有次第也。先师旌德吕文节公贤基尝教不佞曰："欲用注疏工夫，先看《毛诗》，次及三《礼》，再及他经。"其说至精，请申其义。盖《诗》《礼》两端，最切人事，义理较他经为显，训诂较他经为详，其中言名物，学者能达与否，较然易见。且四经皆是郑玄注，完全无阙。《诗》则毛传，粹然为西汉经师遗文，更不易得。欲通古训，尤在于兹。（古人训诂，乍读似觉不情，非于此冰释理顺，解经终是隔膜。）《礼》之条目颇多，卷帙亦巨，初学畏难。《诗》义赅比兴，兼得开发性灵，郑笺多及礼制。此经既通，其于礼学寻途探求，自不能已。《诗》《礼》兼明，他经方可着手。《书》道政事，《春秋》道名分，典礼既行，然后政事、名分可得而言也。（《尚书》家伏生，《左传》家贾生，《公羊》家董胶西、何劭公，皆精于礼学，案其书可知。）《易》道深微，语简文古，训诂、礼制，在他经为精，在《易》为粗。所谓至精，乃在阴阳变化消息，然非得其粗，无由遇其精。（此姚姬传论学古文法，援之以为治《易》法，精者可遇不可凿，凿则妄矣。）三《礼》之中，先《仪礼》《礼记》，次《周礼》。《仪礼》句碎字实，难读能解，难记易晓，注家最少，异说无多，好在《礼记》一书，即是外传。（《礼记》难于《仪礼》，《仪礼》止十七件事，《礼记》之事多矣，特其文条达耳。）《周礼》门类较多，事理更为博大，汉人说者亦少，（晚出之故。）故较难。然郑注及国朝人零星解说，亦已明白。《尚书》辞义既古，隶古传写，通借讹误，自汉初即有今古文两家，异文歧读。（此谓真古文，非蔡传所云"今文无、古文有"之古文也。）至西晋梅氏古文晚出，唐初伪孔传专行，（六朝江左即盛行，未定一尊耳。）而汉代今古文两家之经传一时俱绝，故尤难通。《春秋》乃圣人治世大权，微文隐义，本非同家人言语。（《史记》明言之。）三传并立，旨趣各异。《公羊》家师说虽多，末流颇涉傅会，何注又复奥朴。《左传》立学最晚，汉人师说寥寥，惟杜注行世，世人以其事博辞富，求传而不求经。故《公羊》家理密而事疏，《左传》家事详而理略。（非谓左氏，谓治左氏者耳。）《穀梁》师说久微，（见《隋书·经籍志》。）国朝人治之者亦少。学者于《春秋》若谓事事能得圣心，谈何容易。至于《周易》，统贯天人，成于四圣，理须后圣，方能洞晓。京、孟、虞、郑诸大师以及后代诸家，皆止各道所得，见仁见知，从无一人能为的解定论，势使然也。且阴阳无形，即使谬称妄说，无人能质其非，所以通者虽少而注者最多，演图比象，任意纷纭，所谓画狗马难于画鬼神之比也。总之，《诗》《礼》可解，《尚书》之文、《春秋》之义不能尽解，《周易》则通儒毕生探索，终是解者少而不解者多。故治经次第，自近及远，由显通微，如此为便，较有实获。尹吉甫之诗曰："古训是式，威仪是力。"古训，《诗》学也；威仪，《礼》学也。此古人为学之方也。（春秋时几无人不诵《诗》学《礼》，称道《尚书》者已较少，至于《周易》，除卜筮外，谈者无多，意亦可知三代时《易》不以教学僮，惟太史掌之。今赖有《系辞》，或可窥见一斑耳。）

非谓此经精通，方读彼经；谓浅显者未明，则深奥者不必妄加穿凿，横生臆见。津梁既得，则各视性之所近，深造致精可也。治《诗》《礼》，可不兼三经；治三经，必涉《诗》《礼》。

一，治经贵通大义也。每一经中，皆有大义数十百条，宜研究详明，会通贯串，方为有益。若仅随文训解，一无心得，仍不得为通也。

考据自是要义，但关系义理者，必应博考详辨，弗明弗措。若细碎事体，猝不能定，姑仍旧说，不必徒耗日力。

廖季平关通群经

廖平字季平，井研人，博闻人也，为湘潭王壬秋检讨闿运主讲蜀中时之高弟子。初明《公羊》，渐关通群经，至老不倦。凡素王之道，昭遭于心，嶷然而不滞，炳然而大成。尝谓春秋以前，字若绳纽，孔子正名，乃制六书譒经，为孔氏古文，而旧之史文便从阙废。又谓人服礼化，各有伦等，为设六位，以别禽兽，肇乎野人，终于圣域，因其成德而为之分。故瀛士之士，未离质野，当广孔氏之教，有以正之。又谓《大学》修身为本，以喻褒圣临世，天下既平，一日克己，四海归仁，精感神明，乃能止定静虑，行先知后，始终之道，盖与旧说夐乎异焉。又谓诸子九流，皆出经术，有各明其一方，实非立乎二术。又谓六艺各有疆畛，与时偕行，不徒为我国取效朝夕。名物之号，异实同居，在善分别，乃无不贯。又谓《春秋》《王制》，所以治中国；《尚书》《周礼》，所以治天下，六合之内，于兹备焉。又谓六合以外，《诗》《易》主之，游神变化，不可方物。道释之流，兹其由枋。又谓六纬所传，天地成毁，来往变异，万族之故，殊域远鄙，播为教学。此虽独鬯微言，挢乎恒谊，亦可谓博雅广大，近世所无者矣。

易寅村服膺王氏

长沙易培基寅村究心问学，结庐于黄道门外白沙泉畔，闭户读书。于高邮王氏之学，盖笃好之，少时肄业两湖书院，著书纠正王氏《公羊笺》之误。杨惺吾奇赏之，赋诗相赠，有“大著搥碎湘绮楼”之句。其服膺高邮王氏之学，乃过信湘乡曾文正之说。本朝考据家精博者甚多，王氏率意改字，开咸、同以来单文孤证之病，其不以“伣天之妹”为《山海经》“刑天”之妹也者，几希矣。

《易经》之精义

《易》自明儒求〔来〕知德舍义理而谈象数，先脱宋儒窠臼，元和惠氏三世传经，成《易》汉学，又自为解释曰《周易述》，大旨遵虞翻，补以郑、荀，学者多以未能专一少之。武进张惠言以为汉人之《易》，孟、费诸家势不能合，孟氏无传，具于虞氏；虞氏逸文断句，犹可考见大略，为《虞氏易》九卷，又表其大旨为《消息》二卷，又撰《虞氏易礼》《易候》《易事》《易言》，孤绝经学，藉此大明。姚配中通消息于先天，焦循证王、韩非空说，皆《易》学之金桴也。

汪默庵深于《易》

休宁汪璲，字文仪，号默庵，深于《易》，置象数而专言理，尝云："今说《易》之家谓《易》以道阴阳，务以圆妙幽渺笼罩影响，如捕风，如捉影，无当实用。故愚以为学《易》，当就平实切近处用功。"

萧洪治精于《易》

萧洪治，字自本，常宁诸生。博学多才艺，尤精于《易》。康熙癸丑吴三桂之叛，遣伪将访洪治，至夜，洪治指乾象示之曰："天意有在，若等徒自辱耳。"晚筑精庐，覃思撰著，以《易》之道虽万有一千五百二十，而皆本于一五一十，乃作《五十学易图》等书。

李恒斋精于《易》

李恒斋以穷经为学，尤精于《易》。尝谓《易》本为卜筮而作，必先明象数而后其辞占可决。于是玩味《系辞》诸传之旨，参之枫林朱氏、瞿塘来氏之说，作《本义拾遗》。虽取象指数，若与朱子不相侔者，然其卦变卦、互卦之则，本程子"反复往来上下"之言，与《系辞》所谓"杂物撰德，非其中爻不备"之云而阐明之，以补《本义》之所未备者，非臆说也。

胡文良治《易》

光山胡文良公煦，康熙朝侍郎也，为道学名臣。治《易》，究图、书之蕴，著《函书》数十万言。圣祖屡召见之，问爻象疑义，命画图讲说，叹曰："真苦心读书人也。"其所著《周易函微》，推阐精微，穷搜象数，与洛、闽颇有异同，经河南抚臣于采书之役，续呈御览。胡本无谥，因是书收入《四库》，始追赐焉。纪文达公有句云："四代经神四胡氏，（原注：宋胡瑗有《周易口义》，元胡一桂有《易本义附录纂疏》《易学启蒙翼传》，明胡居仁有《易象钞》。）两朝耆宿两文良。"（原注：雍正中，高公其倬先谥文良。）

程緜庄治《易》

程廷祚，字緜庄，以经学名。其治《易》，乃专主义理而力排象数。然治《易》当以象为先，如以理而已，则卦爻中曷为多方设象，且言狐言鬼，而狐何以言三狐，鬼何以言一车乎？盖理处于隐，圣人设象以显之；理处于虚，圣人设象以实之。虚者实之，即祭祀为尸之意也；隐者显之，即铸鼎象物之意也。故曰《易》者象也，象者像也，使众人观象玩辞，而理见焉，此牖民觉世之苦心也。緜庄又曰："墨守宋学已非，墨守汉学尤非。此袁子才谓为君子深造之以道，欲其自得之也，其知言乎！"

秦震宇枯坐玩《易》

秦鸣雷，字震宇，无锡诸生。少以孝称，私淑其外大父王绳曾，得儒先一脉。弱冠遘疾，枯坐玩《易》，以己意参爻象。经年，学大进，尝言以心持心则不可，以心持志则可；以心督心则不可，以心督意则可；以心摄心则不可，以心摄情则可，吾儒存养宗旨如此。其治经，不偏主汉宋诸儒传注也。

焦里堂专治《易》

焦里堂善读书，博闻强记，识力精卓，于学无所不通。著书数百卷，尤邃于经。于经无所不治，而于《周易》《孟子》，则专勒成书。且自曾祖、祖、父三世均为《周易》之学。尝疑一"号咷”也，何以既见于《旅》，又见于《同人》；一“拯马壮”也，何以既见于《复》，又见于《明夷》；密云不雨之象，何以《小畜》与《小过》同辞；甲庚三日之占，何以《蛊》象与《巽》象相例。丁父忧后，乃遍求说《易》之书阅之，撰述成帙。嘉庆甲子后，复精研旧稿，悟洞渊九容之术，实通于《易》，乃以数之比例求《易》之比例，于是拟撰《通释》一书。丁卯疾危，以《易》未成为憾。病瘳，誓于先圣先师，尽屏他务，专治此经，乃遂成《易通释》二十卷。

《书经》之精义

《尚书》今古文并传，而攻古文者始自吴棫，朱子继之，明梅鷟大发其覆。而阎若璩之《疏证》，惠栋之《古文尚书考》，宋鉴之《考辨》，众证确凿，无可讳言。至江声之《集注》，孙星衍之《注疏》，汇群儒之大成，示后学之良矩，固已至精至粹也。陈寿祺《大传辑说》，较卢见曾为优，朱右尊〔曾〕《逸书校释》，较卢文弨为精。庄述祖心精力果，以古义古音疏通精确，惜止刻行九篇，全书未能遍传也。

胡朏明之《禹贡锥指》

圣祖南巡，德清胡朏明渭撰《平成颂》并所著《禹贡锥指》献诸行在。有诏嘉奖，召至南书房直庐赐馔，御书“耆年笃学”四大字赐之，儒者皆以为荣。后阎若璩垂老入都，谆谆以求御书为言，盖深羡朏明之遇也。

江宾谷精于《书》

江都江昱，字宾谷，廪膳生。下帷研经，尤精于《书》，著《尚书私学》若干卷，析疑发覆，为一时治经诸儒所折服。尝在秣陵，与程緜庄辨论《尚书》古文，至日晡忘食，袁子才目之为“经痴”。

王述庵引《书》论水利

王昶，号述庵，嘉定人。尝以从征，北至兴安，南逾蛮暮，有句云："昔依北斗今南斗。"又从征金川句云："我今更度大漠西，已逾江源一千里。"壮哉！又有诗自注云："虞夏时，黄河循太行自北而东，至洚水，分九河以杀其势，复为逆河，归于海，其余衍沃，皆资种食。魏、晋、六朝以至辽、金，皆精水利，未有运南方粟米供给北方者。自明开会通河运济，而北方水利久废，昔日九河，今变为三十六淀、七十二沽，千里内外，沮洳淤淀。海门又复狭隘，不能迅速归墟，是以往昔膏腴，悉归芜没。"其论黄河今昔利病，颇为简括。年五十八，乞归修墓，还京，以病乞休。高宗鉴其老，允之，谕以岁暮寒，俟春融归。明年归，名其堂曰"春融堂"。嘉庆己未，分赔滇铜，鬻田宅以入官。居于庙庑，朋旧赠遗，尽以刻书。卒年八十三。提倡风雅，士藉品藻以成名致通显者甚众。生平重伦纪，尚名节。在军中时，和平简易，自科尔沁亲王以下皆重之。

曾太君命孙为《禹贡山川图》

新化邹景山明经文苏，性至孝，事其母曾太君，尽色养。课子汉纪严，不及程辄怒，怒时闻太君言即解。一日怒甚，太君使汉纪聚灰为《禹贡山川图》，自临上坐视，而命其妇吴氏侍焉，即景山之妇也。

《诗经》之精义

西汉遗经，惟《毛诗》最称完整，孔颖达作疏，亦精博胜于他经。明吴江诸生朱鹤龄于明亡后，屏居著述，作《毛诗通义》二十卷。其邑人陈启源为参正之，因撰《毛诗稽古编》三十卷。曰《毛诗》者，明所宗也；曰《稽古编》者，为唐以前专门之学也。于欧阳修《本义》、朱子《集传》、吴祖谦《诗纪》，颇为释其疑误，学者以为胜于鹤龄。自后段玉裁、焦循、马瑞辰、胡承珙诸人拾遗补阙，各尽能事。其兼治三家者，苏则阮元，闽则陈乔枞。元有《三家诗补遗》三卷，乔枞有《三家诗遗说考》四十二卷。

赵损之撰《毛诗辨论》

赵文哲，字损之，上海人，少有盛名于吴会间。尝撰《毛诗辨论》数十篇，博而能精，多东莱、华谷、贵与诸家所未发者，诚为经术湛深之士。

任太君以经教子孙

顾九苞，字文子，兴化人。博闻强记，长于《毛诗》、三《礼》。母任太君，为子田之祖姑，通经达史，文子之学，母教之也。文子于乾隆辛丑成进士，未几卒。子凤毛，字超宗，号小谢，亦受经于祖母，年十一，通《五经》。

劳莪野受《毛诗》于母

劳潼，字莪野，南海人。幼聪颖，母谈太孺人常于榻上口授《毛诗》，辄能成诵。为诸生，以《毛诗》应试，两荐不售。或劝其改经，莪野曰："吾不敢忘母教也。"乾隆乙酉乡试，以第二人冠其经。

于竹初深于《毛诗》

宜兴于竹初上舍震，以妇家钱塘，遂侨居于杭。嘉庆戊辰十月某日，其友吴德旋过访之，则竹初适于是日还自吴，见吴，狂喜曰："惟子知我，我望子久矣。"乃出其所著《诗经酌注》示之，曰："子归而阅之，为我削其不合者，序而存之。"盖竹初治经尤深于《毛诗》也。

程春海精于《诗》《礼》

程春海侍郎为阮文达公再传弟子，文达入相，与侍郎结邻，尝以暇相讲习。文达校《毛诗》“有椒其馨”，“椒”字讹“馥”字，其讹久在六朝，罕可相语者，持示侍郎。侍郎谓《诗》“苾芬孝祀”，《韩诗》作“馥芬孝祀”，“馥”字《毛》《韩》两见，形声不谬，于六书为加一证。侍郎又谓近人治算，由九章通四元，可谓发明绝学，而仪器罕有传者，乃与郑君复光有修复古仪器之约。又尝深究《开元占经》，谓道光丁亥木火同度，当有火灾，果验。吉地案发，因水之故，曹文正问：“古有之乎？”侍郎对：“‘水啮王季墓，见棺之前和’，见《吕览》。”所撰《国策地名考》，谓孟津在河北，非今孟津县，亦非古河阳县。蒲反非舜都，乃卫蒲邑，以尝入秦，仍归，故曰蒲反。文达甚韪之。

三《礼》之精义

三《礼》之学，张尔岐于《仪礼》首正郑注句读，廓清之功，比于武事。专考讹脱者，则有卢文弨、金曰追诸人。专习汉读者，则有段玉裁、胡承珙诸人。分类专考者，则有任启运、程瑶田诸人。若胡培翚者，博闻笃志，阅数十年，上推周公、孔子垂教之旨，发明郑康成、贾疏之得失，旁逮鸿儒经生之议，成《正义》四十卷，唐宋以来，罕有其匹。《周礼》则戴震考工，熟精名物；段玉裁汉读，博通训诂；阮元校勘，广列异同。似此诸家，咸宜甄录。《礼记》则通校全书、不遗细微者，元与张敦仁是也；疏证明通、笃守师法者，李富孙、陈乔枞是也。若夫衣服宫室之度，冠昏丧祭之仪，军赋官禄之制，天文地理之说，能考求古义，集礼家之大成者，则莫如秦蕙田之《五礼通考》。而综贯群经，博采众论，实事求是，惟善是从，不墨守一家之学者，江永之《礼书纲目》，黄以周之《礼书通故》，亦其选也。

汤文起致疑于《月令》

汤文起，名愈，常熟人。乾隆进士，座主秦文恭公蕙田著《五礼通考》，欲延之参纂，以亲老辞归，归二年而卒。文起生具慧相，舌端有川字文，好学深思，于经传古书皆有论说，而其论夏正为最善。以为《夏小正》文虽古雅，而雕琢过甚，不类三代以上之书。且《孟子》“夏后氏五十而贡”，无公田，而经曰“正月初服于公田”，其疑一；《月令》孟春，“昏参中”，而经亦曰“昏参中”，以岁差法推之，中星安得相同，其疑二；《月令》“二月桃始华，五月木堇荣”，而经“五月桃华，二月堇荣”，时物违异，其疑三；《虞书》“仲夏火中”，则六月而流，七月而伏矣，经“五月大火中”，与《虞书》合，而又曰“九月内火”，《大戴礼》以火为大火，则火岂至是始伏，其疑四；疑《月令》而信《小正》，吾未见彼失而此得也。文起卒时，年四十有六。

江慎修治《礼》

江慎修为诸生数十年，博通古今，专攻《十三经注疏》，而于三《礼》尤深。以朱子晚年治《礼》为《仪礼经传通解》，书未就，黄氏、杨氏相继纂续，亦非完书，乃广摭博讨，大纲细目，一从吉、凶、军、宾、嘉五礼旧次，题曰《礼经纲目》，凡八十八卷。引据诸书，厘正发明，实足终朱子未竟之绪也。

陈凝斋遵古礼

乾隆壬申，新城陈凝斋大令道，奉父命有事于北，归途闻父讣，匍匐奔丧归。治丧葬悉遵古礼，不用浮屠、鼓乐，吊客至，不饮燕。于是乡里之间皆知丧葬用浮屠者固非，即鼓乐、燕客亦非所宜矣。既终葬事，本父遗意，立义田。以为范文正之义田，自高祖以下族之食者百口，故千亩之入，足以均其食。然力能自食者无所需此，不如斟酌其法，变而通之，由始祖以下，以待夫力不能自食者，庶几“君子周急不继富”之义。于是以二千亩为父祭田，自岁供祭祀而外，权其所入以赡族，立为规条。鳏寡孤独废疾者有养，力不能婚丧者有赠，有志向学、力不能从师者有助，应试乏资斧者行李有资。于是乡里之间又知赡族有义田之制矣。其诸子复先后增设学田、祭田、小宗义田至七千石。

当凝斋持丧时，祝人斋赴吊，既与之咨诹丧礼，因叹议礼家言人人殊，欲荟萃先儒简要精义为一书，俾学者童而习之，稍有以窥古圣制礼之意，属其事于人斋。以人斋曾自任注《礼》，且以其年近五十，未举子，欲俾以著书家居，因资以膏火费，止其客游也。而自任《春秋》，以为左、公、穀三《传》传经，或诬或诞，不但彼此多牴牾，其于经意亦违悖，即后来胡氏传义理，正矣，而多以己意解经，非圣人本旨，至《国语》与《左传》互见，亦颇可采，故欲于其中择是去非，以成一书。

华子宏习《仪礼》

华孳亨，字子宏，无锡人。与顾栋高并习《仪礼》，尝画宫室制度于棋枰，以棋子记宾主升降之节、器物陈设之序，若以身揖让进退其间。

徐舫亭作《朱子释宫图证》

徐焕，字舫亭，嘉庆时进士，官礼部主事。少治《仪礼》，尝作《朱子释宫图证》，辟堂前方丈地，导诸生，令进退揖让于其间。王公子弟多执经门下，朱文正公珪题其楹曰：“先生画堵同绵蕞，弟子传经半绣衣。”

曾文正服习《五礼通考》

秦文恭博学多识，官礼部尚书时，即其幼年所穷礼制，参阅石室金匮诸书，所撰成之《五礼通考》，湘乡曾文正谓是书举天下古今幽明万事，而一绳之以礼，可谓体大思精。盖文正中年以后，即服习是书，至老不倦。其在江南大营平乱也，治官书，上封事，指陈属官一切，有所施行，率多取诸《五礼通考》，而于后生小子，亦兢兢以是书为言。文恭之为是书也，精博宏雅，成一代大著述，洵属前无古人、后无来者也。

《春秋》三传之精义

《春秋》三《传》，自唐孔颖达作《左氏疏》、徐彦作《公羊疏》、杨士勋作《穀梁疏》以后，注《左》者代不乏人，惟宋之张洽、元之赵汸最为明晳，大抵详书法而略纪载。近行林尧叟本，又泰半剿袭，绝少会心。当代巨儒综览诸家，旁采众籍，以广杜预之所未备者，如顾炎武之《左传杜解补正》，洪亮吉之《左传诂》，梁履绳之《左通补释》，其精确远过于前人。至《公羊》《穀梁》二书，研究者寡，几成绝学。自孔广森、刘逢禄、陈立诸人出，而后《公羊》有《通义》《释例》《义疏》之作；自柳兴恩、钟文蒸诸人出，而后《穀梁》有《大义述》《补注》之作。二《传》大义，昭如日星，皆诸人之功也。

华时亨著《春秋法鉴录》

顺治甲申，世祖定鼎燕京而明亡，华时亨大悲，乃惟以杜门著述为事。日坐所谓剑光阁者，聚生徒讲学其中。目虽失明，辄命一童子旁诵《春秋左氏传》，意有所发，复命一童子旁书之。所著有《春秋法鉴录》，盖自托于左氏也。

顾栋高笃好《左氏春秋》

顾栋高少治《春秋》，笃好《左氏》学，昼夜研诵，辄未暂辍。偶有忿懥，家人以《左传》一卷置于其几，怡然诵之，不问他事。自壮至老，懃懃订述，常若不及。夏月闭户，不见一客，卸衣解袜，据案玩索，膝摇动不止，每仰视屋梁而笑，人知其一通毕矣。

《左传》非姓左者所作

武陵赵文恪公慎畛尝闻人言，《左传》非姓左者所作，以传在经左，故名《左传》，昔之论左丘明者，均无确据也。

刘张侯世传左氏学

仪征刘张侯师苍之曾祖文淇、祖毓崧、父寿曾，俱见国史《儒林传》。张侯世传《左氏》学，故师汉计相，而字其姓焉。中光绪丁酉拔贡，旋中本科举人。尝试经古覆试，诸人皆携书籍满竹笼，若负畚者，至力不能胜，张侯惟提一小篮，载笔砚数事。试题为"《穀梁》大义"，刘振笔直书，或与之语，口答手写，几于五官并用。其青溪旧屋，门署一联为"红豆三传，儒林跐美；青藜四照，宝树联芳。"或曰："君家四传矣。"张侯亟对曰："不敢，不敢。"其实惠氏亦四传也。从弟师培应秋试，张侯来江宁省其弟，在镇江怡和趸船，失足堕水死。盖其目短视，躯干庞硕，褦襶无比，黑夜登舟，故及于难也。

廖季平章太炎之左氏学

廖季平初为王闿运入室弟子，其后学术颇与之异。廖初治《左氏春秋》，后变而治《穀梁》，成《穀梁春秋古义疏》十一卷，其说以《穀梁》与《王制》相出入。尝自谓与张文襄公之洞论《左氏》，为成条例若干事，其后章太炎绛谒文襄，文襄出所为条例示之。钱恂谓文襄之识绛，实先见绛所为《左氏》，故谓有大才可治事，因属其罗致之。时恂在文襄幕，求诸四方，得之于上海，与往湖北偕见文襄。时绛已稍稍有主张革命名，不敢昼见，匿之于恂室中，午夜屏人见之，谈达曙，大服之。月致百金，留匿署中而无所事。会文襄赴觐，后任为谭继洵，不敢留，送二百金，辞之去。绛大怒，颇詈文襄矣。绛，字太炎，后改名炳麟，余杭人。

《孝经》之精义

《孝经》止存唐玄宗注、宋邢昺疏，郑注不传。严可均辑本一卷，过于零落。伪孔注、伪郑注出于日本，殊不足观。为之疏者，前则阮福、后则潘任而已。福著《孝经义疏补》九卷，任著《孝经郑注疏》十卷。

《读书眼》推勘深细

《抱桐读书眼》一帙，款署镇洋顾陈垿玉停著，"抱桐"殆别字也。书凡百余条，皆《四书》中别解，其精确处，实较集注之推勘为深细，而于古义有未安处，亦不为调停曲徇之说，择而存之，足备参考。陈垿为康熙甲午举人，后官行人。沈文悫公德潜尝谓娄东诗人，皆宗仰吴梅村，玉停独能自辟町畦，宜其读书能自具只眼也。

《论》《孟》之精义

《论语》存于今者，有魏何晏注及梁皇侃、宋邢昺两疏，又有毛奇龄之《论语稽求篇》，钱坫之《论语后录》，刘台拱之《论语骈枝》，焦循之《论语补疏》。惟刘宝楠之《论语正义》二十四卷，体大思精，闳通淹雅，非他人之小小补苴者所可及也。

《孟子》存赵岐注，宋孙奭为之《音义》。未详何人儗他经为《正义》，于注义多所未解，而妄说之处，全抄《音义》，略加数语，署曰孙奭疏，即朱子所云邵武一士人为之者也。自明以来，学官所贮者止此。爰及国朝，戴震出，得旧校本，付曲阜孔继涵、安丘韩岱云锓板，于是经注之讹可正、阙可补。又撰《孟子字义疏证》，真有功于《孟子》者。循复著《正义》三十卷，遂得一洗伪疏之陋。

《孟子》有逸文

《孟子》逸文，散见于经史者，"舜生五十，不失其赤子之心”，见康成《坊记》注。“尧舜之道，非远人也，而人不思之耳”，见桓宽《论》。“人皆知粪其田，而不知粪其心”，见《说苑》。“三见齐王而不言事”，见《荀子》。“尧舜不胜其美，桀纣不胜其恶”，见《史记》。又《后汉书·郅恽传》，恽曰：“孟轲以‘强其君之所不能为忠，量其君之所不能为贼’”，今《孟子》无此语，亦逸文也。

小学之精义

魁儒之说经铿铿者，莫不由《说文》以辨形声，由《尔雅》以通训诂，故其撰著，皆卓然名家。《尔雅》则邵晋涵之《正义》，特出邢疏之右；郝懿行之《义疏》，训诂精确，草木归诸实验。《小尔雅》则有胡承珙之《义证》，宋翔凤之《训纂》。《广雅》则有王念孙之《疏证》，旁搜博考，足与经训互相发明。精《说文》者，始于惠栋之《读说文记》，其后则推段玉裁、王筠、朱骏声三家。骏声之《说文通训定声》，发明转注、假借，其书似因而实创。筠之《释例》，多引钟鼎古籀，以证《说文》字，而又为之句读，故皆服其精审。玉裁《说文注》，实为叔重功臣，而不免武断。以《玉篇》校《说文》者，始于钮树玉，玉裁采其说，不著其名，树玉憾之，作《段注订》八卷。徐承庆又为《段注匡谬》，亦以玉裁名太重耳。至姚文田、严可均同撰《说文校议》，分条考订，人亦称为精确也。

省文为《说文》之本字

今人作字之省文甚多，如以“礼（禮）”为“礼”，以“处（處）”为“虡”，以“与（與）”为“异”是也。凡章奏呈文，则不敢用，其实皆《说文》本字也。《说文》于“礼”字，云为古文；于“虡”字，云“止也，或从虡”；于“异”字，云“赐予也，与与（與）同”。今乃避本字而不用，转以之为俗字，盖不知本字之训诂也。

夲字之训诂

"夲"字读若六，即作六十解，见高宗御制诗，金听涛用之，可与廿、卅、卌等并行。

工部造字以译俗语

工部于工役器物档案，每造字以译俗语，为字书所未见。如天地坛大祀壁上挂灯，名尜尜灯，（祀天用青色纸。）其式两头尖，中大如橄榄形，亦会意、象形之意也。闻此等字尚多，皆入公牍，且见之于奏疏。

俗字之训诂

各地通行之俗字颇多，今略举之。京师人所用者如下："丂"，音近砌，陋也。"您"，音近凝，义似尔汝，施之于较己为尊者也。衡州人所舛者如下："閚"，音钻，閚林，地名，产茶叶。苏州人所用者如下："覅"，勿要切，不要也。"朆"，弗曾切，勿曾也。广东人所用者如下："亚"，音阿，阿俱写作亚。"奀"，音茫，弱也。"𡚸"，音矮，人不长也。"閃"，音或，隐身勿出也。"砍"，音勘，岩洞也。"泵"，音聘，水中矶也。"氹（同"凼"）"，音泔，蓄水为池也。"圳"，音浸，通水之道也。"𡇼"，音囊，水之曲折也。"𣎴"，音墩，截木作垫也。"冇"，音磨，无也。"蟖"，银去声，牵扯不断也。"𥸥"，去声，拙也。广西人所用者如下："𡙡""閫"，俱音稳，稳也。"𡗷"，音矮，矮也。"𡚸"，音呆，矮也。"奀"，音动，弱也，与广东异。"𡤓"，音腊，足不能举也。"𠀚"，音终，人死也。"砍"，音义俱与广东同。"𡙇"，音近某，假父也。"仦"，音袅，小儿也。"𡚽"，音大，女大为姊也。"𡉏"，音近陈，旧产也。"𡥧"，音近产，假子也。"挩"，音近满，谓最少也。"亚"，音阿，阿字俱写作亚，与广东同。

黄晦木论奇字

余姚黄宗炎，字晦木，世称鹧鸪先生，明明经，为忠端公尊素之子，梨洲之弟也。好奇字，其论小学，谓扬雄但知识奇字，不知识常字，不知常字乃奇字所自出，三致意于《六书会通》，乃叹其奇而不诡于法也。

《康熙字典》

《康熙字典》为康熙丙申圣祖所御定，大学士陈廷敬等奉敕撰。全书仍梅膺祚《字汇》、张自烈《正字通》两书旧目，以十二辰纪十二集，而每集分三子卷，凡一百一十九部，冠以《总目》《检字》《辨似》《等韵》各一卷，殿以《补遗》《备考》各一卷，合四十二卷。所录之字，凡四万七千三十五字，又古文一千九百九十五字。引用之书，多至三百余，并旁及金石、梵字。前此字书，未有若是之博者也。然当日曾自谓古今形体之辨，方言声气之殊，部分班列，开卷了然，无一义之不详，无一音之不备，而纪文达公昀等至称之为“六书渊海，七音准绳”。道光时，曾令王引之等重加校勘，为改正二千六百条，皆就引书字句夺误者更定之，然犹未悉也。引之殆以奉行诏书，未敢尽其词耳。然其最误者，一为虚造故实；二为按语离奇；三为抄袭《正字通》而转谬；四为增改原书；五为书名舛误；六为引书脱误；七为以他字之训阑入此字；八为同引一书前后违异，使阅者迷罔也；九为云“同”之字有实不同者，有实同而不云“同”者，有不注音义但云“同某”，而所指为“同”者编中乃无其字；十为字画算数无一定也。此外有本一字而误分为两字者，又有义证引用之字，而正文不收，令阅者无由得其音义者。盖其时小学本未大明，又以一二显宦率数十冗官领其职务，而字典之为事，又本视其所为《渊鉴类函》等书独难，宜其乖远讹舛、莫可究诘也。

顾氏精通小学《说文》

马文毅公雄镇，字锡蕃，总督鸣佩子也，汉军镶红旗人。尝官广西巡抚，以御吴世琮兵遇害。有姬顾氏，本吴中闺秀，精通小学《说文》。文毅撰《汇草辨疑》十二帙，姬皆手为旁训。

徐咸清精小学

康熙己未开博学宏词科，令京外官吏各举郡县有才学而堪与试者，道府争以徐咸清荐，辞不获，遂入都。

先是，阁中判词头，照前代典例，多用“查议”“查覆”诸字，而某相精字学，谓字书无“查”字，纵有之，不作“察”解，此必原判是“察”字，而北无入声，呼“察”声如“查”，故讹“查”耳。讹字不可用，因启奏御前，凡判词，“查”字俱改“察”字。然终不解“查”与“察”沿讹之始。

及应制科者先后至，每至必合数十人谒某相，某相询于众曰：“‘察’声讹‘查’，有始乎？”在坐无对者。徐逡巡曰：“《汉书·货殖传》有之。顾‘查’为‘在’声之讹，非‘察’声讹也。”某相矍然曰：“何言之？”曰：“古‘在’本‘察’字。《尔雅》曰：‘在，察也。’《尧典》‘在璇玑玉衡以齐七政’是也。第三声呼‘在’为‘查’，以‘在’与‘槎’同。《汉书·货殖传》‘山不茬糵’，即槎糵也，而字乃从草而谐以‘在’声，故‘在’声为‘槎’，‘槎’转为‘查’，则是‘查’者，‘在’声之转也。犹‘之在’‘之叉’转而为‘裁’为‘财’也。若曰‘察’之转，则是‘叉’也，‘差’也，‘察’岂能转‘在’乎？”某相遽色变，乃复进曰：“‘察’声不转‘查’，然而‘在’即‘察’也，改‘在’为‘察’可乎？”徐曰：“不可。《老子》曰：‘其政察察。’亦惟‘察’名不可居，故以‘在’字隐‘察’名而转声为‘查’，若改‘察’，仍‘察察’也。”某相曰：“然则‘在’可乎？”徐曰：“可。”某相曰：“此则仆之所未闻也。夫字必有义，‘在’字无‘察’义而有‘在’声，使徒以声同之故而不顾其义，则‘道’可‘盗’也。”徐曰：“‘道’固不可‘盗’，而‘在’则可‘查’，不观‘在’又为‘裁’乎？‘在’之为‘裁’‘察’，义同也，然而‘才’之又为‘财’，则无义矣。‘财’可‘才’，则‘在’可‘察’矣。”某相憪然谢而起。其后三相录试卷糊名，然终不用。冯文毅公溥为荐于廷，圣祖曰：“有著述乎？”曰：“有。”曰：“为何？”曰：“《资治文字》。”曰：“《资治文字》何谓耶？”曰：“字书也。”旁一相曰：“字书，小学耳。”遂罢。既而文毅拟再荐之，不得，曰：“小屯吉，君向不为大而为小，此屯也，然而吉矣，吾幸得归矣。”

阮文达解“蕉”字

阮文达精于小学，尝解芭蕉“蕉”字，谓见《上林赋》，于古无闻。《说文》“蕉”字，则樵采之樵，《列子》“以蕉覆鹿”，即所樵之草，非芭蕉也。

江叔澐欲撰《经史子字准绳》

江叔澐爱古成癖，平生不肯为俗字，尺牍书疏，皆依《说文》。其写《尚书》“瀍水”依《淮南》作“廛”，“汝乃是不蘉”依《尔雅》义作“孟”，人颇怪之，遂不改也。内行甚修，对家属如宾客，交友不妄取。孙渊如以一缣赠之，累书千言，却而后受。嘉庆纪元，举孝廉方正，不仕，卒于家。常欲举经、史、子，绳以《说文》，去其俗字，命曰《经史子字准绳》，惜未成也。

礼亲王治《说文》

礼亲王号啸亭外史，生而好学，虽造次颠沛，必手一编，尤深于许慎之学。十三龄得《说文解字》，篝灯夜读，时值严寒，围炉竟夕。火发，延及床帐，几兆焚如。包衣辈瞭见红光，咸携水具集寝宫，王犹未释卷也。

张东甫通许郑之学

道光时，钱塘有张东甫刺史之杲者，夙承祖训，与贤士大夫游，遂通许、郑之学。尝著《说文集解》百余卷。以为《说文》自许氏后，若宋张有之《复古编》、元周伯琦之《六书正伪》、明焦竑之《俗书刊误》，至乾、嘉间段氏、桂氏、王氏、钱氏、钮氏、席氏辈出，而小学益显，乃考形声，辨俗体，通假借，异字同音、同音异字及诸家得失，各有所宗，均笺注于下，名曰《集解》，藉知古人以字解经、以经解字之义。因卷帙繁富，官事羁绁，未卒业。病危时，犹语人曰："吾死不足惜，独恨《集解》一书未及告成，不得就正于有道君子耳。"子上龢，字沚莼；孙尔田，字孟劬，亦以文章政治有声于时。

萧道管治《说文》

光绪丁丑、戊寅间，侯官陈石遗学部衍，方从事考订之学，治《说文》，取坊肆重刻孙氏本，属其妇萧道管以每字剪为纸片，小注属焉，分重文、阙训、指事、象形、会意、形声、叚（同"假"）借各类，黏贴纸本，采别部居，使不相杂厕。萧独取所谓重文者一册，反复谛究，别购孙氏本，自一至亥，圜点一遍，不解则翻阅段氏注本，而语陈曰："君治篆文，吾治古籀，何如？第治古籀，有待篆文者百之一二；治篆文，有待古籀者十且二三也。"

萧读古书，时有神解，善蹈瑕隙，字书之形声义辨识毫厘，众人所略，往往洞贯疐（古同"踬"）硋（同"碍"），会人乖踳。然情韵高远，雅好奇服，不愿为人人之所为。推究哲理，于人天死生妙悟深澈，以身后名易其自适之趣，非其志也。日常把卷，意有所得，时弄笔札记之，旋弃掷不爱惜。遂成《说文管见》，凡二百一十有余解，多蘦（古通"零"）落糅杂，然一条之中，首尾毕具，无未完之义理，而叙列之不难也。萧尝语陈曰："近人治许学，有所撰著，惟段氏偁《说文解字注》，其它《说文义证》《说文句读》之类，命名率省‘解字’二字，非正词也。吾此本专释重文，宜可单称‘说文’。又吾名管，即以‘管见’名其书，在他人为谦词，在吾直质言而已。”道管字君佩，一字道安，亦侯官人。

算学之精义

经学家必通天算，良以《尚书》开卷，即言治历，《内则》幼学，亦重习计，而其法亦益臻邃密。自圣祖御制《数理精蕴》，契合道源，范围乾象，以故天下勤学之士，蒸蒸向化。若梅文鼎、梅瑴成、江永、戴震、程瑶田等，阐扬推衍，各有撰述。后则董佑诚、罗士琳，最近则南汇张文虎、金山顾尚之、海宁李善兰，尤为杰出。阮文达作《畴人传》四十六卷，罗士琳作《续畴人传》六卷。

王锡阐潜心测算

王锡阐，吴江人，博览群书，兼通中西天学。生于明末，当徐光启等修新历法时，聚讼盈庭，锡阐独闭户著书，潜心测算。天色澄霁，辄登屋，卧鸱吻间，仰观景象，竟夕不寐，务求精符天象，不屑屑于门户之别也。

天文算法

自明中叶泰西人至，而天文算法精于中土。华人以大统法为元代许鲁斋所定，故终扼其说不行。圣祖乃命灵台皆用西法，惟置闰用中法，以合《尧典》。

圣祖亲验算法

康熙壬申，圣祖御乾清门，召大学士、九卿等至御座前，取太极图及五声八音八风图，指示群臣。复推言算法，用方圆诸图逐一验算，无不吻合。至乐律隔八相生，其说不同，是日召乐人以笛和瑟，次第审音，至第八声还本音。因言声音高下，循环相生，复还本音，必须第八，此乃一定之理。又命取测日晷表，以笔画示曰："此正午日影所至处。"令置乾清门正中。诸臣候之，至午，日影与御笔书处恰合，不爽铢黍。

圣祖留心历算

康熙壬午，李文贞公光地随扈南巡，驻跸德州。有旨，取梅文鼎书。文贞以《天学疑问》上呈。奉旨："朕留心历算多年，此事朕能决其是非。"将书留览。后二日召见，圣祖云："昨所呈书，甚细心，且议论亦公平，此人用力深矣。朕带回宫中细阅。"文贞因求亲加御笔，批驳改定，圣祖允之。明年，驾复南巡，于行在发回原书，中间圈点涂抹及签贴排语，皆御笔也。文贞复请此书疵谬所在。谕曰："无疵谬，但算法未备。"未几西巡，问隐沦之士，文贞以关中李颙、河南张沐及文鼎三人对。上亦素知颙及文鼎。乙酉南巡，文贞以巡抚扈从，上问："宣城处士梅文鼎今焉在?"文贞以"尚在臣署"对。上曰："朕归时，汝与偕来，朕将面见。"文贞寻与文鼎伏迎河干。越晨，俱召对御舟，从容垂问，凡三日。上谓文贞曰："天象算法，朕最留心，此学今鲜知者，文鼎实仅见也。其人亦雅士，惜老矣。"赐御书扇幅，颁赉珍馔。临辞，特赐"绩学参微"四大字。

梅氏世通算学

梅文鼎，字勿庵，岁贡生。子以燕，举人。两世俱通算学，以燕子文穆公瑴成，始大其宗。而勿庵父子兆域，圣祖特命江南织造曹頫为之监工。

圣祖指授陈厚耀算法

泰州陈谕德厚耀，与梅文穆同直内廷，蒙圣祖指授算法。当文穆初入见，上尝语之曰："汝知陈厚耀否？他算法近日精进。

向曾受教于汝祖，今汝祖若在，尚将就正于彼矣。”厚耀侍从多年，蒙赐书籍、文具、锦绮、瓜果之类，尚为近臣所恒有，其颁赐仪器，畴人家诧为未见。一日，又赐热河光木，供之几案，光皎如月。谕曰：“以助汝钩稽布算之勤也。”厚耀有《奉敕赋夜亮木》诗。

当厚耀与文穆同正定算学诸书时，圣祖又尝召之于便殿，问测景使何法。厚耀不知。上写西人定位法、开方法、虚拟法示之。又命至御座旁，随意作两点，上自用规尺画图，即得相去几何之法。文穆直蒙养斋，上亦授以借根方法，谕之曰：“西洋人名此书为阿尔热八达，译言东来法也。”几余召对，时有指授。自后二人之学，弥益精邃。文穆由进士官至总宪，厚耀以教授超授编修，官至左谕。

李子金精算数

李子金增生之铉精算数，心有权度，不用丈尺。尝游京师，与客聚饮，客指邻家楼，问以高几许，四方几许。李熟视良久曰：“得之矣。”客令人加量，悉如所言。

李文成研算术

滑县李文成少孤，为木工佣保，人呼之为“李四木匠”，耻之，弃去。从塾师习书算，粗解意义，有疑难，辄辩驳，塾师厌之，遂请绝焉。于是专研算术，旁涉星家象纬，推测颇验。见人，必夸其术，人有闻者，共非笑之，文成自若也。

华若汀悟算数捷法

金匮华若汀太守蘅芳精于算，尝乘夜航，杂沓侪人中，闭目危坐而构思。忽悟一算数捷法，为生平所未得。自谓此时也，不觉黑暗界倏现大光明，心地开朗，快如登仙。

蒋岳庄知曲线新术

武进蒋维钟，字岳庄，维乔之兄也。幼颖悟而嗜读，以是得咯血症。父少颖命辍读佐商政，然肆事偶暇辄手一卷，与其弟竹庄茂才维乔赏奇析疑，自相师友也。光绪癸巳春，偶见畴人书，略一披阅即朗悟，不数月，尽通其义。甲午中日失和，我师败，岳庄以为当尚西法，变新政，雪国耻，一切科学，皆以数学为宗，乃益闭户潜迹，午夜不辍。丙申，从学于金匮华若溪明经世芳，所学大进，而肺疾亦日剧，遂不起，时己亥正月也。所著有《曲线新说》。

文学类

文学最盛之原因

爱新觉罗氏自太祖肇基东土，至世祖入主中夏，传十帝，历二百六十八年，一朝文学之盛，所以能轶明超元，上驾宋唐、追踪两汉者，盖有六大原因焉。一，由于开国之初，创制满洲文字，译述汉人典籍，而满人之文化开。二，由于信任汉人，用范文程之议，特选士于盛京，而汉人之文教行。三，由于入关以后，一时文学大家，不特改仕新朝者多明之遗老，即世祖、圣祖两朝正科所取士，及康熙丙午年博学宏词科诸人，其人以理学、经学、史学、诗词、骈散文名家者，亦率为明代所遗，而孙奇逢、顾炎武诸儒隐匿山林，又复勤于撰著，模范后学。四，由于列祖列宗之稽古右文，而圣祖尤聪明天亶，著述宏富，足以丕振儒风。五，由于诏天下设立书院，作育人才。六，由于秘府广储书籍，并建七阁分贮，嘉惠士林。有此六原因，是以前古所有之文学，至是而遂极其盛也。

七阁者：文渊在大内，文源在圆明园，文津在热河，文溯在奉天，文汇在扬州大观堂，文宗在镇江金山寺，文澜在杭州西湖之行宫。

高宗天语典雅

高宗稽古右文，天语典雅。乾隆庚戌四月东巡，遣官祭周尹吉甫墓，并垂问吉甫子孙。途次适南薰徐来，上语侍臣曰：“此即《诗》所谓‘穆如清风’也。”

宗潢多嗜文学

宗潢颇多嗜文学者，自红兰主人岳端首倡风雅，而问亭将军博尔都，紫幢居士文昭，晓亭侍郎塞尔赫，臞仙将军永忠，樗仙将军书诚，嵩山将军永悫，遂相继而起。紫幢从王文简公士祯游，辞爵读书，为士林所重。查编修慎行序其集，称之曰“宗室高人”。雍正时卒。

八旗文士之开山

赛图字麟阁，崇德辛巳科目解元。幼贫，尝爇马通以读书。尤好为诗，满洲文学之开，实自赛始。其同榜举人鄂貌图，后官参政，有《北海集》；汉军卞三元，后官云贵总督，有《公余诗草》，皆八旗文字之最先者。至阿什坦，（题名碑作“何锡谈”。）为完颜氏苗裔，顺治壬辰进士，翻译《大学》《中庸》《孝经》《通鉴总论》诸书，圣祖尝召问经义，称为“我朝大儒”。又侍郎布泰阶平褒不由科目出身，克敦实学。侍讲德格勒，有学行，与徐文定公元梦同为李文贞公光地所荐。纳兰成文絅斋为文贞高足，与修《周易折中》。辽阳宁完我，天聪初官参将，后闲废，顺治初起为学士，擢内宏文院大学士，为《明史》副总裁，康熙乙巳卒，谥文毅。三元有《祭少司马范公文》《重修盘江铁桥碑记》，一则规仿昌黎，一则力摹子厚，皆能得其气息。什坦有《重经史以养人才疏》，冲夷恬淡，简要不烦，文品尤高。完我有《请立言官疏》，立范运衡，洞明体要。所有均采录于《八旗文经》也。

蒙古儒士通文艺

敖汉部落，为元太祖第四弟某王裔，其台吉额驸彭楚克林沁，尚简亲王郡主，通文艺，熟习辽、金、元事。尝与裘文达公曰修谈三《史》，裘为瞠目。高宗呼之曰“敖汉先生”。彭既习汉俗，不乐居本土，典宿卫数十年，卒于京邸。

严又陵之文学

海通以来，输入泰西学说。同、光间，游学欧美之人，日有增益，于是吾国士林，始知今世界所称文学有广狭二义，不仅如旧称文学为孔门四科之一，专就文章博学而言也。广义赅哲学、伦理学、政治学等言之，亦谓之“文的科学”，侯官严又陵观察复足以当之，即如京师大学所设文科，学科分哲学、文学、历史学、地理学，亦可见之。狭义则与哲学、科学相对峙，专以散文、韵文言之。

杨古酝文学

娄县杨古酝大令葆光，幼承母教，工诗古文辞。同治癸酉，客保定，居莲池书院，与修《畿辅通志》。光绪时，以县丞次浙江，旋擢知县。上官倒屣，僚友折节，皆以其文学也。所著有《苏盦文诗词集》，类皆湛然以清、夷然以和，曹子建所谓“俨乎若泰山，勃乎若浮云”者，其庶几焉。

石绮湘工文学

粤寇石达开有女，名绮湘，年十九，聪慧工文学，姿态轶尘俗。尝至绮红院观乐，诸女皆失色。院为杨秀清辈蓄妓之所也。洪秀全尝求为太子妃，达开以福瑱非令主，不允。或曰：达开初有一子二女，二夭死，存者只次女筠照耳。金陵下后，年才十七，飘然若仙。达开引兵独出，筠照日侍秀全，甚爱怜之。及官兵压城，筠照变服遁走，至锡山为丐妇，人无知其为石氏女者，后竟以寒饿死。好事者葬之于斗门，筠照殆即绮湘也。

钱牧斋读书法

钱牧斋极淹贯经史之能，其读书法，每种各有副本，凡遇字句新奇者，即从副本抉取，粘于正本上格，以便寻览、供采撷。盖以正本或宋元精刻，不欲轻用丹黄也。

圣祖好学不倦

圣祖英姿天纵，于书无所不窥，衡石自程，即秦始皇亦无其勤敏，虽老而好学不倦。（当时所洒宸翰，未必皆属己出，其捉刀者为高江邨士奇，故高于当时最承恩眷。高复物色二人，养于宫中，终其身弗令出外，其后竟杀之以灭口。）

阎百诗多读书

徐健庵尚书尝直起居注，圣祖问曰："古人有言，使功不如使过，此语出何处?"徐不能对，归以问阎百诗，以百诗多读书也。百诗谓宋陈良时论有"使功不如使过"题，通篇俱就秦穆公用孟明发挥，应是昔人论此事者，第不知出何书耳。

读书强记法

张稷若尝云：强记之法，每读一书，遇意所好，即札录之。录讫，乃朗诵十余遍，黏之壁间。每日必三十余段，少亦六七段。掩卷辄就壁间观所黏录，日三五次以为常，务期精熟，一字不遗。黏壁既满，乃取第一日所黏者投笥中，俟再读有所录，补黏其处，随收随补，岁无旷日。一年之内，约得千段，数年之后，腹笥自富。

邢懋循读书用连号法

邢懋循尝言：其师教之读书，用连号法。初日诵一纸，次日又诵一纸，并初日所诵诵之；三日，又并初日所诵诵之。如是渐增，至十一日，乃除去初日所诵，每日皆连诵十号，诵至一周，遂成十周。资禀即中下，已无不烂熟矣。又拟目若干道，书之签，贮之筒。每日食后，黏十签，讲说思维，令有条贯。逮作文时，遂可不劳余力矣。

徐华隐读书法

钱文端公陈群，少尝请益于徐华隐曰："何以博耶?"华隐曰："读古人文，就其篇中最胜处记之，久乃会通。"后述于朱竹垞，朱曰："华隐言是也，世安有过目一字不遗者耶?"文端尝举以为读书法。

卢抱经读书

卢抱经学士文弨勤读书，未尝一日废辍。官中书十年，及在上书房，与归田后主讲四方书院，凡二十余年，虽耄，孳孳无怠。昧爽而起，翻阅点勘，朱墨并作。几间阒阒，无置茗盌处。日且冥，甫散步庭中，俄而篝灯如故，至夜半而后即安，祁寒酷暑不稍间。生平食禄卖文，不治生产，仅以蓄书。闻有善本，必借抄之，一策之间，分别迻写诸本之乖异，字细而必工。家藏数万卷，无不手勘。

闵象南手不释卷

闵世璋，字象南，歙人。晚岁好观书，每夜漏下三二十筹，犹手不释卷。尝谓人曰："吾生平不博弈，不美食炫服，不游倡优，无他嗜好也。"居室卑狭，无园亭之娱，坐卧一小室，人每劝其撤材新之。象南曰："视吾不蔽风雨时何如？且久与之习，如故人，不忍弃也。"

孔某读《图书集成》七遍

康、雍、乾间，翰苑诸人，恃文傲物。袁子才虽雍容风雅，亦卒不能免此。一日，有客不告姓名，力请见，袁令阍人三拒之。已而大疑，因语阍者曰："客如明日至，可诘其故，并请其书之于纸。"阍者诺。明日，果又至。阍者诘之，不答，曰："非汝辈所知也。"奉以笔，请书示。客从容袖出一册，授仆曰："尽于是矣，希达汝主，予三日后来取。”袁急视之，不觉悚然。盖册上分询百二十事，尽僻典，十之八九皆生平所未寓目者。徘徊阶下，苦思良久，仅得二十条。乃奔告座师尹文端君，亦不能增一字。因折柬尽招词林诸子，会于督署，萃众人所得，尚仅五十条。分检《图书集成》，得百条。余二十条，无觅处矣。届期，客至，索卷阅之，笑曰：“衮衮诸公，技亦止此耳！”索笔按条补之，须臾而就。字法苍劲秀古，不类时家。袁大骇，以呈文端。文端叹赏。因向阍人究客之情状，阍具对，并曰：“聆其言，乃操山左语者。”遂遍访山左同僚，始悉为孔林遗脉，《图书集成》寓目七遍矣。一时翰苑锋棱，为之大敛。

袁子才看书强记

袁子才自谓幼时记性不佳，故看书必加摘录，分门别类，以补健忘。阅时既久，积成卷帙，自备作诗文时之獭祭，或谈论时作中郎枕秘以欺人。然晚年于幼时事，辄能津津道之，盖凡有闻见，无不笔之于册，披书握管，寒暑无间也。

胡文忠在军读书

胡文忠公林翼在军时，治经史有常课，仿顾亭林读书法，使人雒诵，己听之。日讲《通鉴》二十叶，《四子书》十叶，事繁则半之，而于《论语》尤十反不厌。又尝敦请耆儒与之上下其议论，旁征列史，兼及时务。迨病至废食，犹于风雪中讲肄不少休。

曾文正劝人读七部书

曾文正尝教后学云：《六经》以外，有不可不熟读者，凡七部书，曰《史记》《汉书》《庄子》《说文》《文选》《通鉴》、韩文也。盖《史记》《汉书》，史学之权舆也；《庄子》，诸子之英华也；《说文》，小学之津梁也；《文选》，辞章之渊薮也。《史》

《汉》时代所限，恐史事尚未全，故以《通鉴》广之。《文选》骈偶较多，恐真气或渐漓，故以韩文振之。

吴子登读西书

吴子登勤于学，时与泰西初通，而喜研究西人算理，见西士辄询问，犹自恨未通贯。又年长不及学拼音，因取西书，每字询得其解，乃取西字而识以华音，积久竟能读西书。西人谓不识别国之字而能读其书者，地球之上，惟吴一人而已。吴，南丰人。

汪柳门精熟《史》《汉》

汪柳门侍郎鸣銮，自谓于书无所不窥，而《史》《汉》尤精熟。某学使思有以难之，一日叩之曰："《龚定盦集》有'九月犹开窈窕花'之句，窈窕花何物？"汪不能答。学使转告之曰："桂也。班书具在，君殆偶尔遗忘耶？"汪大窘。

于晦若博极群书

贺县于晦若侍郎式枚，为陈兰甫京卿澧入室弟子。其提督广东学政时，督部为岑春煊，颇相得。光绪丁未，改学政为提学使，岑即密奏式枚任之。侍郎博极群书，弱冠即为宿儒所畏。是年广东师范学校校试，乐清高心博廪生时主讲是校，出西北舆地题，颇本《新民丛报》之说。侍郎阅之，即曰："梁卓如言虽如此，然考某书某书尚有异论。"所举原原本本，略无遗滞。岑既内升邮尚，即奏侍郎内用。岑旋出，侍郎亦不容于内，乃拜考察宪政之命。及慈禧太后崩，谥为孝钦，侍郎疏言"钦"非后谥，历举往事为证，词旨斐雅可喜也。

徐宗项集《赤壁赋》为诗文词

华亭徐基，字宗项，以贡生官训导。所著有诗文词，皆集前、后《赤壁赋》，洋洋洒洒数千言，伸之缩之，不出四百余字之外。卷首有陈文简公元龙序，集《圣教序》中字，亦如已出。

朱竹垞毛西河之诗文

经师之善诗文者，每以国初朱竹垞、毛西河为言。其实西河非竹垞可比。竹垞文有骨力，卓尔大雅，西河惟善于驰骋耳。竹垞诗渊雅坚厚，取材典则，西河已伤猥杂，气亦未醇。昔韩昌黎以《孟子》为“大醇”，《荀子》乃“大醇而小疵”。邱菽园主政炜萲于竹垞、西河，亦如是云。

叶文敏诗文兼长

叶方蔼，字子吉，号讱庵，昆山人，官至尚书，谥文敏。尝评诗云：“无论大篇短章，每首当具有二十分力量，所谓狮子搏象、兔，皆用全力也。”王文简公少时有句云：“萤火出深碧，池荷闻暗香。”文敏极喜之，取入《独赏集》。文敏夙著清操，家无余财，以斯文为己任。诗宗苏、陆，文宗眉山，生平服膺文简诗及汪钝翁文，盖实兼有二家之长也。

吴改堂工诗文

吴改堂名燮，吴江人。幼禀奇质，负气，性耿直，好读书，能骑射。年十四，从其父半松大令游京师，所与交多藏书家，改堂从借归，目识手抄，穷日不休。尝制双袋，佩于左右腰间，读书有所得，辄移写之以投于袋。所为诗文，往往为前辈所惊赏。

孙渊如工诗文

孙渊如名星衍，能诵全部《文选》，而所撰骈文，绝不摭拾《文选》字句。诗有奇气。三十以后，一意研经。袁子才谓渊如逃入考据，盖不欲以文人自囿也。

黄诗王文

张维屏尝曰：“汉有建安七子，唐有王、杨、卢、骆四家，余欲选黄仲则诗、王仲瞿文合刻之，题曰乾隆二仲。”

六诗三笔

建宁朱仕玠、仕琇兄弟，皆官教谕。仕琇工古文，师事朱笥河学士筠；仕玠工诗，为沈文悫公德潜所称赏，闽人誉之为“六诗三笔”。

李氏兄弟之诗文

乾、嘉间，江左之操制举业，授子弟以衣钵，取青紫如拾芥者，莫如太仓李氏。李氏兄弟凡五人，曰锡瓒、锡晋、锡邕、锡珪、锡康，皆登显第、掇高魁。刊有《映雪斋试牍》，其文皆揣摩风尚，清华流利，渐开道光以后靡靡之风。锡瓒，字秬香，所选《能与集》，与晚年自号蘅塘退士所选之《唐诗三百首》，尤为脍炙人口。其于《三百首》，则自署曰“蘅塘退士”，盖晚年所辑也。二书皆制举家之圭臬。《能与集》为小试利器，《唐诗三百首》则试帖虽废，学者犹吟讽之。然见地故不高，以视沈文悫《古诗源》、阮亭《古今诗选》、曾文正《十八家诗钞》，觉卑之无高论矣。然《三百首》一书，至今不废，得毋取径不高，便于俗学耶？

张黄黎吕之诗文

岭南诗文学，推张锦芳、黄丹书、黎简、吕坚四家。吕最后殁。黄、黎兼工书画，吕逊之。吕为古文，张、黄、黎亦不能及。坚，字介卿，号石飘（同“帆”），番禺人。为诸生时，李南涧见其诗，奇之，由是得名。性兀岸自异，少所许可。豪于饮，高谈雄辩，四座皆惊。家贫甚，然胸次落落，无所介，虽箪瓢屡空，笑傲自若也。大兴朱文正公珪莅粤，粤之名士咸被延接，而石飘与二樵尤见称许。顾蹭蹬名场，老而不遇，抑塞磊落之气，时发之于诗文，幽艳陆离，奇情郁勃，不肯作一常语。所著《迟删集》六卷，文亦附焉。世称二樵生平所至，求诗书画者日填于门。砚田所入，足以自给。既殁，人得其手迹，珍逾球璧。以石飘视二樵，境遇之丰啬，又或异之，岂造物之忌名特甚耶？二樵，简字也。

张亨甫诗文甚富

建宁张亨甫孝廉际亮，诗文甚富，其自刻者，为《松寥山人初集》《南来诗录》《娄光堂》数种。云垂涛涌，不可方物。以选拔入都，报罢后，读书西山，敛才蓄气，务为函深峻洁之语，体颇近王、孟。一日，携歌者饮酒楼，或谓曰："君尚能作豪宕语否?"亨甫大笑，即席为《王郎曲》一章。翼日，又为《眉仙》《秋芙》等《行》。

朱伯韩工诗文

临桂朱伯韩观察琦，尝从倭文端、唐确慎、李文清诸公游，与闻道学之统。其经术考据，则与曾文正、何子贞、张石洲相切劘；其工诗古文，则与梅伯言、邵位西、张端甫、吴子序、余小颇、陈艺叔、刘椒云、冯鲁川及其乡人龙翰臣、王少鹤同时各成一家，盖道光朝魁伟振奇人也。

左文襄不废诗文

左文襄久在军中，不废诗文。章奏文札缄牍，或友朋酬答，皆取办于一己。所用书记，供抄录而已。晚岁辑其所作诗文，都为一卷，而署检曰《盾鼻馀沺》。

高伯平善诗文

高伯平廪贡均儒，先世为闽人，其祖积为贵州按察使，卒葬嘉兴，遂家焉。六岁而孤，母车孺人教之成立。治经，精声音训诂之学，而谨守宋儒家法，不为苟异。文章师桐城方苞，服膺山阳潘四农，订其文集、诗话若干卷，又手写姚鼐尺牍刻之。漕督吴文惠公棠欲刻其诗文集，伯平曰："此不足以辱梨枣也。"

散体文家之分派

国初，散体文以宋荦所选侯方域、魏禧、汪琬三家为最著。方域字朝宗，号雪苑；禧字冰叔，号裕斋；琬字苕文，号钝庵。琬原本经术，瓣香庐陵，于明则推重归太仆。禧与兄祥、弟礼时称"三魏"，文有理致，而禧笔势尤雄放，其论事、叙事之作，多得史迁遗意。方域初好六朝文，既而步趋史迁，矫变不测。如健鹘摩空，如鲸鱼赴壑，虽享年不永，根柢逊于琬、禧，而识解特超，其高才自不可及。同时布衣以文名者，有邵青门长蘅，枕葄经史，力追归唐，可与雪苑、冰叔抗衡。至遗民之以文名者，则推顾炎武、黄宗羲、陈宏绪、彭士望、王猷定诸人。士大夫以文名者，则推李光地、潘耒、孙枝蔚、朱彝尊、严虞惇、姜宸英诸人。中惟虞惇文陶铸群言，体近庐陵、南丰，彝尊、宸英文善学北宋，余多不入格。自方苞、刘大櫆继起，而古文之道乃大明。桐城、阳湖两派，亦由此起矣。

苞尝与宸英论行身祈向，曰："学行继程、朱之后，文章介韩、欧之间。"故其论文严于义法。今约举其大恉如下：一，非阐道翼教，有关人伦风化，不苟作。二，凡所涉笔，皆有六籍之精华。三，不可入语录中语、魏晋六朝藻丽俳语、汉赋中板重字法、诗歌中隽语、《南北史》佻巧语。

桐城文派

方苞，字灵皋，世称望溪先生，以古文专家之学提倡后进。其论文之言曰："自南宋以来，古文义法不解久矣。吴越间遗老尤放恣，无一雅洁者。"又曰："言有序，言有物。有序，要矣；有物，尤要，非读书而明于事理不能也。"一传为刘大櫆，再传为姚鼐。

大櫆，字海峰。鼐，字姬传，世称惜抱先生。惜抱禀其师传，覃心冥进，益以所自得，推究阃奥，开辟户牖，天下翕然推为正宗，世几有青蓝冰水之喻。求学之士，如篷从风，如川赴壑，百余年来，转相传述，遍于东南。由其道而名于文苑者，以数十计，可谓盛矣。论者谓望溪之文质，恒以理胜；海峰以才胜，学或不及；惜抱则理与文兼至。三人皆籍桐城，故世称为"桐城派"。历城周书昌为之语曰："天下之文章，其在桐城乎！"然惜抱之学，师法、家法，殆兼有之。惜抱之世父姜坞编修范，博闻强识，诵法先儒，与大櫆友善。诸子中尤爱惜抱，每谈文，必令侍侧。惜抱幼时，即喜亲大櫆，客退，辄肖其衣冠谈笑为戏。故范授以经学，而复使受古文法于大櫆。瑞金罗有高，新城鲁仕骥，均受业于建宁朱仕琇，后乃更事惜抱。惜抱主江宁书院，前后二十年。门下著籍者，以上元梅曾亮、管理、娄县姚椿、宝山毛岳生及同邑刘开为著。范之曾孙莹、同邑方东树、戴钧衡，皆能传桐城之学，最近则有萧穆、吴汝纶。

开年十四，以书谒惜抱，大奇之，因受业于门，得其学。世咸称其古文，谓望溪、海峰之传，藉以不陨也。初，开游浙过某邑，有人候于门，卒然问曰："君得非桐城刘先生耶?"要至其家，具盛馔。酒半，告以有母，孀且老，守志数十年，欲乞能文者为寿。前夕，梦其父语之曰："三日，有桐城刘先生过吾门，非其文不能传尔母，当固请之。"既复与游山，至一古墓所，有碑曰"宋处士刘开墓"，因目之为处士后身。而开亦懼然自失，知己终不能贵显也。

新城鲁氏，传之其甥陈用光。用光亦受业于惜抱。乡人化之，多好文章。用光群从，有曰学受、曰溥者。而南丰又有吴嘉宾，皆承鲁氏风，私淑于望溪、惜抱，由是江西有桐城之学。

广西永福吕璜与吴德旋处，璜之乡人有临桂朱琦、龙启瑞、马平、王拯，皆步趋吴氏、吕氏，而益求广其术于梅曾亮，由是广西有桐城之学。

桐城之文，末流仿效，不免以空疏相尚。湘乡曾文正、巴陵吴敏树，同起而振之。敏树不屑奉一先生之言以自隘，卒其所得，与姚氏无一不合。文正自言粗解文章，由姚先生启之。然寻其声貌，略不相袭。道不可不一，而学不必尽同，斯言谅哉！

文正古文，熟于阳刚阴柔之旨，极其伸缩变化，铿訇隐辚，自成清越。刘彦和《文心雕龙·风骨》一篇，固文正所心摹手追者。文正门下有武陵杨彝珍、东湖王定安、武昌张裕钊、桐城吴汝纶、遵义黎庶昌。彝珍、定安肉多于骨，长于用复，而短于使单。裕钊善叙事，而规模不免狭小。汝纶习于间架，其铭词陶铸《诗》《骚》，颇堪继武。庶昌读书较多，不囿于法，而范围较广。此五人者，虽未能各自树立，然皆文正入室弟子也。龚、魏之学兴，偏霸之才，易饰耳目，求其优游揖让、不诡于正者，海内不过十数人。推原其故，知于古文中求古文，而于古人为文所从事之书，未尝肄业及之。况古人与不可传者俱死，其存者糟粕而已。文正一派，久之或当渐绝矣。

庶昌之言曰："本朝文体之正，自方始，洎姚而辞始雅洁，传至文正，乃变化以臻于大。"非阿好之言也。（奉贤训导周慰曾尝问南汇张文虎曰："先生与文正相处久，其论文何以盛推惜抱？"文虎曰："文正晚年于惜抱文亦不十分满意矣。"）彝珍及善化孙鼎臣、湘阴郭嵩焘、溆浦舒焘、湘潭欧阳勋，亦以姚氏为文家正轨也。

阳湖文派

桐城、阳湖，名为两派，其实一源。武进钱伯坰受业于刘大櫆，归而以其师说，诵于友人张惠言、恽敬。二子者，遂弃其声韵骈俪之学而学古文，号曰"阳湖派"。惠言精研经传，其学从流而溯源。敬泛滥百家，其学由博以返约。致力不同，而文之澄然而清，秩然有序，质之古人，如一辙也。继之者有无锡秦瀛、阳湖陆继辂、宜兴吴德旋，德旋又受业于姚鼐。惠言弟子有同邑董士锡，后起者有阳湖吴铤、谢咏芝。

别裁之文派

国初，天门胡承诺著《绎志》一书。“绎志”者，绎己所著也。根柢于诸经，博稽于诸史，旁罗百家，而又折衷于周、程、张、朱之学，自儗其书为徐幹《中论》、颜之推《家训》。然其精粹奥衍，非二书所及。山阴胡天游锐志学韩，语意奇倔，拔出同时诸人之上。道光时，仁和龚自珍、邵阳魏源，纵横学《国策》，廉悍学韩非，颇足补桐城之所未逮。自珍胜于源，而伪体颇多。大抵不由唐、宋，专摹秦、汉者，弊每坐此。故词胜不如意胜，意胜不如理胜也。至汉学家文，则以戴震、汪中、庄述祖为最善。

骈体文家之正宗

古人之文，本不分骈散。东汉以后，骈文之体格始成，博大昌明，至唐而极。自宋至明，日趋卑靡。国初诸家渐次复古，史学如顾炎武，经学如毛奇龄，皆能为骈俪文。吴江吴兆骞以复社主盟，更善斯体。吴伟业称兆骞与华亭彭古晋、宜兴陈维崧为“江左三凤凰”。然维崧文导源庾信，才力富健，更在兆骞、古晋之上。又江都吴绮、钱塘章藻功，亦与维崧齐名。而绮才稍弱，藻功欲以新巧胜二家，又遁为别调，故亦逊维崧一筹。惟钱塘吴农祥、益都冯溥，以为与维崧相并。其后继起者，山阴胡天游为最。天游以博综之才，出以渊茂，横绝海内。袁枚师事之，而所造不同，独其才气足以耸动一时，故上自公卿、下至市井负贩皆重之。所惜俗调伪体，汰除未尽，不免为后人訾议耳。

昭文邵齐焘规橅（同“模”）魏晋，风骨高骞，于绮藻丰缛之中，存简质清刚之制，一时风气为之大变。如王太岳之简洁苍老，刘星炜之清转华妙，吴锡麒之委婉澄洁，洪亮吉之寓奇气于淳朴、孳新意于古音，孙星衍之风骨遒上、思至理合，孔广森之力追初唐、藻采昳丽，曾燠之味隽声永、别具会心，是皆遵循轨范，敷畅厥旨，堪为一代骈文之正宗。故全椒吴鼒尝合袁、邵、刘、孔、吴、曾、孙、洪为骈文八大家。鼒之骈文，盖亦以沉博绝丽称者。

八家之外，仪征有阮元，阳湖有刘嗣绾、董基诚、董佑诚，临川有乐钧，镇洋有彭兆荪，金匮有杨芳灿、杨揆，仁和有查初揆，桐城有刘开，上元有梅曾亮，大兴有方履篯，其文皆闳中肆外，典丽肃穆，足以并驾齐骛。武进李兆洛志在通骈散之界，一心复古，所选最精。其自制文，亦多上法东京，力争崔、蔡，文境尤高。而泗州之傅桐，长沙之周寿昌，秀水之赵铭，湘潭之王闿运，会稽之李慈铭，则皆其后起者也。长沙王先谦因又合孟涂、伯言、二董、彦闻、味琴、荇农、桐孙、壬秋、炁伯为十大家，以继前八家。十家之文，大率皆气清体洁，宗尚不出两汉、六朝、初唐。而炁伯尤词旨渊雅，体格纯净，直欲近掩洪、孙，远跨徐、庾。炁伯后，孙同康之精雅，皮锡瑞之疏鬯，王先谦之简洁，亦不愧为一朝之后劲。盖自乾、嘉以还，骈文体格始正，作者亦始极其盛，若阳湖刘可毅之研《都》炼《京》，熟精《选》理，亦能树一帜于诸人之后矣。

黄梨洲论文

黄梨洲撰《明文海》，所阅明人集，几至二千余家。如集中首篇桑悦《北都》《南都》二赋，朱竹垞著《日下旧闻》时，搜讨未见，论者称为一代文章渊薮。其论文有曰："唐以前句短，唐以后句长；唐以前字华，唐以后字质；唐以前如高山深谷，唐以后如平原旷野。故自唐以后为一大变，然而文之美恶不与焉。其所变者，词而已矣；其所不可变者，虽千古如一日也。"此足以扫近人规橅字句之陋矣。

傅青主不喜宋后文

傅青主不喜宋后之文，尝曰："此所谓'江南之文'也。"于欧阳永叔亦力诋之。尝书《集古录》后曰："此老真不读书。"

侯朝宗一夕补文

侯朝宗豪迈不羁，以明经累举于乡，辄报罢。明亡不仕，益放意于声伎。已而悔之，发愤为诗古文，倡韩、欧学于举世不为之日。尝游吴下，将刻集，集中文未脱稿者，一夕补缀立就，人益奇之。

吴庆百草露布

钱塘吴庆百征君农祥，尝应李文襄公之芳聘。时文襄以荡寇功督两浙，建牙于衢，以扼闽冲。羽葆棨幢，吏从带弓韣〔鞬〕夹阶立，上谒者或不敢仰视。吴至，长揖之。明日，宴于射堂，军中以鸣镝射戟枝侑酒。酒半，文襄离席起，酌金叵罗寿吴，请草露布。吴且饮且口占，授书吏，一坐尽倾。久之辞去，为画便宜数事，文襄再拜曰："感君良箴，吾曩者知君不尽，乃以为文士也。"

王昆绳《评订文章练要》

大兴王昆绳，世称或庵先生。晚年与李刚主师事颜习斋学礼，终日正衣冠，对仆隶必肃恭。慕汉诸葛武侯、明王文成，而目程、朱为迂阔。常自负有经世学，雅事著作。其《评订文章练要》一书，时为颍州宁世簪、桐城戴名世所同阅，歙县程城参正之。盖以评文之法，评经书及史、子、集，虽不脱明人积习，然语中肯綮，津逮后学，厥功甚伟。

书分六宗百家。六宗曰《左传》，曰《孟子》，曰《庄子》，曰《楚辞》，曰《战国策》，曰《史记》。百家之类三：公、穀、管、韩诸家一也，《汉书》以下诸史二也，汉、魏诸名家集三也，六朝而下不与焉。简练精要，以为规矩准绳，详而说之，以尽乎文之变。尝曰："《六经》者，文之祖。六宗别子为祖，而各立门户以为宗。百家不能出六宗范围，六宗不能出《六经》范围。究之，惟以道为归而已。”城序其书曰：“每听先生论文，如淮阴侯登坛，萧、曹为之屏息。如吴札观周乐，见微而知清浊。如宣尼赞《易》，尽三极之道，高明广大而不外乎中庸。”其所评订文章，远胜鹿门、月峰诸家矣。

吴山尊选八家四六文钞

全椒吴山尊鼒选《国朝八家四六文钞》，八家云者：钱塘袁简斋枚、昭文邵荀慈齐焘、武进刘圃三星炜、曲阜孔㢲轩广森、钱塘吴榖人锡麒、南城曾宾谷燠、阳湖孙渊如星衍、阳湖洪稚存亮吉也。山尊为吴榖人弟子，恪守师说，不敢越雷池一步。其选骈文，藉阐宗风，故去取较隘，人比之为桐城派古文是也。国朝骈文，以山阴胡稚威天游为第一，而江都汪容甫中亦表表者，皆在吴榖人之前，而山尊选本，宁缺不录，又何疏耶？

穆庆能为骈体文

吴门蒋氏，有小奚奴名穆庆，能为骈体文。一日，许穆堂侍御过其宅，闻鹦鹉吟云：“春日晴和，新莺百啭。秋风萧瑟，病蝶孤飞。”绝妙好辞也，穆堂大异之。及询主人，始知为庆所撰以教鹦鹉者，为之叹赏不置。

姚梅伯擅骈俪文

姚梅伯名燮，与魏默深、龚定庵、蒋剑人同时。才气学术，足以凌轹魏、龚，蒋非其敌也。著书数十万言，《骈俪文榷》为最高。死后名不甚彰，当世崇拜魏、龚，而无人知有姚，名位限之耳。

学师误改御制文

有黠士不礼于学师者，屡戒饬之，佯作惊惧悦服状。具呈文，请批阅，学师信其诚，为月旦焉，多所窜易，不意所呈皆御制文。士以擅改御撰首告，几罹不测，乃重赂而寝其事。

李次青好四六文

粤寇乱时，李次青方伯元度接统徽州防军，以代张文毅公芾。甫三日，军溃，徽郡失守。曾文正恚甚，奏请拟正军法，奉旨从宽戍边。其实文正深爱其才，非果欲杀之也。李谢罪禀有云："君子原爱人以德，覆之而又培之；宰相有造物之权，知我何殊生我。"文正援笔批其后云："好四六，好文章，好才情。"

德宗《幽思赋》

有周易者，尝随王文勤公文韶于京邸。文勤常言，德宗文词斐然可观，好用成句，操觚弄翰，颇似翰苑中人，盖得于翁叔平相国之教为多。光绪庚子秋，两宫西狩，某国驻兵瀛台，有小册流落市中，周获之，中有《幽思赋》一首。后半草稿，几不可辨。皇甫鹏九为寻绎之，不可思拟处，辄从盖阙。自序有云："闵予小子，遭家不造，天夭是椓，国步艰难。念荓蜂之辛螫，思负赢之恩勤。谗口嚣嚣，忧心惙惙。母氏圣善，我无令人。鸮毁室兮堪怜，乌瞻屋以谁止？惩前毖后，蹐厚跼高。爰为此赋，聊以写忧。"其辞曰："献岁兮发春，羲序兮寅宾。感韶华之易逝兮，倏千门万户兮迎新。天既付予有家兮，乃遗大投艰于朕身。悯四海之罴逆兮，悲世难之方屯。追孔圣之立德兮，永念予兮冲人。呼昊天以罔极兮，伤我生之不辰。伊余情之信芳兮，椒酒进兮将饮。念椒专佞以慢谄〔慆〕兮，夫安知其不为鸩。既干进以务入兮，宜浸润以为谮。余以兰为可恃兮，乃佩之以施紟。羌无言而寡实兮，如寒蝉之口噤。览椒兰其若兹兮，矧萧艾之可任。哀众芳之芜秽兮，惩群小之颙颙。人之度量相越兮，固各分乎浅深。且夫天地为炉兮，造化为工；阴阳为炭兮，万物为铜。鸿钧鼓荡而布化兮，历四时而成功。惟阳和之煦物兮，喜春光之融融。圣人体天而为治兮，乃陶铸夫群蒙。万物除旧而布新兮，穷则因时而变通。伊列圣之在天兮，陟降在吾左右。荐时物之芬芳兮，奠椒浆兮桂酒。神恍惚其诏语兮，巫咸占之而无咎。跻尧舜而抗行兮，勿步趋夫桀纣。奉先功以照下兮，（此句原本不可辨，细玩之，用《楚辞》成语也。）赖疏附兮先后。苟屈心而抑志兮，奚忍尤而攘诟。伏清白以死直兮，固前王之所厚。荃不察余之中情兮，乃信谗而齐怒。固时俗之工巧兮，余终不改乎此度。时溷俗而嫉贤兮，好贤而蔽恶。孤子吟而抆泪兮，介子忠而立枯。凤皇在笯兮，鸡鹜翔舞。深宫既邃远而莫叩兮，渺九阍之孰吁。岂余身之惮殃兮，念民彝之攸斁。吾不能变心而从俗兮，又焉能忍而与之终古。乱曰：心不同兮媒劳，恩不甚兮轻绝。交不忠兮怨长，期不信兮改节。众口兮铄金，积毁兮销骨。命不可说兮，熟知其极？□□□□□□□□□□□□天地为囚兮，诗书梏桎。心菀结而不解兮，思蹇蹇而不释。”全篇幽怨哀艳，变《雅》《离骚》之遗，惟其中有借用《楚辞》原句者。然有此才而遭孝钦后之压抑，君子悲之矣！

张文襄恶六朝文字

张文襄公最恶六朝文字，谓南北朝乃兵戈分裂、道丧文敝之世，效之何为？凡文章无根柢，而号称六朝骈体，以纤仄拗涩字句强凑成篇者，必黜之；书法不谙笔势结字，而隶楷杂糅、假托包派者，亦然。谓此辈诡异险怪，欺世乱俗，习为愁惨之象，举世无宁宇矣。果不数年，而大乱迭起，文襄之言遂验。

谭樊寿张文襄文

张文襄开府两湖，值六十寿辰，时仁和谭复堂大令献，主武昌经心书院讲席，譔寿文逾二千言，竟体不用“之”字，以避文襄名上一字也。文襄亟称赏之。又文襄七十寿辰，寿文以恩施樊云门方伯增祥所譔骈文为最长，亦二千余言，由电报局分日拍发，中有四句云：“不嘉其谋事之智，而责其成事之迟；不谅其生财之难，而责其用财之易。”意谓文襄外任四十余年，凡所兴作，辄遭部臣齮龁故也。文襄以其抉出一生心事，激赏之，击案大呼曰：“云门诚可人哉!”云门又以文襄禁止学界沿用日本名词，亦叙入，有句云：“如有佳语，不含鸡舌而亦香；尽去新词，不食马肝为知味。”即指此也。

陈石遗自定文

侯官陈石遗学部衍尝曰：“生平无韵之文，无虑二三千首。教授京师、武昌各学校，说经之文数百首，论史之文数百首，论文之文百十首。佐幕台北、武昌，草奏书札数百首。卖文上海十年，寿言数百首，杂报论说各数百首。而少时里居，课经义、治事、词章于书院者，不数焉。尚有数百首，属于记载、告语各类。不于吾身尚存，择其稍雅驯者，都为一集，则前所云二三千首中，流落人间，必复不少。异日有攈拓旁逑，谬附知言而代梓之者，则多非吾心所愿存。死者虽未有知，而隐隐不甘之情，郁于天壤，亦何惜不预为之所也。”

制义至本朝而极盛

制义始于宋而昌于明，自洪、永以逮天、崇，三百年中，体凡数变，至本朝而极盛。开国之初，屏除天、崇险诡之习，而出以深雄博大。如熊伯龙、刘克猷，其最著于时者也。康熙后，益轨于正。韩文懿公菼为之宗，桐城二方以古文为时文，允称极则。外若金坛王氏、宜兴储氏，并堪骖靳焉。雍、乾间之墨艺，则尚排偶，而魄力雄厚，颇难猝辨。择其醇者，即独出冠时。若夫嘉庆，则当路诸臣，研覃典籍，士子竞援僻简以希弋获矣。

制艺之兴废

顺治开科，沿明旧制，首场《四书》艺三篇，经艺四篇。次场论一篇、表一道、判五条，试《五经》者并作诏诰。后场策五道。时龚鼎孳方为给事中，请用诗，去策，改用奏疏。不许。定勘试卷例，首严弊幸，次简瑕疵，前场以明理会心、不愧先儒者为合式，后场以出入经史、条对详明者为合式，于是得隽之卷，谓之中式。康熙癸卯，停止八股文，减试一场。首场以策，二场以论、表、判。寻以礼部侍郎黄玑疏言不用经书为文，则人将置圣贤之学于不讲，恐非朝廷设科取士之深意，请复旧制。许之。乾隆癸酉，高宗命方苞选录《四书》文以为程序。丙子，移经文于第二场，会试作表一道，乡试并论去之。寻易表以五言八韵唐律，又于首场增作性理论。（论题初专用《孝经》，后兼以《性理》《太极图说》《正蒙》命题，而统名之曰“性理论”。）屡颁谕旨，厘正文体，以清真雅正为宗。至壬寅而移八韵唐律于第一场，移性理于后场。癸丑，裁性理，而于次场以《五经》并试。其制行之百数十年，固未易也。降至光绪戊戌，德宗诏废八股文、八韵诗。旋复之。辛丑，改定首场论五篇，二场策五篇，三场经义三篇。乙巳，下诏停科举，而八股文遂废。

应试之文，功令所关，精益求精，作者林立，二百数十年来，不胜枚举。其文体最正者，顺治时，熊伯龙、刘克猷雄浑雅健，开风气之先。康熙时，韩菼精洁古雅，上结主知，天下奉为举业正轨。桐城方舟，字百川，苞之兄也，亦以文名。菼见其所著，叹曰：“此于三百年作者外，自成一家者也。”后人以其昆季之文，与淳安方楘如文合刊，谓之《三方合稿》。钱塘陈兆仑年十二，为制艺即工，楘如等见之，大加赏异，后果为文章宗匠。桐乡俞长城论古有识，《四书》文独辟町畦，所著《可仪堂稿》，句法短峭，削尽肤辞。尝选古今制艺百二十家，始宋王荆公，讫国初诸老，每家各有小序，尤为大观。至若尤侗、王广心之作，熏香摘艳，文有赋心，当时称为“尤王体”者，则稍杂矣。大抵制艺正宗，不外清奇浓淡。淡极则变浓，浓极则变淡；过清则思奇，过奇则思清。消长乘除，亦如汉、宋两学之互相起伏，要以驳而不醇为戒。盖醇则天下治，驳则天下乱，世运、文运，息息相通。观于国初与晚近之制艺，益信而有征。自停科举、兴学校，改良教育，搜辑教材，于是有教科书及教授书之发现。吾国之文字，又焕然一新，是亦今人所谓“进化”也。

郭宁玉父子工制义

郭宁玉，广济诸生也，为陈敬中之徒，其制艺有声于时。尝东游吴门，吴人得其文，辄传示家塾，为童子橅本。归而授徒江上，尝大会里中儿作文，评甲乙，辄豫决其贵贱寿夭，一时号为“冰鉴”。既久次诸生，稍稍厌苦之，于是谢冠服，以向所闻诸师者课厥子。子存会，亦为诸生，又有声，乃大喜。为里人作庆吊文字，求者无虚日，至辄濡毫脱稿，无倦容。存会鲜兄弟，而体羸弱善病，课之肃，不中程，辄谯让，虽亲故微讽之，不少贷也。

吴卜臣发愤作制艺

吴之枚，字卜臣，无锡人，世居邑之闾江。少丧父，家贫，年十八未知书，樵采以养母。会以逋赋为县吏所辱，或云为诸生则可免，乃发愤读书。孙祁雍教之作制艺，之枚昼夜苦读，食止粥一盂、虀数茎。秦道然闻而馈之食，之枚笑而却之。

王仲瞿制艺险怪

秀水王仲瞿孝廉昙，博学能文，屡入礼闱，皆以制艺涉险怪被黜。嘉庆壬戌会试，次题为“道之以德”一节，文有云“耻者为七情中所不可见之人情，格者为六官中所不能奏之考绩”二语，是可知其怪僻矣。

诗学名家之类聚

国初诗家有声者，如钱谦益、吴伟业、龚鼎孳为江左三大家，皆承明季之旧。而曹溶诗名亦与鼎孳相骖靳，大抵皆步武何、李也。新城王士祯枕葄唐音，独嗜神韵，含蓄不尽，意有余于诗，海内推为正宗，与秀水朱彝尊、宣城施闰章、海宁查慎行、莱阳宋琬所汇刻者，曰《六家诗》。彝尊学富才高，初宗王、孟，其后风骨愈壮，明丽博雅，遂与士祯齐名，时人称为“朱贪多”“王爱好”。又有“南施北宋”之目，盖闰章以温柔敦厚胜，琬以雄健磊落胜也。至商丘宋荦与颜光敏、田虔、王又旦、曹禾、曹贞吉、谢重辉、叶封、汪懋麟，称“诗中十子”。荦抚吴时，又选江左十五子诗，以提倡风雅。自以为与士祯齐名，而时人未之许也。光敏诗苍郁雄高，出入于工部、昌黎之间，于十子中为雅音。虔才力既高，取才复富，其诗别开一径。自益都赵执信著《谈龙录》，首辟士祯，而山左之诗一变。当是时，诗家著名者，又有申涵光、孙枝蔚之学杜，陈维崧之学韩、苏，邵长蘅之学杜、苏，杜诏之学温、李，查慎行之学苏、陆，诸锦之学苏、黄，厉鹗之学陶、谢、王、孟、韦、柳，歧途纷出。慎行之魄力风韵，自足为士祯继人，固不必惟朱、王之是学也。

厉鹗专摹宋派，而两浙之诗一变。钱塘袁枚、铅山蒋士铨、阳湖赵翼号“三大家”。而大江南北之诗，亦无一不变矣。

乾、嘉之际，海内诗人相望，其标宗旨、树坛坫，争雄于一时者，有沈德潜、袁枚、翁方纲三家。枚诗主性灵，新奇轶荡，不守前人矩矱，得名最盛，而其品最下。与之齐名者，为蒋士铨、赵翼。二家诗真率，枚虽卑视之，论者以为气体尚在其上也。方纲病士祯一派之流为空调，特拈“肌理”二字，欲以实救虚。然言言征实，亦非诗家正轨，故其时大宗，不能不推德潜。

当康熙时，吴县有叶横山名燮者，病诗家之喜摹范、陆，作《原诗》内外篇，以杜为归，以情、境、理为宗旨。德潜少从受诗法，故其诗古体宗汉魏，近体宗盛唐，尤所服膺者为杜。选《古诗源》及《三朝诗别裁集》以标示宗旨，吴下诗人翕然从之。受业者，其初以盛锦、周准、陈樾、顾诒禄为最著。其后则有王鸣盛、王昶、钱大昕、曹仁虎、黄文运、赵文哲、吴泰来之“吴中七子”。七子诗名籍甚，诗传至日本，日本国相高棅为七律以赠之，人各一章，寄估舶以达，人艳称之。文哲、泰来后复与法式善同宗士祯，而德潜门下又有褚廷璋、张熙纯、毕沅等之继起。再传弟子则有武进黄景仁，私淑弟子则有仁和朱彭。乾、嘉以来之诗家，师传之广，未有如德潜者。德潜字确士，长洲人，“归愚”其自号也。

踵其后而以诗鸣者，大兴有舒位，秀水有王昙，昭文有孙原湘，世称“三君”。四川有张问陶，常州则黄景仁外，有洪亮吉、杨芳灿、杨揆，江西有曾燠乐钧，浙中有王又曾、吴锡麒、许宗彦、郭麐，岭南则有冯敏昌、胡亦常、张锦芳三子，而锦芳又与黄丹书、黎简、吕坚为岭南四家，大率皆唐人之是学，未尝及德潜门而实受其影响者，其中以位、原湘、简三家尤为特出。位与原湘皆自昌黎、山谷入杜，而简则学杜而得其神髓者也。

道光以后之诗派

自道光以至光、宣，诗学又略分两派。其一派清苍幽峭，自《古诗十九首》、苏、李、陶、谢、王、孟、韦、柳以逮贾岛、姚合，及宋之陈师道、陈与义、陈傅良、赵师秀、徐照、徐玑、翁卷、严羽，元之范梈、揭傒斯，明之钟惺、谭元春之伦，洗炼而镕铸之。体会渊微，出以精思健笔。蕲水陈太初《简学斋诗存》四卷，《白石山馆手稿》一卷，字皆人人能识之字，句皆人人能造之句，及积字成句，积句成韵，积韵成章，遂无前人已言之意、已写之景，又皆后人欲言之意、欲写之景。当时嗣响，颇乏其人。魏默深源之《清夜斋稿》，稍足羽翼，而才气所溢，时出入于他派。此一派以郑孝胥为魁垒，其源合也。而五言佐以东野，七言佐以宛陵、荆公、遗山，斯其异矣。后来之秀，效孝胥者，皆效其似太初者也。

其一派生涩奥衍，自《急就章》、鼓吹词、《饶歌十八曲》以下，逮韩愈、孟郊、樊宗师、卢仝、李贺、梅尧臣、黄庭坚、谢翱、杨维桢、倪元璐、黄道周之伦，皆所取法。语必惊人，字忌习见。郑珍之《巢经巢诗钞》，为其弁冕，莫子偲足羽翼之。后则沈曾植、陈三立实其流派。而三立奇字，曾植益以僻典，又少异焉，其全诗亦不尽然也。至鹗及自珍两派，鹗幽秀，本在太初之前，自珍瑰奇，不落珍之后。然一则喜用冷僻故实，而出笔不广，惟写经斋、浙西村舍近焉；一则丽而不质，谐而不涩，才多意广者时乐为之，人境庐、樊山、琴志诸人，由此其选也。

名家诗评

阳湖洪稚存编修亮吉尝仿钟嵘《诗品》，评骘同时名家之诗，颇为允当。今摘录于下：

钱宗伯载诗，如乐广清言，自然入理；纪尚书昀诗，如泛舟苕雪，风日清华；王方伯太岳诗，如白头宫监，时说开元；陈方伯奉兹诗，如压雪老梅，愈形倔强；张上舍凤翔诗，如伥鬼哭虎，酸风助哀；冯文肃公英廉诗，如申、韩著书，刻深自喜；蒋编修士铨诗，如剑侠入道，犹余杀机；朱学士筠诗，如激电怒雷，云雾四合；翁阁学方纲诗，如博士解经，苦无心得；袁大令枚诗，如通天神狐，醉即露尾；钱文敏公维城诗，如名流入座，意态自殊；毕宫保沅诗，如飞瀑万仞，不择地流；蒋侍御和宁诗，如宛洛少年，风流自赏；吴舍人泰来诗，如便服轻裘，仅堪适体；钱少詹大昕诗，如汉儒传经，酷守师法；王光禄鸣盛诗，如霁日初出，晴云满空；赵光禄文哲诗，如宫人入道，未洗铅华；王司寇昶诗，如盛服趋明，自矜风度；严侍读长明诗，如触目琳琅，率非己有；王侍读文治诗，如太常法曲，究系正声；施太仆朝乾诗，如甘谗鼎铭，发人深省；任侍御大椿诗，如灞桥铜狄，冷眼看春；鲍郎中之钟诗，如昆仑琵琶，未除旧习；张舍人埙诗，如广筵招客，间杂屠沽；程吏部晋芳诗，如白傅作诗，老妪都解；曹学士仁虎诗，如珍馔满前，不能隔宿；张大令鹤诗，如绳枢瓮牖，时发奇花；汤大令大奎诗，如故侯门第，樽俎尚存；张宫保百龄诗，如逸客游春，衫裳倜傥；蒋检讨蘅诗，如长孺戆直，至老益坚；汪明经中诗，如病马振鬣，时鸣不平；钱通副沣诗，如浅话桑麻，亦关治术；李主事鼎元诗，如海山出云，时有可采；姚郎中鼐诗，如山房秋晓，清气流行；吴祭酒锡麒诗，如青绿溪山，渐趋苍古；黄二尹景仁诗，如咽露秋虫，舞风病鹤；顾进士敏恒诗，如半空鹤唳，清响四流；瞿主簿华诗，如危楼断箫，醒人残梦；高孝廉文照诗，如碎裁古锦，花样尚存；方山人薰诗，如独行空谷，时逗幽香；赵兵备翼诗，如东方正谏，时杂诙谐；阮侍郎元诗，如金茎残露，色晃朝阳；凌教授廷堪诗，如画壁蜗涎，篆碑藓蚀；李兵备廷敬诗，如三齐服官，组织轻巧；林上舍镐诗，如狂飙入座，花叶四飞；曾都转燠诗，如鹰隼脱鞲，精彩溢目；王典籍芑孙诗，如中朝大官，老于世事；秦方伯瀛诗，如久旱名山，尚流空翠；钱大令维乔诗，如逸客餐霞，惜难轻举；屠州守绅诗，如裁盆红药，蓄沼文鱼；刘侍读锡五诗，如匡鼎说《诗》，能倾一坐；管侍御世铭诗，如朝正岳渎，卤簿森严；方上舍正树诗，如另辟池台，广饶佳丽；法祭酒式善诗，如巧匠琢玉，瑜能掩瑕；梁侍讲同书诗，如山半钟鱼，响参天籁；潘侍御庭筠诗，如枯禅学佛，情劫未忘；史文学善长诗，如春云出岫，舒卷自如；黎明经简诗，如怒猊饮涧，激电搜林；冯户部敏昌诗，如老鹤行庭，举止生硬；赵郡丞怀玉诗，如鲍家骢马，骨瘦步工；汪助教端光诗，如新月入帘，明花照镜；杨大令伦诗，如临摹画幅，稍觉失真；杨户部芳灿诗，如金碧池台，炫人心目；杨布政揆诗，如沧溟泛舟，忽得奇宝；孙兵部星衍少日诗，如飞天仙人，足不履地；吕司训星垣诗，如宿雾埋山，断虹饮渚；张检讨问陶诗，如麒骥就道，顾视不凡；何工部道生诗，如王谢家儿，自饶绳检；刘刺史大观诗，如极边春色，仍带荒寒；吴礼部蔚光诗，如百草作花，艳夺桃李；徐大令书受诗，如范睢晏客，草具杂陈；赵大令希璜诗，如麋鹿驾车，终难就范；施上舍晋诗，如湖海元龙，未除豪气；伊太守秉绶诗，如贞元朝士，时务关心；方太守体诗，如松风竹韵，爽客心脾；张司马铉诗，如凿险缒幽，时逢异境；张上舍崟诗，如倪迂短幅，神韵悠然；刘孝廉嗣绾诗，如荷露烹茶，甘香四彻；金秀才学莲诗，如残蟾照海，病燕依楼；吴孝廉嵩梁诗，如仙子拈花，自饶风格；徐刺史嵩诗，如神女散发，时时弄珠；吴司训照诗，如风入竹中，自饶清韵；姚文学椿诗，如洛阳少年，颇通治术；孙吉士原湘诗，如玉树浮花，金茎滴露；唐刺史仲冕诗，如出峡楼船，帆樯乍整；张大令吉安诗，如青子入筵，味别百果；陈博士石麟诗，如晴云舒红，媚此幽谷；项州倅墉诗，如春草乍绿，尚存冬心；邵进士葆祺诗，如香车宝马，照耀通衢；郭文学麐诗，如大堤游女，顾影自怜；张上舍问簪诗，如秋棠作花，凄艳欲绝；胡孝廉世琦诗，如陟险骅骝，攫空鹰隼；罗山人聘诗，如仙人奴隶，曾入蓬莱；僧慧超诗，如松花作饭，不饱猕猴；僧巨超诗，如荇叶制羹，藉清牢醴；僧小颠诗，如张颠作草，时觉神来；僧果仲诗，如郭象注《庄》，偶露才语；僧寒石诗，如老衲升坛，不碍真率；闺秀归懋昭诗，如白藕作花，不香而韵；崔恭人钱孟钿诗，如沙弥升座，露警异常；孙恭人王采薇诗，如断绿零红，凄艳欲绝；吴安人谢淑英诗，如出林劲草，先受惊风；张宜人鲍茝香诗，如栽花隙地，增种桑麻。余所知近时诗人如此，内惟黎明经未及识面。

或曰："君诗何如？"曰："仆诗如激湍峻岭，殊少回旋。"

稚存笺经补史，撰著裒然，若《卷葹阁文》《更生斋集》以及乾隆府厅州县志等书，均刊行。独诗话未出，后华亭张祥河方为镌布。张跋此书云："'激湍峻岭'八字，盖先生之谦词。先生诗惟妙于回旋，乃益见激峻之不可及也。"此可谓稚存之知己矣。

郑成功为能诗儒将

郑成功勋业著海南，世鲜知其能诗。如《七月登岘山》云：

“黄叶古祠里，秋风寒殿开。沉沉松荫老，瞑瞑鸟飞回。碑碣空埋地，阶砌尽杂苔。此间人到少，尘世转堪哀。”又佚题诗云：“破屋荒畦趁水湾，行人渐少鸟声闲。偶迷沙路曾来处，始踏苔岩常望山。樵户秋深知露冷，僧扉昼静任云关。霜林犹爱新红好，更入风泉乱壑间。”深微淡远，殊不似武人吐属。

吴叶仙赋诗送夫

管于嘉从洪承畴军，其妻吴叶仙送之，赋诗一绝云：“万里从军急，孤身一剑愁。家园落日里，莫上最高楼。”管卒，吴设帐授女徒，终于尼。

吴梅村讲声韵之学

太仓吴梅村祭酒伟业登第时，尚不知诗，而求赠者多，因转乞其师西铭。西铭一日漫题云：“半夜挑灯梦伏羲。”异而问之，西铭曰：“尔不知诗，何用索？”因退而讲声韵之学，名遂大振。

邵青门论诗

武进邵青门布衣长蘅曰：“诗之佳恶，视吾自得何如尔。吾之学既成，无论其为汉魏六朝，为李、杜，为三唐，为宋、元、明人之诗，皆可使之就吾之垆冶，而不能为吾病。吾之学未成，无论其学汉、魏、六朝，学李、杜、三唐及宋、元、明，皆足以为吾病也。”

唐懋载诗似李长吉

唐懋载，字袖石，邵阳人，著有《绿声亭集》。顺治朝贡生，幼警敏，博学工诗，奇情幽艳，似李长吉。同县车以遵、宁乡陶汝鼐，皆以诗雄长湖湘，而推服懋载无异词。

吴黄绢性喜吟咏

国初有威略将军吴英者，莆田人也，性喜吟咏。有爱女名丝，字黄绢，将军亲课之。《闺秀正始集》及《闽川闺秀诗话》，均载其诗。

广寒迁客投诗

顺治乙酉，明遗老杨维斗廷枢，隐居苏州之光福，咏梅花十二韵，和者甚众。有女子自称广寒迁客，乘肩舆过门，亦投和章。急出询之，已远逝矣。其诗云："栽遍山中不记年，却于松竹有深缘。寒香和月来窗外，疏影因风到水边。细雨微蒙珠有泪，斜阳黯淡玉生烟。初无绿叶侵书幌，亦有红英入砚田。曾向罗浮寻旧约，会从姑射见余妍。千秋高洁凌瑶岛，一片空明漾碧川。玉貌瘦来骨更冷，冰魂断处梦初圆。心期澹静孤嫠节，标格清癯处士禅。醉后漫将茶共嗅，吟余可与雪同咽。广寒桂树差堪侣，阆苑琼枝未是仙。楼上乍惊吹笛韵，囊中犹剩买花钱。呼僮折向幽房去，纸帐三更照独眠。"

丁少姜与夫晨夕唱和

丁仙窈，字少姜，为阎百诗征君若璩之母，与其夫牛叟茂才修龄皆能诗，晨夕唱和。少姜尝自题读书处曰"兑阁"。以兑为少女，己于女兄弟中行最少也。牛叟撰《兑阁遗徽》，有曰："妻屡劝予参访耆宿，向上一着，而以钝根未果，近惭庞媪，远负莱妻。"

黄皆令卖诗自活

嘉兴名媛黄皆令诗名噪甚，恒以轻航载笔墨游吴越间。尝僦居西湖段桥一小阁，卖诗自活，稍给，便不肯作。有时亦作画。

朱愚庵笺注杜李诗

朱鹤龄，吴江人，明诸生。颖敏嗜学，尝笺注杜甫、李商隐诗，盛行于世。故所作韵语，颇出入二家。入国朝，屏居著述，晨夕一编。行不识途径，坐不知寒暑，人或谓之愚，遂自号"愚庵"。尝自谓疾恶如仇，嗜古若渴，不妄受人一钱，不虚诳人一语。

圣祖御制诗

圣祖诗气魄博大，出语精深。尝南巡至浙，赐督臣王骘御书御制诗一首，诗云：“锦缆无劳列画艭，轻桡自爱倚船窗。勤民不惮周行远，早又观风向浙江。”又亲征额鲁特，御制前后出塞诗数篇，体为五律，饶有唐音。《弹琴峡》云：“琮琤流水意，仿佛似鸣琴。曲度泉归壑，声兼峡泛吟。空山传逸响，终古奏清音。不御金徽久，泠泠会素心。”《瀚海》云：“四月天山路，今朝瀚海行。积沙流绝塞，落日度连营。战伐因声罪，驰驱为息兵。敢云黄屋重，辛苦事亲征。”《赐将士食》云：“万骑拥鹏弓，长鸣向北风。龙荒弥旷远，虎旅正骁雄。战鼓黄云外，旌门紫气中。朕躬方蓐食，与尔六军同。”《剿平噶尔丹大捷》云：“残寇疲宵遁，横冲节制兵。我师乘锐气，谁许丐余生？貔虎三军合，鲸鲵一战平。愧称谋画定，讨罪荷天成。”是固可与唐贞观、开元御制诸篇辉曜千古也。

诗家有三王

自昌黎以名次三王为荣幸，而“三王”二字，遂为雅典。国朝亦有之，王文简公士祯与其兄西樵司勋士禄、东亭进士士祐连唱和，人各有集，世称“济南三王”，此诗家之三王也。

安王选宗室王公诗

安节郡王玛尔浑少好学，毛西河、尤西堂诸人皆游燕邸中，著有《敦和堂集》。又选诸宗室王公诗，为《宸襟集》行世。

王玉映诗用典恰合

山阴王思任女端淑，字玉映，长于史学。翁尝抚而语之曰：“身有八男，不及一女。”著《吟红集》。萧山毛西河选浙江闺秀诗，独遗之。王寄诗云："王嫱未必无颜色，其奈毛君笔下何！"用典恰合。

潘力田有《杜诗博议》

潘柽章，字力田，以庄廷鑨史案被祸。著述甚富，悉于被系时遗亡。有留于友家者，因其罹法甚酷，辄废匿之。如《杜诗博议》一书，引据考证，纠讹辟舛，可谓少陵功臣。朱长孺笺诗，多所采取，然竟讳之而不著其姓氏矣。

崔黄叶王黄叶

崔不雕，王文简充房考时识拔之士也。居太仓直塘，性孤洁寡合，吴梅村祭酒目为"直塘一崔"。其诗清异出尘，有句云："丹枫江冷人初去，黄叶声多酒不辞。"人目为"崔黄叶"。又历城王进士苹能诗，尝有句云："乱泉声里才通屐，黄叶林间自著书。"又云："黄叶下时牛背晚，青山缺处酒人行。"文简亦目之为"王黄叶"。

方尔止诗学白乐天

桐城布衣方尔止，名文，号嵞山，居金陵。晚岁为诗，学白乐天。以己壬子生，命画师作《四壬子图》，中为陶渊明，次杜子美，次白乐天，皆高坐，而己伛偻于前，呈其诗卷焉。性坦率，每见人诵诗者，辄为窜改，以是忤人意。及退，未尝不称其长而掩其短也。

吴野人长于五言诗

吴嘉纪，字野人，泰州布衣。家安丰盐场之东淘，地滨海，无交游，自名所居曰"陋轩"。贫甚，虽丰岁亦乏食。独喜吟诗，晨夕啸咏自适。汪楫、孙枝蔚与友善，时称道之，遂为王文简公所知，尤赏其五言，谓其清冷古淡，雪夜酌酒为之序，驰使三百里致之。野人因买舟至扬州，谒谢定交。时文简方为扬州司理也，由是四方知名士争与之倡和矣。

华子山吟小诗

无锡华坡，字子山。少与顾贞观、杜诏等结诗社，亦善画。晚年隐居坊前之邹庄，流水孤村，柴门一曲，兴至则吟小诗，或解衣盘礴。终岁闲甚，除夜独孑孑有事，或问之，曰："古人祭诗，吾兼祭画。"则取一岁所作诗稿画本，享以干脯，酬以苦酒，聚而焚之。

白浣月旅店题诗

任丘旅店尝有女子题壁云："妾白浣月，号莲舫，家住半塘。幼失双亲，寄养他姓，姿容略异，慧业不同。非敢擅秀闺中，愿效清风林下。岂意我生不辰，所适非偶，日弹琴之相对，百恨缠绵；时卷幔以言征，一时哽咽。余爰题之驿亭，人共怜之黄土可耳。"其诗曰："吴宫春深怨别离，风尘惨憺双蛾眉。鹃啼月落寸肠断，香消芍药空垂垂。流黄未工机上织，生小殷勤弄文笔。新诗和泪写邮亭，珍重寒宵谁面壁。"康熙丙辰三月，宋牧仲尚书荦北上过此，挑灯细读，因檃括原诗，为词云："面壁泪痕湿，想见含毫灯下立。风鬟雨鬓吴宫隔，芍药香消堪惜。明妃远嫁归何日，一曲琵琶凄恻。"河朔间人皆传唱之。

徐珠渊有寄北诗

施愚山有妾曰徐珠渊，江都人也。先是，其母欲以之嫁贵人，则泣曰："愿得侍文人，为东坡之朝云足矣，不愿富贵也。"愚山闻而纳之，其《寄北》诗云："雨滴梧桐秋不堪，忆君谁共接清谈。老天如识妾心苦，北地风霜尽入南。"

方皃宗以酒令为诗题句

方皃宗尝与陈元孝、梁药亭夜饮严藕渔舟中，时泊端州阅江楼下，以箸巡酒，以酒署官。元孝主酒令，以“夕夕多良会”属偶，盖“夕夕”相成“多”字也。皃宗对以“人人从夜游”，座客称善。遂用二语作起句为诗，得五十韵。

沈山子以梅花春草句得名

沈进字山子，秀水人，诸生。平居不忧贫，性狷狭，一介不取。有《咏燕》诗，诗云：“细雨春江泛白沙，东风双燕啄飞花。金窗绣户知何限，不是王家是谢家。”尝游京师，为谭左羽侍御之客。钱塘陆丽京过朱竹垞书屋，遇山子，问何人，竹垞告之。丽京大声曰：“得非‘梅花高馆发，春草断垣生’之沈山子耶?”乃命酌，尽欢而散。晚适桐乡，馆汪氏。方饮酒，杯入手，一笑而逝。

毛季莲据柳床自吟

吴庆百农祥应荐入京，止竹林寺。毛季莲尝偕其叔西河访之，季莲辄据柳床，自吟所为宴集及登临诸作，大声撼四壁。庆百顾西河曰：“君家阿咸，正复不减，将不使卿单行。”

毛稚黄评西泠十子诗

康熙时，陆圻景宣、毛先舒稚黄、吴百朋锦雯、陈廷会际叔、张网〔纲〕孙祖望、孙治宇台、沈谦去矜、丁澎飞涛、虞黄昊景明、柴绍炳虎臣，称“西泠十子”。所作诗文，淹通藻密，符采烂然，世谓之“西泠派”。稚黄尝作诗评云：“陆景宣如濯龙甲第，宛洛康馗，流水游龙，轩盖联映。柴虎臣如连云夏屋，无论楹栋，即欂栌支撑，都无细干。吴锦雯如浅草平原，朔儿试马，展巧作剧，便有驰突塞垣之气。陈际叔如孟公入座，宕迈绝伦。孙宇台如春江一消，波路壮阔。张祖望如郦生谒军门，外取唐突见奇，而中具简练。沈去矜如秦川织女，巧弄机杼，心手既调，花鸟欲活。丁飞涛如黼帐初寒，银筝未阙，月光通曙，与灯竞辉。虞景明如丛篁解苞，新莲含粉。”虎臣见之，谓稚黄曰：“君诗如伶伦调管，气至音成，比竹之能，欲近天籁。”

赵恒夫好作叠韵诗

休宁赵恒夫吉士中顺治辛卯举人，官至给事中。好作叠韵诗，康熙戊辰罢官，居宣武门西寄园，金坛于汉翔贻诗四首，后叠其韵，得诗千首，命曰《叠韵千律》；又续得五百首，命曰《千叠馀波》。

塞晓亭作儒生咏

塞晓亭侍郎诗钞有四卷：一《春云集》，二《三馀集》，三《怀音集》，四《秋塞集》。晓亭于康熙戊寅授奉国将军，累官仓场总督，晨夕佔毕，作儒生咏。乾隆甲子，驾幸翰林院，简词臣三十八人侍晏赋诗，非甲科，虽公、孤不得与，特命塞以宗臣侍。明年宴瀛台，如前命。其诗气格清旷，风度谐婉。沈文悫言于北地得晤三诗人，首数晓亭，次为英梦堂与萨鲁望。

查氏兄弟能诗

海宁查慎行夏重、嗣瑮查浦昆季皆负隽才，康熙庚辰、癸未，后先成进士，入词苑，同馆十年。夏重年六十四，告归。又二年，查浦从顺天学使因病辞职，年适与同。夏重七十外刻诗，查浦继之，兄弟互相为序。

袁古香赋新婚诗

康熙中叶，金陵诗人有三布衣：一马秋田，一袁古香，一芮瀛客。古香最老，夙馆京师康亲王府。芮年少后至，意颇轻之，常短袁于王前。一日，王命宦者出一纸付客，乃贺新婚诗，韵限“阶”“乖”“骸”“埋”四字。外银二封，轻重各一，能者取重封留邸，不能者持轻封作路费归。芮辞不能。袁独咏云：“裴航得践游仙约，簇拥红灯上绿阶。此夕双星成好会，百年偕老莫相乖。芝兰气吐香为骨，冰雪心清玉作骸。更喜来宵明月满，团圆不为白云埋。”王大称赏。芮惭沮，即日辞归。

讷尔朴工诗

一等男讷尔朴，字拙庵，工诗，满洲人。康熙时，以事戍黑龙江，适鄂勒特犯哈密，时朝廷征索伦兵进剿，讷请行，不果。赋诗云：“沙碛双丸驶，丹心一剑横。空存击越志，谁为请长缨?”诗名《画沙集》。拙庵居穷发之地十三年，吟诵弗辍。时策蹇卫、曳短车，荷锄出郭，移野卉数种莳阶下。

汪白岸倡诗社

汪后来，字白岸，号鹿冈，广东人，康熙朝武举人，官千总，著有《鹿冈集》。性高介，晚年倡诗社于汾江，远近名士多宗仰之。有《木居士》诗云：“觋巫多巧借，魑魅辄依伴。拜跪苦挤挨，炰羞竞鲜粲。”

李芥轩夫妇唱和

江阴李芥轩，名崧，隐居不仕，与其妇薛素仪更唱迭和，有明赵凡夫、陆卿子之风。一日，夫妇对酌，偶以瓜子仁排作数行，芥轩云：“细剥瓜仁排雁阵。”素仪应声云：“轻移杯底印连环。”

李丐诗似高衲

李丐，江西人，往来江汉三十余年，遇纸笔即书，字如符箓，皆不知其为诗，遂安毛鹤舫推官际可，始物色得之。其诗似深山高衲，不与佯狂玩世者比。诗云：“瀑泉今古说庐台，顷向云居绝顶来。潭逼五龙时怒吼，势摧三峡更喧豗。横奔月窟千堆雪，倒泻银河万道雷。锁断鸥峰悬白练，遥看珠网挂层台。潋滟湖光数顷浮，谁知曲涌万峰头。豁开古殿当前月，散作空山不尽流。金壁影摇冰镜里，鱼龙深在广寒秋。一轮直接曹溪路，白浪家风遍大洲。何年鞭月架长虹，碧落无门却许通。曾是御风人去后，故留鸟道碍虚空。山色溪光明祖意，鸟啼花笑语机缘。有时独坐台盘上，午夜无云月一天。”

蒋氏妇愤焚诗稿

康熙时，有某闺秀适蒋氏子者，一日晓妆甫毕，积雪初晴，婿方拈笔登家计簿，女曰：“适得一诗，代为录之，题为‘雪霁’二字。”蒋书之，误“霁”为“祭”。女止之曰：“诗且缓录，尚待推敲。”俟其出，尽以生平所作焚弃之。

汪文桂辑海内诗风

桐乡汪文桂，字周士，与黄梨洲、毛西河雅善。性耽山水，喜吟咏，所为诗为一时采风家所载。又尝与吴江徐子松之崧及弟晋贤有《海内诗风》之辑，其于风雅之途，尤若饥渴。

查蕙纕驿壁题诗

海宁查嗣庭以文字身罹国法，其女蕙纕亦徙边塞。女故工诗，题驿壁云：“薄命飞花水上游，翠蛾双锁对沙鸥。塞垣草没三韩路，野戍风凄六月秋。渤海频潮思母泪，连山不断背乡愁。伤心漫谱琵琶怨，罗袖香消土满头。”汪西京沈琇次其韵云：“弱息怜教绝域游，魂飞何只似惊鸥。覆巢卵在漂流际，薄命人丁琐尾秋。绮阁低迷空昔梦，边笳凄切咽新愁。伶仃历尽崎岖苦，尽尔青春也白头。”

赵雪庭娴吟咏

赵秋谷有幼女名慈，字雪庭，赋性幽淑，复娴吟咏，适济南朱子垣方伯子崇善。式微后，贫无以居，故其诗多哀怨之音。《夜深》云：“夜深庭院寂无声，花底微闻蟋蟀鸣。倒卧玉床清梦觉，风吹行影上帘旌。”《杂兴》云：“极目银河漾素晖，满庭秋影露霏微。西廊月转无人到，自折荷花带露归。”“露满香阶夜欲分，半床秋月一帘云。不知何处砧声起，断续随风枕上闻。”

康熙庚辰前天潢之诗

紫幢王孙所录天潢之诗为《宸萼集》，分上中下三卷，共二十八家，计诗三百七十六首，各著小传、自序一篇，撰于康熙庚辰。第一卷中，世宗与焉，盖在潜邸之作也。

翁儒安多游览诗

常熟女士翁儒安，字静和，幼即以诗著声，长而意不自得，为《洍子》十六篇以见志。生平闲居好洁，几案无尘。时或明月在天，人定街寂，跨骏骑，令女侍囊笔砚以从，诗成即据鞍写之。春秋佳日，或以扁舟自放于绿波红蓼间，吴越山川悉在篇什中矣。

张南华喝韵吟诗

张南华詹事，天才敏捷，诗具宿慧，兴到成篇，脱口而出，妥帖停匀。尝试保和殿，未亭午，众方执笔构思，闻有投卷者，众曰：“必南华也。”尝偕泾南司寇奏事乾清宫门下，泾南携一汉制玉羊。南华曰：“咏此可乎？”即口吟四十字。语未毕，殿角宕然声震，众惊顾，乃四奄举一大冰，绳断冰堕地，碎且迸。南华曰：“咏此可乎？”复吟四十字，众惊叹叫绝。一日午门送驾，馆阁诸人各喝一韵，应声立就，顷刻成数十首。喝韵诗，古人未所有也。南郊视坛，讲官侍班于斋宫铺棕处候驾，南华指“棕”字为韵，冲口吟数十韵，至“凤邸凝云物，霓帱属苑虹。山河扶栋宇，日月倚帘栊。天阙常依北，招摇渐指东”，尤警绝。羽林、期门之士环绕耸听，诧为异人。会驾将至，始悚惕辍吟。南华少时作回文赋八首，自然清丽，亦前人所无也。

贵公子诗值五千金

江南有贵公子，年少登科。乃翁故膴仕家居者，于其公车北上，以五千金遣之。公子赋性不羁，楚馆秦楼，一路挥霍，比至京师，已囊空若洗矣。兼以抱病，不得入场，嗒焉若丧，称贷而归。翁初怒其不肖，欲诃责之。及还家，首搜行箧，见诗藁（同“稿”），中有二句云：“比来一病轻于燕，扶上雕鞍马不知。”翁且怜且喜曰：“得此二句诗，则五千金亦不为虚掷也。”旋于次科中式，入词馆。

高宗御制诗十万余首

高宗御制诗五集，至十万余首。每一诗出，令儒臣注释，不得原委者，许归家涉猎，然多有翻撷万卷莫能解者。尝于《塞中雨猎》诗内用“制”字，众皆莫晓。上笑曰：“卿等一代巨儒，尚未尽读《左传》耶?”盖用陈成子杖制以行也。又出《污卮赋》试词臣，众皆误为“窳”。上徐检出，乃拟傅咸《污卮赋》也。彭文勤尝进呈百韵排律，上读之，曰某某出韵，后考之，信然。

高宗仁宗有全韵诗

高宗尝赋全韵诗，其序云：“上下平声，书我朝发祥东土及列圣创业垂统、继志述事之宏规。去上入三声，则举唐虞以迄胜朝，历代帝王之得失烱（古同“炯”）鉴。据事直书，不以私意为美刺。而终于敬天命、守神器，三致意焉。”后仁宗亦制全韵诗，则专咏高宗功德也。

高宗命删定《国朝别裁集》

沈文悫公以所选《国朝诗别裁集》进呈御览。高宗谓其去取纰缪，凡指斥朝廷之语，命内廷词臣更为删订行世。然其中犹有未及改者，如闺秀毕著《纪事诗》，乃崇德癸未饶馀亲王伐明，自蓟州入边，其父战死，故诗有蓟丘语，非死流寇难也。

周静植诗为人借刻

周静植，名玉立，丹徒人。著作甚富，困于场屋。有诗名，其《咏梅》一律极佳。乾隆时，有人选诗，列方元醴《梅花》一首，即周作也。周诗随作随散，其壻乡为江宁，故流布江宁者尤多。一时名下士或借刻之，盖不止《梅花》一诗矣。

胡稚威刻烛成诗

山阴胡天游，字稚威，以才学受知于任香谷尚书启运，荐试乾隆丙辰博学宏词。既入都，邀馆其家，情礼优笃，犹唐时令狐楚之于李义山也。会仲秋，葡萄新熟，紫珠翠叶，翳缀庭前。任顾胡曰："彼实垂垂矣，若能以'侪''淮'险韵刻划其状，当令某伶进酒。"胡乃刻烛二寸，成诗四十韵。其侪韵曰："葡萄生北地，甘果未容侪。"淮韵曰："岂知根入塞，不比橘逾淮。"

陈逸仙自谓拙于诗

陈三者，事于待园太史于都中，年五十余矣，众但呼之曰"陈三"，不问其名字。乾隆丙辰春正月，史震林与待园之兄曰南沙者入都，见阍人恭谨类文士，问其字，踧踖曰"陈三"，不敢言字也，实字逸仙。当雍正乙卯秋，待园主陕试，次年，门生入都，谒待园。陈不索金即为通，有无多寡皆不计，众笑之。旬余，夜读史所撰之《西青散记》，闻其叹曰："伤哉！不为女子身也。贺双卿命啬而才丰，德幽而名显，歌之哭之者，以其女子特甚耳。吾为女子，即不如双卿贤，何至如蠛蠓虻蜉之不为人所见闻哉！"史问之曰："若何能？"陈踧踖曰："拙于诗。"乃出其《城南怀古》诗曰："黄云漠漠风萧萧，城南白乌杂鸣枭。少时不见旧时人，焉识卫霍意气骄。卫霍意气吞河汉，哀丝脆管倾箫韶。行乐只愁云日升，筑室每防风雨漂。传之千秋与百世，三槐五桂争茂乔。泰山不砺河不带，旧时意气倏忽凋。野火吹入蘅芜宫，荒霾满目刍与尧。旋马仅容古所尚，衡荜环堵何嚣嚣？司阍老人无可言，和之者谁歌且谣。”又《野老》诗云：“灼灼芙蕖花，可玩不可久。猗猗原上竹，岁寒常不朽。竹下有流泉，竹中闻舂臼。老翁脱帽迎，亲为煮泥藕。大儿能力作，今出种豆南山右；小儿学析薪，强欲代父时伤手。植桑可治蚕，植葵可充口。耄期复何言，杖藜每沽酒。昔时歌舞地，惟见牧马牛。恶草杂芳葩，蜂蝶奚所投？高低鴂舌鸣，鸜鹊言足羞。吁嗟道旁李，虽苦人亦求。我思空谷兰，恻恻谁与俦？恻恻谁与俦，山僧野客适其幽。”又有拟陶之《听琴》《闻歌》《八骏图》《织妇叹》《明妃怨》《玉阶怨》诸作，皆古。其《咏鱼》句云：“浅深咸自得，泾渭又何争。”则自况也。

儒官韵事之诗

王文简方三十九岁时，以户部福建司郎官出典四川乡试。及乾隆戊午，钱裴山楷亦三十九岁，以户部福建司郎官奉是使。文简《蜀道集》用坡公密州诗三十九岁事，裴山亦追和其韵，可谓儒官韵事。

陈楞山诗有逸才

钱塘陈楞山布撰侨居仪征，诗有逸才，天然高澹。读书不多，室无储籍，卒然语及，能条其出处，亦未尝有见其挟一册咿唔之时也。

诸竹庄博学能诗

诸竹庄，名世器，博学能诗。尝受业于太仓沈起元、长洲沈文悫，故于诗尤有根柢。高宗南巡，献赋行在，召试拟进呈，以小误罢。及毕秋帆抚陕西，以书招之往，与幕中诸名士晨夕唱和，诗益精进。尝从毕巡边，出入于长城内外，以诗纪之。其中佳句，如“撑谷石皆狞如齿，泼崖风更利于刀”，“几回入塞复出塞，刚欲下坡还上坡”，“云影遮山犹崒嵂，沙声学水亦潺湲”，“屋背击撞风有块，山头荡漾月无芒”，“男非木魅颧皆耸，女是山魈鼻尽低”，均能描出绝徼风景。又尝应卢雅雨运使之聘，与诸名流修禊红桥，赋诗纪事。卢殁，寄金以恤其孤。

诗有十个“一”字

高宗南巡过江时，见有一渔船荡桨而来，命纪文达咏诗，限十个一字。文达立成七绝，诗云：“一篙一橹一渔舟，一个梢头一钓钩。一拍一呼还一笑，一人独占一江秋。”

吴岱芝诗学杜陵

石门吴岱芝明经宗元尝游杭州，时天台齐次风宗伯召南方主敷文书院，乃执经从之。院在万松岭，其巅有一楼，榻其上，日读经书杂文，日加午则屏去，取杜诗全集朗诵之，声彻远近，每首必百过，加以丹铅，至夜分始止，次日复然。

先是，吴熟于《明诗综》，所作诗，酷肖高青丘、李崆峒诸家。尝录以就正于齐，评点讫，谓曰：“诗佳矣，可进步乎？李、杜、韩、苏四大家外，勿寓目可也。”自是遂专学少陵。性奇伟不羁，不好与凡人伍。尝与朱笠亭、沈云树、蔡漫叟相唱和，余弗顾也。

鄂文端联句限死字

鄂文端公尔泰以举人充侍卫，四十初度时有句云：“四十犹如此，百年待若何？”及年至七十，以大学士充翰林掌院学士。招诸老辈宴饮，乞联句，限“死”字。有某呈一联云：“丹心已向军前死，白发犹从战后生。”

试帖诗之遗闻

五言八韵唐律一首，初惟行于进士朝考、翰林散馆等试。洎乾隆朝，御史张霁奏请乡会科场及岁科两试，一律通行。（岁试六韵，科试八韵。）丁丑，遂颁为定例。初设之始，盖因科场表判，每多雷同剿窃陋习，是以改试排律，使士子各出心裁。自后研究日精，专心造极。纪文达公撰《我法集》，神明规矩，开示学者法门。吴穀人祭酒以沉博绝丽之才，与王铁夫诸人结社相唱和，于是九家诗出焉。峨眉张熙宇又有七家诗之选，七家者：王廷绍之澹香斋也，那清安之修竹斋也，刘嗣绾之尚絅堂也，路德之柽花馆也，杨庚之桐云阁也，李惺之西沤也，陈沆之简学斋也。各具典型，一归庄雅，根柢于唐人之五言，惨淡经营，以臻其妙。名为试帖，实具唐音，故学者宗尚焉。其余诸刻，则等诸自桧以下矣。

洪稚存诗有惊人句

阳湖洪稚存太史亮吉诗才奇险，好作惊人之句。有人仿其体调之云："黄狗随风飞上天，白狗一去三千年。"闻者绝倒。

洪稚存黄仲则效汉魏乐府

乾隆丙戌，洪雅存就童子试，至江阴，遇武进黄仲则主簿景仁于逆旅。洪携母孺人所授《汉魏乐府》锓本以自随，暇辄朱墨其上，间有拟作。黄见而嗜之，约共效其体，日数篇。

黄仲则顷刻数百言

乾隆辛卯，大兴朱竹君学士筠督学安徽，延洪稚存、黄仲则于幕，使襄校。学士宾客甚盛，越岁上巳，为会于采石矶之太白楼，赋诗者十数人。黄年最少，着白袷，立日影中，顷刻数百言。遍视坐客，咸辍笔。时全皖士子以词赋就试当涂，闻学使高会，毕集楼下。至是，咸从奚童乞白袷少年诗竞写，一日纸贵焉。

黄于日中阅试卷，夜为诗，漏尽不止。每得一篇，辄就榻呼洪起，夸视之，以是洪亦一夕数起，或达晓不寐，而黄不倦也。居半岁，与同事者议不合，径出署。质衣买轻舟，访秀水郑虎文于徽州。越日追之，不及矣。

厉樊榭诗为浙派领袖

钱塘厉樊榭大令鹗，著有《樊榭山房诗》，为浙派领袖。然其参会唐宋，于王文简、朱竹垞外，自树一帜。虽以沈文悫之主张汉魏盛唐，亦盛称之。实则五言古、七言律、七言绝句，佳者甚多；七言古才力薄弱，局势平常；五言律殊少神味，非其所长耳。

金冬心诗为南屏诗社派

钱塘金冬心布衣农颇以诗名，然工者亦不多。《午亭山村》云："溪上青山接太行，午亭便是午桥庄。能消裴令生前恨，绣尾鱼今尺二长。"此种诗偶作亦有趣。裴令临终，恨绣尾鱼未长，见《云仙杂记》。浙派诗喜用新僻小典，妆点极工致，其贻讥饾饤即在此，厉樊榭亦然，冬心尤以此自喜。此杭州南屏诗社一派也，嘉兴、宁波又不尽然。冬心名句，如"消受白莲花世界，风来四面卧当中"，"水明于月宜同梦，树老如人又十年"，"孤竹瘦于尊者相，野云白似道人衣"，"佛烟聚处疑成塔，林雨吹来半杂花"，却从林和靖"春水净于僧眼碧，晚山浓似佛头青"等句来也。若"故人笑比庭中树，一日秋风一日疏"，《晋阳遇同乡李叟》云"明朝残树残山外，一吊离宫贺六浑"，《春苔》云"多雨偏三月，无人又一年"，则较浑成矣。

王梦楼诗为书名所掩

丹徒王文治，字梦楼，与袁子才同时负盛名，以工书名海内。其诗超拔不群，特为书名所掩耳。故世之谈王者，皆倾倒其书毕肖赵吴兴，而未究其诗实高出于赵也。

袁赵蒋诗之齐名

袁子才大令、赵云松观察、蒋苕生太史三人之诗齐名于一时，桐乡程春庐同文心仪之。蒋以未见而没，因绘《拜袁揖赵哭庄图》，以志景仰。昭文孙子潇太史原湘则专推袁、蒋，其诗云："平生服膺止有两，江左袁公江右蒋。庐山瀑布钟山云，一日胸中百来往。"钱唐张仲雅大令云璈又瓣香袁、赵，颜所居曰"简松草堂"，后即以名其诗集。盖性情之地，各有沆瀣也。

袁子才爱和尚诗

金陵水月庵僧镜澄能诗，然每成辄焚其藁。槜（同"檇"）李吴澹川录其数首呈袁子才，激赏之。澹川谓镜澄宜往谒，镜澄曰："和尚自作诗，不求先生知也。先生自爱和尚诗，非爱和尚也。"卒不往。其《留澹川度岁》诗云："留君且住岂无因，比较僧贫君更贫。香积尚余三斛米，算来吃得到新春。新栽梅树傍檐斜，待到春来便着花。老衲不妨陪一醉，为君沽酒典袈裟。"

沈琼如有闺中唱和诗

"定窑观音"者，吴门女子也，肤色洁白，因以得名。知书工楷法，有贾胡挟重价篡之，女矢志不从，后嫁吴县蒋盘漪孝廉。蒋书法冠一时，与袁子才为文字交。袁至苏州访蒋，蒋引女出，盈盈下拜。时已儿女成列，而丰姿娇好，犹可想见当年，袁艳羡不置。蒋止袁而觞之，女亦同席。蒋出闺中唱和诗册索题，方知女沈姓瑶名，琼如为字，母家在苏州之白莲桥也。

沈子慕汤蕉云夫妇能诗

沈子慕，名无咎，长兴人。失爱于后母，谮之父，将加罪焉，避而至宜兴之渔庄。所居一亩之宫，流水周于屋外，隙地皆种梅。又善艺菊，多佳种。子慕自痛处天伦之变，无用世意，其幽噫悲愤、嵚崎历落之志，悉发之于诗。年五十不娶。金坛有贫女汤蕉云，亦能诗，奉母依宜兴吕氏。两人故相慕，吕因为之作伐，而蕉云遂适子慕，时蕉云年四十矣。其后十年，蕉云卒，子慕为筑埋诗亭于墓侧。又其后十四年，子慕卒，返葬长兴。长兴令鲍鈖重其诗，为立碣曰“故诗人沈无咎之墓”。子慕所著诗曰《梦华集》，与其妇蕉云合刻曰《笙磬同音》。

黄唐堂诗用“花”字

新安黄之隽唐堂，著《香屑集》，八宝楼台，炫耀人目。其《生日对菊述怀》，创为一韵体，凡生平官位及所更历事，俱藉一“花”字传出，共得六十四韵。

黄丹书诗有香色味

顺德黄丹书，字虚舟，天姿秀颖，读书过目不忘。李雨村学使调元见其诗，其曰：“抗风轩之不坠，其在丹书辈乎!”贡优行。廷试归，筑听雨楼，隐居养亲。乾隆乙卯，举于乡，下第，朝贵延致，辞不就。语人曰：“贫与富交，则损名；贱与贵交，则损节。”大兴朱文正公珪方抚粤，尤器重之。丹书工书善画，与其诗并称三绝。诗出入唐宋诸家，于苏尤近，著有《鸿雪斋诗文钞》。有《题冯鱼山画兰》二首，其次章云：“笔妙曾窥箨石翁，画书诗悟一源同。与君相对忘言处，绿意满庭生澹风。”凌誉钊《岭海诗钞》选此诗，叹为香色味俱绝也。

朱竹君游览留题

朱竹君视闽学时，振拔单寒，如恐不及。每试一郡毕，辄游览山水，留题而去。且其性爱蕉，每至一处，必手植数本。

翁覃溪论王文简之选诗

翁覃溪学士瓣香坡公，每岁十二月二十五日，辄集四方名士于苏斋，为作生朝。后得王文简像，亦如祭坡公例。惟每祭文简，必遍询坐客，谓渔洋品古今五言诗，以盛唐为宗，盛唐五言，又以《三昧集》王、孟诸家为宗；而先生选五言诗，于唐止取五家，有韦、柳而无王、孟诸家，何也？请下一转语，有答，方许其拜跪。

翁覃溪不服王文简秋柳诗

王文简公以《秋柳》诗得名，时文简年二十四岁，游历下，集诸名士于明湖，赋诗四章，成秋柳诗社，四方和者数百人，可谓文采风流照耀一时矣。其诗固以神韵胜，运用典故，读者恒不解其用意所在。金荣尝为作笺，谓无一字无来历。其注《秋柳》诗“浦里青荷中妇镜，江干黄竹女儿箱”二句云：“何良俊《世说补》：江从简少时有文情，作《采荷讽》以刺何敬容曰：‘欲持荷作柱，荷弱不胜梁；欲持荷作镜，荷暗本无光。’”又引陈后主《三妇艳》诗云：“中妇临妆台，小妇荡莲舟。”又引古乐府《黄竹子歌》云：“江干黄竹子，堪作女儿箱。一船使两桨，得娘还故乡。”翁覃溪学士固崇拜文简，然于此诗则不谓然，曰：“诗固匪夷所思，注者又不知从那里想到这些典故去附会他，然总与秋柳有何关系？诗以数典神韵欺人者，其弊竟若此！文简以盛名之下，颠倒一世豪杰，吾终不为之屈服也。”又评“不见琅琊大道王”句云：“去题万里，亏他扭捏出来。是句有自注云：‘借用乐府语。桓宣武曾为琅琊令。’金氏注云：‘《世说》：桓温自江陵北征，经金城，见少为琅琊令时所种柳，皆已十围，慨然叹曰：“木犹如此，人何以堪？”攀枝扶条，泫然流涕。’又引古乐府《琅琊王歌》云：‘琅琊复琅琅，琅琊大道王。’盖此句虽有‘柳’字在内，然‘琅琊王’三字，实属凑合而得。似此用典，可谓堆垜（同“垛”）甚矣，有何神韵可言乎？”

关中观诗多俚语

关中观，嘉定钱竹汀宫詹大昕之仆也。随侍数十年，亦能拈韵。顾平日不识一丁，故所作多俚语，然皆自出机杼。如《咏钟楼》云：“遥望钟楼一座方，当中颠倒挂铜缸。东边撞起西边响，隐另喤琅隐另喤。”末句盖状其声也。又断句，如“两只粪船停石埠，一竿尿布出楼窗。”又《过江》云：“所以当年关夫子，开船先唱大江东。”至暮年，裒然成集，宫詹为编次之。

庆似村抱膝孤吟

庆似村，名兰尹，为文端公尹继善之子。家世簪缨，三代宰辅。以其才学，稍有志于功名，当取显秩如拾芥。而乃弃之如敝屣，栖身僻巷，构老屋数楹，环种以竹。性喜诗，每风清月白，抱膝孤吟，觉诗韵书香，与竹声相应答。总角时，随文端江督任所，以诗见许于袁子才，数十年诗筒往来无虚日。诗以风韵胜，近白香山、陆放翁。

阿娘做诗

长洲蒋容斋、辛斋兄弟绩学工文，尤擅吟咏。容斋家有雇妪，每值容斋作诗，辄从屏隙窃听。妪固不识字，遇诗中辞义易解者，辄记不忘，久之亦自通音韵。如《中秋无月》云：“最怕中秋风雨来，人家伫月尚徘徊。七龄小姐痴憨甚，拜祝天门两扇开。”又有句云：“读书盼望为官早，毕竟为官逊读书。”以不识字之人，初学作诗，固佳。后值辛斋病困无聊，知妪能诗，召而试之，指榻前佛手柑命吟。妪应声曰：“十指拳拳不肯开，掌中定捧寸珠来。何缘得近诗人榻，香气还应问腊梅。”时婢女腊梅侍侧，故戏之。辛斋惊叹不置，厚赏之，并语容斋曰：“此何如康成婢？”自是家中婢仆，皆呼妪为“做诗阿娘”。

《随园诗话》眉批

如皋冒钝宦藏有《随园诗话》一部，眉批甚夥，嘉庆时觉罗某所批也，不著名字，据其自述身世，知为闽督伍拉纳之子。盖伍得罪后，某以赃吏子孙，发遣塞外，穷愁无俚中，仅携《诗话》自遣，所载轶闻遗事，多关系乾隆时之朝章国故也。

汪允庄选明三十家诗

闺秀汪允庄，少学诗于梁楚生女史。尝读沈归愚《明诗选》，心勿善也。既归陈小云，取明人诗集尽读之，留高青丘、吴梅村二家，既而又去吴留高。人问其故，则曰："吴诗秾而无骨，不如高诗之淡而有品。"因检《明史·高启传》阅之，见明祖之杀害无辜也，大恶之。又以归愚诸选，于青丘有微词，遂欲尽飜（同"翻"）五百年诗坛冤案，于是有《明三十家诗》之选。各有小传，遍列前人评语，而以己意论断之，斟酌尽善。如顾亭林、陆桴亭诸作，亦入选中，可谓得古人守节不阿之心，不仅在词章间也。所著《自然好学斋诗》，诸老盛加推许。若石琢堂、潘裕皋辈，且不以女子目之也。

朝鲜人称吴兰雪为诗佛

西江吴兰雪中翰嵩梁工诗，朝鲜使臣得其所著诗，称为"诗佛"，筑一龛以供之，并种梅花万树于其左右。

金云门工诗

山阴金云门女士，秀水王仲瞿继室也。工诗，著有《秋红丈室诗稿》。丈室在杭州武林门外西马塍，即宋姜白石所居旧址。仲瞿才气纵横，而急功近名，困阨以终。云门居丈室参禅，其诗有"梅子酸心树，桃花短命枝。可怜马塍月，孤负我来时。"盖嫠居时作也。又《礼观音大士》诗云："同感杨枝洗孽尘，心香一瓣共朝真。神仙堕落为名士，菩萨慈悲念女身。前度姻缘成小劫，下方夫妇是凡人。望娘滩远潮音近，唯有闻思是至亲。""白檀香里再和南，重献天花脱一簪。来世玉郎如处女，现身璅骨化童男。生天福命无须好，作佛功名且不贪。

只乞爱莲三尺水，妙莲花下总同参。”

谢南冈苦吟

瑞金谢南冈茂才枝仑善吟诗，所居为老屋数间，土垣皆颓，时闭门，过者闻苦吟声而已。阳湖恽子居令瑞金，见南冈诗，绝爱之。询其居，近在城南，欲访之，而南冈已于前一日死矣。子居曰：“南冈境遇之穷不待言。顾以余之好事，为卑官于南冈所籍已二年，南冈不能自通以死，必死后而始知之，何以责居庙堂、拥节麾者不知天下士耶？”

和珅在狱吟诗

和珅著《嘉乐堂集》，其子额驸丰昇殷德为刊行之。嘉庆己未正月十一日，被诏逮问，就系于狱，作诗六韵云：“夜色明如水，嗟余困不伸。百年原是梦，卅载枉劳神。室闇难挨算，墙高不见春。星辰环冷月，縲绁泣孤臣。对景伤前事，怀才误此身。余生料无几，孤负九重仁。”赐尽后，又于衣带间得一绝云：“五十年前幻梦真，今朝撒手撇红尘。他时睢口安澜日，记取香烟是后身。”事后，刑部奏闻，御批云：“小有才，未闻君子之大道也。”又当其贵盛时，尝作七古一首，凡数十句，而实无一句押韵，用典纰缪处亦甚多。携之直庐，以示富阳董文恭公诰，属为改定。文恭不敢改也，乃以委王芑孙。又汲县林溥，乾隆己酉会试，捷南宫，复试诗中出句有“从心应莫逾”，为阅卷大臣所贴，批云：“逾字入七虞，从无仄用。”和适用此卷，遂将批条揭去，仍以进呈。莫解其故，咸以为必有嘱托，而林茫如也。盖高宗御制诗有“从心不逾矩”之句，已作仄声用矣，始知和记此诗以为证耳。

阮文达有芍药唱和诗

扬州黄右原比部家芍药最盛，尝招阮文达公元、梁茝林中丞章钜赏之。文达以脚疾不便于行，端坐亭中，遥望之。茝林与右原则遍履花畦，真如入众香国矣。园丁导茝林观新绽之金带围，盖千万朵中之一朵而已，茝林自诧眼福，语右原曰："吾师与余皆已退居林下，此花之祥，实惟园主人专之矣。"故茝林赋诗，结语云："难得主人初日学，定教金带擅奇祥。"文达和之云："谢公应为苍生起，花主人应亦兆祥。"盖实为周旋宾主计也。时在座之朱兰坡和之云："试看黄黄金带色，君家姓氏本符祥。"钱梅溪和云："料得主人应似客，故教金带早呈祥。"则亦归美于园主人也。文达期望茝林复起，茝林乃叠韵云："生怕山前泉水浊，随缘止止即延祥。"盖答文达诗意也。

渔人能诗

嘉庆时，杭州西湖钱王祠侧，有渔者阮姓，佚其名，能诗。与仁和宋小茗广文邻，故相识。尝记其两诗云："放浪西湖二十年，饥来吃饭倦来眠。今朝检点传家物，只有蓑衣最值钱。""垂老难将结习除，入城寻友借残书。到家妻道晨餐缺，淡月轻烟夜打鱼。"

施惺渠集《千字文》为诗

嘉庆壬戌，庶常有施鸾坡者，号惺渠，曾集《千字文》，去避讳字，成九言诗九百一十一句进呈，因赐举人。

吴曾贯诗用八庚全韵

阮文达督浙学时，按试嘉兴，赏石门吴曾丱之才，为易名"曾贯"。吴善五言长律。时杭州西湖修表忠观，新俶成，命之赋诗。吴用八庚全韵为五排，不遗一字，于工稳中时露神韵。文达因称之曰"吴八庚"。

沈崧町诗为人所窃

沈崧町，名景良，字敬履，杭州北郭高士也，与陈二西灿、奚铁生冈交最密。所居土垣，围荒畦数棱，艺花莳菊。瓦屋二椽，萧然四壁。尝于雨中著书，以伞缚椅后，坐其下，盖避屋漏也。工诗，老年诗本为人窃去，殁后，其人攘为己作刊之。有知之者哗于众，其人遂并板毁之，故其诗不传。

方芷斋与媳唱和

仁和方芷斋夫人芳佩，勤僖公汪芍坡中丞新之继室也。工诗文，有知人鉴。乃翁相攸时，携文二首，一为吴颉云修撰鸿，一则中丞也，展转不能决，以示夫人。时吴为诸生，汪犹布衣也。夫人阅吴作，曰："是当早发，然英华太露，诚恐不寿。"阅汪作，曰："此大器也，然须晚成。"翁遂舍吴而议汪。后吴果大魁，位不显，且未享遐龄。汪则扬历中外，阶至一品，夫人生一子二女，富贵寿考。夫人言论侃侃，旁若无人。晚年尤喜作擘窠大字，其笔力出入襄阳，一洗脂粉气。嘉庆丁卯，梁山舟学士重宴鹿鸣，赋诗四章，和者不下百余人。夫人时年八十，和诗三章，评者以为诸人皆不能及。夫人享年八十二岁，有《在璞堂稿》行世。媳王氏，名德宜，松江人，亦工诗，侍夫人日，屡有唱和。夫人既殁，家政一委之姬妾，日则弹琴咏诗、焚香礼佛而已。著《语凤巢诗稿》，其《金陵》诗二句云："啼鸟犹呼奈何帝，居人尚说莫愁湖。"跌宕之致，可以见矣。

朝鲜人重翁覃溪诗

道光朝，鹤汀相国赛尚阿尝出使朝鲜，携彼国申纬《紫霞诗翰》一册，以归示朝士。笔墨娴雅，称覃溪曰"翁文达公"，盖朝人私谥也。

穆彰阿诗追少陵

鹤舫相国穆彰阿工诗，所著《澄怀书屋诗钞》，力追少陵。首《感遇》诗十九首，摘发性真，一裁伪体；次《入直行》《长白山行》《掌院行》《入阁行》洋洋大篇，绝去凡响；《登镇海楼》《谒东岳庙》《透光镜歌》《鲁公铜印歌》，坚卓老到。其警句如“栖禽遥语合，杂草暗香生”，“泪飞沙外雨，心老鬓边霜”，矩矱唐人，词坛敛手。

浦情田诗婀娜

浦情田守戎常诵其寅友某《岳王墓》句云：“宰相若逢韩侂胄，将军已作郭汾阳。”立论新奇，得未曾有。情田，金陵人，梁晋壬于吴门陈氏响山堂见之，出诗文稿相示，多有可观。其五言绝句一首云：“最爱初三月，弯环恰似钩。郎心钩不转，钩起妾心愁。”情词婀娜，绝非武弁口吻。

高凤卿知文翰

高凤卿，名殷，道光时吴妓也，寓扬之小秦淮，知文翰，豪爽有丈夫气。其楹帖云：“媿他巾帼男司马，饷我盘飧女孟尝。”尝于病中自画兰竹帐额，题绝句云：“袅袅湘筠馥馥兰，画眉笔是返魂丹。旁人漫拟图花谱，自写飘蓬与自看。”遂卒，年未三十也。

张亨甫诗可及空同

张亨甫，名际亮，建宁孝廉。少孤，继母抚之。父尝贾鄜州，伯兄继其业。亨甫幼颖异，为里中老儒李古山所知，其家乃使之读。未冠为诸生，肄业福州鳌峰书院。同舍生多俗学，亨甫视之蔑如也。道光癸未，姚石甫按察莹至福州，亨甫袖诗往谒，姚曰：“何、李之流也。子才可及空同，若去其麤豪，则大复矣。”

曾宾谷赋诗游谳

南城曾宾谷侍郎燠，任两淮盐运使时，辟题襟馆于邗上，与钱塘吴榖人祭酒锡麒、全椒吴山尊学士鼒等赋诗游谯。盖自王文简公司理扬州，德州卢雅雨方伯见曾转运两淮而后，以提倡风雅为己任者，曾也，一时槃敦称盛。

龚定庵有集外诗

龚定庵集外诗，传者殊鲜。中有《题魏槩仲扇》一绝。盖魏方八岁时，读书至《诗经》“何彼秾矣”章，定庵过之，遂为书扇曰：“女儿公子各风华，争羡皇都选婿家。三代以来春数点，二《南》卷里有桃花。”

何撷云能诗

龚定庵之夫人曰何撷云，能诗。其《留别清馨女史》诗云：“气味花同馥，聪华玉比温。神仙居上界，谪降亦高门。（原注：女史为菘圃相国季女。）竹柏前缘在，松萝雅谊敦。足征家法古，相业百年存。笑我无家者，看山便结缘。偶同栖庑客，不费买邻钱。乡梦同思越，离樽又入燕。将何夸别墅，只合署迎仙。”

林文忠诗有劲气

林文忠诗劲气直达，音节高朗。其戍新疆时，有《出嘉峪关》四律云：“雄关百尺界天西，万里征人驻马蹄，飞阁遥连秦树直，缭垣斜压陇云低。天山巉削摩肩立，瀚海苍茫入望迷。谁道殽函千古险，回看只是一丸泥。”“东西尉候往来通，博望星槎笑凿空。塞下传笳歌《敕勒》，楼头倚剑接空同。长城饮马寒宵月，古戍盘雕大漠风。除是卢龙山海险，东南谁比此关雄？”“敦煌旧戍委荒烟，今日阳关古酒泉。不比鸿沟分汉地，全收雁碛入尧天。威宣贰负陈尸后，疆拓匈奴断臂前。西域若非神武定，如何此地罢防边？”“一骑才过即闭关，中原回首泪痕潸。弃繻人去谁能识，投笔成功老亦还。夺得焉支颜色冷，唱残《杨柳》鬓毛斑。我来别有征途感，不为衰龄盼赐环。”

张南山有怀仙诗

番禺张南山，名维屏，道光时以文学负盛名。年十三时，聘方氏女，越五载，将卜吉请期，而女以哭母病殁。其兄以女小影及手临《洛神赋》纸，属南山藏之。女所居小阁前，有紫藤一株，女殁，藤亦枯死。南山既作《紫藤吟》吊之，更作《怀仙》四律诗以志永悼。事既哀艳，诗尤凄涴。诗云："修成慧业易生天，药店飞龙竟化烟。温峤镜台留隔世，阿娇金屋贮何年？落梅风飐雕栏外，修竹寒生翠袖边。不信痴蟆吞魄去，几番翘首望团圆。""天女乘风访素娥，怕来禅榻榜维摩。韦郎再世风情减，崔护重来泪点多。纵有胡麻难作饭，空留团扇不成歌。年年寒食梨花节，一琖椒浆奠女萝。""双鱼碧海盼迢遥，独鹤瑶台耐寂寥。酒泪雨零红豆湿，步虚风起白榆摇。聘钱天上偿非易，铸铁人间恨未销。藏得彩鸾书一纸，此生无计学文箫。""星辰昨夜已前尘，欲向修罗问夙因。浪说兰香嫁张硕，不知仙子忆刘晨。望来残月如初月，坐对新人念故人。日把沉檀熏小像，可能纸上降真真。"

王瑶湘能诗

番禺隐士蒲衣子王隼，结潨庐于西山之麓者二十年。有女瑶湘，能诗，择婚得故人子李孝先，遂妻之。隼嗜音乐，常自度曲，孝先倚而和之，瑶湘吹洞箫以赴节。夜阑则声发潨庐中，听者有月笙云璈之想。未几，孝先死，瑶湘矢节，自称"逍遥居士"。隼为刻《逍遥楼诗》。梁药亭太史有寄瑶湘书，书云："闻瑶湘读书，余甚喜。余与汝祖、若翁交，凡两世矣，视汝如己子，故甚望汝之成也。余有女龙端，少汝一岁，颇聪慧，余授以诗，上口即能背诵。而余性懒，不能常授，以此，龙端之学不及汝。闻汝识漆园《南华》，《南华》之文章善幻，而其言道也，必溯乎未始有道，其言物也，必主乎齐，而列以不齐之状，总归于化，善读《南华》者当知之。又读《礼经》，《礼经》，汉白虎诸儒之所著也。二载、大小夏侯各师其传，然不越天下国家朝会、谯飨、嘉劳、赠答仪文缛节，更言闺门，则礼之节盖谨矣。更读《离骚》，楚臣屈原不得于君，发为奇文。香草美人，芳兰君子，三湘九嶷之间，左倚桂旗，右揽揭车，汝诵之，倘亦有恍焉如见者乎？余何时得来汝父西山，见汝于瀔庐，使汝将所读之书，各诵一遍，俾我泠然称善也。”药亭书精深雅丽，其寄示当在瑶湘未字孝先时也。

恽珠锦鸡诗

完颜夫人恽氏，名珠，阳湖人，麟见亭河帅母也。夫人父尉直隶之肥乡，见亭之大父官肥乡知县。夫人以僚属女，谒太夫人索绰罗氏，试以锦鸡诗，夫人援笔立成。诗云：“闲对清波照彩衣，遍身金锦世应稀。一朝脱却樊笼去，好向朝阳学凤飞。”太夫人大赏之，聘为子妇。时夫人年甫十四也。夫人课见亭严，好谈经济，日以循良导其子。夫人刻《李二曲集》，为道光戊子刊本。序文侃侃论世，有法度，集凡二十六卷。夫人又善画，能传瓯香馆家法。

江浙细民能诗

细民能诗者，时有所闻。秀水钱梅，号玉崖，卖肉韭溪桥下，以好诗贫其家。乃肩二竹筐，置彘首羊胃、鸡跖鸭臄（嗉）于中，售诸市以自给，筐下诗幅鳞次，遇小异流俗者，辄出以赠之。《登凌秋阁》云：“江涵斜日千砧急，人倚西风一剑寒。”《金陵怀古》云：“天际楸梧留二寝，云间宫殿失千官。”嘉兴郁心哉，字秋堂，寓乍浦，以沽菽乳为生业，自称“粗粝腐儒”。《和王墨庄移居》诗云：“占断清阴数亩赊，水村茅屋作烟霞。先生不种门前柳，渔父空寻渡口花。春暖闻莺初转药，月中放鹤自煎茶。世人那得知名姓，此是天台隐士家。”海盐张炎，字淡玉，尝卖饼平湖之清溪。日肩炉釜，行吟村落间，得句，就村夫子索笔砚书之，饼为儿童攘窃一空，不顾也。《咏白菊》云："老圃月三径，晓霜秋一篱。"南汇张宏，字野楼，少工诗，以嗜酒致贫，不能自给，辱身为门隶，循墙觅句，终日不休。《春日吴门道中》云："渡江三日雨，寒食一村花。"《登闸港桥》云："风阔片帆来极浦，天空一雁度斜阳。"甘泉汤振宗，字绣谷，负才不遇，尝给事于盐公堂，往来豫章、荆楚间，苦吟不辍。《答唐淡村》云："风雨空庭花落后，江湖秋水雁来初。"《即事》云："华发无情催客老，青山不语看人忙。"平湖陈文藻，字愚泉，以薙发为业，年未及冠，即工五七言。后为童子师，专意吟咏，所诣益进。《游僧院》云："看花香引路，坐石藓侵衣。"《郊行》云："渔艇迎凉依柳泊，村鸡报午隔花啼。"《秋日同人村店小饮》云："负山茅屋松成径，临水渔庄竹拥门。"

湘中五子之酬唱

湘潭王闿运，字壬秋。少孤，受教于其叔。不喜制举文，尝肄业长沙之城南书院。院长陈本钦专事帖括，有龙友夔者，熟精《四书》汇参之学，陈聘之，使助校课艺。或聚谈讲论，龙来，则莫敢先发言。龙之长子皞臣及武冈邓弥之、保之皆在，李篁仙亦从其外兄丁果臣居院斋。篁仙早入学，补廪膳生，皞臣亦举道光丙午乡试，下第还，侍父居内斋，皆谨饬。壬秋独踬弛好大言，篁仙放诞自喜，壬秋与相得，日夕过从。皆喜为诗篇，弥之尤工五言，每有作，皆五言，不取宋唐歌行近体，故号为"学古"。其时，人不知古诗派别，见五言则号为汉魏。故篁仙以当时酬唱多，自标为"湘中五子"。后以告曾文正，罗忠节公泽南睡中闻之，惊问曰："有《近思录》耶?"时道学未衰，故恶"五子"名。

杨夫人断钗吟

道、咸二朝名人集中，为《断钗吟图》题识者，不下五六十家。图盖武进汤贞愍公贻汾，为其母杨夫人作也。夫人十四岁随父官昆明，父赐之玉钗，于归后，偕其夫侍翁官台湾。林爽文之乱，翁殉节，夫亦殄焉。后贞愍奉板舆之官扬州，钗断于琼花馆，夫人作二绝纪之，有“三十九年千万路，鬓丝丝断玉还温”之句。

毗陵赵氏三女能诗

道、咸间，毗陵赵氏有三女，皆能诗。长粹媛，次慧媛，次英媛。英媛诗古体宗汉魏，近体法少陵，古体如“欲望天无涯，欲行地无角，心伤不能言，肠中车辘辘”等句，颇类建安七子。近体如“繁花经乱萎，蔓草引愁长”，“扫径薄寒春尽后，卷帘斜月梦醒时”等句，亦名隽可喜。

文宗慨时有诗

咸丰某年元旦，文宗御制诗有“一杯冷酒千年泪，数点残灯万姓膏”之句。盖是时粤寇之祸方炽，故有慨乎其言之也。”

胜保过华阴有诗

胜保，咸、同间人也。初成进士，随左文襄平捻，勋猷卓著，遂以顺天教授骤升国子监司业。后为钦差大臣，以擅杀某提督，发往军台効力。有《过华阴》诗云：“山阴知有逐臣来，雨霁云收列上台。行过终南三十里，莲花仙掌一时开。”

叶润臣善平韵五言

叶名澧，字润臣，名琛弟也。由内阁侍读改道员，需次浙江，咸丰己未卒于浙。润臣家世华膴，官京师日，缟纻之交，率为名流。居虎坊桥西。善为平韵五言古诗，受诗于山阳潘大令德舆，潘弟子宥函、继鏁俱工五言。当道光之季，苏诗方竞，读澧臣诗，觉洒然尘壒之外也。山阳徐宾华广文嘉，于咸丰戊午应京兆试，吴稼轩招饮，坐客有润臣。润臣一目上视，时久不得其兄名琛讯，相对欷歔，不复能作平生豪语矣。

徐宾华注顾亭林诗

徐宾华笃嗜顾亭林诗，为之笺注，甫刻成，适选昆山教谕。每月宣讲圣谕，过千墩，必谒亭林墓。其注于时事考据最备，然有时将亭林自注混入本注中，而待补者亦颇不鲜。

僧觉阿诗似秀才

吴僧觉阿俗张姓，尝与冯桂芬同学，为邑附生。绝意婚娶，为僧于苏州之通济庵。博雅工诗，遗诗有《通隐》《梵隐》两刻。咸丰庚申劫后，其徒悦岩与冯芳缉复合刻两集。觉阿诗友朱伯韩观察琦，谓觉阿出家前作，似和尚诗；出家后作，似秀才诗。冯以觉阿为秀才时，视人世功名富贵，于其胸中曾不芥蒂，寄之吟咏，固宜似和尚也；洎为僧，袖手局外，蒿目时艰，一腔抑塞幽愤之气无所发舒，不觉见之于诗，又宜似秀才矣。

容闳有园居诗

香山容闳，自美游学回，适洪秀全据桂林，因进谒，献外交、购船二策，不能用。容退隐，有《园居》十首云："巷僻园居乐，萧疏城市中。砌添新藓绿，槛拂落花红。笋好刚经雨，兰幽恰引风。老亲欢菽水，笑语课儿童。""山好层城隔，登楼望翠微。衙蜂衔蕊入，巢燕得泥归。水阁嫌蛙鼓，晴窗爱蝶衣。落英堆满径，不解傍人飞。""亲旧怜荒僻，谁知与性宜。看花移榻近，爱月下帘迟。稚子贪摹字，山妻喜听诗。养闲吟最好，眠懒病能医。""携枕寻云卧，披衣对石言。叠山高过屋，引水曲当轩。阶犬迎人吠，邻鸡傍客喧。飞花禽乱起，扑朔误开门。""残书愁检束，引睡乱堆床。题竹衣黏粉，锄梅屐惹香。买山寻路僻，移石得烟凉。且喜新蒭熟。诗怀入酒狂。""闭门山雨夜，落叶思难禁。病久能知药，吟多喜对灯。拂枰过棋客，寻碣得诗僧。好是盈尊酒，毋云醉未能。”“客至书随读，携壶共引纶。树边行数息，潭影伴常亲。句好题难得，香焚泽正新。春衣犹可典，不算是长贫。”“芍阑春婉娩，皎月映重帘。试墨翻眉谱，研朱涴指尖。品茶汤细瀹，斗草韵频拈。琐事能销昼，闺房笑语添。”“出门还不恶，随分得逍遥。晴路花黏屐，春波柳拂桥。梅丁青换软，菜甲绿轻挑。恐谓风光损，聊凭浊酒浇。”“习静门常掩，山窗拓晓晴。嚼花林下饮，爱草涧边行。悟笔观云势，调琴学雨声。何曾抛好夜，吟坐到天明。”读其诗，不似其为人也。

苗沛霖能诗

苗沛霖，凤台武家集人，年三十，补博士弟子员。有《登峡石山》七律诗云：“长淮鼓浪壮千秋，峡石双峰耸上游。江左元凶仍负固，中原伟绩赖谁收？回瞻故里热肠断，遥忆先皇血泪流。稚子不知情与势，哑哑向我笑无休。”盖投诚时所撰者。又《书怀》一首云：“故园东望草离离，战垒连珠罨画旗。乘势漫吞狼虎肉，借刀争割马牛皮。知兵乱世原非福，饿死寒窗不算奇。为鳖为鱼浑不解，终归大海作蛟螭。”此则复叛时之作也。

葛道人偶得句

钱塘有葛道人者，以业屦为生，得金即沽酒自饮，往来湖山间，人无知之者。一日为寺僧修屦，口中微有声，状若哦诗者。僧怪问之，笑曰：“今日偶得句耳。”扣之，乃云：“百啭已休莺哺子，三眠初罢柳飞花。”

朱暝庵榜诗于门

同治时，朱暝庵侨居长沙，岁暮贫甚，榜诗于门曰：“申椒零落菊英残，从古潇湘作客难。连日市门三尺雪，更无人记问袁安。”时曾忠襄方家居，闻之叹曰：“文人至此，我辈之责也。”急造访，赠钱十万。至除夕，复榜门曰：“羔酒笙歌饯岁时，蓬门苔瘦得春迟。苍生莫问安危局，我且无聊尔可知？”有告巡抚者，巡抚怒，将迫逐之。或解之曰：“名士狂态固尔，不足责。”巡抚笑曰：“名士能辟谷乎？”暝庵闻之，又为诗曰：“名士原无辟谷方，贵人休替达人忙。冰山我有天公在，胜似人家沈部堂。”

萧中素善诗

萧诗，字中素，上海人。隐于木工，博学善诗。其警句云：“辽海吞边月，长城锁乱山。”“山寺落梅伤别易，天涯芳草寄愁难。”其后从之学诗者甚众，而萧执艺事如故。

林细细吟诗自遣

福州黄巷林细细，业裁衣，暇辄以吟诗自遣。《咏史》云：“烛影斧声千载案，珍珠薏苡一时冤。”《白桃花》云：“不争柳絮风前韵，只欠梅花雪里神。”

林兴吟诗自遣

福州西门有林兴者，业薙发，亦以吟诗自遣。《偶感》云：“几辈下场如傀儡，何人作梦到邯郸？”《夜思》云：“酒尽寒生花影外，诗成愁入雨声中。”

蔡秀倩有无题诗

同、光间，上海引翔港有农女蔡秀倩者，自号“锦塘女史”，时投诗坛站，男子为之敛容。女史有《绩馀小草》二卷，毗陵赵均捐资为刻之吴门。有《无题》十首，尤脍炙人口。兹录其四云：“闲拈旧韵谱愁工，一度思量一寸衷。月纵能圆犹有晕，花无常好不禁风。珠帘日暖黏红雨，瑶砌春明步绿丛。芳草天涯何处是，栏杆倚遍玉玲珑。”“春阴脉脉绣帘斜，节序频移感岁华。机上啼痕征素锦，酒边愁韵谱红牙。拟笺月府通心诉，何意瑶台厄落花。怅惘幽情柳色里，绿云一角淡烟遮。”“东风吹雨过重楼，花自销魂鸟自愁。对镜独虞双鬓改，栖林难为一枝留。玉环指约如坚节，锦缆心肠不系舟。绰约画图周昉笔，泪痕难倩彩毫收。”“莺歌柳眼泥人娇，触拨闲愁病易招。天上游云归梦杳，人间岁月利名消。从知莲蕊心多苦，谬说兰因福可邀。畅好画楼三五夜，一帘明月护深宵。”

德宗拟作试帖

光绪戊子顺天乡试，诗题“深柳读书堂得书”字。德宗有拟作。又有二首：一题为《鸟称万岁》，癸巳年作。中云：“上界珠喉啭，中朝宝箓昌。和鸣偕鸑鷟，福禄颂鸳鸯。庆衍长庚祝，灵符降乙祥。八千年纪凤，十二管吹凰。喜气腾鹓序，欢歌进兕觞。”一题为《去看何寺花》，丙申年作。中云：“清品宜供案，奇英尚满塍。幻观参众相，微笑悟三乘。数处流仙梵，谁边礼佛灯。素心抛一友，青眼对诸僧。”

某司员以诗自媒

光绪初叶，潘文勤公祖荫长刑部，有司员某闻其好尚文雅，思所以媚之，乃成急就诗数十首，恭楷录正，于堂上署诺时，揖而进之。文勤实时翻阅，及见首题，为“跟二太爷阿妈逛庙”八字，（都人谓“从”曰“跟”，谓“伯父”曰“太爷”。阿妈者，满人称父之词。都中隆福等寺，月有常期，陈百物以待售，往游者辄谓之“逛庙”。）不禁狂笑，冠缨几绝。某面若死灰，逡巡退。

宝竹坡诗豪宕

京西翠微山灵光寺，故闳壮，旁近有翠微公主塔，废池在其下，荷叶数百柄，少花，高柳数株。池上为宗室宝竹坡侍郎廷读书处，盖罢官以后，岁必数宿焉。有泉涓涓出石窦，注于池。生平嗜酒耽诗，好山水游，使车所至，必搜奇访胜，流连旬月不能去。登泰岱，入武夷，泛太湖，上金焦，足迹遍两峰三竺间也。

宝既罢官，时与穷交及寿伯福、富仲福两公子遍游京东西诸山，岁得诗数百首。居常贫乏不能自存，赖友朋资助，得钱则买花沽酒，呼故人赋诗酣醉。尝着敝缊袍，面破殆尽，棉见焉。门人陈衍偶游昆明湖，遇之于湖上酒家，则酩酊而行跁跒矣。其诗天才豪宕，以曲达为主。五言近体，时近右丞、嘉州，余则香山、击壤、放翁、诚斋，近人则初白、随园、北江、船山，长短数千首，游山者居七八。《田盘》一集，尤为劖刻。妙峰、香山、翠微、桑乾、戒坛、潭柘诸处，宝之龙门八节滩也；冷家庄、三家店、灵光寺诸处，宝之行窝也。别有《西山纪游行》《田盘歌》及《七乐》三长篇，皆一二千字，可当游记古赋读。

同治癸酉，宝典试浙江，题诗于聚奎堂之壁。诗曰："绝世高才未易寻，灯前几度费沉吟。漫夸此日衡文眼，休忘当年下第心。玉气迷离山霭重，珠光隐约海波深。英奇埋没知多少，蕊榜书成愧不禁。"钱塘徐印香舍人恩绶，其门下士也。

康步厓诗清苦

康步厓，名咏，汀州人。未弱冠登科，以中书留寓京师。尝从宝竹坡侍郎学诗，诗意清苦。偶作句云："愁杀浓云如泼墨，随风幻作故乡山。"《净业湖楼饮酒有怀王芷亭先生》云："宿雨霁城隈，登临眼界开。山云渡溪涧，湖水润楼台。昔日诸诗老，何人共酒杯？可怜堤上柳，依旧送青来。"《秋夜独坐》句云："秋声初到树，月影欲移花。"《通州道中》云："乡心越闽海，秋色上燕台。"《中秋对月有怀菊客》云："闻道今宵月，天涯共此明。可怜欢笑日，不解别离情。路已歧南北，身何问死生。秋阶风露冷，赢得两凄清。"此诗甚凄清。菊客，寿伯福号，竹坡长公子，步厓所日与倡和者也。

金亚匏晚无所遇而托于诗

上元金亚匏增生和，为仍珠观察还之封翁，振奇人也。跌宕自喜近于狂，晚无所遇而托于诗。其所为缠绵婉笃，跌荡尚气。咸丰癸丑、甲寅间作，则有一种沉痛惨淡阴黑之象，诚诗史也。审其格律，无一不轨于古，而意境、气象、魄力，求之并世作者，未有其偶；比诸远古，不名一家，而亦非一家之境界所能域之也。

亚匏所著《秋蟪吟馆诗钞》，分七卷：曰《然灰集》。其自识曰："余存诗断自道光戊戌，凡十五年，至咸丰壬子，得诗二千首有奇。癸丑陷贼后，仓皇伺间，仅以身免，敝衣徒跣，不将一字，流离奔走，神志顿衰，旧时肄业所及，每一倾想，都如隔世，而况此自率胸臆之词乎！顾以平生结习，酒边枕上，或复记忆一二，辄录出之。然皆寥寥短章，观听易尽，其在闳裁巨制，虽偶有还珠，大抵败鳞残羽，情事已远，歌泣俱非，欲续凫胫，只添蛇足而已，故不敢为也。久之，亦得如干首。昔韩安国之言曰：'死灰不能复然乎？'余今之宠余诗，则既然之矣。知不足当大雅，抑聊自奉也。"

曰《椒雨集》，上下。其自识曰："癸丑二月，贼陷金陵，剑淅矛炊，诡名窃息。中夏壬子，度不可留，揜面辞家，仅以身免。贼中辛苦，顿首军门，人微言轻，穷而走死。桑根旧戚，恩重逾山，自秋徂春，寄景七月，而先慈之讣至矣。计此一年之中，泪难颓愧，声不副愁，几昧之无，遑言竞病。惟以彭尸抱愤，辄复伊吾；亦如曲生之交，尚未谢绝。昔杨诚斋于酒，独爱楸花雨。椒，辛物也，余宜饮之；又余成此诗，半在椒陵听雨时。今写自癸丑二月至甲寅二月诗，凡百五十余首焉。"

曰《残冷集》。其自识曰："余以甲寅八月，出馆泰州，乙卯移清河，丙辰移松江，数为人师，自愧无状。惟以词赋为名，于诗，不得不间有所作。虽短章塞责，而了了萍踪，未忍竟弃，遂积为卷叶。此三年中，乞食则同也，而残杯冷炙，今年为甚。夫残冷，宜未有如余诗者矣。乃写自甲寅八月至丙辰十月去松江时诗，凡百有余首焉。"

曰《壹弦集》。其自识曰："余以丙辰十月，应大兴史怀甫观察保悠之聘，佐厘捐局于常州。明年丁巳，移江北。其七月，又移东坝，遂至己未九月。事在簿书钱谷之间，日与驵侩吏胥为伍。风雅道隔，身为俗人，虫鸟之吟，或难自已，则亦独弦之哀歌也。今写自丙辰十月至己未冬赴杭州时所作诗，凡二百有余首焉。"

曰《南楼集》。其自识曰："咸丰十年之闰三月，金陵大营再溃。不数月，而吴会贼踪几遍。东南之祸，于是乎极。余于其时，尽室由江阴渡江，一寓于靖江，再寓于如皋。又渡吴淞江，取道沪上，然后航海至粤东，止焉。初佐陆子岷大令钟江于端、广二郡，子岷逝世，遂佐凤五林观察安于潮州。前后七八年间，凡若簿书期会之烦，刑狱榷算之琐，榷〔椎〕埋烽燧之警，侏儒责让之扰，俱于幕府焉责之。感在知己，所不敢辞，则日已昃而未食、鸡数鸣而后寝者，盖往往有焉。文章之事，束之高阁而已。然犹以其闻见所及，制为《粤风》《粤雅》二百余篇，又先后怀人诗七十章。草稿皆在牍背，未遑掇拾。丁卯东归之前数日，家人辈以为皆废牍也，而拉杂摧烧之。于藏拙之义甚当，而歌泣已渺不可追，然则祖龙之焰虐矣。顾一生游迹，以粤东为至远，屐齿之所及，未可废也。其未至粤以前及在粤余诗，败鳞残爪，间有存者，辄复写之。"

曰《奇零集》。其自识曰："余于丁卯夏，由粤东之潮州，航海东归。既过春申江，行未至金陵，遘疾几殆，至戊辰冬，始以家属旋里。劫灰满地，衰病索居，怀刺生毛，阅四五年，竟无投处。癸酉之岁，出门求食，虽间有怜而收之者，而旧时竿木，鲍老郎当，大抵墨突未黔，楚醴已彻。十余年中，来往吴会，九耕三俭，蕲免寒饿而已。生趣既尽，诗怀亦孤。而自与夫己氏文字构衅以来，既力持作诗之戒。又以行李所至，习见时流坛坫，尤不敢居知诗之名。即或结习未忘，偶有所作，要之变宫变徵，绝无家法。正如山中白云，止自怡悦，未可赠人。乃知穷而后工，古人自有诗福，大雅之林，非余望也。顾吾友丹阳束季符大令数数来问诗稿，谓余诗他日必有知者，儿辈亦以葺诗为请，余未忍峻拒，因检丁卯至乙酉诸诗，虽甚寥寥，犹汇写之。余已年垂七十，其或天假之年，蚕丝未尽，此后亦不再编他集矣。”

亚匏才气壮盛，抱负卓荦，足以济一世之变。而运蹇不偶，摈斥终其身。虽尝为诸侯宾客，而世竟无真知之者。生平好声色，狎妓纵酒，一饮辄数斗，同坐有不能饮者，恒百端说之，必尽醉乃已。江南平，携家归，出橐中金纵博。在粤时，馆谷丰腆，而挥霍殆尽。及年垂六十时，意气遒上，犹如三四十人。抵掌谈天下事，声觥觥如巨霆。得失利病，珠贯烛照，不豪发差忒。镌呵侯卿，有不称意者，涕唾之若腥腐。闻者舌挢不得下，亚匏夷如也。

张文襄退食寻诗

光绪时，京都名流极盛，以张文襄公为之魁。文襄开府江汉，朝野人士，即已云集相从。迨入枢府，都人士尤以一瞻丰采为荣。故退食之余，无日不有谳会。其谳会时，又无往而不分韵题诗，即最促时间，亦必钩心斗角，作诗钟一二。上好下甚，故当日十刹海之会贤堂、宣武门外之畿辅先哲祠与松筠庵，皆为名流畅叙幽情之所。而寒山社之诗会，亦即起于是时。其人物，则以南书房、翰林院、御史台三署为其中心，余皆依附末光，欲标榜以成名者也。

康长素诗气象万千

南海康长素主政有为之诗，大刀阔斧，气象万千。摘其断句，如《还里》云：“家在故乡仍是客，身留一发不如僧。”《游维扬名园繁华无睹怆然感怀》云：“孤臣雪岭梅花墓，贤守平生芍药堂。”《登镇江北固楼》云：“天入长江生远浪，风吹落木下清秋。芍药艳红春欲老，杜鹃啼碧涧之幽。”《乙酉除夕病卧苏村》云："避债并无痴可卖，祭诗幸有兰成编。"《杂感》云："经过人事如流水，无限江山付夕阳。"

朱蓉笙毁诗稿

朱蓉笙名承芳，钱塘人，砚臣提举大勋女。提举工书，有声同、光间。年十八，嫔于同邑徐珂。光绪丁亥以瘵卒，结褵仅三祺也。病革时，自燬（同"毁"）其诗稿。仅有五律四首，载《国朝杭郡诗》三辑，今摘其佳句于此。《送春》云："自惊颜色改，忍见落花飞。"《晓泊和外子》云："风健添帆力，人喧杂橹声。"《登楼》云："叶枯霜后紫，花陨雨中黄。"《邕甫大弟在金阊诗以怀之》云："云烟栖暝色，风雨战秋声。"珂尝检阅遗稿，成《浣溪沙》词，词云："断墨零缣不忍看，十年未褪粉痕斑。深宵掩卷泪频弹。　彤管有谁兼福慧，碧霄何处不高寒，可能天上胜人间。"蓉笙无出，有子新六、女新华，皆珂继配何墨君所诞也。

陆小姑藉吟咏自遣

陆小姑，广西宾州人。貌绝丽而天足，幼慧，工诗。适村农覃六六，憎其弱，不任耕织，以母疾遣归，而别娶健妇。小姑不与较，藉吟咏自遣。

博尔济吉特夫人娴吟咏

宗室伯羲祭酒盛昱，大雅闳达。母博尔济吉特夫人通经术，娴吟咏，有《芸香馆遗诗》二卷梓行。光绪中叶，某学士承要人风旨，摭芸香馆集中送兄诗，谓为忘本，请旨削板，将以倾昱，朝廷不允所请。

林暾谷发愤为诗

侯官林暾谷京卿旭，虽为沈爱苍中丞瑜庆之婿，初固窭人子也。然不能恶衣菲食，时征歌选伎，车马甚都，爰苍不能给。则热中取上第，揣摩时艺，伏案为殿体书。光绪甲午、乙未、戊戌，三上公车，皆荐而不售，则发愤为诗。取径于孟郊、贾岛、陈师道、杨万里，苦涩幽僻，喜从乡人郑孝胥、叶大庄、陈书、陈衍讨论。自择百十首刊之，孝胥以为如啖橄榄，大庄以为似袁昶，衍以为春夏行冬令，非所宜。戊戌，衍寓京师莲华寺，康有为、梁启超寓上斜街，方上万言书，开保国会。旭日至衍所，谈艺、谈国事。衍语以子向习词章，经济非所长，时局会有变，盍少竢。既下第，强使出都，乃同游杭州。

乔茂轩诗清丽

乔茂轩左丞树枏，尝为张文襄公所器重，征之不遂，乃代以杨叔翘京卿锐。光绪戊戌政变，杨罹祸而乔获免焉。其诗极清丽，有《汉中舆夫》数绝、《天津歌郎》数绝，录之以见一斑。《汉中舆夫》诗云："曾摩贼垒斩天狼，血裹征袍剑有霜。老去雄心消不得，向人犹自说沙场。""来往陈关太散闲，一肩积雪万重山。莫嫌溷迹风尘苦，自古英雄不肯闲。""和尚原头雪乱飞，峨眉山下客忘归。可怜瘦骨迎风立，犹着当年短后衣。""客里逢君意气真，书生一剑老风尘。于今海宇方多事，那便容君作隐沦。"《天津歌郎》诗云："碧天如水泊行舟，一曲清歌水上楼。记得樱桃斜畔月，银茵锦烛按梁舟。""回首蓬山事渺茫，无衫歌扇梦魂香。如何一样春明柳，化作飘萍总断肠。""青门一去即天涯，冷落门前油壁车。为语西风莫摧折，可怜曾作帝王花。""铜壶泪尽酒微醺，歌罢临风化彩云。明日挂帆沧海去，不知何处又逢君。"

张樵野诗能成家

南海张樵野侍郎荫桓，起家簿尉，粗识字，中岁始力学，骈散文诗，颇能卓然成家，画亦超逸绝尘，真奇材也。有遗诗一卷，皆遣戍西行时，关内外途中所作，兹择其尤者录之。《九月晦渭南道中得廉卿祭酒书述敝居及垲儿踪迹奉答》一诗云："无限艰危一纸书，二千里外话京居。覆巢几见能完卵，解网何曾竟漏鱼。百石斋随黄叶散，两家春与绿杨虚。灞桥不为寻诗去，每忆高情泪引裾。"

又《留别邓锦亭军门》云："交臂京华感慨深，只凭秋雁寄边音。艰难三箭痕犹在，仓卒离筵酒共斟。瘴海同乡识韦叡，天山旧迹访裴岑。长途旌旆劳相送，万古难忘此夜心。"

又《周式如太守以钱叔美入关图为赠赋诗奉酬》云："松壶画笔时所珍，派别宋元逾三文。入关图为蒋侯绘，玉门归鞚嘶边尘。款署南阳岁癸未，阅世行将八十春。桃花如笑簇鞭影，晴川野馆山嶙峋。矮松红柳互映带，大旗猎猎悬城闉。风沙万里羌无垠，至此似觉天回温。伯生贽郎原通人，丹青赖尔能传神。一艺升沉会前定，坎壈岂独曹将军。海王声价日骤长，广搜始自潘文勤。伊余藏弆本非俭，巢覆散作凉秋云。天涯作伴只王恽，米船未许充劳薪。使君投赠吉语真，髣髴仙梵室中闻。蹇驴一夕压球璧，怪底宝气腾氤氲。廿年京邸相过频，屡困南箕伤溷茵。便宜坊夜炙鸭臛，迢迢情味犹在唇。从兹中外顿阔，一麾西迈悭片鳞。无端遇合岁云暮，严谴何敢行逡巡。此身九死不忍述，合检寒具供陶甄。天教生入作左券，愿乞山水作廛民。"

张文达诗近杜陵

长沙张文达公百熙，先后主试蜀、赣，督学粤中，非旧学新知具有门径者不售，士风为之丕变。文达虽置身通显，而爱国忧时，于杜陵为近。光绪戊戌、己亥间，蒿目时事，郁郁不自胜。尝为《感怀》诗八首，悲壮淋漓，直逼子美。记其二首云："戎氛近逼姬周日，党祸纷乘赵宋年。忧极真思蹈东海，时危忍见哭伊川。乾坤扰扰事未已，风雨潇潇秋可怜。万里敢忘心报国，诸君应有力回天。""五十二翁霜雪姿，经霜历雪到清时。教忠深负先臣训，补过难酬圣主知。数亩敝庐人外想，联床风雨梦中思。

故山无恙堪招隐，会籋（古通“蹑”）青云饵紫芝。”

范伯子有自谛篇

范伯子有《自谛》一篇，语语飞动，如天马行空、长鲸跋浪，录之。诗云：“吾尝一日思安禅，又尝一念游于仙。仙者意高广，六合廓落然，来其归宿处，但冀形神全；禅意向枯寂，厥功弥静专，静中有真觉，愿力至大千。我于二道皆未学，只以病体图安便。久病真如槛囚陷，颇设遐想无穷边。霞外珠宫那可得，云中鹤驾无由传。十洲三岛尽虚妄，徒见下有深深泉。神魂散落百骸弛，欲保性命何有焉？收拾残余自将息，呼吸骤若游丝牵。徐引生气布满腹，群腑得职无大愆。此时谐和与物共，有日世界纯阳天。谁何机来万念起，俄顷乃有亿变迁。我与众生实同道，以次现出诸因缘。不如动植物，得性能自坚。人为万灵最，何术能绵绵？所以如来得自度，而自一世生悲怜。虎狼犹可道，虫豸未忍捐。陈诸割断法，以制人绕缠。我以哀鸣当定慧，可知于佛霄壤悬。愚僧撞钟谅可法，长抱此念无回旋。口亦不辞瘁，手亦不辞胼。血气终能爱，肺肝无俾镌。正得一私净，斯为万觉先。”伯子名当世，江苏通州人。

沈子培有诗学诗功

陈石遗学部衍，与沈子培方伯曾植相见甚晚。光绪戊戌，子培以部郎丁内艰，张文襄公招之至武昌，使掌教两湖书院史学，与石遗同居纺纱局西院。初投刺，子培张目视石遗曰：“吾走琉璃厂肆，以朱提一流购君《元诗纪事》。”陈曰：“吾于癸未、丙戌间，闻王可庄、郑苏堪诵君诗，相与叹赏，以为同光体之魁杰也。”同光体者，苏堪与石遗戏称同光以来诗人不墨守盛唐者。自是多夜谈，索子培旧作，则弃斥不存片楮矣。

子培博极群书，熟辽、金、元史，治舆地，与顺德李芍农侍郎文田、桐庐袁忠节公昶论学相契，词章若不屑措意者。石遗语子培曰："吾亦耽考据，实皆无与己事，作诗却是自己性情语言，且时时发明哲理。及此暇日，盍姑事此？他学问皆诗料也。"自是而子培意不能无动，因语石遗曰："吾诗学深，诗功浅，夙喜张文昌、玉溪生、山谷内外集，而不轻诋七子。"诗学深者，谓阅诗多；诗功浅者，谓作诗少也。石遗曰："君爱艰深、薄平易，则山谷不如梅宛陵、王广陵。"子培闻是言，乃亟读宛陵、广陵诗。己亥，子培居水陆街姚氏园，秋病虐，逾月不出户，乃时托吟咏。与石遗寓庐相密迩，有作必相夸示，常夜半扣门，以函笺抵石遗。至冬，已积稿隆然。庚子乱作，南北分飞，此事亦遂废矣。子培诗雅尚险奥，聱牙钩棘中，时复清言见骨，诉真宰，荡精灵。昔昌黎称东野刿目鉥心，以其皆古体也。自作近体，则无不文从字顺，所谓"言各有当"者是也。

李珊宝能作五言绝句

常州之金匮有乡曰"荡口"，古名"鹅湖"，与苏州之元和接壤。其地多美妇人，佣于上海之女闾者，皆若辈也。俗谓之曰"娘姨"，间有处女，则称"大姐"。光绪辛丑冬，余理斋尝偕张叔文过周琴娟校书妆阁，见琴娟之大姐李珊宝，以其美且慧而屈于佣也，讶之，语叔文曰："珊宝且若是，宜君之濩落无所遇也。"

女佣之美者多矣，而珊宝尤美，秾纤得衷，修短合度，肩若削成，腰如约素，延颈秀顶，皓质呈露，云髻峨峨，修眉联娟，丹唇外朗，皓齿内鲜，明眸善睐，靥辅承权，瓌姿艳逸，仪静体间〔闲〕，柔情绰态，媚于语言，芳泽无加，铅华弗御，嫣然一笑，诚足以惑阳城、迷下蔡，而何有于沪？

珊宝至沪一年矣，有夙慧，尝从琴娟之客吴彦复主政保初习诗，能作五言绝句矣。其《梅花》诗曰："不觉东风到，梅花昨夜开。月中疏影见，疑有美人来。"诗固不佳，而出于娟娟此豸之手，不已难能而可贵耶？且珊宝在乡时，惟常日力作，头戴笠，跣双足，蹀躞阡陌间。薄暮负鉏归，过村塾，辄就塾师闲话。师为其族祖也，教以识字，《神童诗》《千家诗》，渐已上口成诵矣。故彦复教之作诗，不及一载，而能斐然成章也。叔文曰："古云才难，观于此，夫岂其然?"自是而理斋、叔文遂时与唱和矣。

秋瑾赋诗乞书

光绪壬寅，秋瑾初至京师，寓南横街圆通观斜对一小宅，终日蛰居，非其所亲，见之辄敛避。后徙南半截胡同，与吴芝瑛女士结邻，始阅新书、新闻纸。旋改男装，寄其子于谢涤泉部郎处，只身赴日本留学。当居南横街时，尝以煮硾笺索陈梅生太史书直条，媵以一绝云："殷雷久耳右军名，问字无由到讲庭。愿乞一行辉素壁，闺中曾读换鹅经。"

周玉山即席赋诗

周玉山制军馥，某岁赴鲁抚任，胶州总督命酒，为之洗尘。周即席赋诗一首云："朔风吹雪海天寒，老眼苍茫不忍看。故国空存周典礼，斯民犹见汉衣冠。是谁握算盘盘错，到此枯棋着着难。挽日回天空奋力，可怜筋骨已衰残。"

张今颇为能诗儒将

钱塘张锡銮，儒将也，字今颇，能诗。郑苏堪尝为序其诗集，略云："孝胥称疾解兵，楼居五年。其出关也，挟嵚崎历落之气，悲歌慷忾，而至沈阳。张姜斋尝语余曰：'子闻辽东有快马张其人乎？张公今颇是也。'及明日见之，长身赭面，眉目耸异，三十年间，驰骋关外，捕贼却敌，崛起牧令，以历监司。其排难解纷，抑强扶弱，满蒙羌汉，望若神人，家人婢媪，举其名以止儿啼，此又一张辽矣。余喜就之语，益习，辄告余辽沈近年失败之状，以及边塞异闻、军中轶事，已而抚髀喟曰：'吾年且七十矣，前年丧爱妾，今郁郁无以自聊。惟冲风跃马，以寄平生志业不遂之孤愤耳。’此公之意态，殆与榆关之连峰，壶岛之怒潮，同为余东行怀抱之新得也。”

今颇诗多悲壮语，又时有凄艳语。光绪甲午中秋前日，左冠廷军门宝贵战没平壤，诗以吊之云：“屹屹孤城独守难，祖邦西望客军单。大同江上中秋月，长照英雄白骨寒。”《军克宽甸口号》云：“边城久陷倭人手，一战能收匪所思。四野欢呼元佐惧，新军初试大功时。”《清明野望》云：“乱后逢佳节，难为塞上春。幽花开白骨，红照陌头人。一片斜阳里，千声野哭新。听来肠欲断，况是客中身。”以上甲午后之作。幽花一联，凄艳极矣。

《中秋无月》云：“牢落天涯望止戈，和戎消息近如何？嫦娥未忍开明镜，千里沙场战骨多。”庚子作也。《王郎歌》有云：“结交廿年吾畏友，一城日夜谋攻守。讵知檄下守中立，局外虎狼教袖手。”又云：“吁嗟奇局亘古无，客军血竭吾脂枯。”又云：“俄兵不退日兵进，主人中立村为墟，吁嗟奇局亘古无。”癸卯冬日俄战时作也。黄仲弢尝云：“中国可谓局中外立矣，乃自以为局外中立乎？”《九日偕同人登凤凰山》云：“世路险如此，山空任虎行。孤松蟠地起，乱石倚天生。杯酒重阳日，烽烟两国兵。我来登绝巘，海宇盼澄清。”《日本仓辻君樱云督工兵于凤城南河建长桥利行人》有云：“径尽桥来山更转，造成世路曲如弓。”《次日本军政大原武庆韵》云：“天风吹送雪声干，击剑谈兵夜未残。浩劫乾坤尘莽莽，他山松柏气丸丸。”《寄森井国雄野鹤》云：“野鹤横飞向战场，凤山鸭水几翱翔。笔锋杀敌无余事，独倚寒灯拂剑霜。”以上皆日俄战时作。

《中秋月下》云：“故教明月满，来照客身单。”《过大高岭》云：“磊石支行灶，灯烟散晚霞。”《鄂城春感》云：“黄鹤不归杯独举，白虹如此剑空磨。”《舟夜怀子久三弟》云：“推篷看月月如水，征雁数声天未明。”《题友人画帐》云：“年来一副看花眼，独向天南望洗兵。”《再经丰乐河》云：“昔年匹马孤征地，又向江天鼓棹来。落日挂帆风力饱，群山列戟战场开。军余野垒生春草，乱后残村出劫灰。”《舟泊安陆》（昔霆军大破捻于此。）云：“战地重经百感生，扁舟独系楚王台。十年回忆亲戎阵，万里长驱踏虏营。禾黍已高骠骑垒，波涛犹恣海门鲸。湖山清静吟怀壮，极目乾坤无限情。”《晚泊襄阳》云：“襄阳旧是论兵地，回首闲关破阵年。春草绿封新鬼墓，野云红烧夕阳天。”《谷城书怀》云：“生事劳行役，春光谷伯城。幽花明客眼，细雨滑鸠声。”《山行》云：“障面疑无路，穿云始见村。防秋茅结屋，捍虎石为门。”《晚行》云：“落日疑防虎，饥鹰欲趁人。”

陈石遗叙郑苏堪诗

光绪壬寅二月，郑苏堪《海藏楼诗》刊成，学者以其剥肤存液，多宗之。陈石遗为叙之曰：

苏堪写定其诗，示余顾子子朋所为叙，乃曰：“子方草创诗话，必有微言深恉可以叙吾诗者，盍为吾一长言之？略如姜白石所自为诗叙若诗说。”余曰：“诺，且为君默记往昔彼此之言，杂书之，以为笑乐。”

余与君治诗者，皆二十余年；相与商略为诗者，亦二十年。初时持论，若南山秋气之相与高。所谓否，不稍假借，用辄引为诟病，回思足自哂。然亦可见年少负气，不如今之老大顽钝，誉不喜而毁不怒也。君诗始治大谢，浸淫柳州。乙酉归自金陵，访余于西门街，则亟称孟东野。诣君，案有手抄东野诗四册，题五言古数章于上，有精语，足资诗学。出示癸未、甲申诗数十首，属为评品，题以诗。题一五言古还之，君乃以余诗为精进。时多过从夜谈，坐池旁树下老屋，尽两三烛而去。两家老屋皆有池有树，君赠诗所云“孤往希真侣，相逢亦冷踪。何缘疏淡意，频为说诗浓”者。未久，君将往天津，作五言一首为别，自谓似颜延之北使洛。喜余送行两五律，屡诵于陈弢庵。又喜诵余建溪数诗，余次年入都，都下所知，有能诵之者。客天津，书来，言北地旷爽，诗蕴皆尽。大抵作诗亦随地气，山川秀蕴，则触处成吟；原野衺延，则搜剔难就云云。寄示《浮海》诗，有“风烟知异县，道里计中原”云云，《出都》诗，有“出门俯沧海，登高见帝都”云云。今此数诗，集中皆不存。文人喜割弃少作，未必其前尽不如后也。己丑、庚寅入都，君寓可庄所及官学，案上手抄诗，本有晚唐韩偓、吴融、唐彦谦诸家，北宋梅圣俞、王荆公诸家。君诗已一变再变，为姚合体，为北宋，服膺荆公。而余感君言，作诗盘郁往复于中者稍久，其出之也，必有自耐咀味者。乙酉后，渡海游台北，泝江游湖南，亦遂变其前诗。一日遇君与季直于骡马市，相将入浴堂，君解衣探夹袋，出残稿数纸，则游摄山诗，皆七言，余以为神似樊榭，君乃为此？君曰：“吾向未尝为七言，去年为之。”自后相见，常论七言。君始于七古，常独举韦苏州、温庭筠，然亦一时兴到语，所作如《大阪登高》《感旧》《示李芝楣》《登北极阁》《登周处读书台》《侯府怀陈幼莲》《石钟山》《昭忠祠》《郗超》《汉阳琴台》《子培见访湖舍》等篇，皆半山、遗山、道园之遗，何尝为苏州、庭筠哉？

君每言，作诗无深抱远趣，所谓不可适独坐者，固已。若处处不忘是作家，而不敢极其才思，诚作家矣，然终于此而已，安有深造自得之境？其题《晚翠集》云云，余故以为至言，非君莫能道者。君又言：律诗要能作高调，不常作可也。老杜“风急天高”一首，全首高调。此外吾举杨徽之“天寒酒薄难成醉，地迥楼高易断魂”一联，惜难易作对。余曰：“君‘往事梦空’一联，当复过之。‘乱峰出没’一联，与放翁之‘江山重复争经眼，风雨纵横乱入楼’甚相似。”韩冬郎云：“人间易得芳时恨，地迥难招自古魂。”非高调而落想甚高，亦惜难易作对。高调要不入俗调，要是自家语。元裕之多是高调。高季迪、前后七子喜高调，遂多俗调。东坡律句极少，高调属对，每以动宕出之。此秘发于沈佺期、王右丞，极变化于老杜。《吴都赋》云：“嵌崎乎数州之间，灌注乎天地之半。”七律中对，要有此二语体势。沈佺期“九月寒砧催木叶”二联，王右丞“到门不敢题凡鸟”二联，足以当之。东坡云："老僧已死成新塔，坏壁无由见旧题"，"独眠床上梦魂稳，回首人间忧患长"，"帘前柳絮惊春晚，头上花枝奈老何"，"酒阑病客惟思睡，蜜熟黄蜂亦懒飞"。此例极多，何等神妙流动！"身行万里半天下，僧卧一庵初白头"，山谷谓当是"初日头"，曰："岂有用白对天。"东坡曰："黄九要改作日头，不奈何他！"往时叶损轩作律句，对语喜工整，余常以此例语之，损轩颇从余言。后又复其旧步。沈子子培，稍护青丘、七子者，余曰："'留客山中生桂树，怀人江上落梅花'，在七子中最为清秀，然亦着眼此桂树梅花，而不能舍耳，若'雪满山中月明林下，函关月落华岳云开'，皆所谓'干卿何事'者，抑人人适秦，皆有一联，华岳三峰，潼关四扇，将若何？放翁云：'老夫合是征西将，胸次先收一华山'，则真能负之而走矣。"

戊戌，君来鄂，所居隔一江。岁暮，约相督为律诗。余因言：作诗起调不落凡近易，结调不落凡近难。君则言作诗用利笔易，用秃笔难。谓余寄弢庵、送子培诗中，有能用秃笔者，殆即书家"折钗脚、屋漏痕"之说耳。大抵诗要兴象、才思两相凑泊，有惘惘不甘之情，不自觉其动魄惊心、回肠荡气也；有自然高妙之指，乃使人三日思、百回读也。李卫公之"独上高楼望帝京"，王荆公之"南浦随花去"，东坡之"但有尊中若下元"，遗山之"落日青山一片愁"各绝句，皆李峤"真才子语"，能使人怅惘损志者。白乐天之"一道残阳铺水中"绝句，坡公之"雨洗东坡月色新，决去湖波尚有情"，"江东估客木棉裘，竹外桃花三两枝"各绝句，荆公之"鸥鸟一双随坐啸，荷花十丈对冥搜"，"丈夫出处非无意，猿鹤由来自不知"，"试问道人何所梦？但言浑忘不言无"，"无人语与刘玄德，问舍求田意最高"，"久闻阳羡溪山好，颇与渊明性分宜"，"但愿一门皆贵仕，时将车马过茅茨"，黄山谷之"翰墨场中老伏波，菩提坊里病维摩"，"近人积水无鸥鹭，时有归牛浮鼻过"，陆放翁之"江头渔翁结茅庐，青山当门画不如"，"恨渠生来不读书，江山如此一句无"，"我亦衰迟惭笔力，共对江山三叹息”，皆可云高妙者。姜白石“人生难得秋前雨”一首，文与可此君庵之“我常爱君此默坐，胜见无限寻常人”，亦庶几。姜白石甚似孟浩然，文与可颇类韦苏州。与浩然同时，有李、杜、摩诘，皆推服浩然；与白石同时，有尤、萧、范、陆、杨，皆倾倒白石。白石如《哭石湖》《寄诚斋》等篇，集中亦不多遇也。

又余尝语君诗为友朋而为者居多，然往往有数朋友焉，为彼为之而常工，为此为之而不尽工者，岂其意之属不属？如灵运所云“对惠连辄有佳句欤”？然又有刻意求工而不工，不刻意求工而转工，又所谓“伫兴而得”者欤？二者事理乃相反，则或者其工力之至与不至。不至者，不刻意则转工，天之事也；至焉者，意所不属，亦天之事。意所属，又学之功欤？子培工为诗，而不常为。尝言吾遇苏堪，则诗思自生，为之亦多工。弢庵诗为谢枚如、张幼樵而为者，常工于他作。苏堪工者固多，而为子朋而作者则尤工，且无不工。是数者，于前数说必有合者也。君论诗宗旨，可听者实多。以余妄见，向多已合复离，近来亦罕有所异同，然彼此亦垂垂老矣。乃寻检所存往来诗札及平日所言，记为谁语与不记为谁语者，皆书之以复于君。

陈石遗刻诗之自述

光绪乙巳十一月，陈石遗在武昌寓庐，刻其《石遗室诗集》既成，乃自叙之曰：“余作诗三十年，所剩止此，所诣亦止此，乃分为三卷刻之。第一卷，凡八年，多闲居及游览之作；第二卷，凡十有三年，多行旅之作，有歌劳之思焉；第三卷，凡八年，有悲伤之作，诗与人亦俱老矣。此后或三四年，或五六年、七八年，以至长辞人世，当更得一卷之诗，为第四卷。其诗境未知何如，然得自放于山颠水涯，则幼时之流连景光，览玩物华，意中有欲言而未能言者，将如获故物，如履旧游焉，不亦既全其天矣乎？”

林亮奇自谓诗非闽派

闽县林亮奇，名景行，一字寒碧，能诗。或谓为闽派后起之秀，然其自述也，则曰："余于闽派实无所知，年十三四时，颇喜读魏晋南北史，塾师因授以《文选》。时方窃摹定庵之诗，师欲矫其失耳。既出，治法律，在日本。光绪丁未，逭暑箱根，从友人逆旅中借读韦、柳诗钞，乃稍稍摹仿之，而亦不多作也。"其《旅行即目》云："挂眼秋曦叶叶黄，横窗散柚作微香。离人已觉边寒重，居女何知物感长。小阁摊书容且坐，粗粢张饭待初装。劳生未入驼行地，到此应称雁断乡。"《题徐仲可丈纯飞馆填词图》云："早从京国擅新声，晚向吴疆发古情。半壁江山馀漫落，一家词赋共峥嵘。追陪独愧姜生后，传诵应令霎水清。更傍梅花添韵事，不教画扇羡风行。"

俞小霞饲蚕吟诗

俞小霞，皖南农家女也。性聪颖，闻村塾童子读《千家诗》，入耳若有所悟，复闻，便能诵。一日晨起采桑，得"万籁无声蚕正眠"句，因自喜，反复吟诵不置。复购通行之《唐诗三百首》，乞邻儿教之读，于是遂能诗。父母固务农，不知爱，亦不禁其所为。年十七，为之议婚，小霞不可。邻有方叟者，亦业农，有田数百亩，以富闻于乡。耳霞名，为其子普明求婚。普明学商不成，好与无赖游。霞父母羡其富，许之。始告霞，霞默默无一语，习诗如故。明年，归方氏，见普明，谓之曰："闻君不习正业，日与无赖游，非我夫也。今待汝五年，读书有业，当为君妇。不然，请相见于泉下。"出袖中获稻之刀示之，普明惊而逃，宾客相顾失色，结舌不敢语。方叟曰："今如汝言矣。"乃延师课子读，送霞还母家待之。普明非愚蠢者，以嬉荒其业，自受霞激，发愤力学。数年学大进，霞闻之私喜。普明忽谓父曰："儿岂患无妇哉？儿纵鳏，断不以轻我者为妇。"父母劝之，不可；

强之，亦不可，遂与他姓联姻。霞亦漠然置之，而习诗如故，日饲蚕吟诗以自遣。后三年，忽呕血而死。

丐能诗

某丐，余杭人，无姓氏，年约三十余。尝携纸笔出卖诗，人给钱数枚，命题作诗，援笔立就。在市十数日，人争传述。有好事者从之行，记其所作。一日在凤凰桥，破衣败履，而神气清奕。先有一人向之买诗，以“凤凰桥”为题，限“题”字韵。丐执笔不假思索，立成一绝云：“也不飞来也不啼，让他野鹜与山鸡。自从五色成文后，要待才人彩笔题。”适有童携豆腐一筐，过其侧。其人又给钱，以“豆腐”为题，限“斑”字。丐书云：“可知佳种在南山，煮即燃萁任世间。磨已去磷缁不涅，麻姑长爪莫成斑。”又以“老少年一枝”索咏，书曰：“霜前雪后见丰姿，老圃秋容惨淡时。似尔有情能不死，阿侬怎免鬓添丝。”突有二人破围入，其一人欲给钱买诗，一人曰：“若辈无耻，假以诗文自炫，赚人钱财。既有薄才，何不自谋，乃向街头乞食耶？尔我为友人约，在某妓家博，待久矣。”扯之去。丐者慨然曰：“纨袴不饿死，儒冠多误身。君将来似我，且无诗可卖也。”言已，卷纸笔径去。

江西有李丐，逸其名，往来江汉间二十余年，随身一瓢外无长物。每购牛肉、餻膏，并所捕鼠，生啖之，余纳诸败袄中，虽盛暑，色味不变。遇纸笔即书，语无伦次，或杂一二字如符箓。人以意揣之，始知为诗，飘飘有仙气。问之，辄不答。郡丞某强邀之入署，赠轻葛文舄。及出，被葛着舄，插花满头，行吟市上，终日如是。有《观瀑》诗二首最佳，诗曰：“瀑泉今古说庐台，顿向云居绝顶来。潭逼五龙时怒吼，势摧三峡更喧豗。横奔月窟千堆雪，倒泻银河万道雷。锁断鸥峰悬白练，遥看蛛网挂层台。”“滟潋湖光数顷浮，谁知曲涌万峰头。豁开古殿当前月，散作空山不尽流。金碧影摇冰镜里，鱼龙深在广寒秋。一轮直接曹溪路，白浪家风遍大洲。”或云，丐向为诸生，有名，屡试失意，盖有托而为丐者。

通州有诗丐墓，墓前竖短碣，镌其绝命诗一章云：“野性从来似白鸥，又携竹杖过通州。饭囊傍晓盛残月，歌板临风唱晚秋。两足踢翻尘世界，一肩挑尽古今愁。而今不食嗟来食，黄犬何须吠不休。”

圭塘酬唱

项城袁慰庭枢相世凯，久历宦途，罕事呫哔，不甚以文艺见长，然亦偶为小诗。光绪戊申十月，摄政王载沣既监国，命其开缺回籍养疴，盖足疾也。以项城旧邸不适于居，乃于彰德北门外筑别墅，前有洹水绕之，小桥通焉，是名“圭塘别墅”。中有小园，莳花种竹，叠石浚池，点缀林亭，颜曰“养寿园”。圭塘者，横渡洹水之桥名也。

袁初购屋于卫辉府城外，宣统己酉春夏间，既以足疾回籍，乃游览苏门百泉之胜。地为邵尧夫、孙夏峰等讲学处，高宗亦曾驻跸，其清晖阁巍然独存，袁与徐菊人相国世昌各捐资修之。五月，移居圭塘别墅。其三兄清泉观察世廉，方自徐州道乞假归，遂迎之同居。风日暄和，辄扶杖同游，听莺观鱼，吟咏自适。又常乘小舟，清泉披蓑垂纶，自持篙，立船尾，宾僚皆从游，赋诗为乐。次子克文曾梓《圭塘酬倡集》一卷。所与酬唱者，贵阳陈夔龙、永城丁象震、汲县王锡彤、商丘谢愃、庐江吴保初、合肥朱家磐、汉阳田文烈、宜宾董士佐、番禺凌福彭、元和徐沅、吴江费树蔚、甘泉闵尔昌、桐乡严震、山阴沈祖宪，又女弟子二人，一静海权静泉，一江都史济道。

袁诗如《春日饮养寿园》云：“背郭园成别有天，盘飧樽酒共群贤。移山绕岸遮苔径，汲水盈池放钓船。满院莳花媚风日，十年树木拂云烟。劝君莫负春光好，带醉楼头抱月眠。”《次权史两女士月下游养寿园》云：“曾来此地作劳人，满目林泉气象新。

墙外太行棋若阵，门前洹水喜为邻。风烟万里苍茫绕，波浪千层激荡频。寄语长安诸旧侣，素衣早浣帝京尘。”《忆庚子旧事》云：“八方烽火古来无，稚子操刀建远谟。惭对齐疆披枳棘，还临燕水补桑榆。奔鲸风起惊魂梦，归马云屯感画图。海不扬波天地肃，共瞻日月耀康衢。”《雨后游园》云：“昨夜听春雨，披蓑踏翠苔。人来花已谢，借问为谁开？”《登楼》云：“楼小能容膝，高檐老树齐。开轩平北斗，翻觉太行低。”《晚阴看月》云：“掉艇捞明月，逃蟾沉水底。搔头欲问天，月隐烟云里。”

姚鹓雏评近来诗派

华亭姚鹓雏尝曰：近来诗派，大别为三宗。王湘绮崛起湘潭，与邓弥之相唱和，力追魏晋，上窥《风》《骚》，无唐以下语，是一大宗。而弥之《白香亭诗》，高秀实出湘绮之上。湘绮自谓至鲍、谢已无阶可登，而弥之和陶，深哜神味，集中如《湖湘大水送弟峄》《鸿雁篇》《休洗红》诸作，冲澹微远，非王所几，余论诗绝句所谓“解识太羹玄酒味，陶琴自古已无弦”者也。章太炎诗不多作，每出一篇，韵古格高，欲轶湘绮。其弟子黄侃，五言颇窥庾、鲍，皆属此宗。张文襄公尝谓洞庭南北有两诗人，壬秋五言，樊山近体，皆名世之作。樊山早岁为袁子才、赵瓯北，自识文襄，乃悉弃去，从李莼客游，颇究心于中晚唐。吐语新颖，则其独擅。龙阳易实甫固能为元、白、温、李者，于是中晚唐诗，流传颇盛。大抵二人少作隽妙，过于近诗。樊山名句，如“秋千几架酴醾雪，款段一鞭杨柳风”，“井桃澹白清明雨，水柳轻黄上巳天”，“窗临鸭绿三篙水，门掩来禽一树花”，似此类者实多。实甫则如“星光忽堕岸千尺，水气平添波一层”等句，皆少年之作，后不可睹矣。此宗效者颇多，而佳者尠，易入而难精造也。若同光体诗人，海藏、石遗、听水之伦，与义宁公子、散原精舍诗，出入南北宋，标举山谷、荆公、后山、宛陵、简斋以为宗尚，枯涩深微，包举万象，而学之有得者殊鲜。

前有林晚翠，后有李拔可，差为此宗张目耳。

王晋卿诗有唐音

自咸、同以来，言诗者喜分唐、宋。每谓某也学唐诗，某也学宋诗。陈石遗则谓唐诗至杜、韩而下，现诸变相，苏、王、黄、陈、杨、陆诸家，沿其波而参互错综、变本加厉耳。然必欲分之，亦自有辨。俞确士、王晋卿二人皆历少陵、嘉州所历之地，为少陵、嘉州所为之诗。尝叙晋卿诗续集云："人之言曰：咸、同以降，古体诗不转韵，近体诗不尚声，貌之雄浑者，其敝也。蓄积贫薄，翻覆只此数意数言，或作色张之。非其人而为是言，非其时而为是言，与貌为汉、魏、六朝、盛唐者，何以异也？余交晋卿浅，别去二十余年，惟闻晋卿官方岳，出玉门，踰天山，管领古西域三十六国。向治考据，工古文词，著述行世有几，道远莫得详，海内学人不易得，时时往来心中。今年相见京师，出近诗五卷，使序之，曰：'吾生平撰述，未尝乞人一序也。'受而读之，则如读岑参之《凉州》《北庭》《陇头》《碛西》《交河》《临洮》《轮台》《燕支》《热海》《火山》，杜陵之《赤谷》《寒硖》《铁堂峡》《木皮岭》《泥功山》《石柜阁》《桔柏渡》诸诗也。能诗者不必至其地，至者不能诗，能之，亦才力不称其景物之壮远。余于诗文无所偏好，以为惟其能与称耳。浅尝薄植，勉为清隽一二语，自附于宋人之为江湖末派之诗耳。而步武岑、杜之诗以为诗，固治考据、工古文词者所饶为哉！"

今录数首，与海内治诗者共辨之。《入子午谷》云："薄晓发石泉，冬日含春晖。行行入层岩，草木青不腓。夜来北风劲，吹起云千堆。天女剪寒花，撒手片片飞。漫天三日雪，不辨山径蹊。攀藤陟崔巍，下临千丈溪。麻鞵蹋冰石，性命悬微丝。一谷通秦喉，万险无一夷。当关塞丸泥，诸葛不敢窥。老亮慎用兵，善正不善奇。天心久去汉，空作鹬蚌持。惜哉魏延策，一失不可追。"《鸡头关》云："寒风出阴崖，吹我度鸡头。重关倚层云，下顾猿狖愁。众水汇一泉，滚滚东南流。汉中大如丸，万舍随沉浮。南瞻汉王城，片瓦不可抔。当时逐鹿人，零落同山丘。英雄一骸骨，千载空悠悠。”《龙门阁》云：“两日山中行，复沓如平垣。崎岖百里余，岿然见龙门。修栈蹋苍虺，首尾云中蟠。北峰祖群峭，罗立高曾孙。阴柯舞魑魅，矗壁愁猱猿。顽龙穴山腹，穿破盘古根。一水入无底，哆口汩汩吞。西出吐涎腥，驶入长江奔。女娲补天能，失手塞漏坤。吾欲探其幽，趦趄丧精魂。”《望朱圉山过羲皇故里》云：“伏羌之西朱圉山，先儒传注相流传。朱圉反在鸟鼠下，导山次序毋乃颠。昔与陶君讨山脉，(陶拙存)陈子为说洮西偏。(陈子康)中有一山类伏虎，两峰夹之雄且殷。朱圉祝敔本同义，卓尼字变音流迁。土司取名实可证，有若猪野讹居延。古来地舆失图学，《禹贡》误说尤连篇。行行廿里近城郭，羲皇故里丰碑镌。曾闻羲都在天水，遗址又复留秦安。世儒嗜古好附会，名人名地争依攀。驱车访古日已暮，下马四顾心茫然。”晋卿，名树枏。

江西多诗人

江西多诗人，陈伯严、杨昀谷、胡漱唐外，有夏剑丞、胡诗庐、陈师曾、汪辟疆、刘伯远。辟疆年少好学，有赠诗庐句云：“同光二三子，差与古澹会。骨重神乃寒，意匠与俗背。”又云：“吾子吐佳句，志欲古人配。理弦三五弹，泠泠非俗爱。又如振霜钟，清响度林外。”又云：“吾乡散原翁，吐语多恣态。排奡出恢诡，瑰丽遂无对。”状伯严及诗庐诗颇肖。《送褧广归永新》句云：“石潭泻落琴亭水，疑带芦沟呜咽声。泼墨远天人独往，凝寒小阁醉初成。”伯远宦闽有年，《送友人之海上者》云：“子云校书忘朝夕，泄柳闭门甘独坐。咫尺之间稀往还，不如任君长别去。春江正好理舟楫，江关应不喧鼙鼓。莺飞草长近何如？倘忆故人一传语。”

陈伯严诗避俗避熟

义宁陈伯严主政三立诗，避俗避熟，力求生涩，而佳语仍在文从字顺处。世人只知以生涩为学山谷，不知山谷乃槎枒，并不生涩也。伯严生涩处与薛士龙季宣绝似，无人知者，陈石遗尝持《浪语诗》示人，以证此说，无不谓然。

俞麟洲工诗

俞麟洲为陈伯严之妇，工诗，尝与伯严赓和。《晓起》云："卷帘看燕子，池水腻如罗。草色花朝雨，箫声子夜歌。晓寒因雾重，春恨为谁多？抛绣依亭石，微吟带薜萝。"《庚戌寒食病中作》云："病中忘却是春时，开过辛夷了不知。强起如烟疑化柳，未眠有梦欲成丝。年年药椀违寒食，夜夜残灯隔酒卮。雪外园林花满眼，纵能临赏已空枝。"

夏剑丞诗神似宛陵

新建夏剑丞提学敬观溺苦于诗，其造语大有不惊人不休之意。尝谓唐宋诗人，独有一梅圣俞耳。其诗如《云栖寺竹径》云："理安长枏直插地，云栖大竹高参天。二寺夐然到圣处，枏不蠹朽竹愈坚。昔称理安境无对，未见云栖真枉然。渐寻竹径避白日，步步到寺循花砖。又如葺叶作廊覆，左右柱立皆修椽。露骨专车岩壑底，表影累尺僧房巅。空亭驻足一遐想，夜至风露宜娟娟。人言此寺惟有竹，他景不胜名虚传。正惟有竹便佳绝，杂树亦众何称焉。愿笋不斸尽成竹，连坡长到澄江边。""昔称"二句，"又如"二句，"人言"六句，用笔造语，皆得髓于宛陵而神似之。

赵尧生诗肖蜀中山水

宣统庚戌、辛亥间，京朝官方结社为乐，多游览题咏之作。

赵尧生侍御则挥斥而成，无攒眉苦吟之态。议之者则以为沙石并下，有未遑淘汰而涵澄者。陈石遗则曰："尧生，蜀人也。蜀中山水巉刻，而所生诗人，若伯玉、太白、东坡所为诗，不甚似其山水。其似者，转在寓公游客，为少陵、玉溪、山谷、剑南诸人。岂前数人者，生长于蜀，多宦游四方，故蜀中之诗少，后数人者，宦游其地而诗多欤？然文与可、唐子西、韩子苍，皆蜀中诗人之著者，亦皆宦游四方，其诗则与后数人相近。今尧生古体，极似与可、子苍，而有时恣肆过之。近体极似子西、与可，亦有似子苍者，而甚肖蜀中山水。余虽未至蜀，固可由少陵、玉溪、山谷、剑南之状蜀中山水者知之也。"

陈仁先为凄惋雄挚之诗

陈仁先弱冠登甲乙科，为部郎，以言官待补，特科入高等，能为经济家、性理家言，公卿大臣多器之。苟稍有甘利达、乐高职之意者，则与同时年少之子并驱先登矣。乃皆弃不顾，独肆力为凄惋雄挚之诗。始为汉魏六朝，笔力瘦远。陈石遗虑其矜严而可言者寡也，意有未足。别去三四年，相见京邸，出所作一二百篇，无以识其为仁先之诗。韩之豪，李之婉，王之遒，黄之奇，诗中自道所祈向者，皆向所矜慎而不敢遽即者也。石遗又曰："诗者，荒寒之路，羌无当乎利禄。仁先精进之猛，乃不在彼而在此，可不谓嗜好之异于众欤！"

李拔可诗工嗟叹

闽县李拔可太守宣龚诗最工嗟叹，古人所谓"凄惋得江山助者，不必尽在迁客羁愁也"。《题吴丈剑隐鉴园图》云："事业欲安说，溪边柳成围。当时叩门人，百过亦已衰。此园在城东，地偏故自奇。世俗便贵耳，浊醪争载窥。那识赏寂寞，但闻箦与丝。我向喜独游，扁舟弄涟漪。拊槛一片云，钟山远平篱。花竹不迎拒，鱼鸟无瑕疵。岂惟客忘主，青溪吾所私。中间共出处，就官淮之湄。土瘠民力瘁，百无一设施。鄂渚得再觌，征车方北驰。归途望楚氛，微服鹢退飞。陵谷事已改，变迁到茅茨。相逢忽揽卷，不收十年悲。郑记似柳州，平淡乃过之。夙忝文字饮，可能欠一诗？巷南数椽屋，有枝亦无依。倪免熠耀畏，慆慆还当归。芳草结忠信，吾言兹在兹。”此诗写二十年来在青溪、钟阜间交游踪迹，离合悲欢，直举苏堪《吴氏草堂》《晚登吴园小台》《正月二日试笔》《上巳吴园修禊》《濠堂题吴鉴泉新成水榭》《舟过金陵》诸诗怀抱，略萃于一诗。拔可少游白下，后自筑屋青溪旁，小有林亭，经乱颇遭蹂躏，又目击武昌兵乱，故语意时含凄惋。陈石遗尝谓金陵诗，自王子敬《桃叶》、陈后主《玉树后庭花》外，惟李太白《凤凰台》一首、刘梦得《怀古》一首及五绝句，称为高唱。至荆公退处，而名作以多，类抚景感时，藉抒悒悒之抱。苏堪、拔可先后寓居金陵，又皆服膺荆公诗，发音之同，有自来矣。

桂伯华诗澹泊

桂伯华居士，名念祖，生平不昏不宦，安贫劬学。善诗，少壮所作喜沉丽，中年以后，一归澹泊，因文见道，有寒山、拾得之风。录其《题程撷华易庐集并导以学佛》云：“朅来北海复南海，历览今人到古人。云雨总供翻覆手，桑麻几见太平民。群迷那更知三世，大苦都因误六尘。试与空斋一趺坐，定中面目本来真。”《酬胡苏存四叠前韵》云：“云沉海色天愁客，雷走车声日聒人。蕉梦醒来闻郢曲，桃源思去访秦民。如今世界谁先觉？自古王侯一聚尘。遮莫千山万山处，蒲团坐破始全真。”《汪君友箕悯乱心切，次韵述感，余复推论乱本，而有是言，六叠前韵》云：“韩非老子乃同传，盗跖颜回俨一人。八九百言留妄语，二千余岁苦吾民。畴令道释风坠地，更有韩朱（韩愈、朱熹。）步后尘。从此乾坤莽荆棘，与谁披豁见天真？”

程子大诗囊括宋贤佳境

宁乡程子大观察颂万，为雨沧教授霖寿之叔子。教授富著述，有《万涵堂文》《湖田晓角词》。子大渊源家学，皆能之，而尤长于诗。于湘乡曾重伯太史广钧、龙阳易实甫观察顺鼎而外，为异军之特起，以是名噪光宣间。尝自言："文章之道，程功积久而始近于古，非可妄意速成也。若乃端居多暇，称心而言，吾身所值之境与事，未尝不藉文字以传。至于幽忧疾疢之余，亦惟冥心于文字之中，足以与世相忘而不失乎古。凡吾所为，如是而已。"其诗境凡数变。陈伯严则谓其光绪辛丑以后之作，能囊括宋贤佳境。南海梁星海亦谓其可传。子大则又自谓古之人有未尽、今之人有未喻者，胥于是焉发之，未暇计其传与否也。

姜颍生集唐

怀宁姜颍生，工丹青，声价极高，非重金不能得其尺幅。生平喜集唐句，多至千余联。如"年来可有新诗句，醉后常称老画师"，"吴质不眠倚桂树，刘郎重到滞桃花"，"梦里分明见关塞，人间空自造楼台"，均各擅其妙。

万乐渔苦吟六十年

丹徒万乐渔布衣沛淇隐于贾，苦吟六十年，著《困学诗钞》。时辈多揶揄之，为韩沧江所见，乃奖其古雅。其五言如《遣兴》云："读书荒岁月。"《同馨山坐马车至静安寺即景》云："软尘十里已魂销，油碧香车露翠翘。花径日斜人影聚，柳阴风暖马蹄骄。村姑傅粉遮黧面，蛮妇拖裙束细腰。结伴纷来茶社集，有谁习静访僧寮？"《古墓》云："石人对峙尚昂然，浅土犁平种作田。紫诰空争官爵大，黄金难买子孙贤。野狐穿穴悲长夜，古木交柯忆昔年。麦饭一盂知久馁，有无隐恨抱重泉？"七言如《瓜州渡江》云："小艇拖潮轻似鸟，远山无树秃于僧。"《过曹公祠题壁》

云："草封京观供饥马，月照荒祠宿野狐。"

胡淑娟为夫改诗

胡女士恕其，字淑娟，丽怀内朗，淑仪外润，于针缕佩服栉珥必修洁。未嫁前二月，其夫余十眉病几殆，夜闻家人絮谈，潜听得其实，大戚。自维设有不测，誓必死，为损眠食者数日。十眉喜词章，中馈余暇，辄从之读，灯影书声，恒至丙夜。有所作，复促十眉为增损之。十眉尝题杨秋心《探花杏苑图》，有句云："玉楼好梦今何似，沉醉东风又一回。"淑娟笑曰："次句当作'沉醉东风第几回'，似较宛转矣。"

八指头陀工诗

法师俗姓黄，本名读山，出家后曰敬安，字寄禅，自号八指头陀。为山谷后裔，居湘潭，世业农，父宣杏，母胡氏。少为农家牧牛，又尝为人奴。一日见篱间白桃花为风雨摧败，不觉失声大哭，遂投湘阴法华寺出家，礼东林长老为师，时同治戊辰岁也。

师诞时，母祷于白衣大士。咸丰辛亥十二月初三日，梦兰而生。少未识字，壮岁在家，好仙佛事，忽有神悟。偶登岳阳楼，俛视湖光，一碧万顷，忽得"洞庭波送一僧来"之句。及出家，诣南岳祝圣寺，从贤楷律师受具，首参恒志和尚于岐山，专司苦行诸职，暇则随众坐禅。越五年，颇有省，是时诗学大进。顾口吃，期期不能言。而为诗则宗法六朝，中岁以后，步趋王、孟，高者直逼盛唐。与湖湘老辈邓弥之、王壬秋相唱和。数十年来，湖海名流，节牙豪帅，无不与相过从。晚年学道益精进，率其徒提倡苦行。所为说法语录稿本，藏天童山。

师在天童时，因日僧伊藤从道诱合浙江寺院归日保护，报章登载，窃师首名。师愤外势欺凌，乃自立僧教育会，往来宁、沪间，以传衍佛学为己任。

秀水董氏五世能诗

濮院董氏，籍秀水，以诗画鸣于世累代矣。最初有养中布衣名涵者，覃精《易》理，暇辄吟咏自适。喜放翁诗，尝云："剑南诗有靖节之性情，兼少陵之风骨。"诚笃论也。晚年参悟禅理，辄自绩《面壁图》以见志。子乐闲继之。乐闲名棨，号石农，亦布衣。天资高夐，少无师承，而工诗。孙为枯匏明经耀，晚岁通内典。诗品冲淡，似韦苏州。有《养素居诗》，句如"浮云拂澄宇，白日下危檐"，"云净淡溪色，松高落翠阴"。又咏《闽兰不开花》云："孤芳不媚世，空谷甘寂寞。移种庭阶前，幽怀欣有托。真意不在花，勿厌得气薄。不见木槿花，朝开暮还落。浮荣亦何为？吾将藏吾朴。"曾孙小匏，名念棻；玄孙东苏，名寿慈，亦皆能诗，著称于同、光间。东苏且谙英文，通新学。

张宗扬诗有音节

陈石遗有仆张宗扬，侯官绅带乡人。乡在万山中，由陶江西上，十余里至洪江；又水路西上数十里，至小箬；又陆路四十里，乃至其乡。泉石林木，奥如罨如，乡名"绅带"者，以溪流形势言之也。宗扬侍石遗久，喜弄文墨，无流俗嗜好，行草书神似郑苏堪，见者莫辨。从石遗奔走南北，若匡庐、彭蠡、泰岱、上谷、居庸、昌平、桑乾，京西之香山、翠微，长江之金焦、北固、钟山、石钟、西山、赤壁，汉上之大别、郎官，西湖之南北高峰，无役不从。钉铰之作，遂亦裒然径寸，虽识字无多，艰于进境。某岁除夕，曾和石遗《村居》韵三首，诗云："诗人无不爱江村，我愿江头得小园。蓺菜莳花成老圃，种松栽竹绕柴门。此时岩下梅应发，（主人所居名楞岩。）遥想暗香都断魂。待到晓来潮水涨，鲜鱼味嫩佐芳尊。""夜眠如在万梅村，（室中瓶梅甚夥。）晓起寻诗城北园。（主人女公子园林在城北。）寄语主人休远念，出游自锁几重门。鼕鼕腊鼓岁云暮，耿耿兰缸摇梦魂。爆竹声喧街柝静，昨宵独酌酒盈尊。”“雪峰水碓响村村，草棘为篱护菜园。记得童时返樵担，山中日落早关门。田园不觉十年别，世事茫茫若梦魂。欲与主人同笠屐，到吾草舍醉匏尊。”三首起句俱好。又《九日次韵和石遗天宁寺登高之作》云：“萧瑟秋忽晚，景物俱变衰。客中何寂寥，畸人思东归。重阳好天气，晴晖风力微。迢递望故乡，乡情总牵羁。居守不出游，闭门独咏诗。乔木脱将尽，矮菊尚未开。昨夜微霜落，凄凄压蒿莱。西山当此时，红叶正美哉。故园弟与妹，尺书绝不来。天寒赖有酒，日月醉霞杯。愁我多疾病，颤颔鬓发摧。昔人半销磨，旧事徒伤怀。往年登高处，矗矗邻霄台。太息屡为客，渡海还几回。”音节浏亮，波澜老成。叔世之以帖括起家，号称士大夫者，尚鲜有能诗者，乃于臧获中得之，奇矣。

演诗牌

前人演诗牌，有“雨窗话鬼灯先暗，酒肆论仇剑忽鸣”等句。施望云尝在万藻卿家演之，集得“弹琴别苑初闻雨，丸药空阶已见星”一联，万藻卿集得“水平桥到脊，风扬柳如髯”，“饥鹭窥鱼立，浮蛙见客潜”等句，殊佳。又“风枝摇倦鸦”五字，尤风韵独绝。

斗句

施望云少时赴宴，尝于席次广晋人斗险之意，为斗句。于酒筹下书“奇”“险”“幽”“丽”“苍”“荒”“壮”“阔”“疏”“淡”各一字，如拈得奇字者，即作奇语，座客各以奇句斗，不斗者听。姚云坡作奇句云：“洞蛮鞚象作宛马，河伯结螭为海梁。”施曰：“赤县梦游烟九点，青天醉睨月双圆。”姚作险句云：“二分垂趾悬崖侧，一发牵舟恶浪中。”施曰：“崖风落石人酣卧，山雪迷途虎夜追。”施作幽句曰：“松杉老屋眠秋士，瓜果空楼祭晓仙。”又曰：“古图宫女描黄额，孤塔观音坐白衣。”袁跛仙曰：

“短衫舞镜天悬月，破帽沾花夜雨霜。”姚作丽句曰：“隔帘花底啼鹦鹉，悬镜屏间照凤凰。”施曰：“鲛人夜织垂蚕锦，龙女春妆坐蜃楼。”又曰：“帝子妙传蝴蝶影，神仙双跨凤凰飞。”施作荒句曰：“黄沙滚地驰胡马，白草连天戏洞蛮。”又曰：“狐鼠夜鸣罗刹国，牛羊秋下伞圆山。”又作壮句曰：“扬帆沧海封王去，走马天山杀贼回。”又作阔句曰：“疮痍遍地干戈后，贫贱论交宇宙间。”又作疏句曰：“斜阳溪上逢僧话，细雨山南采菊来。”明日，施又成戏句若干联，有曰：“丑女簪花春有恨，庸医卖药鬼相随。”“青史声名输戏齣，六经传诵仗时文。”“无故远游贫士志，多方作态显官身。”“怪事易传村老口，神工难画馆师形。”“俗客相逢惟点首，故人乍见忽留须。”一座皆笑，至喷酒满案。

太清春工诗词

太清西林春，姓顾氏，苏州人，才色双绝，为贝勒奕绘之侧福晋。有《天游阁集》，所作词名《东海渔歌》，兹录其三阕焉。《慈溪记游调寄浪淘沙》云：“花木自成溪，春与人宜。清流荇藻荡参差。小鸟避人栖不定，扑乱杨枝。　归骑踏香泥，山影沉西，鸳鸯冲破碧烟飞。三十六双花样好，同浴清溪。”《山行调寄南柯子》云：“絺绤生凉意，肩舆缓缓游，连林梨枣缀枝头。几处背阴，篱落挂牵牛。　远岫云初敛，斜阳雨乍收，牧踪樵径细寻求。昨夜骤添溪水绕郛流。”《春夜调寄早春怨》云：“杨柳风斜，黄昏人静，睡稳栖鸦。短烛烧残，长更坐尽，小篆添些。　红楼不闭窗纱，被一缕春痕暗遮。澹澹轻烟，溶溶院落，月在梨花。”太清尝与贝勒雪中并辔游西山，作内家妆束，披红斗篷，于马上拨铁琵琶，手洁白如玉，见者咸谓为王嫱重生也。

或曰，龚定庵尝通殷勤于太清，事为贝勒所知，大怒，立逼太清大归，而索龚于客邸，将杀之，龚孑身跳以免。然其事未可尽信。如皋冒广生有《记太清遗事》六首，录之以资考证。诗云：“如此佳人信莫愁，出身嫁得富平侯。九年占尽专房宠，（妙华夫人以道光庚寅七月逝。）四十丈君倘白头。”（太清与贝勒同生于嘉庆己亥，《明善堂诗》编至戊戌，则太清之寡，恰四十齐头矣。）“一夜瑶台起朔风，雕残金锁泪珠红。秦生晚遇潘生死，（秦、潘皆医也。）肠断天家郑小同。”（太清于道光甲午正月五日生子，因与己同日，故名载同。是年十二月以痘殇。）“写经亲礼玉皇前，（太清曾集《玉皇心印经》为五言诗四首。）偷剪黄絁便学仙。（太清有道装小象，道士云谷所画。）不画双成伴王母，石榴可惜早生天。”（石榴，太清侍婢名，早卒。）“信是长安俊物多，红禅词句不搜罗。淮南别有登仙犬，一唱双鬟奈若何？”（双鬟，太清所蓄犬也。双鬟病，太清拈一字与之。拈得福字，众皆曰吉，太清曰：“不祥也。是示一口田耳。”道人有《金缕曲》云：“示一口田埋薄命”，即用本事。）“貂裘门下列衣冠，（“彩服庭前儿女，貂裘门下衣冠”，太清春灯词也。）词到欢娱好最难。忽忽不知春料峭，水精帘外有天寒。”“太平湖畔太平街，（邸西为太平湖邸，东为太平街，见贝勒《上夕侍宴》诗注。）南谷春深葬夜来。（南谷大房山东，贝勒与太清葬处。）人是倾城姓倾国，丁香花发一低徊。”

程蕙英工诗词

阳湖程蕙英莒俦，著有《北窗吟稿》。家贫，为女塾师。曾作《凤双飞》弹词，才气横溢，纸贵一时。所为诗，纯乎阅世之言，非寻常闺秀所能。其《自题凤双飞后寄杨香畹》云：“半生心迹向谁论？愿借霜毫说与君。未必笑啼皆中节，敢言怒骂亦成文。惊天事业三秋梦，动地悲欢一片云。开卷但供知己玩，任教俗辈耳无闻。”

郑太夫人工诗词

钱塘郑太夫人，名兰孙，字娱清，为仁和徐若洲司马鸿谟之妇，花农侍郎琪之母。工诗词。闺中赓唱之暇，尝以课子。自道光丙申至咸丰壬子，删存诗词八百余首，分为两集：一曰《都梁香阁》，一曰《莲因室》。中以随宦江北时所作者为多。方粤寇之初陷扬州也，从其姑孙太夫人仓卒出城，服物皆不复顾，惟奉先世画像及高宗赐文穆公本诗墨迹，并司马为太夫人所书诗词手册以行。其后，恭亲王奕䜣题诗于侍郎所刊太夫人之诗词集，有二句云："漫将赵管图书拟，忠孝遗徽此帧中。"即指此也。太夫人吟咏余晷，喜讽梵经。其在如皋时，居东岳禅院旁，尝以十四昼夜礼《妙法莲华经》七部。故其所作，时有禅悟，与司马所著之《簷〔薝〕卜花馆诗》并称于时。

毗陵庄氏闺秀工诗词

毗陵多闺秀，世家大族，彤管贻芬，若庄氏，若恽氏，若左氏，若张氏，若杨氏，固皆以工诗词著称于世者也。今以庄氏言之，则有问生之妇沈恭人，及次女静芬、季女菁孙；仪生之妇卓媛字萦素；柱之妇钱太夫人；定嘉之妇荆安人及长女德芬；暎之季女玉芝；培因之长女环玦；高驷之妇李孺人；蓉让之长女玉珍及次女；逢原之女芬秀；关和之女盘珠；文和之长女如珠；隽甲之妇汪孺人；钧之次女素馨；炘之次女婉娴；述之妇夏孺人；暎垣之季女若韫；翊昆之妇杨孺人。自康熙以迄同治，凡得二十二人，皆以诗词名于时，而盘珠尤著。

石门徐氏一门能诗词

石门徐迓陶太守宝谦工诗文辞，一门风雅，论语溪门望者，当首推之。太守尝与其妇蔡氏唱和于月到楼，女孙畹贞、蕙贞、自华、蕴华咸侍侧，分韵赋诗，里巷传为盛事。自华、蕴华尤著称于时。自华字寄尘，有《忏慧词》。蕴华字小淑，侯官林亮奇文学景行之室也，有诗词，刊入《南社集》。

词学名家之类聚

明崇祯之季，诗馀盛行，人沿竟陵一派。入国朝，合肥龚鼎孳、真定梁清标，皆负盛名。而太仓吴伟业尤为之冠，其词学屯田、淮海，高者直逼东坡，王士祯以为明黄门陈子龙之劲敌。自余若钱塘吴农祥，嘉兴王翃、周篔，亦有名于时。其后继起者，有前七家、后七家、前十家、后十家之目。前七家者，华亭宋征舆、钱芳标、无锡顾贞观、新城王士祯、钱塘沈丰垣、海盐彭孙遹、满洲性德也。征舆字辕文，其词不减冯、韦。芳标字葆馚，原出义山，神味绝似淮海。贞观字华峰，号梁汾，考声选调，吐华振响，浸浸乎薄苏、辛而驾周、秦。士祯字贻上，号阮亭，别号渔洋山人，尤工小令，逼近南唐二主。丰垣字遹声，其词柔丽，源出于秦淮海、贺方回。孙遹字羡门，多唐调，士祯撰《倚声集》，推为近今词人第一，尝称其吹气若兰，每当十郎辄自愧伧父。性德，原名成德，字容若，其品格在晏叔原、贺方回间。更益以华亭李雯、钱塘沈谦、宜兴陈维崧三家，遂为十家。雯字舒章，语多哀艳，逼近温、韦。谦字去矜，步武苏、辛，而以五代、北宋为归。维崧字其年，郁青霞之奇气，谱乌丝之新制，实大声宏、激昂善变者也。

同时与其年齐名者，为秀水朱彝尊。彝尊字锡鬯，号竹垞，当时《朱陈村词》流遍宇内，传入禁中。彝尊又别出新意，集唐人诗，成数十阕，名《蕃锦集》，殊有妙思。士祯见之，以为殆鬼工也。然彝尊词一宗姜、张，其弟子李良年、李符辅佐之，而其传弥广。康、乾之际，言词者几莫不以朱、陈为范围。惟朱才多，不免于碎；陈气盛，不免于率，故其末派有俳巧奋末之病。钱塘厉鹗、吴县过春山，近朱者也；兴化郑燮、铅山蒋士铨，近陈者也。太仓王时翔、王策诸人，独轶出朱、陈两家之外，以晏、欧为宗。时翔字抱翼，其词凄惋动人。策字汉舒，意味深长，亦自名家。至宜兴史承谦、荆溪任曾贻，自出杼轴，独抒性灵，于宋人吸其神髓，不沾沾袭其面貌，一语之工，令人寻味无穷，而又不失体裁之正，则亦词家之作手也。

乾、嘉之际，作词者约分浙西、常州二派。浙西派始于厉鹗，常州派始于武进张惠言。鹗词宗彝尊，而数用新事，世多未见，故重其富。后生效之，每以捃摭为工，后遂浸淫而及于大江南北。然抄撮堆砌，音节顿挫之妙未免荡然。惠言乃起而振之，与其弟琦，选唐宋词四十四家百六十首为《词选》一书，阐意内言外之旨，推文微事著之原，比傅景物，张皇幽渺，约千编为一简，蹙万里于径寸，诚为乐府之揭橥、词林之津逮。故所撰作，亦触类修鬯，悉臻正轨。其友人恽敬、钱寄重、丁履恒、陆继辂、左辅、李兆洛、黄景仁、郑善长辈，亦皆不愧一时作家。其学于惠言而有得者，则歙县金应瑊、金式玉也。其以惠言之甥而传其学者，则武进董士锡也。荆溪周济友于士锡，尝谓词非寄托不入、专寄托不出，其所立论，实足推明张氏之说而广大之。所著《味隽斋词》及《止斋词》，堪与惠言之《茗柯词》把臂入林。盖自济而后，常州词派之基础益以巩固。潘德舆虽著论非之，莫能相掩也。

后七家者，张惠言、周济、龚自珍、项鸿祚、许宗衡、蒋春霖、蒋敦复也。惠言，字皋文；济，字保绪，号止葊；自珍，字定庵；鸿祚，字莲生；宗衡，字海秋；春霖，字鹿潭；敦复，字剑人。七家中，莲生、海秋、鹿潭之作，大都幽艳哀断；而鹿潭尤婉约深至，流别甚正，家数颇大，人推为倚声家老杜。合以张琦、姚燮、王拯三家，是为后十家，世多称之。

其效常州派者，光绪朝有丹徒庄棫、仁和谭献、金坛冯煦诸家。棫，字中白；献，字仲修；煦，字梦华。

光、宣间之倚声大家，则推临桂王鹏运、况周颐，归安朱祖谋，汉军郑文焯。鹏运，字幼霞；周颐，字夔笙；祖谋，字古微；文焯，字叔问。

朱陈村词

宜兴陈其年检讨维崧少清臞，冠而于思，须浸淫及颧准，侪辈号为陈髯。性好雅游，以文章巨丽为海内推重。相与蹴角坛坫者，吴江吴汉槎、云间彭古晋也。吴梅村有“江左三凤皇”之目。其年未达时，尝自中州入都，与朱竹垞合刻所著，曰《朱陈村词》，流传入禁中，曾蒙圣祖赐问褒赏。

王井未好填词

王井未客扬州数年，文采富艳，倾动时流。好填词，所著名《月底修箫谱》，倚声家颇传诵之。未几构疾遽卒，年犹未及三十也。弥留时，与其妇曹夫人相诀，约三年即见。至期，曹夫人果亦香消玉殒矣。

词家创格

麟见亭河帅曾，以游历所至分绘为图，名曰《鸿雪因缘》，自为之记，并嘱吴门戈宝士明经各附一词于后；长洲陶凫芗宗伯则举生平境遇，自系以词，寓编年纪事于协律中。皆为词家创格，《红豆树馆词》五六两卷是也。其词嘉庆癸酉林清遣其党陈爽、陈文魁潜结太监阎进喜等突入大内滋事《百字令》云："刀光如雪，镇惊魂一霎，头颅依旧。秘馆校书刚日午，猝遇跳梁小丑。义胆同拚，凶锋正锐，血溅门争守。狼奔豕突，半空霹雳惊走。更遣飞骑讹传，款关谍报，匪党还交构。　往事思量成噩梦，差幸馀生虎口。净扫欃枪，肃清辇毂，功大谁称首？神枪无敌，当今神武天授。"

吴蘋香词似漱玉

吴蘋香女史初好读词曲，后乃自作，亦复骎骎入古。钱唐梁应来题其《速变男儿图》有句云："南朝幕府黄崇嘏，北宋词宗李易安。"非虚誉也。所著有《花帘词》一卷，逼真漱玉遗音。其《祝英台近·咏影》云："曲栏低，深院锁，人晚倦梳裹。恨海茫茫，已觉此身堕。那堪多事青灯，黄昏才到，又添上影儿一个，最无那。　纵然着意怜卿，卿不解怜我，怎又书窗依依伴行坐？算来驱去应难，避时尚易，索掩却绣帏推卧。"《河传》云：

“春睡，刚起。自兜鞋，立近东风。费猜，绣帘欲钩人不来。徘徊。　海棠开未开？料得晓寒如此重，烟雨冻，一定留春梦。甚繁华，故迟些，输他，碧桃容易花。”《如梦令·燕子》云：“燕子未随春去，飞入绣帘深处。软语话多时，莫是要和侬住？延伫，延伫，含笑回他不去。”女史父、夫皆业贾，无一读书者，而独工倚声，真夙世书仙也。

徐紫仙填词自遣

仁和徐紫仙女士云芝，为若洲司马鸿谟娱清太夫人兰孙之女，花农侍郎琪之姊，好倚声，即以咸丰戊午、辛酉两次刲股疗母疾，著称于时者也。咸丰初，随宦扬州。适有粤寇之扰，紫仙乃与侍郎同侍太夫人避居如皋。虽晨炊暮爨，紫仙亦兼任之。然稍暇，必填小词以自遣。多隽句，可与侍郎之《玉可词》《落叶词》并传。癸亥，适袁子才之从曾孙蔚文上舍，倡随甚得。及太夫人卒，以思慕成疾，遂至不起，时同治癸亥也。所著为《秀琼词》。恭忠亲王奕䜣题词以誉之，有“裁云缝月，骊珠一一阳春调”等句。

谭复堂为词学大家

同、光间，有词学大家，前乎王幼霞给谏、况夔笙太守、朱古微侍郎、郑叔问中翰，为海内所宗仰者，谭复堂大令是也。大令既举于乡，一为校官，旋筮仕于皖，以经术师吏治。簿书余暇，辄招要朋旧，为文酒之宴集。吮毫伸纸，搭拍应副，若不越乎流连光景之情文者。读其词者，则云幼眇而沉郁，义隐而指远，腷臆而若有不可于名言。盖斯人胸中，别有事在。而官止于令，荦然不能行其志为可太息也。

大令所著《复堂词》，在《半厂丛书》中。又选顺、康至同、光人词，为《箧中词》，更取周济《词辨》，为徐珂评泊之。其跋曰：“及门徐仲可中翰录《词辨》，索予评泊以示椠范。予固心知周氏之意，而持论小异。大抵周氏所谓变，亦予所谓正也，而折衷柔厚则同”云云。观此，可以知复堂词宗旨之所在矣。

王幼霞词浑化

朱古微少时随宦汴梁，王幼霞以省其兄之为河南粮道者至，遂相遇。古微乃纳交于幼霞，相得也。已而从幼霞学为词，愈益亲。光绪庚子之变，八国联军入京城，居人或惊散，古微与刘伯崇殿撰福姚就幼霞以居。三人者，痛世运之陵夷，患气之非一日致，则发愤叫呼，相对太息。既不得他往，乃约为词课，拈题刻烛，于喁唱酬，日为之无间。一阕成，赏奇攻瑕，不隐不阿，谈谐间作，心神洒然，若忘其在颠沛兀鯢中，而自以为友朋文字之至乐也。

幼霞天性和易而多忧戚，若别有不堪者。既任京秩久，而入谏垣，抗疏言事，直声震内外，然卒以不得志去位。光绪甲辰，客死苏州。其遇厄穷，其才未竟厥施，故郁伊无聊之概，一于词陶写之。其词导源碧山，复历稼轩、梦窗，以还清真之浑化，与周济之说固契若针芥也。

况夔笙述其填词之自历

况夔笙为倚声大家，著有《第一生修梅华馆词》。与王幼霞、朱古微相友善，其官秩亚于幼霞、古微，而声望实与相埒。尝自述其填词之所历曰：“余自同治壬申、癸酉间，即学填词，所作多性灵语，有今日万不能道者，而尖艳之讥在所不免。光绪己丑，薄游京师，与半唐（塘）共晨夕。半唐词夙尚体格，于余词多所规诫，又以所刻宋元人词，属为斠雠。余自是得窥词学门径，所谓‘重拙大’，所谓‘自然从追琢中出’，积心领会之，而体格为之一变。半唐亟奖藉之，而其它无责焉。夫声律与体格并重也，余词廑能平仄无误，或某调某句有一定之四声。昔人名作皆然，则亦谨守弗失而已，未能一声一字，剖析无遗，如方千里之和清真也。如是者二十余年。继与沤尹以词相切礲，沤尹守律綦严，余亦恍然向者之失，断断不敢自放。乃悉根据宋、元旧谱，四声相依，一字不易。其得力于沤尹，与得力于半唐同。人不可无良师友，不信然欤？大雅不作，同调甚稀。如吾半唐，如我沤尹，宁可多得！半唐长已矣，于吾沤尹，虽小别，亦依黯，吾沤尹有同情焉，岂过情哉！岂过情哉！”半唐，即幼霞也；沤尹，即古微也。

程子大与况夔笙以词相切劘

光绪庚寅、辛卯间，况夔笙居京师，常集王幼霞之四印斋，唱酬无虚日。夔笙于词不轻作，恒以一字之工、一声之合，痛自刻绳，而因以绳幼霞。幼霞性虽懒，顾乐甚，不为疲也。己亥，夔笙客武昌，则与程子大以词相切劘。幼霞闻之而言曰：“子大词清丽绵至，取径白石、梦窗、清真而直入温、韦，得夔笙敳尚嫥诣以附益之，宜其相得益彰矣。”

朱古微述其填词之自历

朱古微为倚声大家，著称于光、宣间，其所著为《彊村词》。尝视学广东，未满任即解组归。尝曰：“予素不解倚声，岁丙申，重至京师，王幼霞给事时举词社，强邀同作。王喜奖借后进，于予则绳检不少贷。微叩之，则曰：‘君于两宋涂径，固未深涉，亦幸不睹明以后词耳。’贻予四印斋所刻词十许家，复约校《梦窗四稿》，时时语以源流正变之故，旁皇求索，为之且三寒暑。则又曰：‘可以视今人词矣。’示以梁汾、珂雪、樊榭、稚圭、忆云、鹿潭诸作。会庚子之变，依王以居者弥岁，相对咄咄，倚兹事度日，意似稍稍有所领受。而王则翩然投劾去。辛丑秋，遇王于沪上，出示所为词九集，将都为《半唐（塘）定稿》，且坚以互相订正为约。予强作解事，于王之闳指高韵，无能举似万一。王则敦促录副去，许任删削。复书至，未浃月，而王已归道山矣。自维劣下，靡所成就，即此趦趄小言，度不能复有进益，而人琴俱逝，赏音阒然，感叹畴昔，惟有腹痛。既刊王之《半塘定稿》，复用其恉，薙存拙词若干首，以付剞氏。”

郑叔问尤长倚声

郑叔问为兰坡中丞之子，以承平少年，羁滞吴下数十年。负时望，宏博精敏，著书满家。出其绪余，尤长倚声，才力雄独，进复古音，追撢两宋，精辨七始。同时词流，如易实甫、王梦湘，未之或先也。德清俞曲园太史樾尝曰：“入叔问之室，辄见其左琴右书，一鹤翔舞其间，超然有人外之致，宜其词之工也。”

张沚莼填词有心得

钱塘张沚莼，名上龢，家世通门，领闻劭学，冠绝流辈。久官畿辅，吏事精敏，不废啸歌，于填词一道，尤有心得。光绪丁酉、戊戌间，吴昌绶客津沽，奉手承教，酬和极欢，传笺之使，顿辔以待。时津门已多南曲中人，烟墨脂黛，取给醉梦，太守不怒而笑，颇赒其乏。《满庭芳》词所谓“花间流莺”，皆事实也。公子孟劬太守尔田与吴常过从，问群书流别，以古学相切劘，陪群游纪之间，引为至乐。比谢事还，卜居苏州，与郑叔问、朱古微婆娑尊俎间，商搉旧艺，倚声益富。识者皆谓沚莼寝馈宋贤，造语下字，分刌节奏，悉合规度。可传者逾数百篇，乃矜慎芟订，仅录《吴沤烟语》一卷。

言琴吾谓词须审音

古人填词，好用熟调，如草窗诸老熟于一调，必屡填之，以和其手腕，此长调也。小山于小令，亦填一调至十数，盖亦避生就熟，易于着笔耳。常熟言琴吾大令家驹，治词学至五十年之久，所著《鸥影词》六卷，几于无调不备。且每有所作，辄从事弦管，以求谐律。尝谓词之为道，承诗之盛，开曲之先，不深音韵、不穷律吕者，率尔操觚，恒至伤蟨。始宋、元以逮今，海内胜流无不嗜此者，以能审音也。琴吾有子仲远总戎敦源，亦以文学、政治名于时。

楹联至本朝而盛

楹联之兴，肇于五代之桃符，孟蜀“馀庆，长春”十字，其最古也。至推而用之楹柱，盖自宋人始，而见于载籍者寥寥。然如苏文忠公轼、真文忠公德秀、朱文公熹之撰语，尚有存者。元、明以后，作者渐夥。至于本朝，则凡殿廷、庙宇之间，各有御联悬挂，翠华临莅，辄荷宸题，天章稠叠，海内承学之士，翕然向风，楹联之制，遂日臻美富矣。

连环格联

吾国文学中有属对一事，亦绝艺也。闻有一对，以翁笠渔大令曾任昆山、山阳、阳湖三县，因出对曰：“昆山县，山阳县，阳湖县，湖南从九，做过四五年知县。”（此对以昆山、山阳、阳湖为连环格，而“湖南从九”又上顶一“湖”字，下以“九”字扣“四五年”之暗数，且又为实事也。）后有对之者，甚巧妙，曰：“铁宝臣，宝瑞臣，瑞鼎臣，鼎足而三，都是一二品大臣。”

流水联

对联仅对字面，而命意绝不相同者，世所谓“流水联”者是也。如“木已半枯休纵斧”对“果然一点不相干”。“干”对“斧”，以虚字作实字解矣，工绝。又有一联：“杨三已死无京丑。”对“李二先生是汉奸”。以“先生”对“已死”，至工。又“春眠未觉花心动”对“夏礼能言杞足征”，“欲解牢愁须纵酒”对“兴观群怨不离诗”，亦工。又光绪时，天津富翁某尝自拟上联，嘱人对之，句曰：“三径渐荒鸿印雪。”旋有人对之曰：“两江总督鹿传霖。”

吴山尊撰联之速

嘉庆甲子，吴山尊学士主试粤西，所得皆知名士。既撤棘，门生入谒，立撰联句赠之，各肖其人。解元为临桂唐维钊，其祖某以乾隆甲子举于乡，兄维锡，亦解元也。联云："祖德庆馀先后甲，元灯分照弟兄明。"抚军百龄宴两主司于七星岩，酒次索题廨中楹帖，即书云："地有七星拱北斗，人如二客侍东坡。"

西湖彭刚直公祠长联

长联最难作，盖不难于长，而难于一气贯注也。俞曲园太史尝撰彭祠一联，长至三百余字，并自记曰："楹联乃古桃符之遗，不过五言、七言，今人有至数十言者，实非体也。世传云南大观楼联最长，合上下联，亦不过一百八十字。今年湖上彭刚直公祠落成，其湖南同乡撰一长联，寄余点定，凡二百七十字。余因亦自撰一联，共三百十四字。"联云：

伟哉，斯真河岳英灵乎！以诸生请缨投笔，佐曾文正创建师船，青旙一片，直下长江，向贼巢夺转小姑山去。东防歙婺，西障湓浔，日日争命于锋镝丛中，百战功高，仍是秀才本色。外授疆臣辞，内授廷臣又辞，强林泉猿鹤，作霄汉夔龙。尚书剑履，回翔上接星辰，少保旌旗，飞舞远临海澨。虎门开绝壁，岩崖突兀，力扼重洋。千载后过大角炮台，寻求故迹，见者犹肃然动容，谓规模宏壮，布置谨严，中国诚知有人在；

悲夫，今已旗常俎豆矣！忆畴昔倾盖班荆，借阮太傅留遗讲舍，明镜三潭，劝营别墅，从珂里移将退省庵来。南访云栖，北游花坞，岁岁追陪到烟霞深处，两翁契合，遂联儿辈因缘。吾家童孙幼，君家女童亦幼，对秾华桃李，感暮景桑榆。粤峤初还，举足已怜躄躠，吴阊七至，发言益觉哂喇。鸳水遇归桡，俄顷流连，便成永诀。数月前于右台仙馆，传报噩音，闻之为潸焉出涕，念酒坐尚温，琴歌顿杳，老夫何忍拜公祠。

盖上联述刚直一生事迹，下联述己与刚直交谊，皆包括无遗也。

集四书篇名联

有集《四书》篇名为联而极自然者。联云："卫灵公遣公冶长祭泰伯于乡党中，先进里仁舞八佾；梁惠王命公孙丑请文公在离娄上，尽心告子读万章。"可谓钩心斗角，具有鬼斧神工之妙矣。

集句联

金匮杨子延能集长句为长联，有云："盖有功德材行志义之美者，岂独花木土石水泉之适欤？"（上句曾巩《寄欧阳舍人书》，下句柳宗元《永州韦使君新堂记》。）又云："放歌自得，心旷神怡，尽教风雪江湖，梦里不知身是客；逸兴遄飞，酒酣耳热，难得烟花鱼鸟，老来专以醉为乡。"（上联第一句张炎《寄兴》词，第二句范仲淹《岳阳楼记》，第三句张玉田《归杭疏》，第四句李后主《浪淘沙》词。下联第一句王勃《滕王阁序》，第二句魏帝《与吴质书》，第三句李商隐《谢河东公和诗启》，第四句苏轼《次韵赵金铄》诗也。）

集佛语经文联

青浦金有筠与俞曲园神交十年，未一谋面，而函札往来，辄自署"林阴仰雪翁"，或"无碍翁"。曲园赠以联云："心无罣碍；身其康强。"以佛语与经文作偶，颇浑成。

集词句联

有集词句为联而极自然者，如集玉田、梅溪云："石磴拂松阴，几曲阑干，古木迷鸦峰六六；烟光摇绿瓦，一屏新绣，芙蓉孔雀夜温温。"集稼轩、草牕云："云洞插天开，欲往何从，一百八盘狭路；湘屏展翠叠，临流更好，几千万缕垂杨。"集晋卿、永叔云："海棠开后，燕子来时，黄昏庭院；红粉墙头，秋千影里，临水人家。”集稼轩云：“素壁写归来，画舫行觞，细雨斜风时候；瑶琴才听澈，钧天广乐，高山流水知音。”集清真云：“锦幄初温，葡萄架上春藤秀；阑干四绕，苍藓松阶秋意浓。”集草窗云：“莲叶共分题，贮月杯宽，笑拍阑干呼范蠡；筼屏掩双扇，避风台浅，旋移芳槛引流莺。”集梅溪云：“竹杖敲苔，倚窗小梅觅句；帘波浸笋，闭门明月关心。”集梦窗云：“数曲阑干，人事回廊缥缈；一奁越镜，仙山小队登临。”竹垞云：“游子何之，只是北燕南楚，落拓江湖，忍负了芳辰，万事不如归也；阿侬惫矣，最怜酒酽花浓，逍遥文史，问谁是豪杰，几回搔首茫然。”

集哀启句联

张文襄之薨也，有集其公子哀启中词句为挽联者，曰：“无一日不办事，无一事不用心，疆寄三十年，仅乃如此；行治术十之六，行学术十之四，存诗五百首，呜呼哀哉。”

集节气名联

有集节气之名为联而极自然者，联云：“夜气大寒，霜降茅檐如小雪；日光端午，清明水底现重阳。”

集五行名联

有集五行之名为联而颇自然者，凡十字，皆有金木水火土之偏旁。上联曰：“烟锁池塘柳”，下联曰：“灯深村寺钟。”

集五行五方名联

都门名流尝结绚秋盦诗社，时宗室盛伯羲祭酒昱，方中同治庚午解元，年少气盛，尤跳荡，尝摘唐人诗“炉（鑪）烟添柳重”五字索对，同人属句者皆谓不称。丹徒赵曾望对曰：“盅冻洒南虚（虚）。”伯羲叹为绝对。众不服，伯羲曰：“吾出句按五行水火木金土，此对句乃按五方东南西北中也。”众犹有不知

“北”字所在者，相与一笑而罢。

集四季四方名联

有集四季、四方之名为联而极自然者，联云：“冬夜灯前，夏侯氏读《春秋传》；东门楼上，南京人唱《北西厢》。”

集四方名联

高宗南巡，驾次顺天之通州，曾出一联以令侍臣属对。联曰：“南通州，北通州，南北通州通南北。”凡十三字，以“南北通州”四字贯之。纪文达公眗对之曰：“东当铺，西当铺，东西当铺当东西。”

集戏名联

有以戏名集联而极自然者，如“潘烈士投海”对“孙夫人祭江”，“花园赠珠”对“草船借箭”，“背娃入府”对“打侄上坟”，“武松打店”对“曹操逼宫”，“哪吒闹海”对“徐策跑城”，“乌龙院”对“白虎堂”，“三岔口”对“十字坡”，“春秋配”对“宇宙疯〔锋〕”，“紫霞宫”对“白云塔”，“四郎探母”对“九美夺夫”，“卖身投靠”对“打子放逃”，“问樵闹府”对“打渔杀家”，“挂印封金”对“赠剑点将”，“花蝴蝶”对“玉麒麟”，“鸳鸯剑”对“雌雄鞭”，“日月图”对“乾坤带”，“七星灯”对“五雷阵”，“卖马”对“偷鸡”。

集俗语联

有以俗语集为联而极自然者，如“水底捞月”对“雪上加霜”，“挺腰凸肚”对“摆尾摇头”，“花言巧语”对“油腔滑调”，“苦中得乐”对“忙里偷闲”，“靠天吃饭”对“坐地分赃”，“贼头狗脑”对“人面兽心”，“移花接木”对“牵丝扳藤”，“逢场作戏”对“拣庙烧香”，“黄花闺女”对“白木监生”，“酒肉朋友”

对“柴米夫妻”。又一联云“山童采栗用筐承，劈栗扑篚”，对“野老卖菱将担倒，倾菱空笼”。

姓名联

有以人之姓名号及成语属对，而工巧绝伦者，如“张之洞”对“陶然亭”，“乌拉布”对“蚕吐丝”，“叶志超”对“花心动”，（词牌名。）“淮良”对“拳匪”，“黄兴”对“白堕”，（造酒人。）“张人骏”对“通天犀”，“金向辰”（邮传部之官。）对“银托子”，“汤蛰仙”对“油炸鬼”，“朱介人”对“赤发鬼”，（见《水浒传》。）“汤化龙”对“油汆蟹”，（汆，土恳切，吞上声。）“李柳溪”对“荷兰水”，“朱桂辛”对“白瓜子”，“朱桂卿”对“赤松子”，“刘心源”对“弓背路”，（刘，兵器名。《书·顾命》“一人冕执刘”。俗称路之直捷者曰弓弦路，迂折者曰弓背路。）“蔡锷”对“蛇矛”，“陆凤石”对“九龙山”，又对“山鸡丝”，“额勒和布”对“腰围战裙”，“阿穆尔灵圭”对“又求其宝玉”，（《左传》句。）“刘幼丹”对“康长素”，（以姓字对姓字，别为一格。）“汪精卫”对“周自齐”，（自为鼻之本字。）“万青藜”对“双红豆”。（词牌名。）此种对，尤难于半虚半实之字，铢两悉称，“兴”对“堕”，犹“匪”对“良”也。

拆字联

有拆字为联而极自然者，如“黑土墨”对“白水泉”，“田心思远客”对“门口问行人”，“张长弓”对“骑奇马”，“单（單）戈合战（戰）”对“十口为田”，“种重禾”对“犁利牛”，“冻雨洒窗，东二点，西三点”，对“典木置屋，曲八根，直四根。”

汪容甫斥袁子才联

汪容甫闻袁子才随园书斋尝揭一联以自夸也，思有以折之。先驰书，订期相见。袁之联为“此地有崇山峻岭，茂林修竹；是能读三坟五典，八索九丘”二句。及期往，袁不见。汪知其出避也，语其僮曰：“尔主人果在者，吾将假其所读之坟典索丘一观也。”袁归，僮以告，遂撤其联。

纪文达所见马神庙联

纪文达在京师，尝偕友过马神庙。庙门左掩一扇，上有联云：“左手牵来千里马。”友谓文达曰：“且勿观下联，试各思之。”文达曰：“下联当为‘前身终是九方皋’。”及审视，乃“右手牵来千里驹”也。

龚定庵喜朱野云联

画师朱野云游京师，高冠大屐，绝不作江湖态。与龚定庵交称莫逆，尝书联赠之云：“灌夫骂座非关酒，江敦移床那算狂。”定庵大喜，悬之听事。徐垣生太史语人曰：“入门但观此联，便知是定庵家也。”

寿袁世凯联

光绪戊申八月为直督袁世凯五十寿辰，各部堂司官及直隶之候补者，奔走祝贺。寿文、寿联至多，惟署顺天府治中阮忠枢一联云：“五岳视三公，惟嵩峻极；百年称上寿，如日方中。”最工雅，他作皆不及。又有自海外缄寄一联者云：“戊戌八月，戊申八月；我佛万年，我公万年。”不知何人所作也。

下联不易对

有以蜀汉诸葛亮事衍为上联，而颇难属对者，盖句中含有一二三四五六七八九十等字，而皆武侯一人之事实也。句云：“守二川，排八阵，七擒六出，五丈原点四十九盏明灯，只为一身受三顾。”

少尹祭幛悬中堂

曾忠襄公国荃督两江，光绪庚寅薨于位，开丧时，同城文武大员及各僚属，并京外各官，均有奠仪，祭幛、挽联以数百计。先数日，有少尹某夸于同僚曰："余欲送祭幛一轴，使悬中堂，虽王公大人不能易位也。"是日吊客盈门，视其中堂所悬祭幛，下款果为少尹某。中以白布书"两宫垂泪"四字，盖指孝钦后及德宗也。少尹以末秩浮沉宦海，因此知名。

诗钟之名称及原起

诗钟之为物，似诗似联，于文字中别为一体。初不名诗钟也，曰"嵌字偶句"；（专指嵌字格而言，见《闽杂记》。）曰"分曹偶句"；（专指分咏格而言，桐城张辛田用糙有《分曹偶句》之辑，见《闽杂记》。）曰"改诗"，则改律句、绝句之诗而为两句，陈石遗且谓之曰"两诗"也，"改"字意同截句之"截"字；曰"折枝"，则以为诗之一联，故云，与改诗用意略同。又曰"百衲琴"；（吴县秦云、秦敏树二人有《百衲琴》之刻。）又曰"羊角对"；（见俞廷瑛《百衲琴跋》。）皆不知所取义。至"诗钟"二字，则取击钵催诗之意，故又曰"战诗"。（樊增祥有《樊园五日战诗记》。）要之，此名以"诗钟"名为最通行。始于道、咸间，殆仿制艺之截搭题而作，盖截搭合二题以制一文，诗钟亦合二题以制一联也。至近代而大盛。作俑者为闽人，久之而燕北、江南亦渐有仿效之者矣。

徐铁孙观察荣，尝言少时与诸友作嵌字联句。铁孙为广州驻防汉军人，是则粤中亦有之也。

昔贤作此，社规甚严。拈题时，缀钱于缕，系香寸许，承以铜盘，香焚缕断，钱落盘鸣，其声铿然，以为构思之限，故名诗钟，即刻烛击钵之遗意也。

诗钟之制题

诗钟本为觞政文酒之会，即席阄题，或以雅对俗，或以人对物，拈绝不相蒙之目，撰十四字联合之，以语工而成速者为上，优者醇醪，劣者苦茗。今则征人纳卷，钩思累日，犹不惬意。此自贤于博簺，然亦不免如韩退之所云“雕琢愁肝肾”也。

诗钟题有咏一事一物者，有咏两物者，然总以咏一事一物且咏不伦不类之事物为此体之正宗，若凭虚构题，杰作尤罕。

愤时嫉俗之士，每于诗钟出题时，寓其嬉笑怒骂，如天子与兽，官与狗，司法与傀儡，科举与溺器，选举与彩票，一薰一莸，使与并列，可见矣。

诗钟之体格

诗钟分两体，曰嵌字，曰分咏。任举两字，分嵌两句中，嵌字也。两句分咏两物或两事，分咏也。嵌字之格不一，尝以通行与否，分为正格、别格。

正格七：曰凤顶，一名鹤顶，又名虎头，嵌第一字。曰燕颔，一名凫颈，嵌第二字。曰鸢肩，一名鸳肩，嵌第三字。曰蜂腰，嵌第四字。曰鹤膝，嵌第五字。曰凫胫，嵌第六字。曰雁足，嵌第七字。

别格九：曰魁斗，一字嵌上句之首，一字嵌下句之末。曰蝉联，一字嵌上句之末，一字嵌下句之首。曰鼎峙，三字嵌两句中，不相并。曰鸿爪，三字，一嵌上句第四字，二嵌下句首尾。曰双钩，以四字分嵌两句首尾。曰五杂俎，五字任意嵌于两句中。曰四五卷帘，一嵌上句第五字，一嵌下句第四字。曰三四辘轳，一嵌上句第三字，一嵌下句第四字。曰碎锦，一名碎流，四字以上，任意分嵌于两句中。

或无凤顶、燕颔诸名，但谓之唱。嵌第一字曰一唱，嵌第二字曰二唱，以下仿此。

分咏者，两句分咏两事，或分咏两物，或一事、一物，要以咏不伦不类之两事物见长。

诗钟之嵌字格举例

诗钟之嵌字格甚多，举例如下。睡星凤顶格云：“睡汉金鳌春及第，星河银雀夜填桥。”兵雀燕颔格云：“酒兵宵按诗坛筑，铜雀春荒霸气沉。”鸭花鸢肩格云：“养得鸭言惊客弹，拈将花笑悟惮机。”姑国蜂腰格云：“新放鼠姑蜂蝶闹，小营蜗国触蛮争。”苔胆鹤膝格云：“枪染绿沉苔半卦，筝弹银甲胆初寒。”楚宫凫胫格云：“巫峡朝云归楚梦，连昌夜月入宫词。”甲啼雁足格云：“龙腾沧海频舒甲，猿听巫山不住啼。”佛红魁斗格云：“佛子座边莲叶碧，美人帘底枣花红。”子鸡蝉联格云：“骅骝冀北无馀子，鸡犬淮南并得仙。”寿字香鼎峙格云：“寿真无量人称佛，书到相思字亦香。”大司马鸿爪格云：“大宛职贡来天马，少昊官司有祝龙。”太常仙蝶双钩格云：“太液联翩池上蝶，常仪缥缈月中仙。”山冷微有雪五杂俎格云：“快雪看山晴有约，微波荡月冷无声。”袍到四五卷帘格云：“偶携游屐到琴峡，待脱征袍隐鉴湖。”端菜三四辘轳格云：“绍下端门恭己日，礼成释菜祭丁时。”雪练西瓜碎锦格云：“瓜皮雪泛西溪艇，练影江涵北固楼。”天地人碎锦格云：“鸡踪踏地斜书个，鲤尾朝天倒写人。”张三李四碎锦格云：“四壁图书三尺剑，半肩行李一张琴。”十二月十二碎锦格云：“十里楼台十里月，二陵风雨二陵秋。”鸡鱼肉锣鼓板碎锦格云：“鸡市鼓喧分社肉，板桥锣响卖溪鱼。”

诗钟之限字

龙阳易实甫观察顺鼎曰：“限字体，大率限两字不对者，分嵌于两句中第几字，其用三字、四字以至七八字者，则苛政也，变体也。”闽人又有五碎、七碎之名。小儿未学作诗，先学作对。作对之后，又学作碎对者，对他人五字、七字之句。碎者，自作一对五字、七字之句，其题则先命两字，使分嵌于两句中，亦限嵌于第几字，但五七碎所限之字，皆相对者。分咏体有《申报》、赤壁一题，实甫有一联云："字多英法蛟龙气，江是孙曹鹬蚌场。"

诗钟之分咏格举例

诗钟之分咏格，举例如下。《赤壁赋》、泰山云："前后两篇名士笔，东南千仞丈人峰。"寿星、帘钩云："南极经天珠照耀，西山卷雨玉弯环。"《红楼梦》、白发云："应号怡红公子传，已非惨绿少年时。"醉蟹、情丝云："浊世不容公子醒，春愁多为女儿牵。"

诗钟有笼纱嵌珠二格

咸阳李孟符兵部岳瑞曰："诗钟之作，近世极盛，有笼纱、嵌珠二格。笼纱者，取绝不相干之两事，以上下句分咏之者也。嵌珠者，任取两字，平仄各一，分嵌于第几字者也。笼纱易稳而难工，嵌珠难稳而易工。晚近多尚嵌珠，鄙意颇不喜之。"都中相传有分咏杨贵妃、煤者云："秋宵牛女长生殿，故国君王万岁山。"超脱悲浑，当为极格。又有朱古微咏山谷、蠹鱼云："诗派纵横不羁马，书丛生死可怜虫。"李西沤咏宝剑、崔双文云："万里河山归赤帝，一生名节误红娘。"或咏魁星及承尘，魁星手中不持笔而持元宝者云："文章自古须钱买，台阁于今半纸糊。"咏《史记》、白糖云："传世文章无碍腐，媚人口舌只须甜。"咏醉蟹、情丝云："浊世不容公子醒，春愁多为女儿牵。"皆超隽。

此体闽人最工，魁星、承尘两联，皆闽人所为也。郑苏堪尝言，某岁福州某社出"女花"两字，用嵌珠格，因字面太宽，限集唐诗。其前列三人皆极工，一云："青女素娥俱耐冷，名花倾国两相欢。"一云："商女不知亡国恨，落花犹似坠楼人。"一云："神女生涯原是梦，落花时节又逢君。"此非所谓文章天成，妙手偶得者耶？有人欲嵌"雪珠"二字，倩苏堪为捉刀者，苏堪应声曰："雪肤花貌参差是，珠箔银屏迤逦开。"二语皆在《长恨歌》，尤极自然。

诗钟之唱卷

闽人作诗钟，以唱为重。其作诗钟、阅诗钟之法，每发题后，人例作四联，投卷于筒，汇交誊录，誊录以小笺纸分誊，每笺例四联。如每会十人，每人四联，则小笺十纸，即可誊毕。每誊毕一纸，即送末座先阅，阅毕递传上座者，以次轮阅，拟取者各另纸录出。所取不过十联以内，自定甲乙。如每会十人，则十人各定所取甲乙也。各阅定后，以次宣唱之，优等者有赏。唱卷之法，从最后先唱，至元卷而毕。

诗钟以唱为乐，但颇费时耳。闽人例作四联，欲多作者，则必作八联而后可，不许少，亦不许多。易实甫每次皆作八联，然不如仅作四联之少而易精耳。闽派以陈伯潜阁学宝琛为最工，如束年云："束脩自笑羊何瘦，年齿谁怜马又加。"群雪云："绝群新筑空山屋，犯雪亲拏独夜舟。"乞迷云："残酒乞邻聊一醉，乱山迷路欲何归？垂暮迷方终不径，忍饥乞食定谁门。"木安云："十年竿木逢场戏，一梦槐安作宦归。"炊季云："贫有一炊宁断饮，老思群季罢登高。"补颜云："生际圣朝无补甚，老营陋室自颜之。"皆冲远深微，诗钟之最上乘也。

闽派有叶芾棠者，亦作手也。其所作，有虫馆限第二字云："已虫琴柱知音杳，久馆权门脱颖难。"虫馆皆实字，颇难对，此联竟将虫馆揉成虚字，妙矣。叶肖韩则云："壁虫待蛰秋丝尽，飚馆无悰晚吹哀。"吐属亦佳。又有佚其姓名者两卷云："倮虫惭愧侬为长，旅馆喧嘈客自孤。""号虫身世如寒士，解馆宾朋似落花。"存之，亦足以略见闽派矣。

集唐诗以为诗钟

诗钟能以唐人诗句之烂熟人口者，运用得法，而属对又相称，自为有目共赏之作。然不可失之于浅，浅亦断不能出色。福州某社"女花"二字所集唐诗之外，亦颇有之。如顺德罗掞东主政惇矗伏星限第三字云：“香炉伏枕京华望，雪涕星关早晚收。”又仪征张丹斧好诗钟，尝以《传简》《惊梦》题征集作者，海宁程抟九所成仅十字，曰：“忽逢青鸟使，打起黄莺儿。”盖皆集句之浑成者也。

诗钟有状元誊录

诗钟甲乙最优者为状元，最劣者为誊录。梁节庵按察鼎芬尝言：“陈伯严主政三立、缪筱珊编修荃荪作诗钟，皆由誊录升至状元。”言其初皆不工，后乃甚工也。

施鸿保在闽所见诗钟

钱塘施鸿保在闽时，所见之诗钟，佳者甚多，今记其数联。如七才子八乡兵云：“七步诗才曹子建，八门兵法武乡侯。”依次分嵌，今无其格。七月半烧纸衣云：“半夜烧灯花落纸，七弦弹月露沾衣。”其但拈二字，次第限嵌者，即凤顶、燕颔等格也，尤巧。如子鱼限第二字云：“燕子不归春寂寂，鲤鱼无信路迢迢。”断江限第三字云：“可怜断雁无消息，不及江潮有去来。”田月限第四字云：“薄宦无田何日返，故人如月几时圆？”皋马限第五字云：“金玦心伤皋氏宅，玉环魂断马嵬坡。”雪如限第六字云：“湖上残山松雪老，江南春雨六如归。”此数联俱自然连合，而上下语意仍复相贯，非心灵手妙者不办。

张施诗钟之唱和

桐城张辛田明府用糈为诗钟，以不类事为题，合二题咏七言一联。端午日孔子云：“赤帝骄人重五日，素王去我二千年。”魁星顶篷云：“曾将彩笔干牛斗，未许空梁落燕泥。”梳头朝帽云：“云开晓镜拢蝉鬓，风闪峨冠动雀翎。”卖新闻靴衬云：“事经访后传多误，步太高时稳最难。”剔脚人题名录云：“足下工夫三寸铁，眼前声价一文钱。”官坐堂养私孩云：“鼓吹堪怜声是肉，欢娱谁料祸成胎。”枕头刽子手云：“黄昏我便思依汝，白昼君偏敢杀人。”不应乡试牛肉云：“秋战任人雄拔帜，春耕忆尔病扶犁。”告示放屁云：“乡老抬头看日月，通人掩鼻笑文章。”吹箫和尚煮狗肉云：“定知跨凤终成偶，不比烧猪要避人。”褡衣囚车云：“方外可知无正服，此中几见有完人？”戒方新经布云：“子弟不材程白木，女儿有喜验红巾。”官厨子菊花云：“饔人公膳更双鹜，隐士闲情对一鸥。”报马粪桶云：“铃声急雨三更驿，担影斜阳十亩田。”先生解馆木芙蓉云：“化雨已成前日事，拒霜又见此时花。”镜中美人扑满云：“彼姝对影总如玉，此虏失声空守钱。”海狗肾木偶云：“纵使生儿亦豚犬，是谁作俑到公卿？”燕子番狗云：“三春又见君寻主，诸夏难容尔吠人。”辛田索施鸿保效之，鸿保即以烧年纸打纸牌为题云：“明岁祈神重福我，今宵约伴共由吾。”又点烛懒猫云：“书成误处凭燕说，睡正酣时任鼠偷。”门神愁酌云：“笑尔常为门外汉，教儿且覆掌中杯。”扳不倒钱云：“此老平生最倔强，乃兄何处不流通。”溺桶盖冬菜云：“掩鼻无须避恶臭，咬根最好解余酲。”

鸿保旋自拈数题咏之，贼宝剑云：“何妨梁上有君子，要使世间无乱人。”与友行吟赌场云：“脱巾微步偕诗客，掷帽狂呼聚博徒。”呼狗家信云：“八尺休凭宣孟嗾，万金曾记少陵吟。”请酒单纱帐云：“觅醉惟应招大户，御风最好制轻容。”蛇溺桶云：“不闻壮士行时畏，好供将军饭后遗。”烟灯正月二十九日云：“长宵好友伴横卧，明日古人偕送穷。”雪中人传奇沽酒云：“不信英雄常乞食，且凭贤圣暂祛愁。”打滩柳云：“白昼长年闲狎浪，青春少妇倦登楼。”老婆儿许愿得孕云：“此种痴情惟佛谅，最先喜讯只郎知。”听莺弄猢狲云：“春来好共客携酒，树倒便随人乞钱。”

鸿保续又就原题和之，梳头朝衣云：“蛾描鸳镜奁初启，虎拜螭坳佩共垂。”燕子番狗云：“代飞候暖催宾雁，入贡时清比旅獒。”告示放屁云：“官衔有例起头大，文字无凭下气通。”戒方新经布云："顽心须警木三尺，喜信初传月一番。"枕头刽子手云："游仙我恋真佳境，入市人呼好快刀。"褡衣囚车云："梵相最宜图托钵，土音亦好听操琴。"官厨子菊花云："劳薪有客知真味，晚节惟君傲众芳。"

辛田尝曰："此虽游戏笔墨，然非聪明不能裁对，非博洽不能使俗为雅也。"

易实甫开诗钟社于蜀

光绪乙酉，易实甫随侍其尊人叔子方伯于川藩任所，趋庭之暇，与弟由甫、妹香畹及妹婿黄玉宗开诗钟社。时张子苾、曾季硕夫妇居署中，而蜀中群彦有顾印伯、范玉宾、刘健乡、江叔海诸人，簪裾毕集，同作诗钟，往往酒阑烛炧，夜分不休。刻成四册，玉宾题签曰《仿建除体诗》。盖《鲍明远集》有《建除》诗一首，以"建除满平定执破危成收开闭"十二字，分嵌于一诗之中，六朝人多有之。有嵌数目者，有嵌五音八音者，亦文人游戏之一，与诗钟相似者也。实甫命名之取材以此。

诗钟风行于京都

光绪庚子初春，易实甫在京师，诗钟之作，风行一时。琉璃厂南纸铺之门，皆贴有诗钟题，征收试卷，标明彩物。波及内城，亦有发题并送卷者，不知何人所为也。实甫所闻警句，如韩信墨盒云："国士自真王自假，兼金其外絮其中。"杨柳七夕云："三起三眠三月暮，一年一度一魂销。"古书老妓云："文字郁律蛟蛇走，门前冷落车马稀。""零星掇拾秦灰后，去日销磨楚梦中。"逾数月，遂有拳匪之乱，此事亦遂废矣。

常州有鲸华社诗钟

常州有鲸华社诗钟，先后与社者四十有四人，创于江阴金潍生运副武祥、武进刘葆良兵备树屏，起光绪辛丑四月，讫癸卯十月，凡四十集。其期会之疏数，宾朋之众寡，无定形，亦无常主。或一月再三集，或间三四月一集。前集之人，与后集不必相谋。盖同社之中，宦游四方者什六七，其它或迫于生事，仆仆奔走，或过客，儳焉至止，一集辄去，乍归复出，倏来倏往，其优游闾巷无官私之牵率者，无数人焉。癸卯以后不复举，亦以散者不可猝聚，故莫之止而止也。史朗存每集必赴，罢辄裒一日所得句，挟以归，纂次而藏之，都四千余联。

张文襄好诗钟

张文襄好作诗钟，督鄂时，辄于政暇召集僚友作诗钟，往往限以难字。尝以"奇态"二字命题，某用杜诗分点一联云："弟兄陈氏奇皆好，姊妹杨家态并浓。"

一日，传某某入署为诗钟。一被传者，妇病方殆，不敢辞，勉具衣冠而往。文襄不衫不履，剧谈久之，始出题，乃皆构思。某哀急万分，知其妇于此数分时，必已不起。瞥见其仆在窗外探望，若有言而不敢入者，心益痛，不觉涕泗交流。文襄见之，大笑曰："做不出，亦常事，何哭为？"某起立，言实妇病垂危，痛极而流，此急泪耳。文襄云："何不早言！"即挥之出。

文襄入枢垣，结习未除，尝限"蛟断"二字分嵌一联。梁节庵作云："射虎斩蛟三害去，房谋杜断两心同。"文襄大悦。

蔡伯浩好诗钟

蔡伯浩观察乃煌好诗钟，其官江苏苏松太道时，尤喜为之，与幕宾竞字斗格，击钵相催，一联既成，电传金陵，樊云门尝为之评判甲乙，诚可谓极文人之好事矣。

伯浩当时有《絜园诗钟》之刻，佳构颇多。如睡宫凤顶云："睡足海棠春色艳，宫深槐树午阴长。"门六鸢肩云："火树六街城不夜，碧芜门馆地无埃。"绿绳鸢肩云："相看绿鬓菱花镜，自写绳头贝叶经。"人粉蜂腰云："三策天人新著作，六朝金粉旧河山。”翠油蜂腰云：“一水如油浮艇去，四山将翠入城来。”皆警句也。

李孟符开诗钟会于粤

李孟符曰：“嵌珠难稳而易工。”良然。顾其佳者，亦正可讽。光绪丁未旅粤，暇辄从朋辈为诗钟之会。一日拈得“臣满”二字，皆用嵌珠中之虎头格。（虎头格即凤顶格。）虞和甫观察云：“臣门车马登龙日，满屋图书伏蠹年。”况晴皋大令云：“臣门冷落容罗雀，满地凄凉怕听鹃。”陈伯澜刺史云：“臣心常与葵同向，满鬓羞将菊乱簪。”自然名隽。又用燕颔格嵌“屋心”二字，伯澜云：“老屋欲倾松作柱，禅心未定絮沾泥。”用鸢肩格嵌“人南”二字，晴皋云：“杜陵人日凄凉甚，庾信南来感慨多。”陈少衡大令云：“天上人间今夜月，南征北下来年霜。”又陈埙伯大令用虎头格嵌“臬珠”二字云：“臬逐不妨来海上，珠还何日返天南？”皆佳句也。拙作臬珠云：“臬如兰蕙交如水，珠辟尘埃玉辟寒。”又“千土”二字，用蜂腰格云：“隔院秋千杂丝竹，东华尘土梦觚棱。”嗜痂者以为后一联感喟苍凉，别有怀抱。

高乃超诗钟好嵌字

高乃超，名超，闽人。其先世为扬关榷吏，遂家于扬。尝于扬之教场，设可可居小酒肆，营业日起，乃增益资本而扩之。闽人好作嵌字诗钟，高尤嗜之，日夕集文士从事吟咏。其司簿籍之某，亦能诗能棊。有客过其门，辄闻咿唔之声。店小二报账，而居停与司帐者方闭目推敲，其营业遂因诗钟以败。

谜之名称及原起

谜必用灯，不知何人作俑。古名“商灯”，又曰“春灯”，或呼为“文虎”，一曰“灯虎”，而又疑其为“灯糊”。“虎”字必有所本，殆取以矢射之之义也。“商”则取商搉（同“榷”）之义。

惟“春灯”之名甚雅，盖春市一灯，文人小集，必在上元良夜金吾不禁时也。

古无“谜”字，但谓之隐语。麦曲、河鱼、庚癸等词，见于《左传》。其次则《国语》之“秦客为廋词于晋之朝”，而《新序》之狐白羊皮，《曹娥碑》之“绝妙好辞”，孔北海之“鲁国孔融文举”，皆是也。北海作离合体诗，其诗曰：“渔父屈节，水潜匿方。与时进止，出寺弛张。吕公饥钓，阖口谓旁。九域有圣，无土不王。好是正直，安固子藏。海外有截，隼逝鹰扬，六翮不奋，羽仪未彰。龙蛇之蛰，其它可忘。玟旋隐曜，美玉韬光。无名无誉，放言深藏。按辔安行，谁谓路长!”此诗离合“鲁国孔融文举”六字。如第一句“渔”字，第二句“水”字，渔去水为“鱼”。第三句“时”字，第四句“寺”字，时去寺为“日”。离“鱼”与“日”而合之，则为“鲁”字。余仿此。

《文心雕龙》曰：“谜者，回互其词，使昏迷也。”《七修类稿》曰：“隐语转而为谜。至苏、黄而始盛，有编集四册，曰《文戏》。”

谜之体格

谜有体有格。以体言之，有会意、象形、谐声、增损、离合、假借、分咏之别。大抵用格必须在旁注明，体则不能先为表示。至古人所谓“重门垂柳”，不知是何体裁，今失传矣。

谜之格甚多，自“黄绢幼妇，外孙齑臼”八字合为“绝妙好辞”始，其后踵事增华，而格日多。曰白描，曰集锦，曰系铃，曰解铃，曰卷帘，曰落帽，曰脱靴，曰折腰，曰锦屏，又谓之鸳鸯。

谜之神品能品逸品

谜为文人之余事，张文襄好猜之，尝以“夜来风雨声，花落知多少”射《易经》“中心疑者其辞枝”，神传阿堵，余味盎然，是为神品。叶奂彬之“末座少年，异日必是有名卿相”射《诗经》“绿衣黄裳”，文章天成，妙手偶得，是为能品。某之“伯姬归于宋”（见《春秋》。）射《唐诗》“老大嫁作商人妇”，别开生面，妙造自然，是为逸品。

谜以摹神见长

谜之以摹神见长者，不在以面、底字义相配合，如潘文勤之“臣东邻有女子窥臣三年矣”射“总是玉关情”，不着一字，尽得风流，纯然一片灵机，非笨伯所能梦见。张味鲈以“臣至今未许也”，射《西厢》“不要东墙”，则自谓差堪髣髴。又以“闻甬道中屐齿声甚厉”射“庾公之斯至”；“彼可取而代也”，射“为政不难”；“汝视阿娇好否”射“姑将以为亲”；“孔子亦瞷其亡也而往拜之”，射“立于虎门之外”，皆意在言外。惟所射为书句，不及诗词流宕有致耳。但此种谜面，必用成语为佳。若后人以“《红楼梦》中女”亦射“总是玉关情”者，虽同一用心，未免相形见绌耳。味鲈，名启南，闽人。

谜有书家意江湖意之别

光绪戊申，番禺沈太侔礼部宗畸在京师刊行《国学萃编》，其征谜语有云：“书家意者方能照登，江湖意者恕不登录。”此语直得谜中三昧。谜之最忌者二：一曰俗，如乡人所猜之谜是也；一曰呆，如苏沪各地茶肆中丐者所书之谜是也，是皆太侔所谓“江湖”者是也。一染此习，便失文人身分。故谜虽属游戏，必非胸无点墨者所能从事。

以“政”射书名“正字通”，以“五经无阵字”射“陈代”，“菊”射“鞠通”，此谜之通于字学者也。唐薇卿中丞景崧以“虚帐不必实给”射“花开堪折直须折”，此与书注之彼此通同而无折阅者相合。以“李宪之有韦”射“言及之而不言”，以“寺”射“已欲立而立人”，此谜之通于训诂者也。以“期期艾艾”射“盖三百年于此矣”（古文），以“万取千焉，千取百焉”射“其实皆什一也”，此谜之通于数学者也。以“水火金木土”射“其下维谷”，以“诗赋”射“自葛始”，以“梼杌”射“南国之纪”，以“当与梦时同”射“有觉其楹”，以“召公奭、太公望”射“旦毕中”，以“二十号”射“冠而字之”，以“非徒无益，而又害之”射“谓语助者”，以“崔双文”射“在南山之下”，此谜之通于经者也。必如是，始可谓之得书家意。

王啸桐孝廉风雅能文，谜虽非其所长，偶一为之，亦皆脍炙人口。如“白牡丹”射“素富贵”，“伯牙终身不复鼓琴”射“为期之丧”，“松子”射“父为大夫”，“右徵角，左宫羽”射“商也不及”，“德行、言语、政事、文学”射“夫子之设科也”，“戊辰”射“天数五，地数五”，“塞翁吟”射“思马斯作”，“族谱”射“在宗载考”，“太颠、闳夭、散宜生、南宫适”射“乱为四辅”，“非实中心好吴也”射“越在外服”，“泥马”射“康王跨之”，“管仲不死”射“生夷吾”，“甲长”射“龟为前列”等谜，皆啧啧人口。或以运典见长，或以底面现成取胜，自非江湖诸家所能望其项背也。

谜之有书家、江湖之别者，雅俗耳。然亦有意俗而词不俗者，并有词亦俗而不厌其俗，一似无伤雅道者。如“使女择焉”射“决汝汉”，“打胎”射“既欲其生，又欲其死”，“人尽夫也”射“汉之广矣”，“太监”射“为其嫌于无阳也”，“娘子夸才郎”射“能官人”，“赖债”射“借曰未知”，“视之男也”射“相其阴阳”，“宫”射“灭下阳”，“怎当他临去秋波那一转”射“离骚”，“退婚证据”射“前汉书”，“闺门”射“黄花地”，“太史公下蚕室”射“毕竟是文章误我，我误妻房”，“宫辟疑赦，其罚六百锾”射“有钱有势”，“其势不佳”射“如之何不吊”（梨花），皆足令人捧腹，然仍不脱书家意，洵为文人之游戏也。

谜须面底相扣

寻常之谜，其面与底之相扣，恒不外正反二义。其以正义扣者，如“众善奉行”射“好事者为之也”，“和尚还俗”射“释新民”，“命舜浚井”射“使虞敦匠事”，“施恩不求报”射“赐也何敢望回”，“拙荆”射“柴也愚”，“偷香”射“窃闻之”，“竹书”射“简而文”，“昌黎”射“文王之民”，“雁足传书”射“飞鸟之遗音”，“监生”射“观其所养也”，“诗思在驴子背上”射“有怀于卫”，“是谓过矣”射“可以为错”，“闺怨”射“妇叹于室”，“夜半钟声”射“牢曰子云”，“诸峰罗列是儿孙”射“太岳之胤也”，“都御史上白简”射“从台上弹人”，“鸦背夕阳明”射“日在翼”，“告别”射“归去来辞”，“吐气如虹”射“长息”，“争座位”射“斗班”，“心丧三年”射“师服”，“杨柳楼台”射“絮阁”，（剧名。）“一鞭残照里”射“马儿向西”之类皆是。虽确切不移，终有天地即乾坤之嫌。犹之行文不重正面而重反面，故谜之以正义扣者，不若反扣之为曲折而多趣。如“日入而息”射“不昏作劳”，“非实中心好吴也”射“越在外服”，“阃教”射“夫有所受之也”，“樵子”射“其父析薪”，“予天民之先觉者也”射“我不以后人迷”，“直呼其名”射“或不知叫号”，“不贰过”射“惟一经”，“圆转如意”射“不可方思”，“师也辟”射“夫子未出于正也”，“惟正之供”射“弗纳于邪”，“轻减了小腰围”射“带则有余”，“逝不相好”射“人在情在”，“南元”射“北方之学者未能或之先也”，“俯允”射“不肯把头抬”，“愿闻己过”射“许人尤之”，“受用”射“不辞费”，“正面着想”射“反是不思”，“娘子军”射“出夫家之征”，“盖有之矣”射“乃底灭亡”，“曲有误”射“直不疑”，是皆以反面字扣正面也。

六经谜

《六经》谜虽较《四子书》为易作，然所易者，不过材料较多耳，于谜之真际无与也。《诗经》谜之佳者，如“指囷相赠”射“予所蓄租”，“牧童遥指杏花村”射“彼有旨酒”，是皆指点得神者。“一二梅花烘夕照”射“三五在东”，“鸡”射“二三其德”，是以数字扣合者。他如“闻鸡起舞”射“先祖是听”，“髀肉复生”射“无使君劳”，“懊侬歌”射“乱我心曲”，“此非吾君也，何其声之似我君也”射“明明鲁侯”，“天地一孤舟”射“载玄载黄”。《易》谜如“凯风何以不怨”射“盖取诸小过”，“西厢记”射“兼三才而两之”，“众宾望之以为神仙”射“观泰同人既济”，亦灵变可喜。《书经》谜如“昼”射“聿求元圣”，“欲有谋焉则就之”射“王来自商”，“觉”射“三江既入”，“二十四朝事略”射“三八政”，皆显切浑成，无一毫饾饤习气者也。

谜诗

遂安毛鹤舫际可尝赋谜诗十二首，每首隐四人名，均在一部书中。清夺晋人，覆发汉主，取当老参禅，留作韵事谱。长洲褚人获为之解释于下。《圣瑞图》云：“美玉无瑕辑瑞同，（白圭。）岐丰佳气庆云中。（周霄。）从天产下鳞虫长，（龙子。）两道祥光一色红。（丹朱。）”《太平乐》云：“虎旅归来已罢兵，（毕战。）关梁无禁任遥征。（许行。）九重天子称仁圣，（王良。）异兽趋朝负辇行。（象。）”《王会图》云：“节届阳和万汇苏，（景春。）降藩归化效前驱。（王顺。）北门锁钥推良佐，（司城贞子。）绝域从今按版图。（貉稽。）”《嘲一家低碁》云：“满院碁声暑气收，（弈秋。）乃翁局败少机谋。（公输子。）君家季父还犹豫，（子叔疑。）为语儿童且退休。（子莫。）”《金兰会》云：“绿柳阴中点绛红，（杨朱。）良材胜任栋方隆。（杞梁。）少年意气真堪托，（季任。）一诺何妨缟纻通。（然友。）”《高隐》云：“垂杨枝上漏春光，（泄柳。）归去来辞独擅长。（晋文。）圣主南山容雾隐，（王豹。）素丝白马为谁忙。（绵驹。）”《家庆》云：“旧识传家有隽才，（陈良。）长男济困散家财。（孟施舍。）更传迟暮添丁好，（晏子。）疑是篯铿改姓来。（彭更。）”《宫词》云：“春日问花花解语，（桃应。）良缘欲就转横波。（成覸。）东邻相对怜娇小，（西子。）争比椒房绝艳何？（宫之奇。）”《山行》云：“岧峣西岳接西京，（华周。）天际冥鸿物外情。（飞廉。）莫道路遥频顾仆，（百里奚。）衰年负荷叹劳生。（戴不胜。）”《嘲村学究》云：“身长九尺皓须眉，（高叟。）俯首常如持满时。（戴盈之。）村塾全然无约束，（师旷。）任儿携幼浴清池。（子濯孺子。）”《宫怨》云：“夜永鸡鸣漏未收，（景丑。）官家沉醉百无忧。（王驩。）娥眉一色谁相让，（颜般。）南院光辉相对幽。（北宫黝。）”《老农》云：“中男驱犊出前村，（牧仲。）须避南山百兽尊。（阳虎。）更与诸儿相共语，（告子。）年来齿落复生根。（易牙。）”

谚语谜

以谚语为谜，非扣以成语不可，况五方异宜，语亦不同，作谜者尤须在楚言楚，在齐言齐。如“幸而获之，坐以待旦”射“不晓得”，以“鼓钟送尸”射“不留神”，以“阅后付丙”射“一目了然”，皆谚语之普通者。外此，如以“强得易贫”射“四十弗富”，苏谚也；以“吉利吉利”射“双料曹操”，京谚也，则各限一方，不相通用。非特底也，面亦有之。如以“乖觉”射“是知津矣”，盖用京谚之以乖为妇人口也。以“东风”射“西瓜”，京音瓜近刮，言起东风时，向西吹也。以“城外面饼极多”射唐诗“野火烧不尽”，盖以京都面饼小厚而无芝麻者称曰火烧，故云。谚谜之不可通也如是。

孝钦后喜谜

孝钦后喜制春灯谜，其得意者，射中之，每条赏银五十两。

唐薇卿谜有绝诣

唐薇卿尝著有《谜拾》一书，佳者颇多，炙脍人口。如以“夫阳子本以布衣处于蓬蒿之下”射“城非不高也”，以“本以”字反振“非不”字，何等自然，似韩文公当日下笔时，特为此句而设。又以“送之至湖口”射“视我迈迈”，底面皆极浑成，又恰合口吻，可称谜中绝诣。

张味鲈在辰所见之谜

光绪甲午，张味鲈客长沙，值孝钦后万寿，满城金碧，士女殷阗。而好事文人，亦于此时分曹射覆，点缀升平。入夜，辄往观之。至一处，偶一瞻眺，见他人所射中者，鄙俗不堪，令人欲呕，望望然去之。如“妓女入大成殿谒圣”射“阳货欲见孔子”，（落帽。）已极可笑。又有一梨花格，面为“孔子为鲁司寇，凿壁偷光”射《四子》二句，其杂凑不通，蔑以加矣。及揭出，乃“听讼吾犹人也”。以“吾犹”谐为“无油”，真可谓想入非非矣。继至一家，则表里均甚大方，确为文人之笔。其披露者数条，如“万国衣冠拜冕旒”射一“命”字，（卷帘。）分之为“叩一人”，语合颂扬，故为佳耳。“不是因缘也并头”射一“韵”字，以谐声兼会意，颇具匠心。“乃审厥象，俾以形旁求于天下”射一“像”字，以底面为增损，亦甚佳妙。他如“绿林豪杰旧知名”射“昔者窃闻之”，“外孙丰度鼠姑馨”射“好色富贵”，“自写家书寄弟兄”射“启予足启予手”。味鲈则曰：“此虽非成语，而措词不俗，亦谜中能手也。”

张味鲈设谜社于辰

张味鲈弱冠以前，专喜猜谜，而未尝自制。光绪辛丑客辰州，襄卝（古同“矿”）局事，时值上元将届，辰郡灯火甚盛，戏蚌舞狮，鱼龙曼衍，游人肩摩毂击，络绎于衢，偶然兴动，于是悬一灯于廛市，备纸笔为酬庸。辰人最喜食粿，即俗呼为元宵者，及槟榔诸食物，亦因其所嗜以为赠品焉。彼中文人素不谙此，讶为刱见。初时仅就其浅近者射之，经味鲈指示要领，开陈窾窍，并述古谜为比例，遂得举一反三之效。既而灵思日辟，嗜者益多，昕夕过从，竟成莫逆。味鲈与辰人士订交，实以谜为之作合焉。

张味鲈论谜

张味鲈曰："作谜必求人猜，佳者尤望其发表，如贾者之奇货得售，庶几不负，非若军人之临敌，惴惴然惟恐弹丸之注射也。尝见他人之出谜者，或专事艰深，以僻典异书，自矜博洽，苦人所难；或多方挑剔，猜者字句间偶有小误，即斥为非是，虽胜于原作，亦坚不认可，其居心惟恐人之猜中耳。既畏人猜，何如勿出？作此丑态，甚无谓也。余则反其所为，遇有佳制，窃恐人之不中，有时微示其意，指点迷途，俾不误厥眼光，终能达其目的，或亦吾儒忠恕之一道乎！"

张味鲈以新式灯猜谜

普通所张之灯，大都长一二尺许，分两层，中然小烛，所出亦仅数十百条而止。张味鲈则变通其法而扩充之，制一巨架，长四五尺，上下作三级，笼以两巨煤气灯，光明如昼。谜则《四子》《五经》、杂俎，各从其类，凡数百条。已猜中者，则将原纸标明谜底，黏示其旁，俾观者知其用意之浅深，以为模范。故人皆乐于从事，叹为春灯之大观也。

张修五有谜癖

有不善猜谜而有此癖者，张修五也。修五为味鲈之族叔，幼相亲，长相得，复同举茂才，同办辰州卝务；连床话雨，樽酒论文，数十年如一日也。修五勤于学，博闻强记，有"书厨"之目。见味鲈制谜，必一一咨询，与语，亦领悟，出题时，必从旁坐听。遇有佳制为人射中，则眉飞色舞，若自己出。夜漏三四下，无倦容，观者不散不去也。然始终未尝自猜一谜，以天性笃厚，不谙机变也。

邓舜钦不能猜谜

有精于词章而性不相近者，江右邓舜钦孝廉是也。邓工书画，尤娴于诗词，于谜独懵然罔觉，且视之索然无味。张味鲈识之，尝以古谜之极佳者为之称说，其如何命意，如何扣题，及着眼下手之法，罕譬曲喻，当时似亦了了，及易一题，而仍茫然。虽以极浅之谜，如“夏以水德王”射“党”字者，令其试猜，亦决不能中。不知天赋聪明，何以优于彼而绌于此也。

陈白水谜不耐思

有性极灵敏而不耐思索者，如湘潭陈白水者，风雅士也，八法六法，皆独步一时，金石刻画，亦骎骎入秦、汉人之室。尝假馆于张味鲈家数年，晨夕与共，每读报章，见有谜语，辄邀与同观，品评优劣，所言悉中肯綮，其感觉之敏速，有时为味鲈所不及。一日，见报载以“力”字射“二之中四之下”也，味鲈尚未悟，白水见之，即知其从“五”字中心抉出。惟性不喜沉潜，一击不中，则躁急不可复耐，便尔弃去，虽强嬲之，弗顾也。

沈中路善灯虎戏

沈中路为文定公裔，其于灯虎之戏，有出人意表者。如“闻说康成读书处，而今剩有劫余灰”射“不其然乎”，“一自汉家骖乘祸，编诗怕诵《黍离》篇”射“霍乱伤风”，皆不失词人吐属。尤绝倒者，如“笑拈髭须问夫婿”射“汝何生在上”，一时闻者咸为捧腹。

繙书房

崇德己卯，太宗患满人不识汉字，命巴克什文成公达海繙译满语《孟子》《通鉴》《六韬》及《三国志演义》各一部，颁赐耆旧，以为临政规范。定鼎后，设繙书房于太和门西廊下，拣择旗员中谙习满文者充之，无定员。凡《资治通鉴》《性理精义》《古文渊鉴》诸书，皆译之以行。

国初满洲武将不识汉文者，类多得力于《三国志》。嘉庆时，额勒登保初以侍卫从超勇公海兰察帐下，每战辄陷阵。超勇曰："尔将材，可造，须略识古兵法。"以满文《三国演义》授之，卒经略三省。教匪平，论功第一，盖超勇亦追溯旧闻也。

李涛能以满文译汉文

当奉诏饬汉翰林习学满文之时，李司寇涛方在馆，亦与焉，日夕肄之，矻矻不稍休。能以满文译汉文，并通满语，满翰林亦赞之。其后为浙中监司，时抚军、藩司皆满人，将于鹾务有所变更，司寇不听。一日，抚作满语谓藩曰："事可径行，计须尔尔，不关伧父事。"司寇俯而笑。抚遽悟，掩面语曰："渠是清字翰林出身。"

清字经馆

乾隆壬辰，高宗以大藏佛经有天竺番字、汉文、蒙古诸翻译，然禅悟深邃。汉经中之咒偈，代以翻切，未得秘旨，清文句意明畅，转可得其三昧。故设清字经馆于西华门内，命章嘉国师综其事，以达天、莲筏诸僧助之。考取满誊录、纂修若干员，翻译经卷。先后凡十余年，《大藏》告蒇，四体经字始备。初存经板于馆中，后改为实录馆，乃移其板于五凤楼。

满文《金瓶梅》

京师琉璃厂书肆有满文之《金瓶梅》，人名旁注汉字，盖为内务府刻本，户部郎中和泰所译者也。此书而外，尚有《西厢记》。盖国初虽有翻书房之设，此或当时在事诸人以游戏出之，未必奉勅也。

徐雪村主译西书

无锡徐雪村封翁寿，为仲虎观察建寅之尊人，精理化学，于造船、造枪炮弹药等事，多所发明，并自制镪水、棉花药、汞爆药。我国军械既赖以利用，不受西人之居奇抑勒。顾犹不自满，进求其船坚炮利、工艺精良之原，始知悉本于专门之学，乃创议翻译泰西有用之书，以探索根柢。曾文正公深韪其言，于是聘订西士伟力亚利、傅兰雅、林乐知、金楷理等，复集同志华蘅芳、李凤苞、王德均、赵元益诸人以研究之。阅数年，书成数百种，于是泰西声光化电、营阵军械各种实学，遂以大明，此为欧西文明输入我国之嚆矢也。

总署章京译俄相书

光绪癸巳，驻华俄使以其国相所上德宗之书及讨论税则者，交由总理衙门堂官转呈。以原文质直，令章京译而书之，乃始呈进。或询原书，则曰："杂置书库中矣。"索观所译，乃皆谀颂之辞，绝类章奏，咋舌而询之曰："俄之文法，似不尔尔。"则曰："原书言质，岂可使皇上见之耶？"

叶清漪论译西书

仁和叶瀚，字清漪，以我国所译西书凌杂不合，尝于光绪丁酉春论其弊。其言曰："自中外通商以来，译事始起，京师有同文馆，江南有制造局，广州有医士所译各书，登州有文会馆所译学堂便用各书，上海益智书会又译印各种图说，总税务司赫德译有《西学启蒙》十六种，傅兰雅译有《格致汇编》《格致须知》各种。馆译之书，政学为多；制局所译，初以算学、地学、化学、医学为优，兵学、法学皆非专家，不得纲领。书会、税司、各学馆之书，皆师弟专习，口说明畅，条理秩然，讲学之书，断推善本。然综论其弊，皆未合也。一曰不合师授次第。统观所译各书，大多类编专门，无次第，无层级，无全具文义卷帙，无译印次第章程，一也。一曰不合政学纲要。其总纲则有天然理数测验要法，师授先造通才，后讲专家。我国译书，不明授学次第，余则或只零种，为报章摘录之作，为教门傅翼之书，读者不能观厥会通，且罔识其门径。政学则以史志为据，法律为纲，条约、章程、案据为具，而尤以格学理法为本。我国尤不达其大本所在，随用逐名，实有名而无用，二也。一曰文义难精。泰西无论政学，有新造之字，有沿古之字，非专门不能通习。又西文切音，可由意拼造，孳乳日多。汉字尚形，不能改造，仅能借用切音，则字多诘屈，阅者生厌。译义则见功各异，心志难齐，此字法之难也。泰西文法，如古词例，不是词法，语有定法，法各不同，皆是创造，不如我国古文、骈文之虚橅（古同“模”）砌用，故照常行文法，必至扞格不通。倘仿子史文法，于西文例固相合，又恐初学难解，此文法之难也，三也。一曰书既不纯，读法难定。我国所译，有成法可遵者，有新理琐事可取者，有专门深纯著作前尚有数层功夫，越级而进万难心解者。取材一书，则嫌不备，合观各书，又病难通，起例发凡，盖甚难焉，四也。坐此四弊，则用少而功费，读之甚难。欲读之而标明大要，以便未读之人，又难之难也。”

艺术类

八大山人善书画

驴汉，即八大山人。山人有仙才，善书画，题跋多奇致，不甚可解，书法有晋、唐风格。画之所长者，擅山水、花鸟、竹木，笔情纵恣，不泥成法，而时有逸气，所谓“拙规矩于方圆、鄙精妍于采绘”者也。襟怀落落，慷慨啸歌，世目以狂。既逢知己，十日五日，尽其技。山人，江西人，朱姓，名耷，明宗室也。

陈老莲善书画

陈洪绶，号老莲，诸暨人。明崇祯时召入供奉，不拜。明亡，名益高，技亦益进。书法遒逸，善画山水，尤工人物，得李公麟法，衣纹圆劲，设色奇古，论者谓笔意在仇、唐之上。与北平崔青蚓子忠齐名，称南陈北崔。

傅青主善书画

傅青主征君山以书画著，不轻为人作。尝有友求画，傅谓画虽末艺，然必须笔补造化，我每作画，先择其时，非遇良辰不下笔。今重违君意，约以中秋夕为期，如天气晴爽，风定月明，当准备纸笔。至日，果晴爽，友大喜，知其嗜酒，乃与痛饮，自晡至昳，始罢席。乃命侍者为研浓墨，骈两几，铺丈长玉版纸于上，又取铁界尺镇纸四角，谓俟月上东向，秉烛为之。少焉月出，乐甚，命侍者取所研浓墨一巨钵置旁几，屏退诸人，独自命笔。友远立窃窥，但见舞蹈踊跃，其状若狂。友径趋至背后，力抱其腰。

傅狂叫，叹曰："孺子败吾清兴，奈何！"遂掷笔搓纸而辍。友见其满头皆墨，汗下如雨，急取水为之浣濯，遣人送归。

京师打钟庵落成，僧慕傅名，丐书庵额。以僧无行，不许。僧谂某与傅善，啖以重金，令转乞。甲不敢遽达，又虑无以报僧，既思得一法，乃沽佳酝招饮，又预作五绝诗一首，以打钟庵三字嵌诗中，乘微醺，自握笔书此诗，屡书，屡自拉弃之。傅睨之而笑，甲曰："家有屏，欲书此诗刻其上，顾不善涂鸦。"时傅醉矣，曰："我为汝代笔如何？"甲喜曰："幸甚。"遽索纸，纵笔为之。甲请曰："既赐书，即求署款。"傅笑而许之。甲刓此三字授僧，榜于门。一日，傅偶过庵前，讶额署己款，笔意确是，注视之，沉思良久，忽忆前为甲书屏中有此三字，始悟为甲所卖，遂与绝交。

金少章善书画

吴县金俊明，字少章。幼以善书著声吴中，小楷师《曹娥碑》，行草师《圣教序》，悉有法度，晚益自名一家。里中窭人子手不持一钱，亦日夕踵门乞书，欣然应之，以是三吴碑版旁及僧寺、酒肆，率多其笔。闲喜画树石，皆萧疏有效，墨梅尤工，吴人宝之。

少章既善书，平居缮录经籍秘本，以及交游文稿，凡数百种，无不装潢成帙，縢鐍惟谨。汪琬尝访之，见其老屋数间，尘埃满案，与客清坐相对，久之自起，焚香瀹茗，稍出其书画与所录者，娱汪而已。

查伊璜善书画

海宁查伊璜孝廉多艺，书本颜鲁公，画从黄一峰入手。尝谓画家不善画空，千古缺处。画是醒时作梦，梦或无理，却有情，画不可无理，正妙有情，非多读书、负上慧，能作奇梦者，莫望其涯涘也。

陈遐伯书画用左腕

陈延，字遐伯，潜山人。技之善者，见即摹仿之，尤精篆刻。折右手，一切书画皆用左腕。迁鸠兹，与萧尺木称“画苑二妙”。

王玉暎善书画

王玉暎，名端淑，山阴王季重次女也。适钱唐贡士丁肇圣，偕隐于徐文长之青藤书屋。善书画，长于花草，疏落苍秀，作诗文亦有高致。顺治时，尝欲援曹大家故事，延入禁中，教诸妃主，玉暎力辞乃止。卒年八十余。著有《吟红集》。

文与也卖书画

文与也，名点，长洲人。素无恒产，暇尝舍《莲经》慧庆寺，卖书画自给。有富人子具兼金求画，期以三日走取，恚曰：“仆非画工，何得以此促迫我！”掷金于地。其人再请，不顾。至常熟，画家请观笥中画，则曰：“若以卖画者目我邪？何观为！”倒内箱示之，无尺幅也。

与也画山水，用笔细秀，多点染，晕润迷离，盖以墨胜也。兼善人物，尤善松竹小品，极雅。松身好点苔，故时人戏之曰：“文点松文也，文点也点。”

查二瞻专事书画

查士标，字二瞻，号梅壑散人，海阳人，明诸生。寻弃举子业，专事书画。家故饶裕，多鼎彝及宋、元人真迹，遂精鉴别。画初学倪高士，后参以梅华道人、董文敏笔法。用笔不多，惜墨如金，风神懒散，气韵荒寒，逸品也。见王石谷画，爱之，延至家，乞其泼墨，作云西、云林、大痴、仲圭四家笔法，盖有所资取也。晚年技益超，直窥元人之奥。尝作师子林册，宋牧仲得之以为快。

高凤翰左手作书画

胶州高凤翰，自号南阜老人。品高洁，擅书、画、诗三绝。晚年病右臂，以左手作书画，奇气坌涌，尤为世所宝贵。武陵赵文恪公慎畛，尝于周研山成邑处见一画册，题雍正戊申作，即其手笔也。

程水南善书画

程水南，名嗣立，歙人，以业鹾于淮，籍安东。善书法，好作画。或求其书，则以画应；求画，则以书应；求书、画、诗，则与庄坐讲《毛诗》《庄子》数则。其率意不可拘若是。

郑板桥书画要现银

兴化郑板桥大令燮，尝鬻书画以自给，其润格云："大幅六两，中幅四两，小幅二两，书条对联一两，扇子、斗方五钱。凡送礼物食物，不如白银为妙。盖公之所送，未必即弟之所好也。若送现银，则中心喜悦，书画皆佳。礼物既属纠缠，赊欠尤恐赖账，年老神倦，不能陪诸君子作无益语言也。"又诗云："画竹多于卖竹钱，纸高六尺价三千。任渠话旧论交接，只当春风过耳边。"

瑛梦禅善书画

梦禅居士瑛宝，相门子也，又为巡抚伊江阿之弟。隐居不仕。其书法极似刘文清公墉，或见其致亲家母竹轩夫人手札十九通，甚佳。又善绘事，似倪云林。尤善指头画，识者以比高且园侍郎。

奚铁生善书画

奚铁生布衣冈，善书画。少年书法，出入欧、赵之间，晚岁专精绘事，书名遂为所掩。乾隆时，琉球人尝以饼金购之。

金寿门卖书画

钱塘布衣金寿门，名农，号冬心。性逋峭，工诗，有《冬心先生集》。中岁为汗漫游，遍走齐、鲁、燕、赵、秦、晋、楚、粤，卒无所遇而归。晚客扬州，卖书画以自给。其书出入楷隶，本之《天发神谶碑》。画梅尤工，尝以十六幅赠青浦王述庵侍郎昶，为仁和陈给事宝所见而赏之，携去，累月不返。述庵索之，陈笑曰："我以是为性命矣，而可还乎？"

何子贞善书画

道州何子贞太史绍基工书。早年仿北魏，得《玄女碑》，宝之，故以名其室。通籍后，始学鲁公，悬腕作藏锋书，日课五百字，大如碗。横及篆隶，晚更好摹率更。故其书沉雄而峭拔，行体尤于恣肆中见逸气，往往一行之中，忽而似壮士斗力，筋骨涌现；忽又如衔杯勒马，意态超然，非精究四体、熟谙八法，无以领其妙也。尤所难者，先后为人书楹帖，以数千计，句无雷同。于临池时触兴口占，靡不新隽工切，语妙天下。且其构句，或寄宦迹，或言名胜，或按合时序，或对晤琴书，读之可见其作书时身心之所在，及身世之所当。故不徒其书有中、晚之别，即联语亦有壮、老之分，此不为艺林诸前辈所罕见者耶？自蜀归，再返道州，虽农野妇孺，亦踵门求书，僻邑无良纸，悉书之，不拒也。某常困于酒，为书联语，则云："爱书不厌如平壑，戒酒新严似筑堤。"勖其业，亦止其饮也。邑有老监生某，为同学友，晚而失明，来索书，则云："老来尚读《华林略》，暗里能摹有道碑。"盖以祖珽嘲其目，以中郎喻其勤也。

子贞至永州，访杨翰，距城数里，忽饥疲，因憩食村店。食已，主人索值，时资装已先入城，乏腰缠，无以应，请作书为偿，主人勿许，竟典衣而后行。杨闻之，笑曰："何先生法书，亦有时不博一饱耶？"杨字息柯，书法酷似子贞，不观其署名，辄疑为子贞也。

子贞平生轻武夫，虽巨金求之，不与。相传郭子美军门松林再奉千金为寿，并胁以刃，子贞不得已，乃书一联与之云：“古今双子美，前后两汾阳。”则誉过其实矣。

晚年以省墓回里，里人有问以“字学极于右军，奚为弃晋法而重唐帖”，子贞曰：“晋世已遥，右军神品，真迹难觅，存者模糊，于斑剥残石中求右军神妙，是何可得？颜书虽天分逊右军一筹，而真力弥满，浑然天全，去今尚近，完好宜摹。且鲁公为人刚劲不阿，观其书如睹其人，吾爱其书格之高，实仪其立身之峻。右军人品非不高，然不善学之，必遗其神而得其粗，是为妍皮裹痴骨，赵、董诸人皆是。观一时人士书法，足见其风尚之柔靡，岂得谓六艺之末不关挽回风会耶？”其论书陈义之高，足以起衰砭俗有如此。

子贞亦善画，法恽南田。尝作画一幅，无远山，约略江树，中涌大小二洲，一野老伛偻田间。但不常作，兴至偶为之，题以赠人则可，非如书之求无不应也。

戴文节善书画

钱塘戴文节公熙夙工书画，道光辛丑，为乡人沈文忠公兆霖画双桂，题南宋词曰：“占断花中声誉，香和韵，两奇绝。”盖文忠方应举，写此作利市也。是岁榜发，文忠名在第二，同人以为画谶，文节贺诗遂有“桂林声誉原无比，悔写蟾宫第二枝”之句。后十年，文忠已叠秉使节，文节为人画《月桂图》，述及前事，谓画不足传，藉人以传。比同治初元，文忠奉命剿抚叛回，值秦中山水暴涨，没于王事，而前三年庚申，文节已殉难杭州矣。

吴让之善书画

吴让之多艺，刻印第一，次画花卉，次画山水，次篆书，次分书，次行楷。画多赝本，佳者几于乱真，且世亦鲜知其善画者。偶见所绘墨笔荷花，澹雅得宋人意，乃真迹也。盖惟书卷清气，不可伪为，毫厘千里，识者亦不易。让之，名熙载，仪征人。

侯青甫善书画

江宁侯云松，字青甫，善书画。求者麇集，户限为穿，乃作《金缕曲》词二阕以牓其门，其一曰："对客频撝手，愿诸君收回绢素，那容分剖。书画词章三绝技，此语最难消受。况八十龙钟衰朽，终日涂鸦涂不了，惯直从辰巳交申酉。问所得，几曾有？尤多亲友之亲友，贴签条某翁某老，不知谁某。积压纵横旋散失，寻觅几番搔首。媿爽约又将谁咎？要不食言原有术，或先将润笔从丰厚。问破钞，可能否？"其二曰："润笔由来久，古之人一丝一缣，不嫌情厚。翰墨生涯论价值，不出板桥窠臼，于廉惠何伤之有！风雅钱仍风雅用，向荒园老屋添花柳。五簋约，讌良友。 漫嗤自享千金帚，算老来只馀拙笔，尚夸人口。便类碔砆同瓦砾，索报却须琼玖。书数目牓之门右，博得道涂闻者笑，谓是翁罔顾言之丑。掩两耳，掉头走。"

孝钦后善书画

孝钦后喜作擘窠大字，亦临摹法帖，作小楷。尤喜绘古松，笔颇苍老，每画一幅，辄为近侍乞取。李文忠公鸿章七旬赐寿，所赐画松，亦亲笔也，是为生平最得意者。

孝钦每作书画赐群臣，一落笔，辄曰"坏了坏了"，众太监必交口称颂，后喜，始成篇幅，否则手碎之矣。绮华馆所织绸缎花样，皆如意馆拟稿进呈，后有时手改之，然后发交工匠。

孝钦作书画，中嵌玉玺。德宗则印以小图章。入值诸臣，凡蒙赐件，率以此为辨别。

孝钦喜作大字，用丈余库腊笺，书"龙、虎、松、鹤"等字，岁多至数百幅。宫中及西苑颐和园，均喜以“大圆宝镜”四字为扁额。

吴清卿善书画

吴县吴清卿中丞大澂，工篆籀。官翰林，尝书《五经》《说文》。平时作札与人，均用古篆。其师潘文勤得之最多，不半年，成四巨册。一日谒文勤，坐甫定，即言曰：“老弟以后写信，还宜稍从潦草。我半年付裱，所费已不赀矣。”越数日，复柬之曰：“老弟古文大篆，精妙无比，俛首下拜，必传必传，兄不能也。”出而抚湘，有时判事亦书大篆，胥吏不能识，往往奉牍进质，乃手讲指画以告之。又能画山水，偪真戴文节，其秀润处，有过之无不及。又能打靶，颇有命中之长。其女公子亦皆擅此。

如冠九善书画

如山，字冠九，满洲镶蓝旗人。光绪时，官至直隶按察使。书宗北魏，苍劲浑厚。善画，更自矜重，未易得也。

秀水董氏五世善书画

雍、乾间，秀水董愚堂布衣隐居梅泾，读书尚志，雅好唫咏，书法宗怀仁《圣教序》，浑厚如其人，愚堂名鸿，其弟养中布衣名涵，则擅诗、书、画三绝。养中之子乐闲布衣名棨，工诗，善镌刻。于书画尤致力，楷法宗褚、鲁公，行草宗文敏、允明，所绘山水、人物、花卉、翎毛、草虫，无不精妙入古，力追宋、元、明诸大家。性高介而慷慨，有假达官贵人之名以重润勒绘者，辄却之，曰：“此乌可以势力胁我耶！”平生鬻画之资，多至巨万，而自奉俭约，半以周给乡党。喜箴规世人，尝寓意于写生画中。所著《画学钩深》，已行世。乐闲之子为枯匏明经。枯匏，名耀，尤有声于时。早岁研经术，工书画，书法由董、赵而上溯唐、宋诸家，清超拔俗。其画尤长于山水，力追北苑，偶作平远者，则萧远枯澹，神似云林。枯匏有子曰味青明经，名念莱，一号小匏。书画承家学，且能诗，亦称三绝。晚年鬻书画以养母，母寿至百岁有五，以所积润资建坊。其画得钱晓庭之传，工花卉、翎毛，尝摹南田作，得其神韵，尤喜画梅花，手写万本，随意题咏，流传江南，人呼之曰“董梅花”。味青之子询五，名宗善，亦能画，精鉴别，藏弆名人书画甚夥。

徐新华能书画

杭州徐室女新华，字彤芬，印香舍人恩绶次孙女。早慧能文，渊源家学，父珂、母何墨君皆钟爱之。工楷法，尝为其从伯花农侍郎及父执况夔笙太守、丁和甫舍人作楹联屏条，佥以笔意浑健、酷类北海赞之。家藏左文襄为其曾大父辛斋理问孝酉所书楹联，心摹手追，亦颇神似。且精绘事，所作山水，不失宋、元人矩矱。夔笙谓其冰雪聪明，流露楮墨之表，于石谷、麓台胜处，庶几具体。时宣统辛亥，年十有八也。

世祖作擘窠大字

宏觉禅师，名道忞，善书。世祖尝问之曰：“老和尚习何帖?”宏觉曰：“道忞初习《黄庭》，不成，继习《遗教经》及《夫子庙堂碑》，不能专心致志，以至无成，往往落笔而即点画窜走。”上曰：“朕亦临此二帖，如何而能及老和尚乎?”宏觉曰：“皇上天纵之圣，自然不学而能，第道忞未及睹龙蛇势耳。”上曰：“老和尚可有大笔与纸乎?”宏觉曰：“皇上粉道忞所书手卷，尚有纸十余，惟新制鬃毫，恐不堪用耳。”上乃命侍臣研墨，即席濡毫，作擘窠大“敬”字。复起立，连书数幅，以一持示宏觉曰：“此幅何如?”宏觉曰：“此幅最佳，乞赐道忞。”上逊谢。宏觉就上手掣得之，曰：“恭谢天恩。”上笑曰：“朕字何足尚，明思宗之字乃佳耳。”即命侍臣取以来，则思宗所书，约八九十幅也。

傅青主论书

傅青主工书，自大小篆隶以下无不精。尝自论其书曰：“弱冠学晋、唐人楷法，皆不能肖。及得松雪《香山》墨迹，爱其圆转流丽，稍临之，则遂乱真矣。已而乃媿之，曰：‘是如学正人君子者，每觉其觚棱难近，降与匪人游，不觉其日亲者。松雪曷尝不学右军，而结果浅俗，至类驹王之无骨，心术坏而手随之也。’于是复学颜太师。”因语人学书之法，宁拙毋巧，宁丑无媚，宁支离毋轻滑，宁真率毋安排。君子以为青主非止言书也。

陈元孝行草分隶皆有法

陈恭尹，字元孝，号独漉，顺德人，邦彦子，有《独漉堂集》，自称罗浮布衣。诗清迥拔俗，得唐人三昧。行草分隶皆有法。始晤王文简，揖甫罢，即出一端石相示，曰：“吾得此水坑石，甚宝惜，欲以寄公于京师。既闻奉使，当至粤，辄留以俟。”视其侧，有铭八字，云：“独漉所赠，渔洋宝之。”恭尹工汉隶，此其手书也。文简甚珍之。

陈锡振仓卒书三十纸

陈胤虞，字锡振。善书，偪似率更令。尝诣一僧舍，仓卒为人书三十纸，日就晡，侍者咸怠，欲去，一僧执卷踌躇，不敢进，察其意，曰：“公将无欲之乎？可添墨。”

吴渔山摹东坡真笔

吴历，字渔山，所居有言子墨井，晚号“墨井道人”。其于书法好东坡，尝游吴兴，谒郡守，未入，信步至僧舍，见东坡《醉翁亭记》真迹，喜甚，即僦其寮，贸纸笔，布席展卷，临摹三四日，太守遍索不得，摹竟径去。

吴岩子右手作书

吴岩子为卞楚玉妇，能诗，家于青山。即转徙江淮，无常居。有《西湖》《梁溪》《虎丘》《广陵》诸集。工书，晚更好道，疾作，则右手自运动，日夜作字不休，或濡笔书纸，悉成元理，疾止不复记忆，凡二年而愈。

采薇子字甚工

绩溪之岭北有宿于路亭者，拾枯枝，摭野菜，入沙罐煮食之，鹑衣百结。间入书馆作字题诗，诗不可解而字甚工，自署曰“采薇子”。

凌悦庵学书不用纸

凌克闇，字悦庵，杭人。学书不用纸，以退笔蘸水，临帖于琴砖，日必千字。

吴三桂作擘窠大字

吴三桂不善书而喜临池。苑中花木清幽，有列翠轩者，屋五间，窗外有隙地数丈，悉种短草，地尽则层峦叠嶂，高凌天际。春秋佳日，三桂辄携笔墨于轩中，作擘窠大字，侍姬数十辈环侍于前，鬓影钗光，与苍翠之色互相辉映，厕身其中，不复知世间有尘俗境也。

倪来周有七十二书诀

康熙时，有倪来周者，以书法教人。其诀七十有二，将侧、勒、努、趯、策、略、啄、磔分之，每笔别造形像若干而异其名，共得此数也。

周冲元左腕作字

长沙周承翰，字冲元，工八法。以右腕断，辄用左腕写之。

李潜夫工八法

李潜夫，名天植，平湖人，明崇祯癸丑贡士。明亡，杜门晦迹者二十七年。潜夫故工八法，人索书辄应。宁都魏冰叔访之，见其案头仅有笔二枝、墨寸余，皆苦恶不堪用。检箧中得二枝笔，已磨墨一片，贻之。

宋师祁左手把笔

枣强宋师祁，康熙丁未进士，工诸体书。知获嘉县时，忽遘风疾，遂以左手把笔，其工不减于旧。

祝培之书桃源记于牙牌

祝培之，年七十，能书《桃源记》于径寸牙牌，细发为行，微尘遮字，更留其下以作图。周栎园侍郎亮工见之，叹曰：“使刘子骥遇此，定应畏其局促，攒眉而去，岂复生问津想。”

姜西溟善行草小楷

姜西溟素以行草擅长于康熙朝，登第后，乃善作小楷，以三指撮管端，悬腕疾挥，分行结体，疏密合度。其纸尾图记曰“丁丑后书”。

何义门善学钱牧斋书

翁覃溪尝谓国朝人之善学钱牧斋书者，惟何义门编修焯。义门少受学于邵僧弥，僧弥出自牧斋，其书法精妙，则得之冯定远父子，徐坛长诗所谓“邹氏固无师，毛公有所授。君学谨派别，虞山切讲究”也。

印氏女仆书神似董字

康熙时，长洲印氏有女仆，美而能诗，书法尤善。初习陈仁仲字，后得董玄宰真迹，专心学之，得其神似。印氏式微之日，此女仆作董字赝本鬻之，颇得善价，因以为活。世传香光墨迹，犹有出此女仆之手者。

四书家薛白杨唐

康熙时，毗陵有四书家，薛瑨、白某、杨大鹤、唐某是也。时有“薛白杨唐”之目，可与“苏黄米蔡”作的对，又可以谐音呼之曰“雪白洋糖”。

张若霭书《心经》于玉佩

桐城张阁学若霭，文和公廷玉之子也，以书画供奉内廷。一日，太后出方寸之玉佩，命书《心经》一篇，竟日而就，因赐上方珍玩无算。

彭息庵晨暮作书

彭息庵，名志求，长洲人。大父贻令以善书名吴中。息庵幼时，以磨墨侍大父书，学之，点画精劲。大父喜，乃授以法。长而嗜书，人有好书，辄借得之。饰小斋独居，几上一炉香，一瓶水，晨暮作书。然耻不得及时有为，每秋风起则大惊，扑笔起，徘徊焉，复作书。竟老于家，雍正丙午卒。

郑板桥字自为一体

兴化郑板桥以书画名海内，真迹渐少，当时已有扬州某观道士，学其体足以乱真，后又有同县黎氏仿之，皆书也。兰竹，理氏昌凤能为之。板桥楹帖，粉笺为多。板桥初学晋帖，雍正辛亥，书杜少陵《丹青引》横幅，体仿《黄庭》。后乃自为一体，蒋心馀指为晚摹《瘗鹤》兼山谷者。

伏鞍书字

督抚参劾属吏，辄由摺奏幕友以小楷誊正，人名下空数字，以备督抚亲填考语。督抚之年老者，或手颤，或眼花，所填之字，大小悬殊。然康、雍间之充记室者，辄能于马上作疏，横皮一板于鞍，伏而书之，马虽绝尘而驰，而行列疏整，不稍舛误，盖绝技也。

王漱田马上作小楷

无锡王日杏，号漱田。善书法，于魏、晋以降之墨迹石刻悉取而临摹之，辄毕肖。又娴习制艺，慨然有用世志。乾隆癸酉，举于乡。甲戌，考取内阁中书，充军机章京。每扈从行围，遇公事旁午，则坐马上，盘一膝，膝置纸，信笔作小楷，疾如飞，而工秀独绝，同辈嗟叹以为莫能及也。

董文恭脂麻书天下太平字

富阳董文恭公诰晚岁，每元日朝贺归第，坐厅事，于脂麻一粒上庄书“天下太平”四字，豪芒彪炳。

翟草田工大书

泾县翟草田，名咏参。识趣超迈，生平无他嗜，独喜临池，尤工大书。某年客金陵，李仙李殿撰之孙往访，乞书家祠联额，字高五尺余，联字亦二尺，挥汗立就，气如龙虎。李惊拜曰：“某足迹半天下，何意得如此神笔！”宛陵吴叔琦在座，作《大书歌》，有“先生绝技天下无”之句。赵然乙侍御《寄怀》诗则云：“下笔埽千军，往往兔毫秃。”

孔谷园书似张文敏

曲阜孔谷园孝廉继涑，为孔子六十九代孙，衍圣公传铎第五子也。幼聘娄县张文敏公照女公子。文敏以书名海内，谷园能得其笔法，时以小司寇目之，求书者纸堆几案若束笋。中年进而学苏、黄，且学米，晚更学欧、虞、颜。高宗尊师重道，释奠阙里，谷园八逢盛典。少时尝选充讲书官。乾隆甲辰，礼成，上于中水行宫，命仿文敏书以进，奉旨："好像张照，留览，发懋勤殿。"

谷园殁后，所存墨迹子侄分藏之。其疏远族人无所得，乃辗转乞得一巨幅，碎裁之，均分其字。

张雪川善草书

湘阴张雪川副贡廷禄，善草书。久客京师，性豪嗜饮，数以所书易酒，不足则质以衣。晚年归，客宁乡县署，适有疑狱，代白其冤。冤者酬以金，却勿受。尝于醉中作书，顾所亲曰："可将去藏之，二十年后必有知宝贵者。"年六十余卒。

钱献之篆名天下

钱竹汀詹事之家学，其兄子坫实为嫡传。坫字献之，邃经学、小学、金石之学，篆书尤空绝前后，然在家未尝学篆也。初入都，省詹事，詹事授以李阳冰《城隍庙碑》，昼夜习之，三月不能成字。忽患痫，医者诊之，脉无病，而手足厥冷，目瞠视，鼻微有息而已。如是者七日，忽中夜跃起，濡墨作篆，书《乾》卦象毕，不胜饿而寝。翼早，詹事来视病，尚未寤，见案上篆，大惊，呼问病状，答曰："儿故无病，梦至石室，见唐巾老者指授篆法，七日夜作成，辄批抹，最后书《乾》卦象，老者曰：'可矣。'儿遂觉。追忆笔势，中夜作此幅。"詹事详询梦中所见，盖即少温也。时都中能作篆者，惟翁覃溪学士，闻是事，索所书，叹为神授，自是遂以篆名天下。

蒋山堂字不俗媚

蒋山堂，初名泰，字阶平，后得古铜印，文曰"蒋仁"，遂更今名，号山堂，别号吉罗居士、女床山民、仁和布衣。居仁和艮山门外二里徐家桥，破屋数椽，仅蔽风雨，面目孤冷，罕与世接。书法绝不趋俗媚，彭绍升推为当代第一。阿林保官运使时，延之入署，偶为书苏诗，有“白发苍颜五十三”句，遂以病辞归。殁时，年适符其数。盖山堂生平固寡言笑、耽禅悦也。

刘文清书自成一家

诸城刘文清书法，论者譬之以黄钟大吕之音，清庙明堂之器，推为一代书家之冠。盖以其融会历代诸大家书法而自成一家，所谓金声玉振，集群圣之大成也。泗州杨文敬公士骧，所藏文清真迹甚多。盖其自入词馆以迄登台阁，体格屡变，神妙莫测。其少年时为赵体，珠圆玉润，如美女簪花。中年以后，笔力雄健，局势堂皇。迨入台阁，则炫烂归于平淡，而臻炉火纯青之境矣。世之谈书法者，辄谓其肉多骨少，不知其书之佳妙，正在精华蕴蓄，劲气内敛，殆如浑然太极，包罗万有，人莫测其高深耳。

刘文清书有代笔

文清平生书楹联常用紫毫笔，尤好用蜡笺、高丽笺。官尚书时，判诺辄画十字，有司员仿为之，文清辄辨出，曰：“吾画不可伪也。”然文清有三姬，皆能代之，可乱真，外人不能辨。晚年多代笔，其但署名“石庵”二字，及用长脚石庵印者，皆代笔，瑛梦禅亦其一也。或曾见其与三姬人论书家信，指陈笔法甚悉。

庄然一终于书

庄然一，名宝书。善八法，初取径于董香光诸名家，其后直窥晋人之室。游京师，就试北雍，依其从叔于大兴县署。每作一书，当时之善书巨公如刘文清、钱唐梁山舟侍讲同书，无不交口赞扬之，由是居都中数年，名日益盛。而数奇不偶，屡困场屋，喟然曰：“吾其终于书耶？”每当酒后耳热，操笔纵横，虽长条巨幅，俄顷之间淋漓殆遍，其抑郁不平之气悉寓于书，故崛强夭矫，无一平笔。人于醉中求之，累纸不吝，及醒则虽一楹帖，亦靳不予人。

王梦楼书名播朝鲜

王梦楼太守文治，书名绝大，闻于海外，朝鲜人尝以饼金易其字。当时有谚曰："天下三梁，不及江南一王。"其随手所作行书，实饶天趣，自用己法，殊觉无味。然世人必以其己法为真本，以行书为赝作也。

陈匏庐书似董香光

陈匏庐宗伯邦彦之书，得董香光神髓，故酷似之。自少至老，日有书课，临摹至千万本。人往往取其书，截去"某人临"数字，即以伪充香光书，售得善价，收藏家多不能辨。圣祖最喜香光字，遇外吏进呈之本有疑似者，辄沉吟曰："其陈邦彦书耶?"高宗尝出内府香光真迹数十轴，于召见时询之曰："其中孰为汝所书者?"匏庐审视良久，叩首谢，亦竟不能自辨也。

陈随贞书似董香光

陈太史随贞，阳城人，文贞公廷敬犹子也。少年登科，入词馆。引疾归，辟别墅于县治东北二里许之青林沟。诗酒之外，游艺翰墨，以董香光为宗，每掷笔自观，叹为神似，辄署董款。后十余年，游京师，得一董帖，爱之至，购以五百金，以为此真董字之最佳者，详玩之，乃己所书也。

刁约山书摹颜柳

慈溪刁戴高，号约山。善书，法颜、柳，结体劲正，腕力独健。索其代书者屦填户，约山因亦藉润笔资以佐药饵。然性狷介，不代显者署名。尝曰："吾书，五尺童子望而识之，奈何为捉刀乎?"遇亲故有求，欣然应之无吝色，虽大幅尺素，亦无不餍其所欲而去。

纪文达自谓涂鸦

纪文达公博洽淹通，今世之刘原父、郑渔仲也。独不善书。即以书求者，亦不应。其书斋所设之砚有匣，镌二诗于上云：“笔札忽忽总似忙，晦翁原自笑钟王。老夫今已头如雪，恕我涂鸦亦未妨。”“虽云老眼尚无花，其奈疏慵日有加。寄语清河张彦远，此翁原不入书家。”

成亲王善书法

成亲王永瑆，为高宗第十一子。善书法，幼时握笔，即波磔成文。尝有康熙时某太监，言其师少时犹及见董香光握笔，惟以前三指握管，悬管书之，王故推广其语，作拨镫（同“灯”）法，名重一时。高宗特命刊其帖序，行诸海内以荣之。仁宗尝敕王集生平所书各帖上石，赐名“诒晋斋”，王因自号“诒晋斋主人”。又所书宫扇十三行小楷尤精，妙入能品。

假成亲王书

宣城梅某，秋闱下第，以王文简铭砚及成亲王临《争坐位论》一册，售二十金于某，乃为桂香东所见，携以示王。王大惊，为跋于后，凡千余言，有云：“此册之妙，胜我十倍。使我再写十年，未必能及。乃仍假我名，惭不可忍。”

王惕甫曹墨琴以书见称

苏州自明季以来，书家用笔，皆以轻秀俊逸见长。至王惕甫广文芑孙，始以遒厚浑古矫之，遂为三百年所未有，虽退谷、义门，犹当让出一头，何况余子。其妇曹墨琴夫人之书，则气静神闲，娟秀在骨，应推本朝闺阁第一。此卷前段，王书杂帖诗十二首，行楷相间，款题“癸丑四月浴佛节前一日，会试榜发下第，明日复入宫馆，食讫而散，归休家寓，客亦不至，辄书旧作数首，奉寄稼园先生正之。惕甫王芑孙”。后段曹夫人小楷，书《蜀江春日文君濯锦赋》一篇，款题“乾隆癸丑新正十日，书于京师寓馆之写韵轩。墨琴女史曹贞秀”。

纸尾有惕甫跋云：“愚夫妇性皆好书，皆不自意以书见称，遂有古人学书费纸之患。长安中求纸，都不中书，每一临池，动成苦恼。近闻吾老友稼园先生自以新意制纸，浆碰得法，与笔墨相宜。宋诸公多讲治此事，若欧阳公、黄山谷、二蔡、二米，无不能书，盖必识书之利病而后识纸之精粗，则以稼圃而治纸，固宜与碌碌者异也。偶寄此卷，附言其后，俾知愚夫妇方拮据破砚劣豪之下，庶几他日于当人北来，且不惜数番之惠耳。癸丑五月二日，芑孙附识。”

顾湘舟有三姬人能书

钱警石尝于武林之吴山，遇吴门顾湘舟文学沅，知其收藏旧籍及金石文字，甲于三吴，剧谈久之。既而过访寓斋，以其姬人绿卿、素君、紫娟合书团扇见赠，属题《绣馀读书图》，率成三绝句，诗云：“东吴顾文学，卅载旧知名。阅肆得相遇，高谈四座惊。”“赠我白团扇，丹青一一工。腐儒无艳福，也幸拂清风。”“南面百城拥，豪于列屋居。岂知读画后，分校数行书。”

蒋湘帆论学书

蒋湘帆，名衡，金坛人。善书，为大瓢山人杨宾弟子，后改名振生。尝云：“学书者不能为人宗祖，亦当与古人为弟昆，何至为人子孙，甚至甘同奴仆。”

蒋湘帆写十三经

雍正丁未，蒋湘帆书《法华经》成，以视王吏部澍。王曰：“儒者写释氏书，不足道，无已，书《十三经》乎？”蒋颔之。客有笑其为王所愚者，不顾也。于是涓吉张筵，祀先圣，饮客称庆，先其所难。五年而《左传》成；又五年，群经次第毕成。其书《左传》，始于家，卒业于曲阜；书《礼记》，在山东；书《尚书》，在无锡；余皆在扬州之琼花观。初，蒋以恩贡除英山县训导，以写经故，力辞不赴。会有乾隆丙辰宏博科之荐，制府将征举之，又固辞。至是始就，凡十二年，实戊午也。小玲珑山馆主人马秋玉兮出白金三千，为之装潢，成三百册，五十函。己未八月，由河督高文良公斌进呈，奉旨授国子监正衔，将议交武英殿刊刻，会有沮之者，乃止。庚戌，高宗以其年近七十也，念其尊经之功，刊其书于太学。乙卯春，告成。

历代之校刊石经，固亦班班可考也。汉灵帝诏蔡邕等校刊石经，始于熹平乙卯，竟于光和癸亥。魏正始朝所刻石经，与之并列。初毁于拓跋魏冯熙之取造寺塔，再毁于北齐神武之迁邺沉于河，三毁于隋迁至长安以造宫室。至唐初，汉、魏石经皆略尽。晋太康中石经，裴秀所书也。唐石经，以《月令》为《礼记》首篇者，玄宗天宝时所刻也。始于太和，成于开成，文宗所刻也。后蜀孟昶石经始于昶广政，未毕而蜀亡，《春秋》三传，至宋仁宗皇祐己丑始成，而统名为蜀石经。北宋石经，仁宗嘉祐辛丑章友直等书也。南宋石经，高宗书也。《明一统志》载燕城南石经碑二，金所刻也。各朝石经皆堙没，开成后，蜀犹有存者，复不全，至是而灿然具备矣。

梁山舟书名播中外

梁山舟学士书法名播中外，论者谓刘文清朴而少姿，王梦楼艳而无骨，翁覃溪临摹三唐，面目仅存，汪时斋谨守家风，典型犹在。惟梁兼数人之长，出入苏、米，笔力纵横，如天马行空，汪文端、张文敏后一人而已。

梁性孤僻，作书喜用许虚白纸，夏岐山、潘岳南笔，刻石必陈云杓、陈如冈、冯鸣和。及虚白纸盛行，冯、潘、夏、陈因以致富。

时日本国有王子好书，介舶商求梁评定。琉球生自太学归国，踵门丐书一纸，曰："持是以复国王耳。"

梁手写《文选》十六小册，有嘉庆丙子自跋云："始壬申至丙子。"盖五年毕事。全书无一字草率，有误者，则朱书其旁。

梁山舟书无代笔

古之名书家，皆有代笔，苏子瞻代笔为高述，赵松雪代笔为郭天锡，董香光代笔为吴楚侯。梁山舟书名甚著而无代笔，惟汤昼人庶常锡蕃、沈友三明经益颇肖其书，其为人作字，尝署梁名，非代笔也。

戴延仲书学钱献之

嘉定戴听鸿，名延仲。能学钱献之书法，以赝乱真，人莫能辨。吴县江沅偶见篆书一幅，署钱坫名，曰："笔力逼真，惟中有一字假借不合，十兰不应有此误也。"徐访之，知为延仲赝作，乃招之往，曰："以君笔力，不患不传，何必假名前人？但作隶须通六书。"以段氏《说文》授之，学益进，时称"活钱坫"。延仲，嘉、道间人，居安亭。

邓石如习书之勤

邓完伯，字石如，怀宁集贤关人。少产乡僻，眇所闻见，顾独好刻石，仿汉人印篆甚工。弱冠孤露，即以刻石游四方，辗转至寿州。时亳人梁巘主讲寿春书院，以工李邕书名天下。石如为院中诸生刻印，又以小篆书诸生之箑，梁见之叹曰："此子未谙古法耳。其笔势浑鸷，余所不能。充其才力，可以轶轹数百年巨公矣。"因为其治装，致之江宁举人梅镠。镠为文穆公季子。文穆虽贫宦，然梅氏自北宋时即为江左甲族，闻人十数，弆藏至富。文穆又受圣祖殊遇，得秘府异珍尤多，盖秦、汉以来金石善本咸备焉。

石如既至，镠为尽出所藏，复为具衣食楮墨之费，乃得纵观，推索其意，明雅俗之分。乃好石鼓文、李斯《峄山碑》、泰山刻石，汉《开母石阙》《燉煌太守碑》《苏建国山》，及皇象《天发神谶碑》，李阳冰《城隍庙碑》《三坟记》，每种临摹各百本。又苦篆体不备，手写《说文解字》二十本，半年而毕。复旁搜三代钟鼎及秦汉瓦当、碑额，以纵其势、博其趣。每日昧爽起，研墨盈盘，至夜分尽墨乃就寝，寒暑不辍。五年，篆书成，乃学汉分，临《史晨前后碑》《华山碑》《白石》《神君》《张迁》《潘校官》《孔羡》《受禅》《大飨》各五十本。三年，分书成。

某岁，石如至歙，鬻篆于贾肆。张皋文编修方客授修撰金榜家，编修邃篆学，见石如书，归语修撰曰："今日得见上蔡真迹。"修撰惊问，语以故，遂冒雨偕诣访石如于荒寺，修撰即备礼延之。金氏家庙甚壮丽，其楹皆贞石，而刻楹及悬额，修撰精心写作，盖百易而后定，谓莫能加于此也。及见石如书，即鸠匠斵其额。石楹既竖，不便磨治，架屋而卧楹，请石如书之，刻成乃重建。其倾服至此。石如既交编修、修撰，遂辗转与曹文敏公、刘文清公、上海陆耳山副宪、镇洋毕秋帆尚书周旋奉手，而绝艺传矣。

石如篆法以二李为宗，而纵横阖辟之妙，则得之史籀，稍参隶意，杀锋以取劲折，故字体微方，与秦汉瓦当、额文为尤近。其分书则遒丽淳质，变化不可方物，结体极严整，而浑融无迹，盖约《峄山》《国山》之法而为之。故尝自谓："吾篆未及阳冰，而分不减梁鹄。"其移篆分以作今隶，与《瘗鹤铭》《梁侍中石阙》同法。草书虽纵逸不及晋人，而笔致蕴藉，无五季以来俗气。论者谓其书笔笔尚力，到底一丝不懈，迟、重、拙三字足以尽之。石如以授包慎伯，慎伯以授合肥沈用熙。用熙，老明经也，家贫，鬻书供晨夕，人争宝之。年时自署春联，甫黏门，辄为人揭去。年六十三卒，时嘉庆乙丑也。

张叔未工篆隶

嘉兴张叔未，名廷济。精赏鉴，工篆隶。求书者踵接，然润例甚苛，扇对每件须银若干，如署款须称“大人”者，必另加银若干。有友某，富而吝，偶持联乞书，未加署款之润，张遂不署“大人”。道光辛巳，张至杭州，独游西湖，至灵隐，憩于春淙亭，有樵叟荷薪而过，弛担小坐，睨张而笑曰：“先生，吾尝游禾，于烟雨楼识先生，不图遇于此。敝庐不远，盍一过我乎？”张谛之审，悟为李竹荪，盖昔尝客授禾中，今隐于樵者。因偕往，留饮，为书联赠之。又尝寓西埏酒肆，其姬之母家也。后又移寓饼店中翟氏别业。有句云：“不妨司马当垆客，来寓公羊卖饼家。”殊工切。张眉长寸余，莹然采泽，因自号“眉寿老人”。

高爽泉习书之勤

钱塘高垲，号爽泉。工行草，尤精小楷，树骨于率更、河南，取姿于吴兴。尝言小时学书，值严寒，手指冻硬，衣袖重沓，尤极猛进，每置杯水于腕上，欲使笔势无欹侧，异日便于驾轻就熟，暑夜畏蟁（同“蚊”），以两瓮纳足，是亦可见其勤也。性敏捷，善谐笑。当握管时，虽对客酬应，旁坐諠哄，神意闲暇，纚纚落纸，累千百言，罔有讹脱，观者皆叹其神妙。

徐柳臣书为徐派

道光时，虽有外患，而犹粉饰太平，官场之贺禀、贺启皆骈俪绝工。蓄善书少年一二十辈，时尚楷书，所谓“欧底赵面”者，皆华实挺秀，十数人如出一手。每有长函，则分手缮写，刻许已就，合之，不知为众人所书也。即起草，亦引红格，预扣字数，方易分缮。其尤精者，虽奏摺亦可直写，不用衬格，且立而写之，不必坐也。

欧底赵面之字，风靡一时，翰苑中人争相摹习。龙南徐柳臣廉访思庄，尤为此中能手，馆选后留都供职，与何子贞辈游，学益进。盖廉访之书法，不仅拘拘于欧底赵面，其初以善写柳帖名，通籍后，又参以右军、襄阳各体，而独具匠心，运之以神，久之遂自成一家，都人士目为徐派。湘乡曾文正公倾倒不置，至欲其子惠敏公纪泽专习徐派。时连平颜氏，新建勒、梅、夏诸氏，或绾清要，或掌封圻，亦争相仿效，各以徐派书法教子弟，于是柳臣之书乃大著于时，人得一缣，争宝贵之。

晚年，柳臣罢官归，筑室南昌之西山，日以读书临池为消遣。三子叔勤观察德度克承家学，守潮州日，应潮人请，为某寺书东坡《赤壁赋》一篇勒诸石。其弟幼珊鹾尹萼工琴，善镌刻，于书法尤致力，行草宗王、赵。萼子筠畦司马德启亦工书，楷法清丽妍媚，逼近松雪，有时几可混真焉。

曹葛民能作篆隶

曹葛民，名籀，仁和人，能文之书贾也，所著有《籀书》及《春秋钻燧》。如张仲甫中翰应昌、魏滋伯广文谦升、龚定庵礼部自珍辈，皆与之往还。其诗笺书法甚劣，然能作篆隶。晚年狂跞，作《三元通考》，斥当道，几被掎摭。有人为之缓颊，令毁其版，遂以疯病告免。

潘孺初悬腕写小楷

文昌潘孺初，名存。以咸丰辛亥举人官户部，湛冥不与世接。于学无所不窥，得其一艺，皆足名家。每日作书，随手涂抹，弃之纸篓。尝临《九成宫》，直逼真迹。写小楷，亦悬腕，以三指撮笔端。年五十余，无子，其友买一妾赠之，生一子。及谢病归里，主讲书院。没后，其弟子就书院隙地为祠祀之。年七十五六卒。

张忠武写虎字

张忠武公国梁，初名嘉祥。年十五，贾广西，为官所捕，亡命为盗。然与群盗异，桂人为之语曰："济弱锄强张嘉祥。"粤寇洪秀全起事金田，乃率其徒投之。张虽武夫，生平喜写"虎"字，大径丈，中一直墨半枯，屹然如铁柱，善书者辄叹为不及。及降于向忠武公荣部下，向倚之如左右手。一日，问其在寇中善擘窠书大虎字，有之否？张则曰："孩子弄笔，不足言字。"向出纸砚与书，张解衣盘礴，泼墨淋漓，顷刻成十余幅。

作书用大拇指第四指

钱塘徐辛斋理问孝西娴书法，初学欧，继以大拇指习小楷。久之则以第四指悬腕，学晋人书，颇有声于道、咸间。

张婉紃书似李北海

道、咸间，阳湖有工书之女士张婉紃名纶英者，皋文犹女，翰风女也。其书神似李北海。年七十余，尚能为人作书。会稽赵之谦常师事之，犹王羲之之于卫夫人也。私淑之者，有光绪末叶之钱塘处女徐新华。新华字彤芬，能文善画，惜早卒。

和蔼人论执笔

写字必先讲执笔，未有不善执笔而善书者。和蔼人书名重一时，尝论执笔之法，其《执笔管见》云："大字运肘，小字运腕。脉门半仰，腕骨向案。大指上挺，食指下按。大食二指，双钩如环。何以灵活，笔在指尖。食指指尖，准头对定。名指小指，三指相并。中指内钩，名指外送。中指右钩，名小左送。管见如斯，是谓笔正。"蔼人，名昶。

丁雨生字学苏黄

丁雨生中丞日昌抚吴日，礼贤好士。春秋二祭，于文庙中执事诸生，一一询其号，记之于纸，翌日各书一扇赠之。其字学苏、黄，为时所重。自是诸生踊跃，向给以轿马费而不来者，至此皆争先恐后矣。

朱研臣书自成一家

钱塘朱大勋，字研臣，晚号厌尘道人。髫年喜临池，能作擘窠大字。其真书出入颜、柳，上追钟、王，直入晋人之室。又工篆隶，苍劲古拙，自成一家。日本、朝鲜人士之来华者，辄以得其一缣一帛为荣。子景彝，字剑芝，能世其学，故会稽陶七彪郎中在宽《题道人造像》诗有“羡公有子继家声”之句。

孝钦后喜王文敏行楷书

王文敏公懿荣受业于周梦白，为文皆翔实典雅，坚重密栗，专家或有不逮。工行楷书，尝云：“作一字须含十二意。”光绪甲午大考，由三等改一等，入直南书房。尚方贴络所需，其章幅稍大者，孝钦后必降口敕曰：“令王懿荣书。”醇贤亲王栗主，特旨命缮写供奉。庚子之变，竟以身殉。流传翰墨，声价愈重。礼臣议谥，得谥文敏，雅称其为人矣。

吴芝瑛工八法

桐城吴芝瑛，无锡廉惠卿郎中泉夫人也。父宝三，尝为山左县令，独生夫人，钟爱逾恒。工八法，为巾帼中所罕睹，因颇自矜重。其所书，曾为孝钦后所称赏。

德宗书橅柳诚悬

仁和王文勤公文韶尝见德宗朱批手迹，谓帝笔法雄劲，规橅柳诚悬，与篆籀文相髣髴。惟不常落笔，故得之者珍异逾恒。

德宗炽炭挥毫

光绪庚子，德宗西狩时，于寝宫门外新立屏风，以朱笺亲书

“戬谷”二字，黏于上。时砚冰久冱，命炽炭炙之，汤志尹等实侍于侧。

翁叔平书超逸

常熟翁叔平相国同龢，书法不拘一格，为嘉、乾以后一人，说者谓相国生平，虽瓣香翁覃溪、钱南园，然晚年造诣，实远出覃溪、南园之上，论国朝书家，刘石庵外，当无其匹，非过论也。光绪戊戌以后，静居禅悦，无意求工，而超逸更甚，署款曰“瓶居士”，曰“松禅”，曰“天放闲人”。

张文襄书摹苏东坡

张文襄书法东坡，其总两湖日，颇有以工书而被罗致者。于是汉阳江上，黄鹤矶边，干禄冒进之流，稍能执笔，无不规仿苏体，而苏字集刻，亦于其时称极盛矣。

黄慎之写经

黄思永，字慎之，道光壬寅生于金陵。咸丰癸丑粤寇之役，全家死者三十八人，慎之与弟同缢庭树。粤寇兵至，救之，复苏。年仅十二，楷字已优美。遇某酋，亦黄姓，爱之，抚为己子。旋为乡人王星轩挈之入山，为寺僧写经，日惟稗饭一餐，粗硬如沙砾，而勤于所事，日夕不辍。他寺亦争延之，得传食不绝。山村士子，亦多就而问字，遂以乡塾教授为业。有某生以布袍为贽，至是而始曳长裾矣。乡居无书，辗转假抄，勤学不倦。年二十一，娶金氏女。女为名宿鳌孙女，幼即定婚，经乱散失，清苦艰贞，卒访得之。

邓壮节书势凝劲

粤东邓壮节公世昌，以致远管驾官于光绪甲午中日之役，撞碎日军一舰，而致远亦沉，殉焉。或见其所书挂屏四幅，书势凝劲似其人。又尝以朱丝格作精楷四帧，字径二寸弱。

杨咏春工大小二篆

杨沂孙，字咏春，号濠叟，光绪时之常熟人，由举人官凤阳府知府。工篆书，于大小二篆，融会贯通，自成一家。

杨见山工分书

杨岘，字见山，归安人。光绪时，尝权松江知府。工分书，如褒斜道《石门颂》，名重一时。金石、小学，皆极能事。

庄巢阿临欧最多

武进庄氏用经术、文学著称于时者，无虑数十辈，以书名者，然乙州倅宝书而后，巢阿大令凤威是也。同时与之并称者，则有心吉农部怡孙，顾派别迥殊。心吉天优于人，晚年橅（古通“摹”）《乙瑛》《礼器》诸碑，变朴茂为姿媚，于汉法中自辟一径，独为时流所欢迎。巢阿导源虞、欧，笃信谨守，曾不隃（古通“逾”）越尺寸。相传幼时孤露不羁，为舅氏史士良兵备闭置书室中，尽出法书，朝夕临摹，而于率更书习之尤勤，宵旦不辍，掌指为肿，盖困而学之者也。然其擘窠大书及题膀诸作，则又不缚规绳，游行自如，醇而后肆，成功则一。生平临欧最多，貌拙神完，苍润欲滴，字外出力中藏精，真得信本的髓者矣。

汪颂阁喜习宋体字

宋体字者，流俗通用刻书之字体也。盖北宋时刊本，俱能书之士各随字体书之。元人刊书，盛仿赵松雪字体。明隆、万时始有书工，专为写肤廓字样，谓之宋体，刻书者皆能写之。钱塘汪颂阁广文诒，年少时颇有刻书之癖，尝于临摹法帖之暇，戏习宋体以自怡。

时慧宝书遒秀刚劲

时慧宝，字智侬，为同、光间名伶小福第四子。能世其业，且善书，遒秀刚劲，不减张廉卿，其得力者为《龙藏寺》诸碑。

李静之临帖读帖

李正华，字静之，武进人。初习欧阳率更书，即神似；继而习李北海书，心摹手追，凡数千过。讲中锋，虽振笔疾书，无欹斜不到之处，故能墨华四溢，成双钩形，而力透纸背，几于正反若一，盖由规矩而神明矣。

静之书名既著，里中少年有立书社者，延之为社长。于是毗陵字学，一时称最。然静之意不慊，曰："此干禄书也。"乃去而进窥六朝，旁及篆隶，尤致力于北魏，如《张猛龙》《敬使君》《石门铭》《郑文公》，每种临摹，多则千遍，少亦数十百过。倦则手一帖阅之，如读书然。寝馈其中者四十余年。晚岁犹日临帖数页，读帖一二种，曰："吾惧吾手之易而滑也。"尤善擘窠大字，沉雄古劲，见者为之神王。

静之生平无他好，惟嗜饮，终日不醉。将临池，必饮酒。无日不临池，亦无日不饮酒也。微醺时作书，益淋漓酣畅，笔墨飞舞。其友庄苕甫见而叹曰："观君作书，每心惊气窒，不知其笔之自何起、自何止也。"中年后病酒几死，因自号"醉余生"。其所用笔，均长锋，惟常州顾祺卿笔肆之老主人自制者为中程。

隆裕后草书

隆裕后为承恩公桂祥女。桂祥父子未尝学问。隆裕侍孝钦后久，喜学草书。宣统初元时，以草法书擘窠扁联。延春阁，即其自署之斋名也。

况桂珊工小楷

临桂况桂珊，字月芬，夔笙太守周颐之仲姊也。能诗，且工小楷，昉欧阳率更，秀劲娟洁。曾手书《尔雅直音》全部，授夔笙读。后嫁同邑刑部主事黄俊熙，年二十四卒。

李梅盦善书

临川李梅盦方伯瑞清以善书名于光、宣间，尝自言曰：“瑞清幼习训诂，钻研六书，考览鼎彝，喜其瑰伟，遂习大篆，随笔诘屈，未能婉通。长学两汉碑碣，差解平直。年二十六，习今隶，博综六朝。既乏师承，但凭意拟，笔性沉腿，心与手午（通“迕”）。每临一碑，步趋恐失，桎梏于规矩，缚绁于毡墨，指爪摧折，忘其疲劳。光绪甲辰，看云黄山，观澜沧海，忽有所悟，未能覃思锐精，以竟所学，每自叹也。而学士大夫四方人士，昧其丑拙，竞相请乞。学惭逸少而有老妪竹扇之求，名异子云而有百济维舟之丐，工愧官奴而有少年纱裓之夺，巧孙智永而有户限裹铁之劳，缣缃充几，帛素衍箧。余性复疏懒，筋驽肉缓，官书填委，终日视事，堆案稽滞，动延岁月。偶然作书，每失先后，率尔落笔，时有巧拙。而人往往以先后为厚薄，以巧拙量爱憎，因艺术之细事，启丘山之疵衅，果何为耶？且书者舒也，安事迫促？而索书者急于索责，每春秋佳日，野老牧童，犹得眺望逍遥，移情赏心，而余独拘絷一室之中，并足鳍植，状如断菑，衿褏（同“袖”）皆皁，唇齿濡墨，腕脱研穿，不得栖豪，犹不得偿。人生如白驹过隙耳，何自苦如此！与其兴怨，不如息身，岂若博稽乎六艺，寻究乎百氏乎？余友欧阳君重，慷慨丈夫也，尝云：‘为人莫学书，学书诚无益，拙无损于己，善徒为人役。’余尝叹服以为至言。自欧美互市，航轨东合，顷岁以来，商战益烈，运筹用策，不出市廛，灭国争城，无烦弓矢，是以大贾贵于王侯，卿相贱同厕役，尊富卑贫，五洲通例。若夫贫困不厌糟糠而高语仁义，诚足羞也。昔范蠡智士，治生于陶，子赣大贤，鬻财齐鲁，心窃慕之。语云：‘长褏善舞，多财善贾。’余拙于为宦，岁俸所入，仅足自活。斗智争时，诚非所能，卖书力作，傥亦末业，比之洒削马医，或毋惭焉，犹贤乎掘冢博戏云尔。宣统辛亥秋，瑞清既北鬻书京师，时皖、湘皆大饥，所得赀，尽散以拯饥者。其冬十一月，避乱沪上，改黄冠为道士矣，愿弃人间事，从赤松子游。家中人强留之，莫得去。瑞清三世皆为官，今闲居，贫至不能给朝暮。家中老弱，几五十人，莫肯学辟谷者，尽仰而食。故人或哀矜而存恤之，然亦何可长，又安可累友朋？欲为贾，苦无赀，欲为农，家无半亩地，力又不任也。不得已，仍鬻书作业。然不能追时好以取世资，又不欲贱贾以趋利。世有真爱瑞清书者，将不爱其金，请如其直以偿。"

曾季子书有晋人风

衡阳曾季子，名熙，湘人所称子缉先生者也。美须髯，晚自号农髯。尝与李梅盦方伯同官京师，同学书。梅盦喜学鼎彝、《汉中》《石门》诸刻，《刘平国》《裴岑》《张迁》《礼器》《郑道昭》《爨龙颜》之属，自号北宗。季子则学石鼓文、《夏承》《华山》《史晨》、太傅、右军、大令，尤好《鹤铭》《般若》，自号南宗以相敌。梅盦于时贤书无所可否，独好季子书，以为有晋人风。季子亦独喜梅盦书。每作书，各出相示，议论以为笑乐。

藏人写字先起草

藏人之普通书法，于日用记簿，纯系唐古忒正文。写字先起草，用尺余木板，宽仅二三寸，裹以薄纸，右手执板，以骨针沾苏油作书，而后用贝叶置于膝，改用毛笔竹签，蘸墨汁横书之，瞬息可百字。梵字常用木笔蘸墨书之，故少笔锋。番人于两种字体，均能解识，或如欧文之大小草同声异形欤？墨壶为瓷质或玻璃质，番名纳门司里。笔曰西鲁克，纸曰申各拉。

世祖精绘事

世祖喜绘臣工之像，尝幸关中，一日有中书盛际斯趋而过，呼使前跪，熟视之，取笔画其像，面如钱大，须眉毕肖，以示诸臣，咸叹天笔之工。际斯拜伏乞赐，笑而不许，焚之。

京师慈仁寺，藏有世祖御画渡水牛，乃于赫蹏纸用指上螺纹印成之，意态生动。又风竹一幅，上有“广运之宝”，王文简公士桢（祯）、宋牧仲尚书荦均及见之。

康熙丁未上元夜，文简于礼部尚书王崇简邸中之青箱堂，见有世祖御笔山水小幅，写林峦向背、水石明晦之状，谓为真能得宋、元人三昧者。

弘仁山水师云林

弘仁，字渐江，休宁人。俗姓江，名韬，字六奇，明诸生。世祖定鼎，明亡，遂为僧。工诗文，山水师倪云林。新安画家多清閟法，盖渐江导之先路也。没后，其友于其墓种梅数百本，因称之为“梅花古衲”。

武风子以火绘竹

武风子者，武定州人，名恬，先世以军功官于卫。凡游艺杂技，过目即知之。滇中产细竹，坚实可为箸，武以火绘其上，作禽鱼、花鸟、山水、人物、城郭、楼阁，精夺鬼工。人奇之，每得其双箸，争以钱数百购之。于是武之戚友，因以为利，而武顾未尝自售也，颇自矜重，一箸成，辄把翫不释，或醉后痛哭，悉焚之，醒复悔，悔而复作。然不轻与人，好事者每瞷其谋醉时，置酒招之。造必尽欢，酒酣，以火与箸，杂陈于前而不言。武攘臂起，顷刻完数十箸，挥手不顾也。或于酒中以箸相属，则怒拂衣出，终身不与之见。或遇贫士及释道者流，告以困穷，辄忻然为之，虽累百不倦。于是滇之士夫或相馈遗，皆以武箸为重。王公大人游于滇者，不得武箸即不光。

武固落落儒生耳，未尝以“风子”名。顺治丁亥，流贼自蜀败奔，假号于滇，滇士民慑于威，波靡以从，武独匿深箐不出。

贼于民间见其箸而异之，遍召不得，因悬赏索之。或告曰：“曷出以图富贵？”武大笑曰：“我岂作奇技淫巧以悦贼者耶？”侦者闻于贼，系以来，至则白眼仰天，喑无一语。贼命作箸，列金帛于前，设醇醪于右以诱之，不应；陈刀锯以恐之，亦不应。贼怒，挥斩之，缚至市曹，而神色自如，终无一语。时贼酋有侍侧者，曰：“腐鼠何足膏斧钺，曷纵之，徐徐当自逞其技也。”释之。而武自此病矣，披发佯狂，垢形秽面，日歌哭行市中，夜逐犬豕与处，人遂呼之为武风子。

官兵入滇，风子病少瘥，亦稍稍为人作箸以谋醉，人重之逾常时。安定守某者，受贵人属，召为之，不应，守怒，挞之于庭，血流体溃，终不应。自此风子之踪迹无定矣，或祠庙，或市肆，往必数日留，留必作数十箸以谋醉，然出入无时，于是其箸可得而不可得矣。

有见其箸作凌烟阁功臣图者，箸粗仅及绳，而旌旗、铠仗、侍从、卫列无不毕具，至褒公、鄂公，英姿毛发，道子传神，莫或过之。其画细如丝，深绀色，入竹分余如镂。其作箸时，削炭如笔数十，置烈火中，酒满壶于旁。及炭末红若锥，左执箸，右执炭，簌簌有声，如蚕食叶，快若风雨，且饮且作，壶干即止，益之复作。饮不用杯杓，以口就壶。不择酒，期醉。醉则伏火而卧，或哭或歌，或说《论语》经书，多奇解。及醒而问之，则作呓语以对。或方作时，酒未尽，忽不知其所往。逾数十日，或数月，复来，复卒成之。其状貌如中年，近六十余，拜揖跪起悉如常，惟与之语，则风子矣。所绘故事，多稗官杂剧。有规以不雅驯者，笑而不答，亦终不易。或曰：“非病风者也，狂人也。”或曰：“其有道者欤？不然，何富贵不淫、威武不屈耶？”

陈老莲善画

陈老莲善画，及中年，辄纵酒狎妓以自放。客有求画者，罄（通“磬”）折至恭，弗与；及酒边召妓，辄自索笔墨，虽小夫稚子，征索无弗应。

吴梅村画山水

太仓吴梅村祭酒伟业，曾为莆田余澹心怀作山水立帧，极萧疏澹远之致，并题《菩萨蛮》词一阕，下署庚寅重九前五日。庚寅为顺治七年，不著年号，殆与渊明仅书甲子之意相仿。此帧初为钱塘徐印香舍人恩绶所藏，光绪初，张子虞观察预为舍人先德辛斋理问作家传，以此酬之，遂入子虞手矣。

黄鼎画离奇傲诡

国初，常熟多画师。有黄鼎者，足迹半天下，在秦、蜀尤久，所作多离奇傲诡，为古人屐齿所不到，然亦坐是多病败。同里王石谷翚稍后起，陶铸董、巨，含跨关、李，名遂出鼎右。识者谓譬诸诗家，鼎其青莲而翚则少陵也。

顾樵水能诗画

吴江顾樵水孝廉樵，诗篇秀绝，画亦为能品。尝作《秋林图》赠吴梅村，吴叹曰："对此尺幅，使人幽思顿生。"

张闲鹤画兰

张闲鹤性简傲，嗜饮，少进辄醉，醉辄喜画兰，勃勃有生气。陆子黄尝得所画兰，悬之斋壁，忽发香满室。陆异之，因额其处曰"兰堂"。张，名道岸，湖州人，苕南四隐之一也。

苏遗民画帝释诸天像

苏泽民，初名霖，更名遯，字遗民，华亭人。王胜时澐曰："遗民为人奇狷，善画帝释诸天像，得吴道子笔意。间写山水，成即毁之，人莫测其意。"后以穷困死。

杨芝画人物仙佛鬼判

杨芝，钱塘人。善画人物、仙佛、鬼判，雄健纵恣，不假思索，援笔立成，特长于寻丈大体，愈大愈妙。西湖天竺寺壁观世音像，其手笔也，惜不戒于火。芝尝自言曰："安得三十丈大壁，磨墨一缸，以田家除场大帚蘸之，乘快马以扫数笔，庶几手臂方舒而心胸以畅也。"第不善作小幅，故流传绝少。

汪无瑞日画数十幅

汪之瑞，字无瑞，休宁人。豪迈自喜，土苴轩冕，有不可一世之概。善山水，以悬肘中锋，运渴笔焦墨，多麻皮、荷叶等皴。爱作背面山，酒酣兴发，落笔如风雨骤至，终日可画数十幅。兴尽僵卧，或屡日不起。非其人，望望然去之，虽多金，不屑也。

王子杓数日画一幅

王子杓，名国夋，山阴人。旅京师，食贫。画人物甚工，然非数日不能竟一幅。人劝其苟且应酬，子杓曰："宁贫耳，不欲以率笔败吾名。"人有以多赀求其画者，竟岁始成，成则又质之贷钱家，非后有以重赀索其画者，前画弗得也。

项孔彰画空罈

秀水项圣谟，子京孙也，字孔彰，号易庵，又号胥山樵。善画，初学文衡山，后扩于宋而取韵于元，其花草、松竹、木石尤精妙。客有以酒饷之者，越数日，索其罈（同"坛"），已为游兵所击。孔彰遂画一空坛偿之，中作桃柳两三枝，或斜倚，或倒垂，丰姿婉约，绰有余妍，上题五言长古以纪之。

邱天民画虎

邱天民，字独醒，曲江诸生。工画翎毛，枯木、野仙、人物，皆用臃肿怪笔。尤善画虎。尝结屋深山，观生虎形状，得其神，亟返舍取笔，就粉壁图之。犬一见，皆惊仆，为之遗矢。又尝于灯下伏地作虎跳跃状，取影图之，如活虎。

高望公月下作画

高俨，字望公，新会人。博学，工诗、画、草书，时称三绝。尚之信入粤，闻其名，屡辟不就。以礼帛求画者踵相接，意稍不合，即麾去。暮年画益精，能于月下作画，视白昼所作为尤工。

顾野渔以惫纸作画

钱塘顾知，号野渔。目近视，不好游，与山水绝远，而粗枝乱石，正自秀媚，悬之中堂，宜于十尺外观之。尝曰："直待野渔五指不能作画时，画价自压伦辈。"或问故，则曰："予袖画投人，人故轻之。"又见貌弱寡威仪，好作寒语，且牢骚性成，故其画狂放不矩，多于惫纸作之。

圣祖与唐岱论画法

圣祖多才多艺，尝于几暇作画，赐廷臣，海内旧家尚有宝守之者。时满洲参领唐岱，号静岩，工山水，尝召入内廷，论画法，因御赐画状元。

画有四王

王烟客太常时敏，为一代画苑开山，四方工画者，得其指授，无不知名；廉州太守鉴，字符照，亦善山水，摹古尤精；及太常孙麓台少司农原祁，以画侍直内廷，法大痴浅绛，尤为独绝，人称"太仓三王"。太常又与常熟王翚石谷，号为"四王"。石谷亦太常弟子，太常目为画圣。

王石谷画山水

王石谷，别号耕烟。童时无嗜好，常引荻画壁作山水，即生动。王元照过虞山，于壁见小幅，喜甚，问谁作，知为王氏子，年甫冠也。归语王烟客，具舟迎之，馆于西田，尽出唐以后名画，俾坐卧游泳其中，尽得古人秘奥，而以灵心运之，垂二十年，遂成大家。先是馆西田时，仿古神品，元照推服，曰："此非吾弟子也，三百年来，罕觏此人矣。"而一时耆宿，若钱牧斋、吴梅村、周栎园、王文简、宋牧仲辈，争作诗古文张之，推为大家，无异词。

诏征石谷，以布衣供奉内廷。尝绘《南巡图》，能手骈集，咸逡巡莫敢下笔。石谷至，口讲指画，凡山川形势、六飞七萃、诸大小臣工与夫老幼男妇之颙颙望幸者，咫尺千里，如印泥聚米。众遵守分绘，而己总其成。图成，上览之称善，欲授官，以不能任职辞。出都日，公卿祖饯，多赋诗赠行。

石谷所缋《毗陵秋兴图》，乃与笪江上舣舟河畔，对景含毫，穷累日力而后成。霜枫红叶，绚烂如霞，间以丛筱枯槎，互相掩映。恽南田见之，谓为艺苑增不朽胜事。

石谷笃孝友，慎交游，尤敦风义。元照、烟客先后化去，岁必省其墓。乞画者必择人而与，否则巧取豪夺不能得。晚岁烟云供养外，吟风弄月终其身。康熙丁酉卒，年八十有六。

祝玉成牙画

康熙初，杭州有祝玉成号培之者，年八十余，画事入微。尝于牙牌施绘事，牌长一寸五分，阔一寸，一面画虬髯下海，其中虬髯公李靖、红拂、虬髯公夫人、奴十人、婢十人、箱笼二十，楚楚排列，须眉毕具。上写曲一出，笔画分明。一面画二十小儿，种种游戏悉备，中有一小儿放风筝，其线若有数十丈之势，高空纸鸢亦可辨焉，然笔墨所占，特十之三四耳。

顾雪坡徐铁山画竹马

顾雪坡、徐铁山与王石谷同画山水，后石谷从王烟客、王元照游，得见宋、元真迹，画法日进。雪坡、铁山度不能胜，遂一去而画竹，一去而画马。两人所造，亦臻绝诣，前人自命不凡，耻居第二手，不独恽寿平也。

毗陵恽氏多画师

画家之四王，三太仓，一常熟，非出自一族也。毗陵恽氏，则以一族而多画。寿平名格，取法于本初。本初字道生，更名向，号香山老人，明崇祯时之孝廉方正，善画，入宋、元作者之室。其群从子孙多工画。馨生，字德彦，工山水、花卉。标，字枢亭，工花卉、禽鱼。源濬，字哲长，号铁箫老人；源景，字希述，亦并以画称。源濬妹，为无锡邹小山尚书一桂妻，山水平远，风韵天然。小山以绘事直内廷，人谓其得力于闑（同“闺”）阁也。源濬女褱（古同“怀”）娥，字纫兰，善花果。钟嶐女冰，颇著称于时。洎三门闑秀外，凡得五人，世因称之为“五恽”。

恽寿平为南田三绝

恽格字寿平，晚号南田老人。少时流离琐尾，当十余岁时，随父逊庵崎岖闽、浙间而相失，为某军帅所获。帅爱其聪颖，欲子之，逊庵侦知南田在某所，属杭州灵隐寺僧善言诱接，谓此子慧根极深，惜福薄寿促，宜令出家，即日祝发留寺中。帅妻故佞佛，泣而去。及长，以父兄尝仕明，不应举，惟攻古文词。其于画，天性也。山水学王蒙。既与常熟王翚交，曰：“君独步矣，吾不为第二手也。”遂兼用徐熙、黄荃法，作花鸟，自为题识书之，世称“南田三绝”。商丘宋尚书荦尝语人曰：“南田画，吾暗中摸索即能辨之。世多赝作，其至处必不可赝也。”尝有人见其白描山水数幅，款书恽格，幅题小诗，轻圆妙润，乃早年笔也。

寿平性落拓，遇知己，或匝月为之点染，非其人，视百金犹土芥，不市一花片也。所居瓯香馆，与倡酬者，皆一时名士。

高且园指画

指头画，始于明，至汉军高且园侍郎其佩而穷极其妙，花木、鸟兽、人物、山水，奇情异趣，信手而得。其述画诗云："吾画以吾手，甲肉掌背俱。手落尚无物，物成手却无。人甫具两睫，便见双瞳珠。情性本万殊，所事因相符。贵之料弗慕，贱之宁受呼。易老在用智，不老缘其愚。于我画可见，非我手可摹。"

且园初亦以笔画，苦于酬应，乃改而为指画，自名之曰"指头生活"。曾于巨帧作海水图，骇波立浪，雄壮若有冲激声，上空半尺许，写两飞鹤，远望之，宛如海角天涯也。

李西池画山水

李西池，名华国，康熙初之武探花也。既及第，即引疾归。工山水，名于时，殆所谓"将军不好武"者耶？

黑寿画山水

满洲黑寿高尚不仕，乐与江、浙文士游，有"满洲高士"之称。善画山水，学董文敏。

毛西河画竹梅

毛西河《看竹图》，为疏竹数竿，随风欲动，一科头宽袍者，手执团扇对坐，神气奕奕。西河自题诗云："长向吴中拟卜邻，王家楼子竹溪滨。练裙葛带寻常见，错认平原是绣人。"施愚山题云："筼筜谷口远难寻，槛外森森自一林。名有笛材谁解取，为君清夜作龙吟。"倪灿题云："十年归梦寄西风，长水溪边学钓翁。觅得筼筜千万亩，携将书卷过江东。"尤西堂题云："林子原饶林下风，夏生妙画兴相同。朅来携向长安道，吹破红尘十丈空。"僧大汕所题为词，调寄《一斛珠》云："冰绡霞縠，图来腻粉如堪掬。湘皋一片浮烟绿。抗首清流，髣髴瞻淇澳。”西河文章，世人皆知，画则流传绝少。工画梅，尝为姚士重作梅，枝萼不多，而书味扑人眉宇。

禹之鼎画山水人物

禹之鼎，字尚吉，兴化人。初为李氏青衣，公事毕，窃弄笔墨，主人教其专习绘事，遂入都，以画进。康熙时，授鸿胪寺序班，非其志也，归里。所制山水、人物，细碎处瘦而不纤，挥洒处浓而不浊；间有小品，亦精致可爱。

诸君简画且忘手

杭之中城，稍东曰丰乐桥，桥稍东曰古橘园，宋之橘苑也。苑废久，种橘已尽，康熙时，惟有古银杏二株，盘输〔轮〕扶疏，殆即宋苑物。园有主，为诸君简。君简少好画，又学篆刻，模何震、陈琮，用刀时见古法，然不甚自贵爱，独深爱画。尝自称其父博学游艺，尤耆翰墨，与华亭董宗伯其昌、赵文学左为密交。自其为童子时，旁侍观其用笔，挥写入妙。苍秀淡沲，董称最工；空濛萧瑟，赵为之冠。董、赵分间，互相放写，终不能自掩其真也。君简既好画，日取董、赵画及诸家所作玩之，久而融然，化裁臻微。毛元舒尝问君简曰：“君之画，法谁氏？”君简笑曰：“吾且忘吾手，安知谁法！”毛闻而惝然，不复知所问矣。

吴逸泉画有天机

画之以气胜者豪健，或少浑融；以韵胜者秀逸，或欠沉着。若兼二者而有之，超轶古人矣，此惟吴榯能之。榯字朝英，别字逸泉，居无锡閰江，工画，世无知之者。同邑王邦采一见，即为之延誉，自是遂大闻于时。尝与客泛舟笠泽湖，举首四望，则晴云晻霭，景象万千，久之幻作丛竹状，枝叶纷披，扶疏偃盖，异之。遂呼酒大醉，命童子磨墨汁数升，泼墨作《夺云图》，顷刻数纸，淋漓尽态，一座皆惊赏。而逸泉亦自谓天机所到，直夺化工。正如右军《兰亭》，令他日重为之，终无以及也。

覆千为王麓台代笔

僧覆千，俗家平湖，善山水。游京师，见知于圣祖，诏令师王麓台，遂为其代笔。后居万寿寺，御书"栖心树"三字以赐之。

周昆来画龙

周璕，字昆来，江宁人，善丹青。康熙时，以画龙著名，洗染云雾，几至百遍。尝游武昌，以所画张于黄鹤楼，标其价曰银一百两。臬司某登楼见之，赏玩不置，曰："诚须一百两。"昆来即卷而赠之。曰："某非必欲得百金也，聊以觇世眼耳。公能识之，是某之知己也，当为知己赠。"由是遂知名。

严荪友精画凤

无锡严荪友宫允绳孙之《秋水集》诗文，与朱竹垞、潘次耕辈齐名。书法亦入晋、唐之室。善绘山水、仙佛、花木、虫鱼，靡不曲肖。尤精画凤，翔舞竦峙，五色射目，观者叹美，以为古画家所无。

王秋山挐画

王秋山工挐画，凡人物、楼台、山水、花木，皆能于纸上用指甲及细针挐出，设色浓淡，布境浅深，悉取法于古名画也。挐，音拱。

焦秉贞仿西洋画

国人之得见西洋画，始于明末，盖意大利人利玛窦携有耶教之天主诸像以至也。其像为一妇人抱一小儿，神气圆满，彩色鲜丽。利尝曰："华人仅能画阳面，故无凹凸。吾国兼画阴阳，故四面皆圆满也。"良以正面明而侧面暗，染暗处稍黑，斯正面明者显而凸矣。焦秉贞得其意而变通之。秉贞，济宁人，官钦天监五官正，工画人物，其位置之自近而远、由大而小，不爽毫末，不知者辄疑为欧人所缋也。

吴渔山以西法画山水

墨井道人吴渔山，与王石谷齐名，皆籍常熟，相友善。尝借石谷所橅（古同"摹"）大痴画不还，石谷遂与绝交。

渔山久奉耶教，尝曰："年垂五十，学道于三巴，眠食第二层楼上，观海潮度日，忆五十年看云尘世，较此物外观潮，未觉今是昨非，亦不知海与世孰险孰危。索笔图出，具道眼者必有以教我。"

渔山尝再至欧罗巴，晚年作画，虽好用西法，画中时有云气，绵渺凌虚。然又尝曰："我之画，不取形似，不落窠臼，谓之神逸。欧人全以阴阳向背形似窠臼上用功夫。即款识，我之题上，彼之识下，用笔亦不相同。"

解仲长善写真画

解易，字仲长，武进马鞍墩人。工写真。好事者延致其家，辄相对竟日清谈。亦喜饮，少饮辄醉，醉则蒙头卧，或绕屋行吟。积数日，忽大呼，趣具缣素，顷刻立就，出而悬之以示人。或且掩其半面，其亲知相识之过者，即能指其名也。仲长之言曰："吾每见写真者必盛冠服，张拱庄坐，画者舐笔和墨，旁睨而髣髴焉。其索之愈工，去之愈远。吾则不然，接之謦欬以观其形，投之喜怒嬉戏以观其神，得之矣。然不敢耗气，吾倚如槁梧，植如橛株，非誉巧拙，不以摇其枢，神凝形释，与彼为一，然后纵吾笔而从之，以天合天，故其神全，宜画者之莫吾若也。"

华胥为龚蘅圃写僧装小影

金匮华胥，尝为仁和龚蘅圃御史翔麟写僧装小影，侍以双女，一拈花，一奉梵书。取《心经》“色空”二语，曰“双是”。戏题绝句云：“一双天女玉差肩，卑钵罗花贝叶篇。若使香门尽如此，丁年侬亦愿逃禅。”

李复堂画笔工绝

李复堂，名鱓，兴化人。康熙辛卯举人，供奉内廷，后为滕县令。画笔工绝，花鸟学林良，纵横驰骋，不拘绳墨，而多得天趣。尝作《五松图》，题云：“予以直者比之大臣，秃者比之名将，一侧一卧，似蛟似龙，蒲团之松，或仙或佛，爰作长歌纪之。”郑板桥诗云：“两革科名一贬官，萧萧华发镜中寒。回头痛哭仁皇帝，长把灵和柳色看。”即指复堂也。

朱涵斋指画

副都统朱涵斋伦翰，康熙壬辰武进士。年四岁时，以煤涂壁，肖人鬼鸟兽状，见者惊诧。一日攀煤车取煤，压伤右手中指。治痊，则此甲独厚而锐，有微凹，能容墨，遂以指代笔。

韩蝶斋手散画资

韩李思，号蝶斋，芷江人。貌丰伟，性骯髒，睥睨一切。尤嗜酒，无时不醉，衣履多质之酒家。长于画，泼墨作游龙，烟云拏攫满纸，具生动状。偶写山水、树石，则皴染工致，平远浓秀，各得其致。所得画资，率缘手散去。尝为僧写佛像，得钱三万。逾月，僧促之，辄碎其纸，典衣以偿僧钱。

刘斐章画用西洋法

刘璸，字斐章，衡阳人。画宗宋、元，山水、人物、翎毛、花卉，皆生气盎然。尝以西洋法为湖南巡抚王之枢作牙签万轴图，其签隆起，之枢时以手扪之。年七十，居山中，有尘外想。一日，与友人诀，无疾而逝。

阿尔稗画虎狮

当大兵下江南时，都统谭泰曾射江宁太平门，洞其扉。后坐事诛。其孙阿尔稗，幼育溧阳史文靖公贻直家，精绘事，以画虎著名，赏鉴家宝之，以比僧繇之龙。又尝绘《西域贡狮图》。

身本画龙

身本，钱塘人，因不知身所自出，故以身为姓而名本。博雅工诗，善绘事，画龙尤奇，其染云，非一年不可。李卫为浙闽总督时，招之不见，以大案入其名，械至闽。李问曰：“先生亦至此乎？来何晚！”遂开释，款礼之。阅一载，为画一龙焉。

身一生止画五龙，家传二；入闽时，司狱某待之善，赠一；有陕西富平董清江名志敬者，游其门下，得一。清江好游山水，高雅绝俗，工诗，亦善绘，每游，必以身之龙自随。一日至长安，长安有名手某者，邀至家，看其得意之画，累看无可否，最后出所画龙，董视之，亦不言。某嗔曰：“此龙亦不当意耶？”董曰：“君之龙，叶公龙也。吾有身先生所画龙，乃真龙，今在行箧。然吾迫欲行，公亦不能久视，烹茶一大瓯，悬轴，待吾饮尽，即卷之而去矣。”遂令钉卷钉，开箧展未半，同坐者惊，某大叫，赞不容口。董持茶杯谓之曰：“公之龙，其身匾，身之龙，其身圆，殆欲飞去矣。”饮茶毕，遂卷之而去。

年允恭画枇杷

年允恭侍郎希尧，为羹尧兄，工绘事。尝为青岩和尚画枇杷一枝、鸜鹆四，枇杷以石绿为叶，白粉为果，赭染其半，一鸜鹆立于枝上，向下而鸣，三鸜鹆相斗，搅成一团，生动润洁。

黄瘿瓢为闽之老画师

黄慎，号瘿瓢，闽之老画师也。幼读父书，长侍母，无以为生，遂学画。母含泪语曰："儿为是，良非得已。然吾闻此事，非熏习诗书，有士夫气韵，则成画工耳。"慎闻言，乃愈益自爱。方十八九岁时，寄居萧寺，以昼为画，夜无所得烛，从佛灯光隙读书，母闻之喜。时虽年少，与游者多闻人。慎复工诗，善草书。出游豫章，历吴、越、维扬，人争客之，得其片缣尺楮者，皆奉为瓌宝。母垂老，不欲远离，乃偕以来，时雍正丁未也。庚戌，始归闽。

恽清于善写生画

恽冰，字清于，钟嶐之女，南田族元孙女；世或误为南田女者，非也。冰写生，芊眠蕴藉，用粉精绝，迎日花朵俱有光，作已辄题小诗。乾隆初，尹文端公继善曾以进呈孝圣后，高宗见而赏之，题诗嘉奖，声誉大起。夫为毛鸿调，不应举，筑小楼，伉俪居之，以吟诗作画老焉。临川李穆堂侍郎绂赠诗二首云："黄筌妙笔吟花鸟，不用徐熙落墨花。忽地展图识佳制，写生生气更横斜。""画家今日重南田，闺秀犹夸得祖传。共道花王胜姚魏，沉香亭畔最婵娟。"

马江香授人以画之指法

马江香名荃，常熟人，画师扶曦之女也。习于庭训，乃亦善画。早寡，以苦节闻。晚岁名益高，四方以缣素兼金求画者，几无月无之。常蓄婢数人，悉令调铅杀粉。而常熟多贵游士女，皆求授指法。时恽清于画以没骨名，而江香以勾染名，江南人谓之双绝。

李兰斋卖画

李子隆，字兰斋，乾隆初之芷江人。耽笔墨，喜画拐仙，山水、翎毛犹其余事。家故贫，口不言钱，囊空即洒墨数幅，命小童携至街头卖之。尝自诵唐伯虎诗云："闲来写幅丹青卖，不用人间作孽（同"孽"）钱。"

赵难泅写竹石

赵泉，字难泅，乾隆初之当涂老明经也。家贫，年七十，三子相继夭，一孙病瘓。生平博学工诗，写竹石，疏宕有奇气。市人弗喜，或乘其穷，掷锱铢而草芥拾之，辄拳笔刺天而叹曰："嗟夫！奈何贵米颠、富倪迂而坑赵泉哉？"时或酒后激昂，裂纸畀火，骂钱奴为豕虱，叱腐儒为溷鼠。喜之者辄苦其狂，而难泅亦不屑也。

吴身三善貌人

无锡吴省曾，字身三，善貌人。行箧中画稿如梵夹，皆乾隆时之士大夫也，袁子才尝见而撷之。不相识则已，有相识者，纸上可呼其人。尝为子才作《随园雅集图》，图中人最老者为沈文悫公德潜，年九十余，最少者为陈熙，年十七，随其老少，謦咳宛然。其用笔如勇将追敌，不获不休，又如神巫招亡，专摄魂魄，踔绝之能，生与性俱。弟子数十，皆莫能及。为人朴而静，短小，面多瘢，乡音喃喃，不伐其技，人多昵之。

刘以贤画僵尸

杭州刘以贤善写真，其邻有一子一父而居室者，父死，子外出买棺，嘱邻人代延以贤，为父传形。以贤入其室，虚无人焉，意尸必在楼，乃蹑梯以登。就床坐，抽笔欲画，尸忽蹶然起。以贤知为走尸，不动，尸亦不动，但闭目张口，翕翕然眉撑肉皱而已。以贤念身走则尸必追，不如竟画。乃取笔申纸，依尸样描摹，臂动指运，尸亦如之。以贤大呼，无应者。俄而子上楼，见尸起，惊仆。又一邻人上楼，亦惊而堕楼。以贤大窘，强忍待之。俄而舁棺者来，以贤徐忆尸畏帚，乃呼曰："汝等持帚来!"舁棺者心知有走尸之事，持帚上楼，拂之倒，乃取姜汤灌醒仆者，而纳尸入棺。

罗两峰画《鬼趣图》

扬州罗两峰布衣聘，为杭州金寿门弟子，能画，尤工梅。生有异禀，目见鬼物，久之成《鬼趣图》，殊形异状，宛然吴道子《地狱变相》，又如《读五王》《楼炭经》也。其写大阿罗汉及摩诃萨各像，足与崔青蚓、陈章侯相上下。

重宁寺为高宗祝釐地，其壁有画，为两峰所缋，盖两淮鹾商出数百金延其所作者也。

边寿民画芦雁

边寿民，字颐公，淮安人，善泼墨写芦雁，有声于江淮。尝语其友人王孟亭曰："我以画为活，今年六十，老将至矣。为置一箧，外圆内方，虚其腹，封而窍之，及吾手能为时，得佳者，入窍而实之，以备吾老，名弆箧。"孟亭为文记之。

僧静峰善画

沪城铎庵僧漏云，号静峰，汉军人，大将军年羹尧孙也。乾隆时，自浙西飞锡来此。在庵，与客谈画，不涉时事。善画禽鱼、花卉，有徐熙笔意，山水清微淡远，自成一家。间作诗词，亦无俗韵。居四十年，始他去。

奚铁生画为逸品

奚铁生，名冈。善画山水，出入元四家，多水墨，清越秀润，为逸品；间作写意花卉，亦秀绝。诗、画俱清旷。性高而僻。尝自定润格，榜于门，索画者如其价，以金及绢素投之，为籍记次岁月先后以为之。求者益众，积三五年不画，亦不启缄也。后自造纸，曰古雪斋纸，画烟，润墨如湿，易退，晚年非此不画也。

周庶常凯尝以画求见，属人先容，见于其斋，曰冬花盦。身短发秃，微有髭，面酡黄如瓜。当窗置大几，罗列书画，自制一高足椅以就几。至则拱手为礼，复踞椅坐。与论画理，评周之画曰："士夫气太重。"周因曰："先生所造纸易退，不为五百年后计乎?"笑曰："宋元画绝少，所存者名耳，余惧无以厌名也。"语毕，送出斋即返。周心怼之，人曰："以君庶常能画，有加礼矣。平日客至，固不迎送也。"

奚铁生闭门作画

奚铁生作画，有时闭门，居一室，寝馈以之，虽家人不得见，但闻瑟瑟磨墨声。画不惬意，即于纸背临古人书，易他纸重缋之。竟一月，乃出，谓家人曰："足饱尔等两月饭矣。"遂出游。所交梁山舟学士及汪、孙、许诸收藏家，至则埽榻以待，取古人书画为之审定题跋，或游湖山，赋诗自娱，兴尽始返。

周松泉私仿奚铁生画

周乾，号松泉，钱塘布衣。私仿奚铁生画，奚见之，不能辨，曰："何不自署款?"曰："署丈名，多得钱。"奚遂教之，自是名益著。尝于斋壁画《松泉图》，多名人题咏。

金冬心画梅竹

钱塘金农画梅竹，苍劲绝俗，长幅矮卷，日可竟十数。晚又画佛。有见其画竹之自题曰："凌霜雪，节独完。我与君，共岁寒。"农，字冬心。

童二树画梅

山阴童二树布衣钰善画梅，画成辄题一诗，诗亦佳，故有

“万树梅花万首诗”之句，可称二绝。

童二树画猫

童二树善画墨猫而不轻绘，盖二树迷信甚重，必于端午午时始画，谓此时所画可辟鼠也。

王梅卿画梅

长洲陈竹士继室王梅卿，山阴人，工诗善绘，卧室悬一联，曰：“几生修得到，何可一日无。”竹士前室金纤纤有《瘦吟楼诗》，尚未付梓，梅卿乃并其自著《问花楼集》，同时印行。

梅卿曾画锦葵石榴一箑，点染秀澹，而画梅尤多。后拟绘士女百幅，尚未就而病，寻即逝矣。

萧尺木画山水人物

芜湖萧云从，字尺木，工画山水、人物，具有北宋人遗轨。闭门著述，品格亦高峻。乾隆甲午，四库全书馆进尺木所画《离骚图》，高宗命馆臣为补《天问》以下，盖尺木所未图也。又题其山水长卷诗云：“四库呈览《离骚图》，始识云从其人也。群称国初善画人，二王（翚、原祁）恽（寿平）黄（鼎）伯仲者。二王恽黄手迹多，石渠所藏屡吟把。萧则石渠无一藏，侍臣因献其所写。”诗凡二十六句。

自尺木画邀宸赏，江南大吏好事者，遂访其萧家巷老屋，遗址犹存。其所著《易存》《杜律细》若干卷，亦收《四库》存目中，惜后人仅一担水夫，老病不足自活。

汤鹏揉铁作画

芜湖铁工汤鹏，能揉铁作画，朱竹君诗所谓“近来刚要柔能化，别样枝头壁上春”也。凡花竹、虫鸟、山水屏幛，曲尽生致。其巨幅，必积岁月始成，世不多见，见者皆径尺小景。好事者争购之，范以木，悬诸壁，或合四面以成一灯，亦名铁灯。每幅辄直数金，且不易得。汤既殁，他工间仿为之，终不能逮，盖炉锤之巧，前后所无也。

张董世以绘画供奉内廷

乾隆丙寅，圣驾巡幸五台山，回銮至镇海寺，积雪在林，天然画意，因命侍臣张阁学若霭写之为图。及庚午，又命若霭兄阁学若澄图镇海寺雪景，御笔题诗其上，有“传语示其弟，坚頫踪可师”之句。辛巳西巡，尝命尚书董文恪公邦达即景图绘雪山。越十余年，文恪子文恭公诰随扈，复奉旨写雪山图进呈，上补题文恪画云：“辛巳西巡携侍臣，雪山即景写嶙峋。今来积玉仍千嶂，图上之人作古人。”又题文恭进册云：“枚氏皋随跸，雪山因命图。霁情宛可挹，家法未全殊。”

郑板桥画石

八大山人弟子万个，能画一笔石，而石之凹凸浅深、曲折肥瘦，无不毕具。郑板桥尝学之，一晨得十二幅。盖运笔之妙，在平时打点、闲中试弄，非率意为也。石中亦须作数笔皴，或在石头，或在石腰，或在石足。

傅凯亭工指画

傅雯，字凯亭，闾阳布衣。工指画，取法于高且园侍郎。郑板桥尝为作诗云：“长作诸王座上宾，依然委巷一穷民。年年卖画春风冷，冻手胭脂染不匀。”

京师广安门内慈仁寺，乃古双松寺遗址，明代改建者也。其厢悬《胜果妙因图》，乾隆丙午夏，凯亭奉勅以指绘之。图中诸佛及罗汉像最小者，犹与人相等。屋凡三楹，图之广狭称是。

苏廷煜工指画

吴郡苏廷煜，乾隆时人。工指画，每以巨擘为大笔，食指、中指为中笔，无名、小指为细笔，相其机宜，运以神气，高古之致，超出恒蹊。

诸某指画渔翁图

吴人诸某，以指蘸水墨，作《渔翁图》，须眉苍古，真有江湖散人趣。而浓柳垂阴，微波生浪，钓竿渔具，草笠烟蓑，色色精巧。使俗手为之，恐鼠须细笔，未必若此生动也。

罗雪谷指画

羊城罗雪谷能作指画，惟作画时，须于指甲中藏棉花少许。

张水屋画简而又简

山右张水屋能画，牧通州时，榜楹联于门曰："杨柳江城临画稿，梅花宫阁寄诗魂。"风趣可想。改七芗尝云："水屋画简而又简，似查梅壑。"张船山送其之任简州诗云："驴背逢人笑不休，到无蟹处作监州。凭君画尽奇山水，莫负天教剑外游。"

三朱画诗龛图

法时帆祭酒式善有《诗龛图》，三朱所作也。三朱者，一青上，一素人，一野云。青上缋太湖石，竹树、亭榭乃素人、野云所分写也。

十六画人

乾嘉承平之际，风雅鼎盛，士大夫文酒之暇，娴习画事，时一为之。法时帆尝作《十六画人歌》，曰朱鹤年野云，曰汤贻汾雨生，曰朱文新涤斋，曰杨湛思琴山，曰吴大冀云海，曰屠倬琴坞，曰马履泰秋药，曰顾莼南雅，曰盛惇大甫山，曰孟觐乙丽堂，曰姚元之伯昂，曰李秉铨芗甫、秉绶芸甫兄弟，曰陈镛绿晴，曰张问陶船山，曰陈均受笙。

沈海筹工画

沈鹤龄，字海筹，德清新市镇人。以慕张骞乘查（古同“槎”）入斗牛事，故自号“银查子”。幼不慧，日读书三四行，引喉咿唔，颈面尽赤，及掩卷，卒不能诵一字。惟好以片纸置书下，作绘事，贻同塾儿。画人，人肖；画虫鸟，虫鸟肖。师见之，威以夏楚，弗止也。后移家杭州，悦写貌者陈苍霖，遂往受业。陈故擅名久，初以为寻常弟子耳，已而渐奇之。既卒业，不敢自炫鬻，曰：“奈何夺吾师衣食耶!”间为戚友所嬲，始一为之。尤善临摹古人、仙佛鬼、士女及龙虎、鸾鹤之属，气韵骨法，落笔成真。或自出机轴，亦深得古人妙意。以是出蓝之誉日起，益愀然不自安，去游嘉禾、姑苏间。所至辄争致，然不受迫促，一图或数年不成。有欲速就者，给之去，闭深斋中，扃其外户，焚香瀹茗，饮馔惟所欲，多陈列名画佳砚，其摩挲赞叹者，即奉为润笔资，然后伺间语之。初甚艴然，既知不可出，遂留二三日，为成之而去。惟好游，税驾之地，必穷极佳胜。衣履喜奇古，不久即弃去更为之，故所得辄缘手尽，至老不治生产。

有金陵富人某，挟万金至新市贸丝，耳其名，因所主者延之往，仪节颇阔略，设饭又不具宾主礼，大怒，推案而起曰：“来、来！尔貌不敌一骏驴，顾欲画工我耶?”又让所主者曰：“君误我，令笔墨数十日臭。”遂袖所画纸趋出。明日，富人款门谢，礼益恭，卒不顾。居间者请以多金毕绘事，笑曰：“吾安用此傥来物！虽然，留之，只秽吾屋，姑取而头往，身不可得也。”富人虽媿怒，卒不敢出一语，逡巡持所画纸去，以是益厌为人画。

乾隆甲辰，其族弟赤然令直隶之南宫，海筹欣然携琴砚而北，时别六七年矣。洗尘扫榻，相对极欢。每饭罢，出囊中砚材磨琢之，或鼓琴一曲，翛然自远。间为赤然佐理琐事，事亦竟办。会有以海筹名闻上游及邻郡县者，咸致书赤然，俾劝驾。海筹曰：“一富儿尚辱我，况青油幕下面孔耶!”竟不往。赤然寻移宰丰润，丰润饶山水，海筹时跨款段出游，遇幽奥险峻处，辄扪而登，东望辽海，西顾田盘诸山，竟日忘返。又数往京师，诣小市，觅古画砚，亦时有所得。庚戌，赤然自大城引疾还，买屋新市，两家相距数十武，朝夕过从，不异畴曩，语及北游，尚悠然神往。有劝其重理旧业者，曰："少壮尚不堪，况已发苍苍而视茫茫乎!"丙辰秋，右体忽不仁，卧床久，性益卞急，时欲引刀自刺，曰："方恨不能乘查泛天河，乃使我至此极耶!"竟郁郁死，时嘉庆丁巳六月八日也。

汤贞愍工画梅

武进汤贞愍公贻汾以画梅名，而山水尤静细，书卷之气盎然。家藏《红豆村庄填词图》便面，贞愍自题云："潦倒词场六十秋，自抛红豆种离愁。村扉一出人争识，翠板红牙拜白头。"

闵贞善写真画

闵贞，南昌人。幼失父母，长以能画名，尤善写真。然为他人写即肖，追写其父母辄不似。执艺三十年，常以自恨。一日薄暮就肆浴，有浴者伛偻謦欬，酷类其父，匆匆未暇讯姓名，忽不见，时时就浴肆迹之。阅年余，遇诸道，一农丈人也。强与昵而饭，极欢，貌之，以示素识其父者，皆太息以为绝肖。贞忆为儿时抟泥，被母呵而走，反掷所抟泥，泥跳涂母面，贞惊踞，奉母面，亟拭之，母面目犹约略可记忆也。偶有一妪来乞浆，贞诧曰："是矣。"致之楼而写之，与父像并悬室中，朝夕馈食以为常，因自为《奉馔图》。

颜朗如以洋布作画

古画多用绢，宋以后始兼用纸，明人又继以绫，皆取其易助神采。苏州叶调生偶以洋布极细密者，索颜朗如作墨山水。朗如言其质较绢稍涩，视宣纸则和润，颇能发笔墨之趣，而气韵又觉醇雅。同人咸以为新奇可喜，作诗咏之。程序伯云："山林宜布素，尽洗华缛姿。莫嫌袜材费，烟污得所施。颇闻波弋国，香荃成几丝。金壶助馀馥，墨渖含清滋。从此剡溪藤，贱作拭案资。晚窗喜展对，络纬啼凉飔。"印印川云："宋细唐纚辨入微，几劳织女弄梭机。谁将卉服齐东绢，咏画林看列布衣。"俞骏岳亦曾为调生以洋布作山水立幅，谓与笔墨相宜，语同朗如。一时妙手如贝六泉点、沈竹宾焯，率喜作布本画，盖皆自调生一噲开其先也。

姚伯昂画猫

姚伯昂副宪元之曾豢一黑猫，形如虎，甚爱之，且亲为绘之于轴。刘少涂曾于其京邸中见之，觉神气如生，副宪固精于绘事也。

李筑夫画笔浓密

嘉、道间，李筑夫岩以画名。初为漆工，彩绘栋宇，人物花鸟，厥状惟肖，故得值恒倍常工。既而悔曰："瘁我心力，仅得一日之饱，徒供伧父玩赏，乌能传名不朽耶？吾十指自有所托。"遂改习绘事，用笔浓密，名噪一时。

金云门画佛像

山阴女士金云门，名礼嬴，秀水王仲瞿继妻也。通文史，尤善画。其画人物，逼似刘松年、赵千里、仇实父诸家，故嘉、道之间，海内称女士画为大宗。所画佛像尤多，传世者有《西王母降集灵台》《班婕妤辞辇》《唐昌观女仙观玉蕊花》《吴彩鸾写韵》《江采蘋作楼东赋》《周娥皇邀醉舞》诸图，而《建安七子图》尤著。

鲍阿滚缋像

道光时，吴下有鲍某者，善追写人家祖父像，一一惟肖。将落笔时，辄就地作蜣螂转丸势，时人呼为"鲍阿滚"。

梁伕石画得生趣

顺德梁元翀，字伕石。善画，有苍气，无媚骨，如其人。试童子，屡北。年四十后，始决弃举业，欲专以画名于世，乃渐出以秀润。晚更得生趣，皴法喜拟董文敏，而淡水遥山更超妙。间仿黄鹤山樵，万毛攒凑中，湿翠欲滴，论者诧为神似，然不可多得。所作小景，尤得倪高士意。疏杨枯竹，秋气萧然，又与黎二樵同癖。二樵以韵胜，伕石以骨胜，则两不相掩焉。远近索画者踵相接，得其尺幅，珍秘之。

伕石每遇得意画，辄自为韵语题其上，书法尤深入黄文节堂奥，故时人号之曰三绝，不独以得其画为喜也。

伕石尝谓人曰："近世画人稍压俚耳，即自高声价，润笔之多寡，视纸幅大小为差，阿堵不至，虽至好，犹袖纸以还。钱至矣，纸收矣，或三四返、五六返，仅乃得之。其间之失而补、补而又失此纸者，不知凡几。予闻昔之人却钱币，不肯画，画复自毁，有之矣，未闻一行以市道，曾不亲疏别若今日者。夫谓之市，则不得问所从来，皁役，吾兄之；商贾，吾先生之。甚或取以糊其门，围其榻，践蹋弃之，谁之过哉？予家贫，既不能概屏钱币称高尚，而来索者卒未尝锱铢较，有所酬，无不立应。然计终岁所入，实足备薪水而有余，向平婚嫁亦资此。故寒士之庐，惟予画可张，他不能致也。"

华秋岳卖画

道光时，华秋岳岩在京卖画，顾知者鲜。一日，有人以名人字画求售，视之无佳品，将返之，瞥见包画之纸亦为画残，似甚佳，异而视，即已之画也。华怅叹万状，遂浩然出都。

费晓楼画仕女

乌程费晓楼，名丹旭，工画仕女。初甚贫，在杭州城隍山设摊售画，偶为汤贞愍所见，审非凡品。时某家方鼎盛，主人某好宾客，四方名俊，辐辏其门。汤因言费必能成名家，盍有以裁成之？某即延费至其家，月奉金若干。某家富图籍，因得纵观古名画，画日益工，某家又为延誉，于是费画名著东南诸省。又以闲暇习为诗词，某氏后人为裒集之，曰《依旧草堂遗稿》。

郎苏门画蟹

安吉郎苏门观察葆辰画蟹入神品，人皆宝贵之，称为“郎蟹”。其自题诗亦多佳者，有七绝二首云：“秋来不减持螯兴，愿学东坡守戒难。聊借砚池无数墨，写生且作放生看。”“橙黄橘绿稻花疏，杯酒双螯小醉馀。若使季鹰知此味，秋来应不忆鲈鱼。”

招子庸画半蟹

南海招子庸工绘事，画蟹最佳，俨有秋水稻芒郭索横行之致。润有定格，酬不及格者，为之绘半面蟹，自石罅中微露半体，神采宛然如生，见者皆叹为绝笔。

文宗画马

文宗善画马，同治朝，由醇贤亲王恭摹上石，神采飞舞，雄骏中含肃穆之气。

吴让之鬻画

仪征吴让之，名廷扬，又名熙载，蚤岁以画负盛名。入酒肆，恒不给赀，率涂抹数纸，以博一醉。咸丰庚申乱后，生计日蹙，一家十数口，恒空乏无藉。其妇不贤，时以家庭细故相勃谿，至赁僧庐鬻字以为活焉。

苗沛霖画巨石

苗沛霖工画，方为诸生时，尝为人画巨石一帧，题两绝句于其上曰："星精耿耿列三台，谪堕人间大可哀。知己纵邀颠米拜，摩挲终屈补天才。""位置豪家白玉栏，终嫌格调太孤寒。何如飞去投榛莽，留与将军作虎看。"

左恭人绘孤舟入蜀图

四川曾吟村太仆以进士观政农部，出守章江，深得士民心。曾文正公国藩治军安庆，招致戎幕，以劳卒于军。其室左恭人移柩回蜀，过叉鱼滩大风，几覆舟，恭人抚棺长号，呼天泣血，风遽止，舟竟无恙。乃自绘《孤舟入蜀图》，海内名公巨卿多题咏之。

瑜皇贵妃画山水

穆宗之瑜皇贵妃能画山水，墨笔作兰，自题小诗，署款曰"懒梦山人"。孝钦后训政时，退居一室，图书满架，以画自遣而已。

项维仁不轻作画

永嘉项维仁善画，嗜酒。性孤僻，不乐与人交，人属以画辄大怒，或且申申詈不已。其画无师法，每当大风雨，辄饮酒极醉，破笠赤脚，登屋后山绝顶，蹲踞而遗，观其冈峦之冥濛，云树之迷互，鼓掌狂叫。疾走归，据案伸纸，奋笔直追，濡染淋漓，烟气弥漫。画已张壁间，复取斗酒赏之，且饮且注视。良久，忽大哭，立毁之，弃炉火中。他日风雨，复然，卒不知其故也。

维仁平生不妄见人，温州协守备钱大勇嗜酒，与之善者数年，终不敢乞一画。一日大雨，过维仁，维仁方据案画，画已，自起入取酒，大勇急卷画怀之。维仁出，不得画，知为大勇所匿，则笑曰："君欲得吾画，良苦，然未署款，当为补之。"大勇不许，曰："得画足矣，奚必署款。"又尝具美扇，索名人书之，置维仁案而久不言。维仁顾扇美，信手作小树数株，已见背面书，乃大怒，曰：“奈何以某书罗我！”尽涂其画。大勇死，维仁益侘傺。有尚书督军者，阅边至温州，语及维仁画，兵备道立遣人召之。时方大雨，维仁破笠赤脚至，道降级相迎，与抗礼，维仁曰：“某，庶人耳，辱公厚召，故来，将奚役？”道以情告，陈百金几上，维仁直视曰：“某不知画，即画，岂用以媚大府者！”不谢，走出。道无如何，饰他人画，署维仁名以献，维仁画终不可得。

杨景白画罗汉

杨景白，名星灿，同治时人，自署“伟头陀”，又称“不了头陀”。其画专精于罗汉、美人，惟自耻以丹青觅利，囊有钱，即橐笔，虽求者以百金丐尺幅，靳不应。生平嗜鸦片烟，必俟烟尽，始稍稍为人下笔。广州佛照楼旅店所悬罗汉四小帧，乃其极贫困时，不得已馆于佛照楼，主人日供鸭腿面一碗，清膏一两，杨感之，乃殚精竭虑，为此生平最得意之作也。

景白常独居一室，终日不逾门限，几席有尘，亦略不拂拭。所卧烟榻，至留一人形，盖除身所蔽外，四围皆积尘垢也。每绘时，窒塞窗棂，满室黑暗，惟漏光如掌，就光中染翰，谓非此则不工，耗目力也。时欲作一罗汉，辄覃思数日，至遗精溺，自以为苦，故不多作。佛照楼下别有《杨贵妃教白鹦鹉念多心经图》，美人樱唇微绽，媚眼低垂，为且诵且聆之状，神妙不可思议，亦景白所作也。

续画中九友

吴梅村有《画中九友歌》，评泊丹青，扬扢风雅，洵足为绘林增色。丹徒赵季梅中翰彦修用其韵，作《续九友歌》云：“剡溪侍郎荆关流，淋漓墨障烟云浮。放笔天外乌纱投，西溪高隐夫何求。（醇士）雷州鉴赏珊瑚钩，游心艺苑春复秋。上官白简穷镜馊，金貂换酒百不忧。（鹤舟）髯翁三十游皇州，宣南画史居上头，驱染子墨万象收。冷斋低首岁几周，未寒先补山羊裘。（少甫）松圆后起追前修，疏篁古木摹丹丘。一僮一鹤随扁舟，虞山茂苑长勾留。（序伯）秋言大笔如戈矛，苍松巨壑师马刘。酒人八九来深楼，传觞作画心悠悠。（秋言）谊亭细楷如钟繇，酒酣捉笔揩双眸。烟霞落纸松风飕，元气灏灏精神遒。（谊亭）叔明汪子工吟讴，收拾烟墨赋宦游。劝耕原隰闻啼鸠，长官稳跨折角牛。（叔明）鸳湖下笔烟景稠，花鸟更比林良幽。犖金索画来瀛洲，脱巾笑傲东诸侯。（子祥）阿弟生计无田畴，迂疏隐僻动见尤，抚印作画驱穷愁。浮家江上闲于鸥，放头烂醉万虑休。（弟荣）”此外尚有《松陵画友》诗二十四首，续八首。江浙画手固多，而季梅搜罗不遗余力，以视朱竹垞之《论画绝句》，郑板桥之《画人诗》，其赅博不啻倍蓰矣。

孝钦后画观音像

孝钦后所画宫体观音像，轴长五尺六寸，绢本，像高二尺一寸，朱绿隐隐叠起，衣褶间描以金粉。像之上有梵文四字，于中钤印一，文曰“慈禧御笔”。

孝钦后画葡萄

孝钦后喜作画，而不能工。画兰竹，寥寥数笔而已，然设色布格，必苦心经营。画何种花，即捣何种花汁以为色。其得意者，莫若葡萄。盖葡萄惟数大圈，随手可成，藤蔓屈曲，如蛇如蚓，信笔所之，易于神似。或谓孝钦喜饮葡萄酒，因而推爱葡萄，暇必画一纸以自遣也。

孝钦后画有代笔

孝钦后万几之暇，辄画扇及立幅，以赐大臣。患不能给，乃觅代笔二人，一为归安姚彦侍方伯之嫂，一为云南缪中书嘉玉之妹，二人孀居也。月予三十金，然在内均有使费，恒患不给于用，某亲王为设法津贴。又画扇寄售厂肆，索润资极昂，一箑至二金有奇。

嘉玉之妹名嘉蕙，字素筠。通书史，善篆隶书，尤工画。归陈氏，蚤孀。光绪己丑五月四日，奉特宣，入储秀宫，供奉绘事。庚子西幸，随驾至长安。孝钦每于政暇，召入寝官，赐坐于地，闲论今古，内监皆称为缪先生。当随驾至秦时，有犹子留滞京师，侄妇年二十余，携以自随，居孝钦寝宫东偏之小室，终日不得出户。综计素筠之参承禁闼，入陪清讌，出侍宸游，垂二十余年。

尹和白画宗宋元

湘潭尹和白，名金阳，中年始作画，专宗宋、元，规矩谨严，神采焕发，传橅（古同“摹”）移写，尤其特长。其画梅也，学逃禅老人，遒炼高古，三百年来无此作，冬心、二树不足与之比肩。耄年画虫鱼花鸟，细入毫发，殆亦得天独厚欤？

和白性高洁，意所不可，虽以重金请，不绘也。曾文正开府两江，招之往游，为作《苍茫独立图》，写其小影，作渔翁垂钓状，披蓑戴笠，在湖之滨。文正大喜，传示幕僚，命各为诗以纪之。时文正长子惠敏公纪泽侍侧，年十七，为诗先成，诗云：“尹子丹青画英妙，指挥百物呈荣枯。即今寥落无余子，为写《苍茫独立图》。大海波涛揭地起，高秋云物漫天铺。举头四望浑无物，梦想人间顾与吴。”和白晚年居乡，足不入城市。门下多女弟子，皆从之学画。

彭刚直画梅

衡阳彭刚直公玉麟，以画梅著称于时，每画必题一诗。俞廙轩侍郎廉三抚湘时，刚直已薨，乃从王壬秋检讨闿运乞一幅，并属壬秋题词。壬秋题词云：“姑射貌，旧日酒边曾索笑。春风吹人醒年少，花开花落情多少？明蟾照，人间只有西湖好。”壬秋之言盖亦有所指也。

任伯年懒作画

山阴任伯年绘人物，有声于时。久居苏，求者踵接，而性疏傲，嗜鸦片烟，发常长寸许，懒于濡毫，倍送润赀，犹不一伸纸，画材山积，未尝一顾。一日，戴用柏、杨伯润过其门，见一学徒倚门而泣。戴问故，曰：“店主命送画赀至任先生家，请其作画，数月未就，谓我乾没润资，故不得画。今日又命我来取，云如不得，必将挞我。今任先生仍不见付，是以泣耳。”戴怒曰：“名士可若是乎？受人钱，乃不为人画？”遂与杨同入。任方卧烟榻吸烟，戴突拍案呼任起。任惊问故，戴曰：“汝得人钱，不为人作画，致使竖子哭于门，何也？不速画，我必打汝。”任不得已，即起画。戴与杨一人为伸纸，一人为调颜色，任援笔濡染，顷刻间两扇并就，戴以付学徒，欣谢而去。

胡恭寿画嫌润少

光绪时，华亭胡恭寿画名震一时。某岁，松江府某太守遣仆持金请其画，胡见持金少，语之曰：“谢汝主人，我不识何者为官，但须如我润格始画。”仆归，以实告。他日，太守增金，复使仆持往，胡为画之送署。一日太守燕客，并招胡，胡趋至，太守偶与客谈画，因故询曰：“此间有胡恭寿者，颇有画名，君知否？”客曰：“不知。”太守因以胡所画示之，客曰：“此恶画，何足污目！”太守故怃然曰：“技若此乎，乃颇自矜贵。”客曰：“嘻，君为所绐矣。”太守乃大怒，遽取画撕毁之。即邀客坐他室，殊不一顾胡。胡犹漠然不动，俄有一仆曳胡曰：“顷间辞色，汝见否？亦可出矣。”胡乃踉跄去。

罗文子画山水二大幅

慈溪罗文子，字子文，布衣，善六法。尝从任伯年游，晚更潜研独索，山水大幅，有米襄阳笔意；人物襁褶，得吴道子家数。然不苟作，或终年不着点墨。作则穷日竟夜，至废食息。尝画《慈溪山水图》二大幅，坊纸狭小，黏数百纸成之。每幅大广亩余，来龙去脉，巨浸细流，纤悉无遗。鄞县方桢得之，作《四明它山水利考》，时称桑、郦所不及。后转入常熟翁叔平相国家，相国因资之以作《海道记》。

子文为人好饮酒，能谈诗，尝题其日记册曰："愿终身不负己，一刻不负人。"可想见其志趣。年六十，游湘、鄂间，不得志，郁恨之际，恒发为诗歌，悲壮淋漓，竟卒于鄂。

张子祥画花卉

张子祥名熊，秀水人，自号"鸳湖外史"。工花卉，生气郁勃，溢于毫端，纵逸如周服卿，古媚似王忘庵屏山。巨幅以寻丈计者，愈见力量。兼作人物、山水，亦古雅绝俗。家有银藤花馆，位置精雅无纤尘。喜填词，尤长于小令。并谙音律，尝引喉度曲，抑扬宛转，曲尽其妙，虽老乐工亦自叹弗如也。

陈若木画无师授

扬州陈若木崇光，初名照，后以字行。善画，无师授，而擅绝一时。幼值兵燹，家业荡然，遂废学。长以鬻画自给，间读经史，遂亦工诗。娶朱氏，伉俪颇笃，未几以产难卒。复娶其妹，亦相敬爱，未几得狂易病，谓若木为不知谁何之人，偶一入内，必诃逐之。若木郁郁不自得，亦病狂。又数年而继室卒，若木愈不自得。当年方盛时，纵论时事，不可一世。及其病也，气意颓丧，昔日旧交，偶一相值，寒暄数语而已，或一颔之辄他顾。

若木作画，颇自矜重，稍不惬意，必寸裂弃去。既病狂，则任笔为之，不复详检，然其精到处，固不减曩昔，而超逸之气转过之。寒素之士求其画者，无论识与不识，欣然命笔。下至佣保，求亦必应。富商显宦，致重金求之，或迟迟以应，一迫促之，则束之高阁，百请而不得矣。画中有诗，诗中亦有画也。其画虽无师，然颇取法于前人。人物师陈老莲，花卉师陈白阳，山水师王麓台、僧石涛，翎毛、草虫且师宋元，宜当时老于画者之皆避席也。

胡铁梅鬻画于日本

皖人胡铁梅，名璋，工画，挟艺游上海，获赀颇丰。旋因经营《苏报》及古香室笺扇店，尽罄其赀，乃挈所娶日妇东渡，仍以鬻画自给。日人慕其名，求画者辐辏。殁后为营一小冢，树碣于旁，曰“清国老画师某某之墓”。

上下画

“上下画”者，昉于泰西。光、宣间，日报、杂志之游戏画常仿之。其画自上自下观之，形态皆同，盖出于古镜之背文也。一名“圆转画”。

太医院处方

太医院医官恭请圣脉，皆隔别分拟，而又不得大有歧异。医官患得罪，乃推一资格稍长者为首，凡用药之温凉攻补，皆此人手持钮珠某粒为记，各医生皆视为趋向。又所开之方，必须精求出处，故诸医拟方，必用《医宗金鉴》，以其不能批驳也。至次日复诊，照例不能复用旧方，又不得多改，惟酌改药两三品，方为合格，故复诊数次，即与初方宗旨迥不同矣。

官医

官署所用医生，专治监犯之病者，谓之“官医”。盖内外监狱，医治罪囚疾病，官给以药，选用医生二名，年终稽考优劣。如医治痊愈者多，照例六年届满，在内咨授吏目，在外咨授典科、训科。

蒙古医士

旧制，选上三旗蒙古士卒之谙习骨法者，每旗十人，隶上驷院，曰蒙古医士。凡禁廷寺人有跌损者，由其医治，限以期日，逾期则惩治焉。天台齐息园侍郎召南，尝坠马伤首，脑岑岑然，蒙古医士以牛脬蒙其首以治之，其创立愈。乾、嘉间，最著名者为觉罗伊桑阿。伊以正骨起家，至巨富。其授徒之法，先将笔管戕削数段，令徒包纸摩挲，使与其节合接如未破者，然后如法接骨，恒奏效焉。又有一人堕马，别无痛苦，惟两足欲前行而转后却，延蒙古医士视之，谓不必用药，但于空庭中选壮健二男子，两手并举对掷之。如言，掷数十次而放下，则行步如常。问其故，谓因堕重，肝叶翻背，非药石可疗，惟举掷，方能舒展反正耳。

至居住蒙古本境之人，如有疾病，则延喇嘛诊治，兼施针灸，重则更须诵经祈祷。喇嘛治病，双手切脉，不说病源，不开药方，无药店，药由喇嘛配给。药不煎饮，研末和水饮之。通常之药三种，为脑路不冻汤、乌郎汤，治风寒咳嗽等症；畅汉汤，治头眩吐呕等症，功用与内地之红灵丹、平安散、四小饮等。药品概由喇嘛自归化运至。幼儿亦有种痘者，惟尚旧法，无牛痘耳。兽医亦喇嘛充之，颇有擅长刀圭之术而能起死回生者。

藏医双脉并诊

西藏之拉萨，每有患病者暴于日中，盖藏人习惯也。藏人有疾，轻则遍体涂酥油，暴于日中，遇雨则以绒覆病者，烧柏叶烟熏之。人之皮肤，为身体排泄之作用，若涂之以酥油，则皮脂腺塞，不惟无益，而又害之，藏人不知也。其患重病者，始延医诊视，医者双脉并诊，所用之药，丸散而已。

西康医药

西康番人有疾病，尚祷祈，或延喇嘛而诵梵经，或入寺院而拜佛像，画符以避邪祟，问卜以测死生，人人皆然。亦间有番医，而验病之方，不察明堂，不究息脉，但以病者之溺一盘，用木枝挠之，观其颜色泡影而已。至于用药，亦有草木、鹿茸、麝香之类，惟用医药者少耳。光绪丁未，边务大臣赵尔丰悯番人之疾苦，兼以汉籍军民出关，医药不便，故由川省购药饼，延医士赴里塘、巴塘、盐井等处，为人疗病；并延痘医前往，令其种痘。始而番人疑虑，继则延医服药者络绎不绝。乃奏明设局，广延医士，由公家给予薪资，于德格、登科、河口、稻城，凡改流之处，皆设有医士，自是而医药始盛行矣。

傅青主善医

傅青主善医，传世者有妇科书，顾不徒精妇科也。其乡人王尧客都门，忽头痛，经多医不效，就诊于太医院某，按脉毕，命之曰："此一月症也，可速归家料理后事，迟无及矣。"王怏怏，急治任旋里。会傅入都，遇诸途，问王归意，以疾告，曰："太医院某君，国手也，盍请治之。"某叹曰："仆之归，从其命也。"乃具告所言。傅骇曰："果尔，奈何？试为汝诊之。"按脉良久，叹曰："彼真国手也，其言不谬。"王固知傅技不在某下，泫然泣曰："诚如君言，真无生望矣。然君久著和、缓名，乃不能生死人而肉白骨乎？"傅又沉思久之，谓曰："汝疾万无生理，今思得一法，愈则不任功，不愈亦不任过，试之何如？"王大喜，求方。傅命归家，偏〔徧〕觅健少所用旧毡笠十余枚，煎浓汤，漉成膏，旦夕服之。王诺而别，归家如法治之，疾果愈。寻至都见傅，喜慰异常。更谒某，某见王至，瞿然曰："君犹无恙耶？"王具以傅所治之法告之。某叹曰："傅君神医，吾不及也。吾初诊汝疾，乃脑髓亏耗，按古方，惟生人脑可治，顾万不能致。今傅君以健少旧毡笠多枚代之，真神手，吾不及也。若非傅君，汝白骨寒矣，谓非为鄙人所误耶？医虽小道，攻之不精，是直以人命为儿戏也，吾尚敢业此哉！"送王出，即乞休，闭门谢客，绝口不谈医矣。

傅善医而不耐俗，病家多不能致。然素喜看花，置病者于有花木之寺观中，令与之善者诱致之。傅既至，一闻病人呻吟，僧即言为羁旅贫人，无力延医，傅即为治剂，辄应手愈。

某妇姓妒，常疑夫有外遇，忽患腹痛，辗转地上。其夫求之傅，乃令持敝瓦缶，置妇榻前，捣千杵，服之，立止。一老人痰涌喉间，气不得出入，其家具棺待殓。傅诊之，曰："不死。"令捣蒜汁灌之，吐痰数升而苏。凡患泻者，遇傅无不瘳。用药不依方书，多以意为之，每以一二味取验。有苦痨瘵者，教之胎息，不三月而愈。

俞嘉言以医名于时

俞嘉言，本姓朱，明宗室也。明亡后，讳其姓，加"朱"以挎〔捺〕为余，后又易"未"以"刖"为"俞"。江西人，侨居常熟。往来钱牧斋之门，结庐城北，以医名于时。

牧斋家居，一日赴亲朋家宴，肩舆归，过迎恩桥，舆夫蹉跌，牧斋亦仆地，及归而忽得奇疾，立则目欲上视，头欲翻于地，卧则否。延医诊治，不效。时嘉言适往他郡治疾，亟遣仆往邀。越数日始至，问致疾之由，遽曰："疾易治，无恐。"因语掌家政者曰："府中舆夫强有力善走者，命数人来。"至，嘉言命饫以酒饭，告之曰："若曹须尽量饱餐，且可嬉戏为乐也。"乃令分列于庭之四隅，先用两人夹持而行，自东，则疾趋之西；自南，则疾趋之北，无一息停。牧斋殊苦颠播，嘉言不顾，益促之骤。少顷，使息，则已霍然矣。时他医在旁，未喻其故，嘉言曰："是因下桥倒仆，第几叶肝搐折而然。今掖之使疾走，抖擞经络，则肝叶可舒，既复其位，则木气敷畅而头目安适矣，非药饵之所能为也。"

常熟显宦某致仕家居，其夫人年已五十，忽呕吐不欲食。诸医群集投剂，俱不效，邀嘉言视脉，侧首沉思，迟久而出，拍显宦肩曰："高年人犹有童心耶？是娠，非病。吾所以沉思者，欲一辨其男女耳。以脉决之，其象为外阳里阴，必男也。"已而果验。

常熟北城外多败屋，率停柩，嘉言居其地。偶见一棺似新厝者，而底缝流血若滴，大惊。问之于其邻，则曰："顷某邻妇死，厝棺于此。"嘉言亟觅其夫，语之曰："汝妇未死。凡人死者血黝，生者血鲜。吾见汝妇棺底流血甚鲜，可启棺速救也。"盖妇实以临产昏迷一日夜，夫以为死，故殡焉。其夫闻言，遂启棺。诊妇脉，未绝，乃于胸间针之，针未起，而已呱呱作声，儿产，妇亦起矣。夫乃负妇抱儿归。

一日，嘉言往乡，舟过一村，见一少女浣衣于河，注视久之，忽呼停棹，命一壮仆曰："汝登岸，潜近其身，亟从后抱之，非我命，无释。"仆如其言。女怒骂大呼，其父母闻而出，欲殴之。徐曰："我，俞嘉言也。适见此女将撄危症，故救之，非恶意。"女父母素闻其名，乃止。嘉言问之曰："汝女未痘乎？"曰："然。"嘉言曰："数日将发闷痘，无可救。吾所以令仆激之使怒者，乘其未发，先泄其肝火，使势少衰，后日药力可施也。至期，可于北城外某处取药，毋迟。"越数日，忽有夜叩其门者，则少女之父也，言女得热疾，烦燥不宁。乃问以肤有痘影否，曰："有之。"慰之曰："汝女得生矣。"遂畀以方剂，归而药之，痘畅发，得无恙。

嘉言之治疾也，尤加意贫人，常于药笼中贮白金三星或四五星，有贫人就医者，则语之曰："归家须自检点，乃可煮也。"其人如其言，得金，若天赐，药未进，病已释其半矣，此揣知病人心理之作用也。

秦景明精痘科

秦景明，娄县人。以医名于时，治痘疹尤验。一日应邻邑某家之招，晨泊舟郭外，见一女于桥阴织布，谓其僮曰："汝试往，抱其腰戏之。"僮曰："有父兄在，必饱老拳。"秦曰："我在，何惧！”僮如其言，潜往女后，力搿之。女大骇，村人毕集，将执僮，秦遥呼曰：“吾所使也。”村人多习秦者，招之登岸，询以故。秦问女尚未痘乎，曰：“然。”曰：“是将出痘，然毒伏于肾，见点复隐，则不可药，吾故惊之，俾毒提于肝，乃可着手。”众愈拥之，求为作剂，秦曰：“某家病方亟。离此数里，有某姓者，术颇工，可延之来。”某至，即举手贺曰：“是儿，我早知其痘险，今幸作惊痘，非绝症矣。”众告以秦事，某乃执弟子礼以事秦，终其身。

秦技绝人，惟好博。嘉定之南翔有富家，兄弟俱卒，妯娌共一子，年数岁，出痘，其母飞舟迎之，限以晷刻。至则秦在博局，托以潮逆，迟迟而来。至翔临视，已成反关，不可为矣，拂衣欲去。延宾者尼之，谓远道来，不一饭而去，非礼也。延入别室，则儿母已出，一手提其须，一手握刀曰：“我今飞棹来迎，此间非长江，何有潮汛？即畏颠播，轻舆急鞚，我不吝数十金。前时许，点尚显，复隐之故，由汝致之。儿不能生，我不欲生，若亦不得生也。我刺若，即自刺，不忍见儿之绝耳。”秦大窘，曰：“孽矣。”妇复激之曰：“若有仙名，而不能疗一儿，殊盗名耳。”秦俯仰间，曰：“有一策，姑试之。”乃令掘一坑，置席其上，卧儿坑中，畚黄土，遍拥其身，惟露面目，煎药水洒之，复以席覆其上。妇钥其门，偕秦共守之。夜半，忽奇臭不可耐，秦跃然曰：“生矣。”出儿视之，痘已复显，但皮败肉腐，悉成通浆矣。秦又欲归，妇仍尼之曰：“留此半月，愿奉千金为寿，即于我镇悬壶。君家中事，令徒可了之。”复日约数人，与之局戏，秦亦乐而忘归。

张本元善针人

临邛张本元，先世务耕，不闻以医传，本元亦未从医游，忽自许能医善针。人莫知所授，不敢试，技无所效，于是时人为之谚曰：“伪大夫张本元。”会彭端淑之戚张氏妇艰于产，数日，举家惶怖，不知所为。本元至，命取妇亵衣一、履一，以箕加其上，口吐针，针之，嘱曰："产时顶上有针孔，须泥以饭。"张氏漫应之。俄而生子，视顶上，果然，急如嘱。张惊且喜，始知其能。端淑之世父楚锡苦疟疾，请针之。本元曰："针其腓。"楚锡戏之曰："吾病在首而子针吾腓，可乎？"本元漫应之。针甫半，忽折，徐试其踵，呼曰："出！"针跃然出，达于梁。又为人治痨疾，针其脊，终身无恙。自此而本元之名渐著，闻者争造其门，所试辄效。与之钱，不辞；不与，亦不责报。

于是时人复为之谚曰："神针张本元。"其针之长，或尺或数寸，约计有七十余枚。将用则取诸口中，言笑饮食率如常，不觉也。无子，一女。针法传于女，女死遂不传。

李隆古肆力于医

李雅化，字隆古。尝就试于有司，不售，遂弃去，肆力于医。居屋方不盈丈，以联苇间之，外延宾，内置床席煤灶，与妇处其中。每客至，啜茗相对，清谈竟日，不闻屋中謦欬声。屋前多疏竹丛花，列怪石，寂静如荒村。有叩门求医者，不以风雪炎暑辞，与之赀，多寡不较也。

耕云子自谓非医

秦产有耕云子者，顺治时隐于楚江之西。人有扶病过其前者，见而即止之，语其故，治以药草遂愈，酬以钱不受，曰："吾非医者，恶用此？"

陈文明善治痢

陈启见，字文明，祁阳人。祖籍排山，以医起家。顺治时，王师征两粤，贝勒某自衡阳得痢疾，过祁，属县令访名医。令以文明应，及入诊，投剂立愈。文明尝遇异人，传疟二方，疗治如神。每岁治药盈斗，随证施予，不稍吝。

陆丽京善医

钱塘陆丽京，名圻，善医，遂藉以养亲，所验甚多。有人病亟，梦神告之曰："汝病在肠胃，得九十六两泥，可生也。"旦以告其友，友默然，良久曰："嗟夫，此陆圻先生也。""圻"字分之为"斤"为"土"，其姓为"六"，合之乃"九十六两土"也。即迎丽京至，下药立愈。由是名闻吴、越之间，争求其治疾，户外屦无算。

医方书药别名

德州田山姜侍郎雯癖好新奇。凡病，医以方进，必书药别名，如人参曰"琥珀孙"，黄耆曰"英华库"，甘草曰"偷蜜珊瑚"之类，（唐进士侯宁极譔《药谱》一卷，尽出新意，改立别名，凡一百九十品。宋陶穀《清异录》亦有之，盖逡述侯籍也。）书俗名者，不饮也。

沈去矜医愈毛稚黄姬

毛稚黄有小姬，尝病瘵，势日殆，瘠甚，见骨矣，遣人速沈去矜临诊。沈至，曰："毋恐。"以一刀圭愈之。毛大惊，叹曰："曾闻敌二竖过于五丁，东阳顾影，腰带几何，何竟具神力乃尔！"

孙翁有神针

阳城东郭有孙翁者，善针灸。所居邻大道，多逆旅。一日徘徊门外，遇一过客，鼻悬瘤如罂。孙见之，曰："胡不去诸？"客曰："固所愿也。"孙曰："姑试之。"客曰："刀劀乎？"孙曰："否。"客曰："药线乎？"孙曰："否。"乃令客赤足踏针跗，有顷，孙曰："觉有气自颈而注乎？"客曰："然。"又有顷，孙曰："瘤之带觉若痒而湿内注乎？"客曰："然。"又有顷，去针，而瘤若失，仅结痂鼻端如钱许。客大喜，询姓名，欲酬之，而孙已避去。客固巡抚委员，采硫于阳者也。事已，复命，抚骇问瘤去状，客以实对。

抚有母，四体不仁，卧三载矣，飞书阳城令，使速孙。孙至省，谒抚问故，抚揖之以答曰："吾母抱疾三载矣，谛（同"审"）君之能，愿起废焉。"孙入诊，母僵卧于榻，熟视良久而诊脉，曰："姑试之。"针焉，而后茶。茶已，令二婢扶以坐，能坐矣。再针而进饵，饵已，令扶至床前，揉股而垂足，足能垂矣。再针而进饭，饭已，令四婢扶以行，能行矣。抚大喜，授餐适馆，有加礼，酬以金帛，辞不受。抚询其家口，孙曰："止一子，方肆武，未售也。"谈次询其术，且曰："吾母之疾，经多医不能愈，子能立起沉疴，何也？"孙曰："秦越人有言，吾非能生人，能生夫不死之人也。漠然无分，天道自运，针之谓矣。盖头为精明之府，鼻属足，阳明胃经，余故针某吏之跗也。风中腑者多著，四肢手足拘急不仁，面加五色，恶风寒，余故三针太夫人而除其风也。平之宁之，将之盈之。然则余非能起人，能起夫不终痿之人也。"抚拍案而叹之曰："罙（古同"深"）乎祎乎，神如斯乎？"居久之，孙之子忽峨冠鲜衣而入，孙骇曰："若何来？"则新中是科武解元矣。盖子本魁梧，抚亦以此报德也。子名绍武，是年为康熙己酉科也。

董道士治疸

董道士，康熙时居江宁信府河之土地庙，与人语，或庄或诞，群目为颠。一日手木鱼，入市狂走，口喃喃作诵经状。群小儿环而哗曰："道士又颠矣。"曰："毋恩我，此地将焚，亟为禳解。"居人怒曰："颠汉欲放火。"告县官，寘诸狱。不数日，其地果有火灾，始得释，人以此竞异之。

某家有狐祟，招董至，以纸烛照室四隅，祟遂绝。见人病，虽甚危，掇块拾草以与食，皆立愈。富贵贫贱之人争邀致之，无难色，其不往者必不起矣。龙江关抽分郎中某疽发于背，昼夜呼号，群医束手。董往视，曰："易耳。"令袒伏，索熨斗炽炭，举置创上。家人骇绝，而病者寂然，俄熟睡，董竟去。郎中醒，曰："不知渠以何物置吾背，凉爽沁心，所苦顿失。"视其创，已结痂。追及之，谢以金帛，不受。汉口李道士亦颠者，忽遍告人曰："江宁董道士，今日死矣。"有贾于楚者，归问之，果以是日死，人始惊为仙也。

颍州道士医某少年

颍州某少年为邪所侵，疾深矣，家人谓不可活，置之路旁。忽有道士过之，自言能医，命取重数十斤之铁锤，锤病者头面。父母泣曰："病已至此，锤一下，头立碎矣。"道士笑曰："无伤也。"及锤下，病者若不知，辄有二寸许美人自口跃出而灭。凡百锤，口出百美人，形状如一，少年立愈。病者之见美人，目眩故也。

张道人以导引治人病

康熙时，有张道人者至长沙，以元（玄）门清静导引，治病有效。或问之曰："予见人以坐功而致病者多矣，未见有以坐功治病而有效者也。今先生用之而效，何也？"道人曰："世人执一死法而治诸病，如医以一方而疗众疾，非独不效，必杀人。今我因病以用法，如医者诊病以处方，所以能起沉疴如操券也。"

李静岚知医

德州李静岚知医，尝以方书疗家人疾立效。会母夫人病下痢，侍汤药，谓必以梅诸治之，群医不可。既而病剧，濩药时觅得，藏袖间，潜投之，果愈。

吴允诚疗邵长蘅肺疾

吴允诚，儒以医名，谨厚长者也。与人交，无贵贱，必以诚。试其药，皆精良多验，人翕然信之。邵长蘅夙有肺病，气逆上壅而为喘，遇秋辄作，作则凭几危坐，瞠目双肩，撼膺呀吸，累昼夜不能就枕，少间辄复作，及冬乃已。吴治之，护其元气，补以参苓，屏去疏快耗削之剂，而疾渐减，未涉冬，愈矣。

卢子繇弱冠处方药

卢之颐，字子繇，生而鲁。九岁，依父习禅坐，见一身世俱空之境，随诣闻谷禅师，以三语令参，能举心为对。弱冠，忽处方药，有合。其师王绍隆，亦名医也，与讲《内经》《素问》，不得其旨，其后讨论张仲景《伤寒》，忽大出辨驳以困之。明年，即摄讲席。

陈驭虚治疫

陈典，字驭虚，京师人。性豪宕，喜声色狗马，为富贵容，而不乐仕宦。少好方，无所不通，独以治疫为名。疫者闻驭虚来视，即自庆不死。京师每岁大疫，自春之暮至于秋不已。康熙辛未，方望溪侍郎苞游京师，仆某遘疫。陈命市冰，以大罂贮之，使纵饮，须臾尽。及夕，和药下之，汗如雨注，遂愈。方问之，曰："是非医者所知也。此地人畜骈阗，食腥膻，家无溷匽，污渫弥沟衢，而城河久堙，无广川大壑以流其恶，方春时，地气愤盈上达，淫雨泛溢，炎阳蒸之，中人膈臆，困惾忿蓄而为厉疫。冰气厉而下渗，非此不足以杀其恶。故古者藏冰，用于宾食丧祭，而老疾亦受之，民无厉疾，吾师其遗意也。"

方尝造陈，见诸势家敦迫之使麕至。使者稽首阶下，陈伏几呻吟，固却之。退而嘻曰："若生有害于人，死有益于人，吾何视为！"陈与贵人交，必狎侮，出谩语相訾警。贵人意不堪，然独良其方，无可如何也。

方之得交于陈也，以大理高某。高之亲疾，召陈，不时至；独方召之，夕闻，未尝至以朝也。家日饶益，每出，从骑十余，饮酒歌舞，旬月费千金。或劝谋仕，则曰："吾日活数十百人，若以官废医，是吾日杀数十百人也。"诸势家积怨日久，谋曰："陈君乐纵逸，当以官为维娄，可时呼而至也。"因使太医院檄取为医士。陈遂称疾笃，饮酒近女，数月竟死。

陈之杜门不出也，方将东归，走别陈，陈曰："吾逾岁当死，不复见公矣。公知吾谨事公之意乎？吾非医者，惟公能传之，幸为我德。"乙亥，方复至京师，陈柩果殡，遗命必得方文以葬。方应之，而未暇以为。又逾年，客淮南，始为文以归其孤。

李延罡行医自给

李延罡自上海来平湖，割西宫道士之楼居焉。以行医自给，有延之治疾者，数百里必往。视疾愈，不责报。或酬以金，辄从西吴书估舟中买书，不论美恶，由是积书三十楼，绕卧榻折旋，皆书也。

邹兴鉴为伤科

伤科邹兴鉴，少随父客宁乡之潭湾，从某习拳勇，十余人莫敢近。某授之符术，凡刀伤跌损、筋骨断折者，噀符水揉之辄效。刘某自高树堕下，气垂绝，稍扶动，骨碎，察察有声。兴鉴如其法，移时，其人遽能立，不数日愈。张某凶悍，为怨者丛殴几毙，诊之，曰："内血已泛，逾刻死矣。"亟噀水施创处，忽鲜血迸涌，旋吐紫黑血数升，睡片时，呼饮，曰："予死复苏矣。"后遂改行为善。其他亦活人无算，不居功，亦不受谢也。

宋道人工按摩

宋道人者，长治人。少孤，为人牧羊霍山中。一日失羊，群牧皆彷徨无所措，宋年十三，独入深山求之。行二日，见一老僧瞑坐石窟中，四无人迹。僧面生黄毛，长寸许。心知有异，跪而陈其故，僧张目曰："尔羊固在，须中秋可得，今且归矣。"宋出告群牧，及期约伴往，果得羊，又溢出四五百头。寻僧，已不见。众议鬻其溢者，得百金。已而分金不平，遂闻之官，官尽归其金于宋。其徒王姓者，心利其赀，故为好语，致宋于家，阳为之权子母。夜，令妇人入室，而已踵其后，诬以奸而逐之。宋失赀，无所依，乃复入山行。

久之，宋见茅庵，则别一老僧居之。泣拜，告以故，请留执樵采，久之乃许。老僧不甚食，厨所有，惟燕麦芋魁，食之遂不饥。居五载，僧遣之，宋留侍不行。僧顾曰："子谨愿，奈具钝根何！"视壁上，有所画古丈夫五，一正面，一侧面，一背面，二人偶坐其旁。曰："但日日目此，骨节寸寸，皆须留意。"宋茫然不解所谓，日坐卧其下而已。及夜，梦二人自壁下，指示铜人穴道脉络甚悉，宋忽豁然有省。一日僧远出，留宋居守，则虎狼蹄迹，交错于庵之前后。越七日，僧归，谓宋曰："山中檀越家邀我诵经，汝当随往。"比行，及半途，又谓曰："汝且止此，闻木鱼声，乃来迎我。"遂径去。宋候移晷，饥甚，辄蹑踪往，道阻一河。河上有翁妪，方视二童子汲，宋叩师所往，曰："此处无人居，安得延僧诵经。"不得已，渡河而前，则峭壁插天，更无蹊径。倏闻木鱼声在北山上，驰赴之，又闻声在南山，顾视，日已晦，有虎百十余咆哮而至。急趋投翁妪所，木栅石屋，亦有鸡犬。翁出叱之，群虎皆弭耳去，招宋留宿，啖以麦粥。昧爽睡觉，则身卧盘石，屋栅皆不见，惊愕久之。遵旧路，欲返庵，道逢妇人井汲而络其背者，问之，则跌伤折骨。宋审其穴脉，试按摩之，应手而愈。延过其家，饮食之，因留居焉。自是为人按摩，虽骨已破碎者，无弗愈。后居福山王家，年已七十三矣。

莫际曙医茅店妇

湘潭宋某卧疾，将不起，聘莫际曙往视。憩道旁茅店，店妇捧茶进，未以病告也。莫诧曰："汝有病，病且深，然及今尚可治。"为书方，给钱市药。越旬日，再经其地，问之，妇病若失，叩头谢。莫喜曰："无须也。宋君病，我治之愈，谢金可持赠汝也。"并书善后方与之。

张岳来用附子

康熙时，襄阳有名医张岳来，名湘，用附子必重三四两，谓必如是而始奏效也。

蒙古医疗周尚白伤

周尚白名菽，终身客游。尝依吴季方于永平，登卢龙塞，访田畴故垒；陟望海台，寻汉武遗踪；上马鞭山，吊孤竹少君之家。一日驱车出关，欲旷览边塞险隘。经长城，坠车，车轮转股上，股断。遇蒙古医，置股于冰，令僵，徐剖肉，视骨粉碎，为联缀，缉桑皮纫之，饮以药，五日而能行矣。

行头医愈世宗头风

行头医吴鉴者，安徽人。雍正朝，官太医院判。世宗苦头风，群医束手，鉴一药而愈。赐之，不受；问所愿，以此业请，许之，子孙遂世其业。凡各行纳税，必经吴姓者签名，其职在商、吏之间，如经纪焉。

桂附与犀黄并下

雍正癸卯秋，山阴金晋民以应乡试至杭，临场患时疾，烦躁，壮热绝食，人以伤寒目之。延老医张献夫视之，与大剂桂附。晋民从子璇玉有难色，献夫曰："非此，不能入试矣。"日晡，献夫又至，曰："绍兴太守亟请渡江，此证惟闵思楼能接手也。"璇玉卜之吉，即依方，频频与之，觉烦躁消而能寐矣。翌晨，思楼至，用犀角地黄汤。人咸駴（古同"骇"）异，思楼曰："非此，不能入试矣。"索献夫方观之，笑曰："昨桂附，惟张能下；今犀角，惟某能下，安排入闱可也。"因服数剂，即举动如常。不数日人试，献夫亦不复至。一人患疾，数日之间，桂附与犀黄并用，绝奇。

叶天士更十七师而成名医

吴县叶天士，名桂，以医名于雍、乾间。自年十二以至十八，凡更十七师。闻某人善治某症，即往执弟子礼，既得其术，辄弃去。生平不事著述，所存者《临证指南医案》十卷，亦其门人取其方药治验，分门别类，集为一书，附以论断者，非尽天士本意也。

某年，江西张真人过吴，遘疾几殆，服天士方得苏，甚德之，而思所以厚报之者。天士密语之曰："公果厚我，不必以财物相加遗，惟于某日某时过万年桥，稍一停舆，谓让桥下天医星过去可也。"真人许之。而是日是时，天士适从桥下过，于是苏城内外喧传天士为天医星矣。

天士之母老矣，病热而脉伏甚，似寒证。天士审证立方，中夜独步中庭，搔首自言曰："诊他人母，必用白虎汤。"其邻叟某亦行医者，窃闻之，次早踵门献技，用白虎汤一剂而愈，其名顿起，而不知其即出于天士也。

天士有外孙，甫一龄，痘闭不出。其女抱之归，求治，天士难之。女愤，以头撞门曰："父尝谓痘无死证，今外孙独不得活乎？女请先儿死。"即持剪刀，欲自刺。天士不得已，俯思良久，裸儿，键置空屋中，自出外，与博徒戏。女欲视儿，则门不可开，遣使数辈促父归，博方酣，不听，女哭欲死。至深夜归，启视，则儿痘遍体，粒粒如珠。盖空屋多蚊，借其嘈肤以发之也。

木渎有富家儿，病痘闭。其父念非天士莫能救，然距城远，恐不来，闻其好斗蟋蟀，乃购蟋蟀数十盆，贿天士所厚者，诱以来，出儿求治。天士初不视，所厚者曰："君能治儿，则蟋蟀皆君有也。"乃大喜，促具新洁大桌十余，裸儿卧于上，以手辗转之，桌热即易，如是殆遍。至夜，痘怒发，得不死。

一日，天士乘舆过市，见贫家送葬，棺底滴新血数点，急呼止其棺。舁棺者素知其技神，遂止之。问死几何时，曰："昨将夕。"曰："男乎，女乎？"曰："未产妇也。"曰："速归，可治。"其夫叩首哭泣，随天士舆后，而观者随往甚众。至其家，命启棺，舁尸至床，去殓服，按右手脉，曰："可救。"取长针一枚，解胸前衣，当心一针，哇然一声，产一子，而妇有叹息声，观者叹服。或问之曰："术固神矣，然何以知其不死？"天士曰："此无他，适见之血，鲜而不败，故知其未死。及按脉细审，乃知腹中儿手将母之胞络搦住，络近于心，心痛晕绝。特以针刺儿手，畏痛，手缩，焉得不娩？儿既生，母亦不死矣。所险者，在针之分寸耳。"天士言未已，众中一少年伸臂求诊，天士诊视良久，曰："当速归，今晚必死。"观者大愕。有进而询其故，曰："公等视之，彼固健康人也，然吾以脉理审之，其肠已寸断矣，安得不死。"盖少年乃产妇对门银钱局之伙，闻众口一声，言天士有如神之技，心不平，午膳方罢，跳柜而出，排众入室，求诊视为戏。讵饭饱不宜跳，跳则肠断。至晚，果死。于是喧传天士之死而知生、生而知死也，名益振。

又一日，天士徒步自外归，骤雨，道坏。有村夫素识之，负以渡水。天士语之曰："汝明年是日，当病死。及今治之，尚可活。"村夫不之信。届期，疡生于头，舁至天士门求治。与金，遣之，曰："不能过明日酉刻也。"已而果然。

或患肺痈，委顿欲死，天士曰："此非外治不奏功。"乃反接而缚之，令人取冷水一盆，当头淋之，复以刀刺其心坎，脓血随出，约斗余，药敷疮口而愈。后询其故，天士曰："肺居心上。此人患痈，肺下垂包心。心不可见铁，故以冷水惊之，使心上提，乘隙入刀刺肺也。"

某家娶妇，甫却扇，而妇晕绝，延天士诊之。天士掩鼻入房，视之，曰："易治耳。"令人舁妇至中堂，命取人粪数桶，围置而搅之，秽气蒸腾，妇遂苏。叶曰："此为香麝闭气所致，故以秽气解之。新房须撤去香物，方可入，再发，恐不治。”如其言，果瘳。

某公子生二十余年，素席丰厚，父督某省。是秋举于乡，贺客麕至，公子两目忽红肿，痛不可忍，延天士诊之。天士曰：“目疾不足虑，当自愈。愈后七日，足心必生痈毒，一发则不可治。”公子闻是言，不觉悲惧求救，天士曰：“此时不暇服药，当先拟方以散毒。七日不发，可再议。”急求其方，曰：“息心静坐，以左手擦右足心三十六遍，以右手擦左足心亦如之，每日如是七次。过七日，再诊。”如法至七日，延天士视之，曰：“目疾如先生言，愈矣。未审痈毒能不发否？”天士笑曰：“前言发毒者，妄也。公子为富贵中人，事事如意，所惧者死耳，惟以死惕之，则他念俱绝，一心注足。手擦足，心火下行，目疾自愈矣。”

浙中某孝廉入都，道经苏州，得疾，就诊于天士。天士诊之，问何往，曰：“会试。”叶曰：“顷所患风寒，一药可愈。第内热已深，陆行必患消渴，寿不逾月，毋往。”因制风寒方与之，服药果瘥，行动如平人。侪辈见其健，强曳以行。舟泊金山，共登览焉。寺有老僧，亦以医名。某中心惶惑，因更就诊，僧言如叶，而意若犹豫。某因请救，僧沉思曰：“登车之日，多载美梨，渴则生食，饥则熟食，当有验耳。”某如言食之，往返数月，竟无病。某归舟至苏，复见叶。叶大惊问故，某具告之，天士乃变姓名往学于僧。一日，有以蛊就治者，腹膨然，气不相属。僧令天士拟方，乃用白信三分，僧曰：“似矣，然未也。汝知蛊之为虫，而不知蛊之大小。腹中蛊已长二尺余，少毒则不死，再与则避，无可为矣。当用砒礵一钱杀之。”因更方，嘱曰：“夜必痛泻，有异物，即取以来。”次日，果来谢，持赤虫长二尺许，天士亦心服。学三年，尽得僧授而归，自是所药无不瘳矣。

某年夏，天士过磨坊，见健者方拥磨盘旋，问曰：“尔为外乡人耶？”曰：“然。”曰：“速归，不一月必死。”磨者疑之，问故，曰：“尔夜中必用蚊烟乎？”曰：“然。”曰：“殆矣。是物虽辟蚊，然久受其毒，不可救，汝速归，犹及家也。”磨者大恸，即以是日奔归。至某塘畔，夜昏，遇雨，见小舟，求附行。登舟，即有老翁坐于舱，磨者默然向隅。翁问故，告之。翁曰：“果然。然幸遇我，可不死。”磨者长跪哀之，遂同至翁家。翁饮以药，浴以水，灸以火，蒸以桶，凡三阅月，曰：“可矣。”令入城。适天士又经其处，见磨者勇健如初，因叩之。磨者述所遇，天士即偕磨者往觅翁所，至则行矣。

天士一日乘舆出，有乡人揖道左，求治。停舆诊之，曰：“六脉均调，奚病耶？”乡人曰：“某所患者，贫病也。闻公善治奇疾，故来求耳。”天士曰：“诺。”因令“拾道旁橄榄核种之，苗茁，乃告我”。乡人如教。叶自是制方，必用橄榄苗。病家求橄榄苗，必于乡人，乡人益昂其值，期年遂小康。

天士行医久，后致富，然性好嬉戏，懒出门。人病危，亟请，不时往，由是获谤。往辄奏奇效，故谤不能掩其名。以高寿终。

薛一瓢与叶天士齐名

薛一瓢，亦吴人，与叶天士齐名，而相忌。病者就天士，则必询之曰：“曾就一瓢乎？”就一瓢，则必询之曰：“曾就天士乎？”天士愤，大书榜其堂，曰“扫雪。”一瓢闻之，笑曰：“人谓天士不通，今果然矣。彼云扫雪，与我何干，纵其大扫可也。”因亦书二字榜其堂，曰“扫叶”。

有甲乙二人，各赌食寒具。（即馓子，以麦糯粉和面，搓如细绳，挽曲之而为环，油煎，沃以糖食之。）甲啖至七十，有难色，遂自承其负。乙见甲负，大喜，强争胜，竟尽百数，甫下咽而病作，舁就天士诊之，曰：“无可为矣。”家人涕泣舁归。或告之曰：“一瓢与天士皆以医名，各不相下，恒有就天士言不治而一瓢得治者。今未就一瓢，乌知其不可救耶？”家人以为然，复舁就一瓢，亦如天士言，曰：“无可为矣。”家人固哀之，一瓢曰：“谓之无可为，斯无可为矣，我岂诳汝者。”不得已，舁病者出。将下阶，一瓢忽问曰："曾就他人求治乎？"曰："天士耳。"曰："天士云何？"曰："如先生言。"曰："果如是乎？其姑留此，一试吾技，亦以觇汝家运之穷通。克济与否，尚未可知。"言毕，遽入内室。有顷出，手药一器，其色纯皎，以饮病者，复以黑色药一器继之。病者腹如雷鸣，大泻而愈。天士闻之曰："我讵不知此，特不乐为耳。盖病者患寒具充塞不化，法宜消导，而又虑其不胜，必先之以人参，固其元气，然后得以奏效。"叶明知之，以病者家贫，不能备参，故告以无能为。一瓢意亦如天士，实为嫉妬所迫，自出参食之耳。

乞儿疗李氏子蛇头疔

山东陆宣子自京师来，为蒋衡言：李某之子，指甲中生肉管，赤色，顷刻长三尺余，垂至地，能动，动则昏昧欲死。遍访名医治之，内府太医至方上士，俱缩手，逡巡退。某子于是取酒痛饮，引刀自断之，出血数斗，气绝。良久苏，复出如初。某子曰："嗟夫，吾其死矣。"

乞儿者，不知其姓名，以豢蛇为业，闻之而至，曰："我能治之。"阍人叱之，乞儿曰："尔勿然，速白公子。"李某大喜，延入，谓之曰："果愈吾儿，吾分家产之半以与若。"乞儿乃剑负大蛇，昂昂入中堂，踞上座，口中谩骂诸医者，曰："公子所患，蛇头疔也，其管通四肢百骸，绝则又出。若辈何能为！"请见公子。

初，乞儿家多金，其居室、衣服、饮食、舆马之属甚侈丽，宾客出其门下者，斗鸡走狗毕集，侍妾仆从奔走左右，娼优歌舞纵酒，驰骋弋猎，无虚日。未几病，病如李某之子。破家求医，不可得。京师有白云观，每岁正月十九日，士女毕集，曰燕九，冀遇仙，或曰仙往往杂俦人中卖药，或类乞丐。当是时，乞儿父亦往，果遇丐者，持大蛇，貌甚伟，心异之，问以子之病，曰："能治。"因请之，许诺。既至，曰："命而子速呼其妻来，屏左右。”谓有一人留，子即不治。乃置大蛇于地，命乞儿妻曰：“无惧，其持此纳诸袴中，两骰蹲地，凿袴孔以出，握蛇首定视，蛇首与肉管相对，蛇以气吸之，则消。”不移时，果如其言。蛇则红丝百道，僵卧死，乞儿竟愈。乞儿既见某子，如其法治之，某子亦愈。李某大喜，竟分其产之半与乞儿。

陈恬斋兄弟善医

陈恬斋大令善继侍其母查太恭人疾，日翻阅医书，至抱书而卧，中夜有省，遂工医。官四川及长芦时，两次奉命驰驿至京师、热河，视裘文达公曰修及额驸福某疾。盖文达及额驸曾奏谓“臣疾非陈善继不能生之”，故都中有“陈神仙”之名。其弟宛青，名汉，精绘事，亦善医。官礼部时，和珅召之，令视疾。汉咨于座主韩城王文端公杰，文端曰：“此奸臣，尔去，必以药杀之，否则后不必见我。”汉遂谢不往。和衔之，时已保送御史矣，乃出为巩昌府知府。

易三受医术于张老人

易三，沅陵人。少学剑，恣游武汉间，为巨商卫藏。已而自谓弗善也，改而刺船，济行者。年三十余，居常德东市，卖浆宿旅。久之，有老人行乞市中，日呼易三门求食，体有恶疽，溃而臭秽不可近。易心哀之，日贮盂食以给之。旋求僦居，亦纳焉。老人朝出暮归，踉跄怪状。室中人皆恨且詈，易独不然。居且一年，老人病痢，粪赤白下，杂疽臭，益不可近。易殷勤候食息，无畏色。老人夜分呼易曰：“吾有意于子久矣，子诚善也，吾术可授子。吾固不患疽，不患痢，姑试子耳。”易谛视老人，体如常人。及视所下赤白粪，皆澄清可镜，心异之。昧爽，老人呼易步东郭高冈，授法，怀中出所乞食盂，取水，祝令沸，以短刀置盂中，水不仆。戒曰：“凡吾术，可以医百病，祝水不沸，刀不竖，不可治。即治，不可受人财，又不可妄传人。”易俯首谢。

老人忽不见，遥闻有声曰："吾乃张姓也。"

易得术，急欲医人，人无与医者。适其稚子患腹痛，欲割治，妻不肯。乃伺妻出户，潜祝水割腹，涤脏积。妻突入号踊，乃以手覆所割处，无迹，立愈。由是渐医外人，手到辄痊，不受酬犒，如老人戒。凡所治内外症，必割，必祝水令沸，刀令竖，乃治焉。数十年中，病人就庐舁视者无虚日，四方贵官延治者，不远数千里。乾隆庚午五月，中丞开某以监司董某言，自沅延入府治病。易椎鲁，虽见达官，不为礼，又医无方饵。中丞意其野而诞也。易径归。久之，府中所治病，如其日月之限，皆愈。开异之，属董再延入府，将酬之也。易入，府中人无贵贱男女，皆罗拜，疑为仙也。至易出，主董署，开延之一饭，不往，强之乃赴。城中贵官单马攀迎者，亦坚不往，必治病乃赴。开酬白金二十两，不受。九月初，辞董登舟，风逆不得去。市人知者，群延之治病，日阅数十人。每行市，步履如飞，观者拥左右，呼"易神仙"。

陈益尝于友人座见之，古心古貌，不苟言笑，意所必至，径直无周旋。问其年，曰："八十三矣。"尚善啖肉食。其视病，以己手中指，诊病者额，视指辄知病由，不待病者言。不可治即不治，其可治亦不即为方，轻则摩抚立愈，甚则或取各色布归，病者亦楮书姓名及生年月日，至家，祝水一盂，卷所取诸病者之布，叱符，向空焚之，即烬，揭病者年月姓名，次第以卜效之远近，而病者异地告愈，其奇验如此。以陈所见，亦未尝用割治之方，或老而加慎焉。董尝以茧数束赠之为衣，易不能却，又不欲妄受，旋以茧为诸病者代所用之布。其所取病者神福胙，瘗不食，即食犬，亦毙。其去来供亿，来则资人，去则自给而已。

易尝语陈曰："吾治病，吾不能知，有主之者，假吾手耳。求者诚则验，不则不验。吾藉受人报，岁可致巨万，而贫如故。吾术非不传，无可传者。吾尝授宋生，生得吾术，治制府某公病，受制府五十金归，诘之，诳应，五日死。凡吾术，必用元神水。元神水者，赤子之真，可以质幽明而无憾者也。”

初，老人授易术时，遗一盂，归视之，金质，重六两。后易父母死，荐佛事阙金，铄盂，乃得金十两，并荐老人。一日，老人忽至，以铄盂诘易，易骇。老人乃袖出盂曰：“某日盂至我所，仍还子，子善宝之。”今其盂故在。易乃欲随老人去，老人曰：“未也，待子年八十六，再晤耳。”

易为人敦庞坚朴，虽出入贵官门，不以光宠自矜，归则与子孙安耕凿。有子四人，孙十余人。妻亦年八十。易老而不著名字，人呼易先生，应；呼易神仙，应；即呼易三，亦应。

唐雄飞用药与人异

唐雄飞，字正典，东安人，乾隆时生员。高才能文，不应试。以母疾，研究方脉。久之，无所得，出访良师，亦无遇也。还遇异人，言论清异，谓雄飞曰：“脉非可学也。念子笃志，今授汝书。”遂以医术名。其用药与人异，十二月各有主，凡治病必用之药，下不逾时，疾必愈，有不治者，死矣。雄飞死，无传书，惟手录脉诀，其族人曰大悦者得之，以治病，亦应手辄效，与雄飞同。

王九峰使弟子书方

王之政，字九峰，丹徒人，博通典籍。年三十余，遭子丧，耳闭不听，又为行医者误投凉剂，竟不通音响，遂自号聋子。聋子以有耳疾，不求仕，乃学医，深通其术，名大振。其所至，求之者肩摩毂击，骆驿不绝，多奇效。家居，每旦病者踵门，无虑百十人。于中堂设座一，自据之，旁坐四弟子。每诊一病者，属弟子书方，口讲指画，应接不暇。又夙不计赀，听自给，遇贫乏者，多施药以济之，以故求者益夥。不耐烦扰，遂就两淮运使之聘，岁千百金。鹾商有请者，多不就，曰：“吾不能以低颜仰富翁，而自贱吾术也。”

吴菘圃河帅尝于暑月感热而病，九峰投以清凉之剂，不效，奄奄就毙。又以附子理中汤治之，一剂而愈。谈韬华观察略无病形，诊其脉，决以六月必死，后果然。

陈某为仪邸格格疗病

陈某，吴江人，知医。以誊录生议叙州佐，谒选京师。一日在寓，见戴蓝翎人牵马来邀。问何所，但云府中。不敢辞，随之往。至一处，入门数重，有内监出，引之，朱门绮户，愈进愈邃。至一室，则绣帐双垂，于帐缝中出一手诊之。左右递诊毕，问卧者何人，内监即叱曰："请君诊脉，何问为！"乃易词以探曰："曾服药否?"曰："存方可查。"乃请方验之，内监曰："可，然此方无效，不足验也。"阅方，略得大概，病者幼妇，症似产后，约略定方而出。明日，戴蓝翎人复来，且云："今日王爷在府，恐传见。"乃盛服以往，则坐炕上者仪郡王也。见陈入，为起立，命坐，告以"病者乃格格，年十六，去年已下降。今春妊，以少年不慎，半产。昨服先生药，大好，幸终疗之"。且谓左右侍者曰："传语格格，医须望闻，不必避面。"乃复入诊，陈已得解，乃大用芎归，数剂而愈。再入，再见，以大缎一卷、荷包两对、银四十两酬之曰："曹地山师傅谓汝高明，洵不诬也。今而后吾府中仗君为司命矣。"拜谢而出。地山，即文恪公秀先也。

陈洪璋医愈沈大成疾

沈大成尝病左指搐，继而蔓于掔（古同"腕"），上及于肩井。一医曰："此血不荣筋也。"一医曰："此风淫也。"后一医曰："此老而虚气，血将竭也。"于是日投党参、蓍朮、地黄之属，无虑六七十剂，而病益甚，尫然柴立，不能饭矣。乾隆某岁八月下旬，以陈退山之言，延其宗人洪璋诊之，则曰："湿痰客于脾胃，脾主四支，本病而见于末邪，得补而壅，所以胃受伤而不能饭也。不亟攻之，败矣。"乃予二陈汤，加硝石，四服，病失其半；去硝，再六服而愈。

高岐山精小儿科

湘医高岐山，乾隆时人也。承其祖父之业而益精，望色听声，即知人生死，用药不本古书，尤精儿科。有富家儿病不食，且死，乃延高。高囊药而往，独排斥群医之言，谓可治，姑试之。乃令其家市肥瘦维均之豕肉，出药，共煮之，令儿以口鼻就肉，热气蒸腾，儿垂涎欲食，即以之食儿，病遂已。又尝遇里中儿戏于水，儿望见其至，故激水于路，阻其行。高曰："勿尔，后三日必病，彼时欲我诊，亦无益也。"三日果病，其家人为延高而不及矣。

范培园医先下户

鄞县范培园以贫故，隐于医。其治病巧发奇中，自当道及荐绅士大夫以至贫户，无不延之，终日肩舆行道中，不得少憩，犹苦未遍。然培园宁先下户而谢高门，或终日无所得，弗以为恨。以是虽负盛名，而其家一贫如洗，不悔也。

李畏斋善岐黄

李畏斋，湘潭人。善岐黄，自号"医隐"。常手录方书，亲锄药种之。比邻有求医者，皆就诊焉。百里内外，造门延请，察其来意，知病可为与否，可则往治，应手辄效；否者不往，病亦终不愈。

潘龙田精于医

潘掌纶，字龙田，湘乡人，诸生。幼孤，事继母孝。读书善悟，兼通韬符壬遁诸术，而尤精于医。尝策马而行，见人卧道旁，视之，毙；察其状，曰："尚可苏也。"为刺尾闾穴，则噭然呼痛，目炯炯立起。有谌姓子病垂绝，龙田过其门，闻哭声，入诊之，用灸三壮，楔齿少注药，须臾呱呱泣，索乳矣。

袁羽高不泥古方

袁宗翯，字羽高，一字宗翥，浏阳人。治医不泥古方，决人生死辄奇中。戚女七岁，疾笃，诊之，曰："不死，虑十八岁耳。"后果然。有儿死逾时者，察其脉，令炒麻黄数升，卧死儿其上，顷之苏。尝见儿嬉戏者，曰："是儿某年当得废疾以夭，今灸之，可免。"其母不信，卒如所言。有少年无疾而戏求诊，诊之，曰："疾不可为矣。"少年笑而去。逾两日，果死。

罗国瑛疗人有奇效

湘人罗国瑛精医，疗人有奇效。不求谢，有得，以施贫乏。尝戒其子孙曰："凡治病，当以活人为心。入闺闼，尤宜戒游目。"

罗疯子知病源

罗伯申，永明人。精《内经》，能知病源，断生死不爽。病者圭勺沾口，立愈。晚年玩世自娱，每乘篮舆，命倒舁以行，人呼为"罗疯子"。

郭宏翥之医神于望

郭宏翥，永定国学生。幼读书，未卒业，游学江汉间，得岐黄术，遂以医名。中年，囊金数千归，邑有公益事，多襄助之。其医人，神于望，遇病者，目灼灼视良久，授之方立愈。尝至某家，见其僮，惊曰："此子今日必死，宜急舁送归。"至半途，腹大痛，抵家，遂毙。请其故，则曰："僮阴寒结脏腑，俱成冰，死色已见面部。此素嗜冷物所致，卢扁无能为也。"询之他佣，果信。

徐灵胎以医活人

吴江徐大椿，字灵胎，一号洄溪先生，为电发检讨釚孙。以诸生贡太学，弃去，专以医活人，常往来吴淞、震泽间。知水利，且尝创新乐府，曰《洄溪道情》，不仅邃于医理也。乾隆辛卯卒，年七十有九。

席承裳不事方脉

席上锦，字承裳，东安人。生而颖异，精医，不事方脉，以望闻为决。尝闻隔舍儿啼，曰："此有暴疾，试拂其睫，目不瞬矣。"为汤饮之，愈。姻家有二子，呕不休，更数十医矣。视之，曰："无病。"饮以酒而愈。询之，则以窃蜜而误服油致然。或问酒安能制油，亦不言也。

郭兴时治奇疾

风子郭兴时，浙人，铁冶亭制军保尝见之，殆百岁外人也。以医家于京师，自王公大夫以及庶民之家，无不延请。能治奇疾，不可思议，亦坐是得谤，不以为意也。

冶亭家人有病，日或两三至，不受谢。问其故，笑曰："余日一出门，即获钱十数千文，间遇盐政、关部诸家，每索必数百。若辈无功于国，而坐拥厚赀，其所得，不过奸商恶仆鱼肉百姓之脂膏，分而用之，不遭造物之忌。若公等清曹薄俸，竭锱铢之利以贶医者，受之亦不安也。"时冶亭方官京朝，郭故为是言。

张朝魁以异术治外证

乾隆时，辰溪有毛矮子者，本姓张，名朝魁。年二十余，遇远来之丐，张待之厚，丐授以异术，治痈疽、瘰疬及跌打损伤危急之证，能以刀割皮肉，去淤血，又能续筋正骨。时有刘某患腹痛，骤扑地，濒死，张往视，曰："病在大小肠。"遂割开其腹二寸许，伸指入腹理之，数日愈。辰州守顾某乘舆越银壶山，道险，忽堕岩下，折其髃骨，张以刀刺之，拨正，傅以药，运动如常。

西山老佛善医术

乾隆乙巳、丙午间，有顺义民妇张李氏者，善医术，兼通符箓祈祷事，病者服药辄瘥。宦家妇女为之延誉，议以西山三教庵西峰寺与之居处，使为尼，号曰西山老佛。后烧香者众，男妇杂沓，有司惩之，遂正法。

张刀刀医术

孙文靖公士毅自藏回川，仆沈某坠马，伤脊而伛，乃呼之曰“沈驼”。惠瑶圃谑曰：“不意司马家仆，化作柳州种树奴也。”闻土人有张刀刀者，工咒水，使治之。张治病用两刀，得此名。饬役唤之至，了无术家诸具，但索净水一瓯，令沈隐几，露其背，对水咒数四，蘸于手以涂之，上下既遍，乃出其刀。刀不甚锐，刃甚薄，迫脊骨划之，自项至尻，约二尺许，无点血，沈亦不觉也。刀划处成一沟，别以小钩爬挲，得一物，如琴之少弦，引其端掣之，亦径二尺许，颇纫。又划其右，亦如之。仍蘸水，涂而祝之，脗然无少痕迹，而如钩者乃复如弦矣。

时胡青上别驾患下马痈，未溃，痛不可忍，闻其技神，亦使视之。张曰：“此内症，非予所及。但承君之属而不一显其能，愧矣。”乃亦咒水涂患处，扶胡曰：“起。”胡方转侧罣〔罜〕碍，张迫之曰：“勿虑。”掖之起，坐床沿，进履，曰：“立。”挽其手，曰：“步。”立而步，即赴墙阴溲焉，了不觉有旧患也。

舒荣治外证

舒荣，沅陵人。精医术，治外证不方不药，取水一盂咒之，以指画符，患者服之立瘳。或剖腹去毒，拭以水，创合而患者不知痛。乾隆末，福文襄王康安、宣勇伯和琳督师征苗，荣在军中，士卒中铳炮，饮水即瘥，全活数万人，群称为“神水”。

许某治木工伤

乾、嘉间，河南巡抚署前有棋杆一对，高可数丈，其颠木稍损坏，使某木工猱升而上以补修之，偶一失足，遂跌下，骨肉损伤，四肢零落，气不绝者如缕。时有一善祝由科者许某，适过其地，见之，曰：“我有一术，稍诵符咒，即可就痊。”遂命将木工舁至一院，施其术，禁人窥视。过七日，行动如常矣。酬以金帛，不受，飘然去，不知所终。

金某治孙渊如胫

孙渊如官京师时，尝被车压，折胫骨，为金某治愈，惟右足尚较短左足寸许，服雄黄浸烧酒四十九日，足发赤斑而愈。金云：“骨皆可接，凡人之胎生各骨，如花木之枝，随处可粘。惟须胃健，多进饮食，能生新血以益气耳。若后生之骨，如齿牙、膝盖、脑骨，则断不能接。所以用雄黄烧酒者，雄黄能去瘀血，烧酒无损脾胃，瘀血不尽，虽治愈，遇阴雨必变也。”

青浦何氏十九世为医

何元长，名世仁，青浦人。其先自宋淳安主簿侃，始以医著。至明，有天祥者，杨维祯为之作《壶春丹房记》。盖何氏在宋、元、明，往往相仍为太医，入本朝，不复为官，独名其业以自食。自侃以逮元长，凡十九世矣。

元长幼以嬉戏堕水，有援之起者，视其人，忽不见。比长，貌修伟，盎背赤髭，目闪闪有光。为人多嗜好，初喜书画篆刻，不欲为医。然少孤，大父王模方以医致盛名，终以其术授元长。元长卒继之，为医逾三十年，自节钺大府、衣冠胜流以至皁隶牧圉，日夜集其门。所得四方酬币累巨万，而殁无余财，其意气恢如也。

元长为医，尤善望闻之法，决生死，无不中。金山人就诊，元长骤曰："尔溺于水乎?"与之方而去。已而其乡人来，问之，则已霍然矣，因曰："某疾，先生何自知之?"元长曰："望其色，黑；切其脉，湛，非溺水而何?"嘉兴沈某求治妻疾，以为症，元长曰："非症也，妊也，可弗药。"时沈固无恙，元长按其脉曰："尔胃气绝，不久且死，吾何为更与尔方?"沈大怒去，去而暴亡，其妻果产子。崇明何氏子患瘵，元长既与方，翌日，何氏子易衣，杂稠人中复来，元长忘之矣，及出方，与前无稍异。其处方，好参错今古，不专一家。一日，门人疑某方非古，元长曰："见某书某卷。"覆按之，果然。

某医移肆就富室

有善医者，初悬壶于市，未几而移入坊巷，与某富室比屋而居。盖审知富翁年耄不讲卫生，好食煎炒之品，久必患疡，移肆就之，可因以为利也。及居一载余，未闻其有疾，乃从旁探之，始知其虽饮厚味，而必日进菜汤以涤荡邪秽，故不为害也。

夏卧侯精诊切

夏泽沛，字卧侯，益阳诸生。喜读方书，尤精诊切。尝诊一妇曰："孕三日矣。"妇且信且疑，已而果然。又诊一妇曰："脉极异，必孪生，然生而不成。"后产三男，随毙。及再孕，复诊之，曰："是亦孪生，可成也。"果生两男。年三十九，语其友薛绳祖曰："吾当死于今夏，心脉散矣。"至五月，果卒。

隶治富仁山胫

庐陵令富仁山，名兴，尝自言幼年随任楚南，有事登衡山，驰马峻坂，失足跌深涧，胫断骨折，血流盈盎。舁归，痛晕数次，医疗二月不效，脓血淋漓，宛转床褥。有一隶向习祝由科，自云能治，姑试之。启曰："公子幸勿畏，诸仆从亦毋惊骇，稍张皇，则吾术不验矣。”于是息心静虑，听其所为。隶乃市桐油十余斤，炽炭煮之，以长竹箸且搅且咒。须臾，油沸，投药一刀圭，别索盆，泻温水。启衾，扶富胫，以帛轻拭脓腐，渐就盆，咸以为将洗濯矣。隶突以沸油淋之，从者大骇。富觉胫冷如冰雪沁骨，颇爽适。隶淋油毕，以纸蒙而缚之。富熟睡一炊顷，抚之，骨接如故，试起履地，亦如常，无所苦。越数日，解纸缚，疮痂已落，皮色依旧，无纤痕。隶曰：“此胫受伤甚剧，今虽愈，后遇阴雨潮湿，必隐然作痛，公子但记吾面目及医治情景，即瘳。”如其言思之，遂止。

姚文僖知医

归安姚文僖公文田，少涉意于占验，且知医。董文恭公诰有疾，仁宗命诊之。英煦斋相国和患胸疡，医皆谓不可理，就其家视之，覆奏可愈。乃屑人参为末，糁所患处，用刀剂，获安。后因颁赏内府书籍，特赐苏沈方。

邓湘皋精医术

新化邓湘皋训导显鹤，精医术。歙县程春海侍郎恩泽视学湖南时，湘皋尝下榻署斋，时为太夫人诊视。春海有句云：“造膝每当交让树，窥垣时见一方人。”

赖智堂医猫咬

大埔赖智堂，名云章，名医也。尝云：“人被猫咬伤，重者不治，亦能死。”道光癸卯，海阳令史某之仆李、罗二人以捉邻猫，手指被咬伤，初视为平常，越二十余日，李忽发寒热，臂腕起小核，痛甚，虽知中猫毒，而无人能治之。数日，不省人事，声如猫叫而殂。罗则过四十余日，臂腕亦起小核，渐见气喘，不思饮食，越五六日亦毙。甲辰，潮嘉道署有仆郑三，亦被猫咬伤中指。越二十余日，毒发，臂腕亦起核，按之疼痛。以曾目睹李、罗之祸，大惧，乞赖治之。赖思猫之伤人致死，医书鲜载治法，当自出臆见，酌制二方治之，逾月遂愈。其方如下：

水药方十二味，曰普救败毒汤。防风，白芷，郁金，制木鳖子，去油，穿山甲，炒川山豆根，以上各一钱。净银花，山慈菰，生乳香，川贝，杏仁去皮尖，以上各一钱五分。苏薄荷，一二分。水煎，半饥服。口渴，加花粉一钱。

丸药方八味，曰护心丸。真琥珀，绿豆粉，各八分。黄蜡，制乳香，各一钱。水飞朱砂，上雄黄精，生白矾，各六分。生甘草，五分。先用好蜂蜜三钱，用黄蜡煮溶，将余药七味，共研细末入之，搅匀取起。丸如绿豆大，另用朱砂为衣。每服一钱五分，用滚水送下。每日夜先服汤药，后服丸药，各一二次。忌食五辛、鱼肉、煎炒、发物。外用好薄荷油少许，由上臂涂至下臂，至伤处止。伤口不可涂，留以出毒气。仍戒恼怒、房劳。

吴蕴山同幕以异术治疟

道光时，有幕客吴蕴山者，向治度支，馆安东，时病疟。同幕有善祝由科者，俟吴疟作时，携其手，立日中，向日吸气，画符，吴觉遍身大热，顷刻而止。

伪药致误

金良玉明经铨，工诗善医，作剂宗法东垣，审药尤严，逐味拣之。自谓一生谨慎，然几误生命者屡矣。一为某家五岁儿病肺风，初用麻黄三分，不应；益以五分，又不应；第三剂益至七分，而额汗如珠，脉亦欲脱矣。急以人参五味止之，糁以牡蛎、龙骨，始痊。访之，则前所用皆伪者，七分则真麻黄，不觉已过重矣。一为某店一主计，病水肿，以十枣汤逐之，再剂不应。因鉴前辙，索药验之，朽败绝无气味，命赴他店易之，一剂而愈。

张某行医，兼卖药。一日以有事外适，令伙守店。伙忽内迫，邂逅一旧徒，倩之代庖。须臾归，问徒曰："有市药者乎？"

曰："有。某人来市旋覆代赭汤一剂，已撮付之。"伙检点一过，大惊曰："代赭于橱顶取之耶?"曰："然。"曰："误矣，此信石也。缘乡人多市以种菜，故蓄之；复虑儿童之戏弄也，故高置之。汝亟往告曰：'药不良，须易之。'计尚可及。"徒狂走而去，未至数里，忽邻有猛犬逐而噬，徒骇，归告，伙急自往觇之，则哭声盈耳矣。讼于官，医请以药渣验视之，则诸药均已白烂，信石尚宛然，乃治徒以过失杀人罪，而张亦破产。

某甲体素弱，偶病，为庸医所误，服麻黄二两，汗出不止而死。事后皆咎医，医云："医书固谓麻黄不宜轻用，我故重用至二两之多，何误之有?"甲之弟乙时方应童子试，未获隽，愤愤不平，稍患感冒，某医以古方赤芍治之，转成痢疾，亦因而不起。

黄树人为医于向忠武军

凤凰黄树人，字牺生，尝在向忠武公荣军中为军医。其人短小精悍，声如洪钟，目闪闪如电，修髯方口，风采慑人。恒匹马短后衣，张须眉，往来诸营幕，军士皆窃窃颂黄先生不置。向荐其材，擢参将，不受；改同知，终其身。呼以官，则叱咤；呼"先生"，则喜。与诸将帅谭谑，科首跣足，袒身踞上座，咄咄不稍怍，以此亦自知其不能官也。向薨，大营溃，落拓不自得。偶行至提督邓忠武公绍良所，请入见，树人曰："若帅见我，非我见若帅。"不往。邓闻之，岸帻出，握手坐军帐，请曰："公能诊吾军，吾视忠武待公矣。"树人掀髯笑曰："丈夫遇知己不富贵，尚安能促促受驱策哉!"长揖径去，挈难民渡江，以字卜休咎为食。乱定，所挈或富贵，致敬礼，言当日事，辄谢绝，不与通。其客向军所得金，多散去，惟藏金谋奠室家。同治乙丑，泰兴饥，竭以赈，荡然无一存者，以故人咸诧为癫。树人精武勇，尝手铁棒三十斤，大呼击杀，拯其甥于粤寇中。寇数十百人，莫敢逼视。然终其身，不获以武勇著闻天下。

某鹾尹以辰州符治外症

项城袁端敏公甲三督师时，幕有杭州某鹾尹者，佚其名，以习辰州符，兼为将士疗伤。而性孤僻，不谐俗，寻即辞职。其后补官，卒以罣误归。

一日，鹾尹以公务他往，有张某者，登几检书，以口衔斗笔，足蹈空堕地，笔贯喉不得出。端敏亟命速鹾尹至，时已僵卧六小时，鹾尹视之，曰："犹可救，幸及喉之未洞也而治之。"乃戟指向口画符，且诵咒良久，笔徐徐自出。未几而目张矣，呻吟矣，不三日而平复如常矣。

有乡人生疡于背，医为诊之而不愈，溃腐加甚，疮口已径三寸许者，乃踵鹾尹之门而求诊焉。亟视之曰："子来已迟十日，然必为除之，但须一旬乃瘳。"于是戟指画符，并予膏药，又取净水一杯，俾持归，供于灶，嘱之曰："明晨复诊时，可携水以至，当为汝疗之。"翌晨，其人奉杯水至。乃令其背东坐，又戟指画符，吸杯水喷之，更以三指撮疮，掷之壁，若有声者，仍掩以膏药，疮口遂合。寻取符黏之，曰："愈矣。"其人至是病若失。

俞曲园谈医

德清俞曲园太史樾尝曰："'有病不治，恒得中医'，贾公彦引此入《周礼》疏，非惟古谚，直是经义矣。潘玉泉方伯尝为余言：有病者延医诊治，医言宜用麻黄少许以发汗，持方至药肆，而肆中适缺麻黄，以伪品予之，服之无效。次日医至，诧曰：'岂用麻黄太少，不足以发之乎？'乃倍其数。而肆中以购得真麻黄，如方服之，大汗不止而死。然此药之误也。又咸丰庚申、辛酉间，有兄弟二人，避乱于沪渎，同时而病。医者各授以方，且戒曰：'病异药异，切勿误投。'而其家止一爨婢煎药，竟误投焉，次日皆愈。设使不误，不将俱死欤？医之不足恃如此。医所凭者，脉也。脉失传久矣。《史记·扁鹊传》言扁鹊饮长桑君所与药，以此视病，尽见五藏症结，特以诊脉为名耳。”又曰：“‘至今天下言脉者，由扁鹊也。’夫扁鹊特以诊脉为名，则其精于医，非精于脉也，而至今言脉者宗之。则是扁鹊特以为名，而后人乃真以治病，即此知其不足恃矣。《素问》有三部九候论，所谓三部者，岂今所谓三部乎？所谓九候者，岂今所谓九候乎？脉法既已失传，医道亦可不讲。而悬壶之客，遍满通衢；衙推之名，被之屠沽。又以其书传自黄帝，其职列于《周官》，从古相承，莫之敢废。父母之于子女，子孙之于祖父，苟医药之不具，即慈孝之有亏，而人之不获终其年命者多矣。”

医者疗病之奇

浙东某宦江南，以事至常州，其妾忽临蓐欲产而不下，势甚危，遂于奔牛镇泊舟，觅医治之。夜将半矣，仆登岸，见一旅店，门犹未闭，入询店主，答曰：“医惟吕城镇某负盛名，但离此尚十余里。”仆告以急，店主曰：“若然，则吾邻某向亦知医，迤东可十余家是已。”仆如所指，往叩其门。医者素于临街之楼上卧，问何人，仆以难产奉请告，医者起而谓其妻曰：“可取冷水来洗面，我将往焉。”仆闻之，误听为以冷水洗面，然后医治也，遂飞奔回船，告主人。主人如法以治，其妾方昏眩，忽为冷物所激，不觉其气一吸一松，而子门开，儿产矣。适医至，主人喜，请其定产后方，厚酬之而去。医者自此名大著。

医童某者，居仁和之独山村。一日有谢村人邀之，童以舟往，至则乃患膈症者，胸闷而甚饥，食之即吐，不谷食已月许，径以开膈调胃之剂治之。其家留饮，酒甚香洌。医素耽杯中物，鳌呿鲸吸，罄一小瓮，而玉山已颓矣，掖送之归舟。舟子谓之曰：“适买桐油一瓶，贮于头舱，幸勿绊翻。”童曲身手提油瓶，置他处，口喃喃曰：“桐油、桐油。”时送者在岸，问药中当用何引。时童适言“桐油”二字，送者遽归，童亦昏然而卧。及舟将抵家，舟子问曰：“桐油食之即吐，何以加诸药中？”童自知为醉中呓语也，强辞答之。心念此病不食已久，若一大吐，必至元气散而不救。欲往止之，而路远时久，意必已服药，遂任之。次日将晓，闻叩门甚急，童惊以为病者死矣，使其妻问之，答曰："晚服药，吐浓痰无数，今胸膈已宽，思食粥，特请再往视之。"其妻恐病家绐以往而欲辱之也，答以早出，少顷自来。童潜随赴谢村探之，病果渐痊，遂至其家，投以清理之药而愈。盖病者积痰于上膈，他药不能动，得桐油吐之而始出也。嗣后求治病者常满室。

闽有名医王琢章者，性慈祥，对于病者，每谆谆诰诫如父母。遇难治之症，既处方矣，犹为之再三推究，有所增减，虽深夜，必使人叩病者门告之，或且深自引咎，改前方，不略自讳饰也。一日往某家诊病，予以凉剂。及归，将及门，忽悟其病须投温药，乃复折往病者之家。至则其妻出而致谢，云："顷进药后，得安睡，病势锐减。"王大讶，令取药鼎视之，则见有积尘甚厚之败蛛网在焉。盖煎者不留意，败网坠入，未之觉也。王乃悟病之得瘥，皆此败网积尘之助力，略改其方，特加蛛网积尘煎之，果霍然愈。

神僧治病

青浦南门外离城二十里许，有觉海庵，故无僧也。同治时，忽至一僧，赤体无衣，惟以破被自覆。时方严寒，卧地数日不起，见者怜之，予以钱米，不受。一日，忽披破被而走，适遇老妪两目失明，即汲溪水一瓯付之，曰："试以此洗目。"如言洗之，目即能见物。又一少年左足反生，僧扪之，曰："正，正。"其足实时转正，与常人无异。于是远近喧传，谓之神僧，求医者日数十人。僧有医、有不医，医则无不奏效。居庵月余，后不知所之。

癫医不切脉

马小素，扬州人，精于医。向有癫疾，时或自言自笑，有时现悲戚状，独为人诊病时，则与常人无异。惟不问病症，亦不乐人以病症告，强言之，则曰：“尔既知病，何不自医。”及阅其脉案病情，叩之病人，丝毫不爽，且药到病除，以故就医者甚多。所书药方，字特较大。询其故，则曰：“恐药肆中人误认，致有妨生命耳。”由是癫医之名大著。

有贵家子得奇病，四肢软弱，不能起立，不饮不食，终日仰卧，呼之虽应，而不发一言。遍请名医诊治，卒无效，乃延马往。马至病榻前，不切脉，审视良久，又遍视室中，曰：“此人无病，何用药为！”遂命主人将室中一切有香气之物，悉移他处，令用面盆多贮好醋，以称锤烧红，时于房中淬之，令醋味不断，明日可痊。主人依法行之，次日果渐痊。盖此子平日最喜焚香，致得此疾，故以醋味敛之耳。

痴和尚治人疾

光绪初，苏州珠明寺有痴和尚者，能医人疾，有病者招之辄往，或不往，则病不治矣。有陆某病瘵，群医束手，乃延之诊治。比至，已死矣。和尚熟视大笑，急索笔书一方云：“泰山石一片，蟠桃仁二十粒，扶桑木一株，用黄河水煎。”众难之。和尚又大笑，索火焚之，以其灰和茶灌死者口中，须臾即活，病若失。其医他人用药悉类此，皆烧灰和水饮之也。

太医为孝钦后请脉

光绪时，某岁，孝钦后忽患头痛，每日仍早起，召见军机大臣如常，太医数人入请脉。太医跪床前，孝钦以手置小枕。诊毕，人开一方，方各不同，孝钦择其一命煎之。医及侍者先尝，孝钦乃服。

薛福辰疗孝钦后疾

光绪辛巳春，孝钦后寝疾，势甚剧，遍征名医，皆无效。后服无锡薛福辰药，始渐起。时中外皆知孝钦所患为血蛊，医者仅以治血蛊剂进，然久不得愈。福辰独诊得之，其所进脉案，虽亦以血蛊立论，而用药则皆疏瀹补养之品，故独能奏效也。福辰，叔耘中丞福成之兄也。

德贞以行医至华

光绪时，英人德贞以行医至华，为人疗疾，颇有验。与美人丁韪良昵，时丁为京师同文馆总教习，乃援德入馆，使充医学教习。未几，德婿欧礼斐亦来华，无所事事，德荐之赫德，为厩长，以俸薄而羡丁之月薪千金也，欲攘其事，言诸德。越半载，丁之肩生一瘤，德诊之，谓易治，然背德而拭其睫，若曾泣者。丁回首见之，问何泣，德嗫嚅而言曰："吾二人为莫逆交，平日固尝有出肺腑、披肝胆之言。今奈何，君得此瘤，危疾也，吾甚痛于心，而又不忍以实告，故不觉泣耳。然既为君所见，实告何害。此瘤实致死，无幸免理，吾之药可保百日，逾期则不能乞灵于药石矣。君盍即假归，用吾药，犹及与家人一见也。"丁归，至中途，则病良已。抵家，亦未续发。旋得在华友人书，知欧已代之为总教习，始悟德之绐己，为其婿谋也。

解剖

德宗前星不耀，中外臣民颇以国本为虑。孝钦后令西医诊之，谓非解剖不可。乃召集王大臣询之，咸以事体重大，未敢主持。时翁叔平相国力持不可，议遂寝。

颜某脉案

医者颜某，高邮州人，邃于岐黄。然僻处乡谷，不以医炫，而人亦不以医称之。会扬州富豪魏某病笃，纵横数百里，凡医之稍负时望者，悉延诊，合议方药，终不效。有荐颜者，魏延之。比至，素履布衣，状貌古拙，众皆轻之，不为礼。而颜亦傲气凌人，见群医，亦不略致款曲、问病状。俄侍者导颜诣病榻就诊。诊已，仆予以纸，请拟方。纸为八行书，而乃多至五六十页。颜知其侮己，乃伸纸作脉案，陈其病之所由起，某日传某经作何状。书时，群医中有窥者，见所述皆不爽，固已咋舌。不半日，纸已尽，乃掷笔起，告去。众挽留，读脉案，皆吻合病状，而文复古奥，上溯《素问》，下迄名家，洋洋数万言，穷源索隐，无蕴不发，知为名手，遂请其拟方。颜笑曰："请我来治病耶，抑试我耶？夫拟方而予纸至数十页，此何为者？且慢侮见诸辞色，尚信其术而服药乎？予不敏，行矣。"病家老少环跪，哀请至再三，乃拟方，数日遂痊，告以忌食之物而去。

数日，魏以误食，病复发，又遣使往聘，谢不行。使者请曰："奉五百金。"颜曰："谁贪汝金者！"使者曰："先生何吝而不一拯溺乎？先生何所求，苟能致，当竭以献。"颜曰："嗜食而无节，此不戒，虽扁、仓无以着手。病者其交予监督乎？惟吾命之是听，诚能此，当为若治之。否则千金无所欲，徒败吾名耳。"使允之，乃行。至其家，设卧榻，俾与魏邻，察其颜色，听其呼吸，何时睡，何时醒，醒睡各作何状，乃按脉以证之，然后定方。复自择药，其制其煎，皆躬亲之。凡三投，乃瘥。赠三千金，送之归。其徒孙某，行术于江南。

老者书符救命

徽人程姓者，设肆于扬州新城之流芳巷。光绪庚辰腊月二十四日，既祀灶，与其徒会饮，皆大醉而罢。有李姓者，酒后至相识某姓肆中闲话，适有人来借钱，券具矣，而无任者，主人辞焉。李慨然请为任，主人不可。李怒，始而谩骂，继而擐衣露臂，殆将用武，环而观者如堵墙。其旁有候补同知吴某寓，吴子闻门外大哗，出而观之，李忽一举手，伤吴辅车，四齿折焉。吴怒，命里长监守之，质明将送之官。夜半，李酒醒，大惧，以头触壁，流血被面，昏绝于地。众惊救无及，正共劻勷，忽来一老者，曰："毋动，我能治之。"取水一盂，书符其中，楔齿而灌之，李竟复苏，血亦顿止。老者曰："十日不风，即无虞矣。"吴闻之，使视其子之断齿，老者曰："齿虽断，根犹在，可复生也。其童子欤，百日复故；若丈夫也，一年不入房，亦如故矣。"吴请治之，老者不受谢，惟请释李之罪。吴从其言，纵李去。此老者殆精于祝由之术者欤？

周松孙为陈小真治痁

陈小真大令尝馆周松孙大令家，病痁且死，寒热日数作。松孙善医，乃扃户，为之处方。得善药，则候火而求度；既入，复为之辨色而望气；进食，必调其能胃者，不能胃则勿进。排荡雺翳，导涤秽滞，调合营卫，积四十三日，小真病可，松孙无倦容、无矜色。

陈莲舫以医来往于江浙间

有陈莲舫者，医也，青浦人，居珠家阁。光绪中叶，与其里人赖嵩兰，皆以内科著称。嵩兰悬壶于家，旁郡邑之土著皆信之。莲舫尝纳赀为官，医孝钦后疾，且嗣子挹霏大令曾宰富阳，以是来往江浙间，遂为吴越官绅所敬礼。盛杏荪尚书宣怀又为之揄扬，至沪，恒寓盛之斜桥邸中，富商巨贾乃益崇拜之，较甚于齐民。有小恙，辄远道延致，以其号称御医，且官且封翁，得其一诊以为光宠也。己亥春，杭州顾少岚观察鸿藻，尝出数千金聘之。至之日，宴以盛筵，主宾均着礼服，篚座者亦然，翎顶辉煌，跄跄济济，邻里皆荣之。

李海涛医痘殇

李海涛，名医也，疑难险异之证，屡试屡效。黄某为李旧交，有子年四岁，患痘甚剧。黄五十矣，止此子，钟爱异常。而家距城五里许，恐李未必即来，乃亲往迎之，遂同至家。其子已狂热神昏，顋〔顖，同“囟”〕门下陷，李曰：“不可为矣，命在顷刻，奈何？”黄大痛。李沉思良久，曰：“既见招，敢不尽力！惟此儿已万无生理。虽然，既不能救之于生，试救之于死可也。”黄曰：“死救奈何？”李曰：“可勿遽问，但俟其死后，依吾言行之，或可有救，否则吾将拔履以去也。”黄无奈，预备衣衾而已。

既而子果死，黄泣曰：“儿已死，请救之。”李乃裸其体，欲抱置后园猪栏中。黄不忍，李曰：“非此，无以救之。今既死，安有所谓忍不忍哉！”黄坚不允，李怒曰：“吾固不欲为此，徒以君悲痛，故于无可如何之中，冀得救于万一。今既尔，殓之可矣，勿犹豫也。”乃听之。李又曰：“但置之耳，不可往视。惟须一人远远候之，如夜半闻啼声，急来唤吾，不可有误。”黄一一如命。无何，果闻呱呱声自猪栏中出。守者惊喜，亟奔告李。李偕黄共视，儿果得生。黄狂喜，抱归房，李诊脉，喜曰：“是不难矣。”乃投以温补之品，一剂而愈。黄叩以能活人之术，李曰：“此儿多痘毒，苦于体弱，不可透，内部相攻，有此现象，实死症也。若治之早，尚可为力。吾来时，攻固不可，达又不及矣。旋思今方伏暑，蚊蚋最甚，蚊蚋能吸人毒血，若以儿置于秽恶之地，使蚊蚋集其全身，以吮其毒血，毒血尽，儿或可望生。此徼幸之计，而竟得奏效，君之福，非予之术也。”黄曰：“君来时何不即行，不犹愈救之于死乎？”李曰：“诚然，然此中亦具有苦衷也。此儿君所钟爱，设吾即令行之，君岂忍将垂死之儿置于污地耶？且俗传痘最忌秽。吾知此言君必不从，又逆知此儿入夕必晕厥，吾乃利用此时机，以行吾术。言死者，实托辞以绝君之爱念也。”黄服其神，馈三百金焉。

门定鳌为德宗请脉

自经光绪戊戌八月之政变，而孝钦后欲再垂帘，乃谓德宗有疾，征医于各省。汉军医士门定鳌者，字桂珊，广州驻防，为广州将军所保荐。既入宫请脉，所书脉案，征引《内经》《素问》

及各家学说甚详。然其时颇有疑孝钦有废立意者，驻华各使亦微闻之，或就定鳌私询焉。定鳌濡笔于砚，书“无病”二字以示之。未几，各使照会总署，以入觐为请，并荐西医，孝钦辞之。又未几，而宣布德宗疾瘳之诏下。然定鳌已于数日前佯称为狐所祟，策款段出国门矣。

老医为德宗请脉

光绪戊申九月上旬，忽以德宗大渐闻。时应召入京请脉之医甚多，有一老医尝语人曰：“余请脉之时，皇上置手于案，默不一语。仅见案有短札，若诊断书然。其札语至简，不得要领，即使天下名医，对此亦束手无策。余于是不得已书‘圣体安康无病健全’八字而退。”

陈寿春有药有技

厦门参将陈寿春拳法最精，有起死回生之术。曾有一人自船桅下坠，已绝息矣。历数医，皆以为无可救。寿春最后至，扪其腹至再，乃曰：“尚可治，宜以数健汉掖之行，就甲板疾走十数周，视其色复变而红乃已。”既而如法行之，红潮果上颊，因以两手抚摩其腹，为之作气。少顷，呻吟，急令人扶之入厕。既下，则历落者皆血块也，其量约一斗许，而疾亦寻瘳。万医生尤崇拜之。万医生者，盖英吉利人中所称为大国手也，则寿春医术之奇妙，可想见已。

又某宦之女，以跌而伤腿，不能行，延寿春诊视。寿春以扇头点其伤处，点已，即曰：“幸已无恙，试起行之。”果然。然寿春终身不以术自炫，亦不教其子弟，或问之，则曰：“有吾药，无吾技，无济也。”

泰山道士以剑治百病

道士，泰安人，居泰山麓，年八十余。能于鼻中吹气一缕，可二三丈，凝结不散，寻复纳入，盖练气已成也。有古剑，可治百病，治疫疠尤验。某年里中大疫，死亡无算，凡延道士者，必转危为安，仅以剑悬中堂俄顷而已。某姓一家数口，相继死，幼子年三岁，亦垂毙。道士仗剑至，怒目视榻上，半晌，子手足忽屈伸，索茶，饮以药，卒得不死。道士性风雅，筑楼三楹，颜曰“剑气”。风雨之夕，往往剑出匣三寸许，其铓如秋水也。

老道疗蛇伤

某邑有贵介子某，嗜猎，臂鹰牵犬，长日出入森林间。林固多蝮蛇，公子不暇计也。一日逐一雉，披荆伐榛，匆迫中误蹴一蛇。蛇跃起，反噬公子面，急避之，啮处觉麻，而不甚痛，归家略敷以药，亦不为意。越宿，忽奇肿，奄然欲绝。家人惶骇，延名医，医望见病者状，即颦眉蹙额，谢不敏。于是举室号咷，备治后事。忽闻门外串铃声，旁人走告病者家曰：“外有祝由术者，自言善治奇疾，姑试之，生死观此一着，如何？”家人乃召之入，视之，乃一形容枯槁之老道，手一旛一铃，无他物。姑导其入，乃抚视病者一周，即曰：“是非棘手症，我能立时使之起。”言竟，即就地撮土，以唾涎和之，戟指作咒，口喃喃，咒时并以湿土满涂公子面，公子乃不类人形。复命取炽炭来，炭火熊熊，即以置其面，衾枕悉炙焦，而公子之面无恙也。越一炊许，炭熄土落，肿亦消，乃语众曰：“内毒尚未尽也。”于是烙以烬炭，并以炭末画一符于背，公子乃吐黑水，起立如平时。

徐春浦参用中西术

光、宣间，上海有徐春浦者，业医，悬壶于市，参用中西术。凡以疾就诊者，初以望闻问切研究之，又继之以西法，用闻症筒以辨病之状，用敲诊、锤板以辨病之级，并用显微镜、诊脉表、体温计、量肺尺以辨病之源。验之既确，乃疗治之，药石所不及者，则以注射法、水疗法、电疗法、空气疗法、营养疗法酌行之，然人皆不之信也。未一载，他适矣。

于风八欲医医

桂林于风八，一号盂今，久客广州，绝意进取，专一于医，为羊城之当道巨室所崇奉，争出重金以延致之，且属其创设医校。风八曰："是固欲有以医医之病也，然不知医者之病之所在，而徒为之严章程、订功课，使其勤讲求、精脉切，是犹治其标而未治其本也，虽医校开遍通国，办至百年，无当也。医之病何在，医医之方何在乎?"宣统己酉，乃遂发愤著书，书成，名之曰《医医医》，盖自以医医之医自任也。

风八又曰："医道可怪而又可笑者，莫如内外分科。试思人身不能外经络、躯壳、筋骨、脏腑以成身，凡病亦不外六淫、七情以为病。外科之证，何一非经络、脏腑所发，原无所谓内外也。若不深明六气、七情、五运、六经、经界，两科中皆不得立足，未有能治内科而不能治外科，亦未有能治外科而不能治内科者也。"

张骧云一门多医师

光、宣间，有张骧云名世镳者，本贯仁和，嗣籍上海，以医著于时。耄而重听，沪人因以"张聋髭"呼之，遂又字曰"龙朋"。所最长者，治感冒风邪病，应手辄愈，居公共租界平桥路，人皆信之，亦以其不计诊断金，非如他医之自高声价也。出诊，诊金银币一圆，与金远者八角。病人诣门乞诊，诊金四角。贫者所纳，即不足二角亦可，珍贵之品，或且施舍。诣门乞诊者，若服华丽之衣，加奇邪之饰，必诟之，谆谆以谨行止、务朴实为勖。然就诊者仍归之如流水也。

沪之医，辄晏起，而骧云之门，晨七时启矣，候诊者麇集。以应接不暇也，乃令其子星若及侄孙杏园、蔚孙助之，且又有犹子衡山、古农，侄孙益君、子修、忍安，分居城中南市应诊，诊金多寡亦不计也。

华医为美人治病

坡（波）士顿城有华医潘瑞者，美人称之曰“草药医生”，乃以我国医术著者。美国医生不能治之病，经潘治愈者，不一而足。有国会议员某患病，西医调治罔效，乃就潘以试之，果为之转死回生。某深感之，尝曰：“不意华人三指探脉术之神妙有如是。”于是合二千一百人公同签字，请于当道，准潘立案悬壶以救世。

草头医治疾

我国之医，恒不识药，而业药者则不知医，故医药截然为两途。俗有卖药草者，间能治病，于是遂以“草头医”得名。草头医所用之药，名之曰“草头方”，苟所患之病不误传，往往得奇验。

宣统辛亥，山阴有罗某至乡省亲，途中腹大饥，无所得食。时适春初，舟子有粽藏于舟，（越俗，岁初舟子、轿夫至士绅家，均给以粽及年餻。）给罗食之。以过多，遂致疾，药不能进，群医束手。罗有族人某，草头医也，至是乃进言曰：“我能医汝，惟我药仅余三丸，今以二丸赠汝，一丸将备以自用。汝愈，当酬我以银币四十圆。”罗许之，遂取二丸服焉。次日，腹大泄，泄后果愈，即以四十圆致谢。旋知所谓丸者，乃酿酒之酒药，碎而和之。三丸，伪言也。诘之，某曰：“彼以食冷粽致疾，实非疾也，特凝积于腹而不能化，故药弗进。我以酒药投之，不旋踵而发酵，酵则凝者浮，积者散矣，故泄也。彼名医者不解此，故四十圆落我手耳。”乃相与一笑而散。

有余一初者，尝于夏日狂饮烧酒，大啖牛肉。至晚，疾大作，舌焦身热，便赤成痢。草头医曰：“食牛致疾，必饮稻草汤始可愈。”试之，果立效。

三国象戏

桐城光律元布政聪谐家，有三国象戏一器，惟将帅易为魏蜀吴，余号悉同。区以红、黑、白三色，凡四十八。碁局斜画成六角三鱼尾形，其界河成三汊。以示人，皆不晓行法。碁后散失，局亦无存。

满洲棋

有所谓满洲棋者，象棋也。其法，敌手亦置十六子。行满棋者，置将一、士二、象二、兵五外，余仅一子，能兼车、马、炮三用。故一交手，即纵横敌境，守者稍不慎，满盘皆无补救。此虽游戏，然可想见入关后索伦兵之气概也。

蒙古棋

蒙古棋者，局纵横八线，为六十四罫，棋各十六枚，计八卒、二车、二马、二驼、一炮、一将，以朱墨别之。将居中之右，炮居中之左，上于将一罫，车、马、象左右列，卒横于前。棋局无河界，满局可行，乃随水草以便畜牧也。其棋形而不字。将刻塔，塔者奉教也。多卒者，以众为强者也。马横行六罫，驼横行九罫，沙漠之地，驼行疾于马也。卒直行一罫，食敌之在前者可复退行，嘉有功也。众棋环击一塔，无路可出，始为败北。

我国棋与日本棋之比较

自同、光以来，围棋已无国手，士大夫之事此者亦日鲜，殆率趋于麻雀、扑克之途矣。迩以日本盛行围棋，国人亦颇有好之者，然国手颇无所闻。盖此技实秉天授，非尽由学力成也。

有日本侠人者，尝作《弈话》，谓吾国人弈者，每于四角四路预置黑白子各二，谓之势子，日本、朝鲜、琉球之弈者则皆无之。因谓吾国人围棋，起手着法皆有一定，即由于有势子故，不如日本人之变化。不知吾国弈家，起手着法所以似有一定者，乃由数百年以来之国工悉心研究，知非如此则局势将弱，后局且无从措手，故不得不一循成法耳。且弈者，数也。数既定，则所以致胜负之法，自有一定，即无势子，着法亦岂无轨范乎？吾国受二三子之局，即两角皆虚，弈家谓之空花角，其着法亦何尝无一定哉？且日本、朝鲜、琉球之弈，皆传自中华，可知吾国古时，弈局亦无势子，后乃加置耳。则由无势子以至有势子，不可谓非弈家一进化也。推其所以置势子之由，盖无势子之局，起手即可于角上之四三或三三路置子，则一角已实，基础已固，不必力战，亦足自存。有势子，则敌于角上之四四路已有一子，我更求实角，则外局尽失，而将局促乎偏隅。若专事腹心，又如游骑无归，将为敌所乘，以致崩溃。故有势子之局，起手即须攻而兼守，正如汉高、光武百战以得天下，而仍不能不兼顾河内、关中。若无势子之局，起手即可坐据一方以自固，正如子阳井底蛙，恃剑门、巫峡之险，兢兢然不敢一出矣。

弈家之概略

弈之为道，数叶天垣，理参河洛，阴阳之体用，奇正之经权，无不寓焉。是以变化无穷，古今各异，非心与天游、神与物会者，未易臻其至也。历代传谱，歧轨不伦。本朝名流辈出，卓越前贤，与唐诗相似，亦若有初、盛、中、晚之异。顺、康之时，过百龄、盛大有稍变旧习，吴瑞澄、何翰公、汪幼清、娄子恒乃进求工稳，黄月天有弈圣之称，徐星友乃大雅之作；余如周懒予之绵密，李元兆之野战，汪汉年之稳健，周东侯之偏锋，要皆各极其妙，多可传也。

雍正以还，洎乾隆、嘉庆间，则有范西屏以神化擅声，施定庵以无敌标誉，梁魏今情高而淡雅，程兰如思深以精致，肇麟、和衷（胡肇麟、童和衷。）有善战之名，贯如、子兰（释贯如、卞子兰。）兼攻守之美，此围棋之正运，乃千秋之极轨也。道光、咸丰、同治朝，则有潘、任、申、金（潘星见、任渭南、申立功、金秋林。）称霸于前，周、陈、潘、徐（周小松、陈子仙、潘景斋、徐耀文。）主盟于后，释秋航之玄妙，楚桐隐之端重，二介（张介轩、沈介之。）之前后辉映，双李（李昆瑜、李湛源。）之并驾齐驱，此中兴之再盛也，而渐入于晚矣。

降至光、宣，亦可偻数，如陶勤肃公模、肃亲王善耆、升允、康有为、梁启超、林开謩、俞明震诸家，虽弈品高下微有不同，而流风余韵，固犹未澌灭也。

王丹麓不好棋

钱塘王丹麓，名晫，国初人。不好棋，亦不解也。每见客手谈，辄乱其庄，或竟收子纳之奁中，曰："日朗天清时，为此不迟，奈何于鬼阵中捉迷藏耶？"

黄月天为弈家第一

黄月天在弈家中，称第一流。盖本朝弈家，虽渐变明代之着法，然终为成局所囿。月天乃自出新意，穷极变化。且其弈时，冲和淡泊，好整以暇，虽有他人之奇兵异阵，应之怡然也。

周嬾予弈胜过百龄

周嬾予，嘉兴人也，少好弈。家故贫，大父母、父母督之使读，又督之使贾，皆弗愿也。辄窃出，与人弈，禁之不可。与人赌彩屡获胜，夜则累累负金钱归，乃不之禁，后遂以弈遨游郡邑。时过百龄方负"第一手"之誉，嬾予不为下，数与对局，嬾予多胜之。一日弃家去，莫知所之，或传其在海外以技为某国王师。既而归，以弈终其身。

徐星友从容对局

徐星友，杭人。初遇黄月天，月天授以四子；渐进，乃受三子。星友殚思竭力，终胜之。尝撰《兼山堂弈谱》，评核精当。其论弈，谓用虚不如用实，用巧不如用拙，制于有形，不若制于无形，臻于有用之用，不若臻于无用之用。斯言何隽永欤！星友性好稗官小说家言，常乘人握子布算时，出以观之，既下辄应，应已复观。当危迫之际，其人或汗流浃背，星友则从容如故。局甫半，辄语人曰："若负几路矣。"及竟，如其言。

星友与月天同时供奉内廷，月天诚朴不苟，星友专结纳内监，大内之事，辄预知之。一日，语月天曰："君棋实胜于某，惟君胜局已不少矣，他日御前相较，能稍让一子以全某一日之名否？"月天笑应之曰："是亦何难。"明日，内廷忽召二人入，高宗指案上一朱漆盒曰："内有一物，弈胜者取之。"遵旨对弈。弈毕，星友胜，月天负，盖预已得内监之报告也。

范路尝问之曰："子于弈至矣乎？"对曰："今之弈者，虽未必有加于我，然竟局覆观，顾尚有所悔，至者当无是也。"路叹息以为名言。

星友之后，弈名最噪者，为范西屏、施定庵、梁魏今、程兰如，世并称之曰"范施梁程"。然魏今辈行最早，数与星友对局，兰如为后起，星友耄矣。尝弈于某处，主者忌星友盛名，嗾众国手阴助兰如，星友屡战北，大怒，遂归武林，不复出。

袁子才尝撰《弈国手徐星标墓志铭》，谓星标父以弈破其家，弈卒不工。星标年四五岁，见父与人弈，辄哑哑从旁指画之。稍长，有客至，寻其父弈，父适出，客戏谓星标能弈邪，则噭然应之曰："唯。"对局十余子，客觉星标布置有异势，佯起溲，遁去，星标后遂以国弈名于时云云。惟弈谱无星标之名，殆即星友之别字也。

汪汉年继周嬾予而起

汪汉年，歙人，继周嬾予而起，惜早卒。朱某尝作序赠之，称其小诗详雅中律。谓天下是非毁誉，有一定而不可淆者，莫如弈。方其胜负决于前，某也一品，某也二品、三品，较然论定。既极其诣，则其人虽吾所恶，但可诟及其人，终不得诟其艺之未至也。

程骏以弈自娱

樵髯翁，姓程氏，名骏，世居桐城县之西鄙。性疏放，无文饰，而多髭须，因自号曰“樵髯”。少读书，聪颖出凡辈，于艺术、匠巧、游戏之事，靡不涉猎，然皆不竟其学，曰：“吾以自娱而已。”尤嗜棋，常与里人弈，不任苦思。里人或注局凝神，翁辄颦蹙曰：“我等岂真知弈者，聊用为戏耳，乃复效小儿辈强作解事耶?”时时为人治病，亦不用以为意。诸富家尝与往来者，病作，欲得翁诊视，使僮奴候之，翁方据棋局，虽哓哓然，竟不往也。

艴山与客巢梅而弈

僧艴山，名超拳，无锡周氏子。自受石丰记莂前后，结庵邓尉之菖蒲潭，与诸名人结寒香社。庵有古梅甚高，乃架木为巢，与客对弈其上，游人探梅诣其处，每于花下闻丁丁落子声。

竹溪终日手谈

瓜洲闻思庵僧宗智，字圆明，号竹溪，江都蔡氏子。性高旷，与二三物外交，终日手谈，一语不及尘务，人以高僧目之。

范西屏为弈家第一

乾、嘉间，弈艺盛行，而以海宁范西屏世勋为巨擘。有先于范者曰黄某，久游公卿间，称国手，年亦倍长于范。范甫垂髫，已精十诀，名闻江左。及入都，诸巨公设彩邀二人争，胜负未分，以一角决上下。范见黄握子不落，曰：“先生殆不欲战乎?”黄忽色变曰：“孽也，天夺我矣，又何争为!”遽咯血而死。

先是，富春韩某善弈，馆某部郎家，部郎邀黄与韩对弈。黄见韩年少，意轻之。及布局，觉有异，即极力防拒，而辄为所窘。黄或乘间出奇，韩信手以应，不费思索。竟三局，黄三北焉，遂推枰起曰："余今适发隐疾，越日当与君决胜负耳。"自是黄名稍逊，而韩技闻矣。有某王好弈，颇精，闻韩名，召与弈。自辰至日中，连和二枰。末局，韩负半子。盖应召时，使者以王好胜为嘱。韩欲博王欢，而又不堕己名，故于进退间分毫不失如此，其苦心则过常局数倍矣。黄侦知之，候韩出，即要于途，语之曰："今愿与君毕所长。"韩辞以异日，不可，乃勉与弈。及争一角，韩反复凝思，卒不能应。黄以冷语迫之，韩神色顿异，遽喷血数升，次日死。越后二十余年，而黄为范乘，若报复焉。

尔后范名愈盛，无与争者。袁子才尝称范为海内弈家第一，惟施定庵差相亚。（按施十四成国弈，范十六成国弈，二人同学弈于俞长侯。）然施敛眉沉思，或日晡未下一子，而范弈毕，辄歌呼睡去。每见其对局时，范全局僵矣，隅坐者群测之，靡以救也，俄而争一劫，则七十二道体势皆灵。

范与施尝同客广陵，借寓村塾。施戏与馆中童子弈，不胜，范继之，亦不胜，皆怅然若失。

李松石云："范之于弈，如将中之岳武穆公，不用古法，战无不胜。"臧念宣云："范之授子，灵奇变化，莫测端倪，如武侯八阵图，五花八门，入其中者莫能自免。"推许若此，可以知其弈品矣。

时有扬州盐商胡肇麟者，好弈，梁魏今、程兰如及施、范皆授以二子。每对局，负一子，辄贶白金一两。胡弈好浪战，不大胜则大败，世称之为"胡铁头"。遇范、施辄败，每至数十百子，局竟则白金累累盈几案矣。一日，胡与范弈，至中局窘甚，乃佯称疾罢弈，而急图局势，使急足求援于施。施时客东台，一日夜始返。胡乃称疾愈，出与范续弈，如施所教以应。范笑曰："定庵人未至，弈先至邪？"胡大惭。胡受二子，与范、施弈三十余年，然终不能成对手，故谓国弈实由天赋可也。

某岁，范至沪。时倪克让弈品居第一，次如富家禄等数人，技亦皆精。富恒设局于豫园，招四方弈客以逐利。范初至局观弈，见一客将负，为指隙处，众艴然曰："此乃博彩者，岂容多语。君既若此，何不一角胜负？"范曰："诺。"众请出注，范于怀中出银一锭，曰："以此作彩可乎？"众艳其金，争来就。范曰："吾弈不禁人言，君等尽可熟商耳。"枰过半，而众无措手，乃急报倪。倪至，乱其枰，曰："此范先生也，何能与敌！"少顷，事遍传于人，邑之富室延范下榻于西桥潘宅，请与倪弈。范让倪三子，局竟，仍未分胜负也。

与范同时之弈品稍下者，有李步青、臧念宣，初皆受二三子，后遂成对弈，然非真对手也。盖好名者每贿国弈求对子，国弈利其贿，亦许之。故今谱胡肇麟亦能与施对局，实亦非真也。

范性醰粹，遇窭人子显者，面不换色。弈以外，介以千金，不一顾。有所蓄，半以施戚里，盖艺成固可见道也。

施定庵与范西屏齐名

海宁施绍闇，字定庵，与其里人范西屏，以弈齐名于时。定庵幼入塾，以性拙，喜静。其父工诗文，善书法，兼画兰竹，晚岁家居，酬应之暇，常焚香抚琴，对客围棋。定庵每于课余侍侧，闻声心慕，请问其旨，则曰："琴尚淡雅而鄙繁支，棋贵虚灵而病沾滞。汝羸弱多疾，琴尤宜也。"遂退而学琴。后复嗜弈。少西屏一岁，先后从越郡俞长侯游，年十二而与师齐名，因慕之，亦从之学。

初，定庵受三子。其来年，与西屏争先。徐星友尚受三子，奖之，定庵遂得《兼山堂谱》，玩索经岁，窥其奥。又于吴兴唐改堂大令署遇梁魏今、程兰如，受先数局，技益进。乾隆壬子，偕魏今游岘山，见山下出泉潆溁纡徐，乐之。魏今曰："子之弈工矣，盍会心于此乎？行乎当行，止乎当止，任其自然而与物无竞，乃弈之道也。子锐意深求，则过犹不及，故三载仍未脱一先耳。”定庵乃悟化机之流行无迹象，百工造极，咸出自然，则棋之止于中正，犹琴之止于淡雅也，乃益穷向背之由于未形，而决胜负之源于布局也。自是遂薄游吴楚，道渐广，暇时即以常用活法以落子，定名黏句，叶韵分门，汇成一集，曰《弈理指归》。

范西屏施定庵屈于担草者

范西屏尝游甓社湖，寓僧寺。一日有担草者来，请与弈。竟数局，范皆负，大骇，问其姓名，不答，但微哂曰："近时盛称范西屏、施定庵为天下国手，实吾儿孙辈耳。弈，小数也，何必问出身，与儿孙辈争虚誉乎!”荷担而去。范以此呕血死，施亦自是不敢与人谈弈。

弈有十八国手

范西屏、施定庵而后，有十八国手，然皆有惭色矣。通州李湛园、周星垣，侯官林越山，海宁陈子仙、僧秋航，江都周小松，宜兴任惠南，其眉目也。

李湛园善弈

周介堂牧通州，尝试士。士有李湛园者，日将午，即纳卷，文殊不工。问何能，曰："善弈。”曰："弈得不如汝文否?”曰："不然。”楸枰相对，至漏三下，周遽敛袖曰："吾不如也。”

李湛园不肯让局

李湛园尝游京师，与王公大人弈，科头跣足如平时。与对局者或屡负，不肯让。

良成善弈

蒙古良成，乾隆时之京口驻防镶蓝旗防御也。性脱略，不修边幅，而富记忆力，经史过目，即终身不忘。好弈，历数昼夜不稍倦。

兴至辄废寝馈，人与语，若不闻。武进董文艺、丹徒李竹生、通州李湛园，皆与友善。三人亦善弈，因合撰《授子谱》以行世。

周星垣习弈期有六月

周星垣殚精习弈，专心致志，尝期以六月不下楼。

林越山胜薛生白

薛生白以弈负盛名于闽，林越山尝与之对局，将负，越山指子沉思，得一劫，遂转败为胜。越山年十八时，已以国弈名于时矣。

林越山让任惠南

林越山尝至粤东，与抚署幕僚任惠南弈。局未半，惠南将北，越山故为拙行，遂让以数子，然自是亦不复对局。

江君辅与某宦对局

婺源江君辅工弈，年十七时，一日有人至，谓中州某宦延请角艺。某宦固亦以弈鸣者，君辅因随之往。月余，抵宦宅，其人先入内见宦，诈云："吾途穷，鬻吾子为归资。"既得金立券，复泣请曰："父子情不忍面别，请自后门去，免见吾子牵衣惨状也。"宦从之。君辅坐堂上久，讶主人胡久不出。忽一粗婢至，曰："汝新来仆，主人命汝入见。"君辅不解，方厉声叱婢，宦从内出，持券示君辅曰："尔父卖尔，今去矣，复何云？"君辅曰："异哉！谁为吾父也？汝数千里遣使迎我手谈，何忽为此不经语也？"乃出所著弈谱证之。宦大惊曰："汝弈果能胜我，言即不谬。"连对数局，皆君辅胜，宦乃释然，待为上宾。留居数月，厚贶之归。

陈子仙与董六泉对局

陈子仙之父，家小康，以好弈倾其资，晚岁至栖身破庙中，而嗜弈如故。子仙能继其志，终成国弈。父常挈之至毗陵，与董六泉对局。时六泉须发皆白，子仙犹以红丝饰辫也。

周小松与曾文正对局

曾文正公国藩好弈而不工，弈时则所患之癣益痒，时爬搔之。尝与周小松对局，小松授文正以九子，裂其棋为九品，乃仅得活。文正大怒，小松行时遂无赆。

秋航将死与人弈

同治癸亥，僧秋航年一百十九矣，居京师。上元陈鲁出知浙江衢州府，乃偕之至浙，留杭州。翌年正月，遍辞同人，云将西归，且促为之祖道。元夕前一日，同人饯之。秋航故饮酒食肉如常人，是日且与一人对局。弈竟，敛子入枰，曰：“今日之会难再，此局乃绝着也。”众不解，叩之，不告。明日，趺坐而化矣。

某生以对弈为荣

光绪朝，王益吾祭酒先谦督学江苏，曾邀围棋国手周小松至江阴学署，令与南菁书院诸生之善弈者弈。诸生震周名，逡巡不敢往。苏人某，性卑鄙，棋甚劣，好自负，以得入学署对弈为荣，遂欣然而往。比对局，某无子得活，乃抱头鼠窜矣。

馆藏文献丛刊

清稗类钞选

⑤

徐　珂 / 编纂
绍　轩　伯　远 / 整理

上海科学技术文献出版社
Shanghai Scientific and Technological Literature Press

本册目录

鉴赏类

音乐类

戏剧类

优伶类

胥役类

奴婢类

盗贼类

乞丐类

物品类

舟车类

服饰类

饮食类

鉴赏类

古物出洋

我国开化最早，为古代五大文明国之一，徒以不求进化，故步自封，为列强所藐视。乃古代之书画典籍一切器物，捆载出洋者，日有所闻。若辈惟利是图，不知保存古物以供学者之参考，再数十年，固有之声名文物恐将荡焉无存。岂若辈别有会心，将以我国古代文明昭示外人耶？

热河行宫有宝藏

奉天、热河二宫多宝藏，热河尤多。某殿壁嵌桃树高逾丈，根柯悉宝石，叶皆碎玉，枝上百余桃，累累下垂，皆红椵洗也，每桃约重四五两。又壁嵌《明皇坠马图》，悉以玉制，须发、袍带、靴骑，大越数尺。最精为明皇，黄袍丹里，坠状袍角掀起，丹略露，有云谲波诡、颊益三毫之致。一案中虚藏机械，悉秘戏图，手按人物皆动，发须若活。光绪末，宫中兴土木，孝钦后思移热河行宫物入大内，载一百八十巨车入京师，计瓷玉、雕漆及紫檀器十八万件，自是而热河珍异半入内廷矣。

吴珍鲁殉玩物

吴錞庵，名璪，字涤元，歙人也，与伯兄珍鲁俱太学生。世方宁谧，俗争以汰侈相竞。錞庵席产丰厚，顾风雅，擅文学，多购古书画唐宋名迹及商周、秦汉彝鼎、尊匜、圭璧之属，兄弟鉴赏笾豆间，虽鼎革之际，摩挲燕如也。顺治己亥寇乱，珍鲁罹于难。先是，族有无赖子嚚犷负勇力号“千斤”者，尝有憾于珍鲁，阴附寇。寇至，村人咸空舍以避，錞庵趣珍鲁避，珍鲁曰："乌合之众，寻扑灭耳。"而恋书画器玩不能舍，属錞庵携其帑以行，而身自守庐。不虞千斤之构于贼也，至则尽掠室中，毁器玩，杀珍鲁，焚其庐而去。

陈梓识别古物

余姚陈梓，自号客星山人。性孤介，不务荣利，不应科举，乐为童子师。于书无所不窥，工古文及诗。闻举业，则笑而去之。行草直造晋人堂奥。尤善识别古物。汉魏以来，金石彝器之属，孔壁之书，汲冢之秘，昭陵之法物，世人以为幽远茫昧而莫之考者，辨之若分犀，珍之如拱璧。足不至京师，而为世所重，名动公卿。然两举贤良方正，再举博学宏词，皆不应。

吴云翀爱书画金石

歙人吴云翀，名瑞鹏。晚岁弃贾，日督诸子读书。而雅蓄书史，见有纪载前人之嘉言懿行者，辄涤砚吮墨，手自书之。多购书画、金石诸古物，置之座右，晨夕寓目，摩挲自得。康熙丙辰春，偶不怿，忽割所爱，命诸子分遗亲旧曰："寒食前吾将逝矣。"诸子愕然。已而果卒。

徐孝标富藏弆

徐孝标，名善建，嘉善人。家有杉泉书屋，东西峙两楼，分贮书籍、字画、碑版，日集名流后进，登楼授餐，纵观讲贯。有禁律，虽子孙亦不能携之以出。

高宗精赏鉴

高宗精赏鉴，尝获宋刻《后汉书》及九家杜注，爱之，命画苑供奉写御容于上。又得岳氏《五经》，特建五经萃室以贮之。又访觅马和《国风图》，历数十年始全获，令藏于学诗堂。其他如韩滉《五牛》，则设春藕斋；周铸十二钟，则置景阳宫。

鉴赏家必游琉璃厂

京师琉璃厂为古董、书帖、书画荟萃之地，至乾隆时而始繁盛。书肆最多，悉在厂之东西门内，终岁启扉，间亦有古董、书画之店。而每岁之正月六日至十六日，则隙地皆有冷摊，古董书画就地陈列，四方人士之精鉴赏者，至都辄问津于厂焉。

金诵清好金石书画

金诵清，名芬，杭州人。家饶于赀，然刻苦力学。父恐其惫也，为之纳粟，当以员外郎用，然非所好也。好金石篆隶文字，见古人遗迹，辄能辨其真赝，真者装潢而题识之。尤好倪云林、恽南田书画，以其书摹勒上石，跋尾至数十通，为《清啸阁法帖》。

李南涧风雅好事

李南涧风雅好事。某岁大暑，至王述庵侍郎昶邸舍，借抄惠氏《易汉学》诸书，漫肤多汗，沾渍衣襟，不以为苦。于金石搜罗尤富。其仆刘福善椎拓，携纸墨以从，所过学宫、寺观、岩洞、崖壁，必停骖周览，有所得则尽搨之。令恩平时，尝乘舟出迎总督，小憩南海庙，命仆拓碑，秉烛竟夜。比晓，督舟过矣。去官之日，至番禺，摹光孝寺贯休画罗汉四轴以归，曰："此吾宦橐也。"

纪文达语董曲江之言

赵清常殁，其子孙鬻遗书，有人传言，武康山中白昼有鬼哭。纪文达闻而诧之，尝语董曲江曰："大地山河，佛以为泡影，区区者复何足云。我百年后，傥图书、器玩散落人间，使赏鉴家指点摩挲曰：'此纪晓岚故物。'是亦佳话，何所恨哉！"

文达尝见媒媪携玉佩数事至其家，云某家求售，外裹残纸，乃北宋椠《公羊传》四叶也，为惆怅者久之。

叶五官知鉴别

青浦钱师竹有事将赴乡，遣仆唤舟至，则小如一叶，而净无纤尘，中悬书画，皆国初名人真迹，杂列弦管，其泽如新。舟子自谓弄桨之暇，藉以自遣，不敢附庸风雅也。钱入舟，坐甫定，茶具酒铛，一一罗列，茗碗制工色古，非近世陶瓦器。钱问何自来，舟子曰："我家旧物也。"因论诸窑优劣，旁及金石真赝，《宣和博古图》如数掌上纹。钱悚然起敬，详叩氏族。答姓叶，无字，人以"五官"相唤也。

张若筠精鉴赏

张若筠，字竹邻，丹徒人。好学，于书无所不窥，闻有异书，辄以重价购之，或手自誊校，矻矻不少休。其同县蒋舍人宗海，藏书三万余卷，多善本。若筠所藏逾二万卷，而法书、名画、吉金、贞石之文，则别为卷轴，不在此限。京口士大夫收藏之富，推此两家。

若筠性简重，寡言笑，不妄交。晚年益屏人事，扫一室，坐卧其中，子弟僮仆非呼召不至，沉潜玩索，神凝气寂，过之者以为无人也。与兄坤、弟堂相友爱。家有园亭花木之胜，兄弟并能诗善饮，精鉴赏，暇日具壶觞，召朋旧，流连倡和，互出所藏元、明人书画，品题甲乙以为乐。子铨及坤子崟、堂子铉亦能诗，崟且工画。

扬州某氏藏书，为江淮间第一，其子孙不能守，若筠闻之，即冒风雪渡江，购得宋椠书数部以归。崟为作《风雪载书图》，一时名士皆为之题咏。

京口多佳山水，若筠兴至即出游，爱八公洞林壑幽邃，读书深云精舍者数年。大江南北名胜之区，屐齿殆遍，而杭之西湖凡七至。

若筠少以诸生高第，食廪饩，循例贡太学，遂不就试。其居乡睦姻任恤，乐振人之乏绝。尝以田百亩，为书院诸生膏火资。邑有留养局，以养鳏寡孤独贫病之人，则以田四百亩佐其费，乡人德之。嘉庆戊午卒，年六十四。

潘文勤为太监鉴别

光绪时，众太监得古玩，必请潘文勤公祖荫鉴别。孝钦后亦尝曰："潘祖荫所鉴定者，固无甚大谬也。"

阎甘园精鉴别

陕之西安为汉、唐建都之地，吉金乐石，出土者夥。蓝田阎甘园明经善指画山水，尤能鉴定金石，富藏弆，泉布、镜甗瓦砖、墓志、造像，凡数千种。

胡雪岩好骨董

钱塘胡雪岩观察墉好骨董，以故门庭若市，真伪杂陈，亦不暇鉴别，但择价昂者留之而已。一日，有客以铜鼎求售，索八百金，且告之曰："此实价，不赚钱也。"胡曰："尔于我处不赚钱，更待何时耶?"遂如数给之，挥之使去，曰："以后可不必来矣。"

王文敏夫妇好古

福山王文敏懿荣之元配为黄夫人。文敏好古笃学，享文誉者垂三十年，以团练大臣殉光绪庚子拳匪之乱。

文敏好聚旧椠本书、古彝器、碑版、图画之属，散值后，必阅市，时有所见，归相对语。夫人则曰："明珠白璧，异日有力时皆可立致之，惟此种古物，往往如昙花一现，撒手便去，异时不可复得。后纵有奇遇，然未必即此也。"极力怂恿之以为快。以故裘葛钗钏，往来质库，有如厨笥。

文敏所蓄书画、碑帖、墨本等物，盛夏时必由夫人手自抖晒，极力防蠹鼠，岁以为常。儿女虽幼稚无知识，于文物，戒不敢近也。夫人虽喜奉佛，持观音经咒，无事时，动念念不休。而文敏多聚南北朝古石佛像，大小累累，皆以龛置卧室。亲串至，争诧为奇见，辄敛手去。或劝以移置别室，勿渎亵，夫人笑应之曰："是不知佛法也，吾以朝夕瞻拜为乐。"

夫人善毡蜡法，凡文敏所购彝器、泉印、镜剑、砖瓦等物，每得一种，必手自椎拓，务使纸白如玉，墨光如漆，无丝毫墨渖沁入字口中乃已。押小印一，志其物名，文字灿然。或拓一造像，必雒拜祝之曰："心心相印，此便作亿万化身"云云。纸尾缀小横方印一，文曰"王懿荣妇黄氏一心供养"，盖仿造像文中语也。

朱研臣富藏弆

朱研臣提举大勋少而好古，富藏弆。世居杭州之大井巷，其地在吴山之麓，依岩结屋，闭户优游，亦翛然自适也。咸丰庚申，粤寇陷杭，挈眷出走，顾室中而欷歔曰："吾去矣，身且不保，何有于物！"洒泪与别。乃奉其远祖文公像及先世《七同年归林图》并生平所至爱之旧拓汉碑一帙以行。乱定归，金石书画渐复旧观，构乐山草堂以庋之，花木森蔚，之江在望。以所交多东南名宿，春秋佳日辄为文字之饮，金明斋上舍鉴屡与焉。酒阑，则出其所藏古今名迹，摩挲叹赏，明斋每为之审定，加以题记。其子剑芝二尹景彝能保守之。

吴方陈丁好古

吴保初、方尔谦好古钱，陈浏好古瓷，丁惠康好古琴、宋本书、抄本书，皆光绪中叶之名流也。

丁叔雅室中陈设

丁惠康，字叔雅，丰顺人。居京师数年，一室无尘，旧本图史插架。张壁有数古琴，直千金、数百金。瓶炉、盆盎、杯盘之属多古瓷，下者犹旧青花也。

负贩碑拓者言

光绪初，有以负贩碑拓为业者，年可三十余，躯短面瘦，似贫夫。自言本北人，以匪乱流徙于杭，孑然一身。岁于春夏之交，负巨囊，走陕、甘，搜买拓本，秋末冬初归，以所得求售于杭之绅宦家。虽往还长途，必徒步，日行百余里，故其贩卖之物取值多廉。阳湖杨佩瑗大令葆彝以需次于浙，居杭久，精鉴别。贩者每至杭，必首造其庐，故所得金石碑拓颇富。己卯冬，贩者忽不至。逾年为庚辰春，始来，谓大令曰："陕、甘有至宝。"问何物，曰："余业碑拓，至宝即碑拓耳。"复诘以何所见，曰："余每搜获碑拓之较精者，必默识所得之地，今疲于此矣。不久，当有最旧之墨迹发见。"自是贩者遂绝迹。阅二十年，遂有敦煌石室之宝藏显于世。

伯希和得敦煌石室古物

敦煌县东南三十里，三危山在焉。山下有三寺，上寺、中寺为道观，下寺为僧舍。寺之附近为鸣沙山石洞，乃宋初西夏构兵时藏书之所，有石室数百，唐人谓之莫高窟，俗名千佛洞。各洞有壁画，上截为佛像，下截为造像人之像，并记造像人之姓名里居。中有一洞，藏书满焉，以壁外有画饰，故无知其为藏书所者。光绪庚子，扫治石洞，凿壁而书见，经史子集外，佛经尤多。又有唐时地契及唐历书、唐拓碑。书有绢写本、纸写本、刻本、石刻本。其经帙，以竹丝或席草为之。古书合数卷为一帙，盖即古帙之式也。又有布画佛像、纸画佛像及琥珀、珠、檀香等物。中有《陀罗尼经》，末记"太平兴国五年六月雕板"字样，此为最近之年月矣。其余各书，大抵皆唐、五代本，又有六朝时绢本墨迹，殆西夏兵革时所藏也。

光绪戊申，法国文学士伯希和游迪化，谒将军长庚，具述其事，并谒载澜及安西州牧某，二人各赠以石室书一卷。伯知为唐写本，乃即驰赴敦煌，以二百金购得十余箱，皆唐、五代时物也。其物品如下。

一，唐人画壁《弥陀法会图》。二，唐人藻井画佛堂内诸佛像。三，唐人画千佛岩之图。四，唐人画壁明皇像。五，唐人画壁《太子求佛舍利图》。（观以上诸幅，可知唐人作画之状。端忠愍所藏顾虎头画卷，与此颇相似。）六，唐太宗《温泉铭》。（此拓本剪装卷子，行书圆劲流丽，宋人《宝刻类［编］》《金石录》《通志·金石略》著录，后此石久佚。此本纸尾另行有永徽四年墨书款一行，因知为初唐拓本也。）七，化度寺《邕禅师塔铭》。（仅存剪装本一叶，计三十九字，然锋颖如新，似初出土本之《苏孝慈墓志》，与流传之宋拓本大异。）八，柳公权书《金刚经》。（横行本，每行十一字，装成卷子，计十二石，诚悬所书，此经为生平最得意之作，新旧《唐书》本传并载之。当时刻石西明寺，唐代已有二复本，此为西明原刻初拓，宋人亦未见也。）九，《西州志》残卷。（此志首尾均缺，但存中间数十行。卷内载西州领六县，曰高昌、前庭、柳中、蒲昌、天山、交河，较之新旧《唐书》言领县五者，此为翔实。西州自德宗贞元庚午陷于吐蕃，宣宗大中辛未，沙州首领张义潮逐吐蕃，守者以十一州地图来献，中有西州。今卷中有"见阻贼，不通"语，似此志作于贞元时未沦于吐蕃之前。）十，《老子西升化胡经》。（存卷一、卷十。按此经一毁于唐，再毁于元，故诸史《经籍志》及《道藏》皆不著录，惟晁氏《读书志》《日本现在书目》有《老子化胡经》十卷。是此为久佚之秘籍，且可考见摩尼教之源流也。）十一，《摩尼教经》残卷。（首尾均缺，然缮写至精，今《摩尼教经》汉译本仅此数行。德人曾于吐鲁番得《摩尼教经》，然无汉译者。）十二，《景教三威蒙度赞》。（景教古经传世绝少，上海徐家汇天主教士曾于中州回民家得景教羊皮古经，乃如德亚文，已寄罗马教皇。今此赞首尾完好，后附景教经目三十种，足资彼教之考证。）十三，《佛顶陀罗尼经》。十四，《尚书·顾命》。（为唐人手写残卷，字极秀媚。）十五，《金刚经》刻本。（梵夹小本，每半页七行，行十四字。今存下半及署款，共四十二行，为雕板传世之最古者。款题“弟子归义军节度使特进检校太傅兼御史大夫谯郡开国侯曹元忠普施受持，天福十五年己酉岁五月十五日记，雕板押衙雷延美”。《宋史·沙川传》言朱梁时，张氏之后绝，州人推长史曹义金为师。义金卒，子元忠嗣。）

端忠愍公方时居京，与学部诸人用撮影法印之，并为排印。余悉运至法，其摄影以寄华者，有三四百片，大抵为唐高宗时物，中有《易》《书》《诗》诸本，及《穀梁》《文选》李善注、《文选》五臣注，与今本颇有异同，又有已佚之《修文殿御览》及《籯金录》，均残卷。

壬寅，许伯阮游敦煌，得唐人手书藏经五卷出，而语人曰：“石屋分内外，内屋因山而筑，有六十六穴，穴藏经四五卷，别无他物。外屋石床一，左铺羊毛毡，尚完好，右铺线毡，已成灰。床下僧履一双，色深黄，白口，如新造者。中一几甚大，金佛一尊，重约三百两。金香炉大小各一，大者重百余两，小者二三十两。大石椅一，铺极厚棕垫。县令某携佛、炉而去，又取经二百余卷。后为大吏所知，遣员至敦煌，再启石壁，尽取经卷而去。闻县令取佛、炉，悉镕为金条，以致唐代造像美术，未得流行于世，惜哉！”

宣统庚戌，伯再游京师，其行箧尚有书十余种，佛像十余纸，唐拓碑三种。罗叔蕴参议振玉闻之，往谒伯，尽窥箧中所有，并得其寄法之各种书目，撰为《敦煌石室记》印行。

先是，英印度总督派员搜石室书经文，载之归伦敦，伯所得，仅三分之一而已。迨学部贻书甘督，令购送来京，其菁华固已无多。时护甘督何彦升有子在都，故先落其手，佳者复悉为所留。其妇翁李盛铎且分得唐人所写《礼》注、《书经》等，尤可宝贵。凡与何子相契者，无不得之，有分至数百卷之多者，故厂肆出售不绝也。

孙石芝论藏书之要

孙庆增，名从添，号石芝，常熟人。尝曰：“余无他好，而中于书癖，家藏卷帙，不下万数，虽极贫，不忍弃去。然圣贤之道，非此不能考证。数年以来，或持橐以载所见，或携篋以志所闻，念兹在兹，几成一老蠹鱼矣。同志欲标其要，窃不自量，记为八则。其当与不当，冀有识者谅之，以为刍荛之一得云耳。”

第一则购求　购求书籍，是最难事，亦最美事、最韵事、最乐事。知有是书而无力购求，一难也。力足以求之矣，而所好不在是，二难也。知好之而求之矣，而必欲较其值之多寡大小焉，遂致坐失于一时，不能复购于异日，三难也。不能搜之于书佣，不能求之于旧家，四难也。但知近求，不知远购，五难也。不知鉴识真伪，检点卷数，辨论字纸，贸贸购求，每多缺佚，终无善本，六难也。有此六难，则虽有爱书之人，而能藏书者鲜矣。而我谓购之求之得一善本为美事者，何也？夫天地间之有书籍也，犹人身之有性灵也。人身无性灵，则与禽兽何异？天地无书籍，则与草昧何异？故书籍者，天下之至宝也。人心之善恶，世道之得失，莫不辨于是焉。天下惟读书之人，而后能修身，而后能治国也。是书者，又人身中之至宝也。以天下之至宝而一旦得之，以人身之至宝而我独得之，又不至埋没于尘土之中，抛弃于庸夫之室，非人世间一大美事乎？且与二三知己与能识古本、今本之书籍者，并能道其源流者，能辨原板、翻板之不同者，知某书之久不刷印、某书之止有抄本者，或偕之闲访于坊家、密求于冷铺，于无心中得一最难得之书籍，不惜典衣，不顾重价，必欲得之而后止。其既得之也，胜于拱璧，即觅善工装订，置之案头，手烧妙香，口吃苦茶，然后开卷读之，岂非人世间一大韵事乎？至于罗列已多，收藏既富，牙签锦轴，鳞比星章，不待外求而珍宝悉备，以此为乐，胜于南面百城多矣。

第二则鉴别　夫藏书而不知鉴别，犹瞽之辨色、聋之听音，虽其心未尝不好，而才不足以济之，徒为有识者所笑，甚无谓也。如某书系何朝何地著作，刻于何时，何人翻刻，何人抄录，何人底本，何人收藏，如何为宋元刻本，刻于南北朝何时何地，如何为宋元精旧抄本，必须眼力精熟，考究确切。再于各家收藏目录、历朝书目、类书总目、《读书志》《敏求记》《经籍考》、志书、《文苑志》、书籍志、二十一史书籍志、名人诗文集书序跋文内，查考明白，然后四方之善本秘本或可致也。大抵收藏［书］籍之家，惟吴中苏郡虞山、昆山，浙中嘉、湖、杭、宁、绍最多，金陵、新安、宁国、安庆及河南、北直、山东、闽中、山西、关中、江西、湖广、蜀中，亦不少藏书之家，在其人能到处访求，辨别真伪，则十得八九矣。藏书之道，先分经史子集四种，取其精华，去其穅粃。经为上，史次之，子、集又次之。凡收藏者，须看其板之古今，纸之新旧好歹，卷数之全与缺，不可轻率。大略从十三经、二十一史、三通、三记办起。十三经，蜀本为最，北宋刻第一，巾箱板甚精。其次南宋本亦妙，唐本不可得矣。北监板无补板，初印亦可。其余所刻，各有不同。十七史，宋刻九行十八字最佳，北宋本细本字《十三经注疏》、十七史亦精美可爱。南北朝各家经、《史》《汉》书，字画甚精。其十七史北监板无补板，初印本亦妙。宋、辽、金、元四史，以初印好纸者为佳，而零收杂板、旧板刻本凑成原印者，胜于南监本多矣。惟毛氏汲古阁十三经、十七史，校对草率，错误甚多，不足贵也。宋刻本书籍，传留至今，已成希世之宝，其未翻刻者及不全者，即翻刻过而又不全者，皆当珍重之，吉光片羽，无不奇珍，岂可轻放哉！宋刻有数种，蜀本、太平本、临安书棚本、书院学长刻本、仕绅请刻本、各家私刻本、御刻本、麻沙本、茶陵本、盐茶本、释道二藏刻本、铜字刻本、活字本，诸刻之中，惟蜀本、临安本、御刻本为最精。又有元翻宋刻本、明翻宋刻本、金辽刻本、元初刻本作宋刻本、明初刻本作元刻本、金辽刻本与宋刻本稍逊。而苏人又将明藩本、明蜀本、明翻宋刻本，假刻本文序跋，染纸色，伪作宋刻，真赝杂乱，不可不辨。而宋元刻本，书籍虽真，而必原印初刻，不经圈点者为贵。古人尊重宋刻，弗轻涂抹。后世庸流俗子，不知爱惜书籍，妄自动笔，有始无终，随意圈点，良可叹也。鉴别宋刻本，须看纸色罗纹，墨气，字画行款，忌讳字，单边，末后卷数，不刻末行，随文隔行刻，又须将真本对勘乃定。如项子京《蕉窗九录》、董文敏《清祕录》，讲究宋刻，仅举其大略耳。近又将新翻宋刻本，去其年月，染纸色，或将旧纸印本伪作宋刻，甚多。若果南北宋刻本，纸质罗纹不同，字画刻手古劲而雅，墨气香淡，纸色苍润，展卷便有惊人之处，所谓墨香纸润、秀雅古劲，宋刻之妙尽之矣。汲古主人集大小各种宋刻《史记》一部，名曰《百合锦史记》，以此对勘，方为精详而无错误者也。元刻不用对勘，其字脚、行款、黑口，一见便知。而洪武、永乐间所刻之书，尚有古意。至于以下之板，更不及矣。况明纪刻本甚繁，自南北监板以至藩院刻本、御刻本、钦定本、各学刻本、各省抚按等官刻本，又有闽板、浙板、广板、金陵板、太平板、蜀板、杭州刻本、延陵板、王板、袁板、樊板、锡安氏板、坊板、凌板、葛板、陈明卿板、内监厂板、陈眉公板、胡文焕板、内府刻本、闵氏套板，所刻不能悉数，惟有王板翻刻宋本《史记》之类为最精。北监板、内府板、藩板行款字脚不同，袁板亦精美，较之胡文焕、陈眉公所刻之书多而不及。其外各家私刻之书，亦有善本可取者，所刻好歹不一耳。稚川凌氏与葛板无错误，可作读本。独有广、浙、闽、金陵刻本最恶而多。陈明卿板、闵氏套板亦平常。汲古阁毛氏所刻甚繁，好者亦仅数种。本朝所刻之书，有御刻精刻，可与宋并。惟《全唐诗》虽极精美，惜乎校正犹为未尽也。若外国所刻之书，高丽本最好，《五经》《四书》、医药等书，皆从古本。凡中夏所刻，向皆字句脱落、章数不全者，高丽竟有完全善本。天文算法，西洋为最。宋本释道二藏经典刻本行款，非长条行款即阔本，另自一种，与所刻不同。五代刻本，六经刻起，蜀本六经第一，今亦罕有。《史》《汉》至宋初方行刻板，印本便于诵读，相传至今，盛行于世久矣。所以书籍首重经史，其次子集。鉴别书籍，经史中有疏义、注解、图说、论讲、史断、互考、补缺、考略、刊正谬俗，稗官野史、各国春秋传载音释、句解者，当细心鉴之。至于杂记、小说、偶录之书，有关行谊、考据、学问、政治者，紬绎而收藏之。述古文词、翰苑经济之文，小学、字学、韵学、山经、地志、游览、技艺、养生、博物、种植、岁时、医卜、九流杂技之书，有关利济学术者，亦须留意。文辞、诗集、文集、词曲、碑记、性理、语录、子书、小说等书，皆当择其最上者收藏之。各种书籍，务求旧刻、秘抄、完全善本为妙。又必于《稗统》《稗海》《百川学海》《眉公秘笈》《文焕丛书》《汉魏、唐宋丛书》《夷坚志》《津逮秘书》《邱林学山》《顾氏四十小说》《皇宋四十家小说》《皇明小说》等书，择其卷数完全刻本，与宋本、旧抄、秘抄本对明卷数字句，同与不同，一一记清，以便检不全而未备者弃之，见有全而精美者收藏之。经解亦然。而本朝又有《说铃》《学海类编》《昭代丛书》，亦当查清记出。汉、唐、宋、元、明诗文集，有《汉魏百三家》《唐音统签》《全唐诗》，赵孟頫《分类唐诗》、吴门席氏《百家唐书〔诗〕》等书，拣择善本，校正宋刻底本，收藏为美。若见有未入大部者，乃为秘本，赏鉴者当究心别之。

第三则抄录　书之所以贵抄录者，以其便于诵读也。历代好学之士，皆用此法。所以有刻本，又有抄本、有底本。底本便于改正，抄本定其字画。于是抄录之书，比之刊刻者，更贵且重焉。况书籍中之秘本，为当世所罕见者，非抄录则不可得，又安可以忽之哉！从未有藏书之家而不奉之为至宝者也，则其道固不可不讲也。宋人抄本最少，字画墨气古雅，纸色罗纹旧式，方为真本。若宋纸而非宋字、宋跋，宋款而非宋纸，即系伪本。或字样、纸色、墨气，无一不真，而图章不是宋镌，印色不旧，割补凑成，新旧相错，终非善本。元人抄本亦然。常见古人稿本，字虽草率，而笔法高雅，纸、墨、图章色色俱真，自当为希世之宝。以宋、元人抄本，较之宋刻本而更难也。明人抄本，吴门朱性甫、钱叔宝子充治手抄本最富，后归钱牧翁。绛云焚后，仅见一二矣。吴宽、柳佥、吴岫、孙岫、太仓王元美、昆山叶文庄、连江陈氏、嘉兴项子京、虞山赵清常、洞庭叶石君诸家抄本，俱好而多，但要完全校正题跋者，方为珍重。王雅宜、文待诏、陆师道、徐髯翁、祝京兆、沈石田、王质、王穉登、史鉴、邢参、杨仪、杨循吉、彭年、陈眉公、李日华、顾元庆、都穆、俞贞木、董文敏、赵凡夫、文三桥、湖州沈氏、宁波范氏、吴氏、金陵焦氏、桑悦、孙西川，皆有抄本甚精。新抄，冯已苍、冯定远、毛子晋、马人伯、陆敕先、钱遵王、毛斧季各家，俱从好底本抄录。惟汲古阁印宋精抄，古今绝作，字画纸张，乌丝图章，追摹宋刻，为近世无有。能继其作者，所抄甚少。至于前朝内阁抄本，生员写校者为上。《文苑英华》《太平广记》《太平御览》《百官考传》《皇明实录》等书，大部者，必须嘉隆抄本方可，若内监抄本、南北监抄本，皆恶滥不堪，非所贵也。余见叶石君抄本，校对精严，可称尽美。钱遵王抄录书籍，装饰虽华，固不及汲古之多而精、石君之校而备也。古人抄录书籍，俱用黄纸，后因诏诰用黄色纸，遂易以白纸。宋、元人抄本用册式，而非汉、唐时卷轴矣。其记跋校对，极其精细，笔墨行款，皆生动可爱。明人抄本，各家美恶不一，然必有用之书，或有不同常本之处，亦皆录而藏之，然须细心紬绎，乃知其美也。吴匏庵抄本，用红印格，其手书者佳。吴岫、孙岫抄用绿印格，甚有奇书，惜不多见。叶文庄抄本，用绿、墨二色格，校对有跋者少，未对草率者多，间有无刻本者，亦精。至于《杨诚斋集》《周益公集》、各朝实录、《北盟会编》《校正文苑英华》等书，虽大部难以精抄，亦不可忽，但须校正无讹、不遗漏为要耳。大凡新抄书籍，已属平常，又弗校正，难言善也。凡书之无处寻觅者，其书少，必当另抄底本，因无刻本故也。若抄录精工，则所费浩繁，虽书写不工，亦必珍之重之，留为秘本。前辈抄录书籍，以软宋字小楷颜、柳、欧字为工，宋刻字更妙。摹宋板字样，笔画均匀，不脱落，无遗误，乌丝行款，整齐中带生动，为至精而美备。序跋、图章、画像，摹仿精雅，不可呆板，乃为妙手。抄书要明于义理者，一手书写，无脱漏错误，无破体字，用墨一色，乃为最善。若抄底本，大部书，用行书为上，草书亦可，但以不差落为主。若字好而不明文理者，仅可印抄而已。抄本书，画图最难，用白描法，运笔古雅秀劲为主，人物画像要生动，又要清雅而端庄，方为合式。有《皇宋五彩画本本草图经》最精工，集天下名手，着色画成。又有白描《列女传》《孝经》等书，无出其右者。近时钱遵王有五彩着色画本《香奁集》，白描《卤簿图》《营造法式》《营造正式》等书，虽弗及前人，今亦不可得矣。所以抄录书籍，亦非易事也，识者鉴之。

第四则校雠　校雠书籍，非博学好古、勤于看书而又安闲者，不能动笔校雠书籍。所以每见庸常之人，校书一部，往往弗克令终，深可恨也。惟勤学好问隐居君子，方能为之。古人每校一书，先须细心紬绎，自始至终，改正字谬错误，校雠三四次，乃为尽善。至于宋刻本，校正字句虽少，而改字不可遽改书上。元板亦然。须将改正字句，写在白纸条上，薄浆浮签，贴本行上，以其书之贵重也。凡校正新书，将校正过善本对临可也。倘古人有误处，有未改处，亦当改正。若明板坊本、新抄本错误遗漏最多，须觅宋、元板旧抄本、校正过底本或收藏家秘本，细细雠勘，反复校过，连行款俱要照式改正，方为善本。若古人有弗可考究无从改正者，今人亦当多方请教博学君子善于讲究古帖之士，又须寻觅旧碑版文字，访求藏书家秘本，自能改正。然而校书必数名士相好，聚于名园读书处，讲究讨论，寻绎旧文，方可有成，否则终有不到之处。所以书籍不论抄刻好歹，凡有校过之书，皆为至宝。至于字画之误，必要请教明于字学声韵者，辨别字画音释，方能无误。古用雌黄校书，因古时皆用黄纸写，装成卷轴，故名黄卷，其色相同，涂抹无痕迹也。后人俱用白纸抄刻，又当用白色涂抹。今之改字，用淡色青田石磨细，和胶做成锭子，磨涂纸上，改字最妙。用铅粉，终要变黑，最不可用。若大部书籍，延请多人分校，呈于总裁，计日乃成。若校正刊刻，非博雅君子有力而好古者，不能也。书籍上板，必要名手校正，方可刊刻。不然，枉费刻资，草率刻成，不但遗误后人，反为有识所笑。惜乎古今收藏书籍之人，不校者多，校者甚少。惟叶石君所藏书籍，皆手笔校正，临宋本，印宋抄，俱借善本改正，博古好学，称为第一。叶氏之书，至今为宝，好古同嗜者赏识焉。

第五则装订　装订书籍，不在华美饰观，而要护帙有道，款式古雅，厚薄得宜，精致端正，方为第一。古时有宋本、蝴蝶本、册本各种订式，书面用古色纸，细绢包角，裱书面用小粉糊，入椒矾细末于内，太史连三层裱好，贴于板上，挺足候干，揭下压平用，须夏天做、秋天用。折书页，要折得直、压得久、捉得齐，乃为高手。订书，眼要细，打得正而小，草订眼亦然，又须少，多则伤书脑，日后再订，即眼多易破，接脑烦难。天地头要空得上下相称，副页用太史连，前后一样两张，裁要快刀，截方平而光，再用细砂石打磨，用力须轻而匀，则书根光而平，否则不妥。订线用清水白绢线，双根订结，要订得牢、嵌得深，方能不脱而紧，如此订书，乃为善也。见宋刻本衬书纸，古人有用澄心堂纸，书面用宋笺者，亦有用墨笺洒金书面者，书签用宋笺藏经纸古色纸为上。至明人收藏书籍，讲究装订者少，总用棉料古色纸，书面衬用川连者多。钱遵王述古堂装订书面，用自造五色笺纸，或用洋笺书面，虽装订华美，却未尽善，不若毛斧季汲古阁装订书面，用宋笺藏经纸、宣德纸，染雅色，自制古色纸更佳。至于松江黄绿笺纸，书面再加常锦套，金笺贴签，最俗，收藏家间用一二。锦套须真宋锦或旧锦、旧刻丝，不得已，细花雅色上好宫锦则可，然终不雅，仅可饰观而已矣。至于修补旧书，衬纸平伏，接脑与天地头，并补破贴欠口，用最薄棉纸熨平，俱照补旧画法，摸去一平，不见痕迹，弗觉松厚，真妙手也。而宋、元板有模糊之处，或字脚欠缺不清，俱用高手摹描如新，看去似刻，最为精妙。书套不用为佳，用套必蛀，虽放于紫檀香楠匣内藏之，亦终难免。惟毛氏汲古阁用伏天糊裱，厚衬料，压平伏，裱面用洒金墨笺，或石青、石绿、棕色、紫笺，俱妙。内用科举连裱里，糊用小粉、川椒、白矾、百部草细末，庶可免蛀。然而偶不检点，稍犯潮湿，亦即生虫，终非佳事。糊裱宜夏，折订宜春。若夏天折订，手汗并头汗滴于书上，日后泛潮，必致霉烂生虫，不可不防。凡书页少者宜衬，书页多者不必。若旧书宋、元抄刻本，恐纸旧易破，必须衬之，外用护页方妙。书签用深古色纸裱一层，签要款贴，要整齐，不可长短阔狭上下歪斜，斯为上耳。虞山装订书籍，讲究如此，聊为之记，收藏家亦不可不知也。

第六则编目　藏书四库，编目最难，非明于典籍者，不能为之。大凡收藏家编书目有四，则不致错混颠倒、遗漏草率，检阅清楚，门类分晰，有条有理，乃为善于编目者。一编大总目录，分经史子集，照古今收藏家书目行款，或照《经籍考》、连江陈氏书目，俱为最好，可谓条分缕晰精严者矣。前后用序跋，每一种书分一类，写某书若干卷，某朝人作，该写著者、编者、述者、撰者、录者、注者、解者、集者、纂者，各各写清，不可混书。系宋板、元板、明板、时刻、宋元抄、旧抄、明人抄本、新抄本，一一记清。校过者，写某人校本，下写几本或几册，有套无套。一种门类写完，后存百页，以备增写新得之书。编成一部，末后记书若干部，共若干册总数于后，以便查阅有无，将来即为流传之本。其分年代，不能全定，因得书先后不一，就其现在而录之可也。释道二氏之经典语录，附于后，写清装成，藏于家。二编宋元刻本、抄本目录，亦照前行款式写，但要写明北宋、南宋、宋印、元印、明印本，收藏跋记，图章姓名，有缺无缺，校与未校，元板亦然，另贮一柜，照式行款写之。柜用封锁，不许擅开。精抄、旧抄、宋元人抄本、秘本书目，亦照前行款式写，但要写明何人抄本、记跋图章姓名、有缺无缺、不借本、印宋抄本、有板无板。校过者，书某人校本，或底本临本，录成一册。虽目录，亦不可轻放，恐人借观遗失。非常行书籍，皆罕有之至宝，收藏者慎之宝之。三编分类书柜目录一部，以便检查而易取阅。先将书柜分编字号，柜内分三隔，柜门背左，实贴书单三张，分上中下，各照柜隔，写书目本数于上，以便查取。右门背贴书数目，亦分三张，上中下另写一长条于旁，记书总数目。而所编之书目，照柜字号，亦分写上中下三隔，先写经部某字号，柜内上隔某一部，若干卷、某人作、某板，共几册。上隔共书若干部，共若干本。二三隔照写。一柜则结总数。都写完，则写大总结数于末行后页。如有人取阅借抄，即填明书目上，某年某月某日某人借或取阅。一月一查，取讨原书，即入原柜，销去前注。借者更要留心，若一月不还，当使催归原柜，不致遗失。此本书目，最为要紧，须托诚实君子经管，庶可无弊。四编书房架上书籍目录，及未订之书、在外装订之书、抄补批阅之书，各另立一目，候有可入收藏者，即归入柜，增上前行各款书目内可也。写书根，用长方桌一只，坐身处桌面中挖一块板，中空五本书厚缝一条，夹书于中，扎紧，书与桌平，照书名行款卷数，要简而明，细楷书写之，用墨、笔画匀细清朗，乃为第一。虞山孙姓行二者写书根最精，一手持书，一手写小楷，极工，今亦罕有能者。书上挂签用矾纸，或细绢，折一寸阔，照书长短，夹签于首册内，挂下一二寸，依书厚薄为之，上写书卷名数，角用小图章。已上书目，如此编写，可以无遗而有条目矣。

第七则收藏　收藏书籍，不独安置得法，全要时常检点开看，乃为妙也。若安置虽妥，弃置不管，无不遗误。至于书柜，须用江西杉木，或川柏、银杏木为之。紫檀、花梨小木，易于泛潮，不可用。做一封书式，朴素、精雅兼备为妙。请名手集唐句，刻于柜门上。用白铜装角，装订不用花纹，以雅为主，可分可并，趁屋高下，置于楼上。四面窗棂，须要透风。窗小棂大，楼门坚实，锁要紧密，式要精工。锁匙上挂小方牌，或牙或香，将经史子集释道字刻于正面，字外用圆线，嵌红色，字嵌蓝色，旁刻某字号第某书柜，嵌绿色，下刻小圈，中反面写宋刻、元刻、明刻、旧抄、精抄、新抄等名色为记。古有石仓，藏书最好，可无火患，而且坚久，今亦鲜能为之。惟造书楼藏书，四围石砌风墙，照徽州库楼式乃善。不能如此，须另置一宅，将书分新旧抄刻，各置一室，封锁匙钥，归一经管。每一书室，一人经理，小心火烛，不致遗失，亦可收藏。若来往多门、旷野之所，或近城市，又无空地，接连内室、衙署、厨灶之地，则不可藏书，而卑湿之地，不待言矣。藏书断不可用套，常开看，则不蛀。柜顶用皂角炒为末，研细，铺一层，永无鼠耗。恐有白蚁，用炭屑、石炭、锅锈铺地，则无蚁。柜内置春画、辟蠹石，可辟蠹鱼；供血经于中，以辟火。书放柜中，或架上，俱不可并，宜分开寸许，放后亦不可放足。书要透风，则不蛀不霉。书架宜雅而精，朴素者佳，下隔要高，四柱略粗，不可太狭，亦不可太阔，约放书二百本为率。安置书架，勿于近窗并壁之处。案头之书，三日一整，方不错乱。收藏之法，惟此为善也。

第八则曝书　曝书须在伏天，照柜数目挨次晒，一柜一日。晒书，用板四块，二尺阔、一丈五六尺长，高櫈搁起，放日中，将书脑放上面，两面翻晒，不用收起，连板抬风口凉透，方可上楼。遇雨，台板连书入屋内搁起，最便。摊书板上，须要早凉，恐汗手拏书，沾有痕迹。收放入柜亦然。入柜亦须早，照柜门书单点进，不致错混。倘有该装订之书，即记出书名，以便检点收拾。曝书，秋时亦可。汉、唐时有曝书会，后鲜有继其事者，余每慕之，而更望同志者之效法前人也。

曹秋岳有流通古书之约

倦圃，在嘉兴范蠡湖滨，宋相台岳倦翁珂尝留此著书，（《天禄琳琅书目》，岳珂乃飞孙，本相州汤阴人，故以相台表望。南渡后徙常州，今宜兴有珂父霖墓，故家塾以荆溪为名。）所谓“金陀”坊者是也。地故有废园，曹秋岳治之以为别业，聚文史其中，暇则与宾客浮觞乐饮。以“倦圃”名者，盖取倦翁之字以自寄也。

约云：自宋以来，书目十有余种，灿然可观。按实求之，其书十不存四五，非尽久远散佚也。不善藏者，护惜所有，以独得为可矜，以公诸世为失策也。故入常人手，犹有传观之望；一归藏书家，无不绨锦为衣，旃檀作室，扃钥以为常。有问焉，则答无有。举世曾不得寓目，虽使人致疑于散佚，不足为怪矣。近来雕板盛行，烟煤塞眼，挟赀入贾肆，可立致数万卷。于中求未见籍，如采玉深厓，旦夕莫觊。当念古人竭一生心力，辛苦成书，大不易事。渺渺千百岁，崎岖兵攘劫夺之余，仅而获免，可称至幸。又幸而遇赏音者，知蓄之珍之，谓当绣梓通行，否亦广诸好事。何计不出此，使单行之本，寄箧笥为命，稍不致慎，形踪乖绝，只以空名挂目录中？自非与古人深仇重怨，不应若尔。然其间有不当专罪吝惜者，时贤解借书，不解还书，改一瓻为一痴，见之往记。即不乏忠信自秉、然诺不欺之流，书既出门，舟车道路，摇摇莫定，或僮仆狼藉，或水火告灾，时出意料之外，不借未可尽非。特我不借人，人亦决不借我，封己守株，纵累岁月，无所增益，收藏者何取焉？予今酌一简便法：彼此藏书家各就观目录，标出所缺者，约定有无相易，则主人自命门下之役，精工缮写，校对无误，一两月间各赍所抄互换。此法有数善，好书不出户庭也，有功于古人也，己所藏日以富也，楚南、燕北皆可行也。或曰：“此贫者事也。有力者不然，但节谶游玩好诸费，可以成就古人，与之续命。出未经刊布者，寿之梨枣，始小本，讫巨编，渐次恢扩，四方必有闻风接响，以表章散帙为身任者。山潜冢秘，羡衍人间，甚或出十余种目录外。嗜奇之子，因之覃精力学，充拓见闻。”盛明之代，宜有此祯祥，余矫首跂足俟之矣。

藏书家多宋刻善本

宋时家刻善本，传者颇多。如相台岳氏刻《五经》，眉山程舍人家刻《东都事略》，建安黄善夫、三衢蔡梦弼刻《史记》，永嘉陈玉父刻《玉台新咏》，寇约刻《本草衍义》，崔尚书宅刻《北磵文集》，祝穆刻《方舆胜览》，皆博采善本，手校异同，非率尔雕印者。元人家塾本，如花溪沈伯玉家所刻之《松雪斋集》，字仿文敏，摹刻最精，藏书家得之，辄什袭珍藏，视为枕中之鸿宝也。

藏书家蓄麻沙版本

建阳麻沙版本书籍，流传后世者甚多。有牌可考者，如俞成元德，（见宋麻沙本《草堂诗笺》。）阮仲猷种德堂，（《春秋经传集解》末有印记云“淳熙柔兆涒滩仲夏初吉闽县阮仲猷”。《说文解字韵谱》末有墨印“丙辰菖节种德堂刊”。）刘氏南涧书堂，（《书集传》后有“麻沙刘氏南涧书堂刊”牌子。）虽不精，藏书家以其为宋刻而珍之。

大内藏辽板书

辽起沙漠，太宗以兵经略方内，礼文之事，多所未备。史记其藏书之府曰“乾文阁”，虽立秘书监，有无雕板之事，不可知矣。钱遵王《读书敏求记》有辽板《龙龛手鉴》，跋云：“统和十五年丁酉七月初一癸亥，燕台悯忠寺沙门智光字法炬为之序。”耶律隆绪统和丁酉，宋太宗至道三年也。时契丹母后称旨，国势强盛，日寻干戈，惟以侵宋为事。而一时名僧开士，相与探学右文，穿贯线之花，翻多罗之叶，镂板制序，垂此书于永久，岂可以其隔绝中土而易之乎？沈存中言契丹书禁甚严，传入中土者法皆死。今此本独流传于劫火洞烧之余，摩抄蠹简，灵光巍然，洵希世之珍也。后此本流入昭仁殿，《天禄琳琅》著录，亦称为仅见之本。此书虽非官本，而辽世官私刻本流存至希，诚可宝矣。

范氏藏书于天一阁

浙江鄞县范氏藏书处曰“天一阁”，在范氏宅东，坐北向南，左右砖甃为垣，前后檐上下设窗，梁柱皆以松杉为之。凡六间，西偏一间设楼梯，东偏一进以近墙壁，恐受湿气，不贮书，惟中三间，列大橱十，内六橱前后有门，两面贮书，取其透风，后列中橱二、小橱二。又西一间排列中橱十二，橱下各置英石一块，以收潮湿。阁前凿池，其东北隅又为曲池。阁六间，取“地六成之”之义，是以高下深广及书橱数目、尺寸，俱合六数。

阁之初建也，凿一池于其下，环植竹木，然尚未署名也。及搜碑版，忽得吴道士龙虎山天一池石刻，元揭文安公傒斯所书，而有记于其阴，大喜，以为适与是阁凿池之意相合，因即移以名阁。

范氏立法尽善，其书不借人，子孙有志者，就阁读之，故无散佚之患。其阁四面皆水，读者不许夜登，不许吸烟，故永无火厄。

阁之书，明人无过而问者。康熙初，黄梨洲始破例登之，于是昆山徐健庵尚书闻而来抄。其后登斯阁者，万征君季野、冯处士南耕，而海宁陈詹事广陵纂《赋汇》，亦尝求之阁中。

阁之藏书，自明至国朝，历四百年，海内收藏家可首屈一指。咸丰时，尚有书目十册，后则逐年散失，检点实数，仅存四册，然册中所载，亦未必全备也。书不出阁，往观者，先告范氏后裔，经一百数十人之许可，始举代表二人，导往阅看。阁门重重封锁，启键入内，则蛛丝蝠粪，狼藉不堪。阅书规则甚严，欲阅何书，须由范氏往取，不能自行抽阅，阅后书置原处，仍加封锁，其郑重将事也有如此。

黄梨洲好聚书

黄宗羲，字太冲，海内称为梨洲先生，余姚黄竹浦人，忠端公尊素长子。愤科举之学，思所以变之。既尽发家藏书读之，不足则抄之世学楼钮氏、澹生堂祁氏、千顷斋（堂）黄氏、绛云楼钱氏。穷年搜讨，游屐所至，遍历衢巷而搜买之，常于薄暮使一童肩负而返，乘夜丹铅。次日复出，率以为常。

梨洲晚年益好聚书，所抄者为天一阁范氏、丛桂堂郑氏、静惕堂曹氏、传是楼徐氏之书。然尝语学者曰："当以书明心，无玩物丧志也。"

陈宏绪藏书于酉阳山房

江右陈士业，字宏（弘）绪。好藏书，所藏之室曰酉阳山房。尝客江宁，一日过廊下，见有宋江钿《文海》一百册，书法工好，装潢精洁。书贾索十金，倾囊仅得三金，客邸无可质贷，翻阅竟日，低徊不舍。已而恐书贾见厌，易坐所识他贾肆中，托其持至，更翻数过乃去。其后得唐、宋集十数种，则在海阳钱塘时所购也。

顺治乙酉，宏绪辇藏书以入山，不下数万卷。铁骑一来，屯于其所居之石河，一勺一粒、一丝一缕俱尽，而所藏书悉被割剥捋扯，裂作纸甲数千，煤痕丹点，离离駃醍〔騠〕之背，余以支枕藉地，数万缥缃，沦于一旦。已而物故。康熙乙巳，黄梨洲寄吊其家，其子澎贻书言："兵火之后，故书之存者，惟熊勿轩一集而已。"

钱牧斋藏书于绛云楼

钱牧斋早岁登科，交游满天下，尽得刘子威、钱功父、杨五川、赵汝师四家书。更不惜重资购古本，书贾奔赴无虚日。用是所积充牣，几埒内府。中年构拂水山房，凿壁为架，庋其中。及称疾告归，居红豆山庄，出所藏书，重加缮治，区分类聚，栖绛云楼上，大椟七十有三。顾之自喜曰："我晚而贫，书则可云富矣。"

宋淳化之校刊三史，乃淳化甲午七月，诏选官分校《史记》、前后《汉书》。杜镐、舒雅、吴淑、潘谟修校《史记》，朱节再校；陈充、况思道、尹少连、赵况、赵安仁、孙可校前后《汉书》也。据陈仲鱼蓺文元本《后汉书》跋，则淳化本卷末有“右奉淳化五年七月二十五日敕重刊正”一行，景德中又加修改。牧斋所藏前后《汉书》，比于宝玉大弓者，绍兴末年重刊景德本也，是为宋监中摹印之最精者。

牧斋晚年好佛，曾笺释藏经，采拾极博，宜若收藏弘富矣。而《绛云楼书目》乃止有道藏，无佛藏，大奇。

牧斋惜书成癖，牙签缥轴，分别部居，珍如拱璧，世间孤本，辄秘不示人。《绛云楼书目》所载宋、元善本，皆中乘，绝佳之品则并书目亦不存。

藏书绛云楼之后十余日，其幼女中夜与乳妇嬉楼上，剪烛炧，落纸堆中，遂烬。牧斋在楼下惊起，焰已涨天，不及救，仓皇出走。俄顷，楼与书俱尽矣。惟中有明臣志传数百本，以当时备撰《明史》，在楼外，未及于难。

曹秋岳在京时，与牧斋交，时相过从，翻检牧斋架上，得奇书，便借抄。秋岳请假南归，欲假其所藏之路振《九国志》、刘恕《十国纪年》，牧斋诺。及秋岳居苏州，时牧斋亦南旋，谈次及前约，牧斋遽曰：“我安得有此书，曩言妄耳。”不敢诘。及绛云楼灾，谈次，牧斋忽叹曰：“我昔有惜书癖，畏有人借而辗转失之。子前欲借《九国志》《十国纪年》，我诚有之，今已成广陵散矣。使抄本尚在，可转抄也。”

钱遵王藏书于述古堂

钱嗣美好聚书，书贾多挟策潜往。牧斋，其从曾祖也，心喜其同癖，又颇嗛其分也。嗣美名裔肃，其子为遵王，名曾，藏书于述古堂。

遵王酷嗜宋椠本，著有《述古堂宋板书目》，冯定远戏之曰：“昔人佞佛，子佞宋刻乎？”康熙丙午、丁未之交，乃举家藏宋刻之重复者，折阅售之泰兴季沧苇焉。

遵王尝于沧苇处见吴彩鸾所书《切韵》真迹，逐叶翻看，辗转至末，仍合为一卷。张邦基《墨庄漫录》云“旋风叶”者，即此。是真旷代奇宝。因悟古人玉躞金题之义，《唐六典》所以有熟纸装潢匠之别也。然自北宋刊本行世，而装潢之技绝矣。

《陶渊明集》十卷，顾伊人藏，乃宋椠本。尝颜其读书处曰“陶庐”，而请牧斋为之记。伊人交遵王最厚，知遵王酷爱之，遂举以相赠。康熙丙午、丁未之交，售书季沧苇，是集亦随之而去。沧苇没，书籍散入《云烟过眼录》矣。伊人某年渡江，念陶集流落不偶，访求得之。持归，示遵王，谓河东三箧，亡去已久，一旦顿还旧观，展卷相向，喜可知也。

康熙辛丑暮春，牧斋过述古堂，观宋刻各书，缥青介朱，装潢精致，谓殆可当绛云楼之什三。

钱履之藏书于怀古堂

常熟钱履之，名谦贞。早失怙，辟怀古堂以奉母。帘户静深，书签错列。长子孙保，一名容保，字求赤；次子孙艾，字颐仲。求赤校雠精审，夜必记于卷尾，曰某日读若干页，某日起，某日竟。其藏书之处，即怀古堂也。颐仲每与人通假抄录，朱黄两毫不去手。

钱湘灵藏书于大还堂

钱湘灵居南山北麓，老屋三间，曰“大还堂”，即藏书处也。王晚岁而逃禅，其手校之书，每押以“明经别驾书经解元临济三十四彭祖九十七世”一印，又曰“陆终彭祖后人”。湘灵名陆灿，字尔弢（弢），常熟人。

钱孝修藏书于在兹阁

常熟钱兴祖，字孝修。富藏书，悉庋之于在兹阁。瞿氏所藏

《十六国春秋》，初为其所有，板心有“在兹阁”三字。

叶林宗多藏书

叶林宗名奕，好学，多藏书，搜访甚力。每见案头一帙，必假归，躬自缮写，篝灯命笔，夜分不休。一得秘册，即与钱遵王互相传录，虽昏夜，必扣门，两家童子辄闻声知之。

叶石君重宋元抄本

叶石君者，隐君子也，性嗜书。世居吴县洞庭山，常游虞山，乐其山水，因家焉。所至必聚书，常以衣食之资易而购之，多至数千卷。会明亡，有兵燹，尽亡其赀财，独身还洞庭。其乡人相与劳苦之，石君颦蹙曰：“赀财无足言，独惜我书耳。”乡人皆笑之。既复居虞山，益购书，倍多于前。

石君之好书，与世异，每遇宋、元抄本，虽零叶单卷，必重购之，世所常行者，弗贵也。其所得书，条别部居，精辨真赝，手识其所由来，识者皆以为当。有三子，时诫之曰：“若等毋务进取，但能守我书读之，足矣。”年六十七，卒于家。

吕晚村得澹生堂书

山阴祁氏澹生堂书之初出也，其启争端多矣。初，黄梨洲讲学于石门，其时吕晚村父子皆北面执经。已而以三千金求购澹生堂书，梨洲亦以束脩之入参焉。交易既毕，晚村之使者于中途窃梨洲所取卫湜《礼记集说》、王偁《东都事略》以去，则晚村所授意也。梨洲大怒，绝其通门之籍。晚村亦遂反而操戈，而妄自托于建安之徒，力攻新建，并削去蕺山学案私淑为梨洲也。

毛子晋藏书于汲古阁

常熟毛子晋，初名凤苞，字子九，后改名晋，字子晋，“潜在”其别号也。富藏书，所庋处为汲古阁。于宋、元刊本之精者，以宋本、元本椭圆式印别之，又以甲字印钤于首。其余藏印曰“毛晋秘箧审定真迹”，曰“毛氏藏书”，曰“东吴毛氏图书”，曰“汲古阁世宝”，曰“子孙永宝”，曰“子孙世昌”，曰“在在处处有神物护持”，曰“开卷一乐”，曰“笔研精良人生一乐”，曰“竦溪”，曰“弦歌草堂”，曰“仲雍故国人家”，曰“汲古主人”，曰“汲古得修绠”。又有朱文大方印，其文曰：“赵文敏公书卷末云，吾家业儒，辛勤置书。以遗子孙，其志何如？后人不读，将至于鬻。颓其家声，不如禽犊。若归他室，当念斯言。取非其有，无宁舍旃。”子晋有子曰斧季。

王文简藏书于池北书库

池北书库者，王文简公士祯聚书之室也。新城王氏，门望甲齐东，先世遗书不少，然以兵火散佚者半。文简自始仕迄卒，目耕肘书，借观辄录其副。每以月之朔望，游京师慈仁寺，俸钱所入，悉以购书，盖三十年而书库尚未充也。在京时，士人有数谒而不获一见者，以告徐健庵尚书，徐曰：“此易耳，但值每月三五，于慈仁寺市书摊候之，必相见矣。”如其言，果然。庙市赁僧廊地，鬻故书，小肆皆曰摊也。又书贾欲昂其直，必曰此书经新城王先生鉴赏者；鬻铜器，则曰此经商丘宋先生鉴赏者。士大夫言之，辄为绝倒。

太学生某谒文简，言近日旗下子弟竞尚一书，书肆价值为之顿贵。文简因叩以何书，某俛首久之，对曰：“似是‘文选昭明’。”文简为之匿笑。

文简尝于冬日过慈仁寺，见《尚书大传》、朱子《三礼经传通解》、荀悦、袁宏《汉纪》，欲购之，异日侵晨往索，已为他人所有，归而惆怅不可释，病卧旬日始起。尝自言曰：“古称书淫、书癖，未知视予何如？自知玩物丧志，故是一病，不能改也，亦欲使吾子孙知之耳。”

朱卧庵藏抄本《西昆酬唱集》

康熙甲辰某月，常熟毛斧季与叶林宗至苏州，访朱卧庵，见其榻有乱书一堆，大抵废历及潦草医方也。而残帙中有缮整一册，抽视之，乃《西昆酬唱集》，为之一惊。卷末行书一行云："万历乙丑九月十七日书毕。"下有功甫印，乃钱功甫手抄者也。因借归。次日，林宗入城，喧传得此，最先匍匐而来者，冯定远也。仓忙索观，陈书于案，叩头无数而后开卷。朗吟竟日，索酒痛饮而罢。卧庵，名之赤。

吴农祥藏书于梧园

吴农祥，字庆百。家多藏书，盖其祖继志实聚之，且勤于掌录，秘阁之抄逾万卷，轴带帙签，至与山阴祁氏、常熟钱氏埒。于是农祥既长，构楼于别业之梧园，储书其上。与弟农复登楼，去其梯，戒不闻世上语，尽发所藏书读之，朱墨句稽，识其大者。

徐健庵藏书于传是楼

昆山徐健庵尚书乾学，筑楼于所居之后，凡七楹，斲木为厨，贮书若干万卷，部居类汇，各以其次，素标缃帙，启钥烂然。与其子登斯楼而诏之曰："吾何以传汝曹哉？尝慨为人父祖者，每欲传其土田货财，而子孙未必能世富也；欲传其金玉珍玩、鼎彝尊斝之物，而又未必能世宝也；欲传其园池台榭、歌舞舆马之具，而又未必能世享娱乐也。吾方鉴此，则吾何以传汝曹哉?"因指书而欣然笑曰："所传者，惟是矣。"遂名其楼为"传是"。

朱竹垞家有曝书亭

朱竹垞富藏书，家有曝书亭。至中年，好抄书。通籍以后，于史馆所储、京师学士大夫所藏弆者，必借录之。有小史，能识四体书，日课其传写。每入史馆，私以楷书手王纶自随，录四方经进书。掌院牛钮劾其漏泄，吏议镌一级，时人谓之“美贬”。

及归田，家无恒产，聚书三十椟，自谓老矣，不能遍读也，而铭之曰：“夺侬七品官，写我万卷书。或默或语，孰智孰愚？”且皆钤印于卷之首页，一面刻朱文戴笠小像，一面镌白文十二字，曰“购此书，颇不易，愿子孙，勿轻弃”，殆即钟鼎文之“子孙永宝”意也。

竹垞手定《曝书亭藏书目录》，中有《竹垞行笈书目》一卷，以“心事数茎白发，生涯一片青山，空林有雪相待，古道无人独还”二十四字编目，不分四部，殆行笈之记号也。

竹垞尝谓天下印书，福建本几遍天下，锡、韶俱闽人，当是闽中刊行之书。且版高半尺，乃巾箱本，亦宋所盛行者。字朗纸坚，莹然可宝。

其孙名稻孙，字稼翁，晚年贫不能支，曝书亭藏书八万卷，遂渐致散佚。其藏书印曰“潜采堂”，曰“南书房旧讲官”，曰“梅会里朱氏”。

阚祯兆得吴三桂藏书

吴三桂富藏书，及败，半归通海处士阚祯兆。

汪孺人藏书

萧山王声远茂才鉽之妇汪孺人，本名族，其父兄皆有声艺坛。而孺人知书，以贤淑称。顾遭时不偶，二十嫔于声远，裁五年而称未亡。且即此五年中，又复以舅姑养疾扶侍之余，继以含袭，其艰辛荼苦，较有甚于声远者。然遗孤方四岁，女犹在襁褓。而声远之兄弟，复以声远亡后，各析匕箸，一切男女婚嫁，悉责之持门之妇，其豫为声远营葬，相地下窆，不知几经擘画而后有此也。然且念声远耽书，曾辑《左》《国》以下旁及小史与诸家集，未竟而卒，慨然曰：“遗金满籝，曷若传一经以成父志。”乃命孤洪源陆续积书，遇有秘本，即购之，合得数万卷，藏之一楼。江东书府，推鄞县范氏天一阁及山阴祁氏澹生堂，而后且散尽，惟萧山王氏书巍然独存，孺人所见亦大矣。

林吉人藏书于朴学斋

林吉人舍人佶家多书籍，皆藏之于朴学斋。所购儒先集录，无虑数千卷，几及鳌峰徐氏之旧，而家亦缘是愈贫，荔水庄池，半属他姓矣。

曹秋岳藏书于静惕堂

曹秋岳好收宋、元人文集，尝见其《静惕堂书目》所载，宋集自柳开《河东集》以下，凡一百八十家，元集自耶律楚材《湛然集》以下，凡一百十有五家。静惕堂，在其别业倦圃中，入其门，皆书也。

张氏书楼在水中

康熙时，杭州有张氏者，藏书甚富，造楼于水中，以庋置之。往观者通以小舟，晡后即禁人往来。

张螺浮藏书于涉园

康熙时，海盐张螺浮给谏惟赤既倦仕宦，引疾归田，即城南三里之老屋，拓而充之，颜曰“涉园”，邑志所称乌夜村故址是也。池亭林木之胜，甲于东南。子皜亭名皓，孙葭士名芳湄，皆秉承先志，通籍未久而先后归隐，增葺台榭，啸歌之暇，率族人读书其中。是以藏书极富，积百数十年，未稍散佚。嘉、道之际，如吴兔床、鲍渌饮、陈仲鱼、黄荛圃辈，犹屡至涉园，借书校雠。且尤喜刻书，剞劂流布，为世引重。咸丰朝，粤寇扰浙，园圮而图籍亦失。给谏九世孙菊生副大臣元济，于光、宣间搜求数年，卷帙略备，而涉园自镌之书，亦渐有归于故主者矣。

皜亭主政藏有影宋本甚多，书有“涉园主人鉴藏”“古盐张氏小白珍藏”“古盐涉园张氏守白斋珍藏书画之章”“张载华印芷斋图籍”“古盐张氏松下图书”各印。惟所著书目四册，不著书籍原委，但列第几架、第几层、某函某书而已。

揆文端藏书于谦牧堂

揆文端公叙，为太傅明珠之子，成容若侍卫德之弟，字恺功。精鉴别，所居曰“谦牧堂”，其藏书处也。有抄本金张师颜《南迁录》一卷，及宋、元人词二十二帙，题曰《汲古阁未刻词》，行款字与已刻《六十家词》同，每帙钤毛子晋印，皆精好。其后所藏皆归天禄琳琅。

安麓村藏书多善本

徐健庵尚书之传是楼藏书，大半归明珠。而其仆安岐所藏，亦多善本。尝有人见其所藏北宋《孟东野诗集》十卷，每册有“安岐之印”“仪周珍藏”“安麓村藏书印”各印。岐字仪周，麓村其号也，亦号松泉老人，天津人。颜所居曰“沽水草堂”。尝为鹾贾于两淮，精鉴赏，收藏之富，甲于海内，著有《墨缘汇观》，亦一时博雅好古士也。而乃以奴仆起家，大奇。《百宋一廛赋》著录此本，谓麓村乃卖骨董者，误矣。

曹楝亭藏书

汉军曹寅，字子清，号楝亭。官至通政使，富藏书。其尊人尝于白门使院手植楝树数株，绿阴可爱，因结亭其间，颜曰“楝亭”。追念手泽，属诸名人赋之。未几，为江宁织造。十年中，父子相继持节，一时传为盛事。

楝亭又尝巡盐扬州，俸糈所入，竭力以事铅椠。以交于朱竹垞，曝书亭之书，故皆抄有副本，如《石刻铺叙》《宋朝通鉴长编纪事本末》《太平寰宇记》《春秋经传阙疑》《三朝北盟会编》《后汉书年表》《崇祯长编》诸书是也。又有魏鹤山《毛诗要义》

《楼攻媿文集》诸书，则为宋椠本。

富察堇斋藏书于谦益堂

富察太史昌龄，字敷槎，号堇斋，为傅阁峰尚书鼐之子。性耽书史，筑谦益堂，丹铅万卷，锦轴牙签，为一时之盛。通志堂藏书虽多，其精粹蔑如也。卒后，遗书率为礼亲王所购，如宋末《江湖》诸集，多堇斋手抄。

钱梦庐藏书于爱日精庐

明王伯穀所藏宋刻书，后归钱牧斋，付之绛云一炬。钱梦庐曾得宋书棚本，或即为绛云所留遗者，有历来藏书家珍贵"玉兰堂""竺坞"二印文是也。又有"七十二峰深处"一印，取穴研斋写本证之，多同。

梦庐尝于《爱日精庐藏书志》眉间，记其所见，犹随斋批注《书录解题》也。梦庐名天树，字仲嘉，平湖人。

陆其清藏书于听云室

陆其清，名漻，康熙时之吴门医士也。所居听云室，鉴藏图籍甚富，何义门尝往观之。

其清方十五岁，以家贫失学，然喜借书，昼夜抄写。严寒乏炭，屈足腹下，冷暖交换，见者匿笑。抄书一叶，于古书肆易刻者五叶。购书归，端贮于几，揖而后藏。年二十，得顾仲瑛《玉山雅集》元刻，文待诏旧藏也。莱阳姜某偶闻之于曹秋岳，秋岳云："陆兄有此，或典或售，无所不可。不然，当至慕中丞、丁方伯转借。"其清则谓此非禁本，不介意，坚却之。于是秋岳来晤，欢若旧识。过吴舣舟，方定身，先垂访。每谓山阴人曰："陆生有隐操，吴门第一流也。"康熙甲子，秋岳以《魏仲先巨鹿东观集》、孙奕《示儿编》宋本赠其清。辛酉，朱竹垞检讨典试江南，亦造门订交。晚选《诗综》，有阙来借，往来尺牍不下四五十番。夔州唐铸范曰："陆氏子孙，观侍郎之手迹，守祖父之遗书，黾勉诵习，必有以文章经术显于世者。"此其清贻后之深心也。内有宋、元刻本，宋、元人抄本，明贤录本，名贤稿本，出自闳阁公卿家者，郡城故族旧所收藏者，皆传流有自，与坊本迥异。竭六十余年之心血，虽不敢自谓成一家之书，实生平志之所属，故至老而不倦也。

其清天性特异，不轻与人通假书籍，虽秋岳及朱竹垞欲抄录其藏本，亦必卷数相当，始得各易所无。

金星轺藏书于文瑞楼

金星轺明经锡鬯，自幼嗜古，好蓄异书，遇善本，虽重价不恡（同"吝"），或假归手抄。筑文瑞楼以贮之，有书目十二卷，皆其所藏者也。星轺籍隶桐乡，徙宅于太仓，其于桑梓之文献，罔弗留意。康熙己亥，校刊《贝清江集》四十卷、《程巽隐集》四卷，后又访购鲍征士《西溪集》而不得，每以为憾。世所传明《高青丘诗集注》，亦出自明经。以其藏书之富如是，宜注释之甚易，然亦四易寒暑而后成也。

孙退谷藏书于万卷楼

康熙朝，北平孙退谷筑万卷楼，藏书甚富，而赏鉴书画尤精，著有《庚子销夏记》八卷。退谷殁，散布海内矣。

何义门雠正旧椠抄本

何义门笃志于学，其读书也，茧丝牛毛，必审必核。吴下多书估，辄从之访购宋、元旧椠及故家抄本，雠正之。一卷或数十过，丹黄稠叠，谓必如此，而后知近世之书脱漏讹谬，读者沉迷于其中而终身未晓也。圣祖闻其姓名，召直南书房，寻特赐甲乙科，入翰林。是时诸王皆右文，朱邸所聚册府，多资其校勘。康熙壬寅六月九日，以病卒。

全谢山藏书于双韭山房

全谢山太史祖望家富藏书，非一世矣。其庋藏之处曰“双韭山房”。尝曰：“自先侍郎公藏书，大半抄之城西丰氏，其直永陵讲筵，赐书亦多，世所称‘阿育王山房藏本’者是也。侍郎身后，归于宗人公之手，以其为长子也。先和州公仅得其十之一，宗人子孙尽以遗书为故纸，权其斤两而卖之，无一存者。先宫詹平淡斋亦多书，诸孙各分而有之，遂难复集。和州春云轩之书，一传为先应山公，再传为先曾王父兄弟，日积月累，几复阿育王山房之旧。而国难作，里第为营将所踞，见有巨库，以为货也，发视皆书，大怒，付之一炬。先赠公授徒山中，稍稍以束脩之入购书，其力未能购者，或手抄之。先君偕仲父，即以抄书作字课。已而予能举楮墨，先君亦课以抄书。吾乡诸世家遭乱，书签无不散亡。吾家以三世研田之力，复拥五万卷之储胥，其亦幸矣。双韭山房者，亦先侍郎之别业，在大雷诸峰中，今已摧毁，而先赠公取以颜其斋者也。”

谢山又曰：“年来陆走软尘，水浮断梗，家书五万卷中，常捆载二万卷以为芒屩油衣之伴。舟车过关口，税司诸吏来胠箧者如虎，一见索然，相与置之而去。雍正癸卯，留滞长安，米贵，居大不易，不能不出其书质之。适监仓西泠黄某闻有是举也，请归之于其邸。黄之邸与有十里之遥，过此以往，萧晨薄暮，偶有考索，策蹇驴而为剥啄之声者，非予也邪？鸡黍之请，自此殷矣。”

马寒中藏书于红药山房

马寒中，名思赞，号南楼，海宁人，本姓朱，明宗室之后也。好购书，其插架者多人间未见本。储书之所曰“红药山房”。尝以购书过龙山查氏，见案头有宋椠陆状元《通鉴》，百计购之不可得。后查氏谋葬其亲，所卜吉壤，则马氏田也。寒中觇知之，大喜曰：“书可得矣。”即诣查氏自陈，愿效祊田之易，凡十亩，书券尽付焉。抱书疾归，若惟恐其中悔也。

高宗命录《昭明文选》

乾隆甲戌夏，高宗命翰林工楷书者梁国治、秦大士、梁同书、庄培因等，缮录《昭明文选》，又命朱珪、戈涛、卢文弨、翁方纲等校对于翰林院后堂东宝善亭。发出宋版《文选》一部，纸墨精好，古香袭人，每册有前贤手题墨迹，第一册前有御笔题云："此书在天禄琳琅中，亦不可多得。"

高宗考订宋椠勤有堂书

乾隆乙未正月丙寅，谕军机大臣等："近日阅米芾墨迹，其纸幅有'勤有'二字印记，未能悉其来历。及阅内府所藏旧版《千家注杜诗》，向称为宋椠者，卷后有'皇庆壬子，余氏刊于勤有堂'数字。皇庆为元仁宗年号，则其版似元非宋。继阅宋版古《列女传》，书末亦有'建安余氏靖安刊于勤有堂'字样，则宋时已有此堂。因考之宋岳珂相台家塾，论书板之精者，称建安余仁仲，虽未刊有堂名，可见闽中余板，在南宋久已著名。但未知北宋时即行勤有堂名否？又他书所载，明季余氏建板犹盛行，是其世业流传甚久，近日是否相沿，并其家刊书始自北宋何年，又勤有堂名所自，询之闽人之官于朝者，罕知其详。若在本处查考，尚非难事。著传谕钟音，于建宁府所属，访查余氏子孙，见在是否尚习刊书之业，并建安余氏自宋以来，刊印书板源流，及勤有堂昉于何代何年、今尚存否，或遗迹已无可考、仅存其名，并其家在宋时曾否造纸、有无印记之处，或考之志乘，或征之传闻，逐一查明，遇便覆奏。此系考订文墨旧闻，无关政治，钟音宜选派诚妥之员，善为询访，不得稍涉张皇，尤不得令胥役等借端滋扰。将此随该督奏摺之便，谕令知之。"寻据奏：余氏后人余廷勷等呈出族谱，载其先世自北宋建阳县之书林，即以刊书为业。彼时外省版少，余氏独于他处购选纸料，印记"勤有"二字，纸版俱佳，是以建安书籍盛行。至“勤有堂”名，相沿已久，宋理宗时有余文兴，号“勤有居士”，亦系袭旧有堂名为号。今余姓见行绍庆堂书集，据称即勤有堂故址，其年代已不可考。

余氏勤有堂名之外，别有双桂堂、三峰书舍、广勤堂、万卷堂、勤德书堂诸名。其主有靖安、（亦作靖庵。）唐卿、志安、仁仲诸人，盖皆余氏之宗人也。《千家集注分类杜工部集》及《分类李太白集》，皆有建安余氏勤有堂刊篆书木记，别一本则将此记削去，而易以“汪谅重刊”字样。岂余氏入明，族浸式微，以旧版片售之于汪谅欤？

天禄琳琅

乾隆甲子，高宗命于乾清宫东之昭仁殿藏宋、金、元、明板书籍，御笔题曰“天禄琳琅”。至乙未重校，凡伪充宋、元椠印者，俱详加别择。内如最善本之《前汉书》，前有赵孟頫、王世贞像，上亦命写御容于卷端，每部皆钤用“天禄琳琅之玺”。其书初为孟頫所藏，入明归世贞，孟頫与世贞皆于卷前自画其像，世贞并有跋。

甲午，高宗命重辑《天禄琳琅书目》，略仿《郡斋读书志》，而详记收藏家姓名图识于上。宋、金板用锦函，元板用青绢函，明板用褐色绢函。宋板书佳者甚多，金板惟《贞观政要》一书，纸墨工好。

天禄琳琅有宋巾箱本五经

世之刊印小册者，谓之“巾箱本”。其书无所不备，又以其可藏怀袖，别称“袖珍本”，以行密字展、刻画纤朗见长。齐衡王钧尝手书《五经》，部为一卷，置之巾箱中。侍读贺玠曰：“殿下家有《坟》《索》，复何细书，别藏巾箱？”曰：“巾箱中检阅既易，且更手写，则永不忘矣。”诸王闻之，争效为巾箱。后谓书籍之细书小本者为巾箱，始于此。天禄琳琅所有宋巾箱本《五经》，为《易》《书》《诗》《礼记》经文，《春秋左氏经传》不分卷，行密字展，朗若列眉。高宗御制《乐善堂集》，有天禄琳琅鉴藏旧版书籍联句云：“小字巾箱尺寸强。”

《石渠宝笈》所钤之玺

乾隆甲子，诏编《石渠宝笈》四十四卷，内府所藏书画及款识题跋，与曾邀奎章宝玺者，一一胪载。辛亥，谕撰续编，前后品题甲乙，悉本睿裁，凡九年。入《宝笈》者皆用五玺，其上方之左曰“乾隆鉴赏”，正圆白文；右曰“乾隆御鉴之宝”，椭圆朱文；左下曰“石渠宝笈”，长方朱文；右下曰“三希堂精鉴”，长方朱文；曰“宜子孙”，方白文。惟藏乾清宫者，则加“乾清宫精鉴”玺，养心殿、寿宁宫、御书房皆如之。其藏圆明园者，五玺而已。追续编《宝笈》，乃加“石渠定鉴”“宝笈重编”二玺，间有用“石渠继鉴”者，则已入前书而复加题证者也。撰《续编》时，阮文达公直南斋，亲瞻美富，作《石渠随笔》，述之最详。及经道光庚申淀园之变，金题玉躞亦竟有流落人间者矣。

文渊阁藏书用御宝

乾隆壬寅谕：“文渊阁新藏《四库全书》，自四月四日始，每册用御宝二，前曰‘文渊阁宝’，后曰‘乾隆御览之宝’”。

文源阁藏书

大内文源阁藏书六万卷，装潢经、史、子、集，以异色别之，仿隋唐旧制也。每卷首各钤“文源阁宝”，上加“古稀天子”圆玺。

海宁人喜抄旧书

乾隆时，海宁人之喜抄旧籍而端楷不苟者，莫若郭溪葛滓南继常，尝手写谈孺木《海昌外志》、周松霭《海昌胜览》。钱警石柱访之，相与订交。滓南，淳笃君子也。而管芷湘与潘梧君皆喜抄书，梧君专录名人文集，寒暑不倦。芷湘留心海宁掌故，与淬南同，而于目录之学，尤为专门，后校《读书敏求记》，视邗上所刊者为胜。又有陈节亭名欣时者，专抄明季遗事，不下数十种，若排比成书，亦谈氏《国榷》之亚也。

张伊蒿手抄数百卷

张德荣，字充之，号伊蒿，长洲县学生。家贫力学，平生好古书，手抄数百卷，藏于家。其《感旧》诗云："讲席抄书不计贫，愚愚真是葛天民。家风疏水寻常事，留得心香一点春。"

沈椒园藏宋刻黄山谷集

《黄山谷集》有南宋刊本，凡五十册，仁和沈椒园侍郎廷芳曾藏之。各册有"查升之印""仁和沈廷芳字畹叔，一字茮园，古柱下史"，"古杭忠清里沈氏隐拙斋藏书，购此书甚不易，遗子孙，弗轻弃"等印。椒园为查声山宫詹外孙，是书世无二本，乃查所藏而移于沈者也。

孙隐谷藏书于寿松堂

仁和孙隐谷，名宗濂，乾隆甲子举人。尝一试春官，不见收，遂息辙乡里。藏书数万卷，以枕葄为乐，未尝一日废书也。庭有嘉树，筑堂名"寿松"。有友六七人，皆高岸，无凡情，时来偃息。

隐谷所藏温公《通鉴》一部，较外间明刻本多增所未备，洵有补于史学也。年四十三而殁。

闻书岩手抄书盈箧

闻书岩，名朱樅；改珽，字种怀；书岩，其号也。乾隆壬申恩科登乡荐，以大挑选江宁教谕。平生无他嗜，惟读书不少辍，手抄书盈箧。得善本，校雠点勘，丹黄满纸。所蓄金石文字，几及千种。尝得王损仲《宋史记》旧稿，为海内希有之书，谋镌板不果，时以为憾。钱竹汀主讲娄东书院时，书放翁“远闻佳士辄心许，老见异书犹眼明”句以赠之，盖纪实也。

吴石仓手抄书

吴石仓，名允嘉，字志上，为乾隆时仁和湖墅之耆宿。嗜学好古，积数十年苦心而遂富藏书。及殁，遗编散落，其归于汪氏振绮堂者，手抄书可数百册，楷法醇古，毫无俗焰，望而知为有道之士。其他散见于书贾之求售者，又不知凡几也。

宋蔚如抄书

宋蔚如，名宾王。起家市井，性嗜奇书。无力购弆，则百方丐抄，惟以搜罗遗佚、访求放失为事。

赵谷林藏书于小山堂

赵谷林，名昱，字功千，仁和人。其母太君朱氏，为山阴襄毅公女孙，祁氏之所自出也。祁公子东迁，夫人取朱氏女孙育之以自慰，即谷林之母也。方谷林尊人东白就婚山阴时，其成礼，即在祁氏澹生堂。是时澹生堂书尚未散，东白思得之，太君泫然流涕曰：“亦何忍为此言乎！”东白默而止。蹉跎四十余年，谷林渡江访外家，则更无长物，只“旷亭”二大字尚存，董文敏所书也，乃奉以归。谷林所藏书亦多澹生旧本，欲于池北竹林中构数椽，即以“旷亭”铭之，以志渭阳之思，别于其他书籍之藏于小山堂也。及卒，书尽归广陵马氏矣。

当乾隆时，浙人聚书之富，以谷林为最，全谢山太史尝称之而言曰：“先人希弁，当宋之季，接踵昭德，流风其未替耶？而吴尺凫以为希弁远矣，谷林母孺人朱氏为处女时，尝追随中表姑湘君辈读书旷园，既嫔于赵，时时举梅里书签之盛以勗诸子，故谷林兄弟藏书，确有渊源，而世莫知也。呜呼！旷园之书，其精华归于南雷，其奇零归于石门。南雷一火一水，其存者归于鹳浦郑氏，而石门则摧毁殆尽矣。过梅里，未尝不叹风流之歇绝也。谷林以三十年之力，爬梳书库，突起而与之齐，不可谓之非健者已。”谷林之聚书，其鉴别既精，而有弟辰垣，好事一如其兄。有子诚夫，好事甚于其父，每闻一异书，辄神飞色动，不致之不止。故所蓄书，联茵接屋，目不暇给。书贾自苕上至，闻小山堂人来取书，相戒无得留书过夕，恐如齐文襄之待祖珽也。每有所得，则致之母孺人，更番迭进，以为嬉笑。

谢山游京师，家藏宋椠四明开庆、宝庆二志，盖世所绝无，而为人所窃，归于有力者之手。杭堇浦闻之，为告谷林，亟以兼金四十锭赎归，仍抄副墨，以贻谢山。及谢山归，谷林取近年所得地志示之，其自明成化以前者，已及千种，而谢山所藏之宋椠，已裒然首列矣。

汪松谷为赵诚夫之甥，王容大之女孙婿，以未得亲炙为憾，尝于春草园觅“旷亭”额不得，叹曰：“昔赵氏为祁氏外孙，藏书大半归之，复得此额构亭以存其旧。”汪名兴谷，字颖斋，又号小麓，晚号幻香，仁和人。

吴尺凫藏书于瓶花斋

吴焯，字尺凫，钱塘人。所居在杭州之九曲巷口，与振绮堂汪氏衡宇相望。喜聚书，凡宋雕元椠与旧家善本，若饥渴之于饮食，求之必获而后已，故瓶花斋藏书之名，称于天下。所辑《薰习录》，则纪其所藏秘册也。家有古藤一本，构亭曰“绣谷”，自号“绣谷老人”。花时柔条下垂，如璎珞，置酒高会，吟赏不倦。

尺凫与赵谷林同时，每得一异书，彼此必抄存，互为校勘，识其卷首。有小山书画印，牙章精篆，神采可爱。尺凫卒后，悉归广陵马氏矣。

吴用仪藏书于遂初园

吴企晋，名泰来，号竹屿，长洲人。乾隆庚辰进士，内阁中书。其大父吉安太守铨告归，筑遂初园于木渎，云林杳霭，花药参差。其尊人用仪，复购书数万卷于其中，多宋、元善本，遂与江、浙诸名士流连觞咏，座无俗客。既而兄弟争析产，出藏书而遂货之，并售其园。

李南涧好聚书

李文藻，号南涧，益都人。乾隆辛巳进士，官桂林同知。好聚书，每入肆见异书，辄典衣取债致之，又从友朋借抄，藏弆数万卷，皆手自雠校。其为学无所不赅，慨然以裒辑为己任，曰《所藏书目》，曰《所见书目》，曰《所闻书目》，皆详其序例卷次，志其刊抄岁月。

沈虹屏为陆梅谷掌书

平湖陆烜，字子章，一字梅谷，又号巢云子。富藏书，中统本《史记》后，尝有其跋，且有“掌书画史沈采虹屏”印记。虹屏，梅谷之侍儿也。

梅谷尝曰：“凡治书，必用雌黄，其色久而不渝。尝见李献吉评杜诗，钱牧斋手批《元遗山集》，皆手泽如新。修补古书之浆糊，必入白芨，则岁久不脱。近购得宋余靖《武溪集》、赵璘《因话录》、施彦执《北窗炙輠》，皆汲古阁物，装订极精致，而于破损接尾处皆脱，盖不用白芨之故，亦藏书家之所当知者也。”

乾隆丙戌重阳前一日，梅谷得怔忡疾，医者曰：“非人参不可。”顾当日辽参贵逾珠琲，贫家安所得此？因遍览书几百种，披阅手抄，稍加论列，不十日，《人参谱》成，而病亦若失矣。

王澹和藏书于宝日轩

王德溥，字容大，号澹和，钱唐诸生。事亲至孝，营幽窀，十历寒暑，陆筱饮飞为画《种松图》以寄哀。先是，其父钧字驭陶，耄年归里，辟养素园以自娱，树石池馆之胜，甲于里中。澹和喜聚书，又筑宝日轩为藏弆之所，秘册古椠，充牣其中。

孙庆增藏书于上善堂

孙庆增富藏书，所庋之室曰"上善堂"，周香岩幼年曾见之，时已七旬余，兼善医术。其所藏书，尾钤一印，曰"得者宝之"，殆守"人亡人得"之训耶？

鱼虞岩嗜书

鱼元傅，字虞岩，昭文人。世笃孝友，性刚，于世少所可。独嗜书，雪抄露纂，矻矻不少休。尤熟于乡里掌故，故凡寸缄片纸，为乡先辈所遗者，辄宝之如拱璧。至一树一石，并识为某家物，其变迁易主，曲折原委，如数家珍。虞岩尝自言，鱼氏居此十四世矣。卒时在乾隆戊子十月初四日，年六十五。

马嶰谷半查藏书于丛书楼

扬州马氏嶰谷、半查兄弟所居之南，有小玲珑山馆，园亭明瑟，而巍然高出者，丛书楼也，迸叠十万余卷。全谢山南北往还，道出邗上，苟有宿留，未尝不借其书。与嶰谷相见，寒暄之外，必问近所得未见之书几何，其有闻而未得者几何。随所答，辄记其目，或借抄，或转购，穷年兀兀，不以为疲。其得异书，则必出以相示。席上满斟碧山朱氏银槎，侑以佳果，得论定一语，即浮白相向。及谢山官京师，从馆中得见《永乐大典》万册，惊喜，贻书告之。半查即问写人当得多少，其直若干，怂恿甚锐。乃甫为抄宋人《周礼》诸种，而遽罢官归。途遇之，则又属抄天一阁所藏遗籍矣。

马氏藏书装订精好，其书脑皆以名手写宋字者数人书之，终年不辍笔。乾隆癸巳，开四库全书馆，其家所进可备采用之书七百七十六种，优诏褒嘉，特赏《古今图书集成》一部。

嶰谷生平勤学好客，酷爱典籍，有未见书，必重价购之；世所愿见之书，如《经义考》之类，不惜千百金付梓，故其所藏书画碑版，甲于江北。嶰谷名曰琯，半查名曰璐，祁门人，以业鹾居维扬。

汪讱庵藏书于飞鸿堂

歙县汪讱庵郎中启淑，侨居杭州小粉场，颜其厅事曰“飞鸿堂”。嗜古有奇癖，藏书百厨。乾隆壬辰，诏访遗书，讱庵进呈六百余种，特赏《古今图书集成》一部，士林荣之。

讱庵自松江载书归，招同人小集分韵，厉樊榭征君鹗与焉，诗云：“雪压扁舟浪有棱，载来书重恐难胜。排联清兴惟同鹤，增长多闻似得朋。归洛旧传东野句，入杭新并蓼塘称。衔杯不独相欣赏，欲赁邻居剪烛誊。”自注：“孟郊有《喜卢仝书船归洛》诗。”

嘉庆己巳，黄荛圃为武林之游，游城隍山，索观古书于集古斋。盖其主人在杭城书估中为巨擘，而戊辰年又新收讱庵所藏书也。

杭堇浦藏书十万卷

杭堇浦于学无所不贯，所藏书拥榻积几，有十万卷。堇浦枕籍其中，目睇手纂，几忘昬夕。闲过友人馆舍，得异文秘册，即端坐，默识其要。

堇浦疏证《北齐书》毕，明年，补《金史》。以先人庀屋积有余材，乃营度后圃，规为小亭，窗楹疏达，高明有融。乃徙先世所遗群籍，凡有关涉中州文献者，悉置其处。广榻长几，手自雠温，间有阐明，辄下签记。

怡贤亲王藏书于乐善堂

怡府藏书，始自怡贤亲王之子弘晓，其藏书之所曰“乐善堂”，大楼九楹，积书皆满。绛云楼未火以前，凡宋、元精本，大半为毛子晋、钱遵王所得，毛、钱两家散出，半归徐健庵、季沧苇，徐、季之书，由何义门介绍，归于怡府。乾隆时，四库馆开，藏书家皆有进呈，惟怡府之书未进，其中为世所罕见者甚多，如施注苏诗全本有二，此外可知矣。怡府之书，藏之百余年，至端华以狂悖诛，而其书始散落人间。聊城杨学士绍和、常熟翁叔平相国同龢、吴县潘文勤公祖荫、钱唐朱修伯宗丞得之为多。

其藏书之印曰“怡府世宝”，曰“安乐堂藏书记”，曰“明善堂览书画印记”。

孙渊如藏书于平津馆

孙渊如尝著《平津馆鉴藏书［籍］记》三卷，洪明经颐煊实助成之，凡刊刻年代、人名、前后序跋、收藏图印，悉具于册。渊如参藩东省，驻节安德，与江左一水相通，因择需用书籍，携载行笈。每年转粟东归，公事多暇，辄与同舍诸名士校订撰述，以销永日。然于家园藏书，才十之四五耳。

渊如尝曰：“曩游苏、杭及官京师时，所见秘府及市肆旧本甚多，时以不能购写为憾。及官外台，岁秩优厚，则又以地僻无所得。先后从翰林院存贮底本及浙江文澜阁写录难得之书，或友人远致古籍，酬以重值，颇有善本及秘府未收之本。阮文达既补采四库遗书进呈，蒙御题‘宛委别藏’以贮之，或从余写录世间未有之古书，以图续进。因念古今藏书家，率阅数十年一二世而散佚，独范氏天一阁传最久，亦未全备。伏读《天禄琳琅书目》，知捐金藏珠之盛世，惟有稽古右文为宝。监司不贡方物，无阶附呈，异时拟以善本及难得本，汇请大府进御，存其剩本，藏于家祠，不为己有，庶永其传。复恐后人无所稽核，故为之目，又为鉴藏书记以备考。至此外家藏旧版，尚有可观，俟归里后，续记为后编。或疑其好古之癖，则非知我者矣。”

渊如得《北堂书钞》原本，后为何梦华所获。梦华弃世，其子以之售于陈兰邻大令征芝，后归蒋凤藻，颜其藏书之室曰“书钞阁”。

卢召弓藏书于抱经楼

余姚卢召弓学士文弨，博学嗜古，喜蓄书，恒以重值购善本。贮书之处曰“抱经楼”，盖取昌黎赠玉川子语也。

召弓喜校书，自经传子史，下逮说部诗文集，一经披览，辄加丹黄。即无别本可勘同异，必为之厘正字画，然后快。老而嗜之愈笃，自笑如猩猩之见酒也。闻有藏异书者，辄百出其计以借抄，精审无误，宋次道、刘原父皆莫能及也。

时鄞人有字青厓者，召弓与之同宗，同嗜好，亦号“抱经”，于是浙中有东、西抱经之称。

卢青厓藏书于抱经楼

鄞县文献世家，宋、元之世，如攻媿楼氏、清容袁氏，藏书之富，冠绝一朝。明代储藏家，则天一阁范氏甲于天下，而四香居陈氏、南轩陆氏次之。至本朝，继范氏而起者，首推卢青厓。诗礼旧门，自少博雅嗜古，尤善聚书，遇善本，不惜重价购之。闻朋旧得异书，宛转借抄，晨夕雠校。搜罗三十年，得书十万卷，仿天一阁，为楼以贮之，名之曰“抱经”。青厓，名址。

惠定宇藏书于百岁堂

惠定宇，名栋，长洲人，研溪大令周惕之孙，半农学士士奇之子。笃志好学，家多藏书，日夜讲诵。雅爱典籍，得一善本，倾囊弗惜，或借读手抄，校勘精审，于古书之真伪，瞭然若辨黑白。其藏书之所曰“百岁堂”。

汪一之藏书于欣托山房

汪一之，名文盛。无他嗜，壹意于群籍，补其遗脱，正其讹缪，储蓄既多，鉴别尤审。其藏书之所曰“欣托山房”。宋刻两《汉书》，板缩而行密，字画活脱，注有遗落，可以补入，此真所谓宋字也，一之犹得其遗意。元大德板幅广而行疏，钟人杰、陈明卿辈稍缩小之，今人误呼为宋字，拘板不灵而纸墨之神气薄矣。而挟书以求售者，动称宋刻，不知即宋亦有优劣，有大学本，有漕司本，有临安陈解元书棚本，有建安麻沙本，而坊本则尤不可更仆数。青云梯、锦绣段，皆成于临场之学究，而刻于射利之贾竖，皆坊刻也，然不谓之宋刻不可也。

郁潜亭藏书于东啸轩

郁礼，字佩先，潜亭，其自号也，钱塘诸生。家世素封，储书充牣，潜亭又增其所未备，遂成巨观。时小山堂赵氏藏书已散佚，而所余残帙尚多异本，乃力购之。家在城东，去厉樊榭之樊榭山房不一里，传录其秘册尤多。樊榭殁，其家出所著《辽史拾遗》手稿，以四十金购焉。中缺五十纸，百计求之不得。一日，鲍渌饮至青云街，见拾字僧肩废纸两巨簏，检视之，皆樊榭所弃，其平日所录辽史遗事在焉。亟市以归，纷如乱丝，一一为之整理，适符所缺之数。

潜亭恂恂儒雅，尤与渌饮昵，无三日不相过，过必挟书以来、借书以去，虽寒暑风雨不少间。其藏书处曰“东啸轩”，轩额为明董香光所书。庭前古桂二树，相传为万历时所植，交柯接叶，清阴覆檐，室中牙签万轴，都成碧色。凭几校录，晨夕不休，经其庭，阒如也。

郑昌英藏书于注韩居

郑杰，一名人杰，字昌英，侯官人，乾隆贡生。其藏书之所曰“注韩居”，藏书数万卷，分二十厨贮之，以“东壁图书府，西园翰墨林，诵《诗》闻国政，讲《易》见天心”为志。

郑南溪藏书于二老阁

黄梨洲喜藏书，其搜罗大江以南诸家殆遍。垂老遭大水，卷轴尽坏；身后一火，又失其泰半。郑南溪理而出之，其散乱者复整，其破损者复完，尚可得三万卷，而如薛居正《五代史》，乃天壤间罕遇者，则已失矣。郑氏自平子副使溱以来，家藏亦及其半，乃于所居之旁，筑二老阁以贮之。二老阁，其尊人寒村太守梁之命，以平子为父，以梨洲为师，二老交契甚厚，遗言欲为阁以并祀之。南溪自游五岳还，阁始成，因贮书于其下焉。南溪，名性，字义门，慈溪鹳浦人。

沈廷作藏书五万卷

沈绍宾，字廷作，华亭人，学士粲九世孙。以明经官青阳训导，博学工诗古文，藏书五万卷，皆手自评阅。年七十四卒。

冯研祥为金石录十卷人家

嘉兴冯研祥茂才文昌好藏书，有不全宋椠本，因刻一图记，曰“金石录十卷人家”，长笺短札，帖尾书头，往往用之。

江玉屏为金石录十卷人家

江立，字玉屏，号云溪，旧居杭州，移籍仪征。有宋板《金石录》，因题其斋曰“金石录十卷人家”。是书旋归赵晋斋，继为阮文达、韩小亭所得，后藏潘文勤之滂喜斋。

翁覃溪藏书于宝苏斋

翁覃溪学士方纲方年十九时，日诵《汉书》一千字，明海盐陈文学辑本也。文学号苏庵，于是覃溪乃欲以“苏斋”名其书室，盖窃附私淑前贤之意也。乾隆戊子冬，得苏书《嵩阳帖》；癸巳冬，得苏诗施顾注宋椠残本，益发奋，自勖于苏学，始以“宝苏”名之，自是所得典籍，皆藏宝苏斋矣。

玉筠圃藏书于读易楼

法时帆祭酒式善，字开文，蒙古正黄旗人。尝有赠玉筠圃句云：“一官赢得十车书。”筠圃名栋，字子隆，乾隆庚寅举人，官山东临邑知县。聪强嗜学，自少小以至宦游，舟车风雨，无一日暂废。尝过厂市，酬一书，如其常值，弗与，因倍之；再倍仍弗与，拂衣登车去。夜不获寐，晓遣骑奴以三倍值取之归。所藏边仲子诗册，即王文简所订之《睡足轩诗》也，前有徐东痴手记及文简跋，东痴墨书，文简朱书。翁覃溪题诗于原册，后复摹二本，以一赠时帆。时帆题诗有云：“梧桐院落疏疏雨，石墨香分读易楼。”读易楼者，筠圃藏书处也。王惕甫为作《读易楼记》，称其于书无所不读。其插架不著标题，造次抽检，未尝辄误，非专治一经、治一艺者可比。惕甫询之，则曰：“吾能目识之也。”

筠圃既于书无所不好，闻一书在某所，虽千里，必宛转得之而后已。于是沉编坠帙，渝墨败纸，世所灭没不经见者，往往都在读易楼。故凡函幅之小大厚薄，潢治之精觕敝好，一经涉目，便能记之。

周书仓藏书于水西书屋

周书仓，名永年，本余姚人，系历城籍，结茅于林汲泉侧，因自称“林汲山人”。弱冠，肄业泺源书院，能读《通志堂经解》。时沈子大光禄主讲席，极奖誉之，尝为题《水西书屋藏书目录》，谓其百无嗜好，独嗜书。历下书不易得，书仓故贫，见之辄脱衣典质，务必得，得则卒业乃已。及见收藏家之书聚而易散也，有感于曹石仓及释道藏，因作《儒藏说约》。乾隆辛卯成进士，被征，校四库书，授翰林院编修。

朱少河富藏书

大兴朱少河孝廉锡庚，为竹君学士筠次子，富藏书。乾隆庚子之夏，京师正阳门外不戒于火，密迩其居，宋本《莆阳居士集》与百衲本《史记》，仓猝中为胠箧者所持去，百计钩稽，始还青毡。两书有“大兴朱氏竹君藏书之印”“笥河府君遗藏图书”“锡庚阅目”“椒花吟舫”各印。

汪鱼亭藏书于振绮堂

钱塘汪氏有振绮堂，为藏书之所，自鱼亭员外宪至小米中翰远孙，四世矣，与同郡诸藏书家，若小山堂赵氏、飞鸿堂汪氏、知不足斋鲍氏、瓶花斋吴氏、寿松堂孙氏、欣托山房汪氏，皆相往来，彼此互易，借抄借校，因得见宋椠、元抄不下数十百种。

鱼亭喜蓄书，有求售者，不惜以丰价购之，点勘丹黄，终日不倦。乾隆壬辰，诏求遗书，其长子汝瑮以秘籍经进，御题《曲洧旧闻》《书苑菁华》二种，并赐《佩文韵府》一部，文绮二端。

陈用光尝以小米家藏甚富，借观其目，小米以《临安志》赠之，遂为之作目录序。小米之藏书，分经、史、子、集四部，部各有子目，而凡所考证其书之佳否真伪，及得书之缘起，自注于上方甚详，且秩然有条理也。

丁小疋藏书多黏纸

丁杰，字升衢，号小山，又号小疋，归安人。少贫不能得书，日就书肆读之，自朝至晡以为常。肆主悯之，为具食，不食也。久之，博学多通。乾隆乙未举于乡，入都，交朱竹君、卢召弓、戴东原、程易畴诸人，学益进，聚书益多。乾隆辛丑成进士，得县令，以亲老，改儒官，遂为宁波府学教授。所藏书，皆手自审定，博稽他本同异，以纸反复细书，下签其中。孙颐谷侍御志祖尝戏之云：“君书颇不易读，遇风，纸辄四散，不复可诠次，奈何!”盖小疋宝爱其书，每以厚糨黏纸八九层为面叶底叶，见者辄笑，曰：“此丁氏藏书也。”

小疋在京师时，所居曰“北学斋”，其地在宣武城南，与翁覃溪对门而居，无日不相过从，共几展卷，审正罅漏。每竟一编，校签细字，压黏倍其原书，皆目光髯影栩栩飞动处所定也。

顾文宁曝书有感

顾文宁，名士荣。富藏书，尝与王柳南同订《海虞诗苑》。其《曝书有感》云：“玄蝉噪薰风，嘒嘒庭前木。晴牕白昼长，赤日盛炎熇。不暇傲羲皇，且抱残编曝。芸馥当风散，衣鱼随手扑。破损感年深，校阅怜毫秃。不惜倾囊购，不辞胝手录。夸人未全贫，堆床尚连屋。世缘已渐忘，爱此犹骨肉。身后无可授，生前不能读。展看三太息，将入阿谁目？有聚应有散，此理筹之熟。自笑尚忘疲，检点乃归椟。”

杨复吉藏《浮溪文粹》

宋汪彦章《浮溪文粹》，明初板，以茧纸印之，颇工致，后附罗鄂州遗文二篇。乾隆庚辰，杨复吉购之于张损持太史之裔。又周霆震《石初集》，较他本几倍蓰，损持官兴国时所抄。壬寅，鲍渌饮访杨，见而爱之，杨因持以为赠。后有《元文选》之役，向渌饮索之，久而无以报也。

秦敦夫藏书于石砚斋

秦敦夫太史恩复，江都人，乾隆丁未进士，官编修。壮年引疾，优游林下者三四十年，所居曰“玉笥仙馆”。读书好古，蓄书之处曰“石砚斋”，达数万卷，日夕检校，丹黄不去手，一字之误，必求善本是正。

顾涧蘋尝入其石砚斋，观所藏秘笈，并示以新编书目上下二卷，寻览既周，叹其体制之善也而言曰：“由宋以降，板刻众矣。

同是一书，用校异本，无弗敻若径庭者。每见藏书家目录，经某书、史某书云云，而某书之何本，漫不可别识。今此目创为一格，各以入录之本评注于下，既使读者于开卷间目瞭心通，而据以考信，遂不啻烛照数计。”

江子屏藏善本书

江子屏，名藩，甘泉人。藏善本书甚多，岁歉，持以易米，念之心恻，自记以文，属吴嵩梁为赋诗。诗曰：“藏书八万卷，读书三十年。躬耕无一亩，卖文无一钱。吾侪抱书死亦得，忍令儒林少颜色？高堂况有垂白亲，负米穷途感晨夕。元抄宋椠连签厨，全家不饱惟自娱。一朝割爱换升斗，十年感旧增欷歔。”

王述庵富藏书

青浦王述庵侍郎昶，富藏书。有一印，文云：“二万卷，书可贵。一千通，金石备。购且藏，剧劳勚。愿后人，勤讲肄。敷文章，明义理，习典故，兼游艺。时整齐，勿废置。如不材，敢卖弃，是非人，犬豕类。屏出族，加鞭棰。”

刘疏雨以藏书自任

刘疏雨，名桐，乌程贡生。雄于赀，而多家累，年未三十，即弃举业，远游于楚。张鉴课诵其家，积十余载之久，疏雨归，则与之谈杭州谷林堂赵氏、扬州玲珑山馆马氏之耽书好客，未尝不神往焉。乾隆壬子、癸丑间，疏雨既以藏书自任，湖州固多贾客，织里一乡，居者皆以佣书为业，出则扁舟孤棹，举凡平江远近数百里之间，简籍不胫而走。其时自元代以来，几四百载，上至都门，下逮海舶，苟得一善本，蛛丝马迹，辄缘沿而购取之。故吴门萃古斋既名闻当宁，而下此如朱竹垞《经义考》所云之坊朋贾友，亦不可胜数矣。

疏雨既好书，而张又适馆其家，堂构闲旷，夏秋之交，恒设长筵广座，名花异卉，骈列左右，主人命门者广延客，呼俦啸侣，至即十余辈。张于课暇，亦相与商榷是非。书既山积，真赝参半，鉴别不易。其时同人之交疏雨者，如杨秋室、范白舫、计秋琴、蒋嗜山者，间亦相与过从。或有所得，辄传观，互为赏析。自是而疏雨之书，固已不啻数万卷矣。如是者有年，适卢氏抱经堂、吴氏瓶花斋雠校精本，散出四方，于是疏雨所收之富，又逾于前。癸亥秋，遽归道山。其家不能收拾，子幼，为人所惑，举十余万卷之书，一旦畀之他人。秋室题其身前《访书图》云："自古图书厄，多经劫火亡。未闻豪贾夺，举作债家偿。"诚实录也。

吴兔床藏书于拜经楼

海宁藏书家，旧称道古楼马氏、得树楼查氏。吴兔床祖籍休宁，流寓海宁尖山之阳，曰新仓里。时值马、查遗书散布人间，偶得其残帙，每系跋语，以寄慨慕。博综好古，勤于搜讨，与同邑周松霭、陈兰庄赏奇析疑，获一秘册，则共为题识歌诗以纪其事，且于吴门、武林诸藏书家互相抄校。临江乡魏小洲得蜀石经《毛诗》残序，为摹副本，并著《考异》二卷。得宋椠百家注《东坡集》，钱晓征寿吴槎客七十诗所谓"手摹离墨前朝字，家有淳熙善本书"是也。又尝得宋本《咸淳临安志》九十一卷、《乾道志》三卷、《淳祐志》六卷，刻一印曰"临安志百卷人家"。

兔床既笃嗜典籍，遇善本，辄倾囊购之弗惜，所得不下五万卷。筑拜经楼藏之，晨夕坐楼中，展诵摩挲，非同志不得登也。

子寿照，字南辉，号小尹，乾隆丙午举于乡。寿旸，字虞臣，兔床以宋椠百家注《东坡集》授之，因自号"苏阁"，取拜经楼书有题跋者，手录成帙，为《题跋记》。虞臣子之淳，诸生，亦能守遗籍，校读不倦。海宁乾、嘉间百年以来之藏书家，若前步桥许氏之惇叙楼，遗籍荡然，楼亦毁矣；胡陈村胡氏华鄂堂所藏，仅有存者；独拜经楼完好无恙，盖贤子孙善守之效也。

曹种水抄书千百册

曹种水明经言纯弱冠后，专心词章之学。家苦无书，尝借人书籍，节取其精华，蝇头细书，三十余年，无虑千百册。钱警石尝劝其仿庾仲容手抄马元会《意林》，钩元提要，汇为一编，种水颔之而未暇为也。

何梦华藏书多善本

乾、嘉间，钱塘有何梦华上舍元锡者，精于目录之学。家多善本，纸墨古雅。嗜古成癖，素有狂疾。其姬人媚兰，故大家青衣也，梦华嬖之。吴江郭频伽上舍麐《怀梦华》诗云："如愿拌偿十斛珠，牙签围住万蟫鱼。莫言狂疾无灵药，新得佳人未见书。"后游粤，客死。

陈子准藏书于稽瑞楼

苏州藏书家以常熟为最。常熟有二派：一专收宋椠，始于钱氏绛云楼、毛氏汲古阁，而席玉照殿之；一专收精抄，亦始于毛及钱遵王、陆孟凫，而曹彬侯殿之。乾、嘉时，滋兰堂肆主朱白堤及伙钱听默，能视装潢线订，即知为某氏所藏本。嘉庆时，陈子准、张金吾并以藏书称。金吾之书及身而散；子准无子，殁后书亦尽散。翁文端公心存与子准厚，既恤其身后，乃以重值收其藏本，仅得三四，散失者已不少矣。子准名揆，常熟人，藏书之处曰"稽瑞楼"。

彭桐桥藏书于此静坐斋

彭桐桥见善本书，必倾囊典衣以购之。乾、嘉间，幕于外，虽数千百里，必挟书以出，所得幕俸，必购书，于是陆则汗牛马，水则滞舟楫，行旅之费，倍于他人，比抵家而囊将罄矣。如是者三十余年，积书数万册，乃筑"此静坐斋"以藏之。斋三楹，南向、北向者亦三楹。斋之后层楼三楹，以国朝御制、钦定、御批诸书藏于楼之中央。楼之东西两楹，凡各家校刊之十三经与夫历代经解、五经总义、四书、小学之类皆附焉。斋之中，则历代诸子，凡儒家、墨家、医家、兵农家、刑法家与夫天文、算法、术数、谱录、小说之类皆附焉。北向三楹，则历代正集、别集、总集、诗文评选、词曲评选之类皆附焉。登斯斋者，如访酉阳之逸典，如发宛委之遗文，如紬金匮石室之藏，如探天禄兰台之秘，展阅之下，不禁有观止之叹也。

姚姬传自谓生平亦有此好，以收藏少，又不能多携行箧，在旅馆，必借观于人。而桐桥又喜假与姚，因子至其斋，或检某书，或检某故事，桐桥告其子曰："在某架某部第几册第几卷。"不差毫发。盖桐桥之书，皆亲自校订，丹黄并下，故能熟记若此。至其装潢之制，每册厚过寸余，每册之跟，自书精楷以表之，翻阅既久，犹一无所损也。

成亲王藏书于诒晋斋

成亲王永瑆，藏书于其邸之诒晋斋，以经史子集次其目，题以长句云："锦轴牙签富自夸，深居也说积书家。空巢未肯从东野，拈买犹须叹浣花。检处荧荧银烛短，收时故故玉琴斜。甄琛博物伊何有，政可惭人惠子车。"其所藏宋本《梦溪笔谈》，有"皇十一子诒晋斋印"朱记，宋刻温公《书仪》，有"永瑆私印""皇子永瑆之印"朱记。王为高宗第十一子。

果恭亲王富藏书

果恭亲王，名弘瞻，世宗第七子，富藏书。幼受业于沈文悫公德潜，善诗词。嗣王允礼亦工词翰。其后书亦散佚。宝名堂周氏尝购得果王书二千余套，列架而陈之。其书装潢精丽，皆钤图记。

孙退谷藏元板《春秋纂例》，有"果亲王府图籍"朱文方印、

“果亲王点定”朱文长印；又元版《南史》，有“果亲王府图记”朱文长印。

法时帆藏书于梧门书屋

法时帆居京师厚载门北，有诗龛及梧门书屋，藏书数万卷，莳竹数百本，寒声疏影，翛然如在岩壑间。

嘉庆某岁正月，时帆至琉璃厂，于庙市书摊买宋、明实录一大捆，虽不全，实秘本也。又得宋、元人各集，皆自《永乐大典》采入《四库》者。宋集三十二种，统计八百二十三卷。外附《卢山集》五卷，元董嗣杲撰；《英溪集》一卷，不著撰者姓氏。书写不工，似为未及校对之本。有人许易二千金，时帆靳弗予也。

阿某藏宋版《韵宝》

嘉庆时，内务府孝廉阿某家，曾藏宋版《韵宝》一函，每字皆分真草，前后无序跋，惟有监修、校刊二衔名，一名陈汶，一名赵与懃。

倪迂村藏书于江上云林阁

望江倪迂村教授模居大雷岸，其读书之草堂，距家三里，正面建德诸山，屋旁即雷港也，洪稚存以“二水山房”颜之。草堂后小阁七间，积书至五万卷，金石千余卷。

嘉庆丁巳，迂村曾有《经锄堂各架藏书序》。庚申，构“江上云林阁”，庋书十二厨。尝自谓弱冠时，江乡僻壤，闻见无多。年三十一入都，每见宋、元善本，不惜重价购之。教习官学时，与洪稚存、孙渊如诸人交，得秘本，必假以雠校。其在京师也，琉璃厂载籍甫到，辄购之，赢六万余卷。及官凤阳教授十二年，所积益多。

汪孟慈藏书于周玉齐金汉石之馆

汪容甫晚而得子喜荀，即孟慈太守初名“喜孙”者是也。虑其为俗学所囿，乃自次其藏书数万卷畀之。所藏处曰“周玉齐金汉石之馆”，中有宋本《毛诗》。

陈仲鱼藏书于向山阁

陈仲鱼征君鳣，于嘉庆丙辰举孝廉方正，戊午中举人。生平专心训诂之学，尝与钱竹汀、翁覃溪、段懋堂抽甲库之秘，质疑问难以为乐。晚客吴门，闻黄荛圃百宋一廛之九经、三传多异本，于是欣然定交，互携宋抄、元刻，往复易校，疏其异同，精审确凿，其功与考定石经无以异。暮年归隐紫薇讲舍，手自抄撮成书，凡十有九篇，署曰《经籍跋文》。其藏书之处曰“向山阁”。

袁绶阶藏书于红蕙山房

吴县袁绶阶上舍廷寿，居苏州枫桥五研楼，蓄书万卷，皆宋椠、元刻，秘笈精抄。暇日坐楼中，甲乙校雠，丹黄不去手。旋得徐健庵尚书留植于金氏听涛阁之红蕙，种之阶前，因名其室曰“红蕙山房”，四方名流，莫不拏舟过访。性好读书，不治生产，坐是中落，奔走江浙间，年四十有七而卒。

许周生藏书于鉴止水斋

许周生兵部宗彦寡嗜好，惟喜购异书，不惜重价，藏弆满楼。于书无所不读，实事求是，旁及道经释典、名物象数，必殚其奥而后已。其藏书之室曰“鉴止水斋”。

顾涧蘋喜校书

元和顾广圻，字千里，以字行，号涧蘋。喜校书，皆有依据，绝不凿空。其持论，谓凡天下书皆当以不校校之，盖深有取于邢子才“日思误书更是一适”语也，因自号“思适居士”。

涧蘋尝语黄荛圃主政丕烈曰：“有宋刻《鉴诫录》，为程念鞠豪夺以去，此事逾二十年矣。念鞠秘不示人，余虽识念鞠，未便索观也。近念鞠宦游江西，家中书籍大半散佚，惟此书尚宝藏。余谋之书贾之素与往来者，久而始得其书，索白镪三十金。余爱之甚，易以番钱三十三圆。书计五十七叶，题跋一叶，以叶论钱，每叶四钱六分，宋刻书之贵，可云贵甚。而余好宋刻书之痴，可云痴绝矣。”时嘉庆甲子正月也。

黄石泉藏书于五桂楼

嘉庆时，余姚黄石泉居南乡之山中，生平酷爱书籍，于故居之前，拓地建五桂楼以藏书。书凡六万卷，储以二十大厨。尝勖其子孙曰：“黄氏经籍，子孙是教。鬻与假人，即为不孝。”然又曰：“后世子姓能读楹书者，可登楼展视。或海内好事有愿窥秘册欲偕登者，亦听之。”

童佛庵所得书有佳本

童铨，字佛庵，仁和诸生。家北郭，贫无余资。性爱古，市集门摊，时时搜访，所得颇有佳本。藏名人小像，多至数十人。有一素册为蠹鱼所蚀，其凿空处，皆肖蝶形，殆天巧也，郭频伽尝以《齐天乐》词写之。年七十余，赋诗而逝，有“化魂愿化庄周蝶，只恋书香不恋花”句。

陈兰邻藏书于带经堂

《带经堂书目》五卷，陈兰邻大令征芝纪所藏书也。陆存斋观察心源至闽，访陈氏后人，仅得张清子《周易纂注》、金仁山《尚书注》、杨仲良《长编纪事本末》三书，余皆不可得。其孙星村亦略知书，询以各种秘册，则云：“最秘之本，先人尝别储一楼，为虫蚀尽，或当在其中。”周季贶大守谓《书目》为星村所伪造，然如《梁溪集》《玉堂集》等，皆注明藏印及序人姓名，恐非伪造也。

陆香圃藏书于寓赏楼

萧山陆香圃，名芝荣。居寓赏楼，多藏书，抄影善本之富，嘉庆朝为第一。盖不惜工赀，四方书贾，云集辐辏，故插架初印之元、明板本，所藏乃遂多。

阮文达建灵隐书藏

嘉庆己巳，杭州刻朱文正公、翁覃溪、法时帆诸集，覃溪寓书于紫阳院长石琢堂曰："为我置《复初斋集》一部于灵隐。"时阮文达官浙，乃与同人议曰："史迁之书，藏之名山，副在京师；白少傅分藏其集于东林诸寺；孙洙得《古文苑》于佛龛，皆因宽闲远僻之地，可传久也。今盍使凡愿以其所著、所刊、所写、所藏之书藏灵隐者，皆裒之，其为藏也大矣。"乃于大悲阁后造木厨，以唐人"鹫岭郁岧峣"诗字编为号，送云林寺玉峰、偶然二僧，簿录管钥之。

阮文达建焦山书藏

嘉庆癸酉春，阮文达转漕于扬子江口，焦山诗僧借庵、巨超，翠屏洲诗人王柳村，豫至瓜洲舟次，论诗之暇，及藏书事，遂议于焦山立书藏。以《瘗鹤铭》"相此胎禽"七十四字编号，属借庵簿录管钥，一如灵隐。

周玉井藏书于著书斋

周莲，字同子，一字芼兮，号玉井，又号松霭，晚号黍谷居士。多藏书，所居曰"著书斋"，终岁不扫除，凝尘满室，插架环列，卧起其中者三十余年。一日，青镇鲍渌饮、新仓吴兔床过访之，谈及宋刻陶诗真本，序末标"汤汉"，谓不知何许人。玉井便拍案称好书，且告以《宋史》有传，《文献通考》著录。渌饮爽然若失。玉井乃叩以陶集携行箧否，则答云："送海盐张芑堂矣。”重午，即从芑堂借观。芑堂见书破碎，而装面用金粟笺，疑为秘册，索还甚急。赖张佩兼调停，出叶元卿梦笔生花大圆墨重一斤者易之，阅两年而议始定。

玉井既得宋刻陶诗，乃与宋刻礼书并储一室，颜之曰“礼陶斋”，秘不示人，欲以殉葬。其缄于陶诗之印，有“周春松霭”“海宁周氏家藏”“著书斋”“松声山房”“子孙世昌”“自谓是羲皇上人”“内乐村农”等印。

严铁桥藏书于芳椒堂

乌程严元照，字久能，号铁桥，县学生。居苕溪芳椒堂，富收藏，聚书数万卷，多宋、元椠本。

铁桥年及冠，即好宋椠书。杭州汪氏藏宋椠本二十册，索值五百金，爱甚，必欲得之。求之急，索直廿六万钱。议既定，顾无从得钱，乃尽卖家所有书，得钱畀之。“书癖”之名，遂播于一时。

铁桥尝购得宋张洽《春秋集传》，钱广伯为之作缘，与朱朗斋明经往来书札，皆议价值之多寡。朗斋覆广伯云：“敝居停汪九先生宋板《春秋》一书，当时置本，实系七折钱六十两，前需二百金，不为过多。此书虽缺，究属久佚之遗经，较寻常宋元板书，差为珍重。今读严先生来谕谆谆，意殊可感。若必执意昂价，是属市道，非所以待有道也。但照七折钱六十两之数，断不可少，势不能使九先生亏本以曲从耳。”又复广伯云：“书籍流传，除《兔园册子》外，皆无益于举业者。必谓有益于举业而后当出价购求，而后当宝爱，此语而出自严先生之口，立言为失体矣。要而言之，此书在汪九先生从二百金之价让至六十金，已属减无可减；在严先生从十六千之价加至三十五千，亦属增无可增。今为折中之论，劝严先生再出三千五百文，足成五十五两之数。是否有当，伏乞裁定。”

铁桥尝书宋本《北周书》后云：“宋监本书，虽大板厚纸，有漫漶损缺处，非余所爱重者。偶检《贺兰祥传》，其篇末多出今本六十余字。书贵宋、元本者，非但古色古香，阅之爽心豁目也，即使烂坏不全，鲁鱼弥望，亦仍有绝佳处，略读始能知之。”其姬人张秋月，初字香怜，夙工文艺，体弱善病。幼为长洲嵇文恭公璜家婢，铁桥娶于嵇，遂从嫁。乃援“十六观经，戒香薰修”之语，为之改字曰“香修”，令掌家藏图史，暇时助之校书，凡简端钤“香修”小印，即其手校者也。孙渊如尝于其所藏《集验医方》之简端见之。

鲍渌饮藏书于知不足斋

鲍廷博，字以文，号渌饮，本歙人，以商籍生员寄居杭州，后徙桐乡青镇之杨树湾，遂为桐乡人。家富藏书，尤喜搜罗散佚。乾隆时开四库馆，献书七百种，钦颁《图书集成》。旋刻秘籍数百种，曰《知不足斋丛书》，进呈乙览，宸翰赐题卷首，有“知不足斋奚不足，渴于书籍是贤乎”句。嘉庆癸酉，复以进书，蒙仁宗赏给举人。

渌饮之先人筑室储书，取戴记“学然后知不足”之义，以颜其斋。及读先人遗经，益增广之，即藏书处也。每一过目，即能记其某卷某叶某讹字。有持书来问者，不待翻阅，见其版口，即曰：“此某氏版，某卷刊讹若干字。”历历不爽。

渌饮有子曰士恭，复沉酣不倦，字之曰志祖。盖嗜书累叶如其家者，可谓难矣。乾、嘉之交，近自嘉禾、吴兴，远自大江南北，客有旧藏抄刻异本求售于杭者，必先过渌饮之门。或远不可致，则邮书求之。浙东西诸藏书家，若赵氏小山堂、汪氏振绮堂、吴氏缾花斋、汪氏飞鸿堂、孙氏寿松堂、郑氏二老阁、金氏桐花馆，参合有无，互为借抄。至先哲后人家藏手泽，亦多假录。得则狂喜，如获重货；不得，虽积思累岁月不休。朱文藻馆于振绮堂十余年，借抄之书，皆检集渌饮所刻书，尝预点勘，同嗜好，共甘苦，渌饮以为知之深者，莫朱若也。

渌饮性宽厚，笃于戚友，有贫乏者，必周恤之。稍有蓄积，为刊书所罄。或遇未见之书，必典衣购之。友朋之贫而好学者，每以全部丛书赠之。浙江书肆以丛书与各种秘书售人，约不时偿价，有负至数十金者，察其贫，不索也。

周香岩识古书

黄荛圃买书，得萃古斋所让至《吴志》宋椠本，始犹惜是未全之书，及阅其目录、牒文，自一卷至十卷，分为上袟，十一卷至二十卷，分为下袟，并载中书门下牒一通，乃知此书非不全者，汲古、述古两家书目，皆载有《吴志》二十卷，特世人不知耳。明日，访海宁陈仲鱼，借其津逮舫，同至水月亭访周香岩。香岩识古书，为当时巨擘，曰："此为专刻无疑。未见书之必归于读未见书斋，何巧乃尔。"相与谈笑而别。

嘉庆壬申五月十一日，为荛圃五十初度，香岩以所藏有翰林国史院官书朱印之《姚少监文集》为寿，札云："尚是宋版宋印，且有元官印可宝，聊以当祝。"香岩喜藏书，及年已逾七十，知有同嗜，踪迹甚密，每购一书，必往借所藏秘本以证之。香岩，名锡瓒，一号漪塘，居苏州阊门外马铺桥。

周谢盦藏书多善本

吴中藏书之富，以朱氏、黄氏为最，而枫江周氏足与之埒。若研六居士周谢盦者，自其尊人漪塘已癖好聚书，以故家多善本，钱辛楣、段茂堂常与过从借阅。传至谢盦，好之弥笃，丹黄校勘，无间寒暑。久之，家中落，宋、元椠本及精抄秘本，渐为豪者饵去矣。

黎雪楼多蓄典籍

黎雪楼归自桐乡，多蓄典籍，郑子尹以甥行学于舅家。嘉庆己卯，自天旺依其外祖静弼于斤竹溪上，读书恒达旦夕，肘不离案，衣不解带。瓮安赵禹门孝廉本敖赠句云："人因好读老，家为买书贫。"

黄荛圃藏书于士礼居

本朝南北收藏家，其于古书面目、版本、源流深知笃嗜者，颇不乏人，要必以黄荛圃为巨擘焉。自潘文勤搜刻《士礼居题跋》于始，江建霞又为续刊，编辑年谱，好古之家，得其校本，竟同宋元同珍。其手跋诸本，不下二十余部，皆文勤、建霞所未刊者。又于影宋抄本《蔡中郎集》，有一小印曰"承之"，与丕烈印并列，亦文勤、建霞所未知。荛圃多记吴下故家聚散之缘，与一时经眼之录，闻其手稿为归安陆心源所得，《仪顾堂题跋》多本其语，陆因之靳不示人，荛圃此书，同有休宁《河渠》之厄矣。

荛圃初得一书，即加题跋，隔日出观，又为续之，尝有一本而续至四五首者，甘苦自知，寸心如见。即其书法，亦能一空倚傍，苍秀绝伦，殊不容有人作伪也。间题小诗，或以纪缘，或以写怀。盖其欢愉之思、悲愤之怀，无不寄之于露抄雪购、手校目诵之中也。

荛圃尝购得宋刻百余种，学士顾莼为之颜其室曰百宋一廛，顾千里为之赋，而荛圃自疏所藏于下。吴兔床拟作千元十驾以敌之，意盖欲广购元椠佳本，取《荀子》驽马十驾之意，颜所居曰"千元十驾"，戏占长句戏荛圃，并示陈仲鱼。

荛圃尝得虞山毛氏藏北宋本陶诗，继又得南宋本汤氏注陶诗，乃大喜，又名其居曰"陶陶室"。饮酒，属王惕甫为记，未及为也。后二年，又得南宋本施、顾两家注东坡和陶诗，于是复饮荛圃家，而卒为之记曰："今天下好宋板书，未有如荛圃者也。荛圃非惟好之，实能读之，于其板本之后先，篇第之多寡，音训之异同，字画之增损，及其授受源流，翻摹本末，下至行幅之疏密广狭，装缀之精粗敝好，莫不心营目识，条分缕析，积晦明风雨之勤，夺饮食男女之欲，以沉冥其中。荛圃亦时自笑也，故尝自号‘佞宋主人’。”

荛圃自嘉庆辛酉至辛未，岁常祭书于读未见书斋，后辍而不为。丙子除夕，又祭于士礼居，前后皆为之图。

苏州任蒋桥顾氏有宋刻《吴郡志》，荛圃闻之，倩人访求，得诸华阳桥顾听玉家。华阳，即任蒋分支也。听玉之祖雨时亦喜蓄异书，辄手自雠勘。

顾步岩藏书于乐书斋

顾阶升，字步岩。家故素封，独无所慕，惟以图籍、法书、名画自娱。所居乐书斋，插架者万余卷。遇一编，能识其刊刻、抄录、收藏之所自。贾客挟册至门者，为审真赝、品高下，判若黑白，无不相顾愕眙以去。

陈和叔尝病《宋史》之繁，而临川旧本及祥符王仲稿本皆不传也，欲重删修以成一家言，而苦考证之书不具备，步岩辄按其目所征求者，悉举以畀之。

步岩有子名应昌，字殿舍，号桐井，行第五，又自号五痴。承其父之遗书，又从而增益之，故所藏甚富。知黄荛圃好之笃，虽一鳞片甲，亦自侈为奇宝。尝出破书一束指示荛圃曰：“此绛云楼余烬也。”荛圃开卷，知为宋刻《白氏文集》，述古堂中物也。卷中烧痕尚在，通册又似经水湿者，荛圃乃叹曰：“天下奇书，何厄于水火之甚耶!”

李鹿山藏书多善本

泉州李中丞馥抚浙时，收书极富，一时善本，齐入曹仓。每册皆有图记，曰“曾在李鹿山处”。

路闰生藏书丧于水

盩厔路闰生，名德，八股名家也。官翰林时，尝载图书百余种以归，入龙门硖（古同“峡”），大风卷水，舟为之覆，悉化为乌有。路恒郁郁，以为天之将丧斯文也。

瞿荫棠藏书于恬裕斋

出常熟宾汤门十里，有塘曰南塘，辛峰左峙，清水东潴，有村曰罟里，沃壤千畦，桑竹弥望，瞿荫棠学博绍基实隐居于是，恬裕斋为其藏书之所也。荫棠以明经授广文，一试职，即归隐。读书乐道，广购四部，旁搜金石。历十年，积书十万余卷，昕夕穷览，尝绘《检书图》以寓志。时在嘉、道间，城中稽瑞楼、爱日楼两家竞事储藏，先后废散，复遴其宋、元善本为世所珍者，拔十之五，增置插架，由是恬裕斋藏书遂甲于吴中。

瞿子雍藏书于铁琴铜剑楼

瞿子雍明经镛，自其先德构铁琴铜剑楼以藏书，所庋者皆宋、元旧刻暨旧抄之本，至明而止，则从邑中及郡城故家，辗转搜罗，卷逾十万。有藏书目录，既列其目，而每书之后，必载其行款，陈其同异，以见宋、元本之至善，教子孙以长守也。

汪阆源藏书于艺芸精舍

汪阆源藏书甚富，皆得之于黄荛圃。所庋之室为艺芸精舍，取宋、元本别编其目，各成一册。以顾涧蘋究心于此，出以示之。涧蘋乃曰："宋、元本之可贵，前人所论綦详，收藏家罔不宝之。而近世称鉴别精审、网罗广博者，惟钱遵王、毛斧季（子晋之子。）数子而已。"阆源夙具神解，凡于有版以来之官私刊本，支流派别，心开目瞭，而又嗜好所至，专壹在兹，仰取俯拾，兼收并蓄，挥斥多金，曾不厌倦。以故郡中有名秘笈，搜求略遍，远近风闻，挟册趋门，朝夕相继。如是累稔，其目所列宋若干种，元若干种，既精既博，海内好古敏求之士，未能或之先也。

又曰："天水、蒙古两朝，自秘阁兴文以暨家塾坊场、儒学书院，雕镂印造，四部咸备，往往可考，固无书无地无人，不皆宋、元本也。其距今远者，甫八百余年，近者且不足五百年，而天壤乃已万不存一。虽常熟之钱、毛，泰兴之季，昆山之徐，尚著于录者，亦十不存二三矣。”

阆源起家布商，居山塘，阮文达尝书联赠之云：“种树如培佳子弟，拥书权拜小诸侯。”粤寇至，宋、元善本悉为邻人所盗，不可踪迹矣。

葛香士藏书于澄波皓月楼

葛香士好古书，又尝得天圣李季所编《乾象通鉴》等八种，皆写本。其藏书之所，为“澄波皓月楼”。楼据销夏湾之胜，前荡洪波，卻负崇巘，缨岚带阜，云谲波诡。因凿楼之两壁以藏书，书凡数万卷。道光壬午，张鉴尝访之。每当楸桐负日，桂笋寻波，游观既倦，爇烛继晷。其书经史骈罗，部帙峻整，集旧者辨其薰莸，版新者慎其鱼虎，自甲而丙而丁，依四部例，悉著于目。他若凤馆之新章，兔园之秘册，咸不与焉。

张子和藏书于小嫏嬛福地

张燮，字子和，昭文人。乾隆癸丑进士，官至宁绍台兵备道。其藏书处曰“小嫏嬛福地”，印记累累，不减项子京，曰“虞山张氏”，曰“琴川张氏”，曰“清河伯子”，曰“萝蘑亭长”，曰“张氏图籍”，曰“芙川鉴定”，曰“曾藏张蓉镜家”，曰“芙川张蓉镜心赏”，曰“虞山张蓉镜鉴藏”，曰“虞山张蓉镜鉴定宋刻善本”，曰“小嫏嬛福地”，曰“小嫏嬛清秘张氏收藏”，曰“在处有神物护持”。又曰“一种心勤是读书”，则芙初女史印也。芙初为子和之子妇，曰姚畹贞，俪于芙川。夫妇又有藏书印，曰“双芙阁”。

芙初有题宋刻《刘后村集》残本诗云：“墨林万卷劫灰馀，古本流传此绝希。八十诗翁高格调，伊川击壤想依稀。”“泼墨熏香绣懒拈，芸编珍重展瑶笺。好花明月原无主，自取猩红小印钤。”又跋云：“道光戊子二月，花朝琴川女士姚畹贞芙初氏，时年二十六岁，寒云凄雨，病榻淹缠，腕弱字劣，不计工拙也，无虚佳日而已。”

曾勉士嗜蓄书

曾勉士嗜蓄书，得数万卷，杂置厅事。其父诏之曰：“汝蓄书，亦知蓄众而城守乎？数仞之墉，百雉之堞，枪雷椎桲之属遍其下，寇环而攻之，物未尽而城已破，是物非人力弗用也。大黄之弓，未尝不雨射也，巡儿之卒自若；聚欜之声，未尝废闻也，然军法驱之久斯困，困斯怨，怨斯解，是力非心弗永也。且夫环十里而城角罘罳数千百，分守则力不给，合之应援将弗及，势必危。势危而犹急其力，不叛则亡。夫读书亦若是焉已矣。蓄而弗力学，犹弗蓄也；力学而弗心得，犹弗力也。汝其勉治汝心。”勉士谨志之。勉士名钊，南海人，道光乙酉拔贡生。

李修林藏书四千七百种

上海李修林典籍筠嘉藏书甚富，精于校勘，多至四千七百种，论议胪注至三十九万言。承平之风烈，与鄞范氏、歙汪氏、杭州吴氏、鲍氏，相辉映于八九十年之间，而犹自恨生晚，不获献书于高宗朝也。道光丙戌六月卒。

钱警石有藏书述

钱警石训导泰吉，尝自述其藏书之始末曰：“余六经粗毕，先大夫曰：‘我有书数千卷，在吴桥县王氏，当取以畀尔。’迨先大夫丧归，过吴桥县之连儿窝，王氏以书来归，遂携以南，签排甲乙。先宜人顾而喜曰：‘儿好书，可以毕父兄之志矣。惜吾家耆英堂数万卷，尽属他姓，否则恣所浏览也。’岁丁卯，世父得语溪吴氏黄叶村庄藏书，尽举以赐。从兄衎石赠以《通典》《通考》、南昌新刊《十三经注疏》，从父中丞公又赐胡氏所刊《通鉴》《文选》。三十年来，遇善本，非力所不能得，必购藏焉。今虽不及储藏家十分之一，而学舍中一堂之二内所以充栋者，皆书也。”

道光丁亥，警石始为海宁州训导，先世遗书万余卷，尽携之学舍中。取仇山村“官冷身闲可读书”之句，以名其斋，于是有《冷斋勘书图》。

张金吾藏书于爱日精庐

道光时，昭文张金吾多藏书，其室曰“爱日精庐”，多至八万余卷。尝刊行《资治通鉴长编》等书。

马二槎藏书于汉晋斋

陈仲鱼征君鳣向山阁藏书，大半归马二槎上舍瀛。其《吟香仙馆书目》，多世所未见之本，有宋本《汉书》《晋书》，因以“汉晋”名其斋。《晋书》为天籁阁故物，有王弇州手抄补阙之卷，真书林瓌宝也。

甘梦六藏书于津逮楼

甘福，字德基，号梦六，江宁人。生平嗜学慕古，蓄书极富，至今谈收藏者，犹称甘氏津逮楼。盖继其尊人遴士之志，而累有增益，故能有十余万卷之多。

章益斋抄书

章益斋年逾古稀，抄书不辍。尝抄《乐书》全部，影宋精绝，凡一千二百余叶。以旧藏为宋本，更假东津亭马氏所藏宋本校正，阅两年而成。其中图谱，多其长子妇所绘，钱九山文学善扬之女也。自陆瓠尊下世，劬书者，以益斋为鲁灵光矣。

胡篴江藏书于小重山馆

《毛诗要义》有钱梦庐跋云：“魏鹤山《九经要义》，《四库全书》载《周易》《仪礼》尚是全帙，《尚书》《春秋》皆非完本。阮文达得《尚书》三卷，即《四库》所阙之卷。又《礼记》三十一卷，首阙《曲礼》上下二卷。其余四经，竟无从咨访矣。康熙壬辰仲春，篴江婿不惜重值，购得宋椠《毛诗要义》，首尾完整，触手如新，为曹楝亭旧藏，真希世之秘笈也。”篴江，为胡惠墉，平湖人，道光时藏书家，其藏书之室曰“小重山馆”。

赵文恪论宋板书

武陵赵文恪公慎畛精鉴别，其论宋板书也，尝曰：“凡宋板书，鱼尾下不刊印书名，间有之，非篇篇有也，有之亦非真书，但行书耳。编流水页数在鱼尾上下不一，或有编行书流水页数于页末界画外者。古装潢书籍，用长编，非如今之折叠。又上下界画，仅一线墨，无二线墨。各行字数亦参差不齐。”

仙居杨氏藏思宗实录

道光末，仙居杨氏藏《明思宗实录》七十六轴，修录者为倪元璐。其录皆以青布写之，坚厚光洁，炫耀人目。每轴长二丈五尺，写三千字，两端裱以锦，如卷子然。或谓思宗密诏，皆以青布书之，上钤朱砂御玺，乃命近侍至台阁，经诸相跪读，然后别以青布一轴誊正，藏之谨身殿后，谓虽年湮代久，亦不易坏。洎倪赐缳，此举遂罢，仍以佳纸写之。

计二田藏书于泽存楼

秀水计二田以所受于其父慕云之藏书，筑泽存楼以庋之，缩衣节食，引而弗替。凡得自书贾、书船以及鲍渌饮家所借抄者，总经史子集，为卷六万二千有奇。张鉴尝曰：“余自束发至南北，舟车所接，皆藉书卷为淹滞。而旋聚旋散，不胜飘风好鸟之叹。就所见瓶花斋书之散，眠琴山馆得其《苕溪集》，德清许周生得其《隶释》《隶续》，皆旧抄本。小山堂书之散，于友人处见蜀石经《毛诗》残帙，急劝鬻之，为黄荛圃所夺。天籁阁书之散，则字画多于卷籍，《神仙起居注》其一也。曝书亭书之散，于吴门书肆买得《北盟会编》，前有‘竹垞著录之一’之印。”二田，名光炘，字曦伯。

刘燕庭购汇集宋本

钱警石少时阅《读书敏求记》，心羡百衲《史记》，恨不得见。道光戊申初夏，诸城刘燕庭方伯喜海言于庙市，购汇集宋本，每卷多有季沧苇名字印，当效钱遵王为之者。一南渡以前本，但有《集解》；一本兼有《索隐》，“恒”字、“慎”字缺笔，当是南宋本。一本卷尾有“建安蔡梦弼傅卿谨案，京蜀诸本校理寘梓于东塾”二十字。燕庭，为文正公统勋曾孙，文清公墉孙。官浙藩时，以风雅好古，为某中丞劾罢。

邵蕙西藏书

仁和邵蕙西，名懿辰。初以中书直军机处，至刑部员外郎。居京师时，藏书甚富，案头置《四库全书简明目录》一部，所见宋、元旧刻本、抄本，辄手记于各书之下，以备校勘。且时偕梅伯言过厂肆买书。

叶润臣有十万卷

汉阳叶润臣侍读名澧官京师时，居虎坊桥西纪文达故宅，因著《桥西杂记》。守其父东乡封翁志诜之遗书，有十万卷。尝语邵蕙西曰：“彭文勤公尝诋《读书敏求记》染骨董家气，我辈读书，当用力于其大者，未可蹈此弊也。后阅钱警石《暴（曝）书杂记》，引郑康成《戒子书》‘吾家旧贫，不为父母昆弟所容’。康成大儒，不应出此语。考元刻《后汉书》康成本传，无‘不’字，与唐史承节所撰《郑公碑》合，今本乃传刻之误。此校书之有功于先贤者，始悔前言之陋也。”其家藏印，曰“叶志诜及见记”，又“叶名琛、名澧兄弟同鉴定”二印。

韩泰华藏书于玉雨堂

韩泰华，仁和人。尝官潼关道，晚年侨居江宁，筑玉雨堂以藏书，有元人集百余种，皆传抄精本，或《四库》所无而元刊仅存者。尝欲集元选以十家作一集，道光庚戌，首集成，即毁于兵。其所著《无事为福斋随笔》云：“《金石录》，明以来多传抄，惟雅雨堂刻之。阮文达有宋椠本十卷，即《读书敏求记》所载者。文达自抚浙至入阁，恒携以自随。一日书贾来售，惊喜欲狂，余得之，亦刻‘金石录十卷人家’小印。”

天马山周氏为藏书旧家

国初松江天马山周氏，以藏书闻于海内。乾隆朝，诏搜天下遗书，周献书数十种，皆海宇希见本。朝旨收二三种，赐“藏书旧家”四字额旌之，余书俱发还。然因索费昂，不敢领。其未献者，则筑楼庋之，任人观览。道光时，裔孙某性风雅，好宾客，凡至山阅书者，必款以茗饵。及粤寇至，则尽付一炬，惟存匾额而已。

沈复粲藏书

越中沈复粲隐于贾，博极群书，收藏甚富。有子名昉，字寄帆。李莼客侍御慈铭有《送寄帆作尉江南》诗云：“尔翁江南沈麟士，穷老抄书八千纸。良田广斥收秘藏，手挈琅嬛付孙子。”

刘宽夫藏书于叠书龛

刘宽夫，名位坦，大兴人。其子铨福，字子重，亦好古，藏书极富。贵筑黄子寿方伯，其女夫也。何子贞太史尝馆于子寿之子再同太史京邸，见宋刊《婚礼备要》《月老新书》《紫云增修校正礼部韵略》，皆宽夫所旧藏。《月老新书》尤为奇秘，子贞因仿吴梅村祭酒体，作长歌一首纪之。再同谓宽夫叠书龛，在城中广济寺，因得河间献王君子馆甎（同“砖”），名其居曰“君子馆甎馆”，又曰“甎祖斋”。所居在琉璃厂相近之后孙公园，其门帖云：“君子馆甎馆，孙公园后园。”

杨端勤藏书

汪阆源观察富藏书，未几而散失。咸丰辛亥、壬子间，往往为聊城杨端勤公以增所得，凡数十万卷，构海源阁藏之，属梅伯言为之记。别辟书室曰“宋存”，则贮宋代旧籍，而以元本、校本、抄本附焉。盖端勤生平无他嗜，惟专一于书也。其子勰卿太史、孙凤阿舍人皆能守之。

道光己酉，端勤购宋本《毛诗》于扬州汪容甫家。辛酉，皖寇犯肥城西境，据其华跗庄陶南山馆者一昼夜，自分珍藏图籍必已尽付劫灰。及寇退，收拾余烬，尚十存五六，而宋元旧椠所焚独多，此本仅存十八至末三卷。然钱遵王有言：“此等书不论其全不全，譬诸藏古玩家，收得柴窑残器半片，便奉为天球拱璧，而况镇库典籍乎？”

金宏（弘）文院刻本，未见流传，盖所刻多译本，宜不见存于中原也。《天禄琳琅》金大定己丑南京路都转运使梁公刊《贞观政要》，此本字宗颜体，刻印精良，与宋版之佳者无异。藏书家知崇宋本，而金版多未之及。盖缘流传实尠、耳目罕经耳。端勤曾藏有金版《道德宝章》。

朱丁袁三家藏书

咸丰时，东南士大夫藏书有名者三人，一仁和朱修伯侍郎学勤，一丰顺丁雨生中丞日昌，一湘潭袁漱六太守芳瑛。朱书多得之于长洲顾氏藝海楼及仁和劳氏丹铅精舍，丁书多得之于上海郁氏宜稼堂，袁书则得之于兰陵孙氏祠堂者十之三，得之于杭州故家者十之二，得之官编修时者十之四五。其后朱书转归丰润张氏，袁书为其子以折阅售之德化李氏，惟丁有子，能守楹书。其次君叔雅主政惠康尝言，某书为宋刻，某书为元椠，某书为某家所抄，某书为某人所校。盖藏书家后人如叔雅者，良不多觏。其家有《持静斋书目》，湘潭叶奂彬主政德辉又别录其宋、元抄本目刻之。

袁漱六藏书于卧雪楼

袁漱六藏书极富，其插架在卧雪楼。黄再同曾见其书目为四大册，《汉书》宋、元刊本多至十许部，余可知矣。李木斋随宦湖南，得其书最多。

朱述之藏书于秦淮水榭

上元朱述之，名绪曾。曾官浙江知县，以研经博物闻名东南。富藏书，著有《读书记》，盖仿《郡斋读书志》之例，而精核过之。

述之之大父云浦年八十时，手写《尔雅》，以为娱老清课。时述之方七龄，即熟诵之。某岁秋日，从父至东园苑家桥，蝉嘒嘒鸣高树，命诵《释虫》篇蜩属，索解不已。述之所居秦淮水榭，藏书十数万卷，丹黄斠画，皆精审。甘石安喜搜乡邦掌故及金石雅训之学，时从讨证。述之辑《金陵诗征》，亦假石安家之津逮楼书。瓻借往还，几于置驿。及官浙，又获抄文澜阁本，故所弆宋、元秘笈，多外间所罕见者。每遇秘笈，凡喜传抄。咸丰癸丑，粤寇陷江宁，时方官浙中，慨收藏之灰烬，因取旅次所存数十簏，日夕关〔阅〕览，掇其大旨，笔于别简。其假自友朋者，亦有题记。

蒋生沐藏书于拜经楼

蒋光煦，字生沐，少孤。其自刻《拜经楼藏书题跋记后序》曰："光煦先人手泽，半为蠹鱼所蚀。顾自幼即好购藏书，三吴间贩书者皆苕人，来则持书入白马太安人，请市焉，辄叹曰：'昔人有言，积金未必能守，积书未必能读。若能读，即为若市。'以故架上书日益积。稍长，欲得旧刻、旧抄本，而苕贾射利之术，往往索时下诸刻与易而益之金，则辗转贸易，所获倍蓰。未几，凡余家旧藏世所恒有之书，易且尽矣。今计先后裒集者，盖得四五万卷。"生沐，道、咸间之海宁人。

潘文勤藏书于滂喜斋

吴县潘文勤公祖荫之藏书亦甚富。光绪癸未，奉讳归吴，延长洲叶鞠裳学使昌炽馆其邸，得尽窥帐秘。宋刻《金石录》十卷，即《读书敏求记》所称冯砚祥家本。宋刻《白氏文集》残本、《后村先生集》残本、《葛归愚集》《淮海居士长短句》，皆黄荛圃旧藏；北宋本《广韵》，则张泽存所刊祖本也。其他高编大册、断璧零缣，皆世间希有之秘。每睹一书，辄为解题，因成《滂喜斋读书记》二卷。

文勤尝以三百金购北宋本《公羊春秋何氏注》一册，语门下士曰："此人世罕见本，吾乃以贱值得之。"光绪乙未，文勤薨，眷属南归，属琉璃厂肆中人为之检点，因成《滂喜斋宋元本书目》一卷。

顾湘舟藏书于别疆园

顾沅，字湘舟，苏州人。所居别疆园，在郡城甫桥西街，富藏书。咸丰庚申，粤寇扰苏，其所藏悉为丁雨生捆载以去。《持静斋书目》所著录者，多其家书也。

季菘耘成藏书志

季菘耘明经锡畴，太仓人。敦品励行，为文师法先正，出入震川、尧峰间。晚年馆于虞山瞿氏。瞿多善本书，得于黄荛圃士礼居者为多。菘耘悉加跋于后，遂成《藏书志》若干卷。咸丰庚申，避粤寇于李墅，抑郁以终，遗书千卷，悉毁于火矣。

胡雨棠藏书于琳琅祕室

胡树声，字震之，又字雨棠，原籍休宁，以父印川业鹾，遂应商籍，补仁和博士弟子员，而居于苏。喜藏书，所购多宋、元旧本，不吝值，或更手自缮录，积至千百卷，乃颜其居曰“琳琅祕室”。

郁泰峰藏书于宜稼堂

郁松年，字万枝，号泰峰，上海恩贡生，饶于财。凡宋人典籍，有未刻或刻而版废者，辄不惜重赀。故黄氏百宋一廛所藏，初归汪阆源，后亦散布而入沪渎矣。

魏鹤山《毛诗要义》三十八卷，阮文达采进遗书时亦未见之，泰峰乃搜获曹楝亭旧弆宋椠本于嘉兴，海内更无第二本，遂卓然为宜稼堂数十宋椠之冠。

莫子偲好古椠

独山莫子偲大令友芝好古椠，生平所见宋、元旧本书不可胜数。曾著《宋元旧本书经眼录》，所载宋椠本四十七种，金、元椠本三十种，明椠本十六种，旧抄本三十八种，悉就同治乙丑迄己巳数岁中客游所见者，或解题，或考其椠抄善劣，或仅记每叶行字数目，或并录其序跋，及经藏家跋语印记，皆经眼时随笔志之，以备省览。子偲世居黔南影山草堂，旧藏粗备。及遭乱，散佚殆尽矣。

同治壬戌初夏，子偲之弟祥芝自祈门至安庆，告子偲曰：“黟县宰张廉臣有唐人写《说文》木部之半，篆体似《美原神泉诗碑》，楷书似唐写佛经。栝棞讳阙而柳卬不阙，例似《开成石经》不避当王之昂，盖在穆宗后人书矣。”子偲因命录副以来。廉臣见祥芝分毫摹似〔儗〕，仓猝不得就，慨然归之。近人获蜀石经残拓，宝过宋椠，矧此千岁秘笈，绝无副迻，直为海内经籍传本之冠，不仅仅压皖中名迹也。廉臣，名仁法，陕西山阳进士。

子偲为曾文正公所契，屡欲官之，不可得。顾乞文正檄，遍访江南遗书，凡平生所见奇书、古碑，辄以类记之，此《过眼录》若干卷之所以成也。

咸丰辛酉八月，文正既克复安庆，部署觕（同“粗”）定，乃从子偲之言，命其采访遗书，商之其弟忠襄，刻《王船山遗书》。既复江宁，开书局于冶城山，延博雅之儒校雠经史，政暇则肩舆经过，谈论移时而去，子偲亦与焉。住冶城者，有南汇张文虎，海宁李善兰、唐仁寿，德清戴望，仪征刘寿曾，宝应刘恭冕，此江南官书局之俶落也。汪颂蔚题《书库抱残图》云：“湘乡相公老开府，手扫欃枪扶日月。郘亭兀兀求遗书，四部先刊甲与乙。”朱孔彰《曾祠百咏》云：“劫历红羊失五车，浓香班马选梨初。欲将节义风天下，先刻船山百卷书。”“落花碧草冶城东，丞相车来访侍中。汉代经生都老去，春光寂寂月华宫。”

王鼎臣藏宋椠《孟子》

好古者重宋板书，不惜以千金、数百金购得一部，则什袭藏之，不轻示人，即自己亦不忍数翻阅也。海宁陈子庄直牧其元每笑其痴，而是时宰昆山之王鼎臣观察定安酷有是癖，得宋椠《孟子》，举以夸陈。陈请一观，则先令人负一椟出，椟启，中藏楠木匣，开匣乃见书。书之纸墨亦古，所刊笔画亦无异于今之监本。陈问之曰：“读此，可增长知慧乎？”曰：“不能。”“可较别本多记数行乎？”曰：“不能。”陈笑曰：“然则不如仍读今监本之为愈耳，奚必费百倍之钱以购此耶！”王恚曰：“君非解人，不可共君赏鉴。”急收弆之。陈大笑而去。

德宗稽古右文

德宗亲政，有意右文之治。元和陆凤石相国润庠，时值南斋，语之曰：“《天禄琳琅》初集之书，向储圆明园，毁于兵火。

二集各书，闻在宫中，汝可诣宫中藏书处试检之。”陆往检，书虽多，俱与二集目录不合。复命，上沉吟良久，曰：“昭德殿尚有书数屋，恐是矣。”昭德殿，宫中最后殿也。翁相国同龢在侧，请与陆同往。殿扃鐍久，凝尘数寸，无从措手足。翁、陆共出银十两，给守殿太监为扫除费。次日复往，则宋、元、明镌本颇多，且有精抄本，然以二集目录证之，亦非也。有旧阉知其事者，谓闻诸前辈，此盖嘉庆初欲编《天禄琳琅》三集而未行者。翁、陆乃择最精数种上呈，置玉案，备乙览焉。（有乾隆朝翰苑分书袖珍《昭明文选》一部，皆词臣工书者。）第一册首叶，有高宗御容。德宗以此书置案头，时一展览，颐和园驻跸，亦携以自随。光绪癸巳、甲午间，上习闻翁说，颇究碑版目录之学，翁亦时以新出版本进上。甲午五月初，召见恽毓鼎，首问翰林院藏书及《永乐大典》所存册数，又问近有新出金石否。

蒋香生藏书于书钞阁

蒋香生太守凤藻，家世货殖，纳赀为郎。嗣以知府分发福建，补福宁守。为陈伯潜阁学宝琛所论，奏请开缺送部引见，遂不出。香生虽起自素封，未尝学问，而雅好觚翰，嗜书成癖。在闽，纳交周季贶司马，尽传其目录之学。又与仁和魏稼孙嵯尹谈金石甚契，颇得其绪余。

闽垣未经国初兵燹，徐兴公、谢在杭及近时带经堂陈氏遗书，流落人间者，辄留心搜访，多归插架。季贶罣误遣戍，资以三千金，季贶尽以所藏精本归之，遂蔚成大国。旧抄本《北堂书钞》，乃孙渊如、严铁桥所手校，乃筑书钞阁贮之。属叶鞠裳校勘，刊刻铁花馆仿宋本六种及《心矩斋丛书》。一字异同，邮筒商搉，至于再三，不可谓非精于鉴别者矣。

苏州自咸、同以来，坛坫阒如。一二达官之好古者，皆在朝，乡居士大夫无能提倡。而猗顿之徒，奉钱神为职志，三君八顾，谥为至愚；百宋千元，骇若河汉。香生少通侻（同

"脱")，不矜细节，尤为里中儿所贱简。闻其收藏书籍，哗然相告，引为破家之殷鉴。及香生殁，而市驶者悬巨金以求发箧，则又动色嗟讶矣。

孙铨伯为宋板孙

孙铨伯贰尹凤钧，杭州人。所藏单行本《魏志》、抚州本《公羊》，皆世间绝无之本。簿录之学，一时无比，人呼为"宋板孙"。

崇雨铃富藏书

崇雨铃方伯尔尼，宗室也。富藏书，身后为琉璃厂肄雅堂捆载而去，装潢精整，触手如新。叶鞠裳尝得其所藏刘燕庭《金石苑》，卷首一印，曰"雨铃所藏，初印精本，得者宝之，庶传久远"。其余藏印，曰"玉牒崇恩"，曰"绣漪精舍"，曰"绣漪老渔"，曰"壶青阁"，曰"澹园"，曰"敔翁"，曰"涧邨"。

继幼云藏书于星凤堂

汉军宜春宇侍郎振，杨氏也。有弟曰继振，字幼云，富藏弆，有书数十万卷，不独金石古泉也。后渐散佚。叶鞠裳尝得其奇零小种，藏印累累，每册有"杨"字圆印，"石筝馆猗欤又云"印，卷首有长方巨印，其文曰："予席先世之泽，有田可耕，有书可读，自少及长，嗜之弥笃。积岁所得，益以青箱旧蓄，插架充栋，无虑数十万卷。暇日静念，差足自豪。顾书难聚而易散，即偶聚于所好，越一二传，其不散佚殆尽者亦鲜矣。昔赵文敏有云：'聚书藏书，良非易事。善观书者。澄神端虑，净几焚香，勿卷脑，勿折角，勿以爪侵字，勿以唾揭幅，勿以作枕，勿以夹刺。'予谓吴兴数语，爱惜臻至，可云笃矣。而未能推而计之于其终，请更衍曰：'勿以鬻钱，勿以借人，勿以贻不肖子孙。'星凤堂主人杨继振手识，并以告后之得是书而能爱而守之者。"又题后云："予藏书数十万卷，率皆卷帙精整，标识分明，未敢轻事丹黄，造劫楮素。至简首卷尾，钤朱累累，则独至之癖，不减墨林，窃用自喜，究之于书，不为无补。"

路子端藏书于蒲编堂

路子端，名慎庄，盩厔人，闰生子也。闰生以制艺闻于世，子端独笃志好古，藏书六万余卷，多宋、元雕本，有《蒲编堂书目》八十卷。尝慨魏、晋以前之书，多名存篇佚，因取他书所引证者，一一析而出之。其后人筮仕于淮，光绪乙酉秋，捆载遗书至吴求售，叶鞠裳曾得旧刻数种，中有正统本两《汉书》。而陈简庄所叹为至佳者，则为丁泳之所得。

刘泖生倾囊购善本

江山刘泖生直牧履芬，性嗜书，遇善本，必倾囊购之；其不能得者，辄手自抄录，日课数十纸，终日伏案矻矻，未尝见其释卷以嬉也。其所藏，有元刻郭茂先《乐府》陆敕先校本，盖储之秘笈者。

高碧湄大令心夔谓屡访泖生，恒见其以面覆书。书上下五色相刺，字纫句缉，充箧溢架，耳目所际、身所周旋者，皆书也。寒暑晦明，殆不征其气候，与游八九年，乐未有以徙也。

杨惺吾访书于日本

杨守敬，字惺吾，湖北宜都人。同治壬戌举于乡，选黄州府教授，官舍与东坡雪堂邻，因自号"邻苏"。光绪庚辰夏，从香山何如璋使日本，念欧阳公"百篇尚存"之语，颇思搜罗放佚，乃日游于市，凡板已毁坏者，皆购之。不一年，遂有三万余卷。其中虽无秦火不焚之籍，实有裔然未献之书。旋交其医士森立之，见其与澁江道纯同撰之《经籍访古志》，乃按录索之。会遵义黎庶昌代何而任公使，议刻《古逸丛书》，杨为之力任搜访。

而藏于好古家者，不可以金币得。属有天幸，杨行箧所携之古金石文字，多日本人所未见，彼此互易，于是其国著录之书，纷集于箧。每得一书，即为考其原委，而成《日本访书志》。辛丑，乃梓以行世。

杨之初至也，书估于旧板尚不甚珍惜。及杨购求不已，其国之好事者，遂亦往往出重值而相与争。于是旧本日稀，书估得一明之嘉靖本，亦视为秘笈矣。

日本古抄本以经部为最，经部之中，又以《易》《论语》为多，大抵根原于李唐，或传抄于北宋，为我国所未闻者也。至其经注，多有虚字，实沿于隋、唐之遗；即其原于北宋者，尚未尽删削也。

当我元、明间，日本收藏家，足利官学而外，以金泽文库为最古，今日流传古本，泰半为其所遗。次则养安院，当我明季时，亦多宋、元本，且有朝鲜古本。此外则以近世狩谷望之求古楼为最富，虽枫山官库、昌平官学所储，亦不及也。又有市野光彦、涩江道纯、小岛尚质、森立之及多喜氏、多村氏、多纪氏，皆为有名之储藏家。杨所得，大抵诸家之遗也。

日本有力之家，藏书于土藏，虽屡经火焚而不毁。至于抄本，则用茧纸，坚韧胜于布帛，故历千载而不碎。至其藏于高山寺、法隆寺之佛经、经史古本，亦皆完整如新。盖日本崇尚佛法，即有兵戈，例不毁坏也。

杨在日本时，日本维新伊始，唾弃旧学书，所有善本，悉以贱价得之殆尽，满载海船以归黄州，有屋数十间，充栋焉。久之，日人乃大悔。后四十年，其国人岩崎氏以日金十一万八千圆，购归安陆氏书二十万卷有奇归。岛田彦桢作《皕宋楼藏书源流考》，犹述其事，以为聊足报复云尔。张文襄总督湖广，聘杨主两湖书院，勤成、存古两学堂讲席，充通志局编纂，奏保内阁中书，京师礼学馆聘为顾问，旋改知县。

丁竹舟松生藏书于嘉惠堂

杭州藏书家，旧称赵氏之谷林、意林、诚夫，乾隆时，开四库馆征书，犹首及之。丁氏于国初迁自绍兴，五传至掌六，慕其先世闻人名顗者藏书八千卷，作小楼于梅东里。子洛耆观察英尝往来齐、楚、燕、赵间，遇秘笈辄载以归。孙竹舟主政申、松生大令丙，又克济其美，雪抄风校，益其不足。

咸丰辛酉冬，粤寇再陷杭城，竹舟家室遭毁，其与身幸免者，仅《周易本义》一书。既出穽，目击文澜阁书遭摧裂，因于宵深趋阁，手拾肩负，旬日间得万余册，藏之僻地，始跳身沪上。迨杭城克复，重还里居，依类编目，陈于大府，借储杭郡学尊经阁，左文襄公宗棠为题《书库抱残图》以张之。竹舟慨汪氏振绮诸家所藏，渺不可得，即天一范氏，有明所遗，合族所守，亦荡焉渺焉。念斯文坠地之厄，发覆篑为山之思，以阁目为本，以附存为翼，节食缩衣，朝蓄夕求，远自京师，近逾吴越，外及海国，或购或抄，随得随校。积二十年，聚八万卷，视阁目几及九成，较楼额已逾十倍。浙省奏开书局，多藉其家藏本以备校勘。

先是，谭文卿制军钟麟抚浙，谓兴废举坠，莫亟文澜，乃令松生经营阁工，一载而竣，遂奉遗书还藏旧地。阁事毕，因检家藏《四库》著录之书，作堂储之，额曰“嘉惠”，以曾奉“嘉惠艺林”之上谕也。别以存目之书，与书出较后未经采入《四库》者，庋之八千卷楼，绳祖武而志旧德。又于嘉惠堂后筑室五楹，上为八千卷楼，又辟一室于西，曰善本书室楼，曰小八千卷楼。楼三楹，中藏宋、元刊本，约二百种有奇；择明刊之精者，旧抄之佳者，及著述稿本、校雠秘册，合计二千余种，附储左右。若《四库》著录之书，则藏诸八千卷楼，分排次第，悉遵《简明目录》，综三千五百部，内待补者一百余部，复以《图书集成》《全唐文》附其后。凡《四库》之附存者，已得一千五百余种，分藏于楼之两厢。至后八千卷楼所藏之书，皆《四库》所未收采者也。以甲乙丙丁标其目，凡得八千种有奇，如制艺、释藏、道书，下及传奇、小说，悉附藏之。计前后二楼，书厨凡一百六十，分类藏储。以后历年所得之书，皆因类编入。尚有遗珠及续得者，其子和甫中翰立中，则撰续志数卷，以继其美。光绪丁未，以经商失败，骤耗亿万，亏公帑，官中责偿，尽鬻其产始免，而藏书遂为金陵图书馆物矣。

陆存斋藏书于皕宋楼

自粤寇乱后，书为一厄，屹然负藏书两大家名者，归安陆存斋观察心源与丁雨生中丞也。二人以争买书，至绝交。

道光时，上海郁泰峰茂才以六百金得元刊《玉海》于扬州鹾贾家。同治初，雨生抚江苏，存斋过其官舍，出以相夸，并载入《澹静斋书目》，所称"墨光烛天"者是也。存斋自闽罢官归，有以郁氏书求售者，阅其目，是书在焉。询其何以能归郁氏之由，知雨生尝乞应敏斋方伯宝时介绍，至郁氏阅书，自取架上宋、元刊本五十余种，令材官骑士担负而趋。时泰峰已逝，家中落，诸孙尚幼，率其孀妇，追及于门。雨生不能夺，取其卷帙少者，自置舆中，其卷帙多者，仅携首帙而去。后经敏斋调停，以宋板世彩堂韩文、程大昌《禹贡论》《九朝编年》《毛诗要义》《仪礼要义》、金刊《地理新书》等十种为赠，余仍反璧。存斋始大悟。盖同治壬戌，存斋随李筱泉制府瀚章榷税广东，始与雨生共事。时方以庐陵令失守免罪，尚未开复也。及存斋备兵南韶廉，雨生亦权苏松太道篆。存斋奉讳归田，则雨生已开府矣。存斋以访书至苏，雨生必先屏车骑过访，尊酒谈艺，极文字之乐，而不意其后竟以争搜古书成隙也。

存斋藏书，与丁竹舟松生同时著称于浙，而所藏尤富，颇多《四库》未收之本。中有宋版书二百部，故自颜其居曰"皕宋楼"。盖其自闽归田时，已有书百牍，及归而求之益勤。至光绪壬午，凡得书十五万卷，而坊刻不与焉。其宋、元刊及名人手抄、手校者，储之皕宋楼。若守先阁，则皆以后刊及寻常抄帙，按《四库书目》编序，而以晚近著述之善者附益之。

存斋既殁，其家中人以之售于日本人岩崎某，载归，贮之静嘉堂文库。日本所藏吾国书，曩缺史部、集部，及得此，举国相庆矣。

某富翁得宋刻《元秘史》

某富翁好骨董，其实以耳为目者也。一日，有持宋椠书求购者，谓确为百宋一廛精品，指封面曰："此宋五彩蜀锦也。"指标签曰："此澄心堂画粉冷金笺也。"指签下衬纸曰："此宣州旧玉版也。"富翁大喜，以三百金得之。翌日持以示人，相与称羡不置。忽一人从旁大笑曰："封面、标签、衬纸，皆宋物矣，何以书为《元秘史》耶？岂宋时已预刻之耶？"富翁大惭。

某书肆之《图书集成》

贿赂之风，盛行久矣。然初犹稍有忌讳也，或以骨董、书籍、书画为媒。闻琉璃厂某书肆有《图书集成》一部，定价万金。赂权贵者，多以此首列礼单，非必受书者之为藏书家也。然屡馈屡受，而书仍在厂，众皆知此书为万金之代价矣。至孝钦后二次垂帘听政时，但书一券，并此代价之品无之矣。而《图书集成》遂亦不知所往。

朱子清藏书于结一庐

咸丰庚申，英人焚淀园，京师戒严，持朱提一笏至厂肆，即可载书兼两。仁和朱修伯得之最多。其长子澄、字子清，次子漕、字子安，先后以道员需次江宁。子清亦好聚书，家藏既富，又裒益之，精本充牣，著《结一庐书目》。光绪庚寅，子清病殁，遗书八十柜，闻尽归张幼樵副宪佩纶。张为修伯之女夫也。

江建霞考订宋元本行格

书之尚异本也，自尤氏《遂初目》始也，洎毛、钱、季、徐、何而大昌焉。书之记行字也，自何小山校宋本《汉书》始也，洎孙氏平津馆、黄氏士礼居诸目而益备焉。盖古人于椠刻之事，一行一字，固皆若有定律也。元和江建霞京卿标尝撰宋、元本行格表，属湘潭刘肇隅编校之。刘既手自编写，间亦拾遗补阙，私以例隐括之。其自四行至二十行与四部分列之数，及行字之先少后多，悉依江说，详注引用之书，其称景宋抄本、景元抄本、明翻宋本、明仿宋本者，苟非确有取证，则概附卷末焉。

汤柏穌涉目录之学

扬州书贾汤柏穌稍涉目录之学，乐与名士游，有都门厂肆大贾风。临桂况夔笙太守周颐客扬二年，与之晨夕过从，往往清谭逐晷，不闻世俗之言。夔笙曰："斯人如蜀罔〔冈〕杨柳、红桥璧月矣。"

寿伯福藏元刊《汤液本草》《兰室秘藏》

衡山陈伯商编修鼎官京师日，曾于琉璃厂坊肆购得元太医院所刊《汤液本草》《兰室秘藏》，字脚纸质，与元刊《事文类聚》无异，固元时印本，盖即常熟邵齐焘所曾藏者，第非黑口耳。后转入宗室寿伯福太史富家。光绪庚子拳乱，八国联军入京，法兵入其室，取以作薪矣。

蒋子贞藏元刊《断肠集》

海宁蒋子贞，名学坚。藏元刊朱淑真《断肠集》，为道古楼故物，有年矣，卷末有黄荛圃跋。道光丙午，其尊人与孙次公、于辛伯、李壬叔作消寒会，尝以此命题。于诗仿樊榭论词体，极工，诗云："愁绝黄昏月上时，文人词误女郎词。任伊衔却千秋恨，我怪小长芦钓师。”盖淑真元夜《生查子》词，实六一居士作，后人误编为淑真词，遂妄议其不贞，朱竹垞《词综》亦未更正，得此诗，可雪其冤矣。

内阁大库积书

宣统己酉，开馆修《德宗实录》，于是有修理内阁红本大库之举。库积书甚多，率皆元时由宋都宫中运至者。自明以来，递有增益，皆置架中。六七百年，尘封蠹蚀。或请于主者，逐架清理，计得书十余万册。然多重复及州县志书，若朱批谕旨者，即有一百三十余部，其余官书亦多。清厘既毕，以箱盛之，送学部，拟藏之图书馆。其黄册、（录上谕。）红册（录交片。）仍留内阁，历科殿试策亦送学部。积书中有宋时宗谱，一为《仙源类谱》，计百五十余卷，存十余册，并记近支者。一为《宗藩庆系录》，约一百七十余卷，存二十余册，则记宗室也。二书皆书官名人名，惟《仙源类谱》具生卒年月，并公主嫁何人及改嫁，均详列。又睿忠亲王多尔衮致明史忠正公可法书稿，仅存其半；别有致唐通、马科二书，则向所未闻也。二书并《仙源类谱》《宗藩庆系录》各一纸，曾有人用摄影法印之。

涵芬楼藏书

宣统己酉，张菊生创设图书馆于海滨，凡得一万二千余种，其中宋刊、元椠、精校、旧抄之本，则五百有奇，因以所得古书，影模行世。馆曰“涵芬楼”，附属于商务印书馆之编译所。其地在宝山路，密迩沪宁车站。宝山路实隶宝山，而过客、寓公之心目中，则无不以上海视之矣。楼中附藏西文书三千八百有奇，和文书五千有奇，中外报章及图画各四百余种，照片三千余张，此皆就辛亥以前言之也。楼所藏之书，中有明《永乐大典》。

我国巨籍，有《永乐大典》，都凡二万二千八百七十七卷，凡例、目录六十卷，明成祖勅胡广、解缙、王洪等纂修，以姚广孝监其事。始于癸未秋，成于戊子冬。冠以御制序文、广孝等进书表。初名《文献大成》，后改今名。徒以卷帙过巨，未能刊木。孝宗好读书，常置案头。嘉靖壬戌，禁中火，世宗亟令救出，幸未毁。遂诏阁臣徐阶照式橅（古通“摹”）抄一部，隆庆丁卯始毕。正本留乾清宫，副本存皇史宬。

朱竹垞官检讨时，访寻未获，每太息曰：“当为李自成衬马蹄矣。”然实藏于翰林院署也。盖国初以皇史宬藏实录，遂将大典移贮焉。时李穆堂在书局，首先借观。全谢山方寓李邸，因与李定为日课，日尽三十卷，以所签分令四人抄之，一日所签，或浃旬未毕，其难如此。会纂修三《礼》，谢山语总裁方望溪曰：“抄三《礼》之不传者，而副本缺少，几及二千卷，拟奏请发宫中正书补足之。”后未果。祁门马嶰谷曰琯、仁和赵谷林昱，均为谢山致抄资。而谢山改知县，未久于其事。杭堇浦续《礼记集说》所采元人说，则半出于大典也。

纪文达公在翰林署斋戒，署有敬一亭，偶过之，见藏有《大典》，于是直宿之暇，辄翻阅一过，即已记其大略。乾隆壬辰，开四库全书馆，文达为总纂，全书经一手裁定，宜其溯源彻委，抉奥提纲，如驾轻车而就熟路也。时大兴朱笥河学士筠，则请将《大典》中古书善本世所罕见者，择取缮写，各自为书，以复旧观，得旨允行。计编入《四库》书者，经部六十六种，史部四十一种，子部一百三种，集部一百七十五种，共四千九百二十六卷。第诸书辑散为整，考订不易，有业经辑出而未进呈者，如宋元《两镇志》《奉天录》《九国志》之类，亦复不少。嘉庆丁巳，乾清宫灾，正本遂毁。而修《全唐文》时，大兴徐星伯松曾抄出《宋会要》五百卷，《中兴礼书》一百五十卷，《河南志》四卷，秘书省续到阙书二卷，仁和胡书农敬抄出施谔《临安志》十六卷、《大元海运记》一卷，孙文靖公尔准抄出仇远《山村词》。道光戊子重修《一统志》，嘉兴钱心壶仪吉曾奏请重辑《大典》未尽之书。谕俟《统志》修毕，再行核办。时某相国颇以为多事。

逮《一统志》成，而西陲兵起，心壶亦降官，遂无人理此事矣。原书万余册，庋敬一亭，蛛网尘封，无人过问。咸丰庚申，与英法议和，使馆林立，密迩翰林院，书遂渐渐遗失。

光绪乙亥，重修翰林院衙门，所庋大典不及五千册。严究馆人，交刑部毙于狱，而书无着。丙子，尚有三千余册。每册高二尺，广尺二寸，粗黄布连脑包过，硬面宣纸朱丝阑，每叶三十行，行二十八字，朱笔句读，书名或朱书或否。其书零落不完，绝无巨帙。缪筱珊太史荃荪曾抄出《宋十三处战功录》《曾公遗录》《顺天志》《泸州志》《宋中兴百官题名》《国清百录》诸书。至癸巳，而仅存六百余册。庚子之乱，毁翰林院以攻使馆之背，旧藏被焚，闻有为联军兵士所得者，或用以代薪，或辗转出售，于是涵芬楼遂从而得之。

穆缉香阿藏邸抄

穆缉香阿，字向九，满洲镶红旗人。同治朝，尝以御史出守蒲州。家藏邸钞最富，自国初以来几备，与筠圃中丞鄂顺安之收藏历科闱墨，同为一时佳话也。

收藏家喜刻书

海内收藏家喜刻书，仿宋、元本，有绝精者，校勘之勤，更非元、明所及。如鲍廷博之知不足斋，伍崇曜之粤雅堂，皆以私家之力，而刻书至数百种。其刻至数十种者，尤数见不鲜。

丁善之论仿宋板

丁善之二尹三在，家富收藏，其祖竹舟主政、叔祖松生大令，刻书甚多，濡染既久，故于刻书之仿宋法，日夕研究，深有所得。尝曰："中古书契之作，手续繁而功用简，刻竹以为记载，汗简以蕲保存，至不便也。自隋开皇时，雕撰遗经，镂版以始。唐五代因之，至北宋而其道大备。其时刊本，率由善书之士誊写上版，故字体各异。元以降，赵松雪之书盛行，刻书者多仿其体。明隆、万间，乃有专作方体之书工以备锓版者，即今日盛行之宋体字也。”

北宋刊本之以大小欧体字刻版者，为最适观，以其间架波磔，秾纤得中，而又充满，无跛踦肥矬之病。乃阅时既久，欧体寖失，遂成今日肤廓之字样，好古者遂有欧宋体字之倡导，非矫同，实反古也。

高宗稽古右文，尝从侍郎金简之请，令于武英殿校刊古今书籍，曰“聚珍板”，乃枣木所制也。旋又有泥字、瓦字、锡字、铜字各种之制作。及海禁既开，西洋输入铅制活字及机器印书之法。始由香港教会制我国字，专为排印教会书籍之用，时称“香港字”，其分寸若今之四号字。未几，而日本推广大小铅字七种，以供我国印书之用，谓之“明朝字”，人咸便之，活字印书之业乃大盛。

今之号称能自制活字以应印书之求者，特由日本所输之字转制以成，非能写刻字样以为之也，故字体所限，仅为肤廓之宋体字一种而已。

板本之所以贵乎北宋者，非徒以其古也。其字体之端严，刊刻之精良，实为各种刊本之冠。今人有鉴于此，因制为欧宋体活字焉。其法，刻木模蜡范铜浇铅，经种种手续，而成方体字七种，长体字三种，扁体字三种焉。

毛子晋刻书

毛子晋居昆湖之滨，以孝弟力田世其家。父虚吾强力耆事，尤精于九九学。子晋生而笃（同“笃”）谨，好书籍。父母以一子，又危得之，爱之甚。而子晋手不释卷，篝灯中夜，尝不令二人知。蚤岁为诸生，有声邑庠。已而入太学，屡试南闱不得志，乃弃举业，一意为古人之学，读书治生之外，无所事事矣。江南藏书之富，自玉峰菉竹堂、娄东万卷楼后，则数海虞。然顺治庚寅十月，绛云楼不戒于火，而岿然独存者，惟毛氏汲古阁。登其阁者，如入龙宫鲛肆，既怖急，又踊跃焉。其制上下三楹，自子讫亥，分十二架，中藏四库书及释、道两藏，皆南北宋内府所遗，纸理缜滑，雅可宝玩。又有金、元人本，多好事家所未见。子晋日坐阁下，手翻诸部，雠其讹谬，次第行世。滇南官吏，至不远万里，遗厚币以购毛氏书，一时载籍之盛，近古未有也。

盖子晋髫龄即好锓书，有屈、陶二集之刻。客有言于虚吾者曰："公拮据半生，以成厥家。今有子不事生产，日召梓工弄刀笔，不急是务，家殖将落。"母戈孺人（钱牧斋《初学集》有《毛母戈孺人序》，亦空文不具事实。）解之曰："即不幸以锓书废家，犹贤于摴蒱六博也。"乃出橐中金助成之。书成而雕镂精工，字绝鲁亥，四方之士，购者云集。于是向之非且笑者，转而叹羡之矣。其所锓诸书，一据宋本。或戏谓子晋曰："人但多读书耳，何必宋本为？"子升辄举唐诗"种松皆老作龙鳞"句为证曰："读宋本，然后知今本'老龙鳞'之为误也。"子晋固有巨财，家畜奴婢二千指，同釜而炊，均平如一。躬耕宅旁田二顷有奇，区别树艺，农师以为不逮。竹头木屑，规画处置，自具分刌。即米盐琐碎，时或有贻一诗、投一札者，辄举笔属和，裁答如流。其治家也有法，旦、望则率诸子拜家庙，以次谒见师长，月以为常。以故一家之中，能文章，娴礼义，彬彬如也。生平无疾言遽色，凝然不动，人不能窥其喜愠。及其应接宾朋，等杀井井。顾中庵尝笑曰："君胸中殆有一夹袋册耶？"明崇祯壬午、癸未间，遍搜宋遗民忠义二录、《西台恸哭记》与月泉吟社、《河汾谷音》诸诗，刻而广之。未几，遂有顺治甲申、乙酉南北之事。每自叹曰："人之精神意思所在，便有鬼物凭依其间，即予亦不知其何为也。"

明亡，子晋杜门著书以自娱，无矫矫之迹，有渊明乐天之风，与耆儒故老、黄冠缁衲十数辈为佳日社，又为尚齿社，烹葵剪鞠（古同"菊"），朝夕唱和以为乐。闲或临眺山水，当其得意处，则留连竟日。遇古碑文碣志，急嘑童子摹搨数纸，然后去。

子晋雨后与太仓陈言夏探乌目诸泉，穷日之力，言夏饥且疲矣，回顾子晋，方行步如飞，登顿险绝，乐而忘返，其兴会如此。居乡党，好行其德，笃于亲戚故旧。其师若友，如施万赖、王德操辈，或橐饘终其身，或葬而抚其子。建黄泾诸桥，亘一十八里，无望洋褰涉之苦。岁大饥，则赈谷代粥，周邻里之不火者。司李雷雨津尝赋诗赠之曰："行野渔樵皆拜赐，入门僮仆尽抄书。"见之者皆谓为实录也。

朱竹垞刻《绝妙好词》

朱竹垞窃抄钱遵王《读书敏求记》一事，人皆艳称之。盖其笃嗜古籍，不得已而出此，虽事近诡谲，而仍不失为雅人深致也，时人谓之"雅赚"。何义门曾于《读书敏求记》跋其后云："绛云楼未烬之先，藏书至三千九百余部，而遵王所记凡六百有一种，皆纪宋版、元抄及书之次第完阙、古今不同，手披口览，类而载之，遵王毕生之精华萃于斯矣。书既成，扃之箧中，出入每自携。灵踪微露，竹垞谋之甚力，终不可见。既而校士江南，方伯龚某遍召诸名士，大会秦淮河，遵王与焉。是夕，竹垞私以黄金翠裘，与侍书小史，启鐍得之。豫置楷书生数十于密室，半宵写成，而仍返之。当时所录，并《绝妙好词》在焉。词既刻，始作书告之。遵王始知为竹垞所诡得，且恐其流传于外也，竹垞乃设誓以谢之。"

顾涧薲刻宋本《尔雅》

顾涧薲尝得明嘉靖时吴元恭本《尔雅》郭注三卷，序而重刻之。吴本原出宋椠，远胜俗刻之伪脱。经文有与《开成石经》不合者数处，如《释宫》"屋上薄"，石本作"簙"；《释天》"何鼓"，石本作"河"；《释水》"县出"，石本作"悬"。石本未必是，板本未必非。又如"接虑李"之"椄"从木，"姑蠪"之"蛄"从虫，盖相承如此，仍足资考订也。

张青在重刊李雁湖注王荆公诗

张菊生之六世祖名宗松、字青在、号寒坪者，康熙末叶海盐之诗人也。老困场屋，躭吟咏，著有《扪腹斋诗词》。尝刊李雁湖注王荆公诗，以刘须溪评点，品藻甲乙，有所未当，特芟去之。又惜其无年谱，因以本传补之。又失去魏鹤山序及卷三十、卷五十两末叶，访求毕世，终不可得。及卒，其弟芷斋在知不足斋主人鲍渌饮处，抄得魏序而补刊之。菊生复购得原板一部，则年谱及卷三十、卷五十两末叶均赫然具在，将影印以行世也。

席玉照刻书

自汲古毛氏、述古钱氏两家皆陵替，而常熟刻书之风浸微，然亦未尝绝也。如席玉照、孙庆曾、鱼虞岩，皆斤斤于雪抄露校，衍其一派。惟多留心于说部小集，以一二零编自喜，而于经史转略矣。玉照名鉴，藏书极富，所刻古今书籍，板心均有“扫叶山房”四字。

陈东为刻书

陈东为，名春，萧山人。以村居僻左，尠所闻见，蓄疑未达，则求教于邑中有道之士，得以读其所藏之书，于汪吏部苏潭尤契洽也。苏潭家富图籍，而搜访不倦，每得善本，辄以相示。东为之尊人高年耽寂，自号冲虚。七十生朝，苏潭持手校《列子》，张、汪为寿，东为为之梓印。由是益思流布秘籍，谋之苏潭，遂择考证经史、有裨实用者，次第写版。东为家藏书之处曰“湖海楼”。

安麓村刻《书谱》

乾隆时，鹾贾安麓村重刻孙过庭《书谱》数石，以袁子才主持风雅，馈二千金求袁题跋。袁仅书“乾隆五十七年某月某日，随园袁某印可，时年七十有七”二十二字归之，安已喜出望外矣。

李南涧刻书

钱竹汀尝谓李南涧有三反，长身多髯，赳赳如百夫长，而胸有万卷书；生长于北海，宦于南海；湛思著书，欲以文学显，而世称其政事。由进士谒选，得恩平，调潮阳，擢桂林同知。刻有《贷园丛书》，手自雠校。竹汀赠南涧诗，有“养廉半付刻书钱”之句。其惠定宇《九经古义》刻成，寄示周书仓诗二十韵，中有云：“直回秦室火，终食孔庭膰。”

伍崇曜刻书

《粤雅堂丛书》百八十种，校雠精审，多秘本，几与汲古之毛、知不足斋之鲍如骖靳。每书卷尾必有题跋，皆南海谭玉生舍人莹手笔，间亦嫁名伍氏崇曜。盖伍为富人，购书付雕，咸藉其力，故让之。伍氏所刻书，尚有《岭南遗书》六十二种、《粤东十三家诗》《楚庭耆旧集》七十二卷，复影刊元本王象之《舆地纪胜》，皆谭为之排订者也。

诸藏书家刻书

黄荛圃重刊《国语》《国策》，皆顾涧蘋为之手定，精妙过于宋本。又如鄱阳胡氏刻《文选》《资治通鉴》，阳城张氏刻《礼记》郑注，阳湖孙氏刻《说文解字》《唐律疏义》，全椒吴氏刻《韩非子》，吴门汪氏刻单疏本《仪礼》，款识字体，全摹宋本，皆出涧蘋手。

潘士成刻丛书

潘士成《海山仙馆丛书》，雕刻极精，以善本著名南中。禁烟一役，外兵陷粤城，全书板片均为法人所获，与军用品物随舶西运，陈列于巴黎博物院矣。

鲍渌饮刻丛书

丛书之刻，至国朝而始多。歙之鲍，吴之黄，金山之钱，最为精审，张文襄所谓“五百年中决不泯灭”者也。然黄荛圃《士礼居丛书》专重景宋本，钱熙祚之《守山阁丛书》，专取《四库》之秘本，犹嫌其经说及考据书太多，而唐、宋说部及前人遗集独少。惟鲍渌饮之《知不足斋》三十二集，四部毕收，杂史、小说尤夥。所据者皆精本、足本，绝无明人专擅删改之弊。且巾箱小册，最便流通。盖搜罗既博，多与乾、嘉诸老往还商搉，于古刻之优劣，鉴别之方法，收藏家传授之源流，皆洞悉无遗也。

钱鼎卿雪枝刻书

钱熙辅，字鼎卿，金山人。尝官芜湖教谕。其妇翁吴省兰辑刊《蓺海珠尘》，至八集而止。熙辅乃续辑壬、癸二集以竟其业。

鼎卿有弟为雪枝通守熙祚，好表彰古今秘籍，辑刊《守山阁丛书》及《指海珠丛别录》《素问》《灵枢》，凡数百种。阮文达序其书，谓于人谓之有功，于己谓之有福。

去金山县十八里曰泰山，山石柔脆。道光丁酉，当道以筑海塘，伐石。雪枝之尊人谓为无益，其地庐墓以千计，徒被毁掘。命雪枝倍其输，以告当事，始得已。由是闾里相与庆于路。乃构宗祠于麓，复为阁以贮藏书，颜曰“守山”。盖自其祖羽章居此，垂二百载，固冀与此山相守于无穷也。

杭州文澜阁在西湖孤山下，功令，愿读中祕书者，许领出传写。乙未冬，雪枝辑《守山阁丛书》时，苦无善本，约同人侨寓湖上之杨柳湾，其地去孤山二里许，面湖环山，上有楼，楼下集群胥。间日掉扁舟，诣阁领书，抄毕则易之。同人居楼中校雠，湖光山色，滉漾几席间，意豁如也。是役也，校书八十余种，抄书四百三十二卷。同游六人，雪枝而外，金山顾观光、平湖钱熙咸、嘉兴李长龄、南汇张文虎及鲈乡教谕熙泰。鲈乡，亦鼎卿之弟也。

宝石山之半，有宋十三间楼旧址，为宋苏东坡守杭州时治事之所，后入弥勒院，郡人瞿世瑛重辑之。己亥庚子秋，鲈乡续文澜阁校书之役，两寓之焉。楼前为后湖，夹岸即锦带桥，动止殨寝，皆在竹阴岚翠中。

姚彦侍父子刻书

姚彦侍方伯觐元，归安人，文僖公之孙也。由农曹出为川东道。阎忠介公筦农部，彦侍与杨鹄山同被劾罢官，乃侨苏州萧家巷。有子慰祖，字公蓼，亦好藏书。彦侍曾刻《咫进斋丛书》，公蓼别刻《晋石厂丛书》，而仅成《吴兴藏书录》《经籍跋文》《郑氏学录》《古今伪书考》四种。晋石厂者，彦侍在蜀，得晋杨宗石阙题字，携以东归，因颜其藏书之室也。

章硕卿刻书

同治时，会稽章硕卿大令寿康，随宦蜀中。时蜀中游宦子弟，类皆鲜衣怒马，丝竹卢雉，吟朋狎客，三五成群，号为豪举。章独单衣窘步，踯躅会府街后宰门书肆中。久之，书贾日集于门，自滇、鄂贩书来者，无不投之，各如其意以去，所收乃大富。又复广拓金石，鉴别书画，与缪筱珊、钱徐山、钱铁江、宣麓公、沈吟樵辈交，意气益发舒矣。光绪丁丑入都，广收书籍，扬、苏书贾闻风而来，捆百箱至鄂。乙酉，宰嘉鱼，以玩视民瘼，日以刻书为事，被劾解职。乃大困，因举所藏金石碑版、书板悉售之，遂郁郁以卒。

王幼霞刻宋元人词

王幼霞给谏清通温雅，初嗜金石，后乃媾一于词。其四印斋所刻词，旁搜博采，精审绝伦，虽汲古之毛，弗逮也。幼霞有宅在桂林，曰“燕褒堂”。有园在城西南隅，修廊百步，镂花墙纳湖光，墙外即樧（古同“杉”）湖。幼霞有鼻病，致憎兹多口，然不足为直声才名玷也。

吴印丞影刊古本词

仁和吴昌绶，字印丞，善属文。初为诸侯宾客，尝佐吕尚书海寰、吴侍郎重熹幕。以少时随宦吴中，习公牍，章奏笺启，故尤工也。尤好刻书。宣统辛亥冬，朱古微见其《双照楼影刊词目》，所载者有影宋吉州本《欧阳文忠公近体乐府》三卷，影宋本《醉翁琴趣外篇》六卷，影宋本《闲斋琴趣外篇》六卷，影宋本《晁氏琴趣外篇》六卷，影宋本《酒边词》一卷，影宋本《放翁词》一卷，影宋本《可斋词》七卷，影宋本《芦川词》二卷，影宋本《石屏词》一卷，影宋本《梅屋诗馀》一卷，影元延祐本知常先生《云山集》一卷，影明正德仿宋本《花间集》十卷，影明洪武遵正书堂本《草堂诗馀前集》二卷、《后集》二卷，影元本凤林书院《草堂诗馀》三卷，影日本五山仿元本《中州乐府》一卷，盖皆宋、元、明本，影刊于武昌者。成矣，以须绝精之奏摺纸，最上之御制墨印之，所费不赀，犹有待也。闻尝印一种，仅七十叶，已值银币三圆矣。

汪穰卿刻丛书

钱塘汪穰卿舍人康年，壮游南北，数于书肆搜觅秘书，且假录于朋好，故所得罕见之书颇多，屡欲刊刻行世，以绌于财力而止。晚年乃议用活字版，次第排印，以六册为一集，曰《振绮堂丛书》。宣统辛亥十二月，初集甫竣，而已逝于天津矣。

日本人刻郭频伽集

郭频伽《灵芬馆全集》，粤寇乱后，其板久毁，书亦流传不多。日本独有精楷石印者，其字秀媚疏朗，大抵出于闺阁之手，纸墨、印刷均佳，初视之，几不辨其为抄本、为印刷也。怀献侯尝见之。

张则之有法书名画癖

丹徒张则之，名孝思，善鉴别。自言有法书、名画癖，上下古今，差其品第，辨其真赝，真若烛照数计，毫发不爽。其家所藏甚富，闻有古人真迹，远百里或数百里、千里，必欲得见之，都自忘其懒也。得其真，辄留连忘寝食，不能去。

圣祖爱董文敏书画

明华亭尚书董文敏书画，真迹绝少，而圣祖最爱之。当时海内佳品，玉蹀〔蹀〕金题，汇登祕阁。惟题“玄宰”二字者，以上一字犯御名，臣下不敢进览，故尚有流落世间者。

永瑺鉴别书画

宗室辅国公永瑺，理密亲王孙也。好收藏古字画、书籍，善甄别真伪，凡经品题，骨董家辄居为奇货。汪文端公由敦，尝延其评骘家藏卷轴，抚摩终日，默无一言。临行，文端送之登车，乃笑曰：“米襄阳一帖，近真迹，稍宜宝贵。”文端为之爽然。

宋牧仲辨书画

宋牧仲尚书荦，自谓精于鉴别，凡法书、名画，但须远望，便能辨为某人所作。合肥许太史孙荃，家藏画鹑一轴，不知出谁手。宋见之，定为崔白画，座客有窃笑其妄者。少顷，持画向日中曝之，于背面一角映出图章，文曰“子西”。子西，即白之字，众始服。其判黄州时，王俟斋司理闻而未信，一日讌客，厅事悬一画，宋自门外舆中辨为林良画。迨下舆，视其款识，果然。然字细如豆，远望固不辨也。俟斋乃叹服。

鱼振南藏古今名迹

鱼翼，字振南，自号“乌目山樵”，昭文人，明廉吏开封守侃九世孙也。所居为临街小楼，收藏古今名迹甚夥。俗子请观者，拔梯不令上，有吾子行之风。撰《海虞画苑略》，未竣，其子虞岩续成之。

高江村论法书名画

高江村詹事士奇，尝谓：“世人之好法书名画，而必欲竭资力以事收蓄，与决性命以饕富贵者何异?”其言甚确。然江村实有小印一枚，曰“江村三十年精力所聚”，可见其好之笃、嗜之深，未必能作云烟过眼观也。

皮簟中之书画真迹

康熙时，有士人游京师东华门，见古董肆悬小皮簟，时方盛夏，思用以衬腕作书，颇凉爽，以二百钱得之。数日，皮缝裂，中藏东坡行楷十幅，倪迂山水十幅，皆真迹也。售之，得二千金。

王颚起藏书画

新阳王鹗起，名鸣超。濡染家学，喜元、明人书画，真赝入手立辨。而家贫不能多蓄，有心赏者，辄解衣付质库易之，弗惜也。尤留意搜访邑中文献，寺观桥梁，残碑只字，辄躬自摹搨，考证异同，以补志乘之阙。

傅文忠受王吴恽书画

乾隆时，傅文忠公恒以椒房贵宠，（孝贤后，文忠妹也。）盛极一时。会大小金川告平，高宗亲为赐寿，朝野上下争相馈问。文忠不欲耗海内财力，乃告左右曰：“凡以四王、吴、恽书画馈我者受之，他则否。”时去四王、吴、恽之世仅百数十年，尚不甚宝贵也。斯语一出，而四王、吴、恽书画为之一空。

毕涧飞藏书画

毕涧飞，名泷，号竹痴，秋帆制府胞弟也。风格冲夷，吐弃一切，独酷嗜书画。凡遇前贤笔墨之洽己趣者，不惜以重价购之。乾隆癸卯冬，冯金伯访之，出示所藏宋、元、明人笔墨，皆真迹中之烜赫者，无一赝鼎。其于太常、烟客、南田、墨井、石谷、麓台诸家，所收尤为精粹，几于日不给赏。

陈仲鱼藏书画

海宁陈仲鱼，名鳣。生平无他好，独于古名人书画，不惜重价购之。所心赏者，钤以二章，一肖己像，上题“仲鱼图像”四字；一缀以十二字，曰“得此书，费辛苦，后之人，其鉴我”，盖仲鱼之藏书亦富也。

孔炽庭藏书画

孔炽庭者，家本曲阜，侨居粤东，为至圣六十九世孙。少负书名，鉴别古人法书名画，独具精识，克溯渊源。笃嗜之极，虽倾囊倒箧，不惜典质，以富其藏庋。寓京师时，诸名宿咸携所宝就评骘，人争以赵子固称之。咸丰时，其嗣怀民、少唐兄弟，锐学有文，又善书法，笃守其先人所遗，重购前所未睹而希有者，撰为《岳雪楼书画录》，上自唐、宋，迄于元、明，凡五卷。

潘顺之藏书画

潘遵祁，字顺之。尝抄其封翁《须静斋云烟过眼录》，言“乾隆乙卯，大人偕青浦王兰泉司寇及诸同人题名八十一卷之末，今重识岁月于后，盖阅十八年矣。惜忽忽返棹，不能遍观，仅展十余册。每册后，皆有题，明人居多。另一册，皆前贤题跋，首页即宋牧仲所题偈，余即题名其后”云云。

兰泉善鉴赏，而顺之又其世好，卷册流传，其来有自，展对之余，尤足愉快，所录多与黄荛圃论旧刻书籍、伊墨卿言大林钟、钱梅溪评《淳化阁帖》者。汪心农、汪竹坪又常相往还，纵谈书画。其言当时蒋霞门有文、沈、唐、仇金扇面四个，皆为精品，青山绿水，仇为《出猎图》，极工细，唐画折竹一枝，沈墨山水，笔意至为苍润，如顺之之所抄录，实有足多焉。其自叙云：“先大父侍养家居，娱情翰墨，四方之士，以古今书画图籍碑版请质于大父者，咸侍坐获观焉。外大父谨庭先生为吴中艺林正法眼藏，先大父每至松下清斋，必出所藏相示，以是生平鉴别益多。暇时偶札记其梗概，以志欣赏，不能尽载也。遵祁谨检遗墨，汇抄成帙，已不下百数十种。其中偶有一二辗转归三松堂者，别而识之。先大夫尝言世间宝物所在，必有神物护持。而一时寓目，等之过眼云烟，不知他日流传何处，此生得再遇否。爰姑记之，因谨题曰《须静斋云烟过眼录》，盖亦犹手泽存焉之意，且以俟墨缘印证之资尔。咸丰五年乙卯七月三日，遵祁谨识。”

张燮钧嗜近代书画

侯官张燮钧侍郎亨嘉嗜书画，所收藏者多近代名家，大小千百事，宋、元人仅百一二，以为岁月绵褫，非来历真确者，不敢有也。然十年廉俸所入，尽于此矣。

六必居主人藏严嵩字

六必居酱园，在京师珠宝市，创于明。其匾额为严嵩所书，苍劲异常。康、雍间，曾遭火，居主人以五百金雇人摘出其匾，别摹一方悬之，原额已韫椟而藏矣。

高宗跋裴将军诗卷

颜鲁公书裴将军诗卷，有曹彬、林逋、王亚夫、王世贞、王世懋题跋，高宗亦有御题，且书“雄秀”二字于端。

翁覃溪藏天际乌云帖真迹

宋苏文忠《天际乌云帖》，翁覃溪于乾隆戊子十月八日得之，而识其端云：“此帖归予斋，柯跋之尾、张伯雨前五诗及吴原博跋，皆已失去。盖原是横卷，自项子京时，已是册子矣。而翁氏深原印凡三十，翁字小圆印凡卅有七。其归于予箧，岂非有前定耶”云云。后以诗跋、辨证别装为册，且为之作歌，题跋甚多。至嘉庆壬申五月廿日，距得此帖时已四十四年矣，又以有所考核而加题焉。

鲍渌饮藏元文宗“永怀”二字

鲍渌饮所藏元文宗御书“永怀”二字卷子，乃以藏经纸为之，引首上有楷书方印，曰“法喜大藏”。

李纫兰集女士书为簪花阁帖

长洲闺秀李纫兰，名佩金。尝集古今女士书为《簪花阁帖》，嘱陈云伯大令文述乞铁冶亭制军保之夫人如亭主人书之，亦以之列入焉。

齐畏三藏董文敏诗卷

董文敏《送王侍御按黔》诗卷，纸本，长可七尺，高可七寸，旧为齐梅麓所藏，有齐学裘印、玉溪印、双溪草堂鉴赏书画印、戴光曾印。其诗格调，逼似于鳞学杜之作，字若不经意，然有水流云在之致，真名迹也。

诗云：“绣衣持斧拥旌旄，戎马间关气象豪。报国肯回王子驭，酬知频拭吕虔刀。皁雕弹事风霜笔，羽扇谈兵虎豹韬。行矣捷书宜早奏，汉家麟阁五云高。”又云：“夜郎氛祲未全消，使者单车万里遥。自昔长缨曾请借，即今铜柱未重标。《阴符》圯上书三卷，令甲明廷诏六条。圣主宵衣睠南顾，舞干何日罢征苗?”后记云：“送王侍御按黔。时有兵事，侍御兼视师之节。董其昌。”下钤董其昌白文方印。玉溪跋云：“董宗伯《送王侍御按黔》诗，的真唐音，折入少陵之室。其书如行云流水，了无滞迹，又如游丝走空，逍遥自在，其神妙当与知者道耳。此卷昔为先大夫梅麓公珍藏有年，手书其签，什袭秘阁。不意于兵燹之后，复得见之，翰墨因缘，烟云过眼，抚今追昔，感慨沧桑。皃年八十，久旅无归，亦可叹已。侄孙畏三出此索跋，遂书数语而归之。时壬午八月八日，客于申江城南天空海阔之居，星江齐学裘玉溪氏谨识。”玉溪，为梅麓长子；壬午，为光绪八年。

那文毅论鲜于伯机书佛教遗经

唐人书经，每一部辄易一法，而却一笔到底，绝无他法之间杂。那文毅公彦成，尝见鲜于伯机所书佛教遗经，谓其遒古撇脱，有天马行空之势。赵松雪每以三纸易其一，得辄毁之，其见畏于名人如此。

祝华封得范忠贞百苦诗册

京师琉璃厂博古斋画肆祝华封，以孝闻，教子成立。某年，曾得一康熙十二年时宪书，内字迹皆满，大小浓淡亦各不同，行款攲斜，迄无端字，纸背亦有字，甚至以香头画字。详其文义，多幽郁愤怨之诗。无年月，无名字，盖收买卷轴时所夹带者也。姑置之。不数日，又收一册页，乃顾亭林楷书，即绎此时宪书诗稿，一字不遗，乃知为闽督范忠贞公承谟，为耿精忠幽于土室五年所作之《百苦》诗。祝因装为一匣，以重价售之。惜时宪书两面有字，不可裱也。

王荆门藏四十七家法书

诸城王荆门家藏有国初诸大名家墨迹一册，为其乡前辈李渔村征君渭清故物。渔村举康熙乙未宏博，文名震都下，一时知名之士多与之游，因征集各人法书成此卷。凡四十七人，人各一页，或半页，为半页者二，国初文献，略具于此。其尤著者，如王文简、田山姜、朱竹垞、毛西河、陈其年、施愚山、曹升六、谢方山、汤文正、彭羡门、尤西堂、潘次耕，尤为希世之珍也。

杨惺吾藏北齐人书《左传》手迹

北齐人书《左氏传》手迹，凡一百四十六行，字体丰腴，为日本柏木政矩旧藏。杨惺吾以重宝易得之，目为惊人秘籍，末附长跋，足资印证。

郑苏堪题晋《出师颂》真迹

晋索靖所书《史孝山出师颂》，乃古章草法，在宋时有两本。《天府志》，索幼安所谓银钩之敏，而人间则盛推萧子云。其有文寿承十五跋者，的是真迹，即明王弇州所谓“文氏本”也。光绪戊申三月，郑苏堪方伯孝胥题诗于上云：“笔短意则长，二王无巨法。不见萧子云，幼安忽相接。”

龙寿庵藏血经

苏州半塘有龙寿庵，庵藏血经。血经者，元僧善继刺指血写《华严经》，血尽死而转三生，始克竣事者也。庋木柜，巨函数十。岁月久，血渍纸，红褪作琥珀色。字视寸楷略小，藏锋浑劲，有颜鲁公笔意。其上自宋文宪公濂作赞，以迄晚近名卿巨儒，悉有题字，字优劣不一，而体数变，亦可以觇世运之迁移焉。有日人某赂以重金，欲购血经归。僧惧地方官绅有责言，不与。日人辄饵以偕归，赀之终身。僧固勿欲，讵意日人之夜穴壁相盗也。幸僧觉，大呼得免。

大内藏列代帝后圣贤名人图像

《列代帝后图像》，传自明世。高宗尝阅内库，偶得展览，遂命工重加装饰，袭以绨锦，藏于禁城西南之南薰殿。复令王公大臣详定位置，谨具籍识，次第甲乙。又以明诸帝王册贮于工部外库，虑其散佚，因附藏于殿之西室，俾庋祀焉。事竣，并勒石以示永久。

各像为轴凡七十有七。宓牺氏像一，帝尧像一，大禹像一，商汤王像一，周武王像一，梁武帝像一，唐高祖像一，太宗像三，后唐庄宗像一，宋宣祖像二，太祖像四，太宗像一，真宗像二，仁宗像一，英宗像一，神宗像二，哲宗像一，徽宗像二，钦宗像二，高宗像一，孝宗像一，光宗像一，宁宗像一，理宗像一，度宗像一，明太祖像十二，成祖像一，仁宗像一，宣宗像三，英宗像一，宪宗像一，孝宗像一，武宗像一，兴献王像二，世宗像一，穆宗像一，神宗像一，光宗像二，熹宗像二；宋宣祖后像一，真宗后像一，仁宗后像一，英宗后像一，神宗后像一，哲宗后像一，徽宗后像一，钦宗后像一，高宗后像一，光宗后像一，宁宗后像一，明孝慈高皇后像一。为册十五。《历代帝王像》一册，自宓牺氏起至宋宁宗止，凡十六叶，每叶像二。《圣君贤臣像》一册，自宓牺氏起至韩信止，凡二十三叶。《宋朝帝像》一册，自宣宗起至度宗止，凡十六叶。《元朝帝像》一册，自太祖起至宁宗止，凡八叶。《宋后像》一册，自宣祖后起至宁宗后止，凡十二叶。《元后像》一册，自世祖后起至后纳罕止，凡八叶，末四条无标题。《元后妃太子像》一册，自仁宗后起至后纳罕止，凡六叶，第二三像无标题，末附太子像二。《明帝后像》二册，上册自太祖起至孝敬毅皇后止，凡九叶；下册自世宗起至熹宗止，凡八叶。尚有《历代圣贤像》一册，《孔子世家》像一册，《至圣先贤像》一册，历代《圣贤名人像》一册，皆藏殿中。

大内藏万年图宝

《万年图宝》册页一大本，绘历代钱币，以金碧色摹画逼肖。原器自伏羲、帝昊以至乾隆制钱，其间经过之币制，悉载无遗，图下皆注明沿革也。

崇效寺藏青松红杏卷

京师崇效寺僧藏有青松红杏卷子，题者甚多。相传僧拙庵本明末逃将，祝发于盘山，此图感松山、杏山之败而作也。图中画一趺坐老僧，上则松荫云垂，下则杏英霞艳。首有王象晋序，题者以朱竹垞、王文简冠其首，续题者几千人。

宋荔裳观管夫人画竹

吴兴天圣寺殿东壁画竹一堵，相传为管夫人笔。一日，张芑堂偕陈无轩过访，无轩谓芑堂曰："此东壁山水上，有明张推官题记云，东西壁画并传元赵松雪所写，右壁墨竹数枝，亦相传松雪夫人管氏作。年久，半敝风雨，推官名已缺。殿中有'错龙盘殿'四大字额，上题'万历甲戌孟冬重修，推官张应雷书'，则此张推官名可证也。"宋荔裳曾题"琅玕清影"四大字，并有跋云"康熙戊申来观，坐卧终日不忍去，后之君子，当共赞之"等字。此壁后为风雨所坏。先是，凌天佑曾偕吴孝廉銮双钩一本焉。

席绍葆以仇实父画得祸

乾隆时，洞庭东山席绍葆为楚中郡守，大府闻其有明人仇实父《六观堂图》立帧，欲得之。实父此图为昆山周氏作，名品也，绍葆以重值购之。绍葆之族人旧有康熙时方外目存所摹副本，与实父画无毫发异，亦署其名，因并购以献之。大府非识者，求一得二，心疑之。有谗之者，遂谓皆非真本，恚而掷还，将中以危法。多方缓颊，始听其移疾归。

王月轩藏高房山《春云晓霭图》

乾隆时，苏州王月轩以四百金，得高房山《春云晓霭图》立轴于平湖高氏。有裱工张某者，以白金五两买侧理纸半张，裁而为二，以十金属翟云屏临成二幅，又以十金属郑雪桥摹其款印，用清水浸透，实贴于漆几。俟其干，再浸再贴，日二三十次，凡三月而止。复以白芨煎水蒙于画，滋其光润，墨痕已入肌里，先装一幅。因原画绫边上有烟客江村图记，乃复取江村题签嵌于内焉。

京都天主堂藏线法画

京都天主堂有四。一曰西堂，久毁于火。其在蚕池口者，曰北堂；在东堂子胡同者，曰东堂；在宣武门内东城根者，曰南堂。南堂内有郎士宁线法画二张，张于厅事东西壁，高大一如其壁。线法画，西人所长，郎尤精。

立西壁下，闭一目以觑东壁，则曲房洞敞，珠帘尽卷，南窗半启，日光在地，牙签玉轴，森然满架。有多宝阁焉，古玩纷陈，陆离高下。北偏设高几，几上有瓶，插孔雀羽于中，灿然羽扇。日光所及，扇影、瓶影、几影，不爽毫发。壁上所张字幅、篆联，一一陈列。穿房而东，有大院，北首长廊连属，列柱如排，石砌一律光润。又东则隐然有屋焉，屏门犹未启也。低首视曲房外，则有二犬方戏于地。

再立东壁下以觑西壁，又见外堂三间。堂之南窗日掩映，三鼎列置三几，金色迷离。堂柱悬大镜三。其堂北墙树以槅扇。东西两案，案铺红锦，一置自鸣钟，一置仪器。案之间设两椅。柱上有灯盘四，银烛矗其上。仰视承尘，雕木作花，中凸，如蕊下垂，若倒置状。俯视其地，光明如镜，方砖一一可数。砖之中路白色一条，则甃以白石者。由堂而内，寝室两重，门户帘栊，窅然深静。室内几案，遥而望之，秩如也，可以入矣。即之，则油然壁也。

吴杜村藏江山雪霁卷

明董文敏尝称唐王右丞《江山雪霁》卷为“海内墨皇”，初为华亭王氏嫁奁中物，后归娄东毕涧飞部郎，值三千数百金。卷长六尺，绢光腻如纸，其色略带青。画绝工细，有轮廓，不皴染，而微露刻画之迹，其笔意惟李成、赵大年略相似，北宋后无此画法也。旧无题识，仅文衡山隶书引首及文敏、冯开之、朱元价诸跋。涧飞之兄秋帆制军欲得之，靳不与。扬州吴杜村太史绍浣数往就观，涧飞感其意，谓能固守勿失，即以付之。杜村颔之，遂偿值捧归，坐卧必与俱。

杜村游江右，陈望之中丞索观，诡言不在行箧。度必诣寓斋穷搜，乃对卷先叩头致罪，权置榻下杂溷器之侧，告之曰："绍浣今日有难，暂屈君处此。客去，君即出，焚香以谢。"望之至，遍觅不得。目及榻下，杜村色变，遂攫之而出，因约假观数日。至期索之，匿不出见。其子妇为杜村之妹，望之命其出为言，翁欲出三千金求此卷，复厚赀之。时杜村旅囊已罄，妹以哀诗求之，村坚持不可，强索而归。

丁纪龙藏明宣宗御画

丁纪龙藏有明宣宗御画，作墨笔青蛙，伏枯荷叶上，气韵浑融，笔致生动。上题"宣德五年御笔戏写"，题云："鲜甲纷纷有万殊，不随群品混泥涂。人能若此精修苦，向上轮回敢谓无。"字娟秀可爱，后款模糊不辨，可识者，惟"十二月日"四字，玺曰"广记之宝"。

袁寿民藏名画

江西袁寿民收藏甚富，有《高宗南巡图》长卷，用笔之工细，设色之绚烂，诚为佳构。卷中龙舟凡四艘，龙头峙于前，龙尾缀于后，中间有楼有舱，面面皆通，两岸妆点，一一绘出，直至西湖泊舟。凡二卷。又有《文姬图》中堂，画中人尺度与真人同，一琴亦与琴等。又一破盆，中栽兰花一本，所画之叶与指同，叶长二尺余。皆高且园所绘也。又赵千里《海市图》，上下皆云雾迷茫，中间人物、楼阁、飞桥，色鲜而雅。又唐子畏墨本山水一幅，临水一大树，泊崖一舟依树下，舟中人为六如小像。六如点缀人物，多画其像于上。因忆尝见六如所画梅花，花旁一石，石旁倚一人，与舟中人面目相符合。

某廉访赏钱伯声画

世人鉴别书画，大抵皆凭一己之见，不必尽真识也。其识之精者，大抵能辨妍媸耳。同、光间，浙中颇重钱唐戴文节公熙之山水，虽一扇一楮，价抵兼金，好事者争收藏之。

有钱伯声太守者，承其家箨石宗伯之画法，花卉妙一时，初不以山水名也。以世重戴画，偶一临摹辄逼肖，因时时作小幅，署戴名，人争购之。钱常告海宁陈子庄直牧其元，以为笑。

某年，钱以消夏无事，托戴名，作册页十二幅装潢之，交陈仙海司马转鬻，索二十四金。时某廉访备兵上海，留意翰墨，适欲购戴画，陈以钱作示之。廉访大称赏，即留不还。陈惧以欺获咎，因以实告。廉访笑曰："此子不忍割爱，故作此语耳。"亟取金如数予之，钱乃得重值焉。

钱之画为张文达公之万所赏识，陈偶举是事告之。张为言咸丰时，偕祁文端公隽（寯）藻入直南书房，蒙文宗召观内府珍秘，见巨然所画手卷，历代名人题跋无不精绝，辄惊叹为希有。比出，祁告以此卷曾两见之，于今而三，孰真孰赝，卒莫能辨，赝本固不仅戴画有之也。

朱遐伯藏顾横波像

顾横波夫人艳迹，人乐道之。戴文节藏其小像一帙，丰姿嫣然，呼之欲出，远胜于市售者。上幅右方款二行云："崇祯己卯七夕后二日写于眉楼，玉樵生王朴。"左方诗二首云："腰妬杨枝发妬云，断魂莺语夜深闻。秦楼应被东风误，未遣罗敷嫁使君。淮南龚鼎孳题。""识尽飘零苦，而今始得家。灯煤知妾喜，特着两头花。庚辰正月二十三日灯下，眉生顾媚书。”后为朱逷伯理问所有。

曾忠襄得戴文节画赝本

湘乡曾忠襄公国荃总督两江时，欲访戴文节画。有某吏仰承意旨，搜得之。及赍至，则中堂一幅，书法遒劲，非戴真迹，曾不知为赝物也，大喜，如获拱璧。

盛伯羲王文敏得戴文节画赝本

盛伯羲祭酒昱，与王文敏公以风雅相尚，偶得精良之品，辄相传观。然诸骨董各因以赝物相欺者，亦时有之。闻尝得戴文节画，咸相击赏。久之，有人审视年月全谬，乃知伪物也，彼此相顾怅讶者久之。然有人言名画之伪者，相约一例，必留一破绽，俾有识别，如年月地方必有一二处故为错谬。扬州人作伪者，皆有此习惯也。

朱典生藏戴文节画册

朱典生家藏戴文节画册页十帧，高可五寸许，宽可八寸，虽小品而精绝。中有一帧画鹰，顾盼自雄，颇饶神致。文节多绘花卉，而翎毛仅此一见，名家固无所不能也。

某巡抚设计得画

光绪中叶，某抚山左。时厅事有明文待诏山水四大轴，云是前抚所遗，盖属官以千金购之取媚者，前抚弗受，留之厅事而去。某见而欲得之，顾不易取。一日大讌藩臬监司，忽出彭刚直所作梅花四大轴，加诸文画之上，藩臬同声称赏。自是长悬厅事，仍加于文画之上。数月以后，则仅留梅花，抽去山水矣。

陆存斋藏枫江渔父像

吴江徐电发《枫江渔父小像》手卷，纸本，谢彬写照，童声补图。题者，自沈荃以下六十余人，皆一时知名之士，文歌诗辞，真草隶篆，无体不备。卷藏归安陆存斋之皕宋楼。钱塘洪昉思曾题北中吕一曲《粉蝶儿》云：“江接平湖，渺茫水云烟树，战西风一派菰蒲。白蘋洲，黄芦岸，厮间着丹枫远浦，秋景萧疏。映长天，落霞孤鹜。”《醉春风》云：“俺只见小艇乍迎湖，孤篷斜带雨。柳边渔网晒残阳，有多少楚楚。停下了短桨轻帆，趁着这晚烟秋水，泊在那野桥官渡。”《普天乐》云：“见一个钓鱼人江边住，笋皮笠子，荷叶衣服，足不到名利场，心没有风波惧，稳坐矶头无人处。碧粼粼细数游鱼，受用足一竿短竹，半壶绿醑，数卷残书。”《红绣鞋》云：“那渔父何方居住？指枫江即是吾庐，何须隔水问樵夫。云藏林屋小，天逼洞庭孤，刚离着三高祠不数武。”《满庭芳》云：“傍柴门停舟暂宿，江村吠犬，霜树啼乌。纵然一夜风吹去，也只在浅水寒芦。破蓑衣残针自补，枯荷叶冷饭平铺。秋如素，渔歌一曲，千顷月明孤。”《小上楼》云：“正安稳羊裘避俗，不堤防鹤书征取。逼着您罢钓收纶，弃饵投竿，揽辔登车。离隐居，到帝都，龙门直度，拜殊恩古今奇遇。”《十二月》云：“但莫忘旧盟鸥鹭，且休提新脍鲈鱼。空想像志和泛宅，漫寻思范蠡归湖。凝望处云山杳霭，魂梦中烟水模糊。”《尧民歌》云：“描不出满怀乡思忆东吴，因写就小江秋色钓鱼图。翠森森包山一带有还无，片时间晚云收尽碧天孤。传书平沙落雁呼，直飞过斜阳渡。”《要孩儿》云：“俺不能含香簪笔金门步，只落得穷途恸哭。山中尚少三间屋，待归休转又踌躇。不能做白鸥江上新渔父，只混着丹凤城中旧酒徒。几回把新图觑，生疏了半篙野水，冷落了十里寒芜。”《尾声》云：“江波寒潦收，枫林夕照疏，比磻溪也没甚争差处，只您这垂钓的先生不姓吕。”

鹿文端藏《早朝图》

国初蔡修撰启僔《早朝图》，点染至佳。房左侧置熏笼，覆以朝衣，一侍史监之；右设妆台，姬人对镜整髻，为欠伸乍醒状。旁有墩，雪狸卧其上；中央施甲幛，玉手褰帏，珊钩乍上，弓鞋半露，椽烛荧荧，真名笔也。朱竹垞题云："遮莫冬冬画鼓频，披帷风定烛如银。绣墩只许狸奴卧，辛苦妆台弄髻人。"鹿文端公传霖藏之。

董询五藏《柳阴消夏图》

周均，字平畦，桐乡人，家青镇。善画山水，宗倪、黄，出笔苍老，有虚实兼到之妙，晚年气益古茂。其所画《柳阴消夏图》，为秀水董询五鹾尹宗善所藏。有德清蔡谷山学士题句，注云："平畦之画，能用法而得法外意。"信然。其子钰，字坚庵，又字小畦，邑增生，工诗画，有渊源，克承家学。

李子中好金石

康、雍间，嘉兴有李子中名光映者，好金石，藏弆甚富。著有《观妙斋藏金石文考略》，金心斋为序之曰："七情，欲居其一，人所不能无而足以为累者也。然非必为累也，视所欲何如耳。子中于一切声色货利，澹然皆无所欲，独于书籍及名流笔墨遗迹，与夫金石文字，自谓平生之欲存焉。计积累所收，碑刻搨本，视曹氏古林金石表，不减其数，可谓富矣。好手装潢，时出把玩，乃偕其姊夫王典在博采诸家之论录之，以互证其然否，间附己说于其后焉。"

周立厓好金石

周立厓廷尉，乾隆朝人。在京师时，所居必叠石为山，引泉为池，花木葱蒨，藤竹交错。且嗜古成癖，每遇古人金石墨迹，不惜以重资购之。尝辇西山贞珉至其邸，盈庭充壁，镌劂之声无虚日。邸旧有轩曰"得石"，为易名曰"石寄"，而跋之云："得耶？失耶？寄耶？"

丁敬身好金石文字

钱塘丁敬，字敬身，号钝丁，自称龙泓山人。家杭州候潮门外，邻保皆野人也，酿麴蘗自给，身厕佣贩，未尝自异。顾好金石文字，穷岩绝壁，披荆榛，剥落藓，手自摹搨，证以志传，遂著《武林金石录》。分隶皆入古，而于篆尤笃嗜，啸堂集古，兼入其室，非性命之契，不能得其一字也。秦汉铜器，入手即能辨。性耽籍，以家贫不能出重赀购买，而门摊市集，眼光所注，悉无所遗。小楼三楹，屌戻满室，丛残不复厘理，皆异册也。

彭尺木收弆金石文字

长洲彭绍升，字允初，芝庭尚书之子，即尺木居士也。修净业，好读古德书，间作汉隶，收弆金石文字。尝谓江藩曰：“朱子亦爱金石碑版，此《论语》所谓‘游于艺’，非玩物丧志也。”

释六舟为金石僧

释达受，号六舟，海宁白马寺僧。故名家子，耽翰墨，不受禅缚。行脚半天下，名流硕彦，无不乐与之交。精鉴别古器及碑版之属，阮文达尝以“金石僧”呼之。

吴子苾酷好金石文字

吴式芬，字子苾，号诵孙，山东海丰人。道光甲午进士，官至内阁学士。酷好金石文字，就孙渊如《寰宇访碑录》补其未备，删其讹复，增入三代、秦汉以来吉金，注明某氏家藏，如孙录收甎瓦之例，惟不载玺印、泉币、镜铭。其载有年月者，孙录未详碑额，亦并补之。书约十六卷，名曰《攟古录》。又复荟萃金石目录，分州县编之，其存者则列为已见，未见者则注明见某书，列为待访。凡古今金石诸书，无不备采，复取历代史籍及诸家文集、说部以益之。墓志以曾出土著录者为断，而不采文集。

钟鼎、甎瓦之流传无定所，亦不收载。地里未详者，别附于后，以俟参考。曰《金石汇目分编》，约四十卷。于款识古文，研究六书，多所考释；于穹碑巨著，缺文误字，博访旧本，多所补正，皆散见所蓄金文册字，及手校金石各书。又以关中汉泥封出土綦多，谓足明两京制度，订史册沿讹，及裒集搨本，据《汉志》编次，加以考证，成一卷。

吴平斋考订金石

归安吴云，字平斋，晚号退楼。笃学考古，至老不疲。考订金石文字，确有依据，一字之疑，穷日夜讨索不置。仪征阮氏、嘉兴张氏、苏州曹氏，所藏吉金为东南最，乱后散失，往往于市肆中物色得之，不惜解衣质钱以买，人以拟之于王元美。所著有《两罍轩彝器图释》十二卷、《古铜印存》十二卷、《古官印考》六卷、《考印漫存》九卷、《焦山志》十六卷，《虢季子盘考》《汉建安弩机考》《虞温公碑考》《华山碑考》各一卷。

潘文勤为金石学家

光绪初，潘文勤公与翁叔平相国同龢、盛伯羲，研索钟鼎篆隶，往来笺翰，率用籀分，遂以金石学家驰名都下。某年，以修墓回籍，闻某处有某碑原石，欣然往觅。至则石在某姓家子妇床后壁间，文勤持烛扪索之良久，飞尘满头不顾也。已而审为真本，立予五百金，舁之去。文勤尤注意吉金，所藏钟鼎彝器之属，逾五百件，实为收藏吉金家之第一。

陈寿卿藏三代金石

咸、同间，常州学派衣被海内，能文之士，稍稍通金石，不复拘守许、郑旧说。其时吴中有吴子苾、吴清臣、吴平斋、潘文勤诸人，皆各以其所得彝器，目睹口述，成为纪载。而潍县尤为金石荟萃之区，赝品之出自潍县者，几可乱真。盖以人习斯艺，而又能不惮劳苦，敝衣粝食，常跋涉数千里外，至于关中，北极河朔，多得古物以归，藉为模范，可谓能矣。陈寿卿介祺实产其邑，家多收藏，生平酷喜三代金石文字，且得子苾、平斋以为之友，商搉评定，尤能发前人所未发也。

许四山藏乳彝

顺治朝，扶风县田夫某，偶见河岸土崩，掘之得一铜器，状如盂，高八寸，围径六寸，乳周其体，朱翠斑斓，中有古文莫能辨，乃橐以入城。医师席某出千钱易之，遍询博古家，曰："此殷之乳彝也。古文为'祖丁'二字。"席乃珍之。合肥许四山视学西秦，席以彝献，因录其子于邑黉。

宋牧仲观焦山周鼎

镇江焦山有古鼎一，周物也。高一尺三寸二分，腹径一尺五寸八分，口围视腹而杀其七之一，耳高三寸，足倍之。

鼎有铭在其腹，其辞曰："惟九月既望甲戌，王还于周。□□于图室。司徒南仲右□惠□立中庭。王呼史受册，命□惠□官司□王□侧□作，锡女玄衣束带，戈琱戟，缟韠彤矢，鋚□鸾旂。世惠敢对杨天子，丕显敷休，用作尊鼎，用享于□烈考，用周簋，寿万年，子孙永宝用。"凡蚀二字，疑不能明者八字，此长洲汪苕文所释也。歙县张山来所见释文则稍异，其辞曰："维九月既望甲戌，王如于周。丙子，烝于图室。司徒南仲佑，世惠，佥立中庭，王呼史端，令（疑命之误。）世惠曰，宣治佐王，颇侧，弗作，锡女玄衣束带，戈琱戟，缟韠彤矢，鋚勒銮旂。世惠敢对扬天子，丕显敬休，用作尊鼎，享于□列考，用周簋，寿万年，子孙永宝用。"新城王西樵所释则又异，其辞曰："维九月既望甲戌，王（及还）于周。宓（子）□于图室。（治征司徒）南中佑□惠□立中庭。王呼（史受）册命，□惠□官（司治）□王□侧□作，锡女玄衣束带，戈琱戟，缟韠彤矢，鋚勒銮旂。世惠敢扬天子，丕显（敷）休，用作尊鼎，用享于□烈考，用周，（簠簋）寿万年，子孙永宝用。”

鼎故为明代镇江某巨室物，当严嵩枋（古同“柄”）国时，某官于朝，严欲得之，不即献，因嫁祸焉，鼎遂入严氏。严败，鼎复归江南显者某。某以祸由鼎作，谓鼎不祥，舍之焦山寺中。康熙己酉夏，商丘宋牧仲尚书与人游焦山，宿海云堂，曾观之，赋诗纪事，并勒石于《瘗鹤铭》之旁。

徐林鸿知靁尊年代

徐征士林鸿善鉴赏，别书画真伪，百不失一，兼善饮。尝过颜御史豹文别业，御史知其为大户也，出靁尊，贮酒容一斗。宾客多避席，征士连举者三。颜询之曰：“此何年制也?”征士笑曰：“北齐文宣帝天保六年避暑晋阳宫所作也。”验其下款识，果然。

丰润学宫有古鼎

康熙时，方朴山大令棃如宰丰润，著《浭阳杂兴》诗，中有“赝鼎摩挲学舍昏”之句，自注云：“学宫古鼎，为某家师以赝者易之。”程瑶田言：“余验是鼎，青绿透入铜质中，非近人所能赝造。且宋时于古铜器，皆磨治之，涂以蜡，今之鉴古者名曰‘宋磨蜡’也。是鼎翡翠朱砂瘢，与铜质均平若一，殆经宋时磨治者欤？其铭乃六朝人追仿古篆，不能如秦、汉之古，所固然也。朴山但据谣谚云云，未之深考耳。”丰润县牛鼎，重五十五斤，两耳三足，承鼎腹处为牛首，足末为牛蹄，故铭曰牛鼎。县志谓明掘土得之。铭辞四十一字，有“甲午八月丙寅”及“宋器”字，适与刘宋孝武帝孝建元年为甲午、八月二日为丙寅相合。先是，汪翰林师韩推求史鉴，谓鼎当铸于赵宋政和年，疑有误。

成均有十器

国学礼器，多贻自前朝。乾隆乙酉，高宗复于大内尊彝中，亲选十器，颁予成均。凡牺尊一，雷文壶一，了爵一，内史卣一，康侯鼎一，明簋一，雷纹觚一，召仲簠一，素洗一，牺首罍一，皆周以前法物，陈设于大成殿庭。（乾隆己未，送阙里孔庙陈设祭器，爵铏十六，簠一，簋一，笾四，豆四，乃新制者。）

庄迂甫好宣德炉

阳湖庄迂甫，名通敏，方耕少宗伯仲子也，好宣德香炉。官翰詹垂二十年。和坤浸用事，庄饮大醉，即呼其名而痛诋之，尽取所蓄炉，碎之满庭。醒而惜之，则又购买，月或一二次。有卖炉者知其然，至移寓近之。

曾宾谷藏宣德铜盘

曾宾谷侍郎燠藏宣德铜盘，方径三寸五分，中刻御制《锦堂春》词云："映日秾花旖旎，薰风细柳轻盈。游丝十丈重门静，金鸭午烟清。　戏蜨浑如有意，啼莺还似多情。游人来往知多少，歌吹散春声。宣德七年正月十五日。"

成哲亲王咏明赵忠毅铁如意

明赵忠毅公南星铁如意，当时所制非一，铭词、形制大略相同，而年款各异。施念曾宛雅所载一柄，为神宗戊申春制，其最古者也。铭曰："其钩无鑱，廉而不刿。以歌以舞，以弗若是利，维君子之器也。"沈文悫、厉樊榭、韩其武所歌，皆未识年月。若壬申制者，则在初颐园处；天启壬戌张鳌春制者，在吾篑一处；天启癸亥制者，在陆丹叔处。成哲亲王所得，则为天启甲子所制，王作诗咏之，有句云："铭辞二十有八字，义类直与丹书同。"

初颐园藏商重屋父丁尊

重屋父丁尊，文在器底之侧。嘉庆辛酉冬，嘉兴张叔未解元廷济客京师，从琉璃厂肆假至虎坊桥赵某寓邸观之，濡脱数本，后归初颐园中丞。肆中人云："乾隆年以百金购得，谓可利市三倍。己未以后，值不过十之二三。今京城内外，又值水灾，此中声希味澹，更无人过而问之矣。"

阮文达藏汉厉王铃

阮文达藏汉厉王铃，文曰"中殿言"，取《尚书》"工以纳言"之义。金质坚炼，制度浑朴，斑驳陆离，非唐、宋所能及。

阮文达得伪钟鼎铭

阮文达抚浙时，其门生有入都会试者，偶于通州逆旅中购一饼充饥，见其背斑驳成文，戏以纸搨之，绝似钟鼎铭，即寄文达。佯言某于通州古董肆中，见一古鼎，惜无资不能购，某亦不知为何代物，特将铭文拓出，寄请师长，与诸人考订，以证其真赝。文达得书，即集严小雅、张叔未诸名士互商。诸人臆为拟议，皆不同。最后，文达乃指为《宣和图谱》中之某鼎，即题跋于后，历言某字某字，皆与《图谱》相合，某字因年久铭文剥蚀，某字因搨手不精，故有漫漶，实非赝物云云。门生见之大笑。

阮文达宴门生用古器

阮文达开府两粤，一日，讌高材生于学海堂，所用器具皆三代鼎彝尊罍之属，食品一秉《周礼》，委某生监督焉。时陈兰浦国子澧为坐宾，语人曰："阮公明经博古，一宴会而能令诸生悉某器某味为某形某名，受益者多且速矣。"

阮文达得伪折足铛

阮文达予告归，搜罗金石，旁及钟鼎彝器，一一考订，自夸老眼无花。一日，有以折足铛求售者，再三审视，铛容升许，洗之，色绿如瓜皮，大喜，以为此必秦、汉物也，以善价得之。偶谳客，以之盛鸭，藉代陶器。座客摩挲叹赏，文达意甚得也。俄而锴忽訇然有声，土崩瓦解，沸汁横流，恚甚。密拘其人至，键之室，命每岁手制赝鼎若干，优其工价。此后赠人之物，遂无一真者。

阮文达家庙藏器

阮文达家庙藏器，有周虢叔大棽钟，格伯簋，寰盘，汉双鱼洗，皆无恙，惟全角推拓不易，因而真迹甚稀。况夔笙求之经年，仅获一本。复本所见非一，石刻较优于木，然真赝相形，神味霄壤，可意会不可言传，不仅在花纹字画间也。

寰盘拓本上款下形，又于形中拓款，作侧悬形。真本拓不及半，复本辄过之，以毡椎有难易之分、凹与平之不同也。

真器拓本，悉出阮氏先后群从之手，墨色浓淡不匀，字口微漫，不能甚精。

六舟为程木庵拓彝器款识

徽州程木庵洪溥博物好古，尝延六舟上人为拓所藏钟鼎彝器款识。六舟赠以蒋氏《别下斋丛书》。木庵见钱警石所著《曝书杂记》，深相契合。读至第二卷，知其未有《通志堂经解》，因以储藏副本属六舟弟子虚山携赠订交。

张叔未藏古铜书笵

张叔未藏有古铜一片，色黝然，其上有楷书，反刻“《易》奇而法，《诗》正而葩，《春秋》谨严，《左氏》浮夸”十六字。凡四行，四字为一行。张以之为书笵，有自跋云：“此初刊书时凿铜为式，以颁示匠者之物也。韩文始镌于孟蜀，欧阳子书后云，‘文字刻画颇精于今’，今世行本，则此为孟蜀勅刊韩集时锐铜为式可知也。”

张叔未藏汉黄山第三镫

嘉庆甲子三月三日，张叔未从海盐张文鱼购得汉黄山第三镫（同“灯”），值银八饼，凿款在下般之上面，曰“黄山第三”。《汉书·地理志》：“右扶风槐里县有黄山宫，孝惠二年起。”《三辅黄图》卷三：“黄山宫在兴平县三十里，武帝微行，西至黄山宫。”此镫为离宫所设，“黄”字从“𠬞”从“臼”，“四”字积画为之。西京妙迹，古趣天成，叔未所藏汉器，无更出其前者。己巳春，翁覃溪题其《集古款识册》云：“叔未此册，余独鉴赏此黄山镫，是以专用为题，作诗系于册后，盖亦如欧阳子得林华宫行镫铭也。”

张叔未藏汉宜子孙灯

嘉庆乙亥二月廿八日，张叔未得汉宜子孙灯于海盐陈氏肆中，值银五饼有半。秦以下，阳识则铸，阴款则凿，商、周金款拨蜡之法，嬴、刘已失其传矣。“宜子孙”字，为汉器所习见。此“子”字下半，左向叠旋，“孙”字右旁增二小直，体势益觉缜密，可见汉京结字之妙。

张叔未藏汉馆陶公主家灯

嘉庆庚辰二月十三日，张叔未得汉馆陶公主家灯于苏州，凿款在侧，曰“□□□□（约四五字）。寸八分，高三寸六分，重一斤八两，馆陶家”。馆陶长公主嫖，孝文帝女，窦后所生，后遗诏，尽以东宫金钱财物赐之。此西汉初器也，文中青绿填积，尚未洗剔，“家”字末笔甚长。

张叔未藏金皇统造像

金皇统戊辰造百佛像，嘉庆庚午初夏，张叔未得之于平湖新埭，所谓“造像一铺”也。黄小松司马易曾藏一版，与之同，背无款记。方铁珊大令廷瑚，曾以一板贻海宁马桥马氏，背有贞元年款。盖南北朝造石像，累数十百，此铸铜为像以百计，尚沿六朝旧习也。

张叔未藏商琱字句兵

嘉庆庚辰二月廿四日，张叔未自常熟回舟，访陆直之于吴江之芦墟东沽陆朗夫中丞丙舍，直之出商琱字句兵见贻，叔未乃报以银四饼。

张叔未藏商父戊觯

商觯，高建初尺七寸有奇，朱碧斑连，光采夺目。外雷回文，极浅细。文在腹，曰“子作父戊彝”。又龙形、山形、手执刀形，器极小而文极精，他未有过于是者。道光壬午五月廿四日，张叔未从海宁许嗜音购之，其值钱十八千。

张叔未藏周虢叔大棽钟

周虢叔钟，钲间文四行四十字，鼓左文六行五十字，旧为阳湖孙渊如观察所得。嘉庆丁丑秋，张叔未得其自拓本。未几，归吴山尊。吴掌教扬州梅花书院，常陈设院中。斌笠耕观察良思得之，不果。后归两淮鹾使阿克登布，得白金一千二百两。阿既受替，复送归吴以志别。吴殁，偿归张广德银号，值如归阿之数。张又归润州某。以上转徙之迹，赵晋斋言之最详。道光辛卯春初，苏州郑竹坡以银二百饼从润州买得之。二月九日，偕陈苇汀、徐蓉村来售于张叔未，值银二百七十饼，别酬徐十四饼。是时，每饼易大钱九百三十文。

钟朱碧入骨，极绚烂，极润泽，当由鉴藏家摩挲积久所致。三月廿二日，郑以其架至，高七尺，广三尺，榦方三寸余，紫檀木，深黝如漆，乃一二百年前物也。

古金有文字者，钟最难得。叔未所见鼎彝之属，凡数百，于钟仅见积古斋三器，苏米斋一器。所藏古器亦将及百，向惟一水字小钟。辛卯十二月十七日，以五十金购吴门汪心农所藏之孔璋钟，有四十三字者。及获此，叔未自谓厚幸也。

张叔未藏周史颂盘

周史颂盘，海盐汪氏售归嘉兴王氏。当积古斋收辑款识之时，此器秘不肯出，故未入录。朱右甫侍郎为弼尝题其斋曰“宝盘”，其后王刻苏诗，即名曰“宝盘斋石刻”。嘉庆丁酉十一月，售归于张叔未。“颂”字、“般”字，旧为青绿淹淤，拓不得出。渍酰兼旬，洗刷俾显，叔未自以为大快事也。

张叔未见吴越金涂塔

五代时，吴越钱忠懿王于宫中冶乌金为瓦，绘梵夹故事，渗以金饰，造阿育王小塔八万四千座，埋藏国中名山，以为功德，世所称“吴越金涂塔”者是也。宋姜白石得一版，周晋仙为作歌。明顾耿光掘得一版，憨山大师为作记。至国朝，蒋尔龄亦得一版，舍诸白莲寺，周青士曾见之。朱竹垞尝以未得见而为之叹息。张叔未所见之塔，又别是一版，在桐乡金云庄家，盖即毛子文所藏者。

徐星伯得唐时铜佛铜匕

乌鲁木齐所属济木萨保惠城，为唐北庭都护地。城北五里，有旧城基址，土人名之曰“破城”。其地往往得唐钱（皆开元钱。）与铜器，而铜佛尤夥，大小不一。牟利者，置窝棚于其地，掘而货之，然取之不竭。嘉庆时，多余山侍郎庆归，携铜佛数尊，皆新出土者。徐星伯乞其一，高约二寸，厚约二分，为韦陀状。下有座，似莲花形，座有四孔皆穿，下有圆柱，似冠上顶柱，盖用以安插者也。佛脑后有铜鼻，一直孔穿，盖用以备绾系也。又有一铜匕，长约七寸，绿坟起如黏翠，厚将及分，葱然可爱，皆唐物也。

张仲甫索鼎于刘燕庭

张兰渚中丞曾购得虢叔鼎一具，传其子仲甫。时刘燕庭方伯喜海为浙江藩司，酷嗜金石。将行，仲甫托人以鼎售之，得价千金。已而大悔，刘行已二日，乃使人持千金，以轻舸追之，得鼎以归。胡书农学士尝作长歌嘲之，其辞意谓家有宝鼎，譬诸名姝，非可售让；若既与人，岂可索还？今之索鼎，有若以爱妾侍他人寝而又索回也。

蒋砺堂爱铜壶滴漏

广州布政司南街，有地曰双门底，其高如阙舍，高悬木牌，以占初正外，并有铜壶滴漏，置之楼。漏制于宋，历时约千余年，其效如旧。其制法，以七尺台分三层，于巅置铜釜，盛水若干，水由台中出达之，以半面铜管由上至下，徐徐而滴，至末入于桶。桶插十二时竹签，分初、正二候。水自桶底送签而出，水满签尽，又返其水于釜。水若不足，以他水益之，但上必以釜满为度，下必以桶满为度。昼夜流动，不差累黍。蒋砺堂制府神其术，每至必抚摩竟日，且曾仿造之。

徐司马辨鼎彝敦鬲文

徐若洲司马鸿谟宦扬州，尝于咸丰时避兵如皋，工诗善画，尤精篆隶，鼎彝敦鬲文，见之辄辨真赝。

刘壮肃藏周虢季子盘

周宣王乙酉正月三日所制之虢季子盘，以铜为之，大如盆，长六尺弱，广三尺强，中深一尺许，高亦如之，四足八环，凡古篆百十有一字，皆有韵之文也。盘故在陕西凤翔府宝鸡县之虢川村。宝鸡，即古西虢地也。道光朝，常州徐传兼明府燮钧知郿县时，闻而购之，以专车载之至南。粤寇扰江苏，合肥刘壮肃公铭传帅师克常州，得盘，因筑盘亭以庋之。

李诚甫鉴别古彝器

李诚甫，山西太平人。能鉴别古彝器，潘文勤、王文敏所蓄，泰半出其手。

俞筱甫以诗乞铜鼻塞

光绪戊戌，吴县俞筱甫通守廷瑛，得一色青绿长寸许形似枣核之物。物铜质，中圆而两端锐，一端圆，一端三棱如觚，皆自腰而分，审为古人殓时以塞鼻者。盖于潜赵伯英广文逢年尝客松江，得于冷摊，俞见而爱甚，乃赋诗以乞得之。

端忠愍藏毛公鼎

毛公鼎出陕中，文甚多，有四百八十一字，又重文九字，空格二字，前半尚隐隐有阑。自来文字之多，无逾于是者，且其字半在最深凹处，断非近人所能伪造。拓出，则纸凸起，非裁剪不能付装。文屈曲如环，剪贴之，则神致已失。

咸丰壬子，苏亿年载之入都。时陈寿卿供职词馆，以重资购藏，秘不示人。同治壬申，潘文勤公始见之，叹赏弗置，乃属胡石查钩摹镌版以传。

鲍子年言寓秦久，与苏兆年、张二铭辈时相见，凡作伪之器，亦不复讳，如叶东卿之遂启諆鼎，补镌犹所目睹。是二鼎文字，实出土时所有，而当日都下疑者纷纷，宜寿卿有一言以为不知之慨欤？

寿卿之女夫某孝廉，将上公车，乏资，告贷于寿卿。问所需，答以四百金。寿卿乃出所藏铜器拓本数纸与之，曰："持此诣京师，行李无虞困乏矣。"某失色，姑应而受之，复贷于他氏，有所不足，悻悻至都门。试未毕，而囊已罄，不得已，出寿卿所赠品，则毛公鼎拓本四五纸而已，稍稍以示人，俱售去。计所得金，适如告贷数，或过之矣。自以巨值归端忠愍，拓本遂渐多。

周雨蕉藏盂鼎

盂鼎出秦中，本岐山宋氏物，为周雨蕉明府赓盛所得，坚不示人。高二尺许，凡二百九十有五字。雨蕉逝，鼎复出，然仍在秦。

周季真藏炉

光绪末，京师琉璃厂某骨董店有炉，两足如欹器。主人以废物视之，炷火其中，供吸烟之用而已。周季真以十金易去，则以檀香支其缺处，取零星枯朽燃之，扑鼻皆香。并言如有降真、苏合、冰麝、龙涎，仿此以行，即燎纸，香亦如之。

圣恩寺藏郑钟

圣恩寺在苏州玄墓山南麓，邓尉山则在寺之西北。寺因山为高，入门，拾级数十登殿，阶下四古柏，参天拔地，茎皮已作铁色，旋转作螺纹，如柏因社所谓古者。登还元阁，有楹联云："太华夜碧，时闻清钟；西山朝来，致有爽气。"吴县石蕴玉集句书也。常熟翁叔平相国亦书一联曰："点灯默坐还元阁，磨墨重题大歇关。"寺藏郑钟，春秋时郑公作，故名。圆形而高，自于（钟口）至旋（钟悬），指约尺有咫，盖钟之小者，疑周镈钟也。回纹密缕，斑翠陆离，微露铜质，作淡红色。曹衡之究心于古钟鼎者，非一日矣，曾语钱基博曰："周、汉铜器，大率色红不殷，所谓水红铜者，此岂是耶？"其上周以繁乳，一已脱去，俗亦称曰乳珠钟。钟乳以枚计，于古则谓之枚焉。宋李昭号为知乐，其论枚乳则谓用节余声。盖声无以节，则锽锽成韵，而隆杀杂乱，其理然也。"铭"字笔画宛曲如仰瓦，而又深浅如一，明净分晓，无纤毫模糊。明朱载堉谓古人作事必精致，考工有记，匪若后世贱丈夫之事。瞻玩彝器款识，字细如发，无不匀整分晓。此盖用铜之精者，并无砂类〔颣〕，一也；良工精妙，二也；不吝工夫，匪一朝夕所为，三也。于此可以觇三代彝器法物之盛，宜世之珍为宝器也。然有见乾清宫所藏郏钟，如此等者大小无算，亦习见不罕矣。

钟铭有拓本，潘文勤为释文跋之。其后署名跋记者甚夥，中多名迹。惟吴县吴清卿中丞大澂一跋，谓当日寺僧不肖，有觊觎寺住持者，辄献钟当地豪有力者之手，赖文勤力持，完璧而归之。而隐去豪有力者之姓氏不著，不知何许人也。

李子明藏古苗王铜锅

古州城外河街，有陈顺昌者，以钱二千向苗人购一古铜锅，重十余斤，贮冷水于中，摩其两耳，即发声如风琴，如芦笙，如吹牛角，其声嘹亮，可闻里余，锅中冷水即起细沫如沸水，溅跳甚高，水面四围成八角形，中心不动。传闻为古代苗王遗物。锅上大下小，遍体青绿，两耳有鱼形纹。后归李子明。

阮文达藏真子飞霜镜

钱献之别驾十六长乐堂藏一镜，名“真子飞霜”，背上花纹作一人林下鼓琴，上有“真子飞霜”四字，制造工致。后归阮文达。真子非人名，疑即用伯奇弹《履霜操》故事，盖六朝人士好于镜背模范古人也。

宋芝山藏汉镜土合

汉镜土合为尚方镜之母，嘉庆壬戌，秦中人携至都下，赠安邑宋芝山学博葆淳，张叔未尝偕赵润甫孝廉观于其寓。其质为白沙土，下阙处所以进铜。夫镕造之物，皆有模范，今所传古泉范，盖用此以合土，再用土以冶泉。名曰“泉母”，实为泉祖。此土合则镜所从出，真镜之母也。抟土聚沙，能千百年历劫不坏，与金石同寿，斯足珍矣。是年，叔未留京师，于赵谦士奉常处见卫字瓦母，亦白沙土质。是以土型土，又从来收罗古瓦家所未著录者也。

唐松泉藏镜

唐松泉藏古镜甚多，有汉雷回镜一，径二寸五分，重三两六钱，幕作雷回文，蓝色，质青。又汉盘螭镜一，径四寸，重五两七钱，幕文作四柱四螭，银背蟾蜍鼻。又汉阳颢镜一，径五寸，重十一两八钱，有古篆铭五十字，文曰“明明光辉众日月内清斯似口然难塞心宛裼颢乘精赟哲于侍君子之延旼光照美挟佳郁焉闲悦”，余十一字不可释。内有“天”字五，“不”字四，间于铭词之中。古镜，常有剩字与文相间，幕文油然莹泽，如水中荇藻，迥非顽碧所能髣髴。又汉阳颢镜二，径五寸三分，重十七两六钱八分，铭文六十余字，与前镜相似，面光全。又汉飞鸾镜一，径二寸九分，重三两五钱，银背朱绿绣，幕文作双飞鸾。又汉海兽蒲萄镜一，径四寸五分，重十五两一钱，面幕丹绿俱满，间有磁青色。又六朝古篆镜一，径三寸七分，重六两七钱七分，铭二十一字，惟“不可朋用”四字可识，篆法非籀非斯。朱百泉云：“当是六朝时物。三代钟鼎篆文，或凫冶意造，不必皆同于众胥之书。汉时镜铭与钟鼎书又别，恐一时工匠增损小篆为之。”又六朝海马镜一，径二寸八分，重四两四钱，背有诗曰：“赏得秦皇镜，判不惜千金。非关欲照胆，持是了明心。”观诗语，当是陈、隋时物。《博古图》唐《自明铁鉴》载此铭，末句作“持是明心”。又唐黄羊镜一，径三寸一分，重四两一钱，篆文八字，铭曰：“黄羊作镜，好而光明。”中列四神四兽。娄彦发《汉隶字原》有青羊镜铭。羊，古“祥”字，《五行传》有青羊、黄羊，皆系吉语，疑时日家假借用之，如青道、黄道之别也。又唐明光镜一，径三寸七分，重九两三钱，铭二十字，与前二镜相似。

徐积馀藏汉西王母镜

南陵徐积馀观察乃昌小檀栾室，藏汉西王母镜，径汉尺七寸五分，背文六乳，分六格，一格画女仙，题“西王母”三字；一格一女鼓琴；一格一女折旋而舞，腰肢纤长，手据地而足腾起；一格龙；一格兽，独角而马蹄；一格一女，羽衣若击球。《汉武帝内传》，西王母命诸侍女董双成吹云和之笙，许飞琼鼓震灵之簧，石公子击昆庭之金，（上言命诸侍女，且与董双成、许飞琼同列，则石公子当是女人男名。）婉凌华拊五灵之石。此女所击物圆形，（钲镯之属，后世乐器中有云锣，即小锣也。）疑即所谓“昆庭之金”矣。舞女腾起之足，纤削若菱。（拓本绝朗晰，双翘宛然，尖锐颖脱，非廑作弓式而已。）有镜铭，为“尚方作竟真大巧，上有山人不知老，渴饮玉泉兮”十九字。山，“仙”字之省笔也。

曹君直藏唐镜

曹君直藏有唐镜，为钱牧斋绛云楼旧物，柳如是所用者也。镜背铭云：“照日菱花出，临池满月生。官看巾帽整，妾映点妆成。”即查他山《金陵杂咏》所谓“宗伯夌清世莫知，菱花初照月临池。点妆巾帽俱新样，不用喧传镜背词”者是也。丁丙衡尝以君直手拓本遗庞檗子，孙龙尾为题一长歌，附录于此：

“绛云楼毁惊鸳飞，山庄红豆老成围。摩挲宝镜发三叹，恍疑古月生光辉。尚书当日归田里，芙蓉舫媵香柟儿。珠斛初开聘丽人，玉台更喜称儒士。金作重楼贮阿娇，百眉新样不胜描。燕支失我妆半面，领袖凭君换两朝。尚书老去多贫病，妆窗拥髻啼珠莹。扫除服珥首飞蓬，雪肤霜鬓还相映。人自丁宁镜不神，尘昏鸾影可怜春。郎不全忠妾全节，千金敢惜堕楼身。此镜由来世希有，铭词还出唐人手。散乱菱花满月亏，悲欢人事君知否？过眼烟云不可收，空留金鉴照千秋。请看一部瓠芦史，也作南唐后主愁。世间好物不终保，抱器已辞周九庙。仁寿宫虚万象非，匹夫怀宝何足道。楚弓得失亦寻常，拓本流传字数行。闲来欲补河东传，一诗寄问陈思王。”

张彦云藏薛镜

嘉兴张彦云大令祖廉，尝得薛镜于吴市，背錾“思娟”小印，榜其居曰“娟镜楼”。薛镜乃湖州薛惠功所铸，惟思娟不可考。归安朱沤尹侍郎祖谋为题一词，调寄《新雁过妆楼》，云：“粉蠹金奁，闲情事，绿窗影出娟娟。舞鸾斜倚，亲见小字连环。越缕披香笼袖角，弁峰添黛晕眉弯。惯温存，夜来蒨色，销与华年。 春风盈盈满箧，伴上帘绀玉，浅照低鬟。赋情多丽，空怅翠竹寒天。重笼半温绣户，问妆匳何时相向圆？寻芳约，料小菱春影，不隔蓬山。”

乾嘉两朝赏鉴家重古钱

非一时通用者之钱，皆曰古钱。著钱志者，摹其模范，详其源流，遂为古金之一种，与石刻并称。乾、嘉诸儒，以其文字年号足与经史相证，故尤重之。鲍康著《观古间泉说》四种，极精审。刘燕庭方伯喜海、戴文节公熙亦癖嗜之，考覈甚精。

杭州有钱社

乾、嘉时，杭州多癖嗜古泉者，创钱社，社友为吴逸庵、马爱林、周养浩、童佛庵、陈秋堂、黄小松、金秬盉、周尔昌、钱同人、倪米楼、瞿木夫、王检叔、翁宜泉、张叔未诸人。数日一集，各出新得，互相投赠。平时则穷街僻衖，循视无遗。

马爱林得秦钱

马爱林尝得秦钱三品，一曰第一，重四两；二曰第五，重四两；三曰第九，重四两。质体厚重，色亦古润。

姜怡亭藏天启通宝钱

嘉、道间，马爱林与姜怡亭遇于道，彼此问所得。姜出怀中一唐镜示之，甚精。马徐出一天启通宝钱大如当三者，意若不甚惜。姜请易以镜，马欣然从之。既而知为徐贞一所铸，乃大悔曰："怡亭给我。"后马又得一品当二者。

姜怡亭酷爱古铁钱

姜怡亭酷爱古铁钱，百计求之，遂得百余枚，键之秘箧。一臧获以为奇货可居也，竟负之而趋。怡亭不可谁何，而意常怏怏，盖所秘亦两宋钱耳。

孙古云藏中泉

小泉、么泉、幼泉、中泉、壮泉，与大泉为新莽货泉六品。嘉、道间，杭州周尔昌曾藏中泉一枚，未几而归方铁珊。周恋之，颜其斋曰"古泉小筑"，以志不忘。后为吴门孙古云所得，孙亦古泉巨室也。

刘燕庭藏南宋铁钱

两宋铁钱，昔人未经著录，南宋则尤少。蜀中市肆有之，盈千累百，而迄无人过问。刘燕庭官蜀时，始物色得之。背文奇怪百出，而嘉定各宝，多至十余种。

戴文节藏三铢钱

戴文节尝藏汉武建元朝所铸三铢钱，为高小楼所赠以作画扇润资者。

戴文节藏四铢钱

周小莲尝以孝建四铢钱一品，售之于戴文节，且语之曰："予入膻肆，见人持百钱市膻。中有此钱，肆人小之，索易，弗与，且相诟。予以百大钱代偿直，而乞其小钱。两人不解，面觑久之，谢解纷去。若辈痴我，我痴若辈，今君又数百倍钱以易我此钱，不更痴于我哉?”

五铢背文四出，汉灵帝时铸，《献帝春秋》称为“角钱”，当时有京师将破之谶。亦文节所得，谓可为五铢马式。汉以前之五铢，大抵与此形制相类；不相类者，必非汉。凡有四出之钱，皆出此钱之后。前人定五铢年代，说多无据，惟四出为有据。由有据者而推之，知无据者尽臆说矣。

戴文节藏五铢钱

戴文节藏有郭五铢钱，有外郭大小二品，盖梁武帝时所铸。其时圜法最杂，有女钱、稚钱、对文钱，制作绝无确论，惟有郭无异议，颇有精者。

铁钱最难辨，射利者知铜不可赝，转而范铁，非以徐氏象梅《图篆》为蓝本，不能辨之。若以真银翻沙铁，以精火，以烈范，以深工，以良钢磨之，盐锈之，衣带和之，可以迷惑法眼也。

戴文节藏汉兴钱

“汉兴”，成李寿铸，分书。吴逸庵曾得一枚而窪，以大椎平之。其后吴所藏悉至京师，辗转售卖。时刘燕庭将之官汀州，借钱数十万购之，辇以俱南，邀戴文节往观，因见汉兴暨壮布、宝庆、康定等十许品，其他常钱，盖有千余。文节戏语刘曰：“兄求古泉，一购辄数千，当赠我一二枚。”刘曰：“他不知己者见索，数千不吝也。若阁下，则一泉不与。”盖恐文节攫其“汉兴”耳。然文节之封翁，竟于是岁得一品于南中，以寄文节。

戴文节藏北钱

太和五铢，魏文帝铸。永安五铢，孝庄帝从杨侃议铸，高澄亦铸之。常平五铢，齐文宣帝铸。玉筯篆、布泉、五行大布，周武帝铸。永通万国，周宣帝铸。古今书法，未变，不足观；已变，不足观；将变，最可观。汉、唐人碑版，不过汉、唐人面目，实惟六朝为最可观，盖汉将变为唐也，是以异境百出。钱文亦然。北朝钱上承秦相，下启少温，正篆法之将变。戴文节尝集北钱如上所述各种以摩挲之，意固自有在也。

戴文节藏大历元宝

大历、建中，唐钱之极少者。戴文节夙闻陈南叔癖嗜古泉，一日赴公宴，遇南叔，有座客曰："市上竞观开元钱，云是新出土者。"南叔跃起曰："有开元，必有大历，必有建中。子少坐，我去矣。"顷之，挟数十枚来，出不精者以与友人，文节分得大历元宝一品，而建中则不能得也。

戴文节藏开元通宝

戴文节藏开元通宝一品，径二寸弱，文字若展欧书而成者，铜色纯赤，非建中时赵赞采连州白铜所铸径寸二分之大钱也。

戴文节藏大齐通宝

藏钱以足补史传之缺者为贵，故异钱可考者，上也；无可考者，次也；厌胜，下也。戴文节藏大齐通宝一品，杭州钱社中人定为黄巢所铸，乃其封翁所得于里中者。盖有酒人贻封翁以古泉百许，中有异钱二，一破大齐，一铁宝庆。吴逸庵知之，亟往视，既而出汉印数事索易，文节因出宝庆与之，大齐不舍也。

戴文节藏驺虞峙钱

戴文节在兰州日，赵霁园刺史宜暄赠以驺虞峙钱，上驺下虞，隶书，右峙左钱，篆书，形模之大小，轮郭之阔细，与常平五铢无殊。

戴文节藏永安一千钱

"永安一千"铁钱，不见旧谱，惟刘燕庭有之。又有"永安一百”铜钱，以示戴文节曰：“若有考，当赠一枚。”文节忆陈氏《图经》有引王举《大定录》“显德五年江南李氏铸永通泉货、永安五铢”一条，陈氏谓永安五铢不见他书，恐传写之误，颇疑此钱为李氏之物，盖一千、一百，非五铢也。是时尚大钱，天策、乾封、铁开元，皆粗重如此钱，或亦铑励伍也。燕庭以为然，遂以贻文节。其后文节又购一枚，缘较阔。

戴文节藏天策府宝钱

“天策府宝”，楚马殷铸，道光丙申冬，戴文节得之。其封翁时方患痈，呻吟枕次，得是钱，手自玩弄，不觉加一饭也。

戴文节藏大观通宝

“大观通宝”，宋徽宗御书，书法亚于崇宁，戴文节藏之。尝谓作书有三难，印篆难，牓书难，钱文难，非毫发无遗憾，波澜独老成，不成书道。论章法，印以方，牓以横，钱以圆，三者之中，钱尤难矣。因难见巧，其徽宗乎？

戴文节藏宋靖康钱

戴文节尝得宋靖康钱三品，一隶书“通宝”小铁钱，一篆书“元宝”者二钱。隶钱得之南，篆钱得之北。文节谓得篆钱时，“客方携此钱来，适有以白金九十六铢润余画笔者，遂易之”。

戴文节藏新莽大泉五十笵

戴文节官京师时，曾得大泉五十泉笵残铜一块，盖为工人碎以铸他器而所余者，文节名之曰“焦尾”，其字则阴文也。时张叔未在都，文节持以示之，叔未大诧曰：“余藏十余笵，未有阴文者，此必笵母也。否则大泉五十，固自有阴文泉，若镕铜入笵，则笵销矣；假若不销，古人又焉用阳文笵，笵土以笵铜哉？”

张叔未藏新莽大泉五十笵

嘉庆癸亥四月，张叔未在郡城，得新莽大泉五十笵不少，今记其三。一，背文为“日万泉”，笵重今等十两，泉背面各三肉好，周正大，“泉”字皆作方折。张召所载大泉五十有“泉”字诸画并方者，此也。“日万泉”三字，篆法遒劲。叔未自谓所见笵背文“宜泉吉利”、“富人大万”、“日利大吉”，皆语取吉祥，得此，又增钟宫一佳品矣。二，背为鸟形，乃金桧门总宪藏物，其后人某家于常州者，归秀水殷云楼广文。戊寅四月，殷归于叔未，值番银十饼。大兴翁宜泉秋部，尝以得货泉笵背有鹿形者，驰书叔未以相夸示，谓为难得。叔未则谓此背作鸟形，极翔舞之致，在汉画像中亦至精者。

嘉善闵笏山，以大钱二百得一于河南禹州，道光癸未初冬，亦归于叔未，值银四饼。笏山云：“偶郊行，乞火于农家，以此盛火石应客，因得之。”

张叔未藏新莽五铢泉笵

古时铸泉之法，先琢成土型，次镕作铜模，（即今时流传之笵。）然后涑土实，填铜模中，印取泉文牝牡之形。如是者二对，合之便可冶铸。如铜模，泉文具列面背者，颠倒互合，止须一模，故今时所见面背具列之笵，只一片已全。若泉文，纯面纯背，则模必两片，方可对土印合。惟张叔未所得五铢泉笵，一纯面，一纯背，两片皆存，可称全璧。至如墨本中半两泉笵，长圜者一，列泉七；圜者二，一列泉八，一列泉九，皆止有字一面，盖遗失其无字者一面也。叔未因悟铸半两泉时，其笵止用纯面纯背，初铸五铢时尚然，继乃日就巧便，每笵面背并列，故五铢笵已有半面半背，而新莽各笵，绝无纯面纯背，此可历验而得。其家藏五铢全笵，定出汉初而非东汉。至隋，历朝五铢之笵，益可知矣。

张叔未藏新莽错刀栔刀

错刀，“一刀”二字阴识，以黄金错之；“平五千”三字，阳识。平，即“直”也。《汉书·食货志》径作“直五千”，似班氏改之，于义虽无所戾，然竟非本事。“栔刀五百”字，并阳识。“栔刀”二字横列，与错刀位置不同。栔，《食货志》作“契”。按《说文》，栔，刻也，从木从㓞。契，大约也，从大从㓞。二字不同义，钱献之辨之甚晰。嘉庆壬戌，绍兴萧友楚尝以错刀赠张叔未，而叔未又于癸亥得栔刀于杭州童佛庵，皆精美无比。

张叔未藏宋临安府錡牌

嘉庆癸亥，张叔未购得南宋五百文铜錡牌，价钱二千。“行”字中有一点，为当时俗体，今牙行牌子犹有沿此者。《金石契》重刻本自此钩取，确为南宋旧物。嘉、道间，仿铸者纷出矣。此牌北地绝少，翁秋部藏古泉甲天下，迄未得也。

藏古泉之难久远

李竹朋言：藏古泉家，能保守以垂久远者颇鲜。翁宜泉所藏早已易主；刘青园后人振斋于海丰任所殉难，古物荡然。顾湘舟之泉，吴门陷后，不知作何归宿；吴尧仙之泉，毗陵陷后，闻已散佚；粤寇陷杭，戴文节之泉亦无下落。惟吴我鸥后人号小鸥者，尚好古，可喜也。吾乡渭园所蓄，早归他氏。刘燕庭旧藏，今亦散出。惟吴子苾后人仲饴、庚生，虽于泉不尚专门，然能世其家学；王戟门、钟丽泉两家后人，皆能谨守弗失，则未易得者也。或晤吴荷屋、鲍子年族裔于沪，询其旧藏，答曰：“吾辈谋今日之钱尚不暇，何能计及古泉耶!”

古钱刘

光绪初，京师琉璃厂有刘某父子，皆鬻古钱，其所考据泉之种类，有出于各家著录之外者，人因呼之曰“古钱刘”。

鲍子年论好古泉币者之弊

鲍子年尝言：潘文勤《攀古楼款识》谓好古者有三弊，余谓好泉币者亦然。诋諆前哲，非笑同人，故创一解，戛戛生新，其弊也矫。按图索骥，阙一不可，累百盈千，悉应属我，其弊也痴。好异矜奇，侈为独得，自欺欺人，强词滋惑，其弊也诬。文勤为之失笑。

杨叔峤藏直一莽泉

杨叔峤京卿锐有直一莽泉，无“小泉”二字，非改刻。湘潭叶奂彬主政德辉，尝谓无文钱皆以旧钱去其字，无真铸也。

杨叔峤藏招纳信宝钱

招纳信宝钱者，宋刘光世所铸，以完颜昌屯兵承楚，其众欲思归，欲携贰之，乃铸金、银、铜各钱，文曰“招纳之宝，获之不杀”，令持钱归。其徒有欲归者，执钱为信，归者不绝。杨叔峤曾藏其一，背文上一“使”字，下一花押。

陈笠唐藏孝建四铢

孝建四铢一品，大如常钱。陈笠唐户部昌昙所藏最多，而皆小品。有一面文“孝建”二字，背无文。一面文“孝建”二字，“孝”字居左，“建”字居右，背文曰“四铢”。一面、背同文，曰“孝建”。一面文“孝建”二字，背文“四铢”二字。一面文“孝建”二字，背文倒书“四铢”二字。一面文“孝建”二字，背文“四铢”，上下四星。一面文“孝建”二字，背文一“四”字。

李荔村藏五行大布

李荔村户部梦莹得五行大布一品，背文上有云形，下一鸡，左右“团圆”二字，孔圆。盖因宇文氏钱式精美，故摹仿刻画，别铸为玩品也。

叶奂彬藏鎏铁五铢钱

五铢有鎏金者，有铅土杂铸者，而鎏铁者甚少。叶奂彬尝得一枚，穿内露铜质，而外皆以铁鎏裹，铁薄于竹衣，精品也。

叶奂彬藏莽泉

莽泉，大泉五十有小如小钱直一者，小钱直一有大如中泉三十者。此二品最稀见，叶奂彬皆有之。惟晚近之小泉直一，伪造者多出蜀中，其钱质厚而篆不精，望而知为赝品。凡莽泉，泉字中竖两断，以此验之，真赝立辨。

叶奂彬藏五铢钱

今所传五铢钱，有一品，面、背均有“五铢”字；又一品，面文曰“铢五”；又一品，“铢”作“朱”；又一品，有“一钱文直一”五字，叶奂彬皆有之。有较小五铢为大者，乃陈笠唐所赠，曰“吴兴”，铜色微赤，字体在楷隶之间。

叶奂彬藏六朝厌胜钱

光绪丙申夏，叶奂彬于都门隆福寺得小钱三品，一面文曰“子丑寅卯”，一面文曰“辰巳午未”，一面文曰“申酉戌亥”，背皆有属虫，其龙形如犬猴，四足伏地，不作立状，与汉碑画像合，六朝厌胜品也。又有一品，曰“五毒驱邪”，背文铸五毒形，铜色紫绀，篆法整齐，亦厌胜品。

叶奂彬藏男钱

钱径一寸，重四铢半，代谓之“男钱”，叶奂彬有之。男钱者，对于“女布”而言，言佩之则生男也。五铢肉郭既除而其质弱，则曰“女布”。

叶奂彬藏乾封泉宝

乾封泉宝，楚马殷钱也，其文沿用唐高宗钱，此如王审知之铸开元通宝、王延羲之铸永隆通宝耳。叶奂彬藏有二品，一铜，背无字；一铁，背有“策”字。

叶奂彬藏景祐钱

宋景祐初铸钱，以药化钱，与药杂铸，轻重如铜钱，铜居三分，铁居六分。然亦有不以药化者，叶奂彬曾藏一品。

叶奂彬藏崇祯通宝钱

明崇祯通宝钱。有“皇敕嘉忠制府共封”八字，一钱、八钱两品。又有“新鳌”二字者，又有偃月及新文者，叶奂彬悉有之。

叶奂彬藏安南银币

安南有银币，文曰“精银壹两”，背文“嘉隆年造”，侧文“值钱贰串捌伯”，当中国库平壹两三分，叶奂彬藏其二。

叶奂彬藏朝鲜琉球日本钱

朝鲜通宝，略如我国制钱。琉球通宝作椭圆形，径寸半。光绪丙申，叶奂彬得之于津门。又在京师厂肆得日本天保通宝，与琉球钱制同，乃知琉球固有所依仿也。

赵伯英藏北宋崇宁钱

黑龙江之绥化（土名北团林子。）西北，在通肯河东南，沿河一带，据其地垦荒者言，往往拾得北宋崇宁古钱。绥化北境上集、厂界、三道岗、二道岗等处，亦常拾得崇宁大钱。光绪初开垦时，有一日拾得数十钱者，大者径寸许，（即崇宁重宝。）赵伯英尝得三品。

赵伯英藏金太和钱

金天命己酉，太宗禁民汉服，令俱秃发。而章宗太和钱式，则仿宋崇宁。又有背文云形、双犀角、方胜、珊瑚树之类，仿宋大观，殊不可解，然亦以章宗留意书画故耳。赵伯英曾藏三品。

赵伯英藏金大定通宝

金大定通宝，背文有“崇宁通宝”“圣宋元宝”字。盖金之钱制，多仿宋徽宗钱，惟以一钱而铸两国年号，可知金人自有平分宋室之意也。赵伯英藏其一。

赵伯平得归化货物布

有骨董客尝掘物于归化城，得王莽货布等类。或得一剑，上有文四行，不可识。归化自汉以后始隶版图，则此或三千年前之外国文字也。赵伯平尝得之。

世祖得石鼓

世祖入关，得重三百余斤之石鼓一架，为六朝故物，并有桐木所制之木桴。

张幼量爱石

邹平张幼量，名万斛，尝行长白山中，见有巨黄石甚佳，乃以牛三百头，拽至其家之园亭，每语人曰：“此石绝似大痴画中物。”又尝爱一竹根石，大不盈寸，根节宛然，常日夕抚翫不去手。

马嶰谷藏灵璧石

皖之灵璧山产石，色黑黝如墨，叩之泠然有声，可作乐器，或雕琢双鱼状，悬以紫檀架，置案头，足与端砚、唐碑同供清玩。海内士夫家每搜藏之，然佳料不多觏，大率不逾尺也。明季，土人得石二，高可作屏风，厚数寸，纹致色润，罕物也。僧悟本性爱石，卓锡于洪湖之老子山，一日渡湖西，过灵璧，闻人言石之巨，访土人乞购，乃以数金归僧。僧买舟运以返，度其修短，招吴中著名石工，资以来，制之为磬。其系绳处，天然有九窍，玲珑宛转似连环。历二年，工始竣。适海潮频作，苏之阜宁、盐城间浮出香楠无算，僧得其数段以为之架，于是称美观焉。

未几，僧死，徒不能继师志，藏物渐渐佚，惟双石作佛殿供品，有所顾忌，不敢弃也。高邮进士吴某选盱眙令，舟过老子山，遇风不得渡，入庙瞻礼，见石，诧为奇珍，摩挲不忍释。抵任之次年，客有谈及者，辄赞叹。客谓此区区者，固不难强致之，吴默然。未逾月，客挈悟本之徒至，言寺倾圮，乞使君资助。吴应之，给以金三百。徒感谢，愿献双石为寿。吴阳拒，客再三强，始受。盖此乃客计，直以三百金购之耳。吴因运石至高邮故里，旋解组归，筑小园置之。

吴故名士，交游满天下。时世祖方定鼎，招致遗贤，就征入都者，率道出高邮，往访吴，以伸款洽。睹此双石，叹为得未曾有，争赋诗以志其盛，中以益都冯文毅公溥、合肥龚鼎孳尚书所作尤名贵，吴固喜为传物也。杭人徐章向给事于明宫，擅雕刻技。南都不守，流落江淮，吴访而致之，使以冯、龚诸作及己之赞记，摹诸石。徐乃以深钩之笔，分刻石窍中，见者惊为绝艺，远道文人且或贻书相问讯。吴乐甚，于是遍赠拓本。既下世，其孙荷生亦宝贵之。

乾隆初，淮鹾发达，鹾商各出其羡余以从事园林，竭力罗致珍玩。祁门马嶰谷刺史曰管为群商领袖，营屋天宁门街，土木丹青，备极美奂，世所谓“小玲珑山馆”者是也。其奴刘二曾役于荷生家，为言双石之妙，因纳交于荷生而得之。

宋牧仲藏怪石十六枚

齐安怪石名天下，自宋苏东坡时始。宋牧仲判黄州时，遍求不可得。所谓聚宝山者，断岭颓冈，累累皆粗石也。康熙乙巳秋，其友人屡以石饷之，较文辨色，得十有六枚。牧仲乃置于晶盘，注以泉水，各即其形象名之，而系以赞。

一圆透径寸，色黄白，上有红文，锋棱如剪，名之曰“宜春胜”。

二如紫菱，有僧默坐蒲团，凝然在望，其达摩壁上影乎？因名为“达摩影”。

三如菱而小，上淡墨色，裹肉其内，下紫色莹澈，白文缕缕，眉目宛然，与鸳鸯无异，旁有一卵，以翼覆之，是为“紫鸳覆卵”。

四类枣而匾，色白，内含碧草数茎，如寒潭秋藻，因以命名。

五为红蜀锦，大如栗，文彩如织。

六如红豆，内有圆光隐隐，非朱霞笼月而何？

七为鬼面石，大如指顶，色红白。

八则玉贝叶也，以淡墨包深紫色，类鸳鸯石，上有白玉贝叶。

九匾小，色白，三星在列，是为“三台象”。

十圆而白，形同芡实，双眸炯炯，所谓“白眼看他世上人”也，名“双白眼”。

十一曰“红虾蟇”，造物之狡狯，固如是哉，何其宛相肖也！

十二青黄二色，形类棋子，有鸜鹆眼一。

十三与红虾蟇相伯仲，眼差小而口甚分明，背有红点，曰“红蟾蠩”，文之也。

十四匾小而长，仿佛美人之肌肤，有瘢，殷然可爱。或曰，此杨妃瘢也。

十五如大松子，青色白点，光比猫睛，因名之为“赛猫睛”。

十六则诸石之殿也，殿诸石，等诸石矣。枣形冰色，上下白点二，俨然冰天皓月，影在地上，是名“冰天月”。

明珠藏红宝石

明珠有红宝石，径五寸，室中视之，微似黝黑，映于日光中，则丹耀焕发矣。门客有戚宧滇南者，出是为式，使觅之三四年，弗得。悬价三千金，而市贾所呈，至二三百金而止，皆短小邪曲，杂以瑕颣，求其莹澈合度者，无有也。宝井属腾越州，州为滇之极边，井去州城五百余里，荒遐嵚崄，绝无人烟。采宝者结伴裹粮，携兵械而往，或弗至，至而无获，获而归途仍丧于猛兽、瘴疫、盗贼者多。采之之法，井在万山中，攀援陟降而后入，深数十仞，以长絙系身，操椎凿赴之，得石一块即出，同侣共挈数枚，不敢复留。归而日磋磨焉，晶莹则宝出，巨细随所钟，如粟荳者，亦宝也。或质本巨而椎伤之，难得二三寸者。其最佳者，常价之二三百金、百金者也。客终以弗能惬贵臣意为恨，求之未已也。

石异

康熙时，有人于归州香溪得一石，大如斗，剖之，得雌鸳鸯石一枚。后复过此溪，又得一石，剖之，得雄鸯鸳石一枚，因琢为双杯而宝用之。

高宗仿制石鼓

国子监石鼓新旧各十枚，新者为高宗命工仿制者，以滇中白石为之，文镌鼓面。旧者不似鼓，形亦不一，镌文于腰。其一似中断后为人制作。旧者余九，亦剥蚀，无一完好。石色黝，似尝髹漆者，且剥落一片，字尚存片上，若树皮之剥落然。

汪松麓观石鼓文

歙县汪松麓副贡肇龙在京师时，一日挈秀水郑师雍游太学，观石鼓文，曰："是可注而读也。"退则摹其文而注释之，因著《石鼓文考》，定为周宣王时史籀所篆。松麓于尊彝、钟鼎、诸古篆、云鸟、蝌蚪之文，遇目辄辨，且可于暗中手扪而识之。

伍拉纳藏空青

凡石中有水者，俗谓之空青。乾隆时，伍拉纳曾藏水晶空青，中有鱼形。俗传空青为山胆，山谷有之。然考《本草》，空青生益州山中，弘农、豫章间有之，他山则愈少矣。有白青、绿青诸名目，能化铜铅为赤金，治目之圣药也。腹中浆涸，埋土中七日，汁液重生者真。或又谓空青多为蛟龙所攫，以致人世罕觏，则齐东野人之语也。袁子才曾于贵人家见一石卵，内外莹澈如水晶，中有浆汁，隐隐流动，下蹲一白兔，跃跃欲飞，云是空青，此又别一种类矣。

徐某论所见英石

英石，出广东英德县，城临大江，石山四绕。德清徐某尝登南门睥睨以望之，大山如屏幛周遮，小山若峰刃矗立，皆英石也。石工入山，择其形势适用者，凿之以归，大者充园囿中假山之用，其小者或剖而分之，或黏而合之，作几上假山及案头砚山之类，均以皱、瘦、透、秀四者备具为良。徐于广州归德门某肆见一卧石，长可丈许，皱纹极细，皆具峰峦形，盖设肆者将以渐凿取之，为假山、砚山以售于人也。

徐在岭南久，曾见最奇者三石，一为鹾商吴某家几上之石，高尺有五六，长三尺余，千峰万幛，长亘连绵，其下坡陀，若临水际，宛然衡岳排空，而湘江九曲环回于下也。右首边际石壁，镌八分书"南岳真形"四字，朱文印章一，曰"沈漪字文澜"，大如豆，苍老工致。一为两淮运使赵之璧之石峰，盖其祖勇略将军良栋所遗也，高三尺余，上巨下削，根具三足，嵌入紫檀座，绝似奇峰插天，初无造作痕，峰半篆书曰“一柱擎天。河北韩世彦书”数字。一为梧州太守永常之砚山，长五寸，高二寸余，峰峦挺拔，岩洞幽深，面无反正之别，五岭、九嶷不足奇矣。此三石者，玲珑宛转，奇特巉岩，曲尽皱、瘦、透、秀之妙，真上品也。徐，乾隆时人。

孙文靖藏文石

滇中产文石，乾隆庚寅，孙文靖公士毅督黔学时，曾得其尤者百规，乃建竹室，置水盆以养之，曰“百一山房”。缘一规面幕皆像形，黑质白章，诸景咸备。最异者两岸陡厓，长松交荫，急峡中孤舟如驶，上坐一人垂钓。石不盈二寸，人仅一粟，而须发眉目神彩（采）如生，绝似黄大痴《富山春》笔意。又有人在楚购一盘七枚，多碎锦纹。一枚作一远树鸦枝，薄霭蒙之，题曰“月中桂”。

孙讷夫得佛灵石

常熟孙讷夫太守于乾隆戊申从征廓尔喀，获一石于丹达山，名之曰“佛灵石”。旋奉母讳，哀劳致疾，殁于打箭炉之帕朗古营次。地僻不得棺，斩大树，刳其中以敛之。当易箦时，谓从者曰：“毋弃我石，留以示我子孙。”及归榇时，载石以俱，太守之子子潇编修原湘，作歌以纪其事。

曹森藏昌化石

张芑堂尝过武林之北关门骨董摊，得旧昌化石一枚，四面皆有画意，一面金碧山水，仿佛小李将军；一面芦苇，仿佛米虎儿；一面水云，因题“水流云在”四字于上；一面秋山，似宋人劈斧皴。后携之吴江，曹孝廉森与芑堂善，见而爱之，遂以赠曹。

萧文藏宝石素珠

滇中产宝石，红者尤贵，蓝次之。红之明透者，以一丸置盎中，注水其内，则满盎红霞。次则碧玺之老坑者。其新坑者，一年而滞，二年而淡，三四年如水晶矣。翡翠蕴于黄石中，剖之乃得，然大者不易得。乾隆中，东川守萧文在滇三十年，集成素珠一挂，玲珑剔透，玉润珠圆，中惟七八颗为江水绿，百余颗皆鹦鹉羽。带之以行日中，青霞蔚起，不可逼视。

石有诗句

嘉、道间，有人宝一水石，上作山树形，尾有杜诗一句云："石出倒听枫叶下。"其人绝爱之，行箧常以自随。一日过黔州某溪，偶于篷窗把玩，失手堕水，因停舟，雇人捞之。良久，得一石，大小无异于前，而花纹迥殊，末亦有诗句，则"橹摇背指菊花开"也。再下搜取，复得前石。

蒋稻香藏黄蜡石

嘉兴蒋稻香有黄蜡石，酷肖猫形，黄香铁待诏题之为"洞仙哥"。

绉云石在石门福严寺

康熙初，吴六奇将军赠查伊璜孝廉之绉云石，曾至海盐顾氏，后仍归海宁，为马容海光禄所得，马殁而石尚存。道光己酉，石门蔡小砚学博为马氏之甥，从容海之裔乞之，移置石门玉溪镇之福严禅寺，与里人徐亚陶太守宝谦商搉位置，乃于寺之西偏隙地，开池甃石，特立其中，戴文节公为之作图勒碑。

石碑石兽

咸丰癸丑，粤寇洪秀全据金陵，掘土筑城，得古石器甚夥。

最奇者为石碑，高丈余，阔三四尺，石黑如漆，上镌一女子，支颐闭目，颈拖一练，下有古篆数字，人莫能识。扣之，声铿然，似空其中者。后闻为西人所得。又有石兽一，状如豕，尾大耳小，长约三尺，高可二尺许，质甚坚致，碎之，腹中脏腑皆备，不知何由置入，亦莫识其何所用也。

张午桥藏石甚富

张午桥藏石甚富，悉储于唐石轩。自唐迄杨吴，得若干种。其唐田洗洎夫人冀氏合祔两志，尤为精俊完整。吴让之为作楹联云："家有贞元石，人弹叔夜琴。"即指此两石也。午桥，名丙炎，仪征人。

某甲藏马精石

浙中某甲于市见一圆石，大如鹅卵，光白可玩，以钱数十文易归，初不知重也，供压书镇纸之用而已。一日有西贾来，见之，反复详审，问愿鬻否。甲知有异，即曰："非善价，不沽也。"贾问值，甲戏之曰："银币百圆耳。"贾曰："谨如教。"甲大骇，问石何宝，但请一言其异而后可。贾虑其中悔，甲誓不翻变，贾曰："须二三齿德俱尊者至，署券交易，然后告汝。"甲如言署券已，贾付价收券，握石在手，嘱甲取清水一盂出，置石水中，石入水，忽表里莹澈，了无翳障，中现一小马，状极神骏，若跃跃欲动。甲与邻人俱大惊异，问石何名，曰："此名马精石，稀世奇珍也。"

佘某江某藏雨花台石

江宁雨花台所产小石，五色斑斓。光绪时，将备学堂学生佘某，一日雨后登台，得一石，径寸余，白质莹洁如水晶，中有人影，作军士荷枪状，口鼻眉睫及冠上徽章皆可辨。佘故贫，付之质库，得四十金，已出非望，竟不赎也。又某校教员有江某者，曾得一石，上有红日一轮，下为两鸡相对，羽色毕具，冠距崭然，质晶莹，映日益显，乃以八金购得之。

赵尔丰蓄宝石

赵尔丰嗜石成癖，收藏极富。督师川边时，曾于察木多附近浅渚中获一石，温润缜密，迥异恒品，色深绿，白纹密布其上，屈曲遒劲，有折股屈铁之势。携归，置案头水盂中，纹益显，谛视，则纵横颠倒，悉成文字，且篆籀行草真楷以及满文、番书无体不备。赵大喜欲狂，因与幕僚研究之，得真草篆籀各体一百八十九字，满文五字，番体书（即梵文。）八字，鸟篆二，兽篆一，共二百五字。复有人物十余，眉目毕具，栩栩欲活。尤奇者，初视只一字，略一转侧，即变化不测，或易体为二三字，或五六字，甚有一字变至十余字者，且点画完整，可一望而知为某某字。至笔力之苍古朴厚，姿势之跌宕秀逸，犹其余事。宝之，因著《灵石记》以志其事，并倩名手绘图，遍征题咏。

况夔笙得阮文达家庙藏石

文选楼在扬州太傅街阮文达家庙之后进，中有藏石，汉画像一，北齐、北周造像各一，并嵌置壁间，此阮仲嘉《瀛舟笔谭》所载者也。况夔笙据以求之而得，完整如新。汉武氏画像残石，高四寸一分，宽六寸五分，左形鹿，右分书一分，旧释惟“此万金”三字可辨。细审“金”字上一字，左偏作“罒”，笔画显然，当是“兽”字仅存一角。武氏石室画像，并阳文隆起，此独阴文勾勒，惟分书则酷肖汉迹耳。北齐道朏造像，武虚谷曾藏之。北周昙乐造像，真书，径五分强，环列佛座三面，石高三寸二分，前后面各宽八寸五分，侧面宽七寸五分，十九行，行二字至六字不等。

某世家子有十七宝石

河南禹州城濠外有小河，亦产石，较江宁雨花台所产者尤奇。某世家子有石癖，侨寓此土，竭数载之力，得美石十七枚，因名其馆曰“十七宝石斋”。尝出十七石示客，皆神工鬼斧，画本天然。中有白石一枚，上有墨梅一枝，虬干离奇，花朵皆双钩金边，点画明晰。又有黑石，上现雪山，云气沉沉，宛是冻合玉楼之象。又有翠石一，上有红牡丹一株，背现“富贵”二字，红花绿叶，奕奕有神。此外则有渔翁垂钓者，有一樵叟独立者，有万壑千岩，小桥流水，鸟翔山巅，兽走石上，栩栩如生者。又有一石，色如羊脂，长约二寸，宽一寸有奇，平视之无所见，谛审之则见二人并立，作携手遥指状，隐露小字，读之则“红了樱桃，绿了芭蕉”二句也。

何梓汀观少林寺石

河南少林寺后殿西壁供粗石，高逾二尺，广逾七寸。石面似平，然或凹而或凸；石质似净，然或黑而或黄。摩挲之，了无异处，及退观五六尺许，则渐露人形；至丈余，则俨一达摩像矣。褯视腮边短髭，与世人所绘无纤毫异。相传其地为面壁处，精神所注，可终古不磨也。汲县何梓汀太守棪曾往观，归而为人言之。

塔影石

太极石，产湖北宜昌东湖县北大王坪山。此石横开，有白圈，作太极形；直开，则尖峰耸上，俨如七级浮屠，故又名“塔影石”。宜昌宜都之苍茫溪亦产之。尝有人琢之以为插屏，朱剑芝曾往观之。

魏叔子题不去庐砚

顺德羊额乡仁里坊有古屋，砌石为墙，夹木为柱，相传为明末义士故居，其额曰“不去庐”。盖明季大兵入粤，何不偕兄弟与屈大均、陈岩野诸人谋反抗，先后响应，誓死不去，以是颜其斋。及败，兄弟赴井死焉。其后人某淘井，得古砚一方，石翠斑斓，古气盎然，背有文作汉隶，刻“天地之寿吾其并”七字，为魏叔子题。又得残碑半角，叙先烈死义事甚详。

陈其凝见龙蛇砚

雍正时，陈其凝馆江宁驻防某副都统家，有人以一端砚质银三十金。其砚长七寸许，阔约五寸，高二寸，而有隐隐白文二道，仿佛龙蛇其迹，有似薄纱蒙障者，各自边相向而起，渐腾渐近，触之即退回，少选复如是。每一时辰，腾回约有二三次。毕岁玩视，始终无异。天将阴雨，若有云雾纷蒸然。

姜西溟藏古端砚

姜西溟有古端砚一方，长五寸，阔四寸，式古朴，绝爱之。刘继庄亦见而赞赏。后为顾华峰醉后使酒所碎，虽以胶漆附会之，非完璧矣。

林同人藏铜雀瓦砚

铜雀瓦之琢为砚者，类皆赝物，盖其色泽、款识皆不足以动人，吴中驵侩类能为之。甘泉宫址在陕西淳化县山中，康熙辛丑，侯官林同人从其尊人宦游长安，与祝光远自三原往游其地。见道旁耕夫锄田，积瓦砾如丘阜，皆隐隐有文，多刓缺不可识。因憩于树下，见有小物坟起，剔之，遂获一瓦，甚完好，字画独全，亟怀以归。瓦径五寸强，厚一寸弱，圆一尺六寸弱，上有“长生未央”四字，背平，可研墨，以水渍之，有翡翠纹，如古彝器，即唐、宋以来所谓“瓦头砚”者是也。以入土岁久，其质理自温润可爱耳。王文简公士祯为题诗云：“汉宫一百四十五，（《三辅黄图》：汉畿千里，内外宫馆一百四十五所。）横绝南山包九嵕。未央建章最广丽，渭北更起甘泉宫。甘泉之山化金碧，千门万户交玲珑。通天台高屹宫表，下瞰云雨青濛濛。武皇求仙跨沧海，射鱼牵犬东门东。（秦始皇记立石东海上，以为秦东门。）孙卿已诛五利死，飞廉桂馆犹巃嵸。上陵磨剑势一变，云阳烟草悲秋风。甲帐珠帘尽黄土，何况片瓦埋荒丛。林生好古极幽赜，短衣匹马空山中。太乙坛边吊钩弋，悲歌踯躅斜阳红。此瓦出土事非偶，长生古篆疑神工。濯以清泉袭绨锦，携归岭海光熊熊。令弟（同人之弟古人也。）绘图亟示我，使我怀古忧心忡。终南渭水旧游历，汉家陵阙随飞蓬。岂知一瓦供赏识，远与石鼓岐阳同。兄视羽阳弟铜雀，纤儿慎勿加磨砻。”

何义门藏文征明砚

何义门尝筑三间小屋，时适获文征明所用圆砚，殊不下墨，底有八分“赉尔敬游翰墨之用，华阳隐居”十二字，相传陶贞白《十赉文》中第九，是砚为其故物也，因名之曰“赉砚斋”。

陆济苍藏宋孝宗砚

平湖松麈山房道士陆济苍，名微。尝于邻圃得古砚，额镌远岫奇峰，背镌宋孝宗御押，有“希世奇珍”及“米芾”字，隐隐可辨。或曰，宋殉葬物也。济苍宝藏之，陈清柯太守为作长歌记其事。

黄莘田藏十砚

永福黄莘田大令任有砚癖，自号“十砚先生”。吴中林太守廷华尝作歌赠之云：“十砚先生淡无欲，作官不恋五斗粟。归来傲杀黄菊花，俗尘不敢闲相触。叩门惟有陈（学圃太史。）赵（明序。）予，城北徐公（娴云。）交倍笃。室中更喜吟伴多，饥来顿顿餐珠玉。砚癖不顾千金雠，诗成自谓万事足。今春见我绝粮诗，大笑谓我未免俗。相别先生二十日，近状直登高士录。闻有阳翟大贾人，推毂先生造门数。先生坚卧竟不起，谓此衡茅不足辱。贾人归望长者车，寄声无事苦蜷局。囊中自有千黄金，可为先生具醽醁。先生笑谓我不贫，明月清风皆我属。田荒偏喜令威瘦，水清且给陶泓浴。三山作邻不待买，倚阁年年眉黛绿。此身一落阿堵中，入山恐愧红踯躅。春风春雨日杜门，把笔自谱游仙曲。”

陈昆玉藏松砚

海宁陈昆玉茂才璘尝得澄泥砚，琢为松形，鳞而怒勃，号曰“松砚”，出入必与偕。既频年不得志，北游燕齐，一旦倦游而归，杜门却轨，寻理故业，置欧碑座右，而以松砚署其斋，日夕摩挲之，曰：“松乎，石乎，其吾岁寒之友乎?”昆玉，乾隆初人。

袁子才藏绿端蝉腹砚

文天祥绿端蝉腹砚，修广各三寸余，受墨处微凹，底圆而凸，象蝉腹，沿左边至顶，刻谢皋羽铭云：“文山翠髯之明年，叠山流寓临安，得遗砚焉。忆当日与文山象戏，谱玉甏金鼎一局，石君同在座。右铭曰：‘洮河石，碧于血，千年不死苌宏骨。’”款识“皋羽”二字。袁子才贮以檀匣，而识原委于匣盖：“乾隆丁未十二月，杭州临平渔父网得此砚于临平湖，王仲瞿舟过相值，知为文文山故物，以番钱廿元得之，转以见赠。余仿竹垞咏玉带生故事，为作匣，兼招诗流各赋一章。甲寅六月望日，袁枚记于小仓山房，时年七十有九。”

赵瓯北藏天锡永宝砚

赵瓯北尝入市，得一古砚，猪肝色，有鸜鹆眼二，厚寸许，长四寸有奇，广半之，背刻“天锡永宝”四字，其右有“水云”二字，乃小篆文，左侧刻楷书一绝云：“斧柯片石伴幽闲，堪与遗民共号顽。试忆当年承赐事，墨痕如泪尽成斑。”考《改虫斋笔疏》，知为汪水云砚也。水云名元量，字大有，以善琴事宋谢太后。宋亡，随三宫入燕，此砚盖承直时所赐，故有“天锡永宝”之刻，其绝句，则乱后追感之作也。水云《北征》诗有云：“北师有严程，挽我投燕京。挟此万卷书，明发万里行。”则此砚亦必携入燕，以诗写授瀛国公者。

周七峰藏谢叠山卖卜砚

周七峰得片石于败寺中，石支案，厚积垢，归而涤之，则砚也，厚一寸，广五寸，修九寸许，黝质细理，朴淳尚拙，额泐“桥亭卜卦砚”篆书五，侧有程雪楼草书铭，漫灭不可读，背泐“宋谢侍郎砚”，盖谢叠山物也。明永乐丙申，洪水去，桥亭易为叠山祠，掘地得之者。叠山去信州，度事不可为，变姓名卖卜建阳市，暂将与砚同隐。而宋亡，志不果，趣之北，死志既决，欲令精魄与砚并沉，乃瘗此砚于桥亭下。

朱笠亭丁龙泓皆有砚癖

朱笠亭有砚癖，聚数砚，日夕摩挲之。一日，张芑堂过谈，言及丁龙泓，笠亭重其人品，顾芑堂曰：“此室将以‘友石居’名之，必得丁君书，乃可与数石共古。”遂作书属芑堂致龙泓。龙泓曰：“余亦有砚癖，所居曰‘砚林’，吾当与樊桐订石交矣。”芑堂亟铺纸请书，曰：“砚林、友石，皆某他山之石也。”

朱笠亭藏黄团砚

张芑堂专精金石之学，朱笠亭为其尊人瓜圃主人作传，因举瓜砚赠之。笠亭重其意，且佳其石，名之曰“黄团”，系之铭曰：“传瓜圃，得瓜砚，黄团系门心所羡。”芑堂大喜，为欣然鼓刀，勒于砚阴，自是而黄团砚为笠亭所藏矣。

颜介子见英德砚山

姜绍书尝见一石子作太极图，是犹纹理旋螺，偶分黑白也。

颜介子所见之英德砚山，则上有白脉，作“山高月小”四字，炳然分明。其脉直透石背，尚依稀似字之反面，但模糊散漫，不具点画波磔耳。谛视之，非雕非嵌，亦非渍染，真天成也。

铁冶亭藏南唐歙石砚

曹秋岳侍郎溶《制砚》诗：“南唐官务久凋零，海国重来倚玉屏。”而铁冶亭尚书保，则藏有宋欧阳修南唐歙石砚，欧阳自记云：“此砚用之二十年矣。当南唐有国时，于歙州造砚，务选工之善者，命以九品之服，月有俸廪之给，号砚务官，岁为官造砚有数。其砚方而平浅者，官砚也，其石尤精，制作亦不类今工之侈窳。此砚得自今王舍人原叔。原叔家不知为佳砚也，儿子辈弃置之。予初得之，亦不知为南唐物。有江南人年老者，见之，凄然曰：‘此故国之物也。’因具道其所以然，遂始宝惜之。其谪夷陵也，折其一角。皇祐三年辛卯，龙图阁直学士欧阳修记。”冶亭及弟阆峰侍郎，均有诗纪之。

铁冶亭藏山高月小砚

恒益亭中允裕旧藏一砚，曰“山高月小”。其同年友铁冶亭见而爱之，向索而未与。乾隆壬寅，益亭以酒病，以穷死。易箦日，冶亭在侧，益亭执其手而泣曰：“吾与君永别矣。家室妻子都不问，吾何以葬乎？”冶亭泣对曰：“棺衾及一切应用之物皆备矣，可无虑。”益亭色喜，慨然曰：“吾得友若此，复何憾！”喘稍定，语冶亭曰：“吾将以砚赠君以志别。”因呼其子取砚至，摩挲移时，谓砚背有细爪痕，未磨去，君自拭之，毋损石也。遂溘然逝。自是而砚为冶亭所藏矣。益亭，满洲人。

曾宾谷藏黄石斋断碑砚

曾宾谷侍郎燠尝于广陵市肆得一砚，乃东坡题墨妙亭诗断碑一片，广三寸七分，长三寸四分，存十六字，凡四行，一行曰

“吴越胜事”，一行曰“书来乞诗”，一行曰“尾书溪藤”，一行曰“视昔过眼”，以背面作砚。右偏之上，刻“断碑”二隶字，下刻“道周”二字印篆，左刻朱竹垞铭，曰：“身可污，心不辱。藏三年，化碧玉。”为八分书。

沈石友藏李因砚

沈石友尝得一小方砚，约三寸许，装以钿匣。砚背有李因像，原题词云：“手泽重看，暗回溯昔年情绪。绮楼深处，日日神仙侣。作画吟诗，笔墨生风雨。伊人去，更谁怜汝，似落花无主。昔外子戏以锥画妾貌于砚背，绝神似，箧藏十五年。今日重睹，不觉泪下，书此曲记之。李因。”侧有“雪坡”印。李因，号是庵，海宁人，工写生，适葛光禄无奇，著有《竹芙轩集》，以节著。雪坡为明代和尚，以琢砚名。庞檗子步原韵云：“鬓影依稀，画眉犹想闲情绪。泪痕凝处，谁是同心侣？匹鸟芙蕖，一幅迷烟雨。（王吏部题李因《芙蓉鹭丝》画云：“寒入金塘花叶孤，非烟非雨态模糊。姚家女子丹青绝，写作芙蓉匹鸟图。姚月华小传，尝作芙蕖匹鸟也，见《妇人集》。”）漂零去，好教珍汝，休怨花无主。”石友，名汝瑾；檗子，名树柏，皆常熟人。

沈石友藏玉溪生像砚

沈石友所藏古砚有百余方之多，尤精美者，为玉溪生像砚。石为绿端，像面微侧，幅巾半身，袍背镂花作红色。石友自题云：“我读韩碑诗，顶礼玉溪像。千古翰墨缘，神交结遐想。”安吉吴昌硕大令俊卿题诗云：“包山妙笔摹玉溪，端石砚刻神仙姿。沈郎得之日临池，雪窗更和无题诗。”

俞筱甫藏玉溪生像砚

玉溪生像砚，高七寸五分，（宋三司布帛尺。）宽五寸二分，厚一寸三分。琢池方式，近趾处稍狭，背面琢圆式凹下，而像凸起。像半身右向，结带巾，衣后有花纹方式，略如补服而稍下。其上方题云："予得宋人写《无题》诗卷子，首列玉溪像，脱失过半，落墨潇洒，非龙眠一辈子不能到。因属包山子摹此砚背，及刻成，而陆已谢世矣。仲石记。"右下角有"秬香心赏"白文印，左边稍下有"宪成"朱文印，右侧题云："秬香兄以玉溪生像砚拓本求题，视其神采飞腾如女子，制作之精，可想见矣。愚有上官周《唐宋诗人像》一册，至玉溪，微病其多态，今始知上官氏之学有渊源，非妄为者。仲石不可考。嘉庆丁巳秋八月二日，北平翁方纲。""苏斋"白文印。砚趾左偏，石友题云："我读韩碑诗，顶礼玉溪像。千古翰墨缘，神交结遐想。"光绪初，此砚曾在俞筱甫家，疑即沈石友所藏者也。

张叔未藏王铎铭铜雀瓦砚

真铜雀台瓦，世不多有。嘉庆庚午初夏，张叔未得王文安铭铜雀瓦砚于松江肆中，质极莹润，盖滤泥为之，上有王铎小楷书铭跋二，撰、书、刻俱精，可宝也。其铭曰："胡以瓦也而跻之栋、沉之渊？胡以吾也而授之几、升之筵？水之汇，而胡以浴云飞烟？又何知此后之千百年，谁为主也为谁妍？物之遇合也且然。盟雒王铎铭。"铭后有附记曰："崇祯十一年，绣衣使者二东张肯仲贶余，余再拜而受，识于北都之大明门。时虍警予晨于是门，三十日矣。十月二十一日午时。"

铎之附记，为明崇祯戊寅九月大兵入塞，京师戒严事。"虍"字，当是臣国朝后所搥损者。

张叔未藏陆鹤田草疏砚

陆鹤田观察光旭在台省时，直言敢谏。其曾孙念曾居嘉兴丁溪之南，曾为张叔未言有草疏遗砚，青毡非故，不知落谁氏手矣。庚午夏，叔未垩室悲居，形景相吊，隔溪老妪，时携破纸片石，觍羸餬口。一日持此，索直百钱。酌水亲涤，亟登砚床。砚有铭曰："此心赤，坚于石。"

张叔未藏朱竹垞半月砚

朱竹垞半月砚，即以付其次孙稻孙者。石质温润，真水碞上上神品。有竹垞隶行铭识，精妙绝伦，文房瓌宝也。嘉庆乙丑春，张叔未偕葛春屿过梅里，留李若谷观妙斋，信宿道古，摩挲把玩，心剧嗜之。丙子八月一日，李金澜贻书于叔未，云是砚欲售，须银二十饼。旋诣其斋，如其价得之。又以银饼十二，得小朱十圭钟砚。

竹垞所居，为秀水之梅里。里中人知竹垞藏砚之为世所宝也，辄仿制之，并镌铭其上，藉以为衣食之资。若谷雅善奏刀，此砚亦有仿本。

张叔未藏洮河石砚

宋时所琢洮河石砚，类皆镂刻人物。张叔未尝于平湖得一宋制者亦然，与海盐钱柞溪所藏僧梵写经砚相同。盖西方之人，琢手如是，与歙、粤之石工迥异也。

钱警石得青花砚

道光庚戌二月，钱警石训导泰吉得颍上《兰亭》《黄庭》旧拓本。暮春之初，则获青花砚，集帖中语铭之云："欣于所遇得于己，怏然自足不知老。闲暇无事修太平，玉石落落是吾宝。"有见之者，谓此青花砚者，一名洮河绿石砚，产于岷州之洮河，莹然如碧玉也。

鹿賨谷藏兰成砚

鹿賨谷藏旧砚，正面上下有二活眼，背面之上有五活眼，为日月合璧、五星联珠之象，有集《四书》跋一首云："一拳石之多，日月星辰系焉。磨而不磷，惟我与尔有是夫！"款题"田居”，左侧有两印章，一“黄叶村庄”，一“兰成”，岂庾兰成物耶？

陈海楼藏岳忠武砚

岳忠武公遗砚，色紫，体方而长，背镌“持坚守白，不磷不淄”八字，无款。又镌曰：“枋得家藏岳忠武墨迹，与铭字相若，此盖忠武故物也。枋得记。”又曰：“岳忠武端州石砚，向为君直同年所藏，咸淳九年十二月十有三日，寄赠天祥，铭之曰：‘砚虽非铁磨难穿，心虽非石如其坚，守之弗失道自全。’”八字行书，谢真书，文草书，皆遒古。复有小方印，曰“宋氏珍藏”。朱竹垞题识曰：“康熙壬子二月四日，朱彝尊观于西陂主人斋中。”西陂者，宋牧仲中丞居也。另一行云：“雍正八年夏六月十有九日，良常王澍拜观。”道光辛巳，东阳令陈海楼履和于都门市上得之。

石僧怀砚

石僧者，学无师，居无刹，食无钵，貌清癯。道光时，往来天津城市间，不乞化，怀一砚，终日玩摩，若甚爱之者，饥则舐砚而饱，倦则枕砚而眠。眠就洁地古树茂阴下，冬或卧雪中。发经年不梳，蓬如葆，积垢生虱，人悯而髡之，遂相呼为“石僧”云。敝衣草履，行歌于途，罕所交言。阛阓驵僧遇之，相揶揄，即诋诃之，憨然笑不休。春嬉于郊，遇花娇柳媚处，盘桓久之，或临流弄水，自涤其砚，砚出五色纹，风清月白。走入败寺中，置砚于地，以败絮濡墨，就墙壁淋漓大书，潦草旁斜，殆不可省识，且书且吟，狂发叫舞。人迫而观之，用絮涂抹，抱砚以去。人知其如此，俟其书毕，兴尽而去，徐出辨视，则往往有奇句。

津门梅吟斋素好奇，物色奇士，人告之，未信。一日遇诸途，拉之归家，与论诗，初不言，出其集示僧，僧一览，辄了然笑曰：“君亦深于此道者。”再叩之，默然谢去。久不见，或有谓遇诸罗浮山者，盖不知所终矣。

宗啸吾藏阿翠像砚

咸、同间，汉军宗啸吾司马山，藏弆古砚最多。有阿翠像砚，高六寸七分，宽四寸四分，厚一寸五分，池琢圆式，四周隆起而中凹下，上方蓄水处亦凹下，占高一寸六分，凹中左偏，有“半山一侣”白文印。背面刻阿翠像，倚几右向侧坐，右手持卷轴，全身不露足，左方题“咸淳辛未阿翠”六字，分书，像及题款皆凸。右侧题云：“绿玉宋洮河，池残历劫多。佳人留砚背，疑妾旧秋波。己丑三月得此砚，墨池鱼损去之，背像眉目似妾，而右颊亦有一痣，妾前身耶？阿翠，疑苏翠。果尔，当祝发空门，愿来生不再入此孽海。守贞记。”“马”字朱文椭圆小印。左侧石友题云：“片石历四朝，两美合一影。想见画长眉，露滴玉蟾冷。洗汲绿珠井，贮拟黄金屋。若问我前身，为疑王百谷。刻画入精微，脂香泛墨池。汉家麟阁上，图像几人知？”砚趾安吉吴昌硕跋云：“石友示苏翠像砚，马守贞题，可称双绝。翠，乐籍，工墨竹分隶。咸淳辛未，宋度宗七年；己丑，明万历十七年也。盖苏翠实建宁人，咸淳时流落乐籍，尝写墨竹，旁题八分书，如倚云拂云之类，颇不俗，亦作梅兰。此砚像题款，政作分书，则阿翠即苏翠无疑。”

宗啸吾藏陈迦陵填词砚

宗啸吾能文善歌，无事辄饮，每酒酣，辄令姬人吹笛，自讴其所填词。其需次杭州日，尝得一砚于冷摊，长七寸，广五寸，上列七星，色白而突出，磷磷如钉，贮墨，可三日不干。背有六字，曰“陈迦陵填词砚”。宗自是填词辄用之。

俞筱甫藏苏东坡砚

宋苏东坡砚，作石鼓形，砚背有铭十三字，乃东坡自撰而自书之者，尝藏曹俪笙家。光绪中叶，为钱塘徐印香舍人所得，贻吴县俞筱甫别驾。俞卒，遂不知流落何所。

徐氏藏鱼脑冻砚

肇庆产砚材，以古名端州，故谓之端砚。道光癸巳，西潦再溢，濒江庐舍，荡析离居。是冬，肇庆人民请于粤督涿州卢坤，拟开砚坑，以工代振。谋于守令，皆曰善。乃于十一月二十七日汲水，明年正月十日采石，三月十日众至而毕。得石佳者，治三百余砚，有青花、鱼脑冻、蕉叶白、天青、冰纹、火捺、马尾纹、胭脂晕、石眼诸品。经咸、同粤寇之乱，散失殆尽。徐印香舍人尝于涿州冷摊，得鱼脑冻一方，上有铭，识者谓为希世之宝。盖卢氏家替，砚遂流落于市中也。孙女新华髫年临池，辄用之。

李伟侯藏玉带生砚

玉带生砚，乃端州产，石质非上品，以砚有白线一痕，故名，为宋文天祥故物，谢叠山、黄石斋均曾宝藏。道光时，归吴人某。同治时，粤寇李秀成陷苏州，颇嗜书籍古玩，亦珍储之。合肥李文忠公克苏州，得此砚，传三世。后藏伟侯袭侯国杰家。

马夷初藏李云谷残砚

仁和马夷初文学叙伦，藏有明人李云谷残砚，作半月形，其上有陈白沙铭，为屈翁山所书。徐珂曾为题《祭天神》一词，词云："倚小楼江上听疏雨，几摩挲，片石韩陵差可语。渊襟自接峤南，莫道儒冠误。问而今剩水残山，谁是主？　且守缺，文章府，试回首斜日湖滨路。人间世，桑海泪，鸲眼无今古。更何堪关河摇落，丘壑因循，老我天涯，砚北悲秋苦。"

王莼农藏铜雀瓦砚

无锡王莼农孝廉蕴章藏铜雀瓦砚，长一尺有半，宽八寸，其背隐起“建安十五年造”六隶字，甚清劲。明都元敬大书“玉质金声”四字于上，并有铭，铭云：“昔为瓦，藏歌童，贮舞马。今为砚，承铅椠，伴图史。呜呼！其为瓦也，不知其为砚也。然则千百年后，安知其不复为瓦也！盖豪雄武人不得而有之，子墨客卿固得而有之也，吾是以喟然有感于物也。”莼农属徐珂以《高阳台》词赋之，词云：“横槊空豪，澄泥（铜雀台瓦，陶人澄泥以絺绤，淘过如胡桃油，埏埴之，故与他瓦异，见《文房四谱》。）自昔，凭谁共话兴亡？瓢样（砚之中为瓢形。）琴纹，（铜雀瓦砚真者，上有琴纹，见《偃曝谈馀》。）月明曾照鸳鸯。苔花（何春渚《铜雀瓦砚》诗：“锡花封雨苔。”）依约西陵碧，（曹操遗命，妾伎登铜雀台，望西陵墓田，见《邺都故事》。）梦瑶台闲过昏黄。检遗铭，雒诵回环，楚怨微茫。 春深待借东风便，奈山河憔悴，门锁斜阳。铜狄销沉，还馀剩粉零香。盈盈墨泪含鸲眼，错铸成几阅沧桑。费摩挲，小匣琉璃，相伴吟窗。”

罗艮山之戚某得袁子才印章

袁子才所用印章，今流落人间者，有“颐性养寿”一方，石质为田黄，高四寸，阔一寸六分，重二十四两。其晶莹透润处，皆蕴橘囊文，兼有田黑数点，洵福田石之上品也。石侧有黄小松司马镌跋百余字，文字亦隽永可喜，文曰：“福州之田，蕴石如玉，大材尤可贵。闻黄莘田十砚斋、袁简斋随园所收殊美，莫能睹。乾隆乙巳春，谒河间中丞大人于祥符，出观斯石，即随园之物。石经词人护藏，今忽登中丞幕府，与文章政事，并晖朗于河声岳色间。石固有灵，而际遇之奇，亦千秋希有事也。”此印后为罗艮山之戚某所藏。

张芑堂藏古铜印

秀水蒋春雨，名元龙，得古铜印，文曰“海上乘槎客，山中学圃人”。张芑堂见之，曰：“此余家物也。”春雨问何故，芑堂曰："海上乘槎客，寓张字；山中学圃人，寓瓜圃，非其证耶？"春雨笑颔之曰："余当以此相赠。"芑堂述之于朱笠亭，笠亭乃题其小像曰："海上乘槎客，山中学圃人。针锋一粒粟，观性得元真。"

宋芝山藏汉印

汉印之缪篆，屈曲缜密，取纠缪之义，与隶相通，虽不尽与《说文》合，而损益变化，具有精意，此其所以可宝也。安邑宋芝山学博极嗜之，所藏多至数十枚。

林陟庐藏寿山石印

出福州北门六十里芙蓉峰下，有山焉，连亘秀拔，有溪环其足。志云山产石如珉。又云，五花石，坑去寿山十里，宋时故有坑，官取以造器，居民苦之，辇致巨石以塞其坑，乃罢贡。至国朝，每春雨时，溪涧中数有流出者。或得之于田父手中，磨以作印，温纯深润。谢在杭布政常称之，品艾绿为第一。

石初剖时，须以琉球砺石磋之。既磋，磨以金阊官砖。磨竟，以水浸槲叶，纵横揩拭，然后取麛鞹，平置之几案，运石于鞹，使徐发其光。陈越山、林道仪、彭木厓、林陟庐率购藏之。陟庐所藏尤精，唐湛一尝访之，陟庐出所藏使观，方开箧，趣令收却。时高云客亦在座，见而讶之，笑曰："不敢久视，恐相思耳。"

汪讱庵嗜印成癖

汪讱庵喜藏古今文籍字画，尤嗜印章，搜罗汉、魏、晋、唐、宋、元、明人印极多。凡金银、玉石、玛瑙、珊瑚、水晶、青金、蜜蜡、青田、昌化、寿山、铜、磁（瓷）、象牙、黄杨、檀香、竹根诸印，一见辄收，多至数万枚。著有《讱庵集古印存》二十四卷，又刻《飞鸿堂印谱》三集。金匮钱梅溪曾遇之于太仓毕秋帆制府家，因时相过从。一日，讱庵访梅溪，见案头有铜印，鼻钮刻“杨恽”二字，欲夺之，不许，遂长跪不起。梅溪为所迫，笑而赠之。然讱庵虽富藏弆，而少鉴别，精粗美恶，皆珍视之，亦可见其好之笃也。尝自称“印癖先生”。

丁竹舟松生藏寿山石印

福建侯官寿山五花坑，多嫩石，质温栗，状如珷玞，价与青田之灯光石相埒，五色备具，光采四射。红如鞣鞨者，曰田红；绿如翡翠者，曰田绿；黄如蒸粟者，曰田黄；白如珂雪者，曰田白。琢而磨之，可供玩好，其材又可为私家印章之用。丁竹舟松生家藏印甚夥，多至数千枚，而以寿山石为尤夥，大率为丁敬身、奚铁生、黄小松、蒋山堂、陈秋生，陈曼生、赵次闲、钱叔盖诸人所刻，世所称浙派八大家者是也。

宋时以采石病民，填塞坑路。康熙时，闽人陈日浴等入山重取，佳石渐尽，故赏鉴家以旧藏者为贵。田坑第一，水坑次之，山坑又次之。

潘仕成藏飞燕玉印

汉赵飞燕印，为明严嵩故物，以羊脂玉为之，纯粹洁白，无纤瑕，盘凤纽，文曰“倢伃妾赵”，鸟篆。龚定盦以宋拓《化度寺碑》易之于姚氏。或曰，得之以七百金，拟筑宝燕阁藏之而未果。后归粤人潘仕成。程侍郎春泽有诗咏之，中有句曰：“寻其流传自冰山，亦弆墨林紫桃轩，比来归龚复归潘。”

锡厚庵藏金贞祐铜印

道光丙午，锡厚庵都护缜在西安，得古铜印，方今尺寸六分，重十五两，作小篆，文曰“省差差字之印”，背注“贞祐三年五月行宫礼部造”十一字，旁释篆六小字，纽端有“上”字。印文古雅，背、旁字皆径直无趣，若刀削者。贞祐，金宣宗年号也。

韩程愈藏赤珂夔龙镇纸

洪髯，青田人。好山水，慕天台、雁荡之胜。数裹粮以往游。途次有一树一石可观者，辄图绘之，流连不忍去，于是瓯括名胜无不历，而瓯括之嗜山水诗画者，亦无不与交。念青田冻石最宜印章，每见秦、汉以来古印，即购美石，师其意而为之，四十年无倦容。其所镌章，不啻千百，皆为好事所攫夺，以故索图章者不他求，而洪髯之名益著。

某年夏，韩程愈自中州访其兄于永嘉县署，无事，每询青田冻章，而莫得其要。客曰："有洪髯者，若与之游，则难得者可立致也。"因谋于兄，敦请之。顾洪髯坐此累非一日，闻远人有物色之者，意犹豫，不欲发。其子明铉进曰："大人以是重于海内士大夫，今兹之役，宁自靳耶?"髯感悦，乃戒行李，扣永嘉署门，曰："我洪髯，自青田来。"门吏不敢难，延之入。茶次，出旧冻二枚，奉令公，随赠程愈以赤珂夔龙镇纸，光怪陆离，得未曾有。程愈以四小诗酬之。于是髯诵程愈诗，程愈握髯石，每相视而笑，遂成莫逆。

程愈问以冻石之品类凡几，髯曰："山在青田城东南二十里，山麓之地，曰图书山，皆林氏山也。深入不十里，至岭溪坑，石出处也。其最美者，曰官玒，曰高玒，曰老枫门，曰新枫门，皆灯光冻也，其色青黄，其质光润，灯前视之，明如晶，而体凝重，使人不敢狎视。辽冻有冒其色者，然底里自败，终为鱼目。此四者不易得，品亦在晶玉之上。次者硬玒、祠前玒，色独青，而光泽少减。若握于手中，一经品题，当在狂狷之列，亦罕购之物也。次挑水坑，次小磨坑，次大磨坑，次松树源头，次岩头，次龙舌，次虾虮，皆冻也，而色辨形辨矣。挑水色近硬玒，而乏光泽。小磨色白，大磨、岩头色皆绿。松源多带青黄，龙舌强半皆白。若虾虮，杂色具陈矣。此其概也。然皆从深山古洞中妄臆而得，无意而有获，有心而无当，比比然矣。此外则豆青是已。世所谓佛料，杯料，垆瓶料，龙章、套章料，护封、谨封、古柬料，取足于此。亦有稍佳者，凡四等，一枫门青，二挑水坑，三小磨坑青，四紫檀。枫门、挑水色醇而质腻，尚矣。小磨色或可观，然少矗。紫檀则花色斑驳，实如其名，亦有得之而不忍释手者。”

潘文勤刘铁云藏泥封

印，信也，以木或金石为之，上刻文字以为信也。印时所用印料，普通为朱色。制时，捣艾叶为绵，和蓖麻油，加朱砂拌之，佳者色经久不变，相传始于六朝时。而今称之曰“印泥”者，实因晋以前之封缄，皆用黏质制陶之泥，其法与今之用火漆封函者相埒，故沿称印泥也。

加印于泥以为封缄，曰“泥封”，为历代赏鉴家所未知。道光始出土，河南、山西、陕西皆有之。盖古人用后即弃，遂入土中。潘文勤公曾藏有官印、(古代官印皆小，除公家所有以昭信守者外，亦自另镌以佩于身，如后世官吏之所用公事图章也。)私印，凡三百有四枚。其后出土者日多，丹徒刘铁云观察鹗所藏，则几及千，其中秦最少，汉独多，晋次之。考订此物，实有数益：可考见古代官制，以补史乘之缺，一也；可考证古文字之有裨六书，二也；刻画精善，可考见古昔工艺，三也。然亦颇多赝品，且仿造亦甚易。盖黏质之泥既不难觅，而汉、晋印章亦尚多，作伪者但觅一古印，印之于泥，即成矣。

叶鞠裳论碑帖之别

碑、帖之别，人不尽知。叶鞠裳学使尝论之曰：“今人碑、帖不分，凡刻石之文，统呼为碑，及墨而拓之纸，则又统呼为帖，虽士大夫，未能免俗，甚矣其陋也！夫碑之不可为帖也，石刻之不尽为碑也。周、秦、汉、魏以下，欧、赵而降，撰述源流，雕造形制，其为体也屡迁，其称名也杂而不越。《礼》曰：‘遽数之不能终其物，悉数之乃留，更仆未可终也。’”

叶于光绪壬寅，尝视学甘肃，嗜碑版，以精于考订，有声于时。

叶鞠裳论碑之俗名

碑拓有辗转传讹而以俗名著于世者，叶鞠裳尝论之曰：文人题品，土俗通称，古迹流传，等洞箫之有谥；嘉名肇锡，益敝帚之可珍。有如碑之裂而存半截者多矣，惟唐兴福寺残碑，世皆称为《半截碑》。碑之环而刻四面者多矣，惟《颜鲁公家庙碑》，世皆称为《四面碑》。《皇象天发神谶碑》，在晋时即折为三段，（见《丹阳记》《金陵续志》《新志》。）世呼为之《三段碑》。或呼经幢为八楞碑。此类尚多，摭而录之，可资谈助。

《竹叶碑》　汉残碑阴也。牛空山《金石图》云："曲阜颜乐清懋伦得之，藏其家，碑两面隐隐有竹叶纹，或谓之《竹叶碑》云。"《金石萃编》云："此碑阳今皆为竹叶文所掩，无一字可辨，陈以纲定为《鲁国长官德政碑》，其论最核。"

《三绝碑》　汉隶字源《受禅表》，魏黄初年立，在颍昌府临颍县魏文帝庙。刘禹锡《嘉话》："王朗文，梁鹄书，钟繇镌字，谓之三绝。"《潜研堂金石文跋尾》："金《博州庙学记》，（大定二十一年。）东昌人谓之《三绝碑》。三绝者，王去非文，王庭筠书，党怀英篆额也。"

《鱼子碑》　隋《栖岩道场舍利塔碑》，石质斑驳，细点坟起，打本如颗颗丹砂，又如大珠小珠落玉盘，虽精拓不能泯其迹，世谓之《鱼子碑》。

《鸳鸯碑》　顾亭林《金石文字记》："泰山之东南麓王母池，有唐岱岳观，土人称为老君堂。其前有碑二，高八尺许，上施石盖，合而束之。其字每面作四五层，每层文一首，或二首，皆唐时建醮造像之记。"《金石萃编》云："此碑今俗称《鸳鸯碑》，二石合为一，两面两侧，共刻三十二段。"

《碧落碑》　汪由敦《松泉文集·董逌广川书跋》云："段成

式谓碑有‘碧落’字，故名。李肇谓碑在碧落观。然考之《国史补》，则肇正谓碑有‘碧落’字耳。李汉又谓碑终于‘碧落’字，董逌驳其非。今以篆文验之，仅有‘栖真碧落’一语，既非全文结束，亦非文中要语。考古人诗文字迹，举一行首标目者有之，无以末字者。欧阳公《集古录》谓龙兴宫有碧落尊象，篆文刻其背。宋潜溪亦云韩王元嘉子训等，为其妣房氏造碧落天尊于龙兴宫。考其记，知为碧落观。今以篆文验之，但云‘立大道天尊建侍真象’，无所谓‘碧落天尊’，疑广川所云碑在碧落观，而龙兴旧为碧落者，为得其实，此碧落之所由名也。”《潜研堂金石［文］跋尾》云：“右李训等造《大道天尊象记》，世所称《碧落碑》也。篆书奇古，有郑承规释文。”余按：此碑当如《潜研》所题李训等《大道天尊象记》为正，而《碧落碑》，其后起之名也。

《追魂碑》　《处州府志》：“松阳叶法善以道术遭遇玄宗。时李邕为处州刺史，以词翰名世。法善求邕与其祖有道先生国重作碑文，成，请并书，弗许。一夕，梦法善请曰：‘向辱雄文，光贲泉壤，敢再求书。’邕喜而为书，未竟，钟鸣梦觉，至丁字下数点而止。法善刻毕，持墨本往谢，邕曰：‘始以为梦，乃真邪？’”世传此碑为《追魂碑》。《金石萃编·书谱》引《法帖神品目》云：“《追魂碑》，李邕书，在松阳永宁观。”

《透影碑》　《中州金石记》：“重修古定晋禅院《千佛邑碑》，天成四年九月，释道清撰，俗名《透影碑》。”

《风动碑》　《隐绿轩题识》：“镇州察院前庭有风动古碑，乃李宝臣功德颂，永泰间立，王士则书。”

《雷合碑》　《寰宇访碑录》：“茅山《乾元观碑》，陈黼撰，蔡仍行书，政和五年，俗呼为《雷合碑》。”

《无字碑》　《金石萃编》：“乾陵，唐高宗陵也，在乾州东，至太宗昭陵六十里，有于阗国所进《无字碑》，高三十余尺，螭首龟趺，岿然，表里无一字。今题名有十三段，崇宁、政和、宣和年者九，金正大元年一，兴定五年二，丁亥清明日一。”

《泰阴碑》　《潜研堂金石文跋尾》："《登泰山谢天书述二圣功德铭》，宋大中祥符元年上石，在泰安府城南门外，北向。明巡按吴从宪篆刻其阴曰《泰阴碑》，俗谓之《阴字碑》。"王兰泉曰："北向属泰山之阴，故题泰阴碑三字，以讹传讹，遂谓之阴字碑矣。"

《囤碑》　《云麓漫钞》："吴禅《国山碑》，土人目为《囤碑》，以其石圆八出如米廪云。"吴骞《国山碑考》云："碑形微圜而椭。"又云："碑首上锐而微窪，石色绀碧。"

按右所录碑名，循名核实，各以义起，未为虚附。若夫流俗滋讹，方言虚造，郢书燕说，非可理测。访碑者若非亲见其文字，仅凭耳食，未有不径庭者。如关中大中二年经幢，于惟则所造，王铉书，土人通呼为"颜石柱"，问以"于惟则经幢"，不知也；问以王铉，愈不知也。余来陇坂，关外僚吏皆言敦煌学宫有《索靖碑》，及拓而释之，一面为《索公碑》，一面为《杨公碑》，是唐中叶后刻。索公，特靖之后人耳。买王得羊，固自可喜，然问以杨、索二公碑，不知也。李翕《西狭颂》在成县，此碑后为《五瑞图》，内有"甘露黄龙"字，官斯土者，书帕馈遗，即题为《黄龙碑》。若问以《西狭颂》《五瑞图》，亦不知也。诸如此类，非沿其土俗所呼之名以求之，不可得，《公羊》所谓"名从主人"也。

叶鞠裳论各省石刻

各省石刻有多寡，限于地也。叶鞠裳尝论之曰："关中为汉唐旧都、古碑渊薮，其次则直隶、河南、山东、山西，观毕阮诸家所录，望洋兴叹。又其次则陇、蜀。吾吴《皇家碑》已亡，初平校官一刻巍然，为江以南灵光。孙吴、萧梁，斐然继作。浙有《三老讳日记》，楚有《九真太守碑》。滇疆僻在南荒，而二爨碑一晋、一宋，可傲中原所稀有，足为鸡足增辉。此外闽、粤诸省，隋以前无片石。贵州至明始建行省，汉《卢丰碑》（吹角坝摩匡）之外，不独无隋、唐名迹，即宋、元两朝，亦无一字可著录，此则限于地也。红厓晚出，邹叔绩虽释为殷高宗伐鬼方之碑，荒远无征，难为典要。”

叶鞠裳论求碑拓宜因地

求碑而拓之，宜因地也。叶鞠裳尝论之曰：“郑渔仲求书之道有八，其三，因地也，因人也，因代也，皆可通于求碑。而碑之宜因地而求，比书尤切。经史雕本，孳乳不穷，不得于彼，或得于此。苟非麻沙下劣之本，即可插架。若碑，则原石只此一刻，只在一地，不到庐山，何从见其真面，此地之宜知一也。私家枣梨，异于官本，千里虽遥，舟车可致，宦游所到，或如廉石之载归；坊肆所雕，或以兼金而转鬻，昔在燕齐，安知今日不在吴越。若碑，则高或寻丈，重亦千钧，非如大壑之舟，可负而趋，此地之宜知二也。古今雕本，或在国学，或在郡庠，或在公库，或在家塾，通都大邑，搜访易周，估舶书林，咄嗟可办。若古碑，则往往出于穷乡僻壤，梵刹幽宫，甚至高岸深谷，屐齿不到，非有土人导引，莫施毡蜡，此地之宜知三也。古人著录，郡邑之外，每多略而不祥。《平津访碑录》，亦第有某省某县，好古者往往迷于物色。余所见，惟林侗《昭陵石迹考》，详著第几列第几区村落方向。碑估李云从每拓一碑，必于纸背书在某村某寺或某冢，距某县城若干里，可谓有心人也已。若依此著录，后人按籍而稽，何至迷其处所耶？”

叶鞠裳论护惜古碑

碑不护惜，即易残毁。叶鞠裳尝论之曰：“孙莘老守湖州，建墨妙亭，以藏古刻，如汉之《三费碑》，皆在焉，今其石泰半亡矣。乌程张秋水辑《墨妙亭碑考》，分别存佚，采摭甚详。关中有宋赵抃《重置饶益寺石刻记》，文云：“自唐、宋以来，名臣贤士，往还税驾，或题名于壁，或留诗于碑。遭兵火，焚毁殆尽。暇日，命僮仆搜抉于荆榛瓦砾之间，皆断折讹缺，读之令人悲惋。即其稍完者，萃而置于藏春轩壁。’蜀绵州有宋淳熙十二年《集古堂记》，其文云：‘举近郊石刻，列植秦、汉、隋、唐，其碑凡十，壁立森拱。然其所谓《蒋公琰碑》及《孙德碣》，已沦于灌莽矣。’此两公者，皆师莘老之用心，护惜古人之意，可师可敬。西安府学碑林及洛阳之存古阁，其裒集古刻之法并同，或久埋于敲火砺角之余，或新出夫隧道重泉之底，庋藏于此，以蔽风日，孑遗赖以不亡，法至良也。碑林创始，不知何年，后人不加修葺，芜秽不治，几难厕足。毕秋帆尚书抚陕，始缮完堂庑，周围缭以栏楯，又为门以司启闭。光绪壬寅四月，余被命度陇，道出西安，驻节往游，徘徊不忍去。嘉祥紫云山武梁祠堂汉刻，亦赖孙伯渊之力，得庇一廛。好古之士，宜知所取法焉。”

叶鞠裳论残碑位置

碑有残缺不完而待补缉者，叶鞠裳尝论之曰：“古碑中裂，或碎为三四片，以大铁絙束之，或龛置壁中，尚不至漫无收拾。《化度》原石已亡，覃溪以翦杂残宋，拓三四本，钩心斗角，绘为《范氏书楼残石图》，竟得宋时原第，可谓良工心苦。余曾得吕大防《长安志图》残石，石苍舒书，仅存七片，首尾残缺，潜心钩索，迄未得其原次，乃知古人精诣为不可及。西安藩廨灶下出残石十六片，大者如砚，小者如拳，紫凤天吴，颠倒短褐，皆分书，有熙宁年号，虽知为宋刻，无从属读。余竭十余日心目之力，尺接寸附，亦竟得原碑位置，始知为宋吴中复重建燕佳亭诗，前有‘熙宁七年’字，后有‘仲夏十五日男立礼’字，装为一幅，首尾只缺十余字，此可为补缉残碑之法。”

叶鞠裳论藏石

好古家于收藏碑拓以外，有藏石者。叶鞠裳尝论之曰：“《东观馀论》载张焘龙图家有汉石经十版，其婿家有五六版。《解春雨集》言宋庆历初，范雍使关右，历南山佛寺，见《化度寺碑》已断为三矣，以数十缣易之，置里第赐书阁下，此为藏石之滥觞。毕秋帆在关中，得四唐石，置之灵岩山馆。孙渊如得北朝造像，置之家祠一榭园。近时藏石家，余所知者，隋太仆元公及夫人姬氏两志，在阳湖陆氏。咸丰庚申兵燹，两石皆裂，失其半。闽县陈氏、扬州张氏、南海李氏，皆有藏石。陈、李亦得之秦中。张氏唐墓志、董惟靖诸石，即广陆出土。长安赵乾生、潍县陈寿卿所藏最富。陈多造像，赵多墓石。曾从陆蔚庭前辈处见陈氏拓本，全分共百余通，赵氏七十余通，余陆续得之。去年又得两全分，以隋刻《宝梁经》及唐《高延福墓志》为最精。光绪庚子，六飞西幸，朝贵扈跸至秦者，征求拓本，迫于催科。赵君尽货其石，闻半归伦贝子，半归端午桥。午桥藏石，本为海内之冠，丰碑如晋郛休、魏蔡儁，皆以牛车辇至都门，数十人舁之，道路动色。其京邸几案、廊庑，皆石碑也。余先得其拓本，已百数十通。闻入秦，益肆搜访，继长增高，衙斋充牣，廉石归装，不患无压舟之物矣。潘文勤师及贵筑黄子寿师、福山王廉生祭酒、德化李木斋京卿、同郡吴窓斋中丞皆有此癖，余皆得见之。木斋所藏多小品，且多残缺。潘文勤师所藏，以《崔文修志》为第一。贵筑师所藏，以隋吴严、李则两志为第一。窓斋所藏，以《文安县主墓志》为第一，贾文度次之。廉生精于鉴别，自蜀中携归梁造像，尤为希有之品，亦多残裂，断头折足，排列墙隅。乙亥、丙戌间，病不斟，家人以其不祥，且亵佛，讽其弃之，笑不应，后病亦寻愈。然敝帚自享，不轻拓，余仅得其造像数通及晋两墓表。一乾符经幢，尚完好，每见必索之，竟未得。此外如江阴缪艺风、番禺梁杭叔、南陵徐积馀，抱残守缺，亦间得一二通。积馀藏隋张通妻陶贵墓石及唐《戚高志》，甚秘之，然陶贵非原石。余惟得江阴唐经幢一通，艺风见之，以为桑梓文献，屡以为请，慨然让之，今橐中仅存青城山唐刻经残石数片而已。”

叶鞠裳论碑厄

自古至今，碑之受厄者多矣，叶鞠裳尝论之曰："藏书有五厄，古碑之厄有七，而兵燹不与焉。韩退之诗云'雨淋日炙野火燎'，又云'牧童敲火牛砺角'，亦不与焉。高岸为谷，深谷为陵，地震崩摧，河流漂溺。（汉《华山碑》、唐《顺陵碑》皆为地震崩裂。《熹平石经》，周大象中自洛窃载还邺，船坏没溺。）祇园片石，误椎《化度》之碑；（范谔《化度寺铭跋》："高王父讳雍，使关右，历南山佛寺，见断石砌下，视之，乃此碑，称叹以为至宝。寺僧误以为石中有宝，破石求之不得，弃之寺后。"）砥柱洪涛，久没纯陁之碣。（谓薛纯陁《砥柱铭》。）此一厄也。匠石磨砻，耕犁发掘，或断为柱础，（北海《李秀碑》为一教官断为柱础六，四础为王损仲携至汴，两础犹在都中。《汉石经》，隋开皇六年载入长安，置于秘书内省，营造司亦用为柱础。）或支作灶陉，（合阳魏十三字残碑，康强跋云，是夏阳人家支灶物。）或为耕场之礁碡（齐鲁间经幢，农民皆断为礁碡。）或为废寺之甑甀。（元许有壬《兴元阁记》，见《圭塘小稿》，今残碑百余字尚在和林寺，僧毁为香案。）通衢如砥，填江左之贞珉；（相传六朝刻石，明太祖时皆用以甃治街道，今金陵聚宝门内石道坦平如砥，云背面皆有字也。）架水为梁，支汉经之残字。（《广川书跋》："《熹平石经》，周大象后破为桥基。"）荒坟蔓草，遍卧蟠螭；废垒长杨，聊资列雉。（吾乡王废基防营墙基累累，皆旧碑也。）此二厄也。唐、宋题名，摩厓漫刻，后来居上，有如积薪。唐贤名迹，宋人从而磨刻之；宋贤名迹，明人乃更加甚焉。贺方回之题字，惆怅武丘；（虎丘贺方回题名，庚申前尚完好，今为苕上一伧父凿损。）史延福之刻经，模糊伊阙。（龙门如意元年，史延福刻《陁罗尼经》，明提学赵岩刻"伊阙"两大字于上。）邠原揽古，空谭大佛因缘；（邠州大佛寺，吴愙斋中丞为学使时，列炬访之，观壁间题名累累，有唐刻一通，为宋人羃刻其上。）岱顶勒崇，莫问从臣姓氏。（唐玄宗《泰山铭》后，附刻从臣姓氏，皆为后游者刻损。）莫不屋中架屋，床上安床。此三厄也。武人俗吏，目不识丁，匄工选材，艰于伐石，或去前贤之姓字而改窜己名，（余所藏宋、元幢，其字迹有绝类唐人者，盖皆属吏媚其府主作功德，俗僧为取旧幢，磨去年月、姓名而改刻之。）或磨背面之文章而更刊他作。（唐《华岳精享昭应碑》，即刊于《天和碑》之阴。《授堂金石跋》曰：“《水经注》，樊城西南有曹仁《记水碑》，杜元凯重刻，其后书伐吴之事，古人简便，不重烦如此。”又“渭水”内载汉文帝庙一碑，建安中立，汉镇远将军段煨文，给事黄门侍郎张昶书。魏文帝又刻其碑阴二十余字，又在杜征南之前。然碑阴本无字则可，若如《颜鲁公庙碑》有碑阴记，或有故吏题名，亦从而磨刻之，则前贤名迹已失其半矣。）甚或尽铲旧文，别镌新制，改为己作，澌灭无遗。（如《唐书·姜行本传》：“高昌之役，磨去汉班超纪功碑，更刊颂陈国威灵。”即贞观十四年姜行本碑是也。陆务观《老学庵笔记》云：“北都有魏博节度使《田绪遗爱碑》，张弘靖书；《何进滔德政碑》，柳公权书，皆石刻之杰也。政和中，梁左丞子美为尹，皆毁之，以其石刻新颁《五礼新仪》。”赵德甫《跋何进滔碑》亦云：“政和中，大名尹建言磨去旧文，别刻新制，好古者为之叹惜。”孙渊如述何梦华之言云：“金承安三年，牛头祖书唐相《魏文贞庙记》，亦磨去唐碑重刻，碑首犹存唐字。《唐深州刺史墓志》，盖明人刻作金牛禅师塔碑趺。元时学宫所刻至元、大德圣旨碑，大半磨治旧石而更刻之。”）此四厄也。裴、李争功，熙、丰钩党，李义山云：‘长绳百尺拽碑倒，麤沙大石相磨治。’苏子由云：‘北客若来休问讯，西湖虽好莫题诗。’韩、苏之文，毁于谣诼。又若闰朝僭号，讳于纳土之余；（吴越钱氏诸碑有建元者，宋初纳土后，皆毁去，所毁经幢尤多。）叛镇纪年，削自收京以后。（悯忠寺《宝塔颂》，史思明纪年皆磨去，重刊唐号。）或碎裂全文，或削除违字，后贤考订，聚讼转滋。此五厄也。津要访求，友朋持赠，轺车往返，以代苞苴。官符视若催科，匠役疲于奔命。一纸之费，可以倾家；千里之遥，不殊转餫。里有名迹，重为闾阎之累，拔本塞原，除之务尽。今昭陵诸碑，无一瓦全，关陇、巩洛之交，往往谈虎色变。此六厄也。夫石刻者，所以留一方之掌故，非镇库之奇珍。海内藏家，敝帚自享。宦游所至，不吝兼金。或装廉吏之舟，亦入估人之橐。夺人所好，迁地弗良，转辗贸迁，必至失所。此关中毛茂才所以有“勿徙石刻”之记，而言者谆谆，听者充耳。《化度寺碑》，宋范氏书楼本已先作俑。毕秋帆自关中携四唐石归，置之灵岩山馆，庚申之劫，与平泉花石同付劫灰。此七厄也。有此七厄，其幸存天壤者，皆硕果矣，可不宝诸！

“汉、唐以来石刻，有王字者，其碑幸存，亦多镵毁，此金海陵之虐政也。顾亭林《金石文字记》云：‘裴漼《少林寺碑》内王字俱镌去。按《金史》海陵正隆二年二月，改定亲王以下封爵等第，追取存亡告身，公私文书，但有王爵字者，皆立限毁抹，碑志并发而毁之，此碑王宫、王言、夏王、有王等字，亦从而镌去。完颜之不通文义而肆为无道，可胜叹哉！’此又碑之一小厄也。贞石之寿，遇伧父而不永，犹可言也。惟有明一代，如前所纪提学赵岩者，俨然学者师，苏许公《朝觐坛颂》，梁升卿八分书，在元宗《纪泰山铭》之侧，朱竹垞云，明有俗吏，以忠孝廉节四大字镵其上，颂文毁去者半。以弇州尚书之言证之，所谓俗吏，乃闽人林焯也。又北海麓山寺碑阴刻官属衔名，每列姓名下，各系以赞，武虚谷云，为妄庸人题字交午横贯，以致损蚀不可第次。其大书横勒者，则前明提学郭登庸也。宋真宗《登泰山谢天书述功德铭》，明鄞人俗吏汪坦大书题名于上，每行毁三四十字不等。古刻遭此厄者非一，操刃者大抵皆科目中人，空腹高心，以卫道自命，遇二氏之碑辄毁之。此又碑之一小厄也。《新唐书·武宗本纪》：‘会昌五年八月壬午，大毁佛寺，复僧尼为民。’王圻《续通考》：‘上恶僧尼耗蠹（同“蠹”），敕上都、东都各留二寺，天下节镇各留一寺，凡天下所毁寺四千六百余区。’其时官吏奉行，至于碑幢铭赞之类，无不凿毁，或坎地而瘗之。其见于石刻者，如鲁公《八关斋报德记》，后有宋州刺史催倬《书石幢事》云：‘会昌中诏大除佛寺，凡镕塑象刻，堂阁室宇，焚灭销破，一无遗余，分遣御史覆视之。此州开元寺有颜鲁公《八关斋会镌记》大幢，刺史邑宰以可折，遂錾凿缺口以仆之。’又大中八年牟珰方山《证明功德记》：‘会昌五年毁去额寺五千余所，兰若三万余所，丽名僧尼廿六万七百余人，所奉驱除，略无孑遗。’又大云寺残幢后有题记云：‘此幢五年□月奉勑毁寺，其幢随□□□。至大中四年庚午，溧水尉刘皋等同再建立。’盖驱除未几，至大中初而寻复矣。然元魏以后造像，所毁当已不少，经幢尤多殃及。余所藏唐幢，往往有‘大中重建’题字。五代、宋初，尚有发地得之而再立者，皆因会昌之劫也。此又碑之一小厄也。”

叶鞠裳论碑之已佚复出

碑有已佚而复出者，叶鞠裳尝论之曰：“世有古碑已佚，忽然复出，碑估挟以居奇，无足奇也。北海《灵岩寺碑》，《平津访碑录》注云已佚，光绪初元，市上忽有新拓本，颇得善价。不知此碑仍在长清本寺，但久不拓耳。魏之《高翻碑》，唐之《焦娆碑》，赵明诚皆著录，自元以后无见者。（据《金石录》，《焦娆碑》贞元十八年从弟郁文、朱献贞行书。）近数年，《高翻碑》与高盆生、高盛两碑同出于磁州，《焦娆碑》出于中州。此盖沦入土中，高岸为谷，耕犁发掘得之。《高长恭碑》，赵撝叔所收，仅有半截。今全碑俱出，碑两面皆有字，额之阴又有安德王经墓兴感诗。此盖下半截旧陷于土，今始舁而出之，初未尝泐损也。昭陵之张允、杜君绰诸碑，旧拓字少，新拓字多，其事正同。栖岩寺韦晨六绝文，并韩怀信诗，皆在首山《舍利塔碑》之阴，赵明诚亦著录。从来拓《舍利碑》者，不拓阴，世遂以为佚矣，其实一字未损，并未沉埋土中，裹毡而往者，自熟视无睹耳。湖州墨妙亭有宋人书‘玉笋’两篆字，并题名数通，同刻一石，陆存斋辑《吴兴金石记》，列之佚目。余从厂肆得拓本，纸墨尚不甚古，决非旧拓，此当是湖之旧守携以压廉石归装耳。以此推之，欧、赵、洪所录诸碑，今虽沦没，安知吾生不再见之？吾生即河清难俟，安知后人之不复见之？其可以为已佚而不复访求耶？”

叶鞠裳论碑之一刻再刻

古碑之一刻再刻者甚多，叶鞠裳尝论之曰："古碑一刻再刻，如唐之《圣教序》有五本。（据《古石琅玕》所记，一为怀仁集右军书，一为王行满正书。褚登善书有三刻，一序、记分刻二碑，龛置慈恩寺塔下，世所称雁塔本也；一序、记并为一碑，即刻于同州倅厅者。《苍润轩帖跋》有褚公行书《圣教序》，刻于咸亨三年，储藏家罕著于录。宋端拱元年，沙门云胜分书新译《圣教序》尚不在内也。《竹云题跋》云："褚《圣教序》行书一，楷书二。行书为宋道君瘦金书之祖，今已亡。"又按《观妙斋金石略》云："余于同州、雁塔二刻之外，又得一本，年月同雁塔本，而字法不同，碑已有断蚀处，不知在何所，诸评论者皆不之及焉。"然则褚公《圣教序》实有四本。）《梦真容碑》，一在易州龙兴寺，一在终南楼观。（《观妙斋金石略》："《梦真容碑》，又得白鸬观一碑，先是党光所书，汉乾祐三年杨致柔奉命重书，此本从未见著录。"）宋之《党人碑》，五岭以西即有两刻。元之《张留孙碑》，京师一刻，贵溪一刻，此金石家所共知也。吾吴郡学，有淳祐元年张安国书《疏广传》及唐卢坦对杜黄裳语，艺风拓寄当涂石刻，亦有此两本。后五年，陈垲刻蔡襄书《韩魏公祠堂记》，安阳一本，元丰七年，刻于《昼锦堂记》之阴；当涂亦有一本，年月皆同，惟缺撰、书人名耳。天圣二年，泾州回山《王母宫颂》凡两本，一为南岳宣义大师梦英行书，一为上官佖篆书，其文无一字异也。元祐元年，惠因院《贤首教藏记》在西湖集庆寺，绍兴府学亦有一本，撰、书、年月皆同，惟额一篆书、一真书。此外《表忠观碑》，东坡有大小二本。《醉翁亭记》，东坡有真草二本，苏唐卿有篆书一本。坡翁草书本，世不经见，篆本则更难得矣。韩昌黎《伯夷颂》，范文正公书之，金皇统九年，杨汉卿又书之，题曰《重书伯夷颂》。长安有安宜之《重书阿房宫赋》。（元祐八年。）曰重书，亦必有原书一石。余曾见米南宫行书一本，安、米同时，宜之当别有所承，此与旧碑已毁而后人重书者（如蔡元度重书《曹娥碑》。）

略异也。又如阳冰《城隍庙记》，原刻在缙云，程浩《夫子庙碑》原刻在三原，他郡邑庙及学宫亦间有借刻者，大都明人不学者为之耳。

“李药师《上西岳文》，不知其所自来，当是好事者为之耳。然摹本颇多，世所通行者，惟长安一本，明人摹刻。余所见有潞城一本，宋崇宁三年杨大中刊；滕县有一本，宋绍兴丙寅知军州事施某重刊。明人丛帖中，亦往往摹刻之，此真以康瓠为宝也。”

宋真宗《登泰山谢天书述二圣功德铭》，今所传拓本。其碑在泰安府城南门外，五石合成，高九尺，额高二尺八寸。聂剑光言，此碑有二，一勒山下，即城南之碑也；一勒山上，在唐摩厓碑之东。字径二寸。明嘉靖间，俗吏鄞人汪坦，又汝南人翟涛，题名镵盖于上，每行毁三四十字不等，额十三字，尚完好。后人第知有城南之石，不复知岱顶之尚有摩厓一刻也。

叶鞠裳论碑之摹本

碑有就原迹而摹刻者，叶鞠裳尝论之曰：“《醴泉》《皇甫》诸碑，摹本充斥，家刻、坊刻，无一足观。然前人名迹已损，后人得初拓精摹，不见中郎，犹见虎贲，未为无益。虞伯施《夫子庙堂碑》，唐时已泐，黄鲁直所谓‘孔庙虞碑贞观刻，千两黄金那易得’。宋时即有两翻本，肥本在长安，瘦本在城武，互有得失。临川李氏有唐拓残本，以肥瘦两本较之，天壤悬绝，始知原本不可及。（详见翁学士《庙堂碑跋》。）欧书《化度》《醴泉》，皆有宋翻、宋拓本。覃溪见《化度》最多，范氏书楼本皆只四百余字，其多至八百余字者，皆非原刻。《温虞公碑》亦只存四百余字，宋拓八百余字，多不过千字。覃溪尝自至昭陵碑下精拓得一本，云可辨者有二千余字。其实笔画皆损，不过匡廓尚存，约略以文义联属之耳。今陕西有裴刻本，多至二千余字，盖即以新拓精本，仿其结构用笔，非真有多字祖本，其面目虽是，其精神则非，譬之优孟衣冠耳。《醴泉》惟锡山秦氏本能乱真，今亦仅存残石，人重之与旧拓原刻等。余曾见南宋榷场本，虽宋翻，远不逮秦刻。《皇甫碑》有‘三监’二字者，尚可观，若得线断本，则更为至宝矣。然三监本拓之先后亦不同，拓最早者，仅降线断本一等。碑估之作伪者，往往以摹本‘三监’二字，装入无逸本，鉴别稍疏，即为所罔。褚书惟《孟法师碑》有翻本，（《枯树赋》《哀册文》皆帖类。）所见以岭南叶氏本为最胜。今宋拓孤本，亦在临川。李氏翻本，大都皆从兹出。《圣教》未见重摹本，而怀仁《圣教》，化身最多，亦最不易辨。孟津王觉斯及西安苟氏两摹本，皆能乱真。北海之秦望山《法华寺碑》《娑罗寺碑》，皆石亡补刻。颜书《八关斋记》，亦宋时毁而重刻。《中兴颂》，蜀中有三本，《干禄字书》有一本，皆宋时摹刻。宋《广平碑》在沙河宋氏家祠，后裔恐其剥损，不轻椎拓。碑估以拓之难也，别刻一本，以应四方之求，然视原本远逊。《砖塔铭》摹本最多，王兰泉云：‘长洲郑廷旸嵎谷、吴县钱湘思赞两本最善。郑娟秀，钱瘦劲。’原刻破裂，则此二本皆可宝也。宋苏文忠书，因党禁磨损，重刻者过半。此外如汉之《桐柏庙碑》《郭有道碑》，魏之《吊比干文》，唐之《曲江》《张氏》两碑，皆经后人重刻。孙吴《天发神谶碑》，旧断为三，在江宁府学尊经阁下。咸丰庚申之劫，毁于兵燹。吾吴帖估张某精于摹勒，以木柹（柿）糊纸为质，仿刻一本，鉴古家皆为所衒，然碑文可以乱真。其后元祐胡宗师、崇宁石豫两跋行书，神气全非，并多误舛，不难一览了然，人自不察耳。此碑篆体奇古，郭胤伯诋为牛鬼蛇神，虽非知言，然亦可见画鬼神易，画狗马难也。六朝、唐志之佳者，其石或亡佚，碑估得旧拓，往往摹刻，以充孤本，如《崔敬邕》《张黑女》之类，皆有赝鼎，好古而鉴别不精者，其慎旃！”

叶鞠裳论碑之赝本

流传碑拓，赝本颇多，叶鞠裳尝论之曰：“旧碑摹本，已如犁靬之善眩，更有凭空结撰者。如世传《凉州刺史郭云志》《女子苏玉华墓志》《黄叶和尚墓志》，皆题为欧阳询书，无其人，无其事，谬种流传，稍有识者能辨之。李邕之《戒坛铭》，虽有所本，亦是重起炉灶，与原碑渺不相涉。因焦山有《瘗鹤铭》，遂有《瘗马铭》《瘗琴铭》。《琴铭》小楷妍媚，世颇好之，余知为吾吴顾南雅作。《马铭》字亦不恶，其石出于关中。安阳有汉残碑五种，齐、鲁之间断碑一角，时时出土，文多者不过数十字，无人名、地名、年号可证，益复不可究诘。人言熹平残碑即不可信，若《朱博颂》，确知为诸城尹祝年明经所造。《李昭养奋破张合铭》，亦皆后人所伪托。造像，北朝多，南朝少，今蜀中新出梁造像数十通，似刻于砖，多天监、大同年号，皆赝造也。大抵赝造者，墓志、造像居多，不能为丰碑。其文或有所本，其字虽有工拙，古今气息，总可摩挲得之。赵撝叔以《宁爨碑》为依托，王可庄太守疑《苏孝慈志》为李仲约侍郎书，则皆贤者之过矣。"

叶鞠裳论碑之补刻

碑文有后人补刻者，叶鞠裳尝论之曰："柳公绰《诸葛祠堂记》、陈谏南《海神庙碑》，皆唐人名迹，为覃溪列入碑选。余先后得旧拓本，再三审谛，虽非重刻，然风度端凝矣而间有齐气，骨格遒美矣而不无弱笔，蓄疑久之。后得《武侯碑》阴明蜀府承奉滕嵩题字，有'补还其旧，庶毁璧复完，而览者无阙'云云，武虚谷跋云："碑在前明补刻，今所见者，已非旧观。'始恍然悟两碑之字，不尽为原刻，覃溪所见，当是明以前本，故服膺如此。《诸葛碑》铭词'乃诏相国'，'诏'下重一'诏'字，'志愿未果'，误书'日日未果'，旁注'志愿'二字，王兰泉谓是前明补刻时滋讹。此外张嘉贞《北岳恒山祠碑》，后有宋入内供奉官王潭题字云：'宣和庚子，赍御香来谢，因读唐丞相张公所述碑，数字剥落，乃将完本以碑间所有字补足之。'此亦补刻之一证。但只数字，且唐、宋刻手不甚相远，故尚不觉其悬绝耳。鲁公《八关斋记》，《中州金石记》以为重刻，世无异议。然考记后大中五年宋州刺史崔倬《书颜鲁公石幢事》，有云：‘三面仅存，委埋于土。’又云：‘惜其堙没，遂命攻治。虽真赝悬越，貂狗相续，且复瞻仰鲁公遗文，昭示于后。’玩其词意，是原刻尚存三面，倬所补刻者五面耳。《宝刻类编》先题颜真卿撰并书，后题大中五年崔倬补书，良得其实。盖旧碑再立，重刻者多，补刻者少。余所见唐碑，经后人补刻者，惟此四石而已。”

叶鞠裳论木刻之碑

古碑多为石刻，而古人亦有以木刻之者，叶鞠裳尝论之曰：“木刻之文有二，一为《王大王庵池记》，唐天祐中刻在闽县，黛干霜皮，历千余年，未遭斧斤之劫。一为都门民舍有古藤一株，夭矫拏空，上有元大德间题字，见戴菔塘《藤阴杂记》。其余滇南有吴道子《大树观音象》，陇西庆阳郡廨有范纯仁屋梁题字。”

叶鞠裳论瓷刻之碑

碑不仅有木刻也，尚有以瓷刻之者，又有名曰玉而实为石者，叶鞠裳尝论之曰：“瓷刻之文有三，一为曹调造磁盆题字，仅有‘七年’二字，纪年已泐。一为郑德与宝林三十一娘舍东岳庙莲盆题字，元丰元年正月。两器皆在福建省垣。一为元延祐二年瓷题字，在淄川县高氏。造像有铜有石，其曰白玉造像者，但石之似玉者耳。惟善业埿（古同“泥”）造像，出于埏埴。唐时江以南墓志，有刻于砖者。此类皆当作石刻观。”

叶鞠裳论碑字大小

碑之字有大有小，叶鞠裳尝论之曰：“昔人论书，大则径丈一字，小则方寸千言。余所见擘窠书，以鼓山朱文公‘寿’字为最巨，其次则淡山柳应辰押朱荛‘窪尊’两大字，皆摩厓也。若勒于碑者，吾乡有释子英所书‘释迦文佛’四大字，在虎丘《普门品经》之阴，一石一字。郡学有苏唐卿‘竹鹤’两篆字，亦奇伟可喜。小字以卧龙寺经幢（女弟子陈氏造。）为冠，蝇头清朗，布置停匀，如棘刺之猴，神乎技矣。此外小字《麻姑仙坛记》，疑为缩临之本。吴越王银简，范金而非刻石。李宝臣、王审知诸碑，视小则有余，视大则不足也。”

叶鞠裳论一碑之字体大小

有一碑而字体大小不同者，叶鞠裳尝论之曰：“梁开平二年《崇福侯庙记》，吴越王钱镠撰，字大径寸，中列敕文六行，字大径二寸许。晋天福八年，《吴越文穆王神道碑》，首行‘大晋故天下兵马都元帅守尚书’十三字，字大径三寸余，较于正文，几大三倍。此式惟吴越两碑有之，钱竹汀说。”（吴越经幢，凡天下兵马都元帅、吴越王题衔，其字皆较经文特大。）

叶鞠裳论碑之别体字

碑字之为别体者甚多，叶鞠裳尝论之曰：“顾亭林《金石文字记》曰：‘后魏孝文帝《吊比干文》，字多别构，如蔑为薎，蔽为蔽，菊为蘜，不可胜记。《颜氏家训》言，晋、宋以来，多能书者，楷正可观，不无俗字，非为大损。至梁大同之末，讹替滋生。北朝丧乱之余，书迹鄙陋，加以专辄，造字猥拙，甚于江南。乃以百念为忧，言反为变，不用为罢，追来为归，如此非一，遍满经传。今观此碑，则知别体之兴，自是当时风气，而孝文之世，即已如此，不待丧乱之余也。江式《［论］书表》云：皇魏承百王之季，世易风移，文字改变，篆形错谬，隶体失真。俗学鄙习，复加虚巧，谈辩之士，又以意说炫惑于时，难以厘改。《后周书·赵文深传》，太祖以隶书纰缪，命文深与黎景熙、沈遐等依《说文》及《字林》，刊定六体，成一万余言，行于世。盖文字之不同，而人心之好异，莫甚于魏、齐、周、隋之世。别体之字，莫多于此碑。杂体之书，莫甚于李仲璇。又考《魏书》道武帝天兴四年十二月，集博士儒生比众经文字，义类相从，凡四万余字，号曰众文经。太武帝始光二年三月初，造新字千余，颁之远近，以为楷式。天兴之所集者，经传之所有也。始光之所造者，时俗之所行，而众文经之所不及收者也。《说文》所无，后人续添之字，大都出此。’

“碑文别体，北朝作俑，亭林之论详矣。阶州邢佺山太守宰长兴时，曾辑《金石文字辨异》十二卷，刺取碑文异字，上溯汉、魏，下迄唐、宋，统以平水韵，乾、嘉以前出土石刻，采摭无遗，顾世尠传本。闻赵撝叔亦欲取家藏碑版，撰为此编，其稿未出。吾友王绂卿同年亦刱举条例，后见邢氏书而止。地不爱宝，古碑日出，邢氏所未见者，又不下数百通，窃拟正其脱误，补其缺遗。精力销亡，岁不我与，则亦徒托诸空言而已。

“碑版别字，六朝为甚，岂惟是哉？自唐以下，一代之碑，皆有一代风行之别体。大抵书碑者不能不取势，左之右之，惟变所适，积久遂成风尚。唐碑之别字，不尽同于宋；宋碑之别字，不尽同于辽、金、元。余在北方，见门帖‘延禧’‘迎祥’等字，‘延’皆写作‘延’，‘迎’皆写作‘逈’。后观唐、宋碑，率如此，乃知里巷相承之字，亦有自来，流俗所谓帖体是矣。”

叶鞠裳论碑之阳文

碑字之为阳文也，有所自始，叶鞠裳尝论之曰：“长兴雕造经典，始用黑字，以便模印。若唐以前石刻，惟碑额兼用阳文。北朝造像有二通，一为魏始平公造像，朱义章书；一为齐武平九年马天祥造像，皆阳文也。赵撝叔藏咸通十二年廿八人造像砖，慈恩寺所出善业埿，亦均阳文，棋子方格，与始平公同。临朐仰天山造像新出，阳文四通，皆金正隆二年刻，孙、赵所未收也。浙江六和塔蒋舒行《舍财修塔记》，亦正书阳文。金文有成都开元铁幢钟铭，则阳文多而阴文少矣。碑额又有中间阳文，四围界以一线，深陷如沟，拓之，内黑而外白，盖石质脆劲，阳文凸起，易以驳裂，所以护之也。”

叶鞠裳论碑之反文

碑字有反文者，叶鞠裳尝论之曰："反文，惟萧梁吴平忠侯神道阙。近又新出一残阙，仅存'故散'二字，银钩铁画，望之如以灯摄影，墨彩腾奋。若以薄纸浓墨拓之，几不能辨其正背，吾友会稽陶心贫同年摹之极肖。此外尚有宋熙宁八年君山铁锅及唐开元《心经》铜笵、蜀刻韩文书笵，亦皆用反文。金华非丘子'双龙洞'三字，'龙'字反书。此在古人，必自为一体，而今失其传矣。"

叶鞠裳论碑之回文

碑字有回文者，叶鞠裳尝论之曰："余又藏回文两石，一为马念四娘墓券，一为朱近墓券。其文一行顺下，一行逆上，循环相间，非颠倒读之，不能得其文义。尤奇者，马券为南汉刘氏刻，朱券为刘豫刻，同出伪朝，一在关中，一在岭表，不谋而合。欧阳公《集古录》收'谢仙火'三字，摩厓倒书，世间亦无别刻。倒文，反文，回文，碑中三体，可为好奇者助谈柄。"

叶鞠裳论碑之讹脱涂乙旁注夹注挂线挤写

碑文有因讹脱而涂乙，或旁注而又有夹注、有挂线、有挤写者。叶鞠裳尝论之曰："碑志讹字脱文，亦有涂乙。(《萃编》："《桥亭记》文中'人获一钱'，脱'人'字，旁注。又'乡老'重书'老'字。古人书碑不拘。又按《高湛墓铭》末四句'昆山坠玉，桂树摧枝，悲哉永慕，痛哭离长'，'离长'当作'长离'，与上'枝'字韵，刻石时未改正。虢国公《杨花台铭》'布衣脱粟，有丞相之风'，落'相'字，旁注。《李光进碑》'旬有八日'，'八日'上衍'者'字，旁用点抹去之。此亦古人不拘处。")遇石泐文，每空格以避之。曾见一经幢，空至十余字。钱竹汀《跋齐州神宝寺碑》云：'古人书丹于石，遇石缺陷处，则空而不书，此碑及景龙《道德经》皆然。'墓石或限于边幅，铭词之尾，往往挤写，或改而为双行，甚有夺去一二句者。此亦操觚之率尔，未可以古人而恕之也。又有行中阙字，即补于当行之下，如廖州《智城山碑》第九行，下补‘弃代’二字，初未详其义。寻绎碑文，始知此行‘悬瓢荷篠之士，离群弃代’，‘弃代’二字适当石泐，纬繣不明，此二字为补阙也。第十一行‘氤氲吐元气之精’及‘坚之又坚’，‘吐’字下、‘坚’字皆微泐，亦于行下补刊‘吐、坚’二字。尚有四五行补一字。类此，其笔法与全碑一律，决非后添，此亦他碑所未见也。碑铭、志铭分章，其一其二等字，或双行，或旁写，碑首‘并序’字旁写者多，亦有空格直下者。梵咒反切合音及分句字，皆直行夹注。（《萃编》：“《杜顺和尚行记》‘书掷于急流中而复见’，‘见’字旁注‘胡甸反’。又《孔纾墓志铭》‘出将’，旁注‘去声’。宋《王公仪碑》‘臣’字俱小字旁注，创见于此。”）唐开成石经无注，蜀石经即兼刻注，惜其石已亡。唐玄宗注《道德经》，易州、邢台两石幢注皆小字，约四字当正文一字。颜玄孙《干禄字书》、郭忠恕《说文偏旁字源》、唐郎官石柱、楚州刺史石柱题名之下，到官年月，其小字略同，此可为石刻注书之式。释氏塔铭、寺记，或附宗派图，第一代字特大，以次人递增，字递密、亦递小，此可为谱系挂线之式。若告身、敕牒，‘敕’字固特大，第一行亦大字密排，形阔而扁，有如今之讣闻。三省题衔，至末一字，姓必平列其上，以字之多寡为大小疏密。令史及郡邑官属题名，皆姓大而名小，此又古人公牍之体式也。”

叶鞠裳论碑之方格

碑有界方格如棋子者，叶鞠裳尝论之曰：“唐以前，碑至精者，无不画方罫，端正条直，有如棋枰。然亦有磨损者，有驳裂者，裂处虽裂，完处仍完。若磨损之极，不惟平漫，甚至无一丝痕迹。《醴泉》《圣教》诸碑，其初何尝无方格？今则字画之外，但有空地，此无他，椎拓过多，匪朝伊夕，泰山之溜穿石，单极之組断榦，渐靡使之然也。行书大小疏密，各随笔势，固不宜于画格，亦间有用通行直格者。但长而细，则易裂，且不无挠曲，亦其势然也。碑阴及经幢造像题名，分列者，或以横线隔之。经幢上下，多以横线为界，或单线，或双线，有叠至数重者，亦有用阑干纹者。稽古寺经幢供养姓名，以字之大小多寡，各画一方罫，如九宫然，极精谨。碑额亦多用方格，但阳文凸起者多，碑文之线如丝，额线如绳或如筋，惟摩厓用界线者绝少。伊阙佛龛及益都、临朐诸山造像，间于龛下方寸之地，砻石光莹，使如镜面而后界画之，但亦小字多而大字少。盖山石荦确，本不易于奏刀耳。”

叶鞠裳论非汉文之碑

碑有非汉文而用契丹、西夏、女真、蒙古、畏吾儿、唐古忒文者，叶鞠裳尝论之曰：“历代国书，有契丹、西夏、女真、蒙古，又有畏吾儿、唐古忒。番禺凌誉钊（《蠡勺编》）述《寄傲轩三笔》之言曰：辽太祖用汉人，增损隶书之半，凡三千余言，为契丹字。夏蕃书，元昊自制，命野利仁荣演释，分十二卷，形势方整，类八分。女真有小字、大字二种，大字古绅制，小字未详谁作。元蒙古新字仅千余，世祖命西僧八思巴制，大要以谐声为宗。按俞理初《佉路瑟吔书论》，契丹亦有大小字，与凌说不同。又云：元昊本佉路而造畏吾字。蒙古初用畏吾字，谓之卫兀。据此，则西夏书与卫兀为一种，未知孰是。今以历代国书碑证之，契丹书最少。潘文勤师曾得一双钩本，笔画繁重，如以汉文两三字合成一字。余亦响搨得一通，置箧中，无能读者。西夏书，惟武威有《感通塔碑》，天祐民安五年立，碑阴释文则张政思书也；张掖有乾祐六年《黑河建桥祭神敕》。女真书有《皇弟都统经略郎君行记》，天会十二年刻于乾陵无字碑，祥符有宴台《国书碑》。元时圣旨碑，大都上层刻蒙古文，下层汉字。其书蟠屈如缪篆，因方为圭，锋棱峭劲。至元三十一年《崇奉孔子诏》，大德十一年《加封孔子制》，颁行天下，通立碑于学宫。今虽弹丸小邑，尚有元时圣旨碑一二通。官吏题衔，有蒙古字，教授、学录等官，皆汉人为之。余收得新乐县一通，蒙古文，后题教谕周之纲译，可见当时汉人多能通国书。唐古忒，当即今之托忒书，亦曰托特，与梵书同流异源。俞理初曰：梵为刹利佛书，佉罗瑟叱为婆罗门佛书，本不相同，久之遂合为一。佉路派别为托特。乾隆四十六年，设托特学，其字由托忒译蒙古，由蒙古译清书，则当与蒙古文为近，今惟有《吐蕃会盟碑》一石。畏吾儿省文亦曰畏兀，亦曰卫兀，即回鹘之转音也。其字无单行之碑，惟祥符大相国寺有至元三年圣旨碑，以蒙古、畏兀、汉字三体书之。居庸关佛经，蒙古、畏兀、女真、梵、汉五体，今尚在关沟，一字未损，顾亭林《昌平山水记》详载之。”

叶鞠裳论校释碑文

校释碑文之难，金石家皆能言之，叶鞠裳尝论之曰：“校书如几尘落叶，愈扫愈纷。释碑之难，又视校书为倍蓰。墨本模糊，裂纹蚀字；丰碑巨幅，必卷舒而阅之，非如书册可以按叶摩挲；老眼昏灯，愈难谛审。故前人所释之本，往往同一石刻，彼此舛驰。汉中部督邮郭尚题名，即世所谓《竹叶碑》也，牛空山、翁覃溪、海宁陈上舍以纲，三家释文即不同，竹汀又刊正焉。试以新拓本校陶南村、都元敬及《萃编》所录，异同即不可偻指。碑额篆文，或不合于六书之法，或漫漶不可释。《沁州刺史冯公碑》，明以前金石家多误释为池州，至竹汀始改正。又碑题结衔，大书特书，多详具官阶封邑。寺观廨宇之碑，或冠以郡邑，或兼书修造姓氏，篆额与第一行题字或不符，著录者各随举碑字以标目。如《邕禅师塔铭》，省文亦可称《化度寺碑》；虞恭公《温公碑》，省文亦可称《温彦博碑》。苟非亲见墨本，转辗稗贩，最易歧出。故孙渊如《访碑录》，有一重再重者，重刻之本，既列于唐，又列于宋，甚至新拓本年月既泐而旧拓本尚存者，既据旧拓按年月编入，又据新拓本附之无年月类。余校出重碑即有百余通。赵撝叔书亦未免，如搜辑墨本，尽取旧金石书校之，以碑文为经，而以各家释文标目误舛异同之处，分注于下，如校勘注疏之例，严氏《唐石经校文》当不能专美于前。”

谢梅石论拓碑法

有谢梅石者，名庸，吴中碑估也。尝论拓碑之法，其言曰：“拓碑之法，昔用毡卷，（白细绒毡不夹灰土者。卷紧，以带满缚紧两头，切平，适用为便。）后用毛刷，（犀尾者胜羊毛，皆栉沐所用。）有柄者施之字在平面者，无柄而圆者，入竹筒，施之深腹之字者。（此种每有鬃鬣过刚，久用虽隔纸亦损字边际、锋芒之弊。或用劈者，用柔者，用退毫大笔者，愈久愈柔纯愈佳，不可不慎也。二者重用，皆有所损。凡敲击皆不可过重，很而捣者，直下者，尤甚也。毛刷有纸为刷刺之弊，圆鬃硬刷，究大可畏，以不用为妥。）昔用铜弩键，衬薄细毡，敲击极细浅之字，良佳，但不可过重，尤以中平无廉隅、不伤器者为可试用也。昔用六吉棉连扇料纸，俗名十七刀者，今无之矣。薄者名净皮，较之昔，不能薄，尤不能软。纸料粗，有灰性，工不良之故也。张叔未有宋本书副页纸拓本，至佳。以明罗文纸为之，亦佳。素方伯拓本纸，黄色亦雅，纸厚则粗，拓石尚可，拓吉金则不能精到也。昔用清水上纸，或折纸，水湿匀透，吹开上之，拓可速而纸易起。水上者不甚起，而字中有水，每干湿不匀。后用大米汤上纸，胜于清水。上纸之劣，莫劣于胶矾，矾则损石脆纸矣。今用张叔未浓煎白芨胶法上纸，以纸隔匀，去湿纸，再以干纸垫刷击之，此皆用纸之良法也。”

梅石又言李春湖、马傅岩事，其言如下。

李宗瀚，字公博，一字春湖，江西临川人，乾隆癸丑进士，官至工部左侍郎。癖嗜金石文字，所藏多名揭，筑湖东楼贮之。桂林山水奇秀，岩壁间多唐、宋人手迹，登椒穷邃，摩磋挲玩，手拓殆遍。又尝得元康里氏所藏唐揭《庙堂碑》，及唐揭《化度寺碑》，皆亲自钩摹上石，均极神妙。

马傅岩，道光初年之嘉兴人。吴门椎拓金石之人，向不解全角，傅岩能之，释六舟得其传。曾在玉佛龛为阮文达公作《百岁图》，先以六尺疋巨幅，外廓草书一大寿字，再取金石百种椎拓，或一角，或上或下，皆能不见全体。着纸须时干时湿，易至五六次，始得蒇事。装池既成，携至邗江，文达极赏之，酬以百金。阳湖李锦鸿亦善是技，则得之六舟者。

叶鞠裳论碑重精拓

碑文宜精拓，叶鞠裳尝论之曰："有同一碑为同时拓本，而精粗迥别者，此拓手不同也。陕、豫间庙碑墓碣，皆在旷野之中，苔藓斑驳，风高日熏，又以粗纸烟煤，拓声当当，日可数十通，安有佳本？若先洗剔莹洁，用上料硾宣纸，再以绵包熨贴使平，轻椎缓敲，苟有字画可辨，虽极浅细处，亦必随其凹凸而轻取之，自然钩魂摄魄，全神都见。苟非此碑先经磨治挖损，传之百余年后，其声价必高于旧拓，但非粗工所能知耳。余尝得《无极》汉碑精拓本，以国初拓较之，竟无以远过，以此知拓手之不可不慎择。嘉庆间，毕秋帆在陕时，有碑估车姓最擅长，（牛空山《金石图》有车永昭，当即此。）至今车拓本，世犹重之。（《竹云题跋·同州圣教》云："余得万历间旧本，模糊不可耐。及在京师，汪退谷以新搨一本遗余，毡蜡既佳，字尤清楚，胜旧搨十倍。问之退谷，云曾至同州亲为洗刷，亭以覆之。及〔乃〕知唐碑苟得好事者精意毡蜡，皆可十倍旧拓。惟恨陕人以恶烟粗纸，率略搨卖，以为衣食资，则全汩本来耳。"）汪郎亭师作贰成均，精拓石鼓，亦为世重。恩施樊山方伯诗云：'东吴太史长国学，周宣十鼓生廉角。平中得凹缺者完，坐令阮薛输汪拓。'即咏此事。

"麄纸烟煤拓本，最不耐观，每一翻帋，十指尽黑，煤气上熏鼻子观，令人哕恶。大抵佳拓本有二。一为乌金拓，用白宣纸蘸浓墨拓之，再砑使光，其黑如漆，光可鉴人。一为蝉衣拓，用至薄之纸，以淡墨轻拓，望之如淡云笼月，精神气韵，皆在有无之间。凡古碑之剥泐过甚者，此拓最宜。如用螺纹笺，则更上一层。潍县陈簠斋前辈拓法为古今第一，家藏石刻，皆以拓钟彝之法拓之。定造宣纸，坚薄无比。不用椎拓，但以棉包轻按，曲折坳垤，无微不到。墨淡而有神，非惟不失古人笔意，并不损石。齐、鲁之间，皆传其法，余一见即能辨之。”

叶鞠裳论碑重旧拓

碑重旧拓，以其可不失真也，叶鞠裳尝论之曰：“碑以旧拓为重，欧、虞、褚、颜一字增损，价逾千百。碑估相传衣钵，如《圣教》雁塔、同州两本，皆以‘治’字避高宗讳，开口者为旧拓。怀仁《圣教》旧拓，以‘高阳县开国男’一行未泐者为别。又以‘佛道崇虚’‘崇’字，山头中间一直断续，为摹本之证。《皇甫碑》以无逸本为稍旧，三监本为更旧。然同一三监本，相去先后，亦在百年上下。至线断本，则非宋拓不可矣。《醴泉铭》以有‘云霞蔽亏’字为胜，《卫景武公碑》以有‘鼋鼍’字为胜。北海《李思训碑》，张叔未云，有‘并序’二字及‘窦氏夫人’四字者为宋本。余得一本，末‘楚厚追刻’四字，尚未泐，则更在前矣。此皆言唐碑耳。汉碑，如《韩勅》《史晨》，亦皆有泐字，据为先后之别。其实纸色墨色，精神气韵，所见既多，自可望而知之，寻行数墨，犹非神于鉴别者。今世拓本，元、明已难能可贵，若得宋拓，叹观止矣。唐拓，则天壤间惟有临川《李氏庙堂》一本，其中亦羼入宋刻，非完本也。余在京师，见李子嘉太守（太守寓米市胡同，尝从丁叔衡前辈登其堂，观所藏名迹，闻曾为中州某郡守，忤上官，投劾归，童颜鹤发，健步如飞，今之畸人也。）所藏褚书《房梁公碑》，逾一千字，的真唐搨，可与《庙堂》竞爽，海内恐无第三本。余去年自陇上归，得北海《李秀碑》，世所称北云麾也。此碑在前明，已断为六柱础。朱椒堂侍郎得一本，以为宋拓，重开一石，置之都门法源寺。以校余所得全拓，不差一字，泐纹亦处处脗合，始知重摹本刻手颇不恶，然只能得其结构，其神韵终不能到。余谓此石旧在良乡，当宋之日，燕云十六州先入于辽，后归于金，此拓如在北宋，则为辽拓；即在南宋，亦为金拓。藏书家有金刻《尚书正义》《证类本草》，金石家未尝闻有金拓，有之，自余此碑始。世有真赏，当不以为敝帚自珍耳。

“收藏家重旧拓，惟在烜赫巨碑，而不知小唐墓志尤可贵。盖《醴泉》《圣教》诸碑，原石具在，即非宋拓，欧、褚面目略可髣髴。至墓志，宋、元出土者，十亡八九，即乾、嘉以前出土者，亦十仅存二三，幸而仅存者日见其少。唐以前，《崔敬邕》《常丑奴》诸石存于世者，殆无几。即唐以后，如元之《开赵》《张伯颜》，艺风所藏一本之外，不闻更有第二本。范氏书楼《化度》原石，传留至今，千金不易，即其龟鉴。幸得旧拓，可不宝诸?”

叶鞠裳论碑之近拓旧拓

碑以旧拓为贵，然亦有近拓转胜于旧拓者，叶鞠裳尝论之曰：“拓本虽以先后为别，然后拓之精本，竟有胜于旧拓者。嵩山太室石阙，王虚舟所见新拓本，校程孟阳旧拓本转多字。余所得昭陵诸碑，皆道光间拓也，《陆先妃》《清河公主》两碑，视《萃编》所收，约多数十字。《张允》《杜君绰》两碑，则溢出二三百字。盖西北高原，积土成阜，碑之下半截或沦陷入土，拓工第就显露者拓之，辄云下截无字，而不知其文固无恙也。百年后复出矣，或藤葛纠缠，或苔藓斑驳，又或尘堁丛积，拓工未经洗濯，草草摹搨，安有佳本?若为之刮垢磨光，则精神顿出矣。国学石鼓文，近时洗拓本，视国初拓转多字，此其明验也。碑之蚀损，如人之受病，其所因各不同。若断裂者，如人手足残废，一肢虽缺，全体不害，残圭断璧，弥可宝贵。若野烧熏炙，风雨摧剥，字形虽具，光铓挫损，望之迷三里雾，然匡庐佳处，或转在微茫烟树之中。宋拓《化度寺铭》，剥落极矣，而殊耐人寻味，不如今之翻刻，虽清朗而一览无余也。其余有渐搨而损者，其初仅字口平漫，锋颖刓敝，朝渐夕摩，驯至无字，甚至其形已蜕，而映日视之，遗魄犹若轻烟一缕，荡漾可见，若今之《醴泉铭》及《房梁公碑》残字是已。有猛击而损者，字之四围，空地皆不损，惟每字陷一坎窞，模糊不辨，望之如一行白鹭，又如成团白胡蝶。此则虽凝神审谛，无一笔可见、一字能释，虽有碑，如无碑矣，非于石刻有深雠怨毒，何至于此？若今昭陵之《牛秀德》《阳公》诸碑是已。”

叶鞠裳论碑拓之孤本

碑拓有孤本，叶鞠裳尝论之曰：“原石已亡，海内又无第二本，是谓孤本，较之欧、虞宋拓，尤可矜贵。汉碑如《娄寿》《夏承》两刻，旧为何义门所藏，《娄寿》今归叔平相国，《夏承》藏艺海楼顾氏，潘文勤师奉讳归里，以千金得之。文勤藏汉石最富，小蓬莱阁五碑，亦归插架，一为《成阳灵台碑》，《元丕》二，《朱龟》三，《小黄门谯敏》四，《圉令赵君》五。又得梁永阳昭王萧敷及其妻敬太妃墓志，皆人间绝无之本。青浦王兰泉侍郎藏四杨碑，（杨统、杨著、杨震、杨□。）乌程严铁桥曾见三费碑，（旧在黑妙亭。）皆仅存硕果，今不知尚在天壤否。四杨碑，余曾得上海徐紫珊双钩本，天津樊文卿所藏也。《酸枣令刘熊碑》，与唐《茅山王先生碑》，皆归毗陵费屺怀同年。王碑自何公迈、冯已苍、叶林宗转归于鲟溪管氏，屺怀又得之。中江李氏汉石经残字有两本，皆有覃溪跋，先后归沈韵初孝廉，今以重值售于楚北万观察航。魏《崔敬邕墓志》，闻在阳羡任筱沅中丞处。宋《开赵埋铭》，元《张伯颜圹志》，亦自韵初殁后，转归于艺风。隋丁道护《启法寺碑》，唐魏栖梧《善才寺碑》，皆在临川李氏。薛舍人《信行禅师碑》，沈传师《罗池庙碑》，皆在道州何氏。此皆海内烜赫之名迹，其藏弆源流，昭然在人耳目。此外若泰山秦碑，华山汉碑，隋之《常丑奴墓志》，唐之鲁公大字《麻姑仙坛记》，所见尚不止一本。《麻姑仙坛记》，亡友姚凤生明经藏残拓三四叶，精采煜然。吾邑彭氏、道州何氏所藏两足本，拓手皆在其后。凤生墓有宿草，两子皆不能肯构，今不知所归矣。张长史《郎官石柱记》，明王元美所藏，董思翁以刻入鸿帖者，亦为六丁收去。其余见于诸家序跋者尚不少，以非所见闻，不备录。”

叶鞠裳论碑拓之残本足本

碑拓有残本、足本之别，叶鞠裳尝论之曰：“残缣零璧，径寸皆珍。旧拓剪裱之本，浆性脱落，最易散佚。即整拓本，或烟熏，或霉湿，或蠹蚀，皆能损字，故旧拓有残本，有足本。《砖塔铭》出土时即断裂，其后石愈损，字亦递少。然与其得摹刻足本，不如得原石残本。《化度》《醴泉》诸旧拓，往往以数残本合为一本，纸色、墨色皆不同，此亦如书之有百衲本也。又有以赝本搀入原本者，不可不辨。

“古碑出土，或断裂失去一角，其后复访得之，又或阴侧之字，以洗剔而始显。故有先拓本字转少，后拓本字转多。甫出土时，碑估故或留阴侧不拓，迨售之既罄，足本再出，则收藏家不能不又购之以牟利。《闻喜县令苏君德政碑》，下截中间行短，左右数行溢出数十字，为碑趺所掩。余得第二本，始见之。《高长恭碑》，其初仅半截，其后全碑出而文字仍不完。久之，碑阴出，其文与正面相接，始知此碑两面刻年月，皆在碑阴最后。额之阴又出，始见安德王经墓兴感诗。而购者已至再至三，每出一次，必居奇，此黎丘之常技也。”

叶鞠裳论宋元碑拓之难得

宋、元碑拓，较唐碑拓为易得，叶鞠裳尝论之曰：“以张怀瓘《书估碑》，宋、元声价自不敌唐碑之重。然得唐碑易，得宋碑难，元碑抑又难矣。何则？欧、虞、颜、褚，烜赫已久，固家家奉为圭臬，即墓志、造像、经幢，其书虽不甚著名，往往妍秀可喜，便于临池，通都巨肆，尚易物色。至宋碑，惟苏、黄、米、蔡四家，元碑惟赵松雪，有拓而售者，此外非专工访拓不能得，或藉良友之馈赠，或烦属吏之供亿。其丰碑高至寻丈，或在危厓绝巘人迹不到之区，赢粮裹毡，架梯引絙，然后得之，所费不赀。及其散失之后，流入市肆，所售之价不足纸墨。估人惟利是图，其孰肯作为无益乎？故宋、元碑可遇而不可求，然无豪夺，无居奇，则以我所取者人所弃耳。余访求石刻二十余年，所得唐以前碑，视孙、赵几十有八九，新出土者不与焉。五季以下，不逮其半，（辽、金碑，以在畿辅久，所得较多。）其难易不较然哉？"

叶鞠裳论碑之拓损

碑石有拓损者，然其受病固不同，叶鞠裳尝论之曰："前人名迹，固以摹搨过多致损，然受病亦有不同。欧、褚诸碑，瘦硬通神，愈拓愈细。今《醴泉碑》仅存一丝，若断若续，再久之，则无字矣。此一病也。颜、柳诸碑，拓工先砻之使平，又从而刀挖之，愈挖愈肥，亦愈清朗，久之，浮面一层尽揭，而字遂渐移向下，遂至恶俗之态不可向迩。《圭峰禅师碑》，前三十年拓本，尚清劲有力，今则精神面目迥非本来。此又一病也。鲁公《东方朔画赞》，余曾见一南宋拓，虬筋盘结，波磔飞动，与今颜书绝异。以明拓本校之，字固未损也，而苍秀之气不逮矣。以新拓本校之，字仍未损也，而痴肥之状难堪矣。同此一碑，并未重刊，先后工拙，霄壤悬绝。使三本并陈于几，谓即从一碑出，其谁信之？《家庙》《玄秘》诸碑，皆可类推。友人自关中来者，为言碑林中搨石声当当，昼夜不绝，碑安得不亡！贞石虽坚，其如此拓者何也？"

叶鞠裳论碑之双钩本木本廓填本

碑拓有双钩本、木本、廓填本之别，叶鞠裳尝论之曰："模勒古碑，古有响搨之法，今人辄喜用双钩。归安吴氏《化度》

《温虞公》皆有双钩本，《激素》飞清阁双钩旧帖，多至数十种。费屺怀尝谓余云：‘重刻石本，滞于迹象，不如双钩本之传神。’洵为知言，然亦视其工拙何如耳。小玲珑馆马氏重刻五经文字、九经字样，气动墨中，精光四射，视西安原本，几几青出于蓝。刘燕庭《金石苑》，缩丰碑于尺幅，大小、真行，各极其态，皆黑文也。试以初印精本《隶释》（黑文。）与新刊《隶篇》（双钩白文。）校之，黑文何尝不胜白文。惟作伪者，以双钩本墨填四围空处，中留白文以充古拓，此则恶俗不可耐尔。”

叶鞠裳论碑之缩临本摄影本

碑拓有缩临本，而近且有摄影本矣。叶鞠裳尝论之曰：“贾秋壑《玉枕兰亭》，为缩临之滥觞。牛空山《金石图》，每一石，皆摹其形制，缩临数十字，以留原碑面目。金匮钱梅溪有汉碑缩临本，颇为世重，字小如豆，须眉毕现。然梅溪隶法，从唐碑出，丰赡有余，遒古不足，与《石门》《夏承》诸碑尤凿枘，仍是我行我法耳。吾乡顾耕石学士传停云书派，工于小楷。余曾见其缩临虞《庙堂碑》，精谨绝伦，无一笔不神似。然古人所谓方寸千言，亦非无施不可。篆籀之繁重，隶草之飞动，地小即不足以回旋。若魏之赵文渊，唐之薛纯陁，宋之蔡元度、黄鲁直，奇峰突起，大波澮沦，累黍之地，安能全神涌现？惟近时欧洲电光摄影之法，可大可小，虽剥泐皴染笔墨所不到之处，亦无不传神阿堵，此为古人续命第一妙方。垂烬之灯，火传不绝，真墨林中无量功德也。”

叶鞠裳论碑拓之纸墨

精于鉴赏碑拓者，辨其纸墨，即知其为何省拓本。叶鞠裳尝论之曰：“吾吴老书估侯念椿，已作古矣，见书籍装订，即知其从何地来，拓本亦然。收之既久，见之既多，何省拓本，不难一望而知。陕中寻常拓本，皆用粗纸，色黄而厚，精者香墨、连史纸。(郭宗昌《金石史》称所见怀仁《圣教序》是武关构皮纸，坚柔相得，虚和受墨，簾纹如织，隃麋如漆，岁久入理，此拓之至精者。)汴纸最恶，质性松脆易烂，又搀以石灰，经十余年，即片片作胡蝶飞，即用纸托，亦不耐重揭。故龙门、嵩高诸拓本，旧拓流传者颇少。北方燕、赵之间，工亦不良，精者用连史纸，粗者用毛头纸，(即糊窗纸。)石质粗恶，辽、金碑纹理尤驳，往往满纸如钗股，如屋漏痕。齐、鲁之间，今多用陈簠斋法，拓手为海内之冠，然燕、秦碑估往拓，或携纸墨随，亦不尽如二者之精。吴越、两楚以逮五岭以西，皆不用黄纸，惟墨之浓淡、拓之轻重微不同，石质受墨亦有深浅之别，惟望气可以知之，不可以言传也。闽、广喜用白宣纸，坚厚莹洁，黝然纯黑而无光，墨包当是用粗布，故时有木理纹。蜀石多摩厓造像，或髹以丹漆，故拓本往往有斑点，或皴作淡黄色，字口时有黵缺痕。山左之千佛厓及益都诸山造像亦如此。滇碑用白纸大理拓本，亦间用东洋皮纸，极坚韧，但拓手不精耳。两爨碑精本，尤不易得。朝鲜碑皆用其本国茧纸，滑如镜面，柔韧而有丝纹，惟惜墨如金，淡拓多，浓拓少，或仅于字之四围着墨，无字处即如白地光明锦。石质既坚，纸又受椎，或墨所不到之处，其笔画窠臼，深陷可辨。朱拓皆以土朱，佳者用银朱，和鸡子白调拓，最易生蠹，不可与墨拓共置一处，否则滋蔓难图。间有蓝色、绿色拓者，其弊与朱拓同。”

叶鞠裳论碑拓之装池

碑拓装池之法，亦甚重要，叶鞠裳尝论之曰：“张彦远言装池书画之法甚详，(《法书要录》《图画见闻志》。)惜不言褙帖。今人藏帖，皆用剪裱，丰碑直行，分条合缝，联缀无痕，世谓之蓑衣裱。四围镶边，多用白纸，或黑、或紫、或蓝，亦间用虎皮笺，或用五色槟榔笺，或用古藏经笺。背后衬纸，最上用东洋皮纸，其次用粉连史，劣者用粗黄纸，然浆性漓则易脱，且生虫蚁，不能经久。或仅垫薄纸一层，每一叶接缝处，以纸黏合，循环舒卷，谓之巾折裱。书条横幅，或古碑之逐层横列者，即可整裱，不分条，不割字，接缝处亦不用镶边，此较能耐久，且不损字。小造像及彝器拓本，宜用挖嵌裱，大者一叶一通，小者多至三四通，空地可写释文或随意题识。字之极大者，用推篷式，或一叶一字，或一叶二字。擘窠书及石刻图画，不能剪裱者，可用方胜折叠之法。诸山题名及唐墓志，或以数十通合装一册，亦可随其大小长短而折叠之。又有用装订书籍之法，线穿成册，工值既省，且便临池。然中间褙字之处，必隆然凸起，亦需用挖嵌法，背后再垫纸一层，庶几妥帖平不颇。古人得佳碑，喜整装，既免脱落，且不失原碑尺寸，诚为善法。然非铺案挂壁，无从展阅。余谓收藏碑版，须有两本，以正本整装，留原石制度；以副本剪裱，明窗静几，取便摩挲。整装之法亦有二。金题玉躞，所费不赀，或仅用皮纸一层托之，不加杆轴，折叠平匀，外贴藏经纸签，写碑目及年月、书撰人姓氏，以一二十通为一集，或加夹板，或青布函。凡收藏稍富者，此法最宜。拓手之精者，固不易，装池更不易。凡碑文左行者，粗工不省，往往仍从右起，行字颠倒，不复成文。《醴泉》《皇甫》诸碑，尚有旧本可为依据，稀见之碑，分条割字，偶失原字，前后即致舛午。剥泐之处，或仅存半字，或微露残笔，辄割弃如敝屣。分书行草，波磔飞动，或致跳行，或越方格之外，亦多割损。故余每装一碑，虽丰碑仅存数十字，其无字处，亦谆谆戒其留空、提行、空格，必依原式。凡字口陷内皱痕，不可过求熨贴，若舒之使太平，曳之使太直，古人笔意必尽失，如墨猪矣。此皆非俗工所能知者也。

"嵩高三阙及《天发神谶碑》残本，广寻而修尺，收藏家皆装为手卷，既便展阅，又可跋尾。窃谓如蔡元度之《楞严经偈》，石湖之《田园杂兴》，亦可仿此法。《兰亭》得数十本，亦可合装一长卷。经幢，或六面，或八面，可装屏幅。然面面分拓，不如以巨纸围而拓之，盖分条易于散失。《陁罗尼经咒》同为一本，又或修短广狭相等，真行同体，以数本共置一处，必致断鹤续凫，将冠配屦。即果为一本，先后次序亦易倒舛。余藏幢付装，第一幅首必签题幢目、年月、书撰姓氏，以下标识一二三四字，如此，庶一目瞭然。或更制香木为箧，分上下两层，每层四轴，以抽屉隔之，镌字于门，以铜为键。余所藏六百通，装价倍蓰于拓价，手无斧柯，龟山奈何！

“帖面用香楠木，可以避蠹，南方颇宜。若北方，风日高燥，即易龟坼，或竟裂为两片。紫檀太重，银杏宜选薄而洁者，磨治光莹，亦可用。因陋就简，或用纸面，然摩擦易损，亦易沾寒具之油。古锦雅而艳，为装池第一。其次用绎丝面，又其次新锦仿古之佳者，亦颇不恶。近人用印花洋布，则不如青布之朴素浑坚矣。又有用木板，四围起线，中微陷，实以锦，此亦徒取饰观耳。题签，以藏经纸为第一，白绫次之，泥金笺虽华斓，久之，金屑脱落，字画亦损，转致黯然无色。

“樊问青，名彬，析津收藏家也，鲍子年、赵撝叔皆与之投赠。身后碑版散落人间，余收得二十余通，皆用废纸自褙，廛肆册籍、官府文牍，无不有之。其褙法极粗恶，或以数小纸装成一巨幅，横斜交午，厚薄不匀，如三家村课蒙塾本。碑纸有蚀损处，即以字纸补之，鸦蚓模糊，胶饴黏结，皱纹如縠，裂纹如筋，凡经其手装者，无可重揭。字有断泐，尤喜以笔描画，为蛇添足，墨渖旁流，淋漓满纸，直是古碑一劫。闻樊君耄而好学，颇能鉴古，析及秋毫，其弊至于如此。

“张彦远论装背画轴，煮糊必去筋，稀缓得所，搅之不停，自然调熟，入少细研薰陆香末，永去虫而牢固。又云，勿以熟纸，背必皱起，宜用白滑漫薄大幅生纸，纸缝相当，则强急卷舒有损，要令参差其缝，气力均平。又云，宜装一大平案，漆板朱界，制其曲直。（今装池家即如此。）此法可推之褙帖，余曩见明初文渊阁书籍，外装锦函，皆卍字挖嵌式，五百余年毫无损脱，亦无蠹蚀，此其煮糊，必有奇秘之法，惜不得其传耳。”

叶鞠裳论帖架

临池者必用帖架，叶鞠裳尝论之曰："读碑铺几平视，不如悬之壁间，能得其气脉神理。于是临池家制为帖架，对面传神，如灯取影。然影摹不如对临，又不如先阅其结构用笔，掩卷而后书之，所谓背临者是也。"

傅青主视高贤佛经

傅青主尝走平定山中，为人视疾，失足堕崩崖，仆夫惊哭，曰："死矣。"青主旁皇四顾，见有风峪甚深，中通天光，有一百二十六石柱林立，则高齐所书佛经也，摩挲视之，终日而出，欣然忘食。

朱竹垞考订万岁通天帖

朱竹垞《书万岁通天帖旧事》曰："《万岁通天帖》一卷，用白麻纸双钩书，勾法精妙，锋神毕备，而用笔浓淡，不露纤痕，正如一笔独写。论者谓非薛稷、钟绍京不能，洵异宝也。"（相传武后从王方庆索其先世手迹，得二十八人书，取而玩之，曰："此卿家世守，朕夺之不仁。"乃令善书者廓填成卷，仍命方庆正书，标二十八人官世，设九宾馆于武成殿，而以墨迹卷还方庆。盖秘府储藏，故罕题识，第有宋高宗用小玺，其后岳珂、张雨、王鏊、文征明跋者四人而已。）

韩汤何宝藏宋拓法帖

韩文懿公及汤西崖、何义门，不以赏鉴名，然亦未尝不游心于书画碑拓，每得宋拓法帖一二行，即宝藏之，不问其前后也，但求知古人之用笔用意而已。

何义门婆娑楷帖

何义门谓傅青主口诋宋儒，等于蟾蜍掷粪，又称其字有风沙气。盖义门究心制艺，而即于此中仰窥圣贤，真笃行君子，非若常人之专恃帖括以干禄也。义门复精鉴别，书亦秀蕴，生平婆娑越刻楷帖，多致赞言，而初不满于元常季直一表，谓其结衔既舛，而"民"字缺笔，止是唐橅。然于韩敬堂家所藏宋搨本，则颇拳拳。盖韩本尾无结衔，"民"字不缺，大异锡山华氏秘藏，神锋内含，信为雄强茂实也。

程昆仑搜瘗鹤铭遗迹

瘗鹤铭亭在镇江焦山定慧寺西偏伽蓝殿之旁，铭为累代遗石，摹搨最难。旧刻于山麓，江水侵蚀，历年既久，遂崩裂江中。宋淳熙时出之，后又落于水。康熙朝，好事者募工自江中迁出，缺蚀不完，因建方亭，甃铭成碑形以贮之，四壁俱镌历代名人字画，有苏东坡像，峨冠博带，神致宛然。

当未建亭之前，有武乡程昆仑名康庄者，尝游焦山，披草搜铭之遗迹，惜其剥蚀，乃别购善拓，磨悬崖而刻之。因拉王文简公再游，相视叫绝，凭高吊古，各赋诗一章以纪事。

张力臣考订瘗鹤铭

山阳张力臣，名弨，性好古，精书法，即尝为顾宁人写《广韵》及《音学五书》者也。焦山《瘗鹤铭》石，裂而为四，又失其腹，由是不符，览古者每以为憾。力臣乘江水退时，入山麓，藉落叶以坐，仰读之。聚四石，绘为图，联以宋人补刻字，伦叙不紊。且证为唐顾况书，谓况故宅虽在海盐之横山，而学道句曲，遂移居于此，集中有《谢王郎中见赠琴鹤》诗，鹤殆出于性所好，故瘗之而作铭也。力臣家藏古鼎彝甚富，然不营生产，殁后且尽散失矣。

郑方坤留意碑版

闽人郑方坤尝游邯郸，凡所过村塾、禅室，辄停车访之，遇筮叟、医翁，必延访，见有残碑断版以及投溷覆瓿廑有存者，必搜剔摩挲，不忍释手。

陈鉴亭藏玉枕兰亭

世人熟闻《玉枕兰亭》之名，而不知其有三本。其一，见《太清楼帖序》，云唐文皇使率更令以楷法摹《兰亭》，藏枕中，名《玉枕兰亭》。其二，则宋政和时营缮洛阳宫阙，内臣见役夫所枕小石有刻画，视之乃《兰亭序》，仅存数十字。其三，则贾似道使廖莹中以灯影缩小，刻之灵璧石者，向存福州旧家。明文征明尝谓贾氏刻有二石，字画大小皆同，其一有“秋壑珍玩”印章，其一坐而执卷，左有贾似道小印，即在福州本也。石高五寸，宽九寸，厚四分，旁微缺，其中“会”字磨灭，“群”字、“石”字、“带”字、“流”字有损。康熙壬寅秋，萧蛰庵在长安，得之闽人之手。盖因似道死后，石落于闽。及出闽，仍归于闽人。旋为陈鉴亭廉使观以重价购之去，又不在闽矣。

高宗命刻宋拓淳化阁帖

法帖之久，无如《淳化阁帖》，其后鼎、绛、汝诸帖，互相仿摹，愈失旧规。嘉庆朝，无人过问祖帖，惟大内所藏，乃当日赐毕士安者，篇帙完善，墨渖如新，成亲王曾见之。高宗珍惜如宝，特建淳化阁以藏之，又命于文襄公敏中摹刻上石，颁赐诸王公卿，虽不及原帖之善，而亦自成一家。长沙徐寿蘅尚书树铭督学浙江时，以三千金购宋拓《淳化阁帖》，上有李文贞公、吴縠人、翁覃溪、何子贞题跋。帖凡十套，每套皆有覃溪题跋。

高宗命刻三希堂法帖

《三希堂法帖》，乃高宗将内府秘藏法书真迹，命当时儒臣详慎审定，择其尤者，摹勒以行。“三希”云者，以真迹中王右军《快雪》、王大令《中秋》、王元琳《伯远》三帖尤为千古妙迹，高宗珍之，因以名其所居之室。

书法始自魏、晋，而盛于唐、宋，此帖自钟繇以迄唐之颜、柳、欧、褚，宋之苏、黄、米、蔡，元之赵，明之董，凡诸大名家之真迹，莫不具备。惟自乾嘉时搨印后，以宫禁之地，向不准人捶摹。光绪庚子兵燹，曾为八国联军损坏二石，其余均尚完整。

高宗命刻兰亭八柱帖

《兰亭八柱帖》，为乾隆时内府石刻。“八柱”之义，以所藏虞世南、褚遂良、冯承素摹《兰亭序》，柳公权书《兰亭诗》、董其昌临柳本，并戏鸿堂原刻柳本，及高宗御临柳本，并于敏中补成旧刻柳本，厘为八卷，刻石，故题曰《兰亭八柱帖》。

高宗批陈氏传家帖

海宁玉烟堂及渤海藏真等帖十余种，皆陈某所刻。明董文敏公其昌未遇时，馆陈家久，故所得墨迹最多，所书《法华经》小楷帖尤精绝。文敏贵后，尝以钟绍京《灵飞经》真迹质金八百，已而赎还；既复以质，则不再赎矣。帖后附文敏质帖、赎帖书二通。乾隆乙酉，高宗驻跸安澜园，曾以进呈，奉御批，有“永为陈氏传家之宝”等字。不知此帖何时落于嘉善谢氏，后归常熟翁氏。文敏当日见质时，抽去十二行一页，不审此页亦归翁氏否？咸丰庚辛之乱，碑石为粤寇取以筑城。乱平后搜讨，仅有存者。后合诸帖为一帧，更名“烟海馀珍”焉。

毕秋帆立碑林

西安圣庙碑林，乃乾隆时毕秋帆为陕抚时，搜集汉、唐诸碑碣，汇立于此，故曰“碑林”。中有《景教碑》，碑额上绘十字架一具，下大书“大秦景教流行中国碑”九字，分三行书。碑文乃大秦寺僧景净所撰，吕秀岩楷书，唐德宗建中二年刻石。其文目曰"大秦景教流行中国碑颂"，较唐文多一"颂"字。碑文凡二十八行，每行六十二字，凡遇"我三一"皆空二格，"三一"则空一格，唐诸帝庙号皆空二格，"我建中皇帝""我"字亦空二格，单言"帝"则空一格。观其人己并尊，平等之指，略可见已。全文并颂词，综计一千六百九十七字。

桂未谷跋明拓汉隶四种

明拓汉隶四种，一《张迁碑》，一《郑季宣碑》，一《郑固碑》，一《武荣碑》，有翁覃溪题志及桂未谷等跋。

陈昆玉藏姚辨墓志刻石

陈璘，字昆玉，海宁诸生。工书，嗜古篆刻，荒山丛冢，探索忘倦。尝见欧阳率更所书《姚辨墓志》刻石，爱不忍释，解所衣美裘易之，不足，则益以玉罣双。

李春湖藏宋拓唐李秀碑

宋拓《云麾李秀碑》，为临川李春湖藏。春湖跋云："此碑裂于良乡，自明至今，久无完本矣，此册诚为世间希有之宝。予家有莫氏残本，存五百七十余字，思翁目为唐拓，不如此本远矣。"

邹晓屏藏化度碑

邹晓屏参政炳泰，无锡人。登科后，不登权要门，徜徉词馆者三十年，以资深得跻卿贰。好古书画，收藏甚富。得唐欧阳询所书《化度寺碑》宋揭本，至质衾裯易归。曾告礼亲王曰："他人以如山金帛，易赝物满架，不及余数金之真也。"

赵怀玉审定黄山谷书发愿文墨迹

黄山谷书《发愿文》墨迹，审定者为赵怀玉，并有汪竹坪、秦澹如、陈六笙、费屺怀诸题志。

汪容甫得汉石阙

汉石阙二，在宝应，其一为汪容甫以钱五十千募人窃归，石刻孔子见老子及力士、庖厨等物象。容甫自榜其门曰："好古探周礼，耆奇窃汉碑。"亦旷达者之所为也。其一为宝应县令某沉之水中，不知其处。

张芑堂扪碑

钱塘令孙某丁母忧，归任城，其弟子张芑堂往吊，且送之行，以山左多秦、汉古迹，携扪碑具以偕，因制铭于槌，铭曰："悬崖绝壁，与汝偕升。秦欤汉欤，试以登登。"朱春桥为作《扪碑图》，沈文悫公题其上云："芑堂张子有思亲九章，字字血泪，《蓼莪》诗后一诗人也，余心重之。继阅其《金石契》，纪载遗帙，为孝子而梦寐古人者矣。今将之山左，吊师门之丧，且携搨具以往，凡泰岱、徂徕、云亭间物，必归诸箱箧，胜于陆贾囊中物矣。余许为作传，先题此以赠。"

纪文达藏呼延碑拓

乾隆朝，收复西藏乌鲁木齐，筑城时，掘得汉裴岑《破呼延碑》，字体完善，远胜《曹全》《夏侯》诸碑搨本。石逾千载，尚未剥落，真奇物也。纪文达曾藏一通，罕以示人。

陈云亭得伪碑拓

乾、嘉间，陈云亭观察广交游，席父遗财数百万，入赀得道员，需次江苏。生平好文学，骛虚名，每托同类购他人诗文稿，付梓印行，四出投赠，及坊肆发行，往往为作者诈欺巨金以去。久亦厌而弃之，别讲金石学，听鼓苏垣，收藏古玩旧帖最富。骨董客群集其门，视为攫金捷经，而陈固昧然罔觉也。

时苏多显宦，胡牧亭太史适客虎丘，耳陈名，投刺往谒。陈知胡为金石家，每有得，必先乞其鉴定，始议价焉，以是愈昵。一日，胡以碑拓示陈，云："新自土出，考鉴家难置喙，惟偶见于某笔记，据其所言，当时已失此物，不过搜遗寻旧，偶一及之。今约距千余年，宝物沉霾，不意于雍、乾间奉旨开某山，得由石工取之土中，然实不知其可宝也。闻当揭出时，磨剔洗刷，莫见妙处。已拟掩土置之，适某博士见其文古雅，知非常物，因令摹纸以示。某故识者，当缄二百金购回，甫一摹出，夜值火，觥觥墨宝，遽遭天忌，诚可悼惜。今幸存某公家，某公又迫于权监购索，问计于余，余故谓字体断碎，虽妙不宝，怂即售之，因得以便质先生，或者一拓眼界，未始非古今翰墨缘也。"陈取观再四，亟欲得之，以夺购商之胡。胡佯不可，陈悻悻。时食客某孝廉复极言此碑之难得，并谓："公嗜金石，若不得此，则昔日縻千万金钱以收藏者，将从此减色矣。"陈由是求胡愈坚，而胡拒愈峻。有内翰赵某，时亦为陈之食客，谓："胡不遽许，具有苦衷。余忝与某公善，权监亦有半面缘，明日余请于某公，并函致权监，淡其必得之心，使不至开罪于胡，然后由余与胡往言，则事无不谐矣。"陈善之。

阅数日，陈果以七百金购之。胡得金后，内翰、孝廉等皆有分润，胡一一略劳之。内翰不充所欲，因致口角。盖胡所持碑，实手造之赝鼎也。

武虚谷藏晋刘韬墓志碑

乾、嘉以还，金石专门之学，偃师武虚谷大令亿，与钱塘黄小松司马易齐名。虚谷博洽精考据，尤好金石。姚园庄农家掘井，得晋《刘韬墓志》，急往买之，自负以归。石重数十斤，行二十余里，至家惫顿几绝。日夕抚玩，珍秘特甚，亟仿造一赝石，以应索观及索打本者，真者则什袭而藏于匮。殁后，其犹子某疑其为重宝也，夜盗之出，竭毕生力，几弗克负荷。及启视，石也，则怒而委之河。

冯研祥藏晋《快雪时晴帖》

嘉兴冯研祥收藏甚富，得右军《快雪时晴帖》真迹，因筑快雪堂于西湖之孤山，而自禾中移居武林，遂为杭人。

张叔未藏旧拓《灵飞经》

《灵飞经》为小楷帖之最脍炙人口者，坊本辗转翻刻，肥瘦失真。张叔未所藏者，圆劲瘦硬，神采宛然，实为最旧拓本。赵松雪一生得力于此经为最多。

梁晋竹藏宋拓宋《西楼帖》

宋拓东坡《西楼帖》，为苏书最著名者，在宋时已极宝贵。卷中家信及友朋书问，皆近刻所无，而精采奕奕，如新脱手，尤诸刻所不及。有高士奇、成亲王、梁山舟诸跋，实为宋拓精本。梁晋竹曾藏之。

梁晋竹藏宋拓《枯树赋》

褚河南书深得右军体质，而《枯树赋》又皆用《兰亭》笔法，故极精贵。明以降，翻刻之本，多为米芾所临，未免有拔剑张弩之势。宋拓本笔法，于刚健中含婀娜，的为精本，有张叔未题志。梁晋竹曾藏之。

林于野不收唐以后碑拓

乾嘉间，闽中有林立轩太守者，好读书，自元旦至岁除，手不释卷，礼俗士概屏不见。家有故业，遭乱沦失，仅余容膝小轩，旁构为楼，树蕉竹、花果、藤蔓之属。焚香拭几，环壁皆图书，终日与其伯子于野名侗者、仲子鹿原名佶者，俛仰其间，泊如也。

初，立轩以明经为令于秦，为牧于魏与蜀，皆有惠政。于野从宦所至，搜辑古金石书，已成帙。及立轩解组归，于野多交四方士，属其转相购求，所得之碑拓日益广，著称于道光时。于夏，得《岣嵝碑》；于商，得比干墓《铜盘铭》；于周，得坛山石刻、石鼓文、鼎铭、孔子题吴季子墓碑；于秦，得《峄山碑》。又得刻本，为汉十九，魏、吴各一，晋六，梁一，北魏三，北齐一，周二，隋十六，而唐最多，唐以后无取也，以其时代近，且不胜收也。

何子贞藏魏张黑女志拓

何子贞藏有《张黑女志》，骏利如《隽修罗》，圆折如《朱君山》，疏朗如《张猛龙》，静密如《敬显儁》，网罗众妙，洪冶一炉，为魏碑中神品。子贞生平视为奇宝，有自题及包世臣累次题跋，推重不置。

何子贞藏越州石氏本晋唐小楷十种

越州石氏本晋、唐小楷十种，为何子贞藏，视为秘笈，有题签及查士标、程邃等题志。

何子贞藏唐李北海法华寺碑拓

李北海《法华寺碑》拓，为海内孤本，何子贞藏，收藏家但闻其名而未得一见，字画如新刻，诚人间鸿宝也。

何子贞藏唐薛少保书信行禅师碑拓

薛少保书，海内久无传本，所见者，仅《杳冥君碑》《升仙太子碑》年月、书名数十字耳。宋拓《信行禅师碑》，实为海内孤本，有王觉斯相国手跋，目为宝书，洵非虚也。翁叔平相国许价八百金，何子贞太史以千金争购得之，因刻“宝薛轩”印章，珍贵可想。

何子贞欲搨唐昭陵诸碑

何子贞尝属醴泉令搨唐昭陵诸碑，令私计曰："何公书名满天下，一经赏鉴，有司疲于供给，惟日不足矣。"乃督匠于一夕间尽凿之。

吴让之跋开皇本兰亭

开皇本《兰亭序》，古法横溢，有董香光题签，吴让之题跋。

龚孝拱好碑版

咸、同间，龚孝拱既为英人威妥马（玛）所厌，而仍赁庑于沪，然坐客恒满，常典质以沽酒。酷好碑版文字，见人一善，赞之不绝口。杨惺吾方自京师至沪，载碑帖数大簏。孝拱访之，请出其簏，检佳拓本，酬以善价，且为供旅费焉。

赵撝叔选定魏齐造像二十品

魏、齐造像二十品，为沈均初请赵撝叔所选定，以字体笔法最精妙者二十种，合为一册，每种有撝叔题签及跋志，又有均初题志，为极有意味之品。

孙月泉得宋曹禋墓碣拓

妇志夫墓者，有宋洛阳周氏。熙宁末，洛中有人耕于凤凰山下，获石碣，方广二尺余，即此志也。文云："君姓曹氏，名禋，字礼夫，世为洛阳人。三十岁，两举不第，卒于长安道中。朝廷卿大夫、乡闾故老闻之，莫不哀其孝友睦姻，笃行能文，何其天之如是邪？惟儿闻之独不然，乃慰其母曰：'家有南亩，足以养其亲；室有遗文，足以教其子。凡累乎阴阳之间者，生死数不可逃，夫何悲喜之有哉！'丙子年三月十八日卒，以其年十月十五日，葬于凤凰山之原。予姓周氏，君妻也，归君室八载矣。生子一人，尚幼。以其恩义之不可忘，故作铭焉。铭曰：‘其生也天，其死也天。苟达此理，哀哉何言！其生也浮，其死也休。终何为哉？慰母之忧。”孙月泉布衣承祖游汴时，尝得其拓本。

陈寅生整理平安馆烬余砚拓

陈寅生，名麟炳。工篆刻，以手镌铜墨盒著名于同、光间，凡入都门购文玩者，莫不以有寅生所刻为重，足与曼生壶并传。寅生从潘文勤、李竹朋游，诸人所得古器，辄由寅生为之物色。一日，得叶东卿平安馆烬余古砚拓二巨帙，半成焦尾，为重装之，遍征题咏。砚凡百四十余，宋、明名人之砚为多，汉砖、魏瓦，一一悉具，其摹刻钟鼎、石鼓文暨汉碑者，尤指不胜屈，率有名宿题识，翁覃溪所题尤夥，洵砚铭之大观矣。竹朋以为寅生收拾余烬，拂拭而出之，俾还旧观，后人得于三十年后加之题识，重缔此一段墨缘，良可欣赏。

莫子偲藏红厓石刻拓本

莫子偲藏有红厓石刻拓本，谓出自贵州之永宁，文不可识，有□形○形及[illegible][illegible][illegible]者。或据末有[illegible]｜谓为殷武宗伐鬼方时所刻。子偲则言夏禹导黑水时所刻，因疑为古苗人之文，然盘江实非黑水也。

翁叔平藏晋青玉十三行拓本

王右军《十三行帖》，镌有青玉、白玉二本。青玉本有残阙字，白玉本则完善无所损也。

大内所藏青玉版十三行《中秋帖》，初藏于仪銮殿，光绪庚子，八国联军入京，遂为日本人所得。计方广九寸，厚一寸，玉色纯洁而润。

青玉《十三行》为翁叔平相国藏，有相国跋数千字，又有杨大瓢、翁萝轩、蒋湘帆、梁茝林、杨龙石诸人题识，的为宋刻青玉无疑。字体团劲瘦硬，运腕灵活，萧疏澹远，有离合敛纵之法，行世《十三行》小楷，当无有出其右者。

李梅庵藏晋定武兰亭瘦本

柯丹丘藏《定武兰亭》瘦本为柯九思藏，孙退谷《销夏记》云："求真定武本三十年，无所遇。甲午，得此于邢子愿家。"可见明代已希有若此。嗣又辗转归徐紫珊，又归吴荷屋。光绪时，为临川李梅庵观察瑞清藏，有退谷、紫珊、荷屋及梁茝林、吴平斋等跋。

东阳何氏藏晋定武兰亭碑

《兰亭帖》为书家至宝，唐太宗以帝王之尊，用种种诡计，始得真本。阅世愈久，声价益增。今世所传，以定武本为第一。定武之石，乃辗转入于浙江东阳。有何氏者，祖遗此宝，刻损"天""带""流""右"四字以为特征。其石已碎为三，子孙分藏，不得私搨。

潘文勤属人拓虎阜古石刻

光绪丁亥冬，潘文勤自都贻书于其从兄曰瘦羊者，属拓虎阜古石刻。时林峦积雪，山径都封，手民惮于登陟，未果拓。明年正月，瘦羊乃掉小舟，与手民同往，直造其巅，遍扪苔藓。始意命工以宋、元为限，手民不能辨别，且以架木登岩，蹇裳涉水，既费劳力，不愿区分，因于凡有字处，罔弗椎拓。瘦羊犹恐手民之误事也，又自往搜剔。至二月中旬而毕，凡得一百余种，而唐以前竟无一存，即宋刻亦不多见，乃按其时代年月，编次为《虎阜石刻仅存录》一卷。

张某以计取碑

《刁遵碑》出土后，辗转数家。光绪朝，为南皮富家张姓所得，文达公之万之族也。文达之弟某素横，欲得此碑。富人尝被一族人缢死其门首，县勘与富人无涉，已释不问。某乃故使人提富人于县，县复诘此事，富人惧，求救，某笑曰："不须他物，但得《刁碑》可矣。"亟舆致之，事遂解。

俞曲园藏初拓汉三老碑

余姚有《三老碑》，光绪中叶始出土，俞曲园太史樾曾得其初拓本。碑文右横分四列，第一列四行二十二字，第二列六行四十六字，第三列六行三十八字，第四列五行二十九字，左直书三行八十二字。俞曲园、周清泉、宋仁山皆有释文。

宗啸吾藏宋拓唐东方画赞

宋拓颜平原《东方画赞》之石，至宋时已毁。今世所谓原拓本者，皆宋人重刻。国朝覆刻数次，愈失真矣。宗啸吾曾藏之。

吴彦复得古碑

光绪中叶，合肥吴彦复主政保初得一碑，为浙江萧山涝湖村农在陇畔掘得者，中有韵语云："有妫之后，疆圻是拓。益者三友，泽云其落。外观有耀，其绶若若。大康失位，仲丁以托。中冓启羞，汪洋肆恶。时逢犬马，化为一鹤。"

吕镜宇藏宋拓《淳化阁帖》

宋拓《淳化阁帖》，为人间阁帖之冠，张文敏公照旧藏。文敏于帖之四周，跋小楷字，至万余言之多。此跋曾镌之小天瓶斋中，即世所传巾箱帖也。又有张晴岚尚书朱书加注，其宝贵可知。吕镜宇尚书海寰，复以重价得之于华亭。

狄楚青藏精拓魏《龙门二十品》

《龙门二十品》者，汇合魏碑二十种，皆精拓，为魏碑中巨观。一魏灵藏，二优填王，三云阳伯，四高树，五长乐王，六侯太妃，七始平公，八平虎，九一弗，十安定王，十一慈香，十二高太妃，十三解伯达，十四道匠，十五孙太妃，十六平乾虎，十七惠感，十八法生，十九慈香，二十解伯达。乃狄楚青所藏。楚青名葆贤，溧阳人，自号平等阁主人。

狄楚青藏宋拓晋十三行

宋拓《十三行》，为李春湖旧藏，后归狄楚青，有翁覃溪多次审定跋语。赵声伯尝言近今所见晋、唐小楷拓本，当推此为最可宝贵者也。

三六桥访阙特勤碑

蒙古三六桥都护多，杭州驻防也。任库伦办事大臣时，有《朔漠访碑图》，征人题咏。所访之碑，实有数十种，非专访《阙特勤碑》也，《阙特勤》其最著者耳。钱塘吴絅斋侍读士鉴，有诗专咏《阙特勤碑》云："北徼贞石似星凤，诸老梦想和林碑。李（文诚师。）袁（忠节公。）王（文敏公。）盛（伯羲祭酒。）恣搜讨，曾从末座参然疑。斡罗布拓苦未审，（俄人用洋布拓之，送至译署。）姜龠初至施毡椎。（志文贞公锐始用纸拓，流传甚少。）吾友可园晚持节，眩靁处月锋车驰。万安宫圮独凭吊，窝朵故址无留遗。两盟之间访巨碣，摩挲卒读忘胼胝。手打百本饷朋辈，筑亭蔽翼勤护持。碑阴深泐突厥字，旁行左右蟠蚊螭。双溪醉隐惜未见，得君表襮珍琼瑰。（碑阴及左右侧均突厥文，从未经人道及，君始椎拓之。）我思李唐全盛日，北庭金满开藩杝。鼠尼昆木来稽颡，都摩支阙观朝仪。下马捧兔学舞蹈，丹凤楼下扬棱威。骨咄次子实人杰，光复旧物恢层基。兄为可汗身作佐，默啜虐政亲芟夷。弃仇独能用暾谷，殊方载赫无愧辞。吕向赍诏致赙賵，战图画像森崇祠。御书特遣高手刻，六人姓氏知为谁？（特以高手六人往刻此碑，见《新唐书》。）察书市石越沙碛，千载屹立光北陲。特勤音转即台吉，古今译语无柴傂。耶律北人可征信，史文作勒原误歧。方今北盟正云扰，雄图妄觊成吉思。金奔巴瓶讵足信，觉迷益使从者迷。展图喟息拓遐想，安得再遇开元时。”

六桥则自跋此碑云：“是碑在图谢图汗、三音诺颜两盟交界处，距额尔德尼昭二百里许。宣统庚戌驻节库伦，乘边之暇，搜获古金石数十种，此碑尤为瓌宝，可读者共四百五字。逾年重拓二百纸，有一二字又为风霜漫漶，于是建亭护之。所称‘阙特勤’者，非名官也，曰讳，从俗以成文也。古碑例书官不书名，此为故阙特勤之碑，可知官矣。何官？贰特勤也。骨咄禄之次子，苾伽可汗之弟，非贰特勤而何？疑即《钦定金史国语解》之德（特）伯（伊）勒也。解曰‘迭勃极烈’，倅贰之官。迭勃极烈，即德（特）伯（伊）勒也。蒙古谓其次曰德。特《汉书》：‘单于既得翕侯，以为自次王。’《陈汤传》：‘康居有副王，传云毗伽可汗以特勤为左贤王。’此三者，又可为‘贰特勤’之证。可汗为酋长，特勤亚于可汗，以序行论，以官爵论，阙均可训次。且隋大业中，西突厥酋长射匮，有弟曰阙达设，今蒙古汗王第二子，犹称德（特）台吉。满洲语谓‘贰’读若‘掘’，与‘阙’音尤近。突厥语与蒙古语，轻重缓促，微有不同。突厥曰可汗，今曰汗可汗；妻曰可敦，今曰哈屯；大臣曰业护，今曰赛特。长言之谓德（特）伯（伊）勒，短言之岂非阙特勒乎？特勒为特勤本音，汗王子弟之通称，近世所谓台吉者也。译人人殊。碑作勤，盖御制御书，取雅驯耳。然不仅此，唐人以勒作勤，亦数见焉。《唐书》武后改默啜为斩啜，又改骨咄禄为不卒禄。碑云，特勤可汗之弟也，可汗犹朕之子也。父子之义，既在敦崇；兄弟之亲，得无连类？其改勒为勤宜矣。檪梨皆借字，‘撑犁孤涂’，此言天子；‘屠耆’，此言贤，皆匈奴语。睃霤，《汉书·匈奴传》：‘又北益广田至眩霤为塞。’服虔注：‘地在乌孙北处月。’《五代史·唐本纪》：‘沙陀者，大碛也，在金莎山之阳，蒲类海之东。处月居此碛，号沙陀突厥。’是眩霤，古塞名；处月，部落也。唐世突厥寖大，北燮西邻，以包全境而言。丁零故地在突厥北，今俄罗处义尔古德部，其疆域广矣。此碑自元耶律铸以来，世所罕觏，虽经俄人暨志姜龕将军先后发明，中外谈金石者又各有考证，然碑阴并左右侧，附刊突厥文字，无一流传。亟命广拓，以公艺林。有阿史那氏墨缘者，宜共珍之。”此跋考订极为翔实，“特勤”必当作“特勤”。迭勃极烈，与德特台吉两证至确。作“勤”者，唐人臆改之也。絅斋好学深思，必未见此跋，故反以作勒为误欤？起数语，想见潘文勤、李文诚诸老，考证北徼石刻，椎轮下手时之审慎也。

张蔚西得宋挑筋教碑拓

《挑筋教碑》在河南，当宋真宗时，罗马帝国征服犹太，其志士循天山南路献贡品于汴京，以图恢复，此碑即其时所立也。尚有寺殿之遗碣，镌唐代年月，则可知犹太教徒，唐时已入我国矣。桃源张蔚西广文相文游汴时，曾得其拓本。

王文敏藏魏大代华岳庙碑拓

《大代华岳庙碑》，屡见著录，而海内仅一本，为王文敏所藏。

王文敏藏宋拓隋智永《千字文》

智永师书《千字文》真迹，世间已不可见，石刻者亦无善本。明文征明所藏有文嘉等长跋，后归王文敏。赵松雪所书《千字文》，即临自此帖者也。

王孝禹藏初拓魏刘懿墓志铭

王文敏得最初拓《刘懿墓志铭》，而题之云：“此本第一行‘史’字尚未尽泐，最初拓者无疑。近本不止一石，然皆从‘史’字已泐本，是作伪者，无足深辨。尝谓南北朝诸志石，当为古今楷书之祖，则此本之珍贵可知。”后为铜梁王孝禹观察瓘所藏。

王孝禹藏初拓魏张猛龙碑

初拓《张猛龙碑》帖，为王孝禹所藏，自题云：“此碑雄秀俊伟，魏碑中当首屈一指，旧本极少。孙兵部汝梅及王文敏皆心仪此碑，求三十年，未一遇。此本不但‘冬温夏清’等字清朗，且比他本多出五十余字，洵最初精拓本也。”并有文敏题签。

王孝禹藏魏爨龙颜碑拓

阮文达访得《爨龙颜碑》最初精拓时，以寄刘燕廷（庭）方伯。方伯去世，归王文敏，后为王孝禹所藏。

丁叔雅藏汉裴岑碑拓

《裴岑碑》，在甘肃敦煌县关帝庙中，其文曰：“维汉永和二年八月，敦煌太守云中裴岑将部兵三千人，诛呼衍王等，斩馘部众，克敌全师，除西域之疢，蠲四郡之害，边境艾安，振威到此，立德祠以表万世。”隶书，凡六十字，每十字作一行，凡六行。光绪时，丁叔雅尝得其拓本。

继幼云藏陈氏十钟拓

继幼云藏金石颇富，鲍康尝为幼云跋陈氏十钟拓册，曰：“烟雨初过，盆菊已花，披读数过，不觉红日之西坠。尘海中独余与幼云最闲，傔从往来，必以墨拓相示，未始非清福之一端也。”

端忠愍精鉴碑版

光绪初，在京各衙门派员恭送玉牒至盛京，盛伯羲、王文敏、端忠愍皆在其列。一夕宿某站，盛与文敏纵谈碑版，忠愍询之，文敏曰：“尔知挟优饮酒耳，何足语此？”忠愍拍案曰：“三年后再见。”归，遂访琉璃厂肆之精于碑版者，得李云从，购宋、明拓本及碑碣，相与朝夕讨论，不三年，果负精鉴之名矣。

端忠愍藏要离墓碣

吴中某氏藏有《要离墓碣》，“要离之”三字下，悉已漫灭，不成文矣。端忠愍抚苏时，乃以二百金购得之，视如拱璧。遇金石家辄示之，曰：“吾至苏后，搜罗尽矣，惟此尚差强人意耳。”

端忠愍藏汉西岳华山庙碑拓

华山庙碑石久佚，流传天壤者仅三册，一曰长垣本，一曰华阴本，一曰四明本，载在典籍，盛名煊赫。朱竹垞跋云“观者惊心动魄”，非虚语也。端忠愍历年搜讨，乃得全归箧衍。

端忠愍藏汉碑拓

钱塘黄小松司马易，藏汉碑拓五种：一《幽州刺史朱龟碑》，一《成阳灵台碑》，一《凉州刺史魏君碑》，一《小黄门谯君碑》，一《庐江太守范君碑》。每种后皆有翁覃溪之五六跋，又各有孙渊如、阮文达、黄小松等多跋。后归端忠愍。

端忠愍藏汉石经残字

汉石经传世仅三本，一为砚山斋孙氏本，一为小蓬莱阁黄氏本，一为阮文达文选楼本，皆瓌宝也。阮氏本后归端忠愍。

端忠愍藏宋拓汉孔宙碑

宋拓《孔宙碑》为端忠愍藏，“高”字未斅本也。碑阴旧拓，多轶“故民”二字，尤为他碑阴所无，为宋拓真本。碑文骀荡生姿，碑阴严谨合度，诚汉碑之极轨也。

端忠愍藏初拓汉礼器碑

最初所拓之《礼器碑》，“古”字、“庙”字、“孔”字、“于”

字皆未剥落，二“舆”字亦清晰。又碑阴一册。王文敏审定为宋拓本，均端忠愍所藏。

端忠愍藏旧拓汉鲁相乙瑛碑

端忠愍藏有旧拓《鲁相乙瑛碑》，不仅“蜀郡”二字尚存，“即”字口波磔间，均锋铩如新，诚与近拓本之漫漶者有天渊之别。

端忠愍藏宋拓汉鲁峻碑

宋拓《鲁峻碑》及碑阴，甚古朴，自然天趣，流露行间，开草篆之门，为草隶之祖，即翁覃溪所谓“兼行草之势”者。端忠愍藏之。

端忠愍藏明拓汉秦峄山碑

秦《峄山碑》，唐时已不见真迹，长安祖本亦不数觏。端忠愍所藏明拓本，气质浑重，犹有三代遗意，上蔡真迹，此见一斑。有庄眉叔跋。

端忠愍藏宋拓汉泰山秦篆鲁孝王石刻

秦篆二十九字，南宋精拓本，有彭绍升、吴让之、何子贞跋。石刻为二百兰亭斋旧物。二本后归端忠愍。

端忠愍藏宋拓晋定武兰亭

宋拓《定武兰亭帖》，有王虚舟、伊墨卿、宋葆淳题志，称为海内寡双之品，并附右军《丙舍帖》一页于后。端忠愍藏。

端忠愍藏精拓晋瘗鹤铭

端忠愍所藏《瘗鹤铭》两种，第一种凡八十一字，裱为一卷，前有王梦楼写诗八首，题首“华阳馀韵”四大字，复有张叔未题志四段，后复有梦楼长题千余字。第二种为一立轴，为“纪也华阳真逸”等字。此石早堕江中，旧拓本皆无之。有翁覃溪题三段，阮文达、孙星衍、马履泰、梁章钜等题志。

端忠慜藏宋拓唐姜柔远碑

唐昭陵诸碑，以宋拓唐《姜柔远碑》与《崔敬礼碑》为难得，且此碑石久佚，跋志极多，端忠慜藏。

端忠慜藏埃及碑像

端忠慜藏埃及碑数十石，多象形字，若禽鱼、亭台、云物之属。又有古王及后像，王像长躯巨目隆准，轩昂而沉鸷；后亦隆准，短小而权奇。（王像高华尺一尺二寸五分，后像高八寸三分，皆半身像，阳文。）忠慜题云“盖五千年外物”。此实忠慜于光绪乙巳考察宪政至欧而得之也。

赵声伯精鉴碑帖

赵声伯，名世骏，自号山木庵主人。其鉴别碑帖，至为精当，海内赏鉴家颇推重之。盖以声伯所藏之唐《麓山寺碑》《云麾碑》《李思训碑》数拓，初为他人所不经意者，及经声伯审定，赏鉴家乃知其所藏实为海内第一之品。

赵声伯藏魏孝昌石窟碑拓

魏孝昌石窟碑，凿字，撰、书、刻字人姓名悉具，为当时绝自矜重之作。以金石家多不措意，流传绝少，字画之存，皆如新镌。赵声伯藏。

赵声伯藏初拓魏王基断碑

魏王基断碑为初出土时所拓，通体无少剥泐，刻画如新，与新拓损字及百字口漫漶者，不可同日而语。赵声伯藏。

赵声伯藏旧拓魏嵩高灵庙碑

金石著录不载《嵩高灵庙碑》文，《寰宇访碑录》有其目，旧拓罕见。王文敏出重价得之，以配《西岳灵庙碑》，后归赵声伯藏。

赵声伯藏宋拓唐雁塔圣教序

宋拓褚河南雁塔《圣教序》，两“治”字皆缺笔，远过明拓诸本，有郭兰石题志。赵声伯藏。

赵声伯藏明拓唐伊阙佛龛碑

明拓《伊阙佛龛碑》，赵声伯藏，跋云：“此在辛丑三字本，决为明初拓本，流传于世者仅二本，惟王孝禹尚有一本也。”

赵声伯藏宋拓唐云麾碑

宋拓《云麾碑》，为云间何氏清森阁故物，曾经汪心农收藏，有王梦楼两跋，较端忠愍所藏本，字画无描画之迹。端本“而论之”“论”字石已泐，字字漫漶，此本则风骨尖利，姿态恌俊，跃然波磔间。有王弇州、翁覃溪两跋，吴挚甫题签，定为宋拓无疑。赵声伯以重价得之。

赵声伯藏唐皇甫君碑

《皇甫君碑》，世所通行者为三监本，再上则为线断本。实则未断以前所拓，称为真宋拓本。有断八行者，有断五行者。断五行者，海内惟一本，赵声伯藏。

赵声伯藏宋拓唐孔冲远碑

《唐国子祭酒曲阜孔冲远碑》，模糊之字，完好如新，字口未蒙，笔法具在，诚为宋拓精本。《庙堂》没后，得永兴笔法者，独此耳。有谢安山等题志。赵声伯藏。

金明斋藏宋拓王右军《金刚经》

《金刚》为般若诸经之王，右军乃书家千载之圣，真世间之二妙、宇宙之雄观也。金明斋藏。明斋名鉴，杭人。

法容叔访碑

山左金石之多，甲于寰宇。胶州法容叔征君伟堂精赏鉴，尤好碑拓，曾校阮氏《山左金石志》，订正其舛误者，无虑数百事。复就《金石志》及孙、赵二家《寰宇访碑录》之关于山左者，最录其碑目而考订之。凡所访知者，如济南府则北魏十一，隋二十二，唐四十，后梁一，后唐一，后周二，宋一百三十一，金三十九，元一百五十一；东昌府则唐三，金二，元二十二；泰安府则秦一，汉五，晋一，北魏二，北齐五，隋三，唐十二，后梁六，后唐二，后晋七，后周一，宋一百二十六，金二十，元六十一；武定府则金一，元十五；临清州则北魏一，宋一；兖州府则汉二十六，魏一，北魏三，北齐八，北周六，隋六，唐三十二，后唐三，后汉一，后周一，宋四十三，金二十七，元一百二十七；沂州府则汉二，晋一，北齐十四，隋五，唐二，宋六，金二，元八；曹州府则汉二，北齐二，唐一，后周一，宋二十，金五，元四十一；济宁州则汉三十三，魏二，北齐二，隋六，唐二十四，后周一，宋二十，金二十六，元四十；登州府则北魏一，隋二，后唐一，宋三，金四，元二十一；莱州府则晋一，北魏十一，北齐四，北周一，唐五，后晋一，宋十一，金九，元四十二；青州府则秦一，汉一，北魏六，北齐十二，隋二十六，唐三十七，后唐一，后晋二，后周一，宋六十一，金十七，元九十二；胶州则金一，元十三。

叶鞠裳藏碑拓八千余通

叶鞠裳藏弆碑拓至富，尝曰："幼长窐衡，兕闻荒陋，见世之号能书者，其临池棐几，惟有晋、唐法帖及《醴泉》《皇甫》《圣教》诸碑而已。尝闻姚风生明经之言曰：‘碑版至唐中叶以后，可等诸自桧。’其诏学僮，未尝以石刻，但以自书大小字贻之，为书觚之法程。比稍长，与王蒿隐、管操养从事碑版之学，又习闻缪筱珊、魏稼孙之绪言，每得模糊之拓本，辄龈龈然辨其跟肘，虽学徒亦腹诽而揶揄之。洎通籍，居京师，与王文敏、陆蔚庭、梁杭叔、沈子培游，上下其议论，益浩然有望洋之叹。访求逾二十年，藏碑拓至八千余通，朝夕摩挲，不自知其耄也。”

刘铁云藏汉东海庙残碑拓

东海庙残碑，为江南汉碑之冠，石已久佚，有梁章钜、张叔未、何子贞、徐渭仁、杨龙石、魏默深、吴让之二十余题志，推崇备至，为刘铁云所藏。铁云好古，藏弆甚富，侨居山阳，其庋藏处曰“抱残守缺斋”。

刘铁云藏汉曹全碑拓

《曹全碑》于明万历时出土，不久即断。未断本，海内罕见。刘铁云藏有“悉”字未泐本。

刘铁云藏初拓魏刁惠公墓志

初拓《刁惠公墓志》，端楷古秀，去晋未远，风格犹存，由晋开唐，为魏碑中希世之宝。刘铁云藏。

刘铁云藏宋拓晋唐小楷

宋拓晋、唐小楷十一种，均有翁覃溪、张叔未题志，称为世间最希有之鸿宝，远过临川李氏所印之越州石氏本。唐鹪安旧藏，后归刘铁云。

刘铁云藏宋拓晋河南本十七帖

宋拓河南本《十七帖》，吴平斋旧藏，屡次题志，叹赏不已。

后归刘铁云。

刘铁云藏隋元公姬夫人墓志铭

《元公姬夫人墓志铭碑》，嘉庆初出土，粤寇乱后，石即碎毁。旧拓传世无多，刘铁云所藏者至精。

刘铁云藏宋拓唐《圣教序》

北宋拓《圣教序》，为海内第一本，后有董文敏、王文安两跋。王文敏得此后，经潘文勤、盛伯羲、吴清卿、王孝禹精鉴，咸推为海内第一。后归刘铁云，铁云乃题其后，云“凡得北宋拓，皆自诩为第一，如梁茝林、崇雨铃是也。然为海内公认为第一本者，为商城周文清公所藏一本耳，梁、崇诸本不如远甚”云云。且有董文敏、铁冶亭、郭尚先、何子贞等题志。

刘铁云藏宋拓唐皇甫君碑

宋拓《皇甫君碑》为王文敏所藏，不断本也。碑于明中叶断为二，损四十余字。此本用蜡墨，乃宋人法。世人传不断本留世间者仅二册，此其一也。后归刘铁云。

刘铁云藏宋拓唐道因法师碑

真宋拓《道因法师碑》，乃欧阳通所书。通为率更子，世称“小欧阳”，克绍箕裘，书法稍变，兼隶分体，点画怯瘦，结构精严。有郑板桥题志，定为真宋拓本。王文敏旧藏，后归刘铁云。

刘铁云藏宋拓唐麓山寺碑

北宋拓李北海《麓山寺碑》，为北海所书各碑之冠。《云麾》易得，《岳麓》难求，非虚语也。王文敏藏，后归刘铁云。

刘铁云藏宋拓淳熙阁续法帖

宋拓《淳熙秘阁续法帖》，为宋孝宗南渡后，续得晋、唐遗迹上石。孝宗精赏鉴，故品在阁帖上第一卷，为天下钟书祖本。右军《洛神赋》亦世所未有，石至理宗时，毁于火，虽不全，实亦珍若球图，有吴让之、张叔未题志。后归刘铁云。

罗叔蕴藏唐拓晋十七帖

唐贞观时，盛行王右军墨迹，裴业进士以草书来上，首有“十七日”字，遂呼《十七帖》。今石刻传世有二本，唐刻尾有“敕”字，有王弇州、阎百诗、朱竹垞、钱徽士、王烟客、曹溶、成亲王数十跋，推为千金不易之本，姜西溟藏，后归唐风楼，为《十七帖》中之冠。唐风楼者，上虞罗叔蕴学部振玉斋名也。

罗叔蕴藏宋拓唐《大麻姑仙坛记》

宋拓颜鲁公《大麻姑仙坛记》，石久佚，传本绝少，有张叔未题记。罗叔蕴藏之。

罗叔蕴藏宋拓《丰乐亭记》

宋苏东坡书《丰乐亭记》，早毁仆。明代有复刻者，几不成形。北宋初拓本，笔墨起转之形，跃然纸上，无异墨迹。既为罗叔蕴所得，乃筑丰乐堂以宠之。

龚氏藏唐拓多宝塔碑

唐拓颜鲁公《多宝塔碑》，为宣和内府旧藏，嗣入本朝内府。嘉庆初，御赐桂香东少宰，人间始得睹此法物，后归合肥龚氏。字迹锋神森露，于婉丽中尤寓庄严，末有王梦楼、朱之蕃、杨明时、崇雨铃、李文忠诸跋识。

费梓怡藏宋拓唐多宝塔碑

北宋拓《多宝塔碑》，为费梓怡所藏，有王梦楼长跋，梓怡之尊人屺怀太史念慈有四跋题之。

缪筱珊藏明奉圣夫人碑拓

直隶定兴县有明天启丙寅《奉圣夫人客氏德政碑》，乃黄立极譔，张瑞图书，揭衔皆称“义男”，书势绝精。打碑人李云从曾拓一本，贻缪筱珊。

金奇中藏明教坊规条碑拓

金奇中尝藏明秦淮旧院《教坊规条碑》拓本，其文云：“入教坊者准为官妓，另报丁口赋税。及报明脱籍过三代者，准其捐考。官妓之夫，绿巾绿带，着猪皮靴，出行路侧，至路心被挞勿论，老病不准乘舆马，跨一木，令二人肩之。”

赵伯英观虎丘石刻

苏州虎丘有生公讲台，讲台左壁横嵌四石，分刻“生公讲台”四字，其一已碎，相传李阳冰篆，或云蔡襄书也。其右嵌颜鲁公书“虎丘剑池”四字石刻，池隐石刻背，依岩砌短墙以阑之。赵伯英尝入观，其间二崖划开，中涵石泉，如劖山腹以出，水清洌，深不可测。仰视，自崖足以迄于巅，高蔽日。其上纪名殆遍，岁月有署宋以上甲子者，盖山之尤胜处也。

孙希庵见唐刘巧墓碑

陕西永寿县二十里部子河地方，于宣统辛亥春，掘得《刘巧墓碑》，尚完好。刘巧之名，不见史传，碑云乃唐奉天靖难功臣也。孙希庵尝见之。

庞芝阁藏汉吴天发神忏碑拓

篆书吴《天发神忏（谶）碑》与《国山》并重，石久不存。味道腴斋主人庞芝阁藏之，乃世传佳本，有金冬心题签及张叔未跋识。

庞芝阁藏初拓魏郑文公碑

初拓《郑文公碑》，有吴让之、沈韵初题签。庞芝阁藏之。

庞芝阁藏原拓隋董美人墓志铭

《董美人墓志铭》早毁于兵燹，原拓本希如星凤。庞芝阁得之，谓为铭中绝品。

庞芝阁藏唐拓醴泉铭

唐拓《九成宫醴泉铭》，经翁覃溪、王梦楼、顾南雅、吴荷屋鉴定题志，定为真宋拓本，或推为唐拓本，得见率更之神髓。庞芝阁藏。

庞芝阁藏宋拓唐争坐位帖

颜鲁公《与郭英人书》，世谓之《争坐位帖》，为鲁公草书杰作，有翁覃溪等跋。吴荷屋旧藏，后归庞芝阁。

庞芝阁藏唐李元静碑

张司直书，纯本羲、献，为山阴法嗣，足为后学津筏。其所书《李元静碑》，与颜书《元静碑》，同毁于明。为张叔未旧藏，后归庞芝阁，真唐刻中无上神品也，有张叔未、黄锡蕃二长跋及题签。

裴伯谦藏唐《麻姑仙坛记》

《麻姑仙坛记》三本，为何子贞生平所视为至宝者，小楷题至多次，有数千字之多，又有吴荷屋及其弟子毅、李世倬等题志，为人间最佳之拓本。子贞当时日夕临写，其生平得力，皆由此帖。后归壮陶阁主人裴伯谦。

王子展藏唐夫子庙堂碑

虞世南《夫子庙堂碑》，旧为宋牧仲、伊墨卿、叶蔗所藏，后归寄青霞馆主人王子展观察存善，有包慎伯、孙渊如、姚姬传、张南山等诸题志，决为宋拓，字体刻画如新。

刘葱石藏宋拓嘉祐二体石经

宋拓嘉祐二体石经，海内孤本也。咸丰丁巳，山阳丁俭卿得于淮安市肆，何子贞为赋七言长篇。后归贵池刘葱石参议世珩，属况夔笙填《兰陵王》词以张之，词云："软尘隔，青案摩挲翠墨。兰台制平揖汉京，三体黄初黯无色。毡椎世几易，邹峄七篇未佚。（内有《孟子》三十七纸，未经前人著录。）镌珉字三万有余，玉筋银钩竞标格。（经文凡三万余，篆正二体。）簪豪忆恢饳。（胡恢、谢饳奉敕书。）怅劫堕淤黄，（朱竹垞谓经石沉黄河于泥下。）尘閟瓴碧，（《周礼》一种，开封修学已作瓴甋。）残缣珍弆钱吴毕。（竹汀、山夫、秋帆所得皆残本。）羡揽羽威凤，见斑全豹，高斋颐志旧审释，（俭卿所著《颐志斋丛书》有《北宋二体石经记》。）付蝯妄吟笔。石癖，快良觌。共砚北香南，中垒晨夕，鸿都虎观馀荆棘。念俊赏无恙，古芬须惜。廛开百宋，（葱石藏宋板书甚夥。）更异彩动四壁。"

新疆有古碑

新疆绚采沟有岳钟琪所书"绚采沟"三大字，乃当时磨去汉碑字而刻者，其碑阴犹存汉人所书"某某侯"五字。

唐姜行本《纪功碑》，在巴里坤（即镇西厅。）天山库舍图达坂上。（库舍图，译言"碑"也。达坂，译言"岭"也。）其碑甚高，搨者咸屏息从事。宣统时尚存。

青海有星宿海碑

星宿海东岸草坡下，有碑焉，题"古星宿海"四字，大径尺。

其阴剜苔剔藓，字体摩挲可辨，横衍七行，皆梵文也。土人云："康熙朝立，曩覆以碑亭，后以树枝为墙护之，四围石子，累如平冈，行旅过此，辄投一石，二百年来，积之成阜矣。"青海古今碑碣经蛮人拆毁，鲜有存者，此犹巍燃兀立于玄冰黄漠之乡，盖蛮人以其为藏文，知有保守之义务，故能保守之以至于今耳。

奉天行宫藏铜瓷

光绪时，曾由政府派员往奉天检查宝物。藏于奉天旧宫者，仅陶瓷与铜，其品数如左。

康熙款白地蓝西番莲大碗、中碗、盆盘、瓶皿等类，计百三十四类，共三万四千六百六十七件。雍正款釉哥吉和瓶及囊瓶、壶罐觚等类，计三百三十三类，共二万四千九百八十三件。乾隆款黄地绿龙中碗及小碗、花碗、大盘、中盘、碗碟、书灯、笔筒、笔洗等类，计三百三十一类，共三万九千五百零六件。嘉庆款茶圆、茶碗、茶撇及瓶壶等类，计百七十四类，共一千九百六十五件。无款者，花罐、花瓶等类，计六十五类，共一千六百六十三件。至明代瓷器，永乐、宣德、成化、弘治、正德、嘉靖、隆庆、万历及各代有款者，计四十五类，共三百二十件。

鼎，百四十四件，商、周、汉、唐旧物均有。尊，六十六件，其中商尊，周父尊、伯尊，汉戊己尊，唐夔纹尊，及各时代者均有。彝，四十一件，商、周、汉均有。罍，六件，为周代物。舟，三件，乃商、周、汉物。卣，二十件，瓶八件，壶百三十六件，爵二，单五，觚三十六，觯十，角一，卮三，敦二十九，簠一，簋二，豆六，铺三，甗二十一，锭一，镫（灯）三，鬲十四，鍑四，盉十二，冰鉴五，匜九，盘十五，洗二十四，盂四，钟一，瓿二十四，缶二，盦一，鐎斗三。

余紫云好古瓷

余紫云，京师之名伶也。好古瓷，瓶垒碗琖（古同"盏"），罗列一室。每自剧场归，摩挲把弄，自乐其乐，不为流俗之征逐也。

英人史德匿藏古瓷

英人史德匿者，服务于上海之海关者有年，颇通汉文，且明画理、解禅悦，而又精鉴别。富藏弆，于金石书画之外，蓄古瓷甚多，于唐则有越窑茶比；于宋则有定窑甏盌，定窑划花琖；于明则有仿宋定瓷瓶，仿明建窑观音，建窑三彩观音，建窑香炉，建窑狮子，建窑莲花式盌，建窑芭蕉尊；于国朝则有康熙仿宋定窑鼐，康熙仿宋定匏尊，康熙仿宋定美人尊，康熙仿明建五彩瓶，康熙粉定大盌，雍正仿宋定窑瓶，乾隆仿宋土定窑瓶，乾隆仿明土定窑瓶，乾隆瓷鼻烟壶。宣统辛亥冬，尝出其所藏以示人。安吉吴仓硕大令俊卿以其著有论说，深赞美之，谓吾国稽古之士，或未能及，将见中西治术，合而为一，美术之进化，此为起点。诚哉是言。

许守白论旧瓷

广州许之衡，字守白。好旧瓷，精鉴别，其言曰："吾华美术，以制瓷为第一。何者？书画、织绣、竹木雕刻之属，全由人造，精巧者可以极意匠之能事。独至于瓷，虽亦由人工，而火候之浅深，釉胎之粗细，则兼藉天时与地力，而人巧乃可施焉。故凡百工艺，欧美之目吾华，皆若土苴，独瓷则甘拜下风，尊为瓌宝。诚以瓷质之美，冠绝全球，虽百图仿效，终莫能及，盖得于天地者厚也。宜夫"钗拿"之名，代表国号，释其义，则"支那"，"瓷"之省文也。其声名洋溢，固已久矣。

瓷质之贵，在于瓷泥。瓷泥也者，以地质学语释之，乃一种富于黏性之冲积土也，大抵由山水激积而成砂，砂复滤细，则成为泥。是种土砂，非随处所恒有，复分各色，有紫有黄，有褐有白，而以白为最贵，紫也、黄也、褐也，均无法使之白。而白之一种，千百年来，独尊景德镇之所制焉。

吾华制瓷，可分为三大时期，曰宋，曰明，曰本朝。最有名之窑有五，所谓柴、汝、官、哥、定是也。更有均窑，亦甚可贵。其余各窑，则统名之曰小窑。而元之一代，历年较短，与宋末不甚相远，亦可附于宋焉。明之最盛，在永乐、宣德、成化、嘉靖、万历数朝。本朝又可分为五期，康熙、雍正、乾隆、道光、光绪，均为一代制作之杰出者。此时代之大较也。

宋瓷之汝窑、均窑、哥窑诸器，凝重古雅，而质之腴润，釉之晶莹，历千载而常新，粉定则精丽妍巧，与乾隆同臻极轨。至于元，则反古拙，有类于土缶硎羹。明永乐影青一种，迥非康、乾之所能及。明宣祭红，天下称为瓌宝，而天启、崇祯，则卑无闻焉。”

许守白论柴窑

许守白曰：“柴窑在河南郑州，即周世宗所创也。相传当日请颁器式时，世宗批其状曰：‘雨过天青云破处，者般颜色作将来。’”

许守白论宋瓷

许守白曰：“宋瓷花之眏丽者，莫如粉定。粉定雕花者，穷妍极丽，几若鬼斧神工。而哥窑亦有加彩者。若元瓷，亦见有暗花者。且曾见一半瓷半瓦之盘，雕凹花加五彩者，其彩与花，异常古拙，是否宋以前物，未敢决定。可知瓷之有花，其由来为已古矣。至于明代，则各种花绘穷态极妍。明代嘉靖官窑花彩有五十余种之多，其彩画之奇诡，绘事之伟丽，几于不可方物也。”

收藏家得伪宋瓷

乾隆时，直隶之磁州有人造瓷，其釉之晶莹腴润，极似宋物，收藏家得之，不能辨也。

许守白论汝窑

许守白曰："汝窑在河南汝州，北宋时所创设也。土细润如铜，体有厚薄，汁水莹润，厚若堆脂。有铜骨无纹者，有铜骨鱼子纹者，尤佳者为棕眼而隐若蟹爪纹。豆青、虾青之色为多，亦有天青、茶末等色。无釉之处，色类羊肝。底有芝麻花细小挣钉，乃真物也，其色纯静深穆。"

许守白论官窑

许守白曰："官窑者，宋大观、政和间在汴京所造，体薄色青，有带粉红色者，浓淡不一，有色带白而釉薄如纸者。大观中，尚月白、粉青、大绿三种，有蟹爪纹，紫口铁足，盖其胎本紫色也。然宋官窑有数种。南渡后，邵成章于修内司烧造，曰内窑，亦名官窑。其后郊坛下别立新窑，亦曰官窑。是宋时已有旧京、修内司、郊坛下三种。唐秉钧谓旧京著时未久，当以修内司所造为上，新窑为下，当时已分差等矣。南宋余姚秘邑瓷，后人亦目之为官窑，大抵皆仿汴京遗制，递衍递嬗也。"

许守白论均窑

许守白曰："均窑者，宋初禹州所造。禹州昔号钧台，'钧'讹作'均'，相沿已久。胎细性坚，体略重，釉具五色，浑厚浓润，有兔丝纹，以红若胭脂、朱砂者为最，青若葱翠、紫若墨者次之。初制者色纯，无少变杂，后制有青紫相错如垂涎者，皆烧不足之故，而世人往往尊视此种，犹之佳砚本不宜有鸲鹆眼，而人反以鸲鹆眼为贵也。釉分二种，一曰细平釉，一曰橘皮釉，亦后起者，故兼有紫斑者为多，平釉有紫斑者绝少也。"

许守白论哥窑

许守白曰："哥窑者，以宋处州龙泉人章氏兄弟善治瓷得名。

兄名生一，当时别其名曰哥窑，胎坚，性细，体重，多断纹，隐裂如鱼子，亦有大小碎块纹，即开片也。釉以米色、豆绿二种为多，有紫口铁足。无釉之处，色红如瓦屑。其釉极厚润纯粹，历千年莹泽如新。”

许守白论定窑

许守白曰：“定窑有二，北宋时定州所造者曰北定，南宋时景德镇所制者曰南定，以其釉似粉，故通称曰粉定。

“北定之胎质极薄，体极轻，有光素、凸花、划花、印花、暗花诸种，大抵有花者多，无花者少。花多作牡丹、萱草、飞凤、盘螭等形，源出秦镜，其妍细处，几疑非人间所有，乃古瓷之最精丽者也。开片者，其开片皆柳纹白骨，而加以釉，有如泪痕者亦佳品，口底率漏胎，故其口往往有以铜镶之者。

“南定之胎质极细，色极白，其釉亦曰玻璃釉，惟澄清之处，略闪豆绿色耳。釉中有鼓花者，有不鼓花者，其形式与北定相同，而胎釉微有异。

“粉定之真者，釉光而且润，与旧象牙同。釉中多有柳纹开片，与伪造之开片异。伪者之釉，或太混，或太干，或太透亮，或太暗淡，断不能如旧者之润亮也。

“粉定种类不一，胎有厚薄，色以闪红者为贵，闪黄者次之。闪黄，即牙色也。有开片，有不开片。明成化时所仿制者亦佳。”

许守白论平阳窑

许守白曰：“平阳窑在山西平阳，宋时所建，胎釉皆白，中闪黄，微具土色，而制皆仿北定，故又称曰土定。平阳真者，胎之色纯似黄土，质在半瓷半瓦间，釉光而且润，细而发黄，多有蛇纹开片。伪者色稍闪红，而质略粗，其釉亦粗而且暗，干且发白也。”

许守白论耀窑

许守白曰："耀窑在陕西耀州，宋时所建。初烧青器，仿汝窑而略逊，后烧白器，较佳。初制者，釉透亮如玻璃，色微黄，略似虾青。后制者釉略混，色甚白，有似牛乳之白者，有似粉油之白者，有似熟菱米之白者。"

许守白论磁窑

许守白曰："磁窑在直隶磁州，宋时所建。磁石引针之磁石，即产是州。取石炼陶，'磁器'之名，乃专指此，后人辄误以'磁'与'瓷'混用矣。器有白釉，有黑釉，有白釉黑花不等，大率仿定窑者为多，但无泪痕，亦有划花、凸花者。白釉者俨同牛乳色，黑釉中多有铁绣花、黑花，与贴残之膏药无异。"

许守白论建窑

许守白曰："建窑在福建，初设于建安，后迁建阳，始自宋代。古制者质粗不润，釉干燥，又名乌泥窑。后制者出德化，色甚白，颇莹亮，亦名福窑。有紫建、乌泥建、白建三种。白者似定窑，惟无开片，佳者质厚，而表里能映见指影，以白中闪红色者为贵。有凸花及雕字者，然花不甚细。"

许守白论广窑

许守白曰："广窑，南宋所建，在广东阳江厅，胎质粗而色褐，（即灰色。）所制器多作天蓝色，惟不甚匀，釉厚之处，或作靛蓝；釉薄之处，或作灰蓝；无釉处之色，或如黄酱，或如麻酱，大致仿均窑。其与均窑异者，无红斑与蟹爪纹耳。"

许守白论宋元盘盌

许守白曰："宋、元盘盌，出土颇多，然皆汝、哥、龙泉暨平阳、泽潞各项杂窑，无甚特色，人亦轻视之，其声价不及康、乾之大也。”

许守白论元窑

许守白曰：“元代制瓷，亦有多窑，然其名不著，统称曰元瓷而已。晚近流行之元瓷，皆出于元时之山西、河南，虽南方亦有所制，亦率以宋末目之。元瓷之名，殆专属之仿均带紫之品矣。此制品多作天蓝色，兼带紫斑，以成鱼、蝶、蝠等形者为贵；不带紫者，常品也。河南制者，为元初之物，胎釉色泽，与宋均仿佛。潞安所制，则发见于元代中叶，其胎乃半瓷半瓦，釉比初年略透亮。蒲州制者，亦中叶物，釉亦略透亮，惟红斑之中带有葡萄紫色耳。”

赏鉴家得伪元瓷

京师有伪元瓷，其釉及棕眼、砂底、铁足，一一逼真，虽有识者，亦莫辨其为赝鼎也。盖九江关某监督之仆习其技，既归，以北方土烧之，不能工，而殊类元瓷，乃仿造之，遂大获利。赏鉴家所得，半是物也。

许守白论欧窑

许守白曰：“欧窑，一名宜均，明时宜兴人欧子明所制，形式大半仿均，故曰宜均也。制品虽出宜兴，然与阳羡名陶一系微有区别，与紫砂、挂釉各器亦微不同，大抵制造时仍参入瓷质，而不纯用紫砂。瓶、盂等物皆有，以洗类为多。”

许守白论郎窑

许守白曰：“郎窑有先制、后制之分，凡里外皆有开片，而底足有灯草旋纹，色深红如初凝之牛血者，此先制也。若后制，则微有不同。先制者口底微黄，所谓‘米汤底’者是也。后制者口底或作豆青色，或作苹果青，所谓‘苹果底’者是也。先制者釉色深红，后制者釉色鲜红，惟釉尚透亮，不似窑变之肉耳。又有所谓‘绿郎窑’者，色深绿，葱蒨可爱，满身细碎纹片，实则明仿弟窑之品也。雍、乾时代亦有仿之者。”

许守白论宣窑

许守白曰：“宣窑之美，为有明一代冠，不第宣红、宣黄彪炳奕叶已也。青花、五彩各器，发明亦极多，咸为后代所祖，如‘轻罗小扇扑流萤’等诗句入瓷，实开其先。若海兽、人物把杯，亦极奇肆可喜。至于漏空花纹填五彩，及五彩实填花纹，皆绚艳悦目。又有蓝地填画五彩者，则夹彩之制盛兴矣。戗金之制，亦始于宣德朝。”

李乘骥评本朝名瓷

李乘骥，名任，居福州，藏名瓷甚多，鉴别精当。其评骘之言，足备研究，今录如下：

康熙瓷釉备而画工，质佳而色耀，价值之昂，殆无与匹。

单彩类，最为世人所宝重者有三种。一，果绿。绿色于康熙为最盛，故果绿之制特佳，底有两蓝圈，内载“大清康熙年制”六字，或为碎瓷。二，朱砂。康熙朱砂，底无记号，而其特征在于瓶口之缘带淡紫色，颈下始全为朱砂色，瓶之内面及底皆施白油，座带灰色而无油。三，霁红。霁红亦称美人霁，瓶与水壶为多，皆小件，底辄无油，有之者必载“大清康熙年制”六字，其特征在于淡红中显鲜红色，与有茶褐之点，背光则现绿影。价值极昂，八寸之瓶，值英金三千镑。

多彩类分为二种。一，三彩。康熙三彩，以黄、绿、赭三色为主，间用蓝、黑，有黄地绘赭绿者，有绿地绘黑赭者。绿地三彩极难得，底亦有两圈六字。二，五彩。康熙五彩，以绿、红、黄、赭、蓝为主，其瓶有黑地绘绿、黄、白、赭者，黑油中常带绿色，底两圈；有黄地绘绿、蓝、赭、白者，底两圈中有一方小形；其为红地者，底亦两圈，并有六字。又有白地、赭地等。瓶口为方形者极少。其碗画五彩农事人物者，底无记号，惟题金字诗句，印以制造人图章。（圣祖晚年特制之，以示国家尚农之意。）其盘底有两圈加十字者、两圈加六字者、两圈中画花者，有无记号者。然五彩瓶、盘之底，或以树叶为记号，又常有花纹。

黑地而绘彩者谓之“黑地彩”，恒于黑油之上盖以绿油，故油中常带绿色。康熙黑地彩以黄、绿、紫三色为主，黑地为油面黑，至瓶口渐变赭色，多不绘花，偶有绘菊花者，瓶之中或刷淡绿油。其盘有绘红绿花者，底两圈。

绿地而彩者谓之“绿地彩”，所绘多人物古事，读之者可以周知我国古代政治社会之状态。其最悦目者，绿地外，并益以油底之蓝色。（底无记号或粗底偶有两蓝圈，或树叶形。）更有绿地而有蓝釉者，（底多两蓝圈。）绘各色花草人物，价值甚贵。

蓝地而绘彩者，谓之“蓝地彩”。蓝有粉蓝、深蓝之别，蓝地有油底、油面之别。粉蓝瓶有斑点，色不停匀，其蓝常设于油底，深蓝则绝无斑点。康熙油底蓝五彩之制，在其中世，方格、树干用赭色，树叶用蓝色、绿色，花则红、蓝、赭、黄诸色均用。是时红色尚平淡，无彩釉，惟甚光耀。瓶上并用黑绿两圈或三圈。有底粗者，有座粗而底有油者。至其末，油底蓝五彩之盘，有用金油缘者，底两圈。

白地而绘彩者，谓之“粉彩”，其所设之色釉与他彩同，底多有两圈。

康熙多彩类，率绘人物，亦有绘佛像、八仙、鸟兽、（凤凰、麒麟等。）海产、（鱼、虾、蟹、海蛤等。）花木（以菊、梅、荷、牡丹为常，每绘蜂蝶以点缀之。）者。花之设色，多红、蓝，或间以黄、赭。有花黄而心蓝者，有花黄而心绿者。

康熙时已有铁沙，且常以黑绿范所绘者。浪纹（俗呼“水波浪”。）亦始于此时。

康熙之盘，常于其背绘花三朵或四朵，花多设红、黄、绿三色，其缘或为金漆，或为黄色。式不一，有凹槽者。

康熙宫中所用者，以黄、灰、白三色为主，然多以给价过廉，而釉质之佳，反不若民间所制，故御窑未必尽可取。

雍、乾时代之单彩，远逊康熙。（其时如朱砂颈无紫色，霁红不带绿影。）窑变独擅长，或红蓝灰杂色，或红绿杂色，或紫黄杂色，均极斑斓光泽。盖投烧之时，特将土胚通空气，使受化学作用也。雍正瓷质极佳，设色亦精致。康熙彩至此分为两流，一曰雍正彩，一曰蔷薇彩，又名玫瑰彩。

雍正瓶、盘，鲜有方形空格，又多假款，注明成化或万历年号，盘后多绘花。瓷之绘有柳树者，自是始。

雍正有五色斗彩。所谓“斗彩”者，无论碗、盘、瓶、杯，辄与其盖同其色彩、花样，犹之满园春色、桃李争妍也。其底鲜有记号。

雍、乾瓷色，有青花兼霁红者，而珊瑚红又兼别色彩釉。

雍正有八骏马盘，乾隆有千花瓶、五蝠瓶，均极精致。

乾隆之彩釉甚厚，白釉颇盛行，盘中辄有之，间杂以粉红。

乾隆瓷底多蓝印，或长方，或正方，载“大清乾隆年制”六字，或“乾隆年制”四字。乾隆末，有葛明祥者，独出心裁，制造瓷器，不识者辄误为窑变。实则窑变有眼，而此无之；窑变常为长纹而下垂，此则全为点染。所染之色，或蓝或绿，或黑而带黄。底粗，载“葛明祥制”四字，亦广窑之一种也。

嘉、道两朝，虽有御窑之设，技术远不及前。然为此时代所特具者有三。一，绿色代赭色绘方格。二，红色极发达，红色中之油面红，或红地白花，（多道光年制，载年号红印。）或白地红花，（嘉、道均有之。）又有全为胭脂红者。（底无记号。）三，白色浮瓷，始于此代。其制法，先以白泥油绘于釉上，或人物，或花草，入火之后，其泥油坌出而现白色花样，瓷地多蓝、绿、赭、灰等色。

嘉、道以降，瓷渐退步，日惟从事于古瓷、洋瓷之仿造矣。

瓷器之类至夥，除单彩、多彩外，尚有青花瓷、蛋壳瓷、煨瓷、碎瓷、雕瓷、洋式瓷数种。

青花瓷土胚先设蓝色，敷油烧之，历二十四小时即可成。此种以瓷质洁白、蓝色分明者为上。蓝带绿晶，其年必久，有时或变为灰、为黑、为紫。盖其所含者，镍与铁多则色灰，镁多则色紫。明时物，今罕见，成化尤少，正德时始于湖南得一蓝质，名为谟罕默德蓝，青花瓷自此始大进步。凡嘉靖时物，面常不平，或有开片，底有两圈，中书“嘉靖年制”四字，其质厚以重。康熙集其大成，制品特多，有纯为白地者，有兼油底红者，有略施油面绿者，有用铁沙圈者，有为金漆缘或棕色缘者。底多两圈，或更加六字，或无记号，或绘树叶。康熙时，大内用绘花者三万一千件，盘之白地蓝龙者万六千件，杯之绘两龙舞于云中者万八千四百件，碟之白地蓝龙蓝花爪抱福寿者万一千二百五十件。光绪末，有康熙青花瓶，蓝地绘白梅花，在英京售价五千九百镑，画极精致，色极润泽，上品也。间有康熙时物，而伪注明成化、万历年号者，亦光耀悦目。雍、乾已较康熙为逊。雍正尚有数事佳者，蓝色甚闪动，或更施他色釉。至乾隆时之可取者，惟青花瓷、蛋壳瓷与青花煨瓷而已。

蛋壳瓷创于明之永乐、成化、隆庆，万历官窑亦有制之者，历康、雍、乾三朝而不衰，瓷质纯洁，而薄如蛋壳，多盘、碗等品，乾隆时制者独否。尝见一康熙物，底注“大清康熙年制”，面绘玫瑰、蝴蝶，用蓝、紫、黄各色浮釉，其叶用绿浮釉，于强光线中照之，左右均有一五爪龙刻于胚上。雍正之蛋壳瓷，盘背多紫色，其面有五彩。乾隆时盘，背为朱砂色，并有金漆缘，或更有红线、黑线，而无年号，多绘官人物。此件在欧西之市价，约值五十镑至七十五镑，其最佳者可百镑。

碎瓷亦设白油，或他之彩色，（如果绿、宝蓝等色，惟无红色。）其里常粗，南宋时已有制之者。其法使气度骤降，油面收缩甚于胚，而极易碎裂，入火之后，即成碎瓷。其碎裂之大小，匠人能任意为之。灰白碎瓷多古式装狮头，或他物如八宝等。又多有浮出棕色之花纹，青花亦常见。

雕瓷亦称贡瓷，先刻花，而后敷油。宋已有之，及乾隆末复盛。

洋式瓷作于乾隆之末，自外人定制者半，自我国仿制者亦半，形式与常制异，所绘多西洋人物、屋宇。盖我国瓷器之佳，是时始为世界所赞赏，且以国人知瓷器之销路不局于国内也，乃略仿洋式以售之异邦。国人亦爱之，故洋式瓷日盛，且较西洋所制者为佳。

咸丰之世，内讧外侮相乘而至，无余力以研究瓷器，所制者惟一种白色之盘，缘作莲瓣形，底注红色年号，出江西。

同治仿造玫瑰彩，已不及嘉、道。盘、盌之属，底多绘红桃。光绪时起而效之，釉色乃益不及。惟同光瓷亦有为前代所无者，白色浮花瓷是也。其制法，敷白泥油于胚之彩釉上，入窑烧后，无论人物、花卉，莫不昭然若揭。至胚之彩釉，以设蓝、绿、赭、灰等色为常。底无记号。

我国瓷器，最初以青花及翠绿输入伦敦，色质之佳，极为西人所赞赏。欧洲瓷器相形见绌，华瓷销路因而日广，价值益昂。西人言青花瓷为美人、荷兰人所喜，收藏甚多。英、法诸国则好多彩瓷，故有青花加彩求售，而佳瓷反因入火而坏者。美人好霁红，法人尚朱砂，苟能投其所好，必利市三倍也。

许守白论康熙官窑

许守白曰："康熙官窑客货，无粉彩，惟御制料款之盌有之。其粉红为地杂以彩绘者，则尤罕。而市人不察，辄以胭脂水堆料款呼之，实不知粉红与脂水之迥然不同也。或谓此等堆料盌，乃雍正物而书康熙款者，亦非。"

许守白论康熙硬彩

许守白曰："康熙硬彩蓝、绿二色，堆起甚厚，历年既久，时亦有坼裂之患。红为深色之抹红，且较他色釉质有平凸之差，故亦易于褪落。"

许守白论古月轩瓷

许守白曰："乾隆瓷以古月轩声价为最巨。古月轩所绘，乃于极工致中极饶清韵，物尤难得，杏林春燕之声价，名噪寰区；疏柳野凫，亦殊绝也。当时由景德镇制胎入京，命如意馆供奉画师绘画，于宫中开炉烘花。或谓曾见有'臣董邦达恭绘'六字者。然寻其画之派别，殆出之蒋廷锡、袁江、焦秉贞之流也。"

大内有天地交泰瓶

天地交泰瓶，凡两对，一对高尺五六寸，一对高尺二三寸，乾隆款，五彩花瓶，分上下两截，上瓶腹部插入下瓶口部，两相衔接，成一瓶形，此"交泰"命名之所由来也。中部相接处能旋转自如，下瓶透花玲珑，可见上瓶之腹，制法奇特，理想所不及也。

大内有五彩转耳瓶

五彩转耳瓶一件，高尺三四寸，乾隆款。瓶之四面有圆格，四格有四季山水画，可与宋、元诸家比肩。格以外，五彩花纹甚鲜丽。短项大腹，项部一圆管套入管左右，有两耳，管能转动，不能提出，故名转耳瓶。

乾清宫有古瓶

乾清宫有所藏古瓶，高五尺，腹圆口方，遍镂龙鳞，其色黝然而古，扣之声铿铿。每雨，此瓶云气滃然，隔数百步观之，微茫中若有物蠕蠕而动。

玄天宫藏苗制花瓶

贵州思南沿河司之西岸钟山玄天宫，有花瓶二，高三尺，周一尺，内瓦而外铜，其色黯。其一有破坏处，盛则漏；其一虽有缺处，尚能盛水。

文子晋藏古瓻

宗室文昭，字子晋。原封镇国公，辞爵读书。家藏一古瓻，至宝贵之，而性喜吟咏，遇有所得，辄投其中以为常。

张叔未藏白瓷弥勒佛

张叔未藏白瓷弥勒佛，乃嘉庆癸亥二月廿六日，以银一饼购于武林市中者。高二寸六分，质甚薄，中虚，五窍皆通。釉落尽，见骨，如白石。骨相瘦（古同“瘦”）刻，衣履精妙，作开口笑，对之令人忘忧长乐。趺座底款曰“江鸣皋造”。是日同观者，为朱青湖、姜怡亭、屠琴坞。叔未有诗咏之曰：“龙华高会敞精蓝，貌出名瓷技孰谙。清供不妨斟米汁，薰修合便共香龛。尽开口笑称长乐，肯袒肩来作小参。料得江郎才有梦，诸天顷刻现优昙。”

张叔未藏明建文瓷笔架

明建文壬午瓷笔架，秀水钱箨石侍郎载旧物也。嘉庆癸亥秋，其孙顺甫出以视张叔未。丁卯夏，叔未购之。据款字中有釉，盖镌字于坯而后陶者，断非后人所伪造者也。

翁叔平得伪瓷瓶

翁叔平嗜古成癖，生平搜罗金石鼎彝之属甚富。柄政时，有贾人赍古瓶一具求售，翁视之古色斑斓，而其质甚轻，疑是秦、汉以上物。问其值，索三千金，还以半数，不允，欲持去。翁把玩不释手，卒以二千金购得。大喜过望，亟为贮水养花，置酒邀宾，相与赏玩。酒数巡，一客起近瓶侧，谛视之，讶其渗漏，以手举之，应手断烂。客大骇，细辨瓶质，乃熏染硬纸而成者。众大笑，翁亦爽然自失，急弃之。

张文襄得伪瓷瓮

光绪中，张文襄以鄂督入觐，留京师。偶游琉璃厂，瞥见一古董店装潢雅致，驻足浏览。庭陈一巨瓮，为陶制者，形奇诡，色斑斓，映以玻璃大镜屏，光怪陆离，绚烂夺目。谛视之，四周皆篆籀文如蝌蚪，不可猝辨。爱玩不忍释，询其价，则谓为某巨宦故物，特借以陈设，非卖品也，怅怅归。

逾数日，文襄偕幕僚之嗜古者往观之，亦决为古代物，又欲得之，令肆主往商。未几，偕某巨室管事至，索值三千金，文襄难之。询其家世，不以告。往返数四，始以二千金获之。舁回，命工搨印数百张，分赠僚友。置之庭，注水满中，蓄金鱼数尾。仆从或以刀试之，似受刃。一夕大雷雨，旦起视之，则篆籀文斑驳痕化为乌有矣。盖向之苍然而古者，纸也；黝然而泽者，蜡也，骨董鬼伪饰以欺人者也。

周氏藏宋均洗

洛阳周氏藏宋均洗二事，其一有“瀛台用品”四字，光绪庚子大内所失物也。

西人得宋均花盆及洗

均窑价甚昂，即一洗一钵，价必巨万。某年某赛瓷会中陈列二件，一为小花盆，巴尔氏以重价得之；一为小洗，某西人曾拟以八千金购之。某年由热河运古瓷至京师，多用大车，途中毁坏者虽不少，而偷漏者尤夥，内务府某官及旗人某某，勾结某古玩店为之秘密售卖。宋均佳品，已全为西人所得矣。

周竹卿藏柴窑小水盂

柴窑传世绝少，得其碎片，辄与金碧同价。钱塘徐印香舍人续娶仁和陆太君玉珍时，奁物不多，独有柴窑小水盂一枚，色鲜碧，质莹薄，为人间所罕有。舍人临池，辄用此盂注水。后赠南海周竹卿大令炳麟，大令欢喜赞叹，作长歌以谢。

王问卿藏鹦鹉啄金盃

明窑器之精者，无逾宣德、成化二代，宣乃远不及成。宣则鸡文粟起，佳处易见；成则淡淡穆穆，饶有风致，如食橄榄，妙有回味。王问卿家藏鹦鹉啄金盃，一名“四妃十六子”，又名“太平双喜”，淡白中见殷碧离离之色，宝光欲浮，使人爱玩不能释手。

许守白论永乐压手盃

许守白曰：“永乐压手盃，底之中心画双狮滚球，球内有篆字，为最奇之品。鸳鸯心者次之，花心者又次之。此为底内绘花之始。”

怀献侯藏众兽朝龙盘

素三彩之盘，以明嘉靖海马为最佳，中绘一团龙，旁列众兽七八，所谓“众兽朝龙”者是也。丹徒怀献侯舍人桂琛尝得之。

颜某藏瓷盘

康、雍、乾三朝官窑，制瓷极精，内务府库百余年来犹有存者。光绪初，以旧物无用，鬻之民间。粤人颜某购得乾隆时大内盛水果瓷盘二，盘内画鹌鹑一双，外作胭脂水色，娇艳绝伦，盘底有料款（烧料款也。）“乾隆年制”四字，盘口径约八寸，边沿宽一寸有奇。

吴彦复藏香瓷盘

香瓷种类不一，凡泥浆胎骨者，发香较多，瓷胎亦偶一有之。要必略磨底足，露出胎骨，而后香气歕溢。且香瓷最不易得。有土胎香者，有泥浆胎香者，有瓷胎香者，此自然之香也；有藏香胎者，有沉香胎者，有各种香胎者，此人工之香也，实皆希世之珍。有梳头油香者，则古宫奁具也。吴彦复曾藏一盘，径五寸。吴卒，遂不知所在。

名人搜求古甎

乾、嘉巨卿魁士，相率为形声训诂之学，几乎人肄篆籀、家耽《苍》《雅》矣。诹经榷史而外，或考尊彝，或访碑碣，又渐而搜及古甎（同“砖”），谓可以印证朴学也。于是苗先路得君子馆甎于河间，李申耆得廉颇墓甎于寿州，仪征阮文达、桐城吴廷康所得尤夥。而阳湖吕尧仙抚部古甎文拓本著录者，至二百五十三甎。嘉兴冯柳东著《浙江甎录》，编为四卷。同、光以来，则太仓陆莘农、归安陆存斋、满洲端忠愍所得，尤不可胜数矣。

毕秋帆赏古甎

毕秋帆抚陕时，值生辰，某令特具古甎十数方为寿，并将甎名搨出，装成册页，古雅可爱。毕见之大喜，出劳其仆曰：“我生日，惟尔主所赠，特风雅，甚荷厚意，然未免劳苦矣。”仆遽应曰：“然，即小人于此事，亦出力不少。”毕询其故，仆遽将其主人如何觅旧本摹仿，如何在某处定造，如何上色，如何使之剥落，如何使之生苔藓之术，一一言之，不稍讳。毕面赪，不作一语，拂袖而入，旁人皆匿笑。

阮文达藏汉晋八甎

阮文达积得汉、晋八甎，因题其室曰“八甎吟馆”，宾友联吟，乃编为《刻烛集》三卷。

张叔未得汉晋八甎于海盐

乾隆乙卯四月，张叔未以己亥秋海盐有海现之异，（相传每数十年辄有数日海潮，远退数十里，大风扬去浮沙，见井灶街墓基址，名曰“海现”。）城内外古甓累累，大半海现时所出，率为麻布文，数十百中，一二有文字，因买舟往觅之。至则见渔舍短樯中，有蜀师甎数枚，以百钱购之。其比邻妇孺见破甎可易钱，咸搜索以出，乃雇渔人担之以归舟。凡得汉、晋甎八，因名读书处曰“八甎精舍”。八砖之中，有汉永宁元年甎、太康年郭家葬甎。

赵宽夫好聚古甎

仁和赵宽夫明经坦，好聚古甎，于断垣败甃间，极意搜讨。前后所得，凡六十有一，为孙吴纪元者二，为两晋纪元者二十一，始吴主亮太平元年，迄晋孝武帝太元四年。为吉利语者四，曰“吉利叶宜”，曰“万岁不败”，曰“罼吉日造”，曰“六月黄吉”。为题识姓氏者六，曰“褚谒者”，曰“陈叔惟”，曰“贺信”，曰“章氏所作”，曰“章先作记”，曰“哙璧”。为古钱文者二十一，多六朝厌胜之品。为方胜者二，为人形者四，为双鱼者一。其字有篆有隶，悉方整古劲，画亦奇愕有致。宽夫珍之，因自号曰“保甓居士”。

孙月泉载甎而游

钱塘孙月泉，名承祖。质鲁好学，嗜古甎，而易为人欺。同治时游台湾，为郡县记室，月俸所入微，辄以购甎。每居停量移，则行箧辄十余具，皆甎也，真赝杂具。暇则出而陈之几，一一摩挲，至夜不倦。

况夔笙得甎于扬州

光绪戊戌九月，况夔笙以客授扬州故，自琼花观街移居旧城小牛录巷。其地距旧城遗址不远，虹桥西南有颓垣一角，屹立荒烟蔓草间，辄督郭姓老仆登城寻甎，辰往午还，肩荷蹩躠，殊苦。得甎一，旌以钱百。仆嗜饮，得钱供杖头，又甚乐。城筑于宋而甎则唐，盖当时取用他处旧甎耳。所得城甎七，其文曰“镇江前军”，书势精劲圆腴，神似郁孝宽书《武侯祠碑》，又文曰“镇江后军”，又文曰“镇江右军”。又文曰“扬州”，宋甎也，“扬”字从“手”从“昜”，质地色泽，不逮从“木”之甎远甚。又文曰“高邮县”，又文曰“全椒县”，又文曰“步军司交烧造修天长塔”。

一日，葺厨下短垣，得断甎，文曰“杨州”，书势劲逸。琢为砚，苍坚致润，非他甎所及。“杨”字从“木”。王怀祖《读书杂志》历引《史》《汉》、碑版以证“杨州”字，隋以前从“木”，唐人误从“手”。此甎尚不误，断非唐以前物也。

又一日于虹桥茶肆墙间见有甎，文曰“大使府烧造”。仆辈与之婉商，酬以钱二百，以新甎易之。较他甎稍薄狭，盖贾似道尝以同知枢密院事为两淮制置大使时筑城所造也。又于市墙见有甎，文曰“殿”，亦以前法得之。以上各甎，并阳文隆起，书势秀拔。惟天长塔甎字小而浅，疏率不工，疑出陶者之手。

刘铁云藏镫柄

欲探篆籀之原，必于陶器求之，而海内收藏家向鲜有所著录。光绪中叶则有陶器中之镫（灯）柄出见，大率为商、周时物，多三代古文，与钟鼎文相类。于是而可知真楷成于唐，唐以后无真楷；分隶成于汉，汉以后无分隶；篆籀成于周，周以后无篆籀矣。

灯为陶质，以膏燃火，使放光明者也。其制与荐熟食器之豆相似，上有如碟者以盛膏，中有柄，下有足。《礼记》“执灯”注云：“豆下跗也。”可知灯亦有有足者，非尽如《广韵》所谓之有足曰锭、无足曰灯也。刘铁云搜集灯柄至夥，最精者，尚五百余具。所镌之字，极类钟鼎文，非缪篆，故可确定其为商、周时物。镌字之处，或圆，或椭圆，或正方，或长方，或匾方，或尖方，且阴文为多，其为阳文者，则不及百分之一也。

李渔村藏季孙行父所城口古瓦

康熙时，东武有李渔村名澄中者，藏有季孙行父所城口古瓦二叶，其质甚坚。瓦口有籀文，一曰“千秋”，一曰“万岁”，字画圆润可爱，叩之作金石声。

成哲亲王藏铜雀台瓦

成哲亲王尝得铜雀台瓦，有明人之字錾其上，云得自漳水之滨，其质坚致如石。

张叔未藏晋瓦荷盂

乾隆己亥秋海盐海现时，嘉兴张德容曾往观之，买数瓷器，然率破碎不足重。乙卯三月十三日，其弟叔未游海盐，购得晋瓦荷盂与太康二年砖于海滨渔父，盖亦海中物也。盂瓦沙骨，釉如云母，外纯素，内絜荷叶七瓣，高二寸二分，口径五寸，口厚二分，底厚四分。黄省甫语叔未云：“昔随宦于新郑官署，山阴童二树携太康瓦券来，留赏累月，其色质绝与此类。”安邑宋芝山题是盂云：“此的是汉晋瓷。世上所谓古窑，隗嚣宫窟外，更无与此匹者，至足宝也。嘉庆戊辰闰五月。”叔未曾赋诗纪之。

张叔未见古盆

道光时，浚吴淞江，工人获古盆，似瓦非瓦，盛水则热，继且沸。旋以争夺致碎，盆为夹底，中画离卦，盖仿诸葛武侯刁斗之制也。张叔未尝见之。

赵撝叔考证新瓦

赵撝叔大令之谦工书，喜考证。在南昌时，某太守以新瓦刻古文，搨以示赵。撝叔大赞赏，即日援引古金石书，成考证一篇，洋洋数千言，意殊得。持以示某，某大笑曰："公亦受吾欺耶？此余赝物也。"出瓦示之，撝叔亦大笑。

刘燕庭藏唐善业泥造像

唐善业泥造像，前人未经著录。道光己亥，刘燕庭游西安慈恩寺，始于雁塔下物色得之，或全或阙，大小凡八具。全者一面一佛，坐莲台，二尊者侍下，或蹲二兽，荫以娑罗树，一面则"大唐善业埿压得真如妙色身"三行十二字，阳化遒劲，若敬客书。

王丹思藏宣窑蟋蟀盆

明宣宗酷嗜蟋蟀，曾密诏苏州太守物色之。时有苏州卫中某武弁，捕得蟋蟀一，猛勇善斗，传驿上贡，帝大悦，比照捕得首虏功，给武弁以世职，故吴中童谣曰："蟋蟀叫，宣德皇帝要。"当时官中贮养蟋蟀之具，精细绝伦，故后人得宣窑蟋蟀盆者，视若奇珍，其价值不逊于宣和盆也。王丹思殿撰敬铭曾于市中购得宣窑戗金蟋蟀盆一具，作长歌以纪之，中有"星移物换秋复秋，长闻唧唧虫吟愁。金花暗淡盆流落，流落民间同瓦瓯。延陵遗老昔曾见，铜盘双泪金仙流。长吟欲招古帝魂，鹃声溅血悲相酬"。戗金盆流传绝少，惟吴梅村祭酒曾藏一事，其集中有长歌纪之，低徊咏叹，以寓其开元、天宝之思焉。丹思所谓"遗老昔曾见"者，盖指此也。

陈其年藏供春壶

供春壶，茗具中上乘禅也，发明于明代吴氏婢名供春者。其后制此者有四人，曰董翰，曰赵良，曰袁锡，曰时鹏。鹏子名大彬，所制乃益擅场。继起者曰彭君实，曰龚春，曰陈用卿，皆不及大彬远甚。而大彬弟子曰李仲芳，制小圆壶则精绝，技在大彬之右。陈其年检讨所藏甚多。

陆贯夫所见时大彬壶

长洲陆贯夫，名绍曾，尝见时大彬所制茶壶，有分四旁底盖为一壶者，合之注茶，渗屑无漏，名“六合一家壶”，离之乃为六也。

张叔未藏时大彬汉方壶

时大彬汉方壶，隐泉王氏藏之百数十年矣，乃国初幼扶进士旧藏之物，其款用刀，书法逼真王羲之《换鹅经》。王心耕为张叔未作缘，叔未乃得之，赋诗志喜。张又起为之作图，吴兔床以隶字题图册，曰“千载一时”，并赋五古张之。兔床藏大彬壶三，皆不刻铭，不若叔未所得，壶底有欧阳修诗“黄金碾畔绿尘飞，碧玉瓯中素涛起”二句也。

张邦梁藏绾结壶

壶柄绾一结，伸之，可长丈许。明中叶，止庵初建时，西域僧携之至庵，或觅长柄种仿绾之，皆不遂。嘉庆时，壶入王氏对山阁，后归张叔未之子邦梁。壬辰冬，江苏何一琴尝貌其全身。叔未系以诗，并属受之辛缩图为册，别摹一幅。双壶结联者，叔未曾于京都厂肆见之，每以未购为惜。

汪森铭时大彬茶壶

茶壶以砂制者为上，盖既不夺香，又无熟汤气。供春最贵，第形不雅耳，亦无差小者，时大彬所制实佳，固不必专以受水半升为重也，但取其形式古洁，即可注茶。惟当试其盖，可随手合上，举之能吸起全壶者，则尤佳矣。徐印香舍人尝得一壶，乃细土澹墨色，仿佛银沙闪点，上有汪森铭云：“茶山之英，含土之精。饮其德者，心恬神宁。”识者审为大彬手制，非假托也。

屈翁山藏玉杯盘玉镇纸

番禺屈大均，字翁山，尝藏玉杯一、玉小盘一、玉镇纸一，皆汉代物。玉杯为歙县汪右湘所赠，盖翁山曾应右湘之征，作《嘉莲》诗二章。嘉莲实产右湘之水香园，右湘见诗叹赏，以为在所征同人诗百余篇之右，谓昔黎美周以黄牡丹诗称状元，郑超赉以金罍二器，今屈子亦可称为嘉莲榜眼，因以一玉杯，自所居黄山之下阮溪，寄赠翁山。翁山复赋《玉杯》诗二章以谢之，所谓“花园状头那有两，香园词客故多才”者是也。翁山窘时，尝以杯盘、镇纸并珊瑚笔架、象箸三十双，倩赵某质之长生库，委曲求情，仅得银两许，因作《质古玩行》以寄慨焉。

高宗题苏东坡玉带

江苏镇江江天禅寺（即金山寺。）之楞伽丈室，故楞伽台也，藏有苏东坡玉带。相传东坡赴杭过此，与佛印赌参禅语输却者。带装以盘，上下表里，高宗各题以诗。带系玉十余，中四方，为高宗命玉工补之者，上亦刊以诗。

承光殿南有玉瓮

承光殿南，乾隆乙丑建石亭，置元代玉瓮。瓮有白章随其形，刻为鱼兽出没波涛状，大可盛酒三十余石，径四尺五寸，高二尺，围圆一丈五尺，至元乙丑告成，敕置广寒殿。后屡易代，废置某道院中，为酱瓿。工部侍郎三和善鉴古物，于道院见之，贱价赎归，进上，仍置故处。高宗御制《玉瓮歌》，且命廷臣序和，以纪其事。

尹文端得尹吉甫玉圭

尹吉甫，四川泸州人，有庙祀之。庙藏玉圭，为当时遗物，长一尺三寸五分，色苍白而温润，盖温玉也。满洲尹文端公继善任川督，自称为吉甫后裔，亲往致祭，索圭观之，携之去。

蒋文恪有水晶玉鹅玉美人

常熟蒋文恪公溥有水晶一方，中有桃一枝，春荣夏实，与真桃同。又有玉鹅一，色黄，置暗室中，光从鹅背出，满室辉耀如白昼。又有一玉美人，通体白如截昉〔肪〕，惟口及私处，赤如丹砂。

某盐商得伪玉笄

光绪末，扬州有盐商某者，有嗜古癖。或以道士所戴玉笄求售，曰："是王右军物，世守至今，将售诸人，然非四千金不可。"某爱玩不释手，曰："价太昂，数百金可矣。"其人置物案间去。翌日，有客访之，讨论古器，某出此示之，客大笑曰："是某之物耶？是为伪以给汝耳。某年某月日，予在宜兴，亲见其定造，君何受彼愚之甚！"某为所激，怒甚，不复顾虑，遽拍诸几，应手立碎。

又数日，此人又持某贵公子函至，函中云："近闻有王右军时物，是真希世之宝，予已允价五千，闻物在君家，请交其人带下。"某见函，惧且怒曰："此乃伪物，吾已碎之矣。"其人则故为谨悫状，对曰："家贫，惟遗此宝物，本不应售，以贫故，出此为餬口计，幸畀我。"某曰："已碎之，奈何？"则又曰："前已言此物实值四千金，安有碎理？殆贵人知我待用甚急，戏我耳。幸检出畀我。"某为所持，乃实告之曰："前客言，某时见君在宜兴定造此，复有何说？"此人曰："在宜兴造，诚有之。"则探怀中一物示某云："曩以贫家怀宝，索观者众，虑有损失，故造此以供众览。若原物，则日前始取出也。"某至此瞠目相视，不能作一语。其人复曰："纵谓非宝，然家有敝帚，享之千金，亦小人之常情也。况物未成交，公何遽毁之？今某公子已允五千金以相购，吾恃此活命。公毁是，即毁五千金矣。奈何！奈何！"某为所挟，不得已，畀以三千金，始无言而去。

张叔未藏白玉璏

白玉璏色质温润，有红斑，系带之两旁，一在上，一在下，俱已摩泐，洵周时器也。嘉庆癸酉十月，张叔未购之于宋芝山。

张叔未藏縠文玉琫

《说文》所载，琫，佩刀上饰也。《小雅》："鞞琫有珌。"传："鞞，容刀鞞也。琫，上饰。珌，下饰。"《大雅》："鞞琫容刀。"传："下曰鞞，上曰琫。"许盖用毛说。琫之言奉也。刀本曰环，人所捧握也，其饰曰琫。《毛传》曰："天子玉琫而珧珌，诸侯璗琫而璆珌，大夫镣琫而镠珌，士珕琫而珕珌。"许说："天子以玉，诸侯以金。"张叔未所藏白玉縠文琫，缘带微璊，一面縠文，一面卧蚕文，惟出土未久，尚少温润。旧为赵晋斋藏物，道光乙酉秋归叔未，价银十饼。

先是，晋斋得此时，出土未久，光采尚蒙翳。既归叔未，摩弄数年，而縠文顽殭者，犹十之四五。后为金范湖之子鲁卿乔梓及张受之所摩，历数年，始温润，惟縠一颗之殭，未尽去也。

陈原心藏古玉八十一事

近世竞尚旧玉，真赝既极难辨，而摩洗莹泽，为术至多。有陈原心者，振奇人也，于击剑谈兵而外，尤好玉，似其父。尝落魄楚北，往往不举火。蓄一哑妾，日闭置之。辄手一玉，彳亍于市，且行且抚摩之。道光壬午，自楚归，其母手一箧付之曰："此汝父一生心力，易产所置，将留以待进呈者，皆三代物也。"原心受而检之，得古玉八十一事，光怪陆离，五色具备。其后秀水杜小舫方伯文澜，遇之于武昌陈东屏座上，谈次见其探背出一拱璧，大如盎，曰："此周代姜太公璜也。曾游晴川阁，堕三层楼不死，以背有此璜，能轻身，故自是常负之，不须臾离。"小舫窃笑其痴。及粤寇陷武昌，则原心方客大冶未返，哑妾与玉乃悉付浩劫矣。其所撰《玉纪》，本其家学而详论之，皆信而有征者，兹特移录如下。原心名性，江阴人。

名目　玉有古今新旧之别。新玉，人皆知之；古玉，则以入土不入土为断。入土重出之玉，世谓之旧玉。更有古时含殓之器，谓之琀玉。（口实曰琀。古人多以水银殓，因水银性活易流，遇玉则凝，故用玉以塞之。）不知者，遇旧玉皆称为“琀玉”者，非；更有音讹而呼为“汉玉”者，尤非。

玉色　玉有九色，元如澄水曰璺，（音兮。）蓝如靛沫曰碧，青如藓苔曰瑾（音笔。）绿如翠羽曰瓐，（音卢。）黄如蒸栗曰玵，赤如丹砂曰琼，紫如凝血曰璊，（音门。）黑如墨光曰瑎，（音谐。）白如割肪曰瑳，（玉以洁白为上，白如割肪者又分九等。）赤白斑花曰瑌，（音奭。）此新玉、古玉自然之本色也。至于旧玉，则当分别外沁之色。所谓“沁”者，凡玉入土年久，则地中水银沁入玉里，相邻之松香、石灰以及各物有色者，皆随之浸淫于中，如下染缸，遇红即沾红色，遇绿即沾绿色。故入土重出之玉，无有不沾颜色者。若无水银沁入，虽邻入颜色，亦不能入玉中。有受黄土沁者，其色黄，（色如蒸栗。）名曰“玵黄”。（若受松香沁者，色更深，复原时酷似蜜蜡，谓之“老玵黄”。）有受靛青沁者，其色蓝，（色如青天。）名曰“玵青”。（此青衣之色传染沁入，有深浅不同，有深似蓝宝石者，谓之“老玵青”。）有受石灰沁者，其色红，（色如碧桃。）名曰“孩儿面”。（其复原时，酷似碧霞玺宝石。）有受水银沁者，其色黑，（色如乌金。）名曰“纯漆黑”，（此非地中之水银，乃古时殓尸之大堆水银沁入，方有此颜色。）有受血沁者，其色赤，（有浓淡之别，如南枣、北枣。）名曰“枣皮红”。（此乃尸沁，非洁物也。）有受铜沁者，其色绿，（色如翠石。）名曰“鹦哥绿”。（铜器入土年久则青绿生，玉适与之相邻，为其传染沁入，复原时似翠石而更娇润。）此外杂色甚夥，有朱砂红、鸡血红、粽毛紫、茄皮紫、松花绿、白果绿、秋葵黄、老酒黄、鱼肚白、糙米白、虾子青、鼻涕青以及雨过天青、澄潭水苍诸名色。受沁之源，难以深考，总名之曰“十三彩”。又有各种巧沁花色。如虾蟆皮、洒珠点、碎瓷文、牛毛文、唐斓斑等名，皆出人意料之外。更有一种香玉，嗅之作奇南香气。（奇南，香木名，出海南，见《七修类稿》，俗称“伽南”者讹。）盖玉在土中，与香物为邻，年久受其沁，沾其香，非玉之自能吐香也。（欲试，须烹佳茗，置玉其中，香气自吐。）此种绝少，真稀世之宝也。

辨伪　旧玉与石，最难分别。世有美石，酷似脱胎旧玉者，不下数十种，亦具五色，皆坚硬，不可刀削，是在认其体质。如真旧玉，其体质必温润沉重，精光内含。如石类，皆干松轻脆，贼光外浮，非真巨眼，鲜不以燕石为玉。更有宋宣和、政和间玉贾赝造，将新玉琢成器皿，以虹光草汁罨之，其色深透，红似鸡血，（虹光草出西宁大山中，似茜草，其汁能染玉。用草汁入硇砂少许，罨于玉之文理间，用新鲜竹枝燃火逼之，则深入玉之肤理，红光自面透背。）时人谓之得古法。赏鉴家偶不知辨，或因之获重价焉。此等颇少，识家呼为“老提油”者是也。比来玉工，每以极坏夹石之玉染造，欲红则入红木屑中煨之，其石性处即红；欲黑则入乌木屑中煨之，其石性处即黑，谓之“新提油”。初仅苏州为之，近则遍处皆是矣。又有一种死玉，不可不辨。凡玉性畏黄金，若玉入土中，适与金近，久则受其克制，黑滞干枯，便成弃物，纵加盘功，顽质不化，若认为水银沁，则误矣。

质地　凡玉在土中，五百年体松受沁，千年质似石膏，二千年形如朽骨，三千年烂为石灰，六千年不出世，则烂为泥矣。如果三代以上旧玉，体已朽烂，其质松软，指爪亦能搯落。（名曰“老三代”。）若秦、汉时旧玉，质地虽已烂软，玉性未尽，非刀不能削落。若晋、魏、六朝旧玉，质地未松，其性尚坚，偶有软硬相间者，系南土中出世之物也。至唐、宋时旧玉，质地全在，坚硬如故，惟水银间有沁入玉中耳。

制作　三代以上制作款式，各代不同。夏尚忠，雕刻极细如发，尝有玉器上镶嵌金丝宝石者。（镶嵌系夏制，今人呼“商嵌”者讹。犹之宋刻乃周时宋国人所刻，所谓“宋人刻”者是也，今世谓为宋朝人所刻，谬矣。）商尚质，雕刻朴素少文。周尚文，雕刻细密而缛。夏用鸟迹篆，商用鱼虫篆，周用大篆，要皆阴文多在器内。秦兼大小篆，汉则小篆渐用阳文，多在外。三国、六朝以后，并用隶楷矣。

认水银　凡旧玉，必有水银沁入，赝旧则无。盖玉喜水银，玉入土中，久不透风，则朽烂体松，地中随处皆有水银，故水银淴入玉之肤理。（此非殓尸之水银也。）看水，更须分别老嫩。若三代以上旧玉，水银在内，已结成块，干老色滞，参差错落。若秦、汉时旧玉，水银虽结成块，其色鲜亮。若魏、晋、六朝时旧玉，水银明滉活泼，有成片者。若唐、宋时旧玉，水银吸入未老，得人之热，滚动易出也。

地土　旧玉须分别何处土中所出，如陕西、甘肃、山西、四川诸省，谓之西土，地土干燥，玉在其中，虽烂似石灰，而棱角文理全无损蚀，最为上品。其直隶、山东、河南、湖广以及江苏之徐州、安徽之颍州、六安诸处，谓之中土，地土虽干不燥，玉在土中，年久稍有瘢痕者次之。其余各省，皆谓之南土，玉在土中年久，文理大半模糊，且缺损者多。惟沿东海一带出盐之处，谓之咸土，玉在其中，不百年已腐烂不堪矣。

盘功　凡三代以上旧玉，初出土时，质地松软，不可骤盘，只可在手中抚摩，或藏于贴身，常得人气养之，年余，玉气稍苏，谓之“腊肉骨”。又养一二年，玉稍复明，谓之“腊肉皮”。（云“骨”云“皮”，以其状相似也。）养之年久，地涨自然透出，层厚一层，渐渐复硬。再挂再养，色浆亦自然徐徐铺满，还原十足，酷似宝石。此之谓“文工”，非十余年不能成也。若欲速成，须用武功，亦必得人气养之复硬，然后用旧白布轻轻擦之，稍苏，再换新白布，愈擦愈热。（数人昼夜替换轮擦，不可间断。）水银自从土门内渐次挤出擦落，其中灰土亦随之而去，（水银透出处谓之“土门”，甚至裂成大缝，复原时水银自然去尽，融化无迹，不知者多误认为损璺。）于是玉气渐渐透明，颜色徐徐融化，地涨亦层层透足，色浆亦处处铺满。三年不间断，可以成功，既苏且明，酷似水晶，仍须人气养之，方能还原如宝石，此谓“武功”也。及其成功，皆是脱胎旧玉。“脱胎”云者，玉器埋土中三四千年，朽烂如石灰，出世，常得人气养之复原，石性全去，但存精华，犹之仙者脱尽凡胎之意。其玉晶莹明洁，毫无渣滓瑕疵，似宝石而更含光纯粹，乃阴阳二气之精也，故称宝玉。此非亲历其境者不知，亦非初学赏鉴家所肯信也。至其终始颜色，时聚时散，变化多端，竟似晴云舒卷，幻化无心，令人莫测，亦莫知其所以然也。不独旧玉可养，即宝石、珊瑚，入土厄烂，得人气养之，亦能脱胎复原。惟蚌珠入土，不过百年，已成灰土矣。如入土虽已受沁，而未经厄烂之旧玉，年代较近，其体尚坚，尽可用灰提法（用栗炭灰、木贼草泡水，入银硝少许，合装大瓦罐内，将玉悬空挂于其中，用栗炭火煮之，水浅随添，以提出玉中水银、灰土为度。）煮之，提出玉中水银、灰土，再看身分，或用猪鬃刷，或用棕老虎，或用麸皮袋，或用米粉袋等法盘之，成功较易。然看火候最难得法，太过、不及，均于玉有伤，不若人气温和，养之稳妥，不谙者未可轻试也。

养损璺　初出土之旧玉，质地未坚，尚有误碰损璺，（音“问”，破损痕也。杨子《方言》：“秦晋器破而未离谓之璺。”）只要不落，即挂在贴身，常时养之，日久自能合拢。

忌油污　旧玉地涨未足、色浆未满、土门未合之前，尚有水银、灰土在内者，切忌沾染油腻，并妇女污手盘玩。倘沾油污，则土门闭塞，水银停住，灰土久不能出矣，纵加盘功，终无益也。

金螺青幼而爱玉

金螺青太守吴澜，幼而爱玉。一日，读《鲁论》朱子注云：

“君子无故玉不去身。”及自塾归，即从其母乞玉以为佩。其母检一二事以授之，曰：“守身如玉，勿倾跌焉。”其后读戴《礼》，至“君子比德于玉”句而憬然有悟，益好之，自是而搜罗之旧玉充斥于箧笥矣。

杜小舫藏古玉钏

杜小舫富收藏，多旧玉，尝出古玉钏以示金螺青曰：“此真脱胎旧玉，净如水晶，明若玛瑙，每风雨将至，先现白雾如絮，历历不爽也。”

端忠愍藏汉玉圈

端忠愍尝以千金获一汉玉圈，羊脂底，面有朱砂斑。圈初藏某氏，某殁，其子素游荡，以二百金质于人。其人设计吞之，讼诸官，得直。后穷乏，乃使贩古者持诣端，端予以千金。

金明斋藏汉玉扇坠

金明斋藏汉玉扇坠，镌鸳鸯，纹甚精细，闻为唐武则天殉葬物。

朱剑芝藏汉玉螭

朱剑芝有玉螭一，甚珍之，斯须不去身，盖汉玉所制者也。

太和殿有白玉缸

太和殿前有白玉缸二，中植菡萏，翡翠为叶，披霞为花，金屑为泥，明禁中故物也。光绪庚子以前尚存。

圆明园藏水晶

圆明园天地一家春陈设水晶一方，中有物若珊瑚，旁一蚁甚大，朔至望则由末至颠，望至晦则由颠至末，每月之大尽、小尽无不皆然。

何润生藏碧玉水注

何润生观察恩煌曾藏软玉水注，色明透，若碧玉、沉香玉，产于大丽江之摸梭山。初出穴时，柔如石膏，见风始坚。

宗啸吾所见晶坠石子

同治庚午，宗啸吾司马在都时，曾于某邸见有所藏水晶扇坠一枚，状如鸡卵，中有若蜜蜂者，蠕蠕欲动。又于一亲串处见有石子一，青赤色，入水则现一天然秘戏图。谓天地生物，真有不可以理解者，二物皆目睹，否亦未敢遽信也。

孙景高藏虹桥板

福建大藏峰山有洞，其凹处有板，大小千百余条，横斜架立，千万年不朽不落，色如陈楠。相传宋朱文公云是尧时居民所栖避洪水处，后水退而木存。然观其木，不类曾受斧斤者。洞中罗列群木，山下滩水湍急，舟不能泊，袁子才实亲见之。后至杭州，又见孙景高家藏虹桥板一片，木微香，肌纹细润，上镌梁山舟侍讲诗。

吴尺凫藏妆域

吴尺凫藏妆域，曾与杭堇浦、沈栾城、厉樊榭、赵功千、赵意林联句以咏之。妆域者，形圆圜如璧，径四寸，以象牙为之。面平，上镂树石人物，丹碧灿然，背微隆起，作坐龙蟠屈状，旁刻“妆域”二小字，楷法精谨。当背中央凸处，置铁针，仅及寸，界以局。手旋之，使针卓立，轮转如飞，复以袖拂，则久久不能停，逾局者有罚。相传为明时宫人角胜之戏所用也。

黄小松藏妆域

黄小松司马易曾藏妆域一具，琢象齿为之。其体圆径二寸五分，面平，底稍隆起，正中有脐，六棱突起。脐中桌（卓）一锥，长三分寸之一，如镫（灯）心而不锐，可使几上旋转者，即此锥也。六棱之四周，镌有小楷字，自右而左，顺读曰“甲寅年七月二十四日造，李得仁”。盖万历二十四年也。六棱之外，云气缭绕于仙山楼阁、琪花瑶草之间。下有二鹿，牝牡相倚，文显而不深。其正面则楼馆、山树、人物，皆镂空飞动。洼处大小二艇，酒罇、舟子相待，老羽衣翩然携琴，童子继至。

摄影木屏

光绪时，某官藏古器甚多。有插屏一架，以木为之。屏上现一农夫扶犁叱犊状，须眉毕现，栩栩如生，耕牛亦活泼可爱。谛视之，非绘非刻，盖木中自然之影也。质之主人，则曰：“此为台湾所产之奇木，其皮质与常木无异，惟解剖而中分之，则纹理显然，宛如大理石，山水人物之状，无一不具。”人初莫明其故，按之物理学，盖此树有摄力，能摄前后左右之景物，而留其影于树中，如西法摄影术然，遂名为“摄影树”。土人甚珍视之，一片值数百金。

黄椒升藏周公瑕紫檀椅

周公瑕有紫檀椅，其椅背之板有四句云：“无事此静坐，一日如两日。若活七十年，便是百四十。戊辰冬日周天球书。”天球，公瑕名也。公瑕生明正德甲戌，卒于万历乙未，年八十有二。此戊辰为隆庆三年，时年五十有五。嘉庆戊辰闰五月，张叔未咏此器云：“止园当日此静坐，屈指于今五戊辰。剩有句题坡老好，恰宜案共墨林珍。香炉茗椀长吟厀（厀，古同“膝”），清簟疏帘自在身。一活未徒百四十，大椿还有八千春。”盖椅为海盐黄椒升都事锡蕃所藏，因乞叔未书之，复刻于上，并钤“古鉴斋”印。

张叔未藏项墨林棐几

去秀水之新篁里可五六里，为罗汉塘，萧氏世居之。颇富藏书，并蓄项墨林棐几。几高禾中之衣工尺二尺二寸三分，纵一尺九寸，横二尺八寸六分，文木为心，梨木为边，右二印，曰“项”，曰“墨林山人”；左一印，曰“项元汴，字子京”，盖天籁阁严匠望云手制物也。张叔未以葛见岩之介绍，购得之，因作铭，索其兄文鱼书之，铭曰：“棐几精良，墨林家藏。两缘遗印，为圜为方。何年流转，萧氏逻〔罗〕塘。火烙扶寸，牙缺右旁。断虀切葱，瘢痕数行。乾隆乙卯，载来新篁。葛澄作缘，归余书堂。拂之拭之，作作生芒。屑丹和桼（同“漆”），补治中央。如珊网铁，异采成章。回思天籁，劫灰浩茫。何木之寿，岿然灵光？定有神物，呵禁不祥。宜据斯案，克绰永康。爰铭其足，廷济氏张。书以付絜，其兄燕昌。”

刘葱石藏大小忽雷

大忽雷、小忽雷，本马上乐，又名二弦琵琶。忽雷，即鳄鱼，其齿骨可作乐器，有异响。经曰：“河有怪鱼，厥名曰鳄，其身已朽，其齿三作。”“忽雷”之名，实本此。而其作也，盖唐韩晋公奉使入蜀，至骆谷山椒，巨树耸茂可爱，乌鸟之声皆异，下马以探弓射其颠，枝柯坠于下，响震山谷，有金石之韵。使还，戒县令募樵夫伐之，取其干，载以归。召良匠斲之，亦不知其名，坚致如紫石，复有金石线交其间。遂制二乐器，名大者曰“大忽雷”，长今营造尺二尺八寸五分，似琵琶，止二弦，凿龙其首，螳螂其腹，牙柱龂龁，左右相向，背施朱漆，上加采绘，有金缕红纹，蹙成双凤；小者曰“小忽雷”，长营造尺一尺四寸七分，准汉建初尺一尺九寸四分，面广七分，亦二弦，龙首凤臆，蒙腹以皮柱，双弦吞入龙口，一珠中分，颔下有篆书，嵌银“小忽雷”三字，牙轸二面，广四寸，背正书“臣滉手制恭献，建中辛酉春正书”等字。

大小二忽雷先后入禁中。文宗朝，有内人郑中丞（中丞为宫中女官。）善弹之。太和乙卯，李训、郑注谋诛宦官，宫掖骚乱，始落民间。康熙辛未，曲阜孔东塘农部得小忽雷于燕市，赋诗纪之，即镌之于两牙轴下，首咏云：“古塞春风远，空营夜月高。将军多少恨，须是问檀槽。”次咏云：“中丞唐女部，手底旧双弦。内府歌筵罢，凄凉九百年。”东塘殁，为王斗南观察所得，以转赠孔泗源太守，而又曾为成哲亲王所藏，后归汉军继莲龛方伯昌。嘉庆庚辰夏，莲龛自桂林寄赠刘燕庭方伯。未几而燕庭嫁女于卓氏，遂为卓所有。海颿相国筑小忽雷斋以藏之。久之，亦不能守。光绪丁酉，李文石观察葆恂曾见之于都门厂肆，索值千金。寻为贵池刘葱石参议世珩所得，时葱石方官京师也。

葱石既得小忽雷，以为迭经劫火而未遗失，则大忽雷或亦尚在人间，乃百计物色之。宣统庚戌十一月，葱石访大兴张瑞山琴师，与之纵谈古乐。瑞山言三十年前，得一古乐器于市，曰大忽雷。葱石索观，瑞山为取而弹之，其声清越而哀。越翌日，葱石携小忽雷访瑞山，以二器并陈，见其断纹隐隐，谛审之，觉与旧藏唐雷威、雷霄制琴，断纹髹漆绝似，益信其为唐物。瑞山知葱石之喜而欲之也，割爱归之，于是大小忽雷皆为葱石所有。葱石大喜，遂倩闽县林琴南孝廉纾为作《枕雷图》，而名其阁曰“双忽雷阁”。

葱石更属况夔笙题《凤凰台上忆吹箫》词以张之，词云：“别殿春雷，长门夜雨，玉葱银甲当年。怅劫尘甘露，旧谱荒烟。艳说延津一剑，新乐府唱彻琼筵。（孔东塘得小忽雷，曾作院本以张之。）谁得似，紫云双贮，中垒清缘。　吟边，摩挲倦枕，对如此江山，浅醉闲眠。漫《霓裳》法曲，回首开天。贻我故山诗事，从桂影曾拂么弦。（小忽雷曾在伊小尹处，后归继莲龛，自桂林寄贻刘燕庭。）知音少，珍琴更携，（葱石又藏唐雷威、雷霄制琴，断纹髹漆，并与两忽雷同。）何处成连。”

听松庵藏竹炉

无锡惠山听松庵有竹炉，明物也，制古而雅。洪武时，听松庵主僧性海真上人之道行，为时辈推重，日汲泉试茗以自怡。有湖州竹工进曰："师嗜茗，请以竹为茗具，可乎？"乃遂制炉，性海示以法。炉之制，圆上而方下，高不盈尺，织竹为郭，筑土为质。土甚坚密，爪之，铿然作金石声，而其中歉然以虚，类谦有德者。镕铁为栅，横截上下，以节宣气候。其外则有为瓶之似弥明石鼎者一，为茗椀者四，则皆以陶为之。

永乐初，性海至虎丘，留以赠潘克诚，自是在潘氏者六十余年。成化时，杨孟贤见而爱之，抚玩不已。潘之孙某慨然曰："如岂珍于昌黎之画，而吾独不能归好事者哉？"乃以畀孟贤。孟贤之兄孟敬取而归焉。丙申，秦廷韶知之，谓"物各有主，炉固惠山物也，他人何有焉"，乃为物色之以归于庵。乾隆庚子，高宗南巡，王述庵侍郎昶扈跸至惠山，游庵，见炉而爱之。顾晴沙观察时方家居，特仿其式制一，以赠述庵。

或曰，竹炉在国初已亡失，康熙甲子，顾梁汾舍人贞观于京师成容若侍卫德斋中所见而携以归者，且为赝鼎矣。

《竹炉图》，在明有三。一，九龙山人为性海制；二，履齐写；三，成化丁酉冬吴珵写。在国朝，则张宗苍有奉敕所画者。乾隆乙亥，图卷为无锡令邱涟取入其廨，不戒于火，悉被毁。大吏入奏，高宗亲洒天笔，为作第一图，复命皇六子补第二图，贝勒弘旿补第三图，董文恭公诰补第四图，御制诗章冠于卷首，以还旧观。

李芗甫藏髹漆椀

临川李芗甫观察秉铨，尝于京师琉璃厂肆购一髹漆椀，面径七寸有奇，口底坦平，四周作连环方胜纹，雕镂工细，作深赤色，椀底镌"沆瀣同瓯"四字，正书阳文，浓金填抹，古色缤纷，乃明永乐朝果园供御漆物也。李极宝贵之，不轻示人。及官粤西，桂抚为成果亭中丞格，思以汉玉盘易之而不可得，乃集同官为诗歌以纪之。

张叔未藏明沈叔雅宋砚匣盖

明沈叔雅宋砚，匣盖朱漆，岁久，古雅可爱。张叔未泊舟由拳里，见于陈氏米肆。肆友陈星九知叔未之爱之也，遂乞其书扇，举此以为赠。叔雅，明之嘉兴人，《珊瑚网》称其篆隶八分，董文敏《戏鸿堂帖》，摹勒出其手。是此砚必臻神品，惜椟在而珠已亡也。

朱竹垞藏玻璃砚

玻璃在国初尚为珍宝，故袁子才所建随园，以紫玻璃镶牕，一时咏之者几及百人。朱竹垞有玻璃砚一方，大仅如小儿手掌，四缘刻铭识殆遍，俱镶以金，底边隐隐似水纹，盖钱牧斋之物也。

报恩寺有琉璃狮子

明永乐时，江宁南城外建报恩寺阿育王舍利塔，高二十四丈六尺一寸九分。塔顶以风磨铜为之，口径二尺六寸。其塔以琉璃为瓦，而嵌狮子于上。咸、同间粤寇之乱，塔毁于火，仅存琉璃狮子一座，为包氏所得，高一尺六寸半，头距尾长一尺八寸，座宽一尺六寸，全身蓝色，爪、眼、齿皆白色，球及座皆绿色，绳黄色，卷毛亦黄色，耳际微损，余皆完好如故。

江玉屏见侧理纸

江玉屏，博物君子也。尝适市，见有纸厚半寸许，连叠，揭之成球，旁无端缝。人皆不能识，玉屏以为古侧理纸也。或谓其得之于鲍渌饮家。玉屏名立，乾隆时人。

张芑堂藏金粟笺

乾隆中叶，海宇晏安，高宗留意文翰，凡以佳纸进呈者，皆蒙睿藻嘉赏，由是金粟笺之名以著，词馆且尝以为试题。金粟山有金粟寺，在海盐县西南三十里，自孙吴康僧开方（山），历唐、宋以来，称大丛林。创设经藏，纸皆坚韧可贵，硬黄复茧，内外皆蜡摩光莹，以红丝阑界之。其书为端楷而肥，卷卷如出一手，墨光黝泽如髹漆，可鉴。纸背每幅有小红印，文曰“金粟山藏经纸”。有数千轴，后人剥取为装蹮之用，零落不存，世所称为“金粟山藏经纸”者是也。或云唐时物。然其纸间有元丰年号，则为宋藏无疑。

张芑堂尝于童时见古书面，多以金粟笺为之，间有作书画标签者，而吴上装潢家大半以伪者代之。明代名流书画，悉用藏经笺全幅。至国初，则查二瞻辈以零星条子装册，供善书者挥写，可知纸在彼时已不易得，宜今之绝迹于市肆，而仿造者且不佳也。

俞筱甫藏金粟笺

金粟笺有最长者可印五十八字，其印称“许咸熙妻陈五娘等舍藏经纸七千幅”云云。是物近已不可得，况澄心堂所制纸乎？俞筱甫曾藏五枚。

梁山舟藏黄色藏经纸

梁山舟藏黄色藏经纸，朱印二种，一押书，一“庆政□锡”四字。

张芑堂藏法喜寺藏经纸

海盐法喜寺藏经，流传绝少，惟曾有背纸几番，为张芑堂所藏，光洁如玉，与金粟笺无异。钤印有三，一曰“法喜大藏”，作一行；一曰“法喜转轮藏经”，作两行。陆贯夫曰：“法喜转轮藏经亦有圜印者。”

宋牧仲藏墨

宋牧仲性嗜墨，珍之如拱璧。官黄州通判时，尝得墨三十六丸，盖为积岁访购及张长人所赠者也。长人，广济人，名仁熙，牧仲之部民也，尝言曰：“昔苏子瞻在黄，于雪堂试墨三十六丸，抡其佳者，合为一品，名曰‘雪堂义墨’。歙人吴叔大遂仿其意，作义墨三十六丸，虽不免时制，而肖形取象，物料精工。余昔珍藏之，今墨皆散去，而雪堂墨匣犹存。暇日搜牧仲所藏及余家所藏旧墨赠之者，亦得三十六丸，因以其匣并遗牧仲贮之，亦雪堂遗意也。”又按王朗守会稽，子肃随之东斋，忽夜有女子从地出，称玉女，晓别，赠墨一丸。肃方欲注《周易》，因此才思开悟。牧仲判黄五年，构东斋于雪堂之左，著书吟讽其中，今将母楼诗往往称“东斋”者是也，亦与古人偶合耳。

三十六丸，乃康熙庚戌所得，今记之如下。

方正牛舌墨，有“极品清烟”四字。论墨家多推方氏，几与小华道人等。牧仲一日谓长人曰：“吾藏墨有方正者。”长人急呼曰：“得非牛舌墨乎?”发视，果然，盖诸家推方氏以牛舌为最耳。

邵青丘瓜墨，有“青门遗”三字，此绝无仅有者矣，倍价购于舒氏。舒氏以长人为知墨人也，复售之。

程君房、寥天一，为明万历庚戌，长人家世藏，经兵火所仅存者。所谓“有墨气，无香气”，与于鲁反者也。君房墨最有玄元灵气，而有时寥天一反踞其上，盖所值工料偶胜耳。

程孟阳古松煤墨，阴有铭，阳有孟阳像。沈珪者，嘉禾人，往来黄山，取古松煤，杂朱漆滓烧之云。韦仲将法孟阳，本此。唐、宋以来，多松烟墨，少油烟墨，故苏子瞻得油烟墨而宝之。今油烟胜而松烟遂少，即有之，质轻善颓，昏糯耳，此独佳绝。

孟阳者，松圆诗老程嘉燧也，钱牧斋《列朝诗集》中推为嘉定高士，其墨固足传也。

又松圆阁墨一截，上大书“程孟阳”字。

程君房陈玄墨，制极大，存其碎余，坚光射人，如小儿目睛可爱。

君房玄元灵气阿胶墨，明万历庚戌，薄甚，重不满钱。其制一而厚者，长人屡见之，包以绫，文画牡丹其上，匣亦异今时也。

余端蒙墨精，不知何年制，有墨精缘起，载明皇所见甚悉，极香，亦非近时物。

汪仲嘉公孙合造李法墨，有“百年如石，一点如漆”二语。“李法”二字，近墨家多用之。

汪仲嘉山灶轻烟复古墨，万历丙午。

方于鲁青麟髓小墨，有“世宝”字，近程凤池遂以“世宝”名第一墨。

于鲁、寥天一墨一截，青麟髓，为于鲁第一墨。长人见其数十种，制各不一。有方者，正画一麟，多用熊胆，舐之甚苦。舌形者，横作龙形者，龙缠身而衔珠于其口者，有云“于鲁超世之墨”者。长人有于鲁九玄三极墨，与君房墨并藏兵火中，先人手泽也。赠牧仲矣，再索视之，云为好事者夺去，惜哉！于鲁初执事君房家，已自为墨，遂狎主齐盟，不相下，至讼于官。尝以赝者应郡守古某之重购，古怒，请验于汪左司马，逮而笞之。邢子愿号知墨，每云：“于鲁规模、色泽胜耳。左司马羞愧太玄、董狐，或别有秘，合为司马出一瓣香，未可知也。”要之，幼博、君房侠于墨，意专在名；于鲁多为利，利则真赝杂出无疑矣。君房墨有次第，而烟皆佳，至最下，为妙品，亦足当上乘，此两氏之别乎？

潘方凯开天容墨，明万历庚戌，如韦轩宝藏。长人旧有数种，方圆不同，皆漱金，亦检以赠牧仲。牧仲所自藏，金退矣，殆藏之未得其道也。

汪季常一茎草墨，明万历庚戌。

叶环源玉髓墨，形小圆，阴书“环源”、阳书“玉髓”四字耳。又一种形方，上画奎像，亦精绝。董香光生平好用环源墨，环源遂大知名。

吴幹古秋叶墨。

吴玄象紫雪墨，亦数种，有“玄枵之精”“原始之液”“九转百炼，神明紫雪”铭。兹所列，乃栎社居士家藏者。紫雪形模皆质古，当明天启时，百昌以富，巨万贾祸，宜不惜物力为墨。其真者不在程、方下，近所拟，乃俗甚。

吴去尘墨一截，不知何人制。去尘在启、祯时，始为博古新样，品目六十余种，炫耀光景，较之君房，土羹而象箸，大抵效法邵格之所为者。然形式既殊，物料绝胜，其床头捉刀，遂复寥寥不可多遘。久索，乃得此以奉牧仲。去尘所藏颇侈，今乃若海上三山，世变使然耶?

黄宾、王龙文双脊墨，明万历辛亥，有铭，自书“放言居士”，东林所称黄正宾者是也。

紫云阁藏墨，上书“壬寅春制”，不知姓名，亦精甚。

吴君章太紫重玄墨，守玄居监制，世传其天峰神物佳，长人见之，谓亦松烟之颓焉者。

方澹玄非烟墨，明万历癸丑，旧见其《墨说》。

吴乔年知止堂柔翰斋墨，明万历戊午，圭形。

詹云鹏金盘露墨，作落花流水制，漱金。舒小康以寿长人者，后赠牧仲。

德藻堂水苍玉，上书“季园墨”。

吴荩卿写经墨，小不盈寸，上书《心经》一卷。此等殊不异，叶柏叟辈亦仿此，所刻《心经》，更楷。

群玉册府大圆墨，不知何人制。

朱一涵双渟花光墨，凤文，漱金，铭曰：“日中黑帝澄玄渟，月中墨帝渟属金，是曰双渟。双渟之精，澹漠无形，宰万物而天下文明。”此一涵第一墨，长人旧多藏之。

汪美中一茎草墨，明天启甲子。

吴叔大天琛仿古箸小墨。

软剂天琛仿承晏墨。

新安上色墨，亦天琛，此玄粟斋第一墨。其所仿雪堂义墨，皆以“天琛”行。

涂伯经龙宾墨。

吴鸿渐漱金青麟髓墨。

吴鸿渐玄虬脂桑林里第一墨。

自朱一涵至此八墨，皆时制，所谓“桧以下无讥”者也。然时墨亦有绝佳者，如凤池世宝、叶玄卿太乙玄灵柏叟，最上乘，不可胜数，亦当旁搜以资著书之用。

越十四年而为康熙甲子，牧仲于人日，检笥中所续得者，又三十四丸，今亦记之如下：

止云馆写经墨，一面“方氏珍藏”，两旁“彦成专制”，万历丁未明一元造，上漱金字嵌珠，重四钱一分。

寥天一，下画一主人方印，一面“汪伯玉铭建元墨”，旁“辛丑”字，重二钱一分。

草玄亭墨，旁“庚戌吴汝修制”楷书，一面双螭嵌珠，上倒“香”字小圆印，漱金，重二钱三分。

龙香剂，说虎斋藏，上“庚戌”字，洒金嵌珠，重三钱二分。

龙香剂，一面“十笏斋”篆书，两旁“明万历甲辰年歙吴康虞造”行楷，重四钱五分。

墨皇，一面“汪儒仲藏于快雪楼上己未”字，楷书，重一钱七分。

方于鲁瑞元极品，漆成断文，重七钱五分。

玄蝉露，一面“精一斋藏”，上“辛亥”，楷书，漱金，重二钱四分。

来喜阁制墨，下“觉我”方印，“万历己未”楷书，墨首两面盘螭，如古碑，重一钱三分。

九玄三极，一面“建元”二字，楷书，式甚奇古，重一钱八分。

羲苍篆墨，“绂麟斋藏”，篆书，“歙方于鲁仿易水法造”，楷书，一面“龙文子封氏督制”小字，漱金嵌珠，重四钱二分。

玄元灵气，下“程幼博”方印，一面程大约铭上“庚戌”字，旁“君房氏”三半字，薄甚，重二钱一分。

观妙斋墨，一面“吴肇一制”，旁“万历壬子”，楷书，漱金嵌珠，重二钱四分。

玄玉，一面“吴云卿珍藏”，八分书，重三钱六分。

青藜光，一面“蕴真阁藏，歙方林宗制”，上为“朱太史先生珍赏”，上下云头，方印“林宗”二字，重四钱六分。

空赏斋墨，楷书，漱金，上嵌珠，重二钱三分。

祝彦辅九玄三极，楷书，边微高，重二钱一分。

函一墨，下“尚友斋”印，一面“曹和初制”，重一钱七分。

玄精，一面“闲道人”三字，八分书，下“东冈”印，落花流水式，涂金，重二钱。

寥天一，一面“吴玄象监制”，楷书，上下作云头，重二钱二分。

双渟花光，一面朱一涵铭，八分书，漱金漆边，重九钱二分。

爽阁墨，一面“壬戌大年氏藏”，洒金，圆而扁，阔一寸，长倍之，重三钱六分。

虚白斋墨，一面“壬戌年制”，行书，洒金线边，上圆，重四钱二分。

吴大年仿李法，一面“水华居珍藏”，上“壬戌”二字，漱金线边，重二钱八分。

野弦堂藏墨，一面“崇祯元年”，楷书，圆印有“家”字，方印“浚明”字，重二钱一分。

延陵吴元养墨，篆书，旁“崇祯年造”，楷书，镇纸式，重一钱四分。

右墨二十六笏，牧仲得之辽左张秀升，秀升曾为新安太守。

大圆墨，“一池春绿”四行书字，一面盘螭戏水，上旁“小华逸史”，又“水云居制”，楷书。重一两五钱五分，以粤纱易之于米编修紫来。

极品墨半笏，下隶书不全，一面“海阳”草书字，当是邵格之制，重五钱二分。

当朝一品墨半笏，花边，一面仙人吹箫立鳌首，重五钱二分。

以上二墨，牧仲因其从子子静而转得之。

文嵩友墨，隶书，下“叶向荣珍藏”，“向荣”小印，一面牡丹双凤，旁“万历丙辰年造”，上大千氏楷书，宣城袁士旦赠牧仲，重三钱八分。

赤水珠，两面双螭盘绕，旁“柔翰斋”三篆字，上有小铜环，为新安程山尊扇头物，解之以赠牧仲，重二钱。

玄芝墨，寿星文，一面楷书铭，旧为汉阳熊次侯太史赠牧仲，为其兄存实所夺，故仅存一段，复从其从子子静得之，重四钱二分。

玄璧，下“程氏君房”印，一面盘螭，上妙品，字漆色如新，麻城刘子贞赠牧仲，重九钱。

吴去尘墨，一面太极图，一面百子文，上盘螭纽，旁“去尘监制”小字，亦山尊所赠牧仲者，重一钱二分。

麻孟璿好古墨

宣城麻三衡，字孟璿。好古墨，藏弆甚富。尝谓往见故家所蓄，多古香可掬，研之，栗栗起蓝烟，自是北地松煤也。

吴念湖藏石绿饼

石绿饼，明供御物也，径二寸，厚四分，面文曰“龙香御墨”，背曰“大明隆庆年制”，皆正书，轮旁朱篆“重三两八钱”五字。乾隆壬子，吴念湖司马得之曲阜桂未谷大令馥处。钱塘吴秋渔太守升，时客沛南，为赋诗云：“鹦鹉山南白云子，铜精熏作翡翠羽。芙蓉捣汁麝屑胶，大臼深凹三万杵。承平天子慕开元，龙香新剂翻松丸。祖母绿裁圆镜样，亚姑青印小茶团。龙宾十二埋尘下，冷翠犹磨铜雀瓦。柿叶书成伴广文，杨枝买后随司马。相逢为出豹皮囊，古璧一规寒放光。贾胡欲攫眼空碧，上品只许收元霜。双螭蟠面金涂字，外内朱文镘款识。年号分明铢两真，内家制造精无二。梅花秘阁珊瑚匙，想见薇香滴露时。不是宫方修绿黛，肯教梳篦衬红赦。三百年来离画笔，一朝月魄飞苍色。从今说饼亦充饥，何须邽字珍唐墨。”

张叔未藏高丽墨

高丽国墨有“翰林风月”四字，填金，松鹤填青、黄、朱色。嘉庆己巳，张叔未购之于京都旧肆。

王灼斋富藏墨

富山王太仆，字灼斋。有墨癖，所藏隃麋，自唐以来，可数百计，珍若拱璧，不轻示人。咸丰戊午春，粤寇扰浙，仓皇奔避，未及携行。师退亟归，则名煤千笏，已融于釜，刷印文告矣。王骤睹之，抚膺号痛，如丧考妣。

刘铁云藏龟甲牛骨

光绪己亥，河南安阳县四五里之小屯，有乡人见地坟起，掘之得龟甲，与泥相黏，结成团。浸水中，或数日，或月余，始渐离析。然后置之盆盎，以水荡涤之，可两三月，文字始得毕现。同时所出，并有牛胫骨，颇坚致。龟甲一种，色黄者稍坚，色白者略触即碎，不易拓也。

龟甲既出土，为山左贾人所得，宝藏之，冀获善价。庚子，有范某者，挟百余片走京师，自炫以求售。王文敏见之狂喜，以厚值留之。后有潍县赵执斋得数百片，亦售归文敏。未几，拳乱起，文敏殉难。壬寅，其哲嗣翰甫观察季烈售所藏，偿夙逋。龟甲最后出，计千余片，为定海方药雨所得。范别有三百余片，则以归刘铁云。赵又为奔走齐、鲁、赵、魏之邦，凡一年，前后收得三千余片。丙午、丁未间，又屡有所获。总计所藏，约有一万五千余片，惟其后时有散佚，迄宣统辛亥，则所存者仅八千余片矣。

毛锥之前为漆书，漆书之前为刀笔。小篆𣎆字，漆书笔也，以手持丨象注，漆形。盖汉人犹得见古漆书，若刀笔，无见之者矣。是以许叔重于古籀文，必资山川所出之彝鼎。不意二千余年后之人，转得目睹殷人刀笔文字也。

以六书之指推求钟鼎，多不合；再以钟鼎体势推求龟甲之文，又多不合，盖去上古愈远，文字愈难推求耳。

龟甲可识者，干支而已，如甲申||E|||，（此议别言四十三叶第四片也，下仿此。）乙酉|⊏||，丙寅|||T|，丁卯||T|，戊午彐||，己亥|||T|，庚戌|E||，辛丑||||T||，壬辰T○||，癸未|||○|||。惟“巳”字不见，其百十三叶第四片，髣髴“辛巳”，是否未敢定也。

龟甲虽皆残破，而卜之繇辞，文本甚简，往往可得其概。如丁酉卜大问角，丁亥肜日|⊏||，庚戌卜哉问雨，帝不我⊐||||||之类。若百二十七叶左行曰“庚申卜厌问归好之子”，右行曰“辛丑卜厌问兄之母庚”，凡两段，皆完好。兄，疑即“况”字。

凡称“问”者，有四种，曰哉问，曰厌问，曰复问，曰中问。“中”字作“宙”。“哉”“厌”两间最多，疑“哉”为初问，“厌”为再问，故《诗》曰：“我龟既厌，不我告猷。”言我已再问而龟不我告也。其称甲子，有与后人不同者，如乙子卜||||，今己子月不雨|E||，癸子卜厌问，虘父卜T⊥|||之类。其称乙子、己子、癸子者，皆后世所无也。

钟鼎之有象形者，世皆定为商器。此于车马龙虎犬豕豚等，皆象形也。其他象形之字甚多。钟鼎有立戈形，此“戊”“戌”

二字皆本文。然则立戈者，有戍边之意，“戊”“戌”二字，皆由“戍”字来也。

𠕁川两字象形，㫐角字亦象形。石鼓文“君子云猎”，“猎”字下或云“从角”，与此正同。凡问角，皆为雨旸事。《春秋传》“龙见而雩”，雩，雨祭也；龙，东方苍龙七宿，角实为之首也。

象形之字既多，可知其为史籀以前文字。何以别其非周初？观其曰问之于祖乙川三，问之于祖辛𠮷丨，乙亥卜祖丁十五牢𠮷丨，辛丑卜厌问兄于母庚𠮷丨，祖乙、祖辛、母庚以天干为名，实为殷物之确据也。

ㄐ字见杞伯每父敦，𝛿字疑其象虺形，以与鼎彝虺文相近也。虺父当是掌卜者之名，故称“虺父卜”者甚多。其“卜占”二字，往往加𠙹以为识别，未详其谊。

龟甲、牛骨两种，牛骨居十之一二。盖古人之卜，不尽用龟，有鸡骨，有羊髀骨，有牛胫骨。此龟甲之中，杂有牛骨，刻文正同，则殷时固已有之。其第四哲嗣季英学部大绅尝言，古人所用之龟，皆全角，所以成碎片者，乃乡人耰锄所损耳。

铁云以示罗叔蕴，叔蕴乃从而论之曰：“金石之学，至本朝而极盛。咸、同以降，山川所出瓌宝日益众，如古陶器、古金钣、古泥封之类，为从来考古家所未见。至光绪己亥，而龟甲牛骨乃出焉。此物为唐、宋以来载籍之所未道，不仅其文字有裨六书，且可考证经史也。”

古卜筮之制，故书散失，其仪式多不可考见。《汉书·艺文志》载蓍龟十五家，都已散佚，惟《周官》及《太史公书》，尚得其厓略。今依据两书，参以目验，有所是正于经史者，凡四事。

一曰灼龟与钻龟。古人灼龟用荆，谓之燋，（《史记·龟策传》：“灼以荆仪。”《礼·士丧礼》：“楚焞置于燋。”注：“楚，荆也。”《周官·华氏》注：“燋，谓灼龟之木也。”）又谓之焞，又谓之焌，（《士丧礼》：“楚焞置于燋。”《华氏》：“遂歙其焌集契。”焞，灼龟火，或作焌。）取明火以灼龟。（《华氏》：“凡卜，以明火爇燋。”注：杜子春曰：“明火，阳燧取火于日。”）其灼也，必焦黑，（《卜师》：“扬火以作龟，致其墨。”注：“致其墨者，熟灼之。”）此灼龟之可考者。钻龟，一曰作龟，（《大卜》“作龟”注：“作龟，谓凿龟。”）凿龟用契，（《华氏》：“掌其燋契”，注：“契谓契龟之凿也。”）此凿龟之可考者。盖古人之卜，先钻后灼。钻与灼自是两事，本自分明，故《龟策传》曰：“卜先以造灼钻，钻中已，又灼龟首各三，又复灼所钻中。”此钻先灼后之明证。今验之新出之龟甲，其钻迹作○状，大如海松子仁，以利刃凿之之痕可辨认，或一或二，灼痕或即在钻旁。或去钻痕稍远，灼痕员形，略小于钻迹，此又钻与灼为二事之实验。乃经注家多误并钻与灼为一，如《华氏》“掌其燋契”，注：“《士丧礼》‘楚焞置于燋’，焞即契，所用以灼龟。”《士丧礼》注：“楚，荆也。荆焞所以钻龟灼龟。”《正义》：“古法，钻龟用荆，谓之荆焞。”殊不知灼龟用焞，钻龟用契，混契与楚焞为一者，误也。且不仅笺注家如此。《周官·卜师》：“扬火以作龟。”其语亦未明了。此笺注家致误之所由来，非实见钻与灼之迹，殆不能发见其讹误。此是正之一端也。

二曰钻灼之处。古人灼龟，其部分不甚明了。《周官·大卜》“视高作龟”，注：“视高以龟骨，高者可灼处，示宗伯也”；“龟之骨近足者，其部高”云云。兹验之今日所出故龟，其钻灼处皆在腹内之涩面，而不在腹下光滑之处，（骨亦然。）殆以光滑之处难灼也。其部分则或偏或正，式不一。此又可据目验补经史之缺者二也。

三曰卜日之龟策。传载卜禁日云，子亥戊不可以卜。今证之故龟文字，则以此数日卜者甚多。或此禁忌，乃有周以后之说，而今日出土之龟，尚在夏、殷时故邪？此又可以之补正《史记》者三也。

四曰骨卜之原始。古经史不言骨卜，惟杨方《五经钩渊》，（《初学记》引。）言东夷之卜用牛骨。兹验之今日所得故骨，皆为牛胫骨，其文字既与龟同，且与龟同出一处，其为同时物无疑。可知三代时，我国久用骨卜，特书阙有间耳。此又可补经史之脱佚者四也。

至其文字之缔造，与篆书大异，其为史籀以前之古文无疑，为龟甲、牛骨乃夏、商而非周之确证。且证之经史，亦有定其为夏、商而非周者。《周官·占人》：“凡卜筮，既事，则系币以比其命。岁终，则计其占之中否。”注杜子春云：“系币者，以帛书其占，系之龟。玄谓既卜筮，史必书其命龟之事，及兆于策，系其礼神之币而合藏焉。”按：无论如杜说为书占于帛、系之于龟，抑如郑说为书辞于策、系之于帛，均足证周人非径刻辞于龟可知。今径刻文于龟，其非周制而为夏、殷之制，显然而见。且更有足证者，《史记·龟策传》：“夏、殷欲卜者乃取蓍龟，已则弃去之，以为龟藏则不灵，蓍久则不神。至周室之卜官，常宝藏龟蓍。”由是观之，周人之卜，一龟不仅用一次。今径刻辞于龟，其为一用即不再用可知。此均足为夏、殷之龟而非周龟之确证，铁案如山，不可移易焉矣。

罗叔蕴藏龟甲牛骨

罗叔蕴知刘铁云藏有龟甲兽骨，其上皆有刻辞，因怂恿铁云拓墨，为选千纸付影印，并就《周礼》《史记》所载，为之考证，复经瑞安孙仲容主政诒让、日本林泰辅学士相与考订，援据赅博。未几而叔蕴又以退食余暑，尽发所藏拓本，更从估人之来自中州者，博观龟甲牛骨数千枚，选其尤殊者七百枚藏之。并询知发见之地为安阳县西五里之小屯，其地固武乙之墟也，又于刻辞中得殷帝王名谥十余，乃恍然悟此卜辞者，实为殷室王朝之遗物。其文字虽简略，然可正史家之违失，考小学之源流，求古代之卜法，盖实殷、商之贞卜文字也。

不宁惟是，且尚有数事足资博闻者。一，于此可知书契之形状。仓颉之初作书，盖因鸟兽蹄迒之迹，知最初书契，必凹而下陷。契者，刻也。（《荀子》之“锲”，即“契”之后起字。）小而简册，大而钟鼎，莫不皆然。故龟卜文字，为古人书契之至今存者，其可珍贵，殆逾汉唐人之墨迹。文字之小者，不及黍米，而古雅宽博，于此可见古人技术之工眇，更逾于楮墨。抑三代之时，尚为铜器时代，甲骨至坚，作书之契，非极锋利不可。是可知古人炼金之法，实已极精也。二，于此可知古人文字之行款读法。卜辞文字，或右读，或左读，更有颠倒参错读之者。叔蕴所藏龟甲，文曰“癸子卜贞王”五字，分二行左读。其左又有“癸匕”二字，倒书之。又有“辛卯贞⊞”四字，为二行，“辛卯”二字顺书，“贞⊞”二字逆书。又书十一月作丨D丨，十二月作亍D，十三月作三D丨。又“贞之于父卯犬羊三”，其行次作“贞之犬”，（首行。）“于三父”，（次行。）“卯羊”。（原文三行，行三字，左读。）如此者甚多。三，于此知古器多涂朱墨。叔蕴所藏龟甲牛骨，文涂朱者甚多，（但亦有文字数段，独朱涂其一二段者，此殊不可解。）其涂墨者至罕，叔蕴所藏，一二枚而已。叔蕴又有所藏古陶尊，（亦洹水之阳出土，殆亦殷器。）涂朱亦未灭。端忠愍所藏古玉刀亦然。且汉之瓦当，亦有涂朱者，其意虽不可晓，要知此风自殷商已然矣。

贞，问也。《周礼·春官·大卜》：“凡国大贞，卜。”郑司农曰：“贞，问也。国有大疑，问于蓍龟。”

叔蕴所藏龟甲牛骨，凡三万余片，有钻有凿。钻形圆，凿形椭圆。（胡煦曰：“卜先用契刀开龟，为方形。”今契形或圆或椭圆，胡说误也。）又有钻而复凿者。盖灼处欲其薄，乃易坼也。大率龟甲皆凿，未见有钻者。牛骨则钻者十之一，凿者十之九。

音乐类

十番

十番，又曰“十番鼓”，用紧膜双笛，声最高，吹入云际，而佐以箫管、三弦，缓急与云锣相应；又佐以提琴、鼍鼓，其缓急又与檀板相应，再佐之以汤锣。众乐既齐，乃用羯鼓，声如裂竹，所谓“头似青山峰，手如白雨点”者，始称能事。其中复间以木鱼、檀板，以成节奏。有《花信风》《双鸳鸯》《风摆荷叶》《雨打梧桐》诸名色。若夹用大锣、铙钹，则为粗细十番。创于京师而盛于江浙。金匮钱梅溪曾有诗咏之。

八音联欢

咸丰时，都门有售技于市曰“八音联欢”者。其法，八人团坐，各执丝竹，交错为用。如自弹琵琶，以坐佐拉胡琴者为擫弦，己以左手为坐右鼓洋琴，鼓洋琴者以右手为弹三弦者按弦，弹三弦者以口品笛，余仿此。又一人于座外敲鼓。音极悠扬，其调亦绵邈可听，倾动一时。此技宣统时尚有之，而各执其艺，不相为用，与咸丰时异矣。

京师酒肆备弦索

京师酒肆，无室不备弦索，二三知交，酒酣耳热，辄自操胡琴，琅琅以歌。然亦有忌讳处：一不得称唱戏，仅曰消遣；二不得隔座臧否；三不得于隔座未毕一折时，起而夺唱。

年锣鼓

每届新年，沿街锣鼓，响似春潮，然皆漫无节奏，俗所谓

"年锣鼓"者是也。其乐器大率皆备，人家商店均有之，昼夜喧阗，震人心肺欲呕。

江慎修通音律

婺源江慎修名永，通音律。其论黄钟之宫，则据《管子》《吕氏春秋》以正《淮南子》。《汉书·志》曰："黄钟之宫。"黄钟，半律也，即后世所谓"黄钟清声"是也。唐时《风雅十二诗谱》，以清黄起调，毕曲，琴家正宫调黄钟，不在大弦而在第三弦，正黄钟之宫为律之遗意。《国语》："伶州鸠因论七律而及武王之四乐，夷则、无射曰上宫，黄钟、太簇曰下宫。"盖律长者用其清声，律短者用其浊声。古乐用均之法虽亡，而因端可推。《韩子·外储篇》曰："夫瑟以小弦为大声，大弦为小声。"虽诡其辞以讽，因是知古者调瑟之法，黄钟、大吕、太簇、夹钟、姑洗、仲吕、蕤宾用半而居小弦，林钟、夷则、南吕、无射、应钟用全而居大弦也。《管子》书，五声徵、羽、宫、商、角之序亦如此。慎修此言，实汉以来所未寻究者也。

吴西林致力于乐

仁和吴西林，名颖芳。少即弃举业，壹志读书，致力于乐。尝怪郑樵《通志》之与先儒为难，于是取《六书〔图〕》《七音略》，一一从流而溯源。其致力则自乐始，谓律管音调，诸儒能得其说而不能习其器，俗工能习其器而不能得其说，遂以为不可究诘，乃按典籍、证众器，成《吹豳录》五十卷。

士大夫谙音乐

乾嘉间，士大夫皆谙音乐，三弦、笙笛、鼓板，亦娴熟异常。嘉庆己巳，钱梅溪在京时，见盛甫山舍人之三弦，程香谷礼部之鼓板，席子远、陈石士两编修之大小唱，盖昆曲也。

舒铁云谙音律

大兴舒铁云孝廉位，谙音律，能吹笛鼓琴，其度曲，不失分寸。所作乐府院本，一脱稿，即付老伶按节而歌，不烦点窜也。

邱縠士通律吕

邱之稑，字縠士，浏阳监生。生有异质，敦孝友，喜读书，尤通律吕。谓乐所由起，实符天地自然之气。仿古法，掘坎内管推候十二月中气，应六十四卦，审阴阳休咎之征。道光己丑，知县杜金鉴聘典文庙乐舞，为设局。乃按律制器，率众肄习，凡数十年。又博采群书，辨正讹失，著《律音汇考》及《丁祭礼乐备考》刊行。

锣鼓三奏诸乐器

乾隆时，粤中有锣鼓三者，瞽人也。日负诸乐器沿街售技，北方谓之“一人戏”。不知其姓名，人以其技呼之曰“锣鼓三”。或邀之演技，则以草荐席地坐，凡诸乐器环置左右，口吹管籥，手按工尺，左肘摇锣，右拇指箝木棰挝其鼓，左拇指挂小板为节拍，和其歌。其余乐器应手而执，妙无滞机，疾徐缓急，无不中度。其唱则生旦净丑诸脚色，一一毕现，不辨为一人所出，若合众手而为之者。三尝语人曰：“吾业无他奇，惟在熟耳。方吾之创斯技也，惧不克成；即成矣，而左支右绌，惧无以谐听。于是再三服习，日夜念此至熟，其庶几乎！今二十有余载矣，口累累如贯珠，手与口相为应，足与手无相违，自是不期然而然，不知其所以然也。”

朱锦山奏二十四种乐

乾隆末，有朱锦山者，乌程人。能陈二十四种乐器于前，以口及左右手足动之，皆能中节。且能奏南北各大小曲，及仿拇战、笑詈等声，莫不毕肖。和珅闻其名，召入都，命给事于邸，厚糈之。锦山知和必败，先一年辞去，还吴兴，仍藉素业餬口，布衣蔬食，偃如也。

蒙古音乐

蒙人以歌唱为娱乐，所歌多为情词，或亦有赞美古人之伟绩者。歌时必男女多人，和音齐唱，闻之令人生悲。旅行沙漠中，互相唱和，颇增征人思乡之感。其音之最哀者，往往闻者泪下。又有一种专以歌唱为业者，常应旷野旅客之招聘，其乐器仅有笛、弦二种。

西康音乐

西康番人之于音乐，如金、石、丝、竹、匏、土、革、木八音等器，大半购自内地，惟音之节奏异于汉人，歌舞亦然。歌有古调传已多年者，有新声按年由藏人新谱者，大抵皆燕宾客、和夫妇、乐丰年、庆太平之语也。

圣祖改订乐章声调

康熙甲午，考订中和乐章声调，谕南书房、翰林等："向来升殿所奏中和乐章，皆仍明代所撰，句有长短，体制类词。后因文体不雅，命大学士陈廷敬等改撰，其章法皆以四字为句。而奏乐人未习声调，仍以长短句法凑合歌之，是虽文法易而声调未易也。今考察旧调，已得宫商节奏，甚为和平，必得歌章字句亦随词调，则章法明而宫商谐。此事所关最要，著南书房翰林会同大学士等详考定议，务使章法与声调协和，归于允当。"乙未冬至，躬祀圜丘，用新定乐律。是时考正律吕，凡乐制、乐器、乐歌，皆经上亲定，制度得中。以是月南郊大祀为始，嗣后如祭祀、朝会典礼，钦定雅乐亦并用矣。

耕耤歌三十六禾词

世宗御制《三十六禾词》，遇行耕耤礼时，用金、鼓、箫、篴（古同“笛”）、笙、拍各六，歌《禾词》乐工十四名，于耕耤所排列，俟行礼时，乐工鸣锣鼓歌之。

采桑歌

皇后采桑时，童阉歌《采桑词》者十人，金、鼓、拍版各二，箫、笛各六，排立桑外东西径道以唱之。

吴中櫂歌

吴中多櫂（同“棹”）歌，皆男女相慕悦之辞也，发情止义，颇得风人之旨。夜程水驿，月落篷窗，每与柔橹一声相应答，动人乡思，凄其欲绝。今举其一以例之曰：“月子弯弯照九州，几家欢乐几家愁。几家夫妇同罗帐，几个飘零在外头。”

粤人好歌

粤人好歌，谓之“粤讴”。凡有吉庆，必唱歌以为欢乐，以不露题中一字，语多双关，而中有挂折者为善。挂折者，挂一人名于中，字相连而意不相连者也。其歌也，辞不必全雅，平仄不必全叶，以俚言土音衬贴之。唱一句，或延半刻，曼节长声，自回自复，不欲一往而尽。辞必极其艳，情必极其至，使人喜悦悲酸，而不能已已，此其为善之大端也。故尝有歌试以第高下，高者受上赏，号“歌伯”。其娶妇而亲迎者，婿必多求数人，与己年貌相若而才思敏给者，使为伴郎。女家索拦门诗歌，婿辄握笔为之，或使伴郎代草，或文或不文，总以信口而成、才表华美者为贵。至女家不能酬和，女乃出阁。此即唐人催妆之作也。先一夕，男女家行醮，亲友与席者，或皆唱歌，名曰“坐歌堂”。酒罢，则亲戚之尊贵者，自送新郎入房，名曰“送花”，花必以多子者，亦复唱歌。自后连夕，亲友来索糖梅啖食者，名曰“打糖梅”，皆唱歌，歌美者，得糖梅益多矣。

讴之长调者，如唐人《连昌宫词》《琵琶行》等，至数百言、千言，以三弦合之，每空中弦以起止，盖太簇调也，名曰“摸鱼歌”。或妇女岁时聚会，则使瞽师唱之，如元人弹词曰“某记”。某记者，皆小说也，其事或有或无，大抵孝义、贞烈之事为多，竟日始毕，可劝可戒，令人闻而感泣。

其短调蹋歌者，不用弦索，往往引物连类，委曲譬喻，多如《子夜》《竹枝》。如曰：“中间日出四边雨，记得有情人在心。”曰：“一树石榴全着雨，谁怜粒粒泪珠红。”曰：“灯心点着两头火，为娘操尽几多心。”曰：“妹相思，不作风流到几时。只见风吹花落地，那见风吹花上枝?”《蜘蛛曲》曰：“天旱蜘蛛结夜网，想晴只在暗中丝。”又曰：“蜘蛛结网三江口，水推不断是真丝。”又曰：“妹相思，蜘蛛结网恨无丝，花不年年在树上，娘不年年作女儿。”《竹叶歌》曰：“竹叶落，竹叶飞，无望黐头再上枝。担伞出门人叫嫂，无望黐头做女时。”《素馨曲》曰：“素馨棚下梳横髻，只为贪花不上头。十月大禾未入米，问娘花浪几时收?”凡村落人奴之女，嫁日不敢乘车，女子率自持一伞以自蔽。既嫁，人率称之为嫂，此言女一嫁不能复为处子也。梳横髻者，未笄也。宜笄不笄，是犹不肯在花棚上也。稻十月熟者名大禾，岁晏而米不入，花浪不收，是过时而无实也。此刺淫女也。有曰：“大姐姐，分明大姐大三年。担櫈井头共姐坐，分明大姐坐头边。”言女嫁失时也，妹自愧先其姊也。有曰：“官人骑马到林池，斩竿簕竹识筲箕。筲箕载绿豆，绿豆喂相思。相思有翼飞开去，只剩空笼挂树枝。”刺负恩也。有曰：“一更鸡啼鸡拍翼，二更鸡啼鸡拍胸。三更鸡啼郎去广，鸡冠染得泪花红。”有曰：“岁晚天寒郎不回，厨中烟冷雪成堆。竹篙烧火长长炭，炭到天明半作灰。”有曰：“柚子批皮瓤有心，小时则剧到如今。头发条条梳到尾，鸳鸯怎得不相寻?”有曰：“大头竹笋作三椏，敢好后生无置家。敢好早禾无入米，敢好攀枝无晾花。”敢好者，言如此好也。其蛋（疍）家女，荡髻如吴下唱《杨花》者，曰“绾髻”。有谣曰：“清河绾髻春意闹，三十不嫁随意乐。江行水宿寄此生，摇橹唱歌桨过滘。”桨者，摇船也，亦双关之意。滘者，觉也。若此者不可枚举，皆以比兴为工，辞纤艳而情深，颇有风人之遗，而《采茶歌》尤善。

粤俗岁之正月，饰儿童为彩女，每队十二人，人持花篮。篮中然一宝灯，罩以绛纱。以絙为大圈，缘之踏歌，歌十二月采茶。有曰：“二月采茶茶发芽，姊妹双双去采茶。大姊采多妹采少，不论多少早还家。”有曰：“三月采茶是清明，娘在房中绣手巾。两头绣出茶花朵，中央绣出采茶人。”有曰：“四月采茶茶叶黄，三角田中使牛忙。使得牛来茶已老，采得茶来秧又黄。”是三章，则几于雅矣。

东莞岁朝贺食妪所唱歌头曲尾者，曰“汤水歌”。寻常瞽男女所唱，多用某记，其辞至数千言，有雅有俗，有贞有淫，随主人所命唱之，或以琵琶、箏子为节。儿童所唱以嬉者，曰“山歌”，亦曰“歌仔”，多为诗馀音调，辞虽细碎，亦绝多妍丽之句。大抵粤音柔而直，颇近吴越，出于唇舌间，不清而浊，当为羽音。歌则清婉浏亮，纡徐布情，听者亦多感动。而风俗好歌，儿女子天机所触，虽未尝目接诗书，亦解白口唱和，自然合韵。说者谓粤歌始自榜人之女，其原辞不可解，以《楚辞》译之，如“山有木兮木有枝，心悦君兮君不如”，则绝类《离骚》也。粤固楚之南裔，岂屈、宋流风，多洽于妇人女子欤？

潮人以土音唱南北曲者，曰“潮州调”。潮音似闽，多有声而无字，或一字而演为二三字。其歌轻婉，闽、广相半，中有无其字而独用声口相授。曹好之以为新调者，亦曰“畬歌”。农者每春时，妇子以数十计，往田插秧，一老挝大鼓，鼓声一通，群歌竞作，弥日不绝，是曰“秧歌”。南雄之俗，岁正月，妇女设茶酒于月下，罩以竹箕，以青帕覆之，以一箸倒插箕上，左右二人摝之，作书问事吉凶，又画花样，谓之“踏月姊”。令未嫁幼女，且拜且唱，箕重时，神即来矣，谓之“踏月歌”。长乐妇女，中秋夕拜月，曰“椓月姑”，其歌曰“月歌”。蛋（蜑）人亦喜唱歌，婚夕两舟相合，男歌胜，则牵女衣过舟也。黎人会集，则使歌郎开场，每唱一句，以两指下上击鼓，听者齐鸣小锣和之。其鼓如两节竹而腰小，涂五色漆，描金作杂花，以带悬系肩上。歌郎毕唱，歌姬乃徐徐唱，击鼓亦如歌郎。其歌大抵言男女之情，以乐神也。

刘继廷听采茶歌

刘继廷尝客衡山，曾卧听《采茶歌》，赏其音调，而于辞句懵如也。翌年又至，则于其土音虽不尽解，然领其意义者，十可三四。因之而叹古今人相去不甚远，村妇稚子口中之歌，而有十五国之章法。顾左右，无可与言，浩叹而止。

曼殊歌梁司农祝家园词

毛西河之姬曼殊，张姓，小字阿钱，顺天丰台卖花翁女也。幼慧，能效百鸟音，工针黹。稍长，白皙而妍，绾发作连环，名“百环髻”。西河以冷宦在京，益都冯文毅公溥助赀作合。婚之夕，陈其年检讨为之更名曼殊。既侍西河，学书度曲，不半载而能，最爱歌梁司农《祝家园词》。既而得奇疾，渐就羸弱，年二十四而殀，西河作别志书之砖，士大夫争以词挽吊。其病中尝绘小影，名《留视图》。

王心逸闻弦歌声

长山王心逸进士德昌，尝告淄川蒲留仙曰：“在都过市，闻弦歌声，观者如堵。近窥之，一少年曼声度曲，无乐器，惟以一指捺颊际，且捺且讴，听之铿铿，与弦索无异。”

旗亭歌洪昉思词

钱塘洪昉思太学昇，工乐府，宫商不差唇吻，旗亭画壁，往往歌之。所作乐府，有《长生殿传奇》及《天涯泪》《四婵娟》杂剧。娶同里黄文僖公机孙女，亦谙音律。

老胡应声而歌

圣祖亲征准噶尔，师还次归化城，躬自犒劳西路凯旋之师，辍膳享士，献厄鲁特之俘，弹筝笳，歌者毕集。有老胡善吹笳，工口辩，有胆，兼能汉语。因赐以酒，使奏技，遂应声歌曰："雪花如血扑战袍，夺取黄河为马槽。灭我名王兮，虏我使歌，我欲走兮无骆驼。呜呼！黄河以北兮奈若何？呜呼！北斗以南兮奈若何？"遂伏地谢。圣祖大笑，赦之，遣还，俘中多人亦分别赦免。

王采薇按笛歌词

孙渊如夫人王采薇尝言，唐五代词，率可倚声，被之箫管。春余夜静，辄取李后主"帘外雨潺潺"词，按笛谱之，令渊如审听。至"流水落花春去也，天上人间"二句，闻者欷歔。其后渊如写采薇遗影为《落花流水图》，以此。

舒铁云夜闻吴歌

舒铁云尝于舟夜闻吴歌，宋左彝有诗，因和之曰："远采芙蓉夜渡江，橹声欸乃近船窗。来朝惊破扬州梦，定是吴娘水调腔。"

王粹士每醉必歌

常宁王粹士布衣全兴好饮，每饮必醉，醉必歌，歌之长短高下必协律，士大夫多仿为之。

孙春山雅善歌唱

光绪中叶，京师知音之士以孙春山部郎为最。春山雅善歌唱，尤工青衣，（旦亦曰“青衣”。）字正腔圆，非伶界所及。日常携二三朋辈，召集歌郎，画壁旗亭。伶界有难谐之字、不达之腔，无可问津者，必造春山请业。雏伶相见，咸呼以师。每集则羊卫多人，环而受教惟谨。春山亦不厌不倦，或为之循声按拍，或为之砭误正讹，低唱轻敲，徐然下酒。宴饮他室者，往往辍杯就听，帘外重足一迹，赏叹深之。

大悦唱等韵

刘继庄髫年时，在京都仁寿寺遇蜀僧大悦，自言善唱等韵，稍稍为之言其梗概，不及学也。继庄名献廷，康熙时大兴人。

陆丽京度曲

钱塘陆丽京，名圻，度曲四出。薄游武塘，钱仲芳大集宾客，即令吴伶演唱。新声艳发，丝竹转清，四座之间，魂摇意深。

心头小人唱曲

安丘贡士张某寝疾，卧于床，忽见心头有小人出，长仅半尺，儒冠儒服，作俳优状而唱昆曲，音清彻，说白自道名贯，一与己同。所唱节末，皆其生平所遭。四折既毕，吟诗而没。张犹记其梗概，为人述之。后为高西园、张杞园所询，且犹为述其曲文也。

李笠翁挟妓度曲

李笠翁名渔，性龌龊，善逢迎，遨游官绅间。喜作词曲及小说，常挟雏妓三四人，遇贵游子弟，便令隔帘度曲，故使之奉觞行酒，复纵谈房中术，诱重利。吴梅村亦识之，尝赠以诗曰：

"家近西陵住薜萝，十郎才调岁蹉跎。江湖笑傲夸齐赘，云雨荒唐忆楚娥。海外九州书志怪，坐中三叠舞回波。前身合是玄真子，一笠沧浪自放歌。"尤悔庵亦曰："十郎才调福无双，双燕双莺话小窗。送客留髡休灭烛，要看花睡照银缸。"自是而北里南曲中，遂无不知有李十郎者矣。

王梦楼教僮度曲

丹徒王梦楼太守文治，尝买僮教之度曲，行无远近，必以歌伶自随，辨论音乐，穷极幽渺。客至其家，张乐共听，穷日不倦。海内求其书者，岁有馈遗，率费于声伎。人或谏之，不听，其自喜顾弥甚也。然至客去乐散，默然禅定，夜坐，胁未尝至席；持佛戒，日食蔬果而已，如是者数十年。

刘培珊为老伎师

刘培珊，金陵人，秦淮老伎师也。同治初粤寇乱平，重理旧业，勾栏中人大半称女弟子。花白髭须，老而不俗，是丁继之一流人物。善吹笛，女郎度曲，律吕稍有不合，辄委曲成全之。弹筝擖阮，尤擅绝技。每值踆乌西坠、顾兔东升、烟水迷漫之会，辄坐一小七板，往来于利涉桥、大中桥一带，为群弟子按拍。才离西舫，又上东船，真点水之蜻蜓、穿花之蛱蝶也。有懒云山人者赠联云："九曲青溪，一声长笛；大江东去，孤鹤南飞。"又出素扇求诗，山人赠以四绝云："魁官笛子卯官箫，往事苍茫话板桥。各有宗风尊护法，彩云仙队领娇娆。""新栽杨柳碧芊绵，几辈王孙系画船。天宝诗人多感慨，江南偏遇李龟年。""十番子弟各翻新，只有何戡是旧人。我醉扣舷歌水调，可能擫笛付真真？""祭酒诗编楚两生，南朝狎客并知名。暮年冷淡无吟料，借尔筝琶遣我情"。

董福祥因唱得官

左文襄公宗棠用兵西陲，收抚镇、靖诸堡。董福祥最后降，文襄怒，且患其跋扈难制，命斩之。已解衣辫发矣，福祥忽高唱《斩青龙》（即《锁乌龙》。）一剧，盖隐以单雄信自况也。所唱秦腔，声情激越，至“雄信本是奇男子”一句，冲冠怒目，尤有凛凛不可犯之概。文襄壮之，命释缚，并赐酒食，曰：“吾与单将军压惊也。”旋奏赏副将，令统率部众，随老湘营赴前敌。后克新疆，董功为多。

董炳源因唱落职

董炳源者，湘人也。以文生从左文襄于新疆，积功擢至直刺。后牧安西州，至省谒新藩司，以尝同居文襄幕，共事有年也，延入密室，相见道故。及辞出，藩司复亲送之登舆。炳源至是得意忘形，行至大堂，高唱“大叫一声出帐外”云云，亦《斩青龙》剧中句也。藩司大骇，乃以其夙患心疾，旧疾忽发，详参落职。

端忠愍喜南北大小曲

端忠愍公方，生平喜听南北大小曲，尤好二黄。督两江时，官场多以此为媒。一日，袁某之第三子名某某者，由山东至，以属吏（江苏候补道。）礼禀见，端猝然问曰：“能唱二黄乎？”某一时仓皇不能置对，端又强之曰：“尔必能唱，速唱与我听之。”

唱《绣荷包》调

乾隆末叶，秦淮盛行《绣荷包》新调，画舫、青楼一时争尚，继则坊市妇稚、担夫负贩皆能之，久且卑田院中人，藉以沿门觅食者，亦无不能之。声音感人，至于斯极。一日有某者，鹑衣鹄面，彳亍泮宫前，持破瓷二片，击之有声，唱《绣荷包》，靡靡动听，人或以数文钱给之。隔旬余，再过其地，某已衣履簇新，且挈一頳丑妇人，年可五十许，涂脂抹粉，手捻三尺长烟筒，扭捏作态，相与对唱《绣荷包》，及淫嫚各小曲。有识之者告人曰："此妇不讳何许人，亦工唱。日来听某唱，惘惘若失，遂罄其赀，自媒于某。某固流荡子，亦乐就之，盖已为赘婿矣。"

唱道情

道情，乐歌词之类，亦谓之"黄冠体"，盖本道士所歌，为离尘绝俗之语者。今俚俗之鼓儿词，有寓劝戒之语，亦谓之"唱道情"，江浙、河南多有之，以男子为多。而郑州则有妇女唱之者，每在茶室，手摇铁板，口中喃喃然。

书场

上海有所谓书场者，一说书，一滩簧，一弹唱。日档在午后之五、六时，夜档在午后之九、十时。说书即南词，男女均业之，滩簧率为男，弹唱率为女。日中坐而听者，则皆男多于女。

弹唱之女，皆妓也，昔曰"书寓"，今则"长三"，惟大名鼎鼎著称于时者则不至。游客见有当意者，即可点戏令唱，每出一元，大抵每点戏必二出。既点戏，妓佣以水烟袋进，即可询问里居，往打茶围。

堂名

堂名，乐班也，亦称"清音班"，昔之江宁、今之苏杭等处皆有之。以尝自称"福寿""荣华"等堂，故以为名。每班用十岁至十五六岁之童子八人，服色皆同，领以教师管班，佐以华丽装饰品及九云锣诸乐器，喜庆之家多雇用之。

乾隆时，江宁之清音小部，有单廷枢、朱元标、李锦华、孟大绶等。至末叶，次第星散。后起者为九松、四松、庆福、吉庆、馀庆诸家，而脚色去来，亦鲜定止，而以庆福堂之三喜、四寿、添喜，馀庆堂之巧龄、太平为品艺俱精。挟妓之游客辄携之，使并载于舫，无嫌竹肉纷乘也。未几，而亦饰以玻璃灯球、灯屏，析木作架，略如荡湖船式。有招之往者，日间则别庋一箱，向晦乃合椭（榫）成之，绛蜡争燃，碧箫缓度，模糊醉眼，几疑陆地行舟也。

滩簧

滩簧者，以弹唱为营业之一种也。集同业者五六人或六七人，分生旦净丑脚色，惟不加化装，素衣围坐一席，用弦子、琵琶、胡琴、鼓板。所唱亦戏文，惟另编七字句，每本五六出，歌白并作，间以谐谑，犹京师之乐子，天津之大鼓，扬州、镇江之六书也。特所唱之词有不同、所奏之乐有雅俗耳，其以手、口营业也则一。妇女多嗜之。江浙间最多，有苏滩、沪滩、杭滩、宁波滩之别。杭滩昔有用锣鼓者，今无之。

善琵琶者颇有其人。晚近以来，上海流行苏滩，以林步青为最有名。林善滑稽，能作新式说白，妇女尤欢迎之。所至之处，座客常满，其价亦较他人为昂。著名者尚有张筱棣、范少山、周珊山、郑少赓、金清如等人。

盲妹弹唱

盲女弹唱，广州有之，谓之曰“盲妹”。所唱为《摸鱼歌》，佐以洋琴，悠扬入听。人家有喜庆事，辄招之。别有从一老妪游行市中，以待人呼唤者，则非上驷也。妹有生而盲者，有以生而艳丽，为养母揉之使盲者。盖粤人之娶盲妹为妾，愿出千金重值者，比比皆是也。

鼓词

唱鼓词者，小鼓一具，配以三弦。二人唱书，谓之“鼓儿词”。亦有仅一人者，京、津有之。大家妇女无事，辄召之使唱，以遣岑寂。

徐痴唱盲词

昆山徐某，佚其名，大司寇乾学之玄孙也。父某，为邑诸生，放诞，不善治生，家资荡然，生徒亦散尽。某年十三，受佣于县胥，为之抄书，得值以奉父母。父故嗜酒，每饭无三爵不能举箸。某力不给，贳于肆。久之不能偿，恐市侩之怒己也，日过肆，效柳敬亭抵掌谈《三国》《隋唐演义》，声色俱肖。市人悦之，遂不问酒值。已而遂佯狂歌唱，藉以易酒肉甘旨，本无阙。父殁，母病，某又苦目眚，不能作书，居然抱弦索唱盲词以为业矣。

昆山于雍正壬子，分设新县曰“新阳”，别建城隍庙于城东之罗汉桥，即叶文敏公半茧园故址也。某日歌于斯，听者云集，日将午，辄告归。强留之，则泣下，众异之，或尾之去，则以所得金钱市食品归。母饭已，食其余，复来，率以为常。或询其家世，则伪为聋状，憨笑而已，盖以操术既卑，不欲污先人门阀也。其母死，遂不见，或曰自沉于河矣。众呼之曰“徐痴”。

弹词

弹词，以故事编为韵语，有白有曲，可以弹唱者也。宋末有《西厢传奇》，止谱词曲，犹无演白。至金章宗时，有董解元者，作《西厢搊弹词》，始有白有曲。《倭袍》《珍珠塔》《三笑姻缘》，皆弹词也。昔柳敬亭以弹词名，说左宁南、法武侯，为侯朝宗送桃花扇，其忠忱侠骨，有足多者，宜吴梅村为之立传也。其后以弹词名者四家，曰陈、姚、俞、陆，俞则俞秀山也。四家中俞调独传，或讹为“虞调”，谓出自虞山，非也。厥后又有“马调”，马名如飞。

弹词为盲词之别支，其声调惟起落处转折略多，余则平波往复，至易领会，故妇孺咸乐听之。开场道白后，例唱开篇一折，其手笔多出文人，有清词丽句可作律诗读者。至科白中之唱篇，半由弹词家自行编造，品斯下矣。

苏城操弹词业者之出游也，南不越嘉禾，西不出兰陵，北不逾虞山，东不过松泖。盖过此以往，则吴音不甚通行矣。弹词业之不能发达，职是故也。

弹词家之能持久与否，不知者辄谓其必视听客之多寡以为进退，而不知非也。说部若去头脚，篇幅顿小，艺之善者，时出新意以延长之，而听者犹嫌其短。反是，则一说便完，虽十余日，亦觉枯坐片时之无谓。昔人谓“善评话者，于《水浒》之武松打店，一脚阁短垣，至月余始放下”，语虽近谑，然弹词家能如是，亦岂易耶！

戏剧有配角，而弹词无之。

弹词之插科，彼业谓之“倏头”。倏头之佳者，其先必迟回停顿，为主要语作势，一经脱口，便戛然而止。科白之能解人颐，非简练揣摩不可，其妙处在以冷隽语出之，令人寻味无穷。然亦有过于刻画，尚未启齿，而已先局局者，下乘也。

弹词家开场白之前，必奏《三六》。《三六》者，有声无词，大类《三百篇》中之笙诗。《三六》每节为三十六拍，不得任意增减，音节紧凑，无一支蔓。自业滩簧者增加节拍，使之延长，弹词家亦尤而效之，古意益荡然无存。或曰，《三六》，即古之《梅花三弄》也。

善弹词者之唱篇科白，悉视听客之高下为转移。有名书场，听客多上流，吐属一失检点，便不雅驯，虽鼎鼎名家，亦有因之堕落者。苏州东城多机匠，若辈听书，但取发噱，语稍温文，便掉首不顾而去。故弹词家坐场近城东，多作粗鄙狎亵语，不如是，不足以动若辈之听也。然有时形容过刻，语涉若辈，（彼业谓之“千”。）则揶揄随之，甚且饱以老拳。

书场口碑，多出之听专（疑为“站”之讹。）书者，中以轿役为多，倒面汤，（逐客令也。）捉漏洞，冲口即出，不稍假借。而且场地愈合宜，则听专书者亦愈多，弹词家于此等处，必兢兢惟恐失若辈欢。若辈又好与说书先生兜搭，得其欢心，则招呼尤殷勤。所谓先生者，亦必笑颜承迎，与之酬答，此辈之势力可知。上海髦儿戏场，遇旦角登场，则怪声四起，有猫叫声，有狗吠声，有如怨如慕、如泣如诉声，场上女伶于发声之尤怪异者，亦必回眸以一笑报之。盖此种怪声，多发自看白戏之马夫、龟奴。近则每况愈下，有貌似上流之儇薄少年，亦不屑降尊而效马夫、龟奴之鞹也。

弹词家之应外埠聘也，场主必先订定银若干，名曰“带挡”。负时名者，此处未及往而彼处带挡又来。张步云之奔波至死，以带挡为累。故其甫经学成及名不甚著者，多倩师友为之代揽带挡。

弹词家应聘外埠，谓之“出码头”。出码头时所开书，多择生涩脚本。名家之所以说部多而且熟者，练习之功候深也。亦有借码头为试验及殖财地，回苏始拜师者。每拜一师，非六七十金不办。彼业规例綦严，说一书必奉一先生，否则不能接受盘洋。然码头不尽苏人，嘉、湖及常熟、无锡籍者，亦间有之，其艺亦有高出苏人上者，特少数耳。

业弹词者，于码头上遇非苏州人而同业者，皆谓之外道。嘉善有一外道曰李文炳者，海宁硖石人，所说书为杨乃武，近代史也。映带周密，不脱不离，非略解文义者不办。其弦索之圆熟，则雅近吴陞泉。

弹词为吴郡所有，而越有平调，粤有盲妹，京、津有鼓词，其声调有足与弹词相颉颃者。然弹词亦有派别，今即俞调、马调比较言之，俞调音节宛转，善歌之者，如春莺百啭，竭抑扬顿挫之妙，其调便于少女；如飞出，一变凡响。以科举时代之八股例之，俞调犹管韫山，而马调则周犊山，亦弹词家之革命功臣也。

弹词名家多与文士游，非丐其揄扬也，以操是业者多失学，略沾溉文学绪论，则吐属稍雅驯。

同治初年，吴门弹词家之著名者，为马、姚、赵、王。马即如飞，姚字似璋，赵字湘舟，王字石泉。姚所演讲者为《水浒》，余三人所擅长之说部，马为《珍珠塔》，姚为《玉夔龙》，而王则《南楼传》也。他若顾雅庭之唱白，田敬山之诙谐，亦俱负一时盛名。雅庭之唱篇，多出自苏人江听山之手，所说为《三笑》，插科道白，非他书比。要须出以文士口吻，得江编定，声价十倍，江之深于此道可知。

如飞之子曰一飞，说唱尚有父风，而名不甚著。石泉之子曰绶卿，能览书报，彼业中有争执事，得绶卿片言立解，以学识为业中冠也。惟以嗜烟致倒其嗓，识者惜之。

敬山之子曰少山，落拓不羁，佯狂自恣。每坐场子，有时座为之满，有时听者几绝迹。盖其性颇僻，听客少则振作精神，不稍轶本书范围，不如是，将受场主摈斥也。听客一多，则狂病复发，而语多不经矣。然其科白之娴熟，心思之敏活，且能于背上弹三弦，传其父技，皆为人所称道者也。

说《描金凤》之钱玉卿，亦苏州弹词家之铮铮者。玉卿为张步瀛之外舅，步瀛之技即授自玉卿。玉卿晚年登场，辄与其子幼卿俱，善诙谐，与步瀛相仿佛。

说《三笑》之谢少泉，与步瀛为亲家，生涯鼎盛，而其景况之拮据，殊不减于步瀛。弹词家普通所用乐器，为琵琶与三弦二事，间有用洋琴者，则以年齿尚稚，而发音清脆也。晚近彼业中之善琵琶者，首推步瀛。步瀛坐场子，逢三六九日，例必于小发回时，奏大套琵琶一折。侪辈咸效颦焉，然终不能越步瀛而上之。步瀛天资优美，又习闻金春龄绪论。春龄曾充县吏，为苏州琵琶圣手。每岁之春，支硎山、狮子林例设琵琶会，四方之善琵琶者咸集，春龄必坐首席焉。

步瀛手法之熟，不可与率尔操觚者同日语。琵琶本西域乐，入中土独早，有钩、弹、磕、拍、摘、打、扫、轮种种手法。最流行之大套，为《平沙落雁》《霸王卸甲》，调名繁不胜举。步瀛弹时，以《龙船锣鼓》为多。《龙船锣鼓》，亦惟变换手法，随意加入种种小调，间以疾徐高下之锣鼓声而已。

步瀛所说为《玉夔龙》，是书含有义侠性质，俗谓之“大书小说”，湘舟即以是见重于时。湘舟故后，有丁似云。似云之书太落静功，听之，嫌索索无生气。步瀛素滑稽，书中角色虽多，能秩然不紊，各如其身分而止。盖步瀛客游久，致力于是书者专也。步瀛说《描金凤》最熟，朱耀庭辈虽略负时名，终无以夺之。

陞泉之父业卜筮，盲人也。子二，曰西庚，曰陞泉。及长，即执贽于王秋泉之门。秋泉无赫赫名，而吴氏昆弟早岁即以善歌闻。西庚说唱亦佳，特好作下流社会语。陞泉无之，恂恂儒雅，无浮薄习气，能作画，且善鼓琴。陞泉之长子号九芗，次号品泉，其短命亦相类。

女弹词

女弹词者，江苏有之，亦游历各处。昆剧中有《女弹词》一出，则其由来之久可知矣。惟昆剧中《女弹词》，其调为《九转货郎儿》，乃昆曲。今之女弹词，其传奇之本为七言句，其雅处近诗，其俚处似谚，则微有不同耳。平仄多谐，颇似长篇之七言诗，间有三字句两句，则似词中之《鹧鸪天》调；或加以说白二三字，则又似曲中之衬字。其用韵宽于诗韵，亦异于词韵、曲韵，大率通用音近之字，类毛西河之通韵焉。

上海称女弹词曰“先生”，奏技于书场曰“坐场”，又曰“场唱”。开场各抱乐具，奏乐一终，急管繁弦，按腔合拍。乐终，重弄琵琶，则曼声长吟，率为七言丽句，曰“开篇”。其声如百啭春莺，悠扬可听。曲终，诵唐人五绝一首。说书时，口角诙谐，维妙维肖，以能描摹尽致、拟议传神者为贵。所虑者，不失之生涩，即流于粗疏，忘其为女子身也。

女弹词以常熟人为最，其音凄惋，令人神移魄荡，曲中人百计仿之，终不能并。其所说传奇，大抵为《三笑缘》《双珠凤》《白蛇传》《落金扇》《倭袍传》《玉蜻蜓》诸书。

书场谓说正书者为“上手”，答白者为“下手”。

女弹词皆有师承，例须童而习之。其后限制稍宽，有愿入者，则奉一人为师，而纳银币三十圆于公所，便可标题书寓，后并此银不复纳矣。及书寓众多，于是有每岁会书一次之例。会书者，会于书场而献技，各说传奇一段，不能与不往者，自是皆不得称先生，不得坐场。未几而此例亦废。

妓席招弹词女至，不陪席，别设远坐；不敬烟，命女佣代敬。惟宴于其家，席无妓，始陪坐，曰“堂唱”，赉以银币二，独与客对，亦敬烟。凡此斤斤，盖其自处，即谚云“卖口不卖身”耳，然其中难言者亦颇有之。

女郎王青翰，乾隆时人。幼以目眚失视，而明慧过人，工弹词，清吭谐婉，间为激昂悲壮语，令人色动神飞，然不轻发也。曾见赏于杭堇浦、王梦楼，赋诗投赠，声价益高。性耽饮，持觞政极严，客不敢犯。尤善谐谑，偶一语入妙，四座为之倾靡。名流谶集，必招致共饮为快。或非其当意者，饵以重币，不顾也。既与孝廉某善，出橐金促赴南宫试。旋闻孝廉试不利，且死，一恸几绝。自此长斋杜门，不复弄浔阳江上琵琶矣。名流嘉之，传诸吟咏，有为《梦横塘》词以咏之者，其词云：“澹云遮月，薄雾笼花，却疑妆倦如睡。几曲春风，才付与恩恩弹指。歌扇邀凉，酒襟留暖，未成欢计。渐徐娘老矣，冶思都销，销不尽怜才意。　青青杨柳楼头，想天涯弱婿，远梦千里。觅甚封侯，空折了孤飞鸳翅。伴灯影长明证佛，冷雨重门夜深闭。万古伤心，一分才色，便一分憔悴。”

道光时，有杨玉珍者，色艺双绝，善唱《玉蜻蜓》。有秀才张某惑之，以其有夫也，偕逃致讼，张之叔被累自缢。后官获讯，张遣戍，玉珍随之。迨赦归，偕老焉。玉珍，绝色少女也，赦归则白发老妪矣。初，玉珍与张赠烟盒定情，好事者乃撰《烟盒记》传奇，付之弹唱。

咸丰时，有陆秀卿者，吴人也，避乱至沪。貌为绝色，艺为绝技，人争招致之。一曲八金，姗姗来迟，飘飘去速，名重一时。后嫁宰官。

上海书寓创自朱素兰，久之而此风大著，同治初最盛。素兰年五十许，易姓沈，犹时作筵间之承应。继素兰而起者，为周瑞仙、严丽贞。瑞仙以说《三笑姻缘》得名，然仅能说其半，丽贞则能全演。惜兰摧玉折，遽赴夜台。瑞仙年逾大衍，犹养雏姬以博买笑赀。

同、光之交，苏州有居中街路之孙宝卿者，虞山人，面淡芙蓉，腰纤杨柳，性豪放，有落落丈夫气。凡遇宾筵把盏时，左顾右盼，妙语环生。善南词，喜唱俞调，每一歌之，座客辄击节称善。

吴素卿、小桂珠同师习俞调，小桂珠后鬻于妓家，善画兰，重文人，轻巨贾，守身如玉，自誓非翰林不嫁。后如其志，果嫁闽中某太史。或云，素卿从不入书场献技，以某客待之厚，有从一而终意，招致者皆辞之。

朱品兰、朱素兰为姊妹，品兰微憨，素兰较黠。品兰钟情于某，欲嫁，其假母锁闭之房中，未几鬻于人。素兰奏技时，修容过庄，或曰，此贞节坊在额上也。

其色艺之能兼者，为陈月娥。弹词女以月娥名者有三，曰陈月娥、汪月娥、姜月娥。陈名先著，汪、姜后出。陈之母为芝香之女甥。貌美而艺佳，抚弦奏曲，其音节圆而婉、静而幽，如一缕游丝，晴空独袅，态度亦楚楚可怜，汪、姜两月娥不及也。惜善病，不甚登场。汪貌绰约而性冷峭，微近执拗。姜善笑，瘦弱如飞燕，可作掌上舞，惜昙花一现，即返兜罗矣。

以艺独著者，首推袁云仙。貌丰丽，语倜傥，艺娴熟，以是众皆悦之。弹词女皆居上海之城北，而云仙居城南，故城北无知云仙者。某年，诸女士会书于金桂轩南之山林园楼，排日奏技，各擅胜场。云仙登场，时薄暮矣，不及弹唱，忽忽说白数语，伉爽隽永，人叹为会书第一。以是声名鹊起，遂自南而北，日奏技焉。听者日众，声名日盛，知音者以两字评之，曰“硬响”，以其调硬而声响也。盖俞调贵柔婉，贵静细，贵情韵双绝也。第云仙虽善说白而不善弹唱，斯其短耳。又有陈芝香、徐宝玉、汪雪卿、严丽贞诸人。芝香音清越而调靡曼，于四声七音辨析入微。

其所弹之传奇，殆经才人润色，绝胜原本，词雅语隽，听者神往，刻意描摹，入理入情，惟妙惟肖。宝玉浩浩落落，有英雄气，忽而喑呜叱咤，忽而突梯滑稽，胜于观剧，出奇制胜，诚巾帼中别调也。雪卿说白，意周而语简。丽贞善绘悲咽，无言之处，有包蕴千万言之概。

其以才色著者，有二人，一为程黛香，一为王丽娟。黛香自负，欲兼黛玉、香君而有之，故以自名。尝自题冯小青《题曲图》六绝句云："焚将诗草了今生，莫再他生尚有情。卿说怜卿惟有影，侬将卿画可怜卿。""倩女离魂杜丽娘，雨窗题曲断愁肠。丽娘命比卿卿好，不遇冯郎遇柳郎。""卿题艳曲我题诗，旧事钱塘有所思。后有小青前小小，一般才女两情痴。""美人命薄太多愁，侬福还须几世修？一事慰卿兼自慰，留些诗草也千秋。""自伤飘泊已多年，未断情根未了缘。毕竟好花终要落，怜卿有我我谁怜？""近来惆怅欲焚琴，画意琴心少赏音。欲画卿卿题曲易，最难画处是侬心。"有尝与对弈者，谈诗论画，绝无俗韵。其女弟子程大宝奏技于苏州，招之往，黛香乃遂赴金阊矣。丽娟之才虽亚于黛香，画楼幽雅，四壁图书。曾嫁都司某，则以降寇而得官者也。丽娟逸去，仍归海上，重理旧业焉。

其以色著者，为王幼娟、徐雅云、黄蔼卿、陈佩卿。幼娟为丽娟之妹，才逊而貌胜，艺则与埒。雅云乃宝玉之女，性静雅，貌端妍，寡言笑，歌亦清婉。蔼卿、佩卿貌皆娟好。佩卿深于情，与施某有啮臂盟。既而多金者购之，母已许矣，施泣，佩卿亦泣，母从其志，卒反金而嫁施。

宣统时，有陈筱卿者，华亭之罗店人，以弹词游江浙间。每在茶馆奏技，徐娘半老，风韵犹存，天足革履，不作时世装束，不知者几疑为大家闺秀。惟吸鸦片，瘾颇深。所唱开篇及道白，口齿清楚，委宛尽致。尝奏技于福州路之聘乐园，听客填咽，座为之满。

无锡某茶居，某夕悬牌有弹词，登坛者乃巾帼伟人，凡三座。一人因疾辍演，余二人，一名也是娥，年可三十；一名何处女，年不过十七八，说《金台传》大书而带调片者也。宗马调，幽雅悦耳，弹琵琶不用弦子。说时神情宛现，庄谐兼至，且能说《五义图》，又能唱小曲、京调、滩簧。每度一曲，须酬银币三角至一圆。

唱落子

京师、天津之唱莲花落者，谓之“唱落子”，犹之南方之花鼓戏也。其人大率为妙龄女子，登场度曲，于妓女外别树一帜者也。聚族而居者曰“落子班”。

评话

评话，即说书，又名平词。明末国初，盛于江南，如柳敬亭、孔云霄、韩圭湖辈，屡为陈其年、余澹心、杜茶村、朱竹垞所鉴赏。次之有季麻子者，亦善之，为李卫所赏。然南宋时杭州瞽女唱古今小说评话，谓之“陶真”，是宋时已有此风，特当时所谓评话，如今之弹词，此则敷演故事，渐重说白耳。

江浙多有说评话者，以善嘲谑诙谐为工，大率为一朝一事，或一人之始终荣枯，亦谓之大书。其擅场处，不在唱之腔调、词之工拙，惟能即景生情、滑稽无穷耳。沈建中以此得名，茶寮设座，后至者无地可听。园亭销夏，闺阁开尊，间亦召之。日止唱二回，（即二段也。）必白金二两，他执事者不与，其声价如此。杭有鸡毛陈六者，亦与之埒。又扬州有善说皮五鬎子者，每登场则满座倾倒。

周猴说《西游记》

乾隆末叶，江宁每有无业游民，略熟《西游记》，即挟渔鼓，诣诸妓家，探其睡罢浴余，演说一二回，藉消清倦，所冀者，杖头微资而已。擅此者推周某，群呼为“周猴”。自入京，为某巨公所赏，名益著。某败，猴乃丧气而归。

叶英多说《宗留守交印》

乾隆时，扬州有好奇狷洁之士，曰叶允福，字英多，一字霜林。年十六，补江都县学生，尝三踏省闱而不售。居常视世事龌龊，每思一发其迈往不羁之气，而有托以自见。尝谓："士生今日，每欲神往古人而遇之。吾尝读太史公《史记》，摹写千古人物，宛然在目。倡优之擅绝技者，登场扮演，其精神态度无不出。吾不能希太史公之万一，而倡优又不可为，则将安所寄以肆志乎？吾观《东京梦华录》《武林旧事》记当时演史小说者数十人，而近日吾泰州柳敬亭，以之名于胜国之季，遨游于公卿将帅间，为所戏笑玩弄，其人仍不脱倡优余习，然不可谓非绝代之艺也，世岂无传之者乎？"于是辞家浪游数年，归而幡然曰："得之矣。"

扬故多说书者，盲妇伧叟，抱五尺檀槽，编辑俚俗僿语，出入富者之家，列儿女妪媪，欢咍嘲侮，常不下数百人。然甚秘其技，不肯泄，故所常与同砚席、通气谊者，欲强试之，亦时应时不应。其为一时说书之魁者，方百计密伺，偶入听则大惊却走，而名遂籍甚。然人皆知其高简绝俗，不敢求一奏也。其所说以《宗留守交印》为最工，大旨原本史籍，稍加比傅，乃皆国家流离之变，忠孝抑郁之志，抚膺悲愤，张目呜咽。一时幕僚将士之听命者，及诸子之侍疾者，疏乞渡河之口授者，呼吸生死，百端坌集，如风雨之杂沓而不可止也，如繁音急管之惨促而不可名也，如鱼龙呼啸、松柏哀吟之震荡凄绝而无以为情也。

子弟书

京师有子弟书，为八旗子弟所创，词雅声和，且有东城调、西城调之别。西调尤缓而低，一韵萦纡良久。瞽人辄以此为业，如王心远、赵德壁辈，声价至高，可与内城士夫之擅场者比肩而并矣。

浦天玉善评话

乾隆时，江都有浦天玉名琳者，少不读书，以扫街为生。一日过市肆，闻坐客说评话，悦之，曰："为善为恶，其报彰彰如是。奈何世之人如叩盘扪烛，擿埴而索涂哉？"遂日取小说家因果之书，令人诵而听之。听一过，辄不忘，于是润饰其辞，摹写其状，为人覆说。听者皆感动，有欷歔泣下者。

琳体肥，右手短而捩，人呼之曰"拗子"。春秋佳日，弦管杂沓中，必招之说书，以为豪举。

五魁舞

五魁舞，礼部宴衍圣公及文武会试、乡试筵宴用之。乐用鼓一、管二、笛二、笙二、云锣一、板一。歌童五人，衣五魁衣以进舞。

镈钟

范铜而中空，撞击之以发声曰钟。镈钟，《周礼·春官·镈师》注："镈，如钟而大。"《乐器图》"镈钟十二，各应律吕之音"。凡合乐，以某律为宫，则击本律之钟以宣之，《孟子》所谓"金声"是也。乾隆己卯冬，于西江得镈钟十一，高宗命遵圣祖所定七寸二分九厘为黄钟之数，参考本律倍半之法，补铸其一，足成十二。又另铸镈钟十二，以备特悬，御制铭词，镌识其上。

舒铁云夜坐闻钟

舒铁云尝于夜坐闻钟声，偶成一诗。诗曰："秋钟不在寺，远近随风去。微喧谷口泉，斜破烟中树。默想参寥禅，茆庵在佳处。空关延月镜，败衲落云絮。一声息万缘，龛香妙方炷。清省发中宵，不待荒鸡曙。"

铜鼓

铜鼓，边有二孔，以黄绒绦悬而击之。陈旸《乐书》谓昔马援征交趾，得骆越铜鼓，铸为马式，此其迹也。宋范成大《桂海[虞衡志]·器志》谓如坐墩而空其中，两人舁行，以手拊之，声似鞞鼓，则实始于岭南也。

舒铁云在黔，得见铜鼓，则苗人所制者也，乃作诗以咏之曰："望之铁色质则铜，被以鼓名声乃钟。面如尘镜冷不镕，底如覆釜其音跫。中央一束黄腰蜂，土花战血相淡浓。上有文字如云龙，手三摩挲不可踪。我随车骑来南笼，此鼓献自畊田佣。问渠铸鼓何所宗，云是诸葛征蛮凶。渡泸五月济火从，功成畀锡罗甸封。岁时伏腊事吉凶，椎牛酾酒宴万峰。乃以此鼓代蕿镛，青山白雨双杖筇。小叩小鸣初冬冬，大叩大鸣既逢逢。天空谷应声隆隆，诸苗拜舞衣无缝。罢宴藏鼓无敢纵，千载风俗兹益恭。忆昨巨虚负蛩蛩，鼓鼙将帅思三冬。今者成鼓罢不椿〔揰〕，催花羯鼓声玲珑。请留此鼓镇边墉，笱业丹雘悬维枞。虽殊石鼓赋车功，颇仿土鼓追黄农。金人十二销镝锋，并勒我诗当纪庸。而我再衰三则慵，雷门之布蓁难容。"

年鼓

年鼓者，铁为圈，木为柄，柄系铁环，圈冒以皮，击之冬冬然，名"太平鼓"。京师腊月有之，儿童之所乐也。

汪习之闻风琴

咸丰时，有美国女子擅风琴者至沪，大兴汪习之太守教灏尝闻之，有《听花旗国海芽犀女子弹风琴歌》，歌云："风琴夷乐声泠泠，是谁作意矜娉婷？芽犀女子刚髫龄，长风万里来沧溟。高楼深鐷初开扃，楼窗面面琉璃屏。猊炉兽炭霏烟馨，红尘扫尽风穿棂。珊珊而来谁使令，草冠覆首攒珠丁。藕丝中单织翠翎，冰鮹急束宽下形。长眉善睐波流萤，言兜离兮状窈停。一奁乐器呈中庭，似瑟非瑟筝非筝。上排象版下结绳，手按足踏音分明。十指递跪节奏精，双凫互蹴轮牙灵。初如仙驭乘云軿，鲸鱼鼓浪奔雷霆。忽然廉折亮以清，孤鹤远唳来遥汀。细如珠露花间零，急如骤雨泻高瓴。我来海上扬吴舲，偶然相值两浮萍。繁华过眼如醉醒，莺花虎阜空冥冥。大厦忽折西沉星，遂使流贼飞蝗螟。疮痍满路嗟伶仃，鸱鸣鬼哭难为听。更闻塞上歌闻铃，北望泪湿青衫青。安得天上扫欃枪，我曹睹酒游旗亭。四海一家无竞争，鸾歌凤舞俱来廷。”

金赤泉听洋琴

乾隆时，钱塘有金赤泉典簿焜者，好音乐，尝听洋琴而作歌以纪之，歌曰：“云和之琴空桑瑟，至人摅思中音律。庖牺不作古乐亡，杂沓筝琶始竞出。此琴来自大海洋，制度一变殊凡常。取材讵用斲桐梓，发声亦自循宫商。图形宛然如便面，中絙铁弦经百炼。钿钉栉比排两头，二十六条相贯穿。携来可击不可弹，双椎巧刻青琅玕。琴师举手指未落，满座肃听生心欢。初持孤椎只轻打，秋树寒蝉饮霜哑。旋舒双腕着意敲，淅沥雨飘青竹瓦。左击右击无雷同，疏槌密槌相间工。五音和会含众妙，节奏宛转包纤鸿。琮琮琤琤盈耳注，碎佩丛铃满烟雨。檐前玉砌堕冰簪，洞里春泉滴山乳。忽然止椎弦不鸣，反舌入夏愁无声。中心一击复成响，地底阴雷破蛰轰。有声无声相杂揉，变化在心兼在手。以心运手手运心，小技入神希匹偶。座中听者皆忘疲，共道此琴铁胜丝。柳公双锁未为巧，李氏百张胡足奇。我闻古人作乐各有取，旧典至今存册府。闲邪纳正是为琴，如此曼淫同郑妩。请君举手绝其弦，靡靡自古不在悬。锦囊出我龙湫瀑，追取希声太始前。”（自注：余在家藏古琴，背有文曰“龙湫瀑”。）

铜人捶琴

乾隆时，平湖沈文恪公初在闽，见一铜人，高数尺，如十三四丫头，面粉，衣缯，前置琴。启铜人之钥，则两手起，执棰击琴，左右高下，其声抑扬顿挫，悉合节奏。头容目光，皆能运转，助其姿致。鼓毕，则置棰于琴，两手下垂矣。又置飞雀，呼噪逼真，盖自西洋输入者也。

朱亦林吹铁箫

舒铁云尝作《铁箫歌》赠朱亦林，亦林固善吹铁箫者也。歌曰："铁厚一寸射而洞，惊起秦台红尾凤。乘风飞度广寒桥，《霓裳》法曲传灵箫。生不逢东坡居士游赤壁，清风明月无声色。更不见淮南书记吟青山，二十四桥春梦残。炉火温暾唾壶缺，不铸黄金铸白雪。深山大泽无人踪，一斛珍珠六州铁。不知谁冶南陵梅，秋色寸寸绕指来。苍龙紫蚓绣昔苔，锦绦穿月纷葳蕤。四壁成都小垂手，玉律春寒消九九。吹参差兮续《离骚》，烂嚼红霞口戕口。节之以岑牟金石渔阳挝，和之以大江东去铜琵琶。银河吹笙小儿女，矧乃人世双红牙。蕤宾一方何处得，胡床三弄无人识。不如舞作王铁枪，省倚市门馋乞食。"

谢时禋弹琴伐鼓

谢泰臻，字时禋。明亡后，入先师庙，伐鼓恸哭，解巾服焚于庭。沉舟之痛，时切于怀。援壁上琴弹之，格格不能成声，推之而起，曰："人琴俱亡矣。"一日，不知所往。

乔山人善琴

国初有乔山人者，善弹琴，精于指法，尝得异人传授，每于断林荒楚间，一再鼓之，凄禽寒鹘，相和悲鸣。后游郢楚，于旅中独奏洞庭之曲，邻媪闻之，咨嗟惋叹。既阕，曰："吾抱此半生，不谓遇知音于此地！"款扉扣之，媪曰："吾夫存日，以弹絮为业，今客鼓此，酷类其声耳。"

陈乔生善琴

陈子升，字乔生。善鼓琴，能吴歈，九宫十三调，曲尽其妙。

刘公猷使姬墓下操琴

刘公猷吏部之友某，素嗜琴。殁后，公猷携诸姬过其墓，停车酹酒，使诸姬各操一曲而去。

徐映玉既嫁不操琴

徐映玉，字若冰，昆山人，嫔于孔，因居木渎。幼警慧，柔嫕静庄，喜读书吟诗，善针黹，佩服栉珥必修洁。初生时，母梦梅花一枝堕于庭，及长而爱梅，花开辄行吟其下，每风雨至，顾而泣，若甚有伤于心者，家人窃怪之。父善弈，女士旁观，覆不失一。学琴，得虞山指法。既嫁，曰："此非妇人事也。"遂辍不为。

唐青照为塞晓亭鼓琴

唐青照，名唐明，长白人。食贫而不累其天，天乎琴。妻关氏，国色也，操缦以和之，亦造微，家人化焉。客尝问之曰："子何得于琴？"青照曰："我何得乎？举凡天地间虚牝玄窍于喁吸嗥及乎芒芒瞢瞢，行诸太空，若无所闻，而悬寓乎其中者，悉协之以吾琴而中其微。当是时也，晏晏然，闬闬然，返我心之危，冰释焱灭，如其初而已矣。我何得乎？"塞晓亭侍郎尝物色之，踵门，铿然作，止不进。久之而后通，则鼓琴者其竖徐海也，晓亭惊。比入，所居屋裁二楹，青照笃爱妻，界其半使居之，半给炊，且坐客。晓亭至，方淅米，地垆火郁攸，而镬中滓滓汤适沸，凝尘满席，膝屈而复安。坐良久，青照抚琴曰："客欲有闻乎？"曰："欲之。"于是正襟坐鼓之，一再行，风琅琅走，泠然而秋生，晓亭悚气息如游丝。少选，又再叠之，则群阴辟、真灵昌，一物一尘，窅然而亡。晓亭蹶然起曰："止。子天游，琴，寄焉耳。"

章某焚琴

焚琴子者，姓章氏，闽之诸生也。尝学琴于惠州僧上振，得其音节之妙，遂归。变姓名，挟琴还入闽，达官贵人争廷致之，听其琴，有愿从而学者，虽善，然终莫能及也。久之，有将军自塞上来，驻防福州，嗜琴，厚礼延之，使鼓琴于幕下。将军据上坐，而置一座于旁，命之坐。怒视将军曰："吾博通万卷书，而明公惟知马上用剑槊，吾岂为若门下士耶？奈何不以宾礼见，而屈我于旁，我不能鼓琴矣。"奋衣径出，不顾。将军惭，下与抗礼，谢罪，强留之，乃踞上坐，为一鼓琴。将军称善，左右无不悚听。然其声凄怆肃杀，有秦音焉。乃曰："琴者，天下之至和也。吾琴雝雝如鸾凤鸣，今枝上无螳螂捕蝉，而弦中忽有西北肃杀声，何也？岂军中将有警耶？"抚琴毕，三军之士皆嗟叹，有流涕者，章尽醉痛哭，上马而去，将军赠之金，不受。后此军沦于海澄矣。久之，闽人目章为琴师，虽江浙，颇多闻其名者，然当道不以礼遇之，招之亦不往，往亦不久留。尝于酒后耳热，捽琴于地，引满大啸，放言高论，惊其座宾，谈古今得失，虽老师宿儒深通经济者，不能难之也。

其最爱之童子曰金兰，亦善琴，独得其传，常负奚囊，从游数十里外。章诗成，金兰辄以为善，录之盈帙。客访章不遇，金兰代款之，以章诗示人。由是人颇异之，以为抱负非常之士，不得志而隐于琴。然当事卒莫有荐之者，竟佯狂以卒。

章笃于伉俪，妇陈氏，齿少于章者十年，亦颇知书嗜音。章尝为之鼓琴，茶香入牖，鬓影萧疏，顾而乐之，以为闺房清课，亦人生韵事也。一日忽谓其妇曰："吾夙闻红颜薄命，卿才如此，而推命者多言岁行在卯当死，岂汝亦天上人，不久当去耶？"因感慨悲伤，为弹《别鹄离鸾》之曲。既而曰："琴音和，吾与汝尚无恙。然第七弦无故忽绝，少而慧者当之。”居数日，金兰死。章抚尸一哭，不胜其悲，吐血数斗，曰：“吾死后，《广陵散》绝矣。”遂焚其琴，不复鼓也，因自号“焚琴子”。

美人弹琴

彭羡门少宰孙遹，有美人弹琴词，调寄《菩萨蛮》。词云：“梧桐深院鸣秋叶，狄香小炷氤氲爇。玉指弄哀弹，琴心云水寒。园丝珠作串，字字含怨清。清怨寄三湘，眉峰九曲长。”

朱汉槎善琴

朱汉槎，名品，字金三。十二岁，即遇名师授以琴学；又十年，复遇一名师焉。先后所学有百余曲，晨起弹至夜分，六十年如一日，世未有与匹者也。

程香溪善琴

江都程香溪编修善鼓琴，马嶰谷以宋姜白石所制侧商调《古怨》，属为追抚，三日而成声。

刘九嵒善琴

刘泽长，字九嵒，辰溪贡生。性恬适，雅爱音乐，尤善抚琴，所操三十余谱，清妙寡和。时有刘半仙者，与之友善，喜听泽长琴。临卒，乞以琴殉，泽长如其言。后数月，泽长从子遇半仙于途，半仙以琴付之曰：“此汝叔琴也，当以此免难。”后泽长因事株连系狱，夜常鼓琴自适，当道闻而异之，廉得其情，乃省释焉。

陈廉舫善琴

挹翠楼后梧桐一株，百年物也，忽自欹，陈廉舫孝廉制以为琴。舒铁云作诗以诵之，诗曰：“曾上元龙百尺楼，银床叶落又经秋。分明丝竹都堂梦，天海风涛一夜收。知音容易赏心难，捉摸龙蛇避凤鸾。解辨劳薪赋枯树，更谁肯取作琴弹？十年种树百年声，难与筝琶争此名。好待梅花开断后，千秋万岁有移情。”莲舫固以善琴名于时也。

李琴颠鼓琴效蜀派

杭州李昆，字玉峰，号琴颠。先世本汉军，乾隆癸未诏裁杭州汉军，使入民籍，琴颠遂出驻防。工诗词，善书，有逸趣。鼓琴效蜀派，得盛名，能自度曲，听之泠泠然有出世想。其琴弟子甚夥，琴颠曰：“小技耳，诸君无乃嗜痂之癖乎？”

程十然受琴旨于李玉峰

程十然居杭州忠清里之双眼井巷，尝游山左、粤东。或劝之仕，且助之赀，弗应，归而课徒养母。受琴旨于李琴颠，尽得其妙。晚得一旧琴，曰“春风”，其声清越，因自制曲曰《烈风雷雨颂》，非知音者不与弹也。十然，名起振，仁和人。

徐我山弹琴

海宁苏香海贡生士棠，尝于月下听徐我山弹琴，而作诗以记之。诗曰：“银河之水东西流，罗罗屋角凉云浮。坐有十人八人客，相逢秋士同悲秋。我山夙有丝桐癖，百衲（琴名。）随身老行役。宫商十指干净弹，冷到孤灯寒到月。谡谡恍如松风鸣，涛翻绝壑山峥嵘。又如大蟹小蟹甲初解，横行黑夜爬沙声。自来蔡琴标五弄，爨下遗材声压众。当前听君素手挥，今古遥遥堪伯仲。四十年华去不留，七条弦上写离忧。空庭露气凉如水，弹著乡心欲白头。”

吴氏眷妙析琴理

歙县吴素江，妆阁中人多妙析琴理，其妇与江右琴香榭蒋锦秋女士共结鼓琴之契。

阮媚生癖嗜琴

阮恩滦，字媚生，仪征人，为文达公第三女孙，杭增生沈霖元室。生时，父常生方官永平守，城外河为古滦水，故名。三岁失怙，能诗善画，尤癖嗜琴。文达偶至文选楼，必令一弹再鼓，呼之曰“琴女孙”，且手书楹联以赐之云：“古琴百衲弹清散，名帖双钩榻硬黄。”

宋小茗听人弹琴

宋小茗广文咸熙，尝听人弹琴，而作诗曰：“尘劳念我深，娱以枯桐琴。满座离言说，虚堂生水云。（时鼓《潇湘水云》之曲。）感兹今者乐，想见古人心。善手及芳岁，天涯何处寻？”

姚仲虞精琴学

道光时，东南琴学有金陵、虞山、武林三派，而谱则皆出于广陵。旌德姚仲虞茂才配中，性嗜琴，长于金陵，而游于广陵，杂习各派。及归里，潜心默悟，乃知传谱多舛，更正世所盛习者十数曲，又自制七曲；原数说声，上溯本始，为《琴学》二卷，出以示泾县包慎伯大令世臣。

仲虞且告慎伯曰：“七弦各有本数，倍数、半数损益上下，旋相为宫，以定宫商角徵羽正变清浊之位。而六十律三百六十四声，俱以和相应。凡吟猱，必在角、羽位。盖宫为君，商为臣，徵为事，角为民，羽为物，君臣所有事，皆为民物，故吟而上、猱而下，往复迟回，必当民物之位。”慎伯闻言，不能解，请一再鼓。乃于对几设副琴，鼓至窈眇之时，则副琴弦不动而自鸣，又几案所置杯盎及棂槅，时或响应。慎伯怪问之，仲虞曰：“各物皆有数，数同则声应。《唐书》所载寺磬每无故自鸣，僧虑其不祥。万室常为尅，磬成痕而鸣止。盖其磬与宫中钟同数，鼓钟于宫，则磬应于寺。克痕虽么细，而磬之得数已与钟异，故鸣止。乘〔秉〕笔者不解此义，是以载其事而不能言其故也。”

孔小山受绐鼓琴

曲阜孔氏以雅琴传世，有名“小山”者，尤擅长，然性僻而忮，不为人一弹，尤恶人窃听。亲知或百计供酒食、进美妓以媚之，亦酬酢如常人，顾一言及琴，则怫然不答，甚者且拂袖去。一日饮酒楼，座客泰半与孔识，纵谈及于琴，盛赞其技。座中有褚姓者，勇武有力，尤滑稽多智，因曰：“吾能令孔某为我奏之。”众曰：“果然，当以酒筵为君寿。”褚请约期而散。

孔生平好山水，尤慕泰山之胜，时当春日，山花方吐，绿荑竞荣，偕僮负琴涉天门，上日观，僮憩山畔。孔抱琴登绝顶，红日欲坠，斜射济河，烨煜作金色，南顾徂徕、梁父、洙泗，如线如砺，如砖墼，顾而乐之，不觉试弄一声。声未转，忽一巨人飒然自林中一跃而出，手巨锤叱曰：“若何人，敢辄为窥伺耶？”孔大惊，未及答，而巨锤轰然下，击坐前大石，石立磔为碎块，石屑四扬，簌簌扑孔身。孔大骇，方欲行而不成步。巨人叱曰：“止、止，动者毙锤下！汝贪生者，速以资献。”孔哀求，谓实游客，未尝携行囊，安所得资。其人叱曰：“不得资，即以汝命抵。汝不有衣服乎？”孔伏曰：“告大王，此布衣，不值数钱。”其人愈怒曰：“汝无钱，安得有此玩好之物，此非有钱之证耶？狡赖何为者！”孔曰：“此琴也，贫寒下士，调此自娱，此实亦不足当玩好者。”其人曰：“既如此，可为我调之。若不佳者，我一锤，令汝人琴俱碎。”孔无如何，则跪而抚焉。抚未及半，其人曰：“此声不佳，为我易佳者。”孔为弹一曲。时月初上，四山为薄雾所幂，一受月光，如鲁缟齐纨，明净纯洁，殆无其比。琴声自月中出，晚风送之，荡入四山，飞鸟皆惊起，绕枝翔且鸣，若与琴韵相和也。曲将终，忽林际数人，连袂欢笑而前，揖孔曰：“君受惊矣。不受大刀阔斧，何得便闻流水高山。”握锤者亦掷锤拱手曰："恶作剧，恶作剧。"因自道姓名，并述前语，孔始恍然。他日，其友语人曰："不图真名士乃畏假强盗也。"

钱小谢听琴

钱廷烺，字小谢，仁和人，枚子，尝为昆山令。上承门荫，文采风流，倾动京国。尝为英煦斋侍郎招饮于恩福堂，听李云华太史弹琴，因作歌曰："侍郎饮酒人中豪，高谈挥麈真风骚。井中投辖门反键，座中之客毋许逃。我辈追陪亦何幸，忘形略迹风怀骋。官烛高燃列两行，笙歌鼎沸华堂静。花枝飘拂绣帘前，忽地临风厌管弦。思听雍门歌一曲，酒边时有李青莲。金徽玉轸锦囊古，《广陵》可惜今无谱。不作声声时世弹，指下风生一再鼓。音韵铿锵迥不同，高山流水听淙淙。东华尘土全忘尽，身到长松大壑中。越女燕姬悄然立，天街不觉更筹急。弦索泠泠调愈高，有人暗向花间泣。侍郎执笔赋新诗，黄绢重观幼妇词。纸出澄心催客和，明窗留待月迟迟。年华座上惟吾少，挥豪敢自矜神妙。争及诸公到玉堂，朝衣夜待金门诏。翩翩笔底净无尘，对酒吟成别样春。落拓江东应似我，人人杜牧是前身。酒阑灯炧归孤馆，寒衾便是同心伴。一天愁思似云飞，今宵服得清凉散。天涯久已苦风尘，回首家山似画屏。安得他时携绿绮，白芦红蓼伴渔人。"

刘惟性从太元学琴

宁国刘惟性，名壹清，咸同间人。少读书，已而弃去，浪迹山水间。高峰者，宁之名山也，中有梵宇，僧数十居之。方丈曰："太元，善弹琴。"刘慕其技，师事之。元曰："学琴非难，静心耳。"曰："敢问静心之道。"曰："自静之，岂师所能为谋乎。"刘曰："善，我知之矣。"乃退而屏万虑，昼夜枯坐禅榻，元时来弹琴，他无所闻。一夜，大雨骤作，夹以风雷，寒猿悲号，山鬼长啸，灯小如豆，耿耿不能寐。启户视之，天无云雨，察声所自来，则出元室，知元弹琴也。潜至窗外窃听，久之，忽悲酸不可忍，失声号曰："弟子愿归矣。"撞扉入。元抚琴默坐，初无声息，元曰："汝愿归乎？然汝学成矣。吾琴声幽细，数十小和尚皆不闻，汝独闻之，心有静有不静也。"又曰："庸人以耳听，静者以心听，心听者能闻声数里外。至于琴，浅学者以指弹，静者以心弹。以心弹者，得琴之道矣。汝心静，可语琴。"明日授以琴，略授宫商之诀，随手而弹成音。元曰："可矣。"

刘自此弹琴，摹拟万籁，无不各肖。然刘殊自觉，惟志之所存，而音遂随之耳。愈力学，三年而归，寄怀于琴，因自号曰琴客。不为俗人弹，弹，人亦不闻也。时粤寇败，乱兵窜徽、宁，肆劫掠。尝有兵至刘宅，闻山后有金鼓声，惊而退。后侦知为刘弹琴，往执之，使弹。刘不从，威以刀，刘抚弦作凄酸声，兵手战刀落，乃舍之。而刘亦弃妻子逸去，不知所终。或曰，刘盖往高峰，从太元游，光绪时犹有人见之。

许飏阶善琴

许飏阶，茂名之新坡乡人，以善琴著，且喜啖狗肉，习久成癖，故自号"琴狗道人"，又自署其所居曰"琴研堂"，人亦以琴狗道人呼之而不名。尝掘地得一汉玉，古色斑斓，知为数千年物，则镌"琴狗道人"之号于上，常佩之于身。每当屠狗大嚼、浊酒半酣之余，则按琴于膝，临风鼓《凌云》之操。一曲既终，则又解其玉佩，摩挲翫赏不已。与江山渊之尊人尤莫逆。江居廉江，与新坡距数百里，有桥西草堂，贮图书五十余万卷，任人观之，有跋涉千余里借书寄读者。飏阶之至，亦以读书故，然是时固未知学琴也。

一日，有客自远方来，踵门求谒，自云欲借一席地，信宿即行。视其刺，署曰刘心弦。令肃入，骨癯神清，潇洒绝俗，一童子年可十二三，手挟锦囊一，长数尺，随其后，视之则琴也。坐定，刘曰："余产于湘，迁于粤，壮岁有大志，以不得偿，愤而作万里游。又尝慕鸱夷子皮之为人，乃挟美人以游五湖。既而浮淮涉湘，渡黄河，登太行，西出玉门，访酒泉、张掖之遗胜，北逾居庸，登万里长城，赋冰天跃马之诗。然足迹虽遍天下，而蹭蹬益甚，余妻又坠马，死于涧阿。余乃郁郁而返故乡，结屋于越王台畔居焉，日惟啸歌以自乐，历十年，不复出。今观兵气满西南，战事将起于交趾。闻冯萃亭将督兵出关，余心动，爰弃故居，腰剑从军，将往投之，途过此地，愿假宿一宵，黎明当行矣。”继敂（古同“叩”）其征途仆仆，奚为挟琴以俱行。刘曰：“此余之所癖也。余生平无他好，惟嗜琴。余祖父世习兹技，传其术。此琴世间不易得，尤余之所宝。昔入京师，王公贵人争相延纳，求一奏以为乐，此琴即某亲贵之所赠。余视之如严师，亦亲之如腻友，出入必与偕，数十年来未尝一日离。而余妻夙亦善琴，昔者万里行役，必与之并辔驰驱不稍离，琴亦随焉。今余妻亡，此琴即余之妻矣。”

江设盛筵款之，席次，心弦纵谈琴理，复按琴理弦，奏《清夜闻钟》一曲。初拨刺三两声，顿觉万籁不喧，四山欲静，恍若更阑人定之时。曲未终，凉风习习，徐起庭际，闻者若饮甘露，凡骨欲仙。许尤凝目默会，神与琴声俱往，已而语江曰：“吾辈夙欲习琴，深憾无所得师，今幸天赐琴师，讵可失之交臂。”江乃劝客少留，刘慨然曰：“余东西南北之人也，何地不可以为家？夙闻主人贤，既至，安忍即行，重违主人意。且此间图书至富，读书之乐，胜于从军也。”

由是，江、许皆从刘执弟子礼，受琴学。刘居数年，未尝言归，尽传其累世相传之奥。某岁秋风起，忽动归思，请行，且慨然以其所宝之琴赠江，曰：“感主人德，无以为报，谨以此赠。余相天下士多矣，未有如子者。子诚此物之主，其勿辞。”江再拜而受之，赆以千金，不受，浩然而行。琴镌“崇祯”年号。

许以嗜琴切，性过急，转艰涩而不能成声，愤甚，乃携琴入深山穷谷无人之境，与木石为伍，正襟危坐，冥心潜弹，寄想于杳冥寂寥以外，往往数日不出。由是心领神会，默解妙趣，而大块之元音，不期而自宣泄于五指之下，学乃大进。于是屏除一切，洗心澄虑，专致力于琴，琴以外不复闻问。未及数年，善琴之名噪于时。及自肇庆训导弃官归，则挟一希世之奇珍以俱。

盖许在肇庆时，官务清简，距署数武有茅亭，尝往憩焉。亭在署西，筑土为之，高数尺许，叠石为级而上，亭上竖柱四，覆之以茅，人即呼曰“茅亭”，无他名。亭四旁皆有短阑干，以竹编之，阑干外幽花野草，随意点缀，颇饶佳趣。登亭纵目，则城外沿江诸山，历历可指。每出署作汗漫游，趣令一小僮携琴随其后，憩于亭，辄凭轩鼓之，清风徐来，草木皆动，身飘飘若仙。俯视亭下，则行人甚稀，薄暮，有二三樵者肩枯薪过其下，信口成讴，行歌互答，与琴声相应。一日挟琴登亭，时秋声初动，西风满亭，微雨欲至，天外诸峰，咸露瘦骨，而相对作愁容，亭前枫树数株，亦如临风泣血，极目远眺，而思乡思友之念，一时交集，乃调琴作《天马引》，如刀剑铁骑，飒然浮空，果若天马之疾至。继又谱《阳关三叠》之曲，则又若风号雨泣，鸟悲兽骇，渊渊然有金石声，不觉冰弦之欲裂，万木无声，四山皆静，惟木叶萧萧下，积地盈寸。瞥见亭下有一少年，独步荒草间，作窃听状。其人年可二十许，丰姿楚楚，两目闪烁有神，惟蹙頞疾首，愁形于面，颊隐隐有泪痕，似感琴声而悲动于中，若重有隐忧者。诧之，方欲止琴不弹，招之登亭，乃琴声止而其人杳矣。

越数日，许方清晨理琴，突有一少年挟琴直入，长揖不拜，盖即茅亭所遇某少年之友也。询之曰：“子携琴造余，殆亦善琴耶?”其人曰：“非也。余不知琴，余友则善之。琴甚古，今奉其命持赠先生，幸受之。”言已，捧以献。许抚视其琴，则希世之奇珍也，亟曰：“余与子之友，未交片语，何敢承兹琼琚之赐?必不受。”其人曰：“此琴还故主之日，先生必受之。”且呜咽曰：“嗟乎！余友死矣。”

许惊駴（古同“骇”），诘之曰：“余与子之友遇，今才数日，奚以忽死？死于何病？又奚为以琴赠余?”其人曰：“余友死，昨日事耳。亦非死于病，盖别有故焉。死时有遗书在，所以留呈先生者，遗言属余携琴与书来谒，并欲有所求于先生，其诺之。”言次出书以献。亟启缄读之，其文曰：“余不孝，无以得母驩(同“欢”)，罪通于天，百死莫赎。今余与小妾俱死矣。先生硕德清望，戾止是邦，高山在望，夙所景行，独恨修谒无缘，郁郁终身，憾也何如！然秋风茅亭，犹获一觇清貌，并以琴声饷我，虽弦外余音，哀感动人，而得闻六艺，死亦愉快。余亦有古琴一，并世罕有其匹，愧余不德，既辱琴于生前，讵可复辱琴于死后，使落市侩之手？余罪滋深，今谨属友人，敬持献于先生，非先生不足为兹琴主，余当为琴贺。倘墨翟之言不谬，宣室之谈有征，兹琴既得长侍先生，余身后之魂亦得藉兹琴以追随左右。惟乞锡以鸿文，一志余墓，死且不朽。”许读其书而哀之，曰：“斯人之死，适死于茅亭听琴以后，其殆伯仁由我而死耶？”既而复语其友曰：“为文志墓，余之责也，敢不祗承。惟缘何而死，死又奚为与妾俱，皆未详。而其生平之言行及其遭际，必有特异于人者，尤所乐闻，幸详以诏我。”其人曰：“诺。”乃举其事以告，其言曰：

“友之死，非死于病，乃死于家庭之变。友姓关，名以忠，邑人也，世居城西。其先世皆显达，饶资产。至以忠，家中落。幼丧父，惟一母一弟，母为继母，弟即继母所出。性孝友，尚任侠，外柔而内刚，视其状，恂恂然若处子，而其实气雄万夫，伟男子也。幼抱奇志，专究心于经史、诸子、兵家之学，下及琴棋书画、金石雕刻，亦皆博综兼通，而琴尤为所长。然愤时嫉俗之念太盛，往往流于偏激，每谈及挽近风俗日下，举世不识道德二字，辄扼腕狂呼，目眦怒欲裂。故生平择交甚严，落落不苟合，引为知己者，惟余一人。年既长，娶妻未逾年即死，不复娶，纳一妾以事母，而常为母所憎，且以不应试而为布衣也，憎之益甚。母性善怒，累受鞭扑，均笑颜受之。俟母怒稍霁，始婉辞规劝，劝则母复怒，怒则复继以鞭扑，以为常。其妻亦以不能得母驩，忧虑而卒。及妾归，母鞭之益酷。妾本寒家女，美而贤，能文章，求婚者皆拒之，独愿为关妾。有以母性善怒告者，亦不惧。既归，日受鞭笞，体无完肤，无怨色。初，母之鞭妾也，关必厉声以责妾，助鞭之，母怒亦稍解。然母怒与年俱进，其后虽亦助鞭妾，亦不足以释其怒矣。然妾体素癯，不足以支夏楚，泣曰：'妾不职，常触母怒，罪宜死，今请死于君前。妾死而母子安，妾心亦慰。'关止之曰：'母性善怒，不自今始，皆由余不孝所致，奚涉于卿？宜竭诚事母，终有释怒日，徒死奚益！'妾涕泣受教，由是侍母益谨。距其家半里许，有古刹一，曰莲花庵，关幼时曾读书于此。庵地广而汲水则甚难，关乃命人浚一井，浚时掘地得古琴，有石函藏之，殆数百年间物，而完好如新，居土中既久，色乃益润泽，可鉴毫发。喜甚，因专肆力于琴，且为文树碑于井旁，记其得琴之由焉。且以家庭不相安，乃恒藉琴以自遣。每鼓琴，妾必歌以和之，为状若甚乐。母初亦喜之，然未几而故态复作，鞭棰之声，仍昕夕达于外，且责妾以导夫于淫乐之罪。关泣曰：'逐妾耶？妾无罪。留妾耶？母益怒。而妾且死，将奈何？'不获已，乃挈妾暂居于庵，由是母始少安。然关与妾虽外徙，日必数返以省母。而母于关至，廑数语即麾之行；妾至，则持帚以逐之。往往与妾长跪门外烈日下而痛哭，卒不省，闭门若不闻也者。族中子弟尝谒母，求为母子如初，母亦不顾。关自是顿发狂疾，常皇皇若有所失，日则散发乱服，踽踽独行，或数日不返，返则与妾相对而哭，竟日声不辍。有时席地鼓琴，作觱篥声，妾闻声起舞，和以楚歌，琴声苍凉，歌声凄咽，闻者咸陨涕。郁郁至于今三年矣。今年春，闻先生履兹土，喜甚，愿执贽晋谒。日前偶过茅亭，闻琴声，怅然有所触，号哭而归，昨日竟与妾投井而死，即得琴之井也。死时，有血书二，一辞其母，一别其弟，属弟善事母。又有遗书一，属转达，即此书也。"

许闻言已，慨然为作墓志，更亲往哭之于庵，西风残照，两棺横陈，回忆茅亭相遇，惝恍如梦，爰取所赠琴，鼓一曲于棺侧，而以《招魂》之赋歌之，寻携琴弃官归。

其后，有自羊城至廉江者，谓刘已得狂疾，常见其露体跣足，狂歌于市。或曰，非真狂，实有托而逃也。

杨时百善琴

杨宗稷，字时百，从长沙张文达公百熙游，不乐仕进。中年丧偶，独居寡欢，忧患忻戚，一寓于琴，冥神覃思，穷极幽妙。其本师江宁黄勉之，以琴教授京师，弟子数百辈，精进无出时百右者。所著《琴话》四卷，则萃集古今琴学家言，一一论其源流，考其正变。久居京师，所入不丰，乃倾所蓄以购古琴，人皆迂之。

闵萝屏善琴

南汇闵苎，号萝屏，黄大昕继室。少时学琴于其叔某，兼习诗画，而琴尤擅长。归黄后，亲操井臼，不以翰墨妨女红，为闺阁所难。

梅雨田善胡琴

梅雨田，名大锁。精于乐，初以笛名，能吹昆曲三百余套。以昆曲不盛于世，乃改习胡琴。胡琴以手能发音者为佳，（俗谓之“手音”。人之指肉有厚薄，故音有高下。琴瑟贵甲肉之音，胡琴则纯贵肉音。）梅体肥而肤润，故发音为天下第一。又性聪，闻声辄能摹效，（俗谓之“耳音”。）深得神趣。丝竹到手辄善，有孔能吹，有丝能弹，天生佳质也，而尤工者为锁呐、胡琴。

胡琴本无奇声，自梅弄之，凡喉所能至，弦亦能至，柔之令细则如蝇，放之令洪则如虎，连之令密则如雨，断之令散则如风，呼吸通神，清脆高响。他琴师皆板板数调，取足和音而止。梅自开板，（俗谓之“过门”。）即出新声，至唱处，更丝丝入扣。大抵人之喉音，能密能久，丝则一响即杀。梅鼓之，尺寸加密，凡一隙，均加一音，节节填满，不令有丝毫空漏。手指上下，急如风轮，密如蛇足，而某音应深按使切，某音应浅抚令泛，虽繁不胜记之中，而以耳会、以神通，无不入妙入微，曲尽其趣。其二黄开板迴不犹人，不独倜傥舒和，而煞尾处撮六七音于一轮指之中，如联珠并流，如轻环急转，紧处加密，而余处仍故放令疏，戛止徐来，界限清楚。其取径皆大方家数，又非徒以繁弦急管见长，唱调无穷，弦亦复无穷。每换句调，则易其法；每弄过门，则更其声，五花八门，层出不已。他人虽拾得一二，莫能窥其涯涘也。

陈彦衡善胡琴

陈彦衡，蜀中世家子，曾为吏，善鼓琴。自幼往来京师，即注意于唱，以喉短，遂师梅雨田习胡琴，多传其法。而手音亦与之相亚，凡唱法、读字法、弄琴法，用力颇勤，均得梅之衣钵。梅死，首推陈，伶界、乐界均尊上之。陈亦善于指导，经其教授，无作门外唱者。名伶谭鑫培至沪，以琴师无当意人，重值聘陈往，以其曾为吏，故尊视之。惟陈本纨袴子，性骄亢与谭等，致不能终其交。

李子金揄瑟鸣筝

李子金增生之铉，性磊落，不拘形检，时与市贩孺子揄瑟鸣筝，遨游过市。即富贵家素不相识者，有邀之者，亦不辞。其在大庭广众中，虽谐语十九，然鄙猥之谈终不出之于口。

白璧双之琵琶第一手

白璧双名珏，苏州人，顺治初琵琶称第一手。尝售技于南北，吴梅村《琵琶行》，为白作也。当时名流多有赠诗，王西樵曰："四弦谁破夕烟昏，恰是香山老裔孙。国手那推贺怀智，妙音直压康昆仑。移时寂历鸣沙雁，一摘崩腾断峡猿。不是狂奴能作达，此中应有泪千痕。"陈其年曰："玉熙宫外缭垣平，卢女门前野草生。一曲红颜数行泪，江南祭酒不胜情。十载伤心梦不成，五更回首路公明。依稀寒食秋千影，帘幙重重听此声。纵酒狂歌总绝伦，曾将薄艺傲平津。江南江北千余里，能说兴亡剩此人。醉抱琵琶诉旧游，秃衿矫帽脱梢头。莫言此调关儿女，十载夷门解报仇。”邓孝威曰：“北极诸陵黯落晖，南朝流水照乌衣。都来写入《霓裳》里，弹向空园雪乱飞。白狼山下白三郎，酒后偏能说战场。飒飒悲风飘瓦砾，人间何处不昆阳。”

赤陵姐善琵琶

康熙时，喀尔喀部有善弹琵琶名赤陵姐者，能弹冰车铁马之声，弹时朔雁俱落，彍骑环听，肃然无声。邻部厄鲁特部噶尔丹汗遣使求之，喀尔喀怒，不与。汗起兵伐之，寖灭其部，以赤陵姐归。喀尔喀部遗臣款塞求救，圣祖亲统六师征噶尔丹。丹战败，其妻阿弩戛吞率突骑略陈，被殪于军前。旋系噶尔丹以归，赤陵姐随入京师，犹奏技于王公家，闻者至有绿珠、杜秋之叹。

乾隆时，徐芝仙游京师，从故侍卫闻此，因作《赤陵姐琵琶歌》，歌曰：“逻娑檀上红纹鼊，龟兹国唱无愁曲。尤物皆从气运生，天教色艺空金屋。千年沙漠藏龙蛇，化为女子颜如花。生长赤陵呼作姐，能将蕃曲谱琵琶。琵琶宫调八十一，别有新声缓挑出。韵并风生乐万方，国王一见加诸膝。其王分地跨兴和，西与山戎（厄鲁特。）接壤多。闲起侵陵缘互市，终修和好悔操戈。鼓声坎坎冰天裂，艳妆正踏山头雪。一枝春色照黄沙，两国兵端从此结。虎夺龙争秋复春，朝为楚媵暮为秦。掌上青娥偏解舞，原头战骨几生尘。皇皇天子修文德，频遣行人颁玉册。蠢兹猰窬〔貐〕恶浮天，为一妇人灭一国。旌旗出没黑山陬，风雨凭陵青海头。尘起百灵争语帝，霜高属国尽防秋。维时五月三日暮，至尊驻跸香泉戍。寇骑仓皇走大荒，龙骧浩荡来西路。羽林老将为余言，亲见阏支阵前仆。四寸文綦么凤飞，周身细铠黄金镀。芙蓉十队化寒烟，剩有残英泣断弦。鬓点雪霜亡赞普，命余锋镝出祁连。理藩院里秋槐老，阶墀犹把琵琶抱。宛似虾蟆陵下人，浔阳江上伤潦倒。听弹一曲别郎官，弦上传来意万般。未死若怜胡地隔，得归终恋汉恩宽。曲终上马风萧索，风吹泪逐哀弦落。何须泪逐哀弦落，禾麦油油满沙漠。君不见倾城倾国代有人，若个老归生处乐。况尔归时国有君，太平无复强侵弱。”

杨至轩听琵琶

康熙某岁九月望日，吴维贤招海宁杨至轩上舍观诚，及金圣修、陈知载、黄右公、陈玉禾小饮，酒后听琵琶，至轩乃作诗曰：“今秋云气多沉绵，床床屋漏难安眠。遥山久失烂漫皱，远树时带樵糊烟。濮阳先生最爱客，折柬书破桃花笺。立心精诚感碧落，吾辈遂得神明怜。扫除阴霾补天漏，爽朗开豁分坤乾。近来晴日颇难得，况逢明月今宵圆。酒徒入门高兴发，促迫趁早陈华筵。分湖郭索肥且鲜，京口名酒藏如泉。持螯把琖对蟾魄，快意无不当吾前。谈深银烛屡见跋，楼头已报三更天。主人情绪犹未已，征歌声与青云缘。曲终客醉皆欲去，忽闻妙手徐调弦。拢捻抹挑见指法，神技似向呼韩传。昆山玉碎珠琲散，铁马檐际当风悬。轻雷出地绕堂辊，怒瀑欲泻仍回旋。芙蓉泣露菊花笑，老蛟起舞鱼浮渊。醉中世界昧南北，此身疑在浔江边。人生悲欢宁自主，念此不觉心茫然。黄花插头杯在手，逢场取醉仍年年。惊秋双鬓那肯换，白日无奈羲和鞭。青衫泪湿伤老大，好景易过难留连。众宾起别主送客，皓月尚在天西边。归凭余醉支枕卧，梦中犹觅江州船。鸡鸣酒醒睡初觉，又听檐溜声潺湲。”

舒铁云闻河间琵琶

舒铁云闻河间琵琶而作诗曰：“车班班，入河间，河间姹女工数钱。请上琵琶弦，为君踌躇一再弹。一弹弦未整，再弹声忽警。三弹四弹风雨并，不见弦丝见指影。丝者不如竹，竹者不如肉。被服罗衣裳，当户理清曲。曲声齐唱《满江红》，催晓疑是商玲珑。千呼万唤徒为尔，千山万水愁杀侬。别有危弦促柱起，南部烟花非北里。满堂宾客不愿闻，两豆行将塞其耳。耳可塞，心欲死，君不见辽海文章亦如是。”

俞春浦善琵琶

杭州南屏僧小颠至苏州，寓南禅寺，与舒铁云相见于王仲瞿孝廉昙处。他日，仲瞿招小颠饮酒，属铁云以诗邀之，诗曰：“不吃赵州茶，南山老酒家。三秋怀落叶，一饭悟桃花。篝火依龛冷，箫声入市哗。分明同小住，风雨即天涯。欲结庐山社，经时忆远公。酸咸诗以外，酒肉佛当中。毛宝功无量，（时索写破迷禅师放龟诗。）王维画最工。（谓仲瞿。）觥船期一棹，要遣百分空。”

诗至寺，而小颠已往灵岩矣，乃以琴客俞春浦补之。会是夕风雨，春浦取琵琶作曲，铁云乃作诗以寄小颠，诗曰：“夜寄三瓶榼，朝飞十幅蒲。寒山枫树老，香海雪花麄。七十二峰外，西风吹太湖。不知双不借，何日下姑苏。今夕乃风雨，桓伊唤奈何。残灯青豆小，高阁白松多。一曲玉连锁，三升金叵罗。阿师当大笑，和我醉时歌。”

是夜，春浦所弹为《玉树后庭花》曲，铁云更作歌赠之，歌曰：“雪不醉党将军，月不抱王昭君。贺老琵琶定场屋，弹不破《玉树后庭花》一曲。初弹春鸟碎，再弄秋烟翠。青山镜六朝，红露花三昧。回身急抱琵琶腰，盟心暗贴琵琶背，使我低头欲向琵琶拜。十指玲珑一指挑，四弦惆怅半弦搔。此时神女传瑶瑟，此际宫人记洞箫。璧月夜三更，琼树春双声。都官鬓丝黑，妃子眼波青。结绮阁中香未散，景阳楼上钟初鸣，又何似玉树流光照后庭？恨不见冯小怜，弹得春风值一钱。却待秦淮新月上，留与隔江商女唱。唱出琵琶曲，传入琵琶谱。一弦琵琶弦，一柱琵琶柱。中弦盈盈张丽华，么弦子弦后庭花。老弦变宫如拍鼓，可怜门外韩擒虎。玉树玉树愁杀人，一条弦线一指痕。依稀水咽青溪栅，仿佛乌啼白下门。斜捺小弦半黍许，井底喽喽红鬼语。凄凉三十六封书，秋菊春松泪如雨。安公子，去不还。关别驾，何当弹。安西折杨柳，南唐念家山。燕市击筑筑声裂，吴市吹篪篪口缺。亦不是蜀国弦、齐门瑟，自有红粱醅酌绿蠡杯，直弹到枇杷花下东方白。”

程春堂善琵琶

程春堂居南汇大团镇南，工画兰及设色花卉，琵琶尤为绝技。晚岁充场大使署总书，与唐晋卿善。唐亦家于大团，其婿黄祉安至，必邀共杯酌，酒后辄弹琵琶数套以为乐。黄听至《夕阳箫鼓》《平沙落雁》，辄神为之移。

程性和易，年近七秩，精神甚健。黄尝询以搊捻之妙，何由至此，程曰：“余少受邑城鞠士林之传，专意练习，至忘寝食。每晨起，披衣坐床上，先弹二三套，然后下床。如是者约二十年，始觉得心应手，纯任自然。”

时南汇善弹琵琶者有二，一为程，一为陈子敬。子敬常旅食于外。光绪丁亥，黄肄业于上海之龙门书院，偕松江尹鹿笙明经至东门内王家，适子敬在座，见指套铜甲，弹《霸王卸甲》，声调洪亮，令人想见拔山盖世气象。人谓陈善武套，程善文套，程之品格高于陈。每岁沪上开琵琶会，必招程往，执牛耳。既作古，南汇大套琵琶为广陵散矣。

玉琵琶

玉琵琶者，武进、无锡间之老技师也，以“天下琵琶第一”闻，而吴中诸技师多未尝聆其奏艺。金阊有某曲工者，亦以琵琶雄南部，顾名终出玉琵琶下，意颇不平。一日诣其宅，高堂邃宇，阒其无人。信步入一轩，中无他物，架列琵琶三，一乌木床黄杨柱胶丝弦，二沉香床檀柱玉丝弦，三紫铁床金柱铜丝弦也。曲工意以为尽于是矣，竟取铁琵琶弹之，嘈嘈切切珠落盘，意甚得也。曲终，一小童倚屏而笑。曲工方欲有问，侍者入请曰：“客饥矣，主人命姑饭，当出见。”曲工不得已，隐忍入座。饭时，絮絮问主人，且夸己技之高。倚屏小童对曰：“先生所能，童固优为之。若主人，则不屑是。”曲工大诧。童从容取铁琵琶奏之，曲工叹勿如，亟求见主人。童曰：“少安毋躁，姑观其器可乎？”乃导入一精舍，则所列架如前状，而三琵琶非故物矣。盖一石根，一象牙，一羊脂美玉也。童取而一一奏之。至玉质者，忽作异声，如凤鸣九霄，鸾翔天外，仙风披拂，豁人襟抱，亦不知为何曲也。曲工神迷精丧者久之，一声撩拨，戛然而止，回顾己身，不觉渐沮。童固请覆奏，曲工瑟缩再四，由石而牙，几不能成曲，趦趄不自安，遂不见主人而出。其后竟无来与之角艺者。

陆君旸善三弦

嵺城陆君旸，初尝学吴弦于吴门范昆白，得其技，已而尽弃不用。以为三弦，北音也，自金、元以降，曲分南北，今则有南音而无北音。三弦犹饩羊也，然而吴人歌之，而只为南曲之出调之半，吾将返于北，使撩捩之曼引而离迤者，尽归激决。

尝谱金词《董解元曲》，又自谱所为《两鸽姻缘》新曲，变其故宫，独为剌促偪剥之音，名《幽州吟》，骇然于人。然其时故有知者，周延儒请与游。累致千金散去，终自以不知于时，尝著《三弦谱》，欲传后。会大兵入吴，遁于三江之浒者若干年。世祖闻其名，御书红纸曰：“召清客陆君旸来。”既入，御便殿赐坐，令弹。陆乃弹元词《龙虎风云会》曲，称旨，赐之金。自是贵邸巨室争邀致之，无虚日。或欲使隶太常，弗屑也。年七十，尚能作遏云之逸响。宋荔裳按察琬赠以诗云：“曾陪铁笛宴宁王，吹笛梅花满御床。几度凄凉春草碧，不堪重过斗鸡坊。”

时松江提督马进宝，亦斫首下狱，人不敢问。进宝故善君旸，君旸任侠，直入狱具饷。台臣闻者皆大駴，各起谋劾之。华亭张法曹急往告，君旸忼忾曰：“吾何难仍遁之三江间耶？至尊若问我，道我病死。”言讫竟行。后上果问及，如其言，上为叹息。当是时，君旸名藉甚。初本名曜，君旸者其字。至是以上称君旸，遂以字行，凡长安门刺、往来奏记，皆得直书陆君旸以为荣。

君旸后复不得志。尝过上海，上海名家子张均渌慕其技，君旸亦独奇均渌，谓均渌知己，尽授其技，作《传弦序》一篇。君旸多门徒，然皆不及均渌也。吴中三王之中有曰稚卿者，君旸弟子也。

王玉峰善三弦

王玉峰，字正如，汉军正黄旗人。生而盲，九岁丧父，随母为人佣。以废视无所得食，年十三，学于张治平。治平工歌曲、善胡琴，玉峰从之十四年，尽得其术。既成艺，以弹唱自给。光绪庚子之变，洋兵闻歌者辄蹴之，遂不复歌，而专力于三弦，冥心渺虑，体物肖声，自曲本杂剧、铙歌军乐，下至男女媟亵之辞，皆心摹手追，运指应节。名伶谭鑫培、龚云甫辈每登台度曲，必往听焉。时或踯躅营门，听步伐口号及行军布阵之曲，归而谱之，不爽絫黍。闭门独坐，则手援三弦，凡小儿声、妇女声、行人车马声，与夫禽兽飞鸣、候虫振羽一切音声之不可以口舌传者，莫不揣其性情，穷其微妙，意有所会，悉于弦间传之，听者忘其为三弦也。

乙巳、丙午间，玉峰之名始起，王公贵人争相招致，然深自矜重，不轻徇人。京师贵游喜为里巷淫冶之声，以强玉峰，诡曰洋二黄，玉峰虽应之，心弗善也。那琴轩相国桐当国时，尝以母寿召玉峰，使弹风流焰口，玉峰不肯，曰："不祥之词，奈何寿太夫人乎？"那瞿然曰："微子言，吾念不及此。"玉峰出谓人曰："那中堂不孝人也，母寿而乐闻不祥之声。"自是虽召不复往。载澧、奕劻闻其名，招之，玉峰固谢，谓载澧喜近小人，奕劻排斥异己，皆非正道也。戊申国恤，定制民间不得演剧，诸伶请于警厅，愿延玉峰，以所入助贫儿院，警厅许之。

玉峰自言能奏旧剧二十余出，尤善者，为《空城计》《二进宫》《韩琪杀庙》诸剧。或曾邀玉峰依次为之，玉峰乃首演《空城计》，初出场时唱摇板，疾徐抑扬，各得其宜；坐在城楼，转唱西皮，继转二六，莫不曲折如志，而狂笑尤得神。次演《二进宫》，生旦净丑唱二黄，字字宏亮。又次演《韩琪杀庙》，则奏腔矣，声之尖利，韵之流宕，其悲哀处，自足引起听者一种凄楚之态。既毕，座客欲一闻反二黄，乃令续演《牧羊卷》一出，亦复高亢可听。盖其用指之度，视发音之繁简而别，音简用指少，音繁用指繁，简时用指仅一二，繁时则胥十指而并用之，故其发音之复杂，诚有不可思议者矣。

李万声善三弦

李万声善三弦，场置几案一、椅一，上张红缎帐，下设锦绣帏，大书曰"寰球绝技"。俄顷，有人扶之而出，台上下万籁无声，悉心静听。于是整理三弦，引场唱京都时调数句。既而按指轻弹，髣髴锣鼓声，《教子》中之三娘出焉。一曲青衫，抑扬婉转，忽焉而生，忽焉而老生，过门唱句，按腔合板，字字清楚，至生、旦对唱，亦无丝毫夹杂。继弹《滑油山》，宛然老旦声调，得心应手，有顿挫自如之妙。终弹洋操一节，军乐声，洋鼓声，步伐声，一时并举，若远若近，不疾不徐，更觉出神入化，令人不可思议也。万声亦盲于目，与王玉峰同。

鼻吹箫笛

宣统辛亥春，大兴郑民魁挟绝技游东南，日行廛市间，手携箫一、笛一。有人请其奏技，则置笛于鼻端，用力吹之，其唇其舌绝不稍动，而音声缠绵悱恻，令人有高山流水之思。其奏箫亦然。

张心孟好吹箫

祥符张壮行，字心孟，为明天启甲子举人。尝以计偕入都，逆旅之邻有吹洞箫者，闻其声特异，往叩之。吹者与言，赏其妙悟，于是尽其所得之师者授焉。心孟精究之，至忘寝食，一旦恍然悟曰："此七韵正声也，失传久矣，何幸于兹遇之！"倚节而弄，无不合。因而面壁自语，或时起舞姗姗，从者以为狂矣。春试之前一日，仆为理场具，告曰："诘朝当入闱。"心孟曰："我不知也。至音之沦坠，向千载；今者于一器之微，古人之神奇寓焉。孔子所叹为'不图至斯'者，我幸遇之。不特聆之于耳，且能会之于心；不特会之于心，兼能传之于器，此来所得多矣。我方乐此，惧勿及也，遑问其他。"言毕辄搦管呼呼然吹不休，锁院门扃，音犹袅袅也。仆复白曰："试误矣。"张目曰："束装！"不顾而归。归后，时时绝人事而为之，或值可喜可愕与一切无聊不平之感，率作一弄以消磨之。久之，流寇攻汴，获之，驱使去，犹佩所吹箫于身。至砦，踞地而吹之，凄惋幽郁，呜咽动人。环听者众，始而喜，继以太息，忽不觉思乡怀土，悲从中来，为之涕下沾襟。于是群相妪煦护爱，卒纵之归。

明亡入国朝，按籍授官，邑宰迫之往，心孟横箫长揖曰："壮行为亡国废物，顾可污清时耶？"令曰："奈无辞以脱公何？"曰："以死报，必免。"于是心孟不复列士籍矣。自是益复以吹箫自娱，饥寒之戹，践更之呼，闻则疾其声以胜之。毕曲，语家人曰："试听吾箫，困自忘也。"编户之役，则次第往应，绝不匄（古同"丐"）免，惟科场令作守号军，则笑曰："我故诸生，重入此，似有嫌。"乃出百钱雇代者。晚为上官所知，行乡饮宾酒礼，亦弗却也。年八十余，病革，犹理箫，然不能成声，遂置枕旁，曰："人琴俱亡，吾其死矣。"遂瞑。

沈康臣吹洞箫

毛大可善歌，沈康臣吹洞箫和之，能曲折倚其声。

箫翁善箫

箫翁，不详其姓氏里居，善吹箫，遂以名。翁吹箫能效鸟兽鸣，或作悲酸声，使闻者堕涕，变而壮，则又起舞。秋夜，天清无片云，月明如昼，翁尝携箫登山巅吹之，悲风怒号，阴云四合，哀猿长啼，翁亦泫然泣下。已复为悠扬雍和之音，则云散月明如故。翁曰：“神技也，吾其善藏之。”自是遂不吹。

后数年，邑有虎入村为患，猎者捕之，辄为所噬。翁闻之，曰：“可以用吾技矣。”命武夫持戈随至山隈，伏树间。翁以箫学乳虎鸣数声，虎闻而至，四顾若觅乳虎所在者。箫忽作狮子吼，声闻数里，山奔石裂，虎大栗，木立不敢动。武夫突出，挥戈刺其喉而毙之。人服翁技神。又数年，大旱，翁吹箫，亦得雨，于是翁遂以技著，然不复吹。好事者迫之则大哭，而欲自裂其箫，人遂不之强。翁年五十余而卒。翁生平畜一箫，以紫竹为之，长三尺，手制者也，爱护如珍宝。卒之前一夕，自以巨椎椎破之。所著有《箫经》二卷，亦不传。

福田鼻能吹笛

乾嘉间，清江之杨家庄三元宫，有住持僧名福田者，鼻能吹笛，口且唱曲，自吹自唱，若出自两人之口。

管柳衣闻笛

管柳衣茂才题雁，有《邻舟闻笛》诗云：“波光如镜浮珠白，夜系木兰依古驿。谁家商妇不知愁，闲倚船窗擪玉笛。笛声飘缈高入云，离人愁绝荒江滨。瘦蛟欲活鱼欲舞，梅花落尽江南春。须臾月堕变三弄，离人听之难入梦。拥衾惆怅思最多，长年又唱湘水歌。”

舒铁云瘗笛

舒铁云尝蓄一笛，四年矣，雅有云石之韵。一日堕地缅脱，遂折其半。既埋之墙阴，且仿毛西河《水盏子铭》，作《瘗笛》诗，诗曰：“纵二尺余围寸许，中有宫商角徵羽。一朝掷地金石声，雄凤雌凰不相语。忆昔截云归笛家，一枝吹破《江梅花》。年来与我周旋久，锦囊南北随诗走。既不若筇枝九节化作龙，又不若翟〔籊〕竿七尺垂为虹。紫云回奏广寒殿，昭华管弄咸阳宫。但向人间传一曲，苇绡霏霏贴寒玉。惹得楼中黄鹤飞，吟残水底苍龙宿。错来不铸六州铁，猿臂鹤胫杨柳折。合之则美离则伤，两头纤纤太愁绝。此时无声忆有声，此物无情却有情。一丸泥当封嶰谷，万户侯犹唱渭城。可怜黄竹埋黄土，响绝音沉悄终古。珠堕楼头玉倚墙，夜深谁按《霓裳》谱?”

项琳善笛

项琳，范阳人，以乐艺名一时。避居吴门，每携一笛，往来山塘，吴中名妓皆师事之。咸丰庚申，粤寇陷苏台，琳仓皇出走，为寇所杀。

吹烟筒喇叭

青浦何元长好结纳，挟技者群造其门。一日有敝衣客至，自言能吹烟筒喇叭，诺之。客乃出其竹制之筒，长三尺余，锐上丰下，两端镶紫铜，吸烟竟，拍去其烬，徐徐吹之。初若新莺睍睆声，次作寒雁嘹唳声，继如鸾啸、如牛鸣，咿咿哑哑，较乐工所用为动听。易以他筒，弗能矣。

纸箫

福州开元寺前有卷纸为箫者，周栎园尝得其一，色如黄玉，扣之铿铿。以试善箫者，云外不泽而中不干，受气独存，其音不窒不浮，在好竹之上。后以赠刘公㦷，公㦷为赋《纸箫》诗以张之。

太平鼓

海宁朱声元贡生镗《咏太平鼓》诗曰：“六街冬冬鼓声彻，蠢者以动句者茁。其声刚劲气激扬，缀以铮铮几环铁。瓦腔革面古制移，炼铁糊纸凭胶黐。非鼗非鼗号曰鼓，金声革声齐奏之。纸作皮肤铁为骨，下拟斗柄上满月。群星在掌光摇摇，耳畔蛰雷争奋越。曾听腊鼓知春生，况复土鼓迎时鸣。羯鼓催花石鼓猎，那及社鼓兴耕氓。太平鼓击击且走，握之以左击以右。一哄鞭挝短棰声，几番高下小儿手。初疑方响梨园敲，旋兼中节铜丸抛。繁音飒飒砉然止，倏尔涛籁喧堂坳。竭来舞手复蹈足，日作呕哑太平曲。何如击壤康衢中，助汝含哺同鼓腹。”

戏剧类

今剧之始

六朝以还，歌舞日盛，然与今剧为不类。自唐有梨园之设，开元朝分太常、俗乐，以左右教坊典之，乃为今剧之鼻祖。伶人祀先，明皇是称，固其宜也。惟唐人以绝句入歌，朝有佳作，夕被管弦，昌龄画壁旗亭，“黄河远上”一曲，遂成千古。其事简易，去今调远甚。盖院本始于金、元，唱者在内，演者在外，与日本之演旧戏者相仿。今开幕之跳加官，即其遗意。金、元以后，曲调大兴，按谱填词，引声合节，乃为昆曲之所自出。今剧由昆曲而变，则即谓始自金、元可也。

戏之劣处，无情无理，其最可笑者，如痛必倒仰，怒必吹须，富必撑胸，穷必散发。杀人必午时三刻，入梦必三更三点。不马而鞭，类御风之列子；无门故掩，直画地之秦人。举动若狂，情词并拙，此犹可云示意于人也。至于手不执圭，障袖若琵琶之遮面；人孰我问，登台如小鸟之呼名。王曰孤王，寡人绝对；父曰为父，王季多逢。而且汉相秦丞，有匈奴大人之号；（下有必称上官为大人。）齐兵魏卒，得满洲壮士之称。（凡扮胡人，必红顶花翎，称其卒伍曰“巴图鲁”。）包孝肃以文正为名，贾半闲以平章作字。将军衷甲，必右袒以搴旗；（袍带戏往往曳一袖于背，庙堂坛坫恐万无此式。）美女捧心，却当门以掩袖。（且两袖恒交掩于腹下。）种种乖谬，思之哑然。大抵今剧之兴，本由乡鄙，山歌樵唱，偶借事以传讴；妇解孺知，本无心于考古。故剧词自为一类，过雅转觉不伦；本事全出稗官，正史绝无所采。或用平话之称谓，或遵昆曲之排场，积久相沿，遂成定例矣。

戏剧之变迁

国初最尚昆剧，嘉庆时犹然。后乃盛行弋腔，即俗呼“高腔”一曰“高调”者。其于昆曲，仍其词句、变其音节耳。京师内城尤尚之，谓之“得胜歌”。相传国初出征凯旋，军士于马上歌之以代凯歌，故于《请清兵》等剧，尤喜演之。道光末，忽盛行皮黄腔，其声较之弋腔为高而急，词语鄙俚，无复昆弋之雅。初唱者，名正宫调，声尚高亢。同治时，又变为二六板，则繁音促节矣。光绪初，忽尚秦腔，其声至急而繁，有如悲泣，闻者生哀，然有戏癖者皆好之，竟难以口舌争也。昆、弋诸腔，已无演者，即偶演，亦听者寥寥矣。

欧人研究我国戏剧

晚近以来，欧人于我国之戏剧，颇为研究，英人博士瓦儿特，德人哥沙尔、那洼撒，皆是也。

瓦儿特著一书，曰《中国戏曲》，分四期，曰唐、曰宋、曰金元、曰明，并就《琵琶记》及其他戏剧之长短略评之。

哥沙尔著一书，曰《中国戏曲及演剧》，分八章，一中国国民精神与其戏曲，二中国之舞台徘优及作剧家，三中国之剧诗，四戏剧之种类，五人情剧及悲剧，六宗教剧，七性格喜剧与脚色喜剧，八中国之近世剧。

那洼撒著一书，曰《中国及中国人》，虽非戏剧专门之作，惟其中一章，有就我国戏剧各种方面加以评论者。

此外尚有《中国戏剧》二册，一为法人巴散著，一为法人格兰著。

昆曲戏

昆曲戏创始于昆山魏良辅，以前仅有弋阳、海盐二腔。魏出，始能以喉转声，别成一调，遂变弋阳、海盐故调为昆山腔，盖以地名。梁伯龙填《浣纱记》付之，即王元美诗所谓“吴阊白面冶游儿，争唱梁郎雪艳词”者是也。

或曰创自明季之苏昆生，盖以人名。意者曲调相沿已久，昆生曾出新意润色之，声律乃益完密，好事者即以其名名之欤？

康熙朝，京师内聚班之演《长生殿》，乾隆时，淮商夏某家之演《桃花扇》，与明季南都《燕子笺》之盛，可相颉颃。淮商家豢名流，专门制曲，如蒋苕生辈，均尝涉足于此，故其时为昆曲最盛时代。而昆山之市井鄙夫及乡曲细民，虽一字不识者，亦能拍板高唱一二折也。

嘉道之际，海内宴安，士绅讌会，非音不樽。而郡邑城乡，岁时祭赛，亦无不有剧。用日以多，故调日以下，伶人苟图射利，但求窃似，已足充场，故从无新声新曲出乎其间，《缀白裘》之集，犹乾隆时本也。

道光朝，京都剧场犹以昆剧、乱弹相互奏演，然唱昆曲时，观者辄出外小遗，故当时有以车前子讥昆剧者。浙江嘉、湖各属，时值春秋二季，尚有卖戏于闹市者，盖浙人犹有嗜之者也。

咸、同之季，粤寇乱起，苏、昆沦陷，苏人至京者无多。京师最重苏班，一时技师名伶，以南人占大多数。自南北隔绝，旧者老死，后至无人，北人度曲究难合拍，昆剧于是不绝如缕。

光绪时，沪上戏园仅有天仙、咏霓、留春诸家，皆京剧也，惟大雅为纯粹之昆剧。依常理论，昆剧应受苏人欢迎，顾乃不然。虽竭力振作，卖座终不能起色。维持数载，卒以顾曲者鲜，宣告辍业。社员大半皆苏产，相率归去，或习他业，或为曲师，贫不能自存，几至全体星散。越数载，始有人鸠集旧部，组织“聚福园”，开演于苏垣之府城隍庙前，虽不能发达，然尚可勉支也。及阊门辟马路，大观、丽华诸园接踵而起，冶游子弟趋之若鹜，聚福遂无人顾问，不得已遂又歇业。然诸伶既聚则不可复散，乃易其名曰“全福”，而出外卖戏。频年落拓，转徙江湖，旧时伶工，凋亡殆尽，继起者又寥寥无几，宣统时阒如矣。

高调戏

绍兴之高调戏，一名高腔，疑即古之所谓“曼绰”也。伶工曼声长歌，后场之人从而和之，祝允明所谓“趁逐悠扬”者是也。其卖技江湖，大抵不出宁波、绍兴二郡。

乱弹戏

自乱弹兴而昆剧渐废。乱弹者，乾隆时始盛行之，聚八人或十人，鸣金伐鼓，演唱乱弹戏文，其调则合昆腔、京腔、弋阳腔、皮黄腔、秦腔、罗罗腔而兼有之。昆腔为其时梨园所称之“雅部”，京腔、弋阳腔、皮黄腔、秦腔、罗罗腔为其时梨园所称之“花部”也。若徽腔，则在京腔之中。

或曰，乱弹即马上戏，盖军乐之遗也。乾隆末叶，江宁有之，伧者载以舟而娱客，穹篷巨舰，踞坐其间，直如鸡鹜一群，哑哑乱噪，了不悉其意旨，然十月之赀，亦需给一二千钱。

昆曲戏与乱弹戏之比较

昆剧缜密，迥非乱弹可比，非特音节、台步不能以己意损益，服饰亦纤屑不能苟。《剪发卖发》一出，扮赵五娘者，例不得御珍饰。吴郡正旦某，一夕演此剧，偶未袒其常佩之金约指，台下私议戚戚，某即颦蹙向台下曰：“家贫如此，妾何人斯，敢怀宝以陷于不孝？”言次，袒约指掷诸台下曰：“此铜质耳。苟真金者，何敢背古人发肤之训，翦而卖之乎？”私议乃息。

弋腔戏为昆曲皮黄之过渡

弋阳梆子秧腔戏，俗称“扬州梆子”者是也。昆曲盛时，此调仅演杂剧，论者比之逸诗变雅，犹新剧中之趣剧也。其调平板易学，首尾一律，无南北合套之别，无转折曼衍之繁，一笛横吹，皆一二日，便可上口。虽其调亦有多种，如《打樱桃》之类，是其正宗。此外则如《探亲相骂》，如《寡妇上坟》，亦皆其调之变，大抵以笛和者皆是，与以弦和之四平腔（如二黄中《坐楼》。）及徽梆子，（如《得意缘》中之调，即就二黄之胡琴以唱秦腔，似是而非，故只可谓之徽梆子。）均不类。昆曲微后，伶人以此调易学易制，且多属男女风情之剧，故广制而盛传之，为昆曲与徽调之过渡，故今剧中昆曲已绝，而此调则所在多有也。

皮黄戏

自有传奇、杂剧，而骈枝竞出，有南北之辨、昆弋之分，宋以来绵延弗断，此所谓雅声也。然弋腔近俚，其局甚简，有纤靡委璅之奏，无悲壮雄倬之神。至皮黄出，而较之昆曲，尤有雅俗之判。皮黄者，导源于黄陂、黄冈二县，谓之“汉调”，亦曰“二黄”，不知者乃于“黄”上加竹为“簧”者误。又以其一出于黄陂，又曰“西皮”。初甚简单。昆之唱系于曲牌，此则辨于诸板，板之类甚稀，第变化得神，错落有节，自能层出而不穷矣。

皮黄以二黄为正宗，西皮若或为之辅。盖二黄为汉正调，西皮则行于黄陂一县而已。其后融合为一，亦不可复分。徽人至京者以多艺名，出鄂人上，且多变换音节之处，故以“徽调”称。实则徽固无调，犹北方不产茶而善于熏制，故京茶转有名也。初时能者皆真徽人，其后都人学之而善，徽人遂至绝迹，故南人转谓之京调，犹外人改造土货称为洋货者是也。皮黄盛于京师，故京师之调为尤至，贩夫竖子，短衣束发，每入园聆剧，一腔一板，均能判别其是非，善则喝彩以报之，不善则扬声以辱之，满座千人，不约而同。或偶有显者登楼，阿其所好，座客群焉指目，必致哗然。故优人在京，不以贵官巨商之延誉为荣，反以短衣座客之舆论为辱，极意矜慎，求不越矩，苟不颠踬于此，斯谓之能。故京师为伶人之市朝，亦梨园之评议会也。虽光绪庚子以后，风已稍替，而老成矩矱，知者犹多。若外埠之立异呈奇，固多有不待终场而去者矣。能使人不去者，谓之“挂座”。能于末出登场而人皆耐而相待者，谓之“压胄子”。胄子者，武剧也。武剧能恋人，而欲以唱工加胜武剧，以征观者之去留，非有真技足以动人者不敢尔也。

文宗提倡二黄

文宗在位，每喜于政暇审音，尝谓西昆音多缓惰，柔逾于刚，独黄冈、黄陂居全国之中，高而不折，扬而不漫。乃召二黄诸子弟为供奉，按其节奏，自为校定，摘疵索瑕，伶人畏服。咸丰庚申之乱，京师板荡，诸伶散失。穆宗嗣位，乃更复内廷供奉焉。

先是，京师诸伶多徽人，常以徽音与天津调混合，遂为京调。然津、徽诸调，亦均奉二黄音节为圭臬，脚本亦强半相同，故汉、津、徽调皆可通。文宗后益有取于汉黄，而诸人固能合众长为一者也。

昆曲戏与皮黄之比较

昆剧之为物，含有文学、美术（如《浣纱记》所演西子之舞。）两种性质，自非庸夫俗子所能解。前之所以尚能流行者，以无他种之戏剧起而代之耳。自徽调入而稍稍衰微，至京剧盛而遂无立足地矣。此非昆剧之罪也，大抵常人之情，喜动而恶静，昆剧以笛为主，而皮黄则大锣大鼓，五音杂奏；昆剧多雍容揖让之气，而皮黄则多《四杰村》，《虮蜡庙》等跌打之作也。

徽调戏

徽调源于汉调，初流行于皖、鄂间，其后桐城、休宁间人变通而仿为之，谓之徽调。当承平时，桐城人官京师者，济济有众，乡音流入，殆亦有年，必不始于咸、同之世，然初仅一二杂剧自立分支，后以昆曲式微，弋调不足以独立，是调聆音易解，高朗悦人，都人嗜者日多。皖、鄂又不梗于戎马，入都者众，而程长庚亦挟技入都，于是始有徽调。其初行时，谨守绳墨，不能恣意豪放。继而改用胡索，二黄之声大振，奏琴好手亦应时而出，而昆曲转黯淡无闻矣。

咸、同之际，京师专重徽班，而其人亦皆兼善昆曲，故徽班中专门名词亦往往杂以吴语，如呼减短速唱曰“马前”，呼纨袴学唱曰“洋盘”之类，至今剧界犹沿其称。而北地无此名词，故不能通其义，益杂糅于苏班之旧称，遂成为专门之谜语矣。

其时徽斑有四，四喜、三庆、和春、春台是也。评骘者于四喜曰“曲子”，以其春容大雅，不为淫哇之声也；于三庆曰“轴子”，以其所演皆新排近事，连日接演也；于和春曰“把子”，每日亭午必演《三国》《水浒》诸剧，工技击者各出其技以悦人也；于春台曰“孩子”，以其诸郎皆夭夭少好也。

又有谓四喜、三庆、春台、嵩祝为“四大徽班”者。“三庆”得名最早，乾隆庚戌，高宗八旬万寿，入都祝釐，时称“三庆徽”，是为徽班鼻祖。后乃省去“徽”字，称“三庆班”。“四喜”在嘉庆时亦有声，《都门竹枝词》云：“新排一出《桃花扇》，到处哄传四喜班。”嘉庆庚辰，“春台”无故散去，七月，仁宗崩。

嵩祝班声价之隆，亦不亚于三庆、四喜、春台，当时堂会必演四大斑，足征“嵩祝”之驰名一时矣。其后以不能自存，部中人始稍稍散去。好事者乃复召集后进子弟，别为一队，曰“小嵩祝部”，中皆乳燕莺雏，呢喃学语，当筵顾曲，聊资笑噱而已。

秦腔戏

戏曲自元人院本后，演为曼绰、弦索二种。弦索流于北部，安徽人歌之为枞阳腔，湖广人歌之为襄阳腔，陕西人歌之为秦腔。秦腔自创始以来，音皆如此，后复间以弦索，实与昆曲同体，惟多商声，故当用竹木以节乐，俗称“梆子”，与昆曲之仅用绰板定眼者略异也。

或曰，北派之秦腔起自甘肃，今所谓“梆子”者则指此，一名“西秦腔”，即“琴腔”。盖所用乐器，以胡琴为主、月琴为副，工尺咿唔如语。乾隆末，四川金堂魏长生挟以入都，其后徽伶悉习之。然长生所歌为山陕梆子，非甘肃本腔，故或又称山陕调为秦腔，称甘肃为西腔。其后稍加变通，遂有山陕梆子、直隶梆子之别。直隶梆子又分别之曰“京梆子”，曰“天津梆子”。

或曰，秦腔于明季已有，以李自成之事证之，则其兴固在徽调以前也。京师昔与徽调分枝，绝不相杂。同、光之际，以义顺和、宝盛和两部为最有名。此调有山陕调、直隶调、山东调、河南调之分，以山陕为最纯正，故京师重山西班。义、宝两部，皆号称山陕者也。直东人善唱者，亦必以山陕新到标题，其实化合燕音，苟图悦耳，赵缶秦瑟，杂奏一堂，已非关西大汉之旧响矣。光绪时，张文达公之万雅好此音，故春时团拜，（同乡、同年聚宴，谓之“团拜”。）义、宝两部亦得充场，与徽班并驾。虽在曩昔，仅有专园演唱，为下流所趋，士大夫鲜或入顾，自玉成班入京，遂为徽秦杂奏之始。

乾隆中叶，秦腔大昌于京师，孙渊如、洪稚存皆酷嗜之。毕秋帆抚陕时，长安多妙伶，其人悉工秦腔。孙、洪尝谓吾国所有歌曲，高者仅中商声。间有一二语阑入宫调，而全体则媿未能，惟秦中梆子，则无问生旦净末，开口即黄钟大吕之中声，无一字溷入商徵，盖出于天然，非人力所能强为。因推论国运与乐曲盛衰相系之故，谓昆曲盛于明末，清恻宛转，闻之辄为泪下，所谓“亡国之音哀以思”者，正指此言。及乾隆中叶，为国朝气运鼎盛之时，人心乐恺，形诸乐律，秦腔适应运而起，雍容圆厚，所谓“治世之音”者是也。此语与近贤所论，直如南北两极之反对矣。

秦人皆能声，有二派，渭河以南尤著名者三，曰渭南，曰盩厔，曰醴泉；渭河以北尤著名者，曰大荔。大荔腔又名“同州腔”。同州腔有平、侧二调，工侧调者，往往不能高，其弊也，将流为小唱；唱平调者，又不能下，其弊也，将流为弹词。

西安乐部著名者凡三十六，最先者曰“保符班”，后有“江东班”，又有“双赛班”，较晚出。称“双赛”者，谓所长出保符、江东之上也。后以祥麟、色子至，又称“双才班”也。

昆曲秦腔之异同

秦腔与昆曲为同体，其用四声相同，其调二十有八亦相同；声中有音，（如喉、腭、舌、齿、唇。）调中有头，（如高下缓急、平侧艳曼、停腔过板。）板中有起腰底之分，眼中有正侧之判，声平缓，则三眼一板；（惟高腔则七眼一板。）声急促，则一眼一板，又无所不同。其微异之点，则昆曲中佐以竹，秦声必间以丝，（今之唱秦声者，以丝为主而间以竹，或但有丝而去其竹。）昆曲仅有绰板，秦腔兼用竹木。（俗称梆子。竹用篔筜，木用枣。）其所以改用者，以秦多肉声，竹不如肉，故去笙笛。又秦多商声，最驶烈，绰板声嫌沉细，仅堪用以定眼也。

至于九调之说，昆曲仅七调，无四合。七调中乙调最高，惟十番用之，上字调亦不常用，其实仅有五调。若正宫，则音属黄钟，为曲之主，相传惟苏昆生发口即是，一生所歌，皆正宫调。其后娄江顾子惠、施某二人，差堪继声。今则歌昆曲者甫入正宫，即犯他调矣。秦人顾曲，人人皆音中黄钟，调入正宫。然所谓正宫者，非大声疾呼满堂满室之谓也，当直起直落而复婉转环生，即犯入别调，仍能为宫音，（如歌商调则入商之宫，歌羽调则入羽之宫。）《乐经》“旋相为宫”之义，自可以此证明之。盖弦索胜笙笛，兼用四合，变宫、变徵无不具，以故叩律传音，上如抗，下如坠，曲如折，止如槁木，句中钩，累累乎如贯珠，斯则秦声之所有而昆曲之所无也。

汴梁腔戏

北派有汴梁腔戏，乃从甘肃梆子腔而加以变通，以土腔出之，非昔之汴梁旧腔也。至杂以皮黄腔者，则以河南接壤湖北故耳。

土梆戏

土梆戏者，汴人相沿之戏曲也。其节目大率为公子遭难、小姐招亲及征战、赛宝之事，道白唱词，悉为汴语，而略加以靡靡之尾音。其人初皆游手好闲之徒，略习其声，即可搭班演唱，以供乡间迎神赛会之传演。三日之期，不过钱十余千文，如供茶饭，且浃旬累月而不去矣。

全本戏

全本戏专讲情节，不贵唱工，惟能手亦必有以见长。就其新排者言之，如《雁门关》，如《五彩舆》，皆累日而不能尽，最为女界所欢迎，在剧中亦必不可少。然以论皮黄，则究非题中正义也。

出头

出头，谓出人头地也。粤人于简短之戏，谓之“出头”，殆以戏虽简短，而为精华所聚，且以“齣（出）”而讹为“尺”欤？

应时戏

京师最重应时戏，如逢端午，必演《雄黄阵》；逢七夕，必演《鹊桥会》，此亦“荆楚岁时”之意，犹有古风。自光绪庚子以来，专尚新异，辍不演矣。

武剧趣剧秽剧

皮黄舍生、旦、净、小生四角外，惟外多唱。至近时，外即以生充之，故无专充外角者，可毋论也。五者之外，皆不重唱，如副与武生多武剧，贴与丑多趣剧、秽剧。秽剧即顽笑戏也。

武剧中向以“八大拿”见称于世，盖专指《施公案》黄天霸戏而言。如招贤镇拿费德公，河间府拿一撮毛侯七，东昌府拿郝文僧，惟安府拿蔡田化，茂州庙拿谢虎，落马湖拿铁臂猿李佩，霸王庄拿黄隆吉，恶虎村拿濮天鹏是也。此外如《狮子楼》，如《三打店》，皆人数无多，情文并至，亦武剧中暇逸之品，而技术仍不埋没。观武剧者，以上各出，可叹观止。而如《蚆蜡庙》《四杰村》等，一味乱战，殊乏味矣。总之，武剧中之人物，有大将，有莽夫，有剧盗，有神怪，其类至不齐，而演之者须性格各具，并能完全体贴为上，盖不若文剧之从容，得有临时商摧之余地也。

武剧以有武生为主，以有情节者为贵。如《恶虎村》《落马湖》《盗御马》，皆以说白胜，不专专于互相厮打也。其最难者，以《挑华车》《长坂坡》二剧为最吃力，场面太繁，身段太多，说白牌唱，干戈挥舞，一人精力有限，往往一出未终，汗下如雨矣。

武生之腰胫，必自幼练成，及长，仍日有定程，时时演习，乃能转折合度。或凌空如落飞燕，或平地如翻车轮，或为倒悬之行，或作旋风之舞。以王梦生所见于京师者言之，其人上下绳柱如猿猱，翻转身躯如败叶，一胸能胜五人之架叠，一跃可及数丈之高楼，此种柔术，殊不多覯。要之，剧场所必不能无者，则两两挥拳，双双舞剑，虽非技击本法，然风云呼吸之顷，此来彼往，无隙可乘，至极迫时，但见剑光，人身若失，为技至此，自不能不使人顾而乐之。他如掷棍、抛枪、拈鞭、转锏，人多弥静，势急愈舒，金鼓和鸣，百无一失。而且刀剑在手，诸式并备，全有节奏，百忙千乱之际，仍不失大将规模，非如近今武角，仅以多翻善跃为能，气粗以横，不可向迩也。

趣剧以丑为主，以活口为贵。（见景生情，随机应变，谓之“活口”。）往时著者，如《连升三级》，最为丑角难题。每遇科举之年，各班必演此剧，场后题出，以用趣语解释三题，联为一气，最为悦听。其强为穿插处，真有匪夷所思者，不得谓梨园中无隽才也，他如《拾金》《捉夫》等，亦皆丑角专剧。与贴配者，则秽剧多矣。

秽剧以贴为主，以不伤淫为贵。内分四种，一专尚情致，一专尚淫凶，一以口白见长，一以身段取胜。甲种如《闺房乐》《得意缘》，尚不涉于淫秽；其次则《卖胭脂》《拾玉镯》，斯近荡矣。乙种如《杀皮》《十二红》《双钉计》《南通州》，皆淫凶不可向迩，在所宜禁。丙种如《坐楼》《翠屏山》《闯山》《查关》等剧，皆以说白取胜，此种品格略高，稍加改良，固可人意者也。丁种如《马上缘》《小上坟》，皆看身段步法，在顽笑戏中别为一类，此亦无伤大雅者。惟《马上缘》之脸儿相偎，《小上坟》之其欲逐逐，则宜略留分寸耳。

新戏

新戏至光绪时盛行，实即周、秦时代优人之所为，专取说白传情，绝无歌调身段，以动合理趣为贵，以事完首止为佳。不嗜歌者视之，如真家庭，如真社会，通塞其境，悲喜其情，出奇新生，足动怀抱。是以自东瀛贩归后，所在流行，感动人心，日渐发达，是亦辅助教育之一种，有其举而莫敢废者也。

我国开发最早，自六朝以后，歌舞怡情，故每言戏，必偏重音乐，美术一途，无专以说白扮演胜者。而蜀中春时好演《捉刘记》一剧，即《目莲救母》陆殿滑油之全本也。其剧至刘青提初生演起，家人琐事，色色毕俱，未几刘氏扶床矣，未几刘氏及笄矣，未几议媒议嫁矣，自初演至此，已逾十日。嫁之日，一贴扮刘，冠帔与人家嫁新娘等，乘舆鼓吹，遍游城村。若者为新郎，若者为亲族，披红着锦，乘舆跨马以从，过处任人揭观，沿途仪仗导前，多人随后，凡风俗宜忌及礼节威仪，无不与真者相似。尽历所宜路线，乃复登台，交拜同牢，亦事事从俗。其后相夫生子，烹饪针黹，全如闺人所为。再后茹素诵经，亦为川妇迷信恒态。迨后子死开斋，死而受刑地下，例以一鬼牵挽，遍历嫁时路径。诸鬼执钢叉逐之，前掷后抛，其人以苫束身，任其穿入，以中苦而不伤肤为度。唱必匝月，乃为剧终。川人恃此以袚不祥，与京师黄寺喇嘛每年打鬼者同意。此剧虽亦有唱有做，而大半以肖真为主，若与台下人往还酬酢，嫁时有宴，生子有宴，既死有吊，看戏与作戏人合而为一，不知孰作孰看。衣装亦与时无别，此与新戏略同，惟迷信之旨不类耳。可见俗本尚此，事皆从俗，装又随时，故入人益深，感人益切，视平词皷唱，但记言而不记动者，又进一层，具老妪能解之功，有现身说法之妙也。

串戏

俗谓演剧曰“串戏”，其言始于明。明彭天锡串戏妙天下，多扮丑净，千古之奸雄佞幸，经天锡而心肝愈狠、面目愈刁、口角愈险是也。

反串

反串为戏之最无味者，如旦改唱生，生改扮贴，拿腔作势，直反常为妖，然社会好奇，往往以此为乐。

咸丰中叶，京伶于三胜每遇新角对演，必反串以难之。尝因某伶演《法门寺》，某伶未至，台下观者急不能待，斑主乃乞三胜饰赵琏。然三胜，武生也，忽扮须生，众哗然。三胜出台，乃长歌一曲，听者亦皆击节焉。

谭鑫培去须作丑，扮《盗魂铃》之八戒；田际云挂须为生，唱《让城都》之刘璋，以示贤者之无所不能，偶一游戏，未为不可。鑫培唱秦腔，能学元元红；（老元元红，光绪中叶已殁，秦腔中之圣手也。）际云唱西皮，能学汪桂芬，固亦煞是能事也。

说戏

“说戏”云者，以此伶所能，告之彼伶之谓也。盖戏中忽缺一脚，欲某伶充数，或贵官特欲令演，而适非所习，故就能者乞教，告以唱词、台步，俾临时强记，率尔登场。佳伶当之，虽不成熟，亦能得占优胜。盖词皆俗语，又皆不出其类，场面台步各有定名定式，（如武剧中花样繁多，然每式均有名，如三出枪、五出枪之类，观者目眩不觉，实皆联各式而成一场，无无名无式者，故一说可能也。）习戏既久，举类可通，故一说登台，如所夙习。以谭鑫培唱《探亲》之村婆，其为临时猝说可知，词句繁多，又为剧中正角，且唱调变腔，此难之难者，非彼不能，亦非宫廷之威，不能令其发此一汗、竭力从事也。

海派

京伶呼外省之剧曰“海派”。“海”者，泛滥无范围之谓，非专指上海也。京师轿车之不按站口者，谓之“跑海”。海派以唱、做力投时好，节外生枝，度越规矩，为京派所非笑。京派即以善于剪裁、干净老当自命，此诚京派之优点，然往往勘破太过，流弊亦多。

规矩

昆曲规矩最严，皮黄渐替。昔时副末开场，生旦送客，晚近已废。津、沪剧园，终场时尚有乌帽凤冠者二人，出而将事，然大抵如童稚游戏，冠而不裳，草草一恭，不复成礼矣。

京师戏园未开场以前，例设绣旗八面，分插三隅，台累两案为台，上悬朱幙，中设印符各事，若为将军戎幄者然。前台鼓乐，三奏三擂，乃开首剧。若唱堂会，尚有跳加官等事。客至点戏，有贴执笏至坐客前为礼，谓之“抱牙笏”。（演剧时，贴持朝笏及戏名册呈请选择，择意所欲者一二出令演之，曰“点戏”，余由伶人任意自演。此与《教坊记》所载者异。记云：“凡欲出戏，所司先进曲名上，以墨点者即演，不点者即否，谓之进点。”）曲终有犒，亦贴着朱衣，当台顿首以谢，谓之“红人”。此种规章，后已渐归淘汰。他如伶在前台，犯规有罚；后台坐次，各有定箱，列箱四壁，有大衣箱、二衣箱、盔头箱等称，惟丑可乱坐，余则生可坐大衣箱，旦仅能坐靴箱，规律甚严。其人遇有事，同赴精忠庙申诉，听会首处分，赏罚重轻，仍取决于公议。

伶界公例，以登台最后为最佳，以名角自命者，非压胄子不肯出。戏在末者，俗称为“后三出”，与此者皆上选。其前为中胄子，（日中时例应有小武剧，故谓之“中胄子”。）中胄前后皆中选。再前为“头三出”，开台未久，客均不至，以下驷充场，藉延晷刻，不特上选断不与此，即中角亦无为之者。

格律

旧剧格律至严，昆曲尚矣。即以皮黄论，声音、腔调、板眼、锣鼓、胡琴、台步姿势、武艺架子，在在均有定名定式，某戏应如何，某种角色应如何，固丝毫不可假借也。

情节

徽戏情节，凡所注重者在历史，而惜非真历史也。其原本全出于《列国演义》《三国演义》《水浒传》《西游记》《封神演义》诸书，加以明季仕宦阉珰之遗闻，（《玉堂春》《四进士》《雪杯缘》《审刺》《打嵩》《法门寺》等。）国初京师四方之巨狱，（《马四远》《送盒子》《杀皮》《十二红》《南通州》等。）再以《缀白裘》中之昆戏，稍事变通，亦成今剧，意在以往事动人兴感。而事苦不真，且编戏者又非通人，故唱工虽佳，而能入情者绝少，转不如秦腔各剧，注意家庭，猥琐之中，却有令观者入神之妙。盖皮黄偏重忠孝二义，秦腔则推而广之，如《芦花计》以教人之为继母者，《打柴训弟》以教人之为兄者，《杀庙》以教人之为仆者，《对影悲》以教人之为嫡妻者，《双冠诰》以教人之为妾者，《算粮登殿》以教人之为妇翁者，《三疑计》以教人之为师者；他如《八义图》则重在友，《六月雪》（即《斩窦娥》）则重在姑，《狮子楼》则重在邻，（较《水浒传》增出邻人吊丧伴宿一层，事近不情，然颇足长人敦里睦邻之念。）《小磨房》（即《十八扯》，本梆子戏。）则重在小姑叔，凡伦常交际之地，有可戒可风者，皆编入戏文，以资观感。初仅行于太行以西，为乡人谣唱，故其俗视关东稍近敦厚，亦未始非先辈提倡兴感之功。若与徽戏沟而通之，亦未尝无益于薄俗也。

做工

做工之能事无穷尽，如唱《盗宗卷》必忠直，但饰为痴，则谬矣；唱《空城计》必闲雅，若露为诈，则远矣。为《天雷报》之老父者，必如乡愚，方为合格；为《白虎帐》之元帅者，必力持镇定，乃近人情。非然者，不厌则疏，过犹不及。曩时名伶，必经数十年之揣摩阅历，始能现身示人，惟妙惟肖。观于《壮悔集》中之马伶，欲扮严嵩，必鬻身于权奸之门，窥探三年而后得；《阅微草堂笔记》中之某伶，欲充妇人，必先自忘为男子，贞淫喜怒，先拟境于心，然后登场自合，其难其慎，概可知矣。

台步台容

于做派、白口之外，更进而求其次者，曰“台步”，曰“台容”。台步之考究，以昆班为最，京班则不甚注意，然恒为演剧之补助品，不可漠然忽之也。台步之施设，亦因戏而异，袍带戏宜端重庄严，文巾戏宜从容闲雅，而靠把戏若《九更天》《阳平关》等，更宜于匆促之中求其稳重，务必丝丝入扣，不可躁急失检，以致紊乱。至于台容，演剧者类多淡漠置之，譬之演剧者为二十岁，则无论其挂黑须、挂白须，戏中人为五十岁，为八九十岁，自观剧者视之，但见其为二十岁人，此不知化装之故也。（日本人演剧，以一人于一剧中扮数人，而各异其貌，即谛视之，亦不能辨。）且多喜涂脂施粉，即七八十岁人，亦颜色娇嫩，殊不可解，是非研究化装，不足去其病。近见评剧者，每谓“天生一副老旦面目”。夫老旦面目，“天生”固足以豪矣，而其他诸角色，固不能专恃天生，必以化装之美恶为台容之美恶也。

戏必有技

戏之难，非仅做工，尤必有技，而后能胜其任。武技（俗谓之“把子”。）无论，即以文戏言之，其能事在衣装一方面者，则如《黄鹤楼》之冠，（皇叔应以首上冠掷丈许，落于拉场人手。）《李陵碑》之甲，（不能见解脱痕，且须合板。）《琼林宴》之履，（生一出台，便须以足掷履，以首承之，不得用手扶助，自然安置顶上方合。）《乌龙院》之靴；（宋江应于旦膝上左右旋其靴尖，与指相和，必相左以速而善变其方位为能。）其能事在用物一方面者，则如《九更天》之刀，（时刻促而准。）《战蒲关》之剑，（旦炷第三香时，生立旦后，剑自落手。）《杨妃醉酒》之爵，（衔而折腰。）《采花赶府》之花，（招手而出，近戏法。）《虹霓关》丫鬟之盘，（以两指旋转之，飞走而衔其杯，走定盘正置杯甚速，皆须应节，甚难。）《打连箱》稚妓之鞭与扇，（式甚多，皆非久练不能。）其技皆应弦按节，炫异惊奇，非夙能者，苟易人为之，断不能灵敏新奇也。

扮戏

伶人扮戏时之苦，不可言喻。湿帕幕首，由眉际上矗为鬓，挟眉俱起，故成掉梢，凛然有豪杰气。初试紧束，如孙悟空之经紧箍咒，颇不能堪，久乃由勉即安，不至岑岑如戴山矣。花旦上装，两颊匀脂甚厚，以视北地胭脂，不止倍蓰。若觌面相看，色如深醉，颇不适目。惟登场之后，远近皆宜，卓文君颊际芙蓉，望而可见。戏衣缎绣，皆极粗糙，而彩色特艳，与面色相配，均与常人不同。若衣之以行通衢，虽在剧场以为美观，亦将骇而却走。盖宜于灯光远视，非真颜色动人也，此亦光学审美学之别科也。

打筋斗

打筋斗，颠覆旋转其身以为戏也。筋斗亦作金斗、觔斗、跟头，盖以头委地而翻斗跳过，且四面旋转如球也。

排场

戏中排场，亦曰“过场”，穿插停匀，指示显露，如报名唱引，暗上虚下，绕场上下，（《寄子》中之乱兵。）走场缓唱；（《黄金台》之头一场。）又如马僮备马，（《伐子都》。）摆对相迎，（《黄鹤楼》。）以及雷雨绕场，（《天雷报》。）兵卒绕场，（《收关胜》。）云水绕场，（《大赐福》《金山寺》《泗州城》等。）与一切大小起霸，（《长坂坡》之四将递出，为大起霸；《四杰村》之英雄改扮，为小起霸。）长短吹牌（饮酒时唱《举杯庆东风》之类。）等，皆人人所知，习成定式者也。

切末

切末，点缀景物之谓也。《桃花扇》之十六万金，为最耗财力。昆曲尚切末，徽班规模甚狭，取足应用而已。曩时天津有班曰“太庆恒”，最以切末著称，如《金山寺》中之水法，以泰西机力转动之水晶管，置玻璃巨箧中，设于法海座下，流湍奔驭，环往不休，水族鳞鳞，此出彼入，颇极一时之盛。又演《大香山》一剧，诸天罗汉，貌皆饰金，面具衣装，人殊队异。而戏中三皇姑之千手千眼，各嵌以灯；金童玉女之膜坐莲台，悉能自转，新奇诡丽，至足悦观。惟班中唱做无人，未久即废。

京师切末，大率不外龙虎羊犬、奎星土地、鬼面佛面及桥亭云树数事而止，其他则《长生殿》有鹊，《战宛城》有兔，惜亦不尽有。惟内廷演剧，此类孔多，出鬼入神，备六殿诸天之胜。

上海自新剧既兴，以西法布景，绘形于幕，自视旧制为优。然画背景者，必用油画法，此派传自西方，故所绘景物，亦多为西洋式。厅堂桌椅无论矣，乃至古树矮屋，小桥曲径，其形色姿态，亦异中土，而戏中人乃峨冠博带作汉人古装，岂非大不相称耶？

京剧以声歌代语言，以姿势表动作，故精神上之能究极缜密，而物质上之布置转多忽略不备。扬鞭则为骑，累桌则为山，出宅入户，但举足作逾限之势；开门掩扉，但凭手为挽环之状。纱帽裹门旗，则为人头；饰以伪须，则为马首。委衣于地，是为尸身；俯首翻入，是为坠井。乃至数丈之地，举足则为宅内外，绕行一周即是若干里。凡此，皆神到意会，无须责其形似者。自有舞台，乃多用布景，器具必真，于是扞格附会，反多支离。如上床安寝，何以未卸裙履？未入房户，何以能见联屏？乘车者既有真车矣，骑马者何以无真马？交战时，背景一幅山林，而相打者乃转来转去，追逐半日，不离寻丈之地，此皆不可通者也。

行头

戏具谓之“行头”，分衣、盔、杂、把四箱。衣箱、盔箱均有文扮、武扮、女扮之分，杂箱中皆用物，把箱中则銮仪兵器，此为江湖行头。

昔时排一新本，必以多金特制之。如淮商排《桃花扇》一剧，费至十六万金之多，可谓侈矣。自入本朝，人尽髡头，衣皆袍褂，剧演古事，略存汉官威仪，二百余年以来，大端未易，而踵事增华之处，则无时无之，以较古代衣冠，当亦有“不觚”之叹。洎光绪初年，虽尚华丽，然斟酌于其人其事，相沿有定，某戏应着某式，某角应服某色，某场应易某制，固皆井井有条，不稍紊乱。及癸巳玉成班由沪入京，袍笏冠带，无不穷极奢丽，都人睹之而善，后遂互相效仿，不复讲旧时规制。庚子以后，益亡等矣。其最触目者，女伶贴界，彩绣分披，终场屡易，且姑毋论。即如黄天霸之罗巾，珠缨遍耀；武二郎之板带，金绣齐辉，黄官副戎，武为戍犯，其必不相称，属想可知。然武剧皆少年英雄，尚可不必呆讲，至若白须丞相、粉鼻朝官，袍皆数寸之缘，边皆绯红之饰，神游目想，在古必无。而且戏场化装，贵在神肖，故昔时《拾玉镯》之旦必荆布，《小上坟》之贴必缟衣，今则任意增妍，有被罗绮而披彩色者矣。甚且冠帔不悦目，则悉易衫裙；巾幅不动人，则乱攒珠玉，尚文太过。至新戏出，而又全从时式，一切以质矫之，虽演《红楼梦》之尤三姐，书中明标红袄绿裤，亦改从时尚雅素一流。过与不及，其失也均，固咸失戏之本意矣，必求似其人，斯为无负。十六万金之装饰，若非专就其人特制，亦安用是多金为哉！

化装之名称

化装之颜色，总名彩色。老生以胭脂粉和两颊曰“上彩”，花脸开脸曰“钩脸”，花旦装跷曰“踹跷”。剧中去冠时露出之竖发曰“水发”，妖怪或神将及头陀披发之发曰“蓬头”，发之绕成一结，如《褚彪》《虮蜡庙》等戏，脱帽时露出者曰“发纠”。须之总名曰“口面”。老生之三绺长须，黑者曰“黑三”，白者曰“白三”，花者曰“彩三”。花面之长须，白者曰“白满”，黑者曰“黑满”。须之左右较长、中间略短，演剧时可左右抓开者，红曰“红抓”，黑曰“黑抓”。耳上之毛曰“鬓毛”。须上虬结成团者曰“虬髯四喜”。小丑短须向上者曰“一簇”，小丑之三绺短须曰“丑三”。须之下颌用鬃丝吊挂短髭者曰“吊达”。短髭之作一字形者，黑者曰“黑一字”，白者曰“白一字”，花者曰“彩一字”。

前场

在戏台拉前场，非易事也。场面节奏，须全熟于胸，方无临事周章之失。将跪则需垫，将坐则移椅，稍不应节，殴詈偕来，故非斲轮老手，不易称职。所尤难者，为放焰火。焰火者，以纸煤引火，夹于指间，手撮松香屑盈握，冲火而出，俾到地仍燃，其焰之浓淡、长短、急徐，须与戏相配。如《火烧木哥〔穆柯〕寨》一出，用焰火最多，此起彼颠，前仆后继，或绕场连炽，或当胸忽燃，或迅如流星之光，或断如磷火之焰。最难在收场之际，其人俯躬以入，火即从其僻处倒掷而出，光如匹练，作抛物线，到地熊熊，并发火焰而止。能此者，阖座之人无不鼓掌称善。

后场

琴师、鼓员等曰“后场”，亦曰“场面”。场面之位次，以鼓为首，一面者曰“单皮鼓”，两面者曰“荸荠鼓”，名其技曰“鼓板”，都中谓之“鼓老”，犹尊之之意也。（若李四之鼓板，梅大锁之胡琴，皆名手也。）伶人负重名，则自置场面。同业宴会，必邀其鼓老或琴师与俱，尊以首座，其他云锣、锁呐、大铙等不与焉。

昔时鼓板之座在上，鬼门椅前，有小搭脚、小櫈椅，后屏上系鼓架。鼓架高二尺二寸七分，四脚各方一寸二分，上雕净瓶头高三寸五分，上层穿小枋四、八根，下层八根，上层雕花板，下层下绦环柱子，横扩尺寸同单皮鼓例，在椅后下枋，荸荠与板例在椅屏间。大鼓箭二，小鼓箭一，在椅垫下。昆腔犹此制，京班微有异同，而奏技时位次首列则一也。自改舞台，悉驱后场于台侧厢楼之上，鼓员面台前列而坐，目注演者，迎合其步武手口以为疾徐高下之节，然不良于施展，恒以为苦。北伶南下，狃于故习，犹坐其自置场面于台口一隅，然实不雅观，有时亦足妨碍一部份座客之视线，即其坐席，亦复凌杂无次矣。

胡琴鼓板与唱戏之关系

唱戏之事，宜先研求板眼腔调、尖团吞吐、唇喉齿舌、平上去入，得此十六字诀，方可言戏。然无真嗓子，或中气不充足，则又徒然，天工、人力二者固不可缺一也。至艺成以后，尤有种种困难，配搭不得人，不可；胡琴、鼓板不得人，尤不可。胡琴、鼓板不得人，则唱者自唱、拉者自拉，南辕北辙，背道而驰矣。故欲拉与唱能黏合在一处，不使有丝毫扞格之虞，必平素常在一处讨论，知其行腔使调用何种方法，因其势而利导之，调门之忽高忽下，嗓音之在家与不在家，全恃胡琴衬托得宜。即或唱者偶有微疵，不经意而脱略，拉者能随机应变，补苴罅漏，如天衣无缝，不着痕迹，斯为妙手也。

鼓板为胡琴之前导，导之东，则不能西也。故鼓板打错，则胡琴不得不拉错，虽明知其错，亦不能不随以俱错。惟可临时向之纠正，然必在未打之先，若既经打错，即无可如何矣。

板眼分二种，有一板三眼者，有一板一眼者，西皮、二黄皆然。三眼者，慢板二黄、慢板西皮、慢板反二黄、二黄快三眼、西皮快三眼、反二黄快三眼是也。一眼者，原板二黄、原板西皮、原板反二黄、西皮二六板、四平调是也。无眼连击者，快板是也。不受板之拘束者，为倒板、摇板。（西皮、二黄皆然。）至西皮、二黄拍板之各异者：一，三眼之板，二黄起迄皆在板上，间有落中眼者，西皮则每句分三节，首节起迄在中眼，次节起于板、迄于末眼，末句起迄皆在板上，亦间有落中眼者；二，一眼之板，二黄起迄皆在板上，西皮则分三节，首节起于眼、迄于眼，次节起于板、迄于眼，末节起于板而迄于眼或板，二六板起于眼而迄于板；三，无眼连击之板，即所谓快板，须字字皆在板上而后可。

西皮、二黄原板、正板等鼓板之点，皆有一定，即出台与动作之鼓板，亦有一定之名称，若所谓长锤、双长锤、凤点头、急紧（急）风、节节高、四系〔击〕头、扭丝等是也。与管弦杂奏者，又有落马令、泣颜回、将军令等调。此数事者，皆以鼓（凡言鼓皆小鼓，其鼙鼙者，以“大鼓”二字别之。）为领袖。寻常腔调，鼓师皆所素习，自无错误。若有新腔，则非熟手不办，否则每至转折处，彼辄心慌手颤，疑为走板，而刻意为之补救，愈弄愈差，带水拖泥，几无是处矣。

胡琴亦然。寻常腔调，犹可无甚差谬，若有新声，而行腔过于巧险者，必须预为练习。故胡琴之妙，不以过门之花点为能，而以随腔为难也。盖过门之花点，是胡琴自身之妙，与唱工初无关系，若不能随腔，则无取乎有花点也。

所谓“随腔”者，即其工尺与唱者之腔调，委婉曲折处，一一脗合，无稍参差，而弦音高低，与喉音亦须一致。凡唱曲者，其声调之高低虽有一定，然每至拔高处，不能无勉强之弊，而沉下处又每觉其幽閟，此等处，皆须有胡琴妙手为之补苴衬托。所谓“补苴衬托”者，每至将拔高之前一二句，先将弦音略为放低，则唱者虽用高腔，亦不觉其吃力；若遇将沉下之时，又将弦音预为拔高，使唱者腔虽沉下，而音调却不觉其幽閟。凡能此者，始得目为胡琴中之妙手也。

拉胡琴，须两手皆有工夫，左手指音须活泼不滞，右腕拉弓须灵敏而有力。指音不佳者，则字眼不能明晰，右腕无力，则弦音不能清越。是故同一胡琴也，或能响，或不能响，或字眼绝清，或仅模糊影响，则视乎其左指右腕之工夫如何耳。是故名伶之琴师，每能洞悉其歌曲中之症结所在，而设法为之掩饰，抑扬高下，无不一一为之衬托，遂使音节格外隽妙；一旦易以生手，便不能圆转如意矣。

乾嘉时，某昆部中，有鼓师朱念一者，将登场，鼓箭为人窃去，将以困之也。念一曰：“何不并窃我手？”易以他箭，奏技如常时。又满人有鼓双、鼓寿者，亦以善鼓著称，其擂能急能徐，能轻能重，能于缓处忽焉加多、紧处忽焉减少，《琵琶行》中所谓“如急雨”“如私语”者，仿佛近之。花色生新，专奏已足适听，若与诸金并奏，更能出色当行。诸金中如大锣、小锣，均以备阴阳二声者为上，阳声散放，阴声手抚，相间互奏，一器而得数音，虽戏场不用《十番》《灯月圆》诸杂牌，（皆金鼓专调之名，如《玉莲环》《大富贵》等，皆昔时元宵佳奏也。）而群手能合能分，起止应节，固亦足为戏剧增美。否则一节稍凌，一声稍误，全场顿足，阖座叫嚣，鼓师浃背汗流，虽佳剧亦减色矣。

弦管

剧中弦管常用者，丝惟胡琴、月琴、三弦（即俗称“咸子”者，是盖阮家制也。）三种，竹惟笛、海笛、锁呐三种。锁呐、海笛，非吹牌不用，笛非唱昆、弋腔不用，恒用者惟丝。然丝中惟胡琴必不可离，若月琴、三弦，则非旦唱不甚用，旦唱亦于反调、慢板用时较多，余亦不轻作响。胡琴以过门包腔（即和唱也。）为贵，然各种牌调，亦委婉动人，如《骂曹》中之《夜深沉》，起落急徐，与大鼓相应，颇堪适耳。又如《战宛城》中之《柳青娘》，（即贴看兔时胡琴之调。）以能揉弦者为佳，幽咽铿锵，极荡冶孤凄之致。此亦非高手不办，寻常琴手仅足给事，无专能令人喝彩者。梅大锁、陈某以外，都中惟有张某，尚能奏花调、知钩勒，然手音亦不能异众，其余更等诸自郐矣。

北曲宜弦索，南曲宜箫管。丝之调弄，随手操纵，均可自如，竹则以口运气，转换之间，不能如手腕敏活，故其音节，北曲浑脱浏亮，南曲婉转清扬，皆缘所操不同，而其词亦随之而变，有不能强者。就弦索言之，雅乐以琴瑟为主，燕乐以琵琶为主。自元以降，则用三弦。近百年来，二弦（即胡琴。）独张，此弦索之变迁也。

后台

后台管理，难在派戏，某与某配，某先某后，某某性情是否相合，某某声调是否相合，预为支配，必公必平；不惬众情，动起责难，稍用压力，必致失场，故充此选者甚难。下此则看衣箱一流，预知某戏某装，未事料量，临事裹束，过事折叠，千忙百遽中，亦必料理井井而后可也。

禁演圣贤之事

优人演剧，每多亵渎圣贤。康熙初，圣祖颁诏，禁止装孔子及诸贤。至雍正丁未，世宗则并禁演关羽，从宣化总兵李如柏请也。

禁内城演戏

光绪辛巳闰七月初七日，丁鹤年请禁内城茶园演戏。李莼客云：十刹海演剧，恭王之子贝勒载澂为之，以媚其外妇者。大丧甫过百日，即设之，男女杂坐。内城效之者五六处，皆设女座，采饰爨演，一无顾忌。澂与所眷日微服往观，惇邸欲掩执之，故恭邸谕指鹤年疏上，即日毁之。外城甫开茶园，一日亦罢。

内廷演剧

内廷演剧，遇剧中须拜跪时，必面皇上而跪，若转场，亦不得以背向皇上。

乾隆初，高宗以海内升平，命张文敏公照制诸院本进呈，以备乐部演习，各节皆相时奏演。如屈子竞渡、子安题阁诸事，无不谱入，谓之《月令承应》；内廷诸喜庆事，奏演祥瑞者，谓之《法宫雅奏》；万寿令节前后，奏演群仙神道添筹锡禧，以及黄童白叟含哺鼓腹者，谓之《九九大庆》；又演目犍连尊者救母事，折为十本，谓之《劝善金科》，于岁暮奏之，鬼魅杂出，实有古人傩祓之意也；演唐玄奘西域取经事，谓之《升平宝筏》，于上元前后日奏之。曲文皆文敏亲制，词藻富丽，引用内典经卷。后又命庄恪亲王谱蜀汉《三国志》典故，谓之《鼎峙春秋》；又谱宋政和间梁山诸盗，及宋金交兵、徽钦北狩诸事，谓之《忠义璇图》。其词皆出月华游客之手，抄袭元、明《水浒义侠》《西川图》诸院本，远不逮文敏矣。嘉庆癸酉，仁宗以教匪事，特命罢演诸连台，至上元日，亦惟以《月令承应》代之。

南府

内廷掌戏曲者曰“昇平署”，其后令年幼太监习之，谓之“南府”。南府之名，始自康熙时。道光初元，将南府人役一概遣散，光绪朝复之。

颐和园演戏

颐和园之戏台，穷极奢侈，袍笏甲胄，皆世所未有。（俞润仙初次排演《混元盒》，其一切装具多借之内府。）所演戏，率为《西游记》《封神传》等小说中神仙鬼怪之属，取其荒幻不经，无所触忌，且可凭空点缀，排引多人，离奇变诡，诚大观也。戏台广九筵，凡三层，所演妖魅，有自上而下者，有自下突如其来者，甚至二厢楼亦作化人居，而跨驼舞马，则庭中亦满焉。有时鬼神毕集，面具千百，无一相肖。神仙将出，先有十二三岁之道童作队出场，继有十五六岁、十七八岁者，队各十人，长短一律，绝无参差，举此则其他可知也。又按六十甲子，饰为寿星六十人，旋增至一百二十人。又有《八仙庆贺》一剧，所扮道童不计其数，至唐玄奘雷音寺取经之日，如来上殿，迦叶、罗汉、辟支、声闻，高下计分九层，列座几千人，而台仍绰有余地也。

光绪某年，颐和园演剧，某伶献《让城都》一戏，孝钦后聆其词句，谓左右曰："我前年出京时，大有此光景也。"言时不胜欷歔。

内廷或颐和园之演剧，名优均须进内当差，若辈因自称曰"供奉"。传差一次，赏银二十两，若谭鑫培、罗百岁等，岁且食俸米二十石。惟内廷门禁至严，须有腰牌，乃可出入。又如于午前见太监，必道"老爷吉祥"，午后则道"老爷辛苦"，亦惯例也。

供奉诸伶入内时，孝钦后恒谕以暇时即宜读书。某岁七夕，传戏后，孝钦制一谜语，面书四"多"字，底为两时令名，命内监出示诸伶以试猜之。某伶灵慧，独猜中，乃除夕、七夕也。书呈，颇得厚赏。又尝出"三春三月三"五字命诸伶对，某伶对"半夏半年半"，亦赏之。

光绪辛丑，孝钦后自西安回銮，谭鑫培曾传差三日。一日，命演《镇潭州》，小生杨再兴，则李莲英也。又大内乐部，凡大小太监，无不极口规摹谭调。

堂会演戏

优人演段者，始于伊耆时罗氏鹿女，其后尤盛于东周，至汉代元会为百戏之一，明人因谓之为“戏”。京师公私会集，恒有戏，谓之“堂会”。其优人有名者，士大夫无见不见，辄能举其名。刘韫斋侍郎昆言湘中歌者，有京师之声，且以王壬秋将出京，不及待其堂戏再集为憾。

京师戏园

京师戏园，惟“太平园”“四宜园”最久，名亦佳；“查家楼”“月明楼”，其次也。雍正时，以“方壶斋”“蓬莱轩”“昇平轩”为最著。“查家楼”者，人简称之曰“查楼”，在肉市，为明巨室查氏所建，戏楼巷口有小木坊，书“查楼”二字。乾隆庚子毁于火，仅存木坊。后重建，改名“广和”。

嘉庆时，京师戏园擅名者，分四部，曰“春台”，曰“三庆”，曰“四喜”，曰“和春”，各擅胜场。大抵午后开场，至酉而散。若庆贺雅集，假其园以召宾客为堂会戏者，辰开亦酉散，无夜剧。其为地，度中建台，台前平地曰池。对台为厅，三面皆环以楼。堂会以尊客坐池前近台，茶园则池中以人计算，楼上以席计算。故平时坐池中者，多市井儇侩，楼上人謔之曰“下井”。若衣冠之士，无不登楼，楼近剧场右边者名上场门，近左者名下场门，皆呼为“官座”，而下场门尤贵重，大抵为佻达少年所豫定。堂会则右楼为女座，前垂竹帘。楼上所赏者，率为目挑心招、钻穴踰墙诸剧，女座尤甚。池内所赏，则争夺战斗、攻伐劫杀之事。故常日所排诸剧，必使文武疏密相间，其所演故事，率依《水浒传》《金瓶梅》两书，《西游记》亦间有之。若《金瓶梅》，则同治以来已辍演矣。

光绪庚子以前，戏园定价，每座售钱百三十文。自经拳匪之变后，蠲除旧例，各自为谋，各园戏价始参差不一矣。

庚子以前，京城之戏园戏班，分而为二，戏园如逆旅，戏班如过客。凡戏班于各戏园演戏，四日为一周，周而复始，生意之盈亏，视班底之硬挣与否，而戏园不蒙其影响。盖当时各戏园有团结力，互相调剂，不至偏枯，法至良、意至美也。其后复稍稍一变，班与园合而为一，亦如沪上仅有园名而无戏班之名称也。

奉天戏园

奉天为边陲开府之首区，戏园之多，固不为异，乃至一县一镇一村落，亦皆有之，而每园必男女杂糅，写声写色，外县为尤甚。其戏台之构造，与天津相等，为京师所弗及，女伶亦美。

开封戏园

开封地处中原，财丰物阜。同光之际，歌咏升平，以论戏剧，本处优等地位。盖当时名优以京师为中心点，初被挤，则至山东之济南；再被挤，则至河南之开封。故就当时之统计，开封戏剧之盛，位置实为第三。花旦天凤名满天下，凡过开封者，无论士商，咸以不见天凤为恨。（其时开封有两天，一天景园，肴馔最佳，一即天凤。天凤具绝色，尝有某名媛愿委身事之，天凤辞以有室，媛请为媵，不许，遂致寝疾。天凤怜而迎之，归未久，天凤病夭，媛绝粒以殉。）时戏剧古风未泯，昆、黄并重，凡籍隶梨园者，亦必兼通昆曲，此盖开封戏剧之极盛时代也。

厥后流风相沿，至光绪甲辰、乙巳间，某抚莅汴，雅好京剧，以汴中戏园之简陋，出廉俸付人，建巨场一所，赁与菊部。于时名伶有所谓牡丹红、八千红、樱桃红、粉桃红、林小芬、万盏灯辈应运而出。斯时有人为之比较，而知京师、济南、上海之剧日进化，开封犹在幼稚时代。（时津、汉剧界亦在幼稚时代。）然当时昆曲，已如黄钟大吕，不数数觏，此盖开封昆剧衰落、二黄犹盛之时代也。

洎宣统末，徽班（昆黄剧，开封谓之徽班。）之势日落千丈，向者为四五，至此仅余一班。掌之者时有顶替，时而名为“春仙”，时而名为“富贵春”，班中既毫无秩序，而观者亦绝无仅有。尝有座客仅集十数人而开演者，菊部末运，于斯为极，此盖为昆黄衰落之时代也。

郭某始创戏园于苏州

苏州戏园，明末尚无，而酬神宴客，侑以优人，辄于虎丘山塘河演之，其船名“卷梢”。观者别雇沙飞、牛舌等小舟，环伺其旁。小如瓜皮，往来渡客者，则曰“荡河船”，把桨者非垂髫少女，即半老徐娘。风雨甚至，或所演不洽人意，岸上观者辄抛掷瓦砾，剧每中止。船上观客过多，恐遭覆溺，则又中止。一曲笙歌，周章殊甚。雍正时，有郭姓者，始架屋为之，人皆称便，生涯甚盛。自此踵而为之者，至三十余家，卷梢船遂废。

乾隆丁亥，江苏布政使胡文伯禁戏园，商贾乃假会馆以演剧。至光绪时之戏园，则皆在阊门外矣。

上海戏园

上海戏园，向仅公共租界有之，其戏台客座，一仍京、津之旧式，光绪初年已盛，如“丹桂”“金桂”“攀桂”“同桂”，皆以“桂”名，称为巨擘，他若“三雅园”“三仙园”“满庭芳”“咏霓”“留春”亦著。客之招妓同观者，入夜尤多，红笺纷出，翠袖姗来，么弦脆管中，杂以鬓影衣香，左顾右盼，真觉会心不远。戏馆之应客者曰“案目”，将日夜所演之剧，分别开列，刊印红笺，先期挨送，谓之“戏单”。妓女请客观戏，必排连两几，增设西洋玻璃高脚盘，名花美果，交映生辉。惟专尚京班，徽腔次之，而西昆雅调，真如引商刻羽，曲高和寡矣。庚子以后，间有改良新剧焉。

丹桂为刘维忠所设，尝语人曰：“世无百年不朽之业，吾之‘丹桂’，他日或为人有，亦无所憾，惟必仍此二字耳。”故后虽易主，而商标如故。以宣统辛亥言之，上列各园之名称，皆已消灭，而丹桂则岿然独存。

上海昔有山陕班所设之戏园，商标曰“义锦”，在广东路之宝善街，久废。

光绪戊申秋，有商办“新舞台”崛起于南市之外马路，剧场全部构造，悉仿欧制，戏台为半月形，可旋转，并有一切布景，每出必易，加之以电光，建筑告成，即以丹桂全部实之，兼演新旧剧。

各舞台之剧资，较旧式之所谓茶园者为昂，而皆以银币计之，分别座位之远近，日夜且又不同。日戏为大餐间一圆，二层楼特别包厢六角，头等正厅四角，三层楼包厢三角，二等正厅二角，三等座一角；夜戏为大餐间一圆五角，二层楼等别包厢一圆，头等正厅、三层楼包厢均八角，二等正厅四角，三等座二角。至孩童之减半、佣仆之五分，则日夜皆然。点心及茶，另计资，而不强人。其著名之剧，为《李陵碑》《阴阳河》《完璧归赵》《探寒窑》《三娘教子》及改良各新剧，座客日夜填咽，车马盈门，营业之盛，得未曾有。于是“大舞台”继起于汉口路，“新剧场”再起于法租界，其剧场建筑，一以“新舞台”为圭臬，而旧式之茶园，则仅一二髦儿戏班，如“群仙”“丹桂”者，若鲁灵光之巍然独存而已。

上海各戏园之至腊月也，四方过客皆纷纷言归，家居者料量度岁，方日不暇给，戏园之生涯自必锐减，至是而案目商于园主，有请客之举。“请客”者，以戏券售之于向识之看客，恒较常日为昂，俗谚谓之“打野鸡”，即打秋风也。看客念其终岁伺应之勤劳，辄许之；园主以其时之方虑折阅也，故亦不拒案目之请焉。

广州戏园

广州素无剧场，道光时，江南史某始创“庆春园”，其门联云：“东山丝竹，南海衣冠。”未几，“怡园”“锦园”“庆丰”“听春”诸园，相继而起。番禺许霞桥孝廉祂光，尝招倪鸿劬辈赋观剧词，得数百首，刻之。汪芙生《观剧诗序》有云：“偶来顾曲，多惨绿之少年；有客吹箫，唤小红为弟子。人生行乐，半在哀丝豪竹之场；我辈多情，无忘对酒当歌之日者，足以见一时文酒风流之盛。比年以来，闾阎物力，顿不如前，游客渐稀，诸园皆废。自客岁羊城兵燹之余，畴昔歌场，鞠为蔓草矣。”盖指咸丰朝英兵入粤及红巾扰乱言之。光绪初，惟繁盛街市之神庙，或有戏台，遇神诞建醮始演戏，如渡头北帝庙、油栏直街某神庙之属是也。及刘学询于其所建之刘园，演戏射利，又于刘园附近建“广庆戏园”，是为西关有戏园之始。自是而南关、东关、河南亦各有戏园，然“广庆”不久即废，余亦往往辍演也。

广州戏班有外江、本地之别，外江班所演关目，与外省同，本地班则以三昼四夜为度。开台之第一夜，必首唱《六国封相》，昼则演正本，夜则先演“三出头”，再演成套，演至天明，又演一尾戏，曰“鼓尾”。及省河之南与东关、西关诸园继起，每园缴捐至巨万，商业因以兴盛。更有将戏本改良，如优天影之扮演戒烟，及关于家庭教育各戏者，无不穷形尽相，乃大为都人士所欢迎矣。

十公班

王宸章，明兵部尚书在晋之曾孙也。善歌曲，美丰姿。晚居岳市。顺治乙酉，大吏迫其易服，宸章集里中贵介公子十人，弃儒为伶，人谓之“十公班”，盖以十公子而成一伶班之义也。李谔臣有诗云：“十公班内诸公子，故国衣冠拜冕旒。”

老枣树班

顺康间，掖县张大司寇北海忻夫人，大学［士］文安公母也。张以胡中丞为姻家，胡故有优伶一部，一日两夫人宴会，张谓胡曰：“闻尊府梨园最佳。”胡古朴，不晓文语，辄应曰：“如何称得梨园，不过老枣树几株耳。”左右皆匿笑。人因号胡氏班为“老枣树班”。

西安三十六班

康熙时，西安乐部著名者凡三十六，最先者曰“保符班”。保符班有太平儿，姓宋，名子文，色艺素佳。严长明至关内时，以年长不复登场，故未及见。小惠、锁儿、宝儿、喜儿，皆隶江东班。双赛班故晚出，称“双赛”者，谓所长出保符、江东上也。后以祥麟、色子至，又称“双子班”。南如、（三寿字。）友泉（银花字。）义兄弟来最后，亦同在此部。及色子赴浙，众又戏呼南如为“赛色子”矣，惟色艺难兼，性行各异。严初至时，有“四两”者，临潼人，色差逊于琐儿；后又有“豌豆花”者，三原人，声差逊于小惠。其艺，均可步祥麟后尘。二子留会城，不久皆去。“金队子”者，姓刘，醴泉人。双儿，姓白，咸阳人，隶锦绣班，小有色艺，然固泾阳曲部也，以严赏之，遂留西安，不复归。又拴儿居富平某部署中，贾拜三上舍常称之。后庄虚庵权令时，挈以至西安。之数子者，固皆一时之选也。

六燕班

吴三桂喜度曲，不差累黍，有周公瑾风焉。蓄歌童十数辈，自教之，中六人艺最胜，称“六燕班”，盖六人皆以“燕”名也。尝微服游江淮间，与六燕俱。贾人某亦嗜声伎，值家谳演剧，吴投刺谒之，贾延入，纳之上座。未几乐作，脱板乖腔，百无一当。主人与客极口褒奖，吴但默坐，瞑目摇首而已。主人愤而言曰：“若村老，亦谙此耶?”吴曰：“不敢，然嗜此已数十年矣。”主人愈不悦。客有黠者，请吴奏技，否则将有以折辱之。吴欲自炫，不复辞谢，欣然为演《惠明寄柬》一折，声容台步，动中肯要，座客皆相顾愕眙。少焉乐阕，下场一笑，连称“献丑”而去。

礼邸有菊部

大兴舒位，字铁云，礼闱报罢，留滞京华。太仓毕子筠华珍，方客礼亲王邸，二人皆精音律，尝取古人逸事，撰为杂剧，如杨笠湖吟风阁例。王好宾客，亦知音。王邸旧有吴中菊部，每一折成，辄付伶工按谱，数日娴习，即邀二人顾曲，盛筵一席，辄侑以润笔十金。

猫儿戏

教坊演剧，俗呼为“猫儿戏”，又名“髦儿戏”。相传扬州有某女子名“猫儿”者，擅此艺，开门授女徒，大率韶年稚齿，婴伊可怜。光绪时，上海北里有工此者，每当妆束登场，锣鼓初响，莺喉变征，蝉鬓如冠，扑朔迷离，雌雄莫辨，淋漓酣畅，合座倾倒，缠头之费，所得不赀，亦销金之锅也。

金奇中曰：“俗以妇女所演之剧曰髦儿戏者，盖以髦发至眉，儿生三月，剪发为鬌，男角女羁，否则男左女右，长大犹为饰以存之，曰髦，所以顺父母幼小之心也。又俊也，毛中之长毫曰髦，因以为才俊之称。《诗》：‘烝我髦士。’士中之俊，犹毛中之髦也。又选也，《诗》：‘誉髦斯士。’誉，古通‘与’，语助辞也，选斯士也。谓之‘髦儿戏’者，意谓伶之年龄皆幼，技艺皆娴，且皆由选拔而得，无一滥竽者也。”此奇中之所解释者也。王梦生则曰：“昔以妇人拖长髻而饰男子冠服，至可一笑，故有此称。”

光宣间，猫儿戏渐见发展，其优异之处，亦有胜于男伶者。以此类推，女子之资性能力，无事不可学，而文学、美术固尤所优为者也。

档子班

女伶之外，有所谓“档子班”者，一名“小班”，始于嘉、道间。所歌之曲书于扇，且仅演剧而不侑酒，亦即猫儿戏也。杭州陆应有诗云：“一片氍毹贴地红，双鬟妆束内家工。不须曲记相思豆，但看坤灵扇子中。此豸分明禁脔看，当筵未许侑杯盘。任教诵遍摩登咒，戒体依然着手难。”

若光绪时，天津所在有之，居侯家后，一堂辄有雏姬数人，玉貌绮年，所唱曰“档调”。而江西亦有档子班，以广信府之人为多，且远至广州，达官豪商每招之侑酒，然皆以度曲为事而不演剧也。

光绪中叶，上海亦有档子班，其人率来自江右，居之安李氏，其最著者也。居之安，为公共租界福州路中市之里名，未几而室为主者改筑，因徙会芳里，恐问津者之或迷途也，仍颜其门楣曰居之安。其家有小戏台，凡就宴者，可命其登台歌舞，亦可出外演剧，且侑酒也。

演《八仙上寿》

常州府有属县八，惟靖江介在江北。顺康间，某亲贵出守常州，声势烜赫，僚属备极严惮。一日以寿演剧，七邑令皆来称祝，靖江令独后至，惧甚，属阍者为画策，遂重赂伶人，时方演《八仙上寿》剧，七人者先出，李铁拐独后，七人问曰：“来何暮也?”铁拐曰：“大江风阻，故尔来迟。”阍人即于是时，以靖江令手版进，太守大喜，遂延入，至尽欢而罢。

演《长生殿传奇》

钱唐太学生洪昉思昇，著《长生殿传奇》初成，授“聚和班”演之，圣祖览之称善，赐优人白金二十两。于是诸亲王及阁部大臣，凡有宴会，必演此剧，而缠头之费，较之御赏且数倍。聚和班优人乃请开筵为洪寿，即演是剧以侑觞。某日，宴于宣武门外孙公园，名流之在都下者，悉为罗致，而不及给谏黄六鸿。黄奏谓皇太后忌辰，设宴乐为大不敬，请按律治罪。上览其奏，命下刑部狱。益都赵秋谷对簿自承，经部议革职，一时凡士大夫及诸生除名者，几五十人，秋谷及海宁查夏重其最著者。后查改名慎行，登第。赵年仅廿八，竟废置终其身。洪放归，旋堕苕、霅间而死。当时编修徐嘉炎，亦与谳对歌，赂聚和班优人，诡称未与，得免。都人有口号云："国服虽除未满丧，何如便入戏文场？自家原有三分错，莫把弹章怨老黄。秋谷才华迥绝俦，少年科第尽风流。可怜一出《长生殿》，断送功名到白头。周王庙祝本轻浮，也向长生殿里游。抖擞香金求脱网，聚和班里制行头。"徐丰颐修髯，有周道士之称，后官学士。或曰，黄由知县行取入京，以土物、诗稿遍赠诸名士，至秋谷，答以柬云："土物拜登，大稿璧谢。"黄衔之刺骨，故有是劾也。

演《目连救母》

康熙癸亥，圣祖以海宇荡平，宜与臣民共为宴乐，特发帑金一千两，在后载门架高台，命梨园子弟演《目连传奇》，用活虎、活象、活马。

演《临川梦传奇》

蒋心馀太史士铨性峭直，不苟随时，以刚介为和珅所抑，留京师八年，无所遇，以母老乞归。其才其遇，无一不与明汤玉茗相类，因为《临川梦传奇》以自况焉。其自序略云："先生以生为梦，以死为醒，予则以生为死，以醒为梦。于是引先生既醒之身，复入于既死之梦，且令四梦中人，与先生周旋于梦外之身，不亦荒唐可乐乎！"

演《花魁娘子》

李味庄兵备宴客嘉荫堂，歌者孔福方演杂剧中之《花魁娘子》，瞥有罗浮大蝶飞至，绕伶身三匝而去。陆祁生孝廉因作《仙蝶谣》，而改七芗为之图。词云："东海桃花红雨靥，南海仙人放蝴蝶。水精帘下读道书，屋里衣香花不如。花非花兮花解语，细漏丁冬碧纱雨。定子当筵车子喉，消息剧于十五女。相逢不是青陵台，且占百花头上开。花开花落凝丝竹，丝竹分明不如肉。海水汩汩山冥冥，有人读破《南华经》。造得酒楼邀李白，传来丝笔付秦青。牵云曳雪斑骓送，杀粉调铅写春梦。不知凤子为谁来，还问翠钗钗上凤。”

演《水浒传》

兖州阳谷县西北有墓，俗呼“西门冢”，西门庆之葬所也。其地有大族潘、吴二氏，自言是西门嫡室吴氏、妾潘氏之族。一日，社人登台演剧，吴之族使演《水浒记》，潘族谓辱其姑，聚族大哄，互控于县。县令大笑，各扑一二人，令荷枷通衢，朱批曰：“无耻犯人某示罪。”然二氏终不悟也。

演《探亲相骂》

《探亲相骂》一剧，原为昆曲中之梆腔杂剧，虽京戏亦演之，然悉仍其旧。盖道咸之际，乐风渐变，趋重京剧，自后内廷传唱，常例皆京昆并奏，故率将昆曲阑入，各地伶人遂亦相沿成习，意谓亦在京戏范围。实则此剧纯用吹腔，固犹是昆曲之面目也。惟服装、做工，则因时会而迁移，间有不相沿袭者，而唱、白腔调，悉与《缀白裘》同，（调门悉用《银绞丝》曲。）中有不合者，殆为沿讹。惟依昆曲原本，尚少末后与男亲家相遇、重延解劝、两亲母和好如初之一段，大率为演京剧者所删矣。至其剧情，则为乡间亲家母胡妈妈背布袋骑驴入城，探其名“野花”者之女也。先是，女见母诉苦，旋与亲家母相见，则一村一俏，无不相形见绌，且谈吐之时，每被奚落。旋以语及野花之傻，一则苛求，一则回护，遂至争执相骂，不欢而别。

演《新安驿》

《新安驿》戏，一名《女强盗》，盖侯俊山登台逞奇，自行编演者也。剧中情节脱胎于《文武香球》，然事实、人名，均与小说不尽符合，盖拉杂编凑，亦一时遣兴之作。略按其事，则张桂英曾与龙官宝订婚，及官宝下山，久不得耗，桂英甚念之，遂乔扮男子，下山访寻。路过新安驿，宿一逆旅，黑店也。主人为媪、女二人，女常乔装为男盗，以杀人越货为事。是日，媪见桂英装重金多，遂先以蒙汗酒醉之使倒，令其女持刀入房行劫。女见桂英之俊美，欲以身委之，遂解除男装，露出庐山真面，以清水喷桂英使醒，召媪述其意。桂英姑允之。彼此又略较武艺，女见桂英技不精，意益满。及合卺后，女为代解罗襦，则一缠足之女子，大惊，急询其故，桂英详述之，始知亦巾帼也。此剧离奇变幻，本无寓意，惟忽而笄、忽而弁，忽而浓须撩鬓，忽而搔首弄姿，为足增观者兴趣耳。沪上名伶之演此者，以七盏灯为独步。

或曰，《新安驿》一戏羌无故实，实为俊山而设。初，俊山至京，主者患无以揄扬之，某太史为制此剧，故始则红须装束严急，令人但闻其声，已而去须，已而改为艳装，已而又改为便服，装束雅淡，顷刻之间，变换数四，无不绝妙。于是一二日间，名即大噪。后竟因以致富，乃于张家口及其旁近之地，广设商店矣。

串客

土俗尚傀儡之戏，名曰“串客”，见《温州府志》。后则不然，凡非优伶而演戏者，即以“串客”称之，亦谓之曰“清客串”，曰“顽儿票”，曰“票班”，曰“票友”，日本之所谓“素人”者是也。然其戏剧之知识，恒突过于伶工；即其技艺，亦在寻常伶工之上。伶工妬之而无如何，遂斥之为外行，实则外行之能力，固非科班所及也。

京师称票友改而业唱者，曰某处某处，实则“处”乃讹字，应作“出”，盖有“斯人一出，目无余子”之意，重之之称也。孙菊仙在京师称“孙出”，“出”字惟孙当之无媿色，余则出与不出等，改“出”为“处”，宜也。

雍乾间，士夫相戒演剧，且禁蓄声伎，至于今日，则绝无仅有矣。

李笠翁《曲部誓词》

李笠翁家蓄伶人，尝撰《曲部誓词》，文云："窃闻诸子皆属寓言，稗官好为曲喻，《齐谐》志怪有其事，岂必尽有其人；博望凿空诡其名，焉得不诡其实。矧不肖砚田餬口，原非发愤而著书；笔蕊生心，匪托微言以讽世。不过借三寸枯管，为圣天子粉饰太平；揭一片婆心，效老道人木铎里巷。既有悲欢离合，难辞谑浪诙谐。加生旦以美名，既非市恩于有托；抹净丑以花脸，亦属调笑于无心。凡此点缀剧场，使不岑寂而已。但虑七情以内，无境不生，六合之中，何所不有。幻设一事，即有一事之假同；乔命一名，即有一名之巧合，焉知不以无基之楼阁，认为有样之胡卢。是用沥血鸣神，剖心告世，稍有一辜所指，甘为三世之瘖，即漏显诛，难逋阴罚，作者自干于有赫，观者幸谅其无他。"

陈半山喜串风月之剧

乾隆时，京师有称陈半山者，佚其名，浙人也。年可七十余，佗背而上下其肩，歪颈面斜，眉目高低。喜串风月之剧，脂粉满面，衣极浓艳。每登场，辄栩栩自得，观者无不掩口，而半山恬不为怪。然性好侠，尚义气，颇饶于资，客京师时，座中食客常数十人。而又慕道不娶，炼形服气，且善祈晴雨，盖方术之士也。惟以爱串戏，人皆诋其无耻耳。

抚藩登场演剧

乾隆季年，山东巡抚国泰年甫逾冠，玉貌锦衣，在东日，酷嗜演剧。适藩司于某亦雅擅登场，尝同演《长生殿》院本，国去玉环，于去三郎。演至定情、窥浴等出，于自念堂属也，过媟亵或非宜，弄月嘲花，略存形式而已。讵舞余歌阕，国庄容责之曰："曩谓君达士，今而知乃迂儒也。在官言官，在戏言戏，一关目，一科诨，戏之精神寓焉。苟非应有尽有，则戏之精神不出，即扮演者之职务未尽。君非头脑冬烘者，若为有余不敢尽，何也？”于唯唯承指。继此再演，则形容尽致，唐突西施矣。国意殊惬，谓循规赴节，当如是也。

陆辛何率妻妾串戏

有陆辛何者，家小康，素朴俭，布衣敝屣，征逐市廛。性好渔色，广纳姬妾，假设锦屏绣幕，多所配置。每日自市归，登楼即与其妻妾串戏。陆有时扮显官，或公子，或文人学士，变化万端，妻妾即随之而贵贱，时为夫人太太，时为娼妓优伶。戏罢卸妆，下楼扃锁，其妾尝语人云：“贵贱无常，终日忙碌，世间事大可作如是观也。”

魏耀庭串花旦

光绪庚寅、辛卯间，户部有小吏曰魏耀庭者，能演剧，尝串花旦，人戏呼为“魏要命”。其人年近不惑，及掠削登场，演《鸿鸾禧》等剧，则嫣然十四五闺娃也，惜齿微涅，不瓠犀耳。南皮张文达公之万极赏之。文达书画至不易求，有人见其赠魏精箑，一面蝇头小楷，一面青绿山水，并工致绝伦。

王贝子串戏

光绪末，宫中盛行客串，太监宫女，冠履杂沓，王、贝子亦扮演出场。

王君宜唱谭调

京师票友，实繁有徒。有学部主事王君宜者，名益保，实为个中翘楚。其唱以谭鑫培为归，喉音本极相近，又与陈彦衡为友，得鑫培行腔读字之法，每一引吭，人几疑为鑫培在座也。一日酒楼宴唱，适鑫培过其下，闻而善之。由是君宜之名益日以起，都中识与不识，介人以盛筵相约者，趾恒相错。君宜亦不自吝秘，酒酣必为一奏，以是贵游子弟就之者多。顾其人温雅循谨，舍酒食外，无所取于人，特非上流社会，不与周旋，亦不轻向市廛串票，故人尤重之。鑫培继响，伶界推刘鸿声，然以野战得之，不若君宜之温润醇厚、尺度娴稳也。

学生为优

光绪时，留学日本人士曾创春阳社，习演新剧。王熙普者，自号钟声，亦其一也。既回沪，以改良戏曲游说于沈敦和，设春阳社，募生徒习之。已而挈其徒至杭，欲招中学毕业生为优，教育会尼之，又以他事见逐于浙抚，复至沪，入春桂戏园演唱。木铎者，鄂人刘霖也，尝留学于日本早稻田大学，未卒业而回国，在杭州之求是书院为教员。转徙至京津，为大学堂通译员。其在京时，好冶游，善唱二黄，与优人狎。寻与钟声合，而以改良戏曲递呈民政部，是为吾国学生演新剧之鼻祖也。

其后春阳社既解散，而满洲任天知（入日本籍，改名藤堂调梅。）所组之进化团出。未几，率其徒西走，如镇江、江宁、芜湖、安庆诸处，无不择地串演。继而又南渡海以至甬、瓯，西溯江以抵湘、鄂，东南诸行省，遂皆有其足迹矣。

观剧有南北两派之别

观剧者有两大派，一北派，二南派。北派之誉优也，必曰唱工佳、咬字真，而于貌之美恶，初未介意，故鸡皮鹤发之陈德琳，独为北方社会所推重。南派誉优，则曰身段好、容颜美也，而艺之优劣，乃未齿及。一言以蔽之，北人重艺、南人重色而已。

北方之音刚以杀，（酷喜梆子。）南方之音柔以佻，惟中州与汉上之音洪爽，故黄调最合南北之嗜。而道白必推中州，以其清越谐和、庄栗有节也。北人于戏曰“听”，南人则曰“看”，一审其高下纯驳，一视其光怪陆离。论其程度，南实不如北。宣统末，沪人雅能听曲，然喜高嗓而不辨神韵，喜激昂而不乐镇静，至于能拍板眼、明音率、求做工、审情节者，实不数觏。而北方则纨袴、贩夫，皆能得此中三昧也。

喝采

名伶一出场，即喝采，都人谓之“迎帘好”，以好之多寡，即知角色之高下，不待唱也。故有老手已不能唱，而每出仍举座讙呼，谓之“字号好”，盖以其著名已久耳。

徐野君好观俳优戏

徐野君性洒落，不与人事，独好观俳优戏，以为骚人逸士，兴会所至，非此类不足称知己也。

商苍雨观剧于水西庄

商苍雨编修盘，号宝意，精音律，杨升庵之琵琶，康对山之腰鼓，兼其风致。乾隆乙卯秋入都，道经天津查氏之水西庄，查莲坡出歌者演剧，苍雨留诗曰：“记得东华甲夜长，九枝绛蜡腻欢场。谁知碎雨零烟后，又听朝来翠袖凉。重帘消息隔倾城，相见翻疑面目生。不用掩羞裁月魄，当年着眼已分明。”又：“锦屏银烛夜阑时，细细风怀脉脉知。结习犹烦大迦叶，丽情都付小杨枝。司空相见何曾惯，学士休言不合宜。禅榻茶烟惆怅在，顿教双鬓忽成丝。”又：“妙高台上好风光，值得东坡醉一场。解唱几时明月有，元郎本是旧袁郎。水西秋景未凋残，送客留情坐夜阑。恼乱好花红着眼，不教攀折只教看。”后二首指元郎也。是日，元郎度曲，毛郎叠奏，宝意则自吹紫箫以和之。

沈遵生不观剧

沈学善，字遵生，钱塘人。尝馆平湖县署，适演剧，主人固请出观，遵生固却。薄暮独立墙阴，人询之，对曰：“静听蟋蟀秋吟，差胜笙歌盈耳也。”

观剧焚毙多人

广州酬神演剧，妇女杂沓，列棚以观，曰“看台”，又曰“子台”。市廛无赖，混迹其间，斜睨窃探，恣意品评，以为笑乐，甚有攫取钗钏者。道光乙巳四月二十日，城中九曜坊演剧，设台于学政署前，席棚鳞次。一子台中人以吸水烟遗火，遂尔燎原，致焚毙男女一千四百余人。

是日也，西关有王姓者，家小康，翁媪夙忠厚，仅一子，已授室矣。忽告翁媪，欲入城观剧，嘱其妇某氏为之栉发，妇于辫顶分四缕辫焉。甫出门，遇友约往佛山镇置货，初犹以他故辞，不欲往，强之乃偕行。比灾作，则是子已在佛山镇，而翁媪不知也，闻戏场火发，亟率妇往视，则烈焰烬余，有尸似其子者，哭而殓之，招灵设魂于家。其妇自往视，至毕葬，竟不哭。翁媪皆恶，呵之，谓其无夫妻情。妇第顺受，不与辨。未几，其子与友自佛山归，翁媪愕然，称其妇智，因诘其何以确知非夫也。妇言当日系四缕辫发，谛审灰烬，发痕乃三缕，故不敢哭。然究不知夫之所往，疑虑莫释，晨夕泪痕浸渍枕席间，亦不敢言耳。

是夕之火，起于看台，而被焚之惨，则由于摊馆。盖署前多奸蠹，包庇聚赌，吏莫能诘。时适有南海县文武约会查拿，事机不密，为若辈所觉，预将东辕门扃之。火发时，众皆由西辕门走避，拥挤践踏而毙者，可二三百人。居中被焚之尸，有挺立不仆者，有似油炸虾者，有为灰烬堆垛不成人形者，约千余。其逃出之人，有烧去半头半臂者，有烧去一手一足者，近或至家，远仅至中途，又约毙百余人。使当时东辕门不闭，则南出书坊街，东出九曜坊，所全活者当不尠也。

是日，男女闯入学政仪门，由考舍越墙逃避者，尚千余人。更奇者，番禺长塘街有寡妇某氏，夫死无子，抚六岁幼女，守志甚苦。是日，此女随其婶母观剧，其婶母已烧毙，某氏度其女亦及于难也，二十一日晨，备小匣，往收其尸。屡寻不见，忽闻其女呻吟声，出自数重尸下，大骇，倩人将尸逐一移去，则其女尚有一息，仅烧去半边丫髻。负而归，诘之，则言当时不知火发，仅似睡熟梦魇者然，而动不由己，弗能转身，故醒而号呼耳。

李长寿观剧

李长寿，粤寇之投诚者也，雄于资。尝游沪，至丹桂戏园观剧，至则据厅事而独坐，诫案目，禁他人入座，惟召妓侍观，环侍左右，顾盼自豪。

恭王嗜昆剧

恭亲王溥伟喜观昆剧，能自唱，其左右亦能和之。每遇小饮微醺，辄歌舞间作，偶倦，即令左右赓续以为乐，曲罢恒赐以酒。又尝召伶演武剧，忽顾左右曰："若曹亦可与之厮打。"众不谙武艺，莫敢应，则力促之，谓当赏白金。时孙菊仙在侧，起而言曰："君等宜努力，王爷固有人各一锞之赏，或且可得膏药一张也。"王顿悟，令止之。

杨文敬好观剧

杨文敬公士骧，勤于为政，偶亦观剧。闻谭鑫培至津，一日与某盐商言，欲得谭入署演剧。往请之，不可曰："吾来津，以游故，安暇屑屑为此！"固哀之，犹不可，某乃求与谭友善者更往，譬说万端，并许以千金，乃允，然仅一出而止。杨大悦，赏数百金。是日谭所得有一千数百金之多。

京师妇女观剧

道光时，京师戏园演剧，妇女皆可往观，惟须在楼上耳。某御史巡视中城，谓有伤风化，疏请严禁，旋奉严旨禁止。而世族豪门，仍不敛迹，园门虽揭文告，仍熟视无睹也。某愤甚，思有以创之。一日赴园，坐楼梯旁，遣役登楼宣言，谓奉旨明禁妇女观剧，宅眷自谙禁令，来此者必为妓女，今召尔等下楼，候点名。宅眷不听，某又使人传谕曰："果为宅眷者，则弁髦圣旨之罪，当更加等。速言夫家、母家姓名、官职听参。"诸人大惧图窜，乃勒令各具不再观剧甘结，事乃寝。

京师戏园向无女座，妇女欲听戏者，必探得堂会时，另搭女桌，始可一往，然在洁身自好者，尚裹足不前也。

光绪庚子，两宫西巡后，京师南城各处，歌舞太平如故也。辛丑和议成，巨室眷属悉乘未回銮前，相率观剧，粉白黛绿，座为之满。迨薄暮车归，辄为洋兵所嬲，受辱者不可以数计。有一妇道出某处，为守门德国兵所止，驱之下车。妇既下，忽一德兵遽牵其腕而调之，妇大怒，以手举车凳击德兵，德兵受伤却退，妇乃乘间登车，急扬鞭驰去。然自光绪季年以至宣统，妇女之入园观剧，已相习成风矣。

河南妇女观剧

咸丰时，张观准夙以道学自名。尝官河南知府，甫下车，即禁止妇女入庙观剧。虽畏法暂戢，而皆移之城外四郭之祠庙，每演剧，妇女辄空巷往观。一日，西郭某庙又演剧，张微服往，携胡床坐庙门外，命役守后门，男子悉驱出，乃令役宣言曰："官谓若辈游庙，必爱僧徒，将命一僧背负一妇出。"于是众乃相持而泣。郡绅闻之，急诣张，为之缓颊，自是穷乡小市，妇女且不敢入庙矣。

京师杂剧

京师戏剧之外，有托偶、（读作"吼"。）影戏、八角歌、什不闲、子弟书、杂耍把式、像声、大鼓、评书之类。托偶，即傀儡子，又名"大台宫戏"。影戏借灯取影，哀怨异常，老妪听之，率能下泪。八角歌有青衣数辈，或弄弦索，或歌唱打诨，颇足解颐。什不闲有旦有丑而无生，所唱歌词，别有腔调，低徊宛转，冶荡不堪，咸同以前颇重之。

秧歌戏

秧歌，南北皆有之，一名“鹦哥戏”，词甚鄙俚，备极淫亵，一唱百和，无丝竹金鼓之节。孝钦后自光绪辛丑西巡返跸，衰老倦勤，惟求旦夕之安。宠监李莲英探孝钦意，思所以娱之，于观剧外，辄传一切杂剧进内搬演。慈意果大悦，尤喜秧歌，缠头之赏，辄费千金。遂至一时风靡，近畿游民，辄习秧歌，争奇斗异，冀以传播禁中，得备传召，出入大内，藉势招摇，而梯荣罔利者坐是比比矣。

太平鼓戏

京师有太平鼓之戏，铁条为廓，蒙以皮，有长柄，柄末缀铁环十数，且击且摇，环声与鼓声相应。其小者，如盘如镜，为孩提玩物；更有大如十石瓮者。群不逞聚而击诸市，所至鼓声、环声、喧笑声、哄闹声，耳为之震。道光时，有结为太平鼓会者，聚百数十人，着大羊皮袍，遇粲者则群以袍围之，裹而奔。妇女号，则众鼓齐鸣，市人无闻者，远近失妇女无数。抵暮则挟至城根无人处，迭淫焉，往往至死。其幸生还者，又畏羞不敢告人。御史某知其害，奏禁之，复拘为首者数人，斩以徇，而太平鼓之风遂息。

打花鼓戏

打花鼓，本昆戏中之杂出，以时考之，当出于雍乾之际。盖泗州既沉，治水者全力注重高家堰，而淮患悉在上流，风、颍水灾，于兹为烈。是剧以市井猥亵之谈，状家室流离之苦，殆犹有风人之旨焉。歌中有曰：“自从出了朱皇帝，十年倒有九年荒。”

嘉、道间，江浙始有花鼓戏，传未三十年，而变迁者屡，始以男，继以女；始以日，继以夜；始于乡野，继于镇市；始盛于村俗农甿，继沿于纨袴子弟矣。

同、光间，上海城中西园之隙地有花鼓戏，演者集三四人，男击锣，妇打两头鼓，和以胡琴、篴（古同“笛”）、板，所唱皆秽词亵谈，宾白亦用土语，取其易晓。观剧啜茗之余，日斜人稀之候，结伴往听者时有之。

陈桐香演花鼓戏

陈桐香，字璧月，行三，浙之余姚人。含睇宜笑，双趺至纤，工演花鼓戏。浙东濒海各县，厥风甚盛。时值棉花已采，以戏进者日集。桐香往来吴越间，所识多豪门右族、贵戚公子。或买舟向村落居人敛钱演剧，士女如云，负贩骈集，陆博蹋球之徒，以及游手无常业者，且往往藉之以食。

桐香少倾心于梁溪某公子，有终焉之志。将之邗江，公子填词赠别云：“阿娘知道嫁东风，挈儿也作飘零絮。”尝与唐小怜至苏州。小怜名爱，腰支瘦削，眉黛间蕴可怜之色，时称为“两璧人”，相邀者益无虚日。一日在吴某家献技，灯树百枝，氍毹六尺，双花掩映，纸醉金迷，及宾散，漏下已四鼓矣。

口技

口技为百戏之一种，或谓之曰“口戏”，能同时为各种音响或数人声口，及鸟兽叫唤，以悦座客。俗谓之“隔壁戏”，又曰“肖声”，曰“相声”，曰“象声”，曰“像声”。盖以八仙桌横摆，围以布幔，一人藏于中，惟有扇子一把、木板一块，闻者初不料为一人所作也。

京师有象声戏

顺治时，京师有为象声之戏者，其人以尺木来，隔屏听之，一音乍发，众响渐臻。时方开市，则廛主启门，估人评物，街巷谈议，牙侩喧呶，至墟散而息。或为行围，则军帅号召，校卒传呼，弓鸣马嘶，鸟啼兽啸，至猎罢而止。自一声、两声以及千百声，喧豗杂沓，四座神摇。忽闻尺木拍案，空堂寂如，展屏视之，一人一几而已。

郭猫儿善口技

扬州有郭猫儿者，善口技。尝于席右设围屏，不置灯烛，郭坐屏后。主客静听，久之无声。俄闻二人途中相遇，揖叙寒喧，其声一老一少，老者拉少者至家饮酒，投琼藏钩，备极款洽。少者以醉辞，老者复力劝数瓯，遂踉跄出门，彼此谢别，主人闭门。少者履声蹒跚，约可二里许，醉仆于途。忽有一人过而蹴之，扶起，乃其相识者也，遂掖之至家。而街栅已闭，呼司栅者。一犬迎吠，顷之，数犬皆吠，又顷益多，犬之老者、小者、远者、近者、哮者同声而吠，一一可辨。司栅者出启栅。无何，至醉者之家，则又误叩江西人之门，惊起，知其误也，则作江西乡音以詈之，群犬又数吠。比至，则其妻应声出，送者郑重而别。妻扶之登床，醉者索茶，妻烹茶至，则已大鼾，鼻息如雷矣。妻詈其夫，唧唧不休。顷之，妻亦熟寝，两人鼾声如出一口。忽闻夜半牛鸣矣，夫起大吐，呼妻索茶作呓语，夫复睡，妻起便旋纳履，则夫已吐秽其中，妻怒骂久之，遂易履而起。此时群鸡乱鸣，其声之种种各别，亦如犬吠也。少选，其父来，呼其子曰："天将明，可以宰猪矣。"始知其为屠门也。其子起，至猪圈饲猪，则闻群猪争食声，嚜食声，其父烧汤声，进火倾水声。其子遂缚一猪，猪被缚声，磨刀声，杀猪声，猪被杀声，出血声，燖剥声，历历不爽也。父谓子曰："天已明，可卖矣。"少选，闻肉上案声，即闻有买卖数钱声，有买猪首者，有买腹脏者，有买肉者。正在纷纷争闹间，砉然一声，四座俱寂。

口技演夫妇度岁事

有习口技者，携一扇一尺，入空屋中，始为夫妇谈度岁事，喃喃细语。继而夫持钱如市，与店伙论价低昂，较斤两。归而叩门，唤妇烹饪，一一作交代。若洗灶，若汲水，若燃火，若盛物，若摆桌祭祀。俄而有索债人来，先甘言乞缓期，而索店账者，收会资者，借当物者，或男或女，喧挤一室。初则辩论，渐至口角，终且斗殴。其中有击桌声，碎碗声，狗吠声，小儿啼哭声，邻人劝解声，门外爆竹声，声声各肖，不可端倪。众方倾耳凝听，而尺木一声，万响俱寂。

卖口技者要客肃听

有卖口技者，佚其姓氏，衣败絮，履脱底，尝手持抚尺往来于松江。松江某绅宴会无所乐，客请以口技进，绅欣然，则默默无对，木立于旁。绅仰首笑曰："客能乎？"曰："能也。"曰："客何能？"曰："无能也。"绅一笑置之，命尽奏其所能。卖技者乃揖众客曰："吾技虽贱，然不凝神肃听，则请毋奏之为愈也。"一座诺之。卖技者趋入帏，抚尺一下，阖室寂然。忽闻巨狮出谷声，哀啼病呼声，村下群犬惊惶声，狮默然喘息声，犬奔走乱吠声，狮惊吼声，逃遁声，犬奋追声，村人旁观鸣掌呼笑声。至此又抚一尺，则诸声寂然，卖技者启帏出矣。

周德新善口技

周德新为长洲褚人获之师，善口技。尝于屏后演兵操，自抚军初下教场放炮，至比试武艺，杀倭献俘，放炮起身，各人声音无不酷肖。

陆瑞白能口戏

陆瑞白能口戏，善作钉碗声及群猪夺食声，又善作僧道水陆道场钹声，且有大铙、小铙，杂以锣鼓，无不合节。

陈金方善口技

凡燕、赵、吴、越、楚、粤各地之语言，善口技者皆能之。

宣统辛亥上巳，金奇中侨沪，曾招一口操江阴语曰陈金方者，至寓庐演之。演时，俄而为马嘶，俄而为牛鸣，俄而为羊叫，俄而为犬吠，俄而为豕啼，而禽鸟昆虫之声，时亦杂出于其间，且人类之喜怒哀乐，毕集于是。及撤帏，则其人出矣。金方言在沪业此者有十六人，知其姓名者，为天津魏老二、周福保，济南斗金标，兖州陈老二、陈老三，扬州吴小弟、徐老凤，杭州方寿山。

画眉杨

京师有杨姓善作口技者，能为百鸟音，其效画眉也，尤酷似，人皆以“画眉杨”呼之。礼亲王尝闻其作鹦鹉呼茶声，宛如娇女窥窗；又闻其作鸾凤翱翔，戛戛和鸣，如闻在天际者。至于午夜寒鸡，孤床蟋蟀，亦无不酷似。一日作黄鸟声，如睍睆于绿树浓阴中，韩孝廉崧触其思乡之感，因之泣下。

百鸟张

光绪庚寅五月，嘉善夏晓岩寓京师，招集同人至十刹海，作文酒之会。其地多树，为百鸟所翔集，座客方闻鸟声而乐之。酒半，有善口戏者前席，言愿奏薄技，许之。则立于窗外，效鸟鸣，雌雄大小之声无不肖，与树间之鸟相应答。及毕，询其姓名，则曰：“姓张，人以我能作百鸟之声，皆呼曰百鸟张。”

傀儡戏

傀儡，木偶戏也，本作“窟磊子”，亦云“魁礨子”，作偶人以戏嬉舞歌，本丧家乐也。汉末始用之于嘉会，而尤为齐后主高纬所好。高丽亦有之。今有大小二种，木偶大者长三四尺，小者长尺余，被以文绣，口目能翕张，手足能舞蹈。盖其身有机棙，演时木偶出台，人隐于幕中而牵之使动也。唱曲道白，皆人为之，佐之以乐器。

影戏

影戏，与西人发明之影戏异，俗称之曰“羊皮戏”者是也。盖以彩色缋画羊皮为人，中有机捩，人执而牵之则能动，进止动作，与生人无异。演时夜设帐，张灯烛，隔帐望之。其唱曲、道白，则皆人为之也，而亦有乐器佐之。

电光影戏

活动影戏，为电光之作用，故曰“电光影戏”，亦称“活动写真”，为近年美人爱迭孙所发明。其法于人物动作时，用照相镜顺序摄影，印于半透明之胶片中，片片相衔接，成为长条，用特制器械，以一定之速度移易之，由幻灯中现出，令其影像前后联续，视之栩栩如生，画片愈多，举动之层次愈明。爱迭孙又以留声装置其中，使声音与动作相应，其精巧为益进。光宣间，我国人亦能仿为之矣。

光绪末，特简大员赴欧美考察政治，端忠愍公方自西洋调查归，携有活动电影器一具，闻将以进呈内廷者。先试演于私第，因光焰配合失当，轰然炸裂，毙多人，忠愍以送客得免，进呈之议遂息。

优伶类

像姑

都人称雏伶为“像姑”，实即“相公”二字，或以其同于仕宦之称谓，故以“像姑”二字别之，望文知义，亦颇近理，而实非本字本音也。朝士之雅重像姑者，殆以涉迹花丛，大干例禁，无可遣兴，乃召像姑入席，为文酒之欢，然亦未必谓真个销魂，不食马肝，即为不知味。如王文简公、钱牧斋、龚芝麓、吴梅村辈，诗酒流连，皆眷王紫稼，毕秋帆且持状元夫人以去，动于情感，亦尚无伤大雅，固未可与断袖伧奴同日而语也。

伶人所居曰“下处”，其萃集之地为韩家潭，樱桃斜街亦有之，悬牌于门曰“某某堂”，并悬一灯。客入其门，门房之仆起而侍立，有所问，垂手低声，厥状至谨。俄而导客入，庭中之花木池石，室中之鼎彝书画，皆陈列井井。及出，则湘帘一桁，瀹茗清谈。门外仆从，环立静肃，无耳语声，无嗽声。至此者，俗念为之一清。

光绪中叶，士大夫好此者尤盛，韩潭月上，比户清歌，诚足为点缀升平之一助也。

伶互相语而指其所交之客，则曰“老斗”。

京师雏伶皆蹑靴，必离师独立始履，而仆亦称之曰“主人”矣。堂主之子曰“少主人”。伶出见老斗，凭其肩，致寒暄。资格深者，伶直呼其字。曰“爷”者，疏远之词也。

伶既出师而积有余资，得蓄雏以自立，而自身尚周旋于酬应场中者，固数数觏。然亦有侘傺无聊，几难存活者。或有诗咏之曰：“万古寒渗气，都归黑相公。打围宵寂寂，下馆（戏馆也。）昼匆匆。飞眼无专斗，翻身即软篷。（相公之落拓至甚者，每至软篷为龙阳君。）陡然条子至，开发又成空。”孽海中而有如此苦恼，人不知也。

客饮于旗亭，召伶侑酒，曰叫“条子”；伶之应召，曰“赶条子”。光绪中叶之例赏，为京钱十千，就其中先付二千，曰“车资”，八千则后付。来时，面客而点头，就案取酒壶，遍向座客斟之，众必谦言曰：“勿客气。”斟已，乃依老斗而坐，唱一曲以侑酒，亦有不唱者。猜拳饮酒，亦为老斗代之。

老斗在剧场，为台上素识之伶所见，戏毕下台，趋近老斗座，屈膝为礼，致寒暄，曰“飞座儿”。嘉庆时，或作《都门竹枝词》云曰：“园中官座列西东，坐褥平铺一片红。双表对时交未正，到来恰已过三通。坐时双脚一齐盘，红纸开来窄戏单。左右并肩人似玉，满园不向戏台看。帘子才掀未出台，齐声喝彩震如雷。楼头飞上迷离眼，订下今宵晚饭来。”

老斗饮于下处，曰“喝酒”。酒可恣饮，无热肴，陈于案者皆碟，所盛为水果、干果、糖食、冷荤之类。酒罢，啜双弓米以充饥。光绪中叶，酒资当十钱四十缗，赏资十八缗，凡五十八缗耳。其后银价低，易以银五两。银币盛行，又易五金为七圆或八圆，数倍增矣，然犹有请益者。

老斗与伶相识，若已数数叫条子矣，则必喝酒于其家，大率必数次。或为诗以纪之，中四语云：“得意一声拏纸片，伤心三字点灯笼。资格深时抄渐短，年光逼处兴偏浓。”拏纸片者，老斗至下处，即书笺，召其他下处之伶以侑酒也。点灯笼者，酒阑归去时之情景也。

老斗之饭于下处也，曰“摆饭”，则肆筵设席，珍错杂陈，贤主嘉宾，既醉且饱。一席之费，辄数十金，更益以庖人、仆从之犒赏，殊为不赀，非富有多金者，虽屡为伶所嬲，不一应也。

老斗之豪者，遇伶生日，必摆饭。主宾入门，伶之仆奉红氍毹而出，伶即跪而叩首。是日，于席费、犒金外，必更以多金为伶寿。簉座之客，且赠贺仪，至少亦人各二金，伶亦向之叩首也。

伶有花榜

官署文告之揭示，俾众周知者，曰“榜”。若文武考试之中式者，其姓名亦次第列之，亦曰“榜”。就会试而言，则有状元、榜眼、探花诸名目。而京朝士大夫既醉心于科举，随时随地，悉有此念，流露于不自觉。于是评骘花事，亦以状元、榜眼、探花等名词甲乙之，谓之“花榜”。光绪壬寅春季，蜀南萧龙友订壬寅杏谱，于菊部之俊秀者取十名，评其姿态，述其家世。谱中首选为安华堂主人王琴侬，（像姑之最著名者。）次朱幼芬，次姜妙香。王温文尔雅，举止大方，朱俊伟，姜明丽。且朱能书，姜善画，并师吴根梅。根梅日必一至二伶家，抗颜据讲座，彬彬儒雅，方驾横渠矣。

京伶狎妓

宣统时，京伶日事冶游，如姚佩秋、佩兰兄弟之于泉湘班喜凤、松凤班双喜，日夕狎媟，丑声四播。而南妓花翠玉，至非梅某不欢，都人咸诧为异事。宋芸子观察育仁，则谓两美相合，惺惺相惜，此情理之可言者。惟润卿之嫁俞振庭，玉仙之嫁田际云，则甚不可解。振庭面首不佳，际云年逾不惑，而润、玉二子，在北里中极负盛名，何求不得？而乃甘与贱奴为伍，真奇闻也。

角色

俗称娼优之著名者曰“角色”，亦曰“名角”。盖古有角妓，以艺相角胜为优劣，故今谓娼优等色艺足以自树一帜者曰“角色”。

角色又曰“脚色”，盖梨园以副末开场为领班，副末以下老生、正老、老外、大面、二面、三面七人谓之“男脚色”，老旦、正旦、小旦、贴旦四人谓之“女脚色”，打诨一人谓之“杂”，此江湖十二脚色，固元代院本之旧制也。

京师梨园角色将成之时，必遍游京、津附近一带，以历试其能，然后重返都门，声名突起，始得称为名角。若艺成之伶，在京演唱，无人过问，不得已而出京者，则呼之曰“下天津”。

角色命名之义，实寓劝惩。正末，能指事之当场男子也。副末，即昔之苍鹘，以其能击贼，故谓为“鹘”。狚，淫兽，狐属，后讹曰“旦”。狐，扮官者，后讹曰“孤”。靓，取义于傅粉墨、供笑谄也，后讹曰“净”。猱，猛兽，食虎脑，亦狐属，故以“猱”为妓之通称。又元人杂剧向有十二科，而以神头鬼面、烟花粉黛为最下乘。

或曰，戏中角色，都凡生、旦、净、末、丑、贴、副、外、杂九种，后人求其解而不得。有谓皆反言者，如生有须，是老而将死，故反言“生”。旦为妇人，昏夜所用，故反言“旦”。末本用以开场，故反言“末”。净本大污不洁，故反言“净”。外充院子，日常在内，故反言“外”。丑皆街猾，鸡鸣不起，故反言“丑”。此说亦自有致，然非本义。其本义盖皆以人色分定其名，间以标志符号，特伶人粗伧，识字无多，始而减笔，继而误写，久之一种流传，遂为专门之名词，明知其误而不可改矣。譬如外，员外也；生，生员也；末，末将也；副，副帅也。小旦，小姐也，先去女旁，后又改且为旦，但图省笔而已。丑，醜之代音字也。净，须净面而后缋，方能着彩，此符号标志也。贴，须贴花钿也，亦符号标志，言与旦之素装不同也。杂，杂色也。九种名称，此为确解。

京剧角色之名称，曰生、旦、净、丑。汉剧则别为一末、二净、三生、四旦、五丑、六外、七小、八贴、九夫、十杂十行。末即京剧之白须生，净即京剧之大面。（大面之名，见于《乐府杂录》，云：“大面出于北齐兰陵王长恭，才武而貌美，常着假面以对敌，击周师勇冠三军，齐人壮之，为此舞以效其指麾击刺之容，谓之《兰陵王入阵曲》。”）而汉剧分净为红净、黑净、粉净，红净如姜维、李克用，黑净如高旺、包文正，粉净如姚期、曹操等是也。生即黑须生，旦即青衣，外即做工老生及文武老生，贴即花衫，夫即老旦，杂即武二花，丑则京、汉文武皆同。

二黄各剧，以正生为多，故正生为二黄之中坚，其他皆副材也。亚于正生者惟武生，则以工架为能事。

武旦分三派，一专讲技击，一专尚柔术，一专讲排面。

花旦派别最多，大抵不出闺门旦、（即青衣旦。）顽笑旦、刀马旦、（与武旦微别。）粉旦数种，而以口齿犀利、情态逼真为贵则一。

京班分青衣旦为二派，一为二黄花旦，一为梆子花旦，各以一人专习，无兼唱者。二黄花旦则口齿须锋利，梆子花旦之唱工尤须以京艳取胜，令人有百回不厌之能力而后可。

花旦须得“喜怒哀急”四字诀，二黄花旦有“喜”字“怒”字，而无“哀”字“急”字，如《双沙河》《破洪州》等戏，四字不能得一字；《鸿鸾喜（禧）》《马上缘》等戏，仅占一“喜”字，尚不能痛快淋漓；《探亲相骂》《乌龙院》等戏，仅占一“怒”字，均不能令阅者夺目。梆子花旦如《新安驿》《胡蝶梦》《红梅阁》《烈女传》《日月图》等戏，则兼四者而有之。余如《梵王宫》《真珍珠》《拾玉镯》等戏，但缺一“怒”字，而唱工亦至可听。要之，态度须深沉，装饰贵素净，大雅不凡，无儿女气者，斯为上品。

俗呼旦脚曰“包头”者，盖昔年伶人皆戴网子，故曰“包头”。晚近则梳水头，与妇女无异，乃犹袭“包头”之名，诚哉“觚不觚”矣！

京旦之饰小脚者，昔时不过数出，举止每多瑟缩。自魏长生擅名而后，无不以小脚登场，足挑目动，在在关情，其媚人之状，若晋侯之梦与楚子搏焉。

丑角以优孟、曼倩为先声，开幕最早，伶界以此为最贵，无论扮唱与否，均可任情谈笑，随意起坐，不为格律所拘，相传唐明皇曾为之。至本朝，高宗亦尝扮此，故人人尊视，异乎其俦。

此角以利口为长，而真有学力者，究以台步、技术并优者为上。昆曲无论矣，若在皮黄，则以能唱《群英会》中之蒋干，《吊金龟》中之张益，有白有唱、谐正兼行者为首选。

戏园中有跑龙套者，其品格甚低，而其为用则甚大。每逢要角登场，此辈必全数出台，或执旗呐喊，或跕班助威，实戏场中不可少之附属品也。

伶界有所谓“戏包袱”者，言无所不能，若衣包然，生旦净末之装，悉可收贮，故以“包袱”名，殆随取皆是也。伶界亦颇重之，班中亦不可少。盖拾遗补阙，若医门败鼓之兼收；问字传声，作野寺闲钟之待叩。先辈之仪型在目，虽不能效而能言；剧场之词句填胸，虽不可歌而可风。其人或本名伶，或原杂外，非废于病，即限于天，穷老可怜，令其饮啜于此，亦梨园养老之不可无者也。

燕舞环歌，女伶远祖，近三百年，当以陈圆圆为第一。圆圆为李自成唱昆曲，李不胜其柔细，而自唱秦腔，殿下皆呼万岁。以是知其善于扮唱，非妓实伶，不仅能琵琶、工小调已也。传者谓其色甲天下之色，声甲天下之声，一侍明思宗，再侍李自成，三侍吴三桂。三桂因圆圆冲冠一怒，乃出关借兵，其人有关世变，实非常人可比。外此则顾眉楼扮《燕子笺》一剧，亦举国若狂。李丽贞教其女香君学歌，苏昆生辈复为之按腔谱节，遂亦名盖南都、声动朝列矣。

女伶之以生、净、丑、外、末诸角著者，虽不乏人，然终不若旦之易于出色当行，殆限于天禀也。且若辈唱曲，以童声为贵，教者防护甚密，若与人通，则歌喉不复圆润，发口转吭，便已知之。

京师旧无女伶，光宣间始有之，固不若天津、奉天、武昌、上海之久著也。

台湾之梨园子弟，垂髫即穴耳，傅粉施朱，俨如女子。

伶之派别

伶人初无所谓派别也，自程长庚出，人皆奉为圭臬，以之相竞。张二奎名在长庚下，于三胜英挺华发，独据方面，是为“前三派”。汪桂芬为长庚琴师，谭金福亦在长庚门下，平日模楷，各自不同。长庚既谢世，分道扬镳。桂芬则纯宗长庚之法，谭鑫培已旁得三胜之神，惟孙菊仙特立孤行，不事阿附，说者已谓其有似二奎。然兹三人，亦能确乎不拔，谓为“后三派”亦无不可。夫所宗何派，即有何剧之长。长庚所长为《文昭关》《取成都》《战长沙》，而桂芬与之相同。三胜所长为《李陵碑》《捉放曹》《乌盆记》，而鑫培亦精。二奎所长为《回龙阁》《乾坤带》《打金枝》，而菊仙亦并能焉。谭派（即鑫培。）之人，如张毓庭、王雨田、贵俊卿，皆确守矩矱，不可劘灭。汪派（即桂芬。）惟王凤卿一人，魄力自雄。孙派则双处既老，后起无人。至于奎派（即二奎。）中人，昔有杨月楼、炉台子等，后惟许荫棠、白文奎。王九龄一派，昔有王仙丹，后惟时慧宝而已。若夫作工，则贾洪林具有典型，此外皆不足当正流焉。

徽班世家

嘉庆以还，京师苏班日就衰微，徽班乃遂铮铮于时。班中上流，大抵徽人居十之七，鄂人间有，不及徽人之多也。其初入都，皆操土语，侨居数代，变而为京音，与土著无异。伶界最重门阀，而徽、鄂人后裔之流寓在京者，大抵均世其业，称为世家。诸家姻娅相连，所居皆在正阳门外五道庙一带。

伶人畜徒

京师伶人，辄购七八龄贫童，纳为弟子，教以歌舞。身价之至巨者，仅钱十缗。契成，于墨笔划一黑线于上，谓为“一道河”。十年以内，生死存亡，不许父母过问。

同光间，京师曲部每畜幼伶十余，人习戏二三折，务求其精。其眉目美好、皮色洁白，则别有术焉。盖幼童皆买自他方，而苏、杭、皖、鄂为最，择五官端正者，令其学语、学视、学步。晨兴，以淡肉汁盥面，饮以蛋清汤，肴馔亦极醲粹，夜则敷药遍体，惟留手足不涂，云泄火毒。三四月后，婉娈如好女，回眸一顾，百媚横生。惟貌之妍媸，声之清浊，秉赋不同，各就其相近者习之。或曰，八九岁时，恒延师教曲于家，必先习须生而喊嗓子，每日黎明，至广漠之处，或林边水隈，随意发声，由丹田冲喉直呼，仿佛道家之炼呼吸。久之，愈喊愈宏，则登场发声，自能充满四座。若喉小，始习青衫，其次习小生。貌劣者习花脸，纤妍而嗓不高者习花旦。盖伶界最重须生，其次青衫，其次花旦，小生又其次也。

童伶学戏，谓之“作（坐）科”。三月登台，谓之“打炮”。六年毕业，谓之“出师”。鬻技求食，谓之“作艺”。当就傅时，鸡鸣而起喊嗓后，日中归室，对本读剧，谓之“念词”。夜卧就湿，特令发疥，痒辄不寐，期于熟记，谓之“背词”。初学调成，琴师就和，谓之“上弦”。闭门教演，师弟相效，禁人窃视，凡一嚬笑、一行动，皆按节照式为之，稍有不似，鞭棰立下，谓之“排身段”。凡此种种，皆科班所必经，其难其苦，有在读书人之上者。故学者十人，成者未必有五。剧词满腹，无所用之，不得已，乃甘于作配角、充兵卒，谓之“挡下把”。否则为人执役，谓之“润场”；料量后台，谓之“看衣箱”；前台奔走，谓之“拉前场”。伶人至此，一生已矣。

王紫稼风流儇巧

王稼，字紫稼，一作子玠，又作子嘉，明末之吴伶也。风流儇巧，明慧善歌。顺治辛卯，年三十矣，从龚芝麓入京师。先至常熟，告别于钱牧斋，牧斋乃为送行十四绝句，以当折柳，盖于赠别之外，杂有寄托，谐谈无端，讔谜间出也。诗云：“桃李芳年冰雪身，青鞋席帽走风尘。铁衣毳帐三千里，刀软弓欹为玉人。”“官柳新栽辇路旁（傍），黄衫走马映鹅黄。垂金曳耧〔缕〕千千树，也学梧桐待凤凰。”（自注：时闻燕京郊外夹路栽柳。）红旗曳制〔掣〕倚青霄，邺水繁花未寂寥。如意馆中春万树，一时齐让郑樱桃。”“筚篥休吹芦管喑，金尊檀板夜沉沉。莫言北地无鸜鹆，乳燕雏莺到上林。”“多情莫学野鸳鸯，玉勒金丸傍苑墙。十五胡姬燕赵女，何人不愿嫁王昌。”“压酒胡姬坠马妆，玉缸重碧腊醅香。山梨易栗皆凡果，上苑频婆劝客尝。”“阁道雕梁双燕栖，小红花发御沟西。太常莫倚清斋禁，一曲看他醉似泥。”（自注：王郎云，此行将倚龚太常。）“可是湖湘流落身，一声红豆也沾巾。休将天宝凄凉曲，唱与长安筵上人。”“邯郸曲罢酒人衰，燕市悲歌变柳枝。无复荆高旧徒侣，侯家一妪老吹篪。”（自注：以下三首寄侯家故妓冬哥。）“凭将红泪裹相思，多恐冬哥没见期。相见只烦传一语，江南五度落花时。”“江南才子杜秋诗，垂老心情故国悲。金缕歌残休怅恨，铜人泪下已多时。”“灰洞溟濛朔吹哀，离魂昔昔（嘿嘿）绕苏台。红香翠暖山塘路，燕子杨花并马回。”（自注：范石湖云，涿南、燕北谓之灰洞。）“春风作态楝花飞，清醥盈觞照别衣。我欲覆巾施梵咒，要他才去便思归。”“左右风怀老渐轻，捉花留絮漫多情。白头歌叟今禅老，弥佛灯前咀汝行。”（自注：锡山云间徐叟。）熊雪堂侍郎文举闻之，和韵以讽曰：“金台玉峡已沧桑，细雨梨花枉断肠。惆怅虞山老宗伯，浪垂清泪送王郎。”牧斋见之，不怿者累日。

紫稼既入都，诸贵人皆惑之，吴梅村尝作《王郎曲》云：“王郎十五吴趋坊，覆额青丝白皙长。孝穆（指明徐文靖公沂。）园亭常置酒，风流前辈醉人狂。同伴李生柘枝鼓，结束新翻善财舞。锁骨观音变现身，反腰贴地莲花吐。莲花婀娜不禁风，一斛珠倾宛转中。此际可怜明月夜，此时脆管出帘栊。王郎水调歌缓缓，新莺嘹呖花枝暖。惯抛斜袖卸长臂，眼看欲化愁应懒。摧藏掩抑未分明，拍数移来发曼声。最是转喉偷入破，殢人断肠脸波横。十年芳草长洲绿，主人池馆惟乔木。王郎三十长安城，老大伤心故园曲。谁知颜色更美好，瞳神翦水清如玉。五陵侠少豪华子，甘心欲为王郎死。宁失尚书期，恐见王郎迟；宁犯金吾夜，难得王郎暇。坐中莫禁狂呼客，王郎一声声顷息。移床敧坐看王郎，都似与郎不相识。往昔京师推小宋，外戚田家旧供奉。只今重听王郎歌，不须再把昭文痛。时世工弹白翎雀，婆罗门舞龟兹乐。梨园子弟受〔爱〕传头，请事王郎教弦索。耻向王门作伎儿，博徒酒伴贪欢谑。君不见康昆仑、黄幡绰，承恩白首华清阁。古来绝艺当通都，盛名肯放优闲多，王郎王郎可奈何！”此曲成而芝麓口占赠之曰：“蓟苑霜高舞柘枝，当年杨柳尚如丝。酒阑却唱梅村曲，肠断王郎十五时。”

甲午春尽，紫稼南归，芝麓和牧斋韵以送之云：“吴苑曾看蛱蝶身，行云乍绕曲江尘。不知洗马情多少，宫柳长条欲似人。醉抛锦瑟落花傍，春过蜂须未褪黄。十里芙蕖珠箔卷，试歌一曲凤求凰。香鞯紫络度烟霄，金管瑶笙起碧寥。谁唱凉州新乐府，旧人弹泪觅红桃。渔阳鼓动雨铃喑，长乐萤流皓月沉。不信铜驼荆棘后，一枝瑶草秀中林。将身莫便许文鸯，罗袖能窥宋玉墙。归到茱萸沟水上，一丛仙蕊拥唐昌。盘髻搊筝各斗妆，当筵弹动舞山香。酒钱夜数留人醉，不是胡姬不可尝。生成珠树有鸾栖，丞相钟鸣邸第西。为报五侯鲭又熟，平津花月贱如泥。长恨飘零入洛身，相看憔悴掩罗巾。后庭花落肠应断，也是陈隋失路人。萧骚蓬鬓逐春衰，入座偏逢白玉枝。珍重何戡天宝意，云门谁与奏埙篪。天半明霞系客思，杜鹃无赖促归期。红泉碧树堪销暑，姑杀银塘倚笛时，金谷人宜障紫丝，杜陵犹欠海棠诗。玉喉几许骊珠转，博得虞山绝妙辞。烟月江南庾信哀，多情沈炯哭荒台。流莺正绕长楸道，不放春风玉勒回。韦公祠畔乳莺飞，花下闻歌金缕衣。细雨左安门外路，一行芳草送人归。初衣快比五铢轻，越水吴山并有情。一舸便寻香粉去，不须垂泪祖君行。”

紫稼返苏而祸作矣。时掖县李琳枝给谏森先方巡按下江，访拏三遮和尚，而紫稼亦与焉，枷于阊门，三日而死。其后有人自北濠归家，闻水滨有二人闲话云："恶人受报不爽，三遮和尚死后，仍问斩罪，紫稼死后，又问徒罪，变成马骡之类，日日受负重行远之报。"互相叹息。其人驻足审视，二人豁然入水而去，方知为落水鬼也。

徐紫云为陈其年所眷

徐紫云，广陵人，冒巢民家青童，猥巧善歌，与阳羡陈其年狎。其年因赠其师陈九《满江红》一阕云："铁笛钿筝，还记得白头陈九，曾消受妓堂丝竹，球场花酒。籍福无双丞相客，善才第一琵琶手。叹今朝寒食草青青，人何有。　弱息在，佳儿又，玉山皎，琼枝秀。喜门风不堕，家声依旧。生子何须李亚子，少年当学王昙首。对君家两世湿青衫，吾衰丑。"赋成，书于陈九之扇。其年又为雪郎合卺赋《贺新郎》词一阕云："小酌酴醿酿，喜今朝钗光簟影，灯前滉漾。隔着屏风喧笑语，报道雀翘初上。又悄把檀奴偷相。扑朔雌雄浑不辨，但临风私取春弓量。送尔去，揭鸳帐。　六年孤馆相依傍。最难忘红蕤枕畔，泪花轻扬。了尔一生花烛事，宛转妇随夫唱。努力做藁砧模样。只我罗衾浑似铁，拥桃笙，难得纱窗亮。休为我，再惆怅。"

魏长生为伶中子都

魏三，名长生，字婉卿，四川金堂人，京伶中之子都也。幼习伶伦，困阨备至。乾隆己亥入都，时双庆部不为众赏，歌楼莫之齿及，长生告其部人曰："使吾入班两月，而不为诸君增价者，甘受罚无悔。"既而以《滚楼》一剧，名动京城，观者日千余人，六大班顿为之减色。其他杂剧子胄，无非科诨诲淫之状，使京腔旧本置之高阁，一时歌楼观者如堵。

长生尤工《葡萄架》《销金帐》二出，广场说法，以色身示人，轻薄者至推为野狐教主。壬寅秋，奉禁入班，其风始息。

长生齿既长，物色陈银官（即汉碧。）为徒，传其媚态，以邀豪客。庚辛之际，征歌舞者，无不以双庆部为第一也。且为人豪侠好施，一振昔年委靡之气，乡人之旅困者多德之。未几归。及年六十余，复入京师，理旧业，鬑鬑有须矣。日携其十余岁之孙赴歌楼，众人属目，谓老成人尚有典型，登场一出，声价十倍。夏月自剧场归，暴卒。

陈银官为李载园所眷

魏长生尚有弟子一人曰陈金官，人但知银官而已。金官白皙，银官面微麻。银官负盛名，常以白眼待人。时李载园太守年少下第，留京过夏，银官独倾倒之。每值梨园演剧，载园至，必为致殽核，下场周旋。观者万目攒视，咸啧啧叹羡，望之如天上人。或赴他台，闻载园至，亟脱身以往。后与金官同买屋于孙公园，别宅而居。园为亢氏所有，中有古墓。既归银，复赂亢氏子孙，使迁葬。大兴土木，穷极侈丽，不三月而祸作，门外筑马墙犹未竟也。

李桂官为状元嫂

京师伶人李桂官，识毕秋帆尚书沅于未遇，秋帆及第，史文靖公贻直戏呼李为“状元嫂”。

郭郎为孙渊如所昵

乾隆时，毕秋帆抚陕，孙渊如观察客其幕。西安有歌者郭郎，与孙昵。一日，孙留之节署，至夜而出，则门已扃，乃引郭梯后苑墙，以縋诸外，为干掫所得，絷于长安县。毕闻之，命速释，谓无使孙知。

荷官为百菊溪所眷

百菊溪相国龄总制江南时，阅兵江西，胡果泉中丞设席宴之。百严厉威肃，竟日无言，自中丞以下，莫不震慑。次日再宴，演剧。有伶曰荷官者，旧在京师，色艺冠伦，为百所昵。是日承值，百见之色动，顾问："汝非荷官耶？何至是？年亦稍长矣，无怪老夫之鬓皤也。"荷官因跪进至膝，作捋其须状曰："太师不老。"盖依院本貂蝉语。百大喜，为之引满三爵，曰："尔可谓'荷老尚余擎雨盖'，老夫可谓'菊残犹有傲霜枝'矣。"荷官叩谢。是日四座尽欢，核阅营政，亦少举劾。然不知此承值者，适然而遇耶，抑预储以待也？

林韵香工愁善病

林韵香以失身舞裙歌扇间，居恒郁郁不自得。虽在香天翠海中，往往如嵇中散，土木形骸，不假修饰。而何郎汤饼，弥见自然。既工愁，复善病。日日来召者，纸如山积，困于酒食，至夜漏将尽，犹不得已，每揽镜自语曰："叔宝璧人，则吾岂敢。然看杀卫玠，是大可虑。"道光甲午，三年期满，将脱籍去。其师，黠人也，密遣人自吴召其父来，閟之别室，父子不相见，啖以八百金，再留三年。既成券，韵香始知之，慨然曰："钱树子固在，顾不能少忍须臾耶？"乃广张华筵，集诸贵游子弟，筹出师计，得三千金，尽以畀其师，乃得脱籍去。于是署所居室曰"梅鹤堂"。

其父固庖人也，时自入厨下调度，以故韵香家殽馔清旨冠诸郎。于时文酒之会，茶瓜清话，必在梅鹤堂。韵香周旋其间，或称水煮茶，或按拍倚竹，言笑宴宴，皆疑天上非人间矣。而愁根久种，病境已深，居三月而疾作，不半载竟死。死之日，扶病起，誓佛曰："泪痕洗面，此生已了，愿生生世世勿再作有情之物。"时方十二月也。年仅十八耳。

庆龄为男子中之夏姬

京伶有庆龄者，善琵琶，故称"琵琶庆"，男子中之夏姬也。

嘉庆朝即擅名。道光时，年过不惑，而犹韶颜稚态，为男子装，视之才如弱冠。若垂鬟拥髻，扑朔迷离，真乃如卢家少妇春日凝妆。岂《楞严》十种仙中，固有此一类耶？且于酒人中当推为大户，巨觥到手，如骥奔泉，未尝见其有醉容。又吸阿芙蓉膏，日尽两许，服之二十余年，而丰腴润泽，视畴昔少好时容华不少衰。

沈蕊仙为甘某所眷

道光时，都城有太史甘某自经致死事，或谓伶人沈蕊仙致之，而实不然。时蕊仙已自立门户，与甘情好方深，无阻之者。某日，甘开筵宴客，蕊仙亦在座。入夜客去，甘约蕊仙清晨过寓，联车出游。次晨，蕊仙至，室未启扉，隔窗呼之不应，抉门入视，则缢矣。其家人言客散后，得家书，无他事，特怪其用钱太多，言此后不复筹寄旅费也。

某庶常渔色而殒

咸丰己未，长沙有某庶常者，父逝祖存，家无次丁。弱冠登第，喜渔色，宿优宿娼，榜后不百日而亡矣。亡时，汗血淋漓，脱阳于骡车中，怀中犹抱一优，优即攫其珊瑚朝珠而去。

金德辉乞言于严问樵

伶人金德辉工度曲，曾供奉景山，以老病乞退。粗通翰墨，喜从文人游。一日，请于丹徒严问樵太史保镛曰："予老矣，业又贱，他无所愿，愿从公乞一言，继柳敬亭、苏昆生后足矣。"严感其意，为书一联云："我亦戏场人，世味直同鸡弃肋；卿将狎客老，名心还想豹留皮。"

程长庚独叫天

程长庚，字玉山，安徽灊山人，咸同以来号为"伶圣"。初，嘉道间，长庚舆笋估都下，其舅氏为伶，心好之，登台演剧，未工也，座客笑之。长庚大耻，键户坐特室，三年不声。一日某贵人大谯，王公大臣咸列座，用《昭关》剧试诸伶。长庚忽出为伍胥，冠剑雄豪，音节慷慨，奇侠之气，千载若神。座客数百人皆大惊起立，狂叫动天。主人大喜，遍饮客已，复手巨觥为长庚寿，呼曰“叫天”，于是“叫天”之名遍都下。王公大臣有谯乐，长庚或不至，则举座索然。然性独矜严，雅不喜狂叫，尝曰：“吾曲豪，无待喝彩，狂叫奚为？声繁，则音节无能入；四座寂，吾乃独叫天耳。”客或喜而呼，则径去。于是王公大臣见其出，举座肃然。天子诧其名，召入内廷，领供奉，授品官。长庚亦面奏毋喝采，且曰：“上呼则奴止，勿罪也。”上大笑，许之。终其身数十年，出则无敢呼叫者，用此叫天之名重天下。

长庚既以善皮黄名于京师，三庆班乃延之主班事。班人呼主者为“老班”，长庚名德才艺，并时无两，无论何班，皆呼之为“大老班”。京师伶界，设机关于岳忠武庙，谓之“精忠庙会”，有公守条件，违者议罚，例以老成人掌之。长庚为众所仰，掌之终身，人皆呼以大老班，亦以此故。士大夫雅好其剧，更贵其品，故亦以人之呼之者相呼矣。

长庚专唱生戏，声调绝高。其时纯用徽音，花腔尚少，登台一奏，响彻云霄。虽无花腔，而充耳餍心，必人人如其意而去，转觉花腔拗折为可厌。其唱以慢板二黄为最胜。生平不喜唱《二进宫》，最得意者为《樊城》《长亭》《昭关》《鱼藏剑》数戏。又善唱红净，若《战长沙》《华容道》之类，均极出名，尤以《昭关》一剧为最工。后人并力为之，终不能至，故此剧几虚悬一格，成为皮黄中之阳春白雪。长庚本工昆曲，故于唱法字法，讲求绝精，人皆奉之为圭臬。

长庚日课甚严，其在中年，到班时刻，不差寸晷。每张报将演某剧，至期，风雨必演。日取车资，（京伶无包银之说，每日唱后但取车钱而去。）不过京钱四十千而止。

长庚唱不择人，调可任意高下，必就人之所能。而每一发声，则与之配戏者，往往自忘其所演，专注耳以尽其妙，台下人笑之，不觉也。传者谓当演《草船借箭》时，乐工或停奏痴听，忘其所以，固无论其他矣。

长庚与小生徐小香善。小香积资颇丰，屡欲辍业，苦留之。一日，小香不辞而别，径返苏州。长庚知之，即谒某亲贵，托其函致苏抚，押解小香回京。小香至，长庚谓之曰："汝既受包银，何得私遁？促汝来者，整顿班规耳，岂果非汝不可耶？不烦汝唱，请汝听戏可也。"自是，长庚每日除老生戏外，必多排一小生戏。凡小香所能者，长庚无不能之。小香媿服，自是仍入"三庆"。

长庚晚岁上台，须人扶挽，而喉音仍清亮如昔。一日演《天水关》，唱"先帝爷白帝城"句时，适嗽，"白"字音仿佛"拍"字。次日，都人轰传其又出新声，凡唱此戏者，莫不效之。

有以长庚晚年登台而讽之曰："君衣食丰足，何尚乐此不疲？"则曰："某自入主三庆以来，于兹数十年，支持至今，亦非易易。且同人依某为生活者，正不乏人，三庆散，则此辈谋食艰难矣。"及杨月楼入京，见之，叹曰："此子足继吾主三庆。"极力罗致之，卒以"三庆"属月楼，谓之曰："汝必始终其事，以竟吾老，庶不负吾赏识也。"故月楼亦终于"三庆"。月楼殁，诸伶复支持年余，始解散。

长庚晚岁不常演唱，而三庆部人材寥落，故每日座客仅百余人，班主至万不得已时，走告之曰："将断炊矣，老班不出，如众人何！"于是诏之曰："明日帖某戏，后日帖某戏。"红单一出，举国若狂，园中至无立足地。然往往不唱，必为此者三四次，始一登台。久之，群知其惯技，亦不上座，必三四次，方往观。一日又帖一戏，及到园，坐客仍百余人，恚甚，自立台上，顾坐客而言曰："某虽薄有微名，每奏技，客必满坐，然此辈不过慕程长庚三字名而来耳。若诸君之日必惠临，方为吾之真知音者。今当竭尽微长，博诸君欢，以酬平日相知之雅。愿演二戏，戏目并由诸公指定可也。”坐客因共商定二戏，长庚无难色。次日，凡有戏癖者知之，莫不懊丧万状。自后程又帖戏，群往听，程仍不到。或到园，仅在帘内略一露面，及曲终，仍不见。盖窥见人多，即曰：“此辈非真知戏者。”不顾而去。自此或唱或不唱，人无从测之。有时明知其不登台，然仍不敢不往也。

梨园俗例，扮关羽者，涂面则不衣绿袍，衣绿袍则不涂面。而长庚独不然，以胭脂匀面，出场时，自具一种威武严肃之概，不似近人所演之桀骜也。

长庚晚岁颇拥巨赀，一日，忽析产为二，以一与长子，命其携眷出京，寄籍于正定，事耕读；次子居京，仍习梨园业。人问其故，则曰：“余家世本清白，以贫故，执此贱业。近幸略有积蓄，子孙有噉饭处，不可不还吾本来面目，以继书香也。惟余去都，无人不知，若后人尽使读书，设能上进，人反易于觉察，是求荣反辱矣。今使吾次子仍入伶界，庶不露痕迹。且伶虽贱业，余实由此起家，一旦背之，亦觉忘本。”光绪辛卯，其孙已食廪饩，次子以无嗓音，为月楼鼓手。孙长儿为武生，执业于杨全之门，所演《八大锤》《探庄》诸戏绝佳，时年仅十六耳。

炉台子为程长庚配角

程长庚性傲，而独礼重读书人。有“炉台子”者，卢姓，因喜渔男色，人以其姓卢而呼之。或云为安徽举人，流落京师。其人夙有戏癖，尤崇拜长庚，日必至剧场聆其戏，久之遂识长庚。长庚询得其状，颇怜之，遂留至寓中，供其衣食。炉亦以功名坎坷，无志上进，愿厕身伶界。长庚复为之延誉，凡演戏，非炉为配角不唱，炉因是得有噉饭地矣。

炉之唱工平正，长于做工，演《盗宗卷》《琼林宴》等剧，容色神肖，台步灵捷，能人之所不能，故亦有声于伶界。至光绪中叶而衰老，喉涸无音。唱时仅及调底，且痰闭气短，多为断续，方能终调，犹时为巧腔曼声，聊以示意。都人重牌号，每唱，犹必以喝彩报之，实则废灶无烟，生气久尽矣。

炉善排戏，三庆部所演全本《三国志》，由马跳檀溪起，多出炉之手笔，词句关目，均有可观，虽他伶演之，亦能体贴入微，栩栩欲活，故一时有活张飞、（钱宝峰。）活曹操、（黄润甫。）活周瑜（徐小香。）之号。孔明一角，炉则自去。长庚殁，炉仍在“三庆”，誓不他往，自谓非遇长庚，久潦倒而死矣。

杨月楼扮猴子

杨月楼，安徽怀宁籍，自称顺天，非也。少时鬻于张二奎家，习武生，兼习须生。甫登场，名即噪。后为蒋某以千金赎之去。蒋有姊，适林氏，其夫方握浙藩篆，苦无嗣，言于蒋，欲以月楼充假子，蒋诺之，月楼遂之浙。咸丰粤寇之乱，浙围急，林弃城，遁入云栖，乃披薙为僧。寇既平，月楼奉义母至上海，隶刘维忠所设之新丹桂茶园，以所入供养膳。如是者约数年。已而卒，月楼驰书告蒋，蒋持其丧归湖北。月楼旅居上海既久，渐习轻浮，其演剧，时效世俗所谓“钓蚌珠”故事，虽丰躯干，而面莹洁，每着胭脂，带雨桃花，无斯艳丽，以故妇女皆趋之若鹜。

武生为武剧之主脑，其人必神采奕奕，而又长于技击，熟于台步，娴于金鼓节拍，乃始尽善；若更能唱，斯第一人矣。月楼独能兼此数者之长。人称之曰“杨猴子”。演《西游记》悟空，必以武生绘面为之，或竟有不绘面者，此角以超距灵捷、舞棒圆熟为工。月楼本善武生，扮相绝佳，而技击、台步、身段、打把，又靡不精。每扮悟空，如《芭蕉扇》《五花洞》《蟠桃会》《金钱豹》等剧，皆灵活如猴，有出入风云之概，故以“猴子”见称。且武生最重在胫，无论猿超鹤立，必脚踏实地，毫不倾佐，方为能手。月楼工力甚至，舒转自如，且力大于身，虽长剧如《长坂坡》，身在重围，七进七出，备诸牌调、架式，而始终不汗不喘，一丝不走，恢恢乎游刃有余，而又喉宽善唱，腔调兼胜。其子曰小杨月楼，颇得家法，扮武生，亦精悍绝伦。惟面色微绀，辉丽不逮老凤，喉音之坚实洪敞，亦若稍逊。惟两胫熟练，动止合节，稳重不陂，固犹能继武也。

汪桂芬以醇酒妇人死

汪桂芬，徽人，伶界世家也，以额广，人以“大头”呼之。幼习戏，无异常童。十五后，倒仓闭音，不复能唱。习胡琴，能工，初仅为常伶之琴师，后以音调见赏于程长庚，乃为长庚技手，久随不去。凡唱，必恃琴善和，乃益发音，且转折间可节力，小有偷减，腔中换气，琴如其调，贯而注之，人不觉也。若琴与唱左，则唱者非惟罔所假力，且牵而谬焉。能久随者，其人声调，耳熟能详，某剧作某调，某段应某腔，得手应心，事诚两便。从长庚久，于其所能者，无不能于手，然固未尝拟以喉也。

长庚死，桂芬殊无聊，为人言长庚声调。人谓君何不自为，曰：“我喉久闭，不能也。”强试之，殊高，遂劝其登台。自讶曰：“我未冠失音，今乃未失耶?”惟初用微狭，台步本夙习，因试唱老旦，人疑长庚复生。初登台，即声誉翕然，乃自壮曰：“唱不过尔尔，吾苟知者，为之久矣。”至是乃肆力于唱。唱日进，喉亦日佳，虽不甚宏，而中声自足，又甚精锐，名遂大起。

桂芬在京，孝钦后拟传入演剧，太监代奏其已蓄发为道士，不敢来。孝钦谓可剃发进内当差。太监遂授意于桂芬，乃剃发登场，演《举鼎》《昭关》等戏，孝钦大喜，并嘉其削发之诚，赏给五品头衔，以示优异。于是相传汪大头奉旨剃头，钦赏五品顶戴。

桂芬晚年至上海，上海女闾繁盛，乐此不疲，日夜无休息，不恒执其业，而其喉固不衰。光绪庚子复入京，人以其老而不久于世，益相倾重。时妻、子皆死，削发作外家装，忽往忽来，居无恒所。与南妓林桂生狎，每至，同游者嬲之唱，无或诿，尝自午至夕，屡唱不停，且得意引吭，尤多佳韵。后数年，卒以醇酒妇人病瘵死，徽调遂绝。

孙菊仙为老乡亲

孙菊仙，天津人，津中呼为“老乡亲”者是也。初为商，以喉佳，雅好唱，在津为票友，即有声。及入都，尽聆当时诸名家之唱，试之以喉罔不利，乃入四喜班为巨角，唱压胄子剧。与汪桂芬、谭鑫培鼎足而三，各有至处。其喉宽窄高下，攸往咸宜，尖腔嘎调，不经意而自出。尤难在每唱煞尾，倾喉一放，如雷入地宫，殷殷不绝，世谓之曰“孙调”。其调大抵宽宏处多，花腔不甚用，以简老痛快胜，而唱时亦自有花、尖各腔。惟效之者专就重浊短秃处求之，轰轰突突，实如连放花炮，不成声调矣。

菊仙不善台步，而体魁梧，背微偻，拱手阔步，自近大方。扮方巾鹤氅员外一流，最为闲适，得山林气。其初入班，于读字法略欠讲求，后亦日进，如演《渑池会》，扮蔺相如，其说白干板垛字，（此四字为戏家紧要名词。）沉着痛快，得未曾有。有时好作游戏，如光绪癸巳夏，演《朱砂痣》，时忽雨雹，至吴相公卖子归，倒携雨具，即以途中遇雹为问。“雹”字北音读如“包”，乃以南音读之曰“白”，阖座叫绝，是亦不独以唱胜矣。

谭鑫培为伶界大王

谭鑫培，鄂人。其父某唱武老生，长于技击，喉音狭而亢。南方有鸟曰“叫天”，其音哀以戾，鑫培之父音近之，人呼之为“叫天”，因而及于鑫培，遂以“小叫天”称之。初学老生，未几喉败不能任，乃改武生，以技名于近畿。中年还都，喉复出，仍唱老生。由于派（于三胜派。）而变通之、融会之，苦心孤诣，加之以揣摩，越数年而声誉鹊起。其唱以神韵胜。本工昆曲，故读字无讹；又为鄂人，故汉调为近，标新领异，巍然大家。他人袭其一二余音，即以善歌自命。其实神化于此，唱无定法，初不着力，至筋节处，慢转轻扬，或陡用尖腔，或偶一洪放，清醇流利，余音绕梁，盖全在吞吐急徐处着意。故乍闻似亦平平，及应变出奇，人直不知为声何以能至于此。其于旧本剧词支离过甚者，辄求通人改削，字不协律，复以己意定之，故其戏文，与常伶迥异。至于运喉弄调，潇洒不群，如唱《碰碑》，正调已佳，反调更胜，字音清利，韵调悠扬，愈唱愈高，递转递紧，扬之则九天之上，抑之则九渊之下，喉之任用，直如意珠，而且憔悴之容，刚烈之气，又时时见于眉宇。为剧至此，可叹观止，宜其有“伶界大王”之号也。

谭在京师三庆园时，其唱工复取法于冯瑞祥，惟习焉不精，与张毓庭相髣髴。后因程长庚责其为小家派，遂发奋自雄，极力改正，就程、于、冯三人之所长，取精用宏，合而为一，乃始不同于凡俗。

谭尝奉召入内廷，使为内务府小伶工之教习，时有恩赏，遂有称之为“谭贝勒”者。

谭与汪桂芬齐名，声价绝高。汪性颇劣，往往受人重聘，而延不登台，屡以此涉讼。谭亦高自位置，班中每日演戏外，如有堂会戏须其登台者，每出须五十金，尚须主者夙与联络，方演两出。人于延请时，若不得当，则必往求其妻及其长子，且须别有赂遗，故即赏金亦不止五十两也。

都人喜谭之唱，殆有奇癖。中和园号为谭所开，时有署谭名于戏招而不上台者，顾人终不以其失信之故，而下次为之减少。且有谓若谭死，愿以身殉者，亦可谓奇矣。或讽谭绝人太甚，谭曰：“君殊不解事，使吾闻召即至，人将贱视我，与常优等。且东呼西唤，奔命不遑，孰若示人以不可近，使人俯而就我之为愈也？质言之，此等歌曲，实亦何足听？若日聒于人耳，人且唾弃之不暇，故与其随人以招厌，无宁自高以取重也。”

都中江苏会馆团拜，名伶麇集，谭独抗传不到。时吴江殷李尧方掌山东道御史，拘谭至，絷诸厅事以辱之，待演剧既毕，方释之去。后此逢会馆戏，闻命即赴，不敢或违矣。

谭与人语，好引剧场中之故实为谈资，又好效人腔调以供嗤点。光绪某年南下渡海时，舟中时时效孙菊仙或杨月楼，酷摹其状，一时观者，咸轩渠不已。

王福寿，南府之三十年老供奉也，于伶界鲜所许可，谓当今之世，仅有“个半人”，个自谓，半则谭也。

谭面瘦削，而一经扮装，则精采奕奕，两目尤神。居常嗜阿芙蓉，临场非二人携具，更迭料量不可。每日睡起必在夕阳以后，饮食居处，奢侈无度。有妻有妾，有子有媳有孙，岁进不为不多，而恒患不足。其子均不肖，不能继业。仲唱旦，每与之同演《庆顶珠》，作渔家装，扮萧恩女，以真父子为父女，人乐道之。余或唱武旦，或唱武生，轻裘肥马，类五陵豪。每出，舆从相随，酒肆茶楼间，群焉尊以爷称，俨然贵游子弟矣。

昔时各班历转诸园，四日一易。谭虽慵惫，而四日中少必两至，至时虽迟，亦必酉末戌初，无过晏者。其后愈延愈久，成为惯例，往往日戏至亥初始登。座客忍饥，电灯待炽，人人暂堕黑暗饿鬼道，而终无一人不待而去者。宣统初元，国丧遏音已久。及开禁，谭有登场消息，人人犇走相告，甚或辗转属其戚党，预以期告，为据地计，直若景星庆云之一现者。一日演《天雷报》，时已夜九时后，慷慨激昂，千人发指，并肩累足，园中直无容人行动之余地。至叟触壁死后，谭已入场，座客久饥，俟其唱毕应散，后台逆知人意，故于后半全不扮演。讵谭指说时许，人已入神，视台上之张继保，如人人公敌，非坐视其伏天诛，愤不能泄，故竟不去。诸伶草草终剧，乃相率出门。

张二奎工于做

张二奎，徽人。善徽调，唱不奇而工于做，老生中有所谓“奎派”者，其流裔也。不贵花腔，喉音近干，故学奎派者以干腔为贵。干腔者，简老无枝、枯直不润之谓也。

于三胜为老生中之不祧祖

于三胜，鄂人，老生中之不祧祖也。其唱以花腔著名，融会徽、汉之音，加以昆、渝之调，抑扬转折，推陈出新。其唱以西皮为最佳，《探母》《藏剑》《捉放》《骂曹》，皆并时无两。而二黄反调，亦由其刱制者为多，如今所盛传之《李陵碑》《牧羊圈(卷)》《乌盆计》诸剧，皆是也。且知书，口才甚隽，能随地选词，滔滔不绝。惟择配至严，若与旦配，非喜禄登台，必不肯唱，宁舍车资而去，从无强而可者。一日唱《坐宫盗令》，喜应扮公主，已出场，适喜以事迟至，前后场汗下如雨，三返与商，易人作配，卒不可，然愿久唱以待。不得已，亦姑听之。及开板，唱杨延辉坐宫院一段，旧本有"我好比笼中鸟，有翅难展；我好比失水鱼，困在沙滩；我好比中秋月，乌云遮掩；我好比东流水，一去不还"四句，于随口编唱，连唱"我好比"至七十四句之多。后台使人要喜至，草草装束，抱儿而待，于方合睥缓唱，其兴犹未艾也。知喜至，乃以常词终。时历数十分钟，使者往返七八里，固犹未误。座客含笑静听，知其有待，以爱其唱，亦姑忍之。后有问之者曰："设再延不至，将奈何?"则曰："我试以八十句为度，若仍未至，可以说白历叙天波家世，虽竟日可也。"

三胜善诙谐，能望文生训，即景生情。旧时台规至严，诸名宿之台步、身段、场面、说白，从不偶误。一日扮一君主，銮卫出场，例有内官四人执戟前导，入场分半而左右立。适其人荒莽，前一队已分立，后队竟误投一方，成左三右一之式。三胜出，顾而怒，视以目，不觉，不得已，乃于唱引后，忽增唱摇板云："这壁一个那壁三，(京音读曰"撒"，平声，在花麻韵。)还须孤王把他拉。"唱毕，牵其一以右之。台上下均哄然失笑，不可仰视，其人亦惭沮自笑，逡巡去。场规本不应妄增，非谑剧不应打诨，惟重其名，又乐其敏，故观者不以为侮，反群起而誉之。

陈彩林倾倒一时

同、光间，上海有名伶陈彩林者，隶金桂园。其初居京师胜春奎班，班为内监某所蓄。时彩林尚髫龄，以不赴某侍御召，侍御衔之，因劾宦官不得私蓄梨园，上韪其言。班散而彩林遂至海上，登场四顾，倾倒一时。

许荫棠有许八出之号

许荫棠为票友出身之须生，歌喉以宽宏厚实见长，宜于富丽堂皇之剧，尤以“王帽”著。每句拖音臬臬，历久不绝，所以示其能力有余也。惟所演之戏不多，有“许八出”之号。在光绪中叶，负盛名，与谭鑫培、孙菊仙、汪笑侬埒，称“许老板”。每剧毕出园，恒有多人围绕，盖以得瞻颜色为幸也。

贾洪林痛诋端刚赵董

贾洪林，小字狗儿，受业于张胜奎，故一切规模有酷似孙春恒处。又为谭鑫培之私淑弟子，尝与刘永春、罗百岁合演全本《乌盆记》，即摹谭派也。为人豪迈不羁，光绪庚子，拳匪肇事，孝钦后与德宗西狩。一日在天和馆演《骂曹》，以时事改为白文，痛诋端、刚、赵、董辈，慷慨悲愤，不可一世，观者为之声泪俱堕。

黄三演骂曹被杖

黄三演奸雄之剧最肖，尝供奉内廷，与谭鑫培同演《骂曹》。黄演至修书黄祖一节，孝钦后遽传旨笞杖。杖毕，厚赏之，曰：“此伶扮奸雄太肖，不得不杖；而演剧如此聪明，又不得不赏。”

谢宝云为名角之配

谢宝云，幼名昭儿，演须生，《金水桥》《二进宫》均著名。其发音苍秀而高寒，倒板亢而圆，刘鸿升、谭鑫培皆远不及，如文家善用逆笔，云垂海立，石破天惊，行腔之陡峻，并世无第二人也。然挟此异术，仅为名角之配以餬口，亦可伤矣。

时慧宝有父风

时慧宝，吴人。父琴香，同治时以善昆曲知名于时，并善徽调，与郑秀兰同师，皆有声望。琴香尤善于酬酢，曾在某园演《赶三关》，皖人御史徐某置酒于台栏上，以戏剧为下酒物，而琴香遽浮一大白，同观者为之绝倒。慧宝长，有父风。父殁，家中落，绮春堂旧居之在朱茅胡同者，鬻于人矣。或诮之，慧宝愤然曰："父析薪，子不克负荷，非丈夫也。"遂殚心竭虑，专习须生，所演如《法门寺》《上天台》等出，闻者无不谓其音节苍凉，一空凡响也。

慧宝平居安贫自得，酷嗜翰墨，于名人碑帖，虽重值，必称贷以购。尤喜大小篆，每日折纸为范，作数百字，然后治他事。

汪笑侬演新剧

旧剧伶人，编演新剧最早者，厥惟汪笑浓。笑侬名僢，字冷笑，亦字仰天，富有思想，兼善词章，唱做之佳，犹余事也。所编《党人碑》一剧，乃采《六如亭》说部东坡逸事，略加附会，暗刺政府，而科白关目，亦能鼓舞观者兴趣。如在酒楼独叹时，酒保误蔡京为菜心，司马光为丝瓜汤，谓苏东坡有三弟，曰西坡、南坡、北坡，东扯西拉，诙谐有趣。至题诗一段，高唱"连天烽火太仓皇，几个男儿死战场。北望故乡看不见，低声私唱小秦王。长安归去已无家，瑟瑟西风吹黯沙。竖子安知亡国痛，喃喃犹唱《后庭花》"，腔调抑扬，不袭皮黄陈套。"花"字由低而高，延长至二十余音，宛转自如，尤为难得。在专制政府之下，笑侬竟能排演革命戏，胆固壮，心亦苦矣。

宣统末，刘永春与汪笑侬均在济南演剧，刘隶鹊华居，汪隶富贵茶园，以营业竞争，渐成仇敌。汪尚有涵养，刘则逢人便骂，辄曰："汪笑侬何能唱戏！"一日值某会馆堂会戏，主者以二人皆负盛名，强令合演《捉放》，刘去曹操，出场唱"八月中秋桂花香”句，改“香”字为“开”字。唱罢，目视汪，汪应声曰：“弃官抛印随他来。”座客咸以汪之才思敏捷，叹赏久之。刘自是誓不与汪合演，而骂如故。

笑侬所演之剧，皆自撰，即演旧有之戏，穿场唱白，亦与常伶不同。其演《斩马谡》一剧，城楼一段正板、西皮及二六，一字一句，自出心裁，而不离《出师表》之大旨。入后，闻马谡失守街亭，白云：“当年先帝在白帝城托孤之时，曾对山人言讲，马谡为人言过其实，不可重用。山人以平南之役，马谡有攻心为上之论，颇晓兵机，故每畀以重任，不想今日失了街亭。如此看来，知人之明，不如先帝多矣”云云。此等念白，断非俗伶所能梦想及之者也。

陆小香为小生巨擘

小生之难，难于小旦，以腔与旦等，而须杂用宽喉，又戏兼武功者多，做工科诨，亦所在多有，故旷世得人无几。此中巨擘，识与不识，咸推陆小香。小香南人，为昆曲小生，亦善徽调，喉音与旦绝不相蒙，天然宽润，是雄非雌，特与老生之过洪有别，一闻而即知为小生，与以旦唱充数者迥然不类。其工力至深，昆曲台步，日必按折递演以为常。且室悬巨镜，日必作周瑜装，临镜自照，凡一嚬一笑，必揣摩《三国演义》中之意义，达之于容，喜怒藏奸，必备一种少年英雄好胜卞急之态。且常伶冠插雉尾，往往扫眉荡口，左右不适于用，甚或动而坠地。小香于雉尾用力颇勤，每一低头，则其上作左右转，盘旋上矗，如双塔凌空，且不露挺颈努力之状。纵有极力摹之者，亦仅能互逐并旋，欲左俱左，欲右俱右，绝无天东去而日西来，各为轨道，如扶摇羊角之相对而舞者也。

德珺如由旦改生

德珺如为穆彰阿之孙，酷好唱旦，家人不能禁，监守之，辄逸去。初本客串，称为“德处”。以不谨故，销除旗档。后无所得食，乃遂入班为优矣。其唱喉音绝佳，高响圆润，无一不备，腔亦纯熟。未几改小生，颇能以意出奇。惟唱时故为吐茹，喉际含蓄太过，多断续哽咽之音，肆意急徐，无复规律，用喉如哨，论者比之唱滦州影戏也。

俞菊笙为武生中铁汉

俞菊笙者，武生中之铁汉，性躁急，故以“俞毛包”见称。毛包者，都人称性暴之谓也。精悍无伦，力亦绝大。其演剧，出门上马，盛气如虹，勇猛精神，溢于眉宇。至唱时，凡乐工、前场、配脚等，小有不合，则以气相凌，无丝毫之假借容忍。其登场演剧，同列咸有戒心，而裂冠掷带、拍案顿足（乐工不能依节和奏，唱者对之顿足即为痛詈。其势愈重者，则詈亦愈深，与面辱人尊亲无异。）之事，仍靡日靡有。且胸挺眉竖，时时若有余怒，故无论唱者、观者，皆以“毛包”呼之，转有不知“俞菊笙”三字为其姓名者。其唱以《挑华车》一剧为最得手。此剧场面身段，至为繁重，愈后愈紧，叱咤生风。他人不待终剧，精力已疲，惟菊笙举重若轻，无懈可击，至挥舞紧急时，则如电闪风驰，直使人目迷神骇，旋歌（唱牌子。）旋舞，真能品也。

张八十张长保剧半入场

武生不尚翻转，专讲气度及刀剑能事。有八十、长保者，皆姓张，长于技击，无论短衣盔靠，往往剧半入场，专以往来对敌、挥舞捷密取胜。兵将多人，递出奏技，而两人仅倚剑左肩，于从容大雅中，作一足之飞旋而止，（戏中谓之“打飞脚”，以声响而距高者为上。）衣发不乱，气宇雍容，不似时流之猱犬其身，与下把同其起伏，失大将体也。长保且善扮悟空，长于超跃，并工昆曲，凡武场各种牌调，靡不能之。（武扬牌调最多。）八十体肥，不尚柔术，惟台风伟丽，又挥剑戟如风，每出不过一二场，观者已心满志足矣。

尚和玉有真能力

尚和玉，宝坻人，确有真能力之武生也。一步一跃，一击一刺，皆具有尺寸，妙合音节。或独立如夔，或平翻似燕，从容稳练，绝无努力吃重之痕，不偏不陂，适可而止。每唱《拿高登》《金钱豹》等剧，伶人均往窃视，察其舞弄作何花式，台步作何尺度，急徐间若何与金鼓相应。盖以其学力深至，悉具老成典型，固非后生专恃质敏力裕，猝欲学步者所能也。有时绘面演《四平山》，扮李玄霸，其双锤在手，重若千钧，转动有时，低扬有节。每抬足，则靴见其底；（戏中谓之“亮靴底”，非足抬平不见。）每止舞，则乐终其声。（戏中谓之“家伙眼”。）且盔靠在身，略无紊乱，平翻陡转，全符节拍。未事时不形匆遽，已过后直若无事。然种种艺能，多出于昆曲中牌场旧式而从心化之，用得其当，固不独以一剧一艺显也。

张占福犷悍矫捷

张占福，即张黑，为开口跳，犷悍矫捷，其演《汉银壶》《九义十八侠》《大莲花》《铜网阵》，殊有江湖豪侠气概。

生旦演剧被斩

光绪中叶，方照轩军门曜，威震粤中，有谓其过严者。其镇潮州时，尝观剧。粤剧向多男女杂演者，适某优夫妇饰生旦，同演一淫戏，备极媟狎。方叱下，即于戏台前斩之。

朱四芬柔情绰态

道光时，京师有苏旦朱四芬者，年十四，与徽旦中至美者刘爱红并称第一花。以刘长一岁，人又呼朱为“亚红”。有倪姓者入都应京兆试，狎之，一日开筵宴客，令朱佐觞，柔情绰态，四庭睖眙。命歌《藏舟》剧《小〔山〕坡羊》一曲，此曲本哀感者，其起句为“泪盈盈做了江干花片”，朱虑听者不欢，樱喉乍启，一笑嫣然。客有裒（古同“抱”）周郎癖者，乃口占一绝调之曰：“看花灯下爱花明，花为人看花有情。粉面春风年十四，樽前笑唱泪盈盈。”朱曰：“殆谓歌此曲不应笑耶?”因又唱《跌包》剧《红衫儿》一曲，嫩喉凄凉，神色惨至，合座倾听，不觉泣下，倪至挽其颈令勿再唱，而客亦倾倒备至矣。

旺儿为花旦

同治初，京伶旺儿为茶寮中捧盘童子，面白皙，性儇巧，遂为好事者怂恿入鞠部，为花旦，振动一时，趋之者如蚁附膻。其唱以黄腔为最工，惟步武不中绳尺，盖未从师之故也。

张三福性坦易

苏州张三福，字梅生，同治初之京伶也，所居曰“月新堂”。性坦易，貌姣好，而眉黛间常若有恨色。演《刺虎》最工，亦以其愁眉双蹙相称也。颇解作字，净几明窗，杂陈古帖，兼之鱼盎花缾，殊觉别饶清趣。

夏天喜长身玉立

夏天喜，字秋芙，扬州人，同治初之京伶也。长身玉立，回眸一笑，观者惝怳不能自持。王蕊仙与天喜美艳相匹，蕊仙固是好女，天喜则近于荡姬矣。苏长公谓食河豚值得一死，萝摩庵老人谓天喜傥是女子，为我作妾，亦值得一死也。所居曰“裕德堂”。或赠以楹帖曰：“秋水为神玉为骨，芙蓉如面柳如眉。”

杜蝶云为生末净

杜蝶云，苏州人，同治时之京伶也。所居曰“玉树堂”。初扮旦，后则生、末、净恣意为之。偶饰吐火判官，观者哗讶，盖聪颖人也。

沈芷秋举止洒落

沈芷秋，苏州人，同治时之京伶也，所居曰“丽华堂”。举止洒落，矫矫不群。工昆曲，静细沉着，不作浮响，每一转喉，座客肃听，无复喧呶。一声初动物皆静，四座无言星欲稀，盖芷秋之度曲，有琴理焉。其在春华堂时，齿方稚，时有中书舍人吴某悦之，欲购为侍史，力不能致，竟吞生鸦片以死。

周稚云质丽神清

周翠琴，字稚云，苏州人，同治时之京伶也。质丽神清，有藐姑仙人之目。未久告殂，知与不知，莫不嗟惋，有以联挽之者曰：“生在百花前，万紫千红齐俯首；春归三月暮，人间天上总销魂。”盖稚云以花朝前一日生，而其卒也正当春尽耳。

朱莲芬为潘文勤所眷

潘文勤公少年鼎贵，悦歌童朱莲芬而眷之，故其所作之词多咏莲华，托兴绵邈。莲芬子幼芬，风貌亦楚楚可人，唱青衫子，虽平平，而举止娴雅，犹是承平故态也。

侯俊山顾盼自喜

侯俊山，即老十三旦，张家口人，同光间在京声震一时，穆宗殊嬖之。同治某科乡试，御拟试题“君子坦荡荡”，即隐十三旦。“坦”字为“十”为“一”为“旦”，“荡荡”（蕩蕩）则含有两“旦”字之音，合之为十三旦也。其《八大锤》舞双枪，五花八门，到底不懈，顾盼自喜，游刃有余。盖以秦腔花旦而兼武生，为杨小楼所不及也。

田桂凤负盛名

京伶之贴中巨子曰田桂凤者，负盛名，每唱则举国若狂，奔走恐后。貌清丽，微削，两睛略露凶光，为美中不足。其扮戏，以闺门有情致者为妙，如《拾玉镯》《鸿鸾喜》是也。

田善装束，每登场，必有数人伺应之，梳发者，贴花者，着衣者，夏则挥扇者，冬则持炉者。且笃嗜阿芙蓉，临演，非二人更迭装置不可。其妙在身材袅娜，秾纤修短，雅近妇人，而冠服钗钿又至精绝华，盖皆自出心裁，制从新式，故益动人目。扮时一钗一发，加意安排，鬓若刀裁，眉经新画，衣裙合度，珠翠盈头，于一“容”字，备极工细。故好之者众，虽姗姗迟至，众颇耐之。

田性骄，向例末剧皆演胄子，后则有老生作殿者，贴则仅在中剧。自田出，而贴乃为后劲焉。其睡起最迟，虽夏日，亦及暮。光绪癸巳、壬辰之际，与谭鑫培同主春台部，故多与之配戏。谭到已晏，而有时犹须待田。及剧止场终，往往柳梢月上矣。田以多得贵人眷，颇致富。

杨桂云善扮贴

杨桂云，字朵仙，体胖，善扮贴。面横阔，多酒肉气，喉带北鄙杀伐之音，半哑而近豺，故长于作泼悍剧。最佳者，如《双钉计》，如《送盒子》，如《马四远开茶馆》，其猛如雌虎，极奸刁凶淫之致。而又词锋凿凿，层出不穷，他人为之，无狂厉至此者。次则如《杀皮》《十二红》《南通州》等剧，凡谋夫害子为淫妇而具凶悍性者，举能效之。善哭善笑，面备春秋两气，见所欢，惟恐不尽其欢；见所恶，惟恐不恣其恶，顽妇情态，描摹入细。且每至主凶时，心亦似馁，而必强嗤所欢为无丈夫气，挽袖登床，抽刀便断，至此声色俱厉，喉皆变徵，若惴惴而强以自支也者。及至讼庭对谳，词胜则上逼官府，词败则杂以诙谐，刁狡淫凶，可叹观止。

胖巧玲工贴剧

胖巧玲，（一作“铃”，又作“林”。）京师人，以贴剧著。体貌厚重，扮相（化妆之后谓之“扮相”，南人谓之“台风”。）不佳，而舌具灿花，如呖呖莺声啭于花外，长言短语，妙合自然。如《胭脂虎》中之史钟玉，《浣花溪》中之任容卿，说白皆骈语雅辞，与寻常科白不类。常伶不谙文义，按图索骥，如拙童背书，断续梗塞，文理全失。且又多引古书古语，满篇之乎也者，读顿颇难，稍不留心，全无收束。如容卿道白中之“舜何人也，予何人也，有为者亦若是”数句，更为难读，非略通文义，以精神贯之，殊无可取。巧玲貌虽不扬，而心有灵犀，于诸剧雅词，不啻若自口出，以此见赏于上流人物，不以环肥而少之。

某邸与巧玲善，其卒也，某往送其丧，而惧人之指摘也，乃便衣步其后，两仆捧衣冠从焉。某侍郎闻而笑之曰：“此颇似《红楼梦》中贾宝玉在芙蓉池上祭晴雯时也。”某邸闻之，不以为忤，犹服为隽论。

于紫云为旦界名宿

于紫云，须生三胜之子也，为旦界名宿。其唱声柔脆而坚，绝非后辈虚浮一派，去台远坐，字音绝清，《彩楼配》《御碑亭》《赶三关》《祭江》《别宫》《坐宫盗令》等剧，皆委婉动人。晚年稍近游戏，好演《虹霓关》一剧，效婢子装，见夫人与伯党论婚，腹诽眉语，方只手擎盘茗而出，见之而怒，乃衔杯而指弄其盘，迅急如风，官体并用，喉仍作唱。其唱西皮二六一段，至“自古常言讲得好，最狠狠不过妇女心肠”等句，字字酸心，针针见血，观者点首太息，深入人心。四十以后，不恒登台，以常奔走达官贵人之门，能鉴别古器，遂以贩鬻古董为业，颇致富。如端忠愍公、杨文敬公，皆常与讲论金石、购觅书画者也。其子小小于三胜，能绳祖武，年十三四，即登台演《李陵碑》等剧，饶有家风，老辈见之，谓尚不失三胜旧范也。

一汪水为戏中婴宁

一汪水，京师金店艺徒也。性荡，好作妇人妆，梨园中人有导之入班者，龙门一登，身价十倍。以目波韶秀、体复清润，故有“一汪水”之称，其姓名不可得而详也。扮戏专重淫荡一流，如《卖胭脂》《战宛城》，以色身示人，备诸亵状，做工唱工，举所不讲。戏规本以笑场为大忌，水荡极，故多笑，笑而近美，故人不以为失场，转乐观之。凡与配戏者，必以金店为讽。都门金店，皆笎捐纳、铨选等事，偶演《得意缘》等剧，生为旦按摩，原本以赴京应举为讲，以水故，辄以到京捐纳为言。台下适有此贾，怒将用武，而水不为辱，亦不还答，每闻妙谑，辄以巾掩口，笑不可仰，倍饶韵致，论者称之为“戏中之婴宁”也。

时小福唱青衣

时小福，吴人，唱青衣，名出于紫云、常子和上。素与宜兴任筱园制军道镕善。光绪辛丑，任以山东巡抚陛见入都，与时遇，时已鬑鬑满颊，久不登场，任再三强之，乃为之剃须而唱《落花园》一折，酬以三千金，不受。

王瑶卿有名贵气

王瑶卿少时姿首，不过中人，而有一种名贵气，盛饰衣冠，俨然贵族。与谭鑫培同供奉内廷，有“青衣叫天”之号。孝钦后甚眷之，每颁赏，必与谭埒，故颇饶私蓄。

姜妙香擅名一时

姜妙香以青衣小生擅名一时，颇孤介，工绘事。其妻，国色也，至剧场观剧，为俞五所见，百计夺之，妙香竟不能与争，遂郁郁得咯血疾。乃辍演，杜门不出，一意画兰，尝自题其端，有“幽花只作闭门香”之句。

旦之诸名角

闺门旦须有贞静气，当推田桂凤、王蕙芳，姚佩秋亦差近似。顽笑旦须有泼悍气，当推杨桂云及五九。刀马旦须有富丽气，（如《反延安》《马上缘》《破洪州》之类为贴剧，非武旦剧也。短衣披甏者方为武旦。）当推杨小朵及蕙芳。粉旦须有淫荡气，当推一汪水及桂凤。此外则专重说白，如《胭脂虎》《玉玲珑》《浣花溪》《下河南》等剧，固全以长舌取胜之。

五九为张樵野所眷

五九为光绪时京师之美伶，张樵野侍郎荫桓嬖之甚，尝招之至家，使改妇人妆，侍左右，日酬以五十金，令家人仆役呼之为“少奶奶”。久之，亦遂视之为少主妇也。

杨小朵为武子彝所眷

武子彝，滇人。任江西知县，尝以解饷入都，昵杨小朵。（桂云之子。）流连久，囊金罄尽，则为小朵司簿记，小朵呵叱如仆役，子彝安之，怡然若甚乐者。后其同乡以子彝迷溺玷乡誉，迫小朵逐之，不得已回赣，每语人云：“吾平生最愉快者，独为小朵司会计时耳。”

想九霄屡受辱詈

想九霄即田际云，色艺兼优，风流籍甚，而屡为士大夫所辱詈。工部郎中龚才杰口角锋利，偶于会馆堂会中，见九霄至筵前请安，辄呼之为兔儿。九霄闻之，反身即去。是日九霄应唱之堂会戏，竟排而未唱。遣人往催，则语来人曰：“想九霄为供奉王爷之人，非尔等穷措大之玩具。”会馆中人竟无如之何。未几，龚竟为御史所劾去官。文芸阁学士亦以其骄而恶之，尝詈之为“忘八旦”，闻者谓此语可为“想九霄”三字之的对。其后竟以弄权纳贿，怙恶纵淫，奉旨拿办，“忘八旦”三字不意成为考语矣。

宝珊秀美天成

光绪中叶，京伶颜色最丽者，有宝珊，秀美天成。扮《卖饽饽》《拾玉镯》等剧，唱做不必甚工，而能使人目注神痴，其丽可想。每出入园市，随而环视者如蜂屯，如蚁聚。后得故旧提携，改节读书，为人记室以终。

朱素云美秀而文

朱素云美秀而文，工书善歌。光绪甲申以前，犹未露头角也。然李莼客侍御慈铭识之于前，樊云门方伯增祥眷之于后，而尤为陈小亭所昵。小亭，户部书吏子，家饶于财，昵素云最早，饮食宴处，悉在其家者十年。素云性挥霍，皆小亭所供，既竭其藏金，复售屋得三四十万金以继之。

谢宝琨放意怠工

谢宝琨唱老旦，喉调尚佳，入内廷供奉，孝钦后闻而赏之，遂膺每剧二金之赐。（内廷赏赉有等，以次递加。）谢以初唱即获慈赉，荣而自骄，放意怠工，唱日以退，甚至有走板失调之弊。再入内廷，遂被逐。

四十花门最多

“四十”者，京师四喜班有名之武旦也，传枪转棒，花门最多。如唱《蟠桃会》《嘉兴府》等剧，或多人互掷齐抛，或一人单转双弄，奇而不乱，紧而不乖，金鼓和鸣，使人目炫。抛掷一类，戏中谓之“传家伙”；转弄一类，戏中谓之“捻鞭”，非水到渠成者不办，手目偶疏，便虞闪失，场面一失，全节俱隳矣，而四十独无之。

余庄儿色艺均备

京师武旦，自四十以后，效颦者多，卒不能至，惟余庄儿技与相埒。庄面整意侈，善歌，且工技击，矫矫不群，士大夫好与往还，颇负时誉。自编新戏多种，以《十粒金丹》为最。庄扮十三妹，挺然有女丈夫风，奇技侠情，见者心醉。其于传弄各式，亦精熟圆紧，为武旦中色艺均备之材。光绪朝供奉内廷，德宗颇赏之。一日在大内演《十粒金丹》毕，未解妆，德宗召至内殿，携手顾隆裕后曰："此子可称文武全才。"隆裕以其近御坐，大怒，将诉之孝钦后。上惧，乃以庄所佩倭刀为真者，将律以御前持械罪，挥之出，曰："送刑部。"庄遂贿部吏，报病故，不敢复出，（京中谓之"报黑人"。）埋头燕市，近二十年。至宣统时，乃稍稍与人晋接焉。

两阵风翻转凌踔

两阵风，不知何许人，由秦腔改入徽班之武旦也。其柔术精绝，翻转凌踔，倒行旋舞，种种新式，均非常人所能。与武丑张黑演《卖艺》，各奏所能，皆矫然不落恒径。

何桂山有铁喉之目

何桂山，即何九，净之名角，有"铁喉"之目。曾与程长庚配戏，长庚亦服之。其喉之高响宽洪，罕与伦比，随用随至，从无一时音闭或唱久稍疲者。惟其人为登徒一流，男女色靡不笃好。每日演剧毕，即挟资为冶游，或与同班旦贴之流，相期于南下洼之芦中以卜昼。俗称伶与伶相偶者谓之"同单"。"单"者，北人呼衾之谓也。桂山之同单，多至不可纪数，有财则散之，无则取诸其偶，人以其诚直，多乐就之。性又好酒，靡日不醉，酒色戕伐至甚，而喉固不失其佳。至老，其好不衰，而其唱亦不衰，异材也。

桂山之演剧，不落恒蹊，而天性躁急，每日兴至则入园，入园即扮演而出，或时已晏而压冑子不为荣，时或早而头三出亦不为辱，持钱而去，每不知所之。

其唱纯取中声，无一字一句不在至响极高之域，虽园广数亩，楼高数仞，座客仰而静听，虽至远者，亦如觌面促膝，声声如在左右，每一放响，诚有贯耳如雷者。惟唱之迟早，难以预定，闻名而来者，午饭稍延，及到园而已去矣。何本昆曲能手，后以乐工、配角不备，佳剧亦不能多，惟《钟馗嫁妹》《五鬼闹判》等，为都人所笃嗜。前场随手及各觔斗虎（戏界谓赤身朱裤，专打觔斗之下把，每戏或四或八者，谓之“觔斗虎”。）经其教演，尚流传未绝，且此两剧皆他人所断不能为者，桂山死，遂成绝调矣。

李牧子为净界大家

李牧子，京伶净界中之革命大家也，自李出而黑头之唱一变。其唱以鼻音、正音兼用，花腔最多，峭拔铿锵，颇足娱耳，如《天水关》中姜维一段，《御果园》中敬德一段，皆燕市人人所效慕者。然学之不善，辄陷为轻薄子。花腔过多，必至无腔；滑调过多，转不成调。故自李之后，即谓净界无人，亦无不可。

钱宝峰唱做并佳

钱宝峰以鼻音胜，尤能一啸震人，（剧中谓之“哇呀”。）直如海浪簸舟，人身为之起落者再，声巨至此，疑古人啸旨不外是矣。其唱以兼戏谑者为最佳，正唱如《沙陀国》《取洛阳》，兼谑者如《白虎帐》（即《斩子》。）中之焦赞，《大名府》中之李逵，《岳家庄》中之牛皋，极魏征妩媚之长，有阿叔不痴之概。光绪中叶，年已六十以外，头童齿豁，犹能发巨响以惊人。净以绘面为难，其花色极精极细。从前师弟授受，有专谱备载其式，谓之“脸谱”。宝峰固以绘面见长者，唱做并佳，各艺咸备，亦净界之名家大家也。

金秀山为净角第一

金秀山，京人，咸同间在某部为官役。官役者，专伺官吏而司奔走者也。操作之余，恒引吭高歌，声若洪钟。闻者咸惊异之，谓之曰："若之艺宜可以雄长曲部，睥睨一世，岂怀才而以潦倒终耶?"秀山心动，于是毅然辞役，而师何桂山。艺成，隶嵩祝成班。当是时，有小穆者，名净角也，铜锤、架子，无不擅长，与孙菊仙同隶嵩祝成。秀山亲炙其绪余，益致力于铜锤，其艺乃骎骎乎驾诸名净而上也。

胜春、同春、四喜先后立，秀山实终始其事。光绪庚子拳乱后，同春蹶而复起，秀山在其中，与谭鑫培偕，论者推为净角第一。其为剧也，雄壮沉着，端凝浑厚，喑呜叱咤，四座为之震惊。晚年则苍劲更甚，凡就听者，莫不为之神往。

小穆用鼻音

小穆，即名净穆凤山。黑净唱腔之用鼻音，小穆实作之俑。盖以气弱，遂藉鼻孔出气以取巧也。将登场，辄先以烟酒、大麦之属，遍饷后台小角及前台之看座者，令俟其出台皆为之喝采。梨园中人之不满于小穆者，佥谓小穆之享名即由于此。

刘鸿声唱善用气

刘鸿声，京师阛阓中人也。以喉佳，能摹拟诸家唱法，人争誉之。遂入班，唱黑头，多刱新调，声名鼎鼎，见重一世。惟酷好酒色，兼容并包，夜无虚夕。积久，体不支，两胫竟废，失业贫甚。基库李某怜之，舆至其家，为之饮食医药。期年渐起，久之遂能步，后竟杖而行。未几大健，复能登台，惟略跛耳。李年老而慈，于刘有再生恩，刘遂父事之。初出，犹止宿其家，后乃自为室，而仍间日往省，李亦时时顾之，事无大小，多秉命而行。性绝骄，园人不能御，惟李可以强之。每近色，则李之所以防而戒之者严，故不至横逸，其技之进，皆李左右之也。

刘病起，气较弱，以净用力多，改唱生，而生唱中仍时时杂以净，盖习之久耳。其唱响脆高洪，以善用气，故能延极长之声，虽时以太过取讥于人，而音之充满，究特异于众也。

刘赶三敏于口

京师名丑之以有白有唱、谐正兼行者，前有杨三胖丑，后有刘赶三。赶三敏于口，词组能欢座人，如扮《闯山》中之周鼎，《查关》中之婆罗院，皆尽扫陈言，独标新谛。扮贴者舌战少弱，为所窘者不知凡几矣。

刘于昆曲、徽调皆能之，居常一驴一笠，往来长安市。唱《探亲相骂》时，即以驴上台，驴亦熟谙台步，不异萧梁舞马也。惟詈人太过，往往口给取憎。然性至木强，屡辱不改，肆口伤众，受桎于巡城御史署中溺桶旁者屡矣。后以获罪亲贵，颇知悔，渐谨饬。每行，见车有前导者，则鞭驴避道。或喝问之，辄下骑，去顶上所盘发辫，垂手屈一膝作礼，敬对曰："小的刘赶三。"其人乃大笑而去。

罗百岁为丑界翘楚

罗百岁，京师人，专唱丑角，而唱工特胜，能效汪桂芬、谭鑫培各音，故于丑界为翘楚。说白清利圆稳，有真能力，做工、台步靡不精到。扮蒋干，扮贾贵，均为人所难能，而独唱《拾金》之声调之佳，合唱《活捉》之台步之敏，更不可复得，固非以专工俚语，便可作丑也。

罗与秦腔老生十三红最莫逆。盖罗初甚窘迫，十三红与有解衣推食之谊。迨罗声誉既起，同辈争与交好，罗辄不为礼。问之，则曰："十三红与我不同道，爱我而好我若此，是真知己也。若辈回想前数年待我如何者，可以休矣。"

赵仙舫满口新名词

赵仙舫，名丑也。以隆准故，人以"大鼻子"呼之。（都中好作此类谐称，如从前名丑"大骨头"之类，奇称甚多。）齿牙伶利，语妙如环。光绪庚子以来，海内尚新学，赵颇通文理，专以新名词见长。每登台，“改良”“进化”诸名词，满口皆是，妙在运用切合，不知者或误以为东瀛负笈归也。宣统辛亥以前，病死京师，后遂无继起者。然沪伶之似此者则较多，固不仅夏月珊、夏月润、潘月樵诸人已也。

草上飞张黑之纵跃

草上飞、张黑，京师武丑之旷世罕有者也，皆捷如猿猱，迅如飞燕，任意翻倒，随情纵跃。唱《三上吊》时，贯索两楼之颠，由台飞跨而上，或往或来，或倒悬，或斜绊，或踞坐其上，或徐步其端，最后以发挂而口衔之，掣令其身上下，此二人所并能者也。

草上飞，不知其姓名，以鲤鱼打挺为最奇，平卧于地，初则身高五六尺，次八九尺，再则一丈以外，每下，复落于原处，不知何由运力也。张黑幼习拳术，殴人亡命，遂入梨园。其得意者为《卖艺》《三上吊》等剧，能以手拍圈椅两足，跃而登，旋翻而上，即以手持椅，与之同翻，以椅之足为其手，足起则椅落，椅起则足落，凭空增其半身，翻腾自若。后以楼上有人议其微瑕，飞而及楼，将与寻衅。未至楼，而人掷以茗具，颠，遂伤胫腰。不复能奏奇技，一从事于说白，辄演《盗御马》中杨襄武之类，以自矜异。

昭容雪如觐高宗

高宗南巡至清江，曾召女伶昭容，旋以钿车锦幰送扬州，赐玉如意、粉盝、金瓶、绿玉簪、赤瑛、玉杯、珠串诸珍物。又有雪如者，高宗尝以手抚其肩，雪如乃于肩上绣小龙，以彰其宠。

黄翠儿色艺冠时

黄翠儿，字绿筠，嘉庆初之常熟女伶，王天福妾也。初，大妇三胖子遇之虐，旋以色艺冠时，举家仰食于翠，始善视之。山阴童杏浦见而倾倒，留顿浃旬，欲以多金赎之，翠亦愿奉杏浦盥匜，格于势，未果。无何，而遂有小玉奴之事。小玉奴者，天福之媳，早岁曾适童姓，继归于王，亦以脂粉为生，其父母知之有年，一旦讼之有司，意欲别售富室子。事本与翠不相涉，有以谗言进者，将居翠为奇货，遂被逮。时翠方娠，杏浦为之上下营救，始以疾放归。惊心甫定，怀珠遽陨，风雨梨花，几经摧折矣。

先是，有河南某丞慕翠名，思购为妾。某素渔色，且自顶及趾无雅骨，翠百计辞之，仅而获免。会以讼余养疴江宁，某又极于所往，觇翠孤弱，将劫之以行。翠阖户悲号，截发以誓，事乃寝。比其反也，岁聿云暮，天福夫妇方以讼事破家，不能自存，翠虽心乎杏浦，而身处窘乡，义难恝然以去，且天福夫妇亦不欲遽舍此钱树子也，遂不果。时杏浦馆安宜，岁时问遗，常不绝也。

大宝龄气象峥嵘

大宝龄，广陵人。面目开阔，气象峥嵘，一洗青楼冶荡之习。旧在扬州演剧，扮大花面，声若洪钟，《红楼梦》中之葵官也。同治初，至江宁，或嫌其过于豪放，解之者曰："柳耆卿晓风残月，与苏长公大江东去，并美词场，何必袅袅娉娉之为是，而铮铮佼佼之为非乎？"

张桂芬演女剧

光绪初，沪有女伶张桂芳者，专演女剧。其女芷香能继之，则扮小生、官生角色。

周处演《御果园》

沪有女伶曰"周处"者，以唱净著。一日有豪客临剧场，使演《御果园》，语之曰："果能袒裼登台，当以巨金为犒。"盖《御果园》中之饰尉迟恭者，每赤身出场，客故云云。周利其金，竟从之。其实周登台时，有长尺许之假须，披拂胸前，两乳被掩无迹，此外虽袒以示人，原无别于男子也。

金月梅以做工胜

女伶金月梅初以晋人而久居南方，故柔媚如苏杭佳丽。其于戏，用心甚至，每扮一角，必有所揣摩，或贞或淫，或悲或喜，或贤妻慈母，或静女妖姬，传意传神，惟妙惟肖，大抵尤以悲惋有情致者为最得手。且以识字，能阅小说，往往自排新戏，如演《占花魁》中之花魁，《怒沉百宝箱》中之杜十娘，抑郁牢骚，俨同实事。初著称于海上，一时名士颇有欲纳之者。且月梅有戏癖，悲欢一发于戏，故揣摩能工。后嫁伧伶李长山，致富数十万金，蛰居津门，母丧后亦不复出。女伶以做工胜者，惟此一人。惟做戏过近人情，口白亦流走太过，似新戏、非旧戏，于戏界究为别派也。

谢珊珊演《彩楼配》

光绪癸卯冬，御史张元奇以某贵人狎妓，有失大臣体，具摺严参。盖某美丰仪，喜狭邪游，南妓谢珊珊至京，某宴客于城东余园，招之侑觞。酒酣，就余园剧场演剧，与珊珊合演《彩楼配》，为张所闻，据实上奏也。其父某方绾枢要，怒甚，遂令南营将士悉将妓馆封闭数日以示惩。

王克琴有得意之作

女伶王克琴在津，亦以技名，惟喉音过尖，唱颇刺耳。性颇暴，往往于台上詈人。特尚能京语，较津音略佳。演《双钉计》等剧，凶焰大张，习与性合，亦为得意之作。他如《翠屏山》《梵王宫》《浣花溪》，或尚做工，或尚态度，或尚口齿，均能近似，然欲以名家则尚远也。

杨翠喜长身玉立

天津女伶，以杨翠喜为最著，实亦浪得虚名也。以亲贵某见而垂青，经台垣一疏，遂传不朽。某旋即内不自安，上疏请解职，疏略云："臣系出天潢，夙叨门荫，诵《诗》不达，乃专对而使四方；恩宠有加，遂破格而跻九列。倏［因］当时事艰难之会，本无资劳才望可言。卒因更事之无多，遂至人言之交集。虽水落石出，圣明无不烛之私；而地厚天高，局蹐有难安之隐。所虑因循恋栈，贻衰亲后顾之忧；岂惟庸懦无能，负两圣知人之哲。不可为子，不可为人。再四思维，惟有恳请开去一切差使，愿从此闭门思过，得长享光天化日之优容；倘他时晚盖前愆，或尚有坠露轻尘之报称。"

翠喜貌本平平，惟长身玉立，有弱柳迎风之致，观者重之。其唱口不佳，说白亦仅平稳。原籍本文安，稍长，从母鬻技津门，居常不与人往还，尚守伶界清律。鹾商王五賌缘得近之，旋与之约，以三千金贮之金屋，乃与有交。事定，适贝子至津，观之而善，以佳人难得为叹，为翠喜所闻，恐入侯门，遂急践五之约，得半价。其母挟以返里，料量田宅而归。五遣人伴之，虽来往过都，实未驻足，更无入府复出之事，至津即归于五。每梨园演剧，时与诸姬往观，人多识者，疏中所云"水落石出"，即指此也。

恩晓峰举止大雅

恩晓峰，幼读书，酷好听戏，心领神会，于名伶所长，咸能默悟。及长，遂献艺梨园。唱工摹谭鑫培派，间有孙菊仙、汪桂芬之余音。镕冶既久，自树一帜，举止大雅，恰合须生，台步之佳，犹其余事也。

尤鑫培为吴绶卿所眷

吴绶卿中丞禄贞督办延吉垦务时，佩边防大臣印驻节沈阳，跅弛自憙，朝饮麞血，夕走脂坡，歌台舞榭中，无日不有其踪迹，尤赏女伶尤鑫培。尤以夭媚蜚声一时，既受吴眷，名益著。未几，以五千金聘之而去。宣统辛亥秋，石家庄之变，吴既被害，尤在津门，仍操故业矣。

金玉兰夙慧

自鲜灵芝由津入都，而京都始有女伶，于是杨翠喜、刘喜奎相继而往，未几而金玉兰亦至。玉兰本贫家女，或曰京师人，或曰扬州人，不可知。父早死，其母携之寓天津，与下天仙戏园邻。时翠喜方驰誉津门，其出入也，怒马泽车，装饰眩丽，润色并及其母。而玉兰之母艳之，乃以玉兰师某伶，教之剧曲，学秦腔。玉兰夙慧，未一岁即通其技，合拍中节，遂登场演剧。久之，名噪甚。有某将军者深赏之，乃出二千金为之梳栊。

宣统辛亥，改革事起，吴绶卿死于滦州，六镇兵哗，天津乱兵亦乘机抢掠，伶人星散。玉兰与母逃之乡，途为乱兵所掠，见其母老，欲戕之，玉兰力求免母，愿杀己以代。兵怜而从之，仍挟母女行。俄有二卒尾至，相与拥玉兰入道旁丛冢间，欲递淫焉。方缠缚间，玉兰视旁一卒若有不然色，乃急呼曰："某叔，岂忍视我辱耶?"卒于剧场中固识玉兰者，乃大呼，起斥众，不当行强凌一弱女子，且谓此吾盟侄也，何可污。于是众谢不知，以玉兰付卒，卒脱玉兰衣饰与众，携之俱归。玉兰深感卒义，拜为义父，且告卒以某将军视己厚，倘语之，必可得济。时某将军驻兵近畿，卒持玉兰手书诣之。将军大动，出金，令二人偕卒往，慰玉兰，并召之，自此玉兰遂寓将军所，卒亦得玉兰力，补伍。将军欲纳玉兰，而母望奢，将军不能如所欲，因不果。

胥役类

胥役须点卯

胥役，皆在官之人也，大小衙署皆有之，以法定之期，赴署报到候验也。李存义有役谣云："五更饭罢走画卯。"今衙署中犹有卯期、点卯、卯数等语。

州县署有所谓"三班六房"者，合胥役而言之也。牧令初莅任，于行香、放告、阅狱、巡城诸事外，尚有点卯之具文。点时，于三班六房按照清册点验卯名，然每项大率仅到数人，唱名之时，到者为不到者代应之。

崇文门胥役之需索

榷税之关，以京师崇文门胥役为最侈且暴，言官屡劾，谕旨屡诫，而积习如故也。商贾行旅，固莫敢或抗矣。凡外官入都，官职愈尊，则需索愈重，大臣展觐，亦从无与较者。乾隆时，吴江陆朗夫中丞耀，以山东布政使陛见，关吏所索过奢，陆不能与，乃置衣被于外，携一仆前行，曰："我有身耳，何税为！"既入，从故人借衾褥，事竣，还之而去。

崇文门胥役之于过客，遇有食物，群攫食之。道光时，有何某者，嗜鼻烟，每行必携精美古壶十数具，皆贮佳品。一日入城，尽为胥所攫，何大愤，因告其友周某。周曰："此易耳，当为君报之。"因研疥痂末入鼻烟，贮八九壶，伪为过客，入崇文门。役得烟壶甚喜，复攫之。越十余日，周复入城，见役皆疥，大笑。胥诘之，周从容语前事，胥皆怒，周曰："疥已入脏，急忏犹可治，不然，烂死矣。"众惧，跪乞其方，誓以后不再索难。

周因与药，并属急须忏罪。越数日，疥者皆瘥，自是诘客稍宽矣。

左文襄以大拜入觐，入都，进崇文门，行李甚夥。门者留难，索巨贿，始放入。时崇文门监督为某邸，翌晨，文襄入觐，至朝房，见某邸来，将诘之。某邸遽向文襄拱手曰："公昨入城，何必赏若辈以多金？"再三称谢。文襄不及措词，唯唯而已。

林清曾为胥役

林清，大兴人，先世居绍兴，父北徙，侨居大兴黄村之宋家庄，充南路巡检司书吏。少无赖，父捶挞之，不克悛。屏处药肆习商，体生疡疽，遂见逐，大困，为宣武佣役，击柝守夜。父卒，充黄村书吏，旋被革，乃往江南充粮道署役，又役于丹阳县署。有口给，能营贿赂，所得即散弃若粪土。及事觉，官绳以法，乃潜逃，寻入天理教。嘉庆癸酉，遂为乱。

某夫人吆喝胥役

长沙岳麓山之云麓峰，为最高处，岁重九，郡人相率登高。同治某年九日，庄心盦方伯赓良方为善化令，其夫人某氏往游，憩于某观，观中道人设果茗相享。有院生六七人（山下有岳麓书院。）过门外，胥役吆喝，众不服，呵叱之声达于内室。夫人询知之，正色责胥役曰："奴辈太无知，宁不知汝主人为善化一县人之父母官耶？汝主人是众相公之父，我即是众相公之母，子见母，奚为不可，也值得一吆喝耶？"众无言，相率趋出。一时闻之者，咸服其有权术。

胥吏之名称

胥吏，公家所用掌理案牍之吏也，各治其房科之事，俗称之曰"书办"。凡部院衙门之吏，以役分名，有堂吏、门吏、都吏、书吏、知印、火房、狱典之别，统名曰"经承"。

舍人

世称常关之书吏曰“舍人”。

号房柬房

官署之司投刺、通谒及传达文书之事者，曰“号房”，一曰“柬房”，盖类于胥者也。

代书须考充

代书，州县署有之，当行政、司法混合时代，以代诉讼者书写状纸者也，必考充。牧令初莅任，辄于放告之前考之，先期牌示，某月日招考代书。是日也，官高坐堂皇，应考者静候点名给卷，试以策论或告示，所命题率为清讼息争、奉公守法等语。揭晓所取，八名或六名，给以戳记，盖书状时所钤以为证也。且诉讼者之状纸，无论谁某主稿，必有戳而始为合式，否则官必斥之曰“白禀不收”，或批曰“违式特饬”。

例吏利

陆清献公陇其尝曰：“本朝大弊，只三字，曰例吏利。”郭筠仙侍郎嵩焘曰：“历朝风气，皆名利递嬗，如西汉好利，东汉好名；唐好利，宋好名；元好利，明好名；国朝好利。”又曰：“汉、唐以来，虽号为君主，然权力实不足，不能不有所分寄。故西汉与宰相、外戚共天下，东汉与太监、名士共天下，唐与后妃、藩镇共天下，北宋与奸臣共天下，南宋与外国共天下，元与奸臣、番僧共天下，明与宰相、太监共天下，本朝则与胥吏共天下耳。”

各部书吏主案牍

各部司官，不习吏事，堂官无论已，一切案牍皆书吏主之。

故每办一案，堂官委之司官，司官委之书吏，书吏检阅成案比照律，呈之司官，司官略加润色，呈之堂官，堂官若不驳斥，则此案定矣。然堂官久于其部者，能有几人？即久于其部，而能于此部成案条举历历者，更有几人？下及司官，罔不如是。而祖孙父子世代相传者，惟吏耳。虽有三年退卯之制，而屡更其名，无从稽考也。或退卯而逗留，所更者，非子侄即弟子也。

司官欲检一案，每以属书吏，必援例，必检例案。而例案之堆积，高与屋齐，非熟手，末从得一纸。书吏皆世业，窟穴其中，牢不可拔，辄执例以制司官，司官末如之何，乃遂藉以售其奸，而皆得致富。都中有东富西贵之谚，盖若辈多居正阳门东与崇文门外，恒多华宅，司官则居宣武门外者为多也。

书吏称司官曰“某老爷”，司官称书吏曰“某先生”。至司堂，侍立白事，司官辄起而与言，虽偶怒，亦必不敢开罪于书吏，惧掣肘也。

户部书吏最盛，有千余之多，吏部、兵部次之。文武补官，必请命于部，书吏因缺之肥瘠以索贿，贿不至，非驳斥，即延阁，故外官得缺，必须到部打点，质言之，即行贿也。至于选缺，则后先之序，有年资限之，书吏则按籍以求索焉。易以他途，所费尤巨。有时为例所缚，不能通融，即亦无如之何。若循年资而得者，亦百不一觏。

吏、兵二部书吏之索贿，及于文武补官而止，不及户部之甚也。盖各省款项之核销，户部主之，称“阔书办”者必首户部。军费报销之出入，辄百数十万，凡核销一案，有往返驳辩至数年之久者，故必预计打点之费，少则数万，多则数十万。掌印主稿之司官，恒听命于书吏，藉以分润，堂官亦间有染指者。他若发饷、拨款，亦必假手于书吏，故皆有所沾溉，是以户部书吏之富，可埒王侯。

工部事较简，然遇大兴作，书吏辄大获利。

礼部向以穷署著称，然当会试或大婚、国丧之年，吏乃大忙，而书吏亦欣欣然以从事矣。

刑部书吏之私幸窃冀者，外省有大案之发生也。

光绪癸卯之裁书吏，实长沙张文达公百熙倡之。时张为吏部尚书，择新到司官，使代任书吏之事，他部起而效之。至户部裁书吏，而各部之吏遂无一存。

庚子拳祸，文武百官皆出走，而书吏犹在京。及回銮，德宗以有人建言“例案太繁，宜悉焚毁”者，乃命陈雨苍尚书璧至户部，择而毁之，时陈方为御史也。陈往，书吏陈列诸例案，高与大堂之檐齐，启陈，请遍阅，陈瞠目不知所答。有顷，令择要存之，书吏以“无一非要，仍请自择”为言。陈至是穷于术，惟使毁其残缺不全者而已。

胡文忠论部吏

胡文忠公林翼尝云：“大清律易遵，例难尽悉；刑律易悉，吏部处分律难尽悉。此不过专为吏部生财耳，于实政无丝毫之益。夫疆吏殚竭血诚以办事，而部吏得持其短长，岂不令英雄短气乎？”又云：“六部之胥，无异宰相之柄。”

蒙古不能延请内地书吏

内外扎萨克汗、王、贝勒、贝子、公、台吉、塔布囊等，不准延请内地书吏教读，或使充书吏。违者，王、公、台吉照不应重私罪议处，该书吏交地方官递籍，严行收管，但讯有串通唆教等情，则加等治罪。

供事

军机处、国史、会典、方略、玉牒各馆之吏，称“供事”，无俸，所觊觎者，保举也。军机处保举尤优，効力三年，保异常劳绩，有历三次而保至道员者。司官或得京察外放，转为之属。而曾为供事之上官，于司官之初至也，辄具旧属刺投之，不敢受也。光绪时，长芦盐运使陆嘉榖，固曾充军机处供事者，而军机章京番禺凌福彭时方守天津，须堂参，陆乃先以旧属礼谒之是也。

周宗之横暴一时

顺治初，苏有周宗之者，为长洲县猾吏，横暴一时，为直指张慎学所访拿，杖毙之，大快人意。其门上春联，书“曲巷幽人宅，高门大士家”二句，胡溯翁乃作歌以咏之，歌云：“城南曲巷宗之宅，大士高门自标额。华堂丽宇初构成，粉壁磨砖净如拭。侧闻其内加精妍，洞房绮疏屈曲连。朝恩室中鱼藻洞，格天阁上簇花毡。百凡器皿皆精绝，花梨梓椅来滇粤。锦帐一床六十金，他物称是何须说。前列优俳后罗绮，食客平原无愧矣。势能炙手气熏天，忘却由来吏委琐。嗟嗟小吏何能为，泥沙漏卮安从来？考课不明铨选杂，前后作令皆驽骀。钱谷讼狱懵无识，上下其手听出入。哆口嚼民如寇雠，官取其十吏取百。满堂知县人哄传，宗之相公阁老权。片言能合宰公意，只字可发官帑钱。涂脂衅膏曾未已，御史风雷申法纪。窗户青黄犹带温，主人骨肉飞红雨。廷中呼暴渐无闻，室内丁丁才住声。斥卖屋居偿帑值，两妻削发投空门。人言宅兆凶有由，前伤沉胥今损周。骤然兴废同一辙，官府估价何人酬？吾谓此言犹耳食，人凶宅兆何由吉？鞭挞民髓供藻饰，筑愁府怨居安得！伏阙难留直指公，长悬秦镜照吴中。神奸敛迹吏道肃，比屋城南尽可封，曲巷之宅谁云凶？”

部吏索贿于福文襄

文襄王福康安平西藏还，以奏销属部吏，吏索万金，福怒曰：“汝敢索我贿耶？”吏曰：“非敢索贿，为中堂计耳。中堂大功告成，圣衷悦豫，奏章速上，立邀谕旨。部书才十数人，帐牍云髒，非二年不办，彼时交部核议，则事未可知矣，诚不如速上。欲速上，必多佣写人，多佣写人，需款必甚巨。职是之故，惟中堂图之。”福立予万金，越旬日，奏闻依议。

部吏索贿于某封翁

礼部尚书某之封翁，以某年阵殁，太夫人遗腹生某某，旋由翰林擢礼部尚书。同乡为其太夫人请旌，文已至部，方缮办间，一日某归寓，三更后，忽有礼房吏造门，请曰：“有要公来见。”问何事，曰：“为公请旌事。”问请旌事胡来谒我，曰：“公请旌，须给小人万金。”曰：“然则汝敢向予搕诈耶？”曰：“索万金，正为公办事也。”问其故，曰：“封翁以某年阵殁。太夫人遗腹生公，公今年应若干岁。然公考试时，少报两岁，是太夫人生公，在封翁殁后二年，于理未洽。”某大愕，问计将安出，曰：“公考试时，府县院及吏部皆有档册，服官后，礼部及各衙门亦皆有档册，应将各衙门所报年岁逐一更正，然所费亦不赀矣。”从其言，赠金如数而去。

王书常私镌假印

嘉庆己巳冬，工部有书吏王书常者，恒私镌假印，冒支国帑，于钦派岁修工程，皆假捏大员姓名，重复向户曹支领，岁耗银至数千余万两。后为工头某告发，置书常于法，大员降黜有差。夫水曹支领，必诸司空签押毕，关知户曹，度支大员复加查核，然后发帑。定例本极详慎，乃诸部曹夤缘为奸，伺大员谈笑会饮时，将稿文雁行斜进，大员不复寓目，仰视屋梁，手画大诺而已，更有倩幕友代画者，遂使奸蠹胥吏，得肆其技焉。

部吏驳阻从祀

道光时，有请以明高忠宪公攀龙从祀圣庙者，部吏征贿不得，引忠宪遗疏中“愿毕来生”之语，以为出于释氏，力驳之。

鸦片启衅误于胥吏

世传林文忠公则徐焚鸦片而不给价，故致启衅，其实不然。

当时固以茶叶一箱易烟一箱，而茶为胥吏所办，中多杂以沙石，既至欧洲，又以不能售也而寄回，商人耗本无算，遂致激成衅端。

文忠闻有伍氏通西人，乃屡苛罚之，曾令缴军饷至数百万。伍每入见，多署中人所侵，至费千金，始得一椅。后文忠复出而陨于军，或曰，实伍畏其复至，使人谋毙之。

库吏玩弄县令致死

光绪初，皖之庐江，有库吏陈运昌者，管库有年，老而多智。甲申冬，令刘某至，索金，故不遽应，刘怒其猾，易之，募人任其事。米贾唐端富有田宅，羡陈之长袖善舞也，欲垄断其事，赂刘巨金，得之。陈怨唐之綦己也，匿旧籍弗予。唐年少，初为吏，大喜，谓可致富，倩人为书春联，有“户吏堆金宝，房科积玉财”之句。乙酉春，上忙开征，刘责赋于唐，唐语众里胥。故事：田赋春纳其四，秋纳其六。以庐民春鲜种麦，无可偿，大半赖里胥贷于人，秋责偿于民，民亦相安无违言。刘嗜利，当春，督责无已。众里胥易唐，益不奉命。唐大窘，补苴弥缝，倾产不足偿赋，无以为计，大窘，乃自书其事，吞鸦片烟以死。其妻乃素服乘舆，诉之刘，出而号于市，人咸伤之。

游智开为胥吏所愚

光绪朝，游智开为永平知府时，好以察察为明。一日微服私行，入一茶肆。时肆中人满，内有府中胥吏，伪不识游者，相与誉游清廉，天下无两。游故曰：“此官虽好，然自某观之，亦尚未尽善。”忽有一胥吏起批其颊，曰：“游公青天，汝一小民，敢谤清官耶！”游以为部民中心说而诚服也，不知其侮，转而大喜。

库吏中伤阎文介

部吏舞弊，当事者或议整饬，法久玩生，非第无效，或且有受其侮弄者。阎文介公敬铭长户部时，日坐堂皇，严查弊窦，库吏衔之刺骨。一日，文介将入朝，冠上红顶忽不翼而飞，仓卒间，假诸他处而入，则内监已向朝房催询数四。及返，见案上所置醇邸属题小影，亦不知所往，百计搜觅，终不能得。月余，则小影仍置于案，而红顶竟如金杯之羽化矣。文介知库吏所为，驭下益严，然不久即触孝钦后怒，出户部，盖仍为库吏贿内监所中伤也。

部吏索贿于某令

光绪时，浙江候补知县某，至浙当补某缺，部吏贻书告之曰："某缺，君依例当补，然须予我千金。"某不欲打点，意谓循例之事，何用赂吏，不许。已而缺出，补他人，大诧，托人探之，则某曾经保举，临补时，吏谓一人不能两班置之。某急丐吏为设法，吏曰："今已无及，为将来计则可，然须五千金；若不可，则请两班中注销一班，亦可有补缺望也。"某不能措巨资，意保举班无补期，不若劳绩之可恃，遂注销保举班。逾日，吏又贻书曰："保举班以人少，君当补，惜已注销，致为他人补矣。"某大懊丧。

藩吏索贿

州县之得委缺者，当藩署书吏送委札到寓时，例须给以赏封，数之多寡，悉以其缺之肥瘠而定。将赴任时，又须致送利市，务餍其欲而后已。否则凡有文书上省，多扞格，必使其忤上官之意而后止。此之谓陋规。

部吏库吏舞弊

光绪乙巳，有钱塘汪某者，以知县至京投供，署年为三十七。次年至吏部投供，视所书年，仍三十七，曰："误矣。"部吏曰："汝原开履历为三十七，何得误？"曰："去年三十七，今年非三十八乎?”吏曰:“若欲改三十八,须取同乡官印结方可。”某不顾,去,出语人,莫不轩渠。

又凡州县官之前任亏空,上司无如之何,乃物色能代弥补者为之代,或竟强令后任代之,此虽非法,然各省多如是。河南洛阳县某令卒,亏空甚巨,藩司朱寿镛知武阳某令与之同居,乃勒令代填亏空,始准赴任。时某令适自藩署领库平银四千两,即缴入,代还亏款。藩署吏不受,云须照例加倾镕火耗,骇曰:“此适自署领出,缄识如故,何加耗之有?”询之朱,朱曰:“此库吏事,汝须与彼言之。”某不得已,加耗银,始得收纳。

差役之名称

差役,奔走于公家,执杂役者也,亦称“差人”。晚近以来,吏治混淆,循良者少,非悉由百官之不职也,亦胥役之营私舞弊有以害之耳。俗称衙署差役曰“快手”,盖沿《宋书》建平王左右勇士数十人,并荆楚快手,《南史》黄回“募江西楚人,得快手八百”之名称也。捕盗贼者曰“捕快”,亦曰“马快”,则以事急时骑而行耳。

差役索草鞋钱

草鞋钱为陋规之一,差役出差,辄索草鞋钱于原告者。

蜀中差役之需索

蜀中差役滋扰,甚于他省,凡窃案呈报后,百端需索,择被窃之邻右殷实无权势者,诬指为窝户,拘押索贿,谓之“贼开花”。某典史尝书联悬之堂云:“若要子孙能结果,除非贼案不开花。”

苏拉

内廷有当差者曰“苏拉”,满语,“执役人”之义也,隶于太监。凡引见者必向索费，然仅京钱四千文，合制钱四百文而已。引见毕，可随意观览，否则即为所逐，不容稍留。若吝而不予，则其恫喝有出人意料外者。某苏拉尝谓一选人曰："亦携元青外褂乎？"选人曰："何需此？"苏拉曰："入对时语言有误，便砍头，彼时即须衣之。"又有引见既毕而回寓者，苏拉往谓之曰："亦愿扬名天下乎？"其人漫应之。越日，持邸抄至，则有"某某谢恩"等字，每字索银二两。其人无奈，如数给之。又苏拉者，军机处、内务府皆有之，雍和宫则有苏拉喇嘛，乃喇嘛之执役者也。

各部之杂役开销

各部司员到部当差，有所谓"杂役开销"者，其数视名目多寡为差，其名目极可哂，约略举之，可得数种。大堂有大堂厅差，有堂皂，有堂小马，有七堂车轿班。丞参厅有茶房，有看厅，有长差，有小马，有皂役。本司有茶房，有皂役，有传事，有长差，有小马，有听差，有看司，有知会，有厨房，有当日巡逻。庶务科有事宜册，有住址单，有履历册，有画到簿，有礼部谢恩单。头门有门皂，有门小马。此外又有所谓"送知会"者，送请进署带见禀者，更有所谓"赏皮衣"者。五光十色，莫可究诘。而衙署之较大者，其开销约钱百千左右，叩之，则曰照例。每署司员，多者以千计，故或司员累年不得一差，而杂役开销固自若也。

库丁

户部有银库，额设库役四十人，曰"库丁"，一曰"库兵"，三年而替，以旗人充之。每届点充时，满尚书及其左右皆有规费，辄六七千金。费既纳，满尚书乃坐堂皇，唱名而点之，库丁跪谢而出。出时，必有保镖者护之以行，恐人劫之也。行劫者，大率为觊觎丁缺、无力贿充之人，并纠集无赖而为之，伺新充者至大堂阶下，即劫之以去，囚于家，使误卯期而纵之归。盖冀其误卯而另派他人，则规费便虚掷矣。欲其即释，亦须赂以数千金。

番役

步军统领衙门番役私用之白役人等，俗名“圆扁子”，非额设，无定数，每藉番役索诈滋事。遂其所欲，事即消弭，否则告知捕役，捕治之，得赏银。往往出资设计，诱人犯法，大为人民之害。自乾隆丙辰，高宗严谕革退，番役亦稍稍敛迹矣。

侦探告密之原始

国初，大将军祖某抚吴时，凡吴之不法者，悉鬻身于其部曲，谓之“投旗”。既投之后，平日小嫌细忿，以片上之幕府，即率其徒数十，以一银铛锁其人去，非破产不止。同时闻风起者，不可枚举，至有大家闺妇不得意于其夫，亦欲投旗以陷之者。此与近世侦探诬人之风，无或稍异。然妻之控夫，仅于粤省偶一有之。

水卒报警

黄河报汛之水卒，有所谓“羊报”者。河在皋兰城西，有铁索船桥亘两岸，立铁柱，刻痕尺寸以测水，河水高铁痕一寸，则中州水高一丈，例用羊报先传警汛。其法以大羊空其腹，密缝之，浸以苘油，令水不透，选卒勇壮者缚羊背，如乘马然，食不饥丸，腰系水签数十。至河南境，缘溜掷之，流如飞，瞬息千里。河卒操急舟于大溜候之，拾签，知水尺寸，得豫备抢护。至江南，营弁以舟邀报卒登岸，解其缚，人无恙，赏白金五十两，酒食无算，令乘车从容归，三月始达，盖即元世祖革囊之遗法也。

巡丁

关卡有巡丁，役也，凡验货、收捐之事皆司之。验货时，手持铁签，故曰“签子手”。签，一作“扦”。随时点派，无卯缺。

桃花乞

桃花乞，不分男女，由张家口至察哈尔，凡四十四台，无论正台、帮台，轮应出蒙古包一座者，其人即为其地之守兵。例应男丁供役，无男则可以女代之。盖蒙女壮健耐劳，同于男也。

号军

贡院为试士之所，诸生席舍曰“号房”，人以一兵守之，谓之“号军”，始于明也。盖明代科举，功令极严，故派军役守之，以防枪替、传递。本朝亦有号军之名，则仅供扫除，为士子服役而已，且非军人也，充之者皆贫人。

门斗

旧称为学官供役者曰“门斗”，盖学中本为生员设廪膳，称“门斗”者，当是以司阍兼司仓，故合“门子”“斗子”之名而称之耳。

乌拉娃

乌拉，西藏番人支差之名，牛曰“马拉”，马曰“乌拉马”，司其事之役人曰“乌拉娃”。其转运物件，既至其地，仅给犒金，不发足价。巴塘初设时，日需乌拉以千计，蛮民苦之。边务大臣赵尔丰乃定价，计程一站，给藏洋半元，（合通用银一钱六分。）行程远近，以此计算，足价之例，自此兴焉。

解役殴陈星斋

陈星斋太仆居忧时，河库道何某聘之课子。乾隆己巳二月赴淮，舟泊丹阳，遇秋审解犯数船，自镇江往苏。两船偶触，解役突率众囚徒入船，各持器械，杂手中铁链，指挥劫夺，罄所有以去。太仆方与客对弈，猝被一囚连殴三链，头颅脊背受创极重，流血昏晕。盖每岁秋谳时，胥役囚徒互相狼狈，以亡命横行为利薮，而不知星斋之为贵人也。痛定，鸣官，得其主名，经丹阳令请抚军具奏，立置重典，嗣是此风稍戢矣。辛未，星斋服阕入京，高宗方自南巡还，星斋道旁迎銮，犹垂问此事甚详，且霁颜曰："汝何不言'鸡肋不足当尊拳'耶？"

悍役不敢登王氏门

娄县泰来桥王氏昆弟三人，皆诸生。有催租役至，入门隳突，王怒，殴之，焚其船。役归，诉之令。令逮三生，置于狱，详革衣顶。学使李因培批其牍，驳斥数百言，后云："要之，秀才欠粮，贫也。役禀被殴，索诈不遂也。因一役而革三生，何其酷也？本欲参处，念尔非个中人也。诸生完款，俟岁考毕，徐徐缴纳可也。"令遂出三生于狱。三生故不肯出，劝之，始赴岁试，由是悍役不敢登王氏门。

奴婢类

奴婢之解释

古罪人之子女，从坐而没入官以给役使者，曰“奴婢”。后则价买而依主人之姓者，亦曰“奴”。若给工值雇用者，则谓之“雇工”，然普通心目中，辄皆视之为奴。至于“婢”，则皆出价购之，鬻身以充役，非遣嫁或转售，则终身不得出主人之门。然于雇用之女仆，亦或以婢视之，则源于韩愈诗“丁宁顾婢子”句也。

主人召仆呼“来”

主人之于仆从，有事传召，不呼其名，以人多不能悉记，且恐呼甲而甲适不在，呼乙而乙亦适不在也，故惟大声而曰“来”，堂上一呼，堂下百诺，即纷纷趋进矣。

荐头介绍佣仆

上海之介绍佣仆者，曰“荐头”，有店，设于通衢，以苏州、常熟、扬州为最多，且有松江、镇江、通海、绍兴、杭州、宁波人所设者。男女佣仆，均可介绍，惟车夫、厨子二项不荐。扬州荐头有证书，大姐工资大约半于娘姨，每领一人至，给荐头酒钱若干。试用三日，议定工资，即须先付一月，以后月杪照付。荐头用钱，则视工资多少，抽取四成，主仆各任其半。例如工资每月银三圆，则主仆各出六角。如有意外之事，虽可向荐头追问，然若辈类多狡滑，每不负责。佣仆之黠者，且常有盗窃银物、串拐妇女之事也。

管事

管事，见《史记·李斯传》："高固内管之厮役也，幸而以刀笔之文进入秦宫，管事二十余年。"高，即赵高，秦宦者也。今人谓管理家事者曰管事，源于此。

大姓买仆

徽州之汪氏、吴氏，桐城之姚氏、张氏、左氏、马氏，皆大姓也，恒买仆，或使营运，或使耕凿。久之，积有资，即不与家僮共执贱役，其子弟读书进取，或纳资入官，主不之禁。惟既已卖身，例从主姓。及显达，即不称主仆，而呼主为叔矣，盖以同姓不婚，杜后日连姻之弊也。

京师阍人之恶习

达官贵人之仆役，其司阍者，谓之"门上"，侪辈尊之曰"门政"，客至则通报，不仅司启闭也。惟客之徒行者，或衣履朴素者，薄其穷酸，竟不传刺。又或客称有事欲面语，怠于伺候，主人在家，亦饰言外出。至修门生、属吏之礼者，必先餍所欲，而后为通，使得见。士子入京，初亦未尝不苦之，及自为达官，倚之为心腹耳目，容忍故纵，顿忘前苦矣。又有喧嚣于门者，主人虽达官，叱之亦不避，惟司阍者一挥便退。又凡有兴作及购物等事，多由司阍之手，司阍必先得贿，使昂其价值，然后引之进门。倘主人斥去，令其改招他人，虽易数家，其价递倍，主人无奈何，卒依初价，盖有折扣也，俗名之曰"底儿钱"。

从仆有随封

以财物馈人并馈其从仆，多者十分之一，少者百分之一，谓之"随封"，盖始于后汉。《后汉书·宦者传》云："每郡国贡献，先输中署，为导行费。"注："谓贡献外别有所入，以为所献物之导引。”此后世随封所自昉也。

长班

京师各会馆、各科分均有长班，凡同乡、同年有宴会及红白事，则传而指挥之，亦即奴仆也。

长随带驮子

外官以贫而不能赴任者，辄觅长随，向之假贷，藉以制冠裳、备舟车，一切费用皆取给焉。从之赴任所，派为司阍，任重事，数年而清偿子母，佣值必加丰，谓之“带驮子”，盖取马骡负重之意。世人讹“驮”为“肚”，已属费解，复以官有事故不能偿者，称为“泻肚”，尤讹之讹矣。若辈多有恃财傲上、难保其终者，器小易盈，无足怪也。

同光间，乃有以幕友而为带驮子之事者，账房是也。

坐省家丁

省外各府州县，皆有坐省家丁，驻会垣，以本官自派者为多，其有以藩司门丁兼之者，则由府州县给以工食，岁时亦有犒。通省大小文武官吏之黜陟、迁转、庆吊诸事，无不先日报告，曰“坐省条子”。间若干日，辄附辕门抄以寄之。且大吏及其父母、夫人之寿辰，皆列一表，以红纸印之，年月为纲，以次叙列。

乌拉和尔嘉

青海、蒙古之王、公、台吉家，常资雇番人为佣，男仆曰“乌拉”，（西藏听差者亦曰“乌拉”。）女仆曰“和尔嘉”。主仆亲如家人，无尊卑亲疏之分，视世之颐动指使、轻视臧获者，大有别矣。

康熙初八旗仆婢自尽之多

主仆之分，满洲尤严。康熙初，大司寇朱之弼疏言：“臣见八旗仆婢，每岁报部自尽者，不下二千人，岂皆乐死恶生哉？由其平日教不谨而养不备，饥寒切于中，鞭扑加于外，饮恨自尽，势固然也。请敕刑部岁终备造一年自尽人数，系某旗某佐领下某仆，注册呈览，俾人知儆惕，而生全者众。”圣祖然之，谕如所请。

张去瑕示饬约于诸僮

扬州张去瑕大令瑾，年十二而孤。性严明，其治丧也，见诸僮惰嫚，辄叹曰：“此健仆不职，主幼也。”乃大书饬约，牓于庭曰：“主无幼，有主必有法，法必行。”有识者异之曰：“老狱才也。”因贺其母。母谢客，挞之曰：“我不欲儿效张汤之劾鼠也。”然私心异之。

石哈生自鬻于西安某家

石哈生者，一名哈兴，或曰秦人，或曰蜀人，长七尺余，力能扛鼎。无妻子生业，自鬻于西安某家，供刍米薪水之役惟谨，无大小皆喜之。居常寡言笑，无喜愠色，人莫测其为何人。询之，不言；问其名，亦不告，因共呼为“哈生”。哈生者，谚所谓“无能而虚生者”是也。

冯甦卖身于吴三桂藩下

平西王吴三桂镇守滇中，久蓄异志，拥有关市、盐税、盐井、金矿、铜山之利，遂得以金钱网罗人才。其时文武官铨选到滇者，辄阴遣私人诱令鬻身于王府，领身价银，为其效用，多者金数万，少亦万余，视其才为等差，官吏趋之若鹜，可谓名节扫地矣。南昌刘昆官云南同知，初到省，吴令其婿胡国柱报谒，乘间道意，袖出冯某卖身文契以示之，盖讽刘，欲其效冯也。契云：“立卖身文书冯甦，本籍浙江临海县，今同母某氏卖到平西王藩下，当日得受身价银一万七千两。媒人胡国柱，卖身人冯甦”云云。刘见之大骇。凡卖身藩府者，例拜国柱为师，当时人言“滇中有三好”：吴三桂好为人主，士大夫好为人奴，胡国柱好为人师是也。

俞文为冯家奴

钱塘冯山公家有老仆俞文，金华人。少读书，明大义。身长八尺，躯干魁伟，广眉修髯，耳长三寸许，发声如钟。为雠家所陷，囚于狱，山公之父出之，德焉，因委身为奴。

明珠驭家奴之严

纳兰太傅明珠，为康熙时权相，卒以贿罢。然生平驭下极严，广置田产，命诸仆主之，厚加赏赉，使人人充足，而严禁其干预外事。立主家长一人，综理家务，不法者，许主家长毙之杖下，即幸免而被逐，亦无他人敢容留之，曰：“伊于明府尚不能存，况他处乎！”

孙子未幼为青衣

孙襄字子未，幼孤贫，鬻于某家为青衣。性聪颖，尝伴主人之子读书，代其作文。塾师大奇之，告知主人，养为己子，遂中康熙己丑进士，官至通政司参议，文名重一时。

世宗诏除乐户等籍

雍正丁未，世宗谕内阁转知晋、浙、皖督抚曰：“山西之乐户，浙江之惰民，皆除其贱籍，使为良民。近闻江南徽州府则有伴儅，宁国府则有世仆，本地呼为细民，几与乐户、惰民相等。又其甚者，如二姓丁户村庄相等，而此姓乃系彼姓伴儅世仆，凡彼姓有婚丧之事，此姓即往服役，稍有不合，加以箠楚。及讯其仆役起自何时，则皆茫然无考，非有上下之分，不过相沿恶习耳。著该督查明，定议具奏。”寻由礼部议准安庆巡抚魏廷珍遵旨议奏："江南徽、宁等处，向有伴儅世仆名色，请嗣后绅衿之家，典买奴仆，有文契可考，未经赎身者，本身及子孙俱听从伊主役使。至年代久远，文契无存，不受主家豢养者，概不得以世仆名之，永行严禁。"从之。

庄某著《长随论》

况夔笙太守周颐尝寓金陵，一日于东牌楼匽董摊购书二册，一九峰书院本《中州乐府》，后为朱古微侍郎据以覆刻。一写本《长随论》，前序略云："《偏途福》，又名《仕途轨范》，俗曰《长随论》。曩余寄迹涟水官廨，见有《长随福》一书，友人置之案头，据载，国朝庄有恭作，相传已久。开卷浏览，拨冗迻录。其篇之语易解，所载之法易明，所述之言颇有浅俗之句，惟是初入长随之诸君子，不可不加意温习。类如卷中十要一节，十不可一节，呈词分别刑钱一节，用印信条款一节，礼部铸印局一节，国家喜诏遗诏一节，皆文墨之要诀。又梆点金鼓一节，朝贺祭祀一节，柬帖称呼一节，皆典礼之要诀。又接诏迎官一节，驿递差徭一节，彩觞宴会一节，铺垫亲随一节，皆差务之要诀。至于监狱班馆，红衣督护，尤为防范攸关，不可稍涉疏忽。是书条分缕析，理明词达，令读者触目会心，易于效法者也。同治戊辰六月，北平刘炳麟录于祝其捐局。"序后一则略云："庄先生讳有恭，广东人，乾隆己未科状元。未第时，父为苏州府司阍。及第后，仍执司如故，经太守婉谢，不肯归。嗣先生督学江苏，太守亲送江阴使署，为封翁焉。（旧例，长随之子毋许应试。据光绪丙子科某省有捷秋闱者，计偕入都，同乡官不肯出印结，竟不得覆试。而庄不然，讵当时尚可通融，视挽季稍忠厚耶？）是书于州县衙门公事程序，记载至详。"

苏抚司阍侮褚筠心

吴中褚筠心学士居忧在籍，一日乘舆出答客，经阊门隘巷，止容一舆，对面有一华舆突来，从以豪仆三四，高声喝令让道。褚舆夫不退，两舆遂对立，彼此互詈。舆中人大怒，嗾仆殴之，将褚舆击毁，曳之出，则无顶带之布素老人也，益肆拳脚，衣冠尽裂，须去其半，怒骂而去。问之，则抚署中人。时抚军为褚之小门生，褚大愤，径诣抚署。抚军出见之，大骇。褚告以故，抚军惶悚请罪，责问何人出署，则某司阍赴妓席未回，众不敢隐。抚军益愧怒，立出殊签，锁系而至，传令巡捕，即在厅前阶下痛杖，无庸计数，以无声息方止。未四十，已毙杖下。即登门负荆。自是而各署仆役，相戒敛迹，无敢肆横矣。

毕秋帆改歌僮为仆

“五云”者，丹徒王梦楼太守文治所蓄歌僮，曰素云、宝云、轻云、绿云、鲜云也，年俱十二三，垂髫纤足，善歌舞。越数年，五云渐长成矣，惟轻云、绿云、鲜云遣去，自携素云、宝云至湖北，赠毕秋帆制府。毕审视之，则男子也，大笑，乃谓两云曰：“吾为汝开放之。”乃薙其头，放其足，使为仆。

袁子才遣仆

袁子才有仆曰琴书，给事八年矣。一日方洒扫，颜色憔悴，若重有忧者，袖中遗一小纸条于地。袁拾视之，有诗二语曰：“洒扫几时新隶学，性情那得旧人知？”袁知其有求去意，为改“几时”曰“应教”，“那得”曰“惟有”，而足成之，焚其券，并作诗以遣之去，有“交还钥锁知谁托，欲扫楼台误唤名”之句。琴书跪辞，至泣下。后琴书有孙，亦事子才之孙又村明府棠。又村尝摄上海县篆，粤寇之乱，主仆同殉焉。

金冬心携傔从以游

钱塘金冬心，名农，以书画遨嬉名胜四十余年。所携傔从亦各擅一艺，甬东朱龙善琢砚，新安张喜子精界乌丝阑，会稽郑小邑儿工抄书，吴趋庄闺郎操缦能理琴曲，泾阳蔡春解歌元、白《新乐府》，皆庸保都养之铮佼者也。

黑王送和珅寿仪

乾隆末，交河王某充粤海关司阍，性迂曲，不甚得主人欢，侪辈有私获，往往不得与，人因以“黑王”呼之。某年夏，病痢甚剧，秽液污衣袴。及愈，澣之于江，时嗅之以鼻，盖以辨其污之净否也。时泊于江上者，有大船二泊焉，见王作频嗅状，遥伸两指示之。王不解，仍且澣且嗅。舟人又易以五指，王仍不解，则挥两手答之，意谓若所云吾不了了也，舟人乃已。是夜，舟人忽至王寓，出万金券授之。王大骇，诘其故，舟人曰：“昼间已许我于江干矣，问何为!”王愈疑，知其中必有说，姑受其金，私询之侪辈，侪辈曰：“此私贩硫磺者也。泊舟之处，水中必有磺味，彼见君频嗅，疑已窥见其私，故伸指以示意耳。今既以金来，受之无妨也。”

王既骤得巨金，则数购珍物奉主母。嘉庆己未，和珅寿辰期近，其主母以王能，为言于主人，使入都致仪物。中途患病，误其期，王自度归必受谴，逃亦非计，方旁皇无策，而和已奉旨查办矣。王乃驰书白主人，诡言至京后，闻和恶耗，故置仪物弗进，徐以观其后，今和果得祸，主人庶几免矣。主人得书，大喜过望。和既败，羽党多被株累，凡名在祝寿簿册者，几皆不免，而黑王之主人独无恙，则黑王之功也。

和珅府中之三爷

和珅当国时，其三爷且甚豪。三爷者，为仆所役使之人，重儓也。仆称“二爷”，故重儓称“三爷”。宁羌守备张某尝奉陕抚令，赍二十万金馈和珅，既投书，日侦探不得耗，费银五千余，始见一年少丽服奴出，问白者黄者，某以银对。奴顾左右，令收之外库，授一名柬，曰：“可以此还报，答书另发矣。”某意奴非司阍人，必和之心腹。或笑曰："此三爷耳。其心腹司阍，岂数千金能见颜色。"是时天下承平，物力殷富，献媚者夸多争胜，若以数万金进，不值一盼也。

道光乙未，苏州许某在都，遇一叟于茶肆，叟告之曰："予故和府三爷也。当中堂用事时，声势赫然，凡四方之献物者，皆有副贡，与进上之物无二，甚有加美于正贡者。司阍人刘某发种种，人称"刘秃子"，与督抚抗衡，或相约为兄弟，司道以下望而却步，必赠吾辈以重金，始为之先容，尤必厚赠刘。金入，始获接欢笑，代通刺，达主人。封疆大吏入都，可晋谒一二次，藩臬道府，则俟中堂出，舆前长跪，颔之而已。如是数十载，刘拥巨资，我亦蓄金二十万。及事败，中堂伏法，刘亦籍没远戍，吾辈三十余人，以贱得免查产，分拨八旗披甲为奴，我隶厢蓝旗某部下。因向为三十人之首，有富名，旗主涎之，派司买办，日发单令备，不旬日，费约三千金。惧甚，乃夤缘小婢，求老主母，以二千金为寿，始改派洒扫，乃稍安逸。旗主故任宿卫官，扈驾谒陵，乘隙央女婢，谋脱籍，赠以金二千，乃达于老主母，复献二万金。迨主归，数日无耗，心怦怦然。一日清晨，我方执扫除役未竟，主出，责以慵惰，又屡梗老主母命，不堪驱使，实时逐出，乃得归，然所费已三万余金矣。"

何子贞僮仆无月给

何子贞所蓄僮仆，无月给，遇年节，则随意书楹联若干副予之。僮仆持之出，售于人，辄得数十金，其所入，转视在他处所得者为优，故无辞去者。

奴盗主妾

安化陶文毅公澍督两江时，姬妾多，奴仆亦多。或告以阃内人杂，恐不尽妥，因留意察之。一日方自内室出，遽回某妾房，惟闻妾叱人曰："老爷方出，而汝即来，何如此大胆!"陶遂潜出，告人曰："吾妾尚知规矩，还是好人。"

山左刘燕庭方伯喜海，尝为浙江布政，姬侍极夥，而检束颇严，以高年媪守中门，男仆均不得入，甚至子女同母者，皆令隔绝，惟年节始得一见。诸女咸分院居，四时之首，令老仆领裁缝，持剪尺，问衣裙长短，各制时服一称，平时，虽父母不得一见也。一日，在某妾房，忽闻院中石板有声，则见有人随板而起，近视之，乃随身之仆。拘讯之，词连婢媪无算，次日乃大加沙汰焉。

文武贺抚署阍人生子

嘉道以降，外省督抚信任门丁，吏治之坏，廉耻之牿，半由于此。道光丙午，清苑王晓林侍郎抚皖，有陈七，其门丁也，小有才，王信任之，倚势弄权，属官多奔走其门。有仇恩荣者，任池州守，一日宴僚属，座客都司某方自省归，仇问曰："足下在省，何久留？"某曰："以往贺王抚军诞子之故，而不意抚署门公陈七亦生子，亦不得不往贺，故回署稍迟。"仇正色曰："中丞生子可贺，其门丁生子亦贺，不畏人笑骂乎？"某曰："阖城文武无不往贺，未赴省者亦专使送礼，岂独我一人，能人人而骂乎？"仇顾坐客曰："且食蛤蜊。"

王在皖久，陈所入甚厚。咸丰初，潜入京华，冒捐官职。癸亥正月，侍郎王发桂方在乡人家庆贺，见同席一人，蓝顶貂褂，询之，有告者曰："此陈小山，君不识耶？"盖七自号小山，俨以观察使者自居矣。后为御史孟传金所劾，遂被斥。

杨竹村自甘为仆

杨筠字竹村，为疋（古同"雅"）伦名大堉之嗣子。忽思欲得多金，惟为人仆，事差易，遂至父执某家求供奔走。某大惊，训责备至。杨求益切，自陈谋生无术，惟此差可免冻馁，遂留其家。某固业鹾，杨因是颇有所获。时值粤寇之乱，诸商将运盐过洪泽湖，他人惮险不欲行，杨独愿往，大有所获，多没为己有。已而转入李世忠营，司载盐等事，乘间牟利，积赀甚巨，捐至道员。然行止与人稍异，每行至门前，辄侧身旁立，如有所避，盖习惯使然也。

粤寇令幼童服役

道咸间，粤寇洪秀全肆扰，所至掠人。尝取幼童十二三岁以上者六千余人，悉数阉割，剜去肾囊，得活者仅七百余人。被阉幼童之蠢陋者，俱令服役，名为“打扇”。端丽者悉裹足，有一童不允，即斩足以徇。既裹足，皆令作女装。杨秀清先选之，蓄为男妾，合格者给黄罗手帕，不合格者给素罗手帕。

曾文正荐仆于某监司

曾文正督两江日，署有一亭甚高，凭栏远眺，可窥内外情景。一日徘徊亭中，见有翎顶辉煌者，持手版，向司阍人作哀恳状。阍人挥手止之，状甚倨，其人怏怏去。明日登亭，又见之，状如前。又明日，见其人摸索袖中，得一裹物，鞠躬以献，阍人色骤霁，心疑焉。有顷，入签押房，阍者持手版入，谓有新补某监司求谒，立命延入，乃即连日在亭所见向阍哀恳之人也。询以何日来省，答来已三日；问何不进见，则支吾不能对。文正语之曰：“兄新莅任，得毋缺纪纲乎?”监司答以“署中虽有人满之患，公若有赏荐者，敢不如命”。文正曰：“大佳。惟此仆狡诈实甚，断不可派要差，但令其得一噉饭地足矣。”监司唯唯。遂唤阍者进，正色谓之曰：“此间已无用汝处，顷特荐之某大人，其善事新主人，毋怠!”阍者不得已，屈一膝以谢。及退，大忿，携行李他去，不知所之。

赵绳先为黠仆所绐

湘乡赵绳先以岁贡生在左文襄幕，性迂谨，左亦泛泛待之。

同幕惜其遇，醵金使捐佐贰，赵从之，果得签发江南。同幕又为请于左，为致函苏藩，旋得大通掣验局差。是差就额搜取，岁获三万金。其仆欺其迂谬，请于赵曰："上宪耳目多，稍获赢余，必受指摘，拟请将旧有陋规汰之。"赵从之，每月于额薪外不苟取。留差六年，所得薪不足支用，借款累累，不得已，鬻家中所有田以清夙累。仆闻之，托言有某将置产，价昂贱不计，惟不愿见主人面，但求主人书券予之，便能取价归。赵垂涕，书券与仆，仆惟以半价缴呈，自是而仆遂有赵田矣。

王得胜为担水夫

某宰承顺时，庖有担水夫，孔武有力，嗜酒，得钱辄沽饮，短褐不完，无妻子之累，一身以外无长物，晏如也。或问其姓名，辄支吾以对，屡易其辞。一日，与之酒一壶，喜甚，纵饮之，尽且醉。因询其出身，则自衣袋中摸索出数纸，视之，都司告身也，王其姓，得胜其名。问何以至此，曷不求官，则笑曰："此薄薄一纸，不值拭秽，得之，寒不能衣，饥不能食，贫不能易钱。咸丰军兴以后，朝廷以此奔走天下豪杰，其捐顶踵、冒万死而暴骨于沙场者，何可胜道？即幸而跻显秩、专阃外者，固不乏人，然抱此一纸而老死于厮养者，亦车载斗量。吾今不得官，命也。然吾亦尝入仕途矣。区区一武夫，当世固视为无足重轻，而同僚又龌龊鄙陋不足伍，视长官颜色仰鼻息，屈膝稽首，有事则为供使令之役，与吾今日之担水，亦何异哉？担水以力，自食其力，吾心安之，荣辱得失，不萦于心也。"问何以得此，则曰："吾尝从湘军转战舒、桐间，屡濒于死，徼天之幸，得生还。积功至都司，主将颐指气使，蹂躏无人道，吾故负气还家。今虽垂老，颇自得，无所怨也。"乃出示背上创痕，班驳重叠，犹想见其肉薄血战时也。遇阴雨，辄呼号，痛裂欲死。翌年，果以创发而殁，无以敛，某捐廉市棺衾，埋之署侧。

于氏仆以假契过户

扬州于某席先人荫，未尝留意家事。某岁，有一管家事之仆辞去，已而司会计者告匮。于初不知钱所从得，忆平时所恃者，惟田租耳，然向时收租之事，悉委此仆，未尝过问，因稍清理之，始知良田数千亩，悉已化为乌有。盖久被诸仆瓜分，别造假契，向县署提粮过户，垂二十年矣。问以历年田单、粮串，则皆署过户后之花名，且不存于家矣。于欲讼，则无据，即有老契，而历年田单、粮串均全，不易辨也，遂实时为窭人。

周得标弃官为佣

杭人阮端之大令达元，以随宦于湘，居长沙。光绪庚辰，计偕入都，挈一仆，曰周得标，长沙人也，同居逆旅中。端之好饮博，辄从旁诫之曰："主人即日捷南宫，青云在望矣，何自暴弃为？主人幸文阶，非若吾辈之博得告身，不值一醉也。前程远大，其努力焉！"阮駴（古同"骇"）而诘之，乃备言昔从楚军积功至游击，发标学习三年而无事，故弃官而为佣也。阮为之扼腕太息，自是而优礼有加焉。

陈冠生有长揖仆

每届乡试之年，京曹典试各直省，命下之日，乡年寅好荐仆从者，纷至沓来，而尤以师门函属为谊不可却，且录用之后，驾驭匪易，盖隐有所挟以为重也。光绪己丑恩科，宛平陈冠生修撰冕拜湖南主考之命，适同年某来贺，谈次出名条于夹袋，自言深知人浮于事，缘某友转托，弗获辞，幸损覆寸椾，俾报命前途耳。陈亦极言竿牍填委，重以情貌，即简言善辞，亦笔舌俱困。语未终，门者以缄进，启视之，则南皮张文达公之万荐仆之书也。文达于陈为座师兼同乡，不可却之尤者也。陈蹙额久之，勉令进见，则衣履朴野，长揖而外，木立不知所云。陈殊忻慰，亟奖藉之，因留侍左右。

任筱棠之待仆

山阴任筱棠观察之龄，初治申韩家言，久幕于湘，郡邑幕僚大率为其门徒。幕例，师荐徒于人，月必以所得馆谷分润于师，习以为常，贤者不免。以故任之岁入殊巨，遂积资数十万，蓄田宅，置姬妾，享用豪侈，拟于素封。而能体贴下情，待遇僮仆，备极优厚。所佣纪纲，多至十数人，人给屋三间，俾栖其孥，月俸钱十缗，年谷二石，岁时复有所犒，惟于有非分婪索者，必严惩之不稍贷。

皖抚司阍索门包

某为皖臬时，以新莅任，谒中丞。至官厅，阍人索门包费，问需若干，答言一百。某因命仆至怀宁县令处，借银一百圆。怀宁县亲送银至官厅，某谢之曰："此小事耳，何劳亲至？"因与阍人。阍人曰："一百者，非一百圆之谓，乃一百两之谓也。"某因以还怀宁令，曰："请更借银一百两，慎勿亲来，令仆携来可矣。"怀宁令还，如命，令仆人送银一百两至，复与阍人。阍人曰："尚有小门包之例。"某曰："当需若干？"答曰："十分之一。"因大声斥之，责其需索无已。旁有阍人为之转圜曰："请大人勿怒，此人新至不解事，手版已投矣。"少顷，中丞传见，送茶就坐，某即作色而言曰："大人门包，请明定章程，并须体恤属员而后可。本司旅费艰窘，更无余资能充门包。乃阍人初索一百，及向怀宁县借银一百圆，至则又索一百两，及复借一百两，至则又索小门包。似此种种刁难，将何以堪？本司自清晨至是，已十余小时，上下方砖，实已数百次矣。待本司如此，则其需索于府州县佐贰，必更十倍于此可想见也。若不明定章程，恐大人声名为若辈所坏矣。"中丞谢过曰："请无怒，当惩之。"明日答谒，并袖还其门包一百两。故事：上宪答谒属员，必挡驾不敢当。至是，某竟请见，受其还银，中丞大惭。

章铁拳受典为奴

章铁拳，江湖卖技者也，张两拳如铁，刀斧不能伤，因以为号。章本山左农家子，父为富人佃，岁歉，租无所出，富人追之急，则以二十千钱被典为富家奴。入其门，待之酷，日使舂米。舂必以杵，富人厌其迟，则令去其杵，以拳代之，而日必责米一斗，稻芒刺肤，不敢言痛，苟米不成，则笞挞更甚于是也。初典以二年为期，及期，其父不能赎，于是遂废契，永为之奴。而拳亦肌肉尽削，骨瘦如铁，盖日与稻臼磨炼而然也。某夜，入富人室，哀以情，不可，反举杖痛挞。格拒间，挥拳中其胸，富人倒。乃急奔至家，放火焚庐，扶父母匿山谷间竟夕。明日，易乞丐装出境，道闻富人受伤死，愈不敢归，自此遂漂泊江湖，附于卖技之流，博钱米以养父母矣。

二毛钱受佣于妓馆

京都男子之供妓女奔走者，曰“跑厅”。有二毛钱者，服役于妓馆，初侍荣泉秀云校书。其本姓名不知云何，曰“二毛钱”者，都人谓银币二角为二毛，盖贱之也。为人愿谨，群妓皆喜役之。狎客某呼而语之曰：“二毛钱尚未少增价值耶?”二毛钱肃立答谢曰：“深负厚恩，依然二毛钱耳。”

外务部有余厨子

自恭忠亲王奕䜣管理总理衙门以来，其间易若干管部亲王，易若干尚书、侍郎，易若干司员，而始终未脱关系者，则余厨子也。余有声势，拥巨资，有民政部街之高大洋房，有万牲园之宴春园，有石头胡同之天和玉，且又连结宫禁，交通豪贵。光绪辛丑，两宫回銮，孝钦后宴各国公使夫人及在京东西洋贵妇，耗资巨万。时议和大使李文忠公鸿章，已为孝钦雇一著名西洋厨夫，以备供奉。次日入御，后忽谓李曰："明日请客，还是用外务部之厨子为便。"其运动力之大，可与李对抗，自馀可知，余亦以此所赢不资矣。

余在外部，各亲贵及外部尚、侍有讌会喜庆诸事，无不极力供奉，亦待之以殊礼，亦衣公服，掌招待之职，与王公贵人及搢绅先生分庭抗坐，而不躬亲匕鬯，盖亦捐纳得花翎二品衔候补道也。

汪伯棠侍郎大燮，自外部司员荐擢侍郎，未尝略受馈进，故余稍惮之。一日，汪赴庆王宴，方及门，遥见余翎顶辉煌，与众客跄济于一堂，愕然不能举步。余见汪来，则亦面发頳而口嗫嚅，仓卒中避入侧室。汪亦未遑久留，退而告人，谓今日余厨子尚是给我面子，可为荣幸。

庆王管部数年，余最得意，顾亦颇能撝谦守分，不敢为十分高倨之状，于本部司员则竭力笼络之。其时外部衙门最称阔绰，司员日在署一饭，而额定每人饭银八钱，故外部恒食，一席之费，盖六两四钱。司官既贵倨已甚，辄谓衙门饭不能吃，故常俟家食而后上署，于是此等饭银，为余中饱者半。以此故，则司员需索极多，或临时易菜，或全席都换，或别索点心，无不一一供应，弗稍违也。

阍人受门包

门包之陋规，与二百六十八年之国祚相始终，而实肇端于吴三桂之出关乞师，欲求见摄政王多尔衮而不可得，乃以重资赂其左右，始开门接见，其后遂成为陋规，牢不可破。及宣统辛亥八月十九日之前，武汉起事，时杨洪胜等谋变，为武昌府某所诇知，谒鄂督瑞莘儒制军澄，将密告之。时值深夜，阍人索特别门包，某谓此何时、此何事，尚可循曩例乎？阍人不得已，始通报。事为瑞所闻，大斥之。及杨等破获，阍人犹向索赏犒。或谓本朝之得国以门包，其失国亦以门包，可谓奇矣。

乾隆时，曾有谕旨禁革门包陋规。辛丑又谕云："各省督抚，何得任听家人向属员恣索门包？且督抚原系封锁衙门，一应亲族奴仆，俱例禁出入，是以设有中军及巡捕等官及供稽察传禀。今伊等仍令家人传事，以致积收门包，盈千累万，所谓封锁者安在？若不明禁革，流弊恐无底止。即奏事处，向有收受督抚随封银两，此系旧时规例，相沿至今。但各督抚俱为朕所管教，若不一体裁减，伊等转有所借口。嗣后奏事处随封银两，俱照向例裁减一半，即向得双分者，亦只许得半分。督抚至道府，概不许收受属员门包，各督抚不许另设立管门家人。"

凡致送门包于阍人，其缄封之红签，辄书"门敬"二字，或曰"门礼"。

上炕老妈

女仆曰老妈。京都有所谓"上炕老妈"者，年率二十许，旅京久鳏者，以薄值雇用，(用约十余金。)订立契约，日间操作，夜则侍寝，期满即归，绝无依恋。京中竹枝词云："粉面油头青布衫，女奴多半是京南。老妈称谓何曾老，弱齿无非廿二三。"即咏此。此盖同光以前之习惯也。

梳头妈

广州有梳头妈，受佣于人，以梳髻为职务。西关多巨室，若辈遂群趋之。业此者之年龄，大率为二三十，虽来自田间，而面目白皙，体态轻盈，赤足拖鞋，身着薯莨衣裤。其出也，手中往往持伞，为蔽日御雨之用，少年子弟颇有昵之者。

门坎里

金陵人尚大足女仆，呼之为"大脚仙"。其人皆肤色洁白，面目姣好，尤善梳掠，发光可鉴，荆钗布裙，颇楚楚。足不裹，然亦不甚长，且甚窄。履浅而尖，作鹦嘴式，俗名"划船样"，行时波峭，如风摆柳，富家房中多置此辈。有中人产者，年老失偶，不便续娶纳妾，亦用之，昼则服役，夜则荐枕。佣值亦不昂，年少貌美者，在光绪初，月不过钱三千，称为“门坎里”。

搭脚娘姨

苏俗称母之姊妹曰娘姨，而于受雇之女仆亦以是称之。若辈类皆天足，无不善自修饰，楚楚有致，知审美者辄顾而乐之。且喜其给事左右之可人意也，与之有私，曰“搭脚”。吴谚有曰：“娘姨弗搭脚，落里有绉纱马甲。”落里，何处也。绉纱马甲，湖绉坎肩也。谓既得欢于主人，主人自必以坎肩赠之。

大姐

苏州未嫁之乡女，受佣于人家以供轻便之役者，曰“大姐”，秀慧者多，皆天足也。间有面目黧黑，乱头粗服，不事修饰者，然亦无不备具美人姿势，绰约婀娜，丰神绝世，见之者几不知其皆从田间来也。主人恒昵之。其在十龄左右者，曰“小大姐”。

小大子

江宁扬州、镇江人家所佣之处女，曰“小大子”，略如苏州之大姐。虽不及其妩媚，而一双金齿屐，大踏步出来，亦自俊爽可人，好之者亦不以其装束不尽入时而外之也。

近身

广州之梳头妈，其为主人梳髻也，每日一次，或间日一次，或三日一次、五日一次，月终给资若干。富贵家则专雇一人，名曰“近身”，即贴身伺候者也。此中不无粲者，有师傅，有别馆，其香巢多在西关。其人多从顺德、容奇、桂洲各乡而来，衣服之整洁，语言之尖厉，真足令人销魂也。

喜婆

绍兴有堕民巷者，居方里，男为乐户，女为喜婆。齐民婚嫁，则其男歌唱，其妇扶持新娘梳妆拜谒，立侍房闼如婢，新娘就寝始出，谓之“喜婆”，能迎合人意，各遂其欢。服役之家有常主，如田之有佃，得自相顶替，彼此买卖，皆有契券。婚嫁、祭祀外，常时则以说媒、售衣锦为业。

送娘子

宁波有送娘子者，与绍兴之喜婆同，亦堕民也。其髻异于齐民，出行辄持伞，不问晴雨，盖以为标识也。衣裙皆黑色。

喜娘

苏州之喜婆曰“喜娘”，齐民为之，其职务略如喜婆，年少者为多。大抵妆束入时，善自修饰，天足细腰，殊可人意。

粤人蓄婢

粤人蓄婢者极多，视其稍可造就而面目不甚怪丑者，多加意教之，教以烹饪、刺绣、治家细务，且教之识字，即文理不甚通顺，亦必能缮录账目，如此乃为上乘。俟其年长，即售与人为妾。价昂者，自五百金至千金。次者亦必能烹饪、缝纫，方为合格，身价自二三百金至五百金，下者一二百金。旧家之中落者，每多蓄婢，俟其长而卖之，得金殊不赀也。

苏麻喇姑

苏麻喇姑为孝庄后侍女，性巧黠，国初衣冠饰物之式样，皆其手制。圣祖幼时，赖其诲迪，手教国书，宫中甚推重之。康熙壬午始逝，以嫔礼瘗于昭陵之西侧。

招姐精烹饪

袁子才家有灶婢曰招姐者，年少貌秀，服役甚勤，裁缝澣濯之外，兼精烹饪，凡袁不时之需，先已预备，诚能听于无声、视于无形也。其姬人方聪娘，本审袁之嗜好，招姐更左之右之，袁常自诩其口福也。有不速之客来，摘园蔬，烹池鱼，筵席可咄嗟办，具馔供客，有络秀风。年二十三而嫁，袁曰："鄙人口腹，被夫己氏平分强半去矣。"闻者笑之。盖袁以招姐赠刘霞裳也。

葛裙

江东某大姓以祸死，其宠姬皆挟金珠散去，一婢坚不行。婢常着葛裙，人以"葛裙"呼之。自言："主人尝被酒一召我，我誓报之。"豪家吞其屋，葛裙奉木主卧一室坚守，力不支，绝粒毙。豪悯之，扃此室，并其主瘗焉，曰："还汝一块土。"其事绝可传。龚定庵曾有《水龙吟》一阕咏之，词云："君家花月笙歌，葛裙那许陪宵谳？啸如鲁柱，才如买锦，空遇如班扇。蓬鬓慵装，蛾眉怕妒，天寒谁管？算平生已矣，春风一度，恩歇绝，何曾怨。　一夕仓皇家变，抱琵琶倾城都散。雍门琴碎，雀台香烬，西陵墓远。块土争还，芳魂永守，秋磷如电。忆史家柱叔敖公，千载下，今重见。"

婢以护印作夫人

光绪时，江人镜任汉黄德道，一夕漏三下，署不戒于火，众自睡梦中惊逸，太半索幝履弗及。一孙甫周岁，由乳媪倒抱而出，其匆遽可想。幕府某疾趋至，问印已携出否。江惶急，不知所措。盖印若被毁，则处分至重也。

江有长公子娶于延陵者，其媵婢艳而慧。方觅印时，亭亭自众中出，庄肃奉印而上之，黄袱宛然，江大喜。秀水钱子密尚书应溥，江之儿女姻也，方枋（古同"柄"）枢要，道署之火，印与大堂皆未毁，复为之地，仅予薄谴。未几，擢两淮运使，而昔日护印之功人，始犹肃抱衾裯，继且荣膺珈服。盖都转久虚嫡室，至是竟敌体中闺矣。后数举丈夫子，皆成立；所生女，亦作嫔名门。扬人士作《护印缘》院本张其事，谓夫人以护印得夫人，非寻常护印夫人比。夫人性慷慨，乐施予，御下以宽，而内政殊井井，持满戒溢，绝无骄奢侈靡之习，亦难能也。

桂林某大家有慧婢

广右人呼婢曰“蕉叶”，殆有所本。桂林某大家有一婢，绝慧，一日主人与客谈次，偶及植物之叶，谓何者最大。客未对，婢适擎茶至，儳言曰：“蕉叶最大。”竟无以难之。此呼婢曰蕉叶之所由始也。

盗贼类

盗贼横行

凡财物所有权之在人者而我取之也，以强力行之者为盗，其得之也曰“抢”；以诡计行之者为贼，其得之也曰“窃”。然亦有谓盗为贼者，马贼是也；亦有谓贼为盗者，盗犹言“取”也。吾国盗贼多于他国，久为外人所诟病，致谥之曰“盗贼国”。晚近以来，四海承平，已历数十年之久，生齿日繁，生计日绌，遂至盗贼横行，明火执仗之徒，鼠窃狗偷之辈，几已所在皆是矣。

某乙先盗而后贼

淄川有贫民某乙者，残腊向尽，身无完衣，自念何以卒岁，不敢与妻言，潜操白梃出，伏墓中，冀有孑身而过者，劫其所有。悬望甚苦，渺无人迹，而松风刺骨，不复可耐，意濒绝矣。忽一人伛偻来，心窃喜，持梃遽出，则一叟负囊道左，哀曰：“一身实无长物，家绝食，适于婿家乞得五斗米耳。”乙夺米，复欲褫其絮袄，叟苦哀之。乙怜其老，释之，负米而归。妻诘其自来，诡以赌债对，阴念此策良佳也。

次日而复往，无几时，见一人荷梃来，亦投墓中，蹲踞眺望，意似同道。乙乃逡巡自冢后出，其人惊问谁何，答云：“行道者。”问何不行，曰：“待君耳。”其人失笑，各以意会，并道饥寒之苦。夜既深，无所猎，乙欲归，其人曰：“子虽作此道，然犹雏也。前村有嫁女者，营办中夜，举家必疲。从我去，得，当均之。”乙喜，从之。至一门，隔壁闻炊饼声，知未寝，伏伺之。无何，一人启关，荷杖出行汲，二人乘间掩入，见灯辉北舍，他屋皆暗黑，闻一媪曰："大姐，可向东舍一瞩，汝奁具悉在椟，忘扃鐍未也？"闻少女作娇惰声。二人窃喜，潜趋东舍，暗中摸索，得卧椟，启覆探之，深不见底。其人谓乙曰："入之。"乙果入，得一裹，转递而出。其人问尽矣乎，曰："尽矣。"又绐之曰："再索之。"乃闭椟，加锁而去。乙在内，窘急无计。未几，灯火亮入，先照椟，闻媪云："谁已扃矣。"于是母及女上榻，息烛。乙急甚，乃作鼠啮物声，女曰："椟中有鼠。"媪曰："勿坏而衣，我疲顿已极，汝宜自觇之。"女振衣起，发扃，启椟，乙突出，女惊仆。乙拔关奔去，虽无所得，而窃幸得免。嫁女家被盗，四方流播，或议乙，乙惧，东遁百里，为逆旅主人赁作佣。年余，浮言稍息，始与妻同居，不执白梃矣。

盗贼充斤

光绪时，浙人某观察被命为驻日本公使，时恭忠亲王当国，某抠衣入谒，偶谈时事，谓现在盗贼充斤，王不解，后始悟"斤"字为"斥"字之讹。翌日至总理衙门，谓须更换。群询其故，恭王谓日本为同文之国，某诞妄若此，恐贻笑柄，重为我国之羞也。旋经旁坐者竭力解围始已。

盗有徒为贼

劫盗之中，别有一类曰"赶蛋"，不为盗于齐民家，而为盗盗之盗。其行盗也，必伺群盗之出发，或袭其巢，或要于路，出百计以劫盗所劫之财。谓为盗，则所获为赃；谓为非盗，则所为实盗。官无律可引，盗无力可制，皆强黠者为之也。

兴化沈庆龄广文暮年燕居，辄喜问米盐琐屑。适家有庆事，宾散，偕仆掩门户，以烛灼之，惧有野犬留厨下。不料炊草中一物蜷伏，以足蹴之，则起而跪陈，乃一五十许人。知是偷儿也，诘之，则为著名积盗，行劫于五百里之远近，巢穴在海子池茅屋中，人咸呼为老汉。沈以其憨老可悯，不之叱责，惠以铜钱数千，使之改行为善，以保残年，老汉叩谢而去。

未几，老汉以小资本作走贩，日积月计，称小康。门下贼徒累累，皆觊觎之，而莫之敢发。有樊川产之刘阿七者，老汉之徒也，夜入老汉室，冀倾其箧。漏三下，老汉卧矣，少顷，忽促其妇起，燃灯检门户，曰："今夕当有儿辈来作祟也。"妇怨为见鬼，不得已索之，絮聒而入。老汉怒，起而亲检之，果大索不得。沉思良久，忽指盛水缸而詈曰："小孽障必在此。黔驴之技止此耶？速出，毋自毙！"语甫讫，果一人破水出，阿七也。盖阿七闻老汉睡梦中言，知难苟免，因潜身缸水中，以瓢掩其顶，以芦管透其气，冀或避面也。老汉见阿七出，微笑而责之曰："小孩子胆壮，智略亦高，特与老夫恶作剧，未免班门弄斧矣。今姑与尔约，尔能盗我尺寸缣，当予以百金，否则毋自贻丑也。"阿七惶恐去。未一月，阿七之母携幼孙哭于老汉之门云："孽子自得罪后，归家懊丧，竟于前夜自缢死，乞赏粒米，得延命，誓世世不忘。"老汉疑其诈，密使人往探之，果有薄棺厝破屋中，当惠以米五升、钱一千，俾老幼分携而去。旋归，谓其妇曰："阿七死，我安枕矣。"由是老汉遂不防阿七。

越月，老汉家忽被窃，而贼来无迹，因具诉于县，便道访旧同事者助缉。适由阿七家过，问之邻右云："今晨阿七携母归樊川矣。"老汉顿足大呼曰："我为阿七卖矣，我为阿七卖矣！"即归与妇言，装束赴樊川，访三月，卒莫见阿七面。是非赶蛋中之圣手耶？

上海多盗而少贼

上海多盗而少贼，通衢大道，商店民居，皆群盗临存之所。盗之多，始于光绪之中叶，而蔓延于宣统时。租界警政尚修，俗所谓巡捕者，巡士也，有时植立于马路之中，有时巡逻于永巷之内，一二鼠偷狗窃者流，自能见而却步。若夫盗，则虽非明火，亦皆执仗，成群结伴，携枪带刀，巡捕慑于其党之众、械之利，早已望望然去之。以是益肆无忌惮，出没自如，而日益横行矣。推原其故，盖裁兵逃匪时而集合，时而解散，生计所迫之故也。

趁火打劫

有所谓趁火打劫者，临时之盗也。遇有人家失火，即约一二伴侣，飞奔入内，见物即取，或持之，或负之，或扛之。主人加以诃斥，则曰："将为汝寄顿于吾家也。"盖仓猝起意，利人之危而乘之耳。

掳人勒赎

掳人勒赎之事，初惟广东为甚，继而东三省之马贼尤而效之，后且及于江浙。宣统时，上海亦有此风，虽人烟稠密，探捕林立，不顾也。限满不赎，则被掳者之生命不保矣。

掳船勒索

水盗之猖獗者，当之者财物被夺，固无幸矣，且或掳其船舶以候赎，非予重金不还也。

盗有把风

盗之行劫也，必先探其地之富室为谁，既确知其居室之所在，乃始结党而趋之。虑其家中人之出而呼号，或有兵警往捕也，则以数人守其宅之前后左右，曰"把风"。

土国宝以盗投诚

土国宝者，明太湖盗也，国初归降，洪文襄公承畴荐授苏州巡抚。性残暴，一时缙绅故老，咸被其害。又因抗粮案株连生员数百，尽行斥革。后又交通郑氏，欲以地叛，为制府麻文僖公勒吉所知，因尽调其兵马粮饷赴江宁，露章劾之。国宝侦知，欲逃，城门已闭，乃与其妇同缢死于钟楼。

苏盗打粮

国初群盗蜂起，太湖有赤脚张三、毛二、沈泮、柏相甫、扒平大王等，盘踞淀山、长白、荡澄湖，白昼抢劫，名曰“打粮”。择缙绅富人及其爱子，擒匿盗穴，勒千金万金以取赎。愆期不至，有水牢、河泥、粪窖、烟熏眼等刑。且自投刺谒巨室，曰“贷饷”，不允则夜必烧劫。贫人献新者或邀厚赏，故众多归之。流毒数十年，始剿灭。

老爪掘坎瘗行旅

康熙时，定州有盗号“老爪”者，其党大抵皆畿内河北人，佯具行李为商贾或仕宦状，与行旅之人同行且宿，渐亲密，辄诱之于鸡未鸣时起行，别遣徒众于前途二三里许，掘坎以待。至其地，则皆缢杀而瘗之，不留一人，劫其装去，无可踪迹，车夫亦多其党也。

李笠翁盗库金

康熙时，有李笠翁者，名渔，薄负文采，游京师，名动公卿，其为盗，人不尽知也。有江阴章老人者，尝述其高祖镇兖州，曾祖随宦焉。时满洲某以帝室懿亲抚山东，邀李主章奏。李风流自赏，暇辄挟诸大僚子弟，载酒大明湖，徜徉啸傲，裘马翩翩，大率少年选事者。时承平未久，大臣子弟例习武，备干城选，不论将家子矣。予曾祖以总兵子厕于其间，击剑超距，靡所不为。而李文士也，从容诸人间，时强拉与戏，颠仆之，以为笑乐。李被颠，起或诙谐自调，色不怍，故诸人乐与之游，绝不觉其有武勇也。一日，谓诸人曰：“历下风土，诸公子当倦游览矣。南朝景物，秀绝人寰，广陵愈靡丽，为三吴冠，盍买舟作广陵游乎？”诸公子喜，载数画舫，联樯南下，抵广陵。

至则系舟数月，兴阑欲归，行解维矣，李忽置酒遍拜诸人曰："渔辱从诸公子游已久，今有急，未识诸公子肯援手乎？"诸人笑扶李起曰："先生属尊，何必尔，敢不惟命。"李起曰："吾顷需金数万，无所措。"诸人闻数巨，有难色。须臾，李又曰："诸公子固不能相假，吾知运司库金银无虑千万，视戋戋者，不啻九千一毫，于国帑无大损，诸公子材武，盍助渔取之？"诸人相顾骇愕，不敢应。李愤，作色胁诸人曰："诸公子必不相扰，渔能自取之。明晨，舍少金诸公子舟他遁，祸嫁诸公子矣。事发，累尊公，祸必不轻。诸公子即能自白，恐不免比匪之罪。能行，必无祸。"诸人不得已，应之。李曰："信乎？"曰："信。"李呼舟人曰："止酒。俟奏凯还，饮至，为诸公子策勋未晚也。"舟人讙应如雷，诸人益惊，乃知舟人皆李党。李起取佩刀，指诸公子曰："此行无争斗，不必人人持械，渔操刀为诸公子卫。诸公子速随渔登。"语毕，巨跃如飞，先登岸。诸人随之疾趋，登运库屋，揭瓦斩梁，驱诸人探身下盗金，自操刀踞屋顶瞭望，备有变。既，诸人以次负金出，驱诸人先行而自殿后。抵舟，命舟人扬帆，时酒尚温也。李酌酒饮诸人曰："诸公子身下盗库金，而渔居屋顶瞭，事发，不必首渔而从诸公子也，诸公子幸好自爱。"诸人默然。归，乃不敢与李昵，然亦勿敢声，亦不知其多金果何所用也。

盗冒太守名到任

康熙甲辰，池州守郭某领凭赴任，中途被盗劫，眷六十余皆歼焉，惟妻及幼子得生，盗竟掩为己之妻、子矣。既得凭，即扬扬至任，谒上台。为政精明，人咸爱重之，惟所征钱粮久不起解。上台诘之，谓钱粮重事，必亲解，不能数往来，俟数足，当赍至，如不信，遣吏按验可也。按之库，果累累，上台大喜。

未几而郭之乡人有往探郭者，每一人至，则迎入，潜杀之，无得出。其乡人在家者疑之，郭之妻兄乃往探，至，适守出行，遇之于途，则见舆中人非郭，大骇，即饰为丐状，诣府署，曰：

"吾千里流落至此，府署日需水，愿供此以餬口。"乃担水至内衙，见其妹，妹摇手使勿言。后日再进，则妹已密书一封投之，出视，则知郭已为盗杀，盗三十余人咸在署，乃密控县官及上台。上台以人多，非可猝擒，闻其人多精算，乃阳谓之曰："各县钱粮未明，闻汝署中人多能，可为我分其劳乎？"曰："可。"于是每县遣二人行，而密告其县令，各将此二人下之狱。乃以他事召伪守，至即缚之，鞫得实，库金凡八万两，满十一月即思逸去矣。

黠盗取汪山樵玉龟

康熙时，苏州汪山樵官陕西兴平县，腰际尝佩一玉龟。玉不甚白，微带紫红色，龟目为二黑点所琢成，腹下斑斑数团，作龟甲状。不甚大，纵一寸三四分，横可寸许。某日，验尸至乡，夜宿民家，梦一衣绯衣者拜手而进，云是张昌宗，此玉龟乃则天皇后宠幸时所赐，尝命其子死后以此殉葬，乃头方落，而其子已私质三千金于某平章。如此不肖，使我寻觅至今，今既觅得，原物应归主人。遂伸臂解山樵腰间玉龟持之，复三拜手而出。及醒，视腰际玉龟，已不翼而飞矣。而相对言语，声息形状，犹宛然在目也。山樵至辍食三日，复嗟悼者久之。

或谓山樵曰："君所梦，非梦，实人也。陕中剑客甚多，为盗者亦不少，惟劫官，不劫民家；劫豪富，不劫小康。君之所遇，其亦此类。假托张昌宗，已露破绽，岂有为鬼而尚恋恋一玉龟，亦岂有自唐历五代、宋、元、明诸朝，寻觅不得，而乃于七八百年后寻得之理乎？其初进时，履屋瓦如平地，寂无声息，而不使有一瓦碎，故随从诸役俱不闻焉。其既进后，用异术使君不知不觉如入梦然。（即今之催眠术。）然后自托古人，盗取君物。不然，君必根究也。"山樵闻之，怅然若失。

漳州守为盗

康熙时，福建龙溪县有富室，屡失珠玉重物，案久不破。官严比，捕役患之，邀精干者数人分途缉捕，且托大户为逻察之。某夕，漏三下，忽有持灯而来者，衣短黑衣，外罩一蓝色袍，过一井，以灯悬之井中，覆以袍。役于暗处蹑其后，至高墉下，飞腾而上。未几，负一小匣出，迹之，从漳州守郡廨后垣跃入。捕飞一刀击之，不中；掷一砖，中额。捕不敢入，命诸役环守之，天明不出。密白大令，请于晨，将府中胥徒杂役一一点名，有无伤额者。谒守，守辞以疾。令自言稍知岐黄，请入内视脉。不得已，见之，两手脉无恙，惟以乌纱帕裹额，微有血痕，问之，曰："头风。"令大疑，亟白上台，备述其状，使兵役围署搜之，得真赃，招失主认领。抚军奏闻，上大骇曰："知府中有若辈乎？"饬会制军严讯，始知其先为积猾，得巨金援例部选也。讯其既为官，何复尔尔，曰："故智复萌，情不自禁，所谓经营长物无餍足也。"遂从重置法。

郁双蓄灵猕以为助

雍正时，济南有大盗曰郁双，积案累累，官吏莫能捕。徒党甚众，凡在其门下者，盗掠所得，辄自取十之七，而以三献郁，以是所蓄数十万矣。某年为郁七十寿辰，先十日，柬邀其侣至，并言春秋已高，自是不复再作杀人越货之事，将以饮宴而与诸君别，届时务须贲临，苟不如约者，誓与诸君共弃之。江湖后进，既畏郁之威名，而又不敢拂其意，及期，果盈庭济济，剑戟相望。筵宴至八十余席，皆虎头燕颔之伟丈夫也，循班次列坐。末席则一巨猴，赤面金睛，体高约三四尺，毛色绛黑，酬酢悉如人，惟其顶光滑，俨如僧之新剃席者，两耳无一存，望之若黝洞然。座客咸诧之，相与耳语。乐既作，水陆杂陈。少顷止乐，郁举爵而笑，掀髯谓客曰："狂饮寡欢，不可无下酒物，然吾辈又不欲效文人墨客苦思酒令，无已，其与诸君各述平时武勇及所经历，有异常劳绩、能人所不能者，相与各浮一大白以贺，何如？"众曰："诺。"乃各依次而叙述焉。

至猴，猴不能语，然颇解人意，目四顾，若有所陈。郁遂指猴示诸客曰："猴乎，吾之侠友，而又功臣也。在理，吾不能昧其勋烈。今吾已洗手，吾仅有一女，已适人，更无有尘事足扰吾心，今后吾惟携吾侠友入山耳。侠友曰灵猕，幼年得之于粤东。吾素喜拳棒，尝从名师游，凡师之所授，吾过时辄不复记忆。猕在吾身侧，慧心敏腕，一见遂领略，而吾转受业于猕。如是者数年，余稍稍从诸前辈习为剽掠，凡遇富室，重门洞辟，墙檐有高至丈余者，猕辄窜身而上，疾如飞隼。既入其家，凡窗、户，一一解其锁键，吾辈乃持刀直入。吾间出他郡，一时腰橐既罄，或携之，卖技于广场，食宿之资，咸取给于是。人以吾为演猴戏而已，初不疑吾为盗。有时安居旅馆，夜深即遣猕出，猎取黄白。猕不俟吾指挥，破晓归来，则手握金银而口衔珠宝，脱口出之，其光芒射人目。猕初不分吾颗粒，吾馈以果酒，则跳跃大乐。既饱，乃与吾抵足而寝，虽寒冬，腻然温如炉火。由是吾与猕日益亲，而余之有侠友，亦为路人所知，遂有捕役日伺吾之踪迹者。一日道过保定，吾携猕行于旷野，北风怒吼，雪花如掌，积尺余，幸余与猕身躯伟健，然亦几没胫骨矣。余抚猕，坐地而大恸。幸同伴已舁床至，余卧其上，并有二人各扶猕，相与驰入山谷。猕休息旬日，始复常态，余亦渐痊。同伴告余，谓某日雪夜，众方拥炉围坐，忽见猕坌息而至，状极仓遽。猕苦不能语，见余辈，惟指手作势。遂从之行，得见古寺，乃分道刺探，始稍稍闻人传言，谓捕得巨盗某某，将就戳，计无所施，愁苦终日。后念猕能潜身入狱，于是相约在狱外静待。余闻而大感，由是与猕益有骨肉之感焉。"

方郁述猕事时，四座咸寂然，及闻猕风雪逃灾、黑夜劫狱事，有泣下者。郁亦不觉以手掠须，潸（同"澘"）然堕泪。猕则连引数觥，婆娑起舞，众亦争举大杯以贺之。

郁又续言曰："吾适所述，犹人所能为者，未足以尽猕之异绩也。不见其头颅之濯濯乎？此其事更有足使诸君赞叹者。曩时，圣祖登极，青宫众多，各怀异志，诸皇子咸蓄有奇人异士。门户既分，党争遂起。某皇子得海外某国贡奇珠一，其贵重罕与伦比，什袭珍藏。有爱姬岫云者，钟爱异于他妃，乃以此珠赐之。岫云因获此珠，恐有觊觎之者，亦多所防备，其侍女咸解武事。某年，吾同党人大会于九华山，因议及是珠，谓有人能取之者，当集资为寿，且举之为魁。顾赞成者虽多，至欲实行入宫，则相与瞠目而视，不敢冒此大险，遂亦一笑而罢。猕彼时亦闻是语，乃乘吾不备，飘然而去。吾大惊讶，谓相处十余年，仍背吾他适，初不疑其负有盗珠之意也。吾于是郁郁成疾，困顿床席十有余日。吾同伴及诸弟子率来视吾疾，门限为穿。一日，方共集吾室，乃猕忽破窗直入，然其形状殊不类平昔，血溢额际，痂厚结如钱。余骤见猕，大喜，病若失，趿履下床，见状大惊。猕见吾，忽探颊嗛出大珠。时日甫西匿，室黑，未及秉烛，而是珠光芒乃鉴人毛发。诸友咸在，见而骇绝，始悟其被创之由，实为盗珠也。猕不能述盗时情事，吾后从他人得闻之。谓岫云藏珠之所，虽所亲无知之者。猕入宫，乘夜破扉，倾箱倒箧。岫云大呼，侍婢尽起，争持刃逐猕，猕遁去。岫云恐猕为盗珠而来，防范益严。虑藏珠之所为猕侦察，乃白皇子，廷侠士入宫，己则抱珠于怀，终夕列炬，众目共监视此珠，意猕虽狡，当不容猎取。如是者凡七昼夜。是夜，猕忽取一巨爆，从檐角燃之，其声震瓦。众知有变，咸出宫侦视，已跃入岫云之怀，夺珠入手。岫云惊号，猕又窜出窗外。侠客急飞剑驰逐，猕见白光，知为劲敌，急吞珠入口，且驰且避，而白光盘绕顶际不已。宫有圊，乃不顾污秽，藏其中，白光遽敛。此时露一顶于外，遂被创，乃折而返，出浴于御沟，沿城而行，亦无觉察之者。大功于是告成，而宫人讳言其事，亦不敢大索贼。”

郁言甫毕，诸客咸击掌称善，争视猕，猕意益得。郁又曰：“吾得此珠，终无所用，欲售之，而当世无人肯出巨资者。余乃舍此珠于嵩山白鹤观，以观中有塔，巍然高出云表，遂安此珠于塔顶焉。”

茭塘海盗

番禺之茭塘，凡十数村，其村民以盗为业，盗于海，所乘之船曰“多桨船”，桨有三十六枝者。行劫皆以昼，遥望客舟如黑豆许，则听之；大如鸭，则必为所追。至则以铁钩拽其船，乃持刀仗往劫。亦有盗船仍被盗劫者：此船一二十人，方劫得资货，又遇盗船三四十人者，辄复为所劫。

盗觑李晴山行箧

江郁李晴山，名道南，乾隆朝进士也。某年春，将赴礼部试，苦治装无具，乃以居屋出鬻，得五十金为路资，行李狼狈。有从者肩二箧随于其后，甚重。宿临淄道中，有盗私伺之，耳语曰：“若者敝甚，非给我乎？视其箧，疑必有藏金也。”晴山闻之，故启其箧，皆破碎经史，朱圈墨迹，无一完善本。盗相顾，叹息而去。

东南海上多盗

嘉庆初，东南海上多盗，曰“凤尾帮”，曰“水澳帮”，曰“蔡牵帮”，闽盗也；曰“箬横小帮”，浙盗也；曰“朱濆帮”，粤盗也。续出者，有黄葵帮及和尚秋等小盗，则皆闽粤间人。

勒保钢表被盗

嘉庆时，川督勒保颇黩货。尝督师剿川楚教匪，久而无功。其后内调入阁，濒行，辎重无算。时海禁未开，各国之商舶未至，计时之钟表罕有输入。勒有钢表一，爱之甚，佩诸身。时群盗如毛，途次忽被盗，牕、户如故，而囊橐半空，并所宝钢表亦失之，逻卒无一觉者。

勒以失表，大怒，严檄地方官勒限破获。一夜，方伏枕假寐，忽微风掠面，惊起视之，一人作健儿装，半跪榻前而言曰：

"中堂安。"继而曰："中堂之物，实某取之。中堂所得皆不义财，某代取之，所以为中堂弭罪孽也。中堂乃复穷究，枉及无辜，将更取中堂之首矣。"遂以表掷之榻，曰："姑以此物还中堂，余不可得矣。"言已，一跃上屋而逝。勒大惊，翌日面谕所司，令不复究。

盗善走

姑苏阊门内有巨室，嘉庆丁巳中秋之夕，忽有三盗至，皆执凶器，家奴毕集，见其蹲伏屋脊，因鸣金聚众。三盗惊走，一以腹贴瓦，如蛇之游，迅速无比；一以手代足，倒身而行，亦甚捷；一则纵身跳跃，檐瓦无声。时观者若鲫，枪棍齐举，廑得捕其跳跃者，俄仍被脱。越日，则下塘某质肆之银房，被劫一空矣。

抢米为临时之盗

嘉庆甲子五月，吴郡大雨者几二十日，田不能莳秧。六月初一日，乡民结党成群，抢夺富家仓粟及衣箱、物件之类，九邑同日而起。抢至初六日，凡一千七百五十七案。

张保以盗缉盗

闽浙海盗之与蔡牵同时者有张保，甚猖獗。官军出征，力竭请降，授官至参将。有拟荐擢总兵以示羁縻者，桐城姚石甫观察莹言于大吏曰："保无尺寸功，穷蹙乞降，官至三品，宽厚至矣。再迁擢，何以服奸宄？不如以海洋缉盗责之，有功则迁擢不为滥，有罪则谪降不为苛。"保卒以此奔走海上而死。

张忠武少曾为盗

张忠武公国梁保障苏、浙郡县，垂七八年，其后以兵饷大权为共事者所掣肘，卒以身殉。

忠武初名嘉祥，广东高要县人，美秀而文，恂恂如儒者，然喜任侠，跅弛不羁。年十五，之粤西，从其叔学贾，心弗喜也，日与轻侠恶少年游。其党有为土豪所困者，往助之，杀人犯法。官捕之急，遂投某山盗薮。盗魁奇其貌，以女妻之，女嫌其疏贱，不可；盗魁欲拔之为己副，其党又不可。山中例呼盗魁为老大，其支党皆为兄弟称，自二三四五以下，各以才之大小为次之先后，乃呼忠武为老么。么者，第十也。然每出劫，必倍获；抗官军，必告捷，群盗皆惊服。一日，山中粮匮，因往劫越南边境，名为借粮。越南人驱象阵来御，盗马皆奔。忠武使其党捕鼠数百，明日复战，掷鼠于地，纵横跳踉，象见之，皆慑伏不动，遂获全胜，乃大掠而归。

顷之，盗魁病死，群盗推忠武为魁。忠武有众万人，以兵法部勒之，与之约曰："凡劫官商，毋得杀人，财货必留还十之一，俾得为商之资本、官民之旅费。"既而官军讨之，山中仓猝无兵器，忠武使人揭一竹竿，以御兵器。战益久，则愈削愈锐，以刺人，无不死且伤，又获大捷。然兵吏之为所执者，皆礼而遣之，且具书自陈不得已为盗状，谓苟蒙赦宥，愿效死。及粤寇洪秀全起于金田，遣党招之，拒不往，曰："吾之为盗，非得已也，岂从叛贼者哉！"向忠武公荣提军广西，使绅士朱琦为书招之。忠武约官军压其巢，出御而佯败，乃悉括山中财物，散遣其党，使归为良，而自降于布政使劳崇光军前，改名国梁。得旨赏千总衔，归向差遣。由此战必为士卒先，威名闻天下。盖忠武年十八而作盗魁，二十八而折节从军，为国虎臣，三十八而致命遂志，平生大小数十百战，善于［以］寡击众，每出己意，坐作进止，率与古兵法暗合也。

盗为蛇所逐

雁荡有寺多田，每岁获已，海盗辄来杀人劫粮去，以是僧莫敢居。道光初，有僧携一徒，言自峨嵋山来，居之不疑。盗初以为有术也，继审为无，复肆劫焉，且刃伤僧足，僧仍不去。寺后有眢井，僧无事辄窥之，投食其中。居三年，盗凡五至。一夕，盗又至，掠甫竟，僧蹙口作声，忽大小蛇麕至，势若风雨，巨者如楹如栋，小者如臂如指，四面围绕。盗挥以刃，虽伤数头，莫之止也。顷刻，周其身如缚。僧笑曰："知罪否?"盗叩头乞哀，僧复长啸，蛇遽释之。盗踉跄下山，不敢复至。他日，村人过寺，僧使视眢井，蜿蜒者充塞其中，素所畜也，因呼为"蛇和尚"。于是鸠工庀材，即以寺产修寺，不一载，顿复旧观。后之住持者，犹能传其弄蛇之技也。

盗割婢臂

咸丰初，江苏有进士某选授闽省某县令，挈眷赴任。一日，舟抵某处，忽盗艇四集，蜂拥登舟，刀光闪烁，人语喧哗。瞩其魁，则一翩翩少年也，貌甚美，挥众将肆劫。忽问主人为谁，某方悚惕伏舱陬，噤不敢应。仆从中有胆壮者告之，盗曰："是某年伯耶？几惊长者!"戒其侣毋扰，又曰："既为某年伯，婢中有巧奴者何在?"仆乃指巧奴，盗曳令前，掣其素腕，用利刃割臂肉少许，置掌中，若甚珍重，急出白色药敷伤处，慰之曰："毋恐，即愈也。"握肉出舱，致声孟浪，率众扬帆去，他物一无所动。某与仆皆不识盗，问巧奴，亦不知。视割处，伤痕渐敛，洵良药也。相与骇叹久之。终莫得其故。

盗劫御赐貂马褂

咸丰甲寅十二月，文宗赐曾文正公国藩以御用黄里貂马褂，颁到之翌日，有盗以小舟夜劫文正座船，取其褂而去，文正噤不敢言。

昌平女仆通盗

京师某巨室雄于赀，佣一仆妇，为昌平州人，服役有年。性甚黠，主妇颇委任之，凡金帛所藏，悉与知焉。一夜人定后，有盗六人自屋而下，皆涂面执刃，群仆惊逸，此妇闻声趋出，为盗所执，以刃拟其颈，曰："尔主人何在?"曰："值内班未归。"盗挥其徒曰："速缚其主妇来!"妇跪而泣曰："主母遇我厚，愿勿吓之，我愿以身代。"盗曰："既如此，尔但告我金帛所在。"妇嗫嚅不欲言，盗举刃欲斫之，妇大骇，乃具告焉。盗搜括既已，意犹未足，复以刃胁之，使尽言，妇曰："金帛尽矣，惟有珠宝首饰在某所。"于是盗又尽取之，笑谓妇曰："汝言未必尽实，今姑留余地。"乃呼啸而去。

盗既去，主母深感此妇，慰谢之。而妇面色如土，不作他语，连呼"吓杀、吓杀"而已。比晓，主人归，知状，亦慰谢之。然念妇虽为盗所劫，何尽情泄露，当皇遽时，乃纤悉不遗如此乎？且仆妇甚多，何以独劫此妇，其事似有可疑。而妇自此即云惊悸成疾，越三日，以病重告归。主人重赏而遣之，密遣干仆尾之行。妇初卧车中，出齐化门即自起，遣车反，而别雇一车以行，至昌平州某村止焉。有数人迎门而笑，妇亦笑而入。仆即奔告于官，遣役偕往。时已夜半，夺门而进，则妇方与众分所盗之物，金帛首饰俱在，缚送官，论如律。

济宁女佣通盗

江淮间有王某者，以武科起家，官都司，因事削职，隐于乡，年未及三十也。好驰马，有马名雪花骢者，服官时以千金购之，日行七百里无汗，颇宝之，虽戚友不借乘。所居在山麓，邻居绝少，自恃其力，不惧。久之，亦无盗患。一日，有妇来，年四十许，操济宁音，自言孀居数载，依犹子度日。犹子无赖，时虞冻馁，愿留此受佣。王以其举止大方，不类村妪，谋于妻，留之。妇不苟言笑，与婢仆尤睦，颇得主妇欢。工针黹，略解书算，王旋令司会计，货财出入，咸知之。

某日黄昏时，门外人声如沸，王疑有盗，欲出视。妇力阻，谓不宜开门揖盗，待其入而后御，主客殊形，攻守异势，盗可擒也。王善其说，遂止。须臾，盗坏门入，王持短楷守寝门。时妻子及婢仆皆匿迹，侍左右者仅妇而已。盗力攻不能破，正相持间，王腰际陡痛，似有人自后袭击者，不可支，被盗获。盗缚其手足，横卧于地。次及妇，妇曰："我，佣也，缚我何益！主人非吝于与者，释之，惟子所欲。"盗问王，所答亦如妇言，遂释缚，令献其所有。顾腰痛，不可行，盗强之，妇曰："随我来，毋苦主人。"盗随妇入，倾倒筐箧，乘雪花骢呼啸去。盗既去，妇泪流被面，谓主人受无妄灾，扶登榻，为之抚摩。主妇则匿榻下，惊魂甫定也。由是益感妇意。卧旬日，伤愈，妇欲回家视犹子，谓约半月可返，许之。

王既丧骏马，颇抑郁，遂如山左访友，不遇，怅然归。距家百里，忽大雪，无可投止。忽见林中有村落，系于篱角之马，方啮刍，酷似雪花骢，迫视之，果然，乃大疑。及暮，跃茅屋潜窥之，则有暴客六七辈纵横坐大嚼，所谈皆盗马事。屋隅有妇，似曾相识者，谛视之，佣也。急跃出，星夜驰归，召其徒，得十余人，各持器械至其地，破扉入，擒其四。妇则匿灶下，曳之出，俯首无辞。王谓妇曰："汝能述颠末，不罪汝。"穷诘良久，始吐实。盖妇实盗媒，击王腰际者，则豫匿盗于室，攻其无备也。遂送有司，置之法，余盗徒流有差，而骢已不复如前之神骏矣。

子劫父

咸同间，粤寇难作，曾文正公在籍办团练，召募乡勇，号湘军。湘人王友雄者，应募从之。家有一妻一子，时友雄年甫二十余，子仅周岁。既从军，音书断绝，妻茹苦含辛，藉十指自给，抚其子。子年渐长，以贫故，无力就学，日惟与诸无赖游，习与性成，遂流而为盗，有时驾舟湘沅间，遇孤客则杀而取其财。母虽知之，弗能禁也。

友雄在军久，颇著战功，历二十余年，擢都司。然目不识丁，不能执笔，故绝未尝与家人通音问。某岁将就任兰州，自念离家三十年，妻子不知存亡，决计回家省视，将挈以赴任。摒挡行李，水陆奔驰。既抵湘，乃雇舟旋里。舟子同伙四人，皆好身手，故舟之驰行甚速。迨夜深，驶至僻处，舟子持刀入舱，乃以刀加友雄颈。友雄跪乞命，仅许全尸，四人共舁之而沉诸河。友雄谙水性，身畔尚有零钱，潜泅登岸，购易新服，沿途访问，得抵家门。入室，妻已不能相认，为语颠末。妻大喜，问行李安在，语盗劫事，相与嗟叹不已。邻人闻友雄得官归，亦来一亲颜色。友雄问子何往，妻告以子与无赖游，一出恒数日不返。方絮絮道家常事，无何，有数人扛箱入室，审视，皆已被盗劫之行李也。又一中年男子亦随之昂然入，即舟中之一人也。妻呼其名，令拜父，男子错愕不知所为，强拜之，神色仓皇，悚息不安。友雄明知其故，温言抚慰之。越数日，友雄遍召父老，觞之于祖祠。酒酣，出锁键其子于祠，数其罪，拔刀欲杀之，众父老为之缓颊，子亦跪乞命。友雄曰："吾杀贼多矣，岂家中之贼独可宥乎？吾为社会除一害蠹也。"卒杀之。

浙东有盗薮

明戚继光尝云："浙江台州人悍狡而黠忍，抚之可利，与江苏丰沛人相似。"溯古例今，殆犹俄之哥萨克也。然山地生产之人，多可为兵，亦即多可为盗。国初入关时，大岚砦主名震东南。（大岚山即四明、天台山脉之内部平坦处。）咸同间，天台、四明二山脉间，李锷聚众数万，雁荡、括苍二山脉间，亦多据山称主，盖皆浙东之盗薮也。

夫妇为盗

义乌人恒尚勇，明戚继光用乌伤兵，即义乌人也。有杨固者，号"穿山甲"，能缩其肢干，坚如团铁，手足一纵，当者皆靡，甚有名于江湖间。其族兄官菏泽令，往省之，自河南走定陶。时天已向暮，见一妇人策蹇行颇缓，固负襆，然健步直出驴前。妇人踞鞍作呻楚声，固不之顾。又行里许，忽遇七骑，均下拜此妇人，妇人偃蹇不为礼，固始大异。夜宿逆旅，而七骑者及妇人咸在，轰饮甚驩。固闭户寝，中夜，忽闻庭际有异声，起自窗隙外窥，则见此妇人者短剑单衣，与一髯丈夫格于庭中。丈夫握长刃，皓如霜雪，而妇人短剑，兔起鹘落，髯之剑乃不能损其毫发。已而七人皆出，跪庭墀，求止斗。髯怫然收剑，引马出店而去。妇人詈曰："我自适己事，汝何涉者，乃必止我！"固闻之，挢舌不下。

固侵晨起，行道中，见数贾人皆中剑创，似受劫于暴客者。问盗状，则店中妇人及七骑也。固回忆妇人，则似髯丈夫者为其夫，谏止妇人勿劫行客，因而致斗。顾不能即此七骑而问，遂怏怏赴菏泽。告其兄，兄曰："是间群盗如毛，吾乌知此雌雄者为谁。"

曹州之盗有黑店

曹州多盗，不仅出入于闹市也，且设旅舍以诱行人。同治季年，江右周平甫过其地，薄暮投逆旅，忽闻叩门声甚急，亟启扉，则一美妇人，谓："此为黑店，盗所设也。室之壁有暗门，夜深必为所算，今入陷阱矣。妾久落于此，店主觊覦妾貌，故相留。妾思遁者数，夜当与君偕行耳。"言毕，即相将而出，盗未知也。

拉疙疸

湖北襄、枣间有盗，捉人勒索，曰"拉疙疸"。（疙，秃头疮也，本《淮南子》，俗作疙疸。《明史》王疙疸已从俗书。）被其祸者，或于赎归后，择乡里间愚而肥者，百计恫吓，诬为盗党，必献重赂以脱厄，而所得之资，或丰于所失。被盗，奇祸也，反因以为利，人情变怪乃至此。

盗为子延师

有黄某者，以课徒为生，岁入脩脯仅数十金，尚不足养妻子。某岁岁终散学，诸生以来岁均将习贾告，黄唯唯。村去家数里，踽踽独行，途遇一叟，率然问曰：“先生解馆矣，明年有所主否？”黄答曰：“明岁尚未有设帐所也。”叟曰：“有葭莩亲，欲延师课其子，如不弃，当作曹丘，可乎？”黄方以失馆为忧，闻之大悦，即曰：“诺。”黄与叟且语且行，絮絮询叟居址，叟曰：“至日，老夫当自来，无烦相过也。”旋与黄分道而去。

黄归，与妻子语所遇，颇欣慰。既度岁，一日忽闻剥啄声，启户视之，叟也，谓黄曰：“敝戚命迓文旌。”言时，探之袖，出聘金陈于案，曰：“此戋戋，聘仪也。”黄视之，银百两，大喜过望。叟请即行，黄立命妻检行囊，叟止之曰：“无须，已为先生备具矣。”黄乃与叟相将出门。黄居故距河近，叟引黄行，至河干，有舟系焉，邀黄共登，解缆遄发。约行三昼夜，叟曰：“至矣。”命舟人舣舟，偕黄登岸。行半里，则曲径羊肠，树林蓊翳，似入乱山中。复前里许，恍有庐舍，朱门华屋，浮沤宛然。导黄入门，升堂，左折入一门，行曲径，似园囿，山石、花草、竹木，位置井井。中有屋数楹，精洁特甚，叟曰：“是书室也，先生即下榻于是。”

无何，叟入内，引一少年出，向黄拜，曰：“从先生受业者，是子也。”起而旁立，黄视之，貌亦甚佳，珠冠绣服，类贵介子弟。略诘年岁，一一具答。少年退，则有僮以酒肴来，陈列满案。叟肃黄上座，曰：“敬备薄酒，为先生洗尘。主人适他出，归无定期，改日再当上谒。”言毕，举盏劝进，酒甚醇厚，肴亦精美。薄暮席散，叟告别，嘱僮侍茶水。黄独坐，颇疲倦，展衾就卧，则衾褥皆温软无比。次日，叟引少年来，出书，请先生句读，视之则《三国演义》《水浒传》各一部，又侠义诸书数十册，固无所谓帖括及诗古文辞者，更何论及经传。黄讶甚，诘叟，叟曰："先生毋疑，若曹无志科名，但能识字义、明大理，稍习世事足矣，故无用经传诗文为也。"叟退，循例授课。自是，书室中除叟时至，与僮供呼唤外，绝无一他人来。而饮食均甚精美，少年甚聪颖，讲解辄了悟，黄颇爱之。暇时询以家世，则秘不告；或问僮，亦以"不知"对。

黄居久之，主人卒未归，仅于纸隙帘罅间，髣髴见一伟丈夫，服御拟王者，不知为何许人也。值岁暮，盛筵款黄，叟及少年与焉。乃召优伶，以乐侑食，首演《盗御马》，扮窦尔东者，奕奕有神，白口道至"排道送天霸"，振衣抖擞，部下健儿，奉命维谨。少年睹此，亦眉飞色舞，鼓掌称善。叟捧戏单请黄点一出，黄以座客好观武剧，乃点《白水滩》以迎合之。有顷，青面虎出幕，狼狈狂呼，手加铐镣，少年已有不豫色。至战败被僇，少年为之掩泣，且失声曰："阿爹休矣。"叟急乱以他语。黄知其异，且畏祸及，剧既终，乃乘间遁。走十余里，铃声渐紧，轻骑飞来，一壮士下马，称奉主人命，敬送先生，持一函，启而视之，书云："山居简陋，辱设绛帐，淹留期年，以未谋面为憾。仓卒束装，不告而去，岂有所开罪耶？方今举世滔滔，窃国者侯，彼以民物自任者，大都有挟以求，弱者迹类胠箧穿窬，强者直是杀人行劫，先生转不之怪，而独视敝庐如针毡何耶？士各有志，不能相强。差幸豚儿受教以来，赖先生讲解明晰，于有关实用各书，颇已领会，志气亦极轩昂，毫无猥琐态，仆之受赐多矣。敬贶白金五百，藉慰教勤。"下署名"心具"。黄阅竟，亦不知所云，亟称谢袖金而返。后复沿旧途觅初地，忆丛箐中有小洞，即前所匍匐而出者，视之，则洞口已塞，新砌泥痕尚历历可辨也。

窦开山盗妇女

窦开山，乳名尔敦，一曰二东，兄大东，皆献县剧盗。能舞枪，使人对面放镖，十镖齐发，尔敦能以枪锋抵镖锋，俱使反射，十不失一。舞双刀，尤压倒侪辈。尝劫一巨室，官捕之急，侦得其所在，往迹之。尔敦持双刀闪舞而前，捕卒未见其人，但若有白练一尺，旋行而过，遥望之，隐隐然犹在目，不知其已远扬数十里外矣。捕卒等视所骑马二十五匹，其尾尖兵截去尺许，始恍然叹其艺之精，非所敌也。

尔敦每于夜半入人家，持刀直奔寝室，老少妇女，俱遭奸污。其尤丽者，必背负被褥，挟之越重墙而去。黎明，仍挟之以送至原地。凡被污者不敢言，否则次夜仍越墙挟之去，不复送回，盖惧恶迹之远扬也。以故妇女辈凡于夜中见其来，俱呼曰"窦师父"，则金珠饰物，厚有所馈。尔敦恃其技，横行阜城、肃宁、交河、吴桥诸县，官知之，不能捕也。

茹某劫山西黄氏

茹某，汴人，少习击刺，辄能离地跃数丈，因有"赛时迁"之称。飞檐走壁，取物如探囊，从不破案。闻山西多富室，黄氏与尉迟氏尤著，乃裹粮而往。月余至黄家，有寨，其外如小城，垣甚峻，堞楼三四，逻者十数。居宅数百间，回廊曲径，极富丽。库有七，高其闬闳。及夜，先登半里许关帝庙之华表柱瞭之，知其大概。次夕越垣入，库门有银堆二十余，审之，殆各重千斤，白光耀目，即世所称之"没奈何"也。库中东西置大铁柜，高与人齐，长丈余，宽五尺许，前后门启不闭，寂无守者，心异之，思远道而来，不获珍宝，虚此一行。至第七库，则西厢有微鼾声，拨门入，陈设雅洁，有榻悬纱帐。搴视之，则所卧之女郎惊而觉，启帐由后下。闻铮鏦声，急奔，女郎尾之。甫至库门，欲踰出，突有飞叉中肩，创甚，随叉而倒。女郎曰："昧死强徒，外库不少金银，敢入人闺闼耶!"不得已，乞命，曰："初次姑宥，再来不赦。"女郎因给以药，使敷伤处，痛旋止，复踰重垣而出，狼狈回里，遂改业焉。

黄金满有大王之称

光绪初，台州巨盗黄金满，啸聚北岸之桐树坑，专与官军为难，温、台间人呼之曰“金满大王”。省吏严饬温、台二郡文武合剿，金满不能拒，遁入海。水师踪之，金满乃率其悍党四十人走乐清湾，迷失道，至雁荡东外谷之石梁峒，止焉。

石梁峒位于谢公岭之北方，广三十余丈，峒口一石，横亘若悬梁然，因以得名。峒前一径，通大道，筑墙极坚，有一人当关万夫莫入之概。自余三面，皆峭壁嵯峨，无去路，能进而不能出，绝地也。金满既抵石梁，询之洞中人，始知距乐清、黄岩等处皆甚近，急议迁地，而台、温标营已得报追至，密围洞下，逾二日夜。时火器入吾国未久，而金满所携之枪，皆毛瑟、利明登之类，极快利。官兵数逾千人，畏其枪械，不敢逼。至第三日拂晓，山多雾，金满得间，率众窜出，越谢公岭，至东内谷碧霄洞早餐，上南坑，向永嘉而遁。将所携衣物金钱反途散弃，以迷官军之追袭。及围军察觉，金满离石梁已逾三时矣。

金满飞行绝迹，来去如风。一日，某守赴圣庙拈香，见大成殿上新悬一额，字大于斗，其署款则黄金满也。而窗棂尘封如故，不知其何自来而何自去也，一城为之大骇。

金满常年借宿人家，使其徒党爇香寸许，握之于手，徒党有倦而思卧者，火灼其肤，以是终夜戒严，得不为捕者所算。

浙抚陈士杰办理金满一事，迁延不获，两奉严旨，惧无所出，乃以重贿得调山东。刘秉璋继其任，又不能获，乃勉以招抚了结。时盛伯羲祭酒昱方官侍读，劾其将为杨嗣昌，严旨督责。刘乃奏覆，愿以身保其不反。后为彭刚直公玉麟所抚，癸未冬，调金满赴广东随营効力，遂官至参将衔守备。

遇红姑娘者十九死

红姑娘，女盗也，出没于山东、河南间。周某者，江南人，光绪初，以应礼部试过河南，投宿彰德境之某旅店，下车而散步。河南地平坦，居民多种麦，时麦苗方盛，一女子提竹筐以行，着淡红衫，风致翩然。周视久之，尾行三四里，暮矣。女回首问曰："日暮矣，将往何许？"周漫应之曰："往刘家庄，迷途矣，敢问。"盖实无其地也。女曰："刘家庄耶？问此人可矣。"遽以筐中布裹与之。发视之，人头也，大惊，不知所措，而女已逝。急掷而遁，则已忘其逆旅之所在。至夜半，不得宿处，匿破屋竟夜。

明日，周遇樵者，问以途，始得返。昨夜所遇，不敢告人，而犹惴惴畏祸。入室，门未启，行囊已失，怒诘主人，主人曰："不可返也。君不闻红姑娘乎？其劫人财物也，不必破扉。即杀人，亦无敢究，况此区区乎！"周不信，明日，箱箧忽自来，检物无所失，益一书，书曰："与汝戏耳。呆书生，劫之可怜。昨夜人头，去之何许矣？"周阅竟，始信主人言，而知昨所遇即红姑娘，幸免于祸，窃自喜，亟束装行。后与人言，或有知红姑娘者，曰："君幸矣，遇红姑娘者，十九死，君独免，呆之力也。"又曰，红姓洪，以好着红衣，人故呼之为红姑娘。

兰因为女盗

光绪初，陕有女盗曰兰因，劫财伤人之事时有之。容色艳冶，年十五六，好驰马郊外，人莫知其为盗也。

新嫁娘作盗

温州女，盗也，幼字邻村农人子。寻父母相继卒，育于舅家。年十七，舅又死，农子虑其无依也，迎以归。嫁之夕，资装甚盛，女尤婉妙绝人，农子大喜。

及夕，入洞房，农子方近前，将为女缓襦结，女忽障以手，曰："勿尔，今夕吉期，当听我得彩乃归。"自褫外衣，则藏白刃尺有咫，短枪二。农子瞠目不知所为，女笑曰："子毋然，此后当无忧衣食。身既从子，安有二心？今夕当听吾去。”农子不敢挽，女一跃如燕，翩然不知所向。久之，农子神稍定，检奁具，多且华，摩挲久之。夜过午，闻背后有吃吃笑声，回顾则女已至前，解背上装，黄白物累累然，农子目为之眩。是夜合欢，犹处子也。女戒勿多言。农子畏其力而恋其美，悉如所教。明日，传闻百里外有某大户被劫，盗仅一人，而枪殪其镖客三，失贵重物尤多。报之官，大索盗，农子固知女所为也。

女间月辄一出。一夕甫出门，遽奔还，仓皇失色。农子问故，曰：“殆矣，樊七方自后尾我。樊七者，名捕也。吾每出，必过前村驿亭。今日忽有黑影自亭出，吾前亦前，吾返亦返，恒相去十余丈。吾逃之芦中，曲折盘回，乃浮水归，幸彼未觉。非樊七，安能轻捷如此！”

翌日，农子挑菜入城，果闻官自仙居调名捕樊七。农子归以告，女自是不敢出，日与农子相守。逾月，农子又挑菜入城，忽短衣窄袖者数人，邀入酒肆。坐既定，有黑衣者语农子曰：“汝有罪，知之乎？”农子仓猝无以答，黑衣者微哂曰：“汝妇顷于公堂自承之，犹讳之耶？吾辈受汝妇金，特告汝，速自陈，庶可免也。”农子惧，尽吐实。墨衣人顾旁坐蓝衣者曰：“樊七之言不谬也。”复顾农子曰：“吾侪将逮汝妇，汝速为导。”农子惊曰：“天乎！吾妇未被获耶？”众曰：“若被获，则汝亦同罪矣。留汝为导，以脱汝也。”农子方迟疑，黑衣起，将拽以送官。众人复力为解释，农子无如何，则先行。诸人者，皆捕伙，受樊七命来者也。至其家，以十数人围其前后，令三四人从农子入。女方坐阶前，妍艳如桃李，农子遽前牵衣大哭。女望见众人，叹曰：“命也夫！”顾农子曰：“不忍累汝，请行可也。”众加桎梏焉。女至县衙前，语众曰：“孰为樊七？吾欲见之。”众呼之至，女点首曰：“果豪杰，吾死不枉矣。”樊欣然有得色。女遽噫其气，有针自口出，直射樊喉，不及避，女笑曰：“今日并命矣，汝犹能自雄否？”谳定，女卒弃市，农子亦缘此破家，痛愤自缢死。

王二李善以盗除盗

剧盗王二，来往山东、河南间。其行劫也，不结伴，不杀人，不劫人于旅店，亦不破人室家而劫财帛，常于路上攫人之所有，然亦无定处。

淮人李善，本农家子，年少多力，从某僧习拳术，因更名为武。时江淮多盗，经商者每邀李与俱，则群盗屏息，李遂以护商为业，十余年未尝有所挫。商人某运资往直隶，邀李偕行，遇数盗，李挥之以肱，殊不当意。一日，李受某商托，独挟黄金数百两，由京至豫。行四五日，一日傍午至山坡，忽有一人拱手向武言曰："请留黄金，然后行。不然，前途颇险也。"李笑曰："君不知李武乎？李武岂畏盗哉！"其人曰："若然，则不能怪我矣。"遂以手击李。李方抵御，盗以左足加李之腹，李即仆于寻丈外，其人挈金而走，瞬息即渺。李自念失金损名，日图报复。后知为王二，问之同业者，皆云此人不可犯，遂嗒然自丧，返淮而家居。

越数年，江淮商人具简相邀，更请护行。李自念江淮熟地，当无有王二其人者，于是复理旧业。某日，护商自镇至汉，受酬金百两，独步归淮。至浔阳一村落，茅屋隐约山凹间。薄暮，寓一店，解银沽酒。店主曰："银毋使人见，盗可畏也。"李笑曰："李武来往江淮数十年，尔不知耶？"店主曰："君三年不行此地矣，近有一盗，非他盗可比。"李曰："盗何名？"店主曰："王二。"李曰："王二耶？"遂不言。

黎明，李行，方十余里，遥见前面山冈立一人，恍惚王也，遂折而斜走。王自后追之。可二十余里，山角露一佛寺，李急叩寺门投止，仓皇匿铁佛后。少顷，王亦投焉。王入寺，见寺门已闭，有数千斤铁板自上垂下，正阻寺门，颇疑之。用力猛举，而铁板不动，若别有机械以司之者。周视四壁，皆巨石，坚而滑，高约三丈余。寺空无人，神龛铁佛长二丈，头大如箕。王知此非善处，大呼曰："匿者速出，我与尔俱陷死地，不复劫尔矣。"李从佛后出，王曰："尔非某年在某地被我仆倒者耶?"李曰："然。"王曰："君亦未必绝无用者，二人协力，或可出险。"时日光射铁佛上，见铁佛左右两臂，若有阶级可登。李拾级而上，以手按佛头，头忽动，谓王曰："在此矣。"去佛头，中空如洞，下极宽，若房若厅。李与王自佛头转铁梯穿佛腹而下，一僧卧胡床，见李、王，即起立曰："二君何来?"王曰："寻君矣。"僧曰："甚善。"遂以一拳虚映王面，王闪过，迎之以刀。僧一跃，立数丈外，笑曰："君岂不能白战乎?"王亦笑而掷刀直立。僧骤来如疾鹰，以手抉王眼。王低头，以手加僧腰，李复自左侧加以足。僧仆地，作大啸声。遥闻人声嘈杂，李急以刀抉僧首。俄顷僧集，约十余，皆长枪短刀，王、李尽力御之，杀其六七。视各处，妇女甚多，财帛亦颇巨，盖此僧本一猾盗也。遂散其妇女与其屈服者，各给与财帛之半，王与李分其半。二人自经此险，遂相结，改业为商。

豫西刀匪之多

豫西山箐丛密，宛、洛之交，尤号盗薮。盗之群曰"刀匪"，其魁称"杆子首"，名者以十数。光绪时，洛阳张黑子、汝州董万川、南阳王八老虎尤慓悍。豫中吏治不修，政敝民困，贫者从盗以为生，富者奉盗以苟存，白昼剽劫，掳人勒赎，固莫敢谁何也。

盗诱伶为子

苏伶"集秀"班最著名，同时又有"集芬"班者，誉稍逊，而旦之妍丽过之。一日，有人来称狼山镇署太夫人庆寿，持五百金聘之往，以舟来迎，晚泊海口，中夜扬帆而去。三昼夜，抵一岛，乃盗窟也。岛中屋宇相连，有巨第，堂设虎皮座五。令群优演剧三日，择旦五人，各据其一，余俱闭之空室，日给两餐。数月后呼出，择其晓事、识字者分派执管，余则种地灌园而已。岛中货物山积，宰猪三十余只，人给肉四两。

每朔望，山人均至绝颠庙中叩拜，内塑一像，如道士状，髯长尺许，架插大刀一柄，云明福王时高杰部下参将也。高被杀，引兵数千人携饷银自长江直下，欲于海岛觅栖身处，以素精地理，见此山风水绝佳，遂结营其上。义子五人，分作五房。相传山中不得有一妇女，有则必败。故如僧道收徒之法，每令其党扮作客商，采买未十岁之幼童，派与群盗为子，自垦自种，已百余年。所蓄甚富，从无劫掠之事，而财用不竭。且五人亦安之，不作归家想矣。其中有姚某，夙在班中弹弦子者，一日偶步山麓，见海舟遇风泊其下，急登其舟，劝之速行，遂附舟归。初，班中人之去而不返也，群疑覆舟于海。姚归，遂向同班中送信，始知为盗所诱，已七年矣。

米禾登

湘潭有剧盗曰“米禾登”者，名甚著，远近之人多畏之。其实米乃侏儒，力不胜重，且讷于言，其所以坐享大名者，皆徒众之力耳。米少无依，为人牧牛羊，亡犊，惧责而亡，为盗魁所收。以黠诈善谋，颇为众盗所服。盗魁死，众拥米继之，专为画策，因是而有名。后为官所收，毙于杖。

炮船中人为盗

东南炮船弁兵之为盗者，时有所闻，盖实与盗通同一气者也，而非所论于安徽之玉溪口。玉溪口尝泊有炮船二，有某广文挈眷乘小船过其地，日暮，泊焉。夜鼓再严，管带炮船之营官乘他船出巡，船中兵勇起意，至小船行劫，持刀登其舻。广文见盗至，大呼炮船救援，即杀之，并及其一妻、一子、一女、一仆，长年三老，均投于水。因断其缆，使顺流而去。及营官回，见邻舟不在，问之，众曰：“已解维行矣。”营官惊曰：“黑夜江行，必失事，汝曹胡不阻之?”众曰：“阻而不听也。”营官见几有翡翠条脱一事，审视，即邻舟女子腕上物也，因亦不言。及旦，鼓发，乃告统带，捕船中兵勇，严鞫得实，枭其首于竿。

杨某盗人之盗

杨某，逸其名，勇而多智，常遨游江湖，以操舟为业。某岁赴苏，中途遇盗舟四，同泊一港。日落后，杨恐为盗劫，思有以慑服之，乃取篙一枝，向盗舟乞火。盗谓竹粗不易燃，杨即以手搓篙，篙破裂若竹丝。群盗见之大骇，即邀之过舟，殷懃款待，详询里居姓氏，杨诡对之。翌日，杨问盗何往，盗以劫苏城外某典肆对，并谓能出奇制胜者，即推为首领。杨微笑曰："是不难，苟听吾令，不患不成。惟所劫货财，我须独得其半耳。"众询其谋，杨具告之，且嘱其预备应用各物。群盗闻之，皆鼓掌称善。

越二日抵苏，杨使一盗伪作仆人状，持名帖，至典肆，诡称主人赴某省上任，中途遇盗，劫去大皮箱九只，黑者五，黄者四。如有人荷此箱来店质钱者，即请至某处所泊官船通消息，以便派卫兵捕拿。盗如就擒，当以五百金为主人寿。店主允之。翌日下午，果有负箱求质者，形色与杨所述同。店主乃邀入后室，启其一箱，评论衣服优劣，故靳其值，不即成交，而暗令伙友通信。未几，卫兵十余人身着号衣，奔入肆中，即挥前柜质物者出，扃其门。肆中人睹此情形，以为必惧盗之兔脱，不虞有他也。门既扃，卫兵即出利刃，迫各伙至后室，取箱中之所藏之麻绳败絮，缚其手，塞其口。盖负箱至肆者，本盗之同类，箱所贮者，仅一箱为衣服，余皆绳絮也。缚塞既毕，乃选择珍重衣饰，分贮之箱，且搜集食品而饱啖焉。及夜阑，始共舁箱归。计所获之物，运入杨舟者有大半。是日风大，晚犹未息也，杨即呼伙友张帆而逸。群盗既觉，亦张帆逐之。甫行十数丈，桅断帆落，不能行，杨舟则乘风破浪，瞬息已杳。群盗察桅断处，皆有锯痕，始悟上岸行劫时，杨阴使船伙锯之。桅断处已过半，故张帆后，一受风力，即中断也。

浮梁黑店

长江下游匪徒甚多，昼夺夜劫，时有所闻，陆道则尤多黑店，与山左无异也。江西浮梁县某镇，为行人往来孔道，有匪类夫妇二人，设逆旅。一日，有收账之贩猪客投宿焉，衣服虽褴褛，而藏金颇富。某夕，有与猪客素识之贩灯草客，亦往投宿，居楼上，猪客在楼下。甫初更，各就寝，惟猪客不寐，乃趋友室告友曰："余今夜不知何故，常心惊，半夜未能睡。"友曰："子必厌住楼下，故有此象。如子欲与我更换卧处，亦无不可。"猪客从之。夜未三鼓，店主夫妇持刀入灯草客室，（即猪客所住之室。）猛斫数刀。猪客在楼闻有声，窥之，战栗万状。天明，径赴县控告焉。

郑七遇神驹李天馥

郑七者，陕西人，以罪流入闽。然雅善捕盗，官中即署籍为吏，郑亦改行为善、娶妇生子矣。一日野适，见一美少年，曳轻绡之衣，执纨扇，状若贵公子。时野次有亭，妪张幔卖茶，郑乃与少年同坐。少年啜茗，命妪取盥器涤其手，然指甲中时落黄土之屑，郑始大疑。时城中被巨盗，官不得盗，且严符勒郑。郑惧，故野行袭盗迹。今亭上遇少年，异其迹，则尾逐之行。少年之行飘瞥如风，而已觉有人尾其后，则回顾曰："足下珍重，更前，且无幸。吾知汝食于县官，故以得我为利，然吾不易得也。幸归，夜中固有所报。"郑竦然反。

及夜，郑严扃其户，与妻卧，语少年事，忽闻有人跽床前谢曰："幸先生惠爱赦我，我必不忘德。"郑大呼而起，以火四索，户扃如故，不知盗之所从入。然郑慧黠无伦，趣其妻起，以物承其榻，令稍高，复息灯卧。未移时，而床沿有异声，似匕首插入，床柱震震然。郑复大号，奋起烛之，果一匕首铦利如霜，陷入床沿可径寸。妻大悚曰："汝胡知盗之行刺，而故高其床寝？"

郑曰："易辨耳。前此之长跽，非谢也。盖跽按吾榻之尺寸，而剸刃焉，冀弗误中。今吾榻高，盗但中其沿。然且更来，更来者必有物以慑我。"五更向尽，果有物寘于几上，曰："善视之。"迟明，见几上白金百两，白刃一，郑谓妻曰："汝何取？"妻曰："取金。"郑曰："殆矣。得金而舍刃，谓心知有金，不怖刃也，为仇且更剧。今当舍金藏刃，敬以名纸寘瓦上报礼，或无事。"明日，金果失，亦以名纸报郑，上书"神驹李天馥"也。

某二爷掳人

光绪甲午夏秋间，京师兵马司指挥范某乘车行道中，忽有数人推其御者下，而驱其车速行。某惊问，则曰："某二爷命相请。"某二爷者，某公爵之子某也。指挥大惊，在车中大呼，无应者。过某街，有一坊官呵问，则对曰："是某公府所要之人。"坊官不敢诘。良久，至府第，亟拥入，置一室中。某偶见有人过，辄哀其相释，咸曰："二爷有命，我等不敢知。"次日，闻窗外人呼曰："二爷来矣。"果有一人入见，甚谨敬，前致词曰："君非湖北人范某乎？缘近以万寿，我处费无出，欲告借一二十万，望勿却。"范大惊曰："我实兵马司官，非湖北范某也。且我一穷官，何从办此巨资？"二爷曰："我已探确，故敢相延，勿诿。"范曰："我实非湖北范某，有文书可证。"即从靴中出文书示之。二爷见之，即顿足曰："误矣，误矣！"便起去。范惘惘不知所措，哀府中人求出，皆曰："二爷仅言误矣误矣，无他语，我等不敢擅释。"翌日，府中人见二爷请示，二爷始曰："皆庖人误我，听之，听之。"范始得出。时范某之父方将控官，见其出，始止。

康八康九兄弟为盗

光绪中叶，京东有康八、康九者，兄弟之同为盗者也。号召族中无赖子弟，荼毒行旅，且好渔色，有行道妇女之稍具姿首者，率为所污，或更窜取之，使充下陈，久之则他鬻。

康八，人呼之曰康小八，初为农民，御骡车以载行客，岁饥无所食，又为人报仇杀人，惧法，逸山泽为盗，时变姓名易服色，出没京、津间。一日至津某薙发店薙发，薙发者问曰："客从何来?"曰："适来自京。"薙发者又曰："客亦闻有康小八乎?此盗虐甚，行旅至重足不敢行，虽捕者四出，不能得，狡哉!"言次殊忿忿，小八默然。薙毕，语薙发者曰："随我去取资可也。"薙发者尾之以前行，至一曲巷，出枪向之曰："尔亦知小八耶?尔观吾似小八否?"薙发者觳觫不能出声，伏地求恕，小八遽以枪毙之，扬长去。

胡匪

明袁崇焕计杀毛文龙，文龙部下乃散而入海为盗，出没于辽沈、登莱间，此即胡（鬍）匪之所自始也。厥后，边将孔有德、耿仲明、祖大寿等，相继叛明而降于本朝，其部下或有怀田横五百人之志，不愿寄身于降将旗下者，则亦附和为文龙之遗众，自逃于海。日久，凡亡卒悉加入之，遂成一党。其始专与官吏为雠，绝不行劫也。后官兵力盛，不能抗，而又以部众蔓延，未能加以约束也，遂肆劫掠。然亦惟于豪商巨贾行经关内外及直、鲁一带者，掳而勒出巨金以赎之。而所谓"响马"诸贼，亦与之联合焉。有商峻者，故毛氏部将，长其曹，为之部勒其众，故商氏世为胡匪，其后裔今犹有谱系可稽也。

胡匪以有响马贼之联合，故一曰"马贼"。首领不一，各自为股，股或数人、或数十人，多则二三百人，无纪律，剽悍特甚，不相统一，故时有互哄。其抢掠之道有二。掳人勒赎曰"绑票"，被绑之家，须探明为何路何股之所为，倩人设法商议赎价，然亦有由其定价勒限以告者。价之高下，视被绑者之身家及其关系。倘逾限不赎，则被绑者必无幸。掠夺牲口曰"出贩"，意盖谓夺于此而贩于他也。遇官兵，则权衡势力以定抗否，非必拒捕也。倘势不敌，则四散。遇追急，则沿途夺马，以易其疲者。骑术极娴，故捕之者每无如之何。惟为害闾阎而掠不及官。

久之，胡匪有以股而结为帮者，一帮未平，一帮又起，大有野火春风之概。每帮多则千人，少则数百或数十人。然一帮之中，必有一首领，此首乃众所推举，而亦必有惊人之技。如钻天燕子者，穿山越岭，步履如飞，日行八百里；黄四癞王者，马上击枪百步之外，击人左眼，不致移至右眼；而托什套、燕翼子，均能于百步之外，双枪齐发，百发百中；独眼龙飞走击弹，百发百中，故往往闻枪不见人；蓝六一手能举五百斤等类，皆是也。然既已举定，众无不听首领之指挥，而首领亦时时与其部下同甘苦，且时时相见以诚，凡有所得，计人均分，首领固不丝毫多取也。而部下视其首领，其亲爱且甚于父母。首领有难，部下不论何人，皆能舍性命以拯救，而首领之视部下亦如之。

或曰，胡匪行劫时，以红色涂须髯，故又名“红胡子”。

或曰，胡匪用火枪，率以红缨塞枪之口径，及用时，拔其缨衔诸口，远望似胡，故名。

每岁之秋，高粱未割，长与人齐，辄连亘十余里，胡匪之黠而乏技勇者，每用之以藏身，出则掠夺行旅，谓为“青纱帏”。意在藏于内，可望人，而人不能见，如人之藏于青纱帏内者然。

胡匪之行劫也，既劫财，又劫色，甚而置人于死。稍与抗，即施以种种之酷刑，炽火于炉，捺人坐其上，谓之“坐火车”；或以铁线入火中，俟红，遍烙人身，谓之“灯草绒背心”。

长春之胡匪最多，其出劫也，尝短衣匹马，背枪囊弹，见人踪迹，即于距离数里之远，高声互喝报字。报字者，各有帮，每用一字或用一特别名词，惟彼党所知者，自为识别，以便此党与彼党遇，藉以通声气也。果彼此皆为胡匪，莫不速报字号。苟不知所以报，若为官兵，则互相轰击；若为旅客，则直前行劫矣。

至其同类谈话，辄用隐语，殊离奇不可解。如官兵曰“花鹞子”，吃饭曰“朝的”，军官曰“官兔子”，中弹曰“贴金”，富人曰“大粮户”，拷问曰“听秧子”，杀人曰“扯了人”，窝巢曰

“大当铺里”，掳人勒赎曰“绑票”，手枪曰“腰逼子”，刀曰“口锋子”，头目曰“当家福”之类是也。

胡匪被官擒获，没收其所掠有，曰“贼产”，除粟麦外，牲畜为多。有籍没一家，而牲畜多至四五百口者。获后，官申报贼产，于牲畜一项，必多报一二，以侈其功。数日后，乃报倒毙，陆续申报，至案结变价，则向获牲畜四五百口者，仅存一二成耳。所谓倒毙者，实已全售，得价饱私囊矣。

东三省之胡匪，昔之为害犹浅，至光绪甲辰日俄战役以后，东三省乃始成为胡匪世界。推其原始，实以军械精良之故。军械之精良，则基于日俄战役。盖是役也，俄兵多弃械，满地枪弹，乃不需代价而得利器，故日俄战役实酿奉天之盗源，且当日胡匪尝为日军所利用，藉以御俄也。

黄四癞王

大连胡匪之首领曰黄四癞王，安东人，自称明总兵黄得功之裔。天命时，太祖信降将刘某言，捕得功，其五世祖亡命至安东，因聚族以居。黄躯干魁梧，丰颐广耳，目炯炯有光。然出则必伪饰老态，若臃肿不任事者。及驰马控弦，虽壮夫莫之能及，不知者疑其人有特质，实则其年不逾知命，虽伉勇亦未足奇也。体素癞，搔之则疴痂纷落，故曰“癞王”，又自称为大刀王五之徒。

陶什陶横行于奉天

陶什陶亦胡匪，东三省缉捕公文作“托什套”，简称则曰“套匪”，为车臣汗旗人，系出贵族，曾袭荫台吉。光绪庚子乱后，始出没于奉天之西蒙境，骁勇慓悍，称雄于洮、辽一带。其左右虽仅六十人，顾皆勇悍善斗，耐劳苦，骑而行，日或五六百里，昼夜不休。马困踣，则路劫易乘，终不进食。怯懦者往投，鲜所延纳，即往，亦弗受也。于是此六十人者，跃马纵横，遂号称无敌矣。

唐殿荣专劫俄人

唐殿荣，山东人。光绪中叶，流转关外，充哨官，以事罹法网，乃遁入三姓为金匪。金匪者，盗也，亦即胡匪也。所踞金沟，距三姓城尚百余里，自沟口距其所居地又六十里，深山穷谷，向绝人迹，唐乃麇聚亡命，达三万人。

唐善枪法，以兵法部勒其众，乏粮械子药，辄越界大掠俄屯，踪迹飘忽，俄人无如何也。唐尝孑身赴中东铁路某小站，站有俄兵五十，为野外射击，唐伏草间伺之。俄兵方持枪俯首，唐自后遽发枪，俄兵应声仆。余兵以为误发枪机，致伤己身也。一兵续持枪进，仆如前。凡仆四兵，俄兵始大呼有盗。穷搜草间，唐两手方挟四枪，四枪连发，俄兵四人仆。方抢攘间，唐已移其蹲伏地，轰然一声，又一兵应声倒，唐乃移其蹲伏地如前。如是者凡七八次，余兵仅数人，乃狂窜。唐自草间出，检枪枝，捆载而去。

唐之羽众，不扰商民，沟商交易悉如常。一日，某商送粮赴沟，中途被劫，商往愬于唐。唐乃集其众，得二人，即劫粮者，唐谓之曰："劫粮事小，万一以此而商民裹足，遮断交通，吾数万同仇之士，性命休矣，此则不能曲恕者。"命人押送出沟。既出沟，押者植立，遥指前途曰："汝二人行至所指处，即为汝界，吾任汝行矣。"二人欣然前行，方及所指处，双枪并发，二人仆。

庚子拳乱起，东省号称仇外，俄人亟欲得之。将军长某遣使招抚，唐乃尽率三万众赴省投诚，驻莲花泡。长即命唐编其众为营，以唐为统领，而令唐举二人以自辅。有刘弹子者，唐之义子也，请于唐，愿得为分统，唐曰："汝何可哉！吾已属之十四阎王矣。"十四阎王者，亦唐党，盖在沟时绰号也。刘大怒，屡欲寻阎王起衅。唐曰："今朝廷待吾等厚，宜自励，为国杀贼，岂可自相屠僇如草泽时耶！"即授刘为营官。又虑其未必能无事也，则借事遣之外出，刘怏怏领队行。明晨，忽回至唐帐下。时唐卧未起，刘排闼入其外室。俄而唐起，刘奉匜入，唐啃曰：“汝未行耶？”曰：“固也，吾有事奉白。”唐曰：“休矣，勿复言，此决办不到者。”刘曰：“果耶？”立拔刀斫唐，深入数寸。帐下健儿闻声至，縶刘，唐曰：“勿尔，此吾过也。”挥刘曰：“速走！”因走笔上将军书，言“刘固忠于吾，此次之变，咎在吾激之太过，彼实无罪，乞宥其一死”云云。逾一日遂死。刘后亡命为渠魁，而阎王在省垣，俄人忌之甚，卒由俄廓米窿尔招饮，伏兵擒之，縶送海参崴。

棒客

棒客，盗也。棒客之在蜀，几如胡匪之在东三省，刀匪之在陕、甘也。平日专以劫掠为事，掳人勒赎，乃其惯技。所在州县，若有中资以上之人家，不有所献，必难安居，然犹不若胡匪之凶残也。

虬髯客经手无所失

武昌某佣于四川，积得五十金，垂老思归，念孤身不能挟重资，乃裹入破絮，为丐者状。至重庆，过一酒肆，有七八人，衣冠俊伟，据上坐豪饮。某往乞，坐中人不之顾。久之，声益哀，一少而俊者略顾而笑曰：“得五十金，尚不足耶？何乞为！”某大惊，遂长跪。四座皆惊，顾而笑。一长髯者指某曰：“将汝絮裹来！”某自度不能隐，遂与之。髯者解其绳系而重为结束，纵横十数结讫，掷之，曰：“汝第去，无动此结，此物终为汝有矣。”谢而出。

某至石门，有两人迎而笑曰：“元宝来矣。”某大惊。两人将夺之，睨其絮裹，久之，抚其背曰：“与汝戏也，汝行矣！”某重复以敝衣。至巴陵境，有一人随之行，或前或后。某小憩，其人持其裹，将夺之，去敝衣，忽骂曰：“累乃公一日！”某请其故，曰：“汝识某髯，髯所经手，虽万里无失也。但汝不宜以敝衣覆之，令人不见结耳。”某大惊，去其衣，露裹而行。至家，五十金无一缺者。

沈坦若遇虬髯

吴人沈坦若，精操缦弹棋之技，挟技以游楚。经道士洑，失舟，仅以身免。小泊沙际，信步至山椒一寺，见有虬髯岸帻者，从数人，散步于堂。询沈乡贯，告以吴门；问何所之，因言挟技至此，为阳侯所苦，俟易舟前进耳。虬髯者曰：“君有此妙技，能从我游乎?”沈许之。即邀登大舰，扬帆而上。行数日，至大泽中，渺无际岸，有数百艘来迎，入巨室，馆于客舍，供张甚丽，左右使令，三尺童子外，皆美嬛也。日相对手谈，沈亦高妙，互有胜负。间谈文史，沈亦淹贯，未能屈也。如是者三月。一日置酒相款，赠以诗曰：“不羡扶余老此身，漫从河海寄修鳞。知交若问行藏处，莫道虬髯是主人。”并出千金为赠，曰：“请从此别，我亦从此逝矣。”即命艇送至汉口。

盗有法水

秦有估客，负贩远行，过荒祠而息。渴甚，见神龛侧有杯水，交二箸其上，即一举尽之，投箸覆杯，复前行。至一村，叩门投宿，具晚餐，与主人对食。食方半，忽有一衣服褴褛发蓬蓬若囚人者，自外入，即立主人侧，主人不顾。须臾餐毕，主人入，其人亦随入。已，主人复出，从客谈。客因从容问顷所见为何许人，主人曰：“无之。”客因以告，曰：“此无乃鬼耶？不然，当为盗。”主人请搜索之。客久于行旅，善武技，恒以一铁尺自随。于是主客秉烛入内，搜索至床侧，客指曰：“在是矣。”主人视之，不见。其人忽纵起挥拳，殴主人仆地，趋欲出，客急追之。其人方拔关，客以铁尺击之，伤其肩。主人已蹶起，见客手铁尺，挥舞力斗，隐约有物，主人顿悟，举粪秽沃之，其人立现，然猛甚，主客合搏之。主人有妻有二子，一时并出，乃就缚。询其人何所来，来何为，则闭口不言。

村人闻其事，乃麇集，搜其身，得金珠银币甚多。众恶其不承，痛挞之。其人顾客冷笑曰："今日吾死，固当，然汝窃饮吾法水，吾死，汝能得几日活耶?"检其物，率皆近村人所失者；视其身，墨印为满，隐隐渗入肤里。前数日，村中有少妇独宿，为强暴所污，且席卷室中以去，妇羞愤自缢。村人疑所为，讯之，终不承。或以蜈蚣啮其脐，乃承，果所为也。诘墨印，曰："宿妇人，以此为纪念者。"数之，得七十三。村人怒，积薪焚之。将举火，客忽呼腹痛，宛转欲绝。众知其人所为，一老者曰："速焚之，令彼死，术当自解。"焚之，且灌以油，须臾成烬。客痛晕于地，已，复醒。村人有知医者，服以药，下血升余，始无恙。

盗匿藩署

周子迪方伯有亲信家人某，剧盗也，日侍左右，虽劫案累累，县中捕役咸束手。渐有指其为盗者，周亦微有所闻，察之綦严，然久而无据，遂寝之。一日周方宴客，回顾忽不见某。少选某入，则面无人色，诘之，但张口不语。正骇异间，忽一吏仓皇入，密白捕役何某挈多人来，言盗匿署中，请容其一入搜，允之。何入，见某在阶墀，向前拽之。某出刀相御，斗于庭，格格有声。未几，某就擒，积案数十起，同日为之一清。盖县境所有劫案，皆某一人所为，恒于夜深乘周熟睡，缒城而出，合署内外弗之觉也，何初亦巨盗，故某之踪迹独知之。

两粤盗风之炽

两粤盗风之炽，甲于通国，俗有"男子三十，不成事业，便当落草"之谚。落草者，为盗也。盖粤人嗜利，而具冒险性质，见有利辄趋之。凡可以致富救贫者，虽陷罪致死，不之顾。得金，则挥之如土。既罄，无他术以谋生，即为盗矣。

粤人贫富之不均，甚于他省，富者极富，而贫者极贫。贫人既无生计，饥寒亦死，为盗而为官所捕亦死，等是一死，而饥寒重迫，必死无疑，为盗虽犯法，然未必为盗者人人尽为官所捕，即捕，亦不过一死。是不为盗则死在目前，且必无幸免之理，而为盗则非特目前不死，且可以侥幸不死。既若此，是亦何乐而不为盗也？粤人为盗者之心理，盖如此。

粤人之防盗也，法至周密。巨室院中，皆有铁网，以防盗之由屋而下。墙垣至厚，均以净砖砌成，攻之不易。若典肆，则高其四周之垣墉，遥望之，直与城垣无异。四角有瞭楼，更夫守之。有警，则鸣锣以告。且有招募之勇士，持械守卫，日夕如临大敌焉。

粤盗之借路

广州城市中商店、人家，每于夜深闻有言笑步履声，如惊呼之，则厉声答曰："吾辈借路，干卿何事？"居民亦无如之何。防之之法，既于天井网以铁丝，复砌屋瓦成阶级形，屋与屋之断续处，贯以木桥，盖以便击柝者之夜行巡逻也。光绪壬辰夏，汪仲虞太守大钧需次羊城，方在书斋判牍，忽闻屋瓦作响，大惊而呼，则一石破铁网而下，毁玻璃窗，旋亦寂然。

飞天蜘蛛

光绪时，粤有剧盗名飞天蜘蛛者。其为盗也，不合群，不持械，只身入巨室，飞墙越壁如平地，人因名之曰"飞天蜘蛛"。

粤盗之收水打单

粤盗术至多，于明火执仗而外，有所谓"收水""打单"者。"收水"者，岁向商店收取例规也；"打单"者，盖选择居民或商店之素称殷实者，以红纸作书一函，内开"某某向某某暂借银若干两，限于三日或五日内送至某处，届时自有人在彼照收，不得迟误”等语。其所索之银，少则数百，多或数万。胆怯者得其书，不敢报官，如数辇而往。盗则遣其党于所约之地收之，且给收据以示信。胆大者即报之官，派兵至所约交银之处，捕其同党，则盗魁已得他人警告，党羽亦隐匿无踪，穷搜不获，其捕得者盖百无一二也。事后，盗魁必出其全力，以仇报告之人，其幸而获免，不受其荼毒者，百中仅一二也。故粤人既得打单，不敢告官者居多数。惟打单之具名者，必为著名盗魁，如陆兰清者，乃有打单之资格，否则不特他人受者置之不理，即同党中人亦将与之大哄，甚至处以死刑，以为私自打单也。

兰清本文人，小试不售，无以为生，遂愤而为盗。二十年间，一跃而为群盗之首领。虽杀人如草，然不妄杀，慷慨好施与，凡贫而无告者，必周之。故官中欲捕兰清，赏格至巨万，而终不获。盖贫人甚德兰清，惟恐其不至。官军严捕之时，乡人争匿兰清，辗转相隐。所司虽奉严檄，必欲得兰清，而终无如何也。

盗许保护佛山

光绪某年九月杪，佛山有迎神会七日。先期有本地流民串通劫盗抢劫镇市之谣，镇人大恐。一夜，忽街市遍贴傅赞开告白，谓“佛山为商贾荟萃之区，乃军饷从出之所，该处出会，不特不许手下人骚扰，并当力为保护”云云，合镇人心始安。自始至终，不特无抢劫之事，且翦绺失窃亦均无之。

粤盗打单于某当道

光绪朝，粤东有某当道者，其宦粤有年矣，以予告归，方受代而即行，人咸异之。盖傅赞开前曾向之打单，索银十万，及闻某有去任消息，复致函去：“汝既去官，吾不索汝银。惟去任后，须限五日出境，否则缴银五万。如不缴银，须得汝头。”故行速也。

粤盗向某镇军打单

粤中有某镇军者，一日得盗书，欲借银二万两，约日往取。镇军特调亲兵小队驻署侧，严为之备。至期，署前兵卫严密，忽一达官乘绿呢轿，戈什哈数人前导至，言有要事来谒。阍者甫持帖入，则轿已入大门，客叱戈什哈闭门，署前人错愕不敢诘问。入二门，亦如之。客遂下舆，入花厅。镇军肃衣冠出见，客即执其手，问曰："二万金备齐否？"镇军惊应曰："已取之，未至也。"客曰："无妨，可即书一票，由银号兑付可也。"镇军不敢违，书与之。客使其从者偕至银号照验，归报客。客因起谢，且告别，因曳镇军曰："汝须送我一程。"遂携至江岸，始释镇军，登船去。

粤盗缚主人而要之送

粤盗以白昼劫掠为常，结党成群，横行无忌。然亦有用诡计者，每劫人家，辄三两人，皆衣长衫，手纨扇，持名刺叩门报谒。婢仆甫启门，盗入，即以手枪拟之，而为之闭门，悉缚其家中人置一室，分入各屋，遍括细软纳之身，乃释主人缚，且称谢曰："承惠既多，君宜相送。"行数十步，乃纵主人归。旁人见其揖让从容，方谓贤主嘉宾，异常款洽，而不知其为暴客也。

九龙山之盗

闽有九龙山，亦素称盗薮，然不为近地之患，似一方之雄耳。有自其中出者，谓俨然一国也。世界之所有，无不具备，枪炮尤精美，物产丰饶，制造工巧，男多业农，女多业织，故终岁温饱，可不外求。据云，二百余年前已啸聚于此，若以年代考之，或即明末遗民，以山作桃源也。

吴川多海盗

广东有吴川县，属高州，地滨海，其南曰广州湾，越南之役，租借于法。其地海港纷歧，海水直薄县城外，登高一望，汪洋无际，而海声澎湃，昕夕震人耳。有时夜午，海水忽发巨啸，如龙吟声，闻者心顿壮。故生其地者，咸富于冒险之性，往往孤身乘破船，破浪而行，颠播风涛中，夷然无惧色。而为海滨生业者，又往往随身入海底石窟中，数昼夜不起以为常。是以其地多盗，彪悍善搏，挟利刃，其行如风。

焦四以盗墓致富

广州剧盗焦四，驻防也，常于白云山旁近，以盗墓为业。其徒数十人，有听雨、听风、听雷、观草色泥痕等术，百不一失。一日出北郊，时方卓午，雷电交作，焦嘱众人分投四方以察之，谓虽疾雷电、暴风雨，不得稍却，有所闻见，默记以告。焦乃屹立于岭巅雷雨之中。少顷雨霁，东方一人归，谓大雷时，隐隐觉脚下浮动，似闻地下有声相应者，焦喜曰："得之矣。"

翌晨，焦召集其徒，建篷厂于其地，日夜兴工，力掘之。每深一尺，必细辨其土质。及掘至丈余，陡闻崩裂声，白烟一缕，自穴口喷出，约炊许而尽。焦乃选有胆勇者数人，使手炬，坐竹筐，悬长绳以下。谓若有不虞，当振铃为号，以待救援。约尽五丈余绳，筐顿止。逾时，有铃声，引下穴诸人以上，述所见。或谓穴底有数大殿，或谓中藏十余柩，或谓正中一棺面列铜人，高可数尺，焦悉领之。入夜，焦乃选十余人，令持炬下穴，则见穴有三殿，中殿金棺，列铜人数具，貌狰狞，前为飨殿，鼎彝具备，后殿残破，有柩十数，盖当时殉葬人也。及启棺，则见尸之长髯绕颊，骨肉如石，叩之有声，中实金珠无算。其卧处，铺金箔盈尺，卷叠如席。亟将各物取归，渐货之，遂以致富。

庄芋为美人所困

庄芋，台湾剧盗也，劫取人财，以施贫乏。官捕既急，贫民恒以死卫之，终不可迹。庄之宿人家也，恒凿洞其壁，开门执枪而假寐。于是官中人谋以美人饵之，聚三美妇人，使设盛筵于衕院以宴之，先期招之往。届期，芋就饮，且醉。壮士入扑，芋觉，亟自众人顶上飞出，众追逐之，而芋已沾醉，为拳石所梗，仆，乱刃交其背，立死。

黄萧养中响箭而殒

黄萧养初为盗，下狱，旋率诸囚越狱逃，乃纠集战船数百艘，由大王江直犯广州五羊驿，僭称东阳王，授伪官百余人。

珠江之南有南汉离宫故址，增筑以居之。船抵五羊门外，其属下衣貌与同者数十人，官兵莫能辨，乃以响箭向天射。萧养仰视，一箭直贯其喉，遂坠水而殒，其众尽降，广州因是始作外罗城，即新城是也。

黄八子避重就轻

黄八子，太湖盗匪也。一日往劫富室，明火执仗者十八人，破门入，搜劫财帛。一女年甫十五六，闻盗至，惊骇战栗，蒙被不敢声。盗魁艳其姿，强淫之，为八子所觉，顿足曰："噫，行此不义，必遭诛戮，我等为汝误矣!"盗魁笑曰："毋相诟也。"八子怒曰："汝不记吾党规条乎？贪淫必败，天道昭彰，我将去之。"遂出告诸盗，辞别，欲挽留之，不听；与之财帛，亦不受，脱然而去。至海宁，投县，自首丝肆被窃案。然此案实非八子所为，盖与劫富室同时，冒之以就轻也。羁禁日久，以无原赃，案莫结。时有刑书某，以办漕亏欠收禁，八子深与结纳，问得若干银可仍回刑房，某以四百金告。八子曰："是不难，我为先生完此事。"某曰："果如是，我必有以报。"自此交益密，某家送饭食，恒与八子共之。一日晚餐食羊腿，八子甘之，问系自置乎，某曰："买诸市肆。"八子曰："何处有？"某曰："熟食铺皆有之。"八子骤欲饱啖，某曰："门已封矣，明日嘱家人多备可也。"八子不能俟，取钱出院，但闻锁镣脱落声，禁子出视，仅遗刑具，而八子不知所往矣。某嘱禁子勿张皇，谓彼去即来，必无他虑也。未几，仍锁镣而入，肩负羊腿，笑曰："尚不辱命，共切食之。"某曰："君来去何速？"八子曰："我今与君交深，敢以实告。我因盗党采花必败，不愿共之，故避重就轻，以认此案。惟原赃难得，求先生出后，可托事主不必深究，见赃即领，我事毕矣。不然，脱禁而去，亦何难？不欲为者，避前事耳。况我日在禁中，夜则游行自在，同监多人皆不知之。今与先生言：明夜将往取财帛，以了先生事。"因复潜出，伏巨室屋上，系库书某家，是日方得千金贿。八子俟夜深人静，窃取而回。明日，以四百金交某完亏释放。而富室女子已羞忿自谥矣，事主上控，都察奏参，奉旨严拿，盗魁十七人全获，无一漏网者。供及黄八子，行文到县，刑书以八子是月日夜方在此行窃丝肆，岂能远往三百里外为盗乎？其为仇攀可知。据情移覆，亦不深究，并为书达事主，求其以物之相似者充原物领认。事主允，而八子之案遂决，照自首例减等。

胡大拒捕

粤东有胡大者，积年剧盗也，雄捷能跃楼门。少时习少林拳棒，得秘授。其师曰法云上人，尝戒之曰："观子之貌，当入于邪僻，以非命终。然子之聪明才力，实为及门冠，吾传衣钵得矣。吾有绝技，舍汝无可传者。但传之，则恐汝为害于人；不传，恐此艺湮没，岂不可惜。"胡指天自誓，谓"必束身正道，不为师门玷"，法云乃尽心教之。

及胡父母亡，乃为盗，明火执仗，横行乡里，积案累累。捕役畏其勇，莫敢擒。一日，胡潜至省垣，匿城西塘鱼栏附近，踪迹诡秘。某弁亦以拳勇名，闻之，选壮勇百余，各持枪械前往，围之三匝。时胡手无利器，从容启户，以酒肴陈于厅事，高坐细嚼。众相视，莫敢先发。某弁大怒，持矛径入，众亦随之。胡掷杯大笑，跳而前，大声谓众曰："勿太相逼，乃公去矣。"言未毕，滚入人丛，三起三仆，凡壮勇手中所持刀棍皆落地，若有捽之去者。某弁举刀飞掷之，误中阶石，火星迸发，而胡已逝矣。然壮勇已死三人，伤者十余人，盖皆在前列，而为其拳脚所奋踢者也。

隶因谜获盗

昔有人襆被行山径间，遇恶少，意所负必楮镪也，击杀之。视幞中，特楮衾耳，大悔之，乃书楮衾曰："的的的，孰令尔纸被似钞角。问吾何处住，五色云中住。问吾是何姓，杓子少个柄。尔也错，吾也错，不如归去，的的的。"愬官，不知主名，召商谜者问之，曰："五色云，彩烟也，彩烟，新昌山名。杓子少柄，盂也，盖于姓也。"密令隶人往踪迹之，久而不得。隶人亦了事者，一日坐镊肆栉发，见一人对门置饼，鼓其槌，作的的声，乃扬言曰："某山中劫负纸被者，官察知贼处，即来捕也。"觇其人，有惧色。次日，竟闭门不卖饼矣。捕之，果服罪。

小德盗珠宝

光绪辛丑、壬寅间，有名噪京师之小德，佚其名，某部主事也，都人咸以"德大爷"呼之。父为奉天某部侍郎灵某。灵之幕宾多谙柔术，德从之习拳。及灵殁，德返京师，应官之暇，贩珠宝以为业。一日，侍郎景沣邸舍被盗，失珠宝二巨箱。景大怒，谓可悬重赏缉捕。景之夫人有心计，以小诸葛名于时，曰："若是，则其人远扬，宜勿声。"居久之，扬言将嫁女，愿出重价购珠宝。未几，廊房头条胡同某肆有送至者，则原璧也。穷诘之，谓购之于德。景乃告步军统领，并令肆主邀德至肆。时番役已围肆之四周，德不知也。肆主诘其从来，德以购自前门外不知姓名之某摊对。对答间，德面已变色，肆主以危词恫之，德大怒曰："君何逼人太甚，果见疑者，可以热水至，待我浴后，偕往觅之。”肆主诺，德起立，陡以水掷院中，热气弥漫，德已跳跃而去。顷刻至石头胡同四喜班，纵身下，蹲墙阴。一童奏厕瞥见之，失声长号。名伶俞庄儿知有异，遽手铁杆出。德跃登屋顶，俞以铁杆扫其足，遂堕地就缚。俞送之于坊，讯知为盗景之珠宝者，旋由巡城御史咨送刑部，讯明斩决。

盗劫香港银行

香港虽割于英，为其属地，而近接广州，一苇可杭。其地警政修明，鹄立衢市之巡士，咫尺相望，而广州之盗亦聚焉。一日谋劫银行，苦无从着手也，乃令其徒党伺巡士方值班时，即以物塞其口中，褫其制服，反接其手，缚于自来火柱。他巡士望见，意为此巡士方获一盗而缚之也，不之顾。于是左右之巡士，次第就缚，而银行旁近，阒然无巡士矣。盗乃相率入行，悉索金银，从容登其预泊之小汽船，鼓轮径去。

盗报仇

香港驻有英国武官，职若我国之总兵者，以能捕盗闻，杀盗无算。一日骑而出，督队巡海岸，有一服装类乡人者，手持书，交其前驱。前驱指武官而告之，令面递。武官方伸手取书，则其人忽出利刃，断其臂，而跃入海舟遁矣。

枭匪有掳人勒赎之事

枭匪，以贩盐为生，虽亦商，而官吏齐民以其侵害鹾务，且亦有掳人勒赎之事也，故皆以盗视之，斥之曰“匪”。光绪末，苏属枭匪极猖獗。候补道某榷厘税于奔牛，积资颇厚，为枭所掳，索五万金以勒索。

知府某方之任，为枭所劫，叩头乞饶命。枭曰：“汝头汝膝不值钱，只合向尔上司乞怜耳，我等不惯见此卑鄙行径也。”某曰：“吾辈仕宦，譬之行乞，苟有所需，自当与君订立证书，分期以付。若需巨款，则实难应命。”因于身畔出质券数纸示之。盖某知道路不靖，特假之于人，以备临时却敌之用者也。枭乃不顾而去。

抖路

盗之中有所谓“打闷棍”者，夜伺于僻左之道路，见有徒行之孤客，即狙击之，劫其财物而去。晚近以来，则不必在僻径，不必在深夜，且不以棍，而以铁尺、以小刀、以手枪矣。上海则谓之曰“抖路”。

硬爬

盗之中有所谓“硬爬”者，上海为多，黑暗之处，所在有之。然如公共租界静安寺路之跑马场，与法租界邻接之城河浜，皆通道也，若辈亦横行其间。且犹不止此，如南京路、福州路者，行道之人，往来如织，较之跑马场、城河浜，繁盛且倍，乃亦有于日高舂、日下舂时，男失其冠、女失其珥者，转不若内地之安靖也。

陈老三劫某藩司

鄂人某宦川中，运动某权贵，得调江宁藩司。值秋高水涸，舟不可通，虑陆行多盗，严备之。舁行李者以千计，益以卫兵数百人，络绎道上，绵亘至数里，声势甚盛。开、万间有大盗曰陈老三，得部下报告，大喜，思攫取之。或言备严人多，着手不易，则掀髯笑曰：“老夫固操刀以割，目无全牛者也。”继又续得报告，谓黄白物约数十万，珠宝倍之，陈作色曰：“肥哉！”因选精壮者百余人，牛五十头，授以计。陈所据山，驿路出其下，冈峦起伏，亘官道可十七八里。山下道旁，每五里许，有茆屋数十家，辄见酒帘飘扬风中。山中林木蓊翳，羊肠险巇，入其中者，第见翠嶂拔起、鸟道横空而已。逾峻岭百数十里，为大江，芦苇菁密，碎石如斗，小艇数十，潜舣水涘。凡有所得，初藏山中，嗣由此分运长江一带货之，其所赖以为尾闾之宣泄者如是。

某既抵万，盛传有盗将袭夺，不敢前。然延宕非计，且无可绕道，不得已，更益卫兵，令实子弹于枪备战。日旰，渐近山麓，见林木甚恶，大疑，令骑者探而后进。复十余里，路窄，仅容一车马，两旁层崖如削，林木间鸱鹘见人惊起，声格磔，应山谷。某大惧，以为有盗则殆矣。已而渐出谷，竟无异，心稍安。复十数里，日已晡，而弥望荒落，忽见山坡间有一人类樵者，亟命人往，询近处有无小市集，樵曰："距此六七里，有居民数十家，可投宿，背山面路之茆屋是也。过此以往，须四五十里，今日不及矣。"问有盗否，樵沉吟曰："盗不知。惟山中有虎，常出食人畜，吾侪皆畏之。"言已，担柴自去。

问者以樵之言告某，某喜，阴念既有虎，殆无盗，且人多，虎亦不足畏。方凝想间，陡见高峰插天，众惮登陟，相顾色骇。某方以樵言自慰，亦不疑虑。已而果见有茆屋倚山临路者数十家，鸡鸣狗吠，俨然村落。日已夕矣，于是遣人商宿处。此数十家中，有为客店者，有为沽肆者，然人多不能容，行李辎重及某之眷属，幸得屋宇以庇，余人皆求荫于大树若岩石。安置粗定，村中人宰猪割鸡，状至忙碌。已又出藏酿饷客，酒味芳洌，而值綦廉。众大悦，争取沽饮。肆数家，有酒数十瓮，顷刻都尽。

某见兵士及舁夫皆露宿，己独得安处，心惴惴不自安，因向众道歉。见众方欢呼鲸饮，无怨言，心始安。入夜，展转不成寐。三鼓，忽呼啸声自远而至，山鸣谷应，如风起潮涌，声势万千。乃大惊，知有变，急呼左右，无应者。遍蹴之，酣卧不能起，有一二起者，骇绝无人色，不知所为，而纠纠者执大刀阔斧破扉入矣。捉醒者，反縶之，从容辇金帛财货，并执主人以行。逾山冈，至一草寨，踞案高坐者，陈老三也。三数人曳某入，捽之使跪。某至此，知无幸，不敢自大，命跪即跪，不稍抗。老三含笑熟视，霁颜询姓名、籍贯、官阶，某具告之，有乞怜意。老三大怒，拍案骂曰："狗官，无怪汝有如许启发，原以媚骨易得来。"启发者，彼等隐语，盖货财也。某俯伏惶恐而对曰："是，是。"老三益怒，戟指呵之曰："若为监司大员，不惜对强盗作此态，即此可见汝平日摇尾乞怜状。吾杀汝，如杀一狗，然不屑以汝龌龊血污乃公刃。"乃命健儿数辈褫其衣，移数百斤巨石压其一手一足，曰："明日当有人来救汝。归后，为我告贪官污吏，刮地皮时勿太高兴，须以汝为鉴也。"乃于山谷中牵牛数十头至，分委所得辎重于牛背，驱之径去。翌晨，众醒，有大胆者，得主人于山半草屋中，一手一足已折，惟呼吸尚不绝如缕，救之得活。然自是残废，以贫病终。

以假凶器行劫

沪上虽鲜明火执仗之盗，而藏凶器于身者固有之，铁尺、刺刀、手枪是也。而又有徒事恐吓而实不足以致人生命者，为洋铁小手铳，盖以煤油箱之一小方圈，捶成一小管，不知者以为勃郎林手枪也。或且仅锈铁一段，充其极，亦惟代棍之作用而已。暮夜遇之，孰能辨别，自必听其劫夺财物而无敢或违也。

以药水迷人而行劫

有藏药水于身，行狭巷中，伺有人过，倾于手携之巾，按其手鼻，即能使人昏迷，亟褫其衣、夺其物者，行劫之小盗也。

冒为邮差以行劫

自邮政创行快信，薄暮深夜，信至即递。于是有冒为邮差以叩门者，曰"有快信"，启户纳之，则盗也。少则三五人，多或十余人，即入即闭门，于是升堂入室，翻箱倒箧，辄饱掠而去。虽上海之租界亦常有之。

冒为人夫以劫衣

有小家妇持衣至长生库质钱者，方在柜外论价，突有短衣持竹筐状似买物之男子入门，掴其颊曰：“我以汝为何往，乃不顾家中儿女而在此质钱，果安所用者?”遂自柜夺其衣，飞步出门去。妇大愕而哭。库中人曰：“汝夫取归耳，何哭为!”妇曰：“彼何人斯，吾之夫弃世久矣。”

冯少村皮箧为盗所夺

冯少村自吴淞附汽车至沪，夜深矣，自负小皮箧携革囊以行于爱而近路，忽有以手枪拟其胸者，盗也，亟弃皮箧，而植立道旁。盗负箧疾行，为马车所撞，有声铿然落地，而人杳矣。少村趋视之，则废铁管也，始大悔皮箧之弃也。

盗棺

鸦片之禁既严，奸商辄以土置棺中，白衣号泣，伪为扶榇还乡者。宣统庚戌，厦门某卡有扶柩过门者，色怪异，关吏疑为私土，乃反复诘问。其人言语支吾，为状大惧。启视之，中卧一老人，鼻息尚存，逾时而欠伸曰：“吾诚醉耶? 苟有醇膏，尚能饮十数斗。”瞠目四顾曰：“胡至此? 得毋梦乎?”关吏大骇，知有异，送有司详审。盖老人为一富家翁，纵饮醉死，葬于附近某山。扶柩人盖盗墓者，因棺坚难开，欲久作盘桓，又恐为人所见，乃舁归，欲从容启之，意谓即废棺之木，亦可作爨薪，孰知事竟败露耶。

台湾生番劫人

台湾之山产藤，粗如绳，长数十丈。人迹不到，深林蓊翳之区，滋芃茸沿盘涧谷间，生番往往匿其中持刃以劫人。

九股苗喜为盗

九股苗在施秉、凯里，与偏头黑苗同类。服尚青，性尤猛悍。头盔身铠，铠重三十余斤。又以铁片裹胻。左手木牌，右手镖杆，口衔大刀，上山如飞。挽强弩，名曰“偏架”，一人持之，二人蹶张，发无不贯，故常喜为盗。

番盗惨僇汉人

川边关外番盗，每擒获汉人，杀僇至惨，其最酷者，为剥皮、坐桩、放风筝诸名目。凡为番盗生擒者，先剥其皮至尽，乃斫开脑顶，注酥油其中，引火燃之，名曰“人酥灯”。

广南夷人为盗

滇中之广南一路多夷人，质而驯，不知为盗。汉人之出于其途者，若入其门，而以盐及槟榔、金丝烟馈之，必留宿，且必酬以豚酒薪米诸物。宣统时，滇、粤大通，商旅踵至，有外来之盗窜入，夷入其党，群伏深箐中，持刃伺过客，得金二簏。自是遂以行劫为事，而聚众数百人，横行无忌矣。

某盗临刑书联

某盗临刑，索笔书一联云：“铁头何奇，借与你博斗大黄金印；热血可爱，还让我洒几行绝命书。”

贼之类别

凡非明火执仗、涂面毁容而攘人财物者，皆谓之贼。然其中正自有别，平时各执一门，不相混杂，且各有师传也。

其行于陆者有十二：

翻高头，即越墙贼也。不用器具，翻身上墙屋者曰“上手把子”，犹言本领大也。若“下手把子”，须有滑条。滑条，竹竿也。

开天窗，即在屋面掀去砖瓦，拍〔抽〕去椽子而下也。

开窑口，即掘壁贼也，又曰“开桃源”。窑口愈小，本领愈大。有专至稀窑者，稀窑，卧室也；有专至欢喜灯者，欢喜灯，灶室也。

排塞贼，即撬门而入者。

闯窑堂，即白日闯也，有早闯、日闯、黄昏闯之别。

踏早青，即侵晨窃物，亦“早闯”之流也。

跑灯花，即于薄暮时，出人不意，攫物而逸者。又曰“灯花拍过”。

吃恰子，即乘主人锁户外出，裂锁而入者。恰子，锁也。

铁算盘，盖役鬼以窃人财物者。其人入门，必先就主家乞茶或水饮之，否则不能算。且必主家自知所贮之数目，始能窃之。

拍花，即以迷药施于行道之人，使其昏迷不醒，攘夺财物也。

收晒朗，即乘人不备，窃其所晒衣物者也。

插手，即翦绺贼也。但用手指者曰“清插”，用银皮纸者曰“浑插”。“翦绺”二字，见于《明会典》。京师谓之“小绺”，疑是音转之讹。

扒手，乘人之不备而取其随身之财物也。亦作“扒弄”。

拾帐头，即偷鸡贼也。

对买，即以同形式或同重量之物易人财物者，如混入商店窃买主之手巾包，而易以同式之手巾包，或篮中有钱若干，而易以同重量之砖石等是也。

其行于水者有三：

钻底子，即至船舱中窃物者。底子，船也。

挖腰子，即不上船而以能伸缩之竹竿伸入船窗，钩人衣被者也。

掉包，即在船冒充乘客，乘间而窃物者，亦“对买”之流也。

某乙再作贼致富

淄川某乙，故梁上君子也。其妻深以为惧，屡劝止之，乙遂改过自新。居二三年，贫窭不能自堪，思一作冯妇，乃托言贸易，就善卜者问何往之善。术者占曰：“东南吉，利小人，不利君子。”兆隐与心合，窃喜，遂南行。抵苏、松间，日游村郭，凡数月，偶入一寺，见墙隅堆石子二三枚，心知其异，亦以一石投之，径趋龛后卧。日既暮，闻寺中有聚语声，似有十余人。忽一人数石，讶其多，因共搜龛后，得乙，问投石者汝耶？乙诺。诘里居姓名，乙诡对之。乃授以兵，率与共去。至一巨第，出软梯，争踰垣入。以乙远至，径不熟，使伏墙外，司传递、守囊橐焉。少顷，掷一裹下，又少顷，缒一箧下。乙举箧，知有物，乃破箧，以手揣取，凡沉重物悉内之囊，负之疾走，竟取道归。由此建楼阁，买良田，为子纳粟，邑令匾其门曰善士。后大案发，群偷悉获，惟乙无名籍，莫可查诘，得免。事寝既久，乙醉后，时自述之。

贼栽赃

康熙时，广西失窃之案，真者十一二，诬者十八九。刁险之徒，与人有隙，往往以些少财物，于夜中自墙外掷入其家，至旦则偕乡约、村老往搜之，得所掷物，即以为真赃现获，拘之解县。当事者素审其恶，转将事主刑讯，科以诬良之罪，而蹈辙者犹屡效之而不悛。某岁，某诸生实被窃，所投呈曰贼不知何人，不敢妄指。当事者喜其愿也，批之曰："贼本不当妄指，所控是，准差缉。"

贾五窃宝石顶

乾隆时，京师有贾五者，率其徒为翦绺贼。一日，贾自外归，过某胡同，见车毂塞道，不能进，问其故，乃知为趋贺某相之以参赞军务功，而获赐宝石顶者也。越日，某设谢筵，席次自述本朝王公以外，得膺是赏者几人，己年最轻，蒙恩最早，颇自得。席未终，忽报中使赍谕至，乃急具衣冠跽迎，开读之，则云："有人奏汝于边事多掩饰，且侵冒军饷，念前功，不深究，著收还前赐宝石顶。"中使既追取，即驰归，宾客闻信，稍稍散。

相素骄贵，骤遭此辱则大惭，遂谢病。高宗闻之，遣使赐医药食物，不绝于途。某本无病，见恩礼尚优，意稍安。逾数日入朝，召见于便殿，论事毕，上熟视笑曰："前日赐汝宝石顶，胡不戴？"某以上戏之也，跪谢曰："臣无状，负上恩。既追取，安敢复戴！"上讶曰："朕未有是旨。"问内阁及吏、礼二部，皆不知，令严诘矫诏者。盖前日之中使追取，实贾使其徒诈为者也。相惊且怒，出谓步军统领某尚书及巡城诸御史曰："钦赐物且被窃，要汝等何用？若三日不得，莫怪有大处分也。"诸人素慑某势，又奉有谕旨，遂百计穷搜，凡茶寮、酒肆、旅馆及形迹可疑之家，皆被骚扰。贾之徒告贾曰："事亟矣，久则恐祸及。"贾曰："吾以其太骄，故戏之。既扰民，可急还。"问诸人谁能为此者，一伙自荐曰："能。"次日，相自朝回，方倦憩，司阍持某尚书名刺至，谓："今日某处见有形状慌张者，搜其橐，果得顶，但未识果为相国之物否？其人已并获，或按惩，或送究，皆惟命。"相曰："为我传语，物果是，惟须其人自将以至，吾将面诘之。"使者去未久，尚书旋至。坐定，相谢其获贼功，且问人曾否送至。尚书变色，曰："某方以连日穷搜不获贼，来相国处请展限，乌得有是事？"某遂出宝石顶，且述使者形状言语，并其名刺，尚书皆不知，盖又贾之徒所为也。尚书大怒，曰："鼠辈鬼蜮至此，誓不破案不休。"相沉吟久之，曰："此辈皆亡命无赖，急持之，恐有意外变。吾之物已获矣，姑徐徐可也。"尚书喻其意，置不究。

胠箧者掴某生颊

某生夜读制艺，往复数百遍，犹不熟。漏四下，诵声益喧，意且达旦矣。有胠箧者伏床下，躁甚，突起掴之曰："尔非生铁，何顽钝若此？余焉能待！"遽趋出门外，鼓掌而去。

窃牛贼为犬所捕

嘉庆时，南汇有濒湖而居者，畜牛、犬各一，同橛而卧。一夕，主人就寝，有贼将窃其牛，犬吠于主人寝门，且以头撞之。主人起视，贼匿不见，主人因嗔犬之吠影吠声也，鞭之，仍就寝。贼卒牵牛去，至大团镇，犬潜尾之。明晨，主人起，方叹牛之失、犬之逸也。未几，犬返，吠不止，并作牵牛状。主人会其意，迹至窃牛者家，竟获之，乃送窃牛者于官。

贼以剪绺术慑盗

"贯城李"者，京师镖局之一，《施公案》所云"神弹李五"后是也。有某甲者，居与邻，其人向为剪绺贼，辄身怀二钱，砻治其半边，至锋锐，骈夹两指间，垂手行闹市，锋交，割人衣囊，盗银物，无觉者。心艳走镖者之丰于获也，一日请于主人曰："君家客之间关无阻者，徒恃君家帜耳，谁则不能者！我试为之，可乎?"主人审其素行，揶揄之。甲固请。适有雇人护资往南方者，主人以客尽出佣，无以应。甲在旁自陈愿往，主人不得已，许之。临行，嘱曰："君虽猝任事，不审盗情，然盗睹吾家帜，必无害。惟或以新相识邀君过饮者，宜急却勿往。"语半，且戏语之曰："诚知君雅善探人囊，然慎无探盗窟也。"甲闻之，亦自哂。

中途，甲遇盗，睹贯城李帜，疑甲为李氏素所识客，乃邀甲过家宿，甲坦然承之，盗固疑其有恃矣。已，抵盗家，盛供张，肃之首坐，群盗左右环坐侍饮。酒酣，盗引一觞进，曰："君李氏客，必有异能。"甲固逊，一盗又曰："君今无过谦，非得式瞻君威者，吾侪不与君行矣。"语渐侵迫，甲乃谢曰："幸有薄技，应得供诸君一噱。"语毕，起便旋，绕座右下，归，自座左上。酒数行，盗又请曰："君妙技可得瞻乎?"甲哂曰："盍各视君辫。"群盗知有异，亟反手引辫不获，大惊，相索视，发种种尽为人截取，不知何往矣。甲乃徐出之袖，累累陈案上，盖甲素所习剪绺技然也。群盗不测所为，罗拜曰："君诚神人也。"自是，甲名大著，为人护财货，所至无敢犯者。

小李伺书生

京师之剪绺贼，有混号曰小李者，亦工剪绺术，往往于闹市中行之。被剪者觉而获之，虽加殴辱，弗怨；或旁人指破，则必报怨矣。有女郎坐香车，一书生行其旁，两美相顾，颇有情。小李者伺书生后，将下手，书生不知也。方回顾，女郎不便语，但以口颊作势隐示，若有人伺于后者。书生觉而斥之，小李遂去。未几，车转曲巷，女郎口忽为小刀划破矣。

盲贼

京师有巨贼神于窃，虽富贵家之坚壁高墉，重门叠户，所藏金银珠宝，辄搜括一空。于是被窃之家岁以百计，捕益急而窃愈夥，坊役悉受严比。

一日，有役昼饮兵马司街，见有盲叟持四尺长竿杖，探路而行，将入巷，役呼曰："此巷塞，莫误入。"叟诺而去。未逾时，复至，仍欲入巷。役呼如前，叟仍诺而去。役诧之，守终日，不再至。次日复待，见叟执杖来，行入巷，乃尾之。叟至巨室门首，知门双扃，以手探环，以杖测檐，量度多时，立杖于门侧，出而就溺。役谋先窃其杖，次击其人。往取杖，杖重百余斤，双手举之不得。叟闻杖响，知有人图之，即奔入寻杖，手杖而去。役失色，出巷搜叟，不知何往。役思叟技如此，难以力制。次日，巨室诣县投状云，夜间门户不开，财宝已失。役心知叟所为，由是沿途访叟。后于骡马市见叟点杖而行，役随至僻地，谓之曰："汝事已发觉矣，曾知否？"叟曰："既发觉，且听其发觉。"遂挽役入市，至僻店沽饮，问役姓氏居址，及所辖地段，役告之。叟曰："既蒙相知，必图厚赠，此地非谈心之所，来日于陶然亭下俟我，尚有要言一叙，幸勿爽约。"役诺而散。晨兴往候，终无叟迹。如是者三日，役复遍察通衢，忽遇之，责以欺诳。叟曰："予久待汝不至，两造尊室，贤伉俪酣眠熟寝，未敢声呼，所有要言及酬谢物，已置之床侧矣，归验便知。”役愕然而回，移衾揭帐，见东隅柱上插一利刃，旁列一函，金三百两。诵其函曰：“予之行径，为尔窥破，本应杀汝，以图灭口，复思尚无深仇，何必作孽。外三百金，酬报未宣之惠。此后休问予事，各不相侵。倘若妄想，当以利刃为鉴。”役大栗，不敢泄。后之报窃者愈烈，诸役杖毙无数。时南省饷银解部，路宿雄县，鞘堆积大堂，派役守之。旋报重门尚扃，亡两鞘。宰惊讶，密招营弁捕贼，弁未至而又亡二。弁至，宰以告失，弁曰：“此飞檐走壁之人，须于上流节制。”约数弁挟器升屋上待。仍令兵役持刃下俟。无何，见一人持杖飞来，两臂各挟一鞘而跃。诸役刃之不及，屋弁以铜鞭击之，鞭折弁陨。次弁复击以双锏，一锏伤贼臂，贼落地，弃鞘持杖奔檐，仍遭锏伤坠地，而锏弁已为杖断双股矣。众役就地缚之，则盲叟也。其杖以钢铸，外髹以漆，重不能举。严刑审讯，京中大案悉认不讳，其党至死不招。问何以盲犹为此，曰：“因欲为此，所以致盲。不盲，久为役捕；惟盲，人不及觉，始得至今日耳。”乃戮之以狗。

贼为舟中老人所欺

运河经无锡北门外，曰蓉湖，湖水宽广，帆樯林立。有窃贼，善泅水，凡舟载货以泊者，恒为所取，案如山积，不能破。一日薄暮，有巨舟挂帆来，抵水滨，帆落，遂泊焉。贼自岸侧睨之，窗掩无所见，遂泅水至彼岸遥望，则见窗洞开，烛荧然，白发老人据案坐，手执卷审视。时尚早，遂就茶肆小憩。二更许，仍隔水窥伺，老人态如前，风自窗入，吹手中卷，卷页一一如轮转，不之觉。以为是必老于行旅者，挟巨资，故无寐，实则睡已熟，燃烛作展卷状者，示吾辈以有备耳。时不可失，勿为所欺。于是潜行水中，距舟尺许出水，探首向窗视，木匣纵横列榻下，高可二尺，广半之，烛花大如枣，老人鼾声如雷，涎自口角流下。案侧有枪，不及五尺，锐利有光，取之出。视老人寂然，胆陆壮，蛇行入，先以绳宽缚老人于椅背，转身挟木匣一，急从窗出。力过猛，舟动，老人觉，顾身缚不能立，手探窗际，仅及脚跟，捉之，竟脱，遁去。贼既入水，知老人有备，伏舟底。须臾，矢果雨下。夜将半，始行，未及半里，老人泅水尾追之。木匣重，行迟，几为所获。将及三里桥，适有舟自桥出，橹摇波动，乘间窜桥下，置木匣而后遁。老人无所获，乃返。自忖虽辛苦，幸有木匣在。明日人静时，至桥下取归，启视之，则砖石也。大懊丧，誓不复作贼。踵皮已脱，不良于行，匿乡曲，以更夫终。此咸丰时事也。

刀客窃印

山东多刀客，往往御人于国门之外，然矫健绝伦者，亦不多觏。咸丰时，登州某县有刀客某，猱捷迅速，垣壁所不能隔。其友某有技，与之相埒，亦刀客也。刀客犯案累累，官府购之急，则逃至汴，充捕役，凡案情重大非弋获不可者，恒责之。某夜，抚院忽失印，即令缉之。某奉命踌躇，知为巨贼，密索诸城内外，凡城垣之上，楼房之脊，以及船桅、旗竿之颠，搜之几遍。一夜，至城东北铁塔旁，见有人自顶下，瞬息无踪。因超越而上，伏候之。须臾，其人返，相视惊喜，则友也。与叙间阔，并询窃印故。友曰："吾来寻君，思非此不能速遇，且将一试技能，使知吾辈中大有人耳。兄曷偕我去，何充此龌龊捕，受官府恶气耶?"某然之，反抚印，偕友行。抚穷缉之，渺矣。

吕二改行致富

吕二，贼之雄也，不知所从来，或曰湘人，或曰鄂人，或曰皖人。其踪迹以皖城为多，凡江湖流窃来皖者，必吕允，始可施其技。其窃也，禁用暴力，虽携械，当破获之际，务以智自脱，否则宁弭首受缚，不得伤人。

歙有曹某，其大弟子也，能传其术。邑之富人方迎娶，奁具极丰，吕与曹及其他一人往，杂众中为伪观者。入其室，使一人手布包走，且呼曰："贼，贼！"布包者，其所早备以为囮，中敝衣数件，无他物也。众人惊起竞逐之。其人行甚疾，众追稍远，曹则尽卷几案铺陈一切，乘间分塞来宾所乘舆之底。众追得之，审其非，释令去。归而陈设不见，皆大骇。方纷乱间，曹与吕又尽窃其首饰之贵重者去矣。久之乱定，始觉，已不可追。

吕之教人，分别门类，钻穴者，踰墙者，剪绺者，探钥者，各以类相从。其避光匿影、绝声灭迹之法，暇日辄为其徒口讲指画。晚年洗手，不复为此，亦戒曹，令自惩毖，曹不能从。吕六十余，乃经商于外，七十四始还皖，富已不赀，人已不复知其向为贼矣。一旦，忽柬招城中绅商农工有名者数百人饮宴，酒酣，出簿籍一，尽列诸人姓名，上书某若干、某若干，按籍付资。众惊怪不受，吕笑曰："我即向日之吕二也，扰诸君多矣，簿记具在。今行将就木，故躬行陶朱之术，以赎前愆，此非盗泉也。今于诸君，本利皆清偿，不更赍污名入泉下，不亦善乎！诸君拒我，便非与人为善之义。"众不得已受之。所余犹可万金。岁余，吕疾，召其徒，举余款尽分授之，令各自谋生，毋更为此，遂卒。其徒得资，亦颇有改行者。而曹终不悔，后十年，毙于钱塘狱。

曾文正有珠被窃

曾文正入觐，恩礼优渥，赐物累累，称异数。中有明珠一颗，绾以金丝，缀之项下，斯须不去。一日有谦会，宾客满座，谈次，或谓近日京中剧骗甚多，且其术至黠，不可捉摸，吾辈宜慎之。曾掀髯笑曰："鼠辈伎俩，吾未之信。果能骗得乃公项下珠者，斯神技耳。虽然，吾知其无此术也。"越宿复入觐，乘肩舆入禁城。禁城地广漠，一望可数里许，于晨光熹微中，见有车远至，一出一入，须臾已近。车中似一亲贵，须眉殊轩爽，似曾相识，然实不知其为谁。曾出舆步行以示敬，亲贵亦步行，忽扬声曰："尔非某某乎?"曾唯唯，却立，似有所思。亲贵前谓之曰："二十年前某月日，曾与足下一面。当时足下无须，余方年少。今日相见，足下之须如许斑白，余亦于思尔尔矣。"言时，以指自捋其须，并引须与曾须相比。既而大笑，拱手遂去，曾亦登舆进。无何，朝罢归，方欲解衣，而明珠已不翼而飞矣。骇甚，遍索不得，始悟所遇者，剪绺贼也。又数日，应同乡某御史之约，赴戏园观剧，顾曲者或木天名宿，或豪贵少年，座为之满。剧将半，觉靴中似有不适，脱之，有物堕地，拾而视之，则曩日所失珠也。

炉坑内有贼自首

周某家有菊，一日闲步庭前而赏之，忽闻大呼曰："有贼!"其声暗呜，如牛鸣盎中，举家骇异。俄连呼不已，谛听之，乃在庑下炉坑内。乃邀逻者来启视，则傫然一饿夫，昂首长跪，自言为前夕乘暗阑入，匿于此，冀夜深出窃。不虞二更微雨，有人移腌齑两瓮置坑板上，遂不能出。尚冀雨霁移下，乃两日不移，饿不可忍。自思出而被执，罪不过杖，不出则终为饿鬼，故反作声自呼耳。

文渊阁书被窃

文渊阁多藏书，每年伏日，例须晒书一次，十余日而毕。直阁事者不监视，供事下役辄窃之以鬻钱，惟所窃皆零本耳。

太和门库物被窃

太和门左有明库六，岁派满大臣二员，督率司官盘查一次。每查一次，即为其从人窃一次。其中一库，皆帘幙衣履之属，中有珠幔，宽长可八尺，为珍珠所穿，四围以红绿宝石间之，小者如绿豆，大者如龙眼核，线已朽败，一抖晾，则珠纷纷落，必一一拾而裹之，记于簿，加印花焉，然已易为赝者矣。更有明万历宫人绣履七八箱，嵌珠如椒，皆假者。更有皮张库，则皆鞹矣。至金库、银库，则必历年报空也。

库丁窃银

户部银库有库丁，凡四十人。开库之日为堂期，月九次，合加班之堂期计之，凡十余次。每一丁，月有三四次可当值，出入累千万，无不有所窃。三年满役，除行贿满尚书规费六七千金及保镖费外，尚可余三四万金。堂期入库，四时均赤身，而满尚书公案鱼贯而入，取官制衣裤着之。运银疲乏，可出而小憩。其复入也，仍裸而至公案前，张两臂，露两胁，胯亦微弯，更开口作声，以示全体无夹带也。然所窃之银，则在肛门中，人不及察也。闻业此者，先以鸽卵出入肛门，以次而易鸡卵、鸭卵、鹅卵，均泽以麻油。久之，更塞以重十两之铁丸六七枚，则每次塞银时，至少可五十两矣。又有一法，则藏银于夹底水桶。盖京师街衢多尘，堂期必备清水洒路，库丁乃于桶底加板一层，银入其中，俟堂官散，即从容担之而出。

贼窃国玺

皇帝有传国玺，而又有国宝，存庋奉天大内者，亦数十计。同治时，重修玉牒成。先一日，由内阁恭请御玺，以备钤用。满学士某实司之，验视无误，即藏之库中，且闭户而下键焉。时满大学士为宝文靖公鋆及灵某。灵时已回第，忽急趋入阁，召某而谓之曰："所藏之宝，盍再视之?"某如命而往，库门之封识宛然，及逐一启验，则"皇帝亲亲之宝"，已不翼而飞矣。某惶急复命，宝闻之，亦不知所出，且欲实时奏闻请旨。灵止之，手百金之银票与某曰："置匣中，明日当有验，第勿声张。"及归家，一夕目不交睫。未明入直，急启匣审视，则玉宝在其中，而银票渺然矣。

李某遇铁算盘

江西李某以贸易往来苏杭，亦老于江湖者也。尝自杭州归，中途有少年求载，同舟者咸拒之。李见其衣服褴褛，踯躅江岸，心怜之，语同舟者曰："孤客无归，大可怜悯，何惜此一席地乎?"乃招之登舟。至常山，将舍舟而陆，少年顾诸客曰："萍水相逢，幸附骥尾，今将分手，颇思一尽微意，供诸君一饱，愿闻所嗜。"诸客曰："昨过某处，见市中馒头颇佳，今思之，食指犹动。既承雅意，得此足矣，他不敢请。"时距其地已远，诸客姑以此难之，且知其贫，必不能办之。少年曰："可。"乃还至其所卧处，蒙被而卧。众呼之，曰："毋扰清梦。"众曰："吾曹饥矣，馒头安在?"曰："诸君何汲汲若是，顷方起馊裹馅耳。"卧如故。久之，觉热气缕缕，自其被中出，众异焉。或曰："此渴睡汉鼻息耳。"俄少年起曰："馒头出笼矣。"发其衾，累累者皆是也。众客饱啖，咸果其腹，异而叩其术，笑不言。食已登陆，独约李会于三里外。李至，少年已先在，出数纸为赠。视之，自玉山至李之乡里止，一路舟车，悉为代雇，此则各牙行之票据也。李怪问之，少年曰："不敢相欺，某乃江湖所谓铁算盘者也。不必探囊胠箧，而能以术取人财。舟中诸客所赍，已各分其半矣。以君长者，故丝毫未取，且为君代雇舟车，以报厚意。"李大惊，又甚感之，再三致谢。少年曰："舟车之费，皆取之诸客，何谢焉!"李曰："相距且数百里，何能咄嗟而办?"少年曰："我辈于千里外物，不难立致，况数百里，直咫尺耳。"又谓李曰："江湖间如我辈者不少，君此后橐中宜置五谷少许，或官府印花，方不为术士所算也。"遂别李而去。李持票据示牙行，无不合契，沿途舟车悉应付如数。

襄河上下游多女贼

襄河上下游多女贼，行旅苦之。山阴某游幕陕省，以事南旋，溯襄而下，有同行船十余艘，鱼贯而进，守望相助。一夕，入鄂境，丛山峻岭，四无人烟，以时晏不复前，遂泊于中流。每五六艘骈列，联以巨缆，两端距岸各数丈。夜阑，诸人以倦而睡，某以吸鸦片烟未寝，斗闻呀然一声，出自邻舟，亟起依窗而瞩，但见月明水静，一黑影向丛山飞去，霎时已失。舟人纷觅无获，某亦手持水烟管过邻舟问讯。邻舟一武弁，须眉伟然，叹曰："作客大不易，此间素号匪薮，虽万山峻拔，上干云霄，飞鸟不至，罔论人迹，而实为宵小之安乐窝。舟泊中流，余窃惴惴。三更后，万籁俱寂，犹嘿然危坐，旋觉舟微震，知有异，乃以藏文凭之小箱置枕旁，荐刀假寐。贼先登君舟，见君未眠，乃过余舟。闻余鼾声大作，启门径入，以手攫箱。余遽跃起，出其不意，挥刀击之，贼嗷然夺门遁。"谭次，某落纸煤于槽中，俛拾之，得一物，血模糊，烛之玉皙，一女子手也。诸舟恐复有贼来，不敢留，星夜启椗南下。

窃银角

广州铸钱局会计员，每日会计出入，往往少数十金，莫测其故。盖凡工人入厂时，每人率携有香蕉数枚，乘人不见时，辄嵌一二角之小银钱于蕉中吞之，出厂则从大便取出。工人劳苦，必不能禁食香蕉，故竟无术以禁绝之。

匿小儿于箱以窃物

光绪时，有奇窃名于江湖间。尝令数小儿怀种种锁钥及破衣败絮，藏皮箱中，使人舁以上汽船，一若旅行之辎重者，汽船中人自以之入箱舱矣。箱之底板有机棙，至中途，则拨机而板脱，小儿出，乃遍发他箱，取其珍物，而以己箱之物实其中。及船至埠，则小儿杂人丛中出矣。

窃箱笼及木器

杭州某宅，尝以喜庆事演剧三日，至第四日，主仆皆倦，夜未阑，卧矣。贼十余辈入其室，取箱笼及木器，乃张灯启门，相与担负诸物，杂沓而出，且佯相语曰："吾辈辛苦数日，主人不谅我，欲我辈连夜还人物，岂非不情!"时更夫闻之，以为必某宅仆人也，因劝之曰："汝辈受雇钱，作事乃义务，何可深怨!"则群叱之曰："此何与汝事，乃须汝饶舌。"比明，主人见大失物，问更夫，始知贼故以是欺更夫也。

窃首饰

凡小银饰肆门前之柜，恒置一灯，肆伙即坐其旁，以事工作。一日，有状似甚困惫者至其处，哀之曰："吾患疮，幸某善士与我一膏药，云贴之立愈，欲借汝灯一用，可乎?"店伙允之。即就灯将膏药揭开，出不意，贴膏药于店伙之口，便攫贵重首饰去。逮揭膏追贼，去已远矣。

窃驴之狡

金陵聚宝门，即南门也，层谯壮丽，复洞宏深，又当四通八达之衢，行人如蚁，肩背相摩，妙手空空儿，遂于此肆其胠箧之技。一日，有乡妇骑驴入城，其夫执鞭随于后。行至半洞，忽以人多，前后隔断，可望不可即。半向（晌），又有人载巨囊，散漫庞大，夹于妇之左右而行。良久人稀，妇忽自空中下坠，身犹在，脚犹在镫，惟驴则不知何往矣。夫亟就而扶之起，询其故，妇茫然。盖此辈党羽颇众，见此驴可得重值，因密遣其党，佯为拥挤，使骑者不能左右顾，乘间即断驴之衔勒与镂膺，而以两人托鞍于空中，又以锥刺驴尻，使负痛急走，既远，即撒手而去。夫见妇坠，必急视其受伤与否，不及追贼，贼即于此时远遁矣。

贼闻僧吟诗而退

扬州平山退居庵某僧，耽吟咏。光绪乙未重九夕，方徜徉禅榻，挑灯构思，渐入深夜。有偷儿至，盖审其香积厨略有所蓄，故穴墙而入也。既入，见僧方苦吟入定，充耳不闻，乃至隔房而肆搜括。讵僧忽得句，起而吟曰："风月双清偷不得。"偷儿骤闻之，大惊，以为僧已觉之也，仅攫其轻便者，亟窜去。僧闻声出视，则山门洞开，经炉禅杖犹狼藉满地也。

弄手

沪人呼翦绺贼曰"弄手"，犹言"扒手"也，亦曰"瘪三码子"。非专以翦绺为业也，可窃则窃，否则行乞。

垂髫女为弄手

上海之弄手，有以垂髫女为之者，以其尚未成年，人多忽而不察也。其人衣饰华洁，举止大方，每择嫁女之巨室，伺于门，见有女宾降舆，即尾之而进，升堂入室，主人辄误以为女宾之偕来者也。周旋其间，乘间攘物，于是有搜窃新妇待御之珍品者矣，有被夺小儿随身之饰器者矣。其从容者，或且随众筵宴，果腹而出，而主人、贺客皆不及觉察也。

上海飞口有神技

上海翦绺、扒弄之贼至多，然类分部别，名目至繁。闻其中有五等，一曰"里口"，乃以小剪剪物者；一曰"外口"，乃以康熙大钱磨成刀式割物者；一曰"窃口"，乃以手掏摸者；一曰"盗口"，虽系偷窃，而带有强横性质，如长江帮中之扒儿手者；一曰"飞口"，则飞行绝迹，神妙不可思议，为最上乘矣。

光绪壬寅、癸卯间，一客自直隶保定来，既至沪，即往谒探捕，请曰："弟在北方，时运不济，故作南游，冀托诸公福庇，在此小作勾当，旬以为期，即当他徙。"探捕诘之曰："君欲得若干乎？"客曰："不敢多求，三四千金耳。"闻者皆挢舌。盖若辈向无大志，一人十日，多至数百金而止耳。群对以为数太巨，恐不能如愿。客讶然笑曰："北方万金犹不奇，上海为全国第一商埠，区区者何足介意。总之与诸君约，以十日为期。如得手，弟取四之三，以一奉赠。将来诸君北上，亦当稍尽地主之谊，以答盛情。”众曰：“然则俟吾辈商之领袖，以定可否。”众乃谒公共租界海宁路汇四捕房总捕头。总捕头曰：“此间向无大宗交易，客今放手为之，若肇祸者，诸君奈何？我奈何？客亦自将奈何？事后倒虾笼。（赃到手复吐出者，谓之“倒虾笼”。）又奈何？诚不如其已也。余断不允。”众曰：“请自往复之，可乎？”总捕头曰：“可。”既见客，辞以不能。客曰：“允否，君之权力，某不敢强。既不见许，某休憩数日，即他往耳。”总捕头曰：“能即日行乎？”客曰：“君欲某行，即以明日上道。”总捕头曰：“甚善，愿君以相片见惠。”客勃然曰：“恶，是何言！予既不有求于此，则相片即非君所能索，不可得。君必欲得者，毋宁得予之头。”遂忿然作色而别。

明日午后四时三十分，总捕头散步道左，方探手于怀索时计，则时计及链并囊中一千数百圆之纸币，不翼而飞矣。总捕头震怒，乃召通班探捕，严谕之曰：“若辈办公乃如此！外间窃案层见迭出，今且侵及我。姑以一日为限，明日此时必以原物见还，不则若辈悉罢斥，予将于本国或香港别选能者来。”众退，惶急无计。有疑为客所为者，大索客，不可得。一再集议，以某与客略审，迫其蹑客踪，谓之曰：“子觅得客原物来，客昔者所要约，悉如命，否则子先有所不利。”某曰：“客于城中亦有寄宿地，且姑觅之。”

至则客固未出也，某为致众意。客笑曰：“今不能若是易矣。子往语诸君，任予留此三月，买卖无定数，十万八万，视予力所及。且尚有一要言，子其识之：大名鼎鼎之总捕头，当以相片见赠，俾留为纪念。不然者，予谨俟于此，诸君其何能为！”某退而复命，往复商议，始以一月期、万金额定议。议定，索原物，客又笑曰：“咄！此岂汝所能索者。取之谁，当还之谁耳。烦语总捕头，明日可仍于原时原地，游行如前状，自有人致之，毋多言。”某不得已，诺而退，复命于总捕头。

明日将届时，总捕头至其地，蓄意以伺之，乃久之而四时半矣，五时矣，犹寂然。时捕探亦有立于旁者，总捕头曰：“彼乃敢戏予！”探捕中有一人言曰：“渠矢言矣，当不失信，盍于身畔详检之。”总捕头如言，则原物赫然在身，瞿然曰：“有是哉！彼之手腕灵敏神妙，一至于是耶？果若何而窃，若何而还，若辈试询之。”

某乃往询之客，则曰：“今不必言取，可问总捕头以四时三十分时有一快马车自东疾驰而来，几撞其身，左侧一人以手略推，始免，撞者为谁乎？”某以告总捕头，总捕头曰：“噫，吾知之矣。衣玄色小袄、灰色坎肩，目架墨晶眼镜者，殆其人也。”

上海小工窃物

上海小工之窃物，最多者为各大汽船码头。汽船至，蜂拥而上，为客运行李，虽有码头巡丁、水上包探之保护，偶一不慎，即已遗失，此老于行旅者所皆知也。更有专运栈货之小工，即俗名“杠棒”者，其盗物手段尤极灵活，不论南北杂货、药材、食物、茶叶、米粮等类，若辈均能一一窃之。且汇山码头一带，竟有专收码头贼赃之商店。所收者，药材为多，杂货、茶米等次之，洋货、布疋则甚鲜，盖以箱箧坚固，不易窃也。

窃盖

上海马路不能渡，渡必于巷，且有木栅或水泥所筑之短垣以识之，亦未可随意自由也。一日有乡人就而溲焉，置所携之盖于地。盖即伞也。一偷儿见之，取盖，夹于胁下而亦溲焉。乡人溲毕觅盖，偷儿曰：“汝自不谨耳。当识之，他日必如我之盖不离身而后可也。”

窃玉搬指

载泽出洋考察法政、海军诸事归，一日，与京尹晤于六国餐馆。京尹言京师为四方奸宄所聚，其徒之变幻不测，有常人所百思不得者，往往近身之物，亦取之如携，诚可怪诧。载笑曰："此辈鼠窃狗偷，欺田舍郎，得衣食耳，能有异术耶?"京尹曰："是不尽然。如吾所闻，某侍郎即尝堕其术中。"载曰："彼自疏忽，非宵人之智。"因翘指示京尹曰："此御赐四喜搬指，吾用之数年矣，刻不去身，能取之者，则吾服之矣。"京尹唯唯。

越数日，德公使馆开茶会，柬邀我国大员，载亦往。座有虬髯碧眼儿，颀面硕身，被军服，趋前握其手曰："柏林一别，今已三年，君丰采乃胜前日，可喜可贺。"载瞠目，不知谁何，以其外人，即姑应之。其人数语后，匆匆他去。旋觉有异，视其手，搬指亡矣。问德使，则亦不识其人，谓但见其衣服华丽，疑为贵宾。载耻于前言，不告人，驱车而归。甫及门，京尹亦至矣。问来意，出搬指曰："顷方退朝，有人衣服形容如宫监者，以此物将至，云顷从公索观者，嘱为交还。物既见付，即转身去，当时未及穷诘，颇疑。顾其人直入宫门，则又似无可疑者。"载良久，乃恍然，盖当日无心一语，已有属耳于垣者矣。独不解此中人物，乃有洋人、有宫监也。

江轮窃履之贼

宣统庚戌冬，程善之与数友附汽船赴皖，在舟中，数人列坐一榻，各脱履置榻旁，盘膝于榻而谈。时天方寒，众多着西式暖鞋，窃者涎之，乃欲以物寄榻畔。众不许，乃去。须臾，闻船尾有人噪呼云："得一贼矣。"翘首望之，果见有人擒一贼，自船后来，左握其发，右扼其腰，牵曳以行。贼力与支拄，逡巡过榻前。众方注视，中有方某者，最机警，觉有异，即跣足起立，握贼衣，则榻下之履已尽入贼怀矣，一一搜出，幸无失。擒贼者怒益甚，吼曰："贼已被获，何敢尔耶！曳悬之前桅，看如何?"且詈且蹴以足，乃引去。在榻前方苦挣，故行甚缓，数武外，忽疾如风。众颇讶之，继乃悟其本为一党也，特以无因俯首拾履，故出此计耳。

窃贼易装以惑人

史某以事赴鄂，在汽船客舱，竟日无事，倦而少息。方徙倚间，有过其前者，着单呢袍，戴瓜皮帽，被服殊朴。见史方偃仰，乃俯视箱笼，趦趄而行，犹屡回顾，乃去。一炊许复至，则一布袍、旧西式便帽，类仆从者，史不为意。偶见其一掉头，则又向者面庞也，疑甚，乃佯闭目以寐。须臾，其人手一茶壶至前，呼曰："先生饮茶否?"史不应。以为酣也，遽攫其身旁物。史猝跃起，挽其发，按之仆地，将饱以老拳。其人无言，惟号呼乞命而已。须臾前舱一人奔至，噪曰："失翡翠鼻烟壶矣。"见其人，大喜，曰："必此人也。"搜其身不得。见地有茶壶，揭盖视之，鼻烟壶在焉，怒曰："此值数百金，鼠子乃敢盗之耶?"愤愤语史曰："君请释手，此人，仆当交船主重责之。"遂提曳以去。久之，无所闻。问水手，则固未白船主也，乃知其为一党矣。

飞贼

有皖人某甲者，听鼓历下。一日得其乡人某乙函，借银币百圆，恶之，置不答。越日，又索百金，仍不理。夜分，乙飞跃入甲宅，以铦利之匕首刺床头，尽携其黄白物以去。甲惧，鸣于官，捉乙，已失所在。事后十余日，补用道丙亦皖人，复得乙函，索千金，并使送至某关帝庙横匾中。届期以百金往，守以警兵，而终夜无所闻，视金，亡已。丙怒警察之失职，限以期使捕贼，逾期则索偿于警厅。警吏怒且急，明侦暗访，城市骚然，终不济，而警厅存款亦不翼而飞矣。凡皖人之在官者，莫不栗栗危惧焉。

焚闷香以行窃

有于深夜携闷香入人家焚之，使其合室之人昏迷不醒，席卷财物，从容而行者。比觉，则杳如黄鹤矣。

邻人穴墙以行窃

沪上家屋之有石库门者，以幢（一楼一底曰一幢。有所谓半幢者，骑楼也。厢房亦有楼，则曰半幢。）计，不论为五幢、三幢、二幢、一幢，在一门之中者为一家，然左右之墙皆与他家合，非独立也。冯莐忱居克能海路之存厚里，一夕出观剧，尽室偕行，独阍者留守。其左邻之人穴厢楼而进，启其箧，窃衣饰以去。阍者在楼下，微闻有声，以为猫鼠也。观剧者夜阑返，倦而寝。翌日晌午，阍者起，出门偶眺，见左邻之门已扃，窥其隙，阒无人，忽有悟，告莐忱，发箧视之，空矣。乃始悟昨夕之贼，非自外来，故虽警察林立，无人觉察也。

乞丐类

丐头

各县有管理乞丐之人，曰“丐头”，非公役而颇类似之，本地之丐，外来之丐，皆为所管理，出一葫芦式之纸，给商店，使揭于门，曰“罩门”。罩门所在，群丐不至。其文有“一应兄弟不准滋扰”字样，或无文字而仅有符号。商店既揭此纸，丐见之，即望望然而去。盖商店所出之钱，即交丐头，由丐头俵分于诸丐。丐若径索之于商店，可召丐头，由其加以责罚。其于人家，则听丐自乞，间亦有揭罩门者。

商店、人家或已有罩门，而丐偶有至者，非未入行之丐，即不同类之丐，盖丐头权力之所及，亦自有限制也。

丐头之收入有二。一，商店所给诸丐之钱，可提若干。二，年节之赏，庆吊之赏，无论商店、人家均有之。

新入行之丐，必以三日所入，悉数献之于丐头，名曰“献果”。献果愈多者，光彩愈甚，恒尽心竭力，以自顾门面，如官家之考成焉。此后则按彼中定制，抽若干成献于丐头。（其数大略不逾二成。）若有死亡、疾病，则由丐头酌量给恤，重者并由同辈分担义务。入行之初，丐头示以规则，并行乞之诀，然亦粗浅庸劣，无一毫进步思想也。

乞丐之有丐头，尽人知之，而不知丐头必有杆子以为证，如官吏之印信然。《鸿鸾禧》剧本中，乙云：“兄弟才疏学浅，不能当此重任。”甲云：“老弟你休谦让，就此拜了杆儿罢。”是其证也。丐头之有杆子，为其统治权之所在，彼中人违反法律，则以此杆惩治之，虽挞死，无怨言。杆不能于至辄携，乃代以旱烟管，故丐头外出，恒有极长极粗之烟管随之。

京师丐头，向分蓝杆子、黄杆子两种。“蓝杆子”者，辖治普通之丐；“黄杆子”者，辖治宗室八旗中之丐也。盖自入关以来，旗人向不事生计，而宗室中亦有游手好闲之徒，余威未杀，市井横行，故其党魁黄杆子一席，必以属之位尊势厚、桀骜不驯之王公贝勒，方足以慑伏之。所辖均旗人，犹之寻常一族之族长，不足为耻，且资格、权力足以雄长其曹，被推之后，虽欲辞而不得也。

黄杆子者，实为一种高等之流丐，非端午、中秋、年终不外出，且不走居户，不伸手索钱。每至各店时，必二人或四人，以一人唱曲，一人敲鼓板和之。唱时，以手背向上，执鼓板使平，即为索钱之暗号。店伙以所应给之钱，（至少不得逾大钱五枚。）举之使高，约出头部少许，置之鼓板上，若辈乃去而之他。然有特别规约，给钱时，不得在唱逾五句之后，若不谙此例，或靳而不与，或与而不如仪，则若辈即旋身而走。明日倍其数来，后日更倍其数来，自启市及闭市止，不索钱，亦不出恶声，往往围聚于店门，往来居民恒指而目之曰：“黄杆子今日与某店开交涉。”则惴惴然惟恐祸及，势必贸易停止。迨后店主托人和解，则数千、数十千，视其时日之多寡、情节之轻重而定之。然有大力者请得黄杆子来，若辈亦帖然奉命。此其服从法令，实为彼团体存在之要素，所以能绵历二百余年之久也。

丐之种类

无恒产，无恒业，而行乞于人，以图生存之男女，曰“丐”。世界列邦皆有之，而我国为独多，以无教养之术故也。若欧洲之丐，或为路人擦火，或为游客刷靴，或扶挈老人，或以玩物、糖果上之儿童，鲜有徒手索钱者。实由权利义务对待之说深入人心，虽在乞丐，亦于无职业之中勉求职业。即此一端，而吾国人之品格已远逊于外人矣。

丐之种类，有可得而言者，而以持棒挈钵、蹒跚躃躠于市巷者为最多，沿路膝行磕头者次之，大声疾呼者又次之。此外则各守其习，不能任意变更。其口号有东项、西项、红项、白项之分。盖硬讨者属于红项，哀乞者属于白项，而东项、西项则未得其详。

商店、人家之有庆吊事也，乞丐例有赏封可得，上海亦然，分疆立界，各有门户，两不相犯。凡在其界中者，不论庆吊之为何事，皆有所获，其数视门户之大小以定多寡。即迎婚、出殡，所用夫役，亦皆由丐承充，得佣资焉。

专走江湖之丐，岁或一二至，至则索钱于丐头，亦有自乞于商店、人家者。

挟技之丐，亦或游行江湖，不专在一地。一唱，或不规则之戏曲，或道情，或山歌，或莲花落；一戏碗，以碗置于额，或鼻端或指尖而旋转之；一吞刀，置刀于口而吞之；一吞铁丸，自口吞入，于他处出之；一弄蛇，以蛇塞鼻中，使自口出。

劳力之丐，一为各种苦力之助手，一曳车上桥，一为人运送行李。

残疾之丐，一以霉毒伤身者，耳目口鼻均仅一小孔；一瞽者；一跛者；一烂腿者。更有手足合一，皆在其头之旁，旋转于地，盖采生折割之凶徒所为，迫使行乞以获利者也。

诡托之丐，一诡言避灾出外者；一诡言投亲不遇流落他乡者；一诡言父母有病者；一诡言自身有病者，甚且残手缺足、烂鼻削唇，穷极地狱之变相，而实则涂以猪血或烛泪、贴以膏药也；一诡言家有死尸待殓者。

强索之丐，一徒流之罪人，方赴配所，所经城市乡镇，例得求乞者；一乞钱不与，则出刀自割，或额或颊，以流血吓人者。

卖物之丐，物为耳刷，用以剔耳垢，一名“扒耳”。又有所谓“消息子”者，虽亦为小贩之一，而丐头得约束之，故亦可呼之曰丐。

如上所言，皆男丐，所索者为钱，与以残羹冷炙，或不受。

至若女丐，则土著为多，间有走江湖者。无挟技者，无劳力者，无强索者，无卖物者。类皆贫乏不能自存之人，亦间有残疾或诡托者。

其为男女丐之所同为之者，如送香火、拂尘是也。送香火者，以寺庙中余香爇火，逐车送人，以易一钱。人因吸烟之便，辄施舍当十钱一枚，合制钱二枚也。长幼均有之。京师多积尘，大道尤甚，驱车过之，虽无风，为轮所碾，衣履满矣。时有乞丐行道周，手一帚，见车过，辄为客拂之。所乞者当十钱一枚而已，长幼皆为之，此与欧洲乞丐之为人拭履者相类也。

花子院联

俗称乞丐曰“叫化子”，盖以其叫号于市而募化钱物也。又作“花子”，则京师谓乞儿曰“花子”，见《五杂俎》，其由来久矣。某县北城上，有乞丐群居之所，屋数椽，人相传为花子院者是也。有好事者赠以联云：“虽非作宦经商客，却是藏龙卧虎堂。”

徐新华对于乞丐之观念

徐新华，珂之次女也，尝言曰：“游手好闲，不能自振者，教育发达，其有瘳乎？虽然，生齿日繁，生计日绌，外货充斥，国货消灭，遂至失业者多，漏洞不塞，国益瘠、民益贫矣。长此以往，工艺不兴，日用物品莫不仰给于外，虽率国人而为丐，亦易易耳。尝为家大人言之，家大人曰：‘吾对于乞丐之观念，尝四易矣。初则哀之，意为同一人耳，吾辈衣食完具，彼独冻馁。继而恨之，则以其依赖性成，不知谋生也。越数年，则又见而哀之，谓社会不讲求教养之道，使彼无以自存，咎不在彼也。又越数年，而深恶痛嫉之，惟祝天然之淘汰而已。’意谓若辈怠惰性成，不若以水旱、疾疫淘汰之，毋使莠者害良之为愈也。”

京师乞丐之所居

京师乞丐，冬月无庐，有所谓“火房”者，收穷［苦］无告者居之，日取资一文；亦有不收资者，则慈善事业也。有鸡毛房者，则铺鸡毛于地，使卧其上，以度严冬，夜取资三文。

丐充海捕

河南州县，凡奉有统行缉捕文书，则发海捕。海捕者，大率以流丐为之，官亦与以票，三五成群，行至乡镇，遇商店，即送香一支，必给以钱十文或八文，较之平常乞食，难易迥殊矣。行可年余，则归而缴票，谓之销差，其果能缉捕与否，初不问也。

凤阳人乞食之由

江浙接壤处所，每入冬，辄有凤阳流民行乞于市，岁以为常。揣其乞食之由，则以明太祖念濠州（即凤阳府。）为发祥之地，乱后人少地荒，徙江南富民十四万以实之，私归者有重罪。富民欲回乡省墓无策，男女扮作乞人，潜归祭扫，冬去春回。其后沿以为例，届期不得不出，遂以行乞江湖为业矣。

粤多麻疯丐

粤中气候炎热，多麻疯，患之者有微生物，传染至易。广州城外有院，为疯人聚居之所，曰“麻疯院”。而疯人犹时出乞食，常游行市中。其人面目多壅肿，眉脱，手足每拳曲，见者大怖，辄争与之，其乞钱恒较常丐为易，亦欲其得钱即行耳。

粤有四大寇

四大寇，广州有之，丐也。丐而以“寇”名，喻其凶恶也。初由四人倡之，故曰“四大寇”。若辈非粤产，皆外江老，宦粤官吏之子孙，穷无所归，流落于羊城，以行乞为事者也。然其行乞有异于常人，必择巨室之有庆吊事者乃往。若为需次人员之私寓，不论其为何省人，辄认为同乡。既至，则呈递手版，向索赏钱。手版书姓名、籍贯，上冠以先代之官秩名号，例如“原任南海县某某字某某之子某处某某”是也。其来也，率衣长衫，趿破履，而结党多者至数十人，非银币数十圆不去也。其中固多故吏子孙，然亦有假托者，且间有能操官话之粤人羼入其中。

太平丐以定期乞钱

四川之太平县，属川东，僻处东边，不通水道。其地之丐多土著，偶有外来者，须受土丐之指挥。其乞钱，自年节外，每月之初二、十六二日，始沿街乞钱，平时不乞，即乞亦不与也。

陈子明由官而乞

粤人陈鉴，字子明，明季贡士也。顺治初谒选，得华亭令。心术险僻，喜讪人，尝以侵粮褫职下狱。事后仍僦居于松江。每至旧役家索饮食，稍不如意，即讦其阴私，或讼之官，人皆恶之。及年耄，无以餬口，乃与其妇相携，行乞于道。年八十，竟以馁死。

毛瘫子为养济院长

毛瘫子者，天长人，胎而瘫者也，以两手拄地，坐以行乞，然虽乞人而好义。顺治己亥，海贼陷江宁，天长亦为盐枭刘泽所据，县令自缢于里巷之门，数日暴其尸。毛适过之，泣曰：“县爷耶?”乃殓之于演武厅。枭平，新令至，闻其事，义之，遂书一竹版，署毛为养济院长以旌之。于是毛出入，乘一丐之肩，若骑而行者，群丐属目，甚荣之。毛既为丐长，而县岁有给，市月有钱，遂有草屋三楹，一妻一妾。而以瘫也，不设几榻，蓐草为席，妻卧上席，妾侧席。岁时，妻妾置酒，群丐上寿，贱而尊、窭而乐也。

马体孝隐于丐

凤台有马体孝者，诸生也。性豪，与妻晋氏皆好吟诗，又好佛学，倡酬裁答之暇，辄参禅理，以通宵不寐为常。马及壮，辍读出门，将游览名山水。妻亦不留，作诗送之。游数载，遇外舅于江南。外舅善贾，积有一万零零十金，谓之曰：“我无子，积一万零零十金，留其一以送老，其二资吾婿游山水，其四遗吾女。然吾婿介，当不屑受，则其二亦并遗吾女。”马笑而受之，輂金归，付其妻，且述翁之言曰：“吾积一万零零十金，留其一以送老，其二资吾婿游山水，其四遗吾女。然吾婿介，当不屑受，则其二亦并遗吾女，此几何数也？”妻曰：“除翁一分，此八千五百八十金也。”马曰：“得非置万十金为实副，并三人所分七数，为法除之，得一千四百三十，为翁所留养老数；倍之，得二千八百六十，为游山水数；再倍之，为五千七百二十，为遗汝数；合此递倍之数，即得其二、其四之数耶？”妻曰：“然。”遂问妻曰：“诗学进乎？禅悦长乎？”妻曰：“八千五百八十金铸八千五百八十罗汉，人持一金粟，一金粟化为金粟六。量粟之名始于圭，圭十为撮，积至于斛，一斛几粟耶？”马曰：“六千万粟耳。”遂问妻曰：“此金粟何来？”妻曰：“来于无金粟。”马曰：“此金粟何往？”妻曰：“往于无金粟。”马曰：“未往未来，何无何有？”妻曰：“即往即来，即无即有。”马曰：诺。”遂酌酒谈永夕。天明，即辞妻去。

马仍之江南，自是更名旷，号曰翁恒，踪迹无定处。其后宿迁县一丐死，怀中有诗一首，后署曰“丐隐翁恒绝笔”。宿迁令大异之，葬毕刻其诗，且次韵和之，并立石碣云“丐隐翁恒先生之墓”。此信未至凤台时，有人传宿迁丐者绝命诗云云，未言姓名也。其妻求得诗，览之大痛，曰：“吾夫死矣！”家人不信。其外舅书至，宿迁令亦移文至凤台矣。马少年所为《四书》题诗“子路宿于石门”云：“荒烟蔓草东西路，剩水残山去住魂。”“仁者乐山”云：“扶杖闲看出屋峰。”曾见赏于蒋时庵侍郎也。

姜学在延丐上座

莱阳姜学在，名实节，为贞毅黄门仲子。尝襆被挟一童，附估人舟往洞庭东山。山多富人，绝不与通刺，惟相羊僧寺中，见一丐方题绝句于壁，异而物色之，延之上座，与共饮食。丐者不知何许人，顾握姜手曰：“若真知我者。”学在大悦，自是常与之谈论，稍久辄乱以他语。僧或侮易之，丐起披僧颊，竟去不顾。他日，学在又访丐于途，人或诮学在以交非其类者，学在不顾也。

李丐随身一瓢

李丐，江西人，邑里、名字无可考。往来江汉三十载，常如五十许人，随身一瓢，无他物。每乞牛肉、彘膏，并捕鼠，生啖之。余纳败袄中，盛暑色味不变。遇纸笔即书，语无伦次，或杂一二字，如符箓。人与之语，皆不答。某郡丞使人渡江，强邀之署中。留数日，辞出，郡丞与以轻葛文舄，插花满头，徜徉过市，儿童竞夺之，辄抱头匿笑，不予。未几葛敝，缕缕风雪中，自若也。

王寿不向妇女行乞

常丐之行乞于人也，不论男女，皆向之乞哀。有王寿者，独不向妇女行乞。人问之，则曰：“妇女已仰食于人矣，吾何可再仰食于妇女耶？”

张乞儿异于群丐

张乞儿，谯陵人，雍正甲辰至周家口，跛一足，乞于市，弗强索，无乞怜态，人皆以“异丐”呼之。居常落落不与群丐伍，惟于市西义冢之余地，掘地深尺许，至夜辄坐卧其中，风雨寒暑不稍移。或日一行乞，或数日不出，亦不饥。一日大雪深尺余，人以为异丐死矣。好事者掘雪视之，则方熟睡。由是远近争异之，各进食，不遍受；即受，仅食少许，遂谢去。有与以衣，或欲为之设棚者，辄曰："吾以天地为室，何以棚为？野处而新衣，适为强暴资。"辞不受。处义冢者十三年，莫知所终。

贫士以游学行乞

雍、乾间，湘、鄂之贫士失馆者，可出游。过蒙塾，得谒其塾师以乞钱，且适馆授餐，越宿而行，无阻之者，名曰"游学"，犹游方僧之挂单也。

髯丐捕蛇

乾隆己未，冯在田与人游杭州之西湖，至净慈寺前，见一丐，肥黑而短髯，昂然前行十余弓，身挂布囊，有携竹丝篮从其后者数十人。问之，则往南屏山捕蛇者也。在田年少喜事，亦随之行。至寺西山坳深处，得一洞，洞口约尺余，四周光泽，似常有物出入者。髯丐禹步于洞前，持咒鼓气，嘬口向洞喷之，声隆隆然。众丐左右雁行立，各探手于囊，取所贮草叶口嚼之。未几，洞中之蛇潮涌而出，先之以乌梢、青梢、时鳗，后皆赤练、虺蝮之类。其形有若蟹、若鲤、若履者，有虎首而蛇身者，有头锐身阔长止数寸者，有细如秤梗、短类棒槌者，有赤似朱砂、青类蓝靛、绿若铜青、白犹傅粉及黑白相间者，可惊可愕之状，不一而足。众丐以所嚼之草汁涂其手，草渣塞其鼻，各别蛇类而捉之，置诸篮。行将尽矣，忽闻洞中作风雨声，髯丐谓众曰："蛇王来矣，速避！"亦采囊取草咀嚼，而高举两臂于空中，独立俟之。洞中风声愈急，一蛇黄首青身，头有短肉角，大如人股，随风突出，径缠髯丐身，昂首喷气，其声嗡嗡。髯丐闭目，频喷口中草汁以敌之，蛇首顿垂而绕益紧。众丐以草进，髯丐口嚼草而手作诀，以向蛇，蛇复翘首鼓气。丐仍喷汁与之敌，蛇首又委顿于地。如是者三，蛇不能支，解缠，蜿蜒入洞去。

当人蛇相敌时，众丐捡拾余蛇已尽，欣然而归。至寺前，而髯丐之面渐肿。须臾，耳目口鼻皆平，急呼众丐嚼草齐喷之，随喷而肿随消。旁人问巨蛇何故舍之，答曰："此蛇王也，我若杀之，则四山蛇王毕至，吾辈无噍类矣。吾昨来此，持咒聚蛇，故南山之蛇今日群集于此。此次捕捉之后，四五里内，有五年无虺蝮之患。然吾亦数年不可过此，恐蛇王见仇也。"

南屏晓钟碑亭右侧阶石，人或坐之，必红肿，溃烂至骨。众使髯丐视之，则曰："下有毒蛇，以身长石中，不能出，故于其罅透气，人适值之耳。"启其石，则两石之间有物，蛇首而身扁。启其石，如巨鲫，盖石压所致也。髯丐曰："此蝮也。身不能出，故尚留此，否则亦归山洞，早为吾所捉矣。"因撮而贮诸篮。人问诸毒蛇何所用，而亦捉之，曰："货于药肆，一种自有一种之功用，蛇愈毒而效愈神，价不赀，所以作此冒险之举也。"寺前居民感其捉蛇之德，醵钱置酒以款之。众丐欢呼畅饮，以囊中草酬主人曰："此草能解毒，无论蛇伤、蜂螫、疔毒、痈疽，嚼而敷之，无不立愈，勿妄用也。"遂携蛇而去。

某制军为丐

乾隆时，有某制军者，旗人也。其盛时，姬侍、僮仆、服饰、饮食、玩好之物，穷极奢侈，日费不赀。及罢官归京师，数年，成窭人子；又数年，成乞丐。王公贵人皆严绝之，惟大兴朱文正公珪戒阍人勿却，每旬日必一至，文正辄手赠青蚨二百。一日，制军入文正书室，窥其无人，窃取小镜而出。从者觅不得，喧言制军实来。文正命勿觅，且勿声，如制军至，伺候侍茶而已。

王孙饰为丐

同知王某之孙贫而无赖，时人号曰"王孙"。尝饰为乞丐，告贷于南河某厅，不应，又诮让之，王笑而去，曰："细事耳，公失算矣。"他日河帅临工，前驺将至，王匿柴垛中，钻穴以窥，故为呻吟窸窣之声。帅至，问何物，左右曰："无之。"王则大号。帅怒，命启垛，积薪如屋，而中空若悬磬。王跽曰："小人贫苦无家室，复病哮喘，托此以蔽风雨有年矣，不知今日之败于神明也。"左右曰："胡为窃薪？"王曰："凡垛皆空，不独薪也。"即指石垛而言曰："请视此中。"发之，无不空者。王顿首曰："石不可餐，乃亦中空无所有，如是，是可知薪之非小人所窃矣。"帅怒，欲劾某厅。某惧，求漕使、关督同为缓颊，乃已，实费二万金矣。

王某乐为丐

有不必丐、不可丐而必欲丐者，诚大奇矣，王某其人也。王某，华亭人，家富，为相国文恭公顼龄之曾孙，幼文员外之孙，行乞于市，心所乐也。然其行乞，必诵制艺一首，不唱莲花落。商店中人多识之，即与钱，亦必诵讫，乃顾而之他。父母闭之，则抉扉遁；絷之，则断绠逸。夜即卧于市中之石上。后不知所终。

孔氏子以丐终

嘉庆时，南汇周浦镇有孔某者，拥厚资。晚年得一子，溺爱之，虽延师课之读，恒不上课。师以虚糜饭谷为耻，尝作诗曰："学堂如破寺，来作住持僧。白日三餐饭，黄昏一盏灯。经声原不起，佛号总无凭。虽有波罗蜜，伊谁志大乘？"一日，师见其戏于庭，迫使读书，愤而大詈，师嗔责之，乃诉于其母曰："先生打我，我必还打之。"母慰之曰："俟汝父归再议。"及孔归，乃邀师之契友赂师，劝令暂忍一击而止。既长，躭游荡，家业荡尽，遂行乞于市，以丐终。

永光寺前之丐

京师海岱门内有永光寺，寺前有乞儿，年约四十许，善杖击，工诙谐，每以俗语随意编小曲，辄倾倒一市，人争以金钱掷之。乞儿得醉饱，即以散之穷乏，无稍留。盖勋旧世臣，已袭侯爵，持戟乾清门，三十后，弃家而逃，隐于乞也。或数月一返，或终年不归。家人哀求其归，饫以珍味，三四日，乘人不防，即易衣而出，或逾垣遁。内廷值班未一至，当事不得已，为报病故，销旗档，以其子袭爵焉。此道光时事也。

王明山尝行乞

福建提督王明山者，同治中兴之湘军名将也。王壬秋检讨闿运谓其少壮不偶，尝行乞于湘潭，后入行伍，从剿粤寇，屡胜，遂以军功起家，富贵冠一时。壬秋曾作诗以赠之。

郑七异于常丐

道光末，常州有丐曰郑七者，性殊特，异常丐。日坐卧于城南协桥之颠，发颁白，状伛偻，日上舂而过桥者见之，日下舂而过桥者亦见之。见之者与以钱物，受而谢，否则亦不索。薄暮，桥畔多儿童，习与七嬉，以七常出其余资市果饵以饲之也。儿童之与之嬉也，辄持其杖。儿童每随七而仆，随七而起。仆起者屡，皆无所伤，而欢声大作。至夜，则宿于桥东之土地祠。越数年，不知所之，而粤寇至矣。

丐扰吴晓帆家

钱塘胡光墉，字雪岩，同光间富甲浙省。尝于冬日施丐，丐各棉衣一件，又钱二百文。时吴晓帆方伯煦居城头巷，一日持钵提篮之辈，麇集其门，声言领取施物。门者大惊，诘其故，则杂然曰："汝家主人大书贴门外，令吾辈今日来此领衣钱，汝何愦愦耶？"惊视门后，果有红纸，书曰"某月某日，本宅给发穷人棉衣钱文"云云。乃大悟，知必无赖辈所为，拒勿与。群喧呶，谓富贵人家不应食言，且不应给吾辈来此，汹汹不可止。吴遣家丁至总捕同知署请派差驱丐，始已。盖杭音胡、吴相同，无赖辈与吴有隙，故为此以扰之也。

丐效各种声

光绪初，上海市中有一丐，口含芦管，作小孩哭声，音逼肖。继复作雏鸡声，久之，又如放风筝，几莫辨其真伪也。他如牛羊犬豕等类之声，亦能效之。

上海有粤籍之丐

上海有粤籍之丐，自光绪初年始。若辈行乞，率于公共租界之北四川路、天潼路一带。以其地之侨民粤产为多，且有老举在也。然粤人亦有散居他处者，每遇宴会，招老举侑酒，老举乘车应召，辄蹑踪而往。往必四五人，人必索银币一角以为赏。老举者，粤妓也，盖粤丐与之常通声气也。北四川路之四周曰虹口，日之夕矣，粤丐伺行道者过，相其状貌，审为粤；闻其语言，审为粤；视其衣履，审为粤，即操粤语而向之行乞，辄曰："吾为公之乡人也，失业于此，落魄无聊，盍一援手乎？"不与以数十钱，即相从不舍矣。

淮徐人以逃荒行乞

江苏之淮、徐、海等处，岁有以逃荒为业者，数百成群，行乞于各州县，且至邻近各省，光绪初为最多。其首领辄衣帛食粟，携有官印之护照，所至必照例求赈。且每至一邑，必乞官钤印于上，以为下站求赈之地。若辈率以秋冬至，春则归农。盖其乡人，辄为无赖生监诱以甘言，使从己行，以壮声援。求赈所得，多数肥己，余人所获，不及百之什一也。

丐者乞残羹

某富翁宴客于庭，食前方丈。乞者立门外乞残羹，主人初若不闻也者，继以哀乞之声迫，乃叱之曰："有客在座，汝不知耶？

何喧扰若是!”乞者少止。主人乃举箸劝客，客以饱辞。乞者于是长吁而言曰：“客已醉饱，而殷勤劝之，我日未得一餐，独不稍赐残肴乎？且公等已饱，虽有美味，亦不知其味之佳，非自饱而不知他人饥乎？”客闻言，乃劝主人撤馔与之，于是丐得大嚼而去。

吴会丐

丐不审其姓氏，家于吴会。父曰秋士，曾设履肆于通衢。没时，丐仅六七龄，赖其母邹氏以育以养，得存活。家本贫，至是益落。邹以针黹所得，不足赡二人，乃遣丐樵于郜野，冀得少钱。讵丐不自勤，每出，惟与邻家子为戏，日暮仍徒手返。邹怒之，欲责以学业。顾窘于钱，不得遂，踵戚串门乞援助，咸摇首若不识，因循者半载，瓦灶凄冷，无烟矣。不得已，乃行乞于市，而为丐矣。

丐故黠辩有小智，至是遂以俚唱为丐财之资。人或乐其声之悠婉，则予以多钱。由是囊橐渐裕，丐亦安之，以为业是，实胜营商万倍也。如是者数载，丐已成人，而家亦竟缘是富。丐遂白于邹，继先人之业，复设履肆于市，扬扬作店主，趾高气扬，几不可一世。店中人稍迕其意，挥斥之，不少贷。人以其稍有财，忘昔日之为丐矣。复数载，肆有赢余，丐奢甚，偕友作北里游，斥金钱若粪土，不数月，肆遂闭。他日，人见之道上，则敝服一领，面目黧黑，固犹是当年乞丐也。

老太爷亦行乞

光绪中叶，有管理京师南城之暖厂者，尝为人言其猥杂之状，谓厂中人多而炕少，乃侧身积叠而卧。然少壮者多无状，而居其前者不甘受，每相殴。老者夜中便溺，恒怠起，致淋漓及于他人，亦大起冲突。如是者，几夜夜有之。而中有名老太爷者，尤奇。其人盖宗室也，他不知，惟时有访之者，咸着长袍马褂，见之辄请安，垂手侧立，若卑幼者。而老太爷亦踞坐，以尊长自处，酬接语甚简，辄问："有携来否？"答曰："有。"即以钱票若干进，亦不知其几何也。然其人性甚劣，时与人争殴。委员不胜其忿，辄令絷之，老太爷曰："汝絷我易，须知释我难。"委员乃佯怒曰："岂但絷汝，更须杖汝!"老太爷曰："且任汝杖。"故事：杖时须解絷。既解，委员见其裤有黄带，忽曰："吾今亦不杖汝，汝去休!"老太爷曰："咦，吾不意乃受汝绐!"盖旧例，宗室非宗人府不得用刑，故将以难之，而不意转为委员所绐也。

施阿二行乞积资

杭州西湖，自灵隐至天门山，周数十里，两山相夹，峦岫重裹，皆称天竺山。分为三，曰上天竺，曰中天竺，曰下天竺。其林壑之美，实聚于下天竺，而寺宇宏丽，则以上天竺为最。上天竺之两旁，商店、旅馆鳞次栉比，营业者皆释氏弟子。春时香市甚盛，乡民扶老携幼，进香顶礼，以祝丰年，有不远千里而来者，俗呼为"香客"。以是乞丐亦多，且率为绍兴人，尽室来杭，居于山之旁近，晨出夜归，盖以乞为业也。

光绪中叶，有施某者，入仁和学为诸生，群起而大哗，盖以其冒籍，其父且天竺之丐也。丐名阿二，乞于天竺者数十年，积资二千余金，遂娶妻生子，使读书。及某入庠，乃不复乞。然当风日晴和、游人杂沓时，犹一至寺旁，呼号于道也。

绍兴丐与群丐异

杭州钱唐门外昭庆寺，香火甚盛，每至仲春，嘉、湖香客之往天竺者，便道拈香，络绎如织。故群丐之乞施者，咸集于此。一日有一丐至，越人也，人呼之为绍兴丐。貌清癯，善诙谐，通掌故，尤谙小学。顾其乞，与群丐异：群丐之乞施也，或匍匐于道，或号咷于市；丐则日与诸市人习，或言故事，或作戏言，或谭言微中，亦可解纷，有问以字音及字义者，丐如响斯应，未尝有不知者。以故市人多乐与之，或十文，或二十文。丐以所得资，除求饱外，余悉沽酒畅饮。饮已，酣卧。如是者半年，一日忽去，不知所终。

葫芦丐自呼曰李仙

葫芦丐，不知何名，自呼曰“李仙”。其衣甚博且诡。行乞于市，恒荷大葫芦。得钱，必就肆饮。既醉，散钱于路，令群儿争拾之，以为笑乐。丐所至，儿童百十成群尾其后。市人苦扰，辄多予钱，趣急去。以故丐所得，恒十倍于常丐。

丐甚信而能书，市人操百钱，令丐署券，约经年勿至，丐诺，则终不背约。每执笔向北叩首者三，大书“吾主光绪皇帝某年，乞食臣李仙书”。或问以颠顿至此，何由尚念皇帝？曰：“吾无功，日令百户之人供我醉饱，有司不以为罪，此皇帝宽典也。夫今之作邑者，取醉饱于一邑；作郡者，取醉饱于一郡，其无功，与我埒耳。吾惟无功而耻食于百户之人，乃愈不忘吾皇帝也。”识者曰：“丐其有道者也。”或曰：“丐尝为吏，愤其上之所为，务取利而无恤民隐，乃诡为此状以示讽也。”

徐州丐不与凡丐伍

丐马姓，逸其名，徐州人，流徙至阜宁。自云先世为富家，尝食廪饩，善音乐，狎妓嗜博，家以不戒于火而贫，久之，遂沦于丐。然衣履整洁，不与凡丐伍。入市求乞，不受饮食，但索钱，多则十数文，少亦须五文，否则拒而不受也。携一竹篮，置短笛一、酒壶一、杯二、筯二，又有侑酒之蔬藿三数事。偶遇相知，必共饮，饮毕，索厚值。遇丐之稚与髦者，必罄其所有以食之。春秋佳日，辄弄笛高歌。及与人言论，则视其人为何如人，即与之言何如事。或问之曰：“以子之为人，何所不可，而乃甘于为丐耶？”丐曰：“嘻！子虽知我，实不我知也，且食蛤蜊可耳。”以乞游于阜宁者七八年，一旦失其所在。

有知之者曰："当其未为丐也，私某氏女，某氏举家赖以生活。中落后，思往依之，既至，则僮仆挥之门外，不令入，乃大愤，曰：'我所私者犹如是，亲戚故旧更可知矣。'遂发狂而走。"或曰："否，丐尝周济，好施与。及贫也，无顾而过问者，遂至是。"

胡涂叟乞于燕市

光绪丁酉，燕市有乞儿，人称之为"胡涂叟"。叟年六十许，须发皓然，沿街乞得钱，旋散去，或于爆竹店买爆竹燃之。冬夏一葛衣，不冠不履，若狂若痴，故人称之为胡涂也，而实不然。叟荷胡卢而行，凡食者、用者，悉纳之胡卢中，自称"胡卢叟"。或疑为仙，争向之求道，叟曰："我非仙，且古无仙也，言仙者，率欺人之言耳。"或谓叟昔尝为山西某县令，以刚直遭大吏怒，屡辱之，欲置之死地，叟乃弃家而遁。叟自言则曰："弃骨肉而图自全，我不为也。"或又谓叟为鲁之某邑人，少有才名，屡试不第，愤而为此。叟曰："我固无才，即抱才不遇，亦常事，何愤为也。"或问曰："喜燃爆竹何为？"曰："聊以警醒睡人之梦耳。"问："宿何许？"曰："随处是家。"问："胡卢重几何？"曰："此闷胡卢，不可使汝等知也。"好事者多与之钱，叟曰："多非我所欲也。"取数文，余悉还之，又或与他丐，或与路上儿童，举止不定。时朝政日非，叟慨然曰："乱将作矣，此不可留。"未几遂不复见，人莫知其所之。后三年，遂有庚子之变。

断臂丐

光绪丁酉秋，绍兴水澄桥之巅有一丐，箕踞坐，缺两臂，逼视之，肩下平滑如截。两足弄骨牌作赌博状，复以足趾夹瓦砾，掷数十步外。自言少时遇匪人诱为盗，尝盗闽省某富室，不知有备，甫跃登屋顶，有人蹑至，未及抵拒，而左臂已断，急踰墙走，距追者仅尺许，又断右臂。负痛疾走，竟不之追，得匿某寺。僧慈善，知医，医三月，创口始合。同伙三人，被擒者二。不得已流为丐。今虽无臂，然跳跃犹可。观者欲试其技，许以钱，丐自桥巅向下跃，落地无声，其身轻可知也。

乞者自言其乐

有乞者蒙袂辑屦，行歌于市。或笑之，曰："彼乞也而何乐?"乞者欣然而答曰："人之乐，莫甚于生；生之乐，莫甚于饱。吾明日死而今日生，则今日乐也；吾食时饱而晡时饥，则食时乐也。吾为何而不乐？子休矣!"趦趄而去。此光绪戊戌八月，为陈竹村所见于安庆市上者也。

上海租界之丐

丐者行乞道路，舌敝口瘏，日不得一饱者常有之，然非所论于上海租界之丐。光宣之交，租界警律渐弛，遂出现于通衢闹市，呼号之声，不绝于耳。其桀黠者，每日所获，有较之普通苦力多且逾倍者。光绪丙午仲春之五日，金奇中道经穿虹浜爱国女学校，见门侧有五丐，席地而饮，皆手持半烬之纸烟，地列鸡、火腿、豆腐三肴。初疑其享馂余也，旋见墙隅有炊具一，丐方事脔割，乃知其非残羹冷炙矣。闻其日入之丰者，可得银币一圆。故论沪丐之衣食住，惟衣、住二端不能与齐民齿，而与普通之丐相等；至其食，则视中人之家犹或过之。盖所入既饶，仅消费于食之一途也。又闻桥畔之丐，伺车至而曳之上桥，有日获钱六七百文者，亦惟耗于纸烟与酒而已。

上海有外国乞儿

上海多丐，各省之丐皆有之。诚以贫贱之子，谋生于沪而不成，遂至流落行乞。然又有外国之丐，盖亦流落于沪者。或以能力薄弱，或以行止不端，其结果乃至于此。且不仅行乞于洋人，华人之第宅焕然者，亦辄往乞，且能长跽以请。而吾人媚外性成，一见碧眼黄发之乞人，即出银币与之不稍吝，非若对于普通乞丐之一钱犹惜也。宝山路有圣母院所设之女校，有一女生，躯短，面扁圆，鼻高，眼碧，所衣为西服，亦不恶，晨夕挟书往来，盖从其父母居于宝兴路之沿街一屋也。然其父贝明生，实乞人，亦西装，终日徜徉市中。女生之貌酷肖之。

丐之父，英人而法籍，在华久，尝于咸、同时隶美人华尔部下，助剿粤寇。丐尝读书，以得神经病，无所事事，遂流落为丐。

武训唱歌行乞

武训，山东堂邑之丐也。初无名，人以其行七，呼曰武七。以兴学著于时，故名之曰训。昼行乞，或为人转磨负绳。乞所得，锱铢不费，即馒之洁白者，亦必干之以易钱，疾病寒暑不识也。行乞时，不呼不号，高歌市墟村集间。歌无多，数语而已。歌之辞曰："谁推磨，谁推磨，管推不管罗，管罗钱又多。赢得钱，修义学。"其貌寝陋，头上发，右剃则左留，左剃则右留。或询之，即倚杖而歌曰："左边剃，右边留，修个义学不犯愁。"

李阿七唱莲花落以行乞

乞丐截三寸竹为两，以绳贯其两端，指捩之作声，歌而和之，作乞怜及颂祷语，亦有演故事者，名之曰"莲花落"，亦曰"莲花闹"，然所陈率鄙诞俗媟不入耳之词也。苏州有李阿七者，所唱独佳，每入市，唱于商店之门，人不厌其聒，或且招之使唱，自是而遂得粗给焉。

乞儿以拳进退櫈

宣统辛亥七月，江宁下关市上有一乞儿至，入一肆，取肆中长櫈一，仰其足置柜，握拳运气，距櫈头二三寸，伸缩其拳，櫈亦随之进退。如是数四，而拳不着櫈也。

乞儿竖棺盖以唱

宣统辛亥八月，程意春在苏州之阊门外，见有乞儿三五，过某村。村人鸠匠斲棺，已成其盖，向索钱，不与。一丐蹲地，两丐扶盖起，一以角竖鼻尖，丐徐徐起立，且行且唱，行尽一村，盖不少动。村人以其多力，多与之钱，始去。

乞儿运碗

一童行乞于市，手碗一，络以绳，绳可三尺，一端系眉间，如穿鼻，碗水满贮。先以手挈绳运动其碗，手脱，摇摆其首，碗旋转如飞，眉间似无痛楚，碗中水亦无涓滴流者。此宣统辛亥秋九月，王少卿见之于济南城外者。童王姓，母早亡，以父死，遂流落于市。

上海有湖北之丐

沪有湖北之丐，皆妇孺也，无壮男子。辄集三五人，游于市，手持乐器，为锣，为鼓，为九连环，背负之囊藏刀叉杂物。一人口唱江淮小曲，如《十八摸》《十杯酒》《十送郎》之类，手抛刀叉，一人击鼓而以锣节之。其来也，始于光宣间，至宣统辛亥而遂多。

三班鼓者，亦行乞之具。其演法，用三人，一人陈鼓击之，鼓有竹架，活之可翕张；一人槌小鼓；一人歌，金者、鼓者节而和之，其词亦多鄙，其人之语言率鄂音。

兴国人行乞至欧

光绪时，疆吏奏请移民实边，于是湖北之兴国州有贫民数万，挈其妻孥，至黑龙江。而当道于安置之法，寂焉无闻，籽种未具，庐舍未建，欲耕无地，欲归无资，乃流落而为丐。久之，闻外国之富，易于谋生也，遂沿西伯利亚铁道之轨线，步行以赴欧。俄人嫉之，要于路，以劣等之汽车，载之回华。然仍无所得食也，乃又往，俄人又以车运之返。返矣，数月而又往。自是至俄，寻辗转至法，盖皆有陆路之可遵也。宣统辛亥，徐新六留学欧洲时，尝至巴黎，一日与法人偕游于市，见有行乞之我国男女，审其音，兴国州人也。中有持槌打鼓者，有飞刀使舞者，类皆衣服褴褛。其妇女则无不缠足。法人观之以为笑乐，辄与以佛郎。此亦国耻之一也。闻颇有积资近千金者。且若辈亦有领袖，略如丐头，众醵资养之，衣西式，与警察相结纳，且已蓄数千金矣。

物品类

都人用具作元宝形

都人日用器具，多喜作元宝形，如冬日之煤球筐，夏日之果木篮，以及粪篓、提筐，悉翘然如元宝。妇女之髻，亦翘其两端，作元宝状。琉璃厂火神庙之香炉亦然。

大内之太平缸铜路灯

和珅于嘉庆己未查抄议罪后，分其第，半为和孝公主府，半为庆亲王府。嘉庆庚辰，庆亲王薨，管府事者阿克当阿代郡王慜绵呈出毗卢［帽］门口四座、太平缸五十有四、铜路灯三十六对。缸较大内稍小，灯则较大内所有者尤精，因分设于景运、隆宗两门外。又凡所设铁缸，及白石座、细铜丝罩之路灯，亦皆珅物。

武英殿露房所藏药品

武英殿有露房，即殿之东末间，旧为藏庋西洋药物花露之所，又有狗宝、鳖宝、蜘蛛宝、狮子宝、蛇牙、蛇睛等物。而蜘蛛宝黑如药丸，巨若小胡桃，其蛛当不细矣。又有曰“德力雅噶”者，颇似药膏，监造列单，交造办处呈进，上分赐诸臣，余交造办处。旧传西洋堂归武英殿管理，故所存多西洋之药。比交造办处，而露房遂空，旧档册悉焚，于是“露房”之称始改矣。

光绪庚子大内损失宝物

光绪庚子拳匪作乱，八国联军入京，大内损失宝物凡数千件，中如碧玉弹二十粒，四库藏书四万七千五百零六本，金自鸣钟二具，李廷珪墨一匣，穆宗日录七十四本，德宗手书诗集一本，琬琎大屏四扇，玉马一匹，粤寇玺印样一本，国朝列圣图像四轴，墨晶珠一串，粤寇林凤翔、洪宣娇齿牙一匣，小影一帧。又有玉玺为日兵所得，后即交回。又四大金缸为美兵所得，后由胡燏棻侍郎派何青云前往领回。尤可惜者，我国史籍三万五千本，由汽船二艘运往意大利国纳托尔埠，装钉甚华丽，明《永乐大典》亦在其中，惟携出时满地狼藉，至不完全，后藏英之万国藏书楼。

太庙玉册六十余分，分各百余块，块高五六寸，宽七八寸，厚半寸许，南书房翰林撰文后，恭楷书玉上，镌成，傅以漆金。联军至京，美兵护守太庙，英兵欲取玉册，美兵举枪向之，乃止。美兵退，英兵恣所取。及交还太庙，检其数，失二百余块。天坛之苍璧，地坛之黄琮，日坛之赤璋，月坛之白琥，皆历朝法物，并失之矣。

奉天内务府所藏典训宗器

奉天内务府尊藏典训宗器，二百余年，宝守维谨，屡有增加。兹依光绪乙亥以前内府案卷录之。敬典阁上层，供奉九代圣容九箱，行乐图四箱，每岁春秋二分，由陪京大臣恭晾，太庙供奉册宝五十八分。敬典阁中层，尊藏玉牒黄档、红档二百四十包，宝十颗。敬典阁下层，尊藏玉牒黄档、细档六十包。崇谟阁尊藏实录一千四百零三包，圣训三百一十六包，老档十四包，实录图一匣，又恭存列祖列宗所遗御用鞍辔、弓箭、腰刀、枪剑、櫜键，高宗御用朝冠、朝珠、朝带、袍褂、鞍辔、弓箭、剑枪、腰刀、櫜键、甲胄，仁宗御用朝冠、朝珠、朝带、袍褂、鞍辔、枪剑、腰刀、准捷枪、撒袋、弓箭，宣宗御笔字挂屏、鞍辔、威禽枪、木杆枪、银式件、桦木鞘、小竹子、火镰、火纸筒，文宗御用鞍一副、藤鞭一把、撒袋一副、弓四张、箭三十六枝，以及各宫殿陈设一切金玉铜瓷对象、金锞、金条、银锞、书籍、字画、册页，并文溯阁收存各书籍。每值大员更替，按照印册，查点一次，专疏奏闻。

观象台仪器

康熙己酉六月，圣祖诏令改造观象台仪器，盖因戊申钦天监监副吴明烜言："推历以黄道为验，黄道以浑仪为准。今观象台浑仪损坏，亟宜修整。又地震方向，各有所占，请造滚球铜盘一座，并设台上。仪器备，则占验始为有据。"疏入，下礼部议。寻以取到元郭守敬仪器于江南，不果行。至是，掌钦天监事西洋人南怀仁为监副，疏请改造，从之。

交泰殿大钟

交泰殿大钟，宫中咸以为准。殿三间，东间设刻漏，一座几满，日运水斛许，贮其中。乾隆以后，久废不用。西间则大钟所在，高大如之，蹑梯而上，启钥上弦，一月后始再启之，数十年无少差，声远，直达乾清门外，犹明万历时旧制也。于文襄公敏中执政时，每闻钟声，必呼同直者曰："表可上弦矣。"

寒暑表千里镜

女士黄履，字颖卿，钱塘人，巽妹，梁绍壬室。通天文算学，作寒暑表、千里镜，与常见者迥别。千里镜于方匣上布镜四，就日中照之，能摄数里外之影，平刊其上，历历如绘。

传声机

江慎修永置一竹筒，中用玻璃为盖，有钥开之，开则向筒说数千言，言毕即闭，传千里内。人开筒侧耳，其音宛在，如面谈也。过千里，则音渐澌散不全。慎修，乾隆壬午年卒，则其法发明之时期，尚在留声机、电话之前也。

拜匣

拜匣，置柬帖之小箧也。黄宗羲《思旧录》云：“沈寿国，字治先。余至宛上，治先发吾拜匣，以五十金置其中。”固早已有之矣。

豹尾旛豹尾枪

豹尾旛，悬豹尾长八尺，上衔金叶，冒以绿革，缀金铃四，加金镮系旛，杆攒竹髹朱，长一丈，上为曲项，加涂金龙，首衔镮。

豹尾枪长一丈一尺七寸，刃长一尺五寸，冒以木，黄油绘行龙，錾镂垂云文，下缀朱牦，垂镮悬豹尾长三尺三寸，柄长九尺五寸。由侍卫执之，谓之豹尾班侍卫，随从帝后，与古者豹尾车相类。唐时惟节度使有之。

梓宫金棺

帝后之棺称梓宫；贵妃之棺称金棺。

工部尺

光绪某年修会典馆时，校内务府尺，长于工部尺二分。

海关尺

海关尺，海关所用之尺也，较营造尺稍大，合公尺千分之三百五十八。咸丰甲寅，与各国订通商条约，以此尺为标准。每一尺，合英国十四吋又十分之一；若合法国米突，与公尺同。

樟尺樟环

道光丙午七月十四日，温州猝发暴风，府署大堂阶下，大樟树东枝被风吹断，郡尊徐铁孙观察荣，命工师仿汉虑俿铜尺斲尺三百，分赠同好。又于树空腹中得大木环一。

惊闺

惊闺，贩卖针线、脂粉之人所执之器也。形如鼗而附以小钲，持柄摇之，则钲鼓齐鸣，以代唤卖。曰“惊闺”，欲其声之达于闺阁也，后因谓执此业之人亦曰“惊闺”，即俗言“货郎”。《滇事纪略》谓吴三桂之妾陈圆圆，为江南陈惊闺之女是也。

太祖遗甲

景祖、显祖之败于尼堪外兰也，时太祖年十五，仅有遗甲十三副，太祖用之以复尼堪外兰之仇。其遗甲藏于内府，光绪时犹存，遇大阅，必以陈于御座旁。中有一具尤长大，重三十余斤，长如今人一身有半，令伟丈夫立于椅以比之，犹下与地齐，盖亦太祖征尼堪外兰时所自用也。

遏必隆刀

遏必隆，权臣也，以战功著，后以鳌拜伏诛，坐死。圣祖以其为顾命大臣，削职，后仍以公爵入卫，盖其女即孝昭后也。乾隆时，其遗刀犹存内府。金川之役，遏之孙曰讷亲者失机，高宗即诏以是刀斩于军前。赛尚阿之奉命征粤匪也，文宗亦曾以此刀赐之，其重等于古时之赐斧钺及尚方宝剑。相传刀有雌雄各一，风雨之夕，辄现紫色，盖杀人至多也。赛奉命南下，卒以挫败受诛，其后遂不以此刀为重矣。

姜刽子手之刀

京师有姜姓者，为刑部刽子手，有刀五口，刀头有五式，一龙、一虎、一鼠、一蛇、一龟。相传刀颇神异，如次日值行刑，先一夕必自出鞘而啸。且用之数百年，锋铓完好。闻明代曾封以“五将军”之号。刽子手，执行死刑者也。姜于明代已充此役，世守弗替。

毓贤之刀剑

光绪朝，毓贤守曹州，数月杀人至六千。及巡抚山西，其出也，常以一刀一剑自随。锋皆甚锐，柄饰玉，治事之暇，辄出而摩挲之。自谓生平杀人，必收其兵器，所积既多，权之，重二十七斤，乃命人锻炼铸此刀剑，以为记念。

铁标及屏风

康熙时有木雅零者，本姓朱，河南人，明宗室之裔也，能制奇器，多异技。有铁标十二枚，藏两袖中，举手即发。又有屏风置座后，中藏万弩，机在座下，在军时辄施之坐后，猝有奸宄，一举足则万弩齐发。

奏摺

臣下上书于天子曰“奏”，其文件谓之“奏摺”，以其用摺本缮写，故名。

手本

手本，官场有之，属吏谒上官时所用者也，始于明。《通俗编》云“明万历间下官见上官，其名帖以青壳粘前后叶，中用绵纸六扣，称手本。门生见座师，则用红绫壳为手本”，是也。

手摺

手摺，属吏禀陈公事于上官时所用，摺（折）纸为之，大率亲手呈递，故名。又商家贸易往来计数之小摺，亦称手摺。

领纸

领纸，凡向公家领取钱物者，出具领纸，以示信而备稽查也。官吏所具领纸，盖印其上者，谓之“印领”。常人则不盖印，谓之“墨领”，亦称“领状”。

虎头牌

虎头牌始于金、元，衙门局所示威之具也。悬于门，左右各一，上书“禁止闲人”等字，与汪元量诗“文武官僚多二品，还乡尽带虎头牌”之所赋，异矣。然如上官于属吏之委缺委差，以及批示一切之事，亦皆以此牌书之。

水牌

水牌，以长形薄板为之，涂布油粉，有事则书其上，以其易去误字而省纸，用毕可以水拭去而复用也。商店多用之。

火牌

火牌为符信之一，凡兵役驰驿者，给与火牌，以为沿途具领口粮之用，由兵部每年发给督抚提镇，有定数。

火票

凡马递公文，皆用兵部凭照，令沿途各驿接递，谓之“火票”，言其急速如火也。其由外达京，及各省彼此互达者，则各黏连排单，令按程登注时刻，以便稽核。

玉玺

自汉以来，历代天子沿用“受命于天，既寿永昌”之玉玺，即传国玺也。

或曰，历代传国玉玺，相传为元顺帝携之以遁至沙漠，后遂遗失。越二百余年，牧羊者见羊三日不食，以蹄跪地，乃掘获此玺，后归察哈尔林丹汗。天聪甲戌，睿亲王多尔衮获之于额哲母所，其文为汉篆“制诰之宝”四字。

传国玉玺之伪托

康熙丙午正月，江督郎廷佐奏称，溧阳民人顾起龙等，浚河获玉玺，篆文“人心惟危，道心惟微，惟精惟一，允执厥中”十六字，遣官赍送至京。圣祖大悦，命贮内府，颁重赏有差，并宣付史馆。时有知其事者，谓印为明弘光时新造，南都既陷，一中官怀之而逸，值追者急，乃瘗之于此也。

官印

国初官印，大率仍明之旧，官职大小，以分寸别之，右偏为九叠篆文，左偏为满文。至乾隆己巳，傅文忠公恒奏称满文已有御制篆文，印中请用满篆，遂得旨改铸，乃不用九叠篆而用小篆，惟一品官仍用九叠。武职印与文职同，提督大员用柳叶篆以别之。

乾隆一千八百九十七年铜印

云南孟连土司，极边烟瘴地也。国初，其地归版图，以邻缅甸故，几为瓯脱地。光绪时，以勘边事起，滇省派员踏验，得其铜印一方，文为“孟连土司之印”，边镌一行小字，文曰“乾隆一千八百九十七年制造”，其左侧又一行小字，文曰“乾字四百二十九号”。此殆以天子万年之义，坚远夷归化之心欤？

印章

秦印多玉，多朱文；汉印多铜，多白文。其实非白文也，汉钤印，用紫泥印入泥中，篆文凹入者凸出，则亦朱文矣。间有金印，王侯以上用之。元王元章用花蕊石刻印，而石印乃盛行。其先有用石者，不甚著。此外尚有银印、铁印、瓷印、水晶、玛瑙、象牙、犀角、澄泥、烧料、黄杨、竹根等印。又有碧霞髓印，至坚不受刀，虽晶玉非其比。歙县汪启淑，字讱葊，号绣峰，世业鹾，拥高赀，尝剖巨珠为小印，侈丽极矣。

洪稚存楝印

洪稚存太史亮吉未通籍时，家贫，因取“苦而不忘”之义，刻楝木为印记，名曰“楝印”。

面面通

光绪末，南汇胡幹生新发明一种木质观书器，曰“面面通”，颇以便中年以上人卧观之用，上下左右旋转欹侧，无不如意，其机关拨捩处皆用木。

小紫颖

浙江供御之笔，有名“小紫颖”者，为高宗所常用，中疏易散，第用其锋，书少时辄易之乃可。

经天纬地

有名“经天纬地”者，亦高宗常御之笔。一管中藏四笔，尚可用，微嫌其锋短少滞。其余虽饰观而未适于用也。

朱浣岳用笔

道光时，浙人朱浣岳，名沆，工书画，辄用羊毫，遇至纯者，即藏不复用。积数年，令工人就每笔选其至精者，成一笔，于是书、画均以之，而巨细辄如意，历数十年不复易，亦未尝用他笔，身后且以为殉也。

笔饮

文房佳供，以锡或瓷为之。用以养笔者，世皆称为“笔插”，实笔饮也，倡自钱塘梁山舟学士同书。学士工书，负重名，以毛颖染墨后，一经燥枯，便不适用，爰出新意，搽锡，方二寸余，高如之，面设四穿，大小各二，以受卓笔，中容水数合，使得上润毛颖，不致渐濡而止，名曰“笔饮”。学士自造铭以宠之，海盐张芑堂为镌其侧，并作长歌以落成之，歌曰：“管城徙就金城居，凿斯池也清不淤。咄哉非灌晋阳水，何以沉沉直同三板余？戾有灵气润枯槁，腾达上接元云腴。渴乌望见飞就饮，果腹不比滴蟾蜍。菡萏倒垂类藻井，无怪花生任猎渔。为想鹿豪松管初，仅得弢藏杂冠裾。（笔有簪有佩。）一床似得偃息舒，终无异与筒斗胪。颠毛未秃渴相如，金茎露迥不得呿。何如凌波若步虚，沆瀣饮绝烦燥除。先生书兴豪不咀，擘笺濡墨取此欤？褰褎（同“袖”）抽毫信手涂，惊看池飞北溟鱼。中书君劳何慰渠，金印如斗非相于。寻思别有锡典诸，汤沐封邑从此书。”

墨盒

墨盒自昔推京都琉璃厂松竹斋所制为极品。同光间，有名寅生者，不详其姓，以善镌墨盒名于世，书画皆极精妙。寅生殁，坊镌墨盒多冒其名。

角花笺

于笺下方之左端，图以诸花，谓之“角花笺”，又曰“押角笺”，嘉庆时怡亲王所制也，形形色色，花样极新。最美观者一种，图古鼎八，横欹倒置，色异形殊，小如豆而大不盈指，且占地不及寸。光绪时，京师琉璃厂纸肆犹有存者，然不易购也。

名片

名片，向以新入翰林院之庶吉士为最大，纸长恒径尺，书擘窠大字，无空隙。昔唐程知节拜笺长七尺许，明严嵩名刺大可五寸，庶吉士以大片谒客，殆犹有古风欤？

金圣叹破砚

吉林宁安县有地名金家沽者，土著多姓金，圣叹之裔也。圣叹大辟，妻孥发配关外，安置宁古塔。今宁安金氏皆圣叹之子孙，其人多以渔猎为生。宣统己酉，某甲掘地为穽，深八尺，得破砚一，背镌楷书“圣叹”二字，又有篆文“猿”字，虽略有破损，犹可辨认。

临淄凤凰山石砚

高子益名绪增，有砚癖，遇佳石即琢以为砚。尝得临淄凤凰山石砚，色黑坚润，冬日不冻，旁有白点如矾，不受墨。

苍龙尾砚

乾隆戊子夏，秀水盛柚堂明府百二令般阳，明年春，访淄石砚材所自出，乃采取十余车，令工琢之，先成砚三百余，无一可者，颇悔之。后得一小方之四面天然边者，细润发墨，亚于端州之上品，中横青黄色，纹若龙尾，因名之曰“苍龙尾砚”，以示淄人，咸以为自来官工所琢砚无及此者。乃咨访取材之法，乃官工之弊，复成砚数百，其可者亦惟二十余方耳。

钱冬士还砚

钱冬士观察尝用一大端砚，甚佳，忽被窃，齐玉溪大令因以所藏龙尾大砚赠之。冬士赋诗还之，诗曰：“钱子大砚忽被窃，齐子闻之转愁绝。谓是书家宝砚亡，何异美人明镜失。急翻秘箧出旧珍，龙尾巨制圆如月。谓此砚盆藏有二，吾侪今各用其一。石交宜以石证之，侑以诗篇尤奇崛。余乃三拜迓登堂，顿觉图书光发越。东坡昔求龙尾砚，易以铜剑诗更迭。今我不求砚自来，坡仙有灵当妒嫉。明月光去得夜珠，阳春咏罢赓雪白。从此工人得利器，磨墨磨人恐难歇。孰知余更有遐思，暮齿何须恋珍物。身将隐矣焉用文，行将翰墨屏一切。石交定欲以石证，何殊胶柱乃鼓瑟。况君累代擅著作，小玉虽小已杰出。（玉溪之子小玉，年甫九龄，咏诗时有隽句。）砚虽有云未为多，两美何堪令离别。感君雅谊心弗谖，酬诗返砚非虚饰。君能不吝我不贪，堪为千秋添故实。从此延平双剑合，不数相如还赵璧。”冬士，名步文，道光时之钱塘人。

漆沙砚

漆沙砚以扬州卢葵生家所制为最精，其祖映之尝得一砚，有“宋宣和内府制”六字，质类澄泥而绝轻，入水不沉。后知为漆沙所成，授工仿造，葵生世其传。一时业此者甚众，且文房诸物亦均以漆沙为之。

锥刀砚

梁秋潭尝于所亲家见一砚，石质细润，良材也。其家不之贵，用以覆瓿，且磨刀锥，多伤痕。秋潭乞之归，名“锥刀砚”，镌铭其旁云：“磨刀则磨，磨锥则磨，磨墨则磨，磨人则磨。”

诗牌

诗牌创自盛唐张祜，所谓“集字”者，以牌中平仄之字，联合而成诗也。初以纸为之，后易竹木，盛行于康熙时博学鸿词中人。

其式用牙牌，广六分，厚一分，一面刻字，一面空白，声之平仄，以朱墨别之，中有桩牌一扇，曰“诗伯”。凡易牌，均为四分，每百扇，以一人为诗伯，掣桩牌，内取一扇，以字之笔画数到某人，次第取用，以纸笔令诗伯掌之，余由各人自取韵、自制题。诗成，诗伯评优劣、定甲乙，颁赠彩焉。吴陵储氏藏纸诗牌一副，曾为阮文达所赞美。

牌凡二百六十二叶，增减皆可，选诗韵常用之字，险窄者皆不收，牌上面平声，下面仄声，中二小字，注明某韵，便于押韵也。旁注小字，即下面之大字，缘牌可插于手中，下面之字常为其所遮，故注明于旁。古名“集诗牌”，亦名“斗诗牌”，三四人或五六人均可。惟必先立诗伯，为在局诸人评甲乙。在局人公出彩物几具，或公立若干筹，为首唱之彩。初起手时，人取三十叶，将三十叶之字，集成五言，或七言，以能成一绝者为佳。其第一人成者，在局人各贺以上贺。（贺筹分上中下三等。）诗之优劣，俟各人全成，再定甲乙。然如在三十叶之中，不能集成一首，只须有佳句，或一二句亦可，诗伯评之，果能压倒元白，即推为首唱，即将第一等彩赠之。如不能，即将首彩赠与第一人成者。其不能成，或成在三人以后者，即依金谷酒数罚之。又一法，与晚近斗牌略同，轮流取牌，桩家多取一叶，以便次第换取。人取若干叶，由在局者公论。得彩与贺，均依前式。又一法，得彩不立诗伯，以首成者为优，则仅有彩筹彩物，而无贺筹。要之，所集之句，均不能有捏凑生硬之弊也。

水龙

水龙为救火之器，乃用两抽水筒联合而成。其抽水筒之进水管、喷水管，联合为一，喷水管之下有空室，曰“气室”。两筒之水喷出时，先入气室，使室内之空气受压迫而缩小，故当抽水管之喷水力弱时，气室之空气自能胀大，压气室内之水喷出，使之联续不绝。盖三国吴时童谣曰：“不畏岸上虎，但曰水中龙。”其后晋王濬以舟师灭吴，“水龙”之名本此。

顺治初，上海唐某得水龙之制于日本，久而他处传其制，其行于天津者法尤善，城内外置水龙四十八，各隶以二百人，人皆土著，按期练习武艺，无事时仍执常业，有事则一呼毕至。

用法：以水贮容数石之木桶，桶竖锡筒，辆径五寸许，下歧为二，上合为一，筒有水门，以铜皮为之，其机一翕一张，则水自外入。筒之发水处曰“鹤颈”，形如偏提嘴而上耸，其水高可数丈余。每数人持斗汲水入桶，数人激桶水入筒，一人曳鹤颈，自能使之或东或西、或高或下，其杀火势也，百倍于他器。

布幔

布幔，用以遮日。淳安方朴山大令楘如，有诗咏之云："缝尺布衣蛛网外，掇长绳缚鹊檐前。那移巧避三竿日，偪仄刚宜一握天。少女风生尘不动，令君香定篆常圆。儒酸更有回甘味，襆被他时伴独眠。"

诗帐

宣城施愚山侍讲闰章尝制苎帐，题诗其上，远寄友人，一时文士多属和，名之曰"诗帐"。

诗枕

徐文定公元梦尝创制诗枕，当世名流亦多题咏。

刘文清之被

刘文清公墉之卧被，长丈许，寝摺之为筒，叠其小半，以身挨入，有如蚕茧。家人俟其既睡，将上半覆其头，俨然包裹，虽酷暑亦如是也。

舒铁云有破被

朱野云好画古旧服物。嘉庆壬戌夏四月，见舒铁云破被横陈，早便留意，及读唐稚川为铁云所作《破被》诗，欣然点聿，传神阿堵，不啻冷暖自知。铁云乃并书歌图后，装池以赠稚川，且谓他日归梦东山，当复一府传看黄琉璃也。

稚川诗云："昔年聚首枫溪曲，篝灯相对奇书读。紞如五鼓始上眠，破被蒙头如猬缩。后来同买青亭舟，酷暑蒸入浆汗流。手推破被眠不得，河堤塌席惊沙鸥。水蚊无声偷饮血，周身受困惟存舌。富贵难忘细席言，不许小儿脚踏裂。弹指别离逾十霜，相逢日下喜欲狂。鸡鸣风雨如梦寐，龌龊破被仍堆床。我因见之长太息，人生不如破被得。留君破被识君心，岂但功夫珍物力。为想鸳机砑锦时，中央四角寸心知。君今长物无过此，若遇平原再买丝。”

野云既为之画，又题二绝句云：“冷被多年铁打围，杜陵旧雨送将归。替他彩笔传春梦，一夜鸳鸯破壁飞。”“十年禅榻睡魔消，留得姜肱被一条。还似霓裳初出破，青天补石月修箫。”

铁云所作则云：“读书万卷读不破，走入破被堆中卧。鸡既鸣矣凡几声，虱其间者凡几个？或曰屣可弃，我不忘其敝；或曰衮可补，我非五杂俎。不相离别转相亲，我用我法横自陈。芙蓉城里蒙头入，鹦鹉洲边伸脚出。一年又一年，春秋冬夏无不然；万里复万里，东西南北而已矣。蜀锦重重无片段，吴绵团团逸其半。参来罗江五百尊，幻出观音十一面。弹断铜琵琶，披出铁袈裟。石破天惊逼秋雨，中有残梦恒河沙。君不闻湖州唐六歌有口，又不见扬州朱八画有手。唐犹及见未破时，朱独相怜已破后。今兹襆被春明门，车如鸡栖马如狗。黄竹箱中什袭藏，青苔榻上周旋久。被兮被兮可奈何，世间破被有许多。安得尽遣朱八作画唐六歌，我乃化为蝴蝶夜夜飞天魔。”

玻璃大镜

湖广总督杨霈家居京师，少通脱。及为广州守时，以千金购玻璃大着衣镜，径丈五尺，将以馈定郡王载铨。然为物过巨，虑招物议，未敢显然致送，乃由海道运京师，嘱其兄子某往诣某甲。某甲者，京师无赖子，居西城陋巷，与乞儿伍者也。访数日，始得之，告以故。甲令以镜舁送城外某寺，付某僧手，语之曰：“若勿问我所为，时至，自相告也。”如其言。数日无耗，以为镜已被骗矣，欲往询甲，又念其戒，不敢往。一日晨起，甲忽至曰：“镜在定王府旁某肆，可自往致送，吾已以始末面告王，径往无患也。”兄子大惊，问其故，则乘某巨室出殡城外，丧车返时，庋镜其中，以入城矣。

荔根屏

粤土疏而沃，名花珍果所在繁膴（庑），而老树之产于幽邃谷者，历年既久，蟠根屈曲，变幻象形。好事者搜剔遐险，置为几案清玩。然工巧天成，则当推高明谢氏之荔根屏。屏色纯紫，高五尺许，横斜二尺，铁干离奇，新枝挺出，宛如画梅满幅。其疏花散布枝间，含苞拆（同“坼”）蕊，细大不一。复有寒雀三四，或翥或栖，各具生态。最上一枝则倒垂，尤极夭娇。

三折屏

端州有时某者，能制雕漆屏风，工作精巧，贵重一时。然亦惟两边彩饰，多镂刻名人画而已。吴留村独创作三折屏风，每开一折，则两折隐于其中，一折垂帘观剧，一折山水人物。其左开一折，凡笔墨、楮研、书画、棋炉以及提壶、酒琖、陆博、摴蒱之属，无不毕具，如应用某物，即开某格子探取而出，外俱以格扇掩之。其制式悉仿《博古图》，一望瞭然。

琥珀书案

嘉庆己未和珅籍没时，有书案一具，乃琥珀琢成而嵌水晶者，方广二尺。一承一替，亦水晶为之，高可三寸，贮水蓄朱鱼，红鳞碧藻，照〔煦〕沫游泳，恍若丽空。

太师椅

俗称大圈椅为“太师椅”，始于宋。秦桧就第赐燕，优伶有参军，前褒桧功德，一伶以交椅从。参军方拱揖就椅，忽坠其幞头，露巾镮，伶指问何镮，曰：“二圣镮。”伶曰：“尔但坐太师交椅，此镮掉在脑后可耶？”

银骨炭

银骨炭出近京之西山窑，其炭白霜，无烟，难燃，不易熄，内务府掌之，以供御用。选其尤佳者贮盆令满，复以灰糁其隙处，上用铜丝罩爇之，足支一昼夜。入此室处，温暖如春。

炭团

乾隆时，有以炭团贻钱塘陈芝山茂才云飞者，芝山赋诗为谢，诗曰："密雪霏霏积满城，忽贻炭墼见深情。寒威顿向芦帘减，暖气如从黍谷生。箸拨深灰朝烱烁，篝藏活火夜通明。睡余榻畔温衣箧，读罢窗前沸酒铛。自有融和回大块，合教欢喜锡嘉名，岁残好入骚人咏，手筑应怜太守清。(《汉书》："周行为渤海太守，免归，尝筑墼以自给。")多谢分光向东壁，不劳曝背坐南荣。六花飘处重呵笔，珍重题诗当报琼。"

手炉

手炉为火炉之小者，其形或圆，或椭圆，或六角，盖必镂花，否则火熄。可笼之于袖，以铜制之，燃炭以取暖。又有不用火而置沸水其中者，妇女多用之。乾隆时，仁和周心孩茂才襄，有《咏铜手炉》诗曰："不数红泥小火炉，青铜范出小形模。提来缓缓随心便，趋到炎炎炙手无。笼袖粟肤春意透，挥毫姜指晓寒苏。深闺从此催刀尺，冷月临窗雁阵呼。"

大门灯

张文襄久膺疆寄，办理各事，扬厉铺张，不欲局于隘小。督两广时，建广雅书院，规制崇宏，用银十余万。工竣临视，甫及门，以门灯太小不称，亟命撤换之。然其实灯已非常伟大，特以房屋过敞，相形见绌耳。办事者立命灯笼店另糊一至大之灯，则高二丈有奇。

云母灯

云母生土石间，作片成层，可析，明滑光白。其片有绝大而莹洁者，人呼为“云母灯”。朱竹垞尝作词咏之，调寄《十二时》，词云：“是何人碧山深处，潜入仙厨私窃，把石粉云英堆积，翦翦层层叠叠。面面装成，棱棱作就，细染红笺贴。正夜静改席西园，紫凤吐珠，曾否铜盘吹灭？　闲更思梨花院落，定自十分清绝。宿鸟窥来，飞蛾拂去，不道成冰雪。谩认他是灯，分明一片冷月。也只消抛残小扇，玉面当前终怯。怎得携归，江南乐事，闹向元宵节。看翠眉几许，屏风影中低说。”

料丝灯

料丝灯甚轻巧，钱塘吴佩五孝廉福世，尝有诗咏之云：“巧制明灯斗岁华，晶莹引耀望中赊。丝丝织就鲛人泪，朵朵凝成醉墨花。（安期生以醉墨洒石上，皆成桃花。）云影翠摇春浦浪，烛光红映暮天霞。由来本质原明净，不受尘埃半点遮。彩凤金鳌竞见称，良工运巧别呈能。短长补缀千条玉，表里通明一片冰。易脆大都缘性烈，无瑕端属处心澄。当年几费甄陶力，此日欣看瑞彩腾。”

西瓜灯

西瓜灯，镂西瓜使中空，燃烛其中，莹澈可爱。吴我鸥观察尝有诗咏之，诗云：“曾传灯咏梅村橘，又见瓶镂萧翰瓜。秋采东陵何冷落，春生西域剧繁华。沉馀玉井寒侵骨，荐到银盘脆沁牙。细把柔犀倾翠瓻，频将纤指掐丹砂。一壶泻尽三升液，卍字雕成七夕花。匏系团栾兰穗炷，瓠容宛转桂油加。热中顿已冰心改，饰外翻同火齐夸。五色轮光擎碧月，一笼晶影罩红霞。云波流浸仙人烛，星彩遥分织女槎。宝唾久消妃子袖，劫灰莫问故侯家。绿衣欲赋忧加灼，苍璧初焚净少瑕。老圃翻新千盘络，巧筵斗胜一竿叉。琉璃盏爇辉差暗，蹴踘球悬影共斜。争及木天归去晚，金莲撤炬拜恩嘉。”

走马灯

走马灯，元宵有之，以纸剪成马形，黏于纸轮之下四周，轮下有幹，能活动自转，烛焰煽轮，幹即自动，而纸马随之，故曰“走马灯”。范成大诗云：“转影骑纵横。”自注云“马骑灯”，则宋时已有之矣。咸丰时，西人某来华，见走马灯而异之，购一具以归，遂因以发明空气涨缩转动机械之理。

书灯

道光时，仁和叶兰伯大令华春，尝以书灯索其表兄王香雪题诗。香雪题之云：“曾催子弟英雄早，几照英雄白发新。抱得丹心无愧影，夜窗好伴读书身。”

竹夹膝

竹夹膝者，编竹为笼，暑日置床席间，以憩手足，或夹于膝则凉，俗谓之曰“竹夫人”。钱塘吴瓯亭上舍城《咏竹夹膝》诗云：“六月火云飞兀兀，赤脚踏冰不可袜。桃笙藤枕懒昼眠，忽被一凉清到骨。谁截此君空复空，交纹叠翠何玲珑。招凉珠与延清室，相伴依依岂尔同。西风一夜吹瑟瑟，长门冷落知谁惜。频年自笑在家僧，莫虑欢情容易失。”

罗浮藤杖

道光时，海宁查辛香茂才冬荣，以家贫亲老，橐笔远游。尝至广东，得罗浮藤杖，因咏以诗，诗云：“博罗城外四百三十二峰插空碧，老人星精堕地化为石。麻姑玉女弱腕扶不起，葛陂之龙夭矫乃作藤百尺。石楼铁桥高嵯峨，老人腾空去无迹。却遗此杖落空山，瑶童僚妇采药丹。梯还拾来市上百钱买，道逢黄发开心颜。吾闻蛮藤百种番禺产，钩带寒崖与石栈。一枝挑得罗浮云，落地铿然谁所铲？当时见尔酥醪观外饫霜露，惟有鲍姑帬边蝴蝶眼。即看此杖挂壁蟠蛟虬，楖栗太软桄榔柔。朝斗坛前山月幽，师雄有梦生清愁。何时杖尔看南雪，我与梅花两白头。”

游龙杖

游龙，蓼也，一名“水荭”。霜降后，择其老者制为杖，质坚而体轻，甚适于用。汤文端公金钊，尝作歌以纪之，歌曰：“休闲老人栖蓬庐，荒圃日涉成清娱。散步瓜畴与芋区，秋花错杂烂漫敷。鸡冠凤仙紫白朱，豆荚羊眼葵叶凫，映带游龙十数株，丹珠璎珞垂流苏。中有一株高丈余，花叶蕃茂与众殊。老人对此三踌躇，上循其顶下至趺。叮咛园丁慎勿锄，当老其材为杖扶。天寒霜雪百卉枯，兹材玉立苍珣玗。深根拔出污泥涂，夭矫头角张草须，暴以杲日芟繁芜，直节外挺中心虚。神物变化来仙都，轻逾邛竹堪风趋，坚比鹤胫铿庭除。老人腰脚忘疲劬，撰杖低头起长吁。世间良材何处无，不遇知己粪土如。娓以镈赵同朽荼，谁言功与灵寿俱。芦帘梅帐竹几铺，陪以朱履行于于。寄语水国多选储，上之伊耆养老须。杖国杖朝尔与吾，延年绘入香山图。”

棕拂

咸丰时，刘乙藜主政钟祥有《棕拂》诗云：“指挥妙在即离中，床角高悬密谛通。披拂座间联旧雨，依稀水面战凉风。资谈麈共千丝细，附热蝇教一队空。却羡天门招隐客，故书净扫俗尘红。”棕拂者，以棕为之，用以去尘者也。

扑满

扑满，即缻篅，范以瓦，为受钱器，见《汉书》。道光时，北地尚有仿为者，形如小瓶，高尺许，上有窍，仅容一钱，可入不可出，既满则扑之。昔邹长倩赠公孙宏扑满一枚，盖隐寓聚而不散之诫也。仁和胡次瑶典簿琨曾见之，咏以诗曰：“畴把悭囊破，庸夫例守钱。是中原浑沌，其闭胜关键。漫比卮无当，群夸壑可填。挈缾同吏智，入瓮请君先。饮饱盈升橐，全凭径寸咽。状华谗鼎肖，名记鲘篇传。廓落腰围大，逢迎口角圆。鸱夷盛处处，甀甓运连连。插脚皆津要，撐（同“撑”）肠岂简编。封椿〔桩〕聊作库，投匭未须笺。通透周陶穴，微芒蜀漏天。重轮榆荚聚，灵窍藕丝牵。傀儡场登矣，葫芦样画焉。金多终掷地，玉碎早成烟。厚敛《三都赋》，纷流九府泉。环摧齐殿上，斗撞楚军前。权总归于母，胎虽可脱仙。贯盈缠解散，巢毁卵完全。砖已抛门外，刍从轹道边。蚨飞光历乱，螓化态翩翻。主父遭烹日，齐奴赴市年。散来真满屋，得后竟忘筌。堕甑邀谁顾，遗籯枉自怜。寄言牟利者，休恃腹便便。”

宫僚雅集杯

康熙朝士有宫僚雅集杯，盖其时十人各制酒器十事，互相招邀。杯以白金为之，分别大小，如沓杯式，白质黑章，外界乌丝花草，内镌诸人姓字里居，旁镌“宫僚雅集”四字，以量之大小为次。首汤斌，字潜庵，河南睢州人。次沈荃，字绎堂，江苏华亭人。次郭棻，字快圃，直隶清苑人。次王泽宏，字昊庐，湖北黄冈人。次耿介，字逸庵，河南登封人。次田喜霦，字子湄，山西代州人。次张英，字敦复，安徽桐城人。次李录予，字山公，顺天大兴人。次朱阜，字即山，浙江山阴人。次王士祯，字阮亭，山东新城人。皆当时同官坊局讲读者也。

瘿尊

《瘿尊歌》，仁和景縠江太守江锦为庄编修通敏作也，歌云：“君不见宿瘤采桑春提笼，道逢君王游郭东。朝随女伴陌头去，冠帔夕入琅琊宫。又不见当阳病瘿忍嘲诟，江陵城边瓠系狗。功成破竹吴社墟，刻石书名岘山首。天公似怪丑胜妍，雷雨驱斥蛟龙缠。谪为瘣木怒磈磊，更自雕饰登芳筵。青莲仙人昔留瞩，甫里鹿门重见录。冲陈犹贪酒有兵，怀贞未要肤无粟。流传既久一尚遗，底圆微锐形半欹。主人宝此出娱客，满酌那复论雄雌。我虽不饮心自知，浇我叠块真相宜。长歌醉语起硉兀，合坐闻之耸诗骨。渌波倒卷光烛空，错认窗间瘿摇月。”

土布

土布产江苏，首推上海之三林塘镇，江阴、崇明等处次之。其本色货，向有稀布、套布、沙布、白生等名目。至花色货，则因染色而异，名目繁多。营销外省，各有牌号，不容相混。稀布多销牛庄，套布多销东三省，其沙布、白生之销场，无稀布、套布之广，每年销额有数千万金。自洋布盛行，销路受挤。后以爱国等布出，复遭打击，出口销数不及千万矣。

丁娘布

国初海上有丁娘者，织布甚新，因名“丁娘布”。朱竹垞集有《谢汪舍人丁娘子布》诗。又杨光辅《淞南乐府》：“娘子鸣机丁氏布，美人刺绣顾家工。”注：“丁娘布光洁细软，朱竹垞所谓‘晒却浑如飞瀑悬，看来忽讶神云活’者也。造法秘不示人，及女嫁他族，流传始广。”

桅灯

桅灯，行舟所用，悬于桅。钱塘梁午楼大令梦善有《咏桅灯》诗云：“一点移从绝顶安，长河灯焰落清湍。天边月露争相映，水底星辰摘未难。人世风波看子细，夜船儿女认团圞。竿头直上应非易，援手须凭百丈宽。”

蒋戟门买妾用测美丝

乾隆朝，蒋戟门观察家多姬侍，袁子才至其家，辄许作刘桢之平视。蒋精于选艳，环肥燕瘦，无美不臻，每夸示子才，自谓独具判花法眼。戟门每买妾，先以线量其身，线长四尺八寸，必先有线之长，乃始端详其眉目，谓之“测美丝”。当时人皆笑其太拘，独子才韪之，引古事以为证，谓《诗》称“硕人颀颀”，《骚》称“长肩连蜷”，汉冯伉为子娶长妻，晋武称卫瓘女有五美，长而白其一也。惟但宜娉婷夭袅，不宜挺立森然如束马竿耳。

大内三异物

高文恪公士奇直大内，见三异物，一小金合，一鬼工球，一酒杯二十有四，皆精巧绝伦。圣祖曾取观，以为琐屑无用，遂屏置之。

如意

如意，器物之名，出于印度梵语“阿那律”之义。柄端作手指形，以示手所不至，搔之可以如意也。又有柄端作心字形者，长三尺许，讲僧持之，记文于上，以备遗忘。菩萨像亦持之。我国古时有搔杖，以搔背痒；又记文于笏，以备启事，此则兼二者之用者也。惟近世如意，长不过一二尺，其端多作芝形、云形，则仅因其名词吉祥，作为供玩矣。

凡奉册立之后妃，谒两宫，必递如意为贽，上及太后亦以如意赐之。每遇庆典，椒房贵戚竞相购买，而京师东西珠宝市之价，遂较寻常倍蓰矣。其质或全玉，或三镶，或嵌珠宝，或水晶，或琥珀，或雄精，或黄杨木，下此则以骨角、竹木为之。

玉马

乾隆辛丑，大学士阿桂平回部，奉高宗命，采和阗美玉琢一玉马，藏于大内。玉色白而润，长逾三尺，高约二尺。和珅使人盗之，为其爱妾浴时坐憩之用。嘉庆己未，和赐死，籍没时，仍入官，置圆明园。咸丰庚申，英法军入都，园毁，而此马为英人所得，遂置于伦敦博物院。

象牙瓜仁

嘉定南翔有寓僧虚舟者，俗家金华，蓄有状似瓜仁之物，象牙所琢，一面画十八学士，琴有弦，棋局有路、有子，笔筒中有笔，案上有卷，人俱并肩而立；一面有七言一绝，旁有年月日，下云“七十二翁祝培之戏写”。

伽楠香坠

粤商某刻牙牌式伽楠香坠一枚，大不及半寸，其半缕山岩一角，茂林之下露一小亭，中有人坐竹榻，倚枕倾耳，如有所闻，其半则海水汩没，云气滃郁，具苍莽之致，令人色飞眉舞，盖取唐许浑“云横海气琴书润，风带潮声枕簟凉”之意也。

烟火

烟火者，以火硝杂他药物燃烧，而现变幻灿烂之状者也。其火力喷射，能为花草、兰竹等形。或以纸制成种种人物，穿插其中，极灵巧；或以药发火焰，幻成各种颜色。各省多有之，尤以广东之潮州、江苏之扬州所制者为最著名，其值亦不赀。

乾隆时，秦淮画舫竞放烟火，为河上大观，士女空巷而出，如水鸭、水鼠、满天星、遍地锦、金琖、银台、赛月明、风车、滴滴金者，不一其名，不一其巧。游者试凭红板桥阑，望东水关及月牙池前，灯影烛天，爆声溅水，升平景象，诚非图画所能尽之也。

咸丰朝，每岁上元夕，京师西厂舞灯、放烟火最盛。清晨，先于圆明园宫门，列烟火数十架，药线徐引燃之，成界画栏杆五色。每架将完，中复现出宝塔、楼阁之类，并有笼鸽、喜鹊数十，在盒中乘火飞出者。

光绪时，则由内务府营造司设厂放新奇烟火。元宵节数日，率小工数十，用红杠黄绊拴抬，由菜市口进宣武门，络绎于途，有像形五彩凤凰、孔雀、锦鸡、白鹤，并用松柏扎大小狮子、虎豹、麒麟之类。燃放时，空中停顿，变换成花，此即孝钦后请各国公使夫人同观之烟火也。

七巧板

七巧板，玩具也，一名“智慧板”。以薄木一方，截成七块，可合成种种模形，以启发儿童思想。

九连环

九连环，玩具也，以铜制之。欲使九环同贯于柱上，则先上第一环，再上第二环，而下其第一环，更上第三环，而下其第一二环，再上第四环，如是更迭上下，凡八十一次，而九环毕上矣。解之之法，先下其第一环，次下其第三环，更上第一环，而并下其第一、二环，又下其第三环，如是更迭上下，凡八十一次，而九环毕下矣。

风筝

风筝，纸鸢也。五代时，李邺于宫中作纸鸢，引线乘风为戏。后于鸢首以竹为笛，使风入竹，声如筝鸣，故名“风筝”。今俗并其无弦者亦名风筝。儿童放风筝，举首望空而开口，谓可泄内热也。

舒铁云有《纸鸢篇》，即咏风筝也，诗云：“杏花深巷春泥消，粥香饧白闻吹箫。东风袅袅二十四，已有年少相招邀。云皋烟隰春衫影，朝取长绳系韶景。此时韶景安可知，低昂高下随群儿。儿呼拍手欢无极，仰面看天齐着力。鹍鹏化去未可期，莺燕飞来似相识。浮云浩浩风棱棱，太虚一点高一层。初疑翩翻下黄鹄，又若搏击呼苍鹰。雕陵乌鹊不得意，银潢日夕思回腾。微缯孅缴岂知数，看尔白日能飞升。飞升毕竟难与说，隐隐红灯夜深灭。银竹生愁细雨多，青苹复恐微飙绝。孤鸿何处怨飘零，病鹤谁家舞蹩躠。别有风弦汉殿筝，宫商一线遥呜咽。”

有剪纸如美人为风筝者，吴我鸥尝咏之，诗云："髣髴轻盈汉丽娟，回风歌罢舞翩翩。争看蔽月容如画，但解凌云骨已仙。花信几番凭妾寄，情丝一缕被郎牵。晚来欲把红妆照，添个银灯在上边。纵入朱门不受鞿，嬉时恰称蕙风微。翩然乘凤偕秦女，瞥尔惊鸿妒洛妃。细响乍鸣双玉佩，轻躯须着五铢衣。最怜春色长门老，瘦损宫腰尺六围。何心花底学迷藏，爱映红霞斗晓妆。环佩声俄飘柳陌，秋千影共出苔墙。山屏远列身如倚，波镜频窥胆不张。却为杏梢闲绊住，归来衫袖惹余香。小别芳姿又一年，桃花娇面尚依然。赤绳系就氤氲使，红粉修成折叠仙，望远只愁衣化蝶，步虚岂假木为鸾。休嗟薄命多飘泊，金屋名姝一例传。漫歌桃叶泛春流，红线差堪结伴游。日暮寒怜生翠袖，雨深闲恨锁朱楼。凭将素面朝天去，绝少芳踪印月留。嫁与东风应色喜，云乡来往剧清幽。"

空钟

空钟，一曰"空中"，小儿之玩具也。刳木中空，荡以沥青，卓地如仰钟，而以绳绕其柄。别一竹尺有孔，度其绳而抵格空钟，绳勒右却，竹勒左却，一勒，空钟轰而疾转，声清越以长。制径寸，至八九寸。其放之，一人至三人。

京师旗人类能之。有快手罗者，即售此技于金陵，致小康。而麻瑞子较罗为尤精，则售技于京师。东西两庙之集期，新年之厂甸，麻必在焉。有时以半段空钟用绳扯之，飞至极高，跃至极低，盘旋如意，虽两轮去一，失重心力而不坠。观者辄拍掌称善，争掷钱与之。

抖空中者，近于舞，京师新年，王孙贵姬皆喜为之，宫人亦多好焉。舞式为鹞子翻身、飞燕入云、响鸽铃。

陀螺

陀螺，幼童玩具，木制，如小空钟，中实而无柄，绕以鞭之绳，卓于地，急掣其鞭，一掣，陀螺则转，无声也。视其缓而鞭之，转之疾，正如卓立地上，顶光旋旋，影不动。

倒掖气

刘比部体仁晨入朝，遇鬻群儿嬉戏之具，俗所谓“倒掖气”者，指挥从人买数枚，次第于马上吹之，了无怍色。徐自笑曰：“此事可入弹章。”倒掖气，即响葫芦，小儿口衔，嘘吸成声，今亦谓之“不登”，嘘吸作响，声如不登也。

毽子

仁和高半农典史虞文，有《咏毽子》诗云：“小插金鸡尾，鞢帮踢最便。春风先送喜，（俗送婿家催生礼盒，缀以毽子，云“见子”也。）稚子况能颠。眼疾从人巧，迹高谓我儇。轻狂直如许，系得几多钱。”毽子之制，以鸡毛系于钱，用足踢之。

粉犬

粉犬，捏粉作犬形，杭州之清明节物也，小儿多以为玩具。胡琅圃尝有诗咏之，诗云：“宛然摇尾乞人怜，粔籹青红滴粉妍。踪逐饧箫吹过市，香分槐火试烹鲜。守花解傍司花史，吠雪刚逢断雪天。枸杞无苗春寂寂，齐厨连日禁炊烟。货郎担上闹花摊，小掣金铃入画难。过想屠门人嚼蜡，舐馀药鼎米成丹。梨焦貉子童谣唱，（《北史》：“狐非狐，貉非貉，焦梨狗子啮断索。”）车铄刍灵祖道看。春社已过乡饮酒，枌榆人散暮烟寒。”

猫捉老鼠

苏之虎丘多耍货店，有以纸匣一，塑泥猫于盖，塑泥鼠于中者，匣开则猫退鼠出，匣合则猫前鼠匿，若捕若避，各有机心，儿童争购之，名“猫捉老鼠”。

舟车类

棕船棕舆

康熙庚午、辛未间，有彝陵严总戎者，归吴门，声伎服食，师心造奇。以棕覆船，施于山塘游舫之上，制似茅亭，方而长，乃于前后积土栽花，随时易之，则又如小亭闲榭。华亭靖逆侯喜而效之，遂盛传于江左。丙戌、丁亥，赣州总戎杨某复仿其意，以饰乘轩。每岁榷使至，或巡鹾假道，多以赠之。由是岭峤游闲，颇以棕舆为美矣。

座船差船

官署所蓄之船，为本官所乘者，曰"座船"，不载客，不运货，例标本官结衔于黄布以为旗，悬于桅，以表异之。其舟子食于官。

差船，官署有之，以备本官之差遣所用者也，亦不载客，不运货，船旗标明差船。

汉阳有双飞燕渡船

汉阳渡船最小，俗名"双飞燕"。一人荡两桨，左右相交，力均势等，捷而稳。且取值甚廉，一人不过制钱二文，值银不及一厘。即独买一舟，亦仅数文。故谚云："行遍天下路，惟有武昌好过渡。"

江浙妇女之使船

南人使船，北人使马，古语有之。北方妇女之善骑，为南人所艳称，而南方妇女之能弄船，则每多忽之。湘、鄂不必论，以舟女皆裹足，仅能为助手也。至于江苏及浙江之嘉兴，其舟中妇女，以皆天足，故于撑篙、荡桨、曳纤、把舵之事，无不优为之，蒙霜露，狎风涛，不畏也，不怨也。

江苏妇女摇渡船

江苏之上海、扬州，有以妇女摇渡船者，皆天足也。间有二八女郎在其中，虽为风日所侵，肤色黧黑，而搔头弄姿，无不修洁自好。上海之至浦东、扬州之至平山堂者，辄乘之。

满江红

满江红，船名，江淮之船也。船之门为斜面，其大小有一号至五号之别，五号最大。行时不论风之顺逆，必使帆，以橹佐之。相传明太祖初得和阳，欲图江南，与徐达乘小舟，于元旦渡江，舟子发口号曰："圣天子六龙护驾，大将军八面威风。"太祖闻此吉语大喜，与达蹑足相庆。登极后，访得之，遂官其犹子，并封其舟而朱之，故称"满江红"。自是以后，遂以舸而扩为巨舶。汽船、汽车未兴之时，每驶行江浙间，自清江浦以达杭州，载运往来南北之客。其后则生涯萧索，与无锡快等船，皆鲜有过而问之者矣。

南湾子

南湾子，江北之船也，其舟子率为高邮之邵伯人。驶行之航路，至镇江而止。船舱之门直，极大者有七舱，极小者为二舱。不使帆，所用者篙、橹而已。

无锡快

无锡快者，无锡人所泛之船也，往来于苏之苏州、松江、常州、镇江、太仓，浙之杭州、嘉兴、湖州。买棹者问船之大小，则于单夹衖、双夹衖之外，辄以若干档为答。档者，舟师之代名词也。其言档也，曰“几个档”，即几个人也。船舱之门为斜面，略如满江红。乘客餐时，必佐以所烹之青菜，味至佳，盖舟主之眷属所制者也。

小汽船拖带船舶

满江红、无锡快诸舟之往来江浙间也，固以汽船、汽车之大通而失其利市矣。其幸而仅存者，则富贵之家以眷属众多，来往浙西之杭、嘉、湖，与苏五属之苏、松、常、镇、太者，特赁一舟而乘之，取其安适。而又以其驶行之迟缓，则别以小汽船曳之使行，俗所谓“拖带”者是也。行时，以铁缆系于汽船之尾，鼓轮直进，行驶自如。拖船之舟子，安坐无事，惟于转折之时，偶一司舵而已。

舢舨船

舢舨船，作红色，船首绘两鱼目，上海有之，其篷有租界或警察局、捐务处发给执照所载之号码，一船仅载两三人，泛于中流，随浪颠播，望之甚危，然失事者甚鲜。

艒艒船

江淮流民以船为家，凡吴越间之有水可通者，无不泛棹而去，妻孥鸡犬，悉萃于中，船尾有以一人立而左右施桨者，俗谓之“艒艒船”。艒，音“帽”，小船也。盖本于扬州方言，小舸谓之“艖”，艖谓之“艒艏”也。

艒艒船中之人，其于乡里有家者，辄冬出春归，归而率其天足之妇女，从事田亩。农事毕，则扃门而又出矣，岁以为常。亦有自春徂冬，常年飘泊者。其船所至之地，男子之业为皮匠、为拉车，女子之业为缝纫，俗谓之曰“缝穷婆”。若力作，若小负贩，若拾荒，则男女老幼同任之。诚以其耐劳苦、忍饥寒，皆出于天性，而大多数之妇女皆天足，故虽极人世间至污浊、至艰苦之事，皆无所惮、无所避也。

渡黄河之平底船

贵德城据中海之交，凭黄河之险，环居番族，夙号岩疆。凡黄河以南之蒙番出入，悉以贵德为总汇。市肆无丹噶尔之繁盛，然百货骈集，估客蚁屯，亦互市要区也。东十里至黄河岸，可乘舟渡黄河。河面宽二百余步。舟平底，以巨木为之，一舟可坐五六十人，约两小时之久而登岸，边方舟子之操舟诚拙也。如隆冬，两岸方结冰，或秋冬水浅河涸，舟不能泊岸，又须背负以济。贫民拥塞河干，争负过客。操是业者，单衣蔽体，败絮裹足，日得数十钱，聊以餬口。

松花江之威弧

吉林有以巨木刳作小舠，使之两端锐削，底円（同“圆”）弦平者，大者可容五六人，小者二三人，称曰“威弧”，或有作“威弧”“威呼”“威忽”者，皆转音也。剡木为浆，一人持之，左右运掉，其疾如飞。松花江冰冻时，即用以代马槽。入山猎捕者，水则乘以渡，陆则负以行，殊便利也。

宁古塔桦皮船

宁古塔有桦皮船，以桦皮为之，止容一人，用两头桨。如出海捕鱼，则负至海边，置水中，得风便自驶矣。

甘肃板船

甘肃所行驶之板船，颇似浙江之大划船，橹舵略具，帆樯不施，无楼无篷，仅有舱以储百货。三月水生，循河套往来宁夏及山西包头镇，讫于七月，以运输燕、晋各货。俄、英、德、美诸商在甘省设公司市羊毛，亦用板船运载，辄循河套经山西，遵陆而达于天津以出口。

甘肃牛羊皮船

甘肃黄河中有牛皮船，其制船法，杀牛断头及蹄，刳腹，去其肉，以麻线缝之，一如原式，曝干待用。用时，取二牛皮或四牛皮，上束以长木数梃，更于木上横铺以板，则一船成矣。（制船愈大，则牛皮以数递增。）浮于河，运输货物，桨舵不具，但凭一篙顺流下，随意所适。盖名虽曰“船”，实则木簰也。登陆，则鬻其木板，以车载牛皮而归。皮甚坚韧，亦可乘以渡河。又有羊皮船，其制法与牛皮船同，惟差小耳，极少须用四羊皮缚于木下，乃能任重，亦有六羊或八羊者。黄河河流过兰州，出靖远县石峡入中卫县境，乃不复见牛皮船而始见板船。

乾隆朝，金川之役，阿文成公桂攻克美诺寨时，以皮船渡水，克小金川，僧克桑遁，泽旺降，遂进讨大金川。

羌海皮胡卢

有作羌海之游者，自一颗树东行四十余里渡黄河，河面宽百步，渡无舟。土人以羊脬装足空气，一人系于背，泅水以渡，名之曰“皮胡卢”。密缝牛皮作囊，留两孔，鼓空气吹之，膨膨然如五石匏，重载不沉，名之曰“大胡卢”。若仅一二囊，犹不可渡。盖以中流旋转，人力无所施，必随流而下也。或六或九，多或十余，联而为一，四周缚以巨木，后悬一木如舵，中立一木如桅，可张帆、可施桨也。

朱竹垞说西湖游船

杭州之西湖，风漪三十里，环以翠岚，策勋于游事者，惟船为多。秀水朱竹垞检讨彝尊尝作《说舟》一篇，其命名，有以形者，有以色者，有形色皆具者，有以姓者。

方舟

查伊璜蓄方舟，分数节，舁之入杭州之西湖，以中节坐客，客多，更益数节，镶之如一舟，加前二节为首尾，布帆油帷，数童桨之，遍历诸胜。又两小舟，长四五尺，一载书及笔札，一置茶铛酒果，并挂船傍左右，前、却如意。客去则复散此舟，使人舁归而藏之。

藕花社

龚芝麓宗伯鼎孳，尝偕其姬人顾横波游杭州，寓西湖，夏夜系艇楼下，小饮达曙。月明如洗，天水一碧，楼台灯火，周视悄然，惟四山苍翠，时时滴入杯底，因作《丑奴儿令》词云："一湖风漾当楼月，凉满人间。我与青山，冷澹相看不等闲。藕花社榜疏狂约，绿酒朱颜。放进婵娟，今夜纱窗可忍关。"藕花社，舟名也。

自度航

陆筱饮解元尝于杭州之西湖造小舟，曰"自度航"，笔床茶灶，以水为家，不复知有软红尘土。"得鱼沽酒，卖画买山"，则舟中楹帖也。筱饮画《自度航图》，且题以诗，其注云："番禺中堂为余书自度航额。后以贫，售之他人，作卖自度航诗。"

烟波宅

张芑堂征君尝于杭州西湖制舫，曰"烟波宅"，陈无轩为之图，鲍渌饮为赋绝句云："臣本烟波一钓徒，全家只合住菰蒲。旁人漫拟知章贺，不道西湖胜鉴湖。""底须更觅买山钱，且把渔竿上钓船。生计莫嫌湖面薄，尽教乞与鲍家田。""云山面面总吾庐，一苇飘然信所如。却笑里湖林处士，懒因猿鹤别移居。""诗思无时落眼前，破除聊复付高眠。坡仙好语从相借，挂起西窗浪接天。"

杭杭杭

厉樊榭征君鹗尝撰《湖船录》，既成，杭堇浦检讨世骏戏谓之曰："余生杭州，姓杭氏，他日拟制湖舟，取'一苇杭之'之意，题曰'杭杭杭'。前人有轩轩轩、堂堂堂、亭亭亭诸题榜，不自余作古矣。"

琖饭船

杭州西湖所有之船，惟云林寺琖饭船有帆，每日色初晏，渡湖而归，船中僧齐声梵吹，游人以此为返棹之节。张仲雅尝有诗咏之曰："一片湖光起暮烟，夕阳西下水如天。蒲帆影里千声佛，知是云林琖饭船。"

西湖游船之题额

道光时，杭州西湖多游船，船名皆甚雅。"琴书诗画船"，为屠琴坞题额。"绿杨阴里小行窝"，为孙子潇题额，相传为王仲瞿孝廉所有。若"蓬莱舫"，则为赵次闲题额；若"泊宅"，则为汪铁樵千戎题额。又有"半湖春""四壁花""宜春舫""十丈莲""烟水浮家""小天随"等，亦皆堪游憩也。

用作楫凯桡

蒋果敏公益澧开藩两浙时，恢复会垣，尝造两舟以娱军士，大者曰"用作楫"，小者曰"凯桡"。

小浮梅俞

杭州西湖有"小浮梅俞"，德清俞荫甫太史樾之舟也，门下士仁和徐花农侍郎琪为制之。其自跋曰："花农为吾造小舟，或拟袭用余吴下池中小浮梅之名，又拟名以俞舫，余因合而名之曰小浮梅俞。盖'俞'之本义，《说文》云'舟也'，犹曰'小浮梅舟’云尔。嗟乎！人生斯世，养空而浮，当知吾一俞也，勿曰俞必属我也。”

云舫

“云舫”者，沈云舫所造也。江小云即以其字题之，并补书沈文忠公一联云：“三十里光景无边，开口问西湖，可能都变作尊中绿酒；七百年风流未歇，从头数南渡，几曾见销尽锅里黄金。”

薛舫

全椒薛慰农观察时雨，罢守杭州，主讲崇文书院。尝召集其门下士课文于湖舫，又为湖舫诗社，与诸老辈酣嬉于西湖，极一时风雅之盛。去杭日，门下士辟凤林寺隙地，构屋一楹，颜曰“薛庐”，别造一舟，仍名“薛舫”。

花艇

光绪时，岭南以花艇著称于世。花艇者，妓所居之船也。后以火劫禁止，遂皆上陆，莺莺燕燕，不复泛宅浮家矣。船有楼，其下有厅事，可设席，谓之“开厅”。开厅必以夕，海风泠然，列炬如昼，珍错纷沓，丝竹嗷嘈。上者在谷阜，次者在迎珠街。然虽号称为舟，而铁缆系之，屹然不动，几忘其在水中央也。

紫洞艇

游船以广州为最华缛，杭、苏、江宁、无锡不及也。船式不一，其总名曰“紫洞艇”。咸丰时，长沙周寿昌有《咏紫洞艇》七绝，诗云：“拉杂春风奏管弦，排当夜月供珍鲜。流苏百结珠灯照，知是谁家紫洞船。”“沙锅沙快横楼矗，快蟹船连画舫排。（以上五种皆船名，惟横楼最大。）郎意不如双桨密，早朝催去晚潮回。”“四面珠帘卷玉钩，连樯沙尾泊中流。分明一曲清溪水，只少秦淮十里楼。”“二八亚（一作“阿”）姑拍浪浮，十三妹仔

（音“崽”。）学梳头。琵琶弹出酸心调，到处盲姑唱粤讴。”“海南果熟不知霜，五角羊桃触鼻香。丹荔黄蕉都过了，热橙热蔗满街尝。”（冬时香橙、甘蔗俱用蒸食，呼为热橙、热蔗。）“珠娘装束学吴娃，窄袖青衫短玉钗。真有肤圆光致致，凌波不用凤头鞋。”（珠娘有极美者，冬时亦白足见客。）“珠水源分卅六江，东西云涌髻丫双。素馨莫问遗宫种，第一看花是海幢。”“一声香唤卖花船，渔婢生涯海国天。水阁路连花埭远，四围都是蜑家田。”

灯船

灯船，江宁、苏州、无锡、嘉兴皆有之，用以游览饮宴者，及夕则船内外皆张灯，列炬如昼。夏时为盛，容与中流，藉以避暑。舟子率其妻孥，为荡桨把舵之役，虽二八女郎，亦优为之，盖皆天足也。船中或有蓄妓以侑客者，春秋佳日，肆筵设席，且饮且行，丝竹清音，山水真趣，皆得之矣。

江宁秦淮河之灯船，有题曰“涛园”，曰“宛中茶舫”，曰“得胜茶园”，曰“悦来画舫”，日需赁资数十金也。

苏州人之呼“灯船”也，曰“热水船”，盖以夏夜为多故耳。

打珠船

混同、诺尼诸江汉产珠，布塔哈乌喇岁有打珠船。有珠之河，水冷而急，以大船夹独木之艘舭，植篙透底，数人持之，泅者负袋缘篙而下，得蚌满袋，贮艘舭中，官督剖之，未成珠者仍弃于水。私采之禁，等于劚参。

周青士附赤马船入泖

嘉兴周青士，名篔。尝至嘉善，独行于岸，见有赤马船缚布为帆，问焉往，船人以入泖对。乃思就九峰访故人，亦良得，乃请附载。比及泖，则已暝，船人促登陆。伥伥无所之，忽望见有僧庐，即闯入。小沙弥见之骇，强令出，乃步琉璃灯下，睹壁间所揭诗笺，中有己作，因指示沙弥曰："吾诗人耳，非贼也。"沙弥以语主僧，为煮白饭，止其宿。诘朝，自泖达九峰，抵华亭，遂访高士吴骐、王光承之居，兼旬乃返。

周栎园咏漕篷船

漕篷船前狭后广，闽之延平、建宁有之。周栎园侍郎《闽茶曲》有句云"鸭母船开朱殷红"，即谓是也。

周栎园潘次耕咏白板艖

闽之延平、建宁二郡，船行屹啮间，全藉篙力。板薄不过数分，不假丹漆，周栎园诗云"黯淡滩头白板艖"是也。又潘次耕《溪行杂咏》云："门小不容舒眺望，篷低裁足展衾帱。"

吴中林查嗣瑮咏清流船

钱唐吴中林太守廷华，尝守福建之兴化，有咏清流船诗，诗云："五篙何处赋招招，一片云帆近大桥。生怕横山溪水急，开船趁得午时潮。"（横山梅溪水东下，船必乘潮而西，乃得济。）"篷如半月压船舷，只许侏儒自在眠。桅脚开窗方尺五，居然小有洞中天。""荒村破晓一鸡鸣，朝日山头渐次明。不似惜花春起早，拥衾徐听戛锅声。"（天明，爨者戛锅，舟人乃起。）"不为和羹佐傅岩，何曾忘味有苏髯。上游玉粒成斤换，水口关头争食盐。"（上游盐价甚昂，舟人多私载觅利，水口设官巡查，许贮食盐五十斤。）"如戟如刀千万锋，羊肠鸟道水溶溶。铁稍公自夸能事，不怕崚嶒石有锋。""花猪肥肉玉如肪，还买河鱼一尺强。菡萏滩高明日过，晚来先献九龙王。"（舟人专祀九龙山，盖九泷滩神也。）"铁脚层冰未觉寒，百钱水裤费艰难。赤身不怕阳侯怪，笑踏波涛过浅滩。"（水裤长不满尺，入水着之。）"村醪无过压茅柴，秫米朝蒸瓮晚开。一饭便浮三大白，餔糟不待漉巾来。""樵苏水畔一舟横，留得青山客不争。柯斧满林谁是主，白云深处听丁丁。""上水艰难千里多，柴枝米粒易消磨。今朝到岸都欢喜，小武当山一笑过。”（山在浦邑之南。）

海宁查侍读嗣瑮尝偕梅定九、朱字绿、张青雨过建滩作诗，其一云：“初登清流船，船小妨内（入声。）首。一龛不盈丈，兀兀坐卯酉。及经火烧滩，滩浅尚难受。此地昔崄峡，山根蟠地厚。传闻用火攻，石烂泄水口。一线凿凶门，乖龙渴逾吼。榕城百水驿，碑矶十八九。直宜舍舟楫，复事牛马走。一笑谢长年，毁车吾已久。”其二云：“似罄众滩石，力聚堆一门。宁知跬步闲，滩转石愈繁。大者各磊落，五岳分位尊；小者尤纵横，八阵连云屯。此方昔割据，局促开乾坤。霸气郁未消，石势犹并吞。抚兹一长叹，恃暴安足存。”其三云：“积阴埋幽壑，湾环万古黑。形气所轧成，变幻谢绳墨，位置逾人工，并非造化力。欲以五字诗，竭意作镌刻。有如草间虎，屡射镞不没。安得炼石手，叱汝变五色。”其四云：“石势逞雄杰，欲遣水郁盘。水从排空来，铁锁不可拦。有时千百丈，掣电飞云端；有时五三折，陡起咫尺间。两怒各未平，白昼蛟龙搏。舟子力难恃，应变须神完。倒缆挽逆篙，如作壁上观。决机在针锋，脱险过弹丸。”其五云：“水亦自相斗，直立高于屋。我舟掷水底，低受浪不足。如逢吞舟鱼，突过满鱼腹。惊雷杂风雨，眩转失耳目。一跃出重围，天晴山水绿。”其六云：“山形乍开豁，滩怒似少息。荡桨聊咿哑，夷犹弛腕力。我亦揽幽赏，微吟意稍适。有石声砉然，忽破船底入。水面石可防，水中石难测。君子慎履坦，索涂须擿埴。”其七云：“造舟尔何人，斲木如纸薄。常恐遭鱼龙，未足当一攫。岂知逢击触，善受赖柔弱。百折付一招，绕指霹雳作。弯环象运鼻，屈曲蛇赴壑。招招真吾友，性命卬（同“仰”）汝托。”其八云：“下水例买米，上水例买盐。买米利无几，买盐赢倍添。利多非汝福，官府禁最严。贪心溺不戢，终恐罹髡钳。往来各有欲，轻取已不廉。择利莫若轻，米贱汝勿嫌。”

鲍倚云乘清流船

闽船之篙师，多清流县人。船身甚长，即清流船也。客篷分五之二，其外容四人打桨之地，头尾驾两划以分水势，长各丈余，络以巨石，重百钧。篙师坐船头，高视滩孔，作虎踞势，如与滩斗，间不容发，有“纸船铁艄公”之谚。船制不一，视其木，率软薄而碎，以铁皮铁钉密钤之，如不可恃。乾隆癸亥秋，歙县鲍倚云自永春下泉州，每下一滩，其危如堕，船底作磔裂声，罅缝千条水瀌瀌上涌如泉咽，篙师不惧也。

鲍西冈欲制坐吟辀

鲍铨字西冈，京师之汉军人，尝为长兴令。其在长兴时构一舫，取唐张志和语，题以扁曰“往来苕霅间”。暇日数与钱唐诗人金寿门褰裳临泛，啜茗清谈，命工写为《双溪诗话图》，邑人啧啧倚为佳话。北归以来，杜门屏迹，每于春秋胜日，思欲遍游西山，徒有许掾之情，苦抱深明之疾，是以因循而不可得。比闻邻人造车，询其值，仅十金，度一驴之资不过五六金而已，于是欣然动念，拟置一乘，为消遥山野之具。顾橐中羞涩，未能猝办，预制一诗一铭以识之，并字之曰“坐吟辀”，示不与寻常车等也，异日傥或遂其欲，不与吴兴故事并传耶？诗曰：“行宜陆，居当屋。像飞蓬，利长毂。轮已膏，驴已粟。寻吾诗，向岩谷。”

马嶰谷之舟如仙槎

马嶰谷尝以己意命匠人造一舟，异常制，每乘之以游大江南北，清洁幽雅，见之者谓其如仙槎也。

和珅有独木舟

乾隆时，和珅当国，威震中外。福建布政某承办材木，得一香樟，大十余围，高矗霄汉，乃伐而献于珅，自漳至京，运费至银三千余两。珅命匠刳削雕刻为一舟。舟成，长四丈余，广一丈六尺，不加髹漆，香气馥郁，名曰独木舟。上为楼船形，舱舷宽敞，可容百人，中有镜台、书室，红轩碧厨，上筑台榭，后植花木，吴省兰尝为之作记焉。

舟成，珅未尝一临坐。及事败，没入禁中。仁宗见而叹曰："是奴所享受，朕亦不得望其项背也。国之精华，尽于是矣。"乃浮于后海，不一坐，目为妖物，比之宋陆放翁之南园焉。

两驳集赀造船

张樵野侍郎荫桓至美，某领事上书言，旅外商民愿集赀造船，无事则商家运货，有事则备国家之用。张据以咨总署，总署谓恐轻易启衅，力驳之。已而张入总署，薛叔耘京卿福成出使英、法，复申前说，张亦驳之，盖己所不能成之事，亦不欲人成之也。

皇帝五辂

国朝初制，玉辂、大辂、大马辇、小马辇、香步辇，并称"五辇"。大朝日，设于太和门东。乾隆癸亥，改大辂为金辂，大马辇为象辂，小马辇为革辂，香步辇为木辂，玉辂仍旧，并为五辂。戊辰，钦定五辂之制。

玉辂，木质髹朱，圆盖方轸，饰以青，衔玉圆版四。冠金圆顶，镂金垂云承之。檐帖镂金云版三层，青缎垂幨亦三层，绣金云龙及羽文相间。系绣金青缎带四，属于轸。四柱绘以金龙。门垂朱帘，四面各三。环座以朱阑，饰间金彩。阑内周布花毯，中设金云龙宝座。两轮各有十八辐，镂花饰金。贯以轴辕二，两端饰金龙首尾。后建太常十有二斿，青缎为之，缘绣日月五星，斿绣二十八宿，里俱绣金龙，下垂五彩流苏。扦攒竹髹朱，左加闟戟，右饰龙首，并缀朱旄五，垂青緌。外用纳陛五级，左右阑皆髹朱、饰金彩。驾象一，靷以朱绒紃。陈设时，行马二承辕，亦髹朱直竿，两端钻以铜。金辂，圆盖方轸，饰以黄，衔金圆版四。黄缎垂幨三层，系黄缎带四，属于轸。后建大旗十有二斿，各绣蛟龙。木辂，圆盖方轸，饰以黑，衔花梨圆版四。黑缎垂幨三层，系黑缎带四，属于轸。后建大麾十有二斿，各绣神武。服马二，骖马四，设游环和铃。象辂，圆盖方轸，饰以红，衔象牙圆版四。红缎垂幨三层，系红缎带四，属于轸。后建大赤十有二斿，各绣金凤。服马二，骖马六，设游环和铃。革辂，圆盖方轸，饰以泥银，衔圆黄革四。白缎垂幨三层，系白缎带四，属于轸。后建大白十有二斿，各绣金虎。服马一，骖马三，设游环和铃。余俱如玉辂。大驾卤簿、法驾卤簿用之，遇大朝会，则设于午门外。

皇帝辇舆

国朝初制，皇帝祀天地，并乘凉步辇，升殿之日，陈于太和门东。乾隆壬戌，定大祀亲诣行礼，均乘礼舆，出宫至太和门乘辇。又奉旨，凡遇祀毕还宫，均备礼舆，永为定例。戊辰，始造玉辇，改凉步辇为金辇。大祀南郊乘玉辇，北郊、太庙、社稷坛乘金辇，其余朝日、夕月、耕耤以下等祀，均乘礼舆。遇朝会，则并设于太和门外。驾出入，御步舆；行幸，御轻步舆。是年，乃钦定辇舆之制。

玉辇，木质髹朱，圆盖方座，饰以青衔玉版四。冠金圆顶，镂金垂云承之。曲梁四垂，端为金云叶。青缎重幨，周为襞积，绣金龙，系黄绒紃四，属于座隅。柱绘云龙。冬垂青毡门帏，夏易以朱帘，黑缎缘，四面各三。座缀版二层，上绘彩云，下绘金云，环以朱阑，饰间金彩。阑内周布花毯，中设金云龙宝座，左列铜鼎，右植服剑。内列四辕，两端衔金龙首尾，外用纳陛五级，左右阑皆髹朱，亦饰金彩，舁以三十六人。大驾用之。金辇，圆盖方轸，饰以泥金衔金圆版四。冠金圆顶，黄缎垂幨，冬垂黄毡门帏，夏以朱帘，黑缎缘，四面各三。座环以朱阑。内外四辕，舁以二十八人。法驾用之。礼舆，枏质，上为穹盖二层，上八角，饰金行龙，下四角，饰亦如之。冠金圆顶，镂金云承之，衔以杂宝。明黄缎垂幨，绣金云龙。四柱饰蟠龙，门端及左右阑饰云龙，皆镂金。内为金龙宝座，帏用明黄云缎纱毡，各惟其时。左右启棂，夏用蓝纱，冬用玻璃。直辕二，大横杆二，小横杆四，肩杆八，皆髹朱，绘以金云龙。横钻以铜，纵加金云龙首尾。舁十六人。法驾用之。步舆，木质涂金，不施幰。中为盘龙座，冬施紫貂坐具，夏以明黄装缎。四足为螭首虎爪，承以圆珠，周绘云龙踏几，笼以黄缎。直辕二，大横杆二，中为双龙首相对，小横杆四，舁以十六人。銮驾用之。轻步舆，木质髹朱，不施幰，象牙为之座，踏几髹以金。直辕二，加铜龙首尾。大横杆二，小横杆四，肩杆八，皆钻以铜，余俱如步舆。骑驾用之。

皇太后辇舆

乾隆己巳，钦定皇太后仪驾。龙凤舆，木质，髹以明黄。穹盖二重，上为八角，各饰金凤；下正方，四隅饰亦如之。冠金圆顶，镂云文，衔以杂宝。明黄缎垂幨，上下皆销金龙凤，四柱皆绘金龙凤。棂四启，青紃网之，前为双扉，启扉则举棂悬之，内髹浅红。中置朱座，坐具明黄缎，彩绣龙凤。前加抚式，亦髹明黄，绘金龙凤。直辕二，大横杆二，中为铁鋄金双凤相向。小横杆四，肩杆八，皆髹明黄，横钻以铜，纵加铜鋄金龙凤首尾，舁以十六人。龙凤车，木质，髹以明黄。穹盖二重，上绘八宝，各饰金凤；下绘云文，四隅饰亦如之。冠金圆顶，镂云文，衔以杂宝。明黄缎垂幨，盖明黄络，四隅系明黄绒紃，属于轸。四柱左右及后，皆绘金龙凤。中各启棂，青紃网之。门上镂金龙凤相向。明黄缎帏，黄里。坐具明黄缎，彩绣龙凤。两轮各十有八幅，辕二，钻以铁鋄金，驾马一。仪舆，木质，髹以明黄，上为穹盖。冠金圆顶，涂金，檐四隅系黄绒紃，属于直辕。明黄缎垂幨，明黄缎帏，黄里，中置朱座。坐具明黄缎，绣龙凤。直辕二，横杆四，中为铁鋄金双凤相向。肩杆四，俱髹明黄，两端钻以铜鋄金，舁以八人。仪车，木质，髹以明黄，穹盖上圆下方。冠银圆顶，涂金，檐四隅系黄绒紃，属于轸，明黄缎垂幨。四柱不加绘饰，里髹浅红，明黄缎帏，黄里。坐具明黄缎，彩绣龙凤。轮各十有八幅，辕二，钻以铁鋄金，驾马一。辛未，皇太后六旬万寿，高宗尊养祝釐，鸿仪备举，预涓吉日，自畅春园躬奉慈驾入宫。皇太后御金辇，明黄缎帏，绣寿字篆文，奉辇以二十八人。辛巳、辛卯，皇太后七旬、八旬圣寿，并御万寿辇，自畅春园回宫。

皇后车舆

乾隆己巳，钦定皇后仪驾。凤舆，木质，髹以明黄。穹盖二重，上为八角，各饰金凤；下方四隅，饰亦如之。冠金圆顶，镂云文，衔以杂宝。明黄缎垂幨，上下皆销金龙凤。四柱皆绘金凤。棂四启，青紃网之，前为双扉，启扉则举棂悬之，内髹浅红。中置朱座倚，髹明黄，绘金凤。坐具明黄缎，绣彩凤。前加扤式，亦髹明黄，绘金凤。直辕二，大横杆二，中为铁鋄金，双凤相向。小横杆四，肩杆八，皆髹明黄，横钻以铜，纵加铜鋄金凤首尾，舁以十六人。亲蚕御之。凤车，木质，髹以明黄。穹盖二重，上绘八宝，八角各饰金凤；下绘云文，四隅饰亦如之。冠金圆顶，镂云文，衔以杂宝。明黄缎垂幨，盖明黄络，四隅系明黄绒紃，属于轸。四柱左右及后，皆绘金凤。中各启棂，青紃网之。门上镂金凤相向。明黄缎帏，黄里。坐具明黄缎，绣彩凤。轮各十有八幅，辕二，两端钻以铁鋄金，驾马一。仪舆，木质，髹以明黄。上为穹盖，冠银圆顶，涂金檐。四隅系黄绒紃，属于直辕。明黄缎垂幨，明黄缎门帏，红里。中置朱座，椅髹明黄，绘金凤。坐具明黄缎，绣彩凤。直辕二，横杆二，中为铁鋄金双凤相向。肩杆四，两端钻以铜鋄金，舁以八人。仪车，木质。髹以明黄，穹盖上圆下方。冠银圆顶，涂金，檐四隅系明黄绒紃，属于轸。明黄缎垂幨。四柱不加绘饰，里髹浅红，明黄缎帏，黄里。坐具明黄缎，绣彩凤。轮各十有八幅，辕二，钻以铁鋄金，驾马一。

贵妃妃嫔车舆

贵妃、妃嫔车舆之制，乃乾隆己巳高宗所钦定。贵妃翟舆，木质，髹以金黄，盖、幨、坐具皆金黄缎，绘饰彩绣，皆金翟。横杆，中为铁鋄银翟相向，翟首鋄金。凡杆皆纵加金翟首尾。肩杆四，舁以八人。余俱如皇贵妃翟舆之制。仪舆，木质，髹金黄。幨帏、坐具皆金黄缎，绘饰彩绣，皆长翟。横杆中为铁鋄银双翟相向，翟首鋄金。余俱如皇贵妃仪舆之制。仪车，木质，髹金黄。幨帏、坐具皆金黄缎，绣彩翟，余俱如皇贵妃仪车之制。

妃，翟舆，木质，髹以金黄。冠铜圆顶，涂金。盖、幨、坐具皆金黄缎，绘饰彩绣，皆金翟。直杆加铜髹金翟首尾，肩杆镂翟首尾，髹以金，舁以八人。余俱如贵妃翟舆之制。仪舆，木质，髹以金黄。冠铜圆顶，涂金。肩杆二，舁以四人。余俱如贵妃仪舆之制。仪车，木质，髹以金黄。冠铜圆顶，涂金，余俱如贵妃仪车之制。

嫔，翟舆、仪舆、仪车均同妃。

皇贵妃车舆

乾隆己巳，钦定皇贵妃车舆之制。翟舆，木质，髹明黄，缎绘饰彩绣，皆金翟。横杆中为铁鋄银双翟相向，翟首鋄金。凡杆皆纵加铜鋄金翟首尾。肩杆四，舁以八人。余俱如皇后凤舆之制。翟车，木质，髹明黄。盖饰金翟，左右及后绘金翟，门上镂金翟相向。坐具绣彩翟。辕钻以铁金鋄银。余俱如皇后凤车之制。仪舆，木质，髹以明黄，椅绘金翟。坐具绣彩翟。横杆中为铁鋄银双翟相向，翟首金鋄金。余俱如皇后仪舆之制。仪车，坐具绣彩翟，余俱如皇后仪车之制。

站口儿车

京师长街通衢，骡车林列，以待过客之赁坐者，曰“站口儿车”，盖在胡同之口也。一曰“海车”，言其跑海也。海，喻其广漠无边，不能有定所也。

跑快车

都人游南顶者，有跑快车之风，大抵在前门外天桥一带，其地空旷，车行至此，必长驱斗捷，然往往有败辕脱辐之虞。

姚仪覆徐乾学车

姚制府启圣尝佐康亲王平闽，欲灭郑成功以绝民望。然与纳兰太傅明珠不睦，明嗾徐元文劾之。徐故为顾亭林甥，阴庇明裔，亦嗛其所为，遂周内其罪，露章弹劾。幸圣祖察知，不究其事。公子仪心衔之，侦知其兄乾学自某省学政归，苞苴无算，伺于芦沟桥，俟其车数十乘至，仪固具兼人力，乃拽出车尾，尽掀于巨浪中，大言曰：“若辈所取赀财，皆不义，敢拉余鸣之官乎?”徐惧，强忍而已。日久，圣祖闻之，大笑曰：“姚仪此举，殊快人意。然有此勇力，不可使闲置。”遂改授武职，立功海上，洊至云南鹤丽镇总兵官，以善终。

拉车当差

平定寿阳里民无车，拉客车当差。华州则里民敛钱交官，官拉客车以当差。道光朝，富阳孙子丹刺史衔，尝作诗咏之，诗曰：“拉车复拉车，舆夫气不舒。掀公于道货弃地，将军驱向县中去。有役狞然手执牌，谓是兰州饷使来。朝廷驿递岁支几百万，一鞘两夫驰以马。将军代夫事可行，如何劫夺行李赴邮程?山西寿阳平定州，陕西华州华阴县。两地相隔路五千，不图夺车暴政不相远。我昔曾权平定事，代庖两月事暂止。我今转饷皋兰来，夺车载鞘心徘徊。一言愿告有司良，厂夫工食费谁偿？治盗不能乃为盗，驿卒度支充宦囊。吁嗟乎！役卒度支充宦囊。”

某宗室御耍车

咸丰时有某宗室者，任诞自喜，或谓即肃顺，或谓乃其弟，或谓即端华。一日，值步军统领出巡，某御耍车，而以班中旦装蹻脚置车外，下车帘，伪饰妇女。及步军统领车行近，高呼其名曰：“我送你。”即将蹻脚直送入车中，步军统领亦无如之何。

刘梅轩御骡车

浮梁汪勉斋者，于光绪甲午应礼部试。一日赁骡车至某处，车夫且策骡、且回顾，至中途，忽问勉斋曰：“老爷非姓汪乎？”曰：“然。”“非江西浮梁县人乎？”曰：“然。汝何以知之？”车夫又曰：“老爷非乙酉拔贡，以丙戌入都应朝考者乎？”勉斋答曰：“然，然。异哉，汝何以知之若此其悉？”车夫又曰：“然则小人曾尽地主之谊，设筵宴老爷一次也。”勉斋益愕然曰：“汝为谁？姓名、职业可得闻乎？”车夫曰：“小人姓刘，字梅轩，琉璃厂清华斋瓷器店主人翁也。贵人善忘，不识我矣。虽然，我如此面目，即遇旧时同事，恐识者亦罕。”

勉斋至是始忆及丙戌廷试后，曾饮于清华斋，其主人实为刘梅轩也。然其店固无恙，疑车夫妄语，乃佯谢曰：“余实不能忆矣，请面我。”车夫反顾，勉斋审之信，惊曰：“果刘梅翁也。然则于何时改业，且奚为而改业？瓷器店尚在，今属谁？”刘乃叹曰：“是何必问，荡子之末路耳。”勉斋曰：“固也，盍详言之？”刘曰：“小人初设肆，生涯颇不恶，乃以饱暖思淫欲，日作冶游，置营业而不顾。曾几何时，渐就衰落，乃以店售于陈姓，因旧牌号已驰誉遐迩，故未更也。”勉斋曰：“君之车出自租赁，抑自有？”曰：“此我所自备。”勉斋曰：“置此资本，亦非微末，君既穷困，安得办？”刘曰：“我前者流连忘反时，固早知有今日，而先为之备，虽挥霍逾万，箧中犹储百金，不肯用。至是则发金购骡及车，而之市载客焉。当余发轫之始，苦不识道路，往往误客事。后乃购街道图一幅，日夕展览，于驱车时亦携之，若指南针然。又尝驱空车往来各胡同以印证之，不数日，而九门内外，纵横曲直，信所之，无稍误，且知趋捷径矣。”勉斋曰：“一岁所获几何？”则曰：“约二百金，差足自给，不致饿死填沟壑而已。”勉斋闻之怅然。

包赶程之车

同治以前，行陆路来往京师者，有急事则千里长途，驾骡车戴星而行，数日可达，谓之“包赶程”。

辐辐车

黑龙江向无各项车辆，有达呼尔随意用柳条编造者，曰“辐辐车”，轮不甚圆，不求准直，轴径如椽，而载重致远，不资毂輮，且以山路崎岖，时防损折，动以斧凿随之。曳车者为牛。一人尝御三五辆，载粮谷柴草类。然富人乘车，亦用毡毳为盖，以蔽风雪。间亦有用桦皮，或如棺木者，别号“桦皮车”，东西布特哈多有之。

电车

电车，以电力驶行之车也。特设发电所，用蒸气力转动发电机以生电流，由架空电线及车顶铁杆传达车底之电动机。电动机之轴，由齿轮与电车轴相衔接，故电动机旋转，电车亦动。车之前后端有半圆筒状之物，司机人转其把手，调节电力，可使车随宜以缓急进退。因供给电力之不同，分为三种。

一为单线架空式，用电柱架电线一条，地上铺铁轨，电流入车，车分为二，一燃电灯，一通发动机，复相合为一，循铁轨以还至发电所。二为复线架空式，上架二线，不设铁轨，电流由甲线而来，作用既终，由乙线还至发电所。亦有将电线埋于地下者，欧美大都会多用之。三为蓄电池式，不用发电所，藉车中所备蓄电池之电流以行车，与通常之摩托车同，光宣间，天津、上海均有之。

上海电车，乃西人所经营，华人虽亦投资，而实权皆为彼所握。车位分两等，曰头等，曰三等。初开时，华人虑或触电，类多望而却步，头等座中则更绝无仅有。于是西人假优待妇女之名，以为招徕，于周行某处至某处之路，所号称“圆路”者，许妇女出三等车资而坐头等。殆亦揣摩华人心理，意谓车有妇女，则寻芳猎艳之男子自必相率偕来。自是不及一年，其营业果日益发达，而幽期密约之事，亦出之于车中矣。

徐新华尝曰：“沪上通行电车，始于光绪戊申，此为缩短里程宝贵光阴而设，繁盛之都会，诚不可少。且上海租界日辟，户口日增，欧人创之，宜哉！然吾国人之能知宝贵光阴者，百不一觏，乘客之众，亦惟利其赁价低廉耳。同学某嗜读，手不释卷，然出行辄乘腕车，若不知电车之可节日力者。余尝请其故，某笑曰：‘余不得已而侨居租界，日用所需，舶来品多矣，奚有于电车？然吾伏案终日，乘此腕车，徜徉片时，于光阴亦不为耗。况租界电车，率为外人资本，非衣食住各物之尚有国产也。且吾之乘坐腕车，亦尚有深意存于其间。吾固不知社会主义者，然当此时代，工艺不兴，游民日多，无所托足，尽人而乘电车，则车夫失业，皆将流为盗贼。吾乘腕车，亦均贫富之一端耳。乘电车者，亦未必皆有职业，皆好求学，于惜阴二字，又何言焉！’”新华，珂之女也。

国人之喜乘电车也，固以无爱国心而然。惟一观于贫人之趋之若鹜，则又可知国人之怠惰性成，不可救药矣。盖以粗足自给之人，节衣缩食，视一钱如性命，而乃甘心舍此二三枚之铜币，无所顾惜，或且以工作往还，晨夕乘坐，谓非好逸恶劳，夫谁信之！

有陶星卿者，富人也，喜乘电车，常（通“尝”）语金奇丁曰：“吾之乘电车也，非节费也，实以腕车之以人代马，心有不忍，不欲同人道于牛马耳。且宝贵光阴，取其捷也。”奇丁曰：“然则君何不乘马车乎？且电车随在停顿，不得自主，较之马车，行缓多矣，岂未之见耶？”星卿闻之，不能答。

周湘云蓄第一号摩托车

鄞有周湘云名鸿荪者，席父荫，纳粟为候选道，居上海公共租界牛庄路，辟园于长浜路中，曰“学圃”，占地二十八亩。其出入也，恒以摩托车。夕阳在地，邻人闻汽笛声呜呜，则必曰“周观察归矣”。

上海租界所有之摩托车，不论其为自乘、为出赁，其置备时，必纳税于工部局，请领填有记号之执照。是车之初运华也，为光绪丙午，湘云首购之，遂为第一号。而西人好胜，耻第一号之为华人所得也，宣统时，使人言于湘云，愿馈银币五千圆，取消第一号，湘云不允。

湘云之所以得第一号者，以其时麾托车初行，西人且尚未购也。而西人富虚荣心，不欲落华人之后，凡有记号者，必自得之，以裒然居首为幸。如电话，（俗称“德律风”。）如马车，其第一号，皆西人也，此所以不惜重资而欲赎之于湘云也。

腕车

腕车者，两轮，两车柄，一坐箱，有幕可舒张，以御风雨，一人以手腕挽之，使车前行，故名。创于日本，而输入我国，商埠盛行，沪尤多。一曰“人力车”，言其专用人力，不烦牛马驴骡也。而流俗不察，呼之曰“东洋车”，则大谬。盖吾国亦在太平洋，不能以“东洋”二字代表日本。此亦足见国人之无国家观念也。

有自制腕车者，其形式类于轿式之马车，居其中者，可蔽雨，可避风，自安适矣。而车之重量，亦必倍于寻常，挽之而疾驰者，犹一人也，此诚“同人道于牛马”矣。金奇丁在沪，每乘腕车辄悯之，必优给酬资，且不促其疾行，而又告之曰：“方食不可疾行，防肠痛也。”

腕车夫争载王子樵

王子樵客沪，一日自梵王渡雇腕车至静安寺，愿出铜币七枚，以作车资。两车前迎争客，至互詈，乃问其乙曰：“车资减三铜元，去否？”摇首不答。乃乘甲车去，而仍与以足资。

周月生为腕车夫所绐

旅客初至沪，恒为车夫所绐。有自绍兴至沪之周月生者，居公共租界福州路某旅馆，其地距青莲阁茶肆，数十武而近，以不谙路径，乃觅腕车以代步。车夫欺其为乡愚也，索赁资银币二角，月生诺。车夫乃曳之至河南路，向东经广东路，仍折回福州路而始至阁前，令下车，犹谓途长值廉也。月生登楼啜茗，遇其友林子安。少选，子安送之回逆旅，月生始恍然悟，而恨车夫之狡矣。

俞理安不蓄腕车

俞理安侨沪久，居城中，以服务于天津路之敦大钱肆，日夕往来，蓄人力车以代步。未几而其子肄业于新闸之某校，亦思蓄一车，请于理安。理安不允，曰：“尔可宿于校。我若增一车，则必有人知而来借者矣。却之，则为人所怨；许之，则不胜其烦。而豢佣之费，修车之资，皆于我乎取，我果何所为而为耶？怀献侯曰：‘有车者借人乘之，今亡矣夫！’”

冰车

冰车，俗名“拖床”，一名“凌床”，又名“托床”，俗呼

"冰排子"。其形方而长，如床，可容三四人，高仅半尺余。上铺草帘，底嵌铁条，取其滑而利行也。人坐其上，一人支篙撑之，捷于飞骑，京师、天津皆有之。撑者例备皮袄一袭，无客则自衣以御寒，有客则奉客铺垫。随地雇坐，价甚廉。

天津城南地势洼下，夏潦秋霖，汪洋弥望，冬则冰胶如镜，居民以凌床往来。康熙时，宛平查鲁存邀同人作冰泛之游，鲁存得长歌一篇，中有句云："晶莹倒射天影白，七十二沽无水声。"

京官乘舆乘车之沿革

王文简公士祯有赠南海程驾部可则诗，有"行到前门门未启，轿中安坐吃槟榔"句。时京师正阳门五更启钥，专许轿入，盖京官向乘肩舆也。杜紫纶太史诏始乘驴车，后渐有之，然帏幔朴素，且少开旁门者。是易轿为车，固在乾隆、嘉庆间矣。

道光初，京官复坐轿，即坐车，亦无不后档。后档者，盖辟门于车旁，移轮轴于车后，取其颠簸稍轻，乘坐安适也。至同治甲子，则京堂三品以下无乘轿者，以轿须岁费千金，一品大员始有多金可雇轿役也。光宣间，贵人皆乘马车矣。然王公勋戚，尚有乘后档旁门车者。

或曰，雍正时，京城已有驴车。乾隆时，刘文正公统勋之车则驾白马，人见有白马车，不问而知其为刘中堂来也。自川运捐例开，骡车始出，故其时又名骡车为"川运车"。然刘海峰云，雍正时已有骡车矣。

骡车之有旁门，则纪文达始创之。定制，三品以上方得乘用。然光绪庚子后，乘车者为欲安适，咸争乘后档车。盖旧式车坐处，正值轮轴之上，颠播殊苦，车底苟非编藤为之，行十余里，即困顿不堪言状。惟圉人坐处，距轴最远，所传摇动力少杀，为一车最安处。故风日清和，士夫命驾出游，或纨袴子弟为竞车之戏，皆好坐其处。特奔走权贵者，不能以峨冠博带露于外耳。庚子后，西式马车盛行，风气又为之一变矣。

显轿

轿有二解：一，小车也；一，竹舆也。今于凡为舆者，皆呼之曰“轿”，不必悉以竹为之矣。

“显轿”者，可露坐，其上下、前后、左右皆无障，显而易见也，一曰“明舆”。官吏乘之者，为各省乡试入闱时之主考、监临、监试、提调，郡邑迎春时之知府、同知、通判、知县、教官、县丞、典史。其时乘之者必朝衣朝冠，端拱而坐。迎神赛会时，则为神所乘。

八轿

官无坐八轿者。外官为督抚、学政，可于大典时乘坐，将军、提督亦偶有乘之者。俗谓之“八轿”者，以舆夫有八人，前后左右各二，曰“开杠”，盖四人舁之为直杠，八人舁之为横杠，舆前无所阻碍，古所谓“起居八座”者是也。轿之四周，帏以绿呢。命妇之得其夫、其子之封典者亦乘之。

四轿

以舆夫四人所舁之轿，俗呼之曰“四轿”，前后各二。京官之得用舆者，及外官自藩、臬以下，及命妇之得有夫若子之封典者，皆得乘。四周饰以蓝呢。

眠轿

长途跋涉之肩舆，较普通者深而广。以常日危坐之易于疲乏也，可偃卧其中，且置应用各物耳，俗呼曰“眠轿”。

福文襄役轿夫三十六名

福文襄王康安出行辄坐轿，须用轿夫三十六名，轮替值役，轿行若飞。其出师督阵亦坐轿，轿夫每人须良马四匹，凡更役时，辄骑马以从。

舆夫为太守之父

齐云舆夫有某者，操北音，其同伴亦不省所自来，讯之，旗人也，住齐云者二十余年。适旗人有任徽州守者，奉太夫人进香于齐云，抵山腰，遇舆夫某，讯之得实情，知为父，遂迎归以终养焉。

某年二十许，膂力方刚，负气自豪，与人斗殴，濒死，惧罪潜逃，窜身大江南北之各寺，后之齐云，终焉。方逃时，妻有娠，不知也。逾八月，生男，即徽州守也。为所殴者遇良医，不死，得末减，亦不知也。后二十余年，子以包衣进士［筮仕］知县，洊擢徽州守，时以不得父耗为痛。太夫人长斋绣佛，一日进香于齐云，为夫祈冥福也。憩山麓，易山舆，而太夫人舆适为某所舁。于时春仲，气候已暖，众舆夫以登陟劳顿，汗流被体，皆赤膊。某以肩太夫人舆，未敢袒裼。太夫人在舆，察其貌，讶之，聆其同伴话言，若解若不解，徒以在道中，未便致诘。归而语守曰："尔父出亡久矣，存亡未卜，即有之，声音笑貌亦不能记忆，然左胁下有黑毛一撮，实为暗记。昨见齐云舆夫，不知以何故而动心，儿可徐辨之。"

于是守亟命役唤某至，太夫人垂帘坐于内，太守堂上立俟之。既至，命毋跪，亟命役去其衣。某立堂下，大惧，觳觫甚。及去衣，而胁下毛见，太夫人亟步出帘外，先审其旗籍祖父，次考其妻族父母，次问其因何至此，何罪而逃。某屏息，不敢声，太守下堂慰之曰："毋畏，有语可徐陈之。"某色稍定，乃以次应对。语未半，太夫人泫然出涕曰："是矣。"太守趋跪其前，某亦跪。太夫人指守而言曰："彼，是尔子也。"某战栗，不知所答。太夫人携之上堂，曰："犹识吾否耶?"是时之某，已若木偶，或推之，或挽之，茫然莫适所从。太夫人挽之入内，使沐浴，易冠履而出，大守扶之登堂。须臾，丝竹竞奏，水陆并陈，飘飘乎若羽化而登仙矣。

王广荫舆被阻

通州工部尚书王广荫官京师时，尝乘肩舆入朝，行至正阳门，见前有某世爵之旧呢后档车，疲骡驾之，从者亦寥寥，按辔徐行，阻王舆，不得进。前驱者以鞭挥之曰："某马疾，且欲入朝，君等权时落后，何如?"从者大怒曰："尔倚官势，敢打世家仆耶?"言未已，忽车中一戴珊瑚顶、八团补服者搴帘，露半面，徐睨，手挥从者退，曰："工部王大人，红人也，尔等不可犯，避路让之。"便揽辔路左不行。王知某世爵贫而狡，急降舆谢罪，某亦拉手相问讯，无怒容，乃分道去。过午归，有青衣持帖送一仆至云："适在路获罪，送府领责。惟此奴体羸，为尊纪所捶伤，咯血数矣，祈药之，可无恙也。"王知其诈，顾无知何，赠白金二十笏，命从者致辞曰："敬呈药资，小价已痛惩矣。"事乃已。

王壮武临阵乘舆

湘乡王壮武公鑫，为湘军儒将，帅师剿粤寇。其临阵也，不策骑而乘舆，辄端坐舆中，指挥将士。

拉旺多尔济乘四马轿

额驸拉旺多尔济多膂力，每扈跸，乘四马轿，驶行如飞。其法，用四马扛之，四仆别乘四马御之，齐手一鞭，马已驶数里矣。

马舆

乾隆壬辰春，金匮秦大樽太守朝釪游晋，暮春自晋入都，乘马舆以行。至正定，时桃李盛开，夹道绿杨如画，数十里不绝，大樽于舆中口占一诗云："轻雷小雨涨山泉，净洗桃花彻骨妍。一枕软舆蝴蝶梦，春魂飞绕绿杨烟。"

骡轿

骡轿形如箱，长四尺弱，阔一尺强，高三尺弱，以二长杠架于前后二骡之背。杠上置轿，颇宽大，可坐卧其中，并略载行李。其行较轿车为静稳，而次于人所舁之轿，北数省旅行多用之。

响舆

长沙之轿，制亦普通，惟舁行时，辄有声格格然，行愈疾，响愈甚，盖于机捩中膏以油也，俗谓之曰“响轿”。纨袴少年之招摇过市者，辄喜乘之。

泰山之舆

游泰山者必乘肩舆，其舆与南方绝异，仅有南方轿之上半，而去其下半，故两足下垂，以一木板托之。坐椅之两旁，贯以两木杠，木杠之两端系以一皮条，而舆夫之肩此皮条，两肩不时更替。其行也，非若南方轿夫之一前一后，后者之面对前者之背也，乃两人同时面向所行方向以行，故坐者为侧坐，而行者为横行。盖泰山高四五十里，独身步行数十武，即已不支，况曳百斤之重以升数十里之高乎？于是而两肩更替，使舆夫不至过劳也；于是而横行，使舆自下而上不至倾斜也。

衡山之舆

衡山舆夫矫健冠天下，走及奔马，上峻阪，走独木危桥，舆在肩侧，其足逡巡，二分在外，而舆平如衡，曾无少攲仄也。

粤中之舆夫

广州肩舆大而华、捷而稳，或谓如置杯水于乘客之手中，行百里，不攲倾也。而舆夫亦甚倨，值至昂，如乘舆至西关，（西关为广州最繁盛地，富商大贾多在焉。）往返须银币二圆数角，或至三圆。舆夫饮馔亦精，白饭粲然，非肉不饱。且每日得值可一圆有奇，多者辄二圆，约足一二日之用，即徜徉归家，非明日，不再服役，虽以重资雇之，不应也。

凡官吏之长雇舆夫者，本人之妻子乘之则可，如媳、女及妾乘之，则必须别给舆资之半，虽与之严重交涉，决不认可。其言曰："此同行规则，虽欲不遵，而无如何也。"

长雇舆夫者，每人每月仅工银十余圆，较之短雇，则为值廉矣。舆夫举步极速，有"飞轿"之称。间有欲图廉价者，则别有湘籍之舆夫可以雇用，每月工资人约七八圆，而出行之际，稳步徐进，不能速也。

肩舆有四名夫、三名夫之别。三名夫，加一横木于舆门之前，以绳系之。四名夫，再加一横木于舆窗之后，距离至近，不开四，（开四即现任官所乘之四人肩舆。）亦不换肩。其中以第三人为最难，必老于此道者，方可为之。以其地位接近舆后，面向舆窗，不能俯首视地，以他人之迟速为迟速也。

八卦轿

粤西乡村妇女，率多天足，肩挑负贩，与男无异。柳州、来宾一带，时有舁肩舆为生者。世以阴阳爻象譬之，如坐客为男，二女肩舆则似坎卦；坐客为女，前女后男肩舆则似震卦，以此类推，则八卦全矣。

三丁拐轿

滇中有三丁拐轿，轿以竹片编成，以前二人、后一人舁之。滇人名"三丁拐"。盖滇省万山丛积，道路崎岖，行旅至艰，俗有"路无三里平，家无三分银"之谚。

花轿

花轿，娶妇家用之，新妇自母家乘以赴夫家者也。晚近以来，虽有以摩托车、马车代之者，而顽固人家之闺媛，犹守其旧习，以不坐花轿自侪于妾为耻。轿以四人舁之，四周皆绘人物花鸟，罩帏于上。轿有小灯，虽白昼亦燃烛。新妇坐其中而垂帘焉，所谓闭置者是也。轿之前后，各有导从，且有奏乐之童子引之。

爬山虎

光绪时，皇后、妃嫔侍孝钦后膳毕，孝钦乘爬山虎还宫。爬山虎，竹兜之类也。垫分黄、红、蓝三色，皆绣繁花，以两太监荷之行。

驮运

驮，马负貌。凡以背负物者，不论人、畜，皆谓之驮。青海草地行程，驮运最艰苦。牛马所载者轻，而脚价与驼价则一。每驮每日之价，有至银二两者。骆驼饲养最易，行路最便，草地一驼之费，岁仅需银四两耳。

服饰类

皇帝服饰

皇帝冬朝冠，薰貂为之，十一月朔至上元，用黑狐，上缀朱纬，顶三层，贯东珠各一，皆承以金龙各四，饰东珠如其数，上衔大珍珠一。夏朝冠，织玉草或藤竹丝为之，缘石青片金二层，里用红片金，或红纱，上缀朱纬，前缀金佛，饰东珠十五，后缀舍林，饰东珠七，顶如冬朝冠。端罩，紫貂为之，十一月朔至上元，用黑狐，明黄缎里，左右垂带各二，下广而锐，色与里同。衮服，色用石青，绣五爪正面金龙四团，两肩前后各一。其章，左日右月，前后万寿篆文，间以五色云。春秋袷，夏以纱，冬以裘，各惟其时。朝服，色用明黄，惟祀天用蓝，朝日用红，夕月用月白，披领及袖俱石青。冬用片金加海龙缘，夏用片金缘。绣文两肩前后正龙各一，腰帷行龙五，衽正龙一，襞积前后团龙各九，裳正龙二、行龙四，披领行龙二，袖端正龙各一。列十二章，日月、星辰、山龙、华虫、黼黻在衣，宗彝、藻火、粉米在裳，间以五色云，下幅八宝平水。十一月朔至上元，披领及裳俱表以紫貂，袖端薰貂，绣文两肩前后正龙各一，襞积行龙六，列十二章，俱在衣，间以五色云。朝珠，用东珠一百有八，佛头、记念、背云、大小坠珍宝杂饰，各惟其宜，大典礼御之。惟祀天以青金石为饰，祀地珠用蜜珀，朝日用珊瑚，夕月用绿松石，杂色惟宜。绦皆用明黄色。朝带之制二，皆明黄色。一用龙文金圆版四，饰红宝石或蓝宝石及绿松石，每具衔东珠五，围珍珠二十。左右佩帉，浅蓝及白各一，下广而锐，中约镂金圆结，饰宝如版，围珠各三十。佩囊文绣、燧觿、刀削、结佩惟宜，绦皆明黄色，大典礼御之。一用龙文金方版四，其饰，祀天用青金石，祀地用黄玉，朝日用珊瑚，夕月用白玉，每具衔东珠五，佩帉及绦，惟祀天用纯青，余如圆版朝带之制。中约圆结如版饰，衔东珠各四。佩囊纯石青，左觽、右削，并从版色。吉服冠，冬用海龙、薰貂、紫貂，惟其时，上缀朱纬，顶满花金座，上衔大珍珠一。夏织玉草或藤竹丝为之，红纱绸里，石青片金缘，上缀朱纬，顶如冬吉服冠。龙袍，色用明黄，领、袖俱石青，片金缘，绣文金龙九，列十二章，间以五色云。领前后正龙各一，左右及交襟处，行龙各一，袖端正龙各一。下幅八宝立水，裾左右开，棉、袷、纱、裘，各惟其时。吉服朝珠，珍宝随所御。吉服带用明黄色，镂金版四，方圆惟便，衔以珠玉杂宝，各从其宜。左右佩帉纯白，下直而齐，中约金结如版饰，余如朝带。常服冠，红绒结顶。常服褂，色用石青，花文随所御，裾左右开。常服带如吉服。乾隆辛未，钦定雨冠之制二。其一，顶崇而前檐深；其二，顶平而前檐敞，皆用明黄色。毡及羽缎、油绸，惟其时。雨衣之制六，皆明黄色。一如常服褂而长与袍称，以油绸为之，不加里，自衽以下加博焉。上袭重衣，领下为襞积，无袖，斜幅相比，上敛下递丰，两重均加掩襟，领及纽约皆青色。一以毡及羽缎为之，月白缎里，领下为襞积，无袖，斜幅相比，上敛下递丰，前加掩襟，领及纽约如衣色，或油绸为之，不加里，纽约青色。一如常服褂而加领，长与袍称，以毡及羽缎为之，月白缎里，领及纽约如衣色。一如常服褂而袖端平，前施掩裆，油绸为之，不加里，领用青羽缎，纽约青色。一如常服袍而加领，长与坐齐，以油绸为之，不加里，袖端平，前加掩裆，领用青羽缎，纽约亦青色。雨裳之制二，皆用黄色。一左右幅相交，上敛下递博，上前加浅帷为襞积，两旁缀以纽约，青色，腰为横幅，用石青布，两末削为带以系之。一前为完幅，不加浅帷，均以油绸为之。行冠，冬以黑狐，秋以黑羊皮或青绒，均如常服冠之制，夏织藤竹丝为之，红纱里，缘如其色，上缀雨缨，顶及梁皆黄色，前缀珍珠一行。褂色用石青，长与坐齐，袖长及肘。行袍如常服，长减十之一，右裾短一尺，色及花文随所御，棉、袷、纱、裘，各惟其时。行带色用明黄，左右佩系以红香牛皮为之，饰金花文金鋄银环各三。佩帉以高丽布为之，视常服带帉微阔而短，中约以香牛皮束，缀银花文佩囊，明黄圆绦，饰珊瑚。结、削、燧、杂佩各惟其宜。行裳，色随所用，左右各一，前平后中丰，上下敛，并属横幅，石青布为之，毡、袷各惟其时，冬用鹿皮或黑狐为表。

皇子服饰

皇子朝冠，冬用薰貂、青狐，惟其时，上缀朱纬，顶金龙二层，饰东珠十，上衔红宝石。夏织玉草或藤竹丝为之，缘石青片金二层，里用红片金或红纱，上缀朱纬，前缀舍林，饰东珠五，后缀金花，饰东珠四，顶如冬朝冠。端罩，紫貂为之，金黄缎里。左右垂带各二，下广而锐，色与里同。龙褂，色用石青，绣五爪正面金龙四团，两肩前后各一，间以五色云。朝服之制二，皆金黄色。一披领及裳皆表以紫貂，袖端薰貂，绣文两肩前后正龙各一，襞行龙六，间以五色云。一披领及袖皆石青，冬用片金加海龙缘，夏用片金缘，绣文两肩前后正龙各一，腰帷行龙四，裳行龙八，披领行龙二，袖端正龙各一，下幅八宝平水。朝珠，不得用东珠，余随所用，绦皆金黄色。朝带，色用金黄，金衔玉方版四，每具饰东珠四，中饰猫睛石一，左右佩绦如带色。吉服冠，红绒结顶。蟒袍，色用金黄，版饰惟宜，佩绦如带色。雨冠、雨衣、雨裳，均用红色，毡及羽纱、油绸惟其时。雨冠顶平而前檐敞，用蓝布带。雨衣，一如常服袍而袖端平，一如常服褂而加领，长与坐齐，均前施掩裆。雨裳，前为完幅，腰为横幅，用石青布。自皇子以至宗室公，雨冠、雨裳之制并同，今不赘言。

亲王以下服饰

凡宗室有爵者之冠服，亲王朝冠，与皇子同，端罩，青狐为之，月白缎里，若赐金黄色者，亦得用之。补服，色用石青，绣五爪金龙四团，前后正龙，两肩行龙。朝服、蟒袍，蓝及石青诸色随所用，若赐金黄色者，亦得用之。吉服冠顶用红宝石，若赐红绒结顶者，亦得用之。余皆如皇子。

亲王世子朝冠，顶金龙二层，饰东珠九，上衔红宝石。朝带，色用金黄，金衔玉方版四，每具饰东珠三，左右佩绦如带色。余皆如亲王。

郡王朝冠，顶金龙二层，饰东珠八，上衔红宝石。夏朝冠，前缀舍林，饰东珠四，后缀金花，饰东珠三。补服，色用石青，绣五爪行龙四团，两肩前后各一。朝带，色用金黄，金衔玉方版四，每具饰东珠二，猫睛石一，左右佩绦如带色。余皆如亲王。

世子、贝勒朝冠，顶金龙二层，饰东珠七，上衔红宝石。夏朝冠，前缀舍林，饰东珠三，后缀金花，饰东珠二。补服，色用石青，前后绣四爪正蟒各一团。朝服、蟒袍不得用金黄色，余随所用。朝服通绣蟒文，皆四爪，蟒袍亦如之。朝珠，绦用石青色。朝带，色用金黄，金衔玉方版四，每具饰东珠二，佩绦皆石青色。余皆如郡王。

贝子朝冠，顶金龙二层，饰东珠六，上衔红宝石。夏朝冠，前缀舍林，饰东珠二，后缀金花，饰东珠一。吉服冠，顶用红宝石，皆戴三眼孔雀翎。补服，色用石青，前后绣四爪行蟒各一团。朝带，色用金黄，金衔玉方版四，每具饰东珠一。余皆如贝勒。

镇国公朝冠，顶金龙二层，饰东珠五，上衔红宝石。夏朝冠，前缀舍林，饰东珠一，后缀金花，饰绿松石一。吉服冠，入八分公用红宝石，不入八分公用珊瑚，皆戴双眼孔雀翎。端罩，紫貂为之，月白缎里。补服，色用石青，前后绣四爪正蟒方补。

朝带，金衔玉方版四，每具饰猫睛石一。余皆如贝子。

辅国公朝冠，顶金龙二层，饰东珠四，上衔红宝石，余皆如镇国公。

镇国将军朝冠，顶镂花金座，中饰东珠一，上衔红宝石。补服，前后绣麒麟。吉服冠顶用珊瑚。余皆视一品。

辅国将军朝冠，顶镂花金座，中饰小红宝石一，上衔镂花珊瑚。补服，前后绣狮。吉服冠顶用镂花珊瑚。余皆视二品。

奉国将军朝冠，顶镂花金座，中饰小红宝石一，上衔蓝宝石。补服，前后绣豹。吉服冠顶用蓝宝石。余皆视三品。

奉恩将军朝冠，顶镂花金座，中饰小蓝宝石一，上衔青金石。补服，前后绣虎，惟衣裾四启。带用金黄色，凡宗室皆如之，觉罗带用红色。

自亲王以下，冬行冠如冬吉服冠之制，毡、貂各惟其时，翎顶随其所得用。夏行冠，织玉草或藤丝为之，上缀雨缨。行褂，色用石青，长与坐齐，袖长及肘。行袍如常服袍，减十之一，右裾短一尺，色随所用，棉、袷、纱、裘，各惟其时。行带，佩帉素布，视常服带帉微阔而短，版饰惟宜，绦皆圆结，带色金黄、石青各随其所得用。行裳，蓝及诸色随所用，左右各一，前平后中丰，上下敛，并属横幅，毡、袷惟时，冬以皮为表。其制下达庶官，凡扈行者冠服并如之。

乾隆壬寅，奉旨，宗室王公子弟各给官顶，其余闲散宗室，概予四品顶戴。

额驸服饰

额驸，皇室、皇族之婿也，布差等。固伦额驸冠服，视贝子。吉服冠，顶用珊瑚，戴三眼孔雀翎。朝带，色用石青或蓝，金衔玉圆版四，每具饰东珠一，左右佩绦皆青石色。吉服带，色用石青或蓝。和硕额驸冠服，视镇国公。吉服冠，顶用珊瑚，戴双眼孔雀翎。朝带，金衔玉圆版四，每具饰猫睛石一，余皆同。郡主额驸冠服，视武一品，朝带用镂金圆版四，每具饰绿松石一。县主额驸冠服，视武二品。郡君额驸冠服，视武三品。县君额驸冠服，视武四品。朝带，鋑金方铁版四。乡君额驸冠服，视武五品，朝带视县君额驸，余皆同。若固伦额驸爵在贝子以上，和硕额驸爵在镇国公以下，冠服各从其品，郡主额驸以下皆如之。

乾隆乙未，奉旨，在京公主所生之子，至十三岁时，如系固伦公主所生，即给予伊父固伦额驸品级；和硕公主所生，即给予伊父和硕额驸品级。

民爵服饰

民爵者，异姓之公、侯、伯、子、男也。公朝冠冬用薰貂，十一月朔至上元，用青狐，（文武一品以上皆同。）顶镂花金座，中饰东珠四，上衔红宝石。端罩，貂皮为之，蓝缎里。补服，色用石青，前后绣四爪正蟒。朝服，蓝及石青诸色随所用。披领及袖俱石青，片金缘，冬加海龙缘。（文武四品以上皆同。）两肩前后正蟒各一，腰帷行蟒四，中有襞积。裳行蟒八。十一月朔至上元，披领及裳俱表以紫貂，袖端薰貂，（文三品、武二品以上皆同。）两肩前后正蟒各一，襞积行蟒四，皆四爪。曾赐五爪蟒缎者，亦得用之。朝珠，珊瑚、青金、绿松、蜜珀随所用，杂饰惟宜，绦用石青色。（文五品、武四品以上，及京官翰詹科道、侍卫、国子监、太常寺、光禄寺、鸿胪寺有职掌官皆得用。）朝带，色用石青或蓝，镂金衔玉圆版四，每具饰猫睛石一，佩帉下广而锐。吉服冠顶用珊瑚。蟒袍，蓝及石青诸色随所用，通绣九蟒。吉服带，佩帉下直而齐，版饰惟宜。雨冠、雨衣及裳，均用红色。

侯朝冠，顶镂花金座，中饰东珠三，上衔红宝石。朝带，镂金衔玉圆版四，每具饰绿松石一。余皆如公。

伯朝冠，顶镂花金座，中饰东珠二，上衔红宝石。朝带，镂金衔玉圆版四，每具饰红宝石一。余皆如侯。

子朝冠，顶镂花金座，中饰东珠一，上衔红宝石。补服，前后绣麒麟。吉服冠，顶用珊瑚。余皆视一品。

男朝冠，顶镂花金座，中饰小红宝石一，上衔镂花珊瑚。补服，前后绣狮。吉服冠，顶用镂花珊瑚。余皆视二品。

文武品官服饰

文武品官者，京外文武正、从一品至未入流之官也。文一品朝冠，顶镂花金座，中饰东珠一，下衔红宝石。补服，前后绣鹤，惟都御史绣獬豸。朝带，镂金衔玉方版四，每具饰红宝石一。余皆如公。武一品，补服前后绣麒麟，余皆如文一品。

文二品朝冠，冬用薰貂，十一月朔至上元用貂尾，（文三品以上皆同。）顶镂花金座，中饰小红宝石一，上衔镂花珊瑚。补服，前后绣锦鸡。朝带，镂金圆版四，每具饰红宝石一。吉服冠，顶用镂花珊瑚。余皆如文一品。武二品，补服前后绣狮，余皆如文二品。

文三品，朝冠，顶镂花金座，中饰小红宝石一，上衔蓝宝石。补服，前后绣孔雀，惟副都御史及提法使绣獬豸。朝带，镂花金圆版四。吉服顶用蓝宝石。余皆如文二品。文三品以上有职掌大臣，许穿貂皮朝服，此外不得滥用。武三品朝冠，冬惟用薰貂，（文四品以下皆同。）补服前后绣豹，余皆如文三品，惟朝服无貂缘，且无端罩。一等侍卫孔雀翎，端罩猞猁孙为之，间以貂皮，月白缎里，余皆如武三品。

文四品朝冠，顶镂花金座，中饰蓝石一，上衔青金石。补服，前后绣雁。朝带，银衔镂花金圆版四。吉服冠，顶用青金石。蟒袍通绣八蟒，皆四爪。四品以下，惟京堂翰詹科道，得用端罩，猞猁孙为之，间以貂皮，月白缎里。武四品，补服前后绣虎，余皆如文四品。二等侍卫孔雀翎，端罩红豹皮为之，素红缎里。朝服，翦绒缘，色用石青，通身云缎，前后方襕行蟒各一，腰帷行蟒四，中有襞积，领、袖俱石青糙缎，冬夏皆用之，余皆如武四品。

文五品朝冠，顶镂花金座，中饰小蓝宝石一，上衔水晶。补服，前后绣白鹇，惟监察御史绣獬豸。朝服，片金缘，（文武七品以上皆同。）色用石青，前后方襕行蟒各一，中有襞积，领、袖俱石青粧缎，冬夏皆用之。朝带，银衔金圆版四。吉服冠，顶水晶。余皆如文四品。文五品以上，得挂朝珠，骑马拴踢胸，惟翰詹科道，不论品级，均得挂之。武五品，补服前后绣熊，余皆如文五品，惟无朝珠。三等侍卫戴孔雀翎，端罩，黄狐皮为之，月白缎里。朝服如文五品之制，惟用蓢绒缘，余皆如武五品，惟得用朝珠。

文六品朝冠，顶镂花金座，中饰小蓝宝石一，上衔砗磲。补服，前后绣鹭鸶。朝带，银衔玳瑁圆版四。吉服冠，顶用砗磲。余皆如文五品，惟无朝珠。武六品，补服前后绣彪，余皆如文六品。蓝翎侍卫戴蓝翎，端罩、朝服、朝珠均如三等侍卫，余皆如武六品。

文七品朝冠，顶镂花金座，中饰小水晶一，上衔素金。补服，前后绣鸂鶒。朝带，素圆版四。吉服冠，顶用素金。蟒袍通绣五蟒，皆四爪。余皆如文六品。武七品，补服如武六品，余皆如文七品。

文八品朝冠，顶镂花金座，上衔花金。补服，前后绣鹌鹑。朝服，用石青云缎，无蟒，领袖皆青倭缎，中有襞积，冬夏皆用之。朝服，银衔明羊角圆版四。吉服冠，镂花金顶。余皆如文七品。武八品，补服前后绣犀牛，余皆如文八品。

文九品朝冠，顶镂花金座，上衔花银。补服，前后绣练雀。朝带，银衔乌角圆版四。吉服冠，镂花银顶。余皆如文八品。武九品，补服前后绣海马，余皆如文九品。

未入流冠服制如九品。

凡雨冠，民公、侯、伯、子、男，一、二、三品文武官，御前侍卫，乾清门侍卫，尚书房翰林，南书房翰林，奏事处、批本处行走人员，皆用红色。四、五、六品文武官雨冠，中用红色，缘用青色。七、八、九品文武官，凡有顶人员雨冠，中用青色，缘用红色。凡缘，皆前二寸五分，后五寸。军民雨冠用青色。凡雨衣、雨裳，民公、侯、伯、子、男，文武一品以上官，御前侍卫，各省巡抚，皆用红色。二品以下文武官，下至军民，皆用青色。其明黄色行褂，则领侍卫内大臣、御前大臣、侍卫班长、护军统领、健锐营翼领及凡诸臣之蒙赐者，皆得服之。

文五品以下，惟都察院衙门、提法司衙门各官，不论品级，朝服披领，均得用粧（古同“妆”）缎、蟒缎、貂皮。如上赐或王贝勒赏给者，亦准其服用。

士庶服饰

举、贡、生、监谓之士，其他杂项谓之庶。会试中式贡士朝冠，顶镂花金座，上衔金三枝九叶。吉服冠，顶用素金。举人吉服冠，顶镂花银座，上衔金雀。袍，青绸为之，蓝缘，披领如袍饰，带如文八品。吉服冠，顶银座，上衔素金。贡生吉服冠，镂花金顶，余皆如举人。监生吉服冠，素银顶，余皆如贡生。生员吉服冠，顶镂花银座，上衔银雀。袍，蓝绸为之，青缘，披领如袍饰，带如文九品，吉服冠顶如监生。外郎、耆老，冠顶以锡。从耕农官，袍，青绒为之，顶同八品。补服，色用石青，前后绣彩云捧日。袍，青绢为之，上加披领，腰为襞积，不加缘，月白绢里。祭祀文舞生，冬冠，骚鼠为之，顶镂花铜座，中饰方铜，镂葵花，上衔铜三角，如火珠形。袍，绸为之，其色，南郊用石青，北郊用黑，祈谷坛、太庙、社稷坛、朝日坛、帝王庙、文庙、先农坛、太岁坛，俱用红，夕月坛用月白。前后方襕，销金葵花。带，绿绸为之。武舞生，顶上衔铜三棱，如古戟形。袍，绸为之，通销金葵花，余具如文舞生袍之制，带如文舞生。祭祀执事人，袍，绸为之，其色，南郊用石青，北郊用黑，不加缘；太庙、先农坛、太岁坛，俱用青色，蓝缘；祈谷坛、社稷坛、朝日坛、帝王庙，俱用青色，石青缘；夕月坛用青色，月白缘，带如文舞生。乐部乐生，冠顶镂花铜座，上植明黄翎。袍，红缎为之，一前后方襕绣黄鹂，中和韶乐部乐生执戏竹人服之；一通织小团葵花，丹陛大乐诸部乐生服之。带，绿云缎为之。卤簿舆士，冬冠，以豹皮及黑毡为之，顶镂花铜座，上植明黄翎。袍如丹陛大乐诸部乐生，带如祭祀文舞生。卤簿护军，袍，石青缎为之，通织金寿字，片金缘。领及袖端，俱织金葵花。卤簿校尉，冬冠平檐，顶素铜，上植明黄翎，袍及带如卤簿舆士。

皇太后皇后服饰

皇太后、皇后冬朝冠，薰貂为之，上缀朱纬，顶三层，贯东珠各一，皆承以金凤，饰东珠各三，珍珠各十七，上衔大东珠一，朱纬。上周缀金凤七，饰东珠各九，猫睛石一，珍珠各二十一。后金翟一，饰猫睛石一，珍珠十六。翟尾垂珠，凡珍珠三百有二，五行二就，每行大珍珠一，中间金衔青金石结一，饰东珠、珍珠各六，末缀珊瑚。冠后护领垂明黄绦二，末缀宝石，青缎为带。夏朝冠，青绒为之，余皆如冬朝冠。金约，镂金云十三，饰东珠各一，间以青金石，红片金里，后系金衔绿松石结，贯珠下垂，凡珍珠三百二十四，五行三就，每行大珍珠一，中间金衔青金石结二，每具饰东珠、珍珠各八，末缀珊瑚。耳饰，左右各三，每具金龙衔一等东珠各二。吉服冠顶用东珠。

朝褂之制三，皆石青色，片金缘。一绣文前后立龙各二，下通襞积，四层相间，上为正龙各四，下为万福万寿。一绣文前后正龙各一，腰帷行龙四，中有襞积，下幅行龙八。一绣文前后立龙各二，中无襞积，下幅八宝平水。领后皆垂明黄绦，其饰珠宝惟宜。

朝袍之制三，皆明黄色。一披领及袖皆石青片金，加貂缘，肩上下袭朝褂处亦加缘。绣文金龙九，间以五色云，中有襞积。下幅八宝平水。披领行龙二，袖端正龙各一，袖相接处，行龙各二。一披领及袖皆石青，冬用片金加海龙缘，夏用片金缘，肩上下袭朝褂处亦加缘。绣文前后正龙各一，两肩行龙各一，腰帷行龙四，中有襞积，下幅行龙八。一领、袖片金加海龙缘，夏片金缘，中无襞积，裾后开，余俱如貂缘朝袍之制。领后垂明黄绦，饰珠宝惟宜。领约，镂金为之，饰东珠十一，间以珊瑚，两端垂明黄绦二，中各贯珊瑚，末缀绿松石各二。

朝珠三盘，东珠一，珊瑚二，佛头、记念、背云、大小坠珠宝杂饰惟宜。绦皆明黄色，彩帨绿色，绣文为五谷丰登。佩箴管、縏袠之属，绦皆明黄色。

冬朝裙，片金加海龙缘，上用红织金寿字缎，下石青行龙糚缎，皆正幅，有襞积。夏朝裙，片金缘，缎、纱各惟其时。

龙褂二，皆石青色。一绣文五爪金龙八团，两肩前后正龙各一，襟行龙四，下幅八宝立水，袖端行龙各二。一下幅及袖端不施章采。龙袍三，色用明黄，领袖皆石青。一绣文金龙九，间以五色云，福寿文采惟宜，下幅八宝立水，领前后正龙各一，左右及交襟处行龙各一，袖如朝袍，裾左右开。一绣文五爪金龙八团，两肩前后正龙各一，襟行龙四，下幅八宝立水。一下幅不施章采。

吉服，朝珠一盘，珍宝随所御，绦皆明黄色。

皇贵妃贵妃妃嫔服饰

皇贵妃朝冠，顶三层，贯东珠各一，皆承以金凤，饰东珠各三，珍珠各十七，上衔大珍珠一。朱纬上周缀金凤七，饰东珠各九，珍珠各二十一。后金翟一，饰猫睛石一，珍珠十六，翟尾垂珠，凡珍珠一百九十二，三行二就，中间金衔青金石结一，饰东珠、珍珠各四，末缀珊瑚。冠后护领垂明黄绦二，末缀宝石。青缎为带，金约，镂金云十二，饰东珠各一，间以珊瑚。红片金里，后系金衔绿松石结，贯珠下垂，凡珍珠二百有四，三行三就，中间金衔青金石结二，每具饰东珠、珍珠各六，末缀珊瑚。耳饰，左右各三，每具金龙衔二等东珠各二。领约，镂金为之，饰东珠七，间以珊瑚，两端垂明黄绦二，中各贯珊瑚，末垂珊瑚各二。朝珠三盘，蜜珀一，珊瑚二。龙褂，色用石青，绣文五爪金龙八团，两肩前后正龙各一，襟行龙四，下幅八宝立水，袖端行龙各二。龙袍，色用明黄，领、袖皆石青，绣文金龙九，间以五色云，福寿文采惟宜，下幅八宝立水。领前后正龙各一，左右及交襟处，行龙各一，袖如朝袍，裾左右开。吉服朝珠一盘，珍宝随所御，绦明黄色，余皆如皇后。

贵妃冠服垂绦，皆金黄色，袍色亦用金黄，余皆如皇贵妃。

妃朝冠，顶二层，贯东珠各一，皆承以金凤，饰东珠共九，珍珠各十七，上衔猫睛石。朱纬，上周缀金凤五，饰东珠各七，珍珠各二十一，后金翟一，饰猫睛石一，珍珠十六，翟尾垂珠，凡珍珠一百八十八，三行二就，中间金衔青金石结一，饰东珠、珍珠各四，末缀珊瑚。冠后护领垂金黄绦二，末缀宝石。青缎为带，金约，镂金云十一，饰东珠各一，间以青金石，红片金里，后系金衔绿松石结，贯珠下垂，凡珍珠一百九十七，三行二就，中间金衔青金石结二，每具饰东珠、珍珠各六，末缀珊瑚。耳饰，左右各三，每具金龙衔三等东珠各二。彩帨绣文。龙褂绣文为云芝瑞草。吉服冠，顶用碧亚玜，余皆如贵妃。

嫔朝冠，顶二层，贯东珠各一，皆承以金翟，饰东珠共九，珍珠各十七，上衔砗子。朱纬，上周缀金翟五，饰东珠各五，珍珠各十九，后金翟一，饰珍珠十六，翟尾垂珠，凡珍珠一百七十二，三行二就，中间金衔青石结一，饰东珠、珍珠各三，末缀珊瑚。冠后护领垂金黄绦二，末缀宝石。青缎为带，金约，镂金云八，饰东珠各一，间以青金石，红片金里，后系金衔绿松石结，贯珠下垂，凡珍珠一百七十七，三行二就，中间金衔青金石结二，每具饰东珠、珍珠各四，末缀珊瑚。耳饰，左右各三，每具金龙衔四等东珠各二。朝珠三盘，珊瑚一，蜜珀二。彩帨不绣花文。龙褂绣文，两肩前后正龙各一，襟夔龙四。袍皆用香色，余皆如妃。

皇子福晋服饰

福晋者，皇子、亲郡王世子之妃也。皇子福晋朝冠，顶镂金三层，饰东珠十，上衔红宝石，朱纬，上周缀金孔雀五，饰东珠各七，小珍珠三十九，后金孔雀一，垂珠三行二就，中间金衔青金石结一，饰东珠各三，末缀珊瑚。冠后护领垂金黄绦二，末亦缀珊瑚。青缎为带，金约，镂金云九，饰东珠各一，间以青金石，红片金里，后系金衔青金石结，贯珠下垂，三行三就，中间金衔青金石结二，每具饰东珠、珍珠各四，末缀珊瑚。耳饰，左右各三，每具金云衔珠各二。

朝褂，色用石青，片金缘，绣文前行龙四，后行龙三，领后垂金黄绦，杂饰惟宜。朝袍用香色，披领及袖皆石青，冬用片金加海龙缘，夏用片金缘，肩上下袭朝褂处亦加缘。绣文前后正龙各一，两肩行龙各一，襟行龙四，披领行龙二，袖端正龙各一，袖相接处行龙各二。裾后开。领后垂金黄绦，杂饰惟宜。领约，镂金为之，饰东珠七，间以珊瑚，两端垂金黄绦二，中各贯珊瑚，末缀珊瑚各二。朝珠三盘，珊瑚一，蜜珀二，绦皆金黄色。彩帨月白色，不绣花文，结佩惟宜，绦皆金黄色。冬朝裾，片金加海龙缘，上用红缎，下石青行龙粧（妆）缎，皆正幅，有襞积。夏朝裙，片金缘，缎、纱各惟其时。吉服冠，顶用红宝石。吉服褂，色用石青，绣五爪正龙四团，前后两肩各一。蟒袍用香色，通绣九龙。吉服朝珠一盘，珍宝随所御，绦金黄色。

福晋以下服饰

亲王福晋吉服褂，绣五爪金龙四团，前后正龙，两肩行龙，余皆如皇子福晋。

亲王世子福晋朝冠，顶镂金二层，饰东珠九，上衔红宝石，朱纬，上周缀金孔雀五，饰东珠各六，后金孔雀一，垂珠三行二就，中间金衔青金石结一，东珠各三，末缀珊瑚。冠后护领垂金黄绦二，末亦缀珊瑚。金约，镂金云八，饰东珠各一，间以青金石，后系金衔青金石结，贯珠下垂，三行三就，中间金衔青金石结二，每具饰东珠、珍珠各四，末缀珊瑚。余皆如亲王福晋。

郡王福晋朝冠，顶镂金二层，饰东珠八，上衔红宝石，朱纬，上周缀金孔雀五，饰东珠各五，后金孔雀一，垂珠三行二就，中间金衔青金石结一，末缀珊瑚。冠后护领垂金黄绦二，末亦缀珊瑚。金约，镂金云八，饰东珠各一，间以青金石，后系金衔青金石结，贯珠下垂，三行二就，中间金衔青金石结二，末缀珊瑚。吉服褂，绣五爪行龙四团，前后两肩各一。余皆如世子福晋。

贝勒夫人朝冠，顶镂金二层，饰东珠七，上衔红宝石，朱纬，上周缀金孔雀五，饰东珠各三，后金孔雀一，垂珠三行二就，中间金衔青金石结一，末缀珊瑚。冠后护领，垂石青绦二，末缀珊瑚。金约，镂金云七，饰东珠各一，间以青金石，后系金衔青金石结，贯珠下垂，三行三就，中间金衔青金石结二，末缀珊瑚。朝褂，绣四爪蟒，领后垂石青绦。朝袍，蓝及石青诸色随所用。领、袖，冬用片金加海龙缘，夏用片金缘，绣四爪蟒。领后垂石青绦。领约、朝珠、彩帨绦，皆石青色。吉服褂，前后绣四爪蟒各一团。蟒袍，蓝及石青诸色随所用，通绣九蟒。余皆如郡王福晋。

贝子夫人朝冠，顶镂金二层，饰东珠六。金约，镂金云六。吉服褂，前后绣四爪行蟒各一团。余皆如贝勒夫人。

镇国公夫人朝冠，顶镂金二层，饰东珠五。金约，镂金云五。吉服褂，绣花八团。余皆如贝子夫人。

辅国公夫人朝冠，顶镂金二层，饰东珠四。金约，镂金云四。余皆如镇国公夫人。

镇国将军夫人冠服，均视一品命妇。

辅国将军夫人冠服，均视二品命妇。

奉国将军淑人冠服，均视三品命妇。

奉恩将军恭人冠服，均视四品命妇。

公主以下服饰

公主以下至乡君，皇室、皇族之女也。固伦公主冠服，制如亲王福晋。和硕公主朝冠、金约，制如亲王世子福晋，余皆如固伦公主。郡主朝冠、金约，制如郡王福晋，余皆如和硕公主。县主朝冠、金约，制如贝勒夫人；吉服褂，制如郡王福晋，余皆如郡主。郡君朝冠、金约，制如贝子夫人；朝褂、朝袍、领约、朝珠、彩帨、吉服褂、蟒袍，均如贝勒夫人，余如县主。县君朝冠、金约，制如镇国公夫人；吉服褂，制如贝子夫人，余皆如郡君。镇国公女乡君朝冠、金约，制如辅国公夫人；吉服褂，制如镇国公夫人，余皆如县君。辅国公女乡君，朝冠顶镂金二层，饰东珠三，金约，镂金云三，余皆如镇国公女。

民爵夫人服饰

民爵夫人者，异姓公、侯、伯、子男之妻也。公夫人冬朝冠，薰貂为之，顶镂花金座，中饰东珠四，上衔红宝石，前缀金簪三，饰以珠宝，护领绦用石青色。金约，青缎为之，中缀镂金火焰，饰珍珠一，左右金龙凤各一，后垂青缎带二，红片金里。耳饰，左右各三，每具金云衔珠各二。朝褂，色用石青，片金缘，绣文前行蟒二，后行蟒一，领后垂石青，杂饰惟宜。朝袍，蓝及石青绦诸色随所用。披领及袖，皆石青。冬用片金加海龙缘，夏用片金缘。绣文前后正蟒各一，两肩行蟒各一，襟行蟒四，中无襞积。披领行蟒二，袖端正蟒各一，袖相接处行蟒各二。后垂石青绦，杂饰惟宜。领约，镂金为之，饰红蓝小宝石五，两端垂石青绦二，中各贯珊瑚，末缀珊瑚各二。朝珠三盘，珊瑚、青金、绿松石、蜜珀随所用，杂饰惟宜。绦用石青色。彩帨月白色，不绣花文。冬朝裙，片金加海龙缘，上用红缎，下石青行蟒糚缎，皆正幅，有襞积。夏朝裙，片金缘，缎、纱各惟其时。吉服冠，薰貂为之，顶用珊瑚。吉服褂，色用石青，绣花文，团蟒。袍，蓝及石青诸色随所用，通九蟒，皆四爪。

侯夫人朝冠，顶镂花金座，中饰东珠三，上衔红宝石，余皆如公夫人。

伯夫人朝冠，顶镂花金座，中饰东珠二，上衔红宝石，余皆如侯夫人。

子夫人朝冠，顶镂花金座，中饰东珠一，上衔红宝石，余皆如伯夫人。

男夫人朝冠，顶镂花金座，中饰红宝石一，上衔镂花红珊瑚。吉服冠，顶镂花珊瑚。余皆如子夫人。

命妇服饰

命妇，文武品官之妻也。一品命妇朝冠，顶镂花金座，中饰东珠一，上衔红宝石，余皆如公夫人。二品命妇朝冠，顶镂花金座，中饰红宝石一，上衔镂花珊瑚；吉服冠，顶镂花珊瑚，余皆如一品命妇。三品命妇朝冠，顶镂花金座，中饰红宝石一，上衔蓝宝石；吉服冠，顶用蓝宝石，余皆如二品命妇。四品命妇朝冠，顶镂花金座，中饰小蓝宝石一，上衔青金石。朝袍，片金缘，绣文前后行蟒各二，中无襞积，后垂石青绦，杂饰惟宜。朝裙，片金缘，上用绿缎，下石青行蟒粧缎，皆正幅，有襞积。吉服冠，顶用青金石。蟒袍通八蟒，皆四爪。余皆如三品命妇。五品命妇朝冠，顶镂花金座，中饰小蓝宝石一，上衔水晶；吉服冠，顶用水晶，余皆如四品命妇。六品命妇朝冠，顶镂花金座，中饰小蓝宝石一，上衔砗磲；吉服冠，顶用砗磲，余皆如五品命妇。七品命妇朝冠，顶镂花金座，中饰小水晶一，上衔素金；吉服冠，顶用素金，蟒袍通五蟒，皆四爪，余皆如六品命妇。

诏定官民服饰

国朝冠服，纯用辽、金、元遗制，论者皆能言之。而太祖即位盛京，已有旨更定章服。世祖初定鼎时，尚沿明制。顺治丁亥，谕范文程、刚林、祁充格曰："文职衙门不可无领袖，今尔衙门较前改大，尔三人可用珠顶玉带。"

国初，牧令之坐堂及下乡也，亦袭明代衣冠之旧。盖不如是，则人民不能知其为官，抗不服从耳，后始以渐改革。

是年十一月，复诏定官民服饰之制，削发垂辫。于是江苏男子，无不箭衣小袖，深鞋紧袜，非若明崇祯末之宽衣大袖，衣宽四尺、袖宽二尺，袜皆大统、鞋必浅面矣。即幼童，亦加冠于首，不必逾二十岁而始冠也。

国初，人民相传，有"生降死不降，老降少不降，男降女不降，妓降优不降"之说。故生必从时服，死虽古服无禁；成童以上皆时服，而幼孩古服亦无禁；男子从时服，女子犹袭明服。盖自顺治以至宣统，皆然也。犹不解"妓降优不降"之说，及国初秀才、举人之犹服明服耳。

高宗仁宗垂意服饰

高宗在宫，尝屡衣汉服，欲竟易之。一日，冕旒袍服，召所亲近曰："朕似汉人否?"一老臣独对曰："皇上于汉诚似矣，而于满则非也。"乃止。

或曰，巴克什达海、库尔缠尝劝高宗用明代服饰，高宗曰："我辈若宽衣大袖，则左佩弓、右挟矢，忽遇硕翁科罗巴图鲁劳萨，挺身突入，能御之乎？我国士卒初有几何？因娴于骑射，所以野战则克，攻城则取，天下盛称我兵，曰立则不动摇、进则不回顾也。"

列朝鉴于北魏之崇效汉俗，因以自弱，故力欲保存其固有尚武之俗。康熙以后，八旗子弟渐有不习骑射、即于文弱者。圣祖迭加申饬，垂为厉戒，后且及于妇女。乾隆己卯，高宗谕曰："此次阅选秀女，竟有仿汉人妆饰者，实非满洲风俗。在朕前尚尔如此，其在家，恣意服饰，更不待言。嗣后但当以纯朴为贵，断不可任意妆饰。”此一事也。乙未又谕曰：“旗妇一耳带三钳，原系满洲旧风，断不可改节。朕选看包衣佐领之秀女，皆带一坠子，并相沿至于一耳一钳，则竟非满洲矣，立行禁止。”此又一事也。嘉庆甲子，仁宗谕曰：“今镶黄旗汉军应选秀女内，缠足者竟至十九人，殊为非是。此次传谕后，仍有不遵循者，定将秀女父兄照违制例治罪。”此又一事也。

服饰沿革

国初，袍褂有用红绿组绣者。其后吉服用绀，素服用青，无他色矣。康熙朝花样，有富贵不断、江山万代、历元五福诸名目，又有暗纹蟒服，如宫制蟒袍而却组绣者。袍褂皆用密线缝纫，行列如绘，谓之“实行”。袖间皆用熨折如线，满语名曰“赫特赫”。后惟蟒袍尚用之，他服则无之矣。

燕居无着行衣者。自傅文忠公征金川归，喜其便捷，名“得胜褂”，其后无论男女，燕服皆着之。色料初尚天蓝，乾隆中尚玫瑰紫，末年，福文襄王好着深绛色，人争效之，谓之“福色”。嘉庆时，尚泥金色，又尚浅灰色。夏日纱服皆尚棕色，贵贱皆服之。衬服初尚白色，嘉庆时尚玉色；又有油绿色，国初皆衣之，殆沿前代绿袍之义。高宗恶其黯然近青色，禁之。嘉庆时，优伶皆用青色倭缎、漳绒等缘衣边，以为美饰，如古深衣。奴隶辈皆以红白鹿革为背子。

士大夫燕居，皆戴便帽，其制如暖帽而窄其檐，上用红片锦或石青色，缘以卧云，如葵花式，顶用红绒结，顶后垂红缨尺余，老少贵贱皆冠之。惟老人夏日畏早凉，用青缎缝纫衬凉帽下，如帽头状，初不以为燕服也。至毡帽之尚沿明式，皆农夫、市贩之服，人皆贱之。嘉庆时，盛行帽头，蟠金线组绣其上，且有以明珠、宝石嵌之者，如古弁制，惟顶用红绒结顶，稍异耳。士大夫皆冠之，春秋间徜徉市衢，欲求一红缨缀冠者，未易见。毡帽则以细毯为之，檐用紫黑色，或有缀金线蟠龙为饰者，非复往日朴素，为士大夫冬日之燕服。往日便帽之制，不复睹矣。

大内之服饰

后、妃、主位以及宫眷之常衣，皆窄袖长袍，髻作横长式，可尺许，俗所谓“把儿头”者是也。

孙之獬改装

世祖初入关，前朝降臣皆束发，顶进贤冠，为长袖大服。殿陛之间，分满、汉两班，久已相安无事矣。

淄川孙之獬，明时官列九卿。睿亲王领兵入关时，之獬首先上表归诚，且言其家妇女俱已效满妆，并于朝见时薙发改装，归入满班。满以其汉人也，不许；归汉班，汉又以为满饰也，亦不容。之獬羞愤，乃疏言：“陛下平定中国，万事鼎新，而衣冠束发之制，独存汉旧，此乃陛下从中国，非中国从陛下也。”奏上，世祖叹赏，乃下削发之令。及顺治丁亥，山东布衣谢迁奋起兵入淄川，之獬合家惨死。

成亲王之袍褂

成哲亲王有洁癖，居恒明窗净几，不染纤尘。且丰裁峻朗，所御泡褂极旧，然熨贴整削，皆以斜纹布制之，（俗谓之“褡裢布”，为京师特产。）远望之，恍如玉树临风。尝奉命致祭某陵，围而观者如堵墙。尔时京华风尚，不着新衣，王实启其渐也。嗣是有以素绸为里者，或且用之于朝会矣。

汤衣谷燕居衣品服

汤衣谷以知县需次江宁，自度必不得于时，益恣为沉冥，不复自振。贫且善病，僻居城东偏。或索衔参时手板观焉，曰：“亡之久。”顾朝廷千秋节，必衣其品服于家三日，如在官然者。或召之宴，则以其服往。群妓且目且笑，不为动。独一妓者翁之，则慨然曰："若翁我，知我且老，不复堪天下事矣，已矣！"年四十有八卒。衣谷名裕，钱塘人。

讲官礼服

同光时，经筵日讲、起居注官，三满人，二汉人。皇上衣为何色，则五人不得参差，否则立干处分。而内监等又不先日宣言，故必多携以进，便随时更换也。

德菱之礼服

某岁，孝钦后以万寿，赐宫眷德菱以礼服。服为大红缎绣金龙，护以云彩，镶金边，内衬灰鼠皮，袖口及领用貂，此郡主服也。德菱，汉军人，驻法钦使裕庚女。

舞灯衣

每岁上元或万寿节，令乐工舞灯，衣五色画衣，分行成字，凡数十变，有"太平万岁""万寿无疆"诸字，以黄绫册书成字样，陈诸御案，以备观览。

朝服之宜忌

臣工召对、引见，皆服天青褂、蓝袍，杂色袍悉在禁止之列，羊皮亦不得服，恶其色白近丧服也。故朝服但有海龙、猞猁狲、貂、灰鼠、银鼠，而无羊皮。夏不得服亮纱，恶其见肤也；以实地纱代之，致敬也。

袍之开衩

衩，衣衩也，今谓衣旁开处曰"衩口"。官吏士庶皆两开，宗室则四开。衩衣，即开禊袍，唐人已有之。《唐书》僖宗衩衣见崔彦昭。王建《宫词》："衩衣骑马绕宫廊。"

缺襟袍

缺襟袍，袍之右襟短缺，以便于骑马者也，行装所用。然实起于隋文帝之征辽，诏武官服缺胯袄子。唐侍中马周请于汗衫上加服小缺襟袄子，诏从之。

臣工扈从行围，例服行装，《会典》所云“行袍行裳，色随所用，行裳冬以皮为表”，盖即缺襟袍也。行裳，俗呼“战裙”。

京外大小文武各官，若因公出差，以礼服谒客，则行装。行装不用外褂，以对襟大袖之马褂代之，色天青，其材为织团龙之缎，或宁绸。袍必缺襟，马褂较外褂为短，便于乘骑也，惟靴、帽仍依平时。其实始为军服，而及于扈从行围，后遂沿用之。

朝裙

朝裙，礼服也，着于外褂之内、开衩袍之外，朝贺、祭祀用之。

士子初服襕衫

国初，士子初入庠，服襕衫。盖明初秀才襕衫，前后飞鱼补，骑驴，有伞，绢用青色，止一围，门斗随之。是实沿用明服也。

蟒袍

蟒袍，一名“花衣”，明制也。明沈德符《野获编》云：“蟒衣为象龙之服，与至尊所御袍相肖，但减一爪耳。正统初，始以赏虏酋。其赐司礼大珰，始于太祖时之刚丙，后王振、汪直诸阉继之。宏（弘）治癸亥二月，孝宗久违豫，大安时，内阁为刘健、李东阳、谢迁，俱拜大红蟒衣之赐，辅弼得蟒衣始此。”按此，知今之蟒袍，即为明之蟒衣无疑也。

凡有庆典，百官皆蟒服，于此时日之内，谓之“花衣期”。（如万寿日，则前三日、后四日为花衣期。）花衣期内，官署皆停止刑事。大臣递遗疏及请恤等事，亦不得于期内递进，违者严责。光绪时，邓承修有声谏垣，以总兵陈国瑞功多获罪，遣戍，殁于戍所，奏请念劳复官，宣付史馆。中旨报可，仍以花衣期内违犯体制，下吏议夺官，诏原之。

文官之蟒袍，一品至三品，九蟒五爪；四品至六品，八蟒五爪；七品至未入流，五蟒五爪，均不拘颜色。至蟒袍之金彩织绣，则各从其便，不论品级。

武官之蟒袍，一品至三品，九蟒五爪；四品、五品，八蟒五爪；六品、七品，五蟒五爪。

金黄蟒袍

皇子得服金黄蟒袍，诸王则非特赐者不能服。乾隆初，诸王蒙赐者过半。及末叶，惟定、怡二王特赐之，时以为荣。及仁宗亲政，荣恪郡王亦蒙赐焉。

麒麟蟒袍

嘉庆初，绵州李鼎元雨村，曾充册封琉球国王副使，赐一品麒麟蟒袍。相传此项品服，自陛辞之日始，至复命之日止，皆得用之，所以示威重也。

团龙褂

团龙褂者，惟皇帝朝服襞积前后团龙各九，后服五爪金龙八团，皇太子用五爪三爪龙缎、满翠八团龙等缎，皇子福晋用五爪正十四金龙四团，其他非奉上赐，不得用五爪龙团花。

礼亲王曰："惟皇上御服朝衣，于腰阑下前后绣龙团各四，诸王以下，皆用素缎数则，以为辨别。后南中所绣朝服衣料，无论品级，皆用龙团各四，初无以素者。"

四团龙补褂

旧制，亲王服四正龙补服，郡王服二正行龙补服。乾隆时，傅文忠公恒以为与御服无别，乃奏改亲王二行龙、二正龙补服，郡王服四行龙补服，以为定制。诸王有特赐四正龙者许服用，若异姓则初无赐四团龙者。雍正朝，特赐年羹尧以四正龙补服。然文忠以椒房优宠，兆文毅公惠以平定西域功，阿文成公桂以平定两金川功，福文襄王康安以平定台湾功，皆赐四团龙补服。孙文靖公士毅以入安南功，亦赐之；嗣以溃闻，遂缴还。惟文忠每入署办事及其家居，仍用公爵补服，示谦也。

改团龙为六合同春

光绪朝，孝钦后六旬万寿，内务府人员定制礼服，改团龙为六合同春，形亦圆，一鹿一鹤一松枝。盖“六”之音，南人读之同“鹿”，“合”之音同“鹤”，“春”之音近“松”也。鹿鹤皆享遐龄，松亦四时常青，于以颂扬万寿耳。朝士从风而靡，团龙遂不入时矣。

八团

八旗妇人礼服，补褂之外，又有所谓“八团”者，则以绣或缂丝，为彩团八，缀之于褂，然仅新妇用之耳。

外褂

褂，外衣也。礼服之加于袍外者，谓之“外褂”。男女皆同此名称，惟制式不同耳。

翻毛外褂马褂

皮外褂、马褂之翻穿者，曰“翻毛”，盖以炫其珍贵之皮也，达官贵人为多。其皮大率为海龙、玄狐、猞猁、紫貂、干尖、倭刀、草上霜、紫羔。而有丧者之所衣，则为银鼠、麦穗子。

草上霜为羊皮之一种，质类乳羔，以其毛附皮处纯系灰黑色，而其毫末独白色，圆卷如珠，故名。以为裘，极贵重，外褂、马褂皆有，俗称“青珠儿”，又曰“青种羊”。虽可翻穿以为裘，然本非吉服也。乾隆某岁元旦，高宗偶御之，自是而遇喜庆宴会之事，皆服之矣。

御前大臣翻穿之皮外褂，有上下两截以两种皮联缀而成者，远望之，第见其颜色不同，不易审定其皮之品类也。

定例，紫貂马褂，为皇上打围时所御之衣，虽亲王、阁部大臣等，不能僭用。然道咸以降，京官之翰詹科道，及三品外官与有三品衔或顶戴者，亦无不翻穿以自豪矣。

羊皮贵羔而贱老，而口外有一种曰“麦穗子”者，皮软毛长，形如麦穗，价值最贵，俗又名之为“萝葡丝”。大僚奉差口外，必以此为裘。盖口外风高，非此不足以御寒也。

带膝貂褂

带膝貂褂，胸及两肩均有白色毛，即貂之膝皮也。咸同间，得蒙恩赐者仅二人，一徐相国郙，南斋供奉，上解以赐之，酬其笔墨之劳也；一李文忠公鸿章，则以穆宗题主，文忠襄提于侧，故叨异数。至光绪朝，则孝钦后常以之赏赐臣下矣。

马褂

马褂较外褂为短，仅及脐。国初惟营兵衣之，至康熙末，富家子为此服者，众以为奇，甚有为俚句嘲之者。雍正时，服者渐众。后则无人不服，游行街市，应接宾客，不烦更衣矣。

黄马褂

凡领侍卫内大臣、内大臣、前引十大臣、护军统领、侍卫班领，皆服黄马褂，巡幸扈从銮舆，藉壮观瞻。其御前、乾清门大臣、侍卫及文武诸臣，或以大射中候，或以宣劳中外，必特赐之，以示宠异。及粤、捻乱定，文武勋臣得之者甚多矣。

对襟马褂

得胜褂为马褂之一种，对襟方袖。初仅用之于行装，俗称“对襟马褂”。傅文忠征金川归，喜其便捷，平时常服之，名曰“得胜褂”，由是遂为燕居之服。

大襟马褂

马褂之非对襟而右衽者，便服也。两袖亦平，惟襟在右。俗以右手为大手，因名右襟曰大襟。其四周有以异色为缘者。

琵琶襟马褂

马褂之右襟短缺而略如缺襟袍者，曰“琵琶襟马褂”，或亦谓之曰“缺襟”。袖与袍或衫皆平。

卧龙袋

卧龙袋，马褂之窄袖而对襟者也。其身较对襟、大襟之马褂略长，亦曰“长袖马褂”，河工効力之人员常以之为正式之行装。相传某相国尝随驾北征，其母夫人忧其文弱，不胜风寒，为纫是衣，取其暖而便也。相国感母恩，常服之不去身。一日急诏论事，未遑易衣。帝问所衣何名，因直陈其事。帝褒其孝，命得服以入朝。当时名之“阿娘袋”，后误为“卧龙袋”，久之又称为“鹅翎袋”矣。

诏使之衣冠

大军入燕，奄有天下，明督师史可法等，拥立弘光帝于金陵。时南北消息不通，江浙之间，依然有巢燕安居之乐。相传是年五月五日，江苏之无锡方举行竞渡戏，万人空巷，游览河干。忽而人声大哗，咸称异事。向之诘讯，则云：“顷见有人服对襟长衣，袖作马蹄式，头戴一帽，形如覆碗，上矗白石磋成之巨珠，背荷黄布包袱，骑快马飞驰入城，径向县署而去。”闻者互相猜异，莫测其由，亟往县署探询，始知本朝定鼎，下敕书于南中各郡，令民人剃发，其人盖驰送诏书之差弁也。所形容衣冠情形，即本朝新定之服色耳。

写真用明代衣冠

德清新市李翁之没也，其子某慕风雅，倩人绘《跨马出郊行看子》。绘者以其貌清癯，绘为明代衣冠。传神酷肖，喜付装池。次日喧传，有人訾其装束违时者。某惧滋事，令人索还，则又有人以黄涂其缰，谓其僭越逾制，数人居为奇货，非徒手所能取矣。方议贿以钱，则新市巡检突遣役数人至，谓已有人首之官，不可以私息矣。及浼人关说巡检，许多金，方允免究。则县役又至，谓此事业经县中访闻，克日提讯，非巡检所能了结矣。仅一小照，而公私需索费至数千金，始得无事。

高望公冠履

新会高俨，字望公，尝以赭石染布为野人服，冠履俱与时异，见者无不知其为先辈高望公也。时又因其姓，称为“高士望公”。

玄狐袍帽

袍帽初以紫貂为贵，康熙以来，尤贵玄狐，非阁臣不得赐。尚书亦有蒙赐者，厥名玄狐而色实苍白也。

傅青主布衣毡帽

康熙己未，傅青主被举词科，不与试，圣祖特赐以内阁中书。而青主仍自称曰“民”，冬夏着一布衣，其色朱，帽以毡为之。

黄九烟布衣素冠

上元黄九烟，名周星，布衣素冠，寒暑不易。

叶英多摄敝衣冠

叶英多，乾隆时之扬州诸生也，以说书为生，而穷困日甚，绝不形于色，朝霞暮月，荒寮古观，辄信足独往，忘其寒饿，亦不问妻子之绝粒也。某盐官与相契，英多偶以事往，值其方宴客，门外车马舆从赫奕，主人急出延之，而英多摄敝衣冠，直入上座。语罢，夷然辞去。桃花庵僧石庄善吹箫，自矜其技，欲与英多互奏之，为英多先奏一曲。未几，石庄卒，英多酹于灵而酬焉。其子庆生之授业师，每遇于道中，必侧立却手，俟过而后行。

刘锡鸿敝衣趿鞋

刘锡鸿使法时，往往敝衣趿鞋，衣带飘舞，徒步出外。常立于最高桥梁之上，周望四处。其随员谏之，刘怒曰："予欲使外邦人瞻仰天朝人物耳。"

某令挟冠服而出

有新到省之某令，褦襶触热，谒上官，且语且挥扇。上官知其畏热也，命去冠；冠去，去褂；褂去，去袍；袍去，去衫；衫去，而犹挥扇不已。上官恶其不知仪注也，复以可去短衣为言，某亦去之。上官至是，以手举茶碗，门外之仆高声呼送客。上官起，某亟挟冠服，赤体而出。盖其人初来自田间也。

香色

古人东宫，皆服绛纱袍，盖次明黄一等。国初，皇太子朝衣服饰，皆用香色，例禁庶人服用。后储位久虚，遂忘其制。嘉庆时，庶民习用香色，至于车帏巾栉，无不滥用，有司初无禁遏之者。

蒋敬斋自制寝衣

蒋敬斋，名溶，长洲诸生。年二十许，喜讲性理之学，言语坐立皆不苟。尝自制寝衣，长六尺余，《论语》所谓“长一身有半”是也。钱梅溪笑谓之曰：“古之寝衣，似即今之衾被。君泥古太甚矣。”敬斋愕然曰：“吾过矣，吾过矣！”至于下拜。

道光时之衣

新城王文简公士祯有家法，凡遇春秋祭祀及吉凶事，子弟各服其应得之服，然后行礼。如已入泮，始易襕衫，其妻亦银笄、练裙，否则终身着布。乾嘉间，江浙犹尚朴素，子弟得乡举，始着绸缎衣服。至道光，则男子皆轻裘，女子皆锦绣矣。

载澂衣绣百蝶

恭王奕䜣素恶其子载澂，澂病，日望其死。久之病革，左右以告，王乃至其卧室，见澂侧身卧，上下衣皆黑色，遍身以白线绣百蝶，大怒曰：“即此匪衣，亦当死久矣！”不顾而出。

蕴布冬御棉袍

蕴大司空布居京师，窗户均用竹帘，虽隆冬，亦无用毡、布者。冬日退朝，仅御棉袍，虽严寒亦不御裘。卧时以被覆身，四围俱不折拂。其睡亦无定所，一夜尝易数处。

裘之上下两截异皮

裘之上下两截异皮者，上截之皮必较逊于下截，而袖中之皮亦必与上截同，以下截为人所易见，可自炫也。其名曰“罗汉统”，又曰“飞过海”。上截恒为羊，下截则猞猁、貂、狐、灰鼠、银鼠皆有之。

衣缘皮

广州地近温带，气候常暖，所谓“四时皆是夏，一雨便成秋”也。极冷时，仅需衣棉。光宣间则稍寒，亦有降雪之时。然官界为彰身饰观计，每至冬季，则按时以各种兽皮缘于衣之四围，自珠羔至于貂狐，逐次易之，俨如他省之换季然。

貂裘

东三省诸山多松林，茂条蓊薆，结实甚大。貂深嗜此，多栖焉。边界居民不惮跋涉，恒携猎具冒险往取。貂目锐行捷，一瞥间，忽不知所往。常经旬不能得其一。得之，集以成裘，价至昂。以毛色润泽，香气馥郁，纯黑发灿光者为上品。

汤文正服小毛裘

圣祖御乾清门，侍读学士宝应乔某以日讲官侍班，会汤文正公入奏毕。故事：冬至后，群臣皆服大裘。上顾文正而问曰：“众皆服貂狐，汝得毋寒乎？”文正对曰：“臣尚有小毛裘可服。外间百姓且有无棉袄者。”上怃然久之。既退，有咎之者，曰：“是真老悖，岂对君之体乎！”或曰：“上方向公，将以轻暖赐，而公所对，非所问也。”乔出，语人曰：“我辈转一世，不知能作此等语否？”

陈雪三未冬披裘

乾隆时有陈雪三者，初生时，与兄同举，盖孪生也。襁褓不能两具，裹兄而遗弟，越宿僵矣。其母置诸怀，久乃苏。雪三既长，畏寒甚，未冬即披裘。

舒铁云典裘

舒铁云有《典裘》诗四首。其一云：“点检青箱记昨宵，易衣而出太萧条。吾家旧物谁能遣，此地寒威尚未消。曾有鸳鸯双翦落，何来杨柳一旗飘。输他走马兰台去，雪满宫门夜赐貂。”其二云：“王恭鹤氅晏婴裘，紫凤天吴不记秋。羞涩忽成垂老别，轻肥虚忆少年游。蛾眉绝塞金谁赎，狐腋重关客未偷。比似春衣杜陵醉，两般滋味一般愁。”其三云：“别去分明抵故人，年时冷暖记来真。青山策蹇围天晓，红烛抄书耐漏频。得句渐知衣带缓，看花惟有帽檐新。为谁中道恩情绝，抛却长安十丈尘。”其四云：“红袖青袍两不知，凄凉质库且题诗。直愁一入深知海，空计三年远作期。针线迹销无处觅，风尘缘尽有时离。些些纰缦酸寒甚，等到冰绡雾縠时。”

舒铁云谢人赠裘

舒铁云以其姊婿赠裘而作诗曰：“鹤氅貂褕不趁身，年年短褐走风尘。未劳锦段遗为咏，犹见绨袍恋此贫。夜永灯檠容我坐，岁寒霜雪与渠亲。纵教吹遍邹阳律，肯贯春旗作酒人。”其后有友亦赠以裘，又作诗云：“去年北风吹不休，主人赠我青羔裘。酒酣以往不忍着，却向黄竹箱中收。今年东风射春箭，花冻红灯上元宴。飞落鸳鸯双翦刀，牵云曳雪重相见。平生读书爱五更，往往风雨闻鸡鸣。晓寒不向梦中赋，媿此一尺银灯檠。黑貂已敝长安道，十丈红尘不能埽。彩笔空题白练裙，依歌自唱黄绵袄。殷勤鹤氅来君家，主是乌衣客绛纱。一身仙骨冷于铁，开出万朵青莲花。主人之裘有时敝，主人之情永弗替。以诗报君非感恩，君不见《缁衣》咏为风，绨袍感其意。”

狐裘之类别

古所谓“狐白裘”者，即集狐之白腋也，后名“天马皮”。集狐之项下细毛深温、黑白成文者，名“乌云豹”；其股里黄黑杂色者，集以成裘，名“麻叶子”，则为全白狐皮粗冗，不为世所重。

龚定庵服白狐裘

龚定庵不喜治生，挥金如土，囊罄辄告贷。一日至扬州，访魏默深。魏见所著白狐裘，下截皆泥污而上半则新，询之，曰："吾自金陵渡江，天寒大雪，汤雨生以此裘相赠。"盖汤身修伟，定庵短小，故下半拖入泥涂也。

番役衣羊皮

皮裘之表，概以绸缎或布为之，未有有皮而无表者。冬季，京师番役夜巡，所著御寒之衣，为官中所给，则皆有皮无表，盖即一天然之羊皮耳。

半臂

半臂，汉时名绣裾，即今之坎肩也，又名背心。隋大业时，内官多服半臂。《说文》："无袂衣谓之褙。"赵宧光《长笺》曰："半臂，衣也。武士谓之蔽甲，方俗谓之披袄。小者曰背子，与古之裲裆相似，其一当胸，其一当背。亦作两当。"尤西堂有咏妇女所衣之半臂一诗，诗云："更衣斟酌十分难，亲制轻纨只半端。取便最宜春起草，护娇偏称晚妆残。浑疑断袖留遗爱，却喜专房免忍寒。曾与三郎换汤饼，重提旧事泪阑干。"

巴图鲁坎肩

京师盛行巴图鲁坎肩儿，各部司员见堂官往往服之，上加缨帽，南方呼为"一字襟马甲"，例须用皮者，衬于袍套之中。觉暖，即自探手，解上排钮扣，而令仆代解两旁钮扣，曳之而出，藉免更换之劳。后且单夹、棉纱一律风行矣。其加两袖者曰"鹰膀"，则宜于乘马，步行者不能着也。

妇女着坎肩

江苏苏五属及潼关附近各处之妇女，有于炎夏仅着坎肩，而裸其两臂者，或更赤露上体，游行入市。

六月着棉半臂

绥化城气候迥异内地，虽六月，亦着棉裤。妇女则着棉半臂，露两臂乳房于外，招摇过市。半臂之制，亦与内地不同。

书画铠

江龙门晚年畏寒特甚，冬必重裘，而又苦其碍腕，不便作书画，因创新制，短两袂若铠状，加于裘上，名曰“书画铠”。

海青

海青，今称僧尼之外衣也，然古时实以称普通衣服之广袖者。唐李白诗：“翩翩舞广袖，似鸟海东来。”盖言广袖之舞，如海东青也。

道袍

道袍，古燕居之服。腰中间断，以一线道横之，谓之“程子衣”。无线道者，则谓之“道袍”，又曰“直掇”。后则以道士所服之长衣曰“道袍”矣。

世祖不用衮冕

世祖入关，郊祀，礼臣请用衮冕，上谕：“人主当敬天勤民，不在衮冕。”

红绒结顶冠

皇上燕服之冠，为红绒结顶冠，皇子、皇孙皆以是为礼服。近支王贝勒，得上赐者，许常戴之。辅臣虽间有赐者，皆不敢戴，惟张文和公廷玉蒙特旨许于元旦日冠戴，时以为非常之荣。

拉虎帽

拉虎帽者，每岁木兰秋狝，皇上辄御之以莅围场。王公亦多效之，特不用红绒结顶耳。然曾赏红绒结顶者，不在此例。

七星貂

“七星貂”者，以貂皮截之成七条，缀于暖帽如缨然，盖行装所用也。为武官四时所戴，即文职之从事军旅者亦从之。又有红冠不缀缨而饰貂尾者，名曰“得胜盔”。

俗概称礼帽曰“大帽子”，盖以别于燕居之西瓜皮帽之称为“小帽”也。

全红帽罩

全红帽罩，惟三品以上入内廷者准服，四、五品官虽内直，不用也。高宗时，军机章京带领引见，值天雨，冠缨尽湿。上问其故，金坛于文襄公敏中以体制对。上曰：“遇雨暂用，何妨！”自是行走军机处者，冠罩无不全红矣。

小帽

小帽，便冠也。春冬所戴者，以缎为之；夏秋所戴者，以实地纱为之。色皆黑，六瓣合缝，缀以檐，如箭。创于明太祖，以取六合一统之意。国朝因之，虽无明文规定，亦不之禁，旗人且皆戴之。咸丰初元，其形忽尖。极尖者曰“盔衬”，与单梁挖云之所谓“战履”者，同时盛行。不二年而兵兴。宣统时，檐有多至七八道者，不仅重檐也，为恶少年所喜。上有丝织之结，红色。俗名“西瓜皮帽”，又名“秋帽”。

明之士人类多方巾大袖者，至顺治甲申则戴平头小帽，以自晦匿。而禁令苛暴，方巾为世大禁，虽巨绅士子，出与平民无异。间有惜饩羊之遗意，私居偶戴方巾者，一夫窥瞯，惨祸立发。常熟有二生，于巡按行香日，戴方巾杂行众中，为所瞥见，即杖之数十，并题奏将二生磔之于市。

同治时，左文襄以陛见入都，召见时，因谢恩，免冠磕头，则头上尚戴一物，似小帽而无线结，上问何物，对曰："西瓜皮。"上大笑。

有三年之丧者，以黑布制之，结色黑。

凤冠

凤冠为古时妇人至尊贵之首饰，汉代惟太皇太后、皇太后入庙之首服，饰以凤凰。其后代有沿革，或九龙四凤，或九翚四凤，皆后妃之服。明时，皇妃常服，花钗凤冠。其平民嫁女，亦有假用凤冠者，相传谓出于明初马后之特典。然《续通典》所载，则曰庶人婚嫁，但得假用九品服。妇服花钗大袖，所谓"凤冠霞帔"，于典制实无明文也。至国朝，汉族尚沿用之，无论品官士庶，其子弟结婚时，新妇必用凤冠霞帔，以表示其为妻而非妾也。

抹额

抹额，束额之巾也，亦曰"抹头"。"抹"者，"附着"之义，犹胸巾之称"抹胸"也。绿营之兵，防营之勇，皆用之。《唐书》"乃戴红抹额来应诏"是也。

领衣

衣之护颈者曰领。又有所谓"领衣"者，杭人谓之曰"牛舌头"。盖礼服例无领，别于袍之上加以硬领，（春秋以浅湖色缎，夏以纱，冬以绒或皮。有丧者则以黑布。）下结以布或绸缎，有钮绾之，意谓领而衣也。领衣之外则外褂，行装则着于袍之内，皆取其便也。

披肩

披肩为文武大小品官衣大礼服时所用，加于项，覆于肩，形如菱，上绣蟒。八旗命妇亦有之。

霞帔

霞帔，妇人礼服也，明代九品以上之命妇皆用之。以庶人婚嫁，得假用九品服，于是争相沿用。流俗不察，谓为嫡妻之例服。沿至本朝，汉族妇女亦仍以此为重，固非朝廷所特许也。然亦仅于新婚及殓时用之，其平时礼服，则于披风上加补服，从其夫或子之品级，有朝珠者并挂朝珠焉。

结婚日，新郎或已有为品官者，固服本朝之礼服矣。而新妇于合卺时，必用凤冠霞帔，至次日，始改朝珠补服。其说有二。一以凤冠霞帔，表示其为嫡妻也；一以本朝定鼎，相传有“男降女不降”之说也。

补服

补服，俗称“补子”，文武官吏之徽识也，缀于章服之前后心。以所补之物，分其等级，文职以鸟，武职以兽，盖始于明也。叶向高集有钦赐大红纻丝斗牛背胸一袭，即此。

补服绣狮鸡

乾隆时，副都统金简署户部侍郎，自以武官应服武补服，而现兼文职，颇羡文补，乃于补服狮子尾端绣一小锦鸡，竦立其上。高宗见而大笑，旋降旨严斥，谓其私造典礼。

女补服

品官之补服，文武命妇受封者亦得用之，各从其夫或子之品，以分等级。惟武官之母、妻亦用鸟，意谓巾帼不必尚武也。

补服惟亲郡王所用者为圆形，余皆方。光绪中叶，汉族命妇补服皆改方为圆矣。

饭单

饭单，宴会时所用，以方锦或布为之，恐有饮食之污秽沾衣也。钱希白《南部新书》曰："指坐上紫丝饭单曰：'愿郎衫色如是。'"是也。

抹胸

抹胸，胸间小衣也，一名"袜腹"，又名"袜肚"。以方尺之布为之，紧束前胸，以防风之内侵者。俗谓之"兜肚"，男女皆有之。《南史·周迪传》："性质朴，不事威仪，冬则短身布袍，夏则紫纱袜腹。"古亦谓之曰"衵服"。《左传》"陈灵公与孔宁、仪行父通于夏姬，皆衷其衵服以戏于朝"是也。

宋于庭，名翔凤，有《沁园春》词咏美人抹胸，词云："络索双垂，轻容全护，收来暗香。忆才松宝扣，领边依约。偶除瑶钏，袖里端相。塞上酥凝，峰头玉小，恨浅抹横拖一道冈。深深掩，掩几分衷曲，还待猜详。 几经刀尺评量，与细腻肌肤要恰当。为当胸阑束，期他婉软。一心偎贴，不间温凉。若化蚕丝，缝成尺幅，那数陶家十愿偿。偏纤手，在风前扇底，更自周防。"

夏纱冬绉之抹胸

乾隆末叶，秦淮妓女之抹胸，夏纱冬绉，贮以麝屑，缘以锦缣，乍解罗襟，便闻香泽，雪肤绛袜，交映有情。

以红袜幐手书

同治时，闽人某提学按试某州，其妇手书促归，幐以红袜。学使遽以试事属州牧，移病还闽偕老，当时热中者传为笑谈。樊云门方伯增祥咏袜胸《满江红》词下半阕即引之，其词曰："花露洒，香球蘛，芳汗透，冰肌贴。话三山旧事，佩纕亲结。书字一缄苏锦蕙，泪痕双寄鄜州月。愿展为绣被覆鸳鸯，通身热。”即指此。

阔袖

同光间，男女衣服务尚宽博，袖广至一尺有余。及经光绪甲午、庚子之役，外患迭乘，朝政变更，衣饰起居，因而皆改革旧制，短袍窄袖，好为武装。新奇自喜，自是而日益加甚矣。

马蹄袖

马蹄袖者，开衩袍之袖也。以形如马蹄，故名。男子及八旗之妇女皆有之。致敬礼时，必放下。

龙吞口

有于例程衣袖之外，或前后不开衩之袍而权作为礼服，别缀马蹄袖于例程袖之夹缝中，系以钮者，俗谓之曰“龙吞口”。礼毕则解之，袍仍为常服矣。

手笼

光宣间，沪之妇女盛行手笼，盖以袖短而手暴露于外，又嫌手套着指之不能伸展自由也。既有手笼，则置两手于中，风不侵矣。大率以皮为之，珍贵者为貂为狐。谓之曰“笼”者，状其形也。或又谓之曰“臂笼”。

满裆裤饰为套裤

裤之满裆者，俗称“马裤”，古谓之“裈”。后假“袴”为“裈”，又讹“裈”为“裤”。山西男子有以满裆裤而饰套裤于上者，上之色较朴，下之色较华，远视之若二，于马裤之外加一套裤，其实一也。

牛头裤

牛头裤者，农人耘田时所著之裤也，江苏有之。裤甚短，形如牛头，故名。盖耘时跪于污泥中，跣足露胫，本可不裤。着此者，以有妇女同事田作，冀蔽其私处，不为所见也。

江苏之苏州、浙江之绍兴农夫，有于夏日或不着裤而裸其下体者。

吴退旃衣夹裤棉裤皮裤

吴退旃尚书体弱畏寒，非皮衣五层，不能过冬，至达天听，宣宗屡以之询沈鼎甫。每岁严寒时，且于衬裤之外，加以夹裤、棉裤、皮裤也。都人士戏呼之曰“三库大臣”。

灯笼裤

晋北人夜多卧炕，女子有自幼至老从不履地者。盖一离炕，即足软不能行也。其所著棉裤，重至十斤，土人号曰“灯笼裤”，状其大也。

朝靴

凡靴之头皆尖，惟着以入朝者则方，或曰沿明制也，而道士之靴亦方其头。

军机大臣着绿牙缝靴

军机大臣着绿牙缝靴。自嘉庆丙子，特旨赏托津、卢荫溥始，并谕嗣后军机大臣俱准穿用。

发靴

乾隆时，符幼鲁郎中曾之被服鲜奇，嫌缎袀靴有光，乃织发为之，人谓之“发靴”。

爬山虎

爬山虎，靴名，亦曰“快靴”。底薄筩短，轻趫利步，武弁之如戈什哈、如差官者着之。

太祖之履

鞋，本作“鞵”，履也。太祖之履，以牛皮为之，饰以绿皮云头，长尺有二寸，藏陪都崇谟阁。满语呼绿皮云头为“乌拉”。

草鞋

草鞋为劳动者所着，有以赠仁和顾石帆上舍升者，石帆报之以诗云：“最爱山边与水边，芒鞋宜与我周旋。龙孙老去留为杖，凤味藏来亦有田。芰草凉生新雨后，灌花湿透晚风前。回思匹马风尘里，十载劳劳意惘然。”石帆，乾隆时人。

棕鞋

棕鞋，以棕皮为之，蹑之可祛湿，遇雨即以为屐之用。仁和朱一帆尝有《棕鞋》诗云：“双凫买得着来清，制就山棕式自精。房结鱼鳞攒细碎，文裁麂眼界分明。偏教绿雨穿三径，端为青山踏一程。安步不烦扶竹杖，那须几两忆平生。”

钉鞋

钉鞋，鞋底着钉，雨行用之，始于唐德宗时。德宗入骆谷，值霖雨道滑，卫士多亡归朱泚，惟李升、郭曙、令狐彰等六人，着钉鞋行縢，更控上马，以至梁州。

购鞋定鞋

杭州清和坊某鞋肆，偶来一村翁购布鞋，选择颇苛。肆中人诮之曰：“乡人得着新鞋，已足荣耀乡里，何用挑选！”翁不顾，徐徐着鞋去。翌日，有一翁来，言：“近在灵隐广作佛事，且欲斋罗汉，请为我制罗汉鞋五百双，其足样大小，约如灵隐所塑者，用黄绫子作鞋面可也。”言讫，付定银五十圆，掣收条而去。肆中人得此大宗生意，无不大喜，昕宵趱赶，匝月而成，颇怪翁未尝来询。迨制成，堆置店中。久而不见翁至，异之，讯诸灵隐寺僧，实无此项施主，始知后翁即前翁，以是为报也。

汪笑侬蹑两样鞋

汪笑侬好弄文，东方曼倩之流也。有晤之于谦鞠如寓者，时朱百房、许子敬、赵仲平咸在座，笑侬引吭高歌，高嵬淅淅沥沥一片声一段，词句典雅。歌毕举一事，闻者莫不捧腹。方哄堂大笑时，忽寂然无哗。众之视线，悉集于汪之两足，盖所著之鞋，式样各异也。

宝星

星，即勋章也。以镶嵌珍宝，光芒森射，故谓之“宝星”。凡五等，并于头、二、三等每等再分三级，计次序之数，共十有一。光绪辛巳，始由总理衙门奏定其制，专为国际上馈赠赏赉之品，其后亦以宠锡群臣。

云肩

云肩，妇女蔽诸肩际以为饰者。元之舞女始用之，明则以为妇人礼服之饰，本朝汉族新妇婚时亦有之。尤西堂尝咏之以诗，其诗云：“宫妆新翦彩云鲜，婀娜春风别样妍。衣绣蝶儿帮绰绰，鬟拖燕子尾涎涎。筵前拊鼓宜垂手，楼上吹箫许比肩。只恐巫山夜飞去，倩持飘带欲留仙。”光绪末，苏、沪妇女以髻低及肩，虑油之易损衣也，乃仿为之，特较小耳，以绒线所结者为多。

花翎

品官之大帽，饰以孔雀翎，施于冠后，犹古之珥貂也。以目晕之多寡为等差。目晕，即眼也。普通皆一眼，多者双眼、三眼。其初皆出于酬庸旷典，惟有功而蒙特恩者，始得赏戴。康熙时，福建提督施琅以平定台湾功第一，诏封靖海侯，世袭罔替。琅疏辞侯爵，恳照前此在内大臣之列，赐戴花翎。部臣议在外将军、提督无给翎例。圣祖特旨赐之。及粤、捻乱平，名器幸滥，汉员以军功得赐者甚多，且有双眼、三眼者。其后又定报捐花翎之例，于是五品以上之官，皆得援例捐纳，不复重视之矣。

亲郡王、贝勒为宗臣，例皆不戴花翎，惟贝子冠三眼孔雀翎，公冠双眼孔雀翎，为臣僚之冠。乾隆中，顺承勤郡王泰斐英阿充前锋统领，乞花翎，高宗曰："花翎乃贝子品制，诸王戴之，反失制。"傅文忠代奏，谓其年幼，欲戴以美观，始许之。因并赐皇次孙三眼翎，曰："皆朕孙辈也。"由是亲郡王屡有蒙恩赐者。高宗且欲定五眼花翎为亲郡王定制，为和珅所阻，未果行。

大臣之赏戴双眼花翎者，固皆出于特恩，不能以捐纳而得。然领侍卫府管护军营、前锋营、火器营、銮仪卫，满洲五品以上各员及王府之头等护卫，亦得戴之。

内廷颁给花翎

国初视翎支极重，凡赏戴花翎者，必有非常之功。其花翎确由内廷颁给，惟许戴此一支，自己不得购用。非若捐例既开之花翎，尽人可捐，且须自置，与蓝翎一例也。

蓝翎

蓝翎亦为大帽之饰，以鹖羽为之。其色蓝，羽甚长，无眼。光绪时，有用花翎线扎之者，远望之似花翎，秩较卑而有功者，得赐用。旧例，如领侍卫府管护军营、前锋营、火器营、銮仪卫，六品以下及王府二等护卫以下者，皆得戴之。自粤、捻乱平，赏赐甚滥；及捐例开，且可纳赀以得之矣。

卍字簪

孝钦后好妆饰，化妆品之香粉，取素粉和珠屑、艳色以和之，曰“娇蜨粉”，即世所谓“宫扮”是也。宫簪翡翠之深绿，为世所罕有，两端各镶赤金卍字七个，曰“卍字簪”。宫粉既涂，翠簪毕插，辄取镜顾照数四也。

朝珠

五品以上文官，皆得挂朝珠。珠以珊瑚、金珀、蜜蜡、象牙、奇楠香等物为之，其数一百有八粒，悬于胸前。有小者三串，两串则男左女右，一串则女左男右。又有后引，垂于背。本即念珠。满洲重佛教，以此为饰，故又曰“数珠”。

碧霞犀朝珠

颐和园侧有居民李姓者，玉田县人，家藏碧霞犀朝珠一挂，记念皆明珠也，价值数万金。光绪中，内监李莲英欲之而不得，因授意宿卫军统领某。某因传令于其勇曰：“有能得朝珠者，立赏哨官。”麾下执械蠭往，则其人已遁，于是有颐和园被盗之谣。

编检挂珠

定例：文职五品以下，不得悬带朝珠。翰林院编、检亦五品也。洎雍正乙巳，御门听政，始派翰林编、检四人侍班。乾隆丁巳，高宗以翰林班在科道前，科道挂珠而翰林独否，不足以肃朝仪，特谕修撰、编、检一体悬挂。其后则不兼讲官者亦挂珠矣。

中书挂珠

内阁中书挂朝珠，自严侍读长明始。严官中书，时充方略馆官，以书局在内廷，例许挂珠也。其后则中书不兼馆差者，无不挂珠，并举贡之议叙中书衔、捐职双月中书者，亦靡所区别，即捐纳之科中书，亦且一串牟尼项下垂矣。

扳指

扳指，一作“搬指”，又作“掷指”，又作“班指”。以象牙、晶玉为之，着于右手之大指，实即古所谓“韘”。韘，决也，所以钩弦也。

指环

指环，以贵金属或宝石制之，约之于指，以为美观。初惟左手之第三、第四两指，后则惟所欲矣。亦谓之“戒指”。纣作宝幹指环。汉宫人御幸，赐银指环。盖古宫禁中，本用以为嫔妃进御或有所避忌之符号，后世遂用为普通之指饰，故曰戒指。大宛娶妇，先以同心指环为聘，今乃以为订婚之纪念品，则欧风所渐也。朱竹垞有咏金指环词，调寄《临江仙》，词云：“削就葱根待束，挂将榴火齐炎，殷勤搓粉为君拈。爱他金小小，曾近玉纤纤。 数遍檀郎十指，带来第五犹嫌。凭教丽句续香奁。解时愁不断，约了闷翻添。”程子大以《生查子》词咏之云：“香印嵌珠圆，翠影回金缕。浣了玉纤纤，十指中央住。 晓起约葱尖，笑向檀郎语。昨夜梦回初，卸入鸳衾去。”

铜圈

光绪时，载漪统带神机营，有幕友浙人名王凤岐者，献策令右臂各戴铜圈如钏，以为标识，盖恐其临阵脱逃也。庚子之变，营兵尽作义和团。八国联军入京师，搜寻余匪，营兵等以圈系熟铜所铸，捋之不下，劈之不开，联军以为左证，见即杀之。

一身佩二十余物

某尚书丰仪绝美，妆饰亦趋时。每出，一腰带必缀以槟榔、荷包、镜、扇、四喜、平金诸袋，一钮扣必缀以时表练条、红绿坠、剔牙签诸件，胸藏雪茄纸烟盒及墨水、铅铁各笔、象皮图书、账簿、手套、金刚钻戒指、羊脂班指、汉玉风藤等镯。统计一身所佩，不下二十余种之多。

黄带子红带子

凡宗室，皆系黄带，故俗称宗室为“黄带子”；凡觉罗，皆系红带，故俗称觉罗为“红带子”。

忠孝带

忠孝带，一曰“风带”，又曰“佩帉”，视常用之带微阔而短。素巾亦曰“手巾”，行装必佩之。蒙古松文清公筠，谓国初以荷包储食物，以佩帉代马络带者。而满洲震载亭大令钧辨其说，谓闻之前辈，以为马上缚贼之用。凡随扈仓猝有突仪卫者，无绳索，则以此缚之，盖备不虞之用耳。或曰，如以获罪赐尽，仓猝无帛，则以此带代之，故曰“忠孝”。

于文襄佩表

内廷诸臣趋直，各佩表于带，以验晷刻。于文襄公敏中在官，于高宗晚膳前应交奏片，必置表砚侧，视以起草，虑迟误也。

总督带刀

文臣无带刀者，惟总督腰许带刀，兼武事也。范忠贞公承谟陛见时，召对良久，谢恩出，遗小刀于殿上，圣祖云：“此必范卿之物。”乃命侍卫送还。盖此为平日系腰，遇宴飨时割肉之刀也。

阮文达制仿古团扇

团扇之名甚古，汉已有之。有明中叶，乃行折扇，至本朝尤盛，遂不复知有古制矣。阮文达于嘉庆丙辰提学浙江，尝得一古团扇，有马和之画，杨妹子题，因依式仿制，以赏诸生之试列高等者。时钱塘陈云伯大令尝应岁试，赋此题，有云："江南三月春风歇，樱桃花底莺声滑。合欢团扇翦轻纨，分明采得天边月。南渡丹青待诏多，传闻旧谱出宣和。入怀休说班姬怨，羞见曾怜晋女歌。班姬晋女今何有？携来合付纤纤手。阑前扑蝶影香迟，花间障面徘徊久。楼台花鸟院中春，马画杨题竟逼真。歌得合欢词一曲，不知谁是合欢人。"文达阅之，大加称赏，拔置第一，刻入浙江诗课及《定香亭笔谈》。不二十年，团扇之制遂行满天下。钱梅溪尝有《团扇》诗赠文达云："用舍行藏要及时，制成团扇寄相思。时来毕竟如公少，明月清风一手持。"

王壬秋不握扇

王壬秋不握扇，盖嫌其妨手也。惟对宾客，时一持之。颇有当世精扇，常委笥中。每出游远方，多历岁月，适当须扇之时，又随地购置。而世俗初夏，不用蒲葵。同治乙丑四月南归，至樊城而亢热，市中求买，乃无精制，因自忆甲子于韶州，亦买一纛绢团扇，若今宦游人士，未能堪持也。谓时当乏材，则庸夫充位；士不自荐，则太璞归真。既感佳者之委间，又伤用者之不见珍，遂作诗题于上云："大堤春尽莺花老，归辔重经汉阴道。征战尘荒估客稀，歌词枉说襄阳好。南风吹麦暖气蒸，纨素未裁愁暑增。聊从小市买筠骨，粗疏正忆韶州缯。从来物用始矜贵，谁道过时仍弃置。万物无心随爱憎，空将冰炭伤君意。苏杭细丝京都工，世人争买夸玲珑。宁知轻盈满怀月，不及蒲葵大扇风。湘江藏扇年年怨，箧笥弃捐华落贱。犹经芳袖时卷舒，应胜尘沙逐流转。沉吟物理各推移，自谓繁华全盛时。一朝用舍不相让，多谢秋风班女词。"

坐褥

坐褥，文武品官坐班时所用，盘两膝而坐，拜跪之礼，即于其上行之，俗谓之曰“拜垫”，盖衬托之使厚而高也。

文官所用者，一品，冬用狼皮，夏用全红褐，衬红毡。二品，冬用貛皮，夏用红褐，镶青褐，衬红毡。三品，冬用貉皮，夏用青褐，衬红毡。四品，冬用野羊皮，夏用青布，衬红毡。五品，冬用青羊皮，夏用蓝布，衬白毡。六品，冬用黑羊皮，夏用酱色布，衬白毡。七品，冬用鹿皮，夏用灰色布，衬白毡。八品，冬用狍皮，夏用土布，衬白毡。九品、未入流，冬用獭皮，夏用土布，衬白毡。

武官所用者，一品，冬用狼皮，夏用全红褐，衬红毡。二品，冬用貛皮，夏用红褐，镶青褐，衬红毡。三品，冬用豹皮，夏用青褐，镶红褐，衬红毡。四品，冬用野羊皮，夏用青布，衬红毡。五品，冬用青羊皮，夏用蓝布，衬白毡。六品、七品，冬用黑羊皮，夏用黑酱色布，衬白毡。

饮食类

京师食品

京师春蔬之妙，甲于全国，乡人晨以小车辇入城市，种类甚多，价与鱼肉埒。

蟹出最早，往往夏日已有。其尖脐者，脂膏充塞，启其壳，白如凝脂。团脐之黄，则北蟹软而甜，若来自南者，硬而无味，远不逮也。

填鸭之法，南中不传。其制法有汤鸭、爬鸭之别，而尤以烧鸭为最，以利刃割其皮，小如钱，而绝不黏肉。

金陵有便宜坊桶子鸡，京师米市胡同亦有之，虽与烧鸭并称，而鸭则不如他肆；惟鸡独胜，色白而味嫩，嚼之无渣滓。

京师虽陆地，而农圃之家多谙陶朱种鱼术，故鱼多肥美。酒肆烹鲜，先以生者示客，即掷毙之，以示不窃更。肆中善烹小鲜者，可得厚俸，谓之“掌勺”，故人多趋之若鹜焉。

黄芽菜亦甚佳，而不及山东、河南之巨。市菜者以刀削平其叶，置之案，八人之案，仅置四棵耳，可称硕大无朋矣。以此菜腌作冬齑，颇脆美。

酰、酱二物，为烹调所必需，而京师以黑醋、白酱油为贵，味特鲜美。南中辣椒，有皮无肉，京产者肉甚厚，外去其皮，内去其子，专以肉捣成酱，而和以饧、盐，拌入他菜，其妙独绝。

北人骂人之辞，辄有“蛋”字，曰“浑蛋”，曰“吵蛋”，曰“倒蛋”，曰“黄巴蛋”，故于肴馔之“蛋”字，辄避之。鸡蛋曰“鸡子儿”，皮蛋曰“松花”，炒蛋曰“摊黄菜”，溜蛋曰“溜黄菜”，煮整蛋使熟曰“沃果儿”，蛋花汤曰“木樨汤”——木樨，桂花也，蛋花之色黄如桂花也。蛋糕曰“槽糕”，言其制糕时入槽也。而独于茶叶所煮之鸡蛋，则不之讳，曰“茶鸡蛋”。

其在正月，则元日至五日为破五，旧例食水饺子五日，曰“煮饽饽”。然有三日、二日或间日一食者，亦即以之飨客。十五日食汤团，俗名“元宵”是也。又有所谓“蜜供”者，则专以祀神。以油面作荚，砌作浮图式，中空玲珑，高二三尺，五具为一堂，元日神前必用之。果实、蔬菜等，亦叠作浮图式，以五为列，此各家所同也。

元日至上元，商肆例闭户半月或五日。此五日中，人家无从市物，故必于岁杪烹饪，足此五日之用，谓之“年菜”。

宁古塔人之饮食

宁古塔人之饮食品，康熙以前以稗子为贵人食，下此皆食粟，曰“粟有力”也。不饮茶，无陶器，有一磁碗，视之如重宝，久之亦不之贵矣。凡器，皆木为之。高丽制者精，复难得，大率出土人手。匕、箸、盆、盂，比比皆具，大至桶、瓮，高数尺，亦自为之。有打糕，黄米为之精。有饼饵，无定名，入口即佳也。多洪屯有蜂蜜，贵人购之以佐食，下此不数数得。盐则取给于高丽，每十月，译使至宁古，昂邦章京檄牛录，督市盐者以行，给其仆马，至高丽之会同府。会同去王城尚三千里，荒陋犹宁古也。其国亦遣官与我使授受，交易盐及牛、马、布、铁，复还。凡五六十日而始竣事。问其官，亦以供应为苦。满人得盐，乃高价以售之于汉人，惟退而自啖其炕头之酸虀水。菜将霜，取而置之瓮，水浸火烘，久而成浆，曰“胜盐多多许”。

皇帝御膳

皇帝三膳，掌于御膳房，聚山珍海错书于牌，除远方珍异之品以时进御外，常品如鸡、鱼、羊、豚等，每膳皆具，必双，御膳房主之。

圣祖一日二餐

张文端公鹏翮尝偕九卿奏祈雨，圣祖览疏毕，曰：“不雨，米价腾贵，发仓米平价粜糁子米，小民又拣食小米，且平日不知节省。尔汉人，一日三餐，夜又饮酒。朕一日两餐，当年出师塞外，日食一餐。今十四阿哥领兵在外亦然。尔汉人若能如此，则一日之食，可足两食，奈何其不然也？”文端奏云：“小民不知蓄积，一岁所收，随便耗尽，习惯使然。”圣祖云：“朕每食仅一味，如食鸡则鸡，食羊则羊，不食兼味，余以赏人。七十老人，不可食盐酱咸物，夜不可食饭，遇晚则寝，灯下不可看书，朕行之久而有益也。”

高宗在寒山寺素餐

高宗喜微行，在位六十一年，尝微行出京，时疆臣颇惴惴，以帝行踪隐秘，恐诇察也。顾帝所至，辄诫知其事者不得供张。一日携二监微行，张文和公廷玉从之。至苏州，时巡抚为陈大受，大受故识文和，惊其突至，文和耳语大受曰：“衣湖色袷袍者，圣上也。”大受不知所出，遽上前跪迎。帝笑而扶起之，谓勿惊，第假此间佛寺宿一旬足矣，勿使左右及寺僧知也。大受唯唯。进馔，帝命五人同坐。食毕，大受修函介绍于寒山寺僧，谓有亲串数人，欲假方丈游数日。大受启帝，谓微臣当随驾。帝曰：“汝出，恐地方人士多识者，多不便，不如已。”大受叩头谢。既而帝及文和、二监赴寒山寺，僧以为中丞之戚也，供膳。帝谓：“吾等夙喜素餐，第供素馔足矣。”僧导游各处，帝赠一箑，书张继《枫桥夜泊》诗，款署“漫游子”，留宿七日而去。临行以函告大受，略谓“予去矣，恐惊扰地方，万勿远送”，遂微行离苏。

高宗谓蔬食可口

高宗南巡至常州，尝幸天宁寺，进午膳，主僧以素肴进，食而甘之，乃笑语主僧曰："蔬食殊可口，胜鹿脯、熊掌万万矣。"

德宗食草具

德宗受制于孝钦后，虽饮食品，亦不令太监以新鲜者进。一日觐孝钦，微言所进者为草具，孝钦曰："为人上者亦讲求口腹之末耶？奈何独背祖宗遗训！"言时声色俱厉，德宗遂默不敢声。

光绪戊戌，德宗被幽瀛台，每膳虽有馔数十品，离座稍远者半已臭腐，盖连日呈进，饰观而已，无所易也。余亦干冷不可口，故每食不饱。偶欲令御膳房易一品，御膳房必奏明孝钦，孝钦辄以俭德责之，竟不敢言。

陈石遗之晚食

光绪庚寅，陈石遗里居，一日晚食，作诗云："晚菘渐渐如盘大，霜蟹刚刚一尺长。独有鲈鱼四腮者，由来此物忌昂藏。"（鲈鱼以长二三寸者为美。）

袁慰亭之常食

袁慰亭内阁世凯喜食填鸭，而豢此填鸭之法，则日以鹿茸捣屑，与高粱调和而饲之。而又嗜食鸡卵，晨餐六枚，佐以咖啡或茶一大杯，饼干数片，午餐又四枚，夜餐又四枚。其少壮时，则每餐进每重四两之馍各四枚，以肴佐之。

梁星海之常食

南海梁星海廉访鼎芬，忌食米粥、茶果，常餐惟鸡卵、豆腐而已。

况夔笙之常食

临桂况夔笙太守周颐之赴谳会也，不甚进食。在家常膳，好以火腿佐餐。惟以晏起迟眠，每至夜午辄饭，冬夜亦然。时仆婢已寝，则必其妇为之料简焉。

姚得弟侍母蔬食

姚得弟，永朴女，生二年而永概抚之，又十年，得寒疾不汗而死。性慧，识字三千余，又能佐其母治家事，尝私谓人曰："吾侍母日蔬食，父归，乃具肉，而吾食乃益加饱也。"

蔡鹤庼持素食主义

山阴蔡鹤庼编修元培，夙持素食主义，惟不能屏绝肥甘。其于宴会，亦从众进食，然不多，固非饕餮者流之见有盛馔，恣为饮啖，一赴宴而隔宿犹饱，至患河鱼之疾也。

伍秩庸常年茹素

光绪癸卯、甲辰间，新会伍秩庸侍郎廷芳，以多病而药不瘳，考求卫生之法，而有悟于植物之发生，实恃太阳，五谷、蔬果无一不藉太阳而生，故其品质最为有益于人，食之，自少渣滓而易消化，固非重滞肉类之所能比拟也。乃遂以素食自励，长日两餐，仅于日午、日晡一进饮食，腥膻、脂肪悉屏不御。久之而夙疾顿蠲，步履日健，两鬓且复黑矣。

伍秩庸主张二餐

伍秩庸尝以吾人一日二食为最适当，午前以在十一时、十二时之间为宜，午后以六时前后为宜。两餐以外，不进杂食。若粤人之消夜，则尤不可，以其密迩睡时，有碍消化也。秩庸初亦多疾，既实行二食，而夙疴悉蠲，精神增长，盖食料既少，消化自易之所致也。

秩庸尝曰："食物必使消化，乃得其益，否则且以为致病之源。盖食物入口，其助消化之作用者，首为齿，次为小腹，三为肝，四为肠。凡此四者，为食物所必经，虽尚有他端，要以此为四大纲，必使咀嚼成浆，以为入喉第一门户，而慎勿囫囵吞咽，以一经入肠，即不能自为融化也。”

又曰：“国人多病齿，虽在少年，亦多残蚀，殆以食不用齿耳。譬之锁钥，久不用匙则锈。乃者世人进饭，喜沃以汤茶，使导之入肠，吾甚诧之。米之整粒，须阅三四小时，乃始消化，非大有碍于卫生耶？故一切食物，总以尽力咀嚼为要，且亦不必以干食入喉不润为病也。盖舌本生津，即为人身之灵液。试以干面包嚼之，自然齿润甘回。又如以粉浆一撮，取口涎一匙，调匀烹煮，火候至九十度，则浆自成水，逾格芳甘。若仅沃以汤茶而吞之，亦何能有味耶？要之，每食先嚼使极烂，乃得由食管而下小腹，复由小腹和匀至肝，磨荡一周，化为血液，乃入于小肠。小肠蟠曲回环，长可二十尺，大肠亦四尺，如不加选择，积滞难通，或且多余渣滓，大乖卫生之道矣。”

蒋竹庄废止朝食

蒋竹庄素主节食，固坚持废止朝食主义而实行之者。其所持理由有五。一，经一夜睡眠晨起，即有一种粘液被覆于胃之内面，此时若进食物，则食物之表面必为此粘液所包被。而既经包被之食物，胃液不易浸入，于是阻碍消化，生活力遂至空费。二，经一夜睡眠而至晨，胃肠之消化器尚未十分活动，此时若进食物，与以刺戟，强使动作，则背乎自然，既违反生活力之经济主义，又违反长寿之自然理法。三，经一夜睡眠，身体各器官尚在未消费营养物之时，加以昨夜之食物消化吸收于血液之中，含有营养分甚多，此时虽不吸收养料，亦可使心身十分活动，不觉来源之不足。故虽全废朝食，于心身之活动，实无障害也。四，经一夜睡眠而起之晨，身体之活力充实，即神经、筋肉之力，皆达于最高度之时也。故以为此时不进食物，必不能活动，且虑其疲乏者，殆为绝对必无之事，而实能胜长时刻之动作也。反之，废止昼食，则午后三四时已早觉血液中营养分之不足，心身疲劳，其必至消耗其生活力，而背于长寿之自然理法也，不待言已。五，晨起时，心身之活力正达于最高度，故此时必宜十分活动，即一日中之最适于活动，且为活动结果最伟大之时也。此时若进无关紧要之朝食，既空费贵重之时刻，又以消化食物，至夺其多量血液，减杀心身之活动，使生活力有空费之虞，岂不大愚？即此一端而论，则朝食者，可谓形式上、实质上皆不适于长寿之理法也。

长寿有形式、实质二种。形式者，必曰达若干岁方为长寿，务以年龄之多为优，此世人所通称者也。实质者，乃就活动时刻之久长而言。故形式之寿，虽止六十，然若每日之活动时刻甚长，则其人可与八十及其以上之形式的长寿者为同等之事业，未可知也。

如是，则废朝食而为二食，实有至理。至若因职业之性质，不受时刻制限者，可于晨起为四五小时之活动，午前十时朝食，午后五时至六时晚食，如我国北方之习俗，颇与废朝食为二食主义之理想为合。然非普通人所能适用，惟农夫能之。故废朝食为二食之规定时刻，其最适当者，则正午十二时昼食、午后七时至八时晚食是也。

竹庄久患胃扩张病，往往未食则腹饥，临食则不甘，至以为苦。及实行废止朝食，而疾去其泰半。且尝谓自实行后，第一月于每日上午之十时前，略觉腹空难耐。盖胃中习于充满食物之故，初觉空腹者，乃神经性之作用，非果饿也。其后乃转觉胃部畅快。一日，偶以事而午餐迟至午后二时，亦未觉空腹之难堪，而治事之精神仍如常也。

竹庄午餐之食品，仅牛乳一杯、生鸡蛋一枚、面包二片、水果一事而已。人人若是，则既益卫生，且大有裨于国民经济也。

胡金胜朝餐食品

丹阳胡氏子曰金胜者，不慧，将冠犹不辨菽麦，而健于饮啖。盖其祖母极爱怜之，养而不教之所致也。幼随祖母寝，晨觉即饲以枕畔所藏之饼饵，及起则进糜一大瓯，又佐以四糍团、二油灼桧焉。

杨某就食于人

河南渑池县典史杨某之在任也，不挈眷，不举火，终日就食于富商。闻继任者至，匿不见，惧交卸也。知县某不获已，签拘之乃得，迫令交印焉。

京师宴会之肴馔

光绪己丑、庚寅间，京官宴会，必假座于饭庄。饭庄者，大酒楼之别称也，以福隆堂、聚宝堂为最着，每席之费，为白金六两至八两。若夫小酌，则视客所嗜，各点一肴，如福兴居、义胜居、广和居之葱烧海参、风鱼、肘子、吴鱼片、蒸山药泥，致美斋之红烧鱼头、萝卜丝饼、水饺，便宜坊之烧鸭，某回教馆之羊肉，皆适口之品也。

京师宴会之恶习

京师为士夫渊薮，朝士而外，凡外官谒选及士子就学者，于于鳞萃，故酬应之繁冗甲天下。嘉、道以前，风气犹简静。征逐之繁，始自光绪初叶。且中进士者，凡于座师、房师及朝殿覆试阅卷大臣，例执弟子礼，位尊者或投三四刺始获见，外此乡会、同年及同署、同乡皆须投谒，仆仆不得少憩，日以为常。其以请客迟到而谩友者，如祝云帆春熙是也。一日，云帆招梁敬叔恭辰、程晴峰矞采、达玉圃麟、李兰卿彦章往其家，陪新简金华太守杨古心兆璜。候至上灯时，古心犹未至，云帆大怒，乃先入座畅饮，且曰："古心必不来，即来，亦听之。"饮至三鼓，肴核尽矣，而古心忽至。云帆乃侈口肆詈，声色俱厉，仅以一羹一饭了之。古心大惭沮而去。又一日，闻春台邀同程春楼陪一外官午膳，至日将晡，尚未至。众不能久待，遂大恣饮啖而散。甫上灯，春台即闭门睡。须臾，外官至，阍人传命曰："主人明日早直，陪客皆须入城，不及待，他日另请可也。"外官亦大惭沮，噤无一词。

京师宴会之八不堪

光绪季年，黄岩喻志韶太史长霖在京师，厌酬酢之繁，有谢宴会私议一启，略云："供职以来，浮沉人海，历十余年，积八不堪，谨贡下忱，用告同志。一，现处忧患时代，祸在眉睫，宴会近于乐祸，宜谢者一。二，今日财政窘困，民穷无告。近岁百物昂贵，初来京师，四金之馔，已足供客，今则倍之，尚嫌菲薄。小臣一年之俸，何足供寻常数餐之客？久必伤廉，宜谢者二。三，京员旧六部，近添新署，共十一部，而官益多，加以学堂林立，巡警普设，人数倍蓰于旧，宴会之事，弥积弥繁。若欲处处周到，虽日日谒客，日日设馔，仍有不逮。且京中恶习，巳刻速客，至申不齐；午刻速客，至暮不齐。主人竟日衣冠，远客奔驰十里，炎夏严冬，尤以为苦，宜谢者三。四，宴客略分数等，如贵人冶游，巧宦奔竞，达士行乐，可置勿论。若知交祖饯，朋友讲习，谊分当然，似非得已。然近来酒食之局，大都循例应酬，求其益处，难获一二，宜谢者四。"其余四则，以个人之私，不录。

满人之宴会

满人有大宴会，主家男女必更迭起舞，大率举一袖于额，反一袖于背，盘旋作势，曰"莽式"。中一人歌，众皆以"空齐"二字和之，谓之曰"空齐"，盖以此为寿也。每宴客，客坐南炕，主人先送烟，次献乳茶，曰"奶子茶"，次注酒于爵，承以盘。客年长者，主辄长跪，以一手进之，客受而饮，不答礼，饮毕乃起。客年稍长，则亦跪而饮，饮毕，客坐，主乃起。客年若少于主，则主立而酌客，客跪而饮，饮毕，起而坐。妇女出酌客，亦然。惟妇女多跪而不起，非一爵可已也。食时，不食他物。饮已，设油布于前，曰“划单”，即以防秽也。进特牲，以刀割而食之。食已，尽赐客奴。奴叩头，席地坐，对主食，不避。

蒙人宴会之带福还家

年班蒙古亲王等入京，值颁赏食物，必携之去，曰“带福还家”。若无器皿，则以外褂兜之，平金绣蟒，往往为汤汁所沾濡，淋漓尽致，无所惜也。

丁固庵时作主人

钱塘丁文策，号固庵，明诸生，明亡不仕。每宴会，饮啖兼数人馔。时作主人，然故为酒令以挫客之机警者，至昏酣，不听去。

禾中文酒之会

国初禾中文酒之会，甲于海内，如朱竹垞、千里昆仲及俞右吉、郑随始、王介人、周笃谷、徐皆山、褚二觐、沈山子、缪天自、钟广汉诸人，每人出三十钱，一蔬一肉，而烛必盈把，每携笔砚，吟咏达旦。

吴雁市席次大言

吴秋，字雁市，康熙初之钱塘人。游京师，诸贵人招之不往。游西江，李侍讲来泰开宴，集名士与饮，酒酣，大声而言曰：“吾浙中名士仅四人。”问其故，则曰：“吾师章淇上，次则吾宗庆百、志伊。”问其四，不答。时在座多浙人，深恶之。

项霜田闻宴径造

康熙朝，钱塘项霜田上舍溶，尝游京师，以事南归。一日忽复至，闻诸名士会宴某所，径造焉，告座客曰："予自家以十八日至都。"客讶曰："何急事也？"曰："予往来南北数矣，有包程骡者，未尝乘也，故偶试耳。"

毕怡安家宴

毕怡安有小姨爱猫，一日毕氏家宴，席次行酒令传花，以猫叫饮酒为度。每巡至怡安，猫必叫。怡安不胜酒创，疑甚，察之，乃知小姨故戏弄之，凡花传至怡安，辄暗搯（掐）猫一指使叫。

章目湖大会湖心亭

章日跻，号目湖，康熙时之钱塘人。好客，好远游，历齐鲁、江淮，近揽三吴苕霅、严陵之胜，枯筇野棹，日在佳山水中，虽风雨不辍。四方名宿而外，酒人、剑客、古衲、名姬，恒满户内，或赁舟结侣，浃旬忘返。尝曰："湖光无刻不变，故欲以闲静求之。"尝避暑湖心亭，来访者橹声相接。又尝以中元夜大集，同人至者几五十人，分十小舟，各悬二灯，炉茗弦管之属无不具。是夜微雨，群舟任其所之。夜半会于湖心亭，继复聚于断桥，霁月明甚，痛饮狂歌，至晓乃罢。有诗云："言采潭心白玉莲，水灯云管杂舟前。暂教风雨成佳会，毕集人文动谪仙。山月霁迟分夜半，湖亭凉早得秋偏。回流递醉渔歌散，四面诸峰聚晓烟。"纪此会也。

谭慕邺赴宴居上座

沔阳谭士珌，字慕邺。家中落，敝篚中惟短褐一、芒鞋一，他无长物。所著《五经鳞》《虚牕论史》《饿说》诸帙，常以自携，口哦手录不稍释。虽宾至，不起立，与语，不答，时流嗤之。某岁宴唐氏园林，约曰："无少长贵贱，步屧来。"一新贵独后，乘车至，下阶除，慕邺怒，大言叱之。众哄然笑，某亦面赤不敢言。逮入席，慕邺曰："爵与齿，弗如也；吾之尊，其德乎？”夷然自居上座，众又大笑。

韩桂舲赴消寒会

韩桂舲尚书崶家居时，年逾七十矣。每消寒会食，必以四字为准，曰早，曰烂，曰热，曰少。早，言时也；烂、热、少，言物也。

沈巨山赴宴沉饮

沈巨山家贫好客，良友燕集，辄慷慨沉饮。或劝以少事生业，对曰：“良朋、尊酒，吾故藉以生者。”巨山，名家恒，顺康间之钱塘人。

刘西廷岁时开讌

刘西廷名戡，好为诗，尤雄于酒。岁时招故人讌集，兴至即不复用常杯，倾酒釜中，与豪客为拇阵，胜负纷拏，辄大声笑呼，以巨觚盛饮，可数十瓢。即席分题，长篇险韵，他人沉吟，方欲出吻，已立就数百言，一时名流未能或先也。客散则扪腹徐行，吟哦声不绝。子侄辈有索诗者，随所求，立应之。

辛先民闻宴必赴

宛平辛先民司李民客居吟叹，闻有人招宴必赴，直欲捐性命狥之。或谏其不节，辛笑曰：“奈五脏神愿驰驱何？”

辇下讌集

康雍以还，承平日久，辇下簪裾，讌集无虚日，琼筵羽觞，兴会飙举。凡豪于饮者，各有名号，长洲顾侠君嗣立曰“酒王”，武进庄书田楷曰“酒相”，泰州缪湘芷沅曰“酒将”，扬州方觐文觐曰“酒后”，（时未留须。）太仓曹亮畴彝曰“酒孩儿”。（年最少也。）五人之外，如吴县吴荆山士玉、侯官郑鱼门任钥、惠安林象湖之浚、金坛王箬林澍、常熟蒋檀人涟、蒋恺思洞、汉阳孙远亭兰苾，皆不亚于将相。荆山尤方驾酒王，每裙屐之会，座有三数酒人，辄破瓮如干，罄爵无算。然醉后则群嚣竞作，弁侧屡僛，形骸放浪，杯盘狼藉。惟荆山饮愈遝，神愈惺，酬醋〔酢〕语默，不失常度，夷然洒然，略无矜持抑制之迹。其闳量，非同时侪辈所及，而歙然不以善饮之名自居。荆山一寒士，弱不胜衣，貌癯瘠无泽，而享盛名、跻右軼（古同"秩"）。昔人云："魏元忠相贵在怒时，李峤相贵在寐时。"荆山之相，必贵在醉时也。

方望溪宴客不劝客

有饮于方望溪侍郎邸中者，绝不劝客。或疑而问之，方曰："礼：主人宴客，客将饭，主人必以粗粝为辞，客必强飧之，以为至美。今主人劝客，客反不飧，岂礼也哉？孔子食于少施氏而饱，客将祭，主人辞曰：'不足祭也。'客将飧，主人辞曰：'不足飧也。'"

陶然亭雅会

赵味辛司马、洪稚存太史、张船山太守、吴山尊学士，同官京朝，文酒过从，极一时朋簪之盛。预订每遇大雪，不相招邀，各集南下洼之陶然亭，后至者任酒资。

洪稚存遇宴闯座

洪稚存负才傲物，清狂自喜。在京时，尝游陶然亭，遇素不识者宴客，洪即闯座，即浮一大白，曰："如此东君如此酒，老夫怀抱几时开。"一笑径去。盖袭改杨廉夫句也。（廉夫为张士诚强止于宏（弘）文馆，以指写尘桌一绝云："山前日日风尘起，海上年年御酒来。如此风尘如此酒，老夫怀抱几时开。"）

吴敏轩设盛谯

吴敏轩殁之前数日，裒囊中余钱设盛谯，召友朋酣饮，大醉，辄诵樊川“人生只合扬州死”之句，竟如所言。

厉樊榭赴蔬食之会

乾隆某岁六月一日，厉樊榭集十研斋蔬食，期炅上人不至，因为诗曰：“积雨润方收，初夏势已蕴。山僧结夏期，我辈服食谨，丈人静者流，解菜鄙馋吻。入市匪求益，行园土膏坟。瓠鸭及楮鸡，罗列费捨攟。相招同此味，意与信民近。饱馀沃以茶，意洽色无愠。胜彼山中人，但啜云母粉。”

陆茶坞宴客讲求食经

吴人陆茶坞，名锡畴，水木明瑟园之主人也。性嗜客，豪于饮，尤讲求食经。吴中故以饮馔夸四方，其父研北已盛有名，至茶坞而益上。他处有宴会，膳夫闻座中有茶坞，辄失魄，以其少可多否也。其家居，无日不召客，一登席，则穷昼继夜不厌。全谢山太史祖望，尝以酒户为朋辈所推，然深畏茶坞，每至园，不五日而即病，往往解维遁。茶坞诮之曰：“是所谓以六千里而畏人者也。”坐是，遂以好事落其家。然家愈落，好事愈甚。其后世故局促，吴之富人多杜门谢酬应，无复昔时繁华之盛，而茶坞犹竭蹶持之。

王晴山宴百余人于平山堂

仁和施石友上舍安客扬州，王晴山招集平山堂，索赋长歌。时与会者百余人，石友因作歌纪之。歌云：“宿雨乍止林霏开，松影满地横古钗。我来适当清暑候，沙路松快便轻鞵。平冈蜿蜒通蜀道，其间楼阁位置佳。隋家歌舞已灰冷，指点往事摧客怀。卷帘一笑山色近，搴裳涉波为吾侪。谁写吴妆入小笔，烟岚一擦明镜揩。庐陵玉局本词客，白头出绾刺史緺。当年手种不可见，泠泠修竹无根荄。至今山川閟清气，风雅往往供谈谐。渔洋老人最后起，冶春七字非淫哇。我生已恨岁时晚，清游安得杖履皆。今年怀饼广陵市，道逢耆旧拍手如洪厓。先生白下贤，访古邗水涯。好诗兼好客，壶觞兴不乖。图书五车喙三尺，剧谈混沌驱风霾。堂前似省旧游处，惜无柳影围苔阶。江山百年有此乐，今之视昔谁相差？座中竞斗淮海句，而我拟学刘伶埋。兰亭梓泽有故事，丹青丝竹何为哉？昨者见猎弄柔翰，五子妆点同优徘。先生未许负夙诺，枯鱼屡索闼屡排。何时孟公复啖我，觥船一棹浮清淮。载月时乘黄篾舫，折花不须红粉娃。长笺急报钓鱼叟，江湖幞被行当偕。"

王茨檐赴陆筱饮宴

仁和王茨檐茂才曾祥，性和易而嗜饮，时从酒人游，遇要人、富儿，一不当意，辄掉臂去之。中年息意荣遇，绝迹省门。雷翠庭副宪鋐视浙学，闻其名，礼意敦迫，将以优行贡于乡。一日赴陆筱饮宴，或举其事以为庆，茨檐不屑也。酒酣，则曰："今此一官，亦不易得。得矣，桎梏徒自苦，岂若诗场酒地，与君辈皮皮之为乐耶？"皮皮，相戏之谓，杭人方言也。

茨檐有《自题乞食图》诗云："生事常苦拙，安能捻须坐。默诵陶公诗，乞食奚不可？同里三五辈，夙昔称知我。分能相馈遗，词不烦忝荷。欣然进一觞，起更索蔬果。念此意气真，披图一笑瑳。还思失业徒，孰救饥渴火？如我适所求，未便伤轗轲。"

汪槐塘与宴于端华堂

乾隆甲申，杭州有集里中同康熙甲申生者六人，宴于端华堂，钱塘汪槐塘上舍沆与焉。酒半，出顺治纪元所制银杯，命后甲申所诞哲嗣，奉以寿客，肇举齐年之会，远希会昌、元丰诸老之高风，甚盛事也。槐塘有诗，用以纪实，诗云："枌榆五老衡宇邻，过从步屧不隔旬。惟予穮秜玷后尘，柯山居士齿冠伦。一麾出守犹逡巡，诸公衮衮佩印绅。甘棠之碑树嶙峋，政成遄归狎钓轮。宰官偶现遨头身，比部心恋鹤发亲。遗荣一疏兰陔循，暇续八社罗众宾。登堂拜母展华茵，小同揖客词恂恂。问年先后齐甲申，改席擎出凿落银。紫芝煌煌烂若新，开国纪元第一春。良工制巧铭词谆，觞行疾若下阪轮。插芳咀甘殽迭陈，笑言和怿音叩錞。竹溪人物逊此辰，方今圣治被八垠。缅酋行见隶仆臣，咏歌太平娱夕晨。山屏水镜湖之滨，篼舆栗杖莫惮频。岁寒令德保松筠，嘉会勿替耄耋臻。”

徐兆潢宴客精饮馔

常州蒋用庵御史，与四友同饮于徐兆潢家。徐精饮馔，烹河豚尤佳，因置酒，请食河豚。诸客虽贪其味美，各举箸大啖，而心不能无疑。中有一张姓者，忽倒地，口吐白沫，噤不能声。主人与群客皆以为中河豚毒矣，乃速购粪清灌之，张犹未醒。客大惧，皆曰："宁可服药于毒未发之前。"乃各饮粪清一杯。良久，张苏，群客告以解救之事，张曰："仆向有羊角疯之疾，不时举发，非中河豚毒也。"于是五人深悔无故而尝粪，且呕，狂笑不止。

钱玙沙为九老会

乾隆时，仁和钱玙沙方伯琦，由闽藩以京堂内用，奉旨终养。服阕入都，年已七十五矣，以原品休致，遂归。其明年，闲居无事，乃集里中同志者九人为会。时玙沙年七十六，孙瑶圃庭兰七十四，孙芥舟廷槐七十二，汪存斋鹏飞六十九，胡青厓梦桧六十八，成成山城六十七，许石兰钺、汪晴漪廷藻皆六十六，陆亢宗迈祖五十九，仿洛社故事，以齿叙次，迭为宾主。率成四律，今录其二。诗云："九人六百有余岁，每遇佳辰迭召呼。齿竟马加怜我长，杖多鸠刻健谁扶？坐消大块闻风月，好续耆英旧画图。正及天家开寿宴，（明年岁纪五十，有旨特开千叟宴。）白头都合醉尧衢。”“萍蓬会合本前因，难得相逢一味真。天肯与闲兼与健，座忘谁主复谁宾。散花偏示维摩疾，（谓青厓。）饮酒思交公瑾醇。如此良朋如此会，径须消尽百年春。”

徐雨峰以五簋宴客

徐雨峰中丞抚苏时，尝宴僚属于沧浪亭，肴以五簋为度。

阮文达宴宋鲍二老

宋葆淳，字芝山，安邑人。乾隆时，尝官解州学正，与歙县鲍廷博渌饮，皆赡闻耆宿。阮文达公元开府浙江时，尝置酒西湖冷泉亭，专谯二老，道古竟日。二老席帽单衣，风貌闲远。

王元瀚升席较酒量

王渐，字元瀚，临江人。少落魄不羁，日与酒徒、剑客引满呼白，击剑拓戟以为乐，而家产益落，其父兄患之。渐于是聚书数千卷，闭户诵读，目数行下，一过辄终身不忘。比三年，作为文章歌诗，以示里中耆宿，始大惊，皆不信为其自作也。

既而游金陵，金陵富豪王氏闻渐善饮，白下有道士亦能引无算爵，为设席，要道士共酌，以观其量。即升席，命赞者实酒置瓮中，起揖道士，捧瓮，若鲸之吸川，一饮而尽，复命实酒酬道士。道士饮既，渐再实酒如前，命道士先饮。道士强饮至半，谢不胜。渐笑曰："是何足与饮。"乃更酌大杯，尽一石，谈笑终席，不至醉，众乃叹服。渐每麻履布袍，简绝礼法，至贤士大夫家，辄登堂，中席坐，不让，或不交一谈而去。士大夫知其才，皆畏敬之。

陈燕公宴会必至

青浦陈燕公孝廉晚岁饕餮无厌，宴会必至。客憎其屡食于人，未尝作答也，强索之，乃折柬相招。至晚，宾客杂沓，实未治膳，阴与其妇约，骤相勃溪，拾破碗碎之。客大惊，逡巡去。越日，又邀客，漏三下，徐语之曰："客甚少，今聊以饭熬糜，果腹可乎？明夕当尽欢也。"客又忍饿去。其赴晏也，鱼肉、果饼辄怀以归，预携布囊以盛之。一夕，物充塞于囊，不能出栅孔。客尽起，周章无计，仆为代出之。又尝醉蹶于地，频以足蹴仆，谓足受伤。不知其袖中实藏蟹脚也。

太平桥葛某设肆售熟食，最精洁，燕公恒造其店，道寒燠，杂拣野味，齅之舐之，久而始去，日以为常。每遇戚友有吉庆事，辄馈金扇一柄，面以饭粘，骨以线系，令邻儿往送，自从其后。邻儿返，半途收其帖，与分力金，而自携匣归。又曾令婢入市，写票曰："来钱一大文，乞发浓酽火腿汤一碗。"有乡人误称之曰老相公者，则正色曰："不可。"

胡书农设席宴客

嘉庆某岁之冬至前二日，仁和胡书农学士敬设席宴客，钱塘汪小米中翰远孙亦与焉，饮鬼子酒。翌日，严沤盟以二瓶饷小米，小米赋诗四十韵为谢。鬼子酒为舶来品，当为白兰地、惠司格、口里酥之类。当时识西文者少，呼西人为"鬼子"，因强名之曰"鬼子酒"也。

是日，黄芗泉亦在座，乃次杭堇浦《道古堂集》中《鬼子糕》韵为七律，（原诗六十一韵，内"毷"字，考《广韵》《集韵》皆未收入豪韵中，故缺焉，恰成六十韵。）诗云："北风第一买酒鏖，烂醉不计酒价高。巷醪村酿徒喧嚣，安得花采沧州桃。玉堂学士灿宫袍，光禄法酒沾襦裪。还乡不忘短褐绦，诗坛猥许随担篙。开尊昨日折简劳，物聚天美养老饕。酒瓶远寄驿不骚，征典早窘刘郎糕。制自鬼子方法韬，兀然座想难禅逃。佛郎机壤邻红毛，权归提舶同皋牢。方物毕献如旅獒，龙涎之屿篱木壕。加蒙树心汁取淘，无事麹糵与淅溞。梅花脑子香不臊，波罗有蜜相和挠。槟榔椰子软中熬，柔旨特异剸肠刀。吠琉璃瓶贮可操，燕嘉宾歌食野蒿。碧眸高准首屡搔，拳捷匹似献果猱。五桅帆风来连艘，森卫不使弓受櫜。铜盘照海敢弁髦，送以鱼鸟声取嗸。黏天无壁心弗忉，更更针路报匪警。神祷天主高厥尻，佛山旌次群来敖。酒官罢榷无私糟，欢酺被及岛戴鳌。朝市共趁鸡三号，氤氲别调瀛洲膏。买朴法比行隔槽，忙到饮事供吾曹。我生弱冠弄柔毫，依人一昔风转翿。身行万里讵足豪，机心不解施桔槔。文章枉说五采缫，燕秦楚蜀穷所遭。归来鱼生范釜鏕，井上活计于陵螬。未经沧海漫讙嗷，不分一旦嘉会叨。远越瑶琨卑葡萄，积忧解去荼蓼薅。一杯吞尽重洋涛，颂之语碎暂啾嘈。才薄何能配褒皋，运斤所喜人逢猱。鬼奴常使双瓶挑，止酒肯赋柴桑陶。”

阮文达宴客于文选楼

阮文达既罢官，卜居于扬州，所宅为文选巷旧址。嘉庆乙丑，始于其家庙之西，建隋文选楼，楼上祀隋秘书监曹宪，以唐沛王府参军公孙罗、左拾遗魏模、模子度支郎景倩、崇贤馆直学士李善、善子北海太守邕、句容处士许淹配之，文达撰铭，所谓“建隋选楼，用别于梁”者是也。

梁茝林中丞章钜为文达之弟子，尝至扬谒文达，文达召之饮，席设文选楼。所藏钟鼎古器，悉庋于此，因得纵观。时无杂宾，而钱梅溪适至，因相将入座。文达甚喜，曰：“似此三老一堂，而所摩挲者皆三代法物，人间此会，能有几回？不可无以记之也。”时梅溪年八十四，文达年七十九，茝林年最少而居首坐。乃逾日而朱兰坡至，又数日而王子卿亦至。子卿亦八十四岁，兰坡七十五岁。文达方欲团为五老会，而英船警报日迫，文达乃移居南万柳堂，梅溪、兰坡均返苏，茝林亦挈眷渡江南返矣。

刘忠诚为友人招宴

新宁刘忠诚公坤一性机警，权奇自喜。少时家贫甚，食常不给。一日友人招宴，设有佳馔，举座皆熟识，忠诚大喜。又虑人多不得饱，佯为扪虱足间，扬其敝袜，拂之者再，尘垢飞落樽俎，座客无敢下箸，忠诚徐起大嚼，果腹而去。

某尚书宴某藩司

同治朝，杭有尚书某者，方致仕家居。时有藩司某，以饮食苛求属吏，牧令患之。尚书曰："此吾门生，当谕之。"俟其来谒，款之，曰："老夫欲设席，恐妨公务，留此一饱家常饭，对食能乎？"藩司以师命，不敢辞。自朝至午，饭犹未出，饥甚。比进食，惟脱粟饭、豆腐一器而已，各食三碗，藩司觉过饱。少顷，佳肴美酝，罗列于前，不能下箸。尚书强之，对曰："饱甚，不能复食。"尚书笑曰："可见饮馔原无精粗，饥时易为食，饱时难为味，时使然耳。"藩司喻其意，自是不复以盘飧责人。

潘张大宴公车名士

同光间，某科会试场后，潘文勤公祖荫、张文襄公之洞大集公车名士，宴于京师陶然亭。所约为午刻。先旬日，折柬招之，经学、史学、小学、金石学、舆地学、历算学、骈散文、诗词，就其人之所长，各列一单，州分部居，不相溷也。凡百余人，如期而至，或品茗谈艺，或联吟对弈，无不兴高采烈。日晡，大众饥矣，枵腹竟日，渐少高谈雄辨（通"辩"）者。文勤觉之，询文襄曰："筵为何家主办？"文襄大愕曰："忘之矣，今奈何？"乃仓卒遣仆赴酒楼，命送筵至，皆草具也，且馁败。时街柝起矣，大众饥不可忍，强下咽，有归而患腹疾者。

王文敏为诗酒之会

福山王文敏公懿荣官京师久，交游既广，每以春秋佳日，与潘文勤、张文襄、洪洞董研樵、邹县董凤樵、太谷温味秋、仪征陈六舟、巴陵谢麐伯、余姚朱肯夫、吴县吴清卿、会稽李莼客、甘泉秦谊庭、绩溪胡荄甫、光山胡石查、遂溪陈逸山、大兴刘子重、仪征陈研香、元和顾缉庭、歙县鲍子年、长洲许鹤巢，递为诗酒之会，壶觞无虚日。其元配黄夫人辄检点肴核，迎时先办，客至无缺，有拔钗沽酒之风。

潘文勤宴门生

潘文勤尝召门生私谯，其知单有附言曰："天气甚热，准九点钟入座，迟则彼此皆以暍死，无益也。"

外人欲尝烧烤鱼翅席

李筱荃制军瀚章督粤时之宴外人也，循例设西筵。某则谓其味劣，且曰："此来实冀一尝贵国之烧烤、鱼翅美味也。"

汪穰卿赴晚餐会

光绪戊戌，汪穰卿在沪办《时务报》，主笔者为梁卓如，穰卿则主持对外之交涉，日夕酬应，刻无暇晷。以酒食征逐之烦，恒苦之。一日薄暮，在汉口路遇其同年陆介卿，介卿止之，欲与立谈。穰卿曰："吾今晚大忙，将赴十四处之晚餐会，明晨当在馆相候。"匆匆拱手，遂别去。诘旦，介卿往晤，坐定，即询以十四处之地址。穰卿历数之，则为酒楼九，长三、么二妓院五也。其中先时而至，仅道谢者七；略坐而把盏，仅以酒沾唇者四；有二处则大嚼。而疲于奔命之如是者，实恐有一不到，开罪于友人耳。宴会之苦，非个中人不知，盖食无定时，方饥不得啾，过食则伤生也。

及时行乐会之轮饮

宣统时，时局不靖，朝士率以醇酒妇人自晦。有倡"及时行乐会"者，有小启，中有云："软红十丈，浓绿万株。历历方情，常常尘梦。陆沉有日，绝怜失国之人；养晦遵时，合筑忘忧之馆。"其会章以八人每夕轮饮四伶家，迭为宾主，所费省而得夜夜游谯也。

小酌之和菜

“小酌”者，二三知己之小饮也，不足为宴客，沪上所宜者为和菜。和菜，酒楼有之，碰和时所食也。凡四碟、四小碗、二大碗。碟为油鸡、酱鸭、火腿、皮蛋之属，小碗为炒虾仁、炒鱼片、炒鸡片、炒腰子之属，大碗为走油肉、三丝汤之属。碰和，赌博之一种也，仅四人。谓之“和菜”者，言仅足敷四人之便餐耳。

小酌之生火锅

京师冬日，酒家沽饮，案辄有一小釜，沃汤其中，炽火于下，盘置鸡鱼羊豕之肉片，俾客自投之，俟熟而食。有杂以菊花瓣者，曰“菊花火锅”，宜于小酌。以各物皆生切而为丝为片，故曰“生火锅”。

小酌之边炉

广州冬日，酒楼有边炉之设，以创自边某，故曰“边炉”，宜于小酌。其食法，略如京师之生火锅，惟鸡鱼羊豕之外，有鸡卵，盖粤人已知鸡卵之富蛋白质矣。

小酌之消夜

广州酒楼之肴，有所谓“消夜”者，宜于小酌，一碗二碟。碗为汤，碟为一冷荤、一热荤。冷者为香肠、叉烧、白鸡、烧鸭之类，热者为虾仁炒蛋、炒蚘（鱿）鱼、炒牛肉、煎曹白鱼之类。

沈东江留客小酌

沈东江性不喜饮，顾好宾客，即甚贫，客往必留之小酌，辄必质衣治具，欢笑达曙。东江名谦，顺治初之仁和人。

黄仲则欣然命酌

乾隆某岁之中秋，无月而雨。黄仲则方坐吟愁叹，至初更后，忽有携酒食至者，欣然命酌，即用《中秋夜雨》韵赋一诗云："狂喜下阶趋欲蹶，岂意今宵百无阙。满堂酒气飘氛氲，一缕心烟起蓊勃。渴羌奋吸老饕嚼，杂沓雨声同不歇。壶觞匪惠惠及时，快意真无憾毫发。痴童睡醒惊抹眵，似有神厨运倏忽。主人定梦羊触蔬，坐客休惊犬争骨。杖如可化愁高寒，绳便堪梯怖飘兀。何如痛饮随自然，不共浮云争出没。五更街鼓惨忽沉，帘隙看天暗光发。一度愁乡与睡乡，倾尽千觞已飞越。愿借君觞更属君，人生几度阴晴月？"

袁子才留伍拉纳子小酌

伍拉纳尝任江宁藩司，一日，其子随塾师黄望庭游随园，袁子才出迎，款待甚周。时年六十余，康健如少壮，面麻而长，微须已半白，身高五尺余。园中窗嵌玻璃，皆紫、蓝各色。肴馔精雅，食面四碗而散。乾隆辛亥，伍子年二十岁，以三等侍卫乞假省亲于闽督任，再过随园。子才时往苏州。比至苏相见，子才已七十六岁，令女弟子作点心两盘、酱葱蒸鸭一盘、蛏干烂肉一盘为赠，伍子馈以四十金而别。比嘉庆己卯，三过随园，则荒为茶肆矣。

徐若冰饷客以小酌

昆山徐若冰女士映玉嫁孔某，居苏州之木渎镇。其夫好款客小酌。尝留惠松厓征君饮，若冰入厨治具，或以为过丰，曰："吾重惠先生之经学也。"他日，其戚有为县令者饭其舍，或又以为俭，曰："彼徒知取科名耳，安得侪惠先生哉！"

钱箨石与客小酌

钱箨石侍郎载与汪孟鋗、祝维诰诸人宴集，惟酒两尊，白煮豆腐两大柈，分韵赋诗，陶然终日。归田以后，故人门下士招饮即赴。或醵钱游南湖，不过四五人，人不过百钱，小酌也。箨石能饮，然居家惟饮烧酒，又不以小盏而以巨杯，一杯适三饮而尽。尝谓吴子修曰："果烧酒佳乎，黄酒佳乎？"子修曰："烧酒佳。"曰："然。"又曰："子知小饮佳乎，巨觥连引佳乎？"曰："大口饮佳。"曰："然。"盖黄酒价贵，不足至醉，即烧酒而浅斟细酌，亦不足以尽醉也。其孙恬斋太史昌龄简雅有祖风。某与子修访之，为具酒馔，恬斋以仓卒无肴为辞。某曰："觞酒豆肉，以比令祖（指箨石。）宴集，不太侈靡矣乎？"宾主粲然。

朱文正饷武虚谷以豚酒

偃师武虚谷，名亿，性迂僻，善哭。尝游京师，主大兴朱文正公珪邸。除夕，文正馈以彘肩、蒙古酒。虚谷食已大哭，文正闻之惊怪，疑其久客思家也，亟慰问之，则曰："无他，远念古人，近伤洪稚存、黄仲则不偶耳。"

法时帆喜小酌

蒙古法时帆祭酒性不能饮，然有约其小酌者辄喜，看花饮酒，虽风雨必至。晚年喜食山药，乃名其斋曰"玉延秋馆"。

伯麟留许亭史小酌

仁和许亭史广文心坦，有伯伦之好，花酣月大，辄携杖头钱就酒家，拉故人泥饮。或醉卧坊巷，至风露砭骨乃醒。儿童拍手拦街，阳阳然，若不知其消己也。嘉庆时，以计偕客居京师，有友死于酒者，为文吊之，辞极诡丽，为时所传诵。一日徘徊僧庐中，而伯相国麟适至，僧麾之，使避去。相国问为谁，僧以姓名对。相国惊曰："许先生耶？吾愿见久矣。"亟遣仆马邀至邸中，张灯命酌，相得甚欢。盖相国爱才，且亦嗜洪饮也。

张小云为真率会之小酌

光绪辛卯八月九日，仁和谭复堂大令献方在里门，张小云孝廉大昌约赴"真率会"，就许迈孙观察增之榆园列坐。"真率"云者，肴核无多，杯杓不事，馔毕而纵谭，小酌也。

钟裔申屡约朋辈小酌

钱塘钟裔申文学以敬，贫而好客，屡约朋辈小燕，辄自烹小鲜以进。而独不能饮，惟手茗盏，相劝而已。然清言娓娓，听者忘倦，人皆乐就之。

徐仲撝与客小酌

徐仲撝自奉甚俭，常餐具粗粝，佐以麦粥，肴一、汤一而已。猝有客至，必留之小酌，设盛馔焉。汪洁哉问之曰："君何俭于自奉而丰于待客，与常人大异乎？"仲撝曰："人顾口腹，我顾颜面也。"

伍秩庸论饮水

伍秩庸曰："人身自呼吸空气而外，首宜饮水。试以不食与不饮者较，虽枵腹终日，但有一勺之饮，即可苟延生命。是则饮之视食，自更要矣。盖人之体中，水占七成，不仅血管血液之为水也，脑浆一百分，合水七十八，而骨中亦含之。且人身所出之水亦甚多，口涎、溺、汗其显者也，即皮肤、毛管，时时出气，固如水气之流通。又凡用脑之时，脑气运动，亦为肌肤出水之证。故统计人身所出之水，日约五派吾特。（每派吾特合十五两。）出气出水，日无所间。而腹中之食物悉为渣滓，若不饮水，渣滓填积，多则成毒。果能时时饮水，流至下部，令肠脏肺腑之积淤，悉自粪溺而出，不亦善乎！且全身血液，更藉饮水调匀，始可流通血脉，一无疾病。

“水有江河、山泽、井渠之别，不可不择。河流固甚浑浊，而食井多与沟渠相邻，至于山磵，则草根树叶之霉烂，蛇蝎之潜藏，皆不能免。若论雨水，本至洁也，而其中或有微生物。能觅极清之泉，以沙漏滤之，斯为合宜。然饮水亦有节制，且食时尤不宜饮。以一切食品，均含水气，人口中复有天生灵液之津涎，已给于用故也。惟宜于食前之半时饮之，庶可使腹中积秽推行下流，又宜于食后之一二时饮之。否则食品在肠，未及消化而为水所冲矣。”

以水洗水

世以镇江城西北石嵲东之中冷泉水为通国第一，然高宗尝制一银斗以品通国之水，则以质之轻重分水之上下，乃遂定京师海淀镇西之玉泉为第一，而中冷次之，无锡之惠泉、杭州之虎跑又次之。此外惟雪水最轻，可与玉泉并，然自空下，非地出，故不入品。鸾辂时巡，每载玉泉水以供御。然或轻时稍久，舟车颠簸，色味或不免有变。可以他处泉水洗之，一洗则色如故焉。其法，以大器储水，刻分寸，入他水搅之。搅定，则污浊皆沉淀于下，而上面之水清澈矣。盖他水质重则下沉，玉泉体轻故上浮，挹而盛之，不差锱铢。古人淄渑之辩（通“辨”），良有以也。

京师饮水

京师井水多苦，茗具三日不拭，则满积水鹻（同“碱”）。然井亦有佳者，安定门外较多，而以在极西北者为最，其地名“上龙”。若姚家井及东长安门内井，与东厂胡同西口外井，皆不苦而甜。凡有井之所，谓之“水屋子”，每日以车载之送人家，曰“送甜水”，以为所饮。若大内饮料，则专取之玉泉山也。

王文简以第二泉饷友

王文简自淮上还扬州，青帘画舫，乘风南下，与汪某相值于秦邮湖，遥语曰："有事欲附致家博士。"及遣信至，乃寄舫中所有第二泉四罂而已。某以道远稍难之，文简攒眉曰："汪大乃成俗吏。"

陈香泉饮香泉

海宁陈香泉太守奕禧令深泽时，饮泉甘之，作亭其上，署曰"香泉"，因以自号。

马小药尝蟹壳泉

仁和马小药尝从其尊人秋药太常视学陕、甘，得尝蟹壳泉，而作诗曰："何年老阿旁，乘潮上绝壁。误堕岩隙中，遗筐化为石。红膏变玉腴，元津濮璃砾。蚁窍同九回，蚌汞时一滴。承以青丝瓶，重之素锦幂。王孙喜茗事，延客松风宅。小灶侍獠奴，轻瓯捧词伯。晴先鱼眼生，爪从兔毫别。（哥窑作兔褐色，有猪鬃、蟹爪纹。）琴声听爬沙，诗情到郭索。酿酒当更佳，蟹黄同一脉。"（通州雪酒，以府治蟹黄井酿之。宋人易以西湖，味稍劣。）

锁吟竹茂才成，系出回纥，嘉、道间之钱塘诸生也，亦有《试蟹壳泉》诗云："山深有石蜕，其色黝如铁。云是蟹遗筐，何年化为石？石中生微涎，吞吐自藏湿。甘逾凤味清，色胜蠹颐白。至今山下人，瓶器小容汲。我来试清泠，迥与江水别。煎茶固其宜，酿酒亦甘洁。"

章次白试第一泉

仁和章次白广文坤，尝登金山寺，试第一泉而怀许修，因作诗云："冲寒独倚江天阁，瀹茗来评第一泉。忽忆诗人许丁卯，香浮绿雪竹炉边。"

董小宛罢酒嗜茶

冒辟疆既纳董小宛为姬，及殒，辟疆忆之，尝告人曰：“姬能饮，自入吾门，见余量不胜蕉叶，遂罢饮，每晚侍荆人数杯而已。而嗜茶与余同性，又同嗜岕片。每岁，半塘顾子兼择最精者缄寄，具有片甲蝉翼之异，文火细烟，小鼎长泉，必手自吹涤。余每诵左思《娇女》诗‘吹嘘对鼎䥶’之句，姬为解颐。至沸乳看蟹目鱼鳞，传瓷选月魂云魄，尤为精绝。每花前月下，静试对尝，碧沉香泛，真如木兰沾露，瑶草临波，备极卢、陆之致。东坡云：‘分无玉椀捧蛾眉。’余一生清福，九年占尽，九年折尽矣。”

叶仰之嗜茶酒

叶仰之茂才观文，康熙朝之钱塘人。初嗜酒，醉辄嫚骂。已而病，涓滴不能饮，复嗜茶。

韩文懿嗜酒烟

韩文懿公菼，嗜烟草及酒。康熙戊午，与王文简同典顺天武闱，在闱日，酒杯、烟筒不离于手。文简戏问之曰：“二者，乃公熊鱼之嗜，则知之矣。必不得已而去，二者何先？”文懿俯首思之，良久答曰：“去酒。”众为一笑。

其后文简偶阅姚旅《露书》，知烟草产吕宋，本名淡巴菰，以告文懿。时文懿掌翰林院，教习庶吉士，乃以淡巴菰为题，令庶吉士赋淡巴菰，作者如林，颇多佳卷。时海宁陈文贞公亦有五律四首，诗云：“神农不及见，博物几曾闻？似吐仙翁火，初疑异草薰。充肠无滓浊，出口有氤氲。妙趣偏相忆，萦喉一朵云。”“异种来西域，流传入汉家。醉人无藉酒，款客未输茶。茎合名承露，囊应号辟邪。闲来频吐纳，摄卫比餐霞。”“细管通呼吸，微嘘一缕烟。味从无味得，情岂有情牵。益气驱朝雾，清心却昼眠。谁知饮食外，别有意中缘。”“清气涤昏憨，精华任咀含。吸虚能化实，尝苦有余甘。爝火寒能却，长吁意似酣。良宵人寂寞，藉尔助高谈。”

德宗嗜茶烟

德宗嗜茶，晨兴必尽一巨瓯，雨脚云花，最工选择。其次闻鼻烟少许，然后诣孝钦后宫行请安礼。

张则之嗜茶

丹徒张则之，名孝思，嗜茶，有茶癖。谓天地间物，无不随时随境随俗而有变迁，茶何独不然。陆羽《茶经》有古宜而今未必宜，有今然而古未必然，茶亦有世轻世重焉。其嗜茶也，出入陆氏之经，酌古准今，定其不刊之宜，神明变化，得乎口而运乎心矣。且善别水性，若他往，必以已品定之水自随。能入其室而尝其茶者，必佳士也。则之，顺治时人。

冯正卿论烹茶

冯正卿，名可宾，益都人，明湖州司理。入国朝，隐居不仕。嗜茶，曾著《岕茶笺》。其论烹茶云：“先以上品泉水涤烹器，务鲜务洁。次以热水涤茶叶，水不可太滚，滚则一涤无余味矣。以竹箸夹茶，于涤器中反复涤荡，去尘土、黄叶、老梗使净，以手搦干，置涤器中，盖定。少顷开视，色青香烈，急取沸水泼之。夏则先贮水而后入茶叶，冬则先贮茶叶而后入水。

“饮茶之所宜者，一无事，二佳客，三幽坐，四吟咏，五挥翰，六徜徉，七睡起，八宿醒，九清供，十精舍，十一会心，十二赏鉴，十三文僮。”

“饮茶亦多禁忌，一不如法，二恶具，三主客不韵，四冠裳苛礼，五荤肴杂陈，六忙冗，七壁间案头多恶趣。”

冯正卿嗜饮岕茶

饮岕茶者，壶以小为贵，每一客，则一壶，任其自斟自饮，方为得趣。盖壶小则香不涣散，味不耽阁。况茶中香味，不先不后，只有一时，太早则未足，太迟则已过。见得恰好，一泻而尽，化而裁之，存乎其人。施于他茶，亦无不可。此冯正卿之言也。

祝斗岩咏煮茶

海宁祝斗岩员外翼权，尝作《煮茶歌》，以和傅笏岩。歌云："晓院鹿卢如转毂，古墙不碍诗城筑。春云八颣细无痕，卷帘长啸清酣独。十年间为一官忙，乘兴何当频看竹。故园笋蕨梦中肥，觉来初报凌霄熟。我昔最慕武夷茶，解事还能散馥郁。沸鼎松声喷绿涛，云根漱玉穿飞瀑。此时拄颊意超越，置身仿佛南泠曲。小轩兰韵午晴初，个中自有真清福。不须斗酒换西凉，春芽绝胜葡萄曲。习习生风两腋间，狂来泼袖忘杯覆。所谓伊人在水湄，诗来百读沁心脾。鹤怨猿啼归未得，文成应有《北山移》。"

李客山与客啜茗

李客山名果，长洲布衣。艰苦力学，忍饥诵经，樵苏不继，怡然自得。所居亦湫隘，良友至，辄呼小童取一钱，就茶肆泼茗，共啜之。

杨道士善煮茶

平湖道士杨某善煮茶，其术取片纸，以朱书符，入炉焚之，红光烂然，笔画都成烈火。比移铛，即作松风声，旋作蟹眼沸矣。客或不知者，曰："勿烦再煮。"则火顿熄。

高宗饮龙井新茶

杭州龙井新茶，初以采自谷雨前者为贵，后则于清明节前采者入贡，为头纲。颁赐时，人得少许，细仅如芒。瀹之，微有香，而未能辨其味也。

高宗命制三清茶，以梅花、佛手、松子瀹茶，有诗纪之。茶宴日即赐此茶，茶碗亦摹御制诗于上。宴毕，诸臣怀之以归。

吴秋农饮锅焙茶

锅焙茶，产邛州火井漕，箬裹囊封，远致西藏，味最浓冽，能荡涤腥膻厚味，喇嘛珍为上品。乾隆末，钱塘吴秋农茂才闻世随宦蜀中，尝饮之而为诗曰："我闻蜀州多产茶，价薮茗荈名齐夸。涪陵丹陵种数十，中顶上清为最嘉。临邛早春出锅焙，仿佛蒙山露芽翠。压膏入臼筑万杵，紫饼月团留古意。火井槽边万树丛，马驮车载千城通。性醇味厚解毒疠，此茶一出凡品空。竹君怜我病渴久，一鞭双笼长须走。清风故人与俱来，不思更贯当垆酒。涤枪洗碾屑桂姜，活火烹试第二汤。绿尘碧乳泻百盏，苏我病骨津枯肠。庭前一叶秋容浅，天末怀人情辗转。何时薛井汲新泉，共听羊肠看蟹眼。"

静参品茶

梁茝林中丞尝再游武夷，信宿天游观，与静参羽士谈茶。静参曰："茶名有四等，茶品有四等。

"福州城中官吏富豪，竞尚武夷，最著者曰花香。有由花香等而上者，曰小种。山中则以小种为常品。又等而上者，曰名种，此为山下所不可多得者。即泉州、厦门人所讲之工夫茶，号称名种者，实仅得小种也。又等而上之曰奇种，如雪梅、木瓜之类，即山中亦不可多得。大抵茶树与梅花相近者，即引得梅花之味；与木瓜相近者，即引得木瓜之味，他可类推。且烹时亦必须山中之水，方能发其精英。阅时稍久，而其味亦即稍退。三十六峰中，亦仅数峰有之。寺观所藏，每种不能满一斤，以极小锡瓶贮之，装于名种大瓶，遇有贵客名流至山，始出少许，郑重瀹之。其用小瓶装者，亦题曰奇种，实皆名种，杂以木瓜、梅花等物助其香，非真奇种也。

“至茶品之四等，一曰香，花香、小种之类皆有之。今之品茶者，以此为无上妙谛矣。不知等而上之，则曰清。香而不清，犹凡品也。再等而上之，则曰甘。香而不甘，则苦茗也。再等而上之，则曰活。甘而不活，亦不过寻常好茶而已。活之一字，须从舌本辨之，微乎微矣。然亦必瀹以山中之水，方能悟此消息也。”

吴我鸥喜雪水茶

以雪水烹茶，俊味也。吴我鸥喜之，尝为诗曰：“绝胜江心水，飞花注满瓯。纤芽排夜试，古瓮来年留。寒忆冰阶扫，香参玉乳浮。词清应可比，曾涴一襟秋。”

孝钦后饮茶

宫中茗盌，以黄金为托，白玉为盌。孝钦后饮茶，喜以金银花少许入之，甚香。

姚叔节从母乞茗饮

桐城姚永概，字叔节，为慕庭运同之叔子。母光恭人，同邑直隶布政使聪谐女也。叔节儿时从塾中归，一日恭人与其适马其昶之长女，方坐窗下论家事，旁置茗一瓯。叔节乞就饮之，頞蹙，恭人笑曰：“儿畏苦耶？何吾嗜之不觉也。”

宋燕生饮猴茶

温州雁宕山有猴，每至晚春，辄采高山茶叶以遗山僧。盖僧尝于冬时知猴之无所得食也，以小袋盛米投之，猴之遗茶，所以为答也。烹以泉水，味清而腴。平阳宋燕生征君恕，尝得之。

邱子明嗜工夫茶

闽中盛行工夫茶，粤东亦有之。盖闽之汀、漳、泉，粤之潮，凡四府也。烹治之法，本诸陆羽《茶经》，而器具更精。炉形如截筒，高约一尺二三寸，以细白泥为之。壶出宜兴者为最佳，圆体扁腹，努嘴曲柄，大者可受半升许。所用杯盘，多为花瓷，内外写山水人物，极工致，类非近代物。炉及壶、盘各一，惟杯之数，则视客之多寡。杯小而盘如满月，有以长方磁盘置一壶四杯者，且有壶小如拳、杯小如胡桃者。此外尚有瓦铛、棕垫、纸扇、竹夹，制皆朴雅，壶、盘与杯旧而佳者。先将泉水贮之铛，用细炭煎至初沸，投茶于壶而冲之，盖定，复遍浇其上，然后斟而细呷之。其饷客也，客至，将啜茶，则取壶，先取凉水漂去茶叶尘滓，乃撮茶叶置之壶，注满沸水。既加盖，乃取沸水徐淋壶上，俟水将满盘，覆以巾。久之，始去巾，注茶杯中奉客。客必衔杯玩味，若饮稍急，主人必怒其不韵也。

闽人邱子明笃嗜之。其法：先置玻璃瓮于庭，经月辄汲新泉水满注一瓮。烹茶一壶，越宿即弃之，别汲以注第二瓮。侍僮数人，供炉火。炉以不灰木制之，架无烟坚炭于中。有发火机，以器焠之，炽矣。壶皆宜兴砂质，每茶一壶，需炉铫三。汤初沸为蟹眼，再沸为鱼眼，至联珠沸而熟。汤有功候，过生则嫩，过熟则老，必如初写《黄庭》，恰到好处。其烹茶之次第，第一铫，水熟，注空壶中，荡之泼去。第二铫，水已熟，预置酌定分两之叶于壶，注水，以盖覆之，置壶于铜盘中。第三铫，水又熟，从壶顶灌其四周，茶香发矣。注茶以瓯，甚小。客至，饷一瓯，舍其涓滴而咀嚼之。若能陈说茶之出处、功效，则更烹尤佳者以进。

某富翁嗜工夫茶

潮州某富翁好茶尤甚，一日有丐至，倚门立，睨翁而言曰："闻君家茶甚精，能见赐一杯否?"富翁哂曰："汝乞儿，亦解此乎?"丐曰："我曩亦富人，以茶破家。今妻孥犹在，赖行乞自活。"富人因斟茶与之。丐饮竟，曰："茶固佳矣，惜未极醇厚，盖壶太新故也。吾有一壶，昔所常用，今每出必携，虽冻馁，未尝舍。”索观之，洵精绝，色黝然，启盖则香气清冽，不觉爱慕。假以煎茶，味果清醇，迥异于常，因欲购之。丐曰：“吾不能全售。此壶实值三千金，今当售半与君。君与吾一千五百金，取以布置家事，即可时至君斋，与君啜茗清谈，共享此壶，如何？”富翁欣然诺。丐取金归，自后果日至其家，烹茶对坐，若故交焉。

顾石公好茗饮

光绪己卯，上元顾石公学博云，僦居江宁东城委巷，谈小圃学博浮，自吴县任所送其子归试，适与之邻。知石公好茗饮，购其佳者，日邀过所居品尝之。韝〔鞴〕火瀹泉之暇，辄自述生平行事，纤悉靡所遗。

孙月泉饮普洱茶

普洱茶，一名“蒙山茶”，盖产于云南普洱府之蒙山也，性温味厚。坝夷所种，蒸制，以竹箬成团裹。产易武倚邦者尤佳。醉饱后饮之，能助消化。孙月泉布衣深嗜之，餐后必饮，岁以为常。

以松柴活火煎茶

浙藩某，秩满将入都，受肃王善耆之嘱，令辇致杭州虎跑泉水百瓮，为煎茶之用。某病其琐，意且谓肃亦耳食耳。至沪，乃市西人之滤水器，载以往。至京，即取都中水滤之以进。肃审其赝，会某入谒，语之曰：“吾果得真虎跑水，当以松柴活火煎之矣。”

朱古微不嗜茶

朱古微侍郎祖谋不嗜茶，尝有《睡起》二绝句云：“病入梅天信有魔，透帘风与药烟和。策勋茗椀非吾事，孤负一封春碧螺。”（碧螺春，茶名，产太湖洞庭山，其味在龙井之上。）“苍鸠赚客语连晨，草树风干不动尘。睡起南塘知有雨，野云炉篆两轮囷。”

茶肆品茶

茶肆所售之茶，有红茶、绿茶二大别。红者曰“乌龙”，曰“寿眉”，曰“红梅”；绿者曰“雨前”，曰“明前”，曰“本山”。有盛以壶者，有盛以碗者。有坐而饮者，有卧而啜者。怀献侯尝曰：“吾人劳心劳力，终日勤苦，偶于暇日一至茶肆，与二三知己瀹茗深谈，固无不可。乃竟有日夕流连，乐而忘返，不以废时失业为可惜者，诚可慨也！”

京师茶馆列长案，茶叶与水之资，须分计之。有提壶以往者，可自备茶叶，出钱买水而已。汉人少涉足，八旗人士虽官至三四品，亦厕身其间，并提鸟笼，曳长裾，就广坐，作茗憩，与圉人走卒杂坐谈话，不以为忤也。然亦绝无权要中人之踪迹。

乾隆末叶，江宁始有茶肆。鸿福园、春和园皆在文星阁东首，各据一河之胜，日色亭午，座客常满。或凭阑而观水，或促膝以品泉。皋兰之水烟，霞漳之旱烟，以次而至。茶叶则自云雾、龙井，下逮珠兰、梅片、毛尖，随客所欲，亦间佐以酱干生瓜子、小果碟、酥烧饼、春卷、水晶糕、花猪肉、烧卖、饺儿、糖油馒首，叟叟浮浮，咄嗟立办。但得囊中能有，直亦莫漫愁酤也。

上海之茶馆，始于同治初三茅阁桥沿河之“丽水台”。其屋前临洋泾浜，杰阁三层，楼宇轩敞。南京路有一洞天，与之相若。其后有“江海朝宗”等数家，益华丽，且可就吸鸦片。福州路之青莲阁，亦数十年矣，初为华众会。光绪丙子，粤人于广东路之棋盘街北，设同芳茶居，兼卖茶食糖果，侵晨且有鱼生粥，晌午则有蒸熟粉面、各色点心，夜则有莲子羹、杏仁酪。每日未申之时，妓女联袂而至。未几，而又有怡珍茶居接踵而起，望衡对宇，兼售烟酒。更有东洋茶社，初仅三盛楼一家，设于白大桥北，当垆煮茗者为妙龄女郎，取资银币一二角。其后公共、法两租界，无地不有。旋为驻沪领事所禁。

青莲阁茶肆，每值日晡，则茶客麇集，座为之满，路为之塞。非品茗也，品雉也。雉为流妓之称，俗呼曰“野鸡”。四方过客争至此，以得观野鸡为快。

茶馆之外，粤人有于杂物肆中兼售茶者，不设座，过客立而饮之。最多者为王大吉凉茶，次之曰正气茅根水，曰罗浮山云雾茶，曰八宝清润凉茶。又有所谓菊花八宝清润凉茶者，则中有杭菊花、大生地、土桑白、广陈皮、黑元参、干葛粉、小京柿、桂元肉八味，大半为药材也。

苏州妇女好入茶肆饮茶。同光间，谭叙初中丞为苏藩司时，禁民家婢及女仆饮茶肆。然相沿已久，不能禁。谭一日出门，有女郎娉婷而前，将入茶肆。问为谁，以实对。谭怒曰：“我已禁矣，何得复犯！”令去履归。曰：“汝履行如此速，去履必更速也。”自是无敢犯禁者。

京师之酒

京师酒肆有三种，酒品亦最繁。一种为南酒店，所售者女贞、花雕、绍兴及竹叶青，肴核则火腿、糟鱼、蟹、松花蛋、蜜糕之属。一种为京酒店，则山左人所设，所售之酒为雪酒、冬酒、涞酒、木瓜、干榨，而又各分清浊。清者，郑康成所谓“一夕酒”也。又有良乡酒，出良乡县，都人亦能造，冬月有之，入春则酸，即煮为干榨矣。其佐酒者，则煮咸栗肉、干落花生、核桃、榛仁、蜜枣、山查（楂）、鸭蛋、酥鱼、兔脯。别有一种药酒店，则为烧酒以花蒸成，其名极繁，如玫瑰露、茵陈露、苹果露、山查露、葡萄露、五茄（加）皮、莲花白之属。凡以花果所酿者，皆可名“露”。售此者无肴核，须自买于市。而凡嗜饮药酒之人，辄频往，向他食肆另买也。凡京酒店饮酒，以半盌为程，而实四两；若一盌，则半斤矣。

沈梅村饮女儿酒

熊元昌饷沈梅村大令以越酿一盛，外施藻绘，绝异常罇。询之，曰："此女儿酒也。"凡越人遣嫁之夕，必以羊酒先之，故名"女儿酒"。此即其婿家转遗者，视他酒尤佳。梅村饮而甘之，赞不绝口。

舒铁云饮女儿酒

舒铁云尝于河东都转刘松岚席上饮女儿酒。时松岚将出京，铁云为诗纪之，并以送行。诗曰："越女作酒酒如雨，不重生男重生女。女儿家住东湖东，春槽夜滴真珠红。旧说越女天下白，玉缸忽作桃花色。不须汉水酸葡萄，略似兰陵盛琥珀。不知何处女儿家，三十三天散酒花。题诗幸免入醋瓮，娶妇有时逢麹车。劝君更尽一杯酒，此夜曲中闻《折柳》。先生饮水我饮醇，老女不嫁空生口。"

黄九烟论饮酒

《酒社刍言》，黄九烟所著者也。九烟虽有刘伶、李白之癖，而饮酒不乱，为世所称。其文云："古云酒以成礼，又云酒以合欢。既以礼为名，则必无伧野之礼；以欢为主，则必无愁苦之叹矣。若角斗纷争，攘臂讙呶，可谓礼乎？虐令苛娆，兢兢救过，可谓欢乎？斯二者，不待智者而辨之矣。而愚更请进一言于君子之前曰：饮酒者，乃学问之事，非饮食之事也。何也？我辈生性好学，作止语默，无非学问。而其中最亲切而有益者，莫过于饮酒之顷。盖知己会聚，形骸礼法，一切都忘，惟有纵横往复，大可畅叙情怀。而钓诗扫愁之具，生趣复触发无穷。不特说书论文也，凡谈及宇宙古今、山川人物，无一非文章，则无一非学问。即下至恒言谑语，如听村讴、观稗史，亦未始不可益意智而广见闻。何乃不惜此可惜之时，用心于无用之地，弃礼而从野，舍欢而觅愁乎？愚有慨于中久矣，谨勒三章之戒，冀成四美之贤。

“一戒苛令　世俗之行苛令，无非为劝饮计耳。而不知饮酒之人有三种，其善饮者不待劝，其绝饮者不能劝，惟有一种能饮而故不饮者，宜用劝。然能饮而故不饮，彼先已自欺矣，吾亦何为劝之哉？故愚谓不问作主作客，惟当率真称量而饮，人我皆不须劝。既不须劝矣，苛令何为？

“一戒说酒底字　说酒底者，将以观人之博慧也。然圣贤所谓博与慧者，似不在此。况我辈终日兀坐编摩，形神挛悴，全赖此区区杯中之物以解之。若复苦心焦思，搜索枯肠，何如不饮之为愈乎？更有一种狂黠之徒，往往借觞政以逞聪明，假席纠以作威福，此非吕雉之宴，岂许军法行酒乎？若不幸逢此辈，惟有掉头拂衣而已。

“一戒拳閧　佐饮之具多矣，古人设为琼娶（即骰子。）以行酒，五白六赤，一听于天，何其文而理也。即藏钩、握子、射覆、续麻诸戏，犹不失雅人之致。而世俗率用拇阵虎膺，以逞雄角胜，捋拳奋臂，叫号喧争。如许声态，亦何异于市井之夫、舆儓之辈乎？愚尝谓天下事无雅俗，皆有学问存焉。若此种学问，则敛手未敢奉教。

“上三条，乃世俗相沿习而不察者，故拈出为戒。他如四五簋之约盟，百十条之饮律，则昔贤言之详矣，何竢愚赘。”

饮也

南海黎二樵以诗、书、画得名。以赴京兆试，过南雄岭，酒肆主人闻其名，乘其醉后，以绢素乞书堂额。时适闻邻厅有大饮声，即命取来，大书“饮也”二字。盖取谐声之义。由是“饮也”二字，风行粤东，凡墟场、庆会、篷寮、酒肆之座中，必有“饮也”二字。

徐孝先醉而大吐

陆丽京与徐孝先分虽甥舅，契若金兰。尝剧醉，共被而卧。徐哈嚏中大吐。早起，但见床下地污，乃曰："舅昨茗酊耶?"陆亦不能辨。

周思南呼云月而酧

周思南，名元懋，鄞县人，性嗜酒。其皮轩中者，皆酒器，大小叠迸，不可数也。轩外平畴所种者，皆秫也。轩旁有厨有库，顾无长物，所列者，罂缾之属也。平居不问室家事，宾客至，先通名，其所问者，客之能饮与否也；客云能，则又问之，谓其得久留此间饮与否也。数日之间，或不得伴，则遣人招之。或以事辞，则自往强之。或不遇，则穷之于其所往。不得，则四出别求其人。终不得，则樵者、牧者、渔者，皆执而饮之。所执之人醉，犹以为未足，则呼云而酧之，其觞政然也。午夜思饮，猝无共者，则或童或婢，皆饮之。童婢或不能饮，则强以大斗浇之。犹以为未足，则呼月而酧（同"酬"）之，其日之余也。有招之饮者，皆不赴。或载酒过其轩，则又必问其人为何人而后入之。自顺治丙戌以后五年，皆其醉乡之日月也。

一日，思南坐轩中，忽大呕血，笑云："此吾从麴车酝酿而成之神膏也，非病也。"呕不止，饮亦不止，随饮随呕，遂死。

钱定林喜饮

钱定林喜饮，客至必沽，相与对酌，辄典衣以偿酒券。家人或以晨餐不继告，一笑而已。定林名朝彦，明句容令。入本朝，不仕。

刘公촳以酒强人

刘公献性旷达，在都时，尝置酒慈仁寺松下，遇游人至，不论识与不识，必牵挽使饮。有不能胜者，必强灌之，至醉呕而后已。

申右敦以书佐饮

三原申右敦嗜酒，兴至则饮，饮必醉，醉即一切不省，几席户牖间事，人多欺之。顾恒以书佐饮，尤留心二十一史，颇涉其津涯。酒后耳热，座客趣举某事，衔口肆应无脱误。

赵壶石嗜酒

赵清，字涟公，别号壶石，世居诸暨之浃水上。负至性，嗜酒，有神解。好从同里刘翼明、徐田、张侗、张素、李澄中游，所至则友人储罇酒，垩壁待之。入门辄脱帽狂呼，浮大白，同声歌《渭城》东坡所谓三叠之音。东武独宛转凄断，酒酣苦吟，东西走数十人，默无声，移时诗乃成，墨淋漓满壁上。则又乘醉和歌，走入龙湫、卧象间。卧象者，九仙之奥窔诸山，名流开创地也。康熙丁巳春，东莱赵涛往游，酒人王咸熙、陈献真、徐田、张侗昆季皆从之。山中人预酿酒十余石，向夕月出，角饮争圭峰下。壶石辄携颜瓢，以次接饮。至夜分，众皆大醉，伏不起，乃袒臂露胁下瘤，张髯高歌震林谷，独尽十余瓢，鼾鼾睡矣。醒则念母王夫人，急策驴径归。

许玉沙极饮大醉

许玉沙，名宏祚，康熙时钱塘诸生。身长八尺，腰腹十围，声若洪钟。每试锁闱，门未启，立侪辈中，昂然杰出，顾盼自雄，议论侃侃，绝无措大气味。家甚贫，顾胶口不言。一日，与汪水莲、王性如集夏叶昌馆舍，自巳至酉，极饮大醉。次日，复邀至其家赏桂。比至，玉沙久不出，呼而询之，则家人不举火两日矣。水莲探囊，得白金半两付之，市饮食，仍饮至三鼓始罢。明日，叶昌饷以白米。玉沙方握笔苦吟桂树下，若不知绝粮为病者。叶昌死，玉沙哭之恸。墓有宿草，犹挈尊罍招客，至墓下哭奠。奠毕共饮，饮罢复大哭。

陈幼吕纵饮

上元陈幼吕名昭，喜为诗，豪于酒。每与彭警庵昕、刘西廷戬纵饮连日，辄以巨瓮盛酒，用大觥狂饮之。饮酣，尝同登故王城紫金山，口占为诗，慷慨怀古，且曰："吾辈皆少孤，值困苦，不获以文业自振，继前人光，然利人济物之心未忘也。科名付诸儿曹可耳。"

诸虎男谓不可一日不醉

诸虎男尝云："酒不可千日不饮，不可一日不醉。"

俞佩兮颓然大醉

俞佩兮既穷困，纵酒自放。遇事愤懑，饮辄倍，径颓然大醉，醉则忘其所之。一日，以某事不平，呼酒尽醉，踉跄夜走，误入万山中，虎声四起撼山谷，始畏怖，步履如飞，抵山麓居民家乃免，距所饮地六十里矣。

黎媿曾咏闽酒

长汀黎士宏，字媿曾。以周栎园侍郎尝作《闽茶曲》，乃作《闽酒曲》以俪之。诗云："板桥官柳拂波流，也句春朝半月游。数尽红衫分队队，赍钱齐上谢公楼。（唐张九龄："谢公楼上好醇酒，五百青蚨买一斗。"楼在城南，为士女观临之所。）"长枪江米接邻香，冬至先教办压房。灯子才光新月好，传笺珍重唤人尝。"（汀俗于冬至日，户皆造酒，而乡中有压房一种，尤为珍重，藏之经时，待嘉宾而后发也。）"社前宿雨暗荆门，接手东邻隔短垣。直待韩婆风力软，一卮阳乌各寒温。"（长汀呼冷风为"韩婆风"，乡人鬻炭者，户祀韩婆，盖悮以"寒"为"韩"也。值岁暖则倒置韩婆水中，谓能变寒风，使其炭速售。阳乌，酒名，酿之隔岁，至阳乌啼时始饮者。）新泉短水柏香浮，十斛梨香载扁舟。独让吴儿专价值，编蒲泥印冒苏州。（上杭酒之佳者曰“短水”，犹“缩水”也。载货郡中，冒名三白，然香气甘冽，竟能乱真矣。）闻分饮部酒如潮，三合东坡满一蕉。让却登坛银海子，久安中户注风消。（汀人以薄酒为“见风消”。）曾酌当垆细埔中，高帘短柳逆糟风。近无人乞双头卖，几户朱碑挂半红。（上酒为双头，其次者名半红，延、邵、江三郡皆同称。）谁为狡狯试丹砂，却令红娘字酒家。怪得女郎新解事，随心乱插两三花。”（酿家每当酒熟时，其色变如丹砂，俗称“红娘过缸酒”，谓有神仙到门则然，家以为吉祥之兆，竞插花赏之。）

杨次也饮咂嘛酒

海宁杨次也太守守知，尝饮咂嘛酒而甘之，作歌云：“杨花吹雪满地铺，杏花一片红橅（古同“模”）糊。榆钱簸风风力软，芳林处处闻啼鸪。青旗斜漾茅屋底，天然好景难临摹。我留此地一事无，太平之世为羁孤，东邻西舍相招呼。殷兄张文相与俱，醵钱买醉黄公垆。麦缸鹅黄新酿熟，味醇气郁遇醍醐。彭亨翠甒如鹁觚，细管尺五裁霜芦。低头吸同渴羌饮，一口欲尽鸳鸯湖。白波倒卷东海沸，渴虹下注西江枯。碧筩不用弯象鼻，龙头屡泻鲛盘珠。须臾缾罄罍亦耻，春意盎盎浮饥肤。刘伶大笑阮籍哭，直欲跃入壶公壶。吾皇圣德蠲逋租，吏胥不扰民欢娱。今年更觉酒味好，百钱一斗应须酤。盲娼丑似东家嫫，琵琶筝阮声调粗。有时呼来弹一曲，和汝附缶歌乌乌。青天作幕地作席，醉倒不用旁人扶。乐哉边氓生计足，白羊孳乳驴将驹。买刀买犊劝耕鉏，女无远嫁男不奴。含哺鼓腹忘帝力，岁岁里社如赐酺。安得龙眠白描手，画作击壤《尧民图》。”次也，康熙时人。

王丹麓质衣命酒

王丹麓家既落，顾犹喜刻书，客至，质衣命酒。其诗曰：

"平生好宾客，资用苦不周。有怀莫可告，室人且见尤。"施愚山诵之，辄失笑曰："盖有类予者。"

沈汉仪以良朋樽酒为生

沈汉仪家贫好客，每遇良友，辄慷慨沉饮。或劝以稍事生业，对曰："良朋、樽酒，吾故藉以生者。"

杨绍奭强刘大櫆饮

桐城刘大櫆之舅氏曰杨绍奭，字稚棠，于诸甥中尤爱怜櫆。尝抚櫆，指櫆父而言曰："此子殆能大刘氏之门，然未知吾及见之否。"平居设酒食，召櫆与饮，自提觞行，趣令醉。櫆谢已醉，不能饮，则笑曰："予性嗜酒，每过从人家饮酒，主饮者不趣予饮，吾意辄不乐。以此度人，意皆然。乃者舅氏实饮汝酒，当不使甥意不乐也。"酒半，仰首歔欷，徐顾谓櫆曰："予穷于世，今老，旦暮且死，然未有子息。汝读书，能为古文辞，其传于后世无疑，当为我作传，则吾虽无子，犹有子焉。"

金启托于酒

会稽金启，字奕山，依其姑夫谢某于平凉县任，延师教之。师强令习帖括，不竟学，而好为诗，于是私购少陵、昌黎、东坡集窃诵之。王一元见而善之。一元字畹仙，江南人，以进士为灵台令，著书等身，所为《岁寒咏物词》，为时传诵。启少于一元，而一元乐与之游，为忘年交，启诗亦自是日进。居无何，谢以亏帑黜，姑亦死。启从其家属侨居三原城西，郁思感愤，无所放其意，而托于酒，往往举觞自劝，亦或与耕夫野老倾壶尽欢，举人情所极不能忘者，皆一醉忘之。醉而醒，则作诗，诗成复饮，至极醉。客或有事，欲与言，辄饮以酒，旋出诗。人亦相忘，竟与抵掌歌呼，酣嬉颠倒而去，终莫得言。

郭虞邻放浪于酒

即墨郭虞邻处士廷翼，为副都御史琇之子，无贵介习，放浪于酒。年甫三十，绝意仕进，筑慕云楼藏书，闭门读之，言不及世事。客至，饮以酒，自饮巨觥，为一队，座客以次角。尝制酒床，则舁床以随，日暮大醉，舁而归，以为常。

姚绂斋松下独酌

姚麟祥，号绂斋，乾隆初之仁和诸生也。好饮，尝于松下独酌而为诗，题曰《问松歌》。诗云："南山之麓有古松，修柯老干摩苍穹。夜静响风雨，月出蟠虬龙。苍髯郁郁连书屋，瓮头松花酒初熟。新醅凸盏眼般清，新韭堆盘眉样绿。酒肴罗列青松前，且歌且饮人中仙。酒醒却在松下坐，酒醉还于松下眠。明朝欲起还复倒，头着松根身藉草。仰舒白眼问高松，昨宵醉后歌谁好？松不能言空讯汝，松鼠啾啾代松语。须臾鼠亦惊避人，但见松针落如雨。日高归去不用扶，手中提得空酒壶。风来松杪作鼓吹，送我高阳一酒徒。"

裘文达嗜丁香酒

江右出丁香酒，甚清冽，裘文达公曰修嗜之，曾致之京邸。一日，程文恭公退朝访文达，文达出酒饮之，信口云："冲寒来饮丁香酒。"文恭应声云："怀远还思丙穴鱼。"因相与大笑，乃复饮至亭午而散。

陈句山尽数十觞

钱塘陈句山太仆兆仑嗜酒，饮次遇知己，累尽数十觞，未尝沉顿，而谈锋弥健。

吴秋渔喜观人饮

钱塘吴秋渔太守升，乾隆时人。素不嗜酒，而喜观人酣饮。

尝撰《酒志》二十八卷，为目十有二，曰原始、辨性、述义、备法、详品、稽典、列事、纪言、考器、征令、录乡、识录，征引书籍多至千余卷。

滕瑞子嗜酒

滕瑞子，名永祥。家贫，嗜酒，然不能多饮。与自号“钝斋子”者善，两人数过从会饮，相对悲歌，辄以箸击案，箸折，乃叹曰：“惟我知子。”则应曰：“然。”夜阑烛灺，童子、主炉者率逃去。然两人酒酣以往，辄不举杯，惟流连为笑乐。

沈菘町以酒代饭

沈景良，号菘町，仁和人。初嗜茶，不解饮。年将四十，渐事杯杓。晚年乃以酒代饭，卒以此致疾死。

杨吟云劝酒

海宁杨吟云大令咏好饮，尝作《劝酒歌》以寄友人。歌云：“我笑弃繻生，伥伥何处走？我哀长沙客，悒悒惟速朽。纵博成都负弩归，萧间何似临邛缶？身后名，实时酒，此中得失君知否？世事纷纷等弈棋，独对一卮开笑口。春过三月定须残，人到六十已云寿。屏除一切障，仗此扫愁帚。随意答韶华，勿放持杯手。天子三呼而不闻，丞相一怒夫何有。孰云伤我生，糟肉乃更久。孰云废我时，壶中具卯酒。莫谓囊无钱，金貂暂向黄公叩；莫谓座无宾，旧侣宁落高阳后。好花寂寂笑醒人，大地茫茫卧醉叟。处裈虮虱任佗（他）驰，带角蜗牛徒自吼。泛水取碧筒，登山携红友。但得樽中长不空，那期肘上大如斗。归来记取击君背，俗物忍断真可丑。”

许竹溪浮数大白

钱塘许竹溪广文聿，与魏柳洲、夏身山、吴太初、余秋室、金竹坡、范鉴湖交契，联社分题，殆无虚日。一日，鉴湖丛碧轩藤花盛开，招同人饮花下。宵分月上，众皆泥醉，竹溪与柳洲、身山、竹坡各浮数大白，酕醄出门，月下行吟互答。柳洲失足堕地，竹溪掖之未起，亦堕地，身山辈拊掌大笑；笑声中复有堕地者，则身山也，众复大笑。

黄仲则对酒而歌

《对酒歌》，黄仲则所作也。其一云："仓仓皇皇，壮士泣路旁。欲上太行兮冰折毂，乃浮沧溟兮，水浩浩其无梁。(一解）有何神之君，鞚彼飞练，缥旌流云兮闪骑电。明明在前，倏乃无见。(二解）朝吁暮咍，邪气内陷，肝肠四摧。匪有此七尺而谁之哀。(三解）青天为车，日月为轮。载我百年，辗转苦辛。我欲摧之，为朝餐之薪。(四解)"其二云："纠兮结兮，有气如霓。知不可久留兮，吐吐苦饥。(一解）谁谓殇子夭，彭咸为寿？驱车出郭门，狐九尾，蛇两首，啖人骨如饴。古人云，死欲速朽。(二解)渺虑八埏，灵光四来，我乃逐于物而颜灰。(三解）尧舜在上，许由洗耳。凤凰不祥，羽毛祸体。(四解）乃云少原之野，阆风之丘，有晦蒹为圃兮，垒玉为楼。不见夫西王母之戴胜穴处兮，夫何有异乐之可求？(五解)"

江桐敏好独酌

乾隆时，仁和江桐敏通守清好饮，且好独酌。一日酒后，为诗四章。其一云："顷来爱独酌，颇得酒中趣。既无酬酢劳，亦无谐谑迕。形骸且自外，肴核岂必具。得酒欣满斟，小醉宜浅注。近时饮酒人，饮亦循世故。天趣苟不存，焉得安余素？因兹谢朋好，沉冥未为误。"其二云："油然方酣适，偶念古人书。全章或遗忘，数语记有余。在口自咀诵，惬理心独娱。庭前海石榴，舒丹耀吾庐。其下有萱草，抽花媚阶除。一觞且独进，慨此芳岁徂。四十而无闻，不饮将焉如？"其三云："毁誉本无端，闭门省愆尤。穷达自我命，通塞皆有由。但见得者乐，不见失者忧。得失两不化，身灭愿未酬。有愿必酬之，造物穷其谋。解此颇自得。泛泛如闲鸥。无酒苦寂寞，有酒不暇愁。将来百无虑，吾当营糟丘。”其四云：“何以观造化，我身来去是。既来孰不去，万物同兹理。荣枯随所值，妄念生忧喜。结则为屯云，散则为覆水。千秋万代人，殊涂而同轨。吾将埋吾轮，沉醉卧不起。”其五云：“人生如一舟，大小各殊量。置舟风水中，夷险各殊向。顺风与下水，快处乃多妨。得势矜喧阗，失势任飘荡。一生负重载，终老成空舫。未知收帆时，前途保无恙。”其六云：“家贫苦无书，有书苦不熟。中年多遗忘，掩卷如未读。一心营百虑，螟蟥食嘉谷。亦知求放心，中断烦屡续。独于饮酒时，恬然见来复。”

吴榖人沃人以巨觥

吴榖人祭酒锡麒，洪量无偶。方为诸生时，居杭州山儿巷，值献岁，列酒瓮无算，招朋痛饮。竟昼夜而酒未罄，乃舁至门外，人过其门，以巨觥沃之。能饮者去而复来，不能者至委顿乞免。

舒铁云劝酒

《劝酒歌》，舒铁云赠吾渔璜农部祖望，和宋左彝助教大樽而作也。诗云：“饥寒在身前，功名在身后。悠悠行路难，不如饮醇酒。磊落执戟郎，支离灌园叟。空余书一瓻，未乞湖三亩。欲证须菩提，嚼蜡关其口。将封狼居胥，投笔掣其肘。夜月啼青鹃，浮云幻苍狗。飘然掷一官，拔剑出门走。峨峨黄金台，酒债寻常有。道逢宋如意，旧是荆卿友。脱裘黄公垆，荷锸青山薮。醒笑东阿王，醉叱北平守。羽声寒萧萧，东瑟间西缶。风尘起十丈，云梦吞八九。美人颜如花，罗裳响琼玖。的的开朱唇，纤纤出素手。蒲桃夜光杯，殷勤为君寿。上言神仙难，下言富贵朽。

不饮君何为，君意岂否否？我本燕赵士，烂醉狂歌久。题诗入醋瓮，著书覆酱瓿。何当封酒泉，作杯大于臼。细积买春钱，高拥扫愁帚。不嫌丞相瞋，时向车茵呕。愿为先生欢，请取唾壶叩，刘伶据其左，李白坐以右。三客将奈何，二豪竟谁某？忆昔春明门，识君意良厚。君雁正南飞，余马亦东首。江南寄梅花，江北析杨柳。萍合本无根，瓜分宁有偶。录别感穷通，击节忘好丑。相从和而歌，一字沽一斗。”

李许斋饮百益酒

嘉庆朝，李许斋太守饮百益酒而甘之，乃作诗，题有“仙醴回春”四字。倪又锄太守和诗，乃以四字冠首，诗云：“仙草携来碧玉峰，制成佳酿配重重。壶中一点人间酌，延得九天春意浓。”“醴泉何事竞夸奇，恃有琼觞饮便宜。漫说延年无妙术，到微醺处益方知。”“回转生机一琖陈，沉疴顿减速如神。垆头多少停车问，妙处医人不醉人。”“春和迅疾转蓬壶，太守题来大笔濡。我亦垂涎思解渴，杖头却笑乏青蚨。”

于是方升卿大令亦继之以作，诗云：“曾闻萸酒制奇珍，况复经营配药匀。漉到甘时绵岁月，酌来醺处倍精神。一壶春酝长生草，百载年延不老身。椽笔题成贤太守，仙浆玉醴总难伦。”

倪潜斋买醉垆头

嘉庆时，海宁有倪潜斋者，名心田。性放旷，好韵语，日与陈霞庄买醉炉（古同“垆”）头，白眼玩世。有时晨炊烟断，饥肠辘辘，手一编，自若也。尝为《饮酒》诗四律，诗云：“漫将荷锸笑刘伶，天上谁知有酒星。似我可同彭泽醉，劝渠莫学左徒醒。平生真觉糟丘乐，此话休教恶客听。好语门前乞文者，肯携琴酒眼常青。”“胸襟毕竟酒徒真，潦倒粗疏任客瞋。未疗饥肠先疗渴，只愁瓶罄不愁贫。饮中岂有成仙者，藉此原多失意人。时复中之聊尔尔，亡忧君术固通神。”“击筑吹篪杂狗屠，妇人醇酒笑豪粗。物能作病将安用，事到难平不可无。君亦未知其趣耳，我惟行乐在兹乎？只因块垒胸中满，拍案狂歌倒一壶。”“达士奚须身后名，拍浮自足了平生。壮怀勃塞消无术，愁阵坚牢赖有兵。止酒王琨真鄙啬，倾家次道最多情。醉乡亦是人间世，正好陶陶乐太平。”

郝青门劝酒

郝莲，[字青门，] 号饭山，嘉庆朝之钱塘人。嗜饮工诗，有《说饼斋吟草》。其《劝酒歌》云：“东风劝酒生绿波，为君倒提金叵罗。天边明月不常好，世上浮云事日多，劝君且饮吾作歌。君不见腰间累累印如斗，朝乘华轩暮广柳？又不见多牛翁，子孙不肖田园空？黄金不能买老寿，况当明月如清昼，眼底休随蝼蚁忙，日中空有麒麟斗。”

高画岑呼酒痛饮

嘉、道间，仁和有高林字画岑者，诸生也，家塘栖，通脱无威仪。与赵宽夫同学。宽夫性方严，无敢以言戏之者。画岑故谬说经旨以激之使怒，宽夫龂龂争，则大笑以谩侮之。家徒四壁，惟嗜饮酒。饮必醉，醉则卧市沟中。人属以诗歌文章，信口而成，率妙丽有逸趣。一日入城应试，闻其友疾亟，走归已殓，大哭，投水中，妻遽阖户缢。邻人两救之，得俱活。画岑更大笑，呼酒痛饮，人不测其所为也。已而病酒，竟死。

梁晋竹品酒

嘉庆癸酉，钱塘梁晋竹孝廉绍壬在杭，偶憩于西湖之云林寺。次日独游弢光，遇老僧致虚，以其善气迎人，与之谈，颇相得。坐久，梁欲下山，僧曰：“居士饥否？蔬酌可乎？”梁方谦谢，僧已指挥徒众，立具伊蒲馔。泥瓮新开，酒香满室，盖预知梁之好饮也。一杯入口，甘芳浚冽，凡酒之病无不蠲，而酒之美无弗备。询之，曰："此本山泉所酿也，陈五年矣。"僧盖略知酿法，而又喜谈米汁禅。此盖自奉之外，藏以待客者。于是觥斝对酌，薄暮始散。又乞得一壶，携至山下，及夕小酌。次日，僧又赠一瓻，归而饮于家，靡不赞叹欲绝。

梁尝曰："是为生平所尝第一次好酒，此外不得不推山西之汾酒、潞酒矣。然禀性刚烈，弱者恧焉，故南人弗尚也。于是不得不推绍兴之女儿酒。女儿酒者，乡人于女子初生之年，便酿此酒，出嫁时始开之。各家秘藏，不以出售，其花坛大酒，悉是赝本。其后人家萧索，酿此者亦寥寥，能得其以真东浦水作骨而三四年陈者，已是无等等咒矣。道光甲申，归自京师，汪小米拉饮庚申酒。庚申酒者，小米之叔号眷西者所家藏者也。眷西尊人旧贮二十坛，殁后，其家亦胥忘之。眷西又汴游十余载，遂无人问鼎。而藏酒室又极邃密，终日扃牡，更无人知而窥之者。以故二十年来，丸泥如故。眷西归，始发之，所存止及坛之半，正袁子才所谓'坛高三尺酒一尺，去尽酒魂存酒魄'者是也。色香俱美，味则淡如。因以好新酒四分搀之，则芳香透脑，胶饧璒底，其秾厚有过于斝光酒，而微苦不洌，是其小病。此生平所尝第二次好酒也。仆逢麹流涎，所至不肯轻过。闻之人云：'不吃奔牛酒，枉在江湖走。'余过其地，沽而试焉。呜呼！天下有如此名过其实、庸恶陋劣之名士乎？论其品格，亦止如苏州之福贞，惠泉之三白，宜兴之红友，扬州之木瓜，镇江之苦露，邵宝之百花，苕溪之下若，而其甜腻则又过之，此真醉乡之魔道也。其中矫矫独出者，则有松江之三白，色微黄，极清，香沁肌骨，惟稍烈耳。某年游萧山，梧里主人周镇祁极款洽，作平原十日之留。一日，出一种酒，曰"梨花春"，俗名酒做酒曰梨花，盖三套矣。饮一杯，主人即将杯夺去。主人量甚巨，亦止饮二小杯。是日，余竟沉醉一日。因思古人所谓千日九酝者，亦即此类。特其一年、三年之醉，则未免神奇其说耳。余居广东始兴一年有余，彼处有所谓冬酒者，味虽薄而不甚甜，故尚可入口。中秋以后方有，来年二三月便不可得。询之土人，曰：‘此煮酒也。今日入瓮，第三日即可饮，半月坏矣。’一日，有曾某邀余山中小酌，举杯相劝。视之，浅绿色；饮之，清而极鲜，淡而弥旨，香味之妙，其来皆有远致。诧以为得未曾有，急询何酒，曰：‘冬酒也。’问那得如许佳，曰：‘陈六年矣。’余又叩以乡人不能久藏之言，曰：‘乡人贪饮而惜费，夫安得有佳者？此酒始酿，须墨江某山前一里内之水，不可杂以他流，再选名麴佳糵，合而成之，何患其不能陈耶！余家酿此五十余年，他族省啬，不肯效之。’此余生平所尝第三次好酒也。余三十年来沉湎于酒，脏腑之地，受病已深，近日损之又损，以至于无，而结习所存，不能忘也，因历忆生平饮境而一纪之。”

张云骞以买米钱买醉

张云骞刺史年少豪迈，不问家人生产作业。好饮酒，一石亦不醉，然时有断炊之患。一日，其妻拔钗，质钱三百文，将以买米，置于几。张见之，即以质券裹钱，持之出，买醉于酒家矣。夜半酩酊归，钱罄而券亦失，不可踪迹矣。

屠修伯寒夜独饮

道光某岁春，杭人陈季竹与程拜五同读书于西湖灵隐之白衲庵，屠修伯鹾尹秉亦诣焉。与拜五初未相识，居既久，因得与之寄情觞咏，放浪乎龙泓、鹫峰之间。季竹故不善饮，而性好人饮。拜五饮甚豪，而为人朴厚有真趣，至醉不乱，始识其为酒人也。修五未入山之前数日，有李荫人者，亦以游山至庵，与拜五痛饮而去。及夕，修伯归，寒夜独饮，乃作诗以怀之。

陈铁桥携酒大醉

钱塘陈铁桥詹事宪曾好剧饮，醉则于生计事无所省录，故时致匮乏。梅伯言曾亮，其同年也，尝为饭会，无酒人阑入。铁桥曰："幸入我会以止酒。"比入，则先自携酒，大醉而归。

金右泉嗜酒

金淇，字右泉，道光时之钱塘诸生也。中年后贫甚，惟破屋数椽，书数千卷，梅花一树，坐对而已。性嗜酒，尝自武林门至丰储仓基，醉诵《离骚》，行人以为颠。

许幼兰颂酒

海宁许幼兰司马光济，耽诗颂酒，授读里中，垂五十年，有祖孙父子同出门下者。脩羊所入，日向炉头博醉。醉则狂走山水间，以赋诗写画自乐。

妓以金盏饮盛心壶

布衣盛心壶性倜宕，工诗善书。有某名妓慕其名，以秋柳画扇索题。题二句云："腰瘦那堪迎送苦，眼枯都为别离多。"妓大叹赏，愿以终身许之。是夕，留髡畅饮，杯盏皆金制。酒酣眼热，以一盏置于怀。妓觉之，太息良久，为之惋惜者再三，终身之愿乃寝。

蒋芸轩嗜酒

道咸间，富阳蒋芸轩茂才琴山性豪迈，嗜酒。一日大醉而为歌，曰："彭泽我为师，供奉我为友。得鱼且忘筌，一杯时在手。天空地阔何悠悠，人生百年三万六千余春秋。华屋兮山丘，妻孥兮马牛。马牛奔走朝复暮，秋月春花等闲度。身家念重性命轻，草亡木卒惊朝露。朝露唏〔晞〕，试回首，不如意事常八九。人生行乐须及时，何如尊前一杯酒。君不见屈灵均，世浊怀独清，世醉怀独醒。屈愿独醒，我愿长醉，醉来尝拥花月睡。醉时欢乐醒时愁，何必矫矫与世相怨怼。世事颠倒如转蓬，庸耳俗目岂有真，是非在其中。天无私覆，地无私载，达人如命，何论穷通。

穷兮通兮乐陶然，开尊把酒问青天。不知莽莽天地，始于何代、终于何年？我欲乘槎日月边，日月远望遮云烟。我欲垂钓广漠渊，渊深鱼伏难钩连。今朝有人射猎北山前，驱鹰逐犬招我随执鞭。为我谢曰，我今倦矣醉欲眠。”

洪大全嗜酒

粤寇洪大全之父母早世，家巨富。少聪颖，读书过目成诵，稍长即工诗词。性豪迈，嗜酒，乐与贩夫走卒、流丐小偷饮，酒罢辄助以赀。座有贵客，则谩骂之。

其里人张绅，曾任湖南衡永郴桂道，以年老告归。值八旬称寿，设盛筵，洪赠物为贺，值百金。洪赴宴，乃挈其夙与同饮之人往，则皆短褐敝裩、见踵露肘者。及门，阍纳洪，而摽诸人于门外。洪厉声叱之，挟以俱入。登堂一揖，即指同饮诸人曰：“此皆我之至友也。承主人招饮，不敢违命。然非得若辈同饮，不足尽欢。恐负主人盛意，故与之俱来。”言毕，即与诸人同入席，畅饮欢呼，声震屋宇。时宾客满堂，咸衣冠济楚，见洪而大诧之。既尽醉，皆踉跄而出。及金田事起，洪悉以家财助军食。至桂林，被擒，诛于京师。

夏薪卿自放于酒

钱塘夏薪卿通守曾传箎仕吴门，以方心淡面，弗谐俗好，益颓然自放于酒。偶还里门，入铁花吟社。未几，殁于吴中。生平善饮。吴兴金彦翘亦大户，多蓄酒器，有犀角鼎，极精妙。尝会饮，薪卿已醉，彦翘谓之曰：“能再尽三鼎，即以鼎赠君。”遂引满者三，怀之以归，因自号“醉犀生”。

薛慰农与酒人拇战

同治丙寅，谭复堂以全椒薛慰农观察时雨将去杭州，与同人觞之于湖舫，风日清佳，吟啸甚适。至孤山放鹤亭，有酒人张坐，薛不通名氏，径与拇战，同人继之，脱略形骸，想见晋、宋间人风致，亦仅尔尔。

刘武慎好汾酒

刘武慎公长佑在官勤恁，治事、接宾客，未尝有倦容，而好饮，且必汾酒。尝独酌，一饮可尽十余斤，左手执杯，右手执笔，判公牍，无或讹。或与客会饮，虽不拇战，而殷勤劝盏。譙毕客退，仍揖让如仪也。

吴南屏嗜酒

吴南屏广文敏树嗜酒。尝客江宁，夜半忽思饮，以有藏酝在，不必求之市也。命仆启瓮，则瓮泥坚，猝不可启，而渴甚，叱仆走，自以杖击瓮。瓮破，满地皆酒矣，乃伏地饮之。

南屏性不耐俗，座有山僧、田父，辄顾而乐之。与显者共杯杓，恒郁郁，几坐立不安矣。然其投契如曾文正及刘霞仙中丞者，与之把酒情话，亦未尝不欢。

金粟香陆武园饮猿酒

粤西平乐等府山中多猿，善采百花酿酒。樵子入山，得其巢穴者，其酒多至数百石。饮之，香美异常，名曰“猿酒”。漓江两岸间猿尤多，粤寇时，沿江炮火震惊，猿迁越深山邃谷间，罕有至江岸者。江阴金粟香、平湖陆武园，皆尝饮之。粟香有句云：“岩暖猨搜花酿酒，林深狸攫果为粮。”武园亦有句云：“猨入深山为避乱，桃源何地属秦人？”

姚春藼雄于酒

浙人姚春藼，名庆恩，张勤果公妹婿也。以诸生官河南知府，旋从勤果于塞上。雄于酒，量可一石。有赠妓句云：“江东无我谁能酒，香国除卿不算花。”

洪文卿醉而踽踽行

光绪中，苏州洪文卿学士钧，既以状元通籍，乞假归，微服作狭邪游。夜阑，饮醉，返家踽踽行。路遇巡逻者，诘其何故中宵踯躅。洪怒，掌其颊。巡逻者出绳，缚之去。洪倒卧地甲家，黎明始醒，大骇而呼。地甲识为洪，叩头请罪，洪无言出。

张文襄戒酒

张文襄少时，耽麴糵，醉后好为狂言，闻者却走。醉甚，则和衣而卧，笠屐之属，往往发见于枕隅。某年，其族兄文达公之万以第一人及第，文襄大恚，慨然曰："时不我待矣！"自此遂戒酒不饮。

方渔村以酒壶为友

方渔村孑身独处，生平未尝近女色。所居茅屋三椽，不蔽风雨，吟咏其中，怡然自得。性嗜饮，得钱辄沽酒。遇途人，即拉与共醉，不问谁何也。又喜拇战，或以不能辞，必强嬲之。固辞则怒，人畏其怒，相率远避。见无人与共，即以酒壶为友，而与之猜拳行令，人遂谓之"方痴子"。年八十余，无疾而终，姻戚经纪其丧。

林希村结酒社

侯官林希村大令聂家居时，与林怡庵、林枳怀、叶与恪、梁开万诸人结酒社。日高睡起，即登酒楼，终日痛饮。醉则歌呼笑骂，必夜深乃扶醉而归。归则寝，明日又往矣。希村为勿村中丞之仲子，怡庵为郑苏庵方伯之舅氏，皆能不事事而沉饮，殆晋七贤、八达之流也。

王步光饮后寡言

王步光，名琮兴，常宁人，豪于饮，饮后辄慎讷寡言。

弟劝兄节饮

南乐西乡某村，距元村集至近。有嗜酒者，十日中常四至集，以集日一三六八为期也。每至必醉，醉仍携一瓶归，以为余日之需。其弟力农，日勤作苦，涓滴不入口。一日，兄醉归，踉跄欲倾跌。弟曰："少饮数杯可也，何苦醉乃尔！"兄曰："嫌吾饮酒费钱耶？吾自有酒禄耳。吾非不令尔饮，奈尔不能何！"弟曰："兄自费钱可矣，吾不忍再费也，何不能饮之有？"兄置瓶院中砖台上，曰："试看尔饮。尔果能饮，则不饮诚为家计，吾之饮乃荒唐矣，自此当戒酒。"弟曰："吾方将汲水去，何暇坐饮。"乃取一大碗，倾酒斤许，冷饮之，一吸而尽，担桶去；汲回，则又倾一碗，饮如前，复出汲；再回，又倾一碗，饮如前而罄矣，曰："此何难。"出汲如故。兄愕然曰："吾诬矣，吾诬矣！"由是亦涓滴不入口。弟曰："饮不至醉，何妨饮。强断之，亦何苦？"兄曰："吾见酒，便思尔。思及尔，则不能再饮矣。"

李文忠饮世界第一古酒

李文忠公负中外重名，西人称之曰"东方俾士麦"。晚年历聘各国，使节所莅，人摩肩，车击毂，虽贩夫牧竖，莫不辍业聚观，争以一见颜色为快。任北洋大臣最久。尝有德国海军大臣，至津投谒，语文忠曰："某所乘军舰，于世界海军中称巨擘。中堂，手枊贵国海军者也。某请粪除敝舰，敬迓使节，倘亦中堂所乐观乎？"文忠喜诺，订期而别。至日，飓风骤作，巨雨如注。德舰寄碇处，距大沽口二十余里。文忠既至大沽，舶为飓风所阻，不获驶傍德舰，乃以无线电达德帅。德帅覆电云："已遣舢板奉迓，但中堂高位耆年，不畏涉险否？"幕府诸人有尼其行者，文忠不欲示外人以馁，偕翻译一人，毅然登舟。舟以水兵八人击桨，一人执舵，虽巨浪山涌，而舢板出入风涛，疾于飞隼。俄顷，已抵德舰。舰中鸣炮如雷，军乐骤作，德帅握手致敬曰：

“中堂信人哉！以中堂耆英重镇，而冒险精神迈越青年，尤为钦佩。”文忠逊谢。坐既定，德帅执缾酒亲注于杯，为文忠晋颂辞毕，曰：“中堂冒涉风涛，惠临敝舰，鄙人绛灌无文，不足以娱乐嘉宾。”乃以余酒寘文忠前曰：“不腆敝产，敬效野人献曝之忱，祝中堂归途馀福。”文忠虽起谢，颇异德帅以残酒相饷。归署，译其文，始知此酒酿于西历十五世纪，已阅四百余岁，值英金二百镑，约我国银币二千余圆，为世界第一古酒，宜德帅以之作缟纻也。

吴趼人纵酒自放

南海吴趼人，年四十，浪迹燕、齐。既郁郁不得志，乃纵酒自放。每独酌大醉，则引吭高诵《史记·游侠传》，邻舍妇孺恒窃窥而笑之。卒以沉湎致肺疾。返沪三年，日从事于学务，心力交瘁，病益剧，而纵饮如故也。一日遨游市上，途遇其友某，遽语之曰：“吾殆将死乎？吾向饮汾酒，醰醰有味。今晨饮，顿觉棘喉刺舌，何也？吾禄其不永矣。”某慰藉之，掉臂不顾。径回舍，趺坐榻上，微吟陶靖节诗“浮沉大化中，不恋亦不惧”二句，声未终而目瞑矣。

陈石遗饮酒

光绪丙申，陈石遗戏作《饮酒和陶》诗十章。其一云：“使我身后名，不如一杯酒。况能饮酒者，身后名多有。刘伶颂一篇，阮籍诗几首。李白与杜甫，啧啧满人口。试问客何能？颇能杯在手。”其二云：“忆昔里中游，陈王日周旋。桥东有酒楼，酒债动万钱。当时不云乐，局促憎乡关。一朝星云散，各各隔山川。仅免寒与饥，块然年复年。”其三云：“少小抱奢愿，广厦与大裘。不贵坐客满，所贵皆名流。蹉跎遂至今，栖栖犹道周。不见今稷契，饥溺非己忧。”其四云：“故人怜我贫，劝我聊弦歌。不为三径谋，奈此十口何？曰诺吾将仕，踌躇又蹉跎。吾美不如朝，吾侪不如鮀。果如朝与鮀，不仕宁轗轲。”其五云：“昌黎称大儒，道德亦弥缝。赏识遍寒畯，大名日隆隆。贾岛弃浮屠，孟郊为云龙。攫金任刘叉，家祭助卢仝。高轩过李贺，赠言及张童。唐衢侯喜辈，遽数不能终。岂独皇甫李，奇正师宗工。所以张文昌，哭祭悲无穷。”其六云：“无事日苦长，有事日苦短。造物如人意，千变犹恐缓。何如逢酒人，相对但引满。日长醉亦休，事大未挂眼。”其七云：“阮籍号达人，胸中有磊块。有如赵州土，浊酒日与酹。生逢混浊世，俯仰天地隘。非与身命雠，黾勉对时辈。母丧一呕血，胸鬲稍以快。”其八云：“昔时所与游，累累皆黄土。去年故园去，邻笛极凄苦。当其一息存，名利锐进取。可怜盖棺后，寂寂与终古。九泉宁有知，酒到亦何补？”其九云：“文章劳我神，酒脯以祭祷。相如家四壁，悒悒文君恼。作赋得黄金，取酒召佣保。海滨有一士，抱膝见怀抱。岂无卖文钱，提壶足倾倒。谁与同襟期，樗散若郑老。”其十云：“旬月困尘事，清坐值兹晨。借问何时欤？门前柳色新。呼儿移柳树，趁此雨如尘。虽无佳客来，且沽梨花春。”

石遗好饮，尝以佳酿不易得，乃作《放言向茹真乞酒》其诗云：“公馆归休沐，村路穿河柳。我名同犀首，无事合饮酒。村沽非不廉，水淡不可口。因思君床下，对坐两瓻甒。君面不肯赤，此酒为谁守？巧偷与豪夺，人世几妙手。海物朝十瓶，葡萄暮百斗。宁须杀贼奴，金印乃系肘。长者久不来，墙头散邻叟。呼儿送此诗，或者岁在酉。”

石遗既得酒，再得一绝句云：“柴门伫立不教关，乞酒家儿远远还。篱落几根鸦舅树，行看秋色逊酡颜。”

蛋汤

制蛋汤有二法，一专用卵白，一并黄而用之。专用卵白者，亦称“碎玉汤”。取熟鸡蛋之白，切方圆、长短、尖角等各式小块，入鸡汤中，加香菌、笋片，煮滚起锅，下盐少许。并黄白而用之者，亦称“蛋花汤”，倾蛋于碗中，调匀，入鲜美之沸汤，略加盐及火腿丝、虾米，用铲刀截开，使不凝合，再煮一滚，即熟。二者并宜宽汤。

朱竹垞饮蛤汤

蛤有圆而白者，有花而白者，炒之醉之，不如蒸作汤之味隽也。朱竹垞尝以《双鸂鶒》词咏之。词云：“俊味盐官稠叠，一种小如瓜瓞。最爱兰汤渟雪，卯酒欲醒时节。　云母乍分琼屑，玉楮刻成风叶。拾取黏双蝴蝶，惊飞鬓影奇绝。”又作《湘江静》词云：“犷壳深缄潭底并，任吹残老枫谁省？房同芦雉，花输石蛣，占魚床清冷。网漉两�竿，橛头响青泥成饼。西风古木，斜阳野田，寻啅雀更无影。　甲卸初，汤沸定，一痕纤嫩黄逾净。不知许事，相逢且食，把膏脂都屏。犯卯未醒时，唤金钑小盘须钉。几番为尔勾留，住了早春归兴。”

朱竹垞食河豚羹

河豚，江淮河海均有之。腹白，背有赤道如印，目能开阖。触之即嗔怒，腹胀如气球。渔者以物撩而取之。春暮云游水上，食飞絮而肥。食之者多与荻芽为羹，最美。朱竹垞亦尝食之，纪以《探春慢》词。词云：“晓日孤帆，腥风一翦，贩鲜江市船小。涤遍寒泉，烹来深院，不许纤尘舞到。听说西施乳，惹宾坐垂涎多少。阿谁犀箸翻停，莫是生年逢卯？　闲把食经品第，量雀鲊蟹胥，输与风调。荻笋将芽，蒌蒿未叶，此际故园真好。斗鸭阑边路，猛记忆溪头春早。竹外桃花，三枝两枝开了。”

陆二娄尝西施舌羹

西施舌为闽产，以之为羹，甚鲜腴。钱塘陆二娄茂才养和，尝西施舌羹而甘之，有诗曰：“此是佳人玉雪肌，羹材第一愿倾赀。却当越网搜奇后，想见苏台软语时。碧海波摇冰作骨，琼筵夏赏滑流匙。若教比作杨家乳，不羡闽中进荔支。”

左文襄嗜莼羹

左文襄在浙时，最嗜莼羹。其后至新疆，胡雪岩尝以莼馈之。时尚无罐诘也，万里间关，邮致不易。然胡所馈，至疆后，瀹以为羹，仍如新摘。盖莼多滑涎，卷之于纺绸也。

黄培之咏扁豆羹

仁和黄树榖，字培之，雍正时人。尝旅京师，于客斋种扁豆，摘取为羹，诗以咏之。诗曰："负郭无农课，他乡学圃能。短墙堪种豆，枯树借沿藤。带雨繁花重，垂条翠荚增。烹调滋味美，渐似在家僧。谷雨方携子，梅天已发秧。枝枝盘作盖，叶叶暗遮房。伏日炎风减，秋晨露气凉。连朝僮仆喜，采摘报盈筐。"

孙渔笙啜豆腐羹

罗定州之豆腐羹极精美，细腻洁白，其滑如脂，制以为羹尤佳。孙渔笙客粤时，时啜之。渔笙名瑛，光绪时之定海名士也。

盛杏荪以晚香玉竹荪为羹

盛杏荪尚书宣怀之宴客，有鼎烹，盖掇晚香玉杂竹荪以为羹也，香味美绝。

文宗饮鹿血

文宗御宇时，体多疾，面常黄，时问医者以疗疾法，医谓鹿血可饮。于是养鹿百数十，日命取血以进。迨咸丰庚申，英法联军入京，焚圆明园，徇协办大学士肃顺等之请，幸热河。肃顺辈导之出游，益溺于声色。辛酉，咯疾大作，令取鹿血以供，仓卒不可得，遂崩。

施石友好芡酪

仁和施石友上舍安好芡酪，尝用欧阳修《初食鸡头》诗韵以咏之，诗云："吾乡六月鸡头肥，青叶田田满沙觜。风味最数钱塘湖，莲房菰米差可拟。楼中煮酒快尝新，赤手森然出波底。谁传方法自厨娘，作糜乃与防风比。初看逸磨卷飞雪，忽讶轻绡漉清醴。琉璃碗盛白玉光，和以蜜味甘冰齿。此时合眼即江湖，十宿渔船红藕里。不须远忆会灵园，劈破明珠定谁美。吾侪说食继欧阳，诗味清虚聊可喜。定知舌本恋馀甘，一杯漫饮鸡苏水。"

奕誴以溺饮其傅

淳郡王奕誴，宣宗子也。性傲，不喜读书。一日傅督之急，忽不知所往，傅遣内侍大索，久之则自正大光明殿出。又一日，手茶一杯进傅曰："某顽钝，屡蒙训诲，至感，故有所献。"傅饮之，茶中有溺也，大恚。宣宗适至，曰："得毋为五阿哥废学乎?"傅曰："非也。五阿哥赐臣茶一杯，颇有异味，请上嗅之。"宣宗嗅之，大怒，王坐是贬。

俞苍石食豆粥

仁和俞苍石茂才葆寅，乾隆时人，喜食豆粥。一日食毕而饱，有诗示其从侄炯，诗曰："筠篮小摘新雨后，糜粥晚炊杂以豆。江乡风味绝可怜，菰饭莼羹此其又。暖香郁发气浮浮，儿女欢呼抵蒸馏。较如白傅咏防风，舌本清甘得余漱。儒生自奉原菲薄，讵必丰肴佐醲酎。月来戴胜鸣桑阴，绿英垂垂绕畦绣。登庖剧喜乍开园，采过三番犹畅茂。釜中未闻然萁泣，篱下且自撷裾走。纵惭每夕具双弓，食肉之讥当我宥。说与同餐阿买知，山田几亩须勤守。"

诸邓门食白米粥

乾隆时，钱塘诸邓门明经以淳，自杭北上，遵陆以行。既上车，日食必饼。一日亭午，过山东之东平野店，忽得白米粥二盂，自谓旅中得此，胜参蓍矣。

糊粥生姜炒米茶

糊粥为常州食品。盖他处食粥，皆以米粒煮之，故一名“稀饭”。惟常州则屑米为粉，名曰“糊粥”，俗遂有“糊粥生姜炒米茶”之谚。高宗南巡时，驻跸常州，垂询食品，刘文定公纶以里谚“糊粥生姜炒米茶”对，帝嘉其土风之俭焉。

黄九烟为徐昭法作糜

黄九烟尝往吴门访徐昭法。昭法名枋，明举人。父汧，崇祯时官至詹事。江南溃，汧殉节，昭法将从死，汧止之曰：“汝可不死，姑为徐祧之荐饭人。”昭法遵命。丧葬讫，托迹茅屋，伏处荒村中。九烟及潘铁庐至，叩其扉。时昭法未老，几失明矣，又饥，不能出户庭，强起谒客。既相见，则抱持大哭。时日已暮，昭法不能具灯烛，盎中绝粒已三日矣。九烟解囊贸米数升，盐少许，共炊作糜。

饭有十二合

桐城张文端公英尝著《饭有十二合说》，其说如下：

一之稻　古称饭之美者，则有元山之禾，精凿白粲，昔人所重。吾乡稻有三种，有早熟者，有中熟者，有晚熟者。早、晚所熟，皆不及中熟之佳。蔡邕《月令章句》云：“时在季秋，谓之半夏稻，滋味清淑，颐养为宜。”颂曰：诗称香稻，如雪流匙。辨种尝味，迟熟攸宜。益脾健胃，百福所基。

二之炊　朝鲜人善炊饭，颗粒朗然，而柔腻香泽，倘所谓“中边皆腴”者耶？又闻之静海励先生，炊米汁勿倾去，留以蕴酿，则气味全，火宜缓，水宜减，盖有道焉。卤莽灭裂，是与暴殄天物者等也。颂曰：释之溲溲，蒸之浮浮。炊我长腰，质粹香留。谨视火候，丹鼎功侔。

三之肴　《礼》曰："居山不以鱼鳖为礼，居泽不以麋鹿为礼。"食地之所产，则滋味鲜而物力省。近见人家宴会，每以珍错为奇，不知鸡豚鱼虾，本有至味。《内则》所载，养老人八珍，皆寻常羊豕，特烹炮异耳，何尝广搜异味哉？且每食一荤，则肠胃不杂，而得以尽其滋味之美。山海罗列，腥荤杂进，既为伤生侈费，亦乖颐养之道，所当深戒者也。颂曰：甘毳芳鲜，是为侯鲭。脾宽则化，腹虚则灵。戒尔饕餮，视此鼎铭。

四之疏　古人称早韭晚菘，山厨珍味。城中鬻蔬者摘采非时，复为风日所损，真味漓矣。自种一亩蔬，时其老稚而取之，含露负霜，甘芳脆美，诗人所谓"有道在葵藿"耶？颂曰：蔓菁芦菔，其甘如饴。美胜粱肉，晚食益奇。菜根不厌，百事可为。

五之脩　古称脯脩，亦所以佐匕箸。山雉泽凫，鹿脯鱼鲞，昔人往往见之篇什。但取一种，可以侑食，毋为侈靡奇巧。颂曰：饱尝世味，知彼鸡肋。聊资醢脯，以妥家食。炮炙肥甘，腑胃之贼。

六之菹　盐豉寒菹，古人所谓"旨畜以御冬"也，以清脆甘芬为贵。食既而嚼，口吻爽隽，为益多矣。颂曰：甫里幽居，爰赋杞菊。红姜紫茄，青笋黄独。告我妇子，储备宜夙。

七之羹　古人每饭，羹左食右。又曰："若作和羹，尔为盐梅。"羹之为用，宜备五味，以宣泄补益，由来尚矣。古人饭而以汤沃之曰飡，言取饱也。老者易于哽咽，于羹尤宜。颂曰：新妇执馈，爰作羹汤。和以芍药，椒芬飶香。以代祝哽，祗奉高堂。

八之茗　食毕而茗，所以解荤腥，涤齿颊，以通利肠胃也。茗以温醇为贵，岕片、武夷、六安三种最良。石泉佳茗，最是清福。颂曰：松风既鸣，蟹眼将沸。月团手烹，以涤滞郁。丹田紫关，香气腾拂。

九之时　人所最重者，食也；食所最重者，时也。山梁雌雉，子曰“时哉时哉”。固有珍膳当前而困于酒食者，失其时也；有葵藿而欣然一饱者，得其时也。樊笼之鸟，饲以稻粱，而羽毛铩敝；山溪之鸟，五步一饮，十步一啄，而飞鸣自得者，时与不时之异也。当饱而食曰非时，当饥而不食曰非时，适当其可谓之时。噫！难为名利中人言哉。颂曰：晨起腹虚，载游樊圃。容与花间，香生肺腑。思食而食，奚羡华膴。

十之器　器以瓷为宜，但取精洁，毋尚细巧。瓷太佳，则脆薄易于伤损，心反为其所役，而无自适之趣矣。予但取其中者。颂曰：绳床棐几，净扫无尘。花瓷莹润，参伍以陈。陋彼金玉，萦扰心神。

十一之地　吁，食岂易言哉！冬则温密之室，焚名香，然兽炭；春则柳堂花榭；夏则或临水，或依竹，或荫乔林之阴，或坐片石之上；秋则晴窗高阁，皆所以顺四时之序。又必远尘埃，避风日。帘幙当施，则围坐斗室；轩窗当启，则远见林壑。斯殗香饮翠，可以助吾藜藿鸡黍之趣。食岂易言哉！颂曰：食以养生，以畅为福。相彼阴阳，时其凉燠。以适我情，以果我腹。

十二之侣　独酌太寂，群餐太嚣。虽然，非其人，则移床远客，不如其寂也。或良友同餐，或妻子共食，但取三四人，毋多而嚣。颂曰：肃然以敬，雍然以和。不淫不侈，不烦不苛。式饮式食，受福孔多。

董小宛以茶淘饭

董小宛性澹泊，于肥甘食物，一无所好。每饭，以岕茶一小壶温而淘之，佐以水菜数茎、香豉数粒，便足一餐。

王嘉禄以石为饭

仙人煮石，但传其语。顺康间，淄川丁家佣人王嘉禄者，少居劳山中，独坐数年，遂绝烟火，惟啖石为饭，渴即饮溪涧中水，遍身生毛寸许。后以母老归家，渐火食，毛遂脱落。然时时以石为饭。每取一石，映日视之，即知其味之甘咸辛苦。及母终，不知所往。

邱邦士忘借米

邱邦士家贫，娶于魏，为叔子之女兄。一日断炊，其夫人令贷米于戚串。邦士出，徙倚中途，观市景。久之，乃垂橐而归，则夫人已自他处乞米炊之矣。饭成，邦士亦不问米所从来，据案大嚼而已。

谢方山食蜀秫米饭

蜀秫米饭，昔人无咏之者。德州谢方山郎中重辉尝食之，咏以诗云："浮椀浑如琥珀光，丰年人每号粗粮。相如渴后曾逢否？方朔饥时那易尝。真味惟堪同紫苋，补中讵止胜黄粱。大官精膳无由见，一饱何妨此下肠。"

徐昭法款汤文正以粗粝

汤文正公抚苏时，徐昭法隐于支硎山中，乃屏除驺从，徒步访之。昭法辞以疾。文正徘徊门外，久之始延入，待以粗粝，为之醉饱。

某孝廉饭于蒋文恪邸

蒋文恪公溥，为裘文达公之房师，礼贤下士，设馆授餐。一日，文达遇文恪于朝房，荐一在都候选之孝廉，曰："某所学极优，师能留之乎？"文恪允之。而文达固先已荐一人在文恪邸掌书记也。

明日，文达遣一仆径送孝廉入文恪邸，属仆曰："第送诣某书记厅，云昨已面语相公，相公属留客耳。"仆致文达命出，书记某即挈孝廉巡历厅事侧两廊，见屋栉比，悉客馆。内一室，门独启，遂径入。见榻上有卧具，遽命仆撤出，贮厅事中，语孝廉曰："君行李至，即安置此。但出必键户，慎勿启也。又有一要语相属，君虽馆此，实无一事，不妨日出游衍，然必须饭毕始出。日两饭，亦无邀客者，但闻长廊口有高唤者，曰'饭具矣'，即速诣厅事食，迟则不及。"孝廉遵其约，每日饭毕，即键户出游。约计复当饭，则又归。岁值端午、中秋日，及岁尽前数日，即有老仆从三四辇挟巨囊至，遍入客馆。见一卧榻，即置朱提一封，标其函曰"岁脩"，为数五十。若旁有卧榻，则贮一小封，为数四，以犒从者。孝廉居文恪邸二年，选湖北一县令始去。在邸日，未尝一为事，亦未尝一面文恪也。

余古田吃芹菜饭

乾隆丁丑，福建余古田在京，应庶吉士散馆之试。以无力赁屋，移寓翰林院东庑，仅庇风雨，惟以读书为事。每日，仆买值钱三文之芹菜以佐餐，坚谢一切馈物。及服阕，高宗起之为祭酒，令充江南学政，故旧满朝，从无竿牍之及。尝语华亭蔡显云："予之所以幸全素履者，得力于十年之芹菜饭也。"

林瀹亭罗椠臣善饭

光绪朝，杭州有林瀹亭孝廉元濬、罗椠巨优贡椠者，皆以善饭著称。虽宴会，酒肴纷陈，可恣饮啖，将饭，他人已纷纷引去，而此二人者，犹手持饭瓯，迭进不已，僮仆非笑之，不顾也。

左文襄喜左家面

扬州新城校场街，有左家面铺者，自咸、同以来，开两世矣。盖左文襄初为孝廉时，北上道扬州，尝之，美不能忘也。及督两江，阅兵至扬郡，地方官之备供张者，问左右以所好。左右云："公尝言扬州左面佳耳。"时郡城面馆如林，而无此肆，地方官乃令庖人假其名以进。文襄虽未面揭其伪，而退言非真也。繇是"左面"之名脍炙人口。

宣宗思片儿汤

宣宗最崇俭德，故道光时内务府岁出之额，不过二十万，堂司各官皆有“臣朔欲死”之叹。一日，上思片儿汤，令膳房进之。次晨，内务府即奏请设置御膳房一所，专供此物，尚须设专官管理，计开办费若干万金，常年经费又数千金。上乃曰：“毋尔，前门外某饭馆，制此最佳，一盌值四十文耳，可令内监往购之。”半日复奏曰：“某饭馆已关闭多年矣。”上无如何，但太息曰：“朕不以口腹之故妄费一钱也。”

孝钦后赐德宗汤圆

德宗尝谒孝钦后，一日，孝钦方食汤圆，问：“汝已食乎?”德宗不敢以已食对，因曰：“尚未。”即赐食若干枚。问：“已饱乎?”曰：“尚未。”乃更赐食。如此者数四，腹胀不能尽食，乃私匿之于袖中。归而汤圆满袖，汁淋漓满身，乃命太监换小衫。而其私服尽为孝钦搜去，因狼藉而着之。后内监辗转以外间小衫进，乃得易衣。

年糕

年糕，捣糯米而成，本为馈岁之品。至光宣时，则以为普通之点心，常年有之矣。有以菜、肉煮为汤者，有以火腿、笋、菜炒之者，味皆咸。其甜者，则为猪油夹沙而加以桂花、玫瑰花，可蒸食。钱塘程讷斋有诗咏之曰：“人心多好高，谐声制食品。义取年胜年，藉以祈岁稔。粤稽所由来，饵餈名既泯。沿久遂失真，刘郎诗料窘。我本卑栖人，麤（同“粗”）粝餐堪哂。欲更上层楼，翘首待挈引。”

德宗食烧饼

德宗喜食烧饼，太监为购之以进，一枚须银一两。

张南村胎性不纳荤血

张南村，名愬，字僧持。凡东南之古锥宿德，礼谒殆遍，以故生平多方外交，虀盂粥钵，宛然头陀，踪迹恒在僧寺中。口腹之奉，不过盐豉、菽乳。盖其家世奉佛，胎性不纳荤血。初犹食蟹。八岁，父将携之见博山禅师，前一夕，方持螯，父见之，惊曰："儿将见博师，可食此乎?"南村闻言，即置不食。

尹文端平章肴馔

尹文端公督两江时，好平章肴馔之事。尝命袁子才遍尝诸家食单，时有所称引。至倪春岩治具，则攒眉而已。春岩以书抵之，末署"菜榜刘蕡"四字，闻者大笑。后子才撰诗话，未及春岩，啨曰："岂诗榜亦作刘蕡耶?"子才索观其诗，惊曰："此护世城中美膳也，过人远矣。"春岩名廷谟，钱塘人，乾隆时官安庆府同知。

松文清撤馔与人

松文清公筠督两广时，一日宴客，肴馔甚丰，幕宾某因属目焉。文清见之，意其人之垂涎也，曰："汝爱食吾肴乎?"取二簋与之。小仆诧其事，自座后翘足而望。文清回首见之，意小仆亦垂涎也，曰："汝亦爱食此肴乎?"复取二簋与之，存其余以食客。客颇怏怏，文清不之顾也，尽醉而罢。

魁母督视塾师馔品

魁时若将军玉在家塾时，实受业于李某。魁之母夫人日必自入庖，督视庖人治馔。暑日供西瓜，红瓤者承以绿瓷碟，黄瓤者承以白瓷碟，必以颜色相配也。

王梦楼不茹荤

王梦楼太守以"淡墨探花"蜚声宇内，其平生不喜茹荤。

池州守进素馔于曾文正

粤寇构难，朝廷起曾文正公于籍，使治军。一日提兵至池州，池守某迓之，馈酒筵甚丰。盖其人颇风雅，而性好奢侈也。文正诫之曰：“此何时？当以崇俭为勖，吾愿茹素耳。”守唯唯。明日，进素馔，文正大悦，以语从者。从者曰：“闻此筵费八十金，三倍于正席矣。”文正以其奢也，即具疏劾罢之。

孝钦后思素馔

孝钦后尝召见伍秩庸侍郎，语及饮食。秩庸请以素馔进御，孝钦俞之。而左右以孝钦春秋高，谓非食肉不饱，遂罢。其后，孝钦寝疾，念秩庸之言，因又命以素馔进，旋以腹疾而止。

李鸿章杂碎

光绪庚子，拳乱既平，李文忠公鸿章奉使欧美。其在美时，以久厌膻腥，令华人所设餐馆进馔数次。西人问其名，难于具对，统名之曰“杂碎”。自此杂碎之名大噪，仅美之纽约一埠，已有杂碎馆三四百家。此外东方各埠，如费尔特费、波士顿、华盛顿、芝加高、必珠卜等，亦无不有之。全美华侨衣食于是者，凡三千余人，所入可银数百万。凡杂碎馆之食单，莫不大书曰“李鸿章杂碎”“李鸿章饭”“李鸿章面”等名。

严铁桥喜食肉

乌程严铁桥，名可均，博综群籍，精雠校，辑书甚富。顾性跌荡，少时家居殊落拓。喜食肉，逋肉资甚多，屠催索甚急。一夜，严过屠肆，屠又向索钱。严怒，遽夺屠刀砍之，屠踣。严惧，掷刀只身走京师，即匿姚文僖公宅中。姚闭诸室，不使出，因发积书读之，遂成大名。

福康安喜白片肉

福文襄王康安行边，所过州县，牧令以其喜食白片肉，肉须用全猪煮烂而味始佳，故必设大镬煮之。一日，将至四川某驿，而猪犹未熟，前驱已至，传呼备餐。司供张者方窘甚，一庖人忽登灶而溺于镬中。守令皆大惊，询其故，曰："忘带皮硝，以此代之。"比至，上食。食未毕，忽传呼某县办差者，人咸惴惴惧获罪。不意文襄以一路猪肉无若此之美者，特赏办差者宁绸袍褂料一副。

年羹尧食小炒肉

年羹尧由大将军贬杭州防御，姬妾星散。有杭州秀才某，得其一姬，闻在府中司饮馔者，自云："专司小炒肉一味。大将军每饭，必于前一日呈进菜单。若点小炒肉，则须忙半日。惟月仅遇一二次。此非他手所能办，而我亦不问他事也。"秀才曰："曷为我试之?"姬哂曰："府中一盘肉，须用一头肥猪，取其最精之一块耳。今君家市肉，辄仅斤许，从何下手!"秀才为之嗒然。

游彤卣食小炒肉

梁茝林在京师，尝主游彤卣侍御家，同居者有叶莲山太史，黄星岩、陈研农二邑侯，王虚谷、陈德羽二孝廉。谈次，各举所嗜之馔品。侍御谓小炒肉最佳，盖以猪肉炒之也。众皆笑之。然侍御家厨之小炒肉，则实可口，宜其自侈为隽味，而诽之者虽呼之为"寸炒铁绳"，非实录也。未几，林樾亭至京，饮谦间，有以此语告者。茝林曰："彤卣尚是讲究家。若我，则所嗜惟肉。生平行縢所经，无论天涯地角，但是有酒可倾，有肉可饱，便足陶然。酒不论精粗，肉不论煮法也。"

崇雨铃欲得金华火腿

崇恩，号雨铃，精饮馔。抚东日，令庖人先以大黄、苍术饲猪。猪作泻，则用糯米拌枣泥与食。或曾尝一脔，谓其香甘不可名状。罢官后，窘迫万状，寓书某守，并作条幅相赠，楷法逼近钟、王，但云欲得金华火腿，而苦无馈者。某知其意，乃觅得金华火腿四肘，媵以百金，赍送入都。崇复以书报谢。光绪庚子拳匪之变，及于难。

盛杏荪食宣腿

火腿之产于云南宣威者，较金华所产为肥。宣统时，有自滇至沪者，赍以馈盛杏荪，礼单有“宣腿”二字。盛不悦，盖触其名也。然盛喜食此腿，几于每饭必具。

汪文端食鸡蛋

旗员之任京秩者，以内务府为至优厚。承平时，内务府堂郎中，岁入可二百万金。即以鸡蛋言之，其开支之巨，实骇听闻。乾隆朝，大学士汪文端公由敦一日召见，高宗从容问曰：“卿昧爽趋朝，在家曾吃点心否？”文端对曰：“臣家贫，晨餐不过鸡蛋四枚而已。”上愕然曰：“鸡蛋一枚需十金，四枚则四十金矣。朕尚不敢如此纵欲，卿乃自言贫乎？”文端不敢质言，则诡词以对曰：“外间所售鸡蛋，皆残破不中上供者，臣故能以贱直得之，每枚不过数文而已。”上颔之。

翁叔平食鸡蛋

德宗尝问翁叔平相国曰：“南方肴馔极佳，师傅何所食？”翁以鸡蛋对，帝深诧之。盖御膳若进鸡蛋，每枚须银四两，不常御也。较之乾隆朝，则廉矣。

薛叔耘食石鸭

无锡石狮子庵尼，善烹饪，尤著称者为鸭。烹时，入鸭于瓦钵，酌加酒、盐，无勺水，固封其口，隔水蒸之。俟其熟，则清汤盈盈，味至美矣。锡人呼之曰“石鸭”。薛叔耘在家时最喜食之。

周叔明食烧鸭

四川洪雅监生萧开泰精算学，光绪甲午，由学政咨送总理衙门，奏留同文馆差遣。萧有上总理衙门王大臣书，皆言制器破敌之策，凡十款。中有“制造鉴镜，以焚毁敌舰”一条，谓“太阳为天地真火，有光即有火，因按光学理推算，用厚一尺、方八尺之镜，引光发火，虽敌舰远在三十里外，不难使之立成灰烬”云云。一时都下盛传，谓与骆状元成骧之对策，张举人罗澄之上书，同号为“蜀中三绝”。后萧以不得一试，郁郁归蜀，因于成都市上设肆卖烧鸭，即用鉴镜引火熏炙，以证其言之不妄。每值天晴，利市三倍，其味甚佳，与炉火所烤者无异。周叔明屡食之。

张瘦铜赵云松食鲟鳇鱼

邵闇谷太守之夫人善烹鲟鳇鱼头。张瘦铜中翰与赵云松观察尝于夜半买鱼，排闼喧呼。太守夫妇已寝，闻声出视，不得已，属夫人起而治庖。鱼熟，命酒，东方明矣，三人为之大笑。

袁子才食秦淮鲤

乾隆时，秦淮渔者每以二人驾舸艋，一则扳桨，一则张网，顺流捕鱼。所得者，鲤居其半，得即卖之于画舫，曰“秦淮鲤”。汲淮水烹之，殊佳，为袁子才所嗜。

张玉书食河豚而死

上海名医张玉书，为同光间伤寒大家，骧云之尊人也，晚年以食河豚中其毒而毙。然烹饪得宜，亦可无虑。盖必剪去其口腔、眼腔及上下鳍鬣之属，而腹中尤必洗涤无余，尽去血筋，且必煮之使极熟，尤勿坠入檐尘而后可也。川沙黄韧之家中人，亦深嗜之。

李秉裁食马蹄鳖

鳖以小者为贵，世所称“马蹄鳖”者是也。德清徐某尝于梧州南薰门外见一鳖，大如车轮，市人脔割而售之。徐初以为鼋也，视其首，则非是。其友李秉裁买其裙一脔以归，和猪肉煮之，邀友共食，咸以为美。徐不敢尝，然食者亦无恙，惟口燥耳。

庆年嗜鳖

庆年曾任粤督，最嗜鳖，几于每饭必具，馈献者络绎于道。有县令某知庆嗜鳖，一日适渔人献巨鳖，大逾恒，见之大喜，乃以极大瓷盂郑重封固，专人驰送。庆不知所馈为何珍物，视其标题，大书“两广总督部堂庆”字样，揭视，乃一鳖也。以为慢己，大怒，严饬之。令惶怖无措，献巨金，始获免于罪。

徐文敬遽思朵颐

王文简公官刑部尚书时，一日阅爰书，有名“螃蟹”者。徐文敬公潮方为侍郎，因言今岁津门蟹多而价廉。文简笑谓之曰：“公因纸上郭索，遽思朵颐耶？”

吴桓生食沙里钩

沙里钩，蝤蛑类也。产于川沙，深藏穴中。捕之者以钩钩出之，因是以名。糟以泡酒，风味极佳。嘉庆时，有馈仁和吴桓生茂才克宽者，桓生乃作诗纪之，诗曰：“人来海上费搜求，不数蝤蛑擅越州。郭索无声埋曲穴，爬沙有路落尖钩。缸头白下清糟醉，杯面黄随热酒浮。何事季鹰千里驾，只思鲈脍故乡秋。”

张船山喜食蚝油

香山有蚝油，以调食物，略如酱油。张船山太守问陶喜食之，尝索之于温筼坡。筼坡曰："君以诗来，蚝油可得也。"船山赋七古一篇。后伊墨卿守惠州，船山又致书索之。

周栎园喜食江瑶柱

周栎园侍郎官闽时，喜食江瑶柱，辄令蜑人取之于梅花厂石间以供馔。其甲上纹如瓦楞，映日视之，与绿玉相类，彩色烂熳。周语人曰："即此肤理，便足鞭挞海族。惜其生育遐陬，不供玉食耳。"

朱竹垞食西施舌

西施舌，一名"沙蛤"，大小似车螯，而壳自肉中突出，长可二寸，如舌。朱竹垞尝食之，纪之以词，调寄《清波引》。词云："越丝千缕，谁暗趁落潮网住？恁时看取，一钱底须与。悔逐扁舟去，乱水飘零良苦。自从歌罢吴宫，听不到小唇语。 呜姜荐俎，此风味难得并数。岛烟江雨，短篷醉曾煮。荔子香辞树，一半勾留为汝。试问旧日鸱夷，比侬馋否？"

宋荔裳食海蛳

宋荔裳尝饮董阆石斋，适进海蛳，荔裳以齿嚼之，攒眉曰："此不甚佳，半日止碎一枚耳。"坐客大笑。

郑才江食蚕蛹

蚕成茧后，脱颖而出，时尚未成蛾也，曰"蛹"。以油、酒爓之，可食，颇香。郑才江尝以佐酒，咏以诗，诗曰："缫馀蛹戈烂，讵堪备食单。底复荡涤之，文火爓中干。间闻《尔雅》注，爓用蟾蜍兰。（《尔雅》："菿甄，豕首。"郭氏云："一名蟾蜍兰，可以爓蚕蛹。"）要知古先民，亦以佐夕餐。"

陆朗夫食菽乳菜蔬

陆朗夫中丞耀抚湘时，某年旱，会总督以阅兵抵长沙，直入陆厅事，见其午食，皆菽乳菜蔬，讶之。答以今久不雨，齐必变食，故如此。总督瞿然，詈其奴曰："此来传舍，酒肉如山，何不以祈雨告耶?"返行辕，丰腆悉彻。时总督为满洲特昇额也。

塔忠武嚼菜根

塔忠武公齐布治兵于湘，得军心，以能与士卒同甘苦也。忠武珍羞不常御，每拔营，辄共将士饭，嚼菜根，不视为恶食也。时督师江左者为和春，士恒饥，而主帅之庖则恒有余肉，愧忠武远矣。

李壬叔嗜菜

同治时，上海北郭外多菜圃。有形如油菜而叶差巨者，青翠可人，脆嫩异常。冬时，以沸水漉之，入以酰酱即可食，味甘美。海宁李壬叔酷嗜之，曰："此异方清品，非肉食者所能领会也。"

李文忠食芸薹菜

武昌之洪山，产芸薹菜甚佳。李文忠公嗜之，督直时，曾令人取洪山之土，运以至津，种之。盖以易地种植，即失本味，如橘之逾淮而为枳也。

尚可信嗜食茶儿菜

塌稞菜之烹法，须加醇酒浸之，多油而火候久，屏去百味，细细咀咽，乃得真味。国初平南王尚之信最嗜之，凡饮馔，须先一簋，烹治极精，出自爱妾谢茶儿之手。粤东乏霜雪，菜逊江南。茶儿谙播种法，畦中菜叶森茂，寒暑不匮，善承意旨，藩下人因名曰"茶儿菜"。陈恭尹作歌曰："王为异姓镇炎海，海珍已餍粱肉改。大开庖厨爱园蔬，小试鸾刀非屠宰。松下清斋露葵折，美人越俎王心悦。擅宠由来味足甘，圃中风物徒摇舌。盈盈细步进羹汤，宴罢传骑到战场。战鼓声声催蓐食，一军菜色壮戎行。羽书下县军储办，雨甲烟苗根叶绽。缓带轻裘味菜羹，嗜杀还同切菜惯。问儿家在辽东塞，食色事人偏钟爱。全家骨肉应登砧，公膳日呼茶儿菜。”（《粤东琐记》云：“藩下人张伯全、张士选，素不悦于之信。有侍妾茶儿，以烹饪被宠，颇尚气节，多权略，尽泄其谋。某年，之信回省，将勒部卒，恟恟为变。茶儿调菜羹以进，中有迷药，之信委顿不能发谋，遂伏法。”）

刘继庄食蔊菜

大兴刘继庄尝受衡山水月林主僧静音蔊菜之馈，食而甘之。蔊，土音“坎”；字书音“罕”，曰：“其味辛。”与黄豆同煮，以器罨之，而沃之以腊醋，久之，辣甚。与京师之辣菜味同，而鲜美过之。蔊以芥辣菜为之。蔊亦芥类也。

朱竹垞食莼

朱竹垞食莼羹而甘之，尝为《摸鱼子》以咏其事，词云：“记湘湖旧曾游处，鸭头新涨初泼。越娃短艇乌蓬小，镜里千丝萦发。柔橹拨，绊荇带荷钱，一样青难割。波馀影末，爱乍掐〔掐〕春纤，盛盆宛似，戢戢小鱼活。　西泠水，濯取凝脂齐脱，白银钗股同滑。蜀姜楚豉调应好，不数韭芽如蕨。烟渚阔，任吹老西风，若个扁舟发，乡心未遏。想别后三潭，龟鬌雉纼，冷浸几秋月。”

彭羡门不知莼味

王文简公少与彭羡门少宰孙遹友善，后同官卿贰。一日同集朝房，文简问羡门以乡中莼菜风味何似，羡门答云“不知”。文简笑曰：“应缘无莼鲈之思，是以不知其味。”羡门与同人皆大笑。

蒋戟门手制豆腐

蒋戟门观察能治肴馔，甚精，制豆腐尤出名。尝问袁子才曰："曾食我手制豆腐乎?"曰："未也。"蒋即着犊鼻裙，入厨下。良久擎出，果一切盘餮尽废。袁因求赐烹饪法。蒋命向上三揖，如其言，始授方。归家试作，宾客咸夸。毛俟园作诗云："珍味群推郇令庖，黎祈尤似易牙调。谁知解组陶元亮，为此曾经一折腰。"盖其中火腿、杂物甚多，以油炸鬼所炸者为最奇。

朱文正劝客食豆腐

朱文正公珪尝留其门下士便餐。平居用膳，本二肴，一日有门下士进谒，留之餐，为增二品，则一肉、一鱼、一菜、一白瀹豆腐。文正语之曰："豆腐清品，绝不可和以油、盐、酰、酱。此至味也，可多食之。"乃以勺频取，置其饭中。

梁茝林食豆腐

梁茝林提刑山左时，公暇与龚季思学政守正、近堂方伯讷尔经额、朴庵运使恩特亨额、云亭太守钟祥，同饮于大明湖之薜荔馆。时侯理亭太守燮堂方为历城令，亦在座，供馔即其所办也。食半，忽各进一小碟，每碟二方块，食而甘之。众皆愕然，不辨为何物。理亭曰："此豆腐耳。"

茝林掌教南浦书院时，有刘印潭广文瑞紫之门斗，烹豆腐极佳，不仅甲于浦城，即他处之善烹饪者，皆不能过之。茝林尝晨至其学署，坐索早餐，咄嗟立办。然再三询访，不能得其下手之方，无从仿制也。

俞曲园戒食笋

俞曲园太史尝谓南方之笋，不及北方之菜。菜甘而腴，笋则清有余而甘腴不足，一也。菜煮易烂，笋则篔竿之质，本非蔬菜，虽烹之翠釜，终觉张八魏三，生熟参半，二也。菜得土膏之味，食之宜人，笋则医家所谓"刮肠篦胃"也。吾辈素非肠肥脑满者，不堪再供爬剔，三也。菜本人之所食，笋则干霄直上，曾稽竹箭与金锡同珍，厥利甚宏，为用尤广。乃于其崭然头角之初，遽加翦伐，供我下箸之需，损彼凌云之美，“方长不折”之戒，正为此君，四也。昔钟岏议去䱉䱜、糖蟹，窃援此例，赦彼箨龙。但世之喜参玉版禅者，当不谓然。殆亦曲园嗜性或偏，特善为笋解脱耳。

李文贞食生萝卜

李文贞公光地喜食生萝卜，冬夜秉烛摊书，断生萝卜满置大盂，每精诣深思时，辄停笔尝之，尽盂乃寝。

吴冠云食金银条

金银条者，以红白芦菔为脯，俗称“八宝菜”，又名“金条银条”。吴冠云食而甘之，赋诗云：“珊瑚作串玉成墩，（读如“推”。）入馔犹宜献岁元。岂以见稀为可贵，得金银气便称尊。”

丁采生飧菊

钱塘丁采生广文宝芝，有《飧菊》诗云：“岂惟楚客独飧英，秋菊糇粮味最清。翠叶蒸餻初出釜，幽花酿酒乍开罂。香含雨气怀中透，寒挟霜棱舌底生。书味醰醰同领取，世间空有五侯鲭。”

毛对山食夜来香

花中之夜来香，直北颇贵，至粤西，则人多取以入馔，风味颇清美，谓于餐菊之外，添一故事。一日，毛对山在酒楼小饮，适有此品。众谓此三字，对殊难其偶，对山戏拈盏中“春不老”三字以对之。

吴冠云食果子菜

耄耋菜者，以小白菜为之，杂以百果，杭俗谓之“果子菜”，又名“春不老”。钱塘吴冠云郎中宗麟赋诗云：“最宜位置寿筵中，百果青红配合工。更有佳名春不老，胜他奇诀想还童。”

李倩为食青荔枝

粤中荔枝，必俟五六月红熟，方以甘鲜擅名，非其候，则攒眉螯口，不可下咽。李倩为独嗜纯青者，蘸以香山盐虾酱，一啖辄尽百枚。尝曰：“人间至味无逾于是，惜不能与腌鸭尾日夕慰我馋耳。”

张文襄嗜荔枝

张文襄嗜鲜荔枝，督鄂时，曾令广东增城宰收买荔枝万颗，浸以高粱，装入瓷坛，寄湖北。至芜湖，为税关截下，悉数充公。时榷吏为袁忠节公昶，忽得文襄急电，译之，约百余字，则荔枝一案也。袁知被巡丁分啖，乃至申采办以补之。

朱竹垞食槜李

槜李为嘉兴名产，远道不易致。朱竹垞，禾人也，故时得食之。一日，在曹某席上啖之而甘，乃作《迈陂塘》词云：“锦淙鸣行厨竹里，玉盘寒水初注。未须雪藕黄瓜伴，早释人间烦暑。名最古，记辙迹东西。鲁叟曾书汝，吴洲越渚。傍折戟沙边，芳根蟠后，几湿战场雨。　房陵种，三十六园佳树，也愁声价输与。西施过此曾潜掐，一缕纤痕留取。小摘许，慎莫被来禽，偷眼衔将去。薰风且住，漫染就轻黄，青青携付，乞巧小儿女。”

朱竹垞食无核枇杷

朱竹垞与某道士善，观中有枇杷二株，熟时每饷朱，俱无核。朱诘其故，道士以仙种对，朱终不信。道士素善啖，尤嗜蒸豚。一日，朱邀之，命仆市一豕肩而归，故令道士见之。不逾晷，即出以佐餐，融熟甘美，饱啖而罢。因问朱以蒸豚速化之法，朱曰：“果有小术，欲以易枇杷种耳。”道士曰：“此无他，于始花时镊去其中心一须耳。”朱曰：“然则吾之馔，乃昨所烹者也。”遂相与抚掌而散。

诸襄七争西瓜

诸襄七太史锦，学问淹贯，而性甚古拙。尝典试福建，巡抚馈正副考官西瓜各五十枚，而赠诸之瓜以误数，少送一枚，大怒，请巡抚面问之。巡抚曰：“此乃误数，当再送。”诸益怒，曰：“我岂争一瓜乎？膰肉不至而孔子行，醴酒不设而穆生去，瓜虽微，亦可见礼意之衰也。”

祝明甫啖西瓜

嘉兴祝明甫孝廉嘉，落拓高简，不事生产。晚年以贫故，游沧洲，主渤海书院讲席。数年归，杜门不出。疾亟，啖西瓜数枚。医家谓不宜食，曰：“我将死，食此以洗肠胃耳。”且命家人用竹叶煎汤浴身。浴竟，卒，时年五十有六。

曾文正嗜辣子粉

曾文正督两江时，属吏某颇思揣其食性，藉以博欢，阴赂文正之宰夫。宰夫曰：“应有尽有，勿事穿凿。每肴之登，由予经眼足矣。”俄顷，进官燕一盂，令审视。宰夫出湘竹管向盂乱洒，急诘之，则曰：“辣子粉也，每饭不忘，便可邀奖。”后果如其言。

整理后记

本书作者徐珂，字仲可，清末光绪年间举人。他曾参与袁世凯小站练兵时戎幕，后进入商务印书馆担任编辑。一生勤于著述，著作包括《可言》《小自立斋文》《康居笔记》，以及《历代白话诗选》《古今词选集评》《清词选集评》《天苏阁丛刊》初集二集等十余种。

《清稗类钞》编纂于民国初年，20世纪20年代末商务印书馆初版，80年代中华书局重排再版。两个版本均为竖排繁体，前者为断句本，后者为标点本。此次精选新版，改为简体横排，加以相应新式标点。

作为篇幅巨大的汇编类著作，耗时费力，自是必然。与此同时，偶尔的疏失也就在所难免。此次整理，针对相应问题，做了一些力所能及的必要处理：

参照民国版本，除删除部分之外，所选均原文照录，一般不作改动。有关删选和内容方面的重点问题，文前“出版说明”已作说明。

原书行文中的删改或遗漏，一般均仍其旧。少数影响阅读理解之处，则以原始资料加以个别文字性补充。原书有意无意的空置（以□标记），如影响阅读理解，可查及者则以［］随后补出（比如据罗尔纲先生《太平天国史》补足太平天国应试文字）。

由于文献来源广泛、多元，原书同一语汇、同一事物等，时见用字不同。如“剪绺”和“翦绺”、《瀛寰志略》和《瀛环志略》等，乃至同一条、同一段落中的同一字而用两体。诸如此类，均不予改动。

原书容易引起误会的一些异体字、通假字等，一般均予统一规范。根据文意，其中一些（如歧与岐、颖与颍、奕与弈等）直接规范，个别的（如折与摺、伙与夥、搜与蒐等）则各自保留。此外的更广泛异体字、通假字以及异文，则多以（ ）随文注出相应的文字。用以比较、说明的繁体字，也予以保留或注出。

原书极个别的衍字，一般径予删除；夺字，如可能导致文意不清，则用［ ］随文注出。其他文字误植，见于标题者直接改正，正文中则以（ ）随文注出正字。一段文字中的同一误植，只首见之处留误、注正，随后则多径予改正。

此前版本，已有较为完备的标点。此次整理，尽可能对书名、引语等进行了查核，并给以相应标点；极个别未尽合适甚或失误的标点，也做了适当调整。原则是遵循学术规范，方便读者阅读。

书中段落，大约多依从原始文献，长短不一。整理时，一般遵照原文，只在个别地方适当进行了分段。

以上处理，均旨在方便顺畅阅读，以及有助于准确理解。其中处理，容有不当，甚至疏漏、讹谬。恳请读者批评指正，在此谨致衷心谢忱。

整理者

辛丑年岁末